本纪念文丛由福中集团杨宗义先生赞助出版

南京大学文学院百年院庆纪念文丛

南京大学文学院
百年院庆论文选集

上　苗怀明　编

南京大学出版社

序

◎ 莫砺锋

众所周知,语言文字是人类文化最重要的载体,也是人类文化最重要的组成部分。对于中华民族而言,汉语汉字就是中华文化的精神血脉,是中华民族实现身份认同的文化基因。汉族本由许多不同的氏族、民族融合而成,汉语在发展过程中曾对许多不同民族的语言进行同化,事实上汉语汉字一向是中华民族大家庭共有、共用的交际工具。早在公元前559年,姜戎之子驹支就能操着纯熟的汉语与晋国正卿范宣子进行外交对话,还能当场赋《诗》明志。到了后代,出身少数民族而能运用汉字进行写作的文人学者代不乏人,唐代大诗人白居易是汉代龟兹胡姓的后裔,与他齐名的元稹是鲜卑人的后裔,刘禹锡则是匈奴人的后裔,皆为显例。毫无疑义,汉语汉字就是中国语言文字的精华和代表。相传仓颉造字时,"天雨粟、鬼夜哭",那是先民们发明汉字时惊喜心情的生动描述。世界上独一无二的方块汉字,是比"四大发明"更加伟大的文化创造。随着语音的不断变化,拼音文字会在较短的时间内变得面目全非,唯独以表意为主要性质的汉字才能稳固地穿透历史,垂之永远。在中华文化的发展过程中,汉字的贡献是不可磨灭的。要是没有汉字,神州之大,操着各种方言的人们如何进行思想交流?要是没有汉字,我们如何能了解先人们几千年以来的所作所为和所思所感?

当代人都说要继承中华文化的优秀传统,其实那主要是指观念文化。君君臣臣的古代制度早已过时,精美绝伦的古代器物也只有博物馆价值,唯一具有当代价值的传统文化是观念文化,它的载体就是用汉字书写的大量典籍。《尚书》云"惟殷先人有册有典",从殷商以来,用汉字书写的典籍浩如烟海,成为人类文化史上的奇观。"四大发明"中的两项直接与书籍有关,这是中华民族重视典籍的最好证明。观念形态的中华文化内容丰富,地负海涵,"经、史、子、集"四大类图书的惊人数量便是明证。对于现代人来说,中国文学尤其具有独特的意义。由于先民们的世界观和人生观都具有鲜明的审美观照的意味,当他们创造灿烂的中华文化时,文学始终是极为重要的组成部

分。中国文学不但以生动具象的方式体现了中华文化的基本精神和心理特征,而且广泛、深刻地影响着中华文化的其他组成部分。中国文学的审美价值和认识功能历久弥新,它是中华传统文化中最容易为现代人理解、接受的文化形态,是沟通现代人与传统文化的最便捷的桥梁,也是世界上其他文化背景的人民了解中华文化的最佳窗口。

本书的作者便是一群从事中国语言文字和中国文学的研究及教学的学人。我们组成了一个学术共同体,名称是"南京大学中国语言文学系",现在改称"南京大学文学院",但其主体构成和学术传统依然如故。在南大文学院里,汉语言文字和中国文学诸学科的同仁们所从事工作的意义已见上述。中国古典文献学的同仁则以研究、整理古籍为主要任务,他们为中国语言文学的研究提供坚实的文献学基础。文艺学的同仁以中西文艺思想的融会贯通为研究宗旨,所弘扬的正是中华民族海纳百川的文化品格。戏剧影视学虽在管理制度上被归入艺术学门类,其实从杂剧、南戏直到现代话剧,在学术传统上向来就是中国文学的重要组成部分,况且无论创作还是研究,戏剧影视学的根基都是汉字书写。有些学科似乎带有舶来品的色彩,例如比较文学与世界文学、语言学及应用语言学,以及中国古代文学学科内部的域外汉籍研究方向,但一来中华文化本来就善于吸收外来文化,现代中国学人也不应故步自封;二来此类研究的意义之一就是借用他者的视野和眼光来审视中华文化。总之,本书的作者虽然涵盖了南大文学院的所有学科,但我们从事的工作都与中国语言文字和中国文学的研究密切相关。我们有志于继承、弘扬中华文化的优秀传统,我们愿意在"薪尽火传"的文化传承中充当相继燃烧的红烛。

南京大学文学院有着悠久的历史和丰厚的学术积累,其远源可以追溯到成立于1902年三江师范学堂与成立于1888年南京汇文书院所开设的国文课程,而1914年9月由南京大学的前身之一南京高等师范学校所设立的国文预科班和国文专修科则是我院的直接源头。斗转星移,一个世纪过去了。一百年来,像国内所有的大学以及系科一样,南大文学院始终伴随着整个国家的风雨历程,先后经历了抗战西迁、院系调整以及"文革"等曲折过程,直至20世纪80年代才进入正常的发展轨道。由于我院的前身之一是民国时代中央大学的中文系,又位于民国的首都,所以我们比国内其他大学的中文系经历了更多的艰难经历。我院曾是以"学衡派"为标志的东南学术的重镇,由于学术思想领域内激进的左翼倾向渐占上风,而东南学风则被主流意识形态打上了"保守、落后"的烙印,我们在学术思想方面的话语权日渐衰微。到了现在,在经济大潮波涛汹涌、功利思想甚嚣尘上的现实处境中,我们更被挤压到社会的边缘,被世人视为不通时务的一群落伍者。然而我们认同古人的一种生活态度:"寂寂寥寥扬子居,年年岁岁一床书。"在追逐物质利益成为群体趋势的社会环境里,我们心如古井地坐而论道,且因研究对象具有"穷而后工"的性质而自甘清贫。在以英文写作为学术时尚的学界潮流中,我们坚持用汉字来书写自己的所感所思,即使论著无人问津也自甘寂寞。我们从未忘记自己应负的社会责任,但我们认定的使命是为传承中华文化进行沉潜深入的学理探讨,决不追求振臂一呼从者如云的社会效应。我们鼓励学生毕业后走进社会从事各种工作,但我们悉心传授的是最根本的文化精神和学术理念,而不是应付就业需要的实际操作技能。

本书是为庆祝南大文学院百年院庆而编选的,全书选载南大文学院全体教师的论文,上卷的作者是已经去世的前辈,中卷的作者是退休而尚健在的前辈,下卷的作者则是正在南大任教的同仁。百年倏忽,风雨沧桑。从本书入选的论文就可看出,南大文学院三代学人的选题眼光、学术素养和研究方法都体现出时代变化的痕迹。然而有一点是贯穿终始的,那就是"东南学术"的精神。"东南学术"具有理性、持重、稳健的学术品格,在追求社会进步与发展的同时始终重视人文关怀,在倡导新文化的同时始终强调继承民族文化的优秀传统,这是南大文学院最宝贵的学术传统。朱雀桥边花开花谢,扬子江上潮起潮落,我们已在金陵古城的书斋里静坐百年,还将继续在这座"荒江老屋"中坚守寂寞。借用李清照的话说:"甘心老是乡矣!"

是为序。

2014 年 8 月 8 日

目 录

文选萃精说义 …………………………………………… 李　详（001）
史学研究法·结论 ………………………………………… 姚永朴（005）
冬饮庐藏书题记 ………………………………………… 王伯沆（007）
辞赋学纲要·总论 ………………………………………… 陈去病（010）
治小学之目的与方法 …………………………………… 顾　实（013）
旧时月色斋词谭 ………………………………………… 陈匪石（019）
词与曲之区别 …………………………………………… 吴　梅（025）
尔雅略说·论治尔雅之资粮 …………………………… 黄　侃（027）
读书说示中文系诸生 …………………………………… 汪辟疆（030）
韩愈文选·绪论 ………………………………………… 李　笠（038）
南京在中国文学史上的地位 …………………………… 胡小石（044）
庄子学说略 ……………………………………………… 陈中凡（049）
唐宋词选识语 …………………………………………… 汪　东（055）
治国学之基本方法 ……………………………………… 王　易（060）
序跋三则 ………………………………………………… 林　损（066）
苏李诗辨证 ……………………………………………… 陈仲子（068）
史记集注自序 …………………………………………… 伍　俶（081）
何景明批评论述评 ……………………………………… 朱东润（082）
汉语形态问题 …………………………………………… 方光焘（088）
近代语文学史上的顾炎武 ……………………………… 黄淬伯（096）
京派与海派 ……………………………………………… 杨　晦（105）
宋金元戏剧搬演考 ……………………………………… 钱南扬（110）
中国诗歌之起源 ………………………………………… 罗根泽（119）
唐宋词简论 ……………………………………………… 唐圭璋（124）

晚近词风之转变	龙榆生(130)
汉语在世界上之地位	张世禄(135)
《周易》卦爻辞的文章	王气中(142)
漫谈语法研究	吕叔湘(150)
汉初正朔考	敫士英(157)
中国戏曲所受印度文学及佛教之影响	卢 前(161)
论现代中国散文	孙席珍(169)
漫谈传统戏曲中刻画人物性格的方式	吴白匋(173)
寿县蔡器铭文与蔡楚吴史事	游 寿 徐家婷(180)
宋词中的"豪放派"与"婉约派"	吴世昌(186)
戏剧空谈	陈白尘(193)
关于我国古代小说的发展和理论	吴组缃(201)
论悲剧精神	陈瘦竹(206)
论研究中国文学者之路	李长之(211)
关于汉语史材料运用的问题	洪 诚(220)
说"兴会标举"	
——论谢灵运山水诗之二	管 雄(230)
中西文论方面几个问题的初步比较研究	张月超(238)
关于文学批评	罗 荪(248)
读诗举例	
——在中国文学批评史师训班上的讲话	程千帆(252)
何晏生年考辨	王仲荦(263)
中国训诂学发凡	周法高(271)
关于诗与诗朗诵	
——为南京大学中文系师生诗与散文朗诵会作	赵瑞蕻(285)
悬断与征实	蒋礼鸿(290)
《马氏文通》述评	周锺灵(295)
略论汉族共通语的形成和发展	鲍明炜(301)
修辞学是"言语语言学"吗？	张礼训(307)
市侩主义底路线	路 翎(315)
《顺宗实录》作者考	卞孝萱(321)

屈原与庄周美学理想异同辨 …………………………………… 郭维森(328)

关于报告文学的札记 ……………………………………………… 秦德林(336)

评伯奇主编的英译本《中国文学选》 …………………………… 吴翠芬(347)

略论语言学上两个基本问题

  ——同朱星先生商榷 ………………………………………… 施文涛(355)

理论性和应用性:理论语法与教学语法的分野 ………………… 卞觉非(362)

先秦书艺略论 ……………………………………………………… 侯镜昶(374)

再论语言和言语的区分问题

  ——评高名凯先生的言语观 ………………………………… 黄景欣(379)

增强现代文学研究的历史感 ……………………………………… 许志英(392)

《子夜》的结构艺术 ………………………………………………… 叶子铭(396)

"六书"皆"造字之本"说 …………………………………………… 吴永坤(403)

文选萃精说义

◎ 李　详

卷　　首

赋甲。

善注："赋甲者，旧题甲乙，所以纪卷先后。今卷既改，故甲乙并除。存其首题，以明旧式。"案：赋甲者，昭明原选，纪卷之次第也。本为三十卷，李善广为六十卷，则除去旧题。然犹存其旧题，以昭慎重。此为注书改革旧第之善法。后之学者，宜取则焉。

两　都　赋

班孟坚《两都赋》。

注："自光武至和帝至大悦也"。案：孟坚《两都赋》，和帝时上。和帝十岁即位，即位四年，孟坚坐窦党死。焉有和帝大悦之事？此注不引书名，亦与善注例不符，显为后人羼入。胡氏《考异》云："子目下，本不应有注。"是也。

两都赋序

班孟坚。

注："范晔《后汉书》：'班固字孟坚，北地人也。'"案：固传附父彪传，彪扶风安陵人。今本范书，无"北地人也"四字，此或为别本后汉之讹。

赋者，古诗之流也。

注："《毛诗序》：'诗有六义焉，二曰赋。'故赋为古诗之流。诸引文证，皆举先以明后，以示作者，必有所祖述也。他皆类此。"案：此善注例言之一。古人注书，例皆见于注中。嘉兴钱警石先生《曝书杂记》，曾摘善注之例，然尚未备。余另具采例文为一篇附见。

虞邱寿王。

案：《汉书》作吾丘。虞、吾古通。

奏御者千有余篇。

案：《汉书·艺文志》所载，赋凡千有四篇。孟坚此志，原本《七略》，而孟坚私有所入，又有所删去者。疑刘向奏进时，不止此数。（固入扬雄八篇，则不足千篇，不得言有余。《文赋》注引桓谭《新论》："尝欲从子云学赋，子云曰：能读千首赋则善为之。"是子云时，已见奏进之有千余篇。）

奚斯颂鲁。

注："《韩诗·鲁颂》曰：'新庙奕奕，奚斯所作。'薛君曰：'奚斯，鲁公子，是诗，公子奚斯所作。'"案：《毛诗传》谓奚斯作是庙，《正义》言为主帅监获，与韩异义。孟坚主韩，故善引《韩诗》，不再引《毛诗》示博。

西　都　赋

有西都宾问于东都主人。

案：《后汉·固传》，章怀注："中兴都洛阳，故以东都为主，而以西都为宾。"

众流之隈，汧涌其西。

案：《固传》无此二句，或昭明所见集本有此。后人以其无注，滋生异议，疑不然也。

横被六合。

注："《汉书音义》：'关西为横'。孔安国《尚书传》：'被，及也。'"案：《今文尚书·尧典》作横，古文作光。汉人横、光互用。善引《汉书音义》，非是。

度宏规而大起。

注："《小雅》（即《小尔雅》）曰：'羌，发声。度与羌，古字通，度或为废。'"案：《固传》度字无注。五臣铣曰："度，大规矩。"是五臣本作度。善本正文，度应作废。注当云："废或为羌。《小雅》云：'羌，发声也。'"方合。王怀祖先生说最明确，见《读书余志》）。

隆上都而观万国。

案：胡氏绍瑛《笺证》引《尔雅》："观，示也。"郝氏《义疏》云："《考工记》：栗氏以观四国。"胡氏自引《吕览》："此其所以观后世"。观，皆训示。

鄠杜滨其足。

案：《固传》注："滨，犹近也。"

五谷垂颖，桑麻铺棻。

案：铺棻与垂颖对文，或言义作敷者，非。

陂池连乎蜀汉。

案：陂池，犹陂陀，谓迤逦相连。若作陂池解，则太辽远。说本《笺证》，余特申之。

条支之鸟。

案：即今西洋之驼鸟，以其高似橐驼，故名。实即条支大爵也。

增盘崔巍。

案：《固传》作"增盘业峨"。注："增，重也。盘，屈也。"五臣济注："增盘，阁名。"当从传注"犹云层累而上"。若作阁名，则本段已有"不可殚论"作一结束，不应犹表此阁"唯所息宴"也。

隋侯明月，夜光在焉。

案：注辨明月、夜光为通称，此见善考据之学。李义山诗："珠玉终相类，同名作夜光。"即本善注。而注义山者，概不知所谓。唐人如杜陵、义山，皆熟精善注。举一于此，以示准的。

层不呈材，墙不露形。

案：木被缔锦，上衣朱紫，故不呈材露形。

天禄。

《笺证》云："《汉书·西域传》：'乌枝有桃拔。'孟康曰：'一名符拔，似鹿。一角名天禄，两角为辟邪。'"

讲论乎六艺。

注："《周礼》曰：'六艺，礼乐射御书数。'"《笺证》云："本书《上林赋》'游乎六艺之囿'。善注《鲁灵光殿赋》'观艺于鲁'，亦云'艺，六经也'。《公孙宏传赞》'亦讲论六艺'，注同。下云'稽合同异'，正指六经可证。"

内则别风之嶕峣。

注："《三辅故事》：'建章东有折风阁。'《广雅》曰：'嶕峣，高也。'"六臣本无之字。《笺证》据《三辅黄图》"嶕峣，阙名"，遂以"别风嶕峣"为二阙，而疑《西京赋》"别风嶕峣"，亦为二阙。案：善彼注别风已见，而嶕峣无释，正见善本不以嶕峣为阙名也。《固传》及章怀注并同。

泰武。

《固传》作大武。大武谓大陈武事，作泰非是。

于是乘鸾舆。

《考异》云："注引《独断》，以解乘舆，中间不得有鸾字，甚明。《东都赋》'乘舆乃出'注：'已见上文'，当即指此。"《考异》又举《上林赋》"于是乘舆弥命"，《甘泉赋》"于是乘舆乃登夫凤凰兮"，句例相似，孟坚之所出也。其说甚是。善例言祖述者，此类是也。

许少施巧，秦成力折。

案："许少、秦成，善注及《固传》注，并云未详。钱大昕《养新录》言：'《汉书》人表有许幼，疑即许少。'"胡氏《笺证》，又举《史记·范雎传》之荆成，当秦成。皆涉附会，今所不取。

拖熊螭。

注："欧阳《尚书说》曰：螭，猛兽也。"案：《说文·内部》："离，欧阳乔说，猛兽也。"段氏玉裁注谓即《汉书·儒林传》之欧阳高，傅欧阳尚书学者。乔、高古通用。此条见余《选学拾沈》。

东　都　赋

保界河山。

《笺证》云："《后汉书》注：保，守也。谓守河山之险以为界。"王氏念孙曰："界，读为介。保、介，皆恃也。"

握乾符，阐坤珍，披皇图，稽帝文。

案：《固传》注："乾符坤珍，谓天地符瑞。皇图帝文，谓图纬之文。"

凭怒雷震。

注引《左传》："霆雷凭怒。"案：昭公五年《左氏传》作"震电凭怒"，孟坚改电为雷，便于声韵。注亦作雷者，传写之误。自马、扬赋出，未有不精于声韵者。其源出于三百篇，熟读古人之赋，始知之。

正雅乐。

案：雅，当从《固传》作予。注谓依谶文，改大乐为大予。《后汉·明帝纪》："永平三年八月，改太乐为太予乐。"注："《尚书璇玑钤》有'帝汉出德洽，作乐名予'，故据《璇玑钤》改之。"此赋善注引《璇玑钤》，作乐名雅，係涉正文而误。《困学纪闻》云："五臣本改作雅。"则善注本宜作予，明矣。

填流泉而为沼。

注："顺流泉而为沼，不更穿之也。昭明讳顺，故改为填。"案：下云"顺时节而讲武"，顺字何以不讳？此必有一本作填者，善曲为之说。与《头陀寺碑文》讳衍字不同。

雨师汎洒。

《固传》同。《考异》、袁本、茶陵本，汎作泛。案：汎，当作氾。《说文》："氾，洒也。"各本作汎，故误作泛。

史学研究法·结论

◎ 姚永朴

大抵史之为史，不越以上七篇所陈，若夫入手，先宜知普通学。吾家惜抱先生（鼐）言初学最急莫如《史记》、两《汉书》、《三国志》，以后便当读《通鉴》，若《晋书》以下可从缓（《尺牍》）。此就尽人必致力者言之也。既知此矣，则进以专门学，即二十四史言之，精力有余者，或研究三四史，不足则一二史，其或用力于正续《通鉴》，或《九通》，或近世掌故，可任所好为之。至于读法有四：一曰点读，考《学记》云"一年视离经辨志"，郑注"离经，断句绝也"，此即点读之法所自起。盖读书第一在首尾不遗一字，昔司马温公言修《通鉴》成，惟王胜之借一读，他人读未竟一纸，已欠伸思睡（胡注《通鉴》序）。此虽通病，然必引以为戒。故限日点读最佳，不宜过多，恐草率，且有进锐退速之虞，亦不宜过少，恐首尾难于贯串，惟酌其中为宜。二曰撮钞，既点读矣，复撮钞之，此韩退之所谓"提要钩元"也。且《左氏春秋传》据刘向《别录》云："左丘明授曾申，申授吴起，起授其子期，期授楚人铎椒，铎椒作钞撮八卷授虞卿，虞卿作钞撮九卷授荀卿，荀卿授张苍。"（《左传疏》）然则撮钞之法，亦自古而然。三曰分求，昔孔子诏小子学《诗》，自兴、观、群、怨以至多识草木鸟兽之名，即分求之法也。苏子瞻（轼）与王庠书云："少年读书，可作数过尽之，书富如入海，百货皆有之，人之精力，不能兼收尽取，故愿每次作一意求之。如欲求古人兴亡治乱圣贤作用，但作此意求之，勿生余念，又别作一次求事迹、故实、典章、文物之类，亦如之，他皆仿此。此虽迂钝，而他日学成，八面受敌，与涉猎者不可同日而语，甚非速化之术。"此言尤有味。四曰参较，昔孔子论春秋之教，在于属辞比事，即参较之法也。后世如倪思《班马异同》，第用之于文辞而已，若能取古今政治法度，比而观之，论其得失，为益更大，《九通》固如此。真西山《大学衍义》采诸史，于君心蒙蔽之由，宫闱浊乱之本，权幸邪罔之情，皆逐类备录，以资启沃。近人顾宛溪（祖禹）《读史方舆纪要》注意山川之形势，胡文忠（林翼）《读史兵略》注意征伐之机谋，亦分而列之，合而研之。曾文正（国藩）笔记于史有成败无定、越寨进攻两条，详考其事之相类者，或成或败，两两比较，更为亲切。凡此四法，倘依而为之，学成必有左右逢源之趣。大抵用功深则收名远，昔杜元凯（预）谓左氏作《春秋传》："将令学者原始要终，寻其枝叶，究其所穷，优而柔之，使自求之，餍而饫之，使自趋之，若江海之浸，膏泽之润，涣然冰释，怡然理顺，然后为得也。"（《春秋左传序》）程子（颐）看史，逐行看过，不蹉一字（《上蔡语录》），又每读到一半,便掩卷思量,料其成败,然后却看,有不合处,又更精思,其间多有幸而成不幸而败者(《近思录》引)。朱子曰:"看史亦草率不得,须当看人物是如何,治体是如何,国势是如何,皆当仔细。"(《语类》)吕伯恭(祖谦)曰:"读史先看统体,合一代纪纲、风俗、消长、治乱观之。如秦之暴虐,汉之宽大,皆其统体也。复须识一君之统体,如文帝之宽,宣帝之严之类。统体盖为大纲,如一代统体在宽,虽有一两君稍严,不害其为宽;一君统体在严,虽有一两事觉宽,不害其为严。读史自以意会之可也。至于战国三分之时,既有天下之统体,复有一国之统体,观之亦如前例。大要先识一代统体,然后就其中看一国之统体,二者常相关也。既识统体,须看机括,国之所以盛衰,事之所以成败,人之所以邪正,于几微萌芽,察其所以然,是为机括。"又曰,昔陈了翁(瓘)尝谓"《通鉴》如药山,随取随得。然虽有是药山,又须会采,若不能采,则不过博闻强记而已"。"大抵看史见治则以为治,见乱则以为乱,见一事则止知一事,何取?观史须如身在其中,见事之利害,时之祸患,必掩卷自思:使我遇此等事,当作何处之?如此观史,于学问智识,方为有益"(《广近思录》引)。此数条皆有裨史学。昔黄鲁直(庭坚)谓读古人书,必"弃书册而游息,时书味犹在胸中,久之乃见古人用心处,如此则尽心一两书,其余如破竹数节,皆迎刃而解也"(《山谷尺牍》)。归熙甫(有光)亦谓古人所谓学问成者,止是几部要紧书读得了就是(《总评史记》)。读史者苟知此意,而依诸法默识精求之,则于所谓研究者,庶不致有名无实矣。

冬饮庐藏书题记

◎ 王伯沆

礼记说义纂订康熙刊本

按是书为泾阳杨梧著。凡二十四卷,已缺首册二卷。分节订义,简而有本,可备参阅。偶从敝簏检出,欲补成完书。盦山图书馆及友好藏弆者,询之并不知此书名,疑著者去江南稍远,故流布未广耳。观其板本,必清初所刊,存吾家敝簏中六十余年矣,略有损蠹,因念此必有先人手泽所寄,姑装成十一册,俟访求全书,以竟补完云。乙亥秋八月冬饮漫志。

孟子要略

壬子二月二十八日,湘人某君邀余小酌丰润张氏园,因观白皮松。凡三株,皆数百年物,某君指为六朝恐非。然张氏主人昔为合肥婿,绝风雅,缔造此园,虽多未合处,固能爱是松者。今为军士所踞,恐后之来者,不摧折为薪不止也。过小书室,残书积地下,尺许厚,率无善本,为叹惋至再。某君告余:主人藏善本书最富,久为人所掠去,物之聚散,信有时矣。何意数十稔之所经营,一旦不能有,至图书花木,一任伧父之狼藉,而无可如何,岂非数耶。检此书归,漫书其大概,所以志岁月云尔。清玩自记。

庄子旁注

明孙文恭应鳌庄义要删一书,世鲜传本,莫子偲跋文恭全集,亦称少时仅一见之。余从木斋家假观之。滇中初印皮纸本,绝精妙,所云要删者,盖删节朱得之义纂,又有所增补,余拟择录一二。会木斋得疾,其妾强索以去,今不知散失何处。独惜文恭是书,黔中藏书家且未有,岂当时刊成后,板遂遭毁耶?书凡十巨册,督刊者皆滇中官吏,书职名甚多,首页有官印,似为衙署所藏,约略记之如此。冬饮居士。

管子戴望手校本

戴氏此书校例,见首卷末页:"凡灼知其误,及考之宋本而不合者,证之它所征引而亦悬绝者,用○;有疑者,用△于旁以识之;衍文则用□。"云云。第十二卷末云:"此管子中第一难读之文,释其可知,缺其不可知者。"第二十四卷末云:"管子自宋时即乏善本,校读甚难,余尝集诸家之说,条分件繁,为管子校正廿四卷。世有通人,欲注仲父书者,当以余书为先路。"云云。按管子校正,刊于同治壬申,潘文勤癸酉作叙,已称子高病,盖未久即下世矣。此书为治卿太守校于吴齐门官舍,为丙寅年,则犹为壬申岁六年手迹也。往余于邵阳魏季词姑丈处,见子高所为小行楷,以篆文作今体,绝古雅。此书每日校记,亦各体俱备,虽工整不逮,犹想见挥毫自得之状,弥足珍矣。治卿太守名佐字,庐陵人,姓刘氏,卷中有称寿经堂主人者,仅一见云。丙辰十月朔,记于冬饮庐。

淮南子冬饮手校本

附录刘校茅一桂本题记一则。刘天部曰:"淮南子虽集众狐之亦以为怀,然其出语之妙,时有可与庄列并驱争先者,亦子书中一奇观也。此书极难得善本,广汉魏丛书中所刻,及花斋所刻注解,多有删节,且有误改正字为俗字者。惟此本注解独全,惜刻镂不精,多有讹字。乃取袁石公评点本,互相参校,即花斋刻本也。脱误处俱已改定,遂无一字遗缺,可称此书第一善本矣。康熙五十三年甲午夏至日,南丰刘都天部记。"

阏逢困敦之岁,余寄家吴门,从友人南丰刘夔诎假得明茅一桂所刊《淮南鸿烈解》。盖其远祖天部先生都手校本,卷中有刘都之印一方,卷四末页有天部方印一,慈民先生所藏。卷首有臣庠慈民方印二,刘字圆印一,慈民收藏经籍金石书画长方印一。全书朱墨烂然,所录茅鹿门、袁石公、张宾王各家评释,皆蝇头细书,精雅绝伦。按其自记,则康熙五十三年甲午五月校毕也。先生自记有云:"淮南子刻本于高注多删节。花斋本亦然,总不及茅本注解独全。"余取庄刻校之,亦时有异同。又有称据茅本者,按之不合,因并笺于眉,以俟再考。庄校本已通行,茅本罕见,爰就庄校本用黄笔钩乙,务存茅本之旧云尔。旃蒙赤奋若正月人日,冬饮记于双修楼。

余就此本以存茅本之旧,已详岁记。又六年,复假读之。凡天部先生所校,用墨笔录之。间有数条,字迹不类,疑为慈民先生所补。惜夔诎殉,无能证之矣。余反复细阅,茅本多讹字,然亦有足正庄刻之讹者。庄据藏本,注诚完备,然亦有大段脱去茅本独存者。盖藏本所据注,似未一字增损,茅本所据注,或较藏本为尤完,惟时有节其繁复处,故致不同,合两本观之,自易瞭然矣。所可异者,庄校于明刻,亦参考茅本，而按语中有称各本皆作某，惟藏本作某者，今按之茅本正同。又有称藏本所无，据茅本增此十余字者，今按之茅本并无，此或偶误，亦非小失也。诸家评语，既以三色笔录其八九，更以紫笔点阅一过，因再识之。玄默涒滩且月大暑节乙酉日，溧水王瀣校毕于冬饮庐。

红楼梦冬饮五色手批本

宣统三年辛刻春三月，得自友人斋中，各卷俱有破缺。甲寅秋闲，汪振公为觅得石印石头记首册，因摘要存之。复手抄缺页，订成完书，时在江南图书馆也。檠生自记。

甲寅夏六月，在江南图书馆与汪振之共谈此书，因出藏本，用硃笔评点一过。丁巳秋初，复用黄笔评点一过，至戊午六月始毕。时将有姑苏之行。二十二日灯下无想居士自记。

录笔系辛酉春间所阅，末三十回，至壬戌冬初始毕。又记。

自有小说，无此幽奇圆妙之作，真百读不厌之文也。作者已自云真事隐去，假语村言，而阅者必求所以附会之，岂非笨伯。丁卯夏六月阅竟。又记。

太岁在玄默涒滩，又阅一过。计已十九次矣。除夕前二日灯下冬饮记。

戊寅十一月十五日阅竟。冬饮记。时年六十有八。

红楼梦索隐

既不能据此以正史误，穿插亦何用。余以为作小说看，便有味；若作史科看，便索然矣。且事事隐合，以为得间，试问所据诸书，便可称铁案耶？恐亦见仁见智不同耳。若谓此诸书，便可作铁证，试问诸史可为铁证耶？此由胸中先有诸人，故稍说则引以证之，稍异则云反笔，似此何书不能索隐耶？且改屋易代，不罪缙绅，而独责二三妇人，亦太小矣。近年政府内幕，事事皆可告人乎？作者迎合一班人心理，流通是书，本无不可，若谓惟此足服人，不敢闻命。余极喜看此书，二十次矣。最不喜索隐，非敢然也，求之于心，有未安耳。又此笔无影射语甚佳，而作者反以为闲文，则大谬也。

辞赋学纲要·总论

◎ 陈去病

班固有言,赋者古诗之流也。盖诗有六义,一曰风、二曰雅、三曰颂、四曰赋、五曰比、六曰兴_{郑笺次序如此}。风雅颂为诗之经,为诗之体;赋比兴则诗之纬,与诗之用耳。经得纬而成章,体以用而著绩,此诗之所以为道甚博也。而赋之为义,在敷陈事理,抒写物情,其功效盖于诗为特巨,非兴比所可及,释名所谓敷布其义是也。自王迹熄而诗亡,由是比兴乃益无所附丽,而三楚辞人,遂专取义乎赋,以自见于世。此辞赋之造端,而亦诗赋递嬗之大略也。

原夫赋之托始,当自郑庄之大隧与士芬之赋狐裘,此所谓诗人之赋也。然气局褊小,明而未融,不足以为模楷。至楚庄孺子略具骚些端倪,然具体而微,不得遽名为赋也。精华郁积,日久必宣,屈原儒者,身婴离乱,怀抱忠愤,莫之能施,乃激扬土风,综甄六义,一变其体,而作《离骚》。洋洋缅缅,凡二千四百九十余言,悱恻缠绵,幽馨艳逸,极驰骋之能事。先后都得二十五篇,莫不弘博而丽雅,故自古推为辞赋之大宗。盖楚本善歌,汉广江泛,其诗早列于二南,占风雅之先,被周召之化。故三百篇中,楚虽无风,犹之乎其有风也。今遽得屈氏之才之博,攫拿腾趠,变化无端,非佛非仙,亦儒亦侠,登高一呼,万山皆应。而宋玉、唐勒、景差之徒,乃彬彬乎蔚然起矣。

顾其人楚也,其国楚也,其文其理,亦无不楚也,故其后谓之楚辞。例若王风、幽风云尔。而马班撰史,直称曰赋,盖纪实也。《史记·屈原传》云:乃作怀沙之赋。《汉书·艺文志》首列屈原赋,二十五篇,末复缀成相杂辞十一篇,隐书十八篇,中间又有李思孝景皇帝颂十五篇,可见赋之范围甚广,不必拘于一体也。至《隋志》始专列楚辞一家,盖本诸王逸章句云。然厥制屡变,至宋以后,遂有古、俳、文、律四体之分_{见后徐师曾《文体明辨》}。特既名古赋,似即须有一今赋以概其余,若古今体诗者然,宁不简当,而曰俳与文、律为哉?乃以余观之,古赋云者,实兼有楚辞、汉赋其中,而《卜居》、《渔父》、《高唐神女》与荀卿诸赋,其为文赋之杰构者,顾皆忽焉不察。而独误信欧、苏等作,谓为文赋。其所见不远,出后山、晦庵二公以下万万耶_{说详祝氏《古赋辨体》}。当湖陆氏知之,其所撰历朝赋格,统分文、骚、骈三格,似较简当。余故遵其说,并博综群籍,删其要归,著之篇,备览观焉。

《汉书·艺文志》传曰:不歌而诵谓之赋,登高能赋,可以为大夫。言感物造端,材智深美,可以与图政事,故可以列为大夫也_{今本《汉书》作列大夫,《太平御览》引作列为大夫}。

古者诸侯、卿大夫，交接邻国，以微言相感。当揖让之时，必称诗以谕其志。盖以别贤不肖，而观盛衰焉。故孔子曰："不学诗无以言也。"春秋之后，周道浸坏，聘问歌咏，不行于列国，学诗之士，逸在布衣，而贤人失志之赋作矣。大儒孙卿，及楚臣屈原，离谗忧国，皆作赋以风，咸有恻隐古诗之义。其后宋玉、唐勒，汉兴枚乘、司马相如，下及扬子云，竞为侈丽闳衍之词，没其风谕之义，是以扬子悔之。案扬子《法言》，或问吾子少而好赋，曰然，童子雕虫篆刻，俄而曰壮夫不为也。或曰赋可以讽乎，曰讽则已，不已吾恐不免于劝也。或曰雾縠之组丽，女工之蠹矣。《剑客论》曰：剑可以爱身。曰狴犴使人多礼乎？或问景差、唐勒、宋玉、枚乘之赋也，益乎？曰：必也淫。淫则奈何？曰诗人之赋丽以则，辞人之赋丽以淫。如孔氏之门用赋也，则贾谊登堂，相如入室矣。如其不用何_{吾子篇}。

又《王褒传》：辞赋大者与古诗同义；小者辩丽可喜。辟如女工有绮縠，音乐有郑卫，今世俗犹皆以此虞说耳目。辞赋比之，尚有仁义风谕，鸟兽草木多闻之观，贤于倡优博弈远矣_{节汉宣帝语}。

《西京杂记》：司马相如为《上林》、《子虚》赋，意思萧散，不复与外相关。控引天地，错综古今，忽然而睡，焕然而兴，几百日后成。其友人盛揽，字长通，牂牁名士，尝问以作赋，相如曰：合纂组以成文，列锦绣而为质。一经一纬，一宫一商，此作赋之迹也。赋家之心，包括宇宙，总览人物，斯乃得之于内，不可得其传也。乃作《合组歌》、《列锦赋》而退。终身不复敢言作赋之心矣。

挚虞《文章流别论》：赋者敷陈之称，古诗之流也。古之作诗者，发乎情，止乎礼义，情之发，因辞以形之。礼义之指，须事以明之，故有赋焉。所以假象尽辞，敷陈其志。前世为赋者，有孙卿、屈原尚颇有古诗之义。至宋玉，则多淫浮之病矣。楚辞之赋，赋之善者也。故扬子称赋莫深于《离骚》，贾谊之作，则屈原俦也。古诗之赋，以情义为主，以事类为佐。今之赋，以事形为本，以义正为助。情义为主，则言省而文有例矣。事形为本，则言当面辞无常矣。文之烦省，辞之险易，盖由于此。夫假象过大，则与类相远。逸辞过庄，则与事相违。辩言过理，则与义相失。丽靡过美，则与情相悖。此四过者，所以背大体，而害政教。是以司马迁割相如之浮说，扬雄疾辞人之赋丽以淫也。

徐师曾《文体明辩》：诗有六义，其二曰赋。所谓赋者，敷陈其事，而直言之也。古者诸侯卿大夫，交接邻国，揖让之时，必称诗以喻意，以别贤不肖而观盛衰。如晋公子重耳之秦，秦穆公飨之，赋《六月》。鲁文公如晋，晋襄公飨之，赋《菁菁者莪》。郑穆公与鲁文公宴于棐，子家赋《鸿雁》，鲁穆叔如晋，见中行献子，赋《圻父》之类，皆以吟咏性情，各从义类。故情形于辞，则丽而可观，辞合于理，则则而可法。扬雄所谓诗人之赋丽以则者是已。春秋之后，聘间咏歌，不行列国。学诗之士，逸在布衣，而贤士失志之赋作矣。即前所列楚辞是也。扬雄所谓词人之赋丽以淫者正指此也。然自今而观，楚辞亦发乎情，而用以为讽，实兼六义，而时出之。辞虽太丽，而义尚可则。赵人荀况,游宦于楚,考其时在屈原之前。所作五赋,工巧深刻,纯用隐语,别为一家。两汉而下,独贾生以命世之才,俯就骚律,非一时诸人所及。它如相如长于叙事,而或昧于情。扬雄长于说理,而或略于辞。至于班固辞理俱失,若是者何?凡以不发乎情耳!然《上林》、《甘泉》,极其铺张,终归于讽谏,而风之义未泯。《两都》等赋,极其炫耀,终折以法度,而雅颂之义未泯。《长门》、《自悼》等赋,缘情发意,托物兴词,咸有和平从容之意,而比兴之义未泯。故君子犹以为古赋之流,三国两晋,沿及六朝,再变而为俳,唐人又再变而为律,宋人又再变而为文。夫俳赋尚辞,而失于情。故读之者无兴起之妙趋,不可以言则矣。文赋尚理,而失于辞,故读之者无咏歌之遗音,不可以言丽矣。至于律赋,其变愈下,始于沈约四声八病之拘,中于徐庾隔句作对之陋,终于隋唐宋取士限韵之制。但以音律谐协,对偶精切为工。而情与辞皆置勿论,故今分为四体。一曰古赋、二曰俳赋、三曰文赋、四曰律赋,各取数首,以列于篇。

袁黄《群书备考》:自风雅亡而赋作。去古未遥,梗概足述,导源性情,比兴互用,六义彰矣。谆复贯珠,千言非赘,情理馨矣。规抚天地,声象万物,体无常式,变化殚矣。四声不局,八病匪瑕,宫商纵矣。赋也者,篇章之象箸,而歌谣之钟吕也。灵均而降,作者代起。荀卿穷理立言,因物赋象,绛帏格论,尘尾清言也。宋玉以文纬情,雅奥婉至,多风而可绎,楚臣之堂奥也。枚乘、八公、长卿之流,披形错貌,雕藻极妍,丽而不浮,辞人之轨辙也。若忠愤激昂,直写胸臆,篇不绘句,句不琢字,贾谊是也。比偶为工,新声竞爽,词赋之漫衍,陆、谢、江、鲍之波渐也。大抵赋擅于楚,昌于西京,丛于东都,沿于魏晋,敝于五代,迨律赋兴,而斩然尽矣。此其概可举者。自愚意论之,诗莫病于轻浅,赋莫病于艰深。学步可嗤,效颦增丑。有能肖心吐理,触吻成文,变合风云,自出机杼,斯足贵耳。三复楚辞,眷恋宗国,九死不忘。至于《天问》,曾无铨次,婉恻弥深,此岂有成辙可仿哉!后世诸君子,爱椟忘珠,极意镂画,无疾而呻,人为掩耳。晚近尤甚,字取骇目故必艰,文取斗靡故必冗。险韵在几,类书充栋,一经翻阅,可就万言,宁须厕溷置笔砚哉!盖赋体弘奥,非可取帖括铅椠语,比而韵之以塞白也。然吾欲以其宏且肆者,尽吾才而不欲借以文吾短;以其古且奥者,宜其体面不欲因以晦吾意。浮云无心,赋形为象,吹万成音,不假管弦,岂非天地间真赋哉!昭代此道,上掩唐宋,操觚辈出,采撷富丽,体式古雅,洵足继汉晋而称雄矣。然亦拟议合辙,沿波为沦耳。尽抉蹊径,嗣响灵均,尚俟君子。

治小学之目的与方法

◎ 顾 实

大凡研究学问有两种人：一种是举世莫为，而我独为之。自己亦莫名所以然，不知不觉而得乎风气之先，其后竟成风会。古今中外的大学问家类多如此。一种是风会既成，觉得要学，亦不失为识时务之俊杰。然而此两种人，皆有两种心理，冲动他的学问兴趣：一种是好奇心，凡百学问事业，皆是由此冲动；一种是好名心，他因好奇之心，积渐扩充，自然不得不趋向好名的一方面去。名有暂时的名誉，有永久的名誉。到了要永久的名誉，便入圣关贤域去了。《孝经》曰："立身行道，扬名于后世。"孔子教人，亦不过如此。

所以我说要讲求学问的"目的"，无论哪一种，最初都是盲目的。不过因为有两种冲动：一种是好奇心的冲动。如小学生进学校，不过觉有兴趣。他何尝有目的，然而便是凡百学问的基础。一种是好名心的冲动。如中等学校以上的学生，他便渐渐有目的。并且想达到目的而后可以求名誉，此便是一国文化如旭日中天的中心了。

今日诸公愿听治小学之目的及方法，必定带有好奇好名两种冲动的心理而来，并且无此心理不成。分别而言之：

先说治小学之目的。然而此目的之前提，便是"古学复兴"一大问题。我记得德前皇威廉第二在德意志帝国教育会演说道："朕要养成现世德意志人，不要养成希腊罗马人。所以要用现世德意志语，不要用希腊罗马语。今之谈精神教育者必曰注重希腊罗马语，断然为朕所不取。"云云。此便是德意志的"科学教育"、"现世语教育"。反对"古典教育"，即是反对"古学复兴"。今也早经失败，可以殷鉴。自从欧战而后，协约国皆知注重于文化教育。文明如今欧美，犹若钻仰希腊罗马两朝而不及，并且要采及东方文化。这岂不是我们中国古学复兴，可以发扬祖国文化光荣的好机会么？

严又陵译《天演论》。他说："中国春秋战国时代，中国及印度欧洲，皆学者辈出，张立门户，倡导学说。正不知何以运会如此。"他的大意如此，便是一个极有兴味的问题。问天，天不告。问地，地不知。也可不必穷究其所以然了。我辈只要知道中国周季的古学，或者汉以前的古学，确有和希腊罗马文化同样的价值，或者超过之，亦未可知。所以我们今天要说治小学之目的。

第一个,是读先秦古书,或姬汉古书。

第二个,是读三代金石骨甲古文。

第三个,是因达到第一、第二两个目的之后,而深明古代文化,可以供献于国家社会,协助世界文化之进步。

读古书的办法,本须理会其训诂章句两方面。训诂即是理会其文字,章句即是理会其辞气,二者缺一不可,均须植基于小学。若未用过小学工夫,便是心浮气粗。字尚不认识,更何能审其辞气。如此读书,非常危险。不自量力,还要自诩发明,岂不是白昼见鬼么?先秦古书,都是西汉人传的。西汉人虽讲究小学,司马相如、扬雄的文章可以证明。最初是训诂章句合而为一的,所以《汉书·儒林传》说:"丁宽说易,训诂举大义,亦称为小章句。"后来积渐分为两派。通人读书如扬子云辈,都是"训诂举大义"。所以训诂的工夫愈深,他的读书愈多。是为一派。当时专为利禄,立于学官的博士,能说一经,便噜苏的非常。说尧典两个字,要十余万言。于是通人恶烦,羞学章句,称他为"章句鄙儒"。是为一派。到了东汉,小学的工夫,渐不如西汉,然而还很讲究。魏晋人便太大意了。王弼、何晏之徒,都是怕受旧说的束缚,要创新说,故意和汉人作对,用的经文本子不同,还要阴攘佛说,来注解中国古书。谬种流传,遗毒社会,积千年而不能改,岂不可以浩叹。例如《老子》第一章,就把道家浑身的本领,和盘托出。所以他说:"常无欲以观其妙,常有欲以观其徼。"妙即是虚无,徼即是因循。道家司马谈说:"道家以虚无为本,因循为用。"说得最明白。还有许慎《说文》说:"徼,循也。"亦一确证。并且查汉以前,没有训"徼,归终也"的。不知王弼发生什么神经病,阴攘佛说"群有以至虚为宗,万品以终为验"(见《列子·张湛序》)。他就训"徼,归终也",并且伪造《列子》、《尹文子》两书,《列子》有"死者德之徼也"一语,《尹文子》有"穷则徼终"一语,以证明成其义,岂不是狂荡放肆已极么。不知道《老子》说此两句,妙是承上文"无名天地之始"而来,徼是承上文"有名万物之母"而来。母本取母子生生不已之义,所谓"道生一,一生二,二生三,三生万物"是也。若照王弼解释"徼归终也",早已死掉了,没有生过儿子,怎么可以叫他是母呢?岂不是笑话么?《老子》本说"无为而无不为",所以道家要虚无为本,因循为用。两汉的君相大臣都用此公式,以安天下。到了王弼讲错了《老子》,便只知道"无为"而不知道"无不为",只知道"虚无",而不知道"因循",因循就是因材利用的意思。不能因材利用,所以后来胡羯云扰中原,就没法抵御了。还有《老子》书中,明明说"道常无名","道隐无名",又说"制始有名"。此"无名"、"有名"均即是道,两字相连,不能拆开的。到了宋朝,司马光、王安石、苏辙比王弼格外火上加油,也是阴攘佛说。他就读"无"字为句,读"有"字为句,切断底下"名"字。所以宋朝也就变成俗说的"宋鼻涕",不能抵挡金元两朝了。这样讲《老子》,不是讲的李老子,是像张献忠讲的"咱老子"了,可胜浩叹么?

《论语》一部书,也算是明白晓畅的东西,"有朋自远方来"一句,班固《白虎通》引作"朋友自远方来"。郑玄注云"同门曰朋,同志曰友",是郑玄本《论语》亦作朋友。照《论语》的规矩,曾子、子夏都说"与朋友交",是只有"朋友"的字样,没有"有朋"的字样,亦应该作朋友。照郑玄注说"孔子本有七十二贤士,三千弟子",大概朋即是七十二贤士,友即是三千弟子。再推想起来,朋即是像佛教的比丘和尚,又像耶教的教徒。友即是佛教的优婆塞居士,又像耶教的教友。所以《吕氏春秋》说"孔丘无地为君,无官为长",真实不虚了。无奈何晏好和汉人作对,便采用一种别本,或是讹本的《论语》作"有朋自远方来",好像一个"为朋的"从远方来。那么孔老先生也和魏晋人一样,招几个人谈谈说说,开心作乐,不免把他一生大规模的活动,付之汪洋大海了。还有《论语》"子曰,夷狄之有君,不如诸夏之亡也"。"亡"、"无"古字通,原文亦很明白。照他句式,演做一句说"佛国之有鬼,不如我中国之没有也"。此是三岁小孩子,也都懂得。汉唐人和北宋的欧阳修引孔子此语,都是照原文解,没有错误。不料有一位理学名儒的程颐老夫子,发生误解,他说:"夷狄尚且有君长,不至如诸夏之僭乱,反无上下之分。"试想他比孔子说的原文,添了多少字,才把孔子的原意思反转来。这种添言造语,岂不是要入拔舌地狱么?孔子是一个最富于民族思想,给程老夫子这样一讲,那么作《春秋》,攘夷狄,都是子虚乌有了。照程老夫子这样讲,那么赶紧请强蛮的边裔来做皇帝,中国才有上下之分、太平之日。他的大弟子理学名儒朱熹老先生就把他程老师的话,载在四书的《论语集注》中,作为定解。元朝皇帝进中国,来得正好,就用朱熹注四书考试士子,束缚愚民,好像如今法国用《四书味根录》考试安南人一样。明太祖很有民族思想,然而他和朱熹是本家。还要仰赖神祐,决不敢改变的(明朝江边猪婆龙作害,地方官因猪音同朱,怕犯国姓,只奏报癞头鼋作害,不敢说猪婆龙。可见明朝老朱的威风,连猪婆龙亦要陷音国姓来出风头)。清朝本以孔孟驭汉族,红教驭西藏,黄教驭蒙古,更不必说了。总而言之,元九十年,清三百年,何其久也,都是程朱的造化了。所以我说《论语》一部书,经过何晏、朱熹的浩劫,那孔夫子就变成空夫子,空而不实了。今之孔教,也就是空教,更不必说了。

以上两段的引证,都是没有小学的工夫,不知理会训诂章句,所以闹到如此,祸及国家社会。诸公就可以知道,读古书而不讲小学,正是不足以为中国文化之荣,转足以为中国文化之辱。如今好了,经过明末遗民的顾亭林一班人提倡的考据,清朝皇帝怕你们造反,拼命奖励死考据,这三百年来,死考据家著作正真多了,讲训诂的书,有《尔雅》、《方言》、《说文》,各家的注解不少。讲章句的亦有《经传释词》、《古书疑义举例》等书。其余十三经、诸子,大半有新作疏解。如能再加研究进步,也就庶几古学复兴,可以有所供献于世界文化的协助了。

还有金石骨甲古文等书,近来亦大有进步,有许多人不信,然而据我研究多年,对于文字上之考证,确实可信的不少。那么我们前举三种目的,渐渐都可达到了。

后说治小学之方法。此看各人的用功而不同。可分两大方面:

第一,是专向小学一方面去用功。

第二，是一面读古书，一面检查小学一类的书而用功。

我们因为要读古书、古金石文，而研究小学，自然以第二法为最紧要。然而未用过第一种工夫的，若要用第二种工夫，便茫无头绪，非常之困难了，所以必须先将第一种工夫，大略用过一番，然后第二种工夫，才可相辅而行，并可两法同求进步，与人之年龄阅历而日臻高深。兹先将第一种工夫，大略述之。

专向小学一类书中去用工夫。最初周官保氏有六书之法，此当依郑玄、许慎两家说，为最精善。古今聚讼纷如，可一扫而空也。六书又可以为两字括之，如左：

```
        类          事
    象 会 转    指 假 形
    形 意 注    事 借 声
```

类即图画也，事即记号也，中国文字由此两种原质而构成。象形是一个图，自有意思的。会意是两个图、三个图、四五六个图，合成一个意思的。不过图多而合成一个意思，太麻烦罢了。转注是二三个、四五六个，乃至数十百个，个个有半个一样的图，斗笼在一气。此便是字典分部的组织了。从来转注的官司，打得最厉害，都不如江声、许宗彦、孙诒让一班人倡此一说，最为妥善。指事是特别造出一个记号来，如一、丨、丿、丶、上、丁都是的。假借是不再造字，即借别的现成字来作记号，和译音一样。如英吉利、法兰西……都是借用的，与本文毫不相干。还有外国文字的名词、动词、形容词……同一语根，而变其语尾，即成数个字。中国字不能如此，故字同而义不同者，果为引申之义，亦算得假借了。形声字是太半经过做记号的阶段，后来又增加形母的偏旁，遂成形声字了。后来六书争论的官司，打得正不了，诸公欲知其详，可以就我的《文字学》，仔细阅看，即可明白。今不多赘。

后来小学之书日多，又分字形、字音、字义三大部：字形亦曰形体，字音亦曰声韵，字义亦曰训诂。由来学术重分类，此项分类，亦为紧要。

研究文字之形体，不能凭今用楷、隶之体，须精研许慎《说文》一书，其中有篆文、古文、籀文，要用六书的义法，去一个一个解剖分析，方见得文字形体的本原。但是许慎老先生不免有汉博士学气味，多有望文作解、陷于 Unnature 的悲状。吾人欲用自然的观察，必须多研究金石古文。近出骨甲古文亦有大益，可明最初象形的原状。

研究文字之声韵，第一要用"读半边字"的方法。后来老学究禁人读半边字，不知道只要读得内行，便是识字的无上妙法。若读得外行，自然不妙。清朝许多讲古韵的大家，如戴震、段玉裁、严可均一班人做了什么《声韵表》、《六书音韵表》、《说文声类》……都是教人"读半边字"。后来有一部最便利的书，即是朱骏声《说文通训定声》。初学者将此书全部检阅数过，即可知"识字容易"的妙法，识得声母一千余个，便可识得篆文一万多个。更推而广之，连《康熙字典》里面的四万多字，也可差不多全认识了（一时不能全认识，用六书的方法解剖，便都可认识了）。读半边字是讲古韵最重要的一个办法，就太近专门了，兹姑不谈。然而读半边字而不讲今韵，亦不能算得全内行。《广韵》二百六部,是今韵的总汇。但是他的读法,全在等韵之中。等韵之学,失传已久,只有黎庶昌刻《古逸丛书》里面,有一部《韵镜》,是中国北宋旧物,内分四十三图,确是《广韵》二百六韵部之钤键(郑樵《通志·七音略》,全抄此书,而无其说明,所以不能懂了)。前清江永、戴震一班大师都没见过,所以等韵不明。还有一部《四声等子》是《切韵指掌图》的原身,亦是北宋旧物(邹特夫考的《切韵指掌图跋》,是不确的,另有评说)。所以研究今韵,必须从《韵镜》、《四声等子》两书入手。但是音韵精微,非口授不明,能有机会,专门讲一番方好也。

研究文字之训诂,是逃不过形体声韵的范围。用六书的义法解剖文字,便可得文字之本义。然而文字之假借义,实多于文字之本义,要增加数十百倍。此非深通古韵,难得其假借义。且非探悉其假借义,亦不能真正确知其本义也。讲古韵而观《六书音韵表》、《说文声类》、《说文通训定声》已得了十有八九的工夫了。而再进一步,穷极奥妙,讲阴阳声对转,即是训诂之道,登峰造极了。章君太炎《文始》一书,即为讲阴阳声转训诂之专著,近人更无第二书也。古韵工夫而能到此田地,返观训诂专书,如《尔雅》、《方言》皆可理解。乃至读先秦古书,均有冰融雪释之乐,自不待言。兹更摘举要例如左:

一、读半边字。

二、知一声之转。

三、知双声叠韵字。

四、知声同则义通,声近则义近之量大公例。

所以训诂工夫在文字之形体方面,只占十之二三。而在声韵方面,却占十之七八也。今人怕用声韵工夫,那就于训诂一道,怕不免终身门外汉了。

既然用过小学工夫,而后读姬汉古书,自然检查小学一类的书,也有门径了。此时读书,尽觉津津有趣。但是有一件当注意者,古人所用的文字,十八九出于假借,故须常检查小学一类的书,以求其正确的训诂。如是历练久久,自能精博详审。凡古注有不合的,我可以纠正他。西汉人家法所谓训诂通大义者,自有无书不可通之乐。至于章句语气之间,文从字顺,自足了之。但看《经传释词》、《古书疑义举例》二书,即能举隅反三,或超而上之,可不必再用章句邹儒的工夫了。但是如此学业,终身用之不穷。古人著书,本积毕生经历而成,复有古今社会不同。所以我辈读古书,尚有当注意的,一是环境问题,二是年龄问题。必须深悉古人环境,和我的经历程度,真知灼见,确能定古书的意义,方可算是成就。不然,宁可我常常自视如少年,作未定之解,可也。

以上略述治小学之方法,不能详也。更以我所经历,告诉诸公,我四岁识千余字,以后读书,一经口授,便能成诵,十三经只余公、穀二传未读。但自十岁以后,喜看宋儒语录书,后此遂鄙视科举,不肯做八股文。十七岁时,有一位老先生教我:"尔只知宋学,不知汉学。治汉学之法,先看段氏《说文》、《皇清经解》。"我遂进了汉学的门径。治经子史汉,皆用此方法。当时见《说文》一类之书,即购。购不到,便借。久久看了数十百种的《说文》书,便有凌驾古人之意,欲作《说文汇解》一书,拟目五百卷。幸而未成,不然,徒为庞然大物而已。后来在教育界多年,要依科学组织著《文字学》一书,幸已成书了。将来还要讲《说文》一书,重行注释一部,未知何日得偿斯愿。我的读书总方法:一、无论何一时代的书籍,必用同一时代的语言去解释它,至少亦须时代极接近的。惟有天然实物实迹可证者不在此例。二、伸释古义,举证愈多愈好。孤文鲜证,存而不论。空谈更不必说了。三、创获一义,必按之群书,六通四辟,而后成立。不然,宁可缺疑,或作悬案,决不穿凿。守此三大律令,庶几可免"郢书燕说"、"断章取义"两种的大病了。

附录:初学要用小学书目
大徐本《说文》
小徐本《说文系传》
段玉裁《说文注》
黎永椿《说文通检》
朱骏声《说文通训定声》
无名氏《一贯三》(可查段氏《说文》、朱氏《说文》、《经籍籑诂》三种书)
章炳麟《文始》
陈玉澍《尔雅释例》
俞樾《古书疑义举例》
《广韵》
《韵镜》
《四声等子》
《切韵指掌图》
陈澧《切韵考》

旧时月色斋词谭

◎ 陈匪石

　　词中以小令为最难,犹诗中之五、七绝也。《花间》一集,尽辟町畦,益之以南唐二主、冯正中,更衍为朱(按:当作"珠")玉、小山、六一,小令之能事,已不为后人更留余地。近世以来,凡填小令,无论如何名家,皆不能脱温、韦、冯、李、晏、欧窠曰。陈伯骏谓小令可以不填,持论虽似稍偏,然实甘苦独得之言也。余谓填小令而欲避花间途径者,尚有二派:其一取语淡意远之致,以古乐府之神行之,庄蒿奄(按:当作"庵")《蝶恋花》四阕,此其选也。其一用豪迈疏宏(按:疑当作"宕")之致,中冷(按:当作"泠")泠辈子和《庚子秋词》韵为"春冰"词五十三首,似得其窾也。

　　汲古阁刻《宋六十家词》,在今日颇不易得。子晋刻词,得一集即以一集付梓,故如子野、石湖、东泽,固多未备,即人人传诵之草窗、碧山、玉田,亦付阙如。且校雠之功亦多疏忽。此汲古之失也。然填词丛刻中,实以此为最丰富,故久为世界(按:疑当作"间")所推重。近钱塘汪氏重镌板于广东,亥豕鲁鱼,视汲古为尤甚。但取价不昂,且较为易得,故此人多购之,以弥不得汲古原本之憾。若能以汲古原本付之石印,而再详加校勘,以校勘记附其后,则风行之远可预卜也。

　　近二百年来,善言词者,词多不工。如万红友、戈顺卿、徐级(按:当作"诚")庵、陈亦峰,皆是也。或谓律太谨严,则为所束缚,而摛词遂不能自然超妙。抑知两宋大家如秦、周、姜、吴、张诸子,谁非精于律者?又谁不工于词耶?故谓红友诸人精于律而拙于词则可,谓其词之不工由于律之太细,则断断不可也。

　　竹垞有言:"世人言词,必称北宋。然词至南宋始极其工,至宋季始极其变。"此在竹垞当时,自有两种道理:一则词至明季,尽成浮响,皆由高谈《花间》、《尊前》,鄙南宋而不观之过,故以此语矫之。二则竹垞专宗乐笑翁,遂开二百年浙西词派,其得力正在宋季,自言其所致力也。若律以读词之眼光,清真包括一切,绝后空前,实奄有南宋各家之长。姜、史、吴、王、张诸人,固皆得清真之一体,自名其家;即稼轩之豪迈,亦何尝不从清真出?则至变者宜莫如美成。而屯田、子野、东坡,其超脱高浑处,词境亦在南宋之上。小山、淮海、方回则工秀绝伦,更不得谓"南宋始极其工"也。竹垞此语,实为宗南宋而祧北宋者开其端。然亦由南宋有门径可寻,学之易至。而南宋之不如北宋,愈彰彰矣。乔笙巢曰:"词至北宋而大,至南宋而深。"予于其论南宋之言,亦未敢以为惬心贵当也。

　　有清一代词学驾有明之上,且骎骎而入于宋。然究其指归,则"宋末"二字足以尽之。何则?清代之词派,浙西、常州而已。浙西倡自竹垞,实衍玉田之绪;常州起于茗柯,实宗碧山之作。迭相流衍,垂三百年。世之学者,非朱即张,实则玉田、碧山两家而已。湖海楼崛起清初,导源幼安,极纵横跌宕之妙,至无语不可入词,而自然浑脱。然自关天分,非后人勉强可学,故后无传人,不能与浙西、常州分镳并进也。至同、光以降,半塘、沤尹出,始倡导周、吴而趋其途径。沤尹则直入梦窗之室,吴派遂为清末之新声矣。若学美成而至者,则尚未之有也。

　　苏、辛豪情逸气,自不可及,亦不可学。半之则易流于粗。余固不敢问津也。

　　词固言情之作,然但以情言,薄矣。必须融情入景,由景见情。温飞卿之《菩萨蛮》,语语是景,语语即是情。冯正中《蝶恋花》亦然。此其味所以醇厚也。然求之北宋,尚或有之;求之南宋,几成《广陵散》矣。

　　词贵有聪明语,谓能见其性灵也。词又不可专作聪明语,恐其渐流于薄,不能入于高浑深厚之境也。

　　词中咏物之体,忌雕琢,忌肤泛,人所共知。然苟无寄托,亦索然无味。碧山咏物诸词,俱含有一掬亡国泪,而借物以写其哀,如咏蝉、咏萤、咏榴花诸作,允推绝倡。而论者犹谓其咏物体多,未免自卑其格。可见咏物之词不可轻作也。余谓咏物体亦非不可作,然须以我为主,不以物为主,而时序之感、家国之事,一以寄之,则不为物所束缚,方免于呆板之弊。彼《茶烟阁体物集》全掉书袋,直獭祭耳。

　　瞻园师曰:填词以意为主,意浅则语浅,意少则不必强填。意贵新,而造语宜圆熟,不可生硬;意贵远,而造语宜冲淡,不可晦涩。

　　词有"咽"字诀,非可于字句间求之者。读清真《六丑》,无语不咽。而碧山诸作亦然。若于字句间讨生活,未有不失之浅薄也。

　　词笔无害于拙。惟拙故重,重则无浅薄浮滑之病,而入浑之基在焉。世之犯纤、犯薄、犯滑者,皆自命不拙耳。

　　典博,宜加以微婉;浓丽,宜进之深厚。此当于气息上作工夫。

　　玉田《乐府指迷》(按:当作《词源》)于词中用事之法,标题"紧著题融化不涩"七字。予谓"融化"固难,"不涩"则尤难。盖词之运用故实,无直用者,无明用者。且地名、人名随意砌入,则生硬而不圆熟,凌杂而不纯粹。故"融化"之法最重。取其意者不妨变其面目,仍不能失其未(按:疑当作"本")真。使造作太过,令人不解其所隶何事,则晦涩矣。欲免此弊,须有一番研炼工夫。

　　山谷《瑞鹤仙》隐括《醉翁亭记》,通首用"也"字均;《阮郎归》,通首用"山"字均。竹山《声声慢》咏秋声,通首用"声"字均。在诸公一时戏作,以此见巧妙心思耳。张咏以谓此体效"南(按:当作'福')唐独木桥体"。近人谢枚如(章铤)论之,以为《汤盘铭》用三"新"字,《董逃歌》用十三"逃"字,即此体之滥觞。然吾以为,此种体裁无论果出于古与否,吾人皆不必效法,以其太嫌纤巧,非大方家数也。不唯此体,凡词中以一二字叠用不已,挑逗以示聪明者,如"衡阳犹有雁传书,彬(按:当作'郴',下二'彬'字同此)阳和雁无","彬江幸自绕彬山","墙里千秋(按:当作'秋千')墙外道,墙外行人,墙里佳人笑"之类,淮海、东坡偶一为之,未尝不别饶风趣,为一时名句;然使后人奉为金科玉律,专意摹仿,其不专(按:疑当作"转")成恶趣者几希。

《草堂诗馀》将各种词调硬分为小令、中调、长调,以五十八字以下为小令,六十字以上、九十字以下为中调,九十二字以上为长调,不知何所取义。夫词之有"慢"、"犯"、"近"诸名者,律吕上之关系;而小令、中调、长调等,则无与于宫商也。以此分为三种,不亦异乎!

古来词多无题,调名即题也。后人或自为一题,以取别于本意。然无题者居多,则读其词者亦不必为之强标一题也。若词本无题,而强就词中之意穿凿附会,取一题以实之,以致"春景"、"夏景"、"秋景"等字罗列满纸,不独无当于词之真意,抑亦陋矣。然此例亦创自《草堂》。

张皋文《词选》不取梦窗,是为碧山门径所限。

周止莽(按:当作"庵")《四家词选》以周、辛、王、吴为不祧之宗,是已。然降白石为稼轩附庸,而所挑剔之"俗滥"、"寒酸"、"补凑"、"敷衍"、"支"、"复"等处,又皆白石之小疵。其实白石之所不可及者,在纯以气胜。子舆氏所谓"浩然"者,白石之词足以当之。而瘦硬通神,为他人屐齿所不到。与稼轩之豪迈,畦径似别。余谓白石在两宋中固当独树一帜,非可为他人附庸也。

柳屯田有"忍把浮名,换了浅斟低唱"之句,论者讥其轻薄。又以集中诸词多闺房媒亵语,议其轻亵。不知屯田词品正如绝代佳人,乱头粗服,而一种天然之致,自不可掩。且其气冲和,纯是浑沦未凿气象。余尝叹其不易学步,绝不敢人云亦云,视《乐章集》之词等于《疑雨集》之诗也。

清真《花犯》一首,咏梅也。结处数语曰:"相将见、跑园(按:当作'脆圆')荐酒,人正在、空江烟浪里。但梦想、一枝潇洒,黄昏斜照水。"忽而推及梅子,忽而勒转到梅花,中间仍以人为骨。若在他手,恐非数十字不能满足其意。而清真包一切,扫一切,兔起鹘落,操纵自如,笔力何等雄浑!试问他人之钩勒,有如此包举之大力否?

张玉田论梦窗词,谓如七宝楼台,炫人眼目,拆碎则不成片断。是美其奇思异彩,而以其过于典实,意犹不知足也。玉田论词取清空,不取质实。夫质实之流弊,晦涩与堆砌易蹈其一。玉田之说,未可厚非。但细读梦窗各词,虽不着一虚字,而潜气内转,荡气回肠,均在无虚字句中,亦绚烂,亦奥折,绝无堆垛饾饤之弊。后人腹笥太空,读之不能了解,辄袭取乐笑翁语,亦为质实而不疏快,不亦谬乎!

张玉田为人诟病,不曰律不精,即曰韵太杂。余谓玉田之病,在《山中白云词》共三百首,为数太多,不无瑕瑜之互见耳。使于三百首中,仅精选数十首传之后世,亦何至供人指摘耶?

玉田以"春水"词得名，人呼之曰"张春水"，即《南浦》"波暖碧粼粼"一首也。余昔以其平淡无异人处，心焉（按：疑当作"甚"）之。枢（按：当作"沤"，下同）尹先生曰："此词虽无新奇可喜之处，然吾尝试为之，终不能及。王田之安详合度，是即其可传处也。"夫词之平淡无奇，而他人为之辄不能及，则其境深远矣。田玉（按：当作"玉田"）《词源》标"妥溜"二字为入门途径。枢尹教人，亦常举此语，以为入浑之基。予尝思之，填词一道，不必有惊人语，但通首之中，用意应有尽有，层次秩然不紊，遣词命笔，无不达之意，安章宅句，磐（按：当作"馨"）折铃圆，自然纯熟，而饶有余味，即炉火纯青时候，可以当"妥溜"二字。余学填词有年矣，然尚不能造此境焉。

成容若《绿（按：当作"渌"）水亭杂识》曰："《花间》如古玉器，贵重而不适用；宋词适用而不贵重。李后主兼有其美，而更饶烟水迷离之致。"容若瓣香后主，其所著《饮水》、《侧帽词》，神味隽永，亦颇似之。故其语云然也。然细思之，亦属确论。"贵重"、"适用"之别，即世风今古之变。《左》、《国》不如《盘》、《诰》，而《史》、《汉》又不及《左》、《国》，亦此故也夫！

由《雅》、《颂》而变为乐府，由乐府而变为律、绝，由律、绝而变为词，由词而变为曲，此亦世事由简趋繁之常轨焉。古之《雅》、《颂》、乐府、律、绝、词、曲，无不可被之管弦，今仅为词章之一技，则本真寝离矣。然词谓之"填"，按控（按：当作"腔"）合拍之义显然可见。苟能协律吕，付丝竹，则黄钟大吕之遗音俱在是乎？

填词必明五宫（按：疑当作"音"，下同），始能合拍，非仅辨四声，即谓能事毕具也。观玉田《词源》所载，同一平声，而"深"字不叶，"幽"字不叶，"明"字乃叶，即可知四声不误，未必即能付红儿也。然挽近以来，五宫之论已成绝响，则但于四声之用而明辨之，庶或免于缅（按：当作"偭"）规错矩之弊。若既不知五宫，又不辨四声，则不必填词可也。

万红友《词律》于去声辨之极严，启发后人不少。近人丹徒茅北山于四声之中各分阴阳二部，属阴之音可以延长，属阳者不能，立论尤为精密。闻其自编一韵，不知何日告成。

周止庵曰："平、去是两端。上由平而之去，入由去而之平。"此语极精邃。凡词中押入声之调，必不能押上、去；而押上、去之调，改押入声，间或可行。此征之两宋各大家而皆然者。

《浣溪纱》有平、仄两调。又有平调而首句不起韵者，其下三字作"平仄仄"。此见之于薛昭蕴，"红蓼渡头秋正雨"、"越女淘金春水上"，皆是也。宋以后用此体者虽不多见，然固是一格。红友《词律》、级（按：当作"诚"）庵《拾遗》皆不载之，何也？

红友驳《啸馀图谱》之误，固为倚声家功臣，然《词律》中亦有误者。梦窗《探春慢》词上段（按：当作"段"）之"重云冷哀雁断翠微深愁蝶舞"，明明是三字四句；下段之"冰溪凭谁照影有明月乘兴去"，明明是六字一句、三字二句；与梦窗自度腔《探芳新》词上段之"层梯峭空麝散拥凌波紫翠袖"，下段之"椒杯香干醉醒怕西窗人散后"

等句句法相似。而红友于此两调注此数句皆为六字句,非也。

梦窗《玉京谣》过变曰:"微吟怕有诗声翳镜慵看但小楼独倚。"明明六字一句,四字一句,五字一句,至"倚"字乃叶韵。而红友竟以"翳"字属上句,注之曰"叶"。试问以"翳"字属上,作何解说?不独多一韵之为误也。

清真《浪淘沙漫(按:当作"慢")》"晓阴重"一首,其结处曰:"恨春来不与人期,弄夜色,空余满地梨花雪。""弄夜色"三字联属于下七字,明明可见。则"色"字处特读耳。且全首押"月"、"曷"、"屑"韵,而"色"字在"职"韵,亦无从叶,则又(按:当作"不")过此处适用入声字耳。方千里和清真词,不和"色"字,而于其用"色"字处用"日"字,其词曰:"谩飘荡海角天涯,再见日,应怜两鬓玲珑雪。"可谓"多"(按:当作"色")字非叶之证。红友注之曰"叶",亦属非是。

《惜分飞》两结句之第四字,有用韵者,有不用韵者。陈西麓之作,上段曰"相思叶底寻红豆",下段曰"翠腰羞对垂杨瘦",是不用韵也。而毛东塘(按:当作"堂",下同)之作,上段曰"更无言语、休拌觑",下段曰"断魂分付、潮归去",则"语"、"付"二字皆韵也。红友《词律》仅载西麓之作,而于东塘一体付之阙如,是漏去一体矣。

《惜红衣》一调,为白石自度腔。红友所注"叶"处,只与张玉田诸作相合。其实后段之"国"字亦韵也。郑叔问谓,钩稽白石旁谱,次句之"日"亦韵。沤尹先生六叠姜韵,"日"、"国"之韵皆和之。近人靡然从风矣。考与白石同时之作,吴梦窗、李周隐各有一阕。周隐"日"、"国"二字皆不漏,同于时贤之所填。梦窗之作,则次句"雪"字、后段"箔"字,似乎不叶。人有谓为借叶,而以白石《长亭怨慢》用"此"字叶"语"、"御"韵为比者。则"日"、"国"之为叶审矣。然此义实非叔问创获,周止庵亦曾言之;而最初辨为叶者,则《碎金词谱》也。

《木兰花慢》一调,当以柳耆卿为正轨。首句为四字,换头固已。(按:以上二句似有夺误。)中间相连之二字、四字、八字三句中,其二字句必叶,其四字句必以一领三,乃为合格。观《乐章集》中此调凡三首,无不如是也。若《山中白雪(按:当作"云")》,此调亦极夥,而不独四字句多用二二句法,首句或用二三句法,即二字句亦多不叶,殊不足为训。

趋轻倩一派,其失也浮;趋侧艳一派,其失也狎;趋豪迈一派,其失也粗;趋圆熟一派,其失也滑;趋典实一派,其失也砌;趋雕琢一派,其失也纤;趋疏宕一派,其失也生硬;趋艰深一派,其失也晦涩。然皆不善学者之误,两宋名家固无是也。

蘖(按:前文作"蘖",未知孰是)子语余:一般词人(按:上文似有夺误)无一字无来历,无一字不新颖。予谓造句琢字,不外一"化"字。用一故实,必有数故实以辅佐之。意取于此,用字不防(按:当作"妨")取于彼。合数典为一典,自新颖而有来历。如白石词中"昭君不惯胡尘远,但暗忆、江南江北"之类,即得此诀。而梦窗尤擅用之,甲乙丙丁稿中,举不胜举。吾人欲求造句琢字之妙,须于梦窗词深味之。

白石、梦窗皆善练气。但白石之气清刚拔俗,在字句外,人得而见之;梦窗之气,潜气内转，伏于无字句中，人不得而见之。此所以知白石者较多，知梦窗者较少。而一般对君特肆攻击者，犹不免为吴氏之门外汉也。

世人病梦窗之涩，予不谓然。盖涩由气滞，梦窗之气深入骨里，弥满行间，沉着而不浮，凝聚而不散，深厚而不浅薄，绝无丝毫滞相，浅尝者或未之知耳。但必有梦窗之气，而后可以不涩。

词与曲之区别

◎ 吴　梅

我国文学改变之迹,皆由自然,非一二大文豪所得左右其间也。自乐府不能按歌,而唐人始有词,太白、香山开其先,至飞卿而其艺遂著。南唐、两宋,更为发辉光大之,于是词学乃独树一帜矣。北方学者,对于词学,不能尽通其症结,遂糅杂方言,别立一格,名之曰曲,创始于董解元,而关(汉卿)、马(东篱)、郑(德辉)、白(仁甫)乃极其变。一时中原弦索,披靡天下,非复垂虹桥畔浅斟低唱光景矣。迨元末永嘉人工作南戏,《琵琶》、《拜月》,后先登场,尽洗胡元古鲁兀剌之风,别名为南曲,以元剧为北曲,二者各行其是,初无轩轾也。至隆庆、万历间,昆山梁伯龙、太仓魏良辅,始造水磨腔格,学者靡然从之,于是有昆曲。良辅工音律,尝楼居二十年,改易南词旧格,字字悠扬出之,伯龙作《吴越春秋浣纱记》传奇,使之订谱,天下始有清音。前北部弦索,至是自然淘汰焉。此即由词而北曲而南曲而昆曲之沿革大略也。

今人言声歌之道,辄将词曲并举,一若二者绝无异点者,此不知音者之论调也。词是一物,其中正犯变化,不能殚述,仅就文字上研究,其区别处正多。今略分数类言之。

(1)音律。七音十二律,互乘为八十四调。以宫乘律为宫,以其他六音乘律为调,此无论雅乐燕乐及词曲,皆范围其内也。玉田《词源》云:"今乐所存,止七宫十一调。"沈宁庵《南曲谱》亦云:"曲中宫调,止六宫十一调。"是曲中宫调,亦不甚相悬,惟歌法则大不同。词之旧谱,能流传至今日者,仅白石词集旁谱十七支。其间所有"幺"、"‖"、">"、"人"等字,与近世谱字,已不相合,况复节拍之存,缓急强弱,无从臆断。所可知者,诸词皆一字一音,初无繁声介乎其中,与朱子所述《鹿鸣》、《四牡》等十二章诗谱,按之相合。是与北词之驰骤、南词之柔峭,绝不相类。是音律上之不同者一。

(2)结构。词之为道,意内言外。自宋以来,作者虽多,而论其体例,止有小令、中令、长调之分耳。按诸起调毕曲之说,则首韵与两结韵,各宜慎重下字。试查白石旁谱,所列工尺,无有逸此范围者,然文字优美,初不在此也。曲则注重在尾格,而每支之起毕,反不必斤斤焉。一支者名小令,二支、四支者名重头,全套有尾者名散套,其繁简多寡,与词大异。是结构上之不同者二。

(3)作法。词之作法,不论小令、中调、长调,一言以蔽之曰:雅而已矣。曲则有雅有俗。何也?词无角目,曲有角目也。昔人歌词之法,今虽不可考,而两宋名词具在，大抵主宾酬酢，皓齿一转而已。但冀一牌脱稿，即可引吭发声，初无套数之多少，更无忠佞之分配也。即如赵德麟述《会真记》事，既赋〔蝶恋花〕十章，与弹词家相近，毫无剧戏之模型也。曲则有清曲、戏曲之分，清曲与词尚近，无容费辞，剧曲则邪正贤奸，最宜分析。无论立心端正者，我当设身处地，为之竭力写生。即彼行止奸邪者，我亦当舍经从权，暂测小人之腹。然而摹写忠贤行为，尚易下笔，至于人品恶劣之徒，往往对之棘手。盖作曲者必文人，文人与市井，必不相近，乃欲以文人之笔，摹市井之心，则终不能形似。所以旧传奇中，净丑诸曲，往往失诸太工，不合本相，是误以作词之法作曲也。此作法上之不同者三。

总此三项观之，词曲相异之点略见。然则词之变而为曲，亦有端倪可寻乎？曰：有之。即宋时大曲是也。宋时官本杂剧，皆以词牌叠用成套。《宋史·乐志》谓真宗不喜郑声，而或为杂剧词，未尝宣布于外是也。其时歌词，虽无可考，而《东京梦华录》所载杂剧队舞之制尤详，是已具搬演剧戏之性质矣。至《乐府雅词》，又备录董颖〔道宫薄媚〕大曲一套，其曲牌有排遍、十撷、入破、虚催、衮遍、催拍、歇拍、煞衮等名，更与后世《董西厢》及元人杂剧相类。而史浩《鄮峰大曲》，有剑舞、采莲等七套，并详录舞态歌词，及参军致语，大曲之详备，无有过于此者（见《彊村丛书》）。顾此等大曲皆以词牌作之，并非若董词及关、马、郑、白等之套数也。东坡〔哨遍〕，隐括《归去来辞》，已开代言之体，然以数曲代一人之言，且专赋吴越故事者，实自董颖此套为始。要之德麟〔蝶恋花〕十曲，开董解元之先声，此半则为元套数杂剧之祖。故戏曲之不始于金元，实自有宋一代变化中来，而大曲尤为词与曲嬗蜕之显而易见者也。

然则词在今日果不能歌乎？曰：不能也。白石自度曲十七支，备书旁谱，前人解释已详，虽有参差，大抵不甚误谬，至欲付诸歌喉，则仍有所不能。何也？以无节拍可考也。在姜谱，未尝无节拍，颇与近世诵习者大异。是以工尺可以寻绎知之，而拍节则各持异说，无一人能折中定断也（休宁戴长庚，曾释姜谱，较为妥善）。然则词在今日必若何而能歌乎？曰：于无法之中，思得一捷径焉。其法维何？曰：词之谱法，虽已亡佚，而南北曲谱法，则固完全也。其六宫十一调，词与曲初无二致也，两宋旧谱，既不可复。姑以歌曲之法歌词，虽非宋人之旧，而按律度以被管弦，较诸瓦釜不鸣，空谈音吕者，固高出倍蓰矣。前清高宗时，庄亲王奉勅撰《九宫大成谱》，搜罗南北曲至富，两宋旧曲，被入声歌者，至有数十家，亦以歌曲之法歌词也。云间许穆堂宝善，松滋谢默卿淮亦本庄邸遗法，先后成《自怡轩词谱》、《碎金词谱》二书。一时词场，交口称誉。论其所诣，不在叶怀庭、钮匪石之下。成例具在，不妨更端继作也。第制谱之道，亦非易易，板式歧则句读多淆，宫调乱则管色不一，正犯误则集牌相错，阴阳混则四呼不清。此则鄙人与诸同学所当共同研究而已。惟始则区别词与曲之异点，而终以二者合并之，自思不禁失笑矣。

尔雅略说·论治尔雅之资粮

◎ 黄 侃

上来《尔雅》源流及历代为此学者，诠述略竟。兹更举研治斯学之资粮：

一、说　文

《尔雅》之作，大抵依附成文为之剖判。成文用字，大抵正借杂糅，初无恒律。此由于太古用字，已有依声托事之条，不独用以行文，抑且用以造字。是故一王也，既借为朝廷，望所从之壬，即作朝廷解。又借为徽幸，望所从之壬，即作徽幸解。一辛也，既以为辠，见宰下说解。又以为孰，见變下说解。右训手，见若下。字宜作又；戌训悉，见咸下。字即宜为悉；仑训理，见仑下。而本解但为思；回训雷，而本解但象回转；曾训益，会下。论字只宜作增，鏖训惑，本字止宜作迷；至于衵、襫异文，从巳有意，而从异者，即巳之借，裯、骄异文，从寿者，祷省，而从周者，又祷之借。其佗一字殊读，有若廿，二十并。廿，疾古文。喦，读戢，喦，读呶。一义引申，有若长，长短。长，尊长。令，使令。令；令尹。凡皆造字之假借，约定俗成而不移，又何怪用字之有假借乎？虽然，用字不能无假借者，势也；解字必求得本根者，理也。使无《说文》以为检正群籍之本根，则必如颜之推所云："冥冥不知一点一画有何意义矣。"《尔雅》之文，以解群籍，则绰绰然有余裕；试一询得义之由来，必有扞格而不通者。此如：始也，君也二条，初、首、基、祖、元、胎、俶、天、帝、皇、王后，或为本义，或自本义引申，此字形字义相附者也。哉训言之间，无始义，其训始者，当作才；何以知之？以《说文》训才为草木之初也。肇训击，无始义，其训始者，当作肁；何以知之？以《说文》训肁为户始开也。落训木叶陊，无始义，其训始者，当为反言；何以知之？即以胎、殆同从而义反，知之也。权、舆，一为黄华，一为车舆，无始义，其训始者，当作灌渝；何以知之？以《说文》㷉字说解曰：灌渝，知之也。林训君者，当由群义蜕嬗，二木为林也；烝训君者，当由众义引申，烝即众之变；其本字为气上行，无君义也。辟训法，君能执法，故以为君；但据辟之形，初无君义也。是故字书之作，肃然独立，而群籍皆就正焉。辞书之作，苟无字书为之枢纽，则荡荡乎如系风捕影，不得归宿。欲治《尔雅》者，安可不以《说文》为先入之主哉？

二、古韵学书

《尔雅》总绝代之离词，其中蕴蓄先世逸言，异国殊语。当时九服声音，相离未远，纵以声类比方假借，而聆音知义，不至淆讹。迨世远声迁，文字之著于竹帛者，不能相逐而同轨；于是睹文而不知义，音从世读而不谐于古初。治《尔雅》者，不明乎此，上之不过如邢叔明之守文，次乃侪于陆佃、王雱，舍望文生义外，无复他技，且以新得自矜，至可忿疾者也。尚考郭氏注文，其于音理知之甚深，故其功绩一在通故言，一在证今语。通故言者如"陨、磒，落也"注曰：磒犹陨也，方俗语有轻重耳；"卬，我也"注：卬犹姎也，语之转耳；"贲、畀、卜，予也"注：贲、卜、畀，皆赐与也，与犹予也，因通其名耳；"迅，疾也；骏，速也"注：骏犹迅，速亦疾也；"愲，惧也"注：愲即慑也；"觊髳，弥离也"注：弥离即弥离，弥离犹蒙茏耳；"辅，俌也"注：俌犹辅也；"迺，乃也"注：迺即乃；"湁，治也"注：湁，《书序》作汩，音同耳；"繇，喜也"注：引《礼记》曰。咏斯犹，犹即繇也，古今字耳；"任、壬，佞也"注：壬犹任也；"在、存，察也"注：存即在；"徂、在，存也"注：以徂为存，犹以乱为治，以曩为曏，以故为今，此皆诂训义有反覆旁通，美恶不嫌同名；"荐、挚、臻也"注：荐，进也，挚，至也，故皆为臻；臻，至也；"袝，祖也"注：袝，付也；"疾、齐，壮也"注：齐亦疾；"羠，羳也"注：羳犹麑也；"夫之兄为兄公"注：今俗呼兄钟，语之转耳；"路、旅，途也"注：途即道也；"斛谓之𩰾"注：皆古銎錇字；"不律谓之笔"注：蜀人呼笔为不律也，语之变转；"邸谓之抵"注：邸即底；"秋为旻天"注：旻犹愍也；"春祭曰祠"注：祠之言食，"丘一成"注：成犹重也，此皆依据音理。通古今之异言者也。证今语者如"嗟、咨，蹉也"注：今河北人云蹉叹，音兔置，此以兔置之音悟其为《尔雅》之蹉也；"㥄、怙，恃也"注：今江东呼母为㥄，音是，此以是之音悟其为《尔疋》之㥄也；"逮，遝也"注：今荆楚人皆云遝，音沓，此以沓音悟为《尔疋》之遝也；"蟠蛛谓之雩"注：江东呼雩音芋，"滩，沙出"注：今江东呼水中沙堆为滩，音但；"荅，接余"注：江东食之，亦呼为荅，音杏；"未成鸡䅪"注：江东呼少鸡曰䅪，音练；此由芋、但、杏、练之音，悟为雩、滩、荅、䅪之字；使非音理通明，岂可综合古今，知其部类哉？自郭氏以后，此风莫绍；无往不复，乃中兴于清世诸师。

清世古韵之书甚伙，择其要者：厥惟顾、宁人《音学五书》中，《唐韵正》最要。江、慎修《古韵标准》。戴、东原《声类表》。段、若膺《六书音韵表》，须佐以门人江沅子兰《说文解字音均表》。钱、晓征《潜研堂答问》。王、怀祖《韵表》，见《经义述闻》。孔、撝约《诗声类》。严、铁桥《说文声类》。刘申受《诗声衍》。数家；流览既周，乃知古声、古韵之概。

古声类之说，萌芽于顾氏；钱氏更证明古无轻唇，古无舌上；本师章氏，证明娘、日归泥。案此理本于《切韵指掌图》《切韵指南》，而兴化刘融斋亦能证明。自陈兰甫作《切韵考》，划分照、穿、床、审、禅五母为九类，而后齿、舌之介明，齿、舌之本音明。大抵古声于等韵只具一、四等，从而《广韵》韵部，与一、四等相应者，必为古本韵；不在一、四等者,必为后来变韵。因是求得古声类,塙数为十九。凡变音,皆当归纳于本音之内,而后古双声可明。古双声明,而后音近音转之字,皆得其鳃理矣。

古韵部之说,由简趋繁。其最能致用者:

一、为戴氏异平同入之理

戴氏《声类表》分九类:一曰,歌、鱼、铎之类;二曰,蒸、之、职之类;三曰,东、侯、屋之类;四曰,阳、宵、药之类;五曰,庚、支、陌之类;六曰,真、脂、质之类;七曰,元、月之类;八曰,侵、缉之类;九曰,覃、合之类。虽配合小乖,而孔氏《诗声类》阴、阳对转之说,即出于此。今谓不独古韵阴、阳对转,即今韵亦阴、阳对转,详在他篇。

二、为严氏诸韵会通之理

严氏书分韵十六类。之、支、脂、歌、鱼、侯、幽、宵、蒸、耕、真、元、阳、东、侵、谈。后附《说文声类出入表》,云:檀母为纽,必在本类;其子有往适他类者,案如出省声,有严,读如跃,由之入宵。亦有他类之子来归本类者;案如薿从疑声,本在脂类,而来入之。以及重文读若,往来无定。既严其畛域,复观其会通;所谓分则毫厘有辨,合则一统无外。其表惟之与阳,及支与侯、蒸、阳、东、侵,无出入,非谓声转竟不得通,谓《说文》无此也。得此说而韵部皆可相通,可省无数拘挛之苦。

三、为刘氏分韵廿六之理

刘氏《诗声衍》分韵廿六,冬、东、蒸、侵、盐、阳、青、真、文、元、支、锡、歌、灰、职、萧、屋、肴、药、鱼、陌、愚、微、未、质、缉。此为古韵分部最多之书。若案前条一、四等为古本韵之理,刘氏亦大氏近之。惟未韵,应分为二类;从章氏,今定名为没类、曷类。缉韵,应分为二类;从戴氏,今定名为合类、帖类。而后古韵部始全。

读书说示中文系诸生

◎ 汪辟疆

古书至博,遍读为难。畏其难而不事也则安陋,知其难而循序也则有功。不有启迪,曷由问径?径又多歧,使无指示,则旷时日,敝精神,四稔葳业,如坠云雾,终无得也。今与诸君约:竭四年之力,熟读十书;卷少者年诵二种,多者分年治之;务蕲贯彻。以此治基,基固,则日进缉熙光明矣。

今诸君既入大学中文系矣!在学四年,日有讲授,夜有温习,须知此皆通诠纲领之恉说耳,去学实远。盖此为研治专学之途径,非谓终日徘徊此途径中,便谓已到目的地也。欲达目的地,即可由此截断众流,扬舠直薄,如王濬以楼船趋建业本领,直捣腹心,踞石头以瞰长江,则收获多矣。《四库》著录,何一非重要之书?然有源之水,只有此数,而此有数之源头,又分别其源头之源头,则书更少,更易为力,守此几部源头书,锲而不舍,虽约必博。反之,目罢坟籍,鲜窥根柢,犹之身处大江下流,徒骇其汪洋灏瀚,而欲与之朕汶阜氏道之滥觞,夔巫西陵之湍急,宁非梦呓?所谓虽博而仍陋也。今姑就此源头书,略举其最切要者数种,加以说明,俾先从事。源头书不只此,但此为必读而又须急读者。若更求益,愿以异日。

一、说文解字

清朱筠曰:"士必先治经,治经必先通文字训诂。周公作《尔雅》,释诂居首。保氏教六书,《说文》仅存。"故宜先诵习。

二、毛诗正义

三、礼记正义

张广雅曰:"治经次第,先治《诗》,次治《礼》。"此确论也。《诗》取讽诵,视它经为易。传笺多以《礼》说《诗》。读注疏既久,即知《礼》为群经关键。此节不打通,则经无由治。《周官》、《仪礼》、《礼记》称《三礼》。今但取《礼记》者,以《礼记》发明礼意,且多汉初经师旧说,视二《礼》为易明,先其所急,非有轻重也。

四、荀　子

五、庄　子

季刚尝言:"不读《荀子》不知礼,不读《庄子》不知理。"此为至言。盖儒家孔孟而外,惟荀子隆礼人治,切于实用。其义赜,其文玮,本末具备,故先之。漆园解老,旨远文高,玄学之宗也。子家,大辂,未之或先。

六、汉　书

七、资治通鉴

班《书》为纪传之正宗,《通鉴》为编年之极则。读史不先从事于此,无当也。太史公自属奇作,视班尤高。然其书秦以前可证经,汉以后为班书取裁。姑舍是,以待他时专力,非初学所能遽通也。《通鉴》体用赅备,删述伟业,非惟文系必读,即它系诸生亦必读也。读《汉书》时,宜附看《史通》。读《通鉴》时,宜浏览《读史方舆纪要》。

八、楚　辞

九、文　选

十、杜　诗

此治文学必读之书也。治文先以《骚》、《选》,则托体必高,摛词必雅,精者求气韵,粗者猎藻绘,皆可名家。读此书时,最宜取刘勰《文心雕龙》、钟嵘《诗品》同时读之。杜诗上承八代,下开唐宋,为诗家转变一大枢纽。百世不祧,万古常新;取此一家,庐牟万族矣。或有杜、韩并称者。余谓昌黎虽高,其真实本领,只须从经子、孟坚、扬云求之,已籯其脑,未足俪杜也。

此约之又约者也。数书在前人皆可于十五岁以前诵毕,至迟亦可于二十岁诵毕,今则虽大学中文系,亦视为高文典册矣。

或曰:今既知某书宜读矣,然则读之之法奈何?余应之曰:综合古今人读书之法有四:即口到、目到、手到、心到是已。耳到似要,惟不可专恃,验以目到,乃可恃耳。《宋书》:"沈庆之曰:众人虽见古今,不如下官耳学。"《颜氏家训》曰:"尝见谓矜诞为夸毗,呼高年为富有春秋。皆耳学之过也。"庆之武人,宜有此语,颜介所讥,则士大夫不学之过也。今学校风尚,纯任耳学,故章太炎先生极言其失。余谓耳学为听官,听固不可失。惟既听之后,必当发箧陈书,关出出典,始为可信。颜介所谓"谈说制文,援引古昔,必须眼学,勿信耳受"也。此即验以目治之说也。诸君必深明于此,耳受方有作用。否则道听途说,强为饰辞,自误误人,谬种流传矣。

四到之显然易见而用之极有功效者,略举于下方:

一、诵读　诵读者,古今人读书不易之法也。诵读有二:即背读、熟读是也。背读,如《魏志》:"王粲与人共读道旁碑,人问曰:卿能暗记乎?曰:能。因使背而诵之。不失一字。"明杨基诗云:"九龄六经已毕读,掩卷背诵无掣肘。"是古人读书,固尚背读矣。即就近代言:清季学童入学伊始,识字千余,即授以四书五经。塾师必责以背诵。稍长,看经疏,经文多能随口举读,了无违差。即其效也。故上列十书,如《诗经》、《礼记》全文及《汉书》、《庄》、《荀》、《骚》、《选》、杜诗名篇,皆宜背读。且不仅背读也,更宜时时温习而背诵之。则终身用之不尽矣。至于熟读,或疑与背读无殊。实则不然。背读,必随口举其全文,一字无误。熟读,在深晓篇章大义,了无疑滞。苏轼诗云:"旧书不厌百回读,熟读深思子自知。"又楼钥诗云:"新诗熟读叹微言。"《朱子语录》云:"书贵熟读,读多自然晓。"此皆为熟读二字注脚。盖书无论新旧,文无论古今,往往初读一过,只得其觕,再读则别有理解,三四读则喻其深微。故贵多读,多读,即熟读之谓也。今日学子有一通病,书未终卷,辄动谓无足观;略览一过,即奋臆论得失。刊布虽多,几何不令通人齿冷乎?故上列诸书,如《汉书》、《通鉴》之类,当非一读便能了事,宜时时读之,岁岁读之,一二遍之后,继以三遍四遍,久则微言妙绪,窥见真际。如此,方谓之熟读。此又不仅指诸书而言,即他书在学术上有永久价值者,亦准此,不可忽也。

二、阅读　有背读之书,有熟读之书,有阅读之书。背读熟读,既于诵读言之矣。然此犹则标阅读者,即前人所指为涉猎之书也。经史诸子文翰之源头书,最要者宜背读,次要者宜熟读。惟文籍既广,学术至博,以古人言:则有羽翼经传之群书,殚见洽闻之雅记,何莫非学者阅读之书?以今日言:则有殊方异域之译籍,近代名贤之造述,不可自封,且或有与古书古学互相印证者,乌可弃置?唐杜牧为一代诗文宗匠,而语侄阿宜,必读李、杜、韩、柳四家诗文。宋晁说之最为穷经笃古之士,尝勉其侄公武读《欧阳文忠集》,谓不可去手。而明末顾亭林、夏存古,皆日读《邸钞》。清陈沆得龚自珍文,闭户三日,不见宾客。此前人不薄今人之明征也。凡此皆宜阅读之书。惟阅读之书,必有择别,漫无择别,随意阅读,则猥琐冗滥之小品,空洞无实之议论,一知半解之考证,浅学薄植之短书,非惟无益,害且立见。然古今人书,至多且滥,惟欲定一标准,何书宜阅读?何书宜屏绝?其事大难。亡已,姑将余曩年日记中所定条例,略加增订,迻录于此,以供参考:

一、经学书有家法有师承者,可看。无家法无师承者,而其说为有家法有师承者所征引,且每见不一见者,亦可看。否则屏绝。小学书准此。

一、史书有鉴裁有体例有宗旨者,可看。

一、杂史有来历有独到且翔实可据者,可看。

一、史学书有通识有别裁有断制者,可看。

一、地理书宜取其最古者数种,如《禹贡》、《河渠书》、《汉书·地理志》、《水经注》之类,昕夕精研,以明其沿革迁流。唐、宋则《元和郡县志》、《太平寰宇记》,可资佐证。最近者姑以嘉庆重修《一统志》为准。余则缓看

一、政书有专著有通载。专著,如《周官》、《唐六典》、《唐律疏义》是也。通载,如《通典》、《文献通考》是也。并宜看。凡发策决科之《兔园策府》,宜屏绝。

一、目录书以《汉书·艺文志》、《隋书·经籍志》为正宗。而宋晁公武、陈振孙之书亦佳。盖一为史志,一为私家著录也。宜先看。余则后看。

一、子书本有古子近子之分。凡古子虽残佚,一字不容放过。近子亦不失古法,但文采丰缛耳。宜看。宋后子家歧出,儒家必入理学语录,杂家必入笔记丛谈。理学不腐,笔谈不妄,且有关于经史文翰考证者,可看。否则屏绝之。因看不胜看也。

一、诗文最多最滥。唐以前人集,可看。宋元则宜严择,其学有本源者,可看。否则缓看或不看。清人集中,凡多经史考订名贤志状金石题跋者,可看。诗家有独到无习气者,可看。否则不看无害也。

一、总集博大者,可看。选集除《文选》已列入上十种外,余如《玉台新咏》、《古文苑》可看。唐人选集,存者不多,宋元而后则滥矣。其学有宗主者,则强古人以就我;其学无深诣者,则随目论为高下。此类选本总集,终身不看可也。

一、丛书包罗较广,有用之书亦多,本无别择。但为治学计,《龙溪精舍丛书》收汉魏六朝人书,最多最要。而近时流行之《四部丛刊》、《四部备要》,其中古书至多,皆可看者也。

一、古逸书在唐以前,而后人有辑本者,可看。其见于唐以前注本,如《汉书》注、《三国志》注、《世说新语》注、《水经注》、《文选》注者,一字不可放过。

一、类书品格最下亦最滥。但唐如《艺文类聚》、《初学记》,宋如《太平御览》、《玉海》,收古书最多。今并无存,赖此数书以传,可看。明以后,此类书宜屏绝。

一、书钞在六朝唐初最盛,但钞而不类,故与类书不同。今存者如《群书治要》、《意林》,皆可看。亦因其保存古书至多也。宋人《太平广记》,虽以类别,但多唐宋间古本小说,文亦瑰丽,可看。曾慥《类说》亦准此。余皆可不看。

一、官书冗滥恶劣,且成于众手,谬误太多,最宜屏绝。清代御撰中,惟《全唐诗》、《全唐文》、《大清一统志》、《四库全书总目提要》,差可看。知其得,亦当知其失也。

一、邸钞,即今政府颁行令告也。官吏有关国计民生大政大典呈文,亦准此。

宜看。

一、近贤译著,凡博大精深见解独到者,可看。其撷拾剿袭理解缪妄者,宜屏绝。近时出版较易,决不可以刊行与否为断,要以书之内容精审与否为断。至于妄言缪解,一见,即宜弃去。再无此闲工夫看下去也。

以上十七条,姑定为阅览书条例。准此,不致漫无择别矣。大抵诵读、阅读两项,初学最宜判别,而先后各殊。书之应诵读者,必为基本之基本书。应阅读者次之。惟初学必宜先有数种精读熟读之书,为之根柢,然后从事阅览,方有择别,获益自宏。曾湘乡尝言:"应读之书,宜缓宜熟;应阅之书,宜速宜多。读书如守城,深堑高垒,效死勿去;阅书如攻城,轻骑剽悍,所向无前。"此语得之。愿学者三思也。

三、钞读　古代书极难得,人皆钞读。唐末板刻始行,而钞读之功遂废。然宋如宋祁、洪迈,明如顾炎武,亦尝钞而读之,学者固未尝废也。藏书家如毛钞、叶钞,更无论矣。钞书之有益于学,齐衡阳王钧数语尽之。《南史》:"齐衡阳王钧尝手自细书,写五经,都为一卷,置于巾箱中。贺玠问曰:'殿下家自有坟索,复何须蝇头细书,别藏巾箱中。'答曰:'巾箱中有《五经》,于检阅既易,且一经手写,则永不忘。'诸王闻而争效。"此即巾箱本《五经》之由来也。至言钞书之乐者,如王筠云:"余少好钞书,老而弥笃,虽遇见瞥观,皆即疏记,后重省览,懂兴弥深,习与性成,不觉笔倦。"远者不论,以余所亲见言之:伯祖殿撰公(上鸣下相,道光癸巳科)及古愚公,皆有手写《十三经》、《尔雅》、《说文》,至今世宝藏。而友好如黄季刚晚年,余亲见其每日恭楷写经文三页。张阆声(名宗祥,海宁人)手写书几逾五千卷。黄、张二先生庋藏甚富,而必手自钞写者,盖以书非写不能精读也。今者东祸日亟,海万云扰,荒鸢所肆,烈于嬴灰,坟籍日少,即习见者亦不易得。于此时而提倡钞书,一则免购求之繁难,一则广副本之流布,皆事之不可缓者也。况书经钞写,易记易得,如萧钧所云云者乎。窃以钞书亦有六等:一曰全钞。基本书全钞全读,如巾箱《五经》是也。二曰节钞。读书时随所嗜而节钞之,如《群书治要》、《意林》是也。三曰撰钞。每阅读一书将其书中精要,撰次而钞之,如《九经要义》、《文选》、《理学权舆》、《说文段注撰要》是也。四曰比钞。两书皆有相当地位,比合钞之,如《班马异同》、《新旧唐书合钞》是也。五曰摘钞。随所阅览,摘其字句而钞之。如《两汉博闻》、《两汉蒙拾》是也。六曰类钞。与摘钞略同。但分类隶属,以便捃撦,如《文选类林》、《楚骚绮语》是也。钞书至此,似为最下,然取便记忆,本无不可,出以示人,则贻讥饾饤矣。以上六种钞书法,惟三、四两项,等于著书,非别具手眼,明于条例,不可轻言。其他四种,(一)、(二)为读书人所必致力,(五)、(六)则为博览与词章家所从事,各有效用,未可相非。今余所谆谆于诸君者,为读书而钞书,如是则(一)、(二)两种之钞书法,在今日尤亟亟也。

四、参读　诵读、阅读、钞读之外,尚有参读之法焉。斯其尤要者也。盖诵读口到,阅读目到,钞读手到,而参读则心到也。以一为主,而三者辅之,各程其用。非谓主一而废三也。参者,即参伍错综之谓,或三或五,以相参合,而后古今之情得,蕴藏之义昭。孔氏之举一反三,春秋之属辞比事,虽不尽指此,然研读之士,亦当窃取斯义,以尽读书之法,昔韦诞雅好儒学,于群言秘要之义,无不综览。而潘岳之诔杨仲武云:"子以妙年之秀,固能综览义旨,而轨式模范矣。"此所谓综览,盖亦参合比勘之义。读书者能明乎此,则群言秘要,前人义旨,不难玩索而得矣。窃以参读之法,亦有数等:一曰有因意同而参读者。例如徐干论名物大义之得失,与班《志》六艺序论略同。抱朴子论文章今胜于古,与《论衡》案书之说正合。取以相参,义旨愈明。一曰有因事同而参读者。例如三代秦汉之古事,而经典与百家,群略互见。六朝唐宋之大典大事,而官书与私家;是非不同。比类并参,情伪斯得。一曰有因文同而参读者。例如昌黎改玉川月蚀之诗,而读玉川诗者,必读昌黎。义山改会昌一品之序,而读郑亚序者,必及义山。两两比勘,瑕瑜自见。一曰有因人同而参读者。例如同一人也,而史书之前后互见,状志与正史不同。其不见于史传者,而众家所记,出入亦多。博采旁搜,神智焕发。一曰有因地同而参读者。例如同一华山也,而读《御览》之记华山,宜取《三水小牍》之记华山同读。奇趣自生。同一蜀峡也,而读《水经注》之摹写三峡,宜取陆游之《入蜀记》、范成大之《吴船录》、王士祯之《蜀道驿程记》同读,厥味无穷。然此五者但就参读略发其凡耳。尚有因书同而参读之一法。余早年用之,获益良多。今更为诸君告之:夫所谓经子文翰之源头书者,既为百代常新之作。吾人之所钻研,亦即古人之所钻研。古人于研读之余,举其所得,或校正其音读;或详注其名物;或疏说其大义;或发明其条例;或由本书以求与他书之关连;或由他书以证本书之旨趣。吾人只须留意目录,即见本文上列诸书,而目录簿籍中,往往于原书之下,缕列前人有关本书之著作,不下数十余种。即知此为必读之书,亦即必参读之书。惟此参读之书,亦宜别择。盖时有今古,故闻见互殊,学有浅深,斯良楛各别。且书既繁多,一时难致众本:说尤庞杂,创获贵于因仍。是必有别裁焉。故于读《说文》时,段玉裁《说文解字注》、冯桂芬《说文段注考正》、严可均《说文声类》必须参读,而桂馥、王筠、朱骏声之书次之。读毛诗时,《吕氏家塾读诗记》、严粲《诗缉》、陈奂《毛诗传疏》、马瑞辰《毛诗传笺通释》、王劼《毛诗读》必须参读,而朱子、何楷之书次之。读《史记》时,司马贞《史记索隐》、张守节《史记正义》、梁玉绳《史记志疑》必须参读,而杭世骏、尚镕、张文虎、沈家本之书次之。读《文选》时,余萧客《文选音义》、《文选纪闻》、汪师韩《文选理学权舆》、张云璈《选学胶言》、梁章钜《文选旁证》、朱珔《文选集释》、薛传均《文选古字通疏证》、胡绍煐《文选笺证》、胡克家《文选考异》必须参读,而陈景云、何焯、朱铭、许巽行、李详之书次之。他如读《戴记》,宜参以卫湜、杭世骏之书。读《荀子》,宜参以王先谦之书。读《庄子》,宜参以王夫之、郭庆藩之书。读《汉书》,宜参以王先谦之书。读《通鉴》,宜参以袁枢之书。读《楚辞》,宜参以朱子、林兆珂之书。读杜诗,宜参以钱谦益、仇兆鳌之书。此举其荦荦者也。至短书雅记,尤难更仆,依类求之,依书求之,博极一书,兹其发轫也。参读之法:余尝取古本或白文本为读本。同时即尽力搜求关于此书之注释考证诸书,悉置几案。日诵白文一卷或一篇既毕,然后将几案所备诸家校注,逐篇检阅,遇有文句歧异、考证纠纷者,摘记于册。若已别有所见出于诸家之外者,别纸疏记之。如是,则某一书读毕,同时亦将诸家之书读毕。闻见既博,理解亦增。其效可操券也。余幼时,尝疑天下书不能遍读,而尝年宿学,随所叩鸣,罔不条举得失。心尤异之。继乃知其下帷伊始,即用参读之法,积以岁月,守以恒心,曲达旁通,纤细备照,记丑学博,非无故也。或曰:参读洵善矣!今世难方殷,寻常读本,尚不易得,安从得此多书以供参读耶?曰:此亦视其志向坚定与否而已,苟立志坚定,多方访求,书非奇僻,不难立致。昔郑樵论求书之法有八:"一曰,即类以求。二曰,旁类以求。三曰,因地以求。四曰,因家以求。五曰,求之公。六曰,求之私。七曰,因人以求。八曰,因代以求。"求书之道,此为昭析。余曩时搜集郦道元《水经注》诸本,不下五十余种。抗战西迁,悉弃之金陵。侨渝五载,或购或假,陆续所获,已逾半数,而杨守敬熊会贞之《水经注疏》稿本、沈炳巽之《水经注集释订讹》、沈钦韩之《水经注疏证》,反逾旧藏之外。皆用夹漈求书之法而得之者也。若本文所举必读之几部源头书,关于诸书应参读之本,更属寻常,但须从学校及私人所藏求之,咄嗟立办。是在好学者勉力赴之耳。凡此皆读书法之最切实而有效者也。最后更有二事为诸君告者:其一事,读书时必要伏案。盖读书不伏案,则不能聚精会神,全力贯注,阙此工夫,则书义本不深微,相失即在交臂。余见现代青年,不乏颖异,惟展卷攻读,或息偃匡床,或徘徊户阃,至于临流踞石,藉草拈花。在古则为雅人深致,在今则觉栖栖不遑。欲做一真正读书人,此病必当痛戒。其一事,读书时必要点读。古书本难句读,句读必有师傅。汉人传经,即传句读。盖句读不明,文义即失,差之毫厘,谬以千里。今日青年绝不措意,而惟恃书局之标点,囫囵读过,谬误百出,贻笑通人。揆厥原因,皆由未能亲加点读耳。至点读形式,可用逗句二法。《宋史·何基传》:"基所读书,无不加标点,义显意明,有不待论说而自见者。"基所用标点,今不得见。恐亦用逗句及他种符号也。此非细事,慎无忽焉。

书至此,因忆儿时,先君口授欧阳文忠《读书》一诗。年十二,先母饶太夫人卧疾梁园,每夜问寝之余,必命余兄弟口诵一过,以资慰藉。今忽忽四十年矣!此乐胡可得?所难忘者,一灯明灭,双鬘绕床,炉烟缭袅,琅琅歌声。偶一念及,肝肠凄断。今再录欧诗以殿吾文者,甚愿诸君以余之蹉跎岁月为戒;而欧公中年以宦情坐失研摩,又不可执一而论也。停笔感叹,有泪连丝!

欧阳修《读书》

吾生本寒儒,老尚把书卷,眼力虽已疲,心意殊未倦。正经守唐虞,伪说起秦汉,篇章异句读,解诂及笺传,是非自相攻,去取在勇断。初如两军交,乘胜方酣战,当其旗鼓催,不觉人马汗。至哉天下乐,终日在几案,念昔始从师,力学希仕宦,岂敢取声名,惟期脱贫贱。忘食日已晡,燃薪夜侵旦,谓言得志后,便可焚笔砚,少偿辛苦时,惟事寝与饭。岁月不我留,一生今过半。中间尝忝窃,内外职文翰,官荣日清近,廪给亦丰羡。人情慎所习,酖毒比安宴,渐追时俗流,稍稍学营办,杯盘穷水陆,宾客罗俊彦。自从中年来,人事攻百箭,非惟职有忧,亦自老可叹;形骸苦衰病,心志亦退懦。前时可喜事,闭眼不欲见。惟寻旧读书,简编多朽断。古人重温故,官事幸有间,乃知读书勤,其乐固无限。少而干禄利,老用忘忧患。又知物贵久,至宝见百炼。纷华暂时好,俯仰浮云散,淡泊味愈长,始终殊不变。何时乞残骸,万一免罪谴?买书载舟归,筑室颍水岸。平生颇论述,诠次加点窜,庶几垂后世,不默死刍豢。信哉蠹书鱼,韩子语非讪!

韩愈文选·绪论

◎ 李　笠

唐代文学

魏晋南北朝,文是由散入骈的时代,隋唐后则是由骈归散的时代。

自北魏苏绰倡复古之议,作大诰,因习俗渐染既深,没有能改变风气。隋文帝时,李谔上书论文体,痛斥齐梁文风之弊,获得了文帝的同情,于开皇四年诏天下公私文翰,并宜实录。但文坛风气有时不是强迫所能挽回。平陈以后,南方文士纷纷北来,兼以炀帝的崇尚浮靡,改革之风,不久即又消灭。故初唐后,无论诗与文,都在梁陈之习,《唐书·文艺传序》谓唐文章凡三变,盖以王、杨为一变,燕、许为一变,韩、柳为一变也,《群书备考》承其说有云:

> 王、杨始霸,如丽服靓妆,燕赵歌舞,虽绮丽盈前,而殊乏风骨。燕、许既兴,波澜颇畅,而骈俪犹存。韩愈始以古文为学者倡,柳宗元翼之,豪健雄肆,相与主盟当世。下至孙樵、杜牧,峻峰激流,景出象外,而窘裂边幅。李翱、刘禹锡,刮垢见奇,清动可复,而体乏浑雄。皇甫湜、白居易之简质,每见回宫转角之旨,随时间作……

从这一段话里,极可看出唐代文体之变。唐代散文,虽不如诗坛之盛,但是中国散文的革新运动,在唐代是第一次。

由四杰到韩柳

初唐四杰,在诗一方面继承六朝,其文亦然,纯然沿袭六朝骈丽风格,而其工整且有过之。四杰中能文者以王勃、杨炯为著。《骆宾王传》称:"他日崔与张说评勃等,谓文章宏放,非常人所及,炯、照邻可以企之,说曰;不然,盈川(杨炯曾官婺州盈川令)文如悬河,酌之不竭,优于虑而不减王,耻居后信然,愧在前谦也。"四杰中之能

文者,即在唐代作者眼光中亦推王、杨二人,宋洪迈《容斋四笔》云:

> 王勃等四子之文,皆精切有本源,其用骈丽作叙绝碑碣,盖一时体如此。

盖唐初文章,未脱陈隋旧习,故四杰作风,仍沿当时体格。自陈子昂出,始发愤自为,今观其集,惟诸表序犹沿排偶之习,若论事书疏之类,渐疏朴近古,及开元初,燕许角立,始有浑茂之制,风气一变。同时李邕亦善为碑志,杜甫《八哀》诗所称"碑板照四裔"者也。

唐文亦如诗,四杰之后,陈子昂始起而变之,及燕、许继作,犹杂骈丽之辞。至于萧、李出,而后古文之规模始具。

与萧、李同时,而诗文并于当时异者又有元结,后世亦称其古文,以为先于韩愈者也。结字次山,河南人。少不羁,年过十七,乃折节向学,今所传《次山集》十卷,盖后人摭拾散佚而编之,非其旧本。结文章戛戛自异,变排偶绮靡之习,晁公武谓其文始古钟磬,不谐俗耳。高似孙谓其文章奇古不蹈袭。盖唐文在韩愈以前,能毅然自为者自结始。

韩柳的复古运动

唐代古文运动,首推昌黎韩愈,而其端绪则开自萧、李诸人,皆韩氏之先河,其功不可没也。不过,在散文方面获得最大的成功者当然首推韩、柳,所以后来唐代散文的兴起,归功于韩、柳。

愈字退之,邓州南阳人,三岁时,随伯兄会官岭表,嫂郑氏鞠之,愈自知读书,通《六经》百家诸子,举进士第。后官至吏部侍郎。

每自言文章自汉司马相如、太史公、刘向、扬雄后,作者不世出,故探究原,卓然树立,成一家言。其文奥衍宏深,沛然不可御,造端置词,要皆不蹈袭前人,从愈游者如孟郊、张籍,亦皆有名于时。门下李翱、李汉、皇甫湜等从而效之,皆不及远甚。

昌黎对于文学的运动,其异于前者,就是他不单从小地方——文章体裁——着手,他不但注意外形的复古,而且注意到文章的所以形成,能向源头上用力,这是他对于文学运动异于前人的地方。

讲到文学的所以形成,不能不回溯到思想方面的变化,汉代是儒家统一的时代,魏晋是黄老渐盛,道家与儒家中分天下的时代。六朝以后,佛又盛行于中土,于是成了鼎立而三的局面,至唐代后而三教并隆。唐代尊老子,而释氏诸宗亦渐备于中土,故道教佛教在唐代时为盛。然对于儒家亦备极推崇。唐初之修《五经正义》后世言经学者宗之,而唐代相臣亦多当时名儒,此为儒家在历史上再次伸张其势力的时候。韩昌黎之推崇六经,痛斥佛教,即为最有力之表现,所以他说:"非三代两汉之书不敢视,非圣人之意不敢存。"他的《进学解》中自《周诰殷盘》下一段文字,是他自道文学的出处。

他既主张以六经之文为倡,所以说:"为文宜师古圣贤人。"(《答刘正夫书》)不但师其文,而且要师其人,所以他极注意于文学的修养,"养其根而竢其实,加其膏而希其光,行之乎仁义之途,游之诗书之源,无迷其途,无绝其源"。他是怎样的本末并重,想在肥沃培养中,开出灿烂辉煌的花;所以,昌黎在文学的改革上,是开导的一员大将,在道佛并盛的时代,是儒家一位护法功臣。他的文章雄肆奇绝,尤其所长者则为传记叙事一类文字。

至于他的地位到了苏轼的《韩文公碑》出,遂成了千余年来的定论:

> 匹夫而为百世师,一言而为天下法,是皆有以参天地之化,关盛衰之运。自东汉以远,道丧文弊,历唐贞开元而不能救,独公谈笑而麾之,天下靡然从公,复归于正,文起八代之衰,道济天下之溺,岂非参天地而独存者乎?

韩愈的文学观

他的论文主张,抱定随波逐流者不传,特立独行者传。与世浮沉者不传,能自树立者传。我们看他《答刘正夫书》所言:

> 夫百物朝夕所见者,人皆不注视也。及睹其异者,则共观而言之。夫文,岂异于是乎?汉朝人莫不能为文,独司马相如太史公刘向扬雄为之最。然则用功深者,其收名也远。若皆与世沉浮,不自树立,虽不为当时所怪,亦必无后世之传也。足下家中百物皆赖而用也,然其所珍爱,必非常物。夫君子之于文,岂异于是乎!
>
> 今后进之为文,能深探而力取之,以古圣贤人为法者虽未必皆是,要若有司马相如太史公刘向扬雄之徒出,必自于此,不自于循常之徒也。若圣人之道不用文则已,用则必尚其能者。能者非他,能自树立不因循者是也。(《韩昌黎集》十八)

"能自树立不因循"即是他的特性,原来他的文学批评所以欲一反当时风尚者,不外欲不循常而已。欲不循常而其道无由,于是取法于古。取法于古则不随俗矣。不随俗则能自树立矣。能自树立而犹不因循,不甘暴弃,则"用功深者其收名也远。"所以这样的取法于古,是革新而不是反旧。而这样的为当时所怪,也是特出流俗,而不是背道而驰。惟"异",才可以进于"能";亦惟"能",才可以称其"异"其作品之能成功者在是,其批评之有价值者也在是。

他的论文主张虽重在宗经则古,而同时也兼主明道。其《进学解》云:

> 先生口不绝吟于六艺之文,手不停披于百家之编;记事者必提其要,纂言者必钩其元;贪多务得,细大不捐。焚膏油以继晷,恒兀兀以穷年。先生之业,可谓勤矣。抵排异端,攘斥佛老,补苴罅隙,张皇幽眇。寻坠绪之茫茫,独旁搜而远绍;障百川而东之,回狂澜于既倒。先生之于儒,可谓有劳矣。沉浸浓郁,含英咀华,作为文章,其书满家。上规姚姒,浑浑无涯。周诰殷盘,佶屈聱牙。《春秋》谨严,左氏浮夸。《易》奇而法,《诗》正而葩。下逮《庄骚》太史所录。子云相如,同工异曲。先生之于文,可谓宏其中而肆其外矣。(《韩昌黎集》十二)

这段自述,至为重要。可为韩愈用力于文之证,亦可谓韩门设教之方。他是这样传道授业,二者并重的,所以他的教人,虽重在文,而不离于道。他以为为什么要学文?就因为道。如云:

> 愈之所志于古者,不惟其辞之好,好其道焉尔。(《答李秀才书》)
> 愈之为古文,岂独取其句读,不类于今者耶?思古人而不得见;学古道则欲兼通其辞。通其辞者,本志乎古道者也。(《题欧阳生哀辞后》)

他又以为什么要作文?也因为道。如云:

> 读书以为学,缵言以为文,非以夸多而斗靡也。盖学所以为道,文所以为理也。苟行事得其宜,出言得其要,虽不吾面,吾将信其富于文学也。(《送陈秀才彤序》)

这样为道而学文,为道而作文,所以有类于道学家的主张了。

韩愈对于文与道的态度与道学家不同。韩愈是因文而及道,道学家是求道而忽文。一个是体会有得,一个则得鱼忘筌。韩愈《答刘正夫书》云:

> 或问为文宜何师?必谨对曰:"宜师古圣贤人。"曰:"古圣贤人所为书具存,辞皆不同,宜何师?"必谨对曰:"师其意不师其辞。"又问曰:"宜易宜难?"必谨对曰:"无难易,唯其是尔。"

这正是他因文及道的一种说明。在当初,不过为文师古圣贤人而已,其后始进到师其意不师其辞。能师其意则能辨其是非,而于道也自然有所得了。这种态度,在道学家看来是倒学,因为所谓"师其意"云者,正不必为了"为文"的缘故。

这犹是说"为文"所下的工夫。待到既有所得,发而为文,则"为文"的作用,在道学家看来是载道,在古文家说来是明道。载道则文是道的工具,明道则文是道所流露,这是作文而归于道的工夫。所谓"卒泽于仁义道德,炳如也"。韩愈《答尉迟生书》云:

> 夫所谓文者,必有诸其中,是故君子慎其实,实之美恶,其发也不掩,本深而末茂,形大而声宏,行峻而言厉,心醇而气和,照晰者无疑,优游者无余,体不备不可以为成人;辞不足不可以为文。(《韩昌黎集》十五)

一方面因文而及道,一方面作文而归于道,这是他的文道合一说。

明白他的文道合一说,然后可以进窥他的论文之精义。其《送高闲上人序》云:

> 苟可以寓其巧智,使机应于心,不挫于气,则神完而守固;虽外物至,不胶于心。尧舜禹汤治天下,养叔治射,庖丁治牛,师旷治音声,扁鹊治病;僚之于丸,秋之于奕,伯伦之于酒,乐之终身不厌,奚暇外慕!夫外慕徙业者,皆不造其堂,不哜其胾者也。(《韩昌黎集》二十一)

这一节话颇为重要。姚鼐《古文辞类纂》谓"韩公此言,本自状所得于文事者"。曾国藩《求阙斋日记》更为阐发之云:"机应于心熟极之候也;《庄子·养生主》之说也。不挫于物,自谦之候也;《孟子·养气章》之说也。不挫于物者,体也,道也,本也;机应于心者,用也,技也,末也。韩公之于文,技也进乎道矣。"这些话都极恰当。确可用以自壮其所得于文事者,确也可看出他论文主张之融合庄孟二家而冶于一炉。因为这正是所谓"能自树立不因循"的注解。不挫于物则能自树立矣,机应于心,则又正从不因循得来。一以见信道之坚,一以见学文之功,所以此文虽是指书法而言,而其理却可通于文艺。如其不信,请再看他的《答李翊书》一文。他说:

> 将蕲至于古之立言者,则无望其速成,无诱于势利。养其根而竢其实,加其膏而希其光。根之茂者其实遂,膏之沃者其光晔;仁义之人,其言蔼如也。
>
> 抑又有难者:愈之所为,不自知其至犹未也。虽然,学之二十余年矣!始者非三代两汉之书不敢观,非圣人之志不敢存;处若忘,行者遗,俨乎其若思,茫乎其若迷;当其取于心而注于手也,惟陈言之务去,戛戛乎其难哉!其观于人,不如其非笑之为非笑也。如是者亦有年,犹不改,然后识古书之真伪,与虽正而不至焉者,昭昭然白黑分矣。而务去之,乃徐有得也。当其取于心而注于手也,汩汩然来矣。其观于人也,笑之则以为喜,誉之则以为忧,以其犹有人之说者存

也。如是者亦有年,然后浩乎其沛然矣。

吾犹惧其杂也,迎而距之,平心而察之,其皆醇也,然后肆焉。虽然,不可以不养也,行之乎仁义之途,游之乎诗书之源,无迷其途,无绝其源,终吾身而已矣。

气,水也;言,浮物也。水大而物之浮者大小毕浮。气之与言,犹是也。

气盛则言之短长与声之高下者皆宜,虽如是,其敢自谓几于成乎?(《韩昌黎集》十六)

这一节很重要,韩愈文学批评之精义,悉萃于是;不过因其行文反复曲折,所以昔人虽知其重要,而罕见有能阐发之者。实则若以此文与《送高闲上人序》参互比证,便可互相映发。此文中最重要的两句,即是"无望其速成,无诱于势利"十字,其余绪论,多不过为此二语之注脚耳。所谓"无望其速成"者,即不循之意,即"游之乎诗书之源",而无绝其源之谓也。韩愈自谓学之二十余年,即不望速成之例证。能如是,便到神的境界,所谓"汩汩然来矣"。此则机应于心之说也。究其意,实本于《庄子》。所谓"无诱于势利"者,即"能自树立"之意,即"行之乎仁义之途",而无迷其途之谓也。韩愈自谓非三代两汉之书不敢观,非圣人之志不敢存云者,又既不迷其途之例证。能如是,自能"识古书之真伪,昭昭然白黑分矣"。积极方面能不迷其途,斯消极方面无人之见存,不至随人笑誉以为喜忧,此则不挫于物之说也。无人之见存而能不挫于物,则神完守固,便到浩气流行的境界,所谓"浩乎其沛然矣",又所谓"气盛则言之短长与声之高下者皆宜也"。而所以致此气盛言宜之故,即在积极方面的无迷其途,所以谓"其皆醇也然后肆焉"。这又不是孟子所谓"其为气也配义与道无是馁也"之意吗?杜甫论诗,很能融会庄子论神、孟子论气之说而为一;韩愈则言之更明,盖亦自然之机运然欤!

南京在中国文学史上的地位

◎ 胡小石

一

中国古都，除北方之长安与洛阳外，在长江以南，当首推南京。南京自三国时代，吴孙权于纪元二二九年定都建业以后，有东晋(三一七—)、刘宋(四二〇—)、南齐(四七九—)、梁(五〇二—)、陈(五五七—五八九)，皆都于此。合之孙吴，即所谓六朝是也。再后又有南唐(九三七—九七五)、明(一三六八——四二〇)、太平天国(一八五三——一八六四)，及最近之国民党政府(一九二七——九四九)。此地之有南京称号，则自明永乐十八年(一四二〇)北迁以后始。

南京在先秦时之文学为状若何，因缺乏纪录，不可得知。惟战国末期，地属东楚，意为楚文学(楚辞)所笼罩。因在西汉初年，其北有枚乘父子，其东有严忌父子及朱买臣等，皆显然受楚辞影响者。

南京文学之显著于世，当自孙吴以后。三国时代，文人多集中北方(曹魏)。孙氏王朝之末期，陆机、陆云兄弟起于吴中。陆机为当时最大诗人之一，其上辈为吴大将，自不能与其首都脱离关系。前代方志，多载二陆有宅，在秦淮之侧。陆机年二十而作《文赋》(杜甫诗所说)，为中国最重要之文学理论。此时孙吴尚未亡国，或即作于首都耶？未敢定也。

严格言之，南京文学之最高发展，实为东晋以下南朝时期之诸代，而以后来之南唐为其尾声。盖以有创造性之事实言之，当如此也。愚意中国文学及其有关诸方面真正在南京本地创成者，以次数之，可有下列诸事：

（一）山水文学。

（二）文学教育，即文学之得列入大学分科。

（三）文学批评之独立。

（四）声律及宫体文学。

至若明、清两代之八股文，亦起于此地，虽其前身系来自金、元人之杂剧，然在此不拟论之。今日所述，仅上自东晋下至南唐，叙其特色而已。

二

今先言山水文学。

文学以山水作题材者,与图画中写山水,同为后起之事。《诗》三百篇言山水者,但有单句如"泰山岩岩"、"河水洋洋"之类,其描写技术亦颇简朴。至《楚辞》乃常有好句,亦非专篇。汉代诗赋多以人事为主,与传世之汉代石画大致相同。大约西汉自武帝尊崇儒术,以利用厚生等问题为要务。故汉人思想,大体偏于人世间的。东汉中叶以降,海内有长时间之丧乱,旧信条不复能控制现实,故士大夫思想乃由儒术解放而出。至魏、晋而改向道家,形成所谓玄学,轻人事而尚自然。晋室南渡,北来的玄学,与原先输入或继续输入之佛教相合,支配一般知识阶级之思想。此时一般士大夫之生活、动作与言论,吾人可于刘义庆所著之《世说新语》中见之。于是在人事以外,发现大自然之美,认为宇宙间最理想的完美之物,系以山水为其具体的表现。从此登临游览成为诗人生活之一部,谢安泛海、王羲之集兰亭,皆为佳话。外至大家闺秀(谢道蕴)、佛教高僧(庐山诸道人)等,皆有山水名篇。王、谢等贵族从北来南,一方住于浙江东部山阴、上虞等地,一面在首都又各有其田舍,长干、清溪间第宅相望,故当时山水诗人实以南京为大本营。此派文学,至谢灵运、谢朓等而极。彼等赞美自然,多用诗赋韵语。其在河、洛对立之北朝文人,则用散文纪述(如《水经注》)。此南北之不同也。文学对象,由人事转向山水,为中国文学史上开一新境。而大江之浩荡,钟山之嵯峨,后湖之明秀,秦淮、青溪之曲折,方山之开朗,栖霞之幽静,又俱足以启发灵感。故以上诸名胜,在当时皆常常见诸吟咏。而晋末宗炳、顾恺之等,又为山水画开宗,与文学配合并进,皆南京艺术上掌故。

于此又有一人,当特别记之,即曾为秣陵令之鲍照是也。鲍照乃一寒族,不能与王、谢等名门抗衡。而诗特遒丽,其写山水,别有风格。尤以工为长句,如《行路难》之类,翻腾壮阔,为唐人七言歌行作先驱,可谓此时之异军特起也。

三

次论文学教育。

文学在汉代主要是赋,武帝好赋,一般供奉文人等于俳优,故世人不甚重之,扬雄且以作赋为悔。建安(一九六—二二〇)中思想解放,魏文帝(曹丕)作《典论·论文》,首先确认文学之独立的地位。但其弟曹植亦一大诗人,而意见相反。后来首先接受而发扬《典论·论文》之意见者,为晋代人葛洪,其文学理论,可于《抱朴子外篇》中见之。葛洪是句容人,去南京最近。于此有一大事足令人注目者,即《宋书·雷次宗传》中,记宋文帝元嘉十五年(四三八)在北郊鸡笼山(今之北极阁)开四馆教学,以雷次宗主儒学,何尚之主玄学,何承天主史学,谢元(谢灵运从祖弟)主文学,此为宋之国学。自汉武帝在太学立博士授经以来,由汉至魏所争者,为今文与古文,由魏至晋,所争者为郑(玄)学与王(肃)学,皆派别问题,不出经学范围。文学在国家大学中无地位。此次开四馆,可为世界分科大学之最早者。而以文学(诗赋)与儒学(经学)平列,又为文学地位增高之新记录。此与唐代自开元起以诗取进士,有同等重要。吾人于此不得不言对于文学脱尽西汉以来之传统观点,真能明了其价值者,实从南京起也。

四

次论批评独立。

中国批评,首见于《论语》中所记,孔子之论《诗》,然皆单词片语,且偏于借诗以说教者。其有专篇论文,当始于曹丕之《典论》。陆机《文赋》、葛洪《外篇》,亦为专篇,且与南京有关。至若累卷巨著,则推南齐末年刘勰之《文心雕龙》。其书凡五十篇,前半具体的论文体,后半抽象的论文章得失,实为过去最大论文之专书。其主"为情造文",不主"为文造情",尤称卓识。至梁则有钟嵘之《诗品》,专论由汉至梁之各诗人,以上中下三品,定其价格。其论诗主"直寻"而蔑视粉饰雕绘,对于同时之修辞家,痛下针砭。为后来南宋严羽所作《沧浪诗话》"妙悟说"之所本,亦为名论。此时由齐入梁,为南朝文化最高之阶段。各种宗教,各种思想,各种艺术及科学,皆自由发展,各种批评,亦皆云蒸霞蔚而出。同时谢赫论画,首标六法,后世画家技术之原则,即本于此。庾肩吾复有《书品》,亦分上中下三格,评骘书家,为书道史不可少之资料。然诸书可能皆成于钟山、淮水间。

五

最后论声律与宫体。

文章之有声律,陆机《文赋》已首先注意及之。中间经过范晔、谢庄,以至齐、梁间沈约、王融、谢朓,此一运动乃告厥成功。由范至谢,并官京朝,故此一运动无疑的亦以南京为中心。

声律之启发,当由佛教僧侣梵呗之美,在昔曹植游鱼山已为之闻声流连。则其远源,实来自印度。而南京在南朝又为佛教盛行之地,当时文士几无不通佛典者。惟此问题原委,若详细言之,恐非一时所能罄。兹但撮要一谈,即此一运动成于南齐武帝永明之世(四八三—四九三),最后观其成者,为沈约耳。

所谓声律云云者,其要件之一,为以四声(平上去入)入文,约言之,则文中分平仄而已。中国单节音之字,两两相比时,前后上下,各以平仄声之字互相配合,谓之

前"浮"后"切"。易言之，即前"切"后"浮"亦可（浮切即平仄）。如四字为句之文，其分配之式，为

  平平仄仄——南都石黛　　仄仄平平——最发双蛾

  仄仄平平——北地燕支　　平平仄仄——偏开两靥

以二音为一节，四句为一周期。由此演进，中国古诗遂变为律诗。律诗必平仄调协，且其一篇之结构，皆四句（一周期）之倍数也。赋及散文亦同时用此原则。此为中国文体上一极大变化之关键所在。古赋成为律赋，骈文成为四六，乃至后来词曲之失律不失律，无不依此为准。试一读今日人家所悬挂之联语，上下文之平仄，亦甚谐和入耳也。此为修辞发展之极致，崇尚自然者固时时苦其束缚，如钟嵘之《诗品》即力反其说。然事实上其影响中国文学至千年以上。

  言声律不禁令人联想及于当时之所谓宫体文学。宫体之名，虽至梁简文帝时始著，然事实上早已有之，谢朓、沈约并为此体之先进作家。所谓宫体者，以托咏宫闱，词旨轻艳，为纯粹抒情诗之一。此类专言人世男女恩怨之作，实起自民间多数无名人之歌咏。当东晋士大夫阶级创为山水文学，同时江南小儿女咏叹诉情之风，已非常流行。自晋、宋、齐不断有缠绵生动之短篇歌咏。后来郭茂倩《乐府诗集》所收，至为丰富。如《子夜歌》十二首，《子夜四时歌》七十二首，《上声歌》八首，《欢闻歌》一首，《欢闻变歌》六首，《前溪歌》七首，《阿子歌》七首，《团扇郎》六首，《七日夜女歌》九首，《黄鹄曲》四首，《碧玉歌》五首，《桃叶歌》四首，《懊侬歌》十四首，《华山畿》二十五首，《读曲》八十四首，总计约有三百首以上，皆回肠荡气，情感真挚。且皆为吴声歌曲。诗中言地名，更有扬州（唐以前南京）、白门等语，尤足证明其多出南京间巷间青年男女之手。山水文学盛行后，一般文士更辟新路，即以此等民间俗文学为基础，而加之藻采，复与声律之原则结合，以增声音上之铿锵，纯乎惟美主义。其描写闺阃女性，往往犯色情之诮。然是时帝王以至士大夫能诗者，殆莫不好此，此为南方文学特殊现象之一。陈后主叔宝，即以好作此等诗，荒淫失政以至亡国。其乐府名篇，如《春江花月夜》、《玉树后庭花》等，亦属此体。隋人平陈，固取得征服者地位。然炀帝杨广，即为一出色之宫体诗人，其平陈也，乃并南京之文学而接收之。如《春江花月夜》一曲，陈代原作已失传，今世所见者，反以炀帝所作二首为最早也。

  陈氏王朝被灭时，南京之城郭宫阙，悉毁为邱墟，为中国文化之一大厄运。从此繁华中心，不复在江南，而移至今日江北之扬州。唐代诗人过此者，但有凭吊慨叹而已。五代（九○七—九六○）时，区宇分裂，群雄割据，南京复建立偏霸之局，即南唐是也，地小而祚短，然文学却有可称。

  宫体文学入唐至开元前后，受复古影响，颇遭批评家之抨击，唐诗乃一变颓废之习。然至晚唐而又渐起，故世称温庭筠、李商隐诸家之艳诗。此时五七言定型小诗，渐伸缩而成长短句，为词中小令之起源。五代之际，盛行于长江上下游诸地，上自蜀（成都），下至江南，作家林立，而以江南称最。南唐中主李璟、后主李煜、宰相冯延巳

等，君臣上下，并以词相矜尚，而以后主为词中之圣手。影响至北宋，词家如二晏（晏殊、晏几道）、欧阳修，皆不宗蜀词而偏重南唐之词。南唐后主李煜与陈后主叔宝，皆以好文学，不务政事而亡国，身为俘虏。后世论者，至以为帝王非诗人所宜作。盖此二后主，皆同为历史上悲剧之主角也。前此梁氏三祖（武帝萧衍、简文帝萧纲、元帝萧绎）亦均为帝王之能文者，而皆不得其死。

后主之词，可分为二期，前期在国内者，多属酣宴嬉游一类，极端颓废，而描画技术则极高。被俘入宋之数年，一变而为悲凉凄咽，有类于庾信留北而作《哀江南赋》、《拟咏怀诗》，以身世所遭之惨痛，为其文学成就之代价。以文学言，又非陈后主所及。今所存词，不过三十余首。然其晚年之《浪淘沙》、《虞美人》、《相见欢》诸阕，顿入名理，其境地之悲哀与高邈，古今词人殆无有出其右者。宫体文学发展至最后，往往浸入玄想、初唐之张若虚、刘希夷诸家之长歌，堪为好例。词则后主如是。近人王君国维论词，谓其伟大之处有基督代人类担负罪恶之意，诚不虚也。

六

今说南京文学，暂止于此。合而观之，则南京在文学史上可谓诗国。尤以在六朝建都之数百年中，国势虽属偏安，而其人士之文学思想，多倾向自由方面，能打破传统之桎梏，而又富于创造能力，足称黄金时代，其影响后世至巨。

自唐而上，中国文学，以诗为主体，故述至南唐而止。赵宋以来，平民文学次第高张，戏曲小说起而代诗之地位。在此有足注意者，即明末清初之历史戏剧《桃花扇》本事，殆全出于此地。清代二大小说，一为曹雪芹之《红楼梦》，一为吴敬梓之《儒林外史》。前之作者少年住南京，其书即以金陵为背景。后者为南京寓公，其书专以讽刺当时在南京之知识分子的弱点为主题。以不及详论，请俟异日。

庄子学说略

◎ 陈中凡

老聃著书上下篇,言道德之意五千言,其掌史职最久而察物最精,测心甚微而见道甚竺,既于前篇述其涯略矣。庄周起而恢廓之,更以谬悠之说、荒唐之言、无端崖之词著。说者谓庄子为老子之注疏,有是哉,有是哉!非庄子不足以知老学之真谛,非老子不足以见庄子之师承。其渊原所自,本末较然。学者试对勘而会通之,则于道家之恉,庶几思过半矣。

老聃不尚贤,故绝圣弃智,绝仁弃义(十九章)。庄周则以圣智为大盗之积,仁义为祸世之阶,故曰"举贤则民相轧,任智则民相盗"(《庚桑楚》)。曰:"圣人生而大盗起。掊击圣人,纵舍盗贼,而天下始治。"(《胠箧》)曰:"夫尧畜畜然仁,吾恐其为天下笑,后世其人与人相食与。"(《徐无鬼》)老聃不贵难得之货,言绝巧弃利。庄周则以巧利为贼人心之本。曰:"有机械者必有机事;有机事者必有机心。机心存于胸中,则纯白不备;纯白不备,则神生不定;神生不定者,道之所不载也。"又曰:"功利机巧,必忘夫人之心。"(《天地》)老聃务去物欲,乃废五色、五音、五味,使人葆耳目之真。庄周更务塞瞽旷之耳,胶离朱之目,擳工倕之指,令人返其浑沌之始。凡此皆刺探前王之情伪,而大发其覆蔽者也(余杭章君曰:伊尹、管仲,虽知道,其道,盗也。得盗之情,以网捕之者,莫若老聃)。

盖自黄帝以来,所谓道术者,其操心存乎坚忍。故曰:"受国之垢,是谓社稷主。受国不祥,是为天下王。"(七十八)曰:"强力忍垢。"(《让王》)其择术在乎权数。故曰:"将歙固张,将弱固强,欲废固兴,欲夺固与。"(三十六)及其用世也,以兵刑为大用。故曰:"佳兵者不祥之器。"(三十一)曰:"师之所处,荆棘生焉。"(三十)曰:"法令滋章,盗贼多有。"(五十七)以愚民为先务。故曰:"古之善为道者,非以明民,将以愚之。民之难治,以其智多。故以智治国,国之贼,不以智治国,国之福。"(六十五。学者多言老子务愚民,不知老子明言古之为道者如是。曷常以是为经国之极则者?观其言俗人昭昭,我独昏昏;俗人察察,我独闷闷。方且自处于昏昏闷闷之天,是岂后世任智愚民者所可比数哉)凡此皆前王理世致治之秘术,老聃所发奸摘伏而暴诸天下者也。至庄周更建旗伐鼓,大声而急呼曰:"古之人在混芒之中,与一世而得澹漠焉。此之谓至一。当是时也,莫之为而常自然,逮德下衰,及燧人、伏羲始为天下,是故顺而不一,德又下衰;及神农、黄帝始为天下,是故安而不顺,德又下衰。及唐、虞始为天下,兴治化之流,澆淳散朴,离道以善,险德以行,然后去性而从于心。心与心识知,而不足以定天下,然后附之以文,益之以博。文灭质,博溺心,然后民始惑乱,无以反其性情而复其初(《善性》)。曰:"昔者黄帝始以仁义撄人心,尧舜于是股无胈、胫无毛,以养天下之形。愁其五藏,以为仁义;矜其血气,以规法度。然犹有不胜。尧于是放欢兜于崇山,投三苗于三危,流共工于幽州,此不胜天下也。"(《在宥》)彼岂甘自背师承,好为是偏激之论哉。盖亦深有痛于圣人不仁,刍狗民物,自燧人、伏羲以降,天下治而未安,安而未顺,顺而不一,而混茫澹漠之天,遂终古不可复觏,其心亦云伤矣(论者每谓老庄欲复太古榛柸之治,不知老子所谓小国寡民,庄子所言混冥,并属无何有之乡,驰想所推太平之世,而斯世断难征验者也。若夫皇古,老庄固不屑道也)。夫老庄既掊击圣知,剽剥仁义,举凡体乐刑政,一切皆视同醯鸡腐蠓叶,弃不屑一道。其言信淡洋肆恣,使人无畔岸之可寻矣。然而老聃曰:吾言甚易知,甚易行。天下莫能知,莫能行。言有宗,事有君(七十)。苟识其宗,则其救世之情,未尝不灼然可睹也,则请进而言夫道。

老聃言:道曰常。庄周言:道曰真。常则不灭不生无成无毁,真则非相非体有信有情。故曰:"有物混成,先天地生,寂兮寥兮,独立而不改,周行而不殆,可以为天下母。"(二十五)夫先天地生者无生所谓自本自根,未有天地,自古以固存。神鬼神帝,生天生帝,在太极之先而不为高,在六极之下而不为深,先天地生而不为久,长于上古而不为老者也(《大宗师》),独立周行则无不遍。所谓于大不终,于小不遗。故万物备,广广乎无不容,渊渊乎不可测也(《天道》)。若是,则周遍时方无乎不运夫是之谓常。老聃又曰:"道之为物,惟恍惟惚,惚兮恍兮,其中有象;恍兮惚兮,其中有物。窈兮冥兮,其中有精。其精甚真,其中有信。"(二十一)夫窈冥恍惚则不见不闻,有精有信则可体可验。庄子所谓有情有信,无为无形,可传而不可受,可得而不可见也(《大宗师》)。不可受则无体,不可见则无象。无体无相,情安从生?信奚由验,是亦无状之状,无物之象(十四)。无情之情,无常之信已耳(用郭注说)。所谓道,本无象可取。若离于念,唯证相应,夫是之谓真。唯真斯常,舍常非真常也。真也,犹佛陀之言如也(俱言真如《起信论》曰:一切不可说,不可念,名为真如。真如有二种义:一如实空,以能究竟显实故,即此所谓恍惚窈冥也。二如实不空,以具足,无漏性功德故,即此所谓有情有信,甚精甚真也)。

既明夫道之体,进而言道之用,故其论复性之功曰:"致虚极,守静笃,万物并作,吾以观其复。"(十六)虚者,实之归,静者,动之反。致虚以涵实,则实之体明;守静以观动,而动之理得。以如是观,斯为观复。万物皆作于性,皆复于性(苏辙说)。观其复者,观其性。静者,静此,虚者,虚此也。庄子曰:"惟道集虚,虚者心齐也。"(《人间世》)万物无足以铙心者,故静也。虚静恬淡,寂寞无为者,天地之平。而道德之至,故帝王圣人休矣。休则虚,虚则实,实则伦矣。虚则静、静则动,动则得矣(《天道》)。

虚则心不逐物（仲尼曰："耳止于听，心止于符。"），静则物莫铙心。如是言实，实始有伦；如是言动，动始有得。盖物蔽悉除，而后性真可葆。故曰："彻志之勃，解心之缪，去德之累，达道之塞。富、贵、显、严、名、利六者，勃志也；容、动、色、理、气、意六者，缪心也；恶、欲、喜、怒、哀、乐六者，累德也；去、就、取、与、给、能六者，塞道也。此四六者，不荡胸中则正。正则静，静则明，明则虚，虚则无为而无不为也。"（《庚桑楚》）洗心解蔽，固莫善于虚静矣。由是而论应世之方，则在无为而无不为。老聃曰："道常无为而无不为。侯王若能守，万物将自化。化而欲作，吾将镇之以无名之朴。无名之朴，夫亦将无欲。不欲以静，天下将自定。"（三十七）是则无为者，见素抱朴，不以私欲扰天下，无不为者，任万物之自化，天下之自定也。故曰："明王之治，功盖天下而似不自己；化贷万物而民弗恃。有莫举名，使物自喜，立乎不测而游于无有。"又曰："顺物自然而无容私焉，而天下治矣。"（《应帝王》）夫功盖天下而似不自己，化贷万物而民弗恃，所谓"生而不有，为而不恃，长而不宰"（五十一）。"功成而不处也"（七十七）。顺物自然而不容私，所谓"我无为而民自化，我好静而民自正，我无事而民自富，我无欲而民自朴也"（五十七），是天下无为而无不为也。故曰："天无为以之清，地无为以之宁，两无为相合，万物皆化，万物职职，皆从无为殖。"（《至乐》）则无为非废事逸居，日就寂灭之谓矣。且夫天地虽大，其化均也；万物虽多，其治一也（《天地》）。使天地不化，圣人岂能化之；万物不治，圣人岂能治之？天地既均于自化，又岂待圣人化之？万物既一于自治，又岂待圣人治之哉！故门无鬼曰："天下均治，而有虞氏治之邪，其乱而后治之与？"赤张满稽曰："天下均治之为愿，而何计以有虞氏为。"（锐近并法治，自治为一谈。既云自治，何有于法？苟赖乎法，自尚何存？是大谬之说，未足希均治于万一者也）后世均治之义不明，而后君若相始离跂攘臂乎礼乐刑政之间，而天下乃乔诘卓鸷脊脊大乱已。故曰："天下神器，不可为也。为者败之，执者失之。"（二十九）是故复性莫尚于虚静，而应世莫要于无为。复性者，内圣之功；应世者，外王之术。内圣外王之义无不显，则道之全体大用无不明，道之本末精粗并可见矣。

庄周曰："古之明大道者，先明天而后道德次之，道德已明而仁义次之，仁义已明而分守次之，分守已明而形名次之，形名已明而因任次之，因任已明而原省次之，原省已明而是非次之，是非已明而赏罚次之，古之语大道者五变而形名可举，九变而赏罚可言也。骤而语形名，不知其本也；骤而语赏罚，不知其始也。倒道而言，迕道而说者，人之所治也，安能治人。"（《天道》）是德者，道之精；仁义者，道之粗。德者，道之本；仁义者，道之末。形名赏罚者，又仁义之至粗至末者也。语道而至于仁义，其精已漓其已。失至于形，名赏罚则道，或几乎息矣。故老聃言失道之极至于礼而止。过此以往非所忍言。曰："礼者，忠信之薄而乱之首。前识者，道之华而愚之始。"（三十八）礼，犹庄子所谓分守形名（形名之牧出于礼官）。前识，犹言先知，智之称（吴澄说）。即庄子所谓因任原省者非欤？礼智已为忠信之薄，愚之首而乱之始，宜亦仁人所难言者矣。庄子更推而言法（赏罚）。又奚为哉？曰：道恶乎往而不存，恶乎存而不可，使道德不失，则仁义礼智法五者存可也，亡可也。道德不存，仁义已足戕人心而贼肝腐，更焉待于礼法哉！是故仁者德之爱，义者德之宜，礼者德之让，智者德之明，而赏罚者德之信。举道则德赅矣，举德则五者涵矣，故曰："匿而不可不为者事也，粗而不可不陈者法也，远而不可不居者义也，亲而不可不广者仁也，节而不可不积者礼也，中而不可不高者德也，一而不可不易者道也。"（《在宥》）又曰："通于天地者德也，行于万物者道也，上治人者事也，能有所艺者技也。技兼于事，事兼于义，义兼于德，德兼于道，道兼于天。"（《天地》）此其言道，固非舍事而言理，离物而言，则外乎仁义礼而别有缥渺虚玄之道德也。若夫失道而言德，则无名者厘然而有名矣。舍德而言仁义礼，则浑全者秩然而现差别矣。盖德无间于人我。仁则以我爱人，而彼此之见生。仁者无所不爱，无所不施，义者辨若者宜爱，若不宜施，而成亏之心起（《知北游》。义者，亏也）。义者，爱所爱而施所施，礼则施必责报，往必有来，而予夺之端著（用先瑞安师说）。赏罚缘是起，而后严酷健岁之才，乃始脔卷抢囊以乱天下。故礼失而有法，老聃所不忍言。是非明而后赏罚次之，庄周所不得不言者也。夫失道而后德，失德而后仁义，为人心自然之变。失仁失义而后礼，为世态当然之变。失礼而后法，则世变穷无复之，老聃之所痛心疾首者矣。故庄子之论法家曰："非生人之行，而至死人之理，适得怪焉。"（《天下》）老子曰："民不畏死，奈何以死惧之！"（七十四）悲夫！率天下而出于死途，尚复有道德之可言，奈何学者不察，辄谓道德之祸其后为申韩哉！太史公曰："申子学本黄老而主形名。韩非喜形名法术而其归本于黄老。"此皆法术原于道德之明证。

　　然吾则谓老之与黄亦异矣（清魏源说）。而六国时人，率以黄帝并称（陈澧曰：黄老之教不自汉兴。《史记》慎到、田骈、接予、环渊皆学黄老道德之术，孟荀时已盛行。象山师曰：盖公师乐臣公，乐臣师乐瑕公，乐瑕师毛翕公，毛翕公师安期生，安期生本师曰河上丈人。教黄帝老子，亦见《史记》是皆在战国时，不始于汉。是则黄老并称，确始于六国时矣。且黄帝之书，班氏谓其起六国时，于老子相似。则六国时必多貌袭道德之流，为变本离宗之语，托名黄老以为高者矣。凡教派盛则窃附者众。窃附者众则其流斯下。汉之党锢，宋之道教，明之心教，莫不如是。岂独老教然哉）！申韩学本差黄老，亦六国以来习语。不知法术之士，深得黄帝以来道术之传，大悖老子恉意者也（李法兵法，并始于黄帝，老子则恶法去兵，说见前）。此义惟太史公明之，故曰：申韩极掺礉少恩，皆原于道德之意。而老子深远，则老子非申韩所可比数，较然易见，后人不知微会其意，且不知老子之学大变古来道术之传，猥以法术原于古之道家者，蔽其罪于老子，可谓无识之尤者矣。苏轼谓老子之教重于无为而轻于治天下国家，是以仁不足爱而礼不足敬。韩非得其轻天下之术，遂至残忍刻薄而无疑。李贽辨之曰："彼以柔弱而此以坚强，此勇于敢而彼勇于不敢，固已方圆冰炭若矣。"窃案：两氏皆未知黄老殊致。申韩原于黄而非原于老，不得其故而强为之辞，其无当均也。彼韩非尝解老矣,岂真能知老子哉！老聃曰:"圣人无常心,以百姓心为心。"而韩非则曰:"为己者必利,不为己者必死。以恐其群臣而行其私。"(《八奸》)是强天下以从一人,其祸世万民,叛大道之归,且不可以道里计,岂得因文饰奸言,遂据而进诬先觉哉！夫弊者窃古人之似而树其帜者亦众矣。田恒资仁义以代齐,新莽用周礼以乱汉,儒生诵诗书以发冢,申韩原道德以残民。变而离宗,其流斯弊。盗亦有道,庄周固言之矣。夫道周万物而不遗,理无绝对而独立。言无则有显据是则非彰。故美与恶同根,蔽与新一体,天下无至善至恶之可言,智慧出而巧伪成,圣人生而大盗起。此亦势所必至,理有固然也。惟两端泯绝差别不生,名言道断,方契平等。故老聃曰:"道可道,非常道。"曰:"信言不美,美言不信。"(八十一)庄子言:"终身言,未尝言;终身不言,未尝不言。"又曰:"言者所以得意,得意忘言,吾安得忘言之人,而与之言。"(《寓言》)斯则说期无说言以遗言。曰道,曰德,亦随顺假名,非有实相。故曰:"天地形之大者也,阴阳气之大者也。道者为之公,因其大而号以读之则可也,已有所矣,乃将得比哉。则若以斯辩,譬犹狗马,其不及远矣。"(《则阳》)老子亦曰:"吾不知其名,字之曰道,强为之名曰大。"(三十五)曰:号而读之,强而名之,则名者,实之宾,德之所由荡也。窃道之似者,亦窃其宾而已。道之实固无伤也。老庄所说道德,即非道德,实且不存,名之何立？微论申韩,不得窃其似,即黄帝、伊尹、太公、辛甲、鬻熊、管仲亦不足拟其伦矣。由是言之,老聃所谓道德,信非一曲之士所得袭而取之者矣。然其证道不功,未尝不秩然有纪也。

庄子述关尹、老庄曰:"以本为精,以物为粗,以有积为不足,澹然独与神明居,古之道术有在于是者。关尹、老聃,闻其风而悦之。建之以常无有,主之以太一,以濡弱谦下为表,以虚空不毁万物为实。"其自述曰:"芴漠无形,变化无常。死与生与,天地并与,神明往与,芒乎何之,忽乎何适,万物毕罗,莫足以归。古之道术有在于是者。庄周闻其风而悦之。独与天地精神往来,而不敖倪万物,不遣是非,以与俗处。上与造物者游,下与外死生无始终者为友。其于本也,宏大而辟,深闳而肆。其于宗也,可谓稠适而上遂矣。"姚鼐据此谓:"老庄不同道。"今按濡弱谦下者,其表,空虚不毁万物者;其实,常无有者;其所建而太一者;其所主,既主一矣,安复有二？是持弱以遇强,即空以显实,处无以和有者,其入道之功。道通为一,则即粗、即精、即本、即末、即积、即消,而且无精粗本末消积之可言,是摄万于一,其教主乎渐者也。而庄子由外死生,无始终,而后芴漠无形,变化无常,独与天地精神往来,是通一于万,其教主乎顿者也。两者其功虽殊,其归一致,盖由渐言之,则反者道之动,弱者道之用(四十)。《易》曰:"复其见天地之心乎。"王弼曰:"复者反本之谓,是故动皆知其所无。"(王注)用皆有取乎弱,知有无相生,则执有以待无;知难易相成,则图难于其易;知长短相校,则取短以洁长;知高下相倾,则因下以为基;知前后相和,则居后以承前。夫道原平等,而差别生于动。动起于反,差别出于用,用存乎弱,识其反,用其弱,则方动方静方用方不用,复通为一。天地之心于是可见,即道之端于是可守。由顿言之,则万物炽然起于我见,有我而后有物。物我明而后彼此同异之见生,由彼此同异而后是非美恶之情著。有是非美恶而后成亏生死之事彰,故必外死生而后差别尽泯,名为不动(《起信论》言不觉故动,动则生三细六粗,觉则不动)。乃能逍遥以适其体,《齐物论》以平其情,《养生》以完其真,出《人间世》以应其用,如是者,真妄交融,事理无碍矣。

庄子又尝合顿渐而并释之曰:"参日而后能外天下,七日而后能外物,九日而后能外生。已外生矣,而后能朝彻。朝彻而后能见独,见独而后能无古今,无古今而后能人于不死不生。"(《大宗师》)详此由外天下、外物、外生,而至于朝彻者,由妄显真,老聃之教也。由见独而后无古今,不生不死者,因真除妄,庄周之教也。两者均以见独为极则,见独抱一之谓也。老庄人道之方,顺逆虽殊,大其皆以抱一为职志。安见其有差异邪?噫!黄老殊致,而论者并为一谈;老庄同归,而后人疑其异趣。斯亦比傅穿汖穷幽失真者矣,故反复详辨之如此。

唐宋词选识语

◎ 汪　东

温庭筠《菩萨蛮》

按：《杜阳杂编》云："大中初，女蛮国贡双龙犀霞锦，其国人危髻金冠，璎珞被体，故谓之菩萨蛮。当时倡优遂制《菩萨蛮》曲，文士亦往往效其词。"又《北梦琐言》云："宣宗爱唱《菩萨蛮》词，令狐相国假温飞卿新撰密进之。"盖其时新声流播，上下咸好斯制，而飞卿遂以擅场。然集中十余首，未必皆一时作，故辞意有复重。张皋文比而释之，以为前后映带，自成章节，此则求之过深，转不免于附会穿凿之病已。

词宗唐、五代，犹诗之遵汉魏也。然唐人为词多以余事及之，至温篇什始富，而藻丽精工，尤为独绝。诗与义山并称；持校其词，品犹差下。清王阮亭云："温、李齐名，然温实不及李。李不作词，而温为《花间》鼻祖，岂同能不如独胜之意邪！"东谓物莫能两大，心有所专则力有所绌。阮亭之论，略得其平。若明人胡应麟既以李不如温，又评温如北里名娼，李如狭邪浪子，斯则未免轻诋古人，适自章其门户之陋而已。

李后主：

诗言温、李，词亦当举温、李。后主身丁亡国之惨，遭室家之变，愁苦郁结，发而为词。故其声凄咽怨断，动人心骨。或者议其温婉不若飞卿，乖风人之旨。不知情缘境迁，文由情立，未可执一以相概也。笃而论之，才思发越，后主为优；气息醇厚，温似尤胜。拟诸诗家，殆犹枚乘、傅毅之流，后主则子建之匹也。

韦庄：

韦庄家世贵公子，衔命入蜀，遂被羁留。又宠姬为王建所夺。虽身历显要，心所难堪。今按其词，如《归国谣》、《菩萨蛮》，睹怀故国，情溢于辞。其余若《诉衷情》、《女冠子》、《谒金门》、《应天长》则并是伤离之作，所谓"情意凄怨"，固不独《古今词话》所指之《荷叶杯》、《小重山》二词而已。

冯延巳：

唐五代词胜处，温醇蕴藉，后世所不能至。若夫穷其末流，或稍涉轻艳。宋人恢张其体，始极顿挫浏亮之观，而承先开后，以为旋运者，则南唐后主与正中是也。《阳春》于含蓄之中寓沉着之思。近人冯煦谓其"俯仰身世，所怀万端，缪悠其辞，若显若晦，揆诸六义，比兴为多。类劳人思妇，羁臣逐子，郁伊怆怳之所为，世岂以靡曼目之，诬已"。此虽褒称先世，亦庶几天下之公言乎！

欧、晏：

宋初巨公，断推欧、晏。《珠玉》承五代之绪，《六一》开北宋之风。揆诸诗家，其犹子昂、九龄之于唐代乎！

晏几道：

叔原为西昆体诗,漫渍于义山者,功力甚至。故其词亦沉思往复,按之逾深,若游丝袅空,若螺纹望匣。彼与义山诗境,盖所谓以神遇者也。观其自记篇后,感光阴之易迁,叹境缘之无实,深情苦语,千载弥新。冯煦以为古之伤心人,知味哉!

柳永：

耆卿铺叙长调,曲折尽意,尤善摹绘山川之状,发抒羁旅之情。而才力矫健,每足包举其文,不稍竭蹶。自清真而外,无有能与连镳并辔者也。徒以流连坊曲,不矜细行,又好为鄙言,以说歌者之口,当时名卿大夫,颇有屏抑其调,不屑称道者,此本由薄其人故。若夫易代而后,专论文采,又宁得以恣恣之观同悠悠之论乎？周止庵云:"耆卿言近意远,森秀幽淡之趣在骨。"又云:"耆卿秀溪幽艳,实不可及,后人摭其乐章,訾为俗笔,真瞽说也。"此言得我心矣。

苏轼：

东坡天才高旷,不可羁勒,其词挥洒出之,若不经意。及其神思方运,兴会飚发,若乘培风之翼而翱翔乎云物之表,俯视下土,声若蚊虻。况诸诗家,则太白也。后人无其天分,纷纷模拟,里丑效颦,何足道哉。

秦观：

冯煦云:"少游词寄慨身世,闲雅有情思,酒边花下,一往而深。而怨悱不乱,悄乎得小雅之遗,后主后一人而已。"昔张天如论相如之赋云:"他人之赋,赋才也；长卿之赋,赋心也。"予于少游之词亦云:他人之词,词才也；少游之词,词心也。得之于内,不可以传,虽子瞻之明隽,耆卿之幽秀,犹若瞠乎后者,况其下邪。

贺铸：

方回词采秾丽,时不免俗。情浅于少游,才薄于耆卿。盖与子野为俦,而非秦、柳之匹。然《凌波》一曲,遂成绝唱,子瞻继声,去之弥远。故知才不相及,虽有定分,而天机偶至,又非人力所能加也。其词多用旧调,易以新名,如《横塘路》即《青玉案》、《将进酒》、《行路难》皆即《小梅花》,自余相类者,不胜枚举。寓声之名,义盖由此。

周邦彦：

词至清真,犹文家之有马、杨,诗家之有杜甫。吐纳众流,范围百族,古今作者,莫之与京也。余襄有评述,略申大概,兹节录如下云:"两宋词家,巨乎辈出,若与清真相校,品第略得而言。晏、欧诸公,承五代之余绪,所作唯多小令,体格攸殊,未宜同论。耆卿崛起,慢词始兴,清真实从柳出,其铺叙长调,气力相钧,而沉郁之思,秾挚之采,固柳所不及也。苏、辛天资卓绝,别立门户。苏格尤高,苦多率直；辛才实丽,时惠粗犷。清真奄有其长,并绝其短。少游婉约,逊彼浑成；梅溪隽快,患在纤巧。白石孤标绝俗,或时意竭于篇；碧山雅正为宗,稍乏闳肆之气。梦窗学清真最似,可谓遗貌取神,其佳处殆不多让。然恆钉晦涩之病,即亦未能为讳也。……"如上所论,虽不能尽,然沿波讨源,差非各执。顾犹或以托意不深,为清真病。此则身逢晏乐,不宜为无病之呻。假令清真生丁末叶,其麦秀黍离之感,又岂在周、张诸人下耶？

万俟咏：

雅言词名极盛,黄叔旸至有"词圣"之目。今览其体制格律,最与耆卿为近。然但有雍容铺叙之才,而无沉着透快之笔,此所以未可并论也。唯精于音律,在大晟府尝按月律进词,创调之功,固不在周、柳之下,录此以示一斑。

向子諲　蔡仲：

仲道与向伯恭同官,屡有酬赠。芗林稍近豪放,苦少凝练之功;友古颇为婉约,终乏沉深之致,要之其才约略相等。乃毛晋既谓其逊《酒边》三舍,冯煦又谓:"子諲望而却步。"扬抑过情,皆非笃论也。

李清照：

易安能文,工诗画,其词尤卓然,足以名家。《渔隐丛话》载其论词之言曰:"江南李词独尚文雅,语虽甚奇,所谓亡国之音,哀以思也。本朝柳屯田《乐章集》大得,声称于世,虽协音律,而词语尘下。又有张子野、宋子京兄弟、沈唐、元绛、晁次膺辈继出,虽时时有妙语,而破碎何足名家!至晏丞相、欧阳永叔、苏子瞻,学际天人,作为小歌词直如酌蠡水于大海,然皆句读不葺之诗耳。又往往不协音律。王介甫、曾子固文章似西汉,若作小歌词则人必绝倒。乃知词别是一家,知之者少。后晏叔原、贺方回、秦少游、黄鲁直出,始能知之。而晏苦无铺叙,贺少典重,秦少游专主情致而少故实。譬如贫家美女,虽极妍丽丰逸,而终乏富贵态。黄即尚故实而多疵病,譬如良玉有瑕,价自减半矣。"易安天才既高,故持论少所许可。纠弹前辈,既中其病,又好讥切当世,恶之者众,遂遭诬谤。谢綮宗礼一启,千载引为口实。至近世俞正燮始得博稽事实,以辨其妄。口舌之嫌,吁可畏已。

赵鼎：

忠愤之情,以蕴藉出之。李慈铭曰:"得全居士词最为艳发,似晏元献。"

朱敦儒：

花庵称希真天资旷逸,有神仙风致。《澄怀录》载希真居嘉禾,陆放翁与朋侪诣之。笛声自烟波起,顷之,櫂小舟而至,则与俱归。室中悬琴筑阮咸之类,檐间有珍禽,蓝盎仁荬实脯醢,挑取奉客,其襟抱风度,盖玄真子之流也。然《樵歌》三卷,寄情冲旷,而辞气或伤局促。昔人评希真及白石词,皆云似不食烟火人语。由今观之,白石独夐乎,不可尚已。

辛弃疾：

苏、辛并为豪放之宗,然导源各异。东坡以诗为词,故骨格清刚。稼轩专力于此,而才大不受束缚,纵横驰骤,一以作文之法行之,故气势排荡。昔人谓东坡为词诗,稼轩为词论,可谓词评。顾以诗为词者,由于诗境既熟,自然流露,虽有绝诣,终非当行;以文为词者,直由兴酣落笔,恃才自放,乃其道敛入范,则精金美玉,豪无疵类可指矣。

学苏不至,于湖、放翁不失为诗人之词。学辛不至,虽二刘未免伧俗,况其下者邪?至潜夫论辛词云:"公所作,大声镗鞳,小声铿鍧,横绝六合,扫空万古,自有苍生以来所无。其秾丽绵密者,亦不在小晏、秦郎之下。"此固知者之言,非稼轩何足以称是。

张镃：

功甫以贵公子流寓海盐,盛起园亭,豪侈甲天下,一时名胜,莫不与文酒之会。凭借既隆,而文采亦足自振。数传以后,遂有玉田,其渊源盖有自矣。《玉照堂》词本不传,鲍氏知不足斋所刻名《南湖诗余》乃辑自《永乐大典》者。朱刻因之。唯《词综》别载《兰陵王》一阕,在《南湖诗余》之外,竹垞自言所见多抄本,知《玉照堂词》亦其一也。

姜夔：

白石词如藐姑冰雪,不受半点尘滓,然气骨仍极深厚。若子野则失之薄,希真则失之浅矣。玉田称其"清空骚雅",最为允惬。清刘熙载论词,未甚当行。至谓白石"幽韵冷香,挹之不尽,在乐则琴，在花则梅"。亦庶几得之也。

白石最工过片，出奇无穷，往往一二语使全局振起，有两宋诸家所不能到者。结句每苦意尽。然如《暗香》、《疏影》及《八归》等，皆精力充满，首尾如一。正亦未可轻议。

陆游：

《四库提要》云："游生平精力，尽于为诗，填词乃其余力。"杨慎《词品》谓其纤丽处似淮海，雄快处似东坡。平心而论，游盖驿骑于二家之间，奄有其胜，而皆不能造其极。要之诗人之言，终为近雅，与词人之冶荡有殊。其短其长，具在是也。

刘过：《贺新郎》"老去相如倦"《唐多令》"芦叶满汀洲"

二词于流丽之中，仍归沉着。世人但学稼轩粗豪，乃以龙洲为借口者，非唯不知辛，亦并不知刘矣。至其《沁园春》，《咏美人》二首，最为儇薄，而古今称道弗置，此词格之所以日靡也。

卢祖皋：

朱刻《蒲江词》九十六首，最为完善，若毛刻仅二十五首，则残本也。其词大都工整明蒨，然思力较弱，有如翦彩为花，终少生气。

高观国：《解连环·柳》

竹屋词少可取，而当时顾负盛名，故抄存一首，聊示梗概。

史达祖：

梅溪思路儁爽，用笔轻灵，快剪风樯，了无滞迹。持救平钝寒涩之弊，则良药也。然纯以巧胜，故骨格不庄，从此入手，易流佻薄。当时与竹屋齐誉，高固远非其伦，至复拟诸清真，则虽出姜、张之口，犹为溢美耳。

方千里：

和清真者三家，千里守律谨严，斯可为法。若以词论，则次于西麓，高于泽民。视美成犹滕、薛之于晋、楚也。

吴文英：

梦窗以丽赡之才，吐沉雄之思，镂金错采，而其气不掩。尹惟晓拟之清真，正以其开合顿挫，潜气内转，与美成同法，非谓貌似也。世人学梦窗者，但知撷取字面，雕缋满纸，生意索然。矫枉过正，则又或欲拜梦窗而废之，斯为两失矣。玉田专主清空，故仅举《唐多令》一首，以为集中如是者不多。其实读梦窗词，须于秾采中求其空灵之迹。兹所选录，皆情辞相副，丽内有则，绝无过晦之病，庶几使读者知惟晓之果为公言，而玉田所称，犹有未尽也。

蒋捷：

晚宋诸家，竹山最为沉咽。周止庵讥其有俗骨，是也。以与梅溪之纤等类而齐黜之，则非也。盖词涉纤巧，则境不能深，语归沉着，即俗亦无碍。况其瞆怀故邦，触物兴感，固有与《花外》、《白云》异曲而同工者矣。

周密：

草窗与梦窗并称，俪辞琢句，亦有相似。然风骨沉厚殊不逮，其视梦窗，盖延年之于康乐。顾其善者，亦复情文相生，丰约适体，若兹所录十余篇，岂非庶几所谓"炳若缛绣，凄若繁弦"者欤！

王沂孙：

碧山感怀家国，词多比兴。其咏物诸作，大都称文小而旨极大，举类迩而见义远，非夫巧构形似者所得比也。至于闺襜淫亵之辞,刊削弗道,则其体始尊。玉田论词,欲其"雅而正",若碧山者,斯雅正之极则矣。

张炎：

玉田之才,和而不肆。惟身当易代之际,茹亡国之痛,凄怆悲吟,不能自已。故抽绪绵邈,则境遇使然;吐辞纡徐,亦性分有定也。清初诸老,莫不翕然宗尚,至周止庵乃深讥之。平心而论,谓其"超轶周、秦,平睨姜、吴",亦似微有不逮,然气象宽展,足称大家。至元以来,遂未有能过之者,以殿两宋,不亦宜乎!

治国学之基本方法

◎ 王　易

一、国学之领域

国学者中国之学也。凡所谓"学"包括一切学术知识，故国学实为我国悠久历史诸学之总汇，其范围之广、内容之丰，实非吾人毕生精力之所能尽究者。文史则占国学全部百分之八十，文为一切文章学说典章制度，史则为自古迄今史实之记载，而其余百分之二十，为天文、历数、音律、医术诸学，则太近专门，一般人多无暇兼顾。吾人对于国学，应有一基本认识之二义：

（一）国学为中华民族固有之文化。此文化乃我民族之本位文化，汉魏以后由印度传来之佛法，及近代海禁开后由西洋输入之各种学术均除外。此文化乃我民族性所孕育而成者。盖我国文化发达地区，居北温带中部（北纬三十度至四十度之间），气候温和，物产丰富，人民之生活优裕，以农为本业，故文化之特征即敦厚、优美、周密，实具真、善、美之特质。惟其敦厚，故有忠孝、仁爱、信义、和平诸德性；惟其优美，故有章服、仪节、文艺、美术诸成绩；惟其周密，故有法度、律历、医药、制器诸发明。以是我国文化实非印度地处热带，民性怠惰，消极厌世，或日本地处三岛，民性轻浮，残忍刻薄之文化所可比拟。

（二）国学为中国历史演进之事迹。吾人今日文化之构成，实基于吾国历史事迹之演进。吾国为世界文明古国之一。环顾全球，文明古国埃及、巴比伦文化中断，印度文化式微，惟我国圣哲代兴，继续发展，至今仍屹立于世界，此即我文化基础超于他国之实证。虽我物质文明，不及欧美诸国，亦仅近百余年之事，然断不可因此妄自菲薄，便一切舍己从人。须知我民族之命运实系于我悠久之文化，此吾人之所应深念者。倘但持狭义功利主义，舍国学而不讲，则民族精神将无所托，即令事事能学步他人，亦终于逐后尘而已。

二、国学之内涵

《易》曰:"形而上者谓之道,形而下者谓之器。"今言国学之内容,亦不可不分形上、形下而论之:

(一)形上。形即现形,上即超越于本位。形而上者属于天,属于天者即自然也。子贡曰:"夫子之文章可得而闻也,夫子之言性与天道,不可得而闻也。"故形上之学,可谓天学,包括性道,为《中庸》及《易经》所阐述皆是也。此类学术,含义赜隐,乍难探索,非一般学者所能喻,故孔子不常言之,必待人情物理洞达之后,方能研究,亦犹西洋讲哲学者,当以科学为基础也。

(二)形下。形而下者属于人,属于人者即人为也。形下之学,可谓人学,包括文章。孔子曰:"博学于文,约之以礼。"文即一切书策文史,礼即一切典章制度,皆人类之文化也。此类学术,项目纷繁,非博览不能得,然又必按之典章制度,方不落空。故孔门弟子习《诗》、《书》、《礼》、《乐》者盖三千人,而《王制》四术亦以之造士。亦犹西洋讲科学者,当兼重实验实习也。

三、国学之类别

国学之类别,昔人区为经、史、子、集四类。经者常道,史者事迹,子者学说,集者文丛。若再加以归纳,不过两类:

(一)经史可并为一类,即公共之义理事迹。经即儒家之六艺,然非儒家所创,皆为先王之旧典,而经孔子之整理者。其中垂询悬义,皆足以示范后世,而非一人私自主张,故尊而称之曰经。史之所纪,虽或分段分人,但合而观之,却为整个民族国家社会之活动影片。吾人虽寻流溯源,固必赖此资料,而行动设施,亦不能不以为借镜。

(二)子集可并为一类,即专家之学术言论。自老、庄、孟、荀以降,所有专家学说尽归于子,史谈分为六家,班固分为九流,要皆个人对于事理之见解。子者男子之美称,盖尊之也。古人无文集,乃不自私其言,章实斋氏常论之。自战国诸子争鸣,始肇著作,汉以后私人文集渐兴,有偏于词章者,有兼及义理者,并有趋重考据者,要皆个人情感思想所表见。集者荟萃之意,不必拘一贯之系统也。

四、治国学之门径

治国学当知门径,启此门径,当得其钥,国学之钥有三:

(一)文字学。识字乃读书之基本工作。吾人欲真识字,须注意于形、音、义三者。凡字动于义,表于音,成于形,形具而义与音皆立。识字者先睹其形,继呼其音,终识其义,义识而形与音俱明,此一定之序也。形体音貌,不能偏废,而后训诂可得其真。

（二）目录学。研究目录学之目的有二：辨章学术,考镜源流。此学创于刘向父子,向受命校书天禄阁,条其篇目,撮其旨意,以为《别录》,其子歆继之而奏《七略》。班固据之而作《艺文志》,是为目录之开山。汉以前学术书籍,略具于此。自此以后,有郑默《中经》、荀勖《新簿》、李充《四部书目》、王俭《七志》、阮孝绪《七录》等,皆不可见。其后则有《隋书·经籍志》等,皆随时代增益。此外尚有官书之目、私籍之目,皆可参阅,近籍则以《四库提要》为最备。

（三）学术史。记载学术思想之专籍是为学术史。吾人读之可易明其系统,收事半功倍之利。诸史《艺文志》、《儒林传》、《文苑传》等,固具学术史之性质,但非专著。至若黄宗羲、全祖望之《宋元学案》、黄之《明儒学案》、江藩之《汉学师承记》、《宋学渊源记》、朱彝尊之《经义考》、谢启昆之《小学考》、梁启超之《清代学术史》,始为学术史之专书。吾人欲究某学,即当取为参考。以上三类参考书目另详。

五、治国学之目标

治国学者门径既明,当认定二目标：

（一）征实。吾人研究任何学术,均须抱求真之态度。研求国学,尤应惟实是从。吾人不能轻信古人,亦不应轻易攻击古人,惟当按博学、审问、慎思、明辨之态度与步骤以治学,则所得不同浮泛。学而不思则罔,思而不学则殆,多闻阙疑,疑事则质,勿盲从,勿武断,勿以偏概全,勿挂一漏万,庶有真知灼见矣。

（二）致用。凡学皆求其所以致用。吾人精研国学,须使国学发挥其功用于社会国家,然后不致徒作蠹鱼。而国学之足以适于吾国民情者,亦必因实用而益显。故宜学古,亦宜知今,宜明体,亦宜达用。若徒记诵其言而不能融会其义,或略明其义而不能见诸实行,皆不善学之过也。例如讲义理者,必形诸修养,讲考据者必施诸事实,讲词章者必见诸写作,否则皆纸上谈兵之类耳。大抵征实致用,二者有相因之理,其无用者必非征实,如谶纬、象数之学,非不繁富,然无实用,亦即凭虚之故也。"吾生有涯,而知无涯"。区区数十寒暑间,何暇分心于无益者哉？愿诸同学共勉之！

附参考书目录

（一）文字学

（形）

《说文》学：

许慎《说文解字》(凡五百四十部,九千三百五十三文,为今存字书之最早而最精者。)

段玉裁《说文解字注》(研究《说文》此书最好。)

王筠《说文释例》、《说文句读》

桂馥《说文义证》

朱骏声《说文通训定声》(会通声义,此书最好。)

丁福保《说文诂林》(荟萃群书五百余种,上列诸家作皆在内。)

古籀文：

庄述祖《说文古籀疏证》(就《说文》内古籀加以考证。)

吴大澄《说文古籀补》

孙诒让《古籀拾遗》(上二书皆《说文》未载之古籀文。)

薛尚功《钟鼎款识》

阮元《积古斋钟鼎款识》(上二书皆古器物铭识,多古籀。)

吴大澄《愙斋集古录》

端方《陶斋吉金录》(上二书皆私人藏器,备载铭识。)

甲骨文：

刘鹗《铁云藏龟》(为甲骨文最早一批之拓片,无说解。)

罗振玉《殷虚书契前后编》、《殷虚书契考释》、《殷商贞卜文字考》

王国维《戬寿堂殷虚文字考释》

胡光炜《甲骨文释例》

(音)

今韵学：

陈彭年《重修广韵》(陆法言《切韵》、孙愐《唐韵》书皆不存,此书殆皆纳之。)

丁度《集韵》(上二书皆分四声二百六部。)

刘渊《淳祐新刊礼部韵略》(是为平水韵并广韵二百六部为一百七部。)

阴时夫《韵府群玉》(于平水韵一百七部中,并上声拯以入回为一百六部,即近其通行之佩文韵所据。)

古韵学：

吴棫《韵补》、《毛诗补音》、《楚辞释音》(三书仅存《韵补》,就《广韵》分别注其通转。)

杨慎《古音丛目》、《古音猎要》、《古音余》、《古音附录》、《古音略例》(五书略仿吴棫例,以今韵分部而以古音相叶者分隶之。)

陈第《毛诗古音考》(论今人所称叶韵皆即古人本音,较吴氏所见为通洽。)

《屈宋古音义》(取屈宋辞赋用韵与今韵异者,各推其本音。)

顾炎武《音论》(三卷十五篇,引据古说,持论精博,为五书之纲领。)

《诗本音》、《易音》、《唐韵正》(逐字求古音,以正唐韵。)

《古音表》(分十部。)

　　《韵补正》(在《音学五书》外,专纠吴棫通叶之非。)

江永《古韵标准》(分平、上、去声各十三部入声八部,多驳正顾氏《诗本音》。)

戴震《声类表》(分九类。)

段玉裁《六书音均表》(分十七部,补三家部分之未备,厘平入相配之未确。)

孔广森《诗声类》(分十八类,阴阳对转,各九类。)

严可均《说文声类》(分十六类,据许书,以声为经,以形为纬。)

章炳麟《成均图》(在《文始》中发明阴阳、弇侈、对转、旁转、交纽、隔越之故。)

等韵学:

司马光《切韵指掌图》(据守温三十六字母,科别清简为二十图,独韵六图,开韵七图,合韵七图。)

失名《四声等子》(辨音知、类隔、双声、叠韵、内外转摄、正音凭切、寄韵凭切等。)

刘鉴《经史正经切韵指南》(本司马书而参用《四声等子》说。)

(义)

训诂学:

《尔雅》——郝懿行《尔雅义疏》、邵晋涵《尔雅正义》

扬雄《方言》——戴震《方言疏证》

　　　　　　　钱绎《方言笺疏》

　　　　　　　程际盛《方言补正》

　　　　　　　杭世骏《续方言》

　　　　　　　章炳麟《新方言》

刘熙《释名》——江声《释名疏证》、《续释名》

张揖《广雅》——王念孙《广雅疏证》

　　　　　　　王引之《经义述闻》、《经传释词》

　　　　　　　陆德明《经典释文》(唐以前经典解释略备于此。)

　　　　　　　阮元《经籍纂诂》(以韵分部,最为精核。)

(二)目录学

《汉书·艺文志》(先有刘向《别录》、刘歆《七略》,班固因之而作《艺文志》,分六略即六艺、诸子、诗赋、兵书、术数、方伎,总其数要是为辑略。)

魏郑默《中经》、西晋荀勖《新簿》(皆分四部:甲、六艺小学;乙、古诸子及近世子家;丙、史记、旧事、皇览簿、杂事;丁、诗赋、图赞、汲冢书。)

东晋李充《四部书目》(甲五经、乙史记、丙诸子、丁诗赋。)

宋王俭《七志》(经典、诸子、文翰、军书、阴阳、术艺、图谱。)

梁阮孝绪《七录》(经典、记传、子兵、文集、术伎、佛法、仙道,诸书今皆不存。)

《隋书·经籍志》(汉以后之书目见此,而经隋乱后书多亡。)

《旧唐书·经籍志》、《唐书·艺文志》、《宋史·艺文志》、明《国史经籍志》

《通志·艺文略》、《文献通考·经籍考》

清《四库全书总目提要》(清代官家藏书至富,目具于此,其中提要,皆专门学者所秉笔,至为精洽。)

晁公武《郡斋读书志》、陈振孙《直斋书录解题》(上二书多附己见。)

(三)学术史

《汉书·儒林传》、《后汉书·儒林传》(以下诸史儒林传。)

《魏书·释老志》

《宋史·道学传》

全祖望《宋元学案》

黄宗羲《明儒学案》

江藩《汉学师承记》、《宋学渊源记》

梁启超《清代学术史》

序跋三则

◎ 林　损

书《淮南子·主术训》语赠王锡龄因跋其后　戊辰

古者重冠礼，将以责成人之道，后世废而不行，柳子厚尝讥之。虽然，维周春官宗伯，以嘉礼亲万民，以冠婚之礼亲成男女，亲之者即所以成之也。孔子言男子二十而冠，有为人父之端，载在《家语》。而《冠义》称冠者礼之始，《婚义》称婚者礼之本，本乎始乎，一而已矣。今虽附冠礼于婚礼，宜若无讥然。

王生锡龄之将婚也，尊重事而不敢擅，来问成人之道。余喜其励志好古，不敢以泛应也。昔子路问成人，孔子答之以为"若臧武仲之智，公绰之不欲，卞庄子之勇，冉求之艺，文之以礼乐，亦可以为成人矣"。余谓信斯言也，亦足以为圣贤矣，岂特成人哉！若《冠义》之所谓成人，将责为子弟臣幼之礼，故孝悌忠顺之行立，此则锡龄之所素习，贵其自得，又非有藉乎余言也。

窃以伦理之枢，无过于智仁勇，心性之要，无过于格致诚正，《中庸》、《大学》之说详矣。而以余已验之资，参前倚衡，足以为初学入德之门者，于淮南王安所述，盖若有契焉，因节书其语以贻锡龄。抑此非徒刘氏一家之言，乃历圣相传之明训也，锡龄其念旃！推此谊也，不下带而道存，其于《中庸》、《大学》之说，我未见其或异也。神而明之，存乎其人，则亦足为圣贤矣，岂特成人哉。

书《曹植集》后　壬申

余尝学为诗，心仪陶公而不喜曹植。盖文辞之离于道久矣，唯李陵、曹植实为祸首。陵罪上通于天，其所自言也。植父为奸贼，兄篡神器，独植为山阳公素服举哀，世遂恕之，王通至推谓能污其迹，有泰伯之德。然寻其始终，徒矜巧慧。

操受魏封，植辄生心夺嫡。杨修、二丁，累累诛灭，《集》中投赠诸作，皆为纳交邀誉之计，本欲挟以同升，一跌而赤人族，君子爱人，固如此乎？丕纳甄氏，操每妬之，乃云"今日破贼，正为此奴"，聚麀之心，昭然若揭。植扬波助澜，溢为文采，《洛神赋》

而可作也，植其得为人类乎哉？耽酒嗜音，见诮吴质，借承大位，未必非荒淫之主，开元贞观，鲜克有终，况植也耶？亲亲自试，植则求之；擒权毓亮，植则言之，而谓乃心汉室，诈孰甚焉！使植夺嫡而成，或如杨广。广词华无减于植，而不幸为天子，弑父烝母，杀兄祸国，蒙万世之恶名而不辞，其源乃在喜怒哀乐之过差。如植也者，亦非发而中节者也。

谢灵运欲分天下之才，而奉植以八斗；钟嵘品天下之诗，而尊植为上德。彼妄人也，不足与言。至或谓植为能悯风俗之薄，哀生民之艰，树人伦之式，极情于神仙，义深于朋友，则非余所敢知矣。

书《史记·季布传》后　壬申

司马迁刑余之徒，怨毒已甚，其书历诋刘氏，擢发不能终也，或是或非，质之来者。

至所为《季布传》，称樊哙愿以十万众横行匈奴，布以为可斩，则狂惑不能通。布杂厕佣保，积饺深矣。才非哙伍，而敢为大言，以逢君后之恶，斯无耻之尤者！可斩唯布，哙何咎焉？迁党同伐异，于卫青、霍去病皆抑其功，独致叹于李广之不侯。夫功罪诛赏具在王章，汉武不得而私，迁安得以口舌争乎？如布之传，心弥劳、术弥穷已。

苏李诗辨证

◎ 陈仲子

《李陵集》,唐后不传(《隋志》:《汉骑都尉李陵集》二卷。《唐志》:《李陵集》二卷)。荀绰《古今五言诗美文》,先隋已佚(《隋志》注,梁又有《古今五言诗美文》五卷,荀绰撰,亡)。苏李诗著于故籍者,莫先于《文选》矣,次则《玉台新咏》,又次则《艺文类聚》、《初学记》、《古文苑》。《文选》、《玉台》所录,信为真诗,余则朱紫杂陈,淄渑并泛。后世疑议,因以滋生。然疑其可疑可也,并其不可疑者而疑之,则惑矣。不揣谫陋,辨证云尔。民国十六年夏,古直记。

《文选》苏子卿古诗四首原文:

骨肉缘枝叶,结交亦相因。四海皆兄弟,谁为行路人。况我连枝树,与子同一身。昔为鸳与鸯,今为参与辰。昔者常相近,邈若胡与秦。惟念当乖离,恩情日以新。鹿鸣思野草,可以喻嘉宾。我有一尊酒,欲以赠远人。愿子留斟酌,叙此平生亲。

黄鹄一远别,千里顾徘徊。胡马失其群,思心常依依。何况双飞龙,羽翼临当乖。幸有弦歌曲,可以喻中怀。请为游子吟,泠泠一河悲。丝竹厉清声,慷慨有余哀。长歌正激烈,中心怆以摧。欲展清商曲,念子不能归。俛仰内伤心,泪下不可挥。愿为双黄鹄,送子俱远飞。

结发为夫妻,恩爱两不疑。欢娱在今夕,燕婉及良时。征夫怀往路,起视夜何其。参辰皆已没,去去从此辞。行役在战场,相见未有期。握手一长叹,泪为生别滋。努力爱春华,莫忘欢乐时。生当复来归,死当长相思。

烛烛晨明月,馥馥秋兰芳。芬馨良夜发,随风闻我堂。征夫怀远路,游子恋故乡。寒冬十二月,晨起践严霜。俯视江汉流,仰视浮云翔。良友远别离,各在天一方。山海隔中州,相去悠且长。嘉会难再遇,欢乐殊未央。愿君崇令德,随时爱景光。

《文选》李少卿、苏武诗三首原文:

良时不再至,离别在须臾。屏营衢路侧,执手野踟蹰。仰视浮云驰,奄忽互相踰。风波一失所,各在天一隅。长当从此别,且复立斯须。欲因晨风发,送子以贱躯。

嘉会难再遇,三载为千秋。临河濯长缨,念子怅悠悠。远望悲风至,对酒不能酬。行人怀往路,何以慰我愁。独有盈觞酒,与子结绸缪。

携手上河梁,游子暮何之。徘徊蹊路侧,恨恨不能辞。行人难久留,各言长相思。安知非日月,弦望自有时。努力崇明德,皓首以为期。

辨正一　苏李能诗乎

或曰:李陵、苏武,结发为诸骑吏士。未更讽诵,似不能诗。答之曰:李陵能诗,明见《汉书》,《汉书·苏武传》曰:

陵起舞歌曰:"径万里兮度沙漠,为君将兮奋匈奴。路穷绝兮矢刃摧,士众灭兮名已颓。老母已死,虽欲报恩将安归。"

若苏武《汉书》虽不言其能诗,然观其折卫律之辞,则可知其能诗矣。武折卫律之辞曰:

女为人臣子,不顾恩义,畔主背恩,为降虏于蛮夷。何以女为见,且单于信女,使决人死生,不平心持正,反欲斗两主,观祸败。南越杀汉使者,屠为九郡。宛王杀汉使者,头悬北阙。朝鲜杀汉使者,即时诛灭。独匈奴未耳。若知我不降明,欲令两国相攻,匈奴之祸,从我始矣。

观其辞义,虽古行人何以尚兹。谓武氏不能诗,吾不信也。若谓其未更讽诵,则亦未必,何者?陵、武出自将家,非起自屠贩,不容少不读书。况诗者,情性也。情动于中,则咏歌外发,故昔者易水之歌,拔山之操,大风之章。荆卿、项羽、刘季,皆未尝习艺文,然后世文士为之,终莫能驾其上,诸史所载类此者,更有数事:

《南史》:曹景宗目不知书,好以意作字。及当上谳,朝贤以曹兜鍪,不烦倡和。曹固请不已,许之。仅余"竞"、"病"二韵,即赋云:"去时儿女悲,归来笳鼓竞。借问行路人,何如霍去病?"一座赏服。

又曰:沈庆之目不知书,每将署事,辄恨眼不识字。上尝欢饮群臣,逼令作诗,庆之请颜师伯执笔,口授之曰:"微生遇多幸,得逢时运昌。朽老筋力尽,徒步还南冈。辞荣此圣世,何异张子房。"上悦,众坐称美。

《北史》:斛律金不识文字,本名敦,苦难署,改名为金。以从便易,犹以为难,司马子如教为金字,作屋况之,其字乃就(《斛律金传》)。神武中弩,勉坐见诸贵,使金作《敕勒歌》。(《齐本纪上》)曰:"敕勒川,阴山下,天似穹庐,笼盖四野。天苍苍,野茫茫,风吹草低见牛羊。"(《乐府广题》)

景宗庆之,诗虽未至,然已难能。若金之《敕勒歌》,则竟足冠乐府矣。由是言之,情性之用长,而学问之助薄,纵陵、武不更讽诵,何遽不能诗哉?

辨证二　苏李之诗不能伪

文中子曰:"诗性情也,性情能亡乎?"性情不能亡,则亦不能伪矣。昔之善拟古者,陆机、江淹、谢客、刘铄。然与原诗相较,皆谬以毫厘,差以千里,纵有形似,神终不属。此何以故?性情不可拟故。《文选》所录苏李诗,则尤性情之至,哀怨之深者也,如云:

请为游子吟,泠泠一何悲。丝竹厉清声,慷慨有余哀。长歌正激烈,中心怆以摧。欲展清商曲,念子不能归。俛仰内伤心,泪下不可挥。"愿为双黄鹄,送子俱远飞。""屏营衢路侧,执手野踟蹰。""长当从此别,且复立斯须。""远望悲风至,对酒不能酬。""徘徊蹊路侧,悢悢不能辞。"

此皆幽咽怨乱,性情直涌之词。无此境遇,无此情感,虽复相如操笔,亦不能至矣。知此意者,其惟梁之钟嵘?嵘作《诗品》品陵诗曰:

使陵不遭辛苦,其文亦何能至此。

诚知言哉!知其不遭辛苦,不能至此,则古今一切謷论,可以息矣。钟嵘之外,犹有数人亦似知此意。颜延之曰:

陵善篇有足悲者。(《庭诰》)

白居易曰:

苏李诗各系其志,发而为文,"河梁"之句,止于伤别,彷徨抑郁,不暇他及。(《与元九书》)

元稹曰：

> 苏李五言，词意简远，指事言情，文不妄作。(《杜甫墓志》)

宋濂曰：

> 苏李所著，纤曲悽惋，实宗《国风》《楚辞》。(《答章秀才书》)

陆时雍曰：

> 苏李赠答，何温而戚，多唏涕语。(《诗镜总论》)

以上诸人，虽知此意，然皆含隐，不径言性情不可伪托，至近儒章太炎始径言之。其《国故论衡·辨诗》曰：

> 在汉则主性情，往者大风之歌，拔山之曲，高祖项王，未尝习艺文也，然其言为文儒所不能举。苏李之徒，结发为诸骑吏，士未更讽诵，诗亦为天下宗。及陆机、鲍照之伦，拟之以为式，终莫能至。由是言之，性情之用长，而学问之助薄也。

由章氏之言观之，苏李诗之不能伪，益明矣。

辨证三　《本传》不录，《艺文志》不载

或云："苏李诸作，虽见录于《文选》，然《汉书·苏武李陵传》中并不载苏李二人之诗，《艺文志》中亦不言陵及武有诗篇，果苏李作有这许多诗，班固当然不会不知，已知，也不会不录入传或载入《艺文志》中。何以固当时尚不知有这些诗，而至数百年后萧统诸人之时，反倒知道。"(郑振铎《文学大纲》)

案：史传职在记事，载录诗文，不过偶然（为文士传，又当别论）。若必载在本传始为真诗，则自古及今，真诗亦仅有矣。又史之详略去取，旨各有在。如贾谊《治安策》，古今称之，然《史记·贾谊传》仅载其二赋，及班固《汉书》，始备录之，岂得因此便云史迁不知贾谊有《治安策》乎？举此一例，可概其余。

若夫《艺文志》不载，亦不足为苏李无诗之证，章学诚《校雠通义》曰："汉志详赋而略诗，帝王之作，有高祖《大风》、《鸿鹄》之篇，而无武帝《瓠子》、《秋风》之什（自注：

或云《秋风辞》即在上所自造赋内）。臣工之作,有《黄门倡车忠》等歌诗,而无苏李何梁之篇（自注,或云杂家有主名诗十篇,或有苏李之作,然汉廷有主名诗,岂止十篇而已乎）。"以此言之,《艺文志》不载者多矣,岂独苏李而已乎（案《汉书》各传所载,如《赵幽王歌》、《诸吕用事歌》、《朱虚侯耕田歌》、《燕刺王归空城歌》、《广陵历王欲久生兮歌》、《广川王背尊章歌》、《韦孟讽谏》、《在邹》、《东方朔陆沉于俗歌》、《李陵径万里歌》、《李延年北方有佳人歌》、《杨恽拊缶歌》、《韦玄成自劾诗》、《诫子孙诗》,《艺文志》皆不载。实斋详赋略诗之说,得此益可信也）。

李陵之诗,颜延年尝评论之曰：

> 李陵众作,总杂不类,元是假托,非尽陵制。至其善篇,有足悲者。（《太平御览》五百八十六引颜庭诰）

夫曰"非尽陵制",则固认有陵制者矣。延年前于萧统凡百十七年（颜延年生晋太元九年,萧统生齐中兴元年,相距百十七年）。或谓"至萧统诸人之时,反倒知道"。何不考邪？

辨正四　奉使不得言行役在战场

或者又曰："如苏李之诗,行役在战场,相见未有期,他赴匈奴,系出使,并非出战,何以言行役在战场？"（《文学大纲》）

案《汉书·武帝纪》："太初三年,遣光禄勋徐自为筑五原塞外列城,西北至卢朐,游击将军韩说将兵屯之,强弩都尉路博德筑居延。秋,匈奴入定襄云中,杀略数千人,行坏光禄诸亭障。又入张掖酒泉,杀都尉。"沈钦韩曰："《一统志》,卢朐河,今名克鲁伦河,源出喀尔喀肯特山南,直河套二千里许。"是则苏武奉使所经行之地,无非战场也。诗曰："行役在战场。"盖纪实,或者又何疑焉？

辨正五　长安赠别不当有"江汉"语

《通考》引东坡《答刘沔书》曰："李陵苏武赠别长安诗,有'江汉'之语,而萧统不悟。"

案：苏武诗,《文选》题曰：《苏子卿古诗四首》,《玉台新咏》则录其《结发为夫妻》一首,题曰《留别妻》,六朝人未言此四诗为别李陵也,迄于隋代,江都曹李,肇开选学（阮元《文选旁证序》："至于隋代,乃有江都曹李之学。"案曹宪卒贞观中年一百五岁,上溯宪生,乃当昭明孝穆之世,则宪凡历四代）。然李善于《古诗十九首》题下注云："并云古诗,盖不知作者,或云枚乘,疑不能明也。昭明以失其姓氏,故编在李陵之上。"依此例之,如有赠别李陵之说,李善必于题下注曰:"苏武古诗。"盖不知其题,或云赠别李陵,疑不能明也。今注不尔,则赠别李陵之说,先唐盖尚未起(李善选学出于曹宪,故曰先唐)。考《艺文类聚》引苏武《骨肉缘枝叶》一首,云苏武别李陵诗。《初学记》引苏武《黄鹄一远别》一首,云苏武赠李陵诗。二书一作于初唐,一作于盛唐,然则赠别李陵之说,殆起于唐而盛于宋矣(案李善之后,吕延济、刘良、张铣、吕向、李周翰,皆注《文选》,亦无赠别李陵之说,则知此说虽起于唐,而学者多不承用也)。故苏轼径据流传之说斥责昭明,不复检查《文选》本题之作何语也(蔡宽夫曰:"诗题本不云答陵,宽夫宋人,其言如此,则知苏氏云云,仅流传之说,羌无依据也。苏氏又云:'刘子元辨李陵与苏武书,非西汉文,吾因悟陵与苏武赠答五言,亦后人所拟。苏氏辨证真伪,因悟而得,不凭征验,其言之不足信。"益明)。至其指为长安赠别,则因六朝文字,亦有疑河梁携手为由长安者(见后)。

苏氏遂意子卿答陵,亦在长安耳。歧中有歧,斯之谓也。赠别之说,流传至于明清之际,艺林渐质言之(如钟惺、何焯等,皆解作别李陵)。最后陈沆著《诗比兴笺》,遂径题曰"苏武别李陵诗"矣。

蔡宽夫《西清诗话》曰:"世以苏武诗云:'寒冬十二月,晨起践严霜。俯观江汉流,仰视浮云翔。'以为不当有'江汉'之言,或疑其伪,予尝考之,此诗若答李陵,则称'江汉'决非是。然诗题本不云答陵,而诗中且言结发为夫妇之类,自非在房中所作,则安知武氏未尝至江汉耶。但注者浅陋,直指为使匈奴时,故人多惑之,其实无据也。"

案:宽夫此说,足解东坡江汉之惑矣,无据一语,尤可奠万哗也。

辨正六　苏武诗解题

余萧客《文选音义》曰:"东坡《答刘沔书》曰:'李陵苏武赠别长安诗,有江汉之语,而萧统不悟。'按四诗第三首,决为奉使别家人之作,前二首似是送别,非武自远行。此篇词旨含浑,又总曰古诗,何以知其必为长安赠别?"

案:第三首明言结发为夫妻,《玉台新咏》录此即题曰《留别妻诗》,五臣注此诗亦云意者武将使匈奴之时留妻也,余氏谓决为奉使别家人之作,诚是,但云前二首似是送别,非武自远行,则未谛。余氏疑此,殆因诗有"送子俱远飞"句耳。不悟诗固明言念子不能归,则非武送别可知也。双鹄俱飞,彼此可互云送,今曰送子俱远飞者,武作诗,武为主故也。至第四首:"寒冬十二月,晨起践严霜。俯观江汉流,仰视浮云翔。"不特地非长安(或塞外)。冬十二月,仅践严霜,即气候亦非长安(或塞外)。其非长安(或塞外)赠别李陵之作,可以断言。唯第一、第二两首,实有似乎房中别陵之作。《汉书·李广苏建传》附《武传》曰:"汉求武等归,于是李陵置酒贺武曰:'今足下还归,名扬于匈奴,功显于汉室,虽古竹帛所载,何以过子卿。陵虽驽怯,令汉且贳陵罪,使得奋大辱之积志,庶几乎曹柯之盟,此陵夙昔所不忘也。收陵宗族,为世大戮。陵尚复何顾乎?已矣!令子卿知吾心耳!异域之人,一别长绝!'陵起舞歌曰:'径万里兮度沙漠,为君将兮奋匈奴。路穷绝兮矢刃摧,士众灭兮名已隤。老母既死,虽欲报恩将安归?"子卿诗曰"念子不能归",辞气正复相应。详此二首,殆为河梁赠别之作矣。

沈德潜曰:"苏武诗四首,首章别兄弟,次章别妻,三四章别友,非皆别李陵也。钟竟陵俱解作别陵,未必然。"

案:沈氏谓首章别兄弟,非也,诗以骨肉结交双起,而承之曰"四海皆兄弟",所别明为朋友(《论语·子夏》曰:"四海之内,皆兄弟也,君子何患乎无兄弟。"《梁书·范云传》:"尝侍燕,高祖谓临川王宏、鄱阳王恢曰:'我与范尚书少亲善,申四海之敬,今为天下主,此礼即革,汝宜代我呼范为兄。'二王下席拜。"此亦为足证也)。连枝一身,引而亲之之辞耳。岂遽以为同胞兄弟哉?(《说文》:"同志为友,从二又相交。"段玉裁注:"二又,二人也。善兄弟曰友,亦取二人,而如左右手也。"《初学记》十八引傅幹《与张叔威书》:"吾与足下,恩若同生。"亦引而亲之之辞也。)鹿鸣思野草"、"叙此平生亲",皆用朋友事(《论语》:"久要不忘平生之言。"《后汉书·苏章传》:"故人为清河太守,章行部案其奸藏,乃请太守为设酒肴,陈平生之好。"又曹子建《送应氏》诗:"念我平生亲,气结不能言")。

辨正七　李陵众作总杂不类

颜延之《庭诰》曰:"李陵众作,总杂而不类。元是假托,非尽陵制。至其善篇,有足悲者。"(互见上)

案:李陵诗除《文选》所录与《苏武诗》三首外,又有录《别诗》八首(完篇六,阙篇二,见《艺文类聚》及《古文苑》)。延之所谓"总杂不类,元是假托"者,当即指此。然曰"非尽陵制",则固谓有制者矣。善篇足悲,非与苏武三首而何?钟记室谓陵诗悽怆,怨者之流,亦指此也。

辨正八　触犯汉讳

洪迈《容斋随笔》曰:"《文选》李陵苏武诗,东坡云后人所拟,余观李诗云,'独有盈觞酒'。'盈',惠帝讳。汉法触讳有罪,不应陵敢用,东坡之言可信也。"

案:《汉书》贾谊《陈政事疏》:"秦王置天下于法令,而怨毒盈于世。"《谏除盗铸钱令疏》:"以调盈虚。"邹阳上书吴王:动乱"淮南连山东之侠,死士盈朝"。韦孟诗:"祁祁我徒,负戴盈路。"薄昭书:"怙恩骄盈。"又《淮南子》:"冲而徐盈"、"卷之不盈于一握"、"持盈而不倾"、"盈缩卷舒"、"不盈倾筐"(《淮南》他篇尚多有之)。王褒《四子讲德论》："含淳咏德之声盈耳"、《九怀》："美玉兮盈堂。"汉臣奏议著述,触惠帝讳者,且多如此,何独于陵诗而疑之（参看《古诗十九首辨正》）。

又案："邦"为高帝讳,《汉书》董仲舒《对策》,"书邦家之过",则犯之。韦孟诗："总齐群邦"、"实绝我邦"、"我邦既绝"、"邦事是废"、"癙其外邦"、"于异他邦",则屡犯不一犯也。明帝讳庄,凡"庄"字皆改用"严"字。（《史记》："汲黯以庄见惮,《索隐》曰：'自汉明帝讳庄,故已后庄皆云严。'"《汉书·异姓诸侯王表序》："孝昭严稍蚕食六国,师古曰：'严谓庄襄王,后汉时避明帝讳,以庄为严,故汉书姓及谥本作庄者,皆易为严。'"）然班固《汉书·叙传》方云："贵老严之术。"（师古曰："严,庄周也。"）又云："庄之推贤。"《艺文志》方云："庄忽奇赋,"又云："严助赋。"扬雄传方云："楚严",又云："只庄"。列传方云："严夫子"、"严安"。《艺文志》又云："庄夫子"、"庄安"也（他如《高帝纪》,其御庄贾,出谓项庄,庄入为寿。陈胜传："其御庄贾。"爰盎传："上益庄",郑当时传："字庄,翕然称郑庄",吾闻郑庄。尚难遍举也）。观《汉书》宣帝诏曰："闻古天子之名,难知而易讳也。今百姓多上书触讳,以犯帝者,朕甚怜之,其更讳询。"则汉人文字触讳之多,可以见矣。

顾亭林《日知录》曰："唐文帝开成中刻石经,凡高宗太宗及肃、代、德、顺、宪、穆、敬七宗讳,并缺点画,高、中、睿、元四宗,已祧,则不缺。汉时祧庙之制不传。窃意亦当如此,故孝惠讳盈,而《说苑·敬慎篇》,引《易》'天道亏盈而益谦'四句。盈字皆作满,在七世之内故也。若李陵诗,'独有盈觞酒',枚乘诗,'盈盈一水间',二人皆在武昭之世,而不避讳,又可知其为后人之拟作,而不出于西京矣。"

案：今检《说苑·敬慎篇》,"天道亏盈而益谦"四句,"盈"字皆作满,诚如顾氏之说。然其下文云："月盈则食"、"天地盈虚"、"调其盈虚"。此三"盈"字皆不作满,则知子政避讳,亦有不尽者。顾氏以此断陵诗为拟作,何言之易也。

又案：《汉书·刘向传》所上封事,触讳尤多,如："吕产吕禄,骄盈无厌"、"王氏貂蝉,充盈幄内",则触惠帝讳。"三家者以雍彻"则触武帝讳（武帝讳"彻"）。"避讳吕霍,而弗肯称"则触昭帝讳（昭帝名弗陵,单讳弗）。以刘向之忠谨,犹且一时而触三帝讳,然则欲以触讳定文者,其不足恃益明矣。

辨正九　不切当日情事

《文选旁证》引翁先生曰（案谓翁方纲）："今即此三诗论之,皆与当日情事不切。史载陵与武别,陵起舞作歌,'径万里兮'五句,此当日真诗也。何尝有携手河梁之事。即以'河梁'一首言之,其曰'安知非日月,弦望自有时',此谓离别之后,或尚可冀其会合耳。不思武既南归,即无再北之理,而陵云'大丈夫不能再辱',亦自知决无还汉之期。则此'日月'、'弦望'为虚词矣。"

案：史以记事,载诗不过偶然,以史所载者为真诗,反是则否,则自古迄今,真诗亦仅有矣，"携手河梁"，史固未言其有，然岂尝言其无，翁氏径曰："何尝有携手河梁之事？"诚逞臆妄决之尤者也。夫"日月弦望"，本"自有时"，明知永别，而强相慰，故以安知为词，此正诗人温柔敦厚之旨。沈归愚曰："此别永无会期矣，却云弦望有时，缠绵温厚之情也。"深得其意矣。翁氏猥曰"虚词"，未足以言诗已。

辨正十　不合本传岁月

《文选旁证》引翁氏又曰："'嘉会难再遇，三载为千秋'，苏李二子之留匈奴，皆在天汉初年，其相别则在始元年，是二子同居者十八九年之久矣。安得仅云三载嘉会乎？若准本传岁月证之，皆有所不合。"

案：武虽留匈奴十九年，然牧羝北海，实不与陵同居。寻《汉书》，陵降匈奴，不敢求武，武在匈奴，与陵相见，仅三次耳。一、单于使陵至海上为武置酒劝降；二、武帝崩，陵至海上语武；三、匈奴许归武，陵置酒贺武，与武诀别。翁氏猥云："二子同居十八九年之久"，何其谬邪！夫"嘉难再遇，三载为千秋"，犹诗人一日见如三秋耳。古人言语，一之不能尽者，则约之以三，见其多，三者虚数也（详注中"述学"释三九，又《汉书》"董仲舒三年不窥园"，《论衡·儒增篇》云："增之也，汪氏未及引"）。翁氏执为实词，则固哉高叟之为诗矣。

辨正十一　汉初五言靡闻

钱大昕《十驾斋养新录》曰："七言至汉，而大风瓠子，见于帝制。柏梁联句，一时称盛。而五言靡闻，其载于班史者，唯'邪径败良田'童谣，见于成帝之世耳。刘彦和谓西京词人遗翰，莫见五言，所以李陵班婕妤，见疑于后代。又谓古诗佳丽，或称枚叔，则彦和亦不敢质言也。要之，此体之兴，必不在景武之世。"

案：钱氏此说，本于刘勰《文心雕龙·明诗》篇曰："汉初四言，韦孟首唱，匡谏之义，继轨周人。孝武爱文，柏梁列韵，严马之徒，属辞无方。至成帝品录，三百余篇，朝章国采，亦云周备，辞人遗翰，莫见五言，所以李陵班婕妤，见疑于后代也。"然彦和止言人所以疑李陵之故，而非自疑李陵。故下即续曰："案《召南·行露》，始肇半章；孺子《沧浪》，亦有全曲；暇豫优歌，远见春秋；邪径童谣，近在成世；阅时取证，则五言久矣。"彦和引此，凡以明五言之兴，由来已久，李陵之诗，不必因辞人遗翰莫见五言而启疑。故复继之曰："又古诗佳丽，或称枚叔，孤竹一篇，则傅毅之辞，比采而推。两汉之作乎？"彦和虽不敢质言古诗必为牧叔之辞，然比其文采，则可推为两汉之作。其不疑李陵之诗，益可证明。晓征引此，以见五言之兴，必不在景武之世，则与彦和之意，翩其反矣。

辨正十二　李陵之歌初非五首

钱氏大昕又曰："观《汉书·李陵传》（案当云《苏建传》附《苏武传》，云《李陵传》误也）。置酒起舞作歌，初非五言，则知河梁倡和，出于后人依托。不待盈觞之语，触犯汉讳，始决其作伪也。"

案：三、四、五、六、七言诗体，皆起于周，后世演之，遂以为篇（挚虞《文章流别论》曰："古诗有三言、四言、五言、六言、七言、九言，大率以四言为体，而时有一句二句杂于四言之间，后世演之，遂以为篇"）。李陵作歌，不用五言者，或因慷慨之辞，不宜此体尔。若以此断陵五言诗为伪，则高祖《大风歌》，七言也。及为《戚夫人歌》，则四言矣。岂得云观其《大风》之歌，初非四言，则知《戚夫人歌》出于后人依托邪？以此质之，钱氏应爽然矣。

辨正十三　六朝人苏李诗评及引用考略

颜延年曰："李陵众作，总杂不类。元是假托，非尽陵制。至其善篇，有足悲者。"（互见上）

刘勰《文心雕龙》曰："孝武爱文，柏梁列韵，严马之徒，属辞无方。至成帝品录，三百余篇，朝章国采，亦云周备，而辞人遗翰，莫见五言，所以李陵班婕妤见疑于后代也。"（互见上）

钟嵘《诗品》曰："汉都尉李陵诗，其源出于楚辞，文多悽怆，怨者之流。陵名家子，有殊才，生命不谐，声颓身丧。使陵不遭辛苦，其文亦何能至此。"又曰："子卿双凫，五言之警策者也。"

萧子显《南齐书》曰："少卿离辞，五言才骨，难与争鹜。"

颜之推家训曰："自古文人，多陷轻薄。……李陵降辱夷虏。"

王融《萧咨议西上夜集》诗曰："徘徊将所爱，惜别在河梁。"

江淹《别赋》："至如一赴绝域，讵相见期。视乔木兮故里，决北梁兮永辞。"（上云"赴绝域"，下云"决北梁"。明是用苏李河梁事也。案王褒《九怀》："济江海兮蝉蜕，绝北梁兮永辞。"洪兴祖《楚辞补注》曰："江淹《别赋》用此语。"）

又杂体诗有《拟李都尉陵从军》一首。

（吴均《别夏侯故章诗》："新知关山别，故人河梁送。"王台卿《陌上桑》："送君上河梁，拭泪不能语。"）

江总有《赋得携手上河梁应诏》一首，诗曰："秦川心断绝，何悟是河梁。"

庾信《咏怀诗》曰："遥看塞北云，悬想天山雪。游子河梁上，应将苏武别。"又曰："秋风别苏武。"

又《别张洗马枢》诗曰:"君登苏武桥。"

又《别周尚书弘正》诗曰:"黄鹄一反顾,徘徊应怆然。"(案此用苏武"黄鹄一远别,千里顾徘徊"句。)

又《哀江南赋》:"李陵之双凫永去,苏武之一雁空飞。"

又《赵国公集序》:"屈原宋玉,始于哀怨之深;苏武李陵,生于别离之世。"

刘删《赋得苏武诗》:"奉使穷沙漠,收泪上河梁。"

阮卓有《拟黄鹄一远别》诗一首。

杨素《出塞诗》曰:"握手河梁上,穷涯北海滨。"

案:据右所引观之,六朝人无言苏李诗伪者,惟"携手河梁"之处,则有异辞。如江淹赋云:"视乔木兮故里,决北梁兮永辞。"江总诗云:"秦川心断绝,何悟是河梁。"刘删诗云:"奉使穷沙漠,收泪上河梁。"皆指由长安别于河梁也。庾信诗云:"游子河梁上,应将苏武别。"又曰:"秋风别苏武。"又曰:"君登苏武桥。"子山羁旅北朝,自比李少卿降北,凡赠人由北南归者,皆以苏武拟之。详玩诸诗语气,皆指由房中别于河梁也。观陵诗幽咽怨乱,非遭辛苦,文岂至此,则由匈奴别于河梁,为得其情。

辨正十四 《文选》外之苏李诗

苏李诗除《文选》所录七首外(《玉台新咏》所录,苏武《留别妻》一首,即《文选》苏武古诗四首之第三首),《初学记》及《古文苑》有《苏武别李陵诗》一首(《初学记》误作李陵别苏武),《艺文类聚》及《古文苑》有《苏武答李陵诗》一首,李陵《录别诗》八首,此十首诗,章樵《古文苑注》皆不信为真苏李诗,所见甚是。如《录别》第六首云:"不如及清时,策名于天衢。"乃用李陵答苏武书"策名清河时"语(李陵答苏武书,前人已证定其伪托)。第四首"明月照高楼,想见余光晖",乃用曹子建七哀诗"明月照高楼,流光正徘徊"语。"玄鸟夜过庭,仿佛能复飞"乃用曹子建杂诗"孤雁飞南游,过庭长哀吟"语。第二首"游子暮思归,塞耳不能听。远望正萧条,百里无人声"乃用曹子建《送应氏》诗"游子久不归,不识陌与阡。中野何萧条。千里无人烟"语。"豺狼鸣后园,虎豹步前庭"乃用魏武帝《却东西门行》"神龙藏深泉,猛兽步高冈"及《苦寒行》"熊罴对我蹲,虎豹夹路啼"语。答李陵诗"连翩游客子,于冬复凉衣",乃用曹子建杂诗"类此游客子,捐躯远从戎,毛褐不掩形"语。其非苏李诗殆无可疑,但钟记室、庾子山已引子卿"双凫"。李陵"双凫",则其由来亦久矣。今将全诗录左,并略注之,以明其所本焉:

苏武答李陵诗(见《艺文类聚》及《古文苑》)

童童孤生柳,寄生河水泥(曹子建《七哀诗》:"妾若浊水泥")。连翩游客子,于冬服凉衣。(曹子建《杂诗》"类此游客子,捐躯远从戎。毛褐不掩形,薇藿常不充。")寒夜立清庭,仰瞻天汉湄,寒风吹我骨。严霜切我肌(《文选》苏武古诗第四首:"寒冬十二月,晨起践严霜。俯观江汉流,仰视浮云翔。")忧心常惨戚,晨风为我悲。瑶光游何速,行愿支何(一作荷)迟,仰视云间星。(古乐府长歌行:"皎皎云间星。")忽若割长帷,低头还自怜。盛年行已衰,依依恋明世,怆怆难久怀。

苏武别李陵一首(见《初学记》及《古文苑》)

双凫俱北飞,一凫独南翔。(李陵录别第五首:"双凫相北飞,相远日已长。")子当留斯馆,我当归故乡。(苏武古诗第四首:"征夫怀远路,游子恋故乡。")一别如胡秦,会见何讵央。(苏武古诗第一首:"邈若胡与秦。"第三首:"相见未有期。")怆恨切中怀,不觉泪沾裳。(《文选》李陵与苏武古诗第二首:"怆恨不能辞。"苏武古诗第二首:"中心怆以摧。"又:"泪下不可挥。")愿子长努力,言笑莫相忘。(李陵与苏武诗第三首:"努力崇明德。"苏武古诗第三首:"莫忘欢乐时。"案:钟记室称"子卿双凫"。五言警策,今反复此篇。词意肤泛,情不深切。持与《文选》所录相较,判若天壤。仲伟误矣!)

李陵录别诗八首(见《艺文类聚》及《古文苑》,案《文选》李善注,引此诗作李陵赠苏武诗)

烨烨三星列,拳拳月初生。寒凉应节至,蟋蟀夜鸣悲。(古诗:"蟋蛄夕鸣悲。")晨风动乔木,枝叶日夜零。游子暮思归,塞耳不能听。远望正萧条,百里无人声。(曹子建《送应氏》诗:"游子久不归,不识陌与阡。中野何萧条,千里无人烟。")豺狼鸣后园,虎豹步前庭。(魏武帝却东西门行:"神龙藏深泉,猛兽步高冈。"又苦寒行:"熊罴对我蹲,虎豹夹路啼。")远处天一隅,因苦独零丁。(李陵与苏武第一首:"各在天一隅。"《文选》李密《陈情表》:"零丁孤苦。")亲人随风散,历历如流星。(古诗:"众星何历历。")三萍离不结,思心独屏营。(李陵与苏武诗第一首:"屏营衢路侧。")愿得萱草枝,以解饥渴情。(应玚侍五官中郎将建章台集诗:"以副饥渴怀。")

寂寂君子坐,奕奕合众芳。温声何穆穆,因风动馨香。(苏武古诗第四首:"烛烛晨明月,馥馥秋兰芳。芬馨良夜发,随风闻我堂。")清言振东序,良时著西厢。(李陵与苏武诗第一首:"良时不再至。")乃命丝竹音,列席无高唱。悲意何慷慨,清歌正激扬。(苏武古诗第二首:"丝竹厉清声,慷慨有余哀。长歌正激烈,中心怆以摧。")长哀发华屋,四坐莫不伤。(曹子建《空侯引》:"生存华屋处"。古诗:"四坐莫不欢。")

晨风鸣北林,熠耀东南飞。(陆士衡《拟古诗》:"晨风思北林",又曰:"熠耀生河侧"。)愿言所相思,日暮不垂帷。明月照高楼,想见余光晖。(曹子建《七哀诗》:"明月照高楼,流光正徘徊。")玄鸟夜过庭,仿佛能复飞。(曹子建《杂诗》:"孤雁飞南游,过庭长哀吟。")褰裳路踟蹰,彷徨不能归。(李陵与苏武诗第一首:"执手野踟蹰。"苏武古诗第二首:"念子不能归。")浮云日千里,安知我心悲。

思得琼树枝,以解长渴饥。(案《文选》江文通《杂体诗》:"古离别云,愿一见颜色。不异琼树枝。"李善即引此诗为注也。)

陟彼南山隅,送子淇水阳。尔行西北游,独我东北翔。猿马顾悲鸣,五步一徬徨。双凫相背飞,相远日已长。(苏武别李陵诗:"双凫俱北飞。")远望云中路,想见来圭璋。万里遥相思,何益心独伤。(苏武古诗第二首:"俛仰内伤心。")随时爱景曜,愿言莫相忘。(苏武古诗第一首:"随时爱景光。"又第三首:"莫忘观乐时。"又《别李陵》:"言笑莫相忘。")

钟子歌南音,仲尼叹归与。(王粲《登楼赋》:"昔尼父之在陈兮,有归与之叹音。钟仪幽而楚奏兮,庄舄显而越吟。")戎马悲边鸣,游子恋故庐。(苏武古诗第四首:"游子悲故乡。")阳鸟归飞云,蛟龙乐潜居。人生一世间,贵与愿同俱。(古诗:"人生寄一世,奄忽若飙尘。齐心同所愿,含意俱未申。")身无四凶罪,何为天一隅。(李陵与苏武诗第一首,各在天一隅。)与其苦筋力,必欲荣薄躯。不如及清时,策名于天衢。(李陵《答苏武书》:"勤宣令德,策名时清。")

凤凰鸣高冈,有翼不好飞。安知凤凰德,贵其来见稀。(阙)

红尘蔽天地,白日何冥冥。(阙。此下《升菴诗话》据《修文殿御览》补十二句曰:"微阴盛杀气,凄风从此兴。招摇西北指,天汉东南倾。嗟尔穹庐子,独行如履冰。短褐中无绪,带断续以绳。泻水置瓶中,焉辨淄与渑。巢父不洗耳,后世有何称。"案陆机《拟古诗明月皎夜光云》:"招摇西北指,天汉东南倾。"李善注:"李陵诗曰:'招摇西北驰,天汉东南流。'今直以陆机句为李陵句。共为伪补,不待言也。惟严可均与语叙云,杨用修、王元美集,屡引《修文殿御览》,钱受之书目亦载之。"邢佺山云:"汉中府张姓有藏本,邢不谬言也。"是则《修文殿御览》,至清中叶犹存。然除邢氏外,无他人道之。铁桥信其不谬,亦又太慎矣。又案冯默庵曰:"'短褐中无绪,带断续以绳'二句,别见《御览》,绪作絮。"又小谢诗:"泻酒置井中,谁能辨斗升。合如杯中水,谁能辨淄渑。"今直合作二句。)

案此苏李诗十首,明人选刻古诗,皆题曰拟苏李诗,此虽前无所承,然实臆而能中。何者?士衡拟古仅效其体,文通杂体,兼用其文,右注所示,用《文选》苏李诗者几半,自非拟作,必不如此矣。此外如《文选·三良诗》注,及《安陆王碑》注,并引李陵诗曰:"严父潜长夜,慈母去中堂。"《王明君辞》注,引李陵诗曰:"行行且自割,无令五内伤。"陆士衡《拟古诗》注,引李陵诗曰:"招摇西北驰,天汉东南流。"江文通《杂体诗》注,引李陵诗曰:"何以慰我心。"《与孙皓书》注及《檄豫州》注、《辨亡论》注,并引李陵诗曰:"幸托不肖躯,且当猛虎步。"皆《古文苑》诸书所不载。盖亦拟托之流也,延之叹其总杂不类,宜矣。

史记集注自序

◎ 伍　俶

　　昔班固述汉，因循前史，被之宝饰，遂成弘丽。东京以降，崇盛绮绘，故隋志著录，说《汉书》者近二十家，而迁史不华，研寻者遂寡，惟有裴骃集解，犹传于代，惜其婠略，惟阐未宏。徐广故义，则未烟亡；离析之余，已非旧第。若乃延笃邹生之音，卫飒张融之传，并篇简销沉，优劣罕睹。唐贤校释，今有司马贞集解、张守节正义，并华繁寡要，弥伤缴饶。清来儒士，亦盛谭史。释疑宣滞，昭明有融。山川迁直，国郡回徙，杨君（守敬）谱之而已详。中外五列，黑白三家，孙氏（星衍）言之而略备，订误则钱（大昕）王（念孙）称优，发疑则梁（玉绳）崔（适）差胜。参伍错综，见东吴（王鸣盛）之美制；审订曲直，识阳湖（赵翼）之良书。儒雅彬彬，于兹为极。亦有孤篇胜义，师范麰要，如全祖望、章学诚、俞正燮诸家之言，复坚深明慎，卓尔不群，信丙部之羽翮，而马史之元勋也。俶湖海之士，野性难驯，少慕宏通，风陋章句，自顷讲艺江南，疏通雅故，闵先典之芜秽，哀群疑之纠纷。以为《汉书》有王先谦补注，实为瞻雅，而斯书则乏。遂乃理董旧闻，抄纳众说。述而不作，信而好古，为史说集注如千卷。思迁书淹博，通综上下，信非短学，所能究极。则知飞萤星火，无益日月之明，而纤埃细尘，冀增泰华之峻。

何景明批评论述评

◎ 朱东润

文学与文学批评，截然两事，其成就之先后，各有历史。在文学批评，当然不当脱离文学而独立，然两者之盛衰，初无连带之关系。中国批评时期，在梁代极盛，其时文学上之兴趣虽浓，而文学上之成绩，较之前代，未见超绝。初唐、盛唐在唐代文学史上放一特采，而文学批评之成熟，反迟至中晚以后。两宋批评意趣更觉浓厚，除文学批评外，更及其他艺术，如书法、画法等，在宋人题跋中，皆章章可考，而大胆的批评精神，直至明代始见卓越，在号称为复古的四子中尤甚。常人持论，封于明代每加菲薄，倘就文学批评之观点论之，不能不为之惊异也。

何景明，字仲默，号大复山人，与李梦阳、徐祯卿、边贡等称为明四子，在弘治（一四八八——一五〇五）、正德（一五〇六——一五二一）年间声名最盛。一般人所推重之者，不过在彼辈之复古。乔世宁论何景明云："国初时尚袭元习，宣正以来，骎骎如宋矣。至弘正间，先生与诸君子一变趋古，起千载之衰，屹然为一代山斗。"杨慎论李梦阳云："空同梦阳字献吉，号空同以复古鸣弘德间。观其乐府，幽秀古艳，有饶歌童谣之风；古诗缘情绮靡，有徐庾颜谢之韵。"王世贞云："献吉天授既奇，师法复古，手辟草莱，为一代词人之冠。"王士祯总论诸人云："明弘治间，李、何崛起中州，吴有昌毅祯卿为之羽翼，相与力追古作，一变宣正以来流易之习，明音之盛，遂与开元大历同风。"至于后人诋为食古不化，诋为假古董者，更不待举。总之无论毁誉何若，景明以及同时诸人之为复古，已成定谳，似更无待复论。

其实所谓复古者，与守旧不同，在动机方面，尤有天渊之别。守旧者，蹈常习故，保持一切传统的思想文字，综其步趋，非至澌灭殆尽不止。在此时期之中，有豪杰之士，不安于传统之束缚，出其死力，不顾一世之唾骂，打破当前之障碍，其狂者进取之精神，实足以唤起无限之同情。其人若生于欧西，当然成为文学革命家，若在中国，则往往成为复古之文人。何则？新起之时，神感——烟士披里纯——所兴，有所自来，独弦哀歌，必求同调，其势则然，无可讳也。吾国在文学上之孤立，除中间几度佛教经典翻译以外，盖数千年于此。欲求革新，神感不外于故籍，同调必求之先贤。自非西洋文学之上则远溯希腊、罗马，旁则声气通于列国者可比。故以批评的目光论之，复古恒与革新相为表里，而与守旧格不相入。在中国文学史上，如陈子昂、李白之诗，韩愈、欧阳修之文,其精神皆如此。即在事业方面,可举之例证亦甚多。故以复古二字遽执为何、李诸人之罪状,其难平允,概可想见。至于彼等在文学上之成就何若,此为另一问题。今兹所述,仅在其批评论。

举何、李二人言之,何之革新的精神,尤在李上。梦阳晚岁,断断以摹古自诩,反见其意趣之薄弱。今先论李,然后更进而论何。

梦阳对于诗歌本体的认识,具见于其《诗集自序》一篇,其言得之曹县王叔武。首云:"夫诗者天地自然之音也。今途咢而巷讴,劳呻而康吟,一唱而群和者,其真也,斯之谓风也。孔子曰,礼失而求之野。今真诗乃在民间,而文人学士顾往往为韵言,谓之诗!"即此段中,我等所见者:(一)诗为天地自然之音;(二)风为真诗,而真诗乃在民间;(三)文人学士之诗,虽强名为韵言,其实不能为诗。梦阳对于诗的认识,实有为一般人所不能梦见者。近人言一切新文学之来源出自民间,而李梦阳在四百年前,已有此论,其见解之卓绝,诚可惊叹。

序中又申论诗之所以为真诗,在情之为真情,而不在词语之雅俗。"真者音之发而情之原也,非雅俗之辨也。"此则探究诗之核心,推翻一切文人学士之壁垒。序中又更进一步而分析文人学士之所以不如途巷蠢蠢之夫者:

> 王子曰,诗有六义,比兴要焉。夫文人学士,比兴寡而直率多。何也?出于情寡而工于词多也。夫途巷蠢蠢之夫,固无文也,乃其讴也,咢也,呻也,吟也,行呫而坐歌,食咄而寤嗟,比唱而比和,无不有比焉,兴焉,无非其情焉。斯足以观义矣。

情寡词多一语,直将文人学士之所以不能为真诗处道破。故最后梦阳自称其诗曰:"李子闻之惧且惭曰,予之诗非真也,王子所谓文人学士韵言耳,出之情寡,而工之词多者也。……每自欲改之以求其真。"读此序时,所当注意者,即梦阳所言,虽得之王叔武,其实处处为梦阳所欲言。故《空同集·缶音序》言:"夫诗,比兴错杂,假物以神变者也。难言不测之妙,感触突发,流动情思。故其气柔厚,其声悠扬,其言切而不迫。故歌之心畅而闻之者动也。……孔子曰,礼失而求之野。予观江海山泽之民,顾往往知诗,不作秀才语,如《缶音》是矣。"此中江海山泽之民,即前者途巷蠢蠢之夫,而秀才乃当前者之文人学士,其论诗之流动情思,尤与前合。故推定李氏对于诗之认识如此。

景明少于梦阳九岁,交谊极笃,其所以推重梦阳者亦甚至。《六子诗》中《李户部梦阳》一首云:"李子振大雅,超驾百世前,著书簿子云,作赋追屈原,新章益伟丽,一一鸾凤骞。华星错秋空,爝火难为然,摛文固无匹,扬义罕比肩。……"当正德三年中,梦阳因言事下狱,景明与康海等极力为之营救,乃得释。后李与何书云:"仆交游遍四海,赤心朋友,惟世恩德涵与仲默耳。"二人交谊之深,概可想见。其后二人因论文龃龉，几至绝交，为当时批评界中之轩然大波。二人论辩见于集中往复诸书，不待详列。

景明天姿极高，乔世宁《何大复先生传》云："生有异质，颖纪殊绝。八岁时即能赋诗为文章，诸老先生见者，争传诵，称为神童。"其论诗诸文，着眼极高。《汉魏诗集序》："汉兴不尚文而诗有古风，岂非风气规模犹有朴略宏远者哉？继汉作者，于魏为盛，然其风斯衰矣。晋逮六朝，作者益盛而风益衰。"《王右丞诗集序》："自汉魏后而风雅浑厚之气，罕有存者。"景明在此等处，以朴略宏远风雅浑厚推尊汉魏，此则犹多人云亦云之常谈，虽为至论，尚不足以抒其独到之见解。在《海叟集序》始大胆的举其学诗的程序言之：

> 景明学诗，自为举子历宦于今十年，日觉前所学者非是。盖诗虽盛于唐，其好古者自陈子昂后，莫如李杜二家，然二家歌行近体，诚有可法，而古作尚有离去者，犹未尽可法之也。故景明学歌行近体有取于二家及唐初盛唐诸人，而古作必从汉魏求之。

在此序中，景明对于李、杜二家，尚推其歌行近体，称为诚有可法，至《明月篇序》则更进一步而对于杜甫的歌行，加以明显的批判。

> 仆始读杜子七言诗歌，爱其陈事切实，布辞沉着，鄙心窃效之，以为长篇圣于子美矣。既而读汉魏以来诸诗，及唐初四子者之所为，而反复之，则知汉魏固承三百篇之后，流风犹可征焉，而四子者虽工，富丽去古远甚，至其音节，往往可歌。乃知子美辞固沉着而调失流转，虽成一家语，实则诗歌之变体也。夫诗本性情之发者也，其切而易见者，莫如夫妇之间，是以三百篇首乎雎鸠，六义首乎风，而汉魏作者，义关君臣朋友，辞必托诸夫妇，以宣郁而达情焉，其旨远矣。由是观之，子美之诗，博涉世故，出于夫妇者常少，致兼雅颂而风人之义或缺，此其调反在四子下焉。

在景明诸诗中，学步少陵之踪迹，可见者极多，然学诗为一事，评诗又为一事。其评少陵歌诗者：（一）调失流转，（二）风人之义或缺。此两项中，第一项为果，而第二项为因。故名为二者，实则一途。从文学史上论之，少陵之诗自成一宗，不特与初唐四子风气各异，即对于整个的唐诗，亦备具独有之风调。叶适《徐斯远文集序》论宋诗宗派："嘉祐以来，天下以杜甫为师，始黜唐人之学，而江西宗派章焉。"此处以唐人之学与杜甫对举，其分野已显然。

惟景明认杜甫歌行为在四子之下，此则独抒己见，足以引起后人之惊猜。就其主张言之，诗必本诸性情而后为风，而后为上，——即梦阳所谓真，——此则何李二人所见,如出一辙。

对于景明此论,王士禛《戏仿元遗山论诗绝句》云:"接迹风人《明月篇》,何郎妙悟本从天,王杨卢骆当时体,莫逐刀圭误后贤。"又《七言凡例》:"大复《明月篇序》,谓初唐四子之作,然遂以概七言之正变,则非也。二十年来,学诗者但取王杨卢骆数篇,转相仿效,肤词剩语,一唱百和,是岂何氏之旨哉!"此则一面恐其遗误后人,一面复为之出脱。《论诗绝句》又云:"藐姑神人何大复,致兼南雅更王风。"则极力推崇矣。大抵渔洋论诗,阳夺而阴予,如此类者正多。赵执信《谈龙录》直攻其隐:"阮翁酷不喜少陵,特不敢显攻之,或举杨大年村夫子之目以语客。"观此则士禛之于杜诗,其意见亦可想象。实则就诗论诗,景明在同辈中与徐祯卿最近,陈卧子已言之,而士禛之私淑于二人者,正自不少。其论祯卿及其所著《谈艺录》云:"天马行空脱羁靮,更怜《谈艺》是吾师。"故刀圭贻误之评,非王氏定论也。

景明《与李空同论诗书》,发扬踔厉,为目空一切之论。二人之步趋乖离,至是遂以确定。其论古诗古文之法云:

> 仆尝谓诗文有不可易之法者,辞断而意属,连类而比物也。上考古圣立言,中征秦汉绪论,下采魏晋声诗,莫之有易也。夫文靡于隋,韩力振之,然古文之法亡于韩。诗溺于陶,谢力振之,然古诗之法亦亡于谢。比空同尝称陆谢矣,仆参群其作,陆语俳,体不俳也,谢则体语俱俳矣,未可以其语似,遂得并例也。

景明论诗文必不可易之法,其见极隘,不足以当梦阳之一击。梦阳驳之曰:"假令仆即今为文一通,能使辞不属,意不断,物联而类比矣,然于中情思涩促,语险而硬,音生节拗,质直而粗,浅谫陋骨,爱痴爱枯,则子取之乎?故辞断而意属者,其体也,文之势也。联而比之者,事也。"在此种反问之下,景明实无从置词。然梦阳对于景明之所以论韩愈陶谢者,置而勿论。其后黄省曾与梦阳书云:"何大复号称名流,而乃为夸论曰,文靡于隋,其法亡于退之。诗溺于陶,其法亡于灵运。嗟夫!嗟夫!是何言者?隋不足论,至于陶谢,亦可稍宽宥矣。……前薪见凌,势固宜然;来彦无穷,不可欺也。"梦阳得书,欣然答曰:"昔李白遇司马子微谓可与神游八极,遂赋大鹏以见志。吾子固希有之鸟也,所惭仆非图南翼耳。"此中引为同调,踌躇满志之态,见于言表。

文靡于隋一语,久成为世人之通论。至于韩愈,兴世方认为文章正宗,景明遽加贬词,诚足以骇人听闻。然后世如顾炎武,亦昌言文当为经术政理之大者而作,不当止为一人一家之事,韩愈如但作《原道》、《原毁》、《争臣论》、《平淮西碑》、《张中丞传书后》诸篇,而一切铭状概为谢绝,始足为近代之泰山北斗云云。其言盖亦不满于韩。近世论文,于韩更多贬削。时代既迁,毁誉迭见,过情之论,常在意内,欲求持平,固亦难矣。然谓韩愈之文,与前此之所谓古文者,体制不一,自韩愈出而文体为之一变,此则质之百世而不惑者。何氏虽放言高论,不为无所见也。

诗溺于陶,古诗之法亡于谢二语,实为何氏批评论中最易引起攻击之点。然李梦阳闻黄省曾之论虽为之称快,而不复引申其说者,则以李氏之于陶潜,亦不尽满故也。梦阳《刻陶谢诗》序:"李子乃顾谓徐生曰,子亦知谢康乐之诗乎?是六朝之冠也。……夫五言不祖汉则祖魏,固也。乃其下者,即当效陆谢矣。所谓刻鹄不成,尚类鹜者也。"言下盖已不知有陶。大抵国人受儒教影响至深,评论诗文,辄及其人之身世。陶潜之所以受人景仰者,在其人品之高,不尽在其诗也。《诗品》称为"笃意真古,辞兴婉惬,每观其文,想其人德",然而列之中品,推崇犹有未尽。后世白居易《与元九书》:"渊明高古,偏放于田园。"苏轼论陶诗:"外枯而中膏,似淡而实美。"黄庭坚论为"巧于斧斤者多疑其拙,窘于检括者辄病其放"。此则皆在赞颂之中,隐隐有未尽善之意,呼之欲出。盖震于渊明之高名,不敢复有所贬斥耳。何氏之论,殆有所激而发也。

灵运之诗,惨淡经营,探幽钩深,性情渐隐,声色大开。沈归愚《说诗晬语》认为诗运一大转关。论其地位,固自卓然,然衡之古诗,变异实多。萧道成《报武陵王毕书》云:"康乐放荡,作体不辨有首尾,安仁士衡,深可宗尚,颜延之抑其次也。"新旧二途,迹象顿殊,其于灵运,颇致讥贬。后世刘克庄云:"诗至三谢,如玉人之攻玉,锦工之机锦,极天下之工巧组丽,而去建安黄初远矣。"明陆时雍《诗镜总论》:"谢康乐诗佳处有字句可见,不免硁硁以出之,所以古道渐亡。"清汪师韩《诗学纂闻》于谢诗尤多所牴牾,至于摘章寻句,索诘疵累,其言不无过苛,而终之以"何仲默谓古诗之法,亡于谢,洵特识也,特不当谓诗先溺于陶耳"。故景明论谢,责以古法沦亡,言之有物,同调正多,而持语俳体俳之说分析陆谢同异,其语尤为精到。

何、李二人同以趋古得名,何则进而求能变古,李则退而但知摹古,中道歧途,区以别矣。梦阳《驳何氏论文书》云:"守之不易,久而推移,顺势融溶而不自知。……故不泥法而法尝由,不求异而其言人人殊。"斯时犹有因势推移之说。至《再与何氏书》则更昌言:"夫文与字一也,今人模临古帖即太似不嫌,反曰能书,何独至于文而欲自立一门户邪?"此则因缘比附,敢为悠谬不经之谈者矣。临摹不嫌其似,固也。然自古宁有依人门下不立门户而能成为书家者?书犹如此,更何论于诗文?宜夫景明诋为古人影子也。朱熹《跋病翁先生诗》云:"余尝以为天下万事,皆有一定之法,学之者须循序而渐进。如学诗则且当以此等为法,庶几不失古人本分体制。向后如能成就,变化固未易量,然变亦大难事,果然变而不失其正,则纵横妙用何所不可,不幸一失其正,却反不若守古本旧法以终其身之为稳也。"此种笃守古本旧法处,皆所以为李梦阳一流人立言,其欲前又却之精神,实足以代表多数文人之见解。终身不敢立一门户,不敢踏出稳字一步,于是遂成为古人影子,为摇鞞击铎(何氏诋梦阳语),而犹悻悻然责人之放肆自欺,野狐外道,诚可叹也。

景明在批评论中,最足占一地步者,即在此脱空一切依傍,力求新生命之论调。

《与空同论诗书》云：

> 空同子刻意古范，铸形宿铁，而独守尺寸。仆则欲富于材积，领会神情，临景结构，不仿形迹。

后此复推论古来诗文不必相同之故：

> 曹刘阮陆，下及李杜，异曲同工，各擅其时，并称能言。何也？辞有高下，皆能拟议以成其变化也。若必例其同曲，夫然后取，则既主曹刘阮陆矣，李杜即不得更登诗坛。何以谓千载独步也？……今为诗不推其极变，开其未发，泯其拟议之迹，以成神圣之功，徒叙其已陈，修饰成文，稍离旧本，便自杌陧，如小儿倚物能行，独趋类仆，虽由此即曹刘，即阮陆，即李杜，何以益于道化也？

景明本主学古，更进一步而求变古。"推极变，开未发"，在在足以见其勇往直前之气。至云，成神圣之功，对于诗境之伟大，尤能认识真切。姜夔《白石道人诗集自序》："学即病，顾不若无所学之为得。"又"作者求与古人合，不若求与古人异。求与古人异，不若不求与古人合而不能不合，不求与古人异而不能不异。"其言似与景明之说默合。然姜夔之论，犹不免搬弄话头之习，不若景明之目无全牛，手搏猛虎也。

综景明批评论观之，在传统的环境中，敢为打破一切之议论，对于历来认为宗主之陶、谢、杜、韩诸公，皆不恤与之启衅，纵所言者未必尽为定论，其气势之壮阔，自非随声附和之辈，所能望其项背矣。至于由学古而更求变古，文学之所以能光景常新者，此本为进程中所应有之现象，虽有百千梦阳訾毁其后，固无伤也。明人承宋元之余。道学家左右文学批评之势力，既成弩末，而文风屡变，杂体并出，林林总总，蔚为大观，重以明代士气之盛，为中国有史以来所仅见，在此期中，有突起之批评论出，要皆为时势之当然，不足怪也。至于景明之诗，当时亦名动宇内，易代以后，声誉顿减。考其原因；一则景明殁时年仅三十九，未及成熟，遽就殂谢，天赋虽优，终为功力所限；次则景明误认属词比类为法，对于诗体，未能别开新路，局促辕下，不能竟其变古之功故也。若后世论者，摭拾其文字之短长，龂龂其持论之得失，此则终非恕道，适足以自见其不广耳。

汉语形态问题

◎ 方光焘

汉语形态问题涉及各家的语法体系,也涉及语法史上的一些不同看法。前几年,苏联的郭路特(Н.Н.Коротков)有一篇文章《近几年来苏联东方学研究中的汉语形态问题》(《中国语文》1955年12月),介绍了苏联学者在这一方面的研究情况。我在这里先讲一些有关的理论认识,也介绍一下苏联学者的观点和方法,同时谈谈自己的看法。

一、漫谈实字、虚字、助字

我们应该了解一下,前人对于汉语语法的研究是怎样进行的,传统的研究方向是什么。传统是把汉语的词分成实字、虚字,《马氏文通》依据的就是这个传统,助字也是很早就提出来的。究竟要二分,还是三分?这个问题很可以研究。

一九五四年在南京军事学院的一位苏联专家常和我讨论中国语法的一些问题,当时也谈及实字、虚字的划分。胡小石告诉我,南宋张炎的《词源》讲到实字、虚字。究竟从哪里找实字、虚字分法的起源呢?一九五六年日本的宋元小说戏曲专家青木正儿有《虚字考》,谈到了一些问题。从一些资料看,实字、虚字最早是在古诗写作中提出来的,和文学有关系。

1. 虚、实字之分始于宋代的诗论

青氏的考断认为虚字、实字之分起于宋的诗论。是否再往前推,还可以研究。

在宋代的诗论里可以看到:

杨万里(十二世纪)《诚斋诗话》:"诗有实字而善用之者以实为虚。老杜诗'弟子贫原宪,诸生老服虔'。老字盖用赵充国'请行,上老之'之老字。""贫"、"老"是由名、形变为动词,过去以名、形为实,动为虚。这种看法一直到曾国藩"春风风人"、"解衣衣我"还继承下来,这叫体为实,用为虚。《红楼梦》的菊花诗是一名加上一动,把动作当虚字,有"忆菊"、"访菊"等。

北宋范希文《对床夜语》和魏庆之《诗人玉屑》中论及虚实字。他们认为诗,尤其是律诗,五、七言中的诗眼(五言以第三字为诗眼,七言以第五字为诗眼)用实字有的很好,有的并不好,有时首字用虚字很好,有时也并不好。他们对此做了研究,由此可以看出对虚、实字的分法。《对床夜语》的杜诗引例:"梅花万里外,雪片一冬深"("万"、"一");"山县早休市,江桥春聚船"("早"、"春")。"万"、"一"是数词,"早"、"春"是名词,大体以数、名为实字。《诗人玉屑》引例:"夜潮人到廓,春雾鸟啼山"(张凡《赠薛鼎臣》);"野渡波摇月,寒城雨霪钟"(方干《从兄韦郜》);"古寺碑横草,阴廊画杂苔"(顾况《废寺》)等。这里把"人、鸟、波、雨、碑、画"看做实字,即以名词为实字。他们看做虚字的,《对床夜语》有杜诗的"竹色递隐见,人烟时有无","递"、"时"是副词;"蝉声集古寺,鸟影度寒塘","集"、"度"是动词。这本书把副、动都看做虚字。《诗人玉屑》引例:杜诗"无风云出塞,不夜月临关","无"、"不"是虚字,今"不"是副词,"无"是同动词。"无人花色惨,多雨鸟声寒"(李嘉祐《江阴道中》);"以吾为世旧,怜尔继家风"(李嘉祐《送张秀才》);"但将酩酊酬佳节,不用登临怨落晖"(杜牧)等。"无、多、以、怜、但、不"都看做虚字,即把形、动、副都认为是虚字。这也可以反映当时的分法,反映传统。他们还分出一类字,叫虚活字、虚死字。《对床夜语》说:"虚活字极难下,虚死字尤不易,盖虽是死字,欲使之活,此所以为难。老杜'古墙犹竹色,虚阁自松声'及'江山有巴蜀,栋宇自齐染',人到于今诵之。""犹"、"自"是虚死字,今是副词。"有"、"自"也是虚死字,今是动词。这是动、副为虚死字。《诗人玉屑》讲到虚活字,举例有"孤灯燃客梦,寒杵捣乡愁"(岑参《客舍》);"夜灯移宿鸟,秋雨禁行人"(张蠙《经荒驿》);"危峰人鸟道,深谷富猿声"(李白《题范溪馆》)。"燃、捣、移、禁、人、富"等,大体是动词。可见,实字是名、数;虚字是动,即虚活字;还有虚死字,包括形、副、介、助、同动等。

南宋张炎《词源》也说到虚字。他讲"正、但、甚、任"等是一个字的虚字,"莫是"、"还又"、"那堪"等是两个字的虚字,"最无端"是三个字的虚字。一个字的我们看是副词性的,两个字、三个字的近于副词性,或助动词。这跟前面讲的范希文、魏庆之的分法大体相近。

2. 助字之说

助字之说,起源更早。南北朝(六世纪)颜之推《颜氏家训·音辞篇》讲助字。"焉"有二用,一用送句,一助词。前者如"有民人焉","有社稷焉",是语气词;后者如"晋郑焉依",在句中,和送句有别,近于疑问代词。

刘勰《文心雕龙》也提出一些字,说:"夫、惟、盖、故者,发端之首唱……乎、哉、矣、也,亦送末之常科。"他和《颜氏家训》的送句提法一致。

唐柳宗元把送句、送末也看成助字。他的《复杜温夫书》里说:"但见生用助字不当律令,唯以此奉答。所谓乎、欤、耶、哉、夫者,疑辞也。矣、耳、焉、也者,决辞也。今生则一之。"他的疑辞是疑问语气词,决辞是判断语气词,已把颜之推、刘勰讲的合在一起了。

宋陈骙《文则》已经叫助辞。"文有助辞犹礼之有傧,乐之有相也。礼无傧则不行,乐无相则不谐,文无助则不顾。"他把句中、句末的都看作助辞,而且把"其、乃、以、之、而、无、不、实、曾是、未曾、斯、有、则、然"等都归入助辞,这样归法几乎和前人的虚死字相同。

清刘淇《助字辨略》没有给助字下定义。他认为虚实的意义有区别,说:"构文之道,不过实字、虚字两端,实字其体骨,而虚字其性情也。"他把助字分为三十类,大体也是以前的虚死字。

从以上传统的论述看来,三分是素来就有的。实、虚、助三分是一个传统的分法。

3.《马氏文通》以来实字虚字的区分

《马氏文通》在一八九八年出版。这本书提出:"凡字有事理可解者,曰'实字'。无解而惟以助实字之情态者,曰'虚字'。"实字指名、代、动、静(形容)、状(副),虚字包括介、连、助、叹。这样分法,已推翻旧有的传统分法,是按照西欧语法来推定的。代词在西欧语法里看做实字,我们最早出现的"其"是看做虚的。后来讲实虚字(词)的都不以古来的传统为准,而以《马氏文通》这一分法为根据。马氏这一分法,影响很大。

杨树达就采取三分:实字(名、动、形),半实半虚字(介、连),虚字(助、叹),副词一部分放在实字(并入形容词),一部分放在半实半虚字,这和《马氏文通》的分法基本一致。

王力的分法:实词(名、数、形、动),放进数词,代词没有列入,和《马氏文通》以前的传统分法相近;还有半实词(副),半虚词(代、系),虚词(联结、语气),这一部分和《马氏文通》不同。

4. 评实字、虚字的区分

以往实字、虚字的区分,如果是根据实际的词汇意义来分别还是可以的。如果是从语法角度来区分,是否划得妥当就可以考虑,看来有可以批评的地方。因为以往这种区分是从概念出发,而不是从语法标志,从外部的标志出发的,这样区分出来的实字、虚字不能看作是语法上的类别。但在传统的区分中,一方面固然是从概念出发,另一方面却没有把字当做孤立的来看,而是从字的用法去看,虚用成实,实用成虚。这种由用法(即词的功能)来区分实虚,又是合乎语法的。不过前人使用的术语不够严密,可以说是科学萌芽时的用语。

二、形　态

1. 传统语法的下位区分

形态这个术语是由西欧传来的。西欧语法的传统下位区分是把语法分成两个部分：词法（morphology），句法（syntax）。由字面译，morphology，即形态论；syntax，即结构论。前者研究词本身，后者研究词的联结，两者的关系是密切的，并不是毫无关联的。离开结构的词不是语法研究的对象。即使形态多的语言如俄语，名词的格也存在于结构之中。形态、结构二者不是截然无关的。

在西欧语法的传统里词法以有词形变化的词为对象。词类的区分放在词法里，以词形变化作为词类区分的标准，词类是语法的基本范畴，是语法范畴的基础，由"性"、"数"、"格"等组成。马建忠介绍西欧语法，比照汉语，划出词类，自此以后我国的语法书才有词类区分问题的论述。问题是西欧注意形态，并放在词法里，当然是顺的。我们研究汉语语法怎么处理呢？要不要有西欧语法那样的体系呢？这是一个极为重要的问题，这个问题的论争也最多。

2. 汉语有没有形态

形态，按西欧传统语法是指词形变化。在印欧语中，由词形变化建立语法范畴，建立词类的基本范畴。汉语没西欧语言那样完全的词形变化，即形态。高名凯认为没有形态就不能区分词类。吕叔湘、王力认为没有西欧的形态，但还是可以区分词类，可以由意义来区分。吕叔湘认为意义不变，词性不变，词类也不变。王力认为词有本性，即意义。黎锦熙在《新著国语文法》里认为"依句辨品，离句无品"，词类只能在句中看词的职务。这样，对于汉语的词类问题就有了各家不同的主张。

3. 汉语有没有它自己的形态

汉语虽然没有和印欧一样的形态，但汉语有没有它自己的形态呢？这是可以研究的。

语言以声音为外壳，声音不是杂乱无章的，它安排在一定的形态里就有了意义。因此，任何一种语言都有一定的形态，这一点是毫无疑义的。但是应该承认各种语言构成形态的手段并不相同，词形变化是一种语法手段，是形态，词序也是一种语法手段，也是形态。"我打他"、"他打我"，在印欧语里是由形态，即词形变化来表现的。汉语无词形变化，就由词序来表现，词序是汉语的主要形态。再说，即使是有词形变化的英语，也不是词形变化盖过一切的，动词表示"将来"还得加助词 shall、will，这和汉语的"将来"等用动词和其他词的结合来表现是相近的。

汉语作为一种语言，有语言的一般性，但汉语又有自己的特殊性，有它特殊的构成形态的手段。在语法研究中,对于汉语里哪些是属于一般语言共有的,哪些是它特有的,这两方面的事实都应该注意,任何丢弃一面的做法都是不足取的。

三、苏联汉学家对汉语形态问题的看法

1. 语法范畴释义

范畴是一个有复杂含义的术语。范畴是一种概念,一种大的高级的类概念,是概念的最高的上位,最高的类(如人、生物、物质,由下而上,直到最高)。研究各门科学,研究任何一种现象,都要研究对象的类概念。说明范畴之间的各种关系,就构成了体系。对于语法现象的研究也是从分析范畴入手,然后建立语法体系的。

语法范畴大体分为两类:基本语法范畴,通常称为词类的语法范畴是基本语法范畴,这在任何语法里都有。另一种是附加语法范畴,如讲词类是指某一种词类所特有的,这类词在附加范畴基础上建立起来。如俄语里有性的范畴,名词由此建立。时间也是范畴,有这种范畴的是动词。因此,语法范畴是概括意义和它的形式标志的统一。概括意义可以有时态、性、数、人称等,它不是光秃秃的,它有一定的形式标志。现代汉语的"根"可以加到一类具体名词上去,如"火柴"、"粉笔"、"凳子"、"绳子"等,概括起来是有一定长度的事物的名称。"根"作为形式标志,由它表现出来,就建立了名词的附加范畴。英语名词 books 里的-s,概括意义是名词多数,-s 是形式标志。只有概括意义,无形式标志,就是逻辑范畴的东西。离开了表现手段的,就不是语法范畴。

2. 肯定了汉语的形态

以前,法国的马伯乐在汉语无形态论者中是最出名的。而在苏联,一些学者却肯定汉语有形态。苏联学者的论证是:

汉语的词具有一系列的形式标志。"吃了、吃着、吃过、吃起来"等是成为系统的。但汉语并没有如印欧语言那样丰富的词形变化,没有那样复杂。汉语也和一般语言一样,是有词类分别的。这个问题可以由以下几个方面来说明:(1)词的句法功能。这和黎锦熙从句子中的职务看词类有别,黎锦熙是由意义出发的,苏联学者讲的句法功能是从形式标志看的。(2)有构词法作用的词尾。如"儿、子、头"等是名词的词尾。(3)不同词类的构词模型。"黄焦焦"、"黑漆漆"等是形容词的构词模型;"舒服舒服"、"研究研究"是动词的构词模型。(4)实词和构形成分的结合。如"们",名词的沟形成分,"老师们"、"同志们";动词的构形成分"了、着、过"等。这四种中,后面三种都是由词本身的变化来决定的。

对于肯定汉语有形态的观点,中国学者如高名凯却持相反意见。这中间有什么原因呢?原因在于高名凯的形态局限在词形变化,狭义地以印欧语那样的词形变化

为准。高名凯提出"们"不表示多数,"先生们"、"学生们"可以说成"先生、学生们","们"在有些场合不是不可缺少的。这种看法是机械的,不可取的。

构成形态的手段可以有两种:综合的,不可分割的;分析的,可以分开的。汉语是后者,是明显的分析手段。手段尽管不同,成为词的形态的作用都是一样的。就是在印欧语言里,动词将来时在俄语里也有分析手段,在英语就用动词前加 shall、will 等表示。

在汉语里,既然承认有和词相结合的构形成分,从词的物质外壳上看(即从声音上看),就已经起了变化。"吃",严格讲只是一个词根,"吃"出现在句子中一定有一个附加成分,不会单独出现。"我吃"这个"吃"是以零形态出现的,零形态也表示一种语法意义,是现在时,一般的"吃"。

词是形态的系统和统一体。一个词是包含着一系列的变体,构成一个系统,又是一个统一体。区别词类,要从词的形态系统的统一体来看问题。汉语动词"看",加"了"、"着"、"过"、"起来"等,都是"看"这个词的变体,统一起来才能是一个词。比方词干是对前加、后加的附加成分而说的。"看"是词干,不单独出现,一定和附加成分一起出现。所以可以推论,凡是和"了、着、过、起来"等附加成分结合的,是动词词干。"生产",和这些附加成分结合,是动词。但"生产"又是名词,它可以和另外的标志(加数量、形容词)结合成"一种生产"、"主要的生产"。既然这样,词干就可以分类。这种观点,在用惯了方块字的人看来感到很新鲜。

3. 跨类问题

前面讲了汉语可以区分词类,但区分以后又是有跨类的,这是汉语里的一个主要现象。中国学者对此有不同处理:黎锦熙主张在句中定类。王力把词分成本性、变性。"白干"的本性是名词,"我也白干一下"的"白干",是动词,变性。这个本性是极难定的,"雨"的本性是名词,还是动词呢?吕叔湘认为词义不变,词性不变。"红花","花了三元钱","花"是词义变了才改变词性。但语法是以语法意义和形式标志的统一为准的,不能单以意义为准,单讲意义不变,词性不变就说不通。"态度端正"、"端正态度","端正"的意义是一样的。汉语词类的跨类确实是个很难处置的问题。如果把词看成形态的系统和统一体,就无所谓跨类,和某一套附加成分结合,就是某一类词。"组织"和"起来"等结合是动词,和形或数、名结合就是名词。

还有一个转类问题。语言中的词总有一个先用的问题。如三十年前田汉第一个使用"摩登"一词,现在已很少有人用。使用以后大家都用了,这叫做接受,进入语言叫惯用。惯用,可以决定词类。由惯用的词类又使用到另一类词去,可以使人接受的,叫转类。转类在语言实践中是非常普遍的,转类的事实并不妨碍原来词类的词性。"白干",名词;"白干一下","白干"使用了,转类为动词。"知道",动词;"给他一个知道",当作名词使用惯了,看作转类。如此使用已久,可以产生同音异义词。

4. 结论及存在的问题

苏联学者在汉语形态研究方面已获得的结论大体有这样几点：(1) 判断语言中某些词类是否存在，不是只根据词的形态，而是根据词所特有的全部形式标志。(2) 在确定某一组词是属于哪一类时，所有的形式标志都要同时作为准则。(3) 一种词类之内的某些词在形式标志上可以有些不同（在一个词类之内形成小类）。(4) 在语言中有任何一种形式标志来表现的词类时，有些词虽然形式标志不充分，但仍属于这个词类，因为这些词的一般意义和该词类的意义及句法特点是相同的。(5) 当同一个语音综合体在句子中不仅有各种不同词类的概括意义和形式标志，而且还有词汇意义变化时，如"组织"（动、名），"武装"（动、名），在这种情况下，在我们面前的不是一个词而是两个不同的词（两个同音异义词）。

存在的问题有两个：(1) 汉语中的接词的实质和用接词表达的那些意义的性质问题。接词大体上是附加成分，语法上是后加的。"胖子"的"子"，动词后加"了、着、过"都是。究竟其实质如何，是否和印欧语的词形变化部分即词尾等相同？高名凯认为二者并不一样，汉语里的这些东西有一定的实质，保持着一定的意义，有相当的独立性。"子"有"人"的词汇意义，"虾子"、"鸭子"的"子"更有词汇意义。苏联学者肯定它们是形态，但没有肯定它们的性质是词汇意义还是语法意义。王力认为这是构形法，比较起来他是接受这种意见的，他同意"胖子"的"子"是语法意义。(2) 附加范畴问题。高名凯认为附加范畴在印欧语言中是必定要有的，在汉语中却可有可无。如名词中数的范畴不一定非用不可。又如动词完成态"了"，也不一定要用，"他昨天回来"，不一定加"了"。

四、汉语语法研究的方向

我在一九五六年提出的《汉语词类研究中的几个根本问题》（提纲）里，讲过自己的看法。在这里着重讲两点：

1. 对语法传统的下位区分的批评

《马氏文通》以来，对于西欧语法传统的迷信是很多的。西欧语法大体上分为词法、句法两部分。但孤立的词不是语法研究的对象，语法研究以语言单位的关系为对象。如果不发生关系，就不是语法的研究对象。这种区分形成一种错觉，似乎词法只研究孤立的词，而关系到句法里再讲。实际上词法中的事实大多在关系中存在着，不是孤立地存在的，这说明词法和句法不能截然分割。苏联学者中也有人这样看的。在西欧语法中，这样的区分在实用上有方便之处，有它的实用价值。因为词的词形变化丰富，先在词法中讲了，再在句法里研究其相互关系倒是顺的。不过，汉语是不是也要同样如此划分呢？如果说汉语有词形变化而不丰富，词法的内容不多，由此否定汉语的形态，再否定词类存在，也就没有了词法，没有了语法。傅东华提出过"一线制"，企图全部并到句法。高名凯主张无词类，也是虚无主义的。但是如果我们的认识转到另一极端，完全肯定汉语和西欧语有同样的形态，那也是不符合实际的。

2. 形态的含义

问题还是在于对形态概念的理解。我们把形态的含义规定为包括西欧的形态和汉语的形态，问题就易于解决。我认为，形态指具有一定的形式标志，表示出一定的关系的构造、结构。这个定义，先决条件是一定要有形式标志，不然就不是语法关系的特征。"红花"，作为一个构造、结构有一定的形式标志，即"红"在"花"前，"花"在"红"后的词序，这种词序是限定关系、规定关系。这样，形态的含义就从西欧语法里原有的范围扩大了，复合词、派生词都可以看成形态。"杀人"是两个词的结构，形式标志是词序，"杀"在"人"之前是支配关系，也是形态。语法以研究关系为对象，关系在构造、结构中存在。有构造、结构，就有形态，有形式标志。形态概念的广义理解，有助于语法研究的继续深入。

我们还可以进一步分析形态本身，形态是由意义部和形态部两个部分结合在一起的。"红"和"花"都有一定的意义，依靠词序这个形态部而组成一个构造、结构。"桌子"，"桌"是意义部，"子"是形态部，这种形态部一定结合在一定的名词之下，本身并不独立存在。我们应当从语言的实际表现出发，注意到有词形变化的如英语，books 是由形态部-s 和意义部 book 结合的；元音变化（foot、feet）是形态部，词尾也是形态部。一定的意义部和一定的形态部相结合，并不是任意的，不是任何东西都可以结合的。研究语法当然离不开意义，但不能只看意义，要从形态部和意义部的结合着眼，从意义部的形式标志出发。研究语法要讲功能，功能是一定的意义部和一定的形态部相结合的能力。这种功能是由意义部产生的，形态部本身缺乏功能。即使以感叹词为例，它也有意义，它的意义还包含情感，但感叹词缺乏的是功能，可以说是一种零功能。

现在一般区分词类常考虑意义、形态、功能三种标准，但三种标准是难以并重的，多标准等于无标准。由于意义部具有功能，功能只能由形态来承担，所以三种标准可以统一到广义理解的形态之中。形态本身就包含着不可缺少的意义，而功能必定要依附于表现为一定构造、结构的形态。因此，研究语法应当以形态为主。

近代语文学史上的顾炎武

◎ 黄淬伯

顾亭林(1613—1682)生当明清两代转换的时期。他的一生,强烈地反对清贵族统治,反对主观唯心论王阳明一派心学。他又提倡实事求是的学风,后来成为清代朴学派的创始者。今年是他诞生的350周年,所以写篇小文来纪念他。这篇文字的内容:(一)亭林生活的战斗性;(二)亭林学风和主要作品;(三)亭林的语言文学;(四)亭林之后语文学的发展。最后为结束语。

一

顾氏初名绛,明亡之后,改名炎武。当时学术界称他为亭林先生。综核顾氏一生,他出身于昆山"望族"。在明代为诸生,明亡以后,始终是个遗民。

他十岁前后,明朝的统治基础已呈动摇,内有不断的农民起义和市民暴动,外则清贵族兴兵,称帝沈阳。就在阶级矛盾、民族矛盾逐渐尖锐的情势下,顾氏的祖父指示他读孙、吴兵书及《左传》、《国语》、《战国策》、《史记》,并亲自教读《资治通鉴》①。"更诲之以为士当求实学,凡天文、地理、兵、农水上及一代典章之故,不可不熟究"②。这样的家庭教育,对于顾氏以后的社会活动、治学方向和目的,有深刻的影响。

清贵族统治集团入关建立政权之后,分兵南下。江南各县,义兵纷起。时顾氏正当三十多岁的青壮年,和同县归庄、嘉定吴其沆等参加了抗清的武装斗争。

清贵族的统治日趋稳定,顾氏的处境就日益险恶。为了逃避奸人的陷害,乔装商人迂回曲折,跑到南京,住在钟山下,改名蒋山佣。也曾在家乡被捕,几遭凶杀。也曾在历下,因文字狱牵连而坐牢半年。他虽是处在这样的危难中,仍然胸怀壮志,栖栖遑遑,来往南北,到处考察山川形势。南谒孝陵,北谒思陵,各有六次之多。最后,定居华阴。他认为华阴是关内外交通的枢纽,住在这里,"能见天下之人,闻天下

---

① 《亭林余集》"三朝纪事阙文序"。
② 《亭林余集》"三朝纪事阙文序"。

之事"。在地理形势上,"一旦有警,入山守险。若志在四方,则一出关门,亦有建瓴之便"①。

在封建社会里,忠君和爱民族爱国家,类于这样的观念是混淆不清的。顾氏不断谒陵,忠君乎,还是爱民族、爱国家?在黄侃《日知录校记》没有刊行之前,确是不易论断。校记叙:"凡皆顾氏精义所存,既失其真,而汝成集释及刊误,亦未敢言。"由是可见清朝文网森严,《日知录》中凡不利于清朝统治的原文,都被人抽毁或删句换字,顾氏的精义也就无从知道了。

《日知录》原稿"素夷狄行乎夷狄"条:"若乃相率而臣事之,奉其令,行其俗,甚者导之以为虐于中国,而借口于素夷狄之文,则子思之罪人也已。"据是知顾氏的精义、顾氏的壮志,富有民族斗争的意义。昔时作顾氏传记的人,总以为顾氏幽隐莫发靡诉之衷,无非是"思大揭其亲之志于天下"。诚然,顾氏有贤母。当清兵到常熟时,绝食自杀,并嘱"莫事二姓"。这对于顾氏是有影响的。但是当明清易代之际,抱着民族思想的遗民,或逃于禅,或隐山林,颇不乏人。因此,"大揭其亲之志"一语正表明封建时代的局限性。

知和行,在顾氏整个思想体系中是两大纲领。他说:"自一身以至于天下国家,皆学之事也。自子臣弟友以至出入往来辞受取与之间,皆有耻之事。耻之于人大矣,不耻恶衣恶食,而耻匹夫匹妇之不被其泽。"照此说来,所称之学,不仅仅是博习群书,凡有关社会生活,都是学的对象。所称行己,包括的方面也很广泛。由是他用儒家经典"博学于文"一语作为求知的方向,用"行己有耻"一语,作为笃行的中心。

和封建社会相适应的儒家思想,从汉代起,长期占领统治地位。各式各样的思想家特别是唐代以后,大都要以儒家的面貌出现。我们一看顾氏的思想体系,地道的是儒家思想的继承。但是从他所生的时代来看,也表明了他的斗争性。

当时思想领域内,白沙、阳明的语录,堆几积案。言心言性,披靡一世。顾氏谴责这一学派"舍多学而识,以求一贯之方;置四海困穷不言,而讲危微精一",尽是空虚之人。

按王阳明在心和物的关系上,提出"天下无心外之物"的观点。认为客观世界的道理,都是心的外化。所以又说"心即是理"。十分明显,他所说的心相当于现代所称之意识。意识第一性,物质第二性,正是"心学"的基本精神。易言之,"心学"是主观唯心论的哲学。

顾氏对于心和物的理解,恰好和心学相反。他认为抽象的道理,存在具体事物中。用他的话,说作"非器则道无所寓"②。心有认识事物的能力,用他的话,说作"心

---

① 《亭林文集》卷四"与三侄书"。以下文集引语,只加引号,不再一一注其出处。
② 《日知录》卷一"形而下者谓之器"条。

者综宗此理,而别白是非"①。那末,顾氏所说之心,相当于现代所称之思维。事物的道理是经过思维综合出来的。在这一点上,顾氏的认识论接近唯物论的观点。由此可见,顾氏反对"心学",不仅仅是反对它的"空虚"而已,而且表现了对唯心论的斗争。

他所生时代的另一方面,"当时人情,弥谦弥伪,弥亲弥泛,弥奢弥吝"②。当时魁梧丈夫"改形换骨,学为不似之人"。凡此种种腐恶现象的社会根源,在那时是不可能知道的。顾氏只能就当时的知识,认为这种现象来源无耻。由是提出行已有耻这一口号,和当时社会对抗。

顾氏自己的生活,非常严肃。他引用列子"取之造物,而无事于人"两语,表示他的经济思想。到了北方,集合二十余人,在雁门之北,五台之东,进行垦荒。居住华阴,"自买堡中水田四五十亩,为饔飧之计"。日常生活,"不过君平百钱,皆取办橐橐,未尝求人"。"黄精松花,山中所产。沙苑蒺藜,止隔一水。终日服饵,便可不肉不茗"。

"出入往来辞受取予之间",也是十分严肃的。清朝的"显贵"前后三次要他出来担任史职。他都以死拒之,而说:"刀俱具在,无速我死。""显贵"徐乾学是顾氏的外甥,屡次劝他南归,愿以郡中之园为寓舍。虽是亲戚的好意,也缓言辞谢。

顾氏反对清朝统治,反对"心学",反对当时社会的黑暗,展读所著书,到处触及这些特点。令人感到他的一生,真是战斗的一生。

二

明亡以前,顾氏为了帖括之学和诗古文,花去二十年的日力。明亡以后,他的生活变为动荡。单说北方,往来于山之东西,河之南北,历时也有二十多年。

全谢山《亭林先生神道表》指明:"凡先生之游,以二马二骡载书自随。所至厄塞,即呼老兵退卒,询其曲折。或与平日所闻不合,即坊肆中发书而对勘之。或径行平原大野,无足留意,则于鞍上嘿诵诸经注疏。偶有遗忘,则即坊肆中发书而熟复之。"由此可见,顾氏的求学方式是流动的,马背就是图书室,街坊、旅店,就是书斋。在他定居华阴,才"自买堡中书室一所"。因此,我们可以说,顾氏在学术上取得丰硕的成果,其中有"马背"工夫,也有书斋工夫。

顾氏写作的原则,用他的话,说作"用古筹今"。又说:"凡文之不关于六经之旨,当今之务者,一切不为。"当然,所谓六经之旨,在于宣扬儒家之道。所谓当今之务,无非是封建社会存在的问题。例如郡县论九篇,基本精神,在于讨论封建统治的方

---

① 《日知录》卷十八,"心学"条。
② 《日知录》卷十三"三反"条。

法,即是中央集权制和地方分权制的利害。我们知道,明朝的统治是采用高度中央集权制的。顾氏生当明朝政权瓦解时期,作郡县论,这正是他针对现实,提出问题,进行论著的表现。

顾氏治学的态度,实事求是,"每一事必详其始末,参以证佐",并能运用归纳法。这一点,影响不小,而是清代朴学派形成的源头。

要写创造性的作品,也是顾氏学风的特点。他批评友人的诗文,直率的说:"君诗之病,在于有杜。君文之病,在于有韩欧。有此蹊径于胸中,便终身不脱依傍二字。"又批评当时人的著述,好象买旧钱改铸,而不是采铜于山,再由自己加工成器。至于盗窃成果,更是不能容忍。依傍、钞窃,是当时的风气,因此顾氏提出著作的要求:"必古人所未及就,后世之所不可无,而后为之。"①这对于清代朴学派也有深刻的影响。

顾氏学风的显著特点,大致如此。现在进一步论述他的重要著作。

全谢山历举亭林先生所著书,共有六种,一为《天下郡国利病书》,一为《肇域志》。而以下四种:《音学五书》、《金石文字记》、《下学指南》和《日知录》。全氏认为都是精到之作。

但是,顾氏自己对于《音学五书》和《日知录》,在文集中不止一次的表明这两书著作的重要意义。《与友人书》中曾这样说:"某自五十以后,笃志经史,其于音学,深有所得。今为五书,以续三百篇以来久绝之传。而别著《日知录》,上篇经术,中篇治道,下篇博闻,共三十余卷。有王者起,将以见诸行事,以跻斯世于治古之隆,而未敢为今人道也。"《音学五书》后叙又表明:"余纂述此书三十余年。所过山川亭障,无日不以自随。凡五易稿,而手写者三矣。"《日知录》虽曾有初刻的八卷本,但是六七年之后,"始悔向日学之不博,见之不卓,其中疏漏,往往而有"。他经过一番回忆,深深的感到:"天下之理无穷……昔日之得,不足以自矜。后日之成,不容以自限。"因此《日知录》定稿时期,对潘次耕有这样的表示:"《日知录》再待十年,如不及年,则以临终绝笔为定。"由此可见,《音学五书》和《日知录》都是顾氏毕生精力集注之作。

三

《日知录》的内容,顾氏既分为经术、治道、博闻三个部分。经术部分,发挥儒家学说,而带有卫道的色彩。治道部分,主要是通过历史事实,表达他经世致用的思想。这两部分为研究顾氏思想的基本资料。《音学五书》是属于语文学的专著。《日知录》博闻部分也有涉及语文学的。本文只就这一方面,作些评介。

语文学以研究书面语为对象的学科。中国的语文学,由于汉字的特殊性,对于

---

① 《日知录》卷十九"著书之难"条。

汉字形、音、义三方面分别研究,又形成文字学、音韵学、训诂学带有相对独立性的学科。顾氏的语文学偏重于音韵部分。就音韵学的领域言,又偏重于古韵部分。

音论、唐韵正、诗本音、易音、古音表是音学五书的五个组成部分。从研究的程序言,唐韵正是具体分析古韵的起点。古音表是概括分析后所得的古韵系统。取得这一系统之后,从而规定诗、易的韵脚。音论是在研究古韵的过程中接触到许多问题的总论,所以顾氏把这书列在第一。要了解顾氏古韵学的成就,唐韵正和音论是音学五书的主要部分。

顾氏研究古韵的方法,首先搜集丰富的资料。以风字为例,凡汉魏以前有关和风字押韵的例句,几乎都有。

在分析、归类之后,反映了古代风字有两种读音,一为方憎反〔pum〕,一为方戎反〔puŋ〕。

在论证部分,据风字凡声,论证方憎反一音之实有。又引用韦昭、徐邈音切论证汉魏以后此音之存在。更是引人惊异的,他联系活方言,表明当时山西人"读风犹作方憎反"的历史性。又表明"今南人谓帆为蓬"的语音转变。

古今音对比,也是顾氏研究古韵带有创造性的方法。他依据所引经传,标明古音。采用广韵反切,标明今音。仍以风字为例,风字下今音标方戎反,在考证部分,标"古音方憎反"。就在这两个反切对比中,反映了古今音的演变。因此我们通过他列举的资料之后,对于风字读音的演变,得到这样的认识:诗经时期,风读为方憎反〔pum〕,西汉王褒《洞箫赋》才出现方戎反〔puŋ〕。东汉末期,刘熙释名风字条表明当时方言,两种读音同时存在。魏晋以后,方戎反遂成为主导性的音读。为什么这样变,为什么成为主导性的音读,在顾氏所生的时代,没有理解的可能。但是他能揭露读音演变的现象,已是难能可贵了。

唐韵正入声部分,揭露了入声转化现象,对于现代研究语音史者,具有很大的启发性。例如读为入声字〔duk〕,可是马融《长笛赋》"句读"作"句投",《晋书》乐志作"句度"。《周礼》释文:读,徐邈音豆。唐代作家多作"句度"。不论变作何字,都反映了入声韵尾的消失。以音节构造言,表明了闭音节转化为开音节。他如句读作句窦,节族作节奏,鹿筋梁今邵伯人说作露筋驿,诸如此类,不一而足。这又表明了入声音节在语音发展过程中的不稳定性。在顾氏所举的例中,入声转化为去声占最多数。则又提供人们探讨入声转化的规律性了。

我们玩索顾氏唐韵正入声部分之后,对于研究入声音节转化的历史,应当更多的搜集同义异文的资料,而不应受韵书的束缚。言语异声,文字异形,异文是语音转变的标志,这是活的资料。人们习惯于韵书的系统,看到中原音韵"入声分派三声"的现象,而说入声转化始见于元代的北方音,这一论断是不够全面的。

顾氏在研究古韵的过程中,自发的也提出一些语法现象。《日知录》"语急"条列举《左传》例句如"若爱重伤,则如不伤。爱其二毛,则如服也",这样的如字都表示

"不如"。又说"古人多以语急而省其文者",例如《孟子》"虽褐宽博,吾不惴焉","不上省一岂字"。利用语音的变化,表明词义的转变,本是古代汉语构词法之一。顾氏说作"语急",虽有所本,但这一观点,倒是饶有意义的。

阿字条列引阿字用例,阿字加在名字之前,如刘兴说作阿兴,吕蒙说作阿蒙。或加在姓氏之前,如阿武、阿韦之类。或加在代词之前,如阿谁、阿某之类。顾氏认为"阿者助语之辞","欲其整齐而强加之"。这一论点,也是饶有意义的。最近吕叔湘先生指出在现代汉语里,"单音节的活动远不及双音节自由"。并说:"熟人中间打招呼,常常听到的是老张、小王、欧阳,不会听见张、王,更不会听见老欧阳。"①假若从古汉语言,这种现象早已发生。大家知道,汉魏时,人名都有单字。阿字加在单名之前,也出现在这一时期。因此顾氏欲其整齐之说,虽远远的不及吕先生所说的那样具有科学意义,可是顾氏的敏感性令人感喟不已。并且把一种语言成分称作助语之词。

由于顾氏所生时代的局限性,在研究古韵中也存在着显著的错误。

引起顾氏研究古韵的动机是有由来的。他在答李子德一信中,指出唐代以后,发生以今音改古语的坏风气,致许多韵语失去原貌,认为这是一个重大问题。随即提出正本澄源的方向,"愚以为读九经自考文始,考文自知音始。以至诸子百家之书,亦莫不然"。换句话说:读古代书必须了解古音。本着这一日的去研究古韵,当然是十分正确的。可是他终极的意图,却在"据遗经以正六朝唐人之失,据唐人以正宋人之失"②,一步步正下去,只有古的才对。那又陷在复古的泥淖中了。江永评之,当矣!

顾氏在规定古韵语的韵脚方面,也不够正确,因此所定的古韵部当然是粗疏的。他发现:"诗三百篇中,亦往往用入声之字。其入与入为韵者什之七八,与平上去为韵者什之三。"③他根据少数现象便把入声韵部和阴声韵部相配,这在方法上就忽略了主次的选择。并且在认识上,所指出的什之三的平上去,是诗经本身的平上去,还是后代音的平上去?入声韵的本质是什么,假若看作韵母,入声韵和阴声韵的构造不同,怎么相配?假若看作韵母的声调形式,可是阴声韵,指的是韵母,而不是声调。怎么相配?因此把入声韵配合阴声韵,也应当重新考虑的问题。

四

尽管顾氏在语文学中,有许多可议的问题。但是他的学术思想,内容丰富,潜藏

---

① 吕叔湘:《现代汉语单双音节问题初探》,《中国语文》1963年第1期。
② 全谢山:《亭林先生神道表》。
③ 《音论》"入为闰声"条。

着相当大的启发性。好象有源之水,能够向前发展。

十八世纪唯物论者戴东原的学术思想上与顾氏脉络相通。

顾氏高举经学即理学的旗帜,反对王阳明心学。

戴氏也在拥护经学的旗帜下,反对理学,更为尖锐。他说:"酷吏以法杀人,后儒以理杀人。"又说:"后儒冥心求理,其绳于理,严于商韩之法。"①

戴氏的认识论,比之顾氏,更有完整的体系。他说:"耳之于声也,天下之声,耳若其符节也。目之于色也,天下之色,目若其符节也。鼻之于臭也,天下之臭,鼻若其符节也。口之于味也,天下之味,口若其符节也。耳目鼻口之官,接于物而心通其则。"②感官是认识外部世界的源泉,这是戴氏思想的基础。由此导引出道和理的客观意义。他说:"一阴一阳,盖言天地之化不已也,道也。一阴一阳,其生生乎,其生生而条理乎。以是见天地之顺。"③戴氏所称之道和条理,乃是自然界生生的道,自然界生生的规则。这种道和理的观点,恰恰和理学家对立。

每一事必详其始末,参以证佐,这是顾氏的治学方法。戴氏也如此。他说:"所谓十分之见,心征之古而靡不条贯,合诸道而不留余义,巨细毕究,本末兼察。"④戴氏治学方法,要比顾氏细密得多了。他不笃守旧说,也反对武断。"不以人蔽己,不以己自蔽"⑤,这是他治学的态度。

顾氏提出"读九经自考文始,考文自知音始"的读经方向。可是这一方向,到了戴氏提得更为明确而完善。他说:"经之至者道也,所以明道者其辞也,所以成辞者未有能外乎小学文字者也。由文字以通乎语言,由语言以通乎古圣贤之心志。"⑥又说:"今人读书尚未识字,辄目诂训之学不足为。其究也,文字之鲜能通,妄谓通其语言。语言之鲜能通,妄谓通其心志。"⑦戴氏充分说明语文学这一学科的性质和目的。他理解语言为表达思想的工具,文字是记录语言的符号。要了解古代语言的思想内容,就必须通过文字,研究文字。这些话的影响是深广的。

戴氏推进顾氏语文学,还表现在以下几个方面:戴氏声韵考对顾氏音论,除拾遗补缺之外,有关古代韵语用韵不一致的现象,认为这是"五方殊语"的反映。有关顾氏规定诗、易韵脚,说他"未明音有定限,又有流变,是以滞于一偏"⑧。这些见解,都是很精确的。

---

① 《戴东原文集》八卷(孔刻本)"与某书"。
② 《戴东原文集》三卷"读孟子论性"。
③ 《戴东原文集》三卷"读易系辞说性"。
④ 《戴东原文集》八卷"与姚姬传书"。
⑤ 《戴东原文集》八卷"答郑丈用牧书"。
⑥ 《戴东原文集》五卷"古经解钩沉叙"。
⑦ 《戴东原文集》五卷"尔雅注疏笺补序"。
⑧ 《声韵考》三卷"古音"条。

古韵分部,顾氏做了奠基工作。经过顾氏以后古韵学家一再分析,取得较为精密的系统。戴氏在古韵方面,创九类二十五部之说,进而拟构韵母。这是戴氏突出之点。不管拟音的正确性怎样,这一工作,仍然是现代汉语史研究者的重大课题。

明末陈第利用谐声字说明古音,顾氏作唐韵正,吸取这一方法,作为韵语用韵的佐证。到了戴氏,对谐声字便赋予重大意义。他说:"谐声字半主义,半主声。说文九千余字,以义相统。今作谐声表,若尽取而列之,使以声相统,条贯而下,如谱系。则亦必传之绝作也。"①由是说文谐声谱一类作品就先后出世。朱骏声《说文通训定声》一书,尤能深刻理解戴氏的原意,体现同音字通假的线索。

文字、训诂两方面,顾氏没有什么建树。可是经过戴东原的提振,便走上新的道路。

文字六书说,唐宋以后,在字形上争一点一画之差异,陷于烦琐无稽的困境,戴氏对此,一面批评,一面把六书分为体和用两大类。又把转注、假借作为运用文字的两个方面。同义异字,能彼此注解的,属于转注。同音异字,能彼此借用的,属于假借②。古代书面语,确是存在这两种现象。揭示这两种现象,对于段氏说文解字注,固然起着指导性作用,对于高邮王氏的训诂学,启发更多。王氏分析经传假借的实例,认识假借字的通则为"声同声近"。并提出"以声求义"的方法,来消除假借字所发生的障碍。当时虽没有语法的明确观念,可是王氏自发的运用句法观点,作为"以声求义"的辅助。他发展了戴氏学说,所以在训诂学方面,取得很大的成就。

顾氏语文学由于得到戴东原的推进,并因戴氏自身的条件,致直接、间接受戴氏影响而兴起的学人,前后相望。他们研究的方面,有的偏重于典章制度,有的偏重于天文地理算数等。从治学的精神言,人们称它为朴学,或考证学。以繁荣的时代言,又称它为乾嘉学派。不论称它什么,这一派学人,对于文字、声韵、训诂即语文学大都有深厚的基础。顾氏导之于前,戴氏继之而大,语文学发展到乾嘉时期,可以说:成为高潮。

在封建社会里,地主阶级知识分子的意识形态是一致的,因此,不可能摆脱儒家学说的支配。但是地主阶层的经济生活和社会实践又是不一致的,因此对儒家学说在一些问题上,又持有不同的观点。顾亭林在高举"经学即理学"的旗帜下,带有唯物论的见解。同时也指责明代学术思想的贫乏。从明清两代学术史言,他确实起了很大的转折作用。

顾亭林是近代语文学的奠基者。在他的作品中,指出语文学的目的性,提供带有科学意义的方法论。尤其是潜藏着很丰富的启发作用,为语文学创造了发展的条件。在这一点上,对于推进近代学术史所起的作用,也是不小的。

---

① 《声类表》卷首。
② 《据声韵考》四卷"答江慎修论小学书"。

尽管如此,他所寻求的理是封建经典之理,为封建统治者服务之理。在他的学说中,很自然的含有许多封建糟粕。

关于近代语文学对封建经典虽能做到疏通滞义,纠正谬误,超过前人的水平。但是文字方面,局限于说文解字。音韵方面,局限于考古。训诂方面,局限于以声求义。其后又经过一段时期,各方面的局限性,逐渐减少。特别是五四以后的音韵学,接受西洋汉学家的学说,有所发展。但是又沾上了资产阶级世界观,增加新的局限性。

语文学本是研究古代书面语的工具。"由文字以通乎语言,由语言以通乎古圣贤之心志",戴东原这几句话,用现代语说:语言是思想的直接现实,文字是记录语言的符号。你要正确理解古汉语的思想内容,首先要通过文字关。道理很明显,语文学不仅还有用处,相反的,只感过去的成就,远远的不能完全满足现代的需要。去其糟粕,取其精华,在毛主席思想指导下,开辟新的途径,使之成为更完善的现代型的语文学。假若是这样的纪念顾亭林,那就更有意义了。

京派与海派

◎ 杨 晦

所谓京派与海派的这个问题,在表面上看起来,不过是在北平,就是从前的北京,生根的那些人们,以正统派自居,对于象上海这样都市的文化文艺活动,认为是左道旁门,所以名之为海派,也就带着一种轻视和嘲讽的意味,似乎并没有多大道理。然而,早在抗战前几年就曾经吵过一阵这个问题了;这不算,而且在抗战期间,无论是京派是海派,他们的根据地北平和上海都沦陷在敌人的魔掌里了,这个问题,在大后方,却也曾经小规模地起过不少次争论。至于现在,经过了八年的抗战,无论是所谓京派还是海派都同样地经历过不少的苦难,也可以说,大家都投在抗战的熔炉里重新锻炼过了,虽然在胜利后,一向住在北平的大多回到北平,一向住在上海的又到上海来。难道说,所谓文化复员的,也是"复原"的同义语吗?何至于旧语重提地又京派海派起来呢?这一方面是一种憾事,一方面却是一个机会,我们应该借这个机会把这个说起来往往给人一种不良观感的问题清理一下,看看这个问题到底怎么一种性质,对于这个问题应该有怎样的一种了解。

为什么这个京派与海派的问题会给人一种不良的观感呢?这是很显然的,因为这两个名词就含有褒或贬的意思:一般人说起京派来,就有推重,称许或是羡慕的意思在内;说起海派来已经就有看轻或是不以为然的意思流露了。平常,不但是京派本身,自居于正统的地位,有惟我独尊之概,就是在一般人的心目中,比起海派来,也是要优越得多,或者高贵的多。这就在对于北平和上海的这两个不同的都市的优劣比较上,也可以看得出来。一直到现在,不是一般都还认为北平比上海要好得多的吗?其实,这不但说明我们的批评标准往往无形中在受传统观念的支配,也足以证明我们社会里的逆流横溢,使人迷失了江河的流向,忘记了上流和下流的分界所在。

我们当然都知道,北平是中国的故都,上海是由一个渔村发达起来的新兴都市。所谓故都的,也就等于说北平是中国旧社会的政治文化中心。至于新兴的都市呢,在中国的近代,自然是工商业都市,我们的上海就是由于工商业的发达而先成为全国经济中心,继而就是文化也取北平而代之,成为全国的中心了。中国的旧社会是以农村经济为基础的封建的落后社会,是不成问题的,而象上海这样新兴的工商业都市,虽然受到半殖民地性的限制,走的却依然是上升的资本主义社会的路线,也不会有多大的疑问存在。所谓京派的,自然是在他们的根据地北平的社会条件下形成一种作风,而所谓海派的,也自然就是由于上海的社会条件所造成的了。那么,不是京派人物也一样地对于欧美资本主义社会的文化崇拜的吗?为什么在中国倒反京派受推崇而海派遭贬抑呢?

要知道,中国的封建社会虽然已经是腐烂衰落不堪了,然而,过去是曾经有过光华的期间的。而且,在中国的旧社会里,一切光华灿烂的成就都集中在首都,而在这样的首都,所谓政治文化的又都掌握在所谓士大夫的手里。而这些士大夫又大多是"学而优则仕"的那样人物。学和官不分地构成了当时的统治阶层,于是也就成为一般社会的崇拜对象,成为旧封建社会的理想化身。这是许许多多的年代遗留下来的传统观念。一直到现在,并不能完全打破,照旧有形无形地在一般人心目中存在着。

我们所谓京派作家的根据地,就正是曾经有过几百年历史的首善之区——北平。而京派作家的生活及态度也正是继承旧日士大夫传统。承袭着旧日士大夫余绪的名流学者,教授作家之流,其中自然也有不少由于镀金而欧化了的新士大夫或洋士大夫,不过,这差不多只是门面的装潢而已,货色并没有多大差异。不但这些新士大夫们是这样的自尊自重,而且他们在社会里所取得的地位也正是旧士大夫一般的荣宠。这些新士大夫们的在北京,是在旧社会的基础上,建立起他们新的社会地位,可以说是因利而又乘便。场景一移到上海,情形就全变了。

上海是新兴的工商业都市。构成这个都市的,下面基础是工人和店员;站在上面乘风破浪的是洋行的买办、商店的老板、工厂的厂主,在这上下层之间,钻来钻去地活跃着一些自由职业者以及流氓瘪三等种种人物,不惜用盗窃、强夺、诈取,或者捡拾遗弃的种种手段,来争他们的生存,来抢他们的活命,跌倒爬起地要带着满身的污泥与血汗,然后在打滚里以图翻身。到处是金钱,到处是罪恶,到处是图利捞钱,并不管什么罪恶不罪恶,哪怕到处是罪恶,只要有利可图,有钱可捞,也就没有人去管那么许多了。这里是金钱的王国,是资本家和买办的世界。在这里,只要有钱,别的都是次要;在这里,只要会赚钱,别的都算不了什么本领。中国旧日读书人的那一套,或者是士大夫的那一套,在这里,就完全失掉了它本身的光辉,不能发挥半点的作用,特别是文艺作家之流,哪怕是洁身自好,并且自视颇高的,到了这里,只有被踩在金钱的脚下,被贬在流氓瘪三的群里去讨生活。其实,在上海这几十年繁荣发达的过程里,不知有好多的流氓瘪三爬上了这金钱王国的宝座,隐隐在掌握着这个社会的实权,左右着这个都市的对于什么尊崇或者对于什么贱视。所以,在北平所说的那类名流学者,一到上海,站在"上海闻人"的面前,就不能不跌落他们的身价,暗淡了他们的光彩。无论你以为你所从事的工作,什么著作、创作之类,有多么名贵,多么高尚吧,你只要想在上海这个人海里生活下去,你就不能不下到水里,在那黄汤里面洗一下澡,然后带着黄澄澄的幌子,在这里才能混得下去。这就是所谓"滩上文人"所不能不遭到的悲惨命运,也就给我们所谓海派作风的,先涂上了一层黄黄的新兴都市的色彩。

然而,随着封建社会的注定要崩溃,而所谓士大夫也注定要没落的,是带着他们的一切高尚名贵一齐没落的呀!这也就是我们所谓京派作家的注定的命运。至于所谓海派的作家呢,虽然是跟工商业都市的兴起一样,是挟带着污浊和罪恶的,却要从这种污浊和罪恶里逐渐成长,壮大起来,有着他们的进步性,有着他们光明的前途。

然而,五四运动却是发生在北京的,这好象是京派的光荣成绩。其实不然。五四运动正是海派势力伸张到北京去,突破了京派的士大夫传统的结果。所以,等到后来伸张到北京的海派势力一部分又南下了,另一部分留在北京的,好象江南之橘,到了淮北就变成了枳的情形一样,反倒接受了士大夫的传统。于是,所谓京派的声势才张大起来,这才造成了后来京派与海派的论争。在京派挟着五四运动的余威,威吓海派的时候,正是五四运动的精神对于京派的学者作家已经失去五四运动的内容,对于他们已经空虚,只剩下一个空壳供他们玩弄或者用一个他们最爱用的术语,供他们"欣赏"的时候。换句话说,这时候,他们已经差不多回到了旧日士大夫的路上,捧出旧日士大夫的传统,当作他们新油漆过的招牌了。至于被京派讥嘲的海派,这时候,早随工商业的进步,社会运动的发展,虽然还难免携带着上海滩上的泥沙,虽然还不能不使他们的作品商品化,在市场上找求销路,却已经从滩上的泥沙里拔出脚来,通过所谓文化商场,肩起文化的使命,奔上社会变革运动的道路。这岂是一顶帽子就可以把面目给蒙蔽住的?

然而,到现在还来谈到这个问题,可见这个问题到现在还存在吧?也就是说,所谓京派的,并没有就象我们所说的那样没落,似乎到近来,反倒有些在"复原"后的北平大有重整旗鼓,重建堡垒的形势。而所谓海派的,似乎也没有能象我们所说的那样,突破种种的限制,走上原来所要走的大路。在政治的逆流冲激下,京派的势力也有乘机袭来的企图。这当然都是中国社会的悲剧,不是文艺本身的问题。我另有一篇《论文艺运动与社会运动》的文章,比较详细地谈到这个问题,这里不多说了。

不过,在这个京派与海派的悲剧里,我认为,有一个农民派的存在。随着中国在抗战期间社会运动的发展,这个农民派作家的问题,逐渐轮廓分明起来,然而,却不为一般人所注意。我觉得,假使我们要解决京派与海派的问题,非提出这个农民派的问题来不可。

中国到现在为止,还是一个农业国家。到现在为止,虽然名义上我们是个独立国家了,实际上,中国统治者正"自主地"殖民地化,同时,对于中国的农村社会也在加强他们的统治,简直就比旧日的封建专制还要残暴得多。这就是所谓京派又在抬头的社会根源,他们是跟旧士大夫一样是封建意识的代表,他们是在有意或无意地跟封建的反动的势力相表里,起他们的呼应作用。至于所谓海派,因为集中在上海,这急剧殖民地化的工商业都市,在政治潮流的逆转里,在争取着政治的民主,以及反对帝国主义上，尽着他们作家的力量。然而，也就是这种的奔走呼号，却招来京派的诟病，被讥为这就是海派的作风。就在这一点上，也尽可以证明所谓京派的封建反动，所谓海派的进步和积极了。然而，在上海这种地方的民主运动，总难免要染上这殖民地化的工商都市的地方色彩，小市民的气息特别浓重，掀起风波的声势有余，推动运动的实力不足，跟广大农村的民主运动或者说是配合不上，或者说是连系得不够都可以。虽然这是在社会条件限制下所难免的现象，在所谓京派的旁观者看起来，自然要从表现上被他们攻击为只是嚷嚷一阵，无补于社会运动的实际，或者他们根本就不承认社会运动有什么意义可说，就更不足道了。不是在五四运动后不久，那些自命为京派的作家们，早已经主张文化运动要不管社会运动，分道而驰了吗？然而，却也有一套理论来支持他们血都冰了的冷静态度，以及到了幸灾乐祸那样程度的旁观态度。这套理论是从哪里来的呢？一方面是从欧美的资本主义的文艺理论那里撷拾来的，一方面是从中国旧士大夫那里继承来的。这就是所谓京派的理论基础。已经发展到帝国主义的现代，欧美资本主义的文艺理论早失去了它的进步性，而成为反动的了，我们的京派作家却奉作最为神圣的教义一般。至于他们直接继承来的那些士大夫的传统呢，却完全是由于中国农村经济的落后性，由于我们农业生产的技术水准低落的条件造成的，并不是什么高雅的理论可以奉作传家的秘密。前两年，在谈沙汀小说的那篇文章里，我曾经大致地说明了这个意见。

中国从前所常说的"士农工商"，是为四民；其实，可以分成两类，一方面是士农的一类，另一方面是工商的一类。在中国的旧封建社会里，历次采取重农抑商政策，来压迫商人，保护地主的统治利益。于是在社会里造成了一种传统的观念，工商被贱视，士农居上位。于是，代表地主、农民的士大夫，就在社会里成为最被推崇的人物。种田和做官，是当时人认为最正当的两条出路。也认为是两种正业，其余的都是副业。家庭手工业是种田以外的副业，就是做学问写文章也是做官的副业。因为当时只有这所谓正业的，可以养家，可以糊口，可以传之子孙；所谓副业的，在当时就都不是必需，可有可无，有了可以壮声色，没有也不会影响一个人的生活，或是降低一个人的身价。至于科举考试，都不过是敲门砖，门打开后，已经侧身于其中了，那就没有一点用处和价值了。所以，当时做官的人，做学问写文章，大多是一种趣味，一种嗜好，或者当作一种可以藏之名山的成就或事业来看待。谁也不当作有利可图的事来干，本来也不能从这中间得到什么利益；而且，相反地往往会因为自己的沉溺过深，却对于自己的生活和前程有了妨害都难说。所以，我们的古人最忌讳的是"玩物丧志"。也甚至有因以惹祸招灾，杀身灭族的事实发生。但是，在当时，一个读书人的所谓士，除去做官以外，就只有做隐士的一条路，又并不那么容易走得通。于是，都预先留下退步，从田里来的，还是回到田里去，所以，在当时所谓"书香门第"是最为名贵，而所谓"耕读世家"的最为两便而且两全。由于读书然后才有官做，所以，读书最为当行本色。然而，读书只是读书，绝对不能别有目的，所以，读书是要关起门来,书本里的知识要跟目前的实际分开,要脱离现实,最好是要超然于现实以外。你看,这不是跟我们京派作家的所谓为读书而读书,为知识而知识,为艺术而艺术的如出一辙吗?不是跟当时所谓不问政治与社会问题的文化运动理论颇为一致吗?我们的京派作家不承认作家可以成为专业,不指望作品的稿费收入来维持生活,以保持作品的神圣,作家的尊严,不也正是封建社会里所谓士大夫的那种态度吗?反对为作品做宣传,反对多产而看作名山事业一般地写自己的大作,总而言之,凡是在工商业都市以一个作家的资格而出入于社会里,以作品当商品来出售的种种现象,我们的京派都目之为海,而加以诟病,加以讥嘲。这完全是从士大夫的传统承袭来的,没有什么新鲜的东西。

不过,我们应该知道,在从前的士大夫所以成功那样的一种传统,是有他们的必然性的;我们现代的知识分子不但没有这种必然的限制,反倒有打破这种限制的迫切要求,这正是我们的真正使命,是我们的神圣义务。难道说,我们这些农民出身的知识分子,不应该为人民大众服务,而且道路是宽广地摆在我们的面前,反倒要爬到统治者群里去,转过来压迫、剥削人民大众的吗?在这样长期的农民运动当中,自然会培养出许多的农民派作家,既不接受京派的士大夫传统,也不赞成海派的作风,他们走的是人民解放的路线,是为人民大众服务的那样作家。他们以作家的资格,不出现在文化商场,却出入于人民大众的解放斗争里边。他们的作品不是商品而是武器,不是有交换价值的商品;而是有使用价值的武器。他们的作品,并不要藏之名山,然后传诸后人,而是要走进人民的队伍里去,捧献在人民大众的面前。

京派是落伍的,所走的是末路。海派是进步的,然而,也有限度。我们把希望寄放在农民派的作家身上,随着中国农民运动的成功,我们农民派的作家,将在文艺上放出胜利的光芒。

最后,要声明一句:就是所谓京派、海派的是就大体的倾向和作风说的,并不是说在北平的作家就是京派,在上海的作家就是海派。而且就态度说,尽有在上海的"京派",在北平的"海派"的。至于农民派的更不一定是农民了。

宋金元戏剧搬演考

◎ 钱南扬

引　辞

　　研究中国戏剧史者,对于戏班的组织、戏场的规模、搬演的情况等等,往往谈得很少。诚然,材料不多,不易下笔,确是事实。可是这也是戏剧史的重要部分,不应知难而退,现在不揣谫陋,姑且来试一下。见闻有限,失误必多,引玉抛砖,希读者诸君,不吝赐教!

　　本文所引用的三篇主要材料,在时代方面,事先须略加说明。《宦门子弟错立身戏文》,《永乐大典戏文三种》本原题"古杭才人新编"。其中少数几套曲子,插入两三支北曲。案:《录鬼簿》卷下,谓南北合套创于沈和。沈和,是元中叶人。而本戏既南北曲并用,岂不是受了沈和的影响,则其时代当在沈和之后了。其实不然。我们晓得一种文体,总是渐渐衍化而成。本戏在套曲中偶然插入两三支北曲,实在不成其为合套,不过开南北合用之端,对沈和创南北合套一些启发而已。写作时代自然应在沈和之前。本戏以河南府为西京,以东平为府。考宋金元三史《地理志》,金以大同府为西京,以河南府为中京金昌府,元初两京都改为路,以河南府为西京的,只有宋朝如此;东平宋、金皆为府,元世祖至元九年改路。可见本戏当出宋人手。

　　《庄家不识勾阑·耍孩儿套》,《朝野新声太平乐府》本,杜善夫撰。《道光长清县志》卷十一引《灵岩志》云:

　　　　元杜仁杰,字仲梁,号止轩,一号善夫;长清人。德行文章,冠冕南北。元世祖闻其贤……以翰林承旨授公,累征不就。

这里说元人是错的。元蒋正子《山房随笔》云:

　　　　杜善甫,山东名士。……有荐之于朝,遂召之。表谢不赴,中二联云:"俾献言于乞言之际,敢尽其忠;若求仕于致仕之年,恐无此理。"

朱经《青楼集序》也云：

> 元初并海宇，而金之遗民若杜散人、白兰谷、关已斋辈，皆不屑仕进。

可见金亡时杜已七十岁，且不再出仕元朝，自应作金人为是。而《错立身戏文》中已有北曲；且也提到杜善甫，如第十二出白云："你课牙比不得杜善甫。"故二者一宋一金，时代实差不了多少。惟金亡较早，在宋理宗端平元年，又四十余年而宋才亡。

《汉钟离度脱蓝采和杂剧》，脉望馆《古名家杂剧》本，原无撰人姓氏，《也是园书目》列人元无名氏。其《油葫芦曲》云：

> 这的是才人书会划新编：我做一段《于祐之金水题红怨》、《张忠泽玉女琵琶怨》，做一段《老令公刀对刀》、《小尉迟鞭对鞭》，或是《三王定政临虎殿》，都不如《诗酒丽春园》。

所举杂剧有作者姓名可考者，《题红怨》为李文蔚作，《琵琶怨》为庚天锡作，《丽春园》为高文秀或王德信作，都是元初人，则本剧盖出元中叶人之手。

这三种资料，恰好出于宋金元三朝人之手。而演戏规模，三朝大致相似，故可相提并论。

戏班与演员

演戏最主要是演员，而演员必须有个组织——即戏班，故首先来谈谈。在旧社会里，戏班大致可分二种：一是为统治阶级服务的，一是为人民大众演出的。前者又可分二种：一是供奉内廷的——即皇家的戏班，有教坊与钧容直的杂剧色。《东京梦华录》卷九"宰执亲王宗室百官入内上寿"条云：

> 教坊色长二人……皆诨裹宽紫袍，金带义襕。
> 教坊乐部……皆裹长脚幞头，随逐部服紫绯绿三色宽衫，黄义襕，镀金凹面腰带。
> 诸杂剧色皆诨裹，各服本色紫绯绿宽衫，义襕，镀金带。

《梦粱录》卷二十"妓乐"云：

> 散乐传学教坊十三部，唯以杂剧为正色。……色有色长，部有部头。……

> 其诸部诸色分服紫绯绿三色宽衫,两下各垂黄义襕,杂剧部皆诨裹,余皆幞头帽子。

南宋盖即承北宋之制,故服色相似。惟南宋时,教坊与钧容直时置时罢。《宋史·乐志》云:

> 高宗建炎初,省教坊;绍兴十四年复置……绍兴末复省。宁宗隆兴二年……大臣皆言:"临时点集,不必置教坊。"乾道后,北使每岁两至,亦用乐,但呼市人使之,不置教坊。
>
> 绍兴中,钧容直旧管四百人,杨存中请复收补,权以旧管之半为额。寻闻其召募骚扰,降诏止之。……绍兴三十年,复诏钧容班可蠲省。

其演员之可考者,北宋时,《东京梦华录》"入内上寿"条云:

> 是时教坊杂剧色鳖膨刘乔、侯伯朝、孟景初、王颜喜而下,皆使副也。

《梦粱录》卷二十"妓乐"云:

> 向者汴京教坊大使孟角球曾做杂剧本子,葛守诚撰四十大曲,丁仙现捷才知音。

仅见此数人。南宋时,《武林旧事》卷四乾淳教坊乐部云:

> **杂剧色**
> **德寿宫**
> 刘景长　王喜　茆山重　盖门贵　盖门庆　侯谅　张顺　曹辛　宋兴　车泉现
> **前教坊**
> 伊朝新　王道昌
> **前钧容直**
> 仵谷丰　李外喜

二是承应官府的,有衙前乐。《宋史·乐志》云:

> 又有亲从亲事乐,及开封府衙前乐。……诸州皆有衙前乐。

《梦粱录》卷二十"妓乐"云：

> 绍兴年间，废教坊职名，如遇大朝会、圣节……并拨临安府衙前乐人……以奉御前供应。

则在南宋时，临安府衙前乐也兼供奉内廷了。其演员之可考者，仅见《武林旧事》"乾淳教坊乐部"：

杂剧色　衙前

龚士美　刘恩深　陈嘉祥　吴兴祐　吴斌　金彦升　王青　孙子贵　潘浪贤　王赐恩　胡庆全　周泰　郭名显　宋定　刘信　成贵　陈烟息　王侯喜　孙子昌　焦金色　扬名高　宋昌荣

《武林旧事》更有杂剧三甲：刘景长一甲八人，盖门庆进香一甲五人，内中祗应一甲五人，潘浪贤一甲五人。称甲，犹云部、色。宋彭乘《续墨客挥犀》卷五云："熙宁九年，太皇生辰，教坊例有献香杂剧。"进香，当即献香，盖承北宋旧制；内中祗应，即内廷供奉；自然是皇家的戏班。其中演员，有德寿宫的杂剧色，也有临安府的衙前乐人，正是因为拨衙前乐人供应之故。惟这里共有四甲，不知何故云"三甲"。

这种为统治阶级服务的演员，都来自民间，故《梦粱录》称他为"散乐"。《周礼》"春官"："旄人掌教舞散乐。"注："散乐，野人为乐之善者。"《新唐书·礼乐志》："玄宗为平王时，有散乐一部。……及即位……置内教坊于蓬莱宫侧，居新声散乐倡优之伎。"《唐会要》卷三十四开元二年："敕散乐巡村，特宜禁断！"一则曰野人之乐，再则曰巡村演唱，其来自民间甚明；而统治者攫为己有，也由来久矣。

至于金元情况，文献不足，一无所知。仅《金史·乐志》中，有禁伶人不得以历代帝王为戏；及太常乐工人数少，即以渤海汉人教坊及大兴府乐人兼习云云而已。

现在要讲到为人民大众演出的戏班了。他们是冲州撞府，沿村转庄，以演戏为营生，过着流浪生活，所以有"路岐"之称：

> 情愿为路岐。——《错立身》第五出《六么令》
> 是一火村路岐。——《蓝采和》第四折《庆东园》

剧团人数是不会十分多的，盖戏文脚色一般只有七种，见《永乐大典戏文三种》、《南词叙录》等书；而且每种脚色只有一人。如《错立身》，又少了个丑，共只六种；其第五出，末先扮家人，后扮王思深，明说"末改粉上"，可见末只一个。此种情况，在

《张协状元》中屡见，兹不赘。试再看《蓝采和》，其第一折正末白云：

> 小可人姓许，名坚，乐名蓝采和；浑家是喜千金，所生一子是小采和，媳妇儿蓝山景，姑舅兄弟是王把色，两姨兄弟是李薄头。

也只有六人。就使再加上后场，——这里王把色即是后场人物，《都城纪胜》"瓦舍众伎"云："杂剧中……其吹曲破断送者，谓之把色。"充其量也不过十余人。《蓝采和》第二折末白："我正是养家二十口，独自落便宜。"尚近情理，而《尾声》云："再不将百十口火伴相将领。"则完全是夸大之辞。

此外，宋朝的业余演员也有个团体组织，叫做绯绿社，《都城纪胜》"社会"云："豪贵绯绿清乐社，此社风流最胜。"《武林旧事》卷三"社会"云："绯绿社，杂剧。"这是后世票房的滥觞。在初期戏文《张协状元》中已经提到它，可见它的成立是相当早的。

剧本和戏场

除了演员和演员所组成的戏班之外，剧本和戏场也是演出的重要条件。有了剧本，则手中有货；有了戏场，则演出有方。

讲到剧本，先要谈谈编写剧本的书会。书会中人称为才人，他们是不得志于时的，接近市民阶层的文人；与为统治阶级服务的文人，所谓名公者，是对立的。它起源于何时，不可确知。一般说来，宋金元三朝戏剧，大部分出于书会才人之手。当时温州有九山书会、永嘉书会，杭州有古杭书会，苏州有敬先书会等等。《武林旧事》卷六"诸色伎艺人"云：

> 书会：李霜涯，作赚绝伦；李大官人，谭词；叶庚；周竹窗；平江周二郎，猢狲；贾廿二郎。

此当是古杭书会。可见除编写戏剧之外，还兼写其他唱词。有他们编写戏剧，供应戏团，使戏场不断有新戏上演，对于戏剧事业的繁荣，起着促进的作用。直至明初，严禁歌舞，于是书会解体，不复存在。

讲到戏场，来源相当古，如《隋书·柳彧传》云：

> 自是每岁正月，万国来朝……于端午门外，建国门内，绵亘八里，列为戏场。

这还是临时性的。到了唐朝，都集中在寺院里，如《南部新书》戊卷云：

> 长安戏场，多集于慈恩；小者在青龙，其次荐福、保寿。尼讲盛于保唐；名德聚之安国。

这才是经常性的。宋朝称戏场为勾栏，都集中在瓦子里。《梦粱录》卷十九"瓦舍"云："谓其来时瓦合，去时瓦解之义，易聚易散也。"《东京梦华录》卷二"东角楼街巷"云：

> 街南桑家瓦子，近北则中瓦，次里瓦，其中大小勾栏五十余座。内中瓦子莲花棚、牡丹棚，里瓦子夜叉棚、象棚最大，可容数千人。

这是北宋汴梁的勾栏情况。又有临时性的，见前书卷六"元宵"，卷八"六月六日崔府君生日、二十四日神保观神生日"等条。专供教坊、钧容直、衙前乐演出。南宋建都临安，比汴梁更为兴盛。即就瓦子而言，《梦粱录》卷十九"瓦舍"、《西湖老人繁胜录》"瓦市"、《武林旧事》卷六"瓦子勾栏"所载，共有二十三处之多；北瓦一处，即有勾栏十三座。这种勾栏，当然不限于京城，较大的都市都有，如《错立身》曾提到河南府勾栏，《蓝采和》曾提到洛阳梁园棚；又如《辍耕录》卷二十四有松江府勾栏塌倒事；可证。也有路岐不入勾栏的，《武林旧事》卷六"瓦子勾栏"云：

> 或有路岐，不入勾栏，只在要闹宽阔之处做场者，谓之打野呵。此又艺之次者。

《都城纪胜》"市井"云：

> 此外如执政府墙下空地，旧名南仓前，诸色路岐人，在此作场，尤为骈阗。又皇城司马道，亦然。候潮门外殿司教场，夏月亦有绝伎作场。其他街市，如此空隙地段，多有作场之人。

讲到勾栏的内部情况，主要有三部分：一，戏台；二，看席；三，戏房。《庄家不识勾栏套》云：

> 〔六煞〕见一个人手撑着椽做的门，高声的叫："请！请！"道："迟来的满了无处停坐。"……
> 〔五煞〕要了二百钱放过咱，入得门上个木坡，见层层垒垒团围坐。抬头觑是个钟楼模样；往下觑却是人旋窝。见几个妇女面台儿上坐。又不是迎神赛社，不住的擂鼓筛锣。

这段描写还不够明了,把它和日本刻本《唐土名胜图会》所载的明朝《查楼图》(见附图)对照,就明白了。《查楼图》虽时代较晚,然二者仍大致相合。看席有三等:一,神楼;二,腰棚;三,站着看。《蓝采和》第一折白云:

〔钟离上〕……〔做见乐床坐科〕〔净〕这个先生,你去那神楼上,或腰棚上看去。这里是妇人做排场的,不是你坐处。

庄家人得门上个木坡,木坡指梯子之类,可见他坐的是神楼。图中地位较高,正对戏台的就是神楼;两旁较低的,当是腰棚。在神楼里只能看见戏台上坐着做排场的妇女,戏台前站着看的三等看众,是看不见腰棚的。故《庄家不识勾栏套》中,没有提到腰棚。

戏台与看席的重要,可不言而喻;戏房也同样重要。倘然没有戏房,则上场前无处化装,下场后无处休息,也就演不成戏。

搬 演

搬演,也叫敷演,《错立身》第一出《鹧鸪天》云:"贤每雅静看敷演。"也叫作场或做场,同上第四出白云:"只靠一女王金榜,作场为活。"又第二出白云:"前日有东平散乐王金榜,来这里做场。"

戏剧搬演,因剧种不同,方式各异。现在先来看看宋杂剧。《武林旧事》卷一《天基圣节排当乐次》云:

初坐第四盏:杂剧,吴师贤已下做《君圣臣贤爨》,断送《万岁声》。
第五盏:杂剧,周朝清已下做《三京下书》,断送《绕池游》。
再坐第四盏:杂剧,何晏喜已下做《杨饭》,断送《四时欢》。
第六盏:杂剧,时和已下做《四偌少年游》,断送《贺时丰》。

又卷八《皇后归谒家庙·赐筵乐次》云:

初坐第四盏:勾杂剧色,时和等做《尧舜禹汤》,断送《万岁声》。
再坐第七盏:勾杂剧,吴国宝等做《年年好》,断送《四时欢》。

正戏之外,都有断送。断送,就是现在江浙方言的所谓饶头戏。《武林旧事》卷十,著录《官本杂剧段数》有二百八十本之多。然这里所举六本,除《三京下书》外,都未见著录,可见遗漏尚多。盖自北宋真宗初为杂剧词,见《宋史·乐志》;迄此南宋末叶,将近三百年,宜其剧本积聚之多了。然南宋末叶,民间戏文久已盛行,也惟有统治者抱残守缺,尚在搬演此种旧剧。

金朝沿袭宋制,用于宴乐,也有杂剧,见《金史·礼乐志》。惟不知何时,改称院本。《辍耕录》卷二十五《院本名目》,有六百九十种之多,分为十一类,并云:"金有院本、杂剧、诸宫调,院本、杂剧,其实一也。"除其中若干条名目与宋杂剧相同,当出于宋杂剧外,其余绝大部分为金人所编撰。王国维《曲录》卷一考定为"金人之作",是完全正确的。

院本的搬演,同样也有断送,惟不叫断送,而叫拴搐。拴,犹云系;搐,牵动,然必系住,才可牵动,故也有系义;二者实是同义叠用,谓把这段短剧和院本联系起来。《院本名目》第九类为《拴搐艳段》,都专作拴搐用的。《错立身》第十二出《天净沙》云:

> 做院本生点个《水母砌》,拴一个《少年游》,吃几个挓心撅背。

案《院本名目》第十一类《诸杂砌》有《水母》,与《录鬼簿》卷上高文秀《泗州大圣降水母》同一题材,乃是一出武打戏。因为《水母》是《诸杂砌》的戏,这里为了协韵,故下面加了个砌字。砌,谓砌末,大概这类戏中砌末用得特别多。拴,即拴搐,《拴搐艳段》中正有这个《少年游》。拴搐是同义叠用,故这里可以省去一个搐字,单称拴。

当宋元戏文、金元杂剧产生之后,宋杂剧、金院本自然大受影响。如初期戏文《张协状元》,正戏之前先有一段《诸宫调张协》,断送《烛影摇红》;《庄家不识勾栏套·六煞》:"说道:前截儿院本《调风月》,背后么末《敷演刘耍和》。"么末,即金元杂剧。可见宋杂剧、金院本已由正戏而降为开场戏,此后逐渐为戏文、杂剧所淘汰。从此才是纯粹的戏剧,不再有百戏参杂其间。

演出前的准备工作,一是挂招子,如:

> 侵早已挂了招子。——《错立身》第四出《桂枝香》
> 〔生……看招子介〕〔白〕且入茶坊里问个端的。——同上第十二出白
> 正打街头过,见吊个花碌碌纸榜。——《庄家不识勾栏套·耍孩儿》
> 昨日贴出花招儿去。——《蓝采和》第一折白

招子是彩色的,所以叫"花招儿",又叫"花碌碌纸榜";上面不但写着戏名,一定还有演员的名字,所以延寿马看了招子,便知道王金榜在作场。

二是收拾勾栏,如《蓝采和》第一折云:

〔末〕……王把色,你将旗牌、帐额、神帧、靠背,都与我挂了者。……远方来看的见了呵,传出去说:"梁园棚勾栏里,末尼蓝采和做场哩。"

这里所举四物,旗牌不是插在戏台两侧,便是插在戏台里壁,只有这样,才不妨碍演出。帐额挂在台口上方,只要看山西洪赵县明应王庙大殿上壁画,画面是个戏台,台口上方挂着帐额,上写"大行散乐忠都秀在此作场"十一个大字(见一九五七年《戏曲研究》第二期),这里也当然写着蓝采和的名字。神帧的"帧",不见字书,疑即"帧"的俗字,明应王庙壁画,在戏台里壁也有两幅画,画虽两幅,内容是统一的,大概是降龙图之类,这里的神帧,盖即此类。靠背是安放在椅子上的,至今犹然。接下去就是戏剧开场了。

这种剧团,演戏营生之外,还须负担承应官府的义务,叫做"唤官身"。如《错立身》第四出云:

〔桂枝香〕〔末上〕勾栏收拾,家中怎地?莫是我的孩儿,想是官身出去……
〔前腔〕〔净上〕适蒙台旨,教咱来至……相公安排筵席,勾阑罢却,勾阑罢却,休得收拾,疾忙前去……
〔末〕孩儿与老都管先去,我收拾砌末恰来。
〔净〕不要砌末,只要小唱。

因为王金榜身体不快,没有及时到勾栏里去,她父亲收拾好了勾栏,就担心她莫非官身出去了?及至回到家中,果然碰到唤官身,王金榜只好抱病而去。盖遇到唤官身,倘然误了时刻,不能及时赶到,叫做"失误官身",是要办罪的,如《蓝采和》第二折云:

〔孤扮官人上〕……左右,拿过蓝采和来者!〔末上〕呀!可怎了也?误了官身,大人见罪,见今拘唤,须索见咱。
〔做见跪科〕〔孤〕你知罪么?不遵官府,失误官身,拿下去扣厅打四十。准备了大棒子者!

可见当时的演员,受统治者的压迫是很厉害的。不但耽误了他们赖以生活的营业;而且弄得不好,还要办罪。这种唤官身之类,不能算演唱,只有在戏场搬演,为人民大众服务,才是正式演唱。

中国诗歌之起源

◎ 罗根泽

一、绪论
二、伪古诗歌之考辨——自上古至夏、商、周。
三、史实的中国诗歌之起源——起源于商代,为不整齐且极简单之风谣体(ballad)。出处在《易》卦爻辞。

第一章 绪 论

历来研究中国诗歌起源者,可以分为两种:
(1) 理论的研究
(2) 史实的研究

所谓理论的研究者,以情理推度何时已有诗歌之谓也。此种研究,其实无国界之分,只是泛论诗歌起源之原理。研究此问题者,我国先民,亦颇不乏人,一一征引,今兹未能,实亦不必,最透澈而具体者,以予所知,当推沈约。其言曰:

> 民禀天地之灵,舍五常之德,刚柔迭用,喜愠分情。夫志动于中,则歌咏外发。六义所因,四始攸系,升降讴谣,纷披风什,虽虞、夏以前,遗文不睹,禀气怀灵,理无或异。然则歌咏所兴,宜自生民始也。——《宋书·谢灵运传论》

此外若《诗大序》、《汉书·艺文志·六艺略》、朱熹《诗序》、王灼《碧鸡漫志》……皆有与此异辞同归之论调。依哲学家罗素之说,吾人与生俱来者有两种冲动,曰创造冲动,曰占有冲动。由创造冲动发展,则为游戏、文学、科学、哲学、美术……初民——能言语之初民,亦同样有创造冲动,当然可以有文学,尤其是风谣体之诗歌文学。

但如此漫无涯际以探论诗歌起源原理,与中国传世诗歌究竟始于何代,无甚关系。现在吾辈所急急讨论之中国诗歌起源,换言之,即中国诗歌史从何时叙起之谓也。欲解决此问题,不得不抛去理论的研究,从事史实的研究。故此下先辨伪古诗歌,次论真古诗歌。

第二章　伪古诗歌之考辨

（一）

返古之思，人皆有之，而我中华民族似乎更甚，以故无论何种文化，皆极思所以推至远古洪荒不可究稽之世。诗歌亦当然不能独外。古人无论矣，今人尚有高唱三皇五帝乃至三皇以上之文学者，斯真不明历代演化原理之甚也。兹将其所认为三皇五帝以及三皇以下之诗歌，略加疏证，庶几紫去而朱显，真正之古代诗，始可得而论焉。

（1）弹歌

断竹，续竹，飞土，逐宍（古"肉"字）。

此歌见《吴越春秋》。《吴越春秋》旧传东汉赵晔撰，徐天祐已谓不类汉文（参阅《四库提要》），所以此歌一定不可信。而近人白启明竟推为中国最古之歌谣，谓发生于黄帝以前，追记于汉人，并非伪托（《歌谣论集·一首古代歌谣弹歌的研究》）。不意二十世纪青年，至有如此不明古史之呓语！

（2）蜡辞

土反其宅，水归其壑；昆虫毋作，草木归其泽。

此辞见《礼记·郊特牲》。孔颖达《毛诗正义》曰：……大庭，神农之别号。大庭、轩辕疑其有诗者，大庭以还，渐有乐器；乐器之音，逐人为辞，则是为诗之渐，故疑有之也。……《郊特牲》云："伊耆氏始为蜡。"蜡者，为田报祭；案《易·系辞》称："神农始作耒耜，以教天下。"则田起神农矣。二者相推，则伊耆、神农并与大庭为一；大庭有鼓籥之器，黄帝有《云门》之乐，至周尚有《云门》，明其音声和集，既能和集，必不空弦；弦之所歌，即是诗也。

其实荀子已谓"五帝以外无传人"（《非相篇》）。荀子时代所绝无传闻者，汉儒撰《郊特牲》时忽有《蜡辞》，岂非咄咄怪事？

（3）宁先生《游海诗》

青蘂灼烁千载舒，百龄暂死饵飞鱼。

此诗见《十真记》。据云宁先生乃黄帝以前之古代神仙。《列仙传》有宁封子，与此似乎不无关系，而其时代又谓在黄帝时。《十真记》、《列仙传》皆绝不可信之书。诗歌为纯粹七言，更足证为后人伪托。

（4）皇娥歌

天清地旷浩茫茫，万象回薄化无方。涽天荡荡望沧沧，乘桴轻漾著日傍。当其何所至穷桑，心知和乐悦未央。

（5）白帝子歌

四维八埏眇难极，驱光逐影穷水域。璇宫夜静当轩织，桐峰文梓千寻直。伐梓作器成琴瑟,清歌流畅乐难极,沧湄海浦来棲息。

此二歌俱见王嘉《拾遗记》。据云白帝子是太白之精,皇娥乃少昊之母,二歌为皇娥与白帝子之情诗,不过《拾遗记》乃荒诞不经之书,二歌便亦聊带成为荒诞不经之歌矣。

(6)有焱氏颂

听之不闻其声,视之不见其形。充满天地,苞裹六极。

此颂见《庄子·天连篇》。《庄子》乃哲学书,非史书,所载泰半为"寓言"。《天连》在外篇,非庄子作,其时代更晚。

以上六篇,歌词俱存,至名存词亡者,《吕氏春秋·古乐篇》有葛天氏之乐八阕:一曰《载民》,二曰《玄鸟》,三曰《遂草木》,四曰《奋五谷》,五曰《敬天常》,六曰《达帝功》,七曰《依地德》,八曰《总万物之极》。《楚辞·大招篇》有伏羲氏之《驾辩曲》,《隋书·乐志》及夏侯玄《辩乐论》有伏羲《网罟歌》,《辩乐论》又有神农《丰年咏》。以其皆见于晚出之书,且不合历史演化原理,故吾侪亦一律加以否认。故三皇及三皇以前无可信之诗歌。

(二)

五帝时代之诗歌,与三皇时代同样不可信,兹亦将散见各书者逐一略辨于下:

(1)黄帝语

日中不彗,是谓失时。操刀不割,失利之期。执柯不伐,贼人将来。涓涓不塞,将为江河。荧荧不救,炎炎奈何。两叶不去,将用斧柯。为虺弗摧,行将为蛇。

此语见贾子《新书》及《太公兵法》,《新书》所载只有其一、二两句,余只见于《太公兵法》。依现在新古史之眼光视之,当然为后人依托,况《新书》及《兵法》皆根本不可信据之书也。

(2)黄帝《巾几铭》

毋弇弱,毋俷德,毋违同,毋敖礼,毋谋非德,毋犯非义。

此铭见《路史·疏仡纪》。按《汉书·艺文志·道家》载《黄帝铭》六篇。蔡邕《铭论》亦曰:"黄帝有巾几之法。"但蔡邕必本《汉志》,而《汉志》所载又出于道家所依伪而托也。传世尚有《金人铭》,见《说苑·敬慎篇》(文长不录),严可均《全上古文》卷一据赝伪不可信之《太公阴谋》、《太公金匮》,谓即黄帝六铭之一。若以为《汉志》所著黄帝六铭之一未必非是,但不能据以为真黄帝之作耳。

(3)《击壤歌》

日出而作,日入而息,凿井而饮,耕田而食,帝力于我何有哉?

此歌见晋皇甫谧《帝王世纪》。《帝王世纪》所言古帝先王多无古据,此歌亦决出伪托。明杨慎《丹铅总录》谓出《列子》,而检《列子》无之;即真出《列子》,《列子》固晋人伪书也。

（4）许由《箕山歌》

登彼箕山兮，瞻望天下，山川丽崎，万物还普；日月连照，靡不记睹。游放其间，何所却虑。叹彼唐尧，独自愁苦，劳心九州，忧勤后土。谓予钦明，传禅易祖。我乐如何，盖不盼顾。河水流兮缘高山，甘瓜施兮，弃锦蛮，高林肃兮相错连，居此之处傲尧君。

此见《琴操》。《琴操》旧传汉末蔡邕撰，然《后汉书》本传不载。隋、唐二《志》均著有《琴操》一卷，题孔衍撰。《中与书目》云："晋广陵守孔衍以琴调周诗五篇，古操引共五十篇，述所以命题之意。"则其为孔衍撰无疑。造伪书，伪古典，为晋人长技，吾人乌能遽信？

（5）《康衢谣》

立我蒸民，莫匪尔极，不识不知，顺帝之则。

此谣见《列子·仲尼篇》，姑无论《列子》为伪书，谣词前两句抄自《周颂·思文篇》，后两句抄自《大雅·皇矣篇》，尚有令人可信者乎？

（6）唐尧《神人畅》

清朝穆兮承予宗，百僚肃兮于寝堂，酹祷进福求年丰，有响飨在坐，敕予为害在玄中。钦哉，昊天德不隆，承命任禹写中宫。

此畅（《风俗通义》云：凡琴曲"和乐而作者，命其曲曰畅"，"其忧愁而作者，命其曲曰操"），见谢希逸《琴论》。凡琴畅、琴操一类琴词，无论所见何书，皆为赝鼎，此畅亦当然不容例外。畅词酷似骚体，在楚民族文学未发达以前，不得有此体诗歌。

（7）《尧戒》

战战栗栗，日谨一日。人莫踬于山，而踬于垤。

此虽见《淮南子·人间训》，但以其距帝尧已二千余年，本之何书，无征，不可信也。

（8）舜及皋陶之赓歌

股肱喜哉，元首起哉，百工熙哉！元首明哉，股肱良哉，庶事康哉！元首丛脞哉，股肱惰哉，万事堕哉！

此歌见《尚书·益稷》。虽然《益稷》属于今文二十八篇，非伪古文；虽然其编辑年代，吾侪尚未能确定；但无论如何，敢断定非当时史官所记述。《诗经》言禹，不言尧、舜；《论语》言尧、舜，不言皋陶；言皋陶似始《孟子》，孟子已至战国中世；《孟子》书之编著更在其后。以故，尧、舜、禹、皋陶，即果有其人，亦决不能如后世所传之盛。荀子云："五帝以内无传政。"（《非相篇》）韩非子曰："孔子、墨子，俱道尧、舜，而取舍不同，皆自谓真尧、舜；尧、舜不复生，将谁使定儒、墨之诚乎？"（《显学篇》）二子之言，颇可深味。故虽刘玉盘先生《诗学》、朱希祖先生《中国文学史要略》、梁任公先生《美文史》（未刻），皆推为诗歌之最古者，而吾侪亦不敢致信也。

(9) 舜及八伯之《卿云歌》

卿云烂兮,纠缦缦兮,日月光华,旦复旦兮。——舜歌

明明上天,烂然星陈,日月光华,弘于一人!——八伯歌

日月有常,星辰有行,四时从经,万姓允诚。于予论乐,配天之灵,迁于贤善,莫不咸听。鼚乎鼓之,轩乎舞之,菁华已竭,褰裳去之。——舜歌

此歌见《尚书大传》。即歌论歌,胜《益稷》三首远矣。但歌词愈美,愈知必为伪作;以三代以前若已有此等美善之歌,则中国诗歌史真成不可思议之怪史矣。《尚书大传》旧传汉伏生作,实是伪书。此歌决系仿《益稷》三首而作者。

(10) 舜《南风歌》

南风之熏兮,可以解吾民之愠兮;南风之时兮,可以阜吾民之财兮。

此歌颇有人尊信,因其载于《孔子家语·辩乐篇》,而《礼记》之《乐记》亦有"昔者舜作五弦之琴,以歌《南风》"之言也。不知《家语》乃王肃伪书,不可凭信。郑注《乐记》云"其辞未闻",可见汉朝尚无《南风》歌词。《韩非子·外储左上》、《韩诗外传》卷四、《淮南子·诠言训》、《泰族训》、《越绝书》卷十三、《新语·无为篇》、《风俗通义·声音篇》,皆言舜弹五弦,以歌《南风》,而皆无歌词。由此知舜弹琴歌诗之神话虽起自战国,而歌词之增入则甚晚。再考《古今乐录》亦载舜《南风歌》(《乐府诗集》卷五十七引),其辞又与此全异:

反彼三山兮,商岳嵯峨。天降五老兮,迎我来歌。有黄龙兮,自出于河,负图书兮,委蛇罗沙。案图观谶兮,闵天嗟嗟!击石拊韶兮,沦幽洞微,鸟兽跄跄兮,凤凰来仪,凯风自南兮,喟其增叹!

此歌盖无人置信。载《古今乐录》者知其不可信,载《孔子家语》者则信之,斯亦可谓大惑不解者矣。

(11) 舜《祠田辞》

荷此长耜,耕彼南亩,四海俱有。

此辞见《文心雕龙·祝盟篇》。《文心雕龙》抄自何书,无得而详焉,吾辈亦不能无疑。

(12) 方回《游南岳七言赞》

珠尘圆洁轻且明,有道服者得长生。

此赞见《拾遗记》。据云方回是仙人,仙人自然能在七言诗未发达以前二三千年,作此完美之七言诗,吾侪尚有何说。

以上十二种,皆传世五帝时代诗歌之歌词俱存者。至歌词已佚者,《拾遗记》有黄帝之《龙裳颂》,《归藏》有黄帝之《枫鼓曲》(共十曲:《震雷惊》、《猛虎骇》、《鸷鸟击》、《龙媒蹀》、《灵夔吼》、《雕鹗争》、《壮士奋怒》、《熊熊哮咆》、《石荡崖》、《波荡壑一》)、《水经注》有伶伦之《渡漳歌》,《文心雕龙》有帝喾时咸墨之《九招歌》,《尚书大传》有虞舜之《大唐歌》,唯歌词失传,不能寻见本身之确证,然亦不敢凭信。

唐宋词简论

◎ 唐圭璋

词是古代诗歌园地中的一枝奇葩。它与诗经、楚辞、汉乐府一样,都来自民间乐歌、徒歌,与音乐有着密切关系。关于词的起源,历来多数说法都强调它体裁为长短句这一特点,而忽视其产生的社会原因和特定的音乐因素。事实上,词的起源是与出现于隋代的"新声(即燕乐)"分不开的。隋代是南北统一的时代,三百多年分裂局面的结束,促进了当时封建经济的发展。又因雕板印刷的发明、图书典籍的搜集整理,特别是经学、史学、文学、绘画、音乐的南北交流融合,使文化方面也逐步进入新的阶段,到唐代而大放异彩。上面所说的"新声",即是以隋唐时中原一带新起的民间音乐为主,还融合了少数民族和外来的音乐。王灼《碧鸡漫志》卷一说:"盖隋以来,今之所谓曲子者渐兴,至唐稍盛。"这里所说的"曲子",即是隋代的"新声",写下来是一些乐谱,而配合"曲子"的歌辞就叫做"词",从文学角度来看,这"词"就是新起的诗歌样式。

到盛唐时,新的曲子不断出现,"而总谓之燕乐,声辞繁杂,不可胜纪"(《乐府诗集》卷七十九)。所谓"燕(与'宴'通)乐",是由于经常在宴会上演出而得名。唐崔令钦《教坊记》中保存了三百多个曲名,不过是其中的一部分,但已可以看出当时流行的盛况,可惜那些歌辞已丧失殆尽。流传至今的《敦煌词》,主要是唐代民间作品,虽仅一百六十多首,但其中内容丰富,有小令也有慢词(相对于小令的长调)。由此还可看到早期民间词在形式上的一些特点:词调是既有单调,亦有双调;句中有衬字、字数不等;句末叶韵不定等等。

文人词产生的时期大约是在初唐晚期,那时民间词已广泛流传。但目前所见到的早期文人词为数很少,仅唐玄宗的《好时光》,李白的《菩萨蛮》、《忆秦娥》,张志和的《渔父》,韦应物的《调笑》,还有白居易、刘禹锡的《忆江南》等数首。这些文人词往往是本有曲调,由声定词,也即根据已有乐曲的曲拍谱写新词。刘禹锡《忆江南》词在题目上即明确注出:"依《忆江南》曲拍为句。"但当时文人大抵视词为小道,虽有制作,往往不予保存,因此能流传下来的也就寥寥无几了。

文人词到了晚唐、五代,有了明显的发展,也日趋成熟。今存唐五代词约一千一百多首。其中花间词人的作品占五百首。五代时赵崇祚编《花间集》,以晚唐温庭筠为首,西蜀词人为主,形成了以"花间"为名的词派。作品多是文人学士酒边尊前的小唱,内容多闺情离愁,反映面不广;作为艳词,它们曾对宋词产生不小的影响。

花间词派的鼻祖温庭筠,是致力于填词的第一人,善写闺情,内容与南朝宫体相似;艺术上则多用曲折的笔调、华丽的辞藻,精雕细琢,蹙金组绣,自有独到之处。他以流行于当时的《菩萨蛮》曲调,配上十四首歌词,抒写艳情闲愁,这是典型的艳词,而他也被视为风格"深美闳约"的艳词代表作家。韦庄也是著名的花间词人,但他的词主要以白描见长,内容除闺情外还抒写个人的乡愁旅思,语言明白,音节响亮。在花间词之外还有南唐词,主要指冯延巳、李璟和李煜这三人的作品。南唐地处江南,他们的词风也与花间词有所不同,特别是李煜,他降宋以后所写的词感慨极深,并纯以白描取胜,艺术造诣很高,且富有个性特色。周济说:"飞卿,严妆也;端己,淡妆也;后主,则粗服乱头矣。"(《介存斋论词杂著》)概括地道出了唐五代三大词人的风格。

五代是小国割据的乱离之世,这时的文人词正处于渐趋成熟的转变阶段,其中不乏佳作,而无论是金碧满眼的花间词,还是明白如话的李煜词,都对宋词产生了极大的影响。

词发展到宋代,出现了百花争妍、千峰竞秀的盛况,真是异军突起,华彩纷呈,使宋词显示出强烈的艺术魅力,而与唐诗、元曲相映成辉。收录在《全宋词》中的词人共一千三百三十多家,词作共一万九千九百余首。自然,宋词的发展也有着它本身特定的历史背景和社会条件。

北宋王朝结束了五代十国分裂的形势,由于全国统一,社会生产力得到恢复和发展。当时农业、手工业的发展,特别是矿业、造船业、纺织业、煮盐业以及采茶、酿酒业的日益兴盛,又促使商业经济愈趋繁荣。雕板和活字板印刷术的使用,对文化传播更是起着直接的影响。宋初颁布了标准的度量衡器,改革了币制,整顿了税制,还改进了以首都汴京为中心的水陆交通网,使之成为"八方争凑,万国咸通"(《东京梦华录》)的政治、经济和文化的中心。宋王朝为了巩固封建统治,还提倡纲常名教、等级名分,命窦仪裁定《三礼图》,和岘订正"雅乐",企图利用礼乐以维持帝王尊严。同时还企图利用娱乐消弭反抗,对于流行于民间的"俗乐"亦在留意搜求,并不予以排斥。

当时民间的娱乐,可称是多种多样,勾栏瓦肆,演出多种技艺;茶坊酒楼,竞唱各样新声。汴京本是五代时的旧都,曲子词在那时就已甚为流行,花间派词人和凝就被称为"曲子相公"。宋初,这种新起的曲子和词不仅盛行于民间,连文人学士、达官贵人甚至帝王都深好此道,宋太宗本人不仅爱听,而且还自制"新声"。宋初在削平各割据小国后,不但俘虏其国主、收取其财富,同时还获得大批技艺高超的乐工歌伎,"四方执艺之精者皆在籍中"(《文献通考·乐考》)。他们集中到京师,呈献来自各地民间的精湛技艺,并与汴京的艺人交往切磋,过对各种乐曲的创作、提高和传播起着很大的作用。新创作的乐曲和原有的旧曲又都需要新词,除了民间无名氏的制作外,还有文人参加这一工作。《避暑录话》记载了柳永"善为歌辞,教坊乐工每得新腔,必求永为辞,始行于世,于是声传一时"。许多达官文士也经常在宴会之上和休暇之时写作新词。宋词,就在这种特定的社会条件下不断发展着。

宋初的词人如王禹偁、潘阆和林逋等词作不多,主要是自然清秀的小令。此后范仲淹的词气魄较大,但只寥寥几首。晏殊与欧阳修并称,他们的小令继承了花间词婉丽、南唐词疏朗的词风。另一方面,这时柳永的慢词正风行天下,他的词接受了民间词的影响而又能吸收前代诗歌的精华。他制作了很多篇幅较长又谐合音律的"新词",他的"新词"内容比较多样,善用铺叙手法,语言通俗流畅,深受市民大众的欢迎。他的慢词有的描叙帝都的壮丽、城市的繁华;有的抒写羁旅行役和自然景物;还有的是描写歌伎生活以及他与歌伎之间的情意。他的词作不仅继承了敦煌曲子"俗"的一面,也还接受了花间词特别是韦庄词以"情"见长的一面。由于柳词能在继承唐五代词特别是民间词的基础上,对慢词的内容和形式都有所发展和创新,因而这种篇章结构比较繁复的"新词",配上曲折动听的"新腔",在当时就已获得了"凡有井水饮处,即能歌柳词"(《避暑录话》)的广大声誉和"好之者以为无以复加"(《酒边词序》)的社会效果。《乐府余论》指出柳永词"一时动听,散布四方,东坡、少游辈继起,慢词遂盛"。这是指柳永慢词突破了唐五代一般小令艳词的格式而受到大众欢迎,影响所及,相继涌现出不少令、慢兼长、各有特色的优秀词人。苏轼之外,还有秦观、贺铸、周邦彦等,他们都在不同程度上受到柳词影响而又能各具特色,自成一家。

尽管柳永词的成就和影响如此之大,但当时号称"留意儒雅,务本向道"的宋仁宗却对柳永"好为淫冶讴歌之曲,传播四方"(《能改斋漫录》)的行径深感不满,因而在进士考试时将他斥落,其他达官贵人如晏殊等亦对他谤辱交加。这种情况对文人词的发展起着一定影响。"其后欧、苏诸公继出,文格一变,至为歌辞,体制高雅。柳氏之作,殆不复称于文士之口,然流俗好之自若也"(《却扫篇》)。从这里可以看出北宋文人词转变的趋向,而这又是和社会环境分不开的。

在苏轼以前,文人词是以柳永为主,苏词的出现改变了这一状况:"及眉山苏氏,一洗绮罗香泽之态,摆脱绸缪宛转之度,使人登高望远,举首高歌……于是花间为皂隶,而柳氏为舆台矣。"(《酒边词序》)这是从打破艳词藩篱、扩大内容的角度来评价苏词。苏轼对柳词虽有所继承,但又以其为艳词而予以贬斥,并以自己的创作来改变艳词风靡一时的情况,使词的发展进入新的局面。

苏词最大的特点是在于扩大了词的反映面。在他的词中,并没有完全摒除剪红刻翠的描绘,但更引人注目而影响极大的是那些爱国忧民、怀古思今、言志咏物以及山水景色等方面的内容。在他笔下,不仅有文人、歌伎,还出现了老农、村妇、渔夫、弄潮儿等各种人物。苏轼论画,赞赏"性与画会,始作活水"的蒲永升,因其所画湖滩水石"作输泻跳蹙之势、汹汹欲崩屋也"(《书蒲永升画后》)。苏词的代表作《念奴娇》

就能以画活水的笔法形容江涛:"大江东去,浪淘尽千古风流人物……乱石穿空,惊涛拍岸,卷起千堆雪。"体现出他自己所说的"诗中有画,画中有诗"的境界。这又正是他幕士所说要"关西大汉,执铁板",(《吹剑录》)来引吭高歌的那种豪迈之作。他那广阔的创作视野、丰富的想象力和自如地驾驭语言的能力,使他的词作倾荡磊落如天风海雨,自具一格,为宋词发展开辟了广阔的道路。

但在当时,很多人却仍是以受柳永词影响较大的秦观词为"当行本色",而以苏词为"虽极天下之工,要非本色"(《后山诗话》)的"别派",这是从形式特别是音律方面来看问题。所谓苏词的"不协音律",这个问题昔人多讨论及之,实际上也只能从苏词重内容而"不喜剪裁以就声律"(《历代诗余》引陆游说)来解释,而不应以此贬低苏词的价值。苏轼是豪放词派的开创者,在当时就有不少人追随其后,如黄庭坚、晁补之、叶梦得等人的词风都接近苏词。及到南宋时,由于时代的感召而涌现出不少爱国词人,豪放词派更发扬光大,蔚为大国,成为宋词的主流。

秦观被后人称之为"婉约之宗",亦即是婉约词派的代表人物。他接受花间词、南唐词的影响,继晏殊、欧阳修、柳永、晏几道等词人之后,展衍绮丽的小令而作长调,并善于用柔笔抒情,语言工致而切合音律,深得一唱三叹的妙谛,这大概也是公认的婉约派的特色吧。少游词以"婉美"、"妍丽"见长,值得注意的是其还有"含蓄"的一面,周辉称毛滂词"语尽而意不尽,意尽而情不尽,何酷似乎少游也"(《清波杂志》)。这即是认为少游词以情见长而又余味不尽。他的《八六子》写别恨,张炎对之极口称誉:"离情当如此作,全在情景交炼,得言外意。"(《词源》)所谓"情景交炼,得言外意",也是情韵兼胜的意思。

婉约派词人的词风亦各有不同,如秦观和贺铸都是小令和慢词并出,而贺铸却擅长用健笔,语言驱使温(庭筠)、李(商隐),词风深婉丽密。张耒曾指出他词风的富于变化:"方回乐府妙绝一世,盛丽如游金、张之堂,妖冶如揽嫱、施之袪,幽索如屈、宋,悲壮如苏、李。"(《东山词序》)但总的说来,他的词仍以婉约为主。

周邦彦是婉约派中"集大成"的词人,他的词亦渊源于柳永而变化更多,魄力更雄厚。他是大晟府乐官,知音律,讲四声,创新调。语言疏密并用而又含蓄顿挫,作品符合"雅词"的要求,而在艺术上更有独到的造诣。继起的婉约派女词人李清照有《词论》,为唐(北)宋词作了小结,她以协音律、重典雅来品评词人,仅周邦彦的词未受指摘。从这里也可以看出,北宋词虽经苏轼开辟途径,但数量远较豪放派词人为多的婉约派词人却仍沿着花间、南唐路子,以秦观为正宗,到周邦彦更直接从柳永词推进,兼采众长,加强音乐性,形成沉郁顿挫的词风,影响南宋姜夔、吴文英诸家。清代周济《宋四家词选》以周邦彦为极则,建立常州词派,可说是源远而流长了。

词发展到南宋初年,在金兵入侵、民族矛盾异常尖锐的特定历史条件下,出现了很多继承豪放词风的爱国词人。如李纲是力主抗战的重臣,他在《苏武令》中说:"燕然即须平扫,拥精兵十万,横行沙漠,奉迎天表。"充满同仇敌忾的气概。赵鼎因主战遭贬逐,他的《花心动》借景抒情,忧念时局:"西北欃枪未灭,千里乡关,梦遥吴越。"高宗赵构信任奸佞,杀岳飞,订和议,词人张元幹对此直接表示不满:"天意从来高难问,况人情易老悲难诉。"(《贺新郎》)胡铨曾愤怒地将秦桧比之为豺狼:"欲驾巾车归去,有豺狼当辙。"(《好事近》)张孝祥主张北伐,所作词很多反映了爱国思想,而以《六州歌头》为最有名。陆游以诗著名,他的词也不乏"气吞残虏"(《谢池春》)的爱国豪情。其后辛弃疾更以郁勃悲壮的歌词反映出感慨国事、有志难伸的心情。他与苏轼成为豪放词派的两大家而被并称为"苏、辛"。

辛词内容丰富,有的词回忆自己少年时的英雄事迹,淋漓痛快而又感慨无穷:"马作的卢飞快,弓如霹雳弦惊。了却君王天下事,赢得生前身后名。可怜白发生。"(《破阵子》)有的词伤时感世,纯用比兴,委婉曲折而寄托很深:"长门事,准拟佳期又误。蛾眉曾有人妒。千金纵买相如赋,脉脉此情谁诉。"(《摸鱼儿》)而"啼鸟还知如许恨,料不啼清泪长啼血。谁共我,醉明月?"(《贺新郎》)借古人离别发抒胸中块垒,真是长歌当哭,忠愤满怀。又如"松冈避暑,茅檐避雨,闲来闲去几度。醉扶怪石看飞泉,又却是前回醒处"(《鹊桥仙》),是他遭逸退居林泉以后所作,似乎了不经意,闲适自然。辛词风格多样:长调多驰骋奔放,有"横绝六合,扫空万古"(《辛稼轩集序》)的气势;小令或绵丽蕴蓄,有所寓寄;或生动活泼,反映农村风光。他又善于将大量古文、古诗融入词中,还引用了大量口语入词。表现手法亦是多种多样,如比兴、拟人、暗示、对照等等,运用巧妙而无斧凿痕。《四库全书总目提要》称"其词慷慨纵横,有不可一世之概,于倚声家为变调"。虽然肯定了辛词豪放的词风,但其所谓"变调",与苏词之为"别派"是一个意思,仍没有从内容方面指出辛词的价值。

豪放词派中的辛派词人有陈亮、杨炎正、刘过、戴复古、刘克庄、陈人杰、刘辰翁和文天祥等人,他们的作品很多家国之感、豪迈之音,读来令人感奋,堪称为豪放词派的后劲。

南宋时,除了辛派爱国词人外,词坛上还应提出姜夔(白石)和吴文英(梦窗)两家。他们的词在内容上多写个人身世恋情,范围比较狭窄,但艺术上却各有所长。姜夔深通音律,多自度腔,今传有旁谱的唯有他一人。他的词所用语言能与音乐密切配合而又凝炼、灵动、响亮,被称为"字字敲打得响"(《词源》)。在章法结构上则是小令蕴藉、大篇开合而又着重结尾,这很多是吸收了清真词的长处。还有那咏物见志、想象丰富的比兴手法,不仅多所寄托,虚处传神,而且还意在言外,余韵无穷,形成了独特的艺术风格。

对于白石词风的评价,一般都根据张炎《词源》中的说法,将他的词比之为"野云孤飞,去留无迹",并提出"清空"两字,以概括其风格特色,且以姜夔为"清空"一派的代表作家。张炎这个评语,对以后的词论影响极大。清代浙派词人崇奉白石词,将南宋有名词人全都列入"清空"一派,这也不尽符合事实。

张炎贬低吴文英词,斥之为"质实"、为"凝涩晦昧"。事实上姜、吴两家前者上承

"揭响入云"的韦庄、李煜等人,后者渊源于"深美闳约"的温庭筠、贺铸等人,两家又都自立门户,各有不同。尹焕说:"求词于吾宋者,前有清真,后有梦窗。"(《花庵词选》引)吴文英的词确实深受清真词影响,他提出"音律欲其协"、"下字欲其雅"。词风工致丽密,也有胜处;只是由于过分雕琢,不免有晦涩、堆砌的地方,使人难以理解。他也有一些疏快的词作,如《风入松》、《祝英台近》、《八声甘州》等,或情韵俱胜,或怀古伤今,都是为人称道的佳作。此外《莺啼序》共四叠,脉络分明而又绵丽深远,亦是名篇。追随他的词人有周密、王沂孙等。清代常州词派将他和辛(弃疾)、周(邦彦)、王(沂孙)三人同列,评价很高,从而开启了晚清研究梦窗词的风气。

晚近词风之转变

◎ 龙榆生

一 清季词风转盛之原由

清代二百数十年间，文物昌明，远迈元、明二代，而尤以倚声填词之学，宗派迭兴，作者竞起，篇章之富，直夺宋贤之席，而有斯道中兴之誉焉。然自词乐既亡，歌词之作，不复重被弦管，所尚惟在意格，而声律次之。彼"长短不葺之诗"，在宋贤引为讥议者，而生乎宋、元之后，惟赖前贤遗制，以推究其声调之美，藉达作者心胸所蕴之情，而至情之激发，有关世运，非可力强而致，故终清之世，穷词之变，竟不能恢复歌词之法，仍惟有自成其为"长短不葺之诗"，而常州词派所标尊体之说，乃得发扬光大，因缘时会，以造成清季诸大家，而归安朱彊村先生，则又其集大成者也。

慨自大晟遗谱，荡为飞烟，白石歌曲，徒存谱字，于是倚声填词者，不复知乐律之律，而字音轻重之律，则仍可于前贤遗制推求得之。彼明人及清初人之词，大抵非音节未谐，即意格不高，二者交病，故识者无取焉。迨万红友（树）《词律》出，而学者始究心于字音轻重之律，以求其谐；朱竹垞（彝尊）《词综》出，而学者始注意于醇雅清空之境，以药其纤；其后张皋文（惠言）别辑《词选》，以此体侪于《风》、《骚》之列，而淫荡靡曼之风，扫除净尽。周止庵（济）氏从而推拓之，辑为《宋四家词选》及《词辨》二书，示学者以从人之途径，而为之说曰：

清真（周邦彦），集大成者也。稼轩（辛弃疾）敛雄心，抗高调，变温婉，成悲凉。碧山（王沂孙）餍心切理，言近指远，声容调度，一一可循。梦窗（吴文英）奇思壮采，腾天潜渊，返南宋之清泚，为北宋之秾挚。是谓四家，领袖一代；余子荦荦，以方附庸。夫词，非寄托不入，专寄托不出。一物一事，引而伸之，触类多通，驱心若游丝之罥飞英，含毫如郢斤之斫蝇翼，以无厚入有间。既习已，意感偶生，假类毕达，阅载千百，謦欬弗违，斯入矣。赋情独深，逐境必寤，酝酿日久，冥发妄中；虽铺叙平淡，摹绩浅近，而万感横集，五中无主；读其篇者，临渊窥鱼，意为鲂鲤，中宵惊电，罔识东西，赤子随母笑啼，乡人缘剧喜怒，抑可谓能出矣。

问涂碧山,历梦窗、稼轩以还清真之浑化。余所望于世之为词人者,盖如此。(《宋四家词选·序论》)

观其所言,重寄托,明步骤,疏密并重,体用兼赅,而对于技术之讲求词笔之运用,在其《宋四家词选·序论》及《介存斋论词杂著》中,三复致意焉。此其影响所及,视朱氏《词综》、张氏《词选》,尤为巨大。彊村先生所谓"金针度,《词辨》止庵精。截断众流穷正变,一灯乐苑此长明。推演四家评"(《望江南·题周保绪词集后》),亦可见其钦挹之至。开清季词风之盛,而流波迄于今日者,盖周氏之力为多矣。

尝怪常州词派,独标宗旨,议论精辟,为倚声家开无数法门,而张、周二氏所为词,似不足与其言相副,久乃益信吾所持"至情之激发,有关世运,不可力强而致",为颠扑不破之说。所可学而能者,技术词藻,其不可学而能者,所谓词心也。词心之养成,必其性情之特至,而又饱经世变,举可惊可泣之事以酝酿之,所谓"万感横集,五中无主"者,止庵能言之,而所作恒未能相称,则亦时为之也。近百年来之词坛,殆无不为张、周二氏所笼罩,而成就之大,则有"后来居上"之感,请再申论之。

曷言乎晚近词坛之悉为常州所笼罩也?晚近词坛之中心人物,世共推王半塘(鹏运)、朱彊村两先生,而风气之造成,则《薇省同声集》实推首唱,而《庚子秋词》之作,影响亦深。当光绪中叶,有江甯端木子畴(埰)、吴县许鹤巢(玉瑑)、临桂王幼遐(鹏运)、况夔笙(周颐)等,同官内阁,以填词相酬和,而端木最为老辈,其于词笃嗜碧山,至以"碧瀣"自题其集,则其取径,固自止庵之说来也。是时王氏方致力于《花间》《草堂》,及宋、元诸家词集之校勘,而清真、稼轩、梦窗、碧山四家之作,即在其中,且所据多善本,而对梦窗四稿,致力尤勤,胪举五例,一以清儒校勘经籍之法为之,濡染既深,词笔遂亦与之俱化,彊村先生序其《半塘定稿》云:

> 君天性和易,而多忧戚,若别有不堪者。既任京秩,久而得御史,抗疏言事,直声震内外,然卒以不得志去位。其遇厄穷,其才未竟厥施,故郁伊不聊之概,一于词陶写之。君词导源碧山,复历稼轩、梦窗以还清真之浑化,与周止庵氏说,契若针芥。

据此,则半塘词学,盖能实践周氏之言者,而又"于回肠荡气中,仍不掩其独往独来之慨"(彊村先生说),则由其性情抱负,有异乎恒人故耳。彊村先生少居汴梁,时半塘以省其兄之为河南粮道者至汴,遂相遇纳交,已而从学为词,且相约同校梦窗四稿。光绪庚子,八国联军入京,居人惊散。先生与刘伯崇(福姚)就半塘四印斋以居,既不得他往,乃约为词课,拈题刻烛,于喁唱酬,日为之无间,以成其所谓《庚子秋词》。虽中多小令,未必规橅止庵标举四家者之所为,而言外别有事在,与周氏之尚寄托不谋而合。先生自称四十后,始从事倚声之学。于侪辈中学词为最晚,而造诣乃最深。梦窗沉埋六七百年,自止庵表而出之,始为世重。既经半塘之校勘,先生复萃精力于此,再三覆校,勒为定本,由是梦窗一集,几为词家之玉律金科,一若非浸润其中,不足与于倚声之列焉。先生亦自言,于梦窗之阃奥,自信能深入,而半塘复谓:"自世之人,知学梦窗,知尊梦窗,皆所谓但学兰亭面者,六百年来,真得髓者,非公更有谁耶"(《彊村词代序》)?时在光绪末年,先生对于梦窗之造诣,即已如此。止庵所谓"奇思壮采,腾天潜渊",为梦窗之真实本领,殆亦先生所从证入,彼貌为七宝楼台,炫人眼目者,乌足语于此耶?王、朱二氏之所宗尚,既未能脱出止庵四家之范围,略如上说,则谓晚近词坛,悉为常州所笼罩可也。

二 晚近词坛之领袖作家

逊清末叶,内忧外患,岌岌可危,士大夫于感愤之余,寄情声律,缠绵悱恻,自然骚辩之遗。鼎革以还,遗民流寓于津沪间,又恒借填词以抒其黍离、麦秀之感,词心之酝酿,突过前贤。而彊村先生益务恢弘声家之伟业,网罗善本,从事校刊唐、宋、金、元人词,以成《彊村丛书》。一时词流,如郑大鹤(文焯)、况夔笙、张沚莼(上龢)、曹君直(元忠)、吴伯宛(昌绶)诸君,咸集吴下,而新建夏映庵(敬观)、钱塘张孟劬(尔田),稍称后起,亦各以倚声之学,互相切摩,或参究源流,或比勘声律,或致力于清真之探讨,或从事梦窗之宣扬,而大鹤之于清真,弘扬尤力,批校之本,至再至三,一时有"清真教"之雅谑焉。各家搜讨既勤,讲求益密,而又遭逢衰乱,感慨万端,故其发而为词,类能声情相称,芳悱动人,虽其源出常州,而门庭之广、成就之大,则远非张、周二氏之所能及矣。是时彊村先生方僦居吴下听枫园,周旋于郑、况诸子间,折衷至当,又以半塘翁有取东坡之清雄,对止庵退苏进辛之说,稍致不满,且以碧山与于四家领袖之列,亦觉轻重不伦,乃益致力于东坡,辅以方回(贺铸)、白石(姜夔),别选宋词三百首,示学者以轨范,虽隐然以周(清真)、吴(梦窗)为主,而不偏不倚,视周氏之《四家词选》,尤为博大精深,用能于常州之外,别树一帜焉。张孟劬氏谓先生晚年所为词,似杜甫夔州以后诗,固又非梦窗之所能囿,而亦岂常州之所能几及哉?此所谓"青出于蓝而胜于蓝"者是也。

晚近词人,除王、朱二氏外,其卓然能自树立者,则有萍乡文芸阁(廷式)、铁岭郑大鹤、临桂况夔笙三家。文氏论词一反时流之说,绝不为浙、常二派所囿。其说云:

> 迩来作者虽众,然论韵遵律,辄胜前人,而照天腾渊之才,溯古涵今之思,磅礴八极之志,甄综百代之怀,非窭若囚拘者所可语也。词者,远继《风》、《骚》,近沿乐府,岂小道欤?自朱竹垞以玉田为宗,所选《词综》,意旨枯寂。后人继之,尤为冗漫。以二窗为祖祢,视辛、刘若仇雠,家法若斯,庸非巨谬。二百年来,不为笼绊者,盖亦仅矣。曹珂雪有俊爽之致,蒋鹿潭有沈深之思,成容若学《阳春》

之作而笔意稍轻,张皋文具子瞻之心而才思未逮。然皆斐然有作者之意,非志不离于方罫者也。

文氏博学多通,慨然有用世之志,卒以见嫉于那拉后,窜逐东瀛,归客湘中,抑郁以卒。所著《云起轩词》,兼有婉约俊迈之胜,其胸次固自不同。彊村先生赞之云:"闲金粉,曹邺不成邦。拔戟异军成突起,非关词派有西江,兀傲故难双。"(《望江南·题文道希词集》)世有豪杰之词,文氏足以当之矣。郑氏家世兰锜,累叶通显,大鹤独羁栖吴下,为东诸侯宾客。其神致清朗,怀抱冲远,真卫洗马一流人物。所著《瘦碧》、《冷红》诸词,规抚石帚(姜夔),即制一题,下一字,亦不率意(参用冒广生《小三吾亭词话》)。其生平酷慕姜夔之为人,又复从事于白石歌曲旁谱,及玉田《词源》之考校,在近代词流,号为深明音律之学者。又于周、吴二集,用力亦勤,予曾见其手校《清真》、《梦窗》,丹黄满纸,且至数本之多,故其词于周、吴二家,亦不能无所濡染,要其隽逸冲远之致,称其为人,又其所独具之标格也。况氏治词最早,用力亦专,尤善说词,所著《蕙风词话》,彊村先生推为绝作。尝谓"填词第一要襟抱",又谓"性情少勿学稼轩,非绝顶聪明勿学梦窗"。皆鞭辟入里之谈,实为时流痛下针砭。又称"作词有三要,曰:重、拙、大"。重者轻之反,拙者巧之反,大者纤之反,三者皆关乎意格,而持此以衡《蕙风词》,乃若未悉相称,倘所谓"此事不可强,并非力学所能到"耶?彊村先生晚岁寄住淞滨,有欲从治词学者,辄以转介蕙风,令其执贽门下,以是从游者众,一时称广大教主焉。

自诸老后先下世,嗣音阒然。并世词流,则夏映庵先生之于清真,陈述叔先生(洵)之于梦窗,皆学有独到,而私心所好,尚有张孟劬先生,自谓服膺元遗山,而性情独至,苍凉激楚,有下泉匪风之思焉。淳安邵次公(瑞彭)著有《扬荷集》,步武清真,饶有清劲之气,其最后刻《山禽余响》一卷,全和遗山,亦多凄厉之音,并推杰作,不幸于前岁客死汴梁,致不克穷其所诣,惜哉!

三　晚近词家之流弊

自周、吴之学大行,于是倚声填词者,往往避熟就生,竞拈僻调,而对宋贤习用之调,排摈不遗余力,以为不若是,不足以尊所学,而炫其能也。又因精究声律之故,患习用词调之多所出入,漫无标准,而周、吴独创之调,则于四声配合,有辙可循,遂以为由是以求协律,虽不中,亦不远,于是填词家有专选僻调,悉依其四声清浊,一字不敢移易者,虽以声害辞,以辞害意,有所不恤也。殊不思四声清浊,虽于音律有关,而非即乐律之律。四声之辨,上、去之差,但求谐于唇吻间,原不必拘泥过甚,即就柳永《乐章集》,及周、吴创调,取其同用一调之词,参互比勘之,则亦多所出入,试问果将以何为准乎?且今日填词,要为"长短不葺之诗",意格若高,何须因难见巧?往岁彊村先生虽有"律博士"之称,而晚年常用习见之调。尝叩以四声之说,亦谓可以不拘。然好事之徒乃复斤斤于此,于是填词必拈僻调,究律必守四声,以言宗尚所先,必惟梦窗是拟。其流弊所极,则一词之成,往往非重检词谱,作者亦几不能句读,四声虽合,而真性已漓。且其人倘非绝顶聪明,而专务挦扯字面,以资涂饰。则所填之词,往往语气不相贯注,又不仅"七宝楼台",徒炫眼目而已!以此言守律,以此言尊吴,则词学将益沉埋,而梦窗又且为人诟病,王、朱诸老不若是之隘且拘也。今沪上词流,如冒鹤亭(广生)、吴眉孙(庠)诸先生,已出而议其非矣。吴氏与张孟劬、夏瞿禅两先生,往复商讨,力言词以有无清气为断,而深诋襞积堆砌者之失,孟劬先生亦然其说,而以情真景真,为词家之上乘,补偏救弊,此诚词家之药石也。

晚近二十年来,士不悦学,中华旧籍多遭摈弃,而诗歌、词曲,幸因比附于西洋之纯文艺,得列上庠,为必修之科,而词、曲之句度参差,尤令人有"渐近自然"之感,苟能因势利导,藉以继往开来,未尝不可以发扬国光,陶冶民性,进而翊赞中兴大业。然拘者为之,则不量学者程度之深浅,不察时势之需要,务以艰深拒人千里之外,必使斯道日即于沉沦澌灭而后已,此可为长叹者也。

四　今后词学必由之途径

词至今日,一方以列于大学课程,而有复兴之望;一方以渐滋流弊,而有将绝之忧,此亦所谓存亡之机,间不容发之时矣!词本以合乐为主,旧谱亡而化为"长短不葺之诗",然其声调之美,固犹富有音乐性也。因其体势而少加变化,以就今日流行之西洋音乐,殆亦事所必然者,此重振词学之一途也。认词为"渐近自然"之新体律诗,相尚以意格,而举作者所有"照天腾渊之才,溯古涵今之思,磅礴八极之志,甄综百代之怀",悉纳其中,则吾以为云起轩一派之词,合当应运而起。私意欲窃取周氏《四家词选》之义,标举周(清真)、贺(方回)、苏(东坡)、辛(稼轩)四家,领袖一代,而附以唐、宋以来,下逮近代诸家之作,取其格高而情胜,笔健而声谐者,别为一编,示学者以坦途,俾不至望而生畏,转而求词于胡适《词选》,以陷于迷误忘归。又别取词调若干,制为简谱,说明其声韵配合之妙,俾学者有所遵循,而便于研习,庶斯道得以微而复振,历久不渝。质之海内通人,倘不以其言为谬妄,则幸矣!

汉语在世界上之地位

◎ 张世禄

一、民族间轻视的心理

古代文化发达的民族,往往对于国外的异族,具有一种轻视的心理。中国古代因为文化超出于四裔,自称为华夏之族,而叫四裔的民族为东夷、南蛮、西戎、北狄。古代的希腊人也自以为是最优秀的民族,而称外来的人为 Barbaros,这个字就是英语的 Barbarians(蛮族),足以见得古代一般轻视外族的心理。因为那时国际的交通未曾发展,民族间很少有接触融合的机会,都抱着"非我族类,其心必异"这种疑忌的态度;同时又因为自视太高,总以为本国的文化是超绝的、优越的,外国的民族是卑劣的、野蛮的,于是养成了民族相轻的恶习,国际间只以傲慢的、残暴的手段互相对待。这种恶习当然应该抛作历史上的陈迹。无论哪种民族,都应该平等相待,而具有相事相敬的心理,这样,世界的和平才有实现的希望。不料十九世纪的欧洲人和二十世纪东亚的某种民族还是沿着太古的遗俗,或且变本加厉,由轻视而引起仇视,由相轻而至于相杀。这种恶习要是没有消除净尽,不特世界的和平没有实现的希望,各处文化的交流也受了无形的阻碍,终究没有完全沟通的一天,于是影响于学术界,就脱离不了武断、矛盾、晦暗和谬误的境象。因为研究学术,要是参杂了一些民族相轻的心理,就完全失去客观的态度,把自己民族的偏见作为前提,不惜将科学的事实勉强来"削足适履",这样学术界还有光明的一天吗?我这里姑且举出语言学上的一种学说作个例证。

二、民族的优劣和语言的优劣

语言是人类表达情感思想的一种工具,依着民族社会习惯的分歧和变异,演成错杂不同的现象;凡是两种并立的语言,无论在语音的形式上、词句的组织上、意义的内容上,总不能绝对的一致。世界上可认为一种国语的,就现今一般的统计,已经有八百多种;再将过去的死语合并计算,那就不知有多少种了。语言的种类既然这样繁多,语言学家从事比较研究的,自然而然要发生一个问题:究竟那一种语言可说是属于优等,那一种可说是属于劣等的呢?在普通的眼光看来,文化较优的民族所用的语言,自然比文化较劣的民族所用的,内容来得丰富,词句来得完备。但是语言优劣的问题,应该取决于这种工具自身的适用与否,应该以这种工具性质上的差异为标准,不能根据使用它的民族文化来评判它的高下。因为语言虽然是社会习惯的一种,而和政治法律以及其他社会的制度不能同样的看待;语言是不能随着民族的意志可以自由加以改革的,语言习惯的养成,往往出于民族的不自觉。一种语言的形成,好象是主发于社会的全体,可是它的生长和演化,正大半是一种自然的现象,往往不能用人力来强求。民族的兴替和文化的盛衰,在历史上比较的显著,速率也比较大;至于语言演变的现象,速率比较小,也比较的隐微。语言演变的原动力是介于自然和人为之间,民族文化的高下和语言本身的优劣是两件事。说我们所用的国语,是世界上最劣等的,我们的民族固然不必因此而自馁;说我们所用的国语,是世界上最优等的,我们也不能因此而自豪。我们学过德语的人,就可以知道德语里对于名词阴性、阳性、中性的区别,最不合于理论,最不合于科学;我们当然不能因此断定德国人是不合于理论和科学的。语言本身的性质和民族文化的高下,在学理上绝对不能混为一谈。

三、世界上语言的分类和系统

人种和语言究竟有怎样的关系?这是学术界上争论而未解决的问题。不过我们既然发现有异人种而同语言,或同人种而异语言的事实,就可以知道完全依据人种来区分语言是不应当的。这点就可以证明民族的优劣和语言根本无关。其他根据国别和地域来区分语言,更是不妥当;因为政治的演变和语言的分合,并非如形影之相随;地域上民族往来迁徙,语言方面更多交流融合的机会,所以对于世界上的语言,应该以各种语言自身的特性和生长的历史作分类的标准;因之系统的分类法为现今一般人所采用,就是依据各种语言之语根、语法、形态等,更参证于历史的事实,分析世界上各种语言为几大语族,又于各语族的下面列出许多语系。近代语言学家应用比较的研究法,将世界上各种语言归纳为八大语族:

一、印度日耳曼语族(Indo-Germanic Family);

二、含闪语族(Hamito-Semitic Family);

三、乌拉尔阿尔泰语族(Ural-Altaic Family);

四、印度支那语族(Indo-Chinese Family);

五、马来坡里尼西亚语族(Malayo-Polynesian Family);

六、班图语族(Bantu Family);

七、德拉维达语族(Dravi Dian Family);

八、亚美利加语族(American Family)。

这八大语族的下面,又分成许多语系,如印度日耳曼语族,内分印度伊兰语系、希腊语系、拉丁语系、日耳曼语系、波罗的海斯拉夫语系等,印度、波斯及欧洲各国语大都归属于这些语系当中。又如乌拉尔阿尔泰语族,内分芬兰语系、阿尔泰语系,现今芬兰语、匈牙利语以及土耳其语、蒙古语等都归属于这两语系。又如印度支那语族,内分西藏、缅甸语系、汉、暹罗语系,西藏语、缅甸语、汉语、暹罗语都属于这两语系。至于纯粹依照词句的组织来区分语言,另外有种形态的三分法,把世界上的语言分做下列三种:

1. 变形语(Inflective)。语词里有语尾等的变化,语根和语尾等紧密的联接,不能显然的分别;而且语根的本身也常常发生变化。语词的品性,在形式上显示出来,所以语词在语句中的次序,可以随意改动,而不会发生意义上的变乱。印度日耳曼语族里的各种语言大都属于这种变形语;而尤以古代印度的梵语、古代的希腊语、拉丁语最为显著。至于现代的英语,已经渐渐失却变形语的性质了。

2. 接合语(Agglutinative)。语词里有语尾等的变化,而且语句上语法的关系以及其他种种区别的意义,专靠语尾等的变化来表明;语尾等虽然不能自己独立,而和语根本身显然容易分别,语根本身也没有变化。乌拉尔阿尔泰语族、德拉维达语族、马来坡利尼西亚语族等所属的语言,大致都是这种接合语,而尤以土耳其语最为显著。至于亚美利加语族的各种语言,又常称为合体语(Incorporating)或复综语(Polysynthetic),乃是接合语趋于极端的。

3. 孤立语(Isolating)。语词里没有形式的变化,语词在语句上的关系,专视其地位而定;语法关系或其他种种区别的意义,不用语根本身或语尾等的变化来表明,而以语词的序次和各种助词来显示。语词单独的时候,它的品性是看不出来的。印度支那语族里的各种语言,大都属于这种孤立语,尤以汉语、暹罗语最为显著。至于西藏语、缅甸语,语词的形式也有几种变化,并非纯粹的孤立语。

上列三种语言,纯依语词的形态来区别,虽然不很精密,可是现今还没有更好的分类来替代,所以一般人仍旧采用这种三分法。

四、综合语和分析语

上面所说的变形语、接合语、孤立语三种,又可以概括为综合语、分析语两种。孤立语里,一个语词只包含一个意义,词和意义相对相当,凡是两种意义,必定分析为两个语词;所以可称为分析语(Analytical language);汉语就是这一类分析语的标本。反之,一个语词包有两种以上的意义的,其中复合的意义,只用语词形式的变化来表明,而没有分析为各个独立语词;这种称为综合语(Synthetical language),因为两种以上的意义包含在一个语词之内的。变形语和接合语大都属于综合语。不过分析语和综合语的区分,只是程度上的差异,没有绝对的界限。例如拉丁语 erit,在英语里便须用两个语词来表明:he is,拉丁语 erat,在英语里便须用三个语词来表明:he will be。所以英语和拉丁语比较起来,拉丁语为综合语,英语则近于分析语。一样的意义,在分析语里表明出来,常为两个以上语词联属的关系;在综合语里表明出来,常为一个语词形式的变化。亚美利加语族的抱合语、复综语,乃是极端的综合语;我们的汉语就是极端的分析语。至于英语本来也是一种综合语,现今却有进于分析语的趋势。

五、三段进化论

我们说过,民族的文化和语言的优劣是两件事,不能混为一谈,在事实上常常有语言的性质相近而文化的程度相悬殊的,也有文化不分高下而语言的性质完全异趣的。北美土人的语言和古代的梵语、希腊语、拉丁语,都应隶属于综合语的范围。埃及、巴比伦、印度和中国都是古代的大文明国,而所用的语言或属于综合,或属于分析。可以见得语言的性质和民族文化的高下是不相干的。可是十九世纪西洋一般语言学家,因为他们自己是属于印度日耳曼族,习用这种语言,就认定它是高等民族所用的。又因为汉语的性质和印度日耳曼族的变形语,正相反对,就以为汉语没有形式变化,乃是初等民族所用的。司奈赫(August Schleichen)一派主张形态三分法的,就以为这三种语言就是表示语言进化的三个阶段:孤立语里的语词,在语句上各个独立,纯为无机的结合;变形语里的语词有形式来显示语句上的地位,是有机的结合;接合语介于两者的中间。孤立语最初等,变形语最高等,接合语介在中间,这是"三段进化论"的主张。司奈赫之外,如希勒格(Friedrich Von Schlegel)、波普(Franz Bopp)、米勒(Max Müller)等都是这种学说的主张者。他们这种学说的由来,就是出于一种民族相轻的心理,把民族的观念和语言的分类混在一起。以民族心理上的成见来假定语言的优劣,同时又以语言上假定的优劣,来表示自己民族的优秀,而贬斥和他们不相类的为卑下。所以三段进化论,乃是印度日耳曼人一种民族自夸的心理所凝结而成,他们说是孤立语为家族生活的民族所用的,接合语为游牧生活的民族所用的,变形语乃是有国家组织的民族所用的;既然把汉语列为初等,同时又把中国人列为家族生活,尚未开化的民族,把中国数千年开化的历史一概抹煞,说中国的文化和语言,都是停留着太古幼稚的状态。但是他们也自己觉得这种学说和实际的事实有很多的矛盾,于是又把人类语言的演进划成两个时期:人类未有历史以前,语言是依着这三段而进化的,一到了历史时期,语言便有颓败和堕落的趋势,三段进化论就一变而为"言语退化论"了。

六、原始汉语为变形语说

我们现在试来观察汉语演变的历史,果真汉语是停留着太古的状态吗?原始的汉语究竟是同现今一样属于孤立语吗?汉语和藏语同属印度支那语族,我们可以用古代的藏语来和汉语比较,以窥见这语族原始的性质和状态。我们很幸运,六七世纪以来,藏语已经有拼音文字记录出来。当时的藏语确也是一种变形语,并非孤立语;我们很有理由可以推想汉语和藏语未经分离以前,原来也是一种变形语,后来汉语逐渐发展为现今孤立的性质。据瑞典高本汉研究的结果,古代汉语里的代名词,确实保存着形式变化的现象。他把《论语》里吾、我、尔、汝等字作一番统计,以为《论语》是代表古代鲁国的一种方言,原始汉语的残迹,在他种方言上已经泯没了的,在这种方言里或许还遗留着。他的结论是:

主位的"吾",相当于英语的 I,六世纪时,读为 nguo;

宾位的"我",相当于英语的 Me,六世纪时,读为 nga;

主位的"汝",相当于英语的 Thou,六世纪时,读为 ńio;

宾位的"尔",相当于英语的 Thee,六世纪时,读为 ńia。

上古汉语的音读,现在未曾完全考证明白,但是根据已经考出的六世纪的音读来作比证,就可以知道上古汉语某种方言,把吾和我、汝和尔分别应用,即为一种变形语的残迹。因为吾、我等字,在现代的音读上虽然看不出形式变化的现象,在前六世纪的音读上,就显然表示出来了[①]。原始汉语既然是一种变形语,那末,现今汉语孤立的性质,正是几千年来演变的结果,并非停留着不进,更非停留在太古的状态。据汉语演变的现象,正是由变形语进向于孤立语,事实上正是和三段进化论所假定的步骤适得其反。

七、言语退化论

我们再来观察印度日耳曼语演变的历史,果真也有同样的趋势吗?世界语言的变迁,其倾向大都由综合语而趋于分析语,因为语言的应用,在思想表现的明确;分析语的表现手段,比较显明简单,没有错杂纠纷的弊病,所以世界上语言有趋于分析的趋势;这在印度日耳曼语族里最为明显。例如英语,到了现代已经大半成为分析

[①] 高本汉原文登载《亚细亚杂志》(Journal Asiatique),题为《原始汉语为变形语说》(Proto-Chinois Langue flexionnelle),曾为冯承钧君译成中文,登载《东方杂志》第26卷第5期。

语了；现代英语有许多原来的语尾，已经演成为独立的语词，如 Less、Full、Ship，渐由语词上的融合而化成为分立了。现今表示过去时的动词，单数、复数并没有分别，例如 I Found，We Found，而在十三世纪的古英语上，是有分别的，例如 ic Found，We Foundon。又古英语上，名词的格位，形式上有间接、直接的区别；现在统已消失了。动词名词的形式日趋于简单，种种意义的表明，常用两个以上语词的联接来替代，如宾词的间接位，用介词 to 来表明，这种就是趋于分析的倾向。不但英语上是这样，即从前的梵语和较后的希腊语、拉丁语，往时的拉丁语和现代的法语、意语，两两相较，印度日耳曼语的变迁，无不有趋于分析语的途径：一方面语词形式的变化日就减少，一方面语句上语词的序次日形重要。可以见得印度日耳曼语演变的趋势，也是由综合进趋于分析，由变形进趋于孤立，事实上也正是和三段进化论所假定的步骤适得其反。主张三段进化论的学者看见这种事实和他们所持的学说有矛盾的现象，于是另外立出一种言语退化论，想设法以自圆其说。他们以为语言的发展，是到了人类历史创始时期就停止了，因为历史创始，语言就有记录，有了记录，语言的发展就停止着前进。有史以后的语言，实为颓败堕落时期；他们以为印度日耳曼语的变迁史，是一部语言退化史，无非零落凋残的状态；真是慨乎言之，一似毫无疑义了。至于他们为何以变形语认为最高等的语言？始终未曾有明确的解释；他们所以创立这种学说，始终只是出于民族心理上的偏见。他们因为要尊重自己的民族，就推举印度日耳曼语为最高等，而贬斥和它性质相反的汉语为最初等，又见到事实和学说的矛盾，就不惜将全世界的语言归于退化的过程中。

八、言语进步论

　　从古代语演变为现代语，究竟是进步的现象呢？还是退化的现象呢？耶斯拍孙氏（Otto Jesperson）首创《言语进步论》（Progress in Language），一变十九世纪以来谬误的观念。耶氏以为古代语和现代语各有特别的性质，因此推求语言变迁的倾向；据理推断，这种变迁是进于有利益的方面；所以语言进步论绝不是欺人的话。综括现代语的优点：（一）语词的形式比较简短，学习所需的时间和精力比较古代语就要减少。（二）形式的变化简单，记忆的负担就要减轻。（三）语词形式既然变化很少，就近于有规则的了。（四）语句的组织比较有固定的原则。（五）语词离开语尾等而独立，意志的表现更觉得便利，从前造句的困难，现代多已减除了。（六）综合语里的语词，多笨拙累赘，现代语上多已废除。（七）语词有固定的序次，发言者和听受者之间意义容易了解。各种语言里虽然进步迟速不等，而文法简省，形式单纯，实在为世界语言共同的倾向。凡有历史可稽的语言，都以应用便利、表现显明而日趋于简单化的。近来语言学家以为古代语布置比较周密，现代语比较疏漏；但是周密疏漏，必以意义的表现适可而止；现代语的疏漏，往往有他种较便利的方法来补救;两者相较,还是近代语比较合于实用。从耶氏的话看来,可以知道语言由综合而进于分析,乃是进步的现象;十九世纪的学者所说孤立语最初等,正是适得其反。我们应当说合体语复综语最初等,变形语次之,纯粹的接合语又次之,而孤立语最高等。

九、汉语的价值

世界上的语言,既然有趋于分析的趋势,而且这种趋势是语言进步的现象;汉语是分析的极则,可说是世界上最进步的语言。从前学者以为汉语的形式,没有人称、时间、数目、性别、位格等的差别,没有形式的变化,块然不变,好像生物的原形质,就说汉语为太古语的标本。其实他们还没有知道汉语的特性,只就语言的外表上观察,所以他们的结论错误。汉语名为孤立语,而实际上语词在语句中,正是有机的结合,决非各个孤立的。语词的品性和意义在全句的总意义上自然显现;没有时间、数目、性别、位格、人称等等的差别,决不至于含糊相混。胡以鲁《国语学草创》谓此种作用,乃是"借联想或类推作用,彼此相连,或彼此相限,起关系上包晕之感"。种种形式变化,在汉语上看来,真是画蛇添足,无存在的必要;因为汉语没有形式变化,所以语句上语词的序次非常重要。如"春风风人"、"夏雨雨人"、"推食食我"、"解衣衣我"两个相同的语词叠用,品性上的区别自然在序次上看出来。古代汉语上,尚有语词的序次颠倒错乱的,如"室于怒,市于色,野于饮食",等等句法,现在统已涤除净尽了,这也是一种进步的现象。现代英语也很有和汉语相近的趋势,于此可以知道世界上语言进化的倾向,汉语在这种进化上处于何等的地位了。他们看汉语孤立的状态,就列汉语为最初等,实在没有明白汉语的真价值;而孤立、接合、变形三段进化说,也就不攻自破了。但是无论列汉语为高等或初等,我们的民族正不必以此自豪或自馁;因为语言的优劣和民族的优劣是两件事。

《周易》卦爻辞的文章

◎ 王气中

《周易》是研究先秦思想史的第一部著作,也是研究先秦散文史的一部重要作品。以前把《周易》当作卜筮书,对卦爻辞的解释往往支离割裂,不能体现全卦的思想内容,因此也不能看到它的文章风貌。近代学者逐渐注意到《周易》的文学因素。如对卦爻辞中故事的探索[1],对卦爻辞中诗歌的推求[2],以及对卦爻辞中其他文学现象的发掘[3],都作了不少工作。但由于对《周易》的性质还没有正确的认识,对《周易》的写作时代还没有一致的看法,因而对《周易》在先秦散文发展史上的地位不能作出明确的肯定。宋祚胤同志《周易新论》从思想体系上阐明《周易》的性质,从卦爻辞本身论定《周易》的写作时代,恢复了《周易》的原来面目。从此,《周易》研究进入新的时期,凡和《周易》有关联的问题,将会由此得到合理的解决。这里姑且谈一谈《周易》的文章。

现在的传本《周易》,包括两个部分:经和传。经即卦爻辞,传即十翼。十翼是后人对于《周易》的解说和论著,不是《周易》的本体。论《周易》的文章,只能限于卦爻辞。

一、关于《周易》卦爻辞

在《周易》研究中,卦爻辞的发生问题一直成为论战的焦点。无论是《周易》的性质、思想内容、成书的时代,甚至包括对于《周易》的注释,都和它有密切关系。

首先要从八卦的产生说起。对于八卦的发生,《周易·系辞下传》有一段说明:

> 古者包羲氏之王天下也。仰则观象于天,俯则观法于地,观鸟兽之文与地之宜,近取诸身,远取诸物,于是始作八卦,以通神明之德,以类万物之情。

---

[1] 见顾颉刚《周易卦爻辞中的故事》。
[2] 见李镜池《周易中的比兴诗歌》(《周易筮辞考》第四章)。
[3] 见高亨《周易卦爻辞的文学价值》。

关于伏羲氏（包羲氏）创作八卦的说法，一直存在着怀疑和争议，现在就更加少人相信了。但是这段话也有其合理的核心，那就是俯观仰察，"进取诸身，远取诸物"的记事的方法和作用。

八卦是起源于记事的。在远古的初民社会，人们还处于原始公社制时代，生产力低下，文字还没有产生，但由于生产的劳动、人事的交往，在集体生活中日渐纷繁起来，为了把所经历的事理记录下来，或传播出去，在不断的生活实践中产生记事的要求和方法。据现在所能知道的原始记事方法，有实物、符号和图画三种。其中符号的应用更为普遍和长远。而结绳和刻记则是最常用的符号。刻记大都用木、竹、骨、角或金属材料，而以木刻最为普遍。

现代世界上还有些少数民族仍然保留着这种残存的原始记事方法。据调查，我国某些少数民族直到 60 年代还有木刻记事的遗风。现在贵州某一部分苗人在在婚礼赛歌的时候，歌手们为了备忘，用一根木棍，上面刻着各种符号，每一符号代表一首歌名或歌的首句，一旦忘了歌词，便偷偷拿出来看一下，因而回忆起来，继续唱下去。他们把这种备忘的木刻称作"刻道"，而这种"刻道就成了他们的歌本"[①]。

近来考古发现，我国在原始社会晚期的仰韶文化遗址或晚于仰韶文化遗址里都曾发现过刻在陶器上的符号，从西北甘肃、青海的马家窑文化遗址、陕西的半坡文化遗址，到东南部山东的龙山文化遗址、浙江的良渚文化遗址，也都发现有刻文的陶片[②]。可见刻记的运用在我国远古时代也是大量存在的。由于木刻是最便利的方式，不难想象在我国原始公社时代曾经普遍使用过木刻的记事方法，因为木刻容易腐烂，所以没有保存下来。我们希望考古工作者注意这项发现。

我国古代文献也为我们保存一些木刻记事的痕迹。《墨子·备城门》说：

> 守城之法，必数城中之木。十人之所举为十挈，五人之所举为五挈。凡轻重以挈为人数。

"挈"古通"契"，刻缺的意思。可见这一段话是说木刻记事的。《周易·系辞下传》也告诉我们一点消息，说："上古结绳而治，后世圣人易之以书契。""结绳而治"，是说用结绳做记号，"事大大结其绳，事小小结其绳"的方法，来帮助人们的记忆，以处理事情。对于这种理解，历来都无异说。至于"易之以书契"的"书契"二字，一直虽被单纯地解释为文字，却可以商量。因为记事的木刻也可以称之为书契。我们也

---

① 见江宁生《从原始记事到文字发明》(《考古学报》1983 年第一期)。
② 见裘锡圭《汉字形成问题的初步探索》(《中国语文》1978 年第 3 期)。

可解释"易之以书契"为治之以书契,和"结绳而治"相对成文,"易"有"治"意①。所以《系辞下传》这两句话,也道出了历史的真实情况。当然,结绳和木刻作为记事的符号,可能不是所有民族都曾有过,也不一定是先用结绳记事,后来因事理的发展才用木刻记事。不同的原始民族可能应用不同的符号来帮助记忆。在我国远古时代,可以想象周民族最初也是使用木刻记事的方法。

但木刻不仅是文字。木刻的发展,可以成为文字,也可以成为八卦。八卦和文字都可能以木刻为前趋因素。从殷代甲骨文和殷周之际的金文考察,都保存了很多象形文字,可知文字是由原始的图画符号演化而成,在长期的发展过程中可能汲取木刻的技术和方法。至于八卦直接由木刻记事发展而成,痕迹则是很显然的。

近代某些少数民族残存的木刻记事风俗,木刻记事大多由头人酋长或长老掌管着,不难推想在我国的远古时代,原始的木刻记事也是民族酋长的职务。由他们刻记所发生的事件,并根据刻记的提示讲述这些故事。代代相传,成为这一民族的历史。经过漫长的发展过程,随着生产力的不断发展,人们的活动日益复杂繁忙,随着社会的分工,这种木刻记事的职务逐渐由某些个别成员来承担。这就是后来演进而成的史官。这种史官由于长期运用木刻记事,积累了丰富的知识,成为当时最有知识的人。社会不断发展,简单的木刻记事不够应用,为了不断适应发展的社会生活,他们经过长期的反复的排列组合,把简单的刻画演变成为八卦,同时并赋予当时人们所能认识的自然界(包括人类社会)种种形象,如乾(☰)象征天,坤(☷)象征地,震(☳)象征雷,巽(☴)象征风,坎(☵)象征水,离(☲)象征火,艮(☶)象征山,兑(☱)象征泽等等,以后又在社会的不断发展中,经过漫长时间的组合和重叠,演成六十四卦。创造八卦和重合六十四卦的人,自然可以称之为圣人,并在蒙昧的情况下加以神异化。但不能确指为特定的某一个大人物。因此,把画卦和重卦的荣誉加到伏羲、神农乃至周文王的头上,都是不符合历史的。

生产力在不断发展,社会在不断前进。到了原始公社制崩溃和奴隶制的确立,文字发生了,国家大事可以直接用文字记录下来,于是文字代替了木刻记事成为贮存历史事理的工具。历史发展的规律,习惯了的东西,由于人类的惯性作用总是要延续下去,不随社会制度的变革而截然消失。木刻记事作为原始社会的遗留,仍然被少数史官继续使用着。史官到这个时候也要发生分工,出现了文、史、星、历、卜、祝诸种名号。易大概就是继续主持木刻记事的史官。他们一面运用卦爻作提示,一面又用文字注明卦爻所代表的事理,因而产生了卦辞和爻辞。所以卦爻辞也是在历史不断的演进中产生的,是历史的产物,因而也不能把创作权归之于某些个别人,如文王、周公之类。

一直到西周末叶,王室趋于衰微,关心朝政的史官为了发抒对朝政的忧愁幽思,

---

① 《孟子·尽心上》"易其田畴"句赵岐注:"易,治也。"

把所掌握的卦爻辞和其他文献资料来一次整理汇编,并以此作为背景创制成为《周易》。《周易》是西周王朝由小到大,由盛到衰的历史总结,作者在奋发图强的思想指导下,对历史作了高度的概括,特别注意于刚柔强弱、吉凶悔吝、谦泰满损诸方面的事理说明,在很多方面使《周易》具有公理性和公式性,富有哲理意味,对人们的生活,尤其政治生活具有较普遍的指导意义。《周易》于是成为人们的生活指南和政治龟鉴。可能由于这种原因,后来人们把它当作卜筮书,那是一种误会。以后的人们,辗转因袭,习非成是,又把这种误会当作真实。两千多年来,《周易》就是在这种迷雾中被人们传习着、考释着,不能显露真正的面目。虽然也有不少学者对《周易》的研究作出不少贡献,但基本的误会并没有澄清。

二、《周易》卦爻辞的文章

《周易》是一部思想体系完整的著作,它的文章也是结构严密、章法整饬的。论《周易》的思想,必须"认清卦象与卦名、卦名与卦辞、卦辞与爻辞、爻辞与爻辞的关系","辨明内外卦的主次关系及其矛盾推移的情况"①,论《周易》的文章,也必须联系卦象、卦名和卦爻辞之间的各种关系。

《周易》卦爻之间的各种关系体现在每一个卦的结构上。每一个卦的卦象、卦名、卦辞、爻辞,它们都是彼此相依,不能分割。从文章说,每一个卦都是一篇完整的作品。卦名好比作品的题目,卦辞表达作品的中心思想,爻辞是对于卦辞中心思想的阐述。作为它们之间的内部联系的是卦象。卦名、卦象和卦辞、爻辞都是卦文的有机组成部分。以"大畜"卦为例:大畜的卦象䷙是乾下艮上。乾象征天,好比是君。艮象征山,好比是臣。乾在艮下,表示天在包涵山,也表示君在臣的压力下。卦名大畜,是对卦象的高度概括,表明君要养畜臣把他控制住。卦辞"利贞。不家食,吉。利涉大川"。第一句说明君要以正道对待臣才有利。第二句说明君要以俸禄养畜臣,不让臣依靠家里收入维持生活,以致不好控制,这才算吉。第三句是以前两句为条件说明要这样才能够顺利地克服很大困难。可见卦辞是对卦名"大畜"的集中阐释。爻辞又分内外卦对卦辞作进一步的发挥。内卦爻辞:"初九,有厉、利已。九二,舆说輹。九三,良马逐,利艰贞,曰闲舆卫,利有攸往。"仍然是联系卦象作解。卦象是君在臣下,君正在受到臣的压抑。所以初爻说有危险(厉是危险),要稳住不动才好(利已:已,止也)。二爻"舆说輹"是进一步说明君的处境,好比车子脱掉车轮(舆,车。说,读同脱。輹,车轴承,代表车轮)。三爻紧接二爻说明一定要争取得力的助手(良马逐),来渡过困难(利艰贞)。一面要加强防卫(闲舆卫),使前途向有利的方面转化(利有攸往)。外卦的爻辞:"九四,童牛之牿,元吉。六五,豶豕之牙。吉。上

---

① 引文见《周易新论》,下同。

九,何天之衢,亨。"是紧接内卦爻辞加以发挥。四爻说,如果像小牛那样给它套上木枷,就大吉了(童牛之牿。牿,是套牛的木枷)。五爻说,如果像阉割的公猪,把它拦起来,也是吉事(豮豕这牙,豮豕,阉割的公猪。牙,郑读为互,交木为栏),第六爻上九是总括前两条爻辞作结,说如果有了这样的情况,臣在君的包涵(控制)下,前程就会像天空那样广阔(何天之衢。何,语辞),而大亨通了。所有爻辞都是通过卦象对卦辞作了阐述。可见内外卦的爻辞既各有中心,又相辅相成,并归结到一点,要求君正视困难,对臣下加以控制,使之服服帖帖,于是"大畜"的目的就达到了。

《周易》这种奇妙的文章结构,错综复杂,变化多姿,表现作者的独特文思。《周易》所以号称难懂的原因,除文辞简洁和史实难明之外,文章结构的奇特,文思的精妙,当然也是原因之一。但只要理解它的文章思路,掌握它的结构规律,就可以得出正确的理解。韩愈在《进学解》中曾经说过:"《易》奇而法。"只有从这个意义上理解,才是正确的。因为"法"就是规律,《周易》的文章结构是有规律可寻的。

《周易》文章的另一个特点,是大量运用比喻的方法。《周易》既是西周历史的总结和概括,并以此为背景发出瑰伟的文章,用的却是象征的表现手法。通过象征自然物质的八卦来说明。以自然讲人事,本身就是应用比喻方法。据统计,《周易》中"卦辞全是比喻的,有蒙、颐、大过、离、姤、震、艮、渐、归妹等十九卦,它们用卦象统率,是比喻套比喻。爻辞全是比喻的,有蒙、颐、大过、离、姤、震、艮、渐、归妹等十八卦,而蒙、颐、大过、离、姤、震、渐、归妹等卦,用卦辞统率,又是比喻套比喻。卦辞比喻和非比喻夹杂的,有坤、需、讼、同人等十卦,大致是比喻和非比喻各占一半。爻辞比喻和非比喻夹杂的,有乾、坤、屯、小畜等三十五卦,其中比喻一○九条,非比喻一○一条,比喻超过非比喻的数目"。于此可见比喻在《周易》卦爻辞中被广泛运用的复杂情况。

《周易》卦爻辞所以广泛运用比喻方法的原因,除了由于表现手法上要求文章显豁出色外,还有"隐约"的作用。在某种特殊情势下,作者不敢明言其事,或不愿明言其事,但又不能不说,隐约其辞是他们的常用方法。司马迁早就指出这个秘密,说:"诗书隐约者,欲遂其志之思也。"又说:"此人皆意有所郁结,不得通其道也,故述往事,思来者①。"《周易》作者正是如此。据考证,《周易》作者(当时主管的周史)是生活在周厉王时代②。周厉王是历史上有名的拒绝批评的暴君。《国语·周语》有一段记载说:

厉王虐,国人谤王。邵公告曰:民不堪命矣。王怒,得卫巫,使监谤者,以告则杀之。国人莫敢言,道路以目。

---

① 见司马迁《史记·太史公自序》。
② 见《周易新论》。

在"国人莫敢言,道路以目"的情形下,作为一个主管历史文献的朝廷史官,当然不便于明白公开地议论朝政。但他又是忠于王室的,职责所在,不能不说话,只好就周王朝的兴衰历史,总结其中的经验教训,提出有指导意义的政治主张和人生哲学。《周易·系辞下传》说:

> 《易》之兴也,其于中古乎?作《易》者其有忧患乎?

这位《易传》作者早就看出其中隐约之情了。汉人释"中古"为伏羲氏时代,那是汉人的误解。作者在忧患中作《易》,却是道着实情。为了隐约而大量运用比喻的表现手法是《周易》卦爻辞文章的又一特色。

最后,谈谈关于《周易》卦爻辞中的诗歌色彩问题。把卦爻辞中的韵语当作诗歌,并认为是《周易》的文学特征之一,是近代《周易》研究中新提出的说法,往往为文学史所引用。如把"明夷"卦初九爻辞"明夷,于飞垂其翼,君子于行,三日不食。有攸往,主人有言",截取前四句,读成"明夷于飞,垂其翼。君子于行,三日不食"。来和《诗经·鸿雁》"鸿雁于飞,肃肃其羽。之子于征,劬劳于野"相比附,认为《周易》中有比兴诗歌。把"屯"卦六二爻辞前三句"屯如邅如,乘马班如,匪寇婚媾",认做奴隶的歌谣。还有其他许多例子,不再枚举。它们真是诗歌民谣吗?很难说。其实,先秦散文中常常杂有韵语的句子,这是当时的习惯,可以说是一种文风。《尚书》中的殷周文告、周代铜器上的金文辞,以至后来的《老子》、《庄子》里面都杂有韵语,我们不能说它们都是诗歌。因此拿这点作为《周易》卦爻辞文章的特色,并无多大意义。

还有人认为卦爻辞中有故事和格言,把它们也作为《周易》卦爻辞文章的特点。这些对《周易》研究开创新路,确实起过一些作用,但是否接触到本质,成为《周易》卦爻辞文章的特点,似乎还要加以考虑。《周易》本来就是以史事作背景加以概括比喻写成的,在写作过程中偶尔保留一些史实,是可以理解的。同时因为卦爻辞的文章,词句要求简练,要在思想上具有指导意义。它在语句的简练中很容易出现一些富有哲理意味的句式,可以当作处世格言,所以把它们(故事和格言)当作《周易》卦爻辞文章的特点,似乎也不必要。因此,对这些就不多论了。

三、《周易》卦爻辞在先秦散文发展史上的地位

先秦历史,就有文学记载说,大致可以分为三个时期:殷周为一时期,春秋为一时期,战国为一时期,界限很明白。先秦散文大抵也可以按照上述区划,分为三个时期。殷末西周为第一期,甲骨卜辞、《尚书》中的殷周文告、青铜器铭上的金文辞、《周易》卦爻辞,是这一时期的重要作品。春秋为第二期,《国语》、《春秋》、《左传》,是这

一时期的重要作品。战国为第三期，诸子散文，《易传》、《战国策》，是这一时期的重要作品。论《周易》卦爻辞在先秦散文发展中的地位，最简便的方法是把它和其他作品作比较的研究。

在第一期的作品中，甲骨卜辞、殷周文告、金文辞和《周易》卜卦辞，由于用途的不同，各自形成特有的文章体制，从文章的结构上不容易看出它们的演进现象。现在且就它们的文章语言加以比较。

甲骨卜辞，是殷人特有的文化产物，和周人的文化源流不同，也难比较，暂不论及。

《尚书》中的周代文告和周初金文辞，语言简古，仅取达意，是我国现存最古老的散文作品。它们的特点，一是语词保持古义，二是词序和后代不尽相同，三是虚词很少，四是极少修饰附加成分，五是论说句多，描述句少。以《尚书·大诰》和金文《师旅鼎》为例：

> 王若曰：猷！大诰尔多邦，越尔御事。弗吊！天降割于我家，不少延！洪惟我幼冲人，闹无疆大历服，弗造哲理民康，矧曰其有能格知天命？（《大诰》开头一段）

"猷"为发语词，"越"有"和"意，"吊"训"善"，"割"训"害"，"洪"训"代"，"历"训"数"，"服"指"职位"，都是古义，和后代意义不同。"洪惟我幼冲人"，把"洪"字放在主语"我"字前面，也和后来词序不同。绝少句末虚词，也少修辞附加成分，没有描述句子。再看金文辞《师旅鼎》：

> 惟三月丁卯，师旅从仆不从王征于方，雷使毕友弘以告于白懋父，在莽。白懋父迺罚夏古三百乎，今弗克毕罚。懋父令曰：宣播诸乎不从乎右征，今毋播，斯有内于师旅。弘以告中使书。旅对乎概于尊彝。（见郭沫若《两周金文辞大系图录考释》）

在这篇铭文里，除"师旅"、"弘""雷"、"白懋父"、"中"为人名，"莽"、"于方"为地名外，如"乎"为衡量单位，"播"训"布"（佈），"右"训"助"，"内"训"私"，也都是古义。无句末虚词，无修饰附加成分，无描述句，都和《大诰》有相似处。

《大诰》创作在周公辅成王时代。《师旅鼎》郭沫若定为成王时器，都是西周初年的作品。拿它们和《周易》卦爻辞作比较，差别相当大。先举几条卦爻辞为例：

> 君子终日乾乾，夕惕若，厉，无咎。（乾卦九三）
> 履霜坚冰至。（坤卦初六）

龙战于野,其血玄黄。(坤卦上六)
屯如邅如,乘马班如,匪寇婚媾。女子贞不字,十年乃字。(屯卦上六)
乘马班如,泣血涟如。(屯卦上六)
师出以律,否臧凶。(师卦初六)
谦谦君子,利涉大川。(谦卦初六)
贲如皤如,白马翰如,匪寇婚媾,(贲卦六四)
三人行则损一人,一人行则得其友。(损卦六三)
高宗伐鬼方,三年克之,小人勿用。(既济卦九三)

  从上面的例子,可见卦爻辞比《大诰》和《师旅鼎》的文辞容易懂。《大诰》文辞生涩,《师旅鼎》文辞质朴,卦爻辞则平易流畅,显然不是出于同一个时代。在卦爻辞中,词语的古义已经减少,语调比前畅达,修辞附加成分多了,出现一些描述句子。这些说明《周易》卦爻辞的文章比西周的初期文风已经大大发展了。历史发展的规律,总是先难后易,先生后熟,行粗后精,先朴后华。卦爻辞的文章,显然是逐渐脱离西周初期文风,而向春秋时代的文风接近了。因此,从散文发展的长河说,卦爻辞的文章正处在西周初期向春秋时期过渡的中流,属于西周晚期的作品。它是西周散文的殿军、春秋散文的前趋。

漫谈语法研究

◎ 吕叔湘

常常有人给我写信,或是当面问我:"我想研究语法,请问应该怎么着手?"这个问题可不好回答,这叫做"一部十七史从何处说起"。在这种场合,我常常建议:"请你把问题提得具体些。"于是我就遇到各式各样的问题,有的实在答不上,有的多少能说几句,也不一定能满足提问者的要求。姑且把它写下来,给它一个总的题目叫做"漫谈"。

一

有人打算做点语法研究,问我怎样找问题。按说,解决问题是研究的动机,没有问题哪来研究的要求?但是确实有寻找或者选择题目的时候。大致可以分为三种情况。一,有些题目过去没有人做过,大可一试。例如"光杆动词"(没有任何附加成分的动词)的用法,这个题目就好像没有人做过。可是随着六十年来,特别是建国三十年来语法研究的逐步开展,这种"开荒"式的题目是越来越少了。二,已经有人做过这个题目,但是结论不对,或者还有探讨的余地。例如我曾经写过一篇《释您、俺、咱、喒,附论们字》[1],就是由于曾经有人写文章说"们"是从"俺、您、喒"的韵尾-m 变来的,而我发现这个结论恰好把演变的历史颠倒了。又如我写《把字用法的研究》[2],是感觉前人只注意到动词要有处置意义以及"把"后头的名词只能是有定的事物,不能是无定的事物,没有注意到动词几乎必须有后加或后续成分这一情况。三,这个题目已经有很多人讲过,并且其说不一,甚至曾经引起过争论。例如"台上坐着主席团"这种句型应当如何分析,动词转成名词的界限在哪里,等等。这一类里边有一些是所谓的老大难问题。

选择题目应当注意几件事情。第一,不要凑热闹——大家都在讲这个,"我也来谈谈"。谈是可以的,要确实做了点调查研究,说得出一些别人没有说过的情况。其

---

[1] 吕叔湘《释您、俺、咱、喒,附论们字》,载《华西协和大学中国文化研究所集刊》1940 年第 1 卷第 2 期。
[2] 吕叔湘《汉语语法论文集》,125—144 页,科学出版社 1955 年版。

次,不要把题目搞得太大,例如"汉语的词类"、"汉语的虚词"、"汉语的复合句"等等。这些都是可以写成书的,不要用一本书的题目来写一篇论文。当然,对于这类问题如果的确有点新鲜意思,也可以把它写成文章,但是不要全面铺开,饶上好几倍人人都知道的话。还有,如果要写文章批驳某种意见,应该看看这种意见是否还有很多人相信。要是本来没有或者已经没有几个人信服,就不必浪费笔墨去驳它。例如"汉语无词类论"就已经不值得批驳了。

　　选题目的时候,应当查文献,看前人研究这个问题已经达到什么程度。尤其是如果对于某一问题自己脑子里已经有某种假设,更应该查对文献,看看是不是前人已经有过类似的或者相反的结论。结论不同就得比较长短。如果别人的结论站得住,自己的假设就有问题。要是结论相同,应当检查自己掌握的材料,如果有新的论证,还是可以把它写出来,但是不可不指出前人的成果。否则尽管自己是见闻不周,失于孤陋,别人也会怀疑你是有意干没,自矜创获。我在前面提到过的那篇论文里用了不小的篇幅论证"俺"是"我们"的合音,"您"是"你们"的合音,"喒"是"咱们"的合音。论文发表之后,一位朋友远道写信告诉我,明朝的徐渭在《南词叙录》里已经说过。对我来说,这岂但是扫兴,简直是惭愧。后来我把那篇文章改写成《说们》的时候①,把徐渭的话引用在第四节的头上。

二

　　有的同志问:题目决定了之后,怎样一步一步地进行? 我总是这样回答:你会不会看棋谱? 不会看棋谱的人,一局棋一路看到底,收获不大。会看棋谱的人,看甲方走一步,不急于看乙方怎么走,先自己想该怎么走,然后看乙方是怎么走的,往往比自己想的高明,这样看棋谱就大有收获。你要了解研究问题的具体过程,可以找那么十篇八篇你认为或者别人介绍是写得好的论文,这里边一定有几篇是能反映出作者的研究过程的。看这样的论文,不要一口气看完,要看一段,想一想。一般论文总是首先提出问题,看到这里就停下来想想,如果你拿到这个题目,你打算怎么办? 提出来的问题可能是前人已有结论而作者不同意,你就设想应该从哪里找反面的论据;也可能前人有几种意见,还没有定论,你就设想应该从哪里找判别是非或者比较长短的标准;还可能是一个全新的问题,你就设想应该从哪里下手。——然后看下一段,看作者的做法是否符合你的设想。很可能不符合你的设想,这样你就学了一招。然后设想下一步该怎么进行,再看作者是否这样进行。这样看下去,直到全篇看完。然后再把作者的结论四面八方琢磨一遍,看是否有漏洞,或者是论据不充分,或者是论证不健全;是否还遗留问题,该怎样进一步研究。

---

① 吕叔湘《汉语语法论文集》,145—168页,科学出版社1955年版。

跟怎样进行研究的问题联系在一起的是怎样写出论文的问题。可以按照研究的过程写：提出问题；试作假设；在有关材料中找论据，正面的和反面的；进行论证；作出结论。如果这个问题可以分成几个小问题，就按照逻辑的顺序分别进行探讨，然后加以综合。可是不要忘了，不是所有的题目都要按实际研究过程写成论文。有的题目不含辩论的性质，只是论述某一种现象，某一组规律，那就完全可以直接把结论端出来，按照那现象或那规律的内部条理或层次，依合理的顺序一一叙述。用这种方式写而且写得很好的论文也是我们学习的榜样。

三

怎样选用例句，这也是一个问题。在任何一本语法书或一篇语法论文里，例句都是重要的组成部分，有时候甚至是主要的部分。例句选择得好，说明的话就可以简单些，读者能从例句上悟出道理（规律），说明部分只要点一下就行了。反之，如果没有很好的例句，说明部分使多大的劲也不容易让读者完全领悟。

很多语法著作里的例句是平稳有余，贴切不足。不能要求所有的例句都扣得很紧，但是最好是一组例句之中能有一两个是能让读者点头叫好的。用例句决不能"随手拈来"，要有选择，不但是要能恰好"说明问题"，还要内容和语言都可取，并且不支蔓，不涉及别的问题。《现代汉语语法讲话》①这本书里的例句是选择得比较好的，吕冀平同志对于这一点特别欣赏，在书评②里举了好些例子。我自己也不止一次遇到教语文的同志说："《语法讲话》里的讲法我不一定都能同意，可是那里边的例句确实好，我讲课的时候常常到里边去找例句。"

例句是怎么来的？有时候是为了说明一个问题临时编出来的，有时候是带着问题到书刊里去找来的，有的是平时看书看报摘录下来的，有的是从别的语法著作的相应章节里抄来的。例句是不是必须有来历，可不可以自己编，对此有不同意见。我觉得为了说明十分平常的语法现象，是不妨自己编例句的，只要编得"像"，也就是说，可以"乱真"。就是引用作品中的例子，也不一定要注明出处。这种场合引用现成例子，有时候难免节外生枝，反而不如现编的干净利索。有一个折中的办法是，用现成的例子而加以必要的修剪，免得分散读者的注意力。这说的是关于极其粗略的语法现象，如果涉及细节，尤其是涉及比较特殊的细节，引用的例句，不用说，必得交代出处，才能取信于读者（"有书为证"或者"有人这样说"的例子也不一定全都可以引用，这里边涉及规范问题，这不是几句话能说清楚的）。至于引用别的语法著作里的例句，必要的时候可以偶一为之，但如果全部例句都是转引来的，就太没有意思

---

① 丁声树等《现代汉语语法讲话》，商务印书馆1961年版。
② 吕冀平《〈现代汉语语法讲话〉读后》，载《中国语文》1962年第6期。

了。除非是为了辩论,为了要作出跟原著不同的解释。

寻找合适的例句是颇为费劲的事情,有时候半天找不着一个非常合适的。所以最好是在平常看书看报的时候,遇到有用的例句就摘录下来;如果有条件每天或经常有一定时间专门为了搜集例句而看书,那就更好了。那些特别"解决问题"的例句往往不是临时找来的,而是平时储备的。我在《这、那考原》那篇札记里[①],为了证明"这"字和它的前身"者"字在宋朝都已经跟现在一样念去声,引用了两个例子。一个是杨万里的诗:"只者夭时过湖得,长年报道不须愁。"作者在"者"字底下自己注上"去声"。一个是《朝野遗记》里有一条记刘攽请客,苏轼要先走。刘说:"幸早里,且从容。"苏说:"奈这事,须当归。"各以三果一药为对(杏、枣、李,苁蓉;柰、蔗、柿,当归)。有的同志问我,这么巧的例子是怎么找来的。说实话,"找"未必找得来,这是还没有起意写这篇札记的时候就摘录下来的。但是平时看书搜集例句是全面进行的,脑子里装着各种各样的问题,难于照顾周到,到了要用的时候往往不够用,还得有目的地再去搜寻。换句话说,这两种办法要结合起来。

四

有人问:"怎样做研究才能出成绩?"这个问题太大,没有法子做出全面的回答。姑且说两点吧。

首先,不要躲避棘手的事例。不要绕开走,绕是绕不过去的。许多语法书,夸大点儿可以说是几乎所有的语法书,都只举些很"听话"的例子,因而全书"整齐清洁",看起来很舒服,可是拿到课堂上去讲,就常常受窘,学生能提出一大堆事例,都是书上没有照顾到的。绕有两种绕法。一种是装做没看见,这不用举例。一种是"因地制宜"地加以解释,例如把"王冕七岁上死了父亲"里边的"死"字讲做"失去"("他已经死了这条心了"的"死"也讲"失去");把"她去年又生了一个女儿"里边的"生"讲做"生育"("他去年生了一个孙子","生"还能讲"生育")。只有首先正视事实,才有可能作出合理的解释。

其次,不要满足于笼统的说明。比如"他答应另写一篇"和"他允许另写一篇",光说这两句都是用动词短语做宾语,就不免笼统。则第一句的"答应"和"写"是一个人的动作,第二句的"允许"和"写"是两个人的动作。如果在两句的"写"字前边都加个"我"字,则第一句"他答应我另写一篇"是个双宾语的句子,第二句"他允许我另写一篇"是个兼语式的句子。

又比如说形容词可以做定语,也可以做谓语。事实上,不但有很多形容词只能做定语不能做谓语,像"共同、个别、主要、小型、慢性、新生"等等,而且有的形容词有

[①] 吕叔湘《汉语语法论文集》。179—181 页。

时候能两用,有时候只能一用,例如"老将军"可以变成"将军老[了]",可是"老朋友"不能变成"朋友老[了]"。还往往有这种情形:"形＋名"和"名＋形"的意思不相应,例如"重要外语"和"外语重要"。前者是因为两个"老"字的意义不同,后者是因为前一个"外语"不是全称,后一个"外语"是全称。可见语法的研究有时候涉及语义,有时候又涉及逻辑。

再举一个例子,并列关系包括加合和交替两类,这是语法书上都讲的,可是加合关系里边又可以分成加而不合和加而且合两种情况,这就很少讲到了。例如:(a)老张和老李是山东人(加而不合。等于"老张是山东人,老李是山东人");(b)老张和老李是同乡(加而且合。不能说"老张是同乡,老李是同乡",必得"老张和老李"才是"同乡")。前一种情况可以用副词"都"字,"老张和老李都是山东人",后一种情况不能用"都"字,不能说"老张和老李都是同乡"。

五

很多人提出这个问题:"过去的语法研究,受西方语法的影响很深。我们研究的是汉语的语法,汉语不同于别的语言,在我们的研究中怎样突出汉语的特殊性?"

中国自古以来没有语法这门学问,语法学是十九世纪末从西方引进来的,因此不免有一段时间以模仿为主,这是可以理解的。但是模仿过了头就成了削足适履,例如把一个以连接修饰语与被修饰语为其主要作用的"的"字分成语尾、介词、关系代词。模仿过头引起反作用,又会走到另一极端,强调汉语的特殊性到不适当的程度,例如说汉语不能分词类,汉语一个字就是一个词,等等。再进一步就会说汉语没有语法,一切取决于字义,那就是因噎废食了(因为汉语没有印欧语的词类特征,就说汉语没有词类,因为汉语没有印欧语的构词方式,就说汉语里词就是字,这仍然是拘泥于印欧语法是语法正宗的一隅之见)。

从原则上讲,世界上没有没有语法的语言,汉语也必然有汉语的语法;世界上没有两种语言的语法完全相同,汉语和印欧语言的语法也必然有同有异。正确的态度应当是实事求是,还汉语语法以本来面目。但是这件事说起来容易做起来难。曾经有一位语法学界的前辈引用王夫之的话"不迷其所同,亦不失其所以异"来表明他对待中西语法的态度,然而恰好是他的著作被有些人引来做模仿西方语法的典型。这也可以说明要做到这两句话是多么不容易了。

事情要从根儿上讲起。凡是语言都有语法结构,有语法结构必得先有大大小小的语法单位。小单位对于大单位之内的各种位置,必然有不同的选择性,因而可以在大单位的内部划分成分,在小单位中间划分类别。这些道理适用于一切语言,自然也适用于汉语。至于汉语有哪些单位,这种、那种单位有哪些类,这种、那种单位有些什么样的结构,这些单位、类、结构跟印欧语的类似的单位、类、结构比较起来异同如何,都是可以探讨,应该探讨的。最好不要笼笼统统地说汉语的特殊性,要说出特殊在哪里,对汉语语法产生什么影响。比如说,汉语里的语素绝大多数是单音节,汉语的音节结构不很复杂,因而同音的语素多,可是写成汉字有分别。这个情况对于语法的影响是:除极常用的词里边单音词较多外,双音词占绝对优势(这样就减少了同音词);容易产生也经常产生双音节的简称作为短语的特殊形式,这些简称又很容易凝固成双音词,例如"语言文字→语文"、"医疗效果→疗效"。汉语的另一个特点是不具备印欧语那种形态变化。这个情况对于语法的影响是:词和构词成分的界限不清,词和短语的界限不清,词类的转变与否难定,与谓语动词有关的名词的身份(主语、宾语、补语、状语)难定。几乎可以说,汉语语法里有争论的问题大都跟这个情况有关。当然,说"不清"、"难定"是说有的地方不清,有的地方难定,不是说处处不清,处处难定,更不等于说"不能分","不能定",只是说费斟酌,伤脑筋罢了。这些是研究汉语语法的人必须考虑的问题。别的特点也应该这么具体地摆出来,这样有利于研究工作。笼笼统统地讲特殊性,容易搅乱思想,不利于研究工作。

六

近年来常有人提到语法应该联系修辞来教学,联系修辞来研究,因而也常有人问我怎样联系。这个问题我没有认真探索过,不过谈谈随便想到的例子还是可以的。首先要澄清对于修辞学的认识。那种认为修辞学主要是讲修辞格的想法恐怕是不妥的。从原则上讲,语法讲的是对和不对,修辞讲的是好和不好;前者研究的是有没有这种说法,后者研究的是哪种说法比较好。从修辞的角度看,没有绝对的好,倒可能有绝对的坏,例如使用生造的、谁也不懂的词语。哪种说法最合适,要看你是在什么时间什么地方对谁说话,上一句是怎么说的,下一句打算怎么说。不同的场合有不同的要求,有时候典雅点儿较好,有时候大白话最为相宜。好有一比:我们的衣服,上衣得像个上衣,裤子得像个裤子,帽子得像个帽子。上衣有两个袖子,背心没有袖子,如果只有一个袖子,那就既不是上衣,又不是背心,是个"四不像"。这可以比喻语法。修辞呢,好比穿衣服。人体有高矮肥瘦,衣服要称身;季节有春夏秋冬,衣服要当令;男女老少,衣服的材料花色不尽相同。总之是各有所宜。修辞就是讲究这个"各有所宜"。至于修辞格,只好比做在领子或袖口上滚一道花边,或者在胸前别个纪念章什么的,是锦上添花的性质。要是不管什么场合都要想方设法安上几个"格",或者砌上一堆"成语",那是小学生的玩意儿,会写文章的人是不这么写的。

讲几个语法联系修辞的例子。比如"被"字表示被动,但并不是凡是有被动意义的地方都必须或者可以用"被"。例如"这句话说错了"决不能说成"这句话被他说错了"。"那些书他都卖了",这句话不含褒贬;"那些书都被他卖了"就有对他不满的意思。

举一个句子格式的例子。"广场中央矗立着人民英雄纪念碑"和"人民英雄纪念碑矗立在广场中央",这两个句子结构不同,意思一样,可是放在下面这两个大句子里面就各有所宜:(1)广场东边是历史博物馆,广场西边是人民大会堂,广场中央矗立着人民英雄纪念碑;(2)人民大会堂和历史博物馆在广场的两边遥遥相对,人民英雄纪念碑矗立在广场中央。如果把这两个小句交换位置,语法上没有什么不可以,修辞上就没有原来的好了。

再讲一个有关语言节律的问题。修饰语和被修饰语之间的"的"字,用和不用,在大多数场合不取决于语法(尽管有"的"与否是两种结构),而取决于修辞。从下面这几个例子可以看出来:

(1) 账是要算的,但要算活账,算群众积极性的账,算集体经济优越性的账,算共产主义风格的账,特别要算人的潜力[的]账,算过去浪费劳力的账。(《把农田基本建设当作伟大的社会主义事业来办》,《红旗》1977年10月号28页)

(2) 李锁寿说:"共产党的县委,只能拉社会主义的车。"……李锁寿是怎样拉社会主义[的]车的?一是路线是非分得清……(《人民日报》1978年1月11日一版)

(3) 总之,许多人热望他能成功;也有人等待他的失败。(同上)

例(1)四处"账"字前头有"的"字,只有"潜力"和"账"中间没有"的"字,那是因为"潜力"前头已经有了个"的"字。例(2)"社会主义"和"车"中间,一处有"的",一处没有,那是因为第二处"车"字后头有"的"字。例(3)"他的失败"和"他能成功"对称,如果上半句没有"能"字,下半句也就可以不用"的"字。又如:

(4) ……去年从三月底到十一月,他和战士谈心四百多人次,平均每天谈两个人次。(《人民日报》1978年1月31日一版)

(5) 恢复和发展小商品生产,领导重视[与]不重视,抓与不抓,大不一样。(《人民日报》1978年1月17日二版)

例(4)"人次"是个复合量词,一般可以直接用在数词后头,像这里第一处"四百多人次"(没有"多","四百人次"也行);可是第二处"人次"前边的数词"两"是个单音节,"两人次"有点不顺口,就加了个"个"。例(5)"重视"和"不重视"之间,"抓"和"不抓"之间,都是可以用"与"(或"和")也可以不用的,现在一处用一处不用,跟"重视"是双音节,"抓"是单音节有关。单音节和双音节的分别对于现代汉语的词语结构所产生的影响是很值得研究的①。

---

① 吕叔湘《现代汉语单双音节问题初探》,载《中国语文》1963年第1期。

汉初正朔考

◎ 敖士英

在古书中常常看得见有几个关于历法的问题,如夏正建寅,商正建丑,周正建子,秦正建亥,汉初袭秦制,以十月为年首。夏商周三代改建的说法,于经学上已经成了一个难决的疑案,有的以为改正朔不改月数,有的以为正朔既不同月数亦异。现在专就汉初以十月为年首来说,是否当时真的改十月为正月?同时是否就以冬为春?前人关于此点,主张各有不同,《汉书·高帝纪》如淳注云:"《张苍传》以高帝十月至霸上,故因秦以十月为岁首。"宋刘攽又说:"五星本以秦十月聚东井,高帝乃以夏十月入秦,时人欲见汉德应天,故合而言之;史承人言不改尔。"又文选《古诗》李善注曰:"高祖十月至霸上,故以十月为岁首。汉之孟冬,今之七月也。"据刘氏说,则汉初的十月明是秦的正月,和如淳李善的说法完全不同。后来的学者各有所从。推究本原,就是史书上所记载,也有令人难了之处。

《史记·秦始皇本纪》曰:"始皇采用邹衍说,以胜周为水德,始改年;朝贺皆自十月朔,衣服,旄旌,节旗皆尚黑。"

又《封禅书》曰:"秦以冬十月为年首,色尚黑;汉王因之,以十月为年首,色尚赤。"

又《历书》曰:"秦灭六国,颇推五胜,而正以十月;然历度闰余,未能睹其真也。汉兴袭秦正朔服色……今上(武帝)即位招致方士唐都,分其天部,而巴落下闳连算转历,然后日辰之度与夏正同;乃改元……"

综上所说,一则曰:"朝贺皆自十月朔。"一则曰:"正以十月。"若据前说以朝贺而论,那末正和《书经》上《伊训》、《太甲》(今文无)篇"以十二月奉嗣"意同,关于时月,还是与夏正一样。但下面又说"正以十月",那又明是改月的证据。到底秦的时月改与不改?与夏正同与不同?不同的地方又是如何?他接着又说:"然历度闰余,未能睹其真。"所以照这样看来,"汉因秦制",实在秦制怎样,司马迁在当时也说不明白,我们到底从那说为好?其中还有一点值得注意的地方,在《封禅书》说:"色尚赤"。在《历书》说:"袭秦服色。"据后说汉初服色也当尚黑,为什么又云尚赤?由上所述,

都是可看出古代历史中的记载多有不明确。后来班固作《汉书》说到此点,更觉得濛糊不清。如例:

《汉书·律历志》曰:"秦并天下,颇推五胜,乃以十月为正,色尚黑。汉兴,方纲纪大基,庶事草创,袭秦正朔,以北平张苍言,用颛顼历,比于六历疏阔中最为微近;然正朔服色未能睹其真,而朔晦月见弦望多非是。至武帝元封七年改太初历:晦朔弦望皆最密,日月如合璧,五星如连珠。"

班固作《汉书》,关于汉初纪月,一依夏正,都以十月次年首(《与史记》同)。直到后面王莽改建丑为正月,于是将十二月改书正月,不闻再以十二月冠年首了。所以一王莽死年,在《前汉书·王莽传》为"地皇四年十月三日庚戌"。在《后汉书·光武纪》则为"更始元年(即地皇四年)九月庚戌",二书所记相差一月(这正因为王莽改月的关系)。班固一手著书,果然汉初因秦制改月建首,为什么又不将十月改书正月?有人以为司马迁作《史记》成于太初改元之后,凡遇秦正皆改用夏正;班固多本《史记》,故亦不书秦正。果真如此,那末马迁《史记》就非信史;班固在《王莽传》所书,又和前面相违背了,岂二氏作史之原意乎?况且改月建首,非只秦汉;王莽建丑,魏明帝景初亦建丑,《前汉书》、《三国志》皆为之改书十二月为正月,没有听见有人因此非之者。现在再就汉初诸人文字中涉及时月诸条,举列如下,关于当时时月的真象如何,看了他们所说的,自然不会再混乱了。

(一)四时——春夏秋冬——不改

孔臧《蓼虫赋》曰:"季夏既望,暑往凉还,消遥讽诵,遂历东圆。"见《太平御览》九百四十八。

枚乘《七发》曰:"冬则烈风漂散飞雪之所激也;夏则雷霆霹雳之所威也……"见《文选》卷三。

董仲舒《五行对》曰:"水为冬,金为秋,土为季夏,火为夏,木为春;春主生,夏主养,秋主收,冬主藏;藏,冬之所成也。"见《春秋繁露》卷十(《繁露》关于此类记载尚多,兹不备举)。

晁错《说文帝命入粟受爵》曰:"春耕,夏耘,秋收,冬藏,伐薪樵,治官府,春不得避风尘,夏不得避暑热,秋不得避阴雨,冬不得避寒凉;四时之间,无日休息。"见《汉书·食货志》。

文帝元年春三月议振贷曰:"方春和时,草木群生之物皆有以自乐。"见《汉书·文帝纪》。

又二年正月诏曰:"农天下之大本,其开藉田。"见《汉书·文帝纪》。

上面引的几段,都是汉初人的作品,并且还有几篇是直接和当时帝王发生关系,果然汉初是以十月为正,同时又把冬改作春,那末上面的文章里面所举四时的各种现象，就不应当和夏正四时的状况相同。为什么春提前了三个月（以十月为孟春），到了季夏还是说"暑往凉还"？当春三月，还是说"草木自乐"？一个时代的正朔，在当时朝廷里已不能推行，还望推诸四方？行诸久远？综上各端说起来，所以第一步我敢断定汉初四时，实同夏正，未尝更改。

（二）月数未改

《史记·封禅书》曰："高祖十年，有司奏令县常以春三月及蜡，祠社稷以羊豕。"（按《通典》四十四引魏高堂隆《诏问未祖丑蜡对》云："闻先师说曰：'王者各以其行盛而祖，以其终而蜡。水姓生于申，盛于子，终于辰；故水行之君以子祖，以辰蜡'。"汉初因张苍言以水德王，故蜡从辰，即夏正春三月是也。旧注或以为十二月，非）。

贾谊《鵩鸟赋》曰："单阏之岁兮，四月孟夏，庚子日斜兮，鵩集余舍。"（按序曰："鵩似鸮，不祥鸟也"。御览载孔臧《鸮赋》云："季夏庚子，思道静居，爰有飞鸮，集我坐隅"。即本此）。见汉书《贾谊传》。

淳于意对文帝曰："齐丞相舍人奴有疾勿知，意告曰：当至春隔塞不通，不能食饮；法至夏泄血死……至春果病，至四月泄血死。……所以至春（死）病者，胃气黄，黄者土气也，土不胜木，故至春（死）。其所以四月死者，奴之病得之流汗，数出炙于火，而以出见大风也。"见《史记·仓公传》

董仲舒《雨雹对》曰："元光元年七月京师雨雹……阳德用事则和气皆阳，建巳之月是也；是故谓之正阳之月。阴德用事，则和气皆阴，建亥之月是也；是故谓之正阴之月。十月阴虽用事，而阴不孤立，此月纯阴，疑于无阳，故谓之阳月。四月阳虽用事，而阳不独存，此月纯阳，疑于无阴，亦谓之阴月。自十月以后，阳气始生于地下……四月以后，阴气始生于天上……"

四时既本夏正，上节已明。再从上举月气观之，那末所谓"四月孟夏"，"十月建亥，四月建巳。"当然也是夏正的月数了。后汉鲁恭《议断狱》有云："夫阴阳之气，相扶而行，发动用事，各有时节，王者虽质文不同，而兹道不改；四时之政，行之若一，周今周世所造，而所记皆夏时也；其变者唯正朔，服色，牺牲，徽号，器械而已。……"兹就汉初各方面的史料观之，可知当时所谓"袭秦正朔"无非是"朝贺皆从十月朔"，"纪年以此为首"而已，并没有牵涉到改变时月上去。且古人所谓"改正朔"与"改时月"，实在是两回事，不能混作一谈，上面鲁恭已说得很明白了。至于太初改历，一则以历纪疏坏，宜更造密度（考古代历法，有所谓黄帝五家历，颛顼五星历，夏历，商历，周历，鲁历；及汉有太初历，四分历，乾象历；曹魏更作景初历。用以推究时月，要皆各有所长。郝经《续后汉书》曰："历无定法，法久必差，差则必革。"又曰："历之始造，测验推步，无不精密；久而疏，疏而不合，非历差也，运气自差也。"古代历法之烦，大抵皆由于此，历象家有不得不改求他法以图密合者）。一则以汉非水德，正朔宜异于秦。后世不察，以为汉自太初始改行夏正，误矣。（附录后汉陈忠的一段话，以见太初所以要改历的缘故，并不是在改建寅为正月。陈忠曰："汉高受命，因秦之纪，闻常在岁后,违于帝典;太宗遵修,三阶以平。……")

尝读《古诗》十九首里面,有"玉衡指孟冬"一句,李善注以为就十月为正说,——以夏正七月为孟冬——实在没有明白汉初"正朔"和"时月"的实状。北魏《高允传》,允辨十月五星聚东井事说:"按星传金水二星常附日而行。冬十月,日旦在尾箕,昏没于申南,而东井方出于寅北,何因背日而行?是史官欲神其事。不复推之以理。"后岁余,崔浩谓允曰:"果如君言,以前三月聚东井,非十月也。"后人因崔、高二氏的话,乃将五星聚东井的事附会到秦十月上,以为崔、高二氏的意见如此,殊不知高氏在辟史官之误,崔氏已明言非十月,又从那里寻得出一个秦十月来?《古诗》"玉衡指孟冬"句,冯惟讷《诗纪》引《补注》云:"冬:当作秋。"我看这话不为没有根据。今特附述于此。

中国戏曲所受印度文学及佛教之影响

◎ 卢 前

一

余治中国戏曲史，十余年前即主世界戏剧同源之说。及读印度古剧，而后知在我国元杂剧形式完成以前数百年，印度已有极完善形式之戏剧。其最著者，如予今年所译伽梨陀沙之《沙恭达罗》。余尝为序云："伽梨陀沙，西历纪元五世纪人，半世居住乌阇衍城。笈多王朝大勇健日王在位日也。或谓出生婆罗尼斯，去乌阇衍千五百里。相传父为婆罗门僧侣，不幸少孤，为牧牛家抚育成人，以是无缘深造其学。顾态度大方，容颜美好，不类婆人子。时婆罗尼斯有公主，学问渊邃，自视尊贵。求婚媾者，辄以俭庚为所拒绝。或衔其恨，思所为报，乃延伽梨陀沙于道中，饰为学人，从者皆博士，预与相约，不得启齿。公主一见，情爱遂生，复因沉嘿，意其宏博，于是嫁之，缔姻庙宇。婚礼甫阕，而伽梨陀沙忽见泥牛，露其本相。公主大愤，已而祈祷大黑神女，乞天赐福，使成学者；得神女力，果如其愿。自易名曰伽梨陀沙，谊谓大黑授也。感公主德，且为之誓；将永奉为师，不以为妻。公主不悦，遂诅咒之。谓在他日必死妇人手。后有国王，写诗半首，曰有能续者，兼金为赏。伽梨陀沙闻而续之，稿已成矣，为所欢者得，欲攘国王之赏，杀伽梨陀沙。其死也，果如公主所诅咒！大勇健日王者，求贤若渴，嗜才如命，国值承平，人士咸集。乌阇衍城，首善之区，伽梨陀沙居之既久，亦王近幸。所著赋三、诗一、剧曲三。其述名王故事者，曰罗孤王朝赋，六千余行。说自在天战神降魔事者，曰战神降世赋，四千余行。记神人以罪被放，藉云为使与所欢通问事者，曰云使赋，五百行。古印度赋铺陈堆砌，与中土两汉之赋略同。其诗曰：时季篇。二百行，亦多男女相悦之情。而剧曲早岁所作，曰胜鬘与火天友。叙火天友王爱其后之女侍胜鬘，率聘为妃，晚岁之作，曰勇健与天女。指寓大勇健日王事。谓勇健王爱一天女，其后天女被谪凡尘，终于会合。曰沙恭达罗者，又其一也。沙恭达义为孔雀，沙恭达罗云者，孔雀女也。"

曼殊和尚云："伽梨陀沙梵土诗圣，英吉利骚怀推之为大竺莎士比亚，读沙恭达罗可以觇其流露。"予译《沙恭达罗》为"无胜王出猎缔良缘，孔雀女重圆金环记"。剧凡七出,前有开场。一曰出猎,二曰泄密,三曰定情,四曰辞家,五曰魔障,六曰怀沙,七曰重圆。结构精整,曲白相间,兹以拙译"开场"为例:

(副末上)(唱为众祝福歌)自在天有八象,一切之王。创世原始:那水汤汤;熊熊火:祭坛司祝;还有分昼夜,日月辉光;无所不涵,传声的穹苍;生命种子此中含,大地茫茫;一呼一吸气蕴藏;见如今天自降临为众福,八象显扬。(白)罢了。(回望后台)大姐准备好了,就请登场。(旦上)呀,我来啦!有何呼唤?(副末)列位观客见过多少?今见个要演一出新戏,叫做沙恭达罗,就是孔雀女重圆金环记。是那大文家伽梨陀沙作的。咱们伙计每个都要聚精会神的来演!(旦)有你家安排妥帖,决没差池的。(副末)(微笑科)大姐,听我从实道来。(唱)是聪明的才能意满,这表情煞是难装。便老手也要列位捧场,若不能他自信无方。(旦)正是。请问现在从何入手?(副末)请先唱一支歌儿伺候列位罢!(旦)唱支甚节季的歌儿呢?(副末)且唱目下这初夏光景,一年中当这节季呵!(唱)午天一浴正清凉,微风中送野花香。树阴下难得安闲睡,最消停睡到昏黄。(旦唱科)馥郁芬芳,饱满的蕊在花中央。多少娘行,摘戴鬓云旁;小心呵如此花香!怕要被野风儿吻一场。(副末)唱得好,列位观客多被你歌声迷住,好似那画中人物。咱们再演出甚么戏为列位助兴呢?(旦)方才你家不是说要演沙恭达罗那金环记么?(副末)亏你提醒我,这时候我都忘啦!(唱)你好歌喉唱得我情迷惘,正似这剧中随著那鹿儿撞。(同下)

读者不知为译文者,几不认为明以后传奇戏文中之"家门"耶?当我隋唐之际,戏曲尚无定型而印度之戏剧已若是其成熟!其间究竟有无彼此影响之处,此诚戏剧史上一最有兴趣之问题也。

二

印度呼戏为"那吒迦",优伶为"那吒",此二字皆"那"语根变化而来。在梵语"那"具舞义,故内典译那吒迦为游戏,或以歌说,吉事;译那吒为俳儿。我国在隋唐时亦有俳儿之称,前此复有郭秃之名,予尝作"郭秃解"。

《颜氏家训·书证篇》:"或问俗名傀儡为郭秃有故实乎?答曰:《风俗通》云:诸郭皆讳秃,是前世有姓郭而病秃者,滑稽调戏,故后人为象呼郭秃,犹文康象庾亮尔。"郭秃之说见此,余意未必果有其人也。案梵语名戏为那吒迦,谓优伶为那吒。郭那叠韵,秃吒双声,郭秃其那吒之变与?《乐府杂录》"傀儡"条云:"其引歌舞有郭秃者,发正秃,闾里呼为郭郎,凡戏场必在俳儿之首。"所谓俳儿即那吒之意,译详《修行道地经》"譬如国王,而有俳儿"云云。意译曰俳儿,音译曰郭秃,衍而呼之曰郭郎,原是脚色通称,犹今之云戏子也。引戏者俳儿之首,实亦俳儿。《太和正音谱》云:"引戏,院本中旦也。"梵语傀儡曰补特利迦者,具女儿义。然则兼扮男女,亦戏剧之常。诸书异名同实,古剧虽不必出于梵剧,抑未尝不被其影响焉尔。

梵剧包括三要素：一曰乐歌，二曰舞蹈，三曰科白。其体例始于笈多王朝，即西历纪元三一九年，当我晋元帝太兴二年。据吕德（Luders）教授在新疆吐鲁番发现梵本所得之三本戏本，为贵霜朝迦腻色迦王之诗歌供奉马鸣菩萨所造，是知梵剧之渊源甚远。《普曜经》中曾言佛陀具演戏技能，如《妙法莲华经》等皆问答体，已具戏曲科白之规模，论者以梵剧体例之形成，与大乘佛教之发展同时，且有直接关系。马鸣之后，有婆娑、迦梨陀沙，其至旃陀罗、戒日王以及摩醯因陀罗昆克罗摩婆摩，则与玄奘同时，是当我唐代。其时我国之戏剧仅为歌舞，实奠定戏曲中舞蹈（身段）技术之基础。《樊哙排君难》虽为我国第一本戏剧，然其剧不存在当时只有具故事性之舞蹈，并无歌曲科白也。宋以后滑稽戏兴，以宾白为主，而舞蹈乐歌又不备，合此数端而构成纯正完美之戏曲者应自金元始年。是我国戏曲之成立，后于印度，盖无疑义。

梵剧复有六特色，与我国后来之戏曲颇多相同。一、乐歌之音节有定。二、剧材之来源有三，曰：波罗迦陀（传说），犹我戏曲之出于唐人小说；曰：邬特波陀耶（创作）；曰：靡色罗（杂串），犹我国所谓焰段者。三、出数无定，通常标第一第二，或定出目，则不出作者之手。犹我元杂剧作第一折、第二折；而明代传奇始有出目也。四、宾白不纯用雅语，亦不纯用俗语；最优美之语言，雅俗参半。一剧之中，惟国王、婆罗门、将官、相国、学士用雅语，即所谓"散瑟纥栗多"者。王后、贵女，亦用雅语，比丘尼与艺士，则间用雅语，至于寻常妇人及下流人均用俗语，所谓婆罗纥栗多者。上流中亦闻有用俗语者。俗语不必限方言，各地土语均可应用，此与我国戏曲为尤近。五、在舞台动作，梵剧与我国戏亦同，盖不尽表出，而每以意示者，如一戏中前后隔数十年，往往加一短戏（即楔子）。他如作梦、书信、后台问答，图画真容、醉酒、乔装之类，多以助剧情之发展。六、脚色。主角曰拿耶伽，其字源由"尼 Ni"来，具引领之义。宋代引戏亦曰末尼，末尼之尼旧无确解，不知与此有关否耳。女主角曰拿叶迦，具有才德美容，盖剧中除主角外，均有一定称谓，主要女配角必以"授"、"军"、"成就"（datta，sena，siddha）为尾字。奴婢等则以物件为名。如"小丑鸭"、"珊瑚"等。隐士每以"犍陀"名。各角色互相称谓亦有一定。在中国剧中称员外、相公、主上、小姐之类，亦犹是也。而婢女之名"春梅"、"梅香"，役人之名"张千"、"李万"，亦犹是也。

梵剧之特色，亦可谓我国戏剧之特色，是否我国戏剧受印度之影响？自中古时代我国与近西之交通，与夫六朝以来佛教经典之翻译言之，不可谓此假定为妄论也。

以上中印戏剧比较，仅就戏曲之形式与法则言；若就题材而言，则佛教转入我国后，戏曲中亦不曾有关佛教之作。

三

元人杂剧，分十二科：神仙道化、林泉邱壑、披袍秉笏、忠臣烈士、孝义廉节、叱奸骂谗、逐臣孤子、拨刀赶棒、风花雪月、悲欢离合、烟花粉黛、神头鬼面。"神仙道化"，为道教之题材,而"神头鬼面",则佛教之题材也。日本青木正儿氏尝合而称之为"道释类"。其实此十二科亦有未可分列者,如无一剧无"悲欢离合"之情节,是悲欢离合科以外,无杂剧也!杂剧中穿插道释之处亦不少,然以佛教为主题者,仅郑廷玉之《布袋和尚》、《忍字记》与吴昌龄之《唐三藏西天取经》而已。《唐三藏》又出于金人院本。是杂剧虽有"神头鬼面科",而不足以语佛教文学,有佛教文学之价值者,传奇为多。

传奇之有关于佛教者,最著名之作,厥惟《劝善金科》与《归元镜》。而《劝善金科》为内廷戏,可以称之曰"钦定戏曲",故传播至广。而其题材为《目连戏》,又为民间传说、地方剧之产物,宜其扮演遍于朝野,开中国戏曲演出之前例。其凡例有云:"源出于《目连记》,《目连记》则本之大藏中《盂兰盆经》;盖西域大目犍连事迹,而假借为唐季事,牵连及于颜鲁公段司农辈,义在谈忠说孝。西天此土,前古后今,本同一揆,不必泥也。"《劝善金科》共有十本,旧本每本中还有二十一二出,或三十出,多寡不匀,其后订每本二十四出,共一百四十出。其演出时,最有趣者为出入场之规定。从来演剧惟上下二场门,大概上场门上,下场门下;然有应从上场门上者,亦有应从下场门上者。且有应从上场门上,而仍应从上场门下者,有从下场门上,仍应从下场门下者,此剧特为分别注明。以上帝神祇、释迦仙子,不便与尘凡同门出入;且有天堂,必有地狱,有正路,必有旁门,据云人鬼之辨,必为分晰。佛教气味极浓,他剧所不若也。至其故事情节,——目连救母,殆无人不知,此处无须赘及。

《归元镜》,署古杭报国嗣法沙门智达撰,乾隆甲辰刊本。原名"异方便净土传灯归元镜三祖实录"。其作意见于严而和序。有云:"欲使人人咸归净域。无计可为筏渡,因思莲社中主张净土者:惟庐山、永明、云栖三大老。其行愿精确,而事实尤昭著人之耳目,爰是搜三祖本传塔铭,一生实迹,敷为四十分。借诸伶人当场搬演。"何以名实录?孟良胤序云:"予将解组,故人心融师,以所构稿乞予叙。休闲老衲懒融道人规约云:此条专修庐山、永明、云栖之祖,在俗以出家成道,传灯实行。……本愿专在劝人念佛,戒杀茹斋,求生西方。以三祖作标榜,分分皆实义,皆真经真咒,真祖实事,故曰实录。"其所以不曰出,而曰分者,以此中皆真谛,非与世俗戏等。共计全剧分四十二分,取《华严经》四十二字母之义。其中曲白,皆本藏经语录。如此传奇,诚可谓佛教之戏曲矣!佛教中不可无此戏曲,而中国戏曲中亦不可无此传奇,别开一面也,较《劝善金科》与《归元镜》略次者,有《弥勒记》与《茯苓山》。

《弥勒记》,一名《锡六环》,孙埏撰。奉化湖澜书塾刊本。孙氏雍正十年序云:"弥勒佛显迹奉化岳林。……梁贞明二年,在岳林寺东廊石上,端坐而逝。……后有二僧到寺,谓适见之天台,不信其已死,于是发龛视之,只得青磁净瓶,六环锡杖,余则空无所有。……佛氏之好为奇幻,大率多类此,未为希有。即余之为此传奇,亦非欲传布佛教也。念人生在世,南柯一梦。……一切有如梦幻泡影,儒释何尝不一而二,二而一哉。"全剧上下二册,各十二回。据孙锵跋:原作二十六回,经同里江民五改为二十四回。埏字尚登,居碧溪,由乾隆元年副贡,肄业修道堂。至《茯苓山》传奇,为玉泉樵子撰,演麻姑故事而作。据其子德滋跋:"篇中脚色,按《麻姑仙坛记》及《建昌府志》,考订详晰,皆实事,无假借也。惟《献寿》一折,西王母传中有王方平而无麻姑。世俗绘画家尝作《麻姑献寿图》,祝寿者从而附会之。"此二剧之佛教气味视前二剧远逊,然皆以是为主题者也。

民国二十四年乙亥,予校曲涵芬楼,所见抄本戏曲近百种,其中亦不乏佛教戏曲。如《四面观音》、《享千秋》、《阴阳二气山》及《无底洞》皆是也。兹略陈其梗概:

《四面观音》,实亦出于《目连救母》。叙观音知傅罗卜往西方拜佛救母,道出黑松林,乃变化为民间凡女,试其情魔,复装病试其道心;罗卜道心果甚坚,见色不少动。于是幻出送子、鱼篮、望海、燃灯四面观音,令其趱路。

《享千秋》,计共二十七出。曰:托生、赏春、斗宝、遇害、犯戒、赈饥、报仇、盗铨、破镜、妖变、占庙、救赦、酬愿、指点、征剿、投胎、训女、分别、被搁、逼婚、捉妖、定计、科审、偷桃、败孙、解救,最后一出无子目。略云:阿难与迦叶打扫佛殿,见一人,惟佛知其根原,赐名曰妙吉祥。三月三日,佛挈阿难迦叶往玉帝处,留妙吉祥守灵山而去。有萧有声者,多财无嗣,居常不乐,妻范氏劝其积德。玉皇诞日,赐宴通明殿,各仙献宝,独龙王之珠不如马耳献者,含羞而归。马耳知龙王必寻衅,适夫人有身,令他日儿子为雪仇,龙王果至,马耳战死。独火来灵山,妙吉祥以五真火焚之死;佛归,因破杀戒,贬入险山,迦叶阿难请罚其投生马耳家。萧有声与范氏赈饥,一时难民集于门。马耳夫人生太子三日便能言,夫人告以父仇,值龙王围山,太子出斩之。华光者,太子名,于是出游。有顺风千里二怪,为三官大帝所擒,压以九龙枪;华光竟盗枪去,而二怪逃走。又魔陀为梭婆镜所压,华光破镜,而魔陀得脱。火炎王光佛收华光为弟子,赠金刀,过南天门,烧宝德关。魔陀主中界,魔改行,而陀吃人,过萧家庄,吃范氏幻其形,时华光称大王,其部将火标欲娶铁扇。三官大帝请玉皇灭华光,以其为佛弟子,特赦罪,于阗国王因梦来进庙,修香。有石泰山者冒充华光显灵庙中;佛令华光投生萧家。值百家圣母,那吒来剿华光。而华光投胎萧家,范氏生五子,火炎王光佛携四子修行。玉环圣母不欲以女铁扇嫁火标。华光既生,后出门学道,遇火标。华光盗铁扇之金塔,铁扇搁之几死,幸梅老仙翁救之。仙翁复作伐,令铁扇嫁华光。龙瑞佛劫范氏去,华光追之。用铁扇计,寻母地府,魔以改行为狱官,告华光其母为陀食之故。华光变行者偷桃。行者以其冒己,与之斗,为华光所败。行者入陈北极帝,请灭华光,以华光为母偷桃,且道心坚,行入正果,元武特赦其过失。末出则玉皇封萧有声夫妇,华光、铁扇、火标、顺风、千里,并称护法立门尊者,永镇中界,共享千秋。此剧之情节,诚荒唐不经,然场面至热闹。其于佛教宣传之效果则未必大;而此等戏剧极为观者所接受可知也。戏诚戏耳,不须详考其出处,如此真可谓神头鬼面者矣。

至于《阴阳二气山》与《无底洞》,皆西游记故事。惟《二气山》中作唐半偈、小行者、猪一戒。主角为阴阳二大王,又有孤阴独阳二将。其以阴阳名山,好胜名圈者,隐寓教化,亦无甚深禅理。《无底洞》有六出:一曰灰婆巧说,二曰妖玷清修,三曰心猿识怪,四曰徒弟寻师,五曰姹女求阳,六曰天王获鼠。谓孙行者在险空山收伏鼠妖地涌夫人事。记其中有《清江引》一曲,为鼠所歌。其词云:"柔情不断如春水,过隘无边际。淫为情所使,贪者遭其累,可知潘巧云海阇黎为着情字儿起。"

其作意可知。

以上五剧无刊本。其详见拙著《读曲小识》四卷中。以较《劝善金科》与《归元镜》,则不足齿数。盖戏曲中以佛教为题材者,其末流如此。他若月明和尚度柳翠故事,自元杂剧,明徐渭之《四声猿》以至今日地方剧中常以此为题材。究竟发挥禅门义理者少,而警俗之意为多,若如此名佛教文学,则佛教戏曲不胜缕举矣。

四

中国戏剧自金元杂剧形式完成,而后始有合乐歌、舞蹈(身段)科白之正式戏剧戏,已如上述。然是时乐歌部分始采取南北曲。故治戏曲史者亦必究心南北曲。佛教之采用杂剧传奇形式。略如前节所说。至于借南北曲以歌赞诸佛名称者,尚有专书,是散曲中最珍贵之材料也。

此书名《诸佛世尊如来菩萨尊者名称歌曲》。共计有南北曲调四百余种,二千一百七十七首,在明永乐十五年十七年间,颁行天下,使一切民众,欢喜赞诵,功德弘深,乃得忏恶因而致善果。涵虚子(宁献王朱权)曰:"僧家所唱者,自梁方有丧门之歌,初谓之颂偈,急急修来急急修之语是也。不过乞食抄化之语,以天堂地狱之说,愚化世俗故也。至宋末亦唱乐府之曲,笛内皆用之。元初赞佛亦用之。"惟在隋唐乐府内,久有普无佛曲、日光明佛曲等八曲,入婆陀调,佛曲之入乐府由来久矣,不始于宋也。然自有曲以来,以数百调二千余首汇为巨帙者,则此书以前未之或见。诚如任中敏先生云:"甚矣佛门之广,禅宇之深,成就乃有如斯之伟;虽曰官书,亦缘法力矣。"(见《曲谐》卷四)

此书既颁行后,官府拘集诸生往学宫唱习,此尤为特例。予尝质诸戴季陶先生,亦深以为异。此事见瞿佑《乐府遗音》北曲十七首中。其《水仙子》跋云:"雍生凯从学五年,最为亲密;今被选唱佛名歌曲;每乘夜来过,辄为余歌数首,或留宿不去,为制《水仙子》二首,俾度腔歌之,因以为赠。"又总跋云:"右北乐府十首,己亥岁夏,颁降佛曲,从学诸生,多被拘集在官歌唱,其于音律,素所未习,不免有扞格之患,因制北曲十首授之,俾度腔按谱,依声依永以歌焉。庶或得其梗概,而音律克谐,抑亦指引之一助也。"是记佛名曲之颁布,拘集诸生歌唱,可考见也。此曲板本,以永乐原刊最早,次第历三藏本、清季龙藏本、日本弘文书院刊校大藏经本、日本大正社修大藏经本、民国二年频伽精舍排印大藏经本,及最近余所刊饮虹簃丛书本。论其卷数,一为二十卷本与"诸佛世尊如来菩萨尊者神僧名经"二十卷合刊,总为四十卷。一为五十一卷单行本。余所刊则为十八卷本。(只取南北曲调,删去俗曲)盖此书之内容,可别为四,卷一至卷十三为北曲,(卷一至卷五赞颂诸佛名号共五百八十五首。卷五末赞颂世尊名号三首,卷六至卷十赞颂如来名号,五百七十八首。卷十一至卷十三赞颂菩萨名号,三百十二首。卷十六,十七赞如来名号,一百八十八首。卷十八前半赞颂菩萨名号,九十一首。卷十八后半赞咏尊者名号,四十二首。共六百三十二首。南北曲合计二千一百三十九首。次则俗曲,三十七卷;再次则忏词偈赞;最后则感应歌曲。(其中杂收词调,或俗曲以下误收南北曲者,在十八卷本悉为订正。)北曲部分:宫之属凡五:黄钟宫、(小令如卷六之《红纳袄》,套数如卷七之《醉花阴》。)正宫、(小令如卷四之《上小楼》,套数如卷十三之《端正好》。)仙吕宫、(小令如卷十一之元和令,套数如卷五之点绛唇。)南吕宫、(小令如卷二之《金字经》,套数如卷三之《一枝花》。)中吕宫。(小令如卷五之《喜春来》,套数如卷十三之《粉蝶儿》。)调之属凡五:大石调、(小令如卷十三之《鹧鸪天》,套数缺。)高平调(小令如卷十二之《青玉案》,套数缺。)商调、(小令如卷十三之《蝶恋花》,套数如卷五之《集坚宫》。)越调、(小令如卷十一之《小桃红》,套数如卷四之《斗鹌鹑》。)双调。(小令如卷一之《五供养》,套数如卷九之《新水令》。)南曲部分:宫之属凡五:黄钟宫、(小令缺,套数如卷十六之《绛都春》。)正宫、(小令缺,套数如卷十五之《锦缠道》。)仙吕宫、(小令如卷十七之《天下乐》、套数如卷四十五之《雨天华》。)南吕宫、(小令如卷十五之《一剪梅》,套数缺。)中吕宫。(小令如卷十五之《青玉案》,套数如卷十五之《菊花新》。)调之属凡五:商调、(小令如卷《十六之字字锦》,套数如卷十七之《伊州三台》。)越调、(小令如卷十七之《下山虎》,套数缺。)双调、(小令如卷十八之《画锦堂》,套数缺。)羽调、(小令如卷十七之《马鞍儿》,套数缺。)商角调。(小令如卷十七之《黄莺儿》,套数缺。)诚洋洋大观也。吴晓铃君论云:"此经于曲学上之地位实至重要。如散曲中之商角调、羽调及高平调之曲见在者渺,此经拈于明初,不仅录存甚多,且亦保持最正格律,可以据为典要者,一也。即其他宫调中之曲调,尤多后世失传之谱,得藉此经传留不泯,可以据以增补者,二也。而其传世习见之曲调,衡诸曲律,大都严谨有法,可以据以正谈者,三也。……然而最堪注目者,则系所引番曲,元陶宗仪《辍耕录》中曾著其目,别为达达乐曲、回回乐曲二种,惜未能引原词为之例证,好古者流,为之叹息;此经保存番曲百数十章,虽非古意,格律总存,真并世之秘珍,天壤之环宝也。"(见《海潮音》二十四卷五期《说诸佛名曲》文。)

在此书四百余调中,普通散曲用调俱备,而绝冷僻者亦颇多。如此调中"兀出千底里曼"、"也都苦巴里迷失"、"柏儿答亦刺思"等,与常见之忽都白、倘古歹,同是蒙古语译音。吴君所谓番曲,皆可以据以增补谱书者也。又书中每改俗名为法名,如《蝶恋花》曰《具灵相》之曲,《临江仙》曰《回慈光》之曲,《水仙子》曰《广善世》之曲,《驻云飞》曰《归三宝》之曲等等,目录中皆以法号俗名对照。极便检查。论其文例,约有三种：

一、缀佛名而成者，例如《广善世》之曲（《水仙子》）："南无释迦牟尼佛，南无金刚牟尼佛，南无金刚光王佛，南无金刚功德佛，普光功德山王佛，南无拘留孙佛，南无阿弥陀佛，南无拘那含牟尼佛。"

二、加用皈依顶礼诸词者，例如《证圆融》之曲（《清江引》）："皈依西方阿弥陀佛，南无宝幢佛，顶礼大悲光，南无燃灯佛，如菩提一切坚王佛。"

三、佛名少而经语多者，例如《胜妙明具庄严》之曲（《雁儿落带得胜令》:)"至敬顶礼如来利益诸有情，无我无二执最上意清净。甘蔗王种吉祥大牟尼，佛陀稀有不思议精进。三敬顶礼大佛法庄严，无业无怖调御明。一切义成就能除怨，尊师大梵行。南无最上佛灯，南无调伏心清净。第一六神通，能消灭诸有情。"

凡此均为最纯正之佛曲。其所给予曲学上之影响与借佛教文学故事为题材者又不同。在我国文学史上，倘新辟佛教文学一门类，则此书当推首要矣。

总之，以中国戏曲形式论，与古印度文学似非无因缘者。而明清以来，以佛教为题材者，亦自有其重要性。至于"诸佛名曲"对于曲学之贡献尤伟。愿治中国戏曲史学者于此三致意焉！

论现代中国散文

◎ 孙席珍

我国自新文学运动以来,各种创造文学中,散文的成绩最为优良卓绝,这已为举世所公认的事实。新诗刚刚萌芽便即夭折,小说还在培养期中,戏剧则因旧剧拦住了去路始终不能充分地发展,散文却正如朱自清氏所说似的,"或描写,或讽刺,或委曲,或缜密,或绮丽,或洗炼,或流动,或含蓄……迁流蔓延,日新月异",极尽了技巧上的能事。它以一脉清新的空气,掩住了今人烦厌的议论文的严冷板滞的面目;又像一道澄澈的江水,代替了久已枯涸的诗泉,使全文坛充满着活气。直到如今,它还是万人喜爱的中心;我们说它是时代的宠儿,这话决不是过火的。

那么,什么是散文呢?这却很不容易作一个极确当的解答。小泉八云曾用了洋洋万言来说明它,也有人只用了"凡是随手写成的短短的文字"一句话当作它的定义。长的不便征引,短的又嫌不足,或者不如拿厨川白村《说 Essay》里的话来做个注释罢。他说:"和小说戏曲诗歌一起,也算是文艺作品之一体的这 essay(散文),并不是议论呀论说呀似的麻烦类的东西。……如果是冬天,便坐在暖炉旁边的安乐椅子上,倘在夏天,则披浴衣,啜苦茗,随随便便,和好友任心闲话,将这些话照样地移在纸上的东西,就是 essay。兴之所至,也说些以不至于头痛为度的道理罢。也有冷嘲,也有警句罢。既有 humor(滑稽)也有 pathos(感愤)。所谈的题目,天下国家的大事不待言,还有市井的琐事,书籍的批评,相识者的消息,以及自己的过去的追怀,想到什么就纵谈什么,而托于即兴之笔者,是这一类的文章。"我想这应该是很确实的。

讲到现代中国的散文,周作人先生是第一个不能忘记的人物,我们首先不能不感谢他的提倡的功绩。周先生于一九二一年曾发表一篇标题为《美文》的文章,希望大家给新文学开辟出一块新的园地,说:"论文大约可以分作两类:一,批评的,是学术性的;二,记述的,是艺术性的,又称作美文,这里边又可以分出叙事与抒情,但也很多两者夹杂的。读好的论文,如读散文诗,因为他实在是诗与散文中间的桥。……文章的外形与内容,的确有点关系,有许多思想,既不能作为小说,又不适于做诗,便可以用论式去表现他。"他所说的美文,便是盛行的小品散文。

我说开辟一块新的园地,倘若改为重新开辟荒废已久的固有的园地,或者要更恰当些。周先生在《〈重刊陶庵梦忆〉序》上论现代中国散文说:"这与其说是文学革命的还不如说是文艺复兴的产物,虽然在文学发达的程途上复兴与革命是同一样的进展。在理学与古文没有全盛的时候,抒情的散文也已得到相当的长发,不过在学士大夫眼中自然也不很看得起。我们读明清有些名士的文章,觉得与现代文的情趣几乎一致,思想上固然难免有若干距离,但如明人所表示的对于礼法的反抗则又很有现代的气息了。"后来他在《〈杂拌儿〉跋》和《中国新文学的源流》一书中,还有更详细的阐明。总之,据他看来,现代小品散文是明代公安派"无视古文的正统,以抒情态度作一切的文章",亦即所谓"独抒性灵,不拘格套"的主张之再生的产物。但固有的园地中自然也不妨加进新的肥料去,所以他并不否认外国文学的影响,虽然在小品散文中外国文学的影响是那样地少。"中国新散文的源流,我看是公安派与英国的小品文两者所合成。"他在《〈燕知草〉跋》里说得最为明白。

周先生不但是散文的提倡者,同时也是创作散文的圣手。赵景深氏说:"他的文字都是锤炼过的,没有一个可删的字,没有废话,他不愿重三倒四的反复申述……我想,胡适要写一万字的文章,周作人最多只要三千字就行了。所以,周作人的文字是简练的;我认为这是语体欧化的成功……反对白话的人以为白话啰里啰唆,对症的良药是拿周作人的散文给他看。有时周作人的散文比文言还要简练,还要少用几个字。"然而仅仅这几句话是不够的,因为正如章锡琛氏所说:"周岂明先生散文的美妙是有目共赏的;他那枝笔婉转曲折,什么意思都能达出,而又一点儿不啰唆不呆板,字字句句恰到好处。最难得的是他那种俊逸的情趣。"

这所谓俊逸的情趣是什么,章氏并没有说出来,因为这是可以意会而难于言传的。但曹聚仁氏却有更具体的说法。他说:"他的作风,可用龙井茶来打比,看去全无颜色,喝到口里,一股清香,令人回味无穷。前人评诗,以'羚羊挂角,无迹可求'来说明'神韵',周氏散文,其妙处正在神韵。谈者说这种文体,总说是'语丝派',且隐以周氏兄弟为这派首领。实则属于'语丝派'的,只有他能做到'冲淡'二字,其他作家只是尖巧刻画,富有讽刺俳谐的意味。"

记得郁达夫先生在《达夫自选集》的序里说过这样的话:"散记清淡易为,并且包含很广,人间天上,草木虫鱼,无不可谈,平生最爱读这一类书,而自己试来一写,觉得总要把热情渗入,不能达到忘情忘我的境地。"我以为这并不是达夫的谦逊,宁可说是他的诚实的自白。在现代散文作家中,真能够"达到忘情忘我的境地"者,我看只有周作人先生一人。这"达到忘情忘我的境地"一语,也许又可当作曹氏所说"冲淡"二字的注脚罢。

然而,虽说是"忘情忘我",从另一方面看,周先生的散文却正是句句含有他自己的气分的。徐志摩氏说过他是个博学的人;赵景深氏说"看了他的小品,仿佛看见一个博学的老前辈在那儿对你温煦的微笑",他们的话都是极真实的。因为他的博学睿知,我看出他无论谈到什么,总不肯以所谈的孤立的对象为止境,而要在那对象上认出价值所在的总渊源,投入于全文化的批判。章锡琛氏说:"他随手引证,左右逢源,但见解意境都是他自己的。"自是确评。

周作人先生是当代散文的大师,对于他的作品,赞美的话我说不出,我想凡是一切称赞散文的话都可以拿来用上。因为他的无论哪一篇散文都是典型作品。

鲁迅先生的作风,和周作人先生的却有了迥然的不同。他有他的明智,但他不像周作人先生那样出之以"莞尔而笑"的态度,平常总还是感情的成分居多。这感情正如张定璜氏所说:"已经不是那可歌可泣的青年时代的感伤的奔放,乃是舟子在人生的航海里饱尝了忧患之后的叹息,发出非常之微,同时发出来的地方非常之深。"因此他的作品,始终贯彻着倔强的气味,无情地剥露着一切,幽默而辛辣,可以说是针针见血。他无论写小说,写散文,写杂感,都出之以同样的态度;在这一方面,自亦成就了他的高点。

除了周氏兄弟以外,最努力于散文的创作者,是俞平伯和朱自清两位。赵景深氏说:"朱自清的文章有如他自己的名字,非常'清'秀。他不大用欧化的句子,不大谈哲理,只是谈一点家常琐事,虽是像淡香疏影似的不过几笔,却常能把他那真诚的灵魂捧出来给读者看。"而颇诟病于俞氏的"驳杂"。诚然,朱氏的散文,富于抒情的意味,有时也加上描写,自有一派轻丽之趣。但俞氏的作品,也另有一种佳况,为他人所不及者。

朱氏在《〈燕知草〉序》里说:"平伯有描写的才力,但向不重视描写。虽不重视,却也不至于厌倦,所以还有《湖楼小撷》一类的文字。近年来他觉得描写太板滞,太繁缛,太矜持,简直厌倦起来了;他说他要素朴的趣味。《雪帆归船》一类东西,便是以这种意态写下来的。这种'夹叙夹议'的体制,却并没有堕入理障中去;因为说得干脆,说得亲切,既不'隔靴搔痒',又非'悬空八只脚'。这种说理,实也是抒情的一法。"我想这是对的。周作人先生在《〈燕知草〉跋》里他称他为近来第三派新散文的代表,"是最有文学意味的一种"。这所谓第三派,便是"涩如青果"的一派,是"有涩味与简单味","有知识与趣味的两重的统制",富于"雅致"而令人"耐读"的一种。又在《〈杂拌儿〉跋》里说:"平伯所写的文章自具有一种独特的风致……这风致是属于中国文学的,是那样地旧而又这样地新。"说得颇为得体。平伯在《〈重刊浮生六记〉序》中说:"文章事业的圆成本有一个通例,于小品文字的创作尤为显明……我们与一切外物相遇,不可着意,着意则滞;不可绝缘,绝缘则离。"这是他自己的表白。

叶绍钧氏的散文,像他的小说一样,是以一个谨严的态度写下来的。他不苟且下笔,但在凝重中仍保持着秀美,因为他虽不肯使文字过于粗疏,但也不愿过分地去刻画它。

丰子恺氏善于描写人物,而尤喜欢描写儿童;他作画如此,写文章也是如此。他本想在人间找寻真实,结果只在儿童身上发见了天真,而随即又发见人们将不能永远保有它,他便终于皈依于佛教,所以他的作品常有一种慈祥的意味。而另一位画家孙福熙先生,却紧紧地把握住了现实,即使独自对着浩渺无际的大自然,也不肯暂时忘掉现实人生,态度始终是稳重的;在他的文章里,他常不嫌烦琐地把种种细微的事物一一缕述,因此他以"细磨细琢"著称。

徐祖正先生是严肃、诚挚而又虔敬的人,他的文章里也处处可以看出他的气分。他似乎因为热爱人生而反变成冷淡,所以洒脱之中仍有固执,恬静之中仍有热情,我们读了他的作品,觉得似被一种温煦的空气所笼罩,在他的优美细致的文字和那种像煞无关心的态度中,往往使人感到更深刻的人间味。

林语堂先生是热心提倡散文的健将之一,他主张幽默,但他自己所写的却常超过幽默而成为讽刺。文字是坚劲有力的,有时又像稍稍露锋一点。

受西洋尤其是英国小品影响最深的是已经作故的梁遇春和徐志摩两位,他们的作品都带着感伤的调子,但志摩的感伤是轻飘飘的,且常被他的浓艳的文笔所遮掩,不像前者那样地富于实感。

周作人先生在《志摩纪念》那篇文章中说:"散文方面……志摩可以与冰心女士归在一派,仿佛是鸭儿梨的样子,流丽轻脆,在白话的基本上加入古文方言欧化种种成分,使引车卖浆之徒的话进而为一种有表现力的文章。"又在《中国新文学的源流》一书中也提到志摩和冰心女士的作品,说是"清新透明而味道不甚深厚。好像一个水晶球样,虽是晶莹好看,但仔细的看多时就觉得没有多少意思了"。

但周先生所说的鸭儿梨和水晶球,只是就他们二位的作风方面大体而言,因为他们作品的内容是绝不相伴的,便是文字也很不一样。志摩是西方式的,冰心女士是东方式的;志摩的作品大都是肉的讴歌,冰心女士的则是灵的礼赞;他们的心情正如他们的文字所表出的一般:志摩是艳如桃李,冰心女士是冷若冰霜;或者借用赵景深的话:"冰心的是水墨画,志摩的是设色山水;冰心是淡抹,志摩是浓装了。"

与冰心女士相似的,还有一位绿漪女士。

茅盾和落华生两位都是小说家,但他们也写不少的散文。他们二位当然是大不相同的:前者似细腻而实热烈,是有所为而发的;后者似生涩而实飘逸,除了抒写自己的情绪以外,大概不是有所为而作的罢。

郑振铎,傅东华、郁达夫和郭沫若四位,都在另一方面有所成就,但他们有时也常写散文。大概地说起来:郑氏的较为美丽严整,傅氏的则很明净流畅,郁氏颓废感伤,郭氏热烈奔放,都各有他们的长处。

罗黑芷氏也已谢世,他的文字是富于浓郁的北欧风味的,读时觉得很是苦涩。钟敬文氏则出于周作人先生一个系统,"不过周作人的散文冲淡而整齐,含意比较深;你的散文冲淡而轻松,含意比较浅"。这是王任叔氏给钟氏信里的话,大体是不错的。

徐蔚南氏善于写景,陈醉云氏善于叙事,吴伯箫和缪崇群两位善于抒情——不过伯箫较为绮丽清秀,崇群未免过于感伤罢了。

漫谈传统戏曲中刻画人物性格的方式

◎ 吴白匋

大家都知道,文学是"人学",戏剧当然也以写人为主,古今中外的戏剧名著没有不是刻画人物性格、从而塑造出人物形象为主,以结构故事情节为辅的。因此,无论是整理、改编传统剧目,或新编历史剧、创作现代剧,都首先要考虑到怎样写好人物。毛泽东同志在《在延安文艺座谈会上的讲话》一文中号召作家、艺术家到人民中间去,熟悉一切人,分析一切人,正说明了创作文艺作品要从分析人开始。马克思主义认为:人的本质实际上是一切社会关系的总和,并不是抽象的东西。作品中的故事情节,不过是在社会实践中人与人的关系构成的,当然是先有人物,而后有故事情节。当我们拿到或构思一个故事情节,就得要首先把故事中的人物,具体地仔细地分析一下,从阶级根源、社会根源和个人历史入手,吃透了人物的性格特征,以及由它产生的语言和行动,然后才能组织起人物关系,构造成为真实可信的故事情节。这样,编成的戏才是写人的戏,才能起感染的作用。

在叙述描写的过程中,人物性格与故事情节又互为因果,存在着辩证关系。人物性格与环境事物发生了矛盾,就产生情节,同时,在情节的不断发展中,也就不断地刻画了人物。具体地讲,两个不同性格的人物,一个是正面的,另一方是反面的,在同一事件中出现,当然会产生矛盾;两个同是正面人物,由于思想感情、文化教养以及生活作风的不同,也就会产生性格上的矛盾;就是两个反面人物在一起,由于性格上有横暴和阴险等等的差别,在同一事件中,也会产生出狗咬狗式的矛盾。举例来说,李逵、燕青都是梁山好汉,是正面人物,刚强勇敢是他们性格的共同处,可是李逵处事粗率,燕青处事精细,两人同处理一件事时,必然会产生戏剧性的矛盾。过去上海京剧院编演的《李逵与燕青》就是在刻画两人性格的不同点上成为一出好戏。反面人物之间的矛盾可以举昆剧《鲛绡记·写状》为例:主角贾主文是个非常狡猾阴险的刀笔讼师,另一个人物刘君玉则是个非常蛮横狠辣的财主。刘前来找贾写状子,要诬陷正派士绅魏从道和沈必贵。贾抓住机会和刘讲价钱、敲竹杠,而刘也不肯相让,在两人钩心斗角中产生了触目惊心的情节。至于正反面人物在同一事件中,由于性格和利害的矛盾而产生了情节那就不用说了。

既然戏剧刻画人物性格都是通过人与人的关系进行的,所以舞台上出现的人物至少得有两个,这是常规。可是从一个人来说,主观意图与客观环境时常会存在着矛盾,这个矛盾属于内心世界,怎样能够表现出来呢?在话剧中,很少用独白或旁白的表现手段,只能用对话方式或行动方式来表达,是比较费事的。所以话剧没有独脚戏。但是,在我国传统戏曲中,由于有"唱"与"背躬白"的方式方法,表现人物的内心世界就方便多了,因而会有不少的独角戏。这些独角戏都是写一人内在的思想感情和各种外在的事物发生矛盾的,有的可以找到的解决的途径,有的却无法解决。例如昆剧《思凡》和《牡丹亭·寻梦》都是用大段的唱词来表现女主角内心的波澜的。前者尼姑色空是以决心出走解决的,后者杜丽娘却以失望告终。总的说来,都是以表达出内心世界来刻画人物性格的。在一般戏曲场面里,当剧情纠葛触发起内心矛盾时,便常用说一句"啊呀且住"的背躬方法,用袖子一遮,直接让观众知道了这个人内心想的是什么,手法是简便的。人的思想感情是决定行动的,因此表达人物的内心世界是刻画他性格的首要手段,有了它后,人物行动起来,便可以产生出一系列的故事情节了。

写戏当然少不了先拟好一个故事提纲,作为总体设计。我个人却有这样的体会,即原先设计的提纲往往比较简单,而在编写过程中,一旦深入到人物性格里面,就自然而然地顺着他性格的发展而产生了新的刻画方法,改变了原来的方案,产生了新的情节。例如本人在写扬剧《百岁挂帅》时,最初拟的"寿堂惊变"的提纲比较简单,佘太君得知杨宗保为国捐躯之后,便立即摆宴,决定出兵灭寇。但在写作过程中,由于深入体会她当时的心境,更从她过去的遭遇中,理解到她的性格是坚强过人,临危不惧,就设计了她惊变之后,异常镇定,反而安慰了柴郡主,叫她回房安息,又说"酒宴未散",斟满大杯,高举向天,为宗保英灵奠酒的细节。这样,剧情便加强了感染力,人物形象比原来丰满。

在我国丰富的戏曲遗产中,刻画人物性格以塑造形象的方式方法是多种多样、变化很大的。为了叙述的方便,暂且把它们归纳为下面六条:

(1)"推"。在情节发展中,把人物和环境的矛盾由低向高,逐步推进到尖端,从内心矛盾谈起。《牡丹亭》中的杜丽娘,最初出现时,是个受家教很严的闺阁千金,情绪是平静的。在"学堂"这场戏里,闹学的是春香,她还站在封建礼教一边,训斥了春香。可是由于她少女的本能和聪明的天赋,读了《毛诗·关雎》,就产生了"关了的雎,尚且有洲渚之兴,可以人而不如鸟乎"的思想,而要去游园,她开始不平静了。进了花园,看到烂漫春光,便兴奋激动地说"不到园林,怎知春色如许"!产生了伤春之感,内心更不平静了,发展到"惊梦",就兴起了对封建制度的怨责,她美好的青春被她的父母选婿要门当户对,耽误了,因而在梦里遇见她想望的情郎。在"寻梦"一场里,内心矛盾更向高峰推进,从回忆梦中情事,发现了在现实环境中连影儿也不见,陡生凄凉之感,使她领悟到自己必将取于悲剧的命运,于是染病、写真直到离魂。这就把杜丽娘"一生爱好"的性格,通过内心的由平静而不平静、最后失望而死,逐步推现出来了。至于用"推"的方法写人物与环境事物的矛盾，来刻画性格，传统好戏很多。举著名的京剧《失街亭、空城计、斩马谡》为例：诸葛亮初上场时羽扇纶巾的风度非常潇洒，显示了当时心境是平静的。他说出了街亭在军事上的重要性，须命大将镇守，马谡请命，他嘱咐他必须靠山近水扎营，这是刻画他的谨慎性格。当他第二次上场时，街亭已经失守，他平静的心境便开始起了波澜，接着王平送来的地图，大惊失色，急命赵云回军保护西城。紧接着就是有名的"三探"，一次比一次紧张。一探，报街亭失守，还在他意料之中；二探，报司马懿大军直奔西城而来，情况更紧；三探，报司马大军离西城仅有四十里，他也不免惊慌地说，"岂不要束手被擒"，这就把他的内心矛盾推到高峰，但他还是镇静下来，沉吟一下，便想出了冒险的"空城计"，刻画出了他的智慧。通过老军的问答，谎说"在城内埋伏了十万神兵"，以安定军心，并掩盖了内心的紧张。司马懿兵临城下，矛盾达到了最高峰，他却在城楼上饮酒抚琴，怡然自得，反使司马疑惑不定，竟然退兵四十里。当老军欣喜地报与他听时，他表情上却是惊得一怔，不是露出笑容，反而自问"人言司马喜用兵，为何不敢进空城？"这样的刻画是准确的，因为他一生谨慎，这着棋走得太险，是不得已而为之的第一次，获得成功，连他自己也应该吃惊的。下面是斩马谡的戏，他带着满腔怒火上场，但首先遇到的却是赵云杀退司马的捷报，场面上奏起愉快的唢呐牌子，舞台调度极其简炼，用哑剧方式，迅速地交代诸葛亮迎接赵云，敬酒慰劳的情节。这是推向最高潮的一个回旋，紧接着是报马谡、王平回营请罪，他顿时勃然大怒，变色发抖，并投了袖（这是戏中诸葛亮唯一的投袖）进入高潮。杖责王平以后，就下令斩马，马也自甘伏罪。全剧如在此结束，未尝不可。可是，当马二次进帐，请他照顾老母时，他却有片刻迟疑不决。这个顿挫是必要的，刻画出了他爱才怀旧之情。马是曾经献过"攻心为上"的正确战略，得到他赞赏的，他所以交给他镇守街亭的重任，也并不是偶然的。这时他怒气稍平，对马有点不忍，完全是合情合理的。虽然为了整肃军纪，赏罚严明，他不得不再说"斩"字，但看着刀斧手押马下场，他不禁痛哭起来。有这一哭，才显示出诸葛亮并不是神仙，而是富于情感的人。赵云问他原因，他回答是怀念刘备，说"先帝尝言'马谡言过其实，不可大用'，今日失守街亭，乃亮之罪也"，引咎自责。这并不是做作，更不是掩饰，而是在哭之中，抚今追昔，本来就有这样复杂的真情。最后以上表自请处分结束全剧，这样在刻画他的性格方面，可以说才推到最高峰，把他性格所有方面：谨慎、聪明、正直、忠诚，都充分地表现出来了。

　　运用"推"的方法，存在着一个起点高低的问题，值得研究，在其他诸葛亮戏里，他是智慧的象征，洞察秋毫，几乎什么事都未卜先知，起点都是高的。在《空城计》里，诸葛亮最初虽然考虑周密，却有失算之处，比较起来，起点并不很高，但正因为如此，却使情节发展利于逐步深入地刻画出他性格的全面。这是值得我们学习的。对于起点一开始就很高的人物性格，怎样刻画呢？那就要用"铺"的方法，即写他在不同的环境里，遇到不同的矛盾冲突，是怎样解决问题的，以横的铺开代替纵的发展。

例如全本《赤壁之战》写诸葛亮,从"舌战群儒"、"激权激瑜",通过"群英会"、"借箭打盖",一直到"借东风",就是用"铺"的方法,刻画他的性格的。这个方法适合于我们写现代戏,遇到真人真事,象革命领袖事迹,起点不能不高的,就得用"铺",话剧《西安事变》刻画周总理,《陈毅市长》刻画陈毅同志,都是铺开来写的。

(2)"压"。也可以说是一种集中力量来"推"或"铺"的方法,即对人物不断地加强外界的压力,使他的思想行动上产生了一个顶得住还是顶不住的问题。这样,最能刻画出人物性格。描写正面人物,就要写反面人物对他的压力,压力越大,正面人物相应的顶得住的力量也越大,终于顶过去了;描写一个软弱的人物,就要写他在压力之下,顾虑、动摇、退缩、妥协,终于顶不住了。这在悲剧正剧中是决不可少的。以传统戏曲为例,《窦娥冤》中的窦娥,就是在封建社会各种恶势力的压迫下,最后压得惨死刑场。窦娥肉体上被消灭了,但在精神上却是胜利者,因为她在黑暗势力的压迫下始终没有屈服。伟大的关汉卿成功地写出了她始终顶得住的坚强反抗的性格。至于她在受尽酷刑而不肯认罪之后,听到县官梏机要拷打她的婆婆,她就认了。这正是关汉卿的妙笔,加强刻画了她善良的性格,宁可牺牲自己,不愿使婆婆受刑(尽管她曾反对过婆婆的软弱,改嫁张老),使得她更加可爱,决不是顶不住的。反之,如《琵琶记》中的蔡伯喈有"三不从"的情节。他因父母年迈,需要侍奉,不愿上京应试,而他父却一定要他去,这是一种压力。和赵五娘新婚不久,不愿撇下了她远走,又是一种压力。他就在犹豫动摇之中,还是不敢违拗父命而上京了。这是"一不从"。考取状元之后,牛丞相奉旨招他为婿,对他压力更大,他先是想顶,以家有父母妻室辞婚,继又向皇帝陈情辞官辞婚,皇帝不准,这是"二、三不从"。结果他顶不住了,入赘相府,享受荣华,但又始终怀抱着矛盾心情,一方面丢不下富贵新欢,一方面忘不了家乡旧好,痛苦地度光阴,这是性格软弱的典型,高则诚的塑造,也是成功的。《荆钗记》中的王十朋,就与蔡伯喈不同,能够顶住丞相的压力,坚决辞婚,形象就高大得多了。

(3)"剥"。这个方法和"推"、"压"正相反,即在描写人物时,逐步解除表面现象,暴露出人物性格的本质,如同抽蕉剥笋一样,层层地剥找到中心。它主要用于刻画反面人物性格上。要写好反面人物,不宜在他言语行动中,一开始就显示出他的丑恶本相,这样写就浅了,应该通过事件,逐步将其伪装面层层揭开。例如昆剧《浣纱记·回营》一折是写吴国大奸臣太宰伯嚭的。他因打了胜仗,出场时架子很大,威风凛凛。等到越国派遣大夫文种前来,用金钱贿赂、美女诱惑他进行收买时,作者就用了"剥"的方法。起初他摆出战胜者的架子,叫文种跪着受他训斥。听到文说是送礼来的,就叫他起来,口说不要礼物,却要看看礼单。看到有赤金五千两,就命摆酒款待;有彩缎五千匹,白璧二十双,就说酒宴要丰盛些,改口叫"文大夫";假意推辞只收一半,却是照单全收。最后看到两个美女,竟然会叫出"知趣","懂窍的文大夫","啊呀我个文老爷"!并向文下拜。这虽然是夸张,却把伯嚭贪污、好色、卑鄙的本性,完全剥出来了。再如写曹操的京剧《战宛城》,他初出场时,尽管是个大白脸,做的事却是正派的,申令将士不得践踏农田,他自己马踏青苗,为了严守军纪,割发代首,这样,可以说是正面人物。张绣投降以后,他在张面前,好象凛然不可侵犯,可是一见到张绣婶娘貌美,就进行调戏,并引用《论语》的话"大德不踰闲,小德出入可也"作自我辩解,最后掳占了她。这就把他的真面目剥露出来了。用这种方法刻画反面人物,能使观众自己逐步认清人物,不仅能克服"脸谱化",而且能促进剧情的发展。

（4）"缠"。这是通过处理人与人之间的复杂关系来刻画人物性格。大家都学过毛泽东同志《关于正确处理人民内部矛盾问题》,一文,知道敌我之间矛盾是分清敌我的问题,人民内部矛盾是分清是非问题,而两类矛盾是可以互相转化的。从戏剧的角度看,表现出处理敌我矛盾并不难,难在于处理人民内部矛盾和处理矛盾转化问题。传统戏曲是反映古代生活的,在我国长期封建社会里,人与人之间的关系是根据儒家伦常道德标准进行处理的。然而世事复杂变幻,很多矛盾,如忠奸之争,公义私利之争和是非之争等等,往往和父子、兄弟、夫妇关系纠缠一起,难以分清,而且顾此失彼、投鼠忌器,难以解决。但却越是纠缠不清,越能刻画出人物性格。也要看矛盾发展到什么程度,确定刻画人物性格的分寸。举包公戏为例,最能感人的是《铡包勉》,因为包勉是他的胞侄,身为县令却贪赃受贿,吞没救灾的粮米,逼伤人命,按律当斩。他接受了灾民的大量呈状,查明属实。便毫不留情把包勉铡了,显出他铁面无私的性格。作者这样写并不难,因为包勉确实该杀,包公是可以断然处置的。难写的是下面的剧情,包公随即回府,向嫂嫂赔情。这位嫂嫂非比平常,包公自幼父母双亡,是受她哺育成人,恩同生母的。包公要向她解释铡她独子出于正义,是不能板起铁面说教的。吉剧《包公赔情》,作者就用了"缠"的方法,刻画两人性格,准确而又生动,异常感人。开始,她要用剑刺他,说"包勉是我的亲骨肉",他答"我也是嫂嫂你一滴滴,一点点心血奶浆养成的人",她就扔了剑,责他忘恩负义。他承认她的恩情,却说公正廉明是出于她的教导,"铜铡之下无冤鬼,包门的赃官也难逃"。这时候他才拿出包勉的罪证给他看,问断得可公平。她明白过来,却又抛不开恨,他劝她不要悲痛,说要事她如母,为她养老送终。说尽肺腑,起身欲走,但听她哭声,却停下,取剑向她下跪,流着热泪地说"嫂嫂若有爱民意,等我放粮归来死也甘心"。她终于被感动了,也向他跪,说"跪的是你为国为民一片忠心",并备酒为他送行。这样地缠绵,刻画出了包公性格富于感情的一面,他不是神,也刻画出包嫂忍受失子悲痛,深明大义的善良性格。

再举穆桂英戏为例:她的勇敢聪明的性格,在《穆柯寨》里,是刻画得很可爱的,但是作为女英雄,却要推《战洪州》刻画得最完整。作者是用"缠"的方法来结束结构剧情的。她奉旨挂帅,出兵支援洪州。她的马前先行将官,却是她亲爱的丈夫杨宗保。杨抱着夫权思想,蔑视了她,误了三卯,又私自出兵失败。她为了整肃军纪,态度严厉,重重打他四十军棍。之后,将他扶到后营养伤,她独自护理他,一面温柔地解释不能不罚他的苦衷,一面严肃地责备他违犯纪律。他先是愤恨和她争吵,终于被她深情正理所感化,和她言归于好,从此心悦诚服地受她调度。当她到了洪州见杨延昭时,从军事地位说,她是统帅,杨应下拜,从家庭关系说,她是媳妇,不应受拜,于是很巧妙地用旗遮面,吩咐"免参",两全其美地把矛盾消除掉了。这样的刻画,显示出了她既有原则性,又有灵活性,不愧是个帅才。

(5)"比"。这是刻画人物性格的比较常用的方法。在同一事件或场合里,不同的人物何以会有不同的具体行动,是由他们各自不同的思想感情决定的。进行对比描写就能很鲜明地刻画出不同性格。正面人物和正面人物对比,可以显示出共性中的个性,上文说过的李逵与燕青就是一例。再如《白蛇传》中白娘子与小青,同是性格善良,但个性很不相同,白娘子刚强而又温柔敦厚,小青则是一味刚强,暴烈急躁。许仙虽属于被批判的人物但性格也还是善良的,问题在于软弱动摇,胸中没有主心骨。因此,三人同场出现台上,由剧烈的矛盾冲突,逐渐达成和解的《断桥》一折就能成为传统戏曲中最精采的剧目之一,全国大小剧种广泛搬演,一直受到普遍欢迎。正面人物和反面人物对比,通过矛盾冲突,例如忠奸之争,不断交锋,刻画出了一个性格正直真诚,另一个阴险虚伪,是常见的,并不难写。难写的是敌对人物个性之中,有时存在着共性,如能细致刻画出来,就会更加引人入胜。再举《空城计》为例:司马懿(这个人物,由于《三国志演义》作者的正统思想,是一贯作为反面人物处理的)的性格谨慎和诸葛亮相同,聪明处也不多让,所以诸葛亮也赞他"用兵如神"。可是由于他吃过诸葛亮的苦头,他小心得过了头,遇到诸葛亮用了出其不意的险棋,就失着了。过去有人常说,"空城计只能对付司马懿",这是对的。剧作者用了精练的笔法,刻画出了他有三次反复。当他退兵之后,一听探报还是空城,便立即下令反攻,说明了他的果断。想不到中途遇到赵云,他又判断西城确有埋伏,再次退兵,直到最后探报确是空城,赵云是回师救援的,他方知道中计,然而时机已失,再攻无益,只好慨叹地说:"诸葛亮呀诸葛亮,你的胆子忒大了!司马懿呀司马懿,你的胆子又忒小了!收兵,收兵。"经此一点,两人性格,同中存异,便完全刻画出来了。

对比法兼有衬托的作用,故事中人物有主次之分,舞台上角色有轻重之别,主角并重的戏是互相衬托的。白娘子与小青、许仙,诸葛亮与司马懿都如此。有不少传统剧目是以各具性格的配角来衬托主角的。例如杨家将戏中,杨延昭身边有孟良、焦赞二将,两人的共同性格是勇猛刚强,但是个性不同。孟比较爽直憨厚,而焦比较灵活诙谐,在一起办事,常有不同的语言行动,互相照应;而在杨延昭面前,各尽所能,衬托出杨忠正严明的性格和主帅风度。

(6)"叠"。就是在矛盾难以解决的地方,观众最希望它得到解决。因而最爱看的地方,不怕再三重复用相同的方式作细节的描写,以加强刻画人物性格的厚度。例如越剧《梁山伯与祝英台》中的"十八相送"一场,祝女扮男装,和梁同窗三年,爱上了他这个志诚的君子,决定委托终身。在分别时,他送她走了十八里路,她想说明自己是个女子,便借沿途所见事物,作了种种暗示,而且越说越露骨,但他始终不能领会,最后只好假托为小九妹说媒,才得到他的承诺。原始传说里面有迷信成分,说梁三魂少了一魂,才会这样糊涂,当然是荒谬的。实际上,梁真是十足的志诚君子,根本除读书学文以外,没有丝毫邪念。和祝相处三年,何以发现不了她有什么女相,何以领会不了祝的暗示,根本原因在此,这正是他最可爱的性格,如果笑他是呆子,少了一魂,那就错了。祝的性格同样是高尚纯洁的,和梁同学三年,由敬生爱,只能藏在心里,绝不会有任何轻狂的言语行动,暴露色相来勾引梁的。尽管在分别的时候,她不得不勇敢起来,要向梁吐露爱情,然而在当时礼教束缚之下,她只能托师母为媒,而在梁面前,也只能用暗示说明真相。这样,就造成了解不开的矛盾。原本作者用了"叠"的方法,在十八里行程中,重复了十多次的祝暗示而梁不领会的细节,每重复一次就使观众们对梁祝可爱的性格多受感染一次,觉得趣味无穷。《梁祝》本是普遍流行的故事,在其他剧种中,如江苏的锡剧还有"回十八"一场戏,即梁从师母处得知真相后,前往祝家求婚,又走了十八里原路,一里一里地回忆起送祝的情景,原作者又"叠"一次,刻画了梁这个老实人的热情渴望,戏剧性也很强。这种方法比前五种较为特殊。前五种都是从发展变化中刻画性格,而它都是凝结固定在一点上刻画性格的。这是变体,当然并不常见,却不能不列为一项。

  以上六种方式方法却是从剧本上可以看出来的"荦荦大者",还不能说"仅此而已",实际上,刻画人物的方法是千变万化,层出不穷的。总之要长了解、分析;但话上尽量地下功夫。要记住"文无定法"和"运用之妙,存乎一心"。

寿县蔡器铭文与蔡楚吴史事

◎ 游　寿　徐家婷

　　1955年安徽寿县出土蔡侯墓青铜器群,《文物参考资料》于第八期披露了清理记略。后科学院考古研究所编辑《寿县蔡侯墓出土遗物》专刊,记铜器486件,具有重要的研究价值。国内有不少文章相继发表,对于墓葬及器物年代,依发表先后,有元侯[1]、声侯[2]、昭侯[3]、成侯[4]、平侯、悼侯[5]六种看法,尚未定论。当时,我们根据发表材料,又得罗福颐先生晒蓝图所摹铭文的珍贵资料,曾作过些探讨,觉得不单从文字,如兼从蔡与楚、吴关系探讨,情势明而眉目清楚,蔡器时代更易确定些。最近见到去年冬天于省吾先生《寿县蔡侯墓铜器铭文考释》(油印本),解释了不少文字疑难。我们整理此稿,在各家研究的基础上,特对蔡器时代提出一点看法。

一、蔡国史事

　　武王克商,西周开国,叔度被封于蔡(约在公元前11世纪)[6]。周公姬旦专王室,管叔、蔡叔挟武庚作乱,周公承成王之命,诛武庚,杀管叔,放蔡叔。后蔡叔死,周公举其子胡(蔡仲)为卿,复封于蔡。蔡从西周裂土封地到公元前447年楚惠王时被灭于楚,其间数百年。据《左传》、《史记》等文献记载,武侯为蔡仲五世孙,约在公元前874年即位,后有夷侯、共侯、戴侯、宣侯,宣侯二十八年入春秋。公元前714年(周桓

---

[1] 李学勤:《谈近年新发现的几种战国文字资料》,《文物参考资料》1956年第1期。
[2] 郭沫若:《由寿县蔡器论到蔡墓的年代》,《考古学报》1956年第1期。
[3] 陈梦家:《寿县蔡侯墓铜器》,《考古学报》1956年第2期。
　　孙百朋:《蔡侯的考证》,《寿县蔡侯墓出土遗物》,第21页。
　　陈梦家:《蔡器三记》,《考古》1963年第7期。
[4] 史树青:《对五省出土文物展览中几件铜器的看法》,《文物参考资料》1956年第8期。
　　陈直:《考古论丛》,《西北大学学报》1957年第1期。
[5] 平侯说,出于商承祚。悼侯说,出于唐兰。均见《五省出土文物展览图录》内唐兰《序言》。
[6] 武王克商年代各家推定结果不一样,刘歆为公元前1122年,一行为:前1111年,姚文田、新城新藏为:前1066年,丁山为前1027年,伪竹书纪年为前1050年,朱右曾为前1057年。此外,又有前1075、前1084年、前1070年,以及近年来张汝舟前1106年诸说。

王六年、鲁隐公九年），为宣侯子桓侯封人元年。此时期，蔡颇折冲于诸侯之间。

蔡国疆域，始封在蔡。《史记·蔡世家》裴骃集解引《世本》说："居上蔡。"《左传·隐公四年》杜预"蔡人"注："蔡，今汝南上蔡县。"这是蔡国的最早封地，也是周王朝的东南要防，故特封蔡以监督被灭的殷人。至蔡昭侯申（前518—前491年）复国；前493年徙下蔡。下蔡即是州来，在今安徽寿县境内。故蔡国地域约当现在河南省上蔡、新蔡至安徽省寿县、淮南市一带。当时，蔡有汝、颍水利以通四方，这是自殷代已开发、至春秋时争霸的冲要之地，亦当初鲁伯禽之所以拉拢犯裔堂兄弟蔡仲的原因之一。清顾祖禹所说："府北望汴洛，南通淮沔，倚荆楚之雄，走陈许之道。山川险塞，田野平舒，战守有资，耕屯足峙。介荆豫之间，自昔襟要处也。"① 此次蔡侯墓出土之寿县城内西北部，应即蔡之州来故地。

公元前584年，吴用申公巫成使楚子重一岁七奔命的谋略，吴曾入楚之州来。此时之蔡景侯固（《十二诸侯年表》、《春秋》均作固，《蔡世家》作同。公元前591—前543年），尚在汝南上蔡一带，不断受北方齐、晋南下的威逼；在南方楚、吴的斗争中，蔡尚多依赖于楚。景侯为太子般"娶妇于楚，而景侯通焉"，太子般弑景侯而立，为灵侯（前542—前532年）。楚灵王诱杀蔡灵侯，蔡、楚多年矛盾尖锐化；蔡自此出现抗楚高潮，保土守城的战争坚持了八个月，至十一月楚灭蔡，以蔡太子有为人牺，用于冈山；晋欲救而不果。楚公子弃疾为蔡公。十二月，楚城陈、蔡、不羹。后二年，楚平王（即弃疾）收买附庸国，允许太子有之子庐复国，即蔡平侯（前532—前522年）。此时蔡都新蔡，表面上仍依赖于楚。公元前523年，楚曾城州来。公元前519年，楚吴鸡父之战，吴得楚之州来，以封季扎。撇开蔡之国内政治经济情况，从国外关系说，楚平王不断干扰蔡国内政。平侯死后，蔡太子朱失位，蔡悼侯东国短命。故蔡昭侯二十六年徙州来。据此，可知寿县蔡侯墓之上限不会超过昭侯。

昭侯即位初期，吴、楚不断争战，互以附庸国为牺牲品。越国也乘时兴起。昭侯颇从事外交活动，曾朝楚，因献裘、佩于楚王而忽略令尹子常，被扣留三年，及献裘才得归蔡，归后决心攻楚。昭侯从灵侯、平侯以来楚之暴残着眼，北求晋，南依吴；始以人质于晋，又以人质于吴，皆请伐楚。鲁定公四年（前506年），吴入郢，伍子胥鞭楚平王尸身，申包胥求救于秦庭；次年，秦救楚伐吴，越侵吴。鲁哀公元年（前494年），楚围蔡，兵屯九昼夜，蔡男女列队出降。楚迫蔡迁江汝之间；楚既还，蔡乃告急于吴。昭侯与吴私约，次年（前493年），蔡迁州来以近吴。此时之州来仍处吴楚争夺拉锯地带。而蔡之迁却表明国家政权实际上丧失，当时昭侯逼于吴、楚大国间，在州来虽保有宗庙，但局促一角，国力艰难，折冲计短，实质类似于灭亡状态。哀公四年，昭侯将朝吴，其国内大夫（想系统治阶级中一派亲楚势力）怕他又迁，射死昭侯于民家，随后在吴压力下这一派大夫集团也被杀逐。鲁哀公五年（前490年），蔡成侯朔立，此

---

① 《读史方舆纪要》卷五十。

时之州来仍为季子(吴季札的后人)封地,哀公二十三年(前471年),蔡声侯产立。前456年,蔡元侯立。前450年,蔡侯齐立,前447年,楚灭蔡,侯齐出奔。蔡国历史至此终结。

二、蔡墓青铜器时代初探

春秋后期,各国铸器兴盛,铁器扩大使用,土地开辟增广,加上联盟、战伐、商贾、婚姻等活动,更促进了文化的交流与发展,器物锻铸工艺也提高一步。如《左传·襄公十一年》记载歌钟镈磬及乐师,今寿县蔡侯墓出土实物的大量礼乐器,可以表明当时锻铸工艺技术水平。李纯一《关于歌钟、行钟及蔡侯编钟》一文①,实测了蔡侯墓的一组镈钟,其中"歌钟"五枚、"行钟"四枚,凑成一组。从这组乐器的定音、组合上看,计算和制造是非常精确的,由此显示出当时社会锻铸技术水平。再看寿县蔡侯墓出土坑位中尚有木质簨虡的痕迹,可见它们原本是可悬的宗庙器物②。而昭侯迁州来后,造这样工艺精美的宗庙和从征器物,不是太可能的,故非昭侯晚期所制。

寿县蔡侯墓墓主应是昭侯。因为,墓中主棺位置上只有佩玉饰物,却无墓主人骨架,棺外车马殉处附近有殉人骨架;佩玉饰物平列整齐如手所置,无扰乱之迹③,想必下葬时只有玉饰衣物而无墓主尸骨,衣物朽灭;无墓主人骨架,想是昭侯先死于民家之故。昭侯死后,统治阶级另一派大夫集团被杀逐,成侯朔(前490—前472年)即位前后,国内政治环境尚平稳,故得为昭侯建墓。不过国外形势依然紧张,公元前493年,吴侵陈、灭庸。冬,蔡杀公子驷,讨吴喜悦,迁州来。昭侯死后,前489年,吴伐陈,楚救陈。前485年冬,楚伐陈,次年吴以州来季子救陈。此时期内,小国如俎上鱼肉,蔡居州来一角,战战兢兢。春秋鲁哀公四年(前491年)春昭侯死,冬始葬,当时,成侯朔将宗庙器物包括不完整的编钟、王室诸宝以至婚姻媵器如赠吴之蔡侯醴(以下用"～"代),即大孟姬"～"(郭沫若释卢,唐兰称盘)吴赠来的吴王光鉴,尽行纳入昭侯墓中,是可以作这样的理解的。

寿县蔡墓之青铜器群当亦非蔡昭侯以后之蔡侯所制。昭侯死,下距蔡亡虽经四世,但仅45年左右,局处一角,无铸多器之可能。昭侯以下之蔡侯墓器,1958—1963年曾发现安徽淮南市蔡家岗蔡墓④,出土"蔡侯产之用剑"、"王皺(吴)王太子姑发闲反剑"、"戉(越)王者旨于赐戈"等,其蔡器花纹风格与寿县蔡墓器物花纹风格一致,岗距今寿县约15里,应为昭侯之孙声侯产之墓及用器。故寿县蔡墓时代之下限也

---

① 见《文物》1973年第7期。
② 参考《诗·灵台》毛传、《周礼·典庸器》注疏、戴震《考工记图》。
③ 见《寿县蔡侯墓出土遗物》第4页末段及图版贰之1。
④ 见《安徽淮南市蔡家岗赵家孤堆战国墓》,《考古》1963年第4期。

较易推论。

春秋时诸国政治斗争中，常利用婚姻进行外交活动，且有同姓为婚。晋重耳系男女同姓所生；鲁昭公所娶吴女，《春秋》记其卒为"孟子卒"。婚姻之目的正如稍后之齐景公于齐吴婚姻时所说："恐吴毒于我。"这种婚姻正是"政治外交的一种手段"。今寿县蔡墓出土的吴王光鉴、蔡侯"～"等就是婚姻联盟的证物。吴王光即阖闾（前514—前496年）与蔡昭侯同时，器出昭侯墓，于时间无差讹，而吴叔姬媵器随葬昭侯，详情虽不知，即无论叔姬为何辈人所娶，均易解释。唯蔡侯"～"究为何人铸制，以及同一人所铸之较大器如钟、𪔅等，其器主时代尚需探讨。

三、蔡器铭文与蔡器时代再探

蔡侯墓青铜器铭文也可标示铸制者及其时代背景。

吉金文字，除有变体或体、奇字之外，书法也有流派。由于列国政治文化与周王朝有相承及变异，表现在书法上，东方齐国与南方楚国就形成不同的书风；秦在周地受周影响，周篆至秦篆又成一流派。而春秋时附庸于齐楚大国的小国，政治文化所受大国影响，于文字书体最易得其风气。蔡为周同姓，受周影响；曾附齐、楚，又受二国影响。故蔡器铭文书体，如蔡姞弌书体似大篆圆润[①]，而今寿县蔡侯墓之蔡侯"～"、𪔅、书法流利整齐却近齐国书风，淮南市蔡家岗蔡墓之剑器铭文酷似楚风。

蔡墓青铜器较长的铭文有蔡侯醴和尊、编钟编镈、𪔅钟、吴王光鉴四种。钟镈自名"歌钟"的，上面蔡侯名字多已铲掉，自名"行钟"的却还保留。所有钟醴壶尊对照互勘，蔡侯名均作▨，此字应是庐字的异体。《说文》有▨字，古文作▨，今▨字中间之▨，当为▨之简体；▨声同庐声。又《说文》庐从"虐声"，今▨字四角之▨疑为虐之变体，也与庐声同。一字两声符，于古代文字中常见；人名字体增饰繁奇，也为常见。故释铭文中蔡侯名字为庐，即蔡平侯（前530—前522年）。

古代青铜器铭文甲子记日系时，是铸器时间的明证。历法属于当时统治阶级的上层建筑，所谓改正朔、定服色等，是每一朝代更换政权的标志，而青铜器制造须有其一定之"吉日"，虽或有例外，但甲子系时总是探讨时间的一项参考；可以在研究器物、铭文、字体、他铭史料、文献记载的同时，相互印证。蔡侯墓器甲子记时的，有蔡侯钟、蔡侯"～"、吴王光鉴三例。钟铭"正月初吉孟庚"，鉴铭"唯王五月既子白期吉日初庚"，孟、初之例与春秋时其他器物的"庚寅"之类不同，又未记年，不便考较。"～"铭"元年正月初吉辛亥"，辛亥与流行的铸器吉日"丁亥"不同，却与簠（筥、莒）大

[①] 见郭沫若《两周金文辞大系》。

史申鼎"隹正月初吉辛亥"例同①。莒是齐的附庸国,约于公元前432年被楚所灭,土地为齐并分。其鼎铭与蔡侯"～"铭记日甲子既同,文字书体风格也相似,同属齐风。但莒器正月初吉辛亥未纪年,而蔡侯"～"纪有"元年",又不相同。且蔡侯铭的"元年"又指哪国的纪年,也要具体探寻。以春秋长历推算,于蔡之侯均不合,却与吴相合。即吴王僚即位之期年,公元前525年、鲁昭公十七年、周景王二十年、蔡平侯六年,正月朔戊申,四日辛亥;又吴公子光杀僚之第二年,前514年、鲁昭公二十八年、周敬王六年、蔡昭侯五年,正月朔甲辰,八日辛亥。应或是吴王僚嗣位,蔡平侯贺新君所铸。凡平侯自作器不记年(也不用周王纪年),唯赠吴之"～"特用吴王之元年,并述与吴之婚姻关系、借以表示修姻谊、贺新君的诚意。蔡大孟姬当系僚或其父辈人所娶,而赠"～"之本意,实不仅在大孟姬本人而已。盖平侯虽畏楚,但因灵侯之被杀,又警其父即太子有之曾当人牺,故对楚心怀惧恨,于制钟时兼制此"～"等赠大孟姬数器,以示亲吴,"～"铭以"肇左(佐)天子"与同姓姻亲吴国共勉。唯格于某种原因,未遑送吴。只是以期年制器而称元年,应为联吴之故。当然,如说是昭侯五年所制,似乎也可以,但平侯"左(辅)右楚王"(蔡侯钟铭文)实较昭侯为可能。且昭侯所赠"不讳考寿"(蔡侯"～"铭文)之大孟姬如为僚或其父辈所娶,而公子光杀僚自立之年,蔡反赠"～"于大孟姬又较难解释。还有,蔡侯墓出土器物如编钟编镈诸多残缺,歌钟侯名又多被铲掉,据上引李文谓九枚镈钟原应非一组,如此拼凑及残破之故,也难解释。唯平侯系楚挟掖而立,在位八年,"辅"楚向吴,制此多种器物,较为可能。平侯死后,嗣继乱多,诸器未全随葬。故至公元前493年,均随昭侯徙州来。迁徙过程既有损坏,当时逼于楚吴又或迁战斗更多残破。寿县蔡墓出于土之残钟片、残铜片各装一箱②,多是原来破坏而不是出土时挖坏的;其中铲去侯名,同样器物有的并没铲掉:这些情况,可能与当时短期夺掳争战有关。吴王光鉴虽为阖闾所制,且与昭侯同时,但昭侯墓中所随葬之蔡侯制器,从史实及器物等情况推论,蔡侯钟、"～"及同侯名之多种器物则应为平侯庐所制。

今更择钟铭略释。钟铭全文是:

隹正五月,初吉孟庚,蔡侯□曰:余唯末小子,余非敢宁忘,有虔不易,搓(左)右楚王。窟窟𨦲(坠)政,天命是逅;定均庶邦,休有成庆,既志于忌,延(诞)中昏(厥)德;均子大夫,建我邦国。𨦲命甫甫(庸庸),不愆(愆)不贰(忒)。自作歌钟,元鸣元萁(期),子孙鼓之。

---

① 见郭沫若《两周金文辞大系》。
② ·见《寿县蔡墓出土遗物》第11页第3行,以及第14页,倒第9行。

上面，▨从穴从佳，《说文》："佳，鸟之短尾总名也。"于金文是否可解为《说文》之"鴌"字，疑而未定。今但从音义求之。《文始·二》：雏、椎，皆有短义，音义通转，与窀字相近，故今释"窀窀"为短暂义。

▨，原来曾释作"▨"（为）的变体，今释作坠。《说文》：隊，从止（"俗"作从土），与从阜之"▨"不同。今此字右上角形体像兕豕类之前角、大耳、獠牙，正与坠字所从之豕相同。下部形体从土，与"俗体"之坠字同。左上角所从之▨，应是坠字所从之𨸏的变体；《说文》陵字古文，不从𨸏而从谷，谷即坠字所从之▨，可作谷，▨与𨸏混变的例证。

"窀窀坠政"意指蔡国几经中断的国家命运。坠政及下文的坠命，都是当时的常用词语。如：孟鼎"我朝（勉—释闻）殷彶命"，彶即坠，系借述为遂同例，故鲁东门遂（襄仲），《世本》作东门述。又如毛公鼎"女毋敢▨（豕）"，豕即坠命，命字可省，常语之故。又如录伯冬簋："王若曰：录伯冬！繇自乃且（祖）考有捪（或释劳）于周邦，右辟四方，惠弘天命，女肇不豕（坠）。"这是在周宣王姬静恢复王位之时，凡用此词语，多在国有天命之时，如《左传·襄公十一年》盟于亳，也用"隊命亡氏"之语。他如齐陈曼簠："齐陈曼不敢▨（坠）康，肇勤经德。"以上坠命、坠政、隊、豕，皆同义常用词语。

蔡侯钟"窀窀坠政，天坠命是匡"、"坠命庸庸（或释祇），不愆不忒"反映了当时天命、神权的统治理论。先秦文献中常见。如：盘庚欲迁殷，以天命断绝来警告："今不承于古，罔知天之断命。"殷曰断命即周曰坠命。《君奭》："天命不易，天难谌，乃其坠命……"《召诰》："今时既坠厥命。"这种天命思想，特别当剥削统治者论及国家前途诸如立国、复国、篡权时常用；蔡侯钟铭正说明平侯复国时以天命警惕自己和巨僚，企图振作起来的愿望。

《左传·襄公十九年》："夫铭，天子令德，诸侯言时计功，大夫称伐。"钟铭大都为歌功颂德。邵钟："余颉冈事君，余兽（战）妥武……余不敢为骄。"这是大夫称伐。齐侯镈则言时计功，气派浩瀚。而蔡虽"辅右楚王"因楚复国，却始终慑于颠覆，故平侯铭文有其不同于别国的特征。钟铭首先明确"非敢宁忘，有虔不易，辅右楚王"，接着说明"窀窀坠政"是靠"天命"延续的，指示他的大夫臣仆努力，"诞中厥德"，"建我邦国"，并以"坠命庸庸，不愆不忒"为重点，最后祝愿"元鸣无期，子孙鼓之"。全文根据当时情理，自然成章而中心明确：表达了平侯的心情和希望。

今读全铭文意，证之史事，故以昭侯之墓、平侯之器的看法写作此文，聊备一说。

宋词中的"豪放派"与"婉约派"

◎ 吴世昌

词兴起于晚唐,发展于五代(907—960),繁荣于北宋(960—1127),派生于南宋(1127—1279)。这样分期当然是极为简略粗疏的,只是为了便于说明问题,不能不在历史的大墙上暂时插几个钩子,以便挂上一些史实,看清它的上下左右的关系,免得抽象设想,不易捉摸,甚至弄得时代错误,史实乖舛。

从词的兴起到北宋末年,大约在两个世纪之中,词作为一种民间爱好,文人竞写的文学作品,已经达到它的黄金时代。也可以说,全部词中较好的那一半,产生在这一时期。以后,即在南宋时期,尽管派别滋生,作者增加,但就总的质量而论,已不如南宋以前的作品。那些作品及其作者,都是沿着自晚唐以来的一个传统而写作的。这个传统简单明了,即是后世所谓的"小调"。小调是民间里巷所唱的歌曲:其内容也颇为单纯,大都以有关男女相爱或称赞当地风景习俗为主题。这本来是《三百篇》以来几千年的老传统、旧题材,而"感于哀乐,缘事而发"的汉魏乐府,则表现得更为突出。宋词与乐府的关系是非常密切的,宋人的词集有时就称为"乐府",如《东山寓声乐府》、《东坡乐府》、《松隐乐府》、《诚斋乐府》等。晏几道自称其词集为《补亡》,他自己解释道:"《补亡》一卷,补'乐府'之亡也。"意思是说:他的词正是宋代的"乐府"。

但是从五代到北宋这一词的黄金时代中,虽然名家辈出,作品如云蒸霞蔚,却从来没有人把他们分派别、定名号、排座次、贴签条。五代的作品,至少来自四个不同的区域:西蜀、荆楚、南唐、敦煌。但后来,也许为了讨论方便,提出了"花间派"这个名称,即用西蜀赵崇祚编的《花间集》的名称来定派别,这当然是不正确的,因为此集所选的温庭筠与韦庄的作品就大不相同,他们二人中的任何一人与波斯血统的李珣的一些作品又很不相同。但在北宋文人看来,《花间集》是当时这一文学新体裁的总集与范本,是填词家的标准与正宗。一般称赞某人的词不离《花间》,为本色词,这是很高的评价。[①] 陈振孙称赞晏几道的词"在诸名胜中,独可追逼《花间》,高处或过之"。由此可见,南宋的鉴赏家、收藏家或目录学家以《花间》一集为词的正宗,词家以能上逮《花间》为正则。"花间"作风成为衡量北宋词人作品的尺度,凡不及"花间"

---

① 关于"花间词",可参阅拙作《花间词简论》。

者殆不免"自郐以下"之讥。事实上如何呢？我们看北宋几个大家，如欧阳修、范仲淹、晏氏父子、张先、贺铸、秦观、赵令畤、周邦彦其词作莫不如此。柳永和他们稍稍不同，但他所不同者无非是写他个人羁旅离恨之感，而其所感者仍不脱闺友情妇。对于这些作品，当时北宋南宋的词论家或批评家，谁也没有为他们分派别，只是寻章摘句，说说个人对某词某联的爱好欣赏而已。

北宋大词人的作风大都相像，这不稀奇，因为他们都是从《花间》一脉相承传下来的。他们的作品相互之间可以"乱楮叶"[①]，又可以和《花间》的作品乱楮叶，甚至可以和南唐的作品乱楮叶，因为南唐作家所处的生活环境、文化水平、情调趣味基本上和北宋作家相似，而所咏的题材又大致相类，封建文人的感情又相差不远，其表现方式也自不免相同。明显的例子是冯延巳《阳春集》[②]中的十四首《鹊踏枝》（即《蝶恋花》），其中有四首[③]见于欧阳修《六一词》，改名《蝶恋花》，如除去这四首，则冯作只有十首了。又如用《六一词》为核对的底本，则问题更多，集中旧刻《蝶恋花》二十二首，今汲古阁本只剩十七首。毛晋在《蝶恋花》调名下注云：

> 旧刻二十二首。考"遥夜亭皋闲信步"是李中主作。"六曲阑干偎碧树"，又"帘幕风轻双语燕"俱见《珠玉词》。"独倚危楼风细细"，又"帘下清歌帘外宴"俱见《乐章集》，今俱删去。

这里毛晋指名删去的五首，尚有两首未点名。另外，毛晋明知一词见于两本，但似乎不敢断定是谁作，他就录存原词，同时注明亦见他人集子中。这种情形有四首："庭院深深深几许"首，毛氏注云："一见《阳春录》。易安李氏称是《六一词》。"说明他之所以认为这是欧阳修的作品，也有根据。"梨叶初红蝉韵歇"一首，题下注云："一刻同叔（晏殊），一刻子瞻（苏轼）。""谁道闲情抛弃久"一首，注云："亦载《阳春录》。""几日行云何处去"一首，题下注云："亦载《阳春录》。"又如晏殊集中的十首《玉楼春》倒有四首见于欧阳修的《六一词》（"池塘水绿风微暖"、"朱帘半下香销印"、"春葱指甲轻拢捻"、"红条约束琼肌稳"）。

其他北宋人词同一首见于两三人的集子中者，还有许多，这里不必详记。我举这些例子，并不是要考证这些词的作者，以便研究某人的作品价值；而是为了说明一个历史现象：自唐五代到北宋，词的风格很相像，各人的作品相像到可以互"乱楮叶"，一个人的词掉在别人的集子里，简直不能分辨出来，所以也无法为他们分派别，实际上北宋人自己从来没有意识到他的作品是属于哪一派，如果有人把他们分成派别，贴上签条，他们肯定不会高兴的。笼统说来，北宋各家，凡是填得好词的都源于

---

① 语出《韩非子·喻老》篇，比喻摹仿逼真。
② 据四印斋本《阳春集》，其底本为明汲古阁藏宋嘉祐戊戌（1058年）陈世修序本。
③ 即"谁道闲情抛弃久"，"几日行云何处去"，"庭院深深深几许"，"六曲阑干偎碧树"四首。

"花间"。你说他们全部是"花间派",倒没有甚么不可,但也不必多此一举,因为这是当时知识分子人人皆知,视为当然之事,你要特别指出北宋某人作品近于"花间",倒像说某处的海水是咸的一样。所以我们如果说,五代北宋没有词派,比硬指当时某人属于某派,更符合历史事实。

于是有人提出不同意见了。他们说:明明北宋有"豪放派"、"婉约派",苏东坡不是"豪放派"吗?几乎每一本文学史、词论,不都是这样说的吗?问题的要点是:他们这样说,有何根据?回答应该是各家的作品。那么,第一个问题是,东坡有哪些"豪放"词?于是翻开每一本文学史或词论,照例举出了"大江东去"、"老夫聊发少年狂"、"明月几时有"等几首,这些词怎么能称为"豪放"?"豪放"作品的例子,在东坡以前有李白,在东坡以后有辛弃疾。把这两个诗人的作品来比较苏东坡这几首经常为人引证的作品,便可看出东坡的这几首作品只能说是旷达,连慷慨都谈不到,何况"豪放"。"豪放"之说不知起于何时。陈登不理许汜,许汜说他"湖海之士,'豪气'未除"。显然说陈登傲慢,并非褒词。"放"字则似乎起于魏晋间"放浪形骸之外"一语,结合"豪"与"放"为一词而成为"豪放",大概起于唐朝,《唐书》称李邕为"豪放不能治细行",则是指其品行。陆游为别人说东坡词"不能歌"辩护:"公非不能歌,但豪放不喜剪裁以就声律耳。"也是说东坡为人性格"豪放",不是说他的词属于"豪放"一派。因为北宋的词人根本没有形成什么派,也没有区别他们的作品为"婉约"、"豪放"两派。当然,苏东坡有些长调,比起早期的欧、张、二晏来,题材的选择和表达的方式都有点不同,但这只能说苏东坡这位多产的诗人,除了写三百多首和"花间"词人同样的作品外,又写了少许和别的词人不同的作品。我们可以说,在北宋词的宝库中,苏东坡贡献了一些与众不同的作品。他的功绩是对词有所增加,而不是改变什么词坛风气。东坡既没有改变他亲密词友秦少游、黄山谷的作风,也没改变北宋晚年大词人周邦彦的作风。换句话说,他的同时或略晚的词人都没有受他影响,而他自己则和他的同辈一样,都受"花间"和欧、柳诸人的影响。

除了增加一些不同内容的词以外,苏东坡并没有像胡寅说的"一洗绮罗香泽之态",这完全是信口开河。《东坡乐府》三百四十多首词中,专写女性美的(即所谓"绮罗香泽")不下五十多首,而集中最多的是送别朋友,应酬官场的近百首小令,几乎每一首都要称赞歌女舞伎("佳人"),因为当时宴会照例有歌舞侑酒,有时出来歌舞的是主人的家伎(如《红楼梦》中唱戏的十二个女孩子)。所以在东坡全部词作中,不洗"绮罗香泽"之词超过一半以上,其他咏物(尤其是咏花)也有三十多首,脑中如无对"佳人"的形象思维是写不出来的。甚至连读书作画,也少不得要有"红袖添香"。说苏东坡这样一个风流才子,竟能在词中"一洗绮罗香泽之态",将谁欺,欺天乎?胡寅自己根本不会填词,至今一首作品也没有传下来[①],却爱信口开河,是"外行指挥内

[①] 《晦庵题跋》所录《水调歌头》乃朱熹自作,与胡寅无关。

行"的典型例子。宋人之不肯读书而好大言欺人,早已有人指出。沧浪答吴景仙书说:"仆之《诗辨》,乃断千百年公案,诚惊世绝俗之谈,至当归一之论。"又说:"来书又谓:忽被人捉破发问,何以答之?仆正欲人发问而不可得者。"钱曾指出:"其封己贡高,师心自是如是。数百年来,学人为其夸词压倒,从无卓识士讼言破斥之,何耶?他不具论,即如《诗辨》云'先须熟读《楚辞》,朝夕讽咏,以为之本',别一条复云'《九章》不如《九歌》,《九歌》、《哀郢》尤妙'。殊不知《九歌》中有《哀郢》否?吾恐沧浪于《楚辞》,不唯不熟,兼亦未尝留心读之也。哆口妄谈,似说鬼说梦。断千百年公案,若是之惊世绝俗乎?"(《读书敏求记》卷四)这和胡寅之不读苏词,而妄谈"一洗绮罗香泽",可谓无独有偶。

再以东坡毕生遭遇而论,他被环境所造成的性格才情,也只能是旷达而不是豪放。东坡对于他所际遇的经验,可以使他悲愤,使他哀怨,使他旷达,使他慷慨,独不能使他"豪放"。说东坡《念奴娇》"大江东去"这类吊古词是"豪放"词,是根本错误的。东坡曾在被拘留中把陶渊明诗全部和作,又亲手写了陶的诗文全集。陶诗本身炉火纯青,读陶而至于和陶,岂能不受其影响?能下这样功夫的人,早已收敛了"豪放"之气。如果一个人的诗词中有豪放之气,他必有生活经验中的可以骄傲的得意之笔,才发为豪放之气①。李白是一个豪放诗人,但他流放夜郎回来以后,恐怕写不出"豪放"诗来了,何况东坡的遭遇比李白要坏得多!

至于"婉约"一语则最早见于《国语·吴语》:"故婉约其词,以从逸王之志。"意谓卑顺其辞。古代女子以卑顺为德,故借为女子教育之一种方式。《玉台新咏》序说:"阅诗敦礼,岂东邻之自媒?婉约风流,异西施之被教。"《花间集》卷七孙光宪《浣溪沙》:"半踏长裾宛约行,晚帘疏处见分明。此时堪恨昧平生。"又卷九毛熙震《浣溪沙》:"佯不觑人空婉约,笑和娇语太猖狂。忍教牵恨暗形相。"同上《临江仙》:"纤腰婉约步金莲。"

从上面所举例子,可以看出这个词在不同时代有不同含义,但近人用为与"豪放"对立的状词,似乎专指所谓"绮罗香泽"、旖旎风光的含蓄的有节制的表情。一旦被用在与"豪放"词对比的地位,婉约词就被视作保守的、不进步的、墨守成规的。有时甚至于说婉约词专写男欢女爱,离愁别恨的荒淫生活,甚至于说他们的思想是空虚的、苍白的等等。很显然,这种机械的划分法并不符合北宋词坛的实际,很难自圆其说。因此,有时也不能严格遵守这两派的门户界限,也不免有豪放派向婉约派乞灵的时候。例如说:

> 苏轼写传统的爱情题材,也以婉约见长。但婉约派词人(按苏轼时尚无此名号)大抵着力于抒情的真挚和细腻,他的词在真挚和细腻之中格外显得凝重

---

① 陈登"豪气未除",因他讨吕布有功,加伏波将军,故瞧不起许汜。

和淳厚,如《蝶恋花》:"花褪残红青杏小,燕子飞时,绿水人家绕。枝上柳绵吹又少,天涯何处无芳草。　　墙里秋千墙外道。墙外行人,墙里佳人笑。笑渐不闻声渐悄,多情却被无情恼。"①(见文研所编《中国文学史》第二册五九四—五九五页)

什么叫凝重?什么叫淳厚?编者增字解经,却全不说何为凝重,何为淳厚。编者对于词中"天涯何处无芳草"这一主要的句子,全没搞懂,只好拉清初的王士禛来解围。但王也帮不了多少忙(因为他也不懂),只好顾左右而言他道:只怕像柳永这样善做情诗的人也未必能超过这一句。而远远躲开"天涯何处无芳草"这一关键性的主句。

这个例子很有意思,只要一说到苏轼,"豪放"论者就把所有的他认为可以证明苏轼是豪放派的全副仪仗统统搬了出来,仿佛声势浩大,威仪堂堂。其实是极少的人在导演,让苏轼这个无兵将军唱独角戏,连跑龙套的也没有。碰着"红白喜事"(例如所谓"爱情题材"),又不得不向讨厌的婉约派小伙计通融了。

当然,我们说北宋没有豪放派,并不是说北宋就一定没有豪放词。少数格调比较昂扬,气魄比较恢宏的作品是有的,比如范仲淹的《苏幕遮》、《渔家傲》和苏东坡的"大江东去"。即使如此,我们也不能仅仅根据这几首词,就承认他们是一个"豪放派"。

又如有人说,苏轼词的用语"形成一种清新朴素、流利畅达的诗歌语言",于是下结论道:"所有这些,都表现了豪放词派的特点。"我看不出这两句话的逻辑关系,很抱歉。如果说,豪放派词的语言特点是"清新朴素、流利畅达",那么用这个逻辑来推论,婉约派词就不清新、不朴素、不流利、不畅达了。而《花间集》是婉约之宗,它必然都具备了这些缺点,这像话吗?

这里我觉得有必要提到柳永。他在北宋是一个很重要的作家,他和"花间"传统的关系既有继承,也有发展。如果我们说,苏轼扩大了词的题材范围,增加了前人只用以写诗的文人情感,那是对的,但这也不是说他借此就可以成立一个"豪放派"或"反对派"或"旷达派"。他的作品增加了些以诗为词的创作,并没有减少他本来继承"花间"的传统作品,只能说他扩大了词的题材与可能的新的写法。但这种新的写法,柳永早就这样做了。柳永是专写男女情爱、绮罗香泽、锦心绣口、红情绿意的作家,所以他也没有脱离"花间"传统。但他在继承这个传统的同时,更使用歌女舞伎们所用的语言、词汇。他的作品"向下看",用她们的语言工具来写她们的思想内容,这是苏轼所做不到的。因为他所周旋、应对的是文人学士。文人们求雅正。因此他虽然也像柳永一样用扩大了的词汇写词,但他是"向上看"而不是向下看,不是学市井的俗语以写词。所以从中国到西夏,凡饮井水处就会唱柳永词,而不是唱东坡词。

---

① 关于这首词的解释,可参看拙文《有关苏词的若干问题》。

柳永在语言运用方面走的是群众路线。苏轼正是受了柳永的启发,才在题材方面添入一些文人的感慨、牢骚和互相嘲笑以及咏物等前人少用或不用的题材①,因此他的作品给人以题材丰富的印象。柳永写他自己感慨的作品,如著名的《八声甘州》、《雨霖铃》,也达到了新的境界。但因为他有时写妓女的生活,为宋代的道学先生所不喜,所以谈"豪放"词者专指苏轼而不及柳永。实则被苏轼认为"不减唐人高处"的柳永的《八声甘州》,倒真正可称为"豪放"词。

以上所谈,只限于北宋。北宋大家如欧阳修、二晏等都以"花间"为正宗,已如上述,所以大家指北宋时期的词家为"婉约"派。文风和时代的生活情况有关。赵宋政府建国以后,为了加强中央集权,要求开国的功臣及时退休,作为一种交换的条件,政府鼓励他们为子孙买良田美宅,养歌儿舞女以自娱,免得生事。② 因此文人家中蓄养歌儿舞女是比较普遍的现象。北宋文人为了歌女演唱而写作,当然只能沿着《花间集》的传统。晏几道在他的《小山词》跋文中说:

> 始时沈十二廉叔,陈十君宠,家有莲、鸿、苹、云,品清讴娱客。每得一解,即以草授诸儿。吾三人持酒听之,为一笑乐。

这说明了晏几道的词是在什么情况下写出来的。这种情况,证以《石守信传》中所述情形,可知这不是个别情况。在这种"歌舞升平"的气氛之下,他们征歌选舞,是受政府鼓励的一种上流社会普遍的风气。再看看李清照《永遇乐》词中回忆北宋盛时开封的文化生活的情形,就会更加清楚。③

但自靖康之变以后,北宋亡国,人民大量逃难到江南,流离颠沛之苦,妻离子散之惨,国土沦亡之痛,引起了大多数知识分子的悲愤感慨,怎么还有心思"品清讴娱客"?在这种局面之下写出来的作品,当然是慷慨激昂,义愤填膺,所以南宋词人中多有所谓"豪放派"是理所当然的。其实"豪放"二字用在这里也不合适,应该说"愤怒派"、"激励派"、"忠义派"才对。"豪放"二字多少还有点挥洒自如、满不在乎、豁达大度的含义。所以豪放、婉约这些名目,在当时并无人用,只有后世好弄笔头或好贴签条的论客,才爱用以导演古人,听我调度。而且当时词的作风内容的改变,主要也当然是受政局变化而引起的。在兵荒马乱之中写灯红酒绿的旖旎风光固然不相称,即使在危局略定的情况下忘乎所以地作乐寻欢,情调也不相称。文人作品主要受时代的变动而转变,并不是某人天生"婉约"或从小"豪放"。我们看向子𝗶的

---

① 咏物是古已有之的一种文学游戏,《荀子》的赋篇就是这一类,唐张鷟的《游仙窟》就有许多用语双关的"咏物词"。
② 见《宋史·石守信传》赵匡胤对大臣的劝告。
③ 宋初皇室用这种"求田问舍"、"醇酒妇人"的政策来消磨当时武将权臣的志气,免除了唐末节度使跋扈难制的灾难,却也削弱了对外御侮抗敌的国防力量。

《酒边词》,是一个最恰当的例子。向子諲前半生生活在灯红酒绿的汴梁(即开封)。他的词称为"江北旧词",是道地的"婉约派"。靖康之难(1126年)汴京沦陷,他逃难到杭州,这以后的作品称为"江南新词",变成了道地的"豪放"派①(甚至由于失望消沉而流于颓废,可以称他为"消沉"派或"颓废"派)。李清照的境遇也差不多,不过她后期的作品不是"豪放"而是悲苦,这也是理所当然的。如果向子諲、李清照的后期作品还是欢天喜地,那倒是全无心肝了。

至于从敌人占领之下带兵打游击来归附南宋的辛弃疾,其作品当然只有我们现在见到的慷慨激昂的那一部分。在一首《鹧鸪天》中,他对比了当年打游击归奔南宋,后来又被弃置不用的不同感受。上片说"壮岁旌旗拥万夫,锦襜突骑渡江初",下片说"却将万字平戎策,换得东家种树书"。苏轼决不能写这样的句子,因为他没有这种经验作根据。他的《江城子》"老夫聊发少年狂"令人有不真实之感,因为他那时尚未到四十岁。但苏轼如果活到南宋,他的作品也许比我们现在所见的更为"豪放"。而像周邦彦那样被贴上"婉约派"、"格律派"签条的作家,如果也能活到南宋,我想,他也不会以"婉约"或"格律"派终其身的。

现在我录下两个著名词人的作品,先不要问是谁写的。但凭它本身的内容请读者判断哪一首是什么派或什么人写的:

一、《西河》(金陵怀古)

佳丽地,南朝胜事谁记?山围故国绕清江,髻鬟对起。怒涛寂寞打孤城,风樯遥度天际。　断崖树,犹倒倚。莫愁艇子曾系。空余旧迹郁苍苍,雾沉半垒。夜深月过女墙来,赏心东望淮水。　酒旗戏鼓甚处市?想依稀、王谢邻里。燕子不知何世,向寻常、巷陌人家,相对如说兴亡,斜阳里。

二、《意难忘》

花拥鸳房,记驼肩髻小,约鬟眉长。轻身翻燕舞,低语啭莺簧。相见处,便难忘。肯亲度瑶觞。向夜阑歌翻郢曲,带换韩香。　别来音信难将。似云收楚峡,雨散巫阳。相逢情有在,不语意难量。些个事,断人肠。怎禁得凄惶。待与伊移根换叶,试又何妨?

当你读后,对它的内容、它的作者,以及它属于什么"派",会提出什么高见呢?

---

① 当然"豪放"派这名称也不合适,为说明问题,姑用此名。参看刘扬忠《论酒边词》。

戏剧空谈

◎ 陈白尘

南大中文系的同学们要我谈谈戏剧创作,这是个难题。身为系主任,又挂个空头教授头衔,不讲,说不过去。要讲"戏剧作法"、"写剧入门"之类东西么,自己就不相信,也讲不出。"你是个作家嘛,讲讲体会也好。"其实,我已算不得一个作家了,三十年来几乎没搞创作,最近才写了个戏。我是名副其实的"空头文学家",空头教授而兼空头文学家。我是"空空道人"。

有的同志曾责备教文学的教授不会写小说,这有点冤枉。会写小说的也不会当教授。"敲锣卖糖,各有一行嘛!"而我这个"空空道人"又一行不沾,我能讲什么呢?

"丑媳妇怕见公婆面",你们这些"公婆"一定要我讲,那我这"空空道人"只能说"空"话,放"空"炮,这可谓"四大皆空"。我的题目只好叫作《戏剧空谈》。

第一个问题:谈谈什么是戏

要写剧本,先要懂得什么是戏。最近半年来,我平均每天收到三五封信,问我怎么写戏。而且每每附有剧本要你看,因此我读了上百部剧本手稿。可是称得上戏的不多,就是说,不懂得戏。

什么是戏呢?戏者,戏也。就是要有戏剧性。有位前辈曾经教过我说:有一个人突然掉进一个很深的陷阱,他为了活命,就千方百计地挣扎、搏斗。这个挣扎搏斗的过程,就是戏。他如果是个值得同情的人,他最后胜利了,就是喜剧;失败了,便是悲剧。陷阱,是个比喻,是指一个环境,一个困难的问题或一个艰险的处境出现了,你必须与之冲突、斗争,以求得解决。所以戏剧的核心是冲突。一男一女在路上谈笑而过,没有人注意他们。如果一男一女在路上相骂以至相打,大家便会围上来看看。因为它有冲突,有戏剧性冲突了。

这个道理,两千多年前我们的戏剧"祖师爷"就懂得。春秋时代楚国有个优孟,可算是"祖师爷"了吧。楚庄王非常爱马,有匹心爱的马由于吃得太好,得肥胖病死了,他伤心得很,要以大夫之礼葬之。大臣们以为不可,纷纷谏阻。庄王火了,说:"谁再谏阻就杀谁!"优孟面对着"陷阱"了,可他要斗争,于是他演戏了:走进殿门便仰天大哭,哭得很伤心。楚庄王问他为何如此伤心?他说,你的爱马死了,仅仅以大夫之礼葬它太不够了,应该以国王之礼葬之,这才可以使各国诸侯知道,大王是个重马而轻人的人!庄王醒悟了,问怎么办?优孟说,葬之腹中——吃掉算了。一场该杀头的冲突以优孟胜利告终。还有所谓"优孟衣冠"的故事,是大家都知道的。优孟为了"暴露"楚庄王对于宰相孙叔敖的忘恩负义,他模仿孙叔敖的声音笑貌,整整学了一年,然后去见庄王。庄王大喜,以为孙叔敖复活,欲以为相。优孟可不同意,说孙叔敖死后儿子穷得没饭吃,宰相做不得。庄王下不了台,只好给孙叔敖儿子食禄四百户。太史公因此在《滑稽列传》中说:"谈言微中,亦可以解纷。"纷,就是矛盾冲突。可见我们伟大的历史学家司马迁就很懂得戏剧原理。

这都是老生常谈,起码的常识。但我还在此絮絮不休者,是因为连这个常识性的问题也遭到"四人帮"之流破坏了。我们说的戏剧冲突,是一定的社会冲突在人与人之间的矛盾冲突中的反映。这种社会冲突在生活中是大量存在的。但它本身并不形成戏剧,只有当它集中体现在某一个或某一组典型人物身上的时候,这种戏剧冲突才能形成。一个戏剧作者的最主要的基本功,就在于在复杂纷纭的社会冲突中捕捉这一戏剧冲突。所谓"文章本天生,妙手偶得之"。这个"偶得之",并不是碰大运,而是长期思考,一旦领悟;是十月怀胎,一朝分娩。楚庄王重马轻人和忘恩负义如果不是碰到优孟这个典型人物是构不成戏剧冲突的。当然,光有优孟而没有楚庄王这个反面人物,也是一样。

若干年来,我们有许多剧本昙花一现,被人遗忘,就因为它没有真正的戏剧冲突,即无冲突或假冲突,违背了戏剧创作的基本规律。

这种无冲突或假冲突的例证很多。

其一曰:"图解政策"。为了宣传某一政策,而并无生活基础,更无源于生活基础的戏剧冲突,于是安排甲、乙:一个正确,一个错误;一个拥护,一个反对。这是儿戏,不是戏剧。比如"除四害"时说麻雀是害鸟,作家大嚷大叫:"要打麻雀!"后来又宣告麻雀无罪了,作家又说:"麻雀要保护!"

其二曰:"主题先行"。仿佛主题是天生的,而不是作家观察生活、理解生活的结果。某个领导一声号令,作家趋之若鹜。根据主题构思戏剧冲突;根据戏剧冲突安排人物;根据人物再赋予性格。完全颠倒了创作规律,但能满足某些领导的眼前要求。

其三曰:"误会法"。你也先进,我也先进,本无矛盾,何来冲突?于是你误会我,我误会你,吵闹不停,冲突不已,煞有介事,其实是"贾门贾氏"。戏剧情节中利用误会,未尝不可,《钦差大臣》就是好例子。但误会只能是种手段,用以揭示矛盾冲突;戏剧冲突建立在误会上,便是空中楼阁了。

这三种情况是常见的,也是"文化大革命"以前就存在的。它的存在,主观上是作者不懂或违背戏剧基本规律;客观上则是因为有些"棍子"在满天飞舞——"难道生活是这样的吗？"这就够了。于是一些富有戏剧冲突的好戏被扼杀了。

林彪、"四人帮"横行之日，话剧果真濒临灭亡了，全国只剩下从别人作品剽窃来的几个所谓样板戏。于是江青之流又在无冲突论或假冲突论中增加了新品种。故其四曰："三突出"。"三突出"是愚昧无知、主观臆造的产品，它在创作实践上是危害无穷的。如果前三种无冲突论或假冲突论是不自觉地掩盖社会矛盾，"三突出"则是以创造"英雄人物"为名，公然否认社会矛盾的存在，从而取消戏剧冲突这客观规律。它在政治上是为他们篡党夺权阴谋服务的。因此，在他们炮制的作品中，"英雄"的对立面只有一个：前期是"特务"，后期是"走资派"。前期的戏剧中，无戏无"特务"，"特务"满舞台，连反映我国人民伟大创造的长江大桥的剧本里，一度也非安上个"特务"不可。后期的戏剧中，不写"走资派"不能过关，于是"走资派"又"横行全国"。说江青之流的所谓"文艺"是"阴谋文艺"，谁曰不宜？

"四人帮"在政治上早被粉碎了，但他们的"阴谋文艺"的流毒远未肃清。最近某刊物发表的《向前看啊！文艺》和《"歌德"与"缺德"》，正是证明。因此，同学们如果有志于戏剧创作，首先第一条就是排除十七年中某些教条的束缚，尤其是"四人帮"时期"阴谋文艺"所强加于人们的毒害，掌握戏剧创作的基本规律，即戏剧冲突。

第二个问题：戏，为什么一定要写戏剧冲突？

戏剧是不是可以不写戏剧冲突呢？不行。有一种称之为"书斋剧"的，它并不要求上演，可以例外。但不能上演的就不该称之为"剧"，只能称之为"对话录"。剧本可以读，但它主要不是为了读，而是为了演出。戏中没有冲突，让观众坐在台下只听几个人物在对话，行么？除非是关起铁门，否则观众是要走光了的。这是戏剧的特性。

但戏剧之必有戏剧冲突，主要还不在于它的特性。戏剧是社会生活的反映。社会生活中存在着各种矛盾冲突，戏剧就必须反映这种冲突。这又是文艺的共性。人类社会从古及今以至未来的共产主义社会，永远存在着斗争，存在着真、善、美与假、恶、丑的斗争。人类永存，戏剧也将永存。也就是说戏剧冲突的规律也将永存。

因此，戏剧冲突就不仅仅是个艺术问题，而且主要的是个对待生活现实的态度问题，是个政治问题。一个作家，他可以深懂戏剧冲突的规律，把一个故事编得情节曲折，引人入胜，处处抓住戏剧冲突，扣人心弦，但他的戏剧冲突并不反映现实生活中的主要矛盾，那他算不算一个作家呢？我说这只能算一个编剧匠人。因此，一个作家必须面对现实，正视矛盾，反映生活，他才能成为人民的代言人，也就是党的代言人。《丹心谱》、《有这样一个小院》以及《于无声处》的可贵之处即在于此，所以它们才能唤起千百万人的共鸣。

一个真正的作家要有胆识。不仅要有政治远见，而且要有坚持真理的胆量。田汉同志在《谢瑶环》里引用了"民犹水也,可以载舟也可以覆舟"这句真理,才被迫害致死的。自然,没有这句话也难免于难。吴晗同志只因歌颂了历史上刚正不阿因而罢官的海瑞,便也含冤而逝。昆剧《十五贯》的改编者只不过讽刺了主观主义的典型过于执,被打成右派,含冤二十年!毛主席和周总理都肯定过《十五贯》,而且要全体公安干部都去看,叫大家不要学过于执。当时肃反没有扩大化,冤错案也比较少,恐怕《十五贯》是起了一定作用的。可是到了"反右"运动,过于执又多起来了。直到今天,过于执还是不少!"既然艳如桃李,焉能冷若冰霜"?主观主义的推论结果,便罗织成苏成娟的冤狱。这样的例子难道没有了?做一个作家就不曾遇到过于执这样人物?你怕不怕呢?怕,就不必干作家这行当!

在谈戏剧冲突的时候,还得附带谈一下典型问题。我们常说要在典型环境中写出典型性格来。因此,在我收到的青年来信中,不少人也都问:怎样才能刻画出人物的性格来?

这个问题好回答,也不好回答。

好回答的是:人物性格只有在戏剧冲突中创造。我前面说过,一个人突然掉进陷阱了,为了活命而挣扎搏斗,这便是戏。可是如何挣扎搏斗,是因各人的性格而异的。比如说吧,一个手持手枪的强盗闯进一间宿舍来,宿舍里的人们如何对待?必定是有的逃走,有的躲进床肚,有的挺身而出与之搏斗,有的去报警,有的全身发抖,说不定还有人下跪求饶……不一而足。为什么呢?因为在紧急的生死关头,每个人都是使出全身本领来争取生存的。这全身本领就根据各人不同的出身、教养、阅历、年龄……特别是不同的性格而各各不同的。所以,要塑造人物的性格,只有在戏剧冲突中塑造。离开戏剧冲突,无法刻画人物的性格。反之,没有人物性格上的矛盾,也无从形成戏剧冲突。

说它不好回答,是因为戏剧中人物的性格不是由作者自己编造的,而是由作者对于各阶层各种人物长期观察所积累的成果。你除了深入生活,长期积累以外,别无良策。

观察人物,要养成习惯,要随时随地用眼睛看,用脑子想。回忆起 1966 年 9 月 14 日我回北京后第一次被揪斗的情景是很有趣的。那天大会是斗争张天翼同志的,我不过是主要陪斗者,所以还可以偷偷地观察一切。这次大会最精彩处在于尾声。那天作协的头面人物以及有关人士都出席陪斗,济济一堂,好不热闹。所以群众提出要求,要各人一一登台亮相,"自报家门"。精彩就精彩于"自报家门",这就是要我们这批"牛鬼蛇神"各自作"自我介绍":姓甚名谁,出身什么家庭(自然要越反动越好),自己所犯罪行(主要是在"文艺黑线"中的地位)等等。人是一个一个上台的,你看各人神态吧:有的老实低头,有的偷眼四顾,有的慌张,有的镇静,有的猥琐,有的还高视阔步,还有一位不住地揉肚子,大概出来时慌张,忘了系裤带。到"自报家门"时,那更有学问了:是"反动学术权威"还是"走资派"还比较好划分,至于是"文艺黑线"的"执行者"还是"推行者"呢？是"文艺黑线"的"健将"还是"干将"呢？那是颇费推敲斟酌的，可又要群众通得过，自己吞得下。结果是各各不同，而又"恰如其分"。比如一位管行政的干部，并不管文艺，他自觉不够"干将"之类资格，便自称是"文艺黑线的黑爪牙"。这些人物都是我的朋友和熟人，仔细想想，他们亮相的姿态和自报家门的尺度，没有一个不同他们固有的性格相一致的。这也说明在"陷阱"之前（等于在戏剧冲突中），是各人按照各自性格在"表演"的。

所以，要问如何刻画人物性格，只有自己去观察、体验、思考，别人是回答不了的。

第三个问题：写戏是干什么的？

文艺的作用是为了团结人民，教育人民，打击敌人，消灭敌人。戏剧自不例外。但作为一个剧作者，你自己是否因此就以人民的教育者自居呢？我看这不行。

过去旧社会，"唱戏的"叫做"吃开口饭"，他如果不能讨得观众的赏识，就没饭吃。为什么中国传统戏曲都有歌有舞，使人赏心悦目呢？我想其理由之一，便是它首先要娱乐观众。说起娱乐观众，恐怕我们许多新文艺工作者要大摇其头，甚至会骂娘的。但是且慢，据说鲁迅写《阿Q正传》时，首先读给他老太太听，老太太笑了，他才拿去发表。可见，鲁迅的作品也还是要娱乐观众的。"娱乐观众"这个词也许太刺伤一些人的自尊心，但演戏总得使观众笑或哭吧，总得要观众有所思考，有所奋发，有所爱憎吧？这叫做什么呢？叫做"共鸣"也可以，更好听些叫做"艺术感染"也可以。但我认为一个观众花了钱，去排队买票，甚至还要托人开后门才弄张票来看戏，总是为了娱乐来的。我没有听到一个观众说过，我花钱买票是为了去"共鸣"，为了去接受"感染"，更没听哪个观众说看戏是去"接受教育"的。听报告倒是接受教育的，可是见谁花钱买票？

我为什么要发这通感慨呢？这就是感慨于我们的剧作者太不尊重观众了。我们的剧作者每每是不自觉地以教育者自居，而把观众当小学生。比如说，对于过去的一段情节，作者通过这个人物说一遍，又通过那个人物说一遍，目的是说给观众听。其实观众早明白了，或者根本不需要你提醒他就会明白。更习见的是：作者通过人物之口，把作品的主题思想向观众说得清清楚楚，明明白白，一览无余。观众是有头脑的，他会思考；你什么都说了，还用观众去思考，去体会？更何况有些作者所说的道理无非是从中央文件或者从《人民日报》抄来的，观众如果要听这大道理，会去读文件和报纸，何必到剧场来？总之，这样的作者是板起面孔以教育者自居的。可是你越摆教育家的架子，观众就越不买你的账。有人说：观众对于戏剧电影是用脚底板来批评的——他不用脚底板跑来买票，就是一种批评。但有些报刊，好象搞"安慰赛"，却拼命吹捧，这真是自欺欺人！我说，"票房价值论"是不全面的，但有一定道理。

还有种作者更可怜,这就是所谓"三结合":"领导出思想,群众出生活,作家出笔。"一个作家可怜到没有思想,只成为领导的"打字机"和"传声筒",这还何必要作家呢?这种"三结合"发展到顶峰,便是按照"长官意志"写作,于是就产生了"阴谋文艺"。作家,作家,在"四人帮"横行时代,无怪乎只有"小猫三只四只"了。

话说回来,还是谈娱乐。作家与观众的关系,不该是教育者与被教育者关系,也不必说买票看戏的买卖关系,那太庸俗了。那么说成平起平坐的朋友关系,该可以吧。共鸣也好,感染也好,总得是朋友才行。你作者的思想主题即使"金玉良言",也还有个听得进听不进的问题。"良药苦口利于病,忠言逆耳利于行。"所以如今有些苦口良药也裹上糖衣。那么作者的忠言是不是也得讲个方法?比如优孟对于楚庄王两次所进的忠言就很讲方法。对于爱马之死,他先来个嚎啕大哭,以征服楚庄王之心,然后才点出重马轻人的"主题"。对于孙叔敖的事,他只扮演孙叔敖,用其声音笑貌引起庄王的怀念,然后用反语一激,庄王醒悟了,连主题也不用点。这就是方法。这方法就是先娱乐楚庄王。如果优孟不讲方法,直言无隐,对庄王指责一番。痛快是痛快,可惜优孟的脑袋要搬家。我们的观众呢,自然不会来砍作家的脑袋,但他总有个不动脚底板的权利吧,对你来个不领教,你又奈何于他?

说到这里,同学们也许明白我的用意了:我并不是反对戏剧的教育作用。敬爱的周恩来同志就一再说过:戏剧要寓教育于娱乐之中;文艺的教育作用和娱乐作用是辩证统一的。但从观众来说,他是为娱乐而来的。因此,一个作家——真正的人民作家也应该从观众的要求出发,首先考虑你的戏是否能娱乐观众。只有娱乐了观众才能达到教育目的。我们作家不是天天讲艺术么,所谓寓教育于娱乐之中,这就是艺术。艺术,艺术,艺而无术,将何从表现呢?我在此大讲娱乐性,也许是危言耸听,言过其实,但我的本意不过是为艺术招魂而已!"艺术,艺术!魂兮归来!"

第四个问题:戏是应该歌颂光明呢,还是暴露黑暗呢?

这个问题,早有定论了:"只有真正革命的文艺家才能正确地解决歌颂和暴露的问题。一切危害人民群众的黑暗势力必须暴露之,一切人民群众的革命斗争必须歌颂之,这就是革命文艺家的基本任务。"

但在创作实践中,并没有得到正确解决,特别是暴露问题。《组织部新来的青年人》、《在桥梁工地上》等等所揭露的一点黑暗面,本来是"危害人民群众"的,但作品被错误地定为"毒草"。从此,虽有革命的文艺家,也就无人问津了。在浮夸风盛行之后,赵树理同志仅仅从正面写了个《实干家潘永福》,也不被容许。到"四人帮"之流横行之时,那就只许歌颂英雄了。他们的词典里似乎已没有"黑暗"二字。但到

"阴谋文学"盛行之日,他们又发现"黑暗"了,但那是和人民群众看法相颠倒的。他们所揭露的"黑暗"面,比如各式各样的"走资派",正是和他们作殊死斗争的英雄,正是我们的光明面。"四人帮"被粉碎,文艺得解放,一批青年作者冲破禁区,写出一些深得人心的小说和戏剧,不图又冲出几条好汉来,以"卫道者"自居,说什么如今还是应该"歌德",并咒骂一些青年作者是"善于在阴湿的血污中闻腥的动物……倒是有点'缺德'"云云,云云。这是针对正在解放思想的文艺界,特别是青年文艺作者兜头泼来的冷水,企图把文艺再加上精神枷锁,送回到曾被禁锢的境地去!但我们青年剧作者是不是会被他们吓退呢?《有这样一个小院》和《未来在召唤》等等剧作,以作品本身作了回答!他们没有在"四人帮"造成的灾难面前闭上眼睛,他们更没有相信那种世外桃源的太平景象而盲目歌颂。他们大胆地暴露,暴露人民所痛恨的由"四人帮"造成的愚昧和黑暗。他们也歌颂,歌颂了与黑暗作斗争的英雄!而且他们完全按照戏剧的基本规律办事,在暴露黑暗的同时也歌颂了光明。因此戏剧在描写真、善、美和假、恶、丑的斗争中,总是把歌颂与暴露交织在一起,浑然一体,切断不开的!这是戏剧本身固有的规律。

规律是规律,但"歌德派"与"缺德派"也确实存在。前者存在于一部分批评者之中,后者则存在于少数作者之内。经过"十年浩劫"的我们这个社会的肌体上,确实存在着一些"脓疮"。对于"脓疮"的态度有两种:一种是欣赏,一种是掩盖。如果对"脓疮"绘影绘声,并用放大镜显示出来,并说这就是我们肌体的全貌,这自然是稍"缺"道"德"的恶意宣扬,并不是革命文艺家应有的态度。但把"脓疮"掩盖起来,并包上美丽的装潢,说此处并无"脓疮",而自诩为"歌德派",其情可悯,其结果则使"脓疮"愈加溃烂而已。这种"德"是不能"歌"的。然而这种批评家却是现在还有,将来也难于绝迹的。真正的革命文艺家说,官僚主义者是妨碍"四化"的绊脚石,他说这是极少数,不够典型;你说极"左"思潮还在危害人民,他说这是个别现象,不值得表现……如此等等,不胜枚举。作者也是不怕官,只怕批评家手中的大帽子的。所以革命的文艺家是很难做的。

同学们,请恕我话说远了。但是歌颂与暴露的问题,三十年来没有获得解决,而且走了一段回头路;近年以来,在实践中获得初步解决,但以后的道路也不会平坦,还要不断斗争。有志于戏剧创作的同学们是望而却步呢,还是知难而进?我想,"初生牛犊不怕虎",希望在于青年。

要做一个真正的革命的文艺家,就必须坚持真理,敢于斗争。要写戏剧,就要面对现实,做人民的代言人,也是党的代言人,坚持四项原则,为实现四化而歌颂,为扫除妨碍四化前进的一切障碍——"四人帮"极"左"思潮潜伏在人们思想深处的黑暗、官僚主义的危害、特权思想的恶劣影响,等等,等等——而一一暴露之!歌颂光明与黑暗的斗争,这就是目前的"基本任务"!

我只能讲这么四个小问题。"戏剧入门"之类东西是没有的,我只能给同学们指出戏剧的正门在哪里。当然也附带地指出一些左道旁门,那是不能走的。至于怎样走进这个正门,以后又如何升堂入室,那是要用自己的脚去走,恕我不能奉陪。我在这里讲的四个小问题,不过是挂在大门上的四条入门前的"注意事项"而已。

关于我国古代小说的发展和理论

◎ 吴组缃

中国的小说,也和世界各国一样,是从神话传说开始的;发展到魏晋南北朝,成为志怪志人。这是鲁迅在《中国小说史略》中起的名字,我觉得概括得很恰切。神话传说也好,志怪志人也好,都是作为一种史实的记载,是靠实地访问,从民间搜集,把它记录下来,因此叫"志"。"志"就是记录的意思,而不是创作。创作在古代不叫"志",而是"作"。所以最初的小说,同史归为一类。比如《穆天子传》,是个神话传说,可史书上却把它归在帝王的"起居注"一类;《山海经》也是神话传说,《汉书》中却把它归在地理志里。

什么时候开始脱离史,发展成为文艺创作呢?我国自古文史不分。梁代的萧统编了《文选》,它的序提出"事出于沉思,义归乎翰藻"的话,是给文学下的定义,这才把文学和史学区分了开来。但这只是指诗和散文,并没把小说包括在内。中国的小说脱离史而成为文学创作,那是到了唐代的传奇。唐代传奇就有意识地虚构,而且讲究文采;发展到唐人传奇,一方面虚构故事搞创作,另一方面文词很讲究,讲文采。原来文史不分,这时候就发展了,小说就是文学创作了。但作为史的志怪志人并没有停止。

再往下,传奇到了宋代就衰落了,随之兴起的是话本。话本经过文人加工,就变成许多话本小说和演义小说。像《西游记》、《水浒》、《三国演义》,还有其它许多历史演义,大都是文人根据民间创作再创作的。话本是民间说书的底本,它是经过说书艺术的千锤百炼才产生、才流传的。它以精彩动人的情节场面的描绘和生动跳跃的人物性格的塑造见长。我国的小说与外国本是写给人阅读的小说相比,有明显不同的独特风格,就因为它原是讲给人听的说书艺术的老底子。

从这里再发展,便成为文人的独立的创作。不是拿民间的东西来加工了,主要是自己创作。这就产生了《金瓶梅》。《金瓶梅》当然有许多地方不好,但它在小说的发展上面开辟了一条新路。因为《三国》也好,《水浒》也好,《西游记》也好,都是中世纪英雄传奇,写的都是非凡人物,了不起的英雄。《金瓶梅》开辟了一条道路,现实主义显出长足的发展,发展到了新的阶段,写平凡的人,写平凡人的日常生活。《金瓶梅》之后又产生了《红楼梦》。《红楼梦》走的路,是《金瓶梅》开创出来的。到了《红楼梦》,中国的古代现实主义小说,发展到了一个辉煌的顶点。

中国的小说发展的脉络及其特点,大概就是这么个情况。

即使不谈我们出现《金瓶梅》的时候,就是出现《红楼梦》的时候,中国的小说在全世界也是站在最前列了。我们的《儒林外史》是讽刺文学,比俄国的果戈里的讽刺作品早了一百多年。我们的曹雪芹,比托尔斯泰也早一百多年。那个时候,我们中国的文化在人类文化里头是站在最前列的,最先进的。我们现在好像文化很落后,那是鸦片战争以来,变成半殖民地、半封建的社会以后,封建主义在作祟,帝国主义在作祟,官僚资本主义在作祟。三座大山压在我们头上,使我们的物质生产和精神文化都落后了。

人类的文明是继承发展的,没有继承就发展不了。人同动物的区别在哪里?最要紧的区别,就是我们人可以积累经验,传授知识,而动物没有这个本领。像"四人帮"那样,一下子把过去的文化全都否定掉了,完全是荒唐的,是愚民政策。社会主义文化不是从天上掉下来的,无产阶级文化不是关在屋子里胡思乱想出来的,它必须对封建社会的文化、资本主义社会的文化批判地继承,必须把古代的文化继承下来。为什么要批判?因为封建社会的文化、资本主义社会的文化,有很多地方是错误的,有些地方当时不算错,但现在对于我们不适用。社会主义文化、无产阶级文化,必须是对封建社会的文化、资本主义社会的文化的继承,批判地继承。首先是为继承,继承必须有批判。像我们吃花生,把壳剥掉,把皮搓掉,吃花生仁。你要吃,这就是继承;你要吃必须把壳剥掉,把皮剥掉,这就是批判。我们过去的批判,有很多是不对的,把花生仁也扔掉了。我的意思是说,对古代文化的继承是重要的一方面。没有这个继承,我们就寸步难行。必须在继承的基础上,发展我们新的文化。

我国古代小说理论里头有很多好的经验,有些我们就没有很好地继承下来。唐代有个刘知几,是个史学家,他把史传文学的经验总结出来,写了一部书叫《史通》。他很讲究"识"。先秦早就讲究"器识",所谓"士先器识,而后文艺"。器识,就是心胸开阔,目光远大。司马迁为什么能写出一部《史记》来呢?他认为,必须读万卷书,行万里路。读了万卷书不行,还要行万里路。这样他的见识就多了,心胸就开阔了。中国小说理论的头一条,要想写好小说,首先要心胸开阔,眼界宽广,首先要在"器识"上下功夫。而不能心胸狭窄,眼光如豆,只见个人的眼前的那么一点东西,要能高瞻远瞩地看问题。

第二条,你要写好一篇小说,必须要有"孤愤"。李贽说《史记》为什么写得好?因为太史公有"孤愤";《左传》为什么写得好?因为左丘明有"孤愤"。《水浒传》为什么写得好?施耐庵有"孤愤"。后来许多评论《聊斋志异》、评论《红楼梦》的,也都说蒲松龄、曹雪芹有"孤愤"。"孤愤"是什么?拿现在的话说,就是有个人的真实感情,个人所独有的激情。就是你对这个题材、这个主题有极大的热情,你自己被这个题材、这个主题所感动,使你欲罢不能,非要把它写出来不可。不是为了有名气,更不是为了稿费。古代写小说是倒霉的事,哪来的名利!如果你对你要写的没有深刻的感受,没有极大的热情,没有被它深深地感动了,就没有必要来写它,而且也写不好。

第三条,中国小说很讲究"真实"。现在,我们的有些评论对于这个写真实还是起反感。一写真实就是自然主义了,就是暴露我们社会的黑暗面了,要作反动宣传了。其实,我们不能因噎废食,打了一次嗝儿,你就不吃饭了?当然,你以写真实为借口,写坏小说,我们要批评;但不能因为这个缘故,就反对写真实。怎么能反对写真实呢?"真、美、善"三个东西我们都要。可这三个东西并不是平列的,真美善以真为基本。没有真,你那个美是假美,你那个善是伪善。假美、假善有什么价值?所以要大胆地写真实。至于你写得好不好,那是你的思想观点、思想感情问题。真是文学艺术的生命,也是小说的生命。没有真,就失去了它的生命。我们要使文艺成为人民的工具,很好地为人民服务,首先要尊重它的性能。真实是它的性能,把真实丢掉了,就不能很好地为人民服务,就变成不顶用的东西。过去我们常常把文艺这个性能抹煞了,忽略了。

要讲写真实,很要紧的一条,就是必须深入生活。没有生活你就胡编生造,坐在屋子里想入非非,尽是想当然,那是不行的。《史通》上总结史传文学一条经验,拿现成的话来,就是"反映论"。马克思讲过一句话,原话我记不清了,意思是说,我们读一篇小说、一篇文学作品,要区分哪些是作者主观世界的东西,哪些是客观世界的东西。就是说,作品是反映,它是通过作家的主观来反映客观,反映客观的社会生活、时代气息、历史面貌。《史通》总结我国的史传文学,如"明镜照物,妍媸毕露",就像明镜照物一样,漂亮的(妍)、难看的(媸)都照出来;像"虚空传响,清浊必闻",就同空气传播声音一样,好听的(清)、难听的(浊)都传过来。这就是真实,真实地反映客观事物,反映客观的社会生活、时代面貌和历史面貌。这并不是客观主义,史传文学是要"寓褒贬"、"别善恶"的,就是将善恶褒贬包含在里头,不是直接说出来的。这就是所谓"春秋笔法"。春秋笔法也叫"皮里阳秋"。是非、善恶不直接说,通过情节场面,通过人物的对话言论,让读者自己去分辨评判。中国诗歌理论中有句话叫作"不落言诠"。言诠就是解释说明。《史通》标举一个"晦"字,以与"显"相对。"显"是浅露,也就是直截说明;"晦"就是具体叙写,反对直说。中国文学有这个传统的信条,就是不允许解释说明,要通过情节场面,通过形象来表现褒贬。所以"明镜照物"并不是客观主义,而是含有褒贬,暗藏着褒与贬。这也是鲁迅极力信奉的。有些人不了解此意,作了相反的评价,应该考虑!

由此,《史通》还总结了一条,就是"爱而知其丑,憎而知其善,善恶必书,是为实录"。就是说,爱它而晓得它有缺点,憎它而晓得它有所长。正如我们所理解的:世界上万事万物都是对立的矛盾的统一体,不可能有纯粹的东西。好人身上有缺点,坏人身上有长处。这完全符合辩证法。但这不是说没有善恶、是非之分。所爱、所憎,分得清清楚楚;在此前提下,再看次要的方面。比如吴承恩写《西游记》,创造了个猪八戒,它是个小农生产者。他眼光如豆,心胸也不开阔,而且动摇得很厉害,一遇困难就要散伙,回高老庄去。遇到妖魔鬼怪,孙悟空去打,他却躲起来睡大觉;回来一看,孙悟空快打赢了,他怕功劳全是别人的了,赶快跑过去打几耙子。他还爱挑拨离间,几次在唐僧面前说孙悟空的坏话,把孙悟空赶走。总之,这个人的缺点是很多很严重的。但我们并不觉得这个人特别可恨,我们小孩看到他就笑,并没有把他当成敌人来看。为什么?因为作者还写了猪八戒的许多更为主要的长处。比如劳而又苦的事情都是猪八戒干的,长途挑经担,孙悟空是不干的;过那个稀柿洞,硬是猪八戒拿嘴巴拱出一条路来;妖魔鬼怪把他抓起来,他骂到底,从来不投降的。还有,他闹情绪是常事,可始终没有脱离取经队伍,取经队伍少不了这么一个人。这就是说,作者在创作猪八戒的时候,是"爱而知其丑"的,而且把他的丑大胆放手地写得很充分。《水浒传》写林冲,写武松,写鲁智深、李逵,都是采取这种态度。"憎而知其善",也是如此。《三国演义》写曹操,作者是恨他的,把他当作反面人物来写。可曹操有雄才大略,最后胜利的还是他。他有很多优点,善于用人,善于识才。抓住一点好处就写出来,决不掩藏、抹煞。可这些好处,这些雄才大略,就使他成为一个大坏蛋,不是普通的坏蛋。司马迁写刘邦,写项羽,也持这样的看法。这就是要通过对现实生活的观察体验,写出真实的人来,写出有血有肉的人来。《红楼梦》更是这样。林黛玉是作者同情的,可是写了她很多缺点;薛宝钗是作者不喜欢的,但也并不抹煞她种种的长处。正因为这样,《红楼梦》里写了许许多多的人物,一个个都是活生生的,使我们感动。"爱而知其丑,憎而知其善",善恶必书,这一条经验我们就没有很好地继承下来。我们为什么不能把人物写得真实起来呢?生活中有多少使人感动的新人新事,叫我们一写,往往就显得不真实了。

  中国小说还讲究神似。只写得形貌真实还不行,还要神似。苏东坡就讲:"绘画以形似,见与儿童邻。"是说绘画只讲究外形相似,这个见解同小孩子的见解一样,太浅薄了,太幼稚了,因此一定还要神似。鲁迅先生也讲,画头发,画得怎么细,也不可贵。要紧的是画神,画眼睛,把眼睛的神态画出来。我国古代的小说,都讲究形似和神似,更讲究神似。《水浒传》中的几个主要人物,宋江、李逵、鲁智深、武松、林冲等,都写得神似。《红楼梦》更讲究神似,而且写人与人的关系,也写得神似。比如说,黄莺儿,你仔细看看,她必然是薛宝钗的丫环;紫鹃,一看就是林黛玉的丫环;还有,侍书是探春的丫环,入画是惜春的丫环,一看就有这种特点。把人与人之间的关系写得入神了。托尔斯泰的小说《战争与和平》,写了五家贵族。每家的人一个个性格不同。可总起来每家各有一个共同的家风,一看就是这家的。我们现在的小说,能写到这样子的,还不多。

  我在学校念书的时候,美术学院有个同学,他会画画,他是主张"写意",主张画神似的。他替我画像,画了一个头,画了几笔头发,再画了眉毛、眼睛。底下就不画了。连个轮廓都没有,鼻子也没有,嘴巴也没有。可是挂在宿舍走廊里,大家一看就说这是我。都说,怎么几笔就画得这么像?我说你为什么不把鼻子画出来,不把嘴巴画出来?你把我搞得太不像样子了。他说,你的鼻子我没看出特点,嘴巴也没特点,画它干什么?你的特点在上部。因此,就抓住了这个,画出神似。《红楼梦》里有很多地方也是这样写的。黛玉葬花,一边哭着,一边念着葬花词。贾宝玉隔着好几十米,在那个山石后面就听清了,把它一句句、一字字记录下来。实际生活里这不可能,这就不形似。林黛玉的声音本来就小,又是哭哭啼啼的,念出来的葬花词你离那么远就听清楚了?可作者不管这一套,如同刚才说的美术学院的同学给我画像一样,他不讲形似,要紧的是抓住神似。黛玉葬花,抓住了林黛玉典型性格中一个最精要的东西。为什么葬花呀?她在怜花。为什么可怜花?她在可怜她自己,就像一朵花一样,在那样恶浊的社会环境里,她这么一个女子,这么一朵美丽的花,就要被摧残践踏成污泥了。她想把花埋起来,"质本洁来还洁去"。这就是抓住了林黛玉典型性格的一个要点,一个"意",一个神。在这种情况下丢开了形似,而只抓神似。黛玉葬花,构成一个盛传久远的画面,就因为它画了"神"。当然,我是主张要形似的,形似还是基本的。你写现实题材的小说,不形似不行。不过古代有这个传统,我们不能反对。可我们要理解,理解以后评论起来就不同。这在诗歌也是如此。杜甫的名句"霜皮溜雨四十围,黛色参天二千尺",有评论者说写这棵柏树太粗,有的又说太高,不符合真实。有高明的论者,就指这是笑话:杜甫不是用尺来量树,而是写它的神态与气势。李白的"白发三千丈",难道可以理解为真有三千丈的白发吗?它是写人的"愁"。古人说,追风逐电的千里马,不能从骊、黄、牝、牡去辨认,也是这个意思。有些红学家寻摘《红楼梦》里的数字之类的实际东西来作考证,我以为也是不必的。

最后再讲一条,就是语言和表达问题。《史通》里很讲究语言,讲语言要精炼。对生活的描写也要提炼。《史通》说:"举重以明轻,略小而存大。"这就是艺术概括。现在我们的语言和构思往往不精炼,嫌啰嗦。多余的字和描写摆在一个人的文章里头,就等于是在一张脸上,本来应该是一个鼻子,你画了两个、三个;本来是一个嘴巴,你画了两个、三个,多余的,看着就不像人了。鲁迅先生很讲究这个方面,我们搞文学工作的同志在语言和表达修养上是否可以好好下点功夫。

论悲剧精神

◎ 陈瘦竹

自古以来,悲剧就是战斗的艺术。恩格斯称为希腊"悲剧之父"的埃斯库罗斯,以英雄故事和战斗生活为题材,在悲剧中捍卫民主制度,宣扬爱国思想。希腊"喜剧之父"阿里斯托芬在喜剧《蛙》中,曾对埃斯库罗斯悲剧的思想和艺术作了高度评价,并说他的悲剧《七将攻忒拜》演出后使雅典观众深受感动,大家都想当兵打仗,成为爱国志士。自希腊、罗马经文艺复兴到近代资本主义社会,出现了不少优秀的悲剧,在漫长的历史过程中,不断发生进步作用。

在社会主义社会中,悲剧艺术是否能够成为"团结人民、教育人民、打击敌人、消灭敌人"的有力武器呢?我们虽然并未产生许多悲剧创作,但在60年代初期曾在理论上进行过极有意义的探索。不久,林彪、江青出于篡党夺权的反革命需要,竟然禁止悲剧创作,反对作家"塑造起一个英雄形象却让他死掉",认为这是"人为地制造一个悲剧的结局"。

粉碎"四人帮"后,社会主义文学艺术恢复了生机。话剧《曙光》在表现洪湖地区毛主席革命路线和王明"左"倾机会主义路线的尖锐斗争时,描写了省苏维埃政府保卫局长冯大坚被王明路线的中央代表林寒所杀害的情节;这个悲剧英雄形象,引起了许多观众和读者的热烈讨论。不少观众认为"冯大坚这么优秀的一个人,这么能干的一个人,这么有能耐的一个人,为什么在戏里这么快就死了?很可惜,死得太早,是不是叫他死得晚一点,或者不要死"。在排演时,"有些演员一开始思想上很抵触,他们认为这个戏观众是不能理解的"①。但是有些同志却肯定"悲剧的力量",甚至认为如果剧作者将红军团长、师长岳明华写成像冯大坚一样的悲剧英雄形象,剧作的思想和艺术的力量可能更大②。就我来说,同意后面这种观点。

《曙光》不是一部悲剧,但剧作者敢于突破林彪、"四人帮"所划定的禁区,塑造了冯大坚的悲剧形象,这在悲剧创作的实践和理论上,值得我们加以重视。这就表明,在我们社会主义戏剧中,悲剧或者剧作中的悲剧因素,像喜剧和正剧一样,都是实现

---

① 白桦:《历史的回顾与思考》,《戏剧艺术》1978年第1期。
② 参见《悲剧的力量》、《也谈〈曙光〉》,《人民戏剧》1978年第3期。

社会主义新时期总任务的有力武器。

悲剧反映社会生活中悲剧性的矛盾,描写主人公的苦难或死亡。并非任何人的苦难或死亡都构成悲剧,林彪、"四人帮"的可耻下场是革命人民的天大喜事。悲剧有各种样式,除描写英雄人物和正面人物的悲剧外,还有表现因错误而造成的悲剧,但是只有代表先进思想和维护人民利益的人物,在反抗黑暗统治的斗争中,由于敌对势力过于强大,因而遭受无可避免的苦难或者牺牲,这才能构成最富于战斗力的悲剧。恩格斯曾说,"历史的必然要求和这个要求的实际上不可能实现"这种矛盾构成"悲剧性的冲突"①。恩格斯这句话虽然针对他所批评的拉萨尔的悲剧《济金根》而发,却是科学地说明了悲剧冲突的实质。在优秀的悲剧中,主角大都是正面典型或英雄人物。悲剧主角为着崇高的理想和正义的事业,同敌人作斗争,即使遭受苦难而斗志弥坚,纵然牺牲生命而英勇不屈;这样的战士,具有强大的悲剧力量。

真正的悲剧英雄,应该是怎样的呢? 公元前465年左右,埃斯库罗斯在三部曲第一部《被缚的普罗米修斯》中,成功地塑造了普罗米修斯这个庄严高尚的悲剧英雄的典型形象,使得我们深受感动并且得到很大启发。首先,这位希腊的神,为着崇高的正义事业具有顽强的反抗精神,因而受到巨大的苦难。他热爱人类,反对众神之王宙斯要将人类完全毁灭的暴力,就偷了天上火种传给人类,因此遭到宙斯的残酷惩罚。其次,普罗米修斯所受苦难异常深重。他被宙斯钉在高加索山上,下临深谷,上接苍穹,戴着手铐脚镣,动弹不得。再次,这位悲剧主角斗志昂扬,宁愿忍受苦难一万年,决不屈服半分毫。他预知宙斯将来如和一个女神结婚,生出儿子来就会打倒宙斯,因此宙斯威胁利诱要他讲出这个秘密,他断然拒绝,庄严宣布:"你以为我会惧怕这些新得势的神,会向他们屈服吗? 我才不怕呢,绝对不怕。"他说:"宙斯无法用苦刑或诡计强迫我道破这秘密,除非他解了这侮辱我的镣铐。"最后,我们看到这位伟大的神,不管宙斯怎样折磨他摧残他,始终刚毅乐观,坚信正义终能战胜邪恶。他看见人类得到火种以后过着文明和幸福的生活而感到欣慰,他相信自己不会毁灭。因此他勇气百倍,甘心忍受更大的灾祸,让宙斯发出的雷电风暴袭击着他,让宙斯将峡谷劈开,将他"埋葬"在无底深谷。

埃斯库罗斯笔下的普罗米修斯,是个伟大的英雄。马克思非常喜爱这部悲剧,并赞扬"普罗米修斯是哲学历书上最高贵的圣者和殉教者"②。在这部悲剧中,埃斯库罗斯既热烈歌颂了崇高坚毅的悲剧英雄,又无情地揭露了残暴邪恶的宙斯,这个众神的统治者虽未出场,但是他的暴力和淫威却令人切齿痛恨。埃斯库罗斯生活于雅典民主制度建成时期,他在剧中通过神的世界反映现实生活,鲜明地表现了他憎恨众神,热爱人类,反对专制,拥护民主的进步思想。

---

① 《马克思恩格斯全集》第29卷596页。
② 《马克思恩格斯论艺术》第2卷47页。

约在 150 年后，希腊著名哲学家和美学家亚里斯多德，根据希腊三大悲剧家的创作实践，在《诗学》中系统地阐述了关于悲剧艺术的理论问题。他指出"悲剧摹仿比今天我们的人好的人"（第二章）。在他的著名的悲剧定义中，他认为悲剧所摹仿的是严肃的"行动"，"借引起怜悯和恐惧来使这种情感得到陶冶"（第六章）。关于悲剧主角，他在《诗学》第十三章中还有说明，这里暂不加以述评。如果单就"比我们今天的人好的人"来说，那就是指悲剧主角应是英雄人物或正面典型，这种观点完全正确。"严肃"的"行动"是指悲剧冲突而言，例如《被缚的普罗米修斯》中的冲突，以尖锐矛盾为基础，宙斯要毁灭人类，而普罗米修斯则要拯救人类；邪恶的宙斯用尽酷刑妄图征服普罗米修斯，而高尚的普罗米修斯宁愿忍受苦难决不低头，因此这种矛盾根本无法调和，斗争非常尖锐激烈。由于暴君宙斯还掌握着强大权力，普罗米修斯的结局只能陷入更深重的苦难之中。关于悲剧的作用是否像亚里斯多德所说，在于引起"怜悯和恐惧"并使这种情感得到陶冶或宣泄或发散，换句话说，悲剧精神是否在于使人怜悯和恐惧，这个问题倒是值得研究。

亚里斯多德说："怜悯是由一个人遭受不应遭受的厄运而引起的，恐惧是由这个这样遭受厄运的人与我们相似而引起的。"（第十三章）亚里斯多德是一个动摇于唯物主义和唯心主义之间的哲学家，关于悲剧精神的说明并不完全符合实际。自古希腊以来，出现各种内容和形式的悲剧作品，但严格说来，有些作品只是刺激人们感官的惨剧，并非激动人们心灵的悲剧。如果悲剧主角真是英雄人物或正面典型，为着美好的理想和崇高的事业而同黑暗势力进行英勇顽强的斗争，最后不幸失败甚至死亡。那么悲剧所引起的感情，不是怜悯和恐惧，而是强烈的爱和憎，对于悲剧英雄的崇敬和仰慕，对于黑暗势力的仇视和鄙弃，从而使人受到鼓舞，增强斗志。悲剧作家使我们站在悲剧主角一边，同情他所遭受的苦难，但是不会感到怜悯，因为他比我们更高贵；不会感到恐惧，因为我们敬仰他坚强不屈的战斗精神。如果我们认真分析像《被缚的普罗米修斯》这样的悲剧所给我们的感受，我们就会发现亚里斯多德关于"怜悯和恐惧"的理论并不完全正确。悲剧精神的实质是悲壮不是悲惨，是悲愤不是悲凉，是雄伟而不是哀愁，是鼓舞斗志而不是意气消沉。悲剧的美，属于崇高和阳刚；正因为这样，悲剧才是战斗的艺术。

在欧洲戏剧文学史上，文艺复兴时期莎士比亚悲剧是继希腊悲剧之后的又一高峰。但是比这位英国悲剧诗人早三百五十年左右，我国就产生了关汉卿的杰出的悲剧《窦娥冤》。著名杂剧作家关汉卿生活在元朝统治初期，他以杂剧为武器，代表被压迫被剥削的汉族人民，向凶恶残暴的元朝奴隶主贵族进行英勇的斗争。在欧洲文艺史上，悲剧一向被称为崇高的诗，其中一个重要原因，就是悲剧主角都是如亚里斯多德所说"名声显赫"的帝王将相。关于悲剧主角的传统观念，直到资产阶级启蒙时期才被打破。而我国在 13 世纪时，关汉卿就以贫苦低微的妇女窦娥作为"崇高的"悲剧主角，比欧洲资产阶级"家庭悲剧"约早五百年。

《窦娥冤》中的悲剧主角窦娥,是个受尽屈辱备尝辛苦的青年寡妇,既温柔敦厚又坚毅刚强。她被恶棍张驴儿诬告,赃官山阳知县逼供,要她承认毒死公公。她坚决抵抗,任凭县官施用酷刑使她"挨千般打拷,万种凌逼。一杖下,一道血,一层皮",她毫不屈服,反而痛骂暗无天日的专制统治,"天那!怎么复盆不照太阳晖"!可是当赃官见她不肯招认而要打她的婆婆时,窦娥就表现出崇高的自我牺牲精神连忙说道:"住住住,休打我婆婆,情愿招了吧。是我药死我公公来。"她满腔怨愤,走向刑场。她激昂慷慨,痛斥天地日月,诅咒赃官酷吏:"为善的受贫穷更命短,造恶的享富贵又寿延。……地也,你不分好歹何为地?天也,你错勘贤愚枉做天?……官吏每无心正法,使百姓有口难言。"窦娥含冤死去,六月飞雪,三年大旱,显示天上人间都在为她叫屈。关汉卿笔下的悲剧主角虽然不及普罗米修斯雄伟,但是窦娥的善良坚强的性格、舍己为人的品德,引起我们深厚的同情,从而痛恨残酷的黑暗统治。《窦娥冤》的悲剧精神,在于悲愤。

在中外戏剧文学史上,悲剧主角都是令人尊敬或同情的人物。从奴隶社会到资本主义社会,存在着统治者和被统治者之间的阶级矛盾和斗争。即使在统治阶级内部,还有先进和落后之间的矛盾和斗争。在政治、经济、家庭或爱情生活方面,人们经常受到统治者的直接或间接的迫害。应该怎样对待这种迫害呢?莎士比亚在杰出的悲剧《哈姆雷特》中所描写的文艺复兴时期人文主义代表曾经思考了这个立身处世的重大问题。"默然地忍受命运的暴虐的毒箭,或是挺身反抗人世的无涯的苦难,通过斗争把它们扫清,这两种行为,哪一种更高贵"?这是懦夫和英雄的两种迥然不同的人生哲学。在敌对势力还很强大的情况下,斗争就难免有牺牲。但是正直坚强的人,"谁愿意忍受人世的鞭挞和讥嘲、压迫者的凌辱、傲慢者的冷眼、被轻蔑的爱情的惨痛、法律的迁延、官吏的横暴和费尽辛勤所换来的小人的鄙视"(《哈姆雷特》第三幕第一场)?听天由命逆来顺受的人,不能成为真正的悲剧主角,凡是不计成败、奋起斗争、临危不惧、宁死不屈的人物才最富于崇高严肃的悲剧精神。感伤哀愁的情绪,并不属于真正的悲剧。悲剧虽以主角失败或牺牲作为结局,但是悲剧主角所进行的斗争却并没有停止。观众和读者在看完悲剧后的心情,不是宁静而是激动。

亚里斯多德关于悲剧引起怜悯和恐惧的理论,到黑格尔就变为悲剧引起"和解"的理论。黑格尔在《美学》中,以辩证法来分析戏剧冲突,这是他对戏剧理论的重大贡献;但是他以唯心主义来阐述悲剧和喜剧问题,就产生了极荒谬的结论。他认为悲剧中的矛盾双方各代表一种精神力量——绝对观念的儿子,矛盾双方心灵中的这种精神力量各有其片面性,但又各有其可以辩护的理由,因此相持不下,发生冲突,而结局则两败俱伤,从而出现悲剧的"和解"。这种理论,直到本世纪 50 年代还在流传,用意则在取消悲剧的战斗力。

关于悲剧的社会作用和美学意义,在马克思和恩格斯以前,俄国革命民主主义者别林斯基的论述,特别值得我们重视。他在《美学》中《诗的分类》一章里说:"没有一种诗像悲剧这样强烈地控制了我们的灵魂,以如此不可抗拒的魅力,使我们心向神往,给我们如此高度的享受。……我们深深同情斗争中牺牲的或胜利中死亡的英雄,但是我们也知道,如果没有这个牺牲或死亡,他就不成其为英雄,便不能以自己个人为代价实现永恒的本体的力量,实现世界的不可逾越的生存法则了。"①悲剧所以具有强大的教育作用,首先由于悲剧性的冲突是关于国家安危或个人生死的严重的矛盾和斗争,悲剧冲突有极大的普遍性和典型性。其次由于悲剧英雄的高贵品质和战斗精神,正是我们所应学习的光辉榜样。最后由于悲剧英雄虽然遭受失败甚至死亡,但是并不令人灰心丧气,反而使得我们爱憎更加分明,斗志更加坚强。一个人倒下去,许多人站起来;悲剧的这种鼓舞力量,当然比喜剧或正剧更为强大。

过去的悲剧作品当然并不限于一种格调。莎士比亚在《麦克白》中就描写了悲剧主角犯罪的过程。但总的说来,悲剧歌颂英雄人物或正面典型为真理而献身的战斗精神。如在我国新民主主义革命时期,杰出的剧作家郭沫若先后创作《棠棣之花》、《屈原》、《虎符》、《高渐离》和《南冠草》等著名历史悲剧,歌颂我们历史上"舍生取义"、"杀身成仁"的爱国志士,鼓舞广大人民奋起投入反帝反封建特别是反对日本侵略者和国民党反动派的火热斗争。

在社会主义社会中,悲剧像喜剧和正剧一样,或者像其他文艺作品一样,当然仍有战斗作用。在过去历史中,在我党的革命斗争史中,我们有不少可歌可泣的悲剧性的事迹,都可经过艺术的典型化,写成激动人心的悲剧。过去的优秀悲剧,代表人民利益和进步力量,以悲剧主角的苦难或牺牲来揭露反动统治的罪恶,目的在于摧毁当时那种社会制度。今天的优秀悲剧,同样代表人民利益和进步力量,以悲剧主角的苦难或牺牲,来揭露国内外阶级敌人的罪恶,目的在于巩固人民民主专政的社会主义制度。除话剧《曙光》中冯大坚这个悲剧英雄外,我们又看到不少描写"四人帮"所制造的悲剧的短篇小说,这是文艺创作的新收获,其所以受到广大读者的热烈欢迎,原因之一就在于其中具有悲剧精神。

---

① 《古典文艺理论译丛》1962 年第 3 期。

论研究中国文学者之路

◎ 李长之

迷妄庞杂中的透视——不懂文学,不配谈中国文学——失掉中国的立场,是失掉中国文学的研究立场——正当途径是:一切工具,一切内容,一切形式,予以重新的估价——中国文学之建设基础上的课题探讨

一切方法论(Methodologie)的基础原则,是学问的对象和学问的处理方式互为限制着的一事。这也就是说,一个体系的组成如何,是要看那所取舍的材料是什么。(W.Mahrholz, Literargeschichte und Literarwissenschaft 页五二)简言之,方法决定于内容。

现在的研究中国文学者,有些是走了错路了,缘故即在对于内容的认识没有正确。那些要不得的错妄的观念是:

第一,他们以为研究中国文学,是为的在中国作国文教员,大学中的教的如此想,学的也如此想,结果训练出的人材,不过是些冬烘的塾师之流而已。这是错的!在中国作国文教员,只是职业上的出路,不是学术上的出路,作国文教员所需要的对象,是不相当于为研究中国文学所需要的对象的。倘若这个观念纠正过来,则不会改文章,不会批卷子,并不算不配研究中国文学。

第二,他们从研究中国文学,想到作秘书。在他们心目中,以为中国文学的内容是些四六通电、官样文告、挽联寿序一类的东西,这当然是荒谬的。我们不要以为这些观念是小事情,我们要知道,这些像毒菌样的东西,是腐蚀着研究中国文学的前途的,因为,在这荒谬的空气中,无疑的会使生活其中的儿童,对中国文学种下一种先入为主的偏妄的成见,将会如何影响这方面学术人材的缺乏,是不待言的。所以,在我们注意现在的不可救药的成人以外,对将来的成人,还得早设法。社会上一切都该有种消毒的运动,这对中国文学的错妄观念的廓清,也正是其中最急切者之一。

第三,有人以为研究中国文学是等于开古书铺,版本和纸张,于是成了趣味的中心。这好像认识朋友,并不求认识朋友的人格,却斤斤于他衣服上的灰尘。我们不反对这种作学问的辅助工作,但反对这种把根本和枝叶的颠倒。

第四,有人把研究中国文学认为是洋奴献媚之资了,就仿佛那些盗卖中国古物

者流所为的只是博得洋大人一点满足好奇动机的欢心。这种人的工作,是不冀求国人的注意的,有所整理,也不冀求国人的称便的。目前竟有大规模的学术机关,以教会为爪牙,作这种卑鄙自贱的妄举。

第五,甚而有人以研究野蛮人文化的眼光来混淆研究中国文学的视野了。这是所谓支那学(Sinology)的一部,出之侵略者的气焰中还倒罢了,慢慢中国人却也乐意招供了。我们并不否认我们从野蛮来的,犹如我们不否认我们所从进化来的人猿、猩猩之类的具有兽性,但我们的价值不在这上头,以这来限制我们,这是"诈",我们不知而从之,就是太"愚"。我记得盛成先生在一篇文章里,说他在国外求学的经过,曾一度学过人类学,因为各国人的研究都多半是在证明本国人的优越,被侵略者倒是应该,他便愤而改学旁的了。我们拆穿侵略者的狞恶面目,我们便要自己给自己以估价了,我们发挥我们的伟大,才是应当的。"当务之为急",我们不该忘了这句老话。

第六,最普通的是拿研究中国文学当消遣。所以致此之由,一则是传统的旧病,并不确认文学的价值,二则便是因国势的积弱,也形成精神上的奴性了。《神曲》、《浮士德》是应当正襟危坐地恭读,作作论文,抄抄偷偷,是光彩的,《诗经》便是腐土,唯恐沾了手了,《红楼梦》是只合在临睡时枕边翻翻而已。因为这,我们能如何礼赞我们的天才呢?我们如何不是有文化和文学而不自知,又甘自退于野蛮的堕落民族的呢?

第七,研究中国文学,是好的营业,又有人看出来。为名,不能不作书,外国事不摸底细,就中国的瞎说吧。瞎说还嫌费事,抄东邻的。抄东邻的也费事,就抄本国人的。仍然费事,那就"剪"了。这些小丑本不足责,别人也不会常受他们的骗,然而附带的影响却是很大的,有些人怕落了不白之冤,对中国文学便不免远开了。如何把研究中国文学的态度,从轻易取巧里挽回到艰巨坚实上去,遂成了研究中国文学者的一个严重关键。

第八,研究中国文学,就是仿造所研究的对象,也有人这么想。他们的看法可以说是"借尸还魂"的看法,研究韩愈,就当摆韩愈的古文调,幸亏当时没有照相和留声机片,否则他们是一定学着韩愈的迈方步,以及如何咳嗽吐痰的。

第九,有人以为研究中国文学是一个学者的必经之路,在厌弃了一切之余,以中国文学的研究为逋逃薮。现在的学者,一到晚年(中国人很早便会到晚年),总有意无意之间,觉得非接续中国传统的路线不可了;觉得非如此,是难以维持永久的地位的。我们也难怪,任何无知的愚人也愿意在坟头竖块谁氏之墓的碑碣,可见谁不愿不朽?独是他这种缘木求鱼的伎俩,却缺少去看出那是将要成为幻影的聪明。

第十……

中国文学不是这些人心目中所认为的对象!研究中国文学的方法不是这些人所采取的方法!在这种庞杂、混乱、腐朽、褊狭、谬妄的空气中,需要清醒!我们要加以透视,加以扫荡!

根本地说来,不懂文学,是不配谈中国文学;抹杀中国人的立场,是抹杀中国文学的研究立场。

文学是什么?这需要两方面去说。一是指文学作品,一是指文学研究。

在文学作品的方面,可分两种:一是广泛的表现时代的文学(Literatur),一是优美的追求永久的文艺(Dichtung),前者是可以拿唯物史观来诠释的,为时代的经济的社会的反映,后者却是超乎这一切,为人类的根性之核心的探求。

两者同为文学研究的对象。在欧洲,文学研究已成立为科学,所谓文学科学(Literarwissenschaft)是。文学的主要内容是什么?有三个:一是文学的美学(Literaraesthetik),定文学创作上的一切原理原则;二是文学的美学的应用,便是文学批评(Literarkritik);三是文学批评的应用,乃是文学教育(Literarpaedagogik)。

不错,文学是人类的,然而起码,它却必须是民族的。正如文学是社会的,但依然不碍于其是个人的。那社会的价值,是在取得个人的价值以后才有的。我们必须知道这作品的作者的个人思想、情绪,才能知道那是如何地归入了社会的产物。文学的民族性亦然,不了解那代表着的一个民族之一般的精神、文化,是没法认识那深刻地触着人类的根底的部分的。

所以,我觉得,谈研究中国文学,须有对于文学的认识,又须有文学之民族的认识,无论如何不能忘了是中国的,也只有我们了解中国,敬爱中国,才不致侮蔑了中国文学。现在,我们可以谈到研究中国文学了,那是有下列的大路可走,而且当走:

我们的目的是,确切地意识地谋一个中国文学的建设基础,因而,首先是,我们要将中国文学的一切工具、一切内容、一切形式,予以彻底的重新的估价。

第一,所有的艺术,无不具有特殊的借以表现的材料,这就是工具问题。艺术家同样有的思想情绪,为什么有的是雕刻,是绘画,是音乐,是文艺?工具不同故。即同在雕刻,也有木刻石刻的不同,绘画便有水彩油画炭画之别,音乐呢,更是具有各种名色,这也都是工具不同故。文艺并不例外,文艺所借以表现的是语言文字,因为语言文字的不同,也形成各具面目的种种作品。

我们要知道,一切艺术制作之技巧的中心问题是什么?就在这工具的使用上将一种矛盾克服。绘画而用颜色,那作品必须是使人不知其为颜色,直窥见作者的意匠,才算成功。一切艺术是要借工具来表现的,但必须不受工具的限制,又恰能利用工具的优长,这需要一种学识和才能。一切艺术的关键,首先是在这方面努力着的。画是平面的,但好画我们总是看作立体的。音乐是时间的,但成功的音乐却是可以使我们有丰盛的空间感觉的。色调是单纯的,但艺术家描出的却是宇宙所有的形彩。更根本的说来,一切艺术的工具是物质的,是死的,是暂时的,是外的,但艺术品的成功,却是胜过物质而为精神的,胜过死的而为活的,冲出暂时而追到永久的,在外表的拘束下而探索出内在的蓄藏的。

文艺技巧的中心问题，亦正不外乎此。不知道语言文字的特色、特长和缺陷，是难以彻底的明了文艺的技巧课题的。语言文字的特色、特长和缺陷，显然的在一般的原则之外，又有带了民族的色彩的划分，所以，谋中国文学的建设基础，便不能不首先把握"中国的"语言文字之特色、特长和缺陷了。德国大哲康德(Kant)曾说德国的语言是富有间接的表现性的，对概念无确切的指示，却只是耐人思索的表征。把直觉的对象之思索超入于异样的概念时，那概念是永远不能有一种直接的直觉与之相当。德国人对上帝的知识，全是象征意味(见康德《判断力批评》五十九节 Kritik der Urteilskraft S.59)。我们便见语言文字的特性关系于文学技巧，且关系于一民族之整个思想的方式，换句话，简直又可以说关系一民族的文学创作的内容了。对中国的语言文字，我们也需要来一个彻底的考核。到底具什么优长，我们该利用之，到底有什么缺陷，我们该补救之，到底有什么特色，关系到我们中国人一般的思想方式，表现方式，以及美学上的价值与意义，我们该发见之。

在从前文言白话之争，我以为是简单的，现在就知道不是那么回事了，其中包括无数的问题，例如文言白话的分别何在，到底是史的先后呢，还是口语同笔写的相异呢？抑是艺术的与实用的差别呢？文言文在中国文学史上应占如何的地位，我们当如何去看，文言文到底有没有优长，倘如是有的，那么优长又在哪里。果然是有优长的，则我们是抹杀不掉的，即使要抹杀，也要有一种代替那优长的东西。单以那优长论，究竟在美学的意义上是如何的，在表现中国民族之精神的、文化的意义上又是如何的。最后，如何造一种新的优美的中国文学的工具，这都是在检讨的范围之中的。

据最近学者研究的结果，似乎一致承认文言文是一种符号了(刘复的《中国文法讲话》已多少提起一个端绪)，其意义及价值是尚待于继续研究的。

在中国文学里有三种各具面目的方式，文言白话之外是四六骈体。这种显著的特殊形式，是中国所独有的，无论如何，那各别的意义及价值，是非探研不可的。这就需要三步工作，第一是基础的比较语言学的知识，第二是中国语言文字之一般的特色之抉出，第三才是就美学的、文化的、历史的，阐明这三种不同的方式之应有的地位。

我们不要以为这只是枯燥的学术工作，要知道对于创作的人也必给以实际的影响。不错，创作的人可以不推求理论的，但是他却顶需要培养在一种正确的理论空气里。创作的人对于理论的要求虽不是直接的，却是够需要的。正如我们吃菜蔬，不必问日光给叶绿体以如何的作用的，但日光缺乏了，我们却是会没有菜吃。理论对作家是一种间接的，但却是急切的需求。作家需要培养，他须孕育于一个健康的氛围里。王光祈作的《中国诗词曲之轻重律》中说："诚然，李白作诗之时，何尝故意为之，一如余之解析者，但彼之心理中，却尝受自然律之支配，至少却尝受个人自己美感之支配，觉得非如此不可，非如此不能心安意适。"(页十六)他为什么偏受自然律之支配，他的个人自己美感从什么地方来的，倘若一半是才能，一半便是教养！因为我们重视诗人的教养,所以理论上的探讨是更见其急切。现在我们不能否认的,是白话文学之一般水平提高了,这成绩是超出于起初几个倡导人的希冀的。在白话文学的作家中,是有不少可以与古典的作家抗衡的了。我们试问何以致此?显然,就有赖于那几个倡导人的大声疾呼的理论。作家不必是直接去追随,也许就未必看那些理论的文章,但间接的影响是有多大,总可以给我们以深深的认识了。然而也正因为当时的理论并不健全、巩固和正确,所以显然在白话文学的建设上也就仍有着应走的路子而没走,当采的宝藏而没采,未必不是一件大可惋惜的事了。现在我们可以断言,倘若十几年前的白话文学运动倡导者是有坚实的语言学知识,又对于中国语言文字有彻底研究的,那收获一定不止现在这点的。为将来,我们仍得在工具上清理那些课题而解决之。

第二,我们说到重新估价内容了。在这方面,我们首先要认识的是文学内容不是独立的,而是有着文化价值的整个性的。专就文学而了解文学是不能了解文学的,必须了解比文学的范围更广大的一民族之一般的艺术特色,以及其精神上的根本基调,还有人类的最共同最内在的心理活动与要求,才能对一民族的文学有所把握。

我曾经同张申府先生谈到陶潜的思想,他起初不很以为然,他以为文学家是不一定有什么思想可说的。我却不是这样想。就以我了解陶潜的事为例,我在开始时是像一般人的意见,以为陶潜很达观,很看开生死,然而我慢慢的以为不然了,从他的诗里看出来,他实在反而是太忘不下生死的,而且对生活的要求非常强烈,积极,不过当他发现了人所最难冲过的难关,即是生命的存在并不能把握之时,他却只有深切的幻灭的悲哀了,这才是陶潜,这才是陶潜的诗!很幸运的。后来见到鲁迅先生的《谈魏晋人的风度和酒》,他对于陶潜的认识和这相仿佛。从这次起,我才知道了解作品,必须了解一个作家的整个,倘若只拿出陶潜晚年的几句诗来看,自然会是只见陶潜的达观就罢了的。以后,当我研究中国哲学史,就又知道当时所伪托的《列子·杨朱》篇的思想,一种机械唯物论的知足的悲观色彩,才恰是笼罩了陶潜的。陶潜的"且极今朝乐,明日何所求",正是《杨朱》篇中的"且趣当生,奚遑死后"的哀感。从这次起,我知道了,非了解一个时代的整个,是不能了解一个作家了。再后来,我研究中国哲学的一般的问题,见到中国一般的思想特色,是天人一贯的,是把自然看作不比人类低,因而没有征服自然的科学思想,也不把自然看作比人类高,因而也没有拜倒在自然的怀里的热狂,乃是一种调和的、雍容的,人类和自然并没有什么悬殊和鸿沟的看法的。这就又使我恍然,不了解一个民族的文化的整个,依然不能了解一个作家。在开始时我所跃跃欲试的《陶潜评传》,现在才知道是应当有所待的,因为我知道我还没把中国文化之一般的特色弄清楚,遂没法把陶潜在中国文化史上的地位置于一定的处所。为了解作家,须明白时代精神,须明白民族文化,为把握后者,就又需要人类文化的整体的认识。我们可以简括地说,不了解人类,是不能了解个别的作家的。所以我说,文学的内容不是独立的,而是有文化价值的整个性的。

为明了其当然,我们所需要的是哲学的体系的知识,及哲学的思索的训练,倘为明了其所以然,我们所需要的就是社会科学的经济机构的考察,以及心理学、人类学、生物学、遗传学的种种说明了。在这里,我不妨再提一句,文学研究,在今日是成为科学了,因为需要广大的正确的知识了,不止要才能。

我还举两个例,以说明研究文学不能只以文学自限。一是对金圣叹吧,倘若只注意他书中的批字,我们是只有了些俏皮字眼罢了,看不出什么来的。倘若知道他所生长的地方是才士傲诞的风气最盛的,"吴中自祝允明唐寅辈,才情轻艳,倾动流辈,放诞不羁,每出名教外"(《明史·文苑传》),他所生活的社会又是统治阶级和奴隶阶级的划分最显明的,"人奴之多,吴中为甚,仕宦之家,有一二千人者,其专恣横暴,亦唯吴中为甚"(顾亭林语),就很可以了解他的贵族思想,轻侮流俗的态度,以及影响他在他的文艺批评上的好恶皆趋极端的来由了。再一例是我见了陈钟凡的《中国文学批评史》便觉得这位先生的短浅。他所知道的批评只以为非标明文论文赋或者诗话诗说是不算在范围以内的,未免太近视了。殊不知文学既不是独立的,大批评家也就不限于只批两句诗文了,倘若真正作文学批评史的话,中国的大批评家不是归有光、姚姬传的八股先生专讲"义法"之流,乃是在除了刘勰、钟嵘、严羽、金圣叹之外,更其重要的,却是孟轲、王充、司马迁、朱熹、崔述一般人。批评家所重的是在他的批评精神及批评方法,并不在他用没用过朱笔,圈没圈过诗文。像陈钟凡的办法,是拣小而遗大的。

文学家是没有思想可说的么?一点也不是如此的,不特我主张了解作家须由当作一人的哲学似的研究入手,英国现代大批评家兼诗人阿伯克郎比(L. Abercromble)也说:"没有大诗人不是有一个形而上学的,但这并不是说那是要一定摆出来。"而且,"创作的分类,正是有一种是将形而上学纳入经验的,有一种是将经验纳入形而上学的两型,前者的诗人是直观的,后者的诗人是理智的。"〔见所著《陶玛斯·哈代》(*Thomas Hardy*)一书,页一三〇至一三二〕

我们再看德国大哲学家倭铿(R. Eucken)之论歌德(Goethe),那是怎么一个了解法,试观他的原句:"在歌德看世界并不是看作谜样的课题的,却是一个光天化日下的有根有底的事实,那是包围我们以强有力的活动,却不是将我们室塞于死地的;我们必须把握这种真实认识,而适应其中,我们却不应该敢于去改变它,以及出自相反的立场而将其面目误解。"(见《大思想家之人生观》*Die Lebensanschaung der Grossen Denker* 页四四七)他从此才论到歌德作品中的人物不是真正的戏剧的性格的(Dramatische Charaktere),乃是禀赋着可惊异的生命力的充溢,以及无与伦比的个性的,即使写女性,也都是使其成为富有刚毅性格的男性化了的(同书页四四八至四四九)。我们看,从作家的世界观入手,以论及他的人生观,从他的人生观才又证之以他的作品,那路径是多么深刻和根本!

我们要考核中国文学的内容,只有从整个的文化价值(Kulturwert)出发,来认识我们的大作家,在我们文学史上几个煊赫的人物,像孔子、孟轲、荀况、庄周、韩非、屈原、司马迁、董仲舒、阮籍、陶潜、李白、杜甫、韩愈、李商隐、李煜、朱熹、苏轼、辛弃疾、王实甫、关汉卿、施耐庵、王阳明、曹雪芹、吴敬梓、金圣叹、鲁迅等,是必须抉发出他们的真面目和真价值的。

我们不能不承认这种工作并未开始过。我们有的是天才,但我们并不了解他们。他们的思想性格和观感,我们是不能吟味的,我们也还不能中肯地深切地有所把握的。然而这是如何急切的工作呀!为中国,为人类。将来文化的建造,无疑地将是消化一切过去的文化上的遗产而汇通之,而提炼之,而大众化之,所以我们再也不能忽视那些一个民族的文化的结晶的文学家了。我们应当确切地研讨出中国文化之特具的优长,以备人类重建新鲜的健康的文化之采择的!重新估价中国文学的内容,意义是如何深长而重大!

在估价中国文学内容时,还有几件事可以注意:一是须认作品中对于许多文化的或者社会的问题的贡献,只仍是问题的端绪,而不是问题的答案,只仍是在试求解答中的一个撞击,而不能认为是权衡,那么,我们才能在不厚诬古人下而得到了实际的效益。二是研究文学作品内容,除书本上的材料外,须在实际的社会中去寻材料。不特须采科学家的方法,且须和科学家合作。我常这样想,有一种大规模的学术团体是需要的,例如研究屈原吧,应当成立一个屈原学会,集合许多专家以求得一个较伟大的收获,就中就需要地理学家、民俗学家、语言学家、古代器物的认识专家、纯艺术的鉴赏的专家,分工合作,必有可观。与其在故纸堆里考证古代的巫的制度,是远不如先睁眼看看目前农民间巫的存在的真况的,与其凭想象去虚构原始的宗教仪式,是远不如就近明白现今幡杠铺、纸札铺中的玩意儿的名色的,与其查史传辗转相抄,也远不如组织调查团作实际的接近和观察的。屈原的故乡和流放的路线,何妨实地去瞧瞧?只要不是专以塞责糊口,一定见出这种办法的价值。三是研究中国文学内容时,不妨就地方性的不同,作各别的文化区的研究,从前人还没特别在这方面注意过。四是不要忘了演进的史观,对演进的史观,还需略加说明。所谓演进,只看出不同的变化是不足的,却需要提出较为抽象化的中肯的解释,这就是说必须指出演进趋向(evolutional tendency),否则是够不上谈演进的。演进本为生物学名词,还需从生物学探其真义,例如植物从菌藻植物(thallophytes)到苔藓植物(bryophytes)、羊齿植物(pteridophytes)、种子植物(spermatophytes),一棵一棵的叙述,是不足称为演进的考察的,倘若说一句这所有的植物是从倚赖的无叶的苞子体到变为有叶的、独立的、具有纤维管束的,而且带根的苞子体的,只有把这演进趋势指出,才算是演进的考察。文学史亦然,倘如只像前人所说四言而五言而七言而长短句,这是并没把握文学之形式的演进的,却需要说:诗的形式的进展,是自远于口语的到近于口语的,这才是演进的考察。我们要时时刻刻抱了这个念头,在寻求演进趋势里看我们中国文学的内容。这需要学识和灼见，懒人和死人是与这无缘的。

我们希望在这各别的平衡及综合的研究之后，出现一部好好的有批评眼光的《中国文学史》，以及一部好好的有批评眼光的《中国文学批评史》，从批评到史，史才是有价值的，从史到建设，建设才是坚固的。

第三，在重新估价工具，重新估价内容之后，我们还要重新估价中国文学的形式。

这可以分两方面去说，一是外的形式，一是内的形式。所谓外的形式，便是较为字面上的、体裁上的研究，例如中国传统的诗、词、歌、赋、古文、骈文，究竟有什么意义，为什么发生，还有没有存在的价值？我们需要以新的观点，彻底交代一下的。在这里，有许多传统的奉为圭臬的范畴，像诗的六义，什么是风，什么是雅，什么是颂，什么是赋比兴，我们都该予以新的检核的。在一切形式之中，要寻其内在的意义，在一切形式的不同中，要寻其共同的一致点。这样才能是，我们虽论外表而是包着骨头包着血肉的外表，虽论陈迹而是带了永久性的陈迹，在变中抓住不变者在，对将来的进展是不怕不能把握的，除了这便没有文学建设的康庄大道了。

即以诗的形式论，中国诗在韵律上顶严整的莫过于唐代的律诗，内容怎么样？同样是受限制的；没有尽情的信手去写的诗了，统一了全诗坛的色彩乃是"不离名教可颠狂"的可怜相。前乎此的古诗，例如《诗经》上的"子不我思，岂无他士"（《褰裳章》），抒情却是直接的，冲口而出的，形式上不受束缚，内容上也是不受束缚的。后此的词曲，平仄的整齐性打破了，王光祈所谓的 Dopper＝Trochaus 和 Doppel＝Jambus 破坏了，在内容上，也重开了一个男女相悦的情诗的大出路。现在新诗的形式不是最乱么，内容上也最空虚、散漫。内容和形式息息相关，所以我说形式的估价，要寻其内在的意义。

说到形式的共同的一致点，仍以诗论，我看有三点，是中国诗里所统统遵守的：一是句子的数目多半是四的倍数，换一句话就是四句是中国诗里的单位，《离骚》那么长，是三百七十二句的，正是包括九十三个单位，明乎此，才知道中国为什么有律诗和绝句，而且再没有短于绝句的了。二是押韵统统是在一个单位之中第二句同第四句相押的。三是每句的音节数目以四为最适中。诗从四言而五言而七言，七言占的地位最大，人们到现在也最常用，即以四个音节故。何以四个音节数最适中，原因恐怕是再短了便急促，再长了便太松缓，以句子的构造论，句子的动词形容词句主句宾等也恰恰各得其所，总之，为的方便。句子以四个音节为主，不特士大夫的诗的形式是一致遵守了，民间文学也同样依着，只因为民众的口语不能那么典雅整齐，所以不能像"无边，落木，萧萧，下"那么恰为七字，但音节却是一般无二的。例如河间人口传的"喝喝腔"《高文举宿花亭》："露水珠，把我的，罗裙，打透"，"东北风，飕的奴，冷似，寒冰"。又如嘣嘣戏《马寡妇开店》："又想到，新来乍到，人生，面不熟"，"开言有语，叫声，厨房，大师傅"。在一般人的心目中也已经训练成特别乐意接受这种形式的美了。

中国诗歌形式的三要点已如上述,有这种认识以后,是不难考核目前中国新诗的形式问题了,详细处,当有待于专文,我这里只是举例以说明形式估价须寻其共同一致之处罢了。

外的形式是体裁的,内的形式是风格的。现在再看内的形式的估价。因为是较为内在的,所以更其明显的是愈有着世界的文学的通则,而愈不仅是只斤斤于本国的面目所能措手的。自席勒(Schiller)倡导将文学分为婉致(sentimentalisch)与直抒(naiv)二型,许久是被人遵奉着了。我们也应当拿到中国,看一看中国的作品,究竟什么是婉致的,什么是直抒的。

西洋文学史上许多公认的范畴,是要确切地在中国文学领域内适用一下的。例如什么是文学(Literatur),什么是文艺(Dichtung),什么是剧(Drama),什么是文(Prosa),什么是抒情诗(Lyrik),什么是史诗(Epik),什么是古典主义(Klassizismus),什么是古典精神(Klassizitaet),什么是古典(Klassik),以及什么是浪漫(Romantik)……都需要先把这些概念澄清,把这些成分把握,来看中国文学里是不是有这些东西。这样,我们才仿佛是把许多草药,经过分析提炼之后,就可以随便作为取用之资了。中国文学中无尽藏的宝库,便可以耀然生辉,不致荒芜了。

我们从估价中国文学的工具,估价中国文学的内容,并估价中国文学的形式,以谋中国文学的建设基础。以文学及文艺为对象,适用并建立文学美学、文学批评和文学教育!工具问题,形式问题,都关连于内容的,内容却关系于整个文化。我们是必须把研究中国文学的事纳入体系的学术的轨道,从世界性,整个性,窥出那文化价值,从而批判之,变改之,由中国文学的新建设,以备人类的美丽健康的文学采择的!

目前中国那些随便的古书的标点,无聊的选本的滥出,无头绪无史观的文学史的妄作,并未了解一个作家的评传年谱的凑数,以及大学里依然是冬烘的气息的专集研究的不配,和这是多远,也就不必说了。大学者必须是有眼光、有知识、有耐心,缺一不可,否则一定是跟着错妄的观念,看不到正大的内容,在黑夜里抄了小道,不陷在泥坑里才怪的!内容决定方法,有认识,自然有途径!

关于汉语史材料运用的问题

◎ 洪　诚

我国文化悠久，历史资料丰富，源远流长，举世无比。这是我们研究汉语史最有利的条件。我们还有更有利的条件，那就是马克思主义思想方法的指导。我们按照马克思主义方法去运用这些材料，才能使它产生积极作用为汉语史服务，否则，材料也可能被废弃、被削割，将使某些重大的语言现象得不到应有的历史说明，虽丰富，也是徒然。

什么是马克思主义思想方法？列宁说："马克思主义的最本质的东西，马克思主义的活的灵魂，就在于具体地分析具体的情况。"（《列宁全集》第 31 卷 144 页）不具体分析情况，对事物的认识就不深入，不全面，就不能引出反映事物本质的规律。一切从主观想象所产生的法则，总是简单化的，经不起事实的检验。规律不完善不足虑，只要肯服从新发现的材料加以修订补充，就会不断地日益完善。这是学术发展中的正常现象；可虑的是：有一种片面性的法则在主观中形成一种对材料的看法，用这种法则去限制客观存在的事实，对既有的材料加以阉割，使客观事实服从主观法则，这种削足适履的做法对学术研究是不利的。

我读过几种汉语史论著，学到很多东西，但也发现一些问题：有些是属于材料不足的，汉语史的工程浩大，一人之力有限，要靠大家的力量才可臻于完善。有些问题并不是产生于材料的不足，而是由于对某些材料抱着一定的看法不够妥当而产生错误，这就值得提出来商讨了。现在我就材料的运用的问题提出个人的几点意见。

一、对材料既要辨别真伪，又要从各方面选择利用

接近口语的作品当然是研究汉语史最珍贵、最主要的材料，但其他可以利用的材料也都应该利用，不能轻易放弃。沙里可以淘金。魏晋南北朝不像唐宋以后变文小说多、口语资料丰富，这是一个特殊时期，骈俪之文太盛，用口语写的散文太少。不从各方面点滴搜罗，一些有价值的语言事例，埋藏不发，这是很大的损失。历史学家运用史料要辨真伪，我们研究汉语史（运用史料）同样也要辨真伪。但由于两家研究的对象不一样，因而定真伪的标准也不完全一样。历史学家辨真伪，以历史的事

实为标准,伪书的内容不真实,他们是不采用的。我们辨真伪以语言表达为标准。一部书不论它的名称和作者是真是伪,只要它所用的语言是刻意仿古的,都应该属于伪品。伪《古文尚书》是伪品,就是白居易的《补逸书·汤征》,就语言而论,惟其是"摹孔书处,亦几乱真"(阎若璩《尚书古文疏证》第七十二条的评语),也应该算伪品,像这类的作品(还有苏绰《大诰》等)都不宜采用。至于有些书真伪不过是作者的名字问题,在语言表达上并没有拟古的迹象,只要认清它的著作时代当作那个时代的语言资料来使用,是完全合适的。例如《尚书》伪孔安国传,从它和西汉孔安国的关系上看是伪的,把它列入魏晋之间的传注就无所谓伪,它里面保存了魏晋时代新兴的词语和语法现象,我们为什么一定要抛弃它?

二、描写殷代语言,《尚书》中的《商书》不可废弃

这里所说的《商书》不包括伪古文。写汉语史,殷代的资料,只用卜辞,不用《商书》是个损失。卜辞固然是极珍贵的资料,《商书》同样是不可缺少的珍贵资料。卜辞在语言内容方面存在着很大的局限性。莫说人民的语言一句记录不进,就连奴隶主的语言,也只限于卜筮的命辞和验辞,其他的话也记录不进。由于内容的局限,也就决定了语言形式简单,千篇一律,没有长篇叙事,没有长篇议论,运用的词汇有限。如"天命"、"天性"等抽象词语见于《商书》而不见于卜辞。句子中的定语贫乏,形容词少,复合句少,没有象声词和叹词。这都是由于卜辞的性质和文体所决定而产生的必然现象。仅仅依据这一类的材料描写殷代的语言只能使人感到殷代人说话是这么短促、单纯、干瘪,没有表情,经过很短的时期跳到周代,突然复杂、生动起来。这个突然的复杂、生动,又很可能使人感到这是不合理的爆发,认为这种语言不会是西周产品,往后拉,拉到春秋、战国比较合适。排列的结果是:距今三千一两百年前的汉族人民,他们的本领,农业生产,天文历法,行行不差,就是说话不灵。这岂非怪事?

还有一种情况更值得注意,就是卜辞中所用的文字约有四千多个,能被今人认识的不过三分之一。卜辞的内容既有限,人们对它的了解又有限,解放前有些人把这种有限之有限的材料当作盘庚到帝乙这一段时期的史料的全部,是惟一可信的史料,凡不与卜辞合者,皆不足信。这是故意夸大卜辞记录的容量。夸大的理由是:流传于人间的《商书》并不是殷代当时的文献,埋藏于地下的卜辞最真实,除了卜辞没有更可信的资料,这才不得不以卜辞为惟一的信史。归根结蒂一句话,只信地下物,不信人间物。这是一种偏见!周初的文诰中明明说"惟殷先人有册有典"记录殷革夏命的事(见《多士》)。今存的《商书》就是这些典册的一部分。它和现存的铜器一样,一同流传幸存于人间。我们没有听说周武王焚书、殷裔补造故史于五六百年之后的事。难道从《左传》以前的某一个时代起,殷史丧失的尽是原篇,留存的偏是拟

作？《商书》究竟有哪些内容真的就不足信？除了"心腹肾肠"一类校勘性的问题之外，究竟有哪些必不可信的理由？说不出。如果硬要说："只准周鼎《周书》用'王若曰'，《盘庚》里不准用，用了便是假的。"《盘庚》也会说："我用在先了，为什么只准周鼎《周书》用，不准我用？""王若曰"应该出现在什么时期并没有自然律的规定，它不能和《尧典》"四仲中星"相比。像这一类的理由都不能成立。如果我们研究殷代的文化和语言现象，一切非取材于卜辞不可，据说卜辞里没有象声词和叹词，难道汉人语言发展到殷代连"呜呼"、"杭育"还没有产生吗？

《尚书》流传几千年，文字有参差，必不可免。古籍本本如此，不仅《尚书》。对古字古言，训诂家的理解不完全一致，《尚书》如此，卜辞也如此。卜辞埋藏三千年无师说，其问题的复杂性并不亚于《尚书》。《商书》虽无拓片，即此流传人间之本，也是极可珍贵的，不要过于不相信"人"。陆放翁跋黄鲁直《书大戴践阼篇》云："上古之文幸不泯者，率非后世所不及，不必坏鲁壁、发汲冢而得之乃可信也。"写汉语史不写殷代则已，写殷代就不应该废弃《商书》。《商书》中的语言现象能跟著名卜辞相印证的很多：《盘庚》有"若否"，王国维引以证毛公鼎"上下若否"。《国语·周语上》内史过引《盘庚》："国之臧，则惟汝众；国之不臧，则惟予一人是有逸罚。"（今本《尚书·盘庚》别的句子有"则"字，惟独这两句没有"则"字，故据《国语》引文。"国"，《尚书》作"邦"。）胡小石先生《甲骨文例》引此以证卜辞"我其祀宾，乍帝降若；我勿祀宾，乍帝降不若"，两"乍"字当读为"则"。《盘庚》、《伊训》都有作主语用的"朕"字，如"朕及（汲）笃敬"。《孟子·万章上》引《伊训》曰："天诛造攻自牧宫，朕载自亳。"《孟子》所引是古文《商书》的佚文。卜辞也有作主语用的"朕"字：孙海波《甲骨文录》："戊寅卜，朕出今夕。"（据《中山大学学报》1955年第1期潘允中文转引）据此，则偏据金文谓"朕"作主语起于战国，其说之误可断。倘若这块甲片不出土，金文、甲文不见主语的"朕"，文献中这些例子都将被说成战国时代的语言了。卜辞的句法有"贞生（是）十三月，妇好不其来"，"贞自今至于庚，不其雨"（转引自《甲骨文例》）。"不其……"这种句法见于《周书·召诰》，亦见于《商书·盘庚》。《盘庚》中篇："不其或稽，自怒曷瘳。"《左传·隐公六年》，又《庄十四年》引《商书》曰："恶之易也，如火之燎于原，不可向迩，其犹可扑灭？"今本《尚书·盘庚》没有开头四个字，全部《尚书》除晚出《泰誓》（太炎先生认为《泰誓传》）外，没有"也"字，也没有这种句法，这分明是《左传》语言。

《盘庚》三篇（今文家算一篇，今从《史记》）共有一千二百八十多字；上篇最长，有五百七十七个字，但比《大诰》短，比《康诰》更短。《康诰》九百二十一个字，除去开头五十个字也有八百七十一个字。《康诰》作于周初，文长如此，在盘庚或小辛之世出现六百字的文诰，没有不可能的理由。《商书》流传到现在，作为研究汉语史的资料是极可宝贵的。

三、对孤例的看法

所谓"例不十,法不立","孤例不足征",这是选材取证的一般原则。由于汉语史料的记录在历史各阶段中的具体情况不同,应作不同的看法,不能一律以数量多少为标准。所谓孤例是指一种偶然出现而没有发展的语言现象。如《谷梁传·僖公五年》的"执不言所于地",介词"于"前用"所"字,极为罕见(《商君书·垦令篇》之例性质不同)。其有发展的,对后期文学语言有联系,当其初出现于书面时,在前期文学语言中数量虽少,不能看作偶然出现的孤例。

从魏晋到中唐,骈俪文盛行,口语入文最少;晚唐以后,情况一变,变文、话本小说兴起,接近口语的作品多。针对这两种不同的情况,运用史料当依据不同的原则。当骈俪文盛行的时期俗语入文太多就要遭到文人的反对,在小说民歌中出现一些口语词汇颇不容易。葛洪写《抱朴子》的主要部分内容,自称所用的是没有藻饰的直语(见《黄白篇》),如果用宋元小说的标准来看,不过是散行之文带一些口语词汇,够不上俗语文。隋"王劭《齐志》,多多记当时鄙言"(见《史通·杂说中》),这部书虽深得刘知几赞扬,却因当时文人反对,没有流传下来。《史通·言语》云:"王、宋著书①,叙元高时事,方言世语,由此毕彰;而今之学者,皆尤二子,以言多浮秽,语伤浅俗。"《北史·王劭传论》批评王劭说:"久在史官,既撰齐书,兼修隋典……文词鄙秽,体统烦杂……徒烦翰墨,不足观采。"在这种排斥俗语的文风中写出并得以流传下来的作品,从它里面发现有新兴的语言资料,尽管在纸上是单词孤例,应该看出是大量语言事实的反映。如果按照纸上出现的数量作标准,将会有很多的珍贵的资料因当作孤例而被舍弃、被糟蹋。且以"们"字为例,作为复数形尾出现始于北宋(作"们"),跟"们"字通用的字为"伟"、"弭"、"弥",出现始于中唐②。但是,刘知几《史通·杂说中》云:"渠们底个,江左彼此之辞……布在方册,无假推寻。"这个"渠们"不是《史通》里的用例,刘知几说是东晋江东流行的俗语,而且散见于书册中。可惜这些书册今皆亡失。"伟"字用于司空图《障车文》,"弭"字用于《嘉话录》及《因话录》角部。从《障车文》看,"儿郎伟"是当时流行于北方的俗语,《旧唐书·封常清传》记述高仙芝的话"我于军中召儿郎辈",我们推想高仙芝的口头语本来作"儿郎伟",而刘昫作传偏用文言改"伟"为"辈"。从《史通》所介绍的情况看,从东晋到晚唐,复数形尾"们"分明是即已流行南北的语法形式,从书面所记录的用例看,用"伟"和"弭"的句子被人发现的不上十个,用"们"字的未见,如果用"例不十,法不立"的原则处理,只能说这种语法形式萌芽于唐末,发展于宋元了。所以这个原则不适用于对待中古时期的资

---

① 指王劭撰《齐志》,宋孝王著《关东风俗传》。
② 详吕叔湘《汉语语法论文集·说们》。

料。这是一个对接近口语作品丰富时期的资料处理的原则。我们搜罗中古时期新兴的词语,遇到孤例或罕见的例子,必须对这个时期文风的影响和文献存亡的关系加以重视,不能一概以数量多少为取舍的标准。据我所知,首先从《史通》中提出复数形尾"们"字的是章太炎先生,其次是刘景农先生。两先生对语言现象发微的精神是值得学习的。

四、某种语言现象类似中断的问题

所谓"中断"对语言来讲是意味着死而复活的意思,语言发展的情况只有发生、发展、转变、死亡,新旧相嬗,无所谓中断。但是在史料中确实会碰到某种语言现象在发展过程中两头有,中间没有,好像是中断了的样子,有的似乎中断了几百年,如"把"字句产生于中唐,但在《论衡·自然篇》却出现了"把"字句。"牛生马,桃生李,为论者之言,天神入牛腹中为马,把李实提桃间乎"? 这倒是真正的疑问。因为我们明知道语言不会中断,所以对待这种材料就会有两种不同的办法:一种是存疑,等待从这段"中断"的时期中发现新材料;另一种是把头一段的材料削去。我个人认为,第一种办法比较妥当,第二种办法没有经过彻底的调查研究不能用。

语言既不会中断复活,所谓"中断"它的实质只是记录方面的事。有的是因为反映口语的记录亡失,形成某种现象中断,有的是记录存在而我们没有看到,记录并没有中断。照道理讲,记录中断的机会是极少的,口语流行的词不会长时期不进入书面语。但在文言文占统治地位的时代,尤其是脱离口语的骈俪文盛行的六朝,记录口语文中断一个时期也有可能,但一般的情况都是记录不存在,或存而未见。唐以前的书籍亡失的极多,加之个人的见闻很有限,因此,某种语言现象当它在广泛流行之前几百年的典籍中被我们发现,我们必须把它前前后后的材料调查研究一番,确知它是个别的现象,才可以放弃。如果单凭主观想象把它当作偶然的例外或后人所增改,抹杀它的历史意义,这样做,每每发生常识性的错误。

五、分析语言现象,可以鉴别资料的疑年

研究汉语史时要说明语言现象的时间因素,资料的疑年不确定,竟至于不能动笔,如果草率从事,必然降低科学性,所以科学地确定资料历史年代是汉语史研究中很重要的一环。汉语史写定被群众接受以后,又将成为鉴别史料的时代的科学依据之一,影响和作用都很大,因此研究必须精密。例如:王力先生《汉语史稿》257 页说:"〇"号的应用最早见于宋代数学家的著作,而用"零"字来表示"〇"是近代才产生的,始见于《红楼梦》第一回"三万六千五百零一块"(王说止此)。案,"〇"在宋代不是无音符号。《齐东野语》卷十五与《辍耕录》卷五载宋人用口语编的《推节气歌》

云:"中气与节气,但有半月隔,若要知仔细,两时零五刻。"元刘鉴《切韵指南·订五脏锱铢之例》云:"唇肾一斤零一两。"而用"零"字表示数目的"〇"已见于唐初的文献。

《礼记·投壶》孔颖达疏:"若唯有一筭,则缩之零纯之下,在零纯之西,东西置之。"(筭,筹。缩,直。纯,犹双。)"零"与"畸零"用于宋元文献者又见《宋史·兵志一》,《元典章》卷十五之4页、104页,卷二十二之82页,卷二十七之8页,例句不详述。王氏谓始见于《红楼梦》,将使宋代数学书中的"〇"成为无音符号,或使人疑《节气歌》为后人伪作,失何伤甚。

又如《尔雅》是一部重要的汉语史资料书。讨论这部书的著作时代,众说纷纭。谓作于西汉则最误。《尔雅》在汉文帝时与《论语》、《孝经》、《孟子》同立博士,见赵岐《孟子题辞》[①],汉武帝时有犍为文学名舍人者为之作注[②],事无可疑。《尔雅》本身是一部解释词义的词典,跟《仓颉》等字书不同,在汉武帝时已经不能为一般人所了解而有加注的必要。《尔雅》和《毛诗传》共同解释的词语很多,其中相同的多,不同的少。汉唐学者一向都以为《毛传》引用《尔雅》,而欧阳修、曹粹中却以为《尔雅》采集《毛传》。究竟是谁抄谁? 现在我依据语言现象来解决这个问题。考《毛传》中有很多"某某声"、"某某貌",与西汉三家诗故、仓颉训诂之例同,而《尔雅·释训》及其全书绝无。这是一个重要的现象为前人所不见者。如:《周南·兔罝》传:"赳赳,武貌。"《大雅·江汉》传:"洸洸,武貌。"《尔雅·释训》则云:"赳赳洸洸,武也。"《周颂·良耜》传:"挃挃,获声也。"《尔雅·释训》则云:"挃挃,获也。"《毛传》副词带"然"字的很多。如:"沃若,犹沃沃然。""萋,草中之翘翘然";《尔雅》里面一个也没有。《秦风·晨风》传:"思望之,心中钦钦然。"《尔雅》:"钦钦,爱也。"《诗经》、《论语》只有单音词加"然"字的形式,没有双音词再加"然"字的。双音词加"然"见于《孟子》、《庄子》、《荀子》。双音词之后《论语》用"乎"不用"然"。《孟子》"欣欣然有喜色"、"由由然与之偕",《庄子·齐物论》"窃窃然知之"、"蘧蘧然周也",《荀子·非十二子》"恢恢然"等语十九见。《毛传》解释《诗经》双音叠字词每加"然"字改变其形式,这种方法不见于《尔雅》。《尔雅》的解释句的表达方式不及《毛传》详密。凡此种种,难道是偶然的现象? 我们不可理解,抄《毛传》以编《尔雅》的人为什么偏偏要把这些"声"、"貌"、"然"字统统删掉?(《广雅》仿《尔雅》,不足为例。)从语言现象考察,这两部书的著作时代的先后分得清清楚楚。前人看不出,我们不能沿袭前人之误。如果考虑汉以前有没有产生《尔雅》这种书的条件,事实告诉我们已经有了(另作说明)。战国时代解释词义的书不止《尔雅》一种。《晋书·束晳传》说:太康二年,发汲郡魏襄王

---

① 朱子因《汉书》未记此事而不信《题辞》,是不合理的。《汉书》哪能记得许多事,一无遗漏? 康、梁所疑更不足辨。

② 见《经典释文》。余嘉锡谓舍人为东汉时人,则大误。

冢,得竹书数十车,其中有"名三篇,似《礼记》,又似《尔雅》。"(张心澂《伪书通考》466页、472 页已提出)《礼记》中有很多礼文名词的解释,所以有相似之处。可见类似《尔雅》的书在战国时代已经流行。《汉书·艺文志》列《尔雅》于孝经家,汉文帝时期(前 179—前 157)《尔雅》已立博士,郑驳《五经异义》说:"玄之闻也,《尔雅》者,孔子门人所作,以释六艺之言。"由此可断,《尔雅》出于《毛传》前,决非秦汉时代的书。其中纵有秦汉之间人所增补,亦必为先秦的旧训。古人如刘知几、朱晦庵都能从语言上着眼辨古代作品的真伪。刘氏看出《李陵与苏武书》"文体不类西汉人,殆后来所为假称陵作"(见《史通·杂说下》)。朱晦庵首先从语言现象上对伪《古文尚书》发生怀疑,说"今文多艰涩,而古文反平易。暗诵者不应偏得所难,而考文者反专得其所易。是皆不可知者。而安国之叙又绝不类西京文字,亦皆可疑"(《晦庵题跋·书临漳所刊四经后》)。他们对古代书面语言风格的时代性有深刻的体会,但还不能进行分析。今天语言学的水平远远超过唐宋,我们可以做前人所不能做的事。

六、著书时代不能作为辨别一切史料的时代标准;一种语言现象的记录并不等于语言现象的起源

王力《汉书史稿·绪论》:"所谓认真地审查研究的对象,就是要辨别史料的时代。有些书虽然不是'伪书',但是我们不应该以书中所叙述的时代为标准,而应该以著书的时代为标准。例如范晔著《后汉书》,范是南朝宋时人,《后汉书》不能代表汉代的语言。书中所叙述某一个古人的谈话,也不能轻信为那古人当时的语言。例如《三国演义》叙述刘备、曹操等人的谈话,那不能代表三国时代的语言。刘备三顾茅庐时留给诸葛亮的信、诸葛亮隆中高卧的诗等,也不能代表当时的语言。"

王力先生执行这条规定很严格,像对《晋书》,就是当作唐人资料来运用的。他在谈名词词头"老"字引《晋书·郭奕传》就说是见于唐代的史料,谈第三人称代词"他"的时候,宁用杜诗,不用《晋书》。乍看起来,这条原则似乎不可动摇,其实这只是一条对部分资料的原则,不能用之于一般。规定这一个原则,首先要具备三个先决条件:(1) 这种史料全部是著者自己的语言;(2) 这种史料,在客观上必须是同类的各种著述中最早的一部,最低的限度在现存的著作中是某种语言现象最早的记录;(3) 它里面没有直接引述的前代语言。具备这三个条件的只是《三国演义》之类的小说或《史记》等,《后汉书》、《晋书》抄录旧史文很多,把《后汉书》、《晋书》和《三国演义》、《东汉演义》等量齐观是不合于实际情况的。晋以后的人写史书和写历史小说不同,写历史小说,作者可以完全用自己的语言表达故事的内容;修史书,一般是利用原有的史料,作者用文言文把它串联组织起来,其中有旧史文,有作者的仿古文言文。司马迁写《史记》常用今语代古语,这是他的卓越处;魏晋南北朝人修史书恰相反,不但修前代的史书不轻易改动旧史中的语汇,就是写当时的事实,也好用古语

代今语。当时著述的风气是："记言之体,多同于古,妄益文彩,虚加风物。"如果多用口语,就要遭受讥议,认为"言语浇秽","徒烦翰墨"(并见《史通·言语》)。拿《史记》的面貌来看魏晋到隋唐时期的史书,是隔阂的。刘知几了解这种情况,对这种风气有严格的批评。他说:"夫三传之说既不习(摹仿的意见)《尚书》,两汉之辞又多违于《战策》。足以验旴俗之递改,知岁时之不同。而后来作者通无远识,记其当时口语,罕能从实而书。方复追效昔人,示其稽古。"又说:"盖楚汉事隔,事已成古,魏晋年近,言犹类今。已古者即谓其文,犹今者乃惊其质。夫天长地久,风俗无恒,后之视今,亦犹今之视昔,而作者皆怯书今语,勇效昔言,不其惑乎?"这就是刘知几就运用语言方面对历代史书的总评述。他认为《尚书》、《春秋》三传、《史》、《汉》表现语言的时代性很明显,魏晋以下的作者大都是"怯书今语,勇效昔言"。"自魏以前,多效三史;自晋以降,喜学五经"(《史通·模拟》)。

魏晋到隋唐的著述风气虽是如此,《晋书》是不是例外呢？据《史通·古今正史》和《旧唐书·房玄龄传》说：唐修《晋书》,采正典(指十八家晋史)与杂说数十余部(《语林》、《搜神记》、《世说新语》、《幽明录》等,见《史通·采撰》),兼引十六国史,而以臧荣绪《晋书》为主。史官多文咏之士,好采诡谬碎事以广异闻。论赞正是作者应该运用自己的语言的地方,连这一部分也不肯。刘知几批评他们说："大唐修《晋书》作者皆当代词人。远弃史班,近宗徐庾。夫以饰彼轻薄之句,而缩为史籍之文,无异加粉黛于壮夫,服绮纨于高士者矣。"(《史通·论赞》)这样一班人著的《晋书》能保存原材料中少量的方俗语已属难得,想他们用唐代俗语入文,就更难了。所以总的说来,《晋书》当然是唐初的文言文,由于它杂引旧史很多,我们引用它里面的语言资料,必须加以考察,无从考察的口语资料,与其笼统地归到最后的著者时代,不如归到晋宋。归到晋宋未必误,归到最后的编著时代必误。

且看《晋书》直用旧史文的事实。

《晋书》卷四十三《王衍传》："衍疾郭(衍妻)之贪鄙,故口未尝言钱。郭欲试之,令婢以钱绕床,使不得行。衍晨起见钱,谓婢曰：'举阿堵物却！'其措意如此。"

《世说新语·规箴》："王夷甫雅尚玄远,常嫉其妇贪浊,口未尝言钱字。妇欲试之,令婢以钱绕床,不得行。夷甫晨起,见钱阂行,呼婢曰：'举却阿堵物。'"

《晋书》卷四十九《阮瞻传》："见司徒王戎。戎问曰：'圣人贵名教,老庄明自然。其旨同异？'瞻曰：'将无同。'戎咨嗟良久,即命辟之。时人谓之三语掾。"

《世说新语·文学》：阮宣子有令闻,太尉王夷甫见而问曰："老庄与圣教同异？对曰：'将无同。'太尉善其言,辟之为掾。世谓三语掾。"

谁都知道"阿堵"与"将无"是魏晋人的熟语,如果在《晋书》里看到这两个词语就说是房玄龄等的唐人口语,谁也不同意这种论断。再看《后汉书》用旧史文的事实。

《后汉书·儒林传·卫宏传》:"初,九江谢曼卿善《毛诗》,乃为其训。宏从曼卿受学,固作《毛诗序》,善得《风》《雅》之旨,于今传于世。……时济南徐巡师事宏,后从林受学,亦以儒显,由是古学大兴。光武以为议郎……中兴后,郑众、贾逵传《毛诗》,后马融作《毛诗传》,郑玄作《毛诗笺》。"

陆玑《毛诗草木鸟兽虫鱼疏》:"孔子删诗授卜商,商为之序……荀卿授鲁国毛亨,亨作《诂训传》以授赵国毛苌……时九江谢曼卿亦善《毛诗》,乃为其训。东海卫宏从曼卿受学,因作《毛诗序》,得《风》《雅》之旨。世祖以为议郎。济南徐巡师事宏亦以儒显。其后郑众、贾逵传《毛诗》,马融作《毛诗传》,郑玄作《毛诗笺》。"

——诚案:郑玄、陆玑(三国时吴人,非士衡)亲见两种诗序各别。赵宋以后的人把今本诗序驾名于卫宏,可谓颠顶。题外语,附识于此。

范书抄陆玑《毛诗疏》如此①,抄《三国志》文更多,不具述。由此看来,王力先生规定的原则,只适用于《史记》、《汉书》、《三国演义》等书,不适用于范晔的《后汉书》、唐代修撰的《晋书》;只适用于著者用自己的语言记述的史料,不适用于著者编纂的史料。如果作具体分析,切实考查,笼而统之地照王氏的原则处理一切史料,必然会产生错误。例如:"写"字具有"书写"的意义早已确定于西汉,一直沿用下来。因为"建藏书之策,置写书之官",是汉武帝时代的事,见《汉书·艺文志》:"高君尝自伏写书。"见桓谭《新论》:"不得于礼堂写定,传诸其人。"见郑玄《戒子益恩书》:"传写多误。"见《抱朴子·遐贤篇》。如果从《晋书·左思传》看到"豪贵之家竞相传写"这句话,运用王氏原则认为《晋书》是唐代资料,"写"字发展到唐代才具有"书写"的意义,这就与事实相去太远了。要知道《晋书》里这句话正是从臧荣绪《晋书》抄来的,并非房乔自己的语言。《文选》卷四左太冲《三都赋·序》李善注:

善曰:"臧荣绪《晋书》曰:'赋成,张华见而咨嗟,都邑豪贵,竞相传写。'"

现在我想起来,王力先生坚持第三人称代词"他"起源于唐代的说法。杨树达氏《高等国文法》举出《后汉书·方术传》和《晋书·张天传》两个用例,说这个词起于晋宋间。杨氏也把费长房的话当作是范晔代说的,所持的原则跟王氏相同。但王力先生仍然不同意。《汉语史稿》第35节力驳《后汉书》一例;说《后汉书》的"还它马"这个"它"字不是第三人称代词,而是无定代词,作"别人"解;对于《晋书》的例证却只字

---

 ① 纵今本陆氏《诗疏》为缀拾之本,所缀拾者必为《诗疏》佚文,不可能取范晔之文冒充《诗疏》。

不驳,例句从杜甫诗引起。抛开《晋书》只字不引,好像《晋书》是一部伪书,连初唐人的作品也算不上,这是什么原因呢?原来王先生认为《晋书》所记的桓温跟韩博的谈话①和《三国演义》里的刘备、曹操谈话一样不是真实的史料,只要驳掉《后汉书》的例证,自己的论点就站稳了,少要一个例证无关重要。现在已经有人从《百喻经·认人为兄喻》举出例证②,订正了王氏的说法。《百喻经》是齐天竺法师求那毗地所译。这时已有第三人称代词的"他"。可见把著书时代远隔的前史中的口语词作为最后的著书时代的语言必误,作为书中叙述的时代未必误。其实,王氏对《后汉书》的"还它马"的"它"解释为"别人"并不确切。"他"字在上古没有"别人"的意思。"别人"这个意思,在上古应该说"他人",不能单称"他"。凡单称"他"都当"别的"讲,指事物,不指人。如果能指人,早已转为第三人称代词了(《百喻经》中的"他"有"别人"与第三身两解)。并且原文记费长房和书生对话,一开头用"它"字,"他"的所代之词"社公"后出,非常合理。"它马"在这里是双宾语,王氏误解为偏正词组,不能据此推翻杨氏之说。王氏这个原则,不但不能用之于《晋书》,恐怕连《三国演义》也不能用之无疑,因为演义中虽然有后人所做的诸葛亮的诗,但引用陈《志》裴《注》的原文也不少。

语言事实摆在面前,可以被不切实际的规定所割弃,第三人称代词的出现在历史上是一件重要的事,它在中国第一部汉语史里没有得到正确的说明,这是可惜的。我们不能安于自己的主观想象,要占有材料,深入调查研究,才能发挥材料的积极作用,使之为汉语史服务。

---

① 《晋书》八十六《张天锡传》:"韩博有口才,桓温甚称之。尝大会,温使司马刁彝嘲之。彝谓博曰:君是韩卢后耶?博曰:卿是韩卢后。温笑曰:他自姓刁,那得韩卢后耶?博曰:明公脱未之思,短尾者则为刁也。一坐推叹焉。"案,韩卢为犬名。

② 《百喻经·认人为兄喻》:"傍人语言:汝是愚人,云何须财名他为兄,及其债时,复言非兄?"

说"兴会标举"
——论谢灵运山水诗之二

◎ 管　雄

沈约在《宋书·谢灵运传论》里对谢诗曾做了几句总结性的论述：

> 爰逮宋氏，颜、谢腾声。灵运之兴会标举，延年之体裁明密，并方轨前秀，垂范后昆。

"兴会标举"究竟是什么意思？

南北朝文人常有类似于此的语句，如《颜氏家训·文章第九》有"标举兴会，发引性灵"之语；《世说新语·轻诋》注引《支遁传》有"每标举会宗，而不留心象喻"之语；萧子显《南齐书·文学传论》有"图写情兴"之语；较早的王羲之在《兰亭集序》里有"兴感"之语（"每览昔人兴感之由，若合一契，未尝不临文嗟悼，不能喻之于怀"）。

颜之推所说的"标举兴会"与沈约所说的"兴会标举"实际是一个意思。"标举兴会"与"发引性灵"是联系在一起的。中国古代诗论早有"诗言志"之说（《尚书·尧典》），而"志"与"情"是二而一的东西。孔颖达《左传》昭公二十五年《正义》说："在己为情，情动为志，情、志一也。"言志与言情只是在不同时代的不同说法而已。"志"与"情"都发自人们的内心。《毛诗序》说："在心为志，发言为诗。"又说："情动于中而形于言。"可见"志"与"情"实非二物。孔子对学生们说："盍各言尔志。"（《论语·公冶长》）学生们除了畅谈各人的志向外，也抒发了各自的情怀，言志和抒情是一致的。后代封建统治阶级为了长期保持他的皇冠宝座，对人民的思想钳制日趋严密，人们的意志就无法自由自在地抒发出来，诗人往往采取"言在此而意在彼"的方式，或以讽谕的形式来言志抒情，汉赋的"劝百而讽一"就是在这样的政治形势下提出的。魏晋以下，权位争夺益形激烈，人命危浅，朝不保夕。嵇、阮之徒，"掊名教而倡自然"，企图返庄、老的"至人"之世，以畅抒其个人怀抱。但现实的政治社会并不容忍个人意志的自由表达，于是他们或"口不论人过"，或辞官归隐，或愤世嫉俗，或佯狂放浪，由邺下文人的遨游宴乐，发展到"竹林七贤"的纵欲寻欢，都是人情被压抑之后所迸发出来的火花，都是对功名利禄的鄙弃，对封建礼教的反抗。阮籍《咏怀》、嵇康《幽愤》，既是言志，也是缘情。陶渊明的田园诗、谢灵运的山水诗，则是通过山水田园以寄托情志,以"发引性灵"。

谢灵运的诗歌在齐梁时代并不被所有的评论家所赞赏。当时,裴子野曾写过一篇《雕虫论》对它做了严厉的贬斥:

> 爰及江左,称彼颜、谢,箴绣鞶帨,无取庙堂。……自是闾阎年少,贵游总角,罔不摈落六艺,吟咏情性。学者以博依为急务,谓章句为专鲁,淫文破典,斐尔为功。无被于管弦,非止乎礼义;深心主卉木,远致极风云。其兴浮,其志弱,巧而不要,隐而不深,讨其宗途,亦有宋之(遗)风也。(《全梁文》卷五十三)

裴子野这篇论文是针对宋明帝(439—472)时文坛上作假请托之风盛行而写的。他又是个史学家,萧纲说他"乃是良史之才,了无篇什之美"(见《梁书》卷四十九《与湘东王书》)。裴子野站在封建正统的立场,批评颜、谢的诗是"箴绣鞶帨,无取庙堂"。又说颜、谢诗风是"无被于管弦,非止乎礼义"。认为后来的山水诗文都是"淫文破典","兴浮"、"志弱",是颜、谢的流弊。这样评论谢诗,实在是不公平的。

从现存的全部谢诗来看,他的乐府诗如《长歌行》:"倏龄速飞电,颓节骛惊湍。览物起悲绪,顾己识忧端。朽貌改鲜色,悴容变柔颜。"如《苦寒行》:"饥餐烟不兴,渴汲水枯涸。""樵苏无夙饮,凿冰煮朝餐。"如《豫章行》:"短生旅长世,恒觉白日欹。览镜睨颓容,华颜岂久期。"如《相逢行》:"夷世信难值,忧来伤人,平生不可保。"(一解)"心慨荣去速,情苦忧来早。日华难久居,忧来伤人,谆谆亦至老。"(二解)如《君子有所思行》:"市廛无阛室,世族有高闱,密亲丽华苑,轩甍饰通逵。孰是金张乐,谅由燕赵诗。长夜恣酣饮,穷年弄音徽。盛往速露坠,衰来疾风飞。余生不欢娱,何以竟暮归。"如《悲哉行》:"萋感改朔气,眼伤变节荣。"等等,对人生短促,荣华易逝,以及富贵贫贱不等的社会现象,都做了深刻的揭露。他还有《种桑》、《白头岩下经行田》等关心民瘼的诗。后一首中写道:"小邑居易贫,灾年民无生。知浅惧不周,爱深忧在情。"陈胤倩说:"起四句览之恻然,足当《春陵行》数篇。"(见黄节《谢康乐诗注》引)谢灵运决不仅仅是一个雕章琢句的诗人,由此可见一斑。他还有仿民歌体的作品,如《东阳溪中赠答二首》,也非模山范水之作所能范围。上面所举出的这些例子,确是"无取庙堂"之作,但非"箴绣鞶帨"之什。黄晦闻注谢诗时,曾慨叹"康乐诗不易识也"(见《谢康乐诗注序》)。盖齐、梁时已如此。清代汪师韩《诗学纂闻》,以妙句为鄙曲,那更是无足怪的。

唐李善注《文选》:"兴会,情兴所会也。"并引郑玄《周礼·注》说:"兴者,托事于物也。"按照李善的意思,灵运的诗是情兴之所会,有感情,有寄托。就是说他的诗既有强烈的感情色彩,又有寄托,即又有具体的形象特点。沈约所谓"兴会",萧子显所谓"情兴",以及王羲之所谓"兴感",含义与此应是相同的。

先秦儒家孔子论诗的社会作用,提出兴、观、群、怨四个字(见《论语·阳货》)。

其实"兴"和"怨"有相通之处。《论语集解》引孔安国《注》说:"兴,引譬连类。"又说"怨刺上政"。诗人讥刺政治,往往托事于物,引譬连类。如古代老百姓对纣王的暴政实在忍耐不下去了,就唱出了"时(是)日曷丧,予及汝皆亡"的哀歌。把暴君比做快要坠落的太阳,诅咒他早日丧亡,自己宁愿同他一起毁灭,以示憎恨之甚。诗人用这种寄托的手法,引譬连类,以抒写胸中的怨恨不平。这就叫做"兴",也叫做"怨"。与谢灵运差不多同时的王微(415—443)在其《与从弟僧绰书》里说:"文辞不怨思抑扬,则流澹无味。文好古,(疑有缺文)贵能连类可悲。"(见《宋书·王微传》)说明了"兴"和"怨"的关系。到了唐代,李绅直接提出了"兴生于怨"的说法。他在《追昔游集序》里说:"词有所怀,兴生于怨。故或隐显,不常其言。"(见《文苑英华》卷七一四)"兴生于怨"的提法比之"兴会"、"兴感"、"情兴"就更深刻明白一些了。

"标举",是高举的意思。"兴会标举"也即"标举兴会"。旧《辞海》:"标举,高出也。"1980年版本《辞海》:"标举,犹高超。"并且都引了沈约《宋书·谢灵运传论》的原文为例证。但这样解释,似乎都未妥惬。

魏晋玄远之学,是汉儒章句之学的反动。支遁"解释章句,或有所漏,文字之徒,多以为疑。谢安闻而善之,曰:此九方皋之相马也,略其玄黄而取其隽逸"(《世说新语·轻诋》注引《支遁传》)。九方皋相马,观神而遗形。"得其精,亡其粗,在其内,亡其外,见其所见,不见其所不见,视其所视,遗其所不视"(见同上引《列子》)。所以能得千里马,为伯乐的知己。支遁解经,观其会通,要言不烦,自抒己意。与向秀"观书鄙章句"(颜延之《五君咏》),陶渊明"好读书,不求甚解,每有所会,辄欣然忘食"(《五柳先生传》)是同一流派。谢灵运生当玄学兴盛之后,深通佛道,他与支遁同主顿悟之说。支道林为顿悟说之首创者。《世说新语·文学》注引《支法师传》曰:

法师研十地,则知顿悟于七住。

汤用彤先生说:"支道林研寻十住之文,知七住之重要,因而立顿悟之说。"(见《汉魏两晋南北朝佛教史》下)后来道生唱顿悟义,灵运著《辨宗论》演述其事。可见谢灵运在佛学上与支遁是同一流派。同时孙绰"《道贤论》以七沙门比竹林七贤,遁比向秀,雅尚庄、老,二子异时,风尚玄同也"(见《世说新语·文学》注引),也说明支遁与向秀的风尚是相近的。谢灵运继承了这一传统,因而在儒学方面与仲长统之"叛散五经",荀粲之"糠粃六籍",又是一脉相承(参看钱钟书《管锥篇》第四册)。所以思想比较解放,言论比较自由,行动也比较急切。

谢灵运的文学思想,主要见之于《山居赋》序言中:

今所赋既非京都、宫观、游猎、声色之盛,而叙山野、草木、水石、谷稼之事。才乏昔人,心放俗外。咏于文则可勉而就之,求丽邈以远矣。览者废张左之艳词,寻台皓之深意,去饰取素,傥值取心耳。意实言表,而书不尽。遗迹索意,托之有赏。(《汉魏六朝百三名家集·谢康乐集》卷一)

这段话是当时思想界所讨论的三大课题之一的"言意之辨"在文学上的体现(见《世说新语·文学》:"旧云王丞相过江左,止道声无哀乐、养生、言尽意三理而已")。按魏晋之际,言意关系问题的讨论约有三说。一、言不尽意。这话出于《周易·系辞》,当时的"通才达识"如何晏等,大都赞成此说。二、言尽意。欧阳建有《言尽意论》(见《艺文类聚》卷十九),略曰:"夫理得之于心,非言不畅,物定于彼,非名不辨,名逐物而迁,言因理而变,不得相与为二矣,苟无其二,言无不尽矣。"(见《世说新语·文学》注引)三、得意忘言。这是王弼采"言不尽意"之说而加以变通改造,创为新解,于魏晋玄学影响至为深切。王弼以庄、老解《易》,作《易略例·明象章》,其重要论点如下:

> 夫象者,出意者也;言者,明象者也。尽意莫若象,尽象莫若言。言生于象,故可寻言以观象;象生于意,故可寻象以观意。意以象尽,象以言著。故言者所以明象,得象而忘言;象者所以存意,得意而忘象。犹蹄者所以在兔,得兔而忘蹄;筌者所以在鱼,得鱼而忘筌也。是故存言者,非得象者也,存象者,非得意者也。象生于意,而存象焉,则所存者乃非其象也;言生于象,而存言焉,则所存者乃非其言也。然则,忘象者乃得意者也,忘言者乃得象者也;得意在忘象,得象在忘言。

王弼用《庄子·外物篇》筌蹄之言,为《周易·系辞》"书不尽言,言不尽意"进一新解,认为言为象之代表,象为意之代表,二者均为得意之工具,要忘言忘象,才能体会其所蕴之义,这一新解出来之后,把汉《易》象数之学一举而廓清之,所谓"辅嗣易行非汉学"(宋赵师秀《秋日偶成》,见《清苑斋集》)就是指这而说的。王弼这一新说,产生在"言不尽意"之义已流行于当时的思想界之后,这两说又互有异同,同的是二说都轻言重意;不同的是"言不尽意"说,则言几等于无用,既然无用,自可废言,所以圣人无言,而以意会。王弼则认为言以象为工具,目的在于得意,但非意之本身。他说:"尽意莫若象,尽象莫若言。"则言、象又是不可废的。不过不能停留在言、象的表面,若滞于言象,则反失本意,所以又要"得意忘言"。

王弼的"得意忘言"说,在当时文学艺术上的反映,则有顾恺之的"凡画人最难"(张彦远《历代名画记》卷一)。《世说新语·巧艺》说:

> 顾长康画人或数年不点目精,人问其故,顾曰:"四体妍蚩,本无关于妙处,传神写照,正在阿堵中。"

"目精"是传递神情的最敏感的东西,《诗经》里的"美目盼兮",《楚辞》里的"目眇眇兮愁予",都是通过目来表现神情的。"数年不点目精",足见传神之难。"四体妍蚩,无关于妙处",表示形体是无足轻重的。顾恺之的画论在这时产生,无疑是受了得意忘言说的影响。至于当时山水画家宗炳(395—443)在《画山水序》中提出的"竖划三寸当千仞之高,横墨数尺体百里之迥"的说法,也无不体现了得意忘言说的精神。谢灵运生于玄风大畅的江左,沉浸在言意之辨的思想浪潮中,在政治上横遭迫害,他在文学上提出了"意实言表,而书不尽,遗迹索意,托之有赏"。就旗帜鲜明地竖起"得意忘言"说,站在王弼的一边。他告诫人们读他的诗文,要"废张(衡)左(思)之艳辞,寻台(孝威,居武安山下,依崖为土室,采药自给)、皓(四皓,避秦乱,入商、洛深山)之深意。去饰取素,傥值其心"。书不尽言,言不尽意,作者既要得意忘言,或寄言出意,读者又需要会通其义而不以文害意。支遁的"标举会宗,而不留心象喻"(见前引)。九方皋的相马,"略其玄黄而取其隽逸",都是同一个意思。

　　谢灵运不仅在《山居赋》的序言里提出索意遗言之论,在与朋友的通讯里,也多次提到这个意见,他奉和范光禄的讲赞之后,在《答范光禄书》里说:"虽辞不足睹,然意寄尽此。"在《答王卫军问〈辨宗论〉书》里说:"然书不尽意,亦前世格言……虽不辨酬释来问,且以示怀耳。"在《答纲、琳二法师书》中也说:"聊伸前意,无由言对,执笔长怀。"在《山居赋》的书写过程中和《自注》里也频频倾吐"言不尽意"、"得意忘言"的意思,如在"自园之田,自田之湖"一节的《自注》里说:"此皆湖中之美,但患言不尽意,万不写一耳。"在《山居赋》的结尾"权近虑以停笔,抑浅居而绝简"的《自注》里又说:"故停笔绝简,不复多云,冀乎赏音,悟夫此旨也。"谢灵运反复申明要求读者对他的诗赋要"得意忘言",是有他的深意的。不是单纯的孤立的一种文学主张,而是与他的人生行事有密切的关系。我们决不能简单地从表面上理解他的艳辞。

　　谢灵运生在魏晋玄学家王(弼)、何(晏)、嵇(康)、阮(籍)之后,在政治上到处碰壁。他吸取"得鱼忘筌"的精神,在文学上主张"得意忘言",但在当时的权贵中很少能理解他的意蕴,谁能会意他身在庙堂,心居山林的高远放达的心胸呢?当时刘氏宗室中,只有庐陵王义真一人才算得上是他的知音。"但性情所得,未能忘言于悟赏,故与之游耳"(《宋书·谢灵运传》载刘义真语)。义真还说:"得志之日,以灵运、延之为宰相。"(《宋书·刘义真传》)所以灵运栖居山野,写山水诗,多次提到义真是他的赏心人。如《晚出西射堂》:"含情尚劳爱,如何离赏心。"《游南亭》:"我志谁与亮,赏心唯良知。"《田南树园刺流植援》:"赏心不可忘,妙善冀能同"等等,都是针对刘义真而发的。至于《酬从弟惠连》"永绝赏心望,长怀莫与同",更是感到知音的难得。他在《与庐陵王笺》中说:

　　　　会境既丰山水,是以江左嘉遁,并多居之。但季世慕荣,幽栖者寡。或复才为时求,弗获从志。至若王弘之拂衣归耕,逾历三纪;孔淳之隐约穷岫,自始迄今,阮万龄辞事就闲,纂成先业;浙河之外,栖迟山泽,如斯而已。既远同羲唐,亦激贪厉竞,殿下爱素好古,常若布衣,每忆昔闻,虚想岩穴。若遣一介,有以相存,真可谓千载盛美也。(《汉魏六朝百三名家集·谢康乐集》卷一)

从这封信里,可以看出谢灵运栖迟山泽的意旨,是在"激贪厉竞",是在对黑暗尘浊的社会作一种抗争。他的遁迹山林,是未能忘怀于尘世的。《世说新语·言语》载:

> 谢灵运好戴曲柄笠,孔隐士谓曰:卿欲希心高远,何不能遗曲盖之貌。谢答曰:将不畏影者,未能忘怀。

《世说新语·注》引庄子说:"渔父谓孔子曰:人有畏影恶迹而去之走者,举足愈数而迹愈多,走愈疾而影不离,自以尚迟,疾走不休,绝力而死,而不知处阴以休影,处静以息迹,愚亦甚矣。"谢灵运说自己象个畏影的人一样,只知道不停地走,直至力竭而死,却不知道"处阴以休影,处静以息迹。"很清楚,他的幽栖山泽,并不是真的想隐遁起来,忘掉一切世事。因为旨在得意,忽忘形骸,所以虽在山林之中,也不异于处在庙堂之上。灵运反对当时世俗对幽栖山居者的看法,也即对他个人的看法。他认为爱山水是个人性情之所好,并不是"乏于大志",态度消极。在《游名山志》里,他说:

> 俗议多云,"欢足本在华堂,枕岩漱流者乏于大志,故保其枯槁。"余谓不然。君子有爱物之情,有救物之能,横流之弊,非才不治,故时有屈己以济彼,岂以名利之场,贤于清旷之域邪?语万乘则鼎湖有纵辔,论储贰则嵩山有绝控。又陶朱高揖越相,留侯愿辞汉傅,推此而言,可以明矣。(《汉魏六朝百三名家集·谢康乐集》卷一)

谢灵运所谓"横流之弊,非才不治",真有"安石不肯出,将如苍生何"(《晋书·谢安传》)的气概。他说"君子有爱物之情,有救物之能",也就是说他自己有爱护别人的热情,有救济别人的能力。

谢灵运一生,仕与隐,出与处,语与默,始终处于矛盾之中,他在情兴触动时所迸发出来的山水诗句,情真景切,倾吐他内心的积蕴,"宛转屈伸,以求尽其意"(王夫之《姜斋诗话》卷下)。他还多次提到,希望读者不要仅仅把他的诗看做是"艳辞"。

谢灵运的山水诗,大部分是在宋武帝永初三年(422年)出守永嘉郡以后写的。他到永嘉郡(今温州市)去做太守,本来是不得意的,所以迟迟才启程。"述职期阑暑,理棹变金素"(《永初三年七月十六日之郡初发都》)。去了一年,大半时间在卧病,病起之后,一味遨游山水,"民间诉讼,不复关怀"(《宋书·谢灵运传》)。只是写出了不少的山水诗篇,倾注了他的好生爱物之情。在"俗恶俊异,世疵文雅"(《宋书·颜延之传》引殷景仁语)的时代,灵运"进德智所拙,退耕力不任"(《登池上楼》),他内心的斗争是异常激烈的,"进"与"退"便是经常交战着的一对矛盾。最后,他还只得归隐到始宁墅,过他的山居生活。"选自然之神丽,尽高栖之意得"(《山居赋》)。我们看他的《自注》,知道灵运原是企图继承他的祖父谢玄的遗志,建功立业,兴邦治国的。在《述祖德诗》二首里他也曾吐露过这个意思。但现实对诗人的桎梏是残酷的。在景平元年(423年)的秋天他离开永嘉郡去始宁墅而写的《归途赋》里,他说:"褫簪带于穷城,反巾褐于空谷,果归期于愿言,获素念于思乐。"在《初去郡》一诗里,他说:"负心二十载,于今废将迎"。他的内心痛苦是可以想象得到的。所以读他的山水诗,不应该仅仅注意他的"极貌写物,穷力追新"的辞句,更重要的是应该看到它内涵的深沉意蕴。"兴会标举"也应该包括"得意忘言"这方面的含义。

"兴会"二字连用,也有"兴之所至"的意思。像我们现在说的"灵感一来"的意思,没有灵感,就不会有诗。我们来看《世说新语》中的一段记载:

> 王恭始与王建武(忱)甚有情,后遇袁悦之间,遂致疑隙。然每至兴会,故有相思。时恭尝行散至京口谢堂,于时清露晨流,新桐初引,恭目之曰:王大故自濯濯。(《世说新语·赏誉》)

> 初,忱与族子恭少相善,齐声见称。及并登朝,俱为主相所待,内外始有不咸之论。恭独深忧之。乃告忱曰:"悠悠之论,颇有异同。当由骠骑简于朝觐故也,将无从容切言之邪? 若主相谐睦,吾徒得戮力明时,复何忧哉?"忱以为然,而虑勿见令。乃令袁悦具言之。悦每欲间恭,乃于王坐责让恭曰:"卿何妄生同异,疑误朝野。"其言切厉。恭虽惋怅,谓忱为构已也。忱虽心不负恭,而无以自亮。于是情好大离而怨隙成矣。(《世说新语·赏誉》注引《晋安帝纪》)

王恭和王忱当时称为"二王","孝伯(恭)亭亭直上,阿大(忱)罗罗清流"(《世说新语·赏誉》)。两人虽各具风格,但又有共同的报国目标,情好甚笃。后来构成怨隙,完全是袁悦从中捣鬼,顿使王恭总觉得王忱有什么对他不起,心里不畅服。王忱自己又觉得实在没有什么对王恭不好,却又苦于没有机会表白。两个人的感情因而大受破坏,造成深深的裂痕。

"清露晨流,新桐初引",这是一幅生机勃发的初夏江南早晨的图景。这迷人的新鲜景象,一下触动了王恭的"情兴",使他对王忱的一切疑惑,顿时烟消云散,使他从心底里觉察到"王忱的心地原来是光明磊落的"! 这种因自然美引起人们的心灵美,因山川景物的触发改变了人们的尘世心志的现象,在人们的实际生活中是大量存在的。在理论上,古人也早已替我们做了总结,揭示出其中的奥秘。"若乃山林皋壤,实文思之奥府……然屈平所以能洞鉴风骚之情者,抑亦江山之助乎!""山沓水匼,树杂云合,目既往返,心亦吐纳。"(《文心雕龙·物色》)以及东晋末年的山水画家王微(415—443)在《述画》里所说的:"望秋云,神飞扬;临春风,思浩荡。"这些论述都阐明了外界景物对诗人、画家在情感上所起的作用。晋、宋时代的诗人,尤其像谢灵运这样的诗人,写了大量的山水诗,通过山水自然美的观赏,直接吸取它的特质,揭示它的内蕴,联系人们变动不拘的心态和纷纭莫测的世事加以改造和糅合,使眼中之景与心中之意,相互凑泊,使具体和抽象交织在一起,因而形成一种新的意境。这样写成的诗,使人读后有清新之感,这便是所谓"兴会标举"的结晶,是诗艺的较高境界,是诗史上的一颗明珠。

中西文论方面几个问题的初步比较研究

◎ 张月超

我喜欢环视四周的外国民族情况,我也劝每个人都这么办。民族文学在现代算不了很大的一回事,世界文学的时代已快来临了。

——歌　德

一、中西文论最早的分界线
——西方的自然模仿说与我国的"诗言志"说

美国当代著名文艺批评家亚伯拉姆斯在他的名著《镜与灯》里认为艺术创作涉及四个要素:作品、作者、宇宙(传统习惯称为自然,指外部世界,包括人、人的行为、思想感情,以及各类超感觉的事物等)和读者(包括听众、观众等各类欣赏文艺作品的人)。他考察了自从古希腊迄今为止的欧洲文艺批评理论的历史发展,指出全部文艺理论就在于分析这四种要素的相互关系,由于侧重方向不同而有四种不同的理论。他以作品为中心作一个三角形图来说明这种关系①:

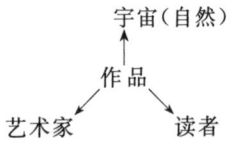

第一种是模仿理论,侧重于分析作品与自然的关系,认为文艺就是自然的模仿。第二种是表现理论,研究作品与作者的关系,认为作品是作者用来表达思想感情的,是作者思想感情的外化,或作者内心世界的外现。第三种是实用理论,分析作者对读者的影响,也就是文艺的社会效用。第四种是客体理论,不考虑作品和外部的关联,而孤立地把它看作自足的独立存在的客体,按照它本身存在的模式,以它的内在价值作为评价的准绳。

---

①　亚伯拉姆斯:《镜与灯:浪漫派理论与批评传统》,1969年美国版。

模仿理论,把艺术本质解释为自然的模仿,是西方美学理论的发端。关于这一理论的文字记载最初见于柏拉图的《理想国》,他的弟子亚里斯多德总结当时文艺的成就,对这一个传统观点加以论证,形成一个比较完整的理论体系,世代相传下去,成为西方文艺理论的主流,一直到18世纪末叶浪漫派运动兴起以前,西方各种美学概念和文艺观点都是从自然模仿理论演化出来的。而我国最早出现的文学观点是"诗言志",如朱自清说,这是我国文学批评的开山纲领①。

"诗言志"这句话据《尚书·尧典》说是出于尧舜时代,《左传》、《荀子》、《庄子》等书都载有类似的话,可见起源很古老,而且流传很广。这种观点认为诗并不是自然的模仿,如郑玄对"诗言志"所作的注释说,"诗所以言人之志意也"。诗是诗人用以抒发内心思想感情的。这种观点属于亚伯拉姆斯的表现理论范畴。正如自然模仿理论很少见于我国古代批评文献,这种"诗言志"的表现理论在古代西方也不多见,郎加纳斯在《论崇高》一文中虽曾说过崇高的风格来源于庄严伟大的思想和激情,但他这种思想并没有流传下去,一直到18世纪末、19世纪初浪漫派兴起以后才受到重视。华滋华斯在《抒情歌谣集》序言(1800)中说"一切好诗都是强烈情感的自然流露",这篇序言具有浪漫派宣言性质,打破自从亚理斯多德以来自然模仿理论在西方文艺思想发展史上雄霸两千多年的局面。

模仿理论认为诗来自外部世界,植根于现实,是客观的,叙事性的。"诗言志"属于表现理论,认为诗发自诗人的内心,所谓"在心为志,发言为诗",是主观的、抒情性的。王国维在《人间词话》里把诗人分作为主观的诗人和客观的诗人,他说:"有造境,有写境,此理想与写实二派之所由分。"王国维在这里所作的区分也就是亚伯拉姆斯所说的模仿理论与表现理论的区别。

亚伯拉姆斯在他的书的序言里曾解释他为什么把他的书叫做《镜与灯》,他说这是两个相反的比喻,一个是把心灵比作外部事物的反映器,像镜子一样;另一个则是把心灵比作发光的投射器,把光照射到它所感到的事物上面,像灯一样。第一个比喻可以说明自从亚里斯多德以迄18世纪末的西方文艺思潮的特点,而第二个比喻则代表浪漫派诗歌理论。在两千多年的西方文艺批评史中,模仿理论长期占有主导地位,表现理论较为晚出,而我国则以表现理论为主,这是中西文艺理论的分界线。文艺理论既是创作经验的总结,它又影响创作,指导创作。从中西文艺理论这一根本差别,我们可以看出中西文艺发展的不同趋向和各自的特征。

二、西方的模仿理论与叙事文学(史诗、戏剧、小说)

上面说过,诗是自然的模仿的观点最早见于柏拉图的《理想国》。柏拉图认为文

---

① 朱自清:《诗言志辨》,见《朱自清古典文学论文集》上,上海古籍出版社。

艺是模仿自然（客观现实世界）的，而客观现实又是"理式"的摹本。他曾以床作比喻来说明文艺、现实和理式这三者的关系。他说床有三种，一种是床的理式，其次是木匠依照床的理式制造出来的床，第三是画家模仿这个床所画的床。在这三种床中，只有床的理式才是真实的，木匠所制造的床是理式的模仿，和真实隔了一层，而画家所画的床是模仿的模仿，和真实更隔一层了，"所以我们可以说，从荷马起，一切诗人都只是模仿者，无论模仿德行，或者模仿他所写的一切题材，都只得到影象，并不曾抓住真理"①。柏拉图虽是模仿理论的最早的揭示者，却以他的著名的床的比喻来论证文艺模仿的虚假性。

柏拉图的弟子亚里斯多德同样继承流行的模仿理论，他在《诗学》里开宗明义就指出史诗和悲剧、喜剧和管弦乐等都是模仿，只是所用的媒介、所取的对象、所采用的方式各不相同而已。② 亚里斯多德抛弃了柏拉图的唯心主义理式论，充分肯定文艺模仿的真实性。他说："诗人的职责不在于描述已发生的事，而在于描述可能发生的事，即按照可然律或必然律可能发生的事……因此写诗这种活动比写历史更富于哲学意味，更被严肃的对待；因为诗所描述的事有普遍性，历史则叙述个别的事。"③ 亚里斯多德在这里提出了现实主义的模仿理论基本核心，对后世西方文学发生了极为深远的影响。

到了文艺复兴时代，人们对古希腊的模仿理论所阐明的文艺对现实的关系有更深一层的体会，常把文艺看作为反映现实的镜子。实际上最先用这个比喻的也是柏拉图。如前文所说的，他曾作床或桌子的比喻，他说艺术家还有另一种更容易的方法来制作这些东西。

用什么方法呢？

那不是难事，而是一种常用的而且容易办到的制造方法。你马上可以试一试，拿一面镜子四面八方地旋转，你就会马上造出太阳、星辰、大地、你自己、其他动物、器具、草木以及刚才所捉到的一切东西。④

这个镜子的比喻，柏拉图也是用来说明文艺创作的虚假性的，镜子所反映出来的东西只是一个幻影，一个虚假的外形，而不是实体。和柏拉图恰恰相反，文艺复兴时代的艺术家们是用这个比喻来形象地说明文艺反映的真实性、准确性和客观性。

莎士比亚认为："该知道演戏的目的，都是仿佛要给自然照一面镜子，给德行看

---

① 柏拉图《理想国》卷十，朱光潜译，柏拉图：《文艺对话集》，人民文学出版社1963年版，第76页。
② 见《诗学》第一章，罗念生译，人民文学出版社1962年版。
③ 见《诗学》第九章。
④ 《理想国》卷十，《文艺对话集》，第69页。

看自己的面貌,给荒唐看看自己的姿态,给时代和社会看看自己的形象和印记"①。当莎士比亚后来受到新古典主义者攻讦的时候,约翰生出面为他作辩护说:"莎士比亚超越所有作家之上,至少超越所有近代作家之上,是独一无二的自然诗人;他是一位向他的读者举起风俗习惯和生活的真实镜子的诗人。"②

18、19世纪的现实主义小说家如英国的菲尔丁,法国的司汤达、雨果、巴尔扎克等人常自称是自然的模仿者或把自己的小说比作为镜子。列宁也把托尔斯泰的小说称作为"俄国革命的镜子",用这个譬喻来肯定托尔斯泰小说反映现实的价值。

这一源远流长的模仿理论对西方叙事文学如史诗、叙事诗、戏剧和长篇小说这几方面的影响特别明显,起了积极的促进作用。西方文学在这三方面的成就远远超过我国。

(1) 我国以汉民族文学而论以抒情诗见长,缺少西方那种规模宏大的长篇史诗,如《荷马史诗》以及英国的《贝奥武甫》、法国的《罗兰之歌》、德国的《尼伯龙根之歌》这一类晚期的英雄史诗,而英、法、德等国的民族文学也就是以这一英雄史诗开端的;也没有象乔叟的《坎特伯雷故事集》、斯宾塞的《仙后》和更晚的弥尔顿的《失乐园》那一类长篇叙事诗。这一类诗在古代和近世西方可以说多不胜举,而我国只有一篇《孔雀东南飞》,这首诗只有350多句,1700多字,沈德潜称之为"古今第一首长诗",在我国文学史上确是如此。王国维在《文艺小言》里盛称我国抒情文学,"至叙事的文学,谓叙事诗、史诗、戏曲等,非谓散文也,则我国尚在幼稚时代"。王国维这一说法是实事求是的,但散文体长篇小说也应包括在内。

(2) 公元前5世纪希腊戏剧已很发达,而我国到了宋元才有戏剧,比西方落后一千多年。元朝虽是我国戏剧的鼎盛时期,关汉卿的《窦娥冤》、马致远的《汉宫秋》、白朴的《梧桐雨》、纪君祥的《赵氏孤儿》素称元人四大名剧。但是元剧的成就和古希腊的伯利克里斯时期、英国的伊丽莎白时期、法国的路易十四时期的戏剧还不能相比,特别在悲剧方面。实际上我国戏曲是由有说有唱、曲白相间、由音乐伴奏的诸宫调逐渐发展起来的,主要以歌词文彩和音乐曲调取得戏剧效果,它的基调主要是抒情的,和西方所说的戏剧属于两种不同的文学样式。

为什么我国戏剧远远落后于西方?除去文艺理论的影响以外还有其他因素。公元前5世纪中期伯利克里斯统治时期是雅典的极盛时期,在两次希波战争中取得胜利以后,消除了外患,内部安定繁荣,为戏剧的发展提供了有利的条件。希腊三大悲剧家埃斯库罗斯、索福克勒斯、欧里庇得斯都在此时期相继出现,他们的作品深为人民所喜爱,并受到统治者的奖励。亚里斯多德分析总结他们的艺术成就,写成《诗

---

① 《哈姆雷特》第三幕第二场。
② 《莎士比亚戏剧集》序言,杨周翰选编《莎士比亚评论汇编》,第39页。

学》,建立起一整套规范性理论,对西方戏剧文学发生了极深远的影响。而我国封建士大夫对戏曲一贯采取轻蔑的态度,例如把戏曲演员一向称为优伶、优人或伶人或所谓"倡优",这些人都是供人玩弄,为人所不齿的,这种流行的看法对戏剧的发展自然是很不利的。

悲剧的本质在于肯定人的尊严和力量,西方悲剧冲突的中心主要是人的自由意志的扩张或某种欲望的追求和外力发生的矛盾,而我国人民受儒家思想的影响,倾向于节制、折中、调和,因而我国的悲剧常以喜剧收场。

(3) 西方和我国长篇小说是在大致相同的社会背景下出现的,都是由于市民阶级的兴起,城市工商业的发达,教育的普及,印刷术的推广运用等原因。西方长篇小说萌芽于文艺复兴初期,形成于17、18世纪,极盛于19世纪。中国长篇小说形成于明清时期(例如罗贯中的《三国演义》、施耐庵的《水浒传》、吴敬梓的《儒林外史》、曹雪芹的《红楼梦》等),较西方略早一些,但西方长篇小说有一个更古老的历史根源,那就是史诗。荷马史诗是一个最杰出的典范。它在题材的处理、事件的描写、人物的刻划,尤其是《奥德赛》所采用的回溯的布局等方面都很象是一部近代长篇小说,诚如黑格尔说,古代史诗和近代长篇小说在结构上是相类似的,仅为两种不同的历史形式而已[①]。因此别林斯基就把近代长篇小说称为"资产阶级史诗",如菲尔丁即以"史诗"自称其小说《汤姆·琼斯》。西方长篇小说虽然出现稍晚一些,但它根深叶茂,后来居上,迅猛发展起来。在我国,曹雪芹确是一个伟大作家,他的《红楼梦》和欧洲任何一部第一流小说相比,无论在哪方面说,都有过之而无不及,它可以说是我国的一个国宝。然而当西方小说家大批涌现出来的时候,而明清几百年间我国小说家只有寥寥几人,可以列入世界第一流作家的恐怕只有曹雪芹一人而已。

我国叙事文学不发达,与我国文字也许有关。我国文字书写繁难,印刻不便,因此写作就避免繁琐,力求简要,因而形成一种尚简的文风。朱熹有一段关于欧阳修怎样删改《醉翁亭记》这篇文章的谈话:

> 欧公文亦多是修改到妙处。顷有人买得《醉翁亭记》稿,初说滁州四面有山,凡数十字。某后改定,只曰"环滁皆山也"五字而已[②]。

由几十字而最后删剩一句,只存五字而仍不失原意,因而传为文坛佳话。

在西方,自从亚里斯多德以来,"艺术模仿自然"这一现实主义文艺理论深入人

[①] 张月超《欧洲文学论集》第一篇第四节"荷马史诗的艺术特征和近代长篇小说",江苏人民出版社1982年版,第22—32页。

[②] 《朱子语类》清光绪刊本,卷一三九。

心,它强调文艺源于自然,广泛吸取自然素材,不厌其详,先从细节的真实达到整体真实。为了忠实于自然,取材方面就不应有任何限制,没有什么东西是不可以写的,契诃夫曾把一个作家比作为一个化学家,"对一个化学家来说,世上没有一样东西是不干净的。一个作家必须象一位化学家那样客观;他必须放弃主观倾向:他必须知道大粪堆在一幅风景画中起着一种极可敬的作用,邪恶的欲望同高尚的欲望一样都是生活中所固有的"。这一类理论促进了西方叙事文学的繁荣。

三、"诗言志"说与表现理论

中国叙事诗和西方比较起来,虽然不免相形见绌,然而抒情诗却是祖国文学的骄傲,在世界文学园地中它是无与伦比的。

西方最早、最古的诗篇《伊里亚特》和《奥德赛》是史诗,也就是以历史为题材的叙事诗;《诗经》是我国最早的一部诗集,其中精华是抒情诗。

西方的诗是以史诗或叙事诗见长的传统,中国是抒情诗的传统。在文艺批评方面,西方以模仿理论为主流,而中国则以表现理论为主骨。

"诗言志"说可以说贯彻中国诗论的始终:

> 诗者,志之所之也。在心为志,发言为诗。情动于中而形于言。(《诗大序》)
> 《书》曰:"诗言志,歌咏言",故哀乐之心感,而歌咏之声发。诵其言谓之诗,咏其声谓之歌。(班固《汉书·艺文志》)
> 诗缘情而绮靡。(陆机《文赋》)
> 人禀七情,应物斯感;感物吟志,莫非自然。(《文心雕龙·明诗》)
> 《三百篇》半是劳人思妇率意言情之事。(袁枚《随园诗话》)

从上面所引的片断中可以看出,"志"与"情"所指的是一回事,即人的内心感情,诗就是这种感情的流露。这种理论从远古以来在我国诗歌中形成了一种抒情传统。

在西方,到了18世纪末叶才有表现理论,它对古典主义派的模仿论是一个反动。

英国琼斯在1772年发表论文《论所谓模仿的艺术》,直率地反对亚里斯多德所说一切诗都是模仿的论断。他认为就起源来说,诗是人类感情的一种强烈激动的表现;抒情诗不仅是最早的诗歌形式,而且是一切诗的原型。

德国狂飙突进时期的赫尔德,和他的追随者少年歌德以及稍晚的许莱格尔都反对亚里斯多德的模仿理论,强调诗的抒情性质。

华滋华斯在《抒情歌谣集》1800年版序言中说:"一切好诗都是强烈感情的自然

流露。"集中概括18世纪末浪漫派各家诗论与实践,代替了模仿理论,树立了一个新的批评标准。人们对诗的检验不再是"是否忠实于自然",而是"是否真挚?是否出于真情"?

密勒继华滋华斯之后在《两种诗》中重新解释新古典主义者对诗的等级区分,认为抒情诗作为感情的最纯粹的表现比其他任何种诗更富有诗意。模仿外物的文艺作品绝不是诗,诗不在物中,而在诗人观照外物的心中。照密勒的说法,"诗是一种感情在孤独的时候对它自身自诉的"。因此诗人的听众只有一个人,就是诗人自己。"一切诗都是独白的性质",这犹如雪莱所说,"诗人是一只在黑暗中栖息,为了以美妙的歌声安慰自己寂寞而歌唱的夜莺"①。

西方诗歌中这种表现理论标志着一个诗歌新时代的开端,即浪漫派诗的开端,它和我国言志缘情的诗歌理论在许多方面有相通之处,然而后于我国"诗言志"说两千多年。

四、实用理论

在西方,实用理论和模仿理论同样古老,柏拉图是它的首倡者。他站在贵族奴隶主阶级立场上首先提出政治标准是文艺批评的唯一标准,主张文艺应该为政治服务,他直言不讳地说文艺的任务在于歌功颂德,对不符合这个政策的文艺创作应该进行行政的干预②。

亚里斯多德的《诗学》中有些问题都是针对他的老师柏拉图提出来的,但是对这一问题似乎未予理会,也许他是以为不值一驳吧,故以沉默来代替批判;不过他在《诗学》第六章中论及悲剧的作用时曾指出悲剧在于引起人们的怜悯与恐惧并使这感情得以净化(Katharsis,这一个词有人译为陶冶或宣泄),这或者也可以说是对他的老师的狭隘的文艺观点的一种修正。后来贺拉斯提出"寓教于乐"的比较合理的实用观点③。文艺复兴时代英国诗人兼批评家锡德尼为了反驳当时一位名叫戈逊的清教徒作家对诗的攻击,写了《为诗一辩》。那位清教徒作家把诗说成是伤风败俗的媒孽,而锡德尼在这篇文章里发扬贺拉斯的传统,特别指出诗的教化作用,他认为在这一方面诗更高于哲学和历史,因为哲学以抽象概念教人,历史只限于已有的事实,而诗却能通过生动具体的事例起一种潜移默化的作用,使人在愉快中受到教育;诗人并不只是模仿或者再现或者表现或者讨论已经存在的事物,为了感动人,教育人,他可以创造新的事物,创造一个比真实世界更美好的世界。新古典主义者也特别重

---

① 雪莱:《诗辩》。
② 见《理想国》和《法律篇》。
③ 贺拉斯:《诗艺》,见伍蠡甫主编《西方文论选》,第113页。

视文学的教化作用,如约翰生就认为莎士比亚最大的缺点就在于他只知娱人而忽视教人。这一种观点到了浪漫振兴起以后就渐渐淡薄下去。

在西方文艺批评中把文艺作为载道工具这一实用理论一直没有能够占上风,而柏拉图所提倡的那种把文艺作为一种统治手段,只能说好,不许说坏,只能歌功颂德,粉饰太平,不准揭露的极端狭隘的实用主义观点更没有受到重视。总的说来,西方文艺在这方面所受干扰较少,这也许是它之所以能够比较自由发展的一个原因。

在我国文艺思想中,"文以载道"的实用理论和"诗言志"的表现理论同时并存。《诗大序》阐述了诗歌的抒情性质以后,接着就指出诗的实用价值:"故正得失,动天地,感鬼神,莫近于诗。先王以是经夫妇,成孝敬,厚人伦,美教化,移风俗。"这种以维护、传播儒家思想为核心的实用理论逐渐成了一个传统的文艺批评准则,逾越这个准则的就要被看作离经叛道,受到排斥。例如司马迁,他是一位进步思想家,其立论常常突破儒家思想的框框,因而班固责难他"其是非颇缪于圣人,论大道则先黄、老而后六经,序游侠则退处士而进奸雄,述货殖则崇势利而羞贱贫,此其所蔽也"。这样一种载道派的实用理论对我国文学发展是一大束缚。我国小说、戏剧之所以不发达,在一定程度上,也是因为受了这种实用理论的影响。

《诗大序》是先秦儒家诗论的一篇总结,它并不完全代表孔子本人的文学观点。孔子曾说:"诗可以兴、可以观、可以群、可以怨"。孔子在这里所指出的文学的社会作用倒是比较全面,比较深刻的,对后世文学的发展所起的影响主要是积极的。他说"可以怨",也就是文学的批评作用,就这一点来说,比柏拉图实在高明得多。司马迁说:"西伯拘而演《周易》;仲尼厄而作《春秋》;屈原放逐,乃赋《离骚》;左丘失明,厥有《国语》;孙子膑脚,《兵法》修列;不韦迁蜀,世传《吕览》;韩非囚秦,《说难》《孤愤》。《诗》三百篇,大抵贤圣发愤之所为作也。"①司马迁自己所作的《史记》,也正是因为"意有所郁结,不得通其道,故述往事,思来者"②。正是这些忧国伤时、对社会人生有积极批评意义的作品才能流传后世,构成文学的主流;我国文学如此,世界文学亦莫不如此,文学的真正的实用价值也莫大于此。

五、客体理论

表现理论认为诗是发自诗人的内心,从而割断了模仿理论所强调的文学与自然的关联,而客体理论不仅割断文学与自然的关系,也割断表现理论所说的文艺与作者的关联,并且割断它与读者的关联。这一种理论把文艺作品从各种关联中架空,认为它是一个存在于客观世界之外的独立自主的整体。它的目的既不是娱乐,也不

---

① 司马迁:《报任少卿书》。
② 司马迁:《报任少卿书》。

是教诲,而就是存在,如麦克莱许在《诗艺》中所说:

> 诗不该含有意义,
> 只是存在。

艾略特说:"当我们考虑诗的时候,必须首先把它当作诗来考虑而不是任何别的一种东西。"艾略特虽然在自己的批评实践中常常背离这个原则,但他这句话当时却颇受人们的赞赏。

这一派理论始于二三十年代,以艾略特为先驱,韦纳克和沃伦合著的《文学理论》奠定了这一派理论的基石。到了50年代,形成所谓"新批评派",以白罗克斯、文萨特等人为代表。韦纳克认为凡是从传记、社会历史、环境、背景或思想等出发来分析诠释文学作品的,都属于文学研究的"外在方法"。他认为这一类外围知识的探讨对我们了解一部作品有时虽不无帮助,但我们不应舍本逐末,所要着重研究的是作品本身,它所用的音韵、格律、文体风格、意象、比喻、象征等这些艺术手法和特征,这是内在的研究,由此出发,才能对一部作品的艺术价值作出正确的评价。因此这派理论重视"文本",强调精读。

人们常常认为了解一部作品必先研究作者的生平,正象两千多年前我们的孟夫子说的那样,"颂其诗,读其书,不知其人,可乎"? 但在新批评派看起来,颂其诗,读其书,不必知其人,传记研究的方法是靠不住的。我们不应把作品里所写的看得太死,因而和作者生平联系起来。韦纳克和沃伦在《文学理论》中举了一些例子,如研究《呼啸山庄》的人有的竟认为布朗蒂一定经历过希斯克力夫那样一种狂暴的感情;有的认为一个女人绝不可能写出像《呼啸山庄》那样的小说,其真正的作者一定是她的兄弟帕特立克。研究莎士比亚的人有的认为莎士比亚一定到过意大利,一定当过律师、士兵、教师和农民,有一位很高明的研究者痛斥这些想入非非的谬论说:照此说来,莎士比亚该是个女人吧。① 王国维也这样说过:"如谓书中种种境界、种种人物,非局中人不能道,则是《水浒传》之作者必为大盗,《三国演义》之作者必为兵家,此又大不然之事也。"②这段话和韦纳克的话颇可互相发明。

文萨特和比尔兹雷合写了《意图迷误》一文,指出批评家不从作品本身研究入手而试图去推导作者写这部作品的意图,以及作者是否成功地实现他的写作意图,假如以此作为评价的标准,这是错误的,因为许多作品并不能体现作者的意图,作品效果与作者意图有时不一致,而且作者意图往往也是很含混的。他们又写了《感受迷误》一文。他们说,"意图迷误"是把诗和它的起源相混淆,想从诗的心理起因方面找

---

① 韦纳克、沃伦:《文学理论》,伦敦,1961年版,第72—73页。
② 王国维:《红楼梦评论余论》,见《中国历代文论选》第四册,上海古籍出版社,第514页。

出批评的标准,最后成了传记,陷入相对主义;而"感受迷误"是诗和它的心理结果之间的一种混淆,试图从诗的心理结果方面求得批评标准,而最后陷入印象主义和相对主义。这两种迷误,无论是意图方面的或者感受方面的,所导致的结果就是诗的本身,作为一个特殊的批评判断对象,渐趋消失。这犹如鲁迅关于《红楼梦》所说的那样:"单是命意,就因读者的眼光而有种种;经学家看见《易》,道学家看见淫,才子看见缠绵,革命家看见排满,流言家看见宫闱秘事……"[①]《红楼梦》本来面目却不见了。

关于所谓"意图迷误"和"感受迷误",在我国古诗中有一个很好的例子可以用来加以说明,那就是李义山的《锦瑟》一诗,有的研究者说李义山写这首诗在于悼亡,有的说是他在政治上失意后写诗明志并以自伤,有的说这是一首情诗,究竟是出于什么意图,说法不一,读者感受不同,因而也就解释互异。

新批评派用"意图迷误"说来割断文学作品与作者的关联,又用"感受迷误"说割断文学作品与读者的关联,这样就把文艺创作完全孤立起来,这是极为荒谬的,但是这种理论强调对文艺作品的内在研究,这一点有它积极的一面,值得我们注意。我们以前的文艺评论受了庸俗社会学的影响。在分析诠释一部作品时只注意政治、经济、社会历史环境的影响,换句话说,只从历史出发,而对文艺本身所固有的特征和规律,没有给予足够的重视,而这种历史派研究方法确实也是最简便、最省力的方法。针对这种情况,新批评派重视作品本身的研究,这一点对我们来说确有足资借鉴的价值,可以起一种他山之石可以攻错的作用。在文学批评方面,恩格斯所提出的审美的和历史的标准无疑是一个正确的指导原则,二者不可偏废。

---

① 鲁迅《〈绛洞花主〉小引》。

关于文学批评

◎ 罗 荪

周扬同志在《建设社会主义文学的任务》的报告中指出：文艺理论战线仍是我们工作中一个比较最薄弱的部门。这也正如人们常常在谈论着的，理论批评更落后于创作。这是一个不容讳言的事实。

当然，这种落后的原因可能是很复杂的，我没有任何材料能够分析或说明这个复杂的问题，我只想在这里谈一点个人的感想。

前天，在理论批评组的讨论会上，虞棘同志曾经讲到目前我们的理论队伍中的成员绝大部分是义务兵。所谓义务兵，我想指的是这些人原来都另有正业，比如从事行政组织工作或者是教学工作、编辑工作等等，仅仅是在工作或教学之余兼搞一下理论批评而已。如果来考察一下这支队伍的话，情况确实是如此的。从全国的理论队伍来看，专业从事理论批评研究工作者，确实为数极少。我们只听到有专业的创作家，却很少听到有几个专业的理论家、批评家。《文艺报》发表的漫画《万象更新图》上面画着张光年同志在扩大理论队伍的报名处只张罗到"一个半"人，虽然是新生源泉的一个象征，却也很好地表现了这个最薄弱的部门的一点真实情况。

如果说提高理论水平是发展创作、提高质量的一个重要环节，那就必须努力改变理论批评工作的严重落后状态，使它能够适应繁荣创作的要求。无疑的，在最近一两年来，已经有所改变，特别是那种粗暴的、棍棒式的批评大大减少了，脱离实际的教条主义的理论研究文章也有了不少的改进。而且在这个时期中，我们也确实读到了一些有分量的理论批评文章，但是它还没有能够成为推动创作的一股巨大的力量。不仅如此，而且还远远落后于创作。比如，这几年来有许多作家写出了优秀的作品，却很少有人进行具体的艺术分析，帮助广大的读者进一步地理解作品；而对于一些有缺点的，甚至是已发展成为一种有害的倾向的作品，也没有及时地进行批评，帮助作者认识错误，提高创作质量。其结果是使得许多优秀的作品得不到支持和扩大它们的社会影响；坏的作品又任其流传，长时期得不到批评。

特别是文学批评对创作的指导作用来讲，这方面的工作是很不及时、很落后的。例如在这一个时期流行的惊险小说（我应该说明我并不反对写这种主题的作品），可以说是风行一时，出版社双手欢迎，新华书店又广为推销，由于店员的热心，竟将司蒂文森的《错箱记》也列入了惊险小说一类来向读者推荐了。由于这种风行，也就产生了一些粗制滥造的作品，有的只要把故事写得离奇、曲折、神秘就行了。我个人认为这是一种危险的倾向，但是我们的批评工作还没有对于这种泛滥着的危险的倾向加以分析和批评，发挥出对创作的指导作用。

当然，在这一个时期中，报刊上发表了不少质量较高的理论批评文章，但其中也有不少是不符合要求的。有人说，更多的是电影说明书式的批评，这种批评已经成为一种公式，第一段是故事梗概，第二段是主题思想说明，第三段是"鉴定式"的优缺点各若干条。这叫"三段论"式的批评。因为过去曾反对粗暴，现在一变而为四平八稳。这一期（第四号）《文艺报》上有一幅漫画，题目叫《药性平和》，上面画的那位批评家所配的药剂含量大部分是甘草、蜜和糖。当然，这种批评，也正如药中甘草一样，放几片和不放几片都一样，不过是一种点缀而已。

还有一种目下颇为流行的批评，无以名之，姑且叫做"抽象批评"。因为这种批评最大的特点，是把作品中所有具体的内容都加以抽象化，最后剩下来的是几条抽象的原则。有一位幽默的读者替这种"抽象批评"做了几句打油诗："分析主题四样宝，两个主义一个领导，道德品质多么崇高。"这几句打油诗，正是那幅《药性平和》的漫画中所画的"万灵丹"。这里请允许我举个例子，最近看到一篇题为《读〈保卫延安〉》的文章，这篇文章用了八九千字的篇幅，说明保卫延安这一战役取得胜利的本质意义，全文分成三段：第一段说明"领导的正确"，第二段说明"战士的英勇"，第三段说明"人民的支援"，每段都引经据典地加以阐述，最后的结论说："总之，《保卫延安》这部辉煌的巨著，充分的说明了解放战争胜利的本质，作者刻划了上到最高统帅下至炊事员的生动真实的形象，显现出领导的正确、战士的英勇和人民的支援，是这次胜利的主要因素，至于作者在艺术上的成就，因篇幅所限，只好另作分析了。"我想如果把它当做一篇有关解放战争的政治讲话，那是不会有人发生误会的。当然这篇文章如果换几个人名地名，也会适用于其他表现解放战争的作品的。这位批评家或许是认为文学仅仅是表现一定的社会本质力量的，批评家的任务便仅仅在于从作品中找到这个"本质"。实际上，这位批评者也只是从小说中抽出来几个抽象的概念，而把作品的艺术内容全部抛弃了，如果不是其中用了几个书中的人物来说明"胜利的本质"的话，人们就会误以为这本《保卫延安》是一本写战役史的书了。

但是读者既不要说明书式的批评，也不要这种空泛的"抽象批评"，读者要求的是具体的艺术分析，只有通过这种具体深刻的艺术分析来了解作品的思想性和艺术性，才是文学批评。读者要求有别林斯基分析果戈理的作品，杜勃罗留波夫分析亚·奥斯特罗夫斯基的作品那样的批评，要求有瞿秋白分析鲁迅杂文那样的批评。

在目前来说，这种现象还是存在着，原因在哪里呢？当然，首先是缺乏马克思主义的美学知识，不理解文学的特征。虽然有一些批评家常常教导人们说，要懂得文学的特征，上面的例子却恰恰说明，他们自己就抛弃了文学的特征。有一些批评家的手里只是拿着这种或那种框框,在他批评的对象上套上这种或那种框框,再从作品中找几个符合说明框框的人物和细节作为举例,这就是"批评"。这种批评,是一种简单化的批评,既不需要掌握美学思想,也不需要了解和研究生活,只是凭着几个"概念",按照自己的主观要求,就可以"胜任愉快"地写他的"批评"了。

这是一个方面。

我想在这里再谈一谈有关批评工作的另一方面的情况。在文学领域中有那么一种氛围气,这股氛围气也带来了不小的影响。一种是对批评的看法,认为批评就是"整"人,对谁的作品写了一篇批评,就认为是"整"他,甚至批评中稍微有几句比较尖锐的话,就认为这下子可"整"垮了。一种是个别的作者不大喜欢听到批评自己作品缺点的意见,把一切批评当做打击,从不去考虑批评的意见有没有一点值得自己参考的地方,而采取了拒绝的态度。尽管他表示愿意听到批评,一旦真的讲了几句,也会立刻紧张起来的。还有一种情况,是来自编辑部的,他们常常要求一篇批评写得全面,如果你只就一个问题或作品中某一比较突出的弱点加以分析,他就要求你还应把作品的其它方面或是某些长处写上去,因为鉴定表总是既有缺点、也有优点的。因此,批评者就不得不在有限的字数中把优缺点来个平均分配了,哪里还谈得上深刻而具体的分析。以上种种情况,也并不是孤立的,而是互相发生影响的。比如有些作家为什么对批评有所顾虑呢?由于批评不多,有一篇说了缺点,就有点站不起来了,周围就形成那么一种气氛,甚至带来了某些不健康的后果。事实上,任何真正的作品是从来不会被批评垮的,最后给作品以评价的是读者。但是,也由于上述种种情况,多少影响了批评的正常发展。当然最主要的还是批评太少,没有能真正展开自由讨论,缺乏具有说服力的马克思主义的批评。如果批评和自我批评变成一种习惯,自由讨论的空气浓厚起来,对一篇作品可以从各个角度发表意见,特别是作家自己也来参加这种讨论,那就会使文学批评活跃起来。因此,我衷心拥护周扬同志报告中提到的,要在我们的文学领域中展开学术性的自由辩论,这应该是推动创作的一项重要措施。

谁都知道生活是一切创作的源泉,但是批评家却可以不理解生活,不以生活作为研究和分析艺术的基础。好像认为:创作家是必须深入和体验生活的,而批评家似乎可以不必深入生活的;不可想象,一个脱离生活实际的人,缺乏丰富生活知识的人,可以对一篇反映丰富生活的文学作品作出生动而中肯的分析和评价来。无疑的,脱离实际就容易产生教条主义的批评。我们有一些批评喜欢用"难道在我们生活中是这样的吗"一类的词句,但又不能具体地指出"我们的生活"究竟是怎样的?看来好象很理解生活,事实上不过是把丰富的生活现象归结为几个抽象的概念,往往不是从丰饶多采的实际生活进行分析。

这种情况是必须加以改变,而且一定能够改变的。周扬同志在报告中提出:作家协会应当加强文艺批评工作,建立真正马克思主义的战斗性的文艺批评。发展健全的自由辩论和批评，使文艺批评真正成为马克思列宁主义美学思想和党的文艺政策的忠实宣传者，成为推动创作事业前进的有力武器。

为了达到这个要求，应该在提高和巩固现有的理论队伍的基础上扩大队伍；应该有计划地培养专业的理论批评工作者；应该保证业余的理论批评工作者有一定的学习和研究的时间；应该组织理论批评家和作家一样深入生活、熟悉生活和研究生活；同时，还应该有更多的创作家参加理论批评工作。

我们是热爱生活的人，我们就必须是一个理解和熟悉生活、具有朝气和热情的人。作家正是充满着热情反映了我们伟大的时代，批评家也必须以对待生活那样的热情来研究和分析作品。

最后，我认为作协规划中所列出的"有系统地介绍马克思列宁主义的美学理论和世界各国进步的文艺理论"，这是十分迫切和十分重要的，是提高目前理论批评水平的一项重要的措施，应该立刻组织力量实现这一项措施，并希望在作协1956年的工作日程上就能够开始进行。规划第十三条规定在1960年以前，创办一种全国性的大型的文学理论和批评的期刊，如果可能的话，也希望争取更早一点实现，比如在1957年能够创刊，那是有助于改变理论批评的落后状况的一项措施。

读诗举例
——在中国文学批评史师训班上的讲话

◎ 程千帆

我们研究文学批评史的目的,是总结前人对文学理论批评的研究,找出规律,以期有益于今天的文学理论批评和创作。总结前人的研究,又不外两个方面,一是某些理论原则,例如"形神兼备";二是某些具体问题,例如"永明声律"。但不论是总结前者或后者的研究,都得有一个共同的基础,或者说出发点,那就是文学现实,也就是文学作品本身。如果作家不写出作品来,那么,理论家也就失去了研究对象,既不会产生理论原则,也无从评价具体问题了。

由此可以知道,对于从事文学批评史研究的人来说,研究作品是非常重要的。作品是理论批评的土壤。不研究、理解作品,就难于研究和理解理论批评,更无从体会理论与理论之间的内部联系,无从察觉批评与批评之间相承或相对的情形了。因为这些联系和对立,往往是起源于对作家作品以及由之而出现的文学风格的具体评价的。

离开了作品而从事理论的研究,就不免陷于空洞,难以理解问题的实质。例如,研究《文心雕龙》,将主要力量放在《神思》以下二十四篇,或者再加上《原道》以下五篇,这是可以的。因为前者是刘勰当时总结出来的若干理论,而后者则是其所据以立论的纲领。但是,在研究这些篇章的时候,能否将《明诗》以下二十篇排除在考虑之外呢?我看不能。不仅《明诗》以下二十篇应当和其他诸篇合起来研究,而且严可均辑《全上古三代秦汉三国六朝文》、丁福保辑《全汉三国晋南北朝诗》,还有萧统《文选》等也应当时时加以印证。只有这样,才能对某些问题辨析得较为清楚。再如,南宋诗论史上的江西派与反江西派之争,是大家所熟知的。吕本中作了《江西宗派图》,树立旗帜,严羽的《沧浪诗话》以宗盛唐来反对江西诸公,但和严羽同时而略后的方回却在《瀛奎律髓》中进一步提出了"一祖三宗"之说①,完善了江西派的理论。我们若不细读黄庭坚、陈师道、吕本中、杨万里、严羽、四灵、刘克庄、方回等许多诗人的创作,细辨其风格的异同,以联系批评家们从他们风格中抽象出来的理论,就实在很难将江西派与反江西派闹的是一些什么纠纷弄清楚。所以,我们研究文学理论批

---

① 《瀛奎律髓》卷二十六,陈与义《清明》评云:"古今诗人当以老杜、山谷、后山、简斋四家为一祖三宗。余可预配飨者,有数焉。"

评史,要想深入一些,细致一些,就决不可脱离当时理论批评家所据以抽象的文学现实,即作品本身。

如何理解作品,是继之而来的另一个问题。研究文学理论批评史,评判古代理论著作的是非高下,这纯粹属于逻辑思维的范畴。但是,阅读作品却不能完全这样。对于我们来说,阅读作品的最终目的是要分析它们,发现其与当时理论批评的关系,使自己的工作能够如实地反映出理论批评发展的历史进程,因此,理智的思辨是完全必要的。但不能忽视,任何文学作品主要是形象思维的产物。它首先是使人发生美感的艺术品。读者总是先被它所感动,然后才进一步理解它的。最后,也许你肯定它,爱好它,或者,反过来。但在最初,你总是从欣赏出发。欣赏是一种感情活动。通过欣赏,你才会产生某种感情,再追究为什么会产生这种感情。通过这样的分析、抽象,才上升到理论。所以,对于从事文学理论工作的人来说,如何读作品,比较深入地理解作品,是一个不能而且无法回避的问题。

丹麦作家安徒生在其童话《冰姑娘》中说过一句话:"上帝赐给我们硬壳果,但是他却不替我们将它砸开。"我国古诗说:"鸳鸯绣取从教看,莫把金针度与人。"① 这些话的意思是一致的。一件已经完成的作品,就是一个富有生命力与魅力的客体,是一件使人无法知道怎样裁制出来的无缝天衣。如何比较准确地理解作家艺术构思,他所要显示的美、情、理,并不是件轻而易举的事情。因此,读者们(其中当然包括研究文学批评史的同志们)必须长期地、艰苦地锻炼自己的感受能力和判断能力,要使自己的眼睛成为审美的眼睛,耳朵成为知音的耳朵,而心灵呢,则成为善于捕捉艺术构思和艺术形象的心灵。砸开硬壳果,揭示出作家心灵上的秘密,并且占有它们,对于研究从作品中抽象出来的理论批评,将起着何等不可缺少的作用,这是不须多作解释的。

以下,想就几个侧面具体谈谈如何欣赏诗,理解诗。但"仁者见之谓之仁,智者见之谓之智"②,"诗无达诂"③,古有明训。西方文论也常常提到形象大于思想的问题。所以我的意见,很难一定说是能够与诗人的心灵活动吻合。这里只是贡其一得之愚而已。

形 与 神

任何文学作品都是写人类的生活的,它们通过生动的形象,展示人物的内心活

---

① 元好问《论诗》三首之三,见施国祁《元遗山诗集笺注》卷十四。元诗盖本佛教禅宗语录:《五灯会元》卷十四载宝峰惟照禅师云:"鸳鸯绣出从君看,不把金针度与人。"

② 《易·系辞上》。

③ 董仲舒:《春秋繁露·精华》。

动,即以形传神,所以我国古代文艺理论一贯地要求形神兼备,而反对徒具形似。进一步,则要遗貌取神,即承认作家、艺术家为了更本质地表现生活的真实,使其所塑造的形象更典型化,他们有夸张的权利,有改变日常生活中某些既成秩序的权利。这种对于形的改变,其终极目的也无非是为了更好地传神。

白居易的《长恨歌》是唐诗中一篇人们对其主题有争议的杰作。但在艺术上,它却获得了异口同声的赞扬。其中理由之一就是善于以形传神。诗中写唐玄宗作为一个失势的太上皇,在西宫、南内如何靠悔恨、忧伤、寂寞、凄凉来打发那些难以消磨的日子时,用了下列的句子:

夕殿萤飞思悄然,孤灯挑尽未成眠。

为了给这位老皇帝的感情上涂抹一层浓重的暗灰色,诗人挑选萤飞的夕殿这个时间和地点,而以未成眠来证实思悄然,又以孤灯挑尽来见出他内心痛苦之深,以致终夜不能入睡,由"迟迟钟鼓初长夜"到"耿耿星河欲曙天"。我们知道,唐代宫中是用烛而不是用灯来照明的。即使用灯,何至于在太上皇的寝宫中只有一盏孤灯,又何至于竟无内侍、宫女侍奉,而使他终夜挑灯,终于挑尽。这里显然都不符事实①。但是,我们设想,如果作者如实地反映了当太上皇不眠之夜,生活在一个红烛高烧、珠围翠绕的环境里,还能够像《长恨歌》这里所描写的那样成功地展示他的精神状态吗?文学欣赏不能排斥考据,不能脱离事实,可也不能刻舟求剑,以表面的形似去顶替内在的神似。

当临邛道士来到仙山求见时,久已脱离人间爱欲的杨太真是丝毫没有思想准备的,所以"闻道汉家天子使",就自然不禁"九华帐里梦魂惊"了②。接着,诗人以下列四句描写了她强烈的内心冲突由发生到解决的过程:

揽衣推枕起徘徊,珠箔银屏迤逦开。云鬓半偏新睡觉,花冠不整下堂来。

由梦魂惊而揽衣推枕,徘徊不定,由徘徊不定而决心出见,这个内心斗争胜利的取得无疑地是相当艰苦的。而当胜利以后,便不顾云鬓半偏,花冠不整,迫不及待地走下堂来。从这些细节描写中,我们可以看到诗人是多么成功地通过杨太真的动作刻画了她的精神状态,以语言的音响传达了生活的音响。

以形传神,并不限制在人物的动态方面,诗人笔下出现的人物的静止状态,也和

---

① 邵博《闻见后录》卷十九就对这两句诗作了如下的评论:"宁有兴庆宫中,夜不烧蜡油,明皇帝自挑灯者乎?书生之见可笑耳。"陈寅恪《元白诗笺证稿》第一章《长恨歌》则云:"至上皇夜起,独自挑灯,则玄宗虽幽禁极凄凉之景境,谅或不至于是。文人描写,每易过情,斯固无足怪也。"陈先生的意见当然远胜邵博,但也没有能提到理论高度来加以阐明。

② 玄宗终宵失眠,太真恬然入梦,这也是一个对照。

绘画与雕塑中成功的人物一样,是能够使人窥见其丰富的内心世界的。例如张仲素这首有名的《春闺怨》:

袅袅城边柳,青青陌上桑。提笼忘采叶,昨夜梦渔阳。

古乐府《陌上桑》中那位坚贞而机智的采桑女,在张的这篇诗中,被赋予了思妇的身份。她依然是一位忠诚的妻子,但诗人所描绘的,却侧重在她提笼而忘采叶这一点,而其所以如此,则是由于她沉浸在昨夜的梦境中了。是怎样的梦境呢?诗中有意给读者留下了非常广阔的想象余地。这座女体塑像是静态的,她只是提着笼子,不声不响地站在城边陌上,柳条桑树之间罢了。然而,我们难道不能窥见她心中混合着甜蜜与感伤的情绪和分明而又模糊的梦境吗?

这篇诗,和曹植的《美女篇》可以比观。它们都是继承了,同时又发展了传统的形象;又可以和刘禹锡的《春词》比观,它们都以静态传神,刘诗中的"行到中庭数花朵,蜻蜓飞上玉搔头",与张诗中的"提笼忘采叶"所采取的艺术手段与所获得的艺术效果是一致的。

曲 与 直

写诗应当注意含蓄,不能像散文那样直说,这是传统的说法,也就是贵曲忌直。这话对不对呢?在一定的条件之下和范围之内,是可以这样说的,但如果将它绝对化,就会走向反面了。事实是,诗每以含蓄、曲折取胜,而有些直抒胸臆,一空依傍的作品,也同样富于诗意,具有极大的艺术魅力,能够表达人类生活中最美好的感情,列入诗林杰作之中而毫无愧色。总之,是不能一概而论,否则,蒙受损失的将不是诗人而是读者。

岁岁金河复玉关,朝朝马策与刀环。三春白雪归青冢,万里黄河绕黑山。

柳中庸这首《征人怨》,以精工富丽的语言和雄浑壮阔的风格写边防战士不安定而又艰苦的生活。前两句说调动频繁,行踪不定,时在金河,时在玉关,而和他做伴的,只有马鞭和战刀而已。后两句写以时间言,在三春仍有白雪的时候,又回到了青冢;以空间言,随万里黄河之奔泻,又绕到了黑山。通篇无一怨字,但却非常深刻地将这位征人藏在心底的"频年不解兵"[①]的怨透露出来了。这就比"君不见沙场征战苦"[②]之

---

① 沈佺期:《杂诗》句。
② 高适:《燕歌行》句。

类的写法,更为有力。

王昌龄《长信秋词》之"玉颜不及寒鸦色,犹带昭阳日影来",以及韩翃《寒食》之"日暮汉宫传蜡烛,轻烟散入五侯家",这些被人称赏的名句,其成功之处,也正由于曲。

与此相反,也有的诗人以很坦率的语言,发抒最诚挚的感情。这些作品,也同样深刻动人,不过,其所以深刻动人,却并非由于曲,而是由于直。

梅尧臣在悼念他死去的小女儿的一首短诗(《戊子三月二十一日,殇小女称称》)中,是用这样两句作结的:

> 慈母眼中泪,未干同两乳。

诗人将分娩不久就失去了婴儿的母亲在生理上和心理上的本来并不相关,而在这一特定情况之下,却必然相关的两种现象绾合起来,从而极为成功地表达了海一样深的母子之爱。

另一首类似的成功之作是陈师道的《示三子》:

> 去远即相忘,归近不可忍。儿女已在眼,眉目略不省。　喜极不得语,泪尽方一哂。了知不是梦,忽忽心未稳。

这位以穷困和苦吟著名的诗人,因为养不活自己的家口,只好将妻子以及三个儿子、一个女儿都送到在四川做官的岳父处寄食。大概过了三四年,才回到徐州。这首诗写久别乍逢,平铺直叙,至情无文,却感人肺腑。长大了几乎不认识了的儿女们突然出现在眼前,不免感慨万端,喜极而无言,欲笑而先哭。前此屡梦,反以为真,今此相逢,反以为梦。真极!妙绝!谁能说宋人由于直说,就是不懂形象思维呢?谁能说江西派诗人就是反现实主义者、形式主义者呢?

姜夔【鹧鸪天】云"人间别久不成悲",就是"去远即相忘"。晏几道同调词云"今宵剩把银釭照,犹恐相逢是梦中",就是"了知不是梦,忽忽心未稳"。虽男女之情与亲子之爱既不相同,词之与诗语言风格亦异,但其以直致而不以婉曲取胜则没有两样。

在这个问题上,我们很容易想起《国际歌》,想起曾经作为代国歌的《义勇军进行曲》,等等。这些杰作,曾经鼓动了多少好儿好女为人类最壮丽的事业前赴后继、视死如归地去英勇斗争啊!难道能够因为它们写得不含蓄就可以将其排斥在好诗的行列之外吗?

物 与 我

《诗品序》云:"气之动物,物之感人,故摇荡性情,形诸舞咏。"这几句话非常简明地概括了诗中物与我的关系。物即人类社会生活和自然景物,我即诗人的思想感情。触物不免动情,览物所以抒情,融情于物,即可以将主观的思想感情附托在客观的社会生活以及自然景物上。在诗人笔底下,物我成为一体,因而物就与我一样,能够有生命,即有思想感情的了。

李白《劳劳亭》云:

> 天下伤心处,劳劳送客亭。春风知别苦,不遣柳条青。

此诗前半十分平常,后半又异常精警,对照强烈。它"匠"出了在特定的初春时节那种依依不舍之情。其他送别之诗,莫不涉及折柳的风俗——唱与赠,此诗却一反常情,从无柳可折这一现实出发,独标新意,极写伤心。

再如杜牧《赠别》:

> 多情却似总无情,惟觉尊前笑不成。蜡烛有心还惜别,替人垂泪到天明。

小杜此篇与上篇结构不同。它上半写人,用赋;下半咏物,用比,都极为精彩,势均力敌。虽欲强颜一笑,聊以慰藉对方,但满腹牢愁,终于无话可说,所以只有让蜡泪来代表离衷了。《西厢记》中"长亭送别"一场,亦有此意,但戏剧为样式所限制,非唱不可,不能哑场,并不一定有蜡烛静静地流着泪伴着一对离人这般令人耐想。

这未青的柳条和流泪的蜡烛,亦物,亦人;即物,即我。物之与我,景之与情,在这种安排之下,就融为一体了。

诗人经常是而且永远是抒情诗中的主人公。在有些诗中,只见物,不见人,似乎有物无我了。但略加寻究,则诗人只是将景物推到了前台,而在幕后操纵的,仍然是诗人自己。如杜诗《绝句》四首之三:

> 两个黄鹂鸣翠柳,一行白鹭上青天。窗含西岭千秋雪,门泊东吴万里船。

这篇诗与上面柳中庸那一篇有同有异。通篇以两联对句组成,是其所同。但柳诗四句是写一位征人的动荡生活,句句中有人在,一望而知。老杜这篇所写则是四种各自独立的景物,犹如四扇互不相干的挂屏。只有细加体会,才能发觉其仍是物中有我。前半以黄鹂、白鹭载鸣载飞之乐来反衬自己客居成都之抑郁无聊,有人不如鸟之意。其后半则与作于同时的另一首律诗《野望》的首联"西山白雪三城戍,南浦清江万里桥"两句略同。不过后者接下去,把"海内风尘诸弟隔,天涯涕泪一身遥"的感慨直接地发抒了出来,而此诗却对于吐蕃内侵的忧虑以及一己怀归的心情,只是略加暗示。虽然景物是"状溢目前",而怀抱则"情在词外"①。这就使物我之间的联系似乎更在若即若离之间了。而究其终极,还是景中见情,物中有我。

同 与 异

景与情之间的关系还经常表现为情同景异,或者景同情异。于以见主观的精神活动与客观的自然界或社会生活之间各种复杂的关系。

自然景物和社会生活都是千变万化的。诗人的心灵也是如此。如果像前些年某些人所提倡的和奉行的主题决定论或主题先行论所规定的那样,从最丰富的现实与心灵中概括抽象出主题来,然后按照规定公式填充生活材料,那就将文艺本身也取消了。"四人帮"篡党夺权时期充塞文坛的废话与谎言,今天难道不是记忆犹新吗?

古典诗人恪守从生活出发的正确原则,按照所接触所理解的生活及其在特定的时间、空间、条件之下对自己心灵的影响,写出作品来,所以决不会陷于"千部一腔,千人一面"②。

王维《送沈子福归江东》云:

> 惟有相思似春色,江南江北送君归。

又鱼玄机《江陵愁望有寄》云:

> 忆君心似西江水,日夜东流无歇时。

两诗一写送别,一写怀人,异。而俱属离情别绪,则异中见同。前者以相思比作遍于江南江北之春色,乃自空间极言其广,后者以相忆比作长流不停的江水,乃自空间极言其长,又于同中见异。总之是情同景异。

> 向晚意不适,驱车登古原。夕阳无限好,只是近黄昏。

---

① 《文心雕龙·隐秀篇》佚文:"情在词外曰隐,状溢目前曰秀。"张戒《岁寒堂诗话》卷上引。
② 《红楼梦》第一回语。

李商隐是一个很有抱负的人,终身陷入牛李党争,不能自拔,这篇《登乐游原》非常成功地揭示了诗人在登上乐游古原时深沉而又激越、向往而又追悔的无可奈何之感。国忧家恤,尽在其中,勃郁情深,使人读来充满了诗人处无可奈何之境,抒万不得已之情的印象和感受。所以清人管世铭说它篇幅虽小,"消息甚大"①。

王安石的《秣陵道中口占》与此篇机杼正同:

> 经世才难就,田园路欲迷。殷勤将白发,下马照青溪。

一个早年以天下为己任,高吟"天下苍生待霖雨,不知龙向此中蟠"之句的政治家②,战斗了数十年,终于不能不感到"黄尘投老倦匆匆"之并无效果,而以"江湖秋梦橹声中"的闲适退隐为得计,所以魏阙江湖,交萦怀抱,一往情深,形于赋咏③。王之"下马照青溪"与李之"驱车登古原",难道两者不正也是景异情同吗?殷勤两字,说得何等郑重,又包含了多少苦闷、挣扎和酸楚在内!

柳树是祖国诗人对之特别关心的景物之一。但它不但受到许多人的喜爱,也受到一些人的埋怨。同是柳树,在不同作者,或同一作者的不同心情之下,遭受了不同待遇。刘禹锡《杨柳枝词》九首之八云:

> 城外春风吹酒旗,行人挥袂日西时。长安陌上无穷树,惟有垂杨管别离。

韦庄《台城》云:

> 江雨霏霏江草齐,六朝如梦鸟空啼。无情最是台城柳,依旧烟笼十里堤。

在刘的笔下,春天的柳树是如此多情,而在韦的笔下,却又以其无情而遭到责怪。柳树有知,真不免有左右为难之感了。而其实,则只是诗人由于当时感受上的差异,托物喻志,与柳无关。

这些事实告诉我们,创作手法虽然可以是多种多样的,但作家认识世界、反映世界的主观能动作用,始终站在主导地位。

---

① 管世铭《读雪山房唐诗钞》卷二十七,五绝凡例:"李义山乐游原诗消息甚大,为绝句中所未有。"
② 《龙泉寺石井二首》之一:"山腰石有千年润,海眼泉无一日干。天下苍生待霖雨,不知龙向此中蟠。"见《王荆文公诗》卷四十七。李壁笺注引叶梦得《石林诗话》云:"荆公少以意气自许,故诗语惟其所向,不复更为含蓄。如'天下苍生待霖雨,不知龙向此中蟠。'……皆直道其胸中事。"
③ 《壬子偶题》:"黄尘投老倦匆匆,故绕盆池种水红。落日欹眠何所忆,江湖秋梦橹声中。"自注云:"熙宁五年,东府庭下作盆池,故作。"见《王荆文公诗》卷四十四。熙宁五年(1072年),王安石正同中书门下平章事,可以说是"达则兼善天下"的时候,却写出了这种作品,这是非常值得玩味的。

小 与 大

　　文艺作品总是从个别显示一般,即小见大,这是典型化的基本方式之一。但并不是任何人都认识到,或者说承认这一点的。杜牧《赤壁》云:

　　　　折戟沉沙铁未销,自将磨洗认前朝。东风不与周郎便,铜雀春深锁二乔。

　　宋人许彦周认为诗人不考虑孙吴如果在赤壁之战中失败了,其最严重的后果是政权(古所谓宗庙社稷)的消灭,而只担心二乔的命运,乃是"措大不识好恶"。这位书呆子气十足的理论家就没有想到大乔是孙策的遗孀,孙权的嫂嫂,而小乔则是孙刘联军最高指挥官周瑜的夫人。如果她们这两位特级贵妇都成了曹操的战利品,被关进了铜雀台中,那么孙吴的政权还有存在的可能吗?看来,不识好恶,同时也不识即小见大的艺术方法的措大,恐怕还是许顗自己,而不是他所讥讽的小杜①。

　　陆游在梦从大驾亲征,尽复汉、唐故地之后,以轻快的笔调写了一首胜利之歌②。它是以如下两句结束全篇的:

　　　　凉州女儿满高楼,梳头已学京都样。

从少女们对于梳妆打扮上具有的特殊敏感性显示政治形势的根本改变,诗人也是够敏感的。而当南宋汉族政权被蒙古贵族颠覆以后,汪元量写的组诗《醉歌》中则有如下一篇:

　　　　南苑西宫棘露牙,万年枝上乱啼鸦。北人环立阑干曲,手指红梅作杏花。

北方的入侵者在进驻宫苑之后,他们不仅毁坏了那些建筑,使之变得十分荒凉,而且连苑中的红梅也不认识,这就不仅暴露了侵略者的残暴,也显示了其落后和无知。而作者的黍离之痛,也就自然充分流露了。

---

　　① 许顗《彦周诗话》:"杜牧之作《赤壁》诗云:……意谓赤壁不能纵火,为曹公夺二乔置之铜雀台上也。孙氏霸业,系此一战。社稷存亡,生灵涂炭都不问,只恐捉了二乔,可见措大不识好恶。"何文焕《历代诗话考索》驳之云:"夫诗人之词微以婉,不同论言直遂也。牧之意,正谓幸而成功,几乎家国不保。彦周未免错会。"《四库全书总目》卷一九五,《〈彦周诗话〉提要》也说:"(顗)讥杜牧《赤壁》诗为不说社稷存亡,惟说二乔,不知大乔孙策妇,小乔周瑜妇,二人入魏,即吴亡可知。此诗人不欲质言,变其词耳。顗遽诋为秀才不知好恶,殊失牧意。"

　　② 此诗题为《五月十一日,夜且半,梦从大驾亲征,尽复汉、唐故地。见城邑人物繁丽,云:西凉府也。喜甚,马上作长句,未终篇而觉,乃足成之》。

大小相形也是诗中常见的一种表现形式。它通过自然与社会生活中的差异所产生的比例感,来增强作者所要突出的思想感情。

保存在《南行集》中的苏轼青年时期的诗篇,虽然还没有形成自己独特的风格。但这位天才诗人已经在艺术上开始作了许多有益的探索,为后来的成功奠定了基础。例如《荆州》十首之三:

> 朱槛城东角,高王此望沙。江山非一国,烽火畏三巴。战骨沦秋草,危楼倚断霞。百年豪杰尽,扰扰见鱼虾。

这篇诗通过咏叹南平高氏的遗迹,抒发对五代十国割据的感叹,以见当时许多以豪杰自命之徒,在江山一统后,回顾起来,无非如鱼虾之扰扰而已。鲁迅在《哀范爱农》中形容那傲兀而不容于浊世的畸人,有"华颠萎寥落,白眼看鸡虫"之句,而自诧"忽将鸡虫做入"的文心之妙①,正可与苏轼此诗尾联合看。至于杜甫的名句"鸡虫得失无了时,注目寒江倚山阁"②,以及黄庭坚对它的成功摹仿"坐对真成被花恼,出门一笑大江横"③,也同属大小相形的有名例句,虽然其艺术上的含义还不止于此。

形神、曲直等都是我们古代诗论家常常用来评定作品的概念,而这些概念的成立,实由于它们在创作中本来就作为一种客观实际而存在。批评家只是在研究作品之后,将其抽象出来,又回过头再以之去衡量作品而已。个别概念如此,从这些概念中发展出来的历史观点、系统理论何尝不是如此?

人类的认识过程,总是由感性上升到理性阶段,由形象思维而发展为逻辑思维的。所以文学理论批评只能是文学创作经验的总结与抽象,文学批评史只能是文学理论批评的历史发展的如实反映,而决不是某些古人头脑中先验的产物。我们今天研究文学批评史,研究前人文学理论发生发展的情况及其规律,也就不能把他们那些理论批评的依据,即其所阅读的作品置入度外。这也就是我强调在研究工作中,虽然不妨有所偏重,但决不能将理论和作品横加割裂的理由,以及研究理论批评也决不能放弃欣赏和理解作品的理由。

答人问治诗

问:我读了您最近出版的论文集《古诗考索》和周勋初同志写的《读后记》,很感

---

① 十六卷本《鲁迅全集》第七册《集外集拾遗》载《袁范君三章》注引作者此诗附记:"我于爱农之死,为之不怡累月,至今未能释然。昨忽成诗三章,随手写之,而忽将鸡虫做入,真是奇绝妙绝,辟历一声,群小之大狼狈。"

② 见杜甫《缚鸡行》。

③ 见黄庭坚《王充道送水仙花五十枝,欣然会心,为之作咏》。

兴趣。看来这本书是您几十年研究古典诗歌的成果的结集,是吗?

答:确实是这样的。不过由三十年代到八十年代,半个世纪就留下了这么一点东西,除了不以自己的意志为转移的客观原因,几乎剥夺了我二十年的岁月以外,主要的还应该归咎于自己的懈怠。因此,面对着这一本发散着油墨香的新出版物,感到自慰,同时也感到自惭。

问:有人感觉到您这些文章的写法和其他的同志不太一样,您是不是有意这样做的?能不能谈一谈您在进行那些课题的研究时思想活动是怎样的?

答:我走上研究诗歌的道路并且一直走了几十年,除了由于出身于一个有文学传统的家庭之外,主要是由于自己对于诗歌这种文学样式的独特爱好。通过诗歌,我表达自己的生活并回答自己生活中出现的问题,也了解他人(包括古人)的生活和他们是怎样回答生活中的问题的。通过创作、阅读、欣赏、批评、考证等一系列的方法,进行探索,逐步地走出一条小路来。这条长长的思维之路有过程,有结论。

何晏生年考辨

◎ 王仲荦

玄学的创始人何晏,字平叔,南阳宛(今河南南阳)人。其父何咸,为汉末大将军何进之子,早亡,生平事迹不可考。晏母尹氏被曹操纳为夫人,时何晏幼小,亦随其母住于魏宫。关于何晏的生年,史书缺载,学术界众说纷纭,莫衷一是。

一、生于公元190年说

陆侃如在《中古文学系年》卷四建安五年(200年)条称:"操纳尹氏,年月无考,惟当在下列三事之后:一,189年何进被害;二,196年操为司空;三,198年操纳秦宜禄妻及子朗。又当在208年操为丞相及晏年七八岁之前。晏于249年被害,年寿不详。姑假定生于190年左右,故系入宫事于此。"①

王仲荦《魏晋南北朝史》下册亦持190年说:"何进以谋诛宦官,事泄被杀。何氏之灭,在汉灵帝中平六年(189年),何晏可能是何进儿子的遗腹子,所以才能活了下来。"②何晏既是遗腹子,其父死于189年,何晏当然就生于190年了。

据《三国志》卷九《曹爽传》注引《魏略》:"太祖(曹操)为司空时,纳晏母并收养晏。"曹操为司空是在建安元年(196)至十三年(208年),如依陆侃如先生所说,何晏生于190年,其母在建安五年(200年)被曹操所纳,何晏随其母入魏宫,这符合于陆先生所列的三事之后。但陆先生疏忽大意,违背了他自己所列的最后一个条件,即何晏进魏宫的时间必须得在"晏年七八岁之前"。

为什么说何晏进魏宫的时间必须得在七八岁之前呢?《太平御览》卷三八○引《何晏别传》称:"晏小,养于魏宫,至七八岁惠心天悟,形貌绝美。"(《御览》卷三八五引《何晏别传》文字与此略同)可见何晏进魏宫是在七岁以前,过了一段时间才长至七八岁的。《曹爽传》注引《魏略》说:晏随其母进魏宫,"其时秦宜禄儿阿苏亦随母在公(曹操)家,并见宠如公子"。阿苏就是秦朗,秦朗的母亲为杜夫人,杜夫人已"在公

---

① 陆侃如:《中古文学系年》(上册),人民文学出版社1985年版,第342页。
② 王仲荦:《魏晋南北朝史》(下册),上海人民出版社1980年版,第742页。

家",说明她被收纳应在曹操纳何晏母之前。曹操纳杜夫人是在建安三年十一月攻破吕布占据的下邳城之后,也就是在198年的年底。这说明,何晏随其母进魏宫应在198年年底之后,而最早不得早于199年。如果依陆侃如先生的推测何晏生于190年,他在199年进魏宫年龄已10岁,在200年进魏宫年龄已11岁,都与何晏应在七岁以前进魏宫不符,故何晏生于190年说难以成立。

王仲荦先生认为何晏父在189年"遇害"、何晏为190年出生的遗腹子,在史书中也找不到可靠的根据。查《资治通鉴》卷五九,何进被宦官诱杀于皇宫是在中平六年八月戊辰,即189年8月25日。① 但就在何进被杀的当天,何进的部将吴匡及袁术等率兵入宫,杀宦官二千余人。隔了一天,挟持汉少帝逃跑的大宦官张让、段珪等也被迫投河而死。从事件的过程来看,宦官在杀何进之后,根本没有时间再去杀何进的家属。何进的异母弟何苗之死,是由何进的部将吴匡和董卓的弟弟董旻攻杀的,因为他们恨何苗不与何进同心同德诛杀宦官,以致造成何进被宦官所杀。董卓掌权后,先是废何太后之子少帝刘辩、立汉献帝刘协,接着杀何太后及其母舞阳君,又对已死的何苗剖棺戮尸。董卓所以要杀何太后和舞阳君,当然是为了巩固他所拥立的汉献帝的地位,但也是因为何太后和舞阳君反对何进诛宦官。董卓进京是何进召请来的,董卓对何进感恩戴德,他当然不会杀何进的儿子。可见在189年的事变中,何进之子既不会被宦官集团所杀,也不会被董卓集团所杀。由于何晏的父亲不是被杀的,所以史书说"晏父早亡"②,看来是病死的。这说明何晏为190年出生遗腹子之说不能成立。

二、生于公元207年说

王葆玹在《正始玄学》一书中,根据何晏7岁养于"魏宫"的记载,以为"宫"是两汉时期皇帝、诸侯王住所的专有名词,曹操的住宅被称为"魏宫",只能是他在建安十七年(213年)加九锡之后。213年曹操的住宅被称为"魏宫"时何晏年7岁,则何晏的生年当在207年。③

上述看法是难以成立的。王晓毅先生反驳说:"仅据:'魏宫'二字即断定何晏被曹操收养的时间,并以此推导生年,难成定论。因为古人写史用词,未必十分严格,远的不说,那位明确于建安三年末就被曹操收养的秦朗,亦被史家称为'朗随母畜于公宫'。"④

---

① 本文所述月和日都为农历。
② 《世说新语·夙惠》注引《魏略》。
③ 参见王葆玹《正始玄学》,齐鲁书社1987年版,第123—126页。
④ 王晓毅:《王弼评传》附《何晏评传》,南京大学出版社1996年版,第45页。

撒开"魏宫"用词问题,下面我们列举几条207年说难以成立的理由:

第一,《曹爽传》注引《魏略》称:何晏进魏宫时,"其时秦宜禄儿阿苏亦随母在公家,并见宠如公子。苏即朗也。苏性谨慎,而晏无所顾惮"。当时何晏与秦朗皆年幼,《魏略》拿他们二人相比,盖因年龄相等或所差无几。曹操纳秦朗母杜夫人在198年末,秦朗的生年当在198年末之前。王葆玹先生以为曹操纳何晏母在建安十三年(208年),时何晏两岁,即使假定秦朗生于198年,当时已11岁;到何晏智力大开的7岁时,秦朗16岁。拿一个两岁婴儿和一个11岁半大孩子或拿一个7岁孩童和一个16岁的青年比较性格上的差异,总觉得有点不伦不类。

第二,《曹爽传》注引《魏略》称:晏"服饰拟于太子,故文帝特憎之,每不呼其姓字,尝谓之为'假子'"。这里所谓"太子"、"文帝",都是指曹丕。何晏学曹丕的穿衣打扮,曹丕对聪明过人的何晏特别憎恶,这说明两人的年龄不会相差太远。曹丕生于中平四年(187年),如何晏生于207年,时曹丕21岁。待何晏智力大开的7岁之时,曹丕已27岁。两个年龄相差如此悬殊,曹丕的大男子装束未必会引起幼小的何晏的兴趣,而何晏孩童式的顽皮聪明也未必会引起曹丕的特殊憎恶,更不要说恶语相加了。

第三,《曹爽传》注引《魏略》又称:"晏尚主,又好色,故黄初时(220—226)无所事任。"何晏之妻是曹操杜夫人所生金乡公主。当时"尚主"是一种极大的荣幸,丁仪就因不得"尚公主"而深以为恨。① 曹操因对何晏十分喜爱,选择他为乘龙快婿自是情理中事;曹丕因憎恶何晏,当然不会给他"尚主"的荣幸。这也就是说,何晏与金乡公主结婚当在曹操在世之时,而不会在曹丕称帝的黄初年间。如何晏生于207年,曹操于建安二十五年(220年)初去世,他给何晏主持婚礼当在建安二十四年(219年)以前,建安二十四年何晏才13岁,年龄如此幼小怎样能"尚主"呢?再从上引资料来看,曹丕称帝后所以不用何晏,一个原因是由于何晏"好色"。何晏"好色"当是事实,但如依207年说,曹丕称帝时何晏才14岁,称一个14岁的孩子为好色之徒也有点勉强。

第四,《御览》卷三八五引《何晏别传》称:"魏武帝读兵书,有所未解,试以问晏,晏分散所疑,无不冰释。"由于曹操死于建安二十五年(220年)初,他和何晏讨论兵书自然是在建安二十四年以前。如依207年说,建安二十四年(219年)何晏仅13岁,一个大军事家尚弄不清楚的兵学方面的疑难问题,一个13岁的孩童竟能分析得头头是道,这未免太玄了!我以为何晏天生聪明,知识渊博,曹操向他请教是完全可能的,但这至少要到何晏十七八岁以后才可能。因为如果何晏太年轻,缺乏一定的知识积累,他是没有资格和曹操讨论学术问题的。

第五,《世说新语·容止》:"何平叔美姿仪,面至白,魏明帝疑其傅粉。正夏月,

---

① 《三国志·陈思王植传》注引《魏略》。

与热汤饼。既啖,大汗出,以朱衣自拭,色转皎然。"刘孝标驳之曰:"且晏养自宫中,与帝相长,岂复疑其形姿待验而明也。"刘孝标的意见并不正确。《世说新语·夙惠》称:"何晏七岁,明惠若神,魏武奇爱之。因晏在宫内,欲以为子。晏乃画地令方,自处其中。人问其故,答曰:'何氏之庐也。'魏武知之,即遣还。"据《御览》引《何晏别传》,何晏七八岁时尚在魏宫,则何晏被曹操"遣还",应是他八岁或九岁时期。魏明帝曹叡生于205年,如在205年以前或在曹叡尚不记事的206年、207年,何晏已长到八九岁,被"遣还"离开魏宫,则魏明帝实不知何晏的面色是白是黑,当然要"待验而明",所以刘孝标的意见并不正确。由此亦可知,如何晏生于207年,比曹叡小两岁,到何晏长到八九岁离魏宫,曹叡已十至十一岁,二人在一起相处长达八九年,对何晏的"姿仪"面色,曹叡当然十分熟悉,可不"待验而明"。因此,从魏明帝察验何晏面色一事,可证明何晏绝非生于207年。

三、生于公元 193 年说

《中国哲学史著名哲学家评传》续编二载冯增铨、姜宏周、陆学艺所撰《何晏》一文说:晏"母亲尹氏。曹操担任司空期间(建安元年冬十月至十三年六月,即公元196年至208年)娶尹氏做夫人,同时收养了何晏。《世说新语》说,何晏七岁随母在魏武宫中。据《三国志》引《魏略》记载,曹操娶尹氏是在纳杜氏为夫人之后。曹操纳杜氏是在建安三年末(公元189年)。其时,曹操进军下邳,擒杀吕布、陈宫等人,见吕布部属秦宜禄之妻杜氏有色,乃自纳之。假设曹操在翌年(即公元199年)就娶了尹氏,是年何晏七岁,那么何晏的生年当不得早于193年"①。余敦康《何晏王弼玄学新探》一书,对何晏的生年同意冯增铨等提出的193年说。

《世说新语·夙惠》载何晏7岁在魏武宫中事前已引录,原文是说何晏7岁已在魏宫,并不是说他在7岁才开始进魏宫。前面我们据《御览》引《何晏别传》已指出,何晏进魏宫应在他7岁之前。如何晏生于193年,他在199年进魏宫就已经7岁了,这与《何晏别传》的记载有矛盾,因而此说也难以成立。

四、生于公元 195 年左右说

侯外庐等《中国思想通史》第3卷称:"操纳晏母,晏即被同时收养,史皆把这事系于曹操为司空时。按操为司空始于建安元年(196年)冬十月,则他纳晏母事当在魏代制度始立的196年或其后他还许不复朝见的一两年之间(参看《魏志》卷一)。假定曹操纳晏母在建安二年(197年),晏是时或为三四岁,至大不得过六七岁,则他

---

① 《中国古代著名哲学家评传》续编三,齐鲁书社1982年版,第56—57页。

的生年似在献帝兴平二年前后(195年前后)。"①

侯外庐等的考证十分粗疏。如他们假定曹操纳何晏母在197年,这就不对。我们在上面已指出,曹操纳何晏母尹氏,是在198年末纳杜夫人之后,不得早于199年,所以说在197年是不对的。又如他们说曹操纳何晏母时,"晏是时或为三四岁,至大不得过六七岁"。如曹操纳何晏母在197年,何晏时3岁,他应生于195年,何晏时4岁,他应生于194年,这与他们推断何晏生于195年前后是相符的。但如何晏时6岁,他应生于192年,何晏时7岁,他应生于191年,这就与他们推断何晏生于195年前后不相符了。可见侯外庐等的考证不能自圆其说。

五、论何晏生于公元194—199年之间,而最大可能是生于公元196年

侯外庐等推断何晏生于195年前后,依我的理解包括195年前后各一年,即194—196年。尽管他们所作的论述不够严密,但这个推断并无大错。我的意见是自194—199年,其间的任何一年都是何晏的可能生年,而生于196年可能性要更大一些。

先说何以推断何晏生年的上限为194年。上已指出:(1)曹操纳何晏母尹氏是在198年末纳杜夫人之后,最早是199年;(2)何晏随其母进魏宫是在7岁以前,最大是6岁。根据以上两条,我们断定何晏生年的上限为194年。

再说何以推断何晏生年的下限为199年?《三国志·曹爽传》注引《魏略》把何晏与秦朗相比,说秦朗谨慎,"而晏无所顾惮,服饰拟于太子"。何晏学曹丕的服饰样子,估计是在他智力大开的七八岁之时。上面已指出,《魏略》所以把幼年的何晏与秦朗相比,盖因二人年龄相若,具有可比性。秦朗父秦宜禄,为吕布下属。《三国志》卷三《明帝纪》注引《献帝传》称:

> 朗父名宜禄,为吕布使诣袁术,术妻以汉宗室女。其前妻杜氏留下邳。布之被围,关羽屡请于大祖(曹操),求以杜氏为妻。大祖疑其有色。及城陷,太祖见之,乃自纳之。

查《通鉴》,吕布于兴平二年(195年)闰五月入徐州,驻下邳之西,与屯驻寿春的袁术有信使往还。建安元年(196年)六月,吕布在袁术的支持下,袭取刘备的根据地下邳。翌年(197年)五月,吕布在陈珪唆使下与袁术闹翻,撕毁了嫁女与袁术之子的婚约,并把袁术的使者韩胤械送曹操,被斩首许市,双方彻底断绝关系。据上述,秦朗父秦宜禄奉吕布命出使袁术、娶汉宗室女为妻,是在195—197年五月之间的事。

---

① 侯外庐等:《中国思想通史》(第3卷),人民出版社1957年版,第105页。

其后,曹操围攻下邳,灭吕布,纳杜氏为妾。吕布被灭后,秦宜禄归降曹操,被任命为铚县长,但旋即被张飞所杀。大概自秦宜禄娶汉宗室女为妻后,再也未有与杜氏相见。因此,杜氏受孕怀秦朗,最晚是在197年的五月,秦朗的生年不应晚于198年三月。再假如何晏比秦朗小一岁,则何晏的生年为199年,这大概就是何晏生年的下限。

最后再说为什么何晏最大可能是生于196年。

上面我们曾提到何晏和曹丕的年龄不应相差太远,但相差多远为合理,则很难说。《三国志》卷二《文帝纪》注引《典论·自叙》:

> 生于中平之季,长于戎旅之间,是以少好弓马,于今不衰;逐禽辄十里,驰射常百步,日多体健,心每不厌。建安十年(205),始定冀州,濊貊贡良弓,燕代献名马。时岁之暮春,勾芒司节,和风扇物,弓燥手柔,草浅兽肥,与族兄子丹猎于邺西,终日手获獐鹿九,雉兔三十。

曹操在建安九年(204年)初进攻袁绍的邺城,八月攻克,即为冀州牧,以邺作为根据地,其家族和部属都陆续迁邺。建安十年初,操攻杀袁谭,全部占领冀州。曹丕在建安九年随军参加进攻邺的战斗,时年18岁。他进邺城后的第一件事,就是纳"姿貌绝伦"的甄氏为妻。曹丕迁邺后,内有娇妻相伴,外有曹真(子丹)等游猎嬉戏,在这种情况下,他是不屑与年幼的何晏怄气拌嘴的。这样,曹操进军邺的204年就成为一个界标:此前曹丕居于许都,他和何晏钩心斗角,应发生在204年以前居许都之时;何晏开始被曹丕"特憎之",是在他智力大开受到曹操极端钟爱的七八岁之时,则何晏长到8岁,亦应在204年以前居许都之时。因此,何晏生于197、198、199三年大体可予排除,因为如果何晏生于197年及以后,他长到8岁就超过这个界标了。

何晏之妇金乡公主为杜夫人之女。杜夫人嫁给曹操后,至少生二男一女:长男沛穆王林,次男中山恭王衮,女金乡公主。曹林与金乡公主孰长孰幼,于史无证。上面说过,杜夫人嫁给曹操是在198年末,则金乡公主的最早生年为199年。先秦至汉魏人们的实际婚龄,男子一般为15—18岁,女子一般为13—19岁。① 准此,我们把何晏生于196、195、194三年与金乡公主结婚的可能年龄列表如下:

---

① 参见陈鹏《中国婚姻史稿》,中华书局1990年版,第385—386页。

何晏生年	金乡公主生年	何晏年龄	金乡公主年龄
196 年	199 年	18 岁(213)	15 岁(213)
		17 岁(212)	14 岁(212)
		16 岁(211)	13 岁(211)
	200 年	18 岁(213)	14 岁(213)
		17 岁(212)	13 岁(212)
	201 年	18 岁(213)	13 岁(213)
195 年	199 年	18 岁(212)	14 岁(212)
		17 岁(211)	13 岁(211)
	200 年	18 岁(212)	13 岁(212)
194 年	199 年	18 岁(211)	13 岁(211)

从上表可知,如何晏生于 196 年,与金乡公主结婚的机遇甚多;生于 195 年,与金乡公主结婚的机遇较多;生于 194 年,与金乡公主结婚的机遇则甚少。因此,我们推断何晏生于 196 年,理由要更充足一些。

考金乡公主生子的年龄亦有助于推断何晏的生年。《三国志·曹爽传》注引《魏末传》：

> 晏妇金乡公主。……公主贤,谓其母沛王太妃曰:"晏为恶日甚,将何保身?"母笑曰:"汝得无妒晏邪!"俄而晏死。有一男,年五六岁,宣王(司马懿)遣人录之。晏母归藏其子王宫中,向使者搏颊,乞白活之。使者具以白宣王。宣王亦闻晏妇有先见之言,心常嘉之,且为沛王故,特原不杀。

何晏及曹爽集团被司马懿诛杀是在正始十年(249 年)。据上列表格,金乡公主可能生于 199 年、200 年、201 年三年;在 249 年何晏死时其子 5 岁或 6 岁。准此,金乡公主生子的年龄有下列几种可能:

金乡公主生年	249 年晏子年龄	金乡公主生子年龄
199 年	5 岁	47 岁
	6 岁	46 岁
200 年	5 岁	46 岁
	6 岁	45 岁

续　表

金乡公主生年	249年晏子年龄	金乡公主生子年龄
201年	5岁	45岁
	6岁	44岁

据上表,金乡公主生于201年的可能性较大,因为四十四五岁的妇女生育毕竟比四十六七岁的妇女生育较为常见。如金乡公主生于201年,则何晏生于196年的可能性要比生于195年、194年大一些,因为他与金乡公主的结合,无疑196比195、194要更般配一些。

最后,《御览》卷三八〇引《何晏别传》称:"晏小,养于魏宫,至七八岁,惠心天悟,形貌绝美。武帝欲以为子,每扶将游观,令与诸子长幼相次。"据《三国志》卷二〇《武文世王公传》,曹操共有25男,其中年龄适中能与何晏共同参与"游观"的有:生于187年的曹丕,生于192年的曹植,生于曹丕和曹植之间(188—191)的曹彰,生于195年的曹彪,生于196年的曹冲。曹冲"少聪察岐嶷,生五六岁,智意所及,有若成人之智"①。曹操曾想以曹冲为接班人,说明他对这个极其聪明的儿子是十分喜爱的,其喜爱程度不会在喜爱何晏之下。由此可推知,何晏不大可能生于195年以前。因为如何晏生于195年,比曹冲年长一岁,他参与曹操率请子"游观"时,曹操要"扶将"的恐怕不是何晏而是曹冲了,这不仅是由于曹操喜欢曹冲,还因曹冲年幼,曹操对他格外照顾别人也不会有意见。何晏既不大可能生于195年以前,又不可能生于197年以后,最大可能当然是生于196年了。何晏既与曹冲同龄,曹操为什么不照顾他更加喜爱的曹冲,而要特别关照何晏呢?这除了曹操也喜爱何晏以外,可能还有以下几点理由:(1)曹操欲以何晏为义子(也就是"假子"),故有意讨好何晏。(2)可能何晏生月比曹冲小,更需要大人的照顾。(3)即使何晏生月比曹冲大一些,但因所差无几,何晏是外姓,曹冲是曹操的亲生子,为博得好名声,曹操也只能照顾何晏,不照顾曹冲。《三国志·明帝纪》注引《魏氏春秋》:秦"朗随母氏畜于公宫。太祖甚爱之,每坐席,谓宾客曰:'世有人爱假子如孤者乎?'"可见对"假子"不加歧视会博得世人赞许,故曹操以善待秦朗向人们炫耀。曹操特别关照何晏,在很大程度上也是出于这种心态。

---

① 《三国志》卷二〇《武文世王公传》。

中国训诂学发凡

◎ 周法高

前　言

　　过去研究中国文的,分字形、字音、字义三方面,训诂学就是研究字义之学,实际上现在我们说"语义之学"也许要妥当一些。过去研究训诂学的缺点是:一者由于中国文字的特殊,研究训诂往往学者在文字方面而忽略了语义的研究。有些只是研究语言和文字表达的关系(例如"右文说"等)。二者在取材方面往往贵古贱今,所谓"训诂学"几乎变成了古书的附庸。三者往往东一鳞,西一爪,所谓"训诂学"并没有能建立一个比较完整的体系。

　　在西方,近代研究语义之学,有所谓 Semantics(注一)。这门学问发展得比较迟缓,因为语义方面比较不容易把握,所以远不如"音韵"学(Phonology)、"语法学"(Crammar)的发达,在范围方面,也有些广狭之异。广义的研究,包罗甚广,已超出语言学的范围,好些哲学家都参加讨论研究(香港《自由人》三日刊连载徐道邻先生的语言学漫谈,当属广义的研究)。语言学者的研究,注重语汇方面,研究语义及其变迁,是属于狭义的。

　　本文的目的想把中国过去训诂学的研究成绩归纳起来,并从语言学的观点加以批判;另外并把西方研究语义学的方法适用一些到中国语中,计分下列五节:

　　(一) 训诂法,讲中国过去训释字义的方法。

　　(二) 论字义和语义,纠正过去偏重文字义而忽略语义的情形。

　　(三) 词群(word groups,或称 word families)的研究,评述中西学者对词群(语原上音义粗近的词语)归纳研究的结果,属于语原学(Etymology)的范围。

　　(四) "象声说"(sound symbolism)述评,说明象声说(以语音象征语义)的适用范围,引用现代语言学家的说法纠正过去学者滥用此说来臆测语言的缘起。

　　(五) 语义和语义的变迁(meaning and change of meaning),把西洋语言学者研究语义学的方法适用一些到中国语中。

一、训诂法

"训诂"一词,通常解作"字义的训释"。训释之法,有音训,有形训,有义训。

(一)音训。音训之例,有以本字释本字者,如易序卦:"蒙者,蒙也;比者,比也,剥者,剥也。"(上一字为卦名,下一字释义,释作:"蒙卦就是蒙昧的意思",余准此。)《孟子·滕文公》:"周人百亩而彻。……彻者,彻也。"(解作"彻法就是通彻的意思")(注二)有以声母与形声字互释者,如《易序卦》:"夬者决也。……兑者,说也。"《论语·颜渊》:"政者,正也。"有以同音或音近之字为训者,如《礼记》:"仁者,人也。义者,宜也。"《孟子·滕文公》:"庠者,养也;序者,射也,校者,教也。"

(二)形训。就是拿字形来说字义。如《左传》宣十二:"夫文止戈为武。"宣十五:"反正为乏。"《说文》:"孔子曰:推十合一为士。"

(三)义训。有以今语释古语者,如《尔雅》释诂:"初、哉、首、基、肇、祖、元、胎、俶、落、权舆,始也。"《论语》:"必也正名乎。"郑注:"正名,谓正书字也。古者曰名,今世曰字。"有以今制释古制者,如《周礼》天官大宰"一曰官属"郑司农注:"官属谓六官其属各六十,若今博士,大史,大宰,大乐,属大常也。""四曰禄位"郑玄注:"禄若今月俸也。"有以雅言与方俗之语互释者,如《方言》:"党、晓、哲,知也。楚谓之党,或曰晓,齐宋之间谓之哲。"《说文》:"䖢,楚谓之蒻,晋谓之䖢,齐谓之茝。"有以共名释别名者,如诗毛传:"薇,菜也。""汾,水也。"《说文》:"麂,兽也。"

又有一些早期的音读兼释义的作用,如《仪礼》觐礼"大史是右"郑注:"右读如周公右王之右。"《说文》:"辛读若愆。"又如《经典释文》周易说卦"为黔喙之属","况废反,徐丁遘反"。徐读喙为啄。《周礼》天官冢宰"以扰万民","而小反,郑而昭反,徐李寻伦反"。徐李读扰为驯。都是古书中义通换读之例(注三)。

二、论字义和语义

关于中国文字学家推求本字本义的办法,也要讨论一下。清代戴震、段玉裁等倡明文字的本义,大抵谓《说文》所释字义,皆为其字最初本训,《尔雅》、《方言》,则为其转注假借之义,拘泥附会之处在所不免。例如《说文》:"天大地大人亦大,象人形。"孙星衍《释人》因之有"人谓之大"的话,其实古者并无以大称人之证,所以罗振玉《释人证误》说:

> 言凡大,在上者莫如天,在下者莫如地,在天地之间者莫如人。天地无可象,故以人为大之象,其义则不训人。(《面城精舍文稿》)

又如陈澧《东塾读书记》驳邢昺《疏尔雅》》"初"字云：

> 近人之说，多与邢氏同，以说文为本义，尔雅为引申义，其实不尽然也。造"初"字者，无形可画，无声可谐，故从衣从刀会意耳。(《说文》初训裁衣之始)

可见许书说解，只是据形立义，假定古人造出此字时所以取象之由。其实《说文》所释，不合甲骨文金文者，也很不少。若云《说文》的训释，即语言的本根、言语之初，含义本当如是，这真是"差以毫厘，谬以千里"了（注四）。例如章炳麟《语言缘起说》云：

> 如立"为"字以为根，为者，母猴也。猴喜模效人举止，故引申为"作为"，其字则变作"伪"。凡作为者异自然，故引申为"诈伪"。凡诈伪者异真实，故引申为"讹误"，其字则变作"譌"。(《国故论衡》上)

李方桂先生批评他说：

> 如章氏之立"为"为根，为母猴也，于是就认猴是最初义，这是很武断的。"为"字的形，就算他最初是猴，但是"为"字的音是最初有"作为"义还是有猴义，实在是不能定，从"作为"义不易造音符，于是从"猴"得形，这是很可能的。(《沈兼士右文说在训诂学上之沿革及其推阐》页八五一)

按甲骨文金文"为"字并非象猴，罗振玉说：

> 按"为"字古金文及石鼓文并从爪从象，绝不见母猴之状。卜辞作手牵象，知金文及石鼓文从爪者，及 ¥ 之变形。……意古者役象以助劳，其事或尚在服牛乘马以前。(《殷虚书契考释》)

可见章氏认"猴"是"为"字的最初义，也不攻自破了。可能是用手牵象的字形表语言中的"作为"义的。

唐兰《古文字学导论》区别文字的"本义"（"就是最初写这个字时候所表示的意义"）和"语义"，比起以前的人把文字形体的本义当做语言的本义已有进步，但是唐氏所谓"语义"（"没有适当的文字形式可以代表语言的时候，就只取字音来代表"）实际上只是指字的"假借"义，对于造字时的本义及语义并没有分析清楚。例如"天"字、"大"字的字形虽和人形有关，但可能在语言中并无"人"义，正和"交"的字形虽象"人交胫"，但所重在"相交"而不在"人"和"胫"一样。又如"初"的字义虽象以刀制衣，但可能在语言中只有始义而没有"衣"义和"刀"义；"高"的字形虽象"台观高"之形,但在语言中只有"高大"义,而没有"台观"义;"为"的字形,虽象手牵象(在小篆中误释作猴形),但在语言中只有"作为"义而没有"象"义,假如把这一点搞清楚了的话,那么字形字义的推求可能有助于语义之探讨的。

三、"词群"的研究

在古代中国语中,意义相近的字往往语音也有相近的趋势(注五),在字形上也有时有同声符的情形。早在宋代,就有人创"右文说",注意到这个问题,宋沈括《梦溪笔谈》卷十四:

> 王圣美治字学,演其义为右文。古之字书,皆从左文。凡字,其类在左,其义在右,如木类,其左皆从木。所谓右文者,如戋,小也。水之小者曰浅,金之小者曰钱,歹而小者曰残,贝之小者曰贱,如此之类,皆以戋为义也。

清儒对于归纳音义相近的字,也有相当贡献。民国以来,则有章炳麟、刘师培、沈兼士、杨树达等(注六)。例如章炳麟氏的《文始》认为:

> 说文"𠀎",跨步也。……变易为"过",度也。……旁转鱼则为"跨",所以跨谓之"胯",股也。旁转支则为"赿",半步也。所以赿谓之"奎",两髀之间。近转泰则为"越",度也;为"𧾷戉",逾也。……𠀎在本部又孳乳为"骑",跨马也。……又孳乳为"徛",举胫有渡也。……又孳乳为"驾",马在轭中也……骑又孳乳为"羁",马络头也。其胯之衣则曰"袴",胫衣也。变易为"襌",绔也。𠀎奎之衣则曰"褰",绔也,自歌对转曰寒。

案章氏首先标举语根,以为研究之出发点,是从日本间接受了一点近代语言学的影响的(如十九世纪马克斯·牟勒的学说)。不过他首先认为说文中象形指事之"独体"为初文(例如上举之"𠀎"),是与文字演变的原则不合的。而所谓"对转"、"旁转"、"近转"等,其标准未免太宽泛,几于无不可转,很容易牵强傅会,是不合现代语言学者严谨的态度的。

沈兼士氏《右文说在训诂学上之沿革及其推阐》一文中,也曾列表举例说明"右文"的公式。例如:

> "皮"之右文有:(一)分析义,如"波"、"籔"、"破"诸字,(二)加被义,如"彼"、"鞁"、"鲅"、"帔"、"被"诸字,(三)倾斜义,如"颇"、"跛"、"波"、"披"、"陂"、"坡"诸字。求其引申之迹,则"加被"、"分析"应先由皮得义,再由分析而

又得倾斜义矣。(前引文页八〇九、八一〇)

案沈氏的缺点是:言语根本未能脱离文字的拘束,故难免有拖泥带水之病;材料多根据字画,有好多字不能代表活的语言,其解释也难免有牵强傅会之处。例如由"皮"如何得"分析"、"倾斜"之义,似乎有点费解;又如"农有厚义,本字乳",其推求本字也不易使人相信,李方桂先生说:

中国文字最古也不过五六千年的历史,而中国语言要比文字古远的多。从文字上的研究我们可以得到古时语言的大概,但是想要知道文字未发生以前的语言如何引申演变成文字中的语言,以及语根上的各种研究(我们就非抛开字形,而用语音作根据不可。语音的研究,固然有借重字形的地方,但是一旦我们得了一个较可意的周秦音系,我们就可以算上了正轨,一步一步的以音作根据向上进展。……我觉得现在要注重的是一字既然是音符,从音符的构造上虽然可以知道当时语音的系统的大概,但是字形的分化演变,与语音语义的分化演变,是没有直接并行的关系的)。(沈氏前引文页八五〇)

真是一针见血之言。

高本汉的《汉语词群》(Word Families in Chinese)对于语源相同的同义词曾加以归类。他说:

中国语里也正和其他一切语言里一样,语词组成许多族类,各类的亲属语词由同一本原的语根所构成的。……中国语里的语词必须依照原初的亲族关系把他们一类一类的分列起来,在台湾和西藏、缅甸语里也是如此。从此,而且只是从此,我们才可以把这三大语系的"语词族类"加以比较,而期待可靠的结果。……不仅是那些同一个语词而用两个各异的字来代表的例子——例如"集"dziəp、"辑"dziəp——而且又如"夹"kap(夹紧)、"狭"ɤap(狭窄)那样的事例——他们显然是亲属的语词。实在,中国文字上并且常有表示两个亲属的形式,而同用一个字体来代表它们的,例如"长"dijang(长远,长久)、"长"tiang(生长、长成)。(张世禄译本《汉语词类》页一至三)

现在略举一例。他认为:"干"、"丸"、"远"、"圆"、"寰"、"鬟"、"环"、"卷"、"圈"、"卷"、"拳"、"圜"、"圆员"、"瑗"、"园"、"缳"、"铉"、"困"、"衮"、"辊"、"困"、"军"、"运"、"晕"、"卫"、"回"、"洄"、"归"、"围"、"刓"、"盌"、"斡"都具有舌根音声母和n、d或r的韵尾,都具有"圜"、"环绕"等义,可以归为一组(译本页一五八至一六一)。案高氏以语音为主,不致受字形的拘束(例如"斡"、"圜"各有二音,因两见)。遵守着某种较狭小的范围,不但顾及声母,还顾及韵尾;并且在取材方面采取较审慎的态度(注七)。不过高氏对于字义方面,也难免有误解之处。例如高氏以"辆"、"辌"、"辕"、"轹"、"辂"为一组,不知"辌"只见于"辒辌车"一词中而"辒辌"实"温凉"之变形(《史记》尚作"辒凉");本以言天时,与事无涉。"辆"为"两"之增加偏旁字(注八)。他自己也承认这只是"简单初步的讨论",对于一些可能有亲族关系的词语都屏弃了(译本一〇六)。

今后对于"词群"的研究,一方面要采用纯语言学的观点,不受文字形体的拘束;一方面要把近代中、西学者努力的成绩加以融会贯通,而采取较审慎的态度。这样才可以得到较正确的结果。

四、象声说

清儒曾讨论到"以字音象物音"的问题,如饶炯《文字存真》说:

> 形声者,声从义出,形由声定。……如江从工声,谓江凡所过之地多石,水声工工,故从工得名;河从可声,谓河凡所过之地多沙,水声可可,故从可得名是也。

张行孚《字音每象物声》一文说:

> 古人造字之始,既以字形象物之形,即以字音象物之声:如牛字象牛之形,而牛字音即与牛鸣相似。……木字象木之形,而木之音即与击木相似。……若夫形声会意之字,虽字形不象物形,而字音亦有象物之声者:如鸡字从隹奚声,而鸡字音刚与鸡鸣相似。(注九)

近代学者更推衍其说,刘师培《中国文学教科书》说:

> 声音之起源,厥有数端。一曰自然之音,我者发语声也,凡动物之发声,亦多带我字之音,故古人即以此音为己身之称。二曰效物所制之音,其故有三:一曰声起于形,即象物形以定字音也。例如:天训为颠,颠天之音古同,因天体在上,故即以颠呼之,后由颠音转为天音,乃别造天字。二曰声起于义。凡某事某物之意象相类者,即寄以同一之音,以表其义系,故音同之字义即相同。例如:凡事物有间可进,或进而靡已者,其音皆读若门如:勉、每、亹、敏、孟、没、懋、迈、勖、莫、卯、穮是也(法高案:此本阮元《研经室集》卷一释门)三曰以字音象物音……例如:水音渐渐,其音近水,故水字之音,即象水流之声……牛字之音近

于牛鸣。

章炳麟《语言缘起说》云：

> 何以言雀，谓其音即足也。……何以言雅，谓其音亚亚也。……此皆以音为表者也。何以言马？马者武也。何以言牛？牛者事也。……何以言人？人者仁也。……此皆以德为表者也。要之以音为表，惟鸟为众，以德为表者，则万物大抵皆是。乃至天之言颠……火之言毁……金之言禁……人云马云，是其实也，仁云武云，是其德也。金云火云，是其实也；禁云毁云，是其业也。（《国故论衡》上）

案刘、章二氏之说，大体相近，不过刘氏重在表声，章氏重在表德表业（如刘氏言"牛字音近于牛鸣"，而章氏言"牛者，事也"）。他们的说法颇多牵强附会之处，态度也欠谨严。章氏在日本颇受马克斯·牟勒等学说的影响（注一〇）。原来在十九世纪西方讨论语言起源的风气很盛行，其中之一便是摹声说，所以刘、章二氏的讨论也是迎合当时的潮流的。不过现代语言学的趋势，对于语言的起源，认为渺茫难稽，已经很少讨论了（注一一）。

希腊与拉丁的语法学家以至十九世纪的洪保尔特（Humboldt），都相信所谓象声说，认为音和义有密切的关系，产生同样印象之物用差不多相同的声音来表示。可是不少语言学家表示反对，认为同一名称能表示不同之物，同一物能有不同的名称（注一二）。耶斯勃孙则采取中间的态度，他觉得有些人认为各时代各语言所有的词语都有和语音相当的意义，每一语音有一固定的意义：诚然是荒谬的；但是在相反的极端否认任何种象声也是不对的。他举出一些：① 直接模拟声音之词，如 clink, chank, ting, tinkle 象金属之声；② 有一些以字音象物音以为此物之名，例如 cuckoo, peeweet；③ 有一些以字音象动作之音，例如 *bank* the door, *tap* or *rap* at a door；④ 事物名具象征性，例如：knap, knop, knob, knup 象圆而隆起之物；⑤ 大小及距离用语音表示，例如用 i 元音表示小而近者：little, tiny, quick。不过耶氏承认没有一个语言充分使用"象声"，并有不少之语词与象声相抵触，例如：big（大）具 i 元音而 small（小）反具 a 元音，又语音变迁，象声之词可能失去作用，而原非象声者，亦可变为象声，例如 little 之 i 元音实由 u 变来（以上据耶氏《语言学》第二十章象声说 sound symbolism）。

勃龙菲尔特（Leonard Bloomfield）在《语言论》（Language, 1933）中也曾举出一些，例如指示词具有 th；the, this, that, then, there, thither, thus，又如 fl 表示移动的光；flash, fiare, flame, flicker, fllmmer, fl 表示"在空中运动"：fly, flap, flit（《语言论》页二四四至五）。此外，还有一种重复而略带变化的形式，例如：snipsnap, zig-zag, riff-raff 等(《语言论》页一五六)和中国语中双声叠韵的联绵字有点相似。

在中国语中,联绵字的使用非常发达。例如《诗·卫风·硕人》:

河水洋洋,北流活活,施罛濊濊,鱣鲔发发,葭菼揭揭,庶姜孽孽。

元马致远《黄粱梦》。

我这里稳丕丕土坑上迷颩没腾的坐,那婆婆将粗刺刺陈米喜收希和的播,那寒驴儿柳阴下舒着足乞留恶滥的卧,那汉子去脖项上婆婆没索的摸。

这些二音、三音、四音的联绵字都具有象声的功效(注一三)。这是不可否认的。至于清儒"以字音象物音"以及刘章推衍之说,就未免太广泛太牵强了。我觉得用象声说来说明语言的起源,目前在西方已是过时的学说,似乎不必再做了。至于一些具有象声作用的语词特别是一些联绵字,其功效也是不可否认的。

五、语义和语义的变迁(注一四)

根据勃氏的说法,我们把一个语言形式的意义解作说话者说这话的情状,和这话在听者方面所引起的反应,如下式:说话者的情状→话→听者的反应(注一五)。由于说话者的情状比听者的反应常表现较简单的状况,因此我们常常根据说话者的情状来讨论和阐释意义。

引起我们说出任一语言形式的情状是十分变换的。实际上没有任何两种情形是相同的。譬如我们说"苹果",我们应该分别不显著的特征(no.1-distinctive features)——例如某一特别的苹果的大小、形状、颜色等——和显著的或语言的意义(distinctive or linguistic meaing),即语义的特征(semantic features)——例如我们用"苹果"这词所代表的共同的特征。我们所研究的即指后者而言。

语言形式具有正常的(normal)或中心的(central)意义(和所谓"本义"相似)和边际的(marginal)或隐喻的(metaphoric),转变了的(transferred)意义(和所谓"引申义"相似),例如:我们说"河口"、"山头"、"针眼"、"某人是狐狸"中的"口"、"头"、"眼"、"狐狸",都属于后者。转变了的意义有变狭了的(narrowed meaning),例如"八点钟的车子脱班了"中的"车子"指"火车";也有变宽了的(widened meaning),例如"饭菜"的"菜"不限于菜蔬,可兼指肉类。

语义是怎样变迁的呢?上面说过一个语言形式可具有中心的意义和边际的意义,所有的边际意义都是偶然的。倘若说话者听到一个语言形式仅在偶然的意义中出现，他（或他们）将仅在相似的情况下说出这个语言形式，其习惯可能和别的说话者不同，可能把边际意义当作中心意义转相沿用，而造成了语义的变迁。例如"金"原包括各种金属（《说文》："金，五色金也"），"黄金"在某种情形下当然也可称为金，可是后来却用为黄金的专称，于是 gold 反而变为"金"的中心意义了。

语义变迁的型式，诸家多没有满意的分类。房氏《语言学》说：

> 语词所遭逢的几种意义的变迁，有时分成三种主要的型式："缩小"（restriction）、"扩大"（extension）、"转换"（displacement）。当意义从普遍到特殊时，缩小作用发生了。相反地，当从特殊到普遍，扩大作用发生了。当从内容的观点上看，两种意义相等或不相关时，并且当我们从一方面到另一方面时（例如，当语词从容器到内容，从原因到效果，从标记到被标记的，或和以上相反），转换作用发生了。自然，扩大和缩小通常由转换所促成；而语义的转变有不同的形式，语言学家给与专门名称（隐喻 metaphor 举隅法 synecdoche，换喻法 metonymy，牵强傅会法 catachresis 等）。

案"缩小"之例，如"宫"在秦汉以前为房屋之通称，后来却变作帝王所居。扩大之例，如"江"原指"长江"，"河"原指"黄河"，现在"江"、"河"却变作通称了。转换之例，如"闻"原解作"听"，在官话和吴语里，"闻"解作"嗅"。在广西南部该说"嗅"的也说"听"。北平的"闻一闻"等于广西南部的"听一听"。又口语中说"看见"外还有"听见"。唐宋人多以"见说"代"闻说"，如白居易诗"见说白杨堪作柱"（参刘淇《助字辨略》）。斯氏把语义的变迁分为七类，也不大清楚，现在只是随便略述一些。

有时实际事物在变迁，而仍沿用原来的名称（斯氏称为"代替"substitution），例如"车"以前用来指"牛车"、"马车"，现在可用来指"汽车"、"火车"。"币"，《说文》："币，帛也。"古代用币帛做交易的媒介，现在却有"纸币"、"货币"等名称。有时实际事物变迁了，名词也改变了，例如三足的"鼎"，改为无足的"锅"，可是在闽南话中却仍呼"锅"为"鼎"。

有时把一部分省略了，却仍包括原来的意义（斯氏叫做 shortening），例如我们说"早安"，简化为"早"，正和英语 good morning 简为 morning 一样。又如"有了"＝"有孕了"，"他妈的"也是一种省略，这是由于"讳称"而省略的。"讨小"＝"讨小老婆"；"一瓶茅台"（茅台酒）（此例为以产地表物名之例）。

有时利用两者的相似，而加以比拟。例如"角"原义为"兽角"，引申有下列数义：① 人体上象角之部位，如额角（"隆准角"），丫角；② 象角形之器，如酒器曰角，乐器亦曰角（"画角"），原来都是以兽角为之，后来改用金属［英语 horn（角）兼解作"酒器""乐器"。］；③ 与角状相似者，如"豆角"。又如"叶"原为花木之叶，引申为书叶（与英语 leave 同）。脚趾旁受压而起之颗粒，叫做"鸡眼"，恐怕也是比拟其形。其表示抽象的观念者,如"衅隙"解作"罅隙",引申为"仇隙","鬼"可引申为"慧黠",或称"精灵";"神"可引申作"神气"。"牺牲"原为祀神之牲,引申作拚弃一切。"乌"原为一种黑色的鸟,可解作"黑"。闽南话客家话都称"黑"为"乌"。

有时用器物名表使用器物之人,如草曰刍,薪曰荛,取草薪之人亦曰"刍荛"(《诗》:询于刍荛)(参刘师培《古书疑义举例补》)。"兵"原解作兵器,秦汉以降,持兵器者亦曰"兵";"信"原解作"符信",六朝时解作"使人"(送信之人),现在仍解作"书信"(参顾炎武《日知录》)(英语 post 原解作"邮差"、"驿车",变作"邮件";参斯氏书页三六三);"布衣"为庶民之衣,著布衣之人亦曰"布衣"(庶民)。又如火车站上的力伕戴着红帽,就叫做"红帽子"(red-bat)(以上参斯氏书页三二七 Articles of Dress Tool, Implement for person 及页三六七)或以制物之质表物(参斯氏书页三二七, Meterial for object)。杨树达《古书疑义举例续补》说:

> 古人有以制物之质表物者。《孟子·滕文公》上篇云:"许子以釜甑爨,以铁耕乎?"铁谓犁犁。又《离娄》下篇云:"抽矢扣轮,去其金,发乘矢,而后反。"……金谓镞也。又《公孙丑》下篇云:"木若以美然。"《左传》僖二十三年传云:"我二十五年矣,又二十五年而嫁,则就木焉。"二木字皆谓棺椁。《庄子·列御寇》篇:"为外刑者,金与木也。"郭注云:"木谓锤楚桎梏。"亦同此例。

或以器官名表官能(参斯氏书页三六五"Organ for Capability of Perception or Intellection"),如"头脑"可引申作"思想",如"某人头脑简单";"嗓子"原解为"喉咙",引申作"嗓音",如"某人嗓子好"。

在称谓方面,有许多转换的例子。例如"妣"在殷周甲金文中解作"祖母"("祖妣"连称),后来却解作"母"("考妣"连称)。"姐"原解作"母"(《说文》:"蜀人谓母曰姐。"),今用来称"姊"。广韵:"爹,北方人呼父。"现代方言中,嘉兴的"阿爹"是父亲,苏州的"阿爹"是祖父,广西博白的"阿爹"是外祖母。六朝以降,"侬"解作"我",现代上海话"侬"解作"你"。有些词语经过"变坏"(deteriosation)的作用,如"相公"原为宰相之称(《日知录》:"前代拜相者必封公,故称之曰相公。")后来士人年少者也称"相公",清代北方谓陪酒的优伶亦曰"相公";"姑娘",为未嫁女之称,后来"妓女"也称"姑娘",这是因为讳称而改的。习惯称对方多用专称,如"君"、"公"等,自称多用谦称,如"奴""仆"等,现在苏州语仍有自称曰"奴"者。

有些词语由于"讳称"(euphemism)而改变其读音或屏弃不用,例如唐慧琳音义:"裸者,上华瓦反,避俗讳作此呼,本音即果反。"大概因为当时"裸"和"卵"同音("卵"为男阴俗称,广韵"即果切"下有"裸"、"卵"字,"卵"又音庐果反),所以改音。《字汇补》:"俗呼为鸟卵为蛋。"恐怕因为忌讳"卵"而改称"蛋"的。正如"鸟"原音"都了切"为么与男阴俗称同音(《水浒传》:"干你鸟事"),所以官话方言改读"泥了切"

ㄐ丨ㄠ(但有些方言如吴语和客家语"雀鸟"字仍读都了切,可能因为这些方言中男阴俗称不读"都了切")。又如"牛鞭"、"牛大筋"、"大便"、"小便"都嫌俗称不雅而改称的。

语言经常地便和乡村的有关的词语为谴责之词(参帕氏书页一〇二)。例如"野"原称作"郊野",又解作"粗野";"鄙"原解"边邑"又解作"鄙陋";《苍颉篇》:"园之下京曰俚",又解作"鄙俚","村"原解作"村落",而朴野者亦谓之村,如"村气""村话",这正和英语 villain 原解作"农人"而变为"恶徒"一样,反过来看,"都"解作"都邑",又解作"美感"。

虚词往往是由实词变来的,如"吗"由"无"变来(白居易诗:"晚来天欲雪,能饮一杯无?")此外如"罢"、"了"、"着"原皆为动词。"什么"的"么"由"何物"的"物"变来(参拙著《中国语法札记》,《史语所集刊》二十四本)。有些表程度的副词由动词形容词变来。例如"杀"(煞)转为己甚之词,唐杜甫诗"啼杀后栖鸦"(宋朱熹书:"太煞分明")。"狠"(很)原释作"凶狠",用来表示程度。元典章有"哏不便当"语,"太"原作"大"(客家语仍读"大"为"太")。〔德语 sehr(很)原解作"忧愁"、"痛苦",这词又和拉丁语 saenus(痛苦,凶狠,大)有关,参房氏《语言学》页二〇六,又参英语 frightfully, awfully 法语 terriblement,可看帕氏书页一〇六〕词语使用久了便失去原有强烈的色彩,如"很"字已不算强烈,而改用"十分"、"十二分"、"万分""十二万分"了(例如"我心里十二万分的难过")。

有些词语具备相反的两义:如王念孙《广雅疏证》:

> 凡一字两训而反复旁通者,若乱之为治,故之为今,扰之为安,臭之为香,不可悉数,字亦有忧喜二义。

正和英语 fast 具有"快"、"稳固"二义相似。此外国语中"好不难受"和"好难受"同义(法语 Personne 可解作"人"或"无人",参勃氏书页四三九)

有时意义对立或相近的两字构成的复词,其中之一特占优势,把另一成分的意义并吞了,叫做"并合语"。例如"国家"只代表"国","妻子"只代表"妻"(参《日知录》卷二四"妻子"条),官话及吴语中用"兄弟"代表"弟"(闽南语、客家语、粤语中"兄弟"仍和文言一样解作"兄"和"弟",相当于官话的"弟兄",而"弟",闽南语称"小弟",客家语称"老弟",粤语称"细佬")。

附注

(注一)关于 Semantics 一词使用的历史,参 Allen Walker Read, An Account of the Word "Semantics" Word, vol.4, No.2, 1948。

(注二)《孟子·告子》:"告子曰:生之谓性。"以生释性,据傅孟真先生《性命古训辩证》:"后代'百姓'之姓,'性命'之性,在先秦古文皆作生,不从女,不从心。"则此亦本字释本字之例。《墨子·公孟》:"问于儒者,何故为乐?曰:乐以为乐也。子墨子曰:此未我应也。今我问曰:何故为室?曰:冬避寒焉,夏避暑焉,室以为男女之别也。则子告我为室之故矣。今我问曰:何故为乐?曰:乐以为乐也。是犹曰何故为室?曰:室以为室也。"盖"乐"有"音乐"、"快乐"二音二义,故儒者取以为训。刘师培《中国文学教科书》释训曰:"此由字包数音,音包数义,或以虚义释实义,或以此音拟彼音。"

(注三)沈兼士《读经籍旧音辩证发墨》(《图书季刊新》三卷一、二期合刊)说:"《周礼》司徒'揗扑'释文:'揗,一音初洽反。'《庄子·外物》:'扬而奋髻'李音须……推其换读之由,盖欲以通行之揷须,换读罕见之揗、髻,既非如读如之拟其音,亦有异读为之易其字。……盖古书音义以文义为主,故义通之字不妨换读,后世字书以偏旁为主,故形音偶违,便成乖剌。"

(注四)以上参沈兼士《右文说在训诂学上之地位及其推阐》第八节,《庆祝蔡元培先生六十五岁论文集》页八四四、八四五。

(注五)章炳麟《转注假借说》之:"语言之始,义相同者,多从一声而变;义相近者,多从一声而变;义相对相反者,亦多从一声而变。……故先言古,从声以变则为今……先言男,从声以变则为女……此以双声相转者也。……先言晨,从声以变则为昏……先言好,从声以变则为丑……此以叠韵相迤者也。"案相反的二词可构成"相关群"(correlative group),如 boy—girl, new—old 等,是心理学者所研究的课题。在语言形式上也有时互相影响,例如古英语 mycel(大)的元音原为 i,因 lytel(小)而改变元音为 y。female(女)是受了 male(男)的影响的。德语的 Morgend(早)受了 Abend(晚)的影响(参 Gustay Stern, Meaning and Change of Meaning, 1931, P.203)相反义可能有一些是有语音的关系,但如过分的附会,则可产生不少的流弊,不可不谨慎一点。

(注六)章炳麟《国故论衡》上有《语言缘起说》、《转注假借说》,又著有《文始》一书,刘师培《左庵集》有《字义起于字音说》、《古韵同部之字义多相近说》。沈兼士除前引文外,又主编《广韵声系》。杨树达《积微居小学金石论丛》卷一,有说字诸篇。

(注七)译本高本汉《汉语词类》页一〇九:"关于所引的语词必需要仔细的甄别。它们必须是大家认为是真正、实在的语词。如果我们引据《广韵》和《集韵》,应用它们几万的'字典的语词',或且把最早的字典《尔雅》、《苍颉篇》、《方言》、《说文解字》、《广雅》上所举出的一切语词,也拿来放入其中,我们便容易得到极大类的'亲属语词'。但是这种的材料是不能接受的。我所引进的语词只是语言中或者属于最普通流行的语词——这些在我的表上占了大多数——或者,即使不很普通,也是从前'书本'上有确实的证明的。"

(注八)参俞敏《论古韵合帖屑没曷五部之通转》,《燕京学报》第三十四期页四七。

（注九）参杜学知《文字的依形见义与缘声知义》，《大陆杂志》八卷十期。

（注一○）俞敏前引文页三十说："章氏造文始，自言读大徐所得（《菿汉微言》）。夷考其渊源所自，实出于德人牟拉（Max Muller）之《言语学讲义》（Lectures on the Science of Language, 1871）。持《国故论衡》之语言缘起说后半以与牟书第二编中论语根之言相较，承沿之迹宛然。其《检论·订文篇附录正名杂录》云：'马格斯·牟拉以神话为语言之瘿疣'，亦即牟书中语也。牟氏常取印欧语之根历数其各语系中之变形。章氏取之。其说转注云：'类谓声类，首谓语基'是也。"

（注十一）在十九世纪，关于语言起源的理论，一曰摹声说，或称咆哮说（bow-wow theory）例如人模做牛鸣之声，而造一词具"牛"或"牛鸣"（"牟"）之义。二曰感叹词说，或称普普说（pooh-pooh theory）谓语言缘于情感之发泄，以感叹词为语言之起源。三曰内蕴说，或称丁当说（ding-dong theory），谓人生内蕴之声，经外界事物之激触，而发为先天之语词，积久而成言语。四曰容止说，或称邪许说（yo-he-ho theory）。谓上古人民未有言语，借助容止，各附意义，以代语言。容止之表见，或佐以声音。语言起于劳动时的呼喊。五曰示声说，或称牙牙说（ta-ta theory），谓舌头有指示的力量，语言的起源在此。辉特尼（Whitney）曾给语言起源的研究一个深切的批评，他说："语言学上没有一个课题被大小学者及各派学者如此时常地详细地研究着像语言起源一样；也没有一个课题像它一样事倍功半；关于这问题的多数记述只是信口开河而已，而叙述中心竟是这样主观化致使没有人相信它除了作者自己……因此这问题被客观的学者视为不屑。"所以，早在一八六六年，巴黎的语言学会在会章第二条立了一个禁律："本会不接受关于语言起源或国际语方面的任何论文。"（以上参 Otto Jesperson, Language 第二一章，沈步洲《言语学概论》第五章，林祝敔《语言学史》页一八○。）

（注一二）法国拉鲁斯（Laronsse, 1817—1875）在他所著的《拉丁字根考》第一课里，曾举出许多例子，如：s-表示尖锐破裂之音：signe, source, r-, cr-, fr-, br-, pr-, gr-, tr-表示粗或强之音：cri, frotter; fl-表示液体流动或气体动荡之音：fleuve, flot, souffle。后世语言学家反对此说的，如房氏 J. Vendryc《语言学》（英译本页一八三）认为 riviere of torrent 有流动之义而没有 fl 之音，flour（花）有 fl 之音而没有流动之义（参王力《中国语文概论》页七六），案拉氏的说法和阮元《研经室集》卷一释矢、释门扁中之说有相似之处。后来刘师培有《古韵同部之字义多相近说》，刘颐有《古声同纽之字义多相近说》（载《武汉大学文哲学刊》二卷二号），变本加厉，更多牵强附会之说。

（注一三）关于联绵字，参拙著《联绵字通说》，《台湾大学文史哲学报》第六期；及《近代语中的四音状词》，《历史语言研究所集刊》第二十四本。又参王力《中国语法理论》第三十六节"拟声法和绘景法"。

（注一四）本节参考斯氏《意义和意义的变迁》一书，帕氏《近代语言学导论》（L.

R.Palmer，An Introduction to Modern Linguistics，1936)；房氏《语言学》第三编第二章；勃氏《语言论》第九章及第二十四章。

（注一五）关于意义的解释，如 C.K.Ogder 和 I.A. Richards 在《意义的意义》(The Meaning of Meaning,1923)一本名著中所讲而为学者引用的是偏于 mentalist 的观点；勃氏则大抵采用 mechanist 的观点（例如行为派心理学）。

关于诗与诗朗诵
——为南京大学中文系师生诗与散文朗诵会作

◎ 赵瑞蕻

假如我们说,文艺是时代的风雨表,那么,作为文艺样式之一的诗歌,却更能敏感地,迅速地在这个风雨表上,显示出风和日暖,或雪朝露夜,或山雨欲来,狂飙骤起,天地间的风云,一切气候的变幻——这不是自然现象,而是人类社会,时代和阶级斗争中的种种动态。特别是在革命发展到一个大转变大激战的阶段,往往在诗歌中最能显其朕兆,亮其颜色。诗歌原是人类祖先最早的文艺产品。有了人类,就有了诗;有了劳动,就有了诗;有了斗争,就有了诗。由于它短小精悍,韵律优美,最易于表达心声。诗歌是感情的真实流露,任何时代,任何诗人都会自觉地或不自觉地在创作中呈现出他们各自的本色。诗歌是,应该是以最充沛的热情,精萃的语言,铿锵的音调,最集中凝炼的艺术形式,及时地反映每个时代最广泛最尖锐的社会生活和斗争,并且积极地为它们服务。

"发愤以抒情"[①],"文章合于时而著,歌诗合为事而作"[②]。"在一个伟大民族觉醒起来为实现思想上或制度上的有益的变更而奋斗中,诗人就是一个最可靠的先驱、伙伴和追随者"[③]。无论在中国,或在外国,每一时代优秀的诗人、进步的歌手,总是在他们的作品里跳动着时代的脉搏;或多或少,或深或浅地表现了这样或那样的现实眉目。一个诗的"善鸣者"首先总要鸣最广大人民群众的悲欢离合,喜怒哀乐;要鸣"国家之盛",而少鸣或者不"自鸣其不幸"[④]。这不但是我国古典诗歌的一个极其可贵的传统,也是我国现代诗歌的优秀传统。这里就是闻一多先生的愤慨和自白:

……
最好是让这口里塞满了泥沙,

---

① 屈原:《九章·惜诵》。
② 白居易:《与元九书》。
③ 雪莱:《诗辩》(Shelley: A Defence of Poetry)。
④ 韩愈:《送孟东野序》。

> 如其它只会唱着个人的休戚,
> 最好是让这头颅给田鼠掘洞,
> 让这一团血肉也去喂着尸虫,
> 如果只是为了一杯酒,一本诗,
> 静夜里钟摆摇来的一片闲适,
> 就听不见了你们四邻的呻吟,
> 看不见寡妇孤儿抖颤的身影,
> 战壕里的痉挛,疯人咬着病榻,
> 和各种惨剧在生活的磨子下。①
> ……

真是巧合,中外诗人的心灵是互通的。当闻一多写下这些诗句时,差不多一百年前,法国十九世纪伟大诗人维多克·雨果在他的《秋叶集》(Les Feuilles d'Automne)最后一首诗《朋友,最后一句话》(Amis, un dernier mot", 1831)中,表达了相似的情思;反映当时黑暗的现实,人间悲惨,对血腥的统治和残酷的屠杀,提出了强烈的控诉,同时说出了作为一个诗人的使命。这里便是雨果的雷声和自白:

> 我十分憎恨压迫,憎恨得无以复加,
> 因此,当我一听到酷烈的天宇底下,
> 在被残暴的国王统治的世界一角,
> 被人扼杀的人民正在呼喊和哭叫;
> 当我们母亲希腊被基督教的国王
> 让土耳其刽子手肢解得濒于死亡;
> 当流血的爱尔兰在十字架上咽气,
> 当条顿在十王的铁链下挣扎死,
> ……
> 于是,我诅咒洞穴、宫殿里这些国王,
> 连他们的马匹上也都有鲜血直淌!
> 我感到诗人就是审判他们的法官!
> ……
> 诗神对手无寸铁的人民责任沉重。
> 啊!于是我就忘却爱情,家庭和儿童;
> 忘却纯正的乐趣,忘却柔和歌吟,

---

① 闻一多:《静夜》。

而把一根青铜的弦装上我的诗琴!①

因此,在我们祖国解放后沸腾欢乐的生活,幸福的岁月中,在各种社会主义建设里,我们还应该想得更多些,看得更远些。应该想到、看到其他许多国家里的广大人民,还在受着帝国主义、新老殖民主义者的奴役,在种族歧视下的黑人兄弟们,在垄断资本家集团所发动的侵略战争的蹂躏下的人民群众。三十多年前,闻一多先生的诗中所提到的种种惨剧,在今天世界辽阔的土地上仍然存在着。要彻底消灭这些惨剧,我们还要进行长期的艰巨的战斗——连根拔掉资本主义制度!我们的诗必须投身到火热的斗争中去,把诗当做枪,射击旧世界的胸膛;把诗当做长矛,刺进法西斯和一切反动派的大脑!我们的诗是,必须是人民大众的眼睛和耳朵,必须成为我们这伟大的时代的号角。我们的诗人必须成为反对战争,保卫和平的事业最热情,最活跃,最出色的歌唱者和宣传家。

革命诗歌永远屹立时代战斗的前哨,向敌人冲锋陷阵,百折不挠;记录时代最进步的思想意识,表现出人民的英豪气概,高唱着胜利的赞歌。诗歌是旗帜,又是炮弹;它既是漫漫黑夜中的鼙鼓,又是破晓时的喇叭。革命诗人是海燕——暴风雨中的海燕,在狂风迅雷,惊涛骇浪之中飞翔;在刀光剑影,红焰闪亮之中,他呼唤着革命,歌唱着革命;他目光如炬,大声地叫喊着:"让暴风雨来得更猛烈些吧!"②我们的浪漫主义诗人苏东坡歌唱道:"一双铜剑秋水光,两首新诗争剑铓。剑在床头诗在手,不知谁作蛟龙吼?"③剑和诗,不但说明了诗的职责和作用,而且揭示了我们诗歌发展的道路。诗总是揭露黑暗、创造光明的犀利的武器,让我们时代的革命诗歌发出蛟龙般的吼声吧!

我们的诗歌既是革命现实主义的,又是革命浪漫主义的。不管在任何气候下,我们革命的诗人总是抱着崇高的理想,富于革命乐观主义的神采,总是争取深入虎穴,擒获这样或那样的虎子。我们的诗歌总是鼓舞人们前进,披荆斩棘,勇往直前;鼓舞群众的政治斗争的热情和生产斗争的热情,为创造美好的生活而显身手。我们的诗歌决不能像今天那些颓废派的诗歌那样,沿着荒唐的可耻的道路堕落下去。他们不但大唱"个人的休戚",而且连奥林普斯山上缪斯女神的遮丑布也干脆扔掉了④。我想,就把他们叫做二十世纪六十年代的颓废派——"荒谬绝伦派"吧。我真想用成把成把的泥沙塞满他们的嘴巴,把他们的所谓"诗"抛给田鼠和尸虫,正如闻先生所

---

① 这首诗原有我自己的旧译。现引用程曾厚同志很好的新译文(见《雨果诗选》,人民文学出版社 1986 年版)。
② 高尔基:《海燕之歌》。
③ 苏轼:《郭祥正家,醉画竹石壁上。郭作诗为谢,且遗二古铜剑》。
④ 参见《苏联文学》(英文本)1963 年第 3 期、《文艺报》1963 年第 9 期。

说过的那样。

而我们呢,我们的诗人,在我们今天胜利的和平生活里,在我们进行着社会主义建设,生产劳动,保卫伟大祖国的斗争中,意气风发,胸怀磅礴;心中洋溢着革命的赤诚,大声歌唱我们伟大的人民,伟大的祖国;描绘我们壮阔丰美的土地上经常涌现出来的新鲜事物,塑造一系列新人物、英雄人物的巨大形象。我们以发光的语言和铿锵的旋律,赞美我们今天幸福的生活,明天更幸福的生活;歌唱祖国的新山新水,山水的新主人,摄下了锦绣山河的姿容。

由于今天文艺形势的迫切需要,我们必须重新学习古今中外优秀诗人们丰富的创作经验;必须不断地在创作中以社会主义、共产主义思想来影响群众,教育群众;我们必须积极地参加当前伟大的斗争,使我们的诗歌成为强大的文艺武器之一。只有广泛地深刻地认识我们的时代和我们时代的根本精神,了解我们最广大的人民群众的希望和要求,也只有深入到今天国内以及国际的火热的斗争中去,我们的诗歌才能发挥它应有的教育意义和战斗作用。"一切诗都应该是即兴诗,这就是说,它应该从现实生活中得到机缘和材料。……现实生活是真正的核心……"①我们革命的现实生活是无比丰富的,我们的前景是无比壮丽的,我们的任务是艰巨而光荣的。我们在"百家争鸣,百花齐放"和"推陈出新"正确政策的鼓舞下,在诗歌战线上取得不少成就,将要取得更多的成就;我们决不能辜负时代对我们所提出的要求!

这是我们中文系 1963 年内所举办的第二次文艺创作欣赏和朗诵晚会。这一次比起前一次来,不但增加了散文,特别是抒情散文,而且创作的数量和质量,参加朗诵的同志都大大增加了。这是一个好现象。这不但表示了我们在教好、学好的条件下,能够腾出些时间来从事文艺创作,而且说明了我们师生的政治热情和创作热情的高涨。我们热忱地希望这次朗诵晚会,能够推动大家更多地写作,更多地开展朗诵活动。在提高同学们的文艺欣赏和文艺创作的水平,提高同学们掌握和运用祖国的语言文字的能力等等方面,这些朗诵活动无疑地能够起一种课堂教学之外的促进作用。让诗歌散文朗诵会成为我们中文系,成为整个大学经常性的文化活动吧!使朗诵会成为激发热情,提高认识,宣传爱国主义、国际主义和社会主义的思想教育的场所吧!

朗诵诗和诗朗诵,它们的内容丰富多采,形式自由、生动、活泼,由于它们能直抒诗人的胸膛,发出时代的心声,最易于使听众接受而引起感情和思想上的共鸣;激荡心灵,获得美的享受。朗诵诗的语言跳跃,随激情而起伏,音响铿锵,乘节奏而回旋。好的朗诵诗,往往能使听众感奋起来,激动不能自主。那一股强大的热情的洪流冲击着我们,那一种明朗的革命思想会提高我们,那些不断变化着的声音调子会直接钻进我们的心扉。总之,好的朗诵诗能鼓舞我们,引导我们为我们的革命事业和崇

---

① 艾克曼:《与歌德的谈话录》(Eckermann: Gespraecke mit Goethe)。

高的理想更多更好地工作,更英勇地更坚强地战斗!

朗诵诗既富于政治鼓动的力量,又是一种艺术。应该怎样写朗诵诗,一首朗诵诗应该怎样朗诵,以及所有现代的好诗,中国古典诗和外国诗应该怎样朗诵——这些都是大可研究的问题。我国过去关于诗歌的吟咏和朗诵有许多宝贵的实践经验,值得我们学习和整理出来,以作为开展今天诗歌朗诵运动的借鉴。还有外国诗歌朗诵的艺术也值得我们探讨。前些日子,有机会听到了英国一个著名的朗诵艺术家朗诵莎士比亚的《哈姆雷特》、《仲夏夜之梦》、《亨利四世》中的几段以及几首十四行诗,感到很出色,他能够把莎士比亚原作的神采传达出来,使听众沉醉于莎士比亚的艺术中。最近一两年来,我国各大城市的作家协会和广播电台举办了很多次朗诵会,报刊上发表了不少篇讨论朗诵的文章,大大推动了我们社会主义的诗歌朗诵会,每次都得到了听众同学们的热烈的欢迎。门票争购一空,买不到票子的,便很早地站在剧院门口,看看有没有临时退票的。朗诵会开始后,每个节目都博得了响亮的掌声;情况的热烈,真出于我们意料之外。这说明了群众是喜爱诗的,喜爱诗朗诵的。我们应该学习这些成功的经验,这些优美的朗诵艺术。除了演员外,诗最好尽可能地由诗人自己来朗诵。"如果诗人具有创造性的朗诵才能,他总是他的诗歌最好的解释者。只有他自己才能了解他的无法写出的内心的旋律。朗诵诗人比只用书面语言抒发感情的诗人所起的作用更强烈。朗诵诗人把平面的幻灯似的书面语言,提高到生动活泼,充满活力的朗诵语言。"[①]——这是去世已整整十年的德国革命诗人艾里希·魏纳特(Erich Weinert)在他登台朗诵十年后的总结性的发言。我想,不但魏纳特的经验,特别还有马雅可夫斯基的独特经验,对于我们今天的诗朗诵运动,都很有参考价值。

总之,让我们很好地学习前人的诗歌朗诵的成就吧,让我们通过我们自己的朗诵实践,逐步提高我们的创作水平和朗诵水平,让我们自己的诗歌高高地飞翔起来吧!让我们大鸣特鸣社会主义的"国家之盛"吧!

[①] 艾里希·魏纳特:《登台朗诵的十年》,《世界文学》1959年第3期。

悬断与征实

◎ 蒋礼鸿

近年长沙马王堆二号汉墓出土的《战国策》帛书,成了考核古代文献的瑰宝;尤其为人们艳称的,是选进《古文观止》和现今的许多古代文学作品选中的赵策"触讋(讋)说赵太后"章中的"左师触讋(讋)愿见"的"讋(讋)"字在帛书中是"龙言"两个字,说者以为根据帛书可以校正向来传本之误,而各种选本所拟的题目应该是"触龙说赵太后"。其实,清代的王念孙早已在其所著的《读书杂志》中议论及此,他说:

"太后明谓左右:'有复言令长安君为质者,老妇必唾其面。'左师触讋愿见太后,太后盛气而揖之。"吴(师道)曰:"触讋:姚(宏)云:'一本无言字,《史》亦作龙。'案:《说苑·敬慎篇》:鲁哀公问孔子,夏桀之臣有左师触龙者,谄谀不正。人名或有同者,此当从讋以别之。"念孙案:吴说非也。此策及《赵世家》,皆作"左师触龙言愿见太后",今本龙言二字误合为讋耳。太后闻触龙愿见之言,故盛气而待之;若无言字,则文义不明。据姚云:一本无言字,则姚本有言字明矣;而今刻姚本亦无言字,则后人依鲍(彪)本改之也。《汉书·古今人表》正作"左师触龙",又《荀子·议兵篇》注曰:"《战国策》赵有左师触龙。"《太平御览》人事部引此策曰:"左师触龙言愿见。"皆其明证矣(礼鸿按:苏轼《贺杨龙图启》:"左师触龙,语馆粥而及长安之质。"见《东坡集》卷二十八,也可证明宋本《战国策》"龙言"二字尚未误合为一)。又《荀子·臣道篇》曰"若曹触龙之于纣者,可谓国贼矣。"《史记·高惠功臣侯者表》有临辕夷侯戚触龙,《惠景间侯者表》有山都敬侯王触龙,是古人多以触龙为名,未有名触讋者。——下面有辨"揖"字应作"胥"字的话,不录。

王氏的说法,经历了一百四五十年,由于帛书的出土而得到"证实",然而谈帛书者,津津乐道其优点,于王氏之说则似乎若有若无,这未免是"曲突徙薪无恩泽,焦头烂额为上客"了。

用直接材料证明一种设想、看法、说法,可以称之为"征实",如马王堆汉墓帛书《战国策》证明"讋"是"龙言"二字误合为一字;用间接材料或推理来说明一种设想、说法，可以称之为"悬断"，如王念孙引用《汉书·古今人表》、《荀子·议兵》杨倞注、《太平御览》等书，是间接材料，说"太后闻触龙愿见之言，故盛气而待之；若无言字，则文义不明"，以及古人多以触龙为名，是推理。一种设想、说法之确立，有时可用直接材料加以证实；有时却不可能有直接材料来肯定它，如地球的生成和变化，地质学家不可能生到若千万万年以前去亲眼目睹，而地质学仍不失其为科学；有时眼前没有直接材料，到将来却可以为直接材料所证实，如化学家预言将有某种原素出现而后来得到证实。包括语言文字的探证考辨在内，悬断常常是确立一种新的说法的先河，或者简直可以算作确立一种新的说法的本身。试问：没有马王堆汉墓帛书《战国策》的出土，难道王念孙的"悬断"就是错误的吗？

在语言文字的考辨中，这类应该认为正确的悬断是不少的。试再以王念孙的《读书杂志》中的《淮南子杂志》为例。《康熙字典》手部："撘：杨慎《字说》：'同憎。于金切。'《淮南子·兵略训》：'推其撘撘，挤其揭揭，此谓因势。'"王氏则说：

"因其劳倦怠乱，饥渴冻喝。推其撘撘，挤其揭揭。"高注曰："撘撘，欲卧也。揭揭，欲拔也。"念孙案：《说文》、《玉篇》、《广韵》、《集韵》皆无撘字，撘当为撨，字之误也（注同）。撨古摇字也（《考工记·矢人》："夹而摇之。"《释文》："摇，本又作撨。"《汉书·天文志》："元光中，天星尽撨"）。注内"欲卧"，当作"欲仆"，亦字之误也。摇摇者，动而欲仆也；因其欲仆而推之，故曰"推其摇摇"。武王《户铭》曰："若风将至，必先摇摇"。意与此相近也。《太平御览》兵部二引此，正作"推其摇摇"。隶书撨字或作撘（《汉书·司马相如传》："消撘乎襄羊"）。因误而为撘。《管子·白心篇》："未不能自摇者，夫或撘之。"撘亦撨字之误。盖世人少见撘、撨二字，故传写多差。而杨慎《古音余》乃于侵韵收入撘字，引《淮南子》"推其撘撘，挤其揭揭"，不知其字，而以意为之，斯为谬矣。

不难看出，王氏根据《考工记》释文、《汉书·天文志》、《汉书·司马相如传》这些字形方面的材料和《太平御览》的引文这样一些间接材料，显然比杨慎以后的旧解正确得多；但《淮南子》作"撘"之本是没有的，难道应该把王说撩在一旁不予承认吗？

我曾校读《淮南子》，遇到一些词语为前人所没有注意，或看到而未作解释的，试举三条如下：

一、《天文》："至秋三月……青女乃出，以降霜雪。"高诱注："青女，天神青霄玉女，主霜雪也。"

近人编选唐诗，注李商隐"青女素娥俱耐冷"句，就说"青女"是青霄玉女，就是承用上面所引的我有想法的高诱注。按：高注的"青霄"宋本《淮南子》（《四部丛刊》影印本）作"青媜"，媜就是妖字，与霄字不同，我因此以为"青霄"应作"青腰"，即青腰，"腰"、"媜"是同音通用，而《灵飞经》里有"青要玉女"，也就是"青腰玉女"。这个说法看来仅仅是"悬揣"而已——有些影子，咬不实！然而可以更进一步。王安石《读〈眉山集〉，次韵雪诗》："神女青腰宝髻鸦。"宋人李壁《王荆文公诗集笺注》说："《淮南子》：'至秋二月，青女乃出，降以霜雪。'青女，天神青腰玉女也。主霜雪。"宋陈元靓《岁时广记》卷三："《淮南子》：'秋三月……青女乃出，以降霜雪。'注云：'青女乃天神青腰玉女，主霜雪也。'"宋胡仔《苕溪渔隐丛话》后集卷二十五引《复斋漫录》："《淮南子》云：'青女乃天神青腰玉女，主天霜雪。'"根据这些材料，可以断言，管"青女"解释为"青霄玉女"是错误的。

二、《览冥》："夫阳燧取火于日，方诸取露于月，天地之间，手徼忽恍，不能览其光。然以掌握之中，引类于太极之上，而水火可立致者，阴阳同气相动也。"高诱注："言手虽览得微物，不能得其光。一说，天道广大，手虽能徼其忽恍无形者，不能览得日月之光也。"

我于一九四八年读此文及注，加按语道：

> 注二说皆晦曲难解。惟据前说，则"手徼"徼字《淮南子》本作微。盖作"微"者是也。"手徼"二字当为"玄微"之误。玄字隶书作，与"手"形近，因误为"手"。"览其光"者，览即"览冥"之览，谓观览也。"光"当为"兆"或"𠂤"之形误。篆文光作灮，与兆、𠂤皆相近。《说文》朕字从舟𠂤声，𠂤即朕之省形存声字也。"玄微忽恍，不能览其兆（朕）"者，即上文所"云物类之相应，玄妙深微，知不能论，辩不能解"也。

因为高诱注有"微物"的字面，又《淮南子》上文有"玄妙深微"的话，而说正文"手徼"是"玄微"之误，议者殆未有不以为"根据不足"者，我自揣也只好"心存其意，以备一解"罢了。可是二十八年之后（一九七六年）我读《太平广记》卷一百六十一所引的《感应经》，其书引《淮南子》云："阳燧之取火于日，方诸之取露于月，天地之间，玄微忽恍，巧历所不能推其数。然以掌握之中引类于太极之上，而水火可立致者，阴阳相感动然之也。"这就有力地证明了"手徼"是"玄微"之误。惜直接作"玄微"的《淮南子》这部书的本子至今未见。

三、《兵略》："深哉睭睭，远哉悠悠。"

《说文》、《玉篇》、《广韵》等字书里都没有"睭"字，只有《康熙字典》引《字汇补》说："知丑切，音帚。深也。"引《淮南子》云云。《字汇补》这部书谬误最多，它说"睭"字音知丑切，是从这个字从周得声推出来的，解作深，又是从"深哉"望文而生的义，都是杜撰之说。我在拙稿《义府续貂》中说：

> 《淮南》上文云："与飘飘往，与忽忽来，莫知其所之；与条出，与间入，莫知其所集。"顾广圻曰："飘飘，忽忽，疑皆不当重。条疑当作倏，间疑当作闿。飘、

忽、儵、閽皆同义。《荀子·议兵篇》：'善用兵者，感忽悠闇，莫知其所从出。'《新序》作'奄忽'。儵，即忽也；閽，即奄也（杨惊注：'感忽悠闇，皆谓儵忽之间也。'是矣。又云：'悠闇，远视不分辨之貌。'则非）。'飘往、忽来'，与'儵出、閽入'对文。"按：顾引《荀子·议兵》以校此文，是也。而所校所说则未尽惬。盖《荀子》之"感忽"（《新序·杂事三》作"奄忽"，"感忽"即"奄忽"。"奄忽"有疾速义，有须臾之义，见《辞通》卷二十二，二义相成），与《淮南》"飘往、忽来"之"飘"、"忽"相当，此以兵之疾速不可系捕言之也。《荀子》之"悠闇"，与《淮南》"条出"、"间入"之"条"、"间"相当，"条"即悠字之误，"间"即閽字之误——悠者，辽远；闇者，幽昧；此以兵之玄远不可测度言之也。然则"睸睸"之睸即为閽字一体误析而成，本无此字，其云"閽閽"、"悠悠"，即上文之"悠出"、"閽入"矣。"悠"故言远，"閽"故言深，其义自相贯也。

顾氏和我的说法甚至没有间接引用的材料，只用同类性质的《荀子·议兵》作为旁证而加以推想，是否有当，就要大家指教了。

再如《康熙字典》"彌"字下面说："《启颜录》：'陈人聘隋，问马价贵贱。答云：彌尾燥蹄，绝无伎俩，一钱不直。'注：'彌，卜结反。'"只有引例和切音，没有讲意义。按：这里的引文和切音见《太平广记》卷二百五十三所引，稍有详略之异；唐人张鷟《朝野佥载》卷四也记载这件事。这个彌字，是骊的误字，而骊又是骊的俗字。《广韵》入声十六屑韵："骊，弓戾，或作弩，方结切。"中古音重唇轻唇不大分明，方结切就是卜结切。戾的意思就是蹩扭、扭曲，弓戾引申就是尾戾。《广韵》屑韵从"肉"的字有十七个，十二个作"肉"，"骊"就是其中之一，而十二字中"蹩蹎"的蹩也作蹩，可以证明肉是肉的俗写，而骊也是骊的俗写。由骊而误，就变成彌了。《玉篇》弓部："骊，卑结、卑计二切，弓戾也。弩，同上。"《集韵》入声十六屑韵："骊，必结切。弓戾谓之骊。或作弊、弩、䎂。"又足以证明"骊"和"骊"是同一个字。这样，可以得出结论：彌是骊的误字，它的意义是蹩扭、扭曲。这里也没有本子提供直接证据，也没有间接称引的材料，而是根据《玉篇》、《广韵》、《集韵》等书的字形，反切来曲畅旁推，但结论是完全可信的。

现在想提出这样的问题：在辞书里可否收进象"手徼"、"彌"这样的条目，而释为："手徼：'玄微'二字形近之误。《淮南子·览冥训》：'于徼忽恍，不能览其光。'《太平广记》卷一百六十一载《感应经》引《淮南子》作'玄微忽恍'。""彌：骊字之误，骊又为骊的俗写。蹩扭、扭曲。《太平广记》卷二百五十三引《启颜录》：'马有数等，若弩尾燥蹄，绝无伎俩，傍卧放气，一钱不直。'注：'彌，音卜结反。'《广韵·屑韵》：'骊，弓戾。或作弩。方结切。'《玉篇·弓部》：'骊，卑结、卑计二切。弓戾也。弩，同上。'《集韵·屑韵》：'骊，必结切。弓戾谓之骊。或作别弊、弩、䎂。'"

过去的旧辞书，对于辨字释词，似乎抱有持重的态度。认为凡是书本上写了的就是合法的,过去已为大众承认的成说就是不可侵犯的权威——既是群众批准了的,你怎么能反对呢?假若有人对于成说有所异议,提出自己的见解,那就是妄生异说,淆乱视听;而且,群众既已承认了成说,还能接受你的不见经传的见解吗?总而言之,多一事不如少一事,不动为宜。不动,是有根据的,有错误也由前人负责;动而得咎,自己就不得辞其责了。而且,这样做又多么省事!我们是否应该赞同这样的态度呢?对于某些不同于成说或成说所无的见解、说法,诚然应该持重,妄生异说是不可以的;但是多少有些根据、有些道理的见解,即使今天未被群众批准,安知不能经过讨论,经过材料的逐渐获得和推理的逐渐精密完整而为明天的群众所批准呢?旧学商量加邃密,新知培养转深沉,多少有些根据、有些道理的见解,如果能在辞书的茂林中得一枝栖,以备群众的参考、讨论、采择,这是没有什么坏处的。混淆视听固然应该防止,闭目塞聪则未免走到又一极端了。应该相信群众雪亮的眼睛;读者有眼睛,有耳朵,摆了事实,讲了道理,他们是能辨色听声的。

  某一时代的辞书应该反映这一时代的文化学术水平,包括语言文字研究的水平。我们的新辞书应该与旧辞书有所不同,其中的一项要求,就是反映语言文字研究水平。《汉语大词典》组转发的《〈汉语大字典〉编写方案(试行草案)》有云:"要坚持厚今薄古,推陈出新,反对厚古薄今,因循守旧,照搬照抄。"《汉语大词典》的《关于编写释文会议讨论的几个问题》说:"必须广泛吸收古今研究成果,充分利用现有资料。"《汉语大词典》第三次编写工作会议纪要也说:"尽可能广泛收录古今汉语文献中的词语,吸收已有的语言文字方面的研究成果。"山东博物馆吉常宏同志在《汉语大词典》第三次编写工作会议上的发言谈到广积释义资料时指出,考订性资料很有用,因其可以纠正旧说和旧辞书。可见我们是主张推陈出新,吸收语言文字研究的新成果来改进和发展我们的辞书,而和旧辞书的一成不变的倾向是异趣的。问题是如何才算研究成果?是需要完全得到证实,需要大家公认或权威点头呢,还是多少能持之有故、言之成理的见解和说法也可以当作成果或"初步成果"予以吸收,以待进一步的研究或征实呢?我是主张后者的,这样做是符合毛主席的"百花齐放,百家争鸣"的发展科学艺术的方针的。没有讨论,不让大家研究,怎么能有发展呢?或者要问,万一吸收了一些错误的东西,怎么办呢?这很容易,长江后浪推前浪,否定一批,再发展一批。再否定,再发展,任何事物都是在这样的矛盾情况中发展下去的,辞书也何独不然!

  编写新时代的辞书,有许多事要做,"广泛吸收古今研究成果"是不可少的,除了"充分利用现有的材料",还须夺取更新的研究成果。辞书的苑囿应该开放,庶几乎能够迎来百花齐放的绚烂的春天!

《马氏文通》述评

◎ 周锺灵

马建忠所著的《马氏文通》(以下简称《文通》)出版于1898年,到今年整整八十年了。《文通》是我国最早的语法书,马建忠是我国语法学的创始人。尽管《文通》有缺点,后来的语法学家曾经多次批评与指摘,但它的开创之功不可没,而且它反映了古代汉语语法的面貌,具有完整的体系。它自成为一家之言,不愧为一部不朽的科学名著。本文先叙述《文通》的语法体系,而后评论它的价值。

一、《马氏文通》的语法体系

《文通》的内容分字类和句读两部分。《例言》说:"是书所论者三:首正名,次字类,次句读。"正名是字类和句读的总纲要,所以本书实质上只有字类和句读两部分,即词法和句法两部分。只是由于"夫字类与句读,古书中无论及者,故字类与字在句读所居先后之处,古亦未有其名"(《例言》)。因此,卷一《正名》就对本书的字、词、次、句、读作出界说。《序》又说"部分为四:首正名","次论实字","次论虚字","故以论句读终焉"。这不过是把字类再分成虚实两部分来加以叙述罢了。《文通》全书共十卷。篇卷的安排是:卷一是正名;卷二到卷九共八卷论字类,其中卷二到卷六共五卷论实字,卷七到卷九共三卷论虚字;卷十论句读。

《文通》的字类

字类就是词类。《文通》所选用的语言材料是先秦两汉以及唐代韩愈的古典散文,在极大多数情况下,字就相当于词。

字分两个大类:实字和虚字。实字和虚字的分别是由来已久的传统说法,从《文通》开始,才给以明确的定义。卷一界说一,说:"凡字有事理可解者曰实字,无解而惟以助实字之情态者曰虚字。"《序》也说,"凡字有义理可解者皆曰实字","凡字无义理可解而惟用以助辞气之不足者曰虚字"。这两对定义是相仿的,都是本质性定义。《例言》又说:"构文之道,不外虚实两字,实字其体骨,虚字其神情也。"这是从文章写作的角度给实字和虚字所下的一对描述性定义。

实字分五类。卷一的界说二到界说六,给名、代、动、静、状五个字类下了定义。(1) 名字。界说二,说:"凡实字以名一切事物者曰名字,省曰名。"(2) 代字。界说三,说:"凡实字用以指名者曰代字。"(3) 动字。界说四,说:"凡实字以言事物之行者曰动字。"(4) 静字。界说五,说:"凡实字以肖事物之形者曰静字。"(5) 状字。界说六,说:"凡实字以貌动静之容者曰状字。"

虚字分四类。卷一的界说七到界说十,给介、连、助、叹四个字类下了定义。(1) 介字。界说七,说:"凡虚字以联实字相关之义者曰介字。"(2) 连字。界说八,说:"凡虚字用以为提承展转字句者统曰连字。"(3) 助字。界说九,说:"凡虚字用以煞字与句读者曰助字。"(4) 叹字。界说十,说:"凡虚字以鸣人心中不平之声者曰叹字。"

实字和虚字共计九类。卷一说:"字类凡九,举凡一切或有解或无解与夫有形可形有声可声之字胥赅矣。"

《文通》的句、词(句子成分)和读

句是句子。卷一界说十一,说:"凡字相配而辞意已全者曰句。""字相配"是说以字为单位而互相配合,"辞意已全"是说表达了完整意思。句子的各个部分叫做句子成分。"意达于外曰词",所以《文通》把句子成分称为词。《文通》共列七种词,现在叙述如下。

(1) 起词。起词即主语。界说十二,说:"凡以言所为语之事物者曰起词。"这是用作为陈述对象的事物来给起词下定义的。

(2) 语词。语词即谓语。界说十三,说:"凡以言起词所有之动静者曰语词。"这是用起词作为先行概念来给语词下定义的。

(3) 止词。止词即宾语。止词是外动字的止词,宾语是及物动词的宾语。界说十六,说:"凡名代之字后乎外动而为其行所及者曰止词。"

(4) 表词。表词即表语。静字作语词称为表词,名字或代字作语词也称为表词。

(5) 司词。界说二十二,说:"凡名代诸字为介字所司者曰司词。"司词是介字的司词,也就是介词的宾语。司词和止词的区别是:司词受介字的支配,而止词则受外动字的支配。

(6) 加词。这有两种。1,介字加司词所构成的介司结构称为加词。这种介司结构相当于现代汉语的介宾结构。这种加词相当于现代汉语的状语或补语。2,加词的另一种相当于现代汉语的同位语。

(7) 转词。转词就是后人所说的间接宾语和副词性宾语。外动字和内动字都可以带有转词。转词有两种:一种是外动字所带止词所转及的名字或代字;一种是内动字所转及的名字或代字。转词和司词是密切关联的一对概念,它们实际上是同一个对象。这个对象对介词来说叫做司词,而对动字来说则叫做转词。

读是不独立的或半独立的句子。界说二十三,说:"凡有起语两词而辞意未全者曰读。"读有几种情况,它包括:(1) 主谓结构的词组,(2) 主谓结构的句子形式,(3) 主谓结构的从属分句。总起来说,读是主谓结构的词组。

《文通》的位次说

什么叫位次?卷一界说十七,说:"凡名代诸字在句读中所序之位曰次。"《文通》根据"中国文字无变也"(见卷七介字部分)的特点,在字和句子成分的相应关系上建立了位次的理论。名字和代字都有六次即六个位次:(1) 主次和宾次;(2) 正次和偏次;(3) 前次和同次。

主次和宾次是一对互相联系的概念。主次的含义是:"凡名代诸字为句读之起词者,其所处位曰主次。"(界说十八)主次的范围是:(1) 起词是主次;(2) 表词是起词的同次,所以表词是同主次。宾次的含义是:"凡名代诸字为止词者,其所处位曰宾次。"(界说十九)宾次的范围是:(1) 外动字所带的止词是宾次;(2) 介字所带的司词是宾次;(3) 动字所转及的转词是宾次。

正次和偏次又是一对互相联系的概念。正次和偏次构成偏正结构。正次的含义是:"凡数名连用而意有偏正者,则正意位后,谓之正次。"(界说二十)即偏正结构中的中心词。偏次的含义是:"凡数名连用而意有偏正者,偏者居先,谓之偏次。"(界说二十一)即偏正结构中的前附加语。

前次和同次是表示同一概念的两个语言成分。在前的叫前次,在后的叫同次。同次的范围是:(1) 表词是起词的同次,因为起词是主次,所以表词是同主次;(2) 同位语性质的加词是同次。这种加词的前次可以是主次或宾次或偏次,因此它也可以是同主次或同宾次或同偏次。

总起来说,六次即六个位次是三组互相联系的相对概念。(1) 主次、宾次和偏次是主要的次。正次可以是主次或宾次。前次可以是主次或宾次或偏次。同次是同于前次。(2) 主次和宾次所涉及的语法结构的范围较大,而正次和偏次的范围则只限于偏正结构的词组。前次和同次的范围则与主次、宾次、偏次互相交织联系在一起。

二、《文通》的科学价值和历史意义

由于《文通》的语法体系具有完整性和系统性,反映了古代汉语语法的特点,因此它有可贵的科学价值。又由于"此书为古今来特创之书"(例言),是我国最早的第一部语法书,奠定了我国语法学的基础,因此它有重要的历史意义。

《文通》的科学价值

《文通》论述并分析了九个字类、七种句子成分、六个位次以及顿、读和句。《文通》的语法体系是很有条理的。它先讲字类而后讲句读,对其体系中的每个概念都给以确切的释义,对于各种语法结构和语法规律都有比较周密的剖析和比较细致的解释。跟这个语法体系相配合,《文通》的篇章安排也具有合理的系统性。卷一正名是个综合性的大纲,给二十三个基本概念下了定义;卷二到卷六讲实字,卷七到卷九讲虚字,最后卷十讲句读,做到了循序以进。卷二讲名字和代字,接着卷三就讲位次,因为只有名字和代字具有位次。卷四讲动字,接着卷五就讲坐动和散动,因为坐动和散动是动字的运用。

《文通》对古代汉语语法的特点是有所发现,有所阐明,有些地方颇有独创见解,能够启发人们深思。

它重视词法和句法之间的密切关系,结合具体的字类论述句子成分和句子类型。例如:静字部分分析了静字语词句的各种类型;动字部分分析了动字语词的复杂情况;连字部分分析了复句的各种类型,包括偏正复句和并列复句的多种格式。

它强调介字在句子成分的扩展上的重要作用。介司结构所构成的加词很突出地被运用在次要的句子成分上。《文通》周遍而详尽地分析了这种加词的丰富多彩的格式。《文通》卷七说:"泰西文字,若希腊、辣丁,于主宾两次之外,更立四次,以尽实字相关之情变,故名代诸字各变六次。中国文字无变也,乃以介字济其穷。"这种用中西语法相比较而观其不同特点的见解是很正确的。

它建立了"华文所独,所以济夫动字不变之穷"(见卷九虚字助字部分)的助字这个字类。它规定了助字的含义,划清了助字跟其他字类的界限,把助字的范围限制于用来表示语气。它分析了助字的种类,并且阐明了以语气为标准而分成的各种句子类型。

它区别了顿和读的范围。顿是非主谓结构的词组,而读则是主谓结构的词组,这使它们具有了明确的定义。特别是读的阐明具有重要的意义,因为这对于分析古代汉语语法结构是有一定的实践价值的。

《文通》在论述并分析字类和句读时,既重视语言材料,又讲究研究方法。既有分析,也有综合;既用演绎法,也用归纳法。既参考了西方的语法学,认识到语法具有一般的通性,也注意到古代汉语的特点,寻求出汉语独具的语法事实。

《文通》的历史意义

《文通》开始建立了我国的语法学。它开辟了新纪元,使汉语的语法研究成为一门独立的学科。在我国历史上,从先秦时代直到清代,确实有过一些语法思想、语法概念和语法分析,但都是零碎片断的,不成科学系统。《文通》的诞生使汉语的语法研究脱离了经学家和古文家的束缚,进入了科学的领域。

自从《文通》发表以后,研究古代汉语语法的都以《文通》为基础。例如章士钊的《中等国文典》的九个词类跟《文通》的九个字类实质上完全相同,只是名称上略有不同。又如陈承泽的《国文法草创》的八个字类跟《文通》的九个字类实质上也完全一致,也只是名称上略有不同,另外把代字称为代名字并归入名字之中罢了。

后来研究现代汉语语法的也都参考了《文通》,对《文通》的语法体系也都有所继承。继承得最多的是黎锦熙的《新著国语文法》。《新著国语文法》的九个词类跟《文通》的九个字类实质上完全相同,只是名称上略有不同。《新著国语文法》的名词和代名词的七个位,跟《文通》的名字和代字的六个次相比,虽然在名称和实质上都有些不同,但仍然是继承了《文通》而加以发展而来的。

"暂拟汉语教学语法系统"的十一个词类是根据现代汉语语法的特点确定的,比《文通》多了数词和量词两个词类。《文通》介绍的是古代汉语语法,因此没有量词这个词类,把数词并入静字之中称为滋静字。"暂拟汉语教学语法系统"没有直接因袭《文通》的词类,但我们应当承认《文通》奠定汉语词类划分的基础这个首创功绩。

以上这些比较既表明了《文通》的历史意义,同时也可以作为《文通》的科学价值的论据。正因为《文通》是最早的有系统的语法著作,所以后来的无论是古代汉语语法著作或者是现代汉语语法著作都或多或少地参考了它。这就使《文通》的科学价值和历史意义汇集在一起了。

余 论

科学是不断地进步的,语法学也是如此。在《文通》出版以来的八十年中,我国的语法学已经有了巨大的发展和革新。现在回顾《文通》,它有不少缺点。

首先,用八卷的篇幅讲字类而只用一卷讲句读,这就是它"仿葛郎玛而作"(例言)的篇卷安排的特别格局。这个格局对于分析汉语语法是不太适合的。

《文通》的字类部分有缺点。例如名字部分把公名分做群名和通名两类是不周延的。又如代字部分的接读代字没有建立的必要,把指名代字分做指所语者和指前文者两种也是多余的,把"所"或"者"所构成的词组解释为主谓词组是错误的,把"皆"、"悉"等字看作约指代字也是不对的。又如动字部分的受动字和自反动字两类动字也没有成立的依据。又如静字部分把平比和差比相提并论是不妥当的,极比的说法更是无稽之谈。又如介字部分错误地把并列结构中的"与"字看作介字,连字部分错误地把"方"、"当"等字看作连字。又如断辞属于什么字类,始终没有说明。

《文通》的句读部分也有缺点。例如它有时用字类上的名称去说明句子成分,有时用位次的名称去解释句子成分,这就混淆了这三者的界限。又如它把读的范围推衍得太宽广,把一些句子解释为读,这就使读的定义跟引例发生了矛盾,从而造成读和句子的范围交错不清的后果。

《文通》的缺点虽然不少,但从整体上看,它仍是自成系统的学术著作。它繁征博引,取材丰富,寻求法则,建立理论。例如位次说的根据虽然是参考了西文的语法,但用它可以讲明字类和句读的关系,讲明名字和代字在句法范围中的功能。位次说虽然在实践上好像多说了一套,并且说起来比较烦琐,但是在理论上还是站得住脚的。又如句读共一个起词的理论也是符合汉语实际的一种说法。又如坐动和散动是用来说明动字在句读中的功能的,实际上是区别主要动字和次要动字。如果承认兼语式和连动式,那就不需要这种区别,但是兼语式和连动式都是难于用直接成分分析法进行分析的,这就产生了问题,因而对于动词分为坐动与散动的说法还值得我们深入探讨。又如《文通》认为区分字类就是"类其义"(见卷一),但是在实践上它对于不同字类的功能作用却有所分析和发现,并且对于字类的通假也有所限制。总之,《文通》在理论方面和实践方面是互相补充的,都是有所贡献和成就的。

《文通》在我国语法学史上是一部划时代的不朽名著。它持之有故,言之成理,自成为一家之言。虽然有缺点,那是次要的。我们应该尊重《文通》的特创性的历史意义,应该珍惜它的系统性和完整性的科学价值。至于它的美中不足之处,应予批评指出。另外有些疑难的问题,还有待于作进一步的深入研究。

《文通》的作者在《序》的结尾处说:"爰积十余年之勤求探讨以成此编;盖将探夫自有文字以来至今未宣之秘奥,启其缄縢,导后人以先路。挂一漏万,知所不免。所望后起有同志者,悉心领悟,随时补正,以臻美备,则愚十余年力索之功庶不泯也已。"作者的那种勤求探讨的治学精神和虚心承教的科学态度是值得我们后人学习的。

略论汉族共通语的形成和发展

◎ 鲍明炜

现在大家对汉民族共通语是否已经形成的问题,意见还不完全一致,有人说汉民族共通语早已形成了,有人说还正在形成之中。我们认为前一种见解是符合事实的。不管形成的程度怎样,汉族人民有个共同使用的交际工具总算是不成问题了。

这个共同使用的交际工具是什么呢?是北京话呢,还是普通话呢?大家看法不同,于是也发生了争论。我个人认为这个问题是不难解决的,所谓南腔北调的普通话,不过是现代汉语在语音上向着北京话集中的必然的过渡现象而已,它同北京话没有什么本质上的差别,要是从发展上看,两者应该是一个东西。

从目前的争论中看,主张以北京话为标准语的基础的人已经占了压倒的优势。但这是从表面上看的,从实质上看,问题并没有解决。因为占优势的主张并没有得出合理的结论,没有把北京话和普通话统一起来,只是在二者之中挑选一个,而另一个却被丢得远远的。

大家既然都承认有汉民族的共通语,那么,这种争论就没有必要。我们讨论问题就该从这共通语出发,而不应去争论哪一个是共通语。因为现代汉语和完全没有共通语的部族语言不同,部族语言的任何一种方言都可能发展成共通语,语言学家可以在社会还没有挑选以前,根据正确的理论预先代为挑选一种方言作为该部族将来的共通语基础(例如苏联北方各部族语言)。可是汉语就不同了,社会早已自然地形成了共通语的基础,并且发展到相当高的程度,已经没有人为的挑选余地。目前我们的任务不在于挑选而在于把这已经存在的共通语加以分析,阐明它的特点和本质,推究它形成的过程,从而掌握它今后发展的方向,确立政策、制订计划,以促其加速发展。

标准语问题实际上只是标准音问题

汉民族共通语的构成要素是怎样的呢?一句话说,就是汉语传统的文学语言加上北京音。许多人都根据斯大林所说"某些地方方言在民族形成的过程中可以成为民族语言的基础并发展为独立的民族语言"的理论,来证明北京话是汉民族共通语的基础。斯大林的理论当然是完全正确的,"北京话"这个地方方言自然是可能作为民族共通语的基础的,但是北京话和其他方言的关系怎样呢?特别是和汉语传统的文学语言的关系怎样呢?这是我们应该进一步考虑的。

大家知道,汉语文学语言至少在春秋战国时代就建立起来了。两千多年以来,汉语史上"产生过许多善于使用语言的巨匠如散文家孟子、庄子、荀子、司马迁、韩愈等,诗人屈原、李白、杜甫、白居易、关汉卿、王实甫等,小说家《水浒传》的作者施耐庵、《三国志演义》的作者罗贯中、《西游记》的作者吴承恩、《儒林外史》的作者吴敬梓、《红楼梦》的作者曹雪芹等。他们的著作是保存我国历代语言(严格地说,是汉语)的宝库,特别是白话小说,现在仍旧在人民群众中保持着深刻的影响"①。在这个长期的发展过程中间绝没有什么突然地出现,从语言的观点上看,《红楼梦》是在《水浒传》、《三国志演义》、《西游记》的基础上产生的,《水浒传》、《三国志演义》、《西游记》又是在唐宋以来的讲唱文学的基础上产生的,这样可以一直推到遥远的古代。历史上善于使用语言的巨匠的伟大作品和它当代的口语都是紧密地联系着的,李白、杜甫的诗很多到现在还很接近口语,白居易的诗不是老太婆都能懂吗?柳永的词在当时是"有井水饮处,无不歌柳词"。至于唐宋以来的讲唱文学是讲唱者面对听众讲了又唱,唱了又讲的,更是和口语分不开了。现代汉语的文学语言显然是从古到今直线地发展下来的,在说它是在北京话的基础上发展成功的同时,如果忽视了这个历史继承,我认为是不妥当的。

比如,有人说汉民族共通语是在元代以后的以北京话(北方话的中心)为基础的白话文学的基础上发展起来的,其实汉语早在元代一千多年以前就建立起丰富的文学语言了,元代以后的白话文学作品并不是前所未有的。说汉民族共通语是在北京话的基础上发展成功的,好像说汉语在元代以前还没有文学语言,至少是还没有像元代以后那样的白话的文学语言。这是不对的,这只要看看唐宋两代的讲唱文学的盛况,就可以明白了。其实汉民族共通语在北京话的基础上发展以前,汉语的文学语言是有它的主导方言的,虽然这些主导方言曾经由一地点移到另一地点(比方长安洛阳开封)。如果说汉族一直到元代以后才以北京话为中心,逐渐地发展为民族共通语,显然是不对的,因为我们的文学语言是在活的语言的基础上产生的,这活的语言的基础便是汉语的主流。

大家知道,汉民族共通语即使和它最近的前身(如《红楼梦》、《儒林外史》)相比,在词汇上也有显著的不同。随着社会的发展,它加添了大批的新词。这些新词是不是在北京话的基础上产生的呢?不是。远的不必说了,拿近的来说,像飞机、电车、学习、救护、物理、化学、思维、意识等大量的新词,能说是在北京话的基础上产生的吗?能说是在某一个方言的基础上产生的吗?即使在解放以后才产生或广泛流行

---

① 《人民日报》社论《正确地使用祖国的语言,为语言的纯洁和健康而斗争!》,1951年6月6日。

的词,像无缝钢管厂、刃具厂、拖拉机、空调器等,也不是在北京话或某一个方言的基础上产生的。"无缝钢管厂"依北京话该叫"没缝钢管厂",为什么不这样叫呢?因为这样不合乎早存在于文学语言的"无产阶级"、"无线电"等等的构词规律。近几十年来(以往也是这样)产生的绝大多数的新词,任何方言都无能为力,最有办法的还是我们的文学语言。但是,由于汉字读音迁就方音,我们的读音还不统一,因此,我们可以坚定不移地说:汉民族共通语就是传统的汉语文学语言加上北京音。

对这一点,近几十年来,关心汉语发展的中国语言学者是了解的。民国初年,胡以鲁和章太炎主张以湖北话做汉语标准语①,胡以鲁只说在语音上应有所损益,没说在语法和词汇上也要有所损益。从前搞国音统一的时候,各方言区的代表(多是语言学者)曾在会议室里举手表决每个字的读音,也没有表决语法和词汇。可见他们都认为我们本有个对于各个方言都是共通的语法和词汇。毫无疑问,这共通的语法和词汇就是传统的汉语文学语言的语法和词汇。

在最近的讨论中,许多人都说所谓标准语并不就是北京话,是在北京话的基础上加上些共通的东西,再减去些特殊的东西。那么,这样一加一减之后所剩的是什么呢?恰好是传统的文学语言。不仅北京话是这样,其他任何方言经过这样一加一减之后所剩的也是这样。正因为汉语具有世界上最丰富的、历史最悠久的、强有力的文学语言,通过遍及全国的知识分子,特别是通过深入民间的讲唱文学的讲唱者,对汉语各方言起了巨大的统治作用,它不允许任何方言向别的道路发展。就是由于这个原因,汉语的方言虽然很复杂,但就语法和词汇上看却是相当一致的。

当然,也不是说汉语的方言之间没有一些语法和词汇上的差异,只是这些差异是细微的。我们总该承认这样一个事实:不管在哪一个方言区里,儿童一到高小毕业,顶多是进入初中,语法、词汇上的细微差异在他的日常说话中就少得多了,至于在严肃说话如演说时,这些细微的差异几乎不存在。这种情形对于北京话同样是适合的。这就充分说明汉语文学语言(书面语)对于诸方言有无比的影响力量。我们可以说现在诸方言间所存在的不同只是语音。

所以我们现在讨论标准语问题,实际上只是标准音问题。

汉语的文学语言

我国历史上政治经济文化的中心总不出西安、北京、南京这个三角地区,汉语的主流就是在这个地区内发展起来的;其他各个方言都从属于这个主流,谁和这个主流的共同点多一些,谁就为全国大多数人所容易了解一些。大体上说,魏晋以前的

---

① 胡以鲁《国语学草创》,第八编及章炳麟序。

文学语言是比较接近口语的,魏晋以后,一方面所谓正统的文学用语日渐脱离口语,作者承袭了不少已经僵固的古代的词和语。但是善于使用语言的巨匠们,如李白、杜甫、欧阳修、苏东坡等的作品还是比较接近口语的。另一方面,在人民大众的口语的基础上又产生了新的文学语言,这就是所谓俗文学。民间的歌谣之外,从南北朝开始就有"变文"的流行[①],到唐代这种变文的讲唱就大大地兴盛起来,各地佛寺里都大规模地讲唱佛教故事和非佛教故事,听众们"转相鼓扇扶树。愚夫冶妇,乐闻其说,听者填咽寺舍"[②]。其盛况如此,其影响可以想见了。到宋代变文被禁绝,可是新的讲唱文学如鼓子词、诸宫调、宝卷等又出现了,其规模比从前更大,已不限于佛寺,进而深入农村了,陆放翁写当时的情景说:"斜阳古道赵家庄,负鼓盲翁正作场。身后是非谁管得,满村听说蔡中郎。"后来的弹词和鼓书到今天还盛行南北,在民间有极大的势力。无疑地,《水浒传》《三国志演义》《西游记》《儒林外史》《红楼梦》这些伟大作品都是在讲唱文学的基础上产生的。所有这些情形告诉我们一个事实:就是在上述的汉语主流所在的地区内存在着一个大体上共同的普通话。很明显,像变文、鼓子词、诸宫调等广泛地在乡村和城市中流行,讲唱的语言不可能用地道的土话,因为他们要到各处讲唱,用地道的土话,听众不容易懂。这个普通话就是在各地的土语上经过文学加工的结果,也就是我们所说的汉语共通语。传统的汉语文学语言就是在这个共通语的基础上产生的。

这种情形还可以从另一方面来了解,就是读书音和白话音不同的现象。各地都有这种现象,例如:

北京话[③]

例字	宿	学	熟	摸	嚼	雀
读书音	su	ɕye	ʂu	mo	tɕye	tɕʻye
白话音	ɕiou	ɕiau	ʂou	mau	tɕiau	tɕʻiau

厦门话[④]

例字	沙	楼	骑	戴	带	胶	标	短
读书音	sa	lo	ki	dai	dai	gau	biau	duan
白话音	sua	lau	kia	di	dua	ga	bio	de

临川话[⑤]

例字	争	宾	声	听	偷	叹	蚊	精
读书音	tsen	pin	sin	tʻin	tʻɛːu	tʻan	un	tsin

---

① 郑振铎:《中国俗文学史》(上册),第 268 页。
② 郑振铎:《中国俗文学史》(上册),第 189 页。
③ 高等学校交流讲义:《现代汉语》,发音与正音部分第 10 节。
④ 罗常培:《厦门音系》,第 41—49 页。
⑤ 罗常培:《临川音系》,第 91—96 页。

白话音　　tsaŋ　pen　saŋ　tʻiaŋ　heːu　han　mun　tɕiaŋ

无论北京话或是其他方言,凡是读书音都比较普通一些(也有相反的情形,但少得很),其他方言区的人更容易了解一些。可见各方言区都各自有个普通话,这些普通话之间虽不能完全共通起来,但都比口语更接近北京的汉语的主流,各方言区的人就用这种普通话和外地人交谈,讲唱者也用这种话讲唱。所有各方言区的普通话构成汉民族共通语,这个共通语通过知识分子,通过讲唱文学的讲唱者统治着各个方言,使它们服从自己。苏联康拉德说:"人数众多的、在中国很受欢迎的职业故事叙述者'说书的'在文盲众多的条件下传播这些文学起了巨大的作用,他们在城里或乡间说书,在某种程度上把北方方言带到全国各地去。"① 这话是很正确的。

　　我们的共通语实际就是丰富的文学语言,语法和词汇绝大部分在各方言区都已达到一致,只是在语音方面至今还存在着分歧。但是这个分歧并不是没有规律可寻的。为了建立标准音,我们的任务应该是在我们已有的中国语言学的基础上开展全面的方言调查,掌握它的规律,确立标准音的准则。

标准语的发展

　　前面说过,汉民族共通语的语音集中的目标是北京话,这个趋向是客观条件所决定的,不是我们的意志所能左右的。从这个趋向看,将来汉民族共通语的语音必然统一在北京话上。因此我们才说标准语的发展问题,实际上就是标准音如何建立的问题。普通话之所以被人叫做"南腔北调的普通话",正好说明它是现代汉语语音向北京话集中的过渡现象,不管哪里普通话都是这个性质。王力先生说:"咱们可以说,有以吴语为基础的普通话(如在上海的机关学校里),有以粤语为基础的普通话(如在广州的机关学校里),上海人和广州人用普通话交谈,有时候不容易互相了解,就因为在普通话里包含着自己方言的成分太多了些。谁能尽量接近北京话为基础的普通话,谁的话就比较容易为不同的方言区域的人所了解。"② 这话正好说明在不同的普通话之间有一个相同的东西,就是在语音方面向北京话看齐。谁的话更接近文学语言一些,特别是在语音上更接近北京话一些,谁的话就更容易为对方所听懂。所以普通话有许多不同的等级,这些不同的等级都站在一条通往北京音的直线上。普通话的产生是很自然的,像我们这样一个方言复杂的大语言,一下子是集中不起来的,必然产生普通话作为过渡形式。语音是很顽固的,既经成为自己的口音,不下工夫便一辈子也难改掉,特别是声调,改起来更麻烦。刘复曾说过"我的至今改不了的江阴四声"的话,像他这样的语音学专家尚且如此,一般人就更难了。人

---

① 康拉德:《论汉语》,彭楚南译本,第23页。
② 王力:《论汉族标准语》,《中国语文》第24期。

们想学北京话,可是没有学得好,结果就成了既不像北京话也不像任何一种方言的四不像的普通话。正是因为这样,普通话决不以它的现状为满足,它还要很快地向着北京话集中,也正因为这样,我们不应该排斥普通话。大家所以有争论,是把北京话和普通话对立起来了,认为二者是不相容的。站在北京话一边的人,说普通话是南腔北调,人各一腔,结果所谓普通话空有其名而无实在内容,因而说它是不存在的。站在普通话一边的人就说北京话是土语之一,通行地区很小,远不如普通话的势力大,强迫大多数人说少数人的话是不合算的。前者的主张固然是对的(在语音上),但排斥普通话,没有看到普通话发展的一面就不对了。后者只抓住没有固定形式的普通话,而没有看到它发展的方向,也是不对的。我们不能把发展着的东西看成不变的东西,把相互联系着的东西孤立起来和分割开来。

至于汉民族标准语今后的发展,必然要随着全国范围的社会主义经济建设而加速进行。语法和词汇都要在前述的基础上继续不断地吸收方言成分和外来成分而日益丰富起来。在语音方面,必定逐渐向着北京话集中。解放仅只五年多,由于文学读物的大量出版,戏剧、电影和广播事业的空前发展,共通的普通话就已有了显著的发展和集中的表现。

但是,标准语不管怎样加速发展,我们不能设想要求在短时期完全统一起来,在语音和词汇方面的细微的差别是还会存在一个相当长的时期的,甚至在语法方面也是这样。比方,砀山的梨农说:"今年的梨价钱好。"广东的香蕉农说:"今年香蕉好价。"类似这种细微的差别现在有,短时期也不会消灭,但这是无关大体的。我个人认为,共通的标准语不能设想一定要绝对地共同,连一点细微的差别也不允许有。像我们汉族的拥有五亿半人口的世界上最大的这样一个语言,绝对的共同性是很难设想的。

修辞学是"言语语言学"吗?

◎ 张礼训

近年来在言语与语言问题的讨论中,有人主张要在"语言科学"之外另建一种"言语科学"。高名凯先生最近发表的《语言与言语问题的争论》一文,也同意这种主张,并且他还引证了不少学科作为例子。他说:"传统的修辞学和翻译学,就是言语语言学的两个部门。现代新兴的一些科学,如风格学、机器翻译学、言语分析法等也属于言语语言学的范围。"高先生竟然把"言语语言学"的范围说得这么大,实在使人怀疑。"言语语言学"到底是什么?本文只是就"修辞学"是不是"言语语言学"的问题提出一点看法,向高先生请教。

一

高先生要建立"言语语言学",但首先的问题是,高先生文章里所提出的"言语语言学"这一概念是很含糊的,它和我们平常理解的"语言学"之间的关系,也是不够明确的。

首先,在高先生文章的最后一节"语言和言语的区别与语言学研究对象的确定"中,"言语学"、"言语语言学"和"言语科学"这三个词前后替用,出现多次,不知道高先生的这些术语的涵义究竟有无区别。关于"言语学",按照主张建立这一学科的人们的说法,它是以"言语"为研究对象,而"语言学"是以"语言"为研究对象的。在他们看来,"言语"和"语言"是两种本质不同的社会现象。高先生也有同样的看法,所以高先生所用的"言语学",推论起来应该也是和"语言学"相对立的。至于"言语语言学",高先生在另外地方倒规定过:"这些研究,是语言学中的言语语言学的分内事。"① 不过,高先生的"言语语言学"既然是"语言学中的",是属于语言学的,怎么它又可能会等于那种和语言学相对立的"言语学"呢?这是高先生在术语上使人感到矛盾的第一点。

假如我们撇开"言语学"不谈,暂且按照"语言学中的言语语言学"这一规定去理解高先生的"言语语言学",行不行呢?实际上仍有矛盾。因为,"言语语言学"既然

---

① 高名凯:《语言论》,科学出版社1963年版,第116页。

是"语言学中的",是语言学的一个组成部门,是包括在语言学之中的,那么,它和语言学就只能是部分和全体的关系,它的研究对象也就只能是"语言",它的性质也就只能是语言科学。可是,这样一个看来很自然的推论,却会违背高先生的本意。我们知道,高先生之所以主张建立"言语语言学",最根本的出发点是在于他认为这门科学的研究对象不同于语言学。并且,高先生文章里另外还有一句话:"这些科学(按:指属于所谓言语语言学范围的修辞学、翻译学、风格学、机器翻译学、言语分析法等——训)的存在都并不能排斥作为独立科学的语言学和语文学的存在。"这里就是说,"言语语言学"的存在并不排斥"作为独立科学的语言学"的存在,也就是说,"言语语言学"和"语言学"之间存在着一种"排斥"与否的关系,前者的存在不排斥后者的"独立"存在。可见两者之间不是那种部分与全体的包含关系,而只是并列的、平行的关系。这样的领会如果不错的话,那么,高先生所讲的"言语语言学"岂不是又不包括在语言学之中了吗?我们实在很难看出他的"言语语言学"和"语言学"之间到底是一种什么样的关系。

其次,现在有些人主张建立"言语科学",显然是受了德·索绪尔的影响。但是,索绪尔是把语言学的研究看成为纯粹心理的,把"言语的语言学"的研究看成为心理——物理的,发音部分的研究在他是划归了后者。他的"言语的语言学"是作为语言学的一种辅助科学看的。而高先生的情形并不是这样。高先生是在把语言和言语论证为两种本质不同的现象之后,觉得"言语既然是不同于语言的现象,语言学既是以语言为研究对象的科学",那么当然另外还得要去处理"言语",这就产生了"有必要对言语进行研究"的要求。"正是这个缘故",高先生才"同意张世禄先生所提出的建立言语科学的主张"。可见,在高先生看来,"言语语言学"和"语言学"显然由于研究对象的截然不同而要互相对立。这样,高先生的"言语语言学"跟索绪尔所提出的"言语的语言学",就未必是一回事了。

以上的讨论,都还是暂且按照高先生的"语言学中的言语语言学"这种意思,把"言语语言学"这个术语理解为一种偏正词组"言语的/语言学"的。就是这样,在理解上已引起了一些问题。此外,我们又感到高先生的所谓"言语语言学",似乎还很可能是"'言语——语言'的科学"那种意思。这就更增加了问题的复杂性。高先生自己的界说是这样:

> 语言和言语既是密切联系在一起的两个不同的现象,我们就不能不在两者交叉的地方建立起言语语言学的研究。言语语言学既不全面研究语言,也不全面研究言语,它要研究语言成分之如何组成各种言语,它要研究言语中超语言而与语言具有同类作用的表达手段及其如何与语言成分共同组织言语的规律。①

---

① 高名凯:《语言与言语问题的争论》。

虽然这种研究不是纯粹语言学的研究,它却可以成为一种语言学的边缘科学即言语语言学。①

既然这种研究是在两者交叉的地方建立起来的,是边缘性质的科学,而且是既要研究语言又要研究言语(虽则都不全面研究),并且它是某种程度的语言学的研究而不是纯粹语言学的研究。那么,人们当然又很可能要把它理解为"'言语——语言'的科学"了。问题是,我们首先得弄清楚高先生的所谓"言语语言学"这个术语的构词形式,究竟是"言语的/语言学"那种意思呢?还是"'言语——语言'的科学"那种意思呢?这又是令人疑惑的。

以上几点是有关术语方面的问题。术语是进行科学研究的重要工具。提出一个新术语来,假如它的含义还不明确,界限还未清楚,那就不能真正使人理解;至于要说服人,诱导人去进一步研究,那就更难了。术语概念的规定是应当重视的。

二

问题不只是在于概念的是否明确而是"言语语言学"究竟应否建立,这是一个先决问题。因此,我们还得再探讨一下言语语言学问题是怎样被人们提出来的,进而理解高名凯先生所讲的那种"言语语言学"究竟有没有建立的必要。

有些人主张建立"言语语言学",理论根据是在于,他们把语言和言语对立起来,看成为两种本质不同的现象,因而需要由不同的学科来分别研究。高名凯先生说,"语言和言语的区别也正是这些学科得以存在的理论根据",就是明证。

这几年来,语言和言语问题的争辩,大量的论证使我们看清楚了一个重要问题,那就是:语言和言语的关系是一般和个别的关系,语言是本质,言语是本质的存在形式。语言就存在于言语中,两者是同一现象的两个方面,而不是两种本质不同的现象。主张根据以上的认识,就不会同意另建"言语语言学"。因为另建"言语语言学",照他们那样地去划分"语言学"和"言语语言学"的研究对象,就要面临许多理论上的困难。例如,我们就得要分别规定出"语言学"研究对象的单位和"言语语言学"研究对象的单位。在这个问题上,有人就会说,"自由词组和句子只是言语的单位",就会说,"句法学只是属于言语语言学的,词法学、词汇学才是属于语言学的"。而这些都和语法学研究者的常识相违背。接受了他们的说法,还得要分别找出作为语言学研究对象的语言的内部发展规律和作为言语语言学研究对象的言语的内部发展规律。事实上,所谓言语的自己独特的内部发展规律,是根本不存在的②。主张建立

---

① 高名凯:《语言论》,第116页。
② 参看《语言和言语问题讨论集》,第214页。

"言语语言学"的那套理论是很不科学的。现在,虽然有人为了坚持"言语有阶级性"的论点,仍旧在极力否认语言和言语是一般与个别的关系,但是他的道理已经越说越繁琐,而且矛盾百出,愈来愈不能说服人了。所以我们认为:企图从语言与言语的区别上,推演出两者应当由不同学科去研究的结论,复又企图把这一结论作为建立"言语语言学"的根据,那是站不住脚的。

另外有一些人也主张建立"言语语言学",所持的理由与上面的略有不同。他们认为语言体系的规律和使用语言的规律有区别,因而需要划归不同的学科去研究。

这样的理由也是不充足的。关于这个问题,方光焘先生在他的《语言与言语问题答客问》一文中早就指出过:"区分使用语言的规律和语言体系本身的规律是不必要的,把使用语言的规律和语言体系本身的规律对立起来,也是不合理的。"[①]方先生并且在那里作了详细的论证,是值得我们参考的。

高名凯先生给"言语语言学"规定任务说:"它要研究语言成分之如何组成各种言语。"在我们看来,语言过程中就贯串着语言体系,语言成分之组成各种言语作品,要受语言体系规律的制约。事实上,只有在语言体系规律存在的前提下,才能谈得上使用语言。我们怎么能够说,有一种"言语语言学",它的研究的对象是使用语言的规律而不是语言体系的规律呢?可见高先生所理解的那种"言语语言学"所要研究的,其实仍然是语言规律。高先生还说:言语语言学"它要研究言语中超语言而与语言具有同类作用的表达手段及其如何与语言成分共同组织言语的规律"。但是我们知道,超语言的东西是超出于语言范围之外的,是语言的附加物,对言语来说,不应该是本质的东西。我们怎么可以本末倒置,把对于非本质的东西的研究作为一门学科的主体而提出建立该学科的要求来呢?

所以我们又同样认为:企图用语言体系的规律和使用语言的规律的对立,推演出两者应由不同学科分别研究的结论,更把这一结论作为建立"言语语言学"的依据,那也是站不住脚的。

仅就上面两种流行的意见的分析,像高名凯先生意想中的那种"言语语言学",是缺乏存在的依据的,根本没有建立的必要。

三

高名凯先生的"言语语言学",固然在理论上我们觉得难于理解,觉得它没有建立的必要,就是在实际事物中我们也还找不出像他所说的那样学科。高先生提到了传统的修辞学,说它是"言语语言学"的一个部门。但是我们觉得,修辞学是一门语言学,或者说得确切点,是语言学的一门应用科学。实践是对理论的最好检验,那就

---

① 参看《语言和言语问题讨论集》,第 325—326 页。

让我们解剖一只麻雀,看看修辞学这门科学的具体研究实践到底是怎样的吧。

我们把解放前后一部分汉语修辞学书籍的内容归纳了一下(包括1959年北京大学中文系编的《现代汉语》中修辞部分在内),可以看得出,一般都包括有修辞格、用词造句、篇章段落、语体、风格等部分。现在我们就逐项地来考察,看看每一部分研究的内容具有什么样的性质,它们是否属于语言学对象的范围。

第一,修辞格部分——这一部分研究种种修辞格式,如比喻、借代、夸张、对偶等等。研究是从具体言语作品出发,但所要寻求的却都是关于语言的修辞手段的规律。拿比喻格做例子。比喻格要讲明喻、隐喻、借喻的构成格式,要讲本体、喻体、比喻词的配合关系等等。这些,我们认为都是讲汉语的人大家应该遵守的语言规律。我们不能说它们不是社会的,不是语言的,而是个人的、非语言的、超语言的,不是语言学研究的对象。可能有人认为:上面举的都是语言体系的规律,另外还有使用的规律,不见得都属于语言。这里我们要问:比喻有什么使用规律可以不受语言体系规律的制约呢?或许我们可以把"比喻要用得贴切"看做一条使用规律吧。但是我们知道,使用比喻牵涉到两方面:一方面是所用的语言,另一方面是所联系的客观事物对象。一个比喻,就它的语言成分或语言表达手段本身讲,是无所谓贴切与不贴切的。例如,用"铜墙铁壁"或"乌龟壳"来做比喻,哪一个的修辞效果好,并不取决于语言表达手段本身,而是要看所联系的究竟是什么对象,是人民还是反动派。对于同一对象所可用的几个比喻,究竟哪一个的修辞效果好,同样也不取决于语言表达手段本身,而要看所联系的是对象的哪一方面。例如,同是比喻反动派,要着重反动派内部的那点特别有趣的争斗,那是用"大狗、小狗、饱狗、饿狗"好;要着重反动派将不齿于人类的那一点,那是用"狗屎堆"好;要着重美帝国主义将要卷进来不能拔脱的意思,那又是"粪坑"好。可见,好不好,贴切不贴切,要看所联系的那一面。但是,修辞学有什么使用规律能够约束得了那些客观事物对象呢?客观事物对象是千差万别的,捉摸不定的,它是外在于语言的,它不属于修辞学研究的范围。修辞学的使用规律所管得住的其实仍然只在语言表达手段这一方面。由此可见,我们不应当把修辞格所研究的内容看成不是语言的。

第二,用词造句部分——这一部分常谈的是这样一些问题:"要准确、鲜明、生动","用词要注意词义的配合、色彩的配合、声音的配合","口语和书面语的特点","不同的句子结构形式如长短、整散、松紧等的不同的修辞作用","关于同义的诸种句式和诸种语气所适应的情境和修辞效果",等等。从这些标目上我们可以看得出来,用词造句的种种规律实在无一不是属于语言的,因为这些规律是社会共同的不是个人独有的,任何人使用语言也不应当违背它。在实际的写作或说话中,即使用语言的过程中,人们结合千变万化的情境构造出的言语作品是无限多的,但修辞学的任务并不是追逐无穷无尽的语句,尽量罗列个别现象,而是通过一定素材的概括,归纳抽析出其中的共通规律。这些规律向我们指出了语言成分或语言表达手段和客观情境相联系时所可能有的种种有效的途径。我们绝不能说这些规律是个人的或者是非语言的、超语言的,而否认它们具有语言学对象的属性。我们可以拿"词的色彩"这个问题做例子来向高先生请教。高先生有一套由"义素"构成"义位"、由"义位"结成"词位义位"的理论,并且认为"表感情、表修辞、表风格、表形象的意义色彩"都是"义位"的一种"附加的义素"或"第二性义素"。① 所谓"义素"当然是属于语言的了,那么请问,汉语修辞学中有关词义色彩的部分高先生能够否认它是属于语言学研究的范围吗?

第三,篇章段落部分——这一部分主要是谈:层次的安排、段落的划分和前后的衔接联系等等。应该承认,篇章段落方面的语言使用情况不完全同于用词造句方面,我们不能简单地把篇章段落也归结为一种语言结构单位。一篇文章的组织结构形式,是要服从内容的要求的,不是为语言表达手段所规定的。这里没有一成不变的死公式。但是从另一面看,这也正好表明,篇章段落的结构还是要为事物的条理和思维的条理所规定,它仍然具有一定的客观基础,绝不是任作者信笔所之、漫无规律可寻的。事实也就是这样,修辞学不正是向我们提出了这么一些规律么:"安排层次就是根据论点之间的逻辑联系来确定它们在文章中的相对的地位和次序","要保持段落的单一性和完整性"。修辞学常常进行范例的分析,说明各种段落的作用,说明各种开头结尾形式的特点。但是,这样做并不意味着修辞学对于文无定法的篇章段落结构只能作个别的缕述,恰恰相反,这正是表明了修辞学是在阐述人人能够遵循的普遍规律,这些规律是具有社会共同性的。可见,篇章段落问题虽不单纯是语言的问题,但修辞学在这方面所要努力寻求的,却总是关于如何按照事物条理与思维条理去组织语言的规律,组句成段、组段成篇,总之是组织语言的问题。无论如何,我们都不应当否认篇章段落的研究所具有的语言学的属性。

第四,语体部分——这一部分的研究目前都是关于各种语体的语言特点的分析。现代汉语的语体一般分作:科学语体、文艺语体、政论语体、公文语体和口头语体等几种。语体是全民语言在某一交际领域里运用、选择和组合语言交际手段的方法的总和。有人把它叫做"功能风格",有人把它叫做"言语风格",有人叫做"文体的语言风格",也有人把它归属于所谓"辞体"。但都认为语体的区分是根据全民语言在不同交际领域里所形成的语言特点而建立的,不是根据个人使用语言的差异而建立的。所以语体的研究之属于语言学是很明显的。高名凯先生也说:"语言的地方变体,语言的社团变体和语言的言语变体都是语言的一种变体,它们都属于语言学的研究对象的范围。"②高先生这里所讲的"语言的言语变体"即"言语方言",它包含的那种"全民社会公用的风格手段的系统",其实就相当于一般修辞学所讲的"语体"

---

① 见高名凯《语言论》,第 218、211、213 页。
② 高名凯:《语言论》,第 129 页。

的概念。因此,把语体的研究归属于语言学的范围,高先生也是不应该反对的。

第五,风格部分——这部分研究的是"语言的时代风格"、"语言的民族风格"、"语言的个人风格"等。风格是什么?如果把前述的"语体"包括在内,我们说:在语言学领域里,风格"是一定世界观的表达手段体系,是文体分类所涉及的言语风格"①。"语言的时代风格"和"语言的民族风格"当然是属于全民语言的,不能认为是个人言语的。至于"语言的个人风格"呢?我们说,个人风格也是以民族风格和时代风格为基础的。比如,我们承认毛主席的文章有个人风格,但是,我们又都承认毛主席的文章最富有中国作风、中国气派,毛主席的文章是当代马克思主义文风的最高典范。这就是说,毛主席的个人言语风格就有一定的民族风格和时代风格的要素在内。分析毛主席言语的表达手段体系,不能把它和全民语言的表达手段体系对立起来。此外,我们还可以把若干作家的个人风格作分类的研究,这表明个人风格之间还可以有一定的、共通的、类型的特征能作为研究的对象。可见,即使是个人风格也有社会共同的要素在内。个人风格当然是可以成为语言学研究的对象的。高名凯先生承认包括着"个人的言语方言"的"言语方言"即"语言的言语变体"属于语言学研究对象的范围②,那末,高先生当然也不应该反对个人风格之属于语言学的研究对象范围了。所以我们认为,修辞学风格部分的研究也是属于语言学的。

以上五个部分,一般讲,可以代表现阶段汉语修辞学的主要内容。当然,这门学科内容的分合或学科的命名(修辞学?词章学?言辞学?风格学?文章学?)学术界的意见并未一致,不过这种不一致暂时不会改变我们这里讨论的问题的实质。我们对修辞学的各部分作了一番粗略的检查之后,觉得没有什么理由可以否认修辞学的语言学的属性。我们没有理由也没有必要把修辞学从语言学的领域里赶出来,另外又自找麻烦地建立一个"言语语言学"来安置它。如果光换名称而不能给予新的说明,那是没有多大意义的。如果是想利用现实存在的修辞学来替臆想中的"言语语言学"撑场面,那是徒劳无功的。事实上,修辞学和高先生的"言语语言学"并不相符合,高先生的那番设想自然也就只能落空了。

四

这篇短文是想说明这样一个问题:高先生所提出的"言语语言学"不仅概念自身有些模糊,而且倡议建立这门科学的前提也难于成立。虽然高先生举了一些学科作例证,但是很遗憾,像传统的(而又是新兴的)修辞学,如我们所分析的那样,并不是什么"言语语言学",它实在还应当是一门语言学;当然,考虑到它和语音学、词汇学、

---

① 参看《语言和言语问题讨论集》,第158—159页。
② 高名凯:《语言论》,第129页。

语法学的不同而把它说成是语言学的一门应用科学,也无不可。

  一般地,我们总是从语言表达手段的运用这个角度出发来理解修辞学,说它是研究如何恰当地运用语言以表达思想的一门科学,或者,是一门关于语言表达手段的运用的技术科学。这种看法今天是否还适当,可以另行讨论。有的同志提出,现代的修辞学已经包括有风格、语体等新兴部门了,可以把它看成为一门边缘科学,就如独立的风格学之既可从语言学角度去研究又可从文艺学的角度去研究一样。我们认为,任何一门边缘科学总是要从属于一种基本学科的,它不会是站在两种基本学科之间的中立的第三者。因此,把修辞学看作语言学的一个分科和把修辞学看作一门边缘科学这两种意见不一定是不相容的。应该怎样来理解边缘科学?修辞学是否是边缘科学?它是什么基本学科的边缘科学?我们认为,类似这些关于修辞学本身的性质问题,完全是需要进一步好好地加以讨论的。但是在这篇文章里最要注意的应该是修辞学和高名凯先生的"言语语言学"的联系问题。

  有人会问:你们论证了半天,不过说明了修辞学是属于语言学的;可是高名凯先生不是早就说过修辞学是一门言语语言学、而言语语言学是"语言学中的"、是"一种语言学的边缘科学"吗?你们和高名凯先生有什么两样?我们说:字面上高先生和我们相似,实质上大不一样。我们说修辞学是属于语言学的:第一,不需要给修辞学盖上一层概念含糊的"言语语言学"的幕罩;第二,我们认为,修辞学研究语言表达手段的运用,证明修辞学是属于语言学的,是要帮助说明它的研究对象和语言学的研究对象不是本质上截然不同的两种东西。高名凯先生的论述是另外一回事:第一,他要先给修辞学等学科蒙上一层含糊不清的幕罩,以便使人们由承认修辞学等科目的真实存在而承认他的"言语语言学"的存在。他字面上和我们的相似也就到此为止,进一步他便偷换概念(概念的偷换反映在他的术语的概念内涵的矛盾上),用这个并不存在的存在物——言语语言学为他的"语言和言语是本质截然不同的两种现象"的说法去服务,然后再用这个"两种现象"的说法去为他的"语言没有阶级性而言语有阶级性"的理论服务。第二,他字面上承认言语语言学属于语言学,可是骨子里他却坚持言语语言学、语言学二者的绝对对立;这其间显然存在着深刻的矛盾。在争论中,高先生大声疾呼语言和言语本质不同,并且祭起"言语语言学"这个法宝来助长声势,表示就连语言学的老根似乎都要动摇,都要肢解,请问,他哪里是用"言语语言学"来帮助说明修辞学属于语言学、帮助说明修辞学的研究对象和语言学的研究对象是本质上相同的呢?他替言语语言学安上"语言学中的"、"语言学的"这些漂亮字眼,根本没有什么实际意义。怎么可以说他和我们是相同的呢?

  总而言之,高先生说,"传统的修辞学和翻译学,就是言语语言学的两个部门",这种看法我们很难同意。

市侩主义底路线

◎ 路 翎

一

姚雪垠先生底《差半车麦秸》①,是抗战初期的有名的作品之一。但在现在看来,这是客观主义的、技巧的东西。它只是现象和印象底冷淡的、技巧的罗列。在抗战初期的那个普遍地热情蓬勃,充满着主观的欲望而无法深入现实的时期,这篇东西,和其他的两篇这一类的东西,就以它们的冷静而被注意了。虽然实际上那个时期的新生的热情,和这热情的发展,是耐不住,并且厌恶它们的,然而,因了文学界的社会姻缘,人们听不到热情的反对者底声音,它们就获得了它们底成功了。

在文学上,精神世界里面的冷静的权衡是需要的,它是以高度的热情为基础,为了战斗,所以有宏大的思想力。但这一类的作品,它底冷静是为了偷着走小路,它底冷静是旁观,玩弄技巧。这种没落的现象目前正迫害着我们底新文学,而它是打着各样的社会——革命底旗帜的。

让我们看一看吧。

在萧军的《八月底乡村》里,出现过一个叫做小红脸的农民义勇军。小红脸痛苦地渴念着土地和家庭,带着这样的矛盾,整天地吸着烟袋,经历着血和火,战斗下去了:和革命的抗日斗争表现着一种矛盾,但又,以他底农民的纯朴,成为这革命的抗日斗争底基础。这人物的渴念——虽然作者写得相当的粗糙——是深沉而迫人的。历史底负荷,激动着读者底心。在《差半车麦秸》里面,差半车麦秸同样地带着农民的习惯,并且怀念土地,参加了游击队。但这是用公式、技巧做成的。《八月的乡村》里面的壮烈的呼声,农民的深沉的渴念和痛苦,这里是丝毫都不存在的;这里,一切都随着作者公式观念走。《八月的乡村》底作者是在社会一种斗争的迫求的状态下呼吸着,《差半车麦秸》底作者则在"描写"的闲情里面向革命理论不停地鞠着躬:

---

① 《差半车麦秸》,短篇小说,原载1938年5月《文艺阵地》第1卷第3号,是姚雪垠的成名作。"差半车麦秸"是一句河南土语,意谓"不够数儿"、"不够聪明",作品中用作一位农民游击队员的绰号。

"看吧,我描写农民底转变哩!"这里没有抗日斗争的真正的壮烈的斗争,没有农民之为农民的与这个土地联系着的血淋淋的精神斗争。人们听不到心底声音,看不到人生,并且,除了向公式理论频频地鞠躬以外,看不出来,抗日,究竟是为了什么。

《八月的乡村》是产生在"九·一八"以后!时间前进了,同样的东西,已经在我们底文学世界里面活着的东西,却在《差半车麦秸》里面被作者复写成僵死的了。

好久以来即流行着一种见解了,以为小说底目的是刻画人物,"写出典型"来。但假如不是为了血淋淋的人生斗争和历史渴求,刻画人物,"写出典型"来是为了什么呢?岂不是为了"赏玩"或者"增加知识"么?而且,没有了这样的忠诚的战斗、理想、渴望,又怎样能"写出典型"来呢?

思想——一般流行的这所谓思想实际上是公式观念——和技术——就是大家认为是应该向"伟大作品"和"生活经验"学习的东西,——这两个法宝,制造出来的东西,是虚伪的和可怜的。它们救不住那些垂死的英雄们。

比方说吧,在《差半车麦秸》里面,作者写了差半车麦秸在鞋后跟上揩鼻涕,夜里因爱惜灯油而吹熄了灯,在搜索敌人的时候捡了一根牛绳等等。作者特别致力于这些。这些,诚然是农民的习惯,但他底内部的世界,也就是历史底世界,他底和斗争相应又相拒的灵魂是怎样活跃着的呢?他为什么参加游击队而舍身呢?难道是为了"革命以后大家享福"这一个概念么?

我们在周围看看,随便地就可以捡到一些人们底生活习惯的,但这种是"人物",是创造么?在这里,是连抗日的热情都找不出来。作者用他底一点点可怜的技巧来竭力地适应于他底渺小底观念,人们甚至看不出来那个队伍究竟为什么那样注意差半车麦秸:战斗的队伍也像作者一样的赏玩"人物"么?差半车麦秸是没有生命的:真的生命,他应该活泼,激发那个队伍的热情,更多的是引起苦难的感觉,对于历史的严肃的心境和更强的战斗意志来。但队伍赏玩"人物",并且漠不关心。所以,和这个人物一样,这个队伍也是假造的,僵死的,它底目的和公式观念,是虚伪的。

这是穿着客观主义底外衣的机会主义。这是空虚的知识分子底做假和投机。

其后,姚雪垠先生又写了《牛全德和红萝卜》。这是这种写作方式——生活方式底继续。大约是因为受了不负责任的赞美①的缘故,姚雪垠先生发展了他底这种道路了。牛全德是兵士,红萝卜是农民,两种性格的刻画,诸如此类。但那农民,仍然是不停地吸着烟袋——技巧,也显得穷窘了。但我想特别提出的是牛全德嫖女人的那一段。作者描写了性交的姿势、响声等等——大约这是写实主义吧!作者又让那

---

① 《差半车麦秸》作为头条小说发表时,《文艺阵地》主编茅盾先生在该期《编后记》里给予了很高的评价:"姚雪垠先生的《差半车麦秸》,碧野先生的《滹沱河之战》,在编者看来,是目前抗战文艺的优秀作品。"此后茅盾又曾在多处提及这一作品,如《抗战与文艺》(1939年2月兰州《现代评坛》4卷11期)等。所谓"不负责任的赞美",大约即指此。

堕落的女人听了宣传队底宣传而转变了,说:"女人一向是受压迫的,现在我要过新的生活了!"

可爱的先生们,向理论八股尽情地鞠躬吧!

二

但为时并不很久,后方的社会整个地露出了它底糜烂和腐化了。色情的东西畅销了。公式理论的客观主义也受到了冷淡了。空虚的知识分子,在革命和反动中间待机着的这些先生们,就一直跨到市侩主义底酒池肉林里面去——自然,仍然是顶着帽子的,那鞠躬,是更为频繁的。

这就是《重逢》、《戎马恋》和《春暖花开的时候》。我们不该责备"靠写作维持生活"的吧!也不该责备"且写且排,病在急就"[①]的吧!但读了这样的东西的忠实的读者,一定会如我似地感到被侮辱和被损害的痛苦和厌恶的。假如是《北极风情画》[②]那样的赤裸的无耻,该要痛快得多些吧!但你看见一个崩溃了的、堕落的知识分子在鞠着躬,希望你赞美他底对于"少女们"的描写,举着抗战和进步的帽子,至少希望你和他一同隐瞒真实,你底感想是如何?

这里我们只想看一看《春暖花开的时候》。

这才只出了第一部,三分册。这第一部底"故事"是:抗战初期,在大别山下的一个城市里,一群男女在干着救亡运动。"人物"有:救亡青年罗明、杨琦、张克非、陶春冰、罗兰、林梦云、黄梅、吴寄萍以及反动势力的代表罗明、罗兰底父亲罗香斋。"故事"是这样进展的:乡下佃户底女儿黄梅来到城里了,她是有着"大革命时代"的记忆的,发现目前的一切都与往昔不同,参加了救亡运动。于是作者写了救亡的生活,其实是罗兰、林梦云等等的风情。又写了吴寄萍底肺病,大概是当做点缀的枝节来写的。其次,作者告诉我们,有名的救亡团体战教团来了,展开了工作,于是看见了作者底傀儡底公式的讲演。最后,"反动势力"抬头了,战教团被驱逐了,"救亡青年"们也预备分散了,"诗人"陶春冰讲了红灯笼的故事。……

人们都记得抗战初期的狂风暴雨般的热情的。人们都记得,那时候的青年们是怎样的豪壮、热情和悲凉。人们都记得那时候的那一幅雄大的、悲惨又欢乐、痛苦又骄傲的、灿烂的图画。这并非从空洞的理论来的,这是从中国社会,中国人民底内部爆发的。但姚雪垠先生是怎样地写了救亡运动和这中间的社会斗争和人生斗争

[①] "靠写作维持生活"及"且写且排,病在急就",均见《春暖花开的时候》第一部第三册《致读者》,重庆现代出版社1944年版。

[②] 《北极风情画》,中篇小说,无名氏(卜乃夫)著,西安无名书屋1944年版,是当时著名的畅销小说,情节香艳离奇,被视为"抗战加恋爱"的范本。

的呢?

在第一分册,紧接着罗兰的撒娇之后,作者写了宣传队底下乡宣传。

不管是男同学或女同学,都忍不住偷偷的欣赏罗兰,好像没有她,这锦绣的原野会顿然更色。(四五页)

罗兰忽然把话停住,若有所思地静默片刻,用诅咒的语调说:"二哥,我不仅讨厌家庭,讨厌城市,我尤其是讨厌生活,讨厌为生活而勾心斗角的人类!"

"讨厌并不是办法",罗明说,"我们要能够改造人类的生活才好!"(四六页)

"咱们女人也是过着奴才的生活,""黄梅又说道","从前的女人们不是对男人自称'奴家'吗?……"

"对啦,对啦!"有一个女人眼睛里闪着泪光说,"俺家'外头人'从没有把俺当人看待……"

"女人就不算人,"另一个女人接着说:"女人就是男人的奴隶!"(五一页)这"有一个女人"和"另一个女人"大约是乡下女人罢。是女人,并且又是"人民"吧!卖弄了风情之后,姚雪垠先生是"革命"得很乖的哩!

救亡男女们,在姚雪垠先生底笔下,是怎样的呢?底下是描写:

假如把罗兰比做李商隐的诗,把小林比达文西①底画,从王淑芬的身上就不容易使我们感觉到艺术趣味。(一一二页)

又懂得李商隐的诗,又懂得达文西底画的姚雪垠先生底这"艺术趣味"是如何呢?

第一一四页,作者写罗兰喝冷水的时候被林梦云阻止了。黄梅不懂得这个。小林就说:"你不晓得,她身体弱,有警报不能喝冷水。"于是黄梅就替作者演着丑角,跑出去躲警报了! 可是即刻她就知道了,原来"警报"是特殊术语——姚雪垠先生大约是指月经——"可是你们把新名词也用得刁钻古怪,什么'警报',还不如'月刊出版了'叫人倒容易明白!"

紧接着就是:

"小林,你真是细心人"黄梅又说道,"别人身上的事情你竟能留心记着,将来见了丈夫还不知怎样体贴温存呢!"……

罗兰忙接着说道:"好姐姐,我刚才跑了好些地方,累得喘不过气来,你到厨房里给我弄点开水好不好?……"罗兰又连叫了几声"好姐姐"。

"好姐姐,"她又用可怜的娇声要求说,"积积福,行行好,我喉咙里在冒火呢!"

其余的,第九九及一九四页,有"在她的胳肢窝里乱挠起来"的描写,第七四页有"皮肤多嫩啊!"的动情,还有"脸上的小酒窝"、"两个小乳房"等等,以及第八十二页的"她的月经已久久不再来了"之类。

---

① 达文西,通译达·芬奇(1452—1519),意大利文艺复兴时期著名的画家,《蒙娜丽莎》的作者。

而二六六页,"不要紧的,女人的血是不值钱的"这句对话有如下的一个注解附在页末:"旧日一般人都认为女子的血不如男子的血重要,盖因女子有月经而无碍健康。"云云。这"旧日"两字,其意味表示作者是属于"新日"的,他博学而又"前进",大约知道了,在"新日",女子的血如男子的血一样的值钱,盖"月经"是可以写出来卖钱的也!

其艺术是如此。这里面的"救亡女性",是作者底风情卖乖的傀儡,有人说这是抗战红楼梦,其实是不对的。这样的作者何尝懂得红楼梦里面的人生底大悲凉和那一颗因生活失望而爱抚的,含泪的高贵的心!

而这里面的"救亡男性"则是完全的空洞无物,读了下来连名字都少有印象,他们不过是作用来背诵投机公式的傀儡而已。而即使那一大堆投机公式,也是非常拙劣的!索性再抄一点吧!

"客观环境固然重要,"他说,"但最要的是我们底主观力量。在向着光明的路上少不掉也有坎坷……"(二六一页)

"当然,××战线不是磕头主义,也不需要无原则的委曲求全,"陶春冰停一停继续说道,"它不是政治上的阴谋手段……一直到中国革命彻底完成的时候为止。……""××战线是为了抗日,进步,为了建设富强康乐的新中国。"(四七四页)

话固然是好话,但好话并不能或者更不能随便乱拉的。对于姚雪垠先生,似乎只要可以卖钱,或者投机的东西,是都可以拿来装点上去的。这里面的"父与子"的冲突是空虚而无聊的,"战教团"、"扒城"、"善良的老百姓"等等,都是这样地装点上去的。

再看一看姚雪垠先生对于老百姓的描写吧:

成万成千的农民群:在这个非常壮观的集团里面,有不少驼背的老头子……有不少老年的女人……有很多人害着眼疾,有些人眼皮向外翻,有很多人脸孔虚肿……有很多人脖子里长着瘿包,因为食物中缺乏碘质……也有很多小孩子患着秃子。虽然这个集团中人的成色非常不齐,但是单看这些人们所穿的破烂的衣服,单看他们结着茧子的双手,就知道他们是从乡下来的真正的劳苦大众,纯粹得像是用筛子筛过的一样……多么善良,多么古朴,多么富于忍耐力呀!(四九二页)

单看这一段一面虚伪地笑着的"体惜下情"的无聊和空虚,就可以明白作者底心慌意乱了!姚雪垠先生的读者们,你们多么富于忍耐力呀!

三

这是一个过于简略的考察。这里面我们并未涉及我们的现实主义的理论的问题,同样的没有涉及文学的形式,内容的结构及语言的问题,因为,在我们底对象不是什么痛苦的错误,而仅仅是市侩主义的时候,这些,都是距离得十万八千里的。

市侩主义是:看市场制造货色,并且打着旗号骗老实人。目前的腐败的封建,商业的社会需要色情的货色——姚雪垠先生制造了他底"三种典型的女性",并且装做风雅。目前的政治情况又迫切得使这一类的英雄们又看见了另一"市场",所以姚雪垠先生贴着八股膏药鞠躬,并且拿这些来垫脚——就是站稳脚跟,注意下一步的意思。这是机会主义——市侩主义底本色。

《差半车麦秸》,那态度,还是严肃的。但机会主义随着生活而进展了。所以,那些直到今天还据守着客观主义的营垒的作家们,就显得是"笨拙的老实人"了。

在这个社会里,多少智识分子漂浮着。最初是时代的,社会的热情载荷着他们,后来他们就空虚地漂浮着,所能注意的就只是商业的市场和政治的市场了。这些浮尸有的就发出恶臭来,散播着瘟疫。

我们底新文学是一个历史的渴求,它所绝对要求的,是战斗的人生态度,它要求精神的以及人民的新生,它要求战斗道德底高贵。这是每天、每时的现实的要求——这才是现实主义底灵魂罢!那些随遇而安,希望蒙混的作家,那些拍卖技巧的掮客,以及那些投机取巧的市侩们,目前正在得势而嚎叫,他们正在毒害着我们底新文学底战斗底生命!

《顺宗实录》作者考

◎ 卞孝萱

一、《旧唐书》、《册府元龟》与《顺宗实录》对照

偶阅《文学评论丛刊》第七辑《今本〈顺宗实录〉非韩愈所作辩》,该文作者说,"抓住了一个疑点作为突破口",就是"《旧唐书·顺宗纪》末引用了大段韩愈的话,却不见于韩愈集中的《顺宗实录》"。我们不同意这个看法。

先将《旧唐书》卷十四《顺宗纪》中的"史臣韩愈曰"与韩愈集中的《顺宗实录》以及《册府元龟》中所引用的《顺宗实录》,列表对照如下:(见245—247页表)

从上表看出:(1)"史臣韩愈曰"多见于韩愈集中的《顺宗实录》,《今本〈顺宗实录〉非韩愈所作辩》的作者,为什么视而不见呢?(2)"史臣韩愈曰"皆见于《册府元龟》中所引用的《顺宗实录》。《册府元龟》中所引用的《顺宗实录》,比韩愈集中的《顺宗实录》详细,当是详本。司马光等撰《资治通鉴》时(1066—1084)见到详、略二本,王钦若、杨亿等辑《册府元龟》时(1005—1013)当然见到详、略二本,赵莹、桑维翰、刘昫等修《旧唐书》时(940—945)更见到详、略二本。可见《旧唐书·顺宗纪》中的"史臣韩愈曰"是据《顺宗实录》详本摘录的。所谓"抓住了一个疑点作为突破口"是不能成立的。

再看韩愈《进〈顺宗皇帝实录〉表状》中。"顺宗皇帝以上圣之姿,早处储副,晨昏进见,必有所陈,二十余年,未尝懈倦,阴功隐德,利及四海"一段话,与《册府元龟》卷十八、二六一所引用的《顺宗实录》详本内容相合,而略本删去。

《旧唐书·顺宗纪》	韩愈集《顺宗实录》	《册府元龟》
"史臣韩愈曰:顺宗之为太子也,留心艺术,善隶书。德宗工为诗,每赐大臣方镇诗制,必命书之。"	"留心艺学。" "善隶书。德宗之为诗并他文赐大臣者,率皆令上书之。"	"顺宗聪睿,善隶书。在东宫时,德宗为诗及他文赐大臣者,率皆令帝书之。"(卷四三《帝王部·多能》)
"性宽仁有断。"	"慈孝宽大,仁而善断。"	"慈孝"

续 表

《旧唐书·顺宗纪》	韩愈集《顺宗实录》	《册府元龟》
"礼重师傅,必先致拜。"	"礼重师傅,引见辄先拜。"	"顺宗为皇太子,礼重师傅,引见辄先拜。"(卷二六〇《储宫部·尊师傅》)
"从幸奉天,贼泚逼迫,常身先禁旅,乘城拒战,督励将士,无不奋激。"	"德宗之幸奉天,仓卒间,上常亲执弓矢,率军后先导卫,备尝辛苦。"	"德宗建中四年十月幸奉天时,顺宗为太子,仓卒间,尝亲执弓矢,率禁军先后导卫,备尝辛苦。及贼来攻奉天,城中危迫,人人恟栗不自保。帝朝夕自巡城,传宣慰劳,督励战士。其有用命及死事者,登时与入陈奏,随加赏赠。故战士无不感激奋发,气益百倍。"(卷二五九《储宫部·将兵》)
"德宗在位岁久,稍不假权宰相。左右幸臣如裴延龄、李齐运、韦渠牟等,因间用事,刻下取功,而排陷陆贽、张滂辈,人不敢言,太子从容论争,故卒不任延龄、渠牟为相。"	"德宗在位久,稍不假宰相权,而左右得因缘用事。外则裴延龄、李齐运、韦渠牟等,以奸佞相次进用。延龄尤狡险,判度支,务刻剥聚敛,以自为功,天下皆怨怒。上每进见,候颜色,辄言其不可。至陆贽、张滂、李充等,以毁谴,朝臣悚惧。谏议大夫阳城等,伏阁极论。德宗怒甚,将加城等罪,内外无敢救者,上独开解之,城等赖以免。德宗卒不相延龄、渠牟,上有力焉。"	"德宗在位稍久,不假宰相权,而左右得因缘用事。外则裴延龄、李齐运、韦渠牟等,以奸佞相次进用。延龄尤狡险,判度支,刻剥聚敛,以自为功,天下皆怨怒。帝每进见,候颜色,辄言其不可。及陆贽、张滂、李充等以毁谴,朝臣悚惧。谏议大夫阳城等伏阁极论。德宗怒甚,将加城等罪,外无敢救者,帝独开解之,城等赖以免。德宗卒不相延龄、渠牟者,帝之力也。"(卷十八《帝王部·帝德》)
"常侍宴鱼藻宫,张水嬉,彩舰雕靡,宫人引舟为棹歌,丝竹间发,德宗欢甚。太子引诗人'好乐无荒'为对。"		"德宗尝泛鱼舟藻宫,观水嬉,命太子升舟,(舟)具皆饰以金碧丹青。使妇人盛饰,操篙楫行舟,光彩映烛,丝竹歌讴俱发。德宗顾谓太子曰:'今日如何?'对曰:'极盛。'退因以奢为谏,德宗不悦。"(卷二六一《储宫部·忠谏》)
"每于敷奏,未尝以颜色假借宦官。居储位二十年,天下阴受其赐。"		"贞元中,中宫多诈称宫市,肆夺人物,百姓怨苦。太子尝以为言,德宗虽不能悉听用,而心益贤重太子。太子未尝假借内官颜色。居东宫二十余年,天下阴受其福。"(福,卷十八《帝王部·帝德》作赐。)(卷二六一《储宫部·忠谏》)

《进〈顺宗皇帝实录〉表状》又云："其奉天功烈,更加寻访,已据所闻,载于首卷。"与《册府元龟》卷二五九所引用的《顺宗实录》详本内容相符,而略本删去了大半。

举此二例,说明宦官厌恶唐顺宗,不愿《实录》中多讲他好。

韩愈所说"其奉天功烈","载于首卷",与韩愈集中的《顺宗实录》首卷正相印证。详、略二本的体裁,没有两样。故知《旧唐书·顺宗纪》中的"史臣韩愈曰"是从《顺宗实录》详本"首卷"摘录的,而《今本〈顺宗实录〉非韩愈所作辩》的作者所说:"我认为《旧唐书》所引用的这一段话,肯定是韩愈写的《顺宗实录》的结束语——'史臣赞'"岂不是主观臆测吗?!

二、《资治通鉴考异》与《顺宗实录》对照

据司马光《资治通鉴考异》卷十九《唐纪十一·(永贞元年)二月李师古发兵屯曹州》云,《顺宗实录》详、略二本,"皆五卷,题云'韩愈等撰'"。细阅《考异》,引用《顺宗实录》时,详本有而略本无者,必注明;详本与略本有歧异者,亦注明;详、略二本相同者,则不注。

今将《考异》中引用《顺宗实录》不注明详本(即详、略二二本同)者六条,详本与略本有歧异者二条,详本有而略本无者一条,详本及略本皆无者一条,与韩愈集中《顺宗实录》,列表对照如下:

《资治通鉴考异》	韩愈集《顺宗实录》
"《旧传》作'许杲'。今从韩愈《顺宗实录》。"(卷十七《唐纪九·平卢行军司马许杲》)	"许杲以平卢行军司马……"(卷四)
"韩愈《顺宗实录》曰:'德宗在位稍久,益自揽机柄,亲治细事,失人君大体,宰相益不得行其职,而议者乃云由贽而然。'"(卷十九《唐纪十一·〔贞元十年〕十二月陆贽罢为太子宾客》)	"德宗在位久,益自揽持机柄,亲治细事,失君人大体,宰相益不得行其事职,而议者乃云由贽而然。"(卷四)
"《顺宗实录》作张正买"。(卷十九《唐纪十一·〔贞元十九年〕七月张正一上书得召见》)	"贞元十九年,补阙张正买疏谏他事,得召见。"(卷五)
"《顺宗实录》云:'正买与王仲舒、刘伯刍、裴茝、常仲孺、吕洞相善,数游止。"(卷十九《唐纪十一·正一与王仲舒刘伯刍吕洞善》)	"正买与王仲舒、刘伯刍、裴茝、常仲孺、吕洞相善,数游止。"(卷五)
"韩愈《顺宗实录·张荐传》云:'二十年,赞普死,遣荐吊赠。'"(卷十九《唐纪十一·〔贞元〕二十年吐蕃赞普死》)	"二十年,吐蕃赞普死,以(张)荐为工部侍郎兼御史大夫,持节吊赠。"(卷三)

续 表

《资治通鉴考异》	韩愈集《顺宗实录》
"《德宗实录》:'癸巳,宣遗诏'。今从《顺宗实录》"(卷十九《唐纪十一·甲午宣遗诏》)	"二十四日,宣遗诏。上缞服见百寮。"(卷一)
"按《顺宗实录》凡为伾、文所排摈者无不载,未尝言群罢官。今从之。"(卷十九《唐纪十一·王叔文之党欲逐窦群韦执谊止之》)	
"《实录》略本云:'寻而裴垍、严绶表继至,悉与皋同。'又云:'外有韦皋、裴垍、严绶等笺表。'详本'裴垍皆作"裴均"'"(卷十九《唐绍十一·〔永贞元年〕六月裴均表至》)	"寻而裴垍、严绶表继至,悉与皋同。" "外有韦皋、裴垍、严绶等笺表"。(以上卷四)
"《旧·传》曰:'程怀信死,怀直子执恭知留后事,乃遣怀直归沧州,十六年卒。执恭代袭父位,朝廷因而授之。'……又《德宗实录》俱无此事,《顺宗实录》略本亦无……惟详本……"(卷十九《唐纪十一·〔永贞元年〕七月程执恭为横海留后》)	

从上表看出,司马光所引用的《顺宗实录》详、略二本相同者六条,皆见于韩愈集之《顺宗实录》;司马光所说详本与略本有歧异者二条,韩愈集之《顺宗实录》皆与略本符合;司马光所说详本有而略本无者一条、详本及略本皆无者一条,韩愈集之《顺宗实录》皆无。可见韩愈集之《顺宗实录》即司马光所见"题云'韩愈等撰'"之略本。《资治通鉴考异》为我们提供了研究《顺宗实录》的重要线索。

三、《顺宗实录》所表现的"史才"

韩愈是唐代著名的散文作家。说今本《顺宗实录》出于韩愈手笔,还必须从文章的角度进行论证。

《旧唐书》卷一六〇《韩愈传》云:"时谓愈有史笔,及撰《顺宗实录》,繁简不当,叙事拙于取舍,颇为当代所非。"这一段话,是承袭了宦官势力猖獗的中、晚唐社会对《顺宗实录》的评价,后人多不以为然,如蔡世钹《读〈旧唐书〉随笔》云:"昌黎之史才,何至繁简不当,叙事拙于取舍,盖内官恶其切直。其拙也,正所以为史才也。"

请问:《顺宗实录》中,哪些方面表现出韩愈的史才文笔呢?

(一) 得《春秋》之义

韩愈《进〈顺宗皇帝实录〉表状》自称:"削去常事,著其系于政者"。后人多同意他这个评价,如方苞《方望溪先生全集》卷二《书〈汉书·霍光传〉后》云:"《春秋》之义,常事不书,而后之良史取法焉。昌黎韩氏目《春秋》为谨严,故撰《顺宗实录》,削去常事,独著其有关于治乱者。"

(二)得《史记》之法

陈霆《两山墨谭》卷三云:"退之《顺宗实录》载:'诸相会食于中书,故事,丞相方食,百寮无敢谒见者。叔文是日至中书,欲与执谊计事,令直省通执谊。直省以旧事告,叔文叱直省。直省惧,入白执谊。'若今之为文者,必曰:'令直省通执谊。以旧事告,叔文叱之。直省惧,乃入白。'今四句皆用'直省'字而不觉其烦,此殆类《史记》句法,盖大手笔故能如此。《檀弓》石骀子卒一章,凡四用'沐浴'、'佩玉'字,评者服其高古,然则退之所用,殊朴赡有古风,窃可喜也。"

邓绎《藻川堂谭艺·三代篇》云:"韩愈不敢为史,而犹勉为实录。实录者,史乘之权舆也,虽无直笔,不敢效马迁之所为,然犹能从意褒贬人主。如《顺宗实录》中,叙陆贽事则云:'德宗在位久,益自揽持机柄,亲治细事,失君人大体,宰相益不得行其职事,'如此等类,迁之法固未尝尽亡也。"

《顺宗实录》卷四载张万福、陆贽、阳城三传。吴汝纶评语:"此(指张万福)与陆、阳二人,皆《史记》史传体。"

(三)得《汉书》之体

何焯《义门读书记·昌黎集第五卷·顺宗实录第二》评语:"'丁酉吏部尚书平章事郑珣瑜称疾去位'至'遂不起',此事叙致,尤不减班孟坚。"《实录第四》评语:"'有怀刺造城而问者'至'不能听客语',叙事至千载下读之,犹声音笑貌显显在目,马、班而下,可复见乎?"

《顺宗实录》卷二云:诸相会于中书省,王叔文入,与韦执谊计事,同餐阁中,杜佑、高郢莫敢出言,"(郑)珣瑜独叹曰:'吾岂可复居此位!'顾左右取马径归,遂不起。"马其昶评语:"著语极精神,叙次不减孟坚。"(《韩昌黎文外集》下卷)

(四)简质、严肃、婉妙

《义门读书记·昌黎集第五卷·顺宗实录第一》评语:"'景申上即位太极殿册曰'至'无忝我高祖太宗之休命',凡册文诏书,但削去繁缛,即简质近古。""'登、伾皆上在东宫时侍读,以师傅恩拜',书以'师傅恩',所以别于伾、文之党也。"

包世臣《艺舟双楫》论文一云:"核《顺宗实录》,董晋、韦丹、孔戣、权德舆各志状及其他先庙神庙碑,悉严肃有体势。"

《顺宗实录》卷四云:"初窦参出李巽为常州刺史……至参贬为郴州别驾,巽适迁湖南观察……会巽奏汴州节度刘士宁遗参金帛若干……德宗以参得罪,而与武将交结,发怒竟致参于死,而议者多言参死由贽焉。"方东树评语:"此韩公特为陆辨诬也。云参之死由李巽之报怨,而议者不察,妄疑陆公。其文意甚明。……《旧传》去'而议者多言'五字,逐诬陆,并诬韩矣。"(姚范《援鹑堂笔记》卷四十三)

《顺宗实录》卷四又云:"德宗在位久,益自揽持机柄,亲治细事,失君人大体,宰相益不得行其事职,而议者乃云由贽而然。"吴汝纶评语:"此与窦参死事,皆先详其故而以时议结之,词最婉妙。"

上面分门别类地摘引陈霆、何焯、方苞、方东树、包世臣、邓绎、吴汝纶、蔡世钹、马其昶等对《顺宗实录》的评语。他们都是散文作家,有的还是著名的散文作家,他们都对韩愈的"史才"文笔表示钦佩,这就从文章角度证明《顺宗实录》确是出于韩愈手笔。

四、《永贞行》与《顺宗实录》对照

在韩愈集中,除了《顺宗实录》之外,还有一些涉及永贞革新和王叔文政治集团的诗文,将两者进行对比,便可发现观点是相同的。

林云铭《韩文起》卷十二《柳子厚墓志铭》评语:"昌黎与子厚千古知己,其作《顺宗实录》云'王叔文有宠,密结有当时名欲侥幸而速进者十数人为死友'等语,绝不为子厚讳。……故作墓志铭……至其进用废退处,初言其名声大振,则与《实录》所云'有当时名'者相符,故忙接一语曰'诸公要人争欲令出我门下',是叔文欲结子厚,非子厚求而得之可知也。末言其'勇于为人,不自贵重',则与《实录》所云'侥幸欲速进'者相符,故又忙接一语曰'顾藉谓功业可立就',是子厚之依叔文,实欲用其材,行其道,非为富贵苟就……又可知也。"即是一例。

我们觉得最能说明问题的是《永贞行》。今将韩愈集中《永贞行》与《顺宗实录》的有关内容,立表对照如下:

《永贞行》	《顺宗实录》
"君不见太皇谅阴未出令,小人乘时偷国柄。"	"闻德宗大渐,上疾不能言,伾即入,以诏召叔文入坐翰林中,使决事,伾以叔文意,入言于宦者李忠言,称诏行下,外初无知者。"(卷一) "上自初即位,则疾患不能言,至四月益甚,时扶坐殿,群臣望拜而已,未尝有进见者,天下事皆专断于叔文,而李忠言、王伾为之内主,执谊行之于外。"(卷四)
"北军百万虎与貔,天子自将非他师。一朝夺印付私党,懔懔朝士何能为!"	"叔文欲专兵柄,藉希朝年老旧将,故用为将帅,使主其名,而寻以其党韩泰为行军司马,专其事。"(卷三) "既知内外厌毒,虑见摧败,即谋兵权,欲以自固,而人情益疑惧,不测其所为,朝夕伺。"(卷四) "日引其党,屏人切切细语,谋夺宦者兵,以制四海之命。……"(卷五)
"狐鸣枭噪争署置,睒睗跳踉相妩媚。夜作诏书朝拜官,超资越序曾无难。"	"朋党喧哗,荣辱进退,生于造次,惟其所欲,不拘程度。"(卷四) "叔文既得志,与王伾、李忠言等专断外事,遂首用韦执谊为相,其常所交结,相次拔擢,至一日除数人,日夜群聚……"(卷五)

《永贞行》	《顺宗实录》
"元臣故老不敢语,昼卧涕泣何汍澜!"	"……佑、郢等心知其不可,畏惧叔文、执谊,莫敢出言。珣瑜独叹曰:'吾岂可复居此位!'顾左右取马径归,遂不起。前是左仆射贾耽以疾归第,未起。珣瑜又继去。二相皆天下重望,相次归卧,叔文、执谊等益无所顾忌,远近大惧焉。"(卷二)
"董贤三公谁复惜,侯景九锡行可叹!国家功高德且厚,天位未许庸夫干。"	"时上即位已久,而臣下未有亲奏对者,内外盛言王伾、王叔文专行断决,日有异说。"(卷三)
"嗣皇卓荦信英主,文如太宗武高祖。膺图受禅登明堂,共流幽州鲧死羽。四门肃穆贤俊登,数君匪亲岂其朋!郎官清要为世称,荒郡迫野嗟可矜。……嗟尔既往宜为惩。"	"(七月)乙未,诏军国政事宜权令皇太子某勾当……又下制以太常卿杜黄裳为门下侍郎、左金吾卫大将军袁滋为中书侍郎,并平章事。"(卷四) "八月庚子诏曰:……宜令皇太子即皇帝位,朕称太上皇……" "上疾久不瘳,内外皆欲上早定太子位,叔文默不发议。已立太子,天下喜,而叔文独有忧色……皇太子既监国,遂逐之,明年乃杀之。" "伾……病死迁所。其党皆斥逐"。"叔文败后数月,乃贬执谊为崖州司马,后二年,病死海上。"(以上卷五)

对照之下,可以看出:《永贞行》中对永贞革新和王叔文集团的攻击,与《顺宗实录》口吻如一。至于《永贞行》中"公然白日受贿赂,火齐磊落堆金盘"两句,虽不见《顺宗实录》略本中有这种记载,却可从详本中找到痕迹。《册府元龟》卷四八二《台省部·贪黩》云:"(王)伾下劣闒茸,唯务金帛宝玩。置无门大柜,上开一孔,使足以受物,夫妻寝止其上。"即来源于《顺宗实录》详本。韩愈集中的《顺宗实录》是略本,这一段话被删去。

方世举《昌黎诗集编年笺注》即以《顺宗实录》注《永贞行》,以韩证韩。

以上是从四个方面论证《顺宗实录》详本、略本(今本)皆韩愈撰。详本是韩愈生前向宪宗进呈的原稿;略本是韩愈死后,"累朝有诏改修",至文宗朝复令"刊去""所书德宗朝、顺宗朝禁中事"(《旧唐书》卷一五九《路随传》)后的定稿。

屈原与庄周美学理想异同辨

◎ 郭维森

屈原与庄周可说是同时代的人。庄周略早于屈原。他们的作品都充满对生活哲理的探求,都具有奇幻的色彩,是有不少相近似之处的。但是唐代之前,庄周主要被看作哲学家,所以在许多批评、理论文章中,只见屈宋并题,而没有庄屈并题,萧统《文选序》说:"老、庄之作,管、孟之流,盖以立意为宗,不以能文为本。"所以《文选》摒而不录。这代表了唐以前的主要看法。首先将《庄子》当作文学来议论的是唐代令狐德棻,他在《周书·王褒庾信传记》中说:"漆园黍谷,名法兵农,宏放之词雾集。虽雅诰奥义,或未尽善,考其所长,盖贤达之源流也。"中唐以后,自称"非三代两汉之书不敢观"的韩愈,便将庄子与成功的文学家一概相量了,如说周之末世,"庄周以其荒唐之辞鸣。楚,大国也,其亡也,以屈原鸣"①。又说:"下逮《庄》、《骚》,《太史》所录,子云、相如,同工异曲。"②与之同时,柳宗元在其文章中,也往往《庄》、《骚》并称。如说:"参之《庄》、《老》,以肆其端……参之《离骚》以致其幽。"③从文学的角度去认识庄子,庄屈并称就是十分自然的了。刘熙载曾说:"文如云龙雾豹,出没隐见,变化无方,此《庄》、《骚》、《太史》所闻。"④准确地揭示了三部名著的共同点。

屈原与庄周,对后世都有重大的影响。龚自珍评论李白说:"庄、屈实二,不可以并,并之以为心,自白始。"⑤他自称其诗心,也说:"名理孕异梦,秀句儷春心,庄骚两灵鬼,盘踞肝肠深,古来不可兼,方寸我何任?"⑥龚自珍看出"庄、屈实二"是很有眼力的,但他认为李白与他自己都兼有庄、屈的特点。庄、屈可以同时被一位诗人继承,这实际上反映了继承者复杂的心态。明末清初钱澄之曾著《庄屈合诂》。《四库提要》评论此书说:"盖澄之丁明末造,发愤著书,以《离骚》寓其幽忧,而以《庄子》寓其

---

① 韩愈:《送孟东野序》。
② 韩愈:《进学解》。
③ 柳宗元:《答韦中立论师道书》。
④ 刘熙载:《艺概·立概》。
⑤ 龚自珍:《最录李白集》,中华书局《龚自珍全集》第三辑。
⑥ 龚自珍:《自春徂秋,偶有所触,拉杂书之,漫不诠次,得十五首》。中华书局《龚自珍全集》第九辑。

解脱,不欲明言,托于翼经焉耳。"①一以寓幽忧,一心寓解脱,虽称"合诂",其间自有区别,作用也很不一样。龚自珍称李白和他自己并庄、屈以为心,大体上也是这种意思,屈原提供了幽愤不平,而庄子则主要提供了思想上的遁逃薮。

庄周和屈原面对着同样的时代矛盾,却采取了不同的对待方法,在作品中便表现为美学理思的分歧。近年来,不少过度肯定庄子的文章,主要是就其所处的时代作出解释。清末王先谦在《庄子集解序》中已说庄子是愤浊世、嫉时而为过激之词。如单从文学角度讲,这话并非没有道理,但是从思想体系讲,这说法就成问题了。我们比较一下同时代的屈原,便发现愤世嫉俗的屈原,在思想的重要方面与庄子是分道扬镳的。两位作者在作品中也不时表现出观点的对立。这是不能用"此亦一是非,彼亦一是非"来加以混淆的,因此,我认为屈原与庄周美学理想的异同还是值得探讨的课题。

一、纯粹之美

屈原认为纯粹的事物才是美的。他写道:"昔三后之纯粹兮,固众芳之所在。"按《汉书·地理志》颜师古注:"纯,精好也。"《说文解字》:"粹,不杂也。"可知"纯粹"的意思就是精美无杂质,也就是完美的意思。追求纯粹是屈原诗篇的总精神。如他写:"苟余情其信夸以练要兮,长颇颔亦何伤。"练要,意同精要,也接近纯粹的意思。"纷吾既有此内美兮,又重之以修能"则对自己提出内美与外美高度统一,以实现完美的要求。

基于这一理想,诗人处处以香草美人为喻。正如《史记·屈贾列传》所述:"其志洁,故其称物芳,其行廉,故死而不容自疏。"他时时都期望着最美好,最芳洁。他以兰、芷为服,琼玉为佩;他以花瓣为食,露珠为饮。他以"精色内白"、"纷缊宜修"的橘树为楷模,取"非梧桐不止,非楝实不食,非醴泉不饮"的凤凰以自比。诗人为追求"纯粹"的美,不断砥砺:"朝搴陛之木兰兮,夕揽州之宿莽";不断求索:"吾令羲和弭节兮,望崦嵫而勿迫。路漫漫其修远兮,吾将上下而求索"。诗人最后也是为使其"皓皓之白"不蒙世俗之尘埃,而投入汨罗江中。自始至终地贯彻了"纯粹"的理想。

先秦的思想家中,稍后于屈原的荀卿也提出了"纯粹"的理想。他在《劝学》篇中说:"君子知夫不全不粹之不足以为美也,故涌数(说)以贯之,思索以通之,为其人以处之,除其害以持养之。"经过学习、思索、实践(陶冶),剔除杂质,最后便能做到:"权利不能倾也,群众不能移也,天下不能荡也,生乎由是,死乎由是,夫是之谓德操。"荀子所称"全粹"主要指道德品质,与屈原所称有一致处。《劝学篇》最后还说:"天见其

---

① 《四库全书总目》卷一三四子部杂家类存目十一,按合编庄屈者还有:清方人杰《庄骚读本》,清高秋月、曹同春亦将庄骚合刻而为《楚辞约注》。

明,地见其光(广),君子贵其全也。"也与屈原"秉德无私,参天地兮"的意思相近。但是荀卿所说的全粹,是指礼制规范的道德,而屈原所说的"纯粹"则具有更广泛的内涵,更多地表现为对"完美"的追求,在中国美学史上具有比荀子远为重要的意义。

在《庄子》一书中,"纯粹"一词也多次出现,《齐物论》中说:"众人役役,圣人愚芚,参万岁而一成纯,万物尽然,而以是相蕴。"庄子批评众人的忙忙碌碌,而主张圣人的守玄抱一——表现为愚忳无知。他认为圣人参揉了千万年的变化,才得到的纯粹不变的一。万事万物也都是由这个"一"所蕴积起来的。在《刻意》篇中说到,"纯粹而不杂,静一而不变"是养神之道。又说,"纯素之道,唯神是守。守而勿失,与神为一……故素也者,谓其无所与杂也。纯也者,谓其不亏其神也,能体纯素,谓之真人","(圣人)其神纯粹"。由于纯粹与朴素有一致的属性,《庄子》又强调朴素的美,《天道》篇中说:"朴素而天下莫能与之争美。"郭象注说:"夫美配天者,唯朴素也。"①这些话的意思是:未加人工的自然之道是朴素的、也是纯粹的,因此顺应自然也就实现了纯粹、完美的要求。表面上看,庄子也在追求纯粹、完美。在《逍遥游》中,他认为飞上九万里的大鹏还不够理想,那超然于举世的毁誉之上的宋荣子、那御风而行的列子,也都不够理想,他要追求的是最完美的境界、最纯粹的形态,那就是不要任何依靠,不受任何限制的绝对自由。说起来这是颇为诱人的,但事实上并不存在不受任何制约的事物。于是他便幻想出一个"无待"的"至人",这样的人,外貌是"肌肤若冰雪,绰约若处子"是很美的,而在精神上则做到了"无己",在观念上消失了自我,与宇宙万物合而为一,这样就得到了大自在、大逍遥。他就能"大浸稽天而不溺,大旱金石流、土山焦而不熟"。以忘记自我存在为前提的绝对自由,不过是一个五光十色的肥皂泡而已。所以同样是对完美,极至的追求,同样用着幻想的形式来反映,在屈原那里是有实际内容的、是积极的,而在庄周那里则完全是虚幻的,是消极的。

在现实生活中,绝对纯粹、完美的事物是没有的。如果外形的美与内心的美相比较,屈原更重视内心的美。他写宓妃"虽信美而无礼兮,来违弃而改求";又写"余以兰为可持兮,羌无实而容长"。衡量人主要观其内心。庄周当然也看到内外不一致是经常存在的,他似乎也强调内心的重要,但由于他把美、丑看成完全是相对的,而且是主观的观念,因此便在强调内美的同时混淆了美、丑的界限。为说明主观精神的重要,他塑造了一系列形体残缺的形象。如被截去一只脚的王骀、申徒嘉、叔山无趾,相貌奇丑别人看见都惊怕的哀骀它,以及拐脚、伛背、无唇的人,脖子细小却生了个大瘤的人。庄子强调这些丑人、残废人,其内心的"德"却非常充实,丑的外形却是德充的征验。郭沫若解释《德充符》篇名说:"他的意思是说绝对的精神超越乎相对的形体,所谓:德'有所长而形有所忘'。得道之谓德,道德充实之征,使恶化为美,

---

① 见明世德堂刊《南华真经》,四部丛刊本。

缺化为全,这便是所谓"德充(之)符'。"①我认为这一解释是正确的,庄子笔下的丑人并不是像《巴黎圣母院》中所写的敲钟人以及我国传统戏曲中的钟馗那样,以外形丑烘托灵魂美,并将自然丑转化为艺术美。诚然庄子也用浪漫主义的夸张、虚构将丑写得十分突出,然而那"德充"的心灵却是虚无主义的,并算不上是美的。他写残缺的形象主要并不是为了烘托内美,实际上他是以一种欣赏的态度来描写"残缺美"。在《大宗师》中,他假借孔子的话给畸人下了个定义:"畸人者,畸于人而侔于天。故曰:天之小人,人之君子;人之君子,天之小人也。"所以子舆患病,变成"曲偻发背,上有五管,颐隐于齐(脐)肩高于顶,句赘指天,阴阳之气有沴"这样一付十分丑陋的模样,但是子舆却发出了赞叹:"伟哉!夫造物者,将以予为此拘拘也。"他何尝认为是丑陋呢？ 庄子的观点,美与丑都是绝对地相对的,从"道"的观点来看,美与丑并无区别。他在《齐物论》中说:"毛嫱丽姬,人之所美也,鱼见之深入,鸟见之高飞。麋鹿见之决骤,四者孰知天下之正色哉?"他在这里失去了立足点,作不同类的比较,混淆了美丑的界限。文章中又说:"故为是举莛与楹、厉与西施,恢诡谲怪,道通为一。"丑陋的麻疯病患者与美女西施,道通而为一了,美丑还有什么差别呢？

庄子写了那么多"德充"的残缺之人,固然也反映了当时社会的残暴,但如果说庄子是同情这些受害者,为他们鸣不平,则是不对的。真是那样的话,他便应该充分地表现这些受害者的内美,以唤起人们对受害者的同情和对压迫者的愤恨。而他所谓内在的德是"德者成和之脩也",就是忘记现实(包括自身),一切归之于自然。如哀骀它,貌极丑恶,也无才能,他从未发表过自己的见解而总是应和别人,他也没有好处给别人。但就是这样一个人,却吸引了许多崇拜者、爱慕者,"丈夫与之处者,思而不能去也,妇人见之,请于父母曰:与为人妻,'宁为夫子之妾'者,十数而未止也"。所以如此,就在于他不违背自然,随遇而安,这样的人就是"全德之人",庄子写残缺人的主要目的,并不在于揭露现实,更不是要激起不平与抗议。他的根本目的是为了阐述他的虚无哲学、厌世思想。"物极其所一,而不见其所丧,视丧其足,犹遗土也"。万物为一,形骸是算不得一回事的。申徒嘉对自己被刖足的态度是:"自状其过,以不当亡者众,不状其过,以不当存者寡,知不可奈何,而安之若命,唯有德者能之"。衷扬这样的德,还能说是同情受迫害者吗？ 这样的"德"与完美也就相去十分遥远了。

二、崇高之美

和古代世界上许多伟大的思想家一样,屈原也向往崇高,并认为崇高是一种美。在屈原笔下,崇高首先表现为宏伟的气魄和超人的力量。如《九歌》中形容诸神的诗

---

① 郭沫若:《十批判书·庄子的批判》。

句:"览冀州兮有余,横四海兮焉穷","令沅湘兮无波,使江水兮安流","望涔阳兮极浦,横大江兮扬灵","广开兮天门,纷吾乘兮玄云,令飘风兮先驱,使冻雨兮洒尘","乘龙兮辚辚,高驼兮冲天","青云衣兮白霓裳,举长矢兮射天狼","登昆仑兮四望,心飞扬兮浩荡"。这样一些句子,表现了"对象中显出一种巨大的力量",自然会使人感到崇高之美。在整部《九歌》中,崇高的形象和柔美的形象纷然并陈,庄严的礼赞与曲折的抒情交替出现。它是一部由阳刚之美与阴柔之美结构成的交响曲。这便是《九歌》千古不朽的魅力之所在。

在屈原诗篇中,崇高更重要的是表现为道德品质的力量。诗人充满了高尚品德的自信,认为自己的行为是符合正义的,因此便具有宏伟的气魄。他可以麾蛟龙、诏西皇,令五帝、命咎繇,他"禀德无私,参天地兮"故而能够"与天地兮同寿,与日月兮同光"。他赞美"耿介无私",赞美"终刚强兮不可凌"的国殇,赞美"苏世独立,横而不流"的桔树。他表现出"虽九死其犹未悔","虽体解吾犹未变"的坚毅顽强的精神;他表现出"鸷鸟之不群兮,自前世而固然;何方圆之能周兮,夫孰异道而相安"的不妥协的斗争精神,也表现出"路漫漫其修远兮,吾将上下而求索"为探求真、善、美而奋进不止的精神。这些内容构成了屈原的人格美,在他的抒情作品中我们看到的是一位崇高的美的形象。

庄子书中也不乏崇高的形象,如著名的鲲鹏的形象:"鹏之背不知其几千里也。"是如此的庞大;"鹏之徙于南冥也,水击三千里,抟扶摇而上者九万里",又是如此的有力。谁不惊叹其气魄之宏伟呢?"秋水时至,百川灌河,泾流之大,两涘渚崖之间,不辨牛马……"也是极为壮阔的景象。而所塑造的"至人",则是"大泽焚而不能热,河汉冱而不能寒,疾雷破山,风振海而不能惊。若然者,乘云气,骑日月,而游乎四海之外,死生无变于己,而况利害之端乎"?具有超人的力量、征服宇宙的气概。这些又何尝不令人神往呢?庄子极善运用对比的方法,鹏与斥鹦,东海之鳖与陷井之蛙,鹓鸰与鸱,崇高与渺小形成了强烈的对比。种种生动的形象——包括许多崇高的形象,构成了庄子的艺术魅力,但就庄子总的思想倾向,他却是从总体上破坏了崇高的美,鲲鹏虽大,也还有待,并不能获得绝对自由。它抟扶摇羊角而上者九万里,但斥鹦腾跃数仞,也是"飞之至也"。郭象注云:"各以得性为至,自尽为极也。"读者从形象所感受到的崇高与渺小的强烈对比,在庄子那里只是说明"小大之辨"的一个例证,而其结论则是各适其适。他想象中塑造的"至人"、"神人"的形象,与屈原作品中"驾青虬,骖白螭,登昆仑,食玉英"的形容也极为相似,但是屈原那样写是向往于一个与混浊现实相对立的美好世界;而庄子那样写则是为了宣扬追求精神上的绝对自由而摒弃世上的一切。庄子和屈原同样生活在变革剧烈的战国时代,在他们的作品中都曾反映了当时的矛盾、斗争。但是屈原思想的轨迹是:斗争——失败——再斗争——再失败——精神的升华;而庄子的思想轨迹则是:不平——失望——更不平——更失望——逃避虚无。在对比的形象中,屈原始终坚持美与丑、善与恶的尖锐对立,而庄子则以其"天地与我并生,而万物与我为一"的唯心主义的哲学观模糊了界线,他把善、恶、美、丑的斗争都看成无所谓的事,这样从整体上就不能唤起人们的崇高的美感。

在阶级对立的社会里,崇高往往和悲剧紧密相连的。屈原的生活道路和诗篇都是具有悲剧性的。其悲剧精神建立在善恶是非的尖锐冲突之上。诗人迭遭挫折,但仍然冲破重重阻挠,在复杂尖锐的斗争中坚持自己光辉的品格,最后以生命实践自己的誓言,完成了一个崇高的悲剧形象。庄子则不具有悲剧精神。他也反映了时代的不平,甚至还尖刻地嘲讽了某些世态人情,可是他又时时用诡辩混淆是非善恶,用混世的态度来对待不合理的世界。他一会儿要做一只曳尾于涂中的龟,一会儿要做一棵不成材的树,对于现实矛盾采取逃避态度。美国戏剧理论家格莱巴涅说:"悲剧决不可能在怀疑主义或愤世嫉俗的空气中开花。"他又说"正确和错误的概念可以说是悲剧的基础"[1]。庄子正是以怀疑的眼光来看待世上一切的,他混淆了正确与错误的质的区别,因此他缺少悲剧精神,丧失了对崇高事物的信念与追求。

三、和谐之美

在古代人的观念中,"和"是十分重要的。史伯所谓"和实生物,同则不继"[2],古人早已认识到事物是对立的统一。如果只有一面,就无从发展,单调的一种是构不成丰富多彩的大千世界的:"声一无听,物一无文,味一无果,物一不讲"[3],事物存在着种种分歧、矛盾,最理想的是和谐地发展,是对立的统一。不仅古代东方的哲人如此主张,西方的哲人也是同样的看法。毕达哥拉斯学派把和谐看成不协调的东西的协调一致[4]。赫拉克利特则认为对立面的统一就是和谐[5]。我国先秦儒家标举"中和"为美,也不仅止平和一义,而是包含和谐、适度、平衡等等。作为一种美学理想本亦无可厚非。

屈原的美学理想中也包含有中和思想。《离骚》中说:"屈心而抑志兮,忍尤而攘诟","进不入以离尤兮,退将复修吾初服","依前圣以节中兮,喟凭心而历兹","和调度以自娱兮,聊浮游而求女","抑志而弭节兮,神高驰之邈邈"。从这些诗句中,我们看到屈原未始不希望心情的和谐、心理的平衡。可是现实的矛盾、斗争却撞击、破坏

---

[1] 转引自陈瘦竹、沈蔚德著《论悲剧与喜剧》。
[2] 《国语·郑语》。
[3] 《国语·郑语》。
[4] 波里克勒得《论法规》,"毕达哥拉斯学派说,音乐是对立因素和谐的统一,把杂多导致统一,把不协调导致协调。"——转引自朱光潜著《西方美学史》。
[5] 赫拉克利特说:"差异的东西相会合,从不同的因素产生最美的和谐,一切都起于斗争。"——转引同上。

和谐与平衡。斗争是激烈的,"鲧婞直以亡身兮,终然殀乎羽之野","不量凿而正枘兮,固前脩以菹醢",这不仅是历史的教训,而且是现实的危机。理想与现实反复碰撞,诗人的中和思想被突破了,在其诗篇中虽有芳菲凄恻之音,但也多怨愤之词,不平之鸣。以至后世文人从卫道立场出发,每批评屈原"露才扬己"、"贬絜狂狷",对其突破"中和"极为不满。由此看来,和谐为美的思想,在屈原诗篇中是有发展变化的,基本是作为无法实现的理想而存在的。

突破了中和思想,诗人抗世嫉俗的感情激昂起来,他强调"不合"、"不群",歌颂"独立不迁",歌颂"苏世独立",诗人并不是欣赏孤独,也并不认为"孤高自赏"是一种美。他只是在"众皆竞进以贪婪"、"各兴心而嫉妒"的溷浊世风中,强调要保持清醒的头脑和独立的人格。这样的孤独,这样的脱俗拔尘,反映了诗人突破中和的美的理想。

庄子也有和谐为美的思想。《人间世》中说:"形莫若就,心莫若和。"照郭象的解释:"形不乖迕,和而不同。"就是说表面上尽可迁就,内心则力求保持平衡。《德充符》中也说要"游心乎德之和",即指心灵不失中和。这篇文章还说到怎样才能保持中和,其中假托孔子的话说:"死生存亡,穷达贫富、贤与不肖毁誉,饥渴寒暑,是事之变,命之行也。日夜相代乎前,而知不能规乎其始者也,故不足以滑和,不可入于灵府,使之和豫通而不失于兑,使日夜无郤,而与物为春,是接而生时于心者也,是之谓才全。"遇到种种幸与不幸,都把它看作自然的变化,命运的安排,那么就不至于搅乱中和的心境。这样地顺应自然,保持中和便称作"才全"。在"不足以滑和"句下,成玄英解释说:"滑,乱也,虽复事变命迁而随形任化,淡然自若,不乱于中和之道也。"他是将"和"释为"中和之道"的。总之,从以上所引诸例中可以证明庄子确有中和为美的思想。然而我们也可以看出,在庄子对于"和"的种种解释中,他强调的是"同一",而不是强调"和谐"。他在主观的意念中完全消灭了差别、矛盾。他假托颜回解释"坐忘"是:"堕枝体、黜聪明,离形去知,同于大通。"又借仲尼之口加以引申说:"同则无好也,化则无常也,而果其贤乎丘也,请从而后也。"(《大宗师》)抛弃自己的肢体、智慧,抛弃一切的爱好,便与大道相同了,无所不通了,他要求的不是一个丰富多彩的世界,而是一片死寂。《大宗师》中还说:"故其好之也一,其弗好之也一;其一也一,其不一也一,其一,与天为徒,其不一,与人为徒,天与人不相胜也,是之谓真人。"强调天人合"一",强调"同一",即如成玄英疏"既忘怀于美恶,亦遣荡于爱憎","虽复天无彼我,人有是非,确然论之,咸归空寂,若使天胜人劣岂谓齐乎?此又混一天人,冥同胜负",强调"同"的结果,免不了混一天人,咸归空寂。顺应自然,同于自然,"知其不可奈何而安之若命",这是十分严重的消极思想。他不要求相反相成造成的和谐,却主张顺应、屈从。如在《人间世》中说:"彼且为婴儿,亦与之为婴儿,彼且为无町畦,亦与之为无町畦,彼且为无崖,亦与之为无崖。"随波逐流。

在如何对待矛盾、斗争这个问题上,庄子与屈原显然存在着严重的分歧。在《人间世》中,庄子批评关龙逢和比干说:"且昔者桀杀关龙逢,纣杀王子比干,是皆修其身,以下伛拊人之民,以下拂其上者也。故其君因其修以挤之。是好名者也!"这简直就像在批评屈原。《刻意》中又说:"刻意尚行,离世异俗,高论怨诽,为亢而已矣。此山谷之士,非世之人,枯槁赴渊者之所好也。"我们联想到《楚辞·渔父》篇称屈原"颜色憔悴,形容枯槁",几乎要怀疑枯槁赴渊者指的就是屈原了。庄子称那些德厚信杠"以仁义绳墨之言术暴人之前者"是"菑人"而"菑人者人必反菑之"(《人间世》)。为避免被反菑的命运,他什么也不坚持,什么也不珍惜。渔父所说的:"圣人不凝滞于物,而能与世推移;世人皆浊,何不掘其泥而扬其波;众人皆醉,何不餔其糟而歠其醨,何故深思高举,自令放为。"这与前面所引"彼且为婴儿,亦与之为婴儿……"相比较,简直如出一辙。所以渔父对屈原的批评实际上就是庄子一派对屈原的批评。其实屈原比起庄子来,对现实更有清醒的认识,他也不是不知道对于个人来说,怎样做才是吉,怎样做便是凶。《卜居》中两种对立的人生道路,两种命运清清楚楚地摆在那里,但他却只能义无反顾地选择对个人极不利的一种。他说:"宁赴湘流,葬于江鱼之腹中,安能以皓皓之白,而蒙世俗之尘埃乎!"他坚决不愿放弃自己的理想、玷污自己的清白去换取苟活。刘熙载说得好:屈原是"有路可走,卒归于无路可走"。那是他不愿选择其他的路,而庄子则是"无路可走,卒归于有路可走",但那只是逃遁的路、幻想的路①。

庄周、屈原都曾向往和谐,但发展到后来,屈原不回避斗争,他希望改变楚国混浊的政治,以实现其和谐的理想。而庄周则混淆是非,实质是放弃了和谐的理想。

庄子和屈原文学成就极高,对后世影响极大。他们的美学理想有同有异。他们对待人生的态度,许多地方是针锋相对的。今天,我们在欣赏这两位作者的文学的同时,必须将他们的思想实质加以区别。否则庄子的消极思想仍会产生一定的影响。在这方面,生活在新旧社会交替之际的革命知识分子走过的道路,给我们提供了很好的借鉴。鲁迅曾作过这样的自我批判:"就在思想上,也何尝不中些庄周和韩非的毒,时而很随便,时而很峻急。"②鲁迅走过的是一条艰巨、光辉的道路。我们只能沿着这条道路继续前进,而不能倒退回去。

---

① 《艺概·文概》。
② 《写在坟后面》。

关于报告文学的札记

◎ 秦德林

报告文学是现代革命文学的一种新文体。和杂文一样,它是急剧变化的社会生活的产物,激烈的阶级斗争的产物;是为适应战斗的需要而创造出来的。魏巍在回忆他写《谁是最可爱的人》时说:"我原是喜爱写诗的,——这次回来,又想先写别的,但又老是想:这样伟大的斗争和伟大的战士,必须很快写出来呵!如果慢慢在那儿钻长的,刻细的,最后又弄不成,怎样对得起战士呢?这样就着手写了这篇通讯。"战斗的需要,革命文学家的责任感,使作家不能心安理得地坐下来去创造他的"鸿篇巨制",而必须"寻找"一种新的艺术表现形式。瞿秋白在谈到杂文产生的原因时曾说:"急遽的剧烈的社会斗争,使作家不能够从容的把他的思想和情感熔铸到创作里去,表现在具体的形象和典型里。"①这句话也同样适用于报告文学。

"你是艺术家,而不是宣传家。你应该把自己的才能贡献给创造性的文学工作!"这种声音出现在杂文作家的耳边,也出现在报告文学作者的耳边。鲁迅回答说:"潜心于他的鸿篇巨制,为未来的文化设想,固然是很好的,但为现在抗争,却也正是为现在和未来的战斗的作者,因为失掉了现在,也就没有了未来。"②里德回答说:"好,我马上就要做这个了。"③基希放弃他成为一个小说家的"前程",终身致力于报告文学的制作。他终生都没来得及进行小说、戏剧的"鸿篇巨制"。这丝毫不应该惋惜。在艺术史上,没有比做一个战斗的艺术家和新艺术的开拓者更光荣的了。

对于革命的作家,他们想的不是艺术史,而是社会发展史;不是自己在艺术史上的地位,而是现实斗争的任务。同时,对于革命作家,不是将艺术家与宣传家对立起来,而是力图通过更好的艺术形式将二者统一起来,运用艺术的手段宣传革命的真理,运用自己的艺术才能更好地为革命服务。正是这样,鲁迅在反帝反封建的革命斗争中创造了杂文;基希、里德在揭露帝国主义、暴露资本主义社会的矛盾的斗争中,创造了报告文学。

---

① 瞿秋白:《鲁迅杂感选集·序言》,《瞿秋白文集》(二),第978页。
② 鲁迅:《且介亭杂文·序言》,《鲁迅全集》(第6卷),第3页。
③ 威廉斯:《约翰·里德小传》,《震撼世界的十天》,第413页。

自从1871年巴黎公社升起了无产阶级革命的红旗,资本主义世界的美梦破灭了。从此在欧洲开始了一个动荡不安的革命时代。第一次世界大战后出现了第一个社会主义国家,无产阶级革命、无产阶级专政震撼着整个资本主义世界。革命的风暴此起彼伏,整个世界的面貌瞬息万变。报纸、印刷机,成了斗争的中枢神经。小说、戏剧要反映这急剧变化的世界,存在着重重的困难。进步的、革命的记者在思考:是否能找到一种新的报导形式——它比新闻通讯更生动、具体,更具有生命力,而较小说更及时地将世态变化的真象告诉人民群众呢?正如巴克在论述基希时说:"孟德莱耶夫曾经创制了化学原素表。而在他的表格的每一个空白处他总写着:此处的如是如是的原子量和原子价的这一种原素尚付厥如。但后来这样的原素却真的被发现了。在艺术这一部门的表格里也有着一个空白!报导缺乏了应有的艺术成分。这乃是一种错误。这空白就是报告文学。"①基希、里德适应时代的需要,填补了这个"空白"。于是,他们从著名的新闻记者变成了无产阶级的报告文学家。

报告文学产生的物质基础是报刊。它具有新闻的素质和文学的素质,是新闻与文学的合流,或者说是艺术化形象化了的新闻。它必须具有新闻的真实、准确和具体性,又必须有文学艺术的生动性和形象性。对于报告文学家,他不仅告诉世界发生了什么,事变的真象是什么,而且要在理论上、感情上说服读者。

战斗的文学,在战斗里成长、壮大。资产阶级和他的文人,总是看不起而且敌视革命的文学的。中国的资产阶级说,杂文不入艺术之林,骂写杂文是堕落的表现。西方的资产阶级说,报告文学是毫无价值的特殊文学形式;他们污蔑报告文学家是陈腐不堪的政治煽动家,失掉幻想能力的枯燥乏味的公式主义者。但是资产阶级政府的迫害,资产阶级反动文人的攻讦都无法扼杀这些为时代、为人民群众所需要的新文体。

基希把报告文学称为一种危险的文学形式。对于世界上的一切剥削阶级来说,报告文学是揭发他们罪恶的艺术文告,使人们看到资产阶级在自由、平等、博爱的旗帜下制造出来的血淋淋的现实。在资本主义社会里,为了报导社会的真象,无产阶级的报告文学家不得不面临着法庭审判、逮捕和监禁的威胁。基希、里德不仅在法国、美国的监狱里有专住的床位,而且在芬兰和澳大利亚的监狱里,也曾留下他们的牌号。里德,甚至在他死后,头上还悬着美国监禁五年的判决。

报告文学的作者必须与人民的斗争保持密切的联系。为了追求完全真实的东西,研究时代的动向,获得战斗的激情,他就不能关在屋子里进行创作,而必须生活和斗争在战斗的前沿阵地上,经常出现在战斗的前哨。报告文学家必须使自己成为一个勇敢的战士,像高尔基所描写的一只追求暴风雨的勇敢的海燕。许多优秀的报告文学作品,都是在群众革命的烽火中产生的,在战火的硝烟中产生的。只有这样,

---

① 巴克:《基希及其报告文学》,《论报告文学》,第35页。

报告文学家才能不仅提供一幅实际斗争的生活画面,而且传达出时代战斗的音响。《震撼世界的十天》,在对十月革命的描述中,卓越地表现了人民群众的情绪、意志、愿望和要求,基希的《秘密的中国》在对阴暗的旧中国的描写中,使我们听到她潜在于地底的战斗的咆哮的声音。夏衍的《包身工》,从对包身工非人生活的刻画中,发出时代对帝国主义和资本主义的愤怒抗议。宋之的的《一九三六年春在太原》,运用"新闻剪集"的方法,暴露了国民党反动派在垂死挣扎中的丑恶行径,透露出"春"的消息。鲜明的时代感、强烈的战斗精神以及对生活的敏锐的观察力,是报告文学青春活力的源泉。在与旧世界的战斗中,报告文学给我们留下了宝贵的战斗传统。

报告文学,高尔基称之为"我们的战斗文学"[①]。我们要继承和发扬报告文学的战斗传统,让报告文学开放出更灿烂的花朵。报告文学与时代共同前进。随着时代的变化,报告文学的战斗任务也有所不同。在过去,报告文学主要的战斗任务是暴露、批判、摧毁旧制度;而今天,它的战斗任务是歌颂新社会,扶植新事物。新的现实向报告文学提出了新的工作方向和新的战斗任务。

在我国的社会主义现实里,报告文学主要地应该描写在阶级斗争、生产斗争和科学实验这三大革命运动中,群众的革命热情、首创精神以及集体的和个人的英勇奋斗,描写社会主义新人在斗争中的成长过程,以及人民群众在革命斗争中怎样把旧社会留下的污垢、尘土和贫困落后清扫出去。

在党的关怀和教导下,我国报告文学在配合社会主义的革命和建设斗争中,已经取得了重大的成就,产生了许多为群众欢迎的作品。近年来发表的《南京路上好八连》、《老贺到了"小耿家"》、《看愚公怎样移山》、《党的女儿赵梦桃》、《特别姑娘》、《旱天不旱地》、《大寨之路》、《管得宽》等作品,都及时地反映了当前的斗争,有力地表现了我国现实的革命风貌;歌颂了在党的三面红旗引导下出现的新人新事新思想。报告文学的艺术风格也日趋多样、社会主义时代的报告文学的特色正在形成。报告文学家投身到三大革命运动中,在与工农兵的结合之中,他们的作品将会更好地适应瞬息万变的生活的新节奏,更为人民群众所喜爱。

在社会主义革命和社会主义建设时期,报告文学是党在报刊上进行共产主义思想教育和政治鼓动工作的重要文艺形式。

对于报告文学家,他应该更明确地意识到自己不是普通的作家,普通的文人,而是战士、宣传员和鼓动员。他命定不是坐在房子里对着自己的虚构淌眼泪的艺术家,而是在战火的硝烟中,在轰鸣的机器旁进行写作的艺术家;是为现实激动不安的艺术家。报告文学家是作家兼新闻采访员。他要以对活生生的真实事件的描写来反映出时代脉搏的跳动,传达出时代的召唤。

要使报告文学能表现时代的精神面貌,作家首先必须对自己所处的时代有基本

---

① 高尔基:《同进入文学界的青年突击队员谈话》,《高尔基文学论文选》,第126页。

的认识。现在世界上层出不穷的事件表明,人类正处在最宏伟、最广泛的伟大革命的时代:亚洲、非洲、拉丁美洲正处在反帝的革命风暴之中;帝国主义制度在进一步加速崩溃,社会主义革命在迅速发展壮大,全世界人民在觉醒,在进行胜利的革命斗争。正如高尔基所说:"我们现实的真正名字就是革命,而且它很迅速地发展着,并很容易地赶过爱好冥想的人们,把他们丢在自己的后面。"[1]这个由国际无产阶级革命运动和殖民地、半殖民地人民民族解放运动所构成的革命洪流,它的核心或主要动力是革命的无产阶级,正是这个阶级推动着革命运动的发展,决定着革命的基本内容和前进的方向。我们的时代是一个迫切需要报告文学的时代,能够产生伟大的报告文学作品的时代。

表现社会主义的时代,就是表现现实的斗争生活和人民群众的精神面貌。反映时代精神,就是反映在对社会的改造中,在对自然的斗争中人们的坚毅的革命意志和无畏的英雄气概,以及他们的思想、情绪、心理和要求;反映人民群众在改造客观世界和改造主观世界的过程。近年来发表的一些报告文学作品之所以感人至深,为广大读者所赞赏,原因就在于这些作品以不同的题材,从不同的角度反映了我们时代的革命精神。《老贺到了"小耿家"》使人猛醒,启人深思。它揭示了社会主义建设时期阶级斗争的形式,使人们擦亮了眼睛。《党的女儿赵梦桃》以极其丰富的事实,写下一个工业战线上先进生产者的光辉传记。作者用他充满革命激情的笔触,展示出赵梦桃纯洁优美的心灵。对她一生的描绘,也是对我们的时代的写照。赵梦桃鲜明地回答了现实生活提出的与千万人切身相关的问题,帮助我们正确地处理这些问题。《旱天不旱地》报导的是闽南抗旱斗争的故事。作者在报导中,没有把笔墨过多地用来描绘火热的战斗场面,而把重心放在显示农村的精神面貌上,热情地歌颂了小利服从大利、局部服从整体的"榜山风格"。那种由榜山公社首先出现的"丢卒保车"的精神,正是战胜旱灾的基本要素;体现出我们时代的集体主义精神和共产主义风格。因此,这篇报导就不仅为我们描画出一幅激动人心的抗旱斗争的面面,而且使我们看到时代的真正面容。《大寨之路》的作者以满腔热情和生动的笔调,报导了山西省昔阳县大寨公社大寨生产队向穷山恶水进军,用革命精神建设山区的故事。作者在整篇报导中,有力地表现了我国人民在改变一穷二白的落后面貌的斗争中而涌现出的奋发图强、自力更生的革命精神。"一个新的社会制度的诞生,总是要伴随一场大喊大叫的"[2]。在大寨,人们远大的革命理想和对未来坚定不移的信念,是通过广泛的争论、事实的教育产生出来的;在河南舞阳县的湾马村,集体主义精神也是经过一场喧闹的争论而后才在生活中确立起来的。《管得宽》一文的作者,抓住"就你管得宽"和"我就是管得宽"两种针锋相对的思想斗争和争论,生动地描述了在小

---

[1] 高尔基:《文学突击队员》,《高尔基文学论文选》,第120页。
[2] 毛泽东:《"一个整社的好经验"按语》,《中国农村的社会主义高潮》,第706页。

农经济基础上产生的自私、狭隘的思想观念消逝的过程,社会主义集体思想胜利成长的过程。新的事物、新的思想在大喊大叫中诞生成长,陈腐的、落后的观念在斗争中被从生活的各个领域里清扫出去,这就是我们这个社会的现实的革命风貌。《特别姑娘》中的侯雋惹人喜爱的地方,就在于"特别"这两个字。这"特别"体现出党和时代对青年的召唤,这"特别"是说明今天的青年知识分子在摆脱传统的观念和作风,按照党指引的方向走上真正革命化、无产阶级化的道路。在我们的生活中,这"特别"的现象正在变成普遍的现象;而原来普遍性的东西,正在走上它的反面,变成真正稀少的、"特别"的东西。对于这位在革命化道路上前进的姑娘,作者以满腔热情和无限爱抚来描述她在新的生活道路上的斗争过程,给我们描绘了一幅知识青年与劳动人民结合的真实动人的艺术画面。

这些报告文学作品的成就告诉我们,只有当它表现了时代的风貌,才能超出一时一地的限制,获得普遍的时代的意义,产生强烈的战斗作用和鼓舞力量。要取得这种成就,重要的是作家要有政治敏感和锐利的观察力,要有共产主义的革命情怀和高瞻远瞩的精神。人们或许会说,这些事实太感动人了。但是这些事实是哪里来的呢?当你走进大寨、湾马村,遇见赵梦桃、侯雋,一切或许都会使你感到平淡无奇,甚至会感到吵吵闹闹,没有什么值得写的。这里需要的是"发现";需要善于从纷纭的生活中采撷新鲜的花朵的本领;需要思想,来剖析它的时代意义。同时,也需要有完美的艺术形式,来显现它夺目的光彩。报告文学的创作,最需要来自生活的真正的激情和理想主义的革命浪漫主义精神。当然,报告文学要求现实主义。报告文学家所写的一切都要经过调查研究,以确切的事实为根据,在艺术表现上,要求朴素自然,不允许虚构、夸张。这一切都是十分明白的。但是,正因为报告文学家追踪的是事实,它就更强调作家要有理想主义精神。报告文学不同于小说。对于小说家,遵循艺术典型化的法则,运用现实主义的方法,还可以将现实生活的基本面貌鲜明地再现出来;而报告文学家,描写的是活的事实,他在艺术上唯一的途径是通过对事实的深刻理解,描绘出它的过去和未来,从而显示出它的时代意义,因此,作家假若没有理想主义精神、浪漫主义情思,就不可能达到这一点,就必然陷于自然主义地描写现实。我们的时代是充满着理想的时代。报告文学家如果自己缺乏理想精神,要想如实地反映出现实生活的某些片断,将会遇到不可克服的困难。我们强调报告文学的理想主义,它的全部意义就在这里。因此,报告文学要具有强烈的战斗性和巨大的鼓舞力量,要表现我们伟大的时代,作家就必须武装思想,使自己成为一个革命理想主义者。

许多事实说明,一个报告文学家,要使他的作品能够揭示现实的真相和变化中的前景,作者必须树立马克思主义的世界观。伟大的无产阶级报告文学家基希、里德,都是经过曲折的道路才找到了马克思主义。据基希的朋友巴克的记述,基希前期的作品是无定型的。他描述着日常事件的人生全景,偶然的因素占据着一个极其重要的地位。"基希的这个澄清过程并不是以一种疯狂的速度发生,而是经过了许多年的。从没有正确观点的人发展到有观点的人,从印象主义者发展到辩证唯物论者,是一步一步地进行的,而这个国外不幸的报告者,也就变成劳苦人类的报告者,由无政府主义者变成科学的马克思主义者了。"①威廉斯在《约翰·里德小传》里也写道:"不能说俄国把约翰·里德变成了革命家。可是俄国把他造成科学地思考和彻底的革命家。这是俄国的伟大功绩。它使得里德用马克思、恩格斯和列宁的著作来堆满自己的写字台。它使得里德了解历史过程和事件的进程。它使得里德用经济学的生硬的事实来代替自己有些模糊的人道主义观点。"②只有在树立了马克思主义世界观以后,偶然的因素才从他们的作品中除去,使他们对事物的描述,从表面进入内部的实质。正如基希自己说的,报告文学家为了"在正确的展示中,组织自己的记述",表现出"变化中的前景",作者"就不能用平面的、静态的唯物论方法,而必须要求达到辩证唯物论的方法"。③

今天,我们的报告文学家生活在社会主义的现实中,生活在毛泽东时代,一定能写出更加辉煌的反映社会主义建设时代的报告文学作品,写出反映世界上反对帝国主义的斗争的优秀作品。

真实是艺术的基础。艺术真实,主要是指作家对时代本质及其发展规律的认识,是指对他所写事件的意义的真实把握。社会主义艺术要求作家站在无产阶级立场上,以马克思列宁主义的观点反映革命发展的真实过程。艺术真实是客观见之于主观的东西,也就是客观现实经过作家头脑反映出来的产物。离开阶级和阶级斗争的观点,讲"写真实"、追求所谓"绝对真实",其结果,不是为事物表面的、局部的现象所蒙蔽,歪曲了时代的真实,就是自欺欺人,以真实为借口掩饰自己的卑鄙目的。

报告文学,由于它自身的特点,在艺术真实上有其特殊性。

小说、戏剧对生活进行艺术概括,根据生活的逻辑提炼艺术真实,创造出典型环境与典型性格来反映时代的思想风貌。报告文学反映的是实有的事实,它只能对事实进行选择,通过对事实所包含的思想意义的解剖和显示,反映时代的思想风貌。小说、戏剧只要求忠实于历史背景、社会关系、人物性格,而作品里描写的具体场景、情节、人物是允许虚构的,必须运用典型化的(虚构的)办法才能产生艺术效果。报告文学是报导事实的文学,它必须遵循客观事实来组织自己的描述。从这方面看,报告文学在艺术真实的要求上有更多的限制。

报告文学保留着新闻报导的一些素质,像《震撼世界的十天》、《旱天不旱地》、《大寨之路》等作品,往往具有社会调查、社会论文的特点,它的每一个细节都应当是

---

① 巴克:《基希及其报告文学》,《论报告文学》,第52页。
② 威廉斯:《约翰·里德小传》,《震撼世界的十天》,第412页。
③ 基希:《一种危险的文学形式》,《论报告文学》,第7页。

真实的,正像新闻报导、社会论文中的每一个数字、每一个论据都要确切可靠一样。它与科学论文、新闻报导不同之处,只在于它不是以对事物的抽象化来揭示真象,而以形象的显示方法来反映事物的真象。因此,报告文学中有任何与实际事实不符的地方,都会影响整个作品的社会效果。

报告文学家在观察和描述他的对象时,必须注意准确性、鲜明性和形象的生动性。他的任务是将他所获得的资料和生动的印象,经过选择和剪裁,用文学的形式将它们表现出来。报告文学家的才能,就是善于追踪事实和捕捉住事件的"特点"(基希语)来进行形象化的描述。当然,小说家也是根据事实来进行创作的。但是,小说家在题材的处理上不拘泥于事实,而是把它作为原料,并急于设法摆脱它。小说家的才能正表现在摆脱事实这一点上。报告文学与小说的分水岭就在这里。假如无视二者在艺术真实的要求和创作上的差异,认为报告文学可以虚构,可以不注意事实的真实性,那实际上就等于取消报告文学。新闻、报告是不能没有明确"地址"的。没有出处的新闻、报告,在社会上就会成为流言蜚语。报告文学也是这样。

要强调报告文学家对事实的尊重。但是,对事实的尊重绝不意味着不要想象。"没有想象便没有艺术性",这话对报告文学也是适用的。茅盾说得对:"不但小说的故事和人物应当经过艺术概括,就是'特写'乃至介绍劳动模范的文学小品也应当容许作者发挥想象力,——当然这必须是合情合理的想象。"[①]基希也认为,报告文学家要想把事件构成一个毫无瑕疵的画面,没有一种合乎逻辑的想象,那是办不到的事。他说:"记者自己必须创造出事件的实际价值,到达改造的成功的径路,而且只有留心着他的叙述的路线必须密切地沿着已知事实(事件所给的特点)进行。理想的条件是要具有那由记者所描画的在各点上都与实际事件的连续性相符合的可能性的曲线;这种曲线的顺利的发展路向,由于极大多数的所给的特点确定,是可能而且可以得到的。"[②]茅盾说的"合情合理"和基希所讲的"与实际事件的连续性相符的可能性的曲线",都是说明一个意思:报告文学家的想象必须遵循所写事件的规律性。报告文学家在熟悉事件的基础上,在对所写人物取得精神交流的基础上,是可以大胆地以想象"来补充"事实的不足的。像《党的女儿赵梦桃》,其中关于赵梦桃心理活动的一些刻画,是不乏作者艺术想象的成分的。这样的想象不仅会使作品取得艺术上的完美,而且能更真实地在艺术上表现她。

报告文学允许想象,是否也可以有某种形式的虚构呢?这也不能绝对化。为了使作品更有力地表现时代真实,在不影响事实的真实性的前提下,是可以允许某些"破格"的。基希反对在报告文学中运用小说的虚构方法,但是他在对资本主义社会的一些暴露性的报告文学中,曾大胆地采用虚构的人物,甚至出现神怪形象。这是

---

① 茅盾:《短篇小说的丰收和创作上的几个问题》,《人民文学》1959年第2期。
② 见《文学回声》1928年第20卷。转引自《基希及其报告文学》,《论报告文学》第46页。

否与他的基本观点相矛盾呢？当我们研究了这些作品以后,我们就会看到在本质上,这些创作与他的基本观点是完全一致的。巴克曾分析介绍了基希这一类型的作品。巴克写道：

> 他底《六千次：都不中！》……使得万能的上帝离开他的天堂而来观光好莱坞的西方大厦的中央艺员公司。在这儿我们这上帝朋友便投身在杂角和兼角的演员当中了。他而且发现了凡这世界所有的成为一种典型的角色都注上了名字和住址的卡片索引上了。
>
> 在这儿的上帝朋友,可以说是报告文学者的诗人式的破格,基希在他的安排之中还有着圣彼得呢！但当他报告着那卡片索引的内容和在中央艺员公司所流行的习惯时,却不让他自己有诗人式的破格了。
>
> 关于佐蒲的警察的暴露,基希让一个出席赛马公司的全体大会的代表报告出来。代表是一个虚构的人,大会也是杜撰的,——但这报告却极其紧密地符合着基希所要报告的：佐蒲的警察的暴露。①

基希在上述作品中有明显的虚构部分,但是基希在这里只是作为一种显示事实真象的手段,而当涉及报导事实——佐蒲警察局的内幕、中央艺员公司里的实况,他就严禁任何虚构的要素。显而易见,基希采用这种虚构的目的,是为了表达自己的义愤,更有力地揭示时代的真象。读者从作品中可以明显地将它与报导的事实区分开来,看清作者的意图。因此,这种虚构与报告文学尊重事实在本质上并不矛盾。在报告文学的创作中,在不影响所报导的事实的情况下,在估计到不会引起读者对事实怀疑和误解的情况下,是准许这样或那样虚构的"自由"的。

基希会说："对于不失艺术的样式和规模而同时又能正确地显示真实这件事,较之诸君所想象的是一种更困难的工作。"②内容的特殊性决定形式和表现的特殊性。研究报告文学的形式特征,有助于我们提高报告文学的艺术质量。

在形象塑造、艺术结构、语言等方面,各种艺术形式都具有它独特的艺术处理方法。高尔基曾指出研究报告文学应该从动词"画"和"素描"出发,他同时说：对于有些作家来说,它"是'生活印象'超过饱和的结果",是他以后小说的"草图"或"画幅的草稿"。③ 高尔基强调从"画"和"素描"的含义来研究报告文学,用意就是要我们从艺术的范畴和它迅速反映现实生活的特点来探讨报告文学的特点。

首先,报告文学要具有形象性。但报告文学塑造形象的方法与其他文学有某种

---

① 巴古：《基希及其报告文学》,《论报告文学》,第61—62页。
② 基希：《一种危险的文学样式》,《论报告文学》,第8页。
③ 高尔基：《给伊凡·日加的信》。译文见《回忆高尔基》,第393页。

差别,它近于画家的写生和素描,因此,在表现方法上多采用粗线条的勾勒,而不用小说的细腻的描绘。它的文笔要求朴素、明快、强劲,强调出形象的特点和对于报导主题有意义的细节。例如《特别姑娘》中对侯隽形象的刻画,可以说是处理得较好的:

> 这个姑娘,看上去,性格温和稳重。她脸色红红的,剪短发,戴着顶旧草帽,身个儿不高不矮,虽然不壮,倒也结结实实,她身上穿着一件褪了色的北京蓝的上衣,下边裤子膝盖上补着补丁,一双青布鞋,没穿袜子,我特别注意到她的脚胫乌黑光亮,肩上扛着锄头,左手还攥着一本《人民文学》和一张报纸,我想起我的家乡老一辈人管种田的叫"乌脚梗"管不劳动的读书人叫"白脚梗",而今天,扛着锄头、攥着书本、攥着书本、扛着锄头的"乌脚梗",是一天比一天多了。

著名的报告文学家都善于从生活中选择最富有典型意义的事件、细节,来刻画人物。作者并且以一个"新闻访员"的身份,通过议论、评判和抒情的方式来显示人物的性格和精神世界。例如,高尔基和里德都曾运用这种表现方法为我们画下了列宁的卓越的艺术形象。

> 短胖、健壮、长着苏格拉底式的前额和一双洞察万物的眼睛,他时常作出一种奇怪而且有几分滑稽的姿势——头向后仰,又偏到肩上,手指插在两腋下的背心里面。这个姿势有着一种非常亲切而又可笑的表情,一种打了胜仗的雌鸡的表情,而且在这一瞬间,他全身闪耀着快乐的光辉,这个该诅咒的世界的伟大儿子,这个为了实现爱而不得不把自己牺牲于敌视和憎恨之下的优秀人物。
>
> ——高尔基《列宁》

> 正是八点四十分,雷鸣般的欢呼声和鼓掌声告诉人们,主席团来了,伟大的列宁也在他们中间。一个短胖的、有着大的凸出的额头和宽肩膀的人物。小眼睛、大鼻子、宽而仁慈的口形和沉重的下颔;面孔修得干干净净的,留着过去和将来都很闻名的小胡须。穿着破旧的衣服和按身量说来有些稍长的裤子。他一点也不像人民的偶象而只是一个普通的受人敬爱的人,正像历史上少数受人敬爱的领袖一样。一个非凡的人民领袖,一个纯靠理智的领袖,他不做作,不向感情让步,坚定不屈,没有一些触目的癖好,但却有一种用简单的话语来解释最深刻思想和分析具体情势的本领。而且他的洞察事物的机敏是和大胆思考结合着的。
>
> ——里德《震撼世界的十天》

"朴素,像真理一样的朴素"。两位"报告者"在列宁的肖像里要表现的正是列宁的这种品质。在高尔基的描写中,文学性更强一些;里德描写的更质朴。而两人的共同点,都是在要求达到一种报告文学的朴素自然的风格,而且在描写列宁时都嵌进一个"新闻访问"的观感和评述,将客观描写与主观的观感和评述结合起来。

从整个艺术结构看,报告文学不像小说主要通过人物性格成长的历史来反映一个时代的生活面貌,而是用生活剪影的方式来反映社会生活。因此,报告文学可以不单纯靠人物形象的塑造来说明生活,可以不靠完整的故事情节来组织生活的画面。在报告文学中是靠"我"(报告者)把读者带进不同的生活场景里去,告诉你那里发生的故事。例如魏巍的《谁是最可爱的人》,选择了松鼓岭战役、马玉祥抢救朝鲜儿童和一个普通战士在战壕里一口炒面一口雪仍然怀念祖国这样三个不同的故事画面,反映人民志愿军崇高的品质。组合这些生活事件的原则是什么呢。它靠主题:告诉你谁是我们时代的"最可爱的人"。这种艺术结构的方法,在小说里一般是不采用的。巴克关于报告文学这种形式特征说得很好。他说:"在小说里,人生反映在人物的意识上。在报告文学里,人生却反映在报告者的意识上。小说有它自己的主要线索,它的主角们的生活。而报告文学的主要线索就是主题本身。"①

报告文学在艺术结构上不是靠情节的提炼来体现作品的主题,而是将生活的断片、简单动作、直至文献、统计数字的剪接,来体现作品的主题。因此,它不要求有小说故事的完整性、艺术处理上的时间连续性。为了简洁有力、对比鲜明,它需要时间的"跳跃",背景的迅速转换,在结构上有时很近似电影的表现方法。例如在《震撼世界的十天》里,随着作者的笔锋,就像在银幕上跟着电影镜头的变换一样,我们看到了斯莫尔尼、临时政府、工厂、兵营、咖啡馆、剧院、大街在这沸腾的革命时刻的各种情景。

文学镜头剪接的方法,往往较之小说更宜于全面表现伟大斗争的场景。

在报告文学画面中,用"特写"的手法显示某些具有典型意义的细节,对表现事件的意义、人们的情绪以及增强报告文学的形象性,具有巨大的作用。例如,里德的《震撼世界的十天》关于十月革命的街景的描述里,那个看机枪口的孩子、在旧的王公名上盖上"俄国社会民主工党"的红色大字母的装甲车、拿着五卢布、十卢布的钞票争购买纸的场景,都给人们留下极深刻的印象。这种表现方法在高尔基著名的作品《一月九日》里,更收到巨大的艺术效果。高尔基在描写了沙皇屠杀请愿工人的血腥暴行的现场之后,接着把镜头集中到一个女工身上:"一个衣服褴褛,相当胖的女人,生一张善良的、母性的脸和悲哀的大眼睛,在街中心走着,她哭泣,拿右手托着她那血污的左手。'现在我还怎么能够工作呀?'她痛苦道:'我怎样能养活我的孩子呢? 我能上谁那儿去告状呢?'"这个特写镜头集中表现了整个事件的残暴的实质和

---

① 巴古:《基希及其报告文学》,《论报告文学》,第59—60页。

对大屠杀的悲愤的抗议。

当然,在报告文学里,对于典型细节的描写可以用多种方式。——魏钢焰抓住赵梦桃幼时织毛线的细节,用诗一般抒情的语言来显示她在旧社会悲苦的生活:"织呵织呵！娘送饭来,热的端来,凉的端走……""织呵织呵,小小的竹针,既补不住这个千疮百孔的家,也挡不住掐着父亲脖颈的病魔。"《特别姑娘》运用想象和幻觉来突现侯俊立志到农村的场景:"啊,有谁接触过中学毕业生填写志愿时的心情和眼神吗? 如果我是个音乐家或画家,我要呕心沥血去描绘这样的刹那,年轻人的思想里波涛汹涌,万马奔驰,翻腾着整个世界,有数不清的工作、兴趣、理想吸引着他们,突然,一个最强音出现了,'站出来,任祖国挑选！千条志愿,万条志愿,党的需要是第一志愿。'于是,顷刻间,端端思绪凝化为一个极为单纯的坚定的信念,一个热烈的渴望。——到党最需要的地方去,到青年人最应该去的地方去。"

报告文学在结构上与小说无异是有区分的,而有些题材,如处理得好,也能近似于一篇优秀小说的优点。例如基希的《列宁同志问候你》,从一个捷克老工人的回忆中,描写了列宁朴素的形象和他的斗争生活。材料处理则如浑然天成,笔锋纵横自如,写得有声有色,俨如一篇优美的小说。

如上所述,报告文学在形式上具有最大的灵活性和充分的自由:它可以对事物进行深刻的剖析,又可以像散文那样海阔天空地驰骋想象;它可以溶进诗歌,用抒情诗的笔调发抒强烈的感情;它可以用政论的语言发表议论;它可以用论文方式,组织进文献、报告和统计数字;它可以兼采各种艺术中一切有用的表现方法。高尔基曾经说过:报告文学"是介于研究论文和小说之间的东西",人们常常把"极其不同的东西"称之为报告文学[①]。

[①] 巴克《基希及其报告文学》,《论报告文学》第59—60页。

评伯奇主编的英译本《中国文学选》

◎ 吴翠芬

伯奇教授主编的英译本《中国文学选》(Anthology of Chinese Literature edited by Cyril Birch[①])共分上下两册,上册是从先秦到元代,下册是从元代到当代。这一选本在欧美学者多年来编译出版的诸多中国文学选本中,算是影响较大的。本书上册从1965年到1980年共发行了十三版,下册从1972年到1981年共发行了四版。

伯奇教授在他的书中曾列举了一些早期出版的英译本中国文学选的书目。如果比较一下,可以看出那些选本只是提供了较简单的译介,而伯奇教授的这个选本则是洋洋大观的巨制,取材丰富,体裁多样,时代包括三千年,从我国第一部诗歌总集《诗经》到当代著名诗人艾青,诗、文、小说、戏曲,各种门类俱全。其中,伯奇教授不仅亲自将很多中国文学的著名篇章译为英语,而且还吸收了相当多的欧美学者如英国著名的汉学家 Arthur Waley 等人的翻译成果,使得这本书得以丰富与提高,从而具有自己显著的优点与特点。伯奇教授完成了一件出色的工作,为传播中国文学做出了极其有益的贡献。本书出版后,曾得到学术界的好评。如"The Asian Student"称赞它是"近年来最好的英译中国文学选本"。

此外,在肯定它的同时,也有不少专家学者撰写文章对它提出了一些批评与建议。我对这一选本先秦至清代的中国古典文学部分也有一些不成熟的看法与想法,现在写出来以求正于伯奇教授与国内外的同行专家。

如何为外国读者编译出一个较好的中国文学选本,这是一项相当艰巨的工作。伯奇教授探谙其中的甘苦。他在本书导言中,一开始就引用清朝康熙年间编的《全唐诗》为例,说明中国一个朝代以一种形式写出的作品就有如此浩繁的卷帙——九百卷,收录有诗人二千二百多家,作品四万八千九百多首,为之惊叹道:人们很难不为浩如烟海的中国文学遗产而感到震动。

确实如此,中国文学源远流长,有三千年的历史;加之中国文学典籍汗牛充栋,各个时代都有很多重要作家与代表作品,要从中爬罗剔抉,结集为选本,是要付出巨

---

① *Anthology of Chinese Literature*, eds. Cyril Birth et al., (New York: Grove Press), 2 volumes, 1980 and 1981.

大劳动的。编选者必须有自己的出发点,对中国文学史有深厚的理解力,对作家作品有准确的判断力,才能够选出真正具有代表性的精品,使得自己的选本既具有独创性,又具有群众性,从而受到读者拥护、热爱,获得传之久远的生命力。

中国历来重视选本。鲁迅说:"凡是对于文术,自有主张的作家,他所赖以发表和流布自己的主张的手段,倒并不在作文心,文则,诗品,诗话,而在出选本。"[1]例如,中国现存最早的诗文选集——南朝梁代萧统编选的《文选》,选录自秦至梁的诗文辞赋,包括许多具有代表性的作家作品,萧统正是通过所选录作品表达了自己的文学观点,并对后来的文体论有着深刻的影响。此书所选诗文的风格体制被后人称为"选体"。唐代诗人无不精通《文选》,李白和杜甫都对它下过很深的功夫。宋时有"文选烂,秀才半"的俗语[2]。又如清代乾隆年间蘅塘退士孙洙编的《唐诗三百首》,过去曾作为家塾课本使用,流布很广,经久不衰。民间有"熟读唐诗三百首,不会吟诗也会吟"的谚语[3]。选本作用影响之大,由此可见一斑。

"选本可以借古人的文章,寓自己的意见"[4]。伯奇教授的《中国文学选》自寓有他的出发点与标准。

伯奇教授恪守的文学定义是现代西方式的,而不是中国传统性的。他选取的是纯文学,而尽量排斥那些需要对中国古代伦理概念与政治术语作出烦琐解释的哲学的、伦理的、政治的作品。编选者的着眼点主要放在那些独创性的、具有个人艺术风格的作家作品上,对那些艺术上平庸的作品则不予以考虑。在翻译文字上又尽量摒弃那种呆板的学究气味,不合时代要求的纤巧作风,面目可憎、衣不称体的语言外壳,以及依靠注脚解释才能显现优点的译文。他要求翻译文字言简意赅,优美自然,努力表现作家个人的独特风格。在译文上,他博采众长,追求多样化的英语风格,不论是英国式的或美国式的,拘谨的或自然的,刚健的或柔宛的,都兼容并包。他还试图在可能情况下,给一个作者配一个译者,比如让 Watson 给司马迁代言,Waley 给白居易代言,Rideout 给韩愈代言,Graham 给李商隐代言,Bullet 给范成大代言,等等。从选本可以看出选者的眼光。

我们从伯奇这个选本中可以看出编选者具有一定的抉择水平,有些部分选得较好,可以在一定程度上反映出中国文学的面貌与成就。例如《诗经》、《楚辞》、《史记》、陶潜、杜甫、韩愈、李商隐、唐人小说、唐五代词、苏轼、李清照、元代散曲、高启、清词、《聊斋志异》、袁枚等部分,选得比较精当。其他,例如对几部著名的长篇戏曲与小说的节选也相当好:《牡丹亭》选了"闺塾"、"惊梦"、"写真",《水浒》选了"智取生

---

[1] 鲁迅:《集外集·选本》,《鲁迅全集》,人民文学出版社 1982 年版,第 136 页。
[2] 陆游:《老学庵笔记》卷八。
[3] 见《唐诗三百首》蘅塘退士原序。
[4] 鲁迅:《集外集·选本》,《鲁迅全集》,人民文学出版社 1982 年版,第 136 页。

辰纲",《西游记》选了"四圣试禅心",《红楼梦》选了"王熙凤计害尤二姐",《镜花缘》选了"女儿国"。尝鼎一脔,这些精采的章节片断,确实能够体现出该书思想艺术的精华与特色。

本书编选者在选目上既吸取他人之长,又有自己的创新,显示出与众不同的新的面貌。清代文学家焦循说:"作诗之法,不可因人;选诗之法,不可因己。"[①]这话很有道理。作为选本,应当善于吸收别人的成果,尽量做到客观、全面,如果单凭个人的兴趣来取舍,就容易犯偏颇的毛病,不易为广大读者接受。但另一方面编选者个人在体例上又应有新的创造,选材上也应有新的发现,即发掘那些被人们忽视的作家的确有成就的作品,完全踩着别人脚印走的选本是不会传之久远的。

伯奇教授的选本吸收了一些前人选本的成果。比如唐五代词部分,主要依据清代朱彝尊编、汪森增订的《词综》,又参以五代后蜀赵崇祚编的《花间集》。清代的词,除纳兰性德一家撷取《纳兰词》外,其他各家全部依据今人龙榆生编选的《近三百年名家词选》,从中选出篇目。这些都是恰当地吸取了他人之长,做到了"选诗之法,不可因己"的要求。另一方面,这个选本又不因循蹈袭,而是凭自己的眼力进行抉择,表现出自己独特的面貌与特色。我们从这一选本中可以看出,编选者很注意选录一些具有真情实感的抒情作品,例如陶潜、寒山、王维、元稹、李煜、李清照、高启、纳兰性德、袁枚,以及沈复的《浮生六记》等。这些独具情采的作品,直抒性灵,生动自然,富有真切感人的艺术魅力。在这方面编选者还作了一些新的发掘、开拓,是极其难能可贵的。如高启、纳兰性德、袁枚等,在过去的选本中收入的篇目都很少。又如对清代词人今释澹归、左辅、蒋春霖等的作品,过去的选本也很少顾及,本书也都入选。其中有一些是具有思想艺术价值的作品,过去一直被隐埋着而未被人们注意的,本书编选者让这些作品焕发出了应有的光彩。例如杜遵礼现在仅存两首散曲,本书就选入了一首〔仙吕·醉中天〕《佳人脸上黑痣》:"好似杨妃在,逃脱马嵬灾,曾向宫中捧砚台。堪伴诗书客,叵耐无情的李白,醉拈斑管,洒松烟点破桃腮。"幽默、诙谐。作者从女人脸上一颗黑痣中竟衍化出如此一段有名的风流佳话来。同时,又借着李白的"斑管"这支生花妙笔,将一颗明明是瑕疵的"黑痣",点化成为佳人独有的美姿风韵的标志。真是异想天开,妙趣天成。

即使对名家的作品,由于选者的眼光各异,也有着不同的抉择点。例如,伯奇教授于元稹众多的悼亡诗中单单选取了《梦井》一首,也表现出他是有眼力的选家。这首诗写诗人在梦中登上了高原,看到一口深井,他渴极了,徘徊井畔,只见一只吊桶在水面沉浮,井架上没有悬桶的绳索,他生怕吊桶沉没,赶忙跑到村里找人相助,但只见猛犬而无人影。他回来绕井痛哭,哽咽惊醒。原来这个梦是由于他对亡妻的深

[①] 焦循:《答罗养斋书》,《丛书集成初编》本《雕菰楼集》卷十四。

沉悼念、日夜结想而凝成的。"古原三丈穴,深葬一枝琼。"①落在深井里的那只吊桶,正是埋在三丈坟圹中的亡妻的化身。在封建礼教禁锢的古代社会中,描写夫妻之情的诗作寥寥无几,元稹的悼亡诗可算是其中难得的佳作。这一首诗所写的梦境,有形象,有情节,情深辞隽,凄楚动人,堪称悼亡诗的绝唱。

但是,作为一部反映中国文学发展成就的选本,单是局部的作家作品选得好还不够,还应当努力做到既突出重要作家,又兼顾其他作家;既要有重点,又不能零乱拼凑。要做到让作家融入时代,作品化于发展之中,使读者从选本中能看出各个时代的文学面貌与成就。

举例来说,如果我们选盛唐时期的诗歌,就必须以入选的作家作品来展示盛唐之"盛"。在安史之乱前以李白为代表的浪漫主义和安史之乱后以杜甫为代表的现实主义如双子星座辉映在盛唐诗坛的上空,因此选盛唐诗歌,首先必须突出李白与杜甫,对他俩的代表名篇应当多选入一些。但盛唐之所以为盛,除了李杜两位伟大诗人以外,还有很多成就很高的诗人,按其思想倾向、题材内容和艺术风格的不同,可以分为两派:一派是较多地描写山水田园闲适生活的山水田园诗人,代表作家为孟浩然和王维;一派是较多地描写边塞征戍生活的边塞诗人,代表作家为高适和岑参,王昌龄、李颀等也有出色成绩。这两派诗人及其代表作品就应当兼顾选入,这样才能全面反映出盛唐诗坛百花竞放、万紫千红的繁荣景象,体现出盛唐诗是唐诗发展的黄金时代的顶峰。相反,一个选本如果在盛唐诗中不突出李白与杜甫这样重要的作家,或是不兼顾山水田园诗派与边塞诗派的代表诗人,而把其他次要作家及其作品拉杂选入,那样便无法显示出盛唐诗坛的面貌及其成就。

从展示文学发展轨迹这个方面来考察,这个选本的选目还存在不少缺陷。比较明显的问题是某些历史阶段的一些重要作家、重要文学样式被忽略掉了。例如汉代的乐府民歌与南北朝时期的乐府民歌一首未选,这样一来,《诗经》以下的民歌传统便被切断了。这一点,国外评论家早就提出了意见②。建安文学的三曹七子中我国第一流诗人曹植的作品一篇未选。盛唐时期高适、岑参等边塞诗派的诗歌一首未选,孟浩然等的山水田园诗也未入选。宋代的词选的不全面,词史上一些代表性作家如欧阳修、柳永、辛弃疾、周邦彦、姜夔、吴文英、张炎等均未入选。其中特别是豪放派,除苏轼选了三首外,辛弃疾、陈亮等均未入选。宋诗仅仅选了范成大一家,欧阳修、王安石、苏轼、黄庭坚、陆游、杨万里等重要作家均未入选,完全成了空白地带。宋代选目的缺陷最为明显。特别是元代伟大戏剧家关汉卿的杂剧,竟然一折也未选,这不能不是一个很大的缺憾。明代"三言"、"二拍"等拟话本未入选,因此看不清中国短篇白话小说的发展面貌。本书入选的两篇文言小说——瞿佑的《三山福地

---

① 元稹:《江陵三梦》,《元稹集》卷九,中华书局1982年点校本。
② Harold Shadik. Journal of Asian Studies,Vol. XXVI, No.1, Novemper 1966, p.103.

志》和马中锡的《中山狼传》,在小说史上并无重要地位。明代众多诗文作家、诗文流派中仅选了高启一人,未免失之偏颇。清代未选著名小说《儒林外史》及著名戏曲《长生殿》、《桃花扇》;诗歌也只选了袁枚一家,顾炎武、吴伟业、王士禛、黄仲则、龚自珍等著名诗人均未入选。正因为留下了这么多空白点,这部选本就很难完全反映出中国古典文学各个时代的文学成就与艺术风貌。

伯奇教授编选这本书时,注意到外国读者的欣赏习惯,考虑到他们的可接受性,从而对作品进行了悉心的选择。前面,我们曾提及本书编选者的出发点与标准。他着重选取的是富于独创性的纯文学,即具有形象性、具体性、趣味性的作品,而不选取那些哲学的、伦理的、抽象的、典故过多、隐曲晦涩以致难以被外国读者理解与欣赏的作品。例如,本书于先秦两汉时期诸子散文一篇不选,历史散文只对《左传》、《国语》、《战国策》作了极简短的一瞥,而把大量的篇幅留给汉代的司马迁。"史家之绝唱,无韵之离骚",历史散文作为一门艺术来说,的确没有比这位伟大天才更富有创造力了。选者是有见地的。

中国文学极其丰富复杂,汉语在世界诸语种中更是以难著称。因此,毫不奇怪,外国翻译家就对一些单纯、明朗、形象具体、手法经济并具有极大艺术表现力的诗篇特别感兴趣。比如伯奇教授特地选译了元稹的《行宫》:

寥落古行宫,宫花寂寞红。白头宫女在,闲坐说玄宗。

他对这首五言四句的绝句小诗在艺术上作了独到的分析。他认为元稹这首诗虽以古代一座寂寥冷落的"行宫"为题目、背景,但是使诗人感兴趣的主要是人——宫女,她从地方上选来服侍统治者,后来留在那里伴着空寂的亭台,消磨着青春时光。花儿红了,她的头发却变白了。她的生命就沉浸在追忆与述说她所闻见的开元天宝时代玄宗皇帝的故事之中。诗人用二十个字概括了极其广阔而深刻的社会内容。这些字的单纯性也许令人难以索解,因为它用语义的力量把视觉与听觉两个方面结合到一起了。二十个字中,七个字体的上部带有"宀"形,因此,原作的书写本身就将宫殿的外形展现在人们眼前;而那深沉宏亮的韵脚(Ong),又成为钟鼓之声的悠然回响。

译文难,译诗尤难。对于李商隐那些用典的、晦涩难懂的诗篇,早从金代元好问就发出了"诗家总爱西昆好,独恨无人作郑笺"的感叹①,更何况今天二十世纪的外国翻译家!编选者聪明地略去了李商隐的《锦瑟》不选,因为这首诗用典多,寄托隐曲,自宋代以来就纷纭莫定。它虽是一首杰作,但正像编选者说的,确实是无法翻译的杰作。因此他宁取《嫦娥》、《马嵬》与一些《无题》爱情诗,来向外国读者展示李商隐诗歌的杰出成就。天才的诗人戴着枷锁自由地跳舞,翻译却遗憾得很,只能以种种

---

① 元好问:《论诗三十首》之十二,《四部备要》本《元遗山诗集》卷十一。

暗示来告诉读者：诗的每字每句都是严格地遵循着一定的格律模式创作出来的。

为了便于外国读者的学习，伯奇教授在选本体例上以时代为序，按作家、作品、体裁、题材进行分类编排，并在每一类的前面对作家作品有关问题作了一番概要介绍。这种做法是很可取的。令人遗憾的是，这一选本虽以时代为序，但编选者对中国历史的发展线索还不够清晰，对一些作家的生活时代不甚了了。因此本书在作家的编排上产生了时代颠倒的讹误，有的作家前置，如王充、寒山等；有的作家后置，如宋玉、张衡等；更有甚者，象本书上册第三三三页至三五四页的李白、温庭筠、韦庄、薛昭蕴、顾敻、孙光宪、鹿虔扆、阎选、毛熙震、李煜、李存勖十一人都是属于唐五代的词人，竟全部被误置，与苏轼、李清照同列为宋代词人。这是一个不应出现的差错。

前面曾提到，本书善于博采众长，吸收了相当多的欧美学者的翻译成果。上下两册共约一千页的选本，出自近四十位翻译家之手，风格各异，编选者的选择水平是比较高的。但也存在一些有待改进的地方。比如，我从本书先秦至清代的古典文学选文部分，就初步发现它在翻译上还有着不少值得商榷的问题。

从原则上说，翻译应该忠实于原文，不容许有一词一句的误解。但是，对于艰深的中国文字，凝炼的诗词语言，要准确无误地领会、掌握，是极其困难的。因此翻译的错误的确是在所难免的。

初步归纳一下，本书在翻译上的失误大致有以下几个方面：

（一）对原诗文语句的确切含义不理解而致误。

如《诗经·豳风·七月》："女心伤悲，殆及公子同归。"本书译为

A girl's heart is sick and sad

Till with her lord she can go home（上册 p.24）

译文与原诗的意思大相径庭。根据我国当代学者的研究结果，这两句诗的原意是姑娘们心里正发愁，怕被公子带了走；译文则是姑娘一直到和公子一起回家才不发愁。

又如苏轼《前赤壁赋》："泣孤舟之嫠妇。"本书译为

…and a widow wept in our lonely boat.（上册 p.381）

苏文的原意是那洞箫之音如怨如慕，如泣如诉，余音袅袅，不绝如缕，可使蛟龙在深水里起舞，可使寡妇在小船上哭泣。但译者把想象之词落实为现实之事，译成为寡妇在苏子和客人所泛的小舟上哭泣。这于情于理未免相悖太远了。

（二）对作品中所引史实不清楚，以致误译。

如朱彝尊〔消息〕《度雁门关》下阕"鸦儿节度"，本书译为

Military Governor Ch'en, "the Crow"（下册 p.139）

但据《新五代史·唐本纪》载：李克用少骁勇，军中号曰李鸦儿，曾为雁门以北行营节度使。后因在长安击败黄巢，被任为河东节度使①。此处误将李姓译为陈姓，读者也

---

① 见《新五代史·唐本纪·庄宗上》，《新五代史》卷四，中华书局1974年版。

就不知所指为何人,因此对词的原意也就不得而知了。

(三)对词性的误解也是致误的原因。

如嵇康《与山巨源绝交书》"此犹禽鹿","禽"在这里用作动词,用"擒"。本书却译为

In this I am like the wild deer(上册 p.163)

译者误将"禽"字作为名词,把"禽鹿"译为"野鹿",以致文意扞格不入。

(四)对古汉语的句法不清楚,也易造成误译。

如嵇康《与山巨源绝交书》"头面常一月十五日不洗",意思是常常一个月或十五天不洗脸。译者误把"一月十五日"句式理解为一个月中的十五天,译作

I would commonly go half a month without washing my face,(上册 p.163)

意思是我通常是十五天不洗脸。译文去掉了"一月"在文意表达的程度上就大有出入了。

汉语中一词多义现象极为普遍,译者在选择词义时思虑不周,就会选择不当,往往会产生误译。

如"倾国"一词,含义有二:一是使国家倾覆,二是指美女。白居易《长恨歌》首句"汉皇重色思倾国",此处"倾国"显然是指美女。本书译为

China's Emperor craving beauty that might shake an empire,(上册 p.266)

误把"倾国"译成使帝国动摇倾覆了。原诗中的"思"字也就没有了着落。

又如陶渊明《归园田居》"一世异朝市","一世"是指三十年。这句诗的大意是:社会现象变化很快,经过了三十年市朝变迁,面貌大大不同。本书译为

In the same world men lead different lives;/Some at the court, some in the marketplace.(上册 p.183)

"一世"误为同一世界;"异朝市"也误为有些人在朝廷,有些人在市井。译文与原意离得太远了。

(五)由于不懂得典故的含义,未能把典故的本义译出,只是按字面直译以致失误。

如李白《邯郸南亭观妓》"度曲绿云垂","绿云"比喻美女的头发浓密如云朵,乌黑而有光彩,好似呈现出浓绿的颜色。本书译为

The tune fell earthward, dropping from the grey clouds.(上册 p.227)

"绿云"变成了"灰云",与原来的本意一点也沾不上边了。退一步说,如果用灰云来比喻头发,那也只能用以指老年人的灰白头发,而不能用以指美女的黑发。

又如白居易《长恨歌》"宛转蛾眉马前死","蛾眉"一词代称美女,此处指杨玉环。这句诗的大意是:杨玉环在军队哗变中痛苦挣扎着死去。本书译为

Till under their horses' hoofs they might trample those moth-eyebrows...(上册 p.267)

"蛾眉"硬译为"蛾——眉毛",令人费解。读者对"蛾眉"这一关键词语不懂,对杨玉环被赐死的重要情节就一无所知,也就无从真正理解《长恨歌》的全诗了。

为了避免读者对译文的误解,编选着应当对所选作品加上必要的注释。比如作品中提到的一些重要人名、地名、典故词语等,它们对于外国读者来说犹如堆积在通道上的乱石,是必须排除的障碍物。如果不借助于注释,读者根本无法真正懂得作品,更不要说理解与欣赏了。这一点,国外的评论家也早已提出了批评建议[①]。

例如嵇康《与山巨源绝交书》"恐足下羞庖人之独割,引尸祝以自助",这个典故出自《庄子·逍遥游》:"庖人虽不治庖,尸祝不越樽俎而代之矣。"庖人,厨师。尸祝,祭祀时向神致祷辞的人。庖人和尸祝各有职责,如果庖人不尽其责,尸祝亦不代之宰烹。嵇康在这里引用这个典故,作为比喻,意思是指山涛荐举嵇康代其原职是不应当的。本书译为

...fearing that the cook would be shy of doing the carving by himself and would call in the Impersonator of the Dead to help,(上册 p.162)
书上对此不加任何注释,读者一定会感到这段文字不知所云,无法索解。

又如汤显祖《牡丹亭》"惊梦":"遍青山啼红了杜鹃。"本书译为

The green hillside

blceds with the cuckoo's tears of ret azalea(下册 p.98)
此处有必要加上注释,即传说中的古代蜀国国王杜宇死后化为杜鹃鸟,杜鹃鸟啼叫时口中鲜血滴在花瓣上,致使花红如血。知道了这一典故的缘由,读者才能懂得"杜鹃"一词包含着杜鹃鸟与杜鹃花("cuckoo"/"azalea")的双重含义,原来映山红开花,正值杜鹃啼血时,花遂因鸟而得名。这句诗虽说鸟啼,兼指花开,鸟啼为实,花开是虚,似虚似实,耐人寻味。明乎此,才能进一步欣赏这支名曲情景交融的浓郁诗美。

伯奇教授和他的合作者们为传播中国文学付出了辛勤劳动,做出了极其出色的贡献。《中国文学选》一书受到国外读者的热烈欢迎,就是最好的明证。我写这篇文章的目的,就是诚恳地期望这部《中国文学选》能得到进一步的改进、提高,为世界各国人民学习和研究中国文学提供一部优秀的读本。

附记:

1983年上半年我到美国林肯市内布拉斯加州立大学讲授《中国古典文学》,使用伯奇教授《中国文学选》一书的先秦至清代部分作为教材。这篇文章的初稿就是在讲学期间写成的。三月份我曾参加在加里福尼亚州圣·巴巴腊召开的全美比较文学学术会议,并在会上宣读了此文。回国后,又将此文作了修改、补充。在美期间承蒙我国留学人员徐隆先生鼎力相助,将此文译成英语。在此谨致谢忱。

---

① Frankel, Hans H.Journal of Asian Studies, Vol.ⅩⅩⅡ, No.3, May 1973, p.511.

略论语言学上两个基本问题
——同朱星先生商榷

◎ 施文涛

朱星先生在所著《语言学概论》①里谈到语言学上两个基本问题,一个是关于语言的交际职能和体现思想职能之间的关系问题,一个是关于语言和言语是否按照社会历史的规律和生理机能的规律而发展的问题。我认为朱星先生对这两个问题的看法,很有提出商榷的必要。

一

如何理解语言的交际职能和体现思想职能之间的关系,这是一个很重要的问题。如果错误地理解这两者之间的关系,那对语言的本质就要发生误解。

朱星先生在《语言学概论》里(以下引文只注页码,着重点都是引者加的)引用了不少经典理论以后,得出了这样的结论:

> ……而语言的表达思维思想和交际工具这两种职能是不可缺一,不可分,因此也不可任意分出轻重。契科巴娃以为交际工具的职能比作为体现思想的工具的职能重要,这是不可理解的,是不合列宁斯大林同志的精神的,也是不符合实际的。(13 页)

朱星先生这里批评了契科巴娃的看法,所以我们应该先看一下契科巴娃教授是怎样说的:

> ……然而,决定的意义还是属于语言的职能——作为交际工具(语言的"交通的功能")。下列情况说明这一点:语言作为交际工具而不是作为表达思想的工具在人类社会中产生。因为语言被用来作为交际的工具,所以它也可以体现

---

① 按《中国语文》1958 年 11 月号曾发表赵振铎同志对本书的评介,可参看。

思想。①

朱星先生没有为自己的论点提出充分的理由,就否定了契科巴娃教授的意见。我们认为这个问题需要从两个方面来说明。

从语言起源来说,我们人类祖先所以能创造了语言,就是因为在劳动中产生相互交流思想的必要。巴甫洛夫说:"人类在现实的第一信号之上,发生了词的信号(即信号的信号),显然是由于人类集团中个体间进行广泛交际的需要而产生的。"②事实不是很明显吗?1920年在印度加尔各答米德那堡发现过两个在很小时就被狼拖去而抚养大的孩子。这两个孩子在发现时已经长大了,但是语言的能力已经丧失了。这说明发展到现阶段的人,如果在年幼时由于偶然的原因离开了我们的社会,同野兽一起长大,那么他虽然具有和一般人共同的生理基础,因为不同社会接触,没有社会的存在,他一个人是绝对不能产生语言的。这事实已经清楚地说明了是交际职能在支配着语言,而不是个人表达思想的职能在支配着语言。马克思说:"语言和意识一样,只是由于和别人交际的要求和迫切需要才产生的。"马克思这句话已经明确地告诉我们语言是作为交际工具才产生的。

再从语言的实际使用来看,有许多人都会说几种方言(或者会说几种语言)。如果他们有很长一段时间离开了这些方言区,到另一个方言区里去同讲别种方言的人相接触,那末,他们将会对原来熟悉的方言渐渐变得生疏起来,年代一久甚至变得不会讲了。这种情况在十五岁以前的儿童身上,表现得特别明显。在这里我们又清楚地看到交际的需要对语言起着决定的作用。

我们还可以对熟悉几种方言(或几种语言)的人来进行另外一种观察(当然也可以进行自我观察)。如果一个广东人,他很熟悉广州话和客家话,但是他也能勉强说生硬的普通话,他在说话的时候是根据不同的对象来选择这三种话的。假如他谈话的对象是只会说北方话,对广州话和客家话一点都不懂的北方人,那末他一定会放弃熟悉的广州话和客家话,而用生硬的普通话同对方交谈。在这种具体的交际过程中,我们又清楚地看到,人们只是根据交际的需要来选择语言,而不是根据表达的需要来选择语言的。

仅从上述两方面已经很能说明这个问题了;但是,我们还可以再来体会一下马克思、恩格斯在这问题上所发表的一些意见。恩格斯在《劳动在从猿到人转变过程中的作用》一文中指出:

> 人这种一切动物中最社会化的动物,显然不可能从一种非社会化的最近的

---

① 契科巴娃:《语言学概论》,中译本上册,1954年,第18页。
② 巴甫洛夫:《高级神经活动学说》,梁廷吉编译,第56页。

祖先发展而来……劳动的发达必然帮助各个社会成员更紧密地互相结合起来，因为它使互相帮助和共同协作的场合增多了，并且使这种共同协作的好处对于每一个人都一目了然了。简单讲来，这些在形成中的人已经到了彼此间有什么东西非说不可的地步。需要产生了自己的器官……而口部的器官也逐渐学会了连续发出一个个清晰的音节。①

马克思也谈到由于需要才产生语言，个人有表达思想的需要是在社会交际需要的前提下产生出来的。在社会成员互相结合和互相协作已成为活生生的客观事实的时候，客观的交际需要才使个人主观头脑中产生了要表达的思想内容。

马克思、恩格斯这些原理，已经被巴甫洛夫的学说所证实了："人类的思维是在人们交际之中产生的。人在表达自己思想之前，应当具有所表达的思想，而具有这种思想的可能性，是取决于人们之间的交际的。巴甫洛夫学说证实了马克思列宁主义的如下原理：人的精神只是在社会中通过人们之间的交际而产生，离开这种条件便不能存在。"②这里所说的"精神"显然是指我们思维活动的成果，也就是我们所要表达的思想内容而言的。

所以，朱星先生提出的所谓交际职能和体现思想职能应当同样重要，不可分出轻重的论点，实质上就是否定了客观存在决定主观意识的马列主义基本原则。这种论点我们是绝对不能同意的。我们坚决地认为语言的交际职能是最基本的职能，语言的表达职能是在交际职能的基础上产生的，在这两种职能之间必须分别主次，不能等量齐观。

二

其次是关于语言和言语③应当怎样区分的问题。尽管许多学者对这个问题的意见还有分歧，但是朱星先生在引用了 Д.А.比留科夫从生理学角度发表的必须区分语言和言语的意见以后，结论说：

> ……总之，我们可以这样加以区别：语言是社会现象，它的发展按照社会历史的规律；言语是生理现象，它的发展依照生理机能发展规律。（11 页）

---

① 恩格斯：《自然辩证法》，中译本，1957 年，第 139 页。
② 《巴甫洛夫学说与心理学底哲学问题》，科学出版社 1955 年版，第 385 页。
③ 这里所说的语言和言语是指语言学上术语，不是日常生活中我们所说的语言和言语。因为在日常生活中这两个名称可以通用，我们可以说"某某人发言时的语言不简炼"，其实这时所说的"语言"在语言学上应该被称作"言语"。

这样的结论显然是值得商讨的。

语言和言语的区分,是索绪耳(F.ds Saussure)在1916年出版的《普通语言学教程》一书里首先提出来的。我们可以肯定这两者有必要区分开来,因为这也就是把什么是主要的,什么是偶然的;什么是社会的,什么是个人的区分开来了。有些学者对索绪耳所提出这一区分的评价很高。苏联的学者 М.И.斯铁布林-卡勉斯基说:

> ……例如语言(язык)和言语(речь)的对立,索绪耳就已极其机智地在其《普通语言学教程》一书中提出来过。正是由于索绪耳的说法,这些基本原则才成为语言学中一切新的方法学探索的必要的基础。①

索绪耳把人们之间的说话行为(至少有两个人参加,即有说话者与听话者存在着)称作言语行为(langage),他认为言语行为是没有经过分析的,是混质的,如果从社会的侧面来观察,我们可以分析出语言来;如果从个人的侧面来观察,我们可以分析出言语来。索绪耳认为"语言是由于言语的运用才被贮藏在隶属于同一社会说话者的头脑中的财宝。"②他从语言交际的性质上承认了语言的社会性,他又看到了语言的存在,是同大脑的生理活动不可分割,这都是唯物主义的见解。但是作为一个资产阶级语言学者,索绪耳在规定语言和言语的内容时,并不是完全正确的,里面当然包含有不少的唯心主义成分。这些唯心主义的成分因为跟我们要讨论的问题没有什么直接关系,这里就不去谈它了。

现在我们可以这样来理解:语言是社会交际的工具,它对于社会各成员来说,基本上是共同的。在我们实际的言语(即索绪耳的说话行为)中存在着语言,可是在实际的言语(说话行为)中也存在着非语言的东西,那就是"超语言的剩余部分"。所以言语(说话行为)是比较具体的,语言是比较抽象的。因为我们从具体的言语(说话行为)中把语言分析出来,正如我们从社会各阶级的具体成员中,去掉这些成员的特殊个性分析出共同的阶级性一样。但是无论如何我们不能否认语言的实际存在,象我们不能否认阶级性的实际存在一样。

言语是在语言基础上产生的(但从语言的发生角度来看,情况正好相反),个人通过言语能把自己的思想传达给别人,这就是因为有社会上共同的语言存在着。个人的言语所采用的音响物质(语音)、材料(词汇)以及遵循的规则(语法)都同语言有着密切的关系。我们现在从音响物质(语音)的选择上来说明这个问题。例如,在普通话里有[s]这个音素,而没有[θ]这个音素。所以这两个音素在普通话里是不对立的,我们可以把酸[suan]说成[θuan],意思是不会误会的,最多使人感到你发音不太

---

① 见《中国语文》1957年8月号,28页。
② 索绪耳:《普通语言学教程》,莫斯科1933年版,第38页。

自然而已。但在英语中情况就完全不同了,英语中既有[s]的音素,同时也有[θ]的音素,它们是对立的,属于两个不同的音位,所以在英国人的言语中不能把[s]念成[θ],如果把 sing[siŋ](唱)念成[θiŋ],那就成了另外一个词 thing(事物)了,这样在交流思想时就要发生困难。从上面的实例中,我们也可以看到语言对于言语是起着制约作用的。

在明确了什么是语言,什么是言语以后,我们再来讨论这样两个问题。朱里先生说"言语是生理现象,它的发展依照生理机能发展规律"。这是把从生理学或心理学的角度来研究语言和言语,同从语言学角度来研究语言和言语混淆了。生理学和心理学所要研究的是语言和生理机能之间的联系,巴甫洛夫就是从这种联系中着手研究的;而语言学的研究语言和言语却是撇开生理方面,主要从社会交际的角度来研究语言的发生和发展以及它的内部发展规律。

朱星先生所引用的 Д.A.比留科夫的文章,已经很明确地说明,是从生理学者的角度来了解言语的。比留科夫所要研究的主要是言语的生理机构,以及言语生理机构的发达过程。也就是说他所要研究的就是人类如何在听觉、视觉等分析器的参加下接受外界的刺激,并且在人类发达的大脑上建立暂时联系,产生第二信号系统。所以他所说的言语发展规律就是指"言语机能发展上的生理规律",在这个意义上,他就能说:

> ……可以举出德国语言、法国语言、俄国语言发展规律上的区别,然而法国人和德国人生理上言语发展的规律却是一样的。正是在这样一种意义上,生理学者研究作为巴甫洛夫第二信号系统的一种机能的语言的要求,才是实际的。[①]

朱星先生所说的言语是把生理学角度所说的言语概念硬搬到语言学里来了。比留科夫并没有像朱星先生那样说过,"言语是生理现象,它的发展依照生理机能发展规律"。比留科夫只是说,"言语的机能发展上的生理规律","法国人和德国人生理上言语发展的规律是一样的"。他说明了在言语生理机构这一方面的发展各国人是一样的。这话并没有什么不正确,因为说各种语言的人,他们的言语生理机能是一样的,言语生理机能的发展也是一样的,但这并不等于说他们的言语就是一样的。在相同的言语生理机构上,因为人们所处的社会所用的语言不同,可以产生不同的言语,中国社会所用的语言和苏联社会所用的语言是不同的,所以在中国人和苏联人共同的言语生理机构上产生了不同的言语。

言语当然要有一定的生理机构作为它的基础的。没有我们祖先从劳动中逐渐产生出来的发达的大脑作为物质基础,不可能形成第二信号系统(即言语的系统);

---

① 《巴甫洛夫关于两种信号系统的学说》,中国科学院 1953 年,第 71 页。

但是，个人的言语并不是单凭生理机能便能产生的。例如，我们前面所说的野儿，他具有同现代人一样的言语生理机构，可是他离开了人类社会，没有机会来接受我们祖先所创造的语言，所以他就不可能产生言语。我们用一个不十分恰当的譬喻：生理机能能够产生言语，正如镜子能够反射光线一样，它们本身决不是言语和光线的直接创造者，它们的机能只是提供条件来反映存在的东西（这譬喻所以不很恰当，是因为我们大脑的反映客观现象，决不象镜子那样直接，这一点是列宁同志在《哲学笔记》中早已指出过的。事实上言语中"超语言的剩余部分"的存在，也证明了列宁同志的话是正确的。但是从两者能够反映的共同性上，我暂时举了这个例子）。

因此，言语从语言学角度来看，不能说它是生理现象。（就是从生理学心理学角度来说也不能说言语是生理现象，因为第二信号系统的刺激物——词，是社会的产物。）言语是在语言基础上产生的，所以言语也应当是社会现象。言语是在生理机构发达到一定程度时才能产生，这是不错的，但是言语的发展同语言的发展规律密切相关，言语是按照语言的内部发展规律发展的。

我们再来讨论语言的发展是否按照社会历史规律的问题。

语言是一种社会现象，它的发展当然同社会的发展有关。没有社会的存在，也就没有语言的存在，语言不能脱离社会而存在，语言是随着社会的发展而发展的；但是我们能否同意朱星先生所说的语言的发展是按照社会历史的规律呢？

事实上社会现象都是同社会的发展有关，可是社会的发展只是解决动力问题，如何在各种社会现象中表现社会所给予的动力，是要通过它们本身的特殊规律来实现的，如文学创作要通过语言的形象性来表现，绘画要通过色调、层次和线条来表现。

毛泽东同志曾经告诉我们："每一种社会形式和思想形式，都有它的特殊的矛盾和特殊的本质。""科学研究的区分，就是根据科学对象所具有的特殊的矛盾性。因此，对于某一现象的领域所特有的某一种矛盾的研究，就构成某一门科学的对象。"[①]社会现象发展的普遍原因和根据，当然是社会的发展，历史的发展。但是，在研究各种具体的社会现象时，要重视它们的特殊根据，不能用社会的发展规律来代替一切社会现象的发展规律。

语言学和历史科学是两门不同的科学。社会发展历史中的社会发展规律，决不能用来说明语言的发展规律。由资本主义社会到社会主义社会，这是历史发展的必然规律，语言是否也由一色的资本主义语言过渡到社会主义语言呢？这在事实上是不存在的。我国和英国在历史发展上都经过了封建社会的阶段，但是没有共同的封建社会的语言。当然，社会发展到某一阶段时，由于社会上产生了新的生产工具、生活用具，人们发现了新的物质属性……一定会有新词产生，这就是社会给语言的一

[①] 《毛泽东选集》第一卷，普及版，第 297 页。

种动力,是社会发展决定语言一定要产生新词。而新词如何产生呢?这是要通过语言内部发展规律来实现的。例如,在旧词基础上或者由外国语的借词来形成新词,这是各种语言产生新词的一般内部发展规律。各种语言在一般内部规律的基础上又有其特殊的内部规律,如汉语在旧词基础上形成新词可以由声调变化来实现,等等。

尽管社会发展同语言发展的关系是非常密切的,但是语言发展的规律是受它内部规律支配的,同社会发展的规律没有直接的关系。恩格斯在嘲笑那些不理解语言内部发展规律的人时说:"要想把……高德意志辅音变化……的起源给以经济上的说明而不至于闹笑话,那是很困难的。"[1]

由此可见,朱星先生认为语言的发展是按照社会历史的规律的说法,是不够妥当的。

上面提出的对于语言学上两个重要问题的个人看法,只是一种商榷,不当之处希望能得到朱星先生和读者指正。

---

[1] 转引自岑麒祥《普通语言学》,第100页。

理论性和应用性:理论语法与教学语法的分野

◎ 卞觉非

一

人们对事物的认识总是不断深化的。现在,假如我们审视一下我国现代语法学史上多次重大争论,比如20世纪30年代的文法革新争论、50年代的词类问题的讨论、主宾语问题讨论,甚至80年代的析句方法问题的讨论等,人们就会发现,在历次讨论中,似乎都没有充分注意到理论语法与教学语法的区别,再加上讨论中的政治和哲学因素干扰,比如把"三品说"跟"拔白旗"挂起钩来,又把汉语词类问题讨论与进化论联系起来,使得讨论有时变味了。80年代的析句方法问题的讨论,由于未受政治干扰,所以讨论双方均可畅所欲言,收获颇多;然而,现在看来,未能清晰地区分教学语法与理论语法这一弊端似乎依然存在。换言之,中国学人,包括本人在内,在这一问题上依稀缺少自觉意识,因而在讨论中就会各说一套,难以达成共识,致使教育界无所择从。潘文国教授在一次发言中大声疾呼,点出问题的症结所在:国外的语法研究,自从上世纪末英国的斯威特以来,非常强调理论语法(或专家语法)与教学语法的区别,一直到今天仍是如此。而我国的语法研究从《马氏文通》开始就有两者混淆起来的趋势,后来的研究者只有黎锦熙注意到了两者的区别。建国以后,两者的相混更是变本加厉,几次语法大讨论,特别是80年代初导致"试用提要"出台的那一次,实际上是语言理论研究对语言教学的冲击,一定程度上搅乱了在基础教学第一线的教师的思想。实践恐怕已经证明,从"暂拟体系"急急忙忙过渡到"试用提要",弊大于利。①

当然,潘公的宏论是否公允,尚可讨论;可是,潘先生提出应该区分理论语法与教学语法的原则却是十分必要的。这是因为,理论语法与教学语法的学术背景不尽相同,发展历史也不太一样,追求目标和研究方法也各有特点,因此,必须强调各自的特质及其异同,否则就会缠杂不清;同时,在我国讨论教学语法,包括对外汉语教

---

① 见吕必松编1989,第29页。

学语法,又不能不与以黎锦熙先生为代表的教学语法传统联系起来,不然就无法说清历史渊源。我以为有必要作些简要的历史回顾和比较。

二

理论语法隶属于理论语言学(theoretical linguistics),理论语法也叫科学语法,专家语法。理论语言学是研究语言理论的科学,语法只是其中的一部分。其研究起初出于哲学上的兴趣,有的则因哲学上的追求而诱发语言研究。我国先秦诸子曾对名实问题发表过许多议论。比如,孔子就论述过命名的重要:"名不正,则言不顺;言不顺,则事不成。"荀子也有《正名》篇,谓:"凡同类同情者,其天官之意物也同","然后随而命之;同则同之,异则异之;单足以喻则单,单不足以喻则兼;单与兼无所相避则共,虽共,不为害矣。知异实者之异名也,故使异实者莫不异名也,不可乱也。"公孙龙认为物名之间并无必然联系:"物莫非指而指非指。"(《指物论》)老子则把名实问题提高到哲学的高度来认识:"道,可道,非常道;名,可名,非常名。无名,天地之始;有名,万物之母。"(《道德经》)使名实的讨论充满了哲学意味。后来由于古人时风日渐崇尚实际,注重伦理教化,讲求经世之用,故而此种争论风气未能延宕流长,形成传统。因此,中国没有形成系统的理论语言学。

而西方人则提倡思辨哲学,追求理论目标。辩论之风绵延不断,蔚成风气。富有哲学传统的古希腊人,最早出于揭发思想的神秘,研究人们用"词"给"物"命名时最先是按性质(phúsei)命名,还是按规定(thése)命名呢? 大名鼎鼎的柏拉图和苏格拉底都参加了辩论。按性质论者用类比法,强调语言中的类似性;按规定论者则用反证法,证明语言中的特殊性。这些理论和方法对后世影响甚大,许多争论均由此而生发出来。

后来,法国的笛卡儿及其学派,从良知和理性理解出发,认为研究语言是语法的任务,而语法则依赖于逻辑,语法范畴是逻辑范畴的表现;研究思想是逻辑的任务,而思想则是普遍的、不变的,因而语法也是普遍的、不变的。这就是"理性普遍语法"。这又成了乔姆斯基(N. Chomsky)的 TG(transformational grammar)理论的哲学来源。当代语法研究强调的共性原则也源于此。

到了 19 世纪,欧洲推行殖民政策,发现了东印度洋新大陆,拉斯克、朴葆和克里木等人把印度语言与欧洲语言进行历史比较研究,后来又相继进行各种语言的历史比较研究,认为印度语言与欧洲语言是亲属语言,具有谱系关系。并且把世界上的语言作了类型分类:孤立语、黏着语、屈折语,但是他们又根据达尔文进化论的观点,认为孤立语在语言发展中处于古代型地位,黏着语处于过渡型地位,而屈折语则处于最高发展性地位。显然这些看法是不科学的,因为语言本质上不是自然现象,而是特殊的社会现象。

正当人们迷恋历史比较的时候,在历史比较语言学的营垒中,出现了一位清醒的语言学家德·索绪尔(F.De Saussure),他惊呼,在以往的研究中,人们把太大的地盘让给了历史比较语言学,语言的真正的面貌反而被湮没了,他宣称:"语言学惟一的真正的对象是语言和为语言而研究语言。"这段革命式的宣言发表在索绪尔《普通语言学教程》(1916)结尾部分。该书的问世把理论语言学推向了一个新的历史阶段,标志着结构主义语言学时代的到来。这一学派从欧洲的布拉格、哥本哈根接力地传到了美国。

从1921年开始,由人类学家兼语言学家鲍阿斯(F.Boas)和萨丕尔(E.Sapir)以及李方桂等在调查北美鲜为人知的印地安人语言田野作业中形成了美国描写语言学派。该派最早是出于人类学的兴趣,试图保留即将消亡的印地安土著人的语言与文化,并把它们记录在案,制成音档,后来才转向研究语言本身,并且取得了辉煌的成就,对世界语言学的发展起到了巨大的推动作用,甚至影响到整个社会科学。在哲学上,该派信奉实用主义;在语言观上,他们认为,语言是一系列的刺激反应(S→r…s→R)行为;从经验的立场出发,他们认为,语言是一个习惯系统,它是按照一定的层次组织起来的线性结构序列;在作业时,他们只分析能够观察到的语言形式——口语,不考虑语言以外的事实,如心理过程,社会和历史文化因素,甚至排斥语义;在作业方法上,他们采用直接成分分析法,把口语切分成音素、语素、词、短语和句子等单位并加以归类。其主要依据是分布,认为只要同属于一个分布类的单位都可以进行替换。布龙菲尔德(L.Bloomfield)的《语言论》(1933)是美国描写语言学集大成之作,在方法论和分析手段方面为美国描写语言学作了奠基性的贡献。此后,以哈里斯(Z.S.Harris)的《结构语言学方法》(1951)为标志,美国描写语言学达到成熟阶段。美国描写语言学的特征可以概括为:描写性。

不过,这时他们中有人已不再满足于描写和成分分析,进一步提出转换分析和线性分析法。哈里斯的学生乔姆斯基在研究中发现,分布和替换原则有很大的局限性。他已认识到描写分类发现程序的操作虽然能够较为有效地描写一种语言,但是并不能在更高的层次上解释这一语言,比如歧义现象,于是他决定放弃并寻找新的路子,逐步建立起转换生成语法理论。他的《句法结构》(1957)标志着世界语言学史上的一场新革命的开始,开创了解释语言学的新纪元。他试图站在更高的层次上,从理论上解释语言是如何生成的,揭示语言的共性,并用数学模型使之形式化。此后的生成语义学、格语法、系统功能语法、关系语法、切夫语法、词汇功能语法等等,其间理论虽然有所不同,研究的重点也有所侧重,但是解释性的方向却是共同的。当代语言学总的特征可以概括为:解释性。其主要目的不是为了语法教学,至少不是为了基础语法教学。乔姆斯基就申言,他的理论不适用于教学,并且说,作为教学语法,传统语法是很好的。① 然而,我们也不要以为理论语法和教学语法可以截然分开。事实上,教学语法也从结构主义语法著作中吸收了许多新的理念,比如句法单位的切分与归类,分布分析,直接成分分析法等。同时,理论语法对语言教学的影响也是明显的,比如,结构教学法的理论就是源于美国描写语言学。主要有三:(1)语言是说出来的话,而不是写出来的文字;(2)语言是一套习惯;(3)教的是语言,而不是有关语言知识。其基本教学原则是:(1)听说领先,读写跟上;(2)反复实践,形成习惯;(3)突出句型,注重替换等。按照这些理念,仅在1944年就为美国培训了15000名"二战"急需的外语人才。外语教学界十分重视利用理论语言学研究的最新成果来改进自己的教学方法。后来,当人们认识到结构教学法的弊端之后,又根据新的理论,提出了情景教学法、功能教学法、结构—功能教学法或功能—结构教学法、结构—功能—文化教学法或文化—功能—结构教学法,还有认知法、暗示法等,不一而足。显然,这些教学思想都是由理论语言学派生出来的。

理论语言学具有前瞻性、创造性和探索性的特质。它所研究的课题要有超前意识,其研究领域并不限于语法本身,而是着力于研究对语言的解释性,以及研究跟语言相关的哲学、逻辑、心理认知、历史、文化、社会、文学、艺术等问题。这些研究成果有的可以用于语言教学,有的则不行,它本身的价值,有的短时间看不出来,比如,德国语言哲学家洪堡特的一些理论,在他逝世160多年后才被人认识。因此理论语言学不能围绕教学语法实际转,应该把研究重点放在语言的解释性方面;另一方面,教学语法也不能根据层出不穷的各种新理论,每时每刻都在修改自己的教学体系,这样就会搞乱教学秩序,教师和学生都会感到无所适从。从这个意义上说,教学语法要跟理论语法保持距离,自甘滞后。② 这是由教学语法自身性质所决定的。

由于教学对象的要求,教学语法的体系和具体教学内容都必须具有规定性、稳定性和功效性的特质:所谓规定性是指在理论语法研究的基础上,选择一种较为通行的、公认的说法作为教学定论,这是教学法规,不容变动;所谓稳定性就是让教学语法体系和教学内容保持相对稳定,不能东变西变,以使学生有所遵循;所谓功效性,是指教学的内容,对学生平时有用,也可以对付各种考试。对外汉语语法教学当属教学语法,其教学与研究理应遵循教学语法的一般原则,并应根据对外汉语教学的特点,加强针对性。我们应该鼓励教师从理论语法中吸取新的知识,提高自己的研究能力。但在教学中,不能各行其是,任意改变;只能定于一尊,灵活不得。

---

① 见吕必松编1989,第29页。
② 见吕必松编1989,第28—30页。

三

教学语法隶属于教学语言学(Pedagogical linguistics),亦称教育语言学(Educational linguistics),其研究领域包括整个语言教学,语法只是其中的一个部分。语法教学的传统源于欧洲,而欧洲的传统又来自于古希腊。从公元前 3 世纪至 2 世纪起,古罗马从古希腊引进了文学艺术、哲学宗教等。古希腊成了欧洲文化之源头。当时的时尚是先学希腊语,再学拉丁语。因此,许多希腊人,甚至包括战俘,都在罗马教希腊语,由于他们缺乏希腊语的语法知识,所以教学效果不佳。于是狄奥尼修斯·特拉克斯(Dionysius Thrax)的《希腊语语法》就应运而生了,这是为教罗马年轻人学习希腊语而编写的第一部希腊语的语法著作。该书名为语法,但内容比较宽泛,包括音乐论、叙述、词的重叠、语源研究、动词变化表、文学批评。古希腊人对语法这一宽泛的理解影响着后世。

罗马人在学习希腊语的同时,也学习希腊人讲授希腊语的方法并用来讲授拉丁语法,激发了研究拉丁语法的热情。不仅拉丁语专家瓦罗(Varro)写过《拉丁语研究》著作,就连罗马帝国大将凯撒(Caesar)也写过拉丁语法的书,现尚存残本《论类比法》。可见,研究拉丁语法已蔚然成风。

提起教学语法,不能不提到欧洲的文艺复兴时期。15 世纪前后欧洲资本主义经济已经有所发展,于是激发出一股寻根求源的人文主义思潮,认同希腊罗马文化是欧洲各国文化之根,掀起了欧洲人学习拉丁语的热潮。如果不懂拉丁语,就不能跻身于缙绅之列,不能参加宗教活动,不能写作,不能公开演讲,因此学会拉丁语是许多欧洲人为了飞黄腾达而着意追求的目标。那时把语法定义为"说话说得好,写作写得好的技巧","语法的惟一目的就是说得正确"。因此,少数语法学家竟不顾客观事实,主观地给拉丁语规定一大堆规则,最不能容忍的是,当时意大利和法国竟然有人仿效拉丁语的格式编成各种词典和语法,并且强行让人遵守,使得大家在使用时都捏着一把汗。至此,规定性的语法在历史上落下了骂名,遭到了人们的责难。

此后,欧洲在实现工业化的进程中,各国的立足点复又回到本土,重视本国经济、文化和语言。不过,这时有些欧洲国家的语言,比如英语的名词和动词的形态变化已经日渐简化或消失,各国的教学语法,比如英语语法虽然还是规定性的,但却是接近于真实的;虽然也吸收了理论语法的一些理念,但是其语法体系基本上还是维持传统语法的框架。正如潘文国所说:"美国是本世纪来语言理论变革最风起云涌的国家,但它在教学语法的使用上却是惊人的滞后,影响遍布全世界的托福考试,其使用的语法体系还是最'传统'的传统语法。"英国的学校语法(即所谓"传统语法")从 18 世纪中叶开始确立到现在已有了两百多年,在教学上至今还看不出有什么要更改的趋势,其"滞后性"可谓强矣。英语的语法大家,从发动语法革新的斯威特,到叶斯柏森、克鲁辛加、寇姆、夸克,没有人怀疑他们的语法大家的地位和贡献,但他们的体系就是取代不了传统语法。从上个世纪末以后,语言学界对传统语法的攻击可说不遗余力,但传统语法就是攻而不倒,这充分说明语言研究和语言教学可以保持距离的理论意义和实践意义。[①]

四

中国的情况不同于欧洲。中国虽有两千多年的语文教学的历史,对某些语法现象也作过零散的然而是精辟的论述,但终未形成系统的语法教学的传统。中国古人通过熟读古文经典掌握语法格式,许多复杂的语法问题均当作虚词来处理,许多研究虚词的典籍,如刘淇的《助词辩略》、王引之的《经传释词》等也都是为了解经释义;中国古人也通过背诵诗经、唐诗、宋词通晓音韵规则,全然为了应用,如写诗、填词、作文和应试等;中国古人还通过"离经辨志"学会点断文句,审辨经义内容。由于汉语的类型和汉字的特点,许多语言问题都当作汉字来看待,于是小学成了涵盖研究文字、训诂、音韵的显学。这一传统自秦而下直到清末才略有改观。

马建忠的《马氏文通》(1898)的问世标志着中国的语法学摆脱小学并从经学的附庸中独立出来,从此,汉语语法方成为一门独立的学科。《马氏文通》是我国第一部古代汉语的语法著作,它在我国语言学史上是一部开创性的奠基之作,对我国的语法学的发展起到推动作用。

马建忠(1845—1900),字眉叔,又名斯才,单名乾,江苏丹徒人。1853 年(9 岁)入由法国人办的天主教教会学校上海徐汇公学学习,精通法、英、拉丁、希腊、罗马甚至埃及语等多种外语,长期担任清驻英、法大使馆翻译,同时在法国学习洋务、外交、法律,兼习矿学,荣获法学硕士学位。1880 年 3 月回国,获二品衔候补道,成为李鸿章幕僚,参与许多重大外交谈判和条约签订事务,并在上海兴办实业,后因与李鸿章意见不合,遭到李的斥责。马建忠在长期学习外语和从事外交活动中深切地感受到国家的利益必得通过语言的较量才能得以维护,因此必先学好母语和外语,为此,必先学习语法。于是,他用了十年时间写作《马氏文通》。梁启超说:"眉叔是深通欧文的人。这部书是把王(念孙)、俞(樾)之学融会贯通之后,仿欧人的文法书,把词语详细分类组织而成的。……他住在上海的昌寿里,和我比邻而居,每成一条,我便先睹为快,有时还承他虚心商榷。"[②]马氏的语言观是:"葛郎玛者,音原希腊,训曰字式,犹云学文之程式也。各国皆有本国之葛郎玛,大旨相似,所异者音韵与字形耳。"[③]在普

[①] 见吕必松编 1989,第 29—30 页。
[②] 见蒋文野 1995,第 80 页。
[③] 见马建忠 1983,第 15 页。

遍语法的理念下,他用对比的方法,"因西文已有之规矩,于经籍中求其所同所不同者,曲证繁引以确知华文义例之所在,而后童蒙入塾能循是而学文焉,其成就之速必不逊于西人"①。《马氏文通》模仿拉丁语法的倾向是很明显的,但是在一个学科创建之初并结合本国的实际而加以发展,这本身就包含着创造。马氏著《文通》的目的是使"童蒙入塾能循是而学文",因而当属教学语法。然而,正如孙中山所论:"马氏自称积十余年勤求探讨之功而后成此书,然审其为用,不过证明中国古人之文章,无不暗合文法,而文法之学,为中国学者速成图进步不可少者而已,虽足为通文者之参考印证,而不能为学者之津也。"②马氏虽不满意于经生之迂腐,但也依旧未能幸脱清儒复古主义之文风,选择了艰深的古文,从古典范文中寻求印证,摒弃了作为通语的白话,书中难见口语用例一则。刘复说:"他可以引导已经通得文义的人去看古书,但他却不能教会一个不通文义的人写张字条。"③胡适谓:"其书虽行世,而读之者鲜。此千古绝作,遂无嗣音,其事滋可哀叹。"④以《马氏文通》为语法教材的并不多见,仅1936年6月苏州章氏国学讲习会预备班曾以此为教材,由徐复先生教授,共十讲。⑤此后国内大学也有把《马氏文通》作为选修课的,但那都是语法研究,而不是作为教学语法的教材来使用的。陈望道认为:"《马氏文通》的历史价值是没有人不承认的,马建忠先生'积十余年之勤求探讨,以成此编'的持久努力精神,也向来没一个人不极其敬重。'无如马氏所处时代,正承袭着清代经生考古的余风;他书中虽常有不满于经生的话(他说得对不对另是一个问题),他自己却不免是个穿西装的经生'(刘复语,见《中国文法通论》四版附言)。他所采取的'对象'、'方法'都和当时企图普及教育,力求语文通俗化的人们不同,而他的采取这样对象这样方法所建成的著作是否能够达到他所希求的目的,也使人不能没有怀疑。"⑥总之,从教学语法的角度,《马氏文通》并未实现其普及语法的目的,马氏的努力未获成功。当然,这并不影响《马氏文通》的历史价值。

五

在中国真正执著地推行教学语法的是黎锦熙先生。黎锦熙(1890—1978),字邵西,湖南湘潭人。他与毕生为清政府幕僚的马建忠经历不同。他在青年时代就参加了作为反封建内容之一的"提倡白话文,反对文言文"的运动。其时,有些已经掌握

---

① 见马建忠 1983,第 13 页。
② 见蒋文野 1995,第 92 页。
③ 见蒋文野 1995,第 95 页。
④ 见蒋文野 1995,第 30 页。
⑤ 见蒋文野 1995,第 101 页。
⑥ 见陈望道等 1987,第 13 页。

文言文写作的儒生们,只相信文言文有"法"可循,其如《马氏文通》;他们根本不相信白话文有"法"可言。为此,黎先生在1914年前后,就编有《国文文法系统表》、《虚字他类表》、《虚字用法变迁表》,1920年在北京开办第一届国语讲习所,讲授《国语文法系统草案》,此后分别在北京师范大学、女高师、北京大学、燕京大学、北京师范、国语讲习所、小学教师讲习所、戏剧专校以及各地的暑期学校,甚至在中学讲授国语文法,经过不断补充修改,于1924年才正式出版我国第一部白话文语法《新著国语文法》,开创了我国用白话文撰写汉语语法的新纪元。此后,黎先生在教学实践中,不断修正一些观点、体例和例句,到1955年已修订了四次,1959年竟再版了二十四次,可见影响之大。1959年又与刘世儒合著《汉语语法教材》(共三编:第一编《基本规律》、第二编《词类和构词法》、第三编《复式句和篇章结构》)试图代替《新著国语文法》。在中国教育史上,为了满足学生需要,如此执著地修改并完善语法教材的唯黎锦熙先生一人耳!同样,一本语法教材,不算海外译本,仅在中国国内,就一印再印,一共再版了二十五版,也只有黎锦熙先生的《新著国语文法》耳!黎先生的教学语法通过全国师范最高学府的北京师范大学这一教学基地,传至各地师范院校,再传到中学。新中国成立后,全国虽然颁布了统一的教学语法系统,如《暂拟汉语教学语法系统》(1956)、《中学教学语法系统提要》(试用)(1984),在对外汉语教学方面也出版了《对外汉语教学语法大纲》(1995)、《汉语水平等级标准与语法等级大纲》(1996)、《高等学校外国留学生汉语教学大纲(长期进修)——语法项目表》(2002)等,但是,无庸置疑地在不同程度上都受到了《新著国语文法》的影响。因此,可以毫不夸张地说,现今凡是受过教育的中国人,直接或间接地都学习过黎氏的教学语法,都是他的学生。在推行黎先生的教学语法方面,作为黎锦熙早期真传门人的廖序东等先生是极有贡献的。廖先生的一生都以弘扬恩师黎锦熙先生的学说思想为己任,并且把先生的思想根据新的情况而加以发扬光大。通过师承相授,代代相传,黎锦熙的教学语法,作为一种科学的语法知识,在中国得到了空前的普及,为提高中国人的语文素质作出了贡献。伟哉,黎锦熙先生!

更值得称道的是,《新著国语文法》是我国白话文语法的奠基之作,在学术上也代表了当时的最高水平,创新自不待言;即使在现在也是一本极重要的语法著作,各种语法学派都可以从中获得有益的启示。

人们评价任何一种教学语法的标准只能有一个,就是这种语法是否符合该语言的实际。欧洲教学语法是建立在欧洲语言特质基础上的。欧洲语言的特质是词形富有形态变化。拉丁语是典型形态语言,词附丽于形态变化,因此,拉丁语语法是以词法为中心。根据拉丁语语法写就的《马氏文通》也体现了以词法为中心的传统。该书有十章,马氏用九章篇幅讨论词法,而且还把一些复句问题也放在介字和连字中讨论,只用第十章专论句读。这是模仿拉丁语语法的做法。

而现代英语已与拉丁语不同,它是欧洲语言中变化最快的语言。"古英语时代

(1150年为止)是词尾屈折的全盛时期,继之而来的中期英语(1150—1500)时代则是一个词尾屈折同化或磨平的时期。"① 及至现代英语(1500年始)几乎全无词尾变化的情况。② 当一个词的本身不再带着它在句子里的作用或功能的标志时,唯一可以避免混乱的办法就只有依靠一种固定的词序:就是用各种词在句中的位置来表明它们的作用。从中期英语起,在英语里就有一种倾向,认为凡在动词之前的名词就是主语,而在动词之后的名词就是宾语。例如"是我"这句话,古英语里说 hit eom ic (直译为"它是我"=现代英语 it am I)。在这句话里,动词前面的 hit 是表语。到了中期英语里就把它当作主语了,于是就使这个第三人称后面的动词去和它配合,这句话就成了 it is I(而现代英语沿用这个办法终于成了 it is me)。"我看,我认为"的意思用 me thinks,me seems 来表达,但终于被 I think 所代替。③

鉴于现代英语中几乎全无词尾变化的情况,英语语法研究者早已改变了以词法为中心的传统,确立了以句法为中心的研究方法。就词形变化的角度立论,在欧洲诸语言中,汉语与英语较为相似,但在类型上仍不相同。英语句本位的理论对黎锦熙那个时代的学人都有着很大的影响。因此,"五四以后出现的语法书,从《新著国语文法》起,就以句法为主干。重点的转移不是偶然,是受了国外语法著作的影响。"④黎先生编著《新著国语文法》时曾参考了一些英语语法书,比如 A.Reed 和 B.Kellog 编著的 *Higher lesson in English*,确立了句本位的思想。"这显然不是生硬地模仿,而恰恰表现了黎先生对汉语本质特点的深刻认识。"⑤黎先生认定汉语本质特点是非形态语言,词进入句中后全无词形变化,因此,词的性质全赖该词在句中的位置来决定。在动词前的名词是主语,在动词后的名词是宾语,这就是有名的"依句辨品,离句无品"。黎先生进而还认为词与句子成分之间存在着全面的对应关系。其具体的公式是:(1) 用作主语、宾语和某些类型的补足语的是名词;(2) 用作述语的是动词;(3) 用作名词的附加语的是形容词;(4) 用作动词和形容词的附加语的是副词。⑥ 如果遇有"创作难,翻译也不容易"这样的句子,其中"创作"、"翻译"本是动词,但在该句中作主语,"难"、"容易"本是形容词,但在该句中作谓语,这种情况应该看成是词的"通假":"创作"、"翻译"本为动词,现转为名词,作主语;"难"、"容易"本为形容词,现转为动词,作谓语。其实这类现象在英语中也常见,但人家就明白承认:动词不定式可以作主语,如 To work is a pleasure;动名词也可以作主语,如 Swimming will do you good,他们不把这些看成"通假"。还有,黎先生由于强调词

---

① 见费·莫塞1990,第62页。
② 见费·莫塞1990,第150页。
③ 见费·莫塞1990,第69页。
④ 见吕叔湘1984,第528页。
⑤ 见黎锦熙1992,第5页。
⑥ 见吕叔湘1984,第237页。

与句子成分之间的对应性,在理论上不承认大于词的单位可以作句子成分,因此在图解作业时,遇有偏正结构,总要把它分成附加语与名词,只承认名词是主语、宾语和某些类型的附加语;可是当遇有联合词组和主谓词组作主语时,由于无法加以再分,因此,不得不承认某些类型的词组也可以充当句子成分。所有这些,在《新著国语文法》问世后的八十年的时间里,在历次汉语语法问题大讨论中,都成了争论的焦点。黎先生似乎一直处于守势,虚心地一改再改,但他无意触及根本。正如吕叔湘所说:"词类和句子成分是两个不同的范畴,本来没有矛盾,所以会有矛盾是因为咱们'作茧自缚',在它们中间设定全面的,不可动摇的对应关系。一旦设定这种关系,就不得不用通假说来调和,可是无论怎样努力调和,怎样苦心应付,还是免不了左支右绌,不能自圆其说。"[1]吕先生的评论很是中肯,体现了理论语法的新理念;而黎先生出于教学语法的考量,为了维护中心词分析法的基本原则,扼守这一关口,仿佛也可以从规定性的原则中去寻求理解。前者着眼于理论追求,后者面对的则是教学应用。现在看来,在以往的讨论中,两者未能厘清,常加相混。两者互为区别的理论性和应用性,正是理论语法与教学语法的分野。

六

黎锦熙先生在引进句本位理论的同时,还引进并特创了图解法(diagram)。图解法传入我国大概在1920年前后,那时正是黎先生讲授和写作《新著国语文法》的年代。他所参考的A.Reed和B.Kellog编著的 *Higher lesson in English* 以及他在语法和作文书里都采用的图解法,流行于美国中学课本和中国的英语书中。而A.Reed的图解法则来源于Stephen W.Clark的《实用语法》(1847)。Clark是在每个词的周围画个圈,然后把它们连起来。而Reed在他们的英语语法和作文书(1877)里则改为在每个词的下面画横线,在不同的句子成分之间画竖线或斜线。其他人采用这种图解法时往往也有些小修小改,不断完善。[2] 黎先生在引进图解法时也"依兼国语底特性加以变更","特别是就图解辨别词品的方法,都是本书所特创的,因为国语本有'凡词,依靠结构,显示词类'的特质"。[3]

黎先生详细规定图解单句时的程序和手续,并要注意下面各项:

(1)先画一根主要的横线,上面加一双主要的垂直线(位置稍偏左,贯在横线中)。

(2)先看清全局的主要成分,那个词是主语,那个词是述语,认别清楚了,即刻

---

[1] 见吕叔湘1984,第266页。

[2] 见吕叔湘1984,第235,564—565页。

[3] 见黎锦熙1992,第32页。

把这两部分填好。

（3）再看述语是哪一种动词,决定它后面有连带的成分没有。

（4）连带成分左边之图解线,在横线上：宾语作垂直线,补足语作右斜线（左斜亦可）。

（5）末了将句中所有附加的成分分别填上。

ㄆ：先填主语所有的形容附加语；

ㄅ：再看宾语（或补足语）有没有形容附加语；

ㄇ：再填述语所有的副词附加语。

（6）附加的成分之图解线,在横线下：凡属形容性附加语都向左斜——领位即向左折；凡属副词性附加语都向右斜——副位即向右折。

（7）主要和连带的成分,词类的多少是有限的；惟有附加的成分却无定限,往往附加语之上又添附加语,如此可以添到几层（参看23、24两节所图解比例）。

（8）就这图解式,可以认别一个句子里边的各个语词是属于何种词类；即：无论哪一根横线上,都是些实体词或动词（但只有一定的"主要动词",即述说词,在主要的横线上）；向左斜的线上都是形容词,向右斜的线上都是副词；横线上的直线（可微向左右斜）旁边的便是介词。——连词就是介词的引申用法,只须改用虚线来表示；助词跟随在语后,叹词独立于句外,都和图解没有大关系……于是九种词类,都可从图解语句的结果,自然分别得清清楚楚；要检查一个句子里某种词类有多少,也就一望而知。①

黎先生认为："图解是汉语语法特别需要的,因为汉语是各词孤立的分析语,主要是依靠词的位次来表达意思,这语序一经图解,就把组织规律明白清楚地摆在眼前,特别是理论文中的长句子,不用图解法就不容易说得明白清楚。图解法应当是我们对于自己正在发展中的民族语文自己创造的一种研究和教学上的武器。"②

黎锦熙把图解与知识看得一样重要,图解犹如练习数学习题。"图解法底用处,在于使学者直接地敏活地一眼看清复句中各分句底功用、分句中各短语底功用、短语中各词类底功用。画图析句,或主或从,关系明确；何位何职,功用了然。"③为了帮助师生练习图解,先生还编写详细索引,为困难问题提供各种图解答案。真可谓敬业、精业矣！

黎先生特创的图解法是我国第一种用于分析汉语语法的科学方法,它能直观而形象地展现句本位的理论学说。通过"二十来篇短篇白话文"、"十来篇文言文"的图解,汉语语法规律就可以一目了然。图解法确实为普及一种科学的语法知识作出了

---

① 见黎锦熙1992,第32页。
② 见黎锦熙1992,第23页。
③ 见黎锦熙1992,第3页。

很大的贡献。

但是由于这种方法比较复杂,特别是严式的,学习和操作都不很容易。还有图解不能在原来文本上作业,必须用纸抄写,这就显得费事费时。因此,为了适应不同学习对象,黎先生和他的得意门生张拱贵、廖序东,都在试着寻求更为简便可行的其他分析方法。为此,张、廖二位编著了《文章的语法分析》(1955),1981年廖先生又出版了《文言文语法分析》,他们把复杂的"图解法"大大地简化了,提出了一套更为简便的分析方法,这就是加线法。这种方法在原来文本上就可以作业,无须另外抄写,使用很是方便,不仅中学语法教学乐于采用,即使在对外汉语教学中也是常用的一种分析方法,尤其适用于揭示一个句子的基本格局,对于分析病句也很见效。这样就使得原本抽象而枯燥的汉语语法教学做到形象而直观,不但可以增强教学效果,而且也有助于提高学生使用和分析汉语的能力,甚至还会加快教学语法推广和普及的速度。方法之效功莫大焉。

参考文献

[1] 卞觉非.汉语语法分析方法初议[J].中国语文,1981(3).

[2] 卞觉非.语言学的发展与汉语语法分析方法的演进[M].语言研究集刊(第一辑).南京:江苏教育出版社,1986.

[3] 岑麒祥.语言学史概要[M].北京:科学出版社,1985.

[4] 陈望道等.中国语言法革新论丛[M].北京:商务印书馆,1987.

[5] 季羡林等.中国大百科全书·语言文学[M].北京:中国大百科全书出版社,1987.

[6] 蒋文野.马氏文通论集[M].石家庄:河北教育出版社,1995.

[7] 黎锦熙.中国语法与词类[M].北京:北京师范大学出版部,1950.

[8] 黎锦熙.新著国语文法[M].北京:商务印书馆,1992.

先秦书艺略论

◎ 侯镜昶

甲骨文的书法

殷代甲骨文是我国迄今发现最早的古文字。河南安阳是历史上殷代的故都。清光绪年间,在县城西北的小屯,当地农民发现许多龟甲牛骨,上面刻有文字。经考证,这是殷代卜辞。殷代帝王利用甲骨占卜吉凶,并刻写问辞和验辞。内容大多是反映殷王的愿望,如关于国境的安全,年成的丰足,祖先和自然的崇拜等。这三千年前的文字,反映了殷代书法的特有风格。

殷代甲骨文是用刀刻写的。但在甲骨上,往往可见一些朱书、墨书的字迹,尚未契刻。早期甲骨文有些还填朱填墨,说明当时缚毛为笔而书已很普遍。由于刀刻的缘故,甲骨文的用笔,以方折为主,书风质朴。这殷末三百年间的文字,其书风发展约可分为三个阶段。早期有雄放之风,所见严正宽厚的字迹,是这一时期特具的风格。中期书风疏朗,自然生姿。晚期契刻精丽绝伦,虽字迹微小,而整齐如一。早晚期卜辞,都载有卜人的名字,有人认为他们就是卜辞的书人。真是如此,我们要深深感谢这些三千年前的书法家,为后人研究书法留下了一份宝贵的遗产。

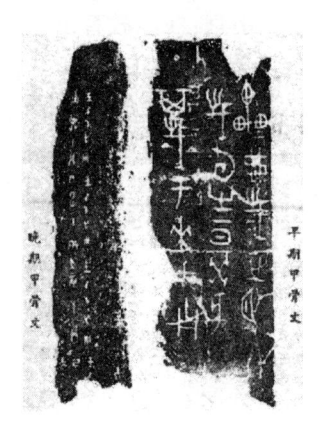

甲骨文直笔方折的质朴书风,影响深远。春秋战国时期的齐《陈曼簠》和当时的一些货币文,均受其直接影响。

临摹甲骨文,首先要得其刚劲之风,所以开始时最好以硬毫书写为宜。

金文的书法

商周两代,刻石罕见。可供我们研究书艺的,除了甲骨文外,只有金文。系统地研究金文书法,始于李瑞清先生。李先生幼年即学金文,二十岁以前已遍临著名器铭。从实践中得出经验,他提出了学习书法一定要精通金文的独特见解。

商周金文,属于大篆的范畴。李先生认为学书不学篆,等于学古文不通经。如何学篆?他认为学大篆不能以石鼓文、峄山碑为最高楷模,须深入金文的堂奥,提出了"求篆于金"的精辟见解。并说"学书必神游三代(指夏商周),目无二李(指李斯李阳冰),乃得佳耳"。李先生开辟金文一途,篆书门径,顿觉豁然开朗。他并运用涩笔临写金文,刚劲顿挫,这连何绍基都未敢梦及的。

经李先生研究,认为金文书法不同流派的形成,和当时地理环境有关。特别是春秋战国时,各国文字殊异,书写风格亦不同。因此,他认为应分国叙述其流变和艺术特色。但这一研究没有完成,他嘱胡小石先生续成。胡先生分析、排比了大量殷周金文后,感到以书体和辞例来阐明当时的书风流派,最合乎科学性。于是他撰写了《齐楚古金表》、《古文变迁论》等论文,系统论述了金文书艺变迁的规律。

李瑞清先生将金文书法流派分为殷、周两大派。胡小石先生发展其说,更增齐、楚两派,合为四大流派。现按其体例作简要论述。

殷　派

殷代甲骨文用笔方折之风,也影响到当时的金文,这一风尚并延续到周代初年。殷代末年的金文,每器字均不多,自一两字到数十字,没有超过百字的。字形都取纵势,布白参差错落,大小不齐,得自然之妙。传世之器有乙亥鼎、戊辰彝、丁巳尊等。到周代初年,仍承殷之余绪,笔势方折,体多取纵。所不同者,文词增长,辞藻茂美,布白也逐趋整齐,纵横画一,大小匀称。最典型的例子是盂鼎,其他如静敦、窥

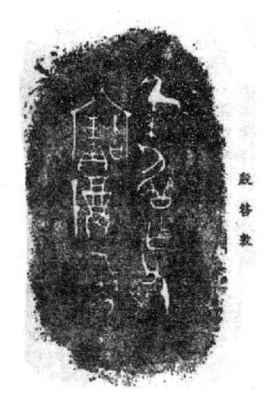

殷替敦

(guè)鼎、楚公钟等。金文方笔书到盂鼎已达顶点,预示书风大转变时期旋即到来。

西周毛公盘

周　派

西周中期,金文形体有很大改变。用笔由折变转,收锋处由抽毫变为注墨。末笔波磔(zhé)全部消失。这种用笔圆转的书风,一直延续到东周初期,传世著名铜器都出自这一时期。如宗周钟、大克鼎、散氏盘、虢季子白盘、颂鼎等,文字最多的要推毛公鼎。其文辞有韵的如宗周钟、虢季子白盘,近似《诗经》;无韵的如毛公鼎、散氏盘,近似《尚书》。其书法厚重圆和,或取纵势,如毛公鼎、虢盘等;或取横势,如散氏盘。散氏盘且不取正势,向

左倾仄,尤为异军突起。布白有的崇尚自然,参差多致;有的匀称之极,画格书字,如大克鼎。周派圆转的书风,不仅盛行于王朝,并流传郑、卫、鲁等诸侯各国,影响深远。

齐派及楚派

西周时,王室和诸侯国间,书写文字是统一的。东周以后,由于周室衰颓,诸侯各霸一方,文字也渐趋殊异。这一时期的书艺特色,是用笔由厚重变为纤细。虽仍用圆笔,但西周中期统一的特色已不可见。南北地方色彩,反映在书法之中:北方以齐国为中心,南方以楚国为中心,各自形成不同的书风流派。

齐楚书风,虽同属纤笔,但齐书严整刚正,北方近齐之国如鲁、邾,远之如晋(包括战国之韩),书风均近齐。齐派书艺早期尚不甚整齐,发展到晚期,精严已极。代表作如齐仲姜镈(bó)、鲁公伐邾(tú)钟、晋公盦(ān)以及陈曼簠(fǔ)、韩厵钟等均是。楚书变动流利。南方近楚之国如徐、许、吴、越,书风均近楚。楚派书艺可以王子申盏、王孙钟、沇儿钟及吴、越器铭为例,后者流为奇诡不可识,今人所谓鸟篆,即是此类文字。

从殷代到战国,书风三变。先是流行方折的用笔,后变圆转,再变纤劲。在楚器中,能完整地反映出书风的三变。如楚公𦉢(wéi)钟用笔方折,时在西周初年。楚公逆镈用笔圆转,时在西周中期。王子申盏用笔纤细,流利飞动,是晚期的代表作。变化之迹,崭然分明。楚国长期偏霸江南,所以它的文化艺术有浓厚的地方色彩,加之幅员广大,到处为我们留下无数珍贵文物。这对研究我国上古书艺的发展,有莫大的裨益。

秦代的书法

春秋战国时,关东六国,文字异形,书风日趋诡变。关西则自平王东迁,畀地于秦。秦人不但承袭了周代丰岐之地,而且也接受了周人的文化。特别表现在文字的继承方面,更为显著。如著名的《秦公敦》,是公元前五世纪中叶时器,距西周已有两三百年,但它的铭文和西周钟鼎是一脉相承的,属大篆的范畴。其他如《商鞅量》、《相邦吕不韦戟》、《新郑虎符》等均不例外。

秦代在统一六国前的书作,最为后人称道的是《石鼓文》。它是我国流传至今最早的十块刻石。原石每块高约三尺,直径二尺许。文字刻在四周,是十首四言诗,共七百多字,内容记载秦国君王游猎情况。唐初在陕西凤翔三畤原出土,千年辗转,字多漶漫,现仅存二百余字。

秦石鼓文

从书艺的发展观点来看。石鼓文属于大篆的末流。一种书体的创始时期,书风天趣横生;至其末流,则人工已极,书体亦随之衰落。用笔圆转的大篆,发展到石鼓文,排列整齐,天趣大减,成为当时的馆阁书。所以李瑞清认为于石鼓中无法求笔态神韵。但是从学习篆书的角度来看,临摹石鼓又是必不可少的一环。近代著名书画金石家吴昌硕,毕生深研石鼓,学而能变,化平为奇,用笔粗细有致,书风古拙苍劲,其影响迄今犹存。

秦灭六国,挟战胜之余威,彻底禁绝关东各国多变的文字,并以河西文字为基础,削繁就简,创造了小篆。经此改革,自秦迄今,我国方言不止百种,汉字则止一种,通行南北。

秦代书迹自秦始皇二十六年后,流传迄今者以权量为最多,其次为诏版,再次为刻石。各地发现秦权量的文字,有地名可考者,东有大虢,西有美阳,及其他各地所出,文字形体虽整散不同,基本上都一致。

秦始皇巡行天下,到处歌功颂德,刻石以记其事。秦代刻石原有六处,现存仅《泰山刻石》十字、《琅玡台刻石》十数行,都是丞相李斯所书,为标准秦代小篆。其余四刻,或已亡佚,或为后人重刻,故不足论。

秦泰山刻石

从现存秦代小篆书迹来看,可分为两派。刻石为标准体,横平竖直,布白整齐。由于使用于官方正式场合,因此写得端正严谨,一丝不苟。权量诏版是自由体,字迹大小参差,布白亦不匀称。两者相较,前者得形式之美,后者得天趣之意。大约权量诏版各地方政府可仿制,文字亦非书家谨严之作,而是刻工随意所书。从小篆的用笔来看,有它自己的特色。秦代小篆虽源出周代金文,但已变其用笔,钟鼎多曲笔,小篆多直笔。

还有一点值得提一下,行文的行式,甲骨、钟鼎中不固定,左右行不拘。自秦以后,一律从右至左,无一例外,这在中国书法史上也是一件大事。

秦代书艺更有一事需特别郑重提出，即隶书的兴起。隶书形成的原因，过去众说纷纭。《汉书·艺文志》所说具有代表性："起于官狱多事，苟趣简易，施之于徒隶也。"认为隶书是由小篆简约而成，为下层徒隶所书。秦隶的书迹也很少，只有秦二世诏版中，一些比小隶简易的刻文，可算作隶书。

1975年，在湖北云梦睡虎地发现了一千多支秦简，竹简上是墨书秦隶，字迹清晰，用笔取势，昭然大明。秦始皇二十年（公元前227年）《南郡守腾文书》，沿袭篆书作纵势，用笔圆转流利。《秦律》则取横势，用笔方折顿挫，它继承了西周盂鼎一类方折的用笔和散氏盘一类欹而不倾的字势，发展成为秦隶中古朴雄浑的流派风格。

睡虎地秦简的发现，说明秦隶在六国灭亡前已经形成；同时也否定了它是由小篆简约而成并为徒隶所书的传统说法。

隶书的产生，是历史发展的必然规律。隶书直线方折，较篆书曲线圆转书写容易，进行速度亦较快。自隶书出，中国书学可分为两大段：隶书以前甲骨金文至小篆为一段；隶书产生以后，更发展为各种书体直至今日为一段。以血缘而言，上段距今远，下段距今近。上下段的分界，即在秦代。故秦代的统一文字、创造小篆和隶书的成就，实为中国书学史的两大事，直到今日，还蒙受其影响。

附图版释文

早期甲骨文：其戈于来甲子戈旬又一日癸亥车勿戈之夕

晚期甲骨文：庚子卜贞王步亡灾　丙申卜贞王步亡灾　口辰卜贞王步亡灾

卻敦：（鸟形）卻作父癸宝尊彝

毛公鼎：王若曰父厝丕显皇天弘厌厥德配周膺受大命率廷方亡不闱于文

陈曼簠：齐陈曼不康肇勤经皇考献叔永保用簠

沇儿钟：金自作龢钟中韓且旟元鸣孔

石鼓文：既同吾车既好

秦泰山刻石：言臣请具刻诏书金石刻因明白矣臣昧死请

秦始皇诏版：廿六年皇帝尽并兼天下诸侯黔首大安立号为皇帝乃诏承相疾绾法度量则不壹歉疑者皆明之

再论语言和言语的区分问题
——评高名凯先生的言语观

◎ 黄景欣

0.1　应该承认,自从德·索绪尔在他的《一般语言学教程》中系统地提出区分语言和言语的理论以来,尽管这一问题早已成为人们注意的中心,语言学界对于"言语"这一术语却一直缺乏共同的、严格的科学规定。在国外的语言学文献中,人们不难发现学者们对这一术语的理解存在着极大的分歧。这种情况,显然也严重地影响到我国前一阶段关于语言和言语问题的讨论:一方面,它给我们的某些学者带来了很大的"方便":既然没有确定的理解,人们似乎就可以任意地选择一种对自己最有利的定义来发展自己的论题,建立自己的体系,从而对所争论的问题作出论断;另一方面,它却给问题的真正科学的解决带来了巨大的困难:主观的臆测代替了客观的探讨,任意的判断代替了科学的分析,以至于使得有些人不得不怀疑这一问题本身的意义!

0.2　显然,这种情况在科学中是不正常的,它也不应该使我们对问题的解决失去信心。在科学的发展过程中,对术语有不同理解是必然的。但是严密的科学要求任何一个术语都只有一个最正确的定义,任何不同的理解都应该在科学分析的前提下逐渐趋于统一。这里,问题并不在于哪一个定义更符合国外某一知名学者的理解,也不在于哪一个定义已经为更多的人所接受;问题的关键在于:什么样的定义更能正确地反映确定的客观对象以及人们对它的本质特征的科学的认识,更符合人们对事物认识的一般原则,更符合该一科学部门的整个术语体系的要求,以及更符合一般科学体系的要求。假如我们承认一个术语的定义就是"对事物的本质特征或概念的内涵和界限的确切的逻辑的规定"[①]的话,那么也就应谈承认任何有关"言语"的定义都应该受到上述原则的检验。

0.3　经过了历时四年多的讨论,最近高名凯先生又发表了《语言与言语问题的争论》一文[②],对自己的论点作了进一步全面的论述。应该说,这篇论文对于理解高

[①]　《简明哲学辞典》,人民出版社1955年版,第242页。
[②]　《光明日报》1963年10月26日,第二版。下文凡引用这篇文章的,只在引文下注明栏别,以便查阅,而不再注明出处。

先生的观点是很重要的。在目前这种情况下能读到这样的论文,应该也是前一阶段讨论的一个收获,因为这至少可以结束学术讨论中双方互相"打游击战"的不良状况,让读者和讨论的对方全面了解真正的、系统的观点。这对于问题的进一步解决是有利的。

但是,在仔细阅读高先生的这篇论文之后,我们仍然不能不对高先生的论点抱极大的怀疑:高先生关于言语的定义以及由此而派生出的一系列理论是否能经得起上述原则的检验呢?高先生是否遵照一般科学的理解来使用一系列术语以建立自己的体系呢?高先生是否做到自己体系的内部完整,统一呢?——这里,我们打算提出几个问题来向高先生请教。

1.0 首先,我们要问,高先生所说的"言语"是否有明确、固定的对象?

高先生认为,方光焘先生"所说的言语是言语作品的表达形式这一论点不但是难于理解的,而且是不存在的东西"(二栏,上段)①。同时断定说:"言语只能指言语行为和言语作品以及与此二者有关的东西。"(二栏,下段)这里,矛盾是很明显的,读者要问:方光焘先生所说的"言语作品的表达形式是不是真的不存在?高先生所说的言语行为和言语作品以及与此二者有关的东西"的总和存在吗?

高先生有许多为自己辩护的理由,我们试逐点来加以探讨。

1.1.0 高名凯先生认为"言语"这个术语兼指"言语行为"和"言语作品","是一般的理解",为了证明这一点,他在《论语言与言语》和《再论语言和言语》两篇论文中引用了许多外国的语言学著作来证明。同时一再强调指出,客观上存在着一种"过程及其产物的统一体",这种统一体就体现在汉语的"讲话"、"说话"、"言语",俄语的Речь、德语的 Rede、法语的 Parole 以及英语的"Speech"这些用语上面②。

这里,关键首先就在于高先生所说的这种"统一体"是否存在。

1.1.1 应该承认,在人的社会活动中,一定的活动过程必然会产生一定的结果,活动过程及其结果是密切联系在一起的。但是,这并不意味着过程和结果就象内容和形式或现象和本质等等一样,是同一现象的两个不同方面,可以用一个概念来概括。例如,当人们说"通过学习可以提高思想水平"的时候,那就意味着"学习"是一种活动过程,被提高了思想是它的结果,这两者虽然密切联系,但并不是同一平面上的东西,学习过程离不开时间的进程,而提高了思想则可以作为一种固定的成果而存在,如果不再通过一定的学习过程,它可以是不变的。这两种现象,我们显然无法把它们硬拉在一起,说它们构成了一个什么"统一体"。这一点显然是应该承认的。

同样的道理,作为一种言语过程及其产物的言语活动和言语作品也是两种根本

---

① 按:这里高先生说的似乎不是"言语是言语作品的表达形式这一论点不但是……而且是不存在的东西",而是"言语是言语作品的表达形式这一论点……是不存在的东西"。

② 《语言和言语问题讨论集》,上海教育出版社 1963 年版,第 149—150 页。

不同的现象,而并不是同一现象的两个方面。"言语活动"是人们使用语言表达一定思想,进行交际的一种心理、生理、社会的过程,它离不开一定的人,一定的工具,一定的生理、心理活动,一定的社会条件,以及一定的时间进程,而"言语作品"则作为一种结果而存在,它有自己的内容和形式。在这一概念的领域里,显然已经排除了人,生理、心理活动以及社会条件、时间的进程等等因素。这两者尽管有密切的联系,但在没有任何因素使我们可以把它们看成是某一"统一体"的两个方面。自然:人们要说作为一种结果,言语作品也会出现在言语活动中间(如我们在论证过程中引证某一成语,或某一个人的话),但必须注意的是,这种作品已经是被当成象工具一样的东西来使用,它的出现正好证明它作为前一过程的结果是稳定的。这就象人们在用一架工作母机创造出一种车床之后,再用车床来制造其他产品一样。后一过程并不使车床变成同"过程"具有同等性质的东西。

所以说,高先生所创造出来的所谓言语"过程及其产物的统一体"是不存在的。提出这样一个问题应该说不是没有意义的:难道高先生认为"过程"和"结果"是构成一个"统一体"的一对范畴吗?在辩证唯物主义中,我们能找得出这样一对范畴吗?如果说这种"统一体"存在的话,高先生能否对这一"事物的本质特征或概念的内涵和界限"作出"确切的逻辑的规定"呢?除了"言语是言语行为和言语作品的总和"这种说明之外,高先生能否作出符合上述要求的言语的定义呢?

1.1.2 其次,高名凯先生认为汉语的"言语"、"讲话"、"说话",俄语的Peyb、德语的Rede、法语的Parole以及英语的Speech等等可以"兼指"言语行为和言语作品,企图由此来证明所谓言语行为和言语作品的"统一体"的存在。这种论证的论据和方法本身恐怕都很值得怀疑。

无疑地,汉语的"言语"、"讲话",以及俄语的Peyb等等作为日常用语是有多种意义的,它们有时被用来指称一种行为、活动,有时被用来指称这种行为、活动的结果。但是,这是否就如高名凯先生所说的,它们"兼指"两种事实呢?别的语言我们不了解,先就汉语来说,我们找不出一个例子可以证明"言语"、"讲话"、"说话"在同一上下文中可以"兼指"言语行为和言语作品的。高先生所引用的《三国演义》四十五回中的"不知曾说甚言语"中的"言语"指的显然只是言语作品,而并没有兼指言语行为;同样,《三国演义》四十六回的"盖不言语"中的"言语"指的也只是言语行为,而没有兼指言语作品;"讲话"一词更明显,"在延安文艺座谈会上的讲话"中的"讲话"只能解释为言语作品,而"不要讲话"的"讲话"也只能解释为言语活动,它们都没有"兼指"。至于"说话"一词,高名凯先生说"从汉语的角度看,如果把这过程及其产物的统一体称为'说话',把这过程称为'说',把这产物称为'话',要好些"[①]。这就更违背汉语的习惯了。实际上,汉语的"说话"一词指的仅仅是一种行为,它根本就没有

---

① 《语言和言语问题讨论集》,第150页。

"所说的话"的含义,这样单纯从词素的分析来确定这个词的含义,如果是正确的话,那么人们似乎也就可以把"油水"一词解释为"油"和"水"的"统一体"了!

显然,正确的结论应该是,汉语的"言语"、"讲话"("说话"不在内),英语的Speech,俄语的Речь都是多义词,它们在不同的上下文中可以有不同的意义,但从来不"兼指"两种意义。因此,它们也根本不能证明有什么言语作品和言语行为的"统一体"的存在。假如一个词有几种不同的意义存在就能证明所谓"统一体"的存在的话,那么人们也可以说"草袋"、"笨蛋"构成一个"统一体",因为它们就"统一"在"草包"这个词上面。

看来,语言学中的这样一种知识是大家都共同承认的:科学术语不同于日常用语,尽管它在形式上可以和日常用语完全相同,它仍然可以有不同的意义;同时,作为一个术语,它的意义必须是单一的、明确的、固定的,而不能是多义的、含混的、变易的。在讨论作为语言学术语的"言语"时,大量地引用日常用语的例证,甚至把多义词的不同意义混合在一起,这是否符合科学的原则呢?

1.1.3 实际上,我们从高名凯先生的论文本身,也可以看出这一定义是不科学的。

只要翻阅一下高先生的一些有关论文,人们不难发现,尽管高先生可以任意地给"言语"下定义,他却并没有一贯地(甚至是在一篇论文中)使用这个定义。在前一篇文章中,我们曾经指出过,高先生在《论语言发展的内因和外因》一文中就时而说"言语即言语作品",时而又说"言语就是具体的交际行为",这种情况在术语的运用上显然是不能容许的。① 但是,这一意见显然没有得到高先生的重视。在《语言和言语问题的争论》一文中,高先生一方面仍然坚持"言语只能指言语行为和言语作品以及与此二者有关的东西"。另一方面,在具体的论述中,却轻轻地用"言语作品"这一概念来代替言语。高先生说:"因为言语行为是组织言语作品的行为,言语作品是言语行为的产物,两者是结合在一起,同时存在的,我们无妨拿言语作品来代表言语"(二栏,下段)②。不难看出,高先生自此以下,大部分是按言语即言语作品的定义来论证他的论点的。但是这一"无妨"却很值得研究。正如我们前面所看到的,言语作品和言语活动是两种不同的现象,这一点高名凯先生自己也承认过③。如果说"言语"就是言语作品和言语活动的"统一体",那么,假如它真的存在的话,它就应该是一种既不是言语作品,又不是言语活动的东西;言语,言语作品,言语活动就应该是三个不同的概念。这正如我们说文学作品是一定的内容和形式的统一体,文学作品

---

① 参阅黄景欣《就语言研究的精密化趋势论语言和言语的区分问题》,《语言和言语问题讨论集》,第274页。

② "……代表言语",原文作"代表语言",显然是笔误。

③ 《语言和言语问题讨论集》,第149页。

不等于文学作品的内容,也不等于文学作品的形式一样。这些概念是不能任意相互代替的。但是高名凯先生却认为这种代替是"无妨"的。按照这种逻辑,高先生岂不是也会得出他所讥笑的"文学是文学的表现形式"的论断? 人们岂不是也会因为文学作品的表现形式同文学作品的内容"是结合在一起、同时存在的",就用文学的表现形式来"代表"文学?

  1.1.4 显然,问题决不仅限于此。更重要的是,高先生这种使用术语上的矛盾正是他自己的论点存在着严重矛盾的直接反映。人们不难看出,高先生的体系是从"言语——思想"的"统一体"这一概念的分析开始的。他说:"在'语言——思维'统一体的旁边,还有'言语——思想'的统一体。在这统一体里,言语是表达形式,思想是被表达的内容"(一栏,下段)。高先生从这一"统一体"中抽取出作为表达形式的言语来加以进一步的分析。正如我们所看到的,这种作为表达形式的言语高先生把它定义为"言语行为和言语作品的总和",但实际上又是指的"言语作品"。在这种"言语作品"中,其"形式部分"是"音流"(一栏,下段),其内容则是"意义复合物",它是由"语言成分的意义和某些超语言的表达手段的意义所组成的复合体"(二栏,上段)。它包含着人们的思想感情,因此言语作品,即言语也就有阶级性。

  只要略加分析,不难看出这个体系是存在着非常严重的矛盾的。首先,高先生说的"言语——思想"的统一体是什么东西呢? 它和一般所理解的"言语作品"有什么不同? 一般所说的"言语作品",难道不是一个以言语作为表达形式、以思想作为被表达的内容的统一体吗? 其次,按照高先生的区别,在这个"统一体"里,言语作品,即言语显然是一种纯粹的表达形式,它是同作为内容的思想相对而存在的。按照高先生的定义,这本来也应该是没有阶级性的,因为它的形式部分是音流,这不可能有阶级性,它的内容是"语言成分的意义和某些超语言的表达手段的意义所组成的复合体"。其中前者——语言成分——是公认没有阶级性的,而后者,"某些超语言的表达手段",也应该是没有阶级性的,因为高先生说过,如果言语"指的是表达手段,那末,言语当然就没有阶级性了。因为表达手段事实上就是语言成分在言语中的变体或其他超语言的表达手段,而这些手段则是任何阶级都能使用的工具"(三栏下段)。结论本来是很明显的,但是高名凯先生却又硬要把思想塞进他自己也承认是表达形式的言语中。结果,思想这一不幸的东西,就被分裂成两半:它一方面是被言语所表达的东西,另一方面又是作为表达者的言语的组成部分,因而它既是被表达者,又是表达者!

  应该说,高先生是看到自己的这种严重矛盾的,但是他并没有实事求是地解决这一矛盾,而是进一步地提出一些术语来掩盖矛盾。这就是把所谓"表达手段"和"表达形式"划分开来。认为表达手段没有阶级性,而表达形式则有阶级性,二者不同。高先生对这两个术语没有下明确的定义,我们无从知道它们的差别到底在什么地方,但是人们要问:高先生是否严格使用这两个术语? 使用的结果是否能证明这两者是具有不同性质的现象？我们试再作进一步的观察。

高先生说,言语即言语作品是一种表达形式,而不是表达手段。那么,这种表达形式是由什么组成的呢？按照高名凯先生的体系,似乎每一种现象都可以从"表达形式"、"表达手段"和"内容"三方面来考察,那么言语作品的这三方面是什么呢？高先生说,第一,"作为言语的形式部分的是音流,但这音流却不是语言成分的音流,而是语音成分和一些超语言成分的表达手段所组成的整个言语单位的音流"(一栏,下段);第二,"言语的表达手段不是别的,它们事实上就是语言成分或超语言的表达手段"(二栏,下段)。第三,如前面所引的,言语的内容是"语言成分的意义和某些超语言的表达手段的意义所组成的复合体"。这里,奇妙的是,把言语的形式,即"语言成分和一些超语言成分的表达手段……的音流",同言语的内容,即"语言成分的意义和某些超语言的表达手段的意义"加起来,恰好就等于言语的表达手段:"语言成分或超语言的表达手段"！把同一种现象的两个不同方面割裂开来,同时又把它们和这一现象并列起来,这能说明什么问题呢？按照高先生作出的范例,我们可以看到高先生的"表达形式"实际上就是"表达手段"的一个组成部分。那么请问高先生:假如作为组成部分的肠子都有阶级性,作为整体的人怎么就会没有阶级性了呢？反过来说,假如象整个人的表达手段没有阶级性,那么如肠子的表达形式怎么会有阶级性呢？

1.1.5 也许,高先生要辩解说,这种混乱是外国语言学的传统造成的。高先生只不过是沿用外国学者的术语而已。应该说这是可能的。但是,人们要问,高先生在使用外国学者的术语时,是否有正确的理解呢？

众所周知,高名凯先生早就宣布过,他是以苏联 А.И.斯米尔尼茨基对"言语"的理解作为"处理这个术语的出发点"的①。同时,高先生也知道,斯米尔尼茨基对"言语"的理解来自德·索绪尔,他所理解的"言语""大致相当于德·索绪尔的 Langage"②。这也就表明,高先生对"言语"的理解,是以德·索绪尔的 Langage 为基础的。高先生所谓言语有阶级性的论断,也是以此为出发的。但是,高先生却又宣称,"德·索绪尔所说的 Langage 应当译为'语言机能',不是'言语活动'"③。并且说,"要知道,语言机能是全人类所公有的,但是言语行为却必得是具体的人或某些人在具体交际场合中的行为……认为言语行为没有阶级性的人显然是把'语言机能'同'言语行为'混为一谈了"④。奇怪的是,同是一个"Langage",一方面"应当"是"语言机能",没有阶级性,另一方面又是"言语行为和言语作品的总和",有阶级性。高先

---

① 《语言和言语问题讨论集》,第 148 页。
② А.Н.斯米尔尼茨基《语言存在的客观性》,见《语言学论文选择》第五辑,第 121 页。
③ 《语言和言语问题讨论集》,第 9 页。
④ 《语言和言语问题讨论集》,第 38 页。

生说的到底是什么呢？是人家把"语言机能"同"言语行为""混为一谈"呢？还是高先生自己也弄不清德·索绪尔的 Langage 到底是什么？

1.2.0　除了上面所提到的一些论据之外，高名凯先生还企图从"内部结构"方面来证明他所说的言语和语言的区别，认为语言和言语是两个不同的体系，它们"在许多结构特点上都不相同"（二栏，下段）。同时，在这方面，高先生显然把问题集中在"结构原则"上面，认为，"语言的结构原则是结构的类聚性，以言语作品为代表的言语的结构原则是结构的线条性"（二栏，下段）。关于"类聚性"和"线条性"这两个术语，高名凯先生在他的《语言论》一书中指出，前者指"语言符号可以由于某种结构上的类似之点而联系在一起，组成各种类型"这一特点[①]，后者则是指语言的结构段的特点，"它的意思指的是前后相续的语言成分结合而成的片段，不论这片段是大的或是小的"[②]。

1.2.1　不难看出，高先生所说的"类聚"或"格式类聚"以及高先生把它同"线条性"等同起来的"结构段"这些术语是从 L.叶尔姆斯列夫的 paradigmatic 和 syntagmatic 这些术语翻译来的，而 L.叶尔姆斯列夫的这两个术语则是来自德·索绪尔的 raports associatifs 和 rapports syntagmatiques，即"联合关系"和"组合关系"两个概念。这里，为了把问题弄得更清楚些，人们首先要问，德·索绪尔是否把这两者看成是分属于语言和言语的？

在《一般语言学教程》中，我们可以看到，德·索绪尔是把"联合关系"和"组合关系"看成为体现"语言要素之间的关系和差异"的两个"不同的领域"的，他说："一方面，在谈话中，语词凭着它们的联系力量，便在它们之间缔结成一种以同一时间不能念出两个要素的语言的线条性为基础的关系，要素按照顺序被排列在言语的链条上面。这样的具有长度作为支持的结合可以叫做组合（Syntagme）"。又说，"另一方面，在谈话之外，具有某种共同点的语词在记忆里自行联合起来，于是便形成了含有多种多样关系的群"[③]。这里，"在谈话中"和"在谈话之外"这两个用语，很可能使人误以为"组合"属于言语，"联合关系"属于语言，实际上，德·索绪尔并没有把这两者的区分同言语、语言的区分对等起来，除了在上面的引文中指出在语言中，"组合"是以"语言的线条性为基础的"之外，他还直接回答过这一问题说："……特别成为组合的典型的是句子，可是句子是属于言语的，而不属于语言的。这样看来，组合难道是属于言语领域的吗？我们并不这样想。"[④]同时，他又明确指出："……必须认清，在组合的领域内，在作为集团惯用的标志的语言事实和依存于个人的自由的言语事实之

[①] 高名凯：《语言论》，科学出版社，第 146 页。
[②] 高名凯：《语言论》，科学出版社，第 148 页。
[③] 德·索绪尔：《一般语言学教程》，俄译本，第 121 页。
[④] 德·索绪尔：《一般语言学教程》，俄译本，第 122 页。

间,并没有截然的界限,在许多情况里,要把单位的结合划归到任何一方面都很困难,因为在造出这类结合的当时,双方因素都共同协作而且双方因素的比例又是无法确定的"。① 这难道不是清楚地表明,在"组合"里面,是不能把两方面的事实截然割裂开来的。怎么能把它看成是只属于言语的呢? 再看一下德·索绪尔的另一段话应该说也是有益的,他说:"构成语言的声音的差异和概念的差异的总体是从两种比较——联合的和组合的——中获得的结果。这两者的任何一种都在很大的程度上是凭语言才得以建立起来的;正是这种惯用的关系的总体组成语言,并且支配着它的作用"。② 这清楚地表明,德·索绪尔正是把联合关系和组合关系看成是构成语言的同等重要的因素。

1.2.2 高名凯先生一定要辩解说,在这一点上,他并不以德·索绪尔的理论为依据,而是批判并发展了德·索绪尔的理论。如果是这样的话,那么人们就要问:高先生的这种批判和发展是否有事实根据?

在客观的分析中,人们不难发现,任何语言事实都同时包含着不可分割的两个方面:即要素与要素之间的区别、对立关系以及要素与要素之间的组合关系。前者所构成的是一种同类要素的体系,后者所构成的则是各种由不同的要素组成的结构。语言事实正是由这两者按一定的层次交互地起作用而组成的。例如,在语音的平面上,作为同类要素的音位构成了一种语言的音位体系,而这体系的不同单位又按不同的组合关系组成各种音节结构,而在上一层次上,这些音节结构又作为同类要素相互区别开来,组成这种语言的音节体系;同样,在另一平面上,作为同类要素的词素相互对立,相互制约地构成该种语言的词素体系,同时,各种词素又按照不同的组合关系构成另一种结构单位——词,而在上一层次上面,一系列的词又一方面作为同类要素构成一个体系,另一方面又按照一定的组合关系组成更大的结构——词组,同样,一系列的词组也一方面构成体系,同时又组成更大的结构单位……可见,要素的对立关系和要素的组合关系是贯穿着整个语言事实的两个不同的方面,言语中的这两种构成要素正是语言中同样的要素的体现,而语言中的这两种要素正是言语中的同样的要素的概括。

按照这一事实,人们要问,高先生有什么理由把这两种关系割裂开来呢?

1.2.3 实际上,从高先生自己的论述中,也可以看出这样割裂语言的结构原则是行不通的,高先生这方面同样也陷入了不可调和的矛盾之中。例如,高先生一方面要坚持把"类聚性"和"线条性"的特征同语言和言语的区别等同起来,另一方面又不得不承认"言语中也可能有类聚的特点出现"(二栏,下段);一方面,高先生认为"结构段的特点"是语言结构的特点之一,另一方面又不得不声明"结构段的特点不

---

① 德·索绪尔:《一般语言学教程》,俄译本,第 123 页。
② 德·索绪尔:《一般语言学教程》,俄译本,第 124 页。

是语言结构的必不可少的特点"①。同样,高先生在同一著作(《语言论》)中,一方面引用高尔农的话说"'语言系统'和'语言结构'这两个术语既不可混为一谈。也不可彼此对立",并且注解说"结构指的是事物内部各组成成员的组合方式"②,承认"结构"是一种"组合方式",并且是"语言的",另一面却又说"结构段"可以不算是语言的特点;同样,在谈到 L.叶尔姆斯列夫把结构段归入"过程"即"言语"的范围,而把格式类聚归入"体系"——即"语言"——的时候,高名凯先生批判说:"叶尔姆斯列夫的看法是错误的。其实,言语也是一种系统,而语言中,也不是没有结构段的过程的。"③但是,紧接在下面,以及在一系列的论文中,高先生却又照搬叶尔姆斯列夫的这种"错误的"观点! 难道可以象高先生那样,认为言语也是一个系统吗?

显然,以上这一切足以表明,如果说要从"结构原则"方面来看语言和言语的差别的话,那只能更进一步地证明语言和言语是同一现象的两个不同方面,其中任何一方面的结构特征,都可以在另一方面里找到,高名凯先生所以会陷入这样严重的矛盾,正是不顾事实地硬要把同一现象的两个方面割裂对立起来所造成的必然结果。

1.2.4 除了所谓"结构原则"的差别之外,高先生还从形式、内容、单位,与上下文的关系、结构的个人因素和社会因素、表达手段的组成员、结构规则等等方面来论证他所说的语言和言语的差别。关于这些,我们前面已讨论过其中的一部分(如所谓"形式"、"表达手段"等等),这里仅再提出几个问题向高先生请教。

首先是关于单位问题。高先生说:"语言系统的单位及其要素的单位是词汇单位(词位)、语法单位(法位)、语音单位(音位)、意义单位(义位)……言语单位则是某些表达手段的单位的线条性组合的片段。……词位和法位是语言成分的基本单位,形位是语言成分的次单位,言语的基本单位是句子,词组是言语的次单位"(二栏,下段)。这里,令人不解的是,高先生显然不承认句子和词组是语言单位。但是,与此同时,他却又承认语言中有"主——谓——宾"这样的结构存在。人们要问,高先生既承认这属于语言,不知道在高先生的语言体系中,这种单位应该叫做什么? 既然句子不是语言单位,那么,高先生是否认为在以语言为对象的语法学中还需要研究句法? 同时,反过来说,高先生认为言语单位"不是表达手段本身的单位,而必得是某些表达手段的组合物"(二栏,下段),那么,高先生是否认为象"鱼!"/y/这样的句子也"必得是"表达手段的"组合物"? 对于这种无疑地既是语言单位,又是言语单位的结构,高先生将如何把它的语言特征和言语特征区别开来? 同样,象"从一九五八年""桌子上"这样的"表达手段的组合物",高先生是否也承认它们是言语单位?

---

① 高名凯:《语言论》,第148—149页。
② 高名凯:《语言论》,第140—141页。
③ 高名凯:《语言论》,第142页。

其次是语言言语"各自与上下文的关系"问题,高先生说:"对语言系统来说,不存在特殊的上下文问题,上下文对语言成分来说只是抽象的一般的东西,只有语言成分的变体才与具体的上下文有关系,然而言语则离不开具体的上下文。"(二栏,下段)不难发现,高先生这段话恐怕根本什么也没证明:

第一,如果说:对语言系统不存在上下文问题的话,对言语系统来说,是否存在特殊的上下文问题呢?为什么高先生说到"言语离不开具体的上下文"时,不说明指的是言语系统还是言语的成分?

第二,高先生承认语言成分的变体与具体的上下文有关,同时承认语言成分的变体也属于语言,这岂不是承认语言同样与上下文有关系?假如说,人的肠子与食物有关,我们能说人与食物无关吗?高名凯先生这段话到底是企图说明什么问题呢?

再次,所谓个人因素和社会因素,这里,差别似乎也很小:高先生承认语言和言语都是社会现象,而不是个人现象。所不同的只是,高先生认为语言的任何一个结构要素或结构单位都不具备个人因素,"任何一种变体都自然是全民性的,社会公认的",而言语则"容许有个人因素存在"(二栏,下段),问题在于,语言中是不是没有个人因素?试问:音位的自由变体的出现或不出现,是不是个人因素在起作用?一个人的错误发音,如果没有引起误解,是否仍然应该看成是音位的变体?如果不是的话,它属于什么现象?如果说属于言语的话,人们不是要问:言语的最小单位不是句子吗?这种"最小的单位"能用来说明发音错误的现象吗?

应该说,所有这些恰好表明,尽管高名凯先生列举了许多方面的"差别",企图证明语言和言语是两种不同的现象,最后并没有达到高先生所预期的效果。从这一事实出发,高先生是否应该回过来对自己的言语的定义再加考虑呢?

2.0 看来,从以上的考察中,我们不难得出结论,高名凯先生给"言语"所下的定义是既缺乏事实和科学上的根据,又不能自圆其说的。而在这种情况下,高先生由这一定义推演出来的一系列关于言语的理论,显然也就很值得怀疑了!假如说,高先生所说的"言语"根本是一种不存在的东西,那么说它有没有阶级性,说它同语言和言语的关系,又有什么意义呢?

但是,问题也并没有那么简单,高先生在论述一系列问题时,仍然有他的一套体系,这里不能不进一步予以辩明。

2.1.0 首先谈一谈语言与言语的关系是不是一般与个别的关系。

应该承认,如果按照高先生给言语所下的定义的话,语言与言语的关系自然不是一般与个别的关系,因为所谓言语活动和言语作品的"统一体"既然不存在,它同语言就没有什么关系;同时,言语活动和言语作品同语言也不是一般与个别的关系,这是很显然的。这里剩下的问题就是,作为言语作品的表达形式的言语同语言的关系是不是个别与一般的关系?高名凯先生对个别和一般这对范畴的理解是否正确?

2.1.1 高名凯先生不仅不承认他所理解的言语和语言有个别与一般的关系,而且也断言作为言语作品表达形式的言语同语言不具有个别与一般的关系,理由是:"因为言语作品中的这种所谓的'言语'只是某一语言成分的变体而不是语言的变体,只是某一成分的特殊方面,而不是语言的特殊方面。……只有言语作品中的某一语言成分的变体和其相应的某一语言成分之间有特殊与一般的关系。言语作品中某一语言成分的变体并不与语言处在特殊与一般的关系之中,因为语言从来也没有以整个系统的本质部分进入任何一个言语单位之中"(三栏,中段)。

这里,有必要先指出一个概念的不同。当人们说,"言语作品的表达形式"同语言的关系是个别和一般的关系时,这个概念是一个整体概念,它指的是一切言语作品的一切表达形式,而不仅仅是个别言语作品的个别表现形式。高名凯先生在讨论时,却偷偷地把它换成"某一语言成分的变体",这两者的区别是很明显的。正如不能用某一语言成分(如某一个音位、某一个词等等)用代替整个语言一样,人们也不能用"某一语言成分的变体"来偷换"语言的变体",因此,高名凯先生的这一批评事实上就根本落了空。

高先生显然要辩论说,即使"言语作品的表达形式"指的是一个整体,是整个语言的变体,那也不对,因为"语言的变体是地方方言之类的东西,不是言语作品中的词位变体,语法变体之类的东西"(三栏,中段)。这里,高先生显然把"语言的变体"这一术语理解得太狭隘了!高先生应该会理解,当人们说方言是语言的变体时,那指的是语言的地方变体;当人们说言语作品的表达形式是语言的变体时,那指的则是语言的个人变体。这仍然是指个人的全部言语(言语作品的表达形式)而言的。比如,我们可以说高名凯先生的《语言论》这部言语作品的表达形式就是现代汉语的个人变体,它既是现代汉语,因为一般人都能读懂,又不完全是现代汉语标准的普通话,因为它里面显然含有许多高先生个人的特征,比如高先生喜欢用"麦叶"代替一般的"梅耶"来译 Meillet 这一人名,喜欢用"葛尔农格"代替一般的"高尔农"来译"Горнунг"、用"苏胥尔"代替一般的"索绪尔"来译"Saussure"等等,正表明高先生在发音上的确有一些个人特征;又如高先生喜欢用"一团糟糕"、"科学世界观"、"客观事物世界的构造者"、"阶级一分子的任何一个人"、"它是在个人获得别人的思维成果,别人所已获得的概念的基础上来进行的"等等用语,也表明高先生在用词造句方面也的确有些个人特点,正是所有这些共同的和不同的成分的存在,我们才说它是现代汉语的高先生个人的变体。为什么高先生一定要说语言的变体只能指地方方言之类呢?难道我们能说高先生的《语言论》的表达形式就是道道地地的普通话吗?如果不是,又不能称它为普通话的个人变体,那又是什么呢?

应该说,高先生认为"语言从来也没有以整个系统的本质部分进入任何一个言语单位中"(三栏,中段),"……任何一个言语单位,不论是一句话或一整部著作,都从来没有把整个语言系统包含在内,作为它的组成成分的,只有个别的语言成分才是言语单位的一部分,成为它的组成成分"(三栏,下段),这也是不符合事实的。就仍然用上面的例子来说,试问高先生这部四十多万字的著作是否包含了现代汉语"整个系统的本质部分"呢?这部著作是否仅仅包含个别的语言成分呢?难道高先生不承认这部著作中已体现了现代汉语的基本词汇和语法构造了吗?

应该说,即使仅仅是一个句子,尽管它并没有"把整个语言系统包含在内",它也仍然体现着语言体系的本质特征。比如"我是一个学生"这个句子,虽然不能代表汉语的整个体系,但却体现着汉语语音、语法、词汇等各方面的本质特征,它里面所出现的音位和音位的组合关系,各个语法成分及其关系,各个词,不都体现了汉语的本质特征吗?

2.1.2 这里,显然就存在着关于对个别和一般的关系的理解问题。个别和一般到底是一种什么关系?为了真正弄清楚问题,我们这里不妨再引用一下列宁的一段有名的话,他说:

> 个别就是一般,这就是说,对立面(个别跟一般相对立)是同一的:个别一定与一般相联而存在,一般只能在个别中存在,只能通过个别而存在。任何个别(不论怎样)都是一般。任何一般都是个别的(一部分,或一方面,或本质),任何一般只是大致地包括一切个别事物。任何个别都不能完全地包括在一般之中等等。任何个别经过千万次的转化而与另一类的个别(事物、现象、过程)相联系。①

显然,从这一规定中我们可以看到:个别和一般是同一的,它们是同一事物的两个对立面,是相联而存在的;同时,任何个别都包含着一般,是一般的体现,任何一般都存在于个别之中;一般是个别的本质,同时也只是其中的一部分,它不能概括任何个别。

这里,显然清楚地表明,在个别和一般的关系中最重要的是质的问题,而不是量的问题。根本不存在着有多少"个别"才能组成一般的问题。"任何个别(无论怎样)都是一般。"这是很值得我们注意的。举个例子来说,假如一个人生来残废,少了一条腿,一只眼睛,或一只手,我们能不能说他不体现着作为人的本质特征(一般)呢?同样,一部言语作品的表现形式(言语),尽管它的数量并不多,我们能否认它体现着一般的语言吗?

显然,按照辩证唯物主义的理解,作为个别的言语作品的表达形式和作为一般的语言之间的关系根本不是象高先生所说的那样,是前者"包含"后者的关系,而是前者体现后者,这是两回事,高先生显然把它们混淆起来了。

---

① 《列宁全集》卷38,第409页。

这里还必须指出,高先生说:"语言既有一般的方面,又有特殊的方面。……一般语言是普通语言学中所谈论的语言,特殊的语言是个别语言学中所研究的汉语、俄语、英语等等语言"(三栏,上段)。显然,高先生把一般和个别这对相对的范畴绝对化了!难道语言中的一般和个别只能有一种吗?打个比喻说,"人"对于动物来说,是个别,对于黄种人、白种人,却是一般;黄种人对于人是个别,对于中国人、朝鲜人、越南人,却是一般;中国人对于黄种人,是个别,对于北京人,江苏人,福建人,却又是一般……显然,一般与个别正是相对而存在的,假如说"一般语言"的概念只能是普通语言学中所谈论的语言,而"汉语"只能是个别的话,那么汉语对于汉语诸方言、对于一切讲汉语的人们的言语,又是什么呢?高先生这样把一般与个别的概念绝对化起来,不正是犯了形而上学,机械论的错误吗?

所以,尽管高先生肆意歪曲作为言语作品的表达形式的言语,以及一般与个别的概念,他仍然不能改变语言和言语的一般与个别的关系。

2.2 讨论到这里,关于所谓言语的阶级性问题,应该说也就很清楚了。语言与言语既是一般与个别的关系,它们的本质则必然是完全一致的,那么,除非承认语言也有阶级性,人们怎么能说言语有阶级性呢?自然,高名凯先生要说,他所说的有阶级性的言语是另一种言语,因此他的论点仍然能够成立,但是从前面的论述中我们已清楚地看到,高先生所说的那种言语根本就不存在,说它有阶级性,又有什么意义呢?

但是,值得注意的是,高名凯先生甚至认为作为表达形式的言语也有阶级性,他说:"……甚至于只把'言语'理解为不包括言语作品在内的言语表达形式的系统,也不可能不在某种场合下具有阶级性。"[①](按照高先生的规定,这"在某种场合下"的规定是不必要的——见《争论》一文的说明)。这里,就不能不再请教一下高先生:作为一个"系统",言语表达形式的系统是不是语言系统的体现呢?如果说它也有阶级性的话,那么高先生是怎样理解作为一般的语言的本质的呢?"阶级性"的提法在某些场合下是很诱人的,但这是否会导致对斯大林同志的正确的语言学说的修改呢?

3. 关于语言与言语的区分问题,方光焘先生和其他同志已作了许多正面的、正确的论述,我们在前一篇论文——《就语言研究的精密化趋势论语言与言语的区分问题》——中也有所说明。本文所讨论的是高名凯先生的观点,因篇幅限制,不可能对我们的观点作进一步的阐述。希望同志们参看其他的文章。以上所说的如有不妥之处,望高先生和同志们予以指正。

---

① 《语言和言语问题讨论集》,第33页。

增强现代文学研究的历史感

◎ 许志英

历史的发展是一个不断运动的过程。1919—1949年的现代文学,作为我国文学历史长河中的一个独立的发展阶段,它既同古典文学、近代文学有联系与区别,也同建国后的当代文学有联系与区别。而现代文学的发生与发展,如果仅仅从文学本身的继往开来关系加以探讨与考察,虽能说明一些问题,但还是远远不够的,还应当从现代中国的社会性质、经济基础和阶级关系的变动以及变动后的中国革命和中国文化的特点等等方面,加以综合考察与研究,才能准确地揭示与把握现代文学的历史特征。人们的历史创造活动不是孤立地进行的,而是互相联系的。列宁指出,"为了解决社会科学问题","最可靠、最必需、最重要的就是不要忘记基本的历史联系,考察每个问题都要看某种现象在历史上怎样产生,在发展中经过了哪些主要阶段"(《论国家》,《列宁选集》第4卷43页)。将历史现象放在特定的历史环境中,放在"基本的历史联系"中进行考察,深刻地揭示历史现象发生、发展的内因与外因,真实风貌和客观规律,并准确地估价其得失与影响,这就是我们通常所说的历史研究的历史感。

长期以来,现代文学研究是有重要成就的,特别是近几年来,解放思想,拨乱反正,在不少方面都有明显进展。我们的现代文学研究工作正酝酿着全局性的突破。可是,也不能不承认,无论是过去还是现在,现代文学研究作为一种历史研究,其历史感问题还存在着这样那样的不足甚至缺陷。

文学史的编写,本来最应该显示出文学发展的历史感的。但是最近几年正式出版的七、八种现代文学史著作,却在这方面不同程度地存在着问题。这些著作的体例大同小异,差不多都采用所谓"板块结构",即文学运动加作家作品。文学运动的叙述的历史感还稍强一些,作家作品的评介的历史感就很弱。主要问题是视野不够开阔,过分着眼于单个对象的完整性,不论大小作家的评介都力求面面俱到,四平八稳,一部文学史几乎成了作家作品论的汇编。而且评介的方式又大致相同,从作品的主题思想谈到人物形象的塑造,最后交待几句艺术特征。这样孤立地静止地就事论事地评介作家作品,就很难显示出作家作品的历史地位。而文学史往往成为一个一个作家作品的简单排列与堆砌,当然看不出历史发展的具体过程,更看不出历史发展的客观规律。文学史上任何现象都不是孤立的存在,再如题材的开拓、主题的演变、艺术形式的发展等等,也都是有迹可循的。可是我们的文学史著作,一般都未能从广泛丰富的"基本的历史联系"中对文学现象进行史的追根溯源、瞻前顾后的考察,自然难以显示出历史感。

这种情况在不少单篇作家作品的论著中,也不同程度地存在着。有些研究某个作家作品的论著,鼻子底下往往只有这个具体对象,未从这个对象与当时的政治形势、经济状况、社会思潮、时代风尚等等的联系中,阐述作家思想发展的轨迹、创作道路演变的规律、作品所体现的时代精神等等问题,也未对这个对象的左邻右舍的关系进行起码的比较研究,说明作家的创作个性、贡献和影响。人所共知,《阿Q正传》是少有的伟大作品。但在谈它的影响时,一些论著只简单交待一下它被译成多少种外文,而对它在现代文学史上的深远影响则缺乏具体阐述。其实,只要稍加考察,便不难发现王任叔的《疲惫者》、塞先艾的《水葬》、王鲁彦的《阿长贼骨头》等小说就受了《阿Q正传》的影响。运秧驼背、骆毛、阿长的形象塑造分明受到阿Q形象的启迪;特别是《阿长贼骨头》,连亦庄亦谐的笔调和结构方式,也师承《阿Q正传》,虽然功力不深。对于鲁迅小说的研究是现代文学研究中成果最为显著的,情况尚且如此,别的例子自然不必再举了。

近几年来作家传或评传的写作,蔚然成风。传记的写作,如何体现出历史感,这也是一个值得探讨的问题。有些传记力图将作家置入时代的激流和新文学的流变过程中,评述其思想发展和创作道路,具有一定的历史感。可是大部分传记,只是孤立地平面地记述作家生平经历,勾勒创作概貌,很难看出作家赖以成长、发展的社会、生活与文学的环境,也难以看出作品是在怎样的现实生活土壤中培育出来的,其艺术渊源、社会影响等又是如何。

由于在历史感方面存在这样那样的不足甚至缺陷,不能不给现代文学研究带来某些限制甚至消极影响。长期以来,在不少方面现代文学研究未能从一般的文学评论模式中解脱出来,这就难以从总体上本质上把握现代文学的历史风貌和基本特征,难以历史地具体地揭示现代文学的发展过程和演变规律,难以真实地准确地说明大量文学现象产生的原因、发展的脉络和得失影响。这无疑在很大程度上限制了现代文学研究的广度与深度,也影响了这门年轻学科更快地提高。

增强现代文学研究的历史感,这就要求我们自觉地将现代文学研究纳入历史研究的轨道。历史研究既然是一种以历史为对象的理论研究,因此必须增强理论修养,同时必须掌握大量的历史素材,才会在广度与深度上有新的开拓。传统是一种惰力。突破传统既需要理论勇气,更需要足够的准备。譬如说,要改变文学史写作中孤立地评述作家作品的现象,就不是那样轻而易举。应当注意点、线、面的有机结合。如果说一个作家或作品是文学史上的点,这个点不应该是孤立的,而是线与面的有机部分。应当从点在线与面上的作用来确定和表现点的地位,而这就要求我们心中要有线与面,如果对线与面茫然无知或一知半解,那还是会见点而不见线、面,就是说只见树木不见森林。文学史上评论作家作品,主要应当着眼于作家作品的成就、贡献与影响,就是说着眼于作家作品给文学史增添了哪些新东西。《子夜》与《家》都是现代文学史上的重要作品,但它们给文学史增添的新东西不一样,评述时就不能采用一个放之四海而皆准的模式。《子夜》开扩了现代文学的题材领域,别开生面地提供了过去少有的资本家形象,同时将现代长篇小说的结构艺术推进到成熟阶段;《家》则深化了"五四"文学的反封建主题,同时成功地塑造了不同个性的青年一代的形象。如果主要着眼于此,从历史发展高度加以评述,就会显示出历史感。在现代文学史上,需要完整叙述的作家应当仅限于为数不多的有杰出成就、贡献和影响的作家。一般作家只应以其有某种贡献的作品进入文学史,似乎不必保持作家的头尾的完整性,而对作品进行评述时也不必面面俱到,应着重评述其别人不能替代的独特之处。这样既容易显示出作家各自的特色,也容易有历史感。

　　文学史不仅应当对作家作品作出具有历史感的评述,还应当对一些复杂问题,诸如一些作家与无政府主义的关系,作出富有历史感的阐述。过去将无政府主义看成是马克思主义的"死敌",简单地将一些接受过无政府主义思潮影响的作家,当成无政府主义者兴师问罪,并全盘否定那些受有这种思潮影响的作品。而现在将无政府主义看作为一种小资产阶级社会主义思潮(这自然是正确的),则在无政府主义与革命民主主义之间简单划上等号,又不加分析地肯定那些受有这种思潮影响的作品。两种意见虽大相径庭,而根源却又大致相同:从抽象的定义出发,而不是从具体的历史环境出发,就事论事地评论问题。在"五四"时期以及稍后一段时期,无政府主义对许多作家都产生过影响,这是历史事实。如果说在"五四"时期以无政府主义作为思想武器进行反封建斗争,主要起的是进步作用;那么在"五卅"前后的无政府主义宣传,情况就比较复杂,既有反封建的积极意义,又有阻碍马克思主义传播的消极影响(这是就总的情况而言,具体评价因人而异)。还应当看到,作家的无府政主义宣传和作品中的无政府主义表现,也不能简单地等量齐观,作品中的无政府主义表现,更多的是人物形象的一种对无政府主义献身精神的崇仰,而且问题的关键还在于作家的褒贬态度。对这类问题,简单的否定或简单的肯定,都不能揭示历史的本来面貌,重要的是对具体问题作具体的历史分析。

　　增强传记的历史感,似应从增强传记的生活实感入手。传记是对作家的生平、思想与创作进行综合评述的著作。它与一般的作家论既有相同之处,如都要对作家的思想发展、创作得失、风格特征等等问题作出有分量的评述。也有不同的特点与要求。传记作为一种饶有兴味的读物,需要以生动的笔触扼要记述作家的日常生活。这自然不必故意以一些秘闻逸事的渲染来招徕读者。但是任何一个作家作为一个社会人,都有自己的亲朋故旧、交往应酬、七情六欲、兴趣嗜好,审慎地有选择地表现这些,不仅可以增加读者阅读的兴味,更重要的是可以从多方面表现作家的个性,增强传记的生活实感。现在有些传记,写得干巴巴,缺乏丰满的血肉,笔下的作家似乎是在真空中独来独往,成天价不是在孤独地战斗,就是在夜以继日地创作,将本来各具个性的作家,纳入到一个固定的模式中去了。增强传记的生活实感是增强传记的历史感的一个方面,因为任何一个正常的社会人的生活,都不能不打上一定的历史的印记,在一定程度上反射出特定的时代心理、气氛和风尚。当然,增强传记的历史感,还应当从大处落墨,将作家放在特定的社会关系和阶级关系、文化思潮和文学环境之中,在广阔的背景上多侧面多层次地表现作家的人格和文品。这样,作家的存在,就不是孤立静止的,抽象干巴的,而是具体流动的,血肉丰满的——这正是传记所应该追求的。

如果从广阔的历史联系中,研究现代文学史上有较大影响的文学现象(社团流派的兴衰、文学思潮的起伏、创作方法的演变等等),有助于增强现代文学研究的历史感。但是难度较大。即使是对于某种更具体的文学现象诸如"五四"时期的问题文学思潮、20年代末兴起的革命加恋爱的主题、《华威先生》出现后的暴露与讽刺倾向的研究,也要掌握这种现象本身的发生、发展的大量材料,还要熟悉当时的政治状况、社会思潮、时代风尚;既要有鸟瞰式的视野,又要有进行综合分析的理论素养。这样才能对问题作出具有理论高度和历史深度的说明与论证,从而显示出历史研究的历史感。长期以来,现代文学研究的基本格局是编写文学史和撰写作家论,很少有对较大影响的文学现象进行综合研究的经验积累。加强这方面的研究,无疑对突破现有格局具有重要意义,同时对提高整个学科的研究水平有积极作用。

增强现代文学研究的历史感,说到底是一个坚持与运用历史唯物主义原则的问题。长期以来,现代文学研究领域多灾多难,受到各种干扰,解放以后主要是受到"左"的政治运动的干扰,在"革命"的名义下一次一次的批判、"再批判"(固然偶有批之所当批的,绝大多数情况下则选错了靶子),不仅大大缩小了现代文学研究的范围,人为地设置了不少禁区,而且对一些历史现象作出了"左"的随心所欲的解释。前几年现代文学研究领域,在清理"左"倾流毒上成绩是显著的,但仍不彻底,在某些问题上人们还自觉不自觉地维护着本来就违背基本历史事实的结论,因此增强现代文学研究的历史感,必须在坚持历史唯物主义原则的前提下,继续解放思想,进一步清理"左"倾流毒。

《子夜》的结构艺术

◎ 叶子铭

在文学创作中,作品的结构是一项具有重要意义的工作。清代戏剧理论家李渔,曾经把文学作品的结构工作,比成工匠之建宅,裁缝之缝衣。一个杰出的建筑师,善于把散乱的钢筋、木材、砖瓦、水泥等建筑材料,结构成一座宏伟的建筑物;一个精巧的裁缝,善于把各种颜色的布料剪裁、缝织成一件美丽的衣裳;一个优秀的艺术家,也善于把各种人物事件、矛盾冲突、环境场面组成一幅生动的人生图画。在艺术创作中,结构是表现作品主题、展示人物性格的重要艺术手段,是构成作品形式美的重要因素之一。结构的好坏,直接影响作品主题的表达和人物性格的刻画,影响作品的艺术感染力量。因此,历来的优秀艺术家都十分重视作品的结构工作。他们在长期的创作实践中,积累了许多丰富的经验。研究、总结这些经验,对于探索作家的艺术风格、提高艺术组织的能力和促进文学创作的发展,都会有一定的帮助。在这方面,我国"五四"以来许多优秀作家的创作,也有许多宝贵的经验,值得我们研究和吸收。茅盾的《子夜》,就是一个比较突出的例子。

《子夜》是茅盾的代表作,也是我国现代革命文学的一部重要著作。这部作品无论在内容或形式方面,都有许多显著的特色,这里想专就其结构艺术方面,谈一点自己的看法。

当你读完《子夜》这部作品,必然会发现这样一个特点:在这部作品中,先后出现的大大小小的人物有八九十个,线索纷繁、矛盾复杂,反映的生活面十分广阔。这里既描写了投机市场瞬息万变的斗争、民族工业的暗淡前景、都市资产阶级社会醉生梦死的生活;也描写了工人阶级的罢工斗争、农民的暴动等等。但是,所有这些复杂的生活内容,都集中在两个月的时间内表现出来。换句话说,作者不是在一个较长的历史时期内来展示这些复杂的生活内容,而是截取社会发展过程中的一个"横断面",集中地来加以表现。这一特点(时间短、容量大),就给《子夜》的结构工作提出十分艰巨的任务。摆在作者面前的,至少有这两个问题:一、如何在短时间内把矛盾冲突迅速地展开;二、如何把众多的人物事件、复杂的矛盾冲突联结成一个完整、和谐的统一体。可以说,小说对这两个问题的处理是相当成功的。作者表现了他的高度的艺术组织的才能,巧妙地把这些复杂的人物事件、矛盾冲突,连接、组成了一幅30年代初期半殖民地半封建社会的中国都市生活的图画。

那么，人们不禁要问，它的成功秘密究竟在哪里呢？要回答这个问题，我们还得沿着作品所展示的内容，先来具体地研究一下作者是怎样来进行布局工作的。

首先，在典型环境的安排上，作者抓住了时代的主要特征，根据生活的真实和主题的需要，创造了一个适宜于人物活动和矛盾展开的典型环境。作者把小说的背景安排在1930年5—7月这两个多月的时间内。这正是中国社会危机日趋严重，各种矛盾冲突表现得最为集中、尖锐的时期。从国际上看，1929年年底资本主义世界爆发的空前规模的经济危机，也于1930年春迅速地波及中国。以英、美、日为首的各帝国主义国家，为了摆脱自身的危机，加紧对中国进行经济侵略，使得中国人民与帝国主义的矛盾更趋尖锐化。从国内看，1930年4月，冯玉祥、阎锡山与蒋介石之间爆发了大规模的军阀内战。帝国主义的侵略与军阀内战，促使中国民族工业和农村经济的破产，加速了都市和农村阶级斗争的发展，使国内的阶级矛盾更趋尖锐。《子夜》的故事，就是在这样的环境下展示的。作者选择了上海这一典型的大都会，作为人物活动的具体环境。他以民族工业资本家吴荪甫为中心，安排了三个展开矛盾冲突的主要场所：一、吴公馆；二、交易所；三、裕华丝厂。这三个主要场所的安排，一方面是基于作者的生活经验，一方面也是适应着艺术表现的要求的。例如，交易所的特点是大起大落、瞬息万变，它有利于迅速地层开矛盾斗争，有利于表现吴荪甫的思想性格，有利于表现各种错综复杂的关系，如军阀混战与投机市场的微妙关系，民族工业资本家与买办金融资本家的矛盾斗争，农村阶级斗争与都市金融市场的曲折关系等等。作者为什么要选择丝厂作为民族资产阶级与工人阶级的矛盾斗争的主要场所呢？这就与作者的生活经验、作品主人公的安排有密切的关系。关于这一点，茅盾自己曾经作过解释。他说："本书为什么要以丝厂老板作为民族资本家的代表呢？这是受了实际材料的束缚，一来因为我对丝厂的情形比较熟悉，二来丝厂可以联系农村与都市。1928—1929年丝价大跌，因之影响到茧价。都市与农村均遭受到经济的危机。"①当然，这一点后来在《子夜》中并没有得到充分的表现。但如果我们把《子夜》与农村三部曲联系起来读，就可以看得很清楚。《子夜》里的吴荪甫与《春蚕》里的老通宝，这两个不同阶级的人物之间，有着密切的联系：吴荪甫的丝厂倒闭了，老通宝的"蚕花"再好，茧子终归还是卖不出去。就这个意义上说，我们可以把农村三部曲看成是《子夜》的姊妹篇。它比《多角关系》，更能生动、有力地表现出30年代初期都市与农村之间的联系。以上是就作品的典型环境的安排，来看作者是怎样进行作品的总布局的。

其次，我们着重地来分析一下《子夜》的情节安排。

我们知道，在叙事性的作品中，作品结构的主要工作，就表现在情节的安排上。

---

① 《〈子夜〉是怎样写成的》。

古希腊的文艺评论家亚里斯多德在谈到悲剧的结构时,把它分为头、身、尾,即开头、中间、结尾三个部分。"所谓头,指事之不上承他事,但引起他事发生;所谓尾,恰与此相反,指事之必然的或然的上承某事,但无他事继其后;所谓身,指事之承前启后者"①。这样一种划分,基本上也符合一般叙事性作品的情况。就《子夜》看,序幕、开端、发展、高潮、结局,情节的各个构成部分都具备。在结构上,也可以把它分成三个基本部分,即开头、中间(或称主体)、结尾。下面我们分别就《子夜》的开头、主体、结尾三个部分的结构,做些具体分析。

《子夜》开头部分的结构,包括序幕和开端,即第一至第三章。在进行具体分析之前,我们还得回到前面提出的两个问题:一、如何迅速地把矛盾冲突展开;二、如何把各方面的人物事件、矛盾冲突联接起来。《子夜》开头的结构,首先就碰到这两个问题。小说一开始,作者就紧紧抓住这两个关系到整个故事展开的关键性问题。他在全书的矛盾冲突展开之前,巧妙地安排了一个戏剧性的序幕——吴老太爷的死。这个人物本身与小说所要表现的内容并没有什么直接的关系,但他的出现却对以后矛盾冲突的展开起着重要的作用。这种作用,主要表现在两个方面。第一,点明时代的特点。作者通过吴老太爷的出走,侧面地反映了 30 年代初期农村革命风暴的到来;通过吴老太爷的暴卒,象征着老朽的封建势力——尘封的"古老僵尸"进入现代的大都会就"风化"了。第二,引出小说的矛盾冲突。作者借吴老太爷死后的丧事,把小说里的主要人物、主要矛盾迅速地引了出来。

紧接着序幕之后的开端(第二、三章),主要就担负着提出矛盾的作用。这个部分的结构,是相当巧妙的。作者借吴老太爷的丧事,安排了一个特定的环境——灵堂。这种环境的安排,在艺术表现上起了两个很显著的作用。第一,正是借助于这样一种环境,作者才有可能迅速而自然地把《子夜》里的主要人物都集中在一起,并通过他们的言谈、举动,通过他们之间的错综复杂的关系,把小说里的几个重要线索都提了出来,为以后矛盾冲突的迅速展开埋下伏线。在这一点上,作者是费过一番心思的。作者说过:"第二章(其实第三章也应包括在内——笔者注)是热闹场面。借了吴老太爷的丧事,把《子夜》里面的重要人物都露了面。这时把好几个线索的头,同时提出然后来交错地发展下去……在结构技巧上要竭力避免平淡……"②在第二、第三章里,作者就集中地描写一群军、政、工、商等界的吊客在吴府灵堂上的活动。他们带来了各个方面的消息,表现了都市生活中的种种矛盾。作者通过他们的活动,把小说里的三条主要线索的线头都提了出来。一、通过赵伯韬组织秘密"公债多头公司"和吴荪甫、孙吉人、王和甫等组织企业界联合银团这两件事,把民族资产阶级与帝国主义、买办资产阶级之间的矛盾斗争的线索提了出来,它成为以后故

---

① 《诗学》,《文艺理论译丛》1958 年第 2 期。
② 《〈子夜〉是怎样写成的》。

事发展中的一条贯串始终的主线。二、通过账房莫干丞报告工人怠工情况,点出了民族工业资本家吴荪甫与裕华丝厂女工的矛盾斗争的线索。三、通过费小胡子的电报,埋下了双桥镇农民暴动的线索。此外,小说中的一些次要线索,如吴荪甫与朱吟秋的矛盾,吴少奶奶与雷参谋、林佩珊与范博文等的恋爱线索,也同时露了头。在所有这些线索当中,作者又通过吴荪甫这个中心人物,把其他各类人物、各种矛盾、各条线索都联接起来,形成了一个严密的结构。第二,灵堂这一特定环境的安排,在艺术上还产生一种效果。即借灵堂的悲凉气氛,烘托出中国民族工业的暗淡前景,为小说定下了基调。作者正是通过这群吊客的言谈举止,表现出他们内心的矛盾、苦闷,表现出民族工业的暗淡景象。摆在这群企业家面前的,也是一个"死"或"活"的问题;在帝国主义经济侵略和内战的破坏下,他们也面临着如吴老太爷一样的命运——被"破产"和"死亡"的阴影笼罩着,只不过是各人的程度略有不同而已。在小说里,作者抓住了这一特点,着意地刻画这群人物的心理状态。弹子房的活剧,可以说是他们的没落、颓唐的心理状态的集中表现。作者借范博文的口说道:"你知道么?这是他们的'死的跳舞'呀!农村愈破产,都市的畸形发展愈猛烈,金价愈涨,米价愈贵,内战的炮火愈厉害,农民的骚动愈普遍,那么,他们——这些有钱人的'死的跳舞'就愈加疯狂。"这种没落、颓唐的心情,与整个灵堂的气氛相互映照,一明一暗,烘托出民族工业的暗淡前景。

从以上的分析,可以得出这样的结论:《子夜》开头部分的结构,是紧紧围绕作品的主题,运用借题牵线、烘托对照的手法,把小说里的主要人物和主要线索都提了出来,为矛盾冲突的迅速展开打开局面;同时,又以主角吴荪甫为中心,把各类人物、各种矛盾、各条线索串连起来,形成一个严密的结构。

主要人物、主要线索提出以后,如何把矛盾冲突进一步展开呢?从结构上考虑,可以有如下的方法:一、以一条线索为中心,三条线索同时交叉发展(我们不妨称之为"网状的结构");二、以一条线索为中心,先后展开其他线索;或者说,以一条线索为中心,其他线索平行发展(我们不妨称之为"连环式的结构"。在我国古典章回小说中,常常采用这种结构方法)。在《子夜》里,作者是把两种方法交叉起来运用的。下面,我们再来具体地研究一下《子夜》主体部分的结构。

《子夜》主体部分的结构,包括第四章至第十六章。小说里的矛盾冲突,基本上都在这个部分里展开。由于它的内容复杂、线索纷繁,所以结构上更需要做细致、妥帖的安排。在这方面,作者有得有失,但基本上还是处理得相当成功的。从第四章至第十六章,是情节的发展部分,从结构上看,基本上可以分为两个部分。第一部分,包括第四章至第八章,是承开端之后矛盾冲突的发展,在结构上采用三条线索交叉发展的方法。第二部分,包括第九章至第十六章,是矛盾冲突逐步发展到高潮前的阶段,在结构上则改用两条重要线索先后发展的方法(其中农村的一条线,因作者中途改变了计划而没能得到发展)。前者可以说是一种"网状的结构",后来可以说是一种"连环式的结构"。作者之所以要采用这种结构方法,是有一定的道理的。因为,如果单纯采用多线交叉发展的方法,则各方面的矛盾不可能得到充分的展开;同样的,如果单纯采用多线先后发展的方法,则不可能把开端里所提出的几条线索迅速展开,前后势必要拉长,结构容易松散。因此,作者把两种方法结合起来运用,在开端之后就用多线交叉的方法,使各方面的矛盾冲突发展到一定程度;然后再采用两条重要线索先后发展的方法,把小说中的两个主要矛盾(民族资产阶级与帝国主义、买办资产阶级的矛盾,民族资产阶级与工人阶级的矛盾)集中地、深入地展开,使作品的主题和主要人物的性格得到充分的表现。

在第一部分里,作者把开端里所提出的三条线索明朗化,并以吴荪甫与赵伯韬的矛盾冲突为主线,把其他两条线索交错起来写。这部分的中心内容是,描写吴荪甫与赵伯韬的初次交锋:民族工业资本家吴荪甫等组成益中信托公司,企图以此为大本营来实现他们的发展中国民族工业的计划;而买办金融资本家赵伯韬在美国金融资本的支持下,则企图通过"公债多头公司"的阴谋,实现对民族工业的支配。结果,当吴荪甫发现这一阴谋以后,就凭着他那果断、灵活的手腕,跳出了赵伯韬的圈套,取得暂时的胜利。这一矛盾冲突,就构成第一部分结构的主干。与此同时,作者又展开了其他两条线索:(一)民族工业与农村经济、民族资产阶级与封建地主阶级、与农民的关系。在第四章里,作者就是通过双桥镇的农民暴动来展现这些错综复杂的关系的。(二)通过裕华丝厂女工的怠工,表现了民族资产阶级与工人阶级之间的矛盾斗争。作者就这样把吴荪甫放在三条线索的中心,表现他在半殖民地半封建社会错综复杂的矛盾斗争中的奋斗、挣扎,从而显现其性格特点。此外,小说还穿插了两条次要线索:一是围绕在吴府周围的一群资产阶级青年男女的生活和爱情纠葛;二是公债市场的投机者、土财主冯云卿的悲剧。通过这两条线索,展示了都市社会的种种丑剧。由于作者能紧紧抓住作品的中心,围绕着中心人物来安排情节,所以虽然线索纷繁交错,却仍然能形成一个统一的结构。但是,在这部分里,结构上也有一个缺点。由于作者中途改变计划,放弃了农村的一条线,而又舍不得把已写成的描写双桥镇农民暴动的第四章删掉,结果,虽然后来作者也曾用虚线的处理(借费小胡子的报告和电报,交代双桥镇形势的发展),来补救这个缺陷,但从全书的结构上看,第四章就显得很突出,成为一个可离可合的部分。

在第二部分里,作者改用两条重要线索先后发展的方法:第九章至第十二章吴荪甫与赵伯韬的矛盾冲突这一主线进一步展开;第十三章至第十六章则集中地描写裕华丝厂女工的罢工斗争。作者围绕着作品的主题安排故事情节,一环紧扣一环,一浪接着一浪,层层推进,步步进逼,把中心人物吴荪甫逐步推向矛盾斗争的顶点。从结构上看,这两个部分是一前一后,相互勾连,形成两个连环式的结构。

第九章至第十二章里,集中地描写吴荪甫在赵伯韬的层层包围下,遭到了第一次的沉重打击。作者抓住了两条线索,描写吴荪甫与赵伯韬、吴荪甫与朱吟秋的连锁矛盾,"吴荪甫扼住了朱吟秋的咽喉,赵伯韬又从后面抓住了吴荪甫的头发",形成了一幅"大鱼吃小鱼,小鱼吃虾米"的图画。作者就通过吴荪甫在这一尖锐的矛盾冲突中的种种表现,进一步揭示了中国民族资产阶级的软弱性和利己主义本性。在这一斗争中,吴荪甫这一人物形象的刻画逐步加深,性格上开始发生了很大的变化——由冷静果断、刚愎自用变得暴躁犹疑、丧失信心。

这里,我们还可以发现《子夜》结构艺术的另一重要的特点,即作者善于运用虚实处理的方法,来展开故事情节。比如,蒋、冯、阎的南北大战的发展变化,就是用暗(虚)线的方法,由作品中人物的对话和叙述人的语言表现出来的。我们虽然看不到军阀混战的直接描写,却能够感觉到它对小说中的矛盾冲突和吴荪甫的命运起着重要的影响。又如以吴荪甫为中心的一条线,作者多用明(实)线、直写;而以赵伯韬为中心的一条线,则常用暗线、曲写(赵伯韬的后台老板、美国金融资本家始终没有出场)。在线索比较复杂的叙事性作品中,如能恰当地运用这种结构方法,不仅不会影响主题的表达,而且可以减头绪、省笔墨。

从第十三章起,作者暂时抛开了吴荪甫与赵伯韬的矛盾冲突这条线,把笔头转向另一方面。他通过吴荪甫为了弥补自己在公债市场上所遭受的损失,增加工时,削减工资,加紧对工人群众的压榨,重新引出了第二条线索:裕华丝厂女工的罢工斗争。第十三章至第十五章,就集中地描写吴荪甫如何通过屠维岳,先软后硬地破坏、镇压裕华丝厂工人群众的罢工斗争,进一步揭示了吴荪甫性格的狠毒的一面,表现出民族资产阶级的两面性。这部分的线索比较复杂,但主要有两条:一是以屠维岳为首的吴荪甫部属破坏罢工运动的活动;一是以张阿新、何秀妹、陈月娥为首的共产党员,在地下党的领导下如何团结女工,掀起了以裕华丝厂为中心的闸北丝厂总同盟罢工的斗争。在前一条线索当中,作者还表现了黄色工会内部的桂长林派与钱葆生派的钩心斗角;在后一条线索当中,还表现了共产党员玛金与克佐甫为代表的"左"倾路线的斗争。此外,在第十六章里,作者还安排了一个小插曲,描写火柴厂工人与资本家周仲伟的斗争,表现了罢工运动中的另一种类型的斗争情况。但总的说来,在《子夜》里,这是一个比较薄弱的环节。

从以上的分析,我们又可以得出这样的结论:《子夜》主体部分的结构,是采用多线交叉发展、然后两条重要线索先后发展的结构方法,并运用虚实处理、烘托对比等手法来安排情节场面,从复杂、尖锐的矛盾冲突中,进一步展示吴荪甫性格的特点。

从第十七章至第十九章,是《子夜》的结尾部分,包括高潮和结局。在这三章里,集中地描写吴荪甫所苦心经营的事业最后总崩溃,两个多月前的发展民族工业的雄图终于成了泡影。作者根据吴荪甫性格发展的逻辑,把小说里的主要矛盾冲突推向高潮:吴荪甫在孙吉人的鼓动下,倾尽家产,投入公债市场,与赵伯韬作"背水之战",企图作垂死挣扎。但最后在势均力敌、两相对峙的情况下,由于杜竹斋的"背盟反叛"而宣告彻底破产。结尾部分的结构,有一个较突出的特点,即作者运用了前后照应的手法安排情节、场面,与开头部分相呼应,造成强烈的艺术效果。例如,第十七章"黄浦江夜游"的场面,描写吴荪甫等在公债市场上惨败之后,在黄浦江上寻欢作乐,发泄他们的没落颓唐的情感,它恰好与开头第三章"弹子房的活剧"前后照应,形成强烈的对比,突出地表现吴荪甫的悲剧和民族工业的暗淡前景。又如第十七章里,吴荪甫与赵伯韬在夜总会里的会谈,同第二章里金融界三巨头在吴府花园假山的会谈,这两个场面,也是一前一后、一头一尾,形成强烈的对照。这两个场面的安排,对于矛盾冲突的展开和吴荪甫性格的刻画,起了很大的作用。此外,如开头写吴老太爷的死与结尾写吴荪甫的出走,也是一个明显的例子。总之,作者在结尾部分比较多地采用这种前后照应的布局方法,在艺术上产生了很好的效果。从全书的结构看,可以说是开得好,收得好,起得好,落得好。这样一开一阖、一放一收,就使得全书波澜起伏而又有条不紊,形成一个完整、统一的结构。

通过以上对《子夜》各个部分的结构作了具体分析之后,我们就可以来回答前面所提出的问题:《子夜》这样一部人物众多、线索纷繁、内容复杂的作品,为什么能组织得有条不紊,浑然一体,其成功的秘密究竟在哪里呢? 我认为,主要就在于作者能严格地遵循着结构艺术的一条最基本的规律,即根据主题的需要,根据中心人物性格发展的逻辑,来安排各种人物事件、矛盾冲突和环境场面,因而能从复杂的内容里突出中心,从纷繁的线索中见出主次,做到波澜起伏而有条不紊。同时,作者又善于根据矛盾冲突的各种不同发展阶段的情况,运用借题牵线、烘托对比、虚实处理、前后照应等等艺术手法,来巧妙地安排故事情节,做到引人入胜而不落陈套。如果借用李渔的话说,就是做到了"立主脑"、"密针线"、"脱窠臼"。我想,这就是《子夜》结构艺术上的最主要的成功经验。

"六书"皆"造字之本"说

◎ 吴永坤

《汉书·艺文志》云:"古者八岁入小学,故《周官》保氏掌养国子,教之六书,谓象形、象事、象意、象声、转注、假借,造字之本也。"班氏这段话,告诉我们两件事:一是"六书"一词,由来已久;二是"六书"皆造字之本。

《周礼·地官》:"保氏掌谏王恶,而养国子以道。乃教之六艺:一曰五礼,二曰六乐,三曰五射,四曰五驭,五曰六书,六曰九数。乃教之六容:一曰祭祀之容,二曰宾客之容,三曰朝廷之容,四曰丧纪之容,五曰车旅之容,六曰车马之容。"这是"六书"一词最早出处,不过未列小目,但也不奇怪,因为"六艺"的其他五艺也都未列小目,不仅仅是"六艺"之一的"六书"而已。从《周礼》行文看来,似无深意,主要是为了结构上的平衡。试看,"六艺"与"六容"并列,它们都列了子目,如果"六艺"再列入小目,而"六容"已无小目可列,那么,结构上就显得头重脚轻了。

"六艺"的小目虽未列,内容却是确定的。比如"五礼"是"吉礼、凶礼、宾礼、军礼、嘉礼",郑注依据本书《大宗伯》而定;"六乐"是"云门、大咸、大韶、大夏、大濩、大武",又见于本书《大司乐》。"六艺"子目,郑氏均有所据,且后世无异言。郑氏引先郑说,谓"六书"为"象形、会意、转注、处事、假借、谐声",此必亦有所据,不好说"六书"的名目是汉儒杜撰的。

"六书"与文字学有关,在《周礼》一书中也有内证。保氏与师氏并掌教育,师氏"以三德教国子:一曰至德,以为道本;二曰敏德,以为行本,三曰孝德,以知逆恶。教三行:一曰孝行,以亲父母;二曰友行,以尊贤良;三曰顺行,以事师长"。因此,后世师保连言。不过,细察师氏、保氏的教育科目,他们有明显的分工:师氏教国子以"三德"、"三行",偏重于思想品德、行为规范方面的教育;保氏则授国子以"六艺"、"六容",侧重点是文化知识、专门技能和礼仪制度。"书"与"数"对言,"数"是算学,则"书"为文字事无疑。《周礼·秋官》"大行人":"九岁,属瞽史、谕书名、听声音。"郑注:"书名书之,字也,古曰名。"按:郑注不可通,阮元谓"或据误本",其说是,当为"书名之书,字也,古曰名"。《周易·系辞》:"上古结绳而治,后世圣人易之以书契。""书名"之书与"书契"之书同意,均指文字。"书"有文字义,自古已然,非汉儒臆说,则"六书"为有关文字之事,自无疑义。不能因为小目为汉人所列,而遽云系汉人编造,正象不能因为我们说"甲骨文是刻在龟甲兽骨上的文字"而说甲骨文是现代人造的一样。

考汉人言"六书"者有四家,这四家是:刘歆、班固、郑众和许慎。刘说著于《七略》,名目与次第是:"象形、象事、象意、象声、转注、假借"。班氏《汉书·艺文志》承其说。郑说上文已征引,其说见《周礼·地官》"保氏"郑玄注引。许说见于他所作《说文解字·序》:"《周礼》,八岁入小学,保氏教国子先以六书:一曰指事,指事者,视而可识,察而可见,上下是也。二曰象形,象形者,画成其物,随体诘诎,日月是也。三曰形声。形声者,以事为名,取譬相成,江河是也。四曰会意。会意者,比类合谊,以见指㧑,武信是也。五曰转注。转注者,建类一首,同意相受,考老是也。六曰假借。假借者,本无其字,依声托事,令长是也。"

刘歆是西汉末、新莽时人,班固为东汉初年人,郑众与班氏年辈相当而稍后,许氏为东汉中期人。四人年辈先后,秩然有序。兹将四家的"六书"说表列如次:

说　者	六书子目名称及其次序	附　注
刘歆与班固	象形、象事、象意、象声、转注、假借。	无界说,无例字。
郑　众	象形、会意、转注、处事、假借、谐声。	同上
许　慎	指事、象形、形声、会意、转注、假借。	有界说,有例字。

由上表可以看出,四家的"六书"说,不仅次序不同,"六书"的子目除象形、转注和假借外,其余的则并连名称也不一样。尽管如此,却正象晚清著名学者孙诒让说的那样:"要其义一也。"(见《周礼正义·地官保氏疏》)

尔后,说"六书"者代有其人。举其要者有陈彭年(重修《广韵》,名称与次序为:象形、会意、形声、指事、假借、转注)、郑樵(《通志》,名称与次序是:象形、指事、会意、转注、谐声、假借)、张有(《复古编》,名称和次序是:象形、指事、会意、谐声、假借)、戴侗(《六书故》,名称和次序是:指事、象形、会意、转注、谐声、假借)等人,此外,杨桓的《六书溯源》、王应电的《同文备考》也都有类似的说法。诸家名称小有差异,次序也不尽相同,但总不出汉人说"六书"的樊篱。汉人说"六书",由许慎而郑众而班固,一直可以追溯到刘歆。班氏《汉书·艺文志》所载"六书"名目,承袭刘氏《七略》,已如上文所述;郑众之父郑兴是刘氏弟子,郑的"六书说"渊源于刘氏当无疑;许慎系古文大师贾逵的学生,贾氏之父亦受学于刘,许为刘氏之三传弟子,许氏阐述"六书"承刘氏说,自是顺理成章的事。因此,许氏的立名与次序,虽与刘氏有差异,但并不互为水火,其精神实质是相同的,所以孙诒让才说"要其义一也"。这里,要特别强调的是,刘歆指出"六书","皆造字之本也。"

"六书"为"造字之本",其说虽肇始于刘歆,但可以肯定,绝不是他的凿空之论,一定是有所依据,如同"六书"名目本身有依据一样(这在上文已论证了)。古文家严守家法,恪守"注不破经"的原则,因而,很难设想,古代有"六书"名目而刘氏立说与之相矛盾,无"六书"名目刘氏加以胡编乱造。且看他的三传弟子许慎是多么地憎恶凿空臆说、多么强调言必有据吧。他说:"俗儒鄙夫,玩其所习,蔽所稀闻,不见通学……怪旧艺而善野言。"又说:"必遵修旧文而不穿凿。"他的《说文解字》是"博采通人,至于小大,信而有证"著成的,"其于所不知,盖阙如也"。弟子学风是如此严谨,遑论其师!正因为如此,即使对"六书"说持否定态度的已故文字学家唐兰先生,也很审慎地认为刘说"另有所本"(《中国文字学》1979 年版 68 页)。

"六书"皆"造字之本"的"本",其义盖为原则、方法。刘歆未对"六书"下界说,且于"形、事、意、声"四书的立名全用"象",精确性亦可讨论。许慎则每书均有界说,且举了例字。这是学术发展的常例,谓之"前修未密,后学转精"。后世于"六书"的次序从刘、班,而立名从许氏。本文据此论述,间参己意。

《说文解字·序》曰:"象形者,画成其物,随体诘诎,日、月是也。"这是说,象形这种造字方法,是按照具体的客观事物,随着它的形体特征曲里拐弯地把它的轮廓画下来,比如日、月两个字就是这样(本文为避免印刷的困难,尽量不用篆书)。"日"是太阳,画个圆圈,中间一笔表示日光;"月"是月亮,常呈弦形,故缺圆形而成之。

《序》又曰:"指事者,视而可识,察而见意,二、二是也"(依段注)。这是说,指事这种造字方法所造出来的字,一眼就可识别它所属的事类,但须细看之后才能体会出它的用意。比如,以一长画代表基准线,一短画代表物体,物在其上者就是"上",物在其下者就是"下"字。

按:"象形"、"指事"二书,有两事尚须申述。其一为象形、指事之别。象形字,许书固谓"象形"、"象某形",但指事字亦往往混称"象形"。如"四"为指事字,而许氏解说称"象形","刃"为指事字,而许氏解说称"象刀有刃"之形。除了作为指事字例字的"上、下"而外,《说文》中几乎无标明指事者,而且,即使作为例字的"下"字,在徐锴的《说文系传》中亦无"指事"字样,而只说"从反上为下"。这种情况的出现,是因为"象形"、"指事"两书所造的字,图画意味较足,符号性不强,所以指事字许氏或云"指事",或云"象某字之形",或径称"象形",这只是许氏行文不够严密,并不意味他不辨"象形"、"指事"二书。唯其如此,故后世于此两书多有纠缠。实际上这两书虽易混淆,但仍然可分。段玉裁在《说文解字·叙》注里说:"形谓一物,事晐众物。"这是力图划清两书的分界线。不过,他的话并不精确。我们知道,汉字是单音节文字,汉语,尤其是古汉语,单音节语词占很大比例。因此,往往一个汉字也就记录了一个词,而任何词都在概括,没有可能,也没有必要,给每个具体的事造一个专门词语以及记录它的词,因此,一般地说,不可能"形谓一物",除非它所概括的对象,在世界上没有第二个(比如"日"、"月")!恐怕还是说"象形"字所概括的是具体的客观事物,而指事字所概括的是抽象的客观事物比较切近实际些。

其二是"象形"、"指事"次序孰先孰后?前人每谓实物有形可象,故造字易,此法应产生于前；虚事无形可依，故造字难，其法应在后。此说貌似有理，但经不起辩难。因为人类进入到创造、使用文字的阶段，抽象思维能力已经高度发展了，如果认为他们不具备概括"上下"之类的抽象意义的能力是不可思议的，那太小看先民的智慧了。就一个个具体的字来说，可能象形在先，也可能指事在先；而就"象形"、"指事"其法而言，必谓象形先于指事，则很不妥。黄季刚先生说："指事之字，当在最先。生民之初，官形感触，以发词言感叹居前，由之以为形容物态之语；既得其实，亦图言语之便，为之立名。是故象形之字，必不得先于指事。"(《黄侃论学杂著·说文略说》）郭沫若先生也说："以指事先于象形，许慎的看法是比较正确的。"(《古代文字之辩证的发展》，载《考古学报》1972年第1期)。黄、郭两先生之说，即使仍可商榷，最多只能说两书同时施于事物的不同方面而已，而要扬班抑许却难以做到。

《说文·序》又曰："会意者，比类合谊，以见指挥，武、信是也。"这是说，会意这种造字方法造出来的字，是比合两个类义，从而体现出新义的趋向，比如"武"、"信"就是这样的。前人解"武"字，本楚庄王禁暴戢兵之意，谓为"止人之戈，是乃大武"。解"信"为人言，以异于鸡鸣狗吠。这可谓正解。今人有据金文、甲骨另立新说者，谓"武"象武舞形："止"为人足，代表人；"戈"在人上，意为人持戈而舞。整个字正画出了武舞的形象。如此，"武"字就是象形字了。又谓"信"从辛声，如此，则"信"为形声字。其论自可备一说，因为"会意"与"象形"、"形声"确有纠缠。但如视为确论则未必。余杭章先生解此两字颇有新意。其说见《章太炎国学讲演录·小学略说》与《章氏星期讲演会·说文解字序》。其意略谓，《大雅》"履帝武敏"，《传》曰："武，迹也。"则足迹亦谓之"武"。按《牧誓》："不愆于六步、七步。""不愆于四伐、五伐。"今"步伐"二字，人人沿用。窃意"武"之云者，会"步伐"之意而已。"止"者步省，"戈"者伐省，军令森严、步伐整齐，此所谓"武"矣。叔重沿用古训，不取异说，故云然耳。章先生又云，三体石经"信"字从千不从人。千人之言必可信，十口相传谓之古，意义正同。由此看来，许慎对会意下的界说及其所举例字是正确的。

《说文·序》又曰："形声者，以事为名，取譬相成，江、河是也。"这是说，形声这种造字方法，以事类造字再配合一个相近的声符，比如"江""河"两字就是这样。长江、黄河都是"水"（河流），故造个"水"字定其义类，"工"声近"江"，"可"声近"河"，故水旁加工为"江"、水旁加可为"河"。这种造字方法好理解，且未生异说，大家都承认。

《说文·序》又曰："转注者，建类一首，同意相受，考、老是也。""假借者，本无其字，依声托事，令、长是也。"

象形、指事、会意、形声这四书为造字之则，由汉迄晚清无异辞，到现在反对的人也极少，而转注、假借这两书情形则不一样。自刘歆提出"六书"为造字之本说以后，直至清初，人们一直用这一套比较完整的理论分析、研究汉字，不再象先秦那样，只是偶尔地、随文就义地说些"止戈为武"、"皿虫为蛊"、"自营为私"、"背私为公"之类的话了。迨至乾嘉诸老，对"六书"说开始修正。首先是休宁戴震。他在《答江慎修先生论小学书》中认为，就其形体结构而言，"考、老二字，属谐声、会意者之体，引之言转注者，字之用"。他首先把"六书"分为"体"与"用"两类。换句话说，戴氏认为"六书"中有的是造字方法，有的是用字原则。其高足弟子、清代《说文》四大家巨擘段玉裁承其说，对"六书"提出"四体二用"说。他发挥乃师学说，云："盖有指事、象形，而后有会意、形声。有是四者为体，而后有转注、假借二者为用。"但他们的意见，并未动摇"六书"悉为造字之本说。与戴君同时的江声，在《六书说》里认为"六书"为造字之本，"不始于周，而始于造字之初"。尔后，陈澧详申其说。他在《书江艮庭征君"六书说"后》云："戴东原谓指事、象形、形声、会意，四者为字之体；转注、假借，二者为字之用。段懋堂谓以后言'六书'者不知转注、假借所以包括诂训之全，乃谓'六书'为仓颉造字六法。如江氏之说，则转注诚造字之法。又假借如本有正字，而经典相承用假借字者则用字之法；若西字、来字本无正字，假借鸟栖、来麦之字，安得谓非造字之法乎？则谓'六书'为造字六法，又可讥乎？"

对于"转注"、"假借"二书，理解是如此悬殊，意见是这样对立，究其原因，实在是因为许慎的八字定义过于简略、例字又只举了两个，易于仁者见仁、智者见智。以"转注"而言，"建类一首"的"类"是什么意思？"首"又何所指？因无明确界说，又不能起许君于地下而质之，故歧说纷纭。阐述"转注"、"假借"二书的文章，虽说不上汗马牛、充栋宇，但活剥《说文·序》上的一句话来概括之还是可以的："以迄当今，言人人殊，说'转注'、'假借'二书者，七十有二家焉，靡有同也。"不过，异中有同，诸家不过是两家，他们争论的要害，无非是这两书究为用字之法抑为造字之则？要回答这个问题并不困难，但须明确几个问题，这样才能争到一块，否则只能各说各的，其实说的不是一回事。这些问题是：1."六书"皆造字之本非刘歆凿空臆说，而是"另有所本"；2."六书"是在汉字大量产生之后，学者根据它的实际，从中发现、总结了的构造规律，而不是先定下这些规律然后才造字，当然，这不排除发现了这些规律后自觉不自觉地应用它们来指导造字；3.不要把角色与演员混为一事（科学地说应为"不要把形式与内容混为一事"，不过，这种说法也还形象、贴切、姑且用之），转注、假借二书，须借用其他四书造字，但不得以此二书所造之字包括在其他四书之内而谓为用字方法，这正如同修辞中有"设问"这种辞格是用语法中的问句表现的而说"设问"格不存在一样。

基于以上认识，笔者以为"转注"、"假借"仍是造字之则而非用字之法。假借这种造字方法是借用已有文字的形体和声音，来寄托新造文字的意义，虽则未造出一个新的形体，但仍是一种造字方法，这不同于意义的引申，因为原则上两义是不相干的；如果从它们记录的语词角度看，语源是不一样的，只不过是形式（声音）相同而已。比如"来"本象麦形，来去之来声音与之同，便借用来麦之来造来去之来。文字是在由简趋繁（数量上由少而多，这一点，了解一下由《三仓》、《说文》、《广韵》而《康熙字典》直到《中华大字典》收录的字数自明）和由繁趋简（笔画结体上由多而寡、字体的淘汰与合并)的矛盾运动中发展的,是在不断地"恣"、"杀"过程中生存的。"假借"这种造字方法体现了"杀"文字之孳乳的发展规律。而"转注"则相反,是体现了"恣"文字之孳乳的发展规律。太炎先生的学生朱宗莱在其《文字学形义篇》里对"转注"有精到的论述。他说:"建类之'类'为物类,谓形也;'一首'即语基,谓音也;'同意相受'即数字共一义,谓义也。类为物类,类通者形虽小变而得相通,故转注不限于同部;首为语基,数字音虽小变而必出于一本,故转注不限于同声。唯既数字共一义,孳乳即有先后,声音即有转变,而造字之时各有条贯,故许君以'建类一首'释之。谓之'转注'者,谓形通、音近、义同,初止一字,厥后语殊而音转,则遂流衍为数字。譬若水之灌输通流,彼此挹注,为江为汉,各自得名,而其始实原于一水也。"换句话说,以时有今古、地有南北、言有雅俗,语言中异名同实者比比皆是,反映这种语言现象的实际、记录这类词语的字所用的造字法就是"转注"!

综上所述,指事、象形、会意、形声、假借、转注均是造字法,"四体二用"说不符合汉字实际。要说转注、假借与其他四书有什么区别的话,那就是:假借是一种不造新字的造字方法,但不是使用文字的声音通借(写别字);转注是一种造了新字而没有增添意义的造字方法,但不是训诂学上的同义词"互训"。

至于学术上一家一派之言,比如"四书说"甚或"三书说",当然不宜以异端视之,不过,它推不倒"六书说",更不可能取而代之,那原因呢,就是全部汉字发展的历史放在那儿了。黄季刚先生的《说文略说》中有一节,题为《论六书条例为中国一切字所同循不仅施于说文》("中国一切字"指古今汉字,载于《黄侃论学杂著》,中华书局1964年版,页十二至十三),谓《说文》以外汉字均可以六书分析之,且举徐铉校《说文》新附二十八字为例,说明所谓俗书讹谬不合六书之体者,也体现了六书条例。1979年《中国语文》第1期载老师俞叔迟先生《六书献疑》一文,称本师陆颖民先生很宏通,持"三书说"。我可要"弟子言人人殊、各按己意"了。在我受业于颖民先生时,在我近年来向老师问学时,他一直持"六书说",且举晚近后出的新字为例,说明六书条例可以分析一切汉字,一切汉字体现了六书条例。比如:伞(繖的后出字),象形;凹凸(坳突的后出字),指事,泛指周围高中间洼为凹,周围洼中间高为凸;箍(锢的后出字)、冎、歪,会意;化学元素中字,如氢、氧,形声;父而造爸,转注,母而造妈,亦转注;"闸"义为开闭门,可以止放水,待电发明后,电闸之闸亦用之,假借。

若谓"六书"条例过繁,三书已足,则黄季刚先生有更简括者在,曰:"文、字二名,可以统摄诸字无所遗也。"文谓独体,字谓合体。然黄先生不以"文、字"废"六书"。

"六书"皆"造字之本",这就是本文的结论!

本纪念文丛由福中集团杨宗义先生赞助出版

南京大学文学院百年院庆纪念文丛

南京大学文学院
百年院庆论文选集

中 苗怀明 编

南京大学出版社

序

◎ 莫砺锋

众所周知,语言文字是人类文化最重要的载体,也是人类文化最重要的组成部分。对于中华民族而言,汉语汉字就是中华文化的精神血脉,是中华民族实现身份认同的文化基因。汉族本由许多不同的氏族、民族融合而成,汉语在发展过程中曾对许多不同民族的语言进行同化,事实上汉语汉字一向是中华民族大家庭共有、共用的交际工具。早在公元前559年,姜戎之子驹支就能操着纯熟的汉语与晋国正卿范宣子进行外交对话,还能当场赋《诗》明志。到了后代,出身少数民族而能运用汉字进行写作的文人学者代不乏人,唐代大诗人白居易是汉代龟兹胡姓的后裔,与他齐名的元稹是鲜卑人的后裔,刘禹锡则是匈奴人的后裔,皆为显例。毫无疑义,汉语汉字就是中国语言文字的精华和代表。相传仓颉造字时,"天雨粟、鬼夜哭",那是先民们发明汉字时惊喜心情的生动描述。世界上独一无二的方块汉字,是比"四大发明"更加伟大的文化创造。随着语音的不断变化,拼音文字会在较短的时间内变得面目全非,唯独以表意为主要性质的汉字才能稳固地穿透历史,垂之永远。在中华文化的发展过程中,汉字的贡献是不可磨灭的。要是没有汉字,神州之大,操着各种方言的人们如何进行思想交流?要是没有汉字,我们如何能了解先人们几千年以来的所作所为和所思所感?

当代人都说要继承中华文化的优秀传统,其实那主要是指观念文化。君君臣臣的古代制度早已过时,精美绝伦的古代器物也只有博物馆价值,唯一具有当代价值的传统文化是观念文化,它的载体就是用汉字书写的大量典籍。《尚书》云"惟殷先人有册有典",从殷商以来,用汉字书写的典籍浩如烟海,成为人类文化史上的奇观。"四大发明"中的两项直接与书籍有关,这是中华民族重视典籍的最好证明。观念形态的中华文化内容丰富,地负海涵,"经、史、子、集"四大类图书的惊人数量便是明证。对于现代人来说,中国文学尤其具有独特的意义。由于先民们的世界观和人生观都具有鲜明的审美观照的意味,当他们创造灿烂的中华文化时,文学始终是极为重要的组成部

分。中国文学不但以生动具象的方式体现了中华文化的基本精神和心理特征，而且广泛、深刻地影响着中华文化的其他组成部分。中国文学的审美价值和认识功能历久弥新，它是中华传统文化中最容易为现代人理解、接受的文化形态，是沟通现代人与传统文化的最便捷的桥梁，也是世界上其他文化背景的人民了解中华文化的最佳窗口。

本书的作者便是一群从事中国语言文字和中国文学的研究及教学的学人。我们组成了一个学术共同体，名称是"南京大学中国语言文学系"，现在改称"南京大学文学院"，但其主体构成和学术传统依然如故。在南大文学院里，汉语言文字和中国文学诸学科的同仁们所从事工作的意义已见上述。中国古典文献学的同仁则以研究、整理古籍为主要任务，他们为中国语言文学的研究提供坚实的文献学基础。文艺学的同仁以中西文艺思想的融会贯通为研究宗旨，所弘扬的正是中华民族海纳百川的文化品格。戏剧影视学虽在管理制度上被归入艺术学门类，其实从杂剧、南戏直到现代话剧，在学术传统上向来就是中国文学的重要组成部分，况且无论创作还是研究，戏剧影视学的根基都是汉字书写。有些学科似乎带有舶来品的色彩，例如比较文学与世界文学、语言学及应用语言学，以及中国古代文学学科内部的域外汉籍研究方向，但一来中华文化本来就善于吸收外来文化，现代中国学人也不应故步自封；二来此类研究的意义之一就是借用他者的视野和眼光来审视中华文化。总之，本书的作者虽然涵盖了南大文学院的所有学科，但我们从事的工作都与中国语言文字和中国文学的研究密切相关。我们有志于继承、弘扬中华文化的优秀传统，我们愿意在"薪尽火传"的文化传承中充当相继燃烧的红烛。

南京大学文学院有着悠久的历史和丰厚的学术积累，其远源可以追溯到成立于1902年三江师范学堂与成立于1888年南京汇文书院所开设的国文课程，而1914年9月由南京大学的前身之一南京高等师范学校所设立的国文预科班和国文专修科则是我院的直接源头。斗转星移，一个世纪过去了。一百年来，像国内所有的大学以及系科一样，南大文学院始终伴随着整个国家的风雨历程，先后经历了抗战西迁、院系调整以及"文革"等曲折过程，直至20世纪80年代才进入正常的发展轨道。由于我院的前身之一是民国时代中央大学的中文系，又位于民国的首都，所以我们比国内其他大学的中文系经历了更多的艰难经历。我院曾是以"学衡派"为标志的东南学术的重镇，由于

南京大学文学院
民肃闲话汉文选集

中 苗怀明 编

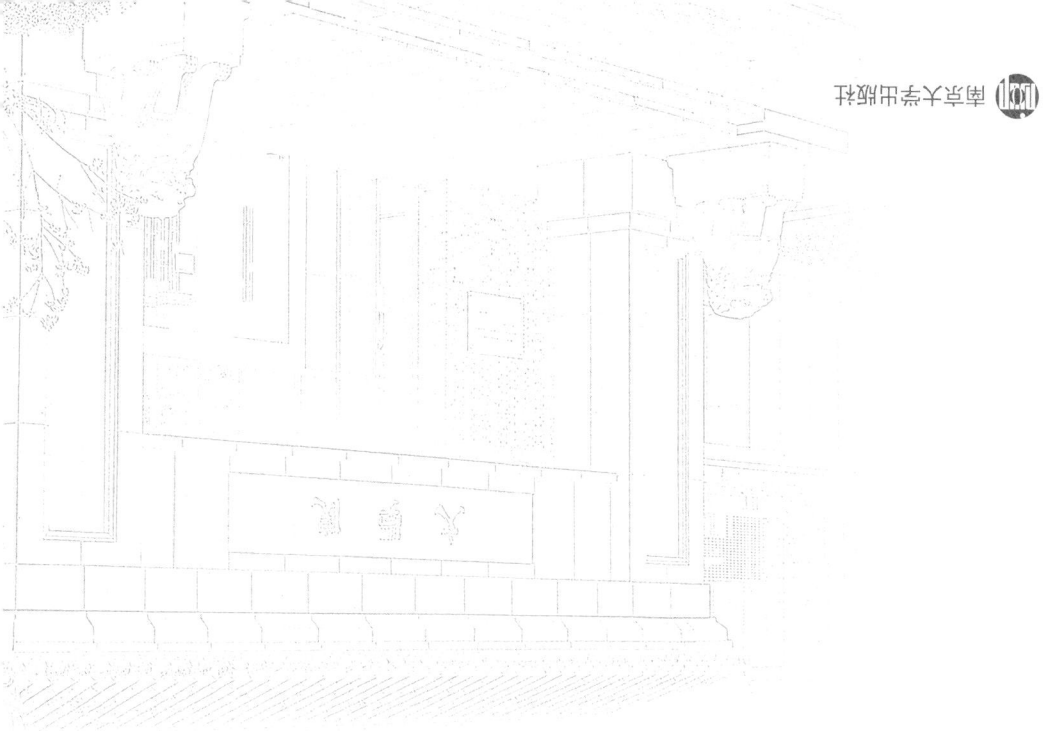

南京大学出版社

南京大学文学院民肃闲话研究文丛

序

◎ 莫砺锋

众所周知,语言文字是人类文化最重要的载体,也是人类文化最重要的组成部分。对于中华民族而言,汉语汉字就是中华文化的精神血脉,是中华民族实现身份认同的文化基因。汉族本由许多不同的氏族、民族融合而成,汉语在发展过程中曾对许多不同民族的语言进行同化,事实上汉语汉字一向是中华民族大家庭共有、共用的交际工具。早在公元前559年,姜戎之子驹支就能操着纯熟的汉语与晋国正卿范宣子进行外交对话,还能当场赋《诗》明志。到了后代,出身少数民族而能运用汉字进行写作的文人学者代不乏人,唐代大诗人白居易是汉代龟兹胡姓的后裔,与他齐名的元稹是鲜卑人的后裔,刘禹锡则是匈奴人的后裔,皆为显例。毫无疑义,汉语汉字就是中国语言文字的精华和代表。相传仓颉造字时,"天雨粟、鬼夜哭",那是先民们发明汉字时惊喜心情的生动描述。世界上独一无二的方块汉字,是比"四大发明"更加伟大的文化创造。随着语音的不断变化,拼音文字会在较短的时间内变得面目全非,唯独以表意为主要性质的汉字才能稳固地穿透历史,垂之永远。在中华文化的发展过程中,汉字的贡献是不可磨灭的。要是没有汉字,神州之大,操着各种方言的人们如何进行思想交流?要是没有汉字,我们如何能了解先人们几千年以来的所作所为和所思所感?

当代人都说要继承中华文化的优秀传统,其实那主要是指观念文化。君君臣臣的古代制度早已过时,精美绝伦的古代器物也只有博物馆价值,唯一具有当代价值的传统文化是观念文化,它的载体就是用汉字书写的大量典籍。《尚书》云"惟殷先人有册有典",从殷商以来,用汉字书写的典籍浩如烟海,成为人类文化史上的奇观。"四大发明"中的两项直接与书籍有关,这是中华民族重视典籍的最好证明。观念形态的中华文化内容丰富,地负海涵,"经、史、子、集"四大类图书的惊人数量便是明证。对于现代人来说,中国文学尤其具有独特的意义。由于先民们的世界观和人生观都具有鲜明的审美观照的意味,当他们创造灿烂的中华文化时,文学始终是极为重要的组成部

分。中国文学不但以生动具象的方式体现了中华文化的基本精神和心理特征，而且广泛、深刻地影响着中华文化的其他组成部分。中国文学的审美价值和认识功能历久弥新，它是中华传统文化中最容易为现代人理解、接受的文化形态，是沟通现代人与传统文化的最便捷的桥梁，也是世界上其他文化背景的人民了解中华文化的最佳窗口。

本书的作者便是一群从事中国语言文字和中国文学的研究及教学的学人。我们组成了一个学术共同体，名称是"南京大学中国语言文学系"，现在改称"南京大学文学院"，但其主体构成和学术传统依然如故。在南大文学院里，汉语言文字和中国文学诸学科的同仁们所从事工作的意义已见上述。中国古典文献学的同仁则以研究、整理古籍为主要任务，他们为中国语言文学的研究提供坚实的文献学基础。文艺学的同仁以中西文艺思想的融会贯通为研究宗旨，所弘扬的正是中华民族海纳百川的文化品格。戏剧影视学虽在管理制度上被归入艺术学门类，其实从杂剧、南戏直到现代话剧，在学术传统上向来就是中国文学的重要组成部分，况且无论创作还是研究，戏剧影视学的根基都是汉字书写。有些学科似乎带有舶来品的色彩，例如比较文学与世界文学、语言学及应用语言学，以及中国古代文学学科内部的域外汉籍研究方向，但一来中华文化本来就善于吸收外来文化，现代中国学人也不应故步自封；二来此类研究的意义之一就是借用他者的视野和眼光来审视中华文化。总之，本书的作者虽然涵盖了南大文学院的所有学科，但我们从事的工作都与中国语言文字和中国文学的研究密切相关。我们有志于继承、弘扬中华文化的优秀传统，我们愿意在"薪尽火传"的文化传承中充当相继燃烧的红烛。

南京大学文学院有着悠久的历史和丰厚的学术积累，其远源可以追溯到成立于1902年三江师范学堂与成立于1888年南京汇文书院所开设的国文课程，而1914年9月由南京大学的前身之一南京高等师范学校所设立的国文预科班和国文专修科则是我院的直接源头。斗转星移，一个世纪过去了。一百年来，像国内所有的大学以及系科一样，南大文学院始终伴随着整个国家的风雨历程，先后经历了抗战西迁、院系调整以及"文革"等曲折过程，直至20世纪80年代才进入正常的发展轨道。由于我院的前身之一是民国时代中央大学的中文系，又位于民国的首都，所以我们比国内其他大学的中文系经历了更多的艰难经历。我院曾是以"学衡派"为标志的东南学术的重镇，由于

学术思想领域内激进的左翼倾向渐占上风，而东南学风则被主流意识形态打上了"保守、落后"的烙印，我们在学术思想方面的话语权日渐衰微。到了现在，在经济大潮波涛汹涌、功利思想甚嚣尘上的现实处境中，我们更被挤压到社会的边缘，被世人视为不通时务的一群落伍者。然而我们认同古人的一种生活态度："寂寂寥寥扬子居，年年岁岁一床书。"在追逐物质利益成为群体趋势的社会环境里，我们心如古井地坐而论道，且因研究对象具有"穷而后工"的性质而自甘清贫。在以英文写作为学术时尚的学界潮流中，我们坚持用汉字来书写自己的所感所思，即使论著无人问津也自甘寂寞。我们从未忘记自己应负的社会责任，但我们认定的使命是为传承中华文化进行沉潜深入的学理探讨，决不追求振臂一呼从者如云的社会效应。我们鼓励学生毕业后走进社会从事各种工作，但我们悉心传授的是最根本的文化精神和学术理念，而不是应付就业需要的实际操作技能。

本书是为庆祝南大文学院百年院庆而编选的，全书选载南大文学院全体教师的论文，上卷的作者是已经去世的前辈，中卷的作者是退休而尚健在的前辈，下卷的作者则是正在南大任教的同仁。百年倏忽，风雨沧桑。从本书入选的论文就可看出，南大文学院三代学人的选题眼光、学术素养和研究方法都体现出时代变化的痕迹。然而有一点是贯穿终始的，那就是"东南学术"的精神。"东南学术"具有理性、持重、稳健的学术品格，在追求社会进步与发展的同时始终重视人文关怀，在倡导新文化的同时始终强调继承民族文化的优秀传统，这是南大文学院最宝贵的学术传统。朱雀桥边花开花谢，扬子江上潮起潮落，我们已在金陵古城的书斋里静坐百年，还将继续在这座"荒江老屋"中坚守寂寞。借用李清照的话说："甘心老是乡矣！"

是为序。

2014 年 8 月 8 日

目 录

应用语言学的新概念与新领域 …………………………………… 邱质朴（001）
读《荀子·天论》 ………………………………………………… 贾平年（008）
马克思主义美学和现代性 ………………………………………… 包忠文（011）
唐宋时期敦煌地区商业酒文化考述 ……………………………… 高国藩（022）
论元末顾瑛"三教合一"视域中的玉山雅集 …………………… 吴新雷（037）
一部首倡改革开放的小说
　　——詹熙及其小说《醒世新编》论略 ……………………… 王立兴（050）
苏诗"老而严"
　　——读苏轼南迁以后诗 ……………………………………… 吴枝培（061）
论联绵字 …………………………………………………………… 许惟贤（075）
《茶馆》艺术特色初探 …………………………………………… 苏必扬（087）
中国戏剧现代化的艰难历程
　　——20世纪中国戏剧回顾 …………………………………… 董　健（095）
杨家将演义 ………………………………………………………… 杨子坚（108）
17世纪法国哲学家马勒伯朗士对中国的思考与想象
　　——以《一位基督教哲学家与一位中国哲学家的对话》为例 …… 钱林森（115）
论汉语词义引申过程中的渐变性规律 …………………………… 张　远（128）
一个语言学人的"观战"与"臆说"
　　——关于中国古人类学家对基于分子生物学的"出自非洲说"的诘难
　　（附吴新智院士赐教语） …………………………………… 鲁国尧（138）
有关赛珍珠研究中几个根本观念的重新认识
　　——纪念赛珍珠诞辰120年为南京大学、镇江赛珍珠国际
　　学术研讨会而写 ……………………………………………… 汪应果（151）
从出土古车马看训诂与考古的关系 ……………………………… 滕志贤（157）
沈从文严肃文学观观照下的京派和海派 ………………………… 王继志（165）

《诗序》考 …………………………………………………………… 徐有富(180)
《广韵》重纽在古音构拟中的解释 ………………………………… 李　开(192)
比较传记：历史与模式 ……………………………………………… 杨正润(206)
谈宗教与艺术的关系 ………………………………………………… 张育英(220)
从语言角度看《齐民要术》卷前《杂说》非贾氏所作 ……………… 柳士镇(228)
未刊文明戏史料拾零 ………………………………………………… 顾文勋(235)
虚构的限度 …………………………………………………………… 陆　炜(252)
也论"转注" …………………………………………………………… 高小方(264)
李奎报《开元天宝咏史诗》的小说文献意义
　　——以《玄宗遗录》佚文为重点 ……………………………… 严　杰(280)
新时期萧红研究述评 ………………………………………………… 邹午蓉(284)
方言在公共领域的进与退 …………………………………………… 薛　遴(300)
刘勰与沈约考论 ……………………………………………………… 孙蓉蓉(311)
惊醒之后：如何治疗知识分子的"伤口"？
　　——对《叔叔的故事》与《青狐》的一种解读 ………………… 周晓扬(321)

应用语言学的新概念与新领域

◎ 邱质朴

应用语言学的概念与范围在中国和过去的苏联都定义为语言在社会实践领域的各种应用研究的统称,如词典学、翻译学(包括机器翻译)、语言教学、语言文字信息处理、语言病理学、风格学以及信息论。语言学和应用语言学的区别有如数学和应用数学,化学和应用化学。但是,在欧洲和北美应用语言学的概念却多限定在语言教学的范围之内,包括外语教学和第二语言教学。在当前科学技术迅速发展,边缘学科不断产生的背景下,这样的概念和认识不一必然产生歧义,语言学界的争论自然是难免的。

20世纪末,中国社会科学院语言文字应用研究所在江苏苏州主持召开了"应用语言学研讨会",会上对"应用语言学"概念的争论十分热烈。笔者曾在会议上就应用语言学发展前景提出"语言资源"和"语言工程"两个相互联系的新概念,并且由这一对概念派生出"语言工程学"这一个可能在未来取代存在歧义的"应用语言学"的学科名称,希望能为这一讨论开辟新的视角。

一、信息时代的语言科学

20世纪80年代,语言学的发展越来越表现出它是社会科学与自然科学的交融性的学科。语言学汲取了自然科学的理论和研究方法,同时也与某些自然学科相结合,从而也促进了其他学科的发展。目前,语言现象已成为多种学科探讨的重大课题。

语言和语言学都可以从微观和宏观、静态和动态等多种角度来进行观察与研究,同时越来越渗入高科技领域。近年来电子计算机和声学的进展使语言学产生了新的飞跃。

语言是信息的载体,从未来学的观点来看,语言也可能不仅仅是生命体所独具的属性,而可能将会变成生命体和人造机器在一定条件下"共享"的符号系统,人和机器以及机器人之间也可因具有共同语言而发生"交际行为"。

信息除具有"共享性"这一特征外,还可以被集中、提炼和浓缩,以便进行处理。

语言文字大规模和多样化的信息处理必将成为应用语言学中的新领域。

电子计算机的出现为语言学开辟了新的发展空间,语言学的内容和研究手段都发生了质的变化。人类的自然语言在语音、文字、结构和语义等各个方面的探索都将借助于电子计算机的进展。

二、两个新概念

本文将讨论"语言资源"和"语言工程"两个相互联系的新概念的产生,以及对由此而形成的"语言工程学"这一新学科的设想。这只有在当前科学技术迅猛发展和社会不断信息化的背景下才有可能提出。

语言,从微观看,它是一套复杂、精密并具有生成性和高度随机任意性的符号系统。但从宏观看,也就是从它与社会经济以及生产活动相联系的意义上看,语言是信息的载体,同时也是一种社会资源,而且是"取之不尽,用之不竭"的巨大资源。

由于科技的发展和社会的需求而使"资源"这个传统的概念扩大了语义范围。目前,"资源"已不深仅指土地、森林、矿山等自然资源,也被移植于社会,如"智力资源"、"劳力资源"、"人才资源"、"教育资源"等。在不同层次上说,"资源"可解释为:

1. 备而待用的物与力;
2. 人类所占有的一切物质、能力和财富;
3. 供社会发展所需的各种知识和信息。

"语言资源"这一概念是在人类社会活动逐渐信息化以及社会对语言功能大规模需求的背景下出现的。正如太阳能和地热能一样,它们之被认为是资源也必须在社会生产力达到相当程度时才有可能被认知。

语言和语言学作为加快科学技术发展的因素之一,正如矿石和动力资源一样起着直接的作用。语言交际手段和生产手段是息息相关的,信息交换的方法和速度是与科学技术和生产力的发展速度成正比的。

与"语言资源"共生的另一个概念是"语言工程"。

"工程"这个概念随着时代的进步和系统论的进展越来越被赋予更广阔的内涵,它不仅用于自然科学,也用于社会科学或跨越于两者之间。譬如"经济工程"、"社会工程"、"人才工程"等。

"工程"是通过理论和经验的实际运用,使资源变成为人类服务的成果。因此,工程要直接面向实际,体现理论的原则。任何"工程"都需要具备四个条件:1. 质与量的分析统计;2. 创造性的技艺;3. 经济的合理性;4. 现实的可行性。

1974年中国开始进行的"汉字信息处理技术"的研究项目可以称之为一项大规模的"语言工程"或"语言信息工程"。这项工程包括了汉字信息处理、汉字情报检索、汉字照相排版印刷、汉字远程通讯等项目。

又如,为全世界各国投考美国大学的学生所熟悉的"托福"(TOEFL)英语水平测试,从试题设计、考试网点建立、规则建制、计算机评卷以及标准化的推广等工作,使"托福"成为一项典型的"语言工程"或称之为英语"语言教育工程"或语言能力的"测试工程"。

其他类似的实例也不胜枚举,如:世界语(Esperanto)的推广、俄语在上世纪初期的正字改革、中国实施的"汉语拼音方案"和"汉字简化方案"等都属于"语言社会工程"或"语言传播工程"。

20世纪60年代国外曾出现过"语言工程"(Language Engineering)这一术语。当时这个术语仅指语言规范、文字创制、国家或地区语言生活的调整(如双语和多语政策等)。在今天看来,它的本意所指也仅仅是本文所要论述的"语言工程"的一个方面,即"语言社会工程",当时也称"语言规划"(Language Planning)。

60年代以后,科学技术和生产力的发展超过了人类历史上的任何时期。语言学成果逐渐与科技成果相结合,面向实际,注重应用,历时半个多世纪的机器翻译的研究和进展就颇具代表性。本文所讨论的"语言工程"是应用语言学实质性内涵的扩展与成长,已经突破了60年代在英美和加拿大等国出现过的语言工程即语言规划原有的框子。本文将讨论四个有代表性的"语言工程学"的新领域即"语言信息工程"、"语言传播工程"、"语言教育工程"和"语言社会工程"。

三、语言工程学中四个重要的领域

1. 语言信息工程

当今世界,各行各业都在应用计算机进行生产管理、社会管理。生产、金融、教育、医疗、文化娱乐以及各种文字的信息处理、信息传输、语音合成、机器翻译、情报自动检索、因特网等领域几乎每时每刻都有新的研究成果出现。

近十多年来,中国在汉字信息处理技术方面取得了相当巨大的进展。过去所谓"中国人发明的汉字进入不了西洋人发明的电脑"的说法已成为无稽之谈。中国和日本在汉字信息处理方面的成就,不但证明古老的汉字可以进入计算机,而且正在赶上或者超过英语输入的速度。到目前为止,汉字输入计算机的设计方案几乎达到了四位数,设计理论与方法大致可分4类,即编码输入法、手写输入法、印刷体光学输入法、声音输入法。有些方案已经获得国内外的专利权。

从世界范围观察,语言信息工程的应用范围和语言本身一样,已经遍及人类社会的各方面和各层次,同时促进了语言学的发展,当然也促进了汉语语言本身的研究探索进展。例如,汉字属性的研究、剖析汉字字音和字形的特性的研究、汉字使用频度的统计、汉字组词特性的研究和词频统计、汉语自然语言的分辨与合成,等等。

在这之前,人们过多地论及汉字的缺点而忽略了汉字的优点,随着计算机科技的飞跃进展,汉字进入信息工程领域后使我们对汉字的本质更有兴趣和必要进行深入的理解、研讨,特别是对汉字的结构、字根、笔画、声音、意义等多层次的定量统计和技术性处理。汉字都是单体书写,呈方形"矩阵",便于存储信息。汉字字体千姿百态,蕴涵着各种不同的信息密度。这使汉字特别适合于模拟形象辨别。另外由于汉语是声调语言,每字单音,而声调比其他拼音语言的声段具有更高的保真能力。声调变化也比声段变化易于分析和分辨。因此汉语语言信号可以很迅速地以频谱分析进行鉴定处理。此外,汉语语音符号数量不大也是一个显著的优势。

无可否认,汉语在语言信息工程方面当然也存在一些难点,如字数较多,字形变化大,词类难于孤立确定,结构研究尚有较多的空白。

目前,关于汉语的文字与语音的信息处理又登上了新的台阶,进入又一个崭新的领域,如微软公司(Microsoft)的亚洲研究院在汉语韵律模型、节律模型、文字-口语转换、计算机推理与逻辑等方面研究都取得令人瞩目的成绩。

在国外,属于语言信息工程的开发的新课题也正在日益增长,如各种语言与计算机相结合的语法研究、语义研究、语料数据库建设、语言分析方法、语料加工技术、话语理解、机器词典、机器翻译的方法论等难题都是我们面临的挑战。

2. 语言传播工程

语言作为交际和传播信息的工具,是人类保持社会存在以及发展生产和生活方式的必要条件。语言传播工程主要指通过语言传播影响社会文化导向、地域的风气和时尚、居民的精神文明和语用素养,并伴随着一定程度的美学内涵。

当今任何一个文明社会都具有不同程度的传播媒体,如电视、电影、广播、报纸、书刊以及音像出版物,并且也都拥有自己的通讯系统和与之相应的符号—信号系统(非语言交际系统),还发展着各种各样的政法宣传渠道和商品广告渠道。

上述任何一种传播与交流现象都离不开"语言"这一信息载体。下面是一些语言传播工程的例证。

20世纪70年代末中国进入联合国以后,由于汉语是联合国工作语言之一,欧洲、美洲和一切使用拉丁字母的国家一致接受了中国法定的《汉语拼音方案》为唯一的汉语拼音方式。这就必须责成本国的传播媒体一律采用这一方案,用以拼写汉语专名和需要使用拼音的汉字。从世界范围看,各国为这一语言传播工程所投入的人力物力是相当可观的。

著名的美国人类学家米德(M.Mead)曾向联合国建议采用她设计的一百多个图形符号,作为人类相互沟通的辅助工具,以非语言交际手段来弥补语言交际之不足。特别是用在语言不同的民族之间,效果更为凸显。实际上,这些符号也是一种广义的语言或语言的替代物。我们目前使用的《WINDOWS》电脑软件的各种图标同样是一种与上述图形类似的"语言系统"。

各个民族的语言尽管有差异，但思维规律基本相同。图形性符号与信号越来越多地趋向一致。这一语言-图形互换的新的研究领域前景光明，大有可为。

在两品流通的社会，广告可以创造需求，活跃经济。报纸、广播、电视、车船、赛场，举凡目力所及，广告映入眼球，无所不在。广告语言学逐渐成为"时髦"的学问，也是语言传播工程中极具潜力的领域。用语言制造创意乃是广告的灵魂。

3. 语言教育工程

语言教育工程是语言工程学中实用价值最为广阔的领域。一支粉笔一本书的方式已远远不能满足现代化的语言教学了。由于工业化、信息化的进步，社会需要大面积地、快速地、高质量地培养和训练人才，必然会产生现代化的语言教学的理论和手段。语言教育工程综合了语言学、教育学、学习心理学以及各种视听教育技术，如语言试验室、程序教学、多媒体技术。应用这些技术目的是为了提高教学质量，缩短教学时间，大量培养人才。

语言教育工程和传统的语言教学活动的主要区别在于：

1. 广泛使用和发挥现代技术手段的功能以减轻教师繁重的重复式劳动；
2. 更精确有效地利用有关学科的新成果并使之规模化；
3. 教学重点放在学习者的"习得"（learning）和自学（self-learning）方面对于语言"习得"和"学习"的心理过程和学习环境给以尽可能多的注意，控制小阶段效果，配合技术手段与合理的课型。

历史证明，一个经济强国，往往也是语言"强国"。这些国家除对本族语教学不断进行立法、研究、改良之外，还不断对本族语言资源进行开发和国外推广，并且大量培养本国的外国语人才。

语言和语言学习都是异常复杂的现象，对任何学科的研究，语言理解和运用是第一道关口，更何况研究外国的成果。美国前哈佛大学教授、研究中国的代表人物费正清（J.K.Fairbank）说："中国历史是人类的宝库，研究中国历史，头一个困难就是语言。"

语言教育工程需要大量借助于新技术手段，如电子计算机、声学测试手段、磁记录设备等，进行语言各要素的定性分析和定量分析作为基础参考数据，为语言教学服务。

各级教学所需的语音、结构、词汇的统计，语言能力的测定标准，水平测验的设计，语言情境和语言意向的分类，语用功能项目，语言对比和文化导入，教学语料数据库、语言试验室、视听软件设计以及各种工具书和教学材料编写直至教学大纲的制定等都属于语言教育工程的任务。

语言教学特别是外语教学受到现代语言学理论的很大影响，形成了不同的教学流派。如传统语言学对语法翻译教学法和直接教学法产生过影响，结构语言学的出现形成了听说法和视听法,社会语言学的出现形成了功能级交际法,转换生成语言学导致了认知—符号法。

由于科学技术迅速发展,尤其是计算机科学的惊人成就,"模拟"的运用逐渐形成一种科学方法论,即用模拟自然和社会现实的方法独特地解决用其他方法难以解决的问题。例如著名的"核冬天"的研究成果就是运用模拟理论解决的。由于游戏常具有模拟色彩,模拟本身也具有同游戏结合的性质,因此模拟和游戏经常联系在一起,近年来已发展成为一门跨自然科学、社会科学和管理科学的边缘学科"模拟—游戏学"。这一方法近年来逐渐进入语言教学的课堂。"这些交际游戏之所以像游戏,是因为他们是模拟有目的的人类交往。扮演角色的人必须遵守规则,还要努力达到一定的目标。"

一个有代表性的运用模拟—游戏方法的语言教学工程的实例就是美国创建的ICONS系统,即"国际交际和谈判模拟"系统(International Communication and Negotiation Simulations)。它是一个跨洲和跨国的利用通讯卫星联结成的一个个人电脑的网络系统。

进入21世纪后,一个最令人瞩目的语言教学工程就是远程教学,也称语言网络教学。数以千计的教学网站有如雨后春笋,教学方法五花八门,有的极为保守,有的极具新意。从传统的"课堂搬家"到行为主义的"程序教学",从"虚拟情境"到无所不能的"智能教师"甚至"网络语言实验室",可谓百花齐放,这是一个最新的也是争议最多的语言教学工程的研发领域。网络教学的投资少,招生易,仅在美国就有着数十亿美元的市场。网络教学对于培训在职者具有无可争辩的优势,因为学习个性化,时间自由,随时随地都可接受教育,好比不必"穿同样号码的衣服"。问题是,学习环境孤独寂寞,并非人人都能自觉自律地学习。理想的网络教学的灵魂是尽可能完美的课件设计,传统意义的教师和学校将不在这类教学机构出现,而代之以网络教育公司。教学质量的关键在于课件规划师和设计师们的创造性。

4. 语言社会工程

语言社会工程是根据一个国家的语言生活状况以及与其他国语言的交流、影响、融合等情况而进行有关语言的立法、管理、教育、服务等系统性的工作。如制定语言政策,标准语的选择,标准语的规范,文字改革,少数民族文字的创设,科学术语的审定和统一,双语或多语的矛盾处理,语言教育的规划等任务都属于国家范围内的语言社会工程。另外,对国际语言生活来说,解决国际间语言障碍、文化交流中的语言问题、国际间的通用符号与信号的使用、图形的统一、语言教育的国际协作以及大气空间和外层空间的语言符号和信息的传递等都属于语言社会工程的范围。

社会的语言立法、规划、实施、管理是社会语言工程中的最重要的工作。各国政府和语言学家都极为关心这一工作。近年来,世界各国,特别是一些语言状况比较复杂的地区如印度、比利时、加拿大、南斯拉夫以及新加坡等都根据本国的情况不断实施语言规划工作。

以汉语为例,情况也相当复杂,除中国大陆多年来进行了推广普通话,简化汉字以及语言规范化等语言社会工程外,改革开放以来汉语又遇到与台湾、香港、海外华侨地区使用的汉语交流和相互融通等问题。

仅以台湾和大陆为例,由于历史原因,四五十年的相互封闭与隔绝,致使台湾海峡两岸中断了公开的语言和文化交流的渠道。50—80年代汉语在两个相互封闭的社会里随着不同的政治、经济、文化的发展,两岸同胞使用着的共同语——汉语在文字字形、拼音体系、文体、文风、词汇、语义,以及书写和排印等方面已经出现了令人瞩目的差异。大陆和台湾在词汇方面的差别也是显而易见的,因为词汇是语言中发展最快的部分。几十年来,两岸社会生活中反映各自新生事物的新词新语的数量是巨大的,旧词添新义的现象也多不胜数,其他如略语、外来语、俗语、俚语、政治经济的术语和流行语,以及行业隐语等又不知凡几,各有千秋。

综上所述,基于"语言资源"和"语言工程"这一对共生的概念所产生的"语言工程学"可以暂定义为:"语言学理论和有关的系统技术在语言资源开发、管理与利用方面的应用科学。"

"语言工程学"是否可能在不远的将来取代"应用语言学"这一学科名称,科学技术的迅猛发展将会做出答案。

参考文献

[1] 李兆同,邱质朴等.语言学导论[M].乌鲁木齐:新疆人民出版社,1981.

[2] Qiu Zhipu, Joanne Dunn. Simulations/Gaming for Language Learning in China, Springer-Verlag, 1992.

[3] Crookall. D., Simulation and Gaming Perspectives, Springer Verlag, 1992.

[4] 布莱尔 R.W..外语教学新方法[M].北京:北京语言学院出版社,1987.

[5] 邱质朴.大陆和台湾词语差别词典[M].南京:南京大学出版社,1990.

读《荀子·天论》

◎ 贾平年

荀子(约前313—前238),名况,赵国人,是战国末期以儒家思想为主体,兼具法家思想倾向的思想家和教育家。其学源于儒家,然于道、墨、法等家,亦能批判继承,故能博采众长,集于一身,在总结先秦诸子的基础上,进一步发展了古代唯物主义思想。《天论篇》则是反映他的朴素唯物主义自然观的代表作。文章一开始,就针对当时盛行的"天人合一"、"天人感应"、"天命可畏"、"君权神授"一类的唯心主义的天道观,提出了"天行有常,不为尧存,不为桀亡"的天人相分的科学命题。认为天体是一种物质,是一个不以人们意志为转移的自然界。它的运行变化有其自身的客观规律,决不因唐尧是圣君而存在,也不因夏桀是暴君而消亡。天决不像传说中流传的那样,是一个无处不在、无所不知的可以主宰人类命运的最高神灵。它既不能使人受祸,也不能使人得福,人世间的吉凶祸福全在人为。"应之以治则吉,应之以乱则凶",假如政治清明,措施得当,人们能够认识、掌握和适应它的规律,国家就可治强,人民得以安康;反之,社会就会出现动乱,人民就要遭殃。荀子在这里,首先从理论上肯定了"明于天人之分"的重要性,接着,文章从整个国计民生方面,举出了一连串的事实为论据,进一步论证这一观点。"强本而节用,则天不能贫;养备而动时,则天不能病;循道而不贰,则天不能祸。"从以农为本的建国大计、人民的休养生息,到处理问题的原则,假如都能按照自然规律去办事,那么,即使遭逢自然灾害,天也不能使人们饥饿穷困,把病祸强加在人们头上。反之,假如违背了客观规律,胡作非为,就会带来灾祸,即使没有自然灾害,也会使你贫病交加、遭逢不幸。

作者在这一段里,先从正面论证,然后再从反面假设推理,反复论证,逐层申说,旨在阐明人世间的吉凶祸福同天是没有联系的,最后必然得出"故明于天人之分,则可谓至人矣"的结论。

第二段,包括两个自然段。上半段,在前面论证的基础上,又将论题引申到另一个侧面,从自然界中的天、时、地同社会治乱的关系比较分析,进一步说明这些自然条件,都是"禹桀之所同",大自然对明君、暴主并没有好恶和偏爱,而管理国家有治有乱者,仍然在于人事,而绝不是什么上天的意志所决定。下半段,从自然界的变化论证天变也不可畏。作者自问自答,将自然界中星坠、木鸣、日月有蚀、怪星出现等反常现象为例,进行考察,设问这些现象,是否就像某些人所讲的,"国家将兴,必有祯祥;国家将亡,必有妖孽"呢？荀子在这里作了唯物主义的解答,他认为这些现象只是天地阴阳的客观变化,"无世而不尝有之",没有一个时代不曾有过这种现象,仅是罕见罢了。只要"上明而政平",上边掌权的政治清明,措施能够得到老百姓的拥护,这些现象"虽并世起,无伤也"。如果政治昏暗,"虽无一至者,无益也"。荀子作为一个进步的思想家,在当时迫切希望改变诸侯割据、民不聊生的动荡局面。他已看到民心向背的重要性。在《王制》篇里,他曾把君比作船,把民比作水,认为"水则载舟,水则覆舟"。积极主张实行"王道",要求统治者"平政爱民"、"节用裕民",对百姓施加恩惠,得到爱戴,以求实现封建的大一统。这里的"政平",就是他一整套政治主张的高度概括。

最后一段为结论。在前面层层深入、充分论证重人事、弃天道、"明于天人之分"的基础上,重点落在人的主观能动作用上。荀子认为自然界是可以认识、利用和改造的,因此提倡"制天命而用之"、"应时而使之",以便促进事物的发展,使其为人类服务。荀子这种人定胜天的光辉思想,在我国思想史上还是第一次提出,这在当时弥漫着唯心主义神秘观的社会里,确实起着振聋发聩、震撼愚昧世界的作用。他所以有这种先进的宇宙观,是同战国时期生产力迅速发展分不开的。当时不少地区,农业、手工业生产发达,科学文化进步,必然为荀子唯物主义的产生提供了科学思想的前提。荀子能正确地解释人同大自然的关系,应该说,这是时代发展的产物。在这之前,人们被"天命论"所支配,认为人的一切都由天安排、命注定,在上帝面前无所作为。《天论》问世后,启迪着人们改变了原来的看法,才自觉地意识到上天原是一种客体,是一种物质,甚至可以"物畜而用之",使其造福人类。这在哲学史的认识论上是一个质的飞跃,在当时确有激发人们解放思想,打破许多旧观念,为统一全国制造舆论的作用。有人评价《天论篇》是"诸子书中最有积极意义的,也是唯物思想最显著的一篇重要著作",可以说是毫不过分的。

荀子不仅是一个伟大的思想家,他的散文技巧也达到了相当成熟的阶段,尤其是他的说理文已独具风格。从《天论》一文来看,比较突出的有以下几点特征：

1. 逻辑谨严,具有很强的概括力和战斗力

首先,论点鲜明突出,针对性强。本文一开始就点明主旨,提出"天行有常,不为尧存,不为桀亡"的中心论点。其对立面即是针对当时那些唯心主义的天道观而发的。他这种开门点题的做法,不仅显示出论者理直气壮,毫不含糊;而且起笔有势,一语破的,一开头就给读者一个鲜明深刻的印象,紧紧地吸引着读者。

文章紧接着从天象、地利、星辰、四时、灾害、治乱等方面,列举大量确凿无疑的事实为例证,进行全面分析综合,反复论证,严密推理,直到把论题或一个个论点说深说透,这就使人产生一种铁证如山、精微周密、难以辩难的感觉。本文共有三个分论点。从"天行有常",过渡到"明于天人之分",再到"制天命而用之",三者角度不同,各有分工,但由于作者采取了从一个命题得出另一个命题,以一个命题论证另一个命题的论证方法,环环相扣,层层深入,形成一个前后连贯,中心突出,绵密谨严的有机整体,丝毫没有割裂破碎之感,表现出很强的逻辑力量。

2. 骈散相间,节奏鲜明,富有辞赋的情趣

荀子不仅是一个思想家,还是一个文学家。他的《赋篇》就是开后来汉赋先河的起源篇。因此,他的一些说理文也具有辞赋写法的特色,如骈散相间、长短句相结合等。以本文第一段中的句子为例,"强本而节用,则天不能贫。养备而动时,则天不能病。修道而不贰,则天不能祸。故水旱不能使之饥,寒暑不能使之疾,妖怪不能使之凶"。前面三个句子,都是五字为一分句,两个分句组成一个小的前因后果复合句,然后三个复合句又连缀成排,形成一组大的原因句,为下面结论作前提,紧接着又用转折连词"故",将三十七字句的排句引出来,分别为前面的结果句。在这一连串的句子中,不论分句、复合句或整个联合句,字数、句型都是十分整齐对称而又和谐一致,具有骈文那种匀称的形式之美。尤其长短结合、排偶兼用,更加造成了一种跌宕起伏、节奏鲜明的声调美。紧接着下面一组句子:"本荒而用侈,则天不能使之富;养略而动罕,则天不能使之全;背道而妄行,则天不能使之吉。故水旱未至而饥,寒暑未薄而疾,妖怪未生而凶。"从反面推理,从内容到句式恰好与上一组的原因句和结果句相对,读起来铿锵错落、顿挫抑扬,给人留下一种无限的韵味和享受。加上句子的内容又都是因果关系,前后意思相互映衬,就更加强了文章的论辩力和感染力。荀子的这种表达形式,在他文章里比比皆是,这在先秦诸子散文中还是比较少见的。

3. 讲究修辞,富于文采,具有感人的艺术魅力

荀子长于说理,但也十分注意文辞的表达,在论证中采用多种修辞手法,使文章结构起伏变化,行文生动活泼,造成波澜壮阔、浑厚充沛的文章气势。譬如第一段,运用正面阐述,反面推理的方式,到了第二段就变换为设问设答的格局,如"治乱,天邪?……时邪?……地邪?"以便引起读者思考,加深印象。有时又使用对比反衬法,使事物的性质更加醒目突出。如"不为尧存,不为桀亡"、"应之以治则吉,应之以乱则凶"等,使正反两面相映相衬,好者愈好,坏者愈坏,十分鲜明。有时又连用排比句以增强文章的气势,如"大天而思之,孰与物畜而制之!从天而颂之,孰与制天命而用之!望时而待之,孰与应时而使之!因物而多之,孰与骋能而化之!思物而物之,孰与理物而勿失之也!愿于物之所以生,孰与有物之所以成!"连用了六个节奏匀称的选择排比句,韵散间杂,一气贯下,从多方面极力铺陈"人定胜天"的思想,犹如层层海浪,横空而来,大大加强了文章的感人力量。

马克思主义美学和现代性

◎ 包忠文

一、关于现代性

现代性,作为我们这个时代的主导话语,是占据霸权地位的意识形态或价值体系。它规范着现当代社会、经济、政治、文化的基本构架,支配着现当代人的生存、发展和命运。

我们应当如何面对这个"现代性"?

现代性这一价值体系,起始于文艺复兴、启蒙运动,是随着欧洲中世纪以后"上帝的祛魅"和理性主义的兴起以及资产阶级现代化、世俗化的历史进程而最终形成和确立的。

在中世纪,"上帝在,故我在",人们从上帝那里获得生存的理由和意义。在近现代,"我思,故我在",人们从现代性所提倡的唯理主义那里获得生存的意义和依托。一句话,以"理性的上帝"取代神学意义上的上帝,这是现代性概念的基本。现代性方案确信,社会组织的理性化和人的理性能力将克服宗教、愚昧、迷信等对于人性的压抑,以理性主义为基础的科学技术对于自然的政府、支配将使人从贫穷、灾难中解放出来,获得终极的自由和幸福。看来,现代性这个世界性的体系,是资本主义现代化进程中形成的一种价值取向。其内涵包括理性化、工业化、市场化、都市化、民主化、法制化、科学化等等。这就是资产阶级先驱们所幻想和追求的"理性王国",而事实上是"资产阶级共和国"方案的基本面貌或蓝图。

马克思、恩格斯身处于资本主义的现代性的兴盛时期。从他们的著作和社会文化活动看,对于现代性的反思和批判以及对全人类彻底解放的承诺构成了他们毕生的理论主题。

应当提到的是,在马克思、恩格斯著作中没有直接运用"现代性"这个概念,但他们使用"现代资产阶级社会"、"资产阶级时代"、"资产阶级文明"、"现代文明"来表达他们反思和批判的对象,他们使用这些概念,所指的正是西方流行的"现代性"的概念。

马克思1856年4月14日在宪章派报纸《人民报》纪念会上的演说,集中表现了他关于现代性问题的基本立场、基本思路和基本方法。

他说,我们生活的这个时代的特征是什么呢?这就是:"一方面产生了以往人类历史上的任何一个时代都不能想象的工业和科学的力量。而另一方面却显露出衰颓的征象,这种衰颓远远超过罗马帝国末期那一切载诸史册的可怕情景。在这个时代,每一件事物都包含有自己的反面。机器具有减少人类劳动和使劳动更有成效的神奇力量,然而却引起了饥饿和过度的疲劳。新发现的财富的源泉,由于某种奇怪的、不可思议的魔力而变成贫困的根源。技术的胜利,似乎是以道德的败坏为代价换来的。随着人类愈益控制自然,个人却似乎愈益成为比人的奴隶或自身的卑劣行为的奴隶。甚至科学的纯洁光辉也只能在愚昧无知的黑暗背景上闪耀。我们的一切发现和进步,似乎结果是使物质力量具有理智生命,而人的生命则成为愚钝的物质力量。现代工业、科学与现代贫困、衰颓之间的这种对抗,是显而易见的、不可避免的和无庸争辩的事实。"①

马克思这段话,触及两个基本问题:一是关于近现代社会工业和科技发展的功过、是非,二是关于近现代社会与人的发展和异化。他的结论是:"在我们这个时代,每一件事物都包含着自己的反面","一切发现和进步"都包含着种种人类社会的对抗。这就是马克思对于现代性的内在矛盾的全面的深刻的反思。现代性,一方面给人类社会带来巨大的进步;另一方面又导致了现代人生存命运的深层困顿和危机。马克思对现代性的反思,实质上就是对于现代人生存、发展和命运的反思,是为了破除种种阻碍现代人的生存发展的非人、非精神、非个性等绝对理性的抽象原则。

大家知道,马克思关于现代性的反思、批判,是从发生学、病理学和未来学的理论视角作全面的、历史的展开。马克思通过对欧洲历史运动的切实考察,证明了现代资本主义和资产阶级本身是一个长期发展过程的产物,是历史上生产方式、交换方式一系列变革的产物。他以为"历史中的资产阶级时期负有为新世界创造物质基础的使命:一方面要造成以全人类互相依赖为基础的世界交往,以及进行这种交往的工具,另一方面要发展人的生产力,把物质生产变成在科学的帮助下对自然力的统治。资产阶级的工业与商业正为新世界创造这些物质条件,正像地质变革为地球创造了表层一样"②。马克思、恩格斯还系统地诊断现代性支配下的资本主义社会里的内在矛盾和困境。诸如他们关于社会化的生产和私人占有实质的揭示,关于资本升值和人的贬值的实质的揭示,关于资本命运和人的命运的冲突的揭示,关于社会、人、人道主义和异化的揭示,使他们被公认为是现代资本主义社会最杰出的病理学家之一。马克思、恩格斯还预言在未来的共产主义社会中,人的生产将从非人的资

---

① 《马克思恩格斯选集》(第二卷),人民出版社1972年版,第78—79页。
② 《马克思恩格斯选集》(第二卷),人民出版社1972年版,第75页。

本力量的绝对掌握中解放出来,实现其总体性总合性的生成。在社会主义、共产主义社会中,"人以一种全面的方式,作为一个总体的人,占有自己的全面的本质"①。

显然,马克思、恩格斯关于现代性的反思,是相当全面而深刻的。我们从马克思、恩格斯对于现代性的反思中可以看到他们所追求的现代性不同于资本主义现代化中形成的现代性价值体系,而有着自己确定的逻辑构成。他们在阐释或反思资本主义的现代化、现代性在人类历史发展中的功过、是非的基础上提出了新的实现社会主义、共产主义的现代化、现代性的理论构想。其基本点有四:(一)经济上,以社会主义、共产主义所有制代替资本主义所有制。(二)政治上,以社会主义的现代政治民主代替资本主义的现代政治民主。(三)文化上,消除资本主义私有制中产生的社会异化、文化异化、人性异化。他们所理想的社会主义、共产主义是"私有财产即人的自我异化的积极的扬弃,因而是通过人并且为了人而对人的本质的真正占有","它是人和自然界之间、人和人之间的矛盾的真正解决,是存在和本质、对象化和自我确认、自由和必然、个体和类之间的斗争的真正解决"。② 提倡社会主义人道主义,把以反对封建特权、教会特权为基础的资产阶级传统的人道主义发展为以消灭私有制和阶级本身为基础的人道主义。(四)在思维方法上,讲辩证整合,讲"历史合力",讲从"具体到抽象"、"抽象上升到具体"的认识论,反对唯心论、形而上学,反对"二元对立"的绝对论、独断论。

谈到这里,我们应当提到一些受过马克思主义思想影响的后现代主义思想家、美学家对于资本主义现代化所作的批判。他们从解构主义和消解哲学,集中批判现代资本主义社会中的理性主义和异化。他们否定理性、本质、规律、概念,消解传统,声称"异化是无法超越的"③。在文艺上,他们讲非主题、非倾向、非人物、非情节、非文体,消解文艺和生活、文艺和非文艺、文艺和哲学、文艺各文体、通俗文艺和严肃文艺之间的界限,以致陷入了文化虚无主义。看来,后现代主义对于揭露资本主义现代化、现代性所造成的社会、文化和人的异化方面是作出了贡献的,但由于他们没有真正理解和接受科学社会主义、共产主义,就不可能对资本主义社会的异化作出历史的辩证分析。

二、关于马克思主义美学的现代建构

我想,在马克思主义美学建设中,应当贯彻马克思、恩格斯关于资本主义现代性的反思、批判中提出来的有关社会主义、共产主义现代性的科学构想,同时要吸收近

---

① 《1844年经济学哲学手稿》,人民出版社2000年版,第85页。
② 《1844年经济学哲学手稿》,人民出版社2000年版,第81页。
③ 汪国安等主编:《后现代性的哲学话语》,浙江人民出版社2000年版,第224页。

现代西方哲学、美学对于"理性"和"自由"所作的反思、批判的理论成果。

应当指出的是,整个西方现代美学都是建立在从康德到黑格尔的德国古典哲学提出的"理性"和"自由"这两个基本观念之上的。而"理性"和"自由"是在肯定资本主义所有制前提下"哲学"、"政治"、"法律"、"伦理"的合理发展,是在肯定资本主义商品生产与交换价值规律运行的"自由发展"。由于"理性"与"自由"在资本主义社会中有其不可动摇的现实基础,所以除了已经科学地预见到资本主义将为社会主义所取代的马克思主义之外,自叔本华、尼采以来,海德格尔、哈贝马斯、福特、德里达等思想家对于"理性"与"自由"所作的最激烈的批判都不能真正撼动它,"都不过是在资本主义的历史视野内对'理性'与'自由'所作的各种哲学幻想"。由于无法真正推倒"理性"和"自由",所以"西方现代美学实际上都把审美与艺术活动看作通向那个克服了异化,但仅仅存在于哲学幻想中的人的自由的道路"①。马克思主义美学研究应当针对现代美学和后现代美学发展中出现的基本问题,进而提出自己的研究重点。

这里,我想到三个方面:

这就是:(一)针对西方现代性所固有的唯理主义、工具理性和"二元对立"的绝对论、独断论,坚持马克思主义"历史合力论";(二)坚持以美学的和历史的观点相统一的马克思主义文艺美学的方法论,切实纠正科学主义的方法论偏颇;(三)坚持以"文学意义上的人"为主导观念,构建马克思主义文艺美学的理论体系,反对以政治学意义上的人、伦理学意义上的人、哲学意义上的人,和其他科学意义上的人来代替文学意义上的人。

1. 关于"历史合力论"

"历史合力论"是恩格斯晚年所反复论证、阐述的一个深刻而光辉的思想,它本身不但是唯物史观的有机内容之一,而且反映了马克思主义辩证整合的哲学方法,以及马克思主义哲学与自然科学广发而深刻的联系。正是由于"历史合力论"这种理论特点,使得合力论具有了巨大的理论上的指导意义,不但运用于社会历史领域,而且有着更为广泛的运用指导范围。

恩格斯在《反杜林论》中指出:"许多力量融合为一个总力量而产生的新力量,这种力量和它们的一个个力量的总和有本质的差别。"恩格斯这一"合力"论思想在1890年9月21日《致约·布洛赫》中针对当时一部分资产阶级学者和社会民主党内机会主义者把唯物史观归结为唯经济决定论的庸俗化倾向作了更为明确的表述。他说:历史进程中的结果,不是由哪一个人的意志可以决定的,它是"从许多单个人的意志和相互冲突中产生出来的",而其中"每一个意志,又是由于许多特殊的生活

---

① 刘纲纪:《马克思主义美学基本理论》,见《马克思主义美学研究》第8辑,第8页。

条件,才成为它所成为的那样"。这样就有"无数相互交错的力量,有无数个力的平行四边形,而由此就产生了一个总的结果,即历史事实,这个记过又可以看作一个作为整体的、不自觉地和不自主地起着作用的力量的产物。因为任何一个人的愿望都会受到任何另一个的妨碍,而最后出现的结果就是谁都没有希望过的事物……但是,每个人的意志——其中的每一个都希望得到他的体质和外部的、终归是经济的情况(或者他个人的,或是一般的社会的)使他向往的东西——虽然都达不到自己的愿望,而是融合为一个总的平均数,一个总的合力,然而从这一事实中决不应作出结论说,这些意志等于零。相反每个意志都对合力有所贡献,因而是包括在这个合力里面的"①。

按照马克思、恩格斯的观点,"历史不过是追求着自己目的的人的活动而已"②。人的活动是历史的主体。它本身交织着政治、经济和文化等诸种因素、诸种力的矛盾冲突。而对于人的活动来说,经济是最后的决定因素,上层建筑中政治和其他因素起着重要的作用。人们在创造历史中,各种意向是"互相交错着的",表现出众多的偶然性,但归根到底是由经济的必然性所决定的。这就是马克思主义关于经济基础和上层建筑的学说所论述的基本课题。

因此,马克思主义的"历史合力论",既不是以否定经济的最后决定作用为基础的"诸因素论",也不是以否定上层建筑、政治、文化重要作用为基点的"唯经济决定论"。当然,这个历史合力论也是对于唯政治决定论、唯文化决定论、唯地理、唯生理、心理决定论等历史唯心主义的否定。恩格斯提出"历史合力论"思想,一在于阐明人在历史创造活动中间的主体地位,二在于阐明政治、经济、文化诸因素对于人的历史活动的意义和作用。

根据历史合力论的方法,我们就不难理解马克思在《政治经济学批判:导言》中提出的关于艺术生产和物质生产发展的不平衡关系这一著名论断。因为物质生产不能直接引出艺术生产,也不能以物质生产水平的高低来直接衡量艺术生产水平的高低(理由是两种生产之间有诸多复杂的"中介")。经济不是决定艺术发展的唯一因素,还有上层建筑中的政治、文化和其他因素对于艺术生产起着重要作用。显然,我们应当从马克思主义的历史合力论的角度,从反对唯经济决定论角度来阐释这两种生产的不平衡关系问题。

按照马克思主义的"历史合力论"来研讨和阐释文学艺术的本体特点。文学艺术应该是由各种各样的物质的、净胜的"力"、因素互相交错而成的一种新的合力,新的整体和新的"格式塔质"。具体地说,它是一种多维的(诸如社会的、文化的、生命的、语言的和美学的)高级的审美整体,是以人的美学发现为根柢的,是人之情、意、

---

① 《致约瑟夫·布洛赫信》,《马克思恩格斯选集》(第四卷),人民出版社1972年版,第478页。
② 《马克思恩格斯选集》(第一卷),人民出版社1972年版,第118、119页。

理、象等因素互相交错而成的一个有生气的艺术整体。

但是,长期来的文艺美学研究从方法论上看,往往从构成文学艺术的整体的某一方面切入,而排斥其他方面,并在此基础上构建各自的理论格局。比如文艺社会学以实证论和社会学为参照,把文艺作为一种"社会事实"来研究,重在揭示作品的社会历史背景和动因,但又忽视创作本身和作家心理的切实探讨。现代文艺心理学,视文艺为"心灵的事实",看重作品和作家的联系,从潜意识、集团意识和意识,给审美意象和审美主体作出自己的界定、描述。但又对作品本身以及作者和社会的关联没有引起足够的重视。文艺文化学把文艺作为"文化事实"来把握,重点探讨文艺作为文化现象的特点,但对文艺的审美特点以及它社会制度,和政治、经济的内在联系又缺乏切实的阐述。其他如结构主义、新批评派文艺学把文学作为"语言事实"来探讨。他们从语言学的视角,视语言现象为审美现象,视语言学为美学,重点研究文学本体和文学形式,但是他们的重视文艺本体和文学形式往往是以牺牲内容,割断作品和读者、作品和世界的血肉联系为代价的。

当然,我们之所以这样讲,并不是要否认以上各派理论在文艺研究上作出的独特贡献,而只是想指出它们的方法离开"合力论",只能局部地把握文艺这个整体,具有相当大的片面性。更由于它们只相信自己的方式、角度、范式,而排斥其他的方式、角度、范式。这样,它们的研究愈深入,离开艺术整体就愈远。有的人说,文艺美学各派理论在方法上具有深刻的片面性,看来是有道理的。所谓"深刻",则是就它所研究的方面,确有某些发现,是"深刻"的;就"片面"而言,则是就它不面对艺术的整体而言,把活的艺术整体肢解了。这样就有"瞎子摸象"、"只见树木不见森林"的缺陷。如果说文艺这个整体是五光十色、色彩斑斓、充满生气的水晶球,那么上述各派眼里的文艺就变成了单色调的东西。

2. 关于美学和历史的观点的统一

坚持以美学的和历史的观点相统一的马克思主义文艺学方法论,切实地纠正科学主义美学思潮、方法论的偏颇。

现在,有不少人以为马克思主义文艺美学的方法论就是辩证唯物主义的和历史唯物主义的。这样的看法,事实上就是以一般的哲学方法论来代替文艺美学的方法论,其特点往往是以一般代替个别,或者用艺术现象作为例证来阐述马克思主义的哲学原理,或者把艺术的阐述归结为马克思主义的哲学原理,这是以哲学方法来代替文艺美学方法的教条主义倾向。另外,如果这种以哲学方法代替文艺美学的方法的看法一旦确定下来,那必然会否认文艺美学作为一种学科的独立性。以为一个学科的独立,是以其是否具有独立的研究对象和独立的研究方法为基本标志的。

毛泽东《在延安文艺座谈会上的讲话》中指出,马克思主义可以包括但不能代替物理科学中的原子论、电子论和文艺的现实主义。

那么，马克思主义文艺美学的方法论是什么呢？

它应当是以辩证唯物主义和历史唯物主义为指导，在研究文艺和文艺理论中形成的一种适合于文艺本身特点和规律性的思维方式或研究方法。

从马克思主义经典作家有关文艺论著看，可以发现，他们用以掌握文学艺术的方法论有一个最根本的特点，这就是：美学的和历史的观点的统一。

恩格斯发表于1847年的《诗歌和散文中的德国社会主义》一文在评论歌德的思想和创作时指出："我们决不是从道德的、党派的观点来责备歌德，而只是从美学和历史的观点来责备他；我们并不是用道德的、政治的、或'人的'尺度来衡量他。"这里，恩格斯既反对"真正社会主义者"格律恩从超现实、超历史、超阶级的抽象的"人"的尺度来衡量歌德，同时也反对自由主义者门采尔从道德的、政治的尺度来衡量歌德。格律恩评论歌德的主要问题是把文艺中的人物看作哲学意义上的抽象的人，把文艺混同于哲学，而门采尔则是把文艺中的人物看作政治学、道德学意义上的抽象的人，把文艺混同于政治学、道德学。显然，无论是格律恩或门采尔，尽管评论歌德的角度及内容不同，但有一点是共同的，这就是都否认文艺这个对象的特殊性，以政治学、道德学和哲学来代替文艺和文艺学。马克思、恩格斯在文艺上都反对把"现实的人变成了抽象的观点"，都反对席勒式的"把个人变成时代精神的单纯的传声筒"，因此，他们以为歌德笔下的人物是莱辛所讲的"依靠自己的人"，是"男人和女人所生的、自然的、生气蓬勃、有血有肉的人"。这就是说文艺意义上的人是处在多种现实关系及其历史发展中的"一个多方面的内在联系着的各种能力的统一体"，是"单一的杂多"（歌德语），是一个社会的文化的和生命的审美整体。

到1859年，马克思、恩格斯在致斐迪南·拉萨尔的信中，对他的历史剧《弗兰茨·冯·济金根》就明确地从美学的和历史的观点结合的高度作了切实的评论。他们评论作家、作品，总是结合着作家生活的整个时代，结合着作家和前辈作家、同辈作家、后辈作家的历史联系，结合着作家自身思想、艺术的发展和社会地位来阐释文学艺术反映历史、时代的深度和广度，阐释作家的思想、艺术的特点及其和文学历史的继承和革新的关系。实践表明，他们讲的美学，结合着历史，是历史的美学；他们讲的历史，结合着美学，是美学的历史。有的论者以为马克思、恩格斯这里讲的美学观点指的是美学形式，这里讲的历史的观点指的是内容。这样的解说，恐不符合马克思、恩格斯的原意，因为美学是历史的存在，历史也是美学的存在，两者血肉相连，在现实中很难分开。

坚持美学的历史的观点相结合的文艺美学方法论，反对文艺研究中科学主义的方法论。

随着近现代自然科学的飞速发展，科学主义思潮也渗透进艺术审美领域，并已经产生了科学主义的诸多美学流派，诸如实验美学、分析美学，结构主义美学，自然主义美学，系统论、信息论美学等等，都是明显地带有科学主义的特点。科学主义思潮的一个鲜明特点就是对自然科学观和方法论的一种夸大和迷恋,一种绝对化和神圣化,认定它可以用来解决世界上、人世间一切领域中的问题。正因如此,在艺术、美学研究中出现了以科学研究的自然现象来取代审美的人文现象,以科学意义上的人代替文艺意义上的人,以科学的掌握世界的方式来取代艺术的掌握世界的方式,以科学的研究客观世界的模式论来取代文艺研究的美学的历史的方法,重理性轻感性,重认识轻体验,重必然轻偶然,重本质轻现象,重社会轻个人,重类型轻个性,讲"雷同"、"普遍"、"重复",讲"还原"和"重构",等等,而否认文学作为人文现象的重精神,重感情,重偶然,重独创,重不可复制等诸多特点。一句话,就是以科学来范围文学,以科学演绎文学。

当然,我这样讲,并非要把文艺和科学对立起来,也并非要否认科学对于拓展文艺学研究的意义,而只是反对用科学的方法来消解文艺的本质特点,以一般的自然科学、社会科学的方法来代替文艺和文艺学的方法。

3. 坚持以"文学意义上的人"为主导观念构建马克思主义的美学体系

我们知道,这个"文学意义上的人"就是恩格斯在《诗歌和散文中的德国社会主义》中提出来的一个著名的美学命题和论断。这个"文学意义上的人",就是人以一种"全面的方式"、"全部感觉"表现"一个总体的人,占有自己的全面的本质"的人。[①]正唯如此,美学要求对于现实的人和人的生活进行整体观照。如用鲁迅的说法,就是文艺应当在现实中发现人,整体观照现实的全人生,人物的全灵魂和作家的全人格。也只有这样,才能使文学艺术和只写人和人的生活的某一局部、某一侧面、某一支点的科学最终区别出来。看来,文艺之所以文艺,是因为它可以说清楚科学所不能言说者,而科学之所以是科学,是由于它可以说清楚文艺所不能言说者。文艺和科学在社会生活中都有各自独立存在的价值,决不能互相取代。

从马克思主义美学研究的历史看,我们以为讲"文学意义上的人"应当进一步阐释与之相关的三个基本问题,一是人性、人道主义和异化问题;二是关于阶级观点和历史主义的问题;三是典型和"这一个"的关系问题。

我们知道,原始社会的人,具有完整的人性,随着私有制的产生和阶级的出现,人性发生了"异化",这个"异化",主要指的人性转化为阶级性。统治者在异化中肯定自己,被统治者否定自己,这样在人中间就形成了阶级的对立。在阶级社会里,统一的人性在阶级"异化"中遭到破坏,同时也在这个"异化"中得到发展。长期以来,人们谈人性"异化",通常只讲人性受"破坏"的一面,而不谈它发展的一面,当然,这对于揭示私有制造成非人化的本质现象是完全正确的。但是,我们不能因此得出结论:人性"异化"为阶级性之后就得不到发展了。相反,人性倒是在"异化"的形式中,

---

① 《1844年经济学哲学手稿》,人民出版社 2000 年版,第 85、87 页。

即在阶级性之中向前发展的。

马克思、恩格斯曾经说过,在阶级社会中,"每一个新阶级赖以建立统治的基础,比它以前的统治阶级所依靠的基础要宽泛一些"。从历史发展上看,封建阶级赖以建立统治的基础比奴隶主的要宽广一些,资产阶级赖以建立统治的基础,又比它以前的所有统治阶级的要宽广一些。而无产阶级赖以建立统治的基础,是广大人民群众,比历史上任何一个剥削阶级的要更宽广。这样就在历史发展中形成了"统治阶级的人数众多"①。这个历史的发展趋势,就为阶级消灭提供了社会基础。这是一条阶级社会的发展规律。正由于这个历史发展,人性也就通过各个时期的新兴阶级的阶级性得到不断发展;而且,阶级性也越来越向着人类的多数、全人类性的目标发展。

且以资产阶级为例,新兴资产阶级的阶级性曾经代表着人性发展的一个重要历史阶段。这时期的新兴资产阶级,生气勃勃,最富有创造力。它反对神性、神本、神道、神权,反对王性、王本、王道、王权,提倡人性、人本、人道、人权,提倡个性、人性解放,反对封建、宗教的思想桎梏,提倡尊重人、关心人、爱护人,在历史上起过革命的作用。随着资产阶级转化为没落的阶级,无产阶级登上了历史舞台,于是无产阶级的阶级性继而代表人性发展的一个更高阶段,它把资产阶级上升时期以反对封建特权、教会特权为基础的资产阶级的人道主义发展为以消灭私有制和阶级本身为根柢②的社会主义人道主义。因此,无产阶级的阶级性是人类历史上最完美的人性。马克思讲的"人性复归",当然不是复归于原始社会的"完整的人性",而是人性在其历史发展中的必然结果。它是以无产阶级的阶级性为基础,在消灭私有制和阶级本身的过程中,使全人类"复归于"即统一于无产阶级。当然,"复归"后的人性,以无产阶级为根柢,但并不就是无产阶级的阶级性。因为,在"复归"的过程中,无产阶级在改造客观世界的同时也要改造自己的主观世界,要自觉地克服历史上形成的自身的弱点和局限性;另外,也就在这个"复归"的过程中,无产阶级同时也要吸收人类历史上一切新兴阶级的有价值的、美的东西。无产阶级解放全人类的理想实现之时,就是"人性复归"之日,全人类性形成之日。

显然,人性和阶级性是社会、历史的产物。阶级的历史的变化,反映了人性的历史的变化。关于阶级观点和历史主义的问题,是近些年来很少触及的问题,甚至是极力回避的一个问题。这是可以理解的,因为在极"左"思潮泛滥的年月,人们往往以阶级观点来代替一切,吞没一切,把阶级观点和历史主义对立起来,脱离现实关系及其历史发展来抽象地讲阶级性和阶级观点。这显然是庸俗的阶级论,必须坚决反对。我们知道,阶级是现实的存在,也是历史的存在;历史是阶级的历史,阶级是历

---

① 《马克思恩格斯选集》(第一卷),人民出版社1972年版,第154、53页。
② 恩格斯:《反杜林论》,《马克思恩格斯选集》(第三卷),人民出版社1972年版,第133、134页。

史的阶级。但是,我们也应当看到,一些人又借口历史主义来否认阶级观点,只承认历史主义,否认阶级观点。显然,这是一种脱离阶级观点来研究历史发展的客观社会学的观点。马克思、恩格斯则是从历史主义和阶级观点相统一的方法,在《诗歌和散文中的德国社会主义》中指出格律恩从抽象的"人"的观点论歌德,错误就在于脱离时代和阶级观点来读历史。这是一。另外,恩格斯在 1890 年 5 月 5 日致保尔·恩斯特的信中又指出在历史研究中把阶级观点、阶级分析方法庸俗化的倾向。这封信,围绕着新斯堪的纳维亚文学中的妇女问题,一方面和巴尔展开了争论,指出巴尔离开社会和阶级,以生物学观点观察妇女问题,是完全错误的。同时,又着重批判了恩斯特对历史唯物主义的歪曲。他认为恩斯特的根本错误在于把整个挪威和那里所发生的一切都归入小市民阶层的范畴,接着又不分青红皂白地把自己对德国小市民阶层的看法硬加在挪威小市民阶层身上。这就是说,恩斯特不是把历史唯物主义当作研究历史的指南,而把它当作现成的公式,将历史事实肢解和剪裁得适合于它。恩斯特的观点、方法是反历史的、机械论的。针对恩斯特的错误,恩格斯对易卜生戏剧创作的社会基础作了深刻具体的历史分析,揭示了挪威的"小市民"与德国的"小市民"的不同特点,阐明了造成这种不同特点的政治、经济等历史条件。恩格斯的论述告诉我们,必须历史主义地理解阶级和阶级斗争,从"历史地发展"中去考察一定阶级、阶层的具体性格和具体作用。

讲文学典型创造和"这一个"的关系,马克思、恩格斯特别看重黑格尔老人讲的"这一个"的构想。恩格斯讲文学人物的创造,不仅要写他们"做什么",而且要写他们"怎么做"。① 这就涉及文学人物的"个性描写"的问题。照我们的理解,在创作中,应当把人物做什么和怎么做,讲什么和怎么讲,想什么和怎么想统一起来,才有可能创造出真实的、有生气的文学人物。列宁在《给印涅萨·阿尔曼德》的信中说:"小说的整个主题包含于个别的情节中,包含于对一定典型的性格和心理的分析中。"这就是说,文学人物的创造的关键在于写出"个别的"心理和特点。② 鲁迅提出文学人物"直接写的是一个,概括进去的却是一群",鲁迅这里讲的"一个",和歌德讲的"单一的杂多"中的"单一",有着同样的内涵,都在强调艺术的以"个别显示一般"的特点。显然,如何讲清文学创作、评论中的"这一个",是阐释文学意义上的人的关键。在我们看来,从美学和历史的观点阐释"这一个"人物的独特性、丰富性及其发展,是至关重要的。首先是"独特的一个",其中包含"这一个"人物的独特的经历、命运、思想、感情、言语方式、思维方式、行为方式、形体风貌和气质等。其二,是"丰富的这一个",包含这一个人物的意识、潜意识的矛盾统一。第三,应该是"发展的这一个",人物的现实性就在于它的发展,其中包含思想、情感和性格的发展逻辑。只有艺术地

---

① 恩格斯:《致斐迪南·拉萨尔》,《马克思恩格斯选集》(第四卷),人民出版社 1972 年版,第 344 页。
② 列宁:《给印涅萨·阿尔曼德》,《列宁全集》(第 35 卷),人民出版社 1990 年版,第 168 页。

显示"这一个"人物的独特、丰富和发展,才能创造出有生命力的,并具现实历史概括意义的、栩栩如生的文学意义上的人。

以上是我从"现代性"的反思中引起的有关马克思主义美学研究的三个论题所作的粗略的探讨和阐释。在对这三个论题的思考中,我感到它们之间存在一种逻辑关系,包含着一种有关马克思主义美学当代形态的体系性的构架。这就是:马克思主义美学当代形态应该是以历史合力论为哲学基础,以体现历史合力论内涵的美学观点和历史观点相统一为文艺美学的方法论,以"文艺意义上的人"——整体观照现实的全人生、人物的全灵魂和作家的全人格——为核心观念而建构的理论框架和体系。

唐宋时期敦煌地区商业酒文化考述

◎ 高国藩

一、大唐盛世商业酒文化的繁荣

在唐宋时期,敦煌地区的酒文化是商业盛衰的标志,是测试野蛮奴隶制和封建文明制经济演变的特殊时期。敦煌唐人在民间虽然有酒禁忌,例如:"杜康以丁酉日死,不得聚会饮酒。"(伯二六六一背)但仅此一日,影响甚小,而正由于商业发展却带动酒文化的大发展。大唐盛世,欢乐无限。(伯三九〇九)《障车词》法第八卷说:"有酒如江,有肉如山。百味饮食,罗列斑斑。自余杂物,并有君前。"好大的气魄。在大唐盛世真是"有口皆食蒲萄,欢乐则无人不醉。万姓获福,百神降祉"(伯三四六八)。酒文化,唐朝时候作为商业运作的买卖酒的专业店铺就产生和繁荣起来,饮酒风俗也越来越增多而不断演变;敦煌唐人酒文化丰富多彩,因而有酒行、酒店的相继出现,不断传播大唐盛世的饮酒风俗和饮酒的欢乐。

《新唐书·食货志四》云:"唐初无酒禁。"①取得胜利的唐人,放开肚皮饮酒,饮酒彻醉,一醉方休,酣畅淋漓地庆祝大唐盛世的来到。商业制酒业在初唐和盛唐时期的敦煌唐人中得到长足的发展。正如(伯三二七〇)《儿郎伟》描述的极度的盛况:

> 金杯银碗齐把,酒瓮像似甘泉。
> 家人急总着作,秋时广运麦图。

请看,正是盛世酒兴,唐人酒器极为考究,饮酒俱用金杯银碗酒壶,以豪华体现中华民俗传统著称。这些金杯银碗上边还雕刻着狩猎图案,是尊贵的艺术品。(见下图,故宫博物院藏品)

---

① 欧阳修、宋祁:《新唐书·食货志四》,中华书局点校本1975年版,第1381页。

唐代银花鸟碗图案（故宫博物院藏品）

唐代狩猎金杯图案（故宫博物院藏品）

唐代鎏金酒壶图案（陕西西安出土）

以上唐代的金杯、银碗、酒壶上的艺术图案，美轮美奂，令人爱不释手；文学艺术的繁荣正象征着经济文化的繁荣。正是在如此大唐盛世繁荣富裕之时，才有商业的酒行的开设。（伯四九七九）《唐天宝十载酒行安胡到芬牒》载称：

酒行　　　　状上
　供糟廿瓮
　右□（安）胡到芬，比日在于市，纳咕晒（沽酒）经

纪,缘无本产,伏来经今廿日□□造

酒,请乞给价直。谨状

牒件状如前,谨牒。

天宝十(?)载二月　日,酒行安胡到芬牒

二月廿三日,付生绢一疋,准时伍佰捌拾文,馀欠于估

付。(押)

以上为造酒者向安胡到芬酒行销售酒的牒文的原文。天宝年间(742—756)还是唐玄宗当政的盛唐时代。由本卷可知唐代商业买卖酒的地方称为"酒行"。此卷"酒行"一词在中国古代记载是最早见的。"酒行安胡到芬"即"安胡到芬酒行"。这一商业专卖酒行名称,也是最早见的私人建立的酒行名称。读本卷内容有所发现:

1. "右□(安)胡到芬","胡"前当缺一"安"字。只有"安胡到芬"四字方合标题上的姓氏。

2. "纳咕晒经","咕晒"当为"沽酒"之误,同形致误。造酒造好了,就写牒子向买主(沽酒者,即零售商)要钱。

3. 此卷最后的两行是唐代酒业零售商(安胡到芬)付钱时写的一段说明,写明已经支付了生绢壹疋,折合唐币伍佰捌拾文。

非常有趣的是:

1. 所有的数字都大写,和今天我们到会计处去写借条一样,可见这种唐人记账数字大写的风俗一直延续到今天。

2. 看起来这笔唐人售酒服务好像是以生绢支付的,其实买主已经用唐币进行了折算。这和伯三三四八《残佛经》的背面那一篇天宝三年至六年粟麦绢帛历所记是一样有意义的①,因而不能单纯理解作是形同蕃占时期奴隶主以物易物的低级交易形态,而是以唐币买卖的公平交易。

3. 这又明明是"赊酒"形式的反映,现在叫"记账",古今风俗一致。可见盛唐时代的酒文化会计制度已经很完备了。

4. 沽酒(零售)与酿酒的安胡到芬酒行之间,正常而有序的商业关系已经形成;而且书面买卖的字据账单,已经尽显敦煌唐人酒文化会计制度的完备。

但是唐人酒文化背景并不简单。唐代的长安这个拥有百万人口的国际大都市,商业买卖酒的地方不像敦煌叫"酒行",而称"酒家"。杜甫《饮中八仙歌》曰:"李白一斗诗百篇,长安市上酒家眠。"也有酒家里摆放了酒床的记载,唐陆龟蒙有《奉和袭美酒中十咏·酒床》一诗专门歌咏这种酒床(饮酒用的豪华几案)。这样看来唐人大城市的酒家比敦煌地区的酒行要气派得多。而敦煌壁画上描述的民间婚礼中,有酒肆

---

① 高国藩:《敦煌民俗学》第一章第三节《民心向唐的主因》,上海文艺出版社1989年版,第12—15页。

反映敦煌商业酒文化,都配合着小型歌舞而已。这是唐代大城市饮酒助兴风习显然已传播进西部地区敦煌的表现。伯二五五五有《咏拗笼筹》:

　　幸得陪鐏俎,良筹复在兹。
　　献酬君有礼,赏罚我□(无)私。
　　莫怪斜相向,还将正自持。
　　一朝权在手,看取□(筹)行时。

诗题"拗笼筹",又称"拗拢"。《庶物异名录》卷十三云:"拗拢,筹也,酒律也。"筹是筹码,酒律即酒令,一般是带韵的四言诗。而在酒律里体现的是行酒令的规章。这是唐人商业酒文化娱乐性智慧的发明。所谓"一朝权在手"的"权"字,是指行酒令娱乐的"权"。唐罗隐《广陵妖乱志》云:"广陵为歌钟之地,富商大贾,动逾百数。璜明敏善酒肆,多与群商游。"唐代扬州的商业酒文化的行酒令到五代时仍然盛行,直至清代。南唐王周《公居》诗:"无愁干酒律,有句人诗评。"清钱谦益《后饮酒》诗之七:"我欲定酒律,讯彼醉乡叟。"故拗拢是中国商业饮酒风俗中有趣的诗化形态。

二、中唐时代吐蕃奴隶制酒文化的特点

至中唐之后,吐蕃入侵敦煌河西地区,实行奴隶制统治,其酒文化发生了根本改变。当时敦煌称商业酿酒和买卖酒的地方改叫"酒店"了。我在阅读台湾版黄永武主编的《敦煌宝藏》时,读到(伯三七七四)《丑年(公元八二一年)十二月沙洲曾龙藏呈明与大哥析产牒》,821年正是晚唐开始第一年,所以这个酒店是在中唐时创立的。此文是一个"为遗产分割纠纷"之卷子。其中谈到一个叫齐周的人,是这个卷子的主角,讲他在中唐时代商业投资开酒店的事情。非常有趣的是,可以清楚看见中唐时代的敦煌人是怎样开设和经营酒店业务的。原文曰:

　　先家中种田不得丰饶,齐周自开酒店,自雇人,并出本床粟卅石造酒。其年除吃用外,得利刈(议,同音致误)价七十亩、柴十车、麦一百卅十石。内卅五石,齐周买釜一口。馀并家中破用。

这里"酒店"一词,在中国古代文献中,也是我至今看到的最早出现的一篇。齐周酒店恐怕是吐蕃奴隶制时期历史上开设的第一个酒店。这一篇最惹人注目的是,其中对齐周酒店得利的计算,不是用唐币,而是折价为地亩、柴草以及麦子来计算;这与伯四九七九卷记载的天宝年间唐王朝向敦煌人民购物折合成唐币计算已是大相径庭了,这是什么原因呢?

说起它的背景来却令人心惊。此卷首先提到齐周因为在中唐时代种田未获丰收，不得不转而投资开设酒店谋求生路。写这段记载时，其时正是唐代长庆元年（821年），唐穆宗李恒时代，李恒王朝是一个短命王朝，坚持了短短四年，就被唐敬宗李湛取代变为宝历元年了。而穆宗长庆元年正是中唐之末，晚唐之始。就是在这一篇敦煌卷子中，虽然反映了当时商业的造酒业是一个非常赚钱的行业，但敦煌地区在中晚唐时整个来说是吐蕃入侵占领实行奴隶制的特殊苦难阶段，当时这个地区的历史已经倒退到奴隶制黑暗的年代，唐朝商业在这里是停滞的，故而齐周种田必然不能谋生。当时吐蕃入侵沙洲与河西，吐蕃奴隶主倒行逆施：从中唐贞元二年（786年），到晚唐大中二年（848年），都是他们占领时期。齐周投资商业的酒店正是在821年这一个特殊时期开设的。吐蕃侵入敦煌以后唯恐天下不乱，主要干的事情就是迫不及待把大唐王朝的封建文明制度倒退到野蛮奴隶制度去。商业酒文化的金杯银碗时代已经被取消了，中华民俗传统俱以不见，具体来说，就是全盘奴隶制：

第一，取消大唐王朝在沙洲地区实行的县、乡、里分级政治管理的相对宽松和自由的封建文明制度及其风俗。

第二，不管男女老幼都驱赶为奴隶。按照奴隶制划分为若干个所谓"部落"，有什么僧尼部落、道门亲表部落、行人部落、悉董萨部落、宁宗部落、丝绵部落、译人部落、蔡多部落、蕃波部落、甲杂部落、莫罗瓦部落、太虚部落……将僧尼部落政治化放在各部落之首，使僧尼变为他们的走狗和工具，成为变相的"统治阶层部落"。统一归负责军事的奴隶主管辖的政体机构统治。

第三，易服发辫。没有穿衣裳的自由。悲惨的唐人奴隶们，只有如《旧唐书·吐蕃传》所说的："州人皆胡服臣虏，每岁时祀父祖，衣中国之服，号恸藏后之。"即只准奴隶装扮，人人梳起吐蕃奴隶的辫发，以便奴隶主识别和加以严酷的管理。于是在制装业上推行奴隶装垄断。

第四，在经济上，废除大唐王朝的科学和文明程度非常高的货币制度，取消唐币，消灭唐朝的商业制度，恢复奴隶制以物易物低级交易规则。P.t1097《古藏文吐蕃某官府粮油入破历》记载，吐蕃支付酿酒、敬神等费用，都是以物品交换，令人触目惊心。

第五，在文化上，大力推行吐蕃语和他们的拼音文字，用心非常险恶，进一步要办的就是禁止汉语汉文通行了，企图彻底斩断敦煌与中华文化的命脉。

第六，将佛寺政治化。在寺院里设立监狱，关押各民族奴隶，实行对奴隶的统治。把佛寺改造成对奴隶专政的工具。僧人都变作"政治和尚"，具有奴隶主的身份和地位。

总之，以寺院为核心，衣食住行一切都围绕奴隶制转动。吐蕃奴隶主的居心不可谓不险毒。想当年，1842年第二次鸦片战争——中法战争后，清朝被迫将越南割让给法国，法国殖民主义者占领越南以后立即严禁汉语汉文传播，并制造出新的越南拼音文字取代汉文,彻底割断越南与中华文化命脉。① 其实,对比可见,吐蕃奴隶主在唐代已经深谙此道,只不过还没有来得及干罢了。

敦煌吐蕃主是怎样统治的？P.T.1083号《告牒》载称:"二唐人部落头人通禀云:往昔,吐蕃,孙波与尚论牙牙长官衙署等,每以配婚为借口,前来抄掠汉地沙州女子。其实,乃用之为奴。"②此为奴隶主强暴汉族女子的实证。一人被抓,全家遭殃。

最后,在晚唐时民族英雄张议潮起义赶走了吐蕃奴隶主,才粉碎奴隶制复辟的阴谋,在敦煌才恢复了商业酒文化的繁荣和中华民俗传统。但不久,甘凉一带又成为吐蕃、回鹘与唐王朝攻争之地,直至唐末。吐蕃入侵干的一切都是以取消唐朝年号、取消唐币、取消商业繁荣为核心展开。吐蕃破坏原有商业民俗,遏制商业酒文化发展。买卖物品以"以物易物"为标准,就割断敦煌河西与唐王朝的中华经济命脉。③ 以上就是吐蕃奴隶主对于商业制酒业"以物易物"的历史背景和他们罄竹难书的罪恶行径。

据伯三七七四卷披露:中晚唐齐周酒店获利丰厚,这种"获利"是畸形的获利。其所以丰厚,吐蕃奴隶主允许他开酒店,那是因为所有唐人都变作了奴隶,没有人来做酒了,而那些奴隶主——统治者对酒的需求非常大,只好附属在寺院开设酒店罢了;不仅供统治者享用,也是军队在寒冷地带生活和打仗的需求。所以实际上吐蕃奴隶主已经没有"酒文化",实际已是"醉翁之意不在酒",允许开店仅是作为他们谋取酒的工具。此时期的酒中渗有太多奴隶的血泪。

还有吐蕃奴隶主推崇佛教,要利用某些佛寺,只有把某些佛寺改造成为他们奴隶制统治的工具,赋予这些佛寺以特殊的政治权力,在寺庙设监狱,来为奴隶主看押俘虏和囚犯。在占领初,沙州有寺院十三所,僧尼三百多人;到占领后期,寺院发展到十七所,僧尼已有一千人左右。僧人俱变作名副其实的"政治和尚",而寺院对于念经和祈赛时的卧酒及其之前的煮酒乃至沽酒的需求量也是很大的,故而由政治和尚结合进行统治和管理之。

齐周酒店只投资了禾、粟各三十石,就获利良多,议价中的总值以奴隶制以物易物计算。六十担细粮竟然等于:七十亩地,柴十车,麦子一百三十担。如果将它的总值列成如下公式:

禾、粟(各)三十担(60担)＝七十亩地＋柴十车＋麦子一百三十担

---

① 高国藩:《越南汉文小说研究的新成就》,《东亚文化研究》第七辑,东亚文化出版社2005年版,第282—289页。
② 王尧、陈践译注:《敦煌吐蕃文献选》,四川民族出版社1983年版,第52页。
③ 高国藩:《敦煌民俗学》第一章第二节《制约民风的主因》第三节《民心向唐的主因》,上海文艺出版社1989年版,第7—17页。

这种利润确实丰厚！平均一担细粮造酒竟然能赚到一亩多地和两担麦子,还有燃料(柴)。如此高的利润,难怪只从中取出一点盈利来扩大再生产,"馀并家中破用",就解决了一家老小的生活问题。

可见中晚唐时代,当时在吐蕃奴隶主统治下,战乱频繁,粮食显然供给不足,小米和大米这些细粮非常昂贵,酒也是高价商品,导致60担粮食制酒竟取得如此暴利。百物价格也都高居不下,三十五石粮食居然只能买釜一口,酿酒的釜之所以这样昂贵,实际就是它对于酿酒有大用处吧。

这种酿酒的釜是用生铁制模浇铸而成的。伯三七七四有一段专门谈用了多少铁造釜,原文曰：

> 齐周差使向柔远送粮却回得生铁熟铁二百斤已来,车钏七只,尽入家中使。内卅斤贴当家破釜鏊写得八斗釜一口,手功(工)麦十石,于裴俊处取付王菜。

齐周到柔远送粮食,运回生熟铁二百斤,用了其中卅斤,再加上家中破釜的铁,一共鏊得(即脱模铸造)"八斗釜一口",手工费花了十石麦子。可见：30斤＋破釜(30斤？)＝60斤(八斗釜一口),这种酿酒的釜,无论造价或手工费都是当时最贵的,酿酒的成本显然很高。至于这种酿酒的釜是什么形状,我认为和榆林窟第三窟(西夏)的酿酒图一定相似。它是被封闭在灶台里面的釜。可见齐周设置的还是家庭式酿酒作坊；这个酿酒车间,一般只有几人操作,设置一些酒壶、高足碗、木桶、酒海(大型盛酒容器)等。唐代的酒店和现代酒店不同处,恐怕就在产销一条龙服务；不像现在酒店,是和酒厂分离的。

三、吐蕃奴隶制时期的卧酒、沽酒、煮酒

现在就来研究一下,在那特殊的吐蕃占领时期,齐周酒店是如何把酒销售出去的呢？只有利用已经政治化的寺院了。这个商业问题也并不简单,渗透着奴隶的血泪。当时敦煌唐人酒店主要采取以下三种销售酒的形式：

第一,卧酒。卧酒一词各家词典无解,本文试解之。对这一个名词的解释不能望文生义。卧在此作保温解。北魏贾思勰《齐民要术·作酢法》曰："瓮中卧经再宿,三日便压之,如压酒法。"石声汉校释："卧,保温。"原来古时做酒和做醋同样,必须将粮食保温发酵,压之三日然后才能制成酒,故称卧酒。但敦煌写本中的卧酒自有它的引申义。准确地说,敦煌唐人所谓"卧酒",就是客户把自己的粮食作为酒本,预先付给中介(称酒户),然后从这个中介酒户手中取得酒供应。这才是敦煌的卧酒方式。故敦煌的卧酒并不是指本义,而是指流通义。

酒户在当时唐人中的俗名,又称"酒司"。伯五五二九卷记载："(七月)卅日付高

酒司酒本粟拾硕伍斗。"这就是说,客户把拾硕伍斗粮食的酒本预先付给高酒司,他会按需供应酒,这是卧酒的商业形式。伯三三九六地亩还记载:在程家渠一带"高酒司,南半亩"。说明这个高酒司原来也是农民,吐蕃占领以后成了奴隶,由于地太少,也就逃进政治化了的佛寺成了寺院的酒户而成了卧酒中介,赚一点工钱养家糊口。

僧人在政治化之前之后都有卧酒习俗。伯二〇三二背卷《(后晋)净土寺食物等品出入账》曰:

> 面两硕壹斗,油柒升半,苏升办,粟一石九斗,卧酒、沽酒,是经日造局席、看诸寺僧官及众僧等用。

净土寺僧也可"店内卧酒",伯二〇三二还说:"麦捌斗,粟柒斗,郭应进店内卧酒用。"

第二,沽酒。所谓"沽酒",就是客户个人用手头现有的粮食来买酒喝。是零售方式。有三种,一是个人沽酒的零售方式。一般数量很小,一两斗而已,所以这种个人沽酒以物易物只是零售。二是沽酒的客户也可以采取当时称为就"店沽酒"的零售方式,称店沽酒。店沽酒比个人沽酒的数量稍微大一点了。斯五〇五〇卷就记载有:"粟五斗,赵□(就)店沽酒。"斯五〇三九卷记载:"麦六斗,就丑子店沽酒。"也就是店沽酒的形式,数量从个人沽酒的一两斗上升到五六斗了。三是僧沽酒。敦煌僧人也有卧酒习俗,也来零售沽酒。伯二〇三二背记载:"面壹斗伍升,粗面贰斗,粟贰斗沽酒,两件淘麦僧食用。"又说:"粟叁斗,沽酒,窟上迎和尚用。"

第三,煮酒。所谓"煮酒",因为敦煌地处寒冷地带,此地饮酒习惯是将酒煮热饮之,因此有煮酒特别风俗程序。客户要求饮酒特殊服务,就有专门煮酒的人来登门服务,称为"就宅煮酒"(伯二五四五)是也。

斯〇五四二《戌年诸寺丁口车牛役部》中有"(大云寺)安保德煮酒一日。"这可以说是通过寺院临时派去的就宅煮酒师傅,他可以不是酒户,自然算为寺院派去的奴隶劳力从事劳役,是要付工钱报酬的。不一定付给他本人,而是付给他所属的政治化了的寺院。

反之,不就宅煮酒,而是就店煮酒吃用也可以的。五代时期,斯六四五二卷《壬午年(982年?)净土寺常住库破历》记载:"周僧正、李僧正就店吃用"、"音声就店吃用。"就是指就店煮酒的。没有寺院有所谓"煮酒权"的问题存在,而是风俗之使然,不必故弄玄虚抠出来一个神秘化的"煮酒权"。

总的来说,齐周酒店的销售是围绕寺院进行,这就极大地限制了它的商业发展。果然,它留下的记载非常少,仅此一例,使人几乎看不到它的发展。整个来说吐蕃时期的酒文化,仅限于卧酒,奴隶制的体制大大抑制了酒文化的商业发展和繁荣。

酒户实质是寺院专门给人供酒的人,是中介,但没有资料证明他们曾经是像齐周那样的制酒户。所以,酒户必须与制酒户作严格的区分,两者不能混为一谈。

尤其要注意，在吐蕃奴隶主侵占下的政治化了的寺酒户的悲惨境遇。某些寺院设有惩罚寺酒户的监狱，这是异族奴隶主赋予某些佛寺的特殊政治权利，通过某些佛寺来对反叛的各民族奴隶们进行剥夺他们的人身自由权，寺院可以任意关押寺酒户（奴隶）。因此某些佛寺成了奴隶主压迫寺酒户以及奴隶们的专政代理机构。奴隶们主要是被迫栖身寺院的汉族老百姓，在寺院从事苦役，包括卧酒，以此为生；也有受不了苦役压迫逃亡的，也有驱使到老，将死时被放回民间了结残生的。总之是奴隶境况悲惨极了。

斯○五四二背8《戌年六月十八日诸寺丁口车牛役部》146条有："（灵修寺）何伏颠，守囚五日，酒户。"何伏颠就是寺院酒户，俗称"寺酒户"。间或被寺院派去看守813—821年吐蕃与回鹘战争中被吐蕃奴隶主抓来的回鹘官兵（守囚），此时的佛教寺院被迫成为吐蕃奴隶主进行种族压迫的工具。

寺酒户从寺院里领得酒本，他们分散地支出给各个需要吃酒的人，酒本供应完毕，是需要向政治化寺院上报酒账报销单方能合法存在的。伯二五四五卷《郭残友酒历》就是寺酒户奴隶向寺院交纳的供酒报销单：

> 丙戌年六月十七日，郭残友请得安家酒本粟两硕八斗。同日就宅煮酒。酒五升付员会。廿日酒一斗，南沙□麦愿□手□用。七月十六日，屈工匠酒半瓮付员会□。十七日屈法□等酒一升付。定千□长子娘助葬酒壹瓮。九月廿二日……

以上是寺酒户奴隶郭残友发完酒以后向寺院提出的详细报销单，就宅饮酒与丧葬饮酒风俗跃然纸上。酒瓮之瓮是酒的计量单位，壹瓮容纳六斗，半瓮容纳三斗。

吐蕃时期还有一种建宅饮酒风俗，也和卧酒有关。《沙州文录补·康再荣建宅文》记载："祝愿已毕，请受春装，赏赐博士，美酒肥羊。"康再荣是大蕃纥骨萨部落使，身份特殊。

四、晚唐至宋初敦煌地区的商业酒文化

晚唐大中二年（848年）民族英雄张议潮将吐蕃奴隶主赶出敦煌与广大河西地区，敦煌唐人终于迎来了商业酒文化继续发展的大好时期。唐王朝官吏又开始掌权，首先设立的是官酒户。此时官酒户的出现在敦煌，将商业酒文化又推向一个高潮。唐朝的官酒户的出现给敦煌酒文化带来繁荣和发展。伯三五六九卷《官酒户马三娘，龙纷搥牒》记载：

> 官酒户马三娘、龙纷搥

去三月廿二日已后两件请本粟叁拾五䭾,合纳酒捌拾柒瓮半。至今月廿二日计卅一日。

伏缘使客西逢擦撒及凉州肃州蕃

使繁多,日供酒两瓮半已上。今准本数

欠三五瓮。中间缘有四五月艰难之

济,本省全绝,家贫无可吹𩠐,朝

忧败阙。　　伏乞

仁恩,支本多少,充供客使。　伏请

处分。

牒件状如前,谨牒。

　　　　　　　　　　　　光启三年(887)四月　龙纷搥牒

官酒户是为官方机构供酒的商业酒户名称。官方需要酒户供酒消费,就向供酒商(酒户)招标;马三娘和龙纷搥招标成功,就成了官方指定的供酒商——官酒户。这篇敦煌写卷叙述:唐朝地方政府实在由于政务需要才这么干的。由于凉州、肃州蕃使繁多,疲于奔忙,几处供酒,还没有供完原有的瓮数,还缺三五瓮,原有的酒本已经用完,家贫无可再供,请求再支本多少来继续充供。这官酒户与官府的关系密切但并不是"强制",而恰恰表现了唐王朝地方政府对商业官酒户的宽容和支持。双方合作,互利互惠,又有利于商业酒文化的发展。

归义军印

押衙季丰的报告只是记载了马三娘、龙纷搥欠酒多少的情况,并没有予以追查,因此完全没有迫使酒户低价供酒的意思;更谈不上构成所谓榨取小生产者酒户超额剩余劳动力的一种手段。我们对唐王朝地方政府与民与商和谐相处的现状,应当和对异族奴隶主的压迫现状作出严格的区分和评价,不应该混为一谈;不然就扰乱了我们对大唐王朝对商业酒文化发展作出的历史贡献的评价。相反,官酒户如有

莫高窟360窟（晚唐），饮酒观舞风俗

亏损是可以申诉减免的，马三娘和龙纷鎚这份牒文就是证据。马三娘、龙纷鎚这两个官酒户与唐王朝的关系是和谐的互利的。

五代和北宋时期的商业酒文化更加兴盛这也是历史事实。由于敦煌人民挣断了奴隶制的锁链，商业饮酒风俗就更加繁荣而继续向前发展。民间需求量的加大是其挣断奴隶制的结果，而形成显著的特色。现将五代与北宋时期繁荣的敦煌商业饮酒文化考述如下：

五代商业酒文化繁荣，现举出二十一例。（伯二〇三二）背面《己亥年（939年）净土寺破历残卷》，时当后晋天福四年（939年），记载有商业酒文化诸多实例。

1. 粉碎奴隶主的统治，寺院奴婢享有商业卧酒的文化风俗："麦伍斗，付恩子卧酒用。"（伯二〇三二背面）恩子是当时净土寺非常能干而备受重视的奴婢。

2. 招待修仓师傅饮酒。"卧酒沽酒西仓造（扫，同音致误）尘时博士即人夫等三时食用。"（伯二〇三二背面）

3. 招待造钟楼工匠等人饮酒。"粟壹拾陆硕三斗六升，卧酒沽酒，造钟楼时五月二十三日至六月十三日中间廿一日工匠及众僧搬砂车牛人夫等三时食用。"（伯二〇三二背面）伯六二一七《某寺诸色斛斗破历》，也记载有饮酒风俗。该卷前有《乙巳年（945年）二月丙午年（946年）四月常住新付物交割历》，故知该卷应是其相应时期的文书。

4. 淘麦日饮酒。"八月廿二日寺家淘麦日看用，酒壹角，又□□淘麦日酒。"（伯二〇三二背面）角也是酒的计量单位，敦煌酒壹角容纳十五升酒。关于淘麦，《续藏经》第二编第十六套第五册《禅苑清规》曾有记载。陈麦淘洗后晾干方可磨面，所以淘麦日是一件风俗大事而需要饮酒。

5. 招待寺家磨面的师傅饮酒。"秋间寺家砲面人五日供飦面二斗，酒壹斗。"（伯二〇三二背面）

6. 赛神饮酒。"又当黄赛神胡并（饼）叁十，薄饼四十，酒拾杓。"（伯二〇三二背面）斯四三七三记载："手（首）日赛神酒壹斗。"伯二六二九记载："三日赛神酒半瓮。"

7. 招待修碨师傅饮酒。"又后件修碨河（和）众僧用，胡并（饼）四十，酒半瓮。"（二〇三二背面）另伯二〇四〇背面记载："粟六升卧酒，碨面时看博士用。"

8. 招待碾碨僧人饮酒。斯五〇三九《某寺诸色斛斗破历》记载："沽酒就碨头庄（僧）看　阿郎用。"斯四三七三记载："七月十日面五斗，酒四杓，众僧碨后大略吃用。"

9. 招待淘麦僧人饮酒。伯二〇三二背面《己亥年（939年）净土寺破历残卷》记载："面一斗五升，□面二斗，粟二斗沽酒，两件淘麦僧食用。"

10. 招待领取碨课的工匠换酒。伯二〇三二背面《己亥年（939年）净土寺破历残卷》记载："粟壹斗，沽酒看取碨稞（课）博士用。"

11. 招待牧羊人饮酒。伯二〇三二背面《己亥年（939年）净土寺破历残卷》记载："粟七斗五升，麦一斗五升，卧酒及沽酒，三件看（招待）牧羊人用。"

12. 招待泥匠师傅饮酒。伯二〇四九a（925年）记载："粟壹斗，沽酒修寺院日，看（招待）泥匠博士用。"

13. 羊酒优劳风俗。甘州回鹘公主者者致沙州司空曹元忠夫人谢启。斯二二四一《公主君者者致北宅夫人书》曰："善谘令公，赐与羊酒优劳，合有信仪。"

14. 羊圈发愿风俗。伯二六二九《归义军之处酒账》："八月二日夜羊圈发愿酒壹角。"

15. 马院发愿和祭拜酒风俗。伯二六二九载："（八月三日）马院发愿酒壹斗，赛神酒五斗。"又曰："（九月一日）马院神酒□升，十四日马院祭拜酒五升。"

16. 饮马群人泽神酒。敦煌研究院0001号酒账："（四月）廿二日马群人泽神酒壹角。"

17. 饮迎赛南山酒风俗。斯一三九八《酒账》载："十月四日迎赛南山酒壹斗。"

18. 赛祆用酒。敦煌研究院0001号酒账："（四月）廿日城东祆神酒壹瓮。"伯二六二九酒账："（七月）十日城东祆赛神酒两瓮。"祆寺祀酒求雨，伯二七四八《安城祆咏》："更看零祭处，朝夕酒如绳。"

19. 造花树饮酒。伯二六二九酒账："六日供造花树僧逐日酒壹斗，至十日夜断，中间五日，计给酒五斗。"

20. 寒食祭酒。伯三七六三寺院入破历："粟三斗五升卧酒，寒食祭拜用。"

21. 悉磨遮饮酒风俗。悉磨遮又称苏莫遮。这是敦煌每年二月八日浴佛节，男青年戴着假面跳舞的风俗，此时要饮酒作乐。斯一〇五三"寺院破历"云："粟叁斗，卧酒，二月八日郎君踏悉磨遮用。"又伯四六四〇"归义军衙府布纸破历"云："二月七日支与悉磨遮粗纸叁拾张。"粗纸就是用来做假面。见下酒店图：

以上酒店图是维摩诘经变"方便品"情节之一。敦煌研究院研究员贺世哲指

莫高窟第 61 窟（五代），酒店图

出：'经云：维摩诘"入诸酒肆，能立其志。"画面为一酒店，内有数人，围桌对坐，桌上置酒瓶与酒碗。维摩诘立桌前，手挥尘尾，做高谈阔论状。店外有一（或二）舞者，翩翩起舞。晚唐第 12 窟，五代第 98、108、61、146 等窟皆有此情节。第 61 窟还有墨书榜题："或入诸酒肆，共坐诸□，□教谈章，广为方□，□□生患，□立其志。"这些画面当是归义军时期沙州酒肆的局部写照，舞蹈图像显然为"俗舞"，是研究中国舞蹈史之珍贵资料。"①

北宋时代。时代继续向前，敦煌距离吐蕃占领的奴隶制时期越远，商业酒文化越向前发展，并能体现出中华风俗传统。斯六四五二 2《辛巳年（981 年）十二月十三日周僧正于常住库借贷油面物历》，981 年，时当宋太宗赵炅在位，乾亨三年（981 年），此卷记载了许多民间饮酒风俗，说明宋太宗治理经济很成功，以下举出八个方面商业酒文化中的问题予以论证。

莫高窟 61 窟（五代），小酒店中的舞人

1. 招待打银碗师傅饮酒，尊称"打银椀博士"。吐蕃时将他们掠为奴隶，也消灭了大唐王朝的饮酒打造金杯银碗的民俗传统，宋太宗时代恢复了。多么激动人心的记载："壬午年正月三日，酒壹瓮，打银椀博仕吃用。同日酒壹瓮。大乘寺九日打椀局席酒壹瓮。""博仕（士）"即师傅；打银椀师傅不仅每餐必酒，还要设酒局接待。见右图：宋代小酒店中的舞人。

2. 招待造门师傅饮酒。"（正月）十二日酒壹角，造门博仕吃用。（正月）十四日酒壹斗造门博仕吃用。"还有"十九日酒壹斗，造门博仕手工价用。"这是以酒与造门手工价对充的风俗。

---

① 季羡林：《敦煌学大辞典》，上海辞书出版社 1998 年版，第 100 页。

3. 丧葬饮酒风俗。"(二月)十日,酒壹瓮,马都料家助葬用。""(五月)十五日酒壹瓮,胜连亡用。""(五月)廿七日酒五升墓头来吃用"。

4. 种麦、浇麦、上灰饮酒风俗。"(二月)十八日,酒壹角,种麦用。""(四月)廿七日酒两瓮兰若上灰用。""五月三日,酒五升河母浇麦用。""(六月)五日酒壹斗,浇麦用。"

5. 买药、吃药饮酒风俗。"(二月)十四日,酒五瓮,渠北坐翟胡边买药用。""(二月)廿二日,酒五升吃药用。""(三月)九日,酒壹瓮,阿柴唁胡边买药用。"

6. 赛神饮酒风俗。"(八月)十九日,麦壹斗沽酒炉头赛神用。"

7. 招待造按枷师傅饮酒。"(三月)廿六日酒贰斗,造按枷博仕吃用。"

8. 禳灾祈福祀酒。斯四四〇〇北宋太平兴国九年(984年)节度使曹延禄《禳灾祈福文》曰:"谨择良月吉日,依法备朱书符,清酒杂果,干鱼鹿肉……敬祭于五方上帝、土地阴公、山川百灵一切诸神。"

榆林窟第三窟,(西夏)酿酒图

上为宋代时候西夏地方酿酒图,画面绘有一炉灶,灶台上叠压四层大小不同的方形以及梯形的器物,顶上还有梯形烟囱。据何丙郁和英国人李约瑟在《中世纪早期中国炼丹家的实验设备》一文中的考据,该梯形器物是酿造高浓度烧酒的蒸馏器。

敦煌民众由于粉碎了吐蕃奴隶主复辟奴隶制的阴谋,在北宋时代的商业经济比起五代来又有所发展,无论是酒店开设还是酒户都愈发多起来。斯六四五2 5《辛巳年—壬午年(981—982年)付酒本粟麦历》记载:

```
1  辛巳年十二月廿六日,汜法律店酒本粟叁硕五斗。同日,盐子磨店
2  酒本粟肆硕贰斗,万定酒本粟壹硕肆斗。
3  壬午年正月十二日,盐子磨店酒本粟肆硕贰斗。同日,富昌酒
4  本粟两硕壹斗。十三日,富昌酒本麦肆斗、粟肆斗。廿日,万定酒
5  本粟壹硕肆斗。廿七日,万定酒本粟壹硕肆斗。二月四日盐子磨酒本
```

```
 6  粟柒硕,富昌酒本粟柒斗。廿八日,刘万定酒粟两硕壹斗。
 7  三月十二日,氾押衙店酒本粟两硕壹斗,兴子酒本粟
 8  壹硕肆斗。十九日,盐子磨店酒本粟拾伍硕。廿日氾押衙(店)酒
 9  本粟两硕壹斗。四月廿七日,氾押衙店酒本粟两硕壹斗,
10  兴子本粟壹硕肆斗,幸通店酒本粟柒斗。五月十六
11  日,富昌本粟壹硕肆斗。七月九日,富昌本粟壹硕肆斗。
12  十月十六日,兴子酒本粟两硕壹斗。廿一日,定员(氾)押衙店酒
13  本粟叁硕伍斗。廿二日,郭法律酒本麦壹硕贰斗,粟壹
14  硕贰斗。十一月六日,盐子磨店酒本粟肆硕九斗,麦
15  本两硕肆斗,粟两硕肆斗。十六日,氾押衙店麦粟
16  捌斗。十二月十七日,盐子磨(店)麦本捌斗。
```

此卷公布的酒店就有四家之多:氾法律店、盐子磨店、氾押衙店、幸通店。押衙原称押牙,唐宋时代官名,管领仪仗侍卫,是为管理牙兵的小官。为了繁荣经济,宋初押衙这样的小官也能兼职开酒店,也说明敦煌商业酒文化的人数参与者是尽量扩大了。其余人名,如刘万定、富昌、兴子、郭法律应当都是酒户,但已为单独的酒商贩活跃于敦煌乡间。他们的名字就代表敦煌人民对经济繁荣的心灵的呼声,"万定"是万国安定,"富昌"是富裕昌隆,"兴子"是子孙兴旺,等等。和吐蕃时期,那种只准奴隶主饮酒享乐,把什么人都抓去做奴隶,而所有奴隶则任命政治化佛寺把他们管住,已是大为不同了,正是这些众多的酒店和众多的酒商的纷纷参与,才把宋代的饮酒风俗与民间经济需求交织得千丝万缕之繁荣,带来敦煌人间经济发展的富裕和欢乐的岁月。吃得脑满肠肥的吐蕃奴隶主们,是不可能再有任何叛盟入侵敦煌的机会了,奴隶制狭义思维本身决定奴隶主们在历史上不可能有任何发展经济的智慧,历史唯一做的是使其退出。

结　语

本文遵循唐人商业经济发展脉络而探索敦煌商业酒文化及其酒市与酒店的市场化运作,虽然不可能对敦煌商业酒文化包罗万象予以全面探讨,但也能从经济发展这一个侧面看到它反映的社会经济生活的历史状况。吐蕃占领奉行奴隶制的制度,使历史大倒退,破坏了大唐王朝的经济规律和中华民俗传统,也压制了商业酒文化的发展;吐蕃被赶回老巢,大唐王朝的商业酒文化才能得以恢复繁荣和发展,这是历史事实作出的结论。

论元末顾瑛"三教合一"视域中的玉山雅集

◎ 吴新雷

引　言

儒、佛、道交融归一的主张发端于六朝时期,经历隋唐五代长期的思辨磨合,至宋代而成型。宋元以来,"三教合一"的思想观念对文人的日常生活和文艺创作影响深远。本来,孔孟儒学不是宗教,但宋代理学家融摄佛、道的思维方式和修养理念,形成了一种新的哲学体系,学界称为理学,进而被叫做儒教。自此以后,"三教合一"的观念深入到文化学术界各个领域。"三教之间互相影响、互相渗透,最后成为一个三教合一的整体。儒教以自己为主,吸收了佛教及道教。佛教、道教也走上三教合一的道路。"①

在元代蒙古贵族统治集团入主中原的特殊时期,汉族士子大多受到压制,心态矛盾,如杨维桢、倪瓒、顾瑛等名士,生逢元末乱世,或彷徨于入世与出世之间,或看破世情而隐遁避祸。他们的思想表现,正如倪瓒指出的那样:"据于儒,依于老,逃于禅。"②其中玉山雅集的盟主顾瑛,正是体现这种"三教合一"观念的典型人物。释克新《题顾仲瑛小像卷后》记载:"句吴顾仲瑛氏,家世儒者,既肄其业,又学于佛于老,以博其道,好事者图为三教容貌以传于时。"③本文基于顾瑛辑录的《玉山名胜集》、《草堂雅集》及其诗文别集《玉山璞稿》,结合其他典籍加以钩稽,考论其三教合一的表现形态和玉山雅集的文化内涵。不当之处,尚请方家指教。

---

①　任继愈:《佛教与儒教》,《佛教与中国文化》,中华书局1988年版,第15页。
②　倪瓒:《清閟阁全集》卷九《德常张先生像赞》,《文渊阁四库全书》,台湾商务印书馆1986年影印本,第1220册,第297、298页。
③　顾瑛辑,杨镰、叶爱欣整理:《玉山名胜集》,中华书局2008年点校排印本,第663页。

一、顾瑛的事迹及其"三教合一"观念的表现形态

顾瑛(1310—1369)是元代江浙行省平江路昆山州人,他又名德辉、阿瑛,字仲瑛;人称玉山主人、玉山隐君、风月异人;自号玉山居士、金粟道人。平生工诗善画,不屑仕进。自元顺帝至正八年(1348年)到至正十年(1350年)前后,他在昆山西乡界溪与绰墩之间营造了一座园林别墅,总名为"玉山草堂",或称"玉山佳处",内有种玉亭、读书舍、金粟影、小蓬莱、碧梧翠竹堂等26个景点。为的是筑巢引凤,招集四方宾客,开展诗文创作和书画声歌等文化艺术活动,统称为"玉山草堂雅集"或"玉山雅集"。

据郑元祐《玉山草堂记》和吴克恭《玉山草堂序》记载,顾瑛因为追慕王维、杜甫,而王有蓝田玉山之胜,杜《崔氏东山草堂》诗有"爱汝玉山草堂静"之句,恰好昆山又名玉山,所以在建造园林别墅时便垒山凿池,广筑亭台楼阁,"以其合于岩栖谷隐之制",请著名诗人虞集题匾为"玉山草堂"。吴克恭的序文说:"仲瑛好古博学,今之名卿大夫、高人韵士,与夫仙翁、释氏之流尽一时之选者,莫不与之游从,雅歌投壶,觞酒赋诗,殆无虚日,由是仲瑛名闻湖海间。"这表明玉山主人交游广泛,热忱好客,他与当时的文坛大家杨维桢、书画大家倪瓒和黄公望、南戏大家高明、诗僧良琦、茅山道士张雨等都有来往,深有交谊。

顾瑛出身于富豪巨族,祖父顾闻传仕元,官至卫辉怀孟路(今河南境内)总管,父亲顾伯寿,隐居不仕。他本人生于元武宗至大三年(1310年),而主盟玉山雅集则是在元顺帝(惠宗)至正年间(1341—1367)。他始终不愿出山仕元,但因其子顾元臣担任了元朝的水军副都万户,元亡后受到新朝编管的处置。明太祖洪武元年(1368年)三月,按照朱元璋有关迁移富户以充实其穷乡的方针,顾家父子被徙置临濠(今安徽凤阳),洪武二年(1369年)三月,顾瑛病逝,归葬昆山绰墩。钱谦益在清顺治三年(1646年)编《列朝诗集》时为顾瑛作传,辑入《列朝诗集小传·甲前集》,传记说:

> 德辉,字仲瑛,别名阿瑛,昆山人,四姓(按:指吴中四大家族顾、陆、朱、张)之后,轻财结客,年三十始折节读书,师友名硕,购古书名画、三代以来彝器秘玩,集录鉴赏。举茂才,署会稽教谕,力辞不就。年四十,以家产付其子元臣,卜筑玉山草堂。园池亭榭、伎馆声妓之盛,甲于天下。日夜与高人俊流置酒赋诗,觞咏唱和,都为一集曰《玉山名胜》,又会萃其所得诗歌曰《草堂雅集》。淮张(按:指张士诚)据吴,避隐嘉兴与之合溪。母丧,归绰溪。张氏再辟之,断发庐墓,诵大乘经以报母,自称金粟道人。至正之季,元臣为水军副都万户,仲瑛封武略将军飞骑尉钱塘县男。洪武元年,以元臣为元故官,例徙临濠。二年三月卒,年六十。自为圹志,戒其子以纮衣、桐帽、棕鞋、布袜缠裹入土。其归葬绰墩

也,华亭殷奎为之志。仲瑛自画小像,浴马、摘阮、补释典、写道经,最后则方床曲几,与一老对语,而题诗其上,世所传"儒衣僧帽道人鞋"绝句是也。①

这概述了顾瑛的生平事迹,并点出其"儒衣僧帽道人鞋"三教合一者的形象。

钱谦益写的顾瑛小传反映出,顾家拥有雄厚的经济实力,不仅富于图书文物的收藏,而且"饩馆声妓"("饩"乃资养之意),备有歌舞乐队伶工家班。他早年曾被任命为会稽儒学教谕,但他"力辞不就",不愿出仕。他最大的乐趣是在玉山草堂招待各地来客,不断地举行文酒之会。或作画题诗,或联吟唱和,先后雅集七十多次。

顾瑛"三教合一"观念的表现形态,经考证探究,可以归纳为下列五个方面:

第一,玉山草堂的景点规划体现了三教并举的理念。由于受到"三教合一"思潮的影响,顾瑛在规划园林建置时安排了儒、释、道各具特征的景点。如"读书舍"是诵读儒家经典之处,顾瑛自题楹联为"学时时习,德日日新",语出《论语》"学而时习之"和《书经·商书》"德日新"。"金粟影"是供奉佛像维摩诘(金粟如来)之处,取名于杜甫诗句:"虎头金粟影,神妙独难忘。"②虎头是东晋大画家顾恺之的小名,因在建康瓦棺寺北殿画了维摩诘像而闻名于世。顾瑛是顾恺之的后裔,所以特地建造了"金粟影"景观。而小蓬莱的喻意是指道家的蓬莱胜境,是带有仙风道气的景区。道家讲究山水景观的生态环境,追求养生的洞天福地,故而草堂内有垒高的小东山(象征玉山),有开掘的春草池,有湖光山色楼,有碧梧翠竹堂等等。"其地宜植物,异卉珍木,树之无或不良,麋鹿羽鳞之属,罔不毕致。日与贤士大夫燕游其上,凭高四望,清气逼人,三山十湖,宛然在目。"③华翥《题玉山佳处》称赞说:"花间委佩仙客集,水上清唱渔舟迷";"玉堂学士天上来,相逢一笑华筵开。"顾瑛营造这样美妙的神仙世界,具有儒释道不同倾向的诗人都被吸引来了。

第二,削发为"在家僧",隐居金粟庵内,兼修佛道而自号金粟道人。"三教合一"观念是顾瑛思想中的主观因素,而客观的时局因素又促使他呈现了亦僧亦道的奇异面貌。起因是至正十三年(1353年),张士诚在泰州起事,自立为王,至正十六年(1356年),张士诚带兵攻占平江(今苏州),玉山草堂遭乱兵劫掠,他奉母逃到吴兴商溪避难,不幸母病遽逝,后归葬于绰墩山之南坡。张士诚幕府再三荐举,强迫他出山任职,他为了摆脱"荐举",在至正十六年八月,断然"削发作在家僧"④。又在绰墩

---

① 上海古籍出版社1983年版《列朝诗集小传》(上册),第26、27页。
② 仇兆鳌:《杜诗详注》卷九,诗题为《送许八拾遗归江宁觐省,甫昔时尝客游此县,于许生处乞瓦棺寺维摩图样志诸篇末》,中华书局1979年版,第457页。又,李白曾自比为维摩诘转世之身,见李诗《答湖州迦叶司马问白是何人》:"湖州司马何须问,金粟如来是后身。"(《李太白全集》卷十九,中华书局2006年版)
③ 《玉山名胜集》,中华书局2008年版,第192页张天英《湖光山色楼记》,下列华翥诗见第74页。
④ 顾瑛:《补辑玉山草堂诗卷记》:"秋八月,予欲谢世缘而无策,不免削发作在家僧。"《玉山璞稿》,中华书局2008年版,第115页。

母墓旁建金粟庵,隐居庵中,佛道兼修,乃自号金粟道人。并预筑生圹寿穴,准备死后即葬于此。他48岁时(至正十八年)预先自撰《金粟道人顾君墓志铭》,说:

> 丙申岁(至正十六年),兵入草堂,奉母挈累寓吴兴之商溪。母丧于斯,会葬者以万计。是岁,函骨归瘗于绰墩故垄。当时,交相荐举,乃祝发庐墓,阅《大藏经》以报母恩。复凿土营寿藏于山之阳,环植丛桂,扁曰金粟……金粟道人由是而名。①

金粟是佛名,与道人合称,表明他是佛道兼修者。

第三,显示了三教合于一身的奇异形象"儒衣僧帽道人鞋"。基于顾瑛的突出表现,倪瓒在至正十八年(1358年)八月中特地为他造像,绘制了一幅三教合于一身的《金粟道人小像》(海外学者称为《顾玉山三教小像》),他自题画像诗云②:

> 儒衣僧帽道人鞋,天下青山骨可埋。
> 若说向时豪侠处,五陵鞍马洛阳街。

诗中回顾了他少年时代街市豪侠的往事,而归根结底的形象是"儒衣僧帽道人鞋",这是他"三教合一"观念最为具体的写照。

第四,精研佛老之学,补释典,写道经。经查考,顾瑛除了精读儒家书史之外,确曾研修佛、道经典。他"祝发庐墓,阅《大藏经》以报母恩",《大藏经》是佛教典籍汇编的总名,隋唐时以抄本流传,宋太祖开宝四年(971年)始有刻本,共收录释典1076部5048卷,元世祖至元二十七年(1290年)又曾刻印一次。顾瑛收藏的《大藏经》没有说明是什么版本,但他在《补释典》诗"佛子自多事,立此文字禅"的小序中说:"披阅释氏大藏经典,手书补其阙漏者三百若干卷。"③可知他因藏本有残缺,竟不辞辛劳,亲自手写补抄了三百多卷。对于道教经典,他也努力钻研:阅《云笈七籖》,读《道藏》,写道经。④

第五,建造了儒释道三教合一的"三静殿"。顾瑛在至正二十年(1360年)三月所作《写道经诗序》中记载⑤:

---

① 顾瑛:《玉山璞稿》杨镰整理,中华书局2008年版,第191页。
② 见《金粟道人小像》诗及倪瓒跋语,《玉山名胜集》,中华书局2008年版,第654页。该像有翁同龢摹本,倪瓒原画在日本,参见本文结语部分相关注释。
③ 见《玉山名胜集》,中华书局2008年版,第670页。
④ 顾瑛:《写道经》诗序,《玉山名胜集》,中华书局2008年版,第670、671页。
⑤ 顾瑛:《写道经》诗序,《玉山名胜集》,中华书局2008年版,第670、671页。

予于去年春正寓吴江法喜寺,是月四日夜,玉山中芝云堂、读书舍、可诗斋,有郁攸毕方之灾(按:指火灾),平日所藏书几二万卷皆为煨烬,独《云笈七籤》不毁。因有三生之悟,即芝云堂北创小殿若干楹,像释迦、老君、孔圣于庄中,标其颜曰"三静殿",之皆结不二室。阅《七籤》,向有三洞三十九章释义,味其旨,皆内修之奥。……又得双凤普福室《道藏》内思真之诀、存真之图、郁仪之文、结璘之章,并其存修之法,考之八素真经中所谓大洞一法,尽合二契于敬矣,因手类为大洞隐文。

这说明芝云堂遭灾以后,他有所感悟,特地在堂北建造了"三静殿",将释迦牟尼、太上老君(老子)和孔子的圣像并立供奉,明确显示了他"三教合一"的观念。《云笈七籤》是道教的类书,计有122卷,他细加研读,又手自写录了《道藏》中的一些诀语和经文,用力甚勤。故而玉山雅集中的常客秦约和陆仁说他"精研佛、老之学,皆理实而心融"①。释一印则说他"道典儒书古佛经,遍探仍为补遗云"②。这都是对他圆融三教的定评。

二、玉山雅集中儒释道的交流融通

自西晋金谷园之会和东晋兰亭集以来,文人游宴唱和蔚然成风。唐代诗家王维有辋川之会,宋代名流王诜、苏轼、秦观、米芾等有西园雅集③,而顾瑛主盟的玉山雅集则是元代最具影响力的文坛盛事。在历史上,玉山雅集不仅规模大历时久,而且创作的诗篇极多,这些作品见载于顾瑛辑录的诗歌总集《玉山名胜集》和《草堂雅集》中。《四库全书总目·玉山名胜集提要》称赞顾瑛的事功说:

其所居池馆之盛,甲于东南,一时胜流,多从之游宴,因裒其诗文为此集。各以地名为纲,曰玉山堂、曰玉山佳处、曰种玉亭、曰小蓬莱、曰碧梧翠竹堂、曰湖光山色楼、曰读书舍、曰可诗斋、曰听雪斋……每一地各先载其题额之人,次载瑛所自作春题,而以序记诗词之类,各分系其后。元季知名之士,列其间者十之八九。考宴集唱和之盛,始于金谷、兰亭,园林题咏之多,肇于辋川、云溪。其宾客之佳,文词之富,则未有过于是集者。虽遭逢衰世,有托而逃,而文采风流,

---

① 秦约和顾仁合作的《祭顾玉山文》,《玉山名胜集》,中华书局2008年版,第657页。
② 释一印:《和玉寄藻南洲禅师》,《玉山名胜集》,中华书局2008年版,第549页。
③ 西园雅集是驸马都尉王诜(宋英宗赵曙的女婿)做东道主,在宋哲宗元祐二年(1087年)六月,邀请苏轼、秦观、米芾、黄庭坚、陈景元(三教融通论者)等共16人举行的游赏盛会,李公麟画了《西园雅集图》,米芾写的《西园雅集图记》收录于清王文诰《苏文忠公诗编注集成·总案》卷28第7页上(清光绪十四年浙江书局刻本)。

照映一世,数百年后犹想见之。录存其书,亦千载艺林佳话也。

指出元末有名的文士大多跟顾瑛有交往,其中十之八九参与了玉山雅集。由于受了顾瑛"三教合一"观念的影响,在玉山草堂内外汇聚了儒释道三方面的精英,彼此交流,相互切磋。再加顾瑛本人多才多艺,他组织的活动多姿多彩,内容丰富,融通文学、书法、绘画、声艺于一堂,呈现了与一般文人聚会大不相同的奇特局面。如至正八年(1348年)二月十九日的雅集,由画家张渥创作了《玉山雅集图》,杨维桢在《玉山雅集图记》(《雅集志》)中记载:

> 右《玉山雅集图》一卷,淮海张渥用李龙眠白描体之所作也。玉山主者为昆山顾瑛氏,其人青年好学,通文史,及音律、钟鼎、古器、法书、名画品格之辨。性尤轻财喜客,海内文士未尝不造玉山所,其风流文采出乎辈流者尤为倾倒。故至正戊子二月十有九日之会,为诸集之冠。冠鹿皮,衣紫绮,坐案而伸卷者,铁笛道人会稽杨维桢也。执笛而侍者姬,为翡翠屏也。岸香几而雄辩者,野航道人姚文奂也。沉吟而痴坐、搜句于景象之外者,苕溪渔者郯韶也。琴书左右、提玉尘从容而色笑者,即玉山主者也,姬之侍为天香秀也。①

图中还画了其他座客共计13人,而翡翠屏、天香秀等则是家班女乐中的歌姬。在图卷后题咏的诗家有倪瓒、袁华、释良琦、释一愚、会稽的山阴道士于立、昆山的清真观道士余善等24人。杨维桢题诗云:"须信西园图雅集,佛中脱缚有丹霞","荆山道人曾有约,约过虎头金粟家"。这反映了雅集中儒释道三教会通的实际情况。

玉山雅集是在玉山草堂的各个景点轮流举行的,如芝云堂雅集、绿波亭雅集,等等,每次雅集的人数多少不等,少者三五人,多者二三十人。元末社会动荡,战乱四起。至正十一年(1351年),江淮之间爆发了红巾军大起义,接下来是张士诚在江南割据称王,草堂曾多次遭到乱兵之灾。顾瑛身处危局,竟不畏险阻,仍坚持与良朋好友约会。他曾避居嘉兴合溪,另辟会所。他到各地避难,照样举行雅集,如在绰墩、合溪、杭州、吴江、松江,均有觞咏之会。杨镰在《顾瑛与玉山雅集》一文中指出:"在战乱的特殊环境中,离开家园的顾瑛仍然是玉山雅集的主持人。""尽管顾瑛慨叹'兵甲蝟集,朋友星散,会合诚难',但雅集仍然举办,只是已经不完全依附于草堂。至正十八年八月的'水西清兴',至正十九年、二十年之交的'西湖梅约',同属走出草堂的雅集。""只要有顾瑛,就有新的玉山雅集。"②黄仁生在《顾瑛考论》中统计,至正年间

---

① 《玉山名胜集》,中华书局2008年版,第46页。
② 此文载于中华书局2008年版《玉山名胜集》、《草堂雅集》和《玉山璞稿》三书整理本的卷首。

在顾宅内外计有七十二次雅集,录下历次唱和、寄赠之作达三千三百余首。① 现据《玉山名胜集》等三书中的记载初步统计,参与草堂内外历次雅集和交游赠答的作者,累计达到三百六十多人(草堂内雅集的作者为一百九十余人),其中有释子诗僧44人,道流诗翁22人,其他则是儒林诗人。

经查考,参与者中有许多儒林高士,如虞集、柳贯、赵孟頫、陈旅、李考光、黄溍、李祁等等。虞集字伯生,其先出于蜀郡,后入籍临川,曾任大都路儒学教授、翰林直学士、国子监祭酒,是元诗"四大家"之冠。他为玉山草堂题写了隶书匾额,为钓月轩写了五言律诗,又为小蓬莱写了《步虚词》。柳贯字道传,浦江人,太常博士,出为江西儒学副提举,是元代"儒林四杰"之一②,曾赋玉山倡和诗。赵孟頫字子昂,湖州人,历任江浙等处儒学提举,官至翰林学士承旨。他是书画名家,曾为顾瑛题写了芝云堂的篆书匾额。他的次子赵奕在至正十一年(1351年)十月跟和尚良琦、道士于立等参加了玉山佳处的雅集,当场赋诗一首,并为湖光山色楼题写了篆书匾额。陈旅和李孝光被列入《元史·儒林传》中,均与顾瑛有交往,《草堂雅集》收录了他俩的诗篇。黄溍字晋卿,元仁宗恢复科举考试的元祐二年(1315年)考取了进士,出任浙江等处儒学提举,位列元代"儒林四杰"中,曾为顾瑛写《玉山名胜集序》,题署是:"至正十年四月既望,翰林侍讲学士、中奉大夫、知制诰同修国史、同知经筵事,金华黄溍序。"李祁,字一初,茶陵州人,元顺帝元统元年(1333年)进士,出任江浙儒学副提举,曾参与碧梧翠竹堂雅集,两次题诗。并于至正十一年(1351年)写了《玉山名胜集序》,序文中说:"良辰美景,士友群集,四方之来与朝士之能为文辞者,凡过苏必之焉。之则欢意浓浃,随兴所至,罗樽俎,陈砚席,列坐而赋,分题布韵,无间宾主,仙翁、释子亦往往而在。"这是朝野之士和道翁僧侣参与雅集时不分高下、交流融通的生动写照。

经初步统计,参与雅集倡和的佛家诗僧计有44名,他们是:

释良琦 释文信 释来复 释自恢 释克新 释楚石 释宝月 释照觉 僧觉照 释一愚 释一印 释福初 释元本 释余泽 释那希颜 释祖柏 释子贤 释元潚 僧至厹 释元朴 释文藻 释元旭 释门蔚 释行方 释万金 释景芳 释若允 释元鼎 释宝泐 释元震 吴僧宣无言 云门僧法坚 禅道彬 赵潜震禅师 藻南洲禅师 见心禅师 居中禅师 了庵禅老

---

① 黄仁生:《杨维桢与元末明初文学思潮》第五章第四节《顾瑛考论》,东方出版中心(上海)2005年版,第296—320页。
② 《元史》卷一八一《柳贯传》记载:柳贯与黄溍、虞集,揭傒斯齐名,"人号为儒林四杰"。又,清康熙年间顾嗣立编《元诗选》,宋犖序中推崇"虞(集)、杨(载)、范(梈)、揭(傒斯)"(见中华书局1987年排印本《元诗选初集》卷首),故称之为元诗四大家。

茂林上人　无隐上人　宝上人　复初长老　沙门泉澄　云谷和尚

玉山雅集的座上客中有不少能诗善文的僧侣，如释良琦，他是苏州天平山龙门寺的高僧，字元璞，又称琦龙门、琦元璞。顾瑛在《草堂雅集》中辑录了他的作品，并为之作传说："姑苏人，自幼读书，学禅白云山中，性操温良，澹然无尘想，诗声尤著江湖间，与杨铁崖、郯九成累过余草堂，超然物外人也。"他经常来往于玉山草堂的各个景点，参加雅集，分韵赋诗，跟各类来宾十分投缘。又如释余泽和释文信，均为援儒入佛的儒僧，顾瑛在《草堂雅集》中为余泽作传说："研究教乘，尤博儒书。"为文信作传则说："既悟禅旨，兼通儒、老，善属文，诗尤清峭，不为时俗声，住石湖宝华禅寺，每与谈诗，令人洗去尘想。"可见文信是以释为主而兼通儒、道的圆融三教者。

在玉山雅集的嘉宾中，还有一些援佛入儒的居士，如洞云居士、石渠居士、净名居士、龙眠居士等。其中净名居士就是元代四大画家之一的倪瓒①。他工于诗文词曲，《录鬼簿续编》记载："倪元镇，讳瓒，锡峰人，自号风月主人，又号云林子。兄文光为道录官，尝于常州玄妙观塑老君并七子听经。"②他早年由长兄倪文光抚养，所以也曾学道，且后来信佛，自比为唐代高僧懒瓒禅师，③"好僧寺，一住必旬日，篝灯木榻，萧然宴坐"。他与顾瑛有亲戚关系，其诗篇见录于《草堂雅集》中，顾瑛为之作传，说他"酷好读书，尊师重友，操履修洁，诗趣淡雅如韦苏州，作小山水如高房山，自号经锄隐者，家有云林隐居，与矛有葭莩之亲"。《玉山名胜集》中有他写的四首诗，盛赞玉山草堂的优美景色。

至于参与雅集倡和的道家诗仙，初步统计有22名：

茅山道士张雨　山阴道士于立　清真观道士余善　白鹤观道士郑守仁　桐花仙客吴善　大痴仙黄公望　铁笛道人杨维桢　野航道人姚文奂　菜根道人高明　松云道人熊梦祥　桐花道人吴国良　藏六道人陈让　荆山道人　月山道人　圆修道人　岳道士　蔡山人　萧元泰真人　杜丹丘真人　丹丘金翼章炼师　无一炼师

道教中有不少派别，各有不同的表现，隐居乐道者称为隐君，期望修道成仙者称为仙翁，讲究炼丹益寿者称为丹丘子或炼师。金元时期，全真派道教大为盛行，元世祖忽

---

① 《清閟阁全集》卷十一《外纪上·云林遗事》记倪瓒有净名居士、云林子等别号，见《文渊阁四库全书》影印本第1220册，第318页。

② 《录鬼簿》，上海古籍出版社1978年版，第110页。

③ 孙昌武：《中国佛教文化史》第三编第二十一章《唐代及其以后佛教绘画艺术》，中华书局2010年版，第2640页。下列引文出于《清閟阁全集》卷十一《外纪上·云林遗事》，《文渊阁四库全书》影印本第1220册，第320页。

必烈在至元六年(1269年)诏封王重阳等五祖为真君,又封其七大弟子为真人。任继愈主编的《中国道教史》第十四章专论《金元全真道》,指出元朝大统一后,南北文化开始交流融合,兴起于北方的全真道渡江南传,江、浙、鄂、闽都成了全真道的活动地区。茅山道士张羽和《富春山居图》的作者黄公望就是全真派道教的信徒。①

张雨和黄公望都跟玉山雅集中人有交往,与顾瑛、杨维桢、倪瓒、秦约等相互唱和。《草堂雅集》卷五辑录了张雨的作品,顾瑛为之作传说:"字伯雨,钱塘人。博览群书,故其诗清旷俊逸,时辈不能及。始隐茅山,后徙杭之灵石洞,与赵魏公(赵孟頫)、虞翰林(虞集)友善,诗名震京师,自号句曲外史。"在《玉山名胜外集·纪寄赠》中,录有黄公望83岁时写给顾瑛的唱和诗,内容是称赞顾家子弟"姓字香",赞赏玉山雅集的环境好:"文章尊俎朝朝醉,花果园林处处春。"②黄公望字子久,常熟人,《录鬼簿》说他"先充浙西宪吏,后在京,为权豪所中",吊辞说:"浙西宪史性廉直,经理钱量获罪归。"③因他秉性耿直,在京中为了经办钱粮的事得罪了权贵,遭到迫害而南遁入道,别号大痴道人,人称大痴仙④,在苏杭一带授徒传教。《道法会元》卷210《丹阳祭炼内旨》的作者王玄真就是他的门徒。张雨在至正十六年(丙申1356年)十二月为《内旨》篇所作的《后序》,记叙王玄真"从大痴黄先生于钱塘西湖南山之曲","尽得先生之旨"。⑤ 现存《道藏》中收录了黄公望传承的《纸舟先生全真直指》等三部道书,均署名为"嗣全真大痴黄公望传"⑥。由此可见,黄公望确是全真道的道士。

再说山阴道士于立,他跟顾瑛的关系十分密切,和释良琦一样,每年都来参加雅集,在芝云堂、听雪斋等景点都写下了诗篇。顾瑛收录其作品编入《草堂雅集》第13卷,并为之作传说:"字彦成,南康之庐山人……学道会稽山中……多游吴中,与予特交善,故于玉山草堂有行窝焉,法书名画题品居多。"所谓行窝,是指下榻的客房。顾瑛主办雅集时,招待周到殷勤,不仅承担来客的食宿费用,而且对于常来常往的嘉宾,还专门为他们准备了常住的"行窝"。

玉山雅集中称为道人者,大多是以儒慕道、援道入儒的文士,如姚文奂、熊梦祥等。前述做了大官的赵孟頫,也因为有了退居隐逸的想法而自号为松雪道人。最为突出的则是铁笛道人杨维桢,字廉夫,号铁崖,绍兴路诸暨州人,泰定帝泰定四年(1327年)进士,曾被任命为江西等处儒学提举,因战乱退出官场,避居富春山,又流寓杭州、苏州、松江。他游心于道,人称"风月福人"⑦。张士诚招之,不往,放浪于诗

---

① 任继愈主编:《中国道教史》第十四章第一节,上海人民出版社1990年版,第525—529页。
② 《玉山名胜集》,中华书局2008年版,第437、438页。
③ 《录鬼簿》,上海古籍出版社1978年版,第40页。
④ 杨维桢称黄公望为"大痴仙",见《玉山名胜集》,中华书局2008年版,第422页。
⑤ 见文物出版社等1988年影印版《道藏》,第30册第321、322页。
⑥ 见文物出版社等1988年影印版《道藏》,第4册第382、973页,第10册第695页。
⑦ 见杨维桢《风月福人序》,《四部丛刊初编》本《东维子文集》卷九)。

酒歌舞之地,曾作《优戏录序》,又为昆山朱明氏传承的傀儡戏写了《朱明优戏录》。他曾任顾瑛家的塾师①,是玉山雅集的常客,顾瑛在《草堂雅集》中辑录其诗并为之作传说:"访予于玉山草堂中,醉后披玄鹤氅,坐船屋上,吹铁笛作《梅花弄》,殆忘人世。予家藏法书、名画,多所题品,其奇语天出,人推之为仙才云。"杨维桢是元末的文坛大家,诗词曲赋无所不能,他倡导古乐府运动,有出色的成就。他对顾瑛主盟的雅集极为推崇,曾参加了玉山佳处、小蓬莱、碧梧翠竹堂、湖光山色楼、浣花馆、渔庄和书画舫等处的诗文雅集,与各地来宾赋诗唱酬。清人顾嗣立在《寒厅诗话》中评论说:"廉夫当元末兵戈扰攘,与吾家玉山主人瑛领袖文坛,振兴风雅于东南,柯敬仲九思、倪元镇瓒、郭羲仲翼、郯九成韶辈,更倡迭和,淞、泖之间,流风余韵,至今未坠。"②这指出杨维桢和顾瑛双峰并峙地起了领袖江南诗坛的作用,而且肯定了玉山雅集在诗歌史上的地位及其对后世的影响。

三、玉山雅集多层面的文化意蕴

元代的江浙行省是全国经济文化最为发达的地区,文人诗酒娱宾是常事,如倪瓒在无锡曾有清閟阁雅集,徐达左在吴县曾有耕渔轩诗会(有《金兰集》行世),但都不能与昆山顾瑛主盟玉山雅集的模式相比。顾瑛不是达官显宦,只是一个终身不仕的隐君,没有炎赫的权势;但他富侠好客,来宾不论身份地位,上至状元、进士、高官、士大夫,下至和尚、道士、布衣、白丁,一概热忱接待。有的是应邀者,也有不请自来者;而且不分民族等级,汉人、南人、蒙古人、色目人都来;不分宗教信仰,僧侣、道流、答失蛮(伊斯兰教徒)、也里可温(基督教士),都慕名而至。特别是聚会不拘形式,不论时序地点,人数不论多少,只要来了客人,随时随地都可以觞咏相叙。兰亭集和西园雅集都只举行了一次,而玉山雅集竟举行了72次,呈现了绚丽多彩含有多重意蕴的文化格局。

玉山雅集中有蒙古人和色目人,如达兼善,出于蒙古族白野山伯牙吾台氏,元英宗至治元年(1321年)进士第一(状元),历任监察御史、礼部尚书,出任浙东道宣慰使元帅,文宗赐名泰不华③。他是玉山雅集早期的宾客之一,曾为顾瑛拜石坛题名,用隶书写了"渔庄"和"金粟影"的匾额,又用篆书写了"雪巢"和"寒翠所"的匾额。另一位蒙古人是聂镛,钱谦益在《列朝诗集小传》中列举了37位"玉山草堂饯别寄赠诸诗人",他是其中之一,钱谦益为之作传说:"镛,字茂宣,蒙古氏,幼警悟,从南州儒生

---

① 《元诗选初集·辛集》,中华书局1987年版,第2125页。倪瓒《因吴国良过玉山草堂辄赋长句奉寄》诗注云:"玉山主人欲延杨铁崖于家塾,铁崖报曰:必得当世清雅高洁之士如倪云林者,以一札至,即如约耳!"经倪瓒中介,杨维桢欣然应聘担任了顾瑛的家庭塾师。

② 丁福保汇辑:《清诗话·寒厅诗话》,上海古籍出版社排印本1978年版,第84页。

③ 顾嗣立:《元诗选初集庚集·泰不华小传》,中华书局1987年排印本,第1729页。

向学,通经术,善歌诗,尤工小乐章。"①至正八年(1348年)秋,聂镛应顾瑛之邀,到新建的碧梧翠竹堂内观赏古鼎彝器和图书文物,和于立、袁华、郯韶、释良琦、西夏昂吉等一起赋诗,他写了"青山高不极,中有仙人宅"古诗一首。又曾参加可诗斋雅集,写了七言律诗一首。西夏昂吉启文(汉名高起文)是色目人,祖上出于党项族唐兀氏,至正八年(1348年)考中进士,授翰林编修,出任绍兴录事参军,寓居苏州,与顾瑛交好。至正九年冬,他参加听雪斋雅集,写了《分题诗序》,并赋诗一首,同座唱和者有顾瑛、于立等10人。至正十年七月十五日,又参加湖光山色楼雅集,与杨维桢、姚文奂、袁华、秦约等18人唱和。此外,他还写了玉山草堂诗、钓月轩诗、芝云堂诗、碧梧翠竹堂诗,留下的作品甚多。

由于顾瑛具有三教会同、相容并包的理念,所以他的视域是非常开阔的。"出入玉山草堂者,除了释、道,还有也里可温(家世有基督教背景)与答失蛮(家世有伊斯兰教背景)。"②也里可温和答失蛮是元史中特有的宗教名词,《元史·世祖本纪》中统三年(1262年)三月记事:"括木速蛮、畏吾儿、也里可温、答失蛮等户丁为兵。"意思是征调这些教民入伍。其中木速蛮和畏吾儿(维吾尔的古称)是指阿勒泰地区不同疆域的回民。由于成吉思汗开辟了横跨欧亚两洲的版图,打通了中西交通,从意大利威尼斯来了马可·波罗,从罗马来了"也里可温",从中亚细亚、小亚细亚来了"答失蛮"。陈垣《元也里可温考》指出:"也里可温者,元时基督教之通称也。"③也里可温是蒙古语的译音,是指从欧洲来的信奉基督教的人。陈垣据《万历杭州府志·职官表》考出至正年间任职江浙行省左丞的哈剌是"也里可温",那么,玉山雅集中有哪几人是"也里可温"呢?这是杨镰正在研究的课题。

参与玉山雅集的"答失蛮"代表人物是来自西域的萨都剌,《玉山名胜集》中收录了萨都剌描写草堂景物的七绝诗,是在宴集时跟顾瑛唱和的即兴之作,题为《席上次顾玉山韵》。据《元诗选初集戊集·萨都剌小传》记载:"字天锡,别号直斋,本答失蛮氏,祖父以勋留镇云、代,遂为雁门人。"《四库全书简明目录·雁门集提要》云:"萨都拉本色目人,其集称雁门者,盖其祖父以来世居是地。"④他和杨维桢同在泰定四年考取进士,曾任镇江录事,历闽海廉访司知事。平生工于诗词书画,最著名的两首词便是《满江红·金陵怀古》("六代豪华,春去也")和《百字令·登石头城》("石头城上,望天低吴楚"),至今犹脍炙人口。在元代文学的发展史上,萨都剌的成就和影响力是十分突出的。

玉山雅集的文化活动是多层面多元化的,既有诗、书、画三绝,又有音乐声歌等

---

① 钱谦益:《列朝诗集小传·甲前集》,上海古籍出版社1983年版,上册,第36页。
② 杨镰:《顾瑛与玉山雅集》,《玉山名胜集》(卷首),中华书局2008年版。
③ 《陈援庵先生全集》(第3册),台北新文丰出版公司1993年影印本,第50页。
④ 《四库全书简明目录》,上海古籍出版社1985年版,第737页。

多种多样的艺术交流。为草堂内 26 个景点题写匾额的都是书法名家，如赵孟頫、达兼善等，陶宗仪在《书史会要》中点评的元代书法家，有些就是雅集中人，如说虞集"古隶书为当代第一"，柳贯"工篆、籀（大篆）"，赵奕"工真、行、草书"，陈旅"善古隶，而行、楷亦有法"，萨都剌"善楷书"，释克新擅长"古隶"，道士张雨"字画亦清逸"。①至于绘画方面，雅集时往往开展当场作画的活动，如张渥画了《玉山雅集图》，赵善长在可诗斋画了《雅集图》，其他绛雪亭、春晖楼等雅集，也都现场作画。② 赵善长名元，是当时著名的画家之一，曾于至正二十三年（癸卯 1363 年）为顾瑛画了《合溪草堂图》，顾瑛在图上亲笔题诗，这幅珍品现藏上海博物馆。③ 而且顾瑛本人就擅长书画，他创作的《古树空亭图》，至今仍完好地保藏在昆山名人文化村文海楼内。④ 而元代画苑四大家除了吴镇外，黄公望、倪瓒和王蒙都跟顾瑛有交谊。王蒙的诗作辑入《草堂雅集》卷十二中，顾瑛为之作传说："诗文书画，尽有家法。"⑤至正十八年（1358 年）四月，顾瑛在书画舫举办雅集时，王蒙应邀到场，并即席赋诗。

按照六朝以来文酒之会的传统风习，雅集时往往以琴、书相伴，有丝竹音乐的管弦之声。元代南曲戏文和北曲杂剧兴起，故而玉山雅集除了有家乐助兴外，甚至还演唱南戏和北剧。南戏《琵琶记》作者高明曾应邀于至正九年（1349 年）到玉山草堂，写了《碧梧翠竹堂后记》。顾瑛邀请戏班艺人演出北曲杂剧的事则是有史料记载的，《稗史汇编》记："富侠若顾仲瑛辈，更争招致宾客……其雅不能诗者，尤好搬演杂剧。"⑥足证顾瑛招待宾客时有多种别开生面的伎艺活动，不会做诗的艺人专职搬演一本四折的杂剧。至正十二年（1352 年）七月，在春晖楼举行雅集时，熊梦祥在《分题诗序》中记载"张筵设席，女乐杂遝"，而且顾瑛亲自弹奏阮琴，熊氏"以玉箫和之"，主客唱和，"丝竹与歌声相为表里"。⑦ 由于昆山是南戏昆山腔的发源地，魏良辅《南词引正》指明昆山腔的创始人顾坚"与杨铁笛、顾阿瑛、倪元镇为友，自号风月散人"。他们四个人共同以"风月"为号，表明南曲歌手顾坚参与了顾瑛文士集团的声歌活动，玉山雅集跟昆山腔起源由此挂上了钩。经探索考证，确认玉山雅集对元末昆山

---

① 《书史会要》，《文渊阁四库全书》影印本，第 814 册，第 753—764 页。
② 《玉山名胜集》，中华书局 2008 年版，第 46、144、288、333 页。
③ 赵元（入明后为避朱元璋讳，改元作原，但召见时忤旨被杀）字善长，山东莒城人，寓居姑苏，善画山水，师法王蒙，上海博物馆所藏《合溪草堂图》已收入文物出版社 1987 年版《中国古代书画图目》第 2 册及 1999 年版《中国绘画全集》第 8 册。
④ 玉山草堂遗址今在昆山市巴城镇辖区，虽然顾瑛的园林别墅已不复存在，但玉山雅集的事功史绩受到当地政府的重视。顾瑛在绰墩的金粟庵遗址于 1997 年列为市级文物保护单位，本地企业家沈岗开办了昆山市阳澄湖名人文化村玉山胜境公司，重建了玉山佳处的景点，并建文海楼收藏顾瑛的书画和著作。
⑤ 顾瑛辑：《草堂雅集》（杨镰、祁学明、张颐青整理），中华书局 2008 年点校排印本，第 960 页。
⑥ 明人王圻纂辑的《稗史汇编》卷一〇二《词曲类·曲中广乐》，齐鲁书社 1995 年影印版《四库全书存目丛书》，第 141 册，第 377、378 页。
⑦ 《玉山名胜集》，中华书局 2008 年版，第 332 页。

腔的形成是起了重要推动作用的。①

结　语

"儒释道三教是中华民族传统文化的三大思想体系,也是中国古代社会赖以维持安定统一的思想支柱。"②元代的蒙古贵族统治集团当然是三教并置的,《元史·释老传》云:"元兴,崇尚释氏。"但当初成吉思汗召见长春真人丘处机,是特别崇奉道教的。而《元史·仁宗本纪》记载:"仁宗天性慈孝,聪明恭俭,通达儒术,妙悟释典,尝曰'明心见性,佛教为深,修身治国,儒、道为切'。"顾瑛在这样的历史背景下继承宋代的"三教合一论"而有所发展,他的"儒衣僧帽道人鞋"的独特形象,他在玉山草堂内创建"三静殿"合三圣于一堂的具体行动,正是元代社会上流行"三教合一"思潮的反映。经历了元末的发展演变过程,到了明世宗嘉靖三十年(1551年),终于由福建莆田人林兆恩正式建立了"三一教"③。

顾瑛的"三教合一"观念是以儒为本,佛道兼修。他视域开阔,相容并包,使玉山雅集汇聚了一群不同民族、不同宗教信仰的文士,起到了儒释道多层面多元化民族文化交流的作用。按照封建社会的人生观来考量:邦有道则仕,无道则隐。在蒙古贵族统治集团的高压政策下,汉族士人一直受到排挤压制,顾瑛隐居不出,没有仕元。他精心营造的玉山草堂,在元末社会动乱之际,成了以他为中心的文士集团逃避现实的安乐窝,玉山雅集成了他们获得心灵寄托的天堂会。以他为代表的一批文人,或逃入拜佛参禅之门,或隐于修道解脱之境。倪瓒说的"据于儒依于老逃于禅",实际上是元末普遍存在的文人心态。④ 在他们身上,往往有着儒释道交叉重叠的印痕,而顾瑛正是他们之中最具典型性的代表人物。他看破世情,游离于政治漩涡之外,悠游于山水园林之间,吟风弄月,弹琴唱曲,过着一种三教会同、逍遥自得的生活。他主盟的玉山雅集与后世西方兴起的文艺沙龙十分相似,雅集中创作的诗文绘画音乐作品大多带有超脱世俗的唯美主义倾向。

顾瑛主盟的玉山雅集呈现了多重意蕴的文化特征,它为中国宗教史、中国诗歌史、中国书画史、中国园林史、中国戏曲史都留下了重要的信息,值得我们加以开拓,进一步探讨研究。

---

① 见拙作《论玉山雅集在昆山腔形成中的声艺融合作用》,《文学遗产》2012年第1期。
② 见《藏外道书》(巴蜀书社1992年版)卷首任继愈序文。
③ 林国平:《林兆恩与三一教》,福建人民出版社1992年版,第7页。
④ 翁同龢摹本所据倪瓒《金粟道人小像》原件后流往海外,又称《顾玉山三教小像》,现为日本藏家小川磨已收藏。此讯息是美国耶鲁大学艺术博物馆亚洲部主任David A. Sensabaugh(中文名江文苇)在《玉山的生活——十四世纪吴社会文人生活的记录》专文中披露的,该文见载于《铃木敬先生还历纪念——中国绘画史论文集》(东京吉川弘文馆1981年)。

一部首倡改革开放的小说
——詹熙及其小说《醒世新编》论略

◎ 王立兴

一、从《万国公报》的一则启事说起

清光绪二十一年五月(1895年6月),上海《万国公报》第77册刊载了英国传教士傅兰雅(John Fryer)署名的一则有奖征文启事《求著时事小说启》,内容如下:

> 窃以感动人心,变异风俗,莫如小说推行广速,传之不久辄能家喻户晓,气习不难为之一变。今中华积弊最重大者,计有三端:一鸦片,一时文,一缠足。若不设法更改,终非富强之兆。兹欲请中华人士愿本国兴盛者,撰著新趣小说,合显此三事之大害,并祛各弊之妙法。立案演说,结构成编,贯穿为部,使人阅之心为感动,力为革除。辞句以显明为要,语言以趣雅为宗,虽妇人幼子,皆能得而明之。述事务取近今易有,切莫抄袭旧套,立意毋尚希奇古怪,免使骇目惊心。限七月底满期收齐,细心评取。首名酬洋五十元,次名三十元,三名二十元,四名十六元,五名十四元,六名十二元,七名八元。果有佳作,足劝人心,亦当印行问世。并拟请其常撰同类之书,以为恒业。

这则启事登出后,响应者十分踊跃,经过三个月的酝酿,共收到征文162份,除小说外,还有少量戏曲、道情、歌词之类。① 这些征文经过傅兰雅和报馆有关人员评阅,计选录获奖小说二十篇,较原计划选录七篇增加了将近两倍,其获奖名单及奖金序次为:

| 茶阳居士 | 50元 | 詹万云 | 30元 |
| 李钟生 | 20元 | 青莲后人 | 16元 |

---

① 晚清时将小说与戏曲、弹词、道情、时新歌词等均列入"说部",统称为"小说",这是当时社会上流行的分类法,参见拙著《中国近代文学考论》,南京大学出版社1992年版,第158—159页。

鸣皋氏	14元	望国新	12元
格致散人	8元	胡晋修	7元
刘忠毅	6元	杨味西	6元
张润源	5元	玫甘老人	5元
殷履亨	4元	倜傥非常生	4元
朱正初	3元	醒世人	3元
廖卓生	2元	罗懋兴	2元
瘦梅词人	1元半	陈义珍	1元半

傅兰雅在谈到这次评选经过时说：

> 本馆前出告白，求著时新小说。以鸦片、时文、缠足三弊为主。立案演说，穿插成篇，仿诸章回小说，前后贯连。意在刊行问世，劝化人心，知所改革。虽妇人孺子，亦可观感而化。故用意务求趣雅，出语亦期明显，述事虽近情理，描摹要臻恳至当。蒙远近诸君，揣摩成稿者凡一百六十二卷。本馆穷百日之力，逐卷披阅，皆有命意。①

由傅兰雅发起、《万国公报》推出的这次征文活动，宗旨至为明确。其目的是为了召唤具有革新精神的"时新小说"问世，以革除积弊，劝化人心。小说题材要求立足于现实社会，取近今鸦片、时文、缠足三大害为范围，艺术上要求做到情节生动，结构完整；述事近乎情理，描摹臻于至善；辞句以显明为要，语言以趣雅为宗；反对抄袭旧套，追奇尚怪。这种"新趣小说"，必能起到感化人心、知所改革的作用。

这次小说有奖征文活动，由于有傅兰雅的主持，由于有沈毓桂、蔡尔康、王韬等国内知名人士参与评选活动，再加上《万国公报》在知识界拥有众多的读者，特别是那些维新志士和倾心洋务的人，对此刊物都很注意研读，因此这次活动不仅征集到数量可观的小说，而且对以后的小说改革和小说创作活动产生了直接的影响。本文论及的詹熙长篇小说《醒世新编》，正是在这次征文启事召唤下问世的重要成果。

下面，我们试以时间为序，将启事刊登后到戊戌变法失败前这几年有关小说变革的一些史实作一简略勾勒，便可窥见其中的消息。

1. 1895年仲夏，詹熙在苏州读到《万国公报》上的《求著时事小说启》，"大为感动"，认为文中所提鸦片、时文、缠足三端"深中时弊"，乃决心将此演为小说。小说从是年重五日动笔，由其子麟来逐日抄录，阅二礼拜演成小说三十二回，取名《醒世新编》。书成藏诸行箧者三年。丁酉(1897年)春，作者卖文海上，以此书就正于天南

---

① 以上均见光绪二十二年二月(1896年3月)《万国公报》第86册"杂事"栏《时新小说出案》。

遁叟（按即王韬），叟亦称善，怂恿付梓。乃略加补缀，于同年七月付印。① 今有光绪丁酉刊刻本。

2. 1895 年，小说《新辑熙朝快史》问世，此书共 12 回，题"饮霞居士编次，西泠散人校订"，有光绪二十一年（1895 年）香港起新山庄石印本。据作者自序，此书"以时文三弊为经，康、林二人为纬"，意在针砭时弊，仿行西法，弃旧图新。

3. 1896 年，落落居士（钟祖芬）的《招隐居传奇》于四川重庆刊出，全剧共 16 出，谱儒生魏芝生由反对吸食鸦片到嗜毒成瘾，终至倾家荡产，卖子嫁妻。作者穷形尽相地描摹鸦片烟毒的丑态恶状，正是为了警醒时人，垂诫后世。②

4. 1897 年初，梁启超在上海主办《时务报》时，首次提出了革新小说的主张。他在《变法通议·论幼学第五·说部书》中，指出小说具有通俗易传的特点，较六经拥有更多的读者，其社会教育作用是不容忽视的，因而主张革新小说内容，以"新编"小说代替"海盗海淫"的旧小说。这些"新编"小说应立足于现实，主要揭露"官途丑态，试场恶趣，鸦片顽癖，缠足虐刑"，以"振厉末俗"，改良社会。他还主张把"新编"说部作为幼学教科书，列入课表，让教师为学生解说。③

5. 早在 1897 年之前，康有为对上海书肆进行考察时，就发现了"经史不如八股盛，八股无如小说何。郑声不倦雅乐睡，人情所好圣不呵"这一事实，开始意识到小说的巨大社会作用。④ 1897 年他在《日本书目志·识语》中就此作了进一步论述。他说："仅识字之人，有不读经，无有不读小说者，故六经不能教，当以小说教之；正史不能人，当以小说入之；语录不能谕，当以小说谕之；律例不能治，当以小说治之。"⑤ 可见他已十分重视小说的作用和地位。这一段话后来被梁启超引用入其《译印政治小说序》一文，作为他主张革新小说的重要论点。

6. 1897 年 10 月，叶瀚、曾广铨、汪康年、汪钟霖在上海发起创立"蒙学公会"，创办《蒙学报》。该报创刊号上，叶瀚撰写了《蒙学报缘起》。此文受梁启超《变法通议·论幼学》一文的启发，主张取"浅明通便之法，切实易能之书"，教育幼童，必能大收成效。也在这一年 10 月，上海章伯初、章仲和兄弟主办的《白话演义报》创刊。该刊有新闻、笔记、小说等栏目。小说栏目中，这一年曾连载了元和现我斋主人的长篇小说《通商原委演义》。后印有单行本，易名为《罂粟花》。小说共 25 回，作者以史实为根据，写了鸦片战争全史。其动机是为了让国人"痛恨洋烟之为祸，则此后之禁

---

① 见《醒世新编·自序》及第一回、第三十二回有关叙述。
② 《招隐居传奇·自序》。
③ 《变法通议·论幼学第五·说部书》发表于 1897 年 3 月 3 日《时务报》第 19 册，后收入《饮冰室文集》之一，中华书局 1989 年版，第 55 页。
④ 康有为：《闻菽园居士欲为政变说部，诗以速之》，见《康有为诗文选》，人民文学出版社 1963 年版，第 232 页。
⑤ 见《日本书目志》，上海大同书局 1897 年版。

烟,各宜加之实力,庶中国尚有万一之可救"①。

7. 1897年11月5日梁启超在《时务报》上发表了《蒙学报演义报合序》②,序文中说:"西国教科之书最盛,而出以游戏小说者尤夥;故日本之变法,赖俚歌与小说之力。盖以悦童子以导愚氓,未有善于是者也。"他认为:"今日救中国第一义"为"教小学、教愚民",而小说是最有效的工具。可见他这时已意识到小说的社会政治作用,企图革新小说为其变法维新服务。

8. 1897年11月10日至12月11日,天津《国闻报》上连载了严复、夏曾佑的小说论文《本馆附印说部缘起》。这是资产阶级维新派第一篇小说专论,全文长达九千字。此文从内容和形式两方面着重分析了小说的特点及其"易传行远"的原因,指出小说较之经史具有无可比拟的优点。文章认为"欧美东瀛,其开化之时,往往得小说之助",因此他们刊印小说的"宗旨",也是为了"使民开化"。这篇"雄文"充分肯定了小说的社会作用,大大提高了小说的地位,在当时小说界产生了深远影响。③

从以上材料的简单罗列中,我们已可以清楚地看到,傅兰雅所发起的这次小说征文活动,确实给原本黯淡、沉寂的小说界投下了一束火光,点燃起了人们革新小说的热情。首先,上举四部小说(含戏曲),无论从作品立意和选材范围,几乎无一例外的都是在征文启事的启示下创作的,这是我国近代出现的第一批"时新小说"。而詹熙的《醒世新编》正是其中的代表作,可以说,它是这一时期乃至1902年梁启超创办《新小说》杂志,提倡"小说界革命"之前小说创作方面最优秀的成果,应该在近代小说史上占有一席地位,值得我们重视与研究。其次,上举资产阶级维新派和社会教育家的小说革新主张和办报活动,也或多或少受到征文启事的感染和浸润,其中梁启超的《变法通议·论幼学第五·说部书》中的主张就和傅兰雅的《求著时事小说启》中的主张有许多共通之处,梁氏所受影响至为明显。

总之,傅兰雅在中西文化碰撞中,以一个西方人的敏锐眼光,认识到小说在变革社会中的重要作用,他所提出的创作"时新小说"的主张,开启了小说革新的新思路,促进了小说革新的活动,取得了积极的成果。尽管我国近代小说革新活动的兴起是由多方面因素促成的,适应了时代和资产阶级维新运动的需要,但傅兰雅的主张作为近代小说革新的嚆矢先声,其倡导之功是不可没的,对此我们应该给予客观、公正的评价。

---

① 观我斋主人:《通商原委演义·弁言》。
② 载《时务报》第44号,后收入《饮冰室文集》之二,中华书局1989年版,第56—57页。
③ 《小说丛话》中梁启超的赞语,见阿英编《晚清文学丛钞·小说戏曲研究卷》,中华书局1960年版,第310页。

二、詹熙其人其事

《醒世新编》(即《花柳深情传》)的作者詹熙,字肖鲁,号绿意轩主人,这本是无可怀疑的事实。但近些年来学术界对其姓氏、名、字却搞得十分混乱。由黄霖、韩同文选注的《中国历代小说论著选》(下)和袁进撰稿的《中国小说的近代变革》一书,都将《花柳深情传》的作者误作"肖詹熙"①。于天池为《中国通俗小说总目提要》一书撰写的《花柳深情传提要》则误作"绿意轩主人姓萧名鲁甫,字詹熙"②。此后,由于天池主编、白荔点校、北京师范大学出版的小说《花柳深情传》,在《出版说明》中也犯了同样的错误。③ 而由陈伯海、袁进主编的《上海近代文学史》,又将该小说的作者误作"萧詹熙"④。推究以上诸家所以失误的原因,主要是出在对小说作者詹熙所作《自序》最后题署的误断上。按作者《自序》的最后题署是这样的:"光绪丁酉重九日绿意轩主人衢州肖鲁甫詹熙序于上海春江书画社。"题署的体式很规范,意思也很明确,作者说明自己姓詹名熙,字肖鲁,号绿意轩主人,衢州人,于光绪丁酉(1879年)重九日序于上海春江书画社。这里有两点需要注意:一是古代的"肖"字不能等同于姓氏的"萧"字,今天简化字的"萧"也不能等同于"肖"字;且无论古今,"肖"字均不作姓氏。将"肖"作为姓氏,或降"肖"改成姓氏的"萧",都是不正确的。二是这里的"甫"字,乃是古代男子的美称,一般多附缀于男子表字之后,如古代问男子表字曰"台甫",尊称别人父亲曰"尊甫"。对此,王国维的著名短文《女字说》解释的十分明白⑤。可见,只要我们对"肖"、"甫"二字的义项理解正确,就不会发生上述的失误。

关于詹熙其人其事,除作者在小说《自序》中的简略介绍外,人们对其知之甚少。笔者根据作者在小说《自序》中所提供的线索,查阅了有关地方志,终于在郑永禧编纂的《衢县志》中⑥,欣喜地发现了詹熙及其家世的大量材料。下面根据笔者所发现的材料,结合小说《自序》,试对詹熙的家世、生平和著述作一综合介绍,以便使读者能较全面地了解詹熙的一生及其活动。

詹熙父亲詹嗣曾,字鲁侪,号癯仙,浙江衢县(今衢州市)人,生卒年不详。同治癸酉(1873年)拔贡。咸同间太平军攻浙东,左宗棠督师驻衢,曾入幕参与军戎。后游嘉兴,为郡守许雪门聘修郡志,并代辑《鸳湖诗钞》。嗣曾淹贯群书,治史工诗,颇

---

① 黄霖、韩同文选注:《中国历代小说论著选》(下),江西人民出版社1985年版,第8页;袁进:《中国小说的近代变革》,中国社会科学出版社1992年版,第31页。
② 《中国通俗小说总目提要》,中国文联出版公司1991年版,第1060—1061页。
③ 于天池主编、白荔点校:《花柳深情传》"本册出版说明",北京师范大学出版社1992年版。
④ 陈伯海、袁进主编:《上海近代文学史》,上海人民出版社1993年版,第244页。
⑤ 王国维:《观堂集林》卷三《女字说》,中华书局1959年版。
⑥ 《衢县志》三十卷,1926年郑永禧纂,1937年联立平民工厂印刷,计20册。

有才名。撰有《读史杂俎》、《扫云仙馆诗集》（刊于同治初年），今《衢县志》收有其今体诗五首，卒年62岁。詹熙母亲王庆棣，号秾仙，为钱塘王古国太史女，以诗名著称，除吟咏外，并潜心历史，其识解远驾须眉之上，卒年75岁。有《织云楼诗钞》二卷，与《扫云仙馆诗集》同时出版。

詹熙兄弟三人，因受父母熏陶，皆才气俊逸。三人中，长兄即熙，字肖鲁（因其父字鲁侪）。二弟朗，生平不详。三弟垲，字子爽，号稚癯（因其父号癯仙），光绪乙酉（1885年）拔贡，中日甲午战起，至沪上，隐其姓名，自号幸楼主人，曾为《商务报》主笔，评论时事，皆有至理，所撰《洋场大观赋》，洋洋数千言，为海内传颂。年49卒于上海。有《幸楼诗文集》二卷。

詹熙子麟来，生卒年未详。光绪二十一年（1895年）随詹熙赴苏州，曾协助其抄录《醒世新编》原稿。光绪末年，在家乡与余绍宋等倡设天足会，四处演说缠足之害。民国元年（1912年）被推为浙江省临时议会议员，在家乡颇有声誉。

詹熙本人生于清咸丰二年（1852年），约卒于民国九年（1920年）之后，享年七十余岁。关于其生平事迹，34岁前的活动，今尚不得而知。仅推知其曾参加过乡试，中过举。① 光绪十一年（1885年）詹熙34岁时（为行文方便，这里用的是虚岁，下同）衢州知府刘国光（字宾臣）离任，当地士绅于烂柯山为知府饯行，詹熙也参与其会。刘国光席间赋《烂柯话别》诗，在座诸绅争相和韵，詹熙作《和宾臣公祖游柯山作原韵集字》一首。这首诗虽属唱和应酬之作，无多大意义，但这是至今仅发现的一首，特录之如下：

幽怀无所系，取舍听诸天。世事犹陈迹，山林自永年。盛游知乐矣，后会可欣然。坐次山阴长（原注：借用汉刘宠事），清风类昔贤。

中日甲午之战后，詹熙激于国事日非，思有所作为，乃于光绪二十一年（1895年）赴苏州，馆于同里撷英主人家，旋往来于申浦，秋曾航海至舟山。是年仲夏，因从《万国公报》上读到傅兰雅《求著时新小说启》，撰成小说《醒世新编》32回。这一年詹熙44岁。

光绪二十三年（1897年），詹熙卖文鬻画于上海春光书画社，其间曾以《醒世新编》就正于天南遁叟王韬，叟嘱其改削后付梓，因北上未果。五月至天津，应同年钱省三观察之邀辑成《中西化学通表》一书。六月抵京师，同人索画者纷至，日无宁晷。七月返天津，谒聂功亭（士成）军门于芦台营，得交其幕友罗秉真及芦台醛尹周勉斋，

---

① 作者在《醒世新编·自序》中称钱省三为"同年"。按：明清科举考试中，凡乡试、会试同时考中的皆称"同年"。查《明清进士题名碑录索引》（上海古籍出版社1980年版）一书，詹熙此时未中过进士。可知他和钱省三应是乡试中的"同年"。

作画甚多。七月底还沪,乃就《醒世新编》略加补缀,并于重九日写了《自序》,题"绿意轩主人"撰,交书坊刊刻。今所见之光绪丁酉(1897年)刊本,即是此书的初刻本。大约这一年七、八月间,他还以绿意轩主人的笔名在李伯元刚刚创办的《游戏报》上发表了《野鸡歌》八首①,反复咏叹下等妓女的痛苦生活。② 此时他正在修订《醒世新编》,就将这八首《野鸡歌》全部补入小说。③

光绪二十六年(1900年)夏六月詹熙49岁时,在家乡亲历了福建九牧红巾军围攻衢州的祸乱,于是作《衢州奇祸记》详述祸乱的经过。龙游杨葆光曾作《题詹肖鲁衢州奇祸记后》,介绍此文。

光绪三十三年(1907年)詹熙56岁时,衢州教育会成立,公举郑永禧、汪张黻为正副会长,詹熙等为评议员。次年,衢州东乡建立樟潭两等小学校和樟潭女子小学校,延请詹熙主持校务,地方风气为之一开。

宣统元年(1909年),清廷自上而下推行宪政,浙江和全国各省都先后成立咨议局。詹熙因热心教育事业,颇有声望,经地方推举,被选为浙江省咨议局议员,参与了浙省的预备立宪活动。

在这之后,我们对詹熙的活动知之甚少。仅知他在69岁之前,在家乡致力于地方名贤、北宋大臣赵抃遗集的编纂厘订工作。赵抃(1008—1084),宋衢州西安人,仁宗、英宗、神宗时,历任殿中侍御史、龙图阁直学士、资政殿学士、参知政事等职,先后出知成都、虔州、杭州、青州,为政简易,治民尚宽,清廉自守,深受百姓爱戴。在御史任上,弹劾不避权幸,京师号"铁面御史",与包拯同为时人称道。卒谥"清献"④。詹熙对这位乡先贤十分景仰,为了弘扬乡土文化,为家乡人民立则,他"不揣盲老",重新编订了《赵清献公集》,并亲自编撰了《赵清献公年谱》,附刊于该集卷首。我们从詹熙为该集写的《自序》中,可以窥知作者编印该书的大体经过和深刻用心。《自序》曰:

> 公为吾衢一代伟人,其遗集留传至今已八百五十载,而缠次陵乱,莫为厘订,此则衢之后生末学之羞也。不揣盲老,窃据《宋史》本传、苏轼《神道碑》⑤、《西安县志·孝弟里记》及本集,参互考证,略为编次,使后之读此集者,粗悉公一生概略云尔。

---

① 李伯元主编的《游戏报》(日报)创刊于光绪二十三年五月二十五日(1897年6月24日),詹熙是年五月北上,七月底才返沪,九月九日小说补缀完毕,写了《自序》,推知他的《野鸡歌》当发表于《游戏报》七、八月间。
② 当时上海妓女分为长三、么二、野鸡三等,以野鸡的生活境遇最为悲惨。
③ 见《醒世新编》第十四回。
④ 以上见《宋史》卷三一六本传。
⑤ 苏轼:《赵清献公神道碑》,见《衢县志》卷十九《墓碣志四·墓》,原刊《东坡集》第三十八卷,见四部备要本。

中华民国九年夏历三月十五日同里后学肖鲁詹熙编次,时年六十有九。

有关詹熙材料,笔者仅见到上述这些。至于詹熙卒于何年,现尚不能确指。但据上文,詹熙此时已自称"盲老",可见视力和身体都不甚佳,而郑永禧在编纂《衢县志》征集材料时,有关詹熙的一些材料是由其子詹麟来提供,如詹熙的《衢州奇祸记》一文,志书上就注明系"熙子麟来节稿"六字。如詹熙其时还在世,就无须以子代劳。《衢县志》纂成于民国十五年(1926年),看来詹熙在此之前,已经作古了。笔者推算他活了70多岁,想来不至有太大的误差。

以上有关詹熙的材料虽不够完整,但我们据此对他的一生已可以获得一个基本的认识。总的来看,詹熙出身书香门第,在父母的熏陶下,博识多才,工诗善画。早年虽参加过科举考试,中了举,但他对仕途似乎并不热衷,没有走上为官求宦的道路。甲午战争后,在民族危机的刺激下,他的思想开始发生变化。他不再拘守于家乡一隅,思欲振翮远翔。他来到了苏、沪这一近代政治、思想、文化最为活跃的中心地带,并一度北上京、津,探求振衰救弊、改革社会的"良方"。这一时期,他受到了新思潮的洗礼。他坐馆授徒,鬻画卖文,创作具有启蒙思想的"时新小说",发表同情下层妇女的俚俗歌词,编写普及科学知识的科技读物,希望对社会改造、国家自强有所补益。此后他回到了家乡,仍然热衷于地方公益事业,努力发展新式教育,其中对兴女学、废缠足尤为关注。辛亥革命前,他曾一度参加地方的宪政活动,冀图有所建树。晚年,他仍然致力于地方乡土文化的整理,以求把最后的一点心力奉献给家乡的文化事业。詹熙的一生,是值得人们称道与缅怀的。

三、《醒世新编》新的创作倾向

詹熙的《醒世新编》是我国近代一部首倡改革开放的小说,作者题名为《醒世新编》正体现了小说的主旨和新的创作倾向。但是长期以来,各家文学史、小说史和有关论著都把此小说叫作《花柳深情传》,近年来北师大出版社在出版这部小说时,也仍然沿用《花柳深情传》这一书名。因此在论述小说之前,我们有先加正名的必要。

唐熙把这部小说定名为《醒世新编》,这在小说中已说得明明白白。小说第一回就开宗明义地说:作者"尝蒿目时艰,未始不知时世之日非,思欲著一书以醒世"。小说最后一回,作者又借撷英主人之口,明确将小说定名为《醒世新编》,并称赞这个书名"取得好"[①]。我们今天见到的由作者经手付梓的小说初刊本——光绪丁酉(1897年)刊本,书名也叫《醒世新编》。只是到了后来,书商为了牟利招徕读者,才将书名妄改为《花柳深情传》。我们今天见到的光绪戊申(1908年)上海广雅书局石印本正

---

① 《醒世新编》第三十二回。

是如此。以后世人不察，也就以讹传讹，让此谬误流传了。其实将书名改成《花柳深情传》，实属不伦不类，与小说内容、题旨相去何止十万八千里。我们纵观全书，小说中涉及"花柳"——妓院的只有两处，一处是第四回，写镜如、华如、水如三兄弟乘父亲和塾师赴省乡试时，偷偷跑到江山船上与妓女鬼混；一处是第十四回，塾师孔先生在上海妓馆的所见所闻和可笑行为。这两回写的只不过是书中无关紧要的小插曲，这里的妓女和嫖客既没有"情"，也没有"爱"，又何谈得上"花柳深情"。因此我们认为，应该恢复小说的原名，做到名实相符，这样才能无悖于作者创作这部小说的初衷。

《醒世新编》是在傅兰雅《求著时新小说启》的直接启示下创作的。这一点詹熙在本书序言和第一回说得十分清楚。序中说："是时倭人寇辽东，我兵不振，旋据台湾。朝廷议和议战，久而不决。以故余所至之地，人心汹惧，于是朝野士大夫莫不奋笔著书，争为自强之论。"在这种情势下，作者也亟欲兴利除弊，寻求富强之道。但又思自己无位无权，欲兴利，苦于力不能行；欲除弊，又苦无头绪，不知从何处下手，"由是居恒郁郁觉满腔救世苦心无处发泄。"当作者从《万国公报》上读到傅兰雅的《求著时新小说启》时，不禁跌足叹赏，拍案叫绝。认为傅氏所论鸦片、时文、缠足三大害，确实深中时弊。今中国若不去其三害，则男女将生机日蹙，生计日穷。作者茅塞顿开，于是欣然命笔，结合自己半生的阅历，耳闻目睹三害的种种实情实状，演为小说，以期广为传播，达到"资警戒，寓劝惩"的"醒世"目的。

小说以浙东农村为背景，主要写了西溪村巨族魏隐仁一家在鸦片、时文、缠足的毒害下由沉迷到觉醒的过程。

《醒世新编》可以说是一部针砭时弊的社会问题小说。值得我们注意的是，它表现了某种新的创作倾向。

首先，小说表现了一种新的人文主义精神。

鸦片、时文、缠足三弊，戕害人们心灵，摧残男女肌体，扼杀社会生机，是近代中国积贫积弱的原因之一，是最可怕的社会公害，为全社会所关注。因此革除此社会公害，已经成为当时有识之士的共识。当傅兰雅在征文中提出以小说为手段讨伐三害时，作者立即响应，并认为革除此三害是当前"最切要、最关系、最有益于人生"的大事[1]，他在小说中以饱满的激情，通过对魏隐仁一家悲惨遭遇的叙写，形象生动地揭露了三害的种种罪恶。小说第二十九回，作者还借华如之手写了一篇《革时弊以策富强》的条陈，对时文、鸦片、缠足的祸害一一加以陈述，并进一步从理论上作了概括。其文曰：

    见有自少及老，手一卷而不忍释，朝野风行，迄无悔悟。是人也，问以时务

---

[1] 《醒世新编》第一回。

不知，问以世变不对，是经纶天下无人也，宏济艰难无人也，研练时务无人也，此时文之弊也。

见有昼夜一灯，与鬼为邻，吞霞纳雾，曾不少停，变起仓卒，病莫能兴。是人也，精神萎顿，筋骨柔脆，失事废时，在世不久。用以定大难、临大敌非其人；用以保家室、务稼穑非其人；用以资捍御、谋战守非其人；用以兴力役、效工作非其人，此之谓合上下朝野而无人，此鸦片之弊也。

见有潘妃再世，窅娘复生，矫揉造作，亏父母身约绫束帛，肌体不灵。是人也，冶容诲淫，败坏风俗，无异木偶，居然废物。于是事蚕织无人，操井臼无人，供箕帚无人，司炊爨无人，此之谓家无人，此妇人缠脚之弊也。

文章最后尖锐地指出，正是因为三弊有如许的祸害，而人们又不思革除，才出现"家无人"、"国无人"、"家国不振，财用日减"的可悲局面。因此为今之计，只有革除三弊，才是家国富强的康庄大道。

这篇文章的深刻之处，就在于作者重视"人"，已经认识到"人"是世间一切最可宝贵的财富。所以他以"人"为出发点，痛陈了三弊对人的毒害，提出了除弊兴利的主张。这正是作者的点睛之笔，整部小说也正是从解放"人"的这个高度来进行构想立意，体现出一种新的人文主义精神。这种新的人文主义精神只有到了近代西方资产阶级思想文化传入中国，我国资产阶级登上政治舞台后才会出现，而在小说写作的1895年，当我国资产阶级刚刚涉足政坛时，作者就敏锐地觉察到这一发展动向，自觉或不自觉地拿起人文主义作为思想武器来揭露三害，痛斥时弊，在当时确实难能可贵。

其次，小说表现了一种新的改革开放意识。

我国近代的改革思潮有一个演变过程。鸦片战争时，林则徐、龚自珍、魏源等已经放开眼光看世界，认识到天朝帝国非变革不可，其中魏源提出的"师夷长技"说后来为洋务派所实行，但洋务派只是从军事、工商、科技、教育等层面进行了一些改革，还没有涉及社会、政治层面。甲午战争之后，人们的民族意识才进一步觉醒，资产阶级开始登上了政治舞台，这时才触及社会和政治的改革，但当时首先还是从社会层面的改革入手才渐次进入政治层面的改革，因为社会层面的改革易于为大多数人所接受，1895年前后所提出的革除鸦片、时文、缠足三大害的呼声，正是顺应了这一时代的潮流。詹熙的《醒世新编》正是从社会改革的角度进行创作的。小说以魏隐仁的四个儿子为中心展开故事，隐仁的长子镜如，嗜毒成瘾，次子华如，热衷时文，三子水如，迷恋小脚女人，只有四子月如，未染上恶习，后来跨出国门，学了洋务，振兴了家业。小说还写了小脚妇女阿莲、陈玉娥、潘赛金、赵姨娘、春云以及大脚妇女雪花、玉英、劳氏等人的不同遭遇和表现；还写了塾师孔先生和郑芝芯的不同遭遇和表现。小说正是通过对这些人物的描写进行了鲜明对比，揭露了鸦片、时文、缠足的罪恶，从而令人信服地提出了革除三弊的主张。小说难能可贵的是，作者把改革与开放联系起来，把革除三害与学习洋务联系起来，小说中隐仁四子所走的不同道路，既形象又雄辩地揭示出：只有通过开放，才能革除积弊。小说写月如和郑芝芯去国外考察，回国后在家乡制造抽水机，灌溉农田，引起了全村轰动。以后又合村集资开西学馆，请外国人教授洋务，学习采矿，从此家业兴旺。镜如、华如、水如在事实的教育下也醒悟了过来，全家都戒除了三害，学习洋务，孔先生也当众烧了八股时文，全村也都如法仿效，出现了新的气象。作者不仅由家及村，还要为"天下计"，由郑芝芯动员华如上了《革时弊以策富强》的条陈，令天下人都知道三弊之害，走改革开放之路。尽管作者设计的改革开放之路，最终不过是以西方的科学技术和中国的三纲五常相结合，走洋务派的老路，这反映出作者思想的局限性，但他把这种改革开放思想写入小说中，以实现他的社会改革理想，这在我国小说史上还是第一部，这在近代堪称是开风气之先的佳作。

  再次，小说表现了一种平实再现生活的写实风格。

  鸦片战争到甲午之战这半个世纪，中国古典小说已经衰落，而新体小说还没有兴起，当时出现的一些侠义、公案和狭邪小说，大都思想平庸，炫奇尚异，惊心骇目，距离现实生活较远。而詹熙所创作的这部"时新小说"，却与此相反，走了一条平实再现生活的道路。尽管作者在小说中所设计的许多人物都是虚构的（如隐仁四子取名"镜花水月"），小说最后写魏家的结局也带有理想色彩。但作者总体构思和选取的题材还是来源于现实生活的，其中许多故事情节和细节都是取之作者耳闻目见的事实，如小说第二回所举赵清献公的故事，第四回所举衢州深山大脚妇徐客婆的能耐，第十一回、十二回所写太平军波及浙东的情节，都是作者谙熟于胸的，作者只不过将这些事情稍作加工，以白描的笔法、明白晓畅的语言款款写出，使人读了一目了然。小说最后以梦境作结，写绿意轩主人遭到三害的围攻，是颇含深意的，说明作者有一副清醒的头脑，深知改革之不易，这正是作者现实主义创作方法的胜利。总之，作者这种平实再现生活的写实风格，是其小说取得成功的原因之一。尽管小说的这些描写还不够成熟，但它所代表的新趋向，还是应该予以重视的。

苏诗"老而严"
——读苏轼南迁以后诗

◎ 吴枝培

宋哲宗绍圣元年四月,苏轼被贬知英州。人还未到贬所,八月又改贬惠州。在惠州住了两年半,再贬儋州。在儋州生活了三个年头,于徽宗元符三年遇赦,七月内迁廉州,年底越南岭北归。次年七月卒于常州,享年66岁。

苏轼在去世前不久曾写过一首《自题金山画像》诗:"心似已灰之木,身如不系之舟。问汝平生功业,黄州惠州儋州。"他把三个贬地作为总结自己一生"功业"的里程碑,而南迁的七年就占了其中的两个,说明晚年的贬谪生活在他一生中的重要地位和深远影响。这七年也是他诗歌创作的重要时期,不仅数量较多,共写了四百多首,而且很有特色。《苕溪渔隐丛话》评曰:"余观东坡自南迁以后诗,全类子美夔州以后诗,正所谓'老而严'者也。"陆游也说:"近世诗人,老而益严,盖未有如东坡者也。"[1]所谓"严",乃老到之谓也,表现在选取题材广泛而严格,思想内容丰富而严正,艺术表现圆熟而严谨等多方面。

一

苏轼的诗,向以取材广泛、意境开阔著称。他一生所经历的山川风土与名胜古迹,所交接的人与事,以及书画的题咏,诗文的评述,等等,无不在他的诗中得到艺术的反映,诚如王十朋《集注分类东坡先生诗》序中所说的:"东坡先生之英才绝识,卓冠一世。平生斟酌经传,贯穿子史,下至小说、杂记、佛经、道书、古诗、方言,莫不毕究。故虽天地之造化,古今之兴替,风俗之消长,与夫山川、草木、禽兽、鳞介、昆虫之属,亦皆洞其机而贯其妙,积而为胸中之文。"

苏轼南迁期间的诗,不仅保持取材广的特点,而且增加了不少新的题材和内容,如日常生活的抒写、南国风光的描绘、与黎族人民的交往,等等。还有一个重要的方面,就是写了近几十首和陶诗,连同元祐七年在扬州时写的《和陶饮酒二十首》,追和者几遍。苏轼之所以要和陶,据他自称,在扬时主要是受到陶诗的感染,以和诗来弥

---

[1] 《渭南文集》卷二七《跋东坡诗草》。

补自己的"欢不足"①,南迁时则主要是仰慕陶的为人,"欲以晚节师范其万一也"②。然而他并没有像陶那样挂冠而去,因而他和陶的真正目的乃是"以陶自托耳"③。其诗并未受陶诗的限制,而是从现实生活中选取多种题材,多角度地表达自己的思想感情。

有的和陶诗反映他谪居时的复杂心情。"遥知玉井莲,落蕊不相待。攀跻及少壮,已失那容悔?"④以荷花自喻,虽花落而莲成,但光阴已经流逝,过去的一切也无从追悔了。"痿人常念起,夫我岂忘归?"⑤这里的"归"主要是指回惠州。其实,在儋在惠都是贬官身份,只是惠州还有长子迈的一家人留在白鹤新居,能骨肉团聚即已足矣。可见其谪居的心情是复杂而痛苦的,有如"瓶居本近危,甑坠知不完"⑥。但也有闲情乐趣之时,《和陶赴假江陵夜行》写他郊行步月,情景真挚,比他初谪黄州时月夜偶出,"穿花踏月饮村酒,免使醉归官长骂"⑦的担惊受怕心情要平静得多。特别是当苏迈授韶州仁化令,挈携诸孙千里迢迢来到惠州时,忧患中的苏轼深感家庭团聚之乐:"子孙远至,笑语纷如。"⑧

对于谪居之危,苏轼常能自我排遣之,有的和陶诗就是他安贫乐道、乐天知命的佛老思想的流露。《和陶贫士七首》一方面感慨自己垂老遭贬,衣食困窘,如陶渊明一样常为饥寒所迫,一方面又说:"谁谓渊明贫?尚有一素琴。心闲手自适,寄此无穷音。"《和陶岁暮作和张常侍》深为老友远来无酒款待而不安,但他又善于自我解脱:"但使荆棘除,不忧梨枣怨。"(道家以为心中荆棘未除,则梨枣失期不长。)苏轼在惠州建白鹤峰新居时曾作《和陶酬刘柴桑》,表现其随遇而安自适其适的心态:"一饱忘故山,不思马少游!"居儋时筑室于城南桃榔林下,再作《和陶和刘柴桑》,表现了同一心态:"一饱便终日,高眠忘百须。自笑四壁空,无妻老相如。"佛老思想是苏轼世界观的重要组成部分,南迁后他更倾心于道家的神仙方药、养生延年之术,不但能言,而且能行。东晋道学家兼神仙家的葛洪是苏轼晚年继陶渊明之后所向慕的又一古人,其《和陶〈读山海经〉》十三首就是他读葛洪《抱朴子》的感想。第一首云:"愧此稚川翁,千载与我俱。画我与渊明,可作三士图。"希望和陶潜、葛洪联成三位一体,融自己的怨悱之情于怡然自适和炼丹求仙之中。最后一首又以"携手葛与陶,归哉复归哉"作结,仍归到本旨。

---

① 《和陶饮酒·叙》。
② 苏辙:《追和陶渊明诗引》。
③ 王文诰:《苏文忠公诗编注集成·〈和归园田居〉案语》。
④ 《和陶拟古九首》之八。
⑤ 《和陶还旧居》。
⑥ 《和陶东方有一士》。
⑦ 《次韵前篇》。
⑧ 《和陶时运四首》其四。

有的和陶诗是他笃于情谊,关心民瘼的思想体现。元祐三年七月五日,朝云去世,苏轼悲恸不已,接连写了两首诗(即《悼朝云》、《丙子重九》)和一首词(《西江月》)表示悼念,仍感余哀未尽,又写了《和陶和胡西曹示顾贼曹》,继续抒发他的悲悼之情。他还为儿子苏过的婚事发过愁,爱子之情溢于言表:"一笑问儿子,与汝定何亲?从我来海南,幽绝无四邻。"①《和陶答庞参军六首》是送循州太守周彦质的,因苏轼居惠时曾在经济上得到周彦质的鼎力相助(可与《答周循州》诗相印证)。贬儋期间,苏轼又得到儋守张中的多方照顾,张中因此而被罢职他调,苏轼甚感不安,一连写了三首和陶诗替他送行,即《和陶与殷晋安别》、《和陶王抚军座送客》、《和陶答庞参军》。这些和陶诗充满人情味,是苏轼深于夫妇之情、父子之亲及朋友之谊的自然流露。

特别令人高兴的是苏轼对海南黎族人民具有深厚的感情,而这种感情主要就是表现在和陶诗中的。《和陶田舍始春怀古二首》写他对穷苦书生黎子云的同情,他不仅表示要给予经济资助,而且"鴂舌倘可学,化为黎母民",希望与黎生结茅为邻,长留海南。推而广之,苏轼更爱广大的海南黎民,《和陶劝农》劝他们努力耕种荒田,勿令游手,务尽地力,以改变少种粮食不足于食的状况。与此同时,凡有损于黎族人民利益的,特别是那些"贪夫污吏,鹰鸷狼食"②如朱初平、刘谊之流,他都要进行谴责:"朱刘两狂子,陨坠如风花。本欲竭泽渔,奈此明年何?"③他对黎族人民情真谊深的思想基础是"咨尔汉黎,均是一民"④。在我国诗人中,是苏轼第一个把汉、黎两族置于平等地位并加以讴歌的。

还有的和陶诗是用历史题材写翻案文章,以古喻今的。苏轼签制凤翔时曾作《秦穆公墓》诗(《凤翔八观》之八),对奄息、仲行、鍼虎三人的从殉表示过赞赏,并感慨今人不如古人:"古人感一饭,尚能杀其身。今人不复见此等,乃以所见疑古人。古人不可望,今人益可伤。"他这样说的真实意图是为了美化秦穆公,把三良的从殉说成是感恩以死,一反《诗三百·黄鸟》篇刺穆公要三良殉葬的主题。谪惠期间,苏轼用同样的题材写了《和陶咏三良》,对君臣关系摆出了"事君不以私"的新观点。他认为,在生死问题上,为臣者应以"大节"为重,君命有"治"则"从"之,有"乱"则"违"之,而更为重要的还要看君主自己能否"为社稷"而死。这不仅一反陶诗原作之意,而且有意自为翻案,同他早年宣扬的愚忠思想也完全相反。《艺苑雌黄》评曰:"昔之咏三良者,有王仲宣、曹子建、陶渊明、柳子厚。或曰'心亦有所思',或曰'杀身诚独难',或曰'君命安可违',或曰'死没宁分张',曾无一语辨其非是者。……东坡一篇,独冠绝于古今。"《苕溪渔隐丛话》亦曰:"余观东坡《秦穆公墓诗》意,全与《三良诗》意

---

① 《和陶杂诗十一首》之一。
② 《和陶劝农六首》其二。
③ 《和陶拟古九首》之六。
④ 《和陶劝农六首》其一。

相反,盖是少年议论如此。至其晚节,所见益高,超人意表。""冠绝"者、"高""超"者,在于诗人的晚年思想不仅没有停滞不前,反而出现了民主思想的新因素。难怪苏辙在《诗引》中要以"精深华妙,不见老人衰惫之气"的美誉来盛赞其兄的和陶诗与南迁诗!

在苏轼四百多首南迁诗中,虽有赓和之作,却非应酬之举,很少陈词浮调,至于对皇帝的歌功颂德则更少见。取材广而不滥,说明苏轼晚年的创作态度更加严肃。

二

1. 忧民爱民,热情不减

苏轼作为封建社会中一位富有正义感的知识分子,在他早年就已注意到社会上贫富不均的严重事实。通判杭州之后,他长期任职州郡,多方接触实际,对农村的破产,农民的苦难,有了更深刻的了解。他把造成这一社会现实的原因,既诉之于天灾的侵袭,更归之于人祸的横流:"人间行路难,踏地出赋租。"①"而今风物那堪画?县吏催租夜打门。"②因而如实地描绘了下层民众的悲惨生活,深刻地揭示地主的无情盘剥与官府的苛征重敛,便成为苏轼诗歌的重要内容。尽管他的这类"悲歌为黎元"③的作品数量不是很多,却像一根红线贯穿于他的整个创作,成为他的优良传统。

南迁期间,苏轼继续这一传统,忧民爱民之情未减,而且有了新的发展,《荔枝叹》即是其代表。这首诗的最大特点是:把关心人民的疾苦与批判统治者的骄奢相结合,把历史的批判与现实的揭露相结合。诗一开头就描绘汉和帝及唐玄宗时代进贡荔枝的情景:从产地到京城,沿途驿站相连,快马飞驰,急如星火,以致出现马毙人亡、尸骨成山的惨剧,给人民带来极大的灾难。造成这一灾难的直接原因就是统治阶级的奢靡自奉,因"荔枝若离本枝,一日而色变,二日而香变,三日而味变,四五日外,色香味尽变去矣"④。故须快速递送,方能保持"风枝露叶如新采"而博得"宫中美人一破颜"。

荔枝为南国名产,果中无比,苏轼初食时深为其美味所感动,特作《四月十一日初食荔枝》诗,把它比作尤物,以示其风采姿质的华贵动人。然而仅隔一个多月,在《荔枝叹》中却一反前态,把"尤物"喻为害民之物了:"我顾天公怜赤子,莫生尤物为疮痏。风调雨顺百谷登,民不饥寒为上瑞。"这一褒一贬之间,充满着诗人对人民的

---

① 《鱼蛮子》。
② 《陈季常所蓄朱陈村嫁娶图》。
③ 《正月十八日蔡州道上遇雪次子由韵》。
④ 《苕溪渔隐丛话》后集卷七。

深切同情和对权贵的有力抨击。

帝王贪婪豪夺,官吏谄媚取宠,古今皆然。汉、唐有进贡荔枝的恶习,当今则有贡茶贡花的歪风。苏轼不仅指名斥责了同朝人丁谓、蔡襄等人的争新买宠,而且直指当今皇帝哲宗,他为了满足自己的口体之欲,竟鄙陋地同意把"斗茶"作贡茶。(苏轼自注:"今年闽中监司乞进斗茶,许之。")对于进贡荔枝的恶习,汉代尚有唐伯游敢于上书皇帝为民请命,汉和帝也终于采纳其意见而罢之。对照今朝,令人深思。屡遭文字之祸的苏轼,竟敢如此引古讽今,使《荔枝叹》的深度和广度大大超过他早年写的《许州西湖》、《李氏园》等诗篇,其胆识,其锐气,可谓老而弥盛。

苏轼南迁以前写作关心人民的诗篇,除了基于一个正直的知识分子所具有的人道精神,还出于为了实现他决心改变社会现实的政治抱负,因而,他对人民疾苦的关注并为之呼号,免不了带有旁观者的色彩和恩赐的成分。南迁以后则有所不同,他写的那些人民性很强的诗篇,是他通过对具体人物的深入接触,甚至朝夕相处而获得感情交流的结果。因而,一方面是他关心人民、爱护人民,并为之请命;另一方面,人民也关心他、尊敬他,并与之休戚相关。其《纵笔》诗云:"报道先生春睡美,道人轻打五更钟。"据说宰相章惇见到这首诗大为恼火,便把他贬到更加荒远的儋州。苏轼再贬儋州,可能与当时朝廷政治气候的变化有关,但这首诗本身的作用确是不可忽视的,那就是反映了包括和尚道士在内的广大群众对苏轼的关怀与爱护,这对政治家的章惇来说是有很大触动的。在儋州,苏轼又写了《纵笔》诗,而且增为三首,其三云:"北船不到米如珠,醉饱萧条半月无。明日东家当祭灶,只鸡斗酒定膰吾。"这又是反映了人民群众对他无微不至的关照。其他如:"中原北望无归日,邻火村舂自往还。"①写他与惠州人民日常相处的亲切关系。"邦君助畚锸,邻里通有无。"②写他在儋州盖茅屋"桄榔庵"时吏民的热情相助。有一位卖柴的黎民还送他自产的木棉布御寒:"黎山有幽子,形槁神独完。""遗我吉贝布,海风今岁寒。"③

2. 探索人生,更加深入

苏轼对人生问题的探索,是和他进入仕途同步的。宋仁宗嘉祐六年,他被授大理评事凤翔府签判,揭开从政的序幕。在赴任途中作《和子由渑池怀旧》七律,以"雪泥鸿爪"这一千古名句来概括什么是"人生"的问题。他化实为虚,从哲理的高度指出人生的两大特点:短暂和变幻。苏轼的这种感情主要是为弟弟苏辙而发的,他俩情谊极深,从小就有"夜雨对床"的偕隐之约。现在一个去凤翔上任,一个留汴京侍父,平生第一次分离,感情上难以割舍,在分手时就发生了"亦知人生要有别,但恐岁

---

① 《白鹤峰新居欲成……》其一。
② 《和陶和刘柴桑》。
③ 《和陶拟古九首》之九。

月去飘忽"①的感慨。有人把问题提到世界观的高度,认为"雪泥鸿爪"流露出一定的悲凉情绪和人生如梦的感伤。这是不符合苏轼当时的思想实际的。苏轼从小就"奋厉有当世志"②,初入仕途即抱有"涤荡振刷而卓然有所立"③的雄心,所任签书判官的地位比第一次授他的福昌县主簿(未赴任)有了明显提高,可谓青年得志,正当兴盛之时,这样,一般是不会产生悲凉、如梦的消极情绪的。《和》诗的最后两句是:"往日崎岖还记否,路长人困蹇驴嘶!"语带双关,含意深刻:所谓崎岖路长,既指他们第一次入京走西北陆路时路上的艰苦情况,又暗示着未来漫长的人生道路也将是坎坷不平的,因而需要满怀信心地而不是悲凉地,鼓足勇气地而不是消极地去迎接今后的艰难岁月,也就是要发扬飞鸿的奋进精神,在自己的仕途上哪怕只留下鸿爪那么一点政绩也是好的。这种飞鸿精神体现了苏轼对人生的执着追求,可说是他对人生问题的第一次探索。

随着政治生涯的扩展,特别是新旧党争的影响,苏轼有了切身的人生体验,对人生的理解不断加深。首先,是"我"与"世"的主客观矛盾问题:"我本不违世,而世与我殊。"④"近来愈觉世路隘。"⑤"年来事事与心违。"⑥这是苏轼通判杭州时的心态。通判杭州是苏轼被迫要求的一次外任,起因于他在变法派与反变法派的斗争中明显地倾向于后者。当时的杭州是新党全面推行新法的重点地区,监督执行新法的官员特别多。苏轼本因批评新法而外任的,现在反而要按新法办事,内心自然十分矛盾。政治斗争的漩涡使苏轼从小培养起来的"当世志"受到遏制,"世与我殊"就是他对这种遏制所发的呼号与抗议,也是他对人生问题的新认识,并由此而产生了"人间歧路知多少,试向桑田问耦耕"⑦的想法。

其次,对世态、人情有了进一步认识。乌台诗案是苏轼人生道路上的一大转折。随着他政治地位的陡然下降,亲友对他疏而远之,甚至"有书与之,亦不答"⑧。他只好避开众人,深自闭塞,"自喜渐不为人识"⑨。这种不寻常的经历,使他深深体会到人情的厚薄、世态的炎凉,这对他心灵的摧残并不亚于诗案本身:"我谪黄冈四五年,孤舟出没烟波里。故人不复通问讯,疾病饥寒疑死矣。"⑩因而这一时期他谈人生问

---

① 《辛丑十一月十九日……》。
② 苏辙《东坡先生墓志铭》。
③ 《策略》第一。
④ 《送岑著作》。
⑤ 《游径山》。
⑥ 《常润道中有怀钱塘寄述古五首》之二。
⑦ 《新城道中二首》之二。
⑧ 《答李端叔书》。
⑨ 《答李端叔书》。
⑩ 《送沈逵赴广南》。

题经常是联系这一感受的:"吾生如寄耳,初不择所适。"①"吾生如寄耳,何者为祸福。不如两相忘,昨梦那可逐。"②"人间斤斧日创夷,谁见龙蛇百尺姿。"③"人间何有春一梦,此身将老蚕三眠。"④

以上可说是苏轼探索人生的第二个阶段:揭示人生。

五十几岁的苏轼,在南迁途中写了许多纪行诗,一方面记录了沿途的景况并抒发他的抑郁心情,另一方面也就开始了他对自己一生经历的总结。"且并水村欹侧过,人间何处不巉岩?"⑤自己累遭贬黜,一生所走过的道路如同陆地行舟,崎岖曲折,其实何止自己是这样,人间又何处不是险峻倾侧?"便合与官充水手,此生何止略知津!"⑥自己活了六十年,广见博闻,还有过身处顺境和逆境的各种体验。凭着这些丰富的人生经验,就像饱经风霜,熟悉各个渡口的水手一样,完全可以继续替官府驾船,为国家掌舵,然而却又一次被黜南迁。

南迁期间,苏轼除了继续揭示人情冷暖、世态炎凉,更多的就是对自己人生道路上的进退、穷达、荣辱、黜陟等问题作了深入探索。苏轼的一生是极不平凡极不平坦的一生,既有过三次被贬、两次被迫外任的厄运,也有过一年内官升三级的鸿运,可谓有荣有辱。然而现在是"老矣复何言,荣辱今两空"⑦。"昔我未尝达,今者亦安穷。穷达不到处,我在阿堵中。"⑧穷达、荣辱本是人生最敏感的问题,它无时不在、无处不有,所谓"今两空"、"不到处",实即处"穷"而不以为意,能安穷乐道,傲笑自若也。穷达、荣辱作为人生的重要组成部分,同人生一样也是倏忽即逝、变幻无端的,"时时小摆落,荣悴俯仰中"⑨。因而升沉不定、黜陟无常也就不足为奇了。

荣辱两空,穷达不到,使晚年的苏轼获得思想上的解放、精神上的解脱:"我昔堕轩冕,毫厘真市廛。因来卧重裀,忧愧自不眠。如今破茅屋,一夕或三迁。风雨睡不知,黄叶满枕前。"⑩谪居生活虽十分艰苦,但苦中有乐,富有情趣,比如晨起理发被苏轼誉为"三适"之一:"老栉从我久,齿疏含清风。一洗耳目明,习习万窍通。"以前当京官时,因忙于朝谒是绝对不可能有此自由和乐趣的。由此看来,做官简直是一种受罪:"何异服辕马,沙尘满风鬃。琱鞍响珂月,实与枊械同。"⑪现在他终于能喊出

---

① 《过淮》。
② 《和王晋卿》。
③ 《书李世南所画秋景二首》其二。
④ 《王晋卿作〈烟江叠嶂图〉……》。
⑤ 《慈湖夹阻风五首》其五。
⑥ 《八月七日初入赣过惶恐滩》。
⑦ 《次前韵寄子由》。
⑧ 《和陶拟古九首》之二。
⑨ 《和陶戴主簿》。
⑩ 《和陶怨诗示庞邓》。
⑪ 《谪居三适·晨起理发》。

"无官一身轻,有子万事足"①了。

"人生本无事,苦为世味诱。"②这是苏轼入仕前写的。经过几十年的宦海升沉,他对富贵、名利这类"世味"的诱惑力看得十分真切,并给予深刻的揭露:"一气混沦生复生,有形有心即有情。共见利欲饮食事,各有爪牙头角争。争时怒发霹雳火,险处直在嵌岩处。人伪相加有余怨,天真伤尽无纯诚。徒自取先用极力,谁知所得皆空名。"③"哀哉世人争齿牙,指伪为真正为哇。轻肥甘美形骄奢,谲诡诈妄言矜夸。"④世人的争名夺利,官场的钩心斗角,成了人生道路上的重要羁绊,只有摆脱它,超脱它,才能净化人生,并使自己获得心态平衡,处忧患而不见悲戚。这是苏轼对人生的深刻理解,也是他探索人生的总结。

追求人生——揭示人生——总结人生,这就是苏轼探索人生问题的完整过程。

3. 总结文艺,教育晚辈

大概是出于老年人的普遍心理和身处逆境的特殊感受吧,苏轼对子侄辈的成长十分关心并寄予极大希望。

确立正确的文艺观,是苏轼教育晚辈的一项重要内容。"春秋古史乃家法,诗笔《离骚》亦时用。但令文字还照世,粪土腐余安足梦。"⑤孔子以"春秋笔法"写历史事件,一字褒贬,微言大义;屈原写长诗《离骚》,疾恶如仇,忧国忧民。这里说明作文必须有爱憎分明的激情和丰富充实的内容。据苏轼自己的叙述,这一观点实际上是受之于其父苏洵的教导。苏洵的文学思想在《仲兄文甫说》一文中有较完整的论述,他把创作喻为风水相遭所致,水指创作中的源泉和作家的修养,风指创作激情和欲望。"然而此二物者,岂有求乎文哉?无意乎相求,不期而相遭,而文生焉。"南迁期间,苏轼把父亲教育他的文艺观尊之为"家法",除了在诗中有所提及,还在《与侄孙元老书》一文中说得明白:"务令文字华实相副,期于适用乃佳。"决不可作"趋时"文章,并以六郎"作文极俊壮有家法"相激励。苏轼平时就是这样用文艺"家法"来教育子侄晚辈的。另一方面,当他见到晚辈勤奋学习时,又会想起"家法"来,他写《和陶郭主簿二首》的起因就是:"清明日闻过诵书,声节闲美。感念少时,怅焉追怀先君宫师之遗意,且念惟、德二幼孙。"其二云:"诵我先君诗,肝肺为澄清。"

苏轼在文艺问题上,一方面继承父亲的"家法",一方面又根据自己的实践经验和亲身感受而提出了许多新的见解。这一工作在南迁的几年中做得最多,可说是总

---

① 《借前韵和子由生第四孙斗老》。
② 《夜泊牛口》。
③ 《赠陈守道》。
④ 《辨道歌》。
⑤ 《过于海舶得迈寄书酒……》。

结性的。他曾经给葛延之讲作文之法，用生动的比喻说明立意的重要性：市场上商品很多，但不能随意取得，只有一样东西能够统摄之，就是"钱"。作文亦然，能起统摄作用的是"意"："不得钱不可以取物，不得意不可以明事，此作文之要也。"①延之为了感谢苏轼对他的教诲，以亲制的龟冠为献，《葛延之赠龟冠》就是苏轼接受龟冠后的赠诗。

另一首诗《往年宿瓜步梦中得小绝录示谢民师》，也是与文艺有关的。苏轼北归途经广州时，推官谢民师携诗文进谒，受到苏轼的赞赏，并赠《往》诗云："吴塞兼葭空碧海，隋宫杨柳只金堤。春风自恨无情水，吹得东流竟日西。"如果说这首诗主要是表达了苏轼爱惜人才、爱护晚辈的亲切心情，担心民师年少才美而不进于德，故托为旧梦以勉之，那么他在随后写的《答谢民师书》中则具体提出了有关文艺的重要见解，对民师进行富有实效的帮助和引导。这些见解是：① 关于文理自然的问题，要求创作中的自由与规律相结合；② 关于辞达的问题，从认识事物表现事物的高度对孔子的原意作了新的解释；③ 重申欧阳修关于"市有定价"的话，要求撰文者注意文艺的客观效果，防止粗制滥造。②

三

南迁期间，苏轼写了许多赞美南国风光和表现闲适心情的诗篇，加上百首和陶诗，组成他南迁诗的主体。纪昀评《谪居三适》诗曰："三诗并自在流出，妙不率易平衍，是为老手。"王文诰改"老手"为"老境"，既指苏轼圆熟自如的艺术技巧，更指其诗清新隽永、冲远平淡的风格特征，这正是他南迁诗的基调。

《汲江煎茶》融清景之美与闲适之情于一身，是体现这一基调的佳作。杨万里极赏此诗，他说："'活水还须活火烹，自临钓石汲深清'，第二句七字而具五意：水清，一也；深处取清者，二也；石下之水，非有泥土，三也；石乃钓石，非寻常之石，四也；东坡自汲，非遣卒奴，五也。'大瓢贮月归春瓮，小杓分江入夜瓶'，其状水之清美极矣；'分江'二字，此尤难下。'雪乳已翻煎处脚，松风忽作泻时声'，此倒语下，尤为诗家妙法，即少陵'红稻啄余鹦鹉粒，碧梧栖老凤凰枝'也。'枯肠未易禁三碗，坐听山城长短更'，又翻却卢仝公案：仝吃到七碗，坡不禁三碗；山城更漏无定，'长短'二字，有无穷之味。"③纪昀亦赞曰："细腻而出于脱洒。"细腻清新，洒脱活泼。

苏轼才华横溢，作文写诗，凡意之所到，笔力曲折，无不尽意。他的这种挥洒自

---

① 《韵语阳秋》卷三。
② 苏轼南迁后写的书简，有很多是对文艺问题的总结，如：《与张嘉父书》谈到"人老悔少作"、"博观而约取"的问题；《答ór括书》谈到"辞达"的问题，"济世"与"观美"的问题；《答王庠书》强调实用之文的问题；《与二郎侄》提出绚烂之极归于平淡的问题。
③ 见《诗人玉屑》卷一。

如的才情常常是通过熟练地运用各种艺术手法来体现的,其中以丰富奇幻的想象和多种多样的比喻最为突出。

想象是文艺创作不可缺少的条件,尤其是写诗,如果诗人缺乏"观古今于须臾,抚四海于一瞬"①的想象力,那是不可能写出扣人心弦的好诗的,想象可以说是衡量诗人创作能力的重要标志。苏轼南迁后的诗仍然保持着丰富的想象力,并不因年老而稍衰。"大瓢贮月归春瓮,小杓分江入夜瓶。"月夜汲水,月明水清,诗人想象成把映在水中之月一起汲回;回来后把瓮中之水分装到小瓶中去,诗人又想象成是在分割整条江水。这样的想象确实丰富而奇幻。

《游博罗香积寺》写他看到寺下有溪,便想到可利用溪水作推磨,以便利民众。于是诗人想象的翅膀便飞向了远方和未来:"霏霏落雪看收面,隐隐叠鼓闻舂糠。散流一啜云子白,炊裂十字琼肌香。岂惟牢丸荐古味,要使真一流天浆。"头两句是想象水磨建成后的磨面之状和舂米之声,然后是用加工后的米面做成饭粥和炊饼,其状洁白如玉,其香芬芳诱人,那饼上还有开裂的十字花纹呢!这样好的米和面不仅能制成传统的精美食品,还可以创造性地酿成别具风味的美酒。这里苏轼用的是《华严经》中举因知果的悟道方法②,体现他联想的敏捷和丰富。这首由一连串联想谱成的畅想曲,句句渗透着对改善人民生活条件的憧憬,比他替表兄文同而发的联想"春畦雨过罗纨腻,夏陇风来饼饵香"③。以及初到黄州时为自己而作的联想"长江绕廓知鱼美,好竹连山觉笋香"。其深度和广度都大有提高。

《行琼·儋间……》更是苏轼发挥想象的佳作,诗云:

> 四海环一岛,百洞蟠其中。我行西北隅,如度月半弓,登高望中原,但见积水空。此生当安归,四顾真途穷。眇观大瀛海,坐咏谈天翁。茫茫太仓中,一米谁雌雄。幽怀忽破散,永啸来天风。千山动鳞甲,万谷酣笙钟。安知非群仙,钧天宴未终。喜我归有期,举酒属青童。急雨岂无意,催诗走群龙。梦云忽变色,笑电亦改容。应怪东坡老,颜衰语徒工。久矣此妙声,不闻蓬莱宫。

诗中极写作者初到海南时的所见所闻及所思,既有实景描写,又有心理刻画,虚实结合,奇趣横生。全诗以"此生当安归"为中心,忽而写他面对汪洋大海而产生宇宙苍茫、末路穷途的哀愁,忽而又写他悟到中国乃沧海之一粟,个人更是微不足道的哲理而得到自我宽慰。进而,他凭借想象的力量,把自己从"此生当安归"的现实困境带进"喜我归有期"的遐想的极乐国去:千山万谷发出的声响是仙人为他举行庆祝宴会

---

① 陆机:《文赋》。
② 见《冷斋夜话》卷五。
③ 《和与文与可洋川园池三十首·南园》。

而演奏的乐曲,瞬息万变的急雨云雷为了欢迎他写诗吟诗而变得和颜悦色。他在"归有期"的精神鼓舞下写出来的诗大受赞赏,这在仙宫早已是少见的了。正因为表现了丰富奔放的感情,充满着奇特美妙的想象,这首诗博得了古今论者的一致好评。

比喻,是我国诗歌创作的传统手法。苏轼创造性地运用了这一手法,得到"长于比喻"①的美誉。他南迁期间的诗,仍体现了这一特点。"穷猿既投林,疲马初解鞍。"②以"穷猿"、"疲马"比喻自己年老体衰,身处逆境,但能"投林"、"解鞍"又未尝不是一种解脱。诗人的复杂心情通过这样的比喻得到了充分的反映。"我行西北隅,如度月半弓。"这是说苏轼从澄迈到儋州正好在岛的西北部走了一条弧线,比喻贴切。紧接着他又以"弓"比喻自己所走过的人生之路:"我少即多难,邅回一生中。百年不易满,寸寸弯强弓。"③由惠贬儋,又联系到贬黄,一生常处忧患之中,却仍要顽强生活,挣扎前进,以弯弓喻之,既贴切又新奇。"空肠吐余思,静似蚕缀簇;寸田结初果,秀若铜生绿。"④上句(一、三句)正说,下句(二、四句)作比,这样的排列已属新颖,以"蚕缀簇"喻"吐余思"亦颇妥帖,而以"铜生绿"喻"结初果"则尤为奇妙。"雪乳已翻煎处脚,松风忽作泻时声,"茶色之浓以"雪乳"喻之,水沸之声以"松风"喻之,都未直说,很有新意。"晓日着颜红有晕,春风入髓散无声。"⑤这里讲酒味的醇美,也是没有明说,而是通过饮酒后面生红晕如晓日映照、精神舒畅如春风浸骨这样的比喻来表述的,亦很新颖。"千山动鳞甲,万谷酣笙钟。"这里寓比喻于想象之中:以鳞甲扇动开合比喻风吹草木摇摆之状,以弹奏仙乐比喻风吹洞窍发出之声。

特别可贵的是,苏轼能从当时当地的现实生活中不断汲取新材料以丰富比喻的内容。南国盛产荔枝,苏轼十分喜爱,便以"仙人"、"尤物"作比;同时又以"尤物"比喻"宫中美人",使人民遭殃。岭南还产龙眼,可与荔枝并称为果中双璧,他就把它们比作同宗兄弟姐妹,或如柑如桔,或如桃与李,所不同者,只是龙眼"幸免妃子污"⑥。海南有鹭鸟(即五色雀,俗名凤凰),苏轼以此比黎子云兄弟:"举杯得一笑,见此红鸾雏。"⑦又把它比作夜烧松明,满室生辉的景象:"照室红龙鸾"⑧。苏过曾作山芋羹,本为调剂儋州饮食的穷匮单调,苏轼却把它美化为"香似龙涎仍酽白,味如牛乳更全清"⑨。其香气以香料中的上品"龙涎"喻之,颇新奇。海南虽不产龙涎,却产香料,其

---

① 韩驹语,见《诗人玉屑》卷一七。
② 《和陶归园田居六首》其二。
③ 《次前韵寄子由》。
④ 《次韵高要令刘湜峡山寺见寄》。
⑤ 《真一酒》。
⑥ 《廉州龙眼质味殊绝可敌荔枝》。
⑦ 《五色雀》。
⑧ 《夜烧松明火》。
⑨ 《过子忽出新意以山芋作玉糁羹……》。

民"俗以贸香为业"①。以"龙涎"作比,盖由此引出。

北归途中,苏轼写了《次韵法芝举旧诗一首》:"春来何处不归鸿,非复赢牛踏旧踪。但愿老师心似月,谁家瓮里不相逢。"前两句写他自己:此时徽宗即位,形势有变,前朝被贬的旧臣都获赦回朝,所以比之为"春来",以示欣慰之情。但他又认为自己饱经风霜,被贬被赦已习以为常了,就像大雁秋去春回,老牛早出晚归一样平常。后两句,以月比法芝和尚,喻其佛法高明,如明月高悬,普照人间。又以瓮中水比喻自己对法芝禅师的怀念,以后无论走到哪里,凡有水处即能映月,水月交映,也就如见其人了。

语言飞动流走,使描写对象由静景变活景,活景更具动性,这是苏轼诗的一大艺术特点。苏轼用比也经常同这一特点相结合,艺术效果特佳。"冰轮横海阔,香雾入楼寒。"②残暑方退,夜有寒意,刚过十五,月圆出迟。诗人登合江楼观月,月从江面升起,如渡海而来。这里他用"冰轮"比作月亮,既言其形如轮之圆,更言其行如轮之转,这是形状与动态的巧妙结合,较之只言其形的比喻如"白玉盘"之类更为贴切生动;再加一"冰"字,则准确地标明了当时的天气,与"寒"字正相符称。"朝来缩颈似寒鸦,焰火生薪聊一快。红波翻屋春风起,先生默坐春风里。浮空眼缬散红霞,无数心花发桃李。"③腊月天寒,生火取暖,顿时如春风吹来,温暖如春,内心甚感快慰,如同桃李花开。从"缩颈"之苦到身心"一快",其间关键是"火",这里苏轼用"红波"作比喻,既写了火色之红,又写了火焰闪动之状,还寓有暖流充溢室内,注入心内,如同波澜滚翻的意象,这是色彩与动态的巧妙结合。

四

当一个作家步入老年,他的创作也往往会随之发生变化,这在我国文学史上是屡见不鲜并为人所关注的。自从杜甫评庾信的创作是"老更成"④之后,更引起人们对老年诗、晚年诗的兴趣和研究。

何谓"老更成"?从下句"凌云健笔意纵横"看,当指庾信晚年的作品更加成熟而具艺术魅力。庾信早年以善写绮艳的诗文著称,这类作品的题材狭窄,内容贫乏,风格靡弱,艺术上也呆板平庸。后来,他出使西魏,长留北朝。虽官位通显,但亡国丧家之痛,失身仕途之辱,羁旅异乡之悲,无时不在撞击着他的心灵。特别是到了晚年,一切希望都已幻灭,因而在他的作品中充满了对故国和乡土的怀念以及对自己

---

① 《和陶劝农六首·引》。
② 《江月五首》其一。
③ 《独觉》。
④ 《戏为六绝句》。

身世的感伤。再加上北方大地的荒寒广袤,北方人民的豪放性格,北方民歌的朴素雄健,对他产生了影响,使他的诗赋创作涂上了悲慨苍劲的色彩。《四库提要》评庾信"北迁"以后的作品是"华实相符,情文兼至",这同杜甫的观点是相一致的。

"庾信平生最萧瑟,暮年诗赋动江关。"①这是杜甫对庾信晚年创作的又一高度评价。但这里杜甫已不仅仅是为了赞赏庾信,还有自咏、自况的意思。因他处于兵马交驰的乱世,一生游离转徙,思想上对庾信北迁后遭遇,艺术上对庾信晚年作品的成熟都容易产生共鸣。

杜甫入蜀后的晚年,生活虽仍艰苦,但已比较稳定,心境也随年龄而趋恬淡。因而他这时所写的诗,特别是后来夔州期间的创作,虽仍有关于时事之篇,但更多的却是抒发忆旧怀古之情,感情的起伏不大,表现比较含蓄;同时在律体上用功甚深,取得了极高的艺术成就,他自称是"晚节渐于诗律细"②、"遣辞必中律"③。有人据此而说杜甫夔峡以后诗忧国忧民之情已经衰退,甚至说他有追求形式的倾向,这种看法显然是片面的。但杜诗至晚年风格起了变化却是事实,黄庭坚就说过:"观杜子美到夔州后诗,韩退之自潮州还朝后文章,皆不烦绳削而自合矣。""但熟观杜子美到夔州后古律诗,便得句法简易,而大巧出焉。"④朱熹则说:"人多说杜子美夔州诗好,此不可晓。""夔州以后,自出规摹,不可学。"⑤

王安石的晚年诗比起他中青年诗也是变化较大的。他于55岁时罢相退休,隐居金陵之蒋山,山有定林诸寺,他便日与山水、僧道为友。由于他摆脱了人事的纠缠,加之年老心静,便写了许多修辞工妙,表现大自然清新之美的写景诗,取代了以前大量写作的政治诗,风格也由豪放雄奇而转为自然清空。古人对他晚年诗风的转变多持肯定态度,《宾退录》曰:"荆公诗归蒋山后乃造精绝,其后比少作如天涯相绝矣。"《石林诗话》曰:"王荆公少以意气自许,故诗语惟其所向,不复更为涵蓄……晚年始尽深婉不迫之趣。""王荆公晚年诗律尤精严,造语用字,间不容发。然意与言合,言随意遣,浑然天成,殆不见有牵率排比处。"黄庭坚也说:"荆公暮年作小诗,雅丽精绝,脱去流俗,每讽味之,便觉沉灊生牙颊间。"⑥

人到老年,心力易衰,心情趋淡,作文写诗,或抒闲适之情,或写自然之景,或怀古忆旧总结自己一生,或讲究诗律追求阴柔之美,各有侧重,各有千秋。纵观苏轼晚年诗,则是他南迁以前诗的全面继承并有所发展,题材广阔,内容丰富,艺术表现力很强。尤其是《荔枝叹》及和陶诗中一些"金刚怒目式"的篇章所表现出来的痛斥统

---

① 《咏怀古迹五首》之一。
② 《遣闷戏呈路十九曹长》。
③ 《桥陵十三韵》。
④ 《与王观复书》。
⑤ 《语类》卷一四〇。
⑥ 见《竹庄诗话》卷九。

治阶级,直接反映人民疾苦的思想感情,充分显示了他虽年老体衰,但创作激情和写作才能毫不衰减的特点。这既不同于庾信和王安石,也不同于杜甫。至于江淹晚节因安富尊荣导致创作源泉枯竭而"才尽",则是一种反走,不可同日而语;还有鲍照晚节"才尽",实为避宋文帝忌才之嫌而有意为之,则又当别论了。

苏轼南迁以后的诗,可谓老而弥健,实为我国文学史上晚年诗中的佼佼者!

论联绵字

◎ 许惟贤

一

联绵字又称连绵字,旧时又称连语、诓语,现代著作从区分字、词出发,或改称联绵词。关于联绵字的性质,近时学者则多认为它是一种单纯复音词。例如《现代汉语词典》收"联绵字"条,解释说:"旧称双音的单纯词,包括 a)双声的,b)叠韵的,c)非双声叠韵的。"(例略)王力先生主编的《古代汉语》也说:"(古代汉语中)单纯的复音词,绝大部分是连绵字。""连绵字中的两个字仅仅代表单纯复音词的两个音节,古代注释家有时把这种连绵字拆成两个词,当作词组加以解释,那是绝大的错误。"蒋礼鸿、任铭善两先生《古汉语通论》,给联绵字下的定义则是:"用两个音节表示一个整体的意义的双音词,其中只包含一个词素,不能分拆为两个词素的,古人管这种词叫做诓语或连绵字,简单地说,诓语是单纯性的双音词。"其他有影响的训诂学、古代汉语著作,提法多与上述相类。[①]

总起来说,流行的联绵字的定义,大致包括下列几点内容:1. 联绵字是双音节的,也就是说,是由两个汉字构成的;2. 构成联绵字的两个字联缀成义,是不能拆开讲的;3. 联绵字是单纯词,它的两个字只代表两个音节,或者说,联绵字只包含一个词素。除了这三点,一般著作还提到,联绵字有语音上的特点:两字多为双声叠韵关系。但这不是普遍性的条件。联绵字也有文字上的特点:字不定形,多用通假,音有转移,字随音变。因此解释联绵字切忌"望文生义"。至于联绵字两字可单用、隔用、倒用,一般著作则认为那是一种修辞问题。

既然是单纯词,当然只包含一个词素,但是联系到联绵字,情况有一点儿复杂。有些联绵字形音义经过长期的发展,在书面上看到的形式,使我们已很难推知它的本来面目,它的内部构造究竟怎样,更弄不清楚了。另外,有些联绵字,即使人们对它的内部构造有依稀的了解,但它书面用例所呈现的意义已有很大变化,不能拿原

---

① 何九盈、蒋绍愚:《古汉语词汇讲话》,北京出版社 1980 年版,第 27 页。

来的组成分子的合成意义来解释了。溯源既无把握,析词又无关实用,于是人们就笼统地承认它是一种单纯复音词。不过谨慎的学者不大愿意直截了当地说它只包含一个词素,而宁肯绕弯子说,如"不能拆开解释""两字只代表两个音节"之类。更谨慎的连是不是单纯词都避免表态,如《辞海》修订本给联绵字下的定义是:"指由两个音节联缀成义而不能分割的词。或有双声叠韵的关系,或没有双声叠韵的关系,或同音相重复。"(例略)可是这样一来却使人们不易将它同"天下"、"先生"、"屏风"这类词区分开了,因为这类词有的学者指出也是"不能拆开来讲的",也就是说,是联缀成义而不能分割的,有的学者甚至认为这类词也是单纯复音词。由于这种种情况,难怪有人感觉对联绵字各家有各家的理解,好像是一个"模糊概念"[1]。

近年讨论联绵字的文章逐渐多起来,不少作者对联绵字的性质与定义提出了种种疑问[2],也显示出联绵字究为何物,确是一个没有解决好的问题。有一件事对我们是有启发的,朱起凤的《辞通》,同符定一的《联绵字典》一样,向来被认为是研究联绵字的专著[3],最早持这种看法的,当是胡适、刘大白、林语堂为初版《辞通》所作的序。可是前几年吴文祺教授著文指出:胡、刘、林的看法实是一种误解,"《辞通》所收固然绝大部分是联绵字,但也兼收双音节的'复音词'和'词组'。胡、刘、林三序所说并不能概括《辞通》的全貌"[4]。吴在给《辞通》写的《重印前言》中则明确指出:《辞通》是以搜罗"通假词和词组"为其特点的。吴是用现代语言学的观点来看《辞通》和联绵字的,胡、刘、林则可能是从传统语言学的观点出发的,倒不一定是犯了以偏概全的错误。宋人张有《复古编》卷六"连绵字"一节是收录联绵字最早的著作,所列五十八个词中,不是也收了"左右"、"坳垤"(即"凹凸")、"怀抱"、"儋何"这样的词吗?明代的方以智《通雅·释诂·諯语》收联绵字三百三十余组,其中像"皮傅"、"收责(债)"、"雁行"、"目击"这类词或词组就更多了。这全是前人收词不纯的问题吗?还是因为前代学者对联绵字的看法与我们有所出入呢?这是一个值得探讨的问题。

二

不管各家对联绵字的理解有什么不同,有一点几乎是完全一致的,那就是认为联绵字不能拆开来讲,因此在有关著作中看不到联绵字两字字义及其结构关系的分析。王念孙在《读书杂志·汉书第十六·连语》中的论断"凡连语之字皆上下同义,不可分训。说者望文生义,往往穿凿而失其本旨"常被今人著作引用,论者似乎认为

---

[1] 李国正:《联绵字研究述评》,《语文导报》1987年第4期。
[2] 李国正:《联绵字研究述评》,《语文导报》1987年第4期。
[3] 周法高:《论中国语言学》:"专收联绵字的有朱起凤的《辞通》和符定一的《联绵字典》。"(第39页)
[4] 吴文祺:《关于〈辞通〉和〈辞通补编〉》,《辞书研究》1983年第4期。

王氏所说的"上下同义"就是联绵字两字只表示一个整体意义的意思,而"不可分训"则更说明联绵字是不能拆开来讲的,联绵字的两个字只代表两个音节。在这基础上,很容易得出联绵字是单纯复音词、只有一个词素的结论。但事情果真是这样吗?王氏不是现代语言学家,用现代语言学术语来解说他的意见,是否同他的本意相合,还需仔细分析他所提供的事实和他对这些事实所作的解释来加以验证。王氏在此文中共举了23个词加以研究,他是如何分析这些词的?我们可摘引他在两个词下的注语来探究:

> 魁梧 《张陈王周传赞》:"其貌魁梧奇伟。"师古曰:"魁,大貌也。梧者,言其可警悟,今人读为吾,非也。"念孙案:师古以悟为警悟,则义与"魁""大"不相属,故又加一"可"字以增成其义,其失也凿矣。今案,魁梧皆大也。梧之言吴也,《方言》曰:"吴,大也。"魁、梧、奇、伟四字平列,魁与梧同义,奇与伟同义。
>
> 狼戾 《严助传》:"今闻越王狼戾不仁。"师古曰:"狼性贪戾,凡言狼戾者,谓贪而戾。"念孙案,师古以狼为豺狼之狼,非也。狼亦戾也。狼与戾同义。《燕策》曰:"赵王狼戾无亲。"《淮南要略》曰:"秦国之俗贪狼。"狼戾、贪狼皆两字平列,非谓如狼之戾,如狼之贪也。①

王氏的分析和结论"翻译"成现代语言学术语说,就是两词的上下二字是等义词素,其内部结构关系是平列关系,因此二字不得分作不同解释,否则上下二字"义不相属","不相比附"。根据王氏的分析,我们似只能称这两个词为等义并列复合词,而不能看作是单纯复音词。王氏对其他21个联绵字的分析也大致如此。为了说明问题,我们不妨再摘抄一些看看。摘语只求反映主要意见,不求全备。

> 奔踶 亦奔也。踶之言驰,奔踶犹奔驰耳。
> 劳来,亦劳也。劳来二字,有训为劝勉者,有训为恩勤者。
> 陵夷 陵与夷,皆平也。
> 仪表 立木以示人谓之仪,又谓之表。仪即表也。
> 狙诈 狙亦诈也。
> 囹圄 囹之言令,圄之言敔也。《广雅》曰:"令、敔,禁也。"是囹圄皆禁守之义。
> 营惑 营亦惑也。字本作"眷",《说文》曰:"眷,惑也。"
> 奥渫 张晏曰:"渫,狎也,污也。"奥,浊也。
> 尉荐 如谆曰:"尉亦荐藉也。"

---

① 王念孙:《读书杂志》,江苏古籍出版社影印本,第409—410页。

> 酝藉　《内则》:"柔色以温之。"郑注曰:"温,藉也。"
> 惊愕　愕亦惊也。《广雅》曰:"愕,惊也。"①

这些都是王氏用来论证前面引述的那几句论断的实例。王氏在这段话的开头用的是全称判断,其视23个词性质若一当无疑义。由这些论述我们可知,所谓"上下同义"也者,说的是上下二字(两个词素)意义相同或相近;"不可分训"也者,是说不可"取同义之字而强为区别",也就是说不能将两字分别作不同意义的训释。王氏丝毫没有联绵字不可拆开来理解的意思,他反对的只是望文而误生字义、对两字关系作错误解说的凿空之论。王氏之论不但不能证明联绵字是单纯词,相反倒是说明前人所谓联绵字者,不小的一部分是等义并列复合词。

王念孙对"犹豫"一词的解说,经常被论者认为联绵字分析之佳例。王氏对此词也确实重视,于《广雅疏证》、《读书杂志》两书中多次详加解说②,王引之又于《经义述闻·通说上》作专条介绍。二王所述虽着重此词的通转变化以及与"嫌疑"、"踌躇"各词声近义通的关系,然其对"犹豫"一词的内部结构的说明,则可于下面一节中见之。

> 豫贾　仲尼将为司寇,鲁之鬻牛马者不豫贾。杨注曰:"豫贾,定为高价也。"引之曰:杨说非也。豫,犹诳也。豫犹一声之转。《方言》曰:"犹,诈也。"诈亦诳也。惑谓之犹,亦谓之豫(自注:《老子》"与兮若冬涉川,犹兮若畏四邻",与,与豫同。)诈说惑人谓之犹,亦谓之豫,此转语之相因者也。市不豫贾者,市贾皆实,不相诳豫也。说者皆读豫为凡事豫则立之豫,望文生义,失其传久矣。(《读书杂志·荀子第二》摘引)③

王氏之视"犹豫"二字为等义词素当无疑问。此词段玉裁亦有说,其释义与王氏略异而分析此词内部结构关系相同。段氏说散见于《说文解字》"犹"、"尤"、"豫"各字下。在"犹"字下,段氏指出:"古有以声不以义者,如犹豫双声,亦作犹与,亦作尤豫,皆迟疑之貌。"他进一步说:"犹"与"猷"相通,有图也、谋也、若也之义,而这些意义"皆从迟疑郑重之义引申之。"又《说文》五下冖部"尤"字段注,以"尤是迟疑蹢躅之貌"来解释"尤,行貌"之义,则"尤"、"犹"义相通。《说文》九下象部"豫"字段注,认为"豫"本义为"象之大者",引申之,凡大皆称豫,由大又引申出宽裕义,而与"舒"相通。这样,

---

① 王念孙:《读书杂志》,江苏古籍出版社影印本,第407—410页。
② 王念孙:《广雅疏证》卷六上"踌躇,犹豫也"条,江苏古籍出版社影印本,第191页;《读书杂志·汉书第一》"犹豫"条,第183页。
③ 王念孙:《读书杂志》,江苏古籍出版社影印本,第663页。

段氏认为"犹"、"尤"、"豫"都有迟疑宽舒之义,因而"犹豫"之义即"犹""豫"二字之义,"犹豫"不可分训,《礼记·曲礼》孔颖达正义、《文选·洛神赋》李善注解此词皆郢书燕说。据段氏之说,"犹豫"一词的内部结构为等义并列复合关系亦当无疑问。

近代学者王国维有关联绵字的论述,见于北京大学《国学季刊》一卷三期(1933),其文以"致沈兼士信"形式发表,题为《研究发题》,第三节即为"古文学中联绵字之研究"。原文不长,特全节移录于此:

> 联绵字,合二字以成一语,其实犹一字也。前人《骈雅》、《别雅》诸书,颇以义类部居联绵字,然不以声为之纲领;其书盖去类书无几耳。此等复语,其变化不可胜穷,然皆有公共之源。如风曰髬发,泉曰髬沸;跋扈曰畔援,广大曰伴奂,分散曰判奂:字虽不同,其声与义各有其相通之处。又如雨之小者曰霢霂,草之小者曰蘼芜,曰绵马,木之柔者曰木髦,虫之小者曰蠛蠓,状草木之细密曰觊髦,状鸟之小者曰绵蛮:殆皆与微字之音义相类。辞赋既兴,造语尤夥,乃至重叠用之。如《离骚》,须臾、相羊,见于一简之中;《上林赋》"滵淴泌瀄,谽呀豁閜",叠于一句之内,其实为一语之变化也。若集此类之字,经之以声,而纬之以义,以穷其变化,而观其会通,岂徒为文学之助,抑亦小学上未有之事业与!

王氏此文开头的两句话:"联绵字,合二字以成一语,其实犹一字也。"也常被学者引用,但王氏之言也并非说联绵字是只含一个词素的单纯词,其真意我们可于王氏另一篇传世名著《肃霜涤场说》中得之[1],王氏认为"肃霜涤场,皆互为双声,乃古之联绵字,不容分别释之。《诗》之"肃霜",是形容天高气清。何以知之?因"肃"、"霜"二字皆有清白之义,且"肃霜"之同源联绵字"鹔鹴"等皆含白义故。王氏用郦道元《水经注》说"潇湘"之得名,乃由水之清深,证"肃"及其同源词皆有清白义[2],又用马融说《左传》中白马名"肃爽"(爽、霜通)之得名由来("色如霜丸")以证"霜"在"肃霜"中也含有实义:白色。由此我们不难明白王氏对"肃霜"一词的看法,是认为它是由两个近义词素并列构成的复合词。其说"涤场",则更为清晰。"涤场即涤荡,荡亦作盪。《说文》:'盪,涤器也。'既涤盪,则必清肃。"故《诗》之涤场,则肃清之义"。王氏之意,涤、盪二字皆为动词,其义为清洗器皿,清洗的结果必清白,故引申得"肃清"之义。用于《诗》是描写"至十月则万物摇落无余"的景况。这样,王氏之分析"涤场",其结论也是等义并列复合词。由此看来,王氏说联绵字"合二字而成一语,其实犹一字也"的含意,就"肃霜"一类词而论,并非说它们不可拆开来讲,而是说"肃霜"之义与任何一个构成它的词素"肃"或"霜"的意义都相同,说二字"肃霜",即等于说

---

[1] 《观堂集林》(卷一),中华书局1959年版,第70页。
[2] 王氏之说,实本王念孙《广雅疏证》卷一"肃,清也"条疏语,第29页。

一字"肃"或"霜"而已。王氏所反对的,是将"肃霜"一类联绵字的两字不当等义词素理解而"分别释之"、解说成"霜降收缩万物"(毛传)之类的"凿空"之论,他的观点与方法和王念孙、段玉裁是一致的。

王念孙、段玉裁、王国维对联绵字的分析,其释义或有可议之处,然其方法是很精密明晰的,是对联绵字词源研究的一种贡献。用他们的方法,结合故训,我们不难发现,人们常加议论的一些联绵字,如崔嵬、披靡、绸缪、诡随、磅礴、侏儒、辗转、窈窕、参差之类,都是包含两个等义词素的并列复合词,它们是传统所称联绵字重要的一类。这个事实,早有学者指出,如孙德宣《联绵字浅说》就曾论说,联绵字之成立,有"比类合谊整齐为美"之一类。① 应该指出,这个事实,与联绵字是单纯词、是由一个词素构成的看法是不相容的。

三

根据以上之分析,"魁梧"、"犹豫"、"肃霜"之类联绵字,似与一般所说的并列复合词无本质上的区别。从事实看,的确如此。汉语词汇从单音词占大多数转变为复合词占大多数,其历史进程的初期阶段一般认为是在先秦至两汉这段时期。引起这种转变的最主要原因,是其时汉语的发展丰富已使同音词大量增加,同音词易相混,太多就要影响语言的交际功能,使语言的明确性能降低,"单不足喻则兼"②,于是复音词作为解决汉语词汇体系内部矛盾的一种重要手段应运而大为发展。复音化不但使同音词大大减少,而且在意义上互相制约以取得"相得益彰"的效果,更是一种方便而有效的方法。这就是其时在"同义为训"基础上产生大量等义并列复合词的原因③。我们认为,在形成原因与内部结构关系上,一般被认为是等义并列复合词的"玄黄"、"刚强"、"险阻"等与被认为是联绵字的"魁梧"、"犹豫"、"肃霜"等是一致的,它们都是合二字而作用犹若用一字,而用二字的表意效果则胜过用一字。而且,由于处于初期发展阶段,其上下二字之结合都不十分紧密,因而都有这样一些特点④:一、构成的成分不稳固。在众多的单音同义词中,由哪两个结合成复合词,还处于一种自由状态,如"险阻"、"阻隘"、"险隘"并存,"魁伟"、"魁梧"、"魁大"并存。二、构成的两个成分位置不稳定,常可颠倒,如"险阻"、"阻险"、"涤荡"、"荡涤"。三、构成的成分还保留着单音词身份被继续使用,即所谓单用。四、古人还常习惯地把相联的两字加以区别解释,如"妇家为婚,婿家为姻"、"美心为窈,美状为窕"之类。由

---

① 《辅仁学志》十一卷一、二期合刊。
② 《荀子·正名》。
③ 参考张世禄:《"同义为训"与"同义并行复合词"的产生》,《中华文史论丛增刊,语言文字研究专辑》(下)。
④ 参考王力主编:《古代汉语》(修订本第一册),第86页。

此，一部分联绵字存在两字颠倒使用两字分割使用、一字单用等现象,恐怕多数是汉语并列复合词产生初期的自然表现,我们不必总是用修辞的原因去解释。

联绵字有一个很重要的特点,那就是上下二字在语音上多有双声或叠韵的关系,王力先生曾认为二字存在双声或叠韵关系是联绵字的必要条件,凡声音不近的,如"淹留"之类,王先生认为只是双音词,而不承认是联绵字①。由此可见这种语音条件对联绵字的重要意义。上下二字发生语音上的联系,对于上述属于性质上是等义并列复合词一类的联绵字而言,有时是很自然的事情,因为上下二字既同义或近义,就有可能是同源字,同源字在语音上发生嬗变但仍保持部分相同(双声或叠韵)是常有的事。一个复合词,选用两个语音上有联系的词素来构成,可以加强其内部的紧密关系,更给人一种浑然一体的感觉,使用在文学作品中也可增加节律感,这可能是这类联绵字较多的原因。但是上下二字有双声或叠韵关系在一些不被一般人认为是联绵字的复合词中也同样存在,如"玄黄"、"刚强"、"柔弱"、"跳跃"、"辨别"等。正因为如此,王力主编《古代汉语》第二册在讨论到"双声叠韵"问题时曾有意地指出"玄黄"、"刚强"之类"非常接近连绵字"②,而王国维的《联绵字谱》和符定一的《联绵字典》都一无例外地将上述"玄黄"等五词收录,朱起凤《辞通》也收录了"柔弱"、"跳跃"两个。我们觉得,对此恐不能以"失之过宽"一语含混地加以批评,而应该考虑:他们判断联绵字的标准是不是和我们现时所广泛认为的不太一样?他们心目中的联绵字同我们所范围的是否相同?

从另外一个角度进行探究又使我们发现,下述事实对决定一个词是否为联绵字可能是很重要的,就是这个词是否有在自身基础上衍变产生新词的现象。这种衍变在很多情况下是以双声叠韵为枢纽,产生字音的变化,进而又发生文字的更换;在另一些情况下则单纯是由于通假字的替用,在使用音近通假字时,这个词的音又产生了变化。这样,一个词就衍生出许多变体。如"魁吴"、"魁梧"、"魁岸","犹豫"、"犹与"、"犹预"、"尤豫"、"由豫"、"犹与"、"由与"、"容与","肃霜"、"肃爽"、"骕骦"、"鹔鹴"等。这种衍变有时伴随着词义的引申发展,或是由词义引申发展所促成,词的音、形、义产生了一种综合变化。用现代语言学术语说,"魁梧"之类起源是结构造词,在发展过程中用音变造词手段衍生出了一系列同源词。这些复音同源词同单音同源词一样,彼此间有音义相通的关系,故可因声以求义。在这些词发生衍变之后,使人明显地感到它上下二字的独立性已削弱而融合为一个实体了。这样,所谓合二字犹如一字者,意义也有了深化,意味着二字结合在一起发生音、形、义的衍变之后,已联绵不可分割而成为一种"复语"(前引王国维文所用术语)了。古人对这种字的整体感有一件事实可以说明,那就是他们喜欢给上下两字换上同样的偏旁,如跻踏、

---

① 王力:《中国语法理论》(下册)。
② 王力主编:《古代汉语》(修订本第二册),第540页。

逍遥、鹡鹩、佐佑、苜蓿是。一个词有了变体,这个词"复语"(亦即联绵字)的身份便十分明确,这种判断方法是很有影响的。例如《辞通》一书,对前面用作举例的"玄黄"、"刚强"、"柔弱"、"跳跃"、"辨别"五个词,只收录了"柔弱"、"跳跃"两个,就是因为作者认为"柔弱"有"懦弱"、"需弱"、"儒弱"、"濡弱"等,"跳跃"有"跳躐"、"趡趬"等一组同源衍生词;而"玄黄"、"刚强"、"辨别"没有,故不收,相反"淹留"、"国家"、"险阻"有,也一一加以收录,并联系变体加以解说。虽然,吴文祺就此辨明《辞通》是一部收录"通假词"的书,其中不纯是联绵字,这是很符合现代语言学看法的,但胡适等人也可辩解他们的看法不是一种"误会",而是反映了一种传统的标准,既然这些词全词作为一个整体来变换通假字,那就证明它的上下二字已联绵成一个"复语"了,为什么不可以统称之为"联绵字"呢?

四

以上的讨论我们是集中在并列复合词及其变体这类联绵字方面进行的,下面谈谈前人归入联绵字的其他复音词,对它们的性质有所了解,于探讨联绵字的性质也是有帮助的。

甲,起源即为复音的单纯词。此类多为名词,如菡萏、鸳鸯、芍药、苤苡、脊令、仓庚(以上见《诗经》)、鹦鹉(见《礼记》)、螳螂(见《庄子》)。

联绵字中有些词,由于其形成时间过早,其本源难以探讨,内部结构无法分析也只能归入此类。当然,这样并不意味着我们放弃对它们来源的推求,相反,我们还应尽可能地努力通过其意义的分析弄清它们的来龙去脉,因为这也是一种有价值的词源研究,其意义与单音词的词源研究相同。黄侃先生曾说:"双声叠韵之字诚不可望文生训,而非无本字。"①王国维亦曾指出:"此等复语,其变化不可胜穷,然皆有公共之源。"②强调的都是这种意见。

乙,译音词。其源为外族语言,译为汉语为双音节词,如葡萄、苜蓿、颇黎之类。其性质当为单纯词。

丙,象声词。有为复音者,如名词:蟋蟀,形容词:间关,叹词:噫嘻、於乎,皆见《诗经》。其为叠音者,归入丁类,见下。此类亦为单纯词。

丁,叠音词。旧称重言。应分为性质不同之两小类。

一类叠音词之意义与其单字义决然无关,如属象声词之丁丁、关关、许许,属形容词副词之采采(形容茂盛)、蛰蛰(形容敦厚)、振振(形容众盛)、丸丸(形容高大挺直)、营营(状往来飞动)、汕汕(状鱼游水),皆见于《诗经》。此类性质当为单纯词。

---

① 《广雅疏证》笺识,北京师范大学《训诂研究》第一辑。
② 见前引《研究发题》。

一类叠音词之意义即由其单字义生成,其结构关系如同等义并列复合词。如:

穆穆 《诗·商颂·那》:"穆穆厥声。"郑笺:"穆穆,美也。"又《商颂·清庙》:"於穆清庙。"毛传:"穆,美也。"段玉裁认为"穆"训美,是"镠"字的通假字。

惕惕 《诗·陈风·防有鹊巢》:"心焉惕惕。"为忧惧之状,而《易·乾》:"夕惕若厉。"《释文》引郑注:"惧也。"

瞿瞿 《诗·齐风·东方未明》:"狂夫瞿瞿。"毛传:"无守之貌"。无守是警惕四顾、目光不定的样子。段玉裁认为:"瞿"是"昍"的通假字,《说文》:"昍,左右视也。"

复合叠音词的本字需要加以考释,如不搞清楚,很容易误会其为单纯词。再如

灌灌 《诗·大雅·板》:"老夫灌灌。"毛传:"灌灌犹款款也。"为诚恳之貌。"灌"本是水名,本义与例义不相关。"灌"(见母元韵)"款"(溪母元韵)旁纽叠韵通假。《广雅·释诂》:"款,诚也。"

楚楚 《诗·曹风·蜉蝣》:"衣裳楚楚。"毛传:"楚楚,鲜明貌。""楚"是丛木,义不相关。"楚楚"的本字是"黼"。《说文》:"黼,合五采鲜色。"楚同音通假。

以上将叠音词分为单纯词与复音词两类,前人实无此分别,而统称之为重言,皆列入联绵字中。丁丁、采采等及穆穆、惕惕等,王国维《联绵字谱》皆见收录,可为证明。据此亦可知连绵字不仅为单纯词。

戊,派生词。如"婉如"、"沃若"、"莞尔"、"忽焉"、"沛然"、"有周"、"有楚"之类,《通雅·释诂·诼语》及《辞通》皆有选择地收录。王国维《联绵字谱》则不录,说明一部分学者认为不应归入联绵字。

己,曼声词。单音词缓读而成复音词,古汉语中常见。此类复音词,前人亦视为联绵字。例如:"飚",曼声为"扶摇";"笔"曼声为"不律";"椎"曼声为"终葵",皆众所周知。又如朱骏声说"硕颅"的合声为"头","髑髅"的合音亦为"头","丁宁"的合音为"钲",见《说文通训定声》;段玉裁说"须从"之合音为"菘",见《说文解字注》。曼声词当为单纯词。

庚,衍音词。衍音与曼声有别:曼声为一字音分为二字者,犹如一字音化为反切二字;衍音为一字音不变,而于字前或字后衍增一双声或叠韵字而成二音节。用衍音方式产生复音词,前人亦间有说,然以蒋礼鸿先生于《读〈同源字论〉后记》所指最明:"一个字(词)加上一个与之为双声叠韵的字为头或尾而变成双音词,拿去头尾,依然成词。如古代吴地称'勾吴',勾与吴为双声;越地称'于越',于与越为双声;春秋时的邾国称'邾娄',邾娄古音为叠韵。再如'须臾'的须在《说文》里是:'立而待也',等待则要度过短时间……则须就是一会儿。前头加上双声的斯变成'斯须'或后头加上叠韵的臾变成'须臾',意思都一样。"① 在衍音词中,原单音词是一个有意义的词素,可称为"词核",前加或后加之音节无意义,可称之为"衍音"。此类词在联绵字中也占相当比例,而常被误解为不可分析的单纯词,故有必要在蒋先生所述基础上补充数例分类说明:

二字为双声关系,衍音在前:

  邂逅 逅为覯之同源字,《说文》:"覯,遇见也。"逅为词核。邂无义,邂逅匣母双声,支侯旁转。邂为衍音。

  黾勉 《说文》:"勉,强也。"为词核。黾无义,黾勉明母双声,真元旁转。黾为衍音。

二字为双声关系,衍音在后:

  恣睢 《说文》:"恣,纵也。"为词核。睢无义,恣睢精心旁纽,近双声,脂微旁转。睢为衍音。

  迢递 迢义为超远,为词核。递无义,迢递定母双声,宵支旁转。递为衍音。

二字为叠韵关系,衍音在前:

  婴婗 《说文》:"婗,婴婗也。"《广雅·释亲》:"婗,子也。"与"儿"为同源字。婗为词核。婴无义,婴婗支部叠韵。婴为衍音。

  藷蔗 《说文》:"蔗,藷蔗也。"朱骏声于"藷"下云:"藷蔗叠韵连语,单言曰蔗,累言曰藷蔗耳。"见《说文通训定声》。蔗即甘蔗。蔗为词核。藷无义,藷蔗,禅照旁纽,鱼铎对转,近叠韵。藷为衍音。

二字为叠韵关系,衍音在后:

  怂恿 《方言》卷六:"自关而西秦晋之间相劝曰耸。"王引之《经义述闻》卷十九"耸之以行"条谓耸与怂义近。怂亦鼓励义,为词核。恿无义,怂恿东部叠韵。恿为衍音。

  椒聊 《诗·唐风·椒聊》:"椒聊之实。"毛传:"椒聊,椒也。"段玉裁《小

---

① 《怀任斋文集》,上海古籍出版社 1986 年版,第 93 页。

笺》:"椒聊二字叠韵,单呼曰椒,累呼曰椒聊。"椒是词核。聊无义,椒聊宵幽旁转,近叠韵。聊为衍音。

衍音词的性质近似于派生词,然其附加之音节不具独立性,与词头词尾不同。衍音词与派生词相同的地方是都有一个音节是有意义的词素,是可以拆开来讲一讲它的意义的。

有的学者认为衍音词是由重言词的某个音节发生音转而形成的,像"黾勉"是由"勉勉"音转而成①。我们认为部分衍音词是可能由这途径产生的,但远不是全部,因为有许多衍音词我们找不到与之相应的重言式,因此宁愿统认之为一种衍音现象。

以上从甲至庚,共列述了七类联绵字,前节讨论的等义并列复合词及其他结构的复合词可列为辛,为第八类。其他结构的复合词前人列入联绵字者,偶有而不多,这是因为属于偏正、动宾等类者,给前人的感觉还是各字独自为义,缺乏"联绵"成义的特性,所以极少被收录,但也不是没有。如前引《通雅》中之"皮傅"、"雁行"是,又王国维《联绵字谱》中亦收有"猛起"、"奋末"(皆见《礼记·乐记》)之类亦是。属于并列复合词者,也不全是两字等义,或有反义、近义者,如前引《复古编》所收之"左右"、"坳垤(凹凸)"及王国维《联绵字谱》中之"先后"、"死亡"是。以上皆可以复合词一类概括之。八类中,抑或有某家摈斥其一其二而不录,然不妨碍综合起来以大致反映前人对联绵字的一般看法。

五

现在谈谈我们对联绵字性质的认识,以作为本文的结语。

联绵字是我国传统语言学提出的一个概念,但前代学者理论阐述较少,对联绵字内部构造的分析更少,我们只能从他们列举的词例及少量解说词中进行探讨。从上文综合的八类词看,古人收录的联绵字几乎包括了复音词的所有种类,是无法用单纯词加以范围的。我们认为前代学者所提出的联绵字(连语),其性质应是复音词,当然是限于两字(双音)的复音词,它包括单纯词与合成词(复合词、派生词)。不过前人判定复音词的标准与现代语言学者不尽相同,前人彼此之间也不太一致。我们今天确定一个双字组合是否成"词",还存在一定困难,要前人有一个明确的标准,当然是苛求。前代学者常常只能根据两字意义上是否紧密并辅以是否双声叠韵或两字结合后有没有变体来判定一个联绵字是否成立。我们今天所认为的合成词,有许多在他们看来仍是"字"(单音词)的组合,因此,人们提出的联绵字谱还远远算不

---

① 齐佩瑢:《训诂学概论》第二章第六节,中华书局 1984 年版。又,向熹:《〈诗经〉里的复音词》,《语言学论丛》第六辑,商务印书馆 1980 年版。

上是一个我们所能满意的古代汉语复音词谱。但是这并不等于说古人没有字与词、单音词与复音词区分的概念。从先秦到清末两千多年，汉语中复音词逐渐增多。古代语言学家提出联绵字（连语）这一术语，说明他们已能初步区分单音词、复音词以及词组了，这在中国语言学史上是一件十分有意义的事情。在传统语言学中，"字"大致相当我们所说的"单音词"，而"联绵字"大致相当于我们所说的"复音词"（限于双音节）。至于今天所说的"词组"呢？前人也不是没有认识的。例如，"连文"一词在清代训诂学家笔下常见，高邮王氏父子书中尤多出现[①]，究其意义，实大致相当于今之"并列词组"。高邮王氏父子于《读书杂志》中设"连语"一节，又于《经义述闻·通说下》设"经传平列二字上下同义"一节，虽然讨论的都是上下二字同义的问题，但前者论述的是联绵字内的问题，后者讨论的却大致是"连文"的问题[②]，有所区别，这就说明王氏父子脑中对复音词与词组的分别是有认识的。

  前代学者系统研究联绵字，对二字间结构关系的分析多包含于词义的探讨中。宋张有《复古编》着重考联绵字之本字，实即探讨联绵字之本义，可谓开联绵字词源研究之先河。其后，《通雅》等联系联绵字之本体变体，分组加以探究，一方面据"声近义通"之理加以汇通，一方面仍注意考求本体，以确认词义之基础。清人及近人之研究，又在他们的基础上发扬光大。清人及近代学者一方面反对那种将联绵字不当复词理解而将二字"强为区别"加以"分训"的错误做法，一方面又"因声求义"，谨慎地分析联绵字内词素的构成，考释其本义，以求获得对联绵字词义的正确认识，并确认联绵字本体与变体之间的衍变关系。这样的研究是比较全面的。但自联绵字为单纯词一说提出，学者纷纷强调联绵字之不可拆开分析，使联绵字之词源研究及衍变研究大受影响，而一些著作一方面以现代语言之术语解释前人之说，将联绵字限定为单纯词，一方面又承前人所举实为复合词之例列以为证，造成矛盾与混乱。要改变这种状况，促进汉语联绵字研究之发展，只有首先弄清联绵字的性质，为之正名，这正是本文希望达到的目的。

---

① 参考郑奠、麦梅翘编：《古汉语语法学资料汇编》，中华书局1964年版，第252页："连文"。

② 《经义述闻·通说下》"经传平列二字上下同义"一节全文虽未用"连文"这一术语，但将其所举之例与书内有关条目对照，即可知所述多连文问题。如《诗·小雅·节南山》"不敢戏谈"一例，在同书卷六讨论《毛诗》，即称"戏谈"为连文，可证。但也有极少数例子，王氏在相关条目中讨论时，不称"连文"而称"连语"，与我们的判断不一致。

《茶馆》艺术特色初探

◎ 苏必扬

老舍先生的《茶馆》在辍演二十多年以后,不久前第三次回到舞台,在国内,随后又在西欧引起了轰动。今天,这个剧本在我国话剧运动史上的突出地位已没有人怀疑了,然而,它的艺术价值究竟表现在哪里? 在创作实践上老舍先生又为我们提供了哪些宝贵经验? 本文想就这方面谈点浅陋见解。

一

作为话剧艺术,《茶馆》最叫人惊奇的是容量之大,如果不是面对这样一部具体作品,我们简直无法想象,五十年悠长岁月,近七十个出场人物,怎么能汇聚到一起来,概括在短短的三幕戏里。更其主要的,它不仅展现了漫长岁月中我国社会的几个横断面,在整个演出过程中还紧紧抓住观众的感觉神经,让人体验一遍那样的生活,直到大幕落下,人们才如梦初醒一般,庆幸那噩梦般的时代终于一去再不复返。这种神奇的感人力量来自哪里? 是什么样的艺术手法造成了这样高度的概括力和感染力? 这应该是我们首先探讨的问题。

在广阔的社会背景上描写小人物的悲剧命运,这几乎可以说是老舍作品构思的特点,《茶馆》构思正是这样。裕泰茶馆掌柜王利发就是一个在社会风暴袭击下挣扎着走自己路的小人物。他由青年而老年,经历了满清王朝、军阀混战和国民党统治三个时期,他按照自己的人生信条应付着不同时代,一心要把茶馆支撑下来,求得一家的温饱,但最后却未能逃脱社会加给他的厄运。看到王利发,我们会想起《骆驼祥子》中祥子悲剧性挣扎,《我这一辈子》中"我"的遭遇。这些小人物故事的共同特点是他们平凡、卑琐的生存欲望、与世无争的处世态度和他们无法摆脱的悲剧命运形成了鲜明对照。那毫无希望的挣扎过程则无异于一幅社会素描画,生动展示了时代的轮廓。但作为戏剧,《茶馆》只有一个小小的舞台和三个小时的时间,如何在有限的时间、空间范围内将如此丰富的内容融合为一体,用一定画面展现出来,在艺术概括上无疑给作者提出了更高要求。老舍确也进行了新的设计,他打破话剧的传统格式,不以情节为重,以人物为重,利用茶馆这个中心场地介绍社会上各样人物,通过他们间一个个生活小片断,透漏社会的政治信息,这样就把广阔社会背景介绍出来,而又省略了作为剧本所不可少的交代性的对话。更为重要的,作者加重了气氛描写,他充分调动戏剧作为综合艺术的各种艺术手段,诸如灯光、音响、色彩等,加强感观上的渲染,创造出一种特定的时代氛围和悲剧情调,使人物活动的环境更真实,更具有典型性。这种环境气氛烘托了舞台上人物内在的心理活动,也带动了剧场内人物与观众的情绪交流。每当帷幕拉开,那带着沉重、压抑感的氛围便迷漫开来,观众便被带到剧本所规定的情境之中,开始用自己全身心体验那陌生的、早已逝去的社会人生,并由其中领会主题的深刻含义。

  构思上另一特点是重视典型场面的描写。这里所说的典型场面也就是指的那些发生在茶馆这个特殊地方的各式各样生活小插曲。像第一幕中就有二德子逞凶、康六卖女、庞太监和秦仲义斗嘴等场面。这些场面虽与茶馆命运无直接关系,却是刻画人物,揭示主题的基本环节。对待这些场面,老舍的处理特点是抓住关键部分作淋漓尽致的描绘,给人韵味无穷的感觉。像第一幕中庞秦斗嘴,就是含义极其丰富的场面描写。一上来秦仲义的"这两天您心里安顿了吧"就话里有话,带点挑逗性,他指的是康梁变法维新而又被镇压的事,庞太监呢,也不示弱,他的回答是杀气腾腾带威胁性的,意思是你秦某改变祖宗章法也得问斩!他们俩一来一去,表面上轻松客气,骨子里却剑拔弩张,有着大量潜台词。特别是最后的"哈哈哈",秦打哈哈是对庞威胁的回答,暗示自己并不害怕,愿与你这个弄权的太监较量一番;庞的"哈哈哈"则是逞威:看你这个小财主怎样跳过我的手心。这里是弄权的太监与自负的财主的性格交锋,也是两种政治力量的较量,通过这个场面我们可以看出新兴的民族资本已经威胁着专制的王权统治,这也正是满清王朝末期政治形势的特点。还有一些地方,作者采用夸大手法用漫画笔法勾勒人物,尽量使其显豁。《茶馆》中有几个出人意料的场面,它强烈的戏剧效果正由这种手法造成。如第一幕中康顺子初见庞太监那个场面,庞的那声怪叫"我要活的,可不要死的",真叫人毛骨悚然;第二幕两个逃兵吞吞吐吐说出要合买一个老婆,以及第三幕庞四奶奶自称"娘娘"那自鸣得意的丑态,这些略带夸张的描绘真可谓入木三分,它不但生动刻画了这些人物,更主要是将那个社会的腐朽实质作了透彻揭露,事情的荒唐正说明了时代的荒唐,这也就是作者所以要浓墨重彩加以描绘的原因。

二

  从人物出发而不从故事出发是老舍创作剧本的宗旨,他曾经说过:人物的感诉力确是比事实还厚大一些[①]。在写作《龙须沟》时他就写出几个人物来,通过人与沟

[①] 老舍:《人物描写》。

的关系说明沟的变化。《茶馆》也是如此,他着力刻画了一群泡茶馆的小人物,并通过这一大批人物显现其构思上的深刻用意。老舍先生在《答复有关〈茶馆〉的几个问题》一文中谈道:"我只认识一些小人物,这些人物是经常下茶馆的。那么,我要是把他们集合到一个茶馆里,用他们生活上的变迁反映社会变迁,不就侧面地透露出一些政治消息么?""小人物"生活在社会底层,承受着各方面的压力,并且人数最多,代表着社会的大多数,他们的生活遭遇,他们的苦恼、欢悦就能牵动更多人的心,感诉力更大。至于把这样许多人集中到一块,让他们活跃于舞台上却是《茶馆》"葬送三个时代"的主题所决定的。五十年的社会变迁,没有这样一群身份不同、经历各异的人物就无法传达社会各个角落的信息,这幅社会百态画也就不可能如此丰富多彩。要在这些人里寻找推动历史前进的社会中坚力量是枉然的,但没有这些人物就无法洞察那些年代的社会民情,无法了解革命的新生力量必然崛起的原因。

当然,这样我们随之可以提出如下的问题:《茶馆》人物是否仅仅只是为了说明社会而存在呢?他们有否构成鲜明的舞台形象?对于这样一支庞大的队伍,作者又是如何安排的?要讨论这个课题,首先不能忽略这个前提,剧本反映的是一个茶馆社会,人物活动场地是茶馆,这就决定了剧中人物关系只可能是茶馆社会中的普通关系,他们之间不可能像一个家庭那样有着千丝万缕的必然联系;而且作为茶馆社会成员,大都九流三教,出场也多少带有偶然性。因此就不能要求自始至终在固定的人物关系中刻画人物。但老舍的功力也正是表现在这些方面,他不仅很好处理了偶然出现的人物和特定的社会环境间的辩证关系,让每一个出场人物的思想情绪与整个大的社会环境取得内在联系,按老舍的说法就是"设法使每个角色都说他们自己的事,可是又与时代发生关系"①,而且让每一个人物都具有独立的、丰富的性格内涵。就说松二爷罢,这是个只有两次短暂出场的过场人物,但谁能说这不是一个独立的、完整的艺术形象呢?他的胆小怕事,温厚和顺,他那时不忘作揖请安的习惯,以及一谈到鸟就有了精神,等等,不正说明这是一个属于满清时代的富有个性特点的人物吗?尤其当剧情发展到第二幕,常四爷无限感慨地谈到这个小人物的悲惨下场时,能不为他平庸、懦弱的一生而悲哀,而深思吗?

在具体安排上,《茶馆》的特点是分别主次轻重,服从主题需要,对不同人物作了不同处理,具体说是将这支队伍划分成三种类别,不同分量地给以艺术描绘。

第一类是贯串全剧的中心人物,也就是王利发、常四、秦仲义这三个人。这三个人物是作者刻画的重心,他们不但有着独立完整的个性特征,而且是富有典型意义的形象。茶馆掌柜王利发是一个属于那个旧时代的有点麻木的小市民,他善良,也圆滑,凭着多年的茶馆生涯很懂得一些处世之道;他有雄心,一心巴望着把祖传的茶馆经营好,也相信凭着祖传的经验能把这份生意做好。他一生为茶馆奋斗,而终于

---

① 老舍:《答复有关〈茶馆〉的几个问题》。

未能逃脱时代加给他的磨难。对于这个人物，作者着意加浓了他最后结局的悲剧色彩。面对这样一个与世无争的小人物的结局，观众必然会想到很多，是那样的社会造成了王利发这种人的麻木与愚昧，而他们的麻木与愚昧又在某种程度上助长了腐朽社会的得以延伸。王利发最后的死则是宣告了顺民哲学的破产。常四属于社会下层，耿直、刚强，有正义感。他无产业的牵累，凭力气活命，也就敢与周围的恶势力抗争，再加他是旗人，在清朝还有一点潜在的优越感。但生活同样给了他打击，开头因为说了句"大清国要亡"被当作谭嗣同余党抓进了牢房，后来因生活所迫竟沦落为街头卖花生米的老头。"我爱咱们的国呀！可是谁爱我呢？"这个一辈子也不肯向环境低头的人，最后也发出了这辛酸的呼号。对于这个人物，剧本并不因为他是一个体力劳动者而任意拔高，只是作为一个正直的基层人物来勾画。他的感叹大清国要亡和参加义和拳都是发自一种民族的自尊感。他只是凭着直觉、良心抗议他厌恶的一切，并不了解造成种种社会畸形的真正原因，更不会想到要将他那一星星反抗的火花汇集到燃烧旧制度的革命火焰中去。不过，这个形象概括了我们民族性格中优秀的方面，是一个有积极意义的人物形象。对于秦仲义，这个人物尽管第二幕没有上场，却仍是一个有特色的形象。作者用笔更是精确、简练、入木三分。出场头一个照面，自信而又深有抱负的个性就十分鲜明，"来看看，看看你这年轻小伙子会作生意不会！"老气横秋的口气和他二十多岁的年龄形成了鲜明对照，完全是财大气粗的神气；当王利发央请他坐下来喝一杯茶时，他说的"也好吧，可是，用不着奉承我！"处处不忘显示自己的身份；与庞太监那场对话更让我们看到了这个人精明而又逞强的特点。他完全不同于王利发和常四，读过书，交游广阔，看问题要看得远些，处理事情气魄也大些，受了维新思想的影响，认定振兴实业可以挽救民族危亡。他不同于那种一心只求个人发财的资本家，也不想靠产业庸庸碌碌混日子，很想有所作为，毅然卖掉产业集中资金开办工厂。可是他太自负了，太看重金钱的魔力了，他没有想到他那点财产在帝国主义强大经济侵略面前是微乎其微的，他更不可能认识到在一个腐败透了的半封建、半殖民地社会里实业救国的道路根本就走不通。终于，他的财产连同他的信心最后都被严酷的现实压成了齑粉。这是他个人的悲剧，也是时代的悲剧。如果说王利发是本能的求得生存的挣扎，常四是自发的反抗，秦仲义则是信奉改良主义，他们各自按着自己的人生哲学奋斗了一生，都没能逃脱悲剧的结局。翻开中国近代史，不也正是这样一部社会史？有人为自身温饱辛苦麻木地苦心经营；有人凭一股血气揭竿而起；有人求助于西方资产阶级的革命经验，结果都不能救自己，也不能救中国。剧本没有这方面的抽象说教，而结论却是明明白白的：只有共产党领导的旨在推翻帝国主义和封建主义的革命才能救中国。三个人物的奋斗道路就这样明白点出了题旨所在。

第二类人物是为数相当大的一批，所有过场人物都在此类，真可说是形形色色，应有尽有。对于这类人物，作者采取了招之即来，挥之即去的方法，并不重视他们动作的连贯性,而是突出他们命运某一个侧面的勾勒,透过点点滴滴反映时代面貌。他们说话不多,上台来都只说自己的事,像说评书的抱怨"纺棉花"之类流行歌曲挤垮了生意,厨师说"现而今就是监狱里人多",只得去包监狱里的伙食。他们忽聚忽散,这些人物的上下场加强了茶馆社会的真实感,也为说明社会特点起到了一定的烘托作用。在这批人中,特别要提到康六、康顺子以及卖女的乡妇和被卖的小妞这几个农民形象,他们悲惨的身世触目地说明了广大农民在那个时代的苦难生涯。中国革命的根本问题是农民问题,像康六说的"乡下种地的都没法子混了",逼到卖儿鬻女的地步,农村凋敝情况已是不言而喻,中国社会的现状也可想而知,这里不正暗示了革命风暴必将掀起的信息! 从两起卖女事件的描写里更可看出老舍对中国农民命运的关注。康六的逆来顺受,小妞那叫人揪心的呼号,极为细腻地表现了三座大山压迫下处于最底层的农民的现实状况,这一切不仅唤起人们同情,更启发人们去思考,这方面的意义是远比刻画几个反抗型的农民形象更富有认识价值的。

　　第三类人物是反面人物。这类人物集合了社会上的渣滓,从皇宫太监到国民党市党部委员,以及依附他们的流氓、骗子、打手。刻画这类人物,作者吸取了我国戏曲的传统手法,在符合生活真实的基础上夸大其中的矛盾可笑处,使其漫画化。老舍的夸张讲究两个字:传神,不在枝节方面多费笔墨,抓住要害则酣畅饱满不遗余力。像沈处长一连五个"好(蒿)",押大令军官一连两个"绑",都是传神之笔。它把这些作威作福者空虚的灵魂和故作威严的丑态勾勒得惟妙惟肖。这里的奥妙不仅是一个"好(蒿)"、一个"绑"的作用,妙就妙在它的连续使用,每重复一次就加深观众一次印象,直到收到喜剧效果。夸张的目的是暴露事物的要害,必然要有渲染,对此,老舍也有独到处,他常常采用自我暴露方式来表现,用人物自己的言行加以渲染。刘麻子说:"大英帝国的香烟、日本的白面,两大强国伺候我一个人,福气不小吧!"这样的话,活画出一个没有灵魂的人无耻嘴脸,再加上他自鸣得意的神态,暴露也就更深。庞四奶奶上场后那一番装腔作势的表演是对这个流氓世家女人最精到的刻画。这样的例子剧本中比比皆是,充分显示了作者讽刺的才华。

　　人物设计上《茶馆》还有一个特点,就是将一些人物安排为父子两代,子承父业。老舍自己解释这是为了帮助故事的联续:"在生活中,儿子不必继承父业;可是在舞台上,父子由同一演员扮演、就容易使观众看出故事是联贯下来的,虽然一幕与一幕之间相隔许多年。"①此外,我们认为这在客观效果上也有着一种幽默的含义,看,五十年社会变迁只不过繁殖了一代又一代寄生虫,他们活得有滋有味,善良百姓的处境可想而知了,社会的一般情况也可想而知了,这里岂不有许多启人深思的内容。

---

① 老舍:《答复有关〈茶馆〉的几个问题》。

三

用传统的戏剧观看《茶馆》,我们会发现它结构上很有点与众不同:事件不集中,线索分散,典型细节丰富,情节线索却不分明,更缺少重大的戏剧冲突。正因为这样,有人称它为"图卷戏",有人建议用康顺子的遭遇和康大力参加革命作为基本线索展开剧情。对此,老舍曾有答复,他说:"我感谢这种建议,可是不能采用。因为那么一来,我的葬送三个时代的目的就难达到了。抱住一件事去发展,恐怕茶馆不等被人霸占就已垮台了。我的写法多少有点新的尝试,没完全叫老套子捆住。"①因此,要了解《茶馆》结构上的特色,首先就要抛开那些老套子,不必到剧本中去寻找按逻辑法则安排的起承转合的体系,更要抛弃那在剧情中追求紧张、刺激的习惯心理,这是一幅色彩斑斓的时代画卷,我们要探索的是作者怎样将这许多人物、许多事件,组织成为一个有机整体的。

在结构上老舍"新的尝试"体现在哪里呢?首先,作者选择了一个最有表现力的角度,这就是裕泰茶馆,三幕戏都在这里展开,让观众透过这个固定的观察点来观看中国社会五十年的变迁情况。正如作者在说明文字里所告诉我们的,旧社会的茶馆是"当日非常重要的地方",玩鸟的人到这里来歇歇腿,商议事情的人到这里来碰头,打群架的到这里来调解,各式各样的人物都在这里出入,各种各样的事情都在这里发生。这就为穿插各种生活片断,介绍九流三教人物提供了最好的场地。看过《茶馆》的人,常惊叹这个戏穿插的丰富,像卖耳勺老人的过场、卖小妞乡妇的过场,它们就像一道色彩、一份音响一样鲜明地点染了舞台上正在展示的那幅画面,而衔接又是那样自然、巧妙,这除了归功于老舍驾驭材料的能力,也得力于这个场地的选择。而且,三幕戏在茶馆展开,场地不变,五十年岁月变迁的痕迹也对比得格外鲜明,在这种情况下往往不需要什么说明,只是通过一台布景,几件导具就交代了许多情况。裕泰的茶座由方桌变为小桌、由藤椅变为小凳就交代了茶馆的由兴到衰;"莫谈国事"的纸贴由小到大、由少到多就点明了时代的愈趋于黑暗。至于人物命运的变迁也因为通过这个固定的场所而交代得更为简洁、更富有感染力。这变与不变的巧妙处理,正是剧本能概括如此丰富内容而又脉络清楚的原因。其次,幕的划分不是依剧情节发展的阶段而是着眼于时代,一幕反映一个时代,跨度极大。从情节线索上看幕与幕并无直接联系,但三幕却有其共同特点,这是因为作者剪裁的都是某一重大事变发生后的短暂时期。第一幕是康梁变法维新失败后满清顽固势力极权统治时期,第二幕是辛亥革命后的军阀混战时期,第三幕是抗战胜利后的国民党统治时期。它们的共同特点是社会动乱,黑暗势力猖獗、人民生活极不安定。这样剪裁就

---

① 老舍:《答复有关〈茶馆〉的几个问题》。

为表现社会的多样形态，人物的心理情绪提供了最好的时机。至于幕与幕的衔接，剧本并未安排某种人为的悬置，但每一幕临近结束却都有一个具有提示意味的场面，以此来引发观众的兴趣，无论是常四爷的被捕，还是刘麻子被当作逃兵抓走，都是既在情理之中又出乎观众意料之外的，使已经趋于平衡的状态又出现了新的不平衡，推动了剧情的进展。

结构上这些新尝试会使我们想到一个问题，即戏剧的连贯性问题。剧中每幕相隔十多年甚至几十年，那么戏剧的连贯性体现在哪里呢？过去，对于这一点就曾有过异议，认为这不过是三幅并列的风俗画，并不连贯。其实，这三组画面并不是并列的，舞台的规定情境也不重复，三幕戏有一条连贯线索，那就是王利发为了生存、为了茶馆的发展在近半个世纪的岁月中不断挣扎的过程。这是一条主线，其他人物和有关他们的小故事都是依附在这条主线上的。理清了这条中心贯串线索，我们就不难发现剧本的三幕实际也就是茶馆的三个时期，作为开端的第一幕是兴旺期，这时王利发正由父亲手上接管了这座茶馆，少年得意，正想有所作为。从他从容而又周到地接待顾客，机灵地应付各种情况上可以看出他是精明而又自信的，茶馆似乎正在蒸蒸日上。可是作为反贯串动作的黑暗势力在这一幕也有暗示，谭嗣同问斩，说明顽固势力的残暴，常四爷被捕更点出了黑暗势力迫人之势。这一幕中茶馆虽没有受到直接威胁，而处于这样一种政治形势中又将有什么样命运呢？观众不能不拭目以待。第二幕已是十余年后，辛亥革命革掉了帝制，却并未结茶馆带来希望，相反，由于连年内战，生意十分清淡，生活的重压已使王利发由少年得意变为老气横秋。但是他还不肯认输，还想依靠他那套紧跟潮流的处世哲学挣扎下去，压迫与挣扎构成了这一幕的冲突点。第三幕开场后父子俩关于找女招待的争论说明王利发和他的茶馆已进入穷途末路。三十多年的挣扎，王利发老了，他的精神世界也到了崩溃边沿，他已没有了抱负，没有了信心，甚至连面子也不顾了，为了维持茶馆生意竟想用女招待招徕顾客。黑暗势力仍不放过他，从四面八方向他进攻，他终于被迫走上了绝路，整个儿完成了这出迫害与挣扎的人生悲剧。以王利发为中心的贯串线索是明显存在于剧本中的，为什么人们又忽视它的存在呢？这是因为过去有这样一条不成文的规定，主要人物必须是革命者或劳动人民，王利发是个小业主，就不承认他在舞台上的中心地位，这也就是有人建议要用康大力来串连全剧的原因。

谈到结构还有一个开头结尾问题。《茶馆》以一幅热闹的风俗画开头，简明、生动并富有戏剧性。幕启，从唐铁嘴出场到刘麻子上场，是一个只有二十几句对话的场面，却交代了丰富内容。更主要的是一切又都包含在二德子与常四爷的一场冲突里，这场冲突一下子拉出了好几个不同性格的人物，而且暗示了洋人势力的猖獗和一般市民的心理特点，为整个剧情的开展作了极为有力的铺垫。至于结尾，目前演出本的结尾具有高度的含蓄的力量。王利发的死是剧本最后一个动作，它完成了全剧的收缩，也给了观众相当深刻的震动，因为这是一个想做奴隶而不得的顺民的死，他采取的自杀行动,正是这个顺民对那种社会所能采取的唯一抗议方式。特别含义深刻的是三个老头为自己祭奠的场面,他们是时代的见证人,也是受害者;他们不平于自身的遭遇,更愤慨于那个时代的腐朽。因此,他们是为自己祭奠,也是给那个时代喊丧。昏暗灯光下,舞台上那慢悠悠的撒纸钱动作和一声递一声的喊丧声,把沉重的空气浓缩到最高度,预示着一个大的爆破的到来。全剧就在这里戛然而止,没有下续动作,将更多的内容留给观众自己去思索、回味。

老舍是一位有着强烈道德感的作家,他憎恶丑恶事物,赞美高尚心灵,同情善良的弱小者,这种爱憎感正是构成他作品艺术风格的基础。与此同时,他又是一个阅历极为广阔,目光极其敏锐的人,他熟悉中国社会,且有他自己的理解,他的笔并不直接抒发激奋的情绪,而是将他的观察、思索所得熔铸到具体形象中,用惊人的现实主义手法剖析人物的思想情绪,再现特定的生活环境,用此来传达他的憎和他的爱。因此他的作品有时表现为酣畅淋漓,有时表现为幽默、诙谐;有时让你回味深思,有时叫你心酸落泪。《茶馆》正是这样的作品,这一份财富留待我们探索、发掘的内容是相当多的,这篇文章仅仅是个开始。

中国戏剧现代化的艰难历程
——20世纪中国戏剧回顾

◎ 董　健

中国戏剧的现代化转型开始于上一个"世纪之交"。在过去的100年当中,在20世纪世界戏剧"多元"与"多变"总潮流中,中国戏剧到底取得了多大的进步?或者说,发生了哪些根本性的即带有文化转型性的变化?这种变化是如何发生的?

要回答这个问题,关键不在于罗列出一大批有代表性的戏剧家(包括编剧、导演、演员等)及其优秀的作品,也不在于对他们的"历史贡献"做出科学的结论,而在于从纷繁复杂的历史现象中找出那些反复出现过的,带有普遍性的,制约过昨天也影响到今天和明天的问题,进而实事求是地研究:人们对这些问题的认识有何提高?在实践中是如何解决这些问题的?

就此而论,我认为有三个问题始终制约着、刺激着,也可以说是困扰着中国戏剧现代化的进程:

第一个问题是如何处理古与今、旧与新、传统与现代的关系问题,这是从纵的、历时性的角度亦即从文化进化(Evolution)的角度来看的,姑且称之曰"E线效应";

第二个问题是如何处理中与外,主要是中与西即本土文化与外来异质文化的关系问题,这是从横的、共时性的角度亦即从文化传播(Diffusion)的角度来看的,姑且称之曰"D线效应";

第三个问题是从上述纵与横、时与空的交叉亦即从文化功能(Function)的角度来看的,这是指如何处理"文"与"用"的关系,也就是戏剧与中国现实社会的关系,而在20世纪的中国,最突出的则是戏剧与政治的关系问题,姑且称之曰"F线效应"。

在中国戏剧现代化的进程中,一切理论的论争、思潮的演变、创作的得失(包括主题思想与形式风格的变化),都无不与这三个问题密切相关。而且这三个问题往往是"纠葛"在一起才对戏剧的理论与实践发生作用的,这叫"EDF综合效应"。例如,"E线"中的复古守旧思潮大都与"D线"中的固守本土文化、反对文化开放的倾向相呼应,从而在"F线"中替既成的社会秩序进行"精神文明"层面上的维护与辩护。当然,有时情况也并非尽然,E—D—F之线是曲折多变的。

一

20世纪中国戏剧最大的、带有根本性的变化,是它的古典时期的结束与现代时期的开始,是传统旧剧(戏曲)的"一统天下"被"话剧—戏曲二元结构"的崭新的戏剧文化生态所取代,并且由新兴话剧在文化启蒙和民主革命运动中领导了现代戏剧的新潮流。

中国戏剧的历史很长,从先秦的"古乐"与"今乐"之争,可以说它的"E线效应"就开始了。两千多年以来,它发生过多次嬗变。但它在20世纪所发生的嬗变却与以往历史上的任何一次都大不相同。远的不说,单看从宋元南戏到明清传奇,从昆曲到京剧,变化虽然也不小,但基本上是一种"体系内"的变化,即基本上都是在同一个以"乐"为本位的中国戏曲美学的"圈子"里边打转转①,戏剧观念和艺术价值并没有发生过质的变化。即使像昆曲《鲛绡记·写状》这样通篇无唱、全为对话的戏,观其说白、表演的艺术形态,仍为道地的戏曲。等到本世纪初,当欧阳予倩看到另一种戏剧的演出受了深深的刺激,惊叹"戏剧原来有这样一个办法"!② 这才算是有了根本的转型,否则对戏曲知之颇多的欧阳予倩不会这样惊奇。这就是话剧(Drama,当时叫"文明新戏"、"新剧")。当这一崭新的取法西方的戏剧艺术在"西学东渐"的潮流中,在一批"睁眼看世界"的文化人求新求变的开放型文化心态的支持下出现在中国剧坛时,中国戏剧便冲出了千年沿袭的固有的美学"圈子"。戏剧观念和艺术价值体系发生了根本的变化,中国戏剧才从此告别了它的古典时期,真正开始了现代化的进程。舞台话语结构这时发生了裂变,"乐"本位的一体化结构被代之以"戏曲—话剧二元结构"。至今还有不少人仅仅把新兴话剧看作中国众多"剧种"中的一种,而看不到它在20世纪中国戏剧现代化转型中的重要意义,看不到它与众多戏曲剧种在戏剧观念和艺术价值体系上的根本差别。这种看法必然导致对中国戏剧现代化之理解的盲目性。

在20世纪中国戏剧的"E线效应"中,争论最大的是两个问题:一是如何对待传统戏曲的问题,一是传统戏曲自身如何进入现代即如何寻找与新时代结合的途径问题。前一个问题,五四以来的80年间有一个认识上逐渐深化、实践上逐步解决的过程。这一过程大抵经历了三个阶段:一、否定与批判的阶段;二、利用与改造的阶段;三、认同与重估的阶段。第一个阶段发生在五四时期,到30年代初仍有余绪

---

① 明崇祯二年(1629年)程羽文为沈泰编《盛明杂剧初集》所作序曰:"曲者,歌之变,乐声也;戏者,舞之变,乐容也。"这是与先秦以来关于"乐"的美学思想一脉相承的。《乐记》认为"乐"这一艺术包括诗、歌、舞三要素;"诗,言其志也;歌,咏其声也;舞,动其容也。"

② 欧阳予倩:《自我演戏以来》,中国戏剧出版社1959年版,第8—9页。

（如左翼戏剧运动仍然把"促成旧剧及早崩坏"作为重要任务之一）①。陈独秀、胡适、周作人、傅斯年、钱玄同等对传统戏曲的彻底否定与猛烈批判是众所周知的。在他们这一派人看来，中国固有的戏曲简直就不是戏，要兴中国的现代戏就只有兴西方的戏剧这一条路可走，"西化"、"欧化"都是理所当然的事。这就以"文化绝对主义"的偏颇，抹杀了中国戏曲的艺术价值与本土文化的合理性，把戏剧的现代性（时）与民族性（空）完全对立了起来。正是在这里，"E线"与"D线"发生了盲目的"纠葛"，造成了一个笼统地以"西"为"新"、以"中"为"旧"的"死结"。西方来的话剧叫"新剧"，固有的戏曲就只能叫"旧剧"。这就否定了戏曲革新的可能性。第二个阶段开始于20年代末，是从田汉、洪深等人解开第一阶段的那个"文化绝对主义"的"死结"的努力开始的。田汉深受西方文化与西方戏剧的影响，但他又自小热爱中国传统戏曲，他反对将两者对立起来。他在20年代末开展的"南国"戏剧运动中始终与戏曲艺人（如周信芳、高百岁等）有着密切联系。他认为话剧未必新、戏曲未必旧，把两者差别看成新与旧的对立是不确的，两者之分只在其来源与体式——戏曲是民族固有的，是一种音乐化的中国式的歌剧（Opera），而话剧是外来的，是一种散文化的西方式对话剧（Drama）。"新剧"如不改革、发展，脱离了时代，也会陈旧起来，如"文明新戏"就在大红大紫之后迅即落伍了。而传统戏曲，所谓的"旧剧"，只要跟上时代，进行改革，也会放出新花。② 洪深服膺田汉此说，建议将"新剧"、"爱美剧"之类名称改为"话剧"，得到戏剧界的认同。③ 于是"话剧"之称遂立，沿用至今。一个名称的改动，标志着上述"死结"的开解，标志着对戏曲利用与改造阶段的开始。这一个阶段的时间很长，包括整个抗日时期和新中国成立后的30年。此一阶段的核心思想是求新求变，自觉或不自觉地用西方戏剧的艺术价值观念来改造戏曲的结构模式，但遭到了戏曲固有艺术规律以悠久文化为基础、以广大中国观众为后盾的顽强反抗，以致不得不形成新内容与旧形式相妥协的"同床异梦"的格局——"旧瓶装新酒"。抗日时期田汉曾满怀信心地预言：只要沿着改革之路走下去，"在抗战成功之后，旧剧当在全国全世界放出意想外的光辉"④。他讲这话的30年后，旧剧改革却结出了一个"意想外"的怪胎——以极"左"面貌对抗与破坏戏剧之真正现代性的"革命样板戏"。"样板戏"大兴之日，正是中国20世纪戏剧现代化进程被强行阻断之时，这是一个不争的事实。第三个阶段开始于80年代，至今还在继续着。这一阶段的特点是从更加"形而上"的层面上重估与认同古典戏曲的美学价值。戏曲表现生活的"写

---

① 郑伯奇：《中国戏剧运动的道路》，《艺术》月刊第1卷第1期（1930年2月）。
② 田汉：《新国剧运动第一声》1928年11月8日、11日上海《梨园公报》。同样的意思，田汉在《我们的自己批判》、《关于旧剧改革》、《在桂林戏剧界欢迎田汉茶话会上的讲话》等文中也讲过。
③ 陈美英：《洪深年谱》，文化艺术出版社1993年版，第25页。
④ 田汉：《关于旧剧改革》，《新长沙报小丛书·旅伴》1939年版。

意性",结构的"开放性",表演和唱腔的"程式化",舞台与观众的"直线沟通"等这些千百年延续的艺术特征,均被从美学精神的高度加以总结、重估与认同,得到了充分的肯定。有人甚至将这些"遗产"与西方现代主义戏剧挂上了钩,试图使其获得世界意义。20 年代的"国剧运动"一派人(余上沅、徐志摩等)也曾想这样做,但他们只从"E 线"与"D 线"效应出发,却遭遇了来自"F 线"的强大的解构力量,因而失败了。然而今天重估戏曲价值的人们又和"国剧运动"派犯了一个同样的错误:他们也来否定五四时期《新青年》派对戏曲的批判,殊不知那时的批判尽管有"文化绝对主义"的偏颇,但却也触到了戏曲之陈腐的与现代性不相容的弊端,促进了戏剧观念的更新,为戏剧现代化开辟道路功不可没。尤其"对于当时的青年人都是极大的刺激,惊醒了他们的迷梦,使他们把眼光从'皮黄戏'和'昆剧'的舞台离开而去寻求一种新的更合理的戏曲"①。

在戏剧现代化的进程中,对广大观众来说是"寻找一种新的更合理的戏曲",对戏曲自身来说就是寻找与新时代结合的途径。在这方面,戏曲作为一种旧的艺术形式便显出它的劣势来了。第一,它不如话剧那样善于表现现实生活题材;第二,它难于将现代意识(如启蒙主义等)纳入自己"乐"本位的艺术表现中,它难以像话剧那样承担现代人对社会生活的思考。但是它在城市市民与广大农民中有着大批观众,以其审美上的"民族性"品格在文化市场上保持着自己的优势。于是,以京剧为代表的传统戏曲在五四时期受了现代意识的批判之后,便路分两途:一条路以梅兰芳为代表,他们在物质上利用社会现代化所提供的条件,依靠着文化传统的"心理惯性",以世俗文化的姿态占据文化市场,而在精神上与"现代化"、"启蒙主义"保持着距离,只把功夫下在京剧本身的艺术上。在文化市场的竞争中,全新的、"舶来"的话剧不是他们的对手。所以五四启蒙热潮一过,舞台上又是旧剧的天下。鲁迅发出了这样的感叹:"戏剧还是那样旧,旧垒还是那样坚⋯⋯先前欣赏那汲 Lbsen(易卜生)之流的剧本《终身大事》的英年,也多拜倒于《天女散花》、《黛玉葬花》的台下了。"②梅氏也有革新,但那是"体系内"的"移步而不换形"的变动,他在京剧艺术上取得了巨大成就。另一条道路是以田汉为代表的,他极力要将以京剧为代表的传统戏曲与时代结合起来,从"启蒙"与"革命"的需要出发对其进行改革与利用。抗日时期,作为中国现代革命戏剧运动奠基者的他,甚至把主要精力转移到了传统戏曲的创作与戏曲演出活动的组织领导上。从 30 年代到 60 年代,田汉创作了 20 多个戏曲剧本(主要是京剧,也有湘剧和越剧等)。他把本世纪初开始的"戏曲改良"提高到一个崭新的水平上;他赋予了近二百年来在文学性上渐趋贫困化的京剧以表现现代意识的文学生命;他初步扭转了京剧"重戏不重人"的旧习,开辟了人物塑造的新路子;他结束了旧

---

① 郑振铎:《中国新文学大系·文学论争集·导言》,上海良友图书印刷公司 1935 年版,第 19 页。
② 鲁迅:《〈奔流〉编校后记·三》,《鲁迅全集》(第 7 卷),人民文学出版社 1981 年版,第 164 页。

京剧只有演员没有作家的历史。一句话,田汉使只重唱腔、表演而无文学,只重技艺而无意识的畸形的旧京剧开始向更健康、合理的戏曲转化。他的代表作如《江汉渔歌》、《白蛇传》、《谢瑶环》等既是完整的文学作品,又可搬演于舞台上。而梅兰芳的代表作则完全不同,如《贵妃醉酒》、《宇宙锋》、《天女散花》等,是以演员的舞台表演为中心,唱腔、演技为至上的,几乎无文学性与现代意识可言。这两条路子的是非、得失、长短,一直是个颇有争议的问题。但一个不争的事实是,两条路子至今都在延续着。一些传统旧剧目的重新整理与精湛演出,说明梅兰芳道路在现代社会仍有存在的价值;而《曹操与杨修》等一批的新编历史剧的问世,则代表着田汉道路的新胜利。

二

在20世纪中国戏剧现代化的进程中,中西问题——"D线效应"起着更关键的作用。上述的"E线效应"实际上来自"D线"的激发和驱动。在这问题上也曾产生过一个认识和价值判断上的"死结":"西化"等于"现代化","民族化"等于"复古",或者反过来说,"现代化"就是"西化","复古"就是"民族化"。这个"死结"使得"现代化"的呼唤似乎都带上了殖民主义文化的色彩,又使得每一次"民族化"的讨论和倡导差不多都多少掺杂着对抗"现代化"的情绪和语言。其实历史完全不是这样沿着"直线"和"单线"发展的。所谓"现代化"当然是民族的现代化,尤其是在中国这样一个有着悠久文化传统的国家里。

就戏剧而言,"现代化"的基本内涵是三条:第一,它的核心精神必须是充分现代的(即符合"现代人"的意识,包括民主的意识,科学的意识,启蒙的意识等);第二,它的话语系统必须与"现代人"的思维模式相一致;第三,它的艺术表现的物质外壳和符号系统及其升华出来的"神韵"必须符合"现代人"的审美追求。在20世纪"戏曲—话剧二元结构"之中,话剧尽管在"票房"上竞争不过戏曲,但从戏剧之"现代性"的上述三条内涵来看,它大大超越了戏曲。"不论从戏剧思潮和戏剧观念之转变的现代性和世界性来看,还是从戏剧运动与我国民主革命的紧密联系来看,或者从大批优秀剧作家的涌现及其在创作上的重大贡献来看,真正在漫长的中国戏剧史上开辟了一个崭新历史阶段,在新文化运动中占有突出的历史地位,并在现代戏剧史上起着主导作用的,则是新兴的话剧。"[①]20世纪一批优秀的话剧作家如曹禺、田汉、夏衍、郭沫若、欧阳予倩、熊佛西、丁西林、李健吾、吴祖光、陈白尘等,一批优秀的话剧导演如应云卫、洪深、章泯、瞿白音、焦菊隐、黄佐临等,在他们的创作中"民族性"与"现代性"绝不是对立的,他们追求的恰恰是"民族的现代性"与"现代的民族性"。像

---

① 陈白尘、董健主编:《中国现代戏剧史稿》,中国戏剧出版社1989年版,第1页。

曹禺、田汉这样受了西方戏剧文化的深深濡染的人,他们从未割断过自己的民族文化之"根"。曹禺的现实主义是中国式、曹禺式的现实主义,当田本相称之为"诗化现实主义"时①,是包含着这层肯定他的"民族性"的意思在内的。田汉的浪漫主义则是中国式、田汉式的浪漫主义,当我们称之为"乐"化或"曲"化浪漫主义时,同样也包含着这层意思——肯定他戏剧中的民族美学精神。在中国现代剧作家中,能够成功地将传统戏曲的某些艺术"基因"(如结构的开放性、情节的传奇性、表现的写意性)移植到话剧创作中的,当首推田汉。这说明现代戏剧的一些代表作家,他们在处理中外文化的关系上,在解决戏剧之"现代化"与"民族化"问题的艺术创作实践中已经做出了可贵的努力并取得了显著的成就。早在1907年,当西方话剧在中国刚刚露头时,鲁迅就针对文化上的中外关系问题高瞻远瞩地指出:"明哲之士,必洞达世界之大势,权衡校量,去其偏颇,得其神明,施之国中,翕合无间。外之既不后于世界之思潮,内之仍弗失固有之血脉,取今复古,别立新宗。"②这是正确引导"D线效应"的至理名言,也是戏剧现代化的主流轨迹。从曹禺、田汉等一批现代剧作家的代表作,如《雷雨》、《北京人》、《名优之死》、《关汉卿》等来看,应该说,鲁迅的这个思想基本上是得到了实现的。然而受制于政治的、浮躁而贫困的理论界,却往往不承认他们的成功,反而一再断言话剧的民族化问题远远没有解决;他们泥于上述那个"D线"上的"死结",于是着意回避"现代化",而代之以"革命化"的口号,并以此统帅"民族化"。这一极"左"思想的"艺术结晶"便是产生在60年代的"革命样板戏"。

近代以来的中国封建或半封建的统治者,从慈禧太后到北洋军阀再到蒋介石,他们对待外来的文化,有一个不约而同的"分而治之"的态度:物质上用之,精神上拒之。被拒之的精神是那些具有进步性、现代性的东西。所谓"中学为体,西学为用"的基本"内核"也正是出自这样一种"政治术"。这与俄国的彼得大帝向西方开放时的心态完全不同,因此中国的"开放"没有结出俄国19世纪那样的遍及文学艺术各个领域的精神硕果。十分有意味的是,被江青等人吹成开辟了人类文化新纪元的"样板戏",倒是很典型地体现了"物质上用之、精神上拒之"的对外文化心态。它的物质外壳是相当"西化"的。那十分写实的布景,那连人物身上的一块补丁都要经江青"斟酌"的服装,那交响乐的音乐结构,那提琴、黑管等西洋乐器的动用……无不是充分"西化"的。但是,对不起,戏的"核心精神"却并不那么现代。鲁迅所说的"洞达世界之大势"的明哲之见有吗?没有。鲁迅所说的"不后于世界之思潮"的别立的"新宗"有吗?也没有。当时"样板戏"的炮制者处在一种完全封闭、夜郎自大的文化环境之中,他们的"革命"激情充满了盲目性,在他们的价值观念体系中倒是不乏封

---

① 田本相:《曹禺的现实主义戏剧艺术及其地位和影响》,《中外学者论曹禺》,南开大学出版社1992年版,第23页。

② 鲁迅:《文化偏至论》,《鲁迅全集》,人民文学出版社1981年版,第56页。

建专制主义的东西（如血统论、门阀等级意识、封建迷信思想等）。所以我们说"样板戏"阻断了20世纪中国戏剧现代化的进程，是一个不争的事实。在90年代，有些"摩登"青年忽然喜欢起了"样板戏"，他们取的恰恰是它的物质外壳。这是文化接受中一个不小的"逆向"与"错位"，一个荒唐的"置换"与"颠覆"。

"样板戏"所代表的是不健康的或曰畸形的"西化"倾向，这是一种形似而神离"现代化"的路子。在"D线效应"之中，真正代表健康的"现代化"之路的是五四以来的一大批戏剧作家和理论批评家。是他们面对西方文化的"挑战"起而"应战"，在"应战"中创造了中国现代戏剧文化，也对世界戏剧文化作出了来自地球东方的贡献[1]。在20世纪，西方戏剧文化的浪潮向中国涌来，有两次高潮。一次发生在五四新文化运动前前后后的20多年间；一次发生在80年代。有人称此为中国现代戏剧的"两度西潮"[2]。于是产生了中国戏剧现代化进程中的"D线效应"。在这一效应之中，中国人对西方文化的"应激反应"，继承着"夷狄入中国则中国之"的传统，表现了中国本土文化对外来异质文化的很强的"容纳性"与"改造力"。这种"应激反应"的特点，就是在"他者化"中"化他者"，也就是在"西化"的呼唤之中把西方的东西"中国化"或曰"中国特色化"。

首先值得注意的是与西方戏剧演变的"非同步性"，或曰"逆向"与"错位"。当西方积累了两三百年的各种各样的戏剧思潮在五四前后一股脑儿地涌进中国时，这些思潮原先在西方形成的历史先后的"链条"完全被打碎了。在中国面前，这些东西都是新的，都要拿在手上掂一掂分量从而决定是否"拿来"。这种急迫与无序状态使鲁迅觉得"欧洲的文艺史潮，在中国毫未开演，而已经像一一演过了"[3]。从当时世界戏剧思潮的总体格局来看，西方戏剧正在从现实主义转向现代主义，戏剧的艺术形态从"写实"转向"写意"，从"再现"转向"表现"，戏剧激情的来源从群体的"社会"转向个体的"心理"；而在中国，处在"现代化"开端的戏剧却正在从具有"写意"与"表现"特征的古典戏曲转向以"写实"与"再现"为特征的现代话剧，戏剧激情的来源则主要是群体的"社会"，尤其是社会的"问题"。所以当易卜生的"社会问题"剧及其写实主义在西方已经"过时"，已是"昨天的辉煌"，而在中国却掀起了轰轰烈烈的"易卜生热"。这种"逆向"与"错位"现象正是中国国情使然，有其历史的合理性。五四时期胡适那篇影响深远的《易卜生主义》说明了现实主义在当时中国的重要性。他说："人生的大病根在于不肯睁开眼睛看世间的真实现状。明明是男盗女娼的社会，我们偏说是圣贤礼义之邦；明明是赃官污吏的政治，我们偏要歌功颂德；明明是不可救

---

[1] 照汤因比（Arnold Joseph Toynbee）的说法："文明的起源是挑战和应战交互作用的产物。"据汤氏《历史研究》，转引自《二十世纪文史哲名著精义》，江苏文艺出版社1992年版。

[2] 马森：《中国现代戏剧的两度西潮》，台湾文化生活新知出版社1991年版。

[3] 鲁迅：《〈奔流〉编校后记·十一》，《鲁迅全集》（第7卷），人民文学出版社1981年版，第186页。

药的大病,我们偏说一点病都没有! 却不知道:若要病好,须先认有病;若要政治好,须先认现今的政治实在不好;若要改良社会,须先知道现今的社会实在是男盗女娼的社会! 易卜生的长处,只在他肯说老实话,只在他能把社会种种腐败龌龊的实在情形写出来叫大家仔细看。"①当时傅斯年提出的编剧"六条原则"也是以易卜生主义即现实主义为其核心精神的,这也就是鲁迅当时在小说创作上提倡的"揭出病苦,引起疗救的注意"的现实主义精神②。当时也有不持此一思潮的,如田汉虽也崇拜易卜生,但他更钟情于方兴未艾的现代主义(如象征主义、表现主义等,当时统称为"新浪漫主义")。他虽然也并不反对胡适、鲁迅那样对社会的批判和暴露的现实主义态度,主张"排斥世间一切虚伪",但他更主张文艺应当"引人入于一种艺术的境界,使生活艺术化(Artification),即把人生美化(Beautify),使人家忘现实生活的苦痛而入于一种陶醉法悦浑然一致之境"③。然而田汉这一派人的艺术选择,虽然在当时说来与西方是"顺向"与"对位"的,但在第一度"西潮"中却没有得到历史的机遇,终于未能成大的气候。跑在最前边的人播下了火种,但他们不是光明与成熟果实的收获者。历史所褒奖的不是最"先锋"的流派,而是艺术选择合乎国情的人。这样,到了30年代,真正代表着中国现代话剧之成熟的作家,便不会出自先是选择了最"先锋"现代主义,而后又迅即转向左翼"无产阶级戏剧"的田汉一派人。这个历史的光荣只能落在现实主义戏剧大师曹禺头上。第一,曹禺出自南开学校新剧团,这个剧团在五四时期面对"西潮"首先选择了现实主义④。第二,从胡适的《终身大事》开始的"汲Lbsen(易卜生)之流"的创作思潮,到了30年代,曹禺是其集大成者,是他把现实主义在中国推向了新阶段。胡适在《易卜生主义》中提出的那些对现实主义的要求,在曹禺的戏剧中才真正实现了。第三,曹禺成为现实主义戏剧大师的第一部代表作《雷雨》,既成功地借鉴了易卜生的戏剧,又有深厚丰富的中国民族精神和本土文化的底蕴。

面对"西潮","逆向"与"错位"的艺术选择得到了历史的褒奖,而田汉一派人"顺向"与"对位"的艺术选择却得不到历史的青睐,这样耐人寻味的历史现象正发生在"E线"与"D线"在"F线"上相交叉的地方,看似国情向艺术家们开的一个玩笑,其实就是"F线效应"对"E线"和"D线"效应进行反弹即对其结构进行解构和重组的结果。更加耐人寻味的是,到了80年代的第二度"西潮",新一代的作家、艺术家们对外来戏剧思潮的果实选而食之时,尽管其艺术选择与"五四"那一次完全不同,但在"慢一个历史节拍"这一点上却是惊人地相似的。——上次选择了现实主义,可

---

① 胡适:《易卜生主义》,《中国新文学大系·建设理论集》,上海良友图书印刷公司1935年版,第180页。
② 鲁迅:《我怎么做起小说来》,《鲁迅全集》(第4卷),人民文学出版社1981年版,第512页。
③ 田寿昌、宗白华、郭沫若:《三叶集》,亚东图书馆1920年版,第100页。
④ 周恩来:《吾校新剧观》,《南开话剧运动史料》,南开大学出版社1984年版。

当时最"先锋"的是现代主义；这一次选择了现代主义，而这时现代主义在西方又早已过时了。80年代"D线效应"的最大特征是在对异质文化的选择上从现实主义转向了现代主义，并对中国从五四以来经历了多次蜕变的现实主义表现出极强烈的批判和超越的态度。这一态度具有很大的历史必然性与历史合理性，因为现实主义在五四时期进入中国剧坛之后，逐渐取得了统治地位，于是它就结束了五四时期的"多元化"局面。特别是它和政治斗争紧密结合之后，后来变成所谓"革命现实主义"和"社会主义现实主义"，它在方法和艺术思维的模式上就更加日趋单一化与贫困化，严重束缚了包括戏剧在内的艺术创作。这样，到了80年代的思想解放运动中，由于"左"倾教条主义和政治实用主义受到了批评和遏制，由于党中央不再提"文艺为政治服务"，人们对现实主义的历史功过得以进行反思。面对西方戏剧思潮的再次涌入，尽管有些剧作家和导演仍然固守现实主义，但许多具有较强革新意识和"先锋"意识的剧作家和导演却对现代主义情有独钟。于是产生了以高行健、林兆华为代表的一批带有现代主义色彩的戏剧探索者。他们的作品（如《绝对信号》、《车站》、《野人》等）受到了一批青年知识分子和专业戏剧工作者的欢迎和好评。带有这种现代主义色彩的剧作还有不少，如《中国梦》、《耶稣·孔子·披头士列农》、《一个生者对死者的访问》、《WM我们》、《屋里的猫头鹰》，等等。如果说在五四时期的第一度"西潮"中，人们在选择了西方现实主义的同时，对中国传统戏曲表示出极大的疏离态度的话，那么这一次恰恰相反，他们在选择了现代主义的同时，对古典戏曲艺术也认同。他们要使西方最"现代"的东西与中国最"古典"的东西接轨，他们想要使"D线"与"E线"相融汇。高行健的《野人》和他的几出新折子戏就强烈地表现了这一美学追求。

但是，80年代的戏剧"探索者"，当他们仿效西方的现代主义，高高举起"反传统"即反"传统的现实主义"时，虽然在打破几十年的"现实主义一元化"格局、推动戏剧观念的革新和解放上功不可没，但是他们陷入了一个不算小的历史"误会"：西方在上一个世纪之交，当现代主义起而反对、批判和超越现实主义之时，现实主义已经有了充分的发展，可说已到"烂熟"的程度，有些现实主义大师是沿着"绚烂之极归于平淡"的自然规律转向了现代主义的。可是在中国，现实主义从来就没有得到过充分的发展，由于中国的特殊文化背景和现代革命斗争下的特殊国情，现实主义很快被政治化和半政治化（如30年代左翼的"无产阶级现实主义"，40年代抗战文艺和解放区工农兵文艺的"革命现实主义"，新中国成立后"为政治服务"、"政治第一、艺术第二"的"社会主义现实主义"以及"革命样板戏"中与"革命浪漫主义"相结合的"革命现实主义"，等等），同时也就被扭曲，被贫困化、封闭化。胡风一派人所坚持的真正现实主义精神一直受到压抑，在创作实践中日趋萎缩。有些学者认为中国现代戏剧史上的现实主义不过是一种"拟写实主义"或曰"伪写实主义"(Pseudo-realism)[①]。这样一来,中国20世纪80年代"探索戏剧"的反对现实主义,就有一种"饿汉减肥"、"邯郸学步"的喜剧性。在这一度"西潮"中产生不出大戏剧家也是必然的了。为什么会出现这种情况呢?这还必须到"F线效应"之中去寻找答案并引出教训。

三

在20世纪中国戏剧现代化的进程中,当纵向进化的"E线"与横向传播的"D线"在现实的艺术实践中碰头并发挥自己的效应时,它们只能影响到"F线"的形式;而"F线"(艺术功能与现实社会的关系)却决定着"E线"与"D线"的基本特征。本世纪中国戏剧的得、失、长、短皆出于此。

首先,中国戏剧的现代化进程是与本世纪发生在中国的三次革命旧民主主义革命、新民主主义革命、社会主义革命紧紧联系在一起的。世纪之初,当戏剧的现代化刚刚起步时,它的核心精神是启蒙主义,包括爱国主义、民主主义和人道主义。这三者均与民主主义的革命运动同步而行,合而言之,便是一种教国人摆脱愚昧、迷信和封建专制主义的禁锢而获得现代人觉醒的启蒙主义精神(Enlightenment)。这是一种全新的中国式的现代精神。其中的三大"主义"有内在的逻辑联系:爱国是西方挑战引起的民族意识的"应激反应",遂有变法图强之志;欲变法图强,则必须向"挑战者"学习,其中首先要学会讲科学、兴民主;欲兴科学、民主之新风,废迷信、专制之陈规,则必须看重人的价值和尊严,使国人从奴隶变成人。舍此,一切变法图强、改革开放之说均属空话、假话。这个逻辑反过来说也是一样的:"人的意识"的觉醒使爱国、民主的观念区别于古代思想中类似观念的胚芽,而成为真正的现代精神。从辛亥革命前后到五四运动前后,从"文明新戏"到新兴话剧,不论是理论批评还是创作实践,其话语的核心就是这种启蒙主义精神。本世纪的许多优秀戏剧作品,其思想伦理价值判断的标准,其收到良好社会效果的根本原因,其中有的经历史考验而成为现代经典的思想依据,均与中国现代精神即中国式的启蒙主义精神紧紧联系在一起。没有启蒙主义精神,中国现代戏剧就只剩下了僵死的躯壳。

但是,在半殖民地半封建的旧中国,在急迫的政治革命运动中,没有机会和条件进行系统的、大规模的、彻底的现代启蒙主义运动,"启蒙"被煮成了"夹生饭"。中国"国情"把启蒙变成了两种:政治行动导向型的启蒙与文化心态塑造型的启蒙。前者是一种初级的启蒙,见效快而不彻底,适于在全民文化素质较低的基础上进行;后者是一种高级的启蒙,见效慢而彻底,只有在全民文化素质较高的基础上才能进行。前者是为了引导人们为推翻旧的政治制度而行动;后者是为了叫人在行动前和行动

[①] 马森:《中国现代戏剧的两度西潮》,台湾文化生活新知出版社1991年版。

中首先学会为否定旧的意识形态而思考,以达到行动的深层自觉。前者启迪与激发了"革命"之情;后者则更注重"树人"之本——铸魂。当然,这两者既有区别也有联系,并不总是断然而别,而且在不同的历史条件下各有不同的作用。前者往往为后者的先导,后者则是前者的归宿。在我国新民主主义革命时期,启蒙主义运动主要属于前一种类型——政治行动导向型启蒙。诚然,在五四新文化运动中,一大批具有现代意识的知识分子曾着手进行较高层次的启蒙即文化心态塑造型的启蒙。鲁迅提出了改造国民性、重铸国民灵魂的问题。田汉提出吞吃"智果"、进入"人的世界",也是一个文化启蒙的课题①,他在20年代的戏剧创作和演出基本上都是围绕着这课题进行的。他所说的"人"是完全新型的人,即经过文化启蒙的、精神上焕然一新的"一品大百姓"——真正的"现代人"②。不过五四知识分子所理想的这种"人"并没有成为国人的主体。面对外国列强的侵略,同时又经受着国内统治者残酷压迫的中国人民,最迫切需要的是政治革命。我们这个科学文化落后,受苦太甚而又急迫地挣扎而起的东方民族,他首先"要炸弹与狂呼……从哪儿想,他都应当革命"③。于是,政治导向型的启蒙便成了启蒙主义的全部,而负载着启蒙主义精神的现代戏剧也不得不日趋政治化。30年代的"左翼"戏剧、40年代的"抗战"戏剧,其主流都是以政治上的战斗性取胜的。只有站在主流边缘上的曹禺、李健吾一类的非左翼剧作家,其作品更注重艺术的追求,并有较深厚的思想文化启蒙的意蕴。从五四到三四十年代,并不是"救亡"压倒了"启蒙"——本来救亡呼唤启蒙,启蒙有助于救亡,何"压倒"可谈? 而是启蒙主义运动本身在紧迫的政治斗争冲击下有了一些结构的调整——政治行动导向的职能压倒了文化心态塑造的职能。这一变化直接制约着现代戏剧题材、主题的选择和创作方法的运用,使得从西方"拿来"的现实主义越来越简单化和贫困化,从而丧失了反映生活之丰富复杂性、表现人的精神世界之丰富复杂内涵(即文化底蕴)的固有长处,于是所谓"现实主义戏剧"也就逐渐疏离启蒙精神,疏离人的审美要求,成为"为政治服务"的工具。这一现实主义简单化、贫困化的趋向一直延续到新中国成立之后,连曹禺这样曾卓有建树的现实主义大师也无力扭转现实主义戏剧的噩运。可以说,在整个中国戏剧现代化的进程中,尽管唯一受到重视的是现实主义,但实际上它并没有得到充分的发展。所以,80年代的"探索戏剧"拿现实主义当作阻碍戏剧现代化的"传统"来反对,实在是颇有些堂吉诃德与风车搏斗的意味。

80年代与90年代的中国戏剧,出现了一些与以往几十年完全不同,甚至几乎是完全相反的路向。一曰从现实主义转向现代主义;二曰从工具论转向本体论,即从

---

① 田汉:《吃了"智果"以后的话》,《少年世界》第1卷第8期(1920年8月)。
② 田汉:《平民诗人惠特曼的百年祭》,《少年中国》第1卷第1期(1919年7月)。
③ 老舍:《我怎样写〈小坡的生日〉》,《宇宙风》第4期(1935年11月)。

戏剧的社会、政治色彩的迷恋转向对其文化、审美意味的追求,从"为政治服务"转向对戏剧自身艺术规律的重视;三曰从时强时弱的启蒙主义意识转向对启蒙主义价值的重估与对启蒙意识的解构;四曰从高扬戏剧文学到对戏剧文学的贬抑与排斥。这四点使得中国戏剧现代化进程的"F线"在其近百年历史的末端发生了一次大"裂变"。这一"裂变"的得与失,现在看来已经比较清楚了。向戏剧本体的回归,对其艺术规律的充分重视,对其文化与审美意味的自觉追求,这些无疑是对多年来政治实用主义与"左"倾教条主义的反拨,把我国戏剧现代化的进程向前大大推进了一步。像话剧《桑树坪纪事》《狗儿爷涅槃》《荒原与人》,京剧《曹操与杨修》,淮剧《金龙与蜉蝣》等这样一些新剧目,很显然,比以前同类题材的作品多了一层文化反思的内涵,"戏"之为"戏"的艺术本性及其给人的审美享受也大大加强了。至于剧中涉及的政治问题则退到遥远而又模糊不清的背景上去了。这可以说是世纪末戏剧"F线裂变"的一大收获。

　　但是这一"裂变"的负面效应,或者说它的缺失也是很明显的。消解启蒙意识、疏离现实主义与贬斥戏剧文学,这三者是同步进行的,结果是使作为人类重要精神文化现象的戏剧出现了精神萎缩、激情消退的"疲软"现象。洪深曾深恶痛绝地批评过的"文明新戏"的堕落——"所演的戏竟至全无意识,不及儿戏"[①],似乎又在重现。"文明新戏"的堕落,一是由于辛亥革命失败,剧人失去了理想与激情;二是剧业被买办商人控制,陷入了半殖民地半封建制度下的"商品化"运作。80年代与90年代(尤其是90年代)中国戏剧的"疲软",其原因亦有二:其一,启蒙意识的消解使戏剧在疏离政治的同时也冷漠了人民大众最关心的问题,理想与激情从舞台上消失了;本也不无意义的"生命意识"的体验变得贫乏而单调,最后只剩下了"全无意识"的"玩"。其二,没有形成健全的文化市场,各种大众媒体与文娱设施无序"竞争",真正的艺术之神只有蒙羞落难的份儿。与此两点相适应的是:作为"意识"与"精神"之载体的文学被放逐了。放逐文学是西方本世纪非常"先锋"的戏剧思潮[②],在中国也有"国粹"之根——清末大兴的"花部"代表京剧就是只有舞台表演与唱腔而没有文学的。"先锋"与"传统"在这一点上握手了。他们向所谓"纯粹戏剧性"回归,认为文学是个"负担"(因为它要负载某种"精神"与"意识")。这样,"新时期"以来,戏剧文学日趋衰微,20多年间没有出现像《雷雨》《北京人》《名优之死》《关汉卿》那样表现着一个历史时期人的精神状况的经典之作。由于启蒙意识的消解与理想价值退位,一出戏不知道自己要说什么。如高行健的《野人》一类戏,其舞台空间十分开阔,戏剧表演的艺术手段空前的丰富多彩,但是对不起,它们没有核心精神,恰如书法之泼墨多多

---

① 洪深:《中国新文学大系·戏剧集·导言》,上海良友图书印刷公司1935年版,第15页。
② 西方的荒诞派追求所谓"纯粹戏剧性",反对戏剧文学。"残酷戏剧"的理论奠基人阿尔托(Antonin Artaud)也极力排斥戏剧文学。

而无"骨",是谓"墨猪"之戏①。由于消解启蒙意识、疏离现实主义、贬斥戏剧文学这三者在"F线"上的连环作用,即使当90年代中期人们发现了"墨猪"现象而想加以纠正时,戏剧很容易从这一极端再荡回以前的老套子,却很难有真正的提高。一批写"好人好事"的"英雄模范戏"或曰"精神文明建设戏"的被生产出来,就是证明。

当我们结束对百年戏剧之回顾的时候,不得不发出呼唤:重建启蒙主义——Enlightenment,照亮之谓也,戏剧舞台之光应该照亮人类的心灵;召回戏剧文学——戏剧舞台除了种种物质的表现手段还必须靠文学负载其精神;整合创作方法——20世纪兴过的三大流派(现实主义、浪漫主义、现代主义)各有其优长和局限,对它们应该兼容并包,择善而从,形成多元化的新格局。

---

① 东晋女书法家卫夫人(272—349)在《笔阵图》中论书法说:"多肉微骨者谓之墨猪。"

杨家将演义

◎ 杨子坚

杨家将故事在我国广泛流传,早已达到了家喻户晓、妇孺皆知的地步。天波杨府,男女老少,个个是英雄,每个人都有一则富有传奇色彩的故事,或悲壮,或英武,或神奇,或拙朴,都响彻着英雄主义和爱国主义的强音,激励着世代炎黄子孙。可以说,杨家将故事也是一份优秀的文化遗产,一份影响着中华民族社会历史和世道人心的文化遗产。

清代以来,有关杨家将的曲艺、评书和民间故事,大都取材于这部《杨家将演义》。书中热情歌颂了杨继业祖孙五代与入侵的辽和西夏人英勇战斗、前仆后继的业绩,故事生动,形象感人。例如,杨令公遭奸臣计算兵败狼牙谷撞死在李陵碑、杨六郎继承父志扼守三关、杨四郎辽国屈辱18年终于立功而回、杨五郎遁入空门却又屡次为国立功、杨宗保百战百胜大破天门阵、杨文广鹤发童颜领兵西征等等。特别值得一提的是,书中还塑造了一系列杨门巾帼英雄群像,从杨令婆领兵、木桂英挂帅到十二寡妇征西、宣娘定计擒鬼王,可以这么说,杨门出了一代又一代的男英雄,同时还出了一代又一代的女能人。她们好武善战,艺盖天下,奋勇杀敌,为国驰骋疆场,她们是我国古代小说里有数的武勇豪壮的妇女典型。书中杨家将的部属孟良、焦赞等的形象也颇为感人。他们原先是占山为王的绿林好汉,以后跟随杨延昭一心抗辽,建立了许多奇勋。孟良胆大心细、机智果敢;焦赞粗豪勇猛,疾恶如仇。这两人的性格和事迹,具有浓厚的民间传奇的色彩,给后世的小说创作以很大影响。

书中还写了宋朝内部的忠奸矛盾,以八王和寇准为首的忠直之臣,是国家的栋梁、边关杨家将的坚强后盾;而以潘仁美、王钦若为代表的奸臣,是祸国殃民的蛀虫、杨家将的灾星。忠奸斗争为杨家将的英雄事迹提供了更为复杂、更为壮观的背景。

书的意义还在于,它深沉地揭示出了宋朝重文抑武国策的悲剧。杨家经历五代,而皇帝从宋太祖到宋神宗也是五世,这个时代正是北宋从建立到走上稳固发展的辉煌时期。北宋结束了五代十国长期分裂的局面,大兴水利,发展农业、手工业;工商发达,大大促进了都市的繁荣。但是,在对外关系方面,宋朝又是最怯弱的一代。宋太祖片面吸取晚唐五代藩镇割据、国家分裂的教训,采取中央集权、"守内虚外"的政策。即大量削弱武官的权力,以文官充当正职,并加强防范制度。这样的政策,削弱了国防力量,使社会呈现出"积弱"的景象,自然导致外族一次又一次地入侵。外族一旦入侵,这支"将不知兵,兵不知将"的军队,只有白白送死,即使打了胜仗,也会落得纳币求和的结果。所以,宋代的武将特别沮丧而窝囊,杨家五代的遭遇就十分形象地说明了这个问题。杨继业死于陷害,杨七郎被自己人乱箭射死,杨六郎被逼害得东躲西藏,甚至杨文广也差点全家抄斩。杨六郎沉痛地说:"朝廷养我,譬如一马,出则乘我,以舒跋涉之劳;及至暇日,宰充庖厨。"结尾,杨怀玉杀死奸相举家上太行时说:"朝廷听信谗言,我屡屡被害,辅之何益?且佞臣何代无之,他每恃是文臣,欺凌我等武夫,受几多呕气。"所以,杨家将的悲剧,有着深刻的社会历史原因:它既有外族入侵的因素,又有内部奸人的作祟和国策失当的因素。——《杨家将演义》是一部反映社会历史悲剧的小说,一部较早的不追求大团圆结局的英雄传奇小说。

当然,《杨家将演义》作为四百年前封建时代的产物,不可避免地存在一些思想糟粕,比如天命神授、鬼神迷信,等等,这些,今天的读者都不难分辨。但是,有个问题却是值得思考、辨析的:前些时候,杨家将评书火爆一时,有人从辽和西夏后代的角度提出疑问:杨家将的爱国主义能不能叫作爱国主义?我们今天要不要宣扬这样的爱国主义?因为,当年杨家将抵抗的辽和西夏,现在都是中华民族大家庭中的一个成员,相互之间应提倡的是友善与和睦相处,而不是"饥餐"、"渴饮"那样的极端仇恨的关系。今天回首过去,那时的争斗和龃龉,不过是"兄弟阋于墙",是是非非,皆应模糊着看,否则对谁也没有好处。爱国主义精神应是维系整个国家和民族的精神纽带,"五十六个民族、五十六朵花"嘛,不能说,爱国主义精神只维系汉族而不维系其他。更何况,当年的辽和西夏以及后来的金、元、清等民族国家,都是对中华民族的强盛作出过贡献,创造过中国历史的,过分强调那时的对立情绪,就会损伤另一些兄弟民族的思想感情,就不利于民族大团结。

这个问题的提出有一定的道理,提醒我们必须重新思考和对待。校注者认为,还是应该遵循历史主义的原则:首先,我们应该承认那段历史,杨家将的英雄主义、爱国主义有其反抗侵略、正义、壮烈的方面,确实是中华民族宝贵的精神财富;其次,我们也应看到由于时过境迁,历史发生了很大变化,杨家将的英雄主义、爱国主义也有受时代局限,具有片面性的缺失。比如书中确有华尊夷卑的大汉族主义思想,一切坏事都归于辽和西夏,甚至把他们说成是妖魔幻化的。所以,我们今天宣扬杨家将,不能过度,不能不分青红皂白地反对辽和西夏,不能无美不归杨家将,无恶不归辽和西夏。

从写作艺术上看,这部不足二十万字的小说,叙述了一百多年的事,事件纷繁,"镜头"集中,情节的叙述有条不紊,有些地方人物形象突出,叙述生动传神,这些正是这部小说的优点。例如孟良盗骨一节,就写得很感人。杨六郎令孟良去幽州望乡台上盗杨令公之骨,焦赞听到了这个消息,也去争功:

> 却说孟良星夜行到幽州,当日将近申时,扮作番人,竟到台边。只见有五六个守军,喝曰:"汝是何人,来此乱走?"良曰:"前日太子归国,我等护送未曾遣回,故来此各处消洒,何谓乱走?"守军信之,遂不提防。及至一更,悄悄上台,果见一香木匣,盛着一副骸骨。孟良遂解下包袱,将木匣裹了。正背起来,不想焦赞躲在背后,一手拖住包袱,厉声曰:"谁在台上勾当?"孟良慌张,只道是捕缉之人,抽出利斧望空劈去,正中焦赞脑门,嘿然气绝。
>
> 孟良背了包袱,走下台来,并未见些动静,自思:"捕缉岂止一人,才闻声音却似焦赞一般。"遂复上台,拨转尸看,大惊曰:"果是焦赞!"乃仰天叹曰:"今为本官干事,而伤本官干事之人。纵得骸骨归去,亦难赎此罪矣。"

以后,他安排一巡警送去杨令公骸骨,自己却——

> 忙忙回到望乡台上,背着焦赞尸首,出了城坳,乃拔所佩之剑,连叫数声:"焦赞,焦赞!是我害汝性命,不须怨恨,我今相从汝于地下矣。"遂自刎而亡。可惜三关壮士,双亡番北城坳。

于此可见全书艺术描写的简洁生动,孟良的胆大心细和义重如山,焦赞的粗鲁天真也得到了很好的反映。

全书主要以情节取胜,细节描写不多,它的故事和人物却是较好的毛坯,为戏曲的进一步加工提供了良好基础。清代以后,以杨家将故事为题材的京剧和地方戏剧目不下百种,它们大都是根据《杨家将演义》改编的。比如京剧有《李陵碑》、《五台山》、《孟良盗马》、《三岔口》、《四郎探母》、《洪羊洞》,等等,秦腔有《千秋庙》、《状元媒》,豫剧有《木桂英挂帅》、《杨八姐游春》,等等,至于《杨门女将》的剧目,几乎为所有地方剧种改编。这就出现中国文学史上的一个很有趣的现象:本来是戏剧舞台上杨家将故事的繁盛,促使作家把它改编成一部首尾完整的小说,而小说的情节更反转来为戏剧舞台提供了素材,促进了舞台上的再创造。中国小说和戏剧就是这样相互生发、相互影响的。

北宋初年,杨家将英勇抗辽,是实有其事,见诸正史的。《宋史》卷二七二载杨业传,并附其子杨延昭、其孙杨文广传。杨业,并州太原人,一名继业,原为北汉名将,"屡立战功,所向克捷,国人号为无敌"。北汉亡,归宋,为右领军卫大将军、郑州防御使,迁知代州。曾亲领数千军在雁门北口,重创契丹军。"自是契丹望见业旌旗,即引去。"雍熙三年(986年)大军北征,皇帝以潘美为云应路行营都部署,杨业为副。曾连拔云、应、寰、朔四州,师次桑乾河。会曹彬之师不利,诸路班师。不久,诏潘美、杨业等护迁四州之民于内地,遇契丹国母萧氏之大军。杨业建议设伏固守以保全民众,监军等不从,迫令出战。杨业虽自知寡不敌众,犹奋勇力战至暮。后退至陈家谷,潘美等不守约,不来支援,业"拊膺大恸,再率帐下士力战,身被数十创,士卒死伤殆尽,业犹手刃数十百人,马重伤不能进,遂为契丹所擒,其子延玉亦没焉。业因太息曰:'上遇我厚,期讨贼捍边以报,而反为奸臣所迫,至王师败绩,何面目求活耶?'乃不食三日死"。

杨延昭是杨业的第六子,本名延朗。太平兴国中以荫补供奉官。父死后,他继承父志,防守边关,历任保州缘边都巡检使、宁边军部署等职,屡败契丹。以后,官至英州防御使,终年五十七。"延昭智勇善战,所得俸赐悉犒军,未尝问家事。出入骑从如小校,号令严明,与士卒共甘苦。遇敌必身先,行阵克捷,推功于下,故人乐为之用。在边防二十余年,契丹惮之,目为杨六郎。"

杨文广是杨业之孙,杨延昭之子。范仲淹宣抚陕西,置麾下,后为广西钤辖,知宜、邕二州。治平中,任龙神卫四厢都指挥使。熙宁元年(1068年)筑筚篥城(今甘肃武山甘谷),击退西夏骑兵,斩获甚众。历官定州路副都总管,迁步兵都虞候。"辽人争代州地界,文广献阵图,并取幽燕策,未报而卒,赠同州观察使。"

杨家将的史实,近代学人余嘉锡考索甚周密,写有《杨家将故事考信录》的文章。在文章末尾,他赞叹道:"杨业与契丹角胜三十余年,卒之慷慨捐躯,以身殉国。子延朗于澶渊之役,请饬诸军扼其归路,袭取幽、易等州。孙文广,亦献策取幽燕。虽功皆不成,而祖孙三世,敌忾同仇,以忠勇传家,诚将帅中所稀有。由是杨家将之名,遂为人所盛称,可谓豹死留皮,殁而不朽者欤?爱国之心,人所固有,后之人何乐而不为也!"

大约在明朝万历年间,标名为《杨家将演义》的小说终于出现。小说演述了杨家将的史迹,却更多地叙述了许多虚构的事件和人物。比如,正史上是杨业—杨延昭—杨文广祖孙三代,而这本书里却是杨继业—杨延昭—杨宗保—杨文广—杨怀玉祖孙五代。正史上杨业重伤被擒,绝食而死;而这本书里却是他在狼牙谷被困,头撞李陵碑而亡。杨四郎流落辽邦娶琼娥公主的事、杨五郎五台山出家的事,均于史无徵。木桂英挂帅、十二寡妇征西,看来纯系群众的口头创造;至于杨文广化鹤、宣娘炼出鬼王丹,更是子虚乌有的小说家言。小说家的这些创造,说明这部书是一部典型的英雄传奇小说,而不是历史演义。明代中后期,在《水浒传》的影响下,出现了英雄传奇小说创作繁荣的局面。英雄传奇小说也是以演述历史英雄人物业绩为题材的小说,但它比起历史演义来,人物更集中,传奇性更强,往往不受真人真事的局限,虚构的成分较大,吸取的民间口头传闻较多,因而故事更为生动有趣,深受读者喜爱。此时出现的英雄传奇小说,主要有《隋史遗文》、《大宋中兴通俗演义》、《北宋志传》和这部《杨家将演义》。

当然,杨家将故事的增饰和流传不自这部小说始,早在北宋文学家欧阳修生活的时期就广为传颂了。欧阳修记述:"(杨业)父子皆为名将,其智勇号称无敌,至今天下之士，至于里儿野竖，皆能道之。"（《欧阳永叔集·供备库副使杨君墓志铭》）欧阳修写此文时，距离杨业死难不过五六十年。宋代说话盛行，杨家将故事自然成为说话艺术的极好题材。据《醉翁谈录》记载，南宋小说话本中有《杨令公》、《五郎为僧》两本。可惜本子已经散佚，原文无法见到了。杨家将故事在宋元以后的戏剧舞台上也很流行，金院本剧目中有《打王枢密》（杨六郎识破王钦若奸细面貌的故事）。元杂剧中则有《昊天塔孟良盗骨》、《谢金吾诈诉清风府》两本。元明时期的杂剧还有《八大王开诏救忠》、《焦光赞活捉萧天佑》、《杨六郎调兵破天阵》三本，这三本收于《孤本元明杂剧》一书中，估计是明初人所作，故事都相当曲折复杂。明代传奇写杨家将的有《三关记》、《祥麟现》两种，情节大致与《杨家将演义》相似。总起来说，在明代戏剧舞台上，杨家将的故事已经相当生动丰富。而此时长篇小说这种样式正逐渐繁盛，把片段的戏剧故事汇成一编，就势所必然了。明代万历年间小说终于出世。今天我们所能见到的最早的本子有两种：一种叫《北宋志传》，一种就是这部《杨家将演义》。孙楷第等学人认为，这两种都是根据一本名为《杨家府》的本子改编的。但是，原书已经不存，文献中更找不出明确的佐证，我们只好将信将疑、姑妄听之了。

《北宋志传》是《南北两宋志传》的后半部，今存最早刻本为唐氏世德堂刊行的万历二十一年（1593年）的本子。有十卷五十回，前十五回写呼延赞的故事，第十六回以后才是杨家将的故事。原书不题撰人，有人考证，它是一家书坊主人叫熊大木的在嘉靖年间编纂的。这部书虽然现存刻本较《杨家将演义》为早，但是从回目和文字看，却像是从《杨家将演义》改编的。再有《北宋志传》只写到杨宗保平定西夏，没有杨文广征南蛮、杨宣娘挂帅和最后的杨怀玉举家上太行，故事情节显然不及《杨家将演义》齐全、丰富。所以，我们没有选取《北宋志传》作为校注的底本。

那么，《杨家将演义》的情况又是怎样的？《杨家将演义》现存最早刻本为万历三十四年（1606年）刊本，内封面写"秦淮墨客编缉·杨家将演义·卧松阁藏版"，全书共八卷五十八则，正文前有"万历丙午长至日秦淮墨客书"（旁有钤印两方）的"序"一篇，序前题"杨家府通俗演义序"，目录前题"新编全像杨家府世代忠勇通俗演义目录"，正文前题"出像杨家府世代忠勇演义志传一卷"，下署"秦淮墨客校阅·烟波钓叟参订"。版心有"杨家府演义"字样。从上述题署的情况中，我们就可以了解到此书的全称、异名和作者。关于书名，封面为"杨家将演义"，书前题署和版心又作"杨家府演义"，序前为"杨家通俗演义"，可见三者是通用的。因为群众对"杨家将"的名字更为熟悉，所以，我们这本书就取"杨家将演义"的名字。

此书作者为谁？历来有不同说法。有人根据正文前的题署，认为秦淮墨客仅仅是校阅，不能算著作。我认为，秦淮墨客就是作者，他或是根据旧本敷演的，或是根据戏曲、传说汇集编纂的。理由如下：一、书的内封面明确标题为"编缉"，那就是编纂的意思，后面正文前的所谓"校阅"，或则是说他同时做了校阅的工作，或则是"编辑"的含混说法。二、这种题署方式是明代小说作者惯用的。明代文人对小说创作不很重视,甚至有点轻视。文人编纂了小说,往往隐匿真实的姓名,或者不明确称编著,而题以较为含混的词汇。例如,《三国演义》题"明后学罗本贯中编次",《水浒传》题"施耐庵的本,罗贯中编次",或"施耐庵集撰,罗贯中纂修"。这些还算有个姓名,有的就只出笔名而不出真实姓名,如《西游记》题作"华阳洞天主人校,金陵世德堂梓行"。所用词汇,除上述外,还有的作"详订"、"校锲"、"口述"、"刊本"等等。有的干脆不题撰人。笔者所见,没有一本是正经题上"编著"或"撰述"的。序言中触及作者问题,往往讳莫如深,使人摸不着头脑。例如《金瓶梅》的欣欣子序言中说,此书是"兰陵笑笑生"所作,而"兰陵笑笑生"又是谁?这就留下了千古疑案,至今聚讼纷纭。《杨家将演义》的秦淮墨客序言中,只是赞颂杨氏业绩,末尾一句:"剞劂告成,敬缀俚语于简首,以遗世之博古者。"——只字未提书之来历和作者问题。因为在内封面和正文前已有题署,序言中不提作者问题是很自然的——是写自序的口吻。如若另有所本,或者是代别人写序,序言中焉能不作解释?比起明代其他小说,这部书的作者问题还算是明白的。三、"秦淮墨客"的别号与当时一些寓居于南京的小说人的题署颇为一致,是作者惯用的署名方式。明代,南京是文学创作的中心,戏曲、说书特别兴盛,长篇说部的刊刻出版也十分兴盛。现今三山街、内桥一带为书坊聚集区。私家书坊著名的就有世德堂、继志斋、富春堂等,《三国演义》、《西游记》等名著多为它们所刊刻。一些文人也多寓居于此,进行长篇说部的编纂创作。他们的别号喜爱与南京地域相联系,例如,有叫钟山逸叟的(《封神演义》题"钟山逸叟许仲琳编辑"),有叫钟山居士的(《西汉演义》题"钟山居士建业甄伟演义"),有叫金陵薛居士的(《唐书志传通俗演义》题"金陵薛居士的本"),有叫金陵虚舟生的(《海刚峰先生居官公案传》作者为金陵虚舟生)。秦淮墨客当是其中之一,而且他们的题署方式并不十分认真,有故意隐匿的意味,例如《封神演义》的题署放在卷二,卷一缺如;墨客、薛居士、虚舟生等的真实姓名又是什么,这就很费参详。

那么,秦淮墨客究竟是谁?这是金陵人纪振伦的别号。首先考证出真实姓名的是学者王重民,他的根据就是卧松阁版《杨家将演义》。他在《中国善本书提要》"子部小说类"《杨家将演义》条目下云:"卷端有秦淮墨客序,下钤'纪氏振伦'、'春华'两印记,则为墨客之名与号也。"(第402页右)——原来真实姓名藏于钤印里。纪振伦是明代中后期的戏曲家,生卒年不详,万历三十四年(1606年)在世,字春华,号秦淮墨客。他编写、修改的戏曲很多,今存传奇《三桂记》、《七胜记》、《折桂记》、《红梅记》、《双杯记》、《西湖记》等,均题为"秦淮墨客校正",或"校"。另据《曲海总目提要》记载:《罗帕记》由他"重校",《葵花记》一说是他"校正"。他还编辑了丛书《绿窗女史》、小说《续英烈传》。因为他是戏曲作家,熟悉杂剧、传奇,而杨家将故事又首先是在戏剧舞台上成熟的,所以,由他编纂《杨家将演义》,顺理成章。

我们这里校注的本子是,明万历三十四年(1606年)初刊,清嘉庆十四年(1809年)书业堂重刊本。拿它与浙江南浔嘉业堂藏万历刻本和清复明刊天德堂刻本相对照,我们觉得这个本子错讹缺漏较少、较接近原著。校注过程中,我们注意尊重原著,不任意改字。书中有好多处看起来不合后世的语言习惯,可改;深究,就觉得原书是有道理的,改了就失去了原书的面貌,而就原书作出恰当的解释正是校注者的任务之一。例如第十二回中有"焦赞接声而吟五韵",这里的"五韵"看起来不通,改成"四韵"或"七律"似乎就通了。其实,原文是对的,不必改。五言律诗第一句多数是不押韵的,而七律的第一句多数是押韵的,宋代已成为有意识的时尚,所谓"五韵"即"七律"。

校注者改动的地方,只一处:第一回"李维勋",改作了"李继勋",因为此书从第二回起,此人就写作"李继勋"。

另外,这本书里还出现了三个尚未收入字书辞典的字,录在下面,提供给编辑字书辞典者参考。它们是靐(第三回)、鏸(第四回)、瘋(第四十九回)。

校注、评述是否得当,敬请读者指正。

17世纪法国哲学家马勒伯朗士对中国的思考与想象
——以《一位基督教哲学家与一位中国哲学家的对话》为例

◎ 钱林森

一

在1700年"中国礼仪之争"总爆发前后,不论是神学家,还是哲学家,不论是怀疑论者,还是笛卡尔主义者,"只要进行思考的人,就都无可避免地要想象中国,对中国作出思考"。神学家、笛卡尔主义哲学家马勒伯朗士(Malebranche Nicolas)[①]自然也不例外。他于1708年发表了《一位基督教哲学家与一位中国哲学家的对话:关于上帝的存在和本性》(*Entretien d'un philosophe chrétien avec un philosophe chinois sur l'existence et la nature de Dieu*),便是公开参与中国礼仪之争的产物,是这位奥拉托利会教士(prêtre de l'Oratoire)、笛卡尔主义者思考中国、想象中国、宣扬自己玄学的著作,是一部采用对话文体向中国哲学家显示基督教唯灵论的护教论著。

助成马勒伯朗士这部护教论问世的引线人物,是与作者过从甚密的朋友,里昂罗萨利亚(Rosalie)主教阿尔图斯·德·利奥纳(Artus de Lionne,华名梁宏仁),此君系路易十四名臣之子,曾在中国滞留十多年,任过宗座代牧主教,在中国礼仪事件中所持观点、立场,与早期来华耶稣会士完全相佐。1707年,中国礼仪之争正酣之际,他多次去拜访马勒伯朗士,称其玄学原则是"惟一能够触动中国人的武器",并向马氏介绍中国人的宗教和哲学原理,请求他"在某部著作中"批评中国人的错误[据安德烈神甫(P. André)所著《马勒伯朗士神甫的生平》(*La Vie du père Malebranche par le P. André*)]。马勒伯朗士满足了他的要求,第二年就发表了这部《对话录》,公开投入论争。此作刚一问世,耶稣会士的《特雷屋论集》(*Mémoires de Trévoux*)便载文批驳,马氏则随之发表了《奥拉托利教士马勒伯朗士所著〈一位基督教哲学家

[①] 马勒伯朗士,法国国王秘书尼古拉·马拉伯朗士之子,1638年生于巴黎,1660年为奥拉托利会的初学修士,1664年成为神甫,笛卡尔哲学主要继承者之一。其主要著作为《真理的探索》(*Recherche de la vérité*,1674–1675)、《论自然与圣宠》(*Traité de la nature et de la grace*,1680)、《关于形而上学和宗教的对话》(*Entretiens sur la métaphysique et sur la religion*,1688)等。

与一位中国哲学家的对话〉告读者书》,予以回击。他在《告读者书》中,陈述其撰写《对话录》的动因,一是驳斥中国人所称之为"天主"的错误观念,二是吸取中国思想中某些微薄的真实成分,用来"使中国人皈依改宗",明确表示,他所获取的中国宗教知识、材料,得之于"令人尊敬、值得信赖"①的朋友利奥纳主教。此外,马勒伯朗士还读过耶稣会士龙华民神甫(le P. Longobardi)的《论中国人宗教的几个问题》(*Sur quelques points de la religions des Chinois*, 1701),他在撰写《对话录》时,接受了龙华民的观点和影响。龙华民神甫接替了利玛窦的传教会会长不久,就采取了与前任不同的立场,约请熊三拔神甫(le P. Sabbatino de Ursis)草拟了一份反驳中国宗教的报告,依据下属的报告,写了这部论作。龙华民在中国礼仪事件中对中国思想、宗教的认识,与多数耶稣会士的观点不同,他认为,中国人不了解欧洲人所拥有的独立于物质的精神存在,他们对 Dieu(天主)、Anger(天使)、Âme(灵魂)是毫无感悟的。他在这部论作中,指明了中国人并未对17世纪天主教神学词汇意义上的"天主"、"天使"与"灵魂"有过任何思考,继而对中国人所特有的创世思想与天主教中的创始主(Dieu créateur)的概念进行了仔细研究,内容涉及孔孟之道、老子《道德经》和新儒学派朱熹"理"与"气"等广泛的中国思想、哲学知识,他断言,依天主教义,精神实体为"天主"、"天使"、"灵魂"所特有,与中国人的物质实体是不相容的,从而认定中国文人都信奉无神论。马勒伯朗士了解龙华明这部论作所阐释的观点和立场,从中获得了一些补充材料,以证实梁宏仁主教灌输于他的有关中国"理"与"气"的思想观念,写就了他自己的这部基督教的护教著作。

马勒伯朗士对中国哲学所知甚少,仅凭借了龙华明、梁宏仁传授给他的有限而片面的中国知识装备,便构想出一位中国哲学家与一位基督教哲学家的对话,对话一开始,作者就让中国哲学家这样直奔主题:

> 您不远万里跑来向我们宣示的"天主"是什么呢?我们对他毫不了解,只有明摆着让我们相信的事,我们才相信。所以我们除物质(气)外,只承认"理"(le Ly),这一至高无上的真理、智慧与正义。理永恒地存在于物质之中,形成物质,并将之安排在我们所见的这种完美的秩序之中,它还照耀着一部分净化、有序的物质,而我们就是由这部分物质组成的。毫无疑问,所有的人或多或少都是

---

① 马勒伯朗士在《告读者书》中说:"一个令人尊敬、值得信赖的人告诉我,由于他曾和中国的儒家们交往,他知道了他们关于神的看法就像我阐述的那样,而且多次恳求我对于这些看法予以驳斥,以便运用真理让他们接受上帝,并纠正他们关于上帝本性的错误观念,因此我不得不遵命,希望我的道理也许对于那些为了使这些人民皈依而工作的传教士们有用。" Cf. Avis touchant l'*Entretien d'un philosophe chrétien et d'un phlosophe chinois* composé par le P. Malebranche pour servir de réponse à la critique de cet entretien insérée dans les *Mémoires de Trévoux* du mois de juillet 1708. 安德烈·罗比耐(André Robinet)编注《马勒伯朗士著作全集》第十五卷,韦巷哲学书局1986年版,第39页。

与这一至高无上的真理联系在一起的,人们也只能从这一至高无上的真理中看到与一切社会相关联的种种永恒的真理和法则。

紧接着,基督教哲学家这样回答:

> 我们来向你们宣告的这位上帝,是其思想观念镌刻在一切人身上,同样也镌刻在你们身上的那个存在体。不过由于人们不够细心,没能按照这个思想观念本来的样子认识它,而把它离奇古怪的扭曲了。所以,上帝为了让我们重新认识他的思想,通过先知之口告诉我们:他就是存在,也就是说,把一切东西之中的实在性或完满性都包含在他的本质里的那个存在体,是全部意义上的存在体,一言以蔽之,就是存在本身。……

显而易见,马勒伯朗士在其精心撰写的《对话录》中,是要让中国哲人讲述某些中国哲学原则,以便使基督教哲学家(即他本人)有机会加以批驳。对中国思想的阐释,并非马氏这部对话作品中试图表达的主要内容,它力图表达的是作者本人的玄学观念。马勒伯朗士之所以采用对话形式,选择一个东方人(中国人)作为对话对象,就是为了便于表达他的玄学观念,维护、宣扬基督教唯灵论。事实上,我们看到,作品所设置的中法两位对话者,无论就双方所拥有的知识装备和拥有的话语权,还是就各自在对话中所处的位置和所担当的角色,都是不平等的、无法相比的:一方是由基督教神学与笛卡尔学说全副武装的人物,另一方则是"一个可怜的中国人",对自家哲学遗产的了解,仅仅限于龙华明神甫、梁宏仁主教带有倾向性、主观性的简略介绍。于是,双方开口对谈,每每一方一讲就占取整页整页的篇幅,而另一方,则限10余行[①];一方对什么都胸有成竹,且十分自信,而另一方在精神上则趋于让步、屈服、自认失败,诸如:"我承认您给我介绍的有关你们天主的观念是最好的观念","我诚恳地向您承认,对您存在无限生命(即天主)的证明,我无可辩驳……"等等。作者授予基督教哲学家以双份特权:既拥有诠释他所隶属的宗教神学之特权,又拥有介绍中国思想的权力。名曰"对话",实际上搞一言堂,中国人只不过是个配角,一个被诘难、批驳的对象。在双方对话过程中,中国人刚刚谈到"理",作者就毫不迟疑地通过基督教哲学家之口,顽固地抛出"真正的理"(le vrai Ly),即基督教的上帝,或"无限完美的存在体",一方是"真正的理",即三位一体的上帝,另一方是"虚假的理"(le faux Ly),即中国人的"理"的观念,无须顾及什么中国思想。更为离谱的是,当不幸的中国人被允许就其哲学原理作某种简要介绍时,竟然使用诘难者的话语,即笛卡

---

① 据艾田蒲统计,马勒伯朗士《一位基督教哲学家与一位中国哲学家的对话》原版总共为73页,基督教哲学家的文字就占63页左右。Voir R.Etiemble, *L'Europe chinoise*, 1, Gallimard, Paris, 1988, pp. 360.

尔主义者马勒伯朗士的语汇:"我们在'理'中看到了世间万物,因为它是我们的光明,它是至高无上的真理,是秩序和规律。我们在其中看到了天,看到了天上无限的空间。"这种做法,正如文化史家艾田蒲一针见血所指出的,与作者在其《真理的探索》中的做法如出一辙①,目的只在于让人类完全听信于上帝摆布,将天主教神学中心论和唯灵论,推向极致。

那么,马勒伯朗士在《对话录》里所介绍的,即龙华明、梁宏仁所灌输于作者的中国哲学原则,到底是什么呢? 按他的归纳有这么几方面:

1. 有两种存在体,一个是理,或者至上的理性、法则、智慧、正义,另一个是气(物质)。
2. 理和气(物质)是永恒的存在体。他们显然是把理看作一个形式,或者分布在气里的一种性质。
3. 理本身不能独自存在,不能独立于气。
4. 理既不明智,也不智慧,虽然它是至上的明智和智慧。
5. 理并无自由,它之所以行动,只是由于它的本性的必然性,既不知道,而且它所做一切也毫无意愿。
6. 理使适合于接受智慧、明智、正义的部分物质成为有智慧的,有明智的,有正义的。因为人的精神不过是净化了的,或者适合于被理所示知的,从而使之明智起来或能思考的物质。显然,就是为了这一点他们认为理是照耀一切人的光,是在理中我们看到万物。

这就是本书作者力图驳斥的中国人的"一些错误和奇谈怪论"。马朗伯朗士全盘接受龙华明和梁宏仁的观点,认为中国的玄学是一种无神论,与斯宾诺莎的无神论具有明显的关系,他所构想的这部《对话录》,其真正的意图,就是要借基督教哲学家之口来批驳中国思想这"六大谬误",以便更好地攻击斯宾诺莎主义者,宣扬基督文化的唯灵论。这一点连马勒伯朗士本人也毫不隐讳。当敏感的《特雷屋论集》耶稣会士作者们批评他在《对话录》中"随随便便地将无神论强加在一位中国哲人身上",使其对话散发着斯宾诺莎主义气味的时候,马氏反驳道:"这样看来,既然没有一个中国人陷入无神论,可以作为我批驳不信教的对话者而不损害真实性,那么为使批评者满意起见,不妨把中国人换成日本人或暹罗人,或者甚至换成法国人,因为可以说,不信神的斯宾诺莎体系在这里产生了很大危害;而且我认为在斯宾诺莎的无神论和我们中国哲学家的无神论之间有很多相同之处。改变名字丝毫也改变不了我著作中的根本点。"这无异于告白于天下,中国人对"理"持何种观点,在他来说并不重要,重要的是对斯宾诺莎的泛神论、不信奉宗教的倾向进行打击。耶稣会士

---

① 马勒伯朗士曾在其《真理的探索》著述中,力图证明人既不能在自己的精神中,也不能通过自己的精神看到事物的存在,人必须"在上帝身上看到一切事物"。Voir R.Etiemble, *L'Europe chinoise*, 1, Gallimard, Paris, 1988, p.362.

们批驳他,向他指出:"中国人的哲学谴责无神论,宣扬创世主、天主与地的存在。"马氏则反驳道:"我对此表示怀疑,因为我有理由表示怀疑;但我更希望如此,因为我必须怀有这样的希望。可是,这是一个与我毫不相干的事实,我对此不必多虑。中国哲学谴责无神论,欧洲的哲学家就不谴责它吗?难道这就能阻止人们认为存在着几位斯宾诺莎主义者吗?难道这就能阻止别人作一位基督教徒与一位斯宾诺莎主义者之间的对话,以与那位不信教的奇谈怪论作斗争吗?倘若连受过宗教真理教育的人都陷入无神论,对那些没有像我们那样受到《福音书》之光启发的中国人,该作何感想呢?"马氏的驳词再清楚不过地向我们表明,他撰写《对话录》的企图究竟是什么了。后来他在致梅朗(Dortour de Mairan)先生的信札中,又不厌其烦地提醒读者,要从《对话录》中读出他对斯宾诺莎泛神论批判的真实企图①。如此,对汉语一窍不通、对中国思想所知甚微的基督教哲学家马勒伯朗士,完全被龙华明、梁宏仁所左右,在礼仪之争正激烈之际,公然站到了外方传教士的立场,对中国哲学原则"理"作出了既不利于耶稣会士又损伤斯宾诺莎的解释,而使自己沦为十足的论战主义者,使这个哲学对话成为批驳不信教的斯宾诺莎的檄文,成为宣扬基督教唯灵论的护教论著。

简而言之,马勒伯朗士构建的《对话录》,本意是想一石两鸟:既攻击耶稣会士,又攻击斯宾诺莎主义者,最终目的就是要宣扬自己的唯神论观念。作者本意认为,中国的"理"的观念和他自己的"神"的观念是很相似的,应该剥去"理"的全部无神论的外壳,使它和神的观念相一致,这是他论题命意的真正用心所在。但由于马勒伯朗士对中国思想毫无真实的了解,所谈论的话题又涉及朱熹的"理",这一中国思想中"最难辨清的观念之一,也是最不易与西方观念作比较的观念之一",结果不能不"误解",甚或"曲解"中国的"理",写成这样一个"苍白无力"的对话,所介绍的中国哲学家形象,纯系"一幅蹩脚的漫画"。

艾田蒲说得在理,读马勒伯朗士的《对话录》,"尤其需要和朱熹的'理'对比探讨",人们只有把握了 1700 年前后法国和欧洲关于"理"之观念的相关文字,"方可能弄懂"②马氏这部作品的真意。事实上,从 17 世纪中叶起,随着中国开始为欧洲所知

---

① 马勒伯朗士于 1713 年 9 月 29 日致多尔图斯·德·梅朗的信札写道:"尽管我从未写过反击那位作者(斯宾诺莎)十分精彩的文章,但是我两三年前(五年多)所著有关上帝的本性与存在的《一位基督教哲学家和一位中国哲学家对话》,您也许能从中找到帮助您解惑的东西……"是年 12 月 5 日,又致同一通信者:"先生,我很荣幸地致函于您,他(斯宾诺莎)之错误的主要根由,在于他把不朽、不变和必然的观念与作为观念范型的物体混为一谈了,既然您手头有《对话录》那本小册子(……),但愿它对您了解我的思想有所启发。"Voir R. Etiemble, *L'Europe chinoise*, 1, Gallimard, Paris, 1988, pp. 354.

② 1894 年,勒加尔神甫将《朱子全书》第 49 卷形而上学部分的一半翻译成法文,并发表了《朱熹的学说和影响》一书,试图论证朱子是唯物论者和无神论者,次年比利时汉学家哈尔莱兹(Harlez)撰文《朱熹是个无神论者吗?》进行质疑,并于 1896 年出书与之争论。1923 年,布鲁斯(Bruce)将《朱子全书》第 42 至 47 卷、48 卷译成英文,次年发表《知悉和他的宗师:朱熹及中国宋代哲学学派引论》,认为朱熹是一个有神论者。直到 1942 年,我国学者庞景仁先生的专论在巴黎问世后,这个争论不休的问题才得以澄清。

晓,中国人的思想和文化、哲学与宗教,愈来愈引起欧洲(法国)思想家、神学家的关注和探讨:中国人是唯物论者还是唯灵论者呢? 他们是无神论者还是有神论者呢? 这个热门话题便鲜明而尖锐地摆到桌面上来,要人们作出回答。特别是自 17 世纪下半叶至 1700 年间,伴随着中国礼仪事件的萌生与爆发,这个争论不休的热门话题便愈益尖锐激烈,成为中欧(中法)文化相遇、交流历程中,一场旷日持久、影响深远的跨文化论战的范例。所谓的"中国礼仪之争",表面看,是来华耶稣会士和巴黎外方传教士之间,"在实施福音化的方式上产生不可调和的分歧",是不同的宗教教会修士间关于中国的祭祖、祭孔等礼仪认识上的差异与论争,实质上关涉到,对中欧文化间的差异应持何种态度和立场的问题;关涉到康熙年间的官方哲学即朱熹理学,到底是有神论还是无神论的争论,争论的焦点,触及中国思想的核心价值观。较早来华的耶稣会士认为中国官方哲学是有神论,"理"就是上帝,天主,他们的所有著作都趋向于证明中国人信奉唯灵论,或者像巴黎大学的某些圣师所说的那样,中国人是自然神论者;而敌对的一方,巴黎外方传教士则认为中国官方哲学是唯物论,竭力证明中国士大夫都是无神论,并按照罗马教皇之令,禁止中国的天主教徒参加祭祖、祭天等活动。如前所述,马勒伯朗士之《对话录》就是在这样的文化背景下出场的,他在法国和欧洲思想文化界对中国的"理"众说纷纭的情况下,毫不迟疑地接受了龙华明、梁宏仁的观点和立场,与大多数耶稣会士的观念、立场相悖。马勒伯朗士本人一个汉字不识,自然对中国知识、中国思想所知甚少,加之 17 世纪的法国和欧洲,并没有为马氏"神"的观念与朱熹"理"的观念对比探讨提供足够的知识准备,自然也没有为笛卡尔主义与朱熹理学提供思想对话的可能,因此,他对中国思想的"误识"或"曲解",也就不可避免。据艾田蒲研究,只有到 19 世纪末(1894 年),勒加尔(Le Gall)神父首译朱子理学原典以后,至 20 世纪 40 年代(1942 年),我国学者庞景仁(Pang Ching-jen)在巴黎发表专著《马勒伯朗士的"神"的观念和朱熹"理"的观念》后,法国人才"终于可能一瞥'理'与'气'之概念的意义所在"。

二

庞景仁的专论告诉我们,"不应该依据《对话录》中的那个中国哲学家所说的来认识中国哲学;因为他说得太少,这位哲学家以这样一种方式来表达中国人的思想,以致如果我们去掉他所犯的错误,几乎所剩无几"。《对话录》中"那位中国哲学家所阐述的'理'的观念与中国思想根本就不相符合"。马勒伯朗士通过其《对话录》向法国和欧洲传播的中国思想究竟有怎样的"误解"或"曲解"呢? 换言之,这位奥拉托利会修士、笛卡尔主义者笔下的中国哲学家所介绍的中国思想竟发生哪些谬误呢? 我们只要以朱熹理学中本来的'理'加以检测一下,便就一目了然。依据后世批评家的研究,马氏借笔下中国人之口介绍中国思想所犯的错误,几乎比比皆是,明显而严

重的,至少有这么几个方面:

首先是关于"理"的谬误,如上面开头所引——

> 所以我们除物质(气)外,只承认理,这一至高无上的真理、智慧与正义。理永恒地存在于物质之中……

按中国的"理"的真实含义,理是至高的真理、智慧与正义,但它不是"永恒地"存在于物质之中。理寓于物质之中并构成它的本性和存在的理由,理作为时刻都在消失的物质的观念的创造者,不可能"永恒地"存在于物质之中。当物质消灭的时候,理则回到自身之中。又如:

> ……没有比一切方面都无限的更大的东西。但是我们否认这个无限的存在。这是一个虚构,一个缺乏现实性的想象。

朱熹理学并不否认"这个无限的存在",相反,肯定它的存在,因为理是无限的,这就是气的产生没有终点的原因。理是无限的,它能够无限的被物质所分有,物质不停地分有理的无限性。再如:

> 但我们确知有一个智慧,和一个至高的规则照亮我们,支配一切,你们似乎把这个智慧放到你们的上帝身上,我们认为它存在于物质之中:物质肯定存在。

"物质肯定存在",是不错,但智慧不存在于物质之中,它是理的属性,理是物质的作者。最后如:

> 我们说理是至高无上的智慧和至高无上的正义:但出于对它的尊敬,我们不敢说它是智慧的,也不敢说它是正义的。因为正是智慧和正义使成为智慧的和正义的……一个智慧的智慧,这是怎么回事? 正是智慧使成为智慧的,而它本身并不智慧。

> 怎样是正义,并且同时正义和规则将怎样?

> 宇宙充满了明显的矛盾;确实的标志是,统治着宇宙的理既不是智慧的也不是明智的。

真可谓奇谈怪论! 正确的表述是:理是至高无上的智慧,是至高无上的正义,为了尊敬它,我们应该说,它同时是智慧的和正义的。马氏笔下那个所谓的中国哲学家是想说,智慧和正义比智慧的和正义的更好。其谬误之症结在于,他根本不了解朱熹的"理"在统治世界的时候,还有一个特别的功能。按朱熹的思想,这个功能叫作天,理的拥有者,理由以产生的地方。理只是它的实体和它的属性。所以天是智慧的,因为理就是智慧,天是正义的,因为理就是正义。宇宙的确充满明显的矛盾:"确实的证据就是,天通过它无意的和不活动的意志,通过自然的原因统治着世界。天是如此的有智慧,以至于不需要像人那样思维。"庞景仁先生通过作品里代言者金道跟他的基督教朋友如是说。

其次,是讨论 âme(灵魂)时犯的错误。《对话录》中的中国哲学家在谈到"精神"(esprit)或"灵魂"(âme)时,将一切都搞混了,如:

> 我想说的是,您所感知的无限,只不过是因为被您称作精神的这部分有序的和精细的物质将它展现给您的;因此,根本不能就此断言无限绝对存在,并在我们之外、在我们想到的那些东西之外存在。

当基督教哲学家谈及即时地、直接地觉察时所说的精神,他指的是心灵,那是完全不同于物质的实体,而"这部分有序的和精细的物质",在真实意义上的朱熹学说里,毫无心灵的意思,而是生物的生命,在朱子理学中,关涉到生命存在的奥义。朱子曰:"我们的感官和我们的运动属于阳,我们的形体广延属于阴……魂是阳的精,魄是阴的精。我说它们都是精,因为它们都是物质的主宰。"[①]这就是说,在朱熹那里,何谓"灵魂"? 即何谓"魂"? 何谓"魄"? 当关涉到阳性的精(subtilité)时,谓之"魂";当关涉到阴性的精(subtilité)时,谓之"魄"。魂和魄只存在于生命和形体的运动之中,存在于感官的禀赋中。魂和魄都不是人的心灵,人的心灵,按朱熹理学的说法,是"心",精神,它就是寓于人的形体之中并指导着它的"理"。又如:

> 我们称之为精神和灵魂的东西,在我们的律法师看来,不过是有序而精细的物质。

中国古代哲学中的"灵魂"(魂和魄),正如葛兰言(Marchel Granet)在其《中国思想》一书中所阐释的,"不是两个 âmes(灵魂),一个是物质的,一个是精神的:应该把它们看作两种生命本原的标志,一部分源自于血和所有体液(这是'魄');另一部分源自于气和人体组织释放的各种气体(这是'魂')。一部分是'阳',因为父亲提供

---

① "知觉运动,阳之为也。形体(谓骨肉皮毛),阴之为也。气曰魂,体曰魄。高诱《淮南子》注曰:'魂者,阳之神。魄者,阴之神。谓神者,以其主乎形气也。'"《朱子全书》卷五一,第 20 页。

了呼吸和姓名;另一部分是'阴',因为母亲提供了血和食物(……)中国的心理学有悖于任何唯灵魂论的公设,是一种适应于行为道德的行为心理学。"这就是古代中国哲学中的"魂"与"魄"的理论,与基督徒的灵魂说毫无相似之处。在这里,马勒伯朗士让中国哲学家将中国思想中的âmes(灵魂)定格为一种十分精致的物质,由此而犯两个错误:一是他用"âme"一词来转达"魂"完全不合适。二是他把"âme"所构成的精致的物质当作一个"实体"。而朱熹理学派哲学家看来,意识存在于人的物质之中,犹如烛光源自于蜡烛:若没有油脂物质,没有灯芯,就没有烛光可言。据批评家分析,无论是有机生命的本原(魂与魄),还是意识、精神生命本原(心),中国人对"âme"所形成的观念,都不是人的心灵的观念,反倒与马勒伯朗士关于动物的心灵的观念相一致:"它们的心灵不是一个完全不同于其形体,并比形体更崇高的实体,而只是包涵在精气和血液的运动中,在它们器官的禀赋中。它们的心灵只是它们的生命,这样,它们一死,它们的心灵也就不复存在。"

  再次,是讨论理与物质(气)的关系时,处理"气"(ki)原概念所犯的错误。通常提及"理"与"气","气"的意思就是"空气"(l'air),一种气体,一种细微的物质,所以冯友兰《中国哲学史》用英语中的"ether"一词来翻译汉语中的"气"字。大多数诠释者和翻译者都把"气"译成"matière"(物质),"气"可以说是"物质",用笛卡尔的话语,可称作"étendue"(广延),葛兰言则用"exhalaison"(散发之物质)一词传达汉语中的"气"的意思。按真正朱熹理学观念来看,宇宙和它的每一部分是由"理"和"气"两种元素组成的,在世界上,这两种要素是不可分离地连接在一起的:"气"从"理"那里获得了它的存在,"理"通过"气"才在世界上表现出来并在那里找到了支撑点①。"理"是非物质的,"气"是物质的②。人和一切事物在产生的时候,应该把"理"作为他们的性,把气作为他们的广延(étendue)。形体的广延是由"气"(souffle)或物质组成的③。气有两种:精细的气和粗大的气。精细的气是不可感觉的、无形的,它们是阴和阳。粗大的气或实体是可感的、有形的,命名为金、木、水、火、土,称作五行,五行是由阴阳产生的④。对中国的"理"与"气"这样一个复杂而独特的哲理问题,在马勒伯朗士笔下的中法两个对话者,都没有说出任何有价值的东西,且错误百出,比如:

  "你们为什么要贬低至高无上的智慧'理',甚至认为若无物质(气),它便不能存在。"(基督教哲学家问)

  "我能肯定,广延是永恒的,因为我设想是永恒的。"(中国哲学家)

---

① "有此理后方有此气,既有此气然后此理有安顿处。"《朱子全书》卷四九,第6页。
② "然理形而上者,气形而下者。"《朱子全书》卷四九,第1页。
③ "必禀此理,然后有性。必禀此气,然后有形。"《朱子全书》卷四九,第6页。
④ "阴变阳合而生水火木金土。阴阳气也,生此五行之质。"《朱子全书》卷四九,第48页。

"当我们思想广延时,我们设想它是永恒的、必然的、无限的,因此广延不是被创造出来的,它是永存的、必然的、无限的。"

按朱熹的思想,这完全错了。因为气时刻都在消灭,由气构成形体的广延是不可能永存的。气完全是按照理而创造的,并把理作为观念。有了理,有了气,广延、人或一切存在物才能出生,不是广延,而是理、广延的观念才是永存的。正因为气分有了理的无限性,气才是各种各样的和无尽地产生。所以不是广延,而是理即广延的观念才是必然的、无限的。《对话录》中的中国哲学家明显地把存在物的理和存在物本身搞混了。问题的症结在于:中国哲学里的"理"与"气"的复杂微妙关系,不可能以西方二元论哲学的说法加以表述,一如朱子所曰:"我们现在怎能知道先有理后有气,或先有气而后有理呢?这是我们不能确切知晓的。然而,要是允许我推测的话,则在我看来,气是相应理而产生的。当气一凝集,理就在它之中。"①马勒伯朗士根本没有弄清"理"与"气"到底是怎么回事,便武断地认定中国人的"理"是"虚假的理",与所谓"真正的理",即基督教徒的上帝观念,神的观念对立开来,拒不作确切的观察、思考朱熹学派所建立或试图建立的"理"与"气"之间的不确定关系。

实际上,中国人的"理"的观念和基督教"神"的观念并非如此截然对立,根据庞景仁的研究,朱熹本来意义上的"理"的观念,与马勒伯朗士本人"神"的观念,存在"一种深刻的类似",尽管他们的思想在时间和空间相距甚远,但两者却接近一个共同的目标:马氏"力图调和笛卡尔主义和奥古斯丁主义",朱熹"是想建立一种把道家、佛家、儒家的学说精致地镶嵌在一起的体系"。他们分别把自己的思想集中在一个观念的周围:"一个是理的观念,另一个是神的观念。""神"和"理"是中法这两位思想家的中心范畴,确立了可比较的基础,两者平行对比,的确存在许多"类似"之处。如同马勒伯朗士的"神"是永恒的、无限广大的、至高至尊的一样,"理"也是无限的、永恒的,无处不在且无限完善。"理"有不同的功能,因之有不同的命名:当它是至高无上的权威,世界的创造者和保持者时,它叫作"天";当它是一切事物的原因和作为宇宙的根源时,它叫作"太极";"太极"是一种原始的和永恒的力量,是"终极因和最初的推动者"②,它的运动是永恒的运动,"太极"的运动创造气……"如果我们能看、听、说和行动,这是因为太极使我们看、听、说和行动"③。这与马氏认为"神"是世界上唯一的真正原因,一切自然的原因只是偶因的观点极相似。当"理"创造了事物并存在于事物之中,作为事物存在的理由、形式和本性的时候,它叫作"性";当它创造

---

① "而今知得他合下是先有理,后有气耶?后有理,先有气耶?皆不可得而推究。然以意度之,则疑此气是依傍这理行。及此气之聚,则理亦在焉。"《朱子全书》卷四九,第31页。

② "圣人谓之太极,所以指夫天地万物之根也。"《朱子全书》卷五一,第45页。

③ "然人之所以能视听言动,非天而何?"《朱子全书》卷八,第1页。

了人并作为人的本性存在于人之中时,它叫作"心",这就和马氏之存在于神中并作为事物的原型、存在的理由和本性的"观念"差不多。最后,"理"也是伦理的本原,当它作为纯粹的道德法则起作用时,朱熹把它叫作"道",它是仁、义、理、智,即"最高的善","理"这就如马氏的"神"一样是人类生活的最高目的,等等。

朱熹的"理"和马勒伯朗士的"神"虽然存在如此的"类似",但这两者之间的"差异","并不小于相似"①。最重要的差异是,两种哲学基础的根本不同。马勒伯朗士的"神"学思想是建立在宗教的基础上的,他是神甫又是"哲人",如他本人所言:"作为一个信徒,必须盲目的信仰;但作为一个哲人,应该看得一清二楚。"既要当信徒,又要当哲人,就应该"同样地服从信仰又服从明证"。马氏的学说是一种神中心论,真正说来,在他那里,"哲学只是宗教的婢女"。而朱熹理学思想是确立在道德的基础上的,虽以理为中心,但它坚守的不是一种宗教,而是"一种纯粹的和独立的道德,这种道德自孔夫子直到我们的时代,深深地渗透到所有中国人心中"。善、仁就是朱熹哲学的真正基础和最高点。但需要注意的是,朱熹哲学中的"理"、"天"也有人格神的意味,所谓"其体即谓之天,其主宰谓之帝"。他从不拒绝承认有人格的至上性,并肯定这种人格的至上性就是理本身。他说:"当我们指称理的神圣的、至高无上的人格时,我们说它是天,或更好一些,是帝,天主。"他肯定帝是作为主宰的理本身②;肯定有一个(天的)指挥者和命令者③。在朱熹学说里,"天"或"帝"是最高的主宰,它有其意志,以至需要像人那样思想④。它统领一切,创造一切,如果天有一瞬间停止了创造,宇宙或一切事物就会归于虚无⑤。它规定宇宙的秩序,决定人的命运,奖善惩恶,祸福生死,皆取决于天的决定,人除了遵从天意别无选择。如此,天就是至高至尊的人格,或者可以说,是一种人格神。朱熹没有忘记强调:"不过,如果有人说有这样或那样一个神,穿着这样或那样一件长袍,坐在天上,在我们的上面,就像我们在庙里看到的神像或道士们宣讲的那样,这就完全不对了。"然而,"如果有说这个神

---

① 庞景仁指出,两者的差别如,1. 对"形体"一词有不同的定义。"形体",在马氏那里"只是神根据一个在神之中的观念创造出来的广延。"在朱熹那里,"形体是一个气和理的复合体。气是天创造的,是形体的广延;而理,是天本身,作为其本性寓于形体之中。"2. 朱熹主张金、木、水、火、土五种物质组成全部广延,而马氏哲学中只有一种物质,因为物质和广延只是一个东西。3. 马氏认为,"心灵"是被创造的,要和神结合在一起,才能看到一切事物。朱熹学说中的"心",就是理本身,它凭自身就可以看到一切事物。4. 对朱熹来说,形体的观念是理本身,它们寓于形体之中,构成形体的本性,人们能直接看到形体。对于马氏来说,形体的观念在神之中,是神的本质,是神本身,人们在神之中看到一切事物,等等。见庞著《马勒伯朗士的"神"的观念和朱熹"理"的观念》"结论"部分"两种哲学的区别",商务印书馆2005年版,第111—116页。
② "帝是理为主。"《朱子全书》卷四九,第27页。
③ "自然如此运转不息,所以如此,必有为之主宰者这样处。"《朱子全书》卷四九,第29页。
④ "天地之心不可道是不灵,但不如人恁地思虑"。《朱子全书》卷四九,第24—25页。
⑤ "惟天地圣人未尝有一息间断。维天之命,於穆不已,何尝间断。间断,造化便死了。"《朱子全书》卷十,第30页。

圣的或至高无上的人格不存在,那也不准确,因为我们在理中见到了它"。这就为自17世纪下半叶法国和欧洲关于中国思想到底是有神论还是无神论这一争论不休的问题作出了解答。

参考文献

[1] 艾田蒲.中国之欧洲:第一卷[M].郑州:河南人民出版社,1992.(R.Etiemble, *L'Europe chinoise*, 1, Gallimard, Paris, 1988.)

[2] 安德烈(P.André).马勒伯朗士神甫的生平(La *Vie du père Malebranche par le P. André*)[M]//安德烈·罗比耐.马勒伯朗士著作全集:第十五卷.巴黎:韦巷哲学书局,1986.(*Oevres complètes de Malebrance* Tome XV, *Entretien d'un philosophe chrétien et d'un phlosophe chinois sur l'existence et la nature de Dieu*, *Introduction*, pp. VII-IX.édité par André Robinet, Paris, Librairie philosophique J. Vrin, 3e édition, 1986.)

[3] Voir R.Etiemble, *L'Europe chinoise*, 1, Gallimard, Paris, 1988.

[4] 马勒伯朗士.一个基督教哲学家和一个中国哲学家的对话——论上帝的存在和本性[M]//庞景仁.马勒伯朗士的"神"的观念和朱熹"理"的观念.北京:商务印书馆,2005.(原文见安德烈·罗比耐编注《马勒伯朗士著作全集》第十五卷,巴黎:韦巷哲学书局,1986。Cf. *Entretien d'un philosophe chrétien et d'un phlosophe chinois sur l'existence et la nature de Dieu* par l'Auteur de la Recherche de la Vérité.édité par André Robinet.)

[5] 安德烈·罗比.马勒伯朗士著作全集:第十五卷[M].巴黎:韦巷哲学书局,1986.

[6] Cf. R.Etiemble, *L'Europe chinoise*, 1, Gallimard, Paris, 1988.

[7] 维吉尔-毕诺.中国对法国哲学思想形成的影响[M].北京:商务印书馆,2000.

[8] 庞景仁.马勒伯朗士的"神"的观念和朱熹的"理"的观念[M].冯俊译,北京:商务印书馆,2005.(Cf. Pang Ching-jen, *L'idée de Dieu chez Malebrabche et l'idée de Li chez Tchou Hi*, *suivies du Li et K'i*, *traductions et annotées du livre XLIX des oeuvres complètes de Tchou Hi*, avec préface d'Henri Gouhier, Paris Vrin, 1942.)

[9] 艾田蒲.中国之欧洲:第一卷[M].郑州:河南人民出版社,1992.又见庞景仁.马勒伯朗士的"神"的观念和朱熹"理"的观念[M].冯俊译,北京:商务印书馆,2005.(Cf. R.Etiemble, *L'Europe chinoise*, 1, Gallimard, Paris, 1988. ou Pang Ching-jen, *L'idée de Dieu chez Malebrabche et l'idée de Li chez Tchou Hi*, *suivies du Li*

et K'i, *traductions et annotées du livre XLIX des oeuvres complètes de Tchou Hi*, avec préface d'Henri Gouhier, Paris Vrin, 1942.)

［10］原文引自马勒伯朗士.一个基督教哲学家和一个中国哲学家的对话——论上帝的存在和本性［M］//安德烈·罗比:马勒伯朗士著作全集:第十五卷.巴黎:韦巷哲学书局,1986.

［11］朱熹.御纂朱子全书［M］.［清］李光地编,清康熙五十三年内刊本。

［12］Cf. Marcel Granet,*La pensée chinoise*,1934. in R.Etiemble,*L'Europe chinoise*,1,Gallimard,Paris,1988.

论汉语词义引申过程中的渐变性规律

◎ 张 远

一

我国现代的语言学界大多数专家认为,引申是汉语词义运动的基本形式。所谓词义的引申,是指从它的本义这个源头出发,沿着本义所规定的方向,不断地产生出与之有内在意义联系的一串新的义项。可见,引申是词义的一种有规律的活动。但是,一个新的固定义项的产生,不会是突变性的,不可能是一朝一夕就形成了的。在词义演绎的历史长河里,一个新的固定义项确立之前,一般地说都要有个由"量变到质变"的阶段。这个阶段,或称渐变阶段,或称过渡阶段,或称中间环节。这个阶段,有的限于文献资料的残缺或其他原因,一时难以寻觅到;有的则是能够发现并找出的。

词义引申过程中的渐变阶段,尽管有的一时难以找到,但是在汉语语言的发展中,它确乎是一种比较广泛存在的语言现象,确乎是客观存在的语言事实。为了深入证实这种说法,并进一步从中探索其规律性的东西,我们拟从实词义向虚词义虚化和短语(准词)义向词义转化两个方面,对汉语词义引申过程中的渐变性规律作初步的研讨。

二

汉语中的虚词,绝大多数由实词虚化而来。在虚化的过程中,往往借助于引申和通借。借助于通借而使实词虚化,没有所谓渐变阶段;通过引申而使实词虚化,则可以从中找出演化过程中的渐变阶段。找出了它的渐变阶段,实际上是等于发现了词义运动的渐变性规律。

在汉语语言的发展变化中,在实词中的名词义或动词义向虚词义的引申过程中,其渐变阶段表现得至为明显,最易发现。

名词义虚化为介词义、副词义：

[被]《说文》："被,寝衣,长一身有半,从衣皮声。"本义"被子",名词,《楚辞·招魂》："翡翠珠被。"《史记·武帝本纪》："上即与神通,宫室被服,不象神,神物不至。"《后汉书·马皇后本纪》："内外从化,被服如一。"因为它能用来取譬自身亲受犹如被子之覆盖身体,所以派生出两个动词义"覆盖"和"蒙受"、"覆盖"义产生于春秋。《书经·禹贡》："西被于流沙。"这种意义,与"被"字虚化无多大关系,姑且不论。至于含有"蒙受"义的"被",其用法,当初不太固定。有时,能理解为表示"蒙受"的动词的"被";有时能表示被动。两种用法的界限尚难划清,只能把它看成是被字由实到虚引申过程中的渐变阶段。如果"被"字后面带上名词、名词性短语或代词,继后无动词,就可将它译成用作动词的"蒙受",但不表示被动。《史记·项羽本纪》："项王身亦被十余创。"晁错《论积贮疏》："世有饥穰,天之行也,禹、汤被之矣。"《后汉书·马援传》："今赖士大夫之力,被蒙大恩,猥先诸君,纡佩金紫。"赵岐《〈孟子〉题辞》："幼被慈母三迁之教。"假若"被"字紧冠于动词之前,即可表示被动,用作介词,尽管仍能将它译成"蒙受",但它的动词功能减弱了,甚至消失了。这种用法,萌芽于战国末期。《韩非子·五蠹》："知友被辱随仇者,贞也。"《战国策·齐策》："国一旦被攻,虽欲事秦,不可得也。"及至汉魏,这种用法,普遍起来。《史记·屈原贾生列传》："信而见疑,忠而被谤,能无怨乎？"《汉书·西南夷传》："及已成形,然后战师,则百姓被害。"《后汉书·朱晖传》："晖刚干,为吏见忌于上,所在多被劾,自去临淮,屏居野泽。"《三国志·魏志·武帝记》："太祖为流矢所中,所乘马被创。"当"被"字与"于"或"所"相搭配,构成"被……于……"或"被……所……"格式时,"被"字就完成了由实到虚的引申,而完全演变为表被动的介词。《战国策·燕策》："万乘之国,被围于赵。"《史记·鲁仲连列传》："以万乘之国,被困于赵。"《世说新语·言语》："祢衡被武帝谪为鼓吏。"《颜氏家训·杂艺》："吴郡顾士端……尤妙丹青,常被元帝所使,每怀羞恨。"《三国演义·失街亭》："孟达被乱军所杀。"

[果]《说文》："果,木实也,从木,象果形在木之上。"本义"果实"。《易经·说卦》："为果蓏。"注：木实谓之果,草实谓之蓏。《韩非子·五蠹》："民食果、蓏、蚌、蛤。"《素问·藏气法象论》："五果为助。"注：五果,谓桃、李、杏、栗、枣也。

树木的果实是长出来的,因此"果"由名词引申为动词"结果实",简称"结果"。《论语·子路》："言必信,行必果。"《管子·地员》："蓄殖果木(结果实之树木),不若三土。"陶渊明《桃花源记》："闻之,欣然规往,未果,寻病终。"

植物结了果实,属于确信不疑的既成事实,故"果"虚化为副词"果真"。《韩非子·说难》："暮而果大亡其财。"《孟子·梁惠王下》："君是以不果来也。"《史记·殷王本纪》："得而与之语,果圣人。"又《陈涉世家》："将尉醉,广故数言欲亡,忿恚尉,令辱之,以激怒其众,尉果笞广。"《淮南子·道应训》："今不果往。"

结了果实是植物繁殖的最终状态,于是"果"又引申为表示最终结果的副词义

"终于",《国语·晋语》:"晋侯在外十九年矣,而果得晋国。"《吕氏春秋·忠廉》:"果伏剑而死。"

"果"由名词义引申为副词义"果真"及"终于",其间通过与前后意义相关联的动词义"结果实"而逐渐演化成功的。"结果实"义是"果"字由实到虚引申过程中的过渡阶段或中间环节。

动词义虚化为介词义、连词义或副词义:

[和]《说文》:"和,相应也,从口禾声。"它的本义"跟着⋯⋯说(或唱)"。《易经·中孚》:"鸣鹤在阴,其子和之。"《诗经·郑风·萚兮》:"倡(唱),予和汝。"又《周颂·有瞽》:"肃雝和鸣,先祖是听。"《左传·庄公二十二年》:"凤凰于飞,和鸣锵锵。"宋玉《对楚王问》:"其始曰'下里'、'巴人',国人属而和者数千人。"《后汉书·黄琼传》:"阳春之曲,和者必寡。"

"和"字作为动词,如何通过引申而虚化的呢?"和"的本义"跟着⋯⋯说(或唱)"里面,其本身就表明了两个动作之间的连带关系,这样才能"相应和"。因此,引申为"连带着",动词。白居易《长恨歌》:"玉楼宴罢醉和春。"牛峤《菩萨蛮》:"金凤小帘开,眼波和恨来。"在唐代产生的这种引申义,在"和"的意义引申过程中起着承上启下的过渡作用,使得"和"字由实变虚成为可能。于是引申为介词"连"或"简直连"。如杜荀鹤《山中寡妇》:"时挑野菜和根煮。"秦观《阮郎归》:"衡阳犹有雁传书,郴阳和雁无。"成语"和衣而睡"、"和盘托出"。又引申为连词的"和"。岳飞《满江红》:"三十功名尘与土,八千里路云和月。"《元曲·陈州粜米》:"咱和你且归私宅中去。"至此,"和"字已由表示物体动作变化的概念义变为表示概念之间的关系的语法意义,音由 hè 改为 hé。

[益]《说文》:"益,饶也,从水皿,水益(溢)之意也。"篆文像皿器中水满而外溢之状。本义"水漫出来"。《庄子·列御寇》:"有貌愿而益。"集解:益,当作溢。《吕氏春秋·察今》:"澭水暴益,荆人弗知。"《六书正伪》:"益,器满也,从水在皿,会意。"《说文通训定声》:"溢,益之或体。"

器皿中的水之所以漫出来,是因为太多,故"益"由动词义演变为形容词义"多"。《战国策·齐策》:"可以益割于楚。"《吕氏春秋·贵当》:"其家必日益。"《史记·酷吏列传》:"吾所为,贾人辄先居之,益居其物。"引申为"增加",因为"多"由增加而致,又变为动词。这样,"增加"义就成为"益"字由实而虚引申过程中的渐变阶段。《国语·周语》:"而益之以三怨。"注:益,犹加也。《韩非子·定法》:"五年,而秦不益一尺之地。"《吕氏春秋·察今》:"人或益之,人或损之,胡可得而法?"引申为副词"逐渐",因为增加是渐进的过程。《礼记·坊记》:"故乱益亡。"《汉书·李广苏建传》:"武益愈,单于使使晓武。"又引申为"更加",因增加之甚才谓之"更加"。《左传·昭公七年》:"三命兹益恭。"《孟子·梁惠王下》:"如水益深,火益热。"《韩非子·喻老》:"君子病在肠胃,不治将益深。"《后汉书·光武纪》:"诸将既经累捷,胆气益壮。"

"益"字的虚化过程比较曲折,本义"水漫出",引申为"多",再引申为"增加"。然后以"增加"为中间环节而逐渐虚化为副词"渐渐"和"更加"。

[即]又作卪。甲文的"即",表示人走向器皿吃食物。《说文通训定声》:"即,就食也。"本义"就餐",动词。《仪礼·公食礼》:"席未取梁,即稻。"

引申为"靠近,走近",因为就餐须得走到食器或餐席跟前。《公羊传·桓公元年》:"公即位。"《左传·成公二年》:"擐甲执兵,固即死也。"《诗经·卫风·氓》:"匪来贸丝,来即我谋。"成语"若即若离"。

引申为"就在",因为走近了才确知人物或客体的存在,动词。《仪礼·士冠礼》:"即席坐。"《史记·项羽本纪》:"即其帐中斩宋义头。"又《吴王濞列传》:"即山铸钱,黄海水为盐。"《汉书·平帝纪》:"即日(就在当天),自杀。"又《张禹传》:"上即时徙咸为弘农太守。"又《高帝纪》:"项伯许诺,即夜复去。"这种意义,成为"即"字由实而虚的引申过程中的渐变阶段的意义。

春秋时期,"即"的"就在"义开始虚化。内中的"在"义消隐,保留了"就"义,于是引申为副词义,"就"或"就是"。《国语·鲁语》:"士朝而受业,昼而讲贯,夕而习复,夜而计过:无憾而后即安。"《礼记·哀公问》:"即安其居,节丑其衣服。"《左传·襄公八年》:"君有楚命,亦不使一介行李告于寡君,而即安于楚。"又"非其父兄,即(就是)其子弟。"成语"召之即来,挥之即去"。

[及]甲文、金文的形状酷似一只手抓着了一个在奔跑的人。它的本义为"追赶上"。《左传·定公四年》:"楚人为食,吴人及之。"又《成公二年》:"故不能推车而及。"《庄子·应帝王》:"列子追之不及。"

引申为动词"跟着",因为追赶者总是跟在被追赶者的后面。《诗经·大雅·棫朴》:"周王于迈,六师及之。"《楚辞·离骚》:"及前王之踵武。"这一动词义,是"及"字虚化过程中的渐变义。

春秋时期,"及"的"跟着"义由动词虚化为副词,位于句子中的动词前,仍译为"跟着",但词性不同。《左传·宣公七年》:"凡师出,与谋曰及。"《诗经·大雅·桑柔》:"载胥及溺。"又虚化为介词,表示"跟"或"同"。《左传·僖公四年》:"屈完及诸侯盟。"《诗经·卫风·氓》:"及尔偕老,老使我怨。"《书经·汤誓》:"时日曷丧,予及汝偕亡。"又进一步虚化为并列连词,表示"和"或"与"。《左传·文公三年》:"秦伯伐晋,济河焚舟,取王宫及郊。"又《隐公元年》:"生庄公及共叔段。"《史记·五帝三王本纪》:"东至于海,登丸山及岱宗(山)。"《资治通鉴·汉记·献帝建安十三年》:"今战士还者及关羽水军精甲万人。"

汉语中,实词虚化,多借助于引申。在实词义引申为虚词义的过程中,一般是能够找出其渐变阶段来的。就实词中的名词、动词的虚化而论,它们在引申过程中的渐变阶段时所产生的引申义,即渐变阶段义,其形态表现通常是动词义。另外,在实词引申为虚词过程中的渐变阶段义时,有的是从本义直接孳乳而来的。如"果"字,其本义"果实",而渐变阶段义"结果实",乃是由本义直接滋生而得。有的渐变阶段义,为间接引申义。如表示"水漫出"的"益",先由本义派生了"多"义,再由"多"义引申为渐变阶段的动词义"增加"。总的说来,实词义向虚词义引申过程中,有个渐变阶段;而渐变阶段所展现出来的特点,大体如此。

三

古汉语中,词以单音节为主,一个字往往就是一个词。如果两个字在运用过程中结合紧密,则是词组,今人称之为短语。它在句子里,像一个词,能起到一个词的作用,名之曰"准词"。因此,短语义亦称准词义。短语义向词义引申过程中,像实词引申为虚词一样,也有个渐变阶段的特点。不同的是,实词义引申为虚词义过程中的渐变阶段,其形态表现多是动词义;短语义引申为词义过程中的渐变阶段义,其表现形态,或是模棱两可,或是概指、比喻,或是某种特殊的样式。

就短语义引申为虚词义而言,有模棱两可现象。

〔于是〕《礼记·祭义》:"牺牲祭牲,必于是取之。"《论语·述而》:"子于是日哭,则不歌。"《孟子·梁惠王上》:"吾何快于是?"以上例句中的"于是",是介宾结构短语,分别表示处所(在这里)、时间(在这时)、情况(对这事或到这程度),比现代汉语用作承接性副词的"于是"的语法义要实在。现代汉语中用作承接性副词的"于是",最早见于先秦古籍。如《礼记·乐记》:"人化物也者,灭天理而穷人欲者也,于是有悖逆诈伪之心。"又《祭义》:"于是谕其志意。"以上两个例子句中的"于是",译为"然后"或"然后就",它用为承接副词,至为明显。又如明朝张溥《五人墓碑记》:"吴之民方痛心焉,于是乘其厉声以呵,则噪而相逐。"这里的"焉"字已含有"于此"义,所以,"于是"已完全变为虚词,表示承接上文的副词了。但是,下面例句中的"于是",既有短语义,又有虚词义,处于模棱两可的情况,可把它看成渐变阶段义。如《国语·周语》:"王弗听,于是国人莫敢出言。"《战国策·齐策》:"于是入朝见威王。"《史记·秦始皇本纪》:"于是使御史悉案问诸生。"这里的"于是",联系它的上下文,可译作"在这种情况下"或"在这时",亦能用作承接副词。

〔其实〕二字的原义"它的果实"。《晏子春秋·内篇杂下》:"叶徒相似,其(桔和枳)实味不同。"引申为"它的真实情况",仍是短语义。《〈论语〉语增》:"若孔子言,殆沮浮柝;若孟子言,近不血刃,浮柝过其实,不血刃亦失其正。"《三国志·蜀志·马谡传》:"先主谓诸葛亮曰:'马谡言过其实,不可大用。'"战国时期,"其实"的意义进入渐变阶段,能理解为"它(或他)的真实情况",又隐隐地含有转折连词的语法义。《孟子·滕文公上》:"周人百亩而彻,其实皆什一也。"《战国策·楚策》:"诸侯之畏昭奚恤也,其实畏王之甲兵也。"《后汉书·黄琼传》:"阳春之曲,和者必寡;盛名之下,其实难副。"

唐代,"其实"与"虽"搭配,组成"虽……其实……"格式,它与"虽……然……"的格式一样,表转折,意思是"虽然……可是……"。于是"其实"变成虚词,成为转折连词,柳宗元《种树郭橐驼传》:"虽曰爱之,其实害之;虽曰忧之,其实仇之。"元代,进一步引申为副词义"真正"。王实甫《西厢记》:"不想呵,其实强。你掉下半天风韵,俺拾得万种思量。"又:"他其实咽不下玉液金波,谁承望月底西厢,变做了梦里南柯。"康进之《李逵负荆》:"生割舍,痛悲凄,其实不如淡饭黄齑粗布衣。"

就短语义引申为一般词义过程中的渐变阶段来说,也有模棱两可的现象。

[将军]二字原义"率领军队"。《史记·秦始皇本纪》:"八年,王弟长安君成乔,将军击赵,死屯留。"这里的"将",音jiàng,率领;"军",军队。先秦时期,"将军"已由短语凝固为一个词。春秋时期通称军将为将军。《孟子·告子下》:"鲁欲使慎子为将军。"《墨子·非攻》:"昔者,晋有六将军。"孙诒让《间诂》:六将军,即六卿为军将(军中主将)者也。战国时,以"将军"为武官的名称。《老子》三十一:"是以偏将军处左,上将军处右。"《墨子·天志》:"将军大夫竭力从事。"后来,高级将领也称"将军"。《史记·项羽本纪》:"将军战河北,臣战河南。"《后汉书·齐武王传》:"诸将军幸欲尊立宗室,其德甚厚。""将军"二字由短语凝固为一个词的过程中,也经历了渐变阶段;它在一句话中,其意义不甚稳定;能译为"率领军队"义,亦能作"将领"义。《孙子·九地》:"将军之事:静以幽,正以治。"《史记·冯唐列传》:"将军制之。"以后,二字在运用过程中,结合日趋紧密,这才凝固成词。

[消息]二字原义"消减与增长"。《易经·丰卦》:"天地盈虚,与时消息。"《庄子·秋水》:"消息盈虚,终则有始。"《汉书·李寻传》:"观日月消息。"《淮南子·兵略训》:"变化消息,无所凝滞。""消息"二字的意义处于渐变阶段时,可表示"消减与增长",亦可表示双音词义"音讯"。如《三国志·吴志·朱然传》:"然每遣使表疾病消息。""消息",既可理解为"减轻与加重",又可理解为"音讯情况"。魏晋之间,"消息"二字凝固为一个词了,正式表示"音讯"义。《后汉书·列女蔡琰传》:"迎问其消息,辄复非乡里。"《三国志·魏志·齐王芳传》:"城中遣士刘整,出围传消息。"又"遣士郑象出城传消息。"又《吴志·孙綝传》:"使传国消息。"《晋书·陆机传》:"我家绝无书信,汝能赍书送消息不?""消息"二字由"消减和增长"变为"音讯"义,采取的方法是:两个字先分别引申,然后汇总,概括出新义。"消",消减,引申为"衰或枯",再引申为"不平安或不好","息",增长,引申为"盛或荣",再引申为"平安或好",二者合为一体,就是"平安不平安"或"好不好",这就是分居两地的人们彼此所想得到的"音讯"之一,于是这个短语变成了词而有"音讯"义。

[动静]原义为"活动与静止"。《易经·艮卦》:"时止则止,时行则行,动静不失其时,其道光明。"《史记·五帝本纪》:"动静之物。"《淮南子·泰族训》"车有劳逸动静,而后能致远。""活动与静止"或"动态与静态",它们所表示的是某种情况。因此,当二字的意义处于渐变阶段时,往往有"活动与静止"义,又有"情况"义。如《汉书·

金日䃅传》:"必疑之,阴察其动静。"又《西南夷传》:"太守察其动静有变,乃以闻。"又《王莽传》:"当在匈奴右部,兵不侵边。单于动静,辄语中国。""动静"由短语义完全变为词义,大约在汉魏之间。《六韬·虎韬·动静》:"往视其动静。"又《龙韬·兵徵》:"察其动静言语。"《三国志·吴志·孙韶传》:"先知动静,而为之备。"

[盟誓]"盟誓",结盟而立誓。《国语·鲁语上》:"夫为四邻之援,结诸侯之信,重之以婚姻,申之以盟誓。"《荀子·富国》:"事之以货宝,则货宝单而交不结;约信盟誓,则约定而畔无日。"《三国志·吴志·孙权传》:"且古建大事,必先盟誓,故《周礼》有司盟之官,《尚书》有告盟之文。"唐代诗文中的"盟誓"义,与先秦、汉魏古籍中的"盟誓"义相比,其意义不稳定,可以把它理解为短语义"结盟而立誓",亦可理解为词义"起誓"。如李商隐《赠送前刘五经映三十四韵》:"草草临盟誓,区区务富强。"《说唐》第九回:"兄弟在花园盟誓,只道戏言并无凭证,谁知后来俱应前言。"现代,"盟誓"已成为词,表示"起誓、发誓"。洪深《赵阎王》第一节第一幕:"咱对天盟誓,诸位神道老天爷。"唐代以后,"盟誓"由短语义"结盟而立誓"发展为名词义"盟约"。《宋史·陆游传》:"一和之后,盟誓已立,动有拘碍。"李梦阳《冬日灵济宫十六韵》:"累朝盟誓册,玉柜少人知。"现代,也有把"盟誓"用作名词的。叶圣陶《倪焕之》十二:"这无异缔结了一种盟誓,彼此在同一目标之下,完全无私地团结起来了。"

短语义引申为一般词义过程中的渐变阶段,不但有模棱两可义,而且也有概指义或者比喻义。这种概指义和比喻义,都是运用借代和比喻的修辞手段而后逐渐产生的。

[风骚]这两个词连用,原指《诗经》中的《国风》和《楚辞》中的《离骚》。《宋书·谢灵运转》:"原其飚流所始,莫不同祖风骚。"贾岛《喜李余自蜀至》:"往来自此过,词体近风骚。"姚莹《论诗绝句六十首》之二:"辛苦十年摹汉魏,不知何故远风骚。"唐代,由短语义"《国风》诗与《离骚》诗"转为概指义"总称诗、词、曲、赋、散文等文体"。这种概指义,严格说来还不能算是双音词义,只能说是由短语义向双音词义渐变过程中的意义。方干《赠上虞胡少府百篇》:"日暑未移三十刻,风骚已及四千言。"这种概指义,在宋、元两个朝代,使用得比较普遍,苏舜钦《奉酬公素学士风招之作》:"留连日日奉杯宴,殊无间隙吟风骚。"李好古《张生煮海》第一折:"行童终日打勤劳,扫地才完,又要把水挑,就里贪玩只爱耍,寻固风流人物共说风骚。"优秀的诗文,自然有文采,于是"风骚"由短语义变成了词,而有"文采"义,这种演变,是在元代完成的。这种意义是现代汉语的常用义之一。郑德辉《倩女离魂》第一折:"他多管是意不平自发扬,心不遂间缀作,十分的卖风骚,显秀丽夸才调。"毛泽东《沁园春·雪》:"唐宗宋祖,稍逊风骚。"明代,由"文采"义引申为"风流放荡",这种意义亦是现代汉语常用义之一。梁辰鱼《浣纱记·见王》:"我为人性格风骚,洞房中最怕寂寞。"

[风土]二字连用,原义"一方的气候和土地"。《国语·周语》:"是日也,瞽师音官以省风土。"韦昭注:风土,以音律省风土,风气和则土气养也。王祯《农书·百谷

谱三·甜瓜》:"盖风土所宜,其实大而味甘,非他种可比。"汉代,"风土"概指"一方的土地,山川、风俗和气候的总况"。这种概指义,包括了短语义"气候和土地",又新添了"风俗、山川"等义。这是短语义向词义转化过程中的渐变阶段。《后汉书·张堪传》:"帝尝召见诸郡吏计,问其风土及前后守令能否。"刘长卿《自江西归赠袁赞府》:"南方风土劳君问,贾谊长沙岂不知?"唐代,概指义中的"土地、山川、气候"等义消失,于是"风土"变了词而有"风俗"义。张籍《江南行》:"江南风土欢乐多,悠悠处处尽经过。"元好问《商正叔陇山行役图二首》:"陇坂经行十过春,也随风土变真淳。"

[寻常]二字连用,原本是古人表示长度的单位,"寻",八尺;"常"十六尺。《仪礼·公食大夫礼记注》:"丈六尺曰常,半常曰寻。"

古代,"寻常"二字连用,比喻"小或少"。《左传·成公十二年》:"诸侯贪冒,侵欲不忌,争寻常以尽其民。"杜预注:言争尺寸之地,以相攻伐。《国语·周语》:"其察色也,不过墨丈寻常之间。"《庄子·天运》:"以舟之可行于水也,而求推之于陆,则没世不行寻常。"又《庚桑楚》:"夫寻常之沟,巨鱼无所还。"《韩非子·杨权》:"故上失扶寸,下得寻常。"以上例句中"寻常"所表示的意义,应该从两个方面去了解:一是有短语义,"十六尺和八尺";又可表示"小或少"。一般说来,人们总是把它理解为比喻义。但是这样的比喻义很不固定,所以我们视之为短语义向词义引申过程中的渐变阶段义。古代,由于二字连用频繁,且经历时间长久;同时八尺和十六尺又是平常的长度,于是"寻常"有了"平常或普通"这样的意义,成为形容词了。这种意义固定之后,人们沿用至今,倒以为它就是"寻常"的本义哩。这种意义,起于汉魏。《淮南子·人间训》:"内之寻常之室而不寒。"《孔子家语·王言解》:"布诸天下四方而不怨,内(纳)诸寻常之室而不寒。"《三国志·蜀志·秦宓传》:"贪寻常之高,而忽万仞之嵩。"这种意义的普遍运用,在于唐代。它可用来形容人,杜甫《丹青引赠曹将军霸》:"即令漂泊干戈际,屡貌寻常行路人。"刘禹锡《乌衣巷》:"旧时王谢堂前燕,飞入寻常百姓家。"这个词儿可用来形容事物。孟贯《寄山中高逸人》:"烟霞多放旷,吟啸是寻常。"杜秉《寒夜》:"寻常一样窗前月,才有梅花便不问。"引申为时间副词"经常、平时"。杜甫《江南逢李龟年》:"岐王宅里寻常见,崔九堂前几度闻。"《京本通俗小说·志诚张主管》:"夫人道:'员外寻常照管你也不曾?'"

短语义向一般词义引申过程中的渐变阶段,其表现形态还有其他一些中间环节。它与上述渐变阶段的表现形态相比,有些不同。这样的中间环节是什么呢?再看下面的例证和说明。

有的中间环节是从短语原义中直接孳乳出来的转指义。当转指义里面一部分意义消失,保留剩下的另一部分意义时,便变为词,而引申出新的意义。

[风气]"风气"二字原义"风和空气",短语。《汉书·律历志》:"风气定,十二律定。"《淮南子·氾论训》:"夫户牖者,风气之所以往来;而风气者,阴阳相捴者也,离者必病。"《三辅黄图》:"飞廉神禽,能致风气者。"以后,转指"风土和气候",仍是短

语。《汉书·地理志下》:"凡民函五常之性,而其刚柔缓急,音响不同,系水土之风气,故谓之风。"《后汉书·宋意传》:"诸国之封,并皆膏腴,风气平调,道路夷近。"《论衡·商虫》:"夫虫,风气所生。"汉代,转指义"风气和气候"中的"风土"义消隐,而"气候"义保留。于是,"风气"由短语变成词而有了"气候"义。如《汉书·西域传》:"(安息国)土地风气,物类所有,民俗与乌戈、罽宾同。"及至唐代,转指义"风土和气候"中的"气候"义又消失,而内中的"风土"义则转为"风俗、习俗"义。这种双音词义,沿用至今,并成为现代汉语唯一的意义。韩愈《送窦从事序》:"是维岛居卉服之民,风气之殊,著自古者。"刘因《隐仙谷》:"山川含太古,风气如未开。"苏辙《燕山》:"居民异风气,自古习耕战。"魏源《圣武帝·开国龙兴记一》:"所以齐风气,一心志,固基业规模宏窈矣。"夏衍《秋瑾传》第二幕:"我从北京到了上海,就觉得风气有点儿不一样。"

[图书]"图书"二字原义为"地图册和户籍册"。《史记·萧相国世家》:"沛公至咸阳,诸将皆争走金帛财物之府分之,何独先入收秦丞相御史律令图书藏之。"《晋书·宣帝纪》:"经日,乃行其营垒,观其遗事,获其图书、粮谷甚众。"由"地图册和户籍册"义转指"图画与书籍",仍是短语。《韩非子·大体》:"豪杰不著名于图书,不录功于盘盂。"魏晋末期,转指义"图画与书籍"中的"图画"义消失,"书籍"义保留。于是,"图书"有了"书籍"义,而由短语变为一个词。《晋书·天文志》:"东壁二星,主文章,天下图书之秘府也。"唐宋时期,这个双音词使用得逐渐多起来。郑谷《赠文士王雄》:"图书长在手,文学老于身。"梅尧臣《遂刁景纯学士赴越州》:"前舟载图书,后舟载女乐(yuè)。"《宋史·杨徽之传》:"图书之府,清净无事,俾卿得以养性也。"

[中立]二字原义"于天下之中心而站立或耸立"。《大戴礼·保傅》:"成王中立而听朝,由四圣维之。"喻铦《仙掌赋》:"吾闻,太华中立,黄河西流。"春秋时期,"中立"由短语变成了词,表示"处于两个对立的方面中间,不倾向于任何一方"。这种意义,沿用至今。《国语·晋语》:"中立,其免乎?解中立,不阿君亦不助太子也。"《战国策·齐策》:"臣请令鲁中立。"《史记·田儋列传》:"彭越是时居梁地,中立,且为汉且为楚。""中立",由短语变为词的过程中,有个中间环节:既按近短语义"于天下之中而站立或耸立",又接近双音词"处于两个对立的方面中间,不倾向于任何一方"。古人在理解这种渐变阶段义时,有的译为"正立",有的译为"中正而独立"。如《礼记·中庸》:"中立而不倚,强哉矫。"正义曰:中立而不倚,强哉矫者,中正独立而不偏倚,志意强哉,形貌矫然。《荀子·王制》:"案以中立,无有所偏。"《淮南子·主术训》:"是以中立。"

在短语义向词义引申过程中,有的中间环节更为特殊,它的表现形态是,短语的后一部分意义逐渐弱化为后缀,终于使短语义引申为偏义复义词。如"妻子"由"老婆和儿女"义变为"老婆"义。

有的短语义变为词义时,其中间环节则与上述不尽相同。短语中的两个字义,内中一个字义和另一个字义靠拢,从而使短语义变为同义复词义。如:

［勤勉］"勤",辛苦;"勉",努力。古代二字连用,是短语。《荀子·富国》:"奸邪不作,盗贼不起,化善者勤勉矣。"《汉书·楚元王传》:"何以勤勉?"现代,"勤勉"已变了词,意为"努力"。如"治学勤勉"。"勤"字,上古汉语中有两个主要义项。一个是"辛苦"义,与"逸"相对。短语"勤勉"的勤,用的就是这一义项。"勤"的第二个义项是"努力",与"惰"或"怠"相对。现代汉语同义复词"勤勉"的勤字,用的是第二个义项,而舍弃的是第一个义项。这是"勤"字的意义向"勉(努力)"字的意义靠拢的结果。于是,短语"勤勉"就变为同义复词。

汉语中,短语变为词,其短语义也随之转为词义。但是,短语最初并非一个词,至多只能说是"准词"。它随着时代的前进和人们交往的需要,在语言自身的内部运动中逐渐演化为一个词,而赋予新义,而且在演化过程中,也有个渐变阶段。其渐变阶段所表现出来的形态,诚为纷繁多样。这是语言发展过程中的一个重要现象,也是词义引申过程中的一个重要现象。

四

以上的文字,我们从实词虚化和短语变为词两方面论述了词义引申过程中的渐变性规律,分别指出了它们渐变阶段各种各样的表现形态。

众所周知,语言的产生发展,有其渐变性规律。这种渐变性规律是通过"新质要素的逐渐积累、旧质要素的逐渐衰亡来实现的"。词汇的发展,尤其是词义的引申变化,也是受着这种规律制约的。无论是在本义基础上形成的直接引申义,或是在直接引申义基础上形成的间接引申义,一般说来往往要经过一个过渡阶段(即渐变阶段,或中间环节),在一定的时期内,才逐步形成这种新的固定的义项。这种情况表明,词义在演变过程中,有稳定性,也有继承性,从不间断。据此,可以断定,探究词义引申过程中的渐变性规律,有助于我们更好地认识汉语词义运动的规律,也可使古籍中某些字词的阐释上的意义模棱两可现象或其他歧义得到科学的解释。

一个语言学人的"观战"与"臆说"*
——关于中国古人类学家对基于分子生物学的"出自非洲说"的诘难（附吴新智院士赐教语）

◎ 鲁国尧

一

对人类起源的问题，语言学人也是十分关心的。在中国，近二十多年来，以分子生物学为支撑的"出自非洲说"呈席卷之势，无论在"提高"性或"普及"性的书籍和文章里，都充满着这一说。在当今中国语言学界，听到的几乎清一色的都是这种声音，例如在最近的《中国社会科学报》、《文汇报》上，及一些学术会议上，有人谈语言学，也在宣传这种"出自非洲说"。看来，人们却很少知道其对立的学说即与之争鸣的学说，或者明知而不言，这在中国语言学界尤其如此。笔者对此问题注意、观察多年，本着"兼听则明，偏信则暗"的古训，认为有必要向中国语言学界介绍与"出自非洲说"针锋相对的学说，并叙述自己的"观战"和思考，我想这对语言学界的朋友们不无益处。特别要指出，在国外和国内，当"出自非洲说"满天弥漫之际，以中国科学院吴新智院士为首的中国古人类学家则不断地对"出自非洲说"质疑、诘难，令人不解的是，却一直得不到对方的回应、反驳。本文作者去年底读到一本美国专家写的《世界史前史》，这本书亦有其观点，笔者认为值得介绍、评论。显然，在当今中国，对解剖学上的智人或现代人的起源问题形成了争鸣的态势，笔者多年"观战"与思考，不揣谫陋，也提出了一则"臆说"，能否成立，当待时间检验。谨以此文贡献给学术界，同时愿广大的中国语言学人"越雷池一步"，也知晓其他学科的学术动态，了解诸家之说，辨证是非得失。

---

* 此文成于2012年1月6日。后经老友邓晓华教授推介，同年3月17日有幸得到吴新智院士赐阅赐教，同年10月我对拙文润饰后，再请吴先生赐阅，吴先生年登八五，再次热心赐教，并惠赐批语。一位自然科学家追求真理的崇高精神，值得我们语言学人敬礼、学习。兹迻录其部分赐教语于文中，以飨读者。吴新智院士对美国白宫科学家和美国的史前史权威专家的反批评，可谓理直气壮，一针见血。

二

如果有人提到人类起源的问题，一般人的立刻反应："这是古人类学家研究的课题。"

但是语言学人也很关心这个问题。因为语言是人说的，先有人，而后才有语言；没有人，焉得有语言？要了解语言的起源，自然必须了解人的起源。

无论是人类起源问题或是语言起源问题，都是地地道道的"老大难"问题，多少年来积下的陈年旧账可以汗牛，可以充栋，暂且不去翻它，还是看看最新的信息吧。《现代物理知识》杂志刊载了一则报道，题为《人类语言出自非洲》，现迻录其文字部分："人类基因和表型的多样性呈现距离非洲越远则越少的趋势。奥克兰大学的阿特金森（Quentin Atkinson）发现在现代语言中，距离非洲越远地区的语素（语言的最小单位）也越少。含有最多音素的方言存在于非洲所说的语言之中，而所含音素最少的口语则存在于南美洲和太平洋的热带岛屿。通过《语言结构的世界地图》（World Atlas of Language Structures）中 504 种语言的数据，他发现所有语言都出自非洲。5 万—7 万年前人类大批走出非洲，带走部分音素。这与非洲考古学发现也是相吻合的。世界各地的这种音素使用的模式反映了人类基因的多样性模式，因为基因多样性也随人类活动范围从非洲向外扩张而衰减。一般而言，地球上的那些最近才有人居住区域的地方语言中所含的音素较少，而那些容留人类生活数千年之久的区域（特别是撒哈拉以南的非洲）仍然有着最多的音素。这一音素使用的衰减无法通过人口的移动或其他地区性的因素来解释，它强有力地证明了现代人语言起源于非洲。"在此，我认为有必要提醒治学者注意，西洋学术（含语言学）的特点是以"出奇"著称，其结果，有的确实能"制胜"，有的则未必，这是百试不爽的经验总结。因此，对西洋学说，不可盲目崇信，这位阿特金森先生的大论能否站得住，还是个问题。上引的这则报道后附了一张语言地图，标有"起源地非洲 141 语素"、"德语 41 语素"、"中国普通话 32 语素"、澳洲的"加拉瓦语 22 语素"、"夏威夷语 13 语素"、南美洲"皮拉罕语 11 语素"。看了这些数字令人忧虑：阿特金森先生高见的立论基础是否牢实？这么多数据的可靠性又如何？作为中国语言学人，我们不禁要问，中国普通话是不是"32 语素"？而且，我们中国人所熟悉的长江以南的众多方言，它们较之普通话复杂得多，例如吴方言，即以声母而论，因为保留了古全浊声纽，其数目即在三十个上下，遑论其韵母？（笔者按，西洋学人往往忽视声调。）至于中古汉语，其语素远逾现代汉语普通话的数目，这是铁板钉钉的。笔者引抄这一篇很新的文章，目的在于说明"5 万—7 万年前人类大批走出非洲"的说法对语言学界的影响是何等地深而且广！毋庸置疑，阿特金森的"人类语言出自非洲"说导源于"人类出自非洲"说。

我们再看一篇"国产"文章《沿基因印记溯人类来路》,也可以说明语言学与古人类学总是有"密切关系"的,该文说:"正如全世界原有 6000 多种语言,随着人类迁徙而逐渐分化、消失,如今其中的 90% 已经消亡。DNA 上携带着每个人与众不同的特征,但随着现代人越来越频繁的迁徙和杂居,这种特征正面临消失的危险。"

三

中国语言学人关心的更是中国这一片广袤地区的现代人的起源问题。

很久以前,有一种"理论"叫作"中国人种西来说",不过对于当今健在的中国人来说,知道那种说法的人少之又少了,也就是说,那个"中国人种西来说"的影响可谓已经烟消云散。

若问起中国人的祖先,大多数中国人会不假思索地回答:"我们中国人是'北京人'的后裔。"①可是,近二十多年来却出现了一个新的学说,即现代人"出自非洲说"或"非洲起源说"。如果信奉此说,那么现代的中国人都是非洲人的后裔,这就颠覆了上述的说法。似乎可以说,这是新一轮的"中国人种西来说"。1987 年,"3 位美国遗传学家研究源自各大洲的妇女现代胎盘的线粒体 DNA,发现非洲妇女的变异最多,由此推算出,在大约 0.2 MaB.P.一个或一群最早的现代人妇女出现于非洲,其后裔在大约 0.13 MaB.P.走出非洲,在亚洲和欧洲完全取代了原来居住在当地的人类,其后代发展成全世界的现代人。这个假说被称为'出自非洲说'或'夏娃假说',从 1987 年起风行于西方"。"现在世界上的 60 亿人都是过去生活在非洲的、在解剖学上已是现代人的人的后裔。……这群人开始繁衍,到了约十万年前,现代人经过尼罗河谷北移,横越西奈半岛到了中东。距今六万多年前,他们沿着印度和东南亚的海岸线抵达澳洲。约四万年前,这些现代人又从非洲东北部抵达欧洲,并从东南亚进入东亚。最后,大概在一万年前左右,他们又从连接今天西伯利亚和阿拉斯加的广大平原抵达南北美洲。""我们认为随着冰川期逐渐消亡,非洲起源的现代人约在 60000 年前从南方进入东亚,在以后的数万年中逐渐向北迁移,遍及中国大陆,北及西伯利亚。大约在 8500 年前,经历了漫长的蒙昧时期后,以仰韶文化为代表的最早的中华文明开始在黄河中上游地区萌芽。"

这"出自非洲说"也很快被引进入中国语言学的园地,于是做专题演讲者有之,在报刊上发表文章者有之,在电视上传播者有之,颇能激动人心,跟风者不可谓少。以至一提起中国现代人的起源话题,言必称"出自非洲说",大有"压城城欲摧"之势。

---

① 吴新智院士就拙稿中的"中国人是'北京人'的后裔"这句话指出,"现在中国人的基因组的主要来源既包括'北京直立人',也包括与'北京直立人'同时和其前后生活在东亚的古人类。此外,包含非洲在内的东亚以外地区的古人类对现在的中国人的基因组也有次要的贡献"。

笔者向来主张语言学人不应"画地为牢",应该勇敢地跳越"陋"境,多读其他学科的书,以营养自己,丰富自己,提高自己。作为一个中国语言学人,我对这个古人类起源问题也有兴趣,我也读这方面的文章。读了一定数量后,我不禁有所思,这"出自非洲说"新则新矣,然而可信吗?六万年前左右这些非洲人来到东亚的时候,在这块土地上原来该也有人存在、生活吧,这些"原住人"哪儿去了?再看看书本、杂志、媒体,对我这种疑问倒也有解说:第四纪冰川到来,冰雪覆盖了中国大地,原来的人都冻死了。既然"原住人"统统死光了,那么地方腾出来了,西来的非洲人就"鸠占鹊巢","歌于斯,哭于斯,聚国族于斯"。持"出自非洲说"的专家有一篇文章说得十分清楚:"东亚的古人类学界至今还有人不相信,北京猿人竟然不是我们的祖先。但是在这里,的确没有找到十万年到四万年前的人类化石,看起来这里的古人种,在约十万年前就灭亡了。在之后的几万年冰河时期,东亚大地寒冷而寂寞,直到四万多年前,来自非洲的现代人重新发现了这块大地。"

学人们互相交谈和讨论确乎有益,因为可开眼界,可得启发。若干年前某日笔者与邓晓华教授论学,谈到有这么多人信奉"出自非洲说",成了热潮,晓华教授告诉我,古人类学家有不同的声音。古希腊大哲亚里士多德说:"求知是人类的本性。"我虽至老境,然好奇之心未泯,于是设法找了一些文章来读。读后方知,"出自非洲说"并没有"一统天下",这一学说也有对立面,即"多地区进化说"。在中国,古人类学专家吴新智院士是"多地区进化说"的领军人物。吴先生发表了许多文章,我拜读了其中的较多部分,读后方知,我国古人类学家的见解也有其道理在,惜乎绝大多数中国语言学人不知道、不了解。所以我发愿做介绍、推荐工作,让吴新智等古人类学家的观点也被我们中国语言学人知晓,该也是一件"积德"之举吧。我认为,语言学人应该了解在中国人的起源问题上并非只有一家独唱,而是存在争鸣。"百家争鸣"四字具有非凡的力量,凡是对中国文化有点了解的,都知道两千多年前诸子百家时代学术繁荣的盛况。不同观点的讨论,显然有好处,大可以推动学术的前进,小可以使一般的受众免闭塞,长见识,不盲从。

兹录吴新智先生近年发表的若干文章(其中也有他与其团队的学者合作的)于下:

《中国人类化石研究对古人类学的贡献》,《第四纪研究》1999 年第 2 期
《20 世纪的中国人类古生物学研究与展望》,《人类学学报》第 18 卷第 3 期,1999 年
《人类起源研究新进展》,《中国青年科技》2000 年第 11 期
《对 21 世纪发展中国人类起源研究的若干建议》,《第四纪研究》第 21 卷第 3 期,2001 年
《人类起源研究回顾与中国古人类学展望》,《地球科学进展》第 16 卷第 5

期,2001年

《浅谈人类的起源与进化》,《大自然》2004年第1期

《"北京人"还是我们的祖先吗?》,《百科知识》2005年第1期

《与中国现代人起源问题有联系的分子生物学研究成果的讨论》,《人类学学报》第24卷第4期,2005年

《中国古人类进化连续性新辩》,《人类学学报》第25卷第1期,2006年

《人类的起源与演化》,《文明》2006年第8期

《现代人起源的多地区进化学说在中国的实证》,《第四纪研究》第26卷第5期,2006年

《中科院吴新智院士漫谈现代人起源》,《腾讯科技》2007年5月16日

《研究现代人起源要综合思考,不要以偏概全》,《大自然》2008年第4期

《现代中国人起源与人类演化的区域性多样化模式》,《中国科学:地球科学》第40卷第9期,2010年

《人类起源与进化简说》,《自然杂志》第32卷第2期,2010年

刘武、金昌柱、吴新智《广西崇左木榄山智人洞10万年前早期现代人化石的发现与研究》,《中国基础科学》2011年第1期

我之所以不惮烦地列出这个目录,是因为我从这许多论文中感觉到,吴新智院士及其团队在不屈不挠地坚守自己的主张,几乎年年都在质疑很为强势的"出自非洲说",我称之为古人类学家对"走出非洲说"的诘难。

现在摘引几段吴新智先生的话,以飨我语言学界的诸同道:

> 目前最受人关注的争论之一是关于解剖学上现代智人(简称现代人)的起源,主要有两派观点。1984年根据化石证据提出"多地区进化"假说,认为非洲、东亚的现代人的最近祖先是本地区的古老型人类,澳洲土著起源于东南亚,欧洲现代人与当地古老型人类(尼人)也有一定的联系。1987年根据对现代人基因的分析提出"取代说"或"近期出自非洲说",推测全世界的现代人的共同祖先是大约20万年前在非洲出现的一个现代型人,其后代在大约13万年前走到亚洲和欧洲,完全取代原来住在当地的古老型人类,繁衍成全世界的现代人。

> 1998年起发表了一系列分析研究中国现生人类一些基因的论文,提出中国现代人的祖先是十多万年前出现于非洲,大约10万年前经过以色列,6万年前到达华南的解剖学上现代的智人。他们向北迁徙,完全取代原来生存于这大片土地上的古人类,成为我们的祖先。但是这种根据现在的人的基因来推测历史的假说却与大量的历史证据相矛盾。中国发现的大量石器明确显示,中国的

石器从开始到 3—4 万年前,都属于第一模式,而十多万年前生存于非洲和大约 10 万年前生活于以色列的人制造和使用的石器却都是属于第三模式。如果 6 万年前那些移民完全取代中国原住民的上述假说属实,中国石器的发展史应该显示在 6 万年前发生从第一模式转变到第三模式的剧烈变动,但是我国发现的大量属于 4—6 万年前的石器都属于第一模式,丝毫没有第三模式。很难解释为什么新移民放弃自己的比较高超的第三模式技术,反而回头来使用第一模式的技术。① 为了支持上述的 6 万年前完全取代的假说,必须假设外来移民与原住民丝毫不发生接触,支持这种假说的论文提出,"由于在距今 5—10 万年前第四纪冰川的存在,使得这一时期包括中国大陆在内的东亚地区绝大多数的生物种类均难以存活"。当地球处于这次冰期时,高纬度地区的确冰天雪地,而我国丰富的动植物化石证据却表明,当时华南有大量猩猩、犀牛、大象等特别喜暖的动物,华北也有许多牛、马、老虎等温带动物。它们能活,没有理由认为中国的原住民必定绝迹。事实上中国确实有这个时期的人化石(如广西岷前洞、浙江桐庐和河南许昌的人类化石)和大量石器(如河南郑州织机洞,重庆鄹都井水湾的标本)出土。特别值得注意的是,2008 年在广西崇左发现的大约 10 万年前的人类下颌骨具有刚刚显现的下巴颏子,其程度比现在人的弱,而古老型人类(直立人和尼人)都没有下巴颏。崇左下颌的形态表明东亚也发生过由古老型人类向现代型人类的过渡,它能证明东亚也是现代人起源地区之一。

再读吴新智先生的《与中国现代人起源问题有联系的分子生物学研究成果的讨论》,这篇学术论文很有分量,辩驳甚有力度。请读该文的引言:"自从 1987 年 Cann 等根据现代人胎盘 mtDNA 的研究分析提出现代人出自非洲假说以来,替代说或夏娃说在国际学术界和公众舆论中以压倒的优势风行了十多年,但是在中国的学术界和大众媒体中却没有产生很大的影响。从 1998 年开始,在国内外的学术刊物上连续出现了一系列与中国现代人起源问题直接或间接有关的分子生物学论文,发表了一些新观点。有的支持中国古老人类被来自非洲的现代人完全替代的观点;有的对

---

① 林圣龙《中西方旧石器文化中的技术模式的比较》:"1961 年 G.Clark 提出了划分旧石器文化的 5 种技术模式","模式 I 技术","典型特征是有与初级产品共生的简陋的石核制品(例如砍砸器、多面体石器、盘状器),并常有随意修整的石片(刮削器和石锥)。使用硬锤打击、砸击技术和碰砧技术"。"模式 III 技术","即旧石器时代中期技术","一般说来,其典型特征是有一系列精致的边刮器和单面加工尖状器,在石器制作中使用石核修理技术,特别是勒瓦娄芳法。典型地使用硬锤和软锤打击技术"。"在不同的地区,这些技术模式并不是以完全相同的速度发展的。""欧洲旧石器文化中包括了从模式 I 到模式 V 技术。""从整体来看,模式 I 技术在中国旧石器文化中始终占着主导的地位,从旧石器时代早期开始出现,经中期,一直延续到晚期。这是中国旧石器文化主体在技术模式方面的最主要最突出的特征,也是制约和决定中国旧石器文化主体的基本性质和特征的主要因素。"

这种观点提供了不利的论据。在古人类学方面也发表了一些新成果。"这篇学术论文太长,难以引录,兹摘其章节的标题于下,读者当可知其大意,如欲深研,可直接读原文:

  1 Y 染色体分析推测中国古老人类在大约 6 万年前第四纪大冰期时被完全取代
  2 古哺乳动物、人类化石和旧石器证据表明上述推测与事实不符
    2.1 动物化石表明第四纪大冰期时华南和华北仍旧适合人类居住
    2.2 5—10 万年前中国确有人类生活
    2.3 中国人类化石的形态不存在"中断"
    2.4 中国旧石器传统与西方不同
    2.5 西亚和中国旧石器不支持中国古人类在 6 万年前被非洲移民完全取代的推论
    2.6 华南基因变异比华北的多,可以有多种原因
  3 第 22、第 1 对和 X 染色体的分析结果否定完全取代假说
  4 在进化过程中基因发生过转移,进化速率不恒定
  5 新的研究成果促使分子生物学家放弃简单的进化模式,思考新的进化模式。

《广西崇左木榄山智人洞 10 万年前早期现代人化石的发现与研究》是吴新智先生参与写作的一篇最新的文章,该文论述了"智人洞人类化石发现与研究的意义"。文章说:

  距今 10 万年的智人洞早期现代人化石的发现提供了东亚地区早期现代人出现最早的证据,比这一地区已知的早期现代人代至少提早了 6 万年。智人洞人类化石具有的古老和现代特征并存的镶嵌混合特点,提示东亚地区早期现代人形成过程中存在一定程度的演化连续性。此外,早期现代人很可能与古老型智人在欧亚地区并存了数万年。这一系列重要研究发现,使古人类学界对智人洞人类化石的演化地位及早期现代人在东亚地区的出现与演化等理论问题,获得了一些新的认识:早期现代人在东亚出现的时间或现代人在东亚地区的起源过程至少可以追溯到 10 万年前,可能表明非洲不是现代人的唯一起源地。除智人洞外,近年还在湖北郧西县黄龙洞发现了距今大约 4.4—10 万年前的具有现代人特征的人类牙齿化石,也表明早期现代人很可能在 10 万年前在中国就已经出现。迄今在东亚地区(尤其是中国)已经发现了具有一系列共同形态特征的相当丰富的古人类化石及其它有关材料,表明中国古人类的进化是连续

的。而智人洞和黄龙洞人类化石的年代和所具有的过渡性形态特征为东亚地区现代人主要起源于当地古老型人类的假说提供了新的证据。智人洞人类化石的发现为中国古人类的连续进化提供了新的中间环节。非洲克拉西斯河口(Klasies rivermouth)出土的下颌骨常被当作支持现代人出自非洲说的重要化石证据,智人洞古人类下颌的形态和时代与之都很相近,甚至可能稍早。因此,我们可以作出这样的判断:不只非洲经历过从古老型人类向现代型人类的进化过程,在东亚也曾经经历过。智人洞人类化石的发现和研究成果为中国古人类"连续进化附带杂交"的假说增添了新的硬证据,也对现代人起源的多地区进化说提供了有力的支持,对现代人只起源于非洲的'替代说'提出了进一步的质疑。

在我国南北两大文教报纸上我读到了两篇文章。
一篇是《"现代人"起源再引热议》,该文说道:

专家们解释说,虽然人类起源于非洲已是国际学界共识,但对于更晚近的"现代人"起源,学界却有两种截然对立的两种观点——主张"近期非洲起源说"的学者认为,大约在距今10万年至5万年,由于第四纪冰川期的极端严寒气候,除了靠近赤道的非洲外,世界各地的本土古人类都已灭绝,包括中国境内的"现代人"都是由非洲晚期智人在冰川期结束后再次迁徙而来,科学家甚至通过追溯生物遗传基因,找到了现今所有人类的共同祖先"非洲夏娃";而另一部分学者则持"区域连续进化附带杂交说",他们通过对考古发现的人类化石特征进行分析,认为中国的"现代人"是在相对独立的地域通过连续进化,辅以与外来人类互相杂交保持一定程度的基因交流而来。

另一篇是《沿基因印记溯人类来路》,文章说:

1998年,中国医学科学院医学生物学研究所所长褚嘉佑与复旦大学教授金力合作,在《美国科学院学报》上发表了一篇名为《中国人群的遗传关系》的论文,在中国科学家中首先提出现代亚洲人可能起源于非洲。对于这一爆炸性的观点,不少人都是将信将疑。近年来,现代人类起源于非洲的学说在世界其他地方已大致被学术界接受,但在中国,尤其是在古人类学领域,一种观点仍坚持"多地区起源说"。也就是说,中国人是东亚地区已经发现的那些古人类化石的后代,是独立起源的。2001年,金力与其合作者在《科学》杂志上发表了一篇题为《东亚现代人的非洲起源:12000个Y染色体的故事》的论文①,以强有力的基因证据为"东亚人群起源于非洲"的观点放下了一颗压倒性砝码——他们仔细分析了来自163个群体的12127位男性的Y染色体,发现所有人的祖先全部扎根于非洲大陆,无一例外。在国内,这个颠覆了传统"多地区起源说"的观点受到了一部分人,特别是一些古人类学者的质疑和反对,但在Y染色体中记录着的"铁证"面前,"非洲起源说"成为毋庸置疑的事实,"简直就像1+1=2那么自然"。

此文口气十分自信,而且显得颇为强硬。

多年来,两军对垒,作"壁上观"的我,在"观战"中发现:

1. "出自非洲说"处于强势的地位。

2. 以吴新智院士为首的中国古人类学家多年来一直在对以分子生物学为支撑的"出自非洲说"的观点予以回应、点评、反驳,不停地质疑、诘难。

3. "出自非洲说"的专家则"自说自话"。比如,仅就古人类学家提出的"动物化石表明第四纪大冰期时华南和华北仍旧适合人类居住"这一条,迄今未见主张"出自非洲说"的分子人类学家勇敢地站出来反驳,在吴新智先生多篇诘难文章发表以后,就是不予回应。千呼万唤不出来,这未免不慊人意。

4. 说实在的,我倒很盼望对垒的两军,各自都发出强大的火力,回应对方、质疑对方、反驳对方。我们这些"看官"虽非专业人士,也未必不能看出点道道来:哪个有道理或者哪个更有道理。

四

美国白宫科学与技术办公室工作人员史蒂夫·奥尔森的《人类基因的历史地图》说道:

> 多年来,中国的古人类学家对人类起源这个问题执著于一项严格的多地区起源说,乃至于所谓中国中心说。他们相信,现代的中国人源于在东亚生活的较早的人类。根据这种观点,现代中国人是从'北京人'演化而成的。所谓'北京人'其实是在北京附近找到的一片直立人的遗骨化石,年代约为40万年。几乎所有的中国古人类学家都不相信现代中国人是过去10万年间离开非洲的人

---

① 此即 Yuehai Ke et al, African Origin of Modern Humans in East Asia: A Tale of 12000Y Chromosomes Science 292,1151(2001)。

的后裔。①

依我之见,从这个美国学者的话可见,在当今全球学术界抵制"出自非洲说"的是中国古人类学家,纵不是唯一的,也是抵制最力的,这很值得注意,很值得称道,很值得赞誉。史蒂夫·奥尔森的著作自然是不与中国古人类学家同调的。

去年底我读了美国学者布赖恩·费根著《世界史前史》(第七版),现摘录其中的一些文字:

> 在热带非洲,早在距今20万年前,完全意义上的现代人出现了。而到了距今6万年前,已经完全拥有智力能力的现代人,智人,也就是我们,终于走出热带非洲,并传播到了世界各地的每个角落。② 哈佛大学伟大的生物学家斯蒂芬·杰·古尔德(Stephen J.Gould)曾断言,所有的人类都是从进化树上的同一根非洲枝繁衍而来的。他对此几乎可说是深信不疑。

> 我们对世界史前历史的了解尚处于婴儿期,所以本书所呈现的有关过去的图景很有可能在未来几年里发生急剧变化。

> 目前,在中国还没有发现有关南方古猿和早期人属的线索,因此,直立人这一更早期非洲人类形式的后裔,看来应该是东亚最早的移民。不过随着新发现的出现,这一结论随时都有可能被更改。

> 围绕着完全意义上的现代人在中国的出现这一主题产生了激烈的争论。到底是智人从非洲来到亚洲,还是中国和东南亚地区独立进化出了解剖学意义

---

① 吴新智先生阅拙文后指出,西方许多学者和记者往往自说自话或故意曲解我方的观点,扣上一顶帽子,将我们置于不理性的位置,而对之进行反宣传或批评,史蒂夫·奥尔森也是如此不肯费时间去正确了解对方的观点,却浅尝辄止地按照自己的理解,将对方放到可笑的靶子上,企图轻而易举地进行批评。他说:"中国古人类学家对人类起源这个问题执著于一项严格的多地区起源说,乃至于所谓中国中心说。"又说:"根据这种观点,现代中国人是从'北京人'演化而成的。"还说:"几乎所有的中国古人类学家都不相信现代中国人是过去10万年间离开非洲的人的后裔。"等等。的确,国人中的非古人类学者有时会写出类似"中国人是'北京人'的后裔"这样简单的话语。这样的提法不准确。按照我1998年提出的中国古人类"网状的连续进化附带杂交"的假说,我们相信,现在中国人的基因组的主要来源既包括与"北京直立人"(俗称"北京人")同时生活在东亚的古人类,也包括时代比其早和比其晚的东亚古人类。此外,包含非洲在内的东亚以外地区的古人类对现在的中国人的基因组也有次要的贡献。这丝毫没有以中国为中心的意思。

② 吴新智院士在阅拙文后指出,布赖恩·费根所说"在热带非洲,早在距今20万年前,完全意义上的现代人出现了。而到了距今6万年前,已经完全拥有智力能力的现代人,智人,也就是我们",表明他缺乏专业知识,概念不清。2003年 Nature 杂志的报道尽管将在埃塞俄比亚 Herto 发现的16万年前的人类化石归属于"智人",但是同时强调与我们所属的智慧亚种不同,所以定名为智人长者亚种,而布氏却说成是,完全意义上的现代人出现了。

上的现代人?所谓的"走出非洲"和"多地起源"(multiregional)两种假说已论战多年,二者都建立在古代DNA研究以及对化石碎片进行的精确检测基础之上。目前大多数分子生物学家和考古学家都倾向于走出非洲理论,这在很大程度上是因为东亚尚没有距今10万年以前曾出现过现代人的考古学和遗传学上的证据。或许将来人们可以在中国发现更早的人类,但是目前我们依然不得其门而入。

这位美国专家的倾向很明显。但是看来他没有能及时阅读中国古人类学家如吴新智院士所撰写的论文。可是有一点值得肯定,即他说,"随着新发现的出现,这一结论随时都有可能被更改","或许将来人们可以在中国发现更早的人类",他讲话不"说死了",留有余地,这态度显然是可取的。

"兼听则明,偏信则暗",这句话大有哲理,它是中国古代本为政治管理而提出的八字真言,但是我辈现代学人(不论从事哪门学问)也可取为己用。对于一个学术问题,或一种理论,我们也应抛弃"偏听",采取"兼听"。因为认真听取两造各自陈述,可以得益,至少不会盲从。这是我读关于现代人起源问题的若干文章的收获,"兼听则明,偏信则暗"是读书治学的最佳态度。

《论语·为政》:"学而不思则罔,思而不学则殆。"韩愈《进学解》:"行成于思,毁于随。"先哲们的至理之言对我们仍然有用,不管它是不是新说,是不是强势,都应如此。①

五

回忆在读了一些"出自非洲说"的文章的时候,几年前的某日,我忽然产生了"一点臆想":现在这种学说的依据是分子生物学的基因研究,这种科学和技术才只有几十年的历史,就有了这"惊人"的发现。人类的进步是加速度的,科学的发展是加速度的,再过如许年,甚至百年、几百年,那时的分子生物学专家也许在对人的线粒体DNA、Y染色体、单倍型等的更深入的研究中能发现新的东西,从而说明现代人不是一个来源。这点臆想蓄积于胸久之,但是不敢妄言,去年中秋节邂逅一位从美国归来的颇有成就的研究生命科学的专家ZH教授,我鼓起勇气将我这门外汉的所谓"辐射思维"的"臆想"向他求教,ZH教授立即以洪亮的声音回答:"这完全有可能。"由于他这一句铿锵有力的话,我就鼓起勇气将"臆想"写出来,成为"臆说"。分子生物学出现的时间不算长(借用美国的史前史专家布赖恩·费根的比喻,现在还处在婴儿期),就打进古人类学家的研究领域,提出了"出自非洲说"。如果这门学问再发

---

① 吴新智先生阅拙文后指出:"我完全同意这样的治学态度。"

展若干年,其研究成果也许颠覆今日的学说[①]。

显然,存在两种可能:也许我这个语言学人,自然是外行,凭发散思维而产生的"臆说"不幸而言中,此文算作"立此存照"。也许不能应验,那就"长见笑于大方之家",门外汉妄议门内事必落个笑柄。

六

鄙见,为学之道,忌跟风,忌盲从;需缜思,需求是。

参考文献

[1] 高凌云.人类语言出自非洲[J].现代物理知识,2011(4).

[2] 任荃,赵涛.沿基因印记溯人类来路[N].文汇报,2008-10-05.

[3] 吴新智.对21世纪发展中国人类起源研究的若干建议[J].第四纪研究(第21卷第3期),2001.

[4] 史蒂夫·奥尔森.人类基因的历史地图[M].霍达文译.北京:生活·读书·新知三联书店,2006.

[5] 柯越海,宿兵,肖君华等.Y染色体单倍型在中国汉族人群中的多态性分布与中国人群的起源及迁移[J].中国科学(C辑)第30卷第6期,2000.

[6] 鲁国尧.语言学和美学的会通:读木华《海赋》[L].古汉语研究,2012(3).

[7] 李辉.东亚人的遗传系统初识[J].台北:国父纪念馆馆刊(第10期),2002.

[8] 吴新智.人类起源与进化简说[J].自然杂志(第32卷第2期).

---

① 吴新智院士阅拙文后指出,在2008年以及以前,绝大多数相信"出自非洲说"者都坚决相信Total replacement,无论根据对活人DNA的研究分析,或者对尼安德特人古DNA的分析结果,都推论说尼安德特人被完全取代,对现代人的形成完全没有基因贡献。到2009年,发现尼安德特人的基因中有FOXP2这种与语言有关的基因,遗传学家们开始相信尼安德特人与现代人有基因交流。2010年5月美国Science杂志发表一篇非常重要的论文,尼安德特人基因组序列草图(Green RE et al, A draft sequence of the Neanderthal genome, Science 328:710—722)。明确指出尼安德特人与现代人之间有基因交流,没有人再坚持Total replacement了。当然,尼安德特人虽然对现代人有基因贡献,但是贡献的量是不大的。重要之点是,以前他们坚决维护的完全没有贡献的说法被证明是错误的。2010年德国的分子生物学家根据古DNA分析,发现从俄罗斯阿尔泰地区Denisova洞出土的大约5万年前的人类臼齿和女孩手指骨既不属于现代型智人,也不属于尼安德特人,应该代表另外一种人,还发现其基因在现在巴布亚新几内亚的美拉尼西亚人和华南的傣族和汉族中都有表现。2004年宣布在印度尼西亚的Flores岛发现了生活在18000年前的一种身高只有108厘米,脑量只有380毫升的人。迄今的研究和争辩认为这些化石代表一种与智人不同的新物种——Homo floresiensis。这些新发现促使许多以前坚决相信取代说的人放缓了口气,说,人类进化不是如以前想象的那样简单,而是复杂得多。回顾以往的大量文献,那些先生们可是斩钉截铁地说,取代说那样一刀切的假说就是毫无疑问绝对正确。

[9] 吴新智.与中国现代人起源问题有联系的分子生物学研究成果的讨论[J].人类学学报(第24卷第4期).

[10] 刘武,金昌柱,吴新智.广西崇左木榄山智人洞10万年前早期现代人化石的发现与研究[J].中国基础科学,2011(1).

[11] 邢宇皓."现代人"起源再引热议[N].光明日报,2011-11-07.

[12] 布赖恩·费根.世界史前史(第七版)[M].北京:世界图书出版公司,2011.

[13] 姚振武.人类语言的起源与古代汉语的语言学意义[J].语文研究,2010(1).

有关赛珍珠研究中几个根本观念的重新认识
——纪念赛珍珠诞辰120年为南京大学、镇江赛珍珠国际学术研讨会而写

◎ 汪应果

按语：今年的6月26日,是伟大的中美文化的"人桥"、诺贝尔文学奖的第一位女性得主赛珍珠女士诞辰120年,她生前工作过的南京大学以及她幼年、童年、少年的故乡镇江,都隆重地举办了赛珍珠国际学术研讨会。这是我为研讨会写的论文,现发表于此,以飨读者。

赛珍珠生前是中国人民真正的朋友,但长期以来,由于她的传教士身份,一直在国内遭受不公正的对待。我为她的"平反"工作是自20世纪80年代始的,其间也受到极"左"势力的打击,现在总算为她恢复了名誉,也可告慰这位"中国人民的女儿"的在天之灵。

各位朋友,本次会议,我因身居海外,不能与会,谨借此文向诸位表达来自大洋洲的问候,祝各位身体健康,学术猛进。

这一年多以来,我浸淫在西方文化的氛围之中,仿佛和赛珍珠当初换了一个位置似的——那时是孔先生教童年的她,现在是Lois Best和Inge Ferando两位女士分别一对一地教我学做"八十岁的吹鼓手",真个是乾坤倒转,河东河西,这使我在某种程度上,也体验了一把"人桥"的滋味,因而所思所感,必然对一百年前的赛珍珠产生了一些新的感悟,由于我手头没带任何赛珍珠的作品和研究资料,因而只能就一些大的问题谈点个人的看法,以期引来与会学者投之璞玉。

我以为,长期以来我们对赛珍珠的研究始终不能完全挥去她头上笼罩着的近百年的两重阴影,尽管这些年来大陆学者的思想已逐渐解放,对赛珍珠的评价已逐渐回归理性、客观、公正,但在内心深处,难免没有留下往昔的思维定式,或者说它们已成了一种"集体无意识"深潜在脑海的底层,左右着我们作进一步的开拓。

这两重阴影是什么呢？一是她的基督教传教士的身份；一是鲁迅对她略带冷眼的评价。可以说,这也是赛珍珠头顶上的两道魔障,你可以避免去想它,去谈论它,但你只要一触及核心评价,你就始终绕不过去。因为第一层是跟我们意识形态的根本价值观相抵触的；第二层是跟我们文学的最具权威的经典性言论相抵触的。

我想谈一点个人的看法。

首先先讲基督教的问题。我想在此多花一点笔墨,原因之一就是我在以前发表

的关于赛珍珠的论文里对她以及他的家人传教做了点辩护,但我在网上看到,有人并不同意我的意见,他们对基督教及其传教活动还是否定的,我想顺便做个答辩。

在我看来,中国人对基督教的认识是相当肤浅和错误的,我们对它始终存在着极深的偏见和无知,讲的不客气点,就是愚昧。造成这种现状的原因是因为我们几十年的政治运动以及教育搞成了全民的"哲学的贫困",以及由此而带来的不屑于形而上思维的民族劣根性。比方说对基督教的彻底否定就仅仅来自于马克思的一句话"宗教是人民的鸦片"。就一句话,把一切宗教都否定了,一切宗教工作者都否定了,当然连同赛珍珠,全都类同于一群贩卖毒品鸦片的贩子。但我们为什么就不曾想一想,马克思也说过"一切道德的行为都是出于对基督的爱,出于对神的爱"呢?(《马恩列斯全集》第 822 页)我们为什么不想想,马克思本人无论就他的人格还是他的理论都来自于基督的精神传承呢?以致哲学家宾克莱断言,马克思"对于共产主义必然到来的信念","令人想起公元(前)八世纪希伯来的先知"(《理想的冲突》,第 62 页)。再看看爱因斯坦,他的话则更为直白:"象摩西、斯宾诺莎和卡尔·马克思这样一些人物,尽管他们并不一样,但他们都为社会正义的理想而生活,而自我牺牲;而引导他们走上这条荆棘丛生的道路的,正是他们祖先的传统。"那什么是"祖先的传统"呢?就是:基督教!也就是说,在爱因斯坦眼里,马克思本质上是和摩西一样的人。这么看来,我们首先应该把基督教看成是正面的人类精神现象,首先应给予充分肯定。至于它有没有缺点?当然有,就跟孔孟之道一样,但那是第二位的,从属性质的。把这个观念颠倒过来或说是摆正过来,赛珍珠的根本性评价就迎刃而解了。如果我们同意前面那些大科学家、大哲学家的观点,我们就理应把赛珍珠以及他的父母亲为了当时贫弱的中国而献身并因此承受了莫大的苦难,跟李大钊、赵一曼、江姐等革命英烈的牺牲放在同等的位置(因为真正共产主义者本质上就是基督式的殉道者,跟今天的贪官还有贪恋权位者风马牛不相及)。

我这么一说,肯定诸位又不能接受了,尽管谁也不会否认前面那些哲人的话有道理。这就是潜意识、意识形态偏见的厉害。

因此,给赛珍珠正名,首先必须给基督教(也必须给人间一切真正的宗教)正名:

一、基督教的思维有其合理性,它与科学是相辅相成的。

为了把这个问题说清楚,我想先举一点切身的例子。我在这里经常跟一些"老外"学者们交流,他们都是基督教徒。我问他们,"Do you believe in God? Do you think God really exist?"令我吃惊的是,他们的回答大都是 Probably not! 这很奇怪。他们告诉我,不相信上帝存在是因为这个宇宙完全依照基本的物理学法则运行,如果硬要安插一个上帝进来,所有的物理学公式就无法成立。但为什么他们还相信宗教?原因是许多形而上的问题没有办法解决。比方说,宇宙大爆炸"之前"也就是说在时间空间的起点"之外",是什么在起作用? 比方说,在宇宙中除了物质和能量之外,还预设了信息(也就是中国人所说的"道"),它是从何而来? 再比方说,生命已经被证明不可能从自然演化中形成，最简单的证据就是，即使把英语26个字母运用计算机随机组合亿万次，也产生不出莎士比亚《哈姆雷特》那句著名的台词（To be, or not to be, That is the question.活着还是死去，这是个问题），更何况比这句话更要复杂深奥无比的DNA所编排的密码信息，是谁预先编排好的呢？能证明这是大自然的随机运作吗？应该说，这些问题已超出了人类思维的极限，在原因也许永远也无法被人类穷解的情况下，只能归因为超自然的智慧（"道"或"上帝"）的存在，基督教哲学就这样合情合理地诞生了。应该承认，这个推测的确是建立在严格的逻辑思维的基础之上的。这跟佛学、道学的"悟"同样是符合大脑科学规律是一回事。另外，"因为宗教极有用。没有她，就没有道德，没有艺术文学，没有文化，没有西方创造出的一切"。他们这样回答我。

他们的话告诉我们一个道理，基督教不是迷信，它的要义是关注宇宙从何而来、生命如何产生的终极智慧的存在，而科学则是解密终极智慧的设计思路，它俩的任务是相辅相成的。我曾在自己的一篇文化大散文《圣保罗大教堂》（见拙作文化大散文《灵魂之门》）里，形象地比喻基督教与科学是两株同根相生、相互缠绕攀援的参天大树，它们的目的都是在探寻宇宙的终极真理。

"老外"们的回答也给了我极大的启发，促使我对基督教以及世界其他严肃的宗教进行重新的思考，从中也找到了当下中国逐利成风、整体道德沦丧的重要根源。孔子说，"君子有三畏"，第一就是"畏天命"，说的就是要对形而上怀有敬畏之情，正因此，中国历史上才能形成有浓厚人文道德传统的国家，如今颠覆了"天命"，于是，汽车司机就可以反反复复从一个孩子身上碾过而毫无惧色，反正是"物质不灭"嘛！然而"天命"是确实存在的，是客观的，是科学的，最贴近你我的就是身体里的DNA密码，谁知道它藏着什么样的"天命"呢？

我这样说并不是否认基督教也有其迷信的一面，作为宗教，都有世俗以及形而上的两重性，这就好比中国的道教、佛教，既有《道德经》、《金刚经》的形而上，也有方士方术、神鬼的迷信一样。问题是宗教的本质首先是建立在形而上的层面上的。因此赛珍珠以及她的父亲"老赛"做的是一件严肃的、神圣的工作。如果把这一点否定了，那也就否定了唐僧取经、鉴真东渡、达摩面壁等历史上一切宗教人士所进行的规模浩大、意义深远的文化交流工作的神圣性、崇高性，最后也必然要否定了我们目前官方正在进行的在全世界大规模建立孔子学院的存在合理性，把它们都看成是"文化侵略"，把它们都当成是"精神鸦片"。

二、基督教是西方文化的源头，它构成了西方核心的价值观。我们都知道，西方文化的源头有两个：古希腊神话和基督教。两相比较，后者的重要性和所占比重要远远超过前者。不妨说，西方的"平等"、"人权"、"博爱"乃至于马克思的"共产主义"理想等现代观念都源自基督教义。如果我们把基督教批倒批臭，那干脆就把西方文化抛弃掉得了，只留下中国式的封建专制主义，是不是对中华民族就更为有利呢?

明确了上述两点,我们对赛珍珠的传教士身份非但不应该批评,反而应该加以相当程度的肯定,因为这关系到她作为"人桥"的贡献大小。不妨说,赛珍珠作为"人桥"有别于其他人,正在于她是传教士,也因为她自小师从孔门儒学,因而她才是东西方核心价值观的载体,是传承东西方核心价值观的"人桥"。这意义非同小可。

三、基督教在中国现代化进程中扮演着极其重要的角色。

由于基督教与科学具有上述的特殊关系,因而造成这样一个事实,即中国现代化进程的最初推动力恰恰是来自西方的基督教。众所周知,最早把西方现代自然科学带到中国来的是意大利传教士利玛窦,而科学正是推动社会前进的第一生产力。从那时起,中国就决定性地由封建小农经济向商品市场经济缓慢而艰难地转型。

除了自然科学的推动之外,中国进入现代化的关键是观念的变革。这一进程是以 20 世纪初的五四新文化运动为标志的。也就是说,科学、民主、自由、人权、男女平等等等现代观念是从那个时期才在中国诞生的。而这些观念正是由西方文学作品中带过来的。带这些小说过来的人多数也是传教士。当年不会英语 ABC 的"大翻译家"林琴南"翻译"的本子其中不少盖来源于此。西方小说的大量涌入,使进步的中国人头脑为之一新,于是,一场影响 20 世纪中国历史变革的"文学革命"爆发了,从而揭开了伟大的五四新文化运动的序幕。

今天的文学史家,往往都把中国现代文学的诞生以及白话文运动归功于陈独秀和胡适,并公认为现代小说的第一篇是鲁迅的《狂人日记》,现代诗歌的始作俑者是胡适的《尝试集》。其实这个结论是不太正确的。应该说,最早的白话文及白话诗歌是出自西方的基督教会。根据我的统计,在 20 世纪初,当中国新文学还没有诞生之前,西方教会在中国出的文学杂志已达十余种。在这些刊物上,传教士们把英文的《圣经》以及圣诗翻译成中文。对于这些西方传教士而言,让他们翻成文言是十分困难的,他们只会讲当地的白话——于是白话文学便诞生了。这也就是说,中国的新文学是从基督教白话文学那儿模仿来的。最早承认这一事实的是另一位大文学家、鲁迅的弟弟周作人,可惜当年那些人都装糊涂,渐渐后人也都忘掉了这一关键性的史实。

如果说,中国的新文学是呼唤中国现代化的第一只搏击云天的海燕,那么放飞海燕的恰恰是西方的基督教。

上面谈的是大的贡献,我想再以我个人的经验,讲一些具体的事例。在我的老家南京,环顾四周,保留至今继续着旺盛生命力的最早现代化的成果几乎除了洋务运动就是当年基督教会的成绩,相反,中国的农民造反往往什么东西也留不下来:如我所在的南京大学是中国东南最早的大学,一百多年前先是洋务运动的产物"两江师范学堂",清朝倒台就由基督教会接手成立"金陵女子大学",在这里哺育出世界最早的一位诺贝尔文学奖女性得主赛珍珠;又如南京最早的西医院"马林医院"也是中国东南地区最早建立的西医院,现在就是著名的"鼓楼医院"(即"南京大学附属医院")就是加拿大传教士兼医生马林创建的。至于南京许多著名的中学前身也多是教会办起来的。也就是说,南京的现代化基础是基督教会帮助打下的。反观在南京建都的洪秀全,他的"天朝田亩制度"能留下来吗?至于后来农民革命搞起来的"土改"、"人民公社"、"文革"、"忠字舞"等等,也都随大江东去,消失得无影无踪了……

历史经验证明,推动现代中国历史进步的力量在于踏踏实实的革新和改良,是来自西方基督教的默默耕耘奉献,而不是农民革命穷折腾。然而颇具反讽意味的是,20世纪两次大革命(辛亥革命及共产革命)的精英人士许多也是被教会学校培养出来的,他们跟基督教会有着千丝万缕的联系。有一个我亲见过的人物很能说明问题:1949年之前,南京国民政府因不得人心而摇摇欲坠。领导南京学生运动的中共地下党负责人叫钱大卫,此人才华横溢,精通英语、俄语,深得当年金陵神学院(今之南京大学神学院)美国大主教的喜爱。钱大卫是国民党黑名单上的人物,多少次被捕,有一次已经被国民党特务装进了麻袋准备扔到长江中去了,但都逢凶化吉,在关键时刻,出面救他的就是那位美国大主教。在解放大军渡江战斗的前夜,中央大学(即今南京大学)的大操场上举行了一场学生"反内战"、"反饥饿"的集会,我当时还只是小学生,也混进了场子里看热闹,我第一次见到了钱大卫,他在会上高唱的《伏尔加纤夫曲》至今仍回响在我的心头。1949年后,钱大卫调到北京,负责全国学联工作,1957年,在"反右"运动中据说被打成"右派",罪状之一就是他美化那位美国大主教,"文化大革命"中传闻被迫害致死。

往事如烟,往事如烟……

回过头来再看赛珍珠,她在宿县建立的女校,她和丈夫伯克进行的先进农业的推广工作以及在学校里培养出许多优秀的早期共产党员,这一切不都在说明她的所谓的传教活动,不全是在为早期中国的现代化夯实楼房的基础吗?因此我们在评价赛珍珠其人的时候,除了肯定她非凡的"人桥"贡献外,还应该增加一条,这就是她是践行中国早期现代化的拓荒者之一。要说他们当年还有什么错误,那就是太天真了,他们满怀奉献的热情,把西方软件、硬件统统搬到封建落后的中国,犯了水土不服的大忌。

我在上面说的内容,就基督教似乎说的多了点,但我以为,如果不从一个广阔的背景上去进行考察,我们就不能从根本上给赛珍珠的基督教传教士身份的历史作用给予准确的定位,否则就事论事,一叶障目不见泰山,我们就永远都跳不出旧观念的藩篱。

我这里并不否认在当年的大批传教士中,有可能混进个别所谓"帝国主义间谍"乃至一些道德败坏的成员(这一点赛珍珠也批评过),这是大浪淘沙鱼龙混杂,就像今天我们派驻外国的孔子学院的院长中我就知道有一位是个论文抄袭者一样,但总体上传教士也好,孔子学院也好,瑕不掩瑜,我想这是基本的事实。

第二个问题就是鲁迅对赛珍珠的微词。这方面过去已有不少的文章,我大都是赞同的。我想补充的是,首先这是鲁迅在一封给姚克的私人信件里写的,不是公开发表的,这一点很重要。这表明鲁迅带有非正式性随口说说的性质,它固然一定程度上反映了鲁迅内心的看法,但未必是经过深思熟虑的,明显的就是鲁迅一改往日凌厉、准确、逻辑周延的修辞习惯,语气变得飘忽不定了,有的话本身就有毛病,比如,"中国的事情,总是中国人做来,才可以见真相",这叫什么话?中国人做,就能见真相?真要这样,鲁迅也犯不上整天跟一大堆中国无聊文人论战了。事实上,文学艺术中,作者"越界"写别国的人和事写出精品来可说不胜枚举,文艺复兴时期包括莎士比亚在内许多大作家都是专门选别的国家的素材来写,《哈姆雷特》写的是挪威王子的故事,《奥赛罗》写的是威尼斯公国的事情……至于音乐家画家创作取材于他国就更多了。鲁迅不会不知道这些普通的文学常识。他只不过是凭直觉认为赛珍珠写得不如他深刻罢了。问题是,在鲁迅眼里的深刻,那是对中国封建专制主义的刨祖坟、鞭僵尸,只要不涉及此,在他心目中,一律属中国"浮面的情形"。作为反封建的旗手,斗士,他只关心这一点,其他的他顾不上。这个立场很妨碍鲁迅对当时许多文化现象做出公正的评价,这方面例子太多,仅举其一,如对梅兰芳,真要是听了鲁迅所言,京剧就得完蛋。其实文学艺术所说的深刻,是极其多面极其丰富的,鲁迅所关注的改造中国文化的层面仅是其一,此外还有人性的层面,哲理的层面、民俗学的层面,等等等等,文学艺术是万花筒,它折射出作家艺术家丰富的情感世界,也折射出生活的色彩缤纷。如果只有反封建专制主义才算深刻,那么沈从文的小说不也跟赛珍珠一样应该归类到"浮面"中去吗?平心而论,《边城》里湘西如诗如画的生活写的真还不如《大地》"深刻",沈从文的价值又在哪里呢?再者,依鲁迅当时重病缠身还要左右开弓四面出击的艰苦斗争处境,依他不停咯血还要深夜坚持写作的紧张节奏,依他的深刻而带有偏执的心理和性格,我在这里大胆推测,他甚至有没有读过更不用说读完赛珍珠的《大地》三部曲,我都心存怀疑,这里面更多的很可能是先入为主的成见,也正因为这个原因,鲁迅只在私人信件中提及,并不想公开他的看法。

所以我认为鲁迅的话只是反映他自知对赛珍珠了解不深,仅凭印象私下说说而已,因而也就语气游移,语焉飘忽,甚至带点语病的话也脱口而出了,这是不需要认真看待的。大概后来也由于赛珍珠对中国人民一贯的真诚态度令晚年鲁迅意识到了自己的失察,因而开始重新认真地看待赛珍珠,于是才显露出改变看法的端倪。

总之,不论是马克思的话还是鲁迅的话,都有特定的语境、情境,我们只能尊重史实,切不可以一概全,这应该是文学研究者的常识吧。

从出土古车马看训诂与考古的关系

◎ 滕志贤

一

训诂的对象是古代文献,古代文献记录古代社会方方面面,其中也包括各种各样的器物。古人所谓名物,其主体就是器物。名物训诂是训诂的重要内容之一。古代从事名物训诂除了少数根据目验,多数则是承袭师说或旁征博引考证推测。因为缺乏实物依据,所以存在的问题比较多。语焉不详、相互抵迕、以讹传讹等现象相当普遍。名物训诂和地下文物互为表里,可以互相印证,早在魏晋时代,王肃就懂得这个道理,并且尝试利用出土器物订正文献记载的讹误。但由于古代考古事业不发达,出土文物稀少,所以利用考古资料从事名物训诂始终未成气候。19世纪末,甲骨文被发现,一部分有眼光的文史学家立即意识到它的巨大价值,推动了传统研究方法的革新。王国维随之提出双重论证的研究方法,对文史研究产生了深远的影响。新中国成立以来,特别是近二三十年考古屡有重大发现,一些有远见卓识的学者,如裘锡圭先生,曾多次撰文倡导运用地下资料为古籍整理服务。① 但从目前情况看,还不能令人满意。训诂工作者对考古进展仍然不甚关心,甚至可以说是冷漠,在名物训诂方面基本上还是走从文献到文献因循守旧的老路。笔者从事训诂学教学与研究,近年有机会接触到一些古车马考古资料,眼界大开,获益良多,颇有感触。

二

出土文物为记载在文献上的名物及其训诂提供了可靠的参照实物,其作用显见,我认为至少有以下几点:

---

① 裘先生近年发表的相关论文主要有:《考古发现的秦汉文字资料对于校读古籍的重要性》(《中国社会科学》1980年第5期);《谈谈地下材料在先秦秦汉古籍整理工作中的作用》(《古籍整理出版情况简报》1981年第6期);《阅读古籍要重视考古资料》(《文史知识》1986年第8期)。

1. 匡补古注训释、考证、校勘的讹阙

古籍多有对名物制度的训诂,但是因为注释者的时代、学识的不同,同一名物不同的书、不同的人,有时解释分歧很大,甚至互相背离。在这种情况下,仅仅依靠文献来辨别是非,难度是很大的。如果有出土实物佐证,就能为解决聚讼提供最科学、最有说服力的证据。举几个例子:

(1)《诗·秦风·小戎》:"小戎俴收,五楘梁辀。"毛传:"梁辀,辀上句(钩)衡也。"孔疏:"辕从轸以前稍曲而上,至衡则居衡之上而向下句之,衡则横居辀下,如屋之梁也,故谓之梁辀也。"

谨案:毛传解释"梁辀"有歧义。"辀上句衡"既可理解为辀在衡之上,向下钩住衡,又可理解为辀在衡之下,向上钩住衡。孔疏则说得比较明确:衡在辀下,辀向下钩住衡。那么,辀和衡究竟哪个在上,哪个在下呢?最有发言权的当然就是地下出土文物。考古资料显示,商车发掘现场,辀衡分离,但车辀仍保持向上昂起的曲度。西周以后,衡都压在辀上。衡正中装辕纽,缚衡的辕即穿过它将衡系在辀颈上。由此看来,商周独辀车的车衡是架在辀上的。汉代以后双辕车代替了独辀车,唐代孔颖达自然不可得见独辀车真容。他只能凭借揣测来解释衡和辀的关系,出错也就难免了。

(2)《说文·革部》:"鞭,驱也。"段注:"敺,各本作驱,浅人改也。今正。敺上当有所以二字。《尚书》:'鞭作官刑。'《周礼·条狼氏》:'掌执鞭而趋辟。凡誓,执鞭以趋于前,且命之。'《司市》:'凡市人则须度守门。'《左传》:'诛屦于徒人费,弗得,鞭之见血。又公怒,鞭师曹三百。'皆谓鞭所以敺人之物。以之敺人亦曰鞭。经典之鞭皆施于人,不得施于马。《曲礼》:'乘路马,载鞭策。'《左传》:'左执鞭弭,马不出者,助之鞭之。'皆是假借施人之用为施马之称,非若今人竟谓以杖马之物杖人也。盖马箠曰策,所以击马曰箠。以箠击马曰敕,本皆有正名,不曰鞭也。击马之箠用竹,敺人之鞭用革,故其字亦从竹、从革不同。自唐以下,敺变为敂,与驱同音,谓鞭为捶马之物,因改此敺为驱,不知绝非字义。敺,捶击物也;驱,马驰也。"

谨案:段氏关于鞭的辨析似乎很充分,因此从之者众,但与地下出土文物不相吻合。近年鞭柄屡有出土(鞭梢易朽难以保存),且都在车马坑内发现(这一点对于判别鞭的作用十分重要)。如:1936年安阳殷墟小屯发现商代车马坑5座,其中20号墓中在车舆内发现两件长条形玉管制作的鞭柄。1966年春,在大司空村编号为M292的车马坑车舆内又发现了铜马鞭柄。一再在车马坑中发现鞭柄,清楚地表明鞭作为驱马之具历史久远,至迟可以追溯到商代。《说文》以"驱"释"鞭",正是确切地表达了"鞭"的主要用途。看来,鞭在古代既可鞭马,又可鞭人,难以分出先后。在出土实物面前,段氏所谓鞭用来驱马"是假借施人之用为施马之称","谓鞭为捶马之物"起自"唐以下"等说,可以不攻自破。

（3）《说文·车部》曰："轖，车籍交错也。""车籍"，《说文》各本同，《七发》李善注亦同，《急就篇》颜师古注及《广韵》并作"藉"。"交错"，《说文》各本同，李注、颜注并作"交革"。段玉裁认为"车籍交错"无论"籍"字按原字或作"藉"字解，"皆不可通"。于是，"以意正之曰车箱，箱与藉，字形之误也"；同时他又从李、颜二人注，改"交错"为"交革"。经过段氏校勘以后的全文为："轖，车箱交革也。"他嫌"车箱交革"意思不明，故在注中又加以申说："交革者，交犹遮也。谓以去毛兽皮鞔其外。""鞔之，则格空遮蔽，故曰轖。轖之言嗇也，引申之为结塞之称。"简言之，段氏认为轖就是以皮革为车帮的车箱。

谨案：段氏所谓"以意正之"，就是校雠学中的理校。陈垣先生在《元典章校补释例》中对此有过精辟的论述："遇无古本可据，或数本互异，而无所适从之时，则须用此法。此法须通识为之，否则卤莽灭裂，以不误为误，而纠纷愈甚矣。故最高妙者此法，最危险者亦此法也。"理校在段注中用得很多，经后人研究，发现其错误率相当高。今考古发现，自战国开始，部分马车车箱底部四轸间牵以革带以起减震的作用。如辉县琉璃阁出土第18、19号战国车箱底桄间牵以平行的革带；长沙西汉晚期墓出土的木车模型，车箱箱底用革带交叉编成；秦陵1、2号铜车的箱底铜板上，清晰地铸有斜方格革带编织纹，这说明原来是以皮带编织物作为舆底的。这和《说文》"轖，车籍交错（当作'交革'）"完全契合。"籍"、"藉"二字古代经常通用，此当以"藉"为正字。"藉"的本义是草垫子，此引申为车垫，也就是车箱箱底。所谓"车藉交革"，就是车垫部分的交叉编织的革带。唐王仁昫《刊谬补缺切韵（王二）·职韵》曰"（笔者按：同轖）马车下络带"，释义尤为明确（此本在段氏后重见天日，段氏不可能见到）。古代车箱蒙覆皮革称鞔革，未见有称交革者，段氏以"遮"训"交"殊为牵强，而至今亦未见有车箱四周发现革带交编的报告。考古资料证明，《说文》原文基本正确，相反，段注所作校勘却以不误为误，是站不住脚的。

2. 有助于解决因名物形制不明所造成的文献解读悬案

比较典型的例子是《左传·庄公十年》"(曹刿)下视其辙登轼而望之"句的标点。

此句标点历来有分歧，有两种点法：(1)式作"下视其辙，登，轼而望之"（登上车子，扶着车轼远望）。(2)式作"下视其辙，登轼而望之"（登上车轼远望）。标点不同，对句意的理解自然也就不一样。1978年《中国语文》曾就这一问题展开过讨论。争论的焦点集中在车轼究竟能不能登上面。王泗源认为"轼"不能登，"(轼)只是手握的一根木棍，不可以站脚，而且更高处没有把手的东西"。"即使上了，脚既站不稳，身子又四面无依傍"，"登一定会掉下来"。因此主张(1)式。陈富槐针锋相对，认为车轼是可以登上去的。他引《周礼·考工记·舆人》和清人江永《周礼疑义举要》，说明古车不仅有前轼，还有旁轼。因此"人登上(轼)，一脚踏在前面，一脚踏在左旁或右旁，手又有'较'可扶，完全不会摔下来"。所以主张(2)式。真是公说公有理，婆说婆有理。其后,廖序东先生《文言语法分析》下编分析《曹刿论战》的语法结构时只好采取两说并举的办法。因为单从语言上看,两种标点都合乎古汉语语法。尽管轼的直径连《考工记》都没有明确的记载,但现在解决这个问题并不很困难,因为出土的车舆并不少见。如太原金胜村 251 号春秋大墓车马坑 5 号车车轼直径 3.8 厘米、高 51 厘米,轼与两旁的輢齐平,这与《考工记》和江永《周礼疑义举要》所述比较接近。这样看来,车轼是可以登上去的。有了考古实物佐证,长期争论不休的公案便可一朝迎刃而解。顺便说一下,《吕氏春秋·忠廉》有这样一则故事:"吴王欲杀王子庆忌而莫之能杀,吴王患之,要离曰:'臣能之。'吴王曰:'汝恶能乎?吾尝以六马逐之江上矣,而不能及;射之矢,左右满把,而不能中。今汝拔剑则不能举臂,上车则不能登轼,汝恶能?'"它也从反面证实车轼的确可以登上去,只是因为比较细,登上去是需要一点功夫的。

3. 为判断作品的制作年代提供佐证

如《诗经》商颂究竟是什么时代的作品?自古以来就有作于商代和作于春秋二说,至今仍然争论不休。然而《商颂·烈祖》有"约軧错衡,八鸾鸧鸧"句,其中提到的"约軧"、"错衡"、"八鸾"三样名物都始于西周,在商车上不曾见过。其诗辞又与《小雅·采芑》句雷同。仅此一点,商诗说就值得怀疑。

三

反过来,考古研究也离不开训诂学的支持。比如,为出土文物定名是考古研究中的重要内容,然而定名的最主要依据是古代文献记录以及历代学者的考释。不具备一定的训诂学知识,就做不好这项工作。但是,笔者在拜读古车马方面的考古论文时,觉得有的文章在文献材料的运用上也有一些问题:

1. 有时因资料收集不全、或对文献研究不够全面深入,结论有以偏概全之嫌

如,据文献记载古车有軏。但是,軏究竟在什么部位,目前考古界认识颇不一致。主要有以下一些意见:

(1) 在车辀上。"(辀)伸出前轸木后,在车厢之前有一段较平直的部分名軏。軏前逐渐昂起,接近顶端处稍稍变细,名颈,衡就装在这里。"

(2) 在车箱前轸下,为一状似伏兔。钳制车辀的部件。清人阮元《考工记车制图解·舆解》:"当式下围辀者曰軏。軏之为物,盖在舆前轸下正中,略如伏兔,为半规形,以围辀身。辀与舆之力,在后轸则有任正以持之,在前轸则有軏以衔之,故左右转戾不致败折。"《秦始皇陵铜车马发掘报告》承阮说曰:"一、二号铜车的前后轸下无阮氏所说的任正与軏,而是在辀与前、后轸之间以榫卯套合用铜液焊接,外用革带束扎,用以固定軔、輿,使軔在輿下不致左右移动或扭戾,另外又有当兔凹口的夹持和当兔上革带的束约,纵使用力引軔,軔亦不会抽出。这些实际上和阮氏所说的任正和轨的作用是相同的。"

（3）即车轼前的盖板和垂板。秦陵1、2号铜车车轼"与前轮之间覆盖一坡形盖板,一号车轼的下沿并悬挂一长方形的垂板,从而把轼前形成隐蔽的空间。此盖板和垂板轨"。

谨案:(1)说和(2)说均未举出文献依据,恐为揣测之辞,难以信从。(3)说所据为《说文》,影响最大。《说文·车部》曰:"轨,车轼前也。"段玉裁注:"杜子春注《大驭职》,郑司农注《輈人》,后郑注《少仪》,皆曰轨谓车轼前也。……戴先生云:车旁曰輢,式前曰轨,皆揗輿版也。轨以揗式前,故汉人亦呼曰揗轨。"我们认为(3)说恐也未当。

"轨"字在《周礼》中凡三见:

（1）《周礼·夏官·大驭》:"及祭,酌仆,仆左执辔,右祭两轨,祭轨乃饮。"郑玄注:"故书'轨为范。'……杜子春又云:'轨当为軓,軓为车轼前也。'"

（2）《考工记·輈人》:"軓前十尺,而策半之。"郑玄注:"谓輈軓以前之长也。……郑司农云:'軓为式前也。书或作軓。'玄谓軓是。軓,法也,谓輿下三面之材,輢式之所树,持车正也。"

（3）同上,又:"良輈环灂,自伏兔不至軓七寸,軓中有灂,谓之国輈。"（意为:美好的輈,漆痕纹理如环形,軓下近伏兔部分七寸没有漆,其外有漆,若軓下輈上的漆痕纹理仍旧完好的,可以称为国輈了。）郑注:"伏兔至軓,盖如式深。……灂不至軓七寸,则是半有灂也。……"

综观上述三例,可以得出这样的结论,軓应指车箱底部的前、左、右三边,而不是车轼前面的挡板。理由是:

（1）既然以軓上漆痕是否被輈磨灭来检验车辆加工以及安装质量的好坏,则輈和軓必有一段互相交错,且两者贴附应有一定的面积。若軓为轼前之板,板材很薄,即使与輈相交,很难用它的端面漆痕来检验輈的。

（2）既云"自伏兔不至軓七寸",则伏兔与軓应当在同一个平面上。若軓为轼前之板,则与伏兔不在同一平面上。

（3）《考工记·輈人》:"軓前十尺,而策半之。"郑玄注:"谓輈軓以前之长也。"这就是说,测定出輈向前伸出车輿后的长度,是以軓为基准点的。常识告诉我们,车轼前的坡形盖板有斜度,作为测量基准点是不适宜的。

那么,怎么来理解《说文》"軓,车轼前也"呢?

很明显,《说文》的释义直接采自《大驭》杜注、《輈人》郑司农注或《少仪》郑玄注。"车轼前"应当是軓的特指义。軓是"輿下三面之材,輢式之所树,持车正也",也就是说,輿下左、右、前三面之材皆可称軓。因为《大驭》、《輈人》中的"軓"都是用来表示车箱底部前方的边缘,所以注家训以"轼前"以与左右两边的軌相区别。这个情况和"軫"十分相似,軫既是舆下四面边匡的统称,又可特指舆下后面的一根边匡。正因为"轼前"是"軌"的特指义,所以郑玄在《輈人》注中又以"舆下三面之材"加以补充,以免引起读者误会。这个问题孙诒让在《周礼正义》中有详辨,可以参看。

軌既是舆下三面材,那么轼前之板如何定名?我们认为应定名为挡軌,又称阴。孙诒让说:"《毛诗·秦风·小戎》传云:'阴,挡軌也。'郑笺云:'挡軌在式前,垂辀上。'孔疏谓以版木横侧车前,所以阴映此軌。然则彼乃挡蔽前軌之版,本与軌异物。《释名·释车》云:'阴,荫也,横侧车前以荫辀也。'辀即前闌,与軌同处。阴辀非即辀,则挡軌非即軌明矣。"这个意见是正确的。持此观点的还有胡承珙等人。胡氏说:"軌在舆下,阴在轼前,阴高于軌,是名挡軌。笺云'挡軌在轼前垂辀上',所言止有一面。"

2. 前人新的研究成果未能充分利用,有时沿用了错误的成说

如:秦陵1号铜车车轼内侧中部有两根末端作流苏状似为彩组的条带。有学者据《诗·大雅·韩奕》郑氏笺"绥所引以登车,有采章也"和孔疏"绥是升车之索,当以采丝为之,故云绥章",将此条带定名为"绥章"。

谨案:《韩奕》第二章叙周天子厚赐韩侯。原文是:"王锡韩侯:淑旂绥章,簟茀错衡,玄衮赤舄,钩膺镂钖,鞹鞃浅幭,鞗革金厄。"每句各举二物,并为同一大类,井然有序。如"簟茀错衡",为车饰也;"玄衮赤舄",为服饰也;"钩膺镂钖",为马饰也;"鞹鞃浅幭",为轼饰也;"鞗革金厄",为鞁具也。如按《笺》说,淑旂为交龙之旂,而绥章又为登车之绥,则词意错杂,与下文文例相戾。清人陈奂《诗毛氏传疏》驳郑申毛(《毛传》曰:"绥,大绥也。")。他根据《周礼》等典籍详考周代旗章制度,并参以《毛诗》异文、《诗·六月》经例,证明"绥"即"緌"之借字。"绥章"即"以缕系縿下,加为文章"(即缀以流苏的旗帜)。此当为确诂。"绥章"是旗帜,与作为登车拉手的"绥"风马牛不相及。《秦始皇陵铜车马发掘报告》弃《毛传》而不顾,对陈氏的研究成果恐亦未能留意,遂据《郑笺》、《孔疏》定1号铜车之绥为"绥章",尚须斟酌。

3. 对训诂学基本原理和方法不甚熟悉

如关于"错衡"命名的讨论。《诗经》中"错衡"凡四见,其中《小雅·采芑》、《大雅·韩奕》有《毛传》,皆训为"文衡"。《采芑》孔疏曰:"错者,杂也。杂物在衡,是有文饰。其饰之物,注无云焉,不知何所用也。"据此,现在一般认为文衡是一种有饰物的车衡。但有学者对"文衡"说持有异议。认为"错衡"是因西周车衡两端上翘而得名。谓在长安张家坡2号西周车马坑、浚县辛村42号西周墓等处曾出土两端向上翘起的车衡,此类车衡的衡末,往往装有矛状或兽首状的铜饰,"这种两端上翘、装矛状物等铜饰的衡或即错衡"。其主要理由有两条:(1)"在毛公鼎铭所记锡车器的物品单中,错衡并不与画鞞、画鞘等为伍,而是与金甬、金踵等列在一起,表明它是金属制品,或者至少是装配有较多金属零件的物品。"(2)"'错'字有'邪行逆上之义'。"

谨案:这一"错衡"新解虽然颇有思致,但仍有可商之处:(1)目前金文所见"错衡"仅两处,另一处是番生殷铭文,该文"错衡"恰恰和"画鞞"、"画鞘"列在一起。训诂学有"例不十,法不破"之说,因此仅据毛公鼎一例便断定错衡是金属制品,实在过于大胆。(2)"错"是一个多义字,在《诗经》时代,它有"错杂"、"交错"、"金涂"、"磨制玉器的石头"等义项,但各个义项都有与之相适应的语言环境。如"邪行为错"是用来解释"交错"之"错"的,这个义项显然不能用来解释《鹤鸣》"它山之石,可以为错"之"错"。如果不注意多义字的特点,不分语言环境,任意套用,很容易犯张冠李戴的错误。

笔者认为,"错衡"的命名未必和翘起的衡末有关,《毛传》、《孔疏》的解释仍然应当重视。长安张家坡 2 号西周车马坑 2 号车车衡上见有用一个大蚌泡和八个贝组成的花朵状装饰,与孔氏所谓"杂物在衡"正相吻合,因此有可能是错衡的原始形态。春秋以后墓葬中出土的装饰华丽的直筒形衡帽,如陕西凤翔八旗屯 BS33 号衡帽饰蟠虺纹,山东莒县大店春秋墓衡帽饰以羽状纹,曲阜九龙山西汉墓出土之衡帽,通体鎏金,浮雕龙纹,帽端作四出花瓣形,或许就是错衡的遗制。

4. 因误读古书而曲解古书原意

未施标点的古书,读起来比较困难。若不留心,还会发生误解。如有学者在一篇名为《汉画所见汉代车名考辨》说:"……《释名》释车部分并非无误。……释'安车'曰:'盖卑坐乘,今吏所乘小车也。'今按,《续汉志·舆服志》中多次提到安车为高官显贵所乘,(《释名》)释卑坐乘实误。"

谨按:《释名·释车》曰:"安车,盖卑,坐乘,今吏乘之小车也。"本不误。作者以不误为误,实在是误读了《释名》。古汉语"盖"字有虚实二义:① 发语词。② 车盖。《释名》以"高车"与"安车"相对作比较,上文云"高车,其盖高,立乘之车也",故此"安车,盖卑"之"盖"当为车盖无疑。该文不审,误以"盖"为发语词,故以"卑坐乘"连读,大误。秦陵 1 号铜车为立车,车盖高 114 厘米,立乘;2 号车为安车,车盖高 58.4 厘米,坐乘,与《释名》所记相符,亦可证《释名》不误。

通过以上实例,我们可以清楚地看到考古和名物训诂之间紧密的互相依存关系。关注考古新发现,充分利用考古资料,检验历来的名物训诂,纠正其错误,补充其不足,是训诂工作者迫切需要做的一件十分有意义的工作。随着越来越多的地下出土文物重见天日,其研究前景一定十分广阔。我们也希望考古工作者也能具备一定的训诂学知识,这样才能充分地准确地运用文献资料更好地为考古工作服务。考古工作者和训诂工作者携起手来,取长补短,无论对训诂研究还是对考古研究都有莫大的好处。笔者于考古是门外汉，班门弄斧，纰缪在所难免，尚祈专家指正。

参考文献

[1] 孙机.中国古独辀马车的结构[J].文物,1985(8).

[2] 段玉裁.说文解字注[M].上海:上海古籍出版社,1981.下引段注同.

[3] 杨宝成.殷代车子的发现与复原[J].考古,1984(6).

[4] 陈垣.元典章校补释例[A].陈垣.励耘书屋丛刻卷六[C].北京:北京师范大学出版社,1982.

[5] 辉县发掘报告[M].北京:科学出版社,1956.

[6] 长沙发掘报告[M].北京:科学出版社,1957.

[7] 秦始皇陵铜车马发掘报告[M].北京:文物出版社,1998.

[8] 王仁昫.刊谬补缺切韵[A].周祖谟.唐五代韵书集存[C].北京:中华书局,1983.

[9] 王泗源. 古语文随笔[J].中国语文,1978(3).

[10] 陈富槐."下视其辙,登轼而望之"辨[J].中国语文,1979(1).

[11] 廖序东.文言语法分析[M].上海:上海教育出版社,1981.

[12] 山西省考古所.太原金胜村251号春秋大墓及车马坑发掘简报[J].文物,1989(9).

[13] 陈奇猷.吕氏春秋校释[M].上海:学林出版社,1984.

[14] 孙诒让.周礼正义[M].北京:中华书局,1987.

[15] 胡承珙.毛诗后笺[M].上海:上海古籍出版社续四库全书本.

[16] 赵化成.汉画所见汉代车名考辨[J].文物,1989(3).

沈从文严肃文学观观照下的京派和海派

◎ 王继志

一

京派作家群,其实是一个成员庞杂,时空跨度大,在行进过程中无论其队伍还是其文学倾向都有所发展变化的作家群体。一般认为它是由周作人、废名、俞平伯、杨振声、沈从文、朱光潜、李健吾、冯至、曹禺、梁遇春、徐祖正、凌叔华、林徽因、梁宗岱、李长之、萧乾、芦焚、田涛、袁可嘉、穆旦、汪曾祺等人所组成。如果着眼更广的范围,还可以包括胡适、徐志摩、闻一多、梁实秋、巴金、靳以等人。

名曰"京派",实际上地域因素在这个群体中并不占主要地位。它主要是由聚集地(先是北京后为昆明、成都、武汉)的学者文化和学院文化孕育而成。作为一个文学流派,其成员的群体意识也不强,他们既没有统一的、十分明确的文学口号,也没有有意识结社成派的行为与打算。有的只是校园或学院文化中较为普遍的学术交流、文化聚会(如读诗会等)性质的沙龙雅聚,或者仅仅只是个人间的交谊。20世纪30年代中期的"京海论争"似乎促使了他们的群体意识由不自觉向自觉的转变,但同时由于文学观念与志趣的分歧,也标志着它由前期向后期的过渡。这一由"虚"而"实"、由"前期"而"后期"的发展衍变过程,又恰恰是这一群体的自然生存生态与社会接受生态互动的结果。

诚然,校园或学院并不是与世隔绝的世外桃源,但它毕竟不像政治社会那样动荡不安,而且还保持着文化上的自由与宽松。加之,文学并不等同于政治,文学的创作并不等同于政治与思想的革命,因此,虽然同样聚集于大学的校园,从事文学革命的胡适、周作人、鲁迅等的活动也就不同于专门从事社会政治思想革命的李大钊、陈独秀、钱玄同等的活动。当然,作为中国五四新文学运动的一支最早的生力军——"京派",他们从一开始就没有也不能忘情于社会人生,相反却积极地投入了批判旧人生、创建新人生的行列。但是他们的主要成员却以自己的行动,对文学与人生的关系作出了既不同于政治思想革命家,也不同于文学的社会解剖派和社会革命派的另一番解释。在他们看来,文学的世界并不等同于现实的世界,文学所建构的世界人生之于现实人生,是一种自足自为的世界人生,文学只有将日常的具体的实用的人生通过艺术的创造转变为审美的人生才有意义。文学的真正社会功能,就是要在自然的人生状态中找寻"真切"和"真情",通过艺术的创造去探寻人生的真正价值与意义。因此,努力地实现和捍卫文学艺术家及其艺术创造的独立品格,就成了贯串于前后期京派作家的文学观念的核心。他们总是力图摆脱政治与经济的干扰,去创造一个自足自重自主自为、和谐圆融的纯艺术世界。如果说京派作家也有一个共同的理想追求的话,那么,维护艺术的独立品格,构建自足的艺术天地,实现艺术表现的"精"与"美",就成了这个流派生存发展的内在驱动力。

然而,正像任何文学流派都是流动的发展的一样,京派的发展衍变历史也明显地呈现出前后两个不同的时期。而两个时期的分界线,似乎可以以1934年前后的"京海之争"为标志。在此之前,京派以周作人、废名为中心,依托《京报副刊》《晨报副刊》《语丝》《现代评论》以及1930年在北京创刊的《骆驼草》半月刊等,形成了其前期的基本阵容。但是,随着《语丝》的终刊和《骆驼草》的创刊,以周作人为领袖的中国现代"自由主义"文学即京派文学的骨干成员,也由积极的社会性文化追求向着消极的个人主义的"隐逸"、"闲适"、"趣味"性追求的方向发展。这一点我们从沈从文写于1933年10月的《论冯文炳》《文学者的态度》①两篇批评性的文学论文中能够明确地品味出来。

在《论冯文炳》中,沈从文首先对周作人在五四时期"支配"了一个时代的"文学趣味"和独特的"文体风格"给予了高度赞扬,认为他无论是自己创作的小品文和散文诗,还是翻译的日本小品文、古希腊故事以及其他弱小民族的"卑微文学",都能"彻底的把文字从藻饰空虚上转到实质言语来,那么非常切贴人类的情感"。他总是"用平静的心,感受一切大千世界的动静,从为平常眼睛所疏忽处看出动静的美……在中国新兴文学十年来,作者所表现的僧侣模样领会世情的人格,无一人可与周先生相似处"。在对废名进行评价时,沈从文也是首先指出:"在文章方面,冯文炳君作品所显示的趣味,是周先生的趣味。由于对周先生的嗜好,因而受影响,文体有相近处,原是极平常的事。用同样的眼,同样的心,周先生在一切纤细处生出惊讶的爱,冯文炳君也是在那爱悦情形下,却用自己一支笔,把这境界纤细的画出,成为创作了。"

但是沈从文针对的仅仅是废名的早期创作,即《竹林故事》和《桃园》两本小说集。沈从文认为,废名的这些作品所显示的"神奇"是"静中的动,与平凡的人性的美","差不多每篇都可以看到一个我们所熟悉的农民……如我们同样生活过来那样活在那片土地上"。"不但那农村少女动人清朗的笑声,那聪明的姿态,小小的一条河,一株孤零零长在菜园一角的葵树,我们可以从作品中接近,就是那略带牛粪气味

---

① 沈从文《论冯文炳》为1933年7月所作,后收入1934年4月出版的《沫沫集》;《文学者的态度》1933年10月刊于天津《大公报·文艺》。两文分别收入《沈从文文集》第11、12卷,花城出版社1984年版(下同)。

与略带稻草气味的乡村空气,也是仿佛把书拿来就可以嗅出的"。而这一切又恰恰是最能体现并符合沈从文对乡土文学的创作标准和创作要求的。

在对废名作品作出上述肯定的同时,沈从文还敏锐细心地对废名作品中业已显露出来的不足提出了批评。在沈从文看来,其最大的不足是由"不庄重"的文体(如"八股式的反复")带来的个人"趣味"的满足。其表现就是对于作品人物的刻画,缺少"严肃"的气氛,并且暗示着作者对于作品人物的"嘲弄"。因此沈从文不得不严肃地指出:"这暗示,若不能从所描写的人格显出,却依赖到作者的文体,这成就是失败的成就。"不难看出,沈从文是把个人的"趣味主义"审美表现看成是乡土文学创作的大忌的。

但是,由于当时许多人都认为,在"现代中国"的小说作家中,风格可与废名并列的只有沈从文一人,所以沈从文在《论冯文炳》中,便特意地举出了自己的创作与废名的作品进行了对照。他认为自己在对农村的地方性"背景"和"风俗习惯"的观察描绘上,的确跟废名有些相同之处,但是这种相同,除了文字的"单纯"、风景画的"素描"以及如一般人所说的"同是不讲文法的作者"之外,其"结果是仍然在作品上显出分歧的"。其中最大的"分歧",用沈从文自己的话说,就是:废名所显示的乡村世界只是"最小一片的完全"。他把一切都建筑在超然的"平静"上面,因此在给农村灵魂做写照时,虽也有一点"忧郁",有一点"向知与未知的欲望",有爱,有憎,但他所"雕刻"的人物性格,却无论在"日光下"或者在"黑夜"里,都永远"不会骚动","非常宁静","缺少冲突"。因而,他只是"按照自己的兴味做了一部分所欢喜的事"。而能"使社会的每一面,每一棱,皆有机会在作者笔下写出,是《雨后》作者(即沈从文——引者注)的兴味与成就"。正因为如此,所以一贯信守着"乡下人"憨直品格的沈从文竟毫不谦逊地说道:能"用矜慎的笔,作深入的解剖,具强烈的爱憎,有悲悯的情感。表现出农村及其他去我们都市生活较远的人物姿态与言语,粗糙的灵魂,单纯的情欲,以及在一切由生产关系下形成的苦乐,《雨后》作者在表现一方面言,似较冯文炳君为宽而且优"。沈从文对废名的评论恰恰印证了李健吾(刘西渭)对废名的评论。李健吾曾把废名、沈从文、乔治·桑三人放在一起加以比较,指出:废名是一个"修士",一切是内向的,他追求的是一种"超脱"的意境,是"一种交织在文字上的思维者的美化境界,而不是美丽本身"。而"沈从文先生不是一个修士。他热情地崇拜美。……他表现一段具体的生命,而这生命是美化了的,经过他的热情再现的"。他认为乔治·桑也是一个"热情"的人,但是她"博爱为怀,不唯抒情,而且说教。沈从文先生是热情的,然而他不说教;是抒情的,然而更是诗的"。的确,究竟是以审美的理想主义去"热情"而不"说教"地再现一段段自然的鲜活的"生命",还是仅仅从个人的"趣味"出发以"修士"般隐逸的姿态去书写所谓"超脱"的意境,就成了沈从文与废名在审美追求上的最大分水岭,也构成了他们之间在乡土文学创造中的根本区别。

这里尤其应该强调的是,沈从文在这里批评的绝不仅仅是冯文炳一个人的审美偏嗜,而是隐约地针对着以周作人为"盟主"的,一时间大有蔓延至南北文坛之势,并一味以"趣味"、"隐逸"、"闲适"、"超脱"、"幽默"相炫耀的"小品文"运动的。在沈从文看来,冯文炳小说文体上存在的问题,恰恰是"趣味主义"的不健康的小品文文体的病态反映。因此在评论冯文炳时,他屡屡把冯文炳和周作人挂起钩来。比如当评论到冯文炳以废名的笔名发表在《骆驼草》半月刊上的长篇小说《莫须有先生传》时,沈从文便尖锐地指出:"作者因为作风,把文字转到一个嘲弄意味中发展",甚至"把文字发展到不庄重的放肆情形下",因此"是完全失败了的一个创作"。而造成废名"完全失败"的根本原因,是由于作者长时期地生活在北平造成的"趣味的恶化",因而才有意识地要"把文体带到一个不值得提倡的方向上去"。而这又是与周作人的大力提倡和消极影响分不开的,因为"在现时,从北平所谓'北方文坛盟主'周作人、俞平伯等人,散文中糅杂了文言文,努力使它在这类作品中趣味化,且从而非意识的或意识的感到写作的喜悦,这'趣味的相同',使冯文炳君以废名笔名发表了他的新作,我觉得是可惜的。这趣味将使中国散文发展到较新情形中,却离了'朴素的美'越远,而同时作品的地方性,因此一来亦已完全失去,代替这作者过去优美文体显示一新型的,只是畸形的姿态一事了"。沈从文这里所说的使中国散文远离了"朴素的美",并使废名的小说文体转向"畸形"的所谓"新型"文体,显然是指周作人所全力提倡的以个人"趣味"为中心,以"隐逸"、"闲适"相标榜,并在上海很快得到林语堂等文人的趋奉,一时间弥漫于南北文坛成为风尚的小品文文体。

如果说沈从文的上述文字还只是从"文体"的角度揭示了前期京派作家中实际存在的越来越"趣味主义"的倾向,那么下面的一段文字,表面看来批评的仍然是废名的《莫须有先生传》,实际上则从思想内容上揭示了跟自己的审美追求"异途"的"趣味自由主义"者共同的不足:

> 在北平地方消磨了长年的教书的安定生活,有限制作者拘束于自己所习惯爱好的形式,故为周作人所称道的《无题》中所记琴子故事,风度的美,较之时间略早的一些创作,实在已就显出了不健康的病的纤细。至《莫须有先生传》,则情趣朦胧,呈露灰色……讽刺与诙谐的文字奢侈僻异化,缺少凝目正视严肃的选择,有作者衰老厌世意识。此种作品,除却供个人写作的怪悦,以及二三同好者病的嗜好,在这工作意义上,不过是一种糟蹋了作者精力的工作罢了。

明白了沈从文在《论冯文炳》一文中所要言说的上述内容,我们再来看看沈从文在1933年10月13日发表于他接编不久的天津《大公报·文艺》副刊上的《文学者的态度》和由此引发的"京海之争",以及他在《论穆时英》①中又何以将废名与穆时英

---

① 此文刊于1935年9月9日天津《大公报·文艺》,后收入《沈从文文集》第11卷。

"相提并论",也就不成问题了。

二

这里我们先说一说《论穆时英》。在一般读者看来,废名和穆时英两人的小说,完全是截然不同的两种风格的小说,或者说前者属于典型的"京派"小说,后者则属于新型的"海派"小说。但在沈从文看来,废名后期的作品和穆时英的大部分作品,"虽一则属隐士风,极端吝啬文字,邻于玄虚,一则属都市趣味,无节制的浪费文字,两相比较,大有差别,若言邪僻,则二而一"。对于废名走向"奢侈僻异"的原因,沈从文在上面的文字中已经指出,而对于穆时英的"邪僻",沈从文认为也是出于他的"不端庄、不严肃"。而造成这种"不端庄、不严肃"的根源,沈从文指出,就客观而言全在于:作者所"涉笔"的人事虽极广,但"对'人生'所具有的知识却极窄","作者所长",只是"能使用那么一套轻飘飘浮而不实的文字任意涂抹";就主观而言则全在于:"作者是先是把自己作品当作玩物,当作小吃,然后给人那么一种不端庄、不严肃的印象的。"

按理说,在作品中"极端吝啬文字"或"无节制的浪费文字",充其量不过是一个作家的文字表达习惯问题,或者说是一个人风格问题。沈从文之所以极力反对,就是因为在这种"奢侈邪僻"的文体背后,隐藏着的是作者的一种"不端庄、不严肃"、纯粹个人"趣味"的文学创作态度。而这正是跟他所坚持的"严肃"的、一丝不苟的文学创作态度水火不相容的。正因为如此,所以早在1931年当高植的第一部小说集《雪》出版时,沈从文在为之所作的《序言》中就明确说道:他看了这个小说集之后的喜悦,之所以比作者本人还高兴,就是因为作者"把文学当成一种事业,他有勇气使他凝眸最远的一方,不为目前任何失败所挫折,也不为小小成就而眩目","'他不自信当前月亮的全圆,却相信终可以由他手下产生一个正圆的月'。他那可爱的傻处,正是一个艺术家必需的性格"。① 而与高植的这种"诚实严肃"的写作态度构成对立的,正是受"诙谐趣味所支配"的"白相文学态度"。沈从文认为,由这种白相文学态度产生出来的作品,必然"不能完美,缺少健康,走入邪路"。在此,沈从文还特别点出了《骆驼草》,他说:"到了1930年,在北方,还有《骆驼草》产生,以趣味作'写作自由'的护身衣甲,但这趣味的刊物旋即灭亡,使人忘记。在南方,有些时髦刊物,创作趣味,也无从证明已认真了一点。"在沈从文看来,只有把"文学附丽于'生存斗争'和'民族意识'上,使创作摆脱了肤浅的讽刺"才是符合当时时代的必然要求的。他甚至认为,胡也频、丁玲、茅盾、施蛰存、巴金,还有一位以沉樱、小铃为笔名的陈女士的作品,之所以成功,就在于他们"摆脱了肤浅的讽刺","不儿戏","不诙谐"。这一褒

---

① 引文见《〈雪〉序》,《沈从文文集》第11卷,第14—15页。

一贬,鲜明地凸显出了沈从文严肃的文学创作观念。

正是在这样的思想背景下,沈从文才写下了《文学者的态度》一文。在这篇文章中,沈从文所反对和抨击的,依然还是南北文坛中更为广泛存在的那种"不端庄、不严肃"即以"玩票白相"的方式,"别出心计,力图出名"去对待文学创作、文学活动的恶劣态度与不良作风。他指出:现在"一部分青年人怀了最大的希望,皆以为这个民族的组织力量、道德与勇敢诚实精神,正在崩溃和腐烂。在这腐烂崩溃过程中,必然有伟大作品产生。这种伟大文学作品,一方面记录了这时代广泛苦闷的姿态,一方面也就将显示出民族复兴的健康与快乐生机。然而现在玩票白相的文学家,实占作家中的最多数。这类作家露面的原因,不属于'要成功',就属于'自以为成功'或'设计成功'"。"伟大作品的产生,不在作家如何聪明,如何骄傲,如何自以为伟大,与如何善于标榜成名,只有一个方法,就是作家诚实的去做。""假若我们对于中国文学还怀了一分希望,我觉得最需要的就是文学家态度的改变……他能明白得极多,故不拘束自己,却敢到各种生活里去认识生活,这是一件事。他应觉得他事业的尊严,故能从工作本身上得到快乐,不因一般毁誉得失限定他的左右与进退,这又是一件事。他做人表面上处处依然还像一个平常人,极其诚实,不造谣说谎,知道羞耻,很能自重,且明白文学不是赌博,不适宜随便下注投机取巧,也明白文学不是补药,不适宜单靠宣传从事渔利,这又是一件事。"

当然,我们不能把沈从文上面的话,理解为仅仅是针对以周作人为首的"趣味自由主义者"的,应该说它主要还是针对那些顶着作家的头衔却又不谨守作家的职分、东游西荡、朝秦暮楚、逢场作戏、拉帮结派、相互吹捧,"不图在作品上成功,只图在宣传上出名"的所谓文学家的。这类"文学家",在南北的文坛中都是存在的。但是,若结合沈从文在《论冯文炳》中的有关论述,这里所抨击的那种消极的纯粹以个人为中心的文学创作姿态,显然是包括周作人等老京派作家在内的。为了不使我们的结论走向偏颇,这里不妨再摘引《文学者的态度》中两段很让"海派"作家恼火,并进而引发了"京海之争"的文字,以及在此之前所写的《窄而霉斋闲话》,以作证明:

> 平常人以生活节制产生生活的艺术,他们则以放荡不羁为洒脱;平常人以游手好闲为罪过,他们则以终日闲谈为高雅;平常作家在作品成绩上努力,他们则在作品宣传上努力。这类人在上海寄生于书店、报馆、官办的杂志,在北京则寄生于大学、中学以及种种教育机关中。这类人虽附庸风雅,实际上却与平庸为缘。

> 已经成了名的文学者,或在北京教书,或在上海赋闲,教书的大约每月皆有三百至五百元的固定收入,赋闲的则每礼拜必有三五次谈话会之类列席,希望他们同我家大司务老景那么守定他的事业,尊重他的事业,大约已不是一件很容易的事情。现在可希望的,却是那些或为自己,或为社会,预备终身从事于文

学,在文学方面有所憧憬与信仰,想从这份工作上结实硬朗弄出点成绩的人……那成绩的基础,就得建筑在这种厚重,诚实,带点儿顽固而且也带点儿呆气的性格上。

这两段文字,可以说,既表明了沈从文对以"玩票白相"态度对待文学创作和文学活动者的深刻失望,也表明了他决心拯救和捍卫文学应有的尊严与价值的真实心声。沈从文在后来之所以能成为"京派文人的重镇"(姚雪垠语),正是建筑在这份"严肃诚实"、"结实硬朗"、"顽固而又带点儿呆气"的性格之上的。他的"失望",除了对一般的所谓"海派"之外,也明显是对周作人等老京派作家而发的。

然而,不料沈从文此论一出,立即引起了寄身于上海的文人苏汶(杜衡)的反对,于是他便在1933年上海《现代》月刊第4卷第2期上发表了《文人在上海》的文章,对沈从文的所谓"不问一切情由","一笔抹杀留居上海的文人"表示强烈不满。文中引用鲁迅的话,认为沈从文"把不由自主的姓名和籍贯"也"构成罪状"对上海的文人加以讥笑和嘲讽。这就不仅迫使沈从文于1934年初写下了《论"海派"》和《关于海派》[①],不得不对"海派"的具体所指加以严格界定,并一再声明"海派"并不等同于所有生活在上海的作家,而且牵连地引出鲁迅写下了《"京派"与"海派"》和《北人与南人》两篇文章参加论争。

在《论"海派"》和《关于海派》中,沈从文针对此前的论争,重点表达了自己如下几方面的内容:

1. "海派"在过去与"礼拜六派"只是"一样东西的两种称呼";在今天则是"'名士才情'与'商业竞卖'相结合"的一个概念。其最突出的特点就是"投机取巧"和"见风使舵"。他具体解释说:"我所说的'名士才情',是《儒林外史》上那一类斗方名士的才情,我所说的'商业竞卖'是上海地方推销×××一类不正当商业的竞卖。正因为是'装模作样的名士才情'与'不正当的商业竞卖'两种势力相结合,这些人才俨然能够活下去,且势力日益扩张。"他们的具体表现是:或"邀集若干新斯文人,冒充雅士,相聚一堂,吟诗论文,远谈希腊罗马,近谈文士女人,行为与扶乩猜诗谜者相差一间";或"从官方拿到了点钱,则吃吃喝喝,办什么文艺会,招纳子弟,哄骗读者,思想浅薄可笑,伎俩下流难言";或"情感主义的左倾,勇如狮子,一看情况不对时,即刻自首投降,且指认栽害友人,邀功牟利";或"渴慕出名,在作品之外去利用种种方法招摇",或"与小刊物互通声气,自作有利于自己消息";或"偷掠他人的作品,作为自己的文章;或借用小报,去制造旁人谣言,传述攫取不实不信的消息"。

2. "海派"作风"是包含南方与北方两地而言的"。他针对杜衡的误解,强调指

---

① 这两篇文章分别刊于1934年1月10日、2月21日天津《大公报·文艺》,后收入《沈从文文集》第12卷。

出:"海派作家及海派风气,并不独存在于上海一隅,便是在北方,也已经有些人在一些刊物上培养这种'人才'与'风气'。"因此虽然"因环境不同,两方面所造就的人才及所提倡的风气,自然稍稍不同,但毫无可疑,这些人物与习气,实全部皆适宜归纳在'海派'一名词下而存在。"这种"海派习气"在北方文坛(即一般意义上的"京派")上的表现是:(1)"对于作家糅合了好意与恶意的造谣"正在流行。(2)对所谓"技巧古朴的自赞"。(3)对"上海文坛消息的抄袭"。(4)若干刊物的编者,不去组织和发表那些"对于这个民族毁灭有所感觉而寻出路的新作家的作品",而只"对于几个人的起居言谈发生特殊兴味",使其刊物成了某些文人的"起居注",因此表面看来,得到了若干读者,实际上是读者与作者两方面的"不幸"。为了不再招致误解,沈从文还特意强调:茅盾、叶绍钧、鲁迅,以及包括杜衡在内的大多数生活于上海的"正在从事于文学创作杂志编纂人"都不会被认为是"海派"的。

3. 自己写作《论"海派"》(包括此前的《文学者的态度》)的"本来意思",只是想从"道德上与文化上"制止南北文坛中有害于中国新文学健康发展的恶劣风气的"蔓延与存在",从而提倡以"作者的诚实与朴质",为自己的作品"立下一个较高标准"(即在《论冯文炳》中所说的,"使文学,在一个新的希望上努力,向健康发展,各人的创作,皆应成为未来光明的颂歌之一页")。但可悲的是,这个严肃的话题,却遭到了包括自己在文章中已明确排除于"海派"之外的上海作家的误解和反对。他们有的根本不看全文,只看一下题目,就"有兴有感"地"故意说些趣话打诨";有的虽看清楚了本文,却只摘取其中"一句两句话而有兴有感","且照流行习气做着所谓'只在那么幽默一下'的表示"。

应该说,沈从文上述的辩解和指正是很清楚也很中肯的。他无非是希望已成名的和未成名的"文学者",都能以严肃的态度"守定"作家的职分,努力在艺术创作上取得成绩,并没有不分是非地完全站在"京派"的立场上去攻击"海派",更没有把所有的"海上文人"和作家都说成"海派"。他之所以把"名士才情"和"商业竞卖"并提,实际上就是既含有对"趣味主义"的老"京派"又含有对"商人气"极重的新"海派"的共同指责。如果说"名士才情"及其所列的各种表现主要指的是老"京派"的话,那么"商业竞卖"及其种种表现则主要指的是新"海派"。如同长期生活于上海的鲁迅对新"海派"们的种种表现早有感受一样,在北京起家并较长时间生活于北平的沈从文对老"京派"们的"转向"也是早有察觉并怀有不满的。早在写《论冯文炳》和《文学者的态度》之前的两年,即 1931 年 8 月,沈从文就借讨论新诗创作得失的《窄而霉斋闲话》一文,对以周作人为首的老"京派"提出了异议,并且同样使用了"趣味主义"和"白相文学态度"来指斥他们的那种不良的文学创作倾向。他指出:提倡于北京,曾经"使人联想到一个光明的希望"的"京样"的"人生文学"(这无疑是指五四新文学运动之初,周作人提倡的"人的文学"),为什么会很快地"结束在海派的浪漫主义文学兴起以后"(即指"创造社"兴起以后),就因为"人生文学提倡者同时即是'趣味主义'

讲究者"。而这种"趣味主义"文学的集中表现,就是刊物中大量登载的那些"诙谐讽刺作品",而这些"趣味主义"的"诙谐讽刺作品",又因为首先是由周作人这样的名人所提倡,所以也就很容易得到其他"趣味主义"者的"拥护",于是便很快地"几乎成为文学见解的正宗"。这一点只需看一看继小品杂志《骆驼草》之后,随着1932年《论语》在上海的创刊,《人间世》、《宇宙风》、《文饭小品》等的纷纷涌现,周作人一时间俨然成了南北文坛共同尊奉的领袖,"轰的一声,天下无不幽默和小品"等事实,便可知沈从文此言之不诬。

然而,虽然属于"京派"的一名成员,但一向抱定严肃的文学创作观念不放的沈从文,独独对这种"趣味主义"的"诙谐讽刺作品"不以为然。因此他便在《窄而霉斋闲话》中极有针对性地议论道:"讽刺与诙谐,在原则上说来,当初原不悖于人生文学,但这趣味使人生文学不能端重,失去严肃,琐碎小巧,转入泥里",而随之流行于"海上的趣味也使人厌倦"。因为"上海目下的作家,虽然没有了北京绅士自得其乐的味儿,却太富于商人沾沾自喜的习气"。很明显,在沈从文看来,无论是老"京派"的"趣味主义",还是新"海派"的"商人习气",都是把文学当成"玩具"而不是"工具"之后,出现的一种对严肃而神圣的文学事业的亵渎与侮慢行为。这对沈从文来说是绝不能容忍的,因此他大声疾呼:"凡是与'白相文学态度'相反而前进的,都值得我们十分注意。"一向反对文学的功利主义的沈从文,在文中甚至不得不宣告:尽管"文学的功利主义已成为一句拖文学到卑俗里的言语,不过,这功利若指的是可以使我们软弱的变成健康,坏的变好,不美的变美,就让我们从事文学的人,全在这种同清高相反的情形下努力,学用行商的眼注意这社会,较之在迷胡里唱唱迷人的情歌,功利也仍然还有功利的好处。""应当有那么一批人,注重文学的功利主义,却并不混合到商人市侩赚钱蚀本的纠纷里去。"

这一切无疑证明,反对"趣味主义"的"名士才情"和商人气极重的"商业竞卖",捍卫文学事业的庄严性和神圣性,是沈从文一贯的审美主张。不过,1931年以前的沈从文,毕竟只是一个怀抱着独特的严肃创作理想的一般作家,他的感慨,也只是一个有着自己的创作个性不愿随波逐流的作家,对弥漫于南北文坛中的一股不良作风不良习气的愤激与感慨。但是到了1933年9月以后,正式定居北京的沈从文,已从"学衡"派吴宓等人手中接编了《大公报·文艺副刊》,占有了自己的一个重要的文学阵地。一群有生气有实力的作家,如卞之琳、萧乾、林徽因、李健吾等,正默默地埋头于严肃的文学创作,而一大批文学新秀曹禺、芦焚、何其芳、李广田、王西彦、严文井、常风、田涛、刘祖春等也正在这个文学阵地中以一种"谦虚态度产生优秀作品"而崭露头角。另外,朱光潜、闻一多、叶公超、朱自清等人在主持各大学文学系时表现出来的认真态度,以及郑振铎、巴金、章靳以等成功创办大型刊物《文学季刊》的经验,也都给沈从文以巨大的启发与鼓舞。因此,一向把文学看作一种独立、严肃、神圣的事业,渴望从中产生出"新经典"的沈从文,再也按捺不住对文学上的"玩票白相态度"的痛恶,把清除"海派"的坏影响,看成了是"不拘南北真正对于文学有所信仰的友人一种责任"。出于对新生的健康诚实质朴严肃的文学创作力量的支持与保护,他不无远虑地指出:"莠草必需刈除,良苗方有苗茂机会","对于一切恶习的容忍,则实在可以使我们一切努力,某一时全部将在习气下毁去"。

三

其实,沈从文对"海派"的贬抑,跟鲁迅并没有太多的不同。在反对"趣味主义"的"名士才情"方面,鲁迅跟林语堂等人的有关"小品文"的论争即可证明。比如在《小品文的危机》(此文跟沈从文的《文学者的态度》几乎写于同一个时间)一文中,鲁迅虽然也首先肯定了"散文小品"在五四"文学革命"和"思想革命"时期的成功,指出那时的"散文小品"即便由于"常常取法于英国的随笔(Essay)",带有一点"幽默和雍容",也只是为了"对于旧文学的示威,在表示旧文学之自以为特长者,白话文学也并非做不到"。可是"现在的趋势,却在特别提倡那和旧文章相合之点,雍容,漂亮,缜密,就是要它成为'小摆设',供雅人的摩挲,并且想青年摩挲了这'小摆设',由粗暴而变为风雅了"。"这种小品,上海虽正在盛行,茶话酒谈,遍满小报的摊子上,但其实是正如烟花女子,已经不能在弄堂里拉扯她的生意,只好涂脂抹粉,在夜里蹩到马路上来了。"鲁迅这里所说的"特别提倡那和旧文章相合之点"、"供雅人摩挲"、使青年摩挲了这"小摆设"也变得"风雅了"等等,跟沈从文在《论冯文炳》中所说的"散文中糅杂文言","趣味朦胧,呈露灰色","显示出不健康的病的纤细",除了"供个人写作的怪悦,以及二三同好者病的嗜好"之外竟别无意义等等,几乎表达的是同一个意思。至于鲁迅对商人气极重的"商业竞卖"的批判,更与沈从文不谋而合,取同一方向。比如鲁迅在1933年4月4日发表于《申报·自由谈》上的《文人无文》,其中所列举的:"拾些琐事,做本随笔";"改首古文,算是自作";"讲一通昏话,称为评论";"编几张期刊,暗捧自己";"收罗猥谈,写成下作";"聚集旧文,印作评传";"甚至于翻些外国文坛消息,就成为世界文学史家;凑一本文学家词典,连自己也塞在里面,就成为世界的文人"。又比如鲁迅在《准风月谈·后记》中所揭露的那群"献检查之秘计,施离析之奇策,起谣诼兮中权,藏真实兮心曲,立降幡于往年,温故交于今日"的人物,岂不正是沈从文所要竭力"扫荡"的"海派"吗?

但是,沈从文没有弄明白,上海固然汇集着"趣味主义"和"商人气极重"的海派人物,但也是"左翼作家"的大本营。尽管当1934年2月国民党当局在上海一下子查禁了140多种左翼进步的文艺书籍之后,沈从文立即写下了《禁书问题》,表示抗议;尽管在文章中他把被查禁的书籍的作者都说成是"优秀公民",认为他们那"轻于物质寻觅而诚于真理追求的人格,是民族中一种如何难得的东西"!并且表示,当局对这些作家如此地进行"压迫与虐待,所用的手段,又是那么苛刻,实在是国内多数人所难理解的"！甚至在文章中指出：青年学生的"左"倾，根源不在左翼文学，而在"社会的黑暗与混乱"和"农村经济的衰落"；尽管文章发表后，上海的国民党右翼刊物《社会新闻》曾刊登文章警告沈从文"站在反革命的立场"！但是，在左翼作家的眼中，沈从文依然是一个反对革命、拥护反动政府的作家（沈从文与左翼文坛的恩恩怨怨，不在本题的讨论范围，我们将另文论述）。因此，当《禁书问题》发表后，针对《社会新闻》的警告，施蛰存在1934年6月出版的《文艺风景》创刊号上发表《书籍禁止与思想左倾》，为沈从文辩解时，便遭到了鲁迅的反驳。在施蛰存看来，沈从文只不过是站在自由主义作家的立场，"他不称许左翼文学作品的存在和价值，然而他同情被过分迫害了的弱者；我自认很能够猜度得出，倘若处于一个完全相反的政治环境中，那即是说，倘若在共产党把握统治权而以同样的方法对付国民党的作家的时候，沈从文先生也必然会发表同样的意见的"。而鲁迅先生则在6月10日撰写的《隔膜》一文中认为，沈从文实在不过是"忠而获咎"，即沈从文不懂得统治者是不准其奴才越出自己的身份为主子献策的，"一乱说，便是'越俎代谋'，当然，'罪有应得'"。而施蛰存为沈从文鸣不平，也实在是因为他对沈从文有些"隔膜"（即不够了解）而已。不难看出，此时的鲁迅仍然是把沈从文与所谓"买办"的"新月派"文人等同看待的。

也许正是因为如此，所以当沈从文的《文学者的态度》和《论"海派"》发表后，除作为"第三种人"的苏汶做出敏感反应外，一些左翼作家也以为沈从文是纯粹站在"京派"的立场对包括自己在内的上海作家的诋毁。于是也才"牵连"地带出鲁迅写下了《"京派"与"海派"》、《北人与南人》参与论争。

《"京派"与"海派"》一文的立论中心，即是认定沈从文的《文学者的态度》是一篇"扬'京派'而抑'海派'之言"。文章通过对苏汶的"纠正"，指出：沈从文所谓的"京派"与"海派"，"本不指作者的本籍而言，所指的乃是一群人所聚的地域，故'京派'非皆北平人，'海派'亦非皆上海人"。于是议论道："北京是明清的帝都，上海乃各国之租界，帝都多官，租界多商，所以文人之在京者近官，没海者近商，近官者在使官得名，近商者在使商获利，而自己也赖以糊口。要而言之，不过'京派'是官的帮闲，'海派'则是商的帮忙而已。""从官得食者其情状隐，对外尚能傲然，从商得食者其情状显，到处难于掩饰，于是忘其所以者，遂据以有清浊之分。而官之鄙商，固亦中国旧习，就更使'海派'在'京派'的眼中跌落了。"

在《北人与南人》一文的开头，鲁迅就指出："这是看了'京派'与'海派'的议论之后，牵连想到的。"接着作者议论道："北人的卑视南人，已经是一种传统。"其根本原因是，"历来的侵入者多从北方来，先征服中国之北部，又携了北人南征，所以南人在北人的眼中，也是被征服者"。"权贵南迁，就带了腐败颓废的风气来，北方倒反而干净。""据我所见，北人的优点是厚重，南人的优点是机灵。但厚重之弊也愚，机灵之弊也狡，所以某先生（指明末清初学者顾炎武——引者注）曾经指出缺点道：北方人是'饱食终日,无所用心';南方人是'群居终日,言不及义'。就有闲阶级而言,我以为大体是的确的。""不过做文章的是南人多,北方却受了影响。北京的报纸上,油嘴滑舌,吞吞吐吐,顾影自怜的文字不是比六七年前多了吗?这倘和北方固有的'贫嘴'一结婚,产生出来的一定是一种不祥的新劣种!"

如果单就北方文坛和南方文坛共同存在着的"海派"作风与"海派"习气而言,鲁迅先生对这类人物行为的刻画与揭露,的确是逼真而又恰切的。因为一个作家,一旦染上了"玩票白相"式的"海派"作风和"海派"习气,则无论是生活在北方,还是生活在南方,他都必然地要么依附于"官"(即"官的帮闲")要么依附于"商"(即"商的帮忙")。尽管他们由于生活环境所养成的性格、习惯乃至手段上存在差异,因而相互产生鄙视或攻击,但压根只能说是"兄弟阋于墙",而在"玩"文学(即把文学作为政治投机和赚钱工具而"营私肥己")这一点上却是相同的。而在对"这一点"的看法上,我以为,沈从文与鲁迅是没有分歧的。但是,鲁迅的这两篇文章,却把沈从文定在了代表整个"京派"和"北人"对"海派"和"南人"的"卑视"与"征服"这样一个位置之上,甚至把沈从文"扫荡"当时南北文坛中的"玩票白相态度"也看成是"官的帮闲"对"商的帮忙"的攻击,这应该说也是对沈从文写作《文学者的态度》的初衷,一次"有兴有感"的曲解。

四

上文我们已经说过,沈从文是一个以全部身心拥抱着文学,把文学事业看得异常神圣、庄严的作家。他把在五四精神鼓舞下产生又转而表现五四精神的新文学看成是"重造的经典",他甚至相信现存的"一切由庸俗腐败小气自私市侩人生观建筑的有形社会和无形观念,都可以用文学作为工具,去摧毁重建"(《烛虚·长庚》)。为了担负起"经典重造"的时代重任,作家必须以严肃认真的态度,通过坚持不懈的努力,去创作"受得住岁月陶冶"、"浸透人生的崇高理想"、表现出"时代精神和历史得失"的优秀作品。他认为,只有这样的作家才可能把人类引向"光明",引向"高处";只有这样的作品才可望成为"一根杠杆,一个炸雷,一种符咒",才可望由它们而"影响到社会组织的变动,恶习气的扫除,以及人生观的再造",才可望使读者的"理性更深湛一些,情感更丰富一些,做人更合理一些"(《新文人与新文学》)。然而,在他看来,中国的新文学运动发展到1926年以后,便在上海与商业结了缘,1929年以后,又变得越来越跟"政治"不可分。作家中愈来愈滋长出一种"附庸依赖"思想,作品则俨然成了"大老板商品之一种"或"在朝在野政策之一部"。他认为,这种现象表面看来似乎"活泼热闹","可细细分析,也就看出一点堕落倾向,远不如'五四'初期勇敢天真,令人敬重"(《新的文学运动与新的文学观》)。也正是在这种文学的商品化和政治化愈演愈烈的情况下,南北文坛中以周作人为首的一批既"怕责任"又"怕拘束",

"因此或以隐逸淡泊相高,或以放僻邪侈为美",既"潇洒、自由"地"玩"着文学,又同时受到"青年人的崇拜和社会供养"的所谓"新文人"(《新文人与新文学》)也正在大行其道。所以沈从文在反对文学的"商品化"和"政治化(政策化)"的同时,对"趣味个人主义"的"小品文"运动才进行了认真的检视和猛烈的抨击。

好在鲁迅很快便看清了这种由南北文坛中的"趣味个人主义"者合流,在上海掀起的一股"小品文"热的真相,于是在1935年4月,仍借上一年"京海之争"为引子,写下了一篇题为《"京派"和"海派"》的文章(其标题跟一年前所写的《"京派"与"海派"》仅一字之差)。在这篇文章中,尽管鲁迅仍然把沈从文的文章看成是"京派奚落海派",而且认为从"根柢上并不是奚落,倒是路远迢迢的送来的秋波",但是他毕竟"省悟了先前所说的并不圆满",即把"当初的京海之争,看作'龙虎斗'固然是错误,就是认为有一条官商之界也不免欠明白。因为现在已经清清楚楚,到底搬出一碗不过黄鳝田鸡,炒在一起的苏式菜——'京海杂烩'来了"。"要而言之:今儿和前儿已不一样,京海两派中的一路,做成一碗了。"为了支撑这一论点,鲁迅主要列举了如下三个例子:(1) 1935年出版的施蛰存编的《晚明二十家小品》,为之在封面上题签的便是"真正的老京派"——周作人。(2) 在1935年2月创刊的《文饭小品》月刊(康嗣群编辑,施蛰存发行)的第三期上,排在第一篇的是知堂(周作人)的《食味杂咏注》,排在最后一篇的是施蛰存的《无相庵断残录》,鲁迅将此概括为"真正老京派打头,真正小海派煞尾"。(3) 1934年4月林语堂主编的《人间世》在上海创刊,而在创刊号的卷首就发表了"老京派"周作人的《五秩自寿诗》,故鲁迅把它看成是由"京派开路"的"半京半海派所主持的东西"。这里不难看出,鲁迅对"京海"合流掀起的这股"小品文热"是极为反感的,而这恰恰又是跟沈从文心犀相通的。因为此时的沈从文不仅没有有意识地要跟这碗"京海杂烩"炒在一起,而且泾渭分明地提出了反对文坛中的"玩票白相态度"的口号。因而在1935年8月18日发表于《大公报》上的那篇鸟瞰上海文艺刊物的文章《谈谈上海的刊物》中,他不仅批评林语堂主编的《论语》"只给读者以幽默,作者随事打趣","相隔一间就是恶趣",而且批评《人间世》"要人迷信'性灵',尊重'袁郎中',且承认小品文比任何东西还重要,真是一个幽默的打算"。由于"编者的兴味'窄',因此所登载的文章,慢慢的便会转入'游戏'的方向去。作者'性灵'虽存在,试想想,二十来岁的读者,活到目前这个国家里,哪里还能有这种潇洒情趣,哪里还宜于培养这种情趣"? 因此这类刊物与其说是为读者而办,还不如说是为作者而办,"读者多,那是读者不长进处,读者不明白自己处"。至于《文饭小品》,沈从文认为,也只有"放弃与《人间世》抢生意,不走小品一路,使刊物保持昔日《现代》杂志性质,也许更容易办好"。其态度之明确、口气之决绝,并不亚于鲁迅。

或者是由于沈从文对文坛上的"争斗"现象一向深恶痛绝,抑或者是由于他对左翼文学一向抱有偏见,因此在《谈谈上海的刊物》一文中,便把以往的文章如《新文人与新文学》等没有明白说出来的话说了个痛快。他认为:包括《太白》、《文学》等进步刊物在内的上海的"文学杂志",刊登的许多文章"皆针对着一个目的,即是向异己者用一种琐碎方法,加以无怜悯不节制的嘲讽与辱骂"。并且集中地说了如下这段话:

说到这种争斗,使我们记起《太白》、《文学》、《论语》、《人间世》几年来的争斗成绩。这成绩就是凡骂人的与被骂的一股脑儿变成丑角,等于木偶戏的互相揪打或以头互碰,除了读者养成一种"看热闹"的情趣以外,别无所有。把读者养成欢喜看"戏"不欢喜看"书"的习气,"文坛消息"的多少,成为刊物销路多少的主要原因。争斗的延长,无结果的延长,实在可说是中国读者的大不幸。我们是不是还有什么方法可以使这种"对骂"占篇幅少一些?一个时代的代表作,结起帐来若只是这些精巧的对骂,这文坛,未免太可怜了。

当然,沈从文的这些话,是出于对读者的负责,希望作家们消除意气之争,潜心于真正的文学创作,为时代提供堪称优秀的代表作品。但是沈从文的超阶级、超党派、仅从创作态度上看问题的文学观念,使他的这些话带有很大的片面性。20世纪30年代尖锐复杂的民族矛盾和阶级矛盾,造成了30年代前期文坛论争的复杂性,这中间确实有文人之间的意气之争,但左翼文学对新月派、"自由人"、"第三种人"、民族主义文学以及沈从文所说的"白相"文学之间的论争,绝不全是意气之争,其中很多论争具有鲜明的是非界线和阶级的政治的色彩。沈从文将一切论争都笼统地说成是"凡骂人的与被骂的一股脑儿变成丑角"的"对骂",这显然混淆了其中的是非界线。另外,文章把《太白》、《文学》与《论语》、《人间世》并提,也有失偏颇。的确,这四种杂志都刊有大量的包括杂文在内的小品文,但《太白》、《文学》的办刊立场和办刊态度,跟一味提倡"幽默"、"闲适",逃避现实斗争的《论语》、《人间世》是存在根本的区别的。因此,即便就文体而言,虽然同样是小品文(包括杂文),那也正如鲁迅在《小品文的危机》一文中所说,"生存的小品文,必须是匕首,是投枪,能和读者一同杀出一条生存的血路的东西;它也能给人愉快和休息,然而这并不是'小摆设',更不是抚慰和麻醉,它给人的愉快和休息是休养,是劳作和战斗之前的准备。"沈从文不分青红皂白地一概抹杀包括杂文在内的小品文,起码是犯了以偏概全的错误。况且沈从文自己发起和参与文坛论争的这些文章,以及他的一些"感时讽人"的文章,不也是属于广泛意义上的小品文吗?如果结合他在写作此文前后的某些说法,其持论的偏颇和文学观念的局限则愈加明显。比如在1930年所写的《沫沫集·〈轮盘〉的序》中,他就把革命文学的论争看成是双方"骂来骂去"。在写于1933年而到1939年才得以结集出版的《记丁玲续集》中,又对左翼作家与新月派之间的斗争,超然地做出了各打五十大板的评判:"绅士骂不绅士,不绅士嘲笑绅士,这算是数年来文学论争者的一种永不厌嫌的副题,我觉得真不必要!其实两者正差不多,就因为两者都是人,坏的一样的坏,懒的一样的懒,至于好的,也还是一样的好。"这种抽象的从"人"

的观念出发,以人品的"好坏"来判定文学的"是非",本身就是很不恰当的。

　　针对沈从文在《谈谈上海的刊物》一文中表现出来的思想与认识上的偏颇,鲁迅在《七论"文人相轻"——两伤》中,尖锐指出:"纵使名之曰'私骂',但大约决不会件件都是一面等于二加二,一面等于一加三,在'私'之中,有的较近于'公',在'骂'之中,有的较合于'理'的,居然来加评论的人,就应该放弃了'看热闹的情趣',加以分析,明白地说出你究以为那一面较'是',那一面较'非'来。"应该说鲁迅对沈从文的上述批评,既是诚恳的,又是深刻的。沈从文看到了文坛的"可怜"和读者的"不幸",却只一味地呼吁停止"对骂",似乎一旦停止了对骂,上海的所有"文学杂志"就会自然地产生出优秀的作品,这实在只是一种天真的想法。殊不知,不真正地铲除沈从文在《窄而霉斋闲话》中所说的"软弱"的、"坏"的、"不美"的,那么所谓"健康"的、"好"的、"美"又何以会生长?不彻底摧毁沈从文在《禁书问题》中所深恶痛绝的反动政策,那么反映一个时代的优秀作品又何以会诞生和存在?况且,沈从文所反对的以提倡"幽默"、"闲适"而走向消极遁世的林语堂,此时不也正在把所谓"白话派骂文言派,文言派骂白话派,民族文学骂普罗,普罗骂第三种人……"看作"女子入宫见妒"式的"相互臭骂"吗?这不能不说是沈从文文学观念矛盾性与片面性的表现。

　　总之,在反对和清除新文学领域中的"玩票白相态度"即"趣味个人主义"方面,沈从文和鲁迅是取同一立场的,但鲁迅的深刻之处在于,他总是能从文学者的"趣味"、"态度"的背后看到其阶级的政治的区别,因而并不一般地反对文学论争,而沈从文则往往从个人的"审美理想主义"出发,看到"趣味个人主义"对建设健康的新文学构成的危害。

参考文献

　　[1] 李健吾.李健吾创作评论选集·《边城——沈从文先生作》[M].北京:人民文学出版社,1984.
　　[2] 鲁迅.鲁迅全集:第6卷[M].北京:人民文学出版社,1991.
　　[3] 鲁迅.鲁迅全集:第5卷[M].北京:人民文学出版社,1991.
　　[4] 林语堂.做文与做人[J].论语,1935(57).

《诗序》考

◎ 徐有富

关于《诗序》的作者与写作时代约有20种不同说法,被《四库全书总目》经部《诗》类《诗序》二卷提要称为"说经之家第一争诟之端",至今尚无定论。顾颉刚在《古史辨》第一册《自序》中说他于1922年提出一个假设:"古史是层累地造成的。"并将此假设付诸古史与古代传说的科研实践。胡适于1924年发表了《古史讨论的读后感》,对顾氏的这一假设作了充分的肯定,称之为"用历史演进的见解来观察历史上的传说"。我们认为《诗序》也是"层累地造成的",也应当"用历史演进的见解"来研究它。

一、周太师与《诗序》

我们觉得应当对《诗序》加以分析,区别对待。就《毛诗序》而言,以《关雎》为例,可以分为五个部分:一是篇题,如《关雎》;二是章句数,如"五章,章四句";三是序,即序中开头的那句话,如"后妃之德也";四是对序加以解释的话,如"风之始也,所以风天下而正夫妇也。故用之乡人焉,用之邦国焉";五是大序,也就是《关雎》序中从"风,风也"到序末的那段文字。我们认为在讨论《诗序》作者与写作时代时,对这五个部分要区别对待。

在上述五个部分中,篇题、章句数、大序相对独立,容易区别。比较难以理解的是将每首诗的序分成"序"和"对序加以解释的话"(也即"续申之词")两个部分,而残存的三家诗序可以说明这一点。朱彝尊指出:"《诗》之有《序》不特《毛传》为然,说《韩诗》、《鲁诗》者亦莫不有序。如《关雎》'刺时也。'《芣苢》'伤夫有恶疾也。'《汉广》'悦人也。'《汝坟》'辞家也。'《蟋蟀》'刺奔女也。'……此韩诗之序也。"

鲁诗也有序,蔡邕《独断》卷上罗列了一批《诗经·商颂》之《诗序》,今录四则为例:

《维天之命》一章八句,告太平于文王之所歌也。《维清》一章五句,奏象武之歌也。《烈文》一章十三句,成王即政,诸侯助祭之所歌也。《天作》一章七句,祝先王公之所歌也。

朱彝尊指出,"蔡邕书《石经》悉本鲁诗",则蔡邕《独断》所录当为鲁诗序。

齐诗早佚,《齐诗序》引者甚少,魏源尝云:"《齐诗》最残缺,而张楫魏人,习齐诗,其《上林赋》注曰:'贤者不遇明王也。'句例亦与《毛诗》首序正同。是即齐诗序也。"

现存《诗》三家序的共同特点是都只有一句话,可见原序的体例只有一句话。后面的续申之词显然是后人加上去的。《四库全书总目》也赞成将每首诗的《毛诗序》分成两部分,其于《诗序》二卷提要云:"今参考诸说,定序首二语为毛苌以前经师所传,以下续申之词为毛苌以下弟子所附。"

我们认为每首诗的篇题、章句数,以及原序,基本上是由周代历任太师写的,各诸侯国的太师在采集整理诗的过程中,也起了很大作用。《汉书·艺文志·六艺略·诗》类序云:"古有采诗之官,王者所以观风俗,知得失,自考正也。"周代的采诗之官就是太师,《礼记·王制》云:"天子五年一巡狩。岁二月,东巡狩……命大师陈诗以观民风。"《汉书·食货志》亦云:"孟春之月,群居者将散,行人振木铎徇于路,以采诗献之大师,比其音律,以闻于天子。故曰:王者不窥牖户而知天下。"

篇题实际上是在采诗、献诗、整理诗、演出诗的过程中产生的。因为所收集到的诗歌很多,为了将所收集到的诗歌彼此加以区分,不得不在每首诗歌中找一两个字,或三四个字或一句诗作为题目,宋人戴埴指出:

> 《诗》篇名之例不一,《关雎》、《葛覃》之类,取其首章;《权舆》、《驺虞》之类,取其末章;《召旻》、《韩奕》之类,取一章之义合而成文;《氓》、《丰》、《荡》、《绵》之类,取章中一事;《维天之命》、《昊天有成命》,则取章中一句。惟《雨无正》、《酌》、《赉》,于诗亦无取。

可见为《诗》取篇名随意性较大,不需要多少学问,太师们当然都是胜任愉快的。为诗篇确定题目的主要任务是为了将每首诗区分开来,便于指称,所以《诗》三百篇的题目都彼此不同。

太师们还有个任务就是对收集上来的诗歌进行挑选,再"比其音律,以闻于天子"。除对诗歌进行音乐加工外,还要根据演唱的需要对歌词进行加工,有些诗歌由一段变成了两段、三段,甚至四段,所以为歌词分章句,以免错乱,也是太师们的分内工作。

再就是为诗篇写序。既然"命大师陈诗以观民风",太师自然要弄清楚每篇诗说些什么,所以太师们还要为每首诗写一个简短的内容提要。如《魏风·伐檀》:"刺贪也。"《硕鼠》:"刺重敛也。"由于篇题旨在给每首诗一个指称符号,过于简单,往往与诗的内容无关,所以为每首诗写一个反映内容的提要是必要的。正如叶梦得所说:

"吾谓古者,凡有是诗,则有是序,如今之题目者,故太师陈之则可以观风俗,遒人采之则可以知训戒,学者颂之则可以兴、可以观、可以群、可以怨。"

说《诗序》是周太师写的,还因为其内容代表了周朝的观点。宋人叶适就指出了这一点:

> 周以诗为教,置学立师。比辑义类,必本朝廷。况颂者乃其宗庙之乐乎?诸侯之风,上及京师,列于学官,其所去取,亦皆当时朝廷之意,故《匪风》之思周道,《下泉》之思治,《苘兮》思西方之人,皆自周言之也。

每首诗歌的性质与功能是不同的,有的是在庙堂演出的,有的是在宫廷演出的,有的为了让人娱乐而演出的。所以太师们还要将所有的诗歌分成风、雅、颂几大类。

太师还承担着演出的教学与组织工作,如《周礼》卷二十三《大师》云:"大师……教六诗:曰风、曰赋、曰比、曰兴、曰雅、曰颂。"太师们组织乐工在各种场合演出的诗歌经过整理,自然都保存在太师那儿,这也就是孔子的七世祖要到周太师那儿校勘《商颂》的原因。有些诸侯国的太师也需要演出这些诗歌,所以他们那儿也保存了这些诗歌及其演出方法,这也就是季札能够观赏鲁国的太师让乐工们比较完整地演奏风、雅、颂诗的乐曲的原因。

而且培养统治阶级接班人的工作历来都是由乐官承担的。如《尚书·虞书·舜典》云:"帝曰:夔,命汝典乐,教胄子。"周代自然也一样,《周礼·春官·宗伯下》云:"大司乐掌成均之法,以治建国之学政,而合国之子弟焉。"董仲舒云:"成均,五帝之学。成均之法者,其遗礼可法者。国之子弟,公卿大夫之子弟当学者谓之国子。"《礼记·王制》说得更明白:

> 命乡论秀士,升之司徒,曰选士。司徒论选士之秀者,而升之学,曰俊士。升于司徒者,不征于乡。升于学者,不征于司徒,曰造士。乐正崇四术,立四教,顺先王诗书礼乐以造士。春秋教以礼乐,冬夏教以《诗》《书》。王大子、王子、群后之大子,卿大夫元士之适子,国之俊选皆造焉。

郑玄注云:"乐正,乐官之长,掌国子之教。"在礼、乐、《诗》、《书》四教中,至少前三教与音乐密切相关,所以让乐官负责国子们的教学工作,自然是非常恰当的。

既然要教学生,当然得有教材,所以经过太师们整理过的《诗》自然而然就成了他们的教材。

二、鲁太师与《诗》三百篇

鲁国的太师,特别是师挚也为《诗》三百篇的整理编辑做出了突出贡献。首先,鲁国较为完整地保存着《诗》三百篇及其演奏方法。《左传·襄公二十九年》记载了吴公子季札应聘拜访鲁国,见到了鲁之宗卿叔孙穆子:

> 请观于周乐。使公为之歌《周南》、《召南》。曰:"美哉!始基之矣,犹未也。然勤而不怨矣。"为之歌《邶》、《鄘》、《卫》。曰:"美哉!渊乎,忧而不困者也。吾闻卫康叔、武公之德如是,是其《卫风》乎!"为之歌《王》。曰:"美哉!思而不惧,其周之东乎!"为之歌《郑》。曰:"美哉!其细已甚,民弗堪也,是其先亡乎?"为之歌《齐》。曰:"美哉,泱泱乎!大风也哉!表东海者,其太公乎?固未可量也。"为之歌《豳》。曰:"美哉!荡乎,乐而不淫,其周公之东乎?"为之歌秦。曰:"此之谓夏声,夫能夏则大,大之至也,其周之旧乎?"为之歌《魏》。曰:"美哉!沨沨乎,大而婉,险而易行,以德辅此,则明主也。"为之歌《唐》。曰:"思深哉!其有陶唐氏之遗民乎!不然,何其忧之远也?非令德之后,谁能若是?"为之歌《陈》,曰:"国无主,其能久乎?"自《郐》以下无讥焉。为之歌《小雅》。曰:"美哉!思而不贰,怨而不言,其周德之衰乎?犹有先王之遗民焉。"为之歌《大雅》,曰:"广哉!熙熙乎,曲而有直体,其文王之德乎?"为之歌《颂》。曰:"至矣哉!直而不倨,曲而不诎,迩而不逼,远而不携,迁而不淫,复而不厌,哀而不愁,乐而不荒,用而不匮,广而不宣,施而不费,取而不贪,处而不底,行而不流,五声和,八风平,节有度,守有序,盛德之所同也。"

如果将鲁乐工所歌唱的《豳》风移至风诗的最后,再将《秦》风移至《唐》风的后面,其顺序就同现在通行的《诗经》一模一样。季札观周乐的时间是公元前544年,孔子已经7岁,这表明他能见到《诗经》定本的可能性非常大。而季札到鲁国请观周乐,表明其他诸侯国不一定都能完整地保存与演奏周乐。

其次,《隋书·经籍志·经部·诗》类小序曾明确地指出师挚编次过诗:

> 夏、殷已上,诗多不存。周氏始自后稷,而公刘克笃前烈,太王肇基王迹,文王光昭前绪,武王克平殷乱,成王、周公化至太平,诵美盛德,踵武相继。幽、厉板荡,怨刺并兴。其后王泽竭而诗亡,鲁太师挚次而录之。孔子删诗,上采桑,下取鲁,凡三百篇。

这种说法是有道理的,因为《诗经》中有《鲁颂》四篇,与《周颂》、《商颂》并列,《商颂》

还可以说是前朝遗留下来的，至于《鲁颂》若非鲁国的太师所编，其他还有谁来做这件事呢？

孔子也表扬过师挚，如《论语·泰伯》云："子曰：师挚之始，《关雎》之乱，洋洋乎盈耳哉。"这说明孔子亲自欣赏过师挚组织乐工演奏《诗》三百篇，否则他要为《诗》三百篇做正乐工作几乎是不可能的。由于他担任过鲁国的高官，所以他从鲁国的太师那里获得《诗》三百篇当也不是什么难事。上面那段引文也明确指出孔子编辑《诗》三百篇时，"下取鲁"，充分利用了鲁国太师们所编次的《诗》。

三、孔子与《诗》三百篇

在新的形势下，《诗》的教学目的、教学内容与教学方式都起了很大变化。由于春秋战国时代，各诸侯国之间的斗争加剧，诸侯国之间的斗争实际上是人才的竞争，而传统的人才培养模式已经不适应时代的需要，于是以孔子为代表的私家教育事业获得了蓬勃的发展，因为他们注意培养一些适应各国需要的实用性人才。当时可以说出现了百家争鸣、诸子腾跃的局面，孔子作为儒家学派的创始人与杰出代表是历来为人们所公认的，如《墨子·公孟》篇说："今孔子博于《诗》、《书》，察于《礼》、《乐》。"《庄子·天运》篇也称："孔子谓老聃曰：丘治《诗》、《书》、《礼》、《乐》、《易》、《春秋》六经，自以为久矣。孰知其故矣。"作为传授礼乐诗书的代表人物，需要有一本较为稳定的教材，他对《诗》三百篇的编辑整理作出了贡献，应当在情理之中。

首先，孔子家族为整理《诗》作出过贡献。《国语·鲁语下》记载了鲁大夫闵马父对景伯说的一段话："昔正考甫校商之名《颂》十二篇于周太师，以《那》为首。"《毛诗序》云："《那》，祀成汤也。微子至于戴公，其间礼乐废坏，有正考甫者得《商颂》十二篇于周之太师，以《那》为首。"孔颖达《毛诗正义》云：

> 《国语》云："校商之名《颂》十二篇。"此云"得《商颂》十二篇"，谓于周之太师校定真伪，是从大师而得之也。言得之太师，以《那》为首，则太师先以《那》为首矣。

孔颖达还引用《世本》对孔子家世的记述，指出"正考甫是孔子七世之祖"。如果将正考甫校商之名《颂》十二篇于周太师说成是在宋戴公时，而宋戴公是在公元前799年至公元前766年当政。孔子出生于公元前551年，与七世祖正考甫相距约250年，未免过长。《史记·宋微子世家》云："襄公之时，修行仁义，欲为盟主。其大夫正考甫美之，故追道契、汤、高宗，殷所以兴，作《商颂》。"宋襄公当政的时间是公元前650年至公元前637年。孔子与七世祖正考甫相距约一百年，因为古人结婚早，在时间上还是比较符合的。但是说《商颂》就是正考甫创作的，可能性不大。因为从商朝灭亡到宋襄公当权的时代已经过去了将近四百年,再来写歌颂商朝祖先的诗献给周太师,由周太师整理后,交给诸侯国的太师让学生学习,似不合常情。如果说正考甫校商之名《颂》十二篇于周太师,那倒是合情合理的,因为如前所说,"襄公之时,修行仁义",而正考甫作为商之遗民的后裔,自然对前朝的礼乐制度也很感兴趣。可见此时就已经出现了诗的篇名,并分类编排了顺序,而从事这项工作最有权威的人是周太师,所以正考甫校商颂十二篇要到周太师那里寻找依据。值得注意的是现在通行的以《那》为首的《商颂》只剩下了五篇,可见当时周太师所整理的诗与现在通行的诗三百篇的面貌是不尽相同的。

《史记·孔子世家》明确指出:

> 孔子语鲁大师:"乐其可知也。始作翕如,纵之纯如,皦如,绎如也,以成。吾自卫反鲁,然后乐正,《雅》、《颂》各得其所。"古者《诗》三千余篇,及至孔子,去其重,取可施于礼义,上采契后稷,中述殷周之盛,至幽厉之缺,始于衽席,故曰"《关雎》之乱以为《风》始,《鹿鸣》为《小雅》始,《文王》为《大雅》始,《清庙》为《颂》始。三百五篇,孔子皆弦歌之,以求合《韶》、《武》、《雅》、《颂》之音。礼乐自此可得而述,以备王道,成六艺。"

照司马迁的这段话,现在通行的《诗经》应当是孔子编辑整理的,诗三百篇是他删定的,并且将这些诗分成了风、小雅、大雅、颂四个部分,而且还为属于各部分的诗编排了先后顺序。司马迁说孔子将《诗》三千余篇删成三百五篇,确实不能成立。但是要说现行的《诗》三百零五篇是他在前人的基础上最后确定的则是符合实际情况的。因为季札在鲁国观乐的顺序与现在流行的三百篇顺序毕竟有所不同,而鲁国太师师挚所编次的《诗》,如果不是孔子加以整理,用作教材,则也很难作为定本在社会上广为流传。

孔子编诗与《诗》三百篇的时间下限也是吻合的。周朝大约在什么时候停止了采诗活动呢?明人何楷研究了这个问题,他在《诗经世本古义·序》中指出:"今以世考之,诗亡于《下泉》,正当敬王之时,《春秋》之作适有感是时耳。盖至是而周不复兴矣。"公元前520年,周景公去世,为了争夺王位,周朝上层斗争非常剧烈,当时的盟主晋国在帮助姬匄成为周敬王方面起了很大的作用,而其中尤以荀砾出力最多。曹国始终参与了勤王活动,因此写了这首诗。诗的最后一章云:"芃芃黍苗,阴雨膏之。四国有王,郇伯劳之。"何楷分析道:

> 晋以盟主纠合四国效力成周,所谓阴雨也。四国,四方诸侯之国。王,指周天子。"四国有王"者,言四国共戴一王,皆以王之事为事也。"郇伯"晋荀砾也。徐钛云:按今人姓荀氏本郇侯之后,宜用郇字,后人去邑为荀。按郇侯本文

王子。

也就是说,大约在春秋晚期,周朝便再也没有能力开展征诗活动了。当然周朝的太师也就不再做征诗,对诗做挑选、加工整理的工作了。而孔子去世于公元前479年,即周敬王四十一年,与《诗》三百篇的时间下限是吻合的,也就是说在孔子编辑整理以后,《诗》三百篇中再也没有更晚的诗出现了。故明人何楷分析《下泉》一诗时指出:"自是而后,列国不复知有王矣,故夫子之删诗终于此。"

此外,出于教学需要,孔子也必须对《诗》三百篇作编辑整理工作。周朝的采诗活动虽然终止了,但是周朝与各诸侯国学习礼乐诗书的活动还照常进行,正如朱彝尊所说:

> 诗者掌之王朝,班之侯服,小学大学之所讽诵,冬夏之所教,莫之有异,故盟会聘问燕享,列国之大夫赋诗见志,不尽操其土风。

因为随着周王朝的衰落、诸侯国的兴盛,周王朝与诸侯国,以及诸侯国之间的交往更加频繁。由于各国多使用方言,彼此沟通起来十分困难,而各国知识分子运用"雅言"(相当于现在的普通话)所共同学习的《诗》、《书》就成了他们彼此交流的工具。春秋时期,《诗》的功能不仅没有削弱,相反还扩大了。孔子在《论语·阳货》篇就说过:"小子何莫学夫《诗》?《诗》可以兴、可以观、可以群、可以怨。迩之事父,远之事君。多识于鸟兽草木之名。"随着周王朝的衰落,各诸侯国的兴盛,当时方言盛行,三百篇成了诸侯各国间相互间交流的工具,所以《论语·季氏》指出:"不学诗,无以言。"孔子还强调学以致用,《论语·子路》篇复云:"诵《诗》三百,授之以政,不达;使于四方,不能专对,虽多,亦奚以为?"而当时孔子教学采用的就是雅言,如《论语·述而》云"子所雅言,《诗》、《书》、执礼,皆雅言也"。郑玄注:"读先王典法,必正言其音,然后义全。"这表明孔子在教学《诗》、《书》与主持礼仪时用的都是官话而非方言。

正因为大家在引用《诗》时,使用的都是雅言,所以《诗》的作用在《左传》中表现得十分明显,如夏承焘说:

> 春秋时代,诗三百篇在政治上的作用,详见于《左传》。《左传》引诗,共一百三四十处;其中关于卿大夫赋诗的,共三十一处。他们有的拿诗来作为办国际交涉的辞令,有的拿它作为官僚士大夫间互相讽刺和规劝的工具,也有拿它揭发政治阶层的昏庸丑恶,为人民作呼吁、控诉的武器。

在什么样的场合演奏什么样的诗歌是有规定的,如《左传·襄公四年》记载穆叔使晋,"晋侯享之,金奏《肆夏》之三,不拜,工歌《文王》之三,又不拜;歌《鹿鸣》之三,

三拜"。晋人问其何故,穆叔回答道:

> 《三夏》,天子所以享元侯也,使臣弗敢与闻。《文王》,两君相见之乐也,使臣不敢及。《鹿鸣》,君所以嘉寡君也,敢不拜嘉!《四牡》,君所以劳使臣也,敢不重拜!《皇皇者华》,君教使臣曰:"必咨于周。"……敢不重拜!

从中可见,晋侯自视强大,采取了一些无礼的做法,而穆叔来自礼仪之邦,对各种诗歌的乐曲、含义、使用场合都非常熟悉。要做到这一点当然需要学习。《汉书》卷三十六《楚元王传》云:

> 博士江公世为鲁《诗》宗,至江公,著《孝经说》,心嫉式,谓歌吹诸生曰:"歌《骊驹》。"(伏虔曰"逸《诗》篇名也。客欲去,歌之")式曰:"闻之于师,客歌《骊驹》,主人歌《客毋庸归》。今日诸君为主人,日尚早,未可也。"

此事发生虽然在汉代,从中也可以看出在什么样的场合歌什么样的诗是有规定的,而这些规定显然也是春秋战国时代经师们的教学内容。这也迫使经师们注意对《诗》的内容以及如何运用进行较为深入的探讨。

四、毛亨、毛苌与《毛诗序》

《汉书·艺文志·六艺略·诗》类小序云:

> 孔子纯取周诗,上采殷,下取鲁,凡三百五篇,遭秦而全者,以其讽诵,不独在竹帛故也。汉兴,鲁申公为《诗》训故,而齐辕固、燕韩生皆为之传。或取《春秋》,采杂说,咸非其本义。与不得已,鲁最为近之。三家皆列于学官。又有毛公之学,自谓子夏所传,而河间献王好之,未得立。

三家皆列于学官,《毛诗》未被中央政府列于学官与河间献王刘德有关,因为刘德是废太子刘荣的同母弟弟。另外,更重要的原因是中央政府主张郡县制,而诸侯王国当然主张封建制,河间献王刘德显然是他们的代表人物之一,他所从事的古籍整理活动也是为此服务的,如《汉书·河间献王刘德传》云:

> 河间献王德以孝景前二年立,修学好古,实事求是。从民间得善书,必为好写与之,留其真,加金帛赐以招之。繇是四方道术之人不远千里,或有先祖旧书,多奉以奏献王者,故得书多,与汉朝等。是时,淮南王安亦好书,所招致率多

浮辩。献王所得书皆古文先秦旧书,《周官》、《尚书》、《礼》、《礼记》、《孟子》、《老子》之属,皆经传说记,七十子之徒所论。其学举六艺,立《毛氏诗》、《左氏春秋》博士。修礼乐,被服儒术,造次必于儒者。山东诸儒(者)[多]从而游。

这是我们讨论《诗序》问题的社会背景。

我们在前面已经说过三家诗均有《诗序》。王先谦指出:"三家遗说,凡鲁诗如此者,韩必同之,韩诗如此者,鲁必同之。齐诗存十一于千百,而鲁、韩必同之。苟非同出一原,安能重规叠矩?"可见《诗》三家序基本上保存了古序的原貌,都来自周太师们所作的原序,而《毛诗序》则对周太师们所作原序作了较大的改动,并加上了续申之词。

我们将残存的《周南》韩诗序与《毛诗序》加以比较,就可以清楚地看出这一点。如《周南·汉广》韩诗序云:"悦人也。"应当说这三个字极其准确地概括了诗的内容,但是到了毛亨的笔下,却变成了"德广所及也"。再看后面的续申之词:"文王之道被于南国,美化行乎江汉之域,无思犯礼,求而不可得也。"不仅文词啰唆,而且牵强附会。

如果我们再将《周南》十一首诗的《诗序》的发题之词集中在一起,就会发现,其为后人刻意改写的痕迹特别明显,如:"《关雎》,后妃之德也。""《葛覃》,后妃之本也。""《卷耳》,后妃之志也。""《樛木》,后妃逮下也。""《螽斯》,后妃子孙众多也。""《桃夭》,后妃之所致也。""《兔罝》,后妃之化也。""《芣苢》,后妃之美也。""《汉广》,德化所及也。""《汝坟》,道化行也。""《麟之趾》,《关雎》之应也。"这11首诗本来与后妃没有什么关系,结果被《毛诗序》弄得几乎全与后妃挂起钩来,而且居然还首尾呼应。

如何解释这一现象呢?徐复观分析道:"《毛诗》与三家《诗》最大的出入,在三家《诗》以《关雎》为衰世之诗,而《毛诗》则由正面加以肯定,并通过《周南》以特别强调后妃在政治上的重大作用,这虽在周初有其根据,我怀疑也有受吕后专政的冲击,因而思《周南》之古,以讽汉初吕后专政几覆汉室之今的用意在里面。"这段话颇能给人以启发,但是也存在明显的问题。因为这些《诗序》对后妃非"讽"乃颂。当然颂的不是周文王的后妃,也不是吕后,而是窦太后。《汉书·窦太后传》云:"窦太后好黄帝、老子言,景帝及诸窦不得不读《老子》,尊其术。太后后景帝六岁,凡立五十一年,元光六年崩,合葬霸陵。"窦太后对文帝、景帝与武帝都长时间发生过影响。因为《毛诗诂训传》是要献给中央政府的,所以在《诗》的一开头,写上许多赞美后妃的话来讨好窦太后,以博得她的支持。因为河间献王刘德坚持封建制,在中央政府中所要争取和依靠的主要对象当然是大权在握的窦太后。

我们认为现行《毛诗序》中的原序,一部分是周朝太师写的,一部分是由毛亨在前人的基础上改写的,序中对古序加以解释的话以及《诗大序》出现较晚,应当是毛苌撰写的。郑玄《诗谱》云："鲁人大毛公为诂训，传于其家，河间献王得而献之，以小毛公为博士。"根据这段话，则《汉书·艺文志》所著录的《毛诗诂训传》当是毛亨所为，他还将原先独立存在的《诗序》分别置于各篇诗之首。而《诗序》中的续申之词与《诗大序》应当是毛苌写的。因为其中的许多话都来自于经过汉人整理与加工的先秦典籍与汉人著作，而毛苌作为河间献王的博士，可以充分利用河间献王的丰富藏书，否则难以做到这一点。前人早已考出了《诗大序》以及部分《诗序》续申之词的资料来源，如宋章如愚指出：

"诗有六义，一曰'风'"至"六曰颂"，则见于《周官》太史之所掌；"情动于中而形于言"至"亡国之音哀以思，其民困"，则见于戴经之《乐记》；"成王未知周公之志，公乃为诗以遗王，名之曰《鸱鸮》焉。"则见之于《金縢》；"古者长民衣服不贰，从容有常，以齐其民"则见于戴《记》之《缁衣》；"文公不能使高克将兵而御狄于境"，则见于《春秋》之《左氏传》；"正考甫得《商颂》十二篇于周之太师，以《那》为首。"则见于左氏之《国语》，持辞引援，往往杂出于传记之文，而谓一人为之可乎？……《诗序》非子夏所作，实出于汉之诸儒也。

文中所提到的《诗序》资料来源有《尚书》、《周礼》、《礼记》、《春秋左氏传》、《国语》等。从上面所引《汉书·河间献王刘德传》中可以清楚地看出来，这些书都为河间献王所藏，并与河间献王有着密切的关系。其中《公孙尼子》指《礼记》中的《缁衣》，郑玄引刘瓛的话说："公孙尼子所作也。"文中提到"子曰：长民者，衣服不贰，从容有常，以齐其民，则民德壹。诗云：彼都人士，狐裘黄黄。……"所以经师们很自然地依据这段话为《小雅·都人士》写了一篇《诗序》："《都人士》，周人刺衣服无常也。古者长民，衣服不贰，从容有常，以齐其民，则民德归壹。伤今不复见古人也。"从"周人"二字也可以看出来此序是后人补写的。

特别值得注意的是河间献王与《乐记》的关系。《汉书·艺文志·六艺略·乐》类序云："武帝时，河间献王好儒，与毛生等共采《周官》及诸子言乐事者，以作《乐记》，献八佾之舞。"而《毛诗》大序中的"情动于中而形于言"，"治世之音安以乐，其政和；乱世之音怨以怒，其政乖；亡国之音哀以思，其民困"，显然都引自《乐记》。此外，其诗歌可以"美教化，移风俗"的思想与《乐记》中音乐可以"移风易俗"的思想也是一致的。那么与河间献王一起作《乐记》的是谁呢？当为博士毛苌。因为毛苌是河间献王《毛氏诗》博士，自然能充分地利用河间献王丰富的资料。

所以从《诗序》的资料来源，刘德的政治倾向，以及文献整理的条件来看，应当说《诗序》是河间献王刘德在位时完成的，《诗序》的申续之词以及《诗大序》当为毛苌所为。

五、卫宏与《毛诗序》

范晔《后汉书·儒林传》云:"卫宏字敬仲,东海人。少与郑兴俱好古学。初九江谢曼卿善《毛诗》,乃为其《训》。宏从曼卿受学,因作《毛诗序》,善得《风》《雅》之旨,于今传于世。"如前所说,《诗序》包括五个部分,周太师、鲁太师、孔子、毛亨、毛苌等都在《诗序》的撰写过程中作出过贡献,将《毛诗序》的著作权只归于卫宏一个人是不恰当的。但是在传经的过程中,每位有作为的经师,在撰写自己的讲稿时,都会在前人的基础上加进一些自己的东西,范晔言之凿凿,说卫宏是《毛诗序》的作者之一,也不是没有道理的。

就《毛诗》的传授源流而言,《汉书·儒林传》云:"毛公,赵人也。治《诗》,为河间献王博士,授同国贯长卿。长卿授解延年,延年为阿武令,授徐敖。敖授九江徐侠,为王莽讲学大夫。由是言《毛诗》者本之徐敖。"清初朱彝对《毛诗》传授作了系统总结,今摘录部分内容如下:

> 苌授同国贯长卿。长卿授解延年,延年为阿武令,授徐敖。敖授九江陈侠。侠授同郡谢曼卿。曼卿善毛诗,又为之训。东海卫敬仲受学于曼卿。先儒相承谓《诗序》子夏所创,毛公及敬仲又加润益。

从上面几条材料,可以清楚地看到,在王莽当政时期,出于政治上的需要,曾经大力提倡过毛诗与古文经书。所以《毛诗》被正式立为学官,学位地位大为提高。于是又出现一个学习、整理、研究《毛诗》的高潮,卫宏在前人的基础上,写出了一个《毛诗序》的定本也是可以理解的。

参考文献

[1] 诗序(二卷)[M].四库全书总目.北京:中华书局,1965.
[2] 顾颉刚.顾颉刚集[M].北京:中国社会科学出版社,2001.
[3] 胡适.胡适文集[M].北京:北京大学出版社,1998.
[4] 朱彝尊.诗论二[A].曝书亭集[M].影印文渊阁四库全书本(1318 册).
[5] 朱彝尊.经义考[M].北京:中华书局,1998.
[6] 魏源.诗古微.齐鲁汉毛异同论[M].续修四库全书本(77 册).
[7] 戴埴.诗书篇名[A].鼠璞(卷上)[M].影印文渊阁四库全书本(854 册).
[8] 十三经注疏[M].北京:中华书局,1980.
[9] 马端临.文献通考(卷 178)[M].北京:中华书局,1986.

[10] 叶适.习学记言(卷6)[M].影印文渊阁四库全书本(849册).

[11] 何楷.诗经世本古义[M].影印文渊阁四库全书本(81册).

[12] 夏承焘.采诗和赋诗[J].中华文史论丛,1962(1).

[13] 王先谦.序例[A].诗三家义集疏[M].续修四库全书本(77册).

[14] 文选(卷34)[M].北京:中华书局,1977.

[15] 徐复观.徐复观论经学史二种[M].上海:上海书店出版社,2002.

[16] 章如愚.经籍门·诗[A].群书考索别集[M].影印文渊阁四库全书本(938册).

[17] 朱轼.毛苌[A].史传三编[M].影印文渊阁四库全书本(459册).

《广韵》重纽在古音构拟中的解释

◎ 李 开

《广韵》重纽,一般是指《广韵》相关韵类中的重出唇、牙、喉音,经研究,还有部分重出半舌音、半齿音;相关韵类有:支、脂、真、谆、仙、宵、侵、盐、祭,经研究,还有屋、虞、庚清、尤幽韵类。重纽字排在反映《广韵》小韵字状况的《韵镜》三等、四等。有关《广韵》重纽的发现和研究,已大体经历了两个研究史阶段,一是清代学者对重纽的发现和阐释①;二是晚近学者为研究重纽作出了诸多贡献②,这一时期的重纽研究裨益于古音分部或古音构拟③。现在要问:在古音分部和古音构拟问题取得相当成就,形成各家系统后的今天,又如何看待重纽呢?

一、《广韵》重纽源于上古音不同

《广韵》重纽的基本条件,应当是中古音相同或相近,重,重复出现,纽,有个完整的音节,非限于声纽,这从反映《广韵》系统的《韵镜》支类开口 13 例、支类合口 6 例,共 19 例标准化重纽中古音全部两两对应相同可证。又,纽,本来就有声纽和韵的双重含义。唐代神珙《四声五韵九弄反纽图》即"反切"图,不仅讲双声,也讲叠韵。与神珙著作的含意相同,附《广韵》后的图表就不叫"反纽图",干脆叫《双声叠韵法》,可见"纽"字确有声母和韵双重含义。"纽"可指整个音节,但专指声母而成"声纽"一词更多些。章炳麟《国故论衡》有"韵纽"一说,韵纽即指韵,不应误解为韵加声纽或专

---

① 相关内容可参见江永:《四声切韵表》(1771年刻),《丛书集成初编》第1249号,中华书局1983年版:第7页第3、4栏,第35页第2栏。又,陈澧:《切韵考》(1842年成书),卷一,罗伟豪点校,广东教育出版社2004年版,第2—5页。又,章炳麟:《国故论衡》(1910年),庞俊、郭诚永疏证,中华书局2008年版,第82—98页。又,黄侃:《声韵通例》(约1915年),《黄侃论学杂著》,上海古籍出版社1980年版,第138—144页。

② 可参见王静如:《论古汉语之腭介音》,《燕京学报》,1948(35)。又,董同龢:《广韵重纽试释》,《史语所集刊》,第十三本,1948。又,周法高:《广韵重纽的研究》,《史语所集刊》,第十三本,1948。又,李荣:《切韵音系》,科学出版社1956年版,第13页。又,邵荣芬:《切韵研究》,中国科学出版社1982年版,第70—74页。

③ 陆志韦:《古音说略》,《陆志韦语言学著作集》(一),中华书局1985年版,第2、25、76、77、99、219、258、268页。又,董同龢:《上古音韵表稿》,《史语所集刊》,第十八册,1948。

指声母。①

1.1 因上古主元音不同而使《广韵》分排两处形成重纽,是《广韵》存古之证。

1.1.1《韵镜》支类(平賝上去)开口共列出《广韵》唇、牙、喉音的三四等重纽共 13 例,共同特点全部是中古音两两皆同,无有例外,笔者称之为标准化重纽。它们是:支韵(开口)——唇音陂/卑、皮/披、皮/陴、縻/弥,牙音奇/衹,喉音×;纸韵(开口)——唇音彼/俾、破/諀、被/婢、靡/弭,牙音掎/踦、绮/企,喉音×;寘韵(开口)——唇音×,牙音寄、骑、𩨄、企,喉音×。韵图排列时固只能以"三等/四等"为对待,但实际上都是三等,四等是假四等。现举一例作古音构拟析之:

[陂/卑] 陂,《广韵平支》彼为切,上古帮纽歌部 pia/中古帮纽支韵开口三等平声 pǐe;卑,《广韵平支》府移切,上古帮纽支部 pǐe/中古帮纽支韵开口三等平声 pǐe。可知列为重纽的原因是中古音全同,同是三等字,但《韵镜》第四图"陂"排在三等,"卑"排在四等。重出的条件是上古韵部不同,主元音不同,一为歌部-a,一为支部-e。

我们对其余一一作构拟后分析之,重出的原因和条件皆同此条。这 13 例,一般无校勘问题②,中古皆三等,拟音全同,上古皆主元音不同,一般讲重纽的最喜从此标准化的重纽中引例来说明重纽的最基本的概念和音理。这 13 例还告诉我们,二字一为歌部,一为支部,到了中古,有些歌部字和支部字合二为一,都变成了支韵字。或者说,中古五支上古支半属歌部,支半属本部,由重纽而知古韵分部之理,该分的分,该合的合,须注重顾炎武《唐韵正》首次阐述的"某韵半"原理。

《韵镜》支类(平賝上去)合口共列出《广韵》唇、牙、喉音的三四等重纽共 9 例,其中 6 例因上古主元音不同而重出,另有 3 例纯因上古声纽不同而重出(见 1.3.1),现举 6 例之一:

[妫/规] 妫,《广韵平支》居为切,上古见纽歌部 k'ǐwa/中古见纽支韵合口三等平声 k'ǐwe;规,《广韵平支》居隋切,上古见纽支部 k'ǐwe/中古见纽支韵合口三等平声 k'ǐwe;可知列为重纽的原因是中古都是支韵,中古音全同,同是三等字,但"妫"排在三等,"规"排在四等。重出的条件是上古韵部不同,一为歌部,一为支部,即上古主元音不同,一为-a,一为-e。

其余 5 例为亏/闚、麾/隳、腸/𥈠、餧/恚、毁/孈,这 6 例均无校勘问题,有关情形

---

① 章炳麟:《国故论衡》,庞俊、郭永诚注疏证,中华书局 2008 年版,第 83、85 页。
② 杨军:《韵镜校笺》,浙江大学出版社 2007 年版,第 63、66 页。

的说明同支类开口。

1.1.2 如果说,以上两节主要说明标准化重纽是中古音全同,"重纽"之意就是重复出现同一音节,说五支韵半的上古韵部归属,那么,六脂重纽的情形就更复杂些。《韵镜》六脂开口共记录到重纽10例,除喉音齂/咽外,其余9例有效,其中7例为主元音单要素重纽,2例为"主元音+介音+韵尾"三要素重纽。用构拟法分析一例如下:

[濞/屁] 濞,《广韵去至》匹备切,上古滂纽职部 p'iək/中古滂纽至韵开口三等去声 p'i。屁,《广韵去至》匹寐切,上古滂纽物部 p'iət/中古滂纽至韵开口三等去声 p'i。二字中古同音,重出的条件是上古韵部不同,主元音不同,一为-ək,一为-ət。二字介音不同,一为-ĭ,一为- i。也可说二字韵尾也不同不同,一是-k,一是-t。此条说明,中古去声至韵,上古可能是入声韵职部,也可能是人声韵物部,正是上古职部字和物部字发展到中古都有可能变成至韵字而同音,造成了重纽。

另有单要素重纽伾/纰、邳/毗、鄙/匕、否/牝都涉及上古之、脂当分,脂、微当分问题。又:

单要素重纽秘/痹可说明上古脂部字和质部字、郿/寐条可说明上古质部字和脂部字、器/弃条可说明上古微部字和质部字;三要素重纽濞/屁条可说明上古职部字和物部字、备/鼻条可说明上古职部字和质部字,它们发展到中古都有可能变成至韵字而同音,造成了重纽。这5例说明中古至韵来源的极端复杂性。

《韵镜》第七图载六脂合口的重纽字共有7例,其中"主元音+介音"双要素不同成了5例重纽的条件,有"主元音+介音+声纽"三要素不同的重纽2例。举三要素重纽一例作构拟分析:

[洧 wěi/唯] 洧,《广韵上旨》荣美切,上古匣纽之部 ɣiwə/中古云纽旨韵合口三等上声 jwi。唯,《广韵上旨》以水切,上古余纽微部 ʎiwəi/中古余纽旨韵合口三等上声 jwi。二字中古同音,重出的条件是上古韵部不同,主元音不同,一为-ə,一为-əi;介音不同,一为-ĭw,一为-iw;声纽也不同,一为匣纽 ɣ-,一为余纽-ʎ。其理正是中古脂(赅上去)半在上古的之部字和上古微部字,发展到中古都有可能变成脂(旨)韵字而同音,造成了重纽。此条还说明,中古喻₃(云纽)上古可能是匣母,上古匣母与余母音值不同,而中古喻₃云纽或这里的中古余纽(喻₄)音值构拟同为 j-,从而形成了重纽。

用同样的方法来分析,可知双要素重纽有逵/葵、轨/癸、郃/揆、媿/季、匱/悸,三要素重纽有洧/唯、位/遗。就语音史的演变看,逵/葵、轨/癸、郇/揆 3 例都能说明上古幽部脂部、洧 wěi/唯说明上古之部微部、媿/季说明上古微部质部、匱/悸说明上古物部质部、位/遗说明上古物部微部,发展到中古都成为脂类(平声赅上去)而重纽。重纽的古音构拟分析对古汉语音位源流作精细说明是很有用的。

1.1.3 虞类能否构成重纽,过去很少涉及,用构拟法审视之,是能构成的,且几合标准化重纽,共 3 例,均为"主元音+声纽"双要素重纽。例:

虞韵喉音[于/逾] 于,《广韵平虞》羽俱切,上古匣纽鱼部 ɣiwa/中古云纽虞韵合口三等平声 jǐu。逾,《广韵平虞》羊朱切,上古余纽侯部 ʎǐwo/中古余纽虞韵合口三等平声 jǐu。二字中古同音,重出的条件是上古韵部不同,一为鱼部,一为侯部;主元音不同,一为-a,一为-o;上古声纽也不同,一为匣纽"-ɣ-",一为余纽"-ʎ-"。此条还同[洧/唯]条一样,能说明中古喻三在中、上古的音值。

同样,麌韵喉音羽/庾、遇韵喉音芋/裕也如此。

1.1.4 从韵图上看,学界公认的祭韵重纽似难指认,祭韵不独占三、四等,因祭、霁二韵同用甚多①,可视为同一韵,以解决指认问题。祭(霁)韵的开口和合口《韵镜》共列 5 例,除合口缘 huì/嚖条外,有效例 4 例。除 1 例移入纯介音(见 1.2.1)以外,因主元音不同共 3 例,其中 2 例为"主元音+介音",1 例为"主元音+介音+韵尾"。例开口:

[猘 zhì/计] 猘:《广韵去祭》居例切,上古见纽月部 kĭat/中古见纽祭韵开口三等去声 kǐɛi。计,《广韵去霁》古诣切,上古见纽质部 kĭɛt/中古见纽霁韵开口四等去声 kiei。从构拟的音值看,二字中古并不同音,不能构成重纽。但因祭、霁同用,实际读音"祭开三去"与"霁开四去"已近同,故设中古音构拟 kǐɛi≈kiei,则重出的条件是上古韵部月部和质部的不同,主元音复元音不同,一为-āt,一为-ēt;介音不同,一为-ĭ,一为-i;但因中古已视两介音同,故上古介音之别亦可从略。

同样的例证还有劓/诣,三要素重纽有列/桂。因祭、霁二韵同用而指认出祭韵的若干重纽,足见重纽是实际语音的反映。

1.1.5 真韵类开口。《韵镜》指认的重纽有 18 例,除了 2 例需分别移入上古纯介音不同、上古声纽和介音不同而重纽(见 1.2.1 和 1.3.1)外,因主元音不同而成重纽者 16 例,其中单要素重纽 9 例,"主元音+韵尾"1 例,"主元音+介音"4 例,"主元音

---

① 李荣:《隋韵谱》,《音韵存稿》,商务印书馆 1982 年版,第 144 页。又,鲍明炜:《唐代诗文用韵研究》,江苏古籍出版社 1990 年版,第 135 页。

+介音+声纽"2例。

[彬/宾]彬,《广韵平真》府巾切,上古帮纽文部 piən/中古帮纽真韵开口三等平声 pǐĕn。宾,《广韵平真》必邻切,上古帮纽真部 piěn/中古帮纽真韵开口三等平声 pǐĕn。构成重纽的原因是二字中古同音,重出的条件是上古韵部文部和真部的不同,韵部音值不同,一为-ən,一为-en,即主元音不同。其理正是中古真韵(赅上去)半在上古的真部,半在上古的文部;发展到中古,真韵字既可能是上古真部演变而来,也可能是上古文部字演变而来,上古真部和文部相近,很难区分。上古真、文部的演变造成了重纽。

另有"贫/频、珉/民、䵖 yīn/因、慭/泯、螼 qǐn/螼 qǐn、弼/邲、暨/吉、乙/一①"条同此条。16例中的双要素重纽有"䜄 jǐn/紧(韵尾不同)、笔/必、密/蜜、姞/佶、肵/欥 xì",三要素重纽有"陨/引、䫻 yù/逸"。

《韵镜》第十八图有谆韵类合口,因真、谆韵同用,故实际上也就是真韵类的合口,除赟 yūn/䨺 yūn 条以外,有效例3例。"主元音+介音"[麇麏/均]大体同[彬/宾]条的分析。另有2例移入1.3.1。

1.1.6 仙(先,可与仙同用)韵类开口。《韵镜》第二十三图指认为重纽的有20例,除[姸/研]条外,有效例19条。除了8例移入上古介音不同而重纽(见1.2.1)外,因主元音不同而成重纽者11例。其中单要素重纽2例,"主元音+介音"8例,"主元音+介音+声纽"1例。例:

[甄/坚]甄,《广韵平仙》居延切,上古见纽元部 kǐan/中古见纽仙韵开口三等平声 kǐɛn。坚,《广韵平先》古贤切,上古见纽真部 kien/中古见纽先韵开口四等平声 kien。因中古仙先同用,故可知中古音构拟 kǐɛn≈kien,重出的条件是上古元部和真部的不同,一为-an,一为-en。介音也不同,一为-ǐ,一为-i。因中古一列在仙韵,一为先韵,是跨韵目不同小韵的重纽。

双要素重纽还有愆/牵、焉/烟、嗎 xiān/袄、鳖/弊、弲、揭/结、焆 yè/噎、㜎 xiè/夑 xiè,三要素重纽有辡 biàn/编,单要素重纽有免/沔、舛 yǎn/蝘 yǎn。

仙(先,可与仙同用)韵类合口的重纽有8例,除5例移入上古介音不同而重纽(见1.2.1),1例移入上古声纽不同而重纽(见1.3.1)以外,因主元音不同而成重纽者2例,其中"主元音+介音"1例为勬 juān/涓,"主元音+介音+声纽"1例为嬛 xuān/儇,但此例的分析较复杂。②

1.1.7 宵(萧,可与宵同用)韵类开口(合口无重纽例),共8例,除5例移入上古

---

① 参见高本汉:《汉文典》(修订本),潘悟云等译,上海辞书出版社1997年版,第219、171页。
② 参见杨军:《韵镜校笺》,浙江大学出版社2007年版,第258、259页。

介音不同(见 1.2.1),1 例移入上古声纽不同(见 1.3.1)而重纽,除 1 例尧/峣为无效例以外,因主元音不同而成重纽者仅 1 例,且为三要素重纽:

[轿/叫]轿,《韵镜》作骄,误,当校。轿,《广韵去笑》渠庙切,上古群纽宵部 gǐau/中古群纽笑韵开口三去声 gǐeu。叫,《广韵去啸》古吊切,上古见纽幽部 kiəu/中古见纽啸韵开口四等去声 kieu。因中古啸、笑同用,故可知中古音构拟 gǐeu≈kieu,重出的条件是上古主元音不同,一为-a,一为-ə;上古介音的不同,一为-ǐ,一为-i;上古声纽的不同,一为 g-,一为 k-。

1.1.8 庚清韵类开口。《韵镜》指认 13 例,除了 1 例移入上古声纽不同而重纽(见 1.3.1),因主元音不同而成重纽者 12 例,其中单要素重纽 4 例,"主元音+介音"8 例。例:

[兵/并]兵,《广韵平庚》甫明切,上古帮纽阳部 piaŋ/中古帮纽庚韵开口三等平声 pǐeŋ。并,《广韵平清》府盈切,上古帮纽耕部 pieŋ/中古帮纽清韵开口三等平声 pǐeŋ。因中古庚与耕、清同用,戴震考定亦此。故可知中古音构拟 pǐeŋ≈pǐeŋ,可视此条为重纽。重出的条件是上古主元音不同,一为-a,一为-e,上古介音也不同,一为-i,一为-ǐ。

双要素重纽还有明/名、卿/轻、柄/摒、病/偋、命/诤 mìng、敬/劲、欂 bó/擗 bò,单要素重纽有英/嘤、丙/饼、皿/眳、影/瘿。

庚清韵类合口重纽共 4 例,除 1 例移入上古声纽不同而重纽(见 1.3.1)以外,因主元音不同而成重纽者 3 例,其中"主元音+介音"1 例(兄/赗 xiōng),"主元音+声纽"2 例。例:

[憬/顷]憬,《广韵上梗》俱永切,上古见纽阳部 kǐwaŋ/中古见纽梗韵合口三上声 kǐwɐŋ。顷《广韵上静》去颍切,上古溪纽耕部 k'iweŋ/中古溪纽静韵合口三等上声 k'ǐwɛŋ。因中古梗与耿、静同用,戴震考定亦此。故可知中古音构拟 kǐwɐŋ≈k'ǐwɛŋ,可视此条为重纽。重出的条件是上古阳部和耕部的主元音不同,一为-a,一为-e;上古声纽也不同,一为见纽 k-,一为溪纽 k'-。此条涉及声纽送气与不送气为重纽条件。

另一例"永/颖"则涉及上古匣纽 ɣ-和余纽 ʎ-的不同。

1.1.9 尤幽韵类开口。《韵镜》指认 18 例,除了 8 例移入上古介音不同(见 1.2.1),1 例移入上古声纽不同(见 1.3.1)而重纽以外,因主元音不同而成重纽者 9 例,其中"主元音+介音"7 例,"主元音+声纽"1 例(尤/由),"主元音+介音+声纽"1 例(宥/狖 yòu)。例:

[不/彪]不,《广韵平尤》甫鸠切,上古帮纽之部 pǐwə/中古帮纽尤韵开口三

平声 pǐəu。彪,《广韵平幽》甫烋切,上古帮纽幽部 piəu/中古帮纽幽韵开口四等平声 piəu。因中古声纽相同,且尤、幽韵同用,戴震考定亦此。故可知中古音构拟 pǐəu≈piəu,能构成重纽。重出的条件是上古之部与幽部的主元音不同,一为-ə,一为-uə,上古介音也不同,一为-ĭw,一为-i。

"主元音＋介音"不同者还有丘/恘 qiū、牛/聱 yóu、久/纠、莓/谬、觓 qiù/虯 qiù、旧/趴 jiù。

经分析《韵镜》第三十八图侵韵类合口的重纽无主元音不同而成重纽者。其余 2 例移入上古介音不同而重纽(见 1.2.1),2 例移入上古声纽不同而重纽(见 1.3.1)。

1.1.10《韵镜》第三十九、四十指认的重纽的构拟较复杂。盐、添韵(中古同用,开口)共有重纽 7 例,除 2 例移入上古介音不同(见 1.2.1),4 例移入上古声纽不同(见 1.3.1)而重纽以外,因主元音不同而成重纽者仅"愶 yàn/奄 yàn"1 例,且其为"主元音＋介音"不同者。而严盐韵类合口,除"酽/验"条不能构成重纽为无效例外[①],因主元音(元音)不同而成重纽者 4 例,这 4 例的构拟解释需用郑张尚方的构拟体系来解释。这表明不同构拟系统可以互补。

[醃/愔 yān] 醃,《广韵平严》於严切,上古影纽谈部 ĭam/中古影纽严韵开口三平声 ĭɐm。愔,《广韵平盐》一盐切,上古影纽谈部 ĭam/中古影纽琰韵开口三等上声 ĭɐm。二字中古声纽同,如设中古音构拟 ĭɐm ≈ĭɐm,则可构成重纽,但重出条件在上古音构拟中无据,需另作研究。如按高本汉《汉文典》提供的音系构拟,则此二字的中、上古音构拟相同。郑张尚方《上古音系》认为:醃,上古音构拟 qom;愔,开口三等重四,上古音构拟 qem,此二字重纽的条件是有上古韵部元音不同。[②]

[埯 yǎn/黡 yǎn] 有关分析大体同上,略。郑张尚方《上古音系》认为:埯,上古音构拟 qomʔ;黡,开口三等重四,上古音构拟 qemʔ,此二字重纽的条件是有上古韵部元音不同。[③]

[腌/魇] 有关分析大体同上,略。郑张尚方《上古音系》认为:腌,上古音构拟 qob;魇,开口三等重四,上古音构拟 qeb,此二字重纽的条件是上古韵部元音不同。[④]

[殜 dié/葉] 有关分析大体同上,略。郑张尚方《上古音系》认为:殜,上古音

---

① 杨军:《韵镜校笺》,浙江大学出版社 2007 年版,第 447、448 页。
② 郑张尚芳:《上古音系》,上海教育出版社 2003 年版,第 514、515 页。
③ 郑张尚芳:《上古音系》,上海教育出版社 2003 年版,第 514、515 页。
④ 郑张尚芳:《上古音系》,上海教育出版社 2003 年版,第 514、515 页。

构拟 lab；葉，上古音构拟 leb，此二字重纽的条件是上古韵部元音不同。①

1.1.11 以上古主元音不同为重出条件小结，参见本文尾注末统计表左栏。

1.2 上古介音不同是重出条件之二。中古音两字音同或音近，《广韵》纯粹因上古介音不同而重出（安排在两处），形成重纽。

1.2.1 以上 101 例中已涉及上古介音不同而重出者 49 例，此处言《广韵》全书纯因上古介音不同而形成的重纽例释，计 32 例。它们是：祭韵开口 1 例憩/契。真韵类之震韵开口 1 例抑 jīn/昀 jùn。仙先韵类之狝铣韵开口 3 例辨/辯、蹇、茧、趼 yǎn/齞 yǎn，线霰韵开口 2 例彦、砚、蜎 yǎn/宴，并另入声薛屑韵开口 3 例别/蹩、揭 qiè/猰 qiè、孽/蠥；仙先韵类之狝铣韵合口 1 例卷/畎，线霰韵合口 1 例眷/睊，入声薛屑韵合口 3 例蹶/玦、哕/抉、旻 xuè/血。宵萧韵类之宵萧韵开口 3 例骄/骁、妖/幺、嚣/膮 xiāo，小筱韵开口 2 例矫/皎、殀/杳。尤、幽韵类之尤幽韵开口 6 例浮/淲 biāo、谋/缪、鸠/樛、求/虯、优/幽、休/飍 xiū，有黝韵开口 2 例臼/蟉 liú、飑 yǒu/黝。侵韵类合口 1 例音/愔，并另入声缉韵合口 1 例邑/揖。盐、添韵类之琰忝韵开口 1 例顩 qiǎn/歉，另入声叶帖韵开口 1 例 qiè/愜。例：

[憩/契]憩：《广韵去祭》去例切，上古溪纽月部 k'iāt/中古溪纽祭韵开口三等去声 k'iɛi。契，《广韵去霁》苦计切，上古溪纽月部 k'iāt/中古溪纽霁韵开口四等去声 k'iei。从构拟的音值看，二字中古并不同音，不能构成重纽。但实际读音"祭开三去"与"霁开四去"已近同，故设中古音构拟 k'iɛi≈k'iei，则重出的条件是上古介音的长短不同，一为-ǐ，一为-i，前者为短音。

1.2.2 有两例需作出另一种古音构拟系统的解释。

[音/愔]音，《广韵平侵》於金切，上古影纽侵部 ǐəm/中古影纽侵韵开口三平声 ǐəm。愔，《广韵平侵》挹淫切，上古影纽侵部 iəm/中古影纽侵韵开口三等平声 ǐəm。中古同音。高本汉《汉文典》对此二字中、上古构拟皆同音。重出条件在上古音构拟中无据。② 需另作研究。郑张尚芳《上古音系》认为：音，中古三等重三，上古音构拟有准介音-r；愔，中古三等重四，上古音构拟无准介音-r。此二字重纽有上古准介音-r 有无为据。③

[邑/揖]有关分析大体同上，略。郑张尚芳《上古音系》认为：邑，中古三等重三，

---

① 郑张尚芳：《上古音系》，上海教育出版社 2003 年版，第 464 页。
② 高本汉：《汉文典》（修订本），潘悟云等译，上海辞书出版社 1997 年版，第 285 页。
③ 郑张尚芳：《上古音系》，上海教育出版社 2003 年版，第 529 页。

上古音构拟有准介音-r;揖,中古三等重四,上古音构拟无准介音-r。① 此二字重纽有上古准介音-r 有无为据。

1.3 上古声纽不同是重出条件之三。中古音两字音同或音近,《广韵》纯粹因上古声纽不同而重出(安排在两处),形成重纽。

1.3.1 以上 101 个主元音例中已涉及声纽不同者 14 例。此处言《广韵》全书纯因上古声纽不同而形成的重纽例释,计 18 例,其中有 8 例是"声纽+介音"双要素重纽。双要素重纽有(臻)真韵类开口囩 yún/夤 yín、狝铣韵(合口)蜎/埍 juǎn②,宵萧韵类(开口)有蹻/郻 qiāo,侵寑韵类(合口)有坅 qǐn/廒 yǐn,盐添韵类(开口)有燀 chān、韂 xiān、㩉 liǎn、嬐 jiǎo、绁 jié/颊、偞 xiè/㛍 qiè。仅由声纽不同形成的单要素重纽共 10 例,有支韵类合口为/蠵 xī、芛 wěi/葰 yì、为/瓗 qióng,谆韵类(合口)筠/匀、屈/趉 jú,庚清韵类(开口)有擎/颈,庚清韵类(合口)有荣/营,尤、幽韵类(开口)例有/酉,入声缉韵(合口)有煜/熠,还有屋韵喉音囿/育:

屋韵喉音[囿/育] 囿,《广韵入屋》于六切,上古匣纽觉部 ɣǐuk/中古云纽屋韵合口三等入声 jǐuk;育,《广韵入屋》余六切,上古余纽觉部 ʎǐuk/中古余纽屋韵合口三等入声 jǐuk。二字中古同音 jǐuk,重出的原因是上古声纽不同,一为匣纽 ɣ-,一为余纽 ʎ-。

双要素重纽还有两条的构拟值得注意:

[坅 qǐn/廒 yǐn]有关分析大体同音/愔,略。郑张尚方《上古音系》认为:坅,中古三等重三,上古音构拟 khrɯmʔ;廒,中古三等重四,上古音构拟 ŋhɯmʔ。③ 此二字重纽的条件是有上古声纽不同、准介音-r 有无为据。

[燀 chān/韂 xiān]燀,《广韵平盐》失廉切,上古书纽谈部 ɕiam/中古书纽盐韵开口三平 ɕiɛm。韂,《广韵平添》许兼切,上古晓纽谈部 xiam/中古晓纽添韵开口四等平声 xiem。因中古盐、添同用,戴震考定亦此。又今方言中书纽读晓纽字甚多,即使在造字时代,也有书纽三等字从晓纽字的。④ 钱大昕谓上古心、审二纽无别,而后世心、晓二纽音近,故可设中古音构拟 ɕiɛm ≈ xiem。重出的条件是上古声纽不同,一为 ɕ-,一为 x-;上古介音的不同,一为-ǐ,一为-i。此条如按高本汉《汉文典》提供的音系构拟,结论亦同此。是跨韵目不同小韵的重纽。

1.4 上古韵尾不同是重出条件之四。中古重纽因上古韵尾不同而重出,一般不可能单独出现,据§1 的研究,有 1.1.2 濞/屁因职部与物部、备/鼻因职部与质部,1.1.4 的刿/桂因月部与支部,1.1.5 的㗰 jǐn/紧因蒸部与真部,可知涉及入声韵与入

---

① 郑张尚芳:《上古音系》,上海教育出版社 2003 年版,第 525 页。
② 杨军:《韵镜校笺》,浙江大学出版社 2007 年版,第 265 页。
③ 郑张尚芳:《上古音系》,上海教育出版社 2003 年版,第 377、378 页。
④ 周祖谟:《问学集》(上册),中华书局 1966 年版,第 129 页。

声韵之间不同、入声韵与非入声韵不同、个别阳声韵与阳声韵之间收尾不同而重纽的可视为韵尾不同。

二、《广韵》半舌半齿音能否形成重纽

半舌半齿音能否构成重纽，学术界的看法大体有两种：一种认为舌音、齿音也能构成重纽，半舌、半齿音同此①，但它属于另一类重纽②；一种认为仅唇、牙、喉三、四等能构成重纽，半舌、半齿音则不在其列。本文则认为半舌音、半齿音能构成重纽，与舌音、齿音无关，而应与唇、牙、喉三、四等能构成重纽同列，但有的又不能构成重纽，呈现出较复杂的情况，应予验证。

2.1 验证祭韵类开口半舌半齿音共 1 例，能否构成重纽。

祭霁韵[例/丽]例，《广韵去祭》力制切，上古来纽月部 lĭat /中古来纽祭韵开口三等去声 lĭɛi。丽，《广韵去霁》郎计切，上古来纽支部 lie/中古来纽霁韵开口四等去声 liei。中古声纽相同，霁、祭同用，故可设 lĭɛi≈liei，重出的条件是上古韵部不同，主元音不同，一为月部-āt，一为支部-e；上古介音也不同，一为-ĭ，一为-i。也可说韵尾的情况不同，一为有韵尾-t，一为无韵尾。

2.2 验证谆韵类合口舌齿音（1 例举 1）能否构成重纽。

准韵[毪 rǒng/蝡 ruǎn]毪，《广韵上准》而尹切，上古日纽真部 nʲiwen/中古日纽准韵合口三等上声 ȵĭuĕn。蝡，《广韵上准》而允切，上古日纽文部 nʲiwən/中古日纽准韵合口三等上声 ȵĭuĕn。中古音相同，重出的条件是上古韵部不同，主元音不同，一为真部- e，一为文部-ə；上古介音也不同，一为-ĭw，一为-iw。

2.3 验证仙先韵类，并入声薛屑韵开口舌齿音共 3 例，能否构成重纽。

仙先韵[连/莲]连，《广韵平仙》力延切，上古来纽元部 lĭan/中古来纽仙韵开口三等平声 lĭɛn。莲，《广韵平先》落贤切，上古来纽元部 lian/中古来纽先韵开口四等平声 lien。因中古仙先同用，故可知中古音构拟 lĭɛn≈lien，因上古都是元部字，从构拟上看，仅介音有别，一为-ĭ，一为-i。

此外，线霰韵㦁 lĭan/练、薛屑韵烈/㘑 liè 同上。由以上可知，仙先韵类，并入声薛屑韵开口半舌半齿音能构成重纽，但中古差别较大，介音和等第的差别是主要的。

2.4 验证宵萧韵类开口舌齿音共 3 例，能否构成重纽。

宵萧韵[燎/聊]燎，《韵镜》作㵾，据杨军《韵镜校笺》第二十五图 26 条校改。③ 燎，《广韵平宵》力昭切，上古来纽宵部 lĭau/中古来纽宵韵开口三平声

---

① 董同龢：《广韵重纽试释》，《史语所集刊》，第十三本，1948 年，第 3，9 页。但它属于另一类重纽。
② 周法高：《广韵重纽的研究》，《史语所集刊》，第十三本，1948 年，第 54 页。
③ 杨军：《韵镜校笺》，浙江大学出版社 2007 年版，第 279 页。

lieu。聊，《广韵平萧》落萧切，上古来纽幽部 lieu/中古来纽萧韵开口四等平声 lieu。因中古声纽相同，且宵萧同用，可知中古音构拟 lĭɛu≈lieu，故能构成重纽。上古一为宵部，主元音-a，一为幽部，主元音-ə。上古介音有别，一为-ĭ，一为-i。

此外，小篆韵缭/了、笑啸韵疗/颡同上。由以上可知，宵萧韵类的开口半舌半齿音能构成重纽，但中古差别较大，介音和等第的差别是主要的。引起重纽的原因为上古主元音、介音的不同。

2.5 验证两不同用之韵清（赅上去）开口、青（赅上去）开口，并另昔、锡韵中的半舌音、半齿音三、四等，不能构成重纽。检《韵镜》三十五图共得 4 例。例：

半舌音［跉/灵］跉，《广韵上清》吕贞切，上古来纽耕部 lĭɛŋ/中古来纽清韵开口三等平声 lĭɛŋ。灵，《广韵上青》郎丁切，上古来纽耕部 lieŋ/中古来纽青韵开口四等平声 lieŋ。中古声纽相同，但清、青二韵不同用，中古音构拟 lĭɛŋ 不同于 lieŋ，故不能构成重纽。

其余如舌齿音领/笒、令/零、半舌音副 lì/霶（当校作霉 zhī/副），都不能构成的重纽。
由以上可知，清（赅上去）开口、青（赅上去）开口，并另昔、锡韵中的半舌音、半齿音三、四等，不能构成重纽，根本原因是中古清、青二韵不同用。可见即使中古声纽相同，但韵目不同用，仍不能构成重纽。半舌音、半齿音能否构成重纽，与唇、牙、喉音一样，对韵目是有选择性的，不是无条件的。

2.6 验证尤、幽韵半舌音能构成重纽，共 1 例。

半舌音尤幽［刘/镠 liú］刘，《广韵平尤》力求切，上古来纽幽部 lĭəu/中古来纽尤韵开口三等平声 lĭəu。镠，《广韵平幽》力幽切，上古来纽幽部 lĭəu/中古来纽幽韵开口四等平声 lĭəu。中古声纽相同，可知中古音构拟 lĭəu≈lĭəu，能构成重纽。重出的原因是上古介音一为-ĭ，一为-i。

2.7 验证盐添韵类开口半舌、半齿音共 5 例，除冉/苒不能构成重纽外，4 例有效，4 例能否构成重纽。

盐添韵［廉/鬑 lián］廉，《广韵平盐》力盐切，上古来纽谈部 lĭam/中古来纽盐韵开口三平声 lĭɛm。鬑，《广韵平添》勒兼切，上古来纽谈部 liam/中古来纽添韵开口四等平声 liem。因中古声纽相同，且盐、添韵同用，戴震考定亦此。故可设中古音构拟 lĭɛm≈liem，可构成重纽。重出的条件是上古介音一为-ĭ，一为-i。是跨韵目不同小韵的重纽。

此外，琰忝韵［敛/稴 liǎn］、艳㮇韵［殓/稴 liàn］、叶帖韵［猎/甄 liè］，甄，据杨军《韵镜校笺》第三十九图第 132 条校①，三例皆同上。

---

① 杨军：《韵镜校笺》，浙江大学出版社 2007 年版，第 435 页。

2.8 验证严盐韵类合口半舌音共 1 例,能否构成重纽。

豏艳韵[猃 xiǎn/险]据杨军《韵镜校笺》第四十图第 66、73 条校作"□/□",无重纽可言。①

2.9 半舌音、半齿音构成重纽小结。参见本文尾注末统计表右栏。

三、《广韵》舌音、齿音及其他韵类的唇、牙、喉音能否形成重纽

3.1 学术界有不少学者认为舌音、齿音也能构成重纽,也就是说《广韵》所有的三、四等都能构成重纽②,我们要加以验证。

设《广韵》支韵开口舌音、齿音后所有的三、四等都能构成重纽,但《广韵》支韵类开口齿音(9 例举 1,舌音无例)非重纽。

[支/赀]支,《广韵平支》章移切,上古章纽支部 tǐe/中古章纽支韵开口三等平声 tɕǐe;赀,《广韵平支》即移切,上古精纽支部 tsǐe/中古精纽支韵开口三等平声 tsǐe;虽然中古皆齿音,韵类、开口、等第、声调均相同(韵母相同),但声纽不同,不是重纽,原因正是章组、精组皆齿音,选择性差。

3.2 我们要问,《韵镜》排在舌音、齿音的三等、四等字为什么不能成为重纽字?如前所说,重纽首先是中古同音字,同音尤需声纽同。《广韵》声母的舌音有两组:舌头音端、透、定、泥,还可含半舌音来;舌上音知、彻、澄,还可含半齿音日。上古舌音只有舌头音,无舌上音,发展到中古舌音,既可能是舌头音,也可能是舌上音,有两组选择,声纽不同,就谈不上同组同音。同理,《广韵》声母的齿音有三组:齿头音精组精、清、从、心、邪;庄组庄、初、崇、山;章组章、昌、船、书、禅、(日)。上古从齿头音和正齿音发展到中古就可能有三组的选择,声纽不同,也就说不上是重纽。而《广韵》声纽唇、牙、喉音仅一种选择,声纽同音几率高,在同韵类中形成重纽的机遇极高。

3.3 此外,我们用同样的方法验证了支韵类合口舌音和合口齿音(5 例举 1 垂/随),脂韵类开口、合口的舌音和齿音(11 例举 2 脂/咨、出/翠),虞韵类开口齿音(6 例举 1 枢/趋),祭韵类开口舌音(3 例举 1 滞/第)、开口齿音(3 例举 1 掣/砌)、(臻)真韵类并入声栉质韵开口舌音(3 例举 1 秩/侄)、开口齿音(12 例举 1 失/悉),谆韵类并入声术韵合口齿音(12 例举 1 舜/峻,舌音无例),仙先韵类并入声薛屑韵开口、合口舌音(12 例举 1 邅/颠)、开口、合口齿音(13 例举 1 扇/霰),宵萧韵类开口舌音(7 例举 1 朝/貂)、开口齿音(4 例举 1 少/啸),麻韵类开口齿音(12 例举 1 遮/嗟),两不同用之韵清(赅上去)开口、青(赅上去)开口,并另昔、锡韵中舌音、齿音三、四等

---

① 杨军:《韵镜校笺》,浙江大学出版社 2007 年版,第 448、449 页。
② 陈广忠:《韵镜通释》,上海辞书出版社 2003 年版,第 135 页。

(12例举1例声/星),尤、幽韵类舌音(第三十七图无例可援)、齿音(11例举1例周/啾),侵韵类并入声缉韵舌音1例(琛/醋)、齿音(15例举1十/习),盐添韵类开口,并入声叶帖韵开口舌音(10例举1觇/添)、齿音(7例举1詹/尖),严盐类合口舌音齿音(1例举1箹/焊),蒸韵类并入声职韵开口舌音齿音(7例举1绳/缯),以上都不能构成重纽。不能构成重纽的原因一般说都同3.2所说。

3.4 我们还验证了《广韵》与五支韵类相邻的一东韵、三钟韵(均赅上去,下同),并另入声韵屋、烛的唇、牙、喉音的三四等(共3例举彤/融、容/庸,屋韵匐/育,已见1.3.1);验证了与六脂韵类相邻的七之韵、九鱼韵的唇、牙、喉音的三四等(共1例举欺/抾,十虞,已见1.5);验证了元、仙开口并另入声月、薛韵(共3例举1揵/寋揵),元、仙合口并另入声月、薛韵唇、牙、喉音三四等(共11例举1阙/缺);验证了阳开合并药开合中的唇、牙、喉三四等(共1例举1羊/阳);两不同用之韵清、青开口,并另昔、锡韵中唇、牙、喉音三四等(共3例举1碧/璧),是否能构成重纽,以上除屋韵、虞韵外,答案都是否定的。

3.5 由以上可知,《韵镜》中相关的舌音、齿音不能构成重纽之验证,可见第4、5、6、7、12、13、17、18、23、24、25、29、37、38、39、40、42图;相关的喉、牙、唇音不能构成重纽之验证,可见第1、2、8、11、21、22、31、35图;一望即明,不必再验证的有第3、9、10、14、15、16、19、20、26、27、28、30、32、33、34、36、41、43图。可见以上验证已具有周遍性。

小 结

4.1 上古主元音、介音、声纽不同是构成《广韵》重纽的条件,上古韵尾不同也是其条件;本文共研究《广韵》重纽有效例164例,此外,还有无效例12例。上古等第相异成为重出的条件,祭霁韵、仙先韵类、尤幽韵类、盐添韵类、半舌半齿之重纽均可观察到,但等第的差别实际上已包含在上古主元音、介音的构拟中。

4.2 从重纽的研究看,对文献材料的验证是必需的,要注重求证的周遍性。

4.3 中古韵的同用是确定中古音构拟是否近同的准线,同用方可能使中古音相同而构成重纽,反之则不能。

4.4 在古音构拟中研究重纽,可使对重纽的认识精细化,反过来说,重纽研究可加深对古韵分部的认识,如对支、脂、之三分,真、文二分,脂、微分部等,都能提供旁证,还可拓宽对上古声纽的认识。①

参考文献

[1] 鲍明炜.唐代诗文用韵研究[M].南京:江苏古籍出版社,1990.

---

① 反映在《韵镜》中的《广韵》重纽统计表(见文后附表)。

[2] 陈澧.切韵考[M].罗伟豪点校.广州:广东教育出版社,2004.

[3] 董同龢.广韵重纽试释[M].历史语言研究所集刊》,13.北京:中华书局,1987.

[4] 董同龢.上古音韵表稿[M].历史语言研究所集刊,18.北京:中华书局,1987.

[5] [瑞典]高本汉.汉文典[M].修订本.潘悟云等译.上海:上海辞书出版社,1997.

[6] 黄侃.黄侃论学杂著[M].上海:上海古籍出版社,1980.

[7] 江永.四声切韵表[M].丛书集成初编,1249.北京:中华书局,1983.

[8] 李荣.切韵音系[M].北京:科学出版社,1956.

[9] 李荣.隋韵谱[M].音韵存稿.北京:商务印书馆,1982.

[10] 鲁国尧.鲁国尧语言学论文集[M].南京:江苏教育出版社,2003.

[11] 陆志韦.古音说略[M].陆志韦语言学著作集(一).北京:中华书局,1985.

[12] 邵荣芬.切韵研究[M].北京:科学出版社,1982.

[13] 王静如.论古汉语之腭介音[J].燕京学报,1948(35).

[14] 杨军.韵镜校笺[M].杭州:浙江大学出版社,2007.

[15] 章炳麟.国故论衡[M].庞俊,郭诚永疏证.北京:中华书局,2008.

[16] 郑张尚芳.上古音系[M].上海:上海教育出版社,2003.

[17] 周法高.广韵重纽的研究[M].历史语言研究所集刊,13.上海:中华书局,1948.

[18] 周祖谟.问学集[M].上册.北京:中华书局,1966.

[19] 竺家宁.重纽为古韵残留说[M].声韵论丛,6.台北:学生书局,1997.

附 表

重纽条件	上古主要元音							介音	声 纽		来日二纽			
	主单要素	主+介	主+介+声	主+声	主+介+尾	主+尾	无效例	介音	声单要素	声+介音	介音单要素	主+介音	主+介+尾	无效例
统计数	45	38	8	6	3	1	6	32	10	8	8	4	1	6
总计	主元音	106												
	介音	62												
	声纽	32												
	韵尾	4												
	有效例	164						无效例			12			

比较传记:历史与模式

◎ 杨正润

比较传记(comparative biography)是比较文化的一个分支。有学者把它归入比较文学领域,这并不适合,因为比较传记比比较文学诞生早得多,而且有重要的区别:比较文学是文学的研究形式,比较传记不仅是传记的研究形式,也是传记的写作形式;此外,传记也不能归并为文学的一种形式,历史上真实存在的传主在传记中始终占据着中心的地位,这一特点决定了传记是文化领域的特殊类型。当然,传记具有文学的因素,比较传记同比较文学有密切的关系,受到比较文学的影响。无论比较传记还是比较文学,"比较"具有决定性的意义,也是它们共同的特征。

比较传记是在比较中写作传记或是在比较中进行传记研究。写作和研究构成了比较传记的两个领域,前者是比较写作,后者包括平行研究、影响研究和传主比较,这是比较传记迄今可见的4种模式。任何传记实践,总是以传主为核心,比较传记也是如此,不但比较写作和传主比较以传主为主要对象,平行研究和影响研究,也是围绕着传主进行。

一、比较写作

西方传记从诞生起,就具有"比较"的特征。严格意义上的西方传记(即具有完整的、独立的传记形式和明确的传记意识)是从公元1世纪普鲁塔克的《希腊罗马名人传》开始的,中文的这一名称是根据英译名 Lives of the Noble Greeks and Romans 而来,此书希腊原名是 Bíoi Parálleloi,直译为"平行传记",Parálleloi 一词既有"平行的",也有"相似的"、"可以比较"的含义。而且书中传主的选择和结构都显示出"比较"的旨意,也时时可以看到比较的内容。

《希腊罗马名人传》现存50篇,写了50个传主,除了4个单篇,其余46篇是由23对传主组成,成为23个"合传"。普鲁塔克把经历、性格、地位有所相似的一位希腊人和一位罗马人并列,比如雅典城的创建者忒修斯同罗马城的创建者罗慕洛、雅典黄金时期的执政伯里克利同罗马盛期执政官麦克西姆、马其顿统帅亚历山大同罗马名将恺撒,都被普鲁塔克放在一个合传里。23个"合传"中的19个,结尾有一章专门的"比较",对合在一起的希腊和罗马传主进行比较。此外,在正文中,也时常出现比较的内容,普鲁塔克不断把传主同各种人物进行比较。

普鲁塔克比较写作的形式是出于他的写作目标,普鲁塔克是一位道德哲学家,他的一生都在为道德问题思考和写作。他著有一部《道德论集》,是一部以道德问题为核心的百科全书式的作品。《希腊罗马名人传》是他晚年的作品,可以说,前者是后者的思想准备,后者是对前者精神的发挥。为了引起道德的教训,就要分辨善恶、扬善惩恶。普鲁塔克有着得天独厚的条件,他是生活在罗马时代的希腊人,无论是希腊还是罗马,历史上的伟大人物都引起他的仰慕。他所掌握的大量的材料和对历史的洞悉也使他具有更加开阔的眼光,他看到这些英雄的功绩,也发现他们的弱点和所犯的错误,他认为把它们全部揭示出来才对后人更加有益,他认为比较是最好的方法,他把希腊人和罗马人进行比较,用希腊人来教导罗马人,也用罗马人来教导希腊人,阐释和发扬他心目中的"善",即以爱国主义为核心的公民道德。希腊和罗马两种文化的交流是这部比较传记产生的必要条件。

《希腊罗马名人传》对后代产生巨大的影响,特别是文艺复兴之后,其文本广泛流传,还被大量改编为戏剧,被公认为西方文化中最伟大的作品之一。但是普鲁塔克把不同文化中的传主并列、在比较中写作的模式并没有形成传统①。

20世纪初,美国学者塞德维克发现并思考了这个问题,他认为主要的原因,可能是因为罗马后期所出现的基督教的影响,他说:

> 普鲁塔克的《希腊罗马名人传》虽然在各个时代都被人阅读和得到赞美,但是很少看到效仿者。为什么这样,这是一个有趣的问题。也许与此有关的是,随着基督教兴起而来的是典范的利他主义,人们本能地认为,"比较"即使不让人厌恶,也常是相距不远了。②

这种说法有其合理性。中世纪以降,基督教在西方意识形态中占据了主导地位,按照教会的说法,真理和一切道德准则都在《圣经》之中,不可能通过人与人的比

---

① 中国古代传记从司马迁的《史记》开始,就有所谓"合传",就是把经历、身份相似的两个或更多的人物放在一道叙述,比如《刺客列传》写了聂政、荆轲等5个刺客,他们之间并无联系,前后相距最远约500年,只是在"刺客"这一身份和精神上的"义"和"志"具有共同性。另一种合传,如《廉颇蔺相如列传》,传主廉颇、蔺相如同时在赵国为官,他们的一些事迹联系在一起,经历和命运相关,所以司马迁把他们一道叙述。这种合传形式,其中虽然也有比较的内容,阅读时会产生比较的效果,但作者的目的在于写作和结构的方便,不涉及不同文化的比较,所以一般不属于比较传记。现代传记中也常见这样的"合传",是否属于比较传记,不能一概而论,需要具体分析。

② William Thompson Sedgwick,"Darwin and Pasteur: An Essay in Comparative Biography",*Science*, Vol. 57, No. 1471 (Mar. 9, 1923), p. 286.

较来分清道德。从另一方面说,基督教要求的最高的善,是增添上帝的光荣,这同普鲁塔克的善,也是格格不入的。

到现代社会,基督教不再具有独断的权威地位。而且"比较"逐步成为科学研究中最基本的方法之一,从19世纪下半叶以来,比较解剖学、比较地质学、比较生理学、比较病理学、比较语文学、比较哲学、比较政治学、比较心理学、比较宗教学以及比较文学先后取得很大成绩,这不能不重新引起人们对比较传记的关注。塞德维克不但注意到这个问题,而且试图改变这种状况。他是一位生物学家,他注意到他的两位前辈,英国的达尔文和法国的巴斯德。他说:"维多利亚时代的两位大师,他们的劳作给神秘的生命世界投入一束明亮而富有穿透力的光线,时间可以使这火焰暗淡,但永远不可能让它熄灭,我无法抗拒这样一种诱惑:用普鲁塔克的方法对他们进行比较。"①

塞德维克的论文在他去世后以"比较传记"的名义刊载于美国著名的自然科学杂志《科学》上,其意义在于它重新提出了"比较传记"的概念引起人们的注意,并且开始了比较传记向自然科学的渗透。一个重要的例证是英国物理学家斯蒂芬·霍金(Stephen Hawking)的《时间简史》(1988),这是一部具有世界影响的科学史著作,其中对伽利略、牛顿和爱因斯坦3位物理学家进行了评介,同时也写入了他们的传记。霍金虽然是分别叙述的,没有刻意去比较,但3篇传记的并列及其阅读效果很自然地具有比较的意味。一门经典的、实证的科学在一位伟大学者的笔下同传记和比较传记结缘,这无论对科学家还是对传记家都是重要的启迪,其影响和意义是深远的。各种学科的发展都越来越重视学科史以及其中那些重要人物的作用和影响;而为了深入研究他们就不能脱离其生平和经历,传记同各门学科的结合是一种必然,传记比较写作也遵循着同样的规律,它可以实现各种不同学科的目标。

比如俄罗斯汉学家尤里·米哈伊诺维奇·加列诺维奇(Ю. М. Галенович)的《20世纪的俄罗斯和中国·民族及其领袖》(2002)是一部6卷本的巨著,也是一部独具一格的20世纪中俄关系史。在作者看来,俄罗斯同中国的关系,实质上是俄罗斯民族和中华民族的关系,而这两个民族的领袖对民族的命运产生了重要影响,对两国关系也具有决定性的意义。在长达几十年的时间里,作者曾经参加过中俄之间大大小小的各种外交活动,对双方的某些领袖人物有直接的接触和观察,所以他把重点放在叙述双方领袖人物的活动和相互关系上,其中1—5卷就直接以20世纪双方各7个领袖人物为书名:第1卷《尼古拉与慈禧、列宁与孙中山》,第2卷《两大元帅:斯大林与蒋介石》,第3卷《两大领袖:斯大林与毛泽东》,第4卷《两个一把手:赫鲁晓夫与毛泽东》,第5卷《勃列日涅夫与毛泽东、戈尔巴乔夫与邓小平》。作者没有写

---

① William Thompson Sedgwick, "Darwin and Pasteur: An Essay in Comparative Biography", *Science*, Vol. 57, No. 1471 (Mar. 9, 1923), p.286.

出这14个人物的完整的传记,只是写了他们的经历和家庭中同两国关系有关的内容,其中不时对他们进行比较,比如关于斯大林和毛泽东:

> 斯大林和毛泽东可以说既是同志又是对手,是一对貌合神离的同盟者。……他们两人实际上谁也不愿考虑对方的立场,往往在经过一番激烈的较量后才不得不做出一些妥协和达成协议。毛泽东认为他与斯大林打成了平手,斯大林认为自己在与毛泽东的赌博中是赢家。①

写作比较传记,同一般传记一样,那些经历丰富的人物是传记家喜爱的传主,因为他们的生平有比较强的趣味性,也有明显的可比性。比如亚历山大和恺撒,拿破仑和恺撒,都是比较写作中常见的传主。英国通俗历史学家德斯蒙德·西瓦德的《拿破仑和希特勒的比较传记》②可以看作代表。作者认为他们的经历和他们在欧洲历史上的作用都惊人地相似:他们都出身低下,都是通过自己的奋斗被社会所接受,一旦掌握了权力,他们都妄图征服欧洲、统治世界,又都是在俄罗斯严冬中把自己的梦想变成了噩梦。这本著作里包含了拿破仑和希特勒从出生到死亡的完整传记,每一章都是分成两部分,拿破仑和希特勒各占一半,作者分别写他们一生中的一个相似阶段。这是一部通俗传记,篇幅也不大,这两位传主的经历都很复杂,相关资料汗牛充栋,也有大量传记作品。西瓦德没有进行过多少研究,只是选取其中具有趣味性的东西,供一般读者阅读。

二、平行研究

比较传记中另一领域属于研究的范畴,即对不同语言、不同民族、不同文化中的传记作品进行比较研究。比较写作,是传记家对传主的叙述和比较,比较研究是传记学者对传记文本的研究和比较。平行研究是传记比较研究的一种模式,它是对没有直接关系的传记作品、理论、思潮等的比较。

中国传记自《史记》、《汉书》以后,西方传记自罗马以后,其发展缓慢,优秀作品很少见。在西方这种状况到18世纪一些经典传记如卢梭《忏悔录》和鲍斯威尔《约翰生传》等问世后得到改观。20世纪后,一些受到西方影响的学者开始把中国和西方传记进行比较,批评中国传记的弱点,推介西方传记之所长。第一位是梁启超,他

---

① 尤·米·加列诺维奇:《两大领袖斯大林与毛泽东》,《20世纪的俄罗斯与中国两大民族及其领袖》(第3卷),四川人民出版社1999年版,第3页。

② Desmond Seward, *Napoleon and Hitler: A Comparative Biography*, Larousse Harrap Publishers, 1988.

在其传记代表作《李鸿章传》一开始就自称"此书全仿西人传记之体"①,表明了他对西方传记的推崇。胡适是中国现代传记的推动者,他反复强调传记的重要,鼓动人们写作自传,他要求人们学习西方传记,并对二者进行了分析比较。比如他认为中国传记短、西方传记长,长传的一个好处是"琐事多而详,读之如见其人,亲聆谈论"。短传的短处之一是"太略。所择之小节数事不足见其真"②。在西方多长篇传记中"可见其人格进退之次第,及其进退之动力"。中国古代都是短篇传记,"传记大抵静而不动。何谓静而不动,但写其人为谁某,而不写其人之何以得成谁某是也"③。

在胡适之后,其他一些中国作家或学者,如郁达夫、茅盾、朱东润等人,对中国传统传记也都有所批评,他们参照的标准就是西方传记。比如朱东润做过这样的比较:

> 当然在为人画像的时候,中国人常以颊上三毫的故事自诩,但是西方画师常常要花费多少的岁月,为画中的主人精心描绘。是哪一种办法好些呢?我认为精心描绘是好的,而颊上三毫的描绘只能捉到被画者一刹那间的神态,而不能给我们一幅精心的描绘。④

从胡适到朱东润,这些论析只是片言只语,多是感性的认识,缺乏深入的探讨。但是,也可以把它们看作中国比较传记研究的发端。这些学者论析的主要对中国和西方传记写作方法、技巧的比较,也可以归入传记美学的范畴。⑤

从20世纪50年代起,欧美比较文学开始繁荣,这影响到传记的比较研究,陆续出现了一些包含平行研究的论著,具有了更强的理论色彩。美国学者坎道尔的《传记艺术》(1965)对西方传记从古代到现代的发展进行了概述,考察了传记同其他文学形式之间的关系,并试图确立传记的基本理论。在他之前,法国莫洛亚的《传记面面观》,英国伍尔夫所写的一些传记论文,也都是传记通论式的著作。坎道尔的眼界更加开阔,不再是把眼光局限在自己民族或是时代的那些作品,而是把从古至今的

---

① 梁启超:《李鸿章》,海南出版社2001年版,第21页。
② 胡适:《留学日记》,《胡适全集》(27卷),安徽教育出版社2003年版,第516页。
③ 胡适:《留学日记》,《胡适全集》(27卷),安徽教育出版社2003年版,第517页。
④ 朱东润:《论传记文学》,《复旦学报》1980年第3期。
⑤ 中国的传记美学最早见之于"班马优劣"的讨论,即对司马迁《史记》和班固《汉书》的比较和评价。这一比较从汉代就开始,讨论的内容从经学进入史学,再进入美学,其中包括对两部著作写作技巧的比较,有人做过这样的总结:"史迁增饰辞藻,亦欲显奇人、申其人之精神尔。故虽以传奇之代作喉舌,非欲虚构故事,但求伟其事、详其迹,而不失其真也。班固删削,虽较翔实,而马传之奇遂失。"(汪荣祖:《史传通说》,中华书局1989年版,第99页。)"班马优劣"论虽是对两部传记进行比较,但是当时还没有形成文化的概念,更没有文化理论的支撑、没有涉及不同语言文化的问题,所以不必归入比较传记研究,而可以归入传记美学。

西方传记当作一个整体进行考察,这就具有了比较的性质。比如他把柏拉图的几篇苏格拉底回忆录(《苏格拉底的申辩》、《苏格拉底之死》和《斐多》)同新约中4篇耶稣传记("四福音书")放在一道进行比较,他认为西方传记就此诞生:"苏格拉底同世界的冲突,拿撒勒的耶稣同世界的冲突,给传记催生了。"[1]他还发现,柏拉图对苏格拉底死前活动的回忆,不是完整叙述传主的生平,而是记录他一生最光辉和个性表现最充分的时刻,这位哲学家,他不再是用人物解释他的哲学,而是转入记述生平,去描述人格的伟大力量,进入了诗的境界。同样的,在"四福音书"里,为了宣传信仰,传记被宗教的意义模糊了,但是通过其中出现的生活细节、逸事、对话、感情以及危机中的个性的描述,还是把读者带入一种生动的人生。通过这样的比较,坎道尔给传记下了一个定义:

> 传记不是像其他文学艺术那样,试图从虚构中唤起现实,而是希望把虚构紧扣于现实之上,从冰凉的故纸堆中引发出温暖鲜活的生命。[2]

这个定义是对西方经典传记进行比较之后得出的结论,它强调的是人性和人生的真实,以此把传记作为一种文类同哲学和宗教区分开来。

文学研究中的一些新方法,特别是精神分析和神话—原型批评兴起以后,逐步进入传记和自传的研究领域,他们从不同语言、不同文化的传记和自传作品中寻找俄狄浦斯情结或集体无意识和原型,在一些差异很大的传记和自传作品中找到了共同的本源,这样的结论未必能为读者普遍接受,但其中包含比较研究的内容,给比较传记注入了活力。

苏姗娜·伊耿(Susanna Eagan)所做的工作是有代表性的,她在《自传中的经验模式》(1984)一书中研究了一些西方自传作品以后得出结论:自传已经形成了固定的写作方式,自传者是依据一种共同的模式来叙述,并没有真实地写下自己的实际经历,而是把它纳入一种从古代流传至今的集体记忆模式之中。他们一般把生平分成儿童期、青年期、成年期和老年期四个阶段,依次把它们描写为"伊甸园"、"旅行"、"皈依"、"忏悔",这种叙事模式在文学中已经牢固地、长久地确立,人们写自传时无法摆脱这一传统的制约。她的结论是:

> 现在应当考察这4种模式的一个共同的特点:它们同实际的生活根本没有

---

[1] Paul Murray Kendall, *The Art of Biography*. New York: W. W. Norton & Company, 1965, p.28.
[2] Paul Murray Kendall, *The Art of Biography*. New York: W. W. Norton & Company, 1965, p.32.

什么关系：它们全都是想象性的词语结构，全部是虚构。①

伊耿举出罗马奥古斯丁的《忏悔录》，法国卢梭的《忏悔录》，德国歌德的《诗与真》，俄国高尔基的自传体三部曲《我的童年》、《在人间》和《我的大学》等经典作品来证明其观点。这是她从不同语言、不同文化和不同时代的多种自传作品进行研究后得出的结论，在传记平行研究中的方法论革新中作出了尝试。

在中国学术界，李少雍的《司马迁与普鲁塔克》(1987，《司马迁传记文学论稿》中的一章)是采用传统方法进行的平行研究，作者分别从时代、生平、思想观念、写作目标、传主选择、美学观、叙事方法和人物描写8个方面对两位传记家进行比较，辨析其中的相同和相异。这是当时中国刚刚兴起的比较文学论文的典型写法，其观察的角度和使用的话语反映了那个时代的特点，虽然比较陈旧，但毕竟是中国比较传记研究的第一篇专题论文。

美国学者托马斯·R.马丁的《希罗多德和司马迁：希腊和中国最早的伟大历史学家》(2009)是最近的一部平行研究的力作。作者虽然把希罗多德和司马迁都看作历史学家，但是他选录的希罗多德《历史》和司马迁《史记》中的篇章许多是传记，他的论证角度同比较传记是一致的。马丁发现，司马迁同希罗多德相差几个世纪，中国同希腊又相距遥远，司马迁不太可能受到他的影响，但是他们之间却有非常重要的共同之处：

> 对他们的作品的比较表明，他们对过去的认知，都比按照年代顺序所排列的事件复杂得多。首先，他们认识到，一位历史学家无论怎样尽力客观，对过去的信息总是要进行解释才能被理解；再者，他们显然都相信，他们写作时对过去人们的行为加以评判，对今天的人们应当如何生活是重要的指导。②

马丁发现的这两点都值得注意。在现代传记中，除了传主的生平和人格的叙述之外，对传主的解释已经是不可或缺的要素，马丁证明，在古代经典传记中，对事件和人物的解释也是重要的特点，现代传记的目标已经出现。马丁也证明，从古代开始，传记就具有道德功能，对人生具有指导意义。这两点是现代传记理论的重要基础。

---

① Susanna Eagan, *Patterns of Experience in Autobiography*, The University of North Carolina Press, 1984, p.5.

② Thomas R. Martin, *Herodotus and Sima Qian: The First Great Historians of Greece and China: A Brief History with Documents*, p.vii.

三、影响研究

比较传记中的影响研究,是研究某一传记作品或文化社会思潮对其他语言、文化中的传记作品的影响。

两千多年来,中国和西方传记作品中的经典之作,如司马迁的《史记》、普鲁塔克的《希腊罗马名人传》、"四福音书",以及卢梭的《忏悔录》,鲍斯威尔的《约翰生传》等,在后代都有众多效仿者。在 20 世纪,英国的伍尔芙、斯特拉奇,法国的莫洛亚等人发动了新的传记革新,被称为"新传记",为现代传记增添了新的元素;这一世纪不断出现的新的哲学和人文、社会科学思潮,也为传记提供了新的视角和方法。这些都为影响研究开辟了广阔的空间。

影响研究最早出现在一些传记史著作中。作家传记是西方传记研究中的重要对象,美国学者理查德·D.奥尔提克的《生平与作品:英美作家传记史》(1965)是这一领域最早的论著之一。作者在论析英国和美国的作家传记时,涉及欧洲其他国家传记,特别是法国和德国传记同英美传记的相互影响,作者对这种影响的论析还不够充分,而且对传记的认知还停留在文学的角度,用流行的比较文学影响研究的方法来做传记的影响研究。但这毕竟是独立的比较传记的研究,具有标志性的意义。

杨正润的《传记文学史纲》(1994)是涵盖了东西方 10 个主要民族和国家的简要传记文学史,其中也包括影响研究,比如这样评价中国现代传记:

> 由于社会性质的变化和西方文化的影响,传记比起梁启超的过渡形式,又有所突破,它摆脱了陈旧的古典模式和文言文,新的平民传主代替了帝王将相,表现的生活面更加开阔,传记和自传作者开始注意到人性的丰富性和复杂性,形式和风格渐趋多样化。①

他对郁达夫、朱东润等人的作品所受西方传记的影响做了分析,但作为一部史纲,这些分析还都比较简约。梁庆标的《自我的现代觅求》(2014)则是关于影响研究的一部专著。中国自古以来很少那种严格意义上的自传,20 世纪新文化运动发生以后这一状况有了极大的改观,中国自传进入了历史上的第一个黄金期,出现大量重要作品。这一现象同西方现代思潮的传入密切相关,其中卢梭的《忏悔录》是最早介绍到中国的西方现代自传,发挥了重要影响。

梁庆标研究的是卢梭《忏悔录》同 1917—1937 年间中国现代自传的关系。关于这一论题已出现过一些论述,梁庆标选择了一个新的角度,他以现代文化理论中的

---

① 杨正润:《传记文学史纲》,江苏教育出版社 1994 年版,第 570—571 页。

一个重要概念"身份"为切入点,其中又以同卢梭关系最为密切的郁达夫、巴金、郭沫若、吴宓4位作家为重点。梁庆标发现,这几位作家虽然都熟悉卢梭《忏悔录》并受其影响,但是他们生活的时代、环境和文化传统同卢梭又有重大的差异,他们的身份使他们对卢梭的接受各不相同:郁达夫赞颂卢梭但只能片面效仿;巴金对卢梭终身崇拜但难以克服差异;郭沫若出于身份的变化对卢梭从推崇、模仿到否定;吴宓对卢梭进行道德化的批判而行为、气质又颇相似。他们都是新旧交替时期的知识分子,各具个性又充满矛盾,反映了那个时代固有的特点:郁达夫集"零余者"和反抗者于一身,既有文人的家国情怀,也要求西方的个性解放,但又自卑、困惑、颓丧,始终处于自我分裂的状态;巴金以"讲真话"为旗帜,对社会和家庭黑暗的揭露体现责任感和启蒙精神,不过他的"讲真话"和"忏悔"又很有限,反映了他的软弱和妥协;郭沫若自传的内容、思想和风格在不断变化,这是由于他身份从启蒙者成为革命家,再成为政客,他的矛盾和分裂的痛苦,被他善变的性格所调和;吴宓本性保守而又具有浪漫气质,他以道德家自命,就不得不压抑强烈的性苦闷,他有知识分子救国济民的人生目标,并且努力维护自己的形象,其实迂腐而脱离实际,不时陷于尴尬和窘境。对这4位传主的分析是本书中最成功的部分,这是同卢梭进行比较得出的结论。

为20世纪被称为西方"传记革命"的时代,这场"革命"的发生有着复杂的背景,精神分析学的影响则是其中最重要的原因之一。弗洛伊德对梦的解释,本质上就是对人的解释。他的《达·芬奇》着重用俄狄浦斯情结理论解释达·芬奇人格形成,尽管其中没有完整的传主生平,弗洛伊德的解释也未必能为人们普遍接受,但是它也确定了西方传记发展的新方向,深度的心理学解释从此成为传记写作的显著特点。

精神分析对传记的影响是许多中国学者感兴趣的课题。杨正润的《西方现代传记中的精神分析》(1990)一文探讨了西方现代传记同精神分析的关系,他从文本中发现20世纪欧美一批重要传记家,包括英国的斯特拉奇、法国的莫洛亚和萨特、奥地利的茨威格、美国的艾德尔等人,在他们的主要作品中都应用了弗洛伊德理论,不过他们的接受姿态有所不同,有4个指向:用俄狄浦斯情结理论和性理论解释传主;用精神病理学解释传主;把精神分析同马克思主义结合起来成为存在主义解释传主;用精神分析的方法来分析和描写人物。

赵山奎的《精神分析与西方现代传记》(2010)对这一论题进行了更深入的研究。他广泛收罗资料,从弗洛伊德的《达·芬奇》等著作入手,清理他的关于传记的基本观点,再以具有代表性的西方传记作品为对象,从各种角度,包括童年、性、疾病、愧疚、梦,考察它们所接受的精神分析学的影响,最后再剖析西方传记理论围绕精神分析所进行的讨论,包括传记真实、移情和传记伦理等问题。这部著作对精神分析和现代传记的关系问题的研究从表象提升到更高的理论层次。

唐岫敏的《斯特拉奇与新传记》(2009)对20世纪英国最重要的一个传记流派及其代表作家进行了全面的研究,其中包含了影响研究的内容,作者除了论析斯特拉奇所接受的精神分析的影响外,还考察了陀思妥耶夫斯基对他的影响,斯特拉奇几部代表作中的心理分析,就是这两个方面影响的结果。

四、传主比较

随着现代社会的发展,人们的迁徙和流动越来越多,不同民族之间的交往日益频繁,文化交流成为常态,全球化成为不可遏制的趋势。在前现代社会,各个民族自己的英雄人物或代表人物是传记的主要对象,而在现代社会,他们也成为其他民族感兴趣的人物。把其他民族的人物选作传主成为常见的现象,传记的民族界限日益消解。

美国的泰因出版公司(Twayne Publisher)从20世纪50年代起开始出版大型作家丛书,除了"美国作家丛书"外,还有"英语作家丛书"和"世界作家丛书",这两套丛书至今已经评介了从古希腊到当代除美国外世界各国约600位重要作家。在中国,近30年外国名人传记在急速增长的传记出版物中占据着很大份额。中国现代史上的一些著名人物,如孙中山、蒋介石、毛泽东、邓小平等,国外传记家也写作了大量作品。具有不同文化背景、使用不同语言的传记家在写作同一位传主时,因为文化的差异,致使观察的重点和兴趣不同,选择的材料不同,对材料的理解和处理不同,对事件和人物的评价的标准不同,结果是同一位传主以不同的形象出现。这样在比较传记研究中出现了又一种模式:传主的比较研究,即对同一位传主在不同文化或不同时代作品中的形象进行比较研究。

英国诗人雪莱是许多传记家写作的对象,杨正润的《现代传记学》对其中3种雪莱的传记形象进行了比较①。第一部是莫洛亚的《雪莱传》(1923),它产生过世界性的影响,被翻译为多种语言。莫洛亚借拜伦的话对雪莱做了这样的评价:"在我所认识的人当中,他是最好的一个人,最不自私的人。……他是一位地地道道的绅士!他就是上流社会沙龙里最完美的人物。"②在莫洛亚笔下雪莱的形象近于完美,即使犯下什么过错也是出于好心,是幼稚或者急躁造成。在莫洛亚之后半个世纪,霍尔姆斯的《雪莱的追求》(1972)出现了。霍尔姆斯一开头就宣称,他这部传记"不是为雪莱的那些爱好者写的,这些爱好者自从莫洛亚的那本《雪莱传》问世后遍布全世界"③,霍尔姆斯不赞成莫洛亚,莫洛亚的雪莱身上那种温馨、美丽、充满幻想的浪漫主义气息在《雪莱的追求》里不复存在,雪莱失去了那些诗意的光辉,变得阴暗、世俗、残酷,也更能干,他身上沾染了贵族子弟的纨绔习气,有时还任性、鲁莽、不计后

---

① 参见杨正润:《现代传记学》,南京大学出版社2009年版,184—185页。
② 莫洛亚:《雪莱传》,郑其行译,湖南文艺出版社1995年版,276页。
③ Richard Holmes, *Shelley: the pursuit*. New York: New York Review Books, 2003, xiii.

果。他吸引了一批年轻女性,以自己为核心建立了一个淫乱的团体,也给这些女性带来了许多痛苦以至灾难。在英国传记家保罗·约翰逊所写的雪莱的短篇传记《无情的理念》(1988)①中,雪莱不但淫乱,而且十分自私、虚伪,他为了达到自己的目的从来不择手段,对自己的亲生父母、妹妹、妻子、孩子都残酷无情。

同一个雪莱,其形象却有如此大的差距,除了所见资料不同外,更是因为传记家眼光、个性以及文化传统和时代精神的差异。莫洛亚本人也具有浪漫气质,他的经历同雪莱有相似之处,他是把《雪莱传》当作自己的忏悔录来写的,对雪莱寄托了极大的同情。雪莱在世时就是一个有很大争议的人物,莫洛亚选用的是对雪莱正面的评价和相关素材。他毕竟是一个法国人,说到底他还是用法国人的眼光和习惯去考察雪莱和他那个时代,不能像霍尔姆斯那样深入英国文化传统的底蕴。莫洛亚作为"新传记"的代表,他的任务是对传统进行革新,用传记故事打破旧传记的沉重滞涩,于是在他的笔下出现的是一个善良、敏感而又脆弱的天使般的人物。

到霍尔姆斯写雪莱传记的1972年,特别是到保罗·约翰逊写雪莱的1988年,后现代正逐步盛行。西方主要知识体系和价值体系,在后现代那里遭到强烈的质疑。霍尔姆斯是位严肃的历史学家,他的目标是恢复历史真相,他也有意识地要揭示莫洛亚《雪莱传》中的错误和不实。注重文学性的"新传记"已经过去,材料丰富、富有历史感的传记正在流行。所以霍尔姆斯一反传统,用大量事实尖锐地揭露雪莱一生中那些不光彩的东西。约翰逊的态度就更其激烈,他对整个知识分子的地位和价值都表示了强烈的怀疑,传统的价值观在被颠覆,过去被看作美好的、神圣的、崇高的东西被怀疑、消解和嘲弄。雪莱正是约翰逊所要"去神圣化"人物之一。

莫洛亚和霍尔姆斯笔下雪莱形象的不同,同法、英两种文化的差异有关。近年一些学者进一步扩大了传主比较的范围,不再以不同文化为前提,而是把同一文化中同一位传主在不同时代的传记进行比较,也称之为比较传记。

霍尔姆斯不但是一位传记家,也是一位理论家,他就主张比较传记"考察在不同历史时期里许多传记家对同一位传主的处理"②,他认为这个新学科的价值在于:

> 这样的比较研究的有助于发现早期和后期传记之间,在选材、外观、文体、思想和美学上的变化和不同,发现声誉是怎样发展的,风尚习惯是怎样改变的,社会和道德倾向是怎样变动的,评价的标准是怎样变化的,因为每一个时代在写作和阅读传记的时候,对它的先辈都在不断重新思考,予以理想化或是进行

---

① 保罗·约翰逊:《无情的理念》,见《知识分子》,杨正润等译,江苏人民出版社1999年版。
② Richard Holmes, "The Proper Study?", See Michael Benton, *Literary Biography: An Introduction*, Malden, MA: Wiley-Blackwell, 2009, p.117.

谴责。①

霍尔姆斯的观点得到了米切尔·本顿的支持。本顿的论著《文学家传记导论》(2009)的第7章标题就是"比较传记",他选择了19世纪英国最重要的一位作家狄更斯在不同时代的3部传记进行比较:维多利亚时代约翰·福斯特(John Forster)的《查尔斯·狄更斯传》(1872—1874)、现代埃德加·约翰逊(Edgar Johnson)的《查尔斯·狄更斯:他的悲剧和胜利》(1953)、后现代彼得·阿克劳伊德(Peter Ackroyd)的《狄更斯》(1990)。福斯特对狄更斯十分熟悉,但他只写大家都熟悉的传主的公众生活,很少涉及私生活和心理世界,对狄更斯轰动一时的离婚事件也只是一笔带过;约翰逊的狄更斯传引用了大量资料,有许多细节,明显受到"新传记"的影响,披露了狄更斯私人生活中的种种问题,包括婚外恋,也对狄更斯的许多行为进行分析,探讨其动因;阿克劳伊德的狄更斯传松散而自由,带有试验的性质,他采用了狄更斯小说中的情节,也加入了自己的想象和虚构,狄更斯居然同他死后才出世的一些作家,包括诗人T.S.艾略特以及阿克劳伊德本人都作了谈话。这是后现代在传记形式上所作的一种试验,也反映了新的批评流派(如解构主义)对传记的影响。

本顿认为,这3位作者中,一位是律师又是狄更斯的朋友,一位是美国学者,一位是英国小说家,他们的作品反映了他们的个性和职业特点,他们的作品也证明,"每个时代都会重新写作这个时代所宠爱的作家的传记,从中反映出这个时期的风貌和文学传统"②,一位评论家这样总结本顿对传记的基本观点:

> 传记作品,远非对某一特定人物生平的一目了然的摹写,它总是深深根植于写作它的那个时刻知识界所关注的问题。③

霍尔姆斯和本顿的传主比较,同比较文学的观念有所不同。比较文学始终主张:不同文化中的文学的比较才是比较文学。1961年雷马克提出比较文学的著名定义:"简言之,比较文学是一国文学与另一国或多国文学的比较,是文学与人类其他表现领域的比较。"④近年美国比较文学学会领导者的说法是:"比较文学通常把来自不同语言和文化的文学文本结合起来,也把诗歌同舞蹈、电影同小说、摄影同论文

---

① Richard Holmes, "The Proper Study?", See Michael Benton, *Literary Biography: An Introduction*, Malden, MA: Wiley-Blackwell, 2009, p.131.

② Michael Benton, *Literary Biography: An Introduction*, p.18.

③ Kathryn Hughes, "Review of Literary Biography: An Introduction", *Biography*, vol. 33, no. 3 (2010).

④ 雷马克:《比较文学的定义和功用》,张隆溪编译,《比较文学译文集》,北京大学出版社1982年版,第1页。

联系起来,甚至是把不同学科的语言和思想模式联系起来。"①他们都坚持比较在不同文化之间进行,才成为比较文学。

霍尔姆斯和本顿等人的比较传记研究没有了不同语言和文化的限制。这一主张有其合理性:比较传记虽受到比较文学的影响,但是两者毕竟不是一回事。传记有一个不同于各种文学形式的特点:传记的核心是传主,在同一种文化和语言里,传主在不同的时代可能反复出现。传记对真实性的要求,使传记家的写作空间受到很大的限制,他的想象和虚构必须服从真实性的原则;传记家不可能超越时代的要求和限制,但他又总是力图使自己的作品同过去的作品有所不同。在文化研究已经得到普遍的重视,文化理论也已相当发达的今天,对一位传主在同一文化而不同时代中的形象进行比较,具有特殊的价值,可以视为比较传记中传主比较的一个分支。

无论是写作还是研究,比较传记都是以深入的文化交流和宏大的文化视野为前提,比较是人们认知的最基本、最有效的方法之一,不同民族、不同文化的传记和传主的比较,必然丰富对文化和对人的认识。现代社会随着主体意识的不断强化,传记成为日益庞大的文类,在普鲁塔克那里,比较传记有一个很好的开端,在全球化的时代,会有更大的发展。

传记具有历史和文学的品质,比较传记已经超越了历史学和文学的界线,比较写作开始同人文和社会科学以及自然科学结合,具有跨学科的性质。比较传记的写作和研究并不能截然分开,比较传记写作的过程中不能脱离对传主和时代以及材料的研究,同样的,比较传记写作不能脱离比较研究。在研究的范畴中,影响研究、平行研究以及传主的比较研究只是一种方便的划分,这些模式的综合运用已经引起越来越多学者的兴趣,笔者的《现代传记学》中就包括了前文所说的中国同西方传记写作方法的平行研究、精神分析对传记的影响研究以及雪莱形象的传主比较等内容,进行了综合的比较传记研究的尝试。

参考书目

[1] 胡适.留学日记[M].胡适全集,27卷.合肥:安徽教育出版社,2003.

[2] 尤·米·加列诺维奇.20世纪的俄罗斯与中国两大民族及其领袖[M].成都:四川人民出版社,1999.

[3] 梁启超.李鸿章[M].海口:海南出版社,2001.

[4] 梁庆标.自我的现代觅求[D].南京:南京大学,2008.

[5] 普鲁塔克.希腊罗马名人传[M].席代岳译.长春:吉林出版集团,2011.

---

① Sandra Bermann, "Working in the And Zone: Comparative Literature and Translation," Comparative Literature 61, no. 4 (2009).

[6] 莫洛亚.雪莱传[M].郑其行译.长沙:湖南文艺出版社,1995.

[7] 唐岫敏.精神分析与西方现代传记[M].太原:山西人民出版社,2009.

[8] 杨正润.传记文学史纲[M].南京:江苏教育出版社,1994.

[9] 杨正润.现代传记学[M].南京:南京大学出版社,2009.

[10] 张隆溪.比较文学译文集[M].北京:北京大学出版社,1982.

[11] 赵山奎.精神分析与西方现代传记[M].北京:中国社会科学出版社,2010.

[12] Altick, Richard D. *Lives and Letters: A History of Literary Biography in England and America*. New York: Alfred A. Knopf, 1965.

[13] Bentond, Michael. *Literary Biography: An Introduction*, Malden, MA: Wiley-Blackwell, 2009

[14] Eagan, Susanna. *Patterns of Experience in Autobiography*, The University of North Carolina Press, 1984.

[15] Holmes, Richard. *Shelley; The Pursuit*, New York: New York Review Books, 2003.

[16] Kendall, Paul Murray. *The Art of Biography*, New York: W. W. Norton & Company, 1965.

[17] Martin, Thomas. *Herodotus and Sima Qian: The First Great Historians of Greece and China: A Brief History with Documents*, Boston: Bedford/St. Martins, St Martin's Press, 2009.

谈宗教与艺术的关系

◎ 张育英

宗教与艺术关系问题,是艺术理论的一个重要内容。但长期以来,人们对艺术与宗教的关系,多持否定态度,甚至把宗教和艺术看成是两个毫不相干的意识形态,否定它们之间存在任何联系。实际上,这是一种偏见。如果把宗教与艺术,放到整个人类发展历史上公正地看,就不难发现,宗教和艺术之间,具有许多内在的同一性。宗教艺术这一独特的艺术品种,即是它们联姻的产物。探讨宗教和艺术的关系,不仅可以正确认识宗教艺术遗产和现今的宗教艺术,对探讨宗教和艺术这两种意识形态的特殊性,也具有一定的理论意义。本文认为,宗教与艺术的内在联系,主要表现在以下几个方面:

一、从起源上看,原始宗教是艺术起源的摇篮

艺术与宗教,在起源中就紧密地联系在一起。今天看来属于艺术活动的许多东西,如歌舞、绘画、雕塑、建筑等,在当时却主要是一种巫术活动或宗教活动,而不是单纯的审美活动。原始人对巫术和宗教的信仰和崇拜,是原始艺术产生和发展的直接动因。

洞穴壁画是迄今发现最早的原始艺术,其内容大多为动物形象。这些壁画,或者画在悬崖峭壁的凹处,或者画在岩石的缝隙中。在人的足迹难以达到的地方作画,显然不是为了审美目的,而是原始人巫术观念所致。其创作的心理动机,如鲁迅先生所说:原始人"画一只牛,是有缘故的,为的是关于野牛,或者猎取野牛,禁咒野牛的事"(《且介亭杂文·门外文谈》)。也就是说,原始人作画,带有一定的实用或功利目的,他们描绘动物,是用某种巫术"禁咒"野兽,以求狩猎成功的实践活动。

原始舞蹈的产生,也与原始宗教信仰相联系,它是原始人的宗教信仰和表达宗教情感的重要形式。恩格斯曾指出:原始舞蹈是"一切宗教祭典的主要组成部分"(《马克思恩格斯选集》第4卷),揭示了原始歌舞与原始宗教之间的关系。原始宗教活动,特别是敬神、娱神的图腾崇拜活动,因伴有歌唱和舞蹈,对歌舞艺术的产生和发展,起了重要的促进作用。在我国,考古学家从甲骨卜辞里巫与舞同字同形的分

析中,也得出歌舞起源于巫术的结论。

原始绘画和造型艺术的产生,与原始人的生殖崇拜观念直接相联。生殖崇拜是原始绘画和造型艺术的一个极为重要的源头。恩格斯在《〈家庭、私有制和国家的起源〉序言》中明确提出:"生产本身又有两种,一方面是生活资料即食物、衣服、住房以及为此所必需的工具的生产;另一方面是人类自身的生产,即'种的蕃衍'。"由于人类自身的生殖生产,是制约人类历史发展的重要因素,因此,生殖崇拜则成为原始艺术的母题。黑格尔在《美学》中说:"在讨论象征型艺术时我们早已提到,东方所强调和崇敬的往往是自然界的普遍的生命力,不是思想意识的精神性和威力,而是生殖方面的创造力。"他还考察到许多建筑物的形状来源于对生殖器崇拜的象征。事实正是如此,世界许多地方的宗教建筑物,如北美印第安人的图腾柱、欧洲的十字架、埃及的金字塔等,实际上都是男根的象征物,或者源于男根的崇拜。在我国,先民绘制在彩陶上的鱼纹饰也是生殖崇拜的产物。闻一多撰写的《说鱼》认为,原始人崇拜生殖、重视种族蕃衍,而鱼的象征意义起源于鱼的繁殖力最强。李泽厚也认为,仰韶期半坡彩陶的鱼纹和含鱼人面,是对氏族子孙"瓜瓞绵绵"的祈祷。

人类最早出现的雕刻艺术也与原始人的生殖崇拜有关。在各民族中,最早的人物雕像皆为女性裸体雕像,被研究者称为"史前维纳斯"。这些雕像,差不多都被忽略了脸部、四肢和五官,而与生殖相关的胸部、腹部、臀部却被极度地夸大和强化了,表现得特别肥大。这一形态,体现了原始人对女性或神秘生殖力崇拜的观念。我们从这些雕像中,可以看到雕刻艺术的最古老的源头。

神话的产生,也是原始人依据自己的宗教信仰创造出来的。马克思在《摩尔根〈古代社会〉一书摘要》中指出:"在野蛮期的低级阶段……想象,这一作用于人类发展如此之大的功能,开始于此时产生神话、传奇和传说等未记载的文学,而业已给予人类以强有力的影响。"这说明,在人类的童年时代,由于认识水平低下,人们不可能用抽象思维对周围世界作科学说明,只能通过宗教的想象和幻想,作形象化的解释。他们信仰"万物有灵"论,把自然界想象成同人一样有意志、有感情。于是产生了关于自然界的各种各样的神话。这是原始人"用一种不自觉的艺术方式",对周围世界所作出的艺术概括。

原始巫术、原始宗教对原始艺术的产生和发展,起了巨大的催化和推动作用,成为艺术起源直接的、生生不息的重要动源,这已是不争的事实。宗教和艺术之所以从诞生之时起,就如孪生兄弟手拉着手地来到人间,其主要原因在于,宗教和艺术都是原始人为了"掌握"世界和"掌握"自己而进行的实践活动,它们是一件事情的两个方面。原始人的"艺术"同现代人的"艺术"并不是同一个概念,把原始人艺术活动的实际信息,往现代概念中装,就无法正确认识和理解原始宗教与原始艺术的亲和关系。

二、从情感表现上看,它们都带有情感特性

作为审美的艺术,它在内容上的重要特征,就是情感性,即以情动人。中外文论家、艺术家对此多有论述。白居易认为:"感人心者,莫先乎情。"阿·托尔斯泰说:"艺术就是从感情上去认识世界,就是通过作用于感情的形象来思维。"罗丹则明确指出:"艺术就是感情。"西方现代文艺理论家们,把艺术表现情感看得更为重要,苏珊·朗格认为:"艺术品本质上就是一种表现情感的形式。"艺术的情感属性,已被越来越多的人所重视。

情感对于宗教来说,也同样重要。宗教信仰产生的条件之一,即为宗教情感。也就是说,宗教信仰是建立在感情基础之上的。宗教不是简单地要人们从观念上承认超自然物的存在,而是通过情感,使信仰者从心理上体验到自己同超自然实体的关系。只要使信仰者获得精神上的满足或安慰,超自然物就是真实存在的。因此,宗教情感是宗教信仰产生的动力,宗教信仰是人们对信仰的对象的情感态度的结果。许多理论家在探讨宗教本质时,总是把宗教情感放在十分突出的地位。马克思认为:"宗教是被压迫的生灵的叹息,是无情世界的感情。"(《马克思恩格斯选集》第4卷)恩格斯认为:"宗教可以在人们还处在异己的自然和社会力量支配下的时候,作为人们对这种支配着他们的力量的关系的直接形式即有感情的形式而继续存在。"(《马克思恩格斯选集》第4卷)黑格尔认为:"宗教所涉及的与其说是行动本身,毋宁说是人的心情,是心的天国。"(《美学》第1卷)从这些论述中,我们可以看到,宗教情感是宗教信仰者领地的主要动力。由于宗教情感和艺术情感所注重的都是人的情感,因而人类的生与死、善与恶、灵与肉问题,成为宗教和艺术共同探讨和表现的主题。不仅如此,艺术审美情感同宗教情感,还都是为了满足人们心理的需求,成为人们心理的需要和精神寄托的产物。

有人认为,宗教情感是建立在虚幻的、非真实的认识基础上的,具有非理性特点,用人类的知识和理性,无法对它进行验证,因此宗教情感与艺术的审美情感,是两种截然不同的情感。诚然,宗教情感与艺术的审美情感存在一定的差别,宗教中的如痴如狂的崇拜,义无反顾的献身,惊心动魄的自残行为,往往是与个人的生活目的、人生的价值等道德观念直接相联,而艺术审美情感与道德观念的联系则是间接的。审美活动本身只诉诸人的感情,通过对美的事物的感受和认识,获得精神上的愉悦。审美情感是在没有利害关系中,间接地实现美和艺术的道德价值。然而,我们不能因宗教情感无法以人类的知识和理性加以验证而否定它的现实性。马克思说:"费尔巴哈没有看到'宗教情感'本身是社会的产物,而他所分析的抽象的个人,实际上是属于一定的社会形式的。"(《马克思恩格斯选集》第1卷)宗教信仰者是现实生活中具体的人,这就决定了宗教情感不可能是超现实的抽象物,而是与艺术的

审美情感一样，都是一定的现实生活的反映。另外，我们还需看到，并非宗教情感具有非理性，艺术的审美情感也具有非理性特征。傅雷在给儿子的信中曾写道："艺术不但不能限于感性认识，也不能限于理性认识，必须要进行第三步的感情深入。"(《傅雷家书》)这是对情感规律的深刻认识。情感有它自身的规律，往往在理性逻辑上显得毫无道理，但从情感变幻规律上看却是很微妙的。中国古代的"无理而妙"的命题，即是对艺术审美情感非理性特征的概括和肯定。由此我们可以说，艺术审美情感与宗教情感在非理性特征上，也存在内在同一性。

三、从思维方式上看，它们都运用想象和幻想把握世界

马克思在《政治经济学批判》导言中指出，人类认识世界和把握世界的方式，主要有四种，即理论方式、精神——实践方式、艺术方式和宗教方式。马克思在这里将宗教的思维方式，与艺术的思维方式相提并论，是因为宗教与艺术这两种意识形态，在把握世界的方式上非常接近，有着比其他意识形态更为一致的地方。

丰富的想象和幻想，是艺术思维的重要特点。艺术创作的整个思维活动，都是在想象和幻想之中进行的，离开了艺术的想象活动，艺术形象就无从存在。为此，黑格尔在《美学》中说："如果谈到本领，最杰出的艺术本领就是想象。"宗教思维也同样运用想象和幻想，马克思指出："宗教把人的本质变成了幻想的现实性。"(《马克思恩格斯全集》第 27 卷)这就是说，宗教的思维方式，甚至连对人的本质的认识，也都充满了想象和幻想。宗教教义则更不用说，是依靠丰富的想象和幻想，来建立自己的形象系统，并在教义中加以生动的描绘和表现。所以，宗教思维的想象和幻想，并不比艺术思维逊色，甚至比艺术思维的想象和幻想更为生动、丰富。

所不同的是，两种思维在对现实的理解上存在一定的差别。艺术的想象和幻想，目的在于创造艺术真实，审美地反映真实的人生，即使采用变形的艺术形式，或者远离现实的荒诞形式，仍然是主体的现实精神的折射，其立足点主要是现实。艺术家并不把自己笔下的虚幻世界当作现实。而宗教幻想，却把用幻想创造的虚幻世界当作一种真实的存在，甚至把作为艺术品的"神像看作神本身，看作实在的活的实体"(《费尔巴哈哲学著作选集》)。宗教思维中的这一现象，是由于它们"用理想的、幻想的联系来代替尚未知道的现实的关系，用臆想来补充缺少的事实，用纯粹的想象，来填补事实的空白"(《马克思恩格斯选集》第 4 卷)。但我们也须看到，正由于宗教和艺术两种思维方式在运用想象和幻想把握世界时，具有同中有异、异中有同的特点，才使它们在对世界的认识和反映中，产生了相互渗透、相互融合的现象，使宗教中融入了艺术因素，艺术中存在宗教因素。

四、从表现手段上看,它们都借助形象表达自身

黑格尔在《哲学史讲演录》中曾谈到:"艺术和宗教是最高的理念出现在非哲学意识——感觉的、直觉的、表象的意识中的方式。"理念是黑格尔哲学的中心思想,这里我们先不去探讨他的哲学命题,值得注意的是,黑格尔提出了一个十分重要的现象,即艺术与宗教同哲学不一样,它们离不开具体的感性形象。也就是说,艺术和宗教,要通过形象来表达自身。文学艺术以形象来表现生活,并将艺术家的思想、感情、意志、愿望寄寓在具体的形象描绘之中,这是文学艺术的根本特征。宗教(指人为宗教),就其本质来说,它本应该摈弃感性形象,因为从宗教眼光看,神灵具有无限性的特点,用物质手段无法描绘神灵形象,如果用感性形象表现神灵的话,本身就意味着将精神降到了物质,将无限变成了有限。若把神灵感性化、形象化,便是对神灵的亵渎。所以,犹太教"十戒"中有"不可崇拜偶像"的戒律,伊斯兰教禁止偶像崇拜,早期的佛教也禁忌直接表现佛陀,"十诵律"里就有"佛身不可造"的记载。但理论同实践往往是矛盾的,宗教在实际传播过程中发现,形象的直观性、可感性、生动性易为读者、听众所接受,是宣传宗教行之有效的方法。因此,宗教圣像以及有关神灵故事的雕刻、壁画、文学故事应运而生。这些形象化手段,对宗教的宣扬和传播,起了重要的作用。拜占庭神学家大格列高利曾直言不讳地说:在教堂里使用绘画和雕塑的诸多形象,为的是让那些不识字的人们朝壁上一看,至少就能读到他们在书上无法读懂的内容。实际上,现今流行于世的宗教,除了一些教义宣讲之外,大都通过生动的故事等形象进行传教。由于基督教的《圣经》、伊斯兰教的《古兰经》、佛教的《佛本生故事》等宗教经典,本身具有浓厚的文学成分,为宗教运用形象手段,提供了丰厚的基础。宗教的形象性,将宗教教义、宗教人物、宗教故事融为一身,成为一种特有的宗教艺术。这种宗教艺术,为非宗教信仰的欣赏者们,也同样提供了广阔自由的想象空间,具有很高的审美价值。

但我们应看到,宗教形象与艺术形象还存在一定的差别。其主要差别在于:艺术形象具有生活现实本身的特点,以及生命变化的特点和人的个性化特点。文学艺术中的人物形象,是按照人物自身的逻辑能动地发展着,并不断趋向完整和深化。而宗教形象,主张遵循固有的模式,反对鲜明的个性特征,特别对神灵形象的塑造,经典上都有十分具体的规定,如对佛祖释迦牟尼的塑造,必须依照佛经上所谓"三十二相"和"八十种好"的规定塑造。因此,宗教神灵的形象,实际上是一种符号,是一种建立在想象基础上的虚幻的象征。这种缺少现实性格的抽象化的神灵形象,限制了艺术家们创造个性的发挥,使宗教神灵形象趋于类型化。

五、从探究的对象看,它们都注重对人的研究

文学艺术是以人为主要研究对象的,因为人是社会生活的主体和本体,文学艺术要反映社会生活,必然把社会中的人作为自己反映的对象。因而高尔基提出了"文学是人学"这样一个不朽的命题。由于"人的本质不是单个人所固有的抽象物,实际上,它是一切社会关系的总和"(《马克思恩格斯全集》第3卷),因此,文学艺术对人的研究,又有别于医学、伦理学、心理学等其他学科对人的研究,它要对人进行整体地把握,特别关注的是人的精神世界,注重表现人的自我意识。艺术家们用心血塑造的优秀的艺术形象,都是为了揭示人的内心世界,探求和展示人生的价值和意义。正因为如此,丹麦文艺理论家勃兰兑斯把艺术创作,看成是"一种心理学,研究人的灵魂,是灵魂的历史"。

宗教的探究对象,说到底也是人,是对人灵魂和人生终极意义的探究。据说在古希腊的德尔裴神殿里,高高地悬挂着一条箴言:"认识你自己。"认识人自己,是宗教千百年来孜孜以求的目标。这种对人自身进行认识和探究的行径,从人类发展史上看,是人类进步的表现。人与动物的显著区别之一,就是人有自我意识,能够探究人与自然的关系,探究人与周围世界的关系,探究人自身的生命意义。为此,恩格斯曾深刻指出:宗教的价值在于寻求人的"自我意识和自我感觉"。人类认识到个体生命的有限,企望超越有限的肉体生命,探求灵魂的永生不灭,追求人生的终极意义。这是人类自从有了自我意识以来,所致力探索的一个基本问题。宗教的产生,即是人类的这种探索、追求的反映。

宗教虽然以神灵和通往虚无缥缈的天国为出发点,探讨神和人的关系,但实际上却落脚于人间社会,探究的仍是现实中人的行为。因为毕竟是"人创造了宗教,而不是宗教创造了人"(马克思《黑格尔法哲学批判》导言),神灵不过是人的代言人,是理想化了的现实中人的形象。宗教表现得最有说服力的地方,则是在上帝那里实现人性的地方。在各种宗教里,几乎都有善待父母、要行善、互相帮助、不杀生、不偷窃、不邪淫、不妄语、言行一致、秉公作证、不贪婪他人财物等戒律,这些戒律,与社会道德是相一致的,是对现实人性的思考。也就是说,宗教的道德观,是主张人性和人道主义的。但宗教的戒律,在于为"进天堂"而实行的道德的自我完善,宗教的动机与现实生活的人性动机还不能完全等同。在阶级社会里,靠宗教的道德观,不能解决社会问题,因为在阶级社会里,人与人的关系主要表现为阶级的关系。但从宗教的出发点来看,宗教是在寻求对人类自身本质的认识,在这一点上,与文学艺术具有内在的一致性。正因为如此,文学艺术里的人物常带有宗教观念,而宗教中的神灵又常具有人性的特点,使宗教与艺术纽合难分,你中有我,我中有你。

六、从审美角度看,它们都具有审美价值

艺术的审美价值是不言而喻的,艺术的本质在于审美,没有美,就没有艺术。

宗教的审美价值,主要指宗教借用艺术,并与艺术结为一体的宗教艺术所具有的审美价值。宗教艺术,一般来说是宗教思想的艺术表现,是宗教教义的外化形式。但在宗教艺术中,宗教性与艺术性并非时时和谐地统一在一起,而常常处于既对立又统一的关系之中。"如果艺术为宗教服务,那么宗教就庇护它;如果艺术号召尘世间的欢乐,那么宗教对此不能容忍,它把这种艺术宣布为罪恶,特别是当艺术同宗教开始争执的时候,当艺术开始嘲笑宗教的神职人员——神甫,揭露他们的虚伪、贪婪的时候。"(卢那察尔斯基《为什么不能相信上帝?》)宗教艺术的这种双重职能,使宗教艺术的审美价值具有不稳定性。当宗教职能占主导地位时,艺术便失去自己独立的内容,成为表达宗教观念的手段,作品中的人物形象,表情呆滞,缺少个性特征,这类宗教艺术,是宣扬宗教思想的概念化、图解式的作品,谈不上审美价值。只有当艺术职能起主导作用,宗教职能降为次要地位时,宗教艺术的审美价值才得以体现。如达·芬奇、拉斐尔和米开朗琪罗的宗教艺术作品,他们将世俗精神注入宗教艺术中,在宗教艺术里歌颂人性的崇高和伟大,表达了艺术家崇高的人道主义思想,以及对现实生活真实性理解和对人生价值的肯定,具有极高的审美价值。从艺术本身看,因宗教艺术以形象来表达自身,这就决定了宗教艺术形象具有朦胧性和多义性,而这种朦胧性和多义性,使宗教艺术形象往往高于抽象教义,超出宗教的思想原型,成为不信宗教人们的审美对象。人们能够从庄严肃穆的本尊大佛身上,看到胸怀宽广、博大精深的智者形象;能够从慈祥的观音菩萨身上,看到贤惠婉丽的女性形象。此外,艺术的美学原则,也使得宗教艺术在表现现实、讴歌人生、肯定人的价值方面,与现实主义艺术具有共通之处,从而给人们带来持久的艺术魅力和美的享受。

在谈宗教艺术时,应提及的是,不能把宗教艺术和以宗教为题材的艺术混为一谈。一般说来,宗教艺术,是指在思想内容上为宗教服务的艺术品。而以宗教为题材的艺术,并不一定为宗教服务,有的甚至具有反宗教的内容。但丁的《神曲》,弥尔顿的《失乐园》、《复乐园》,拉辛的《以斯帖记》、《亚他雅记》等作品,虽取材于《圣经》,却是借用宗教题材,反映艺术家对现实的思考和情感。马克思说"伦勃朗曾把圣母马利亚的像画成尼德兰的农妇"(《马克思恩格斯全集》第1卷),也是说伦勃朗借用了宗教故事,反映现实生活矛盾,表达他对劳动人民的同情。像这类借用宗教题材的作品,不属宗教艺术之列。"文艺复兴三杰"的作品,大都为宗教艺术,是因为作品本身表现了基督教内容,并且这些艺术家,当时几乎都是虔诚的基督教信徒。他们反对教会的腐朽、黑暗,目的在于反对封建主义的统治,并不主张废除宗教或取消教会,而是希望教会能进行"自我纯洁",成为理想的教会。所以,人文主义艺术家们在

作品中，十分强调基督的"人性"思想。由于"文艺复兴三杰"是在不脱离宗教意识的范围里，对"真、善、美"理想的追求，他们的作品才会被教会所接受。

宗教和艺术不仅在历史上攀结在一起，在现今社会里也常形影不离。特别当宗教趋于萧条时，就越向艺术攀附，借用艺术的力量来维持着自己的地位。这种情况在当今西方基督教中表现得尤为突出。当代西方社会的基督教教堂，多建成现代派样式，从外表看，同传统教堂建筑截然两样，有的像大歌剧院，有的像俱乐部，人们可以在那里听音乐、喝咖啡，谈天说地。这些现代派建筑的教堂，实际上成了人们娱乐的场所。因为只有这样，才能把人们吸引到教堂里来。在我国现实生活中，也常可以看到宗教借助艺术的力量，发挥它的社会作用。如农村基层的基督教组织，常采用民间曲调或民间说唱等形式，编写圣歌、圣诗，宣传教理、教义。这些曲调具有广泛的群众性，易学易唱，歌词也通俗易懂，颇能起到宣传作用。因现代人的审美观念和审美情趣在不断地发生变化，这就迫使宗教趋向世俗化。如果宗教仍留在中世纪那种僵死、呆板的水平上，将会失去更多的信徒，不利于宗教的发展。文学艺术，则在宗教世俗化过程中，起到了不可忽视的中介作用。正是由于宗教与艺术之间存在着许多相通之处，才使宗教和艺术，在整个历史发展过程中结伴同行，相互影响和渗透，并在对立和统一的关系中，不断发展自己。

从语言角度看《齐民要术》卷前《杂说》非贾氏所作

◎ 柳士镇

《齐民要术》,公元6世纪时北魏高阳太守贾思勰著,是我国完整保存至今的最早的一部包括农林牧副渔各业的综合性古代农业全书,也是世界上最早而有系统的农业科学名著。书中总结的许多宝贵经验,直到今天仍有借鉴的价值。但是,《齐民要术》一书由于著述年代久远,在一千多年的流传过程中,经过辗转传抄与屡次翻印,产生了许多错乱,其中也有不少后人的增益与删改。中国农业科学院农史研究室缪启愉教授在前人基础上,对这部农书进行系统的研究整理,写成了《齐民要术校释》(农业出版社1982年版),去伪存真,正本清源,在农史研究上具有很高的学术价值。本文主要以《校释》为依据,试图从语言角度来证实《齐民要术》卷前《杂说》并非正文著者贾思勰所作。

《齐民要术》卷前《杂说》并非贾氏所作,自清代开始即有人提出这一看法,《四库全书总目提要》指出,《齐民要术》"中第三十篇为《杂说》,而卷端又列《杂说》数条,不入篇数,一名再见,于例殊乖。其词亦鄙俗不类,疑后人窜入"。新中国成立以后,这一观点已为研究《齐民要术》者所公认,农史学界持此说者甚多,例如万国鼎《论齐民要术》(《历史研究》1956年第1期)、梁家勉《齐民要术的撰者注者和撰期》(《华南农业科学》1957年第3期)、石声汉《齐民要术今释》(科学出版社1957年版)、浙江农业大学理论学习小组《齐民要术及其作者贾思勰》(人民出版社1976年版)、缪启愉《齐民要术校释》等,但以上诸家论著均为附带性的提及,尚未见到专文论述。

从语言角度来证实《齐民要术》卷前《杂说》并非贾氏所作,是因为语言同任何事物一样,都是在不断发展变化的,具有较为显明的时代特色,使得我们能够根据这种时代特色,来判定一部作品大体上是什么时代完成的,至少也可以从这种时代特色中找出托名为前代所作却又出现了后代语言现象的作伪的痕迹。

语言的时代特色,首先反映在词汇上。因为在语言诸要素中,词汇对于客观事物的发展最为敏感,它的变化最快,它所表现出来的时代特色也最为显著。其次也反映在语音同语法上,不过由于它们发展变化的速度比不上词汇,因此表现这种时代特色也就没有词汇那样迅捷。但是,也正因为它们的发展变化比词汇要缓慢,因而它们一旦发生了变迁,其鉴别作品时代性的作用也就更加显得重要而可靠。《齐民要术》卷前《杂说》不是韵文,我们无法找出它的韵部来考察它在语音上的特点,这里只能从词汇与语法两个方面作一些粗浅的分析。

1.《杂说》云:"看干湿,随时盖磨著。切见世人耕了,仰著土块,并待孟春盖,若冬乏水雪,连夏亢阳,徒道秋耕不堪下种。无问耕得多少,皆须旋盖磨如法。"

这段文字中的专用词汇"盖磨"与"盖"的用法值得讨论。农业专用词汇"盖磨"与"盖"词义相同,既可指耕田后平整土地的动作,又可指用以平整土地的农具。缪启愉先生在《齐民要术校释》卷前《杂说》注释中说:"'盖磨',亦称'劳',是耕后碎土和平土的重要农具,主要作用在保墒。"元代王祯《农书》卷十二云:"今亦名劳曰摩(通'磨'——笔者注),又名盖。凡已耕耙欲受种之地,非劳不可。"卷二又云:"耙有渠疏之义,劳有盖磨之功。今人呼耙曰渠疏,劳曰盖磨,皆因其用以名之,所以散坡去芟,平土壤也。"《杂说》于此术语三次称为"盖磨",十次称为"盖",例如"缘盖磨数多故也","即更盖所耕得地一遍","即横盖一遍"等,没有称"劳"的情况。再证之以《齐民要术》正文,则以称"劳"为常,例如卷二种瓜第十四:"耕讫,劳之,令甚平。"卷一耕田第一:"乃至冬初,常得耕劳,不患枯旱。"没有称"盖"或"盖磨"的情况。唐代韩鄂的《四时纂要》也只用"涝"(通"耢",即《齐民要术》的"劳"字),不用"盖"或"盖磨"。例如卷一正月:"秋,熟耕其地,以榆漫散涝之。"卷二三月:"下讫,涝之。锄如谷法,唯净为佳。"由此看来,直至唐代仍然用"劳(涝)",大约在唐以后元以前才称为"盖"或"盖磨"的。

2.《杂说》云:"如一具牛,两个月秋耕,计得小亩三顷。"
又云:"计正月、二月两个月,又转一遍。"

这两句里量词"个"字的用法值得讨论。"个"本义是竹干,《说文》:"个,竹枚也。"起先用为计竹的量词,后来又发展为计物的量词。刘世儒先生《魏晋南北朝量词研究》认为,"个"字发展到南北朝,可以适用的方面就更广:"不但'物',连'人'也可以适用了(《说文系传》:'人言一个、一枚,依竹木而言之也')。"例如梁《横吹曲辞·捉搦歌》:"天生男女共一处,愿得两个成翁妪。"但是,"个"字用如《杂说》中计"时"的量词,却是魏晋南北朝以后的事。例如隋炀帝《幸江都作》:"求归不得去,真成遭个春。"具体到量词"个"同时间名词"月"字连用,则又是唐代出现的语言现象。例如《左传·襄公九年》:"闰月戊寅,济于阴阪,侵郑。"孔颖达疏:"除二个残月,唯置四个整月。"慧能《坛经》:"遂遣惠能于碓房,踏碓八个馀月。"《齐民要术》正文中,量词"个"字也有运用,但只用以计"物",例如卷五种红蓝花、栀子第五十二:"取酢石榴两三个,擘取子,捣破。"没有见到用"个"字计"人"的情况,更没有以之计"时"的用例。正文中如果要表示某几个月这类时段,不采用卷前《杂说》中的总说(两个月)或分说加总说(正月、二月两个月)的方式,只是一概采用单纯分说的方式,例如卷四柰、林檎第三十九:"林檎树以正月、二月中,翻斧斑驳椎之,则饶子。"卷八作酱等法第七十:"十二月、正月为上时,二月为中时,三月为下时。"即使是两个月以上的时段,也是如此,例如卷八脯腊第七十五:"作五味脯法,正月、二月、九月、十月为佳。"卷九煮胶第九十:"煮胶要用二月、三月、九月、十月,余月则不成。"

3.《杂说》云:"黍经五日,更报锄第二徧。候未蚕老毕,报锄第三徧。如无力,即止;如有馀力,秀后更锄第四徧。"

又云:"谷,第一徧便科定,每科只留两茎,更不得留多。"

又云:"第一徧锄,未可全深;第二徧,唯深是求;第三徧,较浅于第二徧;第四徧较浅。"

以上几句中具有形态标志的序数词与动量词相结合的用法值得讨论。"徧"(同"遍")本义是周遍,《说文》:"徧,帀也","帀,周也"。它最早用为动量词,一般认为是汉人托古著作《黄帝内经上》:"净神不乱思,闭气不息七遍。"但它的普遍运用却是在魏晋南北朝期间。此时"徧"字作为动量词通常与基数词结合,表示动作的数量。例如《三国志·魏志·王肃传》:"亦历注经传,颇传于世。"注引《魏略》:"人有从学者,(董)遇不肯教,而云'必当先读百徧',言读书百徧而义自见。"《抱朴子·祛惑》:"又教之但读千遍,自得其意。"以序数词词头"第"字为形态标志的序数词的用法也产生于汉代,但是运用词头"第"字的序数词后面带有名词却主要是魏晋南北朝期间的语言现象。例如《古诗为焦仲卿妻作》:"云有第三郎,窈窕世无双。"《世说新语·宠礼》:"我以第一理期卿,卿莫负我。"即便用带有"第"字的序数词同量词结合,也只同名量词连用,例如《法显传·达傺国》:"凡有五重:最下重作象形,有五百间石屋;第二层作师子形,有四百间;第三层作马形,有三百间……"《百喻经·三重楼喻》:"不造第二,云何得造第三重屋?"在此期间,这种形式的序数词同动量词的结合尚未见到。那么若要表示动作的序数时又采用什么方式呢?通常的方法是采用基数的形式来表达序数的内容,因为古代汉语中基数与序数在形态上往往是相同的。例如王羲之《笔势论》:"初学字时,不可尽其形势,先想事成,意在笔前,一徧正其手脚,二徧须学形势,三徧须全似本,四徧加其遒润,五徧每加抽拔,使不生涩……"这里的一徧、二徧等,即指第一遍、第二遍……我们也是在唐代的文献中才见到带有词头"第"字的序数词同动量词相结合的用例的。例如唐韩鄂《四时纂要》卷二三月:"韭勾头,第一番割弃之,主人勿食。"《齐民要术》正文在表示动作的序数时常常采用如下两种方式。第一种方式是以基数词的形式直接放在动词之前来表示动作的序数,例如卷五种桑、柘第四十五:"按今世有三卧一生蚕,四卧再生蚕。……凡三卧、四卧,皆有丝、绵之别。"这里的三卧、四卧指第三次蚕眠、第四次蚕眠。第二种方式是以序数词词头"第"字为形态标志的序数词直接放在动词之前来表示动作的序数,例如卷七笨曲并酒第六十六:"第二酘(tóu 投,酒再酿)用米一石七斗,第三酘用米一石四斗,第四酘用米一石一斗,第五酘用米一石,第六酘、第七酘各用米九斗。"同卷造神曲并酒第六十四:"第四、第五、第六酘,用米多少,皆候曲势强弱加减之,亦无定法。"卷八作豉法第七十二:"翻讫,以杷平豆,令渐薄,厚一尺五寸许。第三翻,一尺;第四翻,厚六寸。"

4.《杂说》云:"至十二月、正月之间,即载粪粪地。计小亩亩别用五车,计粪得六亩。匀摊,耕,盖著,未须转起。"

又云:"看干湿,随时盖磨著。切见世人耕了,仰著土块,并待孟春盖。"

这两句里三个"著"字的用法值得讨论。"著",也作"着",本作"箸"。《说文》只有"箸"字:"箸,饭欹也。"段氏注:"……假借为箸落,为箸明。古无去入之别,字亦不从艸也。""箸落"的"箸"义为附着,古代汉语中表示动词现在时态的"著"字,正是从"附着"义的动词虚化而来的。但是,这种虚化同其他语法现象的发展变化一样,也经历了一个相当漫长的过程。在魏晋南北朝期间,这种虚化仅仅是萌芽阶段,远远没有终结。此时"著"字除去表示"附着"、"放置"之类词义,单独用作谓语动词之外,主要有如下三种用法。第一种用法是"著"字用于动词及其宾语之后,表示处置意义,其后另有表示处置地点的处所补语。例如《世说新语·德行》:"公于是独往食,辄含饭著两颊边。"在这种情况下,"著"字与其前动词构成连动关系。第二种用法是"著"字部分虚化用于谓语动词之后,在表示处置意义的同时兼表依附状态,其后另有表示依附对象的处所补语。例如《博物志》佚文:"里既熟讫,便内著罂中。"在这种情况下,"著"字充任其前谓语动词的补语。第三种用法是"著"字进一步虚化附于谓语动词之后,表示动作的持续状态,其后无需表示依附对象的处所补语。例如《世说新语·言语》:"故当渊注渟著,纳而不流。"《百喻经·宝箧镜喻》:"如值宝箧,为身见镜之所惑乱,妄见有我,即便封著,谓是真实于是堕落。"在这种情况下,"著"字已经完全弃置了领有处所名词的作用,而担负起表示动作持续的现在时态的职能。不过,这第三种用法在魏晋南北朝期间还只是处于萌芽阶段,用例极为少见。同时,在这段期间内,"著"字的虚化也仅此而已,并没有进一步发展下去。最显著的标志是,"著"字尚不能附于表示动态的谓语动词之后,"著"字之后也还无法带宾语。一直到唐代,"著"字后带动词宾语的形式才开始出现,例如王建《北邙行》诗:"堆着黄金无买处。"《唐悟本禅师语录》:"忽然逢着夜叉王。"此后,"著"字又更多地用于表示动态的谓语动词之后,在词义上也完成了虚化的过程,逐步发展成为既可表示动作持续,又可表示动作进行的成熟的现在时态助词。前举《杂说》中的三个"著"字,第一、二两例"著"字附于动态动词"盖"、"盖磨"之后表示动作的进行,这类用法在魏晋南北朝期间尚未产生;第三例"仰著土块"中"著"字之后又带有动词的宾语,也不可能是这一期间出现的语法现象。《齐民要术》正文运用了大量的"著"字,有些单独用作谓语动词,例如卷四种栗第三十八:"藏生栗法:著器中,晒细砂可燥,以盆覆之。"此外,大都属于前述第一、第二两种用法。例如卷八作酢第七十一:"量饭著盆中,或栲栳中,然后泻饭著瓮中。"这是第一种表示"连动"的用法。再如卷五种桑、柘第四十五:"欲作鞍桥者,生枝长三尺许,以绳系旁枝,木橛钉著地中,令曲如桥。"卷六养鱼第六十一:"种芰法:一名菱。秋上子黑熟时,收取,散著池中,自生矣。"这是第二种表示处置意义兼表依附状态的用法。用如前述第三种表示动作持续的现在时态的用法只是仅有的现象,例如卷九炙法第八十:"捣炙法:取肥子鹅肉二斤,剉之,不须细剉。好醋三合,瓜菹一合,葱白一合,姜、橘皮各半合,椒二十枚作屑,合和之,更剉令调。裹著充竹弗上。"《齐民要术》正文中没有"著"字用于动态动词之后表示动作进行的用法;也没有动词后附有"著"字,其后再带宾语的用法。若要表示这类意义,通常仍以宾语直接置于动词之后,构成一般的动词加上宾语的格式。例如卷八作酱法第七十:"仰瓮口曝之。十日内,每日数度以杷彻底搅之。"卷九煮胶第九十:"胶盆向满,舁著空静处屋中,仰头令凝。"(试比较《杂说》"仰著土块")

  5.《杂说》云:"观其地势,干湿得所,禾秋收了,先耕荞麦地,次耕馀地。"
  又云:"切见世人耕了,仰著土块,并待孟春盖。"
  又云:"自地冗后,但所耕地,随饷盖之;待一段总转了,即横盖一遍。"
  又云:"其所粪种黍地,亦刈黍了,即耕两遍,熟盖,下穬麦。"

  这几句中的四个"了"字的用法值得讨论。"了"字是一个多义项的动词,其中一个常见的意义就是"终了",《广雅·释诂》:"了,讫也。"魏晋南北朝期间,表示"终了"意义的动词"了"字部分虚化用于谓语动词之后充任补语以表示动作完成,还仅仅处于偶然萌发的阶段,用例也极为罕见。一部《齐民要术》有 11 万字,我们仅从卷六发现一例(见下文);整个魏晋南北朝期间,也仅发现两三例。但是,在短短的一千四百余字的《杂说》中却突然出现四例,这不能不使我们怀疑它的可靠性。事实上,"了"字的这类用法直到唐代才运用开来,例如韩鄂的《四时纂要》中就有"插了"、"插枝了"、"缠了"等用例,但似乎也不及《杂说》运用得如此频繁。那么,魏晋南北朝期间若要表示动作完成的过去时态一般又采用什么样的语法形式呢?除去沿用上古的表达方式,将"已""既"等副词放在谓语动词之前充任状语以表示动作的完成之外,通常采用与"了"字具有相同词义的"毕、竟、讫、已"等部分虚化了的动词置于谓语动词或其宾语之后充任补语来表示动作的过去时态。例如《后汉书·费长房传》:"长房旦日复诣翁……共饮毕而出。"《世说新语·雅量》："看书竟，默默无言。"同书《汰侈》："崇视讫，以铁如意击之，应手而碎。"《法显传·蓝莫国》："破七塔已，次欲破此塔。"《齐民要术》正文在表示动作完成时大量采用的方式，也是在动词或其宾语之后用上"毕、竟、讫、罢"等完结义动词，其中尤以用"讫"字者为多。例如卷八作鱼鲊第七十四："作鱼鲊法：刻鱼毕，便盐腌。"同卷作豉法第七十二"每翻竟，还以初用黍穰周匝覆盖。"卷二大豆第六："叶落尽，然后刈。刈讫则速耕。"卷八作鱼鲊第七十四："取新鲤鱼，去鳞讫，则鹆。"卷六养牛、马、驴、骡第五十六："著蜡罢，以药附骨上。"动词之后用上完结义动词"了"字的，只是仅见的现象，例如同卷同篇："治马瘙蹄方……净洗了，捣杏人和猪脂涂。四五上，即当愈。"

综上所述，《齐民要术》卷前《杂说》中出现了一些魏晋南北朝期间尚未产生的语言现象，从汉语史的角度来看，这只能说明《杂说》应当写成于这一时期之后。此外，还有一些特殊的矛盾现象也可以作为卷前《杂说》并非正文著者贾思勰所作的旁证。一是卷前《杂说》中两次提到荞麦这一农作物，但在正文中非但没有专节论述，甚至根本没有提及。《齐民要术》素以赅博著称，贾氏自序中也宣称"起自耕农，终于醯、醢，资生之业，靡不毕书"，如果卷前《杂说》也是贾氏所作，正文之中绝不至于对荞麦阙而不论。二是卷前《杂说》中四次提到萝卜这一蔬菜，字形均作"萝（蘿）萄"，而正文中字形却作"芦（蘆）菔"，这虽然是萝卜的两种不同写法，但在时代上却有迟早之别。萝卜在隋唐之前写作"芦萉"（见《尔雅》）、"芦菔"（见《说文解字》、郭璞《尔雅注》、《后汉书·刘盆子传》）、"苌遽"（见《方言》《广雅》）、"雹葖"（见郭璞《尔雅注》）、"罗服"（见王符《潜夫论》）等，而魏晋南北朝之后才写作"萝萄"（见唐韩鄂《四时纂要》、南唐徐锴《说文系传》、宋周密《癸辛杂识》、元王桢《农书》、清郝懿行《尔雅义疏》、段玉裁《说文解字注》）或"莱菔"（见宋陆佃《埤雅》）。如果卷前《杂说》与正文同为贾氏所作，"芦菔"之名是不可能又写作"萝萄"的。三是正文卷三另有《杂说》一篇，根据古今一律的同书之内篇名各异的著书习惯，卷前《杂说》也不应当是正文著者贾思勰所作。四是卷前《杂说》中的行文语气同贾氏自序中的口吻大相径庭，贾氏行文甚为谦逊，写成此书后表示"鄙意晓示家童，未敢闻之有识"，并希望"览者无或嗤焉"；而卷前《杂说》的行文却极为矜持，自许"规划之间，窃自同于后稷"，若两篇文字同出自贾氏之手，不当如此谦矜迥异。

但是，如果从语言运用的歧异来看，是否有这样一种可能，即魏晋南北朝期间正处于汉语词汇语法大发展的时期，《杂说》正体现了这种新兴的发展变化呢？我们认为可能性不大。因为语言的发展是一个渐变的过程，在《杂说》短短的篇幅中，一下子集中地涌现出这么多的新兴的语言现象是不可思议的。同时这些语言现象本身也是孤立的，在同时期的文献典籍中很难见到其他用例，在横面的比较中很难找到它能够产生运用的根据。因此，我们认为《杂说》并非《齐民要术》著者贾思勰所作。那么，这篇《杂说》究竟成于何人之手呢？这个问题目前在农史学界尚无确切的说法。笔者曾就此事请教过缪启愉先生,他说:"卷前《杂说》宋以前已有①,一般推测为唐代人所作。因为《要术》后三四十年即入隋,至唐社会安定,同时唐代涌现不少农书,有可能某一经营地主以自己的农业经验附益《要术》中。"看来,这种说法是比较切合实际的,因为《杂说》中确有许多唐代出现的语言现象。不过笔者还有一点不成熟的补充看法,即卷前《杂说》虽然宋以前已有,但我们现在见到的《杂说》也许并不是唐人写定的本子②,很可能又经过后人的增删。例如将"劳"称为"盖"或"盖磨",据元代王桢的看法,就是当时人根据本为农具名的"劳"的功效而采用的称呼。前人对于具有实用价值的书籍,例如医书农书之类,常有可能将自己的一些经验增益其中,使其更有实用性。《杂说》附益《齐民要术》即是其例。再说,古人也没有现在的文责自负的制度,将自己的观点文字混入前人著作在历史上不乏其例,甚至有许多伪作专好题名前人以达到托古自重流传后世的目的。这种种原因提示我们,不只是《杂说》完全可能是后人托名贾思勰的伪作,就是《杂说》本身也完全可能有更后的人将自己的文字附益其中。

参考文献

[1] 王力《汉语史稿》(中册)[M].北京:中华书局,1980.
[2] 潘允中《汉语语法史概要》[M].郑州:中州书画社,1982.
[3] 刘世儒《魏晋南北朝量词研究》[M].北京:中华书局,1965.

---

① 《四库全书总目提要》在怀疑《齐民要术》卷前《杂说》为后人所窜入时,又指出:"然陈振孙《书录解题》称其'治生之道不仕则农'为名言,正见于卷端《杂说》中,则宋本已有之矣。"

② 我们现在所能见到的《齐民要术》版本,最早的残本是北宋崇文院刻本(仅存第五、第八两卷),较早而又较全的是日本文永十一年(1274年)依据仁安元年(1166年)抄本(已佚)转抄的金泽文库抄写本(缺第三卷),最早的完本是1922年《四部丛刊》影印的明抄南宋本。

未刊文明戏史料拾零

◎ 顾文勋

"未刊文明戏史料",指的是未见正式出版和在公开发行的报刊上发表过的文明戏历史资料。文明戏,又称"新剧"或"文明新戏",一般指发端于戊戌变法、兴盛于辛亥革命、衰落于五四前夕的中国话剧早期形态。

20余年来,我努力寻觅这些珍贵的戏剧史料,终有所获,有幸见到一些文明戏幕表、剧本、戏单、剧社宣言和章程,等等。现择其要者编缀成文。

幕表、剧本

恰如欧阳予倩所说,"用幕表演戏是文明戏的特点"[1]。文明戏大凡没有完整的剧本,只靠一张"提纲"即"幕表"排演。"幕表"是什么样子的呢?原来就是用毛笔在一整张或两整张的白纸或宣纸上写着剧社名称、所演剧目、幕(场)次、各幕(场)的剧情概要及角色,有的还写明角色非说不可的台词、非做不可的动作或表情,大多幕表的最后写有"登场人物"(即演员表)。如图1,是各项内容齐全的幕表。有些幕表还像字画一样裱褙过(见图2),因其下端有便于悬挂或卷起的"轴子",有人称之为"轴表"。

我有幸见到过这两种文明戏幕表的实物,计有:《流民图》(7幕)、《情潮》(11幕)、《貂蝉》(7幕)、《恩爱夫妻》(13幕)、《狸猫换太子》(连台剧1—12本)、《阿难小传》(又名《断头台上的情人》、《多情多义之虚无党》,12幕)、《红楼梦》(12幕,孙民侠编剧)、《乾隆皇帝休妻》(连台剧第5—8本,双云编剧)、《纣王宠妲己》(连台剧前一、二本)、《姜太公》(连台剧后三、四本)、《剑底鸳鸯》(9幕)、《蝴蝶梦》(8幕)、《尧舜》(6幕)、《闵子骞》(6幕)、《乾隆皇帝戏妃》(连台剧前部15幕,正秋编剧)、《雍正皇帝篡位》(连台剧1—20本,正秋编剧)、《卢俊义》(连台剧前本12幕,后本12幕)、《梅花落》(连台剧前本12幕,后本13幕)、《多情侠女》(又名《黑衣女侠》,12幕)、《狂风》(12幕)、《黑籍冤魂》(19幕)。

---

① 欧阳予倩:《谈文明戏》,《自我演戏以来》,中国戏剧出版社1959年版,第230页。

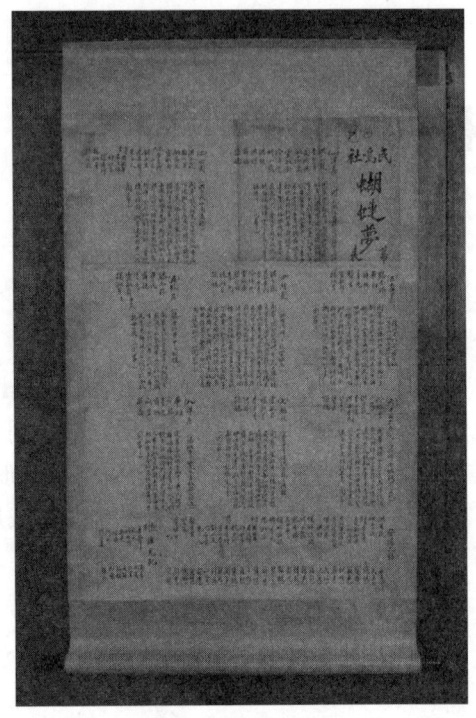

图 1 《梅花落》幕表　　　　　　图 2 《蝴蝶梦》幕表

以上幕表,自《剑底鸳鸯》至《多情侠女》,均注明演出者为民鸣社。查阅《申报》所刊戏剧广告可知,自《流民图》至《姜太公》,民鸣社也都上演过。《恩爱夫妻》是"春柳新剧同志会"创作的,1915 年 4 月 11 日上演;是年 5 月 10 日(农历三月二十七)、7 月 12 日(农历六月初二),春柳剧场又两度演出。至于《狂风》、《黑籍冤魂》是哪个剧社编演的,待考。

除了上述本来面目的幕表,我还见到过版权属(江苏省)吴江中学新剧股所有的 16 开本小楷毛笔誊印或铁笔刻蜡油印的文明戏幕表 10 种:《妇》(又名《杀狗劝夫》,24 幕社会新剧,测天编剧)、《梦》(13 幕悲剧,雪影草编、测天修录)、《怕怕怕》(3 幕趣剧,测天编剧)、《催眠术》(1 幕趣剧,测天编剧)、《小滑老骗》(3 幕趣剧,测天编剧)、《什么叫做双方骗》(3 幕趣剧,测天编剧)、《美人剑》(14 幕狭义新剧,测天编剧)、《代理丈夫》(1 幕趣剧,测天编剧)、《最毒妇人心》(22 幕警世新剧,测天编剧)、《中国人才之薄命》(10 幕哀情新剧,雪影草编、测天修录)。

吴江中学新剧股的存活年代不详。对于剧情介绍,它的幕表比那些本来面目的幕表要详细,尤其是《美人剑》(见图 3)。《美人剑》的剧情与陈大悲之同名剧本(载 1917 年 2 月 25 日—3 月 25 日《小说月报》第 8 卷第 2—3 号)的剧情基本相同,只不过前者 14 幕,后者 7 幕,很可能是据陈本改编。陈大悲之《美人剑》又与春柳剧场演出的7幕悲剧《血蓑衣》(镜若、冥飞译编)大同小异。而春柳剧场的《血蓑衣》与进化团早在1911年2月8日首演的同名新剧,以及辛亥革命时期盛演的《侠女传》、《侠女鉴》、《都督梦》等剧,皆脱胎于日本新派剧《血蓑衣》(5场)或日本作家"村井弘斋著、商务印书馆编译所译述"的"义侠小说"《血蓑衣》(上海商务印书馆1910年2月发行),但各种版本的故事背景有所不同,都注意切合现实。这也是文明戏的一个重要特点。

此外,我曾见到过陈大悲的一些手稿,如《〈大观园〉本事》、《杭州写实名剧〈杭州大血案〉》(故事梗概)、《〈杨贵妃〉剧本分幕大纲》(见图4)等。可惜因不明其写作年代,亦不知陈氏欲将它们编成戏剧抑或电影,故无从详述。

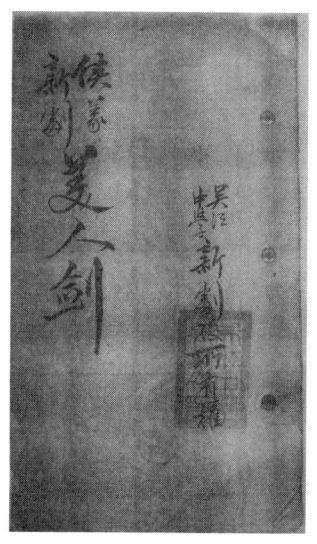
图3 吴江中学新剧股《美人剑》幕表

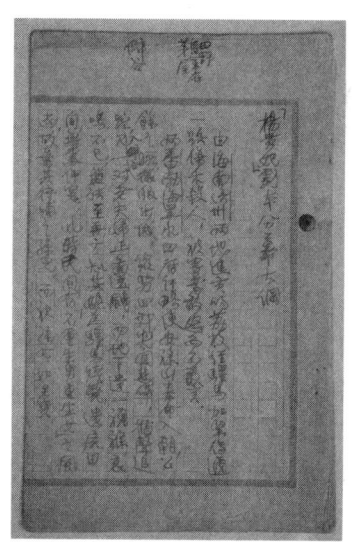
图4 陈大悲《〈杨贵妃〉剧本分幕大纲》手稿

至于未刊文明戏剧本,我见到的有《天民剧本集》所收林天民剧作10种之中的5种:《爱国魂》(5幕剧,1913年作)、《社会流水账》(二幕喜剧,1915年原稿、1940年修改)、《国民捐》(独幕剧,1913年作)、《落伍》(4幕革命史剧)、《卖国奴之末路》(4幕剧)。其中《落伍》系铅印本,其余的皆为手抄本。《天民剧本集》还收另5种剧作,遗憾的是笔者只见过其中的四种:《急周章》(独幕喜剧,1925年原作、1940年修改,手抄本)、《军人之妻》(3幕剧,铅印本)、《爱的牺牲》(又名《玉君》,4幕5场悲剧,1926年初著、1940年修正,手抄本)、《孤峰》(又名《二十年后》,5幕悲剧,1930年作,手稿)。这4个剧本虽作于20世纪20年代以后,但仍带有文明戏的痕迹。其中《军人之妻》曾作为"文艺剧社丛刊第二集"在1930年1月31日出版过。

林天民(1887—1948),字希实,福建闽县(今闽侯县)人。据出版于光绪三十二年十月初一(1906年11月16日)的《学部官报》第6期登载的《福建省留学日本私费生调查表》:"林天民……三十一年十二月出洋。"光绪三十一年十二月即1905年12月26日至1906年1月24日,这是林天民启程去日本留学的时间。林天民写于1939年3月10日的《三十年来我们的新剧运动》一文①说:"我是学电气工科的……我回家乡是在民国纪元前一年。在东京留学的当儿,已经有了新剧的嗜好。欧阳予倩先生在东京组织的'春柳剧社',我是社员之一。当时记得公演过《黑奴吁天录》、《一个假须》、《浊血》等等。……前后公演五六次,给予了我许多经验和兴味。"这段忆述虽然有的地方有误和含混,如"春柳剧社"应为"春柳社",其组织者并非欧阳予倩而是李叔同、曾孝谷,《浊血》当为《热血》,等等,但林天民的确是春柳社社员,欧阳予倩称他"春柳社友"②,欧阳予倩在《自我演戏以来》一书中忆述"辛酉会"时还说,"那几年中只有林天民和陈朴他们演过一次"③。

在《三十年来我们的新剧运动》中,紧接上面的话,林天民写道:"(民国纪元前一年)回国以后,欧阳予倩先生便在上海开始他真正的艺术生涯,我却跑到福州家乡里当了一个工程师,看到福州戏剧的落后,和社会上种种怪象,便决心来试一试我新剧运动。"于是,他集合了30多个志同道合者,组成福建最早的新剧团体——文艺剧社,"经过许多努力",找定了浙江会馆作为剧场,并"费了很大的力量"对旧式戏台进行改造,又"经过一个多月的训练和筹备",于1912年11月"省庆纪念日"上演了他们的"处女剧"《北伐》(梁志和编剧)。这是福建演出的第一个话剧,令观众耳目一新,赢得"一片的好评"。翌年第二次公演,剧目是《爱国魂》和《遗产》。《爱国魂》的布景"煞费苦心","有雷雨,有活动的月亮,有炮火的设施,又有最后梦境的变幻"。该剧因"观众非常满意",连演了三天。1914年,公演《鬼冰人》和《认本家》。《鬼冰人》的布景"别出心裁",颇获时人"赞美"。1915年,公演过数次,剧目有《社会流水账》(见图5)、《国民捐》(见图6)、《钟馗降鬼》、《落伍》、《哭穷途》等,"也曾把《茶花女》、《不如归》、《双泪碑》、《血手印》等等旧小说,编演出来"。1916年,编演《卖国奴之末路》。此后几年因社员忙于本职工作,公演次数较少,演出剧目有《军人之妻》、《大盗圣人》等。后又由于战乱,剧社活动被迫中断。1927年,文艺剧社联合"东西洋留学生",成立"国外留学生会宣传部",公演《爱的牺牲》,剧中女角色由女同志(包括林天民的女儿新声)饰演,"打破了大福建男女授受不亲的难关,创造了新福建男女合演的纪录"。接着成立的"妇女解放会游艺股"演出了《解放与防卫》等剧。随后,"海萍剧社"和"社员达七十余人之多"的"爱美剧社"同时诞生,演出剧目有《遗产毒》、《爱》、《虎啸》(林谷编剧)等。1929年冬,在福州市东大街被焚烧的一座旧戏院

---

① 载《剧教》第11、12期合刊(1941年12月20日)。文中主要记叙文艺剧社从1912年成立至1930年停止演剧活动这将近20年的历程,所以该文标题似应为"二十年来我们的新剧运动"。

② 欧阳予倩在《谈文明戏》一文中说:"福建有原春柳社友林天民组织的文艺剧社……"见欧阳予倩:《自我演戏以来》,中国戏剧出版社1959年版,第228页。

③ 欧阳予倩:《自我演戏以来》,中国戏剧出版社1959年版,第23页。

的废墟上,林天民提议建造并亲自设计(据说林徽因1928年9月返乡探亲期间也参与了设计①)、监理的新式剧院——"文艺剧场"竣工,文艺剧社便"重整旗鼓",于1930年春公演《孤峰》、《琴心》(丁亚秋编剧)以及由独幕剧改成为三幕剧的《军人之妻》,"连演了三天,一班观众的欢迎不亚于民国初年的盛况"。然而,迫于经济的压力,加之林天民"因为过劳的缘故,得了咯血症",医生不许他"再干",于是坚持演剧活动近20年的文艺剧社才无形解散;林天民虽也停止演剧,但仍继续修改剧本。

图5 《社会流水账》封面   图6 《国民捐》

从《三十年来我们的新剧运动》,我们不但可以明了《天民剧本集》中绝大多数剧本的编演时间,而且可以知道,除《天民剧本集》所收10个本子外,林天民还有许多剧作,其中能够判断是文明戏的至少有4幕剧《鬼冰人》、悲剧《哭穷途》以及《认本家》、《钟馗降鬼》。林天民说这几个剧本都遗失了,好在他在《三十年来我们的新剧运动》中比较详细地记叙了前两个剧本的故事梗概,使这一缺憾得以些许弥补。

本文所列剧本、幕表的剧情,请查阅《中国现代戏剧总目提要》②,兹不赘述。

戏　　单

戏单,是旧时的剧场(戏园)或剧团(戏班)印制的一种单页宣传品,近似于现在

---

① 参见孤云.榕树根须里的林徽因——寻访林徽因在福州的痕迹[J].2003-2-28,http://www.people.com.cn/GB/14738/25974/26002/26403/1999282.html,2003-8-4.

② 董健主编,顾文勋、陆炜、胡星亮副主编,南京大学出版社2003年版。该书第499页左栏"剧名"《孤峰》应改为《卖国奴之末路》,"版本"应改成:"1916年编演。本提要据《天民剧本集》第8种(铅印本)";第1114页左栏"剧名"《章周急》系《急周章》之误。

的演出说明书、节目单。民国时期的戏单,其大小一般相当于今日的 A4 复印纸,大多用白纸,也有少数的用彩色纸,上书演出剧目及其演员阵容、演出的时间和地点、门票价格、剧场所提供的服务项目等内容,有的戏单上还登载一些商家的广告。戏单有石版印、木版印、铜版印、铅印等,字体字号错落有致,有的还图文并茂。小小的戏单集演剧信息、剧史、广告、装帧于一身,从一个侧面忠实地记录了梨园春秋,是研究演剧史、剧场史、戏剧界人物、戏园文化的宝贵文献。只要想一想我们靠着日本早稻田大学演剧博物馆珍藏的一张春柳社演出《黑奴吁天录》的节目单,了解到春柳社及其这次演出活动的多少信息,就知道戏单有多么重要的史料价值了!

戏单只是一张薄薄的纸,容易毁坏;加之一张戏单往往只对应一个演出场次,印数极少;所以民国时期的戏单保存至今的寥若晨星。其中,文明戏戏单更是稀少。

我有幸见到的文明戏戏单将近 60 张,为一目了然,列表示之①:

序号	演出社团	演出场所	演出日期	上演剧目	备 注
1	上海社会教育团	(常州)逸仙茶园	辛亥年十二月十二日(1912 年 1 月 30 日)	《社会阶级》(即《鸣不平》)、喜剧《广告结婚》	
2	新民演剧社(当为"新民新剧社")	(上海)谋得利(剧场)原处	八月二十二日	郑(正秋)编趣剧《桌台做贼》;南京战事惨剧《血泪鸳鸯》	经查[日本]濑户宏编《新民社上演演目一览》(载日本《摄大人文科学》第 9 号,2001 年 9 月。以下简称《一览》),该场演出日期为 1913 年 9 月 22 日即夏历八月二十二。2—4 号戏单版式相同,彩色纸,横长条形,誊印版,均有戏画两幅、剧情简介。
3	新民新剧社	(上海)谋得利(剧场)原处	八月二十七日	郑(正秋)编《恶家庭》头本、二本	经查《一览》,该场演出日期为 1913 年 9 月 27 日即夏历八月二十七。是日新民社上演"头本二本三本四本《恶家庭》"。
4	新民新剧社	(上海)谋得利(剧场)原处	八月二十八日	《马介甫》(前后本)预告:《恶家庭》五、六本明日续演	经查《一览》,该场演出日期为 1913 年 9 月 28 日即夏历八月二十八。

---

① 表中凡用宋体字标示的,皆系照录戏单原文;楷体字标示的,则是笔者所加。日期用汉字数字标示的,为夏历;阿拉伯数字标示的,为公历。"备注"栏里"演出日期当为……",是根据戏单上写明了月日和星期或公历和夏历而查阅历书推算的。

续 表

序号	演出社团	演出场所	演出日期	上演剧目	备 注
5	新民新剧社	(上海)谋得利(剧场)原处	十五	趣剧《卖花结婚》；正剧《周静娟》	有戏画两幅。演出日期可能是1913年10月14日即夏历九月十五，因据《一览》，是日新民社上演《卖花结婚》、《家庭恩怨记》，而新民社没有在其他月份的夏历十五日演出过《卖花结婚》。5—8号戏单都是彩色纸，誊印版。
6	新民新剧社	(上海)谋得利(剧场)原处	初九	趣剧《夫人吃醋》；正剧《恩太太》	有《恩太太》较为详细的剧情介绍。经查《一览》，该场演出日期为1913年11月6日即夏历十月初九。
7	新民新剧社	(上海)谋得利(剧场)原处	初一 初二 初三 初四 初五	《红楼梦》《可怜养媳妇》《快嘴丫头恶公婆》《黄孝子万里寻亲》《孽海花》	有戏画3幅。经查《一览》，7—8号戏单所刊剧目的演出日期为1913年11月28日至12月5日即夏历十一月初一至初八。
8	新民社	(上海)谋得利(剧场)原处	初六 初七 初八	《鸳鸯剑》《七里桥》《风月鉴》	有戏画5幅
9	新民新剧社	(上海)肇明(茶园)旧址	甲寅年闰五月十一(1914年7月3日)	《梅花落》(九~十二本)	有剧情简介
10	上海新(原件此处破损，缺一字)社	(常州)冠英小学	十二月初十	趣剧《谁先死》；特别改良《送亲演礼》、《十八扯》、《钓金龟》；正剧《马介甫》；喜剧《难姻缘》	
11	民鸣新剧社			《三笑》(后本)	版式与9号戏单相同，据此推测也是1914年演出。
12	民鸣社	(上海)中舞台原址	五月初五礼拜四	趣剧《醉人之友》；十一、十二本《西太后》	演出日期当为1915年6月17日。有《西太后》剧情简介。12—16号戏单版式相同，且"每场加演最新活动影戏"。

续　表

序号	演出社团	演出场所	演出日期	上演剧目	备　注
13	民鸣社	（上海）中舞台原址	五月初七礼拜六	趣剧《过渡结婚》；十五、十六本《西太后》	演出日期当为1915年6月19日。有《西太后》剧情简介。
14	民鸣社	（上海）中舞台原址	五月初八礼拜日日戏	全本《西厢记》	演出日期当为1915年6月20日。有《西厢记》各幕名称。
15	民鸣社	（上海）中舞台原址	五月初八礼拜日夜戏	趣剧《魂灵交换》；十七、十八本《西太后》预告：时事新剧《王金发》	演出日期当为1915年6月20日。有《西太后》、《王金发》剧情简介。
16	民鸣社	（上海）中舞台原址	十月三十礼拜一	《广告结婚》同场演出"各国大魔术以及老虎戏"	演出日期当为1915年12月1日
17	义务新剧社	（常州）大树头刘宅	8月5号六月廿五日	趣剧《色戒》；正剧《改良新杀子报》	有《改良新杀子报》剧情简介。17—24号戏单版式相同，演出日期均为1915年。
18	义务新剧社	（常州）大树头刘宅	8月7号六月廿七日	趣剧《兄弟争美》；正剧《苦海花》	有《苦海花》剧情简介
19	义务新剧社	（常州）大树头刘宅	8月8号六月廿八日	《伍剑光》、《东亚风云》	
20	义务新剧社	（常州）大树头刘宅	8月9号六月廿九日	趣剧《卖花结婚》；正剧《玉堂春》	有《玉堂春》剧情简介
21	义务新剧社	（常州）大树头刘宅	8月15号六月初五	哀情新剧《孟姜女万里寻亲》	有剧情简介
22	义务新剧社	（常州）大树头刘宅	8月18号七月初八	上海古事新剧《庵堂相会》	有各幕名称
23	义务新剧社	（常州）大树头刘宅	8月21号七月十一日	趣剧《老少易妻》；哀情新剧《妻党同恶报》	有《妻党同恶报》剧情简介

续 表

序号	演出社团	演出场所	演出日期	上演剧目	备　注
24	义务新剧社	（常州）大树头刘宅	26日 27日 28日	《爱之花》 《苦海花》 《鹃声花影》	
25	春柳（剧场）	（杭州）荣华茶园	民四年（1915年）9月21号	趣剧《访名医》；正剧《玉鱼缘》	有《玉鱼缘》剧情简介。25、26号戏单版式相同。
26	春柳（剧场）	（杭州）荣华茶园	民四年（1915年）9月27号	全本《庵堂相会》	有剧情简介
27	鸣新社	（上海）歌舞台民兴社旧址	2月20号正月初十	趣剧《一饭之恩》；正剧《爱之花》"礼聘英法国家戏院演员"同场演出"空中飞舞""裸体跳舞"	演出日期当为1918年。有《爱之花》各幕名称。
28	笑舞台		戊午年正月十一（1918年2月21日）	趣剧《吃白食》；前本《刁刘氏》	有《刁刘氏》各幕名称。28—37号戏单版式相同。
29	笑舞台		三月二十礼拜六	趣剧《莫名其妙》；《红礁画桨录》	演出日期当为1920年5月8日。有《红礁画桨录》剧情简介。
30	笑舞台		三月二十一	趣剧《谁先死》；莎士比亚名著《假面具》	演出日期当为1920年5月9日。有《假面具》各幕名称。
31	笑舞台		三月二十八	全本《空谷兰》	演出日期当为1920年5月16日。有《空谷兰》各幕名称。
32	笑舞台		三月二十九礼拜一	趣剧《狗趣》；《议和之母》	演出日期当为1920年5月17日。有《议和之母》各幕名称。
33	笑舞台		四月初二礼拜三	趣剧《约法三章》；一至四本《乾隆皇帝休妻》	演出日期当为1920年5月19日。有《乾隆皇帝休妻》剧情简介。
34	笑舞台		四月初五礼拜六	《珠衫缘》、《专制魔王末日》	演出日期当为1920年5月22日。两剧均有剧情简介。

续　表

序号	演出社团	演出场所	演出日期	上演剧目	备　注
35	笑舞台		四月初八 礼拜二	趣剧《媒贩》；全本《孔雀翎》预告：新编连台旗装名剧《顺治皇帝出家》	演出日期当为1920年5月25日。有《孔雀翎》和《顺治皇帝出家》剧情简介。
36	笑舞台		四月初九 礼拜三	趣剧《约法三章》、《侬之罪》	演出日期当为1920年5月26日
37	笑舞台		二月初一 礼拜四	趣剧《孕晕运》；正剧《邱丽玉》 预告：正秋先生新编好戏《铁面情郎》	演出日期当为1921年3月10日。有《邱丽玉》较为详细的剧情介绍。
38	笑舞台		初十、十一	本社新编本地实事新悲剧《李三三》	有较详细的剧情介绍
39	新舞台		2月21号 正月十四	上海实事新剧《阎瑞生》（头本）同场演出四出传统戏曲	演出日期当为1921年
40	新舞台		甲子年（1924年）4月19号	二本《徽钦二帝》	有剧情简介
41	新舞台		甲子年（1924年）4月21号	《岳飞出世》	有剧情简介
42	导社	（上海）大世界	民十一年（1922年）6月19日	《明珠宝剑》、《刁刘氏》	
43	和平新剧社	（上海）笑舞台	甲子年（1924年）6月25号	趣剧《管闲事》；正剧《金刚钻》	日戏。有《金刚钻》各幕名称。43—48号戏单版式相同。
44	和平新剧社	（上海）笑舞台	甲子年（1924年）6月25号	趣剧《婚姻介绍所》；全本《林黛玉》	夜戏。有《林黛玉》剧情简介。
45	和平新剧社	（上海）笑舞台	甲子年（1924年）12月3号	趣剧《双夺妻》；《马永贞》	有《马永贞》剧情简介

续　表

序号	演出社团	演出场所	演出日期	上演剧目	备　注
46	和平新剧社	（上海）笑舞台	甲子年（1924年）12月7号	趣剧《真假丈夫》；《侠盗霍天彪》	
47	和平新剧社	（上海）笑舞台	乙丑年（1925年）8月5号	趣剧《一对哑夫妻》；社会悲剧《亲阿哥》（据易卜生《群鬼》改编）	有《亲阿哥》剧情简介
48	和平新剧社	（上海）笑舞台	乙丑年（1925年）11月14号	趣剧《奸夫冤》；新编上海实事新剧《谈三小姐》	有《谈三小姐》剧情简介
49	醒民新剧社	（无锡）新世界屋顶剧场	丙寅年九月初六（1926年10月12日）	日戏：趣剧《一饭之恩》；《马介甫》夜戏：趣剧《兄弟争美》；全部《天雷报》（《雷打张继宝》）	有《天雷报》各幕名称
50	娱乐社	（上海）神仙世界	民十六年（1927年）11月12日	趣剧《说勿出》；《人海潮》	有《人海潮》各幕名称
51	常郡新剧社	（常州）逸仙茶园	六月初四	趣剧《媒妁公司》；家庭悲剧《妻党同恶报》	
52	中校新剧部			趣剧《社会阶级》；悲剧《妻党同恶报》	52、53号戏单，演员大多相同，疑系同一所学校。演员中有名"半侬"者，若即刘半农，则该校可能是1907年11月15日至1911年10月25日刘半农就读的常州府中学堂①，演出日期当在刘半农就读该校期间②。
53	中学新剧部			全本《血泪碑》	

---

① 参见徐瑞岳：《刘半农评传》，上海文艺出版社1990年版。

② 据中共张家港市委党史地方志办公室主办的《张家港史志网》所载《刘半农》，刘半农"民国元年（1912年）2月，因不满军队内部的混乱，旋回乡参加演文明戏，筹款支援革命"。但刘半农家乡是江阴而非常州。

续 表

序号	演出社团	演出场所	演出日期	上演剧目	备 注
54	常州县立女子师范学生会			趣剧《新旧拜年》;《社会镜》	有《社会镜》各幕名称。54—56号戏单版式相同。
55	常州县立女子师范学生会			《儿女英雄》	有各幕名称
56	常州县立女子师范学生会			《倭毒》;加演趣剧	有《倭毒》各幕名称

这些戏单,绝大多数都是大16开本,白纸,铅印(见图7)或木版刻印(学校的戏单大多油印,见图8)。而新民社的戏单很别致,或小16开本,或约14×34cm横的长条形,彩色纸,绘有所演剧目的图画,配以简略的剧情介绍,名曰"新剧图说",毛笔誊印(见图9)。

 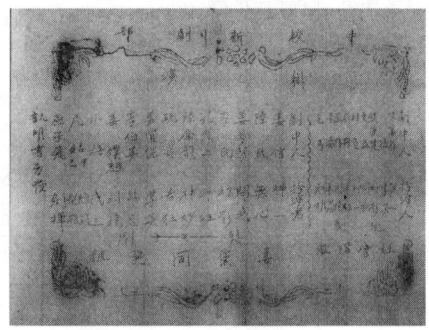

图 7　民鸣社戏单　　　　　　　　图 8　中校新剧部戏单

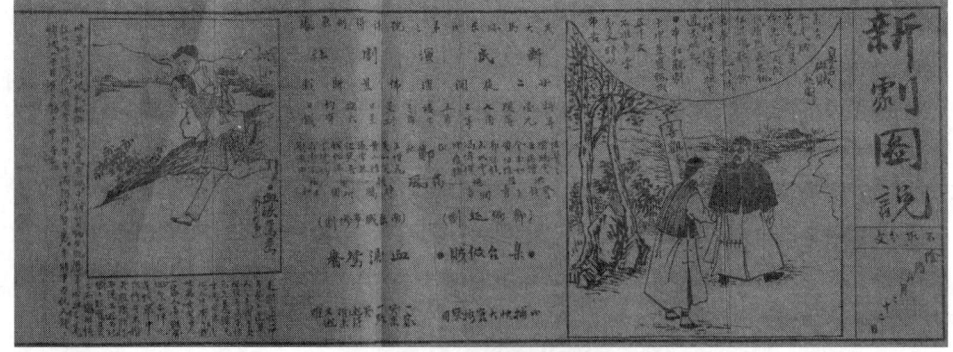

图 9　新民新剧社戏单

戏单的内容相当丰富,从中可以得知许多信息,比如:

1. 文明戏剧社的演出相当频繁。7—8号戏单显示,从初一到初八,新民新剧社连续演出8天;18—20号戏单显示,1915年8月7—9日,即使在大热天,义务新剧社也天天演出。更有甚者,14—15、43—44号戏单显示,民鸣社、和平社还在初夏时节一天演两场,而且两场戏的演员基本相同。

2. 每场演出的剧目几乎都是两个,并且大多是先演一个趣剧再演一个悲剧。为何这么安排呢?范哈哈说,这是因为当时剧团演出时间一定要演足三个小时,而一个正剧一般只有两到两个半小时,所以要加一出能演半小时到一小时的小戏①;徐半梅说,这是为了等候观众和演正剧的角色到齐,使早到的观众不感寂寞,"所以用这一个钟头的滑稽短剧,来代替开锣戏罢了"②。但细察戏单可以发现,趣剧的演员不乏文明戏的名角儿,如(徐)半梅、(钱)化佛、(顾)觉因、(沈)冰血等,这就不同于传统戏曲舞台上的"开锣戏"——传统戏曲舞台上的"开锣戏"都是龙套演员的差使,名角儿是绝不去唱的。因此,我认为文明戏演出剧目如此安排还有两个重要原因:一是先演趣剧能够一开幕就营造热烈的剧场效果;二是喜剧、悲剧同场演出更易于使观众产生强烈的情感反差——情感反差越大,悲喜效应就越强,心灵震撼也就越烈。

3. 大多戏单刊有所演剧目特别是"正剧"即主要剧目的剧情简介或其各幕名称,其中《桌台做贼》、《血泪鸳鸯》、《恩太太》、《西太后》、《西厢记》、《王金发》、《改良新杀子报》、《玉堂春》、《孟姜女万里寻亲》、《庵堂相会》、《假面具》、《议和之母》、《珠衫缘》、《专制魔王末日》、《孔雀翎》、《顺治皇帝出家》、《李三三》、《徽钦二帝》、《岳飞出世》、《金刚钻》、《林黛玉》、《马永贞》、《亲阿哥》、《谈三小姐》、《天雷报》、《人海潮》、《社会镜》、《儿女英雄》、《倭毒》等文明戏的剧情,有些曾在当年的《申报》等报纸的演剧广告中有所介绍,而未见刊于其他史料。

4. 所见戏单基本上都是1915年以后的,此时的文明戏已严重商业化,这从戏单上也可见一斑。为了招徕观众,或满足他们平日得不到的视觉享受,或满足他们的好奇心,或满足他们体验惊险、恐怖、色情等刺激的心理,文明戏商业演出往往玩弄庸俗的花头。比如:笑舞台的戏单都标榜所演的皆是"奇巧布景新剧";民鸣社则"每场加演最新活动影戏",1915年12月1日那一场还再加演"各国大魔术以及老虎戏";鸣新社自吹1918年2月20日上演"奇巧布景真山真水月景火景梦景奇巧新剧",并且"礼聘英法国家戏院演员'空中飞舞'、'裸体跳舞'"。

5. 商业演出戏单皆标明戏价。不同剧社、不同剧院的戏价固然不同,就是同一剧社、同一剧院的戏价也按照座位分为多种,而且夜戏票价高于日戏票价,例如民鸣社1915年的日戏价目是"特别包厢四角、头等包厢三角、特别正厅三角、头等正厅二

---

① 参见范哈哈口述:《我和滑稽戏》,《戏文》1983年第2期。
② 徐半梅:《昔日的滑稽戏》,《滑稽论丛》,上海文化出版社1958年版,第41页。

角、二等正厅一角",而夜戏票价差不多贵了一倍:"特别包厢八角、头等包厢五角、特别正厅六角、头等正厅四角、二等正厅二角"。上演剧目不同,票价似无变化,但若剧目特别,票价可就大不一样了,如民鸣社1915年12月1日的夜戏价目突然变成"特别包厢两元、头等包厢一元、特别正厅一元五角、头等正厅一元、二等正厅五角",这无疑是因为有"各国大魔术以及老虎戏"同场演出的缘故。所见戏单显示,1914—1920年,文明戏剧社无论在上海还是在外地商业演出,最便宜的票价一角。当时上海大米每斤3.4分钱、猪肉每斤平均1角2分—1角3分钱①。即买不到3斤大米或1斤猪肉的钱可买一张戏票,对于市民阶层来说,这戏价并不算贵。

6. 戏单还常列明戏园所提供的服务项目及其收费标准,如和平新剧社1925年8月5日在笑舞台演出的戏单就密密麻麻地写着:"香茗每壶小洋一角　水果点心每盆一角","手巾小账　月楼每位小洋八分　官厅每位小洋七分　特别包厅每位小洋七分　特别正厅每位小洋六分　头等包厅每位小洋五分　头等正厅每位小洋三分　二等正厅每位小洋二分","手巾小账由柜上按目带收"②。由此可以想见,旧戏园子里那种叫买叫卖声不断、手巾把儿满场飞的陋习,在20年代中期文明戏演出中依然存在——文明戏剧场并不怎么文明。

剧社宣言、章程

我所见未曾刊行的文明戏史料,还有一些是关于文明戏社团的,如:手抄的《湖南社会教育新剧团传单》、《文社宣言书》、《文社简章》、《文社赈灾演出传单》、《春柳剧场英大马路外滩口谋得利外国戏园开幕传单》、油印的《上海市白话新剧同志联合会章程》、铅印的《苏州新剧公会章程》,等等。

1913年活跃于长沙、为湖南播下了第一批新剧的种子的文社,是文明新戏重要社团之一。欧阳予倩在1929年写就的回忆录《自我演戏以来》③中专列《文社》一节忆述,成为后人谈论文社的唯一资料来源。然而忆述中没有提及文社有宣言书和简章。为了使研究文明戏的朋友对该社有更多的了解,现将《文社宣言书(附简章)》全文抄录于下④:

---

① 参见陈明远:《20世纪上半叶中国各地银圆购买力》,《文化人的经济生活》,文汇出版社2005年版,第348页。
② 所谓"按目带收",意思是随戏票收取。
③ 连载于《戏剧》第1卷第2期至第2卷第5期(1929年7月—1930年10月)。上海神州国光社1933年2月出版单行本。1959年2月中国戏剧出版社出版的同名单行本,加了注释,并附录了《回忆春柳》、《谈文明戏》、《我怎样学会了演京戏》、《我所自排自演的戏》等文章。
④ 系手抄件,或有讹脱,字迹不能辨认者,现以"□"代之。原件无标点。

文社宣言书

自生人之朔，以迄于今，进化之阶，安无量程？彼所为变革转移者，其为因至繁。盖有天设国土为之首基，尤必有人为政教为之根柢，非其局之既成，本之先具，将其业无由立，且其人无由兴。当其际者，乃各以其所由，为天理人情之极，而畔之则人道于是终。有终其身不闻异说见异俗者，或见焉闻焉，乃从而大笑之。如是者自其恒于之所服习者言之，则命曰"政治"；自其神智之所执著者言之，则命曰"教育"。教育、政治必相附丽，不然不可以久。其由甲政治而入于乙政治也，必先有新教育以启发之；而其将出乙政治而入于丙政治也，例必先微撼其旧教育，而后政治由之而蜕。故其教育与政治附丽疏者其蜕易，其教育与政治密者其蜕难。此人群之大例也。故无论于如何世，凡一群之中，其体用日恢，国大政繁，咸相为此例。由是而新制立，亦由是而新功兴。遂至政法、学术、文艺、习俗，皆有日蜕其故，与时偕极之势，昧者遂以为皆出于自然，而不知其中有术焉，以为一国政法、学术、文艺、习俗之钤键者。昔孔子称雍也可使南面，仲弓即子弓，南面即帝王之术。子弓之传为荀子，荀卿书二十篇，与《史记·李斯传》其旨密合。夫李斯学帝王之术于荀子，既知六艺之归，相其君以王于天下，其为术皆昔所闻之荀子者也。故术之所施，凡以世变为天意之所存，或以运会以名世而为转者，使不求甚解，则其说亦若可存。惟归而求之，斯所持之说皆废。彼之持论著议，不过见其理之不两存已耳。于一国政法、学术、文艺、习俗所以日蜕其故之理，茫昧无当也。盖国家政法、教育，二者各有相为循环附丽之□，错综杂糅，以成其如是。故国家行政权之大用也，凡民之所为，皆有其督率者焉，皆有其指导者焉。而以己之裁断审量，举无所用者也。为之既久，其风俗既整齐矣，其民即以其奉令承教，窃幸无罪也。于德无所用其天良，于才无以表其能事，一旦督率指导者去，于德则行其欺，于才则见其无赖，此不任事而荏柔之民，其所受督率指导之术甚肤者也。与强种遇败矣，明者即社会之事实而深□之，将欲务求其事之整齐。凡教化进退，必思以其道为之转移焉。此固觉民之天职，而不可更求其转移之果操何术也。夫人以执著之理，每不可以口舌争，惟胪陈事物之实迹，而择术以导之，则执著者久而自悟。泰西往例，莫不如斯。今试使示之以天下殊俗，无不有此一境。而此一境者，其原理何如，其前途又何如，则蚩蚩者将恍然有悟于社会迁化之无穷，而天理人情之未可以一格泥，或亦扩充行政权界域之一助乎！同人某诚不知其力之不副，今乃有文社之设，分立演剧、文艺、音乐、美术四部，竭其耳目性灵之能事，观保生淑世之会通，而又丁人心囿于势力之情暓，奋吾人区区之力以与之争，济否非吾所敢知矣。孟子曰"教亦多术"，孔子曰"以友辅仁"。使其出之以至诚，本之以阅历，守之以坚忍，事效之至，特旦暮异耳，愿与同人共勉之！

　　　　黄翼球　欧阳予倩　陆镜若　吴我尊　陈方度　马绛士

罗漫士　　吴惠仁　　左学谦　　盛先畤　　马溶焕　　张先赞
　　吴作霖　　管亦仲　　蒋青心　　文净凡　　姚镜明　　唐桂良
　　程天放　　蒋镜澄　　蒋苍松　　姜济寰　　郑　钧　　常　治

文社简章

（一）本社由旅湘新剧同志会会员全体及湘中人士发起组织，以提倡文艺、研究时代思想为宗旨。

（二）本社先具简章呈请都督及内务司立案。

（三）本社内容分演剧、文艺、音乐、美术四部。

（甲）文社演剧部　　本部专编演各种有益社会、发人猛省之剧，务使于娱乐之中受相当之教化。

（乙）文社文艺部　　本部专研究文学艺术及社会风俗、脚本、小说、中外遗文轶事，并于每星期出周报一册，以供同好。

（丙）文社音乐部　　本部专研究中西古今各种音乐为主，以为改良社会之助。

（丁）文社美术部　　本部专研究中外各种美术技能为主，以提倡国人之美质。

以上四部另定专章以资遵守。

（四）本社经费由发起人担任，共集洋壹万元，计二十整股，以五百元为一整股，一百元为一零股，每月一分□息所获红利作十二成分派，以二成为公积，以十成归股东。

（五）本社各部职员除正副社长由发起人公推外，余均由正副社长个别聘请担任职务。

（六）凡受本社聘请人员，各须履行所主职务，不得侵越他人职务事件。

（七）本社职员不得有违反定章之行为。

从《文社宣言书》和《文社简章》可见，文社是一个"由旅湘新剧同志会会员全体及湘中人士发起组织，以提倡文艺、研究时代思想为宗旨"的"分演剧、文艺、音乐、美术四部"的有组织、有纲领的文艺社团，而不仅仅是"春柳社同人"演剧所用的"名义"①。

据《文社赈灾演出传单》②，由于"南北军兴，生民涂炭，疮痍未复，饥馑又臻，金陵

---

①　陈丁沙《春柳社史记》[载中国艺术研究院话剧研究所主编《中国话剧史料集》（第一辑），文化艺术出版社1987年版]："春柳社同人和社会教育团合作了不到半年，因和前台发生了意见，他们就退出社会教育团，用长沙文庙的明伦堂改为剧场，以'文社'名义演出……"

②　系手抄件，无标点。

一隅,受灾尤烈,哀鸿遍野,转徙流亡",文社定于 1913 年 10 月 16—18 日在长学宫街文庙内文社湘剧场演出三天,剧目分别是《不如归》、《非非想》和《错中缘》、《运动力》,"所得券资悉于助赈"。此事亦未见有人提及,包括欧阳予倩。陈丁沙的《春柳社史记》只是说,"春柳社同人……以'文社'名义演出,从八月二十五日至十月十六日,共演出了七次",此后,"湘中政局大变。湖南总督谭延闿离任,汤芗铭奉袁世凯的密令到了湖南,政局马上反动起来。文社被查封,说他们是革命党"。而《文社赈灾演出传单》显示,文社在被查封前,还举行过为期三天的赈灾演出。《错中缘》系喜剧,春柳剧场于 1914 年农历五月初三(阳历 5 月 27 日)夜上演一次[①];而《非非想》未见其他文明新戏社团演出过,不过从其剧名看,以及根据文明新戏演出每场的剧目大多是一个趣剧(喜剧)一个正剧特别是悲剧的"行规",可以判断,《非非想》也是趣剧(喜剧)。至于《非非想》和《错中缘》的剧情及作者,尚有待查考。

翔实的资料尤其第一手史料,是进行科学研究的基础、得出正确结论的依据。我孤陋寡闻,所见史料可能只是沧海之一粟,定有大量珍贵的文明戏史料尚尘封于各地图书馆、博物馆、档案馆和流散于民间。时间越久,这些史料的损毁情况势必越发严重。因此,我们应当尽早挖掘,以保护宝贵的文化遗产,并用来为深化文明戏研究服务。

---

① 1914 年 5 月 27 日《申报》第 12 版登载的春柳剧场演出广告:"新剧同志会全体一齐登台　五月初三夜准演双出好戏　喜剧　错中缘　正剧　金不换"。

虚构的限度

◎ 陆　炜

"不能剥夺艺术家徘徊于虚构与真实之间的权利。"——黑格尔在他的《美学》中提出的关于历史题材创作的这一命题是人们熟悉的。但徘徊的余地有多大,或者说虚构的限度是什么,黑格尔并没有说。在这个问题上要为千变万化的创作制定操作细则是不可能的,但形成一个原则性的理论认识却是必要的。实际上,正是这个问题成为长期以来我国历史剧理论争论的焦点。新时期以来,历史题材创作繁茂,历史剧创作成就巨大,旧有的一些史剧观念已被突破,作品中的虚构已相当自由而不拘一格。显然,我国的历史剧理论正需要清理和建设,为此,探讨虚构的限度问题很有必要。

一

40 年代、60 年代初和 80 年代初,我国有过三次历史剧理论的大讨论,虚构的限度每次都是关注的焦点,但问题的解决始终一筹莫展。这是由我国历史剧理论、创作的状况造成的。

40 年代我国历史剧出现了繁荣局面,在大后方发生了有几十位文艺界代表人士参加的历史剧问题讨论会,我国现代历史剧理论于此成形,其表现就是形成了两条共识:"历史真实"的原则和"古为今用"的原则。

"历史真实"的原则指的是,历史剧既以历史为题材,就必须正确地表现历史的真实。"古为今用"的原则指的是,历史剧是为现实服务的,绝不是为历史而写历史。这两条原则的建树是明显的,它明确了历史剧是以真实的历史(亚里士多德在《诗学》中称"已发生的事")为题材的戏剧,划清了历史剧与历史故事剧、传说剧的界限,它明确了历史剧为当代服务的性质。但这两条原则的不足也是明显的。"历史真实"的原则表现了以史为本位的倾向,把表现历史真实当作史剧的第一标准,对创作主体性是一个束缚。"古为今用"的原则实际上有着为现实政治服务的狭隘性,是"以古喻今"、"以古鉴今"、"借古讽今"。正因为如此,在 60 年代初、80 年代初,到底允许多大程度虚构的问题,"影射"是否合适的问题总是被提出来讨论。这实际上是对两条原则的质疑,是力图突破。

对抗两条原则的理论是现成的,这就是郭沫若40年代的历史剧理论。这理论最有特色的观点是两个:其一是,"剧作家的任务是在把握历史的精神而不必为历史的事实所束缚"①,具体处理手法可"失事求似"②。这种看法与黑格尔的看法相似。其二是,"写历史剧可用《诗经》的赋、比、兴来代表。准确的历史剧是赋的体裁,用古代的历史来反映今天的事实是比的体裁,并不完全根据事实,而是我们在对某一段历史的事迹或某一个历史人物,感到可爱而加以同情,便随兴之所至写成的戏剧,就是兴"③。这里表达的历史剧应不拘一格,有多种写法的思想是合理的。郭沫若40年代史剧理论的根本精神是强调历史剧的本质是诗而不是史。在这个根本点上,郭氏此"两条原则"正确。而总体看,郭氏的思考远比"两条原则"健全和深刻。另外,郭沫若40年代史剧创作是当时史剧的最高成就,足以支持他的理论。

尽管如此,在从40年代至80年代初的漫长时间里,郭沫若40年代史剧理论不能撼动两条原则的统治地位,它在对抗中只能作一个响亮的声音存在而占不了上风。其原因在于,先描绘出一段真实的历史,然后用它来服务现实政治的创作思想没有变:40年代的史剧,题材大体都是写明末清初的爱国故事(只有郭沫若写战国史剧),以和抗日战争类比;60年代初,由于刚平息西藏叛乱,又处三年困难时期,所以全国都大写文成公主和大写勾践卧薪尝胆;70年代末,著名的史剧《秦王李世民》和《大风歌》仍然继续着类比的思路,以写李世民果断发动"玄武门事变"和写刘邦老臣反对吕后篡国来歌颂粉碎"四人帮"。正是在此背景下,60年代初、80年代初的历史剧讨论完全是重复原有争论而毫无进展。一方说,既写历史题材,就要反映历史真实;另一方说,既然史剧是诗而不是史,就应允许大胆虚构。于是,只能满足于既要历史真实又要虚构的结论。

为了打破这种局面,80年代以来有过不少理论突破的尝试,其中最重要的是三篇论文。

首先是余秋雨的《历史剧简论》。该文为虚构的限度提出了七条细则:"一,著名的历史事件的大纲节目一般不能虚构;二,历史上实际存在的重要人物的基本面貌一般不能虚构,当他们成为剧中主角时更应慎重;三,历史的顺序不能颠倒,特定的时代面目、历史气氛、社会环境须力求真实;四,剧中纯属虚构部分的内容,即所谓'假人假事',要符合充分的历史可能性;五,'真人假事',其事除了要符合历史可能性外,还应符合'真人'的性格发展逻辑;六,'假人真事',即虚构一个人物来承担历史上真有过的事件,必须要让这个'假人'的性格与这件事具有内在的统一性;七,对

---

① 郭沫若:《我怎样写〈棠棣之花〉》,《沫若剧作选》,人民文学出版社1978年版。
② 郭沫若:《历史·史剧·现实》,《中国当代文学研究资料·郭沫若专集》。
③ 郭沫若:《谈历史剧》,《中国当代文学研究资料·郭沫若专集》。

于剧中非虚构的部分,即'真人真事'的处所,不要对其中有历史价值的关节任意更动。"①

这七条每一条都是正确、实用的。但它们并不能一举解决虚构的限度问题。因为这七条经验的概括尽管煞费苦心,还是不能说明虚构实践的全部现象。例如第一、二条是最重要的,用的却是"一般不能"的说法,即留有特殊就能的漏洞。而根本的问题在于,这七条是要调和诗与史的矛盾,在历史真实与虚构之间制定一个协议。假如虚构限度只是这样一个技术性问题,那么从40年代到80年代的争论就大部分可以避免了。

另一篇文章是王瑶的《郭沫若的浪漫主义历史剧理论》。与余秋雨的思路不同,王瑶寻求突破是诉诸建立新的理论格局,即把史剧理论分为现实主义、浪漫主义两类。该文认为历史剧的虚构存在"究竟是按照历史'可能怎样'进行虚构,还是按照历史'应该怎样'进行虚构"的问题,这两类情况是创作方法的不同,郭沫若属于后者,所以是浪漫主义的史剧实践和史剧理论。这一套说法中存在三个错误。第一,虚构只能按可能怎样,绝不能按应该怎样去虚构。关于"应该怎样"的虚构,王瑶指出,就是按"符合人民的愿望,也符合历史发展的方向"②去虚构。这就是如古代戏曲中编造岳飞直捣黄龙府,迎回了二圣的写法。这是那种真正必须反对的反历史主义。第二,郭沫若史剧的虚构并不是按应该怎样虚构的。第三,创作方法和虚构的限度之间并无必然的联系。一部完全虚构的作品可以是现实主义的,一部虚构很少的作品可以因所写的真人真事本身即具理想性质而是浪漫主义的。所以,根本不能用创作方法的概念来解决虚构的限度问题。实际上,王瑶的文章造成了这样一种观念:谨守史实是现实主义历史剧,大胆虚构是浪漫主义历史剧。这种观念影响很大③,搅乱了历史剧理论。

第三篇文章是郭启宏的《传神史剧论》。该文把我国现代史剧概括为"演义史剧"、"写真史剧"、"传神史剧"三个演进阶段。作者提倡"传神史剧",认为这种史剧是传"历史之神"、"人物之神"和"作者之神"的史剧④。该文在理论上并不那么严谨,例如它竟然未提到传神史剧主张与郭沫若40年代史剧理论之间的联系。但该文的理论意向是正确的,是值得高度重视的。其理由有二:第一,传神史剧论是对史剧的诗的本性的张扬和对史剧创作中作者主体性的张扬,是对奉行两条原则的史剧理论格局的突破;第二,这种理论突破是以创作实践为基础的。新时期以来,戏曲文学创

---

① 余秋雨:《历史剧简论》,《文艺研究》1980年第6期。
② 王瑶:《郭沫若的浪漫主义历史剧创作理论》,《文学评论》1983年第3期。
③ 此提法被广泛引用。郭沫若研究专著新出版者大多采用此说。《中国当代戏剧史纲》(社会科学文献出版社1997年版)中仍用此说。
④ 郭启宏:《传神史剧论》,《剧本》1988年第1期。

作的成就远过于话剧,而又主要体现在新编历史剧的成就上。以陈亚先的《曹操与杨修》、郑怀兴的《新亭泪》、郭启宏的《南唐遗事》等为代表的数十个一流水平的新编历史剧正是以写心、写神为其追求和特色的。

这样,我们看到,在长期艰难探索之后,我国的历史剧在实践上和理论上都已突破旧格局。于是,关于虚构的限度的思考也有了展开和深入的可能,它可以摆脱抽象谈论历史真实和虚构的境地,走向广阔的思维空间:回顾前人的思考,追索采用历史题材的动因,分析创作的实践,从而得出有价值的结论。

二

关于虚构的限度及其根据,在以往的探讨中存在两套对立的想法。第一套想法基于历史真实的原则,据此,历史剧创作的逻辑应当是:先恪守基本史实,再现历史真实,进而以虚构塑造艺术形象,增加艺术感染力。因此,虚构只是为了增加艺术感染力,它的范围应是比较有限的,如果只是想再现历史,就用不着虚构了。另一套想法基于史剧本质是诗而不是史的信念,据此,虚构应是范围广大的、自由的,虽然反映历史要大体正确,但不应规定恪守基本史实。

为了判定这两套想法的是非,让我们先看看前人的思考能给我们什么教益。

关于为什么要虚构,中外理论家为我们清楚说明了两条理由:一是为了在艺术作品中构成完整的形象世界,二是为了今日的观众理解历史。

郭沫若指出:"历史家求准确而不怕伤其零碎,史剧家注重在构成而务求其完整。"[①]雨果在他的《〈克伦威尔〉序言》中对艺术须构成完整的形象世界说得更具体:"艺术历观各世纪和自然界,穷究历史,尽力再现事物的真实,特别是再现比事物更确凿,更少矛盾的风俗和性格的真实,它起用编年史家所节略的材料,调和他们剥除了的东西,发现他们所遗漏的并加以修理,用富有时代色彩的想象来充实他们的漏洞,把他们任其散乱的东西收集起来,把人类傀儡下面的神为的提线再接起来,给一切都穿上既有诗意而又自然的外装,并且赋予他们以产生幻想的、真实和活力的生命,也就是那种现实的魅力……"[②]显然,必须有虚构,才能构成完整的形象世界。

关于为让观众理解而虚构,黑格尔的论述是经典性的。黑格尔提出,"艺术中最重要的始终是它的可直接了解性",如果写历史而一切依历史原貌,广大观众就会面对一个"希奇古怪不可了解的世界"。于是,黑格尔主张写出"过去时代和外国人民的精神","因为这种有实体性的东西如果是真实的,就会对于一切时代都是容易了解的;但是如果想要把古代灰烬中的纯然外在现象的个别定性都很详尽而精确地摹

---

① 郭沫若:《历史·史剧·现实》,《中国当代文学研究资料·郭沫若专集》。
② 载《世界文学》1961年第3期。

仿过来,那就只能算是一种稚气的学究勾当"。艺术家应该正确传达历史精神,在表现它时"注意到当代现存的文化、语言等等",从而在历史外在方面只"要求大体上的正确"而"徘徊于虚构与真实之间"。黑格尔把这叫作"认识到真实,而且把真实放到正确的形式里"①。

这两种理由告诉我们,虚构历史剧中并不是在正确反映历史之外的补充手段,而是表现历史本身必不可少的基本手段。

那么,这种随处应用的虚构有什么应用尺度呢,换言之,历史剧是否尊奉历史真实的原则呢?在这个问题上,中外理论家的看法都是否定的。西方理论家所说的道理一般都遵亚里士多德《诗学》,即指出史剧目的在于追求普遍性的东西,而不是意在反映"个别的事"。而中国古代理论家则把不守历史真实视作常识,说得格外决绝:

凡传奇以戏文为称也,亡往而非戏也,故其事欲谬悠而亡根也。(胡应麟《庄岳委谈》)

戏与梦同。……近来文人,好以史传合之杂剧,而辨其谬讹,此真是痴人前说梦也。(谢肇淛《五杂俎》)

有意驾虚,不必与实事合。(吕天成《曲品》)

古戏不论事实,亦不论理之有无可否……(王骥德《曲律》)

传奇无实,大半皆寓言耳。……凡阅传奇而必考其事从何而来,人居何地者,皆说梦之痴人,可以不答者也。(李渔《闲情偶寄》)

写历史剧到底有没有表现历史真实的任务,这是一个最关键的问题。为此,我们只能分析采用历史题材的动因。

剧作家采用历史题材进行创作,动因可以很复杂,但清理一下,大致可归结为6种:① 使作品可信;② 借用历史故事;③ 获取某种历史精神;④ 影射现实;⑤ 传播历史知识;⑥ 表达史识。而一部作品可能不单有一种动因。

亚里士多德《诗学》第九章就谈到上述第一种动机。亚里士多德认为写"已发生的事"就能使作品可信这样的逻辑是可笑的,因为已发生的事未必都合情合理,虚构的故事合情合理观众就会相信,而"那些所谓熟悉的人名,也仅为少数人熟悉"。可尽管亚氏是正确的,这种浅薄的动机还是有效的,因为一般观众往往把戏剧当历史。于是狄德罗看到了利用这种效果之道,他指出,"悲剧作家从历史中借用过来的众所周知的部分,使得他想象出来的东西也被观众当作是历史事实而接受了"②。于

---

① 黑格尔:《美学》(第一卷),商务印书馆1981年版,第347—354页。
② 狄德罗:《论戏剧诗》之"十,悲剧的布局与喜剧的布局"。

是,利用历史题材"已发生"的性质来获取观众相信作品这种动机,其实不是求历史真实,而是获取虚构的便利。

关于第二种动机,即利用历史故事,莱辛说得最透彻:"作家就是用情节来表现他的创作意图的。他之所以需要一段历史,并非因为它曾经发生过,而是因为对于他的当前目的来说,他无法更好地虚构一般曾经这样发生过的史实。如果他偶然发现一桩真实的不幸事件是合适的,他会满意这桩真实的不幸事件,但是,为此而花费许多时间去翻看历史书本,是不值得的。"①为什么不必翻书?因为并无表现历史真实的责任。

第三种动机其实是和第二种相通的。因为当"作者当前的目的"就是传达某种真实的历史精神时,这就是第三种动机了。而传历史之神与传作者之神应该是相通的。历史的精神与它的载体历史事实间有必然的联系,但有时,某种真实的历史精神并无一个戏剧性的事件可以集中表现,这时,真实的历史精神也可以虚构的故事来表现,郭沫若的《屈原》就是例子。而这里的关键在于,这种动机的目的在于历史精神是作者欲获得的普遍性意蕴,所以其动机仍非再现历史真实。

第四种动机即影射现实,它其实历史悠久。影射范围大可至政治、社会,小可至个人;影射虽然是讥讽、攻击,但其类比的机制同样可用于颂扬;其操作方式,首先是选择与欲影射的现实相似的历史人物和事件,其次是通过加工使所写的历史更具类同现实的特点。这种操作方式使它常受违背历史真实的批评。但这种批评是可笑的,因为此种动机本就是影射,本不以历史真实为责任。在两条原则统治时期,每次理论研讨都要提出"影射"的评价问题,总用历史真实来作评判标准,纯粹是一种无谓的自虐。

第五种动机是传播历史知识,毫无疑问它要求作品承担表现历史真实的责任。这种动机从来是受斥责的。如莱辛指出:"给大人物树碑立传,是历史的任务,而不是戏剧的任务。"②我国明代谢肇淛言道:"新出杂剧,若《浣纱》、《青衫》、《义乳》、《孤儿》等作,必事事考之正史,年月不合,姓字不同,不敢作也。如此则看史传足矣,何名为戏?"③类似的论述还很多,不赘引。为什么这种动机受斥责呢?因为它和前四种动机有了立场的不同。前四种动机是站在戏剧立场的,考虑的都是如何利用历史作题材去达到戏剧的目的(尽管第四种属实用性的目的),而这种动机却站在历史的立场,考虑的是怎样利用戏剧的艺术魅力去达到历史的目的。所以中外理论家要坚决与之划清界限,以维护历史剧是诗而不是史的性质。

然而,我们却不能就此把这种动机从历史剧原理的探讨中一笔勾销。因为抱有

---

① 莱辛:《汉堡剧评》第十九篇。
② 莱辛:《汉堡剧评》第十九篇。
③ 谢肇淛:《五杂俎》。

史的目的的历史剧(以及历史小说)是一个极广大的存在。这就是历史演义。一套《中国通史演义》可说是代表性的作品。演义类作品以史为基本目的,同时又有诗的特征,即运用文学手法(情节组织、人物形象塑造、气氛渲染等),也一定程度上追求普遍性的意旨(在叙事中含有褒贬,明理喻义)。这种作品的产生,可追溯到向一般群众"讲史"的形式。更进一步则应追溯到中国的史官文化本身;《史记》对文学手法的运用已昭示了史传文学的成熟,而"寓义于事"的传统则在《春秋》中已奠定了。演义类作品有时因作者主体性的突出,对某些普遍性意旨有鲜明表现而可以超越自身,达到文学高度,但就其本性说,它是准历史和准文学。因为在历史范围内,它只是所谓"说部",比不得"史部"著作是严谨的信史,而在文学范围内,它只是"演义",即对已发生的事进行叙述。以传播历史知识为动机所产生的就是这样的作品。

第六种动机是表达史识。一般说来,历史剧总是要表达史识的,因为历史剧既以历史为题材,作者总是要表达对他所写的那段历史的理解,并且有责任以现代的观念去观照历史并把自己的识见表达出来。但表达史识有趋于诗的目的和趋于史的目的两种。趋于诗的目的者,其史识不过是开掘某种普遍性的意旨,这样的作品,其史识的史实依据和史识的合理性皆一目了然,无须专门论证,同时,这类作品也不特别宣称自己要表达史识。所以以表达史识为创作动机者,实为趋于史的一类,它们意在"个别的事",即专为判定某段史事的是非、某个人物的善恶,有意要推翻成说或解开疑案而作。如郭沫若新中国成立后的《蔡文姬》、《武则天》就明白宣称是要为曹操、武则天翻案的。这种表达史识,实际上是以戏剧承担历史研究的任务。这种史剧既然存在,便也应有其规律。这种规律可以例子来分析。首先是古典名剧《桃花扇》。全剧44出,借离合之情写兴亡之感的侯、李故事所占篇幅不足五分之二,大部分篇幅用来全面、完整地展现南明弘光朝一年覆亡的历史,主要政治人物全部出场,主要事件全部展现,让我们看到魏忠贤余党如何通过拥立窃据高位,小朝廷如何不思恢复倒行逆施,明军实力远过于入关的清军,却如何发生内战,至使黄淮一带千里空营,让清兵乘虚南下,扬州、南京陷落。这样,剧本便达到了说明明代"三百年基业,堕于何人,败于何事,消于何年,歇于何地"(《桃花扇小引》)的史学目的。再一个例子是美国电影《刺杀肯尼迪》。影片目的是要对这一著名疑案提出新见解。其做法是大量资料和实情的展示:当年,总统的政策如何与战争利益集团不可调和;总统出巡之日,当地警察和联邦政府相关部门竟然放假;地形;目击者证词;子弹与伤口不符。最后,影片据此作大段逻辑分析,对这一事件的官方结论提出质疑。这两个例子清楚地显示了"以史为史"的规律,就是说,既然提出的是历史的任务,就用历史研究的方法去解决。相形之下,郭沫若的《蔡文姬》和《武则天》就是反面的例子了,它们不是展示欲重新评定的历史人物的全部主要事迹,而是抓住一点不及其余,对这次要的一点进行艺术渲染,塑造曹操、武则天的美好人格形象,就此给人物"翻案"。这是"以诗为史",即用艺术的手段煽情来解决历史研究的任务,它既违背诗的规律,又违背史的规律。这样的"表达史识"是万万要不得的。

由以上分析可以发现,虚构的限度问题之所以难解决,实由于采用历史题材进行创作的动机具有多样性、复杂性。为了清出头绪,必须梳理、区分。如果剔除影射这种实用性的非诗非史的动机,我们便区分出两类历史剧:一类包括上述前三种动机,是为了诗的目的而利用历史题材的历史剧;另一类包括后两种动机,属于为了史的目的而利用艺术手法的历史剧。

在创作实践中,有些作品可能处于这两类之间的状态。但这恰恰使上述理论的区分更为必要。因为这两类史剧在要不要表现历史真实的问题上有着原则的不同。前者本质是诗,根本上不把表现历史真实作为自己的任务,虚构的限度是一个从艺术角度来讨论的问题;后者本质是史,表现历史真实是它的基本任务,虚构的限度是一个从历史角度来审视的问题。实际上,历史剧是诗,所以可大胆虚构,而既写历史题材,就要表现历史的真实,这两种对立的观念就分别来自于前者和后者。而讨论虚构限度问题时的一切混乱和困惑都只是由于把这两类史剧混同在一起。因此,中外古今理论家的有关史剧原理的论述总是在倡导前一类历史剧,总是致力于同后一类史剧划清界限。明确地把两类史剧区分开来,我们便有了解决虚构限度问题的基础。

三

以史为目的的历史剧既然要承担表现历史真实的责任,它的虚构限度问题既然是从历史的角度审视的,那么问题就简单了。这里正适合用制定规则,以形成一个虚构与历史真实之间的协议的办法。由于须维护历史真实的原则是明确的,这协议也就简单、明确:时代背景不得虚构,重要事件、重要人物的面貌不得虚构,历史事件的顺序及关键性的时间、地点不得虚构。总之,虚构限于一切次要方面,且须合乎历史的可能性。

在以诗为目的的历史剧中,我们才真正面对着虚构限度问题的复杂性。复杂性何在呢?我们首先会意识到,一方面,虚构是没有限度的,因为这种历史剧以获取某种普遍性意旨为目的,并不承担反映历史真实之责,所以也就不能有哪一方面不能虚构,否则就损害历史真实这样的限制。另一方面,虚构又是有限度的,因为历史题材是创作的基础,作者可以改动史实,但终不能以无限制的虚构把原题材弄得面目全非以至破坏了创作基础。于是,虚构在这里是理论上无限度,实践中又有限度。显然,虚构的最大限度这条界限我们划不出来,因为它是不确定的,在每部作品中不相同的。这种不确定性,实际上表明虚构的限度在这里有着不同于在前一类史剧那里的性质。如果比之于一艘船去航海,那么虚构的限度在以史为目的历史剧那里是个划定哪些海域不得进入的问题,而在以诗为目的的历史剧这里却是有限的船在无限的海洋中能开到多远仍不覆没的问题。前者是一种消极的史的限制,后者却是如何挖掘客观可能性、发挥主观能动性的艺术创造问题。所以,要弄清虚构的限度,就必须分析以诗为目的历史剧的艺术创造。

这里的基本问题是诗的目的与应用历史题材的手段的统一,而其实质是主体性原则和客体性原则的统一。在这里,创作的目的是诗,即作者欲表达的某种普遍性意旨。为此目的,作品的人物、情节都要构造,设置得能最佳地体现这种普遍意旨,这就是主体性原则。历史题材在这里是创作手段,但它作为"已发生的事",却是自在的存在,这种自在性就是客体性原则。随意虚构可以满足主体性原则,却可能破坏客体性,恪守客体性,又可能满足不了主体性。这个矛盾,是通过选择和开掘来解决的。历史上真人真事浩如烟海,作家只选择能表达自己主体意旨的人和事,只开掘复杂的人和事的能表达主体意旨的方面。被选择和开掘的东西保持着其客体性,又能体现作者的主体性,这样就造成了主体性与客体性的统一。不过这种统一,只是基本统一或根本统一,即主体意旨与客体内蕴基本一致或存在某种根本上的一致性,真正高度统一的情况,也即客体的自在状态能满足完美表达主体意旨的要求的情况,是少见的。于是,剧作家就对历史题材作些改造,包括更动史实,以满足表达主体意旨的要求。我们关注的创造性的虚构就发生在这里。这种虚构能达到什么程度,只有举例说明。

首先是对重大史实的改动。在新时期以来的戏曲新编历史剧中不乏其例。陈亚先的《曹操与杨修》为了突出人才的重要,把力量最强盛、时时要吞灭蜀、吴的曹操写成势危途穷,非得一人才不能解困的境况,更动了历史环境;曹杀杨修本是因杨卷入了夺权斗争,剧中也改为出于对杨修之才气、傲骨的嫉恨。而此剧被誉为新时期戏曲的最高成就。再如郭启宏的《南唐遗事》,写李后主事,却将杀李煜者由赵光义改成赵匡胤,以便宋太祖频频出场,与李后主形成性格对比。此剧曾获全国优秀剧本奖头名。显然,只要作品写出了深刻的诗的意蕴,这类虚构是观众可以接受的。

其次,是情节的大规模编造。其例子就是郭沫若的《屈原》。该剧写屈原的一天。上午在宫中,南后故意在楚王进门时装头晕倒向屈原,屈原不得不抱持,楚王大怒,罢了他的官,改变了屈原主张的"联齐抗秦"的国策。屈原悲愤近疯,晚间被囚禁,终于情绪爆发,冲出囚所。这一抱、一疯、一囚的一天故事全属杜撰,但该剧是公认的现代历史剧代表作。如果说对《曹操与杨修》、《南唐遗事》一类情况可解释为某些史实的改动有助于把历史内蕴揭示得更深刻更鲜明的话,对《屈原》又该怎样解释呢?虚构在这里还有什么限度吗?实际上,从40年代以来,人们只是承认此剧写出了屈原形象,而对其虚构怎么算为合理始终无一说法。但我们在此可以提出一种说法,这就是"原型"。这是取自西方原型批评的一个概念。原型又称母题,它本身是某种人物做了什么事,遭什么命运这样一个故事的模式。原型的特点是,它可以化为无数版本流传,但只要故事中所含原型不变,故事总保持其内涵不变。屈原一生的故事概括为一个模式,就是忠贞高洁之人为昏王和小人不容。这也就是原型。《屈原》中一天的故事虽出编造,但恰恰鲜明地体现了这原型,而写屈原一生二十多年经历却不能鲜明有力地做到这一点。这样,"原型"说明了《屈原》虚构的合理性,也提供了一种限度,就是说,虚构应以不伤原型为限度。

然而,一些成功之作立即就把我们刚要建立的限度打得粉碎了。因为不少作品就是靠改动原型,即在原历史题材的梗概大节上进行变化而成的,而且常常是大放异彩,或化腐朽为神奇。在 90 年代作品中,我们看到罗怀臻的《西施归越》。剧中虚构出西施怀有夫差遗腹子的情节,于是其归越风波陡起,政治的无情、人心的险恶、西施的痛苦这些原被隐过、淡化的东西被尽情挖掘出来。这种写法并非新创,中外皆有先例。近一些的是美国戏剧《莫扎特传》,公然编造莫扎特系由当时维也纳宫廷首席乐师出于嫉妒迫害而死,该乐师晚年在发疯与忏悔中度日的故事。此戏大受欢迎,被拍成同名电影流行世界。远一点的是元杂剧中的名剧《汉宫秋》,戏中把幽怨于深宫不得见君,遂自愿请行,嫁到匈奴生活了几十年的王昭君写成汉元帝的爱妃,被匈奴兵临城下索去,远嫁北上行至边界就投河自尽了。这些戏对历史的改窜似乎一部比一部更大胆,但的确创造了巨大的审美价值,《莫扎特传》写出了天才与庸才的人生悲剧,《汉宫秋》写出了深深的民族屈辱感。

像《西施归越》、《莫扎特传》、《汉宫秋》这样的作品,对于思考虚构的限度来说是最有价值的。一方面,它们大胆地改造"已发生的事",明显地越过了历史真实的底线。另一方面,它们又正是以诗为目的的历史剧的理想,因为这种史剧的规律,即以历史题材为基础进行创作,并不承担历史真实的责任,充分挖掘客观可能性和发挥主体能动性以获取某种普遍性的意旨,在这里得到了纯粹的体现。中国古典剧论要求自由创造,主张"剧戏之道,出之贵实,用之贵虚"(王骥德《曲律》),主张"凡为小说及杂剧戏文,须是虚实相半"(谢肇淛《五杂俎》),说的其实就是这样的作品。对于这样的作品,虚构的限度问题,是具体的实践问题。

所谓实践问题,实质是观众问题,即艺术家的虚构能否为观众接受的问题。艺术家固然可以不承担历史真实的责任,为追求某种普遍意旨而大胆虚构,但如果观众感到这种虚构伤及历史真实,因而产生作品不可信之感,作品就将遭失败。这便是实践中的限度。

对这个问题,前人是思考过的。亚里士多德在《诗学》中说,"即便熟悉的人名,也仅为少数人熟悉"。直到 18 世纪,莱辛仍重复同样的调子:"有多少人知道发生过什么事情?"[①] 这个理由是很干脆的:广大观众没什么历史知识。但这不是解决问题而是取消这一问题。实际上,随着时间的推移,东西方的戏剧都必须面对历史知识普及化后有一定历史知识的观众。于是中国古典剧论中出现了两种相反的应对之

---

① 莱辛:《汉堡剧评》第十九篇。

策。第一种对策是理想化的,就是要求观众与剧作家建立一种审美的默契。明代王骥德在其《曲律》中说道:

> 元人作剧,曲中用事每不拘时代先后,马东篱《三醉岳阳楼》赋吕纯阳事也,【寄生草】曲:"这的是烧猪佛印待东坡,抵多少骑驴魏野逢潘阆。"俗子见之,有不訾以为传唐人用宋事耶?画家谓王摩诘以牡丹、芙蓉、莲花同画一景,画《袁安高卧图》有雪里芭蕉,此不可易与人道也。

王骥德指出唐人用宋事之违反历史常识,雪里有芭蕉之违反自然物理,是古人从来的做法,他实际上是要求观众理解这是主情、主意而在外部表现上无所限制的美学原则。对此,只有"俗人"才以为怪事。谁要硬是理解不了,他也没办法,"此不可易与人道也"。明代文人剧作家多取这种态度,认为自己反正坚持这种自由,观众应当接受,谁要对虚构质疑,就斥之为"痴人说梦"。与此相反的对策是实用的,即只有清初李渔提出的"虚则虚到底"、"实则实到底"①的主张,这实际上是迁就观众,避免虚实相半引起疑惑的权宜办法。实际上,这两种对策都不能完全贯彻,因为前者只适用于对文人观众,而后者,对普遍观众,实不必要走到要么"虚到底"要么"实到底"的极端。尽管如此,这两种对策的思路已提供了极其重要的启示。这启示就是观众对待历史剧中虚构的态度来自两个不同的方向,发自两个不同的维度。

观众对虚构的一种态度采否定的方向,即不接受某种虚构,它发自于历史知识的维度。观众接受某一虚构与否,并不取决于该虚构的大小,而是取决于观众历史知识的多少。有时,某些细节的虚构也不能容忍。例如,某一电视剧中出现一群日本兵乘坐一辆解放牌卡车,中国的观众就是不能接受的,因为他们认识这种卡车,知道这不是日军的卡车,这就损害了电视剧的可信性。由于虚构能否被接受与观众历史知识相联系,所以历史题材时代越近,虚构的余地越小;某段历史观众越熟悉,虚构的余地越小。总之,可归纳为这一规律,虚构可达的程度与观众历史知识的多少成反比。

观众对虚构的另一种态度采取肯定和宽容的方向,它发自审美素养的维度。在这个维度上,观众不是没发现,而是清楚地看到某种虚构明显地违反了历史真实,但他们能意识到这是出于审美的需要,理解到作者高明的用意所在,所以乐于接受这一虚构,甚至击节赞赏。《屈原》、《西施归越》、《莫扎特传》、《汉宫秋》的大胆虚构就是这样被接受的。更广而言之,从古典戏曲直到现代的魔幻现实主义的表现方式中违背历史真实的成分就是这样被接受的。这种机制又是不断发展的;艺术家的创造不断地提高观众的审美素养,观众审美素养的提高又不断地给艺术家更大的创造余

---

① 李渔:《闲情偶寄》。

地。而总的说,可以归纳为这一规律:虚构可达的程度与观众审美素养成正比。

至此,我们可以小结了。我们发现黑格尔所说的在"虚构与真实之间"的"徘徊"是可以具体描述的。以史为目的的历史剧,虚构的限度是不违背主要史实。以诗为目的的历史剧,其虚构的限度在于观众的认可,这种认可是观众基于历史知识的挑剔和出于审美素养的宽容两条相反原理共同作用的结果。

这两种历史剧,在价值上是不等同的。后者才是真正意义上的历史剧艺术。愿中国的历史悠久的史剧艺术放开手脚,展翅高飞。

也论"转注"

◎ 高小方

导 言

对"六书"中的"转注",历来众说纷纭。当代文字学大家裘锡圭先生在《文字学概要》中择要介绍了九种关于转注的较有代表性的说法之后,就坦率地对读者忠告而善导之,说:"我们认为,在今天研究汉字,根本不用去管转注这个术语。不讲转注,完全能够把汉字的构造讲清楚。至于旧有的转注说中有价值的内容,有的可以放在文字学里适当的部分去讲,有的可以放到语言学里去讲。总之,我们完全没有必要卷入到无休无止的关于转注定义的争论中去。"① 裘先生真可谓是菩萨心肠,唯恐有人陷进"转注"的泥潭之中无法自拔而白白地耗费时光,故而有此忠告。但事实上,无论是转注还是假借,与象形、指事、会意、形声一样,均系秦汉间的学者分析汉语古文字结构特点而归纳出来的条例,都是汉字结构的原则,是早期汉字学领域里的宝贵遗产,至今仍不失为人们深入把握汉字结构特点时的津梁。其中的"转注"这个术语,尽管被误解得很厉害,纷纭的众说甚至于繁乱得令人生厌,但即使从完全消极的一面去说,它也是我们学习汉字时难以回避的一个坎儿。首先,词典中"转注"这一条目该如何释义?其次,对常用汉字中确实属于转注的那些字该怎么解说?这些都是词典编纂和汉字教学时绕不过去的。

其实,转注这个术语,本来没那么复杂。许慎的定义,也没那么模糊。本文试图对此做个基本的清理。

一、"六书"说之由来

"六书"一语最早见于《周礼·地官·保氏》:"保氏掌谏王恶,而养国子以道,乃

---

① 裘锡圭:《文字学概要》,第102页。

教之六艺:一曰五礼,二曰六乐,三曰五射,四曰五驭,五曰六书,六曰九数。"①在《周礼》中,"六书"被列为"六艺"之一,但并未具体说明"六书"的内容。

东汉班固《汉书·艺文志》说:"古者八岁入小学,故《周官》保氏掌养国子,教之六书,谓象形、象事、象意、象声、转注、假借,造字之本也。"唐颜师古注曰:"象形,谓画成其物,随体诘屈,日、月是也。象事,即指事也,谓视而可识,察而见意,上、下是也。象意,即会意也,谓比类合谊,以见指㧑,武、信是也。象声,即形声也,谓以事为名,取譬相成,江、河是也。转注,谓建类一首,同意相受,考、老是也。假借,谓本无其字,依声托事,令、长是也。文字之义,总归六书,故曰立字之本也。"②

郑玄注《周礼·地官·保氏》引郑司农(郑众)说:"六书,象形、会意、转注、处事、假借、谐声也。"③

许慎《说文解字·叙》:"周礼:八岁入小学,保氏教国子,先以六书。一曰指事,指事者,视而可识,察而见意,上下是也。二曰象形,象形者,画成其物,随体诘诎,日月是也。三曰形声,形声者,以事为名,取譬相成,江河是也。四曰会意,会意者,比类合谊,以见指㧑,武信是也。五曰转注,转注者,建类一首,同意相受,考老是也。六曰假借,假借者,本无其字,依声托事,令长是也。"④

众所周知,《汉书·艺文志》是以西汉末刘歆的《七略》为蓝本而写成的。郑众是郑兴的儿子,郑兴是刘歆的学生。许慎是贾逵的学生,贾逵的父亲贾徽也是刘歆的学生。所以,班固、郑众、许慎的六书说,都跟刘歆有关系,正如裘锡圭先生所言:"这三家的六书说应该是同出一源的。"⑤

二、"转注"说的主要流派

两千年来,无论人们对"转注"的解读有多么纷纭,但从宏观上看,无非是两大派:(一)主张"转注"也是造字之法,(二)主张"转注"只是用字之法。下面分别展开论述:

1. 主张"转注"也是造字之法

这一派的核心主张就是:六书(含转注)皆造字之本。主此说者,主要有刘歆、班固、许慎、颜师古、徐锴、章太炎、洪诚、周秉钧、孙中运等人。

---

① 《十三经注疏》,第731页。
② 中华书局点校本《汉书》,第1720、1722页。
③ 《十三经注疏》,第731页。
④ 上海书店版段注本《说文》,第754—756页。
⑤ 《文字学概要》,第98页。

刘歆、班固、许慎、颜师古之说,已如上引。

南唐徐锴《说文解字系传》说:转注字"类于形声",但形声字与形旁不能互训,如"'江'、'河'可以同谓之'水','水'不可同谓之'江'、'河';'松'、'柏'可以同谓之'木','木'不可同谓之'松'、'柏'",而转注字则可与形旁互训,如"'寿'、'鼙'、'耄'、'耆'可同谓之'老','老'亦可同谓之'耆',往来皆通"①。如此将转注字与形声字区别开来,实际上就是确认了转注字的独立地位。

章太炎《小学略说》说:"转注、假借,就字关联而言;指事、象形、会意、形声,就字个体而言。虽一讲个体,一讲关联,要皆与造字有关。"②

洪诚《中国历代语言文字学文选》十三许慎《说文解字叙上》注28说:"形声字虽以事为名,但成其为名实在声,彼此没有同意相受的因素。转注字的构造不出乎形声会意,它的特点在于为一义造多字,所以同意相受是必具的因素。而这种因素又是在建类一首的前提下产生的,所以不能包括一切互训的字。"③如此解释"建类一首,同意相受",其实就是在一定程度上破除了转注互训说。

周秉钧《古汉语纲要》第四章"转注和假借"第一节"转注"说:"建类一首是说建立字类要一其首,要统一它们的字首。同意相受是统一字首的具体方法,即授与一个同义字,也就是说用一个同义字相注释,作为它的义符。"④"转注是一种造字的方法。它有两个重要条件:一是部首相同,二是同义相注。不符合这两个条件的都不是转注字。"⑤

孙中运《论"六书"之转注》说:"有人认为'转注'不是造字,是没有道理的。"⑥"'建类一首'的'类'和'首',就是许慎在《说文·叙》中所说的'其建首也立为一耑,方以类聚,物以群分'的'类'和'首','类'即字类,'首'即部首。'同意相受'就是说部首即义旁和这个转注字的概念完全相同,即新字受意于部首。以'考'字为例,考以老为部首,与老同类,这就是'建类一首',考以老为义旁,受意于老,老考同义,就是'同意相受'。"⑦

陆宗达《说文解字通论》说:"历来治《说文》者对转注、假借的解释,歧说纷纭,均未得其要旨。戴震、段玉裁以互训为转注,其说虽有助于同义词、字的研究,简捷易晓,但与造字的'六书'无关;朱骏声以引申为转注,虽有功于词义发展的考察,但已远离许氏本意,更与汉字发展无涉。直至晚近,章炳麟先生从语言学理论上提高了

---

① 徐锴:《说文解字系传》卷一"上"字注,中华书局1987年版,第2页。
② 章太炎:《国学讲演录》,华东师范大学出版社1996年版,第18页。
③ 《洪诚文集·中国历代语言文字学文选》,第92页。
④ 周秉钧:《古汉语纲要》,第57页。
⑤ 周秉钧:《古汉语纲要》,第58页。
⑥ 孙中运:《论"六书"之转注》,第5页。
⑦ 孙中运:《论"六书"之转注》,第7页。

对转注、假借的认识,指出这是汉字发展的法则,从而阐明了汉语词汇发展变化的一些规律,打破了建首分部说的框框,把汉人'六书'理论发展了一大步,开辟了汉字研究的新途径,其功绩是不可磨灭的。斯大林说过:语言的词汇对于各种变化是最敏感的,它几乎处在经常变动中。词汇的发展变化有两种法则:一种是由于社会制度改变,或者由于生产、文化、科学等等的发展,需要创造新词来表达新的词义。这样产生的新词,必定是由某个语源派生的,也就必定沿袭其音读,因此,在语言上有同一语根派生若干新词的现象。从造字来讲,也就要循其声义,各为制字,这就是'转注'造字的法则。另一种是由于文字孳乳日繁,必须加以节制。新的词义产生了,但是义有引申,音相切合,可以利用旧有的词和字而赋予新的词义,不再制造新字。这样做,虽然没造新词、新字,也同样可以适应词汇发展的需要。从造字来讲,这就是'假借'的法则。章炳麟先生说:'转注者,繁而不杀,恣文字之孳乳者也。假借者,志而如晦,节文字之孳乳者也。二者消息相殊,正负相待,造字者以为繁省大例。'这段话正是辩证地说明了造字的发展规律。"①

由上引可知,此派内部还有两点微殊:(1)周秉钧、孙中运认为"建类一首"的"类"是字类,洪诚先生则认为是指义类。当以洪说更为圆通。(2)陆宗达先生继承并发挥章太炎之说,亦似有拿"转注"泛称文字孳乳之意。此说与洪、周、孙说虽有宏观、微观之别,但其确认"转注"与造字有关则同。

2. 主张"转注"只是用字之法

此派的核心主张是:六书"四体二用"说。其内涵为:六书中的象形、指事、会意、形声四者为汉字的构形类别,转注、假借二者为汉字的使用方法。主此说者,主要有戴震、段玉裁、王力、胡裕树等学者以及《辞源》(第2版)、《现代汉语词典》(第6版)等常见工具书。

戴震《答江慎修论小学书》说:指事、象形、谐声、会意四者,"书之体止此矣",转注、假借,"所以用文字者,斯其两大端也"②。《六书论序》:"盖转注之为互训,失其传且二千年矣。"③

段玉裁《说文解字注》"说文叙"注:"转注,犹言互训也。注者,灌也。数字展转互相为训,如诸水相为灌注,交输互受也。转注者,所以用指事、象形、形声、会意四种文字者也。数字同义,则用此字可,用彼字亦可。"④又说:"'建类一首',谓分立其义之类而一其首,如《尔雅·释诂》第一条说'始'是也;'同意相受',谓无虑诸字意旨

---

① 陆宗达:《说文解字通论》,第56—57页。
② 《答江慎修论小学书》,《戴震集》,上海古籍出版社1980年版,第74页。
③ 《六书论序》,《戴震集》,上海古籍出版社1980年版,第77页。
④ 段玉裁:《说文解字注》"说文叙"注,上海古籍出版社影印本,第755页下。

略同,义可互受相灌注而归于一首,如:初、哉、首、基、肇、祖、元、胎、俶、落、权舆,其于义或近或远,皆可互相训释,而同谓之'始'是也。"①

由于戴、段的非同寻常的影响力,遂使通行教科书对"转注"的解说亦大致如是。

王力主编《古代汉语》:"最不好懂的是转注。许慎说:'转注者,建类一首,同意相受,考老是也。'后代的说文家对于转注的解释,争论最多,这里不需要一一列举。值得介绍的有三家:第一家是江声,他认为所谓'建类一首'是指《说文》部首,而《说文》在每一部首下都说凡某之属皆从某(如'凡木之属皆从木'),那就是'同意相受'。第二家是戴震,他认为转注就是互训(转相为注,互相为训),《说文》考字下说'老也',老字下说'考也',就是互训的例子。第三家是朱骏声,他在《说文通训定声》里说:'转注者,体不改造,引意相受,令长是也。'他不但修改了转注的定义,而且更换了转注的例字。按照朱骏声的说法,当古人从某一本义引申出另一意义时,不另造一字,那就是转注,他认为令长不是假借,而是引申,所以举为转注的例字。朱骏声的说法不是没有理由的,他不迷信古人的精神,是值得肯定的。……《汉书·艺文志》说,六书是造字之本,这是不够全面的说法。六书中只有象形、指事、会意、形声是造字之法;至于转注和假借,则是用字之法,因为根据转注和假借的原则并不能产生新字。今天我们对于汉字的构造可以作更科学的说明。首先应该认为转注、假借和汉字的构造无关;其次,对于象形、指事、会意、形声还可以作更合理的分类:一类是没有表音成分的纯粹表意字(包括象形、指事、会意);一类是有表音成分的形声字。"②

胡裕树主编《现代汉语》:"关于古代汉字的造字法,历来有所谓'六书'之说,指的是象形、指事、会意、形声、假借、转注。六书之中,真正的造字方法是象形、指事、会意和形声。"③"关于转注之法,学术界看法不一。有人认为:转注是指一对同部首的字,由于意义相近、声音相同或相近而互相注释。例如象形字老,在异时异地由于语音发生变化而加注音符'丂'(又省略了'老'字的一部分),变成了考字,其中的原'老'字(被省去了一部分),则成了形旁,'老'和'考'就是一对转注字。"④

下面我们再考察《辞源》、《辞海》、《现代汉语词典》、《现代汉语规范词典》、《汉语大词典》、《中国大百科全书·语言文字卷》、《中国语言学大辞典》等七种工具书对"转注"的释义:

(1)《辞源》:"转注,六书之一。汉许慎《说文叙》:'五曰转注。转注者,建类一首,同意相受,考老是也。'转注是互训,在指事、象形、形声、会意四种文字中,意义相

---

① 段玉裁:《说文解字注》"说文叙"注,上海古籍出版社影印本,第755页下至756页上。
② 王力主编:《古代汉语》,第161—162页。
③ 胡裕树主编:《现代汉语》,第154页。
④ 胡裕树主编:《现代汉语》,第158页。

同或相近之字可以互相解释。如考老同义,老可注考,考可注老,故名为转注。后人也有不同的说法。参阅清王筠《说文释例》四'转注'、朱骏声《说文通训定声》'转注'。"①

(2)《大辞海·语言学卷》:"转注,六书之一。《说文·叙》:'转注者,建类一首,同意相受。'即谓一类意义相同的字,应属于'一首'之下。后来各家解释不同。有以一首指字形上同一部首的(考和老,同属'老'部);有以一首指词源上同韵或同声的(考和老同属一韵,颠和顶同属一声);有以一首指同一主要意义的(考和老两字主要意义相同,可以<u>互训</u>)。关于转注,大致有如上'形转'、'音转'、'义转'三说。"②

(3)《现代汉语词典》(第6版):"转注:名六书之一。人们对转注的解释很分歧,比较可信的是清代戴震、段玉裁的说法。他们认为转注就是<u>互训</u>,意义上相同或相近的字彼此互相解释。如《说文》'老'字的解释是'考也','考'字的解释是'老也',以'考'注'老',以'老'注'考',所以叫转注。"③

(4)《现代汉语规范词典》:"转注:名东汉·许慎《说文解字》把转注列为汉字六书之一,指读音相同或相近、意义相同的字<u>相互解释</u>。如以'老'解释'考',以'考'解释'老'。现在一般认为属用字之法。"④

(5)《汉语大词典》:"转注,六书之一。汉许慎《〈说文解字〉叙》:'转注者,建类一首,同意相受,考、老是也。'后人解释大有歧异,清戴震、段玉裁认为'转注'即互训,意义相同或相近的字<u>彼此互相解释</u>,故曰'转注'。"⑤

(6)《中国大百科全书·语言文字卷》:"六书,⑤'转注者,建类一首,同意相受,考老是也。'许慎把转注排在会意之后,说明它是以意为主。'同意相受'戴震解为'互训',因为《说文》说:'老,考也','考,老也'。考老互训。'建类一首'则指部首而言。有些学者主张必须同部互训才是转注,例如草部有'薑,薑也','薑,薑也';'蓨,苗也','苗,蓨也';即同意相受。从情理上讲是可以说得通的。"⑥

(7)《中国语言学大辞典》:"转注,六书之一。《说文解字·叙》:'转注者,建类一首,同意相受,考老是也。'由于许慎的定义不够明确,字例简单,因此对转注的理解产生了数十种不同的说法。其中最主要的有转注形义说、转注<u>互训</u>说、转注同族说三种。"⑦

由此看来,转注"互训"说的影响是巨大的,所以被权威的词典(如《现代汉语词

---

① 《辞源》重排本,第3310页。
② 《大辞海·语言学卷》,第27页。又见于《辞海》1999年版缩印本,第1619页。
③ 《现代汉语词典》(第6版),第1711页。
④ 《现代汉语规范词典》,第1716—1717页。
⑤ 《汉语大词典》第九册,第1319页。
⑥ 《中国大百科全书·语言文字卷》,第261页。
⑦ 《中国语言学大辞典》,第31—32页。

典》)推为"比较可信"的说法。其实有待商榷。

三、"转注"也是造字之法的证明

我们认为,上述第一派的观点是更为合理的。转注,它就是一种可以造出与部首义相同而读音却不同的新字来的方法。

1. 许慎对"转注"的定义

"转注者,建类一首,同意相受,考、老是也。"

"建类",建立共同的义类,动宾结构。"一首",使部首统一,也是动宾结构。举例来说:年纪大这一义类,已先造了一个"人毛匕"会意字"老"。但并非所有地区的人们都把年纪大叫"老",而是有的叫"kǎo",有的叫"mào",有的叫"dié",有的叫"gǒu",有的叫"qí",等等。怎么给这些与"老"同义的词造字?古人想到了转注造字法,先确立年纪大这一义类,把"老"字拿来统一意义均为"年纪大"的一批新字的部首,再加上表读音的符号,让造出的一批转注字同受意于部首字"老"(年纪大),于是就有了"考"、"耄"、"耋"、"耉"、"耆"这些转注字的诞生。

"同意相受",即同受意于部首字的意义。换言之,就是让部首字的意义转而灌注到新造的转注字里去。许慎所言"同意相受"的"相",不是表交互,而是偏指用法①。"同意相受",不是指互相训释,而是指把部首字的意义授给用转注法造出的那些新字,亦即转注字受意于部首字的意义。比如,把"老"的意义授给"考"、"耄"、"耋"、"耉"、"耆"等转注字,亦即"考"、"耄"、"耋"、"耉"、"耆"等转注字同受意于"老"。

如果把许慎的"转注"定义翻译成现代汉语,那就是:所谓转注,就是先立共同的义类,再注上表义的字为其类之首以统一之,使这些字同受意于这个标首的字,考、老的关系就是这样(参阅洪诚选注《中国历代语言文字学文选》)。这就是"转注"的准确定义。

我们不得不说,"转注是互训"云云,显然是将许慎"同意相受"的"相"理解成交互义了。这是不合理的。试想,先造了会意字"老",立它为部首,让它把"年纪大"的意义灌注到"耆"、"考"中去,即让"耆"、"考"同受意于"老"了,怎么可能再倒过来,"耆"、"考"又将"年纪大"的意义灌注到先已造好的"老"字里面去呢?

是的,转注字由于同义,在训诂中确实可以互训,所以许慎说"老,考也","考,老

---

① 关于"相"的偏指用法,吕叔湘先生1942年发表于《金陵、齐鲁、华西大学中国文化汇刊》第二卷的《相字偏指释例》(后收入《吕叔湘文集》第二卷《汉语语法论文集》,商务印书馆1990年版)就已阐明。吕文指出"相"字除了表"交互"(如"辅车相依",辅依车,车亦依辅)之外,还有偏指法,如"或相倍蓰,或相什百,或相千万",此为彼之倍蓰或什百千万,则彼不得复为此之倍蓰或什百千万。"相"字偏指用法是由互指用法发展而来……"相"字的偏指用法发轫于先秦,两汉渐多,魏晋以后滋盛,现代汉语的北京话和方言中还偶见用例。

也"本没有错。但是,转注字与部首字可以互训,却并不见得互训就是转注。所以,"转注是互训"这种全称判断是不准确的。比方说,父亲长着胡子,但并不见得长胡子的就是父亲。正命题能够成立,并不意味着逆命题也一定成立。

2.《说文》说解格式与"六书"的对应关系

《说文》中许慎的说解语,主要包含释义语和解形语。其解形语的内涵,是用"六书"的条例解说字形,以配合对字的本义的揭示。但许慎解形格式与"六书"之间,并非简单的"一对一"关系,其中情形颇为复杂。下面列表展示其间的对应关系:

《说文》正文中的说解格式与"六书"对应关系表

序号	解形方式	例字	六书	备注
1	象形	丯,毛丯丯也。象形。	象形	
2	从某某,象形	日,实也。太阳之精不亏。从口一,象形。	象形	
3	指事	上,高也。此古文上。指事也。 下,底也。指事。	指事	(一)象形:(1)象形。(2)从某某,象形。(3)象……之形。 (二)指事:(1)指事。(2)象……之形。(3)从某,象……之形。(4)从某,一在……(5)从某一。 (三)会意:(1)从某从某。(2)从某某。(3)从某省,从某。 (四)形声:(1)从某,某声。(2)从某省,某声。(3)从某,某省声。 (五)转注:(1)从某,某声。(2)从某省,某声。(3)从某,某省声。 (六)假借:(1)……故借为……(2)……故以为……(3)……故因以为……
4	象……之形	而,颊毛也。象毛之形。	象形	
		刃,刀鋻也。象刀有刃之形。	指事	
5	从某,象……之形	亦,人之臂亦也。从大,象两亦之形。	指事	
6	从某一	寸,十分也。人手却一寸动脉谓之寸口。从又一。	指事	
7	从某,一在……	本,木下曰本。从木,一在其下。	指事	
8	从某从某	印,执政所持信也。从爪从卪。	会意	
9	从某某	鸣,鸟声也。从鸟口。	会意	
10	从某省,从某	孝,善事父母者。从老省,从子,子承老也。	会意	
11	从某,某声	江,江水,出蜀湔氐徼外崏山,入海。从水,工声。	形声	
		罟,网也。从网,古声。	转注	
12	从某省,某声	耇,老人面如点也。从老省,占声。	形声	
		耆,老也。从老省,旨声。	转注	
13	从某,某省声	疫,从疒,役省声。	形声	
		豛,上谷名猪豛。从豕,役省声。	转注	

续　表

序号	解形方式	例字	六书	备　　注
14	从某从某，某亦声	吏,治人者也。从一从史,史亦声。禮,履也,所以事神致福也。从示从豊,豊亦声。	会意兼形声	
15	……故借为……	韋,相背也……可以束物枉戾相背,故借为韋背。	假借	
16	……故以为……	朋,群鸟从以万数计,故以为朋党字。	假借	
17	……故因以为……	西,鸟在巢上。象形。日在西方而鸟棲,故因以为东西之西。	象形（鸟在巢上）假借（东西之西）	

　　由上表可以看出,在"形声"和"转注"两种造字法上,许慎的解形方式几乎是一样的。难怪许多读者觉得无法将二者分开。所以,我们必须得连同释义一起考察。将释义与解形语连贯起来考察,结果得出：对形声字,许慎最典型的说解方式是："X,Y 也。从 A,B 声。"如"江"字。而对转注字,许慎最典型的说解方式则是："X,A 也。从 A,B 声。"如"唔"字（还包括"X,A 也。从 A 省,B 声。"如"耆"字。"X,A 也。从 A,B 省声。"如"毅"字）。

3. 形声字与转注字之异同

　　转注字的基本特点是,其意义就等于其部首义。如：考是"老"的转注字,其字义就等于"老"。因为转注字的造法,就是让部首字将意义转而灌注到新字中来,"为一义造多字"①,"同意相受"。又如：船,是"舟"的转注字。头,是"页"的转注字。爹、爸,是"父"的转注字。这是转注字区别于形声字的基本特征。而形声字的基本特点则是,其意义不等于其部首义。许慎说："形声者,以事为名,取譬相成,江河是也。"所谓"以事为名",即用表示事类的字作为意符,也就是说,形声字中的部首,只表示形声字意义所属的事类或范畴。如：松,其意义不等于"木","木"是天下一切树的总名,而"松"只不过是树的一种而已。所以,徐锴是对的。

　　这就如同"马就是马"与"白马非马"②。其实公孙龙子的"白马非马"说正是帮助我们得以将转注字与形声字分开的一大启示。"江,从水,工声"。"江"的意义≠"水"。"江"是形声字。"船,从舟,铅省声"。"船"的意义＝"舟"。"船"就是转注字。形声字的构成是"意符（semantic symbol）＋声符（phonetic component）",而转注字

---

① 《洪诚文集·中国历代语言文字学文选》,第 92 页。
② 王琯：《公孙龙子悬解》,第 40—47 页。

的构成则是"义符(pictographic symbol①)＋声符":二者是不同的。

4. 转注字举例

上文已言,《说文》中与"转注"相对应的最典型的说解格式是"X,A 也。从 A,B 声"。据此,我们很容易将转注字找出来:

(1) 趋,是"走"的转注字。(《说文·走部》二上:"走,趋也。从夭止。夭者,屈也。""趋,走也。从走,刍声。")

(2) 韪,是"是"的转注字。(《说文·是部》二下:"是,直也。从日正。""韪,是也。从是,韦声。《春秋传》曰:'犯五不韪。'")

(3) 鞹,是"革"的转注字。(《说文·革部》三下:"革,兽皮治去其毛曰革。革,更也。象古文革之形。""鞹,革也。《论语》曰:'虎豹之鞹。'从革,郭声。")

(4) 弑,是"杀"的转注字。(《说文·杀部》三下:"杀,戮也。从殳,杀声。""弑,臣杀君也。《易》曰:'臣弑其君。'从杀省,式声。")

(5) 眼,是"目"的转注字。(《说文·目部》四上:"目,人眼也。象形,重童子也。""眼,目也。从目,艮声。")

(6) 肌,是"肉"的转注字。(《说文·肉部》四下:"肉,胾肉。象形。""肌,肉也。从肉,几声。")

(7) 饭,是"食"的转注字。(《说文·食部》五下:"食,一米也。从皀,亼声。或说:亼皀也。""饭,食也。从食,反声。")

(8) 产,是"生"的转注字。(《说文·生部》六下:"生,进也。象艸木生出土上。""产,生也。从生,彦省声。")

(9) 夜,是"夕"的转注字。(《说文·夕部》七上:"夕,莫也。从月半见。""夜,舍也,天下休舍也。从夕,亦省声。")

(10) 夥,是"多"的转注字。(《说文·多部》七上:"多,緟也。从緟夕,夕者相绎也,故为多。緟夕为多,緟日疊。""夥,齐谓多也。从多,果声。")

(11) 馨,是"香"的转注字。(《说文·香部》七上:"香,芳也。从黍,从甘。《春秋传》曰:'黍稷馨香。'""馨,香之远闻也。从香,殸声。殸,籀文磬。")

(12) 罟,是"网"的转注字。(《说文·网部》七下:"网,庖牺氏所结绳以渔。从冂,下象网交文。""罟,网也。从网,古声。")

(13) 考、耋、耄、耉、耆,都是"老"的转注字。(《说文·老部》八上:"老,考也。七十曰老。从人毛匕,言须发变白也。""考,老也。从老省,丂声。""耋,年九十曰耋。从老,从蒿省。"[小方按:从蒿省,按理当作"蒿省声"。]"耄,年八十曰耄。从老省,从至。"[小方按:从至,按理当作"至声",段注本即作"至声"。]"耉,老人面冻黎若垢。

---

① 语言学名词审定委员会:《语言学名词》,第 24 页。

从老省,句声。""耆,老也。从老省,旨声。")

(14) 匙,是"匕"的转注字。(《说文·匕部》八上:"匕,相与比叙也。从反人。匕亦所以用比取饭。一名柶。""匙,匕也。从匕,是声。")

(15) 衫,是"衣"的转注字。(《说文·衣部》八上:"衣,依也。上曰衣,下曰裳。象覆二人之形。"新附字:"衫,衣也。从衣,彡声。")

(16) 屦、屩、屐,都是"履"的转注字。(《说文·履部》八下:"履,足所依也。从尸,服履者也。从彳夊。从舟象履形。一曰:尸声。""屦,履也。从履省,娄声。一曰:鞮也。""屩,履也。从履省,乔声。""屐,屩也。从履省,支声。")

(17) 船、舸,都是"舟"的转注字。(《说文·舟部》八下:"舟,船也。古者共鼓、货狄刳木为舟,剡木为楫,以济不通。象形。""船,舟也。从舟,铅省声。"新附字:"舸,舟也。从舟,可声。")

(18) 视、觊、觇,都是"见"的转注字。(《说文·见部》八下:"见,视也。从儿从目。""视,瞻也。从见示。"[小方按:从见示,按理当作:"从见,示声。"徐锴《系传》不误。]新附字:"觊,见也。从见,卖声。"《说文·目部》四上:"睹,见也。从目,者声。觇,古文从见。")

(19) 头,是"页"的转注字。(《说文·页部》九上:"页,头也。从𦣻从儿。古文稽首如此。""头,首也。从页,豆声。")

(20) 魃,是"鬼"的转注字。(《说文·鬼部》九上:"鬼,人所归为鬼。从儿,甶象鬼头,从厶,鬼阴气贼害,故从厶。""魃,鬼俗也。从鬼,幾声。《淮南传》曰:'吴人鬼,越人魃。'")

(21) 猪、豰、豨,都是"豕"的转注字。(《说文·豕部》九下:"豕,彘也。竭其尾故谓之豕。象毛足而后有尾。""猪,豕而三毛丛居者。从豕,者声。""豰,上谷名猪豰。从豕,役省声。""豨,豕走豨豨也。从豕,希声。古有封豨脩蛇之害。")

(22) 麋,是"鹿"的转注字。(《说文·鹿部》十上:"鹿,鹿兽也。象头角四足之形。""麋,鹿属。从鹿,米声。麋,冬至解角。")

(23) 狗,是"犬"的转注字。(《说文·犬部》十上:"犬,狗之有县蹄者也。象形。孔子曰:'视犬之字,如画狗也。'""狗,孔子曰:'狗,叩也。叩气吠以守。'从犬,句声。")

(24) 娓、燬、焚,都是"火"的转注字。(《说文·火部》十上:"火,娓也。南方之行,炎而上。象形。""娓,火也。从火,尾声。《诗》曰:'王室如娓。'""燬,火也。从火,毁声。《春秋传》曰:'卫侯燬。'""焚,火也。从火,豩声。")

(25) 黔、黸,都是"黑"的转注字。(《说文·黑部》十上:"黑,火所熏之色也。从炎上出囧。囧,古窗字。""黔,黎也。从黑,今声。秦谓民为黔首,谓黑色也。周谓之黎民。《易》曰:'为黔喙。'""黸,齐谓黑为黸。从黑,卢声。")

(26) 赨、經、赬,都是"赤"的转注字。(《说文·赤部》十下:"赤,南方色也。从大火。""赨,赤色也。从赤,蟲省声。""䞓,赤色也。从赤,巠声。赬,或从貞。")

(27) 奕,是"大"的转注字。(《说文·大部》十下:"大,籀文大,改古文。亦象人形。""奕,大也。从大,亦声。")

(28) 羕,是"永"的转注字。(《说文·永部》十一下:"永,水长也。象水巠理之长永也。《诗》曰:'江之永矣。'""羕,水长也。从永,羊声。《诗》曰:'江之羕矣。'")

(29) 龗,是"龙"的转注字。(《说文·龙部》十一下:"龙,鳞虫之长,能幽能明,能细能巨,能短能长。春分而登天,秋分而潜渊。从肉飞之形,童省声。""龗,龙也。从龙,霝声。")

(30) 到、臻,都是"至"的转注字。(《说文·至部》十二上:"至,鸟飞从高下至地也。从一,一犹地也。象形。不上去而至下来也。""到,至也。从至,刀声。""臻,至也。从至,秦声。")

(31) 閗,是"门"的转注字。(《说文·门部》十二上:"门,闻也。从二户。象形。""閗,门也。从门,干声。汝南平舆里门曰閗。")

(32) 拳,是"手"的转注字。(《说文·手部》十二上:"手,拳也。象形。""拳,手也。从手,卷声。")

(33) 氓,是"民"的转注字。(《说文·民部》十二下:"民,众萌也。从古文之象。""氓,民也。从民,亡声。读若盲。")

(34) 戚,是"戉"的转注字。(《说文·戉部》十二下:"戉,大斧也。从戈,丨声。""戚,戉也。从戉,尗声。")

但是,如果说《说文》中说解格式只要是"X,A 也。从 A,B 声"的就一定是"转注"字,却又未必。例如:

《说文·艸部》一下:"藸,艸也。从艸,豬声。"

"芺,艸也。味苦,江南食之以下气。从艸,夭声。"

"荢,艸也。从艸,孚声。"

尽管"藸"、"芺"、"荢"等字的说解格式也是"X,A 也。从 A,B 声",但因为"艸"本身是类名(即《荀子》所谓共名。《说文·艸部》:"艸,百卉也。""卉,艸之总名也。"),而"藸"、"芺"、"荢"等却是别名,故而"藸"、"芺"、"荢"≠艸。所以,"藸"、"芺"、"荢"都不是转注字,而是一般的形声字。按理,"藸"、"芺"、"荢"的释义应作:"藸,藸艸也。""芺,芺艸也。""荢,荢艸也。"或作:"藸,艸(名)也。""芺,艸(名)也。""荢,艸(名)也。"但对这些字,许慎似乎解到类名就打住了。又如:

《说文·水部》十一上:"洹,水,在齐鲁间。从水,亘声。"

"沭,水,出青州浸。从水,术声。"

"沂,水,出东海费东,西入泗。从水,斤声。一曰:沂水出泰山盖,青州浸。"

尽管"洹"、"沭"、"沂"等字的说解格式也是"X,A 也。从 A,B 声",但也因为

"水"本身是类名,而"洹"、"沭"、"沂"等却是别名,故而"洹"、"沭"、"沂"≠水。所以,"洹"、"沭"、"沂"都不是转注字,而是一般的形声字。段玉裁注本就直接将许慎的释义改为:"洹,洹水,在齐鲁间。""沭,沭水,出青州浸。""沂,沂水,出东海费东,西入泗。"这是很有道理的,也许是最为近真的。①

《说文》之外的工具书所收汉字,其中转注字亦不乏其例。如:

(35) 爹、爸、爸、爺,都是"父"的转注字。(《说文·又部》三下:"父,矩[段注本改作巨]也。父也。"《宋本玉篇》第61页:"爹,屠可切。父也。又陟斜切。""爸,蒲可切。父也。""爸,之邪切。父也。""爺,以遮切。俗为父爷字。")

(36) 麽,是"幺"的转注字。(《说文·幺部》四下:"幺,小也。象子初生之形。"《宋本玉篇·幺部》第387页:"麽,亡可切。小麽也。又亡波切。")

(37) 舘,是"舍"的转注字。(《说文·亼部》五下:"舍,市居曰舍。从亼屮口。屮象屋也。口象筑也。"《广韵·换韵》第383页:"馆,馆舍也。《周礼》:'五十里有市,市有馆,馆有积,以待朝聘之客。'俗作舘。")

(38) 矮、矬,都是"短"的转注字。(《说文·矢部》五下:"短,不长也。有所长短,以矢为正。从矢,豆声。"新附字:"矮,短人也。从矢,委声。"[小方按:从矢,委声,按理当作:"从短省,委声。"]《广韵·蟹部》第251页:"矮,短兒。"《宋本玉篇·矢部》第313页:"矬,才戈切。短也。")

(39) 馥,也是"香"的转注字。(《说文·香部》七上:"香,芳也。从黍,从甘。《春秋传》曰:'黍稷馨香。'"《宋本玉篇·香部》第292页:"馥,皮逼、扶福二切。香也。")

(40) 黓、黚、黢,也都是"黑"的转注字。(《说文·黑部》十上:"黑,北方色也。火所熏之色也。从炎上出囱。"《宋本玉篇·黑部》第396页:"黓,余力切。《尔雅》:'太岁在壬曰玄黓。'又黑也,"又,第397页:"黚,各旱切。黑也。""黢,七戌切。黑也。")

(41) 螗,也是"赤"的转注字。(《说文·赤部》十下:"赤,南方色也。从大火。"《广韵·唐韵》第159页:"螗,赤色。")

(42) 竚、站,都是"立"的转注字。(《说文·立部》十下:"立,住也。从大立一之上。"《宋本玉篇·立部》第201页:"竚,除吕切。企也,久也。今作伫。"《广韵·陷韵》第425页:"站,俗言独立。")

(43) 辢(辣),是"辛"的转注字。(《说文·辛部》十四下:"辛,秋时万物成而孰。金刚味辛。辛痛即泣出。从一辛。[段注:一者,阳也。]辛,辠也。辛承庚,象人股。"《宋本玉篇·辛部》第527页:"辢,力达切。辛辢也;痛也。")

(44) 耄,也是"老"的转注字。(《宋本玉篇·老部》第216页:"耄,莫报切。迈

---

① 也有学者将"沂,水也"处理为"连篆读"。如孙星衍、丁福保等。方法虽异,效果实同,即都避免了误解。

也。九十曰耋。耄,同上。亦作薹。"

可见"转注"后来仍是一种能产的造字法。

结　语

学界以往的所谓"四体二用"说、"转注"不产生新字说、转注互训说等,都不太准确。

转注,是在部首上加声,从而造出与部首字同义的新字的一种造字法。最初,用转注法造出的新字,与其部首字是完全同义的。但稍后,人们出于语言经济原则,让各字有所分工,就可能变得不再完全等义了。

转注字貌似形声字,但其实不是形声字。《说文》中与"形声"相对应的最典型的说解格式是"X,Y也。从A,B声";而与"转注"相对应的最典型的说解格式则是"X,A也。从A,B声"(还包括"X,A也。从A省,B声"和"X,A也。从A,B省声")。

有些学者尝试用"转注"一词来泛称文字孳乳现象,虽然未尝不可,但显然已非许慎原意。

至于"六书"中的"假借",也是为语言中的词找到记录符号的一种方法。而造字的本质,就是要为语言中的词找到记录符号。

所以,"转注"、"假借"与前四书"象形"、"指事"、"会意"、"形声"一样,都是造字之法。刘歆、班固"六书……造字之本也"的说法是可以成立的;许慎《说文·叙》"建类一首,同意相受"的定义也是概念明确的。

参考文献

[1] 白兆麟.转注说源流述评[J].安徽大学学报,1982(1).

[2] 班固撰,颜师古注.汉书[M].北京:中华书局,1962.

[3] 陈秉新.论转注[J].安徽师范大学学报,1984(1).

[4] 陈海洋主编.中国语言学大辞典[M].南昌:江西教育出版社,1991.

[5] 陈梦家.殷墟卜辞综述[M].北京:科学出版社,1956.

[6] 陈彭年、邱雍等.广韵[M].北京:中国书店,1982.

[7] 戴震.戴震集[M].上海:上海古籍出版社,1980.

[8] 段玉裁.说文解字注[M].上海:上海书店,1992.

[9] 高更生.汉字研究[M].济南:山东教育出版社,2000.

[10] 顾野王撰,孙强增字.玉篇[M].题《宋本玉篇》.北京:中国书店,1983.

[11] 广东、广西、湖北、河南辞源修订组,商务印书馆编辑部编.辞源题[M].北

京:商务印书馆,2010.

[12] 何九盈.中国古代语言学史[M].广州:广东教育出版社,1995.

[13] 洪诚.洪诚文集[M].南京:江苏古籍出版社,2000.

[14] 胡奇光.中国小学史[M].上海:上海人民出版社,1987.

[15] 胡裕树主编.中国学术名著提要·语言文字卷[M].上海:复旦大学出版社,1992.

[16] 胡裕树主编.现代汉语[M].上海:上海教育出版社,1995.

[17] 黄德宽,陈秉新.汉语文字学史[M].合肥:安徽教育出版社,2006.

[18] 黄侃.黄侃国学讲义录[M].北京:中华书局,2006.

[19] 黄侃述,黄焯编.文字声韵训诂笔记[M].上海:上海古籍出版社,1983.

[20] 来裕恂.汉文典·文字典[M].上海:商务印书馆,1906.

[21] 李开.汉语语言研究史[M].南京:江苏教育出版社,1993.

[22] 李行健主编.现代汉语规范词典[M].北京:外语教学与研究出版社、语文出版社,2004.

[23] 刘师培.转注说[M].刘申叔遗书·左庵集.南京:江苏古籍出版社,1997.

[24] 刘又辛.论假借[M].北京市语言学会编.罗常培纪念论文集.北京:商务印书馆,1984.

[25] 刘志诚.汉字与华夏文化[M].成都:巴蜀书社,1995.

[26] 陆宗达.说文解字通论[M].北京:北京出版社,1981.

[27] 吕思勉.文字学四种[M].上海:上海教育出版社,1985.

[28] 罗竹风主编.汉语大词典[M].上海:汉语大词典出版社,1986—1994.

[29] 马叙伦.说文解字六书疏证[M].北京:科学出版社,1957.

[30] 裘锡圭.文字学概要[M].北京:商务印书馆,1988.

[31] 孙中运.论"六书"之转注[M].上海:学林出版社,1999.

[32] 唐兰.中国文字学[M].上海:上海古籍出版社,1979.

[33] 王凤阳.汉字学[M].长春:吉林文史出版社,1989.

[34] 王琯.公孙龙子悬解[M].新编诸子集成.北京:中华书局 1992.

[35] 王力.中国语言学史[M].太原:山西人民出版社,1981.

[36] 王力主编.古代汉语[M].北京:中华书局,1999.

[37] 王筠.文字蒙求[M].北京:中华书局,1962.

[38] 王筠.说文释例[M].北京:中国书店,1983.

[39] 吴永坤.《说文解字》评介[M].中国典籍精华丛书.北京:中国青年出版社,2000.

[40] 夏征农主编.大辞海·语言学卷[M].上海:上海辞书出版社,2003.

[41] 徐锴.说文解字系传[M].北京:中华书局,1987.

[42] 许慎.说文解字[M].北京:中华书局,1963.

[43] 杨树达.造字时有通借证[M].积微居小学述林,卷四.北京:中华书局,1983.

[44] 姚孝遂.古汉字的形体结构及其发展阶段[M].古文字研究,第四辑.北京:中华书局,1980.

[45] 语言学名词审定委员会.语言学名词[M].北京:商务印书馆,2011.

[46] 詹鄞鑫.汉字说略[M].沈阳:辽宁教育出版社,1991.

[47] 张斌,许威汉主编.中国古代语言学资料汇纂·文字学分册[M].福州:福建人民出版社,1993.

[48] 张舜徽.说文解字约注[M].郑州:中州书画社,1983.

[48] 张舜徽.说文解字导读[M].中华文化要籍导读丛书.成都:巴蜀书社,1990.

[50] 章太炎.国学讲演录[M].上海:华东师范大学出版社,1995.

[51] 郑樵.通志略[M].上海:上海古籍出版社,1990.

[52] 中国大百科全书出版社编辑部编.中国大百科全书·语言文字卷[M].北京:中国大百科全书出版社,1988.

[53] 中国社会科学院语言研究所词典编辑室.现代汉语词典[M].6版.北京:商务印书馆,2012.

[54] 周秉钧.古汉语纲要[M].长沙:湖南教育出版社,1981.

[55] 周健.汉字教学理论与方法[M].北京:北京大学出版社,2007.

[56] 朱骏声.说文通训定声[M].武汉:武汉市古籍书店,1983.

李奎报《开元天宝咏史诗》的小说文献意义
——以《玄宗遗录》佚文为重点

◎ 严 杰

著名的高丽朝文人李奎报(1168—1241)作有《开元天宝咏史诗》43首①,其以古讽今的政治意义已得到研究者的重视②,而其小说文献意义尚未得到足够的重视③。

《开元天宝咏史诗》每首诗皆有标题,题下录相关文献一则(内有四首各引两则),再下面是七绝一首。兹以第一首为例:

金筯表直

《天宝遗事》曰:宋璟为宰相,朝野人心归美。时春御宴,帝以所用金筯赐璟,璟虽受所赐,莫知其由,未敢陈谢。帝曰:"所赐之筯,盖表卿之直也。"

重价那能赌一贤,合将金筯表心坚。岂惟当食犹忧国,画作谋筹不借前。

43首诗总计引文47则,而广义概念之小说文献占绝大多数。其中,《天宝遗事》或《遗事》(即王仁裕《开元天宝遗事》)凡24则,《明皇杂录》8则,《开元传信记》(即郑棨《开天传信记》)2则,《玄宗遗录》或《明皇遗录》3则,《杨妃外传》3则,《羯鼓录》1则,《逸史》1则,《广记》(当即《太平广记》)1则,《唐书》2则,《李白集序》1则,杜牧诗1则。

据《东国李相国全集》卷首之年谱,李奎报27岁创作这组咏史诗,则时当南宋中期,可以说这些书已在当时的高丽流传。不过,在确定这一点之前,需要考虑李奎报是否有转引他书而未据原书的情况。为此,笔者取南宋初编成的具有小说杂著总集性质的《类说》、《绀珠集》,并通行本《开元天宝遗事》、《明皇杂录》、《开天传信记》、《杨妃外传》、《羯鼓录》等,以及《太平广记》,与《开元天宝咏史诗》组诗引文相对照。文字对照后的印象是,李奎报引用时常多少有所简省,而不随意改换文字,因此可据

---

① 《东国李相国全集》卷四,《韩国文集丛刊》第一辑。
② 《东疆学刊》1993年第4期载玉弩《论朝鲜诗人李奎报的〈开元天宝咏史诗〉》。
③ 李剑国《宋代志怪传奇叙录》(南开大学出版社1997年版,第129—130页)已言及李奎报《开元天宝咏史诗》诗序引有《玄宗遗录》佚文,又认为《类说》卷五十二所摘《翰府名谈》中《明皇》一条是《玄宗遗录》佚文,然因著作体例,未作细致论证。

以判断引文来源。

最值得重视的是《玄宗遗录》。《玄宗遗录》其文久佚，十几年前，学者在朝鲜刻本《樊川文集夹注》卷二注文中发现引自北宋刘斧《翰府名谈》之残文近两千字，非常重视。李奎报组诗引其文三则，《红汗》、《送妃子》所引内容同《樊川文集夹注》所引而有删节，《梦游太真院》引文则不见于《樊川文集夹注》所引中，抄录如下：

> 帝谓力士曰："吾自弃去妃子，杳无梦寐，斋心膳素，宜有所祷。"果有梦应。梦至一处，万壑烟霞，千峰花木，满目寒涛，惊人绝景，翠烟绛气云云。白玉挂牌，黄金题字曰东虚第一宫。又翠衣童子前导至一院，题曰太一太真元上妃院。太真妃隔云母屏而坐，不见其形，但闻其声。帝曰："愿得一见天姿，何恨（今按：恨，疑为'限'）此屏，似非畴昔相爱之意。"妃露半身，髾鬟新妆，依稀旧色。帝一见踊跃，前执其手，则惊风起于足下，若堕天云。

此段引文亦当有所删节，然现存一百五十多字亦为《玄宗遗录》佚文增添篇幅，弥足珍贵。

由此段佚文还可以进一步搜寻《玄宗遗录》的佚文。既然《樊川文集夹注》据《翰府名谈》引《玄宗遗录》，就不妨考察《翰府名谈》的佚文以寻《玄宗遗录》的踪迹。在《类说》卷五十二《翰府名谈》所录《明皇》中正可以发现线索。这一处文字近四百字，可分为两大段，兹抄录第二大段如下，以便与李奎报组诗所引对照：

> 梦至一处，题曰东虚府。又至一院，题曰太乙玉真元上妃院。入见太真，隔一云母屏对坐，不见其形。帝曰："汝思吾乎？"妃曰："人非木石，安得无情？异日当共跨暗晖浮落景，游玉虚中。"帝曰："碧海无涯，仙山路绝，何计通也？"妃曰："若遇雁府上人，可附信矣。"帝既觉，作诗曰："风急云惊雨不成，觉来仙梦甚分明。当时苦恨银屏影，遮隔仙妃只听声。"后思雁府上人之言，果有洪都道士于海上仙峰得钿合私言而回。

《类说》引书常删节原文，而这段文字与李奎报组诗所引实同叙一事，保存原文互有详略。二者"梦至一处"相同，以下组诗所引描写详细；至"不见其形，但闻其声"，以下原文应是两人对话，即《类说》所引"帝曰汝思吾乎"至"可附信矣"；对话至此，玄宗欲见太真妃之面，于是有组诗所引"帝曰愿得一见天姿"至"若堕天云"；至此梦惊，然后是《类说》所引"帝既觉"云云。二者引文互相补充，可以窥见原文完整情节。因此，完全可以断定《类说》所引《翰府名谈》中《明皇》即《玄宗遗录》佚文，则《玄宗遗录》佚文篇幅又得以增添。至于李奎报所据是单行之《玄宗遗录》抑或引自《翰府名谈》，则不可知。

以下考察组诗所引其他文献。关于《开元天宝遗事》，《绀珠集》卷一录87则，《类说》卷二十一录82则。与组诗所引对照，《绀珠集》未录《步辇召学士》、《金笼蟋蟀》、《金函》、《望月台》4则，《类说》未录《金笼蟋蟀》、《醉醒草》、《红汗》、《金函》、《望月台》5则。《绀珠集》、《类说》引书通常删节原文，而组诗所引文字与《开元天宝遗事》原书基本相同。由上可说明李奎报引用的是《开元天宝遗事》原书。但是，组诗有三则文字与原书差异较大，即《金牌断酒》、《绿衣使者》、《绣凫钑舟》。其中，《金牌断酒》，《类说》题作《准敕断酒》；《绿衣使者》，原书题作《鹦鹉告事》，《绀珠集》、《类说》皆题作《绿衣使者》；《绣凫钑舟》，原书及《绀珠集》、《类说》皆题作《锦雁》。经对照，组诗这3则文字最接近《绀珠集》。总之，组诗引《开元天宝遗事》时，参照使用了原书与《绀珠集》，有25则直接采用原书，有3则采用《绀珠集》，未用《类说》。

关于《明皇杂录》，首先要注意的是《燕鬚》，其引文曰："帝友爱至厚，殿中设五幄，与五王处，号五王帐。薛王病，亲设药，误燕其鬚。"此文久佚，清守山阁丛书本自《白孔六帖》卷十四辑入《逸文》，而《六帖》无"薛王病"等10字。检《绀珠集》卷二，此文分为二则，题曰《五王帐》、《燕帝鬚》。再有《雪衣娘》之文，守山阁本自《事文类聚》后集卷四十、《白孔六帖》卷九十四辑入《逸文》，而《绀珠集》题作《雪衣娘》，删节较多，组诗所引与《绀珠集》同。《明皇杂录》各条本无标题，而《绀珠集》都加有标题，组诗所引其他6则，除《金粟环》（《绀珠集》题《谢阿蛮》）外，都与《绀珠集》标题相同，且文字亦相同或大致相同。以《舞马》为例，组诗所引较原书大为简略且文字多异，而与《绀珠集》所录相同，《类说》卷十六《明皇杂录》所录《舞马》则文字少于组诗所引。总之，组诗引《明皇杂录》时，系采用《绀珠集》，未用原书，亦未用《类说》。

关于《开天传信记》，原书各条无标题，组诗《严公界》一则文字较原书删节甚多，而与《绀珠集》卷二《严公界》同。又《剪发》一则文字与《绀珠集》所录《剪发献意》相同，而《类说》卷六所录《开天传信记》内有《严公界》，无《剪发》。总之，组诗引《开天传信记》时，系采用《绀珠集》，未用原书，亦未用《类说》。

关于《杨妃外传》，乐史原文无小标题，组诗所引三则题作《杨妃吹玉笛》、《龙脑蝉》、《落妃池》，与《绀珠集》卷一所录《杨妃外传》中文字同，标题亦大致相同，仅《杨妃吹玉笛》与《窃吹玉笛》题稍异。《类说》卷一所录《杨妃外传》则分别题作《窃宁王玉笛吹》、《明驼使》、《落妃池》，文字亦有异。总之，组诗引《杨妃外传》时，系采用《绀珠集》，未用《类说》，有可能未用原书。

关于《羯鼓录》，组诗《羯鼓》诗引《羯鼓录》一段文字后，接着是："又《广记》曰：'小殿亭内，柳杏将吐，上取鼓纵击，曲名《春光好》。顾柳杏皆已发拆，指而笑曰：此一事不唤我作天公，可乎？'"这颇令人费解，因为《广记》云云其实也是《羯鼓录》中文字。此处《广记》应当指《太平广记》。检《太平广记》卷二〇五所引《羯鼓录》，组诗所引两段文字都在其中。而且，组诗引文与《羯鼓录》原书、《太平广记》引文相近而稍简。因此，在正常情况下，只需用《羯鼓录》或只需用《太平广记》即可。至于组诗引文与《绀珠集》卷五、《类说》卷十三所录《羯鼓录》有无关系,可以说无关,盖《绀珠集》所录文字更简,《类说》所录文字有异。那么,李奎报见到的《羯鼓录》可能有所残缺,又参照了《太平广记》。

关于《逸史》,其书已佚,组诗《月宫》所引述罗公远与明皇入月宫事,《类说》卷二十七《逸史》录之,《太平广记》卷二十二《罗公远》中有此事,篇末云出自《神仙感遇传》及《仙传拾遗》、《逸史》等书,组诗所引较《类说》、《太平广记》简略。《绀珠集》卷十《唐逸史》未录此事。总之,组诗引《逸史》时,来源是原书还是转引《太平广记》或《类说》,则难以准确判断。

至于《唐书》,组诗中《荔支》、《为禄山起第》引自《新唐书》。

综上所述,李奎报《开元天宝咏史诗》引文保存《玄宗遗录》在《樊川文集夹注》所引之外佚文一段一五五十多字,又可据之进一步判断《类说》卷五十二《翰府名谈》中《明皇》为《玄宗遗录》佚文,这应当受到研究者的重视。此外,据文字对照,可确定当时高丽流传有五代王仁裕撰《开元天宝遗事》、南宋初编撰之《绀珠集》,并得到李奎报大量采用;李奎报也可能采用了唐人南卓撰《羯鼓录》、卢肇撰《逸史》、北宋初编撰之古小说渊薮《太平广记》;另一方面,与《开元天宝遗事》同为集中叙述唐玄宗朝事迹的《明皇杂录》、《开天传信记》,与《绀珠集》性质相同的《类说》,以及《杨妃外传》,有可能未被李奎报使用,或可以说李奎报未见其书。以上涉及之书,有助于了解中国古代小说在高丽传播的情况。这组咏史诗引文包含的小说文献意义无疑是很重要的。

新时期萧红研究述评

◎ 邹午蓉

萧红,这个名字人们已经不陌生。这位五十年前以"那边清溪唱着,这边树叶绿了"的诗句咏唱春天、叹息命运的女作家,乘着春风飘然回到大地复苏、生机勃发的文艺百花园。冷落有年的作品重又广泛流传,真实意义上的研究以前所未有的广度和深度展开。自1979年以来,不但论文数量可观,质量也有长足的进步。在哈尔滨和萧红故乡呼兰相继举行的多次萧红纪念和学术讨论会曾使萧红研究呈现一时之盛。萧红以31岁的英年辞世,在文学路道上跋涉仅十个年头,传世作品约百万字。与那些跨越时代著作等身的文坛巨匠相比,她也许算不上浩瀚的大海,只是一股涓涓细流。然而她坎坷的人生际遇、鲜明的创作个性、独特的艺术风格却引起了人们的浓厚兴趣和关注。这大约就是萧红研究的规模与影响之所以超过某些名重一时的大家的缘故吧!

一

萧红作品的评论和研究在她生前就已开始。1942年1月萧红病逝香港以及1957年归葬广州之际,报刊上曾发表了一些回忆纪念与研究文章,然而此后萧红便少为人们提起,"十年浩劫"期间,更是"理所当然"地被忘却了。面对这块荒芜的学术园地,需要一番新的拓荒开垦,于是全面评介萧红的生平和创作成为新时期萧红研究的起点。

从封建社会脱胎而来的半封建半殖民地的现代中国,注定了我们的女作家是如此之少,又如此难以生长。在寥若晨星的女作家中盛年夭折者如庐隐、石评梅、萧红、罗淑,九死一生者如丁玲、白薇……也许因为这个缘故,女作家的生活经历往往比其作品更加引人注意,且因此也多不实之词。作为一个严肃的现实主义革命作家,萧红的坎坷身世曾牵动了许多人的心,她的爱情波折,她的不幸早逝,使人扼腕叹息,这反而怠慢了对她的创作思想和全部作品的认真研究。新起的研究者对此表示了他们的不满足,指出在过去"屈指可数的文章中,又多半着重谈她的爱情生活,她那革命的思想,几乎被爱情的黑纱全给掩盖住了"。他们指出,从事文艺创作,以文艺为战斗武器，向专制攻击，同压迫抗争，才是她生活的主要方面。贯穿萧红一生的是强烈的爱国主义思想，为中华民族自由解放而战的革命理想。萧红不是一个爱情悲剧的扮演者，而是一位"反帝爱国的女作家"。把注意力从萧红的爱情婚姻转向萧红的全部生活、思想和文学业绩，这无疑是正确的。对于任何人来说，爱情只是生活的一部分，作家也不例外。研究作家爱情生活的目的只应是探讨其对作家思想和创作的影响。热衷于爱情生活的细枝末节，斤斤于矛盾过程的孰是孰非，势必会纠缠不清，使文学研究误入歧途。遗憾的是在新时期开始之时，有的研究者在这个问题上依然表现出过多的兴趣，同时在批判"左"的思潮给予萧红研究的影响时，不自觉地留有旧的批评模式的痕迹。比如把萧红爱情生活中的变故"上纲"为"不同的两种世界观、两种思想、两条道路格格不入的必然结果"之类。此类断言显然受着撰文之时政治情况的限制，这样的观点今天大约不至于再被人坚持了。这说明只有彻底摆脱政治评判对学术研究的左右，冲破习惯思维定势的禁锢，学术研究才能获得科学性，才能取得实质性的进展和突破。

　　对于萧红的生活道路，研究者的眼光集中在如何看待萧红的悲剧。对于萧红未去延安而去了西安、香港，对于她逝世前四年的生活和思想，看法很分歧。有的研究者尖锐地指出，萧红的不幸不仅在于她的夭折和爱情生活的跌宕，而在于她虽然对人生有理想并且对黑暗势力作过坚决的斗争，却由于感情上一再受伤，而终于陷于狭小的个人生活圈子不能毅然自拔，不能投身到劳动大众之中，不能追上时代前进的步伐，"因为生活的不幸而远离生活，便是萧红的终生的最大不幸"。有的论者干脆说萧红选择了个人主义的道路去了西安，她的悲剧是拘于个人感情不能自拔，坚持走个人主义道路的结果。以上看法基本上因袭了40年代石怀池《论萧红》的观点，这引起了另一些研究者对萧红研究历史足迹的重新检视。他们认为，根据萧红自抗战到逝世的生活与创作实际情况，没有充分的根据说她脱离了人民，脱离了时代。萧红未去延安主要原因不是由于个人感情纠葛，是出于对文学创作的执着追求。从当时文艺发展的动向来看，抗战初期提倡"投笔从戎"参加实际战斗的热潮已经过去，作家们重新认识了自己在抗战中的武器应当是手中的笔。萧红以病弱之身坚持创作，非但无可指责，反应令人起敬。这种认识比起仅从萧红的个人感情着眼，指赴西安为个人主义，往延安则为集体主义的绝对化看法来，要实事求是得多。长期以来，人们往往狭隘地理解生活。虽说生活五花八门，无处不在，但在一些人的心目中只有人民大众的火热的斗争生活才是生活，别的生活算不得生活。正是从这一框框出发，萧红抗战以来尽管同人民大众一道饱尝颠沛流离之苦，深刻地体验了国破家亡的生活，却依然被责为远离生活。持这种看法者显然忽略了当时作家的处境。抗战时期，除了解放区的作家有幸获得了选择生活的自由和权利，国统区的作家并没有这样的自由和权利。但是许多作家在自己的生活范围内，坚持创作，写出了不少优秀作品，人们并没有像指责萧红那样指责他们。诚然，无视萧红思想上的弱点以及感情痛苦对她生活和创作的影响也是不客观的。有的研究者指出,萧红在文学事业上的追求非常执着,而在革命斗争中却显得软弱,她对于政治与党派的认识也是她未能去延安的原因之一。可惜在这方面的论证未能展开和深入。总的说来,萧红生平思想的研究,生平资料的发掘较多,国内外有关萧红的传记已有六部(包括评传与传记,已出版和将要出版的),还有众多萧红生前友好提供了不少鲜为人知的资料。这方面东北三省尤其是萧红故乡的研究者作出了很大的贡献。但是对萧红的思想研究较弱,对某些具体史料的争论胜过对其思想内涵和发展轨迹的揭示探寻。

二

萧红是不幸的。寂寞孤苦的童年,漂泊流浪的生活,使她年轻的身心俱受严重摧残。然而这一切并没有使这位心高气傲富有叛逆精神的女性屈服。正如有的研究者所比喻的,她象列夫·托尔斯泰在《哈泽·穆拉特》开头所提到的那枝受伤的野蓟,顽强地生长,以血泪和生命开出了一株株文学奇葩。萧红又是幸运的。她的创作萌生于革命文艺的沃土哈尔滨,又在一代宗师鲁迅的引领下登上新文坛,30年代左翼文艺运动的雨露浇灌,使她成长为一名优秀作家。短短十年间,她先后出版了《跋涉》(与萧军小说合集)、《生死场》、《商市街》、《桥》、《牛车上》、《呼兰河传》、《马伯乐》等11个集子,计百万言作品。然而在历来的萧红研究和现代文学史教科书中,萧红被评说的作品往往只限于《生死场》,其他作品则语焉不详,远未能展示萧红创作的历史面貌,也未能对萧红的全部创作作出公允的评价。新时期的研究者把眼光放大到了萧红的全部作品——阐释其认识的审美意义,重新评定其历史的价值,从而大大开拓了萧红研究的领域。

70年代末黑龙江省影印出版的《跋涉》集(内收萧红最初创作的五篇小说),为填补萧红早期创作研究的空白提供了第一手资料。研究者指出,萧红创作之初就把目光投向了劳动人民,描写他们的苦难与不幸,歌颂他们的觉醒反抗,表现出鲜明的政治倾向性。尤其作品的取材和主题已深入到党领导的农民革命斗争的领域,表现了作者对祖国命运、人民疾苦的深切关怀,对民族、民主解放路道的探求。她笔下的劳动人民形象,王阿嫂、刘成、长青母子等有别于20年代新文学作品中麻木愚昧的农民形象,已经表现出劳动人民要作时代的主人、命运的主人的强烈要求,开始觉醒抗争,乃至参加党领导的反对地主阶级的武装斗争。这种评价显然有溢美抬高之嫌。平心而论,萧红的初期小说尚属习作。我们所看到的是浮泛表面的生活掠影、单薄模糊的人物形象,出于明显的想象概念的反抗斗争。正如有的研究者一针见血地指出的,如果就止于此,我们很难想象萧红能成为一个艺术家留在中国现代文学史上。对于萧红的初期创作,关键不在于对这些习作本身作多高的评价,而在于如何看待萧红创作的起点,它在萧红创作路道上的意义何在。萧红,一个出走的娜拉,一个饱受磨难的青年女子,为什么在创作之初没有吹奏倾诉个人哀怨的凄凉曲子,而用她稚嫩的歌喉力图唱出人民的呼声、时代的强音,这是一个值得探讨的问题。有的研究者认为,萧红之所以没有经历一般小资产阶级作家大抵要经历的由抒写自我而转向面向社会的过程,一拿起笔就以反映劳动人民的苦难与斗争为己任,这与她从小就具有朴素的阶级意识分不开,同时也由于鲁迅、茅盾等现实主义作家以及她周围的东北党员作家对她的影响,而更主要的原因是由于她坎坷的生活经历。这些认识自然是不错的,但同时也忽略了一个极其重要的原因——时代,是时代造就了萧红。每一个时代要产生自己的歌手。正如五四启蒙运动造就了冰心,第一次国内革命的失败崛起了丁玲,民族危难、东北沦陷铸成了萧红。在一篇并非专论萧红而是探讨东北沦陷时期女性文学的特色的论文中却注意到了这一点,作出了颇有见地的分析。30年代民族危机日趋严重,社会矛盾愈益深化。此时人们所关心的不再是个性解放,而是民族的命运,人民的解放。这一现实,使东北女作家(萧红自然是其中最重要的代表者)的目光一开始就注视着多难的民族和人民。与五四以后包括冰心、庐隐、冯沅君、凌淑华、白薇、绿漪在内的那批女作家相比,萧红以及东北沦陷时期的女作家,带有自己鲜明的时代印记。她们的创作视野没有集中在五四后知识女性最为关注的爱情婚姻题材上,而转移和扩展到民族解放问题的领域,对民族命运的涉及显然要比涉及个性解放需要更大的勇气。从时代的推移、社会思潮的演变来观照萧红的创作起始,使我们能够跳出萧红那些不成熟的初期习作,来理解其在萧红整个创作路道上的意义。晚近个别研究者,对此提出了不同的见解,认为萧红的初期创作实践恰恰证明了她不适合于最初选择的创作角度。她虽然热情关注社会问题,深切同情劳动人民,但缺乏恢宏壮阔地谱写史诗的魄力和才力,又为有限的生活阅历和社会接触面所限。因此,通过初期的实践和摸索,她开始调整自己的角度,舍弃那些自己并不熟悉的工人和革命者,去写她熟极的农人们,反映这些愚妇愚夫们的日常生活,逐渐确立了适合自己艺术个性的最佳角度,由此创作上取得了高远的发展。

中篇小说《生死场》标志着萧红创作的飞跃。这部作品出版之后"给上海文坛一个不小的新奇和惊动"[①],产生了巨大的社会影响。萧红以《生死场》牢固地确立了她在现代文学史上的地位。然而唯其"牢固",对于《生死场》的研究鲜有变化进展。一部作品,当它未曾引起广泛注意取得一席地位之时,人们希望去了解它、探索它,而当它已经得到认可,写进文学史,人们却往往不再花费更多时间去咀嚼它了。对于《生死场》历来的研究几乎都从"抗日文学"这一角度加以肯定,誉之为最早出现的抗日小说。新起的研究者试图另找角度来观察这部作品,从而对《生死场》的主题提出

[①] 许广平:《追忆萧红》。

了异议。一些海外萧红研究者指出,《生死场》的主题并不在"鼓吹抗日","只是表达心中的印象和感情",是"怀乡"和"人道主义"。美国学者葛浩文在他的《萧红评传》中则认为《生死场》"原非以抗日为目的,作者原意只是写出她个人日常观察和生活体验中的素材——她家乡的农民生活以及他们在生死边缘挣扎的情况,贯穿《生死场》全书唯一最有力的主题就是'生'与'死'相走相亲,相生相克的哲学",《生死场》在中途转换了主题,"由农民生活一变为抗日"。国内一些研究者也相继提出了看法,有的坚持"抗日文学"反帝反封建主题说,有的提出"乡土文学"说,认为《生死场》是描写"农民对命运挣扎的乡土文学",它的主题是"贯穿始终的农民在生死线上的挣扎",见仁见智颇为歧异。那么,通过《生死场》所描绘的社会生活所显示出来的贯穿全篇的中心思想究竟是什么呢?《生死场》虽非鸿篇巨制,但是所反映的二三十年代的农民生活并非单色的,它既描写了东北农民在"自然的暴君"和"两只脚的暴君"下挣扎在生死线上的痛苦生活,也展示了在民族危亡时刻,农民从"蚁子似地为死而生"到"巨人似地为生而死",走上民族解放前线的历史性转变。作品所反映的社会生活的丰富性,决定了其主题思想并非那么单一,而是多义的。在新时期,主题的多义性几乎成为作家的自觉追求和文学作品的鲜明特征。因此我们不宜也很难一锤定音地断言它是"抗日文学"抑或"乡土文学",这样的争论只能导致对含蕴深广的作品作简单皮相的理解分析。正如鲁迅所说的,一部《红楼梦》"单是命意就因读者的眼光而有种种:经学家看见《易》,道学家看见淫,才子看见缠绵,革命家看见排满,流言家看见宫闱秘事……"①。从接受美学的观点来看,一部作品是由作者与读者共同完成的。作品产生怎样的社会效果,读者从中主要接受什么,与社会的情势、读者的心态等诸因素有密切关系。《生死场》出版在东北沦于敌手,日本帝国主义侵略步步深入,全国人民抗日义愤普遍高涨的形势下,因此它产生了强烈的抗日效果,人们侧重于从"抗日"这一角度去评论它、肯定它。当历史已经翻到了新的一页,人们也便获得了新的观照角度,从而发现原本存在的,但由于特定的历史原因未被认真发掘的内涵、意义。这说明文学研究也不可避免地带有时代的特色与局限,有意鲜明的时代性,更说明了只有多角度多侧面地观照作品,才能全面准确地把握作品的思想内核。

有的研究者将《生死场》与萧红初期同类题材的作品放在一起考察,认为它们有着一贯的主题:揭示二三十年代东北农村阶级压迫、民族压迫给人民带来的深重灾难,表现人民的坚韧挣扎和不屈反抗。这一主题在《生死场》中已经不是一般的泛泛的表现,而将其深入和扩展到整个"中国人的人生"。萧红所写的百十年如一日生死轮回的东北农民的人生,超越了作品所写的表层范围,成了走向反抗之前的中国人的人生概括,这种超越,使小说的主题升华到哲理的高度。研究者较为深邃的目光,

---

① 鲁迅:《〈绛洞花主〉小引》。

透过作者所描写的生活画面和人物形象,把握了作品的底蕴。仔细阅读体味《生死场》的内容,我们可以发现萧红是从"生"与"死"这个人生根本问题上来观察和反映农民生活的。在她看来,农民生活的悲剧在于生命的无意义、无价值,生与死的盲目轮回。这也许就是葛浩文所说的萧红从农民在生死边缘的挣扎中得出生与死相亲相随、相生相克的哲学的含义,其实这里所表达的正是萧红对中国人生命价值的痛切感受和改造生活方式的热切希望。

继《生死场》之后,萧红又连续出版了散文集《商市街》、小说散文合集《桥》等。研究者指出,《商市街》在萧红的创作发展上具有重要意义。它记录了作者早年在哈尔滨艰苦奋斗的生活,不但是研究萧红早期生活和创作的生动材料,也展示了30年代初日伪统治下东北城市生活风貌,以及下层知识分子的生活状况。《商市街》与《生死场》一起代表了萧红创作上的春天。萧红在散文方面的成就不让于小说,她运用散文这一形式似乎更为得心应手、从容自如。但比较起来,对于萧红散文的研究远不如小说,这也许由于萧红散文以表现自我为主之故。这一情况在新时期研究中有所改变。不但一些现代散文专著将萧红列为一家,还出现了一些专门论述萧红散文的文章,萧红散文已愈来愈为研究者注意。

三

从新时期萧红研究的盛况来看,分歧较大、争论较多的是如何看待萧红的后期创作,这是评价萧红文学成就的症结。从1937年到1941年的四年间,是萧红创作趋向成熟的时期。她先后写了《呼兰河传》、《马伯乐》、《小城三月》等小说,出版了描写抗战初期社会生活的短篇小说集《旷野的呼喊》,还有大约三十篇短篇小说、散文和诗歌、剧本。对于这些作品,自40年代开始的萧红研究就作了较低的评价,历来的现代文学史著作大都承袭了这种看法,或不置一词或几笔带过。过分的冷漠反而引起了人们进一步探究的兴趣。有的研究者认为,忽视萧红在后期作品中所进行的思想与艺术探索,贬低萧红后期创作的意义,这样来评价萧红的创作成绩是草率、片面的。他们站在今天的时代高度,反思了历史上形成的观点,指出对萧红后期创作的贬低根源于以作家的思想鉴定代替对其创作的具体分析的偏颇,"从萧红的出身论证萧红在自我改造的斗争中走了'下坡路',又按照思想决定创作的逻辑,得出了萧红的创作也走了'下坡路'的结论"。40年代的研究者囿于时代和历史条件,固然不必过分苛求,然而一味的因袭守成却难以使学术研究有所进步有所突破。破除旧的批评模式,寻找新的批评尺度,来重新衡量萧红的后期作品是势所必然的。

《呼兰河传》是萧红后期代表作,是评价萧红后期创作的关键性作品。它倾注了萧红的大量心血和拳拳深情,在颠沛流离之中矢志不移历时三年才完成,而它的出版已在萧红逝世之后。《呼兰河传》虽没有产生《生死场》那样的影响,读者对其褒贬不一,但却不乏知音,茅盾的那篇极为精彩的长序就是明证。然而在新中国成立以来的现代文学史著作中,《呼兰河传》没有取得应有的地位,有的即或提到它,大抵是谈它的缺陷,作为萧红后期创作走"下坡路"的证明。研究者认为,这种现象与其说是某种历史成见的沿袭,还不如说是片面强调创作表现当前现实和为当前斗争服务的社会意义,而轻视作品本身艺术上美学上的评价所造成的,同时也与20年代末左翼文艺界曾流行过的写了过去的时代,便是"没有现代意味",就是"落后于时代"的理论有关。40年代萧红研究者评论《呼兰河传》主要着眼于作品的题材、人物。既然它的题材与现实的抗日斗争无涉,描写的人物又缺乏积极性,自然也就无多少积极意义可言。诚然,文学应该成为时代的风雨表,作家应该努力追随时代的脚步前进。处在神圣的民族革命战争时期理应大力提倡抗日题材。但与此同时,应该允许作家选择自己的角度、内容和表达方法,允许作家充分发挥自己的个性。研究者指出,萧红写《呼兰河传》正是她创作个性的顽强表现,而不是她"现实的创作源泉已经枯竭的证明"。作为一个乡土文学作家,她的创作植根于她的北方故乡的生活,呼兰河,是萧红创作题材与灵感的源泉。《呼兰河传》取材于作者童年时代的生活,表现传统的旧生活造成群众的愚昧,以及由愚昧酿成的生活悲剧,真实的描绘中贯穿着萧红对劳动人民不幸命运深切关注这一贯的主题,同时,也反映了萧红对旧生活的批判和否定。研究者认为,只要不把文学表现生活的意义理解得太狭窄,不把作家评价生活的方式规定得太呆板,《呼兰河传》的意义是容易认识的。与萧红创作《呼兰河传》差不多同时,巴金抱着"抗战中要反封建,抗战以后也要反封建"[①]的想法,埋头在"孤岛"上海创作《秋》,这对于我们理解和评价萧红创作《呼兰河传》应该是有启示的。

  有的研究者从探寻《呼兰河传》的主题及其酝酿提炼过程,抓住作品的思想内核入手,来重新发现这部作品的思想艺术价值。他们认为萧红创作起始就表现出对人生意义的关切和探索这一思路,她在《生死场》问世后对生活认识和理解深化的基础上,在鲁迅的影响下完成了《呼兰河传》主题的提炼。这就是写出普通的中国人世代经历的人生;揭示病态的人生、病态的社会心理的形成,以引起人们救治的注意,期望人们过上人的生活,具有自由、健康、优美的心灵,真正享受人类的精神文明。这一思想内核,表明了萧红思想的成长和艺术功力的加深,标志着她的创作进入了成熟期。然而,在《呼兰河传》里,那种粗犷、热烈、激昂、悲壮的"力的美",那种新鲜而强烈的时代感消失了,这对于萧红来说,不可否认是一种退步,因而结论是"从《生死场》到《呼兰河传》,萧红的创作思想有连贯,也有转折,这种转折,一方面意味着一种退步;另一方面也意味着思想的深化。正是这种深化给《呼兰河传》带来了《生死场》所不具备的思想锋芒和哲理深度"。这样的结论是在考察了萧红创作的总体面貌,

---

[①] 巴金:《创作回忆录》。

并循着作家思想发展的脉络去把握作品思想内核的基础上得出的,既突破了历史成见,又并非讳言缺陷的无谓拔高,因而得到了另一些研究者的认同。"作家认识、把握、再现一种生活,需要一个过程,读者研究者理解、鉴赏并公正地评价一部作品的思想艺术成就,也往往需要长时间的思索,与作家和作品保持一定的时空距离",研究者的切身体会的确道出了文学批评和研究中带有规律性的现象。但是,还有很重要的一点是,正确理解、公正评价一部作品,还需要多种角度和尺子。否则,研究者象希腊神话中的普罗克拉斯提斯一样,强迫路人躺在铸就的铁床上,短则拉长,长则断其腿脚,是会虐杀不少有生命力的作品的。

萧红后期的重要长篇小说《马伯乐》,是她作品中最少被议论,评价最低的。从40年代开始,就被论定为"灰沉烦琐"。这一观点延续至今,有的研究者依然认为《马伯乐》的主题开拓不深,政治教育意义不大,一些现代文学史著作对它只字不提。随着《马伯乐》续稿的发现和足本的出版,引起了海内外萧红研究者的浓厚兴趣。有的研究者从是否塑造了成功的典型形象,以及这个典型形象对历史以及时代有无深刻的挖掘和广泛概括的角度肯定了《马伯乐》的成就。认为作品中所刻画的抗战时期那个胆怯自私、庸俗卑琐以逃难为乐的小人物马伯乐,是在中国近现代积淀的民族悲观主义心理意识的基础上产生的。通过对马伯乐的讽刺鞭挞,作者批判了当时的民族悲观主义,因而具有强烈的社会批判意义。作品还通过马伯乐逃跑途中的见闻,对抗战时期的中国社会生活作了广泛的反映。这样一部作品,对于我们了解民族的近现代历史以及认识抗战时期中国社会各阶层人民的精神面貌,有着重要的价值。有的研究者则认为《马伯乐》在萧红的创作发展中有特殊意义,显示着她创作取材和艺术风格的重要转变。从主要取材于东北故乡的生活到注重眼前的现实,同时改变了过去"叙事写景,胜过人物"的情况,成功地运用典型化方法塑造出马伯乐这一典型形象。尤其是讽刺的运用,使它成为萧红小说中别具一格的作品,因此尽管它的情节缺少起伏,叙述过于琐碎,但却是一部意义深长,非常难得的"优秀的现实主义讽刺杰作"。誉为"杰作",未免失之过高,但是《马伯乐》在问世四十余年后,才得到理解和较为公允的评价,这里面不包含着许多值得我们反思的教训么?

四

"萧红热"的出现,使越来越多的研究者思考着这么一些问题:为什么萧红这样一位不入"大家"之列的年轻女作家,在逝世四十余年后还有如此深入人心的影响?为什么萧红的作品有超越时空的顽强生命力?萧红创作的独特性和价值究竟是什么?这些问题不是那种单一的剖析作品的微观研究所能解决的。研究者们急切希望打破现有的研究格局,以恢宏的目光,崭新的角度,在多维视野中考察她的创作。

老作家孙犁指出,萧红是走在鲁迅开辟的现实主义道路上的,"她吸取的一直是鲁门的乳汁"①。这的确是"知人"之论。鲁迅对萧红的殷勤扶持众所周知，但却少有人深入探究鲁迅与萧红如此相知相亲、忘年而交的根本原因。而这终于引起了敏感的研究者的注意。有的研究者将鲁迅与萧红的生活道路、思想倾向、创作实践、审美趣味、文学观点等作了细致的比较研究，发现了许多相一致的地方，指出"鲁迅革命家的人格，鲁迅的对于中国社会和中国革命的真知灼见，鲁迅的美学思想和创作经验，对萧红一生的革命文学实践，发生了重大而深远的影响"。这种多方位的比较难以做到处处妥帖精当，但却突破了那种就萧红论萧红的封闭式研究格局，人们开始从萧红与鲁迅之间思想上艺术上的相通之处，从萧红的创作之源入手，探索和把握萧红创作的基本特质。

在为数不算多的文章中，《"改造民族灵魂"的文学》一文以它深邃的洞察和理论光彩引人瞩目。文章超越了感性的认识和表面的把握，从文学观的理论发现和概括出发，指出鲁迅对萧红最根本的影响是"改造民族灵魂"的文学观，萧红的创作属于"改造民族灵魂"的文学。这种文学观是20世纪"亚洲的觉醒"的伟大历史潮流的产物，它代表了中国以至东方文学的新时代。因此它不属于鲁迅个人，影响和包孕了中国的几代作家。当年鲁迅正是从"改造民族灵魂"这个角度，肯定了萧红创作的思想和文学价值。文章高屋建瓴，宏观地把握了中国现代文学的主潮，揭示出现代文学史上"父"与"女"两代的文学血缘关系的相同基因，从而把萧红创作置于"改造民族灵魂"这一新文学主潮中来考察，比起局限于《生死场》的主题是否抗日、《呼兰河传》是否真实的分析辩证，研究显然进入了"柳暗花明又一村"的新境界。萧红研究获得的这一新视角，为许多研究者赞同和接受。有的研究者进一步指出，萧红的作品，其基本特征属于当时的左翼文学，社会批评、文明批评的自觉意识始终制约着她的创作活动。从这一角度来观照萧红的十年创作，产生了认识上的飞跃，一些争持不下的问题豁然明朗，迎刃而解。比如究竟怎么看待萧红的后期创作？如果把萧红的十年创作作为一个互相联系的整体来分析，可以发现其中存在改造民族灵魂这条思想逻辑线索。从第一篇小说《王阿嫂之死》到《生死场》、《呼兰河传》，萧红从农民的生态到心态，从对农民生活的真实描写到对国民性的反思，创作侧重点转移到集中批评病态社会心理，批判封建主义传统意识对人民的精神毒害上，这种转移无疑是由生活的表层向深层的运动，是从社会现实机制向社会心理机制的深入，体现出萧红创作的深化成熟，而不是走"下坡路"乃至倒退。从这个角度来观察《马伯乐》，也有了较为合理的解释。这部看来在萧红创作中旁出一枝的作品，其实是萧红后期致力于改造民族灵魂的重要成果。马伯乐是半封建半殖民地社会造就的人格分裂的畸形儿，萧红刻画了他的奴性性格，探索着他的卑微灵魂，这与鲁迅对阿Q性格和灵魂的塑造何其相似。

---

① 孙犁：《读萧红作品记》。

新的角度的取得不是研究的终点，而是为研究找到了一个新的起点。"改造民族灵魂"是整个中国现代文学的基本创作意向，萧红生逢其时，受此影响，逐渐以此为自己创作的基本任务。但这种影响是因人而异的。因此，在宏观的把握之下，还需要对萧红创作的特质作微观的研究，探索萧红是以怎样的独特风采汇入这时代文学的大潮之中的。尽管不少研究者曾就萧红创作题材的选取、人物形象的设置、结构方式等等进行过广泛的研究，出现了一批文章，其中不乏感受准确观点可取之作。遗憾的是不少文章未能联系萧红的创作思想来分析认识，不同程度地表现出就事论事、思路闭锁的倾向，缺乏应有的理论总结。而当研究者从文学观的全局上去考察萧红作品的种种特色，才能充分认识它的意义，并从理论上作出阐释。研究者指出萧红与鲁迅的作品都以注重风俗画的描写为主要特色，人们常常将它的意义局限为增加作品地方色彩的一种手段，其实这是与他们的文学观密切相关的。由于作家着眼于整个民族灵魂的改造，他们所关注研究的中心，就不再是脱出社会常规的个别的、奇特的偶然的事件与人物，而是民族大多数人的最普遍的生活，是最一般的思想，是整个社会风俗。描写社会风俗画的主要着力点，在于从中写出民族生活方式，"人的心的历史"、"社会关系的历史"。研究者不但道出了鲁迅与萧红风俗画描写的真谛，并进一步从比较中指出，萧红不像鲁迅那样将描写散落在全部情节中，而是不惜中断情节的发展，进行集中的描绘。她善于从日常平凡的生活中揭示出惊心动魄的东西，惊人真实地描绘出传统历史惰力的可怕。不必讳言，由于经历、学识、思想等方面的距离，萧红对于改造民族灵魂的探索远不如鲁迅那么深广。然而萧红之所以成为萧红，能在改造民族灵魂的文学中占有显著地位，在于她提供了鲁迅所不曾提供的东西，即写出了我们民族、人民从"个人主义"到"集团主义"其间的桥梁，这正是萧红的历史贡献。这个任务是鲁迅提出过但未来得及完成的任务，而时代和环境成就了萧红。萧红以她对国家民族的强烈责任感和对周围现实细致入微的观察，敏锐地捕捉了由于日本帝国主义入侵而带来的社会心理与社会关系的变动，写下了"人的心的历史"、"社会关系的历史"上新鲜的一页。更其可贵的是她"不作空洞的政治呼喊，不制造虚假的生活模型"[①]，她的描写有无可比拟的真实性、历史感。

从"改造民族灵魂"这个角度来研究萧红，使我们对萧红创作的性质、价值有了新的认识。但是仅用一种角度来观照一个丰富的艺术个性是远远不够的，不管这个角度是多么贴切得当，萧红研究的历史本身已足以说明这一点。新时期的萧红研究正是以其视角的丰富多变，多方位多侧面的探讨显示了远非昔比的活泼面貌。尽管有的角度尚未出现有分量的见解深刻的文章，但航道已经开通，到达彼岸只是时日问题。比如从女性文学的角度来研究萧红，是一个可以有所作为的天地。身为女性并由此饱尝痛苦的萧红，对妇女的生活和命运给予了特别的关注、表现。研究者认

---

① 孙犁：《读萧红作品记》。

为,萧红对于妇女生活命运的表现是独树一帜的。她善于从平淡无奇的日常生活中表现妇女的悲剧命运,写出男尊女卑的社会里妇女的不幸。与丁玲笔下的小资产阶级女性形象迥然不同,萧红写的多为农村妇女,她们不像莎菲那样有一颗矛盾复杂的心灵,而只是在沉滞的旧生活中挣扎。也许因为形象本身的单纯,对于这些女性形象的研究也显得单纯或者说单薄,远不如对于丁玲笔下的女性研究那么富于变化,几经曲折。有的研究者停留在对形象自身的浅层说明上,甚至不惜拔高形象,以此来肯定萧红女性形象的意义在于写出了妇女的反抗。我们仔细回味一下萧红所写的女性,可以发现,除了王阿嫂等少数人物死于地主阶级的直接摧残,大部分人牺牲在传统习俗之下。男人的粗暴无情,不把女人当人断送了金枝和《生死场》里众多女性的生命,而这却是世代相传天经地义的。小团圆媳妇、王大姐言行举止、生活方式出格越轨,注定了她们悲剧的结局。制造和促成她们的悲剧的并非地主老财或日本侵略者,而是她们的家人、街坊、那些诚心诚意为她们好的人,并且大抵同为女性。尽管千百年来妇女在以男子为中心的社会中饱受压迫欺凌,然而传统习俗主宰了她们的意识与心理,使她们不仅视若当然地忍受一切非人待遇,而且不自觉地充当了维护封建传统、压迫同性最力的角色,异化为自身的敌人。

有的研究者还注意到萧红创作的女性化,认为萧红在塑造女性形象时往往融进自己的影子,她作品中的男性立场以及注重描写妇女的生育和母爱等特点,正是女性化的表现。究竟何谓女性化,似乎没有确定的界说,没有明确的内涵和外延,因此难以准确地把握。关于"女性文学"的概念至今没有一致的认识。但我们依然可以从这一角度去研究萧红的创作,如果将其置于现代女性文学发生发展的全局,并与其他女性文学作品加以比较,相信会有新的发现,这有待于研究者的进一步努力。

五

萧红在艺术上勇于探索,不墨守成规。她不相信传统的小说学:"有各式各样的作者,有各式各样的小说!"这种自由创新的精神,使她走出了自己的路子,形成了独具一格的"萧红体"。而这正是她的作品历经历史风雨的冲刷而不被湮没,至今仍得到广大读者喜爱的一个重要原因。

一些研究者认为,把小说散文化、抒情诗化、绘画化是萧红创作的主要艺术特色。散文化主要指小说的情节结构特点。萧红的小说不围绕人物性格组织曲折完整的情节,而以感情的起伏脉络为主线贯穿事件的断片或生活场景,形成一种自然流动的结构。萧红重视情感在创作中的作用。她把充沛的情感升华为优美的诗情,以蕴藉清新的诗笔调抒写出来,并借助诗歌"回环复踏"的艺术手法造成诗的情感和氛围。萧红还以画家的目光去观照摄取自然风光和社会人生图像,在小说中描绘出一幅绚烂多彩的画面。这些特点,使她的小说介乎小说与散文之间,"不像是一部严格意义的小说",但却"比'像'一部小说更为'诱人'",同时形成了清新明丽、细腻沉郁的艺术风格。有的研究者则注意到萧红风格由前期明丽刚健到后期沉郁隽永的变化,并认为萧红的风格并非单调划一,而是多彩多姿的。既有女作家的婉约妩媚,却不纤弱无力。婀娜与刚健结合,细腻之中又现粗犷豪放,清新明丽与沉郁顿挫结合。

一个作家的独特风格的形成不是偶然的,它是作家的生活经历、个性气质、创作思想以及美学追求等相互作用的综合反映。研究者没有停留在风格本身的感知、描述上,力图进一步探讨其形成的原因。有的研究者指出萧红小说散文化、诗化等特点,显然与她是一个主观型、抒情型的作家有关。也有的研究者认为萧红创作的风格特色正是女性化在艺术上的体现。这些看法多注重萧红的个人气质、禀赋,忽略了其风格形成的渊源师承关系,未能将萧红的作品置于现代文学流变的坐标系中,从纵和横两个方面全面考察。而在并非专论萧红的一些文章中,我们却看到对萧红艺术风格的新颖的见解。如一篇综合研究东北作家群创作的文章概括了这个作家群体创作的共同特色,认为其作品多为作家们流亡到关内后,依据对东北往事生活的回忆写成的,是一种独特的"回忆文学",是一种被心灵化、诗化的,甚至更现实化的东北生活。而萧红在孩提时期形成的强烈的情绪记忆的特色,是构成其独特风格的基础。不是孤立地就风格论风格,将风格放在特定的时代、历史氛围中,结合作者的心态来认识,并从相近的群体中来比较鉴别个体特色,这不失为一种有意义的尝试。

萧红追求小说的创新,然而她的散文化小说并不是在前无古人的一片白地上诞生的。中国现代散文化抒情小说自鲁迅首创和奠基,经过郁达夫、沈从文等许多作家的实践丰富,奠定了基本模式,逐渐趋于成熟。萧红是30年代中期抒情小说繁荣时期涌现出来的一位重要作家。抗战爆发,抒情小说进入相对沉寂时期,萧红却创作了抒情小说杰作《呼兰河传》。近年来已经出现了一些见解深刻、论证周密的系统分析、综合研究现代抒情小说的文章,对于现代散文化抒情小说的审美感知、艺术表现方法及其发展轨迹作了理论上的概括和总结。在这些文章里,萧红都被列为现代抒情小说发展过程中卓有成就的作家。但是由于这些研究者着眼于整体研究,旨在总结现代抒情小说的历史发展与艺术共性,因而未就萧红的创作个性作具体深入的分析。事实上,不同的抒情小说作家,其作品的人生视景、艺术形态并非彼此雷同,而是各放异彩的。因此从散文化抒情小说这一角度来探讨萧红创作的独特形态,不但能把握萧红小说的文体风格,而且有助于深化完善现代散文化抒情小说的宏观研究。而能当此重任者,须是对中国现代小说艺术的演进和萧红创作两者皆有深入研究的人。《论萧红小说兼及中国现代小说的散文特征》一文,正因为其作者具有以上两方面的功力,取得了不同凡响的研究成果。此文从认识萧红作品真正的美质入手来发现她作为小说家的全部价值。作者的研究过程即是一种细腻、独特、达于较高层次的审美过程。与程式化的研究程序不同,作者独辟蹊径,由最基本的"文字"入手来把握萧红风格的特质,其研究风格与萧红的创作一样富有个性。作者认为萧红小说并不以"抒情性"为特征,而以"情味"为其灵魂。这种"情味"主要不是经由主体的"发抒",而是经由她特殊的文字组织实现的。萧红以传达情绪为文字组织原则,以内在的"情绪流"来组织文字,从一些用简单稚拙的方式组织起来的显得不规范的文句中透出"味"来。而与此相和谐的则是近乎稚拙的无结构的小说结构。萧红不依"时序"而用场景结构小说;不以有形的控制而以"氛围"、"情调"为内在制约,这些散化情节、淡化戏剧性、浓化情致、韵味的无结构的结构,正属于中国式散文"形散而神聚"的结构艺术,它使小说化解为散文。在时下人们侈谈"断裂"之时,作者却独具慧眼,从审美意识的沟通上把握了文学史的衔接承续,指出萧红的小说美属于传统美学中"自然天成"的审美范畴。她的参差错落疏密有致的文字,消融了结构框架的结构,特有的情绪的节制与中国古代散文的典范之作体现了相似的审美理想,达到了高度审美化的境界。这些见解显示了研究者敏锐精微的艺术感受力,以及对现代文学与传统文学内在深层联系的深刻理解。作者还从创作主体与客体、内容与形式的密切联系中来审视萧红小说的特点,从创作主体感受和表达世界的方式、创作思想、心态以及审美态度等诸因素来揭示其艺术风格的形成,这种研究的价值不止于提供了一些新鲜独到的见解,还在于以其自出机杼的研究方式令人耳目一新。

在近年来的萧红研究中,有的论者还从萧红创作与外国文学的联系中来探索萧红创作的独特风格。有人认为萧红受传统小说影响不大,主要接受了以鲁迅为代表的现实主义文学和外国文学的影响。前者是明显的,从鲁迅的文学观到小说艺术,萧红都有所继承和发展,不少研究者都已论及。然而外国文学的影响似乎不那么单一、外化,作品之外的文字材料又很匮乏,因此,这方面的研究未能展开。令人高兴的是新起的研究者在这个课题上作了有开拓意义的工作。他们指出萧红观照和反映生活角度的选择和确立,曾经接受了辛克莱和契诃夫的影响,她的对于民族灵魂的探索自省接近于屠格涅夫、罗曼·罗兰带着主观表现温情脉脉的现实主义,而出色的自然描写与屠格涅夫,罗曼·罗兰、夏芒和约翰·曼殊斐儿等描写自然的大师们有许多相似之处。萧红是一个将外国文学影响消融于自己独创风格中的作家,她与外国文学的关系是十分复杂的现象。唯其复杂,才能提供广阔的研究空间,我们期待着新的成果不断涌现。

六

萧红研究在短短的几年间,取得了前所未有的可喜成绩。研究者们全面地考察了萧红的生平和创作道路、重新评价了她的主要作品,探讨了她的创作个性和艺术风格,使萧红研究成为现代文学作家研究中活跃而有特色的一个部门,产生了广泛的影响。但是无可讳言,需要正视解决的问题也不少。一些研究者勤于发掘整理生平史料而疏于研究作品,并由此产生了一些不负责任的考证和毫无意义的争论,显然模糊了作家研究的重点和目的。还有的研究者以主观感情代替客观分析,以溢美和过誉代替实事求是的评价。萧红并不是一个十全十美的作家,她的作品并非篇篇佳构。正如有的研究者指出的,有一些描写客观现实的小说就不太成功,人物缺乏鲜明的性格,故事缺乏完整的结构,甚至时有语法修辞方面的错误,即使成名作《生死场》也有明显的不足。但我们至今没有见到一篇从萧红创作的成败得失、正反两方面探讨其创作历程的文章。似乎萧红作品中所有的特点都是优点,一律给予肯定,这并不符合实际情况,也不利于科学地总结萧红的创作。如实地指出萧红创作中的不足和曲折,绝不意味有意贬抑,相反能更真实生动地展示这位女作家不平凡的文学道路,从中得出值得后人记取和借鉴的经验教训。萧红研究亟待继续扩展和深入。虽然新的视角已经开拓,但不可否认,不少研究还止于在较浅层面上挖掘。比如研究者一再提到萧红是乡土文学作家,但至今未见有人将萧红置于新文学史上乡土文学的流变中来考察,萧红创作在乡土文学发展过程中有何价值、贡献,也未有人论及。再如,萧红将散文的表现方法引进小说,使小说散文化。而她的散文也自成一家,相当出色。像《回忆鲁迅先生》等是现代散文中不可多得的珍品。她的散文究竟有何特点?是否如个别研究者提及的"散文小说化"?萧红的小说与散文界限并不泾渭分明,但依然可以区分,她对小说与散文两者各有什么样独特的艺术探索,这是可以深入探究的。突破旧的思维模式,引进新的研究方法,是萧红研究面临的更为迫切的问题。近年虽然有些研究者尝试运用综合与比较的研究方法,取得了令人瞩目的成果。但不少人依然被传统的思维模式和陈旧单一的研究格局束缚,萧红研究由几年前的"热"转为近年相对的"冷",也许与此不无关系。当然,这也可能是新的飞跃之前的沉寂和准备。任何研究的突破性的发现,总是伴随着方法的革新。进一步开拓视野,活跃思维,引进新方法,对于萧红研究的深入发展是至关重要的。

参考文献

[1] 钟汝霖.反帝爱国的女作家萧红[J].哈尔滨师院学报,1978(3).

[2] 铁峰.萧红传略[J].文学评论丛刊,1979(4).

[3] 陈隄.萧红的早期文学创作[J].黑龙江大学学报,1979(1).

[4] 赵凤翔.萧红论[J].开封师院学报,1979(1).

[5] 陈隄.论研究萧红[J].文学论丛,1980(1).

[6] 陈隄.萧红评传[J].选载.东北现代文学史料,1980(2).

[7] 肖凤.萧红传[M].天津:百花文艺出版社,1980.

[8] 沈昆朋.关于萧红的《马伯乐》下部[J].北京大学学报,1980(4).

[9] 聂绀弩.回忆我和萧红的一次谈话[J].新文学史料,1981(2).

[10] 华铭.论萧红的文学道路[J].辽宁师院学报,1981(4).

[11] 闻敏.鲁迅与萧红[J].文学评论丛刊,1982(15).

[12] 邢富君,陆文采.论《呼兰河传》及其评价[J].文学评论丛刊,1982(15).

[13] 钟汝霖,陈世澂.民主革命的优秀文艺战士萧红[J].北方论丛,1982(1).

[14] 邢富君,陆文采.农民对命运挣扎的乡土文学——《生死场》再评价[J].北方论丛,1982(1).

[15] 钱理群."改造民族灵魂"的文学——纪念鲁迅诞辰一百周年与萧红诞辰七十周年[J].十月,1982(1).

[16] 柯平凭.不幸的萧红与萧红的不幸[J].社会科学战线,1982(3).

[17] 陆文采,邢富君.论萧红创作的艺术特色[J].齐鲁学刊》,1982(4).

[18] 张宇宏.论萧红的创作[J].东北现代文学史料,1982(4).

[19] 姜影.萧红小说创作略论[J].东北现代文学史料,1982(4).

[20] 李淼.略论《生死场》的现实主义[J].东北现代文学史料,1982(4).

[21] 谢霜天.梦回呼兰河[J].《萧红传》选载.东北现代文学史料,1982(4).

[22] 陈宝珍.萧红小说研究[J].东北现代文学史料,1982(4).

[23] 沈昆朋.略谈萧红的《马伯乐》下部[J].东北现代文学史料,1982(4).

[24] 铁峰.萧红评传[J].东北现代文学史料,1982(4).

[25] 林军,李凡.浅谈萧红的几个问题[J].东北现代文学史料,1982(4).

[26] 韩文敏.《呼兰河传》我见[J].文学评论,1982(4).

[27] 张毓茂.萧红论[J].新文学论丛,1983(1).

[28] 白伏喜.琐谈《呼兰河传》[J].呼兰师专学报,1983(2).

[29] 钟汝霖.萧红的道路[J].北方论丛.1983(4).

[30] 陈世澂.试论鲁迅对萧红创作的影响[J].北方论丛.1983(4).

[31] 铁峰.萧红作品中的妇女形象[J].北方论丛.1983(4).

[32] 马怀尘.浅谈《生死场》的主题和人物[J].北方论丛.1983(4).

[33] 沙金城.论萧红的《马伯乐》[J].北方论丛.1983(4).

[34] 王观泉.探讨文学史编写的一个问题——萧红研究得失谈[J].北方论丛.1983(4).

[35] 陈隄.关于萧红研究的几个问题[J].东北师大学报,1983(6).

[36] 沈昆朋.略谈萧红的散文[J].文艺论丛,1983(17).

[37] 白长青.论东北流亡作家群的创作特色[J].社会科学辑刊,1983(4).

[38] 肖凤.萧红研究[M].现代文学讲演集.北京:北京师范大学出版社,1984.

[39] 陆文采,唐京连.试论萧红小说的真实性与倾向性的统一[J].呼兰师专学

报,1984(1).

[40] 陆文采,唐京连.浅谈萧红笔下的女性形象[J].社会科学辑刊,1984(1).

[41] 邢富君.论萧红对鲁迅小说艺术的继承和发展[J].辽宁教育学院学报,1984(3).

[42] 邢富君.略论萧红后期创作[J].社会科学辑刊,1985(1).

[43] 李计谋.萧红短篇小说论[J].社会科学辑刊,1985(1).

[44] 葛浩文.萧红评传[M].哈尔滨:北方文艺出版社,1985.

[45] 文立祥,于耀生.试论萧红笔下的女性形象[J].绥化师专学报,1985(2).

[46] 邢富君.萧红的创作个性与文学命运[J].辽宁师范大学学报,1986(1).

[47] 程仁章.从《马伯乐》的成就看萧红的讽刺艺术[J].东北现代文学研究,1986(1).

[48] 黄万华.沉郁的现实感雄健的审美感——论东北沦陷时期女性文学的特色[J].抗战文艺研究,1987(1).

[49] 王小平.萧红的创作与外国文学[J].艺谭,1987(3).

[50] 赵园.论萧红小说兼及中国现代小说的散文特征[M].论小说十家.杭州:浙江文艺出版社,1987.

方言在公共领域的进与退

◎ 薛 遴

引 言

20世纪50年代开始,中国大陆一直把积极推广普通话作为语文工作中的一项重要任务,半个世纪以来,公共领域中的语言使用情况发生了很大的变化。普通话逐步在公共领域占据优势地位,一般来说,各地方言在公共领域的运用逐步减少,但同时我们也会发现,在某些领域,存在着方言势力反而逐步渗入的趋势。方言运用的公共领域范围极广,比如政府公务领域、公共服务领域、教育领域、传媒领域等等。本文讨论集中在教育领域和传媒领域。

一、方言在教育领域的逐步退出

教育领域最先普及普通话的应该是大学,由于大学里学生来源于不同的地区,教师也来源于不同的地区,必须使用普通话才能交流,所以在大学普通话不仅是课堂上使用的语言,而且在课堂以外的各种场合也广泛使用。我们在大学有时也能够听到方言,主要是以下几种情况,一种情况是某些师生员工的普通话不那么标准,夹杂着方言口音,一种情况是遇到了同乡,互相说一些家乡话,第三种情况是部分师生员工所使用的方言是北方方言,接近普通话,说方言别人也基本能够听懂,这种情况下有些人就觉得不想或没有必要说普通话。这种情况可能是大学里方言出现的主要原因。

中小学校方言使用情况显现逐步退出之势。中小学校的生源基本上是当地的,老师也以当地的为多,因此这些学校过去以方言教学为多。但普通话的推广已近半个世纪,特别是近年来教育部会同其他国家机关多次发文对学校教学用语提出具体要求,学校的老师也大多是20世纪50年代以后出生成长起来的,最近几年来很多学校要求中青年教师及新进校的教师参加普通话水平测试,否则就拿不到教师资格证书。在这样的背景下,中小学校的课堂用语发生了很大的变化。笔者在所在大学进行了一次问卷调查,下面是调查内容及其分析。

1. 调查对象

问卷的调查对象是笔者所在大学的大二、大三的学生,这些学生是一门全校公共选修课程的选修者,系科涉及全校除中文系外的文理工医各专业,收回问卷101份。

2. 问卷内容

你在上大学之前生活在哪个省市县,说什么方言(具体到县市,比如江苏省南京市),你上小学、初中、高中时老师在课堂上用方言还是普通话教学?使用方言教学的老师主要是在什么阶段(小学、初中、高中)?有无其他特点?

3. 调查结果

(1) 样本分布

从收到的问卷表来看,学生上大学前的居住地(不一定是祖籍)有全国24个省市自治区,再加上来自香港特区的,涵盖通常所说的七大方言区(即北方方言区、吴方言区、湘方言区、赣方言区、粤方言区、闽方言区、客家方言区)。北方方言区来的学生有61人[①],其余6个南方方言区的学生有40人[②],共计101人,调查样本数量不大,但分布地区比较广泛,具有一定的代表性。调查结果中有关小学和中学的情况并不完全是共时的(有相当数量的调查对象提供了共时的情况),来自全国各地不同方言区的学生对方言和普通话区分的标准也会有所不同,不过还是可以从中发现一些规律性的东西。

(2) 北方方言区的中小学课堂用语类别

第一类是从小学到中学老师在课堂上完全使用普通话教学,这些地区主要是:

[①] 北方方言区61人,具体情况如下:北京1人,天津2人,河北(邯郸)1人,黑龙江(哈尔滨)1人,新疆(阿勒泰、伊宁各1)2人,内蒙古(呼市)1人,青海(西宁)1人,甘肃(兰州)1人,山西(晋城)1人,陕西(关中)1人,河南(商丘)1人,山东(济南、烟台、泰安、潍坊、德州各1,济宁2,威海2)9人,安徽(芜湖、无为、滁州各1)3人,江苏(属北方方言区的地区,南京5,扬州2,连云港4,南通9,盐城2,徐州3,淮阴、镇江、泰州各1人)29人,湖北(宜昌随州各1)2人,四川(北部、成都各1)2人,重庆3人,共计17个省市自治区。

[②] 其余6个南方方言区40人。湘语区有:湖南(湘乡)1人;赣语区有:江西(萍乡、德安)2人;粤语区有:广东(广州4,佛山)5人,香港2人;客家话区有:福建(龙岩)2人;闽语有:福建(漳州)1人,海南(海口)1人;吴语区有:上海市1人,浙江(嘉兴、宁波)2人,江苏(属吴方言区的地区,苏州6,常州1,宜兴2,溧阳2,高淳2,张家港、昆山、常熟、吴江、无锡、丹阳、启东、海门各1人)25人,共计8个省市(江苏两属),再加香港特区。笔者所在学校处于江苏,因此江苏学生数量最多。

北京、天津、河北、黑龙江、内蒙古、青海、甘肃、山东(威海1,烟台1)①、江苏(南京、扬州、连云港各1),共计13人,占北方方言区调查对象的21%左右。

第二类是老师主要使用普通话教学,但有些老师有方言口音,这些地区主要是:新疆、山西、安徽、江苏(南京3,镇江1,淮阴1,连云港1,南通7)共计19人,占北方方言区调查对象的31%左右。

第三类是老师上课有的用普通话有的用方言,这些地区主要是:陕西、河南、山东(济南1,泰安1,威海1,德州1,济宁2)、江苏(南京1,徐州1,连云港2,扬州1,南通海安2,泰州1,东台1),共计17人,占北方方言区调查对象的28%左右。

第四类是老师上课主要用方言,较少使用普通话,这些地区主要是:湖北、四川、重庆、山东(潍坊1)、江苏(徐州2,东台1,盐城1)共计12人,占北方方言区调查对象的20%左右。

(3) 南方方言区中小学课堂用语类别

第一类是从小学到中学老师在课堂上基本上使用普通话教学,有些老师带一点方言口音,这些地区主要是:吴语区的江苏(苏州3,常州5,张家港、昆山、常熟、吴江、无锡、宜兴、溧阳、丹阳、高淳各1,共17),上海;粤语区的广东(广州2,佛山1);闽语区的海南海口;客家话方言区的福建(龙岩1),共计23人,占整个南方方言区调查对象的57%左右。

第二类是老师教学有的用普通话,有的带有方言口音或说方言,但总体上使用普通话的较多。这些地区主要是:湘语区的湖南;赣语区的江西;粤语区的广东(广州2);闽语区的福建(漳州1);客家话方言区的福建(龙岩1);吴语区的江苏(苏州3,溧阳、启东、海门、高淳各1),浙江,共14人,占整个南方方言区调查对象的35%左右。

第三类是课堂教学较少场合使用普通话,主要使用方言。这些地区是:吴语区的江苏(宜兴1人);粤语区的香港特区2人(香港是粤语加英语),共3人,占整个南方方言区调查对象的8%不到。

(4) 结果分析

从以上调查结果中可以看到,北方方言区有超过50%以上的地区中小学老师在课堂上主要使用普通话,在南方方言区这个数字还略高一些,达到57%。

北方方言区的第三类和南方方言区的第二类是问卷中反映教学中既有使用普通话也有使用方言的。北方方言区的这一类比例为28%,南方方言区的比例为35%,二者的比例是比较接近的。问卷中提到使用方言的几种情况主要是,一种是一般年纪大一点的老师用方言,或带方言的普通话,年轻的老师用普通话,很多学生

---

① 某个省市自治区调查对象所反映的课堂用语情况不完全相同时,加括号说明此类人数和具体地市,如果某个省市调查对象所反映的情况相同就不加说明。

都提到,有的年轻老师的普通话相当好,也有学生提到年轻老师有普通话的证书。好几位学生指出,年纪大一点的老师主要指 50 岁以上的老师。

一种情况是城市和农村的不同。一般城市的老师基本上用普通话教学,特别是大城市,经济比较发达的城市,而乡村学校,或小城镇的学校老师用方言比较多,不少来自农村的学生在问卷中说,小学初中是在离家很近的农村或小镇学校念的,老师基本上用方言上课,高中到了县中或市里的重点中学,老师多数用普通话教学。

另外一种情况是根据学校的不同来分,小学初中的老师多用方言,高中老师多用普通话,好多学生说高中老师基本上都说普通话,或者 90% 以上的高中老师说普通话,还有学生说,在高中时课堂外的交流也基本上使用普通话。笔者所在的大学很大一部分学生来自当地的重点高中,重点中学的老师受教育程度高,学校对教师的要求也会比较高,包括使用普通话的能力,另外重点中学的生源范围也会较大一些,所以课堂内外均使用普通话交流也是不奇怪的。极少的调查对象说,小学、初中老师用普通话,高中老师用方言,这种情况比较罕见。

还有一种情况就是根据课程分,几乎每一位提到教学中有使用方言的被调查者都说,语文老师和英语老师是使用普通话的,在谈到小学老师多用方言时也会特别说明,语文老师才用普通话。这个结果也是很自然的。

北方方言区的第四类和南方方言区的第三类是问卷中反映中小学课堂教学语言主要使用方言的。北方方言区的这一类比例为 20%,南方方言区中的比例不到 8%。不仅如此,考虑到南方方言区中有两位调查对象来自香港特区,中国内地的只有来自吴语区江苏宜兴的一位说基本使用方言,那么北方方言区使用方言教学的比例要比南方方言区的高得多了。

调查对象中来自西南官话区的共有 7 人,7 人都反映小学到中学的老师上课主要用方言。在问卷中,他们说老师大都讲方言,极少用普通话,用普通话的主要是语文老师和外语老师,在语文老师和外语老师中年长者也用方言。有一位学生说,只有在上级来检查时或者上公开课时才用普通话。另外一位学生说,他们的中学由于申请国家重点中学,曾被要求用普通话授课,但终因老师学生的一致强烈反对而不了了之。有一位来自重庆的学生说,四川境内,包括重庆,方言区别不大,所以各自说自己的方言还是能够互相交流,这个原因使他们不需要使用普通话。他们还提到,重庆綦江县彩虹桥倒塌一案公开审判时,尽管通过中央电视台向全国转播,可是法庭上几乎各方都说着方言,这就是当地语言使用的普遍状况。看来,说西南官话的人改口说普通话比其他地区困难一些,这里的困难不是指发音的转变,而是思想上的转变。

在几个南方方言区中,某一种方言区的人集中表现为不用普通话教学的情况几乎没有,在内地仅有一位江苏宜兴的学生说除了语文老师英语老师说普通话,其余老师都说方言。调查对象中有两位来自宜兴,另外一位说老师都用普通话,说明在同一地方情况也不完全相同,看来在南方方言区老师完全用方言教学是较少的个案。南方方言区方言比较复杂,甚至存在各地各县各乡之间互相不能通话的现象。另外,南方方言区的许多地区经济发达,教育水平领先,因此在教学中普遍广泛使用普通话是主要的趋势。

来自香港特区的两位交流学生都说香港中小学的教学语言主要是粤语加英语。其中一位具体地谈到了香港在回归后在教学语言上发生的变化,她说很多学校现在从学科上专门设立了普通话科,现在从小学一年级到初中三年级每周都有两小时的普通话课,有些学校更以普通话教授中国语文课,使学生有更多的时间接触普通话。回归后,香港还在中学会考(中五)中增设了普通话科,供学生选考。大学中,不同学科对学生的普通话也有不同要求。另外,过去有许多幼稚园以英语教学来招徕学生,回归后,纷纷以普通话教学作新的招徕手段。普通话在香港的地位与日俱增,香港人对普通话的态度也大大改变了。

以上调查结果大致可以看出,方言已逐步退出课堂教育领域。普通话教学在大学课堂、多数地区的中小学课堂已成主流。仍然使用方言教学的,从学校来看,主要是农村和小城镇的小学初中,从老师的年龄上看是年长者,而从使用的地区来看,北方方言区特别是西南官话区仍然使用方言教学的比南方方言区普遍。

二、方言在传媒领域的逐步渗入

跟教育领域方言逐步退出的趋势截然相反的是传媒领域,方言正在往传媒领域逐步渗入。我们这里讨论的传媒领域也许是一个较为广泛的概念,包含着娱乐业等,但是不包括本身是用方言表演的地方戏曲和曲艺。传媒领域是改革开放以来发展迅猛的领域,随着社会价值观取向的多元化,以及受众人群的多元化,传媒领域对方言价值予以了前所未有的重视。方言贴近普通百姓的生活,方言也可以帮助拉近传媒与普通百姓的距离。近二十年来,特别是近十年来,使用方言的传媒领域是前所未有地扩大了。下面各种场合都可以看到方言已经进入。

1. 电影

香港电影以前大都只有粤语版的,因为过去香港电影主要在本岛上演,近年来国内市场也备受香港电影业者重视,才出现普通话配音的香港电影。不过香港有些无厘头电影,可能说粤语更原汁原味,所以也受到内地非粤区观众的喜爱,特别是青年观众。现在有些香港电影的粤语台词内地青年观众都能背下来,网上也广泛流传。方言似乎可以作为电影的一种作料,所以受到导演们的青睐,像王家卫的电影中我们时不时可以听到上海话,侯孝贤的电影里常常出现闽南话。

大陆电影近年来也越来越多地运用方言,前些年表现革命领袖题材的电影,影片中的领袖人物都说着自己家乡的方言。进而其他类型的影片中也使用起方言来，有正剧，有喜剧，大致使用北方方言的，一般人都可以听懂，再加上字幕，就可以通行全国。比如张艺谋的《秋菊打官司》使用陕西方言，电影《没事偷着乐》中冯巩说的是天津话，冯小刚的电影也喜欢使用方言，《手机》中打电话的河南话被高音喇叭放大了若干倍，送到观众耳朵里，刚刚上映的《天下无贼》也使用了河南话和甘肃话。而有些完全使用南方方言的影片，如上海话配音的电影，一般只能在相关方言区放映，因为即使加上字幕，别的方言区的人还是不容易听懂，比如张艺谋的《摇到外婆桥》，潘虹演的《股疯》都有上海话版，仅限于在上海放映。有一部贺岁片叫《考试一家亲》，是由宋丹丹和傅彪两位北方演员演绎的上海话，似乎不太成功，上海人听了觉得不正宗，其他地方人又听不懂。

最近两年，开始出现译制片使用方言，其中以四川话版本的译制片出现得最早，2001年就有了电影《简·爱》的四川话版本，2004年暑期前将进口动画片《猫和老鼠》改成方言版形成了风气，在市场上出售的有四川话、东北话、陕西话、山西话、河南话、银川话、兰州话、武汉话、天津话等方言版本，由于市场看好，风气愈演愈烈，结果引起国家广电总局发文干涉。

2. 话剧

话剧舞台本来基本上是使用普通话的，现在情况也开始改变，在很多地方的话剧舞台上都出现了方言话剧，有全剧用方言的，也有部分人物说方言的。四川是使用方言演话剧较多的地方，有四川方言话剧《死水微澜》、《抓壮丁》、《移民金大花》等，其他有南昌方言话剧《桃花村的故事》、兰州方言话剧《兰州人家》、潮州方言话剧《百花园记事》，像广东话剧院就有一个粤语队，专演粤语话剧。2003年北京的话剧舞台上有一出戏叫《想吃麻花现给您拧》，主角演了七个梦境，每种说一种方言，除了普通话，还用了东北话、西安话、长沙话等。

3. 电视节目

电视节目中出现方言的场合就更多了。为了方便讨论，我们把电视台分为两个类型：一个是面向全国受众的中央电视台，一个是主要面向特定地域的省市电视台。电视节目根据内容，简单地分成三类：一类是新闻信息专题类；一类是娱乐类；还有一类就是电视剧。

先看中央电视台，在三类节目中多少都有方言出现。

新闻信息专题类，中央台主持人或播音员普通话水平普遍较高，但现在节目中常常会请一些嘉宾，这些嘉宾有些人说普通话，有些说方言，有些人方言口音很重，有时要根据字幕才能了解意思，比如央视的《新闻会客厅》，请来的嘉宾就是全国各地的，说普通话的有，说方言的也有的是。另外在记者的采访中常常听到被采访者说方言,有时外景记者自己也说方言。中央台第4套节目中有一档专题节目叫《闽南话时间》,每周一次,主要针对台湾观众,介绍一周的新闻事件。

娱乐节目中,方言更是少不了的调料,你可以看到央视名牌主持人李咏、毕福剑在节目中常常模仿各地方言,娱乐节目中小品也是以方言为主要形式。央视播放的电视剧剧中人物如果说方言的话,以北方方言为主,常说的北方方言有东北话、天津话、山东话、四川话、河南话等,道地的南方方言面向全国受众并不讨好,所以出现南方方言的情况一般是南方人说着带口音的普通话,比如带广东话口音、带上海话口音,等等。

电视剧又分全剧人物说方言和部分人物说方言的两种。全剧说方言的,比如《东北一家人》、《刘老根》、《马大帅》等使用的是东北话,《山城棒棒军》、《王保长歪传》等使用的是四川话。部分人物说方言的,比如《炊事班的故事》中有东北话、山东话、河南话、广东普通话等,《健康快车》有陕西话、天津话等,不胜枚举。总体上看,运用方言的电视剧常常是喜剧,或者说方言的人物有喜剧色彩。

地方电视台方言的使用就比中央台多得多了。香港、澳门的电视节目使用汉语的,主要就是粤语,台湾电视台用闽南话和客家话较多,这里不予讨论。

内地地方电视台使用方言最多的是广东省和广州市的电视台。广东省电视台(含南方电视台)有10个频道,主要用普通话的有广东卫视、公共频道、体育频道等,其余用粤语播音为多。广州电视台有6个频道,有少数节目用普通话播音,其余皆用粤语,包括新闻节目也以粤语播音为主。在广东和广州电视台播的当地或香港产的电视剧当然都说粤语,其他地方拍的电视剧大多也重新用粤语配音后再播出,一些国外的影视剧也配成了粤语。笔者曾在广东电视台看过粤语版的《魂断蓝桥》。其他地区电视台使用方言较多的有上海、重庆和四川等。上海电视台有上海话主持的新闻类节目,有教上海话的节目,有说上海话的娱乐节目,还有用上海方言拍的不少情景喜剧,如《老娘舅》、《阿莫林》、《开心公寓》等。

四川台和重庆台也有方言主持的新闻类节目,还有用四川方言拍成的电视剧,特别是情景喜剧,除了在中央台播放的,还有比如《哈儿(傻子)师长》、《唐肥肠》、《王保长新传》等。据报载,《王保长新传》在成都播出后,就接到观众要求停播的电话,不是觉得方言剧有什么不妥,而是觉得川外演员的"椒盐太不地道了('椒盐'是对四川方言的形象代称),实在听不下去",挺有意思。福建电视台、湖南电视台也是使用当地方言较多的,其他各地电视台也程度不同地运用当地方言。由于各省市电视台都有一个频道上了卫星,因此不管住在什么地区都很容易在电视节目上听到全国各地的方言。

4. 广播节目

广播节目中的情况与电视节目类似。中央人民广播电台有9套节目,除了普通话,主要使用的方言有粤语、闽南话和客家话。第 7 套节目华夏之声是 2003 年 10 月 1 日刚刚开播的,是一个双语频率,用普通话和粤语两种语言播音,覆盖的区域包括香港澳门地区。第 6 套节目神州之声有闽南话的节目《天风海涌》、客家话的节目《客家乡亲》等。

地方电台同样广泛使用方言。笔者调查统计了江苏省和南京市电台的情况。江苏省台共有 8 套广播节目。一般一套节目一天播音 20 小时左右,一天有十几到二十档节目。这些节目从主持人角度看,只有两套节目主持人不用方言,一个是新闻综合频率,一个是健康频率。其余 6 个频率分别是音乐台、文艺台、经济 1 台、经济 2 台、交通频率、金陵之声旅游专列,每个频率都有若干档节目主持人使用方言,其中有的是一档,有的有两档,有的三档,最多的交通频率一天有五档节目主持人说方言。

主持人用方言主要是两种节目:一种是娱乐类节目,主持人说笑逗乐做游戏之类的;一种是夜间的谈话节目,主持人用方言来与听众拉近距离。现在广播节目中大多开通热线,听众参与是很普遍的,另外很多节目也请嘉宾作访谈,从有听众和嘉宾参与的节目来说,方言出现几乎是一定的。江苏台 8 套节目每套都有听众参与,部分节目有嘉宾访谈,根据笔者统计,各台节目中有听众嘉宾参与的最少的有 8 到 9 档,较多的交通频率有 13 档,健康频率有 16 档,因此在电台节目中常常听到方言毫不奇怪。

南京台的情况与江苏台基本相同。南京台共有 5 套广播节目,每天播音也是 20 小时左右,一天节目有十几到二十档。从主持人的语言看,只有经济台主持人不用方言,其余新闻台、音乐台、交通台、体育台,都有主持人用方言做节目,少的有一档节目,最多的交通台有三档节目。主持人用方言做的节目类型也和省台一样,一种是娱乐类节目,一种是夜间的谈话节目。听众和嘉宾参与的节目各台也都有,最少的一个台有 9 档参与节目,较多的台有 16 档,这些节目中也是常常听到方言。如果去广州出差。那么你几乎可以在任何地方任何时段听到粤语广播,特别是公共交通工具比如出租车上。

5. 歌曲

粤语歌曲在香港流行有很长历史,改革开放以后,粤语歌曲已经不再专属于粤语地区了,现在大江南北老老少少不管会不会粤语,会唱粤语歌曲不是什么稀罕事。粤语歌曲在音乐排行榜上始终占据着居高不下的位置,人们在卡拉 OK 自娱自乐时也常常点唱粤语歌曲。闽南歌曲也是流行经年的方言歌曲,但近年来,影响的范围也越来越大,比如一首《爱拼才会赢》成了很多人特别是商界人士的励志歌曲,其他如《世界第一等》、《天黑黑》等也是不少人耳熟能详的歌曲。这几年最红的一首方言歌曲当属《东北人都是活雷锋》了,真是把"俺们那嘎"的话教会了全国人民,也把"翠花,上酸菜"变成了全国人民的时尚语。另外也有其他方言歌曲,比如湖北方言歌曲、四川方言歌曲、江西方言歌曲等,不如上述几种影响大。

6. 广告

广告业方言也已渗入。广告有各种不同的载体,这里不详加讨论。有一则电视广告十分幽默,老人孩子都会挂在嘴边,"身体倍儿棒,吃嘛嘛香",用的就是天津方言。这是面向全国受众的,地方电视台也有面向特定方言区的,这样的例子就太多了。

7. 网络及短信

上面讨论的方言是有声语言,目前出现方言的另一种运用形式是文字,这种形式在方言使用的历史上也不多见。随着网络和通信工具的普及,用文字记录下来的方言也开始在网络和短信上蔓延开。

网络上有关方言的话题可是一个热门话题,从方言的起源到方言的发展及方言的未来都有很多人参与讨论。为了方便其他地区的人了解学习自己家乡的方言,网上有人创制了方言的拼音方案,比如上海话的拼音方案,像方言的词汇语法特点网上也有不少高见。

最受网民欢迎的是用各地方言写的段子,比如《大话西游》的经典段子"爱你一万年"是网上最受欢迎的段子,有北京话、东北话、天津话、河南话、山西话、陕西话、淮南话、山东话、四川话、南京话、上海话、长沙话、广州话等不同版本。其他网络流行的段子也几乎囊括了全国各地的方言,除了上面提到的各地方言外,还有比如山东威海、烟台、潍坊,辽宁大连,青海乐都,四川成都、乐山,重庆,安徽蚌埠、安庆、广德,湖北武汉、阳新、云梦,浙江杭州、温州、宁波、绍兴、台州,江苏盐城、镇江、海安,湖南湘乡,云南东川,贵州贵阳,广东茂名、汕头,广西玉林,福建崇安,等等,真是应有尽有。

还有网民精心设计了某某方言测试题,形式上有点类似于汉语水平考试的试题,当然主要作用是供娱乐的,但确实体现了方言中一些重要的特点。最近两年国内网站依靠短信赚了不少钱,还出现了一种新兴职业,叫短信写手,在各大网站,包括电信业自己的网站中我们可以看到许多用方言写成的短信,有幽默或搞笑的,也有可以用于日常交往的,比如贺年啊、约会啊,等等。这些短信很多人都接到过,除了博人一笑外,也有实际的交际功能。

8. 报纸杂志等

香港、台湾地区的报刊上有一些专栏或者副刊上的文章是通篇用粤语或闽南语写的,在内地这种情况比较少见。目前在内地的晚报、都市报、娱乐杂志上多少可以看到一些方言词、地方俚语、方言的句式。有时这些现象也会出现在主流报刊上,即运用还没有被吸收进普通话的方言词或句式,如评论弱的球队时用"鱼腩队"(粤语,"鱼腩"指鱼肚子,比较软),广告中用"三里屯啤酒平过全城"这样的句式。在文学创作中也有作家不同程度地使用方言。

余 论

从上文的讨论中我们可以看到,一方面是普通话在学校课堂教育中逐步成为主流,另一方面是传媒娱乐业中方言广泛运用。

普通话在学校课堂广泛运用体现了普通话在教育中的主导地位,但调查中也有学生提出一些想法。比如课堂以外使用的语言不是本次问卷的调查内容,但部分学生提到了这个问题,他们说,有关部门要求校园内同学之间交流都讲普通话,校园内也到处张贴"请讲普通话"的标语,有学生对此做法不解,笔者想也许是有些学校对于校园语言理解上有点偏差,校园中除了课堂以外,只要在会议等集体活动中使用普通话就可以了,没有必要在同学交流时也强求一律。

另外很多学生提到自己讲方言的能力变得很差,一个苏州的学生说,由于从小学,有的甚至从幼儿园就开始讲普通话,所以很多话不会用方言表达。他举了一个例子,说一次要告诉父母,学校有个校长助理,因为"助理"这个词平时很少说,结果说成了校长"橱里",被父母嘲笑,他请另一位同学用苏州话试试,那个同学说成了校长"阻力"。一个从海口来的学生说,他的老家在山西太原,7岁跟父母移居海口,在海口住了十几年也不会说海口话。因为1988年海南建省以后,大批干部、商人、知识分子、劳动力涌入海南,主要分布在海口市和周边地区,不但重组了海口的居民结构,也对海口和周边地区的语言运用影响很大。

由于海南省的权力部门大部分由外来人口占据,这些人多数使用普通话,使得海南使用的闽方言反而成了弱势语言。这位学生小学6年基本上没有听到什么方言,大家都说普通话。中学是面向全省招生的,这时才听到有同学说方言,而大多数同学还是说普通话,老师主要也是外省来的,基本上讲普通话,所以没有机会学会当地方言。

中国本来是世界上方言最丰富的国家,一般人从小说方言,受教育开始学普通话,所以可以说大多数人可以说双语(本文为讨论方便,不区分方言和语言),有些人会几种方言,这是一种语言优势。国外有的语言学家认为,在习得语言行为(表现为母语形式)之后,学习一种第二语言,其实是改变或扩充已有的技能和知识,而不是从头开始学一套全新的技能。对于汉语诸方言来说,尤其如此。在推广普通话的同时,最好不要损失这笔方言财富,因此中小学在使用普通话学习语文课之外,是否也可以用一点时间来了解自己家乡的方言,以及方言中蕴藏和积淀着的丰富地方文化。

关于传媒娱乐领域运用方言究竟有利还是有弊,各界看法不一。权威部门至少是反对的。2004年10月18日,国家广电总局通过其网站公布了《广电总局关于加强译制境外广播电视节目播出管理的通知》(国家广播电视总局网站,2004)。《通知》中提到:"近来,一些广播电视播出机构播出了用地方方言译制的境外广播电视节目,有违广播电视推广使用普通话的重要任务和使命。"通知要求:"各级广播电视播出机构一律不得播出用地方方言译制的境外广播电视节目。正在播出的用地方方言译制的境外广播电视节目必须立即停播,妥善处理。"通知认为此事有关"政治意识、大局意识、责任意识",必须"牢牢把握正确导向"。

从广电总局的态度来看,使用方言似乎是一种不正确的导向。此后各界对此都有一些反应,从专家学者到普通百姓看法不一。

笔者认为,目前在传媒领域的方言使用,应该还不会产生什么害处。首先普通话已经树立了它的绝对权威,虽然上文提到在各个方面方言的广泛运用,但和普通话相比,恐怕还是只占很小一部分,不会撼动普通话的地位。有统计认为国内普通话普及率已达到70%~80%左右,与此同时,有些方言却在慢慢消失。

在讨论如何保存濒危语言和方言时,有学者提出,"抓紧时机利用一切手段和方法记录和保存这些即将消亡的语言资源。如用声、像手段大量记录和保存在口语中的文学作品……"(孙宏开,2001)。还有学者认为,可以"在适当程度上开放方言的使用范围,使用是最好的保护和发展"(曹志耘,2001)。

为了保存方言,上海教育出版社编辑出版了《现代汉语方言音库》,搜集整理记录了40个方言点的音档,这是汉语方言研究历史上首次有计划地保留声音材料,是可喜可贺的。除了这些有限的音档,现在传媒领域广泛运用着的方言不也是对方言音库的一个有力的补充吗,这些活生生的音像材料不是留给后人最好的方言语料吗?所以,笔者对传媒领域运用方言持乐观态度。

参考文献

[1] 曹志耘.关于濒危汉语方言问题[J].语言教学与研究,2001(1).

[2] 陈章太.略论我国新时期的语言变异[J].语言教学与研究,2002(6).

[3] 国家广播电视总局网站.http://www.sarft.gov.cn/manage/publishfile/21/2227.html,2004.

[4] 教育部语言文字应用管理司.城市语言文字工作评估实用手册[M].北京:语文出版社2002.

[5] 孙宏开.关于濒危语言问题[J].语言教学与研究,2001(1).

[6] 皮特·科德.应用语言学导论[M].上海:上海外语教育出版社,1983.

刘勰与沈约考论

◎ 孙蓉蓉

《梁书》和《南史》的《刘勰传》都记载了刘勰及其《文心雕龙》与沈约有着重要的关系。刘勰完成《文心雕龙》之后,在当时未为名流所赏识,于是刘勰想得到沈约的评定。而当时沈约官位显赫,刘勰不能直接前往,于是不得不像鬻货的小贩那样,将书稿干之于沈约的车前。沈约阅后,认为《文心雕龙》深得文理,大为推重。对于《梁书》和《南史》刘勰本传中的这些记载,在《文心雕龙》研究中,学术界有着不同的看法。本文就刘勰及其《文心雕龙》与沈约的关系问题作一考论。

一、刘勰为何"欲取定于沈约"?

《梁书·刘勰传》在引录了《文心雕龙·序志》的全篇以后,载曰:《文心雕龙》"既成,未为时流所称。勰自重其文,欲取定于沈约"。那么,刘勰在完成了《文心雕龙》之后,为何"欲取定于沈约"呢?

根据《梁书·刘勰传》的记载,刘勰"欲取定于沈约"的原因,是《文心雕龙》完成后,"未为时流所称",因此,刘勰想得到当时"贵盛"的沈约的评定和赞赏。从当时的情况来看,《文心雕龙》"未为时流所称",这是很自然的了。因为一方面,人们对一本有价值的书的认识,是有一个过程的,它往往不可能在刚问世时就被人们所看重;而另一方面,这也同作者所处的社会地位和影响不无关系。刘勰出身庶族,社会地位低微,声名不显,因此其《文心雕龙》完成后,根本不可能得到时流的称赏。

我们认为,除了以上这些原因以外,刘勰"欲取定于沈约"的最根本的原因,正如《梁书》本传所说的"勰自重其文",刘勰欲通过著述《文心雕龙》来改变自己的社会地位,为进入仕途创造条件。根据《梁书·刘勰传》的记载,刘勰的祖籍在东莞莒县(今山东莒县),刘氏家族约在东晋初年举家南迁至京口(今江苏镇江),刘勰就出身于京口。《梁书》刘勰本传虽记载有"祖灵真,宋司空秀之弟也",刘勰的祖父刘灵真是宋司空刘秀之的弟弟,但是刘秀之及其族叔刘穆之,刘氏家族中地位最为显赫的两位人物,都是因军功而被擢拔的,他们皆不属于士族,而是庶族。在门阀制度森严的南朝,庶族出身且早年丧父的刘勰,就没有可以依赖的祖上,使他能够自然进入仕途。

而刘勰自己笃志好学,才华横溢,不甘于沉沦湮没,他试图通过自己的努力来改变命运,进入仕途以实现人生理想,于是他要为自己寻找可以进身的靠山。《梁书·刘勰传》记载:"依沙门僧祐,与之居处,积十余年。"刘勰二十来岁时依附僧祐,是因为僧祐在齐梁时期不仅在佛界名声大振,是当时著名的律学大师,而且与齐梁一些主要执政者关系异常密切,在政治上享有特殊待遇。而刘勰所寄居的定林寺也是当时钟山上的一座名刹,不仅名僧辈出,而且也是权贵名流经常出没的场所。因此,刘勰想借助僧祐的地位和影响,利用定林寺的特殊环境,希望有朝一日能"达则奉时以骋绩"。然而,刘勰在定林寺十余年,由于齐末动荡不安的政治局势,使他始终没有仕进的机会。在出仕一时受阻的情况下,刘勰转而"穷则独善以垂文"[①],想通过著书立说来立身扬名。《文心雕龙》是刘勰于齐中兴年间(501—502)在定林寺内完成著述的,当时他三十三四岁。刘勰从齐永明七年、八年(489年、490年)依附僧祐寄居定林寺,到天监初(503年)起家奉朝请,这十几年的时间,他广阅经藏,深研佛典,协助僧祐抄撰、整理佛经。于是能博通经论,簿录定林寺的经藏。此外,刘勰又攻读经史群籍,为《文心雕龙》的写作积累了大量的资料。经过长时间的充分准备,刘勰在定林寺内伴着青灯、黄卷,终于完成了《文心雕龙》的写作。在出仕无望的情况下,刘勰就是想通过著述《文心雕龙》来立身扬名,这就是其"自重其文"的原因。而《文心雕龙》完成后却"未为时流所称",这种情况使刘勰不得不"欲取定于沈约",以提高自己的声誉,进而为能进入仕途创造条件。

而刘勰之所以选择了沈约作为借重的对象绝非偶然,是与沈约在齐梁时期政坛和文坛上的地位和影响有关。沈约(441—513),字休文,吴兴武康(属浙江德清)人,历仕宋、齐、梁三代。沈约起家奉朝请后,先被引为安西外兵参军、兼记室。至宋末,为尚书度支郎。入齐,沈约先为萧长懋征虏记室,带襄阳令。萧长懋立为太子后,沈约为东宫步兵校尉、管书记,迁太子家令。以后,兼著作郎,迁中书郎、黄门侍郎等。到梁代齐时,沈约因曾极力主张萧衍称帝,因而得到萧衍的特别赏识。萧衍于天监元年(502年)四月登皇位,沈约被先后任命为尚书仆射、右光禄大夫、尚书令、行太子少傅等。沈约在世73年,在宋、齐、梁政坛上的地位极为显赫。不仅如此,沈约还是齐梁之际文坛的领袖,史称"一代词宗"、"当世辞宗"等。沈约的诗文创作及其文学思想,在齐梁文坛上都有重要的影响。沈约现存诗有二百四十余首,文近两百篇。此外,沈约还大力奖掖、延誉年青的文人学士,像谢朓、任昉、陆倕、张率、王籍、吴均、何逊、萧子显等,沈约都曾予以评论过。如《南齐书·谢朓传》:"朓善草隶,长五言诗,沈约常云:'二百年来无此诗也。'"《梁书·任昉传》:"昉雅善属文,又长载笔,才思无穷,当世王公表奏,莫不请焉。昉起草即成,不加点窜。沈约一代词宗,深所推

[①] 刘勰:《文心雕龙》——《程器》、《时序》、《明诗》,周振甫注《文心雕龙注释》,人民文学出版社1983年版,第526页。

挹。"沈约对年青文士的这些赞誉性的评论,对当时的文学创作无疑起了推动的作用。而经沈约赞誉过的人,有的还得到了提拔。因而当时有不少的文人学士欲求誉于沈约,如钟嵘就是其中之一。《南史·钟嵘传》载:"嵘尝求誉于沈约,约拒之。及约卒,嵘品古今诗为评,言其优劣……盖追宿憾,以此报约也。"由于沈约在当时政坛和文坛上具有这一特有的地位和影响,因此,刘勰在完成《文心雕龙》而"未为时流所称"的情况下,便很自然地欲求誉于沈约,希望能得到沈约对《文心雕龙》的推重。

那么沈约对《文心雕龙》的推重,是否使刘勰因而能进入仕途呢?根据《梁书·刘勰传》的记载,刘勰于天监初(503年)起家奉朝请后,开始进入仕途,先后任临川王萧宏记室、车骑仓曹参军、太末(今浙江衢县)县令、南康王萧绩记室、东宫通事舍人、步兵校尉等。刘勰的出仕与沈约对《文心雕龙》的赞誉,两者是否有因果关系呢?清刘毓崧以为沈约对《文心雕龙》的赞誉,使刘勰得以"奉朝请"而进入仕途。他在《通谊堂集·书〈文心雕龙〉后》中指出:刘勰"终齐之世,不获一官,而梁武天监之初,即起家奉朝请,未必非约延誉之力也"。但联系刘勰出仕前后的时代背景来看,刘勰得以进入仕途,主要并不是由于沈约对《文心雕龙》的赞誉,而是梁武帝萧衍登上皇位后,在用人选举制度上作了重大改革。如萧衍于天监元年(502年)即下诏曰:"可分遣内侍,周省四方,观政听谣,访贤举滞……若怀宝迷邦,蕴奇待价,蓄响藏真,不求闻达,并依名腾奏,罔或遗隐。使轺轩所届,如朕亲览焉。"①梁武帝萧衍的这一用人选举制度,其实质是想以此来巩固和加强君权统治,缓和士庶矛盾,但它实际上为庶族的仕进开了方便之门,创造了有利的条件,这才使刘勰有了进入仕途的机会。因此,刘勰在定林寺十余年完成《文心雕龙》之后,得以如愿以偿,"起家奉朝请",进入仕途。

虽然沈约对《文心雕龙》的推重并没有对刘勰的仕进起直接的作用,但是,沈约对《文心雕龙》的"大重之",无疑对《文心雕龙》在当时文坛上的传播有着重要的影响。宋叶廷珪《海录碎事》卷十八载:"刘勰撰《文心雕龙》论古今文体,未为时流所重;沈约大赏之,陈于几案。于是竞相传焉。"沈约的"大重之"是否使《文心雕龙》"竞相传焉",这还需要别的旁证材料加以证实。然而,沈约作为齐梁时期文坛的领袖,他对《文心雕龙》的赏识,对《文心雕龙》的流传和提高刘勰的声誉无疑起了极为重要的作用。刘勰曾为萧统的东宫通事舍人,《梁书·刘勰传》谓"昭明太子好文学,深爱接之"。萧统对刘勰的"深爱接之",是因其"好文学",其中自然也有《文心雕龙》的因素。就萧统所编选的《文选》来看,两书有许多相近之处,似可说明《文心雕龙》对《文选》的影响。另外,梁元帝萧绎的《金楼子·立言》下篇有两节文字与《文心雕龙·指瑕》篇的文字极为相似,王利器先生曾经指出:"《文心》于'可不慎欤'之下,一滚说下去,《金楼子》无端分为两截,非也。刘彦和时代较梁元帝略早,当彦和此书于沈约之

---

① 姚思廉撰《梁书》卷二《武帝纪中》,中华书局1973年版。

后,约'大重之',其时《文心》必因而流传,故梁元帝得以书录之耳。此尤为《文心》一书写成于齐,流行于梁之的证也。"①王利器先生以为,沈约的"大重之",使《文心雕龙》"必因而流传"。

由上可见,刘勰"自重其文",对《文心雕龙》寄予着能改变自己命运和地位的期望,《文心雕龙》在"未为时流所称"的情况下,刘勰"欲取定于沈约"。沈约的"大重之",虽然对刘勰的仕进没有起到直接的作用,但使《文心雕龙》因而得以流传,刘勰也因此声名鹊起。

二、刘勰为何"无由自达"?

《梁书·刘勰传》记载:"约时贵盛,无由自达,乃负其书,候约出,干之于车前,状若货鬻者。"这一记载说明,由于当时沈约的"贵盛",使刘勰"无由自达"。

刘勰究竟为何"无由自达",学术界对此也有不同的看法。如王元化先生认为,刘勰之所以"无由自达",就在于刘勰的庶族出身。他指出:"为什么《文心雕龙》书成之后,刘勰不利用自己在定林寺的有利地位以及与僧祐的密切关系去会见沈约;相反,却无由自达,非得装成鬻货者干之于车前呢?这个疑问只能用'士庶天隔'的等级界限才能解答。"②而持刘勰出身士族说的学者则否定了这一说法,如周绍恒先生《刘勰出身庶族说商兑》一文认为,以刘勰欲取定于沈约而又"无由自达"的记载来断定刘勰是出身于庶族而不是士族,是缺乏说服力的。文章还以曾被沈约"拒之"的"晋侍中雅七世孙"钟嵘来推论:"既然钟嵘是士族也曾被沈约'拒之',那么《梁书》'无由自达'云云,又怎能说明刘勰一定是出身于庶族呢?"③周绍恒先生的这篇文章是针对刘勰为庶族说而谈的,虽没有正面解释刘勰为何"无由自达",但也说明了刘勰之所以"无由自达",不是其出身庶族之故。

我们认为,刘勰的庶族出身和南朝的门阀制度,是刘勰"无由自达"的根本原因。出身的低微,加上当时门阀制度的等级森严,使刘勰不能直接面见当时既是豪门士族、又极为"贵盛"的沈约。承袭两晋的门阀制度,南朝的世家大族在政治上、经济上和社会上仍然享有特权。世家大族的子弟可以凭藉祖上的资荫,自然进入仕途,并能青云直上,所谓"贵仕索资,皆由门庆,平流进取,坐至公卿"④。因此,南朝宋、齐、梁朝廷内的高官重位都是由世家大族担任的,他们的政治地位相当显赫。在经济上,世家大族也有绝对的优势。他们强占大量土地,由此造成了自耕小农经济的衰

---

① 转引自张少康等:《文心雕龙研究史》,北京大学出版社2001年版,第4页。
② 王元化:《文心雕龙创作论》,上海古籍出版社1979年版,第8页。
③ 周绍恒:《刘勰出身庶族说商兑》,《文心雕龙研究》第三辑,北京大学出版社1998年版,第261页。
④ 萧子显撰:《南齐书》卷二十三《褚渊王俭传论》,中华书局1972年版。

颓和破产。世家大族的社会地位,尤其显得无比优越。世家大族和寒门庶族两者身份高下不同,有所谓"士庶天隔"的界限。如《寒素论》中所说的,"服冕之家,流品之人,视寒素之子,轻若仆隶,易如草芥,曾不以为之伍"①,就真实地反映了当时这一现象。寒门庶族之人即使官位通显,有的还为贵戚近臣,他们倘不自量而往见世家大族之人,往往不会被礼接,甚至还会受到羞辱。史料中这一类事例相当多,如《南史·江夷传曾孙敩附传》载:"先是中书舍人纪僧真幸于武帝,稍历军校,容表有士风。谓帝曰:'臣小人,出自本县武吏,邂逢圣时,阶荣至此。为儿昏,得荀昭光女,即时无复所须,唯就陛下乞作士大夫。'帝曰:'由江敩、谢瀹,我不得措此意,可自诣之。'僧真承旨诣敩,登榻坐定,敩便命左右曰:'移吾床让客。'僧真丧气而退,告武帝曰:'士大夫故非天子所命。'时人重敩风格,不为权倖降意。"在这样等级森严的社会中,刘勰"欲取定于沈约",自然是"无由自达",没有资格直接往见沈约。

更何况刘勰所要借重的沈约,不仅出身于世家大族,而且还是一个门第观念极强的人物。吴兴的沈氏家族,是江东大姓之一,所谓"江东之豪,莫强周、沈"②。据沈约在《宋书·自序》中的记载,其先祖世代仕宦于江南。高祖沈警,"家世富殖,财产累千金,仕郡主簿,后将军谢安命为参军,甚为敬重",是当时"东南豪士"。曾祖沈穆夫,在孙恩起事时,为孙恩的前部参军、振武将军、余姚令等。祖父沈林子探得刘裕的器重,为其扬州从事,领建熙令,封资中县五等侯。刘裕登皇位后,沈林子"以佐命功,封汉寿县伯,食邑六百户",后官至辅国将军。父亲沈璞,初为吴兴主簿,除南平左常侍,后迁宣威将军、盱眙太守等。沈约的祖父辈也遭遇很多的不幸,孙恩被刘牢之击败后,沈穆夫遇害;在孝武帝将要至都时,沈璞被人谗言奉迎之晚,横罹世难。当时沈约"幼潜窜,会赦免。既而流寓孤贫,笃志好学昼夜不倦"③。虽然如此,沈约毕竟是江东豪族的后代,他有优越的家世背景,受当时门阀制度的影响,他也有很强的门第观念,典型的一个例子,就是沈约的《奏弹王源》一文中对世家大族王源的弹劾。

南朝的门阀制度,使世家大族在婚姻上特别注重门第,所谓门当户对。如果士族与庶族之间联姻,出现"婚宦失类",就会招致非难和抨击,甚至会丢掉官位。但是,这种情况在进入南朝以后,也在悄悄地发生变化。南朝寒门庶族出身的将帅,由于其政治上势力日益雄厚,因此也有一些世家大族与之联姻,如琅琊王锡(王导七世孙)以女嫁沈庆之子沈文季④。也有世家大族低就而与寒门庶族结亲,如东海王源(王朗七世孙)嫁女与富阳满璋之子满鸾,满氏"下钱五万,以为聘礼"。时任御史中

---

① 李昉等编:《文苑英华》卷七百六十《寒素论》,中华书局1982年版。
② 房玄龄等撰:《晋书》卷五十八《周处传》附《周札传》,中华书局1974年版。
③ 姚思廉撰:《梁书》卷十三《沈约传》,中华书局1973年版。
④ 萧子显撰:《南齐书》卷四十四《沈文季传》。

丞的沈约以为,王源曾祖位至尚书右仆射,王源的祖父、父亲也都位列清显,而满璋之虽任王国侍郎,满鸾又是吴郡正阁主簿,但是"窃寻璋之姓族,士庶莫辨","王满联姻,实骇物听",为此,沈约特上表予以弹劾。在《奏弹王源》文章中,沈约认为:"固宜本其门素,不相夺伦,使秦晋有匹,泾渭无杂。自宋氏失御,礼教凋衰,衣冠之族,日失其序,姻娅沦杂,罔计厮庶。"王源嫁女满璋之子,是"唯利是图"、"玷辱流辈"、"蔑祖辱亲"的行为,因而他提出弹劾王源,"免源所居官,禁锢终身"①。沈约的这一奏表,一方面说明士庶界限依然非常严格,一旦通婚,就会招致排抑,甚至弹劾;而另一方面,面对当时已经出现的士庶联姻的现象,沈约则表现了他强烈的门第观念。

显然,在当时"士庶天隔"、门阀制度森严的社会背景下,庶族出身的刘勰"欲取定于沈约",当然是"无由自达"。而刘勰之所以像鬻货的小贩,在路边等候沈约外出,将书稿干之于沈约车前,这是因为当时士族与庶族之间虽不能互相来往,但士族或是由于需要生活用品,或是由于生意场上的来往,可以与商贩接触。因此,刘勰在"无由自达"的情况下,"状若货鬻者",这是自达于沈约的一种有效的方式。假设刘勰径直前往沈约的府上,拜见沈约的话,那么,刘勰不仅会招致羞辱,而且很可能得不到沈约的赏识。

三、沈约为何"大重之"?

《梁书·刘勰传》记载,刘勰将书稿干之于沈约车前,"约便命取读,大重之,谓为深得文理,常陈诸几案"。那么,沈约为何对《文心雕龙》"大重之"呢?

有研究者认为,《文心雕龙·声律》篇迎合了沈约提出的"声律"说,因此为沈约所看重。如清纪昀在《沈氏四声考》卷下中指出:"休文四声之说,同时诋之者钟嵘,宗之者刘勰。嵘以名誉相轧,故肆讥弹;勰以宗旨相同,故蒙赏识。"②在《四库全书总目提要》中纪昀又谓:"诗文评之作,著于齐梁。观同一八病四声也,钟嵘以求誉不遂,乃致讥排;刘勰以知遇独深,继为推阐。"纪昀的这一看法也影响了黄侃对这一问题的评论。黄侃认为:"彦和生于齐世,适当王沈之时,又《文心》初成,将欲取定沈约,不得不枉道从人,以期见誉。观《南史》舍人传,言约既取读,大重之,谓深得文理,知隐侯所赏,独在此一篇矣。"这些评论说明了《文心雕龙·声律》篇是刘勰为了迎合沈约的"声律"说而作的,而沈约对《文心雕龙》的"大重之"③,也仅在《声律》这一篇上。对于这样的评论,有学者认为是不符合事实的。如杨明照先生指出,纪昀的评论"其说亦与事实不符,寻文心之定名也,数彰大衍,舍人已自言之。是其负书千

---

① 沈约:《奏弹王源》,萧统编《文选》卷四十,商务印书馆1959年版。
② 纪昀:《沈氏四声考》,转引自杨明照《文心雕龙校注拾遗》,上海古籍出版社1982年版,第407页。
③ 黄侃:《文心雕龙札记》,中华书局1962年版,第116页。

约之前，原有《声律》一篇在内。非感恩知遇，始为推阐也。且声律之说，齐永明时已有争论；而文心为'弥纶群言'之文论专著，特辟一篇论之，乃势理之所必然"①。詹瑛先生也指出："过去有人诽谤刘勰说他巴结权贵，为了迎合沈约的心理，才故意写了《声律》篇来投其所好，因而《文心雕龙》一书得到沈约的赞赏，这显然是不符合事实的。"②

确实，刘勰在《文心雕龙》中对声律问题的研究，是与沈约的"声律"说密切相关的，但是，刘勰的《声律》篇并不是为了迎合、巴结沈约而作的，而是当时文学创作中已经出现了讲究声律的"永明体"作品，沈约等人也已经提出了"声律"说，因此，研究"为文"，注重"割情析采"，且强调"弥纶群言"的《文心雕龙》是不能不研究声律问题的。而且，将沈约的"声律"说与刘勰的《声律》篇相比较可以发现，刘勰在《声律》篇中所提出的声律理论，也不是附和沈约的"声律"说的，两者实际上存在很大的不同。如沈约的"声律"说具体规定了"四声八病"，而刘勰则提出运用的原则，它对人们进一步研究、探索提供了更大的空间；沈约的"声律"标准较严，而刘勰的则较宽，例如同样是对曹植作品声律的评论，刘勰与沈约的看法就不同：沈约未明声律的由来，将春夏秋冬四季来比附四声，而刘勰则明确提出始于人声，它是一种自然的声律理论。因此，刘勰的"声律"理论并非简单应和沈约的"声律"说，而是刘勰自出机杼，有所创新。而沈约对《文心雕龙》的推重，也并不仅仅是《声律》篇的内容。

我们认为，沈约对《文心雕龙》的"大重之"，在于《文心雕龙》的"深得文理"。"深得文理"，是《文心雕龙》问世后，得到的最早的且有权威性的评价。刘勰在《文心雕龙》中所讨论的"为文之用心"，即探讨文章写作和文学创作的基本原理，使文章写作和文学创作具有雕龙般华丽文采。刘勰研究这一问题，是由于当时我国文学发展到了一个"自觉"的时期，文学的高度发展在创作上和理论上都要求加以总结、提高、归纳和概括。并且，随着文学创作出现新的变化，人们对文学提出了审美的要求，把文学作为一种审美形式来认识和把握，所以《文心雕龙》正是我国文学发展到一个"自觉"时期的产物。而当刘勰"论文"的时候，从"文之枢纽"、"论文叙笔"、"割情析采"、"物色时序"，到"才略"、"知音"，全面、系统地研究了有关文学问题。刘勰的《文心雕龙》以其论述问题的全面深刻、理论体系的完备周详，确立了它在我国文学批评史上的独特地位。自沈约谓《文心雕龙》"深得文理"之后，历代都有对《文心雕龙》加以赞赏与推重的，如晚唐陆龟蒙赞曰："刘生吐英辩，上下穷高卑。下臻宋与齐，上指轩从羲。岂但标八索，殆将包两仪。……虽非倚天剑，亦是囊中锥。皆由内史意，致得

---

① 杨明照：《文心雕龙校注拾遗》，上海古籍出版社1982年版，第407—408页。
② 詹瑛：《文心雕龙义证》，上海古籍出版社1989年版，第1209页。

东莞词。"①宋初孙光宪评曰:"降自屈宋,逮乎齐梁,穷诗源流,权衡辞义,曲尽商榷,则成格言,其惟刘氏之《文心》乎!后之品评,不复过此。"②清代章学诚称之云:"《诗品》之于论诗,视《文心雕龙》之于论文,皆专门名家,勒为成书之祖也。《文心》体大而虑周,《诗品》思深而意远。"③现代鲁迅先生则把《文心雕龙》同亚里士多德的《诗学》相提并论,指出:"篇章既富,评骘遂生,东则有刘彦和之《文心》,西则有亚里士多德之《诗学》,解析神质,包举洪纤,开源发流,为世楷式。"④这些评论与沈约所说的"深得文理"是一脉相承的。由此也说明,《文心雕龙》的"深得文理",即对文章写作和文学创作的基本规律和特点的揭示和论述,是沈约对《文心雕龙》"大重之"的主要原因。

而沈约之所以能认为《文心雕龙》"深得文理",又在于刘勰在《文心雕龙》中提出的一些文学观点与沈约自己的文学见解相同或相近。沈约虽然没有像《文心雕龙》那样的文学批评专著,但是从沈约一些零散的论述来看,其文学思想也是相当丰富的,对一些文学问题的看法有自己的见解。如沈约的《宋书·谢灵运传论》,就是一篇比较集中反映他文学思想的重要文章,文章中所提出的一些见解多与刘勰在《文心雕龙》中提出的观点相接近。在某些问题上,或许刘勰还受到过沈约的启发。刘勰与沈约较相同的文学观点主要有:

第一,关于"情志"说。沈约提出:"民禀天地之灵,含五常之德,刚柔迭用,喜愠分情。夫志动于中,则歌咏外发。"⑤沈约继承和发展了我国传统的"情志"理论,强调了诗歌是人的情志外发的产物。《传论》特别指出:"平子艳发,文以情变。"曹氏二祖、陈王"以情纬文,以文被质",说明了诗歌创作要根据情志以组织文辞,又要用文辞来润饰情志。在情志并重的前提下,沈约偏重于文藻形式,如他赞赏二祖、陈王是"咸蓄盛藻",潘、陆是"缛旨星稠,繁文绮合",颜延之是"体裁明密"。而他对东晋玄言诗的鄙夷,是由于其"莫不寄言上德,托意玄珠,遒丽之辞,无闻焉尔"的抽象空洞的说理。在"情志"理论上,刘勰在《文心雕龙》中所表现的观点与沈约是一致的。如《征圣》篇曰:"志足而言文,情信而辞巧,乃含章之玉牒,秉文之金科矣。"《情采》篇云:"文采所以饰言,而辩丽本于情性。"等等。同样,刘勰对玄言诗也作了批评,所谓

---

① 陆龟蒙:《袭美先辈以龟蒙所献五百言既蒙见和,复示荣唱,至于千字,提奖之重,蔑有称实,再抒鄙怀,用伸酬谢》、孙光宪《白莲集序》,转引自杨明照《文心雕龙校注拾遗》,上海古籍出版社1982年版,第433—434页。

② 陆龟蒙:《袭美先辈以龟蒙所献五百言既蒙见和,复示荣唱,至于千字,提奖之重,蔑有称实,再抒鄙怀,用伸酬谢》、孙光宪《白莲集序》,转引自杨明照《文心雕龙校注拾遗》,上海古籍出版社1982年版,第434页。

③ 章学诚:《文史通义·诗话》,叶瑛校注《文史通义校注》,中华书局1985年版。

④ 鲁迅:《论诗题记》,《鲁迅研究年刊》1974年创刊号。

⑤ 沈约:《谢灵运传论》,《宋书》卷七十六《谢灵运传》,中华书局1974年版。

"何晏之徒,率多浮浅";"诗必柱下之旨归,赋乃漆园之义疏"。①

第二,关于文学艺术的产生。沈约认为:"虽虞、夏以前,遗文不睹,禀气怀灵,理无或异。然则歌咏所兴,宜自生民始也。"自有人类产生以后,表现人的思想感情的文学艺术也随之产生了。在《宋书·乐志》中,沈约也表达了同样的观点,他说:"民之生,莫有知其始也。含灵抱智,以生天地之间。夫喜怒哀乐之情,好得恶失之性,不学而能,不知所以然而然者也。怒则争斗,喜则咏哥,夫哥者,固乐之始也。"在这个问题上,刘勰也提出了与沈约相同的观点,《原道》篇论述"文"的产生,从天地中产生的人,"为五行之秀,实天地之心。心生而言立,言立而文明,自然之道也"。有思想情感的人受外物的感召,于是借助于诗歌表现出来,"人禀七情,应物斯感,感物吟志,莫非自然"②。因此在《明诗》篇阐述诗歌的起源时,刘勰就是从传说中远古帝王葛天氏的乐曲谈起,"葛天氏乐辞云,《玄鸟》在曲;黄帝《云门》,理不空绮"。

第三,关于"三变"说。沈约在《传论》中提出了"三变"说:"自汉至魏,四百余年,辞人才子,文体三变。"在具体的分析论述时,沈约不仅以历史的眼光对以往的文学进行分期,而且特别注意每一时期的特点,突出一个"变"字。西汉"相如巧为形似之言",东汉"班固长于情理之说",建安"子建、仲宣以气质为体"。根据沈约的论述,自西晋到宋初,也有三个时期三种变化:西晋"律异班、贾,体变曹、王";东晋"玄风独振";宋初"仲文始革孙、许之风,叔源大变太元之气"。沈约的这一段论述,是刘勰之前较为完整的先秦至刘宋的文学发展小史。刘勰在《时序》篇中提出的"时运交移,质文代变",从唐、虞到宋齐,分析了"蔚映十代,辞采九变"。《通变》篇通过"九代咏歌,志合文则",指出"文律运周,日新其业。变则其久,通则不乏"。在这里,我们可以看到刘勰不无受到沈约的一些启发。

第四,关于"声律"说。"声律"说的提出,是沈约对我国文学的一大贡献,这也是他自己特别矜夸之处。《梁书·沈约传》载:沈约"撰《四声谱》,以为在昔词人,累千载而不寤,而独得胸衿。穷其妙旨,自谓入神之作",自诩为"自骚人以来,此祕未覩"。虽然"声律"说并非由沈约一人所创,但是由于沈约在世时间较长,加之他文坛领袖的地位,所以"声律"说成为沈约的一个重要学说。而沈约在《谢灵运传论》、《答陆厥书》、《答甄公论》等多篇文章中论及"声律"的问题,并撰有《四声谱》。沈约在《传论》中提出的"欲使宫羽相变,低昂互节,若前有浮声,则后须切响。一简之内,音韵尽殊;两句之中,轻重悉异",就是强调在诗歌创作中发音高低轻重不同的字应互相间隔运用,使语音具有错综变化、和谐悦耳之美。沈约的"声律"说,揭示出我国古

---

① 刘勰:《文心雕龙》——《程器》、《时序》、《明诗》,周振甫注《文心雕龙注释》,人民文学出版社1983年版,第479页。

② 刘勰:《文心雕龙》——《程器》、《时序》、《明诗》,周振甫注《文心雕龙注释》,人民文学出版社1983年版,第48页。

代诗歌在语言形式上具有独特的声韵之美。受沈约"声律"说的影响,刘勰的《声律》篇专门研究了"声律"问题。刘勰认为"声律"是文学创作的一个"关键","故言语者,文章神明枢机,吐纳律吕,唇吻而已"。声律作为构成文学作品艺术形式美的一个重要因素,文学作品的语言运用声律,就能使作品"声转于吻,玲玲如振玉;辞靡于耳,累累如贯珠矣"。刘勰提出声律和谐的原则是:"凡声有飞沈,响有双叠,双声隔字而每舛,叠韵杂句而必睽;沈则响发而断,飞则声飏不还:并辘轳交往,逆鳞相比,迂其际会,则往蹇来连,其为疾病,亦文家之吃也。"这与沈约所说的"宫羽相变,低昂互节"是相一致的。刘勰的"声律"论既有对沈约理论的继承,又有所发展。

由上可见,沈约与刘勰在许多重大理论问题上的观点是相一致的。沈约与刘勰虽有身份的士庶之隔、地位的"贵盛"微贱之别,但两者"文心"相通,共同的文学兴趣、相同的文学观点,使得沈约对《文心雕龙》"大重之",引以为文学上的知音。由此,在我国文学史上留下了一段千古佳话。

惊醒之后：如何治疗知识分子的"伤口"？
—— 对《叔叔的故事》与《青狐》的一种解读

◎ 周晓扬

　　王安忆和王蒙一直是阅读、批评界多年来十分感兴趣的小说家。前者，可以说是一位超越了一般的性别意识的出色的女性作家；而后者则以不断地突破自我闻名。在此篇论文中，笔者要批评比较的是他们的两部小说作品，一是王安忆写于1990年的《叔叔的故事》（以下简称《叔叔》）；一是近期出版的王蒙的长篇小说《青狐》。对学术批评来说，更重要的不是注意现代社会传媒对知名作家一些有争议的作品的炒作，而是要通过细读作品文本去厘清他们的文本的基本主题和价值倾向，并从历史的、审美的角度给作品文本以较准确的文学史的定位。《叔叔》似乎已是明日黄花，《青狐》却可能持续热闹（只要还阅读小说的人都会感觉到这七八年来小说家对"情色"描写的热衷，《青狐》之后又有叶辛的《华都》等）。两部作品的写作虽只隔十年，而且其个案的意义与特征都相当突出，但笔者发现它们的可比性实在很强，其创作心理、文化哲学意念、历史意识、社会看法和文学价值取向等沉潜浮动在作品里，使《叔叔》和《青狐》产生了明显的"互文性"。这表现为，一是共同的对中国知识分子的当代历史命运和精神发展的畸形化的惊人体验与揭示，故而我们可以将它们作为"历史小说"[①]来阅读；二是清醒的对自我群体的批判立场——这表现为小说中比比皆是的自反性疑问；三是两部小说也可以作为"性别寓言"来解读。总之，"生活在我们今天'分化了的'社会中，已经使我们不能从故事中和生活中去看到'我们自己'了，但是我们能够通过讲述我们自己的故事来理解'我们自己'"[②]。批评是一种再理解，笔者希望以本文对《叔叔》和《青狐》进行新的把握和理解。

---

　　① "历史小说"的提法，此处根据的是西方的概念，指的是小说中故事发生的时间具有"历史性"，叙述的时态常常采用过去时，而且人物的命运都与历史事件和国家大事息息相关。
　　② 麦地娜·萨丽芭：《故事语言：一种神圣的治疗空间》，见王逢振主编《西方文论选》，漓江出版社2004年版，第141页。

一、历史的残酷与知识分子的畸形

如果人是时间的动物,那么,小说就是历史的文体,因为小说是对一段时间或多段时间的记忆和叙述。《叔叔》和《青狐》两部小说中的人物虽然都活跃在我们熟知的这十多年的时间里,但故事的结构却是具空间感的,作家是把人物放入一个更大的历史画面的语境之中。他们以传统的历史主义的态度加上后现代主义"建构理解历史的方式"(保罗·里克尔),结合现实主义的手法和元小说技巧,一方面使中国知识分子自 1949 年以后的历史得以"自然显现";另一方面却又以作家自我的强烈渗入,批判地分析这一历史行程。《叔叔》的作者由于相对年轻,小说更具有"想象的重构"之后现代小说的色彩,而《青狐》表面叙述散漫、缺乏自我控制和背离故事语言的地方甚多,但对知识分子的历史进行理性的梳理仍是其主要目的,所以,现实主义精神仍是小说写作的主要根基。

但不管如何,《叔叔》与《青狐》的基本主题是有着绝妙的一致的,那就是对中国知识分子的历史性危机的展示和反省。无论是王安忆的叔叔,还是王蒙的卢倩姑、杨巨艇、米其南、紫罗兰、雪山、钱文等,从 1949 年到现在,均是与百姓民众不同的"人物"。他们从 50 年代进入革命的体制以后,直接参与着当代历史的形成,也被这历史所不断塑造。有春风阳光对他们成长的关爱,亦有风暴灾害对他们人格心灵的扭曲。在两部小说中,历史给予这一群体重大撞击的时间段大致是三个:一是 1957 年的"反右",二是"文革",第三就是由"政治中国"转向"经济中国"的新时期了。这或悲或喜的三个时间,对中国知识分子群体的人格、命运、世界观、价值取向的左右作用是巨大的。但小说的主要用意不在这里,那样导致的仍将是一种外向性批判和控诉。新意应该是在这里:通过小说中作家与人物的大量自反性疑问,感觉中国知识分子的历史性危机,并从其"伤口"中找到顽固滞留和繁衍的病毒,也就是说,必须进行对自我的严厉审视和批判。

历史对人的残酷性通过知识分子的命运与人格显示出来,是这类小说越来越受到社会瞩目和读者欢迎的原因。其实到现在为止,知识分子这一群体仍是神圣的,知识优先在目前的中国是绝对的真理,传播历史的知识和构想新的知识的任务主要由知识分子来承担,所以,知识分子的神圣、权威地位是无法被质疑的。正是如此,知识分子必须基本符合现代社会和民众给予他们的这一崇高的地位、期望。但现代社会多元化、世俗化的特点,决定了对神圣、权威的"去魅"是一股不间断的潮流,知识分子作为社会的结构因素,他们的生命形态中的肮脏和心灵里的黑暗这些垃圾,对知识分子群体的腐蚀以及对社会的危险,正成为知识分子写作的重点。"文革"后从张贤亮、刘恒、张承志到格非、余华、贾平凹等再加上一个王朔,许许多多作品对这一群体的精神与身体的脆弱畸形都有相当的揭示。王安忆和王蒙自然也是不甘人后。但王安忆在《叔叔》这一文本中,于平淡舒缓的叙述下掩藏着更强烈的对知识分子的道德焦虑,同样,王蒙的《青狐》也超越了他1986年的《活动变人形》,体现了跨世纪后知识分子写作对"焦虑的时代"(W.H.沃顿)的呼应。故,在今天的写作有很大一部分越来越成为市场化的"单纯"的写作,成为"内容的提供者",或仍自恋于"语言就是一切"的时候,像《叔叔》和《青狐》一类文本就显得弥足珍贵(虽然它们也有不少问题),至少,它们提醒我们关心和治疗知识分子的伤口比将他们神圣化权威化更紧迫。

不过,以什么样的叙述风格来书写这一焦虑是不能忽视的。总的来说,王安忆是用有节制的反讽而王蒙则是用辛辣的嘲弄,一个体现了行文里的淑女风格,一个却是男人的霸气。虽有这些区别,但读了也使人痛快——痛苦中的痛快。看叔叔和卢倩姑等人,是看历史,也是看现实;是看"他者",也是看"自我"。酸甜苦辣咸,五味杂陈的滋味常无法言说。叔叔与卢倩姑等人本来均属于启蒙和革命时代的人物,他们与五四以后的大部分中国知识分子一样,既对中国的革命有过纯真的信念和狂热的激情,同时也受西方人文主义的深刻影响,作为人文知识分子作家,可能他们对后者抱有更大的兴趣,因为人文主义的信念——"每个人在他或她自己的身上都是有价值的——我们仍用文艺复兴时期的话,叫作人的尊严——其他一切价值的根源和人权的根源就是对此的尊重"①更符合知识分子内心解放的需要。而内心解放并不仅仅是针对精神的,也延伸到生命的创造的潜能得到最大限度的释放这一意思。叔叔和卢倩姑比旁人的特殊之处,也是小说吸引读者的地方,是旺盛的生命本能/欲望本能与1949年以后建立的主流意识形态的"社会过滤器"(弗罗姆)对此进行不断压抑形成的强烈的冲突。叔叔的"原罪"在于对革命和人生的过于浪漫,也在于对女性的小布尔乔亚式的想象和膜拜。而1949年以后的中国,其革命伦理规范以及社会意识形态,对此都是剔除和摒弃的。同样,生得妖冶而吊诡的卢倩姑、心中涌动着强烈的本能欲望的这一不驯服的女性,她在碰了许多壁吃了不少亏后,也知道要将哪些思想情感压抑在无意识之中。但即使如此,生得美丽加上出身不好,再加上有才,她的"原罪"也够内容丰富的了。如是,叔叔和卢倩姑一样,必须首先接受精神心灵上的"木质化"。他们试图抗争过这一历史的宿命,可只落得个人性和人格扭曲的下场。而他们以后的工农化、粗俗化甚至自轻自贱,表面上使他们获得了"新生",其实却是知识分子主体的断裂和沉沦。中国当代历史对这一代知识分子的"雕刻"是惊人的,而他们在控制和压抑下形成的一种几乎是自觉的异化意识也是令人悲观的。所以,我们应该更注意到,小说对全民狂热的中国当代革命中知识分子的精神溃散和道德危机的思考。《叔叔》和《青狐》作为历史隐喻的小说,均以"国家大事"和"个人私事"的双重结构线索,经纬交织成历史和个人生命的时空。"国家大事"的话语

---

① 阿伦·布洛克:《西方人文主义传统》,三联书店1997年版,第234页。

概念在文本中比比皆是，如革命、斗争、真理、组织、民主、民族、社会主义、共产主义、意识形态、国际形势等（当然王蒙运用得更加娴熟，这是他作品的一贯风格），这些极其抽象的、庞大的名词组成了个体生命上强大的精神网络，使个人的生命的本能、意识、情感和生活模式不断地向它们皈依，虽然这一皈依过程对不少人是十分痛苦和不情愿的。比如叔叔在50年代"反右"中被划成右派驱赶到乡村后，立刻陷于农民文化之中，他没有像张贤亮笔下的章永璘那样，以超凡的智慧和能力弥合农民文化和知识分子文化在一个人身上的鸿沟（叔叔不具备这样的"超人"式能力），他只能放弃个人主义和浪漫情怀，一步步地撕裂自己——将自己从西方人文主义的理想天国中返回到粗粝的中国大地，从思想到身体全面转移到农民文化的怀抱中——要比农民还农民，他才能活下去。而卢倩姑也不例外，即使生活在城市，也必须装愚守拙、灰头土脸，一直这样坚持下去，也许才能使别人不再往她头上泼"克夫"和"骚货"的污水。由卢倩姑熬成青狐，表面上是她逢上了"尊重知识尊重人才"的历史机遇，实际上却是她多年修炼的必然结果。在小说中，叔叔和青狐都算社会名流、成功人士了，但揭开这辉煌美丽的面纱，异化的丑陋却令人震惊。

小说已没有了80年代文学中对知识分子心灵的"苦难的历程"的狂热自恋。或许两位作家都认识到，中国的知识分子本身就缺乏对社会人生、主体自我长久追问、关怀和思索的执著而坚韧的意志。他们很容易走向非理性和散漫状态，也很容易知足常乐，在今天对名利的热衷更是举世闻名。只要得到名利，很多人就可以放弃自己的自由意志与思想追求去维护现存的秩序，并从放纵自己的身体欲望中消解精神痛苦。我们可以清楚地看到，叔叔与青狐和历史政治体制的裂缝，在他们的命运和价值观念的发展转换中不断地被填补和缝合。知识分子这一群体在世纪末前后陷入堕落与沉沦，正是由于90年代以来不少人与传统的士大夫忧患意识、现代的革命的乌托邦理想主义告了别，虽然他们还常常把这些宏大的名词挂在嘴上慷慨地说来说去，但一方面是为了获得体制的青睐得到位子、房子、票子；另一方面则是为了掩盖自己放弃精神追求后"话语"的空虚。正如王安忆揭穿了叔叔的后半生的生存之道不外乎是一切为了自己，而且为了自己个人可以抛弃社会责任、家庭责任甚至民族尊严一样，王蒙调侃卢倩姑的"成熟"是：

> 她已进入中年，她已遍体鳞伤，她已颇谙世故，她已灰心丧气，她也得到了领导同志的嘉许，她也是正正经经的共产党员。

而更有意思的是，作为一个名女人，她虽然没有得到可终生厮守的所谓刻骨铭心的爱情，但她并不缺乏各种"爱"，比如和杨巨艇、王模楷以及雪山的儿子雪堆等（当然，这其中也影射了文坛里一种类似生物学意义上的"共生"现象）。

阅读这两部小说，可以让我们想起90年代中国学界的两场论争。一是关于人文精神是否失落的讨论,二是紧随其后的关于"后启蒙"的论争。其实这两场论争的核心问题都是为了寻求 80 年代启蒙之后,在市场经济的文化语境下,中国知识分子的精神发展的方位。无论东西方知识分子,他们的职业特征就在于思考、而且是自由的思考。可惜的是,由于相当一部分中国的知识分子近年来心灵的浮躁和对名利的过度追逐,他们不仅对 80 年代的中国式启蒙失去了深切的回忆和深刻的再认识,而且还通过一味地描绘、鼓吹后现代主义在中国的"假象"为己所用。所以不管两部小说的作者写作的主观动机是什么,但对上述危机的揭示是清醒的。中国知识分子在世界范围内,仍是一种特殊的一群,他们原来好像非常"感时忧国"(对此海外学人李欧梵还认为是个框框应该突破),可现在不同了。并不仅仅是市场对人文写作冲击和排挤的结果。90 年代以来中国读者对文学阅读的持续麻木和冷淡(这里的"阅读"主要指的是纸上的阅读),在于写作很少能给读者提供"惊"和"痛"的东西,包括叔叔和青狐这样所谓著名的作家,他们在进入写作的时候,可能带着的都是这样一种心态:反正……他/她在 20 世纪的生活失败了,他/她的全部创作失败了,文艺在新时期的追求失败了,人类文明与迄今的文明史失败了……(《青狐》中王蒙对卢倩姑一种"世纪末"心态的概括,笔者认为也适用于叔叔这一人物)干脆就将写作游戏化和职业化吧!甚至可以利用传统的民众对作家的神圣感和迷信多多地攫取吧!如果人文知识分子尚且如此,如果他们立足于世首先要照顾和满足的是自己"沉重的肉身",像叔叔和《青狐》中那个十足肉欲的米其南,那么,民众也可能抛弃这样的无限的肉身化的知识分子。从《叔叔的故事》、《欲望的旗帜》、《桃李》等小说到《青狐》,其中隐含的"后启蒙"意思是清楚的,中国知识分子确实应该特别重视拯救自己的问题,我们到了重返信仰的时候了。

通过叔叔和青狐们的命运的寓言所表现的知识分子问题是否具有普遍意义?这实际上是难以论证的。因为我们无法量化无法得到公认的数据。但王蒙的《青狐》中的大量的材料确实可以对应历史和现实里的人和事,虽然我们仍认为它是"小说"。萨义德在《知识分子》中指出,知识分子的生命存在的形式更应该是"从事批评和维持批判立场",但从历史到现实,许多知识分子却与之相违,如同政治评论家卜大中在《知识分子的道德贫困》里痛心疾首地说"原来这么多顶着历史光环的圣贤智者,人格竟是如此卑劣下作"[①]!因此,沉溺于对"后启蒙"夸夸其谈的人,不如细读一读近年来以知识分子问题作为主要写作内容的小说。

---

① 见保罗·约翰逊《所谓的知识分子》一书卜大中的推荐序,杨正润等译,台湾圆神出版事业机构究竟出版社 2002 年版。

二、身体与性:两部小说相同的副主题

《青狐》以王蒙第一次露骨地、大范围地写性而赢得了市场的"卖点"。小说中写人叙事突出"性"从 80 年代早已开始,无论男女作家,都有不俗的尝试和表现。笔者也早在论述这种创作现象时表达过一己的基本观点——无论是 80 年代创作里整体的性写作的抬头,还是女性写作中极富挑战男权意味的"身体叙事"策略的持续,或是晚生代作家的"私人化"、"欲望化"的滥觞以及新新人类的"下半身写作",关键的问题不在于写不写性,而在于能否将"人这种动物"生命本能中的"性"转化和上升为文学里具诗性品格的事件。① 但 90 年代特别是跨世纪以来,性在文学写作和其他写作中有扩大化的倾向,在不少作品里的覆盖面甚至达到了令人担忧的地步。而近几年更有中老年作家的激情加盟,这确实让人感到了迷惑和不解,连王安忆最近也发出"我们写性还能写到什么程度"的感叹②(王安忆虽然从 80 年代就以多部作品中的性描写引起社会的注意,但其节制与平缓的叙述以及努力向诗性的倾斜,并未招致"不道德"和"色情"的批评。她似乎一直在探索生命的女性化表现和身体的政治化、民族化的主题,弗洛伊德的精神分析学和萨义德的后现代文化研究对她有很大帮助,这一点主要从她的多部文本中可以看出)。当然,小说中一波又一波的性描写潮流,并不表明"文革"后文学的整体的非道德化和色情化,除非写作者起初就考虑使其作品成为一次性的消费品,否则,我们也可以说,对身体与性的强烈关注,仍然会持续很久,如果还有许多作家只能通过身体这一象征系统,去激活社会人群的想象、思考和对生活的激情的话。

对身体和性的处理,有两点在他们的小说中是相同的。第一,出于基本主题的近似,对主要人物叔叔和卢倩姑的身体和性的描述,针对的是中国当代历史革命政治文化对个人生命与性本能的压迫和规范,这十分类似于 18 世纪法国大革命中的一种当时的特定的文化现象。自 1949 年到接近世纪末,社会主义新文化中对身体与性的文化价值观是以工农兵(也即下层人民)的观念为标准的,形成了"日常生活政治化"和"私人生活公共化"的体制模式。叔叔是"年轻得还没来得及谈恋爱"就稀里糊涂地成了一个右派被赶到了乡下,"他没有女朋友,因此就没有人与他联手演出伤感的离别剧"。他后来的婚姻也很符合时代的要求,他和他的农村女学生结了婚,故而王安忆不无揶揄地说,这婚姻形式里"含有一个朴素的自然人与一个文化人的情爱关系;又有一个自由民与一个流放犯的情爱关系"。可时代转换就物是人非了,叔叔终将抛妻弃子,走上一条与传统道德背弃的道路。这一类小说情节(其实也是

---

① 周晓扬:《二十年小说思潮》,江苏教育出版社 2003 年版。
② 林蔚文:《王安忆质疑诺贝尔奖作家》,《南京晨报》2004 年 5 月 7 日。

中国知识分子在50年代和"文革"中较普遍的生活境遇),常使批评处于两难的判断境地。但值得注意的是,正是乡村女性出于对文化人的崇拜和传统的对夫权的服从,叔叔感到了生活的希望,"在许多人自杀的日子里,叔叔活了下来"。不过,活下来的叔叔却不是张贤亮小说中的章永璘,他一点点地世故着城府着,洗去知识人的文雅和绅士换上乡村的粗俗、野性和狡诈,以使自己的食和性得到满足:

> 叔叔变成了一个肉欲主义者,他变得贪得无厌。他学会了喝劣质的白酒,用报纸边缘卷粗劣的烟丝吸,到了夜里就力大无穷,花样百出,使得妻子彻夜无法安眠,他甚至学会了本地男人特有的传统本领,就是打老婆……满街撵着嗷嗷哭的女人,就好像撵着一头不肯回窝的母猪……有时候,他喝了酒,就骂骂咧咧的……

而卢倩姑呢?少女的时代也跟叔叔的境遇差不多。由于她长得太像中国人眼里的"外国人",性格又灵动活泼,总显示出"珍禽异兽,生猛活物"的样子,就格外地容易惹上是非,什么未婚先孕啦、一而再再而三地"克夫"啦,这些与主流意识形态和社会主义新文化舆论相悖的女性形象以及生活作风模式,必然为社会所不容。因此,她只剩下一个心心相印的人,那就是血缘割不断的母亲(但那"母亲"也太"女巫化"了,卢倩姑与其母的关系也是"剪不断、理还乱"),在社会和母亲的"教导"、"帮助"下,她也只能像叔叔一样工农化、世俗化,长期"一直过着平庸野蛮卑贱粗糙的生活,生活已经褪尽了她身上的光彩,生活已经删尽了她举止的风仪……"。可是,谁又能为叔叔和卢倩姑这类知识分子不幸的青春遭遇负责呢?第二,即使历史政治的压抑和规范十分强大,两部作品仍写出知识分子受西方现代文化影响熏陶的顽固沉淀,小说描写了他们的精神对身体的控制和失控、身体与环境时空的互动的情况,以考察知识分子的身体和性的历史发展。维特根斯坦曾说过一句话,大意是,人的身体是人的灵魂的最好的图画。《叔叔》与《青狐》不仅注意到1949年以后的社会主义革命文化对人的身体压抑的规范,而且也以非常相似的情境设置中的人的身体的活动,表达这样一种观念:身体是一个多层次的、多维度的、变化中的现象,身体一方面受制于具体的文化生活和社会秩序,另一方面也随历史境遇的变化而变化。小说如何以空间的更换表现出"世界身体"、"社会身体"和"政治身体"的一面(根据西方社会学家约翰·奥尼尔的五种分类法,此为其中三种),并以此暴露出知识分子的灵魂的伤口所在,阅读以后很让人深思。比如《青狐》中有一个与叔叔十分相似的人物米其南,也是"文革"后靠写作翻身的作家,他和叔叔一样凭着天赋、才能成为当今的社会名流之后,便从禁欲主义走向了纵欲主义,并以此作为对知识分子苦难历史的补偿和对以往政治强制肉体的报复。这体现知识分子精神形态中的残缺:在无爱的身体与性的游戏中虽达到了自我陶醉并得到了别人的艳羡,但内里则是精神的空虚、孤独,失去了"爱"的能力的表现,这一点在男性知识分子身上尤其突出。再比如,两部小说中还为叔叔和卢倩姑的身体表演安排了一个海外背景的框架:欧洲的德国。小说以有趣的情节,探讨了中国知识分子的身体进入世界范围内引起的反应和"出格"的表现。叔叔的可悲可笑在于,他以为自己作为中国社会名流的男人的身体,对西方的女学生也有着诱惑力,于是想用惯用的伎俩俘获日耳曼女孩。卢倩姑基于前半生身体的痛苦的经验,本来"已经先验地拒绝了任何男人",但在出访欧洲期间,身体却得以苏醒,"全身一直着着火",而且"她愿在这次欧洲之行中化为灰烬"。她先是主动对潜意识中心仪的中国同行王模楷示爱,被对方装作视而不见后她心中大骂道:"没有办法,中国已经没有男人,中国已经没有爱情。"且诅咒王模楷"早晚淹死在大海里";接着,又将视线转移到英俊的中德混血儿雷先生的身上,并产生了浪漫的性幻想,但也遭遇失败。最后,她只能认为"资本主义不但有性骚扰,而且有性谋杀":

> 二十年后,她一想起这位英俊的朋友就旧恨新仇,痛心疾首。世界上竟然有这样狡猾的动物,把中国人的诡诈和欧洲人的自私冷酷融合在一起。她在一篇小说中描写了这样一个人物,把他骂了一个狗血喷头。

这里,我们可以借用和改动张洁某小说中的一句著名的反问来思考知识分子的这一问题:他有什么病?她有什么病?他们在身体和精神上到底有什么病?

由上面两点的相同,我们还可以引申出对知识分子的身体和性的其他方面的思考。应该说,这两部作品在身体和性以及知识分子的婚姻状况的描写上,确实称得上信息量巨大。首先,我们可以从社会伦理学的角度比较一下知识分子在这方面与民众的区别。对于下层百姓来说,他们从来不曾把知识分子看成是与自己一样的百姓,因为知识分子有文化、有思想,而文化和思想的产生正由知识的积累与创新而来,所以他们更应理解也更能实践《圣经》中亚当和夏娃的故事就划分好的两分模式,如欲望与限定、身体与灵魂、规范与选择、清白与耻辱等,而人类历史的发展特别是本能欲望的成长和物质的进步带来的道德痛苦,也应该首先由知识分子进行追问和承担。这是由于知识分子善于以知识和文化来进行思考,而不会常常沉溺于本能的驱使和直线思维,再加上知识分子注重自己的名节和身份,并时刻注意维护其"谦谦君子"的形象。当然,知识分子也吃饭、穿衣、繁衍后代,也为生存而烦恼忙碌,《青狐》里的卢倩姑就热衷于做饭特别是为她青睐的男人做饭(这完全是传统女性的特点也是女性的弱点)。但知识分子与老百姓比较,总的来说,对精神的、文化的、学问的追求确实是超过对自己身体的直接需求的关注的。长期以来,他们比下层百姓更压抑自己的身体,甚至从某些方面去看,他们所从事的职业影响了他们的家庭生活和性生活的质量,他们不一定比下层人更幸福。这从北村的《张生的婚姻》和《玛卓的爱情》里读者就领悟过。现代知识分子比传统文人更尴尬的处境还在于：一方面仍要克制自己的身体保持社会形象中的"超凡"形态以精英自居；另一方面却要带头恢复自己的主体意识和感性，而主体意识和感性又不仅仅是思想的问题，也是身体的问题。这就是现代现象学大师胡塞尔的信徒、法国心理学家莫里斯·梅洛-庞蒂所说的"身体不再只是世界中的一件物体，处在一个分离出的精神的监管范围之下。它是处在主观的一边；它是我们对于世界的观点，精神就在这个地方呈现出一定的物理和历史状态"[1]。但古老的笛卡儿式的两难仍占据着知识分子的身体和心灵。《叔叔》里的叔叔从婚姻中逃离出来就不会再趟那汪浑水，并尽可能地拒绝历史的残留物——前妻和儿子。叔叔在小说中终于实现了他"正大光明式的自私"，以追求个人更大程度上的自由包括身体与性的自由。可是，叔叔自己也好，作为叙述人的王安忆也好（我们可以把作者和叙述人在此篇小说中合而为一），他们都承认这件事使他们永远不能达到人生"欢乐"的境界了（王安忆在小说中多次反复比较和说明"欢乐"和"快乐"的不同）。而《青狐》中也处处揭示着知识分子的这种尴尬——思想和身体的双向自由和解放是很难达到的，而且它的理想和标准形态是什么，谁也说不清的。那么，长期沉醉于意识形态和各种学术背景中的知识分子，在他们表面的灵活的思维之下，身体与肌肉是否已僵硬？他们是否还有与民众一样真实的身体？他们的身体是否还带有着它们所有的本色功能植根于普通的日常生活之中？我们发现，《青狐》中的知识分子夫妻的生活几乎都不正常，最典型的如紫罗兰和白有光，这对政治夫妻的家庭仅显示一个政治单元的功能，天然家庭的特性是没有的，但奇怪的是夫妻的感情照样牢不可破，它建立在体制化的知识分子对权力的追逐和维护上。夫妻感情最带有老百姓的色彩的是钱文和东菊，但这一对也有问题。更让人啼笑皆非的是以袁达观为代表的一种知识分子身体解放的"闹剧"，他参加一个作家代表团在欧洲的表现是"在旅馆看了大半夜的色情电视并且席卷了房间迷你酒吧里的小瓶洋酒，引起了东道主拒付的财政交涉"——在国内是启蒙民众和高谈阔论的知识分子，到了西方竟比农民还农民，而对"色"与"食"的饥饿的补偿是以"国格"的蒙羞去达到的。

其次，我们再从作家的性别意识和立场的角度去看这两部小说，又可以发现性的政治如何控制和左右作家的潜意识并在创作中流露出来。在现代社会，身体与性是个体文化资本的重要方面，在这个意义上，身体与性的活动既是不同社会阶层的人的文化实践，而且是权力的表征。所以，男女两性对身体与性的看法是有区别的。有趣的是，作为不同"代"的作家（王蒙属于"五七战士"一代而王安忆则可归属于"知青"一代），王蒙以男性的身份去写以女性人物为主角的《青狐》，而王安忆却是以女性作家的眼光虚构出一个"叔叔"。也许从表面上看，作家在写作中并没有暴露出明

---

[1] 亚历山大·罗伯逊：《贪婪》，胡静译，上海人民出版社2004年版，第78页。

显的性别意识和立场,但根据知觉现象学的研究证明,任何人的对外的知觉都是从自我身体的这一特殊地点和角度出发的,再高级的知觉也与身体紧密无间。那么,作家在自己的文本独立于世之后,是无法否认和规避阅读和批评从文本里体悟和总结出的性别意识和立场的。先看看王安忆。尽管她在一系列小说中清醒、冷静地描写和批评女性对男性的附庸意识以及贪图享乐、小奸小诈、多疑善变等人格缺陷(她的"三恋"和《逐鹿中街》、《我爱比尔》是最典型的作品),但她仍有一个基本的女性主义的立场——女性在传统社会是弱者,在今天中国式的现代社会,也远远没有达到成为强者或者说与男性平等的目标。所以,在《叔叔》中她通过对叔叔这个人物的想象虚构,完成了还原当代历史和知识分子的精神史后,还把写作的重点放在叔叔的情爱史上,以表达对父权(也即夫权、男权)霸权的现实延续的深刻思考。在小说中有三组关系令人回味:一是叔叔与妻子的关系;二是叔叔与妻子以外的女人们的关系;三是叔叔与儿子的关系。在这三种关系的叙事中,王安忆均是在表达了对叔叔有限的理解和同情以后,立刻转入反讽和揶揄。叔叔经历过历史的痛苦以后,由写小说而发达,"由于写小说这一门工作,他的人生竟没有一点浪费,每一点每一滴都有用处"。小说"拯救"了叔叔,使这只苦守于乡野小镇的不死之蛹,化蝶翩飞在城市的上空和自己的粉红色的卧室里,他还常常飞到国外,"他好像是一个现代的普罗米修斯,他崇高的苦难是他的宝贵的财富,供他作出不同凡响的小说,还供他俘虏女孩"。在叔叔快乐的渔色过程中还掺杂着他烦恼的日常生活的碎片,如拉锯式的、锱铢必较的与乡下妻子的离婚,对亲生儿子几乎是丧尽天良的抛弃。在叔叔辉煌的"新生"、"成功"、"名流"的面具之后,王安忆描画了性政治的冷酷实质,而且性的权力的掌握者还是由男性知识分子来代表的。而初读《青狐》,我们会被王蒙表面上的向女性主义倾斜的立场所打动。卢倩姑这一人物对作家贡献极大,因为"这个女人就是一部交响,就是我的长篇小说新作的最新乐章"。确实,这个女性作家的命运史就是中国当代的政治史、革命史,也是知识分子进入体制的历史,可以说,没有这个女性,王蒙就无法与历史"告别"。应该说,《青狐》中的女性世界比男性世界更生气勃勃自由灵动。但即使如此,王蒙仍难以隐藏他的男性比女性更优越的性别意识。女性仍然是男性作家思考政治、历史、革命、文化、道德的"载体"和"替代物",传统的两性二元论即:男人是思想的、头脑的,女人是身体的、自然的……仍在小说中顽固存在。《青狐》中的绝大多数女性是沉溺于感性的、是自己无法控制的情感的俘虏(大概只有紫罗兰除外),而男性虽然也被嘲弄和讽刺,但他们终究是强者,是社会文化政治权力和性的权力的主体。这样,王安忆由女性主义的角度而王蒙则从自身性别的固有立场殊途同归,在身体与性的活动中,男性将长久地占有主动的积极的地位。这确实是社会的客观情况和现实文化无法改变的结果。随着现代社会消费主义的流行,人们对身体的审美性的重视的背后,仍然是消除不去的对女性的不平等,比男性身体先行成熟的女体也先于男性的身体衰老,女性感受身体和生命失败的悲哀比男性更强烈。这如同日本多年走红的作家渡边淳一(以《失乐园》世界著名,近来又以《男人这东西》、《丈夫这东西》备受中国读者追捧)所说的,"男人婚外恋是因为对妻子的身体丧失了欲望,这是不可避免的,夫妻之间几乎不存在其他维持感情的纽带……",而对男人来说,"性爱是世界上最美好的事物。对肉体的迷恋……是自己的本性所致"[①]。这也许就是男性最率直的性自白了。女性为了延缓身体的物理性衰老,不惜花费大量的时间和金钱驾驭和控制身体的老化过程,以使身体能继续激起异性的欲望和情感。但这种对身体的表面的控制,是许多女性知识分子没有时间和金钱去追求的,所以,尽管她们的精神和心灵是丰富美丽的,身体却可能背道而驰。这正是叔叔在他仰慕崇拜的"大姐"面前、许多男性在卢倩姑面前退避三舍的原因。

小说写作从"文革"后到现在,对中国人的生命本能、身体与性的考察和关怀,一直是极其突出的副主题之一。通过这一副主题在不同文本中的深入,体现了西方人道主义、文化生命哲学、个人主义在中国创作界的良性循环。但90年代中期以来,中国社会迅速地向商品、消费主义的疾行,人们的价值观念发生了剧烈的变化,这也导致了创作中消费写作的流行,连一些倾心于学者式立场进行写作的作家也不能免俗,人的生命本能、身体和性的问题,竟越来越成为创作的"卖点"。作家的创作本意可能并非如此,但听任书商和媒体在这方面的合谋与炒作,正成为许多知名作家一致的态度。这使得作品中的身体与性逐渐丧失了历史感和宗教感,日益趋向消费和时尚化。联想《沙床》(葛红兵)与《华都》(叶辛)的脱销,尽管"身体"在当代的文化讨论中越来越突出,而且应主要被框定在科学、理性、学术的范围内,进行严肃的性质界定和理论修复,但在文学创作里却并非这样,从传统的神秘化中解放的身体,被无可阻拦地色情化、肉欲化、公众化,这一强烈的反差必须引起创作和批评的重视。

三、思想的自由和语言的混乱

极推崇思想自由的黑格尔,在《精神现象学》中早就说过这样的意思:人,只要思想自由就足够了,因为它才是自由的唯一定义。但意识流大师普鲁斯特在其永恒的传世之作《追忆逝水年华》里则认为,如果思想不能解决现实的问题,那么,知识分子的思想活动是无用的。20世纪西方的知识界一方面继承传统不懈地生产着各种思想,另一方面由于实用主义的盛行对思想又不断地加以解构和嘲弄,这给"文革"后的中国知识界和写作界以很大影响。但中国社会的发展现状,又决定了相当一部分作家不可能完全抛弃思想,真正的困境在这儿:他们追求思想的自由(而且文化语境又那么鼓励他们思想的自由),但无人能以一己的思想整合多元的、破碎的生活,于

[①] 张映光、陈佳文:《渡边淳一上海谈"恋爱"》,《南京晨报》2004年6月2日。

是,只好以语言的混乱来构成"真实"与"虚构"相间的文本,我们面对的往往是"随便你怎么读,怎么批评,怎么理解,你认为怎样就怎样"的一大批文本。

也许,思想越是自由,语言才越是混乱——在《叔叔》与《青狐》中,小说叙事的时空,确实成为作家借助语言纵情驰骋的个人化的世界,语言经常反客为主嘲笑着主体的支离破碎。由于小说的主题的多义、人物的模糊、故事的零乱、时间的断裂,语言的混乱现象就不仅仅是纯粹语言学的问题,而是更复杂的写作者的精神心灵的问题。此其一。其二,从90年代到现在,小说形式的变革表面上比较温和,但叙述语言的实验从未停止过(我们可以看到这两年甚至非常激烈,如莫言和阎连科的小说)。这种运行于小说内部的"创造性破坏",是小说家为了取得更广泛的阅读效果与外界进行的一场博弈:最终的赢家永远是出版、传媒与读者形成同盟的市场,而作品的制造者必须时时测风定向,决定自己下一步"写什么"和"怎么写"。

王安忆在近几年的小说写作中,曾被批评家指出遭遇着"叙述的瓶颈"[1]。其实,在《叔叔》中,她的叙述就显示出这样的特征:比较生硬的双线式叙事交叉(叔叔一代的故事和"我"一代的故事的分离与汇合),结构上的"元小说"的特点(将自己的构思程序也一并写入小说,有充填细节之嫌),多种文体并合的后现代小说痕迹(例如时而穿插作者对散文游记等文体的认识,或大段的时事政论与历史知识的铺陈)。王安忆作为一个小说家,总的说来,并不擅长写传统式的、悬念式的故事,也就是说,她不愿意自始至终地围绕着人物的身世命运去结构故事,从她早期的创作到后来炙手可热的《长恨歌》等,都没有改变她的这一本质。为什么如此?关键在她喜欢故意模糊两个关系:一个是小说的虚构和纪实的关系,一个是她所追求的学者化和她又不得不沉溺于其中的世俗化的关系。正因为如此,王安忆在她的小说中形成了一种复杂的、矛盾的、信息量密集的女性主义式的叙述,而且有时非常引人入胜(但有时又让人觉得"絮絮叨叨")。叙述不等于叙事,在现代小说里,仅把一个事件说得完整是不行的,由于现代世界的复杂,现代性的小说中不仅有一系列的可与现实相对应的事实、事件,更有虚构的、想象的、可能的事件。所以,小说的叙述的任务,是通过叙述人运用多种小说叙述的修辞技巧,安排好小说中的人物、事件、时间、空间的关系,以反映极其复杂的世界和历史的经验,并展示独特的人类的心理图景;同时,还要选择刺激感觉的语言,以挑起读者的阅读兴趣。《叔叔》在这方面很有代表性。虽然你读到某些地方觉得枯燥、冗长、议论说教太多,但它关于叔叔的命运的发展、人格的变异、灵魂的扭曲的叙述,仍是成熟的。结构不乏拖沓之处,但有立体的起伏,高潮处有两个:一为叔叔在欧洲的访问中"色胆包天"企图与德国女研究生做爱,另一为叔叔被他自己的亲生儿子所刺。王安忆常常在貌似混沌的夜空中随手洒下了一些星星(这就是她在叙述上所穿插安排的虚构、想象、暗示、悬念、空白等),以使主要的

---

[1] 吴俊:《瓶颈中的王安忆》,《当代作家评论》2003年第5期。

人物的形象从历史与现实的政治、文化的架构中突围出来。而小说中作者、叙述人以及"我"三种声音的含混,也使人产生参与回忆和思考的冲动。

与王安忆式的叙述比较,王蒙在语言上更具有"创造性的破坏"的特征。他从来不会安分守己,喜欢以语言的混乱获得更高层次上的"说话"的自由。《青狐》就是体现了他对小说叙述语言的新的"不流血的革命"。其叙述上的情绪激烈、汪洋恣肆以及反讽和讽刺的主动外露的状态,表现了他在小说叙述上也是在创作心态上的一次跨世纪的"飞跃"。

从"文革"后再度写作以来,王蒙一直以"个人记忆"的角度去进行小说的叙述,这一点有别于许多作家也有时与时代的文化语境格格不入(所以他率先进行中国小说的现代改造)。但他的"个人记忆"仍是难以和国家意识、集体意识割裂的,就其长篇小说来说,从1986年的《活动变人形》到2003年的《青狐》,出于对中国革命和知识分子两大庞大主题的总结、反思,王蒙追求的都是小说的"史诗"的品格和境地。他在叙述上也努力显示写作主体的圆满状态(而非分裂状态)——个体自我既向历史与现实敞开,又将历史与现实中的人物、事件一网打尽;叙述主体对对象的把握既不是冷眼旁观,也不是与之狂舞达到自恋。所以,《青狐》的结构是非常开放的,叙述主体也是十分自足和老辣的,小说的阅读不是像《叔叔》那么吃力而沉重。但我们仍要指出的是《青狐》在语言上过度杂乱的特点。由于作者的用意似乎更在于市场化的时代阅读者的反应和感受,《青狐》这一小说在严格的、传统的意义上好像并不是一个小说作品(当然王蒙80年代就坚持"有各种各样的小说"的观点),它只是历史、文献、政治报告、心理分析、目击者叙述(小说里的一个人物钱文担任了此角色)各种话语的杂烩式写作。有的章节全是议论,有的全是描写、对话,有的全是抒情想象,有的则全是心理"绵延"的呈示,这当然运用了王蒙最熟悉的中国式的"意识流"的语言。

两部小说都以特殊的语言修辞方法达到了小说叙述的喜剧效果。我们知道,喜剧方法的使用,可以唤起人的恶作剧的本能,取得一种游戏的快感,宣泄人心理中的郁积。将它移植到小说中,其作者和读者都可通过喜剧,使人的恶作剧的本能得到替代性的满足。《叔叔》与《青狐》的叙述语言风格上都带有喜剧的色彩,主要体现在王安忆对叔叔窘境的不断的反讽(irong)和夸饰的叙述、王蒙对众多知识分子劣根和丑陋的暴露与讽喻(allegory)。这会让不少读者感到满足和过瘾——从90年代以来到跨世纪,随着"脑体正挂"(此概念相对应的是中国人都明白的"脑体倒挂"的概念)之现象的普泛和加大,知识分子作为"精英阶层"与所谓的"中产阶级"正越来越受到被作为"弱势群体"的普通民众的"怨恨"(此处借用的是舍勒的概念和意思)。基于此点并加上这两部小说的自我批判和嘲弄,小说中的人物几乎没有什么地方能引起我们的尊敬和同情。大量的喜剧语言针对着他们的滑稽和丑陋,比如伪君子、假大空、伪浪漫、性亢奋、自私刻薄等人性的阴暗,均被王安忆和王蒙酣畅淋漓地揭穿,一些人文知识分子的神圣性和权威形象轰然倒地。不过,王安忆的喜剧是内敛的,幽默也是带着苦恼的,笑中是更有忧郁的伤感的。而王蒙则采用"复调"手法并大玩文字游戏,使社会中文化的冲突、话语的冲突、价值观念的冲突和人性的冲突,通过众多知识分子的"对话"达到了白热化的程度,形成了我们今天的社会和人生"众声喧哗"的喜剧和闹剧。而作者呢?则逍遥在上,浮现着表情复杂的笑:有自鸣得意的智力优越、有对社会人生的穿透,也有老者无奈的强作热闹的游戏。《青狐》是黑色幽默托起的"欢乐颂",《叔叔的故事》则是以喜剧作面具唱给知识分子的一曲世纪末的"挽歌"。

结　语

　　王蒙过去曾把自己比作"蝴蝶"。他说过,"我的一篇小说取名《蝴蝶》,我很得意,因为我作为小说家就像一个大蝴蝶……你永远不会像我一样知道王蒙是谁"[①]。这句话的意思无非是,他人是无法束缚和定义他的。现在他又像青狐了,老了老了,却追求空灵诡谲,虚实难辨。但他对空灵和虚无的追求,仍然是根源于20世纪的"五七"一代学人与作家的,无论他的小说如何进行结构、语言的翻新和变化,其创作动机仍集中在铺展时代的生活面的广度和开掘历史容量的深度上。王安忆也是如此,其创作的最高峰《长恨歌》她也很难逾越。但《叔叔的故事》在思想的尖锐上是优于她绝大部分作品的。这正是笔者把《青狐》和《叔叔的故事》放在一起进行研究的目的,我们必须肯定这样的写作——作为知识分子的写作之中对自我的精神追寻以及自我审判。

[①] 《王蒙文集》(第7卷),华艺出版社1993年版,第705页。

本纪念文丛由福中集团杨宗义先生赞助出版

南京大学文学院百年院庆纪念文丛

南京大学文学院
百年院庆论文选集

下　吴　俊　编

南京大学出版社

图书在版编目(CIP)数据

南京大学文学院百年院庆论文选集:全3册/苗怀明,吴俊编.—南京:南京大学出版社,2014.9
(南京大学文学院百年院庆纪念文丛)
ISBN 978-7-305-13993-2

Ⅰ.①南… Ⅱ.①苗…②吴… Ⅲ.①社会科学－文集 Ⅳ.①C53

中国版本图书馆 CIP 数据核字(2014)第 219732 号

出版发行	南京大学出版社
社 址	南京市汉口路 22 号 邮 编 210093
出 版 人	金鑫荣
丛 书 名	南京大学文学院百年院庆纪念文丛
书 名	南京大学文学院百年院庆论文选集
编 者	苗怀明 吴 俊
责任编辑	李 清 荣卫红　　编辑热线 025-83593963
照 排	南京紫藤制版印务中心
印 刷	南京爱德印刷有限公司
开 本	718×1000 1/16 印张 97.5 字数 1966 千
版 次	2014 年 9 月第 1 版　2014 年 9 月第 1 次印刷
ISBN	978-7-305-13993-2
定 价	240.00 元

网址:http://www.njupco.com
官方微博:http://weibo.com/njupco
官方微信号:njupress
销售咨询热线:(025)83594756

* 版权所有,侵权必究
* 凡购买南大版图书,如有印装质量问题,请与所购
　图书销售部门联系调换

序

◎ 莫砺锋

众所周知,语言文字是人类文化最重要的载体,也是人类文化最重要的组成部分。对于中华民族而言,汉语汉字就是中华文化的精神血脉,是中华民族实现身份认同的文化基因。汉族本由许多不同的氏族、民族融合而成,汉语在发展过程中曾对许多不同民族的语言进行同化,事实上汉语汉字一向是中华民族大家庭共有、共用的交际工具。早在公元前559年,姜戎之子驹支就能操着纯熟的汉语与晋国正卿范宣子进行外交对话,还能当场赋《诗》明志。到了后代,出身少数民族而能运用汉字进行写作的文人学者代不乏人,唐代大诗人白居易是汉代龟兹胡姓的后裔,与他齐名的元稹是鲜卑人的后裔,刘禹锡则是匈奴人的后裔,皆为显例。毫无疑义,汉语汉字就是中国语言文字的精华和代表。相传仓颉造字时,"天雨粟、鬼夜哭",那是先民们发明汉字时惊喜心情的生动描述。世界上独一无二的方块汉字,是比"四大发明"更加伟大的文化创造。随着语音的不断变化,拼音文字会在较短的时间内变得面目全非,唯独以表意为主要性质的汉字才能稳固地穿透历史,垂之永远。在中华文化的发展过程中,汉字的贡献是不可磨灭的。要是没有汉字,神州之大,操着各种方言的人们如何进行思想交流?要是没有汉字,我们如何能了解先人们几千年以来的所作所为和所思所感?

当代人都说要继承中华文化的优秀传统,其实那主要是指观念文化。君君臣臣的古代制度早已过时,精美绝伦的古代器物也只有博物馆价值,唯一具有当代价值的传统文化是观念文化,它的载体就是用汉字书写的大量典籍。《尚书》云"惟殷先人有册有典",从殷商以来,用汉字书写的典籍浩如烟海,成为人类文化史上的奇观。"四大发明"中的两项直接与书籍有关,这是中华民族重视典籍的最好证明。观念形态的中华文化内容丰富,地负海涵,"经、史、子、集"四大类图书的惊人数量便是明证。对于现代人来说,中国文学尤其具有独特的意义。由于先民们的世界观和人生观都具有鲜明的审美观照的意味,当他们创造灿烂的中华文化时,文学始终是极为重要的组成部

分。中国文学不但以生动具象的方式体现了中华文化的基本精神和心理特征，而且广泛、深刻地影响着中华文化的其他组成部分。中国文学的审美价值和认识功能历久弥新，它是中华传统文化中最容易为现代人理解、接受的文化形态，是沟通现代人与传统文化的最便捷的桥梁，也是世界上其他文化背景的人民了解中华文化的最佳窗口。

本书的作者便是一群从事中国语言文字和中国文学的研究及教学的学人。我们组成了一个学术共同体，名称是"南京大学中国语言文学系"，现在改称"南京大学文学院"，但其主体构成和学术传统依然如故。在南大文学院里，汉语言文字和中国文学诸学科的同仁们所从事工作的意义已见上述。中国古典文献学的同仁则以研究、整理古籍为主要任务，他们为中国语言文学的研究提供坚实的文献学基础。文艺学的同仁以中西文艺思想的融会贯通为研究宗旨，所弘扬的正是中华民族海纳百川的文化品格。戏剧影视学虽在管理制度上被归入艺术学门类，其实从杂剧、南戏直到现代话剧，在学术传统上向来就是中国文学的重要组成部分，况且无论创作还是研究，戏剧影视学的根基都是汉字书写。有些学科似乎带有舶来品的色彩，例如比较文学与世界文学、语言学及应用语言学，以及中国古代文学学科内部的域外汉籍研究方向，但一来中华文化本来就善于吸收外来文化，现代中国学人也不应故步自封；二来此类研究的意义之一就是借用他者的视野和眼光来审视中华文化。总之，本书的作者虽然涵盖了南大文学院的所有学科，但我们从事的工作都与中国语言文字和中国文学的研究密切相关。我们有志于继承、弘扬中华文化的优秀传统，我们愿意在"薪尽火传"的文化传承中充当相继燃烧的红烛。

南京大学文学院有着悠久的历史和丰厚的学术积累，其远源可以追溯到成立于1902年三江师范学堂与成立于1888年南京汇文书院所开设的国文课程，而1914年9月由南京大学的前身之一南京高等师范学校所设立的国文预科班和国文专修科则是我院的直接源头。斗转星移，一个世纪过去了。一百年来，像国内所有的大学以及系科一样，南大文学院始终伴随着整个国家的风雨历程，先后经历了抗战西迁、院系调整以及"文革"等曲折过程，直至20世纪80年代才进入正常的发展轨道。由于我院的前身之一是民国时代中央大学的中文系，又位于民国的首都，所以我们比国内其他大学的中文系经历了更多的艰难经历。我院曾是以"学衡派"为标志的东南学术的重镇，由于

学术思想领域内激进的左翼倾向渐占上风，而东南学风则被主流意识形态打上了"保守、落后"的烙印，我们在学术思想方面的话语权日渐衰微。到了现在，在经济大潮波涛汹涌、功利思想甚嚣尘上的现实处境中，我们更被挤压到社会的边缘，被世人视为不通时务的一群落伍者。然而我们认同古人的一种生活态度："寂寂寥寥扬子居，年年岁岁一床书。"在追逐物质利益成为群体趋势的社会环境里，我们心如古井地坐而论道，且因研究对象具有"穷而后工"的性质而自甘清贫。在以英文写作为学术时尚的学界潮流中，我们坚持用汉字来书写自己的所感所思，即使论著无人问津也自甘寂寞。我们从未忘记自己应负的社会责任，但我们认定的使命是为传承中华文化进行沉潜深入的学理探讨，决不追求振臂一呼从者如云的社会效应。我们鼓励学生毕业后走进社会从事各种工作，但我们悉心传授的是最根本的文化精神和学术理念，而不是应付就业需要的实际操作技能。

　　本书是为庆祝南大文学院百年院庆而编选的，全书选载南大文学院全体教师的论文，上卷的作者是已经去世的前辈，中卷的作者是退休而尚健在的前辈，下卷的作者则是正在南大任教的同仁。百年倏忽，风雨沧桑。从本书入选的论文就可看出，南大文学院三代学人的选题眼光、学术素养和研究方法都体现出时代变化的痕迹。然而有一点是贯穿终始的，那就是"东南学术"的精神。"东南学术"具有理性、持重、稳健的学术品格，在追求社会进步与发展的同时始终重视人文关怀，在倡导新文化的同时始终强调继承民族文化的优秀传统，这是南大文学院最宝贵的学术传统。朱雀桥边花开花谢，扬子江上潮起潮落，我们已在金陵古城的书斋里静坐百年，还将继续在这座"荒江老屋"中坚守寂寞。借用李清照的话说："甘心老是乡矣！"

　　是为序。

2014 年 8 月 8 日

目 录

语图互仿的顺势与逆势	赵宪章(001)
从文学史到文学地志学	高小康(011)
从神学思维模式到辩证法	周欣展(023)
论文学的指称	
——超越分析哲学视野的文学表意路径考察	汪正龙(036)
《山海经》与汉画像中的西王母形象变异	包兆会(045)
论南宗禅的"生活禅"思想及其美学意蕴	李昌舒(053)
论阿多诺的艺术终结论	周计武(061)
母语平等政策的政治经济效益	徐大明(069)
通泰方言韵母研究	
——共时分布及历时溯源	顾 黔(077)
城市化进程中本地居民和外来移民的语言适应行为研究	
——以合肥、南京和北京三地为例	王 玲(091)
《现代汉语词典》(第5版)献疑	高小方(103)
汉字与"重新分析"	杨锡彭(116)
作格动词的性质和作格结构的构造	沈 阳 Rint Sybesma(120)
明清时代汉语官话的社会使用状况	张玉来(142)
论语源关系的系统分析方法	
——以太阳概念词"日"的语源分析为例	马清华(155)
汉语方言声调送气分化现象初探	陈立中(173)
试论佛典俗语词的推源问题	陈文杰(184)
对现代汉语形容词重叠表轻微程度的重新审视	陈 光(192)
再论马王堆帛书中的"是＝"句	魏宜辉(201)
藏语和上古汉语中与ɯ元音相关的音变过程比较	徐世梁(205)

阮籍《咏怀》诗其二十新解 …………………………………… 周勋初（217）
在清代骈散并兴的接点上
　　——再谈阳湖派的性质与风貌 ………………………… 曹　虹（222）
《汉书·儒林传》"梁丘《易》"传承祛疑 ……………………… 武秀成（230）
魏理文学创作中的"中国体"问题
　　——中国文学在异文化语境中传播接受的一个案例 … 程章灿（238）
《真诰》与"启示录"及启示文学 ……………………………… 赵　益（249）
批点本的内部流通与桐城派的发展 ………………………… 徐雁平（260）
《经义考》学术成就及影响简论 ……………………………… 张宗友（273）
略论清钞宋本《类说》的文献价值 …………………………… 赵庶洋（284）
互文的历史：重读《五柳先生传》 ……………………………… 于　溯（292）
论红楼梦诗词的女性意识 …………………………………… 莫砺锋（303）
欧阳修经学与北宋疑经风气的兴起 ………………………… 巩本栋（317）
论"盛览问作赋"的文学史意义 ……………………………… 许　结（327）
词学反思与强势选择
　　——马洪的历史命运与朱彝尊的尊体策略 …………… 张宏生（339）
杜诗研究与当代学术
　　——《明末清初杜诗学研究》序 ………………………… 张伯伟（348）
西汉武、宣两朝的国家祀典与乐府的造作 ………………… 徐兴无（355）
纯文献和文化文献：文化情境中的易安词 ………………… 俞士玲（364）
清代才学小说三论 …………………………………………… 苗怀明（373）
焦循"一代有一代之所胜"文学史观论析 …………………… 冯　乾（381）
东亚汉文化圈中的《日本刀歌》 ……………………………… 金程宇（392）
论初期五言诗的"四言格调" ………………………………… 孙立尧（401）
"绿垂风折笋，红绽雨肥梅"试解 …………………………… 刘重喜（411）
皇甫谧《高士传》考 …………………………………………… 卞东波（418）
词中少陵：一种关于常州词学的经典诠释 ………………… 闵　丰（428）
虎贲考
　　——六朝礼制史与思想史之一面相 …………………… 童　岭（440）
《梅尧臣集编年校注》补正 …………………………………… 徐　涛（452）

新旧文学的分水岭
　　——寻找被中国现代文学史遗忘和遮蔽了的七年(1912—1919)
　　　　　　　　　　　　　　　　　　　　　　　　………………… 丁　帆(456)
异口同声:从"东京语"到"京城声口" ………………………………… 沈卫威(465)
歧义的莫言的暧昧 ……………………………………………………… 吴　俊(472)
写实的执著与想象的偏枯
　　——对于五四文学"求真"倾向的反思 ………………………… 倪婷婷(482)
钱锺书两篇文章中的三个小问题 ……………………………………… 王彬彬(490)
执着·比喻·尊严
　　——论毕飞宇的《推拿》兼及《青衣》、《玉米》等其他小说 …… 刘　俊(497)
朦胧诗及其论争的反思 ………………………………………………… 王爱松(505)
反思"新世纪文学"与当下生活之关系 ………………………………… 张光芒(513)
文学与年龄:从"60后"到"90后" ……………………………………… 黄发有(520)
孱弱的抒情者
　　——对"朦胧诗"抒情骨架与肌质的考察 ……………………… 傅元峰(527)
1936:鲁迅的左翼身份与言说困境 …………………………………… 葛　飞(536)
"迟开的玫瑰或胡闹"
　　——论汪曾祺的晚期风格 ………………………………………… 翟业军(546)
边界互渗的生机与险境
　　——浅谈江苏新世纪诗歌的民间力量兼及"民间"的困境 … 何同彬(555)
瘸腿的诗学
　　——关于当代新诗批评的音乐维度的一些思考 ……………… 李章斌(562)
"符号总是堕落的符号"
　　——解读品钦小说《V.》 ………………………………………… 唐建清(572)
拷问人性
　　——再论多丽丝·莱辛《金色笔记》的主题 …………………… 肖锦龙(583)
文学性·美学·意识形态
　　——论保尔·德曼文学批评理论的核心问题 ………………… 昂智慧(594)
《日瓦戈医生》:我心目中的经典 ……………………………………… 董　晓(603)
论罗伯-格里耶的新自传契约 ………………………………………… 唐玉清(609)

苏州作家与"上海想象" ………………………………… 叶　子(617)
论"现代戏曲" …………………………………………… 吕效平(623)
演说与中国话剧之发生考论 …………………………… 马俊山(636)
齐如山与梅兰芳二三事 ………………………………… 傅　谨(647)
陈白尘散文创作的审美特色 …………………………… 胡星亮(654)
光荣属于"他者"
　　——论中国戏剧现代性的生成 …………………… 周安华(662)
时代的声音与女性的声音
　　——论黄蜀芹导演的"女性题材"电影 …………… 李兴阳(672)
《全唐诗》是否应收"词"？ …………………………… 解玉峰(686)
苏联影响与夏衍文学名著改编观念的转变 …………… 洪　宏(695)
新女性与影像中的性别无意识
　　——以《神女》和《新女性》为例的考察 ……… 杨弋枢(702)
两种电影美学原则的分野
　　——《金陵十三钗》与《别离》之个案比较 …… 罗慧林(711)
论"昆曲"之称晚出于清代及其由来 ………………… 许莉莉(719)
在青春的俗套里成长
　　——好莱坞青春喜剧的发展及其借鉴意义 ……… 杨　柳(730)
《琵琶记》的困境：从创作到接受 …………………… 陈　恬(738)
华莱士·斯蒂文斯诗剧中的禅宗文化 ………………… 高子文(748)
"后革命时代"的日常生活审美化 …………………… 周　宪(757)
先秦礼仪的空间代码及其功能 ………………………… 童　强(768)
文学理论发展与学术认同机制 ………………………… 李　健(777)
从"心灵共鸣"到"反对理论"
　　——作者意图理论的三条路径 …………………… 庞　弘(787)

语图互仿的顺势与逆势

◎ 赵宪章

诗歌与绘画的关系是中外文艺理论史上的传统话题。但是有一种现象至今尚未得到充分关注和阐释,那就是二者相互模仿的艺术效果问题:大凡先有诗而后有画,即模仿诗歌的绘画作品,例如"诗意画",很多成了绘画史上的精品;反之,先有画而后有诗,即模仿绘画的诗歌作品,例如"题画诗",在诗歌史上的地位则很难和前者在画史上的地位相匹配。① 即使像杜甫、李白这样的伟大诗人,他们的题画诗②也不能和其"纯诗"的艺术成就相提并论;反之,对于他们"诗意"的模仿反倒成就了不少绘画作品。这一现象就是诗画互仿的"非对称性"态势,其中必定隐含着尚未被认识的审美规律。重要的是,这种非对称性态势不仅表现在诗画互仿之间,而且遍及整个文艺史,直至晚清以降的连环画和戏剧影视对文学的改编,是非常普遍而不是个别案例;相反,如果对原创影视作品进行"文学改写",诸如近年来盛行的"影视小说"之类,一般而言只能沦为小说世界的等外品。我们不妨将图像艺术对于语言艺术的模仿称之为语图互仿的"顺势",反之则是"逆势"。"势者,乘利而为制也。如机发矢直,涧曲湍回,自然之趣也。"③对这一现象展开深入的学理探讨,有益于从根本上阐释文学和图像的各种复杂关系。

拉奥孔之"痛"

关于语言艺术和图像艺术的相互模仿问题,最早、最系统和最经典的论述,莫过于莱辛关于"拉奥孔"的研究了。因此,我们的讨论不妨由此开始。

"诗画异质"是《拉奥孔》所要论证的基本命题,莱辛的主旨是以"拉奥孔"为典型

---

① "题画诗"之为"题画诗",必有"画"的参照才能充分显现它的意义;题画诗一旦脱离画面,它的意义就会大打折扣,所以很难和诗史上的"纯诗"相提并论。

② 严格意义上的"题画诗"当为题写在画面上的诗,二者共享同一个文本。但在唐代之前的所谓"题画诗"并非如此,诗和画大多各自分立,所以被后人称为"画赞"或"咏画诗"。由于"咏画诗"同样是先有画、后有诗,同样是诗歌对于绘画的模仿和咏赞,所以也被称为广义的题画诗。

③ 刘勰:《文心雕龙·定势》,范文澜:《文心雕龙注》(下),人民文学出版社1958年版,第529—530页。

个案,通过分析这一角色在诗歌和绘画(雕塑)中的不同呈现,阐发语言艺术和图像艺术的异质性。令人疑惑的是:他为什么还要不惜笔墨,反复考证罗马诗人维吉尔的史诗《伊尼特》和拉奥孔雕像群的创作年代问题呢?这一看似和主题无甚关联的问题,其实只是为了证实他的假定:史诗是雕像的蓝本,后者是对前者的模仿,而不是相反。① 但是,近代考古已经证明,莱辛当年的假定是完全错误的。② 既然这样,我们似乎可以推测:莱辛当年不厌其烦地论证并固执地坚持他的假定,抑或和他的"诗画异质"论存在某种逻辑联系?

细读《拉奥孔》就可以发现,这种联系确实存在:只有假定雕像以史诗为蓝本而不是相反,莱辛的诗画理论才可以得到史实的支持;更重要的是,这样的假定符合语言和图像相互模仿的学理逻辑;否则,莱辛的论辩不仅失去了历史根基,即使其诗画异质理论本身也难以自圆其说。换言之,只有将"绘画模仿诗歌"作为二者互仿的"顺势",莱辛在《拉奥孔》中所阐发的诗画异质、诗高于画的理论才是可能的。这就是以往被学界所忽略了的莱辛的"隐情"。莱辛的这一"隐情",集中体现在他对拉奥孔之"痛"的特别关注上,所以,只要将《拉奥孔》的学理逻辑梳理清楚,莱辛的"隐情"之谜便可自然彰显。

莱辛的诘问主要是针对温克尔曼的观点。温克尔曼认为,古希腊艺术的理想是"高贵的单纯和静穆的伟大",因此,雕塑家不会将拉奥孔的痛苦表现在他的面容上,所以"他并不像在维吉尔的诗里那样发出惨痛的哀号"③。莱辛并不否认温克尔曼所指出的这一事实,只是不同意他所分析的理由,即把拉奥孔雕像"节制痛苦"看作希腊精神使然——"高贵的单纯和静穆的伟大"之艺术体现。莱辛以古希腊悲剧和史诗为例,对温克尔曼的"节制痛苦"说进行了批判。莱辛认为,"哀号"是身体痛苦的自然表情,出自人的自然本性;希腊人并不以此为耻,只是不让这些弱点防止他走向光荣,或者阻碍他尽职尽责。也就是说,希腊人因苦痛而哀号是和他们的伟大心灵相容的,这并非雕像不肯模仿哀号的理由;拉奥孔雕像之所以没有痛苦哀号的表情,应当另有其他方面的原因。

这一原因究竟是什么?莱辛在断然否定了温克尔曼的"精神决定论"之后,认为

---

① 莱辛《拉奥孔》正文共分29章。从第五章开始(包括第六章和第七章),就涉及维吉尔的史诗《伊尼特》和拉奥孔雕像群的年代先后以及谁模仿谁的问题。在后来的三章(第26—28章)中,专门考证拉奥孔雕像群的年代问题。即使在其他各章及其附注中也不时提及这一问题,反复说明维吉尔关于拉奥孔的描写早于拉奥孔雕像,后者是对前者的模仿。由于过于繁琐,朱光潜在翻译《拉奥孔》时将这类内容删除了大半。

② 朱光潜《拉奥孔》译注,见莱辛:《拉奥孔》,人民文学出版社1982年版,第156页译者注①。雷纳·韦勒克在谈及这一问题时也这样说过莱辛的推断是错误的(见雷纳·韦勒克《近代文学批评史》第1卷,杨岂深、扬自伍译,上海译文出版社1987年版,第218页)。

③ 温克尔曼:《论希腊绘画和雕刻作品的模仿》。莱辛:《拉奥孔》,朱光潜译,人民文学出版社1979年版,第5—6页。

应当到绘画自身的符号属性中去寻找——

首先,绘画等造型艺术是在空间中模仿物体的艺术,它的题材只限于模仿美的物体,或者说"美"是造型艺术的最高法律,并不屑于满足惟妙惟肖,后者必须服从前者。如果将拉奥孔的苦痛哀号表现出来,必然导致面容变形而丑陋不堪。因此,《拉奥孔》雕像和其他希腊艺术一样,"不得不把身体苦痛冲淡,把哀号化为轻微的叹息";假如拉奥孔张开大口哀号,"在雕刻里就会成为一个大窟窿,这就会产生最坏的效果"①。

莱辛找到的另一理由是所谓"顷刻"理论,即认为最能产生绘画效果的并不是情节或情感的"顶点",而是"最富于孕育性的那一顷刻"②。因为,"顶点"就是"止境",从而给想象划定了"界限",并且稍纵即逝,只是暂时的存在;"最富于孕育性的那一顷刻"具有常驻不变的持续性,可以让想象自由活动。

——这就是莱辛为拉奥孔雕像"痛而不号"所找到的两条理由,确实抓住了绘画等造型艺术的主要特点,切中问题之肯綮。至于诗歌为什么不受上述局限,莱辛不得不回到被温克尔曼拿来比较过的维吉尔的史诗。莱辛认为,诗人模仿的对象"无限广阔",不像绘画只能描绘可以直接眼见的物体,读者一般也是从听觉而不是从视觉的观点考虑它。可见,美并不是诗的最高法律,诗人不会受到美的局限。另外,诗歌作为时间的艺术,也没有必要将自己的叙述定格在某一"顷刻",完全可以随心所欲地叙述每一个动作及其绵延。

以上就是莱辛的"诗画异质"论的基本内涵,可将其概括为"诗广画狭"说,即:在"模仿对象"和"模仿方式"(时间的或空间的)两个方面,诗是广阔的、无限的,画则不能。毫无疑问,莱辛的"诗画异质"论同时隐含着"诗高画低"倾向:"生活高出图画有多么远,诗人在这里也就高出画家多么远。"③

莱辛的"诗画异质"论及其由此导致的"诗高画低"倾向,在当时的批评界属于惊世骇俗的声音,反对派完全可以找到其他理由,或者利用莱辛的逻辑漏洞对其进行质疑。如是,"拉奥孔之痛"也就成了"莱辛之痛"了。因此,莱辛就不能止于在《拉奥孔》第四章之前就已经和盘托出的上述观点,他需要更充分的论据加以佐证,特别需要文艺史实作为自己的证据。于是,对上述观点进行修补、论证和具体化是必需的。这样,维吉尔的史诗和拉奥孔雕像的创作年代以及谁模仿谁的问题,也就成了《拉奥孔》第四章之后,特别是第五、第六两章及其此后的内容:既然诗歌"广于"和"高于"绘画,后者模仿前者也就成了诗语的"自然流溢",当属"顺势而为";反之,由图像艺术生出语言艺术,当然也就成了"不识高低"而为之,属于"逆势而上"了。可见,莱辛

---

① 莱辛:《拉奥孔》,朱光潜译,人民文学出版社 1979 年版,第 16 页。
② 莱辛:《拉奥孔》,朱光潜译,人民文学出版社 1979 年版,第 83 页。
③ 莱辛:《拉奥孔》,朱光潜译,人民文学出版社 1979 年版,第 75 页。

的假定对于他的论证绝非可有可无,如果事先不作出上述假定,他的这些讨论也就无从谈起,缘何"诗画异质"论？不但找不到任何理由,他所论定的"诗画异质"也就跟着打了水漂。尽管后来的考古研究证明莱辛当年的假定是错的,也不影响它作为"诗画异质"论的逻辑假定及其合法性。莱辛的论证逻辑、"诗广画狭"说和"诗高画低"论,证明"语图互仿的顺势和逆势"这一命题,早在莱辛的《拉奥孔》中就已涉及。这一命题其实是诗画关系研究中的应有之义；它的原创属于莱辛,只是被粗心的后学们疏忽了。

顺势而为

钱锺书曾不惜笔墨、旁征博引,非常详细地描述了这样一个事实：中国画史上最有代表性和最主要的流派是"南宗文人画",但是,和其风格相似的"神韵派"却不能代表中国旧诗,说明二者的批评标准并不相同。那么,主要是什么原因导致这一差异？如果继续套用莱辛的"诗广画狭"说及其"诗画高低"论并不适合钱氏的语境,但是仍需回到莱辛所关注的符号属性上来,即：诗歌作为语言的艺术,绘画作为图像的艺术,不同的符号属性导致了不同的批评标准。

我们知道,中国传统诗学之所以尊奉杜甫为"诗圣",原因主要是钱锺书所说的"实",恰如他的诗歌历来就有"诗史"的美誉；中国传统画学之所以尊奉王维为"南宗文人画之祖",原因其实就是钱氏所说的"虚",恰如他援诗入画、讲究笔墨以及脱落形似的"神韵"。"崇实"和"尚虚",不仅仅是杜甫诗和王维画的各自特点,也是他们所分别代表的中国诗和中国画的主流风格,或者说是主流批评话语所认同的中国诗画的主要特点。如果我们进一步追问：中国诗和中国画为什么会有"崇实"和"尚虚"的区别？那就不属于"风格"问题了,而在于它们所使用的符号,即语言符号和图像符号的功能性区别。在我们看来,正是符号的功能性区别,才导致诗风"崇实"、画风"尚虚",从而使中国诗画批评标准产生差异。只有从这里出发,即在符号学层面阐发语言和图像的差异,我们才有可能解释清楚这一问题。

关于语言和图像的符号功能及其关系,《形象的背叛》提供了一个不错的分析个案。勒内·马格利特画的是一只大烟斗,画面的下方却有一行法文标示："这不是一只烟斗。"[①](图1)最一般的解释是,画家在提醒我们：画面上的烟斗并不是一只实在的烟斗,而是烟斗的艺术符号,由此告诫观众不应过分相信艺术的再现功能,艺术再

---

① 福柯在论文的开篇就非常仔细地分析了"这不是一只烟斗"的书写形式："题词用恭正的手写体书写,类似刻意雕琢的修道院经文手写体。如今,在学生练习本的样板字中或在小学常识课后教师留下的板书中,还可发现这种字体。"福柯：《这不是一只烟斗》,张延风译,杜小真编选《福柯集》,上海远东出版社1988年版,第114页。

现和被再现之物完全是两码事。按照这一解释,《形象的背叛》就类似"脑筋急转弯"的游戏了,我们尽可以将其推广到所有艺术,把那些与图像悖反的文字标签粘贴在任何绘画作品。因为,"这个谜被破译得如此之快,以至于破译的全部快感都随即烟消云散:这当然不是烟斗,它只是一只烟斗的图像。"①可见,尽管这样的解释并没有错,却比较表面和肤浅。马格利特一生创作了许多类似作品,②说明他对类似问题有过长期和深沉的思考。

图1 《形象的背叛》

我们知道,绘画的"确认"依靠"相似"得以成立。《形象的背叛》中的"形象"和烟斗的相似性毋庸置疑,但其语言标示却与"确认"相对立,致使最基本的确认被驱逐。于是,"形象坠入词中。词句的闪光划开画面,使之碎片横飞"。可见,"《这不是一只烟斗》表现的是言语对物形的切入以及言语所具有的否定和分解的潜在能力。"③毫无疑问,福柯的这一解读是深刻的。他在这幅画中看到了语言和图像的矛盾关系,看到了前者对于后者的强势"切入"及其解构能力,以至于彻底颠覆了后者与事物的相似性确认原则。这种"相似性确认原则",说到底是图像的"可信性"问题,即图像在怎样(相似)的条件下才可以使人联想到"物",从而使"确认"成为可能。语言却不存在这一问题。语言的功能就是能指和所指的一致,否则便被斥之为"言不达意"、"言不及义"。从历史上看,语言一直被视为人之本能、人之为人的根本,因而也就成了人类历史的"第一信符"(最信赖的符号)。所以,尽管有"以图证史"的说法,但是,真正了解和确认历史,人类更多的还是信赖和使用语言材料。这就是语言符号相对图像符号而言所具有的可信性,以及由"可信"所导致的权威和力量。

需要进一步思考的是,《形象的背叛》作为一幅画,其中的烟斗形象和说明文字共享同一个文本;无论就图像和文字所占有的画面空间而言,还是就观者观看的时间顺序而言,最具优势的应该是烟斗形象,其次才是说明文字;那么,为什么占据较小空间,并且是后看到的文字,反而推翻了占据较大空间,并且是先看到的图像呢?④传统的"先入为见"在此为何失效了呢?或者说,观者为什么宁肯相信"后看到"的、

---

① W.J.T.米歇尔:《图像理论》,陈永国等译,北京大学出版社2006年版,第55页。
② 马格利特在他的系列画《梦的钥匙》中,"鸡蛋"图像下面书写的是"刺槐","锤子"图像下面书写的是"沙漠","苹果"图像下面书写的是"这不是一只苹果",如此等等。
③ 福柯:《这不是一只烟斗》,张延风译,杜小真编选《福柯集》,上海远东出版社1988年版,第123—125页。
④ 我们之所以认定图像是"先看到的",是因为它本身是一幅"画",而不是"标示牌"或其他说明文字,这是绘画本身的"先验规定"。

"小空间"的文字说明,而不肯相信"先前看到"的、"大空间"的烟斗图像呢?这就涉及语言和图像两种符号的不同功能:语言是实指性符号,图像是虚指性符号。① 正是语言的实指性,决定了它的可信性。所以,当两种符号的"所指"发生矛盾时,语言的权威性便突显出来,从而赢得"不容置疑"的效果。因此,包括诗歌在内的整个文学作为语言的艺术,正是在这一意义上决定了它的写实特点。"写实",既是语言符号的功能特点,也是它的优长之所在,从而决定了全部语言艺术不同于图像艺术的风格特点——崇实性。

当然,依照福柯的解读,语言对图像的解构并不是单向的、一次性的,专横的题目好像已经把它们永远同形象隔开,但在实际上又悄悄地接近形象:"这不是一只烟斗"!那么,它是什么?是 A?是 B?是 C?……可以延续到 N 个"相似"及其"是"的揣测。这样,马格利特虽然切断了相似与确认之间的联系,但是,由于仍然保持了绘画的性质(它是一幅画,不是"说明文"或"标示牌"之类),所以也就可以"排除最接近言语的性质,尽可能追随无限延续的相似形象,把延续从任何确认性中解放出来,因为确认性有可能试图说出相似形象与何物相似"②。这样,马格利特的画表面看来是语言符号把"紊乱"引进画面,实则是由于图像的虚拟性和不确定性导致了紊乱。并且,"紊乱"本身又构成了语言符号的有序——在无限延续中追询虚拟图像的相似性,图像的虚拟性反而为语言的实指性追问提供了无限延宕的空间。

这就是语言和图像两种不同性质的符号,在"崇实"和"尚虚"的对立中所进行的无休止对话,对话的结果是语言符号的崇实性和图像符号的虚拟性同时被不断地强化。因此,当我们看到马格利特将烟斗图像和"不是烟斗"的语言表述并置在同一个画面时,我们毫不犹豫地选择了相信语言符号的所指,而对虚拟的图像符号却进行了无休止的追问和质疑。

总之,正是语言和图像两种符号的功能性差异,才导致诗文"崇实"和绘画"尚虚"的主流风格。尽管文艺史上也有尚虚的诗文和崇实的绘画,但是它们却不能在各自的领域取得话语领导权,或者说不能享受主流批评话语的最高褒奖。正是在这一意义上,图像艺术模仿语言艺术也就有了比较"实在"的根基,尽管它只是"模仿的模仿"。

如果说我们在前文通过对莱辛《拉奥孔》的分析,已经阐发了语言和图像作为艺术符号的广、狭和高、低之分,那么,现在我们又通过马格利特的"烟斗",发现了二者的实、虚之别。无论是广狭和高低,还是崇实和尚虚,就图像模仿语言的效果而言,也就必然表现为"顺势而为"的态势。反之则不然,语言艺术模仿图像艺术,由于模仿对象的虚拟性,也就很难达到它直接模仿"实在"的水平;更由于"虚拟"并非语言

---

① "实指"和"虚指"是语言和图像的基本符号属性。关于这一问题,笔者另有专论(见《语图符号的实指和虚指》,《文学评论》2012 年第 2 期)。

② 福柯:《这不是一只烟斗》,张延风译,杜小真编选《福柯集》,上海远东出版社 1988 年版,第 125 页。

符号的优长,这类模仿当然也就只能"逆势而上"了。

逆势而上

莱辛在《拉奥孔》中曾以荷马为例,表达了语言模仿图像的窘境,尽管他并未使用"逆势而上"的概念。在莱辛看来,语言的优长是叙述持续性的动作,而不是描绘同时并列的物体。如果诗人一定要这样做,他就不能像画家那样处理这样的题材,或者扬长避短,或者将在空间并列的物体时间化。莱辛的这些表述暗含着这样的意思:语言模仿图像,并非如图像模仿语言那样自然而然,顺势而为,而是极其困难,会遇到阻障,属于"不得已而为之"。因此,语言对于图像的模仿,只能扬长避短,或将空间物体时间化。个中真委在于,这种模仿必然伴随两种不同符号之间的冲突,即以描绘物体同时并存见长的图像符号,和以叙说事物先后承续见长的语言符号之间的冲突。这种冲突,就是语言模仿图像的"符号阻障",也是语言的局限、诗的局限所在。正是在这一意义上,莱辛认为,所谓"诗如画",只是相对而言,诗中的画并不是真正的画,它的效果也不可能和真正的画相提并论,所以,他警告诗人尽量不要去做这种傻事,否则就有可能惨遭失败![①]

总之,正是语言和图像的符号冲突,导致前者模仿后者的阻障。所以,这种模仿必然表现为"逆势而上"。现在的问题是:语言作为"强势符号",在其模仿图像的过程中,即其逆势而上的过程对于图像可能产生怎样的后果呢?莱辛并未就此有所论及,因为他并未面对过这样的问题。如果我们不限于莱辛的论域,将目光转移到中国文艺史,那么就会发现,语言模仿图像之"逆势而上",并非莱辛所论及的那样简单,中国题画诗(文)对图像的"延宕"和"遗忘",就是非常典型的例证。

"画赞",或称"咏画诗",属于广义"题画诗",从魏晋到隋唐延续着大体相似的特点。这些特点首先表现为"咏画诗"并不题写在画面上,二者的文本是分离的。其次,就咏画诗所"咏"内容而言,它的语言表述是客观的,主要是为了"诠释"画面本身,其中的溢美之词也仅止于画面中的人和物。语言和图像的关系,在"咏画诗时代"不仅不存在冲突,而且产生了画龙点睛和相得益彰的效果,二者是一种和谐关系。

真正意义上的题画诗应当出现在宋元。宋元以及此后的题画诗大多题写在画面上,诗画开始共享同一个文本。这一新形式不仅使"诗"成为"画"之不可或缺,也使中国画本身演变为一个新的"格式塔"。于是,诗画关系被士人普遍关注[②],"诗画

[①] 莱辛:《拉奥孔》,朱光潜译,人民文学出版社1979年版,第115—116页。
[②] 此间出现了中国历史上第一部题画诗集,这就是宋人孙绍远编的《声画集》。此书编收历代题画诗8962首,内容之丰富和分类之详尽,史无前例。

一律"观念被普遍认同。宋元之后题画诗的基本特点是"高情逸思。画之不足,题以发之"①。宋元之后的题画诗,主要功能已经不再是"诠释图像"了,"引申画意"成了它的主旨和取向。就此而言,宋元之后的题画诗,往往起于画题却"扬长而去",或借题发挥以"比德",或王顾左右而言他,大大超越了画面本身。于是,所谓"题画诗",也就成了延宕到画面之外的"画外音",成了绘画本体之外的"附加品"。

明清之后,题画诗和画本体的关系又有一变。特别是明中期以来,文人画不仅占据了中国绘画的主流,而且进一步发挥了宋元文人画的"文人性"。"题款在他们的绘画创作中,其意义也就更加空前地凸显出来,'诗画一律'变成了'诗画一局','书画同源'变成了'书画同法'。"②徐建融先生所指出的这一事实,其实是语言对于图像的"遗忘"。特别是在野逸派的作品里,这种"遗忘"表现得最为明显。因为,此前的题画诗,如果将其删去,画本身仍是完整的、独立的,画本体的意义仍然清楚;但是,野逸派写意画家的作品就不同了,如果删去所题诗(文),作品就残缺了、不完整了,画面的所指就变得很不确定。郑板桥"以书入画",将书法融入绘画本体,更是典型地表现了语言对于图像的遗忘。③ 他那首著名的《竹石图》五言题画诗④,不仅和画面没有任何直接的联系,当推"比德"的极致(图3),而且,他的画竹之法也明显使用了书法用笔,具有浓重的书法韵味。于是,"书体"成了"画题",而且更吸

图 3 《竹石图》

---

① 方薰:《山静居画论》,人民美术出版社1959年版,第130页。
② 徐建融:《题跋10讲》,上海书画出版社2004年版,第12—15页。书法和印章都属于"语图一体"的艺术,关于这一问题,以及它们和绘画的关系,我们将另文探讨。
③ 郑板桥的《竹石图轴》,将诗题在峰峦上,代之以皴法,衬托出潇湘修竹的秀美。《竹石轴》在竹与石、竹与竹之间的空隙处,题上高高低低、正正斜斜的字,好像一座远山将竹石连成一个整体,丰富有趣。他还画过一幅竹,在竹的下方题了一片不规则的字,曰:"以字作石补其缺耳。"他的另一幅《竹石图》,竹竿由右下方伸向左上方,顶天立地,而题诗则横穿过画幅中间,其"大都谦退是家风"诗句的"都"字恰好位于竹竿处。画家为了不伤画面布局,采取穿插挤让的方法,使"都"字小部分在竹竿的右边,大部分在竹竿的左边,虽然"藕"断而"丝"相连。见周积寅:《郑板桥书画艺术》,天津人民美术出版社1982年版,第22页。
④ 诗曰:"咬定青山不放松,立根原在破岩中。千磨万击还坚韧,任尔东西南北风。"诗后署"充轩老父台先生政,板桥弟燮"12个小字,再钤"郑板桥"之阴文方印、"老而作画"之阴文长印。

引人的眼球,更有意味。题画诗及其书体不仅遗忘了画面,也遗忘了画题。观者不再关注画面本身,画本体已经烟消云散。这和马格利特的"这不是一只烟斗"似乎有着异曲同工之妙。不同的是,马氏以语图悖反的形式,造成语言对图像的解构;郑板桥则以语图唱和的形式,由画面扬长而去,忘却了画本体的存在。

正是对于题画诗的过度倚重,影响了中国画之绘画本体的发展。除却少数大家之外,许多作品的绘画语言十分粗陋、单调,画面造型抽象、含混,笔墨技法僵硬、生涩,甚或胡乱涂抹。明清以来有些艺术家,多数并不看重自己的画品,将其列为自己全部艺术成就的末流,却对自己的诗、书、印十分得意。[①] 看来,这并非他们的谦辞,倒是中国题画诗在明清之后遗忘绘画本体的真实写照。纵观明清至近代中国画,伴随着崇尚和倚重题画诗的风气愈演愈烈,绘画本体愈来愈演变为言说的由头,"以诗臆画"成了不言而喻的圭臬和共识。于是,画面语言的独立性几近被彻底消解。

这样,在中国题画诗的语境中,就可以梳理出一条明晰的"语—图"关系史线索:魏晋至隋唐,题画诗对于绘画本体主要表现为"诠释"关系,二者是和谐的;宋元之后,题画诗已经不再忍受画面的局限,开始溢出画体本身,延宕为"画外音",二者互相不可或缺,相映成趣;明清以降,题画诗及其书写方式对于绘画本体产生强烈冲击,其结果表现为前者对于后者的遗忘,从而使语言和图像在中国画里的主宾位置被彻底颠覆。

很清楚,中国诗文进入中国绘画的过程,就是语言这一"实指符号"对于图像这一"虚指符号"的遗忘过程。在这一过程中,语言作为"强势符号",在"不得已而为之"的模仿中"逆势而上",它的强力惯性带出了"尘埃飞扬"。"尘埃落定"之后,扬飞了的图像"剩余"和"残片"进入了"漂浮状态"(福柯语),已不足以显现自身,脱离语言的辅佐已经难以象征清明而确定的世界。

其实,在语言和图像互文的历史上,前者对于后者的遗忘并非从题画诗开始。早在《易经》,其卦爻辞对于卦爻符号的解释就是如此。卦爻符作为图像符号,一旦被语言反复诠释和充分阐发,它的本义是什么已经无关紧要,读者关心的只是它那被无限延宕的意义,即语言符号的所指内涵。我们可以将这一现象统称为"得意忘图"。

综上所述,语言和图像的相互模仿及其"顺势"和"逆势"问题,早在莱辛的《拉奥孔》就有涉及。他摒弃了陈腐的"精神决定论",选择从语图的不同符号属性进行阐

[①] 明代徐渭就曾自称"吾书第一,诗二,文三,画四"(陶望龄:《徐文长传》)。齐白石在评价自己的艺术成就时也曾说过类似的话,称自己"诗第一,印次之,书再次之,画更次之"(《文汇报》2004 年 12 月 14 日)。

发,从而将这一问题落实到客观的学理层面。① 但是,18世纪的莱辛并未面对"文学遭遇图像时代"的窘境,莱辛当年所论及的诗画关系也是分体存在的。如果沿着莱辛的路数继续前行,将这一问题纳入当下语境,那么我们就会发现,这一论题其实蕴涵着非常深刻、非常现实,因而也是非常值得探讨的意义。例如,语言一旦进入图像世界,它们合二为一(语图合体),开始共享同一个文本时,语图关系可能发生怎样的境况? 这就需要我们借鉴现代符号学,基于中外"语—图"关系史进行重新审视。我们发现,语言和图像,作为人类最基本的两种符号,"实指"和"虚指"是它们的基本属性。语言是实指符号,因而是强势的;图像是虚指符号,所以是弱势的。当语言进入图像世界,即二者合为一体、共享同一个文本时,它们的符号属性以及由此所决定的强势和弱势,不但不会有任何改变,反而有可能导致语言对于图像的驱逐或遗忘:一、在语图悖反的情势下,如马格利特的"烟斗"连续画,前者对后者的强势和驱逐表现为"解构",语言颠覆了图像的"相似性确认原则"。这是语图合体的特例;二、最一般的情势是"语图唱和",但是语言绝不会忍受图像的局限,例如中国的题画诗,由画题引申而去,或补其不足,或延宕而"比德"。延宕"比德"的后果表现为语言对于图像的遗忘,但同"语图悖反"情势下的驱逐很不相同,后者更像是一种"遗忘性驱逐"。

---

① 之所以强调莱辛的这一贡献,就在于我们的文学研究方法,即以思想史为主流话语的文学研究,恰恰是莱辛所鄙视的。思想史(或称"主题学")的文学研究法,将文学仅仅作为思想的文献,违背了"文学是语言的艺术"这一常识,带有极强的主观性。作为形式美学之一的符号学美学就不是这样,而是将文本的客观性作为前提,通过形式阐发意义,从而使文学研究落实到客观的学理层面。

从文学史到文学地志学

◎ 高小康

一、文学发展的线性与非线性

刘勰在《文心雕龙》中对当时诸家的文学研究论著进行了一番评骘后总结说,虽然各有所长,但都未能"振叶以寻根,观澜而溯源"。显然他认为这两句话是文学研究的要旨,就是说文学研究的重点是研究文学发展演变的历史。文学史虽然是个后起的概念,但从历史发展的角度对文学进行的研究活动早已发生了。无论研究的是文体、风格还是内容,都离不开对历史发展过程的认识。

那么,什么是文学史呢?这个问题在传统的文学史研究中似乎没有成为问题:文学史就是文学——或者更具体地说,文学作品——的历史发展过程:前后相继,传承和变革的线索及其规律。在这个看上去没有争议的陈述中其实隐含着一个有争议的概念,就是"历史发展"这个概念。历史主义相信历史与逻辑的统一,文学史就往往成为关于文学发展逻辑的证明。最典型的就是关于文学的继承与变革关系研究,基本上是把每一个时代的文学作品理解为前一个时代作品影响下继承或演变的结果。换句话说,文学史就是文学创作沿着一定逻辑发展的线性时间过程。

这种线性历史观影响文学史研究多年,似乎并未产生多少问题。到20世纪80年代中国现代文学史研究中出现"重写文学史"的观念后才发生了矛盾。"重写"不是"另写",就是说不是并置,而是要擦掉或改掉先前的文学史。理由是先前的现代文学史关于"现代性"的逻辑压抑了另外一种现代性逻辑,所以要重写。但结果不是"重写",而是加写,变成了几个不同的文学史发展逻辑线索的并置。虽然多样化的历史写作可以拓宽人们的历史视野,但按照历史主义观念历史和逻辑如何统一却成了问题。

假如不是非要把历史纳入线性逻辑的话,其实这本来不应该是问题:文学如果不是孤立的文本,而是在包含着多样性关系的文化生态环境中的活动过程,那么线性逻辑就有问题了。历史主义想象的逻辑统一性本身就是一种与文化生态相悖的理论观念。在19世纪的史学中已经出现了超越线性历史观念的理论和研究实践。

一个具有代表性的人物就是丹纳。他的地理、种族、时代三要素决定论被称为"实证主义"历史观,在风靡一时之后又被当作一种地理决定论理论而受到批评。其实把丹纳的史学观念称为"实证主义"就是一个概念的误置:关于民族性格的描述怎么能够实证化呢?而说成地理决定论就更是误读了:他的理论和研究都是地理、种族、时代三个要素,这三个要素涉及空间、时间和社会行为,可以说囊括了文化环境的所有基本条件而成为复杂生态系统,如何形成线性因果决定论?他在《英国文学史》序言中说:"真正的历史只有当历史学家穿越时间的屏障开始解释活生生的人时才得以存在。"①这句话清楚地表明了他的历史观特点:历史不是单纯的时间线索,而是时间背后存在着的"活生生的人"。

丹纳之后的史学有了更长足的发展,其中一个重要的趋势就是对线性历史背后文化生态的多样性给予了更多的关注。历史不再是线性的"历史与逻辑统一"的过程,而是在时间过程中不断展开的空间。对 20 世纪人文学术产生过重要影响的一个人物是语言学家索绪尔,他关于语言关系的纵聚合与横聚合理论对于历史研究所具有的启发意义,就是把历史从单向度的历时性关系扩展到了历时性和共时性两个向度的结合。文学研究视域因此而从时间过程扩展到时间与空间结合的关系中,文学史不再是单纯由名家名作按时间顺序串联起来的链条,空间、习俗、社会性格也逐渐进入了研究视野。由此而开始了文学史研究观念和理论方面的创新。

一位当代学者在谈及中国文学史研究观念方面的问题和如何创新时,提出了"重绘中国文学地图"的想法:

> 我们过去研究文学比较注重时代、思潮以及作品的艺术性和思想性。我们经常讨论的问题是一个时代的文学是进步了还是后退了,是发展了还是滞后了。这种侧重时间维度的文学研究,常常以文学上的进化论代替具体而丰富的文学研究,从而遮蔽了文学背后丰富的文化内涵。这种单一维度的文学研究是谈不上全面、深厚和精彩的。所以我认为我们的文学研究有必要强化空间维度,把"地图"的概念纳入到文学中,这样,我们的文学研究才不会流于简单和片面。②

他把这种重绘地图的研究称作"文学地理学"或"有体温的地理学"。在文章中关于这种文学地理学研究的内容所做的描述提到了四个方面:地域文化、家族文化、作家的人生轨迹和文化中心的转移。在这里依稀可以看到丹纳的环境、种族、时代三要素的影子。

---

① 译文引自卡西尔《人论》,上海译文出版社 1985 年版,第 247 页。
② 杨义:《重绘中国文学地图的方法论问题》,《学术研究》2007 年第 9 期。

但用四个或更多的地理要素来解释文学形成与发展的特征,这种文学地理学可能存在的问题是把历史研究引向地理决定论。丹纳之被质疑为地理决定论是因为他在分析文化的成因时,地理环境往往被视为形成社会性格的一种决定性要素。这在他的《艺术哲学》中关于希腊古典艺术和意大利文艺复兴艺术的风格成因分析中表现得尤为鲜明。但正如丹纳本人在《英国文学史》序言中的描述和卡西尔对丹纳理论的分析所表达的那样,他的研究思路真正价值不在于几个要素的决定作用,而在于通过地理、时间和社会几个维度还原一种活的生活过程。这不是地理学,而是多维的文化空间。

这种基于地理而又超越地理的空间观念是 20 世纪历史和社会研究中形成的新观念。在以往的社会理论中,时空被看作一种自然的常态、一种外生变量,而并非连续性的社会创造。然而事实上,"时空"不仅是内生变量,而且还是我们理解社会结构和历史变迁的关键所在。因此相对于地理而言,具有更多社会文化内涵的"空间"概念具有更突出的意义。阐述这种空间理论的一个重要人物是法国学者列斐伏尔。他在《空间的生产》这部书中提出了一个著名观念:空间是被生产出来的。在他看来,一定社会的生产关系不仅生产出相应的物质产品和精神产品,而且生产着社会生存和活动的空间。生产关系决定了社会的上层建筑乃至整个社会形态,这显然是马克思主义的社会理论。但与传统的马克思主义社会观的不同之处在于,"生产空间"不是一个传统意义上的决定论思想。具体地说,生产空间不同于直接的物质生产和精神生产。生产方式所直接产生的是物质和精神产品,而空间则是在物质和精神生产的基础上生成的空间秩序,这种秩序约束、构建了特定社会体系中人们的空间感知和关于空间的想象。换句话说,与经济基础决定论的理论不同的是,"生产空间"理论关于历史的看法从历史主义的决定论转向了文化生成论。从被生产或构建的空间感知和空间想象视域认识历史,看到的不再是推陈出新的线性旅程,而是历史的非线性,是各种文化形态不断构建、叠加、融合、冲突的生成过程。

福柯 1967 年做过一个演讲《另类空间,异托邦》(Of Other Spaces, Heterotopias)。他在解释空间研究的意义时提出,19 世纪人们关心的是历史科学或时间概念,而当代是空间的时代。"我们处在共时(simultaneity)、并置(juxtaposition)的时代,远近、并列和分散的时代。我相信,这个时代的体验与其说的是在时间过程中展开的生命,不如说是交错纠缠在一起的网。"[①]可以说,自从有了历史观念以来,人们对世界的看法就被时间的线性所左右:"万物皆流逝"成为历史主义的基础。只有到了空间联系高度发展的当代,人们才意识到共时性或并置性对于人类生存的意义。对于历史研究来说,当代空间意识的产生成为重新认识和解释历史的一个新的视域;同样道理,文学的历史发展也需要从空间的角度重新观察和解读。

---

① Michel Foucault. Of Other Spaces (1967), Heterotopias. FOUCAULT.INFO.

二、"文学的自觉"与空间形构

在传统的文学史研究中,线性文学史研究看到的是按照一定标准和逻辑人为拣选制作的作品链,而空间研究是文学活动的生态环境及活动机制的研究,比起线性的时间过程来,这种研究更加关注文学活动在自然与文化的各种复杂关系中生成、繁衍和相互作用的具体机制。事实上,在线性历史观制约下的文学发展过程中也会出现与前后相承关系并置的另外一个维度,即文学活动空间的存在与发展。在文学发展的重要历史节点上,往往可以看到时间过程的延宕和空间形态的演变或重构。

比如汉魏时期被鲁迅称作"文学的自觉时代",这个说法在文学史研究中被一再地引用和重复。那么,这个"自觉的时代"到底是什么意思呢?鲁迅在《魏晋风度及文章与药及酒之关系》中说曹丕"诗赋不必寓教训,反对当时那些寓训勉于诗赋的见解",这就是文学的自觉时代。"或如近代所说是为艺术而艺术(Art for Art's Sake)的一派。"意思是说,对文学的艺术或审美特质的重视就是"文学的自觉"。

文学的审美特质当然不是汉魏时期才被意识到的,否则就无法解释过去文学作品中为什么会体现出对韵律、修辞等形式美感的自觉追求。魏晋南北朝时期在文学方面发生的不仅仅是一种艺术意识,而是使这种意识受到普遍重视和传播的文化环境:从三曹父子、邺下文人群体的文学活动起,到正始之音、竹林七贤,再到兰亭雅集以及《世说新语》中提及的种种文人交游活动,从那时起成为传播文学、音乐、书画等艺术趣味的重要场所,也就是文学艺术活动空间。这种文化空间的形成对当时社会的艺术趣味和生活方式产生了重要影响。

曹丕的《典论·论文》通常被认为是中国文学批评史上的第一篇文学专论。其实这篇专论的重要性不仅仅在于专门谈论文学,而在于专门谈论的是与曹丕同时期的文人。从文学的历史发展中留下的叙述记忆来看,自先秦到西汉的文学活动基本上是沿着历时性线索进行的:创作—接受—后继的接受—更晚的接受……各个阶段之间具有比较明显的前后相继乃至分段的关系。作为文学活动顺序的开端,大多数最初的创作者和创作状况已经不可考了,如《诗经》中的大部分篇章;有的虽然知道比如屈原,但也是通过内容的分析以及相当久以后的转述获得的,因此还会被后人质疑。从这个角度来看,以前的文学可以说只留存在时间过程中:每个作品除了自身内容和可以考证的创作或出现时间之外,我们很少知道它出现时的其他方面状况,即作品所由产生和存在、传播的空间。《典论·论文》的特殊性在于为建安时期士大夫们的文学活动留下了空间的记忆:同时代文人的活动以及相互之间的交流评价和作品的传播。

曹丕的文章并非孤立的个案,而是这个时代关于文学活动的叙述发展起来的一种典型形态。《世说新语》记载了更多当时文人的生活活动,其中包括文学创作与交流传播的状况。如《言语》中记载当时文人审美趣味：

> 顾长康从会稽还，人问山川之美，顾云："千岩竞秀，万壑争流，草木蒙笼其上，若云兴霞蔚。"
> 王子敬云："从山阴道上行，山川自相映发，使人应接不暇。若秋冬之际，尤难为怀。"①

从这些文人们所表达的对自然的体验欣赏中可以领悟到山水诗兴起的生活背景。同时，这个时期的文学活动不仅仅是留下孤立的作品，而且包括与创作同时的交流、传播与评价活动，如《文学》中的这两则：

> 夏侯湛作周诗成，示潘安仁，安仁曰："此非徒温雅，乃别见孝悌之性。"潘因此遂作家风诗。
> 孙子荆除妇服，作诗以示王武子。王曰："未知文生于情，情生于文？览之凄然，增伉俪之重。"②

还有孙绰讥卫君长："此子神情都不关山水而能作诗？"谈到自己的《天台赋》则说"卿试掷地，要做金石声"等等。诸如此类在士大夫聚会时随意进行的评骘、推介和闲谈，书中记载了很多。这正是这个时代作为文学创作生态环境的士大夫交游习惯。至于兰亭雅集之类著名的士大夫聚会，更留下了具体的文学活动空间记忆。聚会清谈和山林雅集，这是这个士族成为主流文化圈而且人际交流影响社会的时代士大夫生活空间新的形构，也是这个时期文学活动的典型空间形态。可以说，"文学的自觉"实际上是士大夫文学生活方式和审美趣味的自觉传播。这种共时性的自觉传播生产出了魏晋南北朝时期特有的士大夫文学活动空间，文学的发展过程也因此而从单纯前后相继的时间关系转向空间形态的扩展。

刘勰在《文心雕龙·序志》提到自己之所以要立志写书，与自己所忧虑的当时文学状况有关。在他看来，当时存在的问题，一是"去圣久远，文体解散"；二是"近代之论文者多矣"，却"各照隅隙，鲜观衢路"，"不述先哲之诰，无益后生之虑"。简单地说就是：(1) 经典的传承被同时代杂乱的写作所淹没；(2) 越来越多的批评论述形成了杂散的文学话语空间。钟嵘在《诗品》序中也感慨当时的文学活动的风气驳杂："观王公缙绅之士，每博论之余，何尝不以诗为口实。随其嗜欲，商榷不同，淄、渑并泛，

---

① 徐震堮：《世说新语校笺》（上册），中华书局1984年版，第81—82页。
② 徐震堮：《世说新语校笺》（上册），中华书局1984年版，第138页。

朱紫相夺,喧议竞起,准的无依。"①总之,上面这些描述表明文学已不再是仅仅属于历史传承的经典之链,而是同时代人们都可介入尝试、效法和商榷喧议的存在于现实空间的文化活动。文学活动中学习、效法、评价的标准从历史传承转向了平面扩散。

这一转向对此后中国文学的发展具有重大影响。魏晋南北朝之后文学发展的一个重要特征,就是文人群体及其活动环境的生成与发展,文学从孤立存在的作品扩展为具有特殊文化特质的社会活动空间。从文学社会学的角度来看,"文学的自觉时代"可以说就是文学活动转向空间化的时代。

三、空间的并置与混生

文学史的时间性具有不可逆的序列特征:按照时间先后排序确定了作品的传承关系,意味着所有文学作品都是属于同一系列;同时也就确定了作品的价值——由传承和变化的意义所给出的历史价值,这就是经典的意义。而空间化则是对这种统一序列的破坏,正如刘勰和钟嵘所批评的那样,当同一时代的文学活动形成普遍的相互影响和交流环境时,就会导致传承关系的破坏而产生文体解散、淄渑并泛的喧哗状态。瓦解了时间性所形成的以经典为核心的序列秩序后,空间性的产生也就意味着散乱、并置和多样性文学形态的产生,意味着文学发展的趋势从有序的时间线索向散乱而多样化的空间形态漫溢。

唐代是中国历史上文化高度繁荣的鼎盛时期,也是文学发展史上几乎是空前绝后的盛产伟大诗人和经典作品的顶峰时期。对于唐代文学繁荣的成果,人们可以很容易地从妇孺皆知的伟大诗人和耳熟能详的经典作品得到印证。但这些不过是一些局部的表征。日僧弘法大师在讲到辑录《文镜秘府论》的缘由时提到"爰有一多后生扣闲寂于文囿,撞词华乎诗圃,音响难默,披卷函杖,即阅诸家格式等,勘彼同异……余癖难疗,即事刀笔,削其重复,存其单号"②等等。僧人文癖如此,其他人更不遑多让。一部《文镜秘府论》就是一部供诗歌爱好者学习的作诗指南大全。书中关于诗歌写作的指导内容从教人如何规避声病、如何对仗到用"随身卷子"应急等等,五花八门应有尽有。其中绝大多数并非为了培养天才诗人和成就天才作品,而是为一般爱好者入门,使诗歌成为人们生活内容的一部分。唐代诗歌的繁荣与其说是突然涌出了许多天才诗人,不如说诗歌弥漫渗透了这个时期社会生活许多层次、许多方面而且成为生活的重要内容,从而构成了唐代特有的诗歌文化空间。

唐诗的繁荣其实只是文学活动全面渗入社会生活的冰山一角而已。文人传奇、

---

① 许文雨:《钟嵘诗品讲疏》,成都古籍书店1983年影印版,第4页。
② 王利器:《文镜秘府论校注》,中国社会科学出版社1983年版,第15页。

宗教讲唱、青楼小曲、竹枝俚歌等等，都从这时起开始在社会各个群体中发展繁荣起来。其实，许多非正统的文学形态和活动在更早期并非完全没有，但只是到了这个时期，这些杂七杂八的非正统文学才突出地呈现在更广范围的社会活动层面，并且影响到不同的社会阶层。与此同时，从魏晋开始的文人士大夫对文学艺术的批评、议论、研究风气也逐渐渍染到更多的社会群体，从文人小圈子的聚会雅集到各种人的交游、漂泊、宴乐等更广泛的活动形态，形成多种多样文学活动类型、层次群体并置或混生的文学生态环境。总的看来，文学的空间化不仅仅意味着从时间向空间维度的展开，而且更意味着空间的分化。

实际上，如果对传统文学的空间化形态进行深入研究，就会发现空间化的实质就是空间的分化和复杂化。如果文学活动的空间环境是统一的，那么时间的传承线索和空间的存在状态就不存在矛盾，也就不存在特殊的空间问题了。因为既然所有的经典都属于当代，而当代的文学活动也都属于历史传承的过程，那么时间和空间当然应该是一致的。就好像把时间比作永无终点的火车，而空间是与铁路运输系为一体的火车站；那么空间对于时间而言除了是一个静止的切面而外没有更多内容，就像火车站只是使旅客得以停下来观赏景色和下车进行短暂的休息活动的一个点而已。

然而真实的文学活动历史并不是一列根据一条永无终点的线路行驶的火车。从历史上看，文学活动的空间展开不是依附于时间的切面，恰恰是空间与时间的分裂：在正统、主流传承线索中的文化空间之外，不断分化出过去未曾有过或未曾进入历史传承线索的各种新的趣味、新的需要和因此而产生的新的文学形态，而这些新的东西则生长于各个不同的文学活动空间。不同的文学空间之间的关系不仅是并置，而且可能相互杂糅混生。甚至同一个人，也可能同时或先后生活在不同的空间中，想象和表现着不同的空间状态。比如白居易，他在《与元九书》中称自己"志在兼济，行在独善，奉而始终之则为道，言而发明之则为诗。谓之讽谕诗，兼济之志也；谓之闲适诗，独善之义也"[①]。他的两种不同境遇中的不同处世方式和文学表现，在他自己看来是出于同一个身份同一种信念，但历代读者却从中往往看到矛盾。其实这正是他身处进与退、兼济与闲适两种空间的双重身份表现。他的双重身份与中唐以后由布衣登龙的士大夫出身的人格双重性以及生活空间的复杂性有关，也是此后中国士大夫生活理想及其文学表现中一再出现矛盾的一个重要社会原因。

文学史上唐诗宋词并举，但说到宋诗则评价往往不一。后世人们多从单线程的历史传承流变逻辑解释，认为唐代格律诗已成为不可逾越的高峰，所以宋人不得不另辟蹊径，发展出新的诗歌样式。但这种用"影响的焦虑"模式解释历史的方式似过于简单了。实际上，词从开始进入文人的文学活动范围时，就生长于与格律诗和古

---

① 《白居易集》（第三册），中华书局1979年版，第964页。

诗不同的另外一类文化生态壁龛①:词不是从汉魏以来士大夫的文学活动所传承的文学传统中延续发展出来的,而是来自民间曲子和教坊歌妓吟唱之类的非正统文化环境。

士大夫阶层的精英文化与山歌、曲子所生存的非正统文化似乎属于不同的文化空间。但从传为李白所作的《菩萨蛮》、张志和的《渔歌子》和刘禹锡的竹枝词来看,这几种不同类型的文学形态所依存的文化空间似乎又是相互交叉的。这种交叉空间对于具有正统儒家意识的文人来说可能造成一种身份矛盾;而随着词或曲子越来越多地进入文人的文学活动空间,这种矛盾也就凸显了出来。词被称作"诗余"就是属于正统空间的文人士大夫意识到这种身份矛盾的表现:词之所以被称为诗之余是因其风格不够醇正而多归侧艳一路。这看起来是以偏概全,其实是对词的文化空间的批评:侧艳与词写作、传播于下层社会和声色娱乐场所相关,因而只能属于次等的文学。但词在士大夫中的传播发展表明,这些文人们的文学活动除了正统的文化空间外,还涉及另外一类不登大雅之堂的非正统空间或者用列斐伏尔的话说"隐秘空间"。如果过分高估了这种文学活动的地位和价值,使这类隐秘空间公开化,就可能遭到主流社会的鄙视。据传被敕"且去填词"的柳永就是一例。

南宋与北宋在文学发展方面的一个显著差异是词地位的变化,从诗余变成了主流文体。这种变化的社会背景是词的生态环境变化:城市的繁荣、城市空间的发展影响了整个社会文化空间的构成;以前踟蹰于庙堂和江湖之间的士大夫文人,这时越来越多地进入了城市生活;他们的文学也就逐渐染上了市井色彩。从市井生态中生长出来的词曲的地位逐渐上升成为士大夫文学的一种重要形态。南宋的文人中即使是主张清空野逸甚或豪放雄健的词人,也不大会有"涧户寂无人"的清冷和"大漠孤烟直"的苍凉;相反,却很容易在他们的作品中看到青楼笙歌、画桥烟柳、酒旗杏花等市井消费文化的符号。如浩歌"水随天去秋无际"的豪放词人辛弃疾,喟叹"把吴钩看了,栏杆拍遍,无人会登临意",最终只有"唤取红巾翠袖,揾英雄泪",在笙歌楼台中寻求慰藉。市井生活不再是隐秘空间,而成为与正统文化空间并置、交错甚或相互挤压的另类空间。

商业和城市文化越发展,多种空间的混生和相互挤压就越明显。到了《金瓶梅》和《儒林外史》的叙事中,士人社会的传统文化空间几乎被市民文化挤压到地位倒置的状况:《金瓶梅》中的主人公西门庆原本是来自《水浒传》中的一个市井无赖形象,但在这部作品中却变成了整个故事中的中心人物。蔡京府上的大管家、来本地上任的官员、路经此地的新科状元等各色上流社会人士都对他客气有加,来到清河都要拜见西门庆,与他拱手作揖称兄道弟,成为他的座上客乃至附庸;西门庆的生活空间

---

① "生态壁龛"(ecological niche)是借自生态学的一个术语,指对特定生物而言与生存直接相关的相对封闭的小环境。文化生态壁龛是指与特定文化形态的存在直接相关的空间和要素。

成为故事中的主流空间,正统的士大夫生活空间反而退居其次。而在《儒林外史》中,尽管写的是士人众生相,但无论是被作者所鄙视的无行市侩文人,还是被推崇的有节操的文人,除了在首回出现后便神龙见首不见尾的王冕之外,其他文人都无一例外地进入了南京城的市民文化空间。就连作者最欣赏的有节操风骨的人物杜少卿,在家产荡尽之后也去了南京。《儒林外史》第三十三回的开头是这样写的:

> 话说杜少卿自从送了娄太爷回家之后,自此就没有人劝他,越发放着胆子用银子。前项已完,叫王胡子又去卖了一分田来,二千多银子,随手乱用。又将一百银子把鲍廷玺打发过江去了。王知县事体已清,退还了房子,告辞回去。杜少卿在家又住了半年多,银子用的差不多了,思量把自己住的房子并与本家,要到南京去住……

就在这段话上,清代评点家黄小田批道:"弃祖业,离乡里,此少卿之疵也。"①这句批语的意思不仅是说杜少卿挥霍得过度了,而且还包含着这样一层意思:弃祖业、离乡里去繁华都市生活的做法实际上不大合乎传统士人进退出处的生活方式。这一点与王冕的隐身远遁相比就可以看出差别来。他的祖业之所以败落得那么快,显然与商业化的社会生活环境影响是分不开的。

自中古以来随着商业城市的发展而出现的这种空间混生和挤压,对于文学的发展具有特殊作用,简单地说就是造成文学观念的内在矛盾,尤其是身份矛盾。在沈德符《野获编》中提到过这样一件事:他从袁中道处得到一本《金瓶梅》,"甚奇快"。冯梦龙见了后立刻怂恿出版。沈德符拒绝了:"此等书必遂有人板行,但一刻则家传户到,坏人心术,他日阎罗究诘始祸,何辞置对?吾岂以刀锥博泥犁哉?"②当然,沈德符虽然拒绝付梓,结果还是"未几时而吴中悬之国门矣"。显然,这些文人们的文学爱好和个人的身份背景都发生了分裂,应该的和喜欢的之间出现了矛盾。他们实际上同时生活在两种空间,传统的进退出处之道和市井的声色之娱并存。袁宏道《致龚惟长先生》中列举了人生的五种快乐,其中把"目极世间之色,耳极世间之声"乃至"托钵歌妓之院,分餐孤老之盘"与"箧中藏万卷书,书皆珍异……远文唐宋酸儒之陋,近完一代未竟之篇"并列为人生中的"真乐"。③ 这里各种大相径庭的"快乐"描述的根据是晚明时期文人生活内容的复杂多样:他们游走在不同形态的社会生活空间,形成了丰富的生活阅历、矛盾的人生观和复杂的审美趣味。这个时代因而被一些学者称为个性解放的时代。

---

① 黄小田评点《儒林外史》第三十三回批语,黄山书社1986年版,第306页。
② 沈德符:《万历野获编》,中华书局1959年版,第652页。
③ 《袁宏道集笺校》,上海古籍出版社1981年版,第205页。

不过在真正需要价值评判的时候,他们所处于其中的各个空间可能并不是等值的。比如明代作家凌濛初以通俗小说《拍案惊奇》传世,但在乌程县志里凌濛初的墓志中,他的政绩与德操得到了高度评价,而作为通俗小说作家的文学业绩却被隐去了。显然在人们的一般看法中,这两个空间的关系是冲突的;在正统的视野中,这些文人们的另外一层生活方式和文学兴趣仍然属于不可说的隐秘空间。尽管不可言说,各种文化的并置、混生和挤压越来越成为文学活动空间的特征,使得文学的发展也越来越无法用时间线索来概括归纳。市民化的城市造成了混杂多样的文学活动空间,因而导致文学发展趋势的分裂和漫溢。

四、从重写文学史到走向现场空间

福柯认为,直到 19 世纪历史科学或时间观念还是缠绕人们心灵的根本观念,人们所关心的是时代的发展、停顿、进步问题,用时间构造人文学科的神话故事。只是到了当代,同时性、并列性的发生才使得空间成为更重要的问题。但我们沿着文学发展的历史看下来,会发现历史从时间线索向复杂的空间关系漫溢的现象其实早已发生。自从古典社会关于同一性空间的建构和想象被市民社会瓦解以来,文学的发展就越来越多地显现出多元并置、冲突和相互挤压的共时性空间特征。只是在传统宇宙观和意识形态的影响下,这种空间特征被当作历史逻辑的特殊例外和附庸而被忽视了。忽视空间性的后果就是把文学现象的复杂性通过抽象和筛选,化简归并成某种具有"合力"性质的主流历史趋势,然后得出一个简明清晰的文学史图像。

中国的文学史研究观念在 20 世纪 80 年代出现了一个重要的转变,就是对统一的历史发展线索的质疑和重新整理。观念转变的标志之一是所谓"重写文学史"口号的发生。提出"重写"的理由在于,现有的中国现代文学史著述在整理历史发展线索时忽略或漏掉了一些更重要的作家如张爱玲、沈从文、钱锺书等。这种观念转变的具体背景是关于文学的"现代性"发展趋势中主流与支流、中心与边缘的争论,基本上还是在历史主义框架下展开的论争,所以给人的感觉像是在翻烙饼。但从深层来看,争论本身就意味着统一历史逻辑的瓦解。当研究者意识到张爱玲、沈从文、钱锺书的作品既不可能与鲁迅、茅盾纳入同一趋势,又不可能当作无足轻重的偶然现象抛弃时,无论把哪一类作品作为文学史主流,都免不了盲人摸象之讥。于是有人主张把"现、当代文学史"替换为"20 世纪文学史"。在时间概念的变换中,显示出历史发展的时间性逻辑开始受到怀疑。使用"20 世纪"这个没有序列和阶段性分期的框架型时间概念,意味着文学史似乎不再能够归纳化简为由时间逻辑所决定的线性发展顺序。问题的要害开始浮现出来。

1996 年,北大出版社出版了谢冕、钱理群主编的皇皇巨著《百年中国文学经典》。经典通常指在一定文化在历史发展中积累、凝聚和升华形成的完美、深刻而具典范性的作品。这个概念无疑是历史主义文学发展观的产物。不过在这部巨型文集中,我们发现编选经典的一些特殊观念。比如在第七卷80年代的诗类作品中选入了崔健的摇滚歌曲《一无所有》和《这儿的空间》。在传统的文学史观念中,诗应当算是最典型的主流文学样式。诗的发展史在大多数文学史中早已理出了清晰的进化脉络:最古老的是歌谣,然后有了诗经、楚辞这样的诗乐合一样式,再经过汉代的乐府、古诗,由魏晋南北朝到唐代达到格律形式和意象内涵完美统一的古典诗高峰,接下来是"一代有一代之诗"的通变,到现代则应时演变为现代诗,从早期白话诗一直到20世纪80年代的朦胧诗。此后朦胧诗衰落而新生代诗人出现,诗在观念、形式方面的创新和反叛越来越强,然而精神境界、激情以及影响力却再也没有了朦胧诗派那种高度和震撼性,也就是说传统意义上的诗在创作和影响方面都渐见萧条。因此许多人认为,曾经是主流文学样式的诗已走向没落。

那么在这样一条从进化到衰落的诗史线索中,摇滚乐在哪里呢?按照上面所说的发展线索,当代诗从朦胧诗到后朦胧诗或新生代诗,这里没有摇滚乐的环节。而且就诗的形式进化逻辑而言,从合乐之诗到"纯诗"也是早已发生的演变;当代歌曲从未作为"诗"列入诗史。如果说是因为歌词的文学意义,那实际上是把这两支歌曲的主要文化意义和艺术价值弃掉而只取其"糟粕"(用《庄子·天道》义)了。

那么,崔健的两支摇滚歌曲何以能够进入"百年经典"呢?崔健的真正意义在于他吸收和发扬来自西方摇滚乐的青年亚文化反叛性。摇滚这种反叛性的直接渊源来自美国摇滚歌王埃尔维斯("猫王")的音乐传统,被崔健接受并且成功地创造成为表达这个时期激进青年们反叛性需要的方式。在这里,我们似乎看到了摇滚乐与朦胧诗之间的微妙关系:朦胧诗起源于地下诗刊《今天》及其围绕在这个诗刊周围的地下诗人们,这些诗人与知青文学、天安门诗抄等地下文学同属于70年代到80年代热心于关心政治、急迫地寻求新思潮、新文化的青年反叛性文化圈;而崔健们的地下音乐以及另外一些青年艺术家们的"星星画展"等,也都是同一时代共生的文化群体,这些同属于当时的"地下"文化空间。这就是说,摇滚乐与朦胧诗的关系不在于诗作为文学形态的线性发展演变,而在于特定文化群体的空间关系。朦胧诗在80年代前期开始的争论和批判中逐渐衰落。而就在这个时期,崔健的《一无所有》却火了起来。这支歌曲的歌词明显与朦胧诗意趣相投,但更重要的是,崔健的摇滚乐演出成为这个时代接替朦胧诗运动的青年反叛文化圈的空间符号——从流传油印地下刊物的小沙龙和大学校园转向几乎只有充满激情和狂躁的年轻人才能容身其中的狂欢音乐现场。

当我们谈论这个时期文学发展时引入"地下"这个隐秘空间概念之后,时间性就被搁置或延宕了,展现在我们面前的是空间特征,具体地说是文学活动生态现场。意识形态化的习惯感知空间、观念构建的想象空间与隐秘的另类空间并置、混杂和相互挤压的空间环境,就是这个时代的空间特征。从这个时期之后,以"新时期文学"之名概括的此后近30年文学的研究,一个突出的特征是越来越无法把文学活动的过程纳入统一的时间性序列。90年代前期的"人文精神大讨论"实际上展现的是在共时并置的不同文化群体之间的冲撞。这场论战的结果基本上可以说是无疾而终,因为观念冲突的各方其实并没有处在同一活动空间。人们开始意识到社会群体不是简单的从"下里巴人"到"阳春白雪"的金字塔体系,而是可以区分为"主流"、"精英"、"大众"等多个相互联系而又并置的文化圈层。各个文化圈层尽管有联系,但更重要的是分属于不同文化空间,具有不同的身份意识和生活方式,关于文学评价的标准——高与低、雅与俗、进步与落后、正确与错误等等二元对立关系——都因为不同文化圈层缺乏共识而分裂了。

"人文精神大讨论"可以说是当代文学批评观念从历史性转向空间性的开端:挑起这场论战的观念根据是相信存在由历史发展逻辑确定的价值和价值评价立场,但论战中各方面语言的混乱或者说杂语喧哗已表明各方身份的分化。此后关于"新生代作家"、"下半身写作"等问题还有过相对比较集中的争论,但总的趋势是,争论的圈子和影响范围越来越分化了。与此同时,由不同媒体操作的各种文化空间中的争论或炒作却越来越多。文学活动的重点从欣赏转向交流,文学批评的兴趣从价值判断转向身份认同,这些演变都是文学发展的空间化趋势。总之,空间的并置、混生以及由此而产生的隔膜、冲撞和挤压成为"新时期"乃至"后新时期"文学活动的重要文化特征。

至此我们似乎回到了福柯那里,不得不承认当代文学问题比以往更具有空间性特征,或者说在当代文化环境中空间的并置、交错和时间的网状纠缠更为突出。对于文学研究来说,从时间性的文学史研究转向文学空间研究便成为新的而且更需要重视的研究视域。对于空间研究,福柯提出了一个术语,叫作"异形地志学"(heterotopology),意思是把那些与习惯感知空间相对的杂散、隐秘的另类空间(他称为与乌托邦相对的"异托邦"heterotopias)作为一种地志学研究的对象。换句话说,空间研究的真正意义不是用传统的理论模式去概括、抽象关于空间形态和某种客观规律,而在于以地志学方式去调查、考察,努力发现和描述那些隐秘的空间,发现各类空间之间的真实发生的对立并置关系。

借用福柯的观念,我们可以说文学空间研究也是一种"文学地志学"研究。意思是说研究空间不同于研究时间那样主要通过概括、归纳、内省和演绎来梳理逻辑线索,而更重要的是要通过类似人类学社会学的田野研究进入文学活动现场,在真实体验到的空间中发现文学活动的各种复杂关系,尤其是杂散、隐秘的关系。这使得我们必须注意当代空间的种种复杂性,比如吉登斯所说的"前台"与"后台"的关系、卡斯特所说的流动空间与社区空间的关系等等。"文学地志学"观念的产生意味着文学研究可能因为空间问题的凸显而不得不建构一种新的文学社会学或人类学。

从神学思维模式到辩证法

◎ 周欣展

一、神学思维模式的影响

关于千帆诗学方法论在共和国时期的发展过程,现有的研究成果简略而肯定性地认为程千帆在共和国初期学习了马克思主义的哲学和文学理论之后,思想水平提高了一大步,在诗学上有了新的发展变化。但程千帆在20世纪90年代回忆自己的学术历程时说:

> 建国初期,文学论文不少是用一种神学思维模式写的,用很多东西证明伟大领袖某一理论某句话是对的。这种论文很安全,但没有价值。我当时也这么写。慢慢地懂得一些辩证法,才想到怎样利用辩证法解释一些现象,回答一些问题。的确,辩证法比形式逻辑推理更细致合理,也更有用。①

这段话包含了关于千帆诗学方法论发展历程的两点重要信息:第一,所谓"当时我也这么写",意味着共和国初期千帆诗学也受到了神学思维模式的影响;第二,所谓"慢慢地懂得一些辩证法","辩证法比形式逻辑更细致合理",意味着千帆诗学方法论从形式逻辑发展到辩证法不是一个直接、迅速的过程,而是一个转折、缓慢的过程。在本文看来,这是符合实际的自我剖析。

所谓神学思维模式,程千帆在改革开放初期是用经学或新经学之名来概括的一种思维方式,其基本特点包括两个方面:第一,用汉唐儒者对待经书的态度来对待革命导师的著作、学说,即把马列主义、毛泽东思想当成一种非常值得尊重、不能够怀疑,也不能够发展的东西来学习。第二,在古代文学和文学理论的研究中往往不是根据马列主义的原理,认真探索和阐明某个作品的思想性或者艺术性的本质,而是

---

① 《老学者的心声——程千帆先生访谈录》,《程千帆沈祖棻学记》,贵州人民出版社1997年版,第106—107页。

反过来利用某些材料,证明马列主义是正确的,满足于以几个固定的公式和几条现成的标签来代替必须经过反复艰苦的探索才能获得的结论。① 随着思想解放潮流的不断壮大,在对毛泽东非神化的进程中,程千帆在90年代又更为精确地将这种思维方式改称为神学思维模式。②

这种神学思维模式在今天看来不过是简单、僵化、庸俗的教条主义,但由于其实质是极"左"政治的意识形态,是极"左"政治垄断一切权力的必备思想工具,所以,它在特定的政治环境中居于绝对的主导地位,形成一个时代的风气,因而造成了巨大的危害。许多民国时期卓有成就的学者因此而导致学术停滞乃至退化,更有刚刚起步的学者终其一生的学术生涯都深陷其中而不能自拔。所以,能否破除神学思维模式的束缚,对于当时的学者来说,就成为一个关系到能否坚持科学原则,能否进行学术创新,以及能否维护自由、独立人格的重大问题,对每一位学者的学术生命和人格尊严都具有决定性的意义。

在共和国初期的几年间,虽然程千帆一如既往地勤奋工作着,但诗歌研究因为其他方面的教学科研工作以及政治和行政工作的增加而自然减少。此外,包括诗学在内的全部学术研究也因为受到神学思维模式的影响而经历了一段勤奋而低效的过程。我们看到,在1954年出版的《古典诗歌论丛》一书中,只有一篇《古代诗歌研究绪论》是当时撰写的,其他的诗学论文都是民国时期的成果;诗歌方面的专题论文的撰写几乎停止了。1957年出版的一本篇幅很小的《宋诗选》以及1956年开始着手编撰的《古诗今选》,这两种选本都是与他人合作进行的。而无论是诗学研究,还是文学理论批评研究,还是文学史研究,都明显地受到政治运动的影响,留下了很深的神学思维模式的痕迹。

作为五四新文化运动之后成长起来的新一代学者,程千帆在民国时期就体现出积极、开放的追求现代文学理论的学术倾向。其大学毕业论文《少陵先生文心论》以及民国时期最长的一篇学术论文《诗辞代语缘起说》,都是文学理论的研究。40年代编著的《文论要诠》借鉴了西方文学理论的框架解读中国的文学理论。他在诗学研究中所运用的考据与批评相结合的方法则接受了英美新批评派的早期代表人物瑞恰慈、燕卜逊的影响。共和国初期(1949年5月中国人民解放军进入武汉),当时在武汉大学任教的程千帆开始学习马克思主义理论,随后讲授《文艺学》、《在延安文艺座谈会上的讲话》,还在1952—1953年编写了共和国成立后最早的《文艺学》教材。这本教材比苏联著名学者季摩菲耶夫的《文学概论》中译本③早出半年,比来华

---

① 参看《治学小言》,齐鲁书社1986年版,第5—6、32页。
② 1957年1月毛泽东《在省市自治区党委书记会议上的讲话》用神学一词批评那种认为一种社会制度永恒存在不会灭亡的观念(《毛泽东选集》第5卷,人民出版社1977年版,第356页)。程千帆改用神学一词指称这种思维模式,顺应了对毛泽东去神化的形势,也或有以子之矛攻子之盾的意味。
③ 该书由查良铮翻译,上海平明出版社1953年年底出版。

讲学的苏联学者毕达柯夫的讲稿《文艺学引论》中译本①早出五年;虽然没有正式出版,但已由当时的高等教育部作为推荐交流的材料印发给许多高校,供教师参考,也可作为教材使用。1953年和1955年又分别出版了《文学批评的任务》和《关于文艺批评的写作》两本文学理论批评论文集。在同时代的古代文学研究者之中,这种在现代文学理论上的积极而一贯的追求很罕见,体现了千帆诗学的一个鲜明特点。但我们很遗憾地看到,1952—1953年编写的《文艺学》教材是一个反映着神学思维模式的典型样本。这一教材共分认识论、创作论、批评论三大部分:在认识论部分,强调文艺是阶级斗争的武器和发扬文艺的党性原则;在创作论部分,提倡社会主义现实主义的创作方法,认为典型形象是党性原则在现实主义艺术中的基本范畴;在批评论部分,强调政治标准第一,艺术标准第二,文艺为政治服务。所以,无论是在内容上还是在体例上,这部教材都遵奉了当时的政治意识形态,并主要沿袭了苏联文学理论的模式,可谓是苏联文学理论的中国化简本。不久以后中苏关系恶化,来自苏联的社会主义现实主义创作方法被革命的现实主义与浪漫主义相结合方法取代,这本教材也就变得不合时宜,自然就被淘汰了。收入《文学批评的任务》和《关于文艺批评的写作》两本文学理论批评论文集中的文章也多是应时之作。② 例如1954年底配合运动写作的三篇批判文章《为肃清古典文学研究领域中的资产阶级思想而斗争》、《从〈红楼梦底风格〉看资产阶级的美学观点》和《略谈"怨而不怒"》,也与李希凡、蓝翎一样,把俞平伯的学术成果归结为地主阶级、资产阶级的唯心观点和形而上学所产生的伪科学,并积极附和开展思想上的阶级斗争,其中第一篇文章用斗争一词多达17次,还点缀着诸如继续加强思想改造、学术必须服从政治之类的政治宣传口号。这类文章从内容到形式受到神学思维模式影响的痕迹更加明显,自然也就更加缺乏学术价值。

上述著作与配合政治运动的论文绝大多数没有收入经程千帆审定的《程千帆选集》和《程千帆全集》,收入的部分也经过了很大程度的修改,③体现了作者后来对这些论著的否定态度。

二、神学思维模式的破除

共和国初期,敢于公开表示不宗奉马列主义或不参加政治学习的只有陈寅恪、

---

① 该书由北京大学中文系文艺理论教研室翻译,高等教育出版社1958年出版。
② 《文学批评的任务》的书名应是对《苏联文学批评的任务》一书(法捷耶夫等著,刘辽逸等译,三联书店1951年版)的模仿。
③ 例如程千帆在50年代前期写作的文学通史中的近代部分多次引用毛泽东的著作以论述相关的社会背景,而在晚年由程章灿和程千帆合作整理出版《程氏汉语文学通史》时,相关部分皆作删除。此事承程章灿告知。

于省吾等极少数著名学者,绝大多数的学者或主动或被动地接受了思想改造,并因此在不同程度上受到神学思维模式的影响。究其原因,主要有三个方面。首先,随着中国社会文化的历史性转型,在重建价值体系的客观需要之下,学者们有着借助西学之力进行自我革新、实现现代转型的迫切要求;同时,激进的反传统思潮使得接受传统教育和熏陶而又否定传统的学者们实际上否定了自身,以至于在科学化的西方学说面前以及神圣化的暴力革命面前产生了深重的罪恶感或耻辱感。其次,由于西方中心主义的广泛影响,形成了真理只在西方的价值取向,而马克思主义作为反对资本主义和帝国主义、代表被压迫被剥削阶级的根本利益的理论,体现了科学性、实践性和道德性的高度统一;同时,以马克思主义为指导思想的俄国共产党所领导的十月革命迅速取得胜利,要求民主、反对国民党一党专政的中国共产党也迅速地取得了新民主主义革命的胜利,而苏联和中国共产党内部的严酷斗争、斯大林的个人独裁并不为公众所知,这就使得马克思主义在理论上和实践上都具有了强大的说服力。最后,由于在激进的反传统思潮中固有的价值观、道德规范受到严重的破坏,而源自西方的自由平等、民主法治等价值观念也未能深入人心,故而在强权的压制之下,学者们缺乏必要的精神资源以坚持人格的尊严和思想的自由独立。正因为如此,我们不难推想,一个中国现代学者如果没有失去文化认同,仍然肯定优秀学术文化传统的价值和自身的价值,那么,即使还没有深刻理解西方的自由平等民主法治的价值系统,也可能依靠固有的学术文化传统的有力支持,像儒家那样"富贵不能淫,贫贱不能移,威武不能屈"(《孟子·滕文公章句下》),或像老庄那样"举世而誉之而不加劝,举世而非之而不加沮"(《庄子·逍遥游》),从而抵抗住极"左"政治的巨大压迫,破除神学思维模式的严重束缚。陈寅恪、于省吾等人即是这样的例证,程千帆虽然觉悟得稍迟一些,但也同样如此。

  共和国初期,程千帆开始学习马克思主义理论,这虽然是顺应思想改造的要求,具有被动性,但另一方面也具有主动性,是其民国时期就已经积极进行的吸收融合西学、追求现代文学理论的延续,而不完全是因为政府意识形态的强制而导致的被动,更不是表里不一的投机。所以,虽然程千帆当时在强制之下受到了神学思维模式的影响,但也并非简单的盲从或完全的受制,而是保持着一定的自主性和独立性,这主要体现在原有的文化立场和基本的学术规范的肯定、坚持上。

  程千帆出身于书香门第,从小接受的是进德修业、通经致用的儒家传统教育,对中国学术文化传统有着深厚的感情,后来又在被视为新文化运动对立面的所谓"旧派"为主体的师友的长期影响下,在思想上和学术上持陈寅恪所说的"一方面吸收输入外来之学说,一方面不忘本来民族之地位"的中国文化本位论。① 程千帆晚年所说的一段话:"我始终是个儒家,也信马克思主义,但儒家是本体。"即可谓这种文化立

---

① 参看周勋初:《陈寅恪先生的中国文化本位论》,《周勋初文集》(第6卷),江苏古籍出版社2000年版。

场的明确自认。朱熹《四书章句》有云:"程子曰:'学者先读《论语》、《孟子》,如尺度权衡相似,以此去量度事物,自然见得长短轻重。'"程千帆也说,他对所接触到的各种思想,要用传统文化加以衡量,也就是批判地接受。① 这种近似的表达方式说明程千帆与朱熹有着基本一致的思想原则,也就意味着程千帆所说的本体指的是根本性的思想观念和价值系统,以儒家为本体也就是坚持以儒学为主要代表的中国学术文化传统的主体性。

这种以中国文化为本位、坚持中国文化主体性的立场自然不是蛮横的西方中心主义,但也不是抱残守缺、顽固不化的极端民族主义或绝对的文化相对主义,所以它既非崇洋迷外,也非唯我独尊、盲目排外,而是要维护中国文化的独立、平等地位,在继承优秀学术文化传统和吸收西学新知相结合的过程中以求中国文化的创新发展。1946年3月8日,吴宓在日记中说程千帆夫妇"均有行道救世,保存国粹之志"②,可谓对程千帆的文化立场做了一个言简意赅的说明。这种文化立场虽只能为中国人所持有,但其背后的追求独立、平等的思想原则却具有普世性。我们看到,关于欧洲的文化革新,1966年海德格尔接受《明镜周刊》采访时说:"我坚信,只有在现代技术世界诞生之地才能作转向的准备,这一转向不能靠接受禅宗或其他东方的世界经验完成。改变思想所需要的是对欧洲传统及对它的重新认识。"③也就是认为欧洲的文化革新不能倚靠东方的舶来品,而根本上要靠自己的传统来完成。这正与中国文化本位论相对应,可谓欧洲文化本位论,但在追求独立、平等的思想原则上两者却是相一致的。

"他并不是不爱中国,而他确实不爱中国文化。"这是闻一多对郭沫若的《女神》所体现的文化立场的评价。他之所以将爱中国与爱中国文化作了区分,是因为爱中国是不考虑文化是否可敬爱的情绪之事,而爱中国文化是考虑到文化是否可敬爱的理智的事。④ 这也就是说,爱中国文化不是民族主义的偏激冲动,而是建立在深入理解中国文化传统基础之上的成熟态度。程千帆晚年回顾自己的人生道路时说,他的一生多灾多难,但没有沉沦下去,其原因就是对传统文化,特别是儒家文化有深厚的感情。又说,他总感觉到中华民族无权沉沦下去,如果说这个文化中没有一种真正合理的内核,她为什么亡国多少次又站起来?同时,他也感觉到其个人总可以对国家对人民有所贡献,所以决不向极"左"政治屈服。这也就是把没有沉沦的原因归结为对祖国文化传统的理性认识和对个人的自信以及顽强的个性。⑤ 由此可见,程千

---

① 《程千帆全集》(第15卷),河北教育出版社2000年版,第4页。
② 《吴宓日记》(第10册),三联书店1999年版。
③ 引自卜松山:《时代的玩偶——对西方接受道家思想的评述》,《与中国作跨文化对话》,刘慧儒、张国刚等译,中华书局2003年版,第91—92页。
④ 《女神之地方色彩》,《创造月刊》1923年6月第5号。
⑤ 参看《劳生志略》,《程千帆全集》(第15卷),河北教育出版社2000年版,第4页。

帆的文化立场既包含着感情也包含着理性,它不是本能、情感的冲动,而是得到了理性支持的道德意志,与闻一多所说的对中国文化的理智的爱正相吻合。

所以,在共和国初期程千帆虽然经受了思想改造,但其文化立场因为理智与情感的统一而没有被摧毁,其作用即使在那些受到神学思维模式影响的论著中也鲜明地体现了出来。例如《读冯至先生〈杜甫传〉》一文在指出作者局限于杜甫的家庭、经历、游踪、友谊这些小环境来认识杜甫的思想发展时,又批评作者没有掌握马克思主义的最基本的阶级分析法则。① 这种批评在当时对于没有参加革命阵营、必须改造思想的学者们来说是不言而喻的,但不能不说是生硬而近于苛求的。但同时,程千帆针对冯至多次提到杜甫对人民语言的吸收,而忽略杜甫对古典遗产的学习以及低估夔州诗技巧的情况,高度评价了杜甫在学习古典遗产和艺术创新方面的成就。

再如《关于对待祖国文化遗产问题的意见》②一文则对屈原、杜甫、白居易等古代文学家给予高度肯定,批评了翦伯赞提出的今天的文学家所学习的不应该是杜甫、白居易的态度,而应该是工农兵的态度,在屈原的作品中找不到预见性等片面的观点。③

再如前述《为肃清古典文学研究领域中的资产阶级思想而斗争》、《从〈红楼梦底风格〉看资产阶级的美学观点》和《略谈"怨而不怒"》三篇应时之作,也针对俞平伯关于中国古典小说的较低评价——《红楼梦》在世界文学中的地位不很高,《水浒传》思想过火、《儒林外史》的作者虽愤激之情稍减于施耐庵但牢骚则过之,《金瓶梅》是一部谤书等观点提出了相反的意见,高度肯定了《红楼梦》、《水浒传》等古典小说在思想上与艺术上的巨大成就。④《略谈"怨而不怒"》一文虽然强调阶级斗争,把中庸之道视为缓和、冲淡阶级斗争而持否定态度,体现了神学思维模式的影响,但程千帆认为过或不及的正是统治阶级,他所批判的是《国语·周语》中的"怨而不怒",而肯定的是儒家典籍《礼记·乐记》和《诗大序》中的"怨以怒",这与"乐而不淫,哀而不伤"的中庸原则并无根本冲突。⑤

由于这一时期仍然高度肯定优秀学术文化传统的价值和遵守基本的学术规范,

---

① 《读冯至先生的〈杜甫传〉》原名《对于〈杜甫传〉的一些浅见》,刊于《文艺月报》1953 年 5 月号。
② 《关于对待祖国文化遗产的意见》,《文艺报》1953 年第 4 号。
③ 毛泽东在延安文艺座谈会上发表第二次讲话(1942 年 5 月 23 日)后的第五天(5 月 28 日),在整风高级学习组上又发表了一次关于文艺界问题的讲话。在这次讲话中,毛泽东认为,文艺界最基本的问题就是有一类作家"头脑中还保留着资产阶级的思想、小资产阶级的思想,这个东西如果不破除,让它发展下去,那是相当危险的"。因此提出"要把资产阶级思想、小资产阶级思想加以破坏,转变为无产阶级思想",要"以工农的思想为思想,以工农的习惯为习惯"(参看胡乔木著《胡乔木回忆毛泽东》,人民出版社 1994 年版,第 259 页)。这是毛泽东讲话的要害之处,也是翦伯赞观点的来源而为程千帆所不知的。
④ 参看《关于文艺批评的写作》,湖北人民出版社 1955 年版,第 148—149 页。
⑤ 参看《关于文艺批评的写作》,湖北人民出版社 1955 年版,第 144、169—175、167 页。

所以，程千帆虽然受到神学思维模式的影响，但仍然能够保持继承与创新的辩证认识，重视理解、学习和接受文化遗产，反对将传统与创新割裂开来。如《为肃清古典文学研究领域中的资产阶级思想而斗争》一文说："一部作品，如果离开了它的传统，创造又从什么地方开始？如果不为了创造，则传统又有什么意义？"[①]强调了创新与传统的不可分离以及传统与创新的和谐统一、相得益彰。《古代诗歌研究绪论》除了明确地表达了高度推崇中国古代文化和作为其中组成部分的古典文学的态度，还一反当时的重政治内容轻艺术形式的风气对于艺术形式给予了特别的关注并强调了研究艺术形式的首要性和重要性。[②]《我们对于接受文学遗产的意见》一文则说："要接受，也就要欣赏，欣赏是接受的必要准备，而接受是欣赏的必然的结果。"[③]这与其晚年特别强调的文学研究要以作品为中心，感字当头，注重作品艺术性研究的主张完全一致，从中可见千帆诗学的这一基本学术规范，既是审美接受的自然过程，也是继承优秀学术文化传统的必然结果。

　　按照神学思维模式的逻辑，既然它所持奉的主义是人类思想最先进的成果，是放诸四海而皆准的真理，是指导一切思想和工作的唯一正确的方法，那么，所有不了解、不学习、不信仰马克思主义的人就都有了不可摆脱的原罪，都需要进行思想改造；而包括中国文化传统在内的一切非马克思主义的人类精神成果及其代表人物，如中国的孔子、屈原、杜甫也都将受到贬低或否定。随着极"左"政治的日趋严重，这种荒谬的逻辑果然变成了严酷的现实：在"文革"期间，一切非马克思主义的精神成果几乎都被列入封资修三类黑货之中，遭到了肆意的侮辱、毁坏，不仅是狂热的红卫兵小将焚烧图书毁坏文物，许多著名的学者也奉命承担了所谓革命大批判的战斗任务。例如冯友兰为配合批林批孔运动撰写了《论孔丘》[④]，全面而彻底地否定孔子，再如郭沫若依据最高领袖的审美情趣撰写了《李白与杜甫》[⑤]，对杜甫进行了粗暴的批判。他们这种严重违背客观事实、前后矛盾之举为后世留下了神学思维模式发展到极端的新样本。

　　但在程千帆那里，由于他已经确立了成熟而稳固的文化立场，对中国学术文化传统保持着理智的爱，故这种日趋极端的荒谬逻辑和严酷现实不仅遇到了难以克服的障碍，而且引发了越来越大的反作用，反而使得程千帆更加坚定了原有的文化立场，并进而否定了极"左"政治，抛弃了作为极"左"政治意识形态的神学思维模式。用程千帆的话来说就是："批判传统文化，特别是'文革'中批判得那么厉害，我就觉得中国的传统文化，儒家乃至道家，的确还是代表了人类部分的真理吧。他们越批

---

① 《关于文艺批评的写作》，湖北人民出版社1955年版，第146页。
② 程千帆、沈祖棻合著：《古典诗歌论丛》，上海文艺联合出版社1954年出版。此书承张宏生借阅。
③ 《文学批评的任务》，中南人民文学艺术出版社1953年版，第83页。
④ 冯友兰：《论孔丘》，人民出版社1975年出版。
⑤ 郭沫若：《李白与杜甫》，人民文学出版社1971年出版。

判,我就越觉得不是那么一回事情,屈打成招得不出真理来。"①所以,对于中国文化的主体性立场的坚守,对于中国学术文化传统的传承,就成为程千帆身陷困境却能够破除神学思维模式的严重束缚,进而实现了思想转变和学术升华的巨大动力、锐利武器。

"文革"结束以后,程千帆积极投入到思想解放的运动之中,在多次学术演讲和各类文章中都明确提出了必须破除长期束缚人们思想的神学思维模式的主张,例如《詹詹录》第一条说:"辩证法不崇拜任何东西,唯物主义认为实践是检验真理的唯一标准。看风使舵是学者的堕落,它导致学术的毁灭。"②可见程千帆首先是从哲学的层面来破除神学思维模式的。同时,程千帆又把破除神学思维模式具体化,使之通过特定的学术态度和学术工作表现出来。这主要包括以下两个方面:一是坚持学术平等的态度,不再把马克思主义权威视为真理的化身。例如在一次学术座谈会上程千帆表达了对毛泽东非神化的态度:"如果我们把革命领袖当作人而不是神的话,显然这就在很多方面可以讨论,可以商量了。"③二是肯定非马克思主义的学术成果的价值。众所周知,共和国成立后不久,大陆学术界按照政治意识形态的要求对胡适的学术思想进行了全面的批判。当时受到神学思维模式影响的程千帆也参与其中,在两篇文章中对胡适进行了政治上、学术上的批判,④而在晚年,程千帆反省并改正了这一过失。他在与弟子的一次谈话时说:"我们和老辈比较起来,最欠缺的就是宽容。政治与学术不是一回事,不能拿政治方式移入学术,动辄批判。"⑤并多次肯定了胡适在学术上的贡献。例如1981年9月19日致王绍曾信说:"胡适论校勘,与援老笙磬同音,未可厚非。从政治问题而抹杀其学术,非所谓以公心论也。"⑥对胡适在文学创作上出版白话诗集《尝试集》,提出"八不主义"的过人胆识,在文学批评上自成一家之言的成就,以及在学术方法上提出的"为学要如金字塔,既能广大又能高"的主张,程千帆也都给予了明确的肯定。⑦

在1983年全国高等院校古籍整理研究工作委员会第一次全体会议的长篇发言中,程千帆建议,为补充古典文献专业现有讲义的不足,出版部门应该翻印一些民国时期著名学者的旧作,如陈中凡、胡朴安和余嘉锡的《古书读校法》,杨树达的《古书之句读》,孙德谦的《古书读法略例》,吕思勉的《章句论》,柳诒徵、陈登原的《中国文

---

① 《劳生志略》,《程千帆全集》(第15卷),河北教育出版社2000年版,第32页。
② 《治学小言》,齐鲁书社1986年版,第40页。
③ 《治学小言》,齐鲁书社1986年版,第33页。
④ 即前引《为肃清古典文学研究领域中的资产阶级思想而斗争》和《从〈红楼梦底风格〉看资产阶级的美学观点》。
⑤ 《程千帆全集》(第15卷),河北教育出版社2000年版,第132页。
⑥ 《闲堂书简》,上海古籍出版社2004年版,第227页。
⑦ 以上三例分别见《程千帆全集》(第15卷),第56、115页,《治学小言》,第43页。

化史》,梁启超的《古书要籍题解及其读法》,等等,并说:这些学者"不是马列主义者,但他们也不会把唐朝、汉朝的年代都搞错吧,总还可以批判地接受吧"①。列宁曾说:"循着马克思的理论道路朝前走,我们将日益接近客观真理(决不会穷尽它);而循着任何其他的道路走去,我们除了混乱和谎话以外,什么也达不到。"②毛泽东也曾说:"惟觉中国的历史学,若不用马克思主义的方法去研究,势将徒费精力,不能有良好结果,此点尚祈注意及之。"③两相对照,程千帆的话显然是与列宁、毛泽东确认马克思主义唯一正确性的观点针锋相对的。程千帆的这些公开、明确地否定神学思维模式的言论虽然表达于"文革"之后,但从其诗歌创作和学术研究工作中可以看到,他与神学思维模式的分道扬镳自反右运动之后就已经启程了。换言之,如果说1949年之后中国内地的思想学术在30年后才进入思想解放的新阶段的话,那么,就程千帆个人的思想学术而言,它在1957年反右运动之后就进入了思想解放的新阶段,要比整个国家的思想学术发展阶段提前了20年。这也就是程千帆在改革开放的新时期能够迅速地、不断地推出新成果,并达到学术高峰的重要原因吧。

我们看到,在教学科研的正当权利被剥夺殆尽的困厄之中,程千帆尽一切可能、坚持不懈地进行"地下"诗歌创作和学术研究,从中可见明显的思想和学术的转变。在诗歌创作上,程千帆当时所作诗稿全已佚失,能够回忆出来的只有《八里湖作》、《题襄阳云居寺》等三首诗。其中有云:"黄尘扑地秋风起,倚杖荒原学哳鸡"、"忽忆何人旧诗句,峭风寒日在蕲州"、"垂老尚能来革命,云居古寺住移时",④在看似平淡、客观的描述中展示了离奇的遭遇和身世的巨变,从而辛辣而沉痛地揭露了劳动改造的荒诞与残酷,鲜明地体现了对极"左"政治及其意识形态的否定态度。在学术工作上,程千帆重新开始了古代文学特别是古代诗歌的研究,陆续产生了一批面貌一新的诗学成果。在这些新成果中,反右运动以前在很多文章中出现的那些带有阶级斗争色彩或政治宣传性质的标语口号已被削弃净尽。对马克思主义政治领袖和思想权威的引用也发生了明显的变化。以《古典诗歌论丛》、《古诗考索》、《被开拓的诗世界》三本诗学论文集为据进行统计,反右运动前引用斯大林和毛泽东共7次,其中斯大林2次,毛泽东5次,⑤反右运动后则不再引用二人言论。这说明程千帆与斯大林、毛泽东的有关思想观念已自觉疏离。反右运动后还有引用马克思、恩格斯和列

---

① 全国高等院校古籍整理研究工作委员会秘书处编:《发扬民族灿烂文化　培养古籍整理人才》,北京师范大学出版社1983年12月印发,第108—109页。
② 《唯物主义与经验批判主义》,人民出版社1956年版,第136页。
③ 1950年8月29日致陈寄生信,《毛泽东书信选集》,人民出版社1983年版,第386页。
④ 《程千帆全集》(第14卷),河北教育出版社2000年版,第25—26页。
⑤ 这7次引用皆见1954年的《古代诗歌研究绪论》一文,而《文艺学》教材和《文学批评的任务》、《关于文艺批评的写作》两本论文集中对斯大林、毛泽东的引用比比皆是,无须一一统计。这种情况也正可见程千帆当时受到神学思维模式的影响。

宁的地方,但在引用的方法上,反右运动前后也有明显的变化。反右运动之前的引用,是当作指示、教导或定论;反右运动之后,特别是在"文革"之后,则提出了不完全同意恩格斯的意见,修正了列宁的相关观点。由此可见,千帆诗学一方面借鉴了马克思主义的成果,另一方面又不再把马克思主义权威当作真理的化身,这正是破除神学思维模式束缚的典型表现。

从古诗选本的变化中也可以看出对于神学思维模式的破除。反右之前程千帆与缪琨合撰《宋诗选》,[1]其中入选作品最多的前5名诗人依次是:陆游(17首)、苏轼(15首)、王安石(15首)、范成大(12首)、黄庭坚(9首)。共和国成立后,陆游被尊奉为爱国主义大诗人,而江西诗派的代表人物黄庭坚则被贬为形式主义的代表,所以所选陆诗几乎是黄诗的2倍。虽然与同时期钱锺书的《宋诗选注》相比(选陆诗32首,黄诗5首),在选目上还是体现了相对较多的学术独立性,但也显然受到了当时奉行的政治标准第一艺术标准第二观念的影响。而程千帆与沈祖棻从1956年开始合撰、"文革"结束不久修订出版的《古诗今选》,其中入选作品最多的前6名宋代诗人依次是苏轼(22首)、王安石(17首)、黄庭坚(15首)、陆游(15首)、陈师道(10首)、陈与义(10首)。从中可以看出,江西诗派之"三宗"(黄庭坚、陈师道、陈与义)的地位明显上升,黄与陆已经并驾齐驱。这意味着学术独立性的恢复,同时也意味着对神学思维模式的破除。

三、辩证法的自觉运用

20世纪20—30年代,瞿秋白、李达、张岱年等人已有关于马克思主义辩证法的著述或译著问世,但目前没有证据可证程千帆了解这些文献。在共和国初期的思想改造中,程千帆学习了《实践论》、《矛盾论》等马克思主义论著,开始了解辩证唯物主义、历史唯物主义,这样也就自然产生了对辩证法的自觉意识。但在反右运动之前,程千帆虽然标榜以唯物的观点、辩证的方法来进行学术研究工作,但由于受到神学思维模式的影响,实际上并没有运用辩证法取得出色的诗学成果和其他方面的研究成果。所以,此时对于辩证法的自觉意识只是浅层次的自觉。而在反右运动之后,程千帆在破除神学思维模式的同时开始将辩证法运用于诗学实践之中,而在辩证法的具体运用过程中,其辩证思维模式侧重于两是类阴阳[2],强调矛盾双方的交融互补,和谐统一,依据的不是偏执斗争的斗争哲学,而是崇尚中和的儒家中庸之道,可

---

[1] 该书于1957年5月由上海古典文学出版社出版,原书未能查得,承张伯伟惠借"文革"期间的香港翻印版(书名易为《宋诗选注》,中流出版社1972年版),后又承程丽则转赠缪琨夫人赵澍宜女士依原版自费翻印的《宋诗选》,始见原书之貌。

[2] 两是类阴阳指双方都有肯定性价值的阴阳,如男女、夫妻、文质、刚柔,等等。

谓达到了对于辩证法的深层次自觉。最能体现能这种思想转变和学术升华的就是反右运动之后撰写的诗学论文。

程千帆写于反右运动之后的最早两篇诗学论文是《李颀〈杂兴〉诗说》（1961年）和《关于李白和徐凝的庐山瀑布诗》（1962年）。周勋初将这两篇论文与1980年写作的《从唐温如〈题龙阳县青草湖〉看诗人的独创性》归作一组，认为这一组文章使用的主要是艺术鉴赏的方法，并认为程千帆在鉴赏中克服了以往偏重直觉感受，只提供结论而忽略分析过程的缺点，运用文艺理论对作品的艺术特征和艺术水准进行了深入细致的比较分析，使读者知其然又知其所以然，表现出高超的鉴赏能力。① 在本文看来，除了周勋初所指出的这种运用现代文学理论进行鉴赏的新特点之外，写于60年代初的这两篇论文在研究方法上已体现了自觉的辩证思维模式。

在《李颀〈杂兴〉诗说》一文中，程千帆通过考察前人对李诗艺术特征的看法，概括出李诗"夭矫多姿与自然合度的有机统一的艺术特征"，在此基础上，他结合大量的文学作品对这种艺术特征进行了理论上的分析，指出这一艺术特征虽然是许多杰出诗人的作品都具有的，但他们从各自对于生活的富有独特性的观察、体验、分析、研究出发进行创作，也就不可避免地同时形成了对于生活富有独创性的表现手法，所以构成这种艺术特征的方式方法也是因人而异，甚至是因篇而异的。在用李诗验证这一观点时，程千帆做了如下的分析：

> 《杂兴》通过关于晋代一位著名人物的神奇传说的感兴，表达了诗人"善恶死生齐一贯，只应斗酒任苍苍"的道家思想。为了充分发抒这种思想，他选择了自然界和人类社会中许多相反而并存的事物、现象作为素材，写成诗句，来服务于主题。从"青青兰艾本殊香"以下，既是比喻，又是议论；既相反，又相成。是议论，但不是出之以抽象的说理，而是出之以具体的比喻；是比喻，但不是出之以牵强的拉扯，而是出之以活跃的联想。深沉而又奔放的思想感情和生动而又丰富的联想相结合，就使得这几句诗起得突兀，收得斩截；既夭矫，又自然，从而形成全诗的特色。②

这一段分析把李诗的思想内容与道家的哲学思想联系了起来，而对于议论与比喻的关系，程千帆所表达的观点与运用的词语如"既是比喻，又是议论"、"既相反，又相成"、"抽象的说理"与"具体的比喻"相对应等都带着明显的辩证思维的色彩，而"深

---

① 参看《程千帆先生的诗学历程》，《周勋初文集》（第6卷），江苏古籍出版社2000年版，第130页。
② 《程千帆全集》（第8卷），河北教育出版社2000年版，第264—265页。程千帆所分析的相关诗句为："青青兰艾本殊香，察见渊鱼固不祥。济水自清河自浊，周公大圣接舆狂。千年魑魅逢华表，九日茱萸作佩囊。善恶死生齐一贯，只应斗酒任苍苍。"

沉而又奔放的思想感情和生动而又丰富的联想相结合","既夭矫,又自然"的评价同样体现了肯定矛盾双方交融互补和谐统一的辩证态度。这种辩证的认识与特定的表达方式的紧密结合只能用"懂得"辩证法来解释了。

在《关于李白和徐凝的庐山瀑布诗》一文中,程千帆从李诗与徐诗所用比喻的三个方面(哪首诗的比喻更能如实地表达庐山瀑布的形体特征、诗人的精神面貌和两者的融合？哪首诗所使用的比喻更符合生活的逻辑？哪首诗的比喻更加新鲜而富有创造性？)比较了这两首诗艺术水平的高下,有力地证明了苏轼的李优徐劣的观点。通过这种细致而富有理论性的艺术鉴赏解读古人简短的批评意见,使我们知其然又知其所以然,固然是这篇论文的一个重点,但扬李抑徐的鉴赏在这篇论文中无论是在内容上还是在篇幅上都不占主要的地位,占主要地位的是对于徐诗被某些人推重之原由的探索。即通过分析晚唐(9世纪下半期)范摅《云溪友议》等资料所记载的对这首诗歌的美学接受情况[扬徐抑张(祜)],发掘了其中所隐含的文学思想特征,即中晚唐的通俗诗人反对精工奇丽,提倡"宁拙勿巧,宁朴勿华"风格的一种倾向或思潮,并认为这种文学思想可能对陈师道等江西诗派诗人的理论起了先驱的作用。这种从对作品的美学接受的角度探索批评背后的文学思想变迁的思路不能不令我们联想起写于20年以后的《张若虚〈春江花月夜〉的被理解与被误解》。这篇名作也是通过作品的美学接受史的演变探索了各个朝代的文学思潮的变迁,它所达到的结论和论证的广度、深度都大大超过了20年前的这篇论文,但其研究思路与之完全相同。周勋初指出《张若虚〈春江花月夜〉的被理解与被误解》尽管研究的对象只是一首诗,但统古今而观之,涉猎很广,挖掘很深,对《春江花月夜》的被理解和被误解作了细致的分析,找出了客观和主观的原因,只能是在辩证法的指导下才能完成的。如果这一说法成立的话,那么,我们说这篇为《张若虚〈春江花月夜〉的被理解与被误解》的研究导夫先路的论文同样是在辩证法的指导下完成的也应是合适的。

反右运动以后以及"文革"期间程千帆长期在农场劳动改造,不能正常地进行学术研究,所以他的诗学新成果并不多,但反右运动前后其诗学论著的明显变化已足以证明,不是在共和国初期而是在反右运动之后,千帆诗学通过破除神学思维模式的束缚,才开始自觉地运用贯彻着传统的中庸之道原则而不是斗争哲学原则的辩证法解决各种问题,同时发挥了包括文献学与文艺学相结合在内的一般诗学方法的重要作用,从而实现了质的飞跃,达到了新的境界。尽管由于客观条件的限制这种诗学质变的效力一时还难以充分地发挥出来,但已为程千帆在"文革"后把握住最后的机会,在学术和教育事业上达到一生的巅峰奠定了坚实的基础。

由此也就可知,千帆诗学从考据与批评相结合发展到文艺学与文献学相结合,从形式逻辑发展到辩证法的学术质变虽然与学习马克思主义哲学和苏联的文学理论有着密切的关系,但并非思想改造的直接成效,而是在身陷困境之时主要依据着优秀学术文化传统的强大支撑抵抗住了极"左"政治的巨大压迫,破除了神学思维模式的严重束缚的结果。所以,在程千帆那里,反右运动所导致的人生道路上的一大挫折反而成为人格和思想学术升华的外在契机。这恐怕是发动反右运动者始料不及但却是必然如此的结果吧。①

---

① 民国时期,程千帆的一些诗学论文已体现出善于辩证思维的特点,但并不具有自觉的辩证法意识;在程千帆晚年的思想学术发展上,还有一个从辩证法到缘法的过程。相关内容可参拙著《千帆诗学与中国哲学》(南京大学出版社2013年版)。

论文学的指称
——超越分析哲学视野的文学表意路径考察

◎ 汪正龙

一、对分析哲学视野下文学语言指称讨论的反思

对文学语言指称问题的研究主要源于分析哲学对意义与指称关系的讨论。由于分析哲学家认为不存在不可证实的真理，而所有证实归根到底都是经验的。基于这种观点，他们认为文学语言没有指称。分析哲学的先驱、德国哲学家弗雷格在其经典论文《意义与指称》(1892)中率先区分了语言的意义和指称。按照弗雷格的说法，意义(Sinn)指一个句子的思想，指称(Bedeutung)指该句子的真值(真或假)。其中指称在英语中通常被译为 reference，中文译为指涉、指称。从语义学上理解，弗雷格所谓意义大约相当于内涵，指称大约相当于外延。弗雷格认为，文学语言的指称具有特殊性。他在谈到古希腊史诗《奥德赛》及其主人公奥德赛时说，"聆听一首史诗，除了语言本身的优美声调外，句子的意义和由此唤起的想象和感情也深深吸引打动了我们。若是询问真这一问题，我们就会离开这艺术享受，而转向科学的思考。这里只要我们把这首诗当作艺术品而加以接受，'奥德赛'这个名字是否有一个指称，对我们来说就是不重要的。"[①] 即想象或虚构的语言没有指称，只有意义，探讨文学语言的真值问题将导致我们为了科学的态度而放弃审美的兴趣。分析哲学家奥斯丁也认为，文学语言是语言的"寄生用法，是'不当真的'，是'不完全正式的'用法，指称的正常条件可能不起作用"[②]。由于否定文学语言的指称性，在一些分析哲学家眼中，文学的意义只剩下字面意义。艾耶尔说，"在绝大多数情况下，诗人所写出来的句子是有字面意义的。……说许多文学作品大部分是由假话所构成，并不等于说它们是由妄命题所构成。事实上，语言艺术家写出没有字面意义的句子是非常少

[①] 弗雷格：《意义和指称》，见《弗雷格哲学论著选辑》，王路译，商务印书馆1994年版，第97页。译文略有改动。

[②] J.L.Austin, *How to Do Things with Words*, Oxford: Oxford University, 1962, p.104.

的。而在这种情况出现的地方,那些句子是为了它们的韵律和平衡而精心选择出来的。"①后来一些分析哲学家的观点有所变化,比如塞尔有保留地承认虚构话语也有指称,即以"伪装"指称(pretended reference)来创造虚构的人物和事件,读者可以在话语中指称这些人物和事件。② 就次要背景看,该讨论与索绪尔语言学的影响也有一定的关系。索绪尔的语言学视语言系统为所指(概念)与能指(音响形象)的结合,能指和所指之间的联系是任意的,事物或所指物本身也被忽视了,从而突出了语言的纯形式性、纯关系性。

我们看到,20世纪文学理论界对文学语言指称的讨论在很大程度上是以可证实性为标准,文学语言因其虚拟性、形式性而被断言具有不可证实性、伪指性。瑞恰兹将文学语言视为情感语言的一种形态。情感语言与科学语言的区别在于,"为了一个表述所引起的或真或假的指称而运用表述,这就是语言的科学用法,但是也可以为了表述触发的指称所产生的情感的态度方面的影响而运用表述,这就是语言的情感用法。"对于科学语言来说,"指称方面的一个差异本身就是失败:没有达到目的。但是就感情语言而言,指称方面再大差异也毫不重要,只要态度和感情方面进一步的影响属于要求的一类。"也就是说,情感语言的表达未必趋向于这个表述所指称的任何东西;其次,"在语言的科学用法中,不仅指称必须正确才能获得成功,而且指称相互之间的联系和关系也必须属于我们称之为合乎逻辑的那一类。……但是就感情目的而论,逻辑的安排就不是必要的了。"③瑞恰兹进而提出诗歌是一种"伪陈述",创造的是一种"佯信底世界,想象底世界,诗人与读者共同承认的虚拟的世界"④。布拉格学派的穆卡洛夫斯基认为,"诗歌的指称主要不是取决于它与所表示的现实的关系,而是取决于它被置入语词语境中的方式"。在诗的语言中,我们的注意力始终集中在符号自身,"由于对现实的信息传递功能的丧失,诗歌中的情感表达变成了一种艺术手法"⑤。出身于俄国形式主义的雅克布森也是将语言的诗学功能与指称功能对立起来,认为任何言语行为都包含了六个因素:说话者(addresser)向受话者(addressee)发送信息(message),而信息需要在一个语境(context)之中,说话者和听话者还应有一个共同的代码(code)以及接触(contact)。这六个因素决定了言语活动的六种功能:指称功能、表情功能、意动功能、元语言功能(解释功能)、交际功能、诗学功能。多数言语的中心任务是指称对象,即说明语境,这就是所谓指称

---

① 艾耶尔:《语言、真理和逻辑》,尹大贻译,上海译文出版社1981年版,第45页。
② J.R.Searle,"The logical status of fictional discourse", in *Aesthetics and the Philosophy of Art: The Analytic Tradition An Anthology*, P.Lamarque and S.H.Olsen(ed.), Oxford: Blackwell, 2004, p.326.
③ 瑞恰兹:《文学批评原理》,杨自伍译,百花洲文艺出版社1992年版,第243—244页。译文略有改动。
④ 瑞恰兹:《科学与诗》,见徐葆耕编:《瑞恰兹:科学与诗》,清华大学出版社2003年版,第34—35页。
⑤ J.Mukarovsky, "Poetic Reference", in *Semiotics of Art: Prague School Contributions*, L.Matejka and I.R.Titunik(ed.), London: The Mit Press, 1977, pp.156,160.

功能(或所指、认知功能)。纯以话语为目的,这是语言的诗学功能。诗学功能是语言艺术中起决定作用的、核心的功能。诗学功能鼓励与培植了日常语言中未被注意的潜在结构,凸显了文学语言的自由性与结构性特征:部分与整体的相互依赖,声音与意义、韵律结构与语法结构、横组合与纵聚合的相互作用,因而"这种功能突出了符号的可感知方面,加深了符号与对象之间的根本分野"①。德国接受美学家施蒂尔勒(K.Stierle)在《虚构文本的阅读》中认为,文学语言主要是一种伪指语言。他区分了语言两种不同的用途:用于描述、叙述实在对象的他指(referential)功能和用于文学虚构的伪指(pseudoreferential)功能,"在语言的伪指功能中,指涉的条件不在文本之外,而是由文本本身产生的。在伪指性使用的文本,亦即虚构文本中,我们无法把作者想要说的与他实际上说出来的东西区别开来。……从根本上说,语言的伪指作用只是以伪指形式出现的自指性"②。伪指的语言不直接与外界事物打交道,它主要是一种自指(autoreferential)的语言,具有自我指称的功能。与施蒂尔勒的说法近似,加拿大文学理论家诺斯罗普·弗莱在《批评的剖析》中将语言分为向外的(就离开符号而言)与向内的(就指向符号本身或对其他符号而言)两种,文学语言是一种向内的语言,"语词结构可根据意义的'最终'方向是向外的还是向内的来分类。在描述的或论断性的文字中,其最终方向是向外的。这里,语词结构意在表征对它来说是外在的东西,它的价值是由它表征外在事物的精确性来确定的。……而在所有的文学的语词结构中,意义的最终方向是向内的。在文学中,向外的意义标准是第二位的,因为文学作品并不佯装去描述或论断,所以无所谓真,也无所谓假"③。解构批评也悬置了文学语言指称问题。德里达不把指称对象作为研究话题,认为意义只能在文本之内通过延迟、延异来获得,文本无法通达真实世界。米勒也说,"文学作品并非如很多人以为的那样,是以词语来模仿某个预先存在的现实。相反,它是创造或发现一个新的、附属的世界,一个元世界,一个超现实。""文学把语言正常的指称性转移或悬搁起来,或重新转向。文学语言是改变了轨道的,它只指向一个想象的世界。"④

　　从上述基本倾向于否定文学语言指称功能的讨论中我们得到了两点启示:第一,文学语言因其虚拟性创造出一系列人物和事件而具有伪指性;第二,文学语言特有的建构功能决定了文学文本的陈述形式,使文学语言具有某种自指性。尽管这两点启示是以科学语言为尺度,以实证主义为依据歪打正着地做出来的,但对我们理

---

① Roman Jakobson, "linguistics and Poetics", in *language in Literature*, Krystyna Pomorska and Stephen Rudy(ed.), London: The Belknap Press,1987, pp.69-70.
② 施蒂尔勒:《虚构文本的阅读》,程介未译,见张廷琛编:《接受理论》,四川文艺出版社1989年版,第173页。
③ 弗莱:《批评的剖析》,陈慧等译,百花文艺出版社1998年版,第64页。
④ 米勒:《文学死了吗?》,秦立彦译,广西师范大学出版社2007年版,第29—31页。

解文学语言和文学指称还是具有重要参考价值。不难看出,俄国形式主义和布拉格学派学者的见解主要受惠于索绪尔,其他各派的观点基本得益于分析哲学。但是,分析哲学与索绪尔语言学的共同特点都是否认文学语言与指称物或现实的关系。分析哲学的指称理论以可证实性为标准,认为语言中最基本的名称所指的就是构成世界之实体的简单事物。而索绪尔看重语言自身的建构力量。在这种情况下,20世纪对文学语言指称的讨论存在致命的缺陷:一是局限于语言论视野,或者如分析哲学那样把文学理解为无指称的字面意义,或者如深受索绪尔语言学影响的形式主义把文学理解为语言符号的作用机制;二是文本中心主义,没有看到读者接受及社会文化在文学指称和意义生成中的作用;三是在思维方式上陷入了语言与世界、虚构与真实的二元对立,文学是一种虚构,因而被认为不具有真实性或真理性;四是认识论诉求,如语言哲学对指称的讨论便隐含着通过语句逻辑条件的分析追求真理的渴望。而文学语言指称既是语言的,又是超语言的;既是认识论的,又是本体论的,它指向人的生存状态与可能世界。这就需要我们超越分析哲学和索绪尔语言学,突破语义学和实证主义思路,从一个更宏大的视野去考察文学的指称问题,探究包括语言在内的文学表意的各个关联域。

二、文学指称链分析

文学语言的显著特征在于它诉诸可能世界,不追求对实在世界的描述,而注重对可能世界的想象。这注定了文学要超越语句,构筑意象系统,因而文学语言的指称具有整体性,利科称之为"第二级指称"。我们看到,分析哲学的通行做法是用语句的真值条件来确定个别词项的内涵和外延,两个逻辑上等价的词项在现实中有相同的外延,因而具有相同的内涵,指称是一个表达式的意义与它的指称对象相等同,例如水是 H_2O。可见在分析哲学那里,指称是以实证主义的真理概念——日常现实性概念的相关物为依据的。毫无疑问,这一级指称对文学是不存在的,文学作品整体所构筑的世界才是作品的指称,"文学作品只有在悬置描述性活动的指称的条件下才能通过它特有的结构展示一个世界。换句话说,在文学作品中,通过把第一级指称悬置起来话语将其指称表现为第二级指称"[1]。在这里我们很容易想起后期维特根斯坦的名言:"想象一种语言意味着想象一种生活形式。"[2]文学语言的指称恰恰标志着语言的自我超越,在更高层面上还意味着人类对现实的一种自我超越。文学语言的语义内涵不仅包括它所创造的可能世界自身,还包括它所描写的语境,而其外延不仅是作品创造的可能世界,还包括社会文化背景、文学传统和读者与之接

---

[1] 利科:《活的隐喻》,汪堂家译,上海译文出版社 2004 年版,第 303—304 页。
[2] 维特根斯坦:《哲学研究》,汤潮、范光棣译,三联书店 1992 年版,第 15 页。

触的方式。文学语言语义内涵与外延关系的复杂性决定了文学指称的复杂性。

如上所述,文学语言的指称具有自指性与伪指性,但文学却同时具有现实性和真理性。这是文学指称中的悖论所在,也是分析哲学视野下文学指称讨论的盲点和误区所在。纳尔逊·古德曼视文学为构造世界的方式之一,但他承认"构造世界总是从已在的世界开始;这个构造其实是一个重构"①。利科也认为,"被诗歌话语带入语言的东西就是前客观的世界,我们生来就是置身于这个世界并在这个世界中构想着最本己的可能性。因此,我们必须动摇对象的支配地位,以便使我们对世界的原始归属关系存在下去并把这种归属关系表达出来,而这个世界是我们居住的世界,也就是说是始终先于我们而存在并且打上了我们劳动印记的世界。"②文学语言对可能世界的营造在一定程度上离不开对现实世界的参照,我们可以借用韦勒克的一个术语,称为"间接指称"。他说,文学语言对现实的"指称是间接的,它是通过类比而产生的对与普通现实有关的想象的世界的沉思。文学的个别组成部分并不指示现实,只有艺术作品的整体蕴含了现实意义"③。韦勒克说得很清楚,文学语言不存在分析哲学所关注的语句(词项)层面上的指称,但是作品的整体又多少包含了对现实的指称。那么文学语言乃至文学本身的真理性何在呢?由于分析哲学把弗雷格在语义学意义上的指称概念纳入英美经验主义认识论传统之中,往往以"对现实的符合"的真理观要求文学,文学语言不追求表征现实的伪指性,一不留神变成了文学语言乃至整个文学不能表达真理的伪指性。对此,罗蒂有一个中肯的反省,"当代分析哲学引发了大量关于'文学客体真理性'的讨论,但是这场讨论的动机与文学理论相距甚远。"④从认识论的意义上说,即使我们把指称从文学的语句扩大到文学的整体,文学所表达的真理依然是有限的,但是从本体论意义上说,文学语言和文学本身仍然具有真理性。这个真理性或许可以用相对论的真理观——"具有正当性的断言"来衡量。一方面,文学是一种特别的语言游戏,文学语言致力于再造虚拟现实,把指称和符号结合起来,其"指称不是先于语言而存在,而是某个言语行为的效果,通过生产其指称物,该言语行为以自己的方式改变了现实,即通过语言做成了某事"⑤。这使得文学的虚拟世界具有某种自足性和自恰性。另一方面,虽然文学文本不以指称外部世界为最终目的,但却最大限度地发挥了人的想象力和创造力,并赋予文学

---

① 纳尔逊·古德曼:《构造世界的多种方式》,姬志闯译,上海译文出版社 2008 年版,第 7 页。

② 利科:《活的隐喻》,汪堂家译,上海译文出版社 2004 年版,第 425 页。

③ René Wellek, *The Attack on Literature and Other Essays*, Chapel Hill: The University of North Carolina Press,1982, p.26.

④ Richard Rorty, *Consequences of Pragmatism*, Minneapolis: The University of Minnesoda Press, 1982, p.110.

⑤ Warwick Slinn, "Poetry and Culture: Performativity and Cultural Critique", *New Literary History* 30 (1999), p.63.

语言以拆解自身理性规范、呈现可能的形象世界、承载人间希望以正当性。文学文本虽然不能给出任何关于现实的东西,但每个文本都提供了令人惊异的新奇的事物,从而构造了我们的生活态度和想象生活的方式。所以保罗·利科认为,诗歌的语言也是一种真理性的语言,因为每首诗"都突出了一种新的生活态度":诗歌把世界当成我们生活于其中的世界来谈论。科学语言把我们引向与物的单纯联系,而"诗歌通过阻碍产生这种对可控制东西的盲信,维护了科学,维护了一种真理的理想,根据这种理想,所表明的不是由我们支配的,也不是可控制的,而仍然是令人惊异的事物,仍然是天赋的东西"①。然而,我们还应当看到,文学同样也不以表达真实与真理为目的,制造认识论与本体论之间的张力与冲突正是文学追求的效果之一。这使得文学的指称时常超出文学的意象世界之外,关联到文学活动的各个方面。埃柯说,文学作品"建立起一个'文化'的世界,这个世界从本体论的意义上说,是既不真实也不可能的;它的存在与一个社会用什么方式思维或说话的文化秩序联系在一起"②。文学语言违反了通常代码的语义编码模式,极易形成歧义与含混,作为一种语言建制与具体的语义模型的关系难以确定,形成文学的指称越位或指称扩张现象,由此造成的语言意义与文本指称之间的摩擦是文学文化的基本存在形态,其意指规则既超越了现实也超越了语义真值条件,成为人类超越自我的一种方式。就此而言,文学的根本性质和功能并不是真善美,而是对人类自身的拓展和延伸。由于文学不仅是一种语言现象,也是一种文化现象;既是语言创造物,又和经验世界、文学传统、作家创造、读者阅读等相联系,溢出了单纯的语言框架,形成了文学文本的多重指称和不同于科学文本的多种表意路径。加拿大学者琳达·哈琴认为,文学文本指称涉及自我指称、文本内指称、文本间指称、文本外指称以及所谓"诠释性指称"等多个方面。③她的这个说法虽不够全面,但有其合理性。我们可以适当借鉴并加以改造,研究文学指称所呈现的放射性分布,揭示文学的动态指称模式。

文学是一种语言艺术,而文学语言有一种自我增殖、自我衍生的倾向,这就是文本的自我指称,或称自指性。文学文本的自指性最早是由被称为形式主义的俄国形式主义、布拉格学派、新批评和结构主义提出来的,解构批评沿袭了这一说法。在俄国形式主义关于文学性和陌生化的论述中,就包含了突出文学语言自我指称的考量。到了新批评那里,艾略特说,"诗的意义存在于,而且只存在于语言中。"④结构主义更是把文学视为一个封闭的存在。巴尔特说,"叙事作品不表现,它不模仿……叙

---

① 保罗·利科:《言语的力量:科学与诗歌》,见胡经之、张首映主编:《二十世纪西方文论选》(第三卷),中国社会科学出版社1989年版,第304页。
② Umberto Eco, *A Theory of Semiotics*, Bloomington: Indiana University Press, 1976, pp.61-62.
③ 参见琳达·哈琴:《后现代主义诗学:历史·理论·小说》,李杨、李锋译,南京大学出版社2009年版,第191—213页。
④ T.S.Eliot, *On Poetry and Poets*, New York: The Noonday Press, 1961, p.8.

事作品中'发生的事情',从指物的(现实的)角度看,是地地道道的无中生有。'所发生的'仅仅是语言,是语言的历险。"①解构批评家德曼指出,文学的"代码是非常引人注目的、复杂的和莫测高深的;它吸引了对它自身的过分的注意力,于是这个注意力不得不去获得方法的严密性。为了代码本身的缘故而专注于代码的结构要素是在所难免的,因而文学必然产生它自己的形式主义。""修辞从根本上将逻辑悬置起来,并展示指称反常的变化莫测的可能性。我毫不迟疑地将语言修辞的、比喻的潜在性视为文学本身。"②虽然上述说法夸大了文学的自我指称功能,但是文学语言的确存在自我增生现象。比如元曲与杂剧中有些作品尽显遣词造句方面的技巧,却谈不上有什么社会文化内涵。如贯云石【清江引】(立春):"金钗影摇春燕斜,木杪生春叶,水塘春始波,火候春初热,土牛儿载将春到也。"此曲暗含金、木、水、火、土五个嵌字。郑光祖《倩女离魂》第三折【十二月】"元来是一枕南柯梦里,和二三子文翰相知,他访四科习五常典礼,通六艺有七步才识,凭八韵赋纵横大笔,九天上得遂风雷。"此曲把一、二、三、四、五、六、七、八、九写到作品中以示机趣。文学建立了内部连贯一致的、形式上统一的虚构的叙述框架,这就是文本内指称。形式主义反对再现式现实主义把文学与现实或外在世界相等同的做法,把文学归结为符号与符号之间的相互作用,致力于研究文学的语言、叙事、反讽、象征等,其实就是在一种内指称框架里看待文学。文本外指称是把文学创作视为展现事实、通过文本追溯事件的行为。亚里士多德曾经说人类有模仿的天性,文学是对自然和人的行动的模仿。这为文学外指称提供了依据。文学史上不乏依托历史或现实经验进行创作的作家,巴尔扎克自称是法国社会的书记,杜甫被后人称为诗史,就是如此。从理论上说,文本外指称实际上是韦勒克所说的文学对现实的间接指称,即文学文本或多或少要参照经验世界。但是,文学对经验世界的指称已经打上了语言活动的印记而不同于经验世界本身。对结构主义影响很大的法国语言学家本维尼斯特说,语言"对世界的认识是由这一认识本身所能接纳的表达方式所决定的。语言重新生成世界,但却使世界受制于语言自身的组织结构"③。而文本间指称就是克里斯蒂娃所说的互文性。里法特尔认为,文学指称常常是文本与文本之间的指称。他说,"诗歌的话语建立在语词与文本或文本与另一文本的平衡上。"④文本间指称是文本之间的互文与借用现象,是文学的相互关联与影响。所谓"诠释性指称"指文本虚构性世界和读者真实性世界之间的互动,因为文学的指称只是在整个阅读过程里才逐渐地浮现出来。

总的说来,没有严格意义上的内指称、自我指称、文本间指称、外指称或诠释性

---

① 巴尔特:《叙事作品结构分析导论》,见张寅德编选:《叙述学研究》,中国社会科学出版社1989年版,第40—41页。
② 德曼:《阅读的寓言》,沈勇译,天津人民出版社2008年版,第4、11页。
③ 本维尼斯特:《普通语言学原理》,王东亮等译,三联书店2008年版,第12页。
④ M.Riffaterre, *Semiotics of Poetry*, Bloomington and London: Indiana University Press, 1978, p.19.

指称,每一种指称都与其他指称相交叉或重合,文学是多种指称活动构成的网络。文学批评与文学理论需要探究文学的多种指称潜能和表意路径。

三、文学指称与文本意义解读

我们对文学指称的讨论已经超出语言以及文学语言讨论本身,涉及文学的写实与虚构,文学指称对象的属性和地位,文学的传统与革新,以及读者接触指称对象的方式等方面。通过对文学指称各个环节的整体分析,可以透视文学的表意体系,从而对文学的性质、意义与功能进行新的定位,推进对文学活动的认知与判断。

文学文本运用语言符号向人们传递特殊的审美信息,文学阅读则首先要破译语言符号的编码方式,文学理论也需要对文学的意指过程进行结构分析。就单个文本来说,从文字编码,到语义编码,再到文化编码,每个文本传递了多重信息,构建了表意层级。就文本群来说,各类文本指称会有所侧重,文学解读藉此发掘文本的不同表意路径。侧重内指称的文本追求自足语义世界的创造;侧重自我指称的文本推崇歧义,加深符号与对象的根本分离;侧重文本间指称的文本通过语言、结构或事件(意象)等暗指或挪用其他文本;侧重外指称的文本虽然包含对表现对象的特殊选择,但这类文本突出政治、历史背景,常常按照时间、因果序列把事件各个部分联系起来,造成一种拟真实或仿历史的叙述外观,如巴尔扎克、狄更斯等人的现实主义文本,它们提供了过去事件的痕迹。侧重内指称和自我指称的作品属于雅克布森所说的发挥语言诗学功能的写作,侧重外指称和文本间指称的作品建立了文学和世界、文学与传统的关联。从文学指称的构成看,固然外指称对文学十分重要,不仅一些作家作品追求文学外指称效果,文学阅读也离不开现实经验的参与,但是内指称、自我指称、文本间指称通常是文学指称的实质和核心,因为它们集中体现了一个作家在如何处置文学时所产生的焦虑和所采取的步骤,也是一个作家驰骋想象力、发挥创造力的广阔天地所在。正如卡勒所指出的,当我们把文学当作文学时,"我们总是可以提出这样的问题:它就如何阐明意义所作的明确表述与它自己在阐明意义时的具体做法之间是怎样联系的。文学是一种作者力图提高或更新文学的实践,因此它永远含有对文学自身的反思"①。

文学文本的指称模式与文学的意义建构、文本的意义解读关系极为密切。从指称的角度看,内涵丰富的作品多有指称越位现象,如柳宗元《江雪》,明里指称的是一无所获的垂钓老人,实际指称政治改革失败宁折不屈的柳宗元自己。其实这种现象在隐喻、象征、反讽类作品中比比皆是。现代主义作品的晦涩难解,很大程度上是由于指称越位造成的,即表面描写一物,实际却暗示另一物。而意蕴复杂的作品多半

---

① 卡勒:《文学理论》,李平译,辽宁教育出版社1998年版,第36页。译文有改动。

存在指称扩张，即包含了各类指称的元素。例如《红楼梦》的开头石头自述、空空道人抄录、曹雪芹整理可谓自我指称。大观园的盛衰和四大家族的故事是内指称，所折射的明清之际人情世故是外指称，和《金瓶梅》等先前同样以性爱、大家庭为描写对象的小说的关系是文本间指称等，所有这些为《红楼梦》提供了多样解读可能性。我国长期流行的以"文本—世界"为导向的文学反映论认知模式直接指认了文学文本与外在现实的对应关系，在审美规范上竭力推崇描写现实的现实主义文学类型，实际上是把文学指称简单地归结为外指称，消除了语言意义与文学指称之间的差异关系，文学的意义只剩下文学的现实内涵或社会内涵，"这种指称幻觉可以说毁坏了符号的完整性，由于假定指称物与能指之间的直接同谋关系几乎取消了所指。由此形成了一种不完全意指（符号/指称物变成了能指/指称物）"[1]，遮蔽了文学文本指称和文学表意的多重可能，把丰富复杂的文学现象简单化了。表面上看，文学反映论对文学指称的指认与分析哲学截然相反，但在致力于语言、意义和实在之间统一性的认识论诉求方面却颇为一致。

和古典型文本相比，现代主义、后现代主义文本语义模型和指称模式发生了很大变化，其指称越位和指称扩张进一步凸显了文学认识论与本体论的冲突，使我们从对文学的日常经验认知中超拔，文学作为人类自身的拓展与延伸成为作家和读者想象力、创造力的演练场。比如不少元小说写作以其自我指称和自我再现质疑文本外的存在，挑战了先前现实主义文学把虚构指称当作真实现实，仿佛某事确实发生了的隐含假设。后现代主义文学、历史元小说等提出了许多文学指称的新话题。后现代小说如阿特伍德《幸福的多重结局》，所写的几种爱情、婚姻选项都以白头偕老告终，以其多种编码方式为读者提供了几种语义模型，离异了现实的单向发展维度和阅读的线性认知秩序；而诸如巴塞尔姆《白雪公主》对格林童话的戏仿，简·里斯的《藻海无边》对《简·爱》的改写，都颠覆了原先的语义模式，不仅建立了文本之间的指称，还造成了指称越位和扩张；而历史元小说更为复杂，它常常把真实事件和虚构事件纠集在一起，把历史人物文本化，以强烈的自我意识消解事实/虚构的单极性，与文本之外的经验世界形成紧张的对立。如罗伯特·库弗《公众的怒火》把历史上真实存在的受麦卡锡主义迫害的卢森堡夫妇案件以及当时的美国副总统尼克松等公共人物写入小说中，但是历史在被戏谑化地表现的同时又被语言的叙述所解构，以此证明历史与现实只是一种建构。上述情况提醒我们要注意勘察不同文学指称模式和表意路径对读者阅读的影响，研究二者之间的双向互动关系。

---

[1] Linda Hutcheon, "Metafictional implications for novelistic reference", in *On Referring in Literature*, Anna Whiteside and Michael Issacharoff(ed.), Bloomington and Indianapolis: Indiana University Press, 1987, p.4.

《山海经》与汉画像中的西王母形象变异

◎ 包兆会

本文从图像学和文献学两方面共同考察流行于先秦两汉的西王母形象。文字和图画都可以构建形象，前者在文字中生成形象，后者直接成像。对于《山海经》中的西王母形象，本文以《山海经》文献为原始资料，以汉以后的图像为补充；汉画像中的西王母形象，本文以汉画像中的西王母为原始资料，以同时期的文献为补充。本文之所以用图像和文献一起来共同建构某一历史时期的西王母形象，是因为图像和文献在这方面可以起着相互佐证、支持的作用，而且图像和文献在共同建构西王母形象方面本身就存在相互影响的关系。[①] 就西王母流行的范围来说，西王母这位女神的信仰主要流行于汉代广大缺乏知识的普通人中间，同时也或多或少地被汉代上层社会士大夫熟悉和记载。

本文前半部分考察《山海经》中以神话传承为核心的西王母形象，后半部分主要考察汉代传说传承中西王母图像系统的共性及母题。汉代传说传承中的西王母图像系统既继承了先秦神话传承中的西王母形象，同时又适应时代的需要在视觉表现模式方面迥异于前者。对西王母母题的视觉表现模式，本文主要从头饰、坐姿、陪伴的动物、神格的功能以及其与其他人物的关系进行分析。在大多数情况下，西王母图像的表现遵循了三个基本的特征："胜"为头饰、正面端坐于象征掌管世界秩序的"宇宙山"或"世界树"之上，常伴有捣药的玉兔以及象征着福瑞的三足乌和九尾狐。

在汉代，西王母画像流传到不同地区后，西王母画像也会结合当地文化特点发生些变异，比如，四川地区以龙虎为座的西王母图像构成模式就与山东不同，山东地区的西王母图像的特点是西王母并没有坐在龙虎座上，而是仙人侍者很多。陕北的西王母则大都坐在天柱上。

[①] 我们推测，汉代艺术家根据相同的民间信仰的主体创作出他们的西王母形象，这些相同的民间信仰是先秦以来《山海经》中西王母神话主题的延续；同时这些图像中的信仰同样给汉代各种文献的作者以灵感，大量有关西王母的文献，像《淮南子》、《汉书》、《焦氏易林》都将西王母视为一位有特定属性和力量的神——就像她在汉代绘画艺术中的表现一样。

一、作为部落神和宇宙神的西王母形象

《山海经》中的西王母形象开始是作为氏族或部落的神的形象出现的,记载在《西山经》中。《山海经·西山经》曰:"又西三百五十里曰玉山,是西王母所居也。西王母其状如人,豹尾,虎齿,而善啸,蓬发,戴胜。"《大荒西经》记载:"有人,戴胜,虎齿,有豹尾,穴处,名曰西王母。"①

这两段引文告诉我们,《大荒西经》和《西山经》中的西王母有可能是一个崇拜虎的部落神(领袖)的形象。证据有:1."虎齿"的西王母,与"虎身"、"虎爪"的陆吾——"司天之九部及帝之囿时"②的昆仑之丘守护神,同属一个地区昆仑之丘③,又是同一血族。这一信息向我们预示了:昆仑之丘的诸神,可能是一个大的部族——虎族,一个以虎为图腾祖先的族群。有学者认为西王母部落是羌族④,今天自称羌人后代的彝族就盛行白虎崇拜。2.西王母的"穴居",至少说明两点:第一,西王母还没有完全脱离神话中的兽人时代;第二,穴居是昆仑之丘群山中原始人类的居住方式。3."胜"是西王母戴在头上的一种玉质饰物。西王母占据的玉山,作为昆仑之丘众多山头中的一个,以产玉而闻名。作为玉质饰物的玉胜在古代作为王权的象征,山东嘉祥武氏祠玉胜画像石图右上方就刻有"玉胜王者"的字样。

在《大荒西经》中西王母是以宇宙神的形象出现的。到了战国时期,尤其战国中期以后的一些《山海经》篇目中,对西王母带有宇宙性的、概括性的解释增多。《海内北经》:"西王母梯几而戴胜,杖,其南有三青鸟,为西王母取食。在昆仑虚北。有人曰大行伯,把戈。"这段话出现了供她使役的三青鸟和大行伯等一批役者,显示不同神祇间的统属关系出现,而神祇间统属关系的出现是原始神话向系统神话演进的标志。

西王母具有宇宙性力量首先表现在昆仑地位的突出以及西王母与昆仑的结合。最早形成的《五藏山经》中的《西山经》里,昆仑山不过是西方群山之一,西方群山其他记载还有不周之山、钟山、玉山、泰器之山等。到了《海内西经》所记载的昆仑

---

① 《山海经》在材料编排上,《大荒西经》可能要比《西山经》晚出,有以下几则证据:《大荒西经》里写的西王母越来越人化,《西山经》形容西王母"状如人",但在这里却变成了"有人";对昆仑描写比《西山经》更详细;"此山万物尽有"是神话进一步仙话的表现。

② 《山海经·西山经》。

③ 《大荒西经》中与西王母一同在昆仑出现的"人面虎身"的神,学者刘锡诚认定这位昆仑之丘神也是陆吾(详见刘锡诚《神话昆仑与西王母原相》,《西北民族研究》2002年第4期)。

④ 如,李文实从古音上作出考证,认为王母是女首领的称号:"汉文记载中西王母,乃氐羌最早的女首领的称号,汉文音译为王母,便也被理会成神话中的女神,传说中的女王了。"(见李文实:《西陲古地与羌藏文化》,青海人民出版社2001年版,第39页。)

之虚,则成了百神生活的地方,黄帝的帝都。最晚到汉以后,昆仑山便具有了神话中宇宙山的性质。《周礼·春官·大司乐》郑玄注说:"天神则主北辰,地祇则主昆仑。"认为昆仑位于与之对应的大地的中心。《论衡·道虚篇》:"如天之门在西北,升天之人,宜从昆仑上。淮南之国,在地东南,如审升天,宜举家先从昆仑,乃得其阶。"宋洪兴祖注《楚辞·离骚》"昆仑"时说:"又一说云:大五岳者,中岳昆仑,在九海中,为天地心,神仙所居,五帝所理。"①《尚书纬》:"北斗居天之中,当昆仑之上,运转所指,随二十四气,正十二辰,建十二月。"②

西王母与昆仑的结合:在《西山经》里西王母住在玉山,而在《庄子·大宗师》里西王母得道坐"少广"。这个"少广",崔譔注为山名,司马彪注作穴名。而在《山海经·西山经》里,另有"虎身九尾,人面虎爪"的陆吾统治着昆仑之丘;又,在《庄子·大宗师》里,说到堪坏神得道入昆仑山中。这些记载里与昆仑有关系的不是西王母,而是另有其他的神。到了《海内西经》与《大荒西经》以及汉代文献以后,西王母通过与昆仑山的结合,强化了自身在诸神间的地位,扩展了自身的势力,成为昆仑山的大神。在最古老的西王母画像之一即西汉末东汉初河南郑州西王母画像砖上,西王母高踞在宇宙山上,虽没有戴胜,但有三足乌和九尾狐陪伴,画面中的她满面狰狞,还保留着兽人的痕迹。

地上世界的人只有攀登处在世界中心的山和树而穿过天门,才能获取天上不朽的性质,万物诞生在这个中心,世界上的生命力、秩序等以此为源泉。"天与地以各自的中心部分相联结,而在二者相接触的中轴位置由西王母占据着。可以推断,从中原文化的角度看来,当本来不过是西方群神之一的西王母占据了昆仑山的时候,它也就兼备了宇宙论性质的机能了。"③

其次表现在戴在西王母头上的"胜"所具有的织出世界的宇宙论意义。按照小南一郎的分析,"胜"是识别西王母的重要标志。小南一郎认为,关于西王母的礼仪几乎没有流传材料遗存,"所幸代替它们的,现仍保留有汉代以来的许多表现西王母的图像。当然,这种图像也多是反映对流行于各时代的传说的传承的,而不是直接表现西王母神话的核心的。但在这种图像中不一定占中心位置的部分,却保留着可以认为是暗示那神话的传承的核心的东西。就是说可以认为,在这些图像中,西王母身上的装饰品及其身边的侍者们,分别象征性地表现了西王母所具备的神话的机能与力量。"④西王母图像中的"胜"就成了解读西王母所具备的神话(宇宙)力量的重要识物。东汉刘熙在《释名·释首饰》篇对"胜"作如下说明:"华胜:华,象草木华也;

---

① 《楚辞补注·离骚》。
② 《纬书集成》卷二。
③ 小南一郎:《中国的神话传说与古小说》,孙昌武译,中华书局1993年版,第76页。
④ 小南一郎:《中国的神话传说与古小说》,孙昌武译,中华书局1993年版,第43页。

胜,言人形容正(相)等。一人著之则胜,蔽发前为饰也。"《太平御览》卷七一九引《晋中兴书》:"(华)胜一名金称,《(孝经)援神契》曰:神灵滋液,百珍宝用,有金胜。晋孝武时,阳谷氏得金胜一枚,长五寸,形如织胜。"可知"胜"与机织有某种关系。《焦氏易林·无妄之贲》:"织缕未就,胜折无后,女工多能,乱我政事。"又《焦氏易林·益之小过》:"月削日衰,工女下机,宇宙明灭,不见三光。"认为宇宙的秩序由天上神女的机织来确保,如果胜折断了,天上的机织出了故障,宇宙就失去秩序而陷入混乱状态。可见,华胜的原型有可能是固定在抽出织机前经线的横木(即滕)两端以控制横木运转的"滕花"。"胜"这种东西本来象征整个纺织工作,进而延伸出织出这个世界之义,因此,这个有关"织"的行为本身具有了宇宙论性质的意义。汉代西王母及相关的图像也为此提供了佐证:(1)不一定仅是女性带"胜",同样具有宇宙力量的东王公也带"胜";(2)"胜"与"滕花"存在相似性。

　　再者,表现在西王母神职功能的扩展和壮大。《山海经·西山经》曰:"西王母其状如人,豹尾,虎齿,而善啸,蓬发,戴胜。是司天之厉及五残。"这一段对她神职的描述与紧挨这一段的上一段记载山神长乘掌管"九德"之气的神职形成了相反:"西水行四百里,曰流沙,二百里至于嬴母之山,神长乘司之,是天之九德也。其神状如人而豹尾。"《史记·天官书》云:"五残星出正东,东方之野,其星状类辰星,去地可六七丈。"唐张守节《史记正义》云:"'五残一名五峰,出则见五方毁败之征,大臣诛亡之象,'西王母主刑杀,故又司此也。"清郝懿行《山海经笺疏》云:"按厉及五残,皆星名也。"现代学者朱芳圃认为:"古代四方之神——东勾芒,西蓐收,南祝融,北玄冥,——为春秋以来天文学发达与五行学说相结合的产物。东方为春而主生,西方为秋而主杀,既已各有专司,又复以西王母司刑杀者,因为西王母位在西方,且与蓐收同为猛兽,一虎一豹,物类相连,所以也成为主刑杀的凶神。"①"西水行四百里,曰流沙,二百里至于嬴母之山,神长乘司之,是天之九德也。其神状如人而豹尾。"②《海内西经》记载"在八隅之岩,赤水之际,非仁羿莫能上冈之岩"的神话,仁羿(应为夷羿)之所以"上冈之岩",是为了向西王母讨不死之药。对照《西山经》和《海内西经》,作为昆仑(身处"八隅之岩")山神的西王母,此时除了"司天之厉及五残",已负有掌握不死之药的重任。③

　　神话表明的是人与神之间有着不可逾越的界限和鸿沟。当神与人可以自由交往,并且神开始具有各种个性时,"人化"即开始,神话就有转化为传说的可能。昆仑

---

①　朱芳圃:《中国古代神话与史实》,中州书画社 1982 年版,第 160—161 页。
②　《山海经·西山经》。
③　比《海内西经》稍早的《归藏》和稍晚的《淮南子·览冥训》也分别记载了有关羿请不死之药于西王母的神话故事,"昔常娥以西王母不死之药服之,遂奔月为月精"(《归藏》),"羿请不死之药于西王母,姮娥窃以奔月,帐然有丧,无以续之"(《淮南子·览冥训》)。

神话系统中充满各种不死的意象,如"开明北有不死树"①、巫彭等六巫持有不死药,"皆操不死之药"②,不周之山"食之不劳"的桃,"(不周之山)爰有嘉果,其实如桃,其汁如枣,黄华而赤柎,食之不劳"(《山海经·西次三经》),这些都为西王母神话进一步仙话和西王母掌有不死之药能力提供了可能。

二、西王母形象视觉表现模式的变异

汉画像中的西王母形象的视觉表现模式分析:西王母通常由一只蟾蜍,拿着臼和杵的兔子,一条九尾狐,一只三足乌和一些信徒陪伴,有时也有"仙"人侍者出现。从四川、陕西、河南、山东、江苏等地的汉画像来看,她的图像模式中唯一经久不变的是陪随她的、拿着杵和臼在捣"不死药"的兔子。兔子和蟾蜍是"月精",在马王堆西汉帛画上我们可以看到渐圆的新月中的兔子和蟾蜍;在南阳的画像石中,月中有蟾蜍,东汉张衡《灵宪》说:"羿请不死之药于西王母,嫦娥窃之以奔月。……姮娥遂托身于月,是为蟾蜍。"我们知道嫦娥吃了药飞到了月亮上,汉代的艺术家们让兔子和蟾蜍从月中走出来,给兔子工具,象征药是西王母的赠予,并使两个动物成为她的随从,于是蟾蜍、兔子、臼、杵同药联系在了一起。

仙人侍者分为动物形态变异(主要表现为兽首人身、人身蛇尾、人面鸟等)和羽人两大类,多集中于山东地区,以嘉祥一地最多,其次滕州、徐州等地也有一些。仙人侍者中有用兽首代替人首的,其图像刻画蕴含着某种异乎常人的神性含义。而极其消瘦、几乎不着衣、留着长发、长着翅膀的羽人,通常称之为"仙",他们已完全摆脱了死亡。《楚辞·远游》云:"仍羽人于丹丘兮,留不死之旧乡。"王逸注:"人得道身生毛羽也。"宋洪兴祖《楚辞补注》:"羽人,飞仙也。"《论衡·无形篇》云:"图仙人之形,体生毛,臂变为翼,行于云则年增矣,千岁不死。"《说文解字》:"仙,长生迁去也。"东汉刘熙《释名·释长幼》:"老而不死曰仙。"他们作为灵魂的导引者,能帮助灵魂踏上通往天国的道路,所以图像位置往往表现在棺椁或墓室顶部或墙的最高部分。故可推知山东齐文化中的方仙术可能助长了汉画像中羽人形象的出现。

九尾狐是西王母形象视觉表现模式中一重要动物。《山海经·南山经》:"青丘之山,有兽焉,其状如狐而九尾,其音如婴儿,能食人,食者不蛊。"《竹书纪年》云:"柏杼子征于东海及王寿,得一狐九尾。"东汉赵晔《吴越春秋·越王无余外传》记载禹娶涂山女子,是一只九尾狐献瑞的结果。东汉班固《白虎通·封禅篇》云:"九尾狐者何?狐死首丘,不忘本也,明安不忘危也;必九尾者何?九妃得其所,子孙繁息也;于尾者何?明后当盛也。"又云:"德至鸟兽则九尾狐见。"南朝梁孙柔之《孙氏瑞应图》

---

① 《山海经·海内西经》。
② 《山海经·海内西经》。

记:"王者不倾于色,则九尾狐至。"汉代流行谶纬神学思想。汉人受谶纬神学的影响,在他们看来,九尾狐的出现,不但是王天下的吉兆,也是后代繁衍的象征,是祥瑞的表现。

三足乌是西王母形象视觉表现模式中又一重要动物。《山海经》也曾提到三足乌。《山海经·大荒东经》云:"汤谷上有扶木。一日方至,一日方出,皆载于乌。"《淮南子·精神篇》:"日中有踆乌。"高诱注:"踆,犹蹲也,谓三足乌。"《淮南子》记载的羿射十日的神话中,中其九日,日中九乌皆死,堕其羽翼。知三足乌为日中之精。但汉画像中的三足乌是否就是《山海经》中的三足乌很难确定①,在汉画像石中,三足乌扮演的是西王母使者及祥瑞之鸟的角色。西汉司马相如在《大人赋》中提到"三足乌"是供西王母差遣的神鸟,"低回阴山翔以纡曲兮,吾乃今目睹西王母。皭然白首戴胜而穴处兮,亦幸有三足乌为之使。必长生若此而不死兮,虽济万世不足以喜"。《汉书·司马相如传》注引张云:"三足乌,青鸟也,主为西王母取食,在昆仑墟之北。"晋初傅玄《正都赋》也提到"西母使三足之灵禽"。可见,汉画像中的三足乌不一定是太阳神鸟,或与太阳有关。

从以上分析可看出,从先秦到汉代,西王母形象的视觉表现模式发生了很大的变化:本是豹尾、虎齿的半人半兽的西王母形象在汉代则越来越人化,伴随在西王母周围的动物三青鸟在汉代则被捣药的兔子、蟾蜍、九尾狐及三足乌所代替。随着西王母形象视觉表现模式的变化,西王母的神格也发生了变化,在《山海经》中本是主宰灾祸、疾病残杀之气的凶神在汉画像中则变成了负有掌握不死之药并给人带来福佑、祥瑞与子孙兴旺的保护神形象。西汉中后期的一些文献也佐证了这一点:认为作于汉成帝永始四年(公元前13年)的扬雄《甘泉赋》提到了对西王母的祝寿:"西王母欣然而上寿兮,屏玉女而却虑妃。"相传是焦延寿所作的《焦氏易林》几次提到西王母给人生和家丁兴旺带来祝福:"戴尧扶禹,松乔彭祖。西遇王母,道路夷易,无敢难者。"②《焦氏易林》卷五十"鼎之萃"卦说:"西逢王母,慈我九子,相对欢喜。王孙万户,家蒙福祉。"西王母也成了民间祈求长寿和平安的对象:"哀帝建平四年正月,民惊走,持稾椒或椒一枚,传相付与,曰'行诏筹'。道中相过逢多至千数。……经历郡国二十六,至京师。其夏,京师郡国民聚会里巷阡陌,设张博具,歌舞祠西王母。又传书曰:'母告百姓,佩此书者不死。不信我言,视门枢下,当有白发。'至秋止。"③

不过,汉画像中西王母形象的视觉表现模式在各地区存在一定差异。

---

① 也有学者如小南一郎,把三足乌解读成太阳神鸟,认为统合宇宙二元要素的宇宙神西王母,统合了日与月,表现在画像中就是代表月精的兔和代表阳精的三足乌伴随其左右。(参见小南一郎:《中国的神话传说与古小说》,第112页。)但本文认为没有证据表明三足乌就是太阳神鸟,反而,在汉画像中三足乌常伴随九尾狐出现而不是兔子出现,足表明三足乌扮演的是一种祥瑞之鸟的角色。

② 《焦氏易林》卷六"讼之家人"卦。

③ 《汉书·五行志》下。

四川的西王母画像中，西王母常坐在一个垫子上，虎和龙守护在左右。对于四川的西王母龙虎协侍原型，学者有不同解读。学者何志国认为，龙和虎的形象在本地广汉三星堆商代祭祀坑中出土的器物中已有。近年来，在成都商业街发现的据称墓主可能是蜀王的大型战国早期船棺葬中出土不少漆器，其上常常绘有一角龙的形象。这种一角龙经常出现在四川汉代画像中，尤其是西王母龙虎胁侍中的龙就是一角龙。他据此认为伴随在西王母身边的龙、虎是对本地较早文化的传承。① 也有学者巫鸿、李淞等认为四川西王母龙虎协侍造型是外来文化影响的结果。②

山东的西王母画像中，原来坐在昆仑山上的西王母此时转变成了坐在三仙山上，这是西王母神话与东夷神话结合的结果。在西王母神话中，世界的中心以宇宙山（昆仑）、植物（世界树）为标识。它们贯穿天上、地上、地下三个世界。"昆仑山为柱，上气通天，昆仑者地之中也。"③"昆仑之丘，或上倍之，是谓凉风之山，登之而不死……或上倍之，为维上天，登之乃神，是谓太帝之居。"④特别是昆仑山上的"建木"，具有"众帝所自上下"的一种"世界树"的功能。《吕氏春秋·有始览》云："白民之南，建木之下，日中无影，呼而无响，盖天地之中也。"此句高诱注："建木在广都南方，众帝所从上下也，复在白民之南。建木状如牛，引之有皮，黄叶如罗也。"《淮南子·坠形训》引用之："建木在都广，众帝所自上下，日中无影，呼之无响，盖天地之中也。""登之不死"、"上气通天"、"太帝之居"、"众帝所自上下"等，说明古人觉得通过昆仑山能通天通神。在东夷神话中，蓬莱、方丈、瀛洲为三仙（神）山，据传有不死的神仙居住在那里。《山海经·海内北经》提到"蓬莱山在海中"。《史记·封禅书》云："蓬莱、方丈、瀛洲，此三神山者，其传在渤海中，诸仙人及不死之药皆在焉。其物禽兽尽白，而黄金银为宫阙，未至，望之如云。"战国以来，也有很多帝王派遣使者入三神山求不死药，"自威、宣、燕昭使人入海求蓬莱、方丈、瀛洲。此三神山者，其传在勃海中，去人不远"⑤。

东汉中晚期以后，西王母与东王公同时出现在一幅画像中，主要流行在山东、陕北等地，特别是陕北，是西王母和东王公同时出现在一幅画像中最多的地区。东汉赵晔《吴越春秋》记载："越王立东郊祭阳，名曰东皇公⑥；立西郊祭阴，名曰西王母。"

---

① 详见何志国：《论四川汉代西王母图像的起源》，《中华文化论坛》2007年第2期；《论汉代西王母图像的两个系统——兼谈四川西王母图像的特点和起源》，《民族艺术》2007年第1期。
② 详见巫鸿、李淞：《论西王母图像及其与印度艺术的关系》，《南京艺术学院学报》（美术及设计版）1997年第3期；仝涛、邹芙都：《西王母龙虎座造型源于西方考》，《西南师范大学学报》（人文社会科学版）2006年第3期。
③ 《太平御览》卷三十六引用《河图括地象》。
④ 《淮南子·坠形训》。
⑤ 《汉书·郊祀志》。
⑥ "皇"、"王"古通。

关于东王公的出现,有学者注意到是汉人阴阳平衡观念影响的结果。《淮南子·精神训》认为宇宙是这样构成的:"有二神混生,经天营地。孔乎莫知其所终极,滔乎莫知其所止息。于是乃别为阴阳,离为八极。刚柔相成,万物乃形。""二神"即指阴阳。在汉人那里,整个世界都离不开阴阳的结构,故极有可能在西王母神话传承过程中为西王母配上东王公。

东汉以后,随着汉画像中东王公与西王母的配对,西王母由原来绝对的、全能的宇宙神,渐渐转换成了只代表一极并与东王公相对的神,她的神话力量被削弱。魏晋以后,到了道教那里,她仅仅成了统治女仙世界的一个首领:"西王母者,九灵太妙龟山金母也。一号太虚九光龟台金母元君,乃西华之至妙,洞阴之极尊。……天上天下,三界十方,女子之登仙者、得道者,咸所隶焉。"①

在先秦时代,西王母传承在《山海经》中表现为以神话的传承为核心,这一神话中的西王母,其神话诸要素在汉代的民间信仰中被继承下来,表现在汉代艺术中就是汉画像中的西王母形象。西王母神话也经历了一个发展过程,在《西山经》中西王母是作为氏族或部落神的形象出现的,到了《大荒西经》大概处于战国末期作为宇宙神的西王母形象则越来越突出。

从《山海经》到汉代西王母形象的变异,反映了这样一个事实:中国神话的人化是通过历史化、仙话、世俗化三种方式完成的,历史化、仙话、世俗化构成了中国神话发展的三种态势。

---

① 《太平广记》卷五六。

论南宗禅的"生活禅"思想及其美学意蕴

◎ 李昌舒

慧能开创的南宗禅不仅在中国佛教史上具有重要意义,而且在美学史上影响深远。对于南宗禅与中国美学的关系,学界已有详尽探讨,但其间似仍有可补充者。早在20世纪前半叶,日本学者铃木大拙和柳田圣山等人就指出马祖之后的生活禅倾向,国内佛学界虽有注意,似尚未充分关注,美学界更是少有涉及。本文拟对此作一初步探讨。

一、意在目前

南宗禅的成佛根据或者说佛性是人人自有的,慧能称之为"自性",后来的禅师又称为"本心"、"本来面目"、"本地风光"等。一方面,它是南宗禅最重要的范畴,是所有参禅者孜孜以求的最终目标;另一方面,它又是不可言说、不可思议的,第一义不可说,"说似一物即不中"(329页)①。所谓"直指人心,见性成佛"②经常被作为南宗禅的基本概括,这既显示了南宗禅"顿教"的直探本源,又意味着南宗禅的机锋峻烈。正是因为第一义不可拟议,所以要通过各种其他途径绕路说禅。慧能之后的南宗禅师于此表现出充分的想象力和创造力,留下令人眼花缭乱的诸多公案。这里要涉及的是夹山善会禅师的一段话:"夫有祖以来,时人错会,相承至今,以佛祖句为人师范,如此却成诳人、无智人去。他只指示汝:无法本是道,道无一法。无佛可成,无道可得,无法可舍。故云:目前无法,意在目前。"(1113页)这段话主要有三层意思:1. 对经文的排斥、对自力的重视。这是南宗禅一贯的主张;2. "无道可得,无法可舍"。这是般若空观的思想,它是南宗禅的思想基础,也就是慧能所说的"于一切法不取不舍"③;3. 既然有所求或有所舍都是错误的,从当下现存的生活中体悟佛法就

---

① 本文所引禅师语录,除特别说明者,均据道原著,顾宏义译注:《景德传灯录》,上海书店出版社2010年版。以下凡引自该书者,均只在正文后以夹注形式注明页码。
② 《黄檗山断际禅师传心法要》,载《大正藏》第48卷,第384页上。
③ 《新版敦煌新本六祖坛经》,杨曾文校写,宗教文化出版社2001年版,第32页。

成为南宗禅的必然结论,这就是"目前无法,意在目前"①。

夹山善会在禅宗史上最为人熟悉的是他的两句诗,"问:'如何是夹山境?'师曰:'猿抱子归青嶂里,鸟衔华落碧岩前。'"(1114页)后来宋代的圆悟克勤禅师在编辑禅宗语录时就以《碧岩录》为名。这里有两点值得注意:1."如何是夹山境?"这既可以理解为禅师所住的夹山的境界,也可以指夹山禅师的禅风特点。这就涉及禅宗对境的理解。一般来说,佛教对境是持排斥态度的,一方面,境是虚幻不实的;另一方面,境又会扰乱心的纯粹宁静,妨碍修行。但禅宗的思想基础既然是般若空观,按照荡相遣执、不落两边的空观思想,对境之排斥也是一种执,也是错误的。2.从问者对境的使用以及夹山的回答来看,境不仅是自然景色之境,更是夹山修禅所悟之佛境。这是很有意思的对答,问者并未问佛法大意、和尚家风之类的问题,而是以"境"来表示;答者同样是用自然景象或者说"境"来表示禅修所悟,也许就是诗歌意象的模糊性(或者说诗歌的能指与所指之间的差异性)与禅悟的模糊性具有相似之处。虽然禅师强调心不随境流转,不被境所惑,但又要借助于境来表示不可言说、不可思议的禅悟,这看似矛盾的对境的理解也许并不矛盾,前者强调在具体修行中要破除对境之执,保持心的纯粹、宁静;后者则指禅悟所得可以借助于模糊性、形象性的诗句作庶几近似的表达,刘禹锡所说的"境生于象外"如果从禅宗的角度来理解,也许可以指禅师所悟之佛境,是对禅师以诗句来表示体悟之境的一种理论概括。类似的禅悟之诗还有很多,

> 问:"如何是西来意?"师曰:"白猿抱子来青嶂。蜂蝶衔华绿蕊间。"(204页)
> 问:"如何是佛?"师曰:"如何不是佛?"问:"未晓玄言,请师直指。"师曰:"家住海门洲,扶桑最先照。"(908页)
> 问:"如何是黄檗境?"师曰:"龙吟瀑布水,云起翠微峰。"(1632页)
> 僧问:"如何是兴阳境?"师曰:"松竹乍栽山影绿,水流穿过院庭中。"(1890页)

以诗句作答只是禅师诸多教学方式中的一种。慧能之后,禅师在心性论上创见不多,主要是在教学方式上不断创新。对于最常见的如何是祖师西来意、如何是佛法大意之类的问题,一般的反应都是要截断众流、斩断其攀援之心,所谓言语道断、心行处灭。但具体而言,不同的禅师又有各自不同的教学方式。有的是答非所问、

---

① 与此类似的表述还有很多,如,"有僧问:'道在何处?'师曰:'只在目前。'"(第471页)"宿州定林惠琛禅师,僧问:'如何是道?'师曰:'只在目前。'"(普济著,苏渊雷点校:《五灯会元》,中华书局1984年版,第749页。)

甚至是故意违背常识;有的是当头棒喝、甚至拳脚相加;还有一种是直陈目前景物,用眼前之景物的自在呈现来展现佛法的"意在目前",以诗句作答可以说就是属于这一种。再如惟俨与李翱的对话:

> (朗州刺史李翱)问曰:"如何是道?"师以手指上下,曰:"会么?"翱曰:"不会。"师曰:"云在,水在瓶。"翱乃欣惬作礼,而述一偈曰:"练得身形似鹤形,千株松下两函经。我来问道无余说,云在青天水在瓶。"……师一夜登山经行,忽云开见月,大笑一声……李翱再赠诗曰:"选得幽居惬野情,终年无送亦无迎。有时直上孤峰顶,月下披云笑一声。"(1004—1005页)

这段话在禅宗史和美学史上均颇具影响,云在青天水在瓶与云开月出均是自然景物的自在显现。就禅师而言,也许只是从其当时所处的"目前"之境中顺手拈来,如眼前有露柱,即答曰问取露柱去;如有长空白云,即答曰长空不碍白云飞。这些回答有的语句颇具诗意,如惟俨的回答并非诗句,但经过李翱的略作加工就成为优美的诗句。从禅宗的教学方式而言,它既非表诠,亦非遮诠;既非肯定,也非否定,它指向的是眼前景物的自在显现。用佛教的话来说,此为现量,去除了所有的知识性、功利性的思量、计较,以纯粹空明澄澈之心照见万物自身的如如本性。值得注意的是,就禅宗本身而言,对此类诗句也许并不能从文字本身去知解、攀缘,它只是禅师对目前景物的自然呈现,如果一定要说文字中有深意,那也许就是"若论佛法,一切见(现)成"[1]。临济义玄的一段话也许可以视为此类诗句的注释:"拟心即差,动念即乖。有人解者,不离目前。"[2] 禅师所住多是深山,这些诗句所描绘的正是"意在目前",以当前的自然景象来表示不可言说、不可思议之体悟。

就审美而言,"意在目前"意味着当下的目前的存在就是美,万物不加任何人为修饰、阐释,无须各种附加的意义,如其本然的呈现就是美,就是意义。就自然而言,从魏晋时期进入文人的视野,在嵇康、谢灵运等人的笔下,皆可以说是"以我观物",到了禅宗的"意在目前",才可以说是真正的"情不附物"(556页),从而有"以物观物"[3]的审美态度。王维的山水田园诗也许是"意在目前"思想最好的体现。对于王维诗,历来论者已详。萧驰的一段话颇具启发性:"……王维这类诗作风格有某种吊诡:一方面是'近事浅语,发于天然',另一方面又是'穷极幽玄'。"[4]这意味着王维的山水诗是极浅极深、极近极远:浅、近指其所写均是目前之景,深、远指其所蕴又是幽

---

[1] 普济著,苏渊雷点校:《五灯会元》,中华书局1984年版,第561页。
[2] 慧然集,杨曾文编校:《临济录》,中州古籍出版社2001年版,第24页。
[3] 王国维在《人间词话》中提出"以我观物"和"以物观物"两种观物方式。
[4] 《佛法与诗境》,中华书局2005年版,第99页。

玄之意。这与前引几位禅师的诗句具有相似之意趣,以目前平常、自然之景物显现非常、幽深之领悟。之所以能有如此"吊诡"的境界,也许就在于"意在目前",叶维廉说:"王维的诗,景物自然兴发与演出,作者不以主观的情绪或知性的逻辑介入去扰乱眼前景物内在生命的生长与变化的姿态,景物直现读者目前。"①

二、触目菩提

"意在目前"并不仅限于目前的自然景物,它更指向目前的日常生活。"曰:'如何是和尚佛法?'师于身上拈起布毛吹之。"(211 页)这是多么亲切、自然的禅法!"意在目前"导出禅与生活的相即相融,因为目前的正是日常生活,日常生活即是目前之意。

> 问:"和尚修道,还用功否?"师曰:"用功。"曰:"如何用功?"师曰:"饥来吃饭,困来即眠。"曰:"一切人总如是,同师用功否?"师曰:"不同。"曰:"何故不同?"师曰:"他吃饭时不肯吃饭,百种须索;睡时不肯睡,千般计校,所以不同也。"(387 页)

这段话是研究者经常引用的,其思想基础是般若空观,般若荡相遣执、破除对立的思想落实到禅修上,就是不能执著于禅修的境界,而应落实于日常生活中,用冯友兰先生的话说,就是"极高明而道中庸",如果只是停留于"高明"的境界,反而是一种"执"②。这也是研究者屡屡提及的青原惟信禅师的"看山看水"的第三个阶段("见山只是山,见水只是水")③所昭示的意义,即从"在凡"到"入圣"之后、又返回"凡"——"堕凡"的三段论④。这意味着最艰深的佛法修行就是最普通的日常生活,反之亦然。概而言之,生活即修行。正如铃木大拙所云:"禅的日常生命即是去生活。"⑤

这里又涉及境,境不仅限于具有诗意的自然景象,更有广阔的日常生活。心与日常生活接触,必然会产生境。作为南宗禅的开创者,慧能对境的思考值得注意。

---

① 《禅与中西山水诗》,载铃木大拙等:《禅与艺术》,北方文艺出版社 1988 年版,第 62 页。
② 南泉普愿的一段话经常被引用:"他不曾滞著凡圣,所以那边会了,却来这边行履,始得自由分。"(赜藏主编集,萧萐父、吕有祥、蔡兆华点校:《古尊宿语录》,中华书局 1994 年版,第 198 页。)
③ 普济著,苏渊雷点校:《五灯会元》,中华书局 1984 年版,第 1135 页。
④ 巴壶天:《禅宗的思想》,载张曼涛主编:《现代佛教学术丛刊》第二册《禅学论文集》,大乘文化出版社 1976 年版,第 142 页。
⑤ 铃木大拙:《禅:答胡适博士》,载张曼涛主编:《现代佛教学术丛刊》第二册《禅学论文集》,大乘文化出版社 1976 年版,第 238 页。

在慧能看来,境既是遮蔽自性的障碍,"于外著境,妄念浮云盖覆,自性不能明"①。但又不能刻意排斥。"于一切境上不染,名为无念。于自念上离境,不于法上生念。莫百物不思,念尽除却。"②如果刻意断念除境,反而是违背了无念的准则。无念是慧能禅修行论的核心范畴,从般若空观出发,慧能反对一切落于一边的边见。下面这段话虽然不是直接谈境,但似乎也可以视为慧能乃至后来的南宗禅师对境的基本态度:

> 何名无念? 无念法者,见一切法,不著一切法;遍一切处,不著一切处,常净自性,使六贼从六门走出,于六尘中不离不染,来去自由,即是般若三昧,自在解脱,名无念行。若百物不思,当令念绝,即是法缚,即名边见。③

慧能既反对为境所惑,是为"染";又反对"百物不思",是为"离",只有"不离不染",才能"来去自由"。在此意义上可以说,对境的正确态度是出入其中而不染不执。在《坛经》契嵩本和宗宝本里,有一段敦煌本和惠昕本均无的文字:"有僧举卧轮禅师偈云:卧轮有伎俩,能断百思想,对境心不起,菩提日日长。师闻之,曰此偈未明心地,若依而行之,是加系缚。因示一偈曰:惠能没伎俩,不断百思想,对境心数起,菩提作么长!"④无论这段文字是否由南宗禅后人添加,可以明确的是,依照慧能的无念思想,应当会导出这样的观点。牟宗三认为:"此卧轮禅师……属息妄修心宗。"第二偈"'对境心数起'而不住于境,不于境上生心,即是于念而无念。……夫人有生命,有心,焉能灭却而不令其起思想? 起而不住著于境,不于境上生心,即是念而无念,不断断也。"⑤从"对境心不起"到"对境心数起",可以看出禅宗对待境的态度的变化。

慧能对境的观点奠定了南宗禅关于境的基本思想。所谓心如木石,无所辨别,无所取舍,自然不被境惑。"僧问:'如何不被诸境惑?'师曰:'听他何碍汝?'曰:'不会。'师曰:'何境惑汝?'"(1002页)心之所以会被境惑,关键在于心能够被惑,而不在于境。"有行者问:'即心即佛,那个是佛?'师云:'汝疑那个不是佛,指出看!'无对。师云:'达即遍境是,不悟永乖疏。'"(386页)即心即佛是大珠慧海的老师马祖道一的话,当下的现实的平常心就是道,就是佛。大珠慧海认为,只要体悟南宗禅理,则凡所见境,皆是佛理,佛理就在当下目前之境中,这也许就是南宗禅师经常提

---

① 杨曾文校写:《新版敦煌新本六祖坛经》,宗教文化出版社2001年版,第24页。
② 杨曾文校写:《新版敦煌新本六祖坛经》,宗教文化出版社2001年版,第19页。
③ 杨曾文校写:《新版敦煌新本六祖坛经》,宗教文化出版社2001年版,第37—38页。
④ 郭朋:《坛经对勘》,齐鲁书社1981年版,第127页,第134页,二者文字有一处不同:契嵩本是"菩提日日长",宗宝本是"菩提月月长"。
⑤ 牟宗三:《佛性与般若》,台湾学生书局1997年版,第1062页,1064页。

及的"触目菩提"。"师后参道吾,问:'如何是触目菩提?'道吾唤沙弥,沙弥应诺,吾曰:'添净瓶水著。'"(1084页)不是从理论上予以正面阐释,而是用目前生活中的"添净瓶水"来作答,正所谓"触目无非佛事,举足皆是道场"(2286页)。

  触目菩提意味着禅修的生活化。"'日用生活',是中国禅宗的活源泉;'日日是好日',是中国禅宗的活境界"①。下面这则故事颇有趣味:"师在法堂坐,库头击木鱼,火头掷却火抄,拊掌大笑。师云:'众中也有恁么人。'唤来问:'作么生?'火头云:'某甲不吃粥,肚饥,所以喜欢。'师乃点头。"(557页)火头因为肚子饥饿,所以听到召集吃饭的木鱼声而大笑,这是极其自然又极其平常的,至于是否悟道恐怕还是一个疑问,灵佑却给予肯定。其原因也许就在于触目菩提:在时节因缘相合时,即使是一个最平常的生活现象,也能成为体悟最艰深的佛理的契机。"僧问:'如何是佛法大意?'师云:'春日鸡鸣。'僧云:'学人不会。'师云:'中秋犬吠。'"(513页)春日鸡鸣和中秋犬吠是最自然、最平常的生活现象,这也许是在提醒学人佛法大意就是最自然、最平常的生活。②

  从思想上讲,般若之空破除各种执著,因此,当下目前的自然生活就是佛法;从制度上讲,马祖弟子百丈怀海的"普请法"确立了农禅并作的修行方式,在农业劳动中修行,这是生活禅的一个重要特点。下面这则故事同样有趣:"问:'如何是祖师西来意?'师曰:'风吹日炙。'问:'从上诸圣向什么处行履?'师曰:'牵犁拽耙。'"(928页)对于如何是祖师西来意、如何成佛之类的根本问题,因为不能从正面回答,不能从义理本身用分析、推演的方法展开,所以用眼前的日常生活来截断这种逻辑性思路。但一般而言,这并不是要学人从其回答的具体内容中寻找答案,而是说只要任运自然,自然而然,这就是"触目菩提"。于是义理本身被悬置起来,或者说对义理的逻辑探讨被悬置,禅师关注的是当前的自然生活,生活禅也许就是这样展开的吧。"僧问:'如何是三宝?'师曰:'禾、麦、豆。'曰:'学人不会。'师曰:'大众欣然奉持。'"(435页)将佛法僧三宝改为禾麦豆,这显然是提醒学人三宝即学人当下的日常生活,这也许就是生活禅的意趣。进而言之,大众欣然奉持,应该是指百姓虽不知而日用,其正在展开的目前的日常生活就是三宝。庞居士所说的"神通并妙用,运水及般柴"(549页)之所以广为流传,也许就在于它揭示了生活即禅的道理。

---

  ① 石屋:《达摩禅系和禅的教学》,载张曼涛主编:《现代佛教学术丛刊》第二册《禅学论文集》,大乘文化出版社1976年版,第198页。

  ② 吕澂区分了南岳的"触目是道"和青原的"即事而真",前者由理见事,后者由事见理,二者虽都讲理事圆融,但有体用与理事之区别(《中国佛学源流略讲》,中华书局1979年版,第247页)。本文着重从理事圆融的角度讲,并且二者都重视从日常生活中去体悟理或本,因此,对二者之区分不作辨析。方立天说:"慧能以后,一些禅师张扬最多的直觉修持内容、方式是'触目是道'、'触目菩提'、'触目会道'、'触目皆如'、'触目皆是'、'触目皆真'、'触目无非佛事'、'触目无非正觉'、'触目无非道场'等。"(《中国佛教哲学要义》,中国人民大学出版社2002年版,第1065页。)

就审美而言，其意义主要有二：1. 中晚唐时期皎然、王昌龄、刘禹锡等人正式将境纳入美学范畴，如果考虑到这一阶段正是南宗禅盛行的时期以及大多数士人与南宗禅的密切交往，则也许可以说，美学之境与南宗禅有内在联系，通过上文对"意在目前"和"触目菩提"思想的探讨，则进而可以说，美学之境更是与南宗禅的生活禅思想密切相关。2. 从中唐如白居易、韩愈，到北宋欧阳修、苏轼等人皆喜欢描述日常生活中的诸多细节——不同于南朝咏物诗，而是带着欣喜、惊奇的目光观赏自己个人生活的细节——应该也是一种"触目菩提"的思想。

三、快乐无忧

这种对日常生活的关注与欣赏是南宗禅的一个基本思想。四祖道信云："汝但任心自在，莫作观行，亦莫澄心，莫起贪瞋，莫怀愁虑，荡荡无碍，任意纵横，不作诸善，不作诸恶，行住坐卧，触目遇缘，总是佛之妙用。快乐无忧，故名为佛。"（171—173 页）因为不取不舍，无所执著，所以能任心自在，在日常生活的行住坐卧中任意纵横，处处皆能体悟佛法。这样的修行方式无所希求，也无所舍弃，所以无须设防，无须紧张，在当下的日常生活中任运而行，随缘而安，这是何等的"快乐无忧"！在禅宗的各种灯录中，我们处处能感受到这种快乐无忧的气息。其中，《南岳懒瓒和尚歌》（一作《乐道歌》，2438 页）颇具代表性，其内容主要有两点：

1. 无事与自然。《乐道歌》的核心思想是"无事"。"兀然无事无改换，无事何须论一段？直心无散乱，他事不需断。"这与后来临济义玄的思想十分接近。义玄云："无事是贵人，但莫造作，只是平常。"① "无事"的关键在于不造作，方立天说："'无事'就是在日常行为中体悟平常无事的道理，在现实生活中保持'平常心'，顺遂日常生活，饥来食，睏来睡，无住无念，无思无虑，任运自在。"② 这说明"无事"与慧能的"无念、无住"是一致的，强调对万法不黏不滞，不离不染。这与黄檗希运所说的"无心"同样一致："如今但一切时中，行住坐卧，但学无心，亦无分别，亦无依倚，亦无住著。终日任运腾腾，如痴人相似。"③ 因为无心、无事，所以对目前的事物、当下的生活能够不执著，所谓"情不挂物"④。

因为无事，所以能自然。"饥来吃饭，困来即眠。愚人笑我，智乃知焉。"因为无事，所以能在日常生活中不造作、不分别，不存取舍之心。"种种劳筋骨，不如林下睡兀兀。举头见日高，乞饭从头掇。"也许正是因为吃饭、睡觉是最平常的事，所以更能

---

① 慧然集，杨曾文编校：《临济录》中州古籍出版社 2001 年版，第 13 页。
② 方立天著：《中国佛教哲学要义》，中国人民大学出版社 2002 年版，第 510 页。
③ 《黄檗断际禅师宛陵录》，载《大正藏》第 48 卷，第 386 页下。
④ 普济著，苏渊雷点校：《五灯会元》，中华书局 1984 年版，第 219 页。

够体现生活即禅的道理,南宗禅师多次用此来表述任运自然的思想。如,"僧问:'如何是平常心?'师云:'要眠即眠,要坐即坐。'僧云:'学人不会。'师云:'热即取凉,寒即向火。'"(643页)如果说道家的自然主要是相对于仁义礼教等人为秩序,禅宗的自然则从般若之空出发,遣除一切执著、取舍、分别之心,按照禅宗的观点,道家对礼教的警惕与防范也是一种执著,禅宗自己则是"随心自在,无复对治"(173页)。在此意义上可以说,禅宗的自然更为彻底、全面。从审美上讲,推崇"清水出芙蓉,天然去雕饰"的自然主义思想是中国美学的一个基本主题,先秦老庄、魏晋玄学可以说是这一思想的重要的思想基础,但如果我们考虑到南宗禅在中唐之后的巨大影响,尤其是道家思想日渐与禅宗合流,即学界多有探讨的庄禅或者说道禅合流,则应特别注意禅宗的自然主义思想在中国美学史上的重要意义。

2. 审美与自由。禅宗与审美的联系当然不仅限于提供了一种新的自然主义,《乐道歌》的结尾:"青松蔽日,碧涧长流。山云当幕,夜月为钩。卧藤萝下,块石枕头。不朝天子,岂羡王侯!生死无虑,更复何忧?水月无形,我常只宁。万法皆尔,本自无生。兀然无事坐,春来草自青。"这里有两点值得注意:(1)最后两句精练地概括了无心而自然的思想,不仅如此,它与研究者经常引用的苏轼的"静故了群动,空故纳万境"[1]有相近之意趣,这是禅师修行的境界,因为心中静且空,没有贪嗔痴的躁动,也没有取舍、执著的阻塞,所以能"万法皆尔",万法如如;同样也是审美观照的境界,即美学上的审美心胸论,因为心中静且空,所以美得以显现。(2)这意味着禅修、生活与审美三者合一,也许可以说,平常心、无事的生活方式既是禅修,也是审美,虽然禅师自身并非以审美为目标,但这种生活方式可以表现为一种审美境界,换句话说,无事而自然的生活本身就是一种美。傅伟勋说:"禅道……所真正要求的是人人转化成为修证一如的生活艺术家。对于此类生活艺术家,日日必是好日,平常心必是道心;禅道审美性即在于此。"[2]禅宗在近于艺术化的生活方式中所要追求的是个人的解脱与自由,艺术也是如此,较之于中唐之前,此后的艺术与审美的一个基本倾向就是追求个人精神的解脱与自由。

---

[1] 《送参寥师》,载王文诰辑注,孔凡礼点校:《苏轼诗集》,中华书局1982年版,第906页。
[2] 《禅道与东方文化》,载《禅学研究》第1辑,江苏古籍出版社1992年版。

论阿多诺的艺术终结论

◎ 周计武

从黑格尔的时代到阿多诺的时代,整个时代的精神氛围和文化语境都发生了重大的变化。在黑格尔的时代,人们尽管抱怨主体意识的分裂,抱怨唯利是求的时代精神和偏重理智的文化氛围,担心艺术的解体和审美精神的没落,但是,人们乐观地相信,这一切都会在启蒙历史的进一步发展中得到解决,并最终实现精神的和解和艺术的自由。在阿多诺的时代,伴随资本主义矛盾的进一步加深,以及两次世界大战的爆发,人们发现启蒙了的社会并没有兑现曾经允诺的幸福与自由,相反,主体陷入深深的焦虑之中。在某种意义上,奥斯威辛集中营是一个灾难性的现代寓言。在文化上,大众媒介和机械复制技术的发展促使了大众文化的繁荣,但也使传统的高雅艺术面临解体的威胁,本雅明把它命名为"韵味的没落"。这就不可避免地带来现代主义文化的冲突,即高雅与低俗、精英与大众、艺术与生活之间的冲突。在我们看来,无论是主体的焦虑、韵味的没落,还是文化的冲突,都暗示了可能爆发的艺术危机。阿多诺从批判理论的视角出发,敏感地把握了这种危机——文化工业的威胁和艺术确定性的丧失。前者是艺术危机的外在根源,后者是艺术危机的内在表征。与此相对应,在艺术危机中存在两种艺术形态:顺从的艺术(resigned art)和反艺术(ant-i art)。

一、文化工业批判与顺从的艺术

在阿多诺那里,文化被公开地、蔑视地称为工业,遵循与其他商品生产一样的规则。它不再是真、善、美的避难所,而是工具理性的王国。其象征性标志就是大众艺术的出现。从上流文化的保守主义立场出发,阿多诺蔑视地称其为"顺从的艺术"。在文化工业的操纵下,这种艺术已经失去了批判社会的功能、拒绝商品化的能力和独一无二的本真性,成为文化衰败的象征。这一点是通过文化工业的批判来揭示的。

批判主要集中在三个层面。第一,工具理性的支配和同一性的压抑。所谓工具理性就是指按照形式逻辑的规则,利用各种手段使知识性陈述或现实实践前后一致的思维形式。这种思维形式中存在某种规范化的力量,使整个形式具有惊人的一致性。当这种思维形式利用机械复制技术的手段来支配文化的生产、传播和接受时,文化就不可避免地堕落为一种同化的强制力量的牺牲品。这主要表现在文化工业对高雅艺术和低俗艺术强行的融合上:

> 文化工业别有用心地自上而下地整合它的消费者。它把分隔了数千年的高雅艺术与低俗艺术的领域强行聚合在一起,结果使双方都深受其害。高雅艺术的严肃性在它的效用被人投机利用时遭到了毁灭;低俗艺术的严肃性——那种富于造反精神的抵抗性——在文明的压迫下消失殆尽。①

这种强行消除雅与俗、艺术与生活距离的做法,不仅造成了严肃艺术的衰落,而且使艺术丧失了批判的潜能,成为迎合社会的大众艺术。大众艺术在风格上具有标准化、一致化的特点。它是按照分类学的标准,根据不同消费者群体的需求,借助复制技术不断地生产和再生产的类型。如阿多诺所言:"在今天,文化给一切事物都贴上了同样的标签。电影、广播和杂志制造了一个系统。不仅各个部分之间能够取得一致,各个部分在整体上,也能够取得一致。"②正是这种系统化的整体,使大众艺术和娱乐工业都遵循同样的目标和同一性的虚假程式。这产生了消极的后果,即,审美内在张力的消失和大众欣赏力的退化。一方面,每个作品都带有被技术驯化的痕迹,不再有任何真正可见的冲突。另一方面,它自上而下地整合它的消费者,使他们按照自己的游戏规则和价值观念,去欣赏模式化的东西。在完美技术的操纵下,文化日益视觉化、审美化,日益诉诸直观的冲动和感官的刺激,剥夺了消费者想象与反思的空间,直接导致了欣赏的退化。因为听众常常为虚假的个性和魅力所沉醉,转而认同与他自身利益相矛盾的资产阶级趣味。他不无反讽地指出:好莱坞的电影制造商们不得不考虑11岁儿童的智力。这也从反面说明了,在文化工业的生产流水线上,大众不是顾客和上帝,而是被算计的对象和工具。所谓风格不过是对社会等级秩序的遵从。

第二,商品化逻辑的操纵。文化生产的要素是按照商品化逻辑进行生产和交换的。它的直接后果就是大众艺术的商品化,即,艺术品被当作可以等价交换和消费的商品。在资本主义社会初期,艺术的价值仍然是自在的统一体,它召唤读者去积极地阅读和对话。现在,艺术价值的分化,使艺术家与读者的关系变成了生产者与消费者之间的关系。显然,这里的消费者主要指新兴的中产阶层或大众。面对这些

---

① Bernstein, J. M., ed., *The Culture Industry: Selected Essays on Mass Culture* (London and New York: Routledge, 1991), pp. 98—99.

② 霍克海默、阿多诺:《启蒙辩证法》,上海人民出版社2003年版,第134页。

变化,阿多诺具有清醒的认识:

> 就艺术迎合社会现存需求的程度而言,它在很大程度上已成为一种追求利润的商业。作为商业,艺术只要能获利,只要其幽雅平和的功能可以骗人相信艺术依然生存,便会继续存在。表面上繁荣的艺术种类和艺术复制,如同传统歌剧一样,实际上早已衰亡和失去意义。①

这里所说的"衰亡"是就那些具有商品化倾向的艺术而言的。对于高雅艺术来说,它意味着"韵味的没落",即独一无二的本真性消失了。本雅明在《机械复制时代的艺术作品》中表达了这个观点:(1)伴随机械复制技术的运用,艺术的"韵味"在大众艺术的"震惊"中消散了;(2)这种大众艺术有利于艺术的民主化和大众的解放。阿多诺对此进行了修正和批判:"艺术终结论在30年前所具有的那种政治功能在今天已经消失了。"②因为今天的大众艺术受制于经济权力的支配和约束,已经变成欺骗大众的启蒙。艺术已经成为彻头彻尾的商品。通俗、轻松的艺术是为了迎合非专业大众肤浅的艺术需要,但要彻底吸引公众,它又必须依赖那种诱惑的魅力、伪个性化的氛围和所谓生活的品位。在这个意义上,消费就是文化工业的意识形态。

第三,意识形态的欺骗性。其欺骗性在于,它从外部祛除了真理,同时又在内部用谎言把真理重建起来。换言之,它背弃了自由、民主和幸福的允诺,又通过快乐的表象和文化的生产重新塑造了自由、幸福的假象。一方面,它以艺术的名义,把"自由"的时间组织到商品的等价交换原则之中,使大众的休闲变成组织化资本剥削的对象。另一方面,又通过审美的伪升华和欲望满足的实现,遮蔽了生活的苦难和不幸,剥夺了大众的反抗潜能和反思能力,从而有效地整合了社会。正如伯恩斯坦所言:

> 文化工业的效果并不依赖于意识形态的炫耀,依赖于事物真实特征的掩饰,而是依赖于剥离这样的思考——存在可选择的现实替代品。"快乐总意味着不去思考什么,去忘记哪怕正在展示的苦难。"因此,快乐总是远离"最后的抵抗思想";娱乐所允诺的解放是"脱离思想和否定的自由"。这就是文化工业的思考被保留在由碎片构成的理性谱系的原因:工具理性,这种自我保护所驱动的理性,其目的乃是通过被文化工业侵蚀的、虚假的普遍性名义,来使反思保持

---

① 阿多诺:《美学理论》,四川人民出版社1998年版,第32页。
② 阿多诺:《美学理论》,四川人民出版社1998年版,第538页。

沉默。①

一言以蔽之,文化工业以意识形态的欺骗性剥夺了人们乌托邦的想象力和否定批判的潜能。它使启蒙了的世界充满了谎言和算计,充满了伤感和厌倦。生活变成了命运,悲剧变成了威胁。难怪阿多诺会在意识形态所复制出来的生活中,闻到苦难的气息。

通过文化工业批判,阿多诺为我们展示的文化图景是悲观的:在文化工业的操纵下,那种包含人道主义理想的、否定的文化消失了,雅、俗艺术间的差异也在大众艺术"风格化的野蛮主义"中全部消除了,甚至艺术作品内在的张力和冲突也被吸收到单向度的形式之中了。

二、确定性的丧失与反艺术

法西斯主义的迫害和文化工业的操纵,迫使阿多诺反思:这一切何以发生?答案是:同一性的压抑。它源于工具理性的支配和意识形态的权力操纵。站在整体性自由的立场上,这恰恰意味着对自由和"他者"权力的剥夺。在此意义上,艺术的危机就是对艺术批判功能、社会价值和存在权力的剥夺。艺术的确定性丧失了。

这种确定性的丧失主要表现在两个方面。第一,艺术在社会中的地位和功能是不确定的。这是由艺术的双重性——自律性与社会性——决定的。自律性,即艺术日益独立于社会的特性,乃是资产阶级自由意识的一种功能,它继而有赖于一定的社会结构。这种社会结构取决于富有人道的思想和自由、民主的氛围。但工业化的管理世界是缺乏人性的、不自由的。这就使艺术中的绝对自由与社会总体中永久的不自由产生矛盾。这种矛盾引起艺术家的反思:在文化工业的操纵下,艺术还是真理的一种基本和必然的发生方式吗?在奥斯威辛之后,艺术还能继续扮演"和解"的社会功能吗?

第二,传统的美学思想和艺术观念陷入困境。在古典美学时期,除了康德的美学思想以外,其他人的美学观念主要是一种艺术哲学。艺术哲学是从一般的哲学观念出发演绎出艺术概念的相关范畴,然后才结合具体的艺术现象,赋予这些范畴以具体性。这种研究思路存在两个潜在的前提:艺术存在的权力是不言而喻的;只有从普遍的共相出发,如"理念的感性显现",艺术才是可以理解的。现在,这些前提受到了质疑。一方面,今日的美学已陷入困境,艺术一方面与其基本概念背道而驰,但若没有这些概念又无法让人理解。之所以出现这种困境,是因为传统美学观念的一

---

① Bernstein, J. M., ed., *The Culture Industry: Selected Essays on Mass Culture* (London and New York: Routledge, 1991), p.11.

些核心范畴受到现代主义艺术的攻击,变得可疑。另一方面,艺术需要为自身的存在进行辩护:"在奥斯威辛之后,写诗是野蛮的。"① 尽管从政治道德立场来审视艺术存在的权力在理论上很难具有说服力,但在法西斯主义所带来的灾难面前,从犹太人的情感立场出发,它就是合情合理的。

面对人类的灾难和文化工业的操纵,如果一切确定的艺术观念已经消失了,如果商品化的大众艺术仅仅是一种"顺从的艺术",那么今日的美学也就不可避免地成为艺术的挽词。但在绝望中,阿多诺并没有放弃对艺术的希望——颠覆同一性压抑的希望。他避免为艺术写悼词,因为在艺术的阴影中,他看到了一种批判的力量和自由的潜能。对于阿多诺来说,黑格尔的艺术终结论不仅成为美学理论的反思起点,而且成为艺术形式和范式转换的契机。今日艺术属于对抗性的生命阶段,它的生命已经从古典走向现代,从艺术走向"反艺术"。

何为"反艺术"?薛华认为:反艺术是一个表示艺术现象或美学对象变迁的概念,是艺术从否定自身寻求出路,是艺术通过艺术的死亡来苟延生命。因此,它是对艺术危机的反应,是艺术危机向深度的发展。在此意义上,反艺术乃是艺术终结的一种表征。我们可以从形式和内容两个方面加以论证。第一,在艺术形式的历史性转折中,反艺术加剧了艺术的危机感。在晚期资本主义的文化困境中,那些古典的、和谐的、美的艺术观念显得日益虚假。因为它仅仅提供了琐碎的、人为或不真实的意义,来为一个无意义的世界提供补偿。所以真正的艺术转而反对它自身,它向其自身的本质提出挑战,从而增强了蕴涵在艺术家头脑中的不确定感。同时,为了避免被当作纯粹的安慰品来出售,反艺术转而接受不可调和之物的挑战,在对立的契机中把充满张力的形式变为碎片、丑,甚至怪异。因此,新的艺术形式不仅意味着新奇和震惊,而且意味着异化和崩溃。它使人们感到,那些传统的世界观和文艺复兴以来的艺术表现形式已彻底地瓦解了。

第二,在对异化世界的批判中,反艺术使艺术陷入了自我矛盾的状态。一方面,艺术的社会性,主要因为它站在社会的对立面。为了拒绝商品化的生产结构,拒绝与社会秩序之间的同谋,拒绝变为"顺从的艺术",艺术必须凝结成一个自在自为的实体,凭借其存在本身对社会展开批判。在这个意义上,它所奉献给社会的,不是某种可以直接沟通的内容,而是某种间接的否定或抗议。另一方面,艺术的现代性存在于艺术与僵化现实的模仿性关系之中,而不是摆出徒劳抗议的架势。如果艺术作品要想在极端黑暗的条件下求得生存,那么反艺术就必须把异化的现实予以内在化,然后以否定的形式呈现出来。阿多诺有一个形象的比喻:如同黑暗的艺术一样,反艺术的背景颜色是黑色的。或许,在黑暗的背景下,只有黑色的艺术,才能保持对艺术的真诚。从表面上看来,艺术社会性的这两个层面是矛盾的,因为它既坚持站

---

① Adorno, T. W., *Prisms*(Cambridge: The MIT Press, 1986), p. 34.

在社会的对立面,又想把自身同化到异化的现实之中。但按照否定的辩证法,它是合乎逻辑的——艺术只有通过真实地表现这个世界,才能真正地批判这个世界。由于这是一个令人窒息的、不人道的世界,因此,艺术要保持对自身的真诚,就必须首先否定自身,以否定的形式来达到否定异化世界的目的。在这样的艺术作品中,就不可避免地存在两个世界:异化的世界和异化意识的世界。所谓"异化意识"就是一种对异化现象进行自觉地反思和批判的意识。这种异化意识暗示世界的缺陷并呼吁超越这个世界。这是一种乌托邦的否定力量,它给僵化的现实提供了一种不可摧毁的希望。在这个意义上,反艺术以自我否定的形式——对美、和谐和幻想的拒绝,达到了它的目的——挽救他者,颠覆同一性。艺术的这种自我否定的原则乃是一种"非同一性的原则"。这种"非同一性"是对他者的一次补救:"它意在协助非同一性的事物来抵制那统治外部世界的、约束性的同化强制力量。"①

通过表达不可表达之物,反艺术获得了自己的批判形式,一种自我否定的形式。作为一种表现苦难的语言,一种乌托邦的否定力量,反艺术表达了异化世界的真实和意义。在这个意义上,反艺术就是苦难时代可能具有的艺术形式,或许是唯一的艺术形式。

三、意义的危机与表达的危机

反艺术是一种包含对立契机的艺术。它既是对艺术危机的回应,也是艺术危机向深度的发展。艺术的危机一般具有两种表现形式:意义的危机和表达的危机。

意义的危机是对一切意义范畴的有意识的否定,是通过否定意义来表现意义,哪怕这种意义是贫乏和虚无。这种包含否定意义的艺术,使作品具有片段的、诗一样的谜语特质。"谜语特质敦促艺术以内在的方式阐明自身,结果通过表现自身明显缺乏意义而获得意义。"②言下之意,意义的危机已经内在地包含在艺术作品的建构之中。为什么要否定意义呢?因为自从主体的解放摧毁了有意义的世界秩序以来,一切外在所指的对象已经失去了表现的必然性。意义成为主观意志的虚假产物,因为它已经把自己交付给受理性法则支配的管理化世界。这种肯定的意义,恰恰意味着对现实苦难的遗忘,对真实的遮蔽。意义走向了它的反面,成为非理性的形式。今日的反艺术对意义的危机具有清醒的自我意识。无意义的经验成为反艺术的先决条件。在贝克特的戏剧、卡夫卡的小说、勋伯格的音乐中,意义的虚无以缄默的方式得到了夸张的表现。无意义被包含在意义的复合体中,成为异化世界的胶卷底片。事实上,抽象派绘画、法国新小说和席卷欧美的荒诞派戏剧都是"反艺术"

---

① 阿多诺:《美学理论》,四川人民出版社1998年版,第7页。
② 阿多诺:《美学理论》,四川人民出版社1998年版,第222页。

运动的组成部分。在表达意义的虚无方面，"反艺术"意在表达一种真实处境的悲剧性，一种深层的荒诞感。

尽管直面意义的危机和真实的处境是反艺术的认识论前提，但是，它不仅是为了承认"意义的危机"，更是为了彻底地颠覆同一性的压抑。因为艺术既具有自律性，也具有社会性；既是对苦难的表现，也是对苦难的抗议。确切地说，自律的艺术是对人遭到贬低的一种无言的批判，而不是没有恐惧或幻想地接受它。因此，意义的危机不仅揭示了艺术的危机，而且暗示了人的危机、社会的危机。这些危机必须在否定的艺术作品中得到回应和克服。在这个意义上，反艺术对意义的否定与社会条件的否定性是相互一致的。

再看"表达的危机"。表达问题是现代主义或反艺术的一个核心问题。首先，艺术的语言需要克服那些陈腐的、标准化了的语言。

> 在一个不断大众化的社会，有了报纸，语言也就不断标准化，便出现了工业化城市中日常语言的贬值，农民曾经有过很丰富的语言，传统的贵族语言也是很丰富的，而进入了工业化城市以后，语言不再是有机的，活跃而富于生命的，语言也可以成批地生产，就像机器一样，出现了工业化语言。①

要克服这种贬值了的语言，恢复语言早已失去的生命活力，艺术家就不得不创造一种新的语言形式，表达那些日常语言难以表达的问题。换言之，他必须超越所有被社会浸染了的语言，以及那些把我们囚禁在陈腐假定中的观看和言说方式。这样，一种晦涩的、艰深的言说方式就成为一种更好的选择。

其次，表达的危机来源于主体的焦虑。现代主义艺术家常常感到一种无言的焦虑，一种难以言说的痛苦。在异化的世界，一种绝望、孤独、荒谬和恐惧的体验成为现代人心灵中难以摆脱的阴影。无论是蒙克的绘画、卡夫卡的小说，还是贝克特的戏剧，都体现了这种难以表达的痛苦。他们需要表达，需要倾诉，需要一个自由的世界来克服内心的焦虑。但是，无论是工业化的语言，还是过去艺术的语言，都难以表达这种压抑的体验。因此，他们选择了一种反艺术的表达方式。与有机整体的、和谐的、美的艺术相反，它是碎片化的、充满张力的、崇高的艺术。缺乏交流的语言、贫乏破碎的意象、断裂混乱的时序是它外在的表征。在这种充满危机的艺术世界中，人的形式已经被肢解了，人的形象业已死亡。早在1925年，西班牙学者奥尔特加·加塞特就把这种艺术形式生动地命名为"非人化"。"非人化"不仅表示艺术作品中缺乏人的形象，而且表示它所描绘的世界是"非人的"、异化的世界。这个艺术世界剥离了我们熟悉的生活外观，摧毁了我们与现实沟通的桥梁，迫使我们寻找新的沟

---

① 詹姆逊：《后现代主义与文化理论》，陕西师范大学出版社1986年版，第160页。

通方式来理解这个无意义的世界。这是一种陌生的、抽象的形式。在这种形式中，我们能够体味到一种非人间的、浓黑的悲凉，一种令人窒息的理性压抑，一种无所不在的官僚化世界的阴影。在贝克特的作品《等待戈多》中，那种矛盾的缄默、绝望的希望、压抑的等待，浓缩了人生的荒诞和存在的焦虑。在表象的背后，我们隐隐感到世界的不可调和性和无声的心灵控诉。我们可以把这种形式理解为艺术或美学的危机：

> 碎片或部分代替了整体。人们发现新的美学存在于残损的躯干、断离的手臂、原始人的微笑和被方框切割的形象之中，而不在界限明确的整体中。①

但是，它不是无形式或对形式的简单否定，它只是对业已死去的艺术形式的否定。这种形式一方面避免给我们提供慰藉和幻象的世界，另一方面也是获得"审美距离"的手段，而这种距离则是批判得以可能的前提。它是包含幻象的反叛、拒绝整体的断片。在片段的、谜语一样的诗性话语中，我们见证了歧义的力量。它渴望在对抗和震惊中，获得非虚幻的真实性。在这个意义上，唯独艺术的非人性道出了它对人类的诚意。因此，"表达的危机"是一种包含危机的艺术形式，是形式转换的契机，而不是艺术表达的终点。在所谓形式的契机中，它不仅没有取消内容和意义，而且在形式与意义的张力中获得了形式的深度。

因此，无论是意义的危机，还是表达的危机，都不应该仅仅从消极的意义上加以理解。事实上，它们具有两重性。一方面，它们的确暗示了艺术的危机——我们时代的一般情况是不利于艺术发展的，传统的艺术语言和表达方式受到了质疑；另一方面，它们也是对艺术危机的积极回应和批判性的建构——通过意义的否定和形式的危机，反艺术获得了审美的意义和形式的深度。它表达了艺术家对意义和形式的重新思索。借助这种无意义的言说方式，艺术为我们提供了一个批判的、否定的世界。因此，这是一种充满否定和批判力量的艺术。

---

① 丹尼尔·贝尔：《资本主义文化矛盾》，三联书店1989年版，第95页。

母语平等政策的政治经济效益

◎ 徐大明

引 言

语言学在20世纪下半叶取得了长足的进步,以乔姆斯基(Noam Chomsky)为代表的生成语言学引起了对语言习得的重视,提出并验证了人类具有先天的语言习得能力的理论假设。但是,该假设在解释了儿童习得母语的机制的同时,却忽略了对人类语言多样性的解释(徐大明、包联群,2012)。与此同时,由于语言学家的缺位,各国语言政策的确定往往只局限于政治上的考量。因此,现代语言政策的后果是,无数自然语言的濒危和人类语言多样性的大幅度缩减。关于保护和发展语言多样性的论题,笔者曾在别处论及(徐大明,2012a;徐大明、包联群,2012,等)。本文关注的不是语言本身,而是当今社会中不同母语群体的境遇。因此,母语的自然属性可以作为讨论的一个出发点。

三到五岁的儿童一般都可以熟练掌握母语的语音和语法系统,而这些语言结构系统还在让语言学家大伤脑筋;这一事实是先天性语言能力假设的论证基础(Chomsky,1965)。然而,具有共同的语言天赋的人类儿童习得的却是许多各不相同的母语。因此,如果脱离开语言学的抽象世界,语言习得还需要发生在一个个活生生的社区里面。如果再回到抽象的理论层次,语言习得的必要条件至少是两个:一个是脑体发育正常的儿童,一个是母语社区。

上述事实也构成对语言多样性的解释:人类个体出生和成长于不同的言语社区,因此,人类的语言具有多样性。然而,在现代社会当中,具有不同母语的个人和群体面却临着不同的生活道路和不同的社会境遇。

一、兼顾效率和公平的语言政策

在人类历史的某个阶段,人类基本上是单语的。有两个基本事实可以对此提供佐证。一是语言的社区性及其所导致的人类语言的多样性,彼此不通的众多世界语言足以证明它们是单语社会的延续性后果。二是第二语言习得结果与母语习得结果的显著差异,可见人类的进化反应还没有跟上目前多语社会的形成过程。

现代社会是多语社会,但是人体所承载的基因记忆却仍然是单语。这就是为什么世界上没有一个人能学会世界上所有的语言的原因。① 事实上,不仅人类个体还没有具备无限制的多语能力,人类社会也没有发展出面对多语的适当管理机制。目前常见的一个简单的做法是,仍然沿用单语社会的机制,即用单语社区的思维和管理来对待多语社区。

虽然世界上的多语国家日益增多,但是在社区的层次看,单语的惰性仍然是主流状况。由于近几百年来的移民运动,现在越来越难找到一个纯粹的单语社区了;但是,绝大部分社区仍然都是成文或不成文的单语社区。当社区是一个政治单位时,可以有明确的法规,直接或间接地决定社区的单(多)语性质。当社区只是一个言语社区,且未与一个政治单位重合时,社区的单(多)语实践作为一个传统规范同样彰显力量。

在这种单语制主导的社会中,人类的第二语言习得能力被推向极限。当社区的主导语言不是你的母语的时候,作为社区的一个成员,你面对的选择是,或者被社区边缘化,或者习得社区的主导语言。但是,对于许多人来说,第二个选择也可能只是一种主观意愿,限于种种原因,他们无法成功地习得第二语言。

目前比较流行的一项民主原则是"多数统治"(May, 1952),即首先照顾多数人的利益。在决定语言政策时,往往也是这种指导思想。现代国家的语言状况往往是语言规划的产物(埃杰,2012)。而语言规划的一个原则是效率优先(徐大明,2012a)。选择多数人的语言来加以推广,使多语社区拥有通用语;这样做,虽然少数人被迫付出语言学习的成本,对总体来说是经济高效的策略。但也有的国家没有采用国内主体民族的语言来作为通用语,并宣称是为了照顾公平(Xu & Li, 2001)。这样看来,公平和高效似乎一般不能兼得,其实也不尽然。

这里提出的"母语平等"的政策,虽然字面并无新意,但却是一套在现实条件下可行的新方案。许多国家的宪法、法规早已列入"母语平等"的内容,但事实上,世界上任何一个国家都还没有将其落实。因此,"母语平等"往往流于形式,或不过是一个理想而已。但是,我们所说的"母语平等政策"不再仅仅是一个理想,而是一套实施方案,一套尽可能兼顾效率和公平的实施方案。

"兼顾效率和公平"的说法对于政治家和管理者来说也没有新意(徐大明,2012a)。问题是"怎样兼顾效率和公平","效率"在哪里,"公平"和"不公平"又在哪里,以及怎样"兼顾"。语言学家能起的作用恐怕就是界定语言方面的"效率"和"公平",从而引起政府和公众的注意并引发进一步的行动。事实上,目前缺乏"公平"的

---

① 但是人类却可以有相同的思维机制,不同文化背景的人还可以毫不费力地彼此欣赏对方的音乐。

语言政策的一个重要原因就是缺乏对现行政策的"不公平"成分的认识。

语言推广政策和强制性第二语言教育的主要缺点不是人们缺乏自由的选择,而是,对许多人来说,是将宝贵的生命资源用于无收益或低收益的人力资源的投资运作。对个体来说,是人生的浪费,对社会来说,是大规模的浪费。当我们要求一个小学生学习一门外语时,我们想到他可以用这些时间来学习对他更有用的课程吗?也许外语是不可替代的最佳选择(排在数学和语文之后,或与数学、语文并列的最佳选择),但是,我们是否有充分的依据来作出这一判断呢?事实证明,不是所有的学外语的小学生将来都能用到外语。从另外一个角度看,没有机会用到外语的那部分学生是否恰恰是因为没有学好它才断送了"学以致用"的机会呢?我们还可以问,没有学好是否是因为没有教好的原因呢?没有学好和教好,是否是因为根本就没有条件学好和教好呢?显然,在上述每一个层次,都有很多反思和检讨的余地。语言学家和教育学家需要对此提出比较明确的答案,决策者不应该盲目行动。

虽然目前还缺乏准确的定量数据来证明,但是将总数超过英语母语说话人的几亿中国学生投入到英语学习中去显然是个错误的决定。这一决定看来是基于"世界是英语的"或"世界将成为英语的"错误判断。目前的世界并不是英语的,而且,如果因为世界上许多国家都像中国一样大力推行英语,而把世界真的变成了英语的世界,对于母语非英语的世界人口来说,这不会是一件好事。想象一下,各国都使用美元会是什么结果?

"母语平等"的概念应用于各个层次,如果你在国际范围反对"英语帝国主义",那么,你在国内也应该反对"汉语沙文主义"。少数民族面临着学习主体民族语言的额外负担。怎样适当地调节这些负担,尽可能地创造公平竞争的机会,是重要的议题。由于个体之间语言学习条件存在巨大的差异,因此不能以个别少数民族成员第二语言习得的成功案例来作为标准,要求不具备同等条件的其他成员都达到相同的水平。在国家的层次,有必要开展科学的调研,来发现各民族、各地区、各个不同群体习得国家通用语的条件差异,从而进行适当的调整和补偿。

语言习得的必要条件恰恰是问题的关键,因此也将导致关于英语教育和少数民族的通用语教育的不同结果(徐大明,2012b)。语言习得的必要条件是互动,理想的习得结果一般来源于与母语讲话人的互动。因此,让大批没有机会与英语母语人互动的中国学生学英语,自然造成不理想的结果。然而,少数民族习得汉语比起中国学生学习英语具备更好的条件。少数民族与汉语母语人的互动机会较多,因为汉族人口是少数民族人口的十倍之多。同理,少数民族聚居区的汉族讲话人也具备习得当地少数民族语言的良好条件,不去学这种语言而花费时间精力去学一种几乎不可能学会的语言,那就是舍近求远、本末倒置了。然而,出现这种"怪现象"恰恰是"见怪不怪"所导致的。"怪"的根源是,"虽然语言作为交际工具并无优劣之分,但是对语言的社会评价却大不相同"(徐大明,2010)。

语言的社会评价不是依据语言本身,而是对其母语群体的评价。不同母语群体的社会经济地位不同,不是由于其所使用的语言本身的问题,而是由于政治和经济的原因。语言的社会声望一般由其母语群体的政治经济地位来决定。而且,一旦语言被规划,强势母语群体可以将其"自然化",使其语言成为获取政治和经济特权的门槛,从语言方面强化自身的特权地位(Xu & Li, 2001)。

综上所述,各国现行的语言政策还有很大的改进空间;现实性"语言平等"政策有待实施。虽然还有很多层次需要深入,需要首先做的是立场性的决定。尊重语言人权,尊重个体、群体、民族和国家的语言权利;捍卫我们自身的语言权利,保护弱势群体的语言权利,是政策的出发点和落脚点。然而,如果没有可行性,"语言平等"将流于空谈。然而可行性评估是一项科学活动。因此,语言科学的应用和语言教育的成本收益分析成为当务之急。而且,语言的问题远远超出教育。教育是为将来做准备,语言当下就在使用。即使是当前不甚发达的语言科学,也足以证明语言教育不是万能的。人的语言习得能力是有限的,对于大部分人来说,有效率的只是母语的习得。因此,"母语平等"的第一推理就是:非母语的完全习得是特殊现象,不应该作为社会运作的基本模式。因此,现实性的"母语平等政策"包含三个部分:(1) 承认母语人权、母语平等的基本立场;(2) 承认非母语教育的局限性,从而更加审慎地使用之;(3) 开展全方位的社会语言服务,利用比较平等的社会手段来解决社会交际问题。

二、母语平等政策的政治效益

实施上述"母语平等政策"是对政府是否笃信人权和坚持公平原则的一个测试。现行政策对既得利益者有无限的优惠和庇护。舍弃自身利益而维护弱势群体利益是难能可贵的公平正义的体现。然而,不公平的制度总是受到改革的压力;不改革的不公平制度将走向崩溃。语言制度也不例外。

母语平等政策将疏导母语不平等政策带来的政治积怨。在得不到适当的补偿和辅助的时候,被边缘化的母语群体会将语言问题转化为政治冲突,极端的情况是要求政治分裂。

从理论上来看,对于一个政权来说,其辖域人口中部分群体的母语劣势及其带来的社会经济后果,不能认为是该群体自身的缺点和错误,政权有责任采取措施来促进母语平等,对遭受损失的母语群体予以补偿和扶助。长此以往,将有利这些群体对主流社会的认同和融入,避免政治冲突。

语言不仅是一个交流工具,还是重要的文化载体。不同民族的语言都包含着丰富的文化信息,其中许多内容难以通过翻译来尽致表达。此外,语言还是一个认同工具。由于母语习得的条件所限,习得什么母语对于个人来说无法选择;而且,母语习得只有儿童时期的一次机会,一旦习得,无可替代。所以,母语能力被认为是人体的一部分,难以割舍,难以变更,所以具有极强的认同作用。对于民族社区来说,母语是维系文化内聚力的重要手段,是民族性的一个象征。因此,在特定政治条件下,当民族语言的传续受到威胁时,有关人士认为,这是失去了文化传承的平等机会(张海洋,2009)。所以,对于多民族政体来说,民族语言与民族文化,文化传承与民族和谐的关系问题都需要引起重视。

综上所述,推行母语平等政策,不仅是政治文明的新发展,而且是缓解民族矛盾,促进社会和谐和稳定发展的现实途径。

三、母语平等政策的经济效益

如上所述,一些语言受到歧视,不是因为这些语言本身有什么缺陷,而是因为使用这些语言的群体的政治经济地位低下的连带关系。而且,一种语言的社会文化声望在稳定的社会中往往是数代传承维续的结果。但是,历史上也不乏由于社会结构的突变,"新富"、"新贵"的语言和语言特征突变时尚、一步登天的先例。因此,"言随人贵"。革命能让一部分人地位提高,改革也能让一部分人地位提高。改革能让一部分人先富起来。改革能不能让更多的人富起来呢?改革能开拓新的经济领域,改革能否开拓新的语言经济领域呢?

改革能否改变一些母语群体的落后的经济状况呢?如果说这些母语群体处在落后的状况是因为他们缺乏经济资源,那么,我们首先应该帮助他们解决经济资源的问题。我们可以提供援助,我们可以分一些我们有的、他们没有的东西给他们。但是,对于内陆地区来说,他们缺乏海洋资源,我们能分一些海洋给他们吗?海洋是分不过去的,但是海洋资源也还是可以分享,海产品可以运过去,我们海港也可以给他们运送货物,等等。但,这也不必是单向的;他们也可以跟我们分享他们的资源,他们虽然没有海洋,却可能会有山脉或草原,山地资源、草原资源的拥有者可以与海洋资源的拥有者互通有无,这就是贸易。但是,如果这些母语群体一无所有呢?他们没有东西能拿来跟我们交换,是不是就只能等我们施舍了呢?有一项经济资源被忘记了。如果他们除了自身一无所有的话,他们还有他们的母语。他们可以用这一经济资源来交换其他的经济资源。但是,如果没有人愿意要他们的语言呢,人们可能认为他们的语言毫无价值呢?

如果你是一个坚定的母语平等论者,你不会认为有些人的母语没有价值。如果说不同的母语的市场价值有所不同,那么是谁在制定市场规则呢?如果英语在市场上是卖得出去的,而傈僳语是卖不出价的,是什么原因呢?显然不是语言本身的原因。语言是用来获取其他事物的手段。人们不惜重金去学英语,可能是为了移民英语国家,可能是为了到外企工作,可能是为了晋职,可能是为了高考,还可能是为了给高考生补习英语来挣钱？这随便列举的几项足以让傈僳语见拙。但是这些都是必然的吗？其中不包括政策作用吗？

目前很多英语国家对移民都有语言水平的要求，但是没听说去哪里还要通过傈僳语考试的，也没有哪个企业将傈僳语水平测试与工资级别挂钩。晋升副教授，高考，能用傈僳语来替代英语吗？至少这最后一项不是市场决定的，但你能说它没有市场效应吗？十一届六中全会以来，中国各级政府对于少数民族语言文字都在不同程度上给予重视，一些自治区县也开始明确要求工作人员的民族语言水平。立竿见影，有关语言的补习也成了一些该语言的母语人的收入来源。可见，不仅"言随人贵"，还可以"言随人贱"；一旦改变市场规则，还可以"人随言贵"。

目前"英语热"已经足够热。而且，站在可持续发展的立场上看，是"过热"。所以，如果中国政府要想在语言政策上有所改革的话，首先应该把对英语的政策支持和资金投入的一部分或大部分转移到对中国的少数民族语言上来。这有多方面的益处：首先，学习少数民族语言可以免除缺乏与母语人互动的机会的弊病。其次，大批掌握各行各业技能和知识的汉/少双语人才将大大推动少数民族地区的发展并增进民族间的交流和了解。再次，将语言学习的负担双向分担体现了"母语平等"和"民族平等"的思想。

虽然有很多可以检讨的地方，但是，中国的英语教育的确对中国的改革开放做出了不可磨灭的贡献，今后还将继续发挥重要的作用。中国走向世界，包括英语在内的世界上所有的语言都变得日益重要。我们不是要打击外语教育，而是希望提高它的质量。国家外语能力的提升不能采取"人海战术"，更不能靠挤占包括各民族语言在内的母语教育的资源，不能冲击母语教育。另外，从国际经济发展趋势看，我国出口经济所占比例可能会日益降低，内需对经济拉动的作用必须增大。少数民族地区的内需发展空间巨大，但是语言障碍不能不说是地区发展的一个瓶颈。从这个角度看，推动作为第二语言的少数民族语言教育恐怕也是当前经济形势下的一个必要的战略性转移。

语言经济是实现母语平等的现实途径。上文讨论了怎样经济地决定语言教育政策，下面讨论怎样补偿语言教育的不足。语言经济的巨大空间将由新的语言服务和语言产业填补。由承认人类的第二语言缺陷开始，从而发展补偿性的语言服务，是我们走出"母语不平等"困境的经济路线。当我们发现人类不会飞的时候，我们不是研发怎样让人类长出翅膀，而是研发飞行器。我们现在需要的是语言的"飞行器"。语言的"飞行器"将促生语言的"航空业"。航空业的经济价值毋庸置疑。依赖飞行器和航空业，人们现在可以走到世界的各个角落；但是常常却无法与当地人交谈。21世纪带来了全球性人际互动的机会，却落败于语言科技的功亏一篑。

计算语言学和自然语言处理已经取得长足的发展，但是可应用的成果还是很少，恐怕与缺乏相应的应用语言学领域相关。作为基础研究，科学家们的主要兴趣是一个能全面替代正常讲话人的机器人,而对一个只能辅助正常讲话人的机器人不感兴趣。而人类的当务之急,却不是让机器人智取生物人,不是移居月球,不是钻透海底,而是相互了解和宽容,免受战争、饥荒和瘟疫之苦。我们的科技,要造福于民;在发展中国家,尤其要面向民生。

一个小小的电子词典,一段多语报站录音,这些可为数万民众带来生活便利的"低科技"的产品和服务远远没有普及。在生产领域,利用简单的语言技术就可以降低劳动强度或改进工作效率的工艺往往不被考虑。由于千百年的单语意识和语言无意识,人们认为,"语言不通"、"交流不畅"是个别人的事,也是社会层面上的个别现象;至多也只是生活领域的事,不是生产的事。当语言冲突出来时,可能会认为语言关乎政治,而似乎从来不会与经济相关(徐大明,2013)。

语言是经济。语言有经济价值(宁继鸣,2008;刘国辉、张卫国,2009;李现乐,2010;黄少安、苏剑、张卫国,2012;李宇明,2012,等)。语言可以开发成为产品,进入市场,进入消费领域。语言是生产力;在生产过程中,语言可以是生产资料,也可以是生产工具,还可以是人力资本的一部分。员工的语言能力直接关系到企业的成本和收益(徐大明,2012b)。根据经济学家的统计,瑞士2008年国内生产总值的十分之一来源于在工作场合中多种语言的使用(Grin et al., 2010)。而这种多语工作的基础恰恰是建立在以"母语平等"为理念的瑞士联邦的语言政策基础之上。

有了"母语平等"的原则,才会有面对各种不同母语群体的社会语言服务。有了比较均衡的社会语言服务标准,才会催生更多的语言产品,更多的语言产业,并带动就业市场。上文提到,第二语言习得是一种比较特殊的才能,具备这种特殊才能的人士在一个正常人口中只占一个很小的比例。因此,发现这些人才并培养他们成为语言服务的专业人才,将是一举两得的事。一是能提高语言服务质量,使其达到专业化水平;二是提高了这些人的收入,因为他们从事专业性的工作,可以创造较高的价值。此外,开展面对多种不同母语群体的语言服务为掌握这些语言的人提供了就业机会,改善了过去不同母语人就业机会不均等的状况。

结　论

母语平等的语言政策是在尊重语言人权的基础上确立的兼顾效率和公平的社会政策。该政策是对效率优先的语言推广政策的改进,对于改善少数民族群体和方言群体的社会语言环境具有重要的现实意义。母语平等政策不仅包含确认不同母语群体具有平等的政治地位的内容,也包括审慎的第二语言教育的政策考量,还包括面向全社会的多样化的语言服务政策。母语平等政策的实施,一方面将带来社会和谐和政治进步的效果;另一方面也催生语言产业和语言经济,改善民生,扩大就业。

参考文献

[1] 埃杰,丹尼斯.语言规划与语言政策的驱动过程[M].吴志杰,译.北京:外语教学与研究出版社,2012.

[2] 黄少安,苏剑,张卫国.语言经济学与中国的语言产业战略[N].光明日报,2012-03-02.

[3] 李现乐.语言资源与语言经济[J].经济问题,2010(9).

[4] 李宇明.认识语言的经济学属性[J].语言文字应用,2012(3).

[5] 刘国辉,张卫国.语言经济学在中国的发展——2009(首届)中国语言经济学论坛综述[J].制度经济学研究,2010(1).

[6] 宁继鸣.语言国际推广:全球公共产品的国家公共产品的二重性[J].文史哲,2008(3).

[7] 徐大明.社会语言学实验教程[M].北京:北京大学出版社,2010.

[8] 徐大明.试论宽松的语言政策[M].李向玉.澳门语言文化研究.澳门理工学院,2012.

[9] 徐大明."多语共存、和而不同"的中国语言战略——澳门语言研究的启示及澳门语言建设的展望[M].徐杰,周荐.澳门语言研究三十年——程祥徽教授澳门从研从教三十周年文集.澳门大学,2012.

[10] 徐大明.语言能力、语言意识与语言素质[M].李向玉.澳门语言文化研究.澳门理工学院,2013.

[11] 徐大明,包联群.语言的多样性与语言规划[M].原圣.语言政策史的国际比较研究.日本女子美术大学,2012.

[12] 张海洋.扶颠持危——羌族文化灾后重建省思[M].北京:中央民族大学出版社,2009.

[13] Chomsky N.. Aspects of the theory of syntax[M]. Cambridge:MA MIT Press,1965.

[14] Grin, Francois, Claudio Sfreddo & Francois Vaillancourt. The Economics of the Multilingual Workplace[M]. Routledge,2010.

[15] May, Kenneth. A Set of Independent Necessary and Sufficient Conditions for Simple Majority Decisions[J]. Econometrica, 1952, Vol. 20, Issue 4.

[16] Xu, Daming & Li Wei. Managing Multilingualism in Singapore[M]. in Li Wei, Jean-Marc Dewaele, Alex Housen (eds.). Opportunities and Challenges of Bilingualism. Mouton de Gruyter,2001.

通泰方言韵母研究①
——共时分布及历时溯源

◎ 顾 黔

引 言

汉语方言自古就有南北之分。对此,古人很早即有明确的认识。南北朝颜之推《颜氏家训·音辞篇》:"南方水土和柔,其音清举而切诣,失在浮浅,其辞多鄙俗。北方山川深厚,其音沉浊而钝钝,得其质直,其辞多古语。"隋陆法言著名的《切韵·序》:"江东取韵,与河北复殊。因论南北是非,古今通塞。"唐陆德明《经典释文·叙录》:"方言差异,固自不同,河北江南最为巨异。"今江淮方言是北方方言与中国东南部复杂方言群的过渡地带,其东翼通泰方言位于江淮方言与吴语的交汇处,方言性质介于二者之间,语言现象十分复杂,具有很高的学术研究价值,但长期以来未受到学界的足够重视;近年来虽有几篇开创性的专题论文(鲁国尧,1988;鲍明炜,1993)发表,但仍有大量空白亟待填补。

与声母系统接近北方话不同,通泰方言的韵母系统很接近南方诸方言,尤其是北部吴语,保留入声,但无-p、-t、-k 的对立,萎缩成一个喉塞尾-ʔ;单元音多、鼻化韵丰富;前后鼻音不分,"陈程"、"金京"分别为同音字;古阴声韵与阳声韵部分重合,如泰州口语中的眉=棉花=$_c$mī;所谓"支微入鱼"现象普遍存在,且数量颇多;咸山两摄韵母的今读分为三类;古流摄发生特殊演变。

通泰方言区东濒黄海,南临长江,包括南通、如东、如皋、泰兴、海安、东台、大丰、兴化、泰县、泰州十市县,南通、泰州为这一地区最重要的城市,又是东西两极,故名"通泰"。另有靖江(北部)、江都(东部)、通州(西部)少数乡镇属之,亦在本文讨论之列。

---

① 本文是我在美国柏克莱加州大学赵元任语言学研究中心做访问学者时所写论文,曾在 1995 年弗吉尼亚第二十八届国际汉藏大会上宣读。在写作过程中,得到业师鲁国尧、鲍明炜老师的悉心指导。此外,王均、丁邦新、张洪年、W. South Coblin、张光宇、Richard Van Ness Simmons、陈庆延、Zev Handel、严修、李永明、Laurent Sagart 诸位先生也提出了许多宝贵的修改意见。对他们的指导和帮助,以及赵元任中心提供的资助和工作条件,谨表示衷心感谢。

一、阴声韵

中古音果假遇蟹止效流七摄，按其在通泰方言中的亲疏关系，可分为三组考察。第一组，效摄、假摄，此二摄相对稳定，与其他韵摄绝少牵涉。第二组，果遇流摄。第三组，蟹止摄。我们的旨趣主要在后两组，因为它们的演化颇为复杂，一些难得的线索和资料在汉语方言史研究方面具有一定价值。

第一组，效摄、假摄。

效摄是十六摄中最稳定者，它在通泰区一直走独立发展的道路，与其他韵摄毫不相干，除南通外，从东到西主要元音的音值皆相仿佛。见表1。表中所列除特别说明外，均指各市县城关话，下文同此。

表 1

南通	如皋	如东	泰兴	海安	东台	兴化	大丰	泰县	泰州
ɤ	ɔ								

假摄早在12世纪以前，北方话已分化成两类韵母。成于绍兴三十二年（1162年）的毛晃《增修互注礼部韵略》于微韵后加案语："所谓一韵当析为二者，如麻韵自'奢'以下，马韵自'写'以下，祃韵自'藉'以下，皆当别为一韵。"《中原音韵》径立家麻与车遮（三等）两部，至现代则更进一步，分为三类，如北京 a（麻），ɤ（车），ie（斜）。中国东南广大地区至今有不少方言尚未分化，保持一类韵母，与《切韵》完全吻合，如客赣闽等。通泰区存在文白异读现象，白读系统与南方一致，仍保持一类韵母，文读则出现第二类韵母"车遮"（源于麻三）。

显而易见，保持一类韵母是通泰方言区的固有形式，"车遮"是一个新生的成分，由北方强势方言的渗透造成。不过新生的"车遮"并未取得独立地位，在通泰方言的绝大部分地区，它跟方音系统中原有的"皆来"韵主元音相同，见表2。表中及下文所述北京、南昌、梅县、双峰、厦门等材料引自北京大学中文系《汉语方音字汇》（1989），江苏吴语引自《江苏省和上海市方言概况》和叶祥苓《苏州方言志》（1988），通泰方言则由笔者本人调查所得。近几年来，笔者曾多次赴南通、如东、如皋、泰兴、海安、大丰等地作实地调查。

表 2

中原音韵 现代方言	家麻韵 马查	车遮韵 蛇夜	皆来韵 台排	中原音韵 现代方言	家麻韵 马查	车遮韵 蛇夜	皆来韵 台排
北京	a	ɤ ie	ai	泰兴	ɑ	ɑ iɑ	ɛ
南京	ɑ	ɛ iē	ɛ	如皋	ɑ	ɑ iɑ	ɛ

续表

中原音韵\现代方言	家麻韵马查	车遮韵蛇夜	皆来韵台排	中原音韵\现代方言	家麻韵马查	车遮韵蛇夜	皆来韵台排
扬州	ɑ	iɪ	ɛ	南通	o	o iɑ	a
泰州	ɑ	a ɛ(新) iɑ(白)	ɛ	苏州	o	o iɑ	E ɑ
大丰	ɑ	a ie(新) iɑ(白)	e	南昌	a	a ia	ai
东台	a	a ie(新) iɑ(白)	e	梅县	a	a ia	ɔi ai

从表中看出，强势方言由北向南渗透的范围和程度呈递减态势。大致可分为三个层次：

（1）从北方至南京、扬州一线，中古麻韵分为"家麻"与"车遮"两部，二等为"家麻"，三等为"车遮"。

（2）大江岸边的通泰方言区及北部吴语区文白并存。但地域的分布及竞争的强弱仍有差异。西部的市县如泰州，文读占优势；东部的市县如南通，白读占优势。有些三等韵字在泰州泰县只有书面语音一读，中部的如皋、泰兴书面音与口语音兼具，到东边的南通、苏州则只有口语一音了。

（3）远离长江的南方方言如赣客，"车遮"的影响尚未渗入该方言系统，只有一类韵母。

可以预料，随着向普通话靠拢的趋势进一步加强，至少在通泰方言区，原部分假摄开口三等的"家麻"终将被"车遮"取而代之。其竞争方式以适应原有方言语音系统为原则，作某些自我调节，尽可能地与强势方言相似。

第二组，果遇流摄。

之所以将此三摄归在一组讨论，是因为它们在今通泰方言中关系非常密切，彼此之间既有合并又有分化。此外，在通泰区的东部及中部，流摄一等及三等泥组，知照系变入蟹止摄的齐微韵。不过从总体上看，流摄与果遇的关系比跟蟹止更为紧密，因此，将该摄划入第二组而不是第三组比较合宜。见表3。

表3

韵例\地点	果摄		遇摄			流摄		蟹止摄	
	一等歌	三等瘸	土	举	模奴	富	楼	九	灰	危
苏州	əu		əu	y	o əu	u	ɤ	iy	uE	uE
南通	ɑ	iɑ/yɑ	u	yʅ	ɯ	u	e	y	ue	ue

续表

地点＼韵例	果摄 一等歌	果摄 三等瘸	遇摄 土	遇摄 举	遇摄 模奴	流摄 富	流摄 楼	流摄 九	蟹止摄 灰	蟹止摄 危
如东	əɯ	yɑ	u	y	ɷ	u	ei	iəɯ	uei	uei
如皋	əɯ	yɑ	u	y	əɯ	u	ei	iəɯ	uei	uei
泰兴	ɤɯ	yɑ	u	y	ɤɯ	u	ie	iɤi	ieɯ	ieɯ
海安	ɷ	yɑ	u	y	ɷ	u	ie	iəɯ	ieɯ	ieɯ
东台	o	yɑ	u	y	o	u	ou	iou	uei	uei
大丰	o	yɑ	u	y	o	u	ɤɯ	iɤi	ieɯ	ieɯ
兴化	o	uɑ	u	y	o	u	ɤ	iɤ	uei	uei
泰县	o	yɑ	u	y	o	u	ɤɯ	iɤɯ	ieɯ	ieɯ
泰州	u ɤɯ	yɑ	u	y	u	u	ɤɯ	iɤɯ	ieɯ	ieɯ

"表三"显示,果摄一等自为一类,三等则混入假摄,各点比较一致。茄-iɑ/-uɑ,瘸-iɑ/-uɑ/-yɑ,靴-uɑ/-yɑ,肶-yɑ。北京话这批字读-ie/-ye。遇摄一般为-u、-y。但明泥二母字除"女"字而外,全部混入相应果摄,这是全区统一的特点,如"模暮墓募慕奴怒努"。北部吴语亦有此种演变,所异者只是范围有所扩大,除唇音字外,几及所有声母。如苏州端系"赌土杜奴芦租醋苏"、庄组"初锄疏",见系"古苦悟呼户乌"等。流摄情况最为纷歧,除与效、假二摄无涉,与其他阴声韵均有牵连。唇音字部分与遇摄合流,部分与果摄合流。"富负妇阜副"、"母亩"等同于遇摄,是汉语许多方言的共同演变,读-u,时代也较久远,早期韵文多有记录,唐代张说《赛江文》叶"土主雨亩庚祜浦"(《全唐文》卷二三三,中华书局影印本,下同),王勃《益州德阳县善寂寺碑》叶"母矩土柞"(《全唐文》卷一八三),到《中原音韵》已入鱼模韵,至于后代更不待说。

通泰方言区同于上述归并者只有"富负妇阜副"等,另有部分唇音字,如"母亩"等,则与果摄合流。这是此区的共同演变,吴语的西北部亦有所反映,见表4。

表4

例字＼地点	无锡	常州	南通	如皋	泰兴	泰州	东台
母(流)	mɤɯ	mɤɯ	mo	məɯ	mɤɯ	mū	mo
歌(果)	kɤɯ	kɤɯ	kɷ	kəɯ	kɤɯ	ku	mo

在通泰方言的中部腹地泰兴、如皋一带,流摄不是被甲摄吸收,就是被乙摄接纳,根本就不曾独立存在过!纵观流摄与其他韵摄的关系,可分为四种类型。

1. 东部南通类型。流摄唇音参与了通泰区的共同演变;一等及三等知照系混入蟹止摄的灰微韵,因而楼、抽、灰、微均为-e;三等端系、见系自成独立的韵类-y。

2. 中部如皋、如东、海安及泰兴类型。这是通泰方言区的中心地区,古流摄于此地进一步被蟹止摄和果摄瓜分,直至消亡,不存在独立的韵类。但是瓜分的势力范围又有所不同。如皋、如东、海安是在南通类型的基础上,蟹止摄灰微韵将剩下的三等泥来母字吸收进去,果摄将三等精组及见系全部接纳,古流摄不复存在。

泰兴的果摄更具吸引力,与如皋等地相比,它接纳了更多的古流摄字。在如皋等地已属蟹止韵的三等知系字,在泰兴则归果摄,这样三等只有泥组属于蟹止摄,《切韵》流摄被瓜分完毕。因而,愁＝囚＝求＝绸＝仇＝ cʰtɕiɤɯ,修＝搜＝收＝休＝ cɕiɤɯ。

第一类型与第二类型的差异,主要在于是否具有独立存在的流摄韵类,南通有而第二类型的如皋泰兴等地无。但此二种类型有一个令人瞩目的相同点:《切韵》流摄与蟹止摄部分重合,具体范围是流摄除唇音而外的一等,蟹止摄灰微韵(相当于北京话的-ei,-uei 韵)。这现象不是孤立地存在于通泰方言区,而是与苏南吴语常州、无锡等地连成一片,且与老湘语双峰话遥遥相对。第二类型的泥组也归入蟹止摄,见表 5。

表 5

地点 \ 韵例	流摄		蟹止摄	
	走 狗	纽 柳	灰 危	
泰兴	ctsəi ckəi	cnəi cləi	cxuɤi cɤi	
如皋	ctsei ckei	cnei clei	cxuei cuei	
如东	ctsei ckei	cnei clei	cxuei cuei	
海安	ctsəi ckəi	cnəi cləi	cxuəi cəi	
南通	ctse cke	cny cly	cxue cue	
双峰	ctse cke	cniu cliu	cxue cui	

这个现象说明了什么? 给我们什么启示? 由于所谓"支微入鱼"、咸山摄三四等的韵母形式偏前偏高的范围与此相当,留待下文"阴声韵·蟹止摄"及"阳声韵·咸山摄"一并讨论。

3. 西部东台、大丰、兴化、泰县类型。这一类型除流摄唇音、遇摄明泥二母字参与了通泰区的共同演变,即"富"等归遇摄,"模奴"等归果摄,流果遇与蟹止摄各各分开,牵连不多。

4. 西部泰州类型。流摄与蟹止摄了无瓜葛,这一点与第三类型相同。此一类型与前三种类型的本质区别在于:果摄有文白异读。白读与遇摄合流,因此"婆葡"、"朵赌"、"罗奴"、"可苦"、"鹅无"分别为同音字,读-u。这是泰州方言的固有形式,现在仍为主流,所有《切韵》果摄字都白读-u音一读。也就是说,早期泰州方言的音韵系统中,没有果摄的地位,《切韵》果摄只是遇摄的一个组成部分。

泰州果摄部分字的文读同于流摄,但为数极少,只有"歌哥个可"四字。如此,则"哥歌勾"、"个够"、"可口"分别为同音字。"可"字在口语中与"苦"同音,在书面语中与"口"同音,外地人辨别泰州人所说的"可口"、"苦口"、"可苦",十分困难。即便交际双方都是地道的泰州人,听到"ᶜkʰuᶜkʰɤɯ"一词,也要借助语境,才能弄清到底是"可口"还是"苦口"。

因此,《切韵》的果摄在泰州方言的历史上从来就未获得独立地位,早期合于遇摄。现在的文读有部分字如"歌"等从中分化出来,但并没有"独立"成为新的音韵成分而是归入流摄。

第三组,蟹止摄及"支微入鱼"。

蟹止摄在通泰方言中主要有如下韵类,见表6。

表 6

	南通	如皋	泰兴	东台	泰州	例字
蟹开一	a	ɛ	ɛ	e	ɛ	来
蟹开二	a	iɛ	iɛ	ie	iɛ	界
蟹合二	ua	uɛ	uɛ	ue	uɛ	乖
止开三	i/ɿ	i/ɿ	i/ɿ	i/ɿ	i/ɿ	气/此
蟹开三、四	iɿ	i	i	i	i	齐
蟹合一	e	ei	əi	ei	əi	杯
蟹合三、四	ue/ye	uei/y	uəi	uei/y	uəi/y	桂/脆
止合三	ue/yɿ	uei/y	uəi	uei/y	uəi	微/嘴
止开日母	ɚ	ɚ	ɚ	ɑ	ə、ɚ	而

除此之外,蟹摄开口二等佳韵的"佳涯"等字读入麻韵,在汉语方言中普遍存在,通泰区当然也不例外。这项音变起始的时代很早,唐代即不乏其例,寒山《世间》叶"嗏楂涯花家"(《全唐诗》中华书局1960),敦煌曲子词《临江仙》第一首叶"涯差霞"(张金泉《敦煌曲子词用韵考》,《音韵学研究》1986年第2期),此不赘述。

从表六可见,蟹开口一二等、合口二等为一类,与中原音韵的皆来韵相当。其间经历了由"i音变"引起的一系列变化,《切韵》哈海泰从南北朝时的ɐi变为隋唐五代的ɑi,直至近现代的ai(王力《汉语语音史》,山东教育出版社1987年版)。在通泰区ai变为ɛi,再由于单音化,使ɛi变为ɛ、e,ai变为a。

需要特别指出的是,蟹摄开口一等精组字,在泰兴市境内的大部地区,包括城关,读作细音,如表7。不只蟹摄,山摄开口一等亦有同样的演变,见表8。

表 7

	平声咍	上声海	去声代泰
精	灾栽 ₌tɕiɛ	宰 ᶜtɕiɛ	再 tɕiɛᶜ
清	猜 ₌tɕʰiɛ	彩 ᶜtɕʰiɛ	菜蔡 tɕʰiɛᶜ
从	才栽 ₌tɕʰiɛ	在 ᶜtɕʰiɛ	
心	腮 ₌ɕiɛ		赛 ɕiɛᶜ

表 8

古声母	精	清	从	心
例 字	赞	餐 灿 擦	残	珊 散 萨
今 读	tɕiɛ̄ᶜ	₌tɕʰiɛ̄ tɕʰiɛ̄ᶜ ₌tɕʰiɛʔ₀	₌tɕʰiɛ̄	₌ɕiɛ̄ ɕiɛ̄ᶜ ɕiæʔ₀

泰兴一等读细音,恰如山西汾阳"看"读 ki,这个现象有待于进一步研究。或许,泰兴经历了这样的音变:(一) ai→e/ɛ/ᴇ →ie/iɛ;(二) ts→tɕ。

通泰区蟹摄合口一、三、四等,止摄合口三等为一类,与中原音韵"齐微"之"微"相当,我们暂称之为"灰微"韵,此韵在本地区白读与鱼韵-y重合。在吴语,止摄合口三等的这种演变即所谓"支微入鱼",如苏州"鬼龟贵"等文读-uᴇ,白读-y。

江淮之间,特别是通泰地区,至迟在六朝时仍为吴语天下,与今之北部吴语连成一片。由于历次北人南下,官话势力一步步侵夺,吴语得之南隅侵入福建闽语区的同时,失之北隅。但早期吴语"支微入鱼"现象却未受冲击,在通泰区保存完好,不但地域上分布广阔,而且数量大,来源不只止摄合口,还有外加蟹摄合口三四等部分字。通泰蟹摄的这批字亦混迹"支微",一同入"鱼"。据叶祥苓报告(1988),苏州方言有"支微"的"鬼亏龟跪柜围～ₘ贵馗馃膹"等九字白读入鱼,通泰区远远大于这个数目,列举如次:

南通　嘴　畏
如东　嘴　虑　滤　穗
如皋　堆　对　推　腿　退　内　泪　雷　累　垒　嘴　醉　随　脆　翠
　　　尿　碎　岁　隧　粹　围～腰儿　喂　荽
海安　嘴　堆　醉　对　推　崔　催　腿　退　脆　尿　虽　岁　税　碎
　　　隧　雷　喂　虑　滤　穗　荽
东台　累　雷　泪　类　堆　锥　追　嘴　对　最　队　坠　吹　推　摧
　　　崔　催　罪　锤　搋　随　腿　退　脆　翠　尿　虽　穗　荽　水
　　　税　岁　碎　睡
大丰　退　类　虑　滤　堆　嘴　对　推　腿　睡　随　水　岁　税　荽
兴化　虑　滤　虽　荽　绥　遂

泰县	堆	对	队	推	腿	退	雷	内	累	类	泪	追	锥	堆	嘴
	罪	最	缀	醉	坠	队	催	崔	吹	炊	随	槌	锤	脆	翠
	虽	尿	垂	谁	水	碎	岁	税	睡	遂	隧	穗			
泰州	堆	对	兑	推	腿	退	褪	雷	虑	滤	嘴	醉	催	罪	穗
	脆	虽	尿	水	碎	岁									

上文所列下加短横线者表示白读，其文读仍在支微，并未入鱼。因之，江淮、吴、闽在"支微入鱼"上连成了一片。在这一片地区西邻的徽语，又是如何呢？1991年笔者赴徽州地区调查所得，徽语亦有这种演变，如休宁方言"嘴累髓吹炊垂瑞跪垒泪虽绥醉翠粹隧穗追槌锥水谁柜"都已入鱼。其归并方式与吴语完全一致，只有"支微"入"鱼"，蟹摄与此无涉。

远在西部的湖南双峰方言，"支微"亦入"鱼"，具体有"类累泪嘴醉脆翠虽随隋髓岁穗遂赘吹炊垂锤水税睡蕊瑞柜围纬喂"。如此，则江淮、吴、徽、老湘在这一特征上形成了一个方言板块，这种地理邻接性（geographical proximity）呈现出来的演变类型的一致性，是这几种方言在历史上关系密切的明显标志，虽经几千年的变迁，其藕断丝连的情景，赫然可辨。这与咸山两摄三、四等合流并由阳声韵演化成高元音的鼻化韵一样，从不同的侧面说明了同一个问题。详见下文"阳声韵·咸山摄"的讨论。

二、阳声韵、入声韵

通泰方言辅音韵尾的弱化程度颇深。阳声韵变鼻化韵，因而鼻化韵很丰富，有的甚至与阴声韵合流。入声无-p、-t、-k的对立，合三为一，变喉塞音-ʔ，而喉塞成分有消减趋势。在语流中，一些入声字变阴声，并且不是杂乱无章，而是呈规律性的一系列演变（限于篇幅，俟之他篇，我们有《通泰方言的声调及其历史演变研究》一文）。

与《切韵》音系相比，此区的音韵结构已大大简化，大体情况是：咸山合并，深臻曾梗合流，宕江合流，通独立。阳声韵与入声韵两两相配，一般地说，有一个阳声韵类（含鼻化韵类）就有一个音值相同或相近的入声韵与之相对，试以如皋、兴化两市为例：

如皋市

ē	板单山限	iē	监限彦	uē	闩关环赚		
eʔ	鸭八答杂	ieʔ	甲峡	ueʔ	括刷唖		
		ī	占缠闪腌	ū	端乱半官	yū	捐犬宣元
		iʔ	铁哲接鳖	uʔ	拨拙喝掇	yuʔ	决缺雪月

əŋ	奔等根论	iəŋ	辛兵令因	uəŋ	孙准昆昏	yəŋ	云君军循
əʔ	不格得	iəʔ	滴急益	uəʔ	骨忽出	yəʔ	屈率橘
ā	缸当唱肮	iā	强粮想央	uā	光床霜黄		
aʔ	拓恶角洛	iaʔ	脚略嚼约	uaʔ	桌郭霍戳		
oŋ	梦风空翁	ioŋ	兄容炯穷				
oʔ	北木独竹	ioʔ	菊曲蓄玉				

兴化市

ɛ̄	班旦	iɛ̄	奸闲	uɛ	关闩		
æʔ	发杂	iæʔ	甲侠	uæʔ	刷挖		
		ī	贬丁	ū	端潘	yū	捐宣
		iʔ	力笔	uʔ	拙说	yuʔ	屑月
ən	深曾	in	今兴	uən	问裙	yən	去永
əʔ	执色	iəʔ	急赤	uəʔ	骨物	yəʔ	域八
aŋ	方帮	iaŋ	香娘	uaŋ	狂黄		
aʔ	博壳	iaʔ	脚学	uaʔ	桌扩		
oŋ	钟东	ioŋ	用兄				
oʔ	肉六	ioʔ	曲菊				

正因如此,我们将阳声韵与入声韵一并讨论,行文中有时举阳声尾(包括鼻化)以赅入声尾。

宕江合流演化为江阳韵,通摄发展为东钟韵,《中原音韵》业已如此,通泰方言区此三摄比较稳定。江阳韵南通为 ō,其余市县非 ā 即 ɑŋ(aŋ),以 ɑŋ 者居多,东钟韵南通为 ʌŋ,余者均为 oŋ。通摄吸收了一些其他韵摄的字,如曾梗摄的部分唇音字,但通摄未有变入其他韵摄者,全部归入东钟。为篇幅所限,我们主要讨论两组比较复杂的韵摄:(一) 深臻曾梗,(二) 咸山。宕江通根据需要顺带论及。

第一组,深臻曾梗。通泰区此四摄合流,因此有所谓"前后鼻音不分",见表 9。

客家话、粤语等仍有-m /-p、-n/-t、-ŋ/-k 三对韵尾,与《切韵》一致。北京话-m 尾消失,入派三声,但仍有-n、-ŋ 对立。只有长江沿岸的通泰乃至整个江淮之间、吴语、西南官话等演化得最快。

表 9

地点\韵例	深 沉/十	臻 陈/实	曾 层/食	梗 程/石
北京	ən/ʅ	ən/ʅ	əŋ/ʅ	əŋ/ʅ
南通	ɛ̃/ɜʔ	ɛ̃/ɜʔ	ɛ̃/ɜ	ɛ̃/ɜʔ
如皋	əŋ/əʔ	əŋ/əʔ	əŋ/əʔ	əŋ/əʔ
泰兴	əŋ/əʔ	əŋ/əʔ	əŋ/əʔ	əŋ/əʔ
大丰	əŋ/əʔ	əŋ/əʔ	əŋ/əʔ	əŋ/əʔ
泰州	əŋ/əʔ	əŋ/əʔ	əŋ/əʔ	əŋ/əʔ
梅县	əm/mə	ən/tə	ɜn/tə	ə̱n.aŋ/ak
广州	ɐm/ɐp	ɐn/ɐk	ɐŋ/ɪk	ɪŋ/ɜk

《切韵》曾梗一二等唇音及牙喉音合口字、三四等牙喉音合口字,《中原音韵》有的归入东钟,有的归入庚青,同时又有"崩烹鹏萌蝱艋孟轰横"等字在两韵重出,这是周德清归纳曲韵的结果。说明宋元时期曾梗部分唇牙喉音字归入通摄已很普通。作家所自地区的不同、音韵学修养的不同、用韵态度的不同……都会造成一字两见,周德清作为集大成者,只有采取两韵并收的方法。《中原音韵》的这些重出字通泰方言悉数归入东钟。

第二组,咸山摄。此二摄北方话一般均已合流,今只有一类韵母(不计介音),有二类者很少见,如山西永济方言按今声调的不同分读两组韵母,今读阴平、阳平、上声者为一类,今读去声者为一类(吴建生、李改样《永济方言咸山两摄韵母的分化》,《方言》1989 年第 2 期)。通泰方言分为三类,吴语、赣语虽亦分三类,但一些字的来历稍有不同,见下:

盐城	æ	班办三万	ō	婆贸潘暮	ī	梅棉车边
泰州	ɛ	反蛮贪万	ū	南磨半官	iī	背连杯天
泰县	ɛ	班办眼坦	ō	满乱官算	iī	边绵天占
兴化	ɛ	班颜反咸	ū	端官专管	iī	烟边兵平
大丰	ɛ	班反但蛮	ō	官端川团	iī	边面天电
东台	ɛ	班反旦三	ō	半端官乱	iī	边见占天
海安	ɛ	板蛋三反	ɔ̃	半端官团	iī	边见天占
泰兴	ɛ	难兰万班	ō	官半专团	iī	年边尖烟
如皋	ē	板单山办	ū	端乱半官	iī	田边点嫌

如东	ɛ̄	班办反三	ū	端半专潘	iĪ	棉田天连
南通	ā	班三喊办	ū	半欢端川	ī	变见天绵
苏州	E	丹难追	ø	贪寒看暗	iĪ	念天店也
南昌	an	南山炭减	ɔn	贪甘川酸	iɛn	尖根见谦

《切韵》咸山两摄在通泰区的演变是比较整齐的，有规律、成系统的。一般是一等归桓欢（开口一等端系除外，它们归入寒山），二等归寒山，三四等合流归先天，未见变入他摄者（相应的入声与之相配对），但有其他韵摄的字变入此三部，当然，两摄合并变成三类的音韵结构未被打破。兴化市有曾梗臻深的部分字如"丁、怜"等混入先天。泰州则有阴声韵字鼻化后混入桓欢和先天，这样阴声韵与阳声韵有了交叉关系，北邻的属于扬肥方言的盐城市，这个音变尤其普遍。这与吴语阳声韵脱落韵尾或变成鼻化成分而与阴声韵合流有所区别，音变方式不同。

泰州方言阴声韵混入先天者主要是蟹止摄唇音：杯贝蔽闭梅眉辈背悲倍每佩卑等。盐城方言则有除效摄而外的其余六个阴声韵摄，与咸山摄有涉，分别变入先天部ī和桓欢部ō。变入先天ī者有三个来源。① 蟹摄：杯辈背倍贝培陪赔裴佩沛梅枚媒煤迷每妹昧堆对队兑推腿退内雷锐。② 假摄：遮车扯奢蛇佘舍~不得射社赦姐借且些邪写泻谢爷野冶夜。③ 止摄：卑碑悲被避备弥糜眉靡楣媚美鲤累垒类泪。变入桓欢ō亦有三个来源。① 果摄：波菠坡颇婆破魔磨多朵躲驼剁拖驼罗锣箩骡螺裸座坐搓梭哥歌戈锅果过科棵颗可河课祸何和禾火贺货鹅蛾我卧。② 流摄：谋某母牡拇戊茂贸。③ 遇摄：薯墓慕做所。其间经历了两项音变，从两个起点开始变化：A.《切韵》阳声韵尾弱化变鼻化韵，即 *CVC/弱化＞CṼ；B.《切韵》阴声韵鼻化成鼻化韵，即 *CV/鼻化＞CṼ。

此二摄在吴语（如苏州）是阳声韵尾脱落而与阴声韵合流，其间只经历了一项直线型的音变，即：*CVC/弱化＞*CṼ＞CV。中间的鼻化韵形式在历史上可能存在过，因为现在吴语及其周围方言的鼻化韵非常丰富。也可能根本没有存在过，《切韵》阳声韵直接脱落韵尾而成CV。无论这个中间形式是否存在过，变化的起点只有一个，这与泰州、盐城方言从两头向鼻化韵靠拢有本质区别，虽然变化结果都是阳声韵与阴声韵合流。

咸山摄三四等韵母的形式应予注意，通泰方言区完全一致，为前高元音鼻化韵—ī（见表10）。这一类型的韵母形式见于整个江淮方言、吴语、闽语、湘语，在地理上连接了长江中下游的广阔地区，包括江苏、浙江、安徽、湖南、福建等省，连成一个巨大的方言板块。

表 10

	棉	年	箭	见	钱	鲜
盐城	mĩ	nĩ	tɕiĩ	tɕiĩ	tɕʰiĩ	ɕiĩ
合肥	miĩ	liĩ	tɕiĩ	tɕiĩ	tɕʰiĩ	ɕyĩ
泰州	miĩ	niĩ	tɕiĩ	tɕiĩ	tɕʰiĩ	ɕiĩ
兴化	miĩ	niĩ	tɕiĩ	tɕiĩ	tɕʰiĩ	ɕiĩ
如皋	miĩ	ȵiĩ	tɕiĩ	tɕiĩ	tɕʰiĩ	ɕiĩ
泰兴	miĩ	niĩ	tɕiĩ	tɕiĩ	tɕʰiĩ	ɕiĩ
南通	mĩ	ȵĩ	tɕĩ	tɕĩ	tɕʰĩ	ɕĩ
苏州	miɪ	ȵiɪ	tɕiɪ	tɕiɪ	ziɪ	siɪ
温州	mi	ȵi	tɕi	tɕi	ji	ɕi
厦门	mĩ 白	nĩ 白	tsĩ 白	kĩ 白	tsĩ 白	tsʰĩ 白
潮州	mĩ 白	hĩ 白	tsĩ	kĩ	tsĩ	tsʰĩ 白
双峰	mĩ	ȵiĩ	tsĩ	kĩ	dzĩ	suĩ

结　语

咸山摄三四等韵母形式分布的范围,与前面讨论的流摄一等"楼走狗"等混入蟹止摄灰微韵(参阴声韵·果摄流摄)、"支微入鱼"的范围(参阴声韵·蟹止摄)大体相当,覆盖了江淮、吴、徽、湘。如此广袤的地区出现共同的平行演变,恐非偶然。张光宇(1993)认为这是反映吴语在历史上作为扩散中心的巨大势力。闽语的现状是"吴音南移",江淮方言的反映则是吴语地层的沉积,这个认识堪称精当。但是,张先生同时认为,老湘语呈现出与吴语相当一致的结构格局演化类型,是"吴音西播"的结果,并举出两例加以说明,"第一,鱼韵白读-(i)e,这种现象从长江口的崇明岛沿江上溯直到湖南中部大体一致。第二,蟹二-a,麻-o,歌-u,模-əu,侯-y 在苏州、双峰呈现相当大的一致性,中间地带(徽语)也表现类似的倾向"(《中国语文》,1993 年第 3 期)。

对此,笔者则更倾向于这样的理解。吴湘方言都是较早形成的,吴语的源头可以上溯到三千年前先周时代太伯仲雍奔吴(《史记·吴太伯世家》)。湘语源于古楚语,春秋时期楚国已与今湖南境内的居民有过战争接触,战国初年,楚国南取洞庭等地,西并沅澧流域,湖南全境均属楚,通行古楚语,后逐步演化为古湘语。吴楚地域上连成一片,语言应当相当接近,古代典籍中不时出现"吴楚"、"吴越"、"吴扬"等词语,吴与楚、越、扬并举,可见几地关系密切。江西地区素有吴头楚尾之称,当是吴楚交汇之处。东晋南北朝由于战乱,大批北人南下,或从秦雍(晋陕甘)沿汉水流域南迁,渡长江达洞庭;或从冀豫沿汝水南行,越江到鄱阳湖流域,又沿江南下到皖南、苏南;或从青徐渡淮水越长江到太湖流域(谭其骧,1935)。这次空前规模的大移民,使汉语方言的地理格局初具雏形,其先头部队像一个粗壮的楔子钉进江西地区,使"吴头楚尾"渐次具有客赣方言的特色。之后,随着历次的北人南徙,这种趋势得到进一步巩固和发展,安史之乱、黄巢起义、五代十国连年战争造成的分裂局面,使各方言间的差异进一步扩大。客赣语楔子越钉越紧,将吴语与湘语远远地隔离,闽语被限在东南一隅,客赣方言基本形成(周振鹤、游汝杰,1986)。江淮之间水陆交通便利,大运河贯穿其间,名城扬州、金陵商贾云集,富甲天下,是繁忙的物资、人员集散地,可谓"通衢"。因而江淮地区方言性质发生了历史性的转变。

但是,这一切并不妨碍它们仍具许多共同性,就像一个家族的成员,虽然子孙散居各地,并与当地人民交往、通婚,却仍然具有这个家族的血统。吴、湘方言的"神合"之处太多了:全浊声母系统的保留;辅音韵尾萎缩的类型;支微入鱼;咸山摄三四等韵母的形式;鱼韵、麻韵等的读音……这一系列的对应或完全相同,仅靠"播迁"、"扩散",恐怕难以贯穿到底。如果理解为原有成分的保留和沉积,可能更合实际。因此,吴湘(徽)方言间诸多相同之处不是"吴音西播"的结果,而是原来相同或相近的方言因素在异地的共同保留。

参考文献

[1] 袁家骅.汉语方言概要[M].北京:文字改革出版社,1960.

[2] 北京大学中文系语言学教研室汉语方音字汇[M].北京:文字改革出版社,1989.

[3] 鲍明炜.江淮方言的特征[J].南京大学学报,1993(4).

[4] 陈庆延.古全浊声母今读送气清音的研究[J].语文研究,1989(4).

[5] 江苏省和上海市方言调查指导组.江苏省和上海市方言概况[M].南京:江苏人民出版社,1960.

[6] 丁邦新.如皋方言的音韵[J].台湾历史语言研究所集刊,1966.

[7] Raimo Anttila. An Introduction to Historical and Comparative Linguistics[M]. The Macmillan Company, New York,1972.

[8] 鲁国尧.泰州方音史及通泰方言史研究[M].Computational Analyses of Asian and African Languages. No. 30. Japan,1988.

[9] 桥本龙太郎.语言地理类型学[M].余志鸿,译.北京:北京大学出版社,1985.

[10] 张光宇.吴闽方言关系论[J].中国语文,1993(3).

[11] 谭其骧.晋永嘉丧乱后之民族迁徙[J].燕京学报,1935(15).

[12] 顾黔.泰兴方言同音字汇[J].方言,1994(4).

[13] 叶祥苓.苏州方言志[M].南京:江苏教育出版社,1988.

[14] 周振鹤,游汝杰.方言与中国文化[M].上海:上海人民出版社,1986.

城市化进程中本地居民和外来移民的语言适应行为研究
——以合肥、南京和北京三地为例

◎ 王 玲

一、研究背景

(一) 城市适应

当今的中国正处在大规模高速度的城市化进程中。当不同民族、不同地区的人口杂居之时,就会出现城市适应行为。《社会学词典》对"适应行为"的解释是:"指个人适应社会环境而产生的行为。个人通过社会化,明了自己的社会权利与义务,形成了与社会要求相适应的知识、技能、价值观和观点,就会在社会交往与社会行动中采取符合社会要求的行动。"通过文献回顾笔者发现,目前城市适应问题的研究在社会学界已经有大量的研究成果,但他们的研究多是以西方国家特别是美国的资料为基础,通常聚焦城市移民这个群体,而对于城市中本地居民城市适应研究少之又少。我们认为研究城市适应应该包括外来移民和本地居民这两类群体。本地居民指出生在当地或者很小的时候就生长在当地的居民;外来移民指的是从其他城市或地区流入当地的居民。

(二) 语言适应行为

语言是社会的产物。城市化所带来的社会结构和社会关系的变化,必然会引起语言的变化。城市居民为了更好地适应城市生活而在语言行为方面所作出的调整和变化,我们称为语言适应行为。近年来,很多中国学者开始关注并研究中国城市语言的变化情况(杨晋毅,1997;付义荣,2004;郭熙等,2005;汤志祥,2005;张璟玮、徐大明,2008;王玲,2009;孙德平,2010;俞玮琪,2010;周薇,2011,等),研究内容包括城市语言的分布状况、不同语言功能的变化以及引起语言变化的社会因素分析等方面,但对于城市化中居民语言适应行为却关注较少。2010年,刘玉屏首次从城市适应的角度对农民工的语言变化进行了研究,但这项研究只关注了农民工这个特殊群体。因此本文以合肥、南京和北京的语言调查数据为基础,对本地居民和外来移民的语言适应行为进行全面的考察。

二、研究过程

1. 研究方法

本调查在合肥科学岛、南京和北京三地展开,具体采用的是问卷调查法和录音访谈法。合肥地区调查时间为 2005—2006 年,有效问卷 238 份,男性样本和女性样本分别为 59.2% 和 40.8%;录音访谈分为谈话语体和朗读语体,朗读语体的样本 60 份。南京地区调查时间为 2008 年,有效问卷 277 份,样本中男性 49.8%,女性 50.2%。北京地区调查时间为 2009 年,有效问卷 80 份,男性和女性各占一半。录音访谈中朗读语体的样本 48 份。

2. 研究问题

本文研究的问题包括:1. 城市化中本地居民和外来移民是否真的存在语言适应行为? 2. 如果有语言适应行为,会有怎样的变化?为了全面地考察居民的语言适应行为,我们的调查分别从宏观和微观两个方面展开。宏观方面主要考察城市居民面对多语码共存现状的适应行为;微观方面,考察居民面对某个具有显著特征的语言变项的适应行为。

三 调查结果

1. 宏观的语言适应行为

(1) 语码掌握情况

根据已有学者的研究,我们发现在中国的任何一个城市,目前通行的主要语码无外乎三种:普通话、所在城市的强势方言和外地话。在合肥科学岛和南京两地的调查发现,目前城市居民语码掌握的情况还是和以往出现了很大差异,见表 1。

表 1 合肥、南京市区居民语码掌握的情况表

城市	掌握 2 种及以上语码		只掌握 1 种语码	
	男性	女性	普通话	方言
合肥($N=238$)	128 人	82 人	12 人	16 人
	男性	女性	普通话	方言
南京($N=277$)	93 人	60 人	34 人	90 人

合肥地区,在 238 份有效问卷中,合肥本地居民占 30%,外来移民 70%。具有双语("普通话、合肥话"或"普通话、外地话")或多语言能力(普通话、合肥话、外地话)的有 210 人,占总数的 88.2%;只掌握一种语码的有 28 人,占总数的 11.8%。

南京地区,在 277 名被调查者中,南京本地居民占 40.1%,外来移民为 40.8%,南京郊县的占 19.1%。具有双语("普通话、南京话"或"普通话、外地话")或多语言能力(普通话、南京话、外地话)的有 153 人,占 55.2%;只掌握一种语码的有 124 人,占 44.8%。

(2)语码使用的分化

从语言学的角度来看,任何语言,不管是黏着语还是孤立语,只要能满足人类交际的需求,它们都是平等的,没有高低优劣之别。不过有学者指出从社会标准来看,不同语码的社会地位是不平等的(Trugill,1992)。语言是社会的产物,当社会的分化出现之后,不同语码的社会分化也成为必然,实际调查的结果也显示出这种趋势,见表2和表3。

表 2 合肥科学岛问卷调查法所得的不同语码使用情况($N=238$)

自报家庭用语			自报单位用语		
合肥话	普通话	外地话	合肥话	普通话	外地话
106 人	70 人	62 人	21 人	205 人	12 人
44.5%	29.4%	26.1%	8.8%	86.1%	5.1%

表 3 南京市问卷调查法所得的不同语码使用情况($N=277$)

自报家庭用语			自报单位用语		
南京话	普通话	外地话	南京话	普通话	外地话
131 人	66 人	80 人	95 人	139 人	43 人
47.3%	23.8%	28.9%	34.3%	50.2%	15.5%

不管是在合肥还是南京,居民家庭语码使用率最高的都是所在城市的强势方言,其次为外地话和普通话。在合肥科学岛城市强势方言是合肥话,使用率为 44.5%;在南京为南京话,使用率为 47.3%。单位用语中,两个城市使用率最高的都是普通话,合肥的普通话使用率 86.1%,南京略低,但也超过了 50%;其次为所在城市强势方言和外地话。

两地的调查结果还显示,随着年龄、性别等社会因素的不同,城市居民语码选用的情况也不同。首先来看不同性别的居民对不同语码的使用状况。

表 4　南京市问卷调查法所得的性别与语言使用情况（$N=277$）

性别	家庭语言			单位语言		
	南京话	普通话	外地话	南京话	普通话	外地话
男性 138 人	56 人/40.6%	58 人/42.0%	24 人/17.4%	37 人/26.8%	89 人/64.5%	12 人/9.0%
女性 139 人	72 人/51.8%	38 人/27.3%	29 人/20.9%	44 人/31.7%	77 人/55.4%	18 人/12.9%

表 5　合肥科学岛问卷调查法所得的性别与语言使用情况（$N=238$）

性别	家庭语言			单位语言		
	合肥话	普通话	外地话	合肥话	普通话	外地话
男性 128 人	43 人/33.6%	58 人/42.3%	27 人/24.1%	21 人/16.4%	89 人/69.5%	18 人/14.1%
女性 82 人	38 人/46.3%	26 人/31.7%	18 人/22.0%	20 人/24.4%	49 人/58.8%	13 人/15.9%

表4和表5显示,两个城市不同性别的讲话人在语言使用方面,其整体趋势与整个城市的使用情况相似,家庭语言主要以南京话或合肥话为主,单位语言主要以普通话为主。不论是在家庭语言还是单位语言中,两个城市里男性使用普通话的比率都高于女性;女性使用南京话和合肥话的比率都高于男性。

其次,不同年龄段的居民对不同语码的使用也是不同的。

表 6　南京问卷调查法所得的年龄与语言使用情况（$N=277$）

年龄	家庭语言			单位语言		
	南京话	普通话	外地话	南京话	普通话	外地话
中小学生组 93 人	45 人/48.4%	46 人/49.5%	2 人/2.1%	11 人/11.8%	81 人/87.1%	1 人/1.1%
中青年组 102 人	31 人/30.4%	41 人/40.2%	30 人/29.4%	21 人/20.6%	68 人/66.7%	13 人/12.7%
老年组 82 人	49 人/58.8%	13 人/15.9%	20 人/24.4%	42 人/51.2%	25 人/30.5%	15 人/18.3%

表 7　合肥问卷调查法所得的年龄与语言使用情况（$N=238$）

年龄	家庭语言			单位语言		
	合肥话	普通话	外地话	合肥话	普通话	外地话
中小学生组 72 人	19 人/26.4%	50 人/69.4%	3 人/4.2%	5 人/6.9%	67 人/93.1%	0 人
中青年组 99 人	24 人/24.2%	62 人/62.7%	13 人/13.1%	11 人/11.1%	83 人/83.8%	5 人/5.0%
老年组 67 人	8 人/11.9%	37 人/55.4%	22 人/32.7%	5 人/7.5%	37 人/55.2%	25 人/37.3%

表6、表7显示,在家庭语言和单位语言中,南京与合肥两个城市的普通话使用率从高到低的依次顺序都是:中小学生组＞中青年组＞老年组。在地区强势方言(南京话与合肥话)的使用方面,南京和合肥地区略有差异。南京话使用方面,不管是家庭语言还是单位语言中,老年组的使用率都普遍高于另外两个年龄组,其次为中小学生组和中青年组。

在合肥,家庭语言中合肥话使用率最高是的中小学生组,其次是中青年组,最低的老年组;在单位语言中,合肥话使用率最高的是中青年组,其次分别是老年组和中小学生组。这种差异与合肥科学岛的居民组成有关。合肥科学岛指的是中国科学院合肥分院,初期的居民多是从北京、上海、长春等地调来的外地人。此次调查的老年组,很多是外来移民,不会说合肥话,因此老年组合肥话使用率低。中青年组很多人是当地居民,因此该组合肥话使用率高。

2. 微观的语言适应行为

居民微观方面的语言适应行为主要体现为是否有意识地选用或放弃某种语言变项。在合肥和北京我们通过居民对两个语言变项的使用情况来考察其语言适应行为。

合肥科学岛选定的(i)变项,由两个变式构成,分别是(i)-1＝[i],(i)-2＝[ɿ]。标准变式是前高不圆唇元音[i],非标准变式读成舌尖元音[ɿ]。北京市选定的(ər)变项,指的是"鲜花儿、水边儿"等词里的卷舌韵母"儿"。(ər)变项的标准变式是有儿化,没有出现儿化是非标准变式。合肥话中的非标准变式[ɿ]和北京话中的儿化变式是一般成见中所认为的合肥话和北京话中最显著的固有特征。

(1)北京的调查结果

北京市区不同居民对(ər)变项的使用情况是利用问卷调查和朗读录音得到的,见表8、表9。

表8　北京市问卷儿化使用率($N=80$)

经常用的	42人/52.5%
偶尔使用	21人/26.3%
很少使用	11人/13.8%
几乎不用	6人/7.5%

表9　朗读所得的儿化使用情况

朗读中含儿化的词(个)	人数/百分比
5处以下(约19%以下)	11人/22.9%
6～15处(约20%～59%)	27人/56.3%
16处以上(约60%以上)	10人/20.8%

问卷调查的结果显示,在北京经常使用儿化的占主流,使用率为52.5%,偶尔使用的为26.3%。朗读语体中,给定的朗读材料中含有儿化的词有26个,统计显示没有一人全部读出26个儿化词,多数居民朗读出的儿化词是在6~15处,约占56.3%,能读出16处以上的人约占到20.8%,剩下的22.9%的人读出的儿化词少于5个。

具体来看,本地居民和外来移民对儿化的使用情况也不同,见表10。

表10　问卷所得本地居民与外来移民儿化使用的比较($N=80$)

使用儿化的频率	本地居民(58人)	进京10年以上外来移民 (13人)	进京10年以下外来移民 (9人)
经常说	33人/56.9%	6人/46.2%	3人/33.3%
偶尔说	13人/22.4%	6人/46.2%	2人/22.2%
很少说	8人/13.8%	0人	3人/33.3%
几乎不说	4人/6.9%	1人/7.7%	1人/11.1%

本地居民经常使用儿化的占56.9%,进京10年以上的外来移民中,经常说儿化占46.2%,进京10年以下的外来移民中,经常使用儿化的占33.3%。也就是说,外来移民和本地居民使用趋势一致,主流都是经常说儿化。那么,两者对儿化词的误用方面是否有差异呢?

表11　本地居民与外来移民非儿化词误读情况的问卷结果比较($N=80$)

误读的非儿化词	本地居民误读数	进京10年以上外来 移民误读数	进京10年以下外来 移民误读数
天安门	2人/3.4%	1人/7.7%	2人/22.2%
前门	3人/5.2%	3人/23.1%	2人/22.2%
西直门	8人/13.8%	4人/30.8%	3人/33.3%
有头有脸	2人/3.4%	5人/38.5%	3人/33.3%
花花肠子	4人/6.9%	3人/23.1%	0人

在问卷中,我们列出"天安门、前门、西直门"等词语,请调查者选出带儿化的词语。表11显示,本地居民和外地居民都出现了一些误读。3.4%的本地居民误读了"天安门",进京10年以上和10年以下的外来移民误读率分别是7.7%和22.2%。对"前门"和"西直门"的误读率,本地居民为5.2%和13.8%;进京10年以上的移民为23.1%和30.8%;进京10年以下的为22.2%和33.3%。"有头有脸"一词中,本地居民的误读率是3.4%,而进京10年以上及10年以下的外来移民分别是38.5%和33.3%。"花花肠子"中第一个"花",误读儿化的本地居民有6.9%,进京10年以上的外地人误读率为23.1%,进京10年以下的无人误读。

在朗读语料中,本地居民和外来移民误读的情况同样存在,见表12。在7个易误读字中,本地居民误读3个,误读率仅为2.7%～5.4%；外来移民在"个体户"、"打打下手"、"买点菜"、"那个"、"里头"、"玩牌"这些词语上均有误读,误读率为16.7%～33.3%。值得注意的是,在朗读语料中,一些来京时间较短的外地人甚至将"每天"、"这些"、"天气热"等常用词都儿化了,听起来很别扭,但访谈结果显示,这是被调查者有意为之,主要原因是这样读才显得"京味儿"十足。

表12　本地居民与外来移民非儿化词误读情况的录音结果比较

非儿化词易误读字	本地居民	进京10年以上外来移民	进京10年以下外来移民
个体户	1人/2.7%	0人	1人/20%
打打下手	0人	1人/16.7%	0人
买点菜	0人	1人/16.7%	0人
吃完饭	1人/2.7%	0人	0人
那个	0人	2人/33.3%	0人
里头	2人/5.4%	2人/33.3%	1人/20%
玩玩牌	0人	1人/16.7%	1人/20%

(2)合肥调查的结果

合肥的[i]变项和北京的(ər)变项相比,问卷调查很难搜集语料,因此合肥科学岛的调查主要通过朗读语体来考察居民的使用情况。朗读语体样本总共60份,本地居民36人,外来移民24人。表13显示本地居民和外来移民对语料中含[ɿ]词的朗读情况存在差异。

表13　朗读语体中[ɿ]变式的使用表($N=60$)

语料段中含[ɿ]的词(共25处)	人数/百分比
5处以下	移民18人/64.3%,本地10人/35.7%
6～15处	移民6人/24.0%,本地19人/76.0%
16处以上	移民0人,本地7人/100%

在给定的朗读材料中,含有[i]变项的词有25个,合肥科学岛内将[i]读成[ɿ]的词数最多是16处以上；其次,词数在6～15处之间,读得最少的在5处以下。总体来看,合肥本地居民发成非标准变式的词数居多,多数在6处以上,而移民在朗读中更多地使用标准变式。

表14显示,不同的社会因素对使用这个变项会产生影响。

表 14　不同社会因素使用(i)变项的情况表

不同变式	性别		原居地		年龄		
	男性(i韵母字2011个)	女性(i韵母字1737个)	本地人(i韵母字2182个)	移民(i韵母字1566个)	老年(i韵母字1262个)	中青年(i韵母字1578个)	中小学(i韵母字908)
[i]	1606/79.9%	1558/89.7%	1640/75.2%	1524/97.9%	1058/82.3%	1368/86.1%	738/81.3%
[ɿ]	404/20.1%	179/10.3%	542/24.8%	42/2.1%	204/17.7%	210/13.9%	170/19.7%

在谈话语体中,由60个样本构成的语料中,共有3748个i韵母字,其中标准变式[i]出现的概率很高,为84%,非标准变式[ɿ]出现率只有16%。性别方面,男性发成[i]音的为79.9%,发成[ɿ]的为20.1%;女性发成[i]音比例高于男性,为89.7%,发成[ɿ]的为10.3%。原居地方面,本地居民标准变式使用率为75.2%,非标准变式的比率为24.8%;外来移民发[ɿ]音的比率最低,只有2.1%,剩下的97.9%全部为标准音[i]。年龄方面,发成[ɿ]音比率最低的是中青年组,其次分别是老年组和中小学组。

何种社会因素下,发[ɿ]音的比率最高呢? 变项规则分析法的统计结果显示,不同社会因素对[ɿ]音的出现制约力存在差异。

表 15　社会因素对发[　]音作用力的统计结果

性别	年龄	原居地	语体
男.622	老年组.546	本地.698	谈话.612
女.361	中青年组.410	省内.501	朗读.302
	中小学组.557	省外.109	
范围.261	范围.147	范围.589	范围.310

在不同的社会因素中,"原居住地"对这个变项有很强的制约关系。作为一个移民社区,科学岛居民来自全国各地,为了细致地观察来自不同省份、不同地区的移民在在语言使用方面的差异,移民被大致归成三类:"本地居民"、"省外"和"省内"。结果显示,不同方言背景对将[i]音发与[ɿ]音有很强的制约作用。"合肥本地居民"(.698)和"安徽省内"(.501)将[i]音发成[ɿ]音的概率较高,"省外"将[i]音发成[ɿ]音的概率较低(.109)。从以往的方言调查情况来看,除了合肥地区(合肥市区和所辖的长丰、肥东、肥西3县),安徽省内的巢湖、芜湖、舒城、和县、安庆霍山等地也是将[i]音发成[ɿ]音。因而,"合肥本地居民"和"安徽省内"将[i]音发成[ɿ]音的概率较高。

"年龄"也是制约[i]变[ɿ]的重要因素。中小学生组将[i]音发成[ɿ]音的概率最高(.557),其次是老年组,最低的是中青年组(.410)。性别方面,男性发[ɿ]音的概率(.622)远远高于女性(.361),在合肥科学岛,女性更倾向于使用标准音[i]。"语体"

也是制约[i]音发成[ɿ]音的一个重要因素。"谈话"语体更有利于将[i]音发成[ɿ]音(.612),"朗读"语体不利于将[i]音发成[ɿ]音(.302)。在正式的"朗读"语体中人们很注意自己的发音,并努力地使自己的发音更加标准,因此"朗读"语体成为不利于将[i]音发成[ɿ]音的因素。

(3)语言态度的调查结果

访谈和问卷的结果显示,不同地区居民对不同语码和变式的态度是不同的。首先来看对宏观语码的态度,见表16。

表16 南京、合肥两地居民对普通话和方言的语言态度

四项指标	普通话比合肥话、家乡话(%)	普通话比南京话、家乡话(%)
更有用	65%	56.1%
更有身份	43%	40.3%
更亲切	22%	38.6%
更好听、文雅	51%	38.3%

在南京和合肥科学岛两地对普通话认同的四项指标中,有三项指标居民的评价偏高,居民普遍认为普通话比所在地区强势方言和自己的家乡更有用、更有身份、更好听、更文雅,但两地居民普遍认为方言具有亲切感。正是认识到普通话的这些社会功用和价值,使得两地居民在外出场合尽量选用普通话,而在家庭场所多选用方言。

再来看对微观变式的语言态度,见表17、表18。

表17 北京话儿化的认同情况($N=80$)

对儿化的态度	人数/百分比
儿化不可或缺	38人/47.5%
儿化增添趣味	47人/58.8%
儿化难听	13人/16.3%
京味儿儿化少	23人/28.8%

表18 合肥话[ɿ]音的认同情况($N=60$)

对[ɿ]音的态度	人数
[ɿ]音是合肥话不可或缺的	10人/16.7%
[ɿ]音为合肥话增添了趣味和特色	11人/18.3%
[ɿ]音难听,可有可无	33人/55.0%
如今很少听到[ɿ]音	6人/10.0%

北京居民中有58.8%的人认为儿化为北京话增添了趣味和特色；47.5%的人认为儿化是北京话的灵魂,是北京话中不可或缺的成分；对儿化的负面评价率仅为16.3%。可见,北京居民对儿化的积极认同感较强,儿化在北京是个高声望的变式。在合肥科学岛,岛内居民认为[ɿ]音是合肥话不可或缺成分的只占16.7%；认为[ɿ]音为合肥话增添了趣味和特色的也较少,为18.3%；55%的人认为[ɿ]音难听,是合肥话中可有可无的成分。与北京儿化相比,居民对合肥话[ɿ]音的认同感较低,在岛内是个低声望的变式。

本地居民和外来移民在语言态度方面是否存在差异呢？表19显示,在北京,三类人群中认可儿化为日常口语增添了趣味和特色的比率都最高,分别为51.7%、76.9%、77.8%。而且,在判定儿化是否为北京话的灵魂时,外来移民61.5%的认同率远远高于本地居民46.6%的认同率。

表19　本地居民与外来移民对北京话儿化的认同情况（$N=80$）

对儿化的认同态度	本地居民	10年以上外来移民	10年以下外来移民
儿化不可或缺	27人/46.6%	8人/61.5%	3人/33.3%
儿化增添趣味	30人/51.7%	10人/76.9%	7人/77.8%
儿化难听	8人/13.8%	3人/23.1%	2人/22.2%
京味儿化少	15人/25.9%	6人/46.2%	2人/22.2%

表20　本地居民与外来移民对合肥话[ɿ]音的认同情况（$N=60$）

对[ɿ]的认同态度	本地居民 36人	外来移民 24人
[ɿ]音不可或缺	6人/16.7%	4人/16.7%
[ɿ]音增添趣味	5人/13.9%	6人/25.0%
[ɿ]音难听	20人/55.6%	13人/54.2%
很少听到[ɿ]音	5人/13.8%	1人/4.1%

表20显示,在合肥科学岛内,不管是本地居民还是外来移民对[ɿ]音的负面态度居主导地位。本地居民和外来移民认为[ɿ]音难听的比率都很高,人数比例都超过了五成；本地居民和外来移民都只有16.7%的人认为[ɿ]音是合肥话不可或缺的成分。

四、分析和结语

1. 语言适应的行为过程

三地的调查显示,城市化中社会的变化已经改变了城市居民的语言生活,语言适应行为已经是一种不可回避的存在,不管是本地居民还是外来移民,为了更好地适应城市生活,其语言行为或多或少都与以往产生了不同。

城市居民语言适应行为体现在宏观语码的选用和微观语言变项的使用两个方面。宏观语码方面的变化:表现之一是居民语言能力的变化。不管是本地居民还是外来移民,都从原来的单一语码使用者转变为双语或多语语码的使用者。在合肥科学岛具有双语或多语能力者高达88.2%,南京地区虽然比率略低于合肥科学岛,但也超过了五成。表现之二,语码使用的社会分化。家庭语码中使用率最高的是所在城市的强势方言,其次为外地话和普通话。单位用语中,两个城市使用率最高的语码都是普通话,其次是所在城市强势方言和外地话。另外,由于年龄、性别等社会因素的不同,城市居民语码选用的情况也不同。

微观语言行为方面的变化,主要表现为某个具有地方特色变式的兴盛或衰减。在北京地区,儿化是北京话中公认的最有特色语言特征之一。调查结果显示,不管是本地居民还是外来居民,对这个变项的使用率都较高。值得注意的是,外来移民对儿化的使用还存在矫枉过正的现象,一些常用的不带儿化的词也被带上了儿化。访谈结果显示,这是被调查者有意为之的适应行为,他们认为儿化词越多,"京味儿"越足,越像地道北京人。在合肥科学岛,[i]韵母字发成[ɿ]也是公认的合肥话最有特色的特点之一。但不管是本地居民还是外来移民,对这个变项的使用都较少。和北京相似的是,当地居民在较正式的朗读语体中同样出现了矫枉过正的现象,变项规则分析法统计的结果显示,"谈话"语体比朗读语体更有利于将[i]音发成[ɿ]音,也就是说在正式的"朗读"语体中人们有意识地减少使用[ɿ]音。

2. 语言适应行为的特点及影响

语言适应行为的特点是"趋高避低"。即,倾向使用高声望的语码或变式,反之,则尽量回避。比如,宏观方面,在南京和合肥科学岛,居民在公共场所选择以普通话为主,家庭等私人场所选择以方言为主。这就与居民对不同语码的语言认同相符。两地居民普遍认为普通话比所在地区强势方言和自己的家乡更有用、更有身份和更好听、文雅,但在某些时候方言更具有亲切感。正是这种不同的认同促使不同语码功能和关系的变化。微观方面,北京地区的居民倾向使用儿化,而合肥科学岛居民倾向回避[ɿ]音,主要原因是对两种变式的不同认同。在北京,居民对儿化的积极认同感较强,50%以上的人认为儿化好听,是北京话不可或缺的部分;可在合肥,[ɿ]音是个低声望的变式,55%的人认为[ɿ]音难听,是合肥话中可有可无的成分。因此,两地居民矫枉过正的方向是相反的。由于儿化是可以为自己加分的变式,希望被看作地道北京人的移民有意增加了儿化的使用;反之,合肥居民不希望减分,就有意回避[ɿ]音的使用。

这种"趋高避低"的行为对普通话和方言系统产生的影响是:彼此系统中高声望

的变式逐步扩大使用空间,低声望变式逐渐衰减最后彻底消失。长此以往,我们预测在未来的城市生活中普通话和方言的发展轨迹是:标准普通话—地方特色普通话—杂糅的普通话—新混合语;地道方言—普通地方话—杂糅的地方话—新方言。一些学者已经进行了相关的调查和研究,相信随着研究的深入,城市居民语言适应行为对城市语言的影响将会变得更加清晰。

参考文献

[1] 付义荣.也谈普通话普及与人口流动[J].语言文字应用,2010(5).

[2] 郭熙,曾炜.广州市语言文字使用情况调查报告[J].中国社会语言学,2005(2).

[3] 李宝芳.城市化进程中乡村大学毕业生的城市适应[J].社科纵横,2010(9).

[4] 刘玉屏.农民工语言再社会化实证研究[J].语言文字应用,2010(2).

[5] 汤志祥,梁燕霞.深圳商业员工语言使用和语言取向[J].中国社会语言学,2005(2).

[6] 王玲,徐大明.合肥科学岛言语社区调查[J].语言科学,2009(1).

[7] 徐大明,陶红印,谢天蔚.当代社会语言学[M].北京:中国社会科学出版社,1997.

[8] 杨晋毅.洛阳市普通话和方言的分布与使用情况[J].语言文字应用,1997(4).

[9] 俞玮琪.2011苏州市外来人口第二代的语言转用考察[J].语言教学与研究,2011(1).

[10] 张璟玮,徐大明.2008人口流动与普通话普及[J].语言文字应用,2008(3).

[11] 周薇.2011语言态度和语言使用的相关性分析[J].语言教学与研究,2011(1).

《现代汉语词典》(第5版)献疑

◎ 高小方

《现代汉语词典》第5版(商务印书馆2005年版),不但在第4版的基础上加标词类,继续吸收新词(如"致电",第1759页——指《现代汉语词典》第5版的页码,下同),而且在注音等方面进一步完善,如:

綮(qìng)见777页〖肯綮〗。(第1119页)

《现代汉语词典》前四版均把"綮"定为上声;而第5版把"綮"定为去声,盖据《集韵·去声·径韵》"綮,诘定切"。如此可使"肯綮"避免与"恳请"同音;且与《新华字典》、《汉语大词典》等字典辞书取得一致,消除了不必要的歧异。

如此改进,其质量更加提升,已堪称为美玉。

但此美玉仍有微瑕,前几版存在的一些老问题并未消除净尽,另外还出现了一些新问题。其可商之处主要表现在:

(一)注音有误或择音不当;
(二)词类标注与释义、书证不相应;
(三)术语使用不当;
(四)释义不确;
(五)立条当分而未分。

下面依次献疑辨析,并提出相应的修订建议。

一、注音有误或择音不当

鲁国尧先生(1998)《〈诗·豳风·东山〉"蜎"、"蠋"二字音议兼辨〈辞源〉、〈辞海〉、〈现代汉语词典〉之误》一文指出"蠋"当读 shǔ,不当读 zhú。但《现代汉语词典》(第5版)仍未改正。除了鲁先生指摘的这一条之外,《现代汉语词典》(第5版)还有一些注音问题可商。

1. 欸乃

欸乃(ǎi nǎi)〈书〉拟声 (1) 形容摇橹的声音。(2) 划船时歌唱的声音。(第 4 页)

"欸乃"的"乃",读音当据《洪武正韵》和《正字通》。

《洪武正韵·上解》:"欸乃,棹船相应声。"其"乃"字的切语为"依亥切"。

《正字通·丿部》:"按,款乃本作欸乃,今行舟摇橹戛轧声似之。柳宗元诗:欸乃一声山水绿。元结《湖南欸乃曲》读如矮霭是也。"

依此,"欸乃"读音当作 ǎi ǎi。《汉语大词典》不误。

2. 柷

柷(chù)古代乐器,木制,形状像方形的斗。(第 205 页)

"柷"的声母被《现代汉语词典》定为送气音,其依据当是《宋本玉篇·木部》、《广韵·入声·屋韵》的"昌六切"。但《广韵·入声·屋韵》也收了"柷"的另一切语"之六切"。《龙龛手镜》为其异体字"柷"注的切语也是"之六切"。"之六切"音 zhù。"zhù"音为《汉语大字典》、《汉语大词典》、《王力古汉语字典》、《古代汉语字典》等所取用。笔者认为,"柷"这两个读音并无区别意义的作用,读"zhù"音,可以与大众熟悉的"祝"字同音,从而减轻记忆负担。所以,《现代汉语词典》没有必要立异。

3. 父

夸父追日(Kuā fù zhuī rì)古代神话,夸父为了追赶太阳,渴极了,喝了黄河、渭河的水还不够,又往别处去找水,半路上就渴死了。他遗下的木杖,后来变成一片树林,叫作邓林(见于《山海经·海外北经》)。后来用"夸父追日"比喻决心大或不自量力。(第 789—790 页)

主父(Zhǔ fù)名 姓。(第 1778 页)

"夸父"的"父"应读上声。《大辞典》亦误作去声。

"主父"的"父"亦应读上声。《大辞典》亦误作去声。

此二条中"父"的声调,均当依《康熙字典》读为上声。

《康熙字典·父部》"父"字条:

……又《广韵》"方矩切",《集韵》、《韵会》"匪父切",并音府。《集韵》:"同甫。"《广韵》:"男子之美称。"《诗·大雅》"维师尚父"笺:"尚父,吕望也,尊称焉。"按管仲称仲父,孔子称尼父,范增称亚父,皆仿此。又野老通称。《战国策》:"田父见之。"又《诗·小雅》"祈父"传:"司马也。"又《春秋·桓十(三)〔二〕年》"盟于武父"注:"武父,郑地。"《释文》:"音甫。〔地名〕有父字者皆同甫音。"又《广韵》"汉复姓三氏:孔子弟子(宰)〔罕〕父黑,汉主父偃,《左传》宋之公族皇父充石。汉初(王)〔皇〕父鸾改父为甫。"又《正韵》:"防父切,音附,父母。"按父字古无去声,《正韵》始收入五暮,俗音从之。防父切父字误。①

又,"神父、神甫",父读轻声。似应在单字下提及。

4. 跂

跂(qí)〈书〉(1) 多出的脚趾。(2) 形容虫子爬行。(第 1072 页)

跂(qì)抬起脚后跟站着:跂望。(第 1081 页)

在"脚跟不着地"义上,《广韵·上声·纸韵》的切语是"丘弭切",读 qǐ。可从。《汉语大词典》在"踮起脚跟"义上定为读 qǐ,上声。音不误。《王力古汉语字典》、《现代汉语规范词典》亦定为上声。音亦不误。《古代汉语字典》:"通'企'。"指明取义来源。

5. 骑

骑(qí)(第 1072 页)/骁骑(xiāo qí)(第 1492 页)/坐骑(zuò qí)(第 1828 页)

关于"骑"的读音,原本《广韵》有两读,"渠羁切",平声 qí,为动词义;"奇寄切",去声 jì,为名词义。两读各有承载,其实并不难辨。

现在依《普通话异读词审音表》将去声音废去,结果反而出现纷纭:

《新华字典》只出平声,不得不在括号中加注"旧读 jì"。

《现代汉语词典》只出平声,不得不略去姓氏义。

《汉语大词典》只出平声,结果只好把姓氏义上的读音误注为平声。

《汉语大字典》既出平声,在动词义上所引《广韵》切语为"渠羁切",并将名词义也纳入其中,但所引《广韵》切语为"奇寄切";又在姓氏义上出去声,所引《广韵》切语亦为"奇寄切"。结果同一切语"奇寄切"一会儿换算为 qí,一会儿又换算为 jì,如此处理怎能不令读者感到疑惑!

建议:恢复"骑"的去声这一读音。

---

① 《康熙字典》,上海书店 1985 年版,第 761 页。

6. 倩

倩1(qiàn)〈书〉美丽：倩装|倩影。

倩2(qiàn) 动 请（别人代替自己做事）：倩人执笔。（第1093页）

"倩1"注音不误，而"倩2"注音错误。
《广韵·去声·劲韵》："倩，假倩也。七政切。"据此，"倩2"当读"qìng"。
《汉语大词典》、新《辞海》均不误。

7. 雨

密云不雨(mì yún bù yǔ)满天浓云而不下雨，比喻事情正在酝酿，尚未发作。（第942页）

小方按："不雨"的"雨"，动词义，下雨，当破读为去声。
雨(yù)〈书〉下（雨、雪等）：雨雪。（第1667页）——这是内证。
《汉语大词典》亦云：
雨2［yù ㄩˋ］
［《广韵》王遇切，去遇，云。］
1. 降雨。《诗·小雅·大田》："雨我公田，遂及我私。"唐韩愈《袁州祭神文》之一："以久不雨，苗且尽死。"明刘基《白云山舍记》："故触石而出，肤寸而合，不终朝而雨天下者，云也。"①

二、词类标注与释义、书证不相应

为

为3〈书〉 助 常跟"何"相应，表示疑问或感叹：何以家为（要家干什么）？（第1415页）

关于"何以……为"这种反问句句尾"为"的词性，学界的看法不一。有人认为是动词，也有人认为是助词。笔者认为，看作动词是合理的；而看作助词则不妥。其实，《现代汉语词典》该条所举之例及其严谨的翻译"何以家为（要家干什么）"就已显

---

① 《汉语大词典》第11册，第611页。

示此理:以家＝要家,为＝干(动词),何＝什么。

关于这种"为"的动词词性,王力先生在其主编的《古代汉语》(修订本)第一册第三单元《古汉语通论(十)疑问句,疑问词》中讨论"几种表示反问的习惯说法"时,就曾说得很明确:

第二,"何以……为"。例如:

君子质而已矣,何以文为?(《论语·颜渊》)

是社稷之臣也,何以伐为?(《论语·季氏》)

然则又何以兵为?(《荀子·议兵》)

这种句子,实际上是动词"为"的疑问代词宾语"何"放在作状语的介词结构前面了,意思是"用……做什么"。第一个例句是说:"君子朴质就行了,用文采做什么?"这是无疑而问,是古代表示反问的一种说法。

在"何以……为"这个格式里,"何"字可以用别的疑问词如"奚"、"恶"、"安"等来替换;"以"字也可以用"用"字来替换。例如:

奚以之九万里而南为?(《庄子·逍遥游》)

恶用是鶃鶃者为哉?(《孟子·滕文公下》)

古代汉语里介词"以"字是可以省去的,因而"何以……为"句中也可以省去"以",说成"何……为"。例如:

项王笑曰:"天之亡我,我何渡为?"(《史记·项羽本纪》)

汤为天子大臣,被恶言而死,何厚葬为?(《汉书·张汤传》)

"我何渡为"意即"我渡河做什么","何厚葬为"意即"厚葬做什么"。(中华书局1981年版,第280页)

方有国《上古"为"尾句的演化》则进而认为:"何以A为"是由"以A为B"经过用"何"对B提问变成"以A为何",再将"何"提到"以A"之前变化而来的。[①]

当然,汉语中并非所有句尾的"为"都是动词词性,而是确有一部分应归入助词。例如:《礼记·曾子问》"祭必有尸乎"郑玄注"言无益无用为"孔颖达疏:"为是助语。"《汉书·赵后传》:"今故告之,反怒为!"刘淇《助字辨略》卷一指出其中的"为"字是"语辞"。孔、刘之说可以成立。这种句尾助词"为",并不"跟'何'相应";"跟'何'相应"的句尾"为"乃是动词。

但王引之《经传释词》"为"字条下所立义项"语助也",却把"何以文为"、"何以伐为"等一概阑入,遂致"跟'何'相应"的动词"为"也被误认作助词。

许嘉璐主编《古代汉语》(上)认为:"在'何以……为'、'无以……为'等结构中,'为'是动词,可是它不是一成不变的。由于它处于变式之中,结构关系特殊,位置在句末,必然受句末语气词的影响,所以它在逐步虚化。大约在东汉,'为'虚化的迹象

[①] 《上古汉语语法研究》,巴蜀书社2002年版,第6页。

已经非常显著……至迟在南北朝时,'为'就作为语气词使用。"①

　　许先生说的"在'何以……为'、'无以……为'等结构中,'为'是动词",这是我们所赞同的。不过,许先生认为"为"的虚化主要是时代使然,似可再商;我们则认为主要是语境(句法)使然。但许先生并未以"一刀切"的方式来对待句尾的"为"字,这是富有启发性的。

三、术语使用不当

　　作为说明字形问题的术语,"同",是用来说明异体字与正体字的关系的;"通",是用来说明通假字与本字的关系的;"后作",是用来说明古字与今字的关系的;某与某"同源",是用来说明同源字的关系的:四者不可不分。但《现代汉语词典》(第5版)不管四者的差异,全都使用"同"。因此,有当有不当。下面分别言之:

　　　　珪(guī)同"圭"。(第514页)
　　　　瓌(guī)〈书〉同"瑰"。(第515页)
　　　　毁(guǐ)同"簋",见于金文。(第516页)

以上三例,用"同"这一术语来说明异体字与正体字的关系,很确当。
而以下数例均属于通假字与本字的关系,也用"同"这一术语就不确当了:

　　　　矜(guān)〈书〉(1)同"鳏"。(2)同"瘝"。(第504页)

此条当作:(1)通"鳏"。(2)通"瘝"。

　　　　莩(piǎo)同"殍"。(第1046页)

此条当作:通"殍"。

　　　　有(yòu)〈书〉同"又"(5):三十有八年。(第1656页)

此条当作:通"又",连接整数与零数。
杨树达《词诠》卷七"有"(四):"连词,读去声,与'又'同,专用于整数与余数之间。"

---

① 高等教育出版社1992年版,第224页。

以下数例均属于古字与今字的关系,用"同"这一术语也不确当:

从(cóng)〈古〉又同纵横的"纵"。(第227页)

此条当作:从(zòng),形地理上南北向的,后作"纵"。

衰(cuī)(2)同"缞"。(第233页)

此条当作:名用粗麻布制成的丧服,后作"缞"。

莫(mò)〈古〉又同"暮"mù。(第965页)

此条当作:"莫"(mù),晚,后作"暮"。

责(zé)〈古〉又同"债"zhài。(第1702页)

此条当作:责(zhài),名欠别人的钱,后作"债"。

曾(zēng)〈古〉又同"增"。(第1704页)

此条当作:动增加,后作"增"。

以下数例均属于同源字的关系,用"同"这一术语也不确当:

阙(quē)〈书〉(1)过失;疏失:衮职有阙。(2)同"缺"。(第1135页)

此条当作:与"缺"同源。(1)空缺:阙如|阙疑。(2)过失;疏失:衮职有阙。

搴(2)同"搴"。(第1087页)
搴(2)同"褰"。(第1087页)

搴,举起。搴,拔起。褰,撩起。三字同音,意义相近,属同源字。

四、释义不确

1. 胈

胈(bá)〈书〉人腿上的毛。(第19页)

小方按:当解为"白肉"。

《史记·司马相如列传》"心烦于虑而身亲其劳,躬胈无胈,肤不生毛"唐司马贞《索隐》先引三国吴韦昭曰:"胈,其中小毛也。"然后又引《庄子》云"禹腓无胈,胫不生毛"晋丞相参军李颐注云:"胈,白肉也,音蒲末反。"遂启后世两歧之解。

(一)既有误沿韦昭之说者,如:

《宋本玉篇·肉部》:"胈,蒲末切。禹治水,腓无胈。胈,股上小毛也。"

《集韵·入声·末韵》:"胈,蒲拨切。肤毳皮。"

《柳河东集》卷十四《天对》"胈离厥肤,三门以不眠"五百家注:"胈,蒲末切。肤毳皮也。《庄子》:'禹治水,腓无胈。'"

《新华字典》:"胈,大腿上的毛。"

《汉语大词典》亦解为:"1. 人身上的细毛。……"

(二)亦有同于李颐之说者,如:

《庄子·在宥》"尧、舜于是乎股无胈,胫无毛"唐成玄英疏:"胈,白肉也。"又《天下》"禹亲自操橐耜,而九杂天下之川,腓无胈,胫无毛"成玄英疏:"(禹)勤苦执劳,形容毁悴,遂使腓股无肉,膝胫无毛。"

《集韵·去声·夳韵》:"胈,蒲盖切。白肉也。《庄子》'股无胈'李轨读。"

《集韵·入声·勿韵》:"胈,分物切。股肉肤。"

《韩非子·五蠹》"股无胈"校注:"股,大腿。胈,肌肉。"①

(三)又有两说兼采者,如:

《汉语大字典》(第三卷)"胈"字条:(1)人体大腿上的细毛。(2)洁白的肉。②

《王力古汉语字典》:(1)人体大腿上的细毛。《史记·司马相如列传》:"心烦于虑而身亲其劳,躬胈无胈,肤不生毛。"(2)洁白的肌肤。《庄子·在宥》:"尧、舜于是乎股无胈,胫无毛。"③

韦、李二说,实李是而韦非。笔者来自江南农村,曾亲见许多老农终年"泥里来,

---

① 《韩非子》校注组《韩非子校注》,江苏人民出版社1982年版,第663页。
② 湖北辞书出版社、四川辞书出版社1988年版,第2058页。
③ 中华书局2000年版,第994页。

水里去",大腿黑瘦、小腿无毛而干巴劲十足,挑起二百来斤的担子仍能健步如飞,所以益信李颐、成玄英"胈,白肉也"之说不误。

2. 甫

甫1(fǔ)(1)古代加在男子名字下面的美称,如孔丘字仲尼,也称尼甫,后来指人的表字:台甫。

古人的名和字有别,不应混而不分。当作"古代加在男子字后面的美称"。

3. 心广体胖

心广体胖(xīn guǎng tǐ pán)心情舒畅,身体健壮。也说心宽体胖。(第1512页)

把"广"直接解为"舒畅",把"胖"直接解为"健壮",均不够准确。当解为:"心胸宽广了,体貌就舒泰安详。"
胖(pán)〈书〉安泰舒适:心广体胖。(第1020页)
这就对头了。

4. 妖娆

妖娆(yāo ráo)〈书〉形 娇艳美好。(第1581页)

这样就解成了褒义。其实是中性义,"妖媚多姿"(《汉语大词典》)。故既可用于褒,如:唐何希尧《海棠》诗:"著雨胭脂点点消,半开时节最妖娆。"宋柳永《合欢带》词:"身材儿,早是妖娆。算风措,实难描。"《京本通俗小说·志诚张主管》:"说不尽万种妖娆,画不出千般艳冶。"明陆采《明珠记·邮迎》:"金花粉,玉镜台,妆罢妖娆增百倍。"毛泽东《沁园春·雪》词:"须晴日,看红妆素裹,分外妖娆。"
亦可用于贬,如:茅盾《沙滩上的脚迹》:"他又看见跟在夜叉背后的,是妖娆的人鱼披散了长发,高耸着一对浑圆的乳峰,坐在海滩的鹅卵石上,唱迷人的歌曲。"

5. 韵

韵(韻)(yùn)(1)好听的声音:琴韵悠扬|松声竹韵。(2)名 韵母:押韵|叠韵|韵文。(3)情趣:风韵|韵味|韵致。(4)(Yùn)名 姓。(第1690页)

应作:(2)名 韵母:声韵调。(3)名 韵部:押韵|叠韵|韵文。

原(3)改为(4),原(4)改为(5)。在复音词部分应补"韵部"条——

韵部(yùn bù) 名 韵腹和韵尾相同的字组成的音韵单位,又叫韵:《广韵》分206个韵部,声调不同的字不在同一韵部;《中原音韵》分19个韵部,1个韵部包括不同的声调。

6. 押韵

押韵(压韵)(yā//yùn) 动 诗词歌赋中,某些句子的末一字用韵母相同或相近的字,使音调和谐优美。(第1557页)

此条释义有两点不确当:一是"韵母",当作"韵部"。二是"末一字",当作"尾字(如果末一字是虚字,则可能是倒数第二字,如《诗经·陈风·月出》)"。

7. 叠韵

叠韵(dié yùn) 名 两个字或几个字的韵母相同叫叠韵,例如"阑干"、"千年"。(第317页)

当作: 名 两个字的韵部相同叫叠韵,例如"阑干"、"蓝天"。

8. 韵文

韵文(yùn wén) 名 有节奏韵律的文字体裁,也指用这种体裁写成的文章,包括诗、词、歌、赋等(区别于"散文")。(第1690页)

"区别于散文"当作"区别于'散文'、'骈文'"。

9. 散文

散文(sǎn wén) 名 (1)指不讲究韵律的文章(区别于"韵文")。(2)指除诗歌、戏剧、小说外的文学作品,包括杂文、随笔、特写等。(第1175页)

当作:(1) 名 指既不讲究韵律也不讲究词句齐整对偶的文章(区别于"韵文"、"骈文")。(2)……

10. 骈文

骈文(pián wén) 名 用骈体写的文章。(第1043页)

《现代汉语词典》以"散体"与"骈体"对称,而不以"散文"、"韵文"、"骈文"对文体进行三分,似有所不妥。

此条建议改作:名要求词句齐整对偶的文章,讲究骈偶(词性相同,结构相当,节奏相应),多用"四六"(四四,六六,四四四四,四六四六,六四六四),平仄相对(平对仄,仄对平),讲究用典(剪截融化古事古语),讲究藻饰(词藻华丽),盛行于六朝(区别于"散文"、"韵文")。

11. 玦

玦(jué)古时佩带的玉器,半环形,有缺口。(第746页)

释义不确。当作"古时佩带的玉器,形如环而有缺口"。

12. 囿

囿(yòu)〈书〉(1)养动物的园子:鹿囿|园囿。(2)局限;拘泥:囿于成见。(第1657页)

当作:(1)有围墙的园林。
《说文·口部》:"囿,苑有垣也。从口,有声。"
只有强调了"有围墙"这一点,方不背《说文》所揭之本义,且使人易于理解其引申义"局限;拘泥"。

五、立条当分而未分

立条偶有当分而未分者。

1. 徼

徼 jiǎo〈书〉求。另见691页 jiào。
【徼幸】jiǎo xìng 见685页[侥幸]。(第688页)

"徼幸"的"徼"读 jiǎo,不误。但"徼幸"是联绵词,应整体释义。
"徼"释为"求"时是"邀"的通假字,《集韵·宵部》:"徼,伊消切。"音 yāo,故当另立一条:徼 yāo 通"邀",求:徼福。

2. 空乏

空乏(kōng fá) 形 (1) 穷困。(2) 空洞乏味：内容空乏。(第778页)

此条在"空洞乏味"义上，"空"读平声不误(《广韵·平声·东韵》"空，苦红切")；但在"穷困"义上，"空"当读去声(《广韵·去声·送韵》"空，苦贡切")。

故当分立为两条。在这一点上，《汉语大词典》就处理得比较精细。

参考文献

[1] 夏征农主编,辞海编辑委员会编纂.辞海[M].上海：上海辞书出版社,1999.
[2] 杨树达撰.词诠[M].2版.北京：中华书局,1965.
[3] 三民书局大辞典编纂委员会编纂.大辞典[M].台北：三民书局股份有限公司,1985.
[4] 王力.古代汉语[M].(修订本)第一册.2版.北京：中华书局,1981.
[5] 许嘉璐主编.古代汉语(上)[M].北京：高等教育出版社,1992.
[6] 张双棣,陈涛主编.古代汉语字典[M].北京：北京大学出版社,1998.
[7] 陈彭年等撰.广韵[M].北京：中国书店,1982.
[8] 周祖谟校.广韵校本(上、下)[M].北京：中华书局,1960.
[9] 《韩非子校注》组校注.韩非子校注[M].南京：江苏人民出版社,1982.
[10] 罗竹风主编,汉语大词典编辑委员会汉语大词典编纂处编纂.汉语大词典[M].上海：汉语大词典出版社,1986—1994,2001.
[11] 徐中舒主编,李格非等副主编.汉语大字典(全8卷)[M].武汉：湖北辞书出版社、成都：四川辞书出版社,1986—1990.
[12] 乐韶凤等编.洪武正韵[M].《四库全书》本.
[13] 丁度等撰.集韵[M].北京：中华书局,1989.
[14] 王引之撰.经传释词[M].长沙：岳麓书社,1984.
[15] 张玉书,陈廷敬等奉敕编.康熙字典[M].上海：上海书店,1985.
[16] 鲁国尧.鲁国尧语言学论文集[M].南京：江苏教育出版社,2003.
[17] 方有国.上古"为"尾句的演化[M].上古汉语语法研究.成都：巴蜀书社,2002.
[18] 许慎撰.说文解字[M].北京：中华书局,1963.
[19] 宋本玉篇[M].北京：中国书店,1983.
[20] 王力主编.王力古汉语字典[M].北京：中华书局,2000.
[21] 中国科学院语言研究所编.现代汉语词典[M].北京：商务印书馆,1978年

第 1 版,1983 年第 2 版,1996 年修订第 3 版,2002 年修订增补本,2005 年第 5 版.

［22］李行健主编.现代汉语规范词典［M］.北京:外语教学与研究出版社、语文出版社,2004.

［23］新华辞书社编.新华字典［M］.北京:商务印书馆,1953 年初版,2004 年第 10 版.

［24］张自烈编.正字通［M］.《续修四库全书》本.北京:中国工人出版社,1996.

［25］刘淇撰,章锡琛校注.助字辨略［M］.北京:中华书局,1954.

汉字与"重新分析"

◎ 杨锡彭

吕叔湘(1980)提出"汉字对词形的影响"是汉语语法特点之一,这一观点很独特,跟一般对于汉语语法特点的表述很不相同,看似难以理解,迄未引起注意,至于深入探究更是付之阙如。其实,汉字作为记录汉语的符号,并不只有记录汉语的功能,汉字对汉语也有反作用,对汉语产生各种各样的影响。在书面上,汉字的书写形式可能改变词的内部结构和内部形式(词义的表现方式),导致词的结构、功能和意义发生"重新分析"(Reanalysis),就是汉字影响词形的重要表现。

Langacker 把"重新分析"(Reanalysis)定义为:没有改变表层表达形式的结构变化。一个可分析为(A,B),C 的结构,经过重新分析后,变成了 A,(B,C)(孙朝奋,1994)。基于"重新分析"的实质来理解,所谓"重新分析"是反映认知变化的语言形式的变化,包括结构、功能、意义的变化。

汉字的影响导致的"重新分析"有不同的情况,大体上分为两种:

一种是从无内部结构、无内部形式到有内部结构、有内部形式。

汉语中绝大多数语素都是单音节的(写下来是一个字),单音节语素的绝对优势导致人们形成了汉语汉字的认知特点,这就是倾向于每个字、每个音节都有意义,甚至于把没有意义的音节、没有意义的字也看作有意义的(赵元任,1979),这就往往导致词语内部结构和内部形式发生变化。例如"鸳鸯"本为联绵词,在历史上附会出"雄曰鸳,雌曰鸯"的解释;在语用中,"鸳"常用作"鸳鸯"的代称独用(陆佃《埤雅》"鹊好外反,鸳好内思";柳永《两同心》"鸳会阻,夕雨凄飞"),或参与构词(鸳枕、鸳侣),这样"鸳鸯"的意义就发生了分解,有了诸如"鸳死鸯随"之类的说法,两个非语素音节变成了语素音节,"鸳鸯"也就有了内部结构和内部形式。①

音译外来词也有因认知倾向而"重新分析"之例。"蘑菇"是来自蒙古语的音译词,"蘑菇"本是囫囵一体的,两个音节、两个字只表示一个最小的意义单位。但在语

---

① 附带说明:音译词用字可能形成字面上的意义组合,但不一定有内部形式。例如 Esperanto(世界语)历史上曾有"爱斯不兰托"的译名,改为"爱斯不难读",字面上有意义,但字面意义无关词的内部形式,或者说词义并不是字面意义表示的意义。

用中,"蘑"和"菇"各自作为"蘑菇"的代称参与组合,构造了"鲜蘑、口蘑、松蘑、金针蘑、猴头蘑""草菇、平菇、香菇、金针菇、茶树菇"等词语,"蘑"和"菇"就都有了意义,甚至可以各自独立成词。"蘑"、"菇"的语素化反过来影响"蘑菇"的意义辨识和结构分析,"蘑菇"也就有了内部结构和内部形式。

另一种是从有内部结构、有内部形式到无内部结构、无内部形式,或内部结构、内部形式变得模糊不清,难以分解、组合。这种情况更普遍。

联绵词的形成可能是语素虚化的结果。在这一过程中,汉字字形的作用往往具有决定性的影响。词的专有书写形式可以使词形囫囵一团不可分解。例如"委蛇"本是复合词,《楚辞·离骚》"驾八龙之婉婉兮,载云旗之委蛇",用蛇的屈曲延伸比喻屈曲绵延貌。"委蛇"写成"逶迤"后,意义无从分解,"逶"和"迤"也都无法与其他语素组合,复合词"委蛇"就变成了联绵词"逶迤"。由于特定字形在表义方面具有专化(specialization)作用,阻碍了字所代表的语言单位发展出进一步的组合功能,由此导致了词的构成成分的意义虚化和内部结构的消失,整个词形也随之囫囵一团了。

汉字心理习惯于用形旁表示字义的类属,但有时造字、用字的过程中给字添加形旁恰如画蛇添足,反而导致语素音节的非语素化,使得词语内部结构和内部形式消失。湖南九嶷山,"九嶷"本为"九疑"。《史记·五帝本纪》:舜"南巡守,崩于苍梧之野,葬于江南九疑……"("九疑"的意思是疑为舜葬之处很多)。在"疑"字上加上"山"字头,"九疑"变成了"九嶷"。本意是以"形"显义,却使字义变异,词义也随之发生变异。"九嶷"的意义无法从字面上来解释,内部结构和内部形式也就模糊不清、难以分析了。如以"九疑"释"九嶷",就只是解释"九疑",而不是解释"九嶷"。

更常见的是俗语词或口语词在书面上采用记录方言口音的俗别字或音近替代字记写,使得一些词语的既有结构和内部形式发生"重新分析"。老南京话中有个词,在报刊上写为"老车"("车"即象棋"车马炮"的"车",意思是"老练、老到"等),追溯其源,"老车"本是上海话的"老鬼"。南京话在借用这个词时,把上海话的语音形式也借用了过来,对照语音记写,就成了"老车"。"老车"字面上的意义理解多半着眼于"老"字,"老车"字面意义的理据不清楚,内部形式也就漫漶不清。

仿译的外来词也有因用字的原因而使词语的结构和意义发生"重新分析"之例。"圆珠笔"是英语 ballpoint pen 的仿译词,"原子笔"是"圆珠笔"的异名。"原子笔"中的"原子"跟"原子弹、原子核"之类的"原子"毫无关系,只是上海话口音"圆珠"二字的俗别字和音近替代字。(杨锡彭,2003)①换句话说,"原子"在字面上其实是囫囵一团的。从"圆珠笔"到"原子笔",结构关系、内部形式都发生了"重新分析"。

汉语书面文献传抄过程中往往有"鲁鱼亥豕"的现象,"宰予昼寝"讹变为"宰予

---

① 把"原子笔"得名之由与"原子弹"或"原子能"联系在一起的传说有不同版本,但都是受词面形式的蛊惑而产生的臆测或演绎。

昼寝"就是所谓"书经三写,乌焉成马"的典型例子。从"畫寢"到"昼寝",结构关系和内部形式都发生了变化。

王宁(1997)指出,汉语双音词的构词成分,常常由于书写方式即字形的原因使得意义难以解释。如"自首","首"字难解,其实,"首"是"道"的古字,"自首"即"自道"("道"义为"言说")。由于古今字的不同,按照"首"字的今义来理解,构成成分在意义上难以组合,对词语的认知就发生了"重新分析",结构关系、内部形式就变得面目不清,难以分析。这类情况应是汉语中一些词语的内部结构与外部功能不一致的原因之一。

书写形式的变异可能是语音变体的反映。"知道"一词,陆志韦等(1957)认为它是"实在不能归类的例子",赵元任(1979)也认为是"不能分析的合成词",袁家骅等(1989)则干脆把"知道"分析为单纯词。从历史来源看,"道"是"得"的通假,①《辞海》"道"有一义项:"犹言'得'、'道'。如:知道;怪道(即怪不得)。"因此,"知道(得)"跟"觉得(到)、晓得"乃至"记得、认得"同属一种结构方式。换句话说,"知道"之"道"既不是表示"言说"的"道",也不是表示"道路"的"道",而是构词语素"一得"的记音字。由于记录用字的歪曲或掩盖,"知道"的结构关系、内部形式已不可分析,因此才有"实在不能归类的例子"或"不能分析的合成词"之说。

记录语音变体的文字书写影响语言单位同一性的鉴别,进而影响语言结构形式的分析。龙果夫(1958)说北京话句子主语是由加上语尾"的"的构成形式时,名词也能单独地作谓语,例如"别睡的地下"是"睡的"做主语,"地下"做"谓语";"扔的水里去啦"中的"扔的"是主语,"水里"是谓语。这一分析是乖谬的,显然是误解。句中的"的"并不是主语的语尾,与结构助词"的"(即所谓语尾)也不具有同一性,而是口语中"在"或"到"的语音变体的记写。换句话说,"睡的"、"扔的"分别与"睡在"、"扔到"同构。这类"V+克立(clitics)"②的形式构成一个韵律组合,"克立"在功能上相当于一个词,但又属于韵律词项中的一个构成成分。

上述例析说明,文字作为记录语言符号的符号,并不只是被动地记录语言符号,文字既记录语言符号,也对语言符号有反作用。由于汉字认知倾向的驱动,没有意义的字也会变成有意义,从而使复音单纯词分解出内部结构和内部形式;由于记录语言单位的文字书写形式的改变,语词的内部结构、内部形式完全消失,或变得难以分解、组合;由于文字记录的是语言单位的语音变体,导致语言结构形式的变形或误判。从这些方面理解,吕叔湘(1980:3)提出"汉字对词形的影响"是汉语语法特点之

---

① 参徐复岭(1992)。徐说自有道理,可为旁证的例子很多。例如"使得"一词,在以汉语南方方言为背景的台湾口音以及海外华语中,词形是"使到",其原因在于"得"在南方方言口音中重读,对照口音记写下来,就是"到"。

② 关于clitics,参看哈特曼、斯托克(1981)、戴维·克里斯特尔(2000)、杨锡彭(2012)。clitics很难准确意译,"语尾、词缀、附缀、附着形式、附着词"都不确切,因此不妨音译为"克立"。

一,是很有见地的,值得全面、深入地探讨。

参考文献

[1] 戴维·克里斯特尔.现代语言学词典[M].沈家煊,译.北京:商务印书馆,2000.

[2] 哈特曼,斯托克.语言与语言学词典[M].黄长著,林书武,卫志强,周绍珩,译.上海:上海辞书出版社,1981.

[3] 龙果夫.现代汉语语法研究[M].北京:科学出版社,1958.

[4] 陆志韦等.汉语的构词法[M].北京:科学出版社,1957.

[5] 吕叔湘.现代汉语八百词[M].北京:商务印书馆,1980.

[6] 孙朝奋.《虚化论》评介[J].国外语言学,1994(4).

[7] 王宁.现代汉语双音合成词的构词理据与古今汉语的沟通[M].庆祝中国社会科学院语言研究所建所45周年学术论文集.北京:商务印书馆,1997.

[8] 徐复岭."知道"的构词方式是什么?——现代汉语语法的动态研究之一例[J].汉语学习,1992(6).

[9] 杨锡彭.汉语语素论[M].南京:南京大学出版社,2003.

[10] 杨锡彭.与词缀有关的几个问题[M].词汇学理论与应用(六).北京:商务印书馆,2012.

[11] 袁家骅,等.汉语方言概要[M].2版.北京:文字改革出版社,1989.

[12] 赵元任.汉语口语语法[M].吕叔湘,译.北京:商务印书馆,1979.

作格动词的性质和作格结构的构造[①]

◎ 沈　阳　Rint Sybesma

一、关于"作格动词"与"作格结构"的讨论

从 Perlmutter(1978)提出"作格(非宾格)假设(Unaccusative Hypothesis)"、Burzio(1986)提出"Burzio 定律(Burzio Generalization)"，及吕叔湘(1987)讨论了汉语动词"胜"和"败"的两种句法格局以来，国内外句法和语义研究中都对"作格动词(ergative verb)"[又称"非宾格动词(unacusative verb)"]和"作格结构"有颇多关注、讨论。

现代汉语中所谓"作格动词"和"作格结构"，一般认为是指"死、病、飞、跑、落(降落)、沉(沉没)、化(融化)、暴露、发生"这样一类特殊不及物动词及所构成的结构。如下面(1)只是一般的不及物动词结构，谓语动词联系的唯一施事论元只能出现在动词前的主语位置；但(2)中的动词虽然也只联系一个论元，但这个客体论元既可以出现在动词前做主语[这时与(1)相同]，又可以出现在动词后做宾语，且整个结构的意义基本不改变[这就跟(1)不同][②]。(2)中的动词就是作格动词，这种动词构成的结构就是作格结构。比较：

(1) a. 姑娘哭了 / *哭了一个姑娘　　b. 孩子醒了 / *醒了一个孩子
　　c. 病人咳嗽了 / *咳嗽了一个病人　d. 同学结婚了 / *结婚了三个同学

(2) a. 孩子病了 / 病了一个孩子　　b. 犯人跑了 / 跑了一个犯人
　　c. 轮船沉没了 / 沉没了一艘轮船　d. 问题暴露了 / 暴露了不少问题

---

①　本文写作过程中和作者先后在荷兰莱顿大学、法国高等社会科学院、北京大学、北京语言大学报告时，分别得到郑礼珊、何莫邪、柯理斯、包华丽、罗端、齐冲、陆俭明等提供重要参考意见，《世界汉语教学》的审稿人也提出了一些宝贵修改意见：谨一并致谢。

②　在作格结构中，名词出现在动词前是定指形式，出现在动词后一般需要改成不定指的数量名形式。但这一点并不影响结构的基本意义，即论元结构意义并不改变。

作格动词结构之所以引起大家的兴趣,除了因为在各种语言中都发现有这种不及物动词的特殊小类之外,在汉语研究中更因为有许多热点和难点现象,比如像"王冕死了父亲"这样的领主属宾句,"家里来了客人"这样的隐现句,"台上坐着主席团"这样的存在句,就无疑都跟作格动词和作格结构的特点有关。尽管各家研究这些结构不一定都是从作格动词结构入手的,但事实上却都必然要涉及这一类动词的特点。总结以往对汉语作格动词结构的各种讨论,无非围绕着两个问题:一个是作格动词的性质,一个是作格结构的构造。

关于作格动词的性质,也就是要搞清楚怎么定义作格动词,到底有哪些是作格动词。国外文献中早就有人注意作格动词内部有更细的差别。影山太郎(2001)就认为英语中"happen(发生)、appear(出现)"等动词,虽然也只带有一个客体论元(theme),但该论元通常还是做主语的,即使做宾语也无须另外的主语:这是较接近一般不及物动词用法的作格动词(即严格的"非宾格动词");而像"break(打破)、open(开)、close(关)、melt(融化)"等动词,所带客体论元不但能做主语(此时结构中无宾语),也能当宾语(此时结构中另有主语),如"The ice melted(冰块化了)"和"He melted the ice(他化开了冰块)":这才是典型的作格动词。国内也有学者注意定义和区分作格动词的类别,如李临定(1990)就根据现代汉语"领主句""隐现句""存在句"等结构或句式的差别,把其中的动词分别归为"睁"类、"灭"类和"走"类,这差不多就是汉语作格动词的小类。曾立英(2006)提出,判定汉语作格动词除必须能进入"[X—动词—Y]"和"[Y—动词]"格局,还包括"动词前可加'使'"、"动词后可加'自己'"等标准。虽然她最终得到160个之多的作格动词,甚至包括了"丰富、巩固"这样的形容词和"恶化、淡化"这样的动词,可却又根据动词前后两个名词之间有领属关系而排除了像"腰扭了/他扭了腰"中的"扭"这类动词,甚至连公认的"父亲死了/王冕死了父亲"中的"死"类动词在她看来也不算作格动词。黄正德(1990)实际上也认为作格动词像受格动词有一元(不及物)动词和二元(及物)动词那样可分成为两类:如"哭、跳、吵闹"等是一元受格(非作格)动词,"死、走、发生"等是一元作格(非宾格)动词;"打、写、批评"等是二元受格(及物)动词,"开、沉、吓"等就是二元作格(致使)动词。黄正德(2008)进一步提出三元(双宾)动词同样可分为受格(非作格)动词和作格(非宾格)动词:前者即"偷、抢"类"取得义"双宾结构中的动词;后者即"给、送"类"给予义"双宾结构中的动词。但很显然,上面所有这些关于作格动词性质和类别的说法感觉上还是各成一套,不能不说到现在为止依然是"公说公有理,婆说婆有理"。

关于作格结构的构造,也就是为什么作格结构有这样一些特殊表现形式,或者说作格结构是怎样构造的。对此目前的各种意见更是众说纷纭。姑且不说像"家里来了客人"、"台上坐着主席团"这种句子早就成了汉语语法研究的"经典名句",就拿对"王冕死了父亲"这一类公认的典型作格动词结构的句法构造分析来说,也真可算得上是"八仙过海,各显神通"。沈家煊(2006)曾分别归纳了近几年在生成语法框架下各家对这种结构生成方式的处理方案及存在的问题。徐杰(1999/2001)和韩景泉(2000)用领有名词移位来解释"王冕"是从原型结构"死了王冕的父亲"中移到前面去的。但问题在于"王冕"本身已有所有格,再向前移位去拿主格就造成了重复赋格和格冲突。温宾利、陈宗利(2001)认为汉语必须有一个定指名词做主语,所以"王冕"要前移到主语位置以便通过"定指特征核查"。但问题在于汉语的句子并非一定需要定指主语,如"昨天死了一个人"就能说。朱行帆(2005)则说这种结构是由核心动词"死"向前移位构造的。但又说不清楚"死"为什么非移位不可,因为移位前的结构"王冕的父亲死了"本来就合格。潘海华、韩景泉(2005)则又说"王冕"不是主语而是外加的话题。这种分析不但把"王冕"划到整个结构的外面去了,而且说"父亲"可以分别在动词前或动词后获得主格(在动词前就是"父亲死了",在动词后就是"死了父亲"),也显然太牵强,因为"父亲"既然在某一处获得了主格,就无须再有另一种结构形式。沈文在一一否定这些方案后,基于认知语法理论提出"糅合造句说",即"王冕死了父亲"是糅合了"王冕丢了东西"句式框架的结果。任鹰(2011)又依据构式语法理论提出"构式关联说",即"王冕死了父亲"这种结构与"村子里死了一个人"这种存现句有相同句法表现,因此是"构式赋值"的结果。不难看出,上面所有这些对作格结构生成方式的分析各有招数,但也正如沈家煊(2006)所说,其实不过是"摁下葫芦浮起瓢"。

那为什么这么多年来"你方唱罢我登场",关于作格动词和作格结构的各种分析解释总是缺少"临门一脚"或者不能"药到病除"呢?我们觉得问题或许并不在"一脚"和"药到"上,而在于有没有"射进门"和"对上症"。换句话说,我们为什么不能问一下,作格动词是不是真的是或只是(2)那样的单个动词,作格结构是否真的是或只是(2)那样的单动词结构?事实上尽管目前各家对作格动词结构的分析五花八门,但在这一点上却非常一致,即大家的眼睛都只盯着(2)中那样的几个动词,又特别是只盯着"王冕死了父亲"那样的结构。而在我们看来,问题的症结很可能就在这里。因为以往所有分析都是建立在"默认"作格动词是一个"单个动词"和作格结构是一种"单动词结构"上的,所以才会使人感觉作格结构"有悖于动词论元投射规则的句法序列"(任鹰,2011),才会使人在分析作格结构的构造时"小看了不同表层结构之间的差异"(沈家煊,2006)。但如果换另一种思路,即如果证明作格动词本身根本就不是单个的动词,作格结构也完全不是单动词结构,那么上面所有争论的问题岂不是都可以另起炉灶重新讨论,甚至连这些问题本身也就不复存在了吗?

二、"补语小句"与双动词作格结构(显性动结式)的句法构造

上面说"作格动词"不一定是单个动词,"作格结构"也不一定是单动词结构,很显然我们的意思是想说,作格动词实际上应看作一种"双动词"性质的动词,作格结构也应看作一种"双动词结构"。那么什么是"双动词结构",这种结构又有什么特点呢?其实大家都承认,汉语的动结式,如"姑娘唱哭了""米饭煮糊了""肚子吃饱了""眼睛哭肿了",就是一种典型的双动词结构。而我们进一步的想法是,这种动结式可能才是汉语中真正的"作格结构",其中"唱哭、煮糊、吃饱、哭肿"才是汉语中真正的"作格动词"。

我们承认,关于动结式结构相当于作格动词并不是没人提到过。如黄正德(1990)、Cheng & Huang(1994)就已指出,汉语中许多动结式结构,如"气死、吓昏、笑死、渴死、醉倒、喝醉、看瞎、吃坏"等,因为也都可进入"[X—动词—Y]"和"[Y—动词]"的格局,所以也有"类似"作格的现象,或者说就相当于作格动词。但我们的看法至少有两点跟他们不同:第一,C&H 只承认"一部分"动结式(主要是动结式复合词)相当于作格动词;而我们则认为"所有"动结式(特别是动结式词组)都相当于作格动词;第二点更重要,C&H 只是把动结式看作作格动词的小类,即这些动结式只是相当于"(单个)动词";而我们则相反是想证明:汉语中其实并不存在单个的作格动词,所有的单个作格动词都具有动结式的句法和语义表现。曾立英(2006)认为,动结式表现的作格现象只是"句式作格",不同于"词典词"的作格动词。但她同时又说,作为词典词的作格动词"其内部结构绝大多数也是动结式"[①]。在我们看来,这恰恰就是作格动词跟动结式一致的一个有力证据。如果把话说得更彻底一些,那么就可以认为,不但"有些"作格动词是动结式的构造,其实"所有"表面上看到的单个作格动词也都是动结式的构造,或者说动结式词组才是作格动词的"真身"。

为了说明我们对作格动词性质和作格结构构造的"动结式双动词假设",就得先说说我们对动结式句法构造和语义特点的看法。对汉语动结式的构造形式国内外有很多不同分析,虽然操作的程序和技术有不同(这里不细说),但无论是"词库生成说"还是"句法生成说",各种分析至少都承认像"唱哭、煮糊、吃饱、哭肿"这类动结式中包含有两个动词性成分(动素或动词),或者说动结式一定是由两个动词性成分构成的。对于这一点应该没有什么争议,各种方案的区别仅仅在于怎么分析动结式的

[①] 曾立英(2006)确定的 142 个双音作格动词中内部结构是动结式的有 51 个:败坏、澄清、充实、纯洁、纯净、端正、断绝、改进、改善、感动、贯彻、贯穿、巩固、固定、轰动、毁灭、缓解、涣散、加大、加固、加快、加强、加深、加重、坚定、健全、减轻、减少、降低、解放、解散、惊动、惊醒、开通、夸大、扩大、扩充、平息、平定、缩小、疏散、提高、透露、消除、消灭、削弱、延长、增强、增长、震动、震惊。

句法构造。

我们(Sybesma,1992/1999;司马翎、沈阳,2006;沈阳、司马翎,2010)曾采用"补语小句(small clause)"①来分析汉语的动结式。这种分析的基本假设是:汉语动结式中的谓语动词表达一个非状态性的动作行为(activity),该动作行为内部没有作用的范围和到达的终点,即整个结构是"无界(atelic)"的;这个动词又带有一个由简单主谓结构构成的"小句补语",这个补语小句则为没有终点的动作行为提供作用的范围和到达的终点,即实现结构的"有界性(telic)"。通俗点说就是:这种结构中的谓语动词表示动作行为,而补语小句则表示终点结果,合起来才表示一个完整的"动作—结果(action-result)"事件;或者说这种结构中一定包含有主句动词和小句动词两个动词,整体上就是一种"双动词结构"。

汉语动结式包括及物的结构和不及物的结构两类。不及物动结式没有外部论元(external argument),而只有一个作为补语的内部论元(internal argument)。这个内部论元就表现为一个"补语小句"。以下面(3)"米饭煮糊了"为例,根据小句分析,主句动词"煮"表示没有内部终点的动作行为,同时"煮"又导致"米饭糊"的终点结果。这个句子在语义上可以分析为:有一个"煮"的动作事件和一个由"煮"造成的"米饭糊"的结果事件;而在句法上就可分析为:主句动词"煮"带有一个表结果的补语小句"米饭糊"。补语小句包含有自身主语成分"米饭"和谓语成分"糊"。但由于小句没有时态(tense),并不是完整句子结构,因此小句中各种成分都需要分别移出以便获得句法允准。其中小句的主语"米饭"需要前移到句子的大主语位置,以获得"格(Case)"指派;而小句的谓语"糊"则要前移到主要动词 V^0 "煮"的位置上与之合并为一个复合动词"煮糊",以获得"时态"的特征核查。见下面的简化图示(暂不考虑其中的"了"):

(3) a. $[_{VP}[_{V^0}煮[_{SC}米饭糊了]]]$
→ b. $[_{IP}米饭_i[_{VP}[_{V^0}煮[_{SC}t_i 糊了]]]]$
→ c. $[_{IP}米饭_i[_{VP}[_{V^0}煮糊_j 了[_{SC}t_i t_j]]]]$

及物动结式与不及物动结式最主要的区别在于,结构中存在一个包含外部论元(external argument)的短语结构层。根据 Chomsky(1995),这个句法层次称为"vP(小 VP)"。这个层次的主要作用是为谓语动词层"VP(大 VP)"提供一个作为"引发者"或"致使者"(Causer)的外论元。以下面(4)"妈妈煮糊了米饭"为例,谓语动词VP层与(3)完全相同,不同之处在于外部增加了一个由 vP 层提供的引发"煮"这一

---

① "补语小句分析"是 Sybesma(1992/1999)在 Hoekstra(1988)提出的"小句(small clause)"的基础上发展起来的一种句法分析理论。

事件的致使性论元"妈妈"。这个句子在语义上可分析为：有一个由"妈妈"引发的"煮"的动作行为事件，而造成的终点结果事件是"米饭糊"。在句法分析上：两种结构的 VP 层"煮[米饭糊]"完全相同，只是小句中的主语"米饭"在(4)中由于 v^0 的存在，最邻近的移位位置只能是 VP 的 Spec 位置，而移到大主语位置的则是在 vP 的 Spec 位置生成的致使者外论元"妈妈"；同样(4)的小句谓语"糊"也要先移到主要动词 V^0"煮"的位置与之合并为一个复合动词"煮糊"，再通过"V-to-v"中心词移位操作又一起前移到 vP 的中心语 v^0 位置上。不难发现，及物动结式实际上就是不及物动结式的扩展式[即增加"致使者"外论元(妈妈)]。比较(3)和(4)：

(4) a. [$_{vP}$妈妈[v^0[$_{VP}$[v^0煮[$_{SC}$米饭糊了]]]]]
→ b. [$_{IP}$妈妈[$_{vP}$[$_{VP}$米饭$_i$[v^0煮糊$_j$了[$_{SC}$ t$_i$ t$_j$]]]]]
→ c. [$_{IP}$妈妈[$_{vP}$[v^0煮糊$_j$了[$_{VP}$米饭$_i$[$_{SC}$ t$_i$ t$_j$]]]]]

上面(4)"妈妈煮糊了米饭"这种及物动结式与"把"字句即下面(5)"妈妈把米饭煮糊了"，也有高度的一致性和衍生关系(Sybesma，1992/1999；沈阳、司马翎，2010)。即从句法上说，只要在 vP 的中心语 v^0 位置上插入强致使标记"把"，"煮糊"就不能进入这个位置而必须留在原来"煮"的 VP 中心语 V^0 位置上，这也就构成了"把"字句。而从语义上说，插入了强致使标记"把"的句子"妈妈把米饭煮糊了"所表达的致使义当然也就肯定要比(4)更加凸显些。不难发现，"把"字句实际上就是及物动结式的变换式[即不但引入致使者外论元(妈妈)，同时插入致使标记(把)]。比较(4)和(5)：

(5) a. [$_{vP}$妈妈[v^0[$_{VP}$[v^0煮[$_{SC}$米饭糊了]]]]]
→ b. [$_{IP}$妈妈[$_{vP}$[v^0把[$_{VP}$米饭$_i$[v^0煮糊$_j$了[$_{SC}$ t$_i$ t$_j$]]]]]]

对于上面这种分析还需要补充说明两点：

第一个问题是，动结式中名词(NP)和动词(V)之间是什么关系？有人就质疑小句分析：比如"姑娘唱哭了"，感觉上"姑娘"跟主句动词"唱"也有某种联系，至少有语义上的联系，即"姑娘"就是"唱"的施事主语。再如"妈妈煮糊了米饭"或"妈妈把米饭煮糊了"，其中的"妈妈"好像就是"煮"的施事主语，"米饭"就是"煮"的受事宾语。但在我们看来，这只不过是受人们头脑中现实世界百科知识的影响(Hoekstra，1988)，即当人们听到由于"唱"这个动作行为导致"姑娘哭"或听到由于"妈妈煮"的动作事件导致"米饭糊"时，一般总会联想到"唱"的人是"姑娘"，或者"煮"的人是"妈妈"、"煮"的东西是"米饭"。但根据补语小句分析，"姑娘"和主句动词"唱"、"妈妈、米饭"和主句动词"煮"在句法结构和语义角色上并没有联系。

我们这样分析至少有两个理由：一方面是这种分析更符合句法理论的要求。因为根据"论元准则(θ-Criterion)"，一个名词(NP)在一个结构中只能充当一个论元角色，一个论元角色也只能由一个名词(NP)充当。因此"姑娘唱哭了"中的"姑娘"既然做了补语小句的主语(姑娘哭)，就不能再是"唱"的施事主语；"米饭煮糊了"中的"米饭"既然是补语小句的主语(米饭糊)，就不能再是"煮"的受事宾语。至于"妈妈煮糊了米饭"或"妈妈把米饭煮糊了"的主语"妈妈"，因为是在 vP(小$_v$P)的 Spec 位置上生成的，语义角色也就不可能是"煮"这个动作的发出者(施事)，同样跟"煮"没有直接关系。① 另一方面，这种分析也可保持句法构造的一致性。因为如果说"姑娘唱哭了"中"姑娘"与"唱"有关系的话，那么同样的句子"肚子笑疼了"则毫无疑问"肚子"只可能与小句动词"疼"有句法和语义的联系(肚子疼)，而与主句动词"笑"没有任何关系(＊肚子笑)。再如如果说"妈妈煮糊了米饭"或"妈妈把米饭煮糊了"中的"妈妈"与"煮"有某种联系，那么同样的句子如"这首歌唱哭了妹妹""这首歌把妹妹唱哭了"中的"这首歌"就不可能是"唱"的句法主语和施事论元(＊这首歌唱)。而所有这些结构按照小句分析则完全一样，即"姑娘、肚子"的基础位置都是补语小句的主语，"妈妈、这首歌"的论元角色都是"致使者"。比较：

(6) a1. 姑娘唱哭了(唱[姑娘哭])　　a2. 米饭煮糊了(煮[米饭糊])
　　b1. 肚子笑疼了(笑[肚子疼])　　b2. 眼睛哭肿了(哭[眼睛肿])

(7) a1. 哥哥唱哭了妹妹 / 哥哥把妹妹唱哭了(哥哥—唱[妹妹哭])
　　a2. 妈妈煮糊了米饭 / 妈妈把米饭煮糊了(妈妈—煮[米饭糊])
　　b1. 这首歌唱哭了妹妹 / 这首歌把妹妹唱哭了(这首歌—唱[妹妹哭])
　　b2. 这口锅煮糊了米饭 / 这口锅把米饭煮糊了(这口锅—煮[米饭糊])

第二个问题是，补语小句的"主谓结构"到底是什么样子？有人就质疑有些动结式按小句分析其中的补语小句在词汇意义上似乎"说不通"：例如"(把)河水冻住了"，补语小句是"冻[河水住]"，"(把)钱包丢掉了"，补语小句是"丢[钱包掉]"。其实这种补语小句的词汇意义不搭配是语法成分的虚化造成的，并不影响对动结式句法构造和语义性质的分析。

汉语动结式中存在补语虚化现象是大家都承认的。许多研究(如吴福祥，1998；刘子瑜，2004；玄玥，2008，等)也证明，动结式的虚化成分都是补语动词(即我们说的小句中的动词)，且补语动词虚化后都表示"完成"的意义，并形成一个封闭的小类，

---

① 根据小句分析，汉语的动结式也不必要分析为"姑娘唱[PRO 哭]"或"妈妈煮米饭[PRO 糊]"这种认为是由于结构并合而包括了空代词 PRO 的结构。小句分析至少比包含空代词 PRO 的分析更加统一、更加简单。

包括"完、好、掉、住、成、了(liǎo)、着(zháo)、过(guò)"等。这种虚化后的补语动词做小句谓语虽然可能造成小句的主谓结构在词汇意义上不搭配,但实际在句法构造上对带虚化补语的动结式和带实义补语的动结式完全可以做相同的分析,即其中都包含有补语小句。比较:

(8) a.（把）河面冻硬 / 住了
　　←河面[$_{VP}$冻硬 / 住了[$_{SC}$ t t]]　　←[$_{VP}$冻[$_{SC}$河面硬 / 住了]]
　　b.（把）桌子擦干净 / 好了
　　←桌子[$_{VP}$擦干净 / 好了[$_{SC}$ t t]]　　←[$_{VP}$擦[$_{SC}$桌子干净 / 好了]]

现在就可以回到关于作格动词和作格结构的讨论了。为什么我们认为汉语的作格动词结构不但也应该是像动结式这样的双动词结构,而且汉语动结式,特别是"姑娘唱哭了"、"米饭煮糊了"这种基础动结式才是汉语真正的"作格结构","唱哭、煮糊"才是汉语真正的"作格动词"？这是因为在我们看来,汉语的动结式才更符合作格动词结构的"本来面目"。

一方面,从作格动词结构的外部特征来看,动结式具备作格动词结构的句法构造形式。大家都承认,作格动词结构与其他动词结构的最大区别主要有两点:一个特点是作格动词的唯一论元一定是内论元,即作格动词结构中尽管也可以由这个论元做主语,但底层结构却是"深层无主句"(即"V＋内论元")。例如"牛死了/死了一头牛""犯人跑了/跑了一个犯人"就是这种情况。另一个特点是当结构中唯一论元名词出现在动词后宾语位置或"把"字后面时,结构的主语位置出现的名词一定不是"施事",而是"引发者"或"致使者"。例如"王冕死了父亲""他们跑了一个犯人"和"他去年把老伴死了""看守不小心把犯人跑了"就是这种情况。作格动词结构的这两个结构特点,其实也恰恰是动结式的结构特点。因为按前面分析,像"姑娘唱哭了"、"米饭煮糊了"这种基础动结式,一定都是主句动词"唱、煮"带上一个作为补语小句的内论元,即"唱[姑娘哭]""煮[米饭糊]":这就完全符合作格动词结构的第一个特点。同样根据前面分析,像"这首歌唱哭了姑娘/这首歌把姑娘唱哭了"、"妈妈煮糊了米饭/妈妈把米饭煮糊了"这种扩展和变换动结式中出现的主语名词一定都是引发者或致使者外论元,并非施事主语:这也就完全符合作格动词结构的第二个特点[①]。例如:

(9) a1. 姑娘唱哭了（基础结构形式:[$_V$唱 [$_{SC}$姑娘哭]）

---

① 当然动结式和一般说的作格动词结构也有细节上的不同之处。例如动结式的基础形式"唱[姑娘哭]",不能让作为内论元的补语小句整体前移做主语,只能让小句的主语"姑娘"前移做结构的主语。

a2. 米饭煮糊了（基础结构形式：[v 煮 [sc 米饭糊]]）
b1. 这首歌唱哭了姑娘 / 这首歌把姑娘唱哭了（主语"这首歌"＝致使者）
b2. 妈妈煮糊了米饭 / 妈妈把米饭煮糊了（主语"妈妈"＝致使者）

另一方面，从作格动词结构的内部特征来看，动结式也符合作格动词结构的语义表达特点。大家都承认，作格动词结构一定是一种"有界的"的结构，即整个结构在意义上不但表示动作行为也表示终点结果，或者说一定既包含动作事件也包含结果事件（Hoekstra,2004）。例如"牛死了/死了一头牛"、"犯人跑了/跑了一个犯人"都是这种意义。而加上引发者或致使者的作格动词结构（包括"把"字句），更毫无疑问除了有动作行为义，也包含终点结果义。例如"邻居把牛给死了"、"看守把犯人给跑了"都是这种意义。而作格动词结构这两个语义特点其实也正是动结式的语义特点。因为按照前面分析，像"姑娘唱哭了""米饭煮糊了"这种基础动结式，一定是主句动词"唱、煮"带上一个作为终点结果的补语小句"姑娘哭""米饭糊"；同样根据前面分析，像"这首歌唱哭了姑娘/这首歌把姑娘唱哭了"、"妈妈煮糊了米饭/妈妈把米饭煮糊了"这种加上致使者外论元的扩展和变换动结式，其中"致使者（NP）通过动作行为（VP）导致终点结果（SC）"的整个语义链条就更加清楚。而且由于动结式包含了主句动词和小句动词，当然也更能突出作格动词结构的这种语义特点。例如：

(10) a1. 姑娘唱哭了（主句动词"唱"；小句动词"（姑娘）哭"）
a2. 米饭煮糊了（主句动词"煮"；小句动词"（米饭）糊"）
b1. 这首歌唱哭了姑娘 / 这首歌把姑娘唱哭了
（致使者"这首歌"；主句动词"唱"；小句动词"（姑娘）哭"）
b2. 妈妈煮糊了米饭 / 妈妈把米饭煮糊了
（致使者"妈妈"；主句动词"煮"；小句动词"（米饭）糊"）

三、补语动词隐含和单动词作格结构（隐性动结式）的句法构造

上一节我们想说明，动结式这种"双事件结构（动作事件＋结果事件）"才是汉语的作格结构，"唱哭、煮糊"（包括补语动词虚化的"冻住、丢掉"）这种"双动词形式（主句动词＋小句动词）"才是汉语的作格动词。那么现在要反过来问，汉语中还存在单动词形式的作格动词和单动词结构的作格结构吗？比如一般说的"死、跑"这类动词还是作格动词吗，"牛死了/死了一头牛"、"犯人跑了/跑了一个犯人"这类结构还是作格结构吗？

其实根据我们的分析（沈阳、司马翎,2010），认定一个结构是不是双动词的动结式（即作格结构），或者说是不是"有界"结构，倒并不在于在结构中一定能够"看到"

两个动词或者表现为显性动结式,而主要看能否添加特定句法结构标记:其一是看能否添加标记"给"而升级为中动结构("给"字句),如"姑娘给唱哭了""米饭给煮糊了"①。其二是看能否添加"致使者"论元和强致使标记"把(小 v)"而进一步升级为致使结构("把"字句),如"这首歌把姑娘(给)唱哭了""妈妈把米饭(给)煮糊了"。因此从理论上说,任何动词结构只要能够通过这两种句法标记测试,那么无论表面上是什么样的动词结构,包括单个动词结构,就可以肯定该结构的原型一定都是双动词动结式,即这样的单动词也是动结式作格动词,这样的单动词结构也是动结式作格结构。

一般的单个动词结构中只包含一个动作事件,也仅由一个动词构成。这类动词结构就属于"单动词结构"(也就是所谓"不及物 Vi 结构"和"及物 Vt 结构"),当然肯定无法通过双动词结构的句法标记测试,这种结构的基础形式也就肯定不是作格动词结构。例如:

(11) a.(*NP 把)她(*给)哭了　　b.(*NP 把)她(*给)休息了
　　 c.(*NP 把)她(*给)唱了　　d.(*NP 把)她(*给)参观了

但不难发现,很多表面上只出现一个动词的结构也能通过这两种句法标记测试,即在单动词结构中也可以加上中动标记"给"以及"致使者"论元和致使标记"把"。例如:

(12) a.(爸爸把)房子(给)卖了　　b.(弟弟把)苹果(给)吃了
　　 c.(我军把)敌人(给)消灭了　d.(知识把)命运(给)改变了

(13) a.(看守把)犯人(给)跑了　　b.(保姆把)小鸟(给)飞了
　　 c.(班子把)矛盾(给)暴露了　d.(暖流把)冰山(给)融化了

既然这些表面上的单个动词结构都能通过双动词结构的句法标记测试,那么就完全可以肯定这些结构的原始形式也是"双动词结构",只不过其中一个动词由于某种句法和语义条件"隐含"了才无法直接观察到。事实上补语动词虚化完全有可能造成弱化、脱落而最终隐含,补语动词的意义也可能原本就包含在主句动词中而始终隐含:这些都会使动结式表现为单动词结构。由此也可以推断,由于动结式中虚化、脱落的成分一定是补语动词,因此动结式中隐含的成分也就应该都是补语动词。仔细分析起来,补语动词的隐含又包括两种情况:

---

① 限于篇幅,本文不详细讨论汉语的中动结构("给"字句)。可参看沈阳、司马翎(2010)。

双动词动结式中补语动词隐含的一种类型如前面(12)的例子,即是由补语动词的脱落造成的。这种动结式中的谓语动词都是一般动作动词,而补语动词脱落其实也就是前面说的结果补语虚化后进一步弱化形成的。即很可能是动结式在自身语法化的过程中,主句动词"吸收"了补语动词的词义,或者说是动结式中谓语动词和补语动词进行了词形的"融合",这才最终造成了补语动词脱落而只表现为单个动词结构。例如:

(14) a.(妈妈把)衣服(给)洗(好)了　　b.(弟弟把)苹果(给)吃(完)了
　　　c.(他把)这房子(给)卖(掉)了　　d.(他把)那件事(给)忘(掉)了

我们说这种类型的单动词结构中一定隐含了补语动词,是因为整个结构在语义上其实仍然包含着表示"有界"的结果补语,而且这个脱落的补语动词也都可以很自然地补出来。这一点可以用下面(15)例子来证明:"别扔了"这句话有两个意思,但只有其中表示动作完成的意思,即包含两个动词词义或可以补出补语动词的结构,才有可能构成"给"字句和"把"字句;另一种表示动作正在进行的意思,即不包含两个动词词义或不可以补出补语动词的结构,则并不能构成"给"字句和"把"字句。比较:

(15) a1. 别扔了(留下来)(扔＝动作行为"扔"＋结果终点"掉")
　　→ a2. 别把东西给扔(掉)了
　　b1. 别扔了(停下来)(扔＝单纯动作"扔")
　　→ b2. ＊别把东西给扔(掉)了

由于虚化的结果补语与主句动词有比较广泛的搭配,具有很强的能产性,因此有很多动词都能够构成这一类隐含补语动词的动结式。吕叔湘主编《现代汉语八百词》(1981)提到,汉语有一类动词如"忘、丢、关、喝、吃、咽、吞、泼、洒、扔、放、涂、抹、擦、碰、砸、摔、磕、碰、撞、踩、伤、杀、宰、切、冲、卖、还、毁",后面的"了₁"表示动作有了结果,相当于补语"掉"。其实换一种说法也就是说这些动词后面都应该有一个看不见的补语动词"掉",或者不妨说这种单动词结构就相当于隐含补语动词"掉"的动结式。① 例如:

(16) a.(把)水(给)洒(掉)了 ← 水[$_{VP}$洒(掉)了[$_{SC}$ t t]] ← [$_{VP}$洒[$_{SC}$水(掉)了]]

---

① 当然吕叔湘(1980)说的是"了"相当于"掉",而不是说动词后面脱落了一个"掉"。这个问题涉及对"了"的句法作用和语义性质的分析。对此我们将另文讨论。另可参看玄玥(2008)与沈阳、玄玥(2012)。

b. (把)烟(给)戒(掉)了 ← 烟[vp戒(掉)了[sc t t]] ← [vp戒[sc烟(掉)了]]
c. (把)书(给)扔(掉)了 ← 书[vp扔(掉)了[sc t t]] ← [vp扔[sc书(掉)了]]

动结式中补语动词隐含的另一种类型如前面(13)的例子,即谓语动词本身就是"典型"的作格动词,亦即(2)提到的"死、病、飞、跑、犯、塌、落(降落)、沉(沉没)、化(融化)、暴露、发生"这类动词。不难发现在这些动词结构中都可加上"给"构成中动结构("给"字句),也都可以加上"致使者"和"把"构成致使结构("把"字句)。例如:

(17) a. (那看守把)犯人(给)跑了　　b. (保姆把)小鸟(给)飞了
　　 c. (你怎么把)孩子(给)病了　　d. (班子把)矛盾(给)暴露了

虽然这些典型作格动词本身肯定是单个动词,但这类动词最主要的特点就是其本身的语义都包含一定的结果或终点,即具有有界性。因此也就不妨说这些单个动词一定内在地包含着补语动词,如"犯人(给)跑了"就不是"跑步"的意思,而是"跑掉"的意思。可见这些单动词结构也就可以同样分析为表示终点结果意义的补语动词隐含了。这方面的一个证据就是,与一般动结式中由虚化而最终脱落的补语动词能够"还原"一样,这些动词结构中内在被隐含的补语动词也可以"添加"而构成完整动结式且保持整个结构的意义不变。例如:

(18) a. (把)犯人(给)跑(掉)了
　　　 ←犯人[vp跑(掉)了[sc t t]]　　←[vp跑[sc犯人(掉)了]]
　　 b. (把)孩子(给)病(倒)了
　　　 ←孩子[vp病(倒)了[sc t t]]　　←[vp病[sc孩子(倒)了]]
　　 c. (把)冰块(给)化(开)了
　　　 ←冰块[vp化(开)了[sc t t]]　　←[vp化[sc冰块(开)了]]
　　 d. (把)矛盾(给)暴露(出来)了
　　　 ←矛盾[vp暴露(出来)了[sc t t]]　　←[vp暴露[sc矛盾(出来)了]]

由上面分析就可以得出一个结论:作格动词结构都必须在语义上包含两个事件(动作行为+终点结果),也都必须在句法上包含两个动词(主句动词+小句动词)。如果这类结构只出现一个动词,那就必定是隐含补语动词的隐性动结式。而且隐性动结式的补语动词,无论是被主句动词"吸收合并"还是由主句动词"内在包含",不但在句法上都可以通过"还原"或"添加"构成"主句动词+小语动词"的完整动结式结构,而且在语义上也都可以表达相同的"动作行为+终点结果"的完整动结式意义。由此也就可以说,所有作格动词的原始形式都不是单动词而是双动词,所有作格结构的原始结构都不是单动词结构而是双动词的动结式,不但由补语动词虚化最终脱落造成的隐性动结式是这样,以往所说的那些典型作格动词也是这样。换一种说法就是,我们现在定义的作格动词结构的范围包括但又大于以前说的作格动词结构:即"犯人跑了"和"米饭煮糊了"都是作格结构,"跑"和"煮糊"都是作格动词。只不过我们不是把"煮糊"看作类似于"跑"那样的单个动词,而是把"跑"看作隐性的动结式,即"跑"要跟"煮糊"类显性动结式做相同的句法和语义分析罢了。

对于上面这种分析也需要补充说明两点:

第一个问题是,如果说作为作格动词的单动词结构(隐性动结式)中必然隐含一个动词,为什么隐含的只能是补语动词,而不是谓语动词?有人就认为动结式有时可只保留补语动词而无须出现谓语动词。如"肚子饱了"就差不多等于"肚子吃饱了"。但在我们看来,如果一个单动词结构确实在结构和意义上相当于作格动词(即为隐性动结式),那么不但这个单动词结构本身的意义应该与原形动结式等值,而且这个单动词结构也应该具有原形动结式的所有句法表现(如可加标记"给、把"和添加"致使者"),否则就不能说是隐性动结式。

这样从一方面看,根据上面分析,补语动词隐含造成的隐性动结式实际上不用补出任何实义词语就一定在意义上与原形动结式完全等值,如"东西扔了""矛盾暴露了""犯人跑了""孩子病了"就与"东西扔掉了""矛盾暴露出来了""犯人跑掉了""孩子病倒了"的意义完全一样。但如果按省略谓语动词的说法,就无法保证二者的意义完全等值了。

李临定(1984/1992)通过类比偏正式和动结式,认为动结式中的补语动词才是句法和语义中心,而谓语动词作为修饰和从属成分经常可以省略而不改变结构的意义,他给的例子如"我(跑)累了""衣服(淋)湿了""孩子(吓)哭了"等。张伯江(2007)在讨论"把"字句中施事和受事的语义语用特征时,也认为有些动结式存在谓语动词脱落而补语动词保留的现象,他给的例子如"楼(震)倒了"等。其实不难看出添加或省略谓语动词的两种结构在语义上并不等值,甚至差别很大。而且就算有些例子与动结式的原义非常接近,即某个特定动作与某个特定结果之间由于"事件强迫"而能被唯一激活(宋作艳,2008),即从某个结果一定联想到某个隐含的谓词成分,如"孩子醒了"很容易想到是"孩子(睡)醒了",再如"他(喝)醉了""足球(踢)进了""衣服(晾)干了"等。但事实上即使如此仍不能保证二者严格等值,比如"醒了"通常当然是"睡醒",但也可能"咳嗽醒","醉了"虽然通常是"喝醉",但也可以"灌醉";更不用说衣服可以"晾干"或"烘干",足球可以"踢进"或"顶进"。也有人认为被省略的谓语动词可以看作"弄、闹"之类的泛化动词,这样好像也就无须激活特定的谓语动词了[①],但省略和添加泛化动词的两种结构也不可能是严格同义的。比如按一般的语

[①] 参看蒋绍愚(1997/1999)关于泛化动词的讨论。

感:"病了"的意义肯定不等于"弄病了",而应与"病倒了"同义;"钱包丢了"不等于"钱包弄丢了",而应与"钱包丢掉了"同义;"煮熟的鸭子飞了"也肯定不等于"煮熟的鸭子闹飞了",而应与"煮熟的鸭子飞走了"同义。

而从另一方面看,根据上面分析,作为作格动词的隐性动结式都应能添加双动词结构的句法标记而升级为"给"字句或"把"字句,如"东西扔了""犯人跑了",就都可以衍生为"把东西给扔了""把犯人给跑了"。但如果把单动词作格结构(隐性动结式)看作省略谓语动词,则这类结构基本上都不能自由添加上述各种句法结构标记。比较下面三组例子:

(19) a.(把)苹果(给)吃了(吃掉了)　b.(把)脖子(给)扭了(扭伤了)
　　 c.(把)坏人(给)杀了(杀死了)　d.(把)犯人(给)放了(放走了)

(20) a.(把)肚子(给)*饱了(吃饱了)　b.(把)杯子(给)*碎了(摔碎了)
　　 c.(把)冷水(给)*开了(烧开了)　d.(把)孩子(给)*胖了(长胖了)

(21) a.(把)孩子(给)病了(弄病了/病倒了)
　　 c.(把)犯人(给)跑了(放跑了/跑掉了)
　　 b.(把)鸭子(给)飞了(闹飞了/飞走了)
　　 d.(把)围墙(给)塌了(弄塌了/塌掉了)

上面(19)—(20)例子是非常明显的证据:由于有一些单动词结构的动词只能做动结式中的谓语[如(19)],之所以可以添加"给"和"把",当然毫无疑问就是因为其中隐含了补语动词。虽然也确实有一些动词(形容词)在动结式中只能做补语[如(20)],比如"饱"就是如此。而且"饱"这种结果确实只能由"吃"这种动作造成,因此如果说其原型是动结式,当然省略的就肯定是谓语动词"吃"。但即使承认是省略谓语动词"吃"也不能证明"饱了"就等于"吃饱了",因为很显然"吃饱了"可以添加句法结构标记"给"和"把",如"这顿饭把肚子给吃饱了",但"饱了"却不行。如不能说"*把肚子给饱了"。如此看来,与其说(20)的结构中省略了什么,不如说这些单动词结构只是单一形容词谓语的"状态句",即"肚子饱了"的谓语就是"饱了","孩子胖了"的谓语就是"胖了",这类结构中既不具有"致使+结果"两个事件,当然也不存在"主句动词+补语动词"两个动词。由此可见"肚子吃饱了"和"肚子饱了"根本就不是相同结构,"饱了"当然也就不能看作动结式作格结构"吃饱了"的省略形式。

上面(21)情况则稍微麻烦点,因为有些单动词结构中的动词既可以在动结式中做补语,也可以做谓语,而且无论看作省略谓语动词还是隐含补语动词都能添加句法结构标记"给"和"把",因此好像说成谓语动词省略或补语动词隐含都可以。这里或许可以用上"缺省推理机制"来看其中究竟哪个成分看不见了①。首先,如果仅看基础格式,那么"孩子病了""小鸟飞了""犯人跑了"就肯定无法推出一定有"孩子弄病了""小鸟闹飞了""犯人放跑了"这样的省略谓语动词的动结式。相反由于"病、飞、跑"这种典型作格动词都本身内在地隐含终点结果,却肯定能很自然推出"孩子病(倒)了""小鸟飞(走/掉)了""犯人跑(走/掉)了"。其次,即使在添加"把、给"后,我们觉得也还是推出隐含的补语动词更合语感。比如从"看守把犯人给跑了"可以很自然推出"看守把犯人给跑(掉)了",却很难推出"看守把犯人给(放/弄)跑了"。可见就算"(犯人)放/弄跑了"确实是动结式作格结构,其中的谓语动词"放、弄"也不能从"跑了"推出来,或者说虽然"(犯人)放/弄跑了"也是动结式作格结构,但也只是独立生成的结构,与"(犯人)跑了"并没有必然的联系。②

第二个问题是,前面说"跑"和"煮糊"都是作格动词,"跑了"要跟"煮糊了"做相同句法语义分析。现在要回过头来问,像"死、病、飞、跑、落(降落)、沉(沉没)、化(融化)、暴露、发生"这类典型作格动词是不是就完全等同于动结式呢?我们当然不认为典型作格动词跟动结式完全一样,毕竟典型作格动词作为作格动词的特定小类有自己的特点。

一方面从结构特点看,典型作格结构尽管也能加添加标记"给、把",也可以引入外论元,如"看守(不小心)把犯人给跑了",但显然这种结构中在小 vP 层引入的外论元并不是严格意义的"致使者"。比如"看守把犯人给杀了"和"看守把犯人给跑了"两句的"看守",前一句里是"致使者"[即是通过"杀"导致"犯人(死/掉)"的直接致使者,甚至理解上就是"杀"人者],后一句中显然只是"引发者"[即最多是"犯人跑(掉)"的间接致使者或伴随性致使者,而不是直接致使者]。大概正因为如此才使人感觉典型作格动词结构构成的"把"字句不太像"把"字句,并没有太强的"处置义",这其实就是由外论元的差异造成的。比较一般动结式"把"字句(22)和典型作格动词"把"字句(23):

(22) a. 妈妈把米饭给煮糊了　　b. 弟弟把杯子给打碎了
　　　c. 蛋糕把孩子给吃饱了　　d. 工作把妈妈给累病了

(23) a. 看守把那犯人给跑了　　b. 爸爸把心脏病给犯了
　　　c. 他把煮熟鸭子给飞了　　d. 班子把矛盾给暴露了

---

① 郭锐(2003)在分析"把"字句形成机制时,认为有时单动词结构可相当于动结式,他采用"语义缺省推理"来补出缺失的谓词,比如"你怎么(疏忽)把犯人跑了""我(不小心)把钱包丢了"中就存在一个造成整个"致使—结果"事件的"原因"(疏忽、不小心)。因此他说的省略成分并非动结式中的谓语动词。

② 近代汉语中确实有一类省略谓语动词的单动词(形容词)"把"字句,如"把脸红涨了""把眼花了"(《石头记》),但现代汉语中已消失。有关的分析参看沈阳、魏航(2011)。

至于一般动结式的外论元和典型作格结构外论元性质差异的原因,我们(沈阳、司马翎,2010)曾分析过,这是因为典型作格动词的句法语义特点是只有客体内论元,没有施事外论元,因此即使添加"给、把"标记引入外论元也就不可能是由施动者转成的"致使者"。如果再追问一句,为什么典型作格动词结构只能引入间接致使者而非直接致使者?这是因为典型作格动词具有"[＋自动自发]"特征,原本的基础动词结构中就不需要也不能再加上外部的施动者,因此通过"给、把"引入的外论元才只能是间接性致使者或伴随性致使者。而动结式(如"煮糊、唱哭")则明显是在句法层面上构造的,其主要动词原本就不具有自动自发特性[①],所以添加"给、把"引入的外论元才是直接致使者。

另一方面从动词特点看,典型作格动词更多情况是以单动词形式出现的。这种情况就造成典型作格动词不但可以做谓语,如"小狗死了"中的"死";还常常可以做动结式的补语,如"杀死、打死"中的"死"。不过由此也带来一种似乎令人疑惑的现象,比较下面各例:

(24) a.(把)小狗(给)死了　　　b.(把)小狗(给)死掉了
　　 c.(把)小狗(给)弄死了　　 d.(把)小狗(给)弄死掉了

按理说,如果典型作格动词本身已经是双动词的隐性动结式,即"死了"就等于"死(掉)了",那么"死"就不能再做另一个谓语动词的补语。可事实上典型作格动词却差不多都可做动结式的补语,如"杀死、放炮、累病、凿沉、震塌"。那在后一种情况怎么分析这些作格动词的内部构造呢?我们觉得这可能是典型作格动词本身两个事件的意义非常接近造成的。也就是说典型作格动词的补语事件意义不是"结果"而是"变化"或"成就(achievement)"。这类动词的"动作＋结果"的双事件性其实差不多是一种"动作＋变化",或者说这类动词的双事件意义虽然基本上也是"动作＋结果",可是因为"动作"过程极短而显得只剩下"结果"。也许正由于这类动词的两个事件的意义的非常接近就造成两个动词可分可合。以(24)为例,在"小狗给死(掉)了"中"死"是做谓语,因此就造成两个事件的意义可被"分解",即应该分析为"死[小狗掉]"。而"小狗给弄死了"中由于另有一个谓语动词"弄"表示动作行为,因此补语动词"死"本身的两个事件意义则被"压缩"成一个事件,即只能分析为"弄[小狗死(掉)]"。这样从理论上推论,所有既能做谓语也能做补语的典型作格动词应该都具有这种双事件的意义既可以被"分解"又可以被"压缩"的特性。反过来说,这可

[①] 也不是所有的动结式作格动词都不具有自动自发特性。如"长歪、病死"在[＋自动自发]的语义特征上就相当于典型单个作格动词。

能也正是判断汉语中哪些动词才是典型作格动词的一个有效的验证方法。

典型作格动词中两个动词或两个意义可被压缩的这种特性,更明显的证据还表现在"来、去"这两个公认的典型作格动词的特点上。动词"来、去"和其他典型作格动词一样,可以让唯一的客体论元名词出现在主语或宾语的位置上,如"客人来了/(家里)来了客人"。但"来、去"却不能进入"给"字句和"把"字句,如不能说"*把客人(给)来了"。这里的原因在我们看来也是由于两个事件意义非常接近或几乎完全一致造成的。因为"来"的动作和结果或"来"的动作和变化一定是"合一"的,即只要一开始"来"也就已经是"来"了。正因为"来、去"的两个事件意义很难被分解,所以"来、去"不但经常做补语,如"搬来、取去",而且"来、去"之所以不能添加"给、把"的原因也就在于,"给"字句和"把"字句的结构特性要求动作和结果(或者动作和变化)两个事件的意义必须能被"分解",而动词"来、去"恰恰不符合这种要求。

四、作格结构的构造解释和作格动词的系统类型

说完上面内容,就可以回答本文一开头提出的两个问题,即作格动词的性质是什么和作格结构的构造是怎样的。但其实这一点已经不用多说,相关结论应该能从前面讨论推导出来。

先说作格结构的构造。前面提到对作格结构的构造争议颇多,特别是对"王冕死了父亲"的构造一直找不到合理的分析。而按照本文提出的作格结构的构造分析,这个问题其实轻而易举就可以解决:"死"是隐性动结式作格动词,结构和意思都是"死(掉/去)",即"死了父亲"的基础结构应分析为"死[父亲(掉/去)];而""王冕"则是小vP层生成的"间接致使者"(既不是施事者,也不是直接致使者)。这样不但结构中所有的成分都能名正言顺地"各安其位",而且动词"死"的所有变体结构(不管是"父亲死了""王冕父亲死了""王冕死了父亲"还是"王冕把父亲死了"(语料中真实例子如"他去年把太太死了")都可做完全一致的分析。例如:

(25) a. 父亲死了:[$_{VP}$ 死[$_{SC}$ 父亲$_{(掉/去)}$ 了]]→[$_{IP}$ 父亲[$_{VP}$ 死$_{(掉/去)}$ 了[$_{SC}$ t t]]]
b. 王冕父亲死了:[$_{IP}$ 王冕[$_{vP}$ 父亲[$_{v0}$ 死$_{(掉/去)}$ 了[$_{VP}$ [$_{SC}$ t t]]]]]
b. 王冕死了父亲:[$_{IP}$ 王冕[$_{vP}$ 死$_{(掉/去)}$ 了[$_{VP}$ 父亲$_i$[$_{SC}$ t t]]]]
c. 王冕把父亲死了:[$_{IP}$ 王冕[$_{vP}$ 把[$_{VP}$ 父亲[$_{v^0}$ 死$_{(掉/去)}$ 了[$_{SC}$ t t]]]]]

再如在我们看来,不但汉语的动结式作格结构和和单动词作格结构可以做统一的分析,汉语"动趋式"和"动介式"也可以做同样的句法构造分析。因为跟动结式一样,动趋式和动介式也可以自由添加"给、把"构成"给"字句和"把"字句,因此也肯定是双动词作格结构,或者说动趋式和动介式其实也是"作格动词"。而且跟动结式一

样,动趋式和动介式中补语小句的动词也有实义和虚义的区别,其中动介式的补语动词也可脱落而造成隐性动介式作格结构。例如(只其中(a)例给图示):

(26) a. (把)弹片取出来了←(弹片[VP 取出来[SC t t]]←[VP 取[SC 弹片出来]])
　　 b. (把)命令传下去了　c. (把)报告递上去了　d. (把)事情想起来了

(27) a. (把)钱放(到)卡里了←(钱[VP 放(到)[SC t 卡里]]←[VP 放[SC 钱(到)卡里]])
　　 b. (把)话记(在)心里了　c. (把)事忘(到)脑后了　d. (把)心放(在)肚子里

再说作格动词的性质。由于我们不认为作格动词是单动词结构,而是动结式,因此作格动词的类别也就肯定跟前面提到其他各种处理方案不同。或者说我们所说的"作格动词"的范围不但比以往定义的范围大得多,而且我们更关心的也就不只是什么样的动词是"作格动词",而在于能否据此建立系统的作格动词的关联结构类。比较本文讨论过的例子:

(28) a1. 米饭煮糊了　a2. 米饭给煮糊了　a3. 妈妈把米饭给煮糊了
　　 b1. 姑娘唱哭了　b2. 姑娘给唱哭了　b3. 这首歌把姑娘给唱哭了
　　 c1. 那犯人跑了　c2. 那犯人给跑了　c3. 看守不小心把犯人给跑了
　　 d1. 矛盾暴露了　d2. 矛盾给暴露了　d3. 领导班子把矛盾给暴露了

上面(28)的例子本文都涉及了。不过严格说,只有其中基础动结式如"米饭煮糊了"才是作格结构,其他则是作格结构的几种衍生变换式(即中动结构"给"字句和致使结构"把"字句)。但有一点很清楚,三种结构的 VP 层完全一样,即都是"V+小句内论元"或"动作行为+终点结果";三种结构无非是从底层(或内层)结构通过增加上层(或外层)结构相互联系起来的。即在动结式作格结构的基础上通过增加一个层次引入语义上的致使者而构成中动结构"给"字句,在"给"字句的基础上通过再增加一个层次引入句法上的致使者构成致使结构"把"字句;反过来说就是每个上层(或外层)结构中都一定包含有下层(或内层)的结构,即"把"字句中包含了"给"字句和动结式,"给"字句中包含了动结式。毫无疑问,作为作格结构的动结式一定是所有这些结构的"核心(core)"结构。

如果这种分析成立,那么也就不难得出结论,跟单动词结构系统(即通常所说的及物和不及物动词系统,或者叫"DO"系统结构)不同,包含上述三种结构的双动词结构系统(或者叫"CAUSE"系统结构)才是汉语中更重要的一个动词系统(沈阳、司马翎,2010)。因此对作格动词或作格结构的分类,其实更重要的也就是要看汉语中还有哪些结构属于这个结构系统,或者说作格结构还能衍生出哪些结构或句式。①举例说,根据上面的分析,我们就应该有理由相信,汉语的存在句(如"台上坐着主席团""墙上挂着一幅画")、隐现句(如"家里来了客人")、双宾句(如"停院子里一辆车""落树上一只小鸟")和被动句(如"杯子被弟弟摔碎了""他被打断了一条腿"),就都很可能属于"双动词结构系统"。因为很显然,这些结构中的动词都是典型作格动词或本文论证的显性或隐性动结式(包括动趋式、动介式)作格动词,因此可以假设这些结构都应该是从作为核心层的"作格结构"衍生出来的。

参考文献

[1] 顾阳.生成语法及词库中动词的一些特性[J].国外语言学,1996(3).

[2] 顾阳.论元结构及论元结构变化[M].沈阳主编.配价理论与汉语语法研究.北京:语文出版社,2000.

[3] 郭锐.把字句的语义构造和论元结构[M].语言学论丛,第28辑.北京:商务印书馆,2003.

[4] 韩景泉.领有名词提升移位与格理论[J].现代外语,2000(3).

[5] 黄正德.中文的两种及物动词和两种不及物动词[M].第二届世界华语文教学研讨会论文集.台北:世界华文出版社,1990.

[6] 黄正德.题元理论与汉语动词题元结构研究[M].当代语言学理论和汉语研究.北京:商务印书馆,2008.

[7] 蒋绍愚.把字句略论——兼论功能扩展[J].中国语文,1997(4).

[8] 蒋绍愚.汉语动结式产生的时代[J].国学研究,1999(6).

[9] 李临定.究竟哪个补哪个——动补格关系再议[J].汉语学习,1984(4).

[10] 李临定.现代汉语动词[M].北京:中国社会科学出版社,1990.

[11] 李临定.从简单到复杂的分析方法——结果补语句构造分析[J].世界汉语教学,1992(3).

[12] 刘丹青."唯补词"初探[J].汉语学习,1994(3).

[13] 刘子瑜.汉语动结式述补结构的历史发展[M].语言学论丛,第30辑.北京:商务印书馆,2004.

[14] 陆俭明.述补结构的复杂性[J].语言教学与研究,1990(1).

[15] 吕叔湘主编.现代汉语八百词[M].北京:商务印书馆,1980/2006.

[16] 吕叔湘.说"胜"和"败"[J].中国语文,1987(1).

---

① 这一点跟黄正德(2008)分出的"作格动词系统"和"受格结构系统"有相似之处,因为我们也是以作格结构为核心建立双动词系统。但与黄文不同之处是,黄指的是单个作格动词和单动词作格结构。

[17] 马希文.与动结式动词有关的某些句式[J].中国语文,1987(6).

[18] 潘海华,韩景泉.显性非宾格动词结构的句法研究[J].语言研究,2005(3).

[19] 彭国珍.现代汉语动结式的句法语义研究[D].北京:北京大学博士学位论文,2006.

[20] 任鹰."领属"与"存现":从概念的关联到构式的关联[J].世界汉语教学,2009(3).

[21] 沈家煊."王冕死了父亲"的生成方式[J].中国语文,2006(4).

[22] 沈阳.名词短语的多重移位形式及把字句的构造过程与语义解释[J].中国语文,1997(6).

[23] 沈阳.动结式补语动词的虚化和弱化形式[M].纪念王力先生诞辰100周年论文集.北京:商务印书馆,2003.

[24] 沈阳."词义吸收""词形合并"与汉语双宾结构的句法构造[J].世界汉语教学,2009(2).

[25] 沈阳,司马翎.句法结构标记"给"和动词结构的衍生关系[J].中国语文,2010(3).

[26] 沈阳,魏航.动结式中结果补语隐现的句法和语义条件[J].对外汉语研究,2011(3).

[27] 沈阳,玄玥."完结短语"及汉语结果补语的语法化和完成体标记演变过程[J].汉语学习,2012(1).

[28] 司马翎,沈阳.结果补语小句分析和小句的内部结构[J].华中科技大学学报:社会科学版,2006(4).

[29] 宋作艳.现代汉语的事件强迫结构[D].北京:北京大学博士学位论文,2008.

[30] 温宾利,陈宗利.领有名词移位:基于MP的分析[J].现代外语,2001(1).

[31] 吴福祥.重谈"动+了+宾"格式的来源和完成体助词"了"的产生[J].中国语文,1998(6).

[32] 徐杰.两种保留宾语句式及相关句法理论[J].当代语言学,1999(1).

[33] 徐杰.普遍语法准则和汉语语法现象[M].北京:北京大学出版社,2001.

[34] 玄玥.完结短语假设和汉语虚化结果补语研究[D].北京:北京大学博士学位论文,2008.

[35] 影山太郎.动词语义学[M].于康,张勤,王占华,译.北京:中国广播电视大学出版社,2001.

[36] 张伯江.施事和受事的语义语用特征及其在句式中的实现[D].上海:复旦大学博士学位论文,2007.

[37] 曾立英.现代汉语作格现象研究[D].北京:北京大学博士学位论文,2006.

［38］朱德熙.语法讲义［M］.北京:商务印书馆,1982.

［39］朱行帆.轻动词和汉语不及物动词带宾语现象［J］.现代外语,2005(3).

［40］Burzio, Luigi. Italian Syntax: A Government-Binding Approach［M］. Dordrecht: Reidel,1986.

［41］Cheng, Lisa Lai-Shen & C.-T. James Huang On the argument structure of resultative compounds［M］. In Matthew Y. Chen and Ovid J.L. Tzeng (eds): In honor of William S-Y, Wang: Interdisciplinary Studies on Language and Language Change. Taipei: Pryamid Press, 1994.

［42］Cheng, Lisa L.-S., C.-T. James Huang, Y.H. Audrey Li, and C.-C. Jane Tang. Hoo, hoo, hoo: syntax of causative, dative, and passive constructions in Taiwanese［J］. Journal of Chinese Linguistics,1999(14).

［43］Chomsky, Noam. The Minimalist Program［M］. Cambridge, Mass: MIT Press,1995.

［44］Crystal, David. A Dictionary of Linguistics and Phonetics［M］. Blackwell Publishers Ltd,1997.

［45］Den Dikken, Marcel & Rint Sybesma. Take serials light up the middle［M］. Paper presented at GLOW, Tilburg,1998.

［46］Hale, Ken & Jay Keyser. Prolegomenon to a theory of argument structure［M］. Cambridge, Mass.: MIT Press,2002.

［47］Hoekstra, Teun. Small Clause results［J］. Lingua, 1988(74).

［48］Hoekstra, Teun. Arguments and structure. Studies on the architecture of the sentence［M］. Berlin: Mouton,2004.

［49］Huang, C.-T. James. On lexical structure and syntactic projection［J］. Chinese Languages and Linguistics,1997(3).

［50］Huang, C.-T. James. Unaccusativity, ditransitives and extra-argumentality［J］. Presented at EACL 4, Leipzig,2007.

［51］Huang, C.-T. James, Y.-H. Audrey Li, & Yafei Li. The Syntax of Chinese［M］. Cambridge University Press,2009.

［52］Keyser, S. Jay and Tom Roeper. On the middle and ergative construction in English［J］. Linguistic Inquiry,1984(15).

［53］Mulder, René and Rint Sybesma.Chinese is a VO-language［J］. Natural Language and Linguistic Theory,1992(10).

［54］Perlmutter, David M.. Impersonal Passives and Unaccusative Hypothesis［J］. Berkeley Linguistic Society,1978(4).

［55］Stowell, Tim. Small Clause Restructuring, Priniples and Parameters in

Comparative Grammar[J]. ed. R. Freidin. Cambridge, Mass.: MIT Press, 1991.

[56] Sybesma, Rint. Causatives and Accomplishmenyts: the Case of Chinese Ba[M]. Doctoral Dissertation, Leiden University, 1992.

[57] Sybesma, Rint. The Mandarin VP[M]. Dordrecht: Kluwer, 1999.

明清时代汉语官话的社会使用状况

◎ 张玉来

一个民族形成的重要标志是有全民通用的共同语,汉民族作为历史文化悠久的民族自然很早就有自己的共同语。先秦有雅言,汉魏有通语,唐宋有正音,明清有官话,现代有国语、普通话,这些无疑都是汉民族共同语在不同时期的不同形式的称谓。但是历史上各个时代的共同语使用范围如何、共同语的规范程度如何、基础方言和标准音如何等问题却是不容易搞清楚的。

就拿离我们最近的明清官话而言,学界研究了百余年,但在上述诸多问题上尚存在严重的学术分歧。仅就明清官话有无标准音一项,就成了聚诉纷纭的疑案,人言人殊,主北京话者有之,主南京话者有之,主洛阳话者有之,意见好像终难统一。

语言是人的语言,离开了言语主人——操用语言的人们,语言就没有了生命力,研究语言主人的语言使用态度正是社会语言学的魅力所在。然而,我们的许多历史语言学研究者常常只看到了语言材料,却忽略了语言的主人。

有鉴于此,我们学习社会语言学的做法,向明清时代操用官话的语言主人作调查,看看他们对官话的形态是如何认识的。他们使用官话的情况是我们从一般语言学著作里找不到的。

本文所说的语言主人主要有两类:一是小说里的主人翁,二是各种笔记、杂著的作者。前者是明清时代的虚拟人物,他们是文学典型,自然是社会大众的代表。后者大都有一定文化,但非语言研究专家,他们对语言的认识是直觉的、感性的,跟社会上的普通人的认识没有多少差别。

一、官话就是共同语

明清文献里常常提及"汉儿话"、"官话"、"正音"、"汉音"、"华语"、"中国语"等词语。这些词语的内涵大都是关于汉语共同语的,其间可能存在理解上的歧异,但应该是那个时代的人们对共同语的认知。

明朝开国皇帝朱元璋把汉语称为汉儿话,这个汉儿话应该是汉语共同语。《朝鲜实录》太祖六年(1397年)记载朱元璋有一道"圣旨",用的是大白话。他说:"如今两国之间秀才们戏弄,不直不正。以小事大,事事都要至诚,直直正正,日头那里起那里落,天下只是一个日头,慢不得日头。你那里使臣再来时,汉儿话省得的着他来,一发不省的不要来我这里。"后来朝鲜文献里就有了"官话"这一名称。《朝鲜实录·成宗实录》十四年(1483 年)载,明廷的使者与朝鲜官员在对话中提及了"官话"。原文是:"上语副使曰:'我国至诚事大,但语音不同,必学得字音正,然后语音亦正。幸今头目官真是好秀才。予欲令质问字韵,请大人使秀才教训。'副使曰:'我虽不言,彼必尽心矣。'命召葛贵赐酒,谓曰:'汝尽心教诲,予深喜悦。'贵启曰:'俺南方人,字韵不正,恐有差误。'……(葛贵评价朝鲜人给他看的《直解小学》一书)'反语甚好,而间有古语,不合时用。且不是官话,无人认听。右小学一件送副使处,令我改正,则我当赍还燕京,质问以送。'"据考,这就是官话一词最早的出处。后来的文献里官话一词的记载甚多。

临清人谢榛(1496—1575)《四溟诗话》卷三:"古诗十九首,平平道出,且无用工字面,若秀才对朋友论家常话,略不作意。如'客从远方来,寄我双鲤鱼。呼童烹鲤鱼,中有尺素书。'是也。登甲科,学官话,便作腔子,昂然非复在家之时。若陈思王'游鱼潜绿水,翔鸟薄飞天。始出严霜结,今来白露晞。'是也。此作平仄妥帖,声调铿锵,诵之不免腔子出焉。魏晋诗家常话与官话相半,迨齐梁开口俱是官话。官话使力,家常话省力;官话勉然,家常话自然。夫学古不及,则流于浅俗矣。今之工于近体者,惟恐官话不专,腔子不大,此所以泥乎盛唐,卒不能超越魏晋而追两汉也。嗟夫!"谢榛在文中屡用官话一词,并跟家常话对比,说明官话即共同语,而且特别强调这共同语是要用"腔子"的,不是平时的自然语言。

松江人何良俊(1506—1573)《四友斋丛说·史十一》记载:"(王)雅宜不喜作乡语,每发口必官话。"何良俊这段记载很重要。王雅宜是当时的社会闻人,著名书画家,何良俊的前辈同乡,长洲(今苏州)人,常住苏州。何氏到苏州拜访他,王雅宜不说他们共同的吴语家乡话,却喜欢说官话。

南京人顾起元(1565—1628)《客座赘语》卷九《戏剧》:"南都万历以前,公侯与缙绅及富家,凡有宴会,小集多用散乐……后乃变而尽用南唱,歌者只用一小拍板,或以扇子代之,间有用鼓板者。今则吴人益以洞箫及月琴,声调屡变,益为凄婉,听者殆欲坠泪矣。大会则用南戏,其始止二腔,一为弋阳,一为海盐。弋阳则错用乡语,四方士客喜阅之;海盐多官语,两京人用之。"

曾德昭(1585—1658)《大中国志》:"中国今天只通用一种语言,即他们称呼的官话(Quonhoa),也即曼达林语。当他们在认真、慎重地把他们的政体介绍到别国时,也把他们的语言传去,所以至今官话已传遍全国,有如拉丁语之传遍欧洲。但一般说来,每省仍保留自己的方言。它是一种有限度的语言,字体之多超过其他语言……"

下面小说中的人物也有说官话的:

(1) 延庆听说已到新唐,心里十分欢喜,进了王城便道:"兄弟,这里新唐国倒也不丑,你看百姓倒也清秀,服式又不怪异,就是他语言也都是官话,倒不比在路上见的那些人儿,蓬头垢面,赤发红须的。"(明代佚名《呼家将》第三十二回)

甚至连小说中的鹦鹉也学说官话:

(2) 又一夕谈及鹦鹉,程宰道:"闻得说有白的,惜不曾见。"才说罢,便有几只鹦鹉飞舞将来,白的五色的多有。或诵佛经,或歌诗赋,多是中土官话。(明末凌蒙初编著《二刻拍案惊奇》卷三十七)

一直到清代仍然使用着"官话"一词。如:

(3) 安公子听得这一问,红了脸,半日答不出来。其实,安公子不是不会说官话的人,或者说相貌也还端正,或者说举止也还大方,都没甚么使不得。(清末文康《儿女英雄传》第十二回)

(4) 小说欲其普及,必不得不用官话演之。鄙人生长边陲,多方语,虽力加效颦,终有夹杂支离之处,幸阅者谅之。(清末海天独啸子《女娲石》"凡例")

(5) 一个是大黑胖子,穿件湖色熟罗衫,上面的油迹两三块是老油迹,洗不掉的,襟上挂着一个眼镜袋,是洋漆刻花的,一副玳瑁边茶晶眼镜放在桌上,只顾和那瘦脸的密谈,年纪多不过四十来岁,一口官话。(清末旅生《痴人说梦记》第十回)

(6) 当下那一伙子女东洋人之中,有一个年纪略大些儿的,听他诘责的讨厌,就有意咬文嚼字的学着中国官话道:"我们到你贵国内地里去,是意欲研究民种发达的主动力,可同我们敝国人性质对不对,这是五大洲富国强种的第一要着呀!"(清末八宝玉郎《冷眼观》第二十一回)

清人高静亭《正音撮要·序》里说:"正音者,俗所谓官话也。""官话"即"正音",正音自然也就是"正语"了,正语当然就是共同语。因此,我们把官话当作共同语来理解,应无太大问题。

二、"官话"没有绝对的标准

现代汉民族共同语(普通话)以北京语音为标准音、以北方方言为基础方言。因此,普通话的标准是相对明确的,尤其是书面的字音有着系统而明确的规范。可是,受某种学术思想影响的学者由此想象,历史上的汉民族共同语也应该有基础方言和标准音,并提出了北京话、洛阳话、南京话等不同说法。还有人说明代早期以南京话为标准音,后期改为北京话。更有甚者说,清代中期之前官话还是以洛阳话(也有人说是南京话)为标准音。但是,明清笔记、小说等文献记载告诉我们,官话没有绝对标准。

1. 明清时代社会上操用的官话是不规范的

这一点在许多明清小说中都有体现。例如:

(1)直到如今,真有术的巫觋已失其传,无过是些乡里村夫、游嘴老妪,男称太保,女称师娘,假说降神召鬼,哄骗愚人。口里说汉话,便道神道来了,却是脱不得乡气,信口胡柴的,多是不囫囵的官话,杜撰出来的字眼。正经人听了,浑身麻木,忍笑不住的;乡里人信是活灵活现的神道,區區的信伏。不知天下曾有那不会讲官话的神道么!(明人凌蒙初《初刻拍案惊奇》第三十九回)

(2)两个女巫各领命而去。有篇口号,单说那些女巫的骗人处:司巫作怪,邪术跷蹊。看香头,只说见你祖先出现;相水碗,便道某处香愿难迟。肚里说话时,自己称为灵姐;口中呵欠后,公然妆做神祇。假托马公临身,忽学香山匠人的土语,妄言圣母附体,却呼南海菩萨是娘姨。官话蓝青,真成笑话……(明末清初笔炼阁主人《五色石》卷之五)

(3)他平日假妆了老成,把那眼睛瞅了鼻子,口里说着蛮不蛮、侉不侉的官话,做作那道学的狨腔……(明末清初西周生《醒世姻缘传》第三十五回)

这些小说中的主人公讲的官话多是"不囫囵的官话",或"官话蓝青",或"蛮不蛮、侉不侉"的官话。不囫囵就是不完整,蓝青就是不纯正,蛮不蛮、侉不侉就是不南不北、不东不西。

明代戏剧家把这种杂糅的共同语叫作"两头蛮"。冯梦龙在《太霞新奏》里有评语说:"入声派平上去三韵,在北曲用三声者则然,若南曲仍有四声,自不得借北韵而废入声一韵也,如皆来韵,时曲每以'客''色'等字押上,'额''墨'等字押去,使周郎听之,有不笑为'两头蛮'者乎?"李渔《闲情偶记》里说:"声音驳杂,俗语呼为两头蛮。"

这种"两头蛮"的官话说的人很多,要不也成不了俗语。

清人俞樾《一笑》记一笑话:

南人至北,多苦于口音之龃龉。有孝廉乘车,偶失其履,使其车夫取之。疾呼曰:"鞋子！鞋子！"其音鞋如孩。车夫怒曰:"吾年长矣,尚呼我孩子乎?"孝廉知其不达,乃易其音曰:"鞋！鞋！"音如"爷"。车夫拱手曰:"不敢！"

朝鲜学者崔世珍《老朴集览》(1517前)引《老朴音义》:

> 旧本内说的呵字不是常谈,如今秀才和朝官是有说的。那个俺字是山西人说的。恁字也是官话,不是常谈,都涂吊了,改写的。这们、助语的那、也、了、阿等字都轻轻儿微微的说,顺带过去了罢。若紧说了时,不好听。南方人是蛮子,山西人是豹子,北京人是 CH(案:应为"奋")子,入声的字音都说的不同。(案:明人陆容《菽园杂记》载:"奋,音胎上声,南人骂北人为奋子。")

朝鲜人对官话分歧的认识是很深入的。其他人也提到了官话内部分歧很大,难得统一。

清人高静亭《正音撮要》卷四说:"除各处乡谈、土语,习俗侏漓不计外,其能通行者,是谓官话。既为官话,何以有南北之称？盖话虽通晓,其中音、声、韵仍有互异,同者十之五六,不同者十之三四。"清末日公馆翻译吴启太、郑永邦在《官话指南》(1881)中也说:"中国话本难懂,各地有各地的乡谈,就是官话通行。我听见人说:官话还分南、北音哪。官话南北腔调儿不同,字也差不多。"

2. 南京官话不是标准音

这一点也可以从明代的小说中看出来。

> (1) 苏友白道:"敢问老先生高姓贵乡？因何到此?"白公道:"学生复姓皇甫,金陵人氏。因慕山阴禹穴之妙,故漫游至此。不知仁兄贵姓,到此贵干？我听仁兄声音,似是同乡。"苏友白道:"晚生贱姓柳,亦慕此地山水而来。正也是金陵人。在本乡到不曾拜识荆州,不意于此得奉台颜,可谓厚幸。"(明末荑荻散人编次《玉娇梨》第十八回)

这个故事讲说两个金陵同乡在浙江游玩相遇,互相听出语音相似,疑为同乡。如果南京话是官话标准音,那两个在外地的金陵人应该都讲标准音,而讲标准音的人不一定是南京人,他们如何听出是南京同乡呢？我们只能把南京话当方言来理解。

> (2) 且说这寺中歇一个广东卖珠子客人,唤做丘继修,见夫人进到衙内,他用心打听张御史上任去了,他独自在家,是扬州人。香菜根见了,打着扬州话叫

声:"奶奶万福,男女有美珠在此,送与夫人一看,作成男女买些。"(明人小说《欢喜冤家》第四回)

这个故事讲述一个江西籍官员娶了一个扬州女人为妻,不久到外地上任,其妻与广东卖珠客通奸的故事。扬州话与南京话最为接近,南京话如果是明代的标准音,扬州话应不需要特别学习,作为广东人的卖珠客没有必要故意学扬州话,他应分不清那是南京话那是扬州话。

(3)春香道:"孔相公原属意于你,故此苏姨将机就计,认做新姨,见了孔相公便打扬州官话。"新姨骂道:"没廉耻,你倒养汉反把我的名头污了,怎生气得他过!我去打他的嘴巴。"(《欢喜冤家》第十七回)

这个故事讲述了浙江嘉兴一个财主娶了两个小妾,苏州一个,扬州一个,苏州妾冒扬州妾之名与财主的家庭教师通奸,想生一儿子邀宠的故事。如果南京话是标准音,那么扬州官话不必刻意学说的,只说官话就行了,嘉兴人应该辨不清南京话和扬州话的本质区别。

下面这一条材料可能对南京官话为标准音的说法有根本性的颠覆:

(4)"金陵李士龙(登)作《字学正伪》止存三十一母,而知彻澄娘非五母以为重叠,悉去之。其所离合悉金陵乡音,不可以行于四方,况后世呼?何六阳,六安人,其乡音与金陵相近,随以为不刊之书,用其说改定《切韵指南》,序而刻之。余恐古法从此渐亡,故稍为驳正于此。"[明人王肯堂(金坛人)《郁冈斋笔尘》卷四]

王肯堂直指南京官话为乡音,与南京相近的六安话当然也是乡音。

3. 北京话也不是标准音

朝鲜时代的朝鲜人学习汉语的热情很高,他们觉得燕都的语音似乎比较标准,应该到北京去学习汉语。申叔舟《洪武正韵译训·序》里说他多次到燕京考察汉语,试图找到标准的汉语系统:"燕都为万国会同之地,而其往返道途之远,所尝与周旋讲明者又为不少。"然而,结果令他们很失望。申叔舟说:"往复就正既多,而竟未得一遇精通韵学者……"与申叔舟肩负同样使命的成三问,在多次到燕京以后,写了这样一首诗:"华人胡羯杂侏儒,乡小正音知多少。韵中清浊混泾渭,一片愁火胸中煮。"(洪起文,1988)

清代人也不认为北京话是标准音。

(1) 一宿无话。次日一早,我方才起来梳洗,忽听得隔壁房内一阵大吵,像是打架的声音,不知何事。我就走出来去看,只见两个老头子在那里吵嘴,一个是<u>北京口音</u>,一个是<u>四川口音</u>。那北京口音的攒着那<u>四川口音</u>的辫子,大喝道:"你且说你是个甚么东西,说了饶你!"(清末吴趼人《二十年目睹之怪现状》第二十一回)

(2) 走到一家松竹斋纸店,我想这是著名的店家,不妨进去看看。想定了,便走近店门,一只脚才跨了进去,里边走出一个白胡子的老者,拱着手,呵着腰道:"你佇来了(你佇,京师土语,尊称人也。发音时唯用一佇字,你字之音,盖藏而不露者。或曰:'你老人家'四字之转音也,理或然欤),久违了!你佇一向好,里边请坐!"(清末吴趼人《二十年目睹之怪现状》第七十二回)

(3) 又瞅着一个学徒的道:"你瞧你,怎么越闹越傻了(傻音近耍字音,京师土谚,痴呆之意也)!老爷们来了,茶也忘了送了,烟也忘了装了。像你这么个傻大头,还学买卖吗!"(清末吴趼人《二十年目睹之怪现状》第七十二回)

北京口音与四川口音并称,说明北京话也不是什么标准音。京师土语、土谚更指北京话为土话了。

三、社会上所讲官话很少是标准的

明清时代讲官话的人所讲的官话似乎很少是标准的,大都带有自己方言的口音。大致有各自的方言背景,明人常用南北口音的不同来描述。

明人张位《问奇集·各地乡音》:

> 大约<u>江以北入声多作平声,常有音无字,不能具载,江南多患齿音不清</u>,然此亦官话中乡音耳。若其各处土语更未易通也。

张位的意思是,江北人讲官话没有入声,江南人讲官话常常齿音不清——精、知、照组声母容易混乱,但都是官话,虽然有区别,但可以听得懂,真正的土语是不易明白的。看来,张位很难听到纯净的官话。

下面小说中的人物说的是官话,但都不纯净。

(1) 翰林假意掩泪道:"弃世久矣!小侄只为眼底没个亲人,见父亲在时,曾说有个姑娘嫁在下路,所以小侄到南方来游学,专欲寻访。昨日偶见月波庵妙通师父,说起端的,方知姑娘在此,特来拜见。"孺人道:"如何声口不像北边?"

翰林道："小侄在江湖上已久,爱学南言,所以变却乡音也。"(明末凌蒙初编著《二刻拍案惊奇》卷三)

(2)朱重听得问声,带着汴梁人的土音,忙问道："老香火,你问他怎么?莫非也是汴梁人么?"(明末冯梦龙编著《醒世恒言》第三卷)

(3)瑞虹在舱中,听得船头说话,是淮安声音,与贼头陈小四一般无二。(明末冯梦龙编著《醒世恒言》第三十六卷)

(4)事有凑巧,老王千户带个贴身伏侍的家人,叫做王兴。夜间起来出恭,闻得廊下哀号之声,其中有一个像关中声音,好生奇异!(明末冯梦龙编著《喻世明言》第十八卷)

(5)缪千户把眼看别处,毫厘不像认得的。自实急了,走上前去,说了山东土音,把自己姓名大声叫喊。(明末凌蒙初编《二刻拍案惊奇》卷二十四)

我们从以上材料中不难发现,当时全国各地的人说官话各带地方口音,好像没有统一一致的官话。这种情况一直延续到清代。

(6)听他语音,是景州人声口,那声音却又厮熟,心中疑惑,因叫左右唤那隔船的人过来,问道："你是景州人么?"(清人笔炼阁主人《五色石》卷之二)

(7)一日,杨老夫人差生到岳家取讨打造的物件,适值岳老不在家,见了岳姬,听她语音是云州人声音……(清人笔炼阁主人《五色石》卷之八)

(8)那一日,正进头场,这举人到了号房,收拾停妥,才待歇息,忽然一个举人进来寻坐号。那人彪形大汉,语带北音,手中不拿东西,只是肩膀上驼了一个大砚,约莫有磨扇大小,查号坐下,就在他紧邻。(明末清初华阳散人《鸳鸯针》开首)

(9)一日见行中有个客人,面貌身材与世良相似,听他说话,也是广东的声音,世良问道："兄数月之前可曾问杨百万借银子么?"(清人李渔《连城璧》卷六)

(10)小钰道："宫女们多半是北方人,口音不好听。要几个苏扬人,语音软媚的,有趣。"王夫人道："也罢,由你自挑四个罢。"(清人兰皋主人《绮楼重梦》第二十六回)

(11)拉开门向外一望,只见同舱对面十号房门,门口正站着一个广额丰颐、长身玉立的人,飞扬名俊的神气里,带一些狂傲高贵的意味,刚打着他半杂湘音的官话,吩咐他身旁侍立的管家道："你拿我的片子送到对过六号房间里二位西装先生,你对他说,我要去拜访谈谈。"(清末曾朴《孽海花》第三十四回)

(12)因一时不便再问,只说些闲话,同伴着走了半晌。这人遂问道："你不是我近处人,说话倒有些湖广土音,可是么?"常况道："我正是湖广人,离岳阳也不远。"(清人青莲室主人《后水浒传》第十二回)

除了这些带地方口音的官话外,还有一种四不像的官话。

(13) 论这位师老爷平日不是不会撇着京腔说几句官话,不然怎么连邓九公那么个粗豪不过的老头儿,都会说道他有说有笑的,合他说得来呢。此时他大约是一来矜持过当,二来快活非常,不知不觉的乡谈就出来了。只是他这两句话,除了安老爷,满屋里竟没有第二个人懂。

原来他说的这"底样卧,底样卧"六个字,"底"字就作"何"字讲,"底样"、"何样"也,犹云"何等"也;那个"卧"字,是个"话"字,如同官话说"甚么话,甚么话"的个谦词。连说两句,谦之又谦之词也。他说了这两句,便撇着京腔说道:"顾(这)叫胙(作)'良弓滋(之)子,必鸭(学)为箕;良雅(冶)滋(之)子,必雅(学)为裘'。顾(这)都四(是)老先桑(生)格(的)顶(庭)训,雍(兄)弟哦(何)功滋(之)有?伞(惭)快(愧),伞(惭)快(愧)!嫂夫纳银(二字切音合读,盖'人'字也)面前雅也寝(请)互互(贺贺)!"(《儿女英雄传》第三十七回)

这真是可以让我们正确理解什么是江南人的官话齿音不清了。

虽然也有说得很好的,但好像人数不多,清代有一位。

(14) 原来东莱和尚,正是这寺里的知客。海幢寺是广东的一个极大丛林,官场中人,也往往去随喜。广东人的口音,同外省人是对答不来的。那一年东莱飞锡到了这里,那方丈老和尚,见他是个外省人,一口好官话,就留住他,屈他做个知客……(清吴趼人《九命奇冤》第二十五回)

四、官话的通行范围是有限度的

明清时代的官话通行范围是有限的,其普及的程度也是有限的。利玛窦在《中国札记》说过"官话现在在受过教育的阶级当中很流行"的话,看来也不是指所有受过教育的人,有些夸大其辞。

苏州人祝允明(1460—1527)《野记》载:"(永乐三年)是岁进士有林廷美者,闽人。仪貌颇伟,上欲俾近侍,问其贯籍,林以乡音对,上嫌之,乃拟为某京官。林退数步,复召回,曰:'老蛮子,没若福。'即改为山东某州知州,凡二任。"

《明史》卷二一七"李廷机传"载:"闽人入阁,自杨荣、陈山后,以语言难晓,垂二百年无人,廷机始与叶向高并命。后周如盘、张瑞图、林钎、蒋德璘、黄景昉复相继云。"

这样看来,利玛窦说的官话是"妇孺"皆懂,是夸大其辞。

李清(1602—1683)《三垣笔记》:"蒋内阁德璟(天启壬戌,晋江人)语操闽音,不甚辨,然博学,其谈古事则述二十一史如黄河泄水……"这个操"闽音"的蒋德璟在明末可是个重要人物。

《明史》卷二五一里有他的传。"蒋德璟,字申葆,晋江人。父光彦,江西副使。德璟,天启二年进士。改庶吉士,授编修。崇祯时,由侍读历迁少詹事,条奏救荒事宜。寻擢礼部右侍郎……十五年二月,耕耤礼成,请召还原任侍郎陈子壮、祭酒倪元璐等,帝皆录用。六月,廷推阁臣,首德璟。入对,言边臣须久任,蓟督半载更五人,事将益废弛。……首辅周延儒尝荐德璟渊博,可备顾问,文体华赡,宜用之代言。遂擢德璟及黄景昉、吴甡为礼部尚书兼东阁大学士,同入直。延儒、甡各树门户,德璟无所比。性鲠直,黄道周召用,刘宗周免罪,德璟之力居多。开封久被围,自请驰督诸将战,优诏不允……福王立于南京,召入阁。自陈三罪,固辞。明年,唐王立于福州,与何吾驺、黄景昉并召。又明年以足疾辞归。九月,王事败,而德璟适病笃,遂以是月卒。"

我们把蒋德璟的生平引用在这里,是想说明这个语"操闽音"、"语不甚辨"的大人物似乎跟崇祯皇帝交流无碍,好像他们之间也不需要翻译。看来蒋德璟操用的不会是地道的闽音,否则不能用"语不甚辨"来评论;要是他完全操用闽音,崇祯帝听起来根本就不用"辨"了,那应该完全听不懂,就跟永乐皇帝听林廷美的话一样了。由此推论,蒋德璟说的话应该是有浓厚闽语口音的官话。

我们引用林廷美和蒋德璟的例子,说明官话并不是人人会讲的,之所以找这两个人,是因为他们都是进士。这样饱学之士尚且说不好官话,那么一般人也可想而知。

(1) 江南人多乡谈,<u>不能为正音</u>。至都下,急行大市中,偶遗袖中帕,沿街寻叫,逢人辄问曰:"你见我怕么?"遇一粗暴军人,闻其问,发狂大怒曰:"我见千见万,如何见你怕?"(明冯梦龙《笑府》"见我怕否"条)

这里的江南人没有姓氏,应该是个虚设的,代表江南的一般老百姓了。看来一般百姓也很难"正音"。清代还是这样的情况。

(2) 列位晓得这位王师爷是个什么人?他原是浙江杭州秀才,乃是贾桌台做浙江粮道时,书院取过高等的,因此就拜了门,也无非竭力仰攀,以图后来提拔的意思。贾桌台倒也很赏识他,就把他带到河南,一直留住在衙门里。齐巧儿子得了保举进京,贾桌台就把这人交代儿子道:"你把他带了去,有什么往来信札,请客帖子,可以叫他写写。"因此,他所以才跟了贾大少爷进京,上文说的一位代笔师爷就是他了。只因他的为人过于拘执了些,所以东家不大喜欢。他是杭州人,说起话来,"姐的姐的"全是土音,有点上不得台盘,所以东家更觉犯他的恶,意思想辞他馆,打发他回去,已非止一日了。(清末李伯元《官场现形记》第二十六回)

这小说里的"王师爷"可是位秀才,然而这个杭州秀才的官话却是土音很多。

(3) 原来宪太太出身是苏州人,一向说的是苏州话,及至嫁与赵啸存,又是浙东出干菜地方的人氏,所以家庭之中,宪太太仍是说苏州话,啸存自说家乡话,彼此可以相通的,因此宪太太一向不会说官话,随任几年,有时官眷往来,勉强说几句,还要带着一大半苏州土话呢。就是此次和老太太们说官话,也是不三不四,词不能达意的。(清末吴趼人《二十年目睹之怪现状》第九十一回)

这位官太太的官话也不灵光,看她的语言交际能力还真有限制。
高静亭《正音撮要》里描述过全国各地的官话使用情况:

(4) 余尝经过江南、浙江、河南、两湖地方,一处处方言、土语不同。……惟有经过水陆大码头,那些行户、买卖人都会说官话。但他望他的街坊的人说土话,我们又一句都懂不得了。后来进京住着更奇怪了。街上逛的人多着呢!三五成群,唧唧呱呱打乡谈,不知他说什么。及至看他到店里买东西,他又满嘴官话,北话也有,南话也有,都说得清清楚楚的。

看来,官话也只是行政和商业用语,老百姓的日常生活还是各说各的方言。我们也发现有的做过官的人也不会说官话。清人小石道人《嘻谈录》"堂属问答"记载有一县官干脆听不懂官话:

(5) 一捐班不懂官话,到任后,谒见各宪,上司问曰:"贵治风土何如?"答曰:"并无大风,更少尘土。"又问:"春花何如?"答曰:"今春棉花每斤二百八。"又问:"绅粮何如?"答曰:"卑职身量,足穿三尺六。"又问曰:"百姓何如?"答曰:"白杏只有两棵,红杏不少。"上宪曰:"我问的是黎庶。"答曰:"梨树甚多,结果子甚小。"上宪曰:"我不是问什么梨、杏,我是问你的小民。"官忙站起,答曰:"卑职小名叫'狗儿'。"

综上,官话作为明清时代的共同语,其口语音系没有明晰的方言点作依据,其音系结构具有很大的弹性。明人陆容(1436—1494)在《菽园杂记》卷四里说过这样一段话:"书之同文,有天下者力能同之。文之同音,虽圣人在天子之位,势亦有所不能也。"正说明了历史上共同语的复杂状态。

参考文献

说明:本文涉及的小说比较多,各小说版本不一,讹误歧出,恕不一一开列,本文择善而从。

[1] 明史[M].北京:中华书局,1974.
[2] 国史编纂委员会.朝鲜王朝实录[M].1972.
[3] 顾起元.客座赘语[M].北京:中华书局,1997.
[4] 何良俊.四友斋丛说[M].北京:中华书局,1997.
[5] 李清.三垣笔记[M].北京:中华书局,1997.
[6] 利玛窦.中国札记[M].何高济,译.北京:中华书局,1983.
[7] 陆容.菽园杂记[M].北京:中华书局,1997.
[8] 谢榛.四溟诗话[M].北京:人民文学出版社,1998.
[9] 徐珂.清稗类钞[M].海口:海南国际新闻出版中心,1996.
[10] 王肯堂.郁冈斋笔尘[M].续修四库全书本.
[11] 于慎行.谷山笔尘[M].续修四库全书本.
[12] 曾德昭,何高济译.大中国志[M].上海:上海古籍出版社,1998.
[13] 张位.问奇集[M].续修四库全书本.
[14] 祝允明.野记[M].国朝典故本.北京:北京大学出版社,1993.
[15] 崔世珍.老朴集览[M].东国大学出版社,1966.
[16] 高静亭.正音撮要[M].上海:上海锦章图书局石印本,1928.
[17] 申叔舟,等.洪武正韵译训[D].高丽大学,1975.
[18] 郑允容.字类注释[D].1856.建国大学,1985.
[19] 李渔.闲情偶寄[M].续修四库全书本.
[20] 冯梦龙.太霞新奏[M].南京:江苏古籍出版社,1993.
[21] 鲍明炜.略论汉族共同语的形成和发展[J].中国语文,1955(6).
[22] 耿振生.论近代书面音系研究方法[J].古汉语研究,1993(4).
[23] 胡明扬.北京话初探[M].北京:商务印书馆,1987.
[24] 黎新第.明清时期的南方系官话方言及其语音特点[J].重庆师范学院学报,1995(4).
[25] 李新魁.论近代汉语共同语的标准音[J].语文研究,1980(1).
[26] 鲁国尧.明代官话及其基础方言问题[J].南京大学学报,1985(4).
[27] 伍铁平.关于正音的三个问题——兼论标准语有无变体的问题[J].外国

语,1994(2).

[28] 杨福绵,罗明坚,利玛窦《葡汉词典》所记明代官话[J].中国语言学学报,1995(2).

[29] 赵元任.什么是正确的汉语?[M].叶蜚声,译.赵元任语言学论文选.北京:中国社会科学出版社,1985.

[30] 张玉来.论近代汉语官话韵书音系的复杂性[J].山东师范大学学报,1998(1).

[31] 汉民族共同语形成问题[M].汉语音韵学第六次国际学术讨论会论文集.香港:香港文化教育出版社,2000.

论语源关系的系统分析方法
——以太阳概念词"日"的语源分析为例

◎ 马清华

引　言

以往的词据或语源研究有两个明显弊端：(1)语源关系的判断指标往往缺乏相对确证性，要么各执己见，要么人云亦云，似是而非、解释灵活的比比皆是。某次国际语言学会上，一位学者描述其母语方言的"厚"可做强程度副词，引起热议，不少人认为这不是"厚"，而可能是"好"或"好"的讹变。双方无法互相说服，只得搁置成悬案。A.Schuessler(许思莱)(2007)在其序言中说："即使在任何一部研究得很好的印欧语词源字典那儿，也充斥着许多词源'未知'、'模糊'或'可能'、'或许'、'可能'、'几乎没有'等诠释用语。"(2)许多语源学者满足于对无向语源关系的描写，忽略对语源关系的序列研究，甚至根本无意努力通过论证，将各条语源链有向串联起来。

以上两方面问题直接反映语源研究、理据研究乃至整个历时语义学研究的科学水准，有必要尽可能设法去解决。本文拟从系统语源学观念出发，提出一些尝试性方案。

一、语源关系的系统指标

一般的语源研究者往往都下意识认为，一个语言内部，两个词的形式及意义的可达度越高，具有语源关系的信度往往也越高。实际上，可达的联想空间要大于实际语源关系，这为非真实语源的存在提供了条件和空间，致使形义可达的词并不必然具有语源关系。非语源关系的形义可达特征可视为偶合，它可被俗语源所利用。俗语源是言语者出于某种原因背离语源实际、强加给词的一种臆想性理据。以地域变异滋生出的包含讹变成分的俗语源为例。如唐山丰润县将遗腹子叫"殁生儿"，西面临界的玉田县叫"墓生"，东面临界的滦县叫"梦生"。"殁、墓、梦"音近而义殊，但在词中都能透明附会出"遗腹子"的意思，偶合关系无论有无被激活利用为俗语源，都可能成为语源研究者误入的泥潭。因此，语源关系的判定绝不能仅依据形义可达特征。应当明白,任何一个词都是语言的一个基本子系统,语源关系是若干基本子系统的相互关系,是否存在语源关系,也应从系统的各侧面进行综合判定。因此我们从对语言宏观系统(如图1)和微观系统(如图2)的认识出发,提出判断语源关系的系统指标。

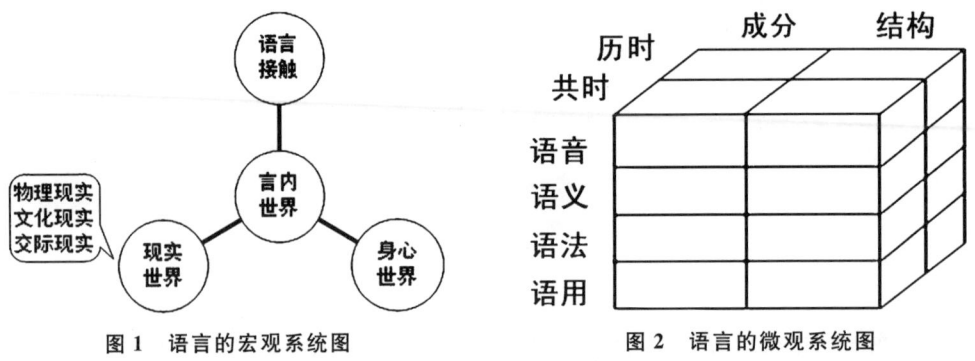

图1 语言的宏观系统图　　　图2 语言的微观系统图

从语言宏观系统着眼,可分言内、言际、言外三类指标。从语言微观系统着眼,可得各项具体的言内指标。见图3。将各项参数上的量化等级统合起来,可得到一个综合数据,该数据的量级可作为评价语源关系及其走向的信度。下面以汉语单纯词"日太阳"的缘起理据为例,具体阐发各项系统指标,并对该词的相关语源论断进行证实或证伪。

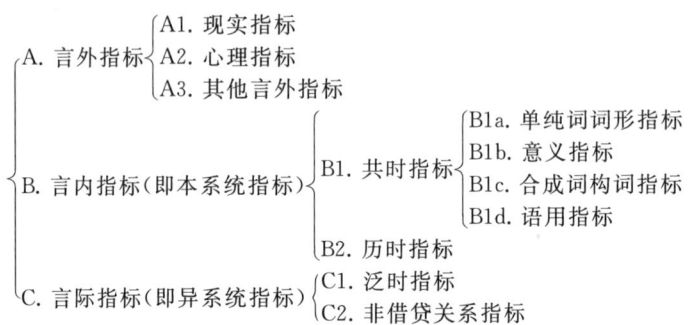

图3 语源关系的系统指标

关于"日太阳"的缘起理据,有四种已有或可能的观点。(1)"实充实"源说。说文:日,实也。太阳之精不亏。段注:以叠韵为训。释名曰:日,实也。光明盛实也。大易之精不亏,故曰实。小尔雅:实,满也,塞也。此说认为"日"源自"实充实",它已为国内学界普遍接受。(2)"实果实"源说。前说若不可信,作为替代,"日"是否源出于"实果实"?这是本文用以证伪的假设性观点。(3)"昵趋近"源说。藤堂明保说,"日[*niet]"跟"昵[*n'et]"语形相近。太阳所以称作"日[*niet]",是因肌肤趋近阳光而得名。他认为据释名"日,实也;月,阙也"的阐释而将"实[*diet]"与"日[*niet]"视为同源关系的做法是危险的。(4)"熱_{溫热}"源说。本文提出并证明该观点的可信度大于其他三种观点。

二、言外指标

2.1 现实指标

场约束理论认为概念知识场所含常识元或其构件互相关联,并映射到表达该概念的词义发展关系、词项衍生活动及词的其他形义关系中。该理论对语源或理据关系有某种程度的预测力和证明力。根据知识场的一般提取程序提取出太阳知识场。

【太阳知识场】太阳是<u>天上</u>a<u>红白光亮</u>b的发热<u>星球</u>f,它清晨从东边<u>升起</u>d,给<u>整个地球</u>e<u>提供了光</u>b和<u>热</u>c,晚上从西边<u>消失</u>,<u>周而复始</u>d。<u>通常南侧阳光充足</u>a。

与太阳知识场常识构件意义关联的概念词尽可能详列,可列出"【位置_{常识a}】天,仰,南【视光_{常识b}】照,耀,赤,燄/焰,旦,丹,光,红,陽,晹【温度_{常识c}】烧,熟,热(熱),蒸(烝),然(燃),暖(煖),炎,炭,炟,焊,煬【运行_{常识d}】仍,入,绕,恒,始,绕,还,换,替,时,扬,飏,易【范围_{常识e}】荡,洋【形体_{常识f}】球,圆,环,实(實)【利用_{常识g}】眤"等。根据高本汉(B. Karlgren)、藤堂明保、王力、白一平(W. H. Baxter)、郑张尚芳、许思莱(A. Schuessler)、唐作藩7位学者对它们的上古音描述进行排查,发现与"日"的词形相似度均值大于0.5(计算方式参下)且意义也有可达联系的,基本仅剩"热(熱),然(燃),实(實),眤(暱),蒸(烝)"诸词[下文将"蒸(烝),然(燃)"归在"热(熱)"的同一语源系列里分析]。其他词与"日"的词形相似度均小于0.5,故可撇开不论(理由参下)。

太阳是温度、光明、颜色、形体、位置、运动六项区别性特征的综合体,它明亮、温热、色或赤或黄或白、形圆、行于天。这可从对太阳概念的一般释义和常规用法中轻易概括出来。如:

【光】日者,天之明(周礼九嫔注引孝经援神契)【色】日赤月白(漢书卷二十五上)|白日登天,六合俱照(庄子)|秋空峥嵘,黄日将没([唐]禅月集)【圆】日圆尺光盈天地(尸子卷下)【天】周易郑玄注:日月丽乎天【热】日之热恒在(诗经汉郑玄笺)【行】日行于天,一昼一夜行一度([唐]乙巳占)

常识构件有些是该概念的区别性特征,有的则未必是。"实_{果实}"综合体现了太阳的色、形特征(熟果多为红、黄色,且圆)。"热"体现了太阳的温度特征,并借助其同源词"蒸、然(燃)",跟太阳的光色特征建立了联系。"实_{充实}"体现了太阳的形特征,不过重在言其饱满,跟圆形特征仍有某些距离。说文:晛,日近也。晛或从尼。藤堂明保(1965)说,人类普遍反应是背对冷风、面向暖日。但"昵_{趋近}"不属太阳的区别性特征,只是由光热特征衍生出的常识构件。

跟人类关系越密切、越典型的事物,就越能优先获得名称;概念所含常识构件的特征性、区别性越强,成为词据的可能性往往就越大。兼有这两种优先权的常识构件一般可优先充当宿主的缘起理据。它成为词据后,常在形义系统中处于更基础的地位,成为后继概念的造词基础或词义衍化基础。在现实指标下,若假设理据是对象词所表概念的区别性特征,其语源信度设为 1,若仅属区别性特征所衍生的常识构件,则为 0.75。则各说的单项语源信度值为:"实_{充实}"源说、"实_{果实}"源说、"热_{温热}"源说各为 1,"昵_{趋近}"源说为 0.75。

2.2 心理指标

(1) **直接联想＞间接联想**　由感觉和简单反省得来的联想是直接、即时、简单联想,需要第三甚至第四概念依托才能建立起的联想,属智慧性间接联想或远隔、复杂联想。前者将两个概念联系起来的强度及语言习得反应都大于后者,相应地,建立在前者基础上的理据关系也比后者更可信。由"实_{充实}"到"日"的联想,需"月-阙"关系依托,要建立在太阳、月亮两个知识场的联系和比较基础上,所以"实_{充实}"源说的信度低。

联想具有非对称性。由太阳概念勉强可联想到趋近义,但要由趋近义联想到在非区别性条件下所暗含的光、热特征,从而激活对太阳概念的联想,显得相对困难得多。因此"实_{趋近}"源说的可信度反而不如作为太阳概念继起理据的可信度高。

(2) **多项区别性特征的综合＞单项区别性特征**　两个概念的相似/相关特征越多,越易建立起联想关系,换言之,数个单项区别性特征并用,比单项特征更易顺利激发对对象概念的联想。但另一方面,若形象概括力的提升使得新奇度和艺术层次转高,则意味着联想难度加大,语言常规化、大众化程度反而变低。在多项区别性特征的综合中,跟太阳相似度最大的自然物是火,两者在热、光、色这几个相关度最高的特征上一致,因此人类自然把太阳跟火联系起来。这从太阳概念词的释义中反映出来。如论衡云:日者,天之火也。又如周髀算经云:日者,阳之精,譬有火光。这也广泛见于言语表达(参§3.14　共时语用指标)。在这种普遍联想心理之下,很多语言自然以"火"作为喻指太阳概念的意象(参§4.1　泛时指标)。"热"跟太阳的联系不止高温一项,"热"的同源词"蒸、然(燃)"也隐含着跟太阳相似的光色特征。"实_{果实}"源说又如何呢? 语用分析表明,语言中存在以果实为喻体对太阳进行比喻的用例(参§3.14　共时语用指标)。它统合太阳形(多为圆形)、色(多为红、黄色)、位(多居上方)三项视觉特征。但太阳以果实为意象比以火为意象的加工难度大,语源可信度低于后者。以"昵趋近"为缘起理据,暗含着对太阳光、热特征的利用。"实充实"源说只取用了太阳的单项特征。

(3) **主特征＞次特征** 太阳概念的区别性特征可分主次。光特征是太阳六种区别性特征中的主特征。不仅共时语用指标(参§3.1.4)的分析说明了这一点,文字系统的字据也说明了这一点。卜辞"日"写作⊙、☉、⊡、▣等,玛雅象形文字▨表太阳。古埃及文字用🜚、⊜、◉、⊙、⊟、▣等表太阳。可见太阳的象形文字普遍都有对光、圆特征的提取(圆内点线与光特征有关)。HSK汉字大纲或词汇大纲中的所有日旁合体字中,起理据作用的常识特征的字数分别为:【视光常识b】47字,【更替常识d】18字,【温热常识c】7字,【高度常识a】3字,【广度常识e】2字(详见附录1)。

将上述细则分析下的语源信度量化:(a)特征跟对象词间是直接联想关系的设为1;间接联想,或即便是直接联想,因联想不对称而使难度加大的,均为0.5。(b)多项区别性特征综合的为1;暗含多项区别性特征综合的为0.75;仅涉及单项特征的为0.5。(c)常规表达的为1,超常艺术表达的为0.5。(d)依据概念主特征或显特征的为1,依据次特征或隐特征的为0.5,暗含主特征的为0.75。这几方面的指标综合起来可视为心理指标下的语源信度。

表1 心理指标下的语源信度

		"实充实"源说	"实果实"源说	"昵趋近"源说	"热温热"源说
心理指标	a	0.5	1	0.5	1
	b	0.5	1	0.75	0.75
	c	1	0.5	1	1
	d	0.5	1	0.75	1
	均值	0.63	0.88	0.75	0.94

2.3 其他言外指标

"实充实"源说可上推到更早面世的神学化经学之作。班固白虎通卷八云:日之爲言,实也,常满有节。西汉末年谶纬之士的春秋元命苞云:日之为言实也。两书均继承董仲舒思想,假托神意解释经典、带有玄学色彩,故以"实充实"为"日"理据的可信度值得怀疑。"日太阳"为古汉语词重要根词,王力《同源字典》竟避而不收,论述其他相关根词(如"实"等)的语源时也对之避而不谈,可能是觉察到说文、释名等相应观点较牵强却又无力反驳。

字据和词据独立有别(如非语素字"蚂"无词据,但有字据,属虫类字),词据隶属语言,字据则隶属语言的书写系统,字据主要以形符(义符)表示;单音节词的词据则主要靠声符或直接通过语音形式表达,前者往往是显明的,后者往往相对隐晦。由于它们都是相同知识的自我分解,因而表现出异层同构关系。研究词据时可对字据所反映出的理据关系巧加利用。由于文字是视觉符号系统,字据的选择总是视觉特征优先,剔除了温度觉和书写时无法直接呈现的视觉渠道的色特征等。字据的局限性表明,它所反映的特征主次只起部分辅证作用,主次特征的区分主要还得看语用上的差异(详参§3.1.4 共时语用指标、§3.2.4 历时语用指标)。在与语用差异相一致的地方,字据可使证明力提升(参上)。

三、言内指标

3.1 共时指标

3.1.1 单纯词词形指标 首先用词形相似度来衡量。$sim(n_1,n_2)$ 表示两词的音位形式 n_1 和 n_2 的相似度。可用公式1计算词形相似度:

$$sim(n_1,n_2)=2\times[same\ e(n_1,n_2)/(len(n_1)+len(n_2))] \quad (1)$$

其中,same e 表词形$_1$和词形$_2$的相同音位数(相近者以 0.5 计),$len(n_1)$ 是词形$_1$的长度(含超音质音位),$len(n_2)$ 是词形$_2$的长度(含超音质音位)。为谨慎起见,计算形义可达度前有必要设定前提。统计王力(1982)所有支部同源字的词形相似度发现,92%的同源关系中 $sim(n_1,n_2)$ 值都在 0.5 以上,因此把 $sim(n_1,n_2)$ 的门槛调高到 0.5 以上是可行的。

据高本汉(B.Karlgren)、藤堂明保、王力、白一平(W.H.Baxter)、郑张尚芳、许思莱(A.Schuessler)、唐作藩 7 位学者的上古音描述,太阳知识场相应常识构件的概念词中,与"日"的 sim 均值大于 0.5 的基本仅"昵(暱),实(實),热(熱),炔(燃),蒸(焫)"诸词。比较表 2 和表 3。

表 2 相关单音节词的上古音类或拟音

单音节词	高本汉	藤堂明保	王力	白一平	郑张尚芳	许思莱	唐作藩[①]
w$_1$	日	ńźi̯ĕt	niet	njiet [②]	njit	njig	nit	日质

[①] 唐本是音类描写而非拟音,统计时须设权重。王力说,同源字"声母、韵部都相同或相近。"声母"双声最多,其次是旁纽","准双声、准旁纽、邻纽"都较少见",韵母"叠韵最常见,其次是对转",旁转、旁对转、通转"都较少见"。"只有韵部相同而声母相差很远,或者只有声母相同而韵部相差很远,都不能认为是同源字。"[7]17,20 鉴于此,双声或叠韵的权重为 1,声母旁纽或韵母对转的权重为 0.75,声母准双声、准旁纽、邻纽或韵母的旁转、旁对转、通转的权重为 0.5。学者对上古有无声调认识不一,即使有,在鉴定同源关系上的分量也不大,暂不计。拟音声母或韵尾相差较大者,暂从严计为零。

[②] 王本缺字,据同音字"衵[njiet]"补。董同龢、郑张尚芳也注同音。

续 表

单音节词		高本汉	藤堂明保	王力	白一平	郑张尚芳	许思莱	唐作藩
w₂	昵	—	nĭet	niet	—	nig	nrit	泥质
	實(实)	dʐ'ĭĕt	diet	djiet	Ljit	filig	dit?充实/m-lit?果实	船质
	熱(热)	ńźĭät	niat	njiuat①	ɲjet②	ɲjed	ɲet/net	日月
	爇(焫)	—	—	njiuat	—	ŋʷjed	ɲiot/not?	日月
	然(燃)	ńźĭän	nian	njian	nian	njen	nan	日元

据表 2 统计出与"日"的词形相似度,见表 3。

表 3 "日"的词形相似度统计表

w₁	w₂	sim(n₁,n₂)							sim 均值
		高本汉	藤堂明保	王力	白一平	郑张尚芳	许思莱	唐作藩	
日	昵	—	0.88	0.89	—	0.86	0.86	0.75	0.85
	實(实)	0.88	0.88	0.9	0.88	0.86	0.71/0.63	0.88	0.86/0.84
	熱(热)	0.88	0.88	0.82	0.75	0	0.67/0.83	0.75	0.68/0.7
	爇(焫)	—	—	0.82	—	0	0.71/0.57	0.75	0.57/0.54
	然(燃)	0.75	0.75	0.8	0.5	0	0.5	0.75	0.58

语音不相似但有对应关系、切合历时对应规律的,也当加以利用。这有待进一步完善。

3.1.2 意义指标 该指标下至少可从以下方面衡量。(a)相关与相似是词义联想关系或可达联系的基础,因而成为词义发展的线索。用 rim(s_1,s_2) 表示词义 s_1 和 s_2 的相关/相似度,rim 是 rel(相关)和 sim(相似)的复合与凝缩,rim(s_1,s_2) 分 5 等,意义重合为 1,意义无关为 0,其他从大到小依序有 0.75、0.5、0.25 诸等,都是主观估值。由于意义因素往返于言内言外,该项评价可同时参考言外指标、语用指标、泛时指标下的表现。词义相关/相似度低于 0.5 的,撇除在语源关系的观察之外。③

(b)一个合理的缘起理据假设既要能交代出自身的直接来源,也要能交代出对

---

① 王本缺字,据刘钧杰(1999)补。
② 后鼻音韵尾原书作 ng,为避免统计混为两音,改作 ŋ。
③ 管子曰:南方日日,其时日夏,其气日阳,阳生火与气。唐房玄龄注:南方太阳,故为日也。从词形相似度看,"南—日"显无直接同源关系,"南—暖"的同源信度倒相对高得多。如"南"的上古音描述:[高]nâm,[藤堂]nəm,[王]niuəm,[白]nom,[郑张]nuum,[许]nəɤm,[唐]泥侵平。[明]何楷古周易订诂云:日之为言,照也。因"日、照"语音殊异(参表 3 和表 6),故"日"的"照照耀"源说显非,可撇开不论。

象词直接的继起理据,以确保在更大词群范围内评估假设的合理性。由统计表4①得图4(有两种拟音者取相似度大的),由该图可知,与"暖"同源者首选"软"、次选"然",与"然"同源者首选"热"、次选"爇",与"爇"同源者首选"热",次选"然、暖"。"热、暖"无直接语源关系,"然(燃)"跟"热、暖"均有直接语源关系。说文:爇,烧也。王力:"爇"、"然"同源,月元对转。藤堂明保:"热[*niat]"、"然(燃)[*nian]"对转、"暖[*nuan]、软[*niuan]"同源。其间的发展轨迹只有两种可能:一种可能是,"然(燃)"是"热"、"暖"的缘起理据,反之则不合情理,因为缘起理据一般只有一项,继起理据却可有多项。另一种可能是"软>暖>然(燃)>热>爇","然(燃)、爇"概念相近而分处"热"的两端,似不合理,合理解释是"热、爇"由混一分化而成。因为"软"可直接联系到处于第四同源层上、反映原始语言底层的拟声要素[n-],两种可能都支持"然>热"。

表 4 "热-爇-然-暖"词形相似度统计表

w_1	w_2	$sim(n_1, n_2)$							sim均值
		高本汉	藤堂明保	王力	白一平	郑张尚芳	许思莱	唐作藩	
热(熱)	爇(焫)	—	—	1	—	0.89	0.71	1	0.9
	然(燃)	0.88	0.88	0.82	0.5	0.75	0.5/0.67	0.88	0.74/0.79
	暖(煖)	0.38	0.63	0.7	—	0.22	0.29/0.43	0.63	0.48
爇(焫)	然(燃)	—	—	0.82	—	0.67	0.29/0.43	0.88	0.67/0.7
	暖(煖)	—	—	0.7	—	0.33	0.38/0.75	0.63	0.51/0.6
暖(煖)	然(燃)	0.5	0.75	0.67	—	0.44	0.57	0.75	0.61
	软	0.63	0.89	0.8	—	0.8	0.88	0.75	0.79

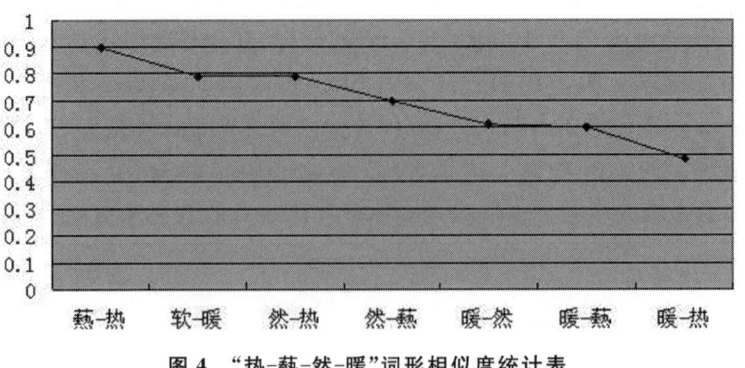

图 4 "热-爇-然-暖"词形相似度统计表

---

① "暖煖煗""软"的上古音描述:"暖煖煗"[高]nuʌn,[藤堂]nuan,[王]nuan,[白](缺字),[郑张]noon/,[许]nôn/,[唐]泥元。"软"的上古音描述:[高]nʑĭwän,[藤堂]niuan,[王]njiuan,[白](缺字),[郑张]njon/,[许]non/,[唐]日元。

一些学者混淆字据和词据界限,根据字形判认"实"本义是殷实,其他为转义。显不妥。广雅释诂:实,塞也。小尔雅:实,满也,塞也。春秋僖公:十有二月,李梅实。谷梁传云:实之为言,犹实也。意即长饱满了故叫果实。藤堂明保说,"实[*diet]充实"还派生出"旨[*tier]"。旨,甲文象匕在口表甘美。肥满的东西好吃。因此"实"本义为充实信度相对较高。"昵(暱)趋近－黏－和近身衣－尼近－迩近"存在同源关系,其中,"昵(暱)趋近"作为"黏"的继起理据的可信度较高,因为"黏"可直接联系到处于第四同源层(参图 4)上、反映原始语言底层的拟声要素[n-]。太阳光色、运行、位置特征决定了其作为时间参照的性质。"白天"、"一天一夜(24 小时)"均理所当然成了太阳概念的继起理据,如汉语"日"、藏语 i(ma)。据山中襄太考察,下述语言里太阳概念词均是"太阳"和"白天"两义同词:日语ひ(太阳,白天),朝鲜语 hai(太阳),芬兰语 bi、bija(太阳、白天),马来半岛山地民语、サカイ语 bri(太阳),サカイ语、セルソ语 mo-hi(白天),セダソグ语 hi(白天),セマソ语 haioh(白天)、hai-öh(到白天),henhai(光),美国加利福尼亚的 San Raphael 语 hi(太阳,白天),Talatui 语 he(太阳)、hiumu(白天),Tschokoyem 语 hih(太阳)、hiahna(白天)等。值得注意的是,这些具有强普遍性的同源关系多见于第一同源层。

相比之下,"熱温热"源说在更大同源词群中反映出跟太阳的语义关联度要高于其他诸说。

(c) 同义词群中有时能反复呈现某种相同的理据模型,这在某种程度上也能起互证作用。以另一表太阳概念的单纯词"陽/昜(阳)"为例。根据场约束和词形相似关系,表5列出"陽/昜"及其相关单音节词的7家上古音描述。

表5 "阳"同源词的上古音描述(备注:同源层概念见后)

裂变层级		单音节词	上古音类或拟音						
			高本汉	王力	藤堂明保	白一平	郑张尚芳	许思莱	唐作藩
第三同源层		照	tɕ'iäu	tjiô	tioɡ	tjaws	tjews	kiauh	章宵去
		烧	śiäu	sjiô	thioɡ	—	hnjaws / hnjew	ŋhiau / nh(i)au	书宵平
		熾(炽)	tś'i	thjiək	tiək	thjik	thjɯgs	—	昌职入
		赤	tś'iäk	thjyak	t'iäk	—	khljag	k-hlak	昌铎入
		曜耀燿	iäu	jiôk	diok	lja/ewks	lewGs	liauk	喻药入
	第二同源层	易陽(阳)	iaŋ	jiaŋ①	diaŋ	ljaŋ	laŋ	laŋ	喻阳平
		暘(旸)	iaŋ	jiaŋ	diaŋ	ljaŋ	laŋ	laŋ	喻阳平
		揚(扬)	iaŋ	jiaŋ	diaŋ	ljaŋ	laŋ	laŋ	喻阳平
		颺(飏)	iaŋ	jiaŋ	diaŋ	—	laŋs	—	喻阳平

---

① 后鼻音韵尾原书作 ng,为避免统计混为两音,改作 ŋ。

"易"是阳(陽)的本字,古作𠃓,象日初升之形。郑张尚芳以为甲金文象日光下射。玉篇云:营天功,明万物谓之阳。说文云:陽,高、明也。按:即从天上往下照射。比较表5各词可知,"陽阳光"与"耀"直接同源的信度较高。结合合成词构词(参§3.1.3)指标的分析结论可知,"陽太阳"源自"陽阳光"。由"耀"的其他同源单纯词不难发现,"陽太阳"概念的形成也取用了火的意象。

此外,缘起理据的意义基础性程度一般低于对象词所表概念。具有多义关系的某个义项或具有同源关系的某个根词,越接近同义类的相关拟声词,则出现时间可能就越早,也就越有可能具有缘起理据的资格。如有的语言里太阳概念跟火燃烧发声的拟声词有相同的拟声要素,则火显然可作为太阳概念的缘起理据(参§4.1泛时指标)。意义指标下的分析量化如表6。

表6 意义指标下的语源信度

意义指标		"实充实"源说	"实果实"源说	"昵趋近"源说	"热温热"源说
	a	(见言外指标、语用指标、泛时指标的相关计量)			
	b	0.5	0.5	0.5	1
	c	—	—	—	1
	均值	0.5	0.5	0.5	1

3.1.3 合成词构词指标 构词的复杂化和简单化各处于语言螺旋式发展的两个截然相反的加工阶段,前者是强化加工,后者是弱化加工。一般实词的复合构词属前者,语法化过程中的词形损耗或词汇化过程中的缩略属后者。若甲词是乙词构词上的复杂化或简单化结果,则乙词是甲词的理据词。比如,在复杂化处理中,基本词汇的根词总比它所在的合成词出现得早。

因"日"在单音节词阶段已获太阳义,对其缘起理据的证明用不上构词指标。但构词指标有利于证明太阳概念词"陽"的形成。仅根据表6的上古音描述,尚难断言语源走向,但由"太+陽阳光=陽太阳"推知,"陽太阳"由"太陽"缩略而成,发展轨迹为:"陽阳光>太陽>陽太阳"。

3.1.4 共时语用指标 通过语用平面上相关用法的统计比较,可区分出区别性特征的主次地位。主特征或与其相关度高的特征用做缘起理据的概率相对更高。

最适于太阳指谓的"太阳像X"模式在表达时,对X的联想多念及太阳的光、色、形特征。如北大语料库含"太阳像(象)X"的句子在剔除重复、表意不明、无比喻关系的用例后剩30例(见附录2)。其中涉及太阳视光特征26例(其中光色并用的20例,有光无色的3例,有色无光的3例),形体特征18例,温度特征15例,位置特征14例,运行特征8例。统计表明,光色是太阳的主特征。该表达模式中,太阳多特征综合表达式共28例,太阳单特征表达式2例,表明前者是强势表达式,后者是弱势表达式。统计又发现,以火为意象的 14 例(有 1 例与鞭子意象合用),以与燃烧有关的用物(烙红了的铁块、点燃的灯)为意象的 2 例,以金或金制品及相关用品(金子、金盘、金团、金叶、金色的大圆盘)为意象的 6 例,以其他用品(鞭子、气球、水壶、大绒球)为意象的 4 例,以食物(蛋黄)为意象的 1 例,表明火是太阳的高频联想意象,食物是太阳的低频联想意象。火作为太阳高频联想意象的事实进一步表明,虽然温度特征不是太阳频率最高的主特征,但它与太阳视光特征的心理相关度在所有特征中是最高的。当代言语表达中可以见到太阳的果实意象联想,网络中可随意搜到的用例见附录 4。网上有人列出一个求解的语文填空题"红红的太阳像(　)",共得到两个回复:一个答复是"橘子,转盘,烧饼……",另一回复是"苹果,火球,大火球,柿子,毛主席,火龙果,苹果,烧饼",其中都有以果实做喻体的。英语中也有 The sun looks like an apple 之类比喻,表明这种比喻表达模式具有语言普遍性。① 一位母亲在育儿日记中记录了跟宝宝散步时的对话,其赞语表明果实意象联想非一般成人所能。果实意象隐去了不少因果联系,又从孩童强烈的食物爱好出发,虽新奇度高和艺术层次远高于以火作譬,但对孩童来说,也许难度反而相对小些。不过据对"中国基本古籍库"上古典籍的查询,尽管以火喻太阳的比比皆是,却未见以果实喻太阳的言语表达。

  妈妈:早晨升起的圆圆的太阳像什么呢?
  儿子晨晨:嗯……像红苹果,红红的。
  妈妈:还是晨晨聪明,妈妈的比喻都没有晨晨的形象贴切。

  不同视角有不同关注点,由此形成不同表达模式。若以"像太阳一样 X"表达,对 X 的联想则多关注太阳的光、热特征。北大语料库含有"像太阳"的句子共 93 例,剔除重复的、表意不明的、无比喻关系的,剩 61 例,其中含光特征的就有 50 例,远多于占第二位的热特征(12 例),色特征仅 2 例,形体特征在该模式里几乎被忽略(见附录 3)。它进一步证明了光色特征是太阳的主特征,以及温度跟光特征的较高相

---

① 这种联想不仅基于形似,可能还有更深层动因使人们往食物上联想。如第 1 组"阳光—哺育"的搭配使用,第 2 组太阳跟生物的关系,第 3 组是借助其他食物的联想。【第 1 组】春天的阳光哺育了小草|阳光雨露哺育了我|党的温暖阳光哺育我成长。【第 2 组】太阳晒晒苗儿长,太阳晒晒果儿香,太阳晒晒我健康|秋天金色的太阳带来丰收的果实|毒辣辣的阳光晒红了高粱。【第 3 组】[+热+圆]太阳像个刚出锅的烧饼。[+黄+圆]金黄色的太阳像一颗香甜的水果糖。难怪郝懿行尔雅义疏云:陽之为言养也。不过郝说恐非,据多数古音学家的描述,两词上古音殊异。纵使存在理据关系,以"养育"作为太阳概念的缘起理据也不甚明确,要由养育意义联想到其所暗含的光、热特征,从而激活对太阳概念的联想,相当困难。若作为太阳概念的继起理据,尚联想可达,勉强能由太阳概念可联想到养育义,成为生动的言语表达。食物作为太阳继起理据的情况如见巴列维(Pahlavi)语(中古波斯语,属印欧语系)xwar[hwl](太阳),xwārdig[hwltyk'](食物)。

关度。

本项指标下,热源说信度计为1,其余三种可约计为0.5。

3.2 历时指标

3.2.1 首现指标 首现时间。若同源关系词中,甲词有尽可能早的首现证据,而乙词没有,则有利于证明甲为缘起,乙为继起。为配合这一研究,须善于使用收字尽可能全面的甲骨文工具书或语料库。如姚孝遂主编(1989)、于省吾(1999)中有"日、爇、易、陽"诸字[22]425、1281、432、484,无"實"、"眤"字。

3.2.2 亲属关系词指标 历史比较语言学证据。亲属语言的关系词是亲属语底层,能在某种程度上证明其远古历史。藏语 ɲi(ma)有"太阳,白天,一天"三个义项,形义跟汉语"日"[*njit]相对应,泰语词 ar-thit(太阳),thin[(文)白天]①等似也表现出汉藏语系亲属关系词身份。由于资料不足,此项暂不给出结论。

3.2.3 单纯词形义裂变指标 单纯词的形义发展因裂变幅度的不断扩大而分化为几个不同的同源层(如图5),越居内层,形义可达度越高,越往外层,形义可达度越低,最外层的词系是在相同音位要素和义素特征基础上发展起来的词系。第四同源层上的拟声要素反映语言最原始的底层,只有热源说才能确保更大词群的语源得到合理说明(参§3.1.2)。此项已计入意义指标,不重复计量。

3.2.4 历时语用指标 古代言语表达方式。如前面说过,据对"中国基本古籍库"上古典籍的查询,以火喻太阳的比比皆是,未见以果实喻太阳的言语表达。

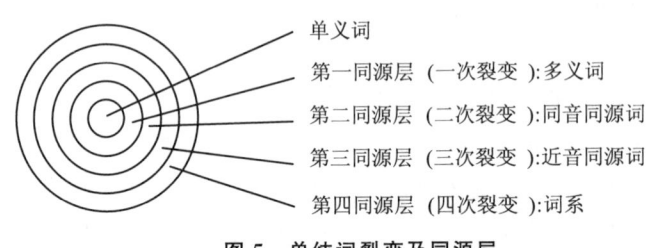

图5 单纯词裂变及同源层

四、言际指标

4.1 泛时指标

该指标充分利用语言普遍性证据对语源关系的证明力。众多语言综合采用光、

---

① 相关词又如 thít[(文)明亮的,有光辉的],ar-chin(经常)等。

热特征喻指太阳概念。印欧语系中,英语太阳概念词 sun、sol 均以光照为据,它最终可上溯到原始印欧语词基(base)*saewel-(照射、太阳),其语源轨迹为:(1) 英语 sun(n.太阳)＜古英语 sunne＜原始日耳曼语*sunnon＜原始印欧语*s(u)wen-＜词基*saewel-(照射,太阳)。(2) 英语 sol(太阳)＜古拉丁语 sol(太阳)＜原始印欧语*s(e)wol-＜词基*saewel-(照射,太阳)。同时,原始印欧语又有词基*swel-(燃烧)(语源上跟 swelter(闷热),sultry(闷热)有关)。比较词基*saewel-(照射,太阳)和词基*swel-(燃烧)的形义关系,并结合构词指标可推知,*saewel-(照射)以*swel-(燃烧)为据,由此表明,太阳概念的表达是最初以火为意象。① Eric Partridge 描述 sun 的语源时说:英语 sun＜中古 sunne(变体 sonne)＜古英语 sunne,若其印欧语词根(root)是*swon-,若拉丁语 sōl 的印欧语词根(root)是*swol-,则其最终的词基(base)是*swo-(照耀);他描述 solar 语源时又说,拉丁语 sōl(太阳)的印欧语词根也许是*sāuel-。此说虽与上述有细微差异,但形义关系及构词指标的切合度一致。再比较隶属印欧语系的巴列维语(中古波斯语)的以下三组相关词语的形义关系,可知其太阳概念的形成跟汉语"阳$_{阳光}$→太阳→阳$_{太阳}$"类似,其阳光概念的形成则源自火的意象。

【第 1 组】suxr［swhl］(红色的),sūr［swl］(强的),sōxtan(烧);xwarg［hwlg］(火炭、余烬),hur［hwl］(一种酒精饮料)【第 2 组】(a)xwār［hwᵒl］(光,光明),šēd(光明的、明亮的);(b)xwar(x)šēd［hwl(h)šyt′］(太阳);(c)xwar［hwl］(太阳)

在阿尔泰语系中,蒙古语 nar(太阳)＜古蒙古语 naran(太阳),蒙古语 nereh(燃烧)＜古蒙古语 nere-(燃烧),可见蒙古语太阳概念词也源自火的意象。日语本源词ひ$_{火}$有"火,照明的光,火灾"等义,其本源词ひ$_{日}$有"太阳,太阳的光或热"等义:日が弱(よわ)い/日が射(さ)す/日に燒(や)ける。可见,日语ひ$_{日}$是由ひ$_{火}$转移而得。据山中襄太的引述,白鸟库吉也持同样观点。另外,以音 b/p/f 拟燃火之声具有语言普遍性。ひ$_{火}$可能直接源自拟声,这也可证明语源发展轨迹是"火→太阳",而非"太阳→火"。现代日语拟声词ぶすぶす(火带着火焰和烟在燃烧时的发声)、ぼうぼう(熊熊火势连续燃烧时的发声和样子)。如:かまどの薪がぶすぶすとくすぶっている。|ほら、焚き火がぼうぼう燃えてるわよ。这看似有以今证古的弊端,但普遍性可作为超越于历时的泛时特征来看待。

太阳的典型性、区别性特征不止一项,理据选择上的差异必导致语言在理据类

---

① 原始印欧语词基*saewel-(照射,太阳)与词基*se-(播种、播下)、*sol-(全部)的疑似语源关系的可信度相对较低。英语 fire(火)、hot(热)等词跟太阳概念的语源关系也均得到排除。

型上的不同,不管如何不同,各理据类型一般都在太阳概念的知识场约束下。在我们调查过的其他语言中,尚未发现太阳概念词以果实、充实、趋近为据的。在泛时指标下,发现存在理据普遍的计为1,未发现者设空不设零。

4.2 非借贷指标

就言际非借贷指标来说,得排除借贷词和本语词之间的纠缠。尚无汉语"日、阳(陽)"借自其他语言的观点及证据。若确证一词是借贷词,另一词是本语词,则不管其他指标下的量化结果如何,语源信度均归零。若都是本语词,则此项指标下为默认值,不计量。

五、语源信度

在系统指标分析基础上,将各项具体指标统合起来进行度量,可得出语源关系及其走向的最终信度值。将各项指标值一概简单相加取均值并不是科学的办法。用 n、s 分别表示词的形式和意义,纵向箭头或斜向箭头表形义关系,横向箭头表意义或形式关系,由此得出词汇共时形义关系图(见图6)。

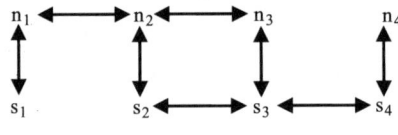

图 6　词的形义关系图

其中 $n_1 s_1 n_2$ 是历史音变或异读关系,$n_1 s_1 n_2 s_2$ 是同音等词形联想关系,$n_2 s_2 n_3 s_3$ 是同族音变关系、词形扩展关系等,$n_3 s_3 n_4 s_4$ 是同义等词义联想关系,$n_3 s_3 s_4$ 是多义关系,其中有形义衍生关系的是 $\{n_1 s_1 n_2, n_2 s_2 n_3 s_3, n_3 s_3 s_4\}$,为便于通约,可将它们分别改写成 $\{nsn', nsn's', nss'\}$,这三种关系是织造词汇系统的网梭。语源关系在多个侧面上的指标都分属意义或形式或其关系,言外指标和意义指标、语用指标、泛时指标是广义上的意义指标,单纯词词形指标属形式指标,合成词构词指标、历时指标和非借贷关系指标是形义综合指标。

形义可达度是判定直接语源关系的主要依据。形通即语音上相近或切合历时对应规律,有时语音不相似但仍有对应关系。义通即意义上具有联想、可达联系(相似或相关),它可综合言内外各项意义指标,以统合后的均值来计量。$der\alpha(w_1, w_2)$ 表示词 w_1 和 w_2 的形义可达度,它大致等于词义可达度和词形可达度之和的平均数。若形义可达度、词义可达度、词形可达度任何一项小于0.5,不管计算得分如何,其直接同源信度均归零。形义综合指标主要是定性指标,肯定性证据可为语源信度加分,否定性证据可全盘推翻无论信度多高的语源假设。综合得出的同源信度最高者,其理据资格才能得到确证。

表7 语源信度综合统计表

系统指标				"实充实"源说	"实果实"源说	"昵贴近"源说	"热温热"源说
形义可达度	广义上的意义指标	现实指标		1	1	0.75	1
		心理指标		0.63	0.88	0.75	0.94
		其他言外指标		0.5	—	—	—
		意义指标		0.5	0.5	0.5	1
		语用指标	共时	0.5	0.5	0.5	1
			历时	—	—	—	1
		泛时指标					1
		词义可达度		*0.66*	*0.8*	*0.67*	*0.99*
	形式指标	单纯词词形指标		0.86	0.84	0.85	0.68/0.7
		词形可达度		*0.86*	*0.84*	*0.85*	*0.68/0.7*
		形义可达度		**0.76**	**0.82**	**0.76**	**0.84/0.85**
形义综合指标	合成词构词指标			—	—	—	—
	历时指标	首现指标		0	0	0	1
		亲属关系词指标		—	—	—	—
		单纯词形义裂变指标		—	—	—	—
	非借贷指标			—	—	—	—
		形义综合指标		**0**	**0**	**0**	**1**
		语源信度		0.38	0.41	0.38	0.92/0.93

综言之,至少在现有证据情况下,"日_{太阳}"的缘起理据可信度最高的是"热","日_{太阳}"的继起理据是"日_天",其所在的更大同源词群及关系描述如图7,图中居上方者为缘起,居下方者为继起:

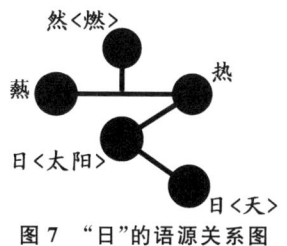

图7 "日"的语源关系图

结　论

　　本文针对当前语源研究科学程度不高的现状,从系统语源学思想出发,以证实、证伪、计量等多种方法,结合"日$_{太阳}$"语源的实例分析,提出并论证了语源关系的系统指标、语源信度,将语源研究朝有向性、确证性方向推进了一大步,提升了该领域研究的科学水平。文中提出的同源信度和计量方法主要估测直接同源关系,尤其是典型的二、三同源层,各项指标上的具体内容和更为详尽的细节性指标还有待丰富、发展和完善。第一同源层的语源关系较易判定,一般不必大费周章,第四同源层是词汇裂变的最外层,充斥着大量间接同源关系,分析方法应有别于其他同源层。

　　附录

　　1. HSK 汉字词汇大纲的日旁合体字——A.【视光$_{常识b}$】(共 28 字)＜事物＞星,电,景,晶,皂,的;＜活动＞显,暴,曝,映,晃,晤,旷;＜性状＞晴,明,白,晰,暗,暖,阳。**相关衍生**:＜活动＞晾。**相似衍生**:＜活动＞晕,晓,昏;＜性状＞智,昧,鲁;＜事物＞旨。B.【温热$_{常识c}$】(4 字)＜性状字＞暖,暄,暑。**相关衍生**:＜性状＞旱。C.【高度$_{常识a}$】(3 字)＜活动/性状＞晋,昂。**相似衍生**:＜功能＞最。D.【更替$_{常识d}$】(2 字)＜活动＞替,易。E.【广度$_{常识e}$】(2 字)＜性状＞普,昆。F.【视光$_{常识b}$＋更替$_{常识d}$】(16 字)**相关衍生**:＜事物＞时,旦,晨,昼,晌,暮,昨,昔,旬,春;＜性状＞早,晚,旧;＜功能＞曾,暂;＜活动＞量。G.【视光$_{常识b}$＋温热$_{常识c}$】(3 字)**相关衍生**:＜活动＞晒。**相似衍生**:＜性状＞旺,昌(与"红火"的词据同构)。

　　2.【第 1 组】＜＋形＋光＋色＋行＞(3 例)太阳像一个金团升起,把光射到了里面。＜＋光＋色＋形＋温＋位＞(5 例)太阳像个猩红的火球已斜挂在西天。＜＋光＋色＋形＋温＋位＋行＞(1 例)太阳像火球似的在长城上方缓缓下降。＜＋光＋色＋形＋温＞(4 例)太阳像喷射着岩浆的火山口,把人们烧炙得透不过气来。＜＋温＋光＋色＞(4 例)太阳像纸烧过后的残余的火星,一忽儿就消逝了。＜＋光＋色＋位＞(3 例)太阳像一堆金子似的升起来,照着这屋子。＜＋光＋形＋行＞(1 例)太阳像一个庞大而又闪闪发光的脑袋在大路上向前滚动着。＜＋光＋行＞(1 例)太阳像一盏灯那样天天重新点燃。＜＋色＋温＞(1 例)太阳像烙红了的铁块,熨得皮肤嘶嘶发烫。＜＋色＋位＞(1 例)太阳像一个金盘,从大海里上升起来。＜＋色＋形＞(**1** 例)太阳像煮熟的蛋黄样,蒙着一层浅灰色。＜＋形＋位＞(2 例)太阳像一个金色的大圆盘高挂在上面。＜＋形＋位＋行＞(1 例)太阳像气球一样慢慢落下来。＜＋光＋形＋位＞(1 例)毒花花的太阳像浇花儿的水壶一样将阳光洒了下来。**【第 2 组】**＜＋形＞(1 例)太阳像只长了毛的大绒球。＜＋位＞(1 例)太阳像可爱的小鸟,在每一棵树上都筑起小巢。

　　3.【第 1 组】＜＋光＋温热＞(10 例)科学就像太阳一样,把光辉和温暖给世人。

＜＋光＋广度＞(6例)就像太阳那样慷慨地用它的光芒把大地普照。＜＋光＋更替＞(2例)使之像太阳那样转动,并且从它那里获得光明。＜＋光＋更替＋广度＞(3例)就像太阳一样环绕着地球,到处放射它的光辉。＜＋高度＋更替＞(4例)红旗在与曙光一起冉冉上升,好像太阳跃出地面的那个时刻。＜＋光＋色＞(1例)黄澄澄的金子很像太阳的光辉。【第2组】＜＋光＞(28例)面孔像太阳一样射出光来。＜＋色＞(2)她只种像太阳一样红的花朵。＜＋温热＞(2例)那一双像太阳一样灼热的眼睛。＜＋更替＞(3例)一切都平平淡淡地过下来,像太阳一样重复自己。

4.【＋红＋圆】太阳像一颗红杏落在西边山头上。【＋大＋红＋圆】太阳像一枚硕大的红果,咕咚着隐下去。【＋黄＋圆】太阳西下如桔如橙。【＋大＋黄＋圆】太阳像个超级大的橘子挂在天空。【＋红/黄＋圆】西边的太阳像熟透的果子一样鲜红。【＋大＋圆】太阳像圆圆的西瓜。【＋大＋红/黄＋圆】太阳像个大南瓜,在那高高天空挂。

参考文献

[1] Schuessler, A.(许思莱). ABC Etymological Dictionary of Old Chinese[M]. Honolulu:University of Hawai'i Press,2007.

[2] 李行健.河北方言词汇编[M].北京:商务印书馆,1995.

[3] 藤堂明保.汉字语源辞典[M].东京:学灯社,1965.

[4] 马清华.知识如何在分化中造就语言(上)[J].当代修辞学,2011,166(4).

[5] 马清华.理据的场约束及系统运筹[J].华文教学与研究,2012,46(2).

[6] Karlgren,B.(高本汉)(1923).汉字古音辞典[M].汉城:亚细亚文化社,1975.

[7] 王力.同源字典[M].北京:商务印书馆,1982.

[8] Baxter,W.H.(白一平). A Handbook of Old Chinese Phonology[M].Berlin,New York:Moutonde Gruyter,1992.

[9] 郑张尚芳.上古音系[M].上海:上海教育出版社,2003.

[10] 唐作藩.上古音手册[M].南京:江苏人民出版社,1982.

[11] 马清华.文化语义学[M].南昌:江西人民出版社,2000.

[12] Kettunen, H. J. & Ch. G. B. Helmke. Introduction to Maya Hieroglyphs:Notebook for the 7th European Maya Conference[M]. London:British Museum,2002.

[13] Champollion, J.F. Dictionnaire Égyptien, En Écriture Hiéroglyphique[M]. Paris:Firmin Didot frères,1841.

[14] 吕学强,任飞亮,黄志丹,姚天顺.句子相似模型和最相似句子查找算法[J].东北大学学报:自然科学版,2003,23(6).

[15] 董同龢.上古音韵表稿[M].台北:台联国风出版社,1975.

[16] 刘钧杰.同源字典补[M].北京:商务印书馆,1999.

[17] 马清华.拟声词在语言发生学上的意义[J].外国语,2013,36(1).

[18] 周绪全,王澄愚.古汉语常用词源流词典[M].重庆:重庆出版社,1991.

[19] 薛才德.汉语藏语同源字研究[M].上海:上海大学出版社,2001.

[20] 山中襄太.国语语源词典[M].东京:校仓书房,1976.

[21] Mackenzie, D.N. A Concise Pahlavi Dictionary[M]. London: Oxford University Press, 1971.

[22] 姚孝遂.殷墟甲骨刻辞类纂[M].北京:中华书局,1989.

[23] 于省吾.甲骨文字诂林[M].北京:中华书局,1999.

[24] 富田祝二郎.タイ日辞典[M].奈良:养德社,1987.

[25] 英语在线语源词典[M/OL].[2007-10-12] http://www.etymonline.com.

[26] Partridge, E. Origins A Short Etymological Dictionary of Modern English[M]. London and New York: Taylor & Francis e-Library, 2006.

[27] Rajki, A. Mongolian Etymological Dictionary [M]. Budapest: Budapest, 2006.

[28] 外國人のための漢字辭典[M].东京:日本文化厅,1973.

[29] 中田祝夫,和田利政,北原保雄.古语大辞典[M].东京:小学馆,1983.

[30] 上田万年,松井简治.大日本国语辞典[M].东京:富山房,1967.

[31] 白鸟库吉.国語と外国語との比較研究[C].白鸟库吉.白鸟库吉全集(第2卷).东京:岩波书店,1969.

[32] 飞田良文,浅田秀子.现代拟音语、拟态语用法辞典[M].东京:东京堂,2004.

[33] S.ウルマソ(S.Ullmann).意味論(The Principles of Semantics) [M].东京:纪伊国书店,1964.

汉语方言声调送气分化现象初探

◎ 陈立中

一、声调送气分化现象在汉语方言中的地理分布

根据作者目前掌握的材料,声调送气分化现象在汉语方言中主要分布在吴语区、赣语区、湘语区的部分地区。

1. 吴语区

赵元任(1956)早在1928年初版的《现代吴语的研究》中就注意到嘉兴、吴江盛泽镇和吴江黎里镇方言中存在声调送气分化现象:吴语的清声母上声字一般都念阴上,但吴江盛泽镇和嘉兴"次清字又分出一类,共有两种阴上";清声母去声字吴语一般都念阴去,但是吴江黎里镇和吴江盛泽镇"又把清音依全清次清的区别分作两类";清声母入声字吴语一般都念阴入,但吴江黎里"次清另成一种阴入"。遗憾的是,由于各种原因,在此后很长一段时间里这一现象并未引起学术界的重视。

1958年,叶祥苓率先发表两篇文章,称吴江县城(即松陵镇)方言有10个声调。后来叶先生(1979)又发现吴江县城关松陵镇老年人还能区分次阴上和次阴去,如:丑≠臭,彩≠菜。这就是说,松陵镇的声调应该增加到11个。张拱贵(1980、1981)先后发表两篇文章,与叶先生展开讨论。于是,叶先生(1980)发表《关于吴江声调的两点说明》一文,随后于1983年发表《吴江方言声调再调查》一文,对吴江7个镇(松陵、同里、平望、黎里、芦墟、盛泽、震泽)方言的声调进行了全面考察。他发现:该地区声调分化的条件都与发音方法的送气与否有关,而与发音方法的全浊次浊无关。7个镇的声调均在10个以上,其中吴江县城松陵镇和同里、平望的平、上、去、入都存在全阴调、次阴调和阳调三分的现象,调类总数为12个;黎里上、去、入都存在全阴调、次阴调和阳调三分的现象,但平声全阴、次阴不区别调类,调类总数为11个;镇泽平、去、入分全阴与次阴调,上声不分,也有11个调类;芦墟次清上并入次阴去,浊上并入阳去,调类总数为10个,但平、上、去、入实际上仍都是全清调、次清调和阳调三分的;盛泽上、去分全阴与次阴调,平、入不分,也是10个调类。

张拱贵、刘丹青(1983)发表了不同的调查结果。他们把黎里的声调也划分为11类,跟叶祥苓(1983)相同,但调值记录略有出入;把松陵和盛泽的声调都归为九类,并提出混上和混去两个特殊的调类,即把次阴上和阳上合并,次阴去和阳去合并。

许宝华、游汝杰(1984)指出:"在上海市和苏南地区只有吴江县及昆山县南部农村的调类是整齐地按声母是否送气分化的。界外浙江的嘉兴、平湖、嘉善和海盐也是如此。这种调类分化的现象也见于旧松江府,不过是不成系统的,只是阴上调中有个别送气清声母字的字调归并到阴去调。"该文将人们对声调送气分化现象的关注视野从吴江扩展到其他市县。文中列举了莘塔、陈墓、周庄、嘉善、平湖、乍浦、海盐7个点的调类情况。从文中提供的材料来看,7处方言平声都不分全阴和次阴;莘塔、陈墓、周庄、嘉善、平湖、乍浦等地次清上声并入阴去,浊上并入阳去,虽然今上声调内只剩下全清字,但全清、次清和浊声母字今实际上在调类方面还是存在区别的;周庄全阴和次阴去声别为两调;莘塔、陈墓、周庄、乍浦、海盐入声都分全阴和次阴。

钱乃荣等(1992)对赵元任曾经调查过的33个方言点再次进行了考查,认为:"在湖州、吴江、嘉兴一带,古次清(送气音)声母字的声调从清声母中分化出来,与全清声母对立。"与赵元任(1956)相比,在吴江黎里镇、吴江盛泽镇和嘉兴之外,钱乃荣增加了吴江县城的材料;黎里镇上声赵氏未分全阴上与次阴上,钱氏别为两调。此外,钱乃荣(1992)还发现:溧阳古全清入声字今念阴入ʔ55,古次清入声字与部分浊入字合流,念成舒声长调入声223;金坛"古次清阴入字并入阳入",与念阴入的古全清入声字相别;金坛西岗"古次清声母的阴入字归入阳入",与念阴入的古全清入声字相别。可见钱乃荣认为,古全清与次清字今在调类上存区别的方言点实有吴江(城关松陵镇)、吴江黎里镇、吴江盛泽镇、嘉兴、溧阳、金坛、金坛西岗7处。

综上所述,在吴语区,至少有吴江(松陵、同里、平望、黎里、芦墟、盛泽、震泽、莘塔等乡镇)、昆山(南部的周庄、陈墓,即今锦溪等乡镇)、嘉兴、嘉善、海盐、平湖(及其境内的乍浦等乡镇)、溧阳、金坛(及境内的西岗等乡镇)等地存在声调送气分调现象。

2. 赣语区

熊正辉(1979)发现,南昌话古清声母去声字今逢送气声母念上声213,逢非送气清声母念阴去35。

陈昌仪(1983)也注意到,江西都昌土塘话"古去声次清声母字今读阳去,全清声母字今读阴去;古入声次清声母字今读低入,全清声母字今读阴入"。

颜森(1986)指出,赣语昌靖片大多数地方以及宜萍片的新余声母送气影响调类分化。

陈昌仪(1991)说:"赣语的中心地区——鄱阳湖周围和赣江下游市县的突出特色是古今声母的送气不送气影响调类的分化。"

李如龙、张双庆(1992)也谈到：新余的阴平、修水的阴去依据今声母送气与否分为 A、B 两类；安义古全清去声字今读阴去调，次清去声字今读阴上调；都昌阳平、阴入、阳入调分两类，今声母为全浊声母和 h 声母的字为 B 类，其余声母为A 类。

刘纶鑫(1999)对存在相关现象的方言有较为详细的调查。按照他所提供的材料，永修、德安、修水、新余古清声母平声字今分为两调。湖口、星子、永修、德安、修水、丰城、遂川古清声母去声字今分为两调。南昌(塔城乡)、新建、安义的古清声母去声字今实际上也在声调上别为两类：南昌(塔城乡)古全清去声字与古次浊平声字声调合流为阳平，古次清去声字归上声；新建古次清去声字归上声，安义古次清去声字归阴上，都与全清去声字相别。永修、德安、都昌古清声母入声字今分为阴入和次阴入两调。湖口古全清入声字今归阴去，古次清入声字今归次阴去。新余古次清入声字今归阳入，与古全清入声字相别。

辛世彪(1999)将南昌(包括南昌市、南昌县)、都昌(城关)、都昌(土塘)、安义、新余(城关)、新余(沙土)、修水、永修(城关)、永修(三角)、德安、新建(湾里)、星子、湖口、南丰等地方言都称为送气分调型方言。这些方言点声调数目各有 5、6、7、8、9、10 个不等。其中阴平分调的有新余(城关)、新余(沙土)、永修(城关)3 点；阳平分调的有南昌、都昌(城关)、新建(湾里)、永修(城关)、永修(三角)、德安、南丰 7 点；上声(包括古清上与次浊上)分调的有新建(湾里)；阴去分调的有南昌、都昌(城关)、都昌(土塘)、安义、修水、新建(湾里)、永修(城关)、永修(三角)、德安、星子、湖口 11 点；阳去分调的有都昌(城关)；阴入分调的有都昌(城关)、都昌(土塘)、新余(沙土)、星子、湖口，新余(城关)只有咸深山臻四摄读入声且以送气分调，宕江曾梗通五摄归阴平(也以送气不送气分别归于次阴平和全阴平)；阳入分调的有都昌(城关)、新余(沙土)、永修(三角)。

可见，在赣语区，声调送气分调现象主要出现在其中心地区——鄱阳湖周围和赣江下游的部分市县，以昌靖片最为普遍。

3. 湘语区

湖南师范学院中文系汉语方言普查组(1960)发现"声母送气构成声调分化条件"，"涟源去声次清另成调类(次清去)"(第 8 页)，因而"阴去分全阴去(调值是 35)和次阴去(调值是 32)"(第 33 页)。据鲍厚星(2003)、刘丽华等(1987)，涟源蓝田的调类与此一致，部分调值有所出入。鲍厚星(2003)、陈晖(2004)发现，安化梅城的调类也存在这样的情况。鲍厚星(2003)还发现，岳阳荣家湾(鲍先生认为这里的方言虽然受到了赣语的较大影响，但总体上看应当划归湘语)除了有阴入和阳入外，其他调类情况与涟源、涟源蓝田、安化梅城等地很相似。请看表 1。

表 1　涟源、涟源蓝田、安化梅城、岳阳荣家湾方言声调表

	阴平	阳平	上声	全阴去	次阴去	阳去	阴入	阳入
涟源（湖南师院 1960）	44	13	21	35	32	22	—	—
涟源蓝田（鲍厚星 2003）	44	13	31	45	24	21	—	—
涟源蓝田（刘丽华等 1987）	44	13	31	35	24	11	—	—
安化梅城（鲍厚星 2003）	33	13	31	45	35	21	—	—
安化梅城（陈晖 2004）	44	13	42	35	24	21	—	—
岳阳荣家湾（鲍厚星 2003）	33	13	42	45	24	11	55	22

杨翊强（1988）认为，湘乡（杨氏本人是离城关镇 15 里的梅桥镇新桥村人）话有 7 个声调：阴平 55，阳平 122，次阳平 214，上声 21，阴去 25，次阴去 215，阳去 11。鲍厚星（2003）发现湘乡月山、双峰梓门桥的调类情况与此非常相似。阳平和次阳平的区分主要是以古声母是次浊还是全浊声母，而阴去和次阴去的区别则是以声母的送气与否为条件的。请看表 2。

表 2　湘乡梅桥新村、湘乡月山、双峰梓门桥方言声调表

	阴平	阳平	次阳平	上声	全阴去	次阴去	阳去
湘乡梅桥新村	55	122	214	21	25	215	11
湘乡月山	55	24	334	31	45	35	22
双峰梓门桥	55	13	23	21	35	24	33

鲍厚星（1989）发现：邵阳方言"全清去声字今读阴去，次清去声字今读阳去，对应十分整齐"。储泽祥（1998）也谈到，邵阳方言今声调"最有特点的是古去声清声母字的分化，即全清去声字今读阴去，次清去声字今读阳去，对应十分整齐"。从调类的区分来看，邵阳话古清声母去声字还是按照送气与否分化为不同的调类，只是由于次清去声字并入阳去，所以这一分化并没有造成一个独立的新调类——次阴去。

可见，在湘语区，至少涟源、安化、湘乡、双峰、邵阳和岳阳荣家湾等地是存在声调送气分化现象的。除岳阳荣家湾外，这些方言点基本上都属于娄邵片。

4. 送气分调现象在其他方言区的分布

在吴语、赣语、湘语之外的其他汉语方言区，声调送气分化现象比较少见。

据湖南师范学院中文系汉语方言普查组（1960）的记录，地处湖南南部的蓝山县（原报告写作兰山）方言"声母送气构成声调分化的条件"，"阴平次清归阳去……因此，兰山阴平没有送气音"。（第 14 页）蓝山是西南官话和湘南土话并存的双方言区。从报告提供的材料来看，报告记录的是蓝山县城关镇的土话。

张均如(1987)发现,广西南宁心圩平话有 11 个调:阴平 53,阳平 31,阴上 33,阳上 24,阴去甲 55,阴去乙 35,阳去 11,阴入甲 33,阴入乙 55,阳入甲 11,阳入乙 24。古清声母去声字,心圩平话今读阴去调,其中古全清声母字今读不送气声母,念阴去甲 55 调;古次清声母字今读送气声母,念阴去乙 35 调。阴入调分甲、乙两类,还看不出有什么演变规律。

二、声调送气分化现象的类型及演化模式

吴语古全浊和次浊声母字通常均归入阳调,今不送气和送气清声母与古全清和次清声母的对应较为整齐,因此吴语声调分化的条件都与发音方法的全清、次清有关,而与发音方法的全浊次浊无关。叶祥苓(1983)、石峰(1992)认为吴江方言的声调演化可以分为两个层次:第一层次按声母的清浊分阴阳,第二层次按清声母的送气与否分全阴、次阴。第二层次的分化在不同方言点是不平衡的,有的地方发生了分化,有的地方这种分化似乎没有发生。在同一方言声调系统内部,阴平、阴上、阴去、阴入四调的分化也可能不平衡,有的地方四调都分为全阴和次阴,有的地方则是或分或不分。有的地方,在发生第二层次演变之后,调类之间交互合并,形成复杂的调类格局。

赣语中声调送气分化现象有两种类型:

(1) 古声母是否送气影响今调类分化。例如,都昌土塘方言今无送气清音声母,古声母送气与否影响今调类分化。其声调的演变可能经历了四个步骤:第一步,按声母的清浊分阴阳;第二步,按清声母的送气与否分全阴、次阴;第三步,是次阴调字声母念成全浊,但在调类上仍与全阴调、阳调相别,例如古全清声母入声字今念阴入 5,古次清声母和全浊声母字虽今声母都为全浊,但仍分属不同的调类,前者念低入调 1(实际上相当于次阴入调),后者念阳入调 3;第四步,部分调类合并,例如都昌土塘方言的阳去字包括古浊去字和古次清去声字,调值都念 313。古全清和次清声母平声、上声字未出现送气分化现象。

(2) 今声母是否送气影响调类分化。这是赣语中声调送气分化现象的主要类型。熊正辉(1979)认为,南昌话声调的分化有前(Q)、后(H)两个层次:前一层次按声母的清浊分阴阳,后一层次按声母的送气与否分调。南昌话的古浊声母平声字今逢送气声母念阳平 24,逢非送气清声母念阴去 35;古清声母去声字今逢送气声母念上声 213,逢非送气清声母念阴去 35,这些变化都属第二层次。我们认为,属于这种类型的赣语里,古浊声母字与古清声母字声调再次分化的过程不是同步的,因为古浊声母字在前(Q)、后(H)两个层次之后还经历了一个全浊变清的过程。在这些地方,古全浊声母清化以后逢塞音塞擦音通常念送气音,这样古浊声母便分成了送气的塞音塞擦音与边音、鼻音、擦音等所谓的非送气音两类,它们的声调按照这两类的

不同出现分化,由此出现了属于某一古调类的字按照古声母的清浊和今声母的送气与否分化为四个调类的现象,最典型的例子是永修城关的平声字:古清声母平声字今逢送气声母念 14,逢非送气清声母念 45,古浊声母平声字今逢送气声母念 11,逢非送气清声母念 33。一些方言在出现这样的分化之后又出现了通过合并以减少调类数量的趋势,例如都昌城关的去声字:今念送气声母的古清声母字与今念非送气声母的古浊声母字都念阳去调 213;今念送气声母的古浊声母字念成阴平调 332。

湘语区的声调送气分化现象也与今声母送气与否关系密切。例如涟源蓝田、安化梅城、湘乡梅桥镇、双峰梓门桥等地的次阴去字,主要来源于古次清声母去声字,但也包括少数今例外地读送气的古全清和全浊声母字,如"矿"、"愧"为古全清的见母字,但在上述四地声母都念送气音,声调念次阴去而不念全阴去;古全浊声母去声字在湘方言中一般声母念不送气音,声调念阳去,但古全浊的並母字"判"、群母字"仅"在上述四地都念送气清声母,声调相应地念成次阴去而不念阳去。安化梅城古入声字今声母送气的归次阴去,其余归全阴去;古次清入声字今多送气,古全浊入声字今读塞音塞擦音时绝大部分送气,这些今声母送气的入声字声调与次阴去相同。湘乡梅桥镇、双峰梓门桥等地古入声字今声母送气的派入阳平、次阴去,今声母不送气的(念擦音、鼻音、边音、半元音的也在其列)派入次阳平、阴去。(陈晖,2004)

汉语方言中的声调送气分化现象是发生在清浊分化之后的二次分化现象。这一分化通常会导致相关方言声调格局的变化和声调数量的增加:清浊分调给汉语及其方言带来的仅仅是四声八调格局的可能,而古清声母的送气分调则可以进一步造成四声十二调的格局(例如吴江方言);在此基础上,古浊声母的送气分调(实际上主要是全浊与次浊的分调)则有可能造成四声十六调的格局。声调的大量增加可以弥补声母清化等所带来的消极影响,但同时也可能带来交际方面的新问题,为此在方言语音系统内部又会出现调合并的趋势。可见,声调送气分化现象要受汉语方言语音系统内部结构特征和交际功能的双重制约,分化与合并是矛盾对立统一的两个方面。声调的送气分化并不一定带来声调数量的增加。

三、声调送气分化现象的语音学依据

导致全阴与次阴调类分化的主要因素的确是声母的送气成分。熊正辉(1979)指出,南昌话中的所谓送气声母包括[p' t' ts' tɕ' k' h]6 个声母,非送气声母指的是其余的[p t ts tɕ k f s ɕ m n ŋ l ø]等 13 个声母。"就影响调类分化这一点说,[h]跟送气的清塞音和塞擦音行为一致,而跟[f s ɕ]等清擦音不同,这是很有意思的现象。可见南昌的[h]不是一般的清擦音,而是口部无阻碍的送气音。也可以说,[p' t' ts' tɕ' k' h]的送气成分是[h],南昌送气声母也可以写成[ph th tsh tɕh kh h]。决定调类分化的实际是送气成分[h]。"

声调发生学理论是美国汉藏语学家马提索夫 20 世纪 70 年代提出来的。其基本内核是:声调的产生和分化是由音段成分特征演化变异引起的。其经典性的《东南亚声调发生学》一文阐述了声调的发生发展过程(江荻,1998):(1)最初的无声调语言音节中存在非对比性音高差别。这些差别仅仅是音首和音尾辅音差别的伴随现象。因此,浊辅音起始的音节可能比清辅音起始的音节在音高上相对低一些,塞音结尾的音节比非塞音结尾的音节在音高上稍微高一些,或呈音高上升状态。这种非对比性音高差别在无声调语言中十分普遍。(2)当语言中的辅音特征丧失,音节原有的非对比性音高差别就会显露出来,承担区别意义的功能。如清浊合流,韵尾脱落。徐通锵(1998)更是明确主张:制约声调起源的关键因素是声母位置上辅音语音特征的变化;只有在音首位置上辅音的标记性语音特征(如±浊、±送气等)的变化才是声调起源的关键。

声母送气对声调的影响虽然不及清浊的影响广泛,但也为学者们普遍认同。不过,送气究竟使声调变高还是变低呢?各家的看法就不尽相同了。奥德利古尔认为,当一个语言从送气清塞音、不送气清塞音和浊塞音发展出了 3 个对立声调时,那么有一种倾向就是高调来源于历史上的清送气阻塞音系列,如泰语的 Trang 方言(江荻,1998)。不过,相反的倾向似乎更为常见。Sarawit 报道了泰语 Saek 方言历史上送气来源的声调要低于不送气来源的声调(江荻,1998)。何大安(1989)以汉语湘方言、赣方言、吴方言和苗语、侗语的送气声母为例证明声母送气特征影响声调变低。针对这种争论,Hombert 用英语和法语做了有关实验,结论是:数据表明清辅音后送气的音延与后接元音的起始 F0 值之间没有直接的相互关系,英语和法语的清辅音对后接元音的 F0 值有着相似的互扰影响,尽管英语清塞音的送气性质远远高于法语。而且,送气和不送气塞音后无音的 F0 起始值并没有区别意义的差别[这是送气是否影响音高的关键(江荻,1998)]。但孔江平(1993)所做的有关石门坎苗语浊声母与浊送气声母(也可认为是元音气嗓音特征)音高差别的实验证明,浊音起始 F0 高于平均 F0,而浊送气音起始 F0 低于平均 F0。这个结果说明嗓音发声类型对声调有影响,浊送气音节的声调比非浊送气音节的声调要低。请看表 3。

表 3　石门坎苗语浊音与浊送气音起始 F0 和平均 F0 的比较

例　词		起始 F0	平均 F0	例　词		起始 F0	平均 F0
dau[11]	把(量)	230	170	dɦiau[11]	能干	130	160
zie[11]	黏合	178	175	zɦie[11]	吊	163	170
mo[11]	揉	185	167	mɦo[11]	细	145	155
vai[11]	躲藏	180	165	vɦai[11]	抓	145	155

从汉语相关方言中全阴调、次阴调和阳调调值的情况来看,送气的确是使声调变低了。石峰(1992)在讨论吴江境内方言的声调时注意到:送气声母的次阴调处于

阴调和阳调的中间地位,它们从阴调分化出来向阳调靠拢。这是一种正在进行中的语音变化。丁邦新(1998)也指出:"大体说来,平上去入四调分化的趋势是全清最高,次清次之,浊声母最低,调型很类似。……次清声母比全清声母略使声调降低,换句话说送气的声母有一点使整个音节的声调'泄气'的现象。"事实上,这种调值上的高低差别不仅存在于吴江境内的方言之中,也存在于出现声调送气分化现象的其他地方的吴语以及赣语、湘语等之中。表4列举了吴语区、赣语区、湘语区部分方言点及南宁心圩平话去声分化和调值差异的情况,从中可以看出这些方言点的全阴去、次阴去和阳去调值大体上呈现高、中、低等差分布的态势。

表4 吴语区、赣语区、湘语区部分方言点及南宁心圩平话全阴去、次阴去和阳去调值情况

古清浊	今调类	吴江松陵	吴江平望	吴江盛泽	周庄	南昌	永修城关	德安	湖口	涟源蓝田	安化梅城	湘乡月山	岳阳荣家湾	南宁心圩平话
全清去	全阴去	412	513	513	523	35	55	45	35	35	45	45	45	55
次清去	次阴去	312	313	313	424	213	334	214	214	24	35	35	24	35
浊去	阳去	212	213	212	13	11	12	22	13	11	21	22	11	11

声调的音高变化与音节内部能量的分配密切相关,而声母的清与浊、送气与不送气等区别会使声母在发音时消耗的能量存在差异,都有可能成为声调分化的潜在诱因。一般认为,浊声母发音时声带的振动会消耗较多的力量,因此会使浊声母音节的音高低于清声母音节的音高,从而导致同名调的分化。在这方面,桐乡、松江等地吴语的调类分化是最好的例子。这些地方的方言阳调类与阴调类的调型几乎完全相同(平行),主要的不同就在于阳调类比与其对应的阴类调值低,"这是由于'清音浊流'的发音原理决定的"(钱乃荣,1992)。请看表5。

表5 桐乡、松江吴语的声调

	阴平	阳平	阴上	阳上	阴去	阳去	阴入	阳入
桐 乡	44	22	53	42	334	113	?5	?2
松 江	53	31	44	22	35	13	?5	?3

王福堂(2004)指出:"发音时声母的送气成分会消耗较多的力量,使送气音节的音高低于不送气音音节的音高,因而导致声调的分化。送气成分所起的作用和浊声母是相似的。"

四、民族语言中声调送气分化现象给我们的启示

声调送气分化现象并不为某些汉语方言所独有。

孙天心(2003)认为,现代藏语方言中,常见气嗓音作为伴随语音特征与低调共

存。他注意到,四川省阿坝藏族羌族自治州若尔盖县求吉乡麻藏村的藏话(以下简称麻藏话)没有独立辨义作用的声调,但是在声调发生道路上,已走到习惯调(或称伴随调)阶段,有取决于特定声、韵母组合的固定伴随音高。制约伴随音高的条件与有调藏语方言不一样,具体而言,声母带气(送气或气嗓音)结合长元音时,调值必定低升,其他情况一律读高调(短音节高降、长音节高平),例如:

khɔː¹¹³⟨khang.ba⟩房子　kho⁵³⟨kho⟩他(她)　mɔː⁵⁵⟨mang⟩多
she¹¹³⟨sems⟩(抽象之)心　koɦ⁵³⟨dgos⟩要　gɔː⁵⁵⟨gangs⟩雪山
koɦː¹¹³⟨sgam⟩要

黄布凡(1994)曾说过,声母"清高浊低"的传统看法不足以充分解释现代藏语方言的声调发展。从麻藏话的情况来看,声母全、次浊完全不制约低调,低调的产生端靠声母带气(含清送气与气嗓音)加上长韵。目前已有不少研究证实气嗓音与低调密切相关,而且送气、韵长制约低调的现象也存在于其他藏语方言。

麻藏话低调产生的情况有两点值得我们注意:(1)声母带气(含清送气与气嗓音)是导致音高变低的重要原因;(2)声母带气(含清送气与气嗓音)与声母清浊一样,可以成为调类分化的诱因,在声调发生学研究方面具有非常重要的研究价值。

汉语方言中的声调送气分化现象与麻藏话的情况有所不同,因为汉语方言中的声调送气分化现象大多是发生在声调清浊分化之后,大体上属于阴调类再分化现象。所谓阴调类再分化,指的是四声由于声母的清浊不同而各分为阴、阳两类之后,阴调类由于某些声母发音方法的特征而引起不同程度的再次分化。这种现象在侗台语族多数语言中相当普遍。(梁敏、张均如,1996)

壮语文马土语文山县黑末话 ph、th、kh、tsh 声母字,第 1 调分派为第 2 调,第 7 短调分派为第 8 调并在促声韵尾消失时与原第 8 短调字一起并入第 2 调。请看表 6 (引自梁敏、张均如,1996)。

表 6　壮语文马土语文山县黑末话与砚广话、靖西话比较

	水坝	眼睛	腿	横	仓库	菜	六
文马	phɒ²	thɔ²	khɔ²	khuŋ²	tshe²	phe²	tsha²
砚广	phaːi¹	tha¹	kha¹	khaːŋ¹	tshaːŋ¹	phak⁷	tshok⁷
靖西	phaːi¹	tha¹	kha¹	khwaŋ¹	ɕaːŋ¹	phjak⁷	khjok⁷

广西邕宁下楞一带的壮语 1 调分化出 1'调(55→33);5 调分化出一个与 6 调调值相同的声调(13→53);3 调分化出一个调值与 5 调相同的声调(35→13);7 长调 (也可标作 9 调)分化出一个与 8 长调调值相同的声调(13→53,与 5 调→6 调相应)。送气清闭塞音声母的影响是促使阴调发生再分化现象的重要原因之一。

石锋(1992)指出:"声母送气作为影响声调变化的条件,在我调查过的侗语方言中多有发现。"

侗语南部方言区的榕江县车江乡章鲁话是一个最典型的例子。章鲁话声调多达 15 个。其中,第 1'、3'、5'、7'、9'调都是从第 1、3、5、7、9 调分化出来的,"派调"的调值一般都比原调稍低。在清声类字中,送气的清塞音声母只出现在"派调",不送气清塞音只出现在原来的阴调。请看表 7(引自梁敏、张均如,1996)。

表 7　侗语南部方言区的榕江县车江乡章鲁话声调表

	舒　声　调						促　声　调			
调类	1	2	3	4	5	6	7	8	9	10
调值	55	11	323	31	53	33	55	21	24	31
例词	pa^1 鱼	pa^2 耙	pa^3 大姑母	pa^4 大蝗虫	pa^5 叶子	pa^6 糠	pak^7 北	pak^8 萝卜	$pa{:}k^9$ 口	$pa{:}k^{10}$ 白
调类	1'		3'		5'		7'		9'	
调值	35		13		453		35		13	
例词	$pha^{1'}$ 灰色		$phja^{3'}$ 翻		$pha^{5'}$ 破		$phok^{7'}$ 泼		$pha{:}k^{9'}$ 打	

侗台语族诸语言与汉语方言中的声调送气分化现象具有以下几个方面的共同特征:(1)都属于阴调类再分化现象,即都是发生在声调清浊分化之后,且基本上出现在阴调类,很少出现在阳调类(赣语中阳调类的分化似乎是个例外,但它实际上是次浊与全浊的分化,且多发生在全浊声母清化之后)。(2)声调送气分化发生后,送气声母音节通常比不送气声母音节调值低。(3)在发生声调送气分化之后,有通过声调合并来控制声调数量的倾向。

可见,汉语方言中的声调送气分化现象与侗台语族诸语言中的此类现象在类型学上是相同的。这使我们感觉到仅从语音学的角度就辅音的物理属性来解释汉语方言中声调送气分化现象是不够的,尤其值得注意的是,这种现象在汉语方言中主要集中分布于吴语、湘语和赣语的核心地区,从历史上看这些地方都曾经是侗台语族各民族的共同祖先——百越民族生活的故地。这样的地域分布态势很可能不是偶然的。汉语方言中声母送气分调现象与侗台语族诸语言或作为它们的母体的原始侗台语是否存在某种历史关联呢?这一问题还有待于进一步的研究。

参考文献

[1] 鲍厚星.湖南方言中平声和去声的三分(提纲)[J].贵阳:全国汉语方言学会第十二届年会,2003.

[2] 鲍厚星.湖南邵阳方言音系[J].方言,1989(3).

[3] 陈昌仪.都昌(土塘)方言的两个特点[J].方言,1983(4).

[4] 陈昌仪.赣方言概要[M].南昌:江西教育出版社,1991.

[5] 陈晖.湘语语音研究[D].北京:中国社会科学院研究生院博士学位论文,2004.

[6] 储泽祥.邵阳方言研究[M].长沙:湖南教育出版社,1998.

[7] 丁邦新.吴语声调之研究[M].丁邦新语言学论文集.北京:商务印书馆,1998.

[8] 何大安.送气分调及相关问题[J].史语所集刊,1989(4).

[9] 湖南师范学院中文系汉语方言普查组编写.湖南省汉语方言普查总结报告(石印本)[M].1960.

[10] 黄布凡.藏语方言声调的发生和分化条件[J].民族语文,1994(3).

[11] 江获.论声调的起源和声调的发生机制[J].民族语文,1998(5).

[12] 孔江平.苗语浊送气的声学研究[J].《民族语文》,1993(1).

[13] 李如龙,张双庆.客赣方言调查报告[M].厦门:厦门大学出版社,1992.

[14] 梁敏,张均如.侗台语族概论[M].北京:中国社会科学出版社,1996.

[15] 刘丽华,李济源,颜清徽.湖南娄底方言的同音字汇[J].方言,1987(4).

[16] 刘纶鑫.客赣方言比较研究[M].北京:中国社会科学文献出版社,1999.

[17] 钱乃荣.当代吴语研究[M].上海:上海教育出版社,1992.

[18] 石锋.吴江方言声调格局的分析[J].方言,1992(3).

[19] 孙天心.求吉藏语的语音特征[J].民族语文,2003(6).

[20] 王福堂.原始闽语中的清弱化声母和相关的"第九调"[J].中国语文,2004(2).

[21] 熊正辉.南昌方言的声调及其演变[J].方言,1979(4).

[22] 颜森.江西方言的分区(稿)[J].方言,1986(1).

[23] 杨翊强.湘乡方言声母系统简析[J].长沙水电师院学报:社科版,1988(3).

[24] 许宝华,游汝杰.苏南和上海吴语的内部差异[J].方言,1984(1).

[25] 叶祥苓.吴江方言研究、吴江方言的声调[M].方言与普通话集刊,第五本.北京:文字改革出版社,1958.

[26] 叶祥苓.《类音》五十母考释[J].南京师范学院学报,1979(3).

[27] 叶祥苓.关于吴江声调的两点说明[J].南京师范大学学报:社科版,1980(2).

[28] 叶祥苓.吴江方言声调再调查[J].方言,1983(1).

[29] 张拱贵,刘丹青.吴江方言声调初步调查[J].南京师范大学学报:社科版,1983(3).

[30] 张拱贵,刘丹青.关于吴江方言的声调[J].南京师范大学学报:社科版,1980(2).

[31] 张拱贵,刘丹青.再谈吴江方言的声调[J].南京师范大学学报:社科版,1981(1).

[32] 张均如.记南宁心圩平话[J].方言,1987(4).

[33] 赵元任.现代吴语的研究[M].北京:科学出版社,1956.

试论佛典俗语词的推源问题

◎ 陈文杰

汉译佛典里有很多俗语词,而且对后来的敦煌俗文学和民间文学产生了极大的影响,这已为包括项楚、朱庆之在内的诸多专家学者的著作所证明。我们这里要强调的是,不少佛典俗语词从形式上来看是中古产生的新词,但要追究它的发展历史,却常常会涉及上古汉语。

词语推源研究的内容,专家们有大致相同的看法。郭在贻说:"所谓溯源,就是要从历史语言学的角度,搞清楚某一词语的来龙去脉及其所以得义之由。"[①]蒋绍愚说:"推求语源包括两个方面:(a) 弄清某词语的历史来源;(b) 弄清某个词语的'得名之由'(或者叫'内部形式')。""有时,推求词语的来源和推求词语的得名之由以及词语的考释是结合在一起。弄清词语的来源也就弄清了它的得名之由,或者弄清了词语的意义。"[②]郭、蒋两位先生的话是针对近代汉语来说的,但用在包括佛典语言在内的中古汉语身上也同样适合。另外,我们认为,为了更好地进行词语推源工作,还必须注意祛除流俗词源,以及文献用字对于词语推源的影响;注意吸收前彦时贤的优秀成果,把工作不断引向深入。本文拟就佛典俗语词推源在这数几方面的工作,结合实例,略作考证,以求证于方家。

一

1. 联系上古汉语是佛典俗语词得以正确诠释、推源的关键。已有的研究表明,佛典新词多为依据词根复合和附加词缀这两种造词方式利用汉语固有的构词材料生产的复合词。也就是说,这些复合词的构词材料很多是上古产生的。因此,无论是新词的诠释,抑或是为其溯源,都应该注意这一点。但稍不留神,就有可能出错。如东汉康孟详等《中本起经》卷下:"(阿耆达)请佛及比丘僧垂化照临,一时三月。佛

---

① 郭在贻:《读江蓝生〈魏晋南北朝小说词语汇释〉》,《郭在贻文集》(第三卷),中华书局2002年版,第494页。原载《中国语文》1989年第3期。
② 蒋绍虞:《近代汉语研究概况》,北京大学出版社1994年版,第281页。

以神旨知往古因缘,默然受请。……时阿耆达,天魔迷惑,耽荒五欲……退入后堂,告勅门士:'不得通客,一时三月。不问尊卑,须吾有教。'如来到门,闭而不通,便止舍边大丛树下。"(3-162c)"一时三月"是什么意思呢,曾昭聪说它"同'一时三刻',指极短的时间"①。这种说法显然有问题;而且由于理解不确,他举的例子断句也有问题。"时"字不能解释为常用义"时候"、"较短的时间",而应解释为春夏秋冬四季之"季",一季三个月。这是"时"字的本义。《说文·日部》:"时,四时也。"段玉裁注:"本春秋冬夏之称。"《尚书·康诰》:"要囚,服念五六日,至于旬时。"孔传:"至于十日,至于三月。"《国语·周语上》:"三时务农而一时讲武。"韦昭注:"三时,春夏秋;一时,冬也。"中古汉语还常见这种用法,如《汉书·谷永传》:"使天下黎元咸安家乐业,不苦逾时之役。"颜师古注:"时谓三月,是为一时。"《论衡·調时》:"积日为月,积月为时,积时为岁。"可见"一时三月"是典型的同义并列复合结构,而并非他所说的"在这里,'一时三月'是一个偏义复词,即只有'一时'表义,而'三月'不为义"②。曾文还表示,"一时三月"可"指一段时间,不论其长短",这个解释同样值得商榷。限于篇幅,我们仅引一例来说明。旧题三国吴支谦《义足经》卷上:"佛在舍卫国当留三月竟,一时于祇树给孤独园中。是时堕沙国诸长者子共赁一梵志,名勇辞,使之难佛;取胜谢金钱五百。梵志亦一时三月讽五百余难,难中有变,自谓无胜己者。"(4-179c)佛经前边说"三月",后边说"一时三月",意思都一样。可见,"一时三月"虽然是中古产生的新形式,但对它的解释和溯源却离不开上古汉语。

2. 有些所谓新词不过是上古词语的新书写形式。我们知道,词是音义结合体,所以新词的判断不能完全以字形为依据,有些所谓新词不过是词的新书写形式而已。辛岛静志曾指出《法华经》中的"孚"有"赶快""赶紧"义。如卷二:"其有众生……遵求罗汉,孚出三界。"(9-76a)又卷三:"不敢自前,孚便驰走。"(9-80b)③如果着眼于字面,便会觉得这是一个为各大型辞书失收的义项,但如果从词的角度来看就不同了。"孚",本字当作"毚",早见于《说文》。《说文·兔部》:"毚,疾也。从三兔。阙。"段注分析了它的字形结构:"从三兔,与三马、三鹿、三犬、三羊、三鱼取意同,兔善走,三之则更疾矣。"段氏还谈了其字体的历史变化:"《玉篇》、《广韵》皆曰'急疾也。今作趡。'《少仪》曰:'毋拔来,毋报往。'注云:'报,读为赴疾之赴。拔、赴皆疾也。'按:赴、趡皆即毚字。今字毚、趡皆废矣。"又《说文·马部》:"驸,一曰疾也。"段注:"与赴音义皆相近。"《方言》卷十二:"拊抚,疾也。"《广雅·释诂一》作"拊舞,疾也。"王念孙疏证:"拊舞者,《方言》:'拊抚,疾也。'注云:'谓急疾也。'抚与舞

---

① 曾昭聪:《中古佛经词义抉要》,《咸阳师范学院学报》2005年第1期。
② 曾文还提到"一时三月"有时"实指三个月","偏指'三月','一时'不为义"。结论同样不可靠。限于文章篇幅,这里不再讨论。
③ 辛岛静志:《汉译佛典的语言研究》,载朱庆之编《佛教汉语研究》,商务印书馆2009年版,第41页。

通。《说文》:'駙,疾也。'駙与拊亦声近义同。"吴予天《方言注商》:"拊抚"之"抚""系'麤'之语转也。《说文》:'麤,疾也。从三兔。'段玉裁云:'今读若赴。'"华学诚根据王念孙和吴予天的研究,认为:"拊"之言"駙","抚"之言"麤",则"拊抚"应是同义复词。① 周祖谟《方言校笺》持类似观点,他把该条目标点为:"拊,抚,疾也。"看来,这些都是同一个词的不同书写形式。又《生经》卷二:"俘囚酒瓶,受骨而去。"(3-78c)辛岛静志认为"俘"也是赶快、赶紧义。这样的话,那么"俘"也应该是该词的一个新书写形式。由此可见,表急速的"麤"可以写成"趌""报""赴""駙""拊""抚""舞"等,佛典里出现的"孚""俘"仅是以前没有出现过的新书写形式而已。

3. 词语推源需经得起语言事实的检验。判断佛典词语到底由上古哪个词语衍生而来,除了有语音相同或音近这一条件外,还需要有文献材料即语言事实的支持。李维琦释"宕"有两义,一指"洼陷处",一指"处,处所"。② 其实第一义只能算是"用法",因其3个用例均可用第二个意义来通文:

(1) 时有女人名曰恶见,井宕级(宋元明本作"汲")水,往从乞之。(误题吴支谦译《撰集百缘经》卷五,4-223b)"井宕"就是井那里,井边。

(2) 波婆伽梨起入林中。林中有树,其刺极利。即取两枚,各长尺五,持来兄边。兄眠甚重。一手捉刺,当其眼宕,刺令没刺,收宝而去。(元魏慧觉《贤愚经》卷九,4-413a)"眼宕"即眼那儿。

(3) 此婆罗门常石上行小便,有精气流堕石宕。有一雌鹿,来舐小便处,即便有娠。(元魏吉伽夜共昙曜《杂宝藏经》卷一,4-451c)"石宕",即石头上,跟下面的"小便处"所指相同,"宕"就是处所、地方。该经同卷有一段类似的故事:"时有梵志,在彼山住。大小便利,恒于石上。后有精气,堕小行处。雌鹿来舐,即便有娠。"(4-452b)"石上"就是"石宕"。

"宕"表处所是中古汉语的新生现象。对其来源和流变,李著表示:"宕"作处所讲,通作"当",读去声,这是由其本义"田相值也"引申而来的;上古文献中的"上党"即高处,"党"借为"当";现在属于湘方言的东安土话、新化县四乡方言,属于赣方言的浏阳城关话还都这样用;方言工作者都把字写作"当"。

我们觉得把"当"字作为本字不如把"党"字作为本字更有说服力,因为上古汉语"党"字表示处所很常见,而且"处所"义跟其上古常见义"古代居住单位"(如《周礼·地官·大司徒》:"五族为党。"郑玄注:"族,百家;党,五百家。"《释名·释州国》:"五百家为党。")之间的引申关系非常明显。中古开始假借"宕"字。我们先看上古"党"表处所的例子。《仪礼·乡射礼》:"乏参侯道居侯党之一,西五步。"俞樾《群经平议》卷十五"仪礼一"认为此"党"字表处所。《礼记·礼器》:"至敬无文,父党无

---

① 《扬雄方言校释汇证》(上册),中华书局2006年版,第757页。
② 李维琦:《佛经词语汇释》,湖南师范大学出版社2004年版,第71页。

容。"王引之《经义述闻》卷十五"父党无容"条:"家大人曰:党,所也。言父所不敢为容也。"《礼记·玉藻》:"侍坐则必退席,不退,则必引而去君之党。"王引之《经义述闻》卷十五"则必引而去君之党":"家大人曰:党,所也。谓君所坐之处。郑君谓党为旁侧,已得之矣。而又以为'君之亲党',非也。《襄二十年左传》:'公享季武子,赋《南山有台》,武子去所,曰:臣不堪也。'杜注曰:'去所,辟席也。'彼称所,指臣所坐之席;此称党,指君所坐之席:党亦所也。古人多谓所为党。"《淮南子·道应》:"西穷窅冥之党。"卢文弨《钟山札记》卷二解释说:"'党'当训'所'"。《释名·释州国》:"上党,党,所也,在山上,其所最高,故曰上党。"《史记·齐太公世家》:"师乎,师乎,胡党之乎?"裴骃集解引服虔曰:"师,众也。党,所也。言公子徒众何所适也。"章太炎已提出当今方言表处所的"党"源自上古表处所的"党"。《新方言·释词》:"党,所也,方也。《左传》曰:'何党之乎?'《越语》曰:'上党之国。'《公羊传》曰:'往党,反党。'今吴越间谓上方曰上党,高处曰高党。党皆读德挺切,阳、唐转耕、清也。绍兴或转如董,苏州或转入声如笃,皆指此处则言之。"

上古汉语表示居住单位的"乡"字也引申出了处所义。《周礼·地官·大司徒》:"令五家为比,使之相保;五比为闾,使之相受;四闾为族,使之相葬;五族为党,使之相救;五党为州,使之相赒;五州为乡,使之相宾。"《论语·乡党》:"以与尔邻里乡党乎?"何晏集解引郑玄曰:"万二千五百家为乡。""乡"字发展出处所义也很早。《诗经·小雅·采芑》:"薄言采芑,于彼新田,于此中乡。"毛传:"乡,所也。"陈奂《诗毛氏传疏》:"所,犹处也。"《孔子家语·辩乐》:"夫南者生育之乡,北者杀伐之域。"曹操《却东西门行》:"鸿雁出塞北,乃在无人乡。""党""乡"的词义发展非常相似,可以视作类同引申。李先生把"当"字当作本字恐证据不足,因为在古文献中"当"作处所讲非常罕见,而且跟其本义的引申关系并不明显。李著所谈到的方言著作鲍厚星《东安土话研究》、夏剑钦《浏阳方言研究》都在"当"字下打了浪线,以示这只是一个同音字,可见他们也没把它当本字。

4. 掌握词义引申规律有助于词语推源。两个意义相同的词,不一定同源,也不一定存在发生学上的关系。王力先生非常赞赏王念孙、章太炎"摆脱字形束缚,从声韵的通转去考证字义的通转",但他同时又说:"这是颇危险的一条路,因为声音尽管相近甚至相同,也不一定是同源。"[①]清陆以湉《冷庐杂识》卷三"唐"条:"佛书'唐'字往往作'徒'字、'空'字解,如《妙法莲花经》'福不唐捐'是,又'唐受'、'唐扰',义亦同。"[②]这里的"唐"作状语,指徒然。现代很多学者都谈到了"唐"的这一意义,如周一良《论佛经翻译文学》、蔡镜浩《魏晋南北朝词语例释》、李维琦《佛经词语汇释》等。

---

① 王力:《新训诂学》,《王力文集》(第十九卷),山东教育出版社1990年版,第169页。该文原载《开明书店二十周年纪念文集》,1947年。

② 《笔记小说大观》,江苏广陵古籍刻印社1983年版,第23册297页上栏。

李著把引例提前到东汉昙果共康孟详译《中本起经》卷下:"吾闻尊贵富乐本起布施,未有唐捐费而不报也。"(4-162b)并且解释说:"'唐之所以能释为'徒',徒、唐双声对转,当是'徒'的音变。"我们觉得李先生的说法值得商榷。因为"徒""唐"二字"空"义的获得均是由其本义分别引申而来的。《说文·辵部》:"徒,步行也。"段玉裁注:"《贲》:'初九,舍车而徒。'引申为徒搏,徒涉,徒歌,徒击鼓。"朱骏声通训定声:"无车而行谓之徒,无车而战谓之徒,无舟而渡亦谓之徒,故《声类》:'徒,空也。《左襄廿四传》:'齐师徒归。'《论语》:'而岂徒哉?'《礼记·玉藻》:'徒坐不尽席尺。'《王制》:'庶人耆老不徒食。'《檀弓》:'徒使我不诚于伯高。'《仪礼·聘礼上》:'介徒以公赐告。'注:'谓空手。'《乡射礼记》:'以爵拜者不徒作。'《尔雅·释训》:'暴虎,徒搏也。'《史记·司马相如传》:'家居徒四壁立。'《荀子·仲尼》:'虽在贫穷徒处之势。'又《史记·张仪传》:'徒裼以趋敌。'"《说文·口部》:"唐,大言也。"段玉裁注:"又(引申)为空也,如梵书云'福不唐捐'。"朱骏声《说文通训定声》以为其"空"义可溯至《庄子·田子方》"是求马于唐肆也",当然,这里的"唐"是形容词,但汉语形容词是可以做状语的。

5. 探求词的得名之由("内部形式")是探求词源的另一重要内容。源于汉语而词源中断的口语词可以利用历史语言学的方法来重新揭示其得名之由。具体说来,就是从汉语古音出发,利用音近义通的原理,系联同源词。

骗　三国吴支谦《赖吒和罗经》:"赖吒和罗言:'我自问王,王当以诚报我。王年二十、三十至四十时,气力、射戏、上象、骗马、行步、趋走,当尔时自视宁有双无?'王言:'实如赖吒和罗言。我年二十、三十至四十时,自视无双,如我射戏、上象、骗马、行步、趋走。今年长老,气力衰微,坐起苦难,意欲有所越蹈,不能越度。'"(1-871b)西晋竺法护《度世品经》卷六:"又复示现上马骗象、乘车往反、神仙咒术,与众超异。"(10-0651c)季琴说"骗"是一个三国产生的新词,指腾跃上马,也写作"騗",甚是。① 清人已注意到这一现象,乔松年《萝藦亭札记》卷五说:"今人立马于前一跃而过之,谓之曰骗马,语似俗而出于佛典。《一切经音义》引骗马凡四五见,特作騗耳。"翟灏《通俗编》卷三十一"邂马"条谓:"或以身下马,以手攀鞍复上谓之骗马。"② 为什么跃而上马叫"骗"呢?根据其谐声偏旁系联其同源词,结果发现它得名于轻松灵巧。试

---

① 《支谦译经所反映的东汉三国时期的新词》,《宗教学研究》2005 年第 3 期。
② "骗马"早为学者所关注。宋孟元老《东京梦华录》卷七:"或以身下马,以手攀鞍而复上,谓之骗马。"程大昌《演繁露续集》卷五"骗马":"尝见药肆鬻蘼脚药者,榜曰'骗马丹'。归检字书,其音为'匹转',且曰'跃而上马'。已又见唐人武懿宗将兵遇敌而遁,人为之语曰:'长弓度短箭,蜀马临阶骗。'言蜀马既已低小,而又临阶为高,乃能跃上。始悟骗之为义。《通典》曰:武举制土木马于里间间教人习骗。"然至明清已有不少人不明白"骗马"是什么意思了。如明胡应麟《少室山房笔丛》辛部"庄岳委谭下":"王实父《晚风寒峭词》末句:'不想跳龙门,到来学骗马。'今俗说但以骗为盗窃之义,而实非也。"清代姚范《援鹑堂笔记》卷四十八也说"此骗马字不知何义"。

观察:媥(身体轻盈,轻盈飘舞叫"媥姺"),翩(动作轻快貌),谝(花言巧语),鶣(鶣鷉,轻貌),楄(轻便小车),扁(小舟),等等。①

鏧　支谦译《老女人经》:"譬如鼓,不用一事成,有皮有鏧,有人持枹打鼓,鼓便有声,是声亦空,当来声亦空,过去声亦空。是声亦不从皮、亦不从鏧、亦不从枹、从人手出,合会诸物乃成鼓声。"(1-912a)季琴认为这是一个魏晋之际产生的新词,甚是。② 我们可以在同期文献找到旁证。张揖的《广雅·释器》:"鼓鞥谓之柷。""鞥"是"鏧"的异体字。《广韵·荡韵》:"鏧,鼓匡木也。"宋潭州刻本《集韵·荡韵》:"鏧③,鏧,鼓柷,或从壶。"《慧琳音义》卷四二"鼓鏧"条:《埤苍》云鏧,鼓瓦也。《字书》:鼓材也。《古今正字》云:鼓身也。""鼓瓦""鼓材""鼓身"都是说的鼓框。鼓框为什么叫"鏧"呢?王念孙《广雅疏证》卷八上:"鞥,曹宪音颡,字或作鏧,《众经音义》卷十七引《埤苍》云:'鏧,鼓柷也。'又引《字书》云:'鼓材也。'卷二十四云:'今江南名鼓匡为鏧。'按,鏧者,中空之名,《急就篇》'辐毂軬辖轵轊轈'颜师古注云:'轈者,毂中空受轴处也。'义与鏧同。《考工记》谓毂轊为'薮',郑众注云:'薮谓毂空壶中也。'以其中空如壶,故曰壶中。鼓鏧之字从壶,义与此同也。柷,亦中空之名,义与瓦同。"他的意思是,鼓框无论叫"鏧"还是叫"柷",均得名于中空。

二

1. 通假容易致使词源中断,理据不明。朱庆之《佛典与中古汉语词汇研究》曾谈到口语词"爱处",以为指"下身",甚是。④ 兹转录《摩诃僧祇律》卷三二:"时有比丘痔病,语医言:'长寿,能为我刀治不?'答言:'尔。'……佛言比丘:'汝云何用刀治爱处?从今已后,不听用刀治爱处。爱处者,离谷道边各四指。若有痈痤疖,听嚼小麦、鸡屎涂上使熟,当令同和上阿阇梨擿破。若余处有痈痤疖等诸病,须刀治者听用。用刀治爱处者,偷兰罪。"(22-488b)可为什么"爱处"有此义呢,他没有解释。我们认为,这里"爱"当通"薆",指隐藏。《诗经·邶风·静女》"爱而不见",《方言》卷六"掩、翳,薆也"郭璞注之作"薆而不见"。王引之《经义述闻·礼记中》"故天不爱其道,地不爱其宝,人不爱其情"条:"不爱,谓不隐藏也。《广韵》'宝'字注引此作'地不藏其宝'。"《尔雅·释言》:"薆,隐也。"郭璞注:"谓隐蔽。"《广雅·释诂一》:"翳,爱也"王念孙疏证:"爱、隐一声之转,爱与薆通。"人(包括男女)的生殖器官都可以叫"阴","阴"跟"黔"、"荫"、"窨"、"隐"、"黫"、"暗"、"黯"、"晻"等都是同源词,⑤《释名·释形

---

① 殷寄明:《汉语同源字词丛考》,东方出版中心 2007 年版,第 408 页。
② 《支谦译经所反映的东汉三国时期的新词》,《宗教学研究》2005 年第 3 期。
③ 述古堂本《集韵》讹作"鏧"。
④ 朱庆之:《佛典与中古汉语词汇研究》,台湾文津出版社 1992 年版,第 21 页。
⑤ 王力:《同源字典》,商务印书馆 1982 年版,第 602 页。

体》:"阴,荫也,言所在荫翳也。""下身"还有一个名称叫"私处"[旧题汉无名氏《杂事秘辛》:"(商莹)胸乳菽发,脐容半寸许珠,私处坟起。"],跟"爱处"的内部形式相同。"私"指隐藏、秘密,《诗经·周南·葛覃》:"薄污我私。"王先谦《诗三家义集疏》:"私,近身衣。凡亲亵者皆谓之私。"内衣之所以称为"私",亦是由于它要穿在里面,外面看不见。

2. 破除根据错误联想而建立的流俗词源,是词语科学溯源工作的重要组成部分。东晋法显等译《摩诃僧祇律》卷二三:"输那边地多礓石土块,及诸刺木,听着两重革屣。"(22 - 416a)又卷三四:"若作地者应用唾壶,底当安沙若灰、礓石。"(22 - 506a)"礓"是晋代新词,意思是小石。①《尔雅·释山》"多小石,磝"郭璞注:"多礓砾。""礓""砾"同义连文,《说文·石部》:"砾,小石也。"对于"礓"的得名之由,唐人往往把它跟"薑(今简化为'姜')"联系起来,《玄应音义》卷八"礓石"条:"形如薑也。《通俗文》云:地多小石谓之礓砾也。"《慧琳音义》卷三七"礓石":"《埤苍》云:礓,砾石也。《考声》云:礓,石也。色白似薑,因以名之。土所化,坚如石也。"唐人这样推度,不知是否跟该词的书写形式有关,上举佛典第二例异文即作"薑"。然第一例也有异文,作"壃",可见该词早期并无定形。慧琳说礓"色白似薑",恐有问题,因为薑是黄褐色的,今天人们还把似薑一样的颜色称为"薑黄"。玄应说礓"形如薑",但因其何形,他没有明说。我们以为从声符的系联中或许可以找到答案。鱼畺(大鱼,《说文》或体作"鯨")②,麔(大鹿,《说文》或体作"麖"),犟(牛长脊),彊(弓强劲),"蘁"(同"薑",根茎肥大)③均有大义。礓字虽有"小"义,然同源词亦有同从某一声符而其义相反或相对者,④类似的情况还有"蟁"字,《说文·虫部》:"强,蚚也。蟁,籀文强。"《宋本玉篇·虫部》:"强,米中蠹,小虫。"⑤

3. 词语推源研究是一项复杂的工作,必须注意前彦时贤已有的成果,吸收其精华,并在此基础上把工作向前推进。蒋礼鸿《杜诗释词》、《敦煌变文字义通释》释"侧塞"为塞满、充满义,并以为其中"侧"是狭窄义。张联荣赞成其说,并以为"侧"的狭窄义早见于东汉张衡《西京赋》,"侧塞"也早见于东汉康孟详等译的《修行本起经》卷上:"天雨花香,弹琴鼓乐,薰香烧香,捣香泽香,虚空侧塞。"(4 - 463c)又进一步申

---

① 章鸿钊以为唐代韦述《两京记》中的"礓石"指的是"含水石",跟《一切经音义》中的"礓石"所指不同。参看其《石雅》,百花文艺出版社 2010 年版,第 254—255 页。

② 王念孙《释大》第一:"京"有大义,从"京"声的"景"字亦有大义。《高邮王氏遗书》,江苏古籍出版社 2000 年版,第 67 页。

③ 王安石《字说》以为,"薑能强御百邪,故谓之薑"(据李时珍《本草纲目》菜部"生薑"条引),恐不可靠。

④ 参看沈兼士《右文说在训诂学上之沿革及其推阐》"相反义分化式",《沈兼士学术论文集》,中华书局 1986 年版,第 153 页。

⑤ 从"畺"之字还有一个意义系列:"直""硬"义,如橿(锄柄,取其正直貌),僵(冻僵),僵(僵硬),攨(扶持兀,使之不倒)。

说:"空间狭窄则容易积满充塞,这是一件事的两个方面。"①我们认为,"侧"本身就有充满义,而且早见于先秦。《荀子·解蔽》:"处一危之,其荣满侧。"杨倞注:"侧,谓偪侧,亦充满之义。"此"侧"如依《汉语大字典》释为狭窄,则扞格难通。又《韩非子·扬权》:"猾民愈众,奸邪满侧。""满侧"当是同义复词。《释名·释姿容》:"侧,偪也。"传统以为《释名》中的"侧"字是狭窄义,实误。根据《释名》体例,《释姿容》所释词语多与人体动作有关,如释为狭窄则与人没有任何关系,因此窃以为这里"侧"应该是填满、充满的意思。《方言》卷六:"偪,满也,腹满曰偪。"《说文·畐部》:"畐,满也。"段注:"畐、偪与塞义同,畐、偪正俗字也。"正是由于"侧"与"偪""畐"都有充满、填满义,刘熙才以"偪"释"侧"。

---

① 张联荣:《近代汉语词汇研究中的推源问题》,《北京大学学报》1995年第5期。

对现代汉语形容词重叠表轻微程度的重新审视

◎ 陈 光

可能因为汉语没有采用印欧系语言那样一套严整的形态手段,与典型的形态极为接近的重叠成为现代汉语语法研究中长盛不衰的一个热点,其中形容词、动词两大谓词的重叠问题受到的关注最多。本文集中讨论形容词重叠相关问题。

现代汉语形容词的重叠既可能是程度加深也可能是程度减弱,这种认识由来已久,且得到了极其广泛、一致的认同。如季高(1952)就说:"'轻轻的'比'轻'的程度要深一些,'红红的'却反比'红'的分量差一些……"朱德熙先生还区分了形容词重叠的不同句法位置:在状语(如"大大的请一次客""高高的挂起来")、补语(如"写得大大的""挂得高高的")位置上"带着加重或强调的意味",而在定语(如"大大的眼睛,短短的头发""高高的个子")、谓语(如"眼睛大大的""个子高高的")位置上却"表示轻微的程度"。[①]

上述认识从表量的角度归结起来就是,同一个形容词重叠既可表性状量的扩增也可表性状量的缩减。但来自类型学的证据和认知语法的研究显示,各种语言的重叠形式所负载的最为显著的意义是"量的增加"(increased quantity)。[②] 为什么汉语的某些重叠形式却反"常理"而行之,在某些环境下出现了表量缩减的"例外"?有必要重新思考:现代汉语形容词重叠究竟标示量的增还是减、大还是小,其根本语法内涵究竟是什么;以往判定、描写重叠式的量性特征时,究竟有无明确、合理、一致的准则。

一、对轻微程度说合理性的质疑

其实,仔细观察不难发现,形容词重叠在某些句法位置上表轻微程度的解释力很不理想。"轻微程度说"难于解释的实例俯拾即是,比如:

---

① 见朱德熙(1982)。括弧中引例也是朱先生所举。

② 张敏(1997)和(1998)有全面的阐述。

（1）冬天中午的太阳，站在**高高的**山顶上。（吴强《红日》）

（2）如果文件能够改变知青的真实地位和身份，那么文件能够改变知青用青春写就的**长长的**历史岁月吗？（邓贤《中国知青梦》）

（3）老大娘个子**矮矮的**，瘦得成了一把骨头。（杜鹏程《保卫延安》）

（4）秧苗已经长得过长了，再不插就不行了。然而稻田里却是**干干的**。（汪曾祺《求雨》）

按普遍认同的解释，前两例中"高高的""长长的"在定语的位置，意思是高但又不太高、长但又不太长；后两例中"矮矮的""干干的"在谓语的位置，应该是矮但是太矮、干但不不太干。可这显然违背说者真意，也与事实不符。说者初衷，"历史岁月"显然是很或非常长，"稻田里"应该是很或非常干。这里，形容词重叠所示程度并不"轻微"。

我们发现，以往论著谈及形容词重叠表轻微程度，作为"轻微程度说"立论依据的词例、句例往往存在这样一个问题：要不直引朱德熙等前辈论著用例，要不照样仿造。以重叠式在定语位置为例，常举如"高高的个子""大大的眼睛""圆圆的脸蛋""短短的头发""细细的眉毛"。这些举例有两个共同点：一是，修饰对象多为人体特定部位，描述其外形特征。难见举如下非直接描述甚至无关人体部位外形特征的：

（5）甜甜的微笑｜木木的眼神｜轻轻的步子｜憨憨的性格｜深深的思念【述人】

（6）高高的山峰｜圆圆的月亮｜大大的屏幕｜长长的堤岸｜细细的溪流【非述人】

"高高的个子""圆圆的脸蛋"之类若理解成"轻微程度"似也能说得过去——个子高但不是太高，脸蛋圆但不是太圆。但要说"甜甜的微笑"是指笑得虽然甜却不太甜、"憨憨的"指性格虽然憨却不太憨，就叫人难以接受；硬说"高高的山峰"指虽然高但还不太高、"圆圆的月亮"是虽然圆但还不太圆，总是别扭。

二是，常举带褒扬、赞赏、喜爱、委婉之类意味的语句，常举积极义形容词的重叠（像"高高""大大"之类），难见举消极义形容词重叠。如下这些例子又该如何理解呢？

（7）矮矮的个子｜小小的眼睛｜尖尖的下巴｜讷讷的表情

显然，这里"矮矮的个子"很难解释成个子虽然矮但不是太矮，硬要说"尖尖的下巴"是下巴虽然尖但不是太尖，也太随意。

考察的形容词用例数量有限，意义、词形单一，义类覆盖面小，必使"轻微程度说"的普适性和解释力大打折扣。对此不是没有不同看法，例如马清华（1997）就说定语位置的形容词重叠不一定都表示程度减弱，也可以表示程度加深。另外，以往的考察中也没有充分照顾到双音节形容词的重叠。

二、形容词重叠性状量特征的判定

重叠式的问题说到底就是一个"量"字；即，重叠究竟赋予形容词所指性状什么样的量性特征。重叠形式所涉不单形容词，现代汉语各类实词都可能重叠，都有个量的问题。所以，我们不得不先说说"量的大小"和"量的有无"、量值比较的对象和参照序列等——这些潜藏在背后的观念和方法问题。

1. 量的"大小"和"有无"

量在语言中具体有两种表现：一是强调量的"大小"，二是强调量的"有无"。"大小"是说某性状在程度量上的高低，即具体的量值大小；"有无"是说某种性状存在与否，而不是强调其程度量上的高低，不是就具体的量值大小进行比较。比如，说"这条路最长"，就意味着其他所有的都没有这条长，"长"这一性状位于最高程度、最高量级，这是在强调、比较"长"这一性状的程度量（量的大小）；但说"这条路长"，则意味着存在、具备"长"这种性状（量的有无），而不在于强调该性状达到了什么程度量级；若说"这条路长长的"，语义上则与程度副词修饰形容词一样，也是表示量的大小，指明性状的某种程度量级。

区分"大小"和"有无"——量的两种不同表现形式和手段，对于比较形容词重叠式与其他不同表量形式的量值大小、判定不同形式所属量级，可说至关紧要。讨论形容词重叠式量的内涵和量级特征，首先必须考虑我们要去比较什么，比量的大小还是比量的有无；再有就是，应该将其置于一个什么样的序列、参照系中进行比较，跟谁去比。我们认为，重叠式的性状量，并非在与光杆形式所表量值意义的比照中存在；表大小和表有无的形式本就不该放在一起，来比较它们程度量的大小和量级的高低。奥托·叶斯柏森（Otto Jespersen）（1988）论"比较的级"（comparison）时说过："从逻辑的角度进一步地考察"，"'原级'严格地说不能算作一种'比较等级'"，"与其说是'原级'，还不如说是'否定的比较'（negative of comparison）"。所谓"否定的比较"我们理解就是，"原级"（光杆形式）指出性状的存在，而非强调性状程度量的大小、等级。

2. 不同表量形式的可比性

以往对形容词重叠问题的相关论证，很难看出有明确的比较对象和一贯的标准,不论是量值的比较方法还是得出的结论,往往都是模棱两可、飘忽不定。说形容词重叠在"大大的眼睛""个子高高的"中表示轻微的程度,在"写得大大的""挂得高高的"中却带有加重或强调的意味,给人的感觉只能说是似是而非,实在没法说出重叠式的程度量比谁大、比谁小,为什么大、为什么小。显然,那些结论是将形容词重叠式与光杆形式的"大眼睛""个子高"和"写得大""挂得高"作比较得来。而其实,同一形容词的重叠式和光杆形式,其程度量本就没有可比性——使用光杆形式,说者强调的是这种性状存在与否("有无"),而非程度上的高低即量值的大小;使用重叠式,才是在强调这种性状程度量的高低("大小"),而非该性状存在与否。重叠式的量值、量级可资比较的形式,不是用于表现性状有无的光杆形式,而是那些标示不同程度量级的程度词语修饰或补充形容词的形式。

有理由怀疑,"语感"抑或"感觉"左右了我们的推理和立论。语感、感觉当然可以作为判定重叠式量值内涵的重要参考,但也只能是个"参考"。这种语感、感觉的产生也不难理解。其实,朱德熙先生自己即已指出,"性质形容词单独作谓语含有比较或对照的意思","由状态形容词充任谓语的句子没有比较和对照的意思";"飞得高"类格式是"断言",而"飞得很高~飞得高高的"类格式是"描写"。(朱德熙,1982)我们理解,这两者的不同实质就是性状量的有无和大小的分别:"断言"旨在形容词所指性状的存在与否即量的"有无"——或是强调形容词所述主体与其他人或物有无该性状的对立,或是强调同一主体所属不同部分之间有无该性状的对立,语境中也必有明确的可资比照的对象。比如,说"这个风筝飞得高",则意为"不管其他风筝飞得高不高,这个风筝飞得肯定高"。而"描写"旨在形容词所指性状程度量值的"大小"。比如,说"这个风筝飞得高高的/很高",则相应意为"这个风筝飞得高,且强于其他大部分风筝"。再比较:

(8) a. 这孩子**大**眼睛/眼睛**大**【断言:与反义性状"小"或"不大"形成鲜明对比

蕴含:① 比别的孩子眼睛大,或者 ② 眼睛大但鼻子小】

b. 这孩子**大大的**眼睛/眼睛**大大的**【描写:该性状的程度高于一般;无如上蕴含】

这样看来,说定语、谓语位置的形容词重叠所含程度没有加强反而"轻微"了,能够得到普遍认同不是没有道理的。形容词光杆形式意在断言,性状有与无的对立自然是鲜明的,正是这一点容易使人产生光杆形式位于极高甚至最高程度量级的错觉;而重叠式意在描写,性状有与无的对立淡化乃至消失,且其程度量级肯定不在极高更不在最高,于是,重叠式所表程度"轻微"的感觉就可能出现。

3. 语用因素的主导作用

语法形式的选择(形容词光杆式还是重叠式),主要取决于话语意图等语用目的之需。说者若有褒扬、赞赏、喜爱、委婉之类言语意图在先,自然倾向选择重叠式对性状的量值、程度量级进行描写和比较,若采用只适于断言、表示量的有无的光杆形式则显突兀、生硬,难于达到理想的效果。学者们常举的表程度轻微的用例,往往就是处在这一语用环境下。可以这样说,如果剔除语用的因素,形容词重叠式本不存在性状量的增减问题。

我们把语用因素推到一个极其突出的地位,这并非虚无主义的做法。从逻辑上讲,语法范畴、语法意义从言语实际中提炼而来,没有哪种语法范畴、语法意义可以孤立于语用环境而存在,考察语法意义、归纳语法范畴必须充分考虑到言语实际中纷繁复杂的语用因素。即使英语形容词的比较级,也牵涉到言语实际中明比和暗比的问题。黎锦熙先生说过:"词义、语意和语言习惯还是对于重叠法起着主导作用的。"强调"词义、语意和语言习惯"就是充分考虑了语用的因素。黎先生此言虽只是在谈能否"充分地依靠这种形式规律来区分动形两类的词"时讲的,但从本文讨论可知,这种"主导作用"的适应面远不止在区分动词和形容词这个"小问题"上。①

三、形容词重叠的性质和地位

其实,具有跨语言共性的重叠象似性(iconicity)原则——语言形式上的重叠往往因应于概念领域内的重叠,②同样适用于现代汉语重叠形式的解释。我们认为,形容词重叠所表性状的量是该形式所天赋,并非在与光杆形式以及其他表量形式的比照中存在。重叠式生来就是个明确的"大量"(high quantity),所以,它本不存在"量的增减"问题。

1. 形容词重叠的基本意义

首先,重叠直接赋给形容词基式"高于一般程度"的性状量级,大体相当于"很"至"非常"之间的程度级别。这是形容词重叠的基本语法意义,表"轻微程度"只是基本意义在特定环境下的随附意味。

再者,形容词重叠所示程度是加重还是轻微,跟句法位置并无必然联系。句法位置会对表义功能产生影响是肯定的,但它不能决定重叠形式的基本功能。不论哪个句法位置,"表示轻微的程度"或是"带着加重或强调的意味",都是基于重叠式最

---

① 见黎锦熙(1959)。在黎先生话中,"这种形式"指 ABAB 式双音词重叠式。
② 关于重叠的象似性动因,参看戴浩一(1990)和(1991)、张敏(1997)和(1998)。

基本的意义和功能——"高于一般程度"——的语境、随附意味。而这种随附意味,是因应不同的话语意图或语境变化而产生的。上文已有较多讨论和举例,于此不赘。

2. 现代汉语"级范畴"的个性

作为现代汉语表达形容词程度量级一种重要的手段,形容词重叠式极易叫人联想到印欧语如英语中形容词的"比较级"(comparative),因为两者都表示较高的程度量级。不过它们并非一码事,在各自语言中意义、性质、功能和地位上有着本质的不同,所处表量语言形式的序列也相去甚远:汉语的重叠不一定非要有所比不可,较高程度义来自重叠这一形式的象似性动因,而英语的比较级则必有所比,没有那一主体的较低程度,就没有这一主体的较高程度;形式上,汉语的重叠式所在句中找不到处于同种性状较低程度量级的比较对象,而英语的比较级所在句中出现以"than"连接比较对象为常。

以往谈及汉语的级范畴问题,不论肯定与否,往往流于跟其他语言的简单类比,对汉语级范畴的个性关注不多,认识上也局限于单一层次。我们不能简单以印欧语级范畴的"三级制"为唯一规范来看汉语的级范畴。现代汉语中的程度量级有语义范畴和语法范畴两个不同序列:

(1) 语义级序列

初级──→稍高级──→中级──→较高级──→极高级──→最高级──→过甚级
(有点/稍)(比较/更)(很/挺/怪)(非常/相当)(特别/尤其)(最/极其)(太/过/过于)
　　　　　　　　　├─　(形容词重叠)　─┤
　　　　　　　　　　├─　(状态形容词)　─┤

级的语义范畴序列,主要是由一套标示不同程度量级的副词修饰形容词,呈现一个完整的程度量级序列;其次是形容词重叠,所表程度量级大致相当于"很"至"非常"之间;再就是词义中已含量级义素的状态形容词,所表程度量级大致相当于"非常"至"特别"之间。

(2) 语法级序列

　　　　　原级　　→　　比较级
　　　(光杆形容词)　　(形容词重叠)

显然,现代汉语形容词"级语法范畴"的覆盖面小,语法意义序列中没有"最高级",所涉语法手段和形式也只有形容词的重叠。总之,此比较级非彼比较级,貌也不合,神更分离。其实,现代汉语中与印欧语形容词比较级语义上最接近的,倒是"甲个子比乙矮"(采用比较句形式)或者"甲个子比较矮"(采用"比较"修饰形容词)。

3. 重叠式所表程度量的确定和模糊

形容词重叠所表量值和量级接近于"很"和"非常"修饰形容词,但两种表现手段却有着显著的不同。

(1) 程度副词修饰形容词不易像形容词重叠那样,在不同环境下给人以程度量忽大忽小、忽高忽低的感觉。重叠式的量级特征总体来说是确定的,但较之程度副词修饰形容词却表现出较大的模糊性。① 以标示较高程度量的"很"或"非常"来修饰形容词,所确立的程度量级的可变幅度极小,处在以下这样一个量级序列中:

(9) 这人**有点**怪|这人**比较**怪|这人**很**怪|这人**非常**怪|这人**特别**怪|这人**最**怪|这人**太**怪
 (初级)   (稍高级) (中级) (较高级) (极高级)(最高级)(过甚级)

该序列中,相邻程度副词所确立的量级之间界线虽也模糊,但意义和功能总体上是对立、互补的关系。

(2) 程度副词本身是带着概念义去修饰形容词、标示不同程度量级的,属于词汇性的手段。同是确立性状的程度量级,形容词重叠作为语法手段,能与"很/非常"这样的词汇性手段共存,就是因为二者各有价值,不能互为取代。

4. 双音节形容词的重叠

以前相关论证中,难见举双音节形容重叠的例子,可能是因为双音节形容重叠有多种类型,情况比较复杂。本文所论也完全适用于典型的双音节形容重叠。

双音节状态形容词按 ABAB 式重叠,不论处于哪种句法位置,一律表示"高于一般的程度"。比如下面两例,重叠式一个是谓语,一个是补语,却并无加重程度和轻微程度的不同:

(10) 这儿的公路真有趣,它差不多全是**笔直笔直**的,很少有拐弯的。(叶永烈《小灵通漫游未来》)【谓语】

(11) 当检查者检查每位学员的着装时,学员必须站得**笔直笔直**,不许交头接耳。(《中华读书报》2002年1月22日)【补语】

双音节性质形容词典型地是按 AABB 式重叠,所表程度量级同样也与所处句法位置无关。比如下面几例,分别在状语、补语和定语、谓语的位置,同样也没法看

 石毓智(2001)指出重叠形态量性特征上的模糊性,本文的看法是一致的,但他正是以此来解释传统对重叠式语法意义的认识:形容词重叠"有时表示一个很高的量……而有时似乎是一个比较弱的量"。

出哪个表加重程度、哪个表轻微程度,共同的反而是均表"高于一般的程度":

(12) 现在我什么也不想了,什么雄心也没有了。趁着年轻,**舒舒服服**过它几年算啦。(杨沫《青春之歌》)【状语】

(13) 江大姐能力很强,有个女的管分会机关工作,一定可以把会员们的生活管得**舒舒服服**。(周而复《上海的早晨》)【补语】

(14) 阿葵,不要难过。你的日子马上就要好起来了!你也可以过几天**舒舒服服**的太平日子了!(欧阳山《三家巷》)【定语】

(15) 别说风凉话了,你在外头**舒舒服服**的,怎么晓得他在里头受的苦!(周而复《上海的早晨》)【谓语】

双音节性质形容词还有一种采用ABAB格式的"特别重叠式",如:

(16) 今天让大家**高兴高兴**,尝这么一点酒,算啥。(周而复《上海的早晨》)

(17) 甫志高笑了……说道:"天气冷,喝杯酒**暖和暖和**也好。"(罗广斌、杨益言《红岩》)

ABAB本是双音节动词的基本重叠式,双音节形容词若按ABAB式进行重叠,则受到双音动词基本重叠式的功能渗透与类化作用,从而在语义特征和语法功能上失去了形容词的典型特性,很大程度上具备了动词的特征。所以,双音节形容词的ABAB式重叠也就与程度量的增减问题无甚干系了。①

结　语

能否认清现代汉语重叠手段的真实内涵,归根结底取决于我们将其置于一个什么样的量级特征参照体系中进行考察。不照顾到整个量级范畴大系统中的其他相关形式,就容易为"语感"这个捉摸不定的东西所左右,从而将特定语境的随附意味误作基本的语法意义,得出一些说不清道不明的结论。从正确、全面认识现代汉语形容词和动词这两大谓词的重叠式的语法意义切入,进而可以认识和描写现代汉语量级范畴表达体系的全貌。本文主要讨论形容词重叠,以往对动词重叠的认识中也存在类似的问题,我们另文专述。

---

① 陈光(1997)讨论了双音节形容词的这种"特别重叠式"。

参考文献

[1] 奥托·叶斯柏森.语法哲学[M].何勇,夏宁生,司辉,张兆星,译.北京:语文出版社,1988.

[2] 陈光.现代汉语双音动词和双音形容词的特别重叠式——兼论基本重叠式的类化作用和功能渗透[J].汉语学习,1997(3).

[3] 戴浩一.以认知为基础的汉语功能语法刍议(上)[J].国外语言学,1990(4).

[4] 戴浩一.以认知为基础的汉语功能语法刍议(下)[J].国外语言学,1991(1).

[5] 季高.用叠字组成的形容词[J].语文学习,1952(2).

[6] 黎锦熙.汉语语法教材(第二编)[M].北京:商务印书馆,1959.

[7] 马清华.汉语单音形容词二叠式程度意义的制约分析[J].语言研究,1997(1).

[8] 石毓智.肯定和否定的对称与不对称[M].增订本.北京:北京语言文化大学出版社,2001.

[9] 张敏.从类型学和认知语法的角度看汉语重叠现象[J].国外语言学,1997(2).

[10] 张敏.认知语言学与汉语名词短语[M].北京:中国社会科学出版社,1998.

[11] 朱德熙.语法讲义[M].北京:商务印书馆,1982.

再论马王堆帛书中的"是＝"句

◎ 魏宜辉

在先秦时代"是"字可否可以充当判断句的系词,是语法学界长期以来一直在争论的一个问题。

王力先生认为上古汉语判断句不用系词"是","是"作为系词是六朝以后由指示代词发展而来的。[①]后来他在撰写《汉语史稿》时,对自己早期的说法有所修正,认为汉语真正系词的产生,大约在公元1世纪前后,即西汉末年或东汉初叶。[②]

1973年,长沙马王堆三号汉墓出土了帛书《天文气象杂占》,文中有"是＝帚彗"等五个"是＝"句。[③]有学者认为"是＝"句中的"＝"是重文符号,因此直接将"是＝"释作"是是"。[④]湖北云梦睡虎地秦墓出土的《日书·甲种》[⑤]、甘肃天水放马滩秦墓出土的《日书·乙种》[⑥]中也出现了类似的"是＝"句。这些"是＝"句的出现,使得学术界对于系词"是"何时产生又展开了新的讨论。学者们多认为"是＝"之"＝"是重文符号,"是＝"即"是是",其中第一个"是"是指示代词,第二个"是"字是系词,由此认为系词"是"产生于先秦。持这种看法的学者有裘锡圭[⑦]、唐钰明[⑧]等。对此,王力先生说:"这个材料很怪,'是是'连用,只见于这个材料,我还有保留。"[⑨]

后来对于这些"是＝"句,唐钰明先生又有了新的认识,他认为:"必须要有一个全局的、完整的观念,必须把它放在当时的语法系统中去进行考察。……第二个

---

① 王力:《中国文法中的系词》,《清华学报》12卷1期,1937年。
② 王力:《汉语史稿》,中华书局1980年版,第351—352页。
③ 此帛书的片段最早发表于《文物》1978年第2期的图版贰、叁。
④ 席泽宗:《马王堆汉墓帛书中的彗星图》,《文物》1978年第2期。
⑤ 睡虎地秦墓竹简整理小组编:《睡虎地秦墓竹简》,文物出版社1990年版。
⑥ 何双全:《天水放马滩秦简综述》,《文物》1989年第2期。
⑦ 裘锡圭:《谈谈古文字资料对古汉语研究的重要性》,《中国语文》1979年第6期。
⑧ 唐钰明:《上古判断句的变换考察》,《中国语文》1991年第5期。
⑨ 郭锡良:《关于系词"是"产生时代和来源论争的几点认识》,《汉语史论集》(增补本),商务印书馆2005年版,第129页。

'是'字有可能是副词'实'。①

梁冬青先生在唐钰明先生认识的基础上,对出土文献中的"是＝"句进行了全面、系统的研究,进而指出,"根据现有的材料,把出土文献'是是'句中第二个'是'字理解为系词,有些仓促,容易违背语言发展的社会性、系统性。所以,在没有新的出土文献资料面世之前,'是是'句中第二个'是'字还是应该理解为'寔',副词,用在谓语前,充当状语,对事实的真实性,对动作行为或事态进行强调。"②

郭店楚简《老子》乙篇简15有:"清＝为天下定",读为"清静为天下正"。③李若晖先生指出这属于"异字重文",即重读符号读为不同之字。④同样,梁文将"是"后的"＝"读作"寔",从重文的角度理解是可行的。但是通过对马王堆帛书《天文气象杂占》中"是＝"句的考察,我们认为梁文将"是"后的"＝"读作"寔"的理由则是有问题的。

马王堆帛书《天文气象杂占》的最下一行,画有29颗彗星。每个彗星图的下面均有简短的文字,说明是什么彗星,以及这种彗星出现的后果。说明的形式有三种:一是"是＝"句;二是"是谓"句;三是无"是"句。⑤ 以前15颗彗星为例(对于释文本文都使用宽式隶定):

1. 是谓白灌,见五日而去,邦有亡者。
2. 是谓赤灌,大将军有死者。
3. 蒲彗,天下疾。
4. 蒲彗星,邦疚,多死者。北宫。
5. 是谓秆彗,兵起,有年。
6. 同占,秆彗。北宫。
7. 是＝帚彗,有内兵,年大熟。
8. 厉彗,有小兵,黍麻为。北宫。
9. 是＝竹彗,人主有死者。
10. 竹彗,同占。北宫。
11. 是＝蒿彗,兵起,军饥。

---

① 唐钰明先生的这一观点见于1998年讲课的记录,本文据梁冬青先生《出土文献"是是"句新解》一文转引,《中国语文》2002年第2期。

② 梁冬青:《出土文献"是是"句新解》,《中国语文》2002年第2期。

③ 参见裘锡圭先生为郭店楚简所作注释。荆门市博物馆:《郭店楚墓竹简》,文物出版社1998年版,第120页,注24。

④ 李若晖:《先秦文字中"＝"符作用浅析》,《北京大学古文献研究所集刊》(第四辑),燕山出版社2004年版,第328页。

⑤ 国家文物局古文献研究所:《西汉帛书〈天文气象杂占〉释文》,《中国文物》1979年第1期。

12. 蒿彗，军叛，它同。北宫。

13. 是＝苦彗，天下兵起；若在外，归。

14. 苦彗，天下兵起；军在外，罢。北宫。

15. 是＝苦芨彗，兵起，饥。

梁文认为，"是"后的"＝"读作副词"寔"，在句中做状语，是对事实的真实性、严重性，对其动作行为或事态进行强调。他的理由是用"是＝"句表达的内容，往往程度较严重，或关系较重大；用"是谓"句或无"是"句表达的，则大都比较缓和。

然而结合帛书内容分析，我们发现这一说法并不可信。例如，第5颗彗星下写作"是胃（谓）秆彗，兵起"，而第11颗彗星下写作"是＝蒿彗，兵起"，第15颗彗星下写作"是＝苦芨彗，兵起"，三者皆有"兵起"的内容，然而前一句用"是谓"，后两句用"是＝"。可见，认为"是谓"和"是＝"句表达的内容有差异显然不可信。

在这篇帛书中，前面第1、2、5颗彗星下出现的"是谓……"句，而第7、9、11、13、15颗彗星下则是"是＝……"句，我们认为这两者之间应该是没有差别的。而"是＝"句出现在"是谓"句之后，那么其中的"＝"号应该表示的是"谓"的意思，而不应该是系词"是"或"寔"。对于马王堆帛书中这种特殊的"＝"号用法，我们有一种新的认识。我们认为，帛书中"是"后所加的"＝"并不是一般的重文符号，而是一种特殊的重文符号。一般的重文符号是对其前面一个或几个字进行重复，如"子＝孙＝"即"子子孙孙"，或"……前＝文＝人＝……"即"……前文人，前文人……"。帛书中的"＝"显然不是在重复"是"，而是在重复前文中出现的"是谓"句中的"谓"字。也就是说，它所重复的对象是前文中语法位置、语法功能完全相同的一个字。

需要指出的是，这种重文属于一种特殊情况，它是由书写者个人的书写习惯造成的，并非普遍认同的书写符号，因此它的出现并不多见。这种重文符号在出土文献中很少见，但我们还是可以发现相似的情况。

《上海博物馆藏战国楚竹书（六）·竞公疟》简9有：

今内宠有会谴，外＝有梁丘据营柱。

其中"外"后有"＝"号，竹简整理者释为"外，外"；① 何有祖先生把"外＝"看作"外夕"的合文，读作"外亦"；② 陈伟先生把"外＝"看作"外间"的合文，读为"外奸"；③ 张

---

① 马承源主编：《上海博物馆藏战国楚竹书（六）》，上海古籍出版社2007年版，第183—184页。

② 何有祖：《读〈上博六〉札记》，武汉大学简帛研究中心"简帛网"，2007年7月9日，http://www.bsm.org.cn/show_article.php? id＝596。

③ 陈伟：《读〈上博六〉条记之二》，武汉大学简帛研究中心"简帛网"，2007年7月10日，http://www.bsm.org.cn/show_article.php? id＝602；后收入《新出楚简研读》，武汉大学出版社2010年版，第266—267页。

崇礼先生释为"外卜",读为"外仆"。①

除了"外,外"之说外,"外亦"、"外奸"、"外仆"之说似乎都能成立,但于文意上都有隔碍。刘信芳先生提出,"外＝"或许可以释为"外宠",盖承上文"内宠"而以重文符代替"宠"字。《晏子春秋》"景公信用谗佞赏罚失中晏子谏"章:"内宠之妾,迫夺于国;外宠之臣,矫夺于鄙。"从校勘的角度看,释"外＝"为"外宠"是可资参考的。②

我认为刘说是很有道理的。"外宠"正与上句之"内宠"相对应。外后之"＝"应是重复与之语法位置、语法功能完全相同的"宠"字。《競公瘧》的这个例子表明在古代文献中的确存在这种特殊的重文现象。

在云梦睡虎地秦墓出土的《日书·甲种》、天水放马滩秦墓出土的《日书·乙种》中也存在"是＝"句,其情况比较复杂,还有待于进一步研究。

总之,马王堆帛书《天文气象杂占》中的"是＝"应是"是谓","＝"是对前面出现过的"谓"字的重复,并不是"是是"句。

---

① 张崇礼:《〈景公疟〉第九简解诂》,"简帛研究网",2007 年 7 月 28 日,http://jianbo.sdu.edu.cn/admin3/2007/zhangchongli005.htm。

② 刘信芳:《〈上博藏六〉试解之三》,武汉大学简帛研究中心"简帛网",2007 年 8 月 9 日,http://www.bsm.org.cn/show_article.php?id=694。

藏语和上古汉语中与 ɯ 元音相关的音变过程比较[①]

◎ 徐世梁

引　言

汉语、藏语以及汉藏两种语言的比较等方面的研究经过前辈学者的努力已经积累了相当丰富的成果,虽然要圆满解释与汉、藏两种语言相关的种种复杂的语言现象,还有很多问题需要进一步研究,但这些成果为我们奠定了坚实的基础,提供了宝贵资料。汉语和藏语之间已经确定了一批对应整齐的关系词,不论这批关系词来自同源还是借用,它们都是汉语或藏语研究的珍贵材料;上古汉语和藏文之间比较接近的音韵结构也引起学者们的重视,并被运用到汉语上古音的研究中;汉语语音史的研究已经硕果累累;藏文到藏语各方言的语音演变大势也有不少学者做过讨论。笔者发现汉、藏两种语言中的一些音变类型、音变过程也十分接近,如果把它们结合起来,互相参证,可以为这两种语言各自内部相关现象以及汉、藏两种语言之间对应关系的解释提供一些线索,甚至可以为原始汉藏语的拟测提供参考。华侃(2005)比较了汉语和藏语声母、韵母、声调的历史演变中一些相同或相似的现象,指出语言的比较应重视方言材料,很有启发性。本文将具体讨论与 ɯ 元音相关的音变在藏语和上古汉语中的表现,并尝试联系这种音变过程对相关现象进行解释。

一、藏语中与 ɯ 元音相关的音变

藏语方言传统上划分为卫藏、康、安多三大方言区,也有不少学者指出分为五大方言区更全面:中部方言(卫藏)、东部方言(康)、北部方言(安多)、南部方言、西部方

[①] 本文写作过程中得到曾晓渝教授的悉心指导,初稿写成后曾在不同场合交流,先后得到很多学者的批评指正,他们是:南开大学汉语言文化学院施向东教授,台湾师范大学博士生丘彦遂先生,南开大学文学院洪波教授,北京大学文学院孙玉文教授,北京大学文学院耿振生教授,武汉大学文学院万献初教授,湖北大学文学院黄斌副教授。审稿过程中,匿名评审专家也提供了宝贵的修改意见。在此一并表示诚挚的谢意。

言(参见张济川,1993;江荻,2002b)。总体来看,这五大方言区中,西部方言无论声母系统还是韵母系统都与藏文最为接近,保留了一定数量的复辅音,元音格局与藏文基本相同,韵尾保留得也比较完整,甚至还有复韵尾。中部方言、东部方言和南部方言,从声母系统来看与藏文相去甚远,只有少数方言保存数量很少的复辅音;从韵母系统来看,韵尾大大简化,元音也发生了一定变化,主要变化是在舌音韵尾的影响下产生了一定数量的前高元音和前圆唇元音,但除此以外,元音系统大致与藏文相同;这三个方言一般都有声调。北部方言声母系统虽然已经简化,但还是保留了一定数量的复辅音,与除西部方言之外的其他几大方言相比更接近藏文,韵尾也是如此,但元音格局与藏文相差较大,而其中最主要的变化就是本文要讨论的与 ɯ 元音相关的音变。

在北部方言大部分地区,高元音 i、u 在大部分韵尾前面(除 ŋ、l、s 外)变为后高元音 ɯ[①],而且个别方言中在 ŋ、l、s 韵尾前也有读作 ɯ 的,如表1:

表 1 藏文 i、u 元音在今北部方言夏河、道孚的读音

藏文	i	ig	igs	iŋ	id	in	ir	il	is	ib	im
夏河	ɯ	ɯk	ɯk	aŋ	ɯl	ɯn	ɯr	i	i	ɯp	ɯm
道孚	ɯ	ɯk	ik/ɯk	ɯŋ/iŋ	ɯt/it	ɯn/in	ɯr	i	i/ɯ	ɯp	ɯm
藏文	u	ug	ugs	uŋ	ud	un	ur	ul	us	ub	um
夏河	ɯ	ɯk	ɯk	oŋ	ɯt	ɯn	ɯr	u	i	ɯp	ɯm
道孚	ɯ	ɯk	ɯk	oŋ	ɯt	ɯn	ɯr	i/ɯ(:)	i/ɯ	ɯp	ɯm

藏文 i、u 元音在其他方言中一般仍读 i 和 u,如表 2:

表 2 藏文 i、u 元音在今各方言区的读音

汉义	藏文	北部		西部	中部	南部	东部
		夏河	阿力克	桑噶尔	拉萨	夏尔巴	巴塘
虫	ɦbu	mbɯ	mbɯ	bu	pu13	pu31	mbʊ53
肠	rgju ma	dzɯ ma	rjjɯ mæ	ɣju ma	cu13 ma52	ce331 ma53	dzʊ55 ma53
算	brtsi	htsɯ	wtsi		tsi55		tsɿ53
山	ri	rɯ	rɯ		ri13	ri31	zʅ231

[①] 藏语方言材料中虽然一般记为 ə,但往往会说明其实际音值为 ɯ,如华侃(2002)、周毛草(2003),在笔者所调查的青海省乐都县卓仓藏语中,除了在 r 韵尾前近于 ə 外,其他环境中都是 ɯ。本文所引材料除注明具体出处或为笔者调查所得外,主要来自江荻(2002b)《藏语语音史研究》,不过,为方便比较,笔者进行了适当的整理,并将原书中的 ə 全部改作 ɯ,原书在讨论夏河等地来自藏文 uk 的 ək 时,也指出 ək 实际读音为 ɯχ 或 ɯʁ(第 184 页)。另外,在北部藏语不少地方,藏文中的 ak 也变为 ək,为不使问题过于复杂,这里暂不作讨论。

续 表

汉义	藏文	北部		西部	中部	南部	东部
		夏河	阿力克	桑噶尔	拉萨	夏尔巴	巴塘
西方	nub	nɯp	nɯp	nup	nup132	nup31	nuʔ231
擦掉	sub	ɕɯ	wɕɯɪ		sup52	sop53	suʔ53
肋骨	rtsib ma	htsɯ ɣɯ	rtsu ɣɯ		tsip55 ry52	tsi51 ma53	tsi55 ma53
影子	grib ma	tɕɯ ma	cɕɯn mæ	tʂip kjak	tʂhim13 na52	ʂip51 ca:ŋ51	tʂi13 nɑʔ53
线	skud pa	re hkɯ	ri kɯt	xut pa	ku55 pɯ55	ʂu51 ta53	kʊ55 pa53
脱	ɦpud	hɯl	hɯt	put	pi52	piʔ53	ɬy53
重	ldʑid po	dʐɯ mo	rdʐɯ ɣɯ	ɬtsin te	tɕi13 pu55 ti53	tɕi:n331	dʑi55 pʊ53
春	dpjid ka	ɕɯ ka	ɕɯt khæ	ɸit kha	tɕi:55 kə55	tɕi51 ka53	ɕi55 kha53
富	phjug po	ɕɯχ kwo	wɕuk ko	tɕhuk po	tɕhu55 ku55	tɕhuʔ51 po53	ɕu55 pʊ53
六	drug	tʂɯχ	tʂuk	tʂuk	tʂhu132	tʂhuʔ31	tʂuʔ231
眉毛	mig spu	dzɯ ma	rdzɯ ma	mik ɸu	mī 55 mɯ55	mī :51 pu:r51	mi55 pʊ53
眼	mig	hȵɯχ	ɣȵuk	mik	mi52	miʔ53	miʔ53
三	gsum	hsum	ɣsɯm	sum	sum55	su:m51	sā55
闭(~口)	btsums	shɯm	ptsɯm	tɕuk	sum13		tsū 55
香(味道香)	zim po	ɕɯ mbo	ɕɯm bo		ɕim13 pu55	ɕi:m331 po53	xī13 bʊ53
沉	dim	nɯp	nthɯm	nup	thim13	tp31	tī 13
前面	mdun	hȵun tso	rȵun	dun	t̃ y13	tu:ŋ331	ŋy55 ɕho53
葡萄	dgun ɦbrum	gɯm ndʐɯm	rgɯn dʐɯm		kū 13 tʂum55		g̃ y55
白天、昼	ȵin mo	ȵɯn kar	ȵɯn kɯr	ȵi ma	ȵī 13 mu55	ȵī 331 mu53	ȵī 13 kɑ55
信	phrin jig	hkɯr jɯχ	jɯk ɣe	ji ʋje	ji13 ki55	ji331 ke53	jɪ13 ɣɪ53
变化	ɦgjur	ndʐɯr	ndʐɯr	gjur	cur13	tɕha:51	ndʐʊ53

续　表

汉义	藏文	北部		西部	中部	南部	东部
		夏河	阿力克	桑噶尔	拉萨	夏尔巴	巴塘
角落	zur	sɯr ka	sɯr		su:13		ta55 mgʊ53
这里	ɦdir	ndɯ na	ndɯ næ	ji la	ti:13	tɛ:331	ʔɑ55 tsa

上表中这些例词在藏文中元音都为 i 或 u，在北部方言夏河、阿力克除个别例外都变为 ɯ，西部方言桑噶尔基本与藏文一致，中部方言拉萨、南部方言夏尔巴、东部方言巴塘除了部分在舌尖前韵尾 d、n 前发生舌位前移的音变外，其他基本与藏文一致。

二、上古汉语的 ɯ 元音：上古汉语央元音诸部与藏语的对应

上古汉语中拟为央元音的一般包括之职蒸、微物文、缉侵三系，在李方桂的系统中还包括幽觉终三部。笔者曾从音变过程的角度考察过上古汉语与藏语的元音对应情况，发现由于北部藏语发生了高元音 i、u 变为 ɯ 元音的音变，使得北部藏语与上古汉语的元音对应，比藏文或其他藏语方言与上古汉语的元音对应更加密合，而一些不规则的对应也可以用相关的音变规则来解释。① 表 3 举例说明上古汉语央元音诸部对应藏文 i、u 却对应北部藏语夏河话 ɯ 的情况，上古汉语列出李方桂(1980)、王力(1985)、郑张尚芳(2003)三家拟音，汉藏对应的例词主要来自施向东(2000)、薛才德(2001)，">"前为藏文，">"后为夏河话，"—"后为上古汉语拟音，拟音采用两书原文，两书所用都为李方桂(1980)的拟音。

表 3　上古汉语央元音诸部与藏文和藏语北部方言夏河话的对应

韵部	藏文	夏河	李方桂	王力	郑张	例　　词
之职蒸	i u	ə ə	ə	ə	ɯ	ɦbri>ndʐə"母牦牛"—*ljəg"氂"，ɦdi>ndə"这"—*djəg"时"；phjug>ɕək"富"—*pjəgs"富"
微物文	u i	ə ə	ə	ə	ɯ,u	khud>kəl"袋"—*gwjəd"帏"，ɦphur>hər"飞行"—*pjəd"飞"，ɦphur>hər"撫摩"—*mən"捫"；drid>tʂəl"引诱"—*thrjət"怵"，srid>ʂəl"领袖"—*srjət"帅"

---

① 详见拙文《从音变过程看上古汉语与藏语的元音对应》，《南开语言学刊》2007 第 1 期。

续　表

韵部	藏文	夏河	李方桂	王力	郑张	例　　词
缉侵	i u	ə ə	ə	ə	ɯ,i,u	ɦjim＞zəm"泥,汀泥"—＊dəm"潭",sim＞shəm"渗入"—＊srjəmh"渗";khums＞khəm"杀"—＊khəm"戡",rŋub＞hŋəb"吸气"—＊hjəp"吸"
幽觉终	u i	ə ə	ə	u	ɯ,i,u	dgu＞hgə"九"—＊kjəgwx"九",ɦbu＞nbə"虫子,蚁"—＊bjəgw"蜉",mthug＞thək"密"—＊drjəgw"稠";mig＞nək"眼睛"—＊mjəkw"目"

上文已经指出,北部藏语的 ə 其实是 ɯ,而上古汉语央元音诸部的具体音值,郑张尚芳(2003)从方言、借词和上古到中古的演变等方面论证也为＊ɯ。上古汉语同一词对应藏文的 i、u,却对应北部藏语的 ɯ,从藏文到北部藏语有 i、u＞ɯ 的音变过程,那么上古汉语的＊ɯ 在更早的时候是不是也来自＊i、＊u 呢? 下面再从元音与韵尾的配合格局做进一步观察。

三、上古汉语和藏语元音与韵尾配合格局的比较

上古汉语三十部中,如果采取郑张尚芳(2003)的六元音系统来看,只有＊a、＊ɯ 两个元音的分布比较齐全,在各种韵尾前都能出现,＊i、＊u、＊e、＊o 四个元音分布受限,见表 4:

表 4　上古汉语六元音与韵尾的配合(一)

	喉牙音韵尾	舌音韵尾	唇音韵尾	圆唇喉牙音
a	鱼铎阳	歌月元	盍谈	宵药
ɯ	之职蒸	微物文	缉侵	
e	支锡耕			
o	侯物东			
i		脂质真		
u	幽觉终			

郑张尚芳(2003)注意这种空档,同时看到上古音中收喉各部同一声系没有重出的中古韵类,但收唇和收舌诸部有多处同等韵类重出的现象,于是为收唇与收舌诸部重出的韵类拟测了不同元音,来添补这些空档。这样就得到表 5 所示的格局:

表 5　上古汉语六元音与韵尾的配合（二）

	喉牙音韵尾	舌音韵尾	唇音韵尾	圆唇喉牙音
a	鱼铎阳	歌月(曷)元(寒)	盍谈	宵(高)药(乐)
ɯ	之职蒸	微(衣)物(迄)文(欣)	缉(涩)侵(音)	幽(攸)觉(肃)
e	支锡耕	歌(地)月(灭)元(仙)	盍(夹)谈(兼)	宵(尧)药(的)
o	侯屋东	歌(戈)月(脱)元(算)	盍(圣)谈(凡)	宵(天)药(沃)
i	脂(豕)质(节)真(虺)	脂质真	缉(执)侵(添)	幽(叫)觉(吊)
u	幽(流)觉终	微(畏)物(术)文(谆)	缉(纳)侵(枕)	

在解释这些不同的元音如何能够在一起押韵时，他认为在收唇、收舌各部韵尾的影响下元音发音空间变窄，不如收喉各部分明，从而容易发生合韵。这种观点有一定解释力，但押韵的宽严、合韵的界限，都不容易把握，而且从藏语所提供的材料来看，还有从其他角度解释的可能性。

藏文中五个元音与韵尾的配合没有空档，见表 6：

表 6　藏文元音与韵尾的配合

	喉牙音韵尾			舌音韵尾					唇音韵尾	
a	a	ag	aŋ	ad	an	ar	al	as	ab	am
e	e	eg	eŋ	ed	en	er	el	es	eb	em
o	o	og	oŋ	od	on	or	ol	os	ob	om
i	i	ig	iŋ	id	in	ir	il	is	ib	im
u	u	ug	uŋ	ud	un	ur	ul	us	ub	um

但北部方言中，元音与韵尾的配合有不少空档，如表 7 所示的夏河话：

表 7　藏语北部方言夏河话元音与韵尾的配合

	喉牙音韵尾			舌音韵尾				唇音韵尾	
a	a	ak	aŋ		an	ar	al	ap	am
ɯ	ɯ	ɯk		ɯt	ɯn	ɯr	ɯl	ɯp	ɯm
e	e	(ek)①			en	er	el	ep	em
o	o	ok	oŋ		on	or	ol	op	om
i	i								
u	u								

---

① 加括号表示一部分已经变作其他读音，另一部分保留了原来的读音，即括号内的读法。下同。

由上述藏语音变规则可知,藏文原有的 i、u 在北部方言大部分变为 ɯ,因此 i、u 与韵尾的配合出现了很多空档。由上古汉语与藏语关系词的元音对应发现,上古汉语拟音为 *ɯ 的央元音诸部中对应藏文 i、u 的,却刚好对应北部藏语的 ɯ。因此,我们可以考虑,上古汉语 *i、*u 与韵尾配合的空档也可以从与 ɯ 元音相关的音变来解释,在构拟时不一定要把它们全部填满。但与上古汉语不同的是,夏河话的 e、o 也能与各种韵尾配合而不受限制,上古汉语中 *e、*o 的配合空档难以用音变的思路解释,这些空档或许正可以用郑张先生的做法把它们填满。在上古汉语的研究中多角度的开放性思维十分重要。有些现象可能是多种因素共同制约的结果,因此也需要从不同的角度来考虑,如果非要用一种思路解释全部材料,往往会顾此失彼。

下面对 i、u 的分布做进一步的讨论。

在上古汉语中,*i 只与舌音韵尾配合,如果把支系也拟为 *i 的话,还可以与喉牙音韵尾配合。从藏文到北部方言道孚话有如下音变:ig>ɯk,igs>ik/ɯk,iŋ>ɯŋ/iŋ,id>ɯt/it,in>ɯn/in,i 部分变为 ɯ,部分未变,未变成 ɯ 的 i 恰好就有与喉牙音、舌音的配合,见表 8:

表 8 藏语北部方言道孚话元音与韵尾的配合

	喉牙音韵尾			舌音韵尾				唇音韵尾	
a	a	ak	aŋ	at	an	ar	(al)	ap	am
ɯ	ɯ	ɯk	ɯŋ	ɯt	ɯn	ɯr	ɯl	ɯp	ɯm
e	e	ek		et	en	er		ep	em
o	o	ok	oŋ	ot	on	or		op	om
i	i	(ik)	(iŋ)	(it)	(in)				
u	u								

因此也可以考虑上古汉语中支系和脂系的部分词是 *i> *ɯ 这一音变的残留。

上古汉语中 *u 只与喉牙音韵尾配合,这也能从藏语方言中找到一些参证。u>ɯ 的音变在大部分北部方言几乎所有的韵尾前面都完成了,少数方言在 -k 尾前还保留着 u,如阿力克:smjug ma-rɲuk mæ"竹子",ɦbrug-ndʐuk"龙",smug pa-rmuk kwa"雾",thug-thuk"遇见",dug-ɣduk"毒",drug-tʂuk"六",ɦthug po-tok po"厚",ɦbrug-ndʐuk"雷",sgug-rguk"等待",rgjugs-rɟjuk"跑",ɦphrugs-ntʂhuk"挠(~痒)"。不同韵尾前 u>ɯ 的变化并不是同步完成的,而是经历了一个从部分韵尾到另一些韵尾的逐步扩散的过程,喉牙音韵尾的发音与 u 有相近的地方,有利于保持 u 的读音,所以处于这一过程的最后阶段。上古汉语的幽系韵部,或许正像阿力克一样,至少其中对应藏文 u、夏河话 ɯ 的那部分词,很可能属于这种情况。

最后,为了对比,再来看看拉萨话中元音与韵尾的配合情况,见表9:

表 9　藏语中部方言拉萨话元音与韵尾的配合

	喉牙音及鼻化						舌音		唇音韵尾	
a	a	aː	aʔ	ak	aŋ	ā	ar	ap	am
e	e	eː	eʔ			ē	er	ep	em
o	o	oː	oʔ	ok	oŋ	ō	or	op	om
i	i	iː	iʔ	ik	iŋ	ī	ir	ip	im
u	u	uː	uʔ	uk	uŋ		ur	up	um
ɛ	ɛ	ɛː	ɛʔ	ɛʔ		ɛ̃			
y	y	yː	yʔ	yʔ		ỹ			
ø	ø	øː	øʔ	øʔ		ø̃			

无论从元音与韵尾的类别,还是 i、u 元音的分布来看,拉萨话元音和韵尾的配合格局,与藏文、北部藏语、汉语上古音有很大的不同。

元音对应及元音与韵尾的配合格局都显示藏语北部方言与上古汉语更为接近。在类型上相近并且有着整齐对应的语言很可能经历了相近的演变过程,而且更有可能在进一步的演变中选择相近的方向。从藏文到藏语北部方言 i、u>ɯ 的演变大势已经较为明确,那么上古汉语又经历过什么样的变化呢?下文将结合上古汉语内部历史演变的探索略加讨论。

四、上古汉语内部与 ɯ 元音相关的音变

汉语上古音的研究在早期把韵文、谐声等各种材料混在一起,而没有注意这些材料是否同质,近来的一些研究逐渐注意到上古音内部的时段划分和方言差异,开始有意识地把各种不同质的材料离析开分别加以研究。上古音内部的分期、各期特点及演变过程的研究,有待于对各种材料做精细的离析和研究,这完全超出了本文的范围。这里笔者将结合已有的研究,看看汉、藏两种语言的比较能够给我们一些什么样的启示。

余乃永(1985)考定谐声时代有四十一韵部,元音有 i、e、a、o、u 五个,《诗经》时代为三十一部[①],包括 i、ə、a、u 四个单元音和 iə、uə、ia、ua 四个后响复元音,从谐声四十一部至《诗经》三十一部演变规律见表 10:

---

① 余著采用"祭"部独立之说,故比通常的三十部多出一部。

表 10　谐声时代到《诗经》时代的元音变化（一）

谐声时代	诗经时代	韵尾条件	韵部名称
**i	*i	ɦ、k、ŋ	佳锡耕₁
		r、l、t、n	脂₂、脂₁质真
	*iə	ɦʷ、kʷ、ŋʷ	幽₂觉₂
		v、p、m	隶₂缉₂侵₂
**e	*ia	所有韵尾	之₂、鱼₂、铎₂、阳₂、耕₂宵卓、歌₂、介薛仙、荔怗添
**a	*a	所有韵尾	鱼₁铎₁阳₁、豪沃、歌₁、废₁月₁元₁、盖盍谈
**o	*ə	所有韵尾	之₁职蒸（非 j 介音舌齿音字）、幽₁觉₁中、隶₁缉₁侵₁、微₂、微₁物文（非舌齿音字）
**o	*uə	ɦ、k、ŋ	之₁职蒸（j 介音舌齿音字）
**o	*uə	r、l、t、n	微₂、微₁物文（舌齿音字）
**u	*u	ɦ、k、ŋ	侯屋东
	*ua	r、l、t、n	歌₃、废₂月₂元₂

从上表可以看出，从谐声时代到《诗经》时代，**a 不变，**e 裂化为 *ia，**i 裂化为 *iə，**u 裂化为 *ua，**o 有裂化为 *uə、变为 *ə 两种变化的。这些变化中除了 **u>*ua、**e>*ia 的变化外，其他变化（阴影显示）全都与上文所说的央元音诸部有关（包括幽觉终）。

余著得出以上结论的主要论据来自谐声、诗韵、汉语方言、音译材料和对中古音系的分析，这些材料主要限于汉语内部，他所得出的结论与笔者从汉藏比较看到的现象有一致的地方，即：上古汉语中的央元音诸部是经过了某种音变而形成的。如果想为这种音变寻找一种实际存在的演变类型方面的参证的话，藏语从藏文到北藏方言中与 ɯ 元音相关的变化是最好的选择。不过，从藏语中实际存在的音变类型来看，ɯ 元音主要来自高元音 i、u，而藏语一些方言中裂化为复元音的一般是藏文中的 e 和 o。在笔者所调查的藏语北部方言农区话卓仓藏语中 o 裂化为各种带 u 介音的后响复元音，如：dgod gtam＞ɦgue htsɿ"笑话"、ɦod＞ue"光"、bod＞ue"藏族（人）"、dom＞tuæ"熊"、khom＞khuæ"闲"、thom bu＞thuə̃bʋ"瓢"、gon ba＞kuɔ̃ʁa"衣领"、btson khaŋ＞tsuæ̃khəŋ"监狱"、g·jon＞ʐuæ tho"偏"、ɦbroŋ＞ndʐuɔ̃"野牛"、stoŋ＞tuə̃"千"；e 也有裂化的情况，但不如 o 普遍，如：lte ba＞htie"肚脐"、

sme ba＞ɦmie"痣"①。因此笔者将余著所给出的演变方向做如下调整，见表11：

表11 谐声时代到《诗经》时代的元音变化（二）

谐声时代	诗经时代	韵尾条件	韵部名称
**i	*i	ɦ、k、ŋ	佳锡耕$_1$
		r、l、t、n	脂$_2$、脂$_1$质真
	*ɯ	ɦʷ、kʷ、ŋʷ	幽$_2$觉$_2$
		v、p、m	隶$_2$缉$_2$侵$_2$
**e	*ia	所有韵尾	之$_2$、鱼$_2$、铎$_2$、阳$_2$、耕$_2$、宵卓、歌$_2$、介薛仙、荔怗添
**a	*a	所有韵尾	鱼$_1$铎$_1$阳$_1$、豪沃、歌$_1$、废$_1$月$_1$元$_1$、盍盍谈
**u	*ɯ	所有韵尾	之$_1$职蒸（非 j 介音舌齿音字），幽$_1$觉$_1$中、隶$_1$缉$_1$侵$_1$、微$_2$、微$_1$物文（非舌齿音字）
**u	*ɯ	ɦ、k、ŋ	之$_1$职蒸（j 介音舌齿音字）
**u	*ɯ	r、l、t、n	微$_2$、微$_1$物文（舌齿音字）
**o	*o	ɦ、k、ŋ	侯屋东
	*ua	r、l、t、n	歌$_3$、废$_2$月$_2$元$_2$

各家构拟的上古汉语，其时间段一般跨度很大，在800～1000年以上，在这样的时间段里语音肯定是要发生变化的。虽然谐声时代、《诗经》时代这样的分期还需要进一步论证，谐声时代的提法也过于笼统，但这种讨论上古汉语内部音变过程的思路非常值得我们借鉴。由以上藏语中实际存在的音变过程和上古汉语中的音变现象，笔者推测：上古汉语早期阶段的 **i、**u 元音在多数韵尾前面变成 *ɯ，这是上古汉语内部重要音变之一，恰好这种音变与藏文到藏语北部方言的音变过程接近，而北部藏语与上古汉语在元音系统及元音与韵尾配合格局方面的接近，正是因为它们经历了相近的音变过程。

---

① 藏语中裂化音变也是非常重要的音变方式，不仅见于北部方言农区话，也见于北部藏语其他方言，这种音变对上古汉语的研究也可以提供很多启发，但这涉及如何处理介音、垫音和复元音、复辅音等问题，还要费很多笔墨，本文暂不作过多讨论。少数民族语言中，o 变为介音为 u 的复合元音是较多见的音变，e 前面增生一个 i 介音的情况也不少，笔者在调查西双版纳傣语时，碰到不少前辈学者记为单元音而现在增加 u 介音或 i 介音的情况，在调查南京大学藏族本科生的拉萨话时，也遇到在一些例词中增生 i 介音的情况。汉语中，中古音合口呼的来源之一是上古汉语 o 元音的裂化，中古汉语三等韵的产生、四等韵在后来增生出 i 介音等现象也与元音前增生 i 介音的音变有关。上古汉语内部或许也存在这种音变过程。

五、从上古汉语与藏语看原始汉藏语元音系统的拟测

龚煌城(1980,2000)结合上古汉语、藏文和缅文元音的比较,构拟了原始汉藏语的元音系统,并讨论了原始汉藏语到上古汉语、原始藏缅语及藏文、缅文的变化。龚先生的研究给我们很大的启发,但其中有些地方还值得进一步讨论。他的原始汉藏语有四个单元音**a、**i、**u、**ə 和两个复元音**ua、**ia,到上古汉语与藏文的变化大致见表12:

表 12 原始汉藏语到上古汉语、藏文的元音变化

原始汉藏语	**a	**i	**u	**ə	**ua	**ia①
上古汉语	*a	*ə/_-P *i/-其他②	*ə/_-P,-T *u/-其他	*ə	*ua	
藏文	a	i	u	u/_-Kw a/-其他	o	

其中**a、**i、**u 三个元音的变化与上文讨论过的藏文到北部藏语、上古汉语谐声时代到诗经时代的变化接近,**i、**u 在藏文中仍然保持不变,在上古汉语部分韵尾前已经变成*ə,其他韵尾前也不变。但原始汉藏语到藏文**ə>u,**ua>o 的变化却与上文所述藏文到北部藏语 u>ə,o>wa 的变化刚好相反,这使得从原始汉藏语到藏文再到北部藏语出现这样的演变过程:**ə>u >ə,**ua>o>ua,如果没有其他因素的影响,这种音类自身的循环音变是不多见的。一般来看,ɯ(或 ə)与复合元音是后起的现象,它们是否在原始汉藏语中就已经存在,还值得进一步考察。

参考文献

[1] 李方桂.上古音研究[M].北京:商务印书馆,1980.

[2] 格桑居冕,格桑央京.藏语方言概论[M].北京:民族出版社,2002.

[3] 龚煌城. A Comparative Study of the Chinese, Tibetan, and Burmese Vowel Systems(汉、藏、缅语元音的比较研究), *Bulletin of the Institute of History and Philology*(BIHP)51.3.又载《汉藏语研究论文集》,北京:北京大学出版社,2004,席嘉译文载《音韵学研究通讯》,1980(13).

---

① 龚文指出 *ia 的发展还不清楚,这里也不多讨论。

② 这种表达方式用文字表述为:*i 在 P 韵尾前面变为 *ə,在其他韵尾前面仍读为 *i,P、T、K 分别为唇音、舌音、喉音。以下相同。

[4] 龚煌城.从原始汉藏语到上古汉语以及原始藏缅语的韵母演变[M].原发表于2000年台北"第三届国际汉学会议"(语言组),又载《汉藏语研究论文集》.北京:北京大学出版社,2004.

[5] 华侃.藏语安多方言词汇[M].兰州:甘肃民族出版社,2002.

[6] 华侃.论藏语和汉语在历史音变中的一些相似现象[J].西北民族大学学报:哲学社会科学版,2005(3).

[7] 华侃,龙博甲.安多藏语口语词典[M].兰州:甘肃民族出版社,1993.

[8] 江荻.汉藏语言演化的历史音变模型[M].北京:民族出版社,2002.

[9] 江荻.藏语语音史[M].北京:民族出版社,2002.

[10] 瞿霭堂.藏语韵母研究[M].西宁:青海民族出版社,1991.

[11] 薛才德.汉语藏语同源字研究:语义比较法的证明[M].上海:上海大学出版社,2001.

[12] 周毛草.玛曲藏语研究[M].北京:民族出版社,2003.

[13] 张济川.藏语方言分类管见[M].民族语文论文集——庆祝马学良先生八十寿辰文集.北京:中央民族出版社,1993.

[14] 郑张尚芳.上古音系[M].上海:上海教育出版社,2003.

[15] 施向东.汉语和藏语同源体系的比较研究[M].北京:华语教学出版社,2000.

[16] 王力.汉语史稿[M].北京:科学出版社,1980.

[17] 王力.汉语语音史[M].北京:中国社会科学出版社,1985.

阮籍《咏怀》诗其二十新解

◎ 周勋初

　　杨朱泣歧路,墨子悲染丝。揖让长离别,"飘飖"难与期。岂徒燕婉情,存亡诚有之。萧索人所悲,祸衅不可辞。赵女媚中山,谦柔愈见欺。嗟嗟涂上士,何用自保持?

　　以上是阮籍《咏怀》诗其二十的全文。《晋书》本传上说他"作《咏怀》诗八十余篇,为世所重"。但也正像《文选》阮诗李善注中所说的:"嗣宗身仕乱朝,常恐罹谤遇祸,因兹发咏,故每有忧生之嗟。虽志在刺讥,而文多隐避,百代之下难以情测。"因此,尽管历代有人对此进行探索,然仍有不少篇章难得其确解,上述这首诗就未见有人作出过恰当的阐释。这里我试图提出一种新的解说,供大家参考。

　　理解这首诗的关键,在于认清诗中几个典故的背景和用意。下面先从第三、四句说起。

　　"飘飖"一词,出于《诗经·豳风·鸱鸮》。《诗序》曰:"《鸱鸮》,周公救乱也。成王未知周公之志,公乃为诗以遗王,名之曰《鸱鸮》焉。"这一说法则又出于《尚书·金滕》,司马迁在《史记·鲁周公世家》中也曾承用,后人于此都无异说,阮籍的意思也不可能有什么两样。但阮籍在形容周公忧惧之心的"飘飖"二字底下接上"难与期"三字,则非直咏原来的史实可知,这里只是反其意而用之,对此表示存疑之意。显然,他是另有一番用意才使用这个典故的。

　　周公影射何人? 不难想到,此人指的是曹操。曹操一直把自己比作周公。他也有招纳贤士的作风,所以《短歌行》中有句曰:"周公吐哺,天下归心。"他也有东征的历史,所以《苦寒行》中有句曰:"悲哉《东山》诗,悠悠使我哀。"但也由于功高震主,旁人疑其有不臣之心,因而建安十五年《让县自明本志令》中又说:"所以勤勤恳恳叙心腹者,见周公有《金滕》之书以自明,恐人不信之故。"说明他像当年"周公救乱"一样,怕"成王未知周公之志",所以有《鸱鸮》中的"风雨所漂摇"之感。然而不管他怎样信誓旦旦,援《金滕》以自明,阮籍却是认为"难与期"而仍然表示不信。

　　问题何在? 因为曹操绝非存心归政于成王的周公。他实际上只是充当了周文王的角色。

　　建安十七年,曹操入朝不趋,剑履上殿,赞拜不名,如萧何故事。十八年,策为魏公,加九锡。二十一年,进爵为魏王。二十二年,设天子旌旗,出入称警跸,冕十有二旒,乘金根车,驾六马,设五时副车,以五官中郎将曹丕为魏太子。这时曹操的臣下都已按捺不住了,觉得这出周公辅成王的滑稽戏不必再演下去了,于是纷纷有人前来劝进。《三国志·魏书·武帝纪》建安二十四年裴松之注引《魏氏春秋》曰:"夏侯惇谓王曰:'天下咸知汉祚已尽,异代方起。自古已来,能除民害为百姓所归者,即民主也。今殿下即戎三十余年,功德著于黎庶,为天下所依归,应天顺民,复何疑哉!'王曰:'施于有政,是亦为政。若天命在吾,吾为周文王矣。'"这就表明曹操本人不想再去改演其他角色,他已把未来的武王——曹丕安排在接班人的位子上了。

　　果然,建安二十五年正月曹操去世,同年十月曹丕代汉称帝。一切都在曹操的计划之中。历史的发展表明,"曹公"自明心迹的《金縢》之言,又怎能信以为真?

　　但当代的这位周武王却并非使用武力夺取天下,因为汉室太衰弱了,于是这一次的改朝换代采取了武戏文唱的方式,曹丕迫使汉献帝用禅让的名义交出了刘氏天下。

　　曹氏父子苦心筹划的目的实现了。《三国志·魏书·文帝纪》黄初元年裴松之注引《魏氏春秋》曰:"帝升坛礼毕,顾谓群臣曰:'舜、禹之事,吾知之矣。'"说明他是多么踌躇满志。因为曹氏上下两代取得政权时没有采取什么粗野的手段,他们都是以圣人的姿态临朝亲政的。

　　但这样的禅让与原来意义上的禅让毕竟相去太远了。按"禅让"一词,古代亦作"揖让",《韩非子·八说》曰:"古者人寡而相亲,物多而轻利易让,故有揖让而传天下者。"先秦诸子于此有类似的陈述,认为尧之禅舜,舜之禅禹,都发生在远古时代,那时风俗淳朴,原来的君主确是真心实意地在让贤。只是此风一开,后代那些觊觎权位的人却常是利用"禅让"的名义窃取政权,逼迫主子让出君位了。就在春秋、战国之时,也就多次出现过"禅让"的事件,例如燕国的子之曾用权术诱使王哙让出君位,真的实现了异姓之间的"揖让"。

　　显然,后代那些充满着奸诈手腕的"禅让",已经把古代那种充满着光明正大的优美感情的"禅让"糟蹋得不成样子了;尧、舜、禹之间那种出之于公心的美好政治理想,已经一去不复返了。所以阮籍慨叹地说"揖让长离别"矣!

　　曹操为了牢固地控制汉献帝,不让宫廷中再次出现伏后事件,建安十八年时还把三个女儿许配给刘姓天子。夫妇好合,"燕婉之求",这本来是人生的美事,然而这种出于政治需要的结合,首先考虑的是有关政权得失的利害关系,所以阮诗在"揖让""飘飖"之后又接上了"岂徒燕婉情,存亡诚有之"两句,把婚姻问题和国家存亡之事联系了起来。

　　按"燕婉"一词,出于《诗经·邶风·新台》,用来指称婚姻之事,那是没有什么疑义的。这次曹、刘之间的联姻事件随后又有了新的发展，所以阮籍引用了历史上的另一个典故，指出它漂亮的帷幕下掩盖着的悲剧性质。

所谓"赵女媚中山"，本事出于《吕氏春秋·孝行览·长攻》篇，说的是春秋时期通过婚姻而进行的一项阴谋勾当。赵襄子承他父亲赵简子的遗教，谋取代王的国土。他"虑所以取代，乃先善之。代君好色，请以其弟姊妻之。代君许诺。弟姊已往，所以善代者乃万故。……襄子谒于代君而请觞之。先令舞者置兵其羽中，数百人。先具大金斗。代君至，酒酣，反斗而击之，一成，脑涂地。舞者操兵以斗，尽杀其从者。因以代君之车迎其妻。其妻遥闻之状，磨笄以自刺"。这一事件还记载在《史记·赵世家》中。阮诗误以"代"为"中山"，则是由于魏晋南北朝时的诗人使用典故时比较随便，还不注意考订的缘故。①

赵女发现自己受了欺骗。她的出嫁于人，只是出于父兄政治上的需要，对于她个人的幸福，没有加以一丝考虑，她的悲愤，是可想而知的。女子出嫁从夫，她的利害得失已与丈夫的地位结合起来，这时她自然会站在夫家的立场来反对兄弟的逼迫。阮籍的这个典故用得何等贴切！现实生活中的那位"赵女"，已经立为汉帝皇后的曹节，对于曹丕的逼迫也是悲愤异常，站在刘家的立场予以严厉的谴责。《后汉书·（献穆曹）皇后纪》曰："魏受禅，遣使求玺绶，后怒不与。如此数辈，后乃呼使者入，亲数让之，以玺抵轩下，因涕泣横流曰：'天不祚尔！'左右皆莫能仰视。"大约要数这位被充作"媚"物的曹女，对乃兄"禅让"时玩弄的手腕，那种凶恶而又出之以伪善的表演，知之最深，因而厌恶特甚的了。

什么周公的《金縢》之志，什么舜禹的揖让之轨，在后代历史中就没有出现过。"揖让长离别，'飘飖'难与期"，这是诗人的感受，也是活生生的现实。

曹女充当父兄的政治工具，从出嫁那天起就并非单纯为了燕婉之情。她与汉献帝的结合，关系到国家的或存或亡，然而"祸衅"终究"不可辞"，原因在于"谦柔愈见欺"。这时的汉室帝后已经完全丧失了自卫的能力，只能为号称"周公"、"舜"、"禹"的野心家所摆布，叫他们演出什么戏就照本宣科。"萧索人所悲"，何况那些身临其境的人，曹女只能"涕泣横流"，而敏感的诗人也就"怵惕常苦惊"了。

《文心雕龙·事类》篇中说："事类者，盖文章之外，据事以类义，援古以证今者也。"阮籍在《咏怀》诗其二十中援用上述几件"古"事，它所证明的"今"事，只能指曹氏父子与汉献帝之间的关系，除此之外别无他事可作解释，因为司马氏父子没有把女儿许配过曹氏的三位幼主。

但阮籍写作这诗可也不能理解为只是针对曹氏一家而言。他所抒发的郁愤如此深沉、如此真切，因为他在现实生活中也有亲身的感受，他对此有切肤之痛。

"揖让""飘飖"等事，不光发生在汉末魏初，而且在他眼前又一次地重现了。司

---

① 参看黄节：《读阮嗣宗诗札记》，萧涤非笔记，载《读诗三札记》，作家出版社1957年版。

马氏父子俨然是当代的"周公",而且正在紧锣密鼓地准备重演"舜禹之事"。不幸的是,阮籍本人也给卷入了这一历史事件之中。

权臣的谋取政权,完成"禅让"的典礼,事先总要经过一道封王、加九锡的手续,表示他功烈辉煌,可以继承前朝基业而无愧。魏元帝曹奂景元四年,司马昭进位相国,封晋公,加九锡,完成了"禅让"前的准备。而这篇劝说司马昭接受殊礼的大作,却是出于阮籍的手笔。这也就是保存在《文选》中的《为郑冲劝晋王笺》一文。

"司马昭之心,路人皆知",他们父子三人的阴险毒辣又远远地超过了曹氏父子。阮籍对于这一些政治活动的用意,自然洞若观火。他是多么不愿意干这违心的勾当!但由于他文名太大,而谄媚逢迎如司空郑冲之流却偏要借重他的文章来劝进,阮籍虽想托醉推辞,无奈那些人偏不肯放过,还要派人前来催逼,阮籍深知此中利害,也就不再采取消极抵制的办法,一气呵成草成此文呈上。就在这一年阮籍也就去世了,因而未能看到后年演出的"禅让"大典,但这一切都在他的意料之中。"揖让长离别,'飘飘'难与期",他对眼前发生、亲身经历的事有着极为深刻的体会。

这就可以回到诗的开端来了。"杨朱泣歧路,墨子悲染丝",阮籍引用《淮南子·说林》篇中的这两个故事,列于全诗之首,抒写他的心情,定下了一个悲慨的基调。人在纷乱的政局中彷徨。面前的歧路,可以往南,可以往北,稍一不慎就会误入歧途;本色的素丝,可以染黄,可以染黑,浮华的外形常是掩盖着本质。世事翻覆,无所定准。自命忠诚的人,却包藏着祸心;进行龌龊勾当时,却穿戴起神圣的黻冕。冷眼旁观的人,既不能退出舞台,有时还不得不前去充当不愉快的角色。阮籍有感于此,自然要既悲且泣了。

阮籍本是局外的人,与"禅让"双方都没有什么深的关系,也不像那些趋炎附势的人那样想要从中得利,然而世事如此,不由自主,污秽的政治漩涡硬是把他卷了进去,于是他在诗的结尾沉痛地提出了诘问:"嗟嗟涂上士,何用自保持?"这是发自内心的悲叹:生逢乱世,何以保此洁白之躯?

沈德潜《说诗晬语》曰:"阮公《咏怀》,反复零乱,兴寄无端,和愉哀怒,俶诡不羁,读者莫求归趣。"实则,若能联系其时代背景,把握作者思绪的脉络,循序以求,则还是有可能推究其用意之所在。即如这一首《咏怀》诗,似乎迷离恍惚,不可捉摸,然而试作探究,则又觉得章法甚明,每一句话都可以找到着落。只是诗中的寓意大家为什么会视而不见?原来过去的研究工作者总是有一种成见,以为阮籍乃阮瑀之子,而阮瑀是曹操的僚佐,因此大家都把他看作忠于曹魏政权、反对司马氏父子的坚定分子。这种看法有其合理的地方,阮籍确是不满于司马氏父子的弄权,同情于曹氏子孙的萧索,但他既未受知于曹氏,也不愿为司马氏出力,用诗中的话来说,他只是一名"嗟嗟涂上士"罢了。阮籍是受老庄思想影响很深的人,齐物等量,并不忠于一家一姓,因此他既不是司马氏的佞臣,也无意于去当曹家的忠臣,后人硬要把他归入曹魏阵营之中,有些篇章也就难以作出合理解释了。

阮籍"本有济世志",对自魏明帝起的腐败风气甚为不满,这在《咏怀》诗中有所发抒,前人也已指出,但他还对曹操、曹丕加以抨击,却是从未有人想到过。其实阮籍持有这种观点也是容易理解的。《晋书》本传上说他"尝登广武,观楚、汉战处,叹曰:'时无英雄,使竖子成名'"。可以想见,他对当代那些逐鹿之徒难道会看得比"竖子"还高明些么?"竖子"之中,难道不可以包括曹操父子和司马懿父子么?

阮籍眼界开阔,好作哲理上的探索。他在《咏怀》诗中的见解,统观古今世变,洞察当前人情,因而悲愤郁塞,歌哭无端。钟嵘《诗品》评其诗曰:"言在耳目之内,情寄八荒之表。"也就点明了《咏怀》诗的特点:言虽浅近易晓,然而寄托的理想、抒发的感情却是俯仰今古,感喟莫名。

古往今来,在君权的争夺上演出了一幕幕的丑剧,使他感到由衷地厌恶,于是他设想有那么一个社会,没有君臣之别,没有强弱之分,大家都能顺其自然,尽其天年。《大人先生传》中形容这种无君的社会是:"明者不以智胜,闇者不以愚败;弱者不以迫畏,强者不以力尽。盖无君而庶物定,无臣而万事理。保身修性,不违其纪,惟兹若然,故能长久。"这种政治理想,正是他在多次经历了"周公见志""舜禹揖让"之后才提出来的。

在清代骈散并兴的接点上
——再谈阳湖派的性质与风貌

◎ 曹　虹

史称阳湖派古文家能"拔戟自成一队"①。光绪初年张之洞《书目答问》条列清代古文家时,以"桐城派"、"阳湖派"、"不立宗派"三目统摄,可见阳湖派的卓然名世,是清中期古文发展的一件盛事。加上桐城派对阳湖派有着影响与启发之迹,故人们习惯于从古文脉络来为阳湖派定性。但阳湖派的兴起,比之桐城派的初兴,实与骈散并兴之文章时局的消息更大。阳湖派的"文体不甚宗韩欧",其所依托的文章学资源,不限于古文,亦跨界到骈文。这种透露骈散并兴历史机宜的风格学实践,既参与常州地域传统的型塑,亦预示文坛向近代的过渡。

一、"阳湖"名派与地域底蕴

从乾隆末年到道光前期,经过前后三十余年的群体努力,恽敬、张惠言、李兆洛等友朋同道间的文章观和文章创作形成影响力,并为世瞩目。阳湖派的构成形态较为松散,主要是靠朋友切磋,并以相互间的定集、品评等形式,保持创作趣味上的互通声气,形成了一个意趣相投的文学交游圈。在此基础上,流派标识逐渐明朗,且因地域机缘的作用,颇有一批文学后辈深受族亲或乡贤的熏染与引导,持续地显示出富于地域特色的文体素养。这种地域宗风的传承,也因某些代表人物的仕宦行踪而波及于旁省别邑,且具有不限于常州一地的后续影响力。

同人订交的最初踪迹,以乾隆五十四年(1789年)前后为重要。十八岁的陆继辂与年龄相仿的张琦、祝百十、庄曾仪、丁履恒及其侄陆耀遹等订交于里第②,李兆洛亦参与其中,其后李兆洛为陆继辂所写《贵溪县知县陆君墓志铭》回忆曰:"予年二十,始识君于君之第,一时里中少隽士皆集,因而定交。予每至郡必诣君,同人皆集君所,予之友皆君友也。"③两年前在京师已结为文学之友的张惠言与恽敬亦不乏归

---

① 《清国史》卷五四《文苑·陆继辂传》,中华书局1993年影印嘉业堂本。
② 陆继辂:《百衲琴谱序》,《崇百药斋续集》卷三,清光绪四年兴国州署重刻本。
③ 李兆洛:《养一斋文集》卷十一,清光绪四年刻本。

乡来聚,还有祝百十的姐夫薛玉堂来自无锡等。

这批"里中少隽士"同气相求,融摄了特定的时代与地域文化内涵。乾嘉之际政局的衰变、文化政策上思想控制的缓冲,都在一定程度上有利于经世学风的复苏。阳湖派诸同人虽多为寒士,但怀抱济世情怀,互相砥砺志节,体现了压抑中力求振拔的自立精神。

这种自立的精神,因常州今文经学派与阳湖文派的关合而格外彰显。在这批"里中少隽士"的交游圈中,有数位出自常州今文经学开山宗师庄存与家族,可谓是庄氏之学的嫡传,如李兆洛记述自己通过庄存与之孙庄绶甲、孙女婿丁履恒、外孙刘逢禄而"获知庄氏之学"(《庄珍艺先生遗书序》),他又记庄绶甲"承师论交,博访孤诣,如张编修皋文、丁大令若士、刘礼部申受、宋大令于庭、董明经晋卿诸子,无不朝夕研咏,上下其议论"(《附监生考取州吏目庄君行状》)。其中宋翔凤为庄存与外孙,董士锡为张惠言外甥。至道光初年,李兆洛请人将时相雅集的贤友祝百十、张琦、丁履恒、陆耀遹、庄绶甲、周仪暐、方履籛、周济、张成孙等十四人画成《同车图》,作文记之。此图"见贵于名流"①。其中张成孙为惠言之子。"同车"的寓意,也是对这个不乏人才接力的交游群体的生动象征。常州学派对于近代学术的意义,正如梁启超所论,是"一代学术转捩之枢"(《近代学风之地理的分布》)。常州学派以引领今文经学研究而著称,饶有"绝学"之誉(龚自珍《常州高材篇送丁若士履恒》),其实开派人物在学风上颇善融通。无论是庄存与治学的"深造自得,不分别汉宋"(李兆洛《附监生考取州吏目庄君行状》),还是刘逢禄的"不泥守章句,不分别门户"(李兆洛《礼部刘君传》),都典型地代表了一种"宏而通"的学术精神,并由会通而走向探本穷源、别开生面。这种会通的色彩还表现为经术与文学合一,即常州士人儒林而兼文苑的主体精神日益建立。在通儒辈出的乾嘉时期,这种精神于清代士人个体来讲,不乏其例,但就某一地域整体来看,常州士人群体尤其超卓。从常州今文经学派与阳湖文派人员的交叉迭合现象,正说明儒林而兼文苑的理念已被赋予群体的意义,具有地域文化的魅力。此期常州的经儒往往特具文学内涵,《公羊》学诸大师尤其如此,刘逢禄善于砥砺于朋辈,在诸多集思广益的对象中就包括董士锡的"诃动魂魄"②,恽敬称许刘逢禄"治经行文俱冠流辈"(《与孙莲水》)③;宋翔凤《香草词序》谓"弱冠后始游京师,就故编修张先生受古今文法"④,在文学上有心师从张惠言,故其著述具"文特华妙"(章太炎《清儒》)之长。阳湖文派的卓然自立,有效地强化了儒林而兼文苑的地域传统,并反映在"学以济文"的思路开掘上。道光初年,陆继辂在《上孙抚部书》中

---

① 蒋彤:《武进李先生年谱》,《北京图书馆藏珍本年谱丛刊》本,北京图书馆出版社1999年版,第159页。
② 陈康祺:《郎潜纪闻》二笔卷五"常州人才之盛"条,《郎潜纪闻初笔二笔三笔》,中华书局1984年版,第417页。
③ 恽敬:《大云山房文稿·言事》卷一,《四部丛刊初编》本,上海书店1989年版。
④ 宋翔凤:《朴学斋文录》,《续修四库全书》本,上海古籍出版社2002年版,第350页。

推举李兆洛、丁履恒、庄绶甲、宋翔凤、董士锡、方履籛、张成孙等人的"瑰辞朴学",此时张惠言与恽敬虽已逝,但"瑰辞朴学"的范式已显示出稳固的活力,亦为世瞩目。

阳湖派与词史上的常州词派,在早期人员组构上,几乎是重合的(陆继辂《冶秋馆词序》)。这一情形也值得提及。他们在词学上追求"指深言文",与在文章学上"文苑儒林合同而化"之新境也有呼应意味,都在一定程度上体现了地域文化的独特性。晚清学界文坛上常州魅力在经学派、古文派、骈文派、词派上都有体现;而这些门派在人员构成上的交叠渗透之势,以及在学风理念上的相通互促之境,又使得它们各自的声势交相含摄。故"阳湖"之名易于播在人口,亦时见以"阳湖"指目经学上的常州派①及骈文上的常州派②,但更通行的,则专指古文派。

阳湖派形成了切磋讨论文章学的活跃气氛。张惠言《茗柯文编》是该派较早的成果,此集共分四编,前三编的结集都出于作者手订,嘉庆五年(1800年)作者有自序。今存其初编手稿本中,有王灼、吴德旋、刘逢禄、董士锡诸人评语。同治八年刊评点本《茗柯文编》,主要是恽敬的眉批,不仅有赞扬,亦加商榷,体现出两位古文家的知己之诚。恽敬乐于在朋辈间规箴,他还为陆继辂的《崇百药斋文集》作过删削,作者有"拣金一劳再披沙"的诗句相赠。董士锡于嘉庆二十一年(1816年)也对恽敬《大云山房文稿二集》提出编定意见。道光八年(1828年)陆继辂《崇百药斋三集》刊刻之际,宋翔凤为之序。张惠言之弟张琦于本年校刻先兄《拟名家制义》并跋之。这类互为序刻之例不一而足。朋侪之间也有因互相信任而代笔为文,如恽敬有《朱石君尚书梅石观生图颂代张皋文》之作,可知恽、张在赋颂之体上造诣可亲。李兆洛于道光元年编刊《骈体文钞》,旨在融通骈散,他意识到此书命义别致,"恐古文家见之不平"(《答庄卿珊》),所以不仅有自序,还自代庄绶甲拟成《骈体文钞序》(《养一斋文集》卷十八),足见相知及借重之谊。

阳湖派对文坛的贡献,也是在与桐城派的动态关联中得以展示的。

张惠言本人对亲近桐城派刘大櫆古文之学有过表述,其《文稿自序》称友人王灼曾"劝余为古文,语余以所受于其师刘海峰者"。时当乾隆五十三年,王灼得读张惠言所作《黄山赋》而善之,劝为古文,并语以所受于其师刘大櫆之古文法。但客观地看,这种影响是有限的,其《书刘海峰文集后》对刘大櫆的古文取径与成就有所质疑,如对王灼所持的"海峰治经,功半于望溪,其文必倍胜于望溪"之见不甚赞同。实际上张惠言走上了学与文兼茂之路,拓展积学明理的思想境界,他"求阴阳消息于《易》虞氏,求前圣制作于《礼》郑氏,辨《说文》之谐声"(曾国藩《重刻茗柯文编序》),作为专精的汉学家而治古文,其古文成就的典范意义已不同于"学行继程朱之后,文章在韩欧之间"的方苞。关于张惠言与刘大櫆的这层因缘,张惠言门下亦有所认取。如

---

① 徐珂:《清稗类钞·经术类》,中华书局1984年版,第3803—3804页。
② 屠寄:《国朝常州骈体文录》,《续修四库全书》本,上海古籍出版社2002年版,第711页。

张惠言的外甥董士锡,在学品文风上有"酷似其舅"之评,年十六从舅氏游,承其指授,所为虞氏《易》、古文、赋、诗词皆精诣。包世臣于道光十年(1830年)《自编小倦游阁文集三十卷总目序》对董士锡"工为赋及古文"评价曰:"览其赋闳廓幽窈,古文亦浑深有作者之意,虽沿用桐城方望溪、刘才甫之法,而气力遒健能自拔。"①董士锡是笃守师承的,特别是古文之学由舅氏而上溯于桐城派的刘大櫆,嘉庆二十二年(1817年)包世臣《再与杨季子书》提到:"晋卿古文之学,出于其舅氏张皋文先生,皋文受于刘才甫之弟子王悔生,盖即熙甫、望溪相承之法。而晋卿才力杰骜,下笔辄能自拔。"察觉董士锡虽服膺桐城之法,但自具才力思致,"下笔辄能自拔",可以突破桐城派的创作范式。这一点在其师张惠言身上已有体现,如张惠言有一句播在人口的论文格言,据林昌彝辑《射鹰楼诗话》卷二十二载:"太史平日论文尝谓:'法有尽而意无穷。'此意足为执死法以言文者进一解。"阳湖派在"意"与"文"诸方面的开拓方向,张惠言有奠基之功。

恽敬对桐城派展开了更广泛而尖锐的评论。他认为方、刘、姚三人之中,刘大櫆文格最低,姚鼐不及方苞;又认为方苞虽雅正却失之窳弱(《上举主笠帆先生书》)。他总结清初以来的古文实践,从中归纳出两条线索:"侯朝宗、魏叔子进乎此矣,然枪梧气重;归熙甫、汪苕文、方灵皋进乎此矣,然袍袖气重"(《与舒白香》)。侯方域、魏禧的古文取径驳杂;归有光虽是明代人,但由于汪琬、方苞的清真雅正之风与之衔接,占据清文正宗地位。恽敬寻求自立,试图在"极正"与"恣诡"之间,为自己谋求更大的发展空间。包世臣于道光元年(1821年)所写《读大云山房文集》称:"古文自南宋以来,皆为以时文之法,繁芜无骨势。茅坤、归有光之徒,程其格式。而方苞系之,自谓真古文矣,乃与时文迩近。子居当归、方邪许之时,矫然有以自植,固豪杰之士哉!"曾与恽敬晚年有过会面之缘的张维屏作出了一个经典性的评判:"愚以为文气之奇推魏叔子,文体之正推方望溪,而介乎奇正之间则恽子居也。"(李桓《国朝耆献类征初编》卷二四二)都充分肯定了恽敬不受桐城派牢笼、创立新典范的气概。在清代中叶,文坛对于学与文的关系多有新探。阳湖派受常州学风的熏染,在创作实践中颇有开拓。与张惠言"法有尽而意无穷"的文学践履相呼应,恽敬提出"文集之衰当起之以百家"之说(《大云山房文稿二集叙录》),是以学济文的重要策略。较之理学教义或经学考据,诸子百家杂学在激发对社会、人生的思考力度上,更易于取精用宏,故对于理学束缚具有一定的脱逸倾向。反映在文章上,就助成活泼奇警的文风,尤其是论辩文颇有成就。② 在道光前期,文坛上出现"姚、恽派分"的提法(谢应芝《吴

---

① 包世臣:《艺舟双楫》,《续修四库全书》本,上海古籍出版社 2002 年版,第 610 页。
② 方宗诚:《桐城文录序》曰:"文以理为主,而说理之文易迂腐鄙俚平淡,少奇气古味,是一病也。"所反映的是正统古文家无力驾驭论说文的通弊。《柏堂集》次编卷一,清光绪桐城方氏刻《柏堂遗书》本。

耶谿墓表》①），从恽敬与姚鼐的标杆式的对比，也足以显示恽敬的风格成就对阳湖派宗风的意义。

继恽敬在风格建树上与姚鼐抗衡，嘉、道之际，阳湖派一方面以李兆洛为代表，在突破古文藩篱、扩大古文取径等问题上，继续表现出与桐城派的别裁异趣，以至后人有"姚、李二流"之判（章太炎《与人论文书》）；另一方面，陆继辂等人在恽敬、张惠言逝世之后，大力表彰两人的古文成就，欲使世人能够"倾心宗仰"（《七家文钞序》）。

不过，作为门派的界定，阳湖派与桐城派的分界线仍是有一定渗透性的。阳湖文家基于其审美倾向的共性及其地域底蕴，在文化取资上对桐城派具有突破意义。尽管如此，阳湖派的崛起并不完全是以桐城派的对立面出现的。阳湖派"介于奇正之间"的通变之风，为清代中叶骈散蓄势繁盛的文坛带来新探索，且对于近代文风不拘一格的发展前景而言，也具有推动意义。

二、"文体不甚宗韩欧"

道光七年（1827年），龚自珍所写《常州高材篇送丁若士履恒》诗中有"文体不甚宗韩欧"之句，可视为对阳湖派文体成就的一种凝练概括。② 桐城派古文的统绪是从归有光、方苞而上接唐宋古文，并溯源于秦汉文。摒弃六朝骈偶之文，是桐城派"宗韩欧"的要义。"宗韩欧"还是"不甚宗韩欧"，看似不过是程度上的问题，却影响到对古文内涵、文统观等本质性的歧异，从而决定阳湖派古文新典范的形成。

张惠言编选《七十家赋钞》以及浸润于汉魏六朝辞赋的素养，形成了一定的门风。张惠言的文学历程中经历了"好《文选》辞赋"的阶段（《文稿自序》），其标记是乾隆五十三年（1788年）《游黄山赋》的问世，这是他最早的赋，也是《茗柯文》的起点；嘉庆四年（1799年）二甲及第，选为翰林院庶吉士，步入他作赋的另一个高峰期，以馆试律赋为多。张惠言的大赋，尤其是稍后于《游黄山赋》的《黄山赋》，在乾嘉以来的学者中别具分量，既体现出经学发达时代"经学家皆通小学"的素养，又能跻身"不愧八代高文、唐以后不能为者"的名篇行列。张惠言善于将"修学立行，敦礼自守"的人格操守融入多篇抒情小赋之中，如其《望江南花赋》云："尔其觊朝阳而布叶，矫夕仪而敛阴，托秋霜而表荣，倚曾堁而效心。华不饰悦，香不越林，群不比标，偏不戾参。独专专兮沉沉，体志安隐，醰醰深深。"在对望江南花的描绘中流露出"华不饰悦"、"体志安稳"的人格取向，令人读其文而想见其"表里纯白"之为人（恽敬《张皋文墓志铭》）。张惠言在赋写物象时，往往将物象的意蕴凝练到人格操守上，这正体现

---

① 缪荃孙：《续碑传集》卷七十六《文学》一，清宣统二年江楚编译书局刊本。
② 钱锺书：《谈艺录》（中华书局1984年版）三九"龚定庵诗"条指出：此诗"可作常州学派总序"看，诗中此句即是对阳湖派古文特征的"提要钩玄"的说明。

了他在《七十家赋钞目录序》中所言的赋需"统乎志"的思想。编成于乾隆五十七年的《七十家赋钞》选录自屈原至庾信70家之赋181篇,断自六朝,止于庾信,认为至庾信则"其体之变则穷矣,后之作者,概乎其未之或闻也",隋唐以后的赋已经"难可复理",故略而不录。张惠言去世后,董士锡代表群弟子作《同门祭张先生文》,文中评价张惠言在当代文坛的地位时,言及"今之辞赋,孰就榘规?曹、庾而来,其体以衰",把曹植、庾信所代表的六朝时期当作体制上建立"榘规"的依托和资源。张惠言以"特善辞赋"和不弃六朝而带动了一批后学。①

在张惠言的亲炙弟子中,其外甥董士锡最称传人,善于以舅氏为矩矱,在《易》学、赋及古文等方面有融贯的造诣。包世臣深赞董士锡之赋"上攀班张、下亚江庾而无愧","赋亚文通、子山"。班固、张衡是汉赋大才,江淹、庾信是齐梁赋杰。这里的比拟也揭示了文体上的靠拢与取法。董士锡在文体上有多方面的尝试,如其《易象赋》、《白云赋》用汉大赋体,《易消息赋》、《愁霖赋》用骚体,再如《庭中杏华赋》用的是齐梁诗体赋。他善于将《易》学与赋艺结合,主要体现为哲理渊深和兴象邕茂,显示了学与文相济的新探索。张惠言之子张成孙亦能传家学,于经学尤精于《礼》,亦通小学,张惠言著《说文谐声谱》未竟而卒,张成孙续成之,又善历算,亦工文,尤工骈文。在张惠言诸弟子中,往往有赋稿或骈文稿著录或传世,如汤洽名,武进人,有《遡砚斋诗稿》六卷、《赋稿》一卷。蒋学沂,阳湖人,有《菰米山房文钞》一卷、《骈文钞》一卷,其至交陆继辂赞之"徐、庾文章久绝伦,近来诗律比黄门"(《平梁岁晚寄怀乡里之作》),武进耆宿赵怀玉题其骈文集云:"久沾膏馥六朝余,持比参军俊逸如。细写幽情揭奇景,篇篇抵读大雷书"(《题蒋上舍学沂骈体文》)。鲍照的代表作《登大雷岸与妹书》是刘宋时期的名篇,其长处正在写奇景抒幽情,且对偶不失自然。嘉庆四年,张惠言在京师授学于受经堂,从学者中除董士锡外,还有皖籍金式玉、江安甫等人。道光三年(1823年),杨绍文汇刻师徒之文为《受经堂文稿》,其中金式玉《竹邻遗稿》二卷实为骈体,董士锡《齐物论斋集》二卷赋居其半。

在阳湖派的文体探索上更具树帜意义的,是李兆洛标举打通骈散的创作观。在姚鼐《古文辞类纂》于嘉庆末年付梓后一年,即道光元年(1821年),李兆洛《骈体文钞》也刊刻行世。此书收录晚周至隋代的文章近八百篇,有意与《古文辞类纂》立异,包世臣对编者的用心作了概括:"此论盛推归、方,宗散行而薄骈偶;君则谓唐宋传作皆导源秦汉,秦汉之骈偶,实唐宋散行之祖"(《李凤台传》)。在《骈体文钞》自序中,李兆洛反省道:"自唐以来,始有古文之目,而目六朝之文为骈俪;而为其学者,亦以为与古文殊路。"他力图扭转视骈体与古文"殊路"的褊狭之见,重新疏浚文章学的宽裕传统。在李兆洛的文统观中,六朝骈文的存在价值得以正视,他把秦汉文作为骈体的源头,那么,古文与骈文不啻是同出一源,彼尊此卑之想便无必要。他不仅以骈

---

① 参曹虹、陈曙雯、倪惠颖:《清代常州骈文研究》第五章第一节,江苏人民出版社2010年版。

体蓝本的眼光看待秦汉文,而且认为"宗两汉非自骈俪入不可"(《答庄卿珊》),这是独树一帜之见,与桐城派效法秦汉的趣味也形成差异。作为一种积极的方略,李兆洛旨在探求打通骈散的创作出路,把文章理想寄托在汉晋美文。与李兆洛年辈相接的乡人后学中,方履籛对张惠言和李兆洛"最服膺"(陈寿祺《清勅授文林郎署福建闽县知县方君墓志铭》),为文希踪范晔,李兆洛《答汤子厚》曰:"曩与彦文(即方履籛)论骈体,以为齐梁绮丽,都非正声,末学竞趣,由纤入俗,纵或类鬼,终远大雅,施之制作,益乖其方,文章之家遂相诟病。窃谓导源《国语》及先秦诸子,而归之张、蔡、二陆,辅之以子建、蔚宗,庶几风骨高严,文质相附。"接受复信的汤璥(字子厚),"工古文词,得魏晋人意",李兆洛给予了文学上的汲引:"阁下近作涉兴无浅,言情必遥,已足挑六朝、追魏晋矣。深之以学,则士衡、子建何必远人。"

享有"治为循吏,教为名师"(黄体芳《养一斋诗集序》)之誉的李兆洛,从道光三年(1823年)起主讲江阴暨阳书院,经营十八年,培育众多门弟子,形成了一个论学谈艺的中心,属于阳湖派在江阴的后劲。他们颇为敦崇博通经世实学,将学术与文学加以贯通,反映到文章旨趣上,一是在"道理著实"上寻求立言的存世价值,这样就容易兼取前辈校勘学大师卢文弨乃至常州今文经学派诸儒等的为文旨趣;二是不求行文格套,有摆落唐宋八家而上溯汉晋的倾向,据弟子蒋彤记,李兆洛在书院中的教言明确提到:"初学古文者切弗安排腔套,有意吸张……唐宋八家之文已往往犯此病,仿此以为文,故能文之家汗牛充栋,而实无一语可存,又何取乎能文耶!"①又据弟子汤成烈记李师"授以作文之法"曰:"必读诸子百家以辅翼之,管、商、申、韩、《吕览》、《淮南》、《新序》、《说苑》,各家不可不玩诵也;贾、晁、董、马、刘、扬、班、傅、蔡之文,不可不肄习也"(《重刊李申耆先生养一斋文集序》)。所举从贾谊到蔡邕之文,既有丽辞壮采,笔下骈散之界亦不甚分明。江阴诸弟子在骈散相兼上不乏传承,如承培元所撰《说文解字系传校勘记后跋》一文选入晚清屠寄主编《国朝常州骈体文录》,该文以散为主,与李兆洛融通骈散的文风一致;另有弟子夏炜如"以遒文丽藻魁能冠伦","根柢既厚,华采益振",《国朝常州骈体文录》选录其文四篇。

道光十九年(1839年),李兆洛拟于常州龙城书院院西先贤祠增祀庄存与、张惠言二人,又曰:"昭明太子为吾常文学之祖,岂可缺而不祀?"(蒋彤《武进李先生年谱》)常州是《文选》编纂者萧统的故里,萧统"综辑辞采,错比文华"的文学宗尚(《文选序》),已积淀为常州文风的远源。阳湖派对《文选》传统较为尊重,在观念上不废骈体,在创作上善于吸取辞赋骈文的翰藻,其影响力一直延续至晚清民初。

李兆洛之文入选晚清屠寄主编的《国朝常州骈体文录》,达 65 篇之多,位列第二。其中的很多篇目,视为古文更为合适。即使是有骈文气息的篇什,往往并不刻意用典,骈散错综,与他编选《骈体文钞》所体现的汇融骈散的思想正相一致。屠寄

---

① 蒋彤:《暨阳答问》第 629 页,《丛书集成续编》本,上海书店 1994 年版。

对于乡先贤的文体旨趣颇有心印,青睐李兆洛亦骈亦散的文章,这样大规模地采撷李兆洛之文入选,也足以体现他自己在创作上融合骈散的理念。在晚清文学的进程中,阳湖古文派与常州骈文派合流同趋,其作用的核心是不拘骈散论日益成为常州文家的共识,甚至也吸引常州以外的有识之士,如悉心评点过此书的仁和谭献,绅绎出"汉魏义法"之说[①],堪称会心。不拘骈散论所具有的消弭畛域、消解禁律的内在要求,对于散文步入近代的发展,亦具一定的积极意义。

[①] 在齐梁人王简栖《头陀寺碑》文下,谭献评曰:"辞不泛滥,汉魏义法未沦。"谭献评本《骈体文钞》卷二十三,上海书店1988年版。

《汉书·儒林传》"梁丘《易》"传承祛疑

◎ 武秀成

研究西汉经学的师法传承,资料最为丰富可靠的无疑应推《汉书》,而《汉书》又以《儒林传》与《艺文志》所载最为集中。如于《易》学,观《汉书》卷三十《艺文志》,可知西汉传习之家法,由汉初至后期,官学、民间凡有六家:"汉兴,田何传之。讫于宣、元,有施、孟、梁丘、京氏列于学官,而民间有费、高二家之说。"①"列于学官",谓在太学设立博士进行专门传授,至宣帝、元帝之世,官学共有施雠、孟喜、梁丘贺与京房四家,而在民间师徒传授的则有费直与高相两家。若欲明各家经学传授之系统,则主要依赖于《汉书》卷八八《儒林传》。《汉书·儒林传》详叙各经之师法、家法,但亦不免有讹误、抵牾、歧异、模糊之处。其中《梁丘贺传》载梁丘《易》之师法传承,就留有一处严重的脱节,即五鹿充宗师承不明,以至于梁丘《易》的三家学说——"士孙、邓、衡之学"来源不明。原文如下:

> 梁丘贺字长翁,琅邪诸人也。以能心计,为武骑。从太中大夫京房受《易》。房者,淄川杨何弟子也。房出为齐郡太守,贺更事田王孙。宣帝时,闻京房为《易》明,求其门人,得贺。贺时为都司空令,坐事,论免为庶人。待诏黄门数入说教侍中,以召贺。贺入说,上善之,以贺为郎。会八月饮酎,行祠孝昭庙,先殴旄头剑挺堕墜,首垂泥中,刃乡乘舆车,马惊。于是召贺筮之,有兵谋,不吉。上还,使有司侍祠。是时霍氏外孙代郡太守任宣坐谋反诛,宣子章为公车丞,亡在渭城界中,夜玄服入庙,居郎间,执戟立庙门,待上至,欲为逆。发觉,伏诛。故事,上常夜入庙,其后待明而入,自此始也。贺以筮有应,繇是近幸,为太中大夫,给事中,至少府。为人小心周密,上信重之。年老终官。传子临,亦入说,为黄门郎。甘露中,奉使问诸儒于石渠。临学精孰,专行京房法。琅邪王吉通《五经》,闻临说,善之。时宣帝选高材郎十人从临讲,吉乃使其子郎中骏上疏从临

---

① 班固:《汉书》卷三十《艺文志·易类序》,中华书局1962年版,第1704页。

受《易》。临代五鹿充宗君孟为少府,骏御史大夫,自有传。充宗授平陵士孙张仲方、沛邓彭祖子夏、齐衡咸长宾。张为博士,至扬州牧,光禄大夫给事中,家世传业;彭祖,真定太傅;咸,王莽讲学大夫。繇是梁丘有士孙、邓、衡之学。①

观此传,我们可知梁丘《易》的创立与传承:梁丘贺从京房与田王孙二师受《易》②,再传给儿子梁丘临③,梁丘临又传给王骏。其后梁丘《易》分为士孙、邓、衡三家,此三家皆出自五鹿充宗门下,而五鹿充宗师承何人却未作任何说明,只说梁丘临代替五鹿充宗任少府之职。正因为如此,一些经学研究者述《易》学之承传,于五鹿充宗之师承或语焉不详,或误称其师,或暂付缺如。④

《儒林传》不述五鹿充宗之师承,是班固原本未作交代,还是传写中文字出现了讹误?班固在《儒林传》中为各家经师立传,述其师承传习,皆环环相扣,无有或缺⑤,而五鹿充宗何许人也,其位居九卿,学为梁丘《易》士孙、邓、衡三家说之所出,是梁丘《易》发扬光大的关键人物,不交代五鹿充宗的师承关系,梁丘《易》的传承就无法链接,因此班固于此不当不作交代。再者,此处上文不言五鹿充宗《易》学之所受,亦不言充宗习经之事,下文忽言充宗授三弟子,并"繇是梁丘有士孙、邓、衡之学",亦颇不合文理。又《儒林传》叙各经师习某经为某官,意在表彰其研习经学有成,故一概不言其取代某人为某官,此处忽言梁丘临取代五鹿充宗为少府,既有违文理,亦不合文例。再从史实来看,梁丘临并未做过少府。《汉书》卷一九下《百官公卿表下》具载西汉一代位居三公九卿者,如梁丘贺任少府,即见于"宣帝神爵三年"栏下,与本传言"至少府"合。《表》不载梁丘临为少府,则此言"临代五鹿充宗君孟为少府"深可疑也⑥。又据《百官公卿表下》载:"(元帝)建昭元年,尚书令五鹿充宗为少府,五年贬为

---

① 《汉书》卷八八《儒林·梁丘贺传》,第3600、3601页。
② 据《汉书·儒林传》颜师古注及《汉书》卷七五《京房传》,此京房为杨何弟子,与列于学官而与施、孟、梁丘并列为四家的京房非同一人。复据《史》、《汉》之《儒林传》,知田王孙为梁人,从同郡丁宽受《易》;丁宽即菑川田何弟子,后又从田何弟子洛阳周王孙受学。
③ 据《汉书·儒林·施雠传》,梁丘临又曾遵父命从施雠受业。
④ 如蒋伯潜、蒋祖怡《经与经学》第十四章《六经的传授》叙曰:"(梁丘)贺再传弟子中有平陵人士孙张、沛人邓彭祖、齐人衡咸。"是误以五鹿充宗为梁丘贺弟子(上海书店出版社1997年版,第152页)。李景明《中国儒学史》(秦汉卷)第十二章第二节《今文经学的传承》但言"五鹿充宗亦治梁丘《易》"(广东教育出版社1998年版,第393页)。王葆玹在《西汉经学源流》一书中亦仅称"五鹿充宗是梁丘氏《易》的继承者"(台北东大图书股份有限公司1994年版,第304页)。
⑤ 西汉今古文第一代经师有个别因史料匮乏而未交代其师承,如"费直"、"毛公"等。
⑥ 陆德明《经典释文·序录》于"传子临"下注曰:"黄门郎、少府。"疑陆氏所见本已误,陆氏未及细考而误注之。要之,因《汉书·百官公卿表下》不载,《儒林传》所言"代五鹿充宗为少府"又不合史实(见下文论述),两汉其他文献亦无人提及,陆氏所注梁丘临官"少府"颇不足信。参见下文第235页注释①。

玄菟太守。"又载："竟宁元年,河南太守召信臣为少府。"五鹿充宗任少府五年,依《公卿表》文例不连本年计算,其离任即在竟宁元年,是代五鹿充宗为少府者乃"治行常为第一"的河南太守召信臣①,而非梁丘临也。据此看来,此言"临代五鹿充宗君孟为少府",当是传本文字有了讹误。

其实前贤早已发现此处文字有误。王先谦《汉书补注》引北宋刘奉世曰："'临代五鹿充宗','代'当为'授',后人误改之。"②又引清沈钦韩说："陆德明《序录》云'临传少府五鹿充宗及琅邪王骏,充宗授平陵士孙张'等,以《朱云传》证之,陆《序》是也。"③《汉书》卷六七《朱云传》载"少府五鹿充宗贵幸,为梁丘《易》",陆德明《经典释文·序录·注解传述人》又云梁丘临传少府五鹿充宗④,加之上文从文理、文例及史实方面的考察,此处五鹿充宗与梁丘临属师徒关系而非前后任替代关系当无疑问。若从刘说改"代"为"授",则前述种种不合逻辑,有违文理,不符文例以及与史实相悖之处,皆涣然冰释。郑樵《通志》卷一七三《梁丘贺传》全录《汉书》本传旧文,而《四库全书》本"代"作"授"⑤,盖即馆臣据刘说而改也。清唐晏编《两汉三国学案》,其述梁丘贺,同样照录《汉书》,亦径改"代"为"授"字⑥。但今之点校者不知唐氏乃据刘校而改,以为是传刻字误,竟又据《汉书》回改,此则有失古人意也。⑦ 但无论是改"代"作"授",还是误"授"为"代",都不曾疑问:二者形音迥异,又如何得误？至于说"代"为后人误改,则更不可信,因为"临授五鹿充宗",文从字顺,语例谨严,校书者又何故臆改？无致误之由,终究难以服人。杨树达先生亦称："刘校意是,而改'代'为'授'则非。"正是基于"代"、"授"无缘致误的考虑,因此他提出："'代'乃'傅'之形近坏字耳⑧,非由

---

① 《汉书》卷八九《循吏·召信臣传》,第3642页。又按《汉书·百官公卿表下》载三公九卿前后接任,其任职时间一般采用实年计算法,即不连上任本年计。如武帝天汉元年(公元前100年)栏载："济南太守琅邪王卿为御史大夫,二年有罪自杀。"天汉三年(公元前98年)栏载："二月,执金吾杜周为御史大夫,四年卒。"太始三年(公元前94年)栏又载："三月,光禄大夫河东暴胜之公子为御史大夫,三年下狱自杀。"表中"二年有罪自杀"、"四年卒"等,非谓天汉二年自杀、天汉四年卒,而是说王卿任御史大夫二年(以虚岁法计则为三年)自杀,杜周任御史大夫四年(以虚岁法计即五年)去世。诸位任职皆前后相连,期间并无他人出任该职。此可证代五鹿充宗为少府者为召信臣无疑。
② 朱一新：《汉书管见》卷四引清石韫玉校,亦云："'代'当作'授'。"[张舜徽主编《二十五史三编》(第三分册)本,岳麓书社1994年版。]按《汉书》中华书局点校本未采录刘奉世的这条颇有启示作用的校勘,颇为遗憾。
③ 王先谦：《汉书补注》卷八八,书目文献出版社1995年版,第1521页。
④ 陆德明：《经典释文》,中华书局1983年版,第5页。按《经典释文》成书于南朝陈末。
⑤ 《通志》通行本出自清武英殿本,则仍作"代"未改。
⑥ 唐晏：《两汉三国学案》卷一,中华书局1986年版,第17页。
⑦ 《两汉三国学案》卷一《校勘记》,第44页。又当代学者徐复观在《中国经学史的基础》一书中征引《汉书·梁丘贺传》作"临代(授)五鹿充宗君孟为少府",是亦认为"代"当作"授"也(《徐复观的经学史二种》,上海书店出版社2002年版,第70页)。
⑧ 或疑"傅"之行草略如今之简体"传"字,二者字形相近,亦可能致误。

误改也。陆氏《释文·序录》云:'临传少府五鹿充宗',正用《汉书》文,知唐时本尚未误矣。"①"传"即"授"之义也。杨氏此说既解决了致误原由的问题,又有《经典释文》作直接书证,确实较作"授"字为妥。但细致比较分析"传"、"授"二字之用法,杨说仍不可从。虽然《汉书·儒林传》述传承师法是二字参用,但我们比勘其全部用例后发现,班固用"授"用"传",壁垒森严,不容混淆,即"授"字用于无宗法血缘关系之师徒传授,而"传"字必用于父子或同宗同族之间的传授。据笔者统计,《汉书·儒林传》单用"授"字有八十二次,除一次外一律都用于无血缘关系的师徒之间。观下文自明:

> 毛公,赵人也。治《诗》,为河间献王博士,授同国贯长卿。长卿授解延年。延年为阿武令,授徐敖。敖授九江陈侠,为王莽讲学大夫。由是言《毛诗》者,本之徐敖。(第3614页)

而仅有的用于父子间传授的一例,文见《高相传》:

> (高)相授子康及兰陵毌将永。(第3602页)

此处父子相传用"授"而不用"传"字,看似违例,实则是因为"子康"与弟子"毌将永"连叙所致。因为合叙,不论用"传"还是用"授",都将泯灭二者之区别。联系此下引文第10、第11两例看,凡其子与其他弟子连叙,则用"授"用"传"皆可,是此条仍不算违例。再看"传"字的用法,《汉书·儒林传》凡用"传"字72次,其中作动词用者有38次②,其下或与人相接,或与书相接,或与他字组成固定词组如"传业"、"传受"等。其中"传"字后接人为传授对象者共有13例,今具录于下,以便比照:

> 1.(孟)喜好自称誉,得《易》家候阴阳灾变书,诈言师田生且死时枕喜膝,独传喜。(第3599页)
> 2.(梁丘贺)传子临,亦入说,为黄门郎。(第3600页)
> 3.(高相)其学亦亡章句,专说阴阳灾异,自言出于丁将军。传至相……(第3602页)
> 4.夏侯胜,其先夏侯都尉,从济南张生受《尚书》,以传族子始昌。始昌传

---

① 杨树达:《汉书窥管》卷九,上海古籍出版社1984年版,第687页。
② 《汉书·儒林传》中作名词"书传"、"列传"之"传"用者有34次。

胜……胜传从兄子建，建又事欧阳高。胜至长信少府，建太子太傅，自有传。由是《尚书》有大、小夏侯之学。（第3604页）

5.（孔霸）传子光，亦事牟卿，至丞相，自有传。（第3604页）

6.（韦贤）传子玄成，以淮阳中尉论石渠，后亦至丞相。（第3609页）

7.（徐生）传子至孙延、襄。襄，其资性善为颂，不能通经；延颇能，未善也。襄亦以颂为大夫。（第3614页）

8.（庆）普授鲁夏侯敬，又传族子咸，为豫章太守。（第3615页）

9.（瑕丘江公）传子至孙为博士。（第3617页）

10.（尹更始）传子咸及翟方进、琅邪房凤。咸至大司农，方进丞相，自有传。（第3618页）

11.（尹）更始传子咸及翟方进、胡常。（第3620页）

此13例中（第4条中含有3例），仅有第1、第3两例"传"字是用于一般的师徒之间，即师徒之间无宗法血缘关系，而其他各例则一律为"传子"、"传子至孙"或"传族子"、"传从兄之子"，师徒之间或为父子，或同宗同族。第4条中的第2例言"始昌传胜"，虽未明言二人之关系，但亦可据上文推知其为同族。《汉书》卷二七中之上《五行志中之上》即明确称道："夏侯始昌通《五经》，善推《五行传》，以传族子夏侯胜。"（第1353页）下面再来推敲那特别的第1、第3两例。实际上这两例与其他用例并不完全相同。第1例云"（田生）独传喜"，似与一般用法相违，但细味文义，此处所"传"者，实指上文"《易》家候阴阳灾变书"，谓传此书给孟喜，而不同于他例的传其学。此"传"乃"传递"、"传交"之"传"，而非如他例作"传授"之"传"。第3例"传至相"，此"传"字后并非径接人名，着一"至"字，意谓经过数师相传而至高相，此"传"谓"传接"、"相传"之意，而非"传授"、"讲授"之意，故可称"传至相"，而不可称"授至相"，不仅《汉书》中无此句式，其他文献中也不曾见有此语例。是《汉书·儒林传》中"传"字专用于"家学"传授，无一例外。而《经典释文·序录》于"传"、"授"二字之使用已经不作什么区别，如陆氏叙《左传》传述人一例："（贾）谊传至其孙嘉，嘉传赵人贯公。"自注曰："《汉书》云：'贾谊授贯公，为河间献王博士。'"陆氏明知《汉书》用的是"授贯公"，但在自己的改叙中为与上文一律而仍用"传"字。陆氏既已不别"传"、"授"二字,则《序录》所云"临传五鹿充宗",不能证明《汉书》亦用"传"字①。而据班固之书法文例,梁丘临与五鹿充宗之间因无宗法血缘关系不可能使用"传"字,是以杨氏认为"代"为"传"字之误,亦未得其实也。

"代"、"授"既无缘致误,作"传"又不合《汉书》文例,而五鹿充宗与梁丘临之师承关系又确然可信,此处"代"为少府又与史实相背,然则讹误究竟何在?其实此处并无误字,而是"代"上脱漏了一个"授"字。前人何以会以不误为误呢?关键在误解了"代"字。此"代"并非"替代"之代,而应当是"代郡"、"代县"、"代国"之"代",是五鹿充宗之籍贯。②《汉书·儒林传》叙经学授受,姓名之前多例带里贯。如《林尊传》叙《尚书》欧阳氏学之传授曰:

> 林尊字长宾,济南人也。事欧阳高,为博士,论石渠。后至少府、太子太傅,授平陵平当、梁陈翁生。当至丞相,自有传。翁生信都太傅,家世传业。由是欧阳有平、陈之学。翁生授琅邪殷崇、楚国龚胜。崇为博士,胜右扶风,自有传。而平当授九江朱普公文、上党鲍宣。普为博士,宣司隶校尉,自有传。徒众尤盛,知名者也。

---

① 杨树达认为《释文·序录》此处"正用《汉书》文",并推断《汉书》"唐时本尚未误",似嫌武断。两汉文献中,言梁丘临为少府或五鹿充宗为代人,仅见《汉书·儒林传》"临代五鹿充宗君孟为少府"一句。从《序录》注梁丘临曾官"少府"看,陆氏所见本当有脱误。今通过考察《序录》中"传"、"授"二字的使用情形,似可为此说再补一证。《序录·注解传述人》于师徒授受用"传"、用"授"并无什么区别,但仍可从其混用情形中看出一些端倪。据笔者统计,《注解传述人》中陆氏叙西汉以前(包括西汉)经学流传用"授"字凡80余次,除陆氏改叙、补叙所用的12次外,其他一律沿用《汉书·儒林传》中的"授"字。叙西汉以前各经师承用"传"字凡30余例,其中9例本于《汉书·儒林传》,3例改《汉书·儒林传》之"授"作"传",其他20余例皆《汉书·儒林传》所不载,亦即为陆氏改叙或补叙时所用。应特别注意的是改"授"作"传"的这三例,依次为:1. "(贾)嘉传赵人贯公"(《汉书》作"[贾谊]授赵人贯公");2. "(贯)长卿传京兆尹张敞及侍御史张禹"(《汉书》作"[贯长卿]授清河张禹长子");3. "(张)禹传尹更始"(《汉书》作"[张禹]授尹更始")。三例都出现在述《左氏》授受这一段之中,而这段文字从起首至"(荀)况传武威张苍",乃本于刘向《别录》(见《春秋左传正义》杜预《春秋序》孔颖达疏引);此下至"(张)禹传尹更始"之前,所叙又与《汉书·儒林传》多有异同,亦即此段大多为陆氏所补叙或改叙(此三例之前两例亦有补改现象)。陆氏之补叙或改叙用"传"用"授"似较随意,但在一段补改之中用字则完全一致。如述《毛诗》传授,陆氏补叙了两段文字,一引"徐整云",一作"一云",前者一律用"授"(6个),后者一律用"传"(6个)。而此段文字除首句"左丘明作《传》以授曾申"外,陆氏一律使用"传"字(至"更始传其子成及翟方进、胡常止"),此三例改《汉书》之"授"作"传",也是此处统一文例的需要。据此统计分析可以看出,凡是超出《汉书·儒林传》旧文之外的补叙及改叙,陆氏或用"传"字或用"授"字,而在一段补叙改叙之中则统一用"授"或统一用"传"(仅有的三例改字即属于这一范围),而在采用《汉书·儒林传》旧文时,则全部沿用了《汉书》的"传"或"授"字。因此我们有理由相信,如果陆氏所见《汉书》"临授代五鹿充宗君孟"一句无误,则采用时仍会沿用《汉书》之"授"字,结果陆氏却一反常态地改用了"传"字,正可反证陆氏所见本已如同今本脱了"授"字。是其误由来久矣。

② 皮锡瑞《经学历史·四、经学极盛时代》云"梁丘有士孙、邓、衡之学",周予同注曰:"据《汉书》卷八十八《儒林传》,梁丘贺传子临,临授琅邪王骏、代五鹿充宗。"(中华书局1959年版,第137页注[三])此即以"代"为五鹿充宗之籍贯。惜此卓见,未作申论,故未能引起后人注意。

此传除欧阳高外,师徒传授一律注明籍贯,而欧阳高未标里籍,盖紧承上文《欧阳生传》"欧阳生字和伯,千乘人也……至曾孙高子阳"而略之。在"五鹿充宗"前冠以籍贯"代"字,正合班固文例。《汉书》中其他地方虽未言及五鹿充宗是哪里人氏,但考《经典释文·序录·注解传述人》,陆德明于"临传五鹿充宗"下注曰:"字君孟,代郡人。"①《通志》卷二七《氏族略三·以邑为氏·卫邑》亦载:"五鹿氏:姬姓。《风俗通》:卫邑也。晋公子重耳封舅犯于五鹿,支孙氏焉。汉有少府五鹿充宗。代郡成阳县有五鹿氏。"②"成阳"县名虽有字误,但《元和姓纂》与《通志》皆称"代郡"有五鹿氏③,则当可信。此可证五鹿充宗确为代郡人。西汉之代郡、代县,其治皆在今河北蔚县东北,统言之皆可称"代"④。《汉书》中"代郡"与"代",亦多有混称之处。如《汉书》卷六《武帝本纪》元朔元年载:"秋,匈奴入辽西,杀太守……遣将军卫青出雁门,将军李息出代,获首虏数千级。"元朔三年载:"夏,匈奴入代,杀太守;入雁门,杀略千余人。"元朔四年载:"夏,匈奴入代、定襄、上郡,杀略数千人。"元朔五年载:"秋,匈奴入代,杀都尉。"而《汉书》卷九四上《匈奴传上》则云:"其明年(指元朔元年)秋,匈奴二万骑入汉,杀辽西太守……于是汉使将军卫青将三万骑出雁门,李息出代郡,击胡,得首虏数千。"又称:"是岁,元朔二年也。其后冬(即元朔三年冬⑤)……其夏,匈奴数万骑入代郡,杀太守共友,略千余人。……其明年(即元朔四年),又入代郡、定襄、上郡,各三万骑,杀略数千人。……其明年(即元朔五年)春,汉遣卫青将六将军十余万人出朔方高阙……其秋,匈奴万骑入代郡,杀都尉朱央,略千余人。"《武帝本纪》四处称"代"者,《匈奴传》皆改称"代郡"。是代郡五鹿充宗,亦可称作"代五鹿充宗"。《汉书·儒林传》中亦不乏代地之经师,《申公传》称"及代赵绾亦尝受《诗》申公,为御史大夫",此赵绾即五鹿充宗之同乡。

"代"上补"授"字,其下"为少府"则当独自为逗:"临授代五鹿充宗君孟,为少府"。这种句式:"经师名(或承上省)+'授'字+籍贯(有的则承前省略)+弟子姓名+字(不知其字者则略之),+'为'字+官名",若所授弟子有两位或三位,则后句

---

① 若陆德明所见本已误,《序录》所载"临传五鹿充宗"及注五鹿充宗为"代郡人",则当是据其他文献补入。今可证者即有《史记·儒林传》、刘向《别录》、伪孔安国《尚书序》及吴徐整、晋陆玑之说等在其采用之列,而非必本于《汉书·儒林传》也。

② 郑樵:《通志》,中华书局1987年版,第456页。明代凌迪知《万姓统谱》卷一三三所载同《通志》。

③ 按:《通志》所引《风俗通》以下文字,唐代林宝《元和姓纂》卷五皆误入于"三伉"之下,"五鹿"并误作"三伉",而"成阳县"则作"有阳县"。据史志,代郡无"成阳县"或"有阳县",县名当有讹误。《汉书·地理志下》载"代郡"辖有"当城"、"马城"、"阳原"、"东安阳"等县,皆可能致误,今不能确考。参见《元和姓纂》岑仲勉校勘记,郁贤皓、陶敏整理,中华书局1984年版,第765页。

④ "代国"之简称"代"更无疑义。汉初代国都城屡有变迁,此不赘言。

⑤ 汉代于武帝太初以前用秦历,以十月为岁首,故每年冬在春夏之前。

"'为'字+官名"变作"弟子名+'为'字+官名,+弟子名+官名",如果职位相同,或可合叙,则改作"皆为+官名"。凡《汉书》中有传者,则于其后补一句"自有传",或"皆有传"。这在《儒林传》中颇为习见,上引诸例可略见端倪,此再引数例以明之:

  1.《施雠传》:"(张)禹授淮阳彭宣、沛戴崇子平,崇为九卿,宣大司空。禹、宣皆有传。"(第3598页)
  2.《孟喜传》:"喜授同郡白光少子、沛翟牧子兄,皆为博士。"(第3599页)
  3.《后苍传》:"(匡)衡授琅邪师丹、伏理斿君、颍川满昌君都。君都为詹事,理高密太傅,家世传业。丹大司空,自有传。"(第3613页)
  4.《严彭祖传》:"(彭祖)授琅邪王中,为元帝少府。"(第3616页)
  5.《颜安乐传》:"安乐授淮阳泠丰次君、淄川任公,公为少府,丰淄川太守。"(第3617页)

观乎此,于"代"上补"授"字复有何虑,而读者于五鹿充宗《易》学师承之疑亦可涣然冰释。

魏理文学创作中的"中国体"问题
——中国文学在异文化语境中传播接受的一个案例

◎ 程章灿

讨论中国文学在异文化语境中的传播和接受问题,可以选择不同的角度:可以考察中国文学如何译入异文化语境中,也可以考察异文化语境中人们对这些作品的理解和接受,当然还可以考察异文化语境中的作家对中国文学的"借用"或"化用"。本文选择阿瑟·魏理(Arthur Waley)作为研究个案,不仅因为对于中国文学来说他是一位来自异文化语境的作家,更因为在20世纪英语文学作家中,魏理是相当与众不同的一位。他的特殊性至少表现在如下三个方面:首先,他是一位学者型的作家,这在英语国家文坛上本来不足为奇,稀奇的是他还是一位毕生从事汉学研究并以此著名的学者。其次,他是一位翻译家,不仅对汉语和日语有极深的造诣,而且对包括法语、德语、西班牙语等西方语言也有很好的修养,甚至对中亚西亚和东亚的一些小语种也有非常广博的知识,其文学阅读面也十分广泛。第三,魏理一生从事中日文学的翻译,同时也写过若干种中国诗人的传记和另外一些汉学研究著作,这些翻译和写作无疑是他的文学创作的重要组成部分,并已经在英语世界特别是英国文学界受到广泛重视。不过,本文所要讨论的是狭义的文学创作,即不将其翻译著作和传记写作计算在内。具体说来,这些狭义的文学创作包括诗歌和短篇小说两种文体,从总量来看为数不多,但是,无论从形式还是从内容来看,都有极其显著的特点。这些特点的核心本质,用作者自己的话来说,就是所谓"中国体"(Chinese Style)。

一、"中国体"诗作

1899年,年仅十岁的魏理就写作了第一首诗,这表明他在少年时代对诗歌就有了兴趣。[①] 随着年岁的增长,这一兴趣一直未曾衰减。在剑桥大学国王学院学习期间,他在国王学院的刊物(*Basileon* △)第20期上发表文章《烧炭党人的球》(Carbonari Ball)和诗作《变化》(Change)。1913年,24岁的魏理在《剑桥评论》(*Cambridge*

---

① Ivan Morris (ed). *Madly Singing in the Mountains, An Appreciation and Anthology of Arthur Waley*, New York: Walker and Company, 1970. pp.138 – 139.

Review,xxxiv)上发表诗作《德国边界》(German Outskirts)。① 1914年以后,魏理将自己的大部分精力投注于中日文学的翻译与研究之中,他在诗歌创作方面的兴趣与才能也以一种特殊的方式融化于他的翻译与研究之中,因而,尽管他的文学创作尤其是诗歌创作为数不多,他仍然于1953年被授予英国女王诗歌奖(Queen's Medal for Poetry)。事实上,魏理在诗歌翻译方面的声名及贡献②是如此卓著,以至于人们往往忽视了他"原创"的那些文学作品。无疑,这些作品属于狭义的文学创作。

根据书目专家约翰斯的调查统计,魏理的狭义的文学创作,亦即所谓"原创"诗文作品(Original Poetry and Prose)共有14篇,包括诗歌7篇,散文2篇,短篇小说5篇。③ 这些作品大多数收在魏理晚年出版的两部著译集《真实的唐三藏》④以及《蒙古秘史集》⑤中。《蒙古秘史集》第319页所收《歌》(Song)一首,不见于约翰斯所编的《阿瑟·魏理著译目录》,因此,魏理的诗作实际上有8首之多。这些诗作最初都在刊物上登载过,除了上文提到的《巴西利恩 △》和《剑桥评论》之外,《新政治家》(New Statesman)、《听众》(Listener)、《地平线》(Horizon)等刊物上都发表过魏理的诗作。必须指出的是,这些刊物都是在当时的英国文学界相当有影响的重要刊物。

魏理原创诗作中最值得注意的是《审查》(Censorship)⑥。这是一首完全无韵的自由体诗,首次发表于1941年的《地平线》(Horizon)杂志,作者在诗题中明确标注:"拟中国体"(In Chinese Style)。1953年,康诺利(Cyril Connolly)编选《地平线》杂志十年(1939—1950)作品精华集《金地平线》之时,亦将此诗收录⑦;1973年,拉尔金编选的《牛津二十世纪英国诗选》在牛津大学出版社出版,《审查》一诗也在选目之中⑧;足见英国当代文坛对此诗的重视。魏理从1939年开始担任英国情报部的日语审查官,主要审查日语新闻和书信。从第一句"我已经当了15个月的检查官"来看,此诗应当作于1940年。全诗用一种朴素平易的口吻,描写魏理作为审查官的生活体验,诸如战时伦敦的紧张空气、艰难的生活环境以及他的工作条件等,平平淡淡地

---

① 参看拙撰《阿瑟·魏理年谱简编》,《国际汉学》第11辑,大象出版社2004年版。
② Ivan Morris (ed). *Madly Singing in the Mountains*, *An Appreciation and Anthology of Arthur Waley*, New York: Walker and Company,1970. pp.138–139.
③ Francis A Johns, *A Bibliography of Arthur Waley*,(Second Edition), London and Atlantic Highlands,New Jersey: The Athlone Press, 1988, pp.105–106.
④ Arthur Waley, *The Real Tripitaka*, London:George Allen and Unwin Ltd, 1952.
⑤ Arthur Waley, *The Secret History of the Mongols*,London:George Allen & Unwin Ltd.,1963.
⑥ *The Secret History of the Mongols*,p.315.
⑦ Cyril Connolly (ed). *The Golden Horizon*, London:Weidenfeld & Nicolson,1953, pp.19–20.
⑧ P. Larkin,*The Oxford Book of Twentieth Century English Verse*, Oxford:Oxford University Press, 1973,pp.262–263.

叙说琐细的生活细节①。

> I have been a censor for fifteen months,
> The Buildng where I work has four times been bombed.
> Glass, boards and paper, each in turn,
> Have been balsted from the windows—where windows are left at all.
> It is not easy to wash, keep warm and eat;
> At times we lack gas, water or light.
> The rules for censors are difficult to keep;
> In six months there were over a thousand "stops".
> The Air Raid Bible alters from day to day;
> Official orders are not clearly expressed.
> One may mention Harrods, but not Derry and Toms;
> One may write of mist, but may not write of rain.
> Japanese scribbled on thin paper
> In faint scrawl tires the eyes to read.
> In small room with ten telephones
> And a tape-machine concentration is hard.
> Yet the Blue Pencil is a mere toy to wield,
> There are worse knots than the tangles of Red Tape.
> It is not difficult to censor foreign news,
> What is hard today is to censor one's own thoughts—
> To sit by and see the blind man
> On the sightless horse, riding into the bottomless abyss.

　　这首诗的时代大背景是第二次世界大战期间伦敦遭受德军空袭以及魏理在战时担任情报部新闻审查官的经历。此外，它还有一个特殊的个人小背景。据约翰斯《阿瑟·魏理著译目录》所提供的材料，这首诗是魏理为当时在伦敦的年轻的中国作

---

① 如果用汉语文言译写（paraphrase）魏理的这首诗作，我们可以得到这样一篇作品："审查十五月，官廨炸四次。玻璃与窗板，分崩各析离。饱暖实不易，水电缺有时。审查无定规，六月变千回。空袭码日变，军令殊隐微。或言哈罗滋，不提汤姆斯；或书有薄雾，不写雨霏霏。日文书薄纸，潦草目力危。小屋十电话，吵杂打字机。蓝笔空自挥，官牍亦难为。新闻不难检，人心匪易知——坐观彼盲人，瞎马临深池。"为了保证语言形式的整齐，保持原文的流畅和诗意，我尽可能为全诗配上韵脚，并在译写时容许自己不那么拘泥于原文。李辉《浪迹天涯——萧乾传》第十章《雾都轰炸》（中国文联出版公司1998年版）中有此诗的白话翻译本，读者可以参看。

家和记者萧乾所作的,在杂志首次刊登时注明"效中国体赠萧乾"。①"萧乾把这诗给几位朋友看,都说诗写得好,一位同学还赞扬说很有中国古诗的味道。"至于这种"中国古诗的味道"的具体表现,李辉认为"诗好像有点元曲的味道"②。我认为,无论从魏理本人对中国古诗的了解和研究来看,还是从诗作本身的风格来看,这首诗都更近于白居易的诗风,而与元曲没有多大联系。

在中国古代诗人中,白居易无疑是魏理最为欣赏,甚至可以说是情有独钟的。他不仅翻译过大量白居易诗,还为白居易写了一本文学传记。③ 在这本传记中,他不止一次表示过自己对这个唐代诗人的诗歌风格乃至生活方式的钦慕。这首诗的风格,正是魏理一向欣赏的,也是魏理译作的读者向来所熟悉的典型的白居易式的平易诗风。全诗所采用的结构,也正是魏理所熟悉的白居易《新乐府诗》"首章标其目,卒章显其志"的套路,第一句就点明全诗的题材,而结尾则点明全诗的主旨。作者从审查官平凡的生活描写中超脱出来,力图对主题有所提升:新闻报道之类不难审查,深不可测的人心则殊难揣摩,犹如"坐观彼盲人,瞎马临深池"。这一比喻来自《世说新语·排调》:"盲人骑瞎马,夜半临深池",稍加变易即移用于本诗,为全诗添加了一个十分中国化的符号,也使之有了一个形象生动充满寓意的结尾。显然,魏理将其在翻译实践中积累的中国诗歌知识融汇到诗中,形成了一种明显的"中国体"的风格。

从少年时代对诗歌发生兴趣时起,魏理就对探究诗歌形式产生了浓厚的兴趣。④伊凡·莫理斯(Ivan Morris)曾说,就诗歌创作来说,魏理并不是一位杰出的诗人,是翻译充分展现了他的文学才华。⑤ 不仅如此,翻译尤其是汉诗英译还明显影响了他的诗歌创作,比较显著的表现是诗歌的形式。魏的诗作,例如《帝国死亡亦堪悲》(Et pourtant c'est triste quand meurent les empires)⑥、《闪电战诗》(Blitz Poem,页319)、《天鹅》(The Swan,页320)等,基本上都采用隔句用韵,而且韵脚都落在偶数句上,这正是中国古诗最常见的押韵习惯。虽然诗作中并没有明确标明"中国体",其写法,尤其是对日常生活场景和情趣的关注,仍然显示了与白居易诗歌的近似之处。众所周知,魏理在从事翻译时喜欢选择其性之所近,选择那些能够较好地用英文表达出来的作品,我们有理由相信,他在创作时也不免选择自己所熟悉的形式,并充分发挥自己的研究专长。换句话说,在魏理看来,白居易的诗歌风格最有资格作

---

① 参看萧乾:《萧乾文集》,浙江文艺出版社1998年版;李辉:《浪迹天涯·萧乾传》第九章《初到英伦》,中国文联出版公司1998年版。
② 李辉:《浪迹天涯·萧乾传》第十章《雾都轰炸》。
③ Arthur Waley, *The Life and Time of Po Chu-Ⅰ*, London:George Allen & Unwin Ltd.,1949.
④ *Madly Singing in the Mountains*,pp.138-139.
⑤ *Madly Singing in the Mountains*,p.72.
⑥ *Madly Singing in the Mountains*,p.379.

为"中国体"的代表。

根据《阿瑟·魏理著译目录》，魏理的原创诗篇基本上是在1940年、1941年前后创作完成的，他的短篇小说也多作于20世纪40年代。从大的方面来说，这时正当第二次世界大战期间，他有了新的生活体验；从小的方面来说，有了二十多年汉学翻译与研究的积累，这时的他已经对中国诗歌及小说的形式与风格有了较多的理解和较好的把握。20世纪40年代成为魏理的文学创作年代，应该不是偶然的。

二、"中国体"短篇小说

魏理年轻时代不仅对诗歌情有独钟，而且在短篇小说写作上也花了很多工夫。① 今天所能看到的魏理原创小说共有5篇，其中3篇是用所谓"中国体"创作的。

魏理的短篇小说主要刊载于《科恩希尔杂志》(*Cornhill Magazine*, 1860—1975)上。这是一份创办于1860年的英国老牌文学杂志，以刊登连载小说著称。从1871年开始，著名作家弗吉尼亚·伍尔芙的父亲莱斯利·斯蒂芬爵士(Sir Leslie Stephen)主持这一杂志，使其在英国文学界声誉日隆，并对20世纪英国文学界作出了巨大的贡献。著名作家萨克雷(Thackeray)、哈代(Hardy)等人都在这份杂志上刊载过小说。1945年，魏理的短篇小说《美猴王》(*Monkey*)在《科恩希尔杂志》上发表，翌年，他的另一短篇小说《龙杯》(*The Dragon Cup*)也在《科恩希尔杂志》上发表。这两篇小说从题材到风格都属于"中国体"。三年之后，他的第三篇短篇小说《在展览馆里》(*In the Gallery*)又刊载于《科恩希尔杂志》，不过与"中国体"无关。② 1950年，魏理在《骑手评论》(*Rider's Review*)上发表短篇小说《阎罗王》(*The King of Death*)，后来收入1964年出版的《蒙古秘史集》。这是他的最后一篇"中国体"短篇小说。

《美猴王》叙述的是唐僧师徒四人前往西天取经途中发生的一段故事。一个原来是某户富人家所买的妾的年轻女子，此番匆忙逃出，不意途中碰到唐僧师徒。女子善于弹奏琵琶，唐僧与孙悟空师徒之间就出家人能否欣赏音乐展开了一场辩论。八戒有意娶这女子，那富人追踪而至，唐僧师徒安排女子住进一家客栈。最后，富人答应只要唐僧师徒能够赔付比女子身价更高的价钱，他就可以放这女子走。恰好客栈中住着一群从海上来的鲛人，她们离别时泣泪成珠，唐僧师徒将宝贵的珍珠折价为钱，将女子从富人手中救了出来。显然，这段故事是根据《西游记》的人物框架建构起来的，故事中的人物性格一仍旧贯，而写法上也保持了原书的特点，最显著的一

---

① *Madly Singing in the Mountains*, p.151.
② 魏理另一篇与"中国体"无关的短篇小说是《送礼》(*The Presentation*)，以其早年在寄宿学校的生活经历为素材，作于1924年。

点是在叙述中穿插韵文或引用前人诗句。比如,在描写女子形貌之时,他插入几句赋体韵文,从眉、眼、发、腮、唇、齿、项等多方面进行铺叙。最有意思的是,小说写到八戒贸然向女子求婚,那女子居然引用《诗经·豳风·伐柯》来回答:"伐柯如何?匪斧不克。取妻如何?匪媒不得。"这里所用的《诗经》当然是魏理本人的英译本①。小说中还使用了不少谚语俗语和固定表达式,其中有一些比较容易还原。例如,小说中称八戒为"呆子",这在《西游记》原书中也很常用;悟空骂八戒"难道眼睛瞎了?"(Have you no eyes in your head?),亦见于其所译《白娘子》②;形容琵琶声,即是化用《琵琶行》中"大弦嘈嘈如急雨,小弦切切如私语","银瓶乍破水浆迸,铁骑突出刀枪鸣"诸句——而我们知道,魏理曾经对此诗下过工夫,并对另一位英国著名汉学家翟理斯(H.A.Giles)的英译本提出过批评。③

魏理曾翻译过《西游记》,也曾写过研究唐僧生平的《真实的唐三藏》,可以说对《西游记》以及唐僧史事都了如指掌。魏理所译《西游记》出版于1942年,而《美猴王》则发表于1945年,可见时隔三年,魏理仍然沉浸在《西游记》故事之中,从阅读翻译中获得的感动和激情还没有消退。这篇小说还有一行副标题:"新的一回,献给维奥莱特·戈登·伍德豪斯,感谢那美妙的音乐。"维奥莱特(Violet Gordon Woodhouse)是英国现代最著名的大键琴和翼琴演奏家之一④,喜爱她的音乐演奏的人当中,包括萧伯纳(Bernard Shaw)、西特韦尔一家(the Sitwells)以及毕加索(Picasso)等一大批当世欧洲文艺界名流。魏理也是其中之一。魏理对音乐的爱好,可以从他人的回忆中得到证实,他与人谈论音乐时也包括翼琴的内容⑤。这样看来,创作《美猴王》的初始动机,可能是受到圈内友好的怂恿,也有可能是魏理一时技痒的游戏之作,所以故事情节中涉及音乐。不管这一点是否能够确认,魏理无疑以他渊博的知识和对《西游记》风格的准确把握,使英语读者在他的翻译之外,再次领略了中国小说的独特风格。众所周知,魏理翻译《西游记》时,对原书动了不小的手术,删略了一些他认为结构重复、情节拖沓的部分。读他这篇原创性的"拟作"的时候,有一个问题始终萦绕在我心头:如果要将这篇故事加入《西游记》,那么,这"新的一回"究竟应

---

① 只有最后一句小有不同,小说中作:"Without a matchman she cannot marry." 而魏理译《诗经》(*The Book of Songs*, New York: Grover Press, 1996, p.126)作: "Without a matchman she cannot be got." 《诗经》翻译在前,而此小说发表在后,当是魏理后来作了修订。

② 参看魏理 *The Real Tripitaka and Other Pieces*, London: George Allen and Unwin Ltd.1953, p.203.

③ *Madly Singing in the Mountains*, p.297.

④ 其生平传记详见 Douglas-Home, Jessica. Violet: *The Life and Loves of Violet Gordon Woodhouse*, London: Harvill, 1996.

⑤ Carmen Blacker, *Intent of Courtesy*, in *Madly Singing in the Mountains*, p.22. 另参看魏理的弟媳妇玛格丽特·H.魏理(Margaret H. Waley, 即 Mrs.Hubert D.Waley)夫人所撰写的回忆录《家里人看魏理》,笔者有中译本,载南京大学古典文献研究所主办《古典文献研究》第十辑,第 421—440 页。

该插在哪里呢？不能起魏理于地下而问之,这个问题恐怕得不出答案了。

魏理翻译过8篇中国短篇小说,集中收录于《真实的唐三藏》一书第三部分。其中2篇采自唐段成式《酉阳杂俎》:《波斯王之女》(The King of Persia's Daughter,卷14)、《两个疯子》(The Two Lunatics,续集卷2),5篇译自《太平广记》:《萧氏乳母》(The Old Nurse's Story,卷65)、《车中女子》(The Lady in the Carriage,卷193)、《庐江民》(The Giants,卷363)、《吕生》(The Mercury,卷401)、《舞马》(The Dancing Horses,卷435),还有一篇是出自《西湖佳话》的《白娘子》(Mrs. White,《西湖佳话》中原题《雷峰怪迹》)。如果说这8篇小说有什么共同特点,那就是它们都属于中国小说史中所谓志怪小说。《白娘子》的故事人所熟知,《酉阳杂俎》和《太平广记》本来也以收录志怪小说著称。魏理所翻译的这8篇短篇小说,除了《白娘子》是话本小说之外,其他都属于文言小说。《波斯王之女》说的是古波斯王之女那息滴血筑城后来化为海神的故事;《两个疯子》则讲的是分别在长安和金陵的一男一女两个疯子互相感应同日而终的怪事;《萧氏乳母》中的主人公因遭逢战乱,靠饮松泉食松柏而成仙,后来进食了俗物,又从飞仙变回为凡人;《车中女子》写女子身怀轻功绝技;《庐江民》描写"举体黄毛数寸"的巨人胡;《吕生》一篇说的是水银作祟的故事;《舞马》写唐玄宗所蓄舞马后来落到了不知真情的田承嗣手里,被当作妖异而击毙……无论从故事情节,还是叙事风格来看,这些小说都有显著的诡异神怪的特点。从魏理的选择当中,我们可以看到这一类小说正是他的喜好。将他翻译的这些志怪故事与他原创的小说相对照,其间的联系和一致性就看得更加清楚了。

根据魏理的妻子艾莉森(Alison Grant Robinson)回忆,魏理晚年病重期间,有一次她问魏理,"我去喝点咖啡,你也来一些?(I am going to have some coffee. You too?)"没想到魏理跟她生气:"你怎么跟我讲这么可怕的事,You too you too 的。"她不明白怎么回事,只好请教牛津大学的汉学家霍克思教授(David Hawkes)。原来魏理觉得这两个英文词发音与汉语文言"幽途"二字相同,认为是个不好的兆头,所以有所忌讳。① 在文言文的语境中,"幽途"一般指通向阴间冥界(有时候也扩大到非人间、超自然的世界)的道路。这件小事反映出魏理的思维深受中国古代志怪小说的影响,明显具有"中国化"的"迷信"特点。《龙杯》和《阎罗王》就是典型的中国体志怪小说,而情节都与"幽途"相联系。

相对而言,《龙杯》的故事稍微曲折一些。年关时节,在外佣工的窦石(Toushih,译音)村民李忠(Li Chung,译音)赶路回家。他动身得晚,家还没到,天就黑了。荒乱之中,他迷了路,误到龙王府中。由于龙王之子外出赴宴,他受命代其履行

---

① Carmen Blacker, *Intent of Courtesy*, in *Madly Singing in the Mountains*, p.26. 赵毅衡在一篇文章中也提到此事,殆亦据 Blacker 此文。参见赵毅衡《轮回非幽途:韦利之死》,载其《对岸的诱惑》,知识出版社2003年版,第232—237页。"韦利"即"魏理",笔者认为译为魏理与原文发音更为接近。

为窦石村降雨之责。李忠一心要解除家乡的旱情,降雨量超过规定,没想到由此引起水灾,龙王之子也因此被判有罪。李忠出面澄清此间委曲,洗刷了龙子身上的罪名。此篇采用倒叙笔法,开篇就交代窦石村原来干旱贫瘠,有时一整年就下一两场雨,经历了李忠这件事后,才旧貌换新颜。其中提到的"龙宫一日,人间一年"的说法,以及自开天辟地以来,龟、蛇关系一直很紧张的说法,都具有鲜明的中国色彩。在小说的结尾,李忠想再到龙王府中道谢,结果却正如《桃花源记》中所写"遂迷不复得路",这也是一般志怪小说常见的收结。至于凡人为神仙代行某事的情节内核,则与唐代传奇《柳毅传书》相同。这些细节特点被魏理集中使用,从而奠定了小说的"中国体"特色。

这篇创作其实是有所本的,其蓝本即唐代传奇作品李复言《续玄怪录》中的《李卫公靖》一篇。《太平广记》卷四一八"龙一"亦收录此篇,题作《李靖》,注云:"出《续玄怪录》。"故事写李靖射猎,入山村居,一日逐鹿,天暮迷路,误入一朱门大第,原来是龙宫。恰好天庭行雨符到,龙宫太夫人遂请李靖代司行雨之责。李靖好心办坏事,降雨超量,水患使山村遭受没顶之灾。龙宫太夫人因此受杖八十,龙子亦连坐。临别之时,太夫人以二奴相赠,李靖取其一而去。在创作的时候,魏理不仅对李靖名字作了小小改动(也有可能是误读误拼),而且有意改变了他的身份;不仅改变了故事发生的背景,而且有意改变了故事的结局,故事主题也因此而大有不同。小说原本的主旨是以此故事隐喻人之命运皆为前定,魏理创作所关注的重点则是以替龙行雨为中心的人神关系。值得一提的是,这段李靖替龙王行雨的故事流传甚广,对后代的小说戏剧都产生了影响。《隋唐演义》第三回中曾据此事加以敷陈描写,清人杨潮观也根据这一故事,创作完成了一本短剧,题为《李卫公替龙行雨》,收入杨氏《吟风阁杂剧》[①]。不过,剧本只写到李靖好心办坏事引起水灾为止,并无李靖领赏或者替龙宫洗刷罪名的情节。如果要进一步突出魏理这篇作品的中国文化色彩,也许将其标题《龙杯》译作《龙王净瓶》会更好一些。

《阎罗王》的故事结构立意也很精巧。韩过(Han Kuo)是一代名医,家住长安昭陵[②]。年轻的时候,他在山石之卜找到一本《扁鹊神方》[③],可是读了多遍仍然不能理解。直到扁鹊托梦,教他饮露三十日之后,他才读懂这部秘籍。其后,他以行医为业,妙手回春,甚至能够起死回生,医术之高全国闻名,但他对此书却秘而不宣。有天晚上,忙碌了一天的韩过正要躺下休息,却被仆人唤起,有一大户人家来请其出诊。在昏暗之中,他来到一处大宅院,原来召他去看病的是阎罗王本人。在阎罗王奄奄一息之际,冥界囚徒想伺机作乱,蠢蠢欲动,形势十分危急,魏理对黑夜和紧

---

① 参看清杨潮观著,胡士莹校注,《吟风阁杂剧》,上海古籍出版社1983年版,第14—22页。
② 在原文中,"昭陵"两作 Chao-ying,一作 Chao-ling,今从后者。
③ 原文作 *The Magic Remedies of Pien Hsi*,"Pien Hsi"当是"扁鹊"之误读。

张气氛的渲染也颇为成功。韩过用《扁鹊神方》救活了阎罗王,一场冥界暴乱也就此平息下去。他在黑暗中飞奔回家,在前方地平线有两点烛光引导着他。进了家门,他发现自己躺在床上,脚头点了两支蜡烛,是为他招魂的。他忽地坐了起来,灵魂与肉体遂又合为一体。这篇小说中包括了人冥、离魂、招魂、神医奇遇等多种志怪故事因素,弥漫着光怪陆离的神秘色彩。

除了上文提到的多篇译作和创作,魏理还在其他作品中表达了他对志怪小说的兴趣,例如《蒙古秘史集》中所收的《谈中国的鬼》以及《记远东的梦》两篇①。前者译述出自袁枚《子不语》的若干篇鬼故事,后者则译录了出自《太平广记》等书的若干个奇幻诡怪的梦。这两篇最初都是提供给英国广播公司(BBC)的播音稿,分别刊于1956年3月22日和1955年5月26日的《听众》杂志②。显然,这一类小说的形式和内容,在魏理看来,都充满了东方的异域风情,可以作为中国小说的代表,所以津津乐道,不仅介绍给英国大众,而且在自己的小说创作中尽可能吸收这些充满异域风情的因素。通过他的译述和创作,中国小说的这些特点被强调,甚至被放大,并在西方读者心中激起对东方古典文学的浪漫想象。

小　结

中国文学在异文化语境中的形象如何,以前的研究往往着重根据所搜集到的零星材料中进行重组、恢复,以重现外国人对于中国文学的认识。由于年代久远,资料有限,有些课题的研究方法只能如此,例如范存忠《中国文化在启蒙时期的英国》③。而另一些研究课题,虽然处理的对象包括较为晚近的作家和时代,但由于这一方面的材料仍然不够充分,因而也只能如此,如钟玲《美国诗与中国梦——美国现代诗里的中国文化模式》④以及葛桂录《雾外的远音——英国作家与中国文化》⑤。无论时代早晚(就时代而论,钟玲的书中所讨论的作家和时代是最为晚近的),这几部著作中所讨论的英美作家和知识分子绝大多数不是汉学研究方面的专门家⑥,他们对于

---

① A. Waley, *Some Chinese Ghosts*, and *Some Far-Eastern Dreams*, in *The Secret History of the Mongols*, London: George Allen & Unwin Ltd. 1963. pp. 56 – 66; 67 – 74.

② 《听众》上所用篇题与后来收入《蒙古秘史集》者有所不同,参看 *A Bibliography of Arthur Waley*, (Second Edition), pp. 98 – 99.

③ 范存忠:《中国文化在启蒙时期的英国》,上海外语教育出版社 1991 年版。

④ 钟玲:《美国诗与中国梦——美国现代诗里的中国文化模式》,麦田出版股份有限公司 1996 年版。

⑤ 葛桂录:《雾外的远音——英国作家与中国文化》,宁夏人民出版社 2002 年版。

⑥ 葛桂录书中讨论到的李约瑟(Joseph Needham)也许是一个例外,但是,就本文所讨论的中国文学而言,李约瑟也未必算得上专门家。对于异文化语境中的作家和知识分子而言,中国文化本身就是一个难以参透的谜,而中国文化中至为精致微妙的中国文学对他们而言更是一座难以攀登的险峰。

中国文化、中国文学以至中国诗歌的知识都是辗转得来，或者说是道听途说的，对某些人来说，魏理的汉诗英译就是他们获得这一类知识的重要途径。由于自身没有研究经验，也由于这些知识来源的间接性，他们在理解或评判中国文学的时候，或者在其自身的创作中借用中国文学因素的时候，就难免有较多自以为是而又浑不自觉的"变形"。他们基本上外在于中国文学和中国文化语境，是站在"庐山"之外看"庐山"，很难说就看到了"庐山"真面目。大多数处于异文化语境的作家对于中国文学的接受，都属于这一种类型。

魏理的情况有所不同。如前所述，他是一位著名汉学家，对于中国文学特别是中国诗歌以及短篇小说都作过专门研究，对于中国文学所依托的社会历史文化也有相当渊博的知识。因此，在一定程度上，他已经进入中国文化这座"庐山"之中。尽管魏理对东方古典文化，特别是古典中国充满向往，但是，终其一生，他的足迹没有踏上远东一步，据说是为了永久保持他心目中的古典中国印象，他不愿意让他心目中的唐代中国形象在现代中国的现实图景面前支离粉碎。[①] 因此，他所浸淫于其中的中国，不是现代而是古代的中国，不是现实而是虚拟的中国，不是可以触摸感知的而是只存在于他的观念与想象之中的中国。从这一点上说，他虽然对中国文化以及中国文学"入"之甚深，但其实，他的立足点仍然是20世纪上半叶的欧洲、英国和伦敦，他怀着对"异"文化的好奇和热情，带着"异"样的眼光，也使自己的观察带上许多异国的风情。——这些好奇和热情，使他眼中的中国和中国文学有了一层美丽典雅的涂饰。总之，魏理的立场是既"内"又"外"，既"远"又"近"的。这里的"内"、"外"、"远"、"近"是两面性的，也是语义双关的："内"、"近"是与大多数英国人（外国人）亦即异文化中人相比较而言，"外"、"远"则是与中国文化中人相较而言。也可以说，他实际上有一个不"近"不"远"、不"内"不"外"的立足点，无论是面向英国文化界读书界，还是面对作为异文化的中国文化，他都能得左右逢源之便。这就是魏理的独特性，也是他的重要性之所在。

魏理的学者而兼作家的双重身份，他与当时英国伦敦精英知识分子群体即布鲁姆斯伯里文化圈的关系[②]，使他的这些"中国体"创作能在主流文学杂志发表，并在英国精英知识分子圈子内产生影响。他既不像一般汉学家那样"皓首穷经"，也不像一般作家那样，只满足于对中国及中国文化的一知半解、浅尝辄止。就对社会以及知识界的影响力而言，他与一般汉学学者不可同日而语，就他的译作和创作所拥有的作者面而言，他甚至可以说是一位公共知识分子。因此，他的"中国体"创作也不能只看作一个汉学专家自娱自乐闲情逸致之作，而应该看作在英国文坛上"掷地有声"的重要作品。以模拟创作表达自己的文学观点，作为文学批评的一种方式，在中国

[①] 《浪迹天涯——萧乾传》第九章《初到英伦》。
[②] 参看程章灿：《魏理与布鲁姆斯伯里文化圈交游考》，《中国比较文学》2005年第1期。

文学中有着悠久的传统,谢灵运《拟邺中太子集》和江淹《杂拟》都是这一方面的例子。这种模拟创作不仅要求有很高的创作水平,也要求有良好的艺术感觉,难度很大。西方汉学家采用"中国体"来进行创作,也是一种模拟,更是一种文学批评,还是一种对中国文学和中国文化的特殊的认同方式。就这一点而言,也许只有创作《狄公案》系列小说的荷兰著名汉学家高罗佩(R.H.van Gulik)可以与魏理相提并论。

《真诰》与"启示录"及启示文学

◎ 赵　益

自道教的现代化研究开始以来,西方学者就一直较为关注《真诰》,并尝试从多种角度进行探讨,《真诰》之与"启示"(revelation)即是其中之一①。较早可能是司马虚(Michel Strickmann)将《真诰》称之为"茅山启示录"(*The Mao Shan revelations*)。此后明确认为《真诰》具有"启示"意味的,以法国学者贺碧来(Isabelle Robinet)的论断为代表:"这一现象可以拿来和我们所知的世界范围内宗教中伴随着口授文本的启悟描述相比较,最著名的例子是《圣约翰启示录》、《古兰经》以及斯维登堡(Emanuel Swedenborg)在幻觉中对神灵的所见所闻。"虽然"启示"广泛存在于世界各种宗教之中,具有某种普遍性,但是像贺碧来这样直接将《真诰》与《新约·启示录》等相联系,可以证明西方学者笔下所谓"茅山启示录"云云并不仅仅是语词的借用或单纯的类比,而是一种比较视野的体现。

特别重要的是,这种比较的出发点肇始于《真诰》与《启示录》的文学性上。"启示"与"启示文学"可以说是一对孪生兄弟,因为"启示"的本质属性规定了它必然具备一种高华的文学性,表现在"启示"文体本身,丰富而奇特的象征和隐喻,戏剧场景及叙事描写,以及冷峻的感情等各个方面,以《但以理书》、《启示录》为代表的启示文学是犹太—基督教传统中的典型事例。《真诰》作为中国东晋时期南方神道教上清系的经典,以"仙真降诰"的独特体式,多样化的表现方法,灵动的想象和神秘的意境,同样体现出较高的文学性而深刻地抒发了宗教体验,对后世产生了深远的影响。《真诰》与《启示录》在"启示文学"意义上的比较,无疑是一个极富启发并具有重要价值的反思视角。

显然,本土学者对这种来自于西方的比较视野进行正确的解读并进一步思考,对理解与阐发中西宗教文学的内涵与意义是十分重要的。

---

① 在 revelation 或 Apocalypse 的普遍意义上,本文译为"启示";如果侧重在"启示"的书写文本,则译为"启示录";如果单指《新约》中的《圣约翰启示录》,则加书名号译为《启示录》。

一

　　《真诰》与《启示录》的比较，首要重心当然还是宗教思想的比较，这是问题赖以成立的基础。

　　在基督教的义理上，《启示录》是上帝的启示，由耶稣通过天使传给他的仆人——正被流放在拔摩海岛上的约翰。约翰作为基督耶稣委托的预言者和先知者，写下他所看见的、所发生的以及所要到来的事情——上帝的启示，从而使上帝的教谕宣付到各个教会。《启示录》是以"启示"的方式对正在受到迫害的、面临着行将到来的世界末日的教会的回答，它以"罪恶现世——理想未来"的二元对立，揭示上帝的旨意：在末日灾难以后，神圣在与罪恶的最后战争中终将取得胜利。《启示录》目的是鼓励因信奉耶稣而惨遭迫害的教众们恪守他们的信仰，保持坚强与忍耐，以等待上帝在胜利之日以奖赏他忠心子民的"新天新地"的到来。

　　《启示录》的宗教思想核心是末世论（Eschatology）。"末世论"是一切神学之母，普遍发生于世界各种宗教之中，是文明以后创生型宗教关注根本问题的必然表现。"末世论"主要是以"预言"的内容体现在"启示"的宗教文本中。以"末世论"为基础而生发了多种思想倾向，如"救世主义"或"弥赛亚主义"（Messianism）、"千年王国主义"或"千禧年主义"（Millennialism）。如果从《旧约》到《新约》的历史发展来看，《启示录》集中体现的是"千年王国主义"：一切魔鬼被捆绑扔到封闭的无底坑中，而上帝之道的殉教者重新复活，与基督共同掌权一千年，在这一千年中，人类所期望的和平与公义通过上帝的权柄得以实现。在一千年以后，上帝实行末日的审判，魔鬼遭受第二次死亡，新天新地彻底到来，从此"不再有死亡，也不再悲哀、哭号、痛苦，因为先前的事情都过去了。""千年王国主义"的历史可以追溯久远，同时在世界范围内具有普遍性，各种各样的"千年王国主义"具有以下一些根本特征：第一是当世的腐败与黑暗已经无可救药，末日审判必将来临；第二是人类必须变革，并且就要在现世，借助超自然的存在实现这种变革；第三是明白此理者须公开自己的信仰，准备迎接必将到来的变革。

　　这种末世论包括特别是其重要表现弥赛亚思想、千年王国思想都见于古代中国，这是因为人类所面临的问题——无论是现实的还是终极的——都有相似之处。比约翰《启示录》稍早一些时候，中国西汉成帝、哀帝时（约公元前32年至公元1年），齐人甘忠可造作《天官历包元太平经》十二卷，声言"汉家逢天地之大终，当更受命于天，天帝使真人赤精子，下教我此道"，其说假德运而兼及终世之论，已经具备初级的末世论意蕴。此后又出现《太平清领书》亦即《太平经》，尽管是书真伪参半、思想混杂，但已经具有明显的期望太平、逃脱苦难，乃至于解决根本性问题的思想观念,显然含有以末世论为基础的"救世主义"和"千年王国主义"因素①。后汉之末,天灾频仍,政治黑暗,"太平理想"应乎需要,成为庶民之信仰,并造就宗教之革命。"东汉史籍中,凡称'妖贼'的,多半是指与太平道思想体系有关并以此为号召的农民起义。"《后汉书》卷三十八传论:"安、顺以后,风威稍薄,寇攘寖横,缘隙而生,剽人盗邑者不阕时月,假署皇王者盖以十数。或讬验神道,或娇妄冕服。""讬验神道"之中,民众之"太平理想"是其主干,而精英阶层之图谶神学、德运理论及术数之说,则提供了一种技术性支持。黄巾之起,是这些农民运动的集中爆发。奉事"太平道"并"颇有其书(《太平经》)"的张角,尽管其思想基础同样十分复杂,但"苍天已死,黄天当立,岁在甲子,天下大吉"之说已经属于较为典型的以末世论为核心的宗教拯救理论,黄巾起义因此而成为中国历史上第一次真正意义上的"千年王国"救世运动,开辟了公元1世纪至5世纪风起云涌的民间宗教起义的先河。②

在民间宗教运动的基础上,伴随着佛教传播流化的刺激,融汇种种传统信仰因素而形成的道教,无论是较早的北方五斗米——天师道还是东晋以后的南方神仙道教,都综合地吸收民间宗教的末世观念,同时又糅合佛教教旨,产生出自己的末世主义思想,并相应涌现出众多的救世运动③。根据小林正美的研究,较为系统的道教末世论,正由上清系所首创,并影响到其他教派,到东晋末期广泛地流行在道教徒之间。《真诰》当然也记录了相关内容,主要是两部分:一是大灾咎的发生,"五行杀害,四节交挪,金土相亲,水火结隙,林卉停偃,百川开塞,洪电纵横而眗沸,雷震东西而折裂。天屯见矣,化为阳九之灾;地否阂矣,乃为百六之会。亢悔载穷于乾极,觌群龙獯示流血乎坤野,尔乃吉凶互冲,众示灾咎"。二是"壬辰"太平之说和"金阙帝后圣李(帝)君"降世预言。所谓"壬辰",即终结此世的太平之世来到之年(壬辰之年),同时也是救世英雄的降临之际。"壬辰"太平之说历史较久,至少与谶纬学说大兴密切相关,因此它的具体所指随着时期的变化而有不同。所谓"后圣李君",就是壬辰之时降临的救世者。此一预言本身也是自东汉太平道至魏晋五斗米道—天师道的一脉相承。"金阙帝后圣李(帝)君"预言未来的谶言在道经中的具体内容不尽一致,前后也屡经变化。它也可能是当时流行更广的李弘图谶传说中的另一系列,以"后世圣君李弘降世"为中心思想,主要在南朝上清系中流传。

在东晋南朝时期的道经如《太上洞渊神咒经》、《上清后圣帝君列纪》中,"天地

---

① 关于《太平经》的末世观思想,参阅 Richard Shek, "Millenarianism: Chinese Millenarian Movements", in Mircea Eliade ed., *The Encyclopedia of Religion* (New York: MacMillan, 1987) 9, pp.532 – 535.
② 关于东汉太平道、"五斗米道——天师道"的弥赛亚主义、千年王国主义问题,可参阅以下研究:王明《农民起义所称的李弘和弥勒》(载《道家和道教思想研究》,中国社会科学出版社1984年版)、索安《西方道教研究编年史》(吕鹏志等译,中华书局2002年版)、三石善吉《中国的千年王国》(上海三联出版社1995年版)。
③ 关于道教末世论的研究状况,可参阅刘屹《近年来道教研究对中古史研究的贡献》(《中国史研究动态》2004年第8期)一文的综述。

大终"、"壬辰之年""真君降世"的学说更为细致具体。总体来说,这种末世论认为一种周期性的天地大灾必将发生,只有经过考验被证明信仰坚定、道德高尚的"种民",并通过自身的种种努力,才能在救世主——金阙后圣真君——的引领下,"过度壬辰",进入下一个全新的太平之世。

尽管如此,通过比较研究可以发现,《真诰》中无论是"末世论"还是其重要表现"千年王国主义"都是极不充分的。一方面,《真诰》并不以当时道教的末世理论为中心内容和宏观背景,不过只是零散地提及,缺乏像《旧约》到《新约》的历史发展。另一方面也是最重要的方面,以上清系为代表的东晋义理化道教的末世论,"是认为此世的终末,是基于天地运行的法则必然会发生的",因此是一种宇宙末世论。《上清后圣道君列纪》曰:"夫唯二气离合,理物有期,三道亏盈,出处因运,期之至也,因而适之,运有来也,就而抚之",清楚地表明了"期运"之至实因宇宙规律,而非人事现实造就的思想观念。相比之下,犹太—基督教的"末世论"则是一种历史末世论,认为灭亡的灾难、末日审判和最终回归正义、新时代的到来并非自然的规律而是历史与现实的必然。这就导致了它对现实和人性的彻底悲观、坚决否定,从而主张只有顺从上帝的意旨,并依靠上帝派来的救世主的力量,世界众民才能得救。

宇宙末世论是神仙道教的理论基础,它奠定了神仙道教通过与宇宙的合一而达到摆脱灾难目的的根本教条。宇宙论的取向与历史的、现实的取向存在根本的不同,从而缺乏真正的末世意蕴。《真诰》是"长生不死"信仰到神仙道教发展链条中的一环,它的核心思想仍然还是"成仙"。成仙就是以信仰与技术的双重力量达到一种解脱,亦即追求灵肉俱得不死,而不像大多数高等宗教那样追求超越生命,摆脱肉体的束缚而达至精神的永恒。因此,早期各种以神仙信仰为核心的诸多道教因素,往往过多地注重于"技术"手段,带有浓厚的"巫术"倾向而缺乏宗教精神。这一点在《真诰》中仍有大量的遗留,民间信仰中更是普遍存在。

当然,上清道教对此进行了相当程度的提升,《真诰》集中体现出两方面的突破:第一是开始树立了以坚定信仰而不是药物、禳祓、禁咒等手段实现解脱的实践取向,至少强调精神解脱与肉体长生并重,"上论九玄之逸度,下纪万椿之大生",主张"不为秽欲所惑,不为众邪所诳",以排除尘世束缚而保全至素,只有"握玄筌以藏领,匿颖镜于纷务,凝神乎山岩之庭,颐真于逸谷之津"、"游躐九道,登元濯形,投思绝空,人事无营",才能"回日薄之年,反为童婴",并以肉体不死进至精神的永恒,"仰掷云轮,总辔太空"。甚至融合佛教思想,主张迈出形骸,拔越生死,所谓"欲殖灭度根,当拔生死栽;沈吟堕九泉,但坐惜形骸",进一步尊显出对精神解脱的重视。第二是解决了与世俗特别是一般价值观的关系,最主要的是继承吸收了民间宗教信仰中的天堂地狱、首过忏悔观念,以及佛教因果报应学说,建立起"三官按核"、"墓注冢讼"的功过德罪体系,以地狱、天堂的不同归宿强调前世今生积累功德的重要性,从而完美地结合了中国传统农业社会一脉相承的"积善余庆,积恶余殃"的价值核心,成功地建立起自己的宗教道德与信条。所有这一切,不仅在很大程度上进一步消解了"末世论"的观念,同时又实际反映出它在中国文化环境中的义理化发展,特别是与传统的世界观和伦理价值观的融合趋势。

所以,它不彻底否定现实,不进行绝对的道德谴责;不主张末日的审判和救世主的拯救,而强调个人的实践努力,同时不排除技术的力量,比如服食与练气等。上清道教甚至主张选择某一自然环境以作度灾之府,"辟兵火之灾,见太平圣君"①。而这种度灾之府并非是上帝的赐予,而是天地自然的形成,"句曲山,其间有金陵之地,地方三十七八顷,是金陵之地肺也。土良而井水甜美,居其地,必得度世见太平。"因此,它的"拯救"主要是对自我的拯救,一如早期道家那样,主张以保全并发扬"真性"而达至在宇宙间的从容与逍遥。《真诰》全部启示的核心,就是实现这种自我解脱。为此,《真诰》中的娓娓教谕,都在强调信仰坚诚、向道勤至的重要性,告诫修道者时时保持警惕,以"水火不能惧、荣华不能惑"之不懈心志,通过仙真的种种考验,同时辅以具体的修炼,层层进阶。可以认为,上清神仙道教更接近于宇宙论式的宗教,"宗教的宇宙论关怀所强调的是力图理解宇宙的基本特征以及在神话和仪式中为人所牢记的宗教信仰层面。各种表象和符号被用来构成一种'万物存在方式'的宇宙图景。这些表象和符号反映了'人是什么'以及'他如何了解他在万物秩序中的位置'的不同观点。它们表现了一种生活的倾向性,一系列人对其宇宙中自我理解的假设和诠释方式。"一言以蔽之,即以人与宇宙的和谐化合为解脱,"口挹香风,眼接三云,俯仰四运,日得成真,视眇所涯,皆已合神矣"。由此,上清神仙道教当然也就和以将人从末世罪恶中解放出来才能达到最后幸福的纯粹的救世宗教,存在着显著的差异。

二

作为宗教概念的"启示"或"天启",简单地说,就是神向人显示真理或旨意。希腊文 apocalypsis 的喻指意义是指"暴露"或者"揭去",意味着移去封闭真理的阻碍。但实际上,所有的启示都是人而不是神对其所处当下的一切内在意义的发现,"人创造了他所说的历史,并以此为屏障来掩盖启示的运行"。

《真诰》不是简单的"扶乩"产物,确实具有"启示"的内涵。但这种"启示"更多地来自于萨满教人神沟通仪式以及"神灵附体"行为。南方地区直至南朝时期仍然"巫风"较盛,留有大量的萨满遗存,上清创教者正是借助于此从而创造了仙真降诰这种"启示"的形式,同时并进行了义理化的提升。

---

① 关于上清道教"度灾之府"的详细讨论,参见拙撰《句曲洞天:公元四世纪上清道教的度灾之府》(《宗教学研究》2007 年第 3 期)。本文对其中部分观点有所修正。

表面看来，杨羲在很多方面看来并不像是真正的萨满——中国世界中的古巫，他并不是天神之子，也不是献祭者；他不能治病，更不能上天入地或进入阴间召唤灵魂，不具备法力和冒险经历；甚至不能像古代的"巫"那样以舞娱神，他只是被动地接受仙真们的降临。杨羲唯一的禀质，就是能够"通灵"，亦即只有他才能"接真"，并能转达仙真们的旨意。但这恰恰是萨满最核心的本质所在，萨满们的其他一切能力，都是这种通灵能力（交通天地、人神）的准备、铺垫和发挥。萨满交通人神，其核心意义在于揭示了另一个世界，在上清系的宗教意义上，就是使仙真世界的"奇迹"成为可能。"萨满的'奇迹'不仅确立了和巩固了传统宗教的结构，而且还刺激和丰富了人们的想象力，消除了梦境与当下现实之间的障碍，开启了通往诸神、死者与精灵世界的窗口。"在这一点上，《真诰》所构造出的杨羲并不逊色。尤其重要的，上清创教者对萨满古巫进行了扬弃，在另一个方面构建了理论，亦即通过存思与冥想并辅以其他修炼使得"仙真来游"。亦即依靠个人的修行努力，而不完全通过萨满，这正是上清系义理化的核心。总而言之，上清系的人神交通一方面继承古代萨满教的遗存而强调"通灵"异禀；另一方面强调个人修炼，天启的接受者与记录者始终不是上帝所委托的先知和预言人，而是一位对"万物存在方式"的体悟者。

因此，这种启示更接近于"宇宙启示"。"宇宙启示"是以宇宙神论作为宗教的内部视角的必然结果。如上一节已经论述到的，宇宙论或曰宇宙的视角，根本点在于强调与神的内在统一[①]，它在从道家到神仙道教的整体发展过程中逐渐得到完善，与以历史和民族的视角而形成"先知启示"的犹太—基督传统迥乎有别。

"宇宙启示"往往导致神秘主义的体验。宗教神秘主义（mysticism）"是一种超越理性的、元经验的（meta-empirical）、直觉的、对某种非时间、非空间、不朽和永恒之物的统一性体验，无论该物是一个人格神，或者是一个超人格的绝对者，或者仅仅是一种意识状态。它是一种超越了自我的、与某物或者在某物之中的'一体性'实现，无论这上体性是在完全的同一性中或者在密切的结合中被体验到"。它的本质是使自身融合到万物的一体性亦即宇宙之中，消除任何的主客体隔阂，而达到一种宁静的愉悦。所以，南方上清系道教尽管具有义理化的提升，并对前此种种实践方式与技术手段进行了较大程度的革新，但因其"宇宙论宗教"以及"宇宙启示"的本质，使之具有浓厚的神秘主义因素。

《真诰》排斥低级的方术如黄赤合气等，其所尊尚的"并景双修"，倾向于人神的精神和合。《真诰》虽然也重视金丹、服食、导引、炼气等"技术"方法，但更强调它们与精神活动的融合："研玄妙之秘诀，诵太上之隐篇，于是高栖于峯岫，并金石而论年耶！"在真人诰语中，真人们所强调的前所未有的修行方式是"存思"，这种修行手段虽然渊源有自，并从《黄庭经》开始就有所发展，但却是在《真诰》中达到了一个极致。

---

① 参阅 W.E.佩顿《阐释神圣——多视角的宗教研究》，许泽民译，贵州人民出版社 2006 年版，第 96 页。

《真诰》的"存思"不再仅仅是对身体内神的观照以修炼肉体本身,而是扩大至对一切永恒高尚的超验体的存注与冥想,服日餐霞、奔辰步星,以祛除邪恶、荡涤污秽,使人"聪明朗彻,五藏生华,魂魄制炼,六府安和",最终仙真来迎,上登太霄。在根本上,它更倾向于一种精神活动而不是肉身修炼。同时,存思的冥想既不完全是内敛与返观,更不是寂灭的入定,它的想象生动灵活,不拘一格,它的终极目标是通过这样的精神活动,最终达至与存思对象融合为一,使心灵进入到神圣而永恒的境界。"道成,则同与天地共寓在太无中矣。若洞虚体无,则与太无共寄寓在寂寂中矣。"毫无疑问,上清经法属于一种"自然的"神秘主义,而并非是对神或神性发生深邃体验的"有神的"神秘主义①。

三

《真诰》是一种汇编性的手稿,在某种意义上和《圣经》一样是一部多样化的文体集成。《真诰》和《启示录》在文学意义上的比较,当然是就其某种共同的文学质性而言的。从根本上说,《真诰》与《启示录》得以在文学比较意义上联系起来的是"启示文学"。

在圣经文学的意义上,"启示文学"(Apocalyptic literature)是指以特殊文体(literary genres)以及特殊的文学表现方式来承载独特的宗教内容的一种文类作品,它源于古希伯来"先知文学",公元前165年以后出现了一大批作品,并在崛起的基督教中继续发扬光大②,《新约》中的约翰《启示录》成为杰出代表。思想上,"首先,启示文学具有将世界截然地分为善与恶的双重性特征。其次,启示文学是关于世界及人类最终命运的文学,主要关心未来事件,特别是那些关于终极历史的事件。"文学性上,"启示"本身就是一种文学形式,"启示文学"在语言、故事叙事、戏剧化描写、体裁、风格、结构等方面都具有显著的特征,但最根本的特征是象征主义的表现方法。按照米尔恰·伊利亚德的理论,所有的"启示"必然都是象征性的,因为神话和象征符号是发现并描述神圣事物的表达方式。

尽管犹太—基督教总体上来说是一种"历史的宗教",但《启示录》的种种象征也并非与具体历史事件一一对应,在这一点上《真诰》同样如此。"启示"作为一种文体,其核心在于它的隐喻意义大于表面的意义。虽然《真诰》的象征可能不像《启示录》那样扑朔难明,但其所具有的隐喻的本质是毫无疑义的。事实上,无论从神谕还

---

① 关于神秘主义的类型,见马利亚苏塞·达瓦马尼《宗教现象学》(高秉江译,人民出版社2006年版)的相关论述。

② 关于启示文学在希伯来宗教母体中的渊源、历史发展以及如何成为犹太教与基督教之间思想传承的桥梁,参阅游斌《希伯来圣经的文本、历史与思想世界》(宗教文化出版社2007年版)的相关论述。

是从预言、占卜的角度说,天机总是不可用明显的文字泄露而只能以象征和寓言来传达,它需要信仰者用智慧来体悟,获得自己的答案。因此,《真诰》作为一部"仙真降诰",无愧于"启示文学"的文体禀性。换言之,《真诰》既然具有"启示"的性质,也就决定了它具有"启示文学"最重要的文学特征:丰富的象征性与隐喻意义。

但由于在宗教思想和历史渊源上与《启示录》存在显著差异,《真诰》的象征意义当然也就有明显的个性。

文学主体的主观倾向是第一个关键要素。就圣经文学而言,整体《新约》的文学性本身有一些特殊性质。《新约》大体上是没有受到过系统教育的下层人士的创作,语言简单质朴,并且多有错误,具有口语化的特点而接近于民间文学。这个特点是由早期基督教的历史状况决定的。在这个问题上,《真诰》则显现出一种复杂的"相对性":一方面,《真诰》文本无疑是具有相当文化水平的,至少是处于社会中层的士人的撰作[①],其诗歌和大部分叙事都属于严格的书面文学的范畴。它作为一部手稿,书法水平尤高,属于当时的顶尖层面。另一方面,《真诰》同时存在很多口语化或者是"俗语"的对答,与《新约》相同,也有很多流行的和杜撰的、意义超出自身范畴的词汇。其诗歌虽然辞藻华丽、形制俨然,但水平并不很高,许多篇什因此而晦涩不明。总体上,《真诰》的文字水平与当时的杰出的理论著作相距甚远。不过,这种相对性或者说某种意义上的矛盾性并不能否定它的精英性本质,这同样也是上清道教义理化努力的结果。总体而言,《真诰》文学的主体属于知识分子阶层,与《新约》作者——罗马帝国统治下的下层庶民,显乎不同。

作为被压迫的下层人民的宗教寄托,《启示录》重在更加具体地描绘末日审判的恐怖景象,更明确地用近距离的镜头显现大决战的恐怖情景,以及在大决战之后,旧天地毁灭,新天地诞生,弥赛亚的降临,和理想的大同世界的实现,因此它以奇异甚至是可怕的象征为主:龙、异兽、血、鼓号、蝗虫、无底坑、硫黄火湖……总之,《启示录》种种象征艺术符号所要表现的,是"撒旦与天使的天上争战与敌基督者在地上的横行霸道构成一幅立体的整个宇宙大变动的恐怖图画。……即天地间充满不祥的预兆——天灾人祸,战争、动乱与饥荒、地震等自然灾害同时发生。……甚至可以说启示文学所揭示的中心内容就是末世这突如其来的最后的日子,它以全地普遍的、巨大的灾难为先兆,所以启示文学无不极力渲染末世的黑暗、恐怖、惨烈"。

而《真诰》则以华丽的象征以展示仙境的美妙,如琼台、紫宫、绿景、朱房、天池、绛云、灵軿、琅軒、金庭、玉圃、香风、玄峰,等等。这些都不是世间之物,而是某种想

[①] 关于《真诰》作者群体的社会属性,参阅 MICHEL STRICKMANN, *The Mao Shan Revelations*: *Taoism and the Aristocracy*(T'oung pao, 63, 1977)、(日)都筑晶子《南人寒门・寒人の宗教の想像力について——"真诰"をめぐつ》(《东洋史研究》47-2,1988)及拙撰《六朝南方神仙道教与文学》(上海古籍出版社,2006年)。

像的创造。即使是一些具体物件,也被加以种种新的美化和陌生化,如"白羽紫盖"、"珮玉金铛"、"流金之玲"、"金真玉光"、"八景之舆"、"白羽黑翮"等,不仅成为仙道的象征,而且成为法力之器。《真诰》虽然同样注重仙、尘的二元对立,但重在强调仙界之美,而不在揭示尘世之恶,所以它描绘俗世的文字不过是"尘滓"、"浊波"、"泥渎"、"尘波"、"沉疴"等泛泛之语,与《启示录》中详细的恐怖图画相差极大。

《启示录》也有上帝之城的描写,但并不是它的主要目标。同时,《启示录》中的上帝之城"金碧辉煌、珠光宝气,连每块石头也仿佛冒着蓝宝石般的火焰",则是一个燃烧的火焰、炽热的天体的神谕原型,它象征着通过水深火热的磨难而达至天国。这种象征在中国宗教中只能属于地狱世界,而绝不会出现在天堂图景中,因为"天"作为宇宙论宗教中人的最后归宿,它必然就只能是和谐的与平静的。

与前述基本主体倾向相关联的,尽管《真诰》的比喻象征繁杂丰富,但却不仅没有《启示录》那样的"异象",而且更重要的是其象征并不与现实和预言相关。《启示录》中的魔鬼巨龙、巴比伦淫妇、兽,以及七印、七号、七碗,显然都是以象征手法指向某种现实状况,可以相信的是,这些奇异的象征一定会被约翰最初的听众或读者一眼认出。《真诰》的数字、色彩、物件、谜语或隐语并不具备《启示录》的指向现实的隐喻意义,而是以丰富的技术性和秘密性内容指向人体、宇宙的本质规律,这是它神秘主义的特质所决定的。中国古代信仰以宇宙论视角为基石,力求通过技术性的分析发现宇宙、人类及其社会的终极规律。由于认识水平所限,他们往往从朴素直观的方式来进行这种技术分析,因此首先建立起"互渗"的观念,将万事万物都归结为一种直接的因果联系系统,然后将它化为某种运算方式,又运用到各种物质的与社会的规律的探讨中,其直接的成果就是以"阴阳五行观念"为代表的一种思维方法、符号与关联模式。表现在道教特别是上清神仙道教中,就是关于金丹、服食、导引、炼气以及存思冥想方法的神秘隐语系统,《真诰》中如"交梨火枣"、"山源天马"、"泥丸玄华",比比皆是。显然,尽管它们充满奇特,但并不是《启示录》那样惊心动目的"异象",更不是关于现实的隐喻。

由此,《真诰》与《启示录》所共同拥有的多样化体裁,如叙事、戏剧化场景、诗歌、书信形式等,各自具有不同的意义内涵。《真诰》的叙事主要是神仙事迹或修炼故事,以寓言文体实现劝讽向道的功能。《真诰》也可以视为一场演出持续数年的宏大戏剧,每一次降诰都是一个戏剧化的场景。但它极为细致的戏剧化叙事却不像《启示录》那样重在强调末日的背景,而是旨在开启一个传达教义的喻指空间,并诱导接受者发挥他们的想象力以填补其中的意义。如安妃与杨羲的相会,乃是以男女因缘际会的戏剧效果,喻指一种"并景双修"新的人神化合之道,使向道者由事兴感,妙达真旨。因此,《真诰》戏剧化场景本身仍不过是一种宇宙论式谕示。而《真诰》的诗歌更与《启示录》乃至《圣经》中的所有诗篇都存在一个显著的不同:它是一种玄思化的诗歌,如同东晋玄言诗用诗歌来表达玄学思考一样,《真诰》用大量的诗歌传达其宗教旨趣,而这些诗歌尽管在感情上和内容上因讽谕教旨而缺乏文学价值,但仍然能以丰富的想象营造出瑰丽的图景,以传达那种与道合一的神秘性体验,体现出以象寄意、委婉含蓄的典雅文学特征。

最后,所有关于《真诰》与《启示录》在"启示文学"意义上的诸多文学性的比较,都可以总结到文学风格这一关键的美学要素上去。毫无疑问,《启示录》具有史诗的风格特征:规模宏大、情感丰富、气氛激昂。利兰·肯顿总结认为,《启示录》不仅采用了史诗的表现手法,更重要的是它的内容具有彻底的史诗性质,表现了末日来临与拯救的剧烈的矛盾与冲突,叙述了基督征服撒旦与魔鬼并建立永恒天国的故事。而《真诰》则以其秘密神谕的性质,呈现出一种属于修道者个人的乌托邦式风格:华丽、浪漫、飘逸、宁静和愉悦,与《庄》、《骚》及魏晋游仙诗以来的神仙美学一脉相承。

四

通过以上的论述可以发现,在《真诰》与"启示"、《启示录》的比较视野下,神仙道教的宇宙论视角和神秘主义的特性得到了从未有过的彰显。当进一步从"启示文学"的观照角度切入时,《真诰》及后世神仙道教文学的整体特征亦有了清楚的展现。并且可以明确的是,这种文学特征与其宇宙论宗教的思想基础存在逻辑的关联。如果从这一反思视角出发并继续深入研究,关于中国古代宗教文学的根本特质及其内在基础,或许可以得到一个更为合理而圆满的阐释。

参考文献

[1] Michel Strickmann. The Mao Shan Revelations:Taoism and the Aristocracy[M]. T'oung pao, 1977.

[2] Isabelle Robinet. Taoism:Growth of a Religion[M]. Translated by Phyllis Brooks. Stanford University Press, 1997.

[3] 启示录.圣经·新约全书(和合本修订版)[M].香港:香港圣经公会,2007.

[4] [日]三石善吉.中国的千年王国[M].李遇玫,译.上海:上海三联出版社,1997.

[5] 汉书[M].北京:中华书局,1962.

[6] 贺昌群.汉唐间封建土地所有制形式研究[M].上海:上海人民出版社,1964.

[7] 后汉书[M].北京:中华书局,1965.

[8] 小林正美,李庆译.六朝道教史研究[M].成都:四川人民出版社,1990.

[9] 真诰[M].明正统修、万历续修《道藏》第 20 册.北京:文物出版社,1988.

[10] 唐长孺.魏晋南北朝史论拾遗[M].北京:中华书局,1983.

［11］李丰楙.六朝隋唐仙道类小说研究［M］.台北:台湾学生书局,1986.

［12］上清后圣道君列纪.明正统修、万历续修《道藏》第6册［M］.北京:文物出版社,1988.

［13］马利亚苏塞·达瓦马尼.宗教现象学［M］.高秉江,译.北京:人民出版社,2006.

［14］诺思洛普·弗莱.伟大的代码——圣经与文学［M］.郝振益等,译.北京:北京大学出版社,1998.

［15］米尔恰·伊利亚德.宗教思想史［M］.晏可佳等,译.上海:上海社会科学院出版社,2004.

［16］梁工.古犹太启示文学简论［J］.外国文学研究,1998(3).

［17］利兰·莱肯.圣经文学导论［M］.黄宗英,译.北京:北京大学出版社,2007.

［18］包尔丹.宗教的七种理论［M］.陶飞亚等,译.上海:上海古籍出版社,2005.

［19］朱维之.圣经文学十二讲——圣经、次经、伪经、死海古卷［M］.北京:人民文学出版社,1989.

［20］赵宁.先知书·启示文学解读［M］.北京:宗教文化出版社,2004.

［21］诺思罗普·弗莱.批评的解剖［M］.陈慧等,译,吴持哲,校译.天津:百花文艺出版社,2006.

批点本的内部流通与桐城派的发展

◎ 徐雁平

引 言

在古代的诸多文学流派中,如就其所涉及问题的深广、流派意识的明确、绵延时间的长远,以及存世文献的丰富诸方面作整体考量,当推桐城派为最佳代表。桐城派的形成演进及其特质,在桐城派研究中,颇受关注,近年有数种论著涉及。① 桐城派的结构与纲目在研究中已经显现,但仍有不少具体问题或关键性细节需要重新界定与探究,从而充实或更新对整个桐城派的认识。新材料的出现会引发新思考。姚永概《慎宜轩日记》收录姚氏 16 岁(光绪七年,1881 年)至 57 岁(民国十一年,1922 年)的日记,较为全面地呈现姚氏"个人经历、家庭要事以及读书札记、社会见闻和时政消息"。② 姚永概是桐城派晚期重要人物,其日记稿本洋洋 36 册,可充分反映桐城派最后历史阶段活动境况;然日记价值不尽在此处,姚永概虽为桐城派晚期成员,但他作为桐城姚氏之后以及桐城家族网络中的一员,一身之负载,远非晚期时段所能限定;而姚永概突破时间限定、与前贤交接的方式,当是一以贯之的读书活动。由书籍的阅读及批点的过录,可见桐城派的知识、见解、理论如何经过姚永概的选择得以汇合;由此追溯,更可考求桐城派累积整合形成的印迹,从而证示桐城派的形成与发展,是一种着意经营的过程。与姚永概同时的马其昶注《韩昌黎文集》,稍晚的高步瀛在编选唐宋文时,这一用心建构的意图亦十分明显。为免以孤证立论之险,在以姚永概为中心论述时,本文也适当关照其他桐城派文家,表明书籍的阅读、批点的过

---

① 如王达敏《姚鼐与乾嘉学派》,学苑出版社 2007 年版;柳春蕊《晚清古文研究:以陈用光、梅曾亮、曾国藩、吴汝纶四大古文圈子为中心》,百花洲文艺出版社 2007 年版。笔者亦有两文讨论此问题,《书院与桐城文派传衍考论》,台北《汉学研究》第 22 卷第 2 期(2004 年 12 月);《桐城文章中"尚有时世":以同光年间莲池书院之讲习为中心》,见《清代文学研究集刊》第 3 辑,2010 年。"桐城派"一般指桐城文派;本文所论,除桐城文派外,亦略及桐城诗派,特此说明。又,本文较《文学遗产》刊行本略有删节。

② 姚永概著,沈寂等标点《慎宜轩日记》(上下册),黄山书社 2010 年版,"前言"第 1 页。日记缺记情况,整理者沈寂在"前言"中有说明。

录是桐城派衍化中颇具内涵的文化与文学传承行为。

桐城派文人圈与"批点本书籍交流网络"

桐城文人造就了桐城的人文传统和人文景观;同时桐城的历史和地域也塑造了桐城文人的"地方感"。以桐城派而言,它强化了身处桐城这一特定社会网络和山水之间文人的自信心与责任感。光绪十三年姚永概在日记中记录拟撰四种书,其中《桐城遗书志》、《桐城山水志》、《惜抱诗笺注》,①于桐城人文,寓表彰阐扬之意。而姚永概见范当世弟范铠时,称其人"秀雅可喜",读其文,"笔颇雄杰,议论篇幅不尽近桐城家法矣"。② 则略有桐城家法在兹的评判意味。《慎宜轩日记》中载众多关于桐城前辈及桐城派诸家著述,书籍之数量和所用之尽力,皆可表明此举非同寻常。

为便于讨论,笔者尝将将姚氏日记中记载过录批点、抄写书籍等事辑出,按年代排列,得38条记录。据此,可略作引申性论说:

其一,38个条目中,涉及诗选、诗注的有一半,如此则可在桐城文派之外,梳理桐城诗派的范围。若再拓展视野,还有"桐城《诗经》学"之名目。③ 三学之间彼此关联影响,合并可称之为"桐城派"。

其二,桐城派选本、评注如此丰富,可见在诗文创作之外,在文学批评上也着意经营,并且天地开阔。若以刘声木《桐城文学撰述考》统计,方苞51种著述中,编选、评注一类有17种;刘大櫆31种中有25种,姚范16种中有13种,姚鼐45种中有29种,而晚期桐城派名家吴汝纶123种著述中有110种编选、评注之作。如此丰富的文献,足以建构桐城派的文学批评之学。

其三,桐城派的诗文选本众多,但就具体文体、具体作家而言,不同的选本有共同认可的基本篇目,如关于韩柳文、归文等在选目上不会有明显波动,亦即核心稳定,周边松动。所谓周边松动,或由选本的详略造成,如《古文辞类纂》、《经史百家杂钞》皆有简本;或由选家文学见解所致,但不导致较大的起落。

其四,就编选前代经典而言,当选本的文体类别、核心篇目基本确定后,选本进入稳定期,桐城派的选本大致有奠基性的"姚选时期"和调整扩充性的"曾选时期",经此二时期几大家的挑选与建构,格局已定,难得有新气象的新选本出现。编选既然不能有所作为,桐城派文家遂转向经典篇章的注释、评说,推动桐城文章之学和桐城诗学向精微深细方向发展。

其五,38个条目中,有33条关于桐城先辈或时贤著述。这固然可说姚永概重视

---

① 姚永概:《慎宜轩日记》,第325页。
② 姚永概:《慎宜轩日记》,第358页。
③ 此说见许结教授撰《徐璈〈诗经广诂〉考论》,未刊稿。

乡邦文献,但亦可说他具有强烈的派别意识,在 38 条目之外关于诗文的编选、批圈,似乎难进入其视野。这类偏向性选择,在马其昶校注韩文时,亦清晰显现。马氏选择明清诸家注释共 18 家,其中只有沈钦韩、何焯、恽敬、储欣、李光地 5 人不是桐城派统系中人。高步瀛在《唐宋文举要甲编》亦承此手法,其中注韩文,重要评注选择桐城派文家,其他清代注家,除选择何焯注较多外,钱大昕、段玉裁、俞樾、王念孙、王先谦之说,只是一二点缀而已。

姚永概抄写、过录诸书,绝大多数不是通常流通的刻本,可据日记记录追溯部分书籍来源:

"庸叔":刘大櫆选五律、《历代诗选》;

"伦叔":姚鼐圈点黄庭坚诗、方苞圈点韩文;

"子丰族叔":《龙眠古文》;

姚永朴:姚范圈评韩文、《援鹑堂笔记》原刻本;

岳父徐宗亮:方世泽批本《汉书》、方苞自评点文集、姚鼐评《震川集》、《朱子全集》圈点本;

姊夫马其昶:曾选陆游诗、纪昀方世举评点苏诗、姚鼐评点《法言》、姚鼐评点《唐贤三昧集》;

姊夫范当世:吴汝纶过录本《史记》、范当世评点本欧阳修诗、范当世评点《古文辞类纂》;

吴汝纶:姚鼐圈点《文选》、姚鼐评点《诗经》、方苞姚鼐圈点《左传》、方苞注杜诗、吴汝纶过录本《史记》、吴汝纶评点本《论语》、《庄子》、《管子》、《五代史》、《吕览》、《书经》、《大戴礼》、《荀子》;

郑福照:批点本姚鼐诗。

在此之外,据刘声木《桐城文学撰述考》中的零星记载,还可辑出数种私家收藏的编选、批点之本:

马其昶:方苞评点柳文稿本、姚范评点《望溪文集》;

桐城倪士达:方苞《史记评点四家》原本;

桐城程氏:刘大櫆评点《文选》;

桐城张氏:刘大櫆评点杜诗;

桐城吴棣村:刘大櫆评点茅坤《唐宋八大家文钞》。①

姚永概所抄写、过录诸书,大致出自姚氏族人、姻亲、同乡。以上所呈现,或许只是各家藏书的一小部分;桐城一县私家藏书,虽不如江浙两省中许多藏书之乡丰富,但如统合考察,桐城藏书,经明中叶以来数代积累,必有可观之处,这便是一种作为

---

① 刘声木:《桐城文学撰述考》,黄山书社 1989 年版,第 396、407、408 页。刘大櫆"评点杜诗"条后有刘声木注:"极为精细,五言长律转折、段落、筋脉,一一分明。"(第 408 页)

底蕴性质的地域文化资源。这一整体可观、然处于分散状态的藏书,如何能互通有无以尽其用?在传统社会,无疑需要亲戚、师友等私情才能开启私家藏书。桐城的社会关系十分独特,自明中叶以来,知名家族之间联姻的次数、密度、延续的时间,在其他地区难得一见,①其中姚、方、张、马、刘等家族是这一繁密的姻亲网络中的关键家族。文学世家之间的联姻中有文化资源的流转,可促使家族性、地域性文化交流网络的形成。姚永概因为姻亲的关联,得以利用徐宗亮、马其昶藏书;甚至包括南通范氏之书,也进入这一私家藏书交流网络,而吴汝纶虽非桐城望族,但吴氏与桐城左氏、马氏联姻,吴汝纶孙女嫁姚永概弟姚永棠,故吴氏亦是桐城姻亲网络中的一个节点。② 作为乡贤前辈与老师,姚永概过录其评点诸书,也在情理之中。吴汝纶入曾国藩幕府八年,深得曾氏赏识,光绪六年补直隶冀州知州,光绪十五年主讲莲池书院。姚永概师从吴汝纶最久,过录吴代评注之本,多在冀州游幕期间。吴氏在直隶似颇留意搜集桐城派文献,如同治十三年五月,吴氏有日记:"张霭卿购得残本归文,内有望溪选读者,附记目录于此。"③姚永概光绪十九年十月初三日日记:"过录杜诗评点,望溪手笔也,吴先生在京师以数金购得之,真奇缘矣。"④姚永概可利用姻亲、师友、同乡等关系,拓宽所用图书资源的范围,并不局限于桐城一邑。

姚氏作为桐城诗书望族,书籍、字画有一定和积累。据姚永概光绪十六年日记,尝述及其家藏书在咸丰三年太平军攻打桐城时损毁惨重。⑤ 光绪十四年四月二十二日姚永概日记有"理先世手校书三簏"的记录,详列所存手校书目:

《四书》残本、《史记》、《前汉书》、《后汉书》、《三国志》残本、《南史》、高注《战国策》、《老子》、《关尹子》、郭注《庄子》、《庄子》、《荀子》、《楚词》、《吕氏春秋》、《韩非子》、《文心雕龙》、《通书》、《正蒙》、《韩昌黎集》、《杜工部集》、《韦苏州集》、《苏子美集》、《刘须溪记钞》、《五七言古诗钞》残本、《钞选宋元明人诗》、《淮南子》,以上薑坞公手阅本。杜注《左传》,抄本《古文》二、朱注《杜诗》,上三种亦薑坞公手阅,均有评点。

《五七言今体诗钞》原本、《抱朴子》,以上惜抱公手阅本。

《丙丁龟鉴》、《道德指归论》,以上幸斋公手阅本。

《古诗钞本》、《诗话偶录》、《庄子章义》钞本、方植之先生评点王选七言古诗

---

① 桐城文学世家联姻情况,可参拙著《清代文学世家姻亲谱系》,凤凰出版社2010年版,第168—204页。
② 吴汝纶:《桐城吴先生日记》,河北教育出版社1999年版,第666—667页。此条材料,笔者编撰《清代文学世家姻亲谱系》时漏检,特此说明。
③ 吴汝纶:《桐城吴先生日记》,第825页。
④ 姚永概:《慎宜轩日记》,第551页。
⑤ 姚永概:《慎宜轩日记》,第443页。太平军与清军在桐城拉锯战达九年之久,桐城文化所受之毁伤,似可推想。

钞本、《止隅录》,以上清寐轩手抄本。《四书或问》、《七言古诗选》、桐城先辈遗文抄本、《古文辞类纂》吴本录方、刘、姚三先生评点,以上清寐轩手阅本。……

植之先生诗文抄稿、《大意尊闻》、姚伯山先生遗稿、郑容甫先生杂稿、光栗园先生遗稿、《栗园行略》、《昭昧詹言》、《岭云轩琐记》原稿、俞陶泉《盐归场灶议》,以上先世来往友朋所托书。

《金刚经》一本、《大学说》,以上植之先生手批。

《南山日记》,此系南山先生亲笔。

刘海峰文一本,薑坞公手阅者。①

姚永概可借阅他家藏书;互通有无,自家藏书也可被姻亲、师友、同乡借阅。在《慎宜轩日记》中,有数条自家批点本被过录的记载,如:光绪八年,二姊姚倚云(适范当世)以《五七言今体诗抄》,命与录姚鼐圈点;光绪十年,萧穆寄《汉书》托录姚范圈点;光绪十一年,马其昶托过录望溪自评点文一卷;光绪十三年,陶心翁托录姚鼐《渔洋精华录》评点。又光绪七年五月十二日,"出家所藏手卷,字画示通伯"。光绪十二年二月初二日,"仲勉来,与强丈索予家字画手卷观之,谈笑竟日,古欢盎然,致足乐也。手卷计十七轴"。次日,"仲勉、通伯又来,借强丈索予家所藏册页观之。"②从常理以及姚永概行文语气看,留有先人手迹的书籍及手卷、字画,及家中珍藏,似不轻易示人。此处暂以姚永概为中心,被借阅的藏家,还有托其过录自家藏书诸人,以及观其家珍藏诸人,是同族或关系十分亲密之人,其中存在一个相对封闭的文人圈,在此圈内,书籍流通较为公开顺畅;外人似乎不易进入这一书籍交流网络。姚永概选择性地读书,选择性地过录批点,也显示桐城诸大家族家学的封闭性特征,以家学为基础的桐城文学、诗学、经学,或多或少亦有此特征。

更为重要的是,在姚永概书籍交流网络中存在或流通的书籍特征。书稿经编辑刊刻,进入市场,便成为批量的公共出版物,其中每一部呈现在所有阅读者目前的信息量是相等的。但上文所列的众多书籍,与公开流通的书籍不同,其中有未刊的稿本,有圈点本,有批注本,姚永概看到的《史记》、韩文、震川文之类,与通行本大不一样,其中负载大量"附加信息",出自诸多前辈的朱笔、墨笔、黄笔、紫笔、蓝笔批点,将

---

① 姚永概:《慎宜轩日记》,第346页。引文中"薑坞公",乃姚范;"幸斋公",乃姚莹;"清寐轩",乃姚濬昌;"植之先生",乃方东树;"姚伯山先生",乃姚柬之;"郑容甫先生",乃郑福照;"光栗园先生",乃光聪谐,姚永概外祖父;"南山先生",似指戴名世。以姚永概光绪十六年日记所记中复堂所存书目,对照薑坞公姚范手阅之书,尚有《文选》、《古今通韵》、《道德指归论》、自抄古诗文七册可以补充。此外圈点《通鉴》已佚,点阅《十三经注疏》不明存佚。

② 姚永概:《慎宜轩日记》,第245页。家藏字画手卷十七轴,其中有"惜抱轩临王大令帖;惜抱轩家书;惜抱轩尺牍;惜抱轩与先通议公(姚莹)手札;先通议《谈艺图》,陶文毅题;先通议公《龙眠丙舍图》,陶文毅题……赵文恪与先通议手札;大人师友手札二通"。

不同时空中的声音凝聚在眼前的文本之上,批点中所包含的认同、引申、疑问,构成关于所批点文本的多重对话。

对话的形成,有赖于类似姚永概所持续进行的抄写、过录工作,如上文所言,汇集性的抄写、过录只能在此特定的书籍交流网络中展开。这一交流网络传播的主要是未完全公开的"附加信息",有一定程度的私密性,据此似可暂名此网络为"批点本书籍交流网络",交流的目的,在于以详此略彼的手法汇合桐城派诸家关于古文与诗的"众声",强化"天下文章出于桐城"的观念。"批点本书籍交流网络"在桐城文士及其姻亲中表现最为明显,而在此之外的其他桐城文家之中,则因文献不足,相关交流则相对稀淡。

学校中的传道授业,为公开性质;家学传承,或多或少具有独得之秘不传外人的倾向;包括姚永概在内的桐城诸人,总会承继一些作为文化资本性质的"先世手校书",这类珍藏作为他们在文坛、诗坛或举业中角逐提供有力支撑。桐城世家的内向性联姻,有意无意推动"批点本书籍交流网络"的构成,并进一步强化交流的"私密性"与"地域性"。家学的特色,与文化资源、治学方法的"私密"有关联;而以家学为整础形成的地域性文学、学术流派,其与众不同的"地域性",或许也当在家学"私密"特征中寻找基因。

桐城之学的累积、融汇与整合

桐城派的批点之风,似肇始于对归有光圈点《史记》本的过录、熟读,其后渐及其他经典,以至对望溪文、惜抱轩诗的笺注。唐文治云:"圈点之学,始于谢叠山,盛于归震川、钟伯敬,而大昌于方望溪、曾文正。"[①]此语有一家之言的偏重,但从上文所列述,以及方苞、刘大櫆、姚范、姚鼐以至吴汝纶著述的著作构成比例来看,也道出桐城派为学的一种特色。

姚鼐重圈点之学,所编《古文辞类纂》最初刊印就有一种圈点本;在与人书札中,指出:"震川阅本《史记》,丁学义者最为有益。圈点启发人意,有愈于解说者矣。"[②]桐城派过录批点之风气,大约在嘉道之际就已盛行。"岭西五家"之一的王拯是道光二十一年进士,在《归方评点史记合笔序》中描绘在京城所见过录方苞评点《史记》的情形:

> 余始通籍,官京师……与仁和邵位西舍人从上元梅先生游。……日与位西游厂肆,见《史记》评点本,朱绿烂然,以告先生,曰:此望溪笔也,不知何人所

---

① 唐文治:《国文经纬贯通大义序》,见《国文经纬贯通大义》卷首,民国十四年(1925年)印本。
② 姚鼐:《答徐季雅》,见《惜抱轩尺牍》,同治五年刻本。

录。……展转于吾友唐子实而归余,位西喜,假录焉。余又从梅先生乞过震川评点于上。盖归氏学尤深《史记》,其评点世多有,独梅先生尤精,方氏讲于为文义法,而所评点则罕流播,故自余得此传本后,同游奔走相告,从假录者几无虚日。①

至光绪年间,张裕钊对桐城派前辈王拯所刊《归方评点史记合笔》有不满之意,称"(王氏)自以为得其真,以余观之,亦尚多可疑者"②,遂有《王世贞归震川方望溪吴挚甫评点本史记》刊刻。就《史记》批点而言,从方苞、梅曾亮、王拯到张裕钊,其中有传承、累积,亦似有选择、质疑。批点、过录之盛行,表明桐城派的文章之学(或许还有诗学)进入融汇整合的时期。查刘声木《桐城文学撰述考》,关于《史记》的批点注释之书有19种,《左传》有23种,唐宋八大家(含单行专家本)有11种。诸如此类,编选、批点之本的纷繁,也是融汇整合的必要文献准备。学问的融汇与整合,建立在累积基础之上。上文所引光绪十四年《慎宜轩日记》"理先世手校书三箧",所列姚范、姚鼐、姚莹、姚濬昌手校之书,对照姚永概日记,"先世手校书"基本在其所记阅读诸书范围之内,先辈在书籍上留下的"附加信息",经姚永概的过录、阅读而累积。从书目中可见《古文辞类纂》至姚濬昌已过录方、刘、姚三先生评点,③《五七言今体诗钞》、《五七言古诗钞》姚氏数代人都留意编选注释,据最近学者的研究,可见其中累积的过程:

> 世传姚鼐《今体诗钞》刊本中并没有姚鼐的圈点,民国贺培新所藏《七言今体诗钞》中过录有姚鼐圈点。贺氏于此集卷首扉页书云:"戊寅十月,于姚慕庭(姚濬昌)所得定本《七言钞》,圈点间有异同。其题上均有圈识,有朱笔临之。绿笔,刘海峰本。"④

据此可知《今体诗钞》有通行刊本与圈点本之别,圈点本至少有姚鼐、刘大櫆手迹,经姚濬昌过录,内传至姚永概,外传至桐城派在直隶的一支。⑤ 前引王拯序文中已见道

---

① 王拯:《归方评点史记合笔》,卷首,光绪元年锦城节署刊本。
② 张裕钊跋,见《王世贞归震川方望溪吴挚甫评点本史记》卷末,光绪四年武昌张氏刊本。
③ 姚鼐《古文辞类纂》乾隆四十四年(1779年)编成,嘉庆二十五年(1820年)刊刻,据方苞(1668—1749)、刘大櫆(1698—1779)的卒年,二人不可能评点《古文辞类纂》,姚濬昌所录,当是方、刘有评点诸如韩文、柳文之作,姚氏将相关批点过录汇集于《古文辞类纂》之上。
④ 韩胜:《从〈今体诗钞〉看姚鼐的诗歌批评》,《安徽大学学报》2008年第3期。
⑤ 贺培新为贺涛之孙,师事吴闿生,生于1903年,卒于1952年,不能直接从姚濬昌(1833—1900)处借得《七言今体诗钞》。戊寅年,就贺培新而言,当指1938年。此时姚永概已辞世十余年,姚永朴避地宿松。故贺培新藏本当是家传之物,再细绎扉页题识语气,题识似是贺涛手笔。

光年间桐城派诸家过录《史记》之事,此风在晚期桐城派文家中依然不减。贺涛师从张裕钊、吴汝纶,受古文法,据其子贺葆真日记所载,光绪十六年贺涛过录刘大櫆、姚鼐《左传》评点,过录姚鼐、吴汝纶评点《诗经》,光绪二十三年十二月二十日记其父亲手过录书如《史记》、《古文辞类纂》共十种,所过录评点,绝大多数出自前辈桐城文家之手。① 贺涛所过录的数种书籍,多有吴汝纶评点,结合其从吴汝纶问学时间,这些书籍应是吴汝纶的收藏。

圈点或过录圈点,几乎是桐城派文家共同认可的学习方法,在面对共同推崇的经典,如《史记》、唐宋八大家、震川文时,他们依循评点,分析文章的脉络、提顿和关锁,体味文章的精彩华妙,"评点虽专主于文章义法,而亦有涉议论考据,盖二者与文章义法原一贯,且有必相引发之处"②。过录诸家批点,其中必有思量、比照、贯通。姚永概光绪十六年日记:"肯堂有评点《古文辞类纂》,予取录一通,以为用功之助,其中颇有惜抱公异者,亦可参较得失也。"③光绪二十六年日记:"录梅伯言惜抱文圈点,似不及吴(汝纶)精当。"④在此过程中,时有深入的思考。光绪十一年十二月十四日至十八日姚永概过录从"伦叔"处借来的方苞评点韩文,二十一日日记中有与马其昶讨论方苞评语的文字:

> 与通伯谈望溪深非韩公《潮州刺史谢上表》、柳公谪时与诸故人书,皆嫌其气不能振。通伯言柳公之文实佳,而气则实卑,但语语是悔过,并不自文,是他好处。予谓有《泷吏》一诗,而《谢上表》则出于恋阙之诚可知也。有《与孟尚书书》,则与大颠往还,不为其所惑可知也。要之,望溪之论人不可不知,而二公之长亦不可不知。⑤

方苞的评语是:"退之之气不能不挫于岭表,而东汉一曲之士皆能视死如归,可觇二代风教所积之异。"⑥姚永概与马其昶的讨论,由方苞评点韩文引起,涉及韩柳文的比较,又引诗参证,探求心志与文气之间的关系,牵涉到桐城文论中的核心概念"气"。⑦二人的讨论,很可能影响到马其昶补注《韩昌黎文集》。马其昶于《谢上表》一篇,选何焯、储欣、刘大櫆、曾国藩、张裕钊诸家之语,未录方苞之语,赞同韩文"无乞怜,只

---

① 《贺葆真日记》,《历代日记丛钞》第131册,学苑出版社2006年版,第98—99页。
② 王拯:《归方平点史记全笔凡例》,见《归方评点史记合笔》,卷首。
③ 姚永概:《慎宜轩日记》,第446页。
④ 姚永概:《慎宜轩日记》,第782页。
⑤ 姚永概:《慎宜轩日记》,第240页。
⑥ 吴孟复、蒋立甫主编:《古文辞类纂评注》,安徽教育出版社2004年版,第576页。
⑦ 桐城派文家关于"气"的论说,可参姚永朴《文学研究法》,见《姚永朴文史讲义》,凤凰出版社2008年版,第83页。

自伤"之意,亦认可"恋阙之诚"。

　　过录批点,能在比较中凸显桐城文派中一些未曾受到研究者注意的问题,此即方(或姚)修改归文之事。姚永概日记中两次提及此事,其一在光绪十年闰五月,"抄惜抱先生改本《遂初堂记》。读震川古文"①。检《震川文集》与《古文辞类纂》所收《遂初堂记》,文字完全相同。可见姚鼐是另一文本中改动这一归文名篇。其二在光绪二十六年八月,姚永概因从岳父徐宗亮借到姚鼐圈评《震川集》,重提此问题:

> 借外舅所录惜抱圈评《震川集》来过录之。此本张筱传方伯得之京师,以赠其族兄小愚大令,通伯得而传录焉。其中窜易原文至多,而《项脊轩》《遂初堂》二记、《亡儿翩孙圹志》尤甚。吴至丈及外舅皆以惜翁未肯轻改古人,不蹈方、刘结习为疑。余谓惜抱于渔洋《故明景帝陵怀古》亦尝钩乙,或以其时代较近,不似八家以前过事矜慎,亦未可知。但其圈评全主义法,又连点之中杂以坐圈,皆极似望溪手笔,不与惜抱阅他书相类。闻张濂翁亦持此说。通伯坚执原本亲见,确系惜抱亲笔,且首册载年号、图章,不信传录望溪,其为惜抱无疑。然余谓此与今古文《尚书》正同,不必别俟考证,其词气较然分别也。要之,先辈所阅之书,无论方、姚,均足启发后进,洵可宝耳。②

　　上引文字中,有几点内容似值得留意:其一,圈点本仍在桐城或桐城派诸家中流通,其中中"张筱传"即同治十三年进士桐城张英六世孙张绍华;其二,圈评改易出自何人之手,有两派观点,吴汝纶、徐宗亮以为出自方苞之手,而张裕钊、马其昶、姚永概以为是姚鼐批点;其三,窜易归文外,又钩乙渔洋诗作。

　　如何改动,对于姚永概而言,在过录时对照文本,即可从差异中领会其用心所在。今圈评本《震川集》未见。此前,同治十三年五月,吴汝纶过录合肥张华奎所购归文残本一册。吴氏定为方苞选读共33篇,其中有4篇有方苞评语或吴氏按语:

> 《李廉甫行状》,方评:所谓叙事繁重而气能包举,亦集中杰构,但首尾琐细语尚宜剪裁。
> 《曹节妇碑阴》,结处方节去"五十年"十一字,谓为俗句。
> 《潘府君室沈孺人墓志》,文中有"予家人皆得挹其慈范"句,方云俚语,不宜入古文。
> 《先妣事略》,方云:此等文便直接韩、欧,形貌不似而相同在骨法也。③

---

① 姚永概:《慎宜轩日记》,第176页。
② 姚永概:《慎宜轩日记》,第781页。
③ 吴汝纶:《桐城吴先生日记》,第824—825页。

联系上文姚永概日记所述圈评《震川集》中的两派观点,吴汝纶所录当是圈评本中的一小部分。正如姚永概所言,这种圈评之书,"无论方、姚,均足启发后进"。所谓"启发",当在观看如何批点改易处体会。上列四条引文,前三条分别是指行文中的繁重琐细、俗句、俚语之病,笔锋所指,当然是桐城文家关于古文的"清规戒律"中内容,[①]目的是追求文章的醇雅简洁。然此举实有不同寻常之处,为捍卫纯正古文的理想,方氏或姚氏可以动手改易自己推崇的大家之作。此举或许可以称之为文学史上的"修正润饰经典"或"重塑经典"。诗作(如唐诗)在流传中此种修饰、重塑现象也有不少,然似皆不及方或姚意图如此明确、思虑如此周备。

过录诸家批点,最后形成一家之言。虽说是"一家之言",但实际上是一种汇集、疏通性的著述。姚永概在正志中学任教时,编有《孟子讲义》14卷,此书以阐述义理、讲解文法见长。然就关于《孟子》的浩繁著述体系而言,讲文法才是《孟子讲义》最有特色的部分。该讲义引述清人及近人著述时,大多在桐城派范围之内,统计所得引述次数:刘大櫆26次,方宗诚20次,"方氏"13次,吴闿生9次,徐树铮5次,范当世3次,高步瀛1次。如讲《离娄上》"天下大悦而将归己"一节,先引刘大櫆"起处全用逆笔,最奇"之说,接续的是姚永概的解说,从第一句凭空突兀说起,以至"不顺乎亲",解释何谓"全用逆笔"。[②] 又讲《离娄下》"齐人有一妻一妾"一节,引方氏语:"此传记体也。本为人之求富贵利达者而发,然正说则无含蓄,故就齐人描写如生,而正位只淡淡一点,无限烟波。"[③]后引徐树铮语及自己案语,皆发挥方氏语,但姚氏又点出韩愈《圬者王承福传》、柳宗元《种树郭橐驼传》得此节叙事法则,以见文章源流。而刘大櫆"烟波"一词及分析方法,姚永概在《万章》讲义中再引述一次,并在《尽心上》讲义中有所运用。

积累前辈桐城派文家的注解而成一种著述者,典型有马其昶《韩昌黎文集校注》、高步瀛的《唐宋文举要甲编》。[④] 此处以与姚永概交往十分密切的马其昶著作为例,作为桐城派形成衍变考察的个案。《韩昌黎文集校注》的作者本人在此处似不十分重要,重要的是著作的类型和内容。今通行本《韩昌黎文集校注》卷首有马茂元撰"叙例",指出该书成书大致经过:

---

① 关于桐城文家自方苞以至林纾的古文"戒律",可见钱锺书《林纾的翻译》,见《七缀集》(修订本),上海古籍出版社1994年版,第95、112页。
② 姚永概:《孟子讲义》,黄山书社1999年版,第131页。
③ 姚永概:《孟子讲义》,第154页。
④ 高步瀛在《唐宋文举要甲编》中选用吴闿生注149条,茅坤注138条,李刚己注127条,吴汝纶注70条,张裕钊注49条,方苞注48条,刘大櫆注43条,姚鼐注39条,唐顺之注26条,姚范注19条,其他如徐树铮、姚永朴、姚永概注各数条。高步瀛:《唐宋文举要》,中华书局1963年版。

书(东雅堂本韩集)前有题记二,一为光绪二十年冬十二月,记云:"点读一过,并录先师张廉卿先生及吴至甫师评语,凡九日毕。其文中圈点,以私意衷取二家,不尽依原本。"其一则记于光绪三十三年。时公馆合肥李氏。李氏富藏书,公复博采诸家之说,补苴旧注,增益十倍于前。①

上文中可见马其昶过录批点的简况,而"以私意衷取,不尽依原本",正是桐城之学积累融汇的表征之一。经统计,《韩昌黎文集》八卷(不含"外集"、"遗文")共采用唐顺之、茅坤、归有光及清人注释1139条,其中曾国藩326条、沈钦韩269条、方苞121条、张裕钊118条、何焯79条、姚范57条、刘大櫆41条、吴汝纶39条、姚鼐25条、茅坤15条、李光地12条、归有光11条,其他如唐顺之、孙葆田、梅曾亮、储欣、方东树、王元启、刘熙载、王鸣盛、包世臣皆不足10条。1139条中,桐城派文家(明代茅、唐、归未列入)注释有758条,其中关于文章之学的有441条。引沈钦韩注269条,其中仅有9条是文章之学方面,何焯注79条中,有45条文章之学注释,姚范57条注中有18条是文章之学。

马其昶"融会群言,自具炉冶,凡所甄录,并刊落浮词,存其粹语,盖非独于沈氏(钦韩)书为然也"②。在融汇群言中,桐城派谱系中人物及被选用注释数目,皆有明显优势,注释的选用,也多从文章之学入手;这与选择沈钦韩注重考据不同。在韩文校注中,马其昶汇合了桐城文家之力,完成对韩文的阐释体系的建构。

马氏在校注韩文时,基本上是运用前人注释表述自己的见解,其策略大致有以下几方面:

其一,利用"众声",表达文章的多重特色。

(《新修滕王阁记》)方苞曰:回环作态,欧公记所本。……姚范曰:风格峻朗,公之义老境如此。曾国藩曰:反复以不得至彼为恨,此等蹊径自公辟之,亦无害;后人踵之以千万,乃遂可厌。③

(《送郑尚书序》)方苞曰:字句皆学《仪礼》。刘大櫆曰:措语形容,一一奇崛,乃韩公本色。曾国藩曰:气体似《汉书·匈奴传》。张裕钊曰:从《史记》匈奴传外夷诸传出,简古奥峭,却有余意。④

其二,在表达共识时,暗涵批点诸家体味之细微差别。

---

① 马其昶校注、马茂元整理《韩昌黎文集校注》,上海古籍出版社1987年版,第1页。
② 马茂元:《韩昌黎文集校注叙例》,见《韩昌黎文集校注》,第2页。
③ 马其昶校注、马茂元整理《韩昌黎文集校注》,第91页。
④ 马其昶校注、马茂元整理《韩昌黎文集校注》,第283页。

(《上巳日燕太学听弹琴诗序》)茅坤曰:风雅。刘大櫆曰:……此篇运辞典雅雍容,而雄直之气自在,足徵才力之大。……曾国藩曰:和雅渊懿,东京遗调。①

(《祭河南张员外文》)茅坤曰:公之奇崛战斗鬼神处,令人神眩。姚范曰:凄丽处独以健倔出之。……刘大櫆曰:昌黎善为奇险光怪之语以惊人……其所经山川险阻患难,适足供其役遣,故能雄肆如此。②

其三,注释之间互释,或彼此引申发挥。

(《守戒》)方苞曰:此篇为老泉之文格所自出。张裕钊曰:老泉学之,更加纵横;而高古简峻,终逊退之。③

(《祭郴州李使君文》)方苞曰:此赋体也,其源出于陆机《吊魏武帝文》。曾国藩曰:亦不出六朝轨范,不使一秾丽字,不著一闲冗句,遂尔风骨遒上。④

其四,运用注释梳理、构建文章演变源流谱系。

(《原毁》)方苞曰:管、荀、韩非之文,排比而益古,惟退之能与抗行。自宋以后,有对语则酷似时文,以所师法至唐人之文而止也。张裕钊曰:通篇排比,下开明允,而其源出荀、韩。⑤

(《唐故朝散大夫尚书库部郎中郑君墓志铭》)归有光曰:欧、王多有此格。刘大櫆曰:韩公文法劲挺独造,独此篇叙次遒逸,风神略近太史公。⑥

其五,利用注释批评质疑,确立一种更为可靠的解释。

(《张中丞传后叙》)方苞曰:退之序事文不学《史记》,而生气奋动处,不觉与之相近。刘大櫆曰:通篇议论,盘屈排奡,锋铓透露,皆韩公本色。鹿门以为太史公,误矣!⑦

(《黄陵庙碑》)方苞曰:体近训诂,而不类汉唐人之滞晦,宋以后之冗弱。曾

---

① 马其昶校注、马茂元整理:《韩昌黎文集校注》,第239页。
② 马其昶校注、马茂元整理:《韩昌黎文集校注》,第312页。
③ 马其昶校注、马茂元整理:《韩昌黎文集校注》,第51页。
④ 马其昶校注、马茂元整理:《韩昌黎文集校注》,第308页。
⑤ 马其昶校注、马茂元整理:《韩昌黎文集校注》,第23页。
⑥ 马其昶校注、马茂元整理:《韩昌黎文集校注》,第517页。
⑦ 马其昶校注、马茂元整理:《韩昌黎文集校注》,第73页。

国藩曰:此等题以高简为要,百数十言足矣。①

注释、评注及其选择、汇集,最终目的是使相关文意义及其文学特征清晰呈现。姚永概以及马其昶的过录,充分利用桐城派文家积累的心得,以自己的识力与体味,对前辈或时贤的成果进行组合,在众声喧哗中归整出一种解释,其目的在于弥合裂缝,强化共识。选择性汇集,也使得此前分散的注释之间形成比较、对照,形成一种较为稳妥、周全、细密的注释系统。

结　论

《慎宜轩日记》虽是较为晚近的文献,其中清代时段的日记详尽地反映了传统社会诗书世家子弟的人生经历,虽为个案,但在明清社会应具有一定"类"的代表性。以姚永概日记中的读书内容所作的考察,也可引发对一些文化史、文学史问题的思考。总结全文,可得以下引申性结论:

其一,姚永概的读书范围、读书兴趣受其家学传统的影响,这种影响有时甚至可视为"内在的规定"。接受此指向性规定,包括藏书、父兄等的指点一类家族文化资本可被有效承继并加以转化,而家学亦能由承继者弘扬。

其二,姚永概读书对桐城乡贤、桐城派著述的偏重,是其家学意识和流派意识的显露。而其所读之书牵涉一个以血缘、姻亲、师友等关系形成的桐城派文人圈,在此网络中,图书资源可以较为公开地流通。

其三,桐城派的著述中编选、批点著述十分丰富,其中蕴涵桐城文章之学、桐城诗学的重要内容。以姚永概等桐城文家来考察,围绕批点本存在"批点本书籍交流网络",这一网络的私密性质是家学传承私密性的一种表现,它也影响到以家学为基础的地域性文学、学术流派的性质。

其四,桐城派中后期过录批点风气的形成,意味桐城文章之学、桐城诗学开始进入累积、融汇与整合时期。过录中既有家学的累积,也有一流派之学的汇合,最后形成对共同认可的经典文本较为稳妥、周全、细密的解读。对于一文学流派而言,这是框架建立后的丰实充盈。

其五,过录批点有明显的流派性偏向选择,过录是弥合论说体系中的裂缝,强调共识的过程。马其昶校注《韩昌黎文集》是桐城派文家过录批点风气中的有普遍意义个案。过录中有批点的比较、对照,其中隐含诸多问题,而吴汝纶、姚永概等关注的方苞(或姚鼐)改易润饰作为经典文本的《震川集》,具有较为重要的文学史意义。

---

① 马其昶校注、马茂元整理:《韩昌黎文集校注》,第495页。

《经义考》学术成就及影响简论

◎ 张宗友

《经义考》是清初大家朱彝尊的学术名著。数十年来,中国大陆与台湾等地的学者,对该著颇有研究,相关论文已结集为《朱彝尊经义考研究论集》①;杨果霖先生及笔者均有研究专著问世②。林庆彰先生还主持了对《经义考》的整理与点校工作,先后在台北、上海出版了两种版本③;对前一版本的佳处与不足,笔者亦有专文讨论④。总的来看,学界对《经义考》文献学成就的研究较为深入;而对其经学成就之研究,仍大有开拓之空间。本文从乾隆对《经义考》之表彰出发,简论该著之学术成就及深远影响,进而探讨乾隆表彰背后的政治考虑,旨在抛砖引玉,推动对《经义考》的进一步研究。

引 言

乾隆四十二年(1777年)四月壬寅,谕军机大臣等:"朕阅四库全书馆所进钞本朱彝尊《经义考》,于历代说经诸书,广搜博考,存佚可征,实有裨于经学。朕因亲制诗篇,题识卷首。此书现已刊行于世,闻书板尚在浙江。着将御制诗录寄三宝,就便询问藏板之家,如愿将朕此诗添冠卷端,听其刊刻,亦使士林咸知朕阐崇经学之意。"其诗云:"秦燔弗绝殆如绳,未丧斯文圣语曾。疑信虽滋后人议,述传终赖汉儒承。天经地纬道由托,一贯六同教以兴。黎阁炎刘校诚趑,竹垞昭代撰堪称。存亡若彼

---

① 林庆彰、蒋秋华主编:《朱彝尊经义考研究论集》,台北"中央研究院"中国文哲研究所筹备处2000年版。
② 杨果霖:《朱彝尊〈经义考〉研究》,台北花木兰文化出版社2005年版;张宗友《〈经义考〉研究》,中华书局2009年版。
③ 朱彝尊原著,林庆彰、蒋秋华、杨晋龙、张广庆编审,许维萍、冯晓庭、江永川点校:《点校补正经义考》,台北"中央研究院"中国文哲研究所筹备处1997年版;林庆彰、蒋秋华、杨晋龙、张广庆等新校:《经义考新校》,上海古籍出版社,2010年版。
④ 张宗友:《〈点校补正经义考〉易类标点商榷举隅》,载《古典文献研究》第12辑,凤凰出版社2009年版;又《〈点校补正经义考〉平议》,载《古典文献研究》第13辑,凤凰出版社2010年版。

均详注,文献于兹率可征。远绍旁搜今古会,焚膏继晷岁年增。考因晰理求其是,义在尊经靡不胜。枕葄宁惟资汲鉴,阐崇将以示孙曾。"①

如所周知,乾隆是满清入关后第四位皇帝,继承其祖康熙、父雍正之帝业,文治武功,俱臻极盛,成就了中国历史上有名的康乾盛世。在思想文化上,一方面提倡程朱理学,把康熙时开始编纂的御定经解(如《日讲四书解义》等"日讲"系列与《钦定春秋传说汇纂》等"汇纂"系列),提升为王朝新经典,悬为令甲,成为士子必读之书;一方面开馆纂修《四库全书》等,寓禁于征,建构起与大一统的中央集权的帝国相适应的文献体系。与此同时,乾隆亦承父祖遗风而变本加厉,大兴文字狱,实行高压的文化政策。对清初经学名家如阎若璩等,罕有表彰;对康熙时编纂了《通志堂经解》的徐乾学、纳兰性德,更是贬毁不遗余力。那么,乾隆为什么会对同样问世于康熙朝的《经义考》一书,大加赞赏,亲制诗篇,谕令褒扬?易言之,《经义考》具有怎样的学术成就与影响?乾隆大加表彰的背后,体现了何种统治意图?本文即对前一问题,予以简要论述;对后一问题,从清廷统治方略与学术取向的角度进行解读与探讨。

一、《经义考》问世的学术背景

明清易代至康熙一朝,清廷统治逐渐稳固,学术环境相对宽松,思想十分活跃,出现了一大批杰出的学者,治学具有博大的气象。学者们将明朝之覆灭,归因于当时学风之空疏,因而讲求经世致用,产生了一批高质量的经史辨伪与考证著作(如顾炎武《日知录》、阎若璩《尚书古文疏证》等),晚明以降沉闷蹈虚的学术氛围为之一新。主政后的康熙,以接受汉文化、尊崇程朱理学为朝廷方略,举行经筵日讲,下令纂修御定经解系列;在这一方略的影响下,具有集大成性质的经学著述亦相继问世,如大型经解丛书《通志堂经解》等。朱彝尊的《经义考》,正是在此广阔的历史背景与学术生态中得以问世。

古代中国,儒家思想居于主流地位,而经学,又位居儒学之核心。儒家推崇《五经》,认为业经孔子删述,其中赋有微言大义,故自汉以来,即被中央王朝奉为经典,稳居于古代文献体系之核心;唐宋以来即用以课士,成为天下士子必读之书。汉唐以降,以五经为核心,历代儒者不断地绎解经旨,编撰了汗牛充栋的经解著作。唐初,孔颖达等修《五经正义》,集两汉以降诸儒解经之大成,视为一代经解标本;明代则纂修《五经》《四书》大全,汇集程朱理学精华,悬为令甲,成为新的官方经典;清初,康熙下令编撰"日讲"、"汇纂"等系列御定经解,欲打造为新的王朝经典。其他私人经解,更是不可胜数。传统中国的主流思想与学术,正是遵循以《五经》为核心,不断地赋旧典以新义的演进模式,经久弥新,传承不绝。但是,自汉以降,究竟有多少经

---

① 《高宗实录》卷一〇三〇,《清实录》第21册,中华书局1985年版,第808页。三宝时任浙江巡抚。

解著作问世？其基本面貌、学术贡献及评价又如何？存者若何，佚者若何，阙者又若何？直至清初，尚无一部集大成性质的经解总目，对此加以梳理与总结。《经义考》的问世，正适应了经学发展的需要。

明清易代，深深刺痛了汉族知识分子。除高举义旗、奔走反清以外，以顾炎武为代表的一批学者，还积极从学术上反思明亡之痛，寻找新的复兴之路。于是，一股反宋明理学、讲求经世致用的学术思潮悄然兴起。这一思潮的特征是，不尚空谈，讲求实用，要求无一字无来历，采铜于山，从而引发了对传统儒学遗产的全面清理。《经义考》正是这样一部系统梳理古代经学遗产的巨制。

朱彝尊(1629—1709)是清初博学多能的文学及学术大家之一。字锡鬯，号竹垞，行十；晚号小长芦钓鱼师，又号金风亭长。浙江秀水人，明太傅朱国祚曾孙。生当明清易代之际，早岁弃时艺，务博学；中年则落拓江湖，奔走四方。后应康熙鸿博之征，授翰林院检讨，与修《明史》，典试江南。遭劾罢官，归里著述。其著述极为宏富：自著诗文集编为《曝书亭集》八十卷；书目有《潜采堂书目四种》、《潜采堂宋元人集目录》、《竹垞行笈书目》等；另撰有《日下旧闻》四十二卷，编有《词综》三十卷、《明诗综》一百卷；又编有《瀛州道古录》、《吉金贞石记》、《粉墨春秋》及《禾录》、《蹉志》等多种著作。个人藏书高达八万余卷，名动江南。一生交游颇广，与顾炎武、黄宗羲等遗民大家，与徐乾学、纳兰性德等朝中显贵，俱有交谊。丰富的人生阅历与典藏，为其编撰《经义考》这一部巨著提供了足够的人生经历、学养与文献上的准备。康熙二十五年(1686年)，谪居京师的朱彝尊开始编撰《经义考》，并于康熙三十八年(1699年)归田园居中撰成初稿，达三百卷①。

朱彝尊编撰的《经义考》，就是在上述历史及学术背景下问世的集经学目录之大成的大型总目。乾隆对其分外青睐，大加表彰，首先是因为该著在经学及目录学方面，均取得了卓越的学术成就，产生了深远的学术影响。

二、经学目录之大成：《经义考》的经学成就

《经义考》初名《经义存亡考》。其"经义"，有三个层面的含义：一是经典文本自身所具有的意义指向；二是孔子删述经文时所赋予的微言大义；三是儒家学者在解读经典大义时所发挥的义理。也即，不仅包括经典之义理，也包括对经典加以阐释、解说而生成的义理。阐释经典的著作，通常称为经解。所谓"存亡"，则指所录著作

---

① 按：通行本向称三百卷，实际上仅存297卷。朱彝尊在与人信中说："弟自丧子后，晚境不堪，惟藉蠹简送日。所辑《经义考》，分卷三百有八，仅雠就百卷，而困于力，终莫有好事者相助。"(《曝书亭集外诗文补辑》卷九《竹垞老人尺牍》之一，载《曝书亭集》，王利民、胡愚等编，吉林文史出版社2009年版，第1003页。)"三百有八"卷之说，于此首见，莫得其详。

的存世状况。朱氏后来删去"存亡"二字,盖在编撰此书过程中,对图书存佚状态有了更为精细的描述方法(即分别"存"、"佚"、"阙"、"未见"这四种情况加以标记的四柱之法),非"存亡"二字所能涵包;且某一著述之存亡与否,也是其学术价值的重要体现,故对存亡之征求,亦为考求经义应有之义。

《经义考》的经学成就,主要体现在以下两个方面。

1. 远绍旁搜,文献足征:近两千年经学著述的集大成之作

《经义考》是清初以前经学著述的集大成之作。所谓"集大成",是指《经义考》具有以下几个方面的特点:

(1)"远绍旁搜",著录宏富。

凡朱彝尊本人藏书所有,或有文籍可征之古人经学著述,无论存佚与否,朱彝尊均将其摘出,立为条目,汇集起来,就成为一部前所未有的经籍总目巨著。据笔者统计,《经义考》共有8275个条目,堪称宏富;著录作者4340家(其中有姓或有名可考者,凡4334家,如将佚名之作均视为个人之作,则作者多达4964家),蔚为大观。

(2)采录众说,曲尽源流。

每一经学著述问世,必为后世所著录、评价,则其价值若何、影响若何,均可通过后人之记载、议论得以彰显。有鉴于此,朱彝尊于每一条目之下,均辑录前儒论说,以见其书之学术源流。合全书以观,共辑录了万余条资料,成为取资丰富的经学评议资料宝库。其特点是:甲、引用范围广阔,淹及经、史、子、集四部。乙、征引文献时代跨度大,上及先秦典籍,下至同时代学者议论,可谓纵贯中国学术史。丙、所采文献题材多样。计有书目、史传、方志、文集等。丁、征引形式,大致以"某某曰"为主,较为整齐。戊、对征引资料有所去取,而非全文照录。或者略去与已录数据内容相同部分,或者略去无关部分,仅撮取大意。

朱彝尊之所以在《经义考》中广录众说,与其对辑录体提要体例的推崇有关。在中国学术史上,此前采用此一体例的代表作是《崇文总目》。朱彝尊认为目录"不仅条其篇目",还要能"稍述作者之旨,以诏后学",因而对《崇文总目》颇加推崇,谓其提要体例为法"至善"[①]。《经义考》采用相似的结构体例,正与朱氏之深刻认知有关。

(3)逸篇遗文,辑成专类。

儒家经典(以《五经》为核心)在写定之前,无论是篇章还是文字,都有删益编次的过程。那些未被收入的部分,往往为他书所引及,从而成为游离于今本之外的逸篇遗文。由于这些逸出的文字同样能反映当时的思想或社会面貌,因而受到后代学者的广泛关注。作为醉心典籍、以传承经学为己任的朱彝尊,对此自然特别留意。《经义考》收录逸篇遗文之途径有二:

---

① 朱彝尊:《崇文总目跋》,载其《曝书亭集》卷四十四,《四部丛刊》影印清康熙刻本。

一是在按语中予以揭出。按语是《经义考》条目的组成部分，一般置于最后，以考辨问题，解说源流。笔者统计出，《经义考》按语中辑录了 191 则逸篇遗文。

二是在《经义考》中专门设立"逸经"这一大类目。该类凡三卷，专门收集那些散佚于今本之外的篇章或文句；在各经之下，又相应地分设"逸篇"和"逸句"两个子类。毛奇龄《经义考序》云："逸经三卷，惟恐经之稍有遗，而一字一句必收之也。"正道出朱氏用心所在。

在《经义考》之前，只有《通志·艺文略》在经类书家下设有"逸书"子目，收《周书》71 篇、《汲冢周书》10 卷、《汲冢周书》8 卷、《古文璅语》4 卷，仅 4 条。第一条《汉志》已录，后三条并出汲冢；因此，郑樵的贡献在于开列新类，而不在于搜辑佚文。在中国学术史上，全面地搜集逸篇与逸句，形成专门一类的，朱彝尊当称首创。这充分体现了朱氏对经典文本的重视，显示了他在辑佚学上的卓识与成就。例如就《尚书》而言，刘起釪指出："朱彝尊《经义考》中有'逸经'三卷，其中搜集了《尚书》的逸篇、逸文二者，虽颇挂漏，但有创始之功。"① 朱彝尊对其他各经之辑佚，亦可作如是评价。

2. 博通源流，考辨精审：汇集朱彝尊经学发明的心血之作

朱彝尊是清初的文学大家、学术大家，其治学为文，崇尚博雅。虽不专治经学，但自幼研习经典，且多有发明，其研究成果则大都散见于《经义考》各条按语中。此类单纯考辨经学之文字，据笔者统计，共有 201 则，主要是论列史实，考订讹误，辨明伪作。

《经义考》中考辨文字，遍及群经，其中对《尚书》诸问题的考辨堪称代表。此类按语虽仅 21 则，而举凡今古文《尚书》的篇次问题，百篇《书序》问题，伪孔《序》问题，伪孔《传》问题，伪孔《传》本《尚书》的文本问题，今古文《尚书》的传授问题等，朱彝尊都有所考辨。虽然他的观点有些尚需作进一步讨论，但大部分都是立得住的，有些则经过后来学者续加考订而得以定论②。他同阎若璩等保持有学术联系与互动。他曾辑《经义考》中有所发明者凡 14 条，以所擅八分书逐条辶录，以付阎氏③。后人据此认为，朱、阎二氏"在学术上是互相支持的"④。

---

① 刘起釪：《尚书学史》，中华书局 1989 年版，第 14 页。
② 朱彝尊在《尚书》学上的见解，并不仅见于《经义考》中的有限按语。他曾著有《尚书古文辨》一文，又在若干序跋中也表达了部分观点（均收入《曝书亭集》）。比如，他通过对《召诰》、《洛诰》记载日期方法的考察，从而疑《武成》篇为伪；通过考察《蔡仲之命》对先人的称呼，从而疑该篇为伪等，都是比较可信的。比较而言，他大部分的考辨成果都保存在《经义考》的按语中了。笔者撰有《论朱彝尊〈尚书〉学研究》一文（载《古典文献研究》第六辑，江苏古籍出版社 2003 年版，第 133—148 页。），予以专论。
③ 朱氏该信真迹收入陈烈所著《田家英与小莽苍苍斋》（增订本），题作《与阎若璩论理古文尚书卷》（三联书店 2011 年版，第 98—101 页）。
④ 刘起釪：《尚书学史》，中华书局 1989 年版，第 347 页。

章学诚曾有评论:"朱竹垞经义一考,为功甚巨:既辨经籍存亡,且采群书叙录,间为案断,以折其衷,后人溯经艺者所攸赖矣。"①朱彝尊因此与他同时代的学者,如顾炎武、黄宗羲、黄宗炎、阎若璩、胡渭、姚际恒、毛奇龄等,"同调共鸣,相得益彰,为清代汉学的兴起开了先路"②。

三、发明体例,彰显流别:《经义考》的目录学成就

《经义考》是一部集大成式的经籍总目,是经学目录中的辉煌巨著。它在条目体例、提要体例、分类体系方面,都取得了可观成绩,产生了深远的学术影响。

1.《经义考》条目体例之成就

条目指书目里主要著录项目的集合,通常以书名为著录的核心。《经义考》之条目形式,主要有四项内容:"撰人姓氏(附名)+书名+(载籍)篇卷+存佚"。笔者认为,在条目著录体例方面,其贡献有二:一是著录图书流存面貌的四柱之法,二是旨在辨别与强调学术源流的"以氏系名"③的著录方法。

(1) 四柱法。

所谓"四柱法",即分别用"存"、"佚"、"阙"、"未见"四项内容(即"四柱",或称"四门"),对图书流传与存亡情况进行精确之描述与记录的一种方法。"存"是指图书现存。凡标"存"者,均为朱氏知见之书。《别录》以降,藏书目录多载现存之书。史志情况则有所不同,或记当朝之书,如《汉志》、《明志》等;或兼记数代之书,如《隋志》等。《经义考》通记两千年之经籍,具有图书总目的性质,列"存"为四柱之首。"佚"是指图书亡佚,不可复见。"阙"是指图书残缺,已非完帙。能知残阙,必经目验,故此类亦为朱氏所见之书。"未见"是指图书虽见于著录,而著者未得见,故不能明断其存佚者。这一项目为前此目录所无,乃朱彝尊之独创。朱氏首次将上述四项组合起来,从而构成了一个描述图书流传状态的严密的标注体系。通过这一体系,可以考知不同时代经学著作之四柱分布与比例,有助于对经学的历时演变及共时面貌进行较为精确的分析与研究。余嘉锡先生指出:"若读书家之书目,则当由专门家各治一部,兼著存、佚、阙、未见,合《别录》、《艺文志》与《儒林》、《文苑传》为一,曲尽其源流,以备学术之史。"④作为辨别学术源流的重要手段,这种标注存佚的方法深为学者推重。

---

① 章学诚:《论修史籍考要略》,载《章学诚遗书》,文物出版社1985年版,第116页。
② 陈祖武:《朱彝尊与〈经义考〉》,《文史》第四十辑,第222页。
③ 按:这一术语袭用自孙诒让《温州经籍志序例》。参氏编《温州经籍志》,《续修四库全书》本(上海古籍出版社2002年版),第918册,第131页。
④ 余嘉锡:《目录学发微》,中华书局2007年版,第173页。

(2)"以氏系名"。

书名是书目著录的最主要的项目。《经义考》在书名之前,却先列撰人姓氏,附注撰人之名。在笔者看来,这种"以氏系名"的著录方法,为前此目录著述之所无,也是朱彝尊的创新之处。其意义,首先体现在对学术源流的重视。孙诒让谓:"两汉经儒,学有命氏。刘班所载,师法焯然。朱《考》凡所标楬,以氏系名,例虽创立,意则同贯。"① 其次,这一著录方法在实际操作层面上,能使条目明晰,不致误解。郑樵在谈到《新唐志》著录缺点时指出:"《唐志》以人置于书之上,而不著注,大有相妨。如管辰作《管辂传》三卷,唐省文例,去'作'字,则当曰'管辰管辂传',是二人共传也。如李邕作《狄仁杰传》三卷,当去'作'字,则当曰'李邕狄仁杰传',是二人共传也。又如李翰作《张巡姚訚传》三卷,当去'作'字,则当曰'李翰张巡姚訚传',是三人共传也。"② 古书体例,文字上下连写,又无书名号等加以分隔,学人阅之,惟恃句读,是以《新唐志》贯作者姓名于所作图书之上,遂致诸多误解。但若施以《经义考》"以氏系名"之法,可以处理为"管氏(辰)管辂传"、"李氏(邕)狄仁杰传"、"李氏(翰)张巡姚訚传"等。前为撰者,后为书名,以氏系之,眉目晓然。郑樵所言之弊,迎刃而解。

2.《经义考》提要体例之成就

《经义考》采用的是辑录体的提要体例。这一体例以辑录体为基础,其特点是"述而有考",即在大量辑录文献材料的基础上,以案(注)语的形式,对存在的问题加以考辨,申发作者自己的学术见解。因此,这一体例实能融辑录与考辨为一体,学术价值更大。王应麟《玉海·艺文》首先采用这一体例,但是按语内容有限。该体例的代表之作,当推《经义考》。笔者统计出,该书共著录了 8275 个条目,其中有存佚可考者 8256 条(著"存"者仅 1931 条);辑录文献共有 9174 则;朱氏按语则有 978 则。因此,就结构而言,《经义考》又可看成由条目、辑录文献与按语三大部分构成的。其辑录文献之范围极为广博,如仅有一则数据被征引者即有 555 家,足见其采摭之广博与精细。根据内容侧重之不同,其按语实可分为三类,即辑佚类、考辨类与解说类。辑佚类按语,主要对经义著述的遗文佚字进行搜辑。无论是篇、段、文句,还是仅有数字甚或一字,朱氏寓目所及,均加搜罗。此类凡 191 则。考辨类按语都 201 则,主要是论列史实,考订讹误,辨明伪作。有些按语,既非辑佚,亦非考辨,或者并非单纯之辑佚或考辨,而是对相关条目或所引文献加以解说,则归为解说类,凡 671 则;由于其中有些兼含辑佚与考辨内容,因而其数量远过前两类。其内容则较为庞杂:或者解说条目著录与出处,或者解说作者生平行事,或者自述得书经过,或者撮举其书大旨及价值,或者解说其人学术之源流,或者解说其书版本之流衍,或者解说

---

① 孙诒让:《温州经籍志序例》,第 131 页。
② 郑樵:《通志·校雠略》,见《通志二十略》,王树民点校,中华书局 1995 年版,第 1820—1821 页。

某一名物,或者就其条目加以立论,发挥见解。总之,《经义考》之按语部分,比较集中地展示了朱彝尊的辑佚、辨伪及经学成就。由辑录文献之广博、按语考辨之精深,足证朱氏已将辑考体的提要体例发展至成熟之境。

3.《经义考》分类体系之成就

《经义考》建构了一个多角度的综合性的分类体系,为全书庞大的部帙与著录,提供了精严的结构支撑。这一体系由 30 个类目构成,我们可以从性质上将其分为七组。第一组,御注类、敕撰类,收录以清世祖(顺治)、圣祖(康熙)名义编撰的经解著作,以"尊王"为鹄的。第二组,有易、书、诗、周礼、仪礼、礼记、通礼、乐、春秋、论语、孝经、孟子、尔雅、群经、四书等 15 类,乃传统目录中主要的经部类别,是从经典性质出发予以设类的。细究其原,易、书、诗、礼(朱氏细分为四类)、乐、春秋、论语、孝经等类,为《汉志》以降各家综合目录均有之类目;群经类则相当于《旧唐志》、《新唐志》、《郡斋读书志》、《直斋书录解题》等书目之经解类;四书类则沿用自《明史·艺文志》,而溯源于《直斋书录解题》之论孟类。虽然《经义考》不设小学类,但设有尔雅类;且原隶于小学类的一些条目已分隶于其他各类(如群经类)之下。可见,《经义考》之核心类别,沿用的仍是《汉志》以降各家综合目录经部之基本类目。第三组,逸经、毖纬、拟经等三类,为经典之辅助分类。第四组,承师(广誉附)、宣讲、立学等三类,言经学之传授。第五组,刊石、书壁、镂板等三类,谈经典之载体形制。第六组,著录类、通说类,以文献记录与诸儒通论为立类标准。第七组,家学类、自叙类。此二类内容已佚,莫明其详,可能是从著者自身学术渊源的角度进行的分类。

以上各组中,第二组为整个分类体系的核心与主体(从篇幅上看,该组 15 类共有 258 卷,占全书 86%),其他各组,则是有益的辅助与补充。比较而言,《经义考》以前经学著作之分类,只是在一个以类别与时间为两轴的单一平面上延展,而《经义考》的分类则是立体的、综合的,它在传统的平面之上又立起了多个不同角度的参照平面。在这样的立体审视之下,展现在我们面前的经学面貌,无疑更为全面与丰富。《经义考》构建的这个多角度、多层次的综合性的分类体系,既突破了经学目录、综合目录经部之分类标准,使其一级类目之多,为中国古代书目之冠;又很好地体现了条别学术源流的目录学宗旨,反映出朱彝尊崇尚博通、重视源流的治学特点与学术追求。

四、《经义考》的学术影响

《经义考》甫问世,即获得同时学人好评。陈廷敬《经义考序》:"经先生之考定,存者固森然其毕具,而佚者亦绝其穿凿附会之端。则经义之存,又莫有盛于此时者矣。微竹垞博学深思,其孰克为之。"萧山毛奇龄氏不轻许人,亦为《经义考》作序云:

"非博极群书,不能有此。""生其后者,复得从此而有所考鉴,则既宝其为书为盛朝庆,而又喜天下后世之知有经,并知有义也。"乾隆时卢见曾在《奏状》中称:"见浅见深,咸网罗而不失;识大识小,悉隐括以靡遗。""较陈振孙之《解题》,更加繁富;比晁公武之《书志》,尤觉精详。"①足见此书之见重。

《经义考》的学术影响,主要表现在以下几个方面:

首先,由于《经义考》反映了近两千年来的经学面貌,因而成为此后经学著作的必备参考书。研究中国思想史、学术史的学者及其著作,都不能忽视该书已有的成果。这方面最突出的例子是清代的翟均廉。他所著《易传辨异》四卷,根据《四库总目》卷八十七之提要可知,基本上依靠《经义考》而撰成,翟氏仅做了一番"排比联贯"的功夫。

现代学者撰写学术史、经学史,《经义考》更是不得不引据的重要著作。因为通过条目,可见某时期相关著述的数量;通过所录诸家论说,可了解某位相关著述之价值;通过朱氏按语,可相关著述之版本、遗逸、辨伪情况等。

其次,作为经学总目,《经义考》也是目录学名著,在分类、条目、提要及考辨成果等诸多方面,都成为后来目录著述的取资对象。全祖望《读易别录》等经解目录,谢启昆《小学考》等小学目录,阮元《皇清经解》等经学丛书,均师仿其意。其他各种学科目录的编纂,也深受此著影响。史部如章学诚《史籍考》,子部如黎经诰《许学考》、王重民《老子考》、张鹤龄《子籍考》及日人丹波元胤《医籍考》,均为踵此而作。至于集部,各种文学专题书目(如周采泉《杜集书录》),无不奉《经义考》为圭臬。

其三,由于《经义考》是经学目录的集大成之作,学术价值重大,因此,针对其不足②,出现了两个系列目录,即续加修纂或补正其失的续补目录系列,和模仿其体例而另行修纂的学科目录系列。对其予以续补的,可知的有全祖望、卢文弨、沈廷芳、冯浩、朱休承、钱东垣、陆茂增、胡尔荣、翁方纲、谢启昆、冯登府、王朝榘、罗振玉等十余家,其中刊行的有以下几家著作:全祖望《读易别录》3卷、卢文弨《经籍考》(不分卷)、翁方纲《经义考补正》12卷、谢启昆《小学考》50卷、罗振玉《经义考目录》、《校记》9卷。模仿《经义考》体例的学科目录,主要有上文提及的《史籍考》《老子考》《子籍考》《医籍考》等。此外,还衍生出一个补正谢氏《小学考》的系列,有郭昭文《小学考补目》、黎经诰《许学考》、胡元玉《雅学考》、林明波《清代许学考》、《清代雅学考》等。也就是说,以《经义考》为核心,出现了两大著作群,其中某种著述,又能形成新的著作群。这一衍生模式,竟同经典衍生经解著作颇为相似。后续目录系列的出

---

① 案:卢氏《识语》为《经义考》前所附,《四部备要》本、《点校补正经义考》本有,文渊阁《四库全书》本无。本段下引陈、毛二氏《经义考序》同。乾隆题诗及注,诸本皆有。

② 周中孚:"然竹垞之为是书,未能竭一生之精力为之,故编次尚未极当,小学仅载《尔雅》一类,而不及偏考小学全部。元、明以下,或仅据书目甄采,并序跋亦多未载;且所阙佚各书,至今日或存,全赖后人为之续补,庶臻美备。"载氏著《郑堂读书记》卷三十二,中华书局1993年版,第151页下。

现,足以说明《经义考》在学术史上的重要地位及深远影响。

以上对《经义考》的目录学成就及其影响作了简要考论。总而言之,该书通考历代经义,著录宏富,并在条目体例、提要体例、分类体系等方面颇多创新,堪称经学目录的集大成之作,也是朱彝尊在目录学领域的代表之作。

五、"黜浮华而崇实学":乾隆表彰《经义考》背后的政治考虑

乾隆表彰《经义考》,除了该著在经学及目录学方面具有上述重要学术价值及影响之外,还在于该著切合了乾隆朝建构新王朝经典的需要,达到了皇权所预期的学术水平。显然,乾隆以是否有利于加强思想控制、稳固王朝统治作为评价的标准。

首先,《经义考》切合了乾隆朝建构上层理论体系的需要。满清掌控天下之后,至康熙一朝,即树立了全面接受汉文化、尊崇程朱理学的文化统治方略。通过经筵日讲,康熙不仅接受了对儒家文化的启蒙,而且有所会通,下令纂修了"日讲"、"汇纂"两个系列的御定经解(如《日讲四书解义》、《钦定书经传说汇纂》等),并有意将其作为新标准颁发给大臣与书院。雍正、乾隆绍承其绪,一方面完成御定经解未竟之纂修、刊布事宜,颁发全国;另一方面,又视前任君主为圣人,故能明通圣学,得前圣之心法,从而将御定经解提升为新的官方经典,悬为一代令甲。这一新王朝上层理论建构,至乾隆时已全部完成。御定经解既已经典化,就意味着对经典的义理解释权已为朝廷(皇帝)所垄断,其他人不再具备此种资格,任何尝试都是对朝廷义理解释权(实即皇权)的挑战。例如,乾隆时谢济世请用其自注《学》《庸》以易朱子《章句》,李徽欲升《孝经》与《四书》并列,均欲变更经典现状,因而遭到乾隆的斥骂。① 《经义考》虽通考历代经义,但并不发挥经典义理,议论当朝政治得失,是目录学之学问、考据学之学问,而非单纯义理之学问,更非政论之学问。朱彝尊本人又是应征博学鸿儒而脱颖而出的一代大家,担任翰林院检讨、日讲起居注官,其人其学自然受到乾隆的推崇。

其次,《经义考》达到了乾隆朝对学术著作应有成就之期许,其核心,则在"实学"二字。乾隆一方面形塑、巩固御定经解的新经典地位,垄断义理解释,维护皇权权

---

① 乾隆曾训饬陈奏诸臣、谕总理事务王大臣:"其中尤可诧怪者,谢济世请用其自注《学》《庸》易朱子《章句》,颁行天下,独不自揣己与朱子分量,相隔何云泥,而肆口诋毁,狂悖已极。且谓明代以同乡同姓,尊崇朱子之书。则直如爨下老婢,陈说古事,虽乡里小儿,亦将闻而失笑也。李徽欲以《孝经》与《四书》并列为五,立义支离,属辞鄙浅,于宋元大儒所论《孝经》源流离合,曾未寓目,即欲变乱历代论定、列于学官、数百年不易之旧章,亦不自量之甚矣。"载《高宗实录》卷十三,乾隆元年二月庚辰条,《清实录》第9册,中华书局1985年版,第375页。

威;一方面又提倡实学,"黜浮华而崇实学",以经学造士①,要求臣工对策"济用实用","有切于国政民依"②。在这样的政治威权与导向之下,学者治学,竞趋于训诂考据一途。《经义考》集古代经学目录之大成,著录宏富,体例精严,考辨精审,成就卓然,体现了实事求是、不尚空谈的优良学风。该书皇皇三百卷之巨制,系朱彝尊以个人之力,积数十年治学心血而成。这一治学实绩,正与乾隆对学术著作的期许相符合,因此能得其青睐与褒扬。其御题诗注谓:"自汉迄今,说经诸书,存亡可考,文献足征。编辑之勤,考据之审,网罗之富,实有裨于经学。"③秉承乾隆意旨纂修《四库全书》的馆臣,亦循其声气,对《经义考》予以肯定:"上下二千年间,元元本本,使传经源委,一一可稽。"④

综上,朱彝尊《经义考》一书,集经学目录之大成,在经学、目录学两个领域,均有卓越之学术贡献,产生深远的学术影响。由于该著切合了清廷建构新的王朝经典、提倡实学的时代需求,因而受到学界及乾隆皇帝的接受与褒扬。

---

① 《高宗实录》卷七十九:"(乾隆三年十月)辛丑。训士子留心经学。印发官本经书。谕:'士人以品行为先,学问以经义为重。故士之自立也,先道德而后文章;国家之取士也,黜浮华而崇实学。……至于书艺之外,当令究心经学,以为明道经世之本。……我皇祖御纂经书多种,绍前圣之心法,集先儒之大成,已命各省布政司敬谨刊刻,听人印刷,并准坊间翻刻广行。恐地方大吏,不能尽心经理,则士子购觅,仍属艰难,不获诵读。着督抚藩司等,善为筹划,将士子应读之书,多为印发,以为国家造士育才之助。'"《清实录》第10册,中华书局1985年版,第243—244页。
② 《高宗实录》卷十三,乾隆元年二月庚辰条,《清实录》第9册,第375页。
③ 《御制题朱彝尊〈经义考〉》,载《经义考》卷首。
④ 永瑢等:《钦定四库全书总目》卷八十五《经义考》提要,四库全书研究所整理本,中华书局1997年版,第1135页。

略论清钞宋本《类说》的文献价值

◎ 赵庶洋

《类说》一书是南宋时期著名学者曾慥取"百家小说,采掇事实"编纂而成的一部笔记小说集。晁公武《郡斋读书志》、陈振孙《直斋书录解题》据其内容性质将之归入小说类,《四库全书总目》则就其编纂方式将之归入子部杂家类杂纂之属。曾慥在编纂此书时,抄录了二百余种宋代及宋以前的古籍,其中许多后世已经残缺或者亡佚,仅靠《类说》以及其他典籍的征引才得以保存一鳞半爪,因此《类说》就成为后人考察这些古籍原貌和辑录佚文的渊薮,具有重要的文献价值。

此书宋代即有刊刻,今尚有宋刻残卷三种存世,藏于国家图书馆。至明天启年间,新野县令岳钟秀刻《类说》六十卷,成为此书存世唯一完整的刻本,也是今日学术界通用的版本。但是,以明刻本与宋刻残卷相对比,可以发现二者在文字内容上存在较大差距。这个问题早已引起了学者的注意[①],但是尚未得到完全解决。上海图书馆藏清雍正时期钞宋本《类说》五十卷的发现,可以为解决这一问题提供关键的证据,而且,凭藉这一新发现的清钞宋本,还可以进一步考察出《类说》一书的成书时间以及揭示出明刻本许多原本不为人知的重要漏失。因此,这个清钞宋本《类说》重要的文献价值,亟须引起学者的注意。本文不揣谫陋,对此清钞宋本《类说》的文献价值略作讨论,以就正于方家。

一、为《类说》的版本系统和成书时间的确定提供依据

《类说》今存之版本,大致可以分为三类:一为宋刻残本三种,此三卷分别为《仇池笔记》、《东轩杂录》、《隐斋闲览》三书,各一卷,《中国版刻图录》将其定为南宋中叶建阳刻本[②];二为五十卷本系统,此系统今所存诸本均为钞本,尚未见有刻本传世,其中上海图书馆、台湾中央图书馆均藏有五十卷钞本全帙;三为明天启刻六十卷本系

---

① 张元济:《涵芬楼烬余书录》,引文见下。
② 《中国版刻图录》,文物出版社1961年版,第39页。

统，清修《四库全书》所收《类说》即据此本抄录，50 年代文学古籍刊行社曾据此本影印①，80 年代书目文献出版社又将此本影印入《北京图书馆古籍珍本丛刊》中②，后来王汝涛等学者所作《类说校注》也是根据此本，是为今之通行本。

上海图书馆所藏清钞本五十卷，首页有"结一庐藏书印"、"毂玉室藏书"二印，目录页有"子清真赏"、"复庐流览所及"、"汉阳叶氏敦宿好斋印"三印，卷一有"朱彝尊锡鬯印"、"叶名澧印"二印，卷一末有"仁和朱复庐校藏书籍"一印，显示其曾经朱彝尊、叶名澧、朱学勤、朱澄等名家收藏。此书于清康熙、雍正二帝讳"玄"、"晔"、"胤"、"禛"、"真"等字皆阙末笔，而于乾隆帝名讳"弘"字、"历"字均不阙末笔，据此可知当为雍正年间钞本。又其正文中凡遇宋诸帝、后名号均敬空，如卷一下《名臣传》"王旦"、"王曾"二条正文"真宗"上，"寇准"条正文"太宗"、"章圣"上，"晏殊"条正文"章圣"、"章献太后"上，均空一字，这是宋人在刻书、抄书时常有的体例，可见其原据底本当为宋本，钞本依宋本原式钞出，所以保存了宋本的原貌。宋陈振孙《直斋书录解题》卷一一小说类著录曾慥此书为五十卷，《宋史》卷二〇七《艺文志》类事类著录卷数亦同。今清钞宋本在卷数上与《直斋书录解题》、《宋史·艺文志》著录者一致，而文字上又保存了宋本的原式，因此，应该反映了曾慥《类说》一书的原貌。

但是，国家图书馆所藏残卷三种亦为宋本，与清钞宋本、明刻本之间却存在较大差异。对于这个问题，张元济在《涵芬楼烬余书录》中曾提出疑问，云："铁琴铜剑楼瞿氏有残宋本，仅存三种：一曰《仇池笔记》，其为宋本所有而不见于是本（按：指明刻本）者二事，其标目全异者二事，又是本所录而宋本不载者六十七事；二曰《隐斋闲览》，是本作《遁斋闲览》，全部九十六事，宋本则只二十八事；三曰《东轩杂录》，是本全部五十八事，宋本则只二十七事，标目全异者乃有十四事。至于字句之歧异，编次之参错，更属不胜枚举。古人之书往往为后人删削，而此独反是，岂叶昌重刻之时有所裁节，而马、岳诸人乃复其初耶？然又何解于旧钞本之所存留者，而此仅有所挂漏耶？是真求其故而不得者矣。"③他在对明刊本与宋本残卷做了详细的对比以后，发现其中存在巨大的差异，对二者形成这种差异的原因也提出了一些推测，但是显然都没有解决问题。

《类说校注》的作者王汝涛在《前言》中也做了相同的工作，并且得出了结论，他认为《类说》原本当为五十卷，而明刊本六十卷非原貌，"《类说》多出的十卷，很可能是明人掺入的"，"这十卷书的增入，方法又很巧妙，它不是成卷地增入原书，而是每卷书中各增入若干条，然后重新析卷，所增入者散入各卷之中，藉以消灭作伪

---

① 曾慥：《类说》，文学古籍刊行社 1955 年版。
② 《北京图书馆古籍珍本丛刊》，书目文献出版社 1998 年版。
③ 张元济：《涵芬楼烬余书录》，《张元济全集》（第八卷），商务印书馆 2009 年版，第 341—342 页。

的痕迹"。①

这两位学者对比的重点都是宋刻残本与明刻本。实际上,以清钞宋本与明刻本相对照可以发现,清钞宋本作五十卷而明刻本作六十卷者,只是二者的分卷不同,明刻本并未多出任何内容,恰恰相反,明刻本较清钞宋本反而阙失了许多内容(详见下文)。由此可知,明刻本较宋刻残本多出的内容,在宋代另一版本中已经有了,因此也就不可能是明人伪造,《类说校注前言》所推测的"明人掺入"一说自然也就不能成立。

以清钞宋本、明刻本与宋本残卷相对照,可以发现与宋本残卷相比,清钞宋本、明刻本之间具有更大的一致性。清钞宋本卷首所有的曾慥、叶岂二序,同样也见于明刻本中。因此,明刻本当是从与清钞宋本同一系统的某个早期版本而来,只是其文字有大量删削及传刻的脱漏讹误,未能保存原书的面貌。所以,张元济、王汝涛以后世传刻脱误极多的明刻本与宋本残卷进行对比,自然无法理清真相。只有以保存了宋本面貌的清钞宋本与宋本残卷相比,才能发现导致这种差异的真正原因。

清钞宋本与宋本残卷之间的差异,主要有三点:第一,清钞宋本较宋本文字条目增多。这种增多不是一两条的小数目,而是大量增多:《仇池笔记》清钞宋本较宋本多六十七条,《遁斋闲览》多六十八条,《东轩杂录》多三十一条。这种差异显然不能以版本文字有脱漏来解释。而且检核清钞宋本所多出之《遁斋闲览》、《东轩杂录》文字,可以发现这些文字都见于今本《隐斋闲览》、《东轩笔录》中,并非由他书窜入。

第二,清钞宋本中许多条目标题与宋本不同,如《仇池笔记》中宋本"三豪"条,清钞宋本、明刻本作"三豪诗";"访隐者"条,清钞宋本、明刻本作"隐者杨朴"。这种改动在《东轩杂录》一书中尤多,宋本二十七条中有二十二条题目与钞宋本、明刻本有较大差异。仔细考察这些差异可以发现,钞宋本与宋本不同者,多以清钞宋本之标题为更显豁,也更能切合其故事之主题,因此,这种改动恐怕并非出自后人,而应该就是《类说》的作者曾慥所为。

第三,清钞宋本与宋本的文字差异中,除了文字讹误的情况之外,尚有许多差异并非有讹误。如《仇池笔记》,宋本"中宫太乙"、"八阵图"条之"杜甫",清钞宋本均作"杜子美"。又如《东轩杂录》,宋本"李后主善书"条文字以"江南李后主善书"始,载李后主嘲颜真卿书为"叉手并脚田舍汉"事,而清钞宋本此前尚有一大段介绍唐宋书风的文字,云"唐初字学劲健,得晋宋风。开元以后变为肥厚。元和以后柳、沈之徒复尚清劲。五代杨凝式、国初李建中妙绝一时,行笔亦主于肥厚。李昌武不免于重浊",其下始接李后主事,而这一段文字确实是今本《东轩笔录》中文字。这种差异的出现,既不可能是文字的脱漏,也不可能是后人刻书时所改,只能是出自作者曾慥之手。

---

① 宋曾慥撰,王汝涛等校注:《类说校注》,福建人民出版社1996年版,第6页。

由于这些改动只可能出自作者曾慥之手,而五十卷本作者曾慥又为宋人所认定,因此宋本残卷与清钞宋本的这种差异,就说明曾慥在《类说》成书刻印之后,又在原本基础上进行了较大规模的修订,这种修订包括增加原本所无的大量内容并对原本文字进行了一定的修改,从而形成一个新的修改定本。宋刻残卷反映的是《类说》初编本的面貌,清钞宋本反映的则是修改定本的面貌。这才是为何现存宋本残卷与通行本《类说》之间存在如此大的差异的真正原因。

　　明了宋本残卷与清钞宋本之间的分别,对《类说》一书成书时间的探讨也有很大的帮助。

　　关于《类说》的成书时间,《四库全书总目》据曾慥《类说序》定为"绍兴六年"①。后来学者多认可这一说法,并无异词。但是宋本残卷中的《类说序》与后来版本的《类说序》之间有一处重要异文,这一异文能够反映出《类说》一书的成书时间并非如提要所说这样简单。清钞宋本、明刻本《类说序》云"编纂成书,分五十卷,名曰《类说》",而宋本残卷所载《类说序》则无"分五十卷"四字。清钞宋本较宋刻残卷多出"分五十卷"这四个字,显然不是简单的衍文或脱文,而应该是有意为之。而添加这四个字的人,很有可能就是《类说》的作者曾慥。上文的版本梳理显示,宋刻残卷反映的是曾慥《类说》原本的面貌,而清钞宋本反映的则是修改定本的面貌。"分五十卷"四字在原本的序中未见,而是出现在修改定本的《类说序》中,这说明曾慥在为《类说》原本所写的序中并没有说明卷数,之后对《类说》原本进行了大幅度的增订,形成五十卷的修改定本,在修改定本中,曾慥并没有重新撰写一篇新的序文,而是沿用了原本的序文,只是在其中增加了"分五十卷"四字,所以修改定本的序与原本序所载其他文字包括署名时间上都是完全相同。因此,《类说序》所署的"绍兴六年",应该是曾慥《类说》原本的成书时间,而以清钞宋本为代表的修改定本,其成书时间应当在这之后。叶崈《类说序》称其"旧藏麻沙书市绍兴庚申年所刊本,字小而刻画不精,且多舛误,意必有续刊大字善本。分符此来,徧令搜访,咸无焉,并板亦不存矣。因取所藏旧本,稍加是正,锓板于郡斋"②,其所谓的"大字善本",很有可能就是今日尚存三种残卷之宋本,由于叶崈并未寻获此书,也就对其与己藏的麻沙书市本的异同不得而知。清钞宋本卷首载叶崈此序,其底本当就是叶崈刻本。叶崈所云"绍兴庚申年"即绍兴十年,与宋本残卷《类说序》所云"绍兴六年"的此书原本的成书时间相距仅四年,"绍兴六年"即原本完成的时间,其刊刻应当也在这之后不久,而"绍兴十年"则应当就是修改定本最初刊刻的时间,曾慥对《类说》的修订增补应当就是在绍兴六年至绍兴十年这四年时间之内,而五十卷《类说》定本的成书时间应该也

---

① 清永瑢等:《四库全书总目》,中华书局1965年版,第1061页。
② 宋曾慥撰,王汝涛等校注:《类说校注》,福建人民出版社1996年版,第2页。"徧"原作"偏","旧"原本无,据清钞宋本改补。

就是绍兴十年或稍前。

因此,《类说》一书的成书时间应当分为两种情况:一是原本的成书,当在绍兴六年;二是修改定本的成书,当在绍兴十年或稍前。《四库全书总目》据序文所署时间定为绍兴六年,自然不误,但是其所著录的六十卷本实际上是从修改定本这一系统的版本所出,所以,其关于成书时间的结论尚有未尽之处。

二、保存曾慥原本的分卷及分类意图

曾慥此书名为"类说",盖寓有以类纂集百家之说之义。然而在明刻本中,本书的"类"的涵义却因为分卷的问题遭到湮没,而清钞宋本则清楚地显示了曾慥原书的分类意图。

如清钞宋本卷五录《荆楚岁时记》、《秦中岁时记》、《洛阳伽蓝记》、《南部烟花记》、《河洛记》、《传记》诸书,卷六录《景龙文馆记》、《御史台记》、《封氏见闻记》、《开天传信记》、《庐陵官下记》、《海物异名记》,两卷所录诸书虽均以"记"为名,然其间分别尚可看出,卷五所录六部书,特别是其中的前五部记事偏重地域,卷六诸书则是偏重掌故旧闻,并不限定地域。而在明刻本中,将此二卷内容合并为一卷,这就泯灭了曾慥分类的原意。

又如清钞宋本中《燕北杂记》一书在卷三,与《西京杂记》、《两京杂记》、《秦京杂记》、《番禺杂记》、《大业杂记》、《玉箱杂记》、《青箱杂记》等书同卷,而明刻本中此书则被划入下卷,与《洞冥记》、《十洲记》、《拾遗记》、《冥祥记》、《齐谐记》等书同卷,这两卷中所收书的内容有明显差别。《燕北杂记》又称《燕北杂录》,武珪撰,《直斋书录解题》卷五伪史类、《宋史·艺文志》传记类均有著录,程大昌《演繁露》卷三"契丹于达鲁河钩鱼"条引及此书,云武珪"在辽十余年,以善歌隶帐下,故能习辽事详悉,凡其所录,皆珪语也",所以此书当为记录契丹史事之作,陈振孙将之列为伪史,《宋史·艺文志》收入传记类,均有一定道理。但是,与属于子部小说家类的《洞冥记》、《十洲记》等书相比,其间的差异就非常明显了,明刻本将其与此五书同卷,显然不合于曾慥的"类"的思想。

曾慥所编此书原本是分为"前集"、"后集"的。清钞宋本卷首所列目录中,卷一之前有"《类说》前集目录",卷二十六之前有"《类说》后集目录"的字样,显示了曾慥编纂《类说》时的前后顺序,即在前集二十五卷编纂结束后又续纂了后集二十五卷内容。这种编纂时间的先后在其具体内容中仍留有痕迹。清钞宋本卷五十为"拾遗类总",与前四十九卷不同,此处所引条目为杂钞自各类书籍,而并不是摘录几部书中的多条文字。这说明曾慥在编纂此书即将结束之时,仍觉之前所钞诸书在内容上有所遗漏,所以将其认为有价值的零碎文字汇总杂钞于末卷中。而在二十五卷之前也存在类似的情况。清钞本卷二十二收《南越志》至《洞微志》五书,其末又标"杂志"一名,与上五书名并列,下引九十三条文字。从其下所引文字中可以看出,这并非某一部著作之名,而应当是类似于卷五十的"拾遗类总",即曾慥杂钞诸书琐事于此。在清钞本中这虽然不在前集的最后一卷即卷二十五中,然已近结束,可以视为曾慥在编前集即将结束之时将其认为有意义却不出自同书之内容杂钞于此以作汇总,其下三卷内容或出此后所补撰亦未可知。明刻本中,此类有关"前集"、"后集"的字样一概删弃,因此,关于曾慥原本编排的情况也就无从得知。

三、保留了遭到明刻本删削的原本大量文字

以清钞宋本与明刻本互相对校,最显著的差异就是清钞宋本中保存了许多超出明刻本的内容。

其中有整卷内容不见于明刻本者,如上所述清钞宋本卷二二所收《南越志》、《北里志》、《翰林志》、《续翰林志》、《洞微志》、"杂志",这些内容在明刻本中已无法寻觅。又如清钞本卷二三收《金楼子》、《抱朴子》、《炙毂子》、《淮南子》、《玉泉子》、《金华子》、《乾子》、《艾子》等八书,明刻本卷二十五中却仅有《炙毂子》、《淮南子》、《玉泉子》、《金华子》四书,《金楼子》、《抱朴子》、《乾馔子》、《艾子》四书的内容也被删去,而仍存的《炙毂子》、《淮南子》、《玉泉子》等三书内容之间也有大量的错乱。《南越志》、《洞微志》、《艾子》等书均为佚书,其他典籍虽有零星征引,然数量不多,而清钞宋本《类说》征引《南越志》十五条,《洞微志》八条,《艾子》二十三条,均为大宗,可以为考察这些典籍的流传提供重要的凭藉。明刻本概为删弃,非常可惜。此外,清钞宋本卷四五《谈薮》、《谈苑》下收《笔谈》一书文字七十二条,此即沈括《梦溪笔谈》,明刻本中也已不存。而其他零星条目为明刻本所遗漏而赖清钞宋本得以保存者尚不下百处,篇幅所限,不再赘述。

明刻本的脱漏导致对《类说》引书数量统计的不准确。陈振孙《直斋书录解题》卷一一此书解题云"所编传记小说,古今凡二百六十余种"[①],而王汝涛在《类说校注前言》中针对陈振孙的说法云"它(笔者按:指《类说》)涉及的书籍,没有二百六十余种,只有近二百五十种(最后一种补遗性质的《拾遗类总》涉及的数目不计在内)"[②],显然是认定陈振孙的统计有误。然而,王氏所计为据明刻本,明刻本引书实为二百五十七种(不含卷六十"拾遗类总"),确实没有二百六十种,但是若计入清钞宋本所有而明刻本所无的《南越志》、《北里志》、《翰林志》、《续翰林志》、《洞微志》、《金楼子》、《抱朴子》、《乾馔子》、《艾子》、《笔谈》十种,则为二百六十七种,与陈振孙所言"二百六十余种"恰相符合。显然陈振孙以五十卷本所统计的二百六十余种更加接

---

① 陈振孙:《直斋书录解题》,上海古籍出版社1987年版,333页。
② 宋曾慥撰,王汝涛等校注:《类说校注》,福建人民出版社1996年版,第2页。

近《类说》原本引书的数量。明刻本脱漏严重,据之统计,就会有比较大的差距。

清钞宋本还保留了曾慥在钞录图书时对其书名或者作者所作的注释。现存的宋本残卷中,《仇池笔记》下注"苏东坡",《东轩杂录》下注"临溪魏泰撰",《隐斋闲览》下注"陈正敏撰",与清钞宋本同,可见这些注释原本即有,并非后人所杜撰。粗略统计,这些注释在清钞宋本中所保存者有一百四十余处之多。这些注释中有一些比较简单,如《襄阳耆旧传》下注云"习凿齿撰",《列仙传》下注云"刘向撰",但也有许多比较详细,如《河洛记》下注云"记李密、王世充僭叛、隋亡唐兴事。唐刘仁轨撰",《异闻集》下注云"陈翰编。唐将仕郎守尚书屯田员外郎"。明刻本中,这些注释也偶有保留,如卷一《赵后外传》下注"汉河东尉伶玄撰",卷二三《续博物志》下注"林登",这两处注释与清钞宋本全同,但可惜的是,除此之外,其他绝大部分已经佚失。这种情况说明明刻本所据底本原亦有此种注解,今本无者,当为刊刻时有意删落所致。

虽然《类说》原书的这些标注多数今天也可以看到,不足为奇,但是也有一些如今已经亡佚的典籍,若非曾慥标注出,则无法得知其为何书。如明刻本卷五二《纪闻谈》一书,《类说校注》的点校者推断"书名应作《纪闻》,十卷,唐牛肃撰"①,而据清钞宋本此书下则注云"潘远撰,唐人",可知此书实为唐人潘远所撰,与牛肃《纪闻》并非同书。此书《宋史·艺文志》小说类著录作"潘遗《纪闻谈》"②,陈振孙《直斋书录解题》卷一一小说家类著录作《纪闻谭》,解题云:"蜀潘远撰。《馆阁书目》按李淑作'潘遗'。今考《邯郸书目》亦作潘远,其曰'遗'者,本误也。"③据《类说》清钞宋本,亦可证当以陈振孙所云"潘远"为是。此外,《直斋书录解题》云其为"蜀"人,其下一书为孙光宪《北梦琐言》,则当是以潘远为五代时蜀国人,而清钞宋本《类说》注其为"唐人",与《直斋书录解题》不同,值得进一步研究。

清钞宋本卷八《东观奏记》下原注云"一名《东观汉记》。裴庭裕撰。唐右补阙。皆载宣宗时事",其云"一名《东观汉记》",显然是错误的,应当是由于作者曾慥误记所致,但是从中可以看出曾慥在作注时依据的应该是自己的所知而为,因此,这些注释在一定程度上可以看作曾慥本人对这些典籍的简要解题,具有重要的学术价值。这些具有重要价值的注释赖清钞宋本得以完整保存,明刻本对这些注释尽行删落,则反映了当时人的浅妄。

四、清钞宋本文字多可校正明刻本之误

今传明刻本《类说》由于刊刻的极不认真,导致文字讹脱甚多,以至有些地方不

---

① 宋曾慥撰,王汝涛等校注:《类说校注》,福建人民出版社1996年版,第1543页。
② 元脱脱等:《宋史》,中华书局1977年版,第5223页。
③ 陈振孙:《直斋书录解题》,上海古籍出版社1987年版,第324页。

堪卒读。而清钞宋本由于所据底本的佳胜，再加上抄录态度的认真，保存了原本的正确文字，可以据之校正明刻本中的许多错误。

如明刻本卷三九引"七书孙子"，此书名颇费解，其内容实即《孙子兵法》。清钞宋本卷三五此处"七书"、"孙子"各为一行，其意明晰，盖以此卷所钞《孙子》、《吴子》、《尉缭子》、《司马法》、《黄石公三略》、《六韬》、《李卫公问对》为七书，即《武经七书》所收，其首行所云"七书"，统下所钞七书而言，应当是用以表明此下均钞自《武经七书》，明刻本将其与"孙子"误刻为一行，遂滋疑问。

明刻本卷二四引《狙异志》一书，清钞宋本卷二一作"祖异志"。《郡斋读书志》卷一三、《直斋书录解题》卷一一著录此书均作"祖异志"，宋聂田撰，而"狙异志"之名则除明刻本之外他处未见，因此应以清钞宋本作"祖异志"为是，"狙"显为形近误字。

综上所述，清钞宋本的发现一方面为梳理《类说》的版本系统与考察《类说》的成书过程与时间提供了重要证据，另一方面则显示出今传明天启刻六十卷本不仅在分卷上大失曾慥原书面貌，而且较曾慥原本阙失了许多重要内容，还存在严重的文字讹误。前代学者云"明人刻书而书亡"，今明刻本《类说》恐不能免于此种讥评。目前学术界普遍使用的是出自国家图书馆所藏明刻本《类说》六十卷的影印本、抄录本以及点校本，而保存曾慥《类说》原貌的五十卷本系统各钞本的价值却没有引起应有的重视，这是非常可惜的。尤其是点校本《类说校注》以明刻本为底本，却没有参校五十卷本系统中的任何一个钞本，无论是在底本的选择还是在校勘材料的搜集方面，都存在一些失当。实际上，曾慥《类说》有重新整理的必要，即当以五十卷本钞本为底本，校以其他五十卷本系统之钞本，明刊本宜列为校本之一，四库本可作为参校本，同时吸收《类说校注》已有的校订成果，这样方能还《类说》一书的本真。

互文的历史:重读《五柳先生传》

◎ 于 溯

先生不知何许人也,亦不详其姓字,宅边有五柳树,因以为号焉。闲静少言,不慕荣利。好读书,不求甚解;每有会意,便欣然忘食。性嗜酒,家贫不能常得。亲旧知其如此,或置酒而招之;造饮辄尽,期在必醉。既醉而退,曾不吝情去留。环堵萧然,不蔽风日;短褐穿结,箪瓢屡空,晏如也。常著文章自娱,颇示己志。忘怀得失,以此自终。

作为传统名篇,《五柳先生传》拥有的古今读者恐怕是难以计量的。然而就现存的各种批评、研究资料看,对这篇作品的关注焦点似乎始终集中在作者而非文本上。众所周知,最早在《五柳先生传》和陶渊明本人事迹间建立联系的文献,是《宋书·陶渊明传》:"潜少有高趣,尝著《五柳先生传》以自况曰……其自序如此,时人谓之实录。"① 这个观点后来又被萧统《陶渊明传》以及《晋书》、《南史》的《陶渊明传》所承袭。在此联系的基础上,人们热衷探求《五柳先生传》所反映的陶渊明形象及其人格特点,研究者亦试图由此推断《五柳先生传》的系年——这虽然可以说是文本研究,但仍是由作者研究衍生的。

史传关于陶渊明生平的记载不甚详细,是驱使《五柳先生传》研究偏于指向作者的重要原因。但如果我们暂时抛开《五柳先生传》是陶渊明所作这一事实,直接面对文本,一些更基本性的问题就浮现出来。

一、体 制

在陶渊明之后半个世纪,袁粲写过一篇《妙德先生传》,其文曰:

有妙德先生,陈国人也。气志渊虚,姿神清映,性孝履顺,栖冲业简,有舜之遗风。先生幼夙多疾,性疏懒,无所营尚,然九流百氏之言,雕龙谈天之艺,皆泛

---

① 《宋书》卷九三,中华书局1974年校点本,第2286—2287页。

识其大归,而不以成名。家贫尝仕,非其好也。混其声迹,晦其心用,故深交或迕,俗察罔识。所处席门常掩,三径裁通,虽扬子寂漠,严叟沈冥,不是过也。修道遂志,终无得而称焉。

与《五柳先生传》相比较,二文从整体结构到人地、气质、学术、隐居的内容要素,甚至叙述顺序都相当一致。《妙德先生传》的这段文字当然很有可能就是模拟陶文而来①,但值得注意的是《宋书》对此文的介绍:

  愍孙清整有风操,自遇甚厚,常著《妙德先生传》以续嵇康《高士传》以自况②。

所谓续写《高士传》,《三国志·魏书·嵇康传》注引《嵇康别传》云:

  撰录上古以来圣贤、隐逸、遁心、遗名者,集为传赞,自混沌至于管宁,凡百一十有九人③。

又《南史·阮孝绪传》:

  初,孝绪所撰《高隐传》中篇所载一百三十七人,刘歊、刘訏览其书曰:"昔嵇康所赞,缺一自拟,今四十之数,将待吾等成邪。"对曰:"所谓荀君虽少,后事当付钟君。若素车白马之日,辄获麟于二子。"歊、訏果卒,乃益二传。及孝绪亡,訏兄絜录其所遗行次篇末,成绝笔之意云④。

在隐逸思想盛行的魏晋南朝文化中,嵇康《圣贤高士传》是一部影响很大的文献,在它问世后有阮孝绪《高隐传》这样同类型著作嗣出⑤,也有与陶渊明过从的名隐士周续之为之作注⑥,还有袁粲这样希求附骥的单篇作品。《五柳先生传》的写作是

---

① 川合康三从"理想化的人物传"角度,比较了魏晋《高士传》、《五柳先生传》和《妙德先生传》的写作水平,是较早的关注到这些人物传之间关联的研究。见氏著,蔡毅译,《中国的自传文学》,中央编译出版社1999年版,第54—73页。
② 《宋书》卷八九《袁粲传》,第2230页。
③ 《三国志》卷二一,中华书局1959年校点本,第605页。
④ 《南史》卷七六,中华书局1975年校点本,第1896页。
⑤ 关于魏晋南朝《高士传》类文献的著录存佚情况,详参卞东波《六朝"高士"类杂传考论》,《古典文献研究》第七辑,凤凰出版社2004年版,第132—151页。
⑥ 《宋书·隐逸·周续之传》:"常以嵇康《高士传》得出处之美,因为之注。"(第2280页)

否也有续《高士传》以自况的意图,史无明证,但《妙德先生传》、《五柳先生传》的体制与《高士传》诸篇在体制上的雷同,确是非常明显的。

根据戴名扬先生重新辑录整理的结果,嵇康《高士传》现共存传 62 篇,传主 69 人①。这些篇目有的已非全帙,但仍可见出各传的基本格式是以"某人者,某地人也"的传主基本信息开篇,下叙事迹,最后系赞。如《司马相如传》:

> 司马相如者,蜀郡成都人,字长卿。初为郎,事景帝。梁孝王来朝,从游说士邹阳等。相如说之,因病免游梁。后过临卭,富人卓王孙女文君新寡,好音,相如以琴心挑之,文君奔之,俱归成都。后居贫,至临卭买酒舍,文君当垆,相如着犊鼻裈,涤器市中。为人口吃,善属文,仕宦不慕高爵,常托疾不与公卿大事。终于家。其赞曰:长卿慢世,越礼自放。犊鼻居市,不耻其状。托疾避官,蔑此卿相。乃赋大人,超然莫尚②。

首书人地而继之以事迹,这是依仿《史》、《汉》旧法,但作为"甄录贞范"的类传③,《高士传》在内容上只需剪辑出传主与"高士"主题相关的信息,而不必具列其平生行谊,所以每传篇幅都控制得比较短小,观《司马相如传》之节略前史即可知。从现存的六朝高士类人物传来看,其体制特点大体相同。事实上,以上这些体制特点也是汉魏六朝各种类传,如《列女传》、《列仙传》所共有的,惟《高士传》系列可由高士逸民自撰,故既可以列述前修而"缺一自拟",也可以单作一篇以"自况"。

二、传主信息——"不知何许人也"

陆以湉在《冷庐杂识》中指出:"《后汉书·逸民列传》:'野王二老者,不知何许人也。'陶靖节《五柳先生传》仿用之。"④实际上,在嵇康《高士传》的现存篇目中,即有 9 篇出现了"不知何许人也"的措辞,一共涉及 12 位传主,分别是石户之农、伯成子高、卞随、务光、商容、荣启期、长沮、桀溺、荷蓧丈人、河上公、求仲、羊仲。这 9 篇传的史料来源都可考知,如《伯成子高传》:

> 伯成子高,不知何许人也。唐、虞时为诸侯,至禹,复去而耕。

---

① 戴明扬:《嵇康集校注》,人民文学出版社 1962 年版,第 397—421 页。
② 戴明扬:《嵇康集校注》,人民文学出版社 1962 年版,第 414 页。
③ 浦起龙:《史通通释·杂述》释文,中华书局 1978 年版,第 274 页。
④ 陆以湉:《冷庐杂识》卷六,中华书局 1984 年版,第 336 页。

文出《庄子·天地》：

> 尧治天下,伯成子高立为诸侯。尧授舜,舜授禹,伯成子高辞为诸侯而耕。

又如《长沮桀溺传》：

> 长沮、桀溺者,不知何许人也,耦而耕。孔子过之,使子路问津焉。

文出《论语·微子》：

> 长沮、桀溺耦而耕。孔子过之,使子路问津焉。

通过对比史源可知,凡9传中"不知何许人也"一句都是《高士传》后加入的。《史通·采撰》谓"嵇康《高士传》,好聚七国寓言",又《杂说下》谓:"庄周著书,以寓言为主,嵇康述《高士传》多引其虚辞。"①嵇康不仅将"虚辞"采入著作中,而且依照史传体制,将它们加工成格式统一的面貌——凡知传主何地人的,则写明,凡不知者,不是缺书这一项,而是以"不知何许人也"占据此信息位。在现存卷帙较多的皇甫谧《高士传》中,"不知何许人也"的措辞亦常见,除了与嵇《传》重叠的几位传主外,又有老商氏、东海隐者、汉滨老父等数传②。可见这种处理方法本是高士类杂传的通例,目的是为了增加人物传的征实效果。除了高士传类杂传外,此例也见于其他类传中,如魏晋时期大为风行的《列仙传》,其人物或书其地,如:"呼子先者,汉中关下卜师也。"或书其时,如:"宁封子者,黄帝时人也。"亦有书不知地者,如:"仇生者,不知何所人也。"③与高士类杂传史料部分来自寓言虚有人物不同,神仙类杂传的传主如不知为何许人,也可能与西汉以来号为神仙者自晦来历以自我神秘化的伎俩有关,即如《史记·孝武本纪》所载"匿其年及所生",使人"不知其何所人,愈信,争事之"的李少君之流④。但无论是妄言还是虚构造成的"不知何许人也",作传者特为补入这句话,仍都是为了保证诸传体制格式的统一,表明自己征实的态度。《五柳先生传》正是袭拟了六朝高士神仙类杂传常用的"不知何许人也"格式,不过此传如是"自况",则未免近于自匿来历之意了。

---

① 浦起龙:《史通通释》,中华书局1978年版,第116、523页。
② 见皇甫谧:《高士传》,《丛书集成初编》本。
③ 见王叔岷:《列仙传校笺》,中华书局2007年版,第148页。
④ 《史记》卷一二。

三、传主信息——"亦不详其姓字,宅边有五柳树,因以为号焉"

在《五柳先生传》之前,不详传主姓字的人物传,大概有两种类型。一种是阮籍的《大人先生传》,其开篇曰:"大人先生盖老人也,不知姓字。"《大人先生传》篇幅较长,传体与《五柳先生传》亦不同,是篇反复设客显志,其所谓不知姓字,亦是虚设传主,如非有先生之类也。另一种则如陈寿《益部耆旧传》:

> 广汉有老翁钓于涪水,自号涪翁。①

又如《太平御览》卷五百三引王隐《晋书》:

> 瞿硎先生者,不得姓名,亦不知何许人也。泰和末,常居宣城郡界。山中有瞿硎,因以名焉。大司马桓温常往造之,既至,见先生被鹿裘,坐于石室,神无忤色,温及僚佐数十人皆莫测之。乃命伏滔为之铭赞。竟卒于山中。②

这样因(隐居)地命名的隐士。"亦不详其姓字,宅边有五柳树,因以为号焉"的构思,显然与这一种人物传更为符合。又王隐其人,有学者推测其卒年最晚不超过升平五年(361年)③,但此段文字述及桓温,而桓温拜大司马并辟伏滔为参军已在兴宁元年(363年)④,又陶渊明外祖孟嘉此前亦已应桓温之辟⑤,总之《瞿硎先生传》于陶渊明而言,正是近人所书之近事了。

刘宋时期也出现了一部重要的高士类杂传,这就是袁淑的《真隐传》。此传专门"集古来无名高士"(《宋书·隐逸传》),故传主自然全无姓字。如:

> 鬼谷先生,不知何许人也。隐居韬智,居鬼谷山,因以为称。

> 郑长者,隐德无名,著书一篇,言道家事。韩非称之,世传是长者之辞,因以为名。

> 南公者楚人,埋名藏用,世莫能识,居国南鄙,因以为号。著书言阴阳事。

---

① 《初学记》卷二二引,中华书局 2004 年版,第 545 页。
② 《太平御览》,中华书局 1960 年影印本,第 2298 页。
③ 曹书杰:《王隐家世及其〈晋书〉》,《史学史研究》1995 年第 2 期。
④ 参《晋书·伏滔传》。
⑤ 参《晋书·孟嘉传》。

野老,六国时人,游秦楚间。年老隐居,掌劝为务,著书言农家事,因以为号。

鹖冠子,或曰楚人。隐居幽山,衣弊履穿,以鹖为冠。莫测其名,因服成号,著书言道家事。①

据《宋书·何尚之传》,何尚之元嘉二十九年致仕,"于方山著《退居赋》以明所守,而议者咸谓尚之不能固志"。《南史·何尚之传》又谓:"尚之既任事,上待之愈隆。于是袁淑乃录古来隐士有迹无名者,为《真隐传》以嗤焉。"②隐士队伍向来鱼龙混杂,但陶渊明是否也有类似袁淑的"真隐"概念,以"不详姓字"为真隐士的标志,则无可详考了。

四、事　迹

无论从体制,还是传主信息的措辞上,《五柳先生传》都是一个带有很强模拟性的文本。至于传文的主体即述五柳先生事迹的部分,包括最后的系赞,同样是有所依傍的。下表将《五柳先生传》自"闲静少言"后全文内容与《汉书·扬雄传》中的一段文字作以比较(为比较方便,依《五柳先生传》文序对《扬雄传》作了前后调整):

《五柳先生传》	《汉书·扬雄传》
闲静少言。	为人简易佚荡,口吃不能剧谈,默而好深湛之思。
不慕荣利。	清静亡为,少耆欲。 不修廉隅以徼名当世。 非其意,虽富贵不事也。
好读书,不求甚解;每有会意,便欣然忘食。	少而好学,不为章句,训诂通而已,博览无所不见。 自有大度,非圣哲之书不好也。
性嗜酒,家贫不能常得。亲旧知其如此,或置酒而招之;造饮辄尽,期在必醉。既醉而退,曾不吝情去留。	家素贫,耆酒。人希至其门。时有好事者载酒肴从游学。

---

① 以上各传并见《太平御览》卷五一〇"逸民部",第 2321—2322 页。
② 《宋书》卷六六,第 1739 页;《南史》卷三〇,第 784 页。

续　表

《五柳先生传》	《汉书·扬雄传》
环堵萧然,不蔽风日;短褐穿结,箪瓢屡空,晏如也。	家产不过十金,乏无儋石之储,晏如也。
常著文章自娱,颇示己志。忘怀得失,以此自终。	顾尝好辞赋。
赞曰:黔娄之妻有言,"不戚戚于贫贱,不汲汲于富贵。"其言兹若人之俦乎?衔觞赋诗,以乐其志。无怀氏之民欤?葛天氏之民欤?	不汲汲于富贵,不戚戚于贫贱。

有学者认为,《五柳先生传》就是仿照《扬雄传》而成[①]。需要指出的是,因为《汉书·扬雄传》在班固"赞曰"之上的内容,是全录扬雄《自序传》的文字,所以上表中《扬雄传》除了"家素贫,耆酒。人希至其门。时有好事者载酒肴从游学"一条外,其余都是《自序传》中内容。可以看到,除赞文的最后一句外,凡是《五柳先生传》中有的内容要素,《扬雄传》中俱全。即钱锺书先生敏锐指出的《五柳先生传》"'不'字为一篇眼目",也同样可以移评扬雄的这一段自传[②]。

其实,《五柳先生传》未必要直接从《自序传》或《汉书·扬雄传》中取材,刘知几曾提到,嵇康《高士传》中亦有一篇《扬雄传》[③]。嵇康的《扬雄传》自然也是抄录前史而来,而陶渊明所借鉴的,更可能是已经归化到《高士传》系统的《扬雄传》。

五、结论:互文的历史

《五柳先生传》不仅来自于作者的生活经验,也来自于其阅读经验。从体制、笔法到内容,《五柳先生传》都是一个承袭性很强的文本,它与前此的文献群形成互文关系,亦即索莱尔斯(Philippe Sollers)所谓:

> 每一篇文本都联系着若干篇文本,并且对这些文本起着复读、强调、浓缩、转移和深化的作用。[④]

在此基础上,讨论《五柳先生传》的系年其实是很危险的,因为理论上说,它甚至

[①] 吴国富:《"五柳先生"及"无弦琴"的守穷守默——从扬雄看陶渊明的"愤宋"》,《九江师专学报》(哲社版)2001年第2期。
[②] 钱锺书:《管锥编》(第四册),中华书局1986年版,第1228页。
[③] 浦起龙:《史通通释》,中华书局1978年版,第187页。
[④] 蒂费纳·萨莫瓦约:《互文性研究》,邵炜译,天津人民出版社2003年版,第5页。

可能直接由前文本生成，因此它可能作于作者有写作能力的岁月中的任意一年。

但这不是本文关注的重点。众所周知，魏晋南北朝时期是模拟之风盛行的时代，这种模拟，不仅限于文学创作，盖"六朝著述，率趋模拟"①。而历史撰写由于牵涉历史的真实性问题，其模拟尤致读者迷惑。故《史通》专辟《模拟》一章以言其得失。但《史通》所论，又仅限于书法、笔法，如今史滥用前代称谓，或今史善拟《左传》叙事之法之类，这些问题尚基本无关乎历史真实，只有像《五柳先生传》这样的互文问题，才最会造成难以解读的困境。因为比起历史撰写中常见的讹误、曲笔、夸饰等现象，互文更加隐蔽。兹举一例：

> 延之少孤贫，居负郭，室巷甚陋。（《宋书·颜延之传》）②

因为东晋建康城实际上并无砖土城墙，这里所谓"居负郭"只能解释为与《史记·陈丞相世家》"家乃负郭穷巷，以弊席为门"一句互文，泛谓其处地僻远而已。但更多的情况下，我们根本无从考证其历史真实，即使揭示出所有参与互文的文献。如《太平御览》卷四九八引王隐《晋书》：

> （阮籍）作二千石不治官事，日与铃下共饮酒歌呼。③

这明显来自《史记·陈丞相世家》"为相非治事，日饮醇酒、戏妇女"一句。那么，是阮籍、颜延之与陈平行事暗合？是这二人有意效仿陈平？是王隐、沈约以陈平目其人？都有可能。新文本下有旧文本，阮籍、颜延之背后有陈平，即如陶渊明背后有扬雄。以同一套传记话语施之于二人，有可能符合历史的真实吗？答案是可能有也可能无。可能陶渊明行事即类扬雄，也可能他只是借扬雄建立一个理想型，也可能只是他自认为达到了这个理想型（如袁粲即是）。《三国志·魏书·钟会传》裴注引钟会《张夫人传》载会母张氏谓会曰："若以小善为无益而弗为，此乃小人之事耳。"这不是刘备遗诏中说的"勿以善小而不为"（《三国志·蜀书·先主传》裴注引《诸葛亮集》）吗？张氏不知刘备作此语而与之偶合吗？张氏知刘备此语而借用之吗？此为当时流行语而刘、张皆用之吗？钟会作传故意移花接木吗？都有可能。所以可以说，无论讹误、曲笔还是夸饰，都只是掩盖真实，而互文则几乎是在消解真实。从这个角度上看，《宋书》提出的"自况"，可能是对《五柳先生传》最好的理解维度了。

魏晋南朝人对"拟"的热情，不仅停留在撰述上，亦体现在行为上。《庄子·达

---

① 《史通通释》浦起龙按语，第224页。
② 《宋书》卷七三，第1819页。
③ 《太平御览》，第2276页。

生》谓:"夫醉者之坠车,虽疾不死。骨节与人同,而犯害与人异,其神全也。……彼得全于酒而犹若是,而况得全于天乎?"而王忱云:"三日不饮酒,觉形神不复相亲。"是必师《庄子》之意也①。《庄子·列御寇》云:"吾以天地为棺椁,以日月为连璧,星辰为珠玑,万物为送赍。吾葬具岂不备邪?"而《世说》谓"刘伶恒纵酒放达,或脱衣裸形在屋中。人见讥之,伶曰:'我以天地为栋宇,屋室为裈衣,诸君何为入吾裈中?'"②又阮籍"露头散发,裸袒箕踞"③,王徽之"蓬首散带"④,王忱"或裸体而游"⑤,颜延之"常日但酒店裸袒挽歌"⑥。是活用《庄子》意又转相效仿也。阮籍"闻步兵校尉缺,厨多美酒,营人善酿酒,求为校尉,遂纵酒昏酣,遗落世事"⑦。陶渊明出仕则是因"公田之利,足以为酒"。凡此行事相类,此期诸史杂传中在在皆是,不一而足⑧。如果将这种风气与历史撰述的互文性联系起来,就会使后者的情况更为复杂——人物行为的雷同是传记告诉我们的,我们因此无法分辨这雷同到底是传记在文本层面上的互文,还是传主在历史真实中的互仿。

六、余论:类化的人

无论是陶渊明还是袁粲,制造互文的传记,目的都是获得一种归类,把自己归入高士的队伍,或者更具体的,把自己归入"扬雄那样的高士"的队伍。

魏晋南北朝杂传的发达,即是在高涨的"归队"意识下获得的成果。高士归入高士类杂传,神仙归入神仙类杂传,地方名士以地缘为类归入郡书。《五柳先生传》和《妙德先生传》其实就是类传衍生出的另外一种存在方式,即单篇的、以"自传"面貌出现的类传。后世人如果想将某人打造为"某一类人"的形象,可以轻易地从六朝史传中依类之标签找到素材。或许最好的例子就是李白形象的建立,倪豪士曾在《旧唐书·李白传》中读到与魏晋史料中描述诸葛亮、阮籍、袁宏形象类似的措辞⑨,他引用杜希德(Denis Twitchett)先生的话解读人物传中的这种现象:

---

① 《世说新语·任诞》,见余嘉锡:《世说新语笺疏》,上海古籍出版社1997年,第762页。
② 《世说新语·任诞》,《笺疏》,第730页。
③ 《太平御览》卷四九八引王隐《晋书》,第2276页。
④ 《世说新语·简傲》"王子猷作桓车骑骑兵参军"条刘注,《笺疏》第773页。
⑤ 《晋书》卷七五《王忱传》,中华书局1974年校点本,第1973页。
⑥ 《南史》卷三四《颜延之传》,第879页。
⑦ 《三国志·魏书·王粲传》裴注引《魏氏春秋》,第605页。
⑧ 王世贞曾辑古人异人同事材料凡64条,见《弇州四部稿》卷一七五。清沈廷文又作《广事同纂》一卷增补王文,有《丛书集成初编》本。
⑨ 倪豪士:《传记与小说——唐代文学比较论集》,中华书局2007年版,第257页。

很多策略用来填补这个履历所提供的纲要。第一个要提出的并且也是最为广泛传播的是对程式化片段和传统场景的使用，意在显示历史学家把研究对象归入某个类别是合适的。Herbert Franke 教授已经引导我们关注一些这样的母题(topoi)，这个母题名单可以继续扩大。……对这个特点读者应该一直保持警觉，这种文字——即使在间接和隐喻的意义上——是对研究对象的行为和官位的描述，又常常把研究对象和古代的模范人物联系起来。①

实际上，李白的许多著名事迹都有六朝的史传与之"互文"，比如他的"谪仙人"之号，即同于《南齐书·高逸传》："永明中，会稽钟山有人姓蔡，不知名。山中养鼠数十头，呼来即来，遣去便去。言语狂易。时谓之'谪仙'。"②又《旧唐书》所载李白"既嗜酒，日与饮徒醉于酒肆。玄宗度曲，欲造乐府新词，亟召白，白已卧于酒肆矣"之事③，里面也有《南史·颜延之传》"文帝尝召延之，传诏频不见。常日但酒店裸袒挽歌，了不应对，他日醉醒乃见"的影子④。李白还有一个有意思的特点，正是"不知何许人也"：即使李阳冰受李白之托为其编集作序，魏颢亲见李白本人并为之编集作序，刘全白与他有交而为之作《碣记》，范传正亲访其后人而为之作碑文——凡四人四文，且其中前三人的传记信息来源甚至有可能是李白口述⑤，而我们仍长期不知李白"何许人也"。至于李白自己，则忽而称"白本家金陵"(《上安州裴长史书》)，忽而称"本家陇西人"(《赠张相镐二首》)，这里未必没有混乱视听，有意造成个"不知何许人"的效果的可能。至于其"指天枝以复姓"(范传正《唐左拾遗翰林学士李公新墓碑并序》)、"惊姜之夕，长庚入梦，故生而名白，以太白字之"(李阳冰《草堂集序》)的传奇诞生命名故事，则是直接袭用葛洪《神仙传》，而比类于老子了⑥。

魏晋南朝本就是一个类化的时代，九品官人，士庶天隔，清浊殊途，侨吴异调，每个人身上都有各种身份标识其类。类书出现，目录学发展，每一种知识也获得了类的归属，于是贵族圈子还里流行起考验同类知识存量的"隶事"的游戏。在《世说新

---

① D. C, Twitchett(杜希德), *Chinese Biographical Writing. Historians of China and Japan*. Ed. W. G. Beasley, and E. G. Pulleyblank(蒲立本). London: Oxford University Press, 1961. pp.95—114. 中译有张书生译，王毓铨校，《中国的传记写作》，《史学史研究》1985 年第 3 期。此处译文仍依倪豪士《传记与小说——唐代文学比较论集》，第 255 页。事实上，在杜文之前，福赫伯、傅汉思等汉学家也提到过中国传统传记写作的模式化的特征，参 Herbert Franke(福赫伯). *Some Remarks on the Interpretation of Chinese Dynastic Histories*. Oriens, Vol. 3, No. 1, Jun. 30, 1950. Hans H. Fränkel(傅汉思):《唐代文人：一部综合传记》，载倪豪士编，黄宝华等译，《美国学者论唐代文学》，上海古籍出版社 1994 年版，第 10—11 页。

② 《南齐书》卷五四，中华书局 1972 年校点本，第 943 页。

③ 《旧唐书》卷一九〇《文苑传下》，中华书局 1975 年校点本，第 5053 页。

④ 《南史》卷三四，第 879 页。

⑤ 详参周勋初先生《李白评传》，南京大学出版社 2005 年版，第 19—22 页。

⑥ 见《李白评传》，第 31 页。

语》中，士人的日常言行被分类辑录；在《文选》中，士人的文学创作也被分类编集。在这个类化的时代里，《五柳先生传》通过互文得到自己的定位分类，而这一时期大量的史传作品正是这样地各归各类，成为丰富的素材库，等待着与后世的文本结成新的互文。

论红楼梦诗词的女性意识

◎ 莫砺锋

一

有些西方现代女性主义批评家认为，男性作家是不能为女性而写作的。例如法国的埃莱娜·西苏(Helene Cixous)声称："妇女必须写妇女，男人则写男人。"[①]法国的露丝·依利格瑞(Luce Irigaray)则为上述主张指出了原因："我永远代替不了一个男人，男人也永远代替不了我。无论他们可以变换什么样的身份，一方永远也不可能完全替代另一方，——他们不具有互换性。"[②]然而中国文学史的实际情形似乎与这种观点大相径庭：中国的古典诗歌，尤其是唐宋以来的词，有很多作品都是出于男作家之手，却以女性为抒情主人公。清人田同之把这种情形归结为"男子而作闺音"[③]。当然，在女性主义批评家看来，这些作品必然充满着对女性的偏见、歪曲，是男性压迫在文学中的曲折表现。可是上述论断其实是武断的，男女两性之间果真存在不可逾越的鸿沟？男性作家绝对不能很好地"写妇女"？我们不应该从抽象的观念出发去演绎这些命题，而应该以文学史实为对象来检验它们。我认为曹雪芹在《红楼梦》中为女性人物所代拟的那些诗词作品，就是一个很好的例证。

从唐人传奇开始，古代小说中的人物常常伴随有由作家代拟的诗词作品出现。无论从这些诗词自身的艺术水准还是它们与所属人物性格特征的吻合程度来看，《红楼梦》中的诗词都堪称典范之作。尤其是对后面一点，红学家们是津津乐道的。例如第三十七回写诸人咏海棠事，脂砚斋评曰："宝钗诗全是自写身份，讽刺时事，只以品行为先，才技为末。纤巧流荡之词，绮靡秾艳之语，一洗皆净。非不能也，屑而不为也。最恨近日小说中，一百美人诗词语气，只得一个艳稿。"又评黛玉诗曰："看

[①] 《美杜莎的笑声》，引自张京媛编：《当代女性主义文学批评》，北京大学出版社1992年版，第190页。
[②] 《性别差别》，引自张京媛编：《当代女性主义文学批评》，北京大学出版社1992年版，第379页。
[③] 《西圃词话》卷一。

他终结到自己,一人是一人口气。"①又如近人平子指出:"《红楼梦》之佳处,在处处描摹,恰肖其人。作者又最工诗词,然其中如柳絮、白海棠、菊花诸作,皆恰如小儿女之口吻,将笔墨放平,不肯作过高之语,正是其最佳处。其中丫环作诗,如描写香菱咏月,刻划入神,毫无痕迹,不似《野叟曝言》群妍联吟,便令读者皮肤起粟。"②上述评语都着眼于曹雪芹为书中人物代拟诗词时,非常成功地使这些诗词符合人物的身份和性格,从而不见代拟之痕迹。正因如此,在读者心目中,那些诗词真是出于书中人物之口,例如清人陈其泰在《红楼梦回评》第七十回中说:"黛玉柳絮词,真为自家写照。"③而现代的红学家则干脆以这些诗词作为分析人物性格的直接证据④。我完全同意上述观点,但是本文要想讨论的则是一个新的问题:《红楼梦》中的诗词,十有八九是曹雪芹代女性人物所拟的,是无可置疑的"男子而作闺音"。如果说贾宝玉的诗词中渗入了曹雪芹本人"秦淮风月忆繁华"的人生经历故而如出其肺腑⑤,那么,男性作家曹雪芹又何以能够为女性人物代拟诗词,且做到宛肖其声口呢?

二

如果只考虑完整的诗、词、曲而不计断句的话,《红楼梦》中写过作品的女性人物共有贾元春、迎春、探春、惜春、李纨、薛宝钗、林黛玉、史湘云、薛宝琴、邢岫烟、李纹、香菱等十余人。应该指出,这些人物的作品并不都具有女性特征,例如贾元春身为贵妃,其诗作也有明显的台阁之气,试看其《题大观园》:"衔山抱水建来精,多少功夫始筑成!天上人间诸景备,芳园应赐大观名!"(第十八回)⑥脂砚斋评曰:"诗却平平,盖彼不长于此也,故只如此。"⑦其实更重要的原因不在于此,而在于元春的身份只能让她写出这种雍容华贵、平板呆滞的诗来,这当然与男性台阁之臣的诗如出一辙。再如李纨和贾探春,一个是恪守三从四德的寡妇,另一个则是有补天之志的闺秀,当她们奉元春之命题咏大观园景物时,所成之诗也就必然是平常的颂圣之辞,试看李纨的《万象争辉》和探春的《文采风流》二诗,一曰"精妙一时言不尽,果然万物有光辉",一曰"名园一自邀游赏,未许凡人到此来",辞意俱俗,毫无个性。无怪乎在脂本《红楼梦》中,这两首诗的所属是与程乙本互相颠倒的。作品与作者的关系可以任意

---

① 引自朱一玄编:《红楼梦资料汇编》,南开大学出版社1985年版,第437页。
② 《小说丛语》,引自朱一玄编:《红楼梦资料汇编》,南开大学出版社1985年版,第863页。
③ 引自朱一玄编:《红楼梦资料汇编》,南开大学出版社1985年版,第736页。
④ 参看林楠:《论黛玉的觉醒和宝玉的蛰眠——从宝黛诗文创作看宝黛形象的差异》,《红学三十年论文选编》(中册),刘梦溪编,百花文艺出版社1984年版,第346—385页。
⑤ 见敦敏:《赠芹圃》,《懋斋诗钞》,文学古籍刊行社1955年影印本。
⑥ 按:本文引《红楼梦》,皆据人民文学出版社1979年版程乙本,有特殊情况者另作说明。
⑦ 引自朱一玄编:《红楼梦资料汇编》,南开大学出版社1985年版,第290页。

置换,充分说明它们是缺乏艺术个性的,更何论什么女性意识?至于香菱的诗,本是初学者的习作,即使是博得众人赞赏的第三首,也不过达到辞意通顺的程度而已,当然难以体现人物的性格特征。此外如邢岫烟、李纹、迎春、惜春等人,书中着笔较少,她们的诗才也不甚高,所以都不在本文的考察范围内。

值得注意的是林黛玉、薛宝琴、薛宝钗、史湘云四人。她们都是具有灵心慧性的女性,其诗作在艺术上都有较高的造诣。按照她们在本文中的重要程度,我把她们分成三组,现在先看后面两人。

薛宝钗是一个性格中充满了矛盾的人。一方面,她具有过人的才性和学识,也不乏女性特有的敏感;另一方面,她一心一意地遵循封建礼教,主动地以此来规范自己的言行。她声称:"自古道女子无才便是德,总以贞静为主,女工还是第二件。其余诗词,不过是闺中游戏,原可以会,可以不会。咱们这样人家的姑娘,倒不要这些才华的名誉。"(第六十四回)所以她虽然精于诗艺,却常常劝止别的女性作诗。当她自己写诗时,被她视为金科玉律的传统观念就不知不觉地渗入其诗的字里行间,从而阻止她流露出女性意识。例如:

忆 菊

怅望西风抱闷思,蓼红苇白断肠时。空篱旧圃秋无迹,瘦月清霜梦有知。
念念心随归雁远,寥寥坐听晚砧迟。谁怜我为黄花病,慰语重阳会有期。

此诗在艺术上相当老成,探春赞之曰:"到底要算蘅芜君沉着,'秋无迹'、'梦有知',把个'忆'字竟烘染出来了。"(第三十八回)其实全诗句句紧扣"忆"字,语淡情深,堪称佳作。这种平淡、含蓄的诗风与宝钗不喜华艳、其室内"案上止有一个土定瓶,瓶中供着数枝菊花……衾褥也十分朴素"(第四十回)的性格是完全相符的。然而此诗中的字句、意象都是历代咏菊诗中所常见的,它在情感倾向上也符合"哀而不伤"的诗教规范,与以男性为中心的诗歌传统一脉相承。如果说这样的诗中有女性意识的话,那只能是完全遵从男性所设定的价值规范的女性意识,是"三从四德"在文学中的含蓄表现。

史湘云是一个性格豪爽、心地坦率的姑娘,她又出生在一个日益衰落的贵族家庭,按理说是有可能对封建礼教产生怀疑,从而唤醒内心被压抑的女性意识的。然而湘云一向与宝钗交好,把后者视为自己的典范,以至于鹦鹉学舌地以"仕途经济"的一套"混账话"去规劝宝玉(第三十二回),这就大大地降低了她冲破封建闺范的可能性。此外,湘云的豪爽性格使她对男女爱情并不十分在意,诚如宝玉在警幻仙子处听到的《乐中悲》所云:"幸生来,英豪阔大宽宏量,从未将儿女私情,略萦心上。好一似,霁月光风耀玉堂。"(第五回)这种"假小子"式的性格显然会减弱她意识中的性别特征,因为对于封建社会中的女性来说,她们的性别特征主要是通过爱情、婚姻才

得以凸现的。于是,湘云的诗词虽然不像宝钗的那般正统,但也缺乏林黛玉诗的"女郎诗"性质。试看第三十七回中三人的同题之作:

咏白海棠

薛宝钗

珍重芳姿昼掩门,自携手瓮灌苔盆。胭脂洗出秋阶影,冰雪招来露砌魂。淡极始知花更艳,愁多焉得玉无痕。欲偿白帝宜清洁,不语婷婷日又昏。

咏白海棠

林黛玉

半卷湘帘半掩门,碾冰为土玉为盆。偷来梨蕊三分白,借得梅花一缕魂。月窟仙人缝缟袂,秋闺怨女拭啼痕。娇羞默默同谁诉,倦倚西风日又昏。

白海棠和韵

史湘云

神仙昨日降都门,种得蓝田玉一盆。自是霜娥偏爱冷,非关倩女欲离魂。秋阴捧出何方雪,雨渍添来隔宿痕。却喜诗人吟不倦,肯令寂寞度朝昏。

其 二

史湘云

蘅芷阶通萝薛门,也宜墙角也宜盆。花因喜洁难寻偶,人为悲秋易断魂。玉烛滴干风里泪,晶帘隔破月中痕。幽情欲向嫦娥诉,无那虚廊月色昏。

钗、黛二诗在艺术水准上不相上下,但风格则显然不同。当时李纨即评黛玉诗曰:"若论风流别致,自是这首。若论含蓄浑厚,终让蘅稿。"脂砚斋的评语也与之相仿:"逸才仙品固让颦儿,温雅沉着终是宝钗。"更应该注意的是,宝钗诗是对海棠的客观描写,"不语婷婷"的海棠花虽然以女性的面目出现,但作者的身份却无从判别其性别。而黛玉的诗则显然把自己的全部情感都投射在海棠身上,诗中的"怨女"形象到底是人还是花,已不复可辨,故清人王希廉评曰:"各人海棠诗俱暗写各人性情、遭际,而黛玉更觉显露。"① 正因如此,黛玉诗具有明显的女性特征就是不言自明的了。就性别特征而言,史湘云的两首和作正处于钗、黛之间。有些论者认为湘云的第一首"吹捧薛宝钗的高雅宜人",第二首则"尖刻地嘲弄挖苦林黛玉,暗暗攻击贾、

---

① 引自朱一玄编:《红楼梦资料汇编》,南开大学出版社1985年版,第574页。

林的爱情关系。"①这种观点当然是过于政治化了,但如果说湘云的和作在思想内涵上离宝钗诗较近而距黛玉诗较远,倒是颇有道理的。第二首的尾联虽然很像是女性文本,但从全诗来看,花与人仍是析为二体的,这在颔联中表现得尤其明显。这样,全诗的抒情意味就远不如黛玉诗之浓。法国的女性主义理论家西蒙·波娃(Simone de Beauvoir)指出:"业余的女作家们则认为文字只是人与人之间交流思想的方法,一种向别人倾诉自己的工具,只需要直接表达自己的感觉。"②于是,湘云诗中的女性意识也就相形见绌了。至于湘云诗的第一首,"自是霜娥偏爱冷,非关倩女欲离魂"二句既已拒绝了有关爱情的联想,而以幽独贞素的淑女为旨归,当然更是与"温雅沉着"的宝钗诗比较接近了。

宝钗、湘云身为女子,而所作诗词却缺少女性意识,这是否由于这些作品的代拟者曹雪芹是一位男性作家呢?换句话说,如果宝钗、湘云是真实的历史人物,她们的作品会不会具有更多的女性意识呢?我认为可以把《红楼梦》产生的那个时代的女性诗人作为一面镜子。明、清时代的女诗人和女词人为数众多,但是从整体上说,她们的创作完全被笼罩在男性诗歌传统的阴影之下,很少表现出女性意识的倾向。例如明初颇有诗名的孟淑卿,自号"荆山居士",其诗则"无铅粉气"③。无论是主观意愿还是作品的客观情况,她都与男性诗人毫无区别。又如清初的林以宁、顾启姬等七人,组"蕉园诗社",号称"蕉园七子",而张允滋、张芬等十人则号称"吴中十子",也都以男性自居,她们的诗词也很少表现出女性色彩。即使在名噪一时的袁枚女弟子中,情形也没有多大的变化。试看《随园女弟子诗选》中的诗作,与男性诗人的作品又有多大的区别!所以说,薛宝钗、史湘云的诗词虽然出于曹雪芹之手,但并没有因此而泯灭其中的女性色彩,因为当时的女性诗人自身就很少意识到自己的性别特征。

三

薛宝琴在《红楼梦》中是一个匆匆而来又匆匆而去的过客。她年纪虽幼,却聪颖过人,而且又随家人去过许多地方,所以比那些长年锁闭在大观园中的闺秀们远为见多识广。她的诗才也很为惊人,在芦雪庵即景联句时,共有十二人参加,共吟诗六十六句,其中宝琴一人就抢联了十三句,而且在后半个阶段简直是与黛玉、湘云两人车轮大战,充分显示了她过人的敏捷。她咏红梅花的七律也远胜邢岫烟、李纹的同题之作。然而宝琴最引人注目的诗作却是《怀古绝句十首》(第五十一回)。由于宝

---

① 朱彤:《论史湘云》,《红学三十年论文选编》(中册),第436页。
② 西蒙·波娃:《第二性——女人》,桑竹影、南珊译,湖南文艺出版社1986年版,第500页。
③ 顾起纶:《国雅品·闺品》,《历代诗话续编》本。

琴自己声称这十首诗"暗隐俗物十件",《红楼梦》全书中又没有挑明其谜底,故历来的红学家们颇为猜破这些哑谜而绞尽脑汁①。然而我更感兴趣的却是这些诗中所体现出的女性意识,下面对后五首诗作一些分析。

桃叶渡怀古

衰草闲花映浅池,桃枝桃叶总分离。六朝梁栋多如许,小照空悬壁上题。

此诗咏王献之与其妾桃叶题诗送别之事。桃叶渡在金陵秦淮河与青溪的交汇处,乃因王献之送桃叶于此渡口而得名。由于金陵是六朝旧都,所以帝王将相、文人墨客留下的遗迹遍地皆是②。然而宝琴此诗却偏偏只咏桃叶渡,且以否定的口气说"六朝梁栋多如许",意即那些所谓的"梁栋"都不值一提③,而桃叶渡留下的风流韵事却值得缅怀,这就多少体现出不同于男性诗人的眼光,因为女性往往对爱情怀有特殊的敏感。

青冢怀古

黑水茫茫咽不流,冰弦拨尽曲中愁。汉家制度诚堪叹,樗栎应惭万古羞。

王昭君是古今诗人喜欢吟咏的女性,从李白、杜甫到王安石、欧阳修,诗人们都对她表示了深切的同情。唐人戎昱的《咏史》则由此而讥刺汉朝的和亲政策:"汉家青史上,计拙是和亲。社稷依明主,安危托妇人。岂能将玉貌,便拟静胡尘。地下千年骨,谁为辅佐臣?"④宝琴此诗也表示了同样的意思,但是其批判的程度更为强烈,更像是从昭君的立场而喊出的女性之控诉。

马嵬怀古

寂寞脂痕渍汗光,温柔一旦付东洋。只因遗得风流迹,此日衣衾尚有香。

杨贵妃其人,历代诗人对她的态度比较复杂。从杜甫的《哀江头》以来,诗人们也不乏同情其悲惨结局的,但总觉得她是导致安史之乱的重要因素。为之翻案最力的大概是唐末诗人罗隐,其《帝幸蜀》一诗说:"马嵬山色翠依依,又见銮舆幸蜀归。泉下

---

① 参看周春:《阅红楼梦随笔》、徐凤仪《红楼梦偶得》、蔡义江《红楼梦诗词曲赋评注》等书。
② 唐人刘禹锡作:《金陵五题》,即分咏石头城、乌衣巷、台城、生公讲堂、江令宅五处遗迹,见《全唐诗》卷三六五。
③ 蔡义江认为"梁栋"指王献之(《红楼梦诗词曲赋评注》,北京出版社1979年版,第255页),误。
④ 《全唐诗》卷二七〇。

阿蛮应有语,这回休更怨杨妃。"①宝琴此诗则别出心裁,它对安史之乱一字不提,而只写杨妃的爱情经历,并且认为杨妃的爱情是万古流芳的,这不仅与女色亡国的男性谬论大唱反调,翻案之意略同于罗隐,而且理直气壮地肯定杨妃,体现出女性之间的同情和理解,这是罗隐诗所缺乏的。

蒲东寺怀古

小红骨贱最身轻,私掖偷携强撮成。虽被夫人时吊起,已经勾引彼同行。

梅花观怀古

不在梅边在柳边,个中谁拾画婵娟?团圆莫忆春来到,一别西风又一年。

这两首诗所咏的都是出于虚构的爱情故事,但宝琴既然将它们题作"怀古",表明她对之信以为真,即肯定它们具有现实的意义。前一首从字面上看似乎对红娘撮成崔、张爱情不以为然,所用词句多属贬义。今人或以为:"在薛宝琴这样的贵族小姐看来,不安分的红娘是所谓骨头生得轻贱。"②我觉得这是出于误解。一来此诗前后的《马嵬怀古》和《梅花观怀古》都是歌颂爱情的,这一首不应单独取谴责爱情的态度。二来从此诗全文来看,颇有庆幸红娘终于"勾引"崔张成功之意。所以这多半是正言反说,至于"骨贱"等贬词,不过是宝琴的障眼之词而已。后一首则从正面对杜丽娘、柳梦梅的生死恋情表示了深挚的同情,词意蕴藉,回味无穷。

在漫长的封建社会里,历史主要是由男性来书写的。杰出的历史人物绝大多数是男性,历代的咏史诗也就顺理成章地以男性人物为吟咏对象。以晚唐写咏史绝句最多的两位诗人为例,周昙共作咏史绝句一百九十五首,皆以人名为题,其中以女性为题的只有《舜妃二首》、《子牙妻》、《君王后》、《樊姬》、《魏博妻》、《曹娥》、《周都妻》、《鲍宣妻》、《吕母》、《贾后》、《独孤后》等十二首③,只占总数的百分之六④。胡曾共作咏史绝句一百五十首,皆以地名为题,其中涉及女性人物的只有《细腰宫》、《石城》、《阳台》、《金谷园》、《湘川》、《青冢》、《息城》、《褒城》、《望夫山》等九首,也占总数的百分之六。而且这些诗对所咏女性人物的态度虽是有褒有贬,但褒贬的价值标准却都是封建的道德规范,前者如周昙《舜妃》:"苍梧一望隔重云,帝子悲寻不记春。何事泪痕偏在竹,贞姿应念节高人。"后者如胡曾《褒城》:"恃宠娇多得自由,骊山举火戏诸侯。只知一笑倾人国,不觉胡尘满玉楼。"或推崇贞节殉夫,或讥刺女性亡国,都完

---

① 《全唐诗》卷六六四。
② 蔡义江:《红楼梦诗词曲赋评注》,北京出版社1979年版,第258页。
③ 详见《全唐诗》卷七二八、七二九。
④ 详见《全唐诗》卷六四七。

全体现着男性所制定的价值标准。所以这些咏及女性的诗歌,其实仍然是十足的男性文本。相对而言,宝琴的《怀古绝句十首》就堪称别开生面了。这组诗中咏及女性的就有五首,与咏男性的诗平分秋色。而且诗中对女性充满了同情和理解,即使是历来被贬为亡国祸首的杨贵妃,宝琴也为之大作翻案文章,对她表示了同情和赞叹。可以说,宝琴的诗是对男性咏史传统的反叛,它们折射出女性意识的初步觉醒。宝琴其人,自幼随父经商,阅历较广,受闺范束缚较少,因此她能够部分地冲破传统观念的桎梏,《怀古绝句十首》中所流露出来的女性意识,当源于此。由于宝琴的人生经历在清代女诗人中几乎是绝无仅有的,所以在清代女性诗词中很难找到类似《怀古绝句十首》的作品。也许曹雪芹对此已有所觉察,故而在红楼群芳中独独挑选身份独异的宝琴来充当这组诗的作者,这从一个侧面体现出其匠心独造。

四

林黛玉无疑是曹雪芹最为钟爱的一个人物,对于这个心高气傲又寄人篱下的不幸少女,曹雪芹是以充满爱抚、充满诗意的笔触来展开描写的。从"灵河岸上,三生石畔"(见第一回)到"凤尾森森,龙吟细细"(见第二十六回)的潇湘馆,黛玉始终生活在诗的意境之中。从"魁夺菊花诗"到"焚稿断痴情",她的一生行事都与诗歌结下了不解之缘。林黛玉的诗词不但是《红楼梦》中艺术个性最为鲜明的,而且也最近于曹雪芹本人的气质。可以断言,曹雪芹在为红楼群芳代拟诗词时,最为呕心沥血的莫过于黛玉之诗了。黛玉的诗词不仅是我们藉以窥见这个人物心底波澜的最佳窗口,也是我们分析《红楼梦》中的"男子闺音"的最佳文本。因为黛玉无疑是《红楼梦》中最有资格质疑男性话语权力的女性。

林黛玉初露才华是在贾元春归省时。当众姐妹奉元春之命题诗题匾时,黛玉本想"大展奇才,将众人压倒,不想元妃只命一匾一咏,便不好违谕多做,只胡乱做了一首五言律应命便罢了"(第十八回)。论者或批评黛玉的"这首《世外仙源》非但毫无'世外仙味'可言,相反它倒是相当鄙陋和庸俗的"[①]。然而如果把黛玉的诗与众姐妹所作对比一下,便会导出不同的结论来。当时众人所题之匾如下:迎春——"旷性怡情";探春——"文采风流";惜春——"文章造化";李纨——"万象争辉";宝钗——"凝晖钟瑞"。连标题都充满了歌功颂德之意,更不用说诗歌自身了。而黛玉诗中虽然也有"宸游增悦豫"、"何幸邀恩宠"等颂圣之语,但全诗字句较为清新,而且"世外仙源"的题目毕竟多少带有游离出那一片祥瑞喜气的意味。在贵妃奉旨省亲,众姐妹奉旨题诗的前提下,黛玉此诗已经显露了可贵的征兆:她与宝钗等人的旨趣是格格不入的。我们总不能要求黛玉在那时候就写出《葬花吟》或《秋窗风雨夕》那样的

[①] 林楠:《论黛玉的觉醒和宝玉的蛰眠》,《红学三十年论文选编》(中册),第348页。

诗来吧。

随着故事情节和人物性格的逐步展开,黛玉的诗词也越来越强地表现出她的性别意识来。

首先,黛玉诗表示了对爱情的追求和歌颂。

在封建社会里,女性被剥夺了从事社会活动的权利。她们的全部生活都被束缚在家庭之中,诚如西蒙·波娃所说:"家成为世界的中心,甚至唯一的现实。"[①]于是,作为家庭基础的婚姻、爱情便成为她们关注的唯一对象,同时也成为历代女性诗歌(以及男性代拟的女性诗歌)的主要内容。这些作品或诉弃妇之悲(如汉乐府《上山采蘼芜》),或抒离别之恨(如李清照《一剪梅》),偶尔也写琴瑟之乐(但数量很少,更无名篇),它们的主题非常集中,那就是希望得到男性的爱情。唐代女诗人鱼玄机的名句"易求无价宝,难得有心郎"[②]就是这种希望的典型表现。实际生活中男女关系的不平等导致当时女性作品中性别意识上的不平等,例如唐人小说《莺莺传》中的崔莺莺是一个勇敢地冲破礼教束缚而追求爱情的女性,可是她写给对方的诗却说:"自从消瘦减容光,万转千回懒下床。不为旁人羞不起,为郎憔悴却羞郎。"又说:"弃置今何道,当时且自亲。还将旧来意,怜取眼前人。"[③]明显地自居于被动、低贱的地位。这些诗歌中的女性意识比三从四德的闺范观念有所进步,然而在本质上仍然是屈从于男性统治的自卑意识。黛玉的诗则不然。当宝玉派晴雯把"半新不旧的两条绢子"送到潇湘馆后,黛玉"神痴心醉"(第三十四回),在绢帕上题诗三首:

眼空蓄泪泪空垂,暗洒闲抛却为谁?尺幅鲛绡劳解赠,叫人那得不伤悲![④]

抛珠滚玉只偷潸,镇日无心镇日闲。枕上袖边难拂拭,任他点点与斑斑。

彩线难收面上珠,湘江旧迹已模糊。窗前亦有千竿竹,不识香痕渍也无?

这三首诗不是黛玉的经意之作,但却是她的肺腑之声。它们毫无雕饰,直诉胸臆,是黛玉经过长期相思煎熬而终于得睹定情之物的欣喜,是在封建礼教下苦苦挣扎的苦闷灵魂初见曙光后的感泣。更值得注意的是,它们丝毫没有以往女性在追求爱情时的自卑感,而是以完全平等的心态对待意中人。这三首诗所咏的爱情纯洁清新,颇似友情,这固然与黛玉高洁狷介的性格有关,但更深层的原因则在于她对于爱

---

① 西蒙·波娃:《第二性——女人》,桑竹影、南珊译,湖南文艺出版社 1986 年版,第 225 页。
② 《赠邻女》,《全唐诗》卷八〇四。
③ 二诗又见《全唐诗》卷八〇〇。
④ 程乙本中第二句作"更向谁",第三句作"劳惠赠",第四句作"为君那得",此据脂本改。

情中的男女地位持有平等的观念。显然,这比起崔莺莺等人的作品是一个巨大的进步。正因如此,黛玉对前代爱情故事的女主人公的评价与众不同,试看其《五美吟》的其四、其五:

瓦砾明珠一例抛,何曾石尉重娇娆?都缘顽福前生造,更有同归慰寂寥。

长揖雄谈态自殊,美人巨眼识穷途。尸居余气杨公幕,岂得羁縻女丈夫?

前人咏绿珠者,大多着眼于赞美其以死殉情,如晚唐汪遵《绿珠》云:"从来几许如君貌,不肯如君坠玉楼。"① 杜牧的《金谷园》词意较为蕴藉,但立意也与之相似:"日暮东风怨啼鸟,落花犹似坠楼人。"② 黛玉此诗却别出心裁,她认为石崇对绿珠并无真正的爱情,故绿珠以死殉之实为石崇的"顽福",意即石崇本来是当不起绿珠的报答之情的③。至于《红拂》一诗公然赞颂蔑视权贵,主动与寒士李靖私奔的红拂为"女丈夫",则更是对女性独立意识的张扬,不用多说。所以黛玉这两首诗体现了她对女性独立地位的肯定,是对当时占统治地位的男性价值观念的挑战。

其次,黛玉诗表示了对女性自身美好本质和人生价值的追求和肯定。

现代西方女权主义运动曾经以争取女性享有与男性同样的机会和权利为主要目标,应该说,这是一种合乎逻辑的思潮。在封建时代的中国,女性也曾有过类似的愿望。然而在当时的现实环境中,这种愿望实等同于梦想,所以它仅仅在女性文学创作中偶尔闪现。以清代为例,吴藻曾作套曲《饮酒读骚》,"因绘图,已作文士妆束,盖寓'速变男儿'之意"④。陈端生、梁德绳作弹词《再生缘》,述孟丽君女扮男装,建功立业之故事。邱心如作弹词《笔生花》,述姜德华女扮男装,位至台辅之故事。这些作品颇为现代研究女性文学者所羡称,但其实它们只是女性梦想的"魔幻"式表现而已。试看上述作品中的女主人公,虽然胸怀奇才,却一定要装扮成男子后才能从事社会活动。吴藻希望"速变男儿",姜德华则慨叹:"老父既产我英才,为什么,不作男儿作女孩?"⑤ 在现实人生中,"速变男儿"当然是天方夜谭,女扮男装也只是浪漫幻想。而且,这种幻想虽然包含着为女性鸣不平的意义,但骨子里仍然是对男性权威地位的认同。黛玉是生于世代簪缨之族,长于钟鸣鼎食之家的贵族小姐,她绝无可能产生那种民间故事中才有的幻想,所以黛玉诗中并无"饮酒读骚"式的内容,她并

---

① 《全唐诗》卷六〇二。
② 《樊川诗集注·别集》。
③ 论者或以为末句指石崇与潘岳同时被捕(见蔡义江《红楼梦诗词曲赋评注》第287页),误。此诗咏绿珠而非咏石崇,若阑入潘岳事,则与题目毫无关系。此处的"同归",当指绿珠而言。
④ 见梁绍壬:《两般秋雨庵随笔》卷二。
⑤ 《笔生花》第二十四回。

不幻想身穿男装走出大观园。她只是直接对自身的美好品质进行吟咏,为自己在现实人生中的遭际发出不平之鸣。如果说《红楼梦》中的诗词都与其虚拟的作者身份相合的话,那么黛玉的作品就更加如从其肺腑中流出。例如其歌行《秋窗风雨夕》,清人陈其泰评曰:"愁病交侵,郁郁可怜。……读者尚难为怀,作者何以自遣?"①又如其咏絮小词《唐多令》,陈其泰评曰:"直为自家写照。"②最足以代表其心声的则是其《葬花吟》和《桃花行》两首长篇歌行,限于篇幅,只举前者为例:

> 花谢花飞飞满天,红消香断有谁怜?游丝软系飘春榭,落絮轻沾扑绣帘。闺中女儿惜春暮,愁绪满怀无着处。手把花锄出绣帘,忍踏落花来复去?柳丝榆荚自芳菲,不管桃飘与李飞。桃李明年能再发,明年闺中知有谁?三月香巢初垒成,梁间燕子太无情。明年花发虽可啄,却不道人去梁空巢也倾。一年三百六十日,风刀霜剑严相逼。明媚鲜妍能几时,一朝飘泊难寻觅。花开易见落难寻,阶前愁杀葬花人。独把花锄偷洒泪,洒上空枝见血痕。杜鹃无语正黄昏,荷锄归去掩重门。青灯照壁人初睡,冷雨敲窗被未温。怪侬底事倍伤神?半为怜春半恼春。怜春忽至恼忽去,至又无言去不闻。昨宵庭外悲歌发,知是花魂与鸟魂?花魂鸟魂总难留,鸟自无言花自羞。愿侬此日生双翼,随花飞到天尽头。天尽头,何处有香丘?未若锦囊收艳骨,一抔净土掩风流。质本洁来还洁去,不教污淖陷渠沟。尔今死去侬收葬,未卜侬身何日丧?侬今葬花人笑痴,他年葬侬知是谁?试看春残花渐落,便是红颜老死时。一朝春尽红颜老,花落人亡两不知!

此诗是黛玉诗中的压卷之作,是她用全部生命铸成的绝唱。它打动了历代读者的心,脂砚斋评曰:"余读《葬花吟》,至再,至三四,其凄楚感慨,令人身世两忘。"③富察明义则咏曰:"伤心一首葬花词,似谶似真自不知。安得返魂香一缕,起卿沉痼续红丝?"④但是论者对此诗所蕴含的女性意识尚未有明晰的认识,下面就这个角度作些分析。

把落花比喻为女性凋丧,是诗家的传统手法。宋祁《落花》诗有句云:"将飞更作回风舞,已落犹成半面妆"⑤、周邦彦《六丑·落花》有句云:"为问花何在,夜来风雨,葬楚宫倾国"⑥即为显例。黛玉此诗也采用了这种手法,所不同的是,她身为女性,故

---

① 《红楼梦回评》第四十五回,引自朱一玄编:《红楼梦资料汇编》,南开大学出版社1985年版,第725页。
② 《红楼梦回评》第七十回,引自朱一玄编:《红楼梦资料汇编》,南开大学出版社1985年版,第736页。
③ 引自朱一玄编:《红楼梦资料汇编》,南开大学出版社1985年版,第415页。
④ 《绿烟琐窗集·七言绝句》,文学古籍刊行社1955年版。
⑤ 《全宋诗》卷二一二,北京大学出版社1991年版。
⑥ 《全宋词》,中华书局1965年版,第610页。

落花触动的是她自身的愁肠,那随风飘飞的落花是她寄人篱下、不知归宿于何处的命运的象征。同病相怜,惺惺相惜,所以她携锄葬花,且为之一洒同情之泪。若从女性意识的角度来看,此诗有两个方面尤其值得注意:

第一,诗中对青春易逝、红颜易老有强烈的感受。明媚鲜妍的花固然是美好的,然而好景不长,转瞬之间便是落红成阵。黛玉由此而联想到自己的青春美貌也很快就会消逝,故而伤心不已。从表面上看,对青春难驻的惋惜是男女两性共有的情感,然而事实上却是女性对此有更深刻、更敏锐的感受。西蒙·波娃说:"从她孤寂生活的深处,女人领会了应该对自己的生活采取何种态度。她对过去、死和时光的流逝,比男人更有切身的经验。"①美国现代女诗人艾德里安娜·里奇(Adrienne Rich)也指出:"一切似乎是天意,男人写诗,而女人常出现在诗中。这些女人大都漂亮,但又始终担心失去美丽和青春——这种命运比死亡还要糟糕。"②上述观点也适合于中国古代社会的现实。其根本原因是社会的而非自然的:女性的命运依附于由男性统治的社会和家庭,青春美貌是她们获得男性爱情的主要因素,因为年老色衰而被男性抛弃的悲剧经常发生。这样,对红颜易老的忧惧便成为女性的集体性意识。黛玉也不例外,尽管她对这种意识的深层原因并未言及,但生性敏感的她不会对女性自身在社会中的弱势地位无所觉察,所以"明媚鲜妍能几时,一朝飘泊难寻觅"的焦虑正是其女性意识的自然流露。

第二,此诗所关注的焦点是她自身的命运,自我是此诗全部意义之所在。虽然"诗言志"是中国诗学的开山纲领,虽然古代诗歌的基本性质是抒情,然而群体的价值总是在诗人心中占着上风,忧国忧民的情怀成为判断诗歌境界高下的重要标准。即使是那些偏离上述传统的诗人也未能走得太远,张若虚的《春江花月夜》③是相当纯粹的个人抒情诗,但"谁家今夜扁舟子,何处相思明月楼"仍流露出推己及人的情怀。李贺的《浩歌》④是对青春易逝的挽歌,但"买丝绣作平原君,有酒惟浇赵州土"仍包含着建功立业的希冀。黛玉此诗则完全摆脱了传统,全诗长达五十二句,其目光却始终对准着"闺中女儿"这个自我。诗中的花鸟等景物虽然占了许多篇幅,但它们都是诗人心灵的衬托。"天尽头,何处有香丘"的诘问虽然隐含着批判社会的锋芒,但由此而生的抗争却是自我封闭的"一抔净土掩风流"。如果用传统的价值观念来衡量,此诗的境界是不够崇高的。然而如果转换视角,改从作者的女性立场来读它,情形就不同了。西蒙·波娃说:"一个孤立没有任何势力的女人,无法确定自己的地位,就不能给自己有所评价;她的自我有着无比的重要性,因为她无法攀缘任何其他

---

① 西蒙·波娃:《第二性——女人》,桑竹影、南珊译,湖南文艺出版社1986年版,第411页。
② 《当我们彻底觉醒的时候:回顾之作》,引自《当代女性主义文学批评》,第128页。
③ 《全唐诗》卷一一七。
④ 《全唐诗》卷三九〇。

重要的事物。"① 又说:"总之,女人的性格——她的信仰、价值观念、智慧、道德、格调和行为——显而易见的,我们都可以从她的处境来解释。笼统地说,没有给予女人超越性这个事实,使她无法达到人类的崇高境界,诸如正义、豪侠、大公无私,以及想象力和创造力。"②黛玉的情形稍有不同,她聪慧过人,且善于独立思考,她的智慧和价值判断力都胜过须眉。但是她的全部观念都只能深藏于内心,除了向知音宝玉偶尔一吐之外,根本没有表达的机会,更不用说付诸实践了。所以忧国忧民、建功立业等男性的人生追求对黛玉是没有实际意义的,注定被囿于深宅大院的她只能关注自我。于是,对自身美好品质的肯定,对自身不幸命运的哀怨,对严酷外界的控诉,对污浊环境的拒斥,便组成了此诗的精神境界。显然,这是基于女性立场的对生命的礼赞,是对男性价值观念的否定。与吴藻意在"速变男儿"的《饮酒读骚》相比,黛玉的诗体现了更加深沉、更加纯粹的女性意识。

从某些女性主义批评家的眼光来看,上文的论述似乎是一个悖论:《红楼梦》中林黛玉等人的诗词是当时最富有女性意识的文本,然而它们的真正作者却是男性作家曹雪芹!但如果我们从数量相当巨大的清代女性文学作品中找不到有力的反证,那么只能承认本文开头所引的那些断言男性作家不能为女性写作的观点是偏颇的,至少是不符合中国文学史的实际的。我赞同社会学家弗雷泽(Fraser)的观点:"一切理论都是暂时的,唯有事实的总汇才具有永久的价值。"③本文的论述说明男女两性之间并没有不可逾越的鸿沟,他们完全可能互相理解、互相关怀,并达到心灵上的真正沟通。在漫长的人类历史上,男性对女性的统治和压迫都是不争的事实。然而这并不意味着男性中的每一个个体都对女性持有敌对的态度,某一个男子完全可能成为女性最好的朋友,曹雪芹就是一个典型。这位借贾宝玉之口声称"女儿是水做的骨肉,男子是泥做的骨肉"(第二回)的男性作家,对上自林黛玉等贵族小姐,下至晴雯等卑微婢女的女性群体极尽呵护爱惜之能事,对她们的眉尖颦笑与心底微澜都怀有深刻的理解和同情。在清代作家中,到底是谁具有更深刻的女性意识,是曹雪芹呢,还是女性作家陈端生、邱心如?我的答案是前者。关于女性主义,我认同如下观点:生物学意义的性别(Sex)也许是不可逾越的,而社会学意义的性别(Gender)则是可以克服的。如果我们关注的性别是后者而不是前者,我们就应该承认性别是人类社会历史的产物,它仅仅具有文化属性而并无自然属性。人类既然制造了它,人类也有能力来克服它,而且这种克服完全可以双向进行:女性固然可以争取摆脱被

---

① 西蒙·波娃:《第二性——女人》,桑竹影、南珊译,湖南文艺出版社1986年版,第418页。
② 西蒙·波娃:《第二性——女人》,桑竹影、南珊译,湖南文艺出版社1986年版,第409页。
③ 引自孙珉编:《人迹罕至的地方》,光明日报出版社1995年版,第9页。

压迫的地位,男性也完全可以向女性伸出援助之手。我觉得曹雪芹就是女性最好的朋友,而《红楼梦》中的女性诗词则是方兴未艾的女性主义文学批评不应忽视的重要文本。

欧阳修经学与北宋疑经风气的兴起

◎ 巩本栋

在中国历史上,欧阳修是拥有政治家、思想家、史学家、文学家、金石学家等多种桂冠、享有很高声誉、影响深远的人物。历来对欧阳修的研究不为不多,尤其是近几十年,可谓成果众多,积累丰富。对欧阳修经学的研究,自然也有很多收获,取得了不少成绩,①然相对说来,似仍显得很不够。本文试就欧阳修的经学观念、方法、特色、成绩以及北宋疑经风气的兴起等问题,作新的探讨。

一、欧阳修经学的起点、观念与方法

关于欧阳修经学的渊源,其实不必远求,因为,他的经学原就无所师承,按他自己的话说,是"少无师传,而学出己见"②。

欧阳修是吉州永丰(今江西永丰)人,其远族中虽出现过像欧阳询、欧阳通那样著名的人物,但其余则多仕宦不显。其曾祖郴、祖父偃仕于南唐,父欧阳观"少孤力学,咸平三年进士及第,为道州判官,泗、绵二州推官,又为泰州判官,享年五十有九"③。欧阳修生于绵州(今四川绵阳),其父在泰州军事判官任上去世时,他仅有四岁。其母郑氏不得已携其远赴随州(今属湖北),依靠时任随州推官的欧阳修的叔父欧阳晔生活。

郑氏出身江南名族,恭俭仁爱,此时虽生活处境窘迫,然而却能"守节自誓,居穷,自立于衣食"④,含辛茹苦,养育其子,希望他长大成人,有所成就。郑氏以荻画

---

① 如刘子健:《欧阳修的治学与从政》(香港新亚研究所,1963年)、裴普贤:《欧阳修〈诗本义〉研究》(台湾东大图书出版公司1981年版)、刘若愚:《欧阳修研究》(台湾商务印书馆1989年版)、黄进德:《欧阳修评传》(南京大学出版社1998年版)、蔡世明:《欧阳修生平与学术》(台湾文史哲出版社2003年版)、顾永新:《欧阳修学术研究》(人民文学出版社2003年版)等,都对欧阳修的经学有所论述。
② 欧阳修撰、洪本健校笺:《欧阳修诗文集校笺·居士集外集》卷十七《回丁判官书》,上海古籍出版社2009年版,第1803页。
③ 《欧阳修诗文集校笺·居士集》卷二十五《泷冈阡表》,第701页。
④ 《欧阳修诗文集校笺·居士集》卷二十五《泷冈阡表》,第700页。

地,教其习字学诗,读书作文,更以欧阳观为人的孝悌仁义,为官的仁厚廉洁,对其进行教育,常以"居于家,无所矜饰";"养不必丰,要于孝;利虽不得博于物,要其心之厚于仁"的话勉励他。① 郑氏的这些教育和熏陶,使欧阳修自幼就树立了儒家士人的远大志向。他后来之所以能成为一代道德文章宗师,与其母郑氏的教育,是断不可分的。

欧阳修聪颖好学,勤奋苦读。随州无学者,家中无藏书,欧阳修就从邻人家里借书、抄书,故虽学无所师,学业却不断长进,后果然不负其母所望。他十七岁应举随州,作文即有奇警之句。二十二岁以文谒汉阳军胥偃,深为其所赏,留置门下。二十三岁试国子监第一,补广文馆生,继又得国学解试第一。次年(宋仁宗天圣八年,1030 年),应礼部进士试第一,殿试以第十四名及第,试秘书省校书郎,充西京留守推官,从此进入仕途。

从欧阳修的身世和经历,我们固然可见其仁爱性格、聪颖天资和读书向学心志的养成与磨砺,然由此也可知其自幼生活的艰辛。这种艰难的生活和学无所师的经历,成就了他后来的功业,也在很大程度上规定着其思想学术的方向。

圣人所作为经。学无所师,尚友古人,使欧阳修在经学观念上主张将圣人所作之经与后儒的传疏,加以区分,"众辞淆乱质诸圣"②。重经轻传,先经后传,尊经疑传,对前代儒家经师的经传注疏绝不迷信。欧阳修说:

> 事有不幸出于久远而传乎二说,则奚从? 曰:从其一之可信者。然则安知可信者而从之? 曰:从其人而信之可也。众人之说,如彼君子之说如此,则舍众人而从君子。君子博学而多闻矣,然其传不能无失也。君子之说如彼,圣人之说如此,则舍君子而从圣人。此举世之人皆知其然。③

不作任何辨析,仅据人情常理进行判断,就把圣人与君子、经与传区分开来。其他像《春秋》与"三传",欧阳修认为,"孔子,圣人也,万世取信,一人而已"。《春秋》既为孔子所作,当然可信。而公羊高、谷梁赤、左丘明三人虽"博学而多闻",然"其传不能无失"。"孔子之于经,三子之于传,有所不同,则学者宁舍经而从传,不信孔子而信三

---

① 《欧阳修诗文集校笺·居士集》卷二十五《泷冈阡表》,第 701 页。
② 欧阳修:《(欧阳)文忠集》卷七十六《易童子问一》,影印文渊阁《四库全书》本,台湾商务印书馆 1986 年版,第 1102 册,第 603 页。
③ 《欧阳修诗文集校笺·居士集》卷十八《春秋论》上,第 545—546 页。

子,甚哉! 其惑也"。①

学无所师,使欧阳修在经学方法上以人情常理为理解、衡量和判断经传旨义及其异同的标准。例如他解读《周易》,就否定《文言》、《系辞》和《说卦》等是圣人之作,原因是其说自相矛盾,不合乎人情常理。这种看法,今已证明是正确的。又如他释《易》"谦"卦象辞:"天道亏盈而益谦,地道变盈而流谦,鬼神害盈而福谦,人道恶盈而好谦",说:"圣人,急于人事者也,天人之际罕言焉。惟谦之象,略具其说矣。圣人,人也,知人而已。天地鬼神不可知,故推其迹人可知者,故直言其情,以人之情而推天地鬼神之迹,无以异也。然则修吾人事而已,人事修则与天地鬼神合矣。"②天意本不可测,然人情却可知,以人情推知天地之理,二者应是一致的。所以,以人情常理解《易》,自然成为欧阳修《易》学、同时也是其经学的突出特色。

二、欧阳修经学的特色和成绩

欧阳修于经学最深于《易》、《诗》、《春秋》。因为,在他看来,《周易》是"文王之作也。其书则经也,其文则圣人之言也,其事则天地、万物、君臣、父子、夫妇、人伦之大端也"③。《春秋》是圣人"上揆之天意,下质诸人情,推至隐以探万事之元,垂将来以立一王之法者"④。而《诗》则在六经中颇为特殊,它不同于其他五经,但又关乎五经,"而明圣人之用"⑤,因此它在儒家经典中的地位也非常重要。

以人情常理治《易》的内涵,极为丰富。举凡"天地、万物、君臣、父子、夫妇、人伦之大端"⑥,以及生活常识、风俗习惯、语言逻辑等,皆属于人情常理的范围。例如《周易》,它虽是卜筮之书,有筮占作用,但其最主要的旨义,却在于人事。所以,自王弼以来,以人事、义理说《易》,成为《易》学的主流。然欧阳修所谓人事,具体地说,就是人情常理。《易》讲阴阳变化,但这种变化,也是符合天地变化和人情常理的。所谓

---

① 《欧阳修诗文集校笺·居士集》卷十八《春秋论》上,第546页。当然,欧阳修也并非一概否定三传,只是在经传地位上认为应先经后传。如他在《春秋或问》中就说:"或问予于隐摄、盾、止之弑,据经而废传,经简矣,待传而详,可废乎? 曰:吾岂尽废之乎? 夫传之于经勤矣,其述经之事,时有赖其详焉,至其失传,则不胜其戾也。其述经之意,亦时有得焉,及其失也,欲大圣人而反小之,欲尊经而反卑之,取其详而得者,废其失者可也,嘉其尊大之心可也,信其卑小之说,不可也。"(《欧阳修诗文集校笺·居士集》卷十八,第556—557页)
② 《(欧阳)文忠集》卷七十六《易童子问》一,第604页。
③ 《欧阳修诗文集校笺·居士集》卷十八《易或问》,第535页。
④ 《欧阳修诗文集校笺·居士外集》卷十《石鹢论》,第1584页。欧阳修所论,实本于汉董仲舒对策。董仲舒曰:"孔子作《春秋》,上揆之天道,下质诸人情,参之于古,考之于今,故《春秋》之所讥,灾害之所加也;《春秋》之所恶,怪异之所施也。书邦家之过,兼灾异之变,以此见人之所为。其美恶之极,乃与天地流通,而往来相应,此亦言天之一端也。"(班固撰、颜师古注:《汉书》卷五十六《董仲舒传》,中华书局1962年版,第2515页)
⑤ 《欧阳修诗文集校笺·居士外集》卷十《诗解统序》,第1597页。
⑥ 《欧阳修诗文集校笺·居士集》卷十八《易或问》,第535页。

"物无不变,变无不通,此天理之自然也"。"阴阳反复,天地之常理也"。① 这些,都体现在他对《易》义的阐释中。像《周易》"乾"卦象辞"天行健,君子以自强不息",原就是以人事解读卦象。欧阳修进一步解释说:"盖圣人取象,所以明卦也。故曰'天行健'。乾而嫌其执于象也,则又以人事言之。故曰'君子以自强不息'。六十四卦皆然也。"②由此推及其他卦象,亦然。如,他解释"豫"卦象辞:"雷出地奋,豫。先王以作乐崇德,殷荐之上帝,以配祖考",曰:"于此见圣人之用心矣。圣人忧以天下,乐以天下。其乐也,荐之上帝、祖考而已,其身不与焉。众人之豫,豫其身耳,圣人以天下为心者也。是故以天下之忧为己忧,以天下之乐为己乐。"③原辞是以人事解《易》,然此处欧阳修则以"圣人用心"释之,并将其推衍至天下国家,其中所显示出的,实是宋儒"先天下之忧而忧,后天下之乐而乐"的博大情怀。还比如,欧阳修释"困"卦卦辞:"'困,亨'者,困极而后亨,物之常理也。所谓《易》穷则变,变则通也。困而不失其所亨者,在困而亨也,惟君子能之。其曰'险以说'者,处穷而不惧也。惟有守于其中,则不惧于其外;惟不惧,则不失其所亨。谓身虽困而志则亨也,故曰'其惟君子乎'。"④物极则变,是事之常理,而守中处外,身困志亨,则又包含着贬官夷陵的欧阳修自己的切身经历和体验了。《易·文言》有所谓君子"四德",欧阳修认为不可据。因为这话早在鲁襄公九年(公元前 564 年)就为穆姜(襄公之祖母)所引述了,时孔子尚未出生。这当然不成立。"彼左氏者胡为而传《春秋》,岂不欲其书之信于世也?乃以孔子晚而所著之书,为孔子未生之前之说,此虽甚愚者之不为也。盖方左氏传《春秋》时,世犹未以《文言》为孔子作也,所以用之不疑。然则谓《文言》为孔子作者,出于近世乎?"⑤先后时间不合,孰是孰非,很容易作出判断。这也是一种人情常理。

作为一代文学宗师的欧阳修,以人情常理治《易》,又常常从语言表达的方式上去认识和解读《周易》。他认为,经典应言简意深,平易通达,如果言辞繁琐,新奇怪僻,前后矛盾,那么,它是否为圣人所作,便大可怀疑。"其言愈简,其义愈深,吾不知圣人之作,繁衍丛脞之如此也。"在《易童子问》中,欧阳修就是根据语言是否简要而平正对经义进行解读的。他说道:

> 夫谕未达者,未能及于至理也,必指事据迹以为言。余之所以知《系辞》而下非圣人之作者,以其言繁衍丛脞而乖戾也。盖略举其易知者尔,其余不可以悉数也。其曰"原始反终,故知死生"之说,又曰"精气为物,游魂为变",是故知

---

① 《欧阳修诗文集校笺·居士集》卷十八《明用》,第 542—543 页。
② 《(欧阳)文忠集》卷七十六《易童子问》一,第 603 页。
③ 《(欧阳)文忠集》卷七十六《易童子问》一,第 604—605 页。
④ 《(欧阳)文忠集》卷七十七《易童子问》二,第 608 页。
⑤ 《(欧阳)文忠集》卷七十八《易童子问》三,第 613 页。

鬼神之情状云者,质于夫子平生之语,可以知之矣。其曰"知者观乎彖辞,则思过半矣",又曰"八卦以象告,爻彖以情言"云者,以常人之情而推圣人,可以知之矣。①

圣人言辞简要,《系辞》语言繁琐;孔子不语乱力怪神,《系辞》言之,则其必非圣人所作。

欧阳修治经,尤重《春秋》,至于"三传",非出于圣人之手,"予非敢曰不惑,然信于孔子而笃者也。经之所书,予所信也;经所不言,予不知也"②。

以人情常理治《春秋》,突出地表现在欧阳修的《春秋论》中。

孔子所以作《春秋》,目的是"正名以定分,求情而责实,别是非,明善恶"③。像《春秋》书鲁隐公之事称"公",而"三传"以为"摄"的问题,以人情常理推之,假如有人"能好廉而知让,立乎争国之乱世,而怀让国之高节,孔子得之",必不会"失其本心,诬以虚名,而没其实善"。何况"孔子于名字、氏族不妄以加人,其肯以'公'妄加于人而没其善乎?以此而言,隐(公)实为'摄',则孔子决不书曰'公',孔子书为'公',则隐(公)决非'摄'"④。孔子不没人善。同样,以常理推之,亦不会无辜而加人以恶。以《春秋》宣公二年(公元前607年)书"晋赵盾弑其君夷皋"为例,"三传"皆谓弑君者赵穿而非赵盾,然以赵盾逃不越境,君被弑而盾又不讨贼,故史官书盾弑君。欧阳修辨"三传"之说不可信,曰:"据三子之说,初灵公欲杀盾,盾走而免。穿,盾族也,遂弑,而盾不讨,其迹涉于与弑矣。此疑似难明之事,圣人尤当求情责实以明白之。使盾果有弑心乎,则自然罪在盾矣,不得曰为法受恶而称其贤也;使果无弑心乎,则当为之辨明,必先正穿之恶,使罪有所归,然后责盾纵贼,则穿之大恶不可幸而免,盾之疑似之迹获辨,而不讨之责亦不得辞。如此则是非善恶明矣。今为恶者获免,而疑似之人陷于大恶,此决知其不然也。若曰盾不讨贼,有幸弑之心,与自弑同,故宁舍穿而罪盾,此乃逆诈用情之吏矫激之为尔,非孔子忠恕、《春秋》以王道治人之法也。孔子患旧史是非错乱而善恶不明,所以修《春秋》,就令旧史如此,其肯从而不正之乎?其肯从而称美,又教人以越境逃恶乎?此可知其缪传也。"⑤事远难辨,欧阳修亦无从判断这段史事究竟如何,然而他却从反面论之,以《春秋》"别是非、明善恶"的义法推之,不书弑君首恶赵穿,不辨赵盾弑君的疑似之事,则弑君者必是赵盾,而"三传"所书不可信。

在六经中,欧阳修认为《诗经》是与它经不同的。他说:"《易》、《书》、《礼》、《乐》、

---

① 《(欧阳)文忠集》卷七十八《易童子问》三,第615页。
② 《欧阳修诗文集校笺·居士集》卷十八《春秋论》上,第546页。
③ 《欧阳修诗文集校笺·居士集》卷十八《春秋论》中,第549页。
④ 《欧阳修诗文集校笺·居士集》卷十八《春秋论》中,第549—550页。
⑤ 《欧阳修诗文集校笺·居士集》卷十八《春秋论》下,第552—553页。

《春秋》,道所存也。《诗》关此五者,而明圣人之用焉。习其道,不知其用之与夺,犹不辨其物之曲直,而欲制其方圆,是果欲其成乎?"①五经为体,《诗经》为用,《诗》既要贯五经之"道",而又有着自身的特点,不同于五经对圣人之志的直接表达。这是典型的从文学角度所作的解读。由此决定他治《诗》的方法,便是求其本而舍其末,求诗人之意,以明圣人之志。在《诗本义》中,他这样说:

> 诗之作也,触事感物,文之以言,美者善之,恶者刺之,以发其愉扬怨愤于口,道其哀乐喜怒于心,此诗人之意也。古者国有采诗之官,得而录之,以属太师,播之于乐,于是考其义类而别之,以为《风》《雅》《颂》而比次之,以藏于有司,而用之宗庙、朝廷,下至乡人聚会,此太师之职也。世久而失其传,乱其《雅》《颂》,亡其次序,又采者积多而无所择。孔子生于周末,方修礼乐之坏,于是正其《雅》《颂》,删其繁重,列于六经,著其善恶,以为劝戒,此圣人之志也。(略)何谓本末,作此诗,述此事,善则美,恶则刺,所谓诗人之意者,本也。正其名,别其类,或系于此,或系于彼,所谓太师之职者,末也。察其美刺,知其善恶,以为劝戒,所谓圣人之志者,本也。求诗人之意,达圣人之志者,经师之本也。讲太师之职,因其失传,而妄自为之说者,经师之末也。今夫学者得其本而通其末,斯尽善矣;得其本而不通其末,阙其所疑可也。②

诗人感物而发,意在美刺;太师以类编排,用于宗庙朝廷;圣人明其善恶,将诗人之意揭示给世人,以为劝戒。本末分明,所论通达。求诗人之意,通圣人之志,是《诗经》研究应达到的目标。

上文说到,欧阳修治经尤重《春秋》,而他又认为《诗》之本义在于美刺和惩恶劝善,故论《诗》颇与其《春秋》说相通。以《春秋》之法论《诗》,以求诗人美刺善恶之意,通圣人褒贬之志,成为其《诗》学的主要特点。我们看他解释《王风》:完全以《春秋》尊王尚贤、寓意褒贬的义法说《诗》,以至认为《诗》三百篇皆寓有褒贬善恶、明辨是非之意。诗人作《商颂》,是为了"大商祖之德","予纣之不憾"和"明正武王、周公之心"。③《鲁颂》,"非颂也,不得已而名之也","贬鲁之强也,一也;劝诸侯之不及,二也"。④而《风》诗,当"天子诸侯当大治之世,不得有《风》。《风》之生,天下无王矣"⑤。至于十五国风的编排次序,也认为是两两相对,以寓褒贬的。这种从《诗》中抉发微言大义的做法,我们现在当然已难以赞同,然由此亦可略见其《春秋》学与《诗》学的

---

① 《欧阳修诗文集校笺·居士外集》卷十《诗解统序》,第1597页。
② 欧阳修:《诗本义》卷十四《本末论》,影印文渊阁《四库全书》本,第70册,第290—291页。
③ 《欧阳修诗文集校笺·居士外集》卷十《商颂解》,第1612页。
④ 《欧阳修诗文集校笺·居士外集》卷十《鲁颂解》,第1610页。
⑤ 《欧阳修诗文集校笺·居士外集》卷十《二南为正风解》,第1599页。

联系。

以美刺褒贬说《诗》,必重时世。在欧阳修看来,后人对《诗经》的解读之所以众说纷纭,在很大程度上是因为时世背景不明的缘故。"盖自孔子没,群弟子散亡,而六经多失其旨。《诗》以讽诵相传,五方异俗,物名字训往往不同,故于六经之失,《诗》尤甚。《诗》三百余篇,作非一人,所作非一国,先后非一时,而世久失其传,故于《诗》之失时世尤甚。周之德盛于文、武,其诗为《风》、为《雅》、为《颂》,《风》有《周南》、《召南》,《雅》有《大雅》、《小雅》,其义类非一,或当时所作,或后世所述,故于《诗》时世之失,周诗尤甚。自秦汉已来,学者之说不同多矣,不独郑氏之失也。"①所以,欧阳修解《诗》,特注意从时世背景上进行探讨。其解读《诗·周南·关雎》,即为显例。孔子、司马迁、三家《诗》说,皆以《关雎》为周王室衰落时的作品,毛、郑则以为文王之化,后妃之德。欧阳修倾向于前者,认为此诗的主旨,在于思古以刺今,而非写后妃之德。这是从时世背景所作的判断。

欧阳修是文学家,所以,他对时世背景的判断和对诗人美刺之意的探求,总是与对诗歌本身的理解结合在一起的。他既重背景,着眼圣人之志,又十分注意从文本本身出发,衡之人情常理,对《诗》义进行阐发。他说:"古诗之体,意深则言缓,理胜则文简。然求其义者,务推其意理,及其得也,必因其言、据其文以为说,舍此则为臆说矣。"②态度很明确。他又总结《诗经》的写作类型有四:"《诗》三百篇,大率作者之体不过三四尔。有作诗者自述其言以为美刺,如《关雎》、《相鼠》之类是也;有作者录当时人之言以见其事,如《谷风》录其夫妇之言、'北风其凉'录去卫之人之语之类是也;有作者先自述其事,次录其人之言以终之者,如《溱洧》之类是也;有作者述事与录当时人语杂以成篇,如《出车》之类是也。然皆文意相属以成章。"③这都是从文学角度所作的归纳和总结。再如他解读《邶风·静女》,据《毛诗小序》解读此诗的"刺时"之意,又说它是男女淫奔之诗,而以"彤管"之意证之,正好说明了他说《诗》的兼顾时世和文本。

欧阳修不信毛、郑(当然其说《诗》取毛郑亦多),常常批评其解诗有误,其所依据的,往往都是文义上的是否平正通达与合理。这更反映出一位文学家的眼光。像他论《小雅·鸿雁》,说:"诗所刺美,或取物以为喻,则必先道其物,次言所刺美之事者多矣。如'关关雎鸠,在河之洲。窈窕淑女,君子好逑'。又如'维鹈在梁,不濡其翼。彼其之子,不称其服'者是也。诗非一人之作,体各不同,虽不尽如此,然如此者多也。《鸿雁》诗云:'鸿雁于飞,肃肃其羽。之子于征,劬劳于野。'以文义考之,当是以鸿雁比之子。而康成不然,乃谓鸿雁知辟阴就阳,喻民知就有道,之子自是侯伯卿士

---

① 《诗本义》卷十四《时世论》,第288页。
② 《诗本义》卷八《小雅·何人斯》,第237页。
③ 《诗本义》卷二《野有死麕》,第192页。

之述职者。上下文不相须,岂成文理?郑于三章所解皆然,则一篇之义皆失也。"①这是从以物为喻的手法上所作的反驳。再像《小雅·何人斯》一篇,他以文本为基础,从语言与诗意表达之关系进行分析,指出郑玄所论不确。其例甚多,此不赘述。

三、从欧阳修经学看北宋疑经风气的兴起

宋人疑经风气甚盛,已是经学界所熟知的事实。如乐史疑《仪礼》非周公作,欧阳修疑《周易》"十翼"非圣人所作,李觏、司马光疑《孟子》,晁补之、郑樵疑《诗序》,叶梦得疑《左传》,朱熹疑《尚书》孔安国传,等等。自现代以来,学者论之亦渐多。如屈万里先生《宋人疑经的风气》②、叶国良先生《宋人疑经改经考》③、杨新勋先生《宋代疑经研究》④等,皆有成绩。然论及宋人疑经风气形成的背景和原因,则或追溯至唐人,或以为与北宋时局密切相关,虽有见地,然少有从北宋士人主体角度进行考察者,而在我们看来,北宋疑经风气的兴起,实在不过是由于当日士人多出于庶族,而学无所师,故无所拘执所造成的。

北宋士人群体的特征,明显不同于晚唐五代,已为学界所注意。如,孙国栋先生曾在对晚唐五代北宋人物阶层的出身家世进行细致的统计分析后,指出:"唐代以名族贵胄为政治、社会之中坚。五代以由军校出身之寒人为中坚。北宋则以由科举上进之寒人为中坚。所以,唐宋之际,实贵胄与寒人之一转换过程,亦阶级消融之一过程。深言之,实社会组织之一转换过程也。"⑤故自宋初以来,士大夫业儒者虽渐多,然以处五代儒学、士风衰落之后,学子出身庶族士大夫家庭以至寒门,"少无师传,而学出己见"的情况,十分普遍。此以欧阳修最为显例。上文已谈到,他认为《周易》的《系辞》、《文言》非孔子所作,《春秋》"三传"不可信,《诗》毛、郑所注多有讹误,"今之所谓《周礼》者,不完之书也"⑥,并禀《春秋》义法,修《唐书》、《五代史》,等等。其所以如此大胆地疑经改经,正是因为其"少无师传,而学出己见","世无师矣,学者当师经"的缘故。⑦

宋初儒士,多半也与欧阳修相似,家世不显,贫寒无所师。如宋初撰《易论》三十

---

① 《诗本义》卷六《小雅·鸿雁》,第223—224页。
② 载其《书佣论学集》,台湾开明书局1969年版。
③ 叶国良:《宋人疑经改经考》,台湾大学出版委员会1980年版。
④ 杨新勋:《宋代疑经研究》,中华书局2007年版。
⑤ 《唐宋之际社会门第之消融》,载其《唐宋史论丛》(增订本),香港商务印书馆2000年版,第285页。
⑥ 《诗本义》卷十四《阙问》,第292页。
⑦ 《欧阳修诗文集校笺·居士外集》卷十八《答祖择之书》,第1821页。

三卷、"以注疏异同,互相诘难,蔽以己意"的王昭素①,曾隐居乡里,"聚徒教授以自给"②。振起有宋一代士风、倡为庆历革新的范仲淹,史称其"泛通六经,长于《易》"(案其撰有《易义》等)。学者多从质问,为执经讲解,亡所倦。尝推其奉以食四方游士,诸子至易衣而出,仲淹晏如也。每感激论天下事,奋不顾身,一时士大夫矫厉尚风节,自仲淹倡之"③。然观其身世,却甚为艰难。"二岁而孤,母夫人贫无所依,再适长山朱氏。既长,知其世家,感泣去之南都。入学舍,扫一室,昼夜讲诵,其起居饮食,人所不堪,而公自刻益苦。居五年,大通六经之旨。"④再有作为"宋初三先生"之一的胡瑗,著有《周易口义》十二卷、《洪范口义》二卷、《皇祐新乐图记》三卷等,其"尤患隋唐以来仕进尚文词而遗经业,苟趋禄利。及为苏、湖二州教授,严条约,以身先之,虽大暑,必公服终日,以见诸生,严师弟子之礼。解经至有要义,恳恳为诸生言其所以治己而后治乎人者。学徒千余,日月刮劘,为文章皆传经义,必以理胜。信其师说,敦尚行实。后为太学,四方归之,庠舍不能容,旁拓步军居以广之。五经异论,弟子记之,自为胡氏《口义》"⑤。在当时影响既大,对宋学的兴起产生了重要作用,然看其身世,少时因家贫无以自给,往泰山,与孙复、石介为友,攻苦食淡,夜以继日,后来方有成就。其他像孙复,"少举进士不中,退居泰山之阳,学《春秋》,著《尊王发微》。鲁多学者,其尤贤而有道者石介,自介而下,皆以弟子事之。(略)先生治《春秋》不惑传注,不为曲说以乱经。其言简易,明于诸侯、大夫功罪,以考时之盛衰,而推见王道之治乱,得于经之本义为多。"然而其家世寒微,竟"年逾四十,家贫不娶,李丞相迪以其弟之女妻之"⑥。石介,"尧、舜、禹、汤、文、武、周公、孔子、孟轲、扬雄、韩愈氏者,未尝一日不诵于口",而"世为农家"。⑦ 周尧卿,世称其"为学不惑传注,问辨思索,以通为期。其学《诗》,以孔子所谓'《诗》三百,一言以蔽之,曰:思无邪'。孟子所谓说《诗》者,'以意逆志,是为得之',考经指归,而见毛、郑之得失。曰:毛之传欲简或寡于义理,非一言以蔽之也;笺欲详或远于情性,非以意逆志者也。是可以无去取乎?其学《春秋》,由左氏记之详,得经之所以书者,至'三传'之异同,均有所不取。曰:圣人之意,岂二致耶?"⑧然不闻其何所师,"家贫,不事生产,喜聚书"而已。⑨ 还有苏

---

① 晁公武撰、孙猛校证:《郡斋读书志校证》卷一,上海古籍出版社1990年版,第27页。
② 《宋史》卷四三一《王昭素传》,中华书局1985年版第37册,第12808页。
③ 《宋史》卷三一四《范仲淹传》,第29册,第10267—10268页。
④ 《欧阳修诗文集校笺·居士集》卷二十《资政殿学士户部侍郎文正范公神道碑铭序》,第587页。其生平行事略参富弼:《范文正公仲淹墓志铭》、杜大珪:《名臣碑传琬琰之集》中集卷十二等。
⑤ 蔡襄撰、陈庆元等校注:《蔡襄集》卷三十三《太常博士致仕胡君墓志》,福建人民出版社1999年版,第729页。其生平行事又可略参《欧阳修诗文集校笺·居士集》卷二十五《胡先生墓表》等。
⑥ 《欧阳修诗文集校笺·居士集》卷二十七《孙明复先生墓志铭序》,第746—747页。
⑦ 《欧阳修诗文集校笺·居士集》卷三十四《徂徕石先生墓志铭序》,第896—897页。
⑧ 王称:《东都事略》卷一一三《周尧卿传》,影印文渊阁《四库全书》本,第382册,第739页。
⑨ 《欧阳修诗文集校笺·居士集》卷二十五《太常博士周君墓表》,第692页。

洵，少喜游荡，其父亦纵而不问，至二十七始发奋读书，"大究六经、百家之说，以考质古今治乱成败、圣贤穷达出处之际，得其粹精"，而观其家世，"三世皆不显"。① 至于宋初疑《仪礼》非周公所作的乐史，撰《易证坠简》、疑《系辞》非孔子所作的范谔昌，②前者"好著述，然博而寡要。以五帝、三王皆云仙去，论者嗤其诡诞"③，后者生平行事今已不详，从他序中所言任毗陵从事，闲退著书看，④可知二者家世既非显赫，学问亦无所师，治学自然少有约束。

清人评价欧阳修的《诗》学，谓："自唐以来，说《诗》者莫敢议毛、郑，虽老师宿儒，亦谨守小序。至宋而新义日增，旧说几废。推原所始，实发于修。"⑤这个看法亦可移用于对欧阳修经学史地位的总体认识，而欧阳修不但对北宋疑经风气的兴起产生了重要作用，而且他也以其自身的学术经历，为我们解读这种疑经风气形成的原因，提供了启发和重要的参证。

---

① 《欧阳修诗文集校笺·居士集》卷三四《故霸州文安县主簿苏君墓志铭》，第902页。
② 宋人陈振孙谓其"辨《系辞》非孔子命名，止可谓之赞系，今《爻辞》乃可谓之系辞。又复位其次序。又有补注一篇，辨周、孔述作，与诸儒异。"（《直斋书录解题》卷一《易证坠简解题》，徐小蛮、顾美华点校，上海古籍出版社1987年版，第8页）。
③ 《宋史》卷三六〇《乐黄目传》，第29册，第10112页。
④ 参《直斋书录解题》卷一《易证坠简解题》等。
⑤ 永瑢等：《四库全书总目》卷十五《〈诗本义〉提要》，中华书局1965年版，第121页。

论"盛览问作赋"的文学史意义

◎ 许　结

在中国赋学史上,《西京杂记》所载牂牁名士盛览问作赋于司马相如,成为一段公案,引起学界的争论,其焦点则在文献的真实性问题。质疑者立论于双重辨伪:一是时代的问题,如认为文献中相如所论"赋迹"、"赋心"绝非西汉时代的话语①;一是史实的问题,被学界考实为晋人葛洪所编之《西京杂记》是杂载西汉轶事传闻的笔记小说②,其中故事多非信史。至于由《汉书·文翁传》"乃选郡县小吏开敏有材者张叔等十余人亲自饬厉,遣诣京师,受业博士,或学律令"的记述,与前引盛览之说,经演绎而到明人如谢肇淛《滇略》卷五载"司马相如元封二年……至若水,楪人张叔、盛览等皆往受学,文献于是乎始",其中的误传与争议,前贤辨析甚多,兹不复赘③。笔者拟回到文本,仅就"盛览问作赋"这则文献的产生与接受所包含的文学史意义,作一简略的探析。

一、盛览问赋:历史上首次纯文学问对

盛览问赋的事迹,初见《西京杂记》卷二《百日成赋》条(排序第43则),为说明问题,先录其文如次:

司马相如为《上林》、《子虚》赋,意思萧散,不复与外事相关,控引天地,错综

---

① 周勋初:《司马相如赋论质疑》,《文史哲》1990年第5期。又见周勋初《〈西京杂记〉中的司马相如赋论质疑》,收载《周勋初文集》(第3卷),江苏古籍出版社2000年版,第302—309页。
② 关于《西京杂记》的编者及相关内涵,详参余嘉锡:《四库提要辨证》卷十七《子部八·小说家类一》,云南人民出版社2004年版,第853—862页。余氏有云:"其书题为葛洪本不伪,而洪之依托刘歆则伪耳";"葛洪序中所言刘歆《汉书》之事,必不可信,盖依托古人以自取重耳。"又,徐公持认为《西京杂记》:"此书,学界已断定原是葛洪本人所撰,其'刘歆所记'、'洪家世有'、'先人所传'云云,皆是假托之辞。"见氏撰《魏晋文学史》,人民文学出版社1999年版,第507页。
③ 有关张叔、盛览受学相如的考辨甚多,主要内容可参见房锐《盛览、张叔从司马相如受学说辨析》,载邓郁章编:《司马相如与巴蜀文化研究论集》,四川人民出版社2007年版,第17—29页。

古今,忽然如睡,焕然而兴,几百日而后成。其友人盛览,字长通,牂牁名士,尝问以作赋。相如曰:"合綦组以成文,列锦绣而为质,一经一纬,一宫一商,此赋之迹也。赋家之心,苞括宇宙,总览人物,斯乃得之于内,不可得而传。"览乃作《合组歌》、《列锦赋》而退,终身不复敢言作赋之心矣。①

文中答盛览问的"相如曰",无论其是否相如本人所言,或是汉代的传说,其最后时间下限不会迟于晋人葛洪。而对这则文献,古人有反复的转述与引申。时间主要在宋明以后。宋代的李昉等编《太平御览》卷一、王应麟编《玉海》卷五九、朱胜非《绀珠集》卷二"合组歌、列锦赋"条、元代陶宗仪《说郛》卷六六下"子虚赋"条,均有引述,文字或有繁省,皆出自《西京杂记》。到明代,这则文献得到更为广泛的引用,其中多有发挥。区别而论,有三类撰述引录其说:

第一类是地方史志与博物类书,如万历《云南通志》、谢肇淛《滇略》、冯甦《滇考》、曹学佺《蜀中广记》、陈耀文《天中记》、董斯张《广博物志》等,皆引述《西京杂记》"盛览问作赋"语,而且增添两种内容:一是如前所引谢肇淛《滇略》卷五载张叔、盛览共同受学相如事;二是盛览有《赋心》之撰述。如《云南通志》卷一五《艺文志第十之二》:"汉《赋心》四卷。"注云:"盛览著。"又,同书卷一一《人物志第七》"盛览"条下注:

　　字长通,楪榆人。学于司马相如,所著《赋心》四卷。有司马相如答书云:"词赋者,合綦组以成文,列锦绣而为质,一经一纬,一宫一商,此赋之迹也。赋家之心,苞括宇宙,总揽人物,斯乃得之于内,不可得而传。"②

这里已将盛览撰《赋心》放到首要位置,"相如曰"成了答书。

第二类是文学总集,如贺复徵纂集《文章辨体汇选》卷二五九录司马相如《答牂牁盛览》、张溥编《汉魏六朝百三家集·司马文园集》较前人所辑增广两文,分别是《答盛览问》、《报卓文君书》,并于"题辞"中特别提及:"他人之赋,赋才也;长卿之赋,赋心也。得之于内,不可以传,彼曾与盛长通言之,歌合组,赋列锦,均未喻耳。"③此将《西京杂记》记述的"相如曰"独立成文,无疑强化了作者的归依,这与明人突出相如在赋史上之崇高地位有关。还有另一种情况,以往的文学总集明人注释而补上这则文献的,如任昉《文章缘起》"赋"类云"楚大夫宋玉所作",明人陈懋仁注第一则即引《西京杂记》"相如曰"的赋迹、赋心之论,次则刘勰《诠赋》,很显然,明人已视此为

---

① 葛洪:《西京杂记》,中华书局1985年版,第12页。按:文中"焕然而兴"之"焕",《稗海》本作"跃"。
② 李元阳纂修:《云南通志》(万历),文渊阁《四库全书》本。按:《司马长卿文钞》录此残句,在"合綦组以成文,列锦绣而为质"前亦有"词赋者"三字,系后人辑录时增加。
③ 张溥著、殷孟伦注:《汉魏六朝百三家集题辞注》,人民文学出版社1981年版,第4页。按:严可均《铁桥漫稿·全汉文司马长卿集叙》有谓"新辑者又有张溥本,增多《答盛览问》、《报卓文君》。"

赋论之首。

第三类是文人散论,或见于文集,或见于诗话等。其中如詹景凤《詹氏性理小辨》卷三十七《人道辨适自篇二·摛藻中》、王世贞《艺苑卮言》卷一皆引录"相如曰",或辨天、人之才,或论作赋之法,俨然成一时风气。而清人传承其说,亦以此类为多。因为这类文人的引述,更多发挥,尤具彰显文学史发展变化的意义。

回到盛览与相如的问对文本,其时代无论属汉或晋,均堪称我国历史上的第一次纯粹文学的问对。有关自先秦到汉晋普遍存在的"问对"形式,后人多以文体的形态加以解读。例如明人徐师曾《文体明辨》即有"问对"一类,其《序说》云:

> 问对者,文人假设之词也。其名既殊,其实复异。故名实皆问者,屈平《天问》、江淹《邃古篇》之类是也;名问而实对者,柳宗元《晋问》之类是也。其他曰难,曰谕,曰答,曰应,又有不同,皆问对之类也。古者君臣朋友口相问对,其词详见于《左传》、《史》、《汉》诸书。后人仿之,乃设词以见志,于是有问对之文。①

张溥《司马文园集》增列相如《答盛览问》即以后生之"答体"设名立目,而实际上《西京杂记》所载,只是"古者君臣朋友口相问对"之遗,与《孟》、《庄》诸子和《史》、《汉》诸史所记相类。而在诸多或用真人真名(如孟子对梁惠王问),或用寓言假托人物(如《庄子》中"瞿鹊子问乎长梧子"等)的问对中,我认为最具历史影响力的有两则:一则是司马迁《史记》所记孔子问礼于老子故事:

> 孔子适周,将问礼于老子。老子曰:"子所言者,其人与骨皆已朽矣,独其言在耳。且君子得其时则驾,不得其时则蓬累而行。……吾所以告子,若是而已。"孔子去,谓弟子曰:"……吾今日见老子,其犹龙邪!"②

这则记述虽或为汉初黄老学派的假托之词,为老学张本,但就文本而言,则堪称史家以记述的笔法载录了中国学术上的第一次重要的问对。与之相对应便是第二则,即《西京杂记》的"盛览问作赋",其当事人物的历史影响力虽不能与孔、老问对相比,但作为文学史上的第一次问对,同样是重要且值得关注的。

如何确定这是历史上的第一次文学问对,这关涉三个问题,须加说明。第一,文人与文学问题。在中国历史上,《诗》三百篇虽然被后世奉为文学作品,且赋也附粘于"古诗之流",但终非"个人化"的文人创作,而第一代有名姓且有撰述权的文人,就是楚汉辞赋家。司马相如作为首先以辞赋创作进入大汉宫廷的作家,更具有典范的

---

① 徐师曾著、罗根泽校点:《文体明辨序说》,人民文学出版社1982年版,第134页,第135页。
② 司马迁:《史记》卷六十三《老子韩非列传第三》,中华书局1982年版,第2140页。

历史意义①。也因如此,萧统《文选》选录楚、汉、晋文人作品,以"赋"冠首(或谓"装头"),开后世文人别集"首赋"编排之先河②。缘于辞赋是最初的文人创作的样式,盛览问作赋开创文学史问对之先河的意义,历代仅因文献是否属相如的时代而隐焉不彰,是值得改观而予以抉发的。

第二,文学的广义与狭义问题。就广义来看,在先秦时代的孔子与弟子论"诗",以及《韩非子·外储说左上》田鸠对荆王"言多不辩"问,已具有文学性问对的性质,但却非文人化的纯文学问对。而在汉代,广义的文学观包括礼仪制度,当然也包含草拟诏奏策议的文章之才,所以有"贤良文学"的荐举之科,其中也不乏问对。综观汉代诸多宫廷问对,如董仲舒的对策"天人",《盐铁论》中"贤良文学"与"御史大夫"的问对,其中都含有广义的文学意味。然则狭义的文学观,在汉代则属"文章"之学,直接的指涉就是"辞赋之徒",亦即《汉书·艺文志》所说"汉兴,枚乘、司马相如,下及扬子云,竞为侈丽闳衍之词"、班固《两都赋序》所谓"言语侍从之臣,若司马相如、虞丘寿王、东方朔、枚皋、王褒、刘向之属,朝夕论思,日月献纳"。换言之,正因为汉代自武、宣之世建立"言语侍从"制度,也就有了专职的宫廷文士,赋体在制度的视域得以独立,盛览问作赋无论是史实,还是假托之词,其赋史的意义均不可等闲视之。

第三,从汉晋赋论观之,有由赋用向赋体的转变,而汉人论赋基本上是赋用论,可是真正的文学观的独立,关键在"体",所以盛览问作赋中"相如曰"重在赋的体法,更具有文学的独立意识。在汉代有关"赋"的对问,尚见于扬雄《法言》,其中《吾子》篇中有关辞赋创作的三问三对最为典型:

> 或问:"吾子少而好赋。"曰:"然。童子雕虫篆刻。"俄而,曰:"壮夫不为也。"
> 或曰:"赋可以讽乎?"曰:"讽乎!讽则已,不已,吾恐不免于劝也。"
> 或曰:"雾縠之组丽。"曰:"女工之蠹矣。"

对此,李轨分别注曰:"悔作之也"、"相如作《大人赋》,武帝览之,乃飘飘然有凌云之志"、"雾縠虽丽,蠹害女工;辞赋虽巧,惑乱圣典"。③ 对照李注看扬雄所论,已包含了他的"悔赋"观、"讽劝"说以及他所倡导的"丽则"论,总括而言,皆属赋用论范畴。相比之下,《西京杂记》所载的"相如曰",其中"綦组以成文"、"锦绣而为质"的"赋迹"与"苞括宇宙,总览人物"的"赋心",皆基于赋"体"之艺术的创作体验,可谓纯文学的昭

---

① 参见拙文《诵赋而惊汉主——司马相如与汉宫廷赋考述》,《四川师范大学学报》2008年第4期。
② 对《文选》以赋"居首",古人颇多误解。赞成者以其附古《诗》,如桂超万《惇裕堂文集》卷三《池春堂赋稿自序》:"赋者,古诗之流也。《文选》以此居首,其次第有脉络可寻也。"反对者以立言为重,如袁枚《随园诗话》卷二十四《诗文》类《编集以赋装头之非》:"文以赋装头,始于《文选》,刘禹锡曰:'文章家先立言而后体物。'今以赋装头者非也。"按:二说皆忽略赋于文家创作的首造意义。
③ 汪荣宝撰、陈仲夫点校:《法言义疏》,中华书局1987年版,第45页。

示,弥足珍贵。

二、赋迹赋心:赋体创作论的最初示范

《西京杂记》所载"相如曰"之前有一关键语,即盛览"问以作赋",这也使后面的主体部分即"相如曰"内容具有了教学与示范的功能。在中国古代文学批评中,最重文用,包括"诗用"、"赋用",代表了经世致用的思想传统;又最重文法,包括"诗法"、"赋法",这些都与古代的文学教学有关。然而学界对盛览问作赋的研究焦点,多集中在文献真伪方面。例如从这段话中的言词如《子虚》、《上林》并称、"綦组"与"锦绣"二词连用、"赋家之心"的"心"与"苞括宇宙"之"宇宙"的用法,以及"得之于心,不可得而传"牵涉到的"象"、"意"问题等,以考述其不可能出自西汉的相如时代,而是与魏晋之世学者论文之思维相类。尤其是"赋家"之称,汉人指称家数即学派,而无及个人者,如《史记·太史公自序》云"乃论六家之要旨",《汉书·艺文志》载汉代经学有各家学之名,如《诗》有鲁、齐、韩三家,《易》有施、孟、梁丘三家等,又有儒家、道家、法家、名家、杂家、兵家诸目,至于"赋家",汉代文献无此指称,而其所指却多轻贱语,如"类俳倡"(《汉书·枚皋传》)、"颇似俳优淳于髡、优孟之徒"(《汉书·扬雄传》)、"赋颂之徒"(王符《潜夫论·务本》)等。尽管"相如曰"这段赋论语缺少作为相如自述的历史文献支撑,目前只能确定是晋人或此前的观点,但正是这则非为信谠的论述引起后世乐此不疲的转述,其因关键在这则文献表现出对赋体创作的示范意义。

为什么要示范,关键又在实用,在赋史上重"赋法"并具有师传教学意义的批评,主要突出在两个阶段:一则是由汉代肇起的"献赋"之风,一则是由唐代开启的"考赋"之制。有关汉代的献赋之风,班固《两都赋序》所记述的"武、宣之世,乃崇礼官,考文章,内设金马、石渠之署,外兴乐府协律之事,以兴废继绝,润色鸿业。……故言语侍从之臣……朝夕论思,日月献纳……孝成之世,论而录之,盖奏御者千有余篇"。而这种献赋既囿于当朝制度,又成为文学传统。就当朝制度言,献赋与武帝朝建立之"中官"制有关,对此,钱穆曾转述《汉书·严助传》有关武帝招募中官及加宠幸之史实后认为:"是诸人者……虽学术有不同,要皆驳杂不醇,而尽长于辞赋,盖皆文学之士也。武帝兼好此数人者,亦在其文学辞赋。故武帝外廷所立博士,虽独尊经术,而内廷所用侍从,则尽贵辞赋。"[①]而作为中官(郎官)的司马相如,好尚辞赋,自为本分,而其论赋,或后人假托其名论赋而示法于人,实与献赋而为官之功用有关,其中的"利禄之途",不可忽视。而就文学传统而言,自汉人献赋,已然成一大统绪,历晋唐而迄明清,宫廷与贵胄献赋之风不绝,这也是这则有关赋体示法之论长盛不衰的

---

① 钱穆:《秦汉史》,三联书店 2004 年版,第 98 页。

历史动因。当然,我们回到文本,"相如曰"中的赋迹、赋心之论,是针对献赋之长篇大作而论,故偏重于汉大赋的修辞、结构与意境,这又牵涉到我们所说的另一个重视赋法的时代,那就是唐宋的考赋制度。对此,清人汤聘有较系统的论述:

> 律赋之兴,肇自梁、陈,而盛于唐、宋。唐代举进士者……杂文则诗一赋一……赋皆拘限声律,率以八韵,间有三韵至七韵者,自五代迄两宋,选举相承,金起北陲,亦沿厥制。迨元人易以古赋,而律赋寖微,逮乎有明,殆成绝响。国朝昌明古学,作者嗣兴,钜制鸿篇,包唐轹宋,律赋于是乎称绝盛矣。①

由此可知,唐、宋、金三朝科举及清代翰林院馆试皆考律赋,也因此出现了诸如唐无名氏《赋谱》、宋郑起潜《声律关键》等示士子以闱场律赋法的赋格类著述,其重在声律、句法等技巧,与"相如曰"示大赋法显然不同。其中元代一朝用古赋考试,于是示古赋法又取法闱场律赋,偏重具体的写作技巧,例如陈绎曾《文筌》论"汉赋法"云:

> 汉赋之法,以事物为实,以理辅之。先将题目中合说事物一一依次铺陈,时默在心,便立间架,构意绪,收材料,措文辞。布置得所,则间架明朗;思索巧妙,则意绪深稳;博览慎择,则材料详备;锻炼圆洁,则文辞典雅。写景物如良画史,制器物如巧工,说军阵如良将,论政事如老吏,说道理通神圣,言鬼神极幽明之故,事事物物,必须造极,处事欲巧,造语贵拙。②

很显然,这是为闱场考赋所需编写,所以极重题目(擒题)与间架(作法),其取法律赋格而论古赋法,已与盛览问作赋中"相如曰"的思考与气象不侔。更为值得关注的是,自唐以后,唯独明代辞赋创作基本与科举无关,其最具代表性的"唐无赋"说所表现的复古,是对"文必秦汉"的一种回归③,而这恰是明人最重"相如曰"赋迹与赋心说的一个理论结点。

综观明代学者对盛览问作赋这则文献的态度,不仅既无置疑,而且视为赋论圭臬。其中如王世贞《艺苑卮言》卷一论"语赋",则以"相如曰"为典范,并阐发作赋云:

> 作赋之法,已尽长卿数语。大抵须包蓄千古之材,牢笼宇宙之态。其变幻之极,如沧溟开晦,绚烂之至,如霞照灼,然后徐而约之,使指有所在。若汗漫纵横,无首无尾,了不知结束之妙;又或瑰伟宏富,而神气不流动,如大海乍涸,万

---

① 周嘉猷编、汤稼堂(聘)鉴定:《历朝赋衡裁·凡例》,清乾隆二十五年瀛经堂藏板。
② 陈绎曾:《文筌·汉赋谱》,清李士棻家抄本。
③ 参见拙文《明人"唐无赋"说辨析——兼论明赋创作与复古思潮》,《文学遗产》1994年第4期。

宝杂厕,皆是瑕璧,有损连城。……赋家不患无意,患在无蓄;不患无蓄,患在无以运之。①

其以汉赋创作为榜样,所赞美则准的于"相如曰",所贬抑者也是发挥"相如曰"中的论点,所言"瑰伟宏富"与"精神流动"的统一,以及"意"、"蓄"与运之"的连锁意义,均是对赋迹、赋心说的解读与发挥。又如李鸿《赋苑·凡例》引述"相如曰",则比较马、扬赋论云:

> 传曰:登高能赋可为大夫,言感物造端,材智深美,可以图事见功。而长卿亦云:"赋家之心,包括宇宙,总览人物,斯乃得之于内,不可得而传。"长卿而下,赋家所推,岂不以子云为祭酒。而子云自巽晚乃叹曰:"诗人之赋丽以则,词人之赋丽以淫。"是有寿陵余子之微憾也。②

并称马、扬,辨等优劣,用心仍在赋作的示范意义。而这又引申出一个新的赋学公案,即将"相如曰"的"赋迹"、"赋心"说与扬雄论相如赋的"神化"(或谓"赋神"说)结合起来,成为赋家追踪的至高境界。

清代康熙敕修《御定子史精华》,于"文学部"专列"赋心"、"赋迹"条,"赋心"、"赋迹"成为文论的重要名词。至晚清刘熙载《赋概》引述相如"赋心"说,则追溯其源,以为"言赋心,不起于相如,自《楚辞·招魂》'同心赋些'③,已发端矣"。此说"赋"意及与"心"联字,其与"赋家之心"取义颇疏离,不足为训。正因为这则赋语的归属存在疑虑,且其论赋迹之"一经一纬,一宫一商"、论赋心之"苞括宇宙,总览人物"又极适合汉大赋的创作旨趣,所以明人詹景凤论"赋家之圣,则有宋玉、司马相如"时,引述扬雄"长卿赋不似从人间来,其神化所至邪!大谛能读千赋,则能为之"说,且加以批评:

> 扬雄习而不及,固是天限。即彼所习,原自不如一解相如之言,曰:"合綦组以成文……"子云唯不知求之于内,是以其赋饶佳,终似外面搆合而成,与长卿所撰,便有天人之辨。④

---

① 王世贞著、罗中鼎校注:《艺苑卮言校注》,齐鲁书社1992年版,第31页。
② 李鸿:《赋苑·凡例》,《四库全书存目丛书》本,齐鲁书社1997年影印明万历刻本。
③ 《楚辞·招魂》:"人有所极,同心赋些。"王逸《章句》:"赋,诵也。言众坐之人,各欲尽情,与己同心者,独诵忠信与道德也。"五臣注:"极,尽也。赋,聚也。贤人尽至,则同心相聚,君可选也。"洪兴祖补注:《释名》曰:'敷布其义谓之赋。'《汉书》曰:'不歌而诵谓之赋。'五臣以赋为聚,盖取赋敛之义。"
④ 詹景凤:《詹氏性理小辨》卷三十七《人道辨适自篇二·摛藻中》,《四库全书存目丛书》本,齐鲁书社1997年影印明万历刻本。

以"相如曰"为赋学高标,对扬雄赋作与赋论流于"外"(形)而失其"内"(神),采取以反彰正法,于否定中却肯定了"赋心"的示范价值。迨至清人储大文针对《西京杂记》载"相如曰"明确指出:"此榷艺至言,功侔神化,未可以《西京杂记》为赝书而遂轻之也。"①且储氏所谓"榷艺至言"的论述,又引用了《西京杂记》卷三记载的扬雄评相如赋"神化"及学赋本事并予申说:

> 司马长卿赋,时人皆称典而丽,虽诗人之作,不能加也。扬子云曰:"长卿赋不似从人间来,其神化所至邪?"子云学相如为赋而弗逮,故雅服焉。

有关"扬子云曰"的赋论语,严可均据杨慎《赤牍清裁》载录,署名《答桓谭书》,将《西京杂记》中语与桓谭《新论》中记述的扬雄"能读千赋则能为之"之说及桓氏引谚语"伏习众(象)神,巧者不过习者之门"等混在一起,显然是辑佚之文②。在西汉赋家中,扬雄最推崇相如,据《西京杂记》同卷记述:

> 枚皋文章敏疾,长卿制作淹迟,皆尽一时之誉。而长卿首尾温丽,枚皋时有累句,故知疾行无善迹矣。扬子云曰:"军旅之际,戎马之间,飞书驰檄,用枚皋;廊庙之下,朝廷之中,高文典册,用相如。"

其中的"扬子云曰"属于扬雄赋论,或非信谳,然其对相如赋"廊庙"、"朝廷"及"高文典册"的评价,倒是合乎史实及相如赋创作实况的。缘于资料欠缺,对扬雄"赋神"之说鲜有探究,但依据扬雄的赋论及其思想,其包括"赋神"之说与赋迹、赋心则有两点可为对接,这或许是其说皆与汉代骋辞大赋创制艺术相关。其一,扬雄在《法言·吾子》中批评"辞人之赋"的过度"尚辞"而有"雾縠之组丽"及"女工之蠹"之喻,这同于"丽以淫"而偏离"丽以则"的标准固然受到扬雄的批评,但其"丽"的审美,以及"雾縠"、"组丽"与"綦组"、"锦绣"的赋迹,是有相近处,且应契于汉赋创作背景与技巧的。其二,《西京杂记》引扬雄论相如赋之"神化"虽无其他赋论佐证,但其《法言·问神》中颇多论"神"之说,可为印证,如谓"或问神,曰:心",此以"神"为"心"语;"存神索至",此论"物"表现的内在探求;"言,心声也;书,心画也;声画形,君子小人见矣。声画者,君子小人之所以动情乎",此明心为人情所寄,书、画状形摹物彰显其"神"(心)的外化。从这层意义来讲,"赋神"与"赋心"又有近似与通合之处。

或许正出于这样的思考,前引清人储大文论《作赋》将《西京杂记》中记载的相如

---

① 储大文:《存研楼文集》卷十六《杂文·作赋》,文渊阁《四库全书》本。
② 严可均:《全上古三代秦汉三国六朝文》(第一册),中华书局1958年版,第411页。

"赋迹"、"赋心"与扬雄"赋神"说列引,并附录桓谭《新论》"子云善为赋"一则以及杨慎《赤牍清裁》所辑佚语,然后阐发其义云:

> 此胥宜细绎之。以为"服习众神"之权舆,而后所谓"包括宇宙,总览人物",乃可得其窾会,无俾坠入于赋名"六合"之愚①,暨梱然大而手足不能以自举者。而赋家悉得之于内之不可得而传也,于是乎始传。

正是源于对"相如"赋论的认可与思考,储氏才提出"未可以《西京杂记》为赝书而遂轻之"的想法。这种出于赋体创作审美而接受其说者历代极多,譬如清初王修玉编纂《历朝赋楷》,于《选例》中评述汉、魏诸家赋云:

> 昔司马长卿论赋云:"合綦组以成文,列锦绣而为质。"扬子云云:"诗人之赋丽以则,辞人之赋丽以淫。"味二子之言,则赋体裁自宜奥博渊丽,方称大家。②

诸如此类,例不胜举。至于其中的"相如曰"中的"一经一纬"对后世《诗经》学"三经三纬"说的影响,"一宫一商"与《风》、《雅》遗音的比附,以及"赋心"类同"经术之心"、"诗为赋心"的论说,特别是继孔颖达《毛诗正义》、朱熹《诗集传》之后,祝尧《古赋辨体》又本"六义"说将《诗》学的"三经三纬"纳入赋论,成为由宋及元赋学批评的一个重要范畴,而其中的渊源与变迁,也自然为"相如曰"之赋论的功用与地位作出了历史的评价和理论的诠解。正因如此,我们才能发现盛览问作赋的文献价值与批评内涵,已在赋学史的不断的构建中得以体现。

三、经典意义:成就"赋圣"的一则重要材料

如前所述,"相如曰"中的赋论具有教学指导的示范性,而从整个赋论的历史来看,这种示范性已构成赋家追奉的一种"范式",这又与相如"赋圣"说的形成有关③,或者说这则文献材料催成了"赋圣"说的形成,至少也丰富了其说的理论内涵。

一种范式的确立,实质就是对一种经典的认可,相如赋的经典性被历代诸多赋论家所肯定,是不争的事实。例如程廷祚《骚赋论中》论相如赋谓"《子虚》、《上林》,总众类而不厌其繁,会群采而不流于靡,高文绝艳,其宋玉之流亚乎?其次则扬雄

---

① 《北齐书·儒林传》:"刘昼制一首赋,以'六合'为名,自谓绝伦,吟讽不辍。……以此赋呈魏收,收谓人曰:'赋名六合,其愚已甚,及见其赋,又愚于名。'"按:储氏所言即此。
② 王修玉:《历朝赋楷》卷首,清康熙二十五年文盛致和堂刻本。
③ 有关相如"赋圣"说的形成,拙文《司马相如"赋圣"说》(未刊稿)已详论,兹不复赘。

也,王褒又其次也",显然指明相如赋创作的示范性;然则在此论前,程氏先冠之语是:"长卿天纵绮丽,质有其文;心、迹之论,赋家之准绳也。"①这里的所谓"准绳",无疑具有了赋学理论的指导(示范)性质,而其中所谓相如的"赋迹"、"赋心",又恰是赞成相如"赋圣"说者最爱援引的重要文献。同样,我们从上引程氏之论,又可以看出所谓创作经典的树立,必有所参照(如相如之与扬雄、王褒),如果回到文本,我以为有两则文献最适合助成相如"赋圣"说。或可谓其说形成的佐料。其中一则是扬雄自述效仿相如赋的创作,语载《汉书·扬雄传》"先是时,蜀有司马相如,作赋甚弘丽温雅,雄心壮之,每作赋,常拟之以为式",又"赞曰"中言及"辞莫丽于相如,作四赋:皆斟酌其本,相与放依而驰骋云"②。另一则就是《西京杂记》所载"盛览问作赋"。如果说前一则文献是赋作的拟效,扬雄成为相如赋创作的陪衬,那么盛览之问引出的便是理论问题,这使盛览又成了相如赋论的陪衬。赋作与赋论的开创性,显然是相如"赋圣"说的两大要素。也缘于扬雄的拟效使之成为相如赋作的陪衬,所以尽管在前引本传"赞曰"中也说扬雄的学术与赋章皆"用心于内,不求于外",其义则同"相如曰"的"赋心"说,然则后世评价仍因其模仿而批评求外之形,而失赋之"心"。如首倡相如"赋圣"说的宋人林光朝对扬雄赋就颇有微词:

> 林艾轩云:"司马相如,赋之圣者。扬子云、班孟坚只填得他腔子(佐录作'腔子满'),如何得似他自在流出! 左太冲、张平子竭尽气力又更不及。"③

至于具体作品,如祝尧评扬难《甘泉赋》云:"全是仿司马长卿,真所谓同工异曲者与?盖自长卿诸人就骚中分出侈丽之一体,以为辞赋,至于子云此体遂盛,不因于情,不止于理,而惟事于辞"④,几乎将扬雄的创作功绩略去。

同样的原因,当明人如詹景凤、王世贞、李鸿等为突出相如"赋圣"地位而引述《西京杂记》所载盛览问作赋之"相如曰"时,已略去了盛览这个人物,也淡褪了这则文献原本的问对意义。因为他们以"宗汉"的思想推尊相如的赋坛地位,需要的只是署名于他的"赋迹"与"赋心"理论。在诸论家眼中,"相如曰"中的"赋迹"与"赋心"说的历史真实性并不重要,而这则言谈被捆绑于"赋圣"说从而具有了从创作到理论的示范性,这其中所演绎的一段新的赋学历史倒是非常有意义的。这种理论的演绎甚至渐渐又淡化了"相如曰"文献的本来面貌,成为一种纯粹的理论延伸。例如清人论赋,每每言及"赋心",视为赋家创作与批评的至高准则。如孙梅《四六丛话》云:

---

① 程廷祚:《青溪集》卷三《骚赋论》,《金陵丛书》本。
② 班固:《汉书》,中华书局1962年版,第3515、3538页。
③ 黎靖德编、王星贤点校:《朱子语类》卷一百三十九《论文上》,中华书局1994年版,第3300页。
④ 祝尧:《古赋辨体》卷四《两汉体下·甘泉赋》题注,文渊阁《四库全书》本。

诗人之作,情胜于文;赋家之心,文胜于情。有文无情,则土木形骸,徒惊纡紫;有情无文,则重台体态,终恶鸣环。①

沈德潜《赋钞笺略序》云:

汉人谓赋家之心,包括天地,总揽人物,故古来赋手类皆骋思旁讯,铺采摛文,元元本本,骋其势之所至而后已。盖导源于三百篇,而广其声貌,合比兴而出之。登高能赋,可以为大夫,诚重之也。两汉以降,鸿裁间出,凡都邑、宫殿、游猎之大,草木肖翘之细,靡不敷陈博丽,牢笼漱涤,蔚乎巨观。②

又如杨曾华《赋赋》云:

上下三千年,通赋汇而有典有则;纵横一万里,得赋心而亦步亦趋。将见掷地作金声,孰是能希其杰构;伫看搜天传石室,畴不共服壮夫哉!③

或谈理论,或言创作,所论"赋心",其中包括了原本之情、博丽之词与巧妙之思,甚至已超脱"相如曰"而成为一种赋学精髓或创作公理。

这种理论现象一直延续到晚清,仍为当时的赋论津津乐道。例如戴纶喆《汉魏六朝赋摘艳谱说》在附录的"总论十二则"之五罗列"汉以来论赋杂语,亦间有可取者"④,就首列"相如曰"以示范。而堪称古典赋论之总结的刘熙载的《艺概·赋概》,引述"赋心"说以言赋之处尤多,兹举数例如次:

诗为赋心,赋为诗体。
司马相如《答盛览问赋书》有赋迹赋心之说,迹,其所;心,其能也。心迹本非截然为二。览闻其言,乃终身不敢言作赋之心,抑何固哉!且言赋心,不起于相如,自《楚辞·招魂》"同心赋些"已发端矣。

赋,辞欲丽,迹也;义欲雅,心也。

赋家之心,其小无内,其大无垠,故能随其所值,赋像班形,所谓"惟其有之,

---

① 孙梅:《四六丛话》卷三《骚》,人民文学出版社2010年版,第45页。这段话也出现在(道州)洪翼升《孙卿赋篇赋》(以"汉志载孙卿赋十篇"为韵)中:"夫诗人之作,情胜于文;赋家之心,文胜于情。无情之文,则土木形骸,徒惊纡紫。无文之作,则重台体态,终恶鸣环。荀子之篇,其殆诗之流,赋之祖,古文有韵之俶落,楚诗嗣响之奇诡乎。"见载江标编:《沅湘通艺录》卷七,丛书集成初编本。
② 沈德潜:《赋钞笺略序》,见清王煚等编:《赋钞笺略》,嘉庆二十二年重刊本。
③ 杨曾华:《赋赋》(以"登高能赋,可为大夫"为韵),《赋海大观》第四册,第228页。
④ 戴纶喆:《汉魏六朝赋摘艳谱说》,光绪七年(辛巳秋)瀛山书院刻本。

是以似之"。①

虽然这其中颇有论者的解读及发挥,但其视"赋心"为论赋的重要文献与原则,自无疑义。

当然,返本溯源,刘熙载所追述的《楚辞·招魂》"同心赋些"与"赋心"理论并与关联,所谓的"赋心"实源自"相如曰","相如曰"又附着于或真实或虚构的史事"盛览问作赋",正此成就"赋圣"说的重要资料,在或隐或显之岁月的变迁中,也成就了这则文献本身的文学史价值与意义。

---

① 刘熙载:《艺概》,上海古籍出版社1978年版,第86、94、95、99页。

词学反思与强势选择
——马洪的历史命运与朱彝尊的尊体策略

◎ 张宏生

一、问题的提出

马洪字浩澜,号鹤窗,是明代正德、嘉靖年间的著名词人,创作态度非常严谨,"四十余年,仅得百篇"①。明人对其评价非常高,如杨慎《词品》卷六评云:"马浩澜洪,仁和人,号鹤窗,善吟咏,而词调尤工。皓首韦布,而含珠吐玉,锦绣胸肠,裒然若贵介王孙也。"②徐伯龄《蟫精隽》卷十一云:"马浩澜名洪,号鹤窗,杭之仁和人。善诗词,极工巧。……予与鹤窗、清溪偕出菊庄之门,而鹤窗能大肆力于学问,既得诗律之正,复臻诗余之妙,人以与清溪齐名云。"③又聂心汤《万历钱塘县志》:"马洪……善为声诗,有长庆风致。其词调尤极妍丽。"④

但是,到了清代的朱彝尊,评价就为之一变:"明初作手,若杨孟载、高季迪、刘伯温辈,皆温雅纤丽,咀宫含商。李昌祺、王达善、瞿宗吉之流,亦能接武。至钱塘马浩澜以词名东南,陈言秽语,俗气薰人骨髓,殆不可医。"⑤这段话影响清人甚深,如晚清陈廷焯就跟着说:"词至明而词亡矣。然三百年中岂无合作?……明初如刘伯温、高季迪、杨孟载之流,尚沿虞伯生、张仲举之旧,无害风雅;至文征明、杨升庵辈,风格虽低,犹堪接武。自此而后,如马浩澜辈,陈言秽语,读之欲呕。"⑥陈廷焯基本上是常州词派的思路,和朱彝尊流派不同,所以,其中应该排除了党伐声气,而体现的是清人,

---

① 马洪:《花影集自序》,转引自杨慎《词品》卷六,《词话丛编》,中华书局1986年版,第1册,第532页。
② 马洪:《花影集自序》,转引自杨慎《词品》卷六,《词话丛编》,中华书局1986年版,第1册,第532页。
③ 徐伯龄:《蟫精隽》卷十一,《景印文渊阁四库全书》,第867册,第147页。按田汝成《西湖游览志余》卷十三亦引徐语,文字略有不同:"鹤窗与陆清溪偕出菊庄之门,而清溪得诗律,鹤窗得词调,异体齐名,可谓盛矣。"《景印文渊阁四库全书》,第585册,第459页。
④ 聂心汤:《钱塘县志·文苑》,《武林掌故丛编》本,第21页上。
⑤ 朱彝尊:《词综·发凡》,《词综》,上海古籍出版社1999年版,卷首,第12页。
⑥ 陈廷焯:《云韶集》卷十三。

特别是康熙之后词坛的普遍看法。一直到现代，王易写《词曲史》，对马洪也是如此评价①。

为什么明人和清人的评价如此不同？朱彝尊为什么要如此激烈地反对马洪的词？朱彝尊对马洪的批判，导致了什么结果？这些，就是本文要回答的问题。

二、马洪之俗何谓？

朱彝尊对马洪的批评，主要是"俗"，所谓"陈言秽语，俗气熏人骨髓"，这是一个很重的否定。

雅俗之辨在中国源远流长，最初是与西周礼乐制度暨政治制度相联系的，表现为雅言雅乐和俗言俗乐的对立。至春秋时期，随着社会的动荡和分化，雅俗观念也得到重新阐释，偏离了音声和政治，引进了人格和文化的内涵，从而形成了新的雅俗观。不过，直到这时，严格说来，这一观念还没怎么进入文学领域。引起文学领域的关注，主要还是在魏晋南北朝时期，由于形成了文章不朽的思想，魏晋南北朝的文人非常注重文体艺术风格的辨析，因而雅俗观念渐渐成为时人品评文章的基本观念，成为人们认识文学发展规律的重要参照。后来，经过唐代的蕴积，宋人对雅俗观念的理解又进入了一个新阶段，关于雅俗的关系，也不再是二元对立，而是良性互动了。② 只有在这样一个大背景下，才能深入了解词的雅俗之辨，因为词的雅俗之辨正是宋代所提出来的新命题。

以"雅"、"俗"来论词，几乎伴随着宋代词的蓬勃兴盛的局面同时展开。众所周知，随着20世纪敦煌宝藏为学术界所关注，沉埋千年的敦煌曲子词向世人昭示出词的早期风貌，即几乎和一切文学样式一样，词在一开始也是源于民间的，因而带有不少民间文学的鲜明特征，包括感情的直截了当、语言的通俗平实等。同样，像一切文学样式一样，它也有一个由俗向雅发展的过程。事实上，从晚唐五代开始，经过花间词人和南唐君臣等，词的雅化过程一刻也没有停止。进入宋代，随着文人的大规模

---

① 如王易说："其词非无冶情秀句，但气骨轻浮，境语凡近，故朱氏谓其俗不可医。"《词曲史》，江苏教育出版社2005年版，第255页。）

② 宋代的著名文人都喜欢讨论雅俗的问题，如苏轼说："可使食无肉，不可使居无竹。无肉令人瘦，无竹令人俗。人瘦尚可肥，俗士不可医。"（苏轼：《於潜僧绿筠轩》，《苏轼诗集》卷九，中华书局1982年版，第2册，第448页）黄庭坚也说："余尝为少年言：士大夫处世可以百为，唯不可俗，俗便不可医也。"（黄庭坚：《书缯卷后》，《黄庭坚全集》，四川大学出版社2001年版，第2册，第674页）可是他们师弟也都主张以俗为雅。苏轼："诗须要有为而作，用事当以故为新，以俗为雅。"（《题柳子厚诗》，《苏轼文集》，中华书局1986年版，第5册，第2109页）黄庭坚：《再次杨明叔韵序》："以俗为雅，以故为新，百战百胜。"[《黄庭坚全集》（第1册），第126页］按，关于雅俗观念发生发展的历史，参看王齐洲：《雅俗观念的演进与文学形态的发展》，《中国社会科学》2005年第3期。

介入,这一趋势更加明显。柳永俗词的出现,或许反映了社会上的一定要求,因而颇受欢迎,但是,在宋代士大夫意识进一步加强,甚至成为中国传统社会发展主流的情形下,词的雅化已是大势所趋,所以,我们就看到宋代社会上几乎众口一词的对柳永的批评。在北宋,柳永由于吏部不放改官而和晏殊的一番对话①,其中所体现的雅俗之辨,已经广为人知。苏轼由于弟子秦观学习柳永句法而进行的批评,即对俗词侵入其雅化阵容的警惕,也经常见之于论述。其他,如陈师道指出柳永"骫骳从俗"②,李清照指责柳永"词语尘下"③,徐度批评柳永"多杂以鄙语"④,都可以联系起来看。到了南宋,对柳永的批评更是趋于明显,或曰"浅近卑俗"⑤,或曰"词格固不高"⑥,或曰"有鄙俗语"⑦。这些,都体现出宋代追求雅化的总体倾向,也体现了从大晟词人到姜夔、吴文英等的基本追求。

总的来说,从宋代开始,人们所体认的"俗"的概念,基本上就是和柳永的创作联系在一起的,其基本内涵,是由于语言的浅近直白而导致的对已建构好的文人规范的背离,这种抒情方式因此也被理解为格调不高。至于内容,则并没有根本的区别,即如柳永遭到晏殊诟病的那首词,和包括晏殊在内的许多词人的作品,其实并没有本质的不同。

不过,秉持这一观点反观马洪的词,尽管也被朱彝尊批评为"俗",情形却颇为不同。马洪的词,据其自述,大约有一百首左右。今其《花影集》仍未发现,不知是否尚存世间。《全明词》搜罗各种文献,仅辑得其词 16 首,今再检其他文献,复得 13 首⑧,合计有 29 首,不足其词总数的 30%,不过,尝鼎一脔,大约也可一定程度上反映其创作的风貌。考察他的所有作品,大约可以分为三类:一类是男女情爱词;一类是山水纪胜词;一类是友朋交游词。用发展到晚清已经建构好了,并被多数人同意的批评

---

① 张舜民:《画墁录》:"柳三变既以词忤仁庙,吏部不放改官,三变不能堪,诣政府。晏公曰:'贤俊作曲子么?'三变曰:'只如相公亦作曲子。'公曰:'殊虽作曲子,不曾道"彩线慵拈伴伊坐"。'柳遂退。"(《丛书集成》本,第20页)
② 陈师道:《后山诗话》,何文焕辑:《历代诗话》,中华书局1981年版,第311页。
③ 李清照:《词论》,王延梯:《漱玉集注》,山东文艺出版社1984年版,第117页。
④ 徐度:《却扫编》,卷下,《丛书集成》本,第172—173页。
⑤ 王灼撰、岳珍校正:《碧鸡漫志校正》卷二,巴蜀书社2000年版,第36页。
⑥ 陈振孙:《直斋书录解题》卷二一,上海古籍出版社1987年版,第616页。
⑦ 沈义父:《乐府指迷》,《词话丛编》,第1册,第278页。
⑧ 这十三首是《南乡子·西湖十景》,又《虞美人》《小重山·西湖》。以上见田汝成:《西湖游览志余》卷十三,《景印文渊阁四库全书》,第585册,第459—461页。又《画堂春》,同上,卷一二,第456页。按,经检索2006年1月之前诸补《全明词》的文章,仅见余意《〈全明词〉漏收1050首补目》一文提及补马洪词,云:"马洪词已见《全(明词)》第一册249页,今据田汝成《西湖游览志余》卷十二补入一首,词目为:《画堂春》'萧条书剑困埃尘'。"但是,不知为什么,余氏仅注意到《西湖游览志余》卷十二有一首可补马洪词,却没有注意卷十三还有十二首。谨录于此,以为参考。余文见《上海大学学报》2006年第1期。

观念来看,尽管马洪的这些词不一定算是什么佳作,却也和柳永一派的俗词风格相去甚远。如果说,朱彝尊所批评的"秽语"指的是淫媟之言,则我们在马洪的词中并没有发现这一类描写,至少没有什么露骨的描写,如其《海棠春·春日》:"越罗衫薄轻寒透。正画阁、风帘飘绣。无语小莺慵,有恨垂杨瘦。 桃花人面应依旧。忆那日、擎桨时候。添得莫愁牵,只为秋波溜。"①写得很工致,却有似曾相识之感。所以,"陈言秽语"四字,也许应该联系起来,作另外一种解释,意思是摇笔即来,缺少独创性,没有真性情,包括太工致了,有时也是一种俗。

因此,朱彝尊在建构其词学思想时,将马洪拿出来作为反面对象进行批判,用意超过了同时的不少批评家。在他看来,明词的俗,不仅是一般人所体认的似曲,更主要的是"意俗"。倘若能够从这一方面入手,唤起作家们普遍的注意,则清词的发展就能走上一条康庄大道了。朱彝尊所做的,其实也体现着词发展到南宋的一个基本脉络,只是他更加具有词史的意识和批评的眼光而已。

三、朱彝尊批马之用意

讨论朱彝尊对马洪的批评,必须和他对整个明词的看法结合起来。朱彝尊对明词,基本上持否定态度,认为"词自宋元以后,明三百年无擅场者"②。并进一步把这种状况的形成归咎于《草堂诗余》的盛行:"古词选本,若《家宴集》、《谪仙集》、《兰畹集》、《复雅歌辞》、《类分乐章群公诗余后编》、《五十大曲》、《万曲类编》及草窗周氏选,皆轶不传,独《草堂诗余》所收最下最传,三百年来学者守为兔园册,无惑乎词之不振也。"③这种看法,又不仅是朱彝尊个人的,如当时高佑釲也说:"词始于唐,衍于五代,盛于宋,沿于元,而榛芜于明。明词佳者不数家,余悉踵《草堂》之习,鄙俚亵狎,风雅荡然矣。"④

《草堂诗余》是南宋人所编,其后一直流行,发展出不同的版本,仅明本就有35种之多。不过,大致说来,可以分为分调和分类两种,其中又以分类本更为流行。分类本分为前后两集,前集分春、夏、秋、冬四景,后集分节序、天文、地理、人物、人事、饮馔器用、花禽七类。每一类下面又分若干子目,如春景类下有初春、早春、芳春、赏春、春思、春恨、春闺、送春八个子目,节序类下有元宵、立春、寒食、上巳、清明、端午、七夕、中秋、重阳、除夕十个子目。这样分类的原因,清人宋翔凤已经指出:"《草堂》一集,盖以征歌而设,故别题春景、夏景等名,使随时即景,歌以娱客。题吉席庆寿,

---

① 饶宗颐初纂、张璋总纂:《全明词》,中华书局2004年版,第1册,第250页。
② 朱彝尊:《水村琴趣序》,《曝书亭集》(《四部丛刊》本),卷四〇,第6页下。
③ 朱彝尊:《词综·发凡》。
④ 高佑釲:《迦陵词全集序》,《迦陵词全集》,卷首,载《四部丛刊》本《陈迦陵全集》。

更是此意。其中词语,间与集本不同。其不同者恒平俗,亦以便歌。以文人观之,适当一笑,而当时歌伎,则必需此也。"① 可见,《草堂诗余》有着非常明确的实用性,在词作为音乐文学发展的过程中,价值不容忽视,也正因为此,能够轻而易举地形成类型化,成为社会大众参详甚至模仿的范本。②

在另外一篇文章中,我曾经指出,"马洪的词经常有应景之作,不仅每成套路,而且容易使用,便于模仿,如他诸多的写春景春情的词,就没有什么新意,屡见征引的《南乡子》十首写西湖十景,连缀景物,不过是宋代以来诗人墨客惯常歌咏的题目,近似南宋开始盛行的'应社'之作。"③ 所以,马洪的不少作品,正可以看作《草堂诗余》一书在明代的某种象征,而朱彝尊的批判马洪,其实也是醉翁之意不在酒,矛头仍然是指向《草堂诗余》的。在朱彝尊看来,纠正了这种倾向,当然也就解决了词创作的不少问题。

说到这一点,又必须和朱彝尊的词学宗尚结合起来。虽然在一首词中,他说自己:"不师秦七,不师黄九,倚新声玉田差近。"④ 其实还少说了一个姜夔。在《词综·发凡》中,朱彝尊对姜夔给予了极高的评价:"世人言词,必称北宋,然词至南宋始极其工,至宋季而始极其变。姜尧章氏最为杰出。"⑤ 事实上,姜夔的词作正是靠了他的发掘,才以比较完整的风貌出现在世人的眼中,如果说,《词综》一书对其他词人可算是选本的话,则对姜夔来说,就是当时所能找到的所有作品了。仔细考察《词综·发凡》,我们还看到了一个有趣的现象,即朱彝尊在感慨宋词亡佚甚多时,举出这样一件事:"公谨赋《西湖十景》,当日属和者甚众,而今集无之。"⑥ 我们还不知道,朱彝尊说这番话的意思,是指他本人曾看到周密的《西湖十景》,而今本周密词集未有收录,还是并他本人也没有看到,只是知道有这种记载。但《全宋词》所收周密词,一开篇即是《木兰花慢·西湖十景》,序云:"西湖十景尚矣。张成子尝赋《应天长》十阕,夸余曰:'是古今词家未能道者。'余时年少气锐,谓此人间景,余与子皆人间人,子能道,余顾不能道耶! 冥搜十日而词成。成子惊赏敏妙,许放出一头地。"⑦ 由此得知,写《西湖十景》词,是南宋人的风气,周密尚是见张成子之作,而兴起的争胜之心,而按照朱彝尊的说法,则周密本人的词也有不少人争相唱和。这就证明了,马洪写作这一类的词,其实是在前人的作品里打转,要想体现新意实在很困难,则所谓"陈言

---

① 宋翔凤:《乐府余论》,《词话丛编》,第3册,第2500页。
② 关于《草堂诗余》的有关问题,请参看孙克强《清代词学》第五章《明代及清初词学》(中国社会科学出版社2004年版)。
③ 参看拙作:《清代词学中的明词观》,《新文学》,第2辑,大象出版社2004年版。
④ 朱彝尊:《解佩令·自题词集》,《曝书亭集》(《四部丛刊》本),卷二五,第12页上。
⑤ 朱彝尊:《词综·发凡》,卷首,第9页。
⑥ 朱彝尊:《词综·发凡》,卷首,第9页。
⑦ 唐圭璋:《全宋词》(第5册),中华书局1965年版,第3264页。

秽语",实在是有感而发。

周密总结自己的创作时说:"间作长短句,或谓似陈去非、姜尧章。"①就学习姜夔这一点而言,其实不仅周密,南宋末年的不少词人都是如此。姜夔本人写词,就很喜欢以西湖为背景,著名的《念奴娇》写荷花荡,就是因为"暍来吴兴,数得相羊荷花中,又夜泛西湖,光景奇绝,故以此句写之"②。姜夔在南宋的最佳传人张炎也是非常长于写西湖,如其《南浦·春水》:"波暖绿粼粼,燕飞来,好是苏堤才晓。鱼没浪痕圆,流红去、翻笑东风难扫。荒桥断浦,柳阴撑出扁舟小。回首池塘青欲遍,绝似梦中芳草。　和云流出空山,甚年年净洗,花香不了。新渌乍生时,孤村路、犹忆那回曾到。余情渺渺。茂林觞咏如今悄。前度刘郎归去后,溪上碧桃多少。"③沈祖棻评其上片云:"起三句写景如画,便觉春光骀荡,春水溶溶,如在目前。咏物之最上乘,所谓取神者也。'鱼没'句,体物极工细。'流红'句,翻陈出新,用意更进一层。'荒桥'二句,暗点荒凉,其宋邦沦覆以后之作欤?'回首'二句,用谢灵运梦惠连而得'池塘生春草'之句事,如此活用,极融化变幻之奇,刘熙载所谓'实事虚用'也。"④沈氏所论,正体现出张炎是"与白石老仙相鼓吹"⑤,这些作品,都能体现出姜夔所提倡之"清空骚雅"的词风。

所以,当朱彝尊以"陈言秽语"批评马洪的时候,他的心中是有姜夔,以及受姜夔影响的张炎诸人的影子的,他所指出的马洪的俗,背后正是姜夔的雅。而姜夔的雅,也正如清人经常说的,是在神不在貌的,正如马洪的俗,照朱彝尊的看法,其实也是俗在神。而且,我们也注意到,朱彝尊是浙江人,他所批评的马洪是杭州人,喜写西湖之景,他所推崇的南宋词人如姜夔、张炎等也喜写西湖之景,将这些对照起来看,也许并不是偶然的。不过,我们也有必要指出,马洪的词,其实并不是像朱彝尊所说的那样不堪。他的创作中,固然可能有句意陈熟之病,但我们应该回到具体的历史场景中,看到在唐五代大量优秀作品未在社会上广泛传播的情况下,马洪的词,作为与文人生活密切相关的"当代文学",也有其存在的合理性。后人站在词史的高度上,可以称之为"小名家"⑥,而当时人却可能予以高得多的评价,否则,就无法解释为什么杨慎在其《词品》中一再称引,田汝成在其《西湖游览志余》中一再提及了。

---

① 周密:《弁阳老人自铭》,朱存理编:《珊瑚木难》,卷5,转引自史克振:《草窗词校注》,齐鲁书社1993年版,附录,第256页。

② 姜夔:《念奴娇》序,夏承焘:《姜白石词编年笺校》,《夏承焘集》(第3册),浙江古籍出版社、浙江教育出版社1997年版,第56页。

③ 张炎:《南浦·春水》,《山中白云词》,中华书局1983年版,第1页。

④ 沈祖棻:《宋词赏析》,上海古籍出版社1980年版,第169页。

⑤ 仇远:《玉田词题辞》,《山中白云词·序录》,第164页。

⑥ 参看张仲谋:《明词史》,(人民文学出版社2002年版)第三章第四节《马洪:词坛荒漠中的小名家》。

四、强势选择之词史体现

如前所述,马洪词在明代评价甚高,而到清代,就开始走下坡路。走下坡路的标志,不仅在于评价的降低,甚至还表现在人们对其作品的蔑视,以至于他的《花影集》完帙似乎已经失传。2003 年出版的《全明词》固然没有收入这个集子,后来对《全明词》进行增补的学者,也未见发现这个集子。这一现象值得关注。

考察清代对马洪词的评价,康熙年间尚有不同看法。初刻于康熙十七年(1678年),定本刻于康熙三十年(1691 年)的《词综》,其中批评马洪的言辞非常激烈,已见之前引,而这一段话,在清代也被反复引用,引用时,甚至不加出处,尽管也是古人引书通例,却也见出约定俗成,心照不宣,愈发体现出普遍性。《词综》的出现是清代词史发展中的一个具有标志性的事件,四库馆臣评云:"彝尊本工于填词,平日尝以姜夔为词家正宗,而张辑、卢祖皋、史达祖、吴文英、蒋捷、王沂孙、张炎、周密为之羽翼,谓自此以后,得其门者或寡。又谓小令当法汴京以前,慢词则取诸南渡。又谓论词必出于雅正,故曾憎录《雅词》,鲖阳居士辑《复雅》,又盛称《绝妙好词》甄录之当。其立说大抵精确,故其所选能简择不苟如此,以视《花间》、《草堂》诸编,胜之远矣。"①四库馆臣以《词综》和《花间》、《草堂》作比,认为"胜之远矣",并不是一件偶然的事。这标志着,从学术史的观点来看,发展到《词综》,以学习《花间》、《草堂》为宗尚的明人词风得到了很大程度的清算,词学又开始了新的路向。

不过,我们也应该看到,这个所谓新的路向,其实也有一个过程。康熙年间,一直就有不同的声音。如陈维崧说:"马浩澜作词四十年,仅得百篇,昔人矜慎如此。今人放笔颓唐,岂能便得好句。"②编纂于康熙四十六年的《御选历代诗余》卷一一○《明人姓氏》云:"马洪字浩澜,仁和人,善吟诗,词调尤工。有《花影集》,盛传于世。"③又卷一二○《词话》全引杨慎《词品》云:"钱塘马浩澜,号鹤牕,善咏诗,尤工词调。虽皓首韦布,而含吐珠玉,锦绣胸肠,斐然若贵介王孙也。"④于此可见,当时尚有人延续明人之见,对马洪给予较高评价。特别是《御选历代诗余》编纂于康熙四十六年,是时朱彝尊为领袖的浙西词派已经红透半边天,但该集仍然没有完全按照朱彝尊的意见品评作家,确定是非,可见在康熙年间,对明词,尤其是对马洪的看法,也还没有定于一尊。将《御选历代诗余》中对马洪的评价和朱彝尊的评价结合起来看,可以得知,康熙年间,还是一个众派分流的时候,尽管《御选》一书的批评倾向肯定不如

---

① 永瑢等:《四库全书总目》,中华书局 1965 年版,第 1825 页。
② 田同之:《西圃词说》引,《词话丛编》(第 2 册),第 1465 页。
③ 沈辰垣等:《御选历代诗余》,浙江古籍出版社 1998 年版,第 488 页。
④ 沈辰垣等:《御选历代诗余》,浙江古籍出版社 1998 年版,第 531 页。

《词综》那么鲜明。然而,到了康熙末年以后,情况似乎就发生了变化。

尽管谭献在总结清初词的时候说:"锡鬯、其年出而本朝词派始成……嘉庆以前,为二家牢笼者十居七八。"①对朱、陈二家在清词发展中所起的作用大加赞赏。事实上,真正更具有长远生命力和影响力的是朱彝尊②。至于陈维崧,一生才名甚大,才气过人,可是其所建立的流派,虽也有较大影响,但呈松散的发展状况。朱彝尊就不同。朱彝尊所创建的浙西词派,如果从该派先驱曹溶算起,首先有朱彝尊、李良年等"浙西六家"大张旗鼓,然后有乾隆年间厉鹗等人的传承衣钵,开出新路。再往后,仍有吴中诸子如戈载等人倡导声律,还有吴江才子郭麐诸人笔走轻灵,使得浙派流风,绵绵不断,直到晚清近代,流风余韵,仍未断绝。这一过程,作为文学史的实际,并不能按照一般词史看待,因为,即使嘉庆以后,常州词派登上历史舞台,似乎具有了压倒一切的声势,但常州词派的发展,仍然是综合包容了以前的各种文学现象,获得了广泛的资源。朱彝尊所倡导的基本思路,因而不可能由于常州词派的强大而被取消。

由此,我们不难发现这样一条文学史脉络,即马洪的声名由煊赫到沉寂,马洪的词作由传播四方到趋于失传,是由明到清词学思想的演变所导致的变化,其中,朱彝尊的词学思想在清代作为一种强势文化所产生的影响,又起了绝对的作用。这其实也是文学史上经常出现的一种现象,即一个作家的升沉起伏,除了他本人作品的价值之外,也往往与一些处于文学史发展的关键时刻的重要人物有关。受到这些人物的褒扬,可能从此确立显赫地位,而如果成为被否定的对象,则就往往带来截然不同的命运。处在强势人物的影响之下,不虞之誉和求全之毁,似乎都难以避免。即如陈廷焯所言:"吴梅村词,虽非专长,然其高处,有令人不可捉摸者,此亦身世之感使然。否则徒为'难得今宵是乍凉'等语,乃又一马浩澜耳。"③其实,词中缺少身世之感者,岂止一个马洪,而且,词之为体,路向多端,也并不一定都要有身世之感。陈廷焯专门挑出马洪来作为反面例证,恐怕也是受到朱彝尊强势影响的结果。经典化不仅可以看出杰出作家地位确立的过程,也可以看出某些作家经过强势力量的选择,不断弱化的过程,而后者,正可以提供我们重加体认的空间。

结　语

马洪是明代的著名词人,创作态度极为审慎,自谓四十年来只有百首,但明人和

---

① 谭献:《箧中词》,《今集》卷二。沈辰垣等编:《御选历代诗余》,浙江古籍出版社1998年版,附录,第544页。

② 所以,谭献弟子徐珂在其《清代词学概论》第二章《派别》讨论清词派别时,就去掉了陈维崧:"有清一代之词,有二大别。一浙派,一常州派。"

③ 陈廷焯:《白雨斋词话》卷三,《词话丛编》,第4册,第3826页。

清人对他的评价往往截然相反。而自朱彝尊在《词综》中对他进行激烈批评之后,清人基本上延续这种说法,认为他的词俗。不过,清人也许对马洪其人并无细致了解,首先时代上就出现混乱,把他放在杨慎、文徵明的后面来讨论,从而在考察明词史时出现脉络上的失察,马洪实际上生活在弘治、正德、嘉靖年间。从这一点,也可以看出,康熙之后对马洪的讨论,是笼罩在朱彝尊的看法之下的,朱彝尊在《词综》之中所发表的意见已经成为人们讨论马洪时的强势思路。从这一基本思路出发,他们甚至懒得去清理基本事实,以至于对马洪的生平也不甚了了。从一个名满天下的词人,到基本面目模糊不清,甚至连词集都已经失传,这个巨大的反差,让我们看到了文学史发展的一些有趣的现象,即强势人物和理论所产生的巨大影响。如果照此作进一步深入考察,相信我们对文学史发展的脉络会有一些不同的认识。

杜诗研究与当代学术
——《明末清初杜诗学研究》序

◎ 张伯伟

重喜完成其著作《明末清初杜诗学研究》，付梓在即，嘱我撰序。我素来不好为人作序，但当重喜提出这个要求的时候，我没有太多迟疑就答应了。可以轻易地为之寻找出很多理由，比如从大学时代开始我就是他的任课老师并指导了他的毕业论文，留校工作后因为我的一番话他开始每天阅读杜诗，后来又边工作边攻读硕士继而博士学位，论文亦围绕杜诗，依然由我忝任其导师，现在这部以博士论文增订而成的著作将要出版，又适值杜甫诞辰一千三百年，慨诺此序似乎是必然的，而且很可以从"私谊"的角度渲染成文。但为了避免写成一篇应酬性的文字，我想还是站在学术立场上谈论这部著作，重点在由本书引发而来的与当代学术相关的问题，以就正于读者。

"杜诗学"之名由元好问提出，"杜诗学"之实则出现在此前。千年以来，"杜诗学"有两个高峰：一在宋代，一在清代。前者是起始，后者是集成，而明末清初则是一大转折。这是对"杜诗学"史稍有关心者都了解的现象。学术研究的经验告诉我们，对于精神文化的探讨，有两个时期最值得重视：一个是其开创期，另一个是转型期。所以，这两个时期吸引学者的高度注意也是理所当然的。以明末清初的"杜诗学"研究而言，只要参看一下本书附录二所汇辑的自 1900 年至 2010 年的研究论著目录（一定还有可补录者），就能用洋洋大观来形容。因此，选择这样一个课题，重要的思考就集中到如何研究上来。而对于"如何研究"的思考，一方面取决于自身的学术传统，另一方面则如禅家所说的"应病施药"，需要针对当代的学术状况及其"病症"。

学术研究无疑是从熟悉基本史料开始，并且能够以"上穷碧落下黄泉"的精神，尽可能巨细靡遗地收集相关文献。其后是对文献作初步的整理和分析。再其后，则选择最重要的问题以及最有力的史料写成论文。常见的缺陷在于，或者根据不够丰富甚至是很少的材料作出宏大判断，或者大量堆砌资料而将观点淹没在文献的海洋之中。如果做个大致的区分，前者倾向于"思而不学"，而后者近乎"学而不思"。清代"杜诗学"文献相当丰富，其书目可考者达 410 种之多（不以专书面目出现的还不在其内),而且集中在雍正朝以前①。资料如此丰富,而本书需要考察的问题,又涉及杜诗的版本、校勘、编年、笺注、阐释和评论等,兼容了"杜诗学"的各个方面。本书作者并没有采用敷陈法将上述问题铺展开来,而是在广泛阅读文献的基础上,集中在三个论题,以上中下三编作深入探讨,从而有效摆脱了通常容易出现的弊端。

上编是《钱注杜诗》研究,以此为核心,作者探讨了明末清初的杜诗版本、校勘、编年和笺注诸问题。《钱注杜诗》无疑是"杜诗学"史上里程碑式的著作,受到后人直至当代学人的高度推崇和重视。中国学者且不提,以"为读杜甫而生于人世"自命的日本汉学家吉川幸次郎为例,他曾在家里私下对另一位日本杜诗研究者黑川洋一说:"注释杜甫要有钱牧斋的学识和见识,今日可以注杜者舍我其谁。"②历代杜注在其心目中的对手仅为"钱注"。研究《钱注杜诗》可以从许多不同方面切入,版本、校勘等问题属文献学范畴,这在中西传统中都算得上是一门古老的学问。中国的校雠学传统,由汉代刘向、歆父子发轫,他们每校一书,必广罗异本、去除重复、条别篇章、校其讹误、写定正本,是一项严肃的学术工作。而就杜诗来说,综罗众本,校其异同,最后形成定本,这样的工作也开始于宋代。因为有异本,就必然会产生重复或异同的问题,和最后的"定本"相比,也一定经过校勘者的更改,但其态度是审慎的。近年来,受到西方后现代史学对抄本及印刷文化研究的影响,一些汉学家往往采撷某些笔记、诗话中"资闲谈"、"录异事"的材料,或者根据编集者的丛残片语作"奇崛"解释,推广到校勘学的传统中,认为一部作品(至少在刻本时代以前)从最初写成到最终流传于世,经过了抄写者、编集者大量的、随意的"歪曲"。易言之,这些经过宋人整理而流传下来的六朝人、唐人的作品,在很大程度上是不可据信的。这样的论述,与文学经典的研究结合在一起,更引申为文学史的"权力"。乍闻之耸人耳目,细究之似是而非。依我看来,文本的更改大致出于三类人:作家、批评家和校勘家。在对待文本的态度上,前两者追求的是"美",而后者追求的是"真"。作家更改自己的文本,由于抄写时间不一,导致异文的流传,但都是属于该作者的作品。批评家更改他人的文本,常常以自己的审美眼光为去取标准,这在选本中尤其明显。所以,我们在遇到唐代或宋代选本的异文时,不能轻易地把这些异文认定为作品在唐宋时代的本来面目。但即便是这样的更改也仍然是有限的。至于校勘家的更改,因为出于求"真"的目的,态度必然是审慎的,同时也会详列异文,以供读者参考抉择。以上三类人各有不同的取向,各种记载也分属于不同的文献性质,若不加分辨地混为一谈,就容易导致朱紫相夺。一个研究者,如果曾经从事过古代文本的校勘工作,就能够对

---

① 参见孙微:《清代杜诗学文献考》,凤凰出版社2007年版。

② "私は杜甫を読むために生まれて来た。""杜甫の注釈には、銭牧斎の学識と見識とを必要とする。それができるのは今のところ私以外にはない。"见黑川洋一《杜甫と吉川先生と私》,《吉川幸次郎全集》第十二卷《月报》,筑摩书房1968年版,第6页。

工作中战战兢兢、如履薄冰的精神状态有所体会,而不至于在解读资料时,让想象的骏马无节制地奔驰,把"天际浮云"认作"地平线上的丛树"①。本书以《钱注杜诗》为核心,细致展开其校勘思想和方法,对于传统校雠学中的文学校勘活动,提供了一个具体生动的例证,足以代表中国文学文本编集的主流。因此,尽管这是一项属于传统文献学研究的内容,其研究思路和方法也平实无奇,但对于当代学术"闻诡而惊听"(借用《文心雕龙·知音》语)的"爱奇"之风却或多或少能起到针砭作用。

明末清初的学者是以"章法"为中心探讨杜诗技巧的,故本书中编专列杜诗章法论,详细考察了这一时期"杜诗学"中的诗歌技法问题。"诗之为技"的观念,在钟嵘《诗品》中已明确提出,堪称中国文学批评史上由来已久的传统,但文人颇不情愿把文章仅仅视为一"技",总希望能够提升到"经国"、"载道"的高度,所以,即便在文学批评中有关于技法的讨论,也往往得不到重视。杜甫也曾言不由衷地说:"文章一小技,于道未为尊。"对于诗歌技法的讨论,从永明体强调"四声八病"到晚唐五代诗格,形成了一种"规范诗学",涉及声律、对偶、句法、结构、语义等诸方面。其中心思想,就是要在"诗"与"非诗"之间划出一条界线。只有遵循规范的语言表达才堪称文学,否则便是"吼文"、"狗号"、"不名为诗"、"非复文章",原因很简单,就是"与俗之言无异"。这些都是对创作者提出的要求,从宋代开始,批评者也往往运用这些技法观念作文本分析,重点在句法和语义。所有的技法都带有规范性,因此,琐屑机械是其基本特征。经过反复训练而谙熟于心,创作者又可以在一定程度上打破旧有的规范,使得技法表现更为丰富。明清"杜诗学"中有关技法的讨论,既有从杜诗中概括提炼者,也有根据批评史上的观念对作品加以分析者。这些资料在以往学者未曾注意,更谈不上重视了。我想要强调的是:第一,关于文学技法的讨论,在中国文学批评史上并不贫乏,中国人对于文学性或纯文学的认识,并不是在西洋学术进入后才得到启蒙。那种以"杂文学"或"大文学"来概括中国人的文学观念,以"载道"、"言志"、"美刺"、"褒贬"的"大判断"来概括中国文学批评的做法,如果不是无知,就只能说是偏见了。第二,文学是语言的艺术,当然要讲究表达上的技法。将技法从文学中剔除,从某种意义上说,就是消灭了文学。20世纪新诗运动起来,强调语言是白话的,文字是通俗的,音节是自然的,用韵是自由的,文体是解放的,以为这样就可以使文学获得新生。但中国诗歌传统是既重视情志也绝不轻视技法的,"押韵就好"的"薛蟠体"之所以成为嘲弄的对象,一方面是其表达情志的鄙亵,另一方面也是因为"不成文体"。中国文学批评不仅认为文学需要有形式,而且还拒绝平庸的形式。20世

---

① "mistake some clouds in the sky to be forests on the horizon",这是一个非常生动而著名的比喻,原出傅斯年对美国著名汉学家拉铁摩尔(Owen Lattimore)的当面微讽,杨联陞曾在1960年西雅图举行的中美学术合作会议的致词中使用,含蓄指出美国史学家富于想象力(imaginative)而不适当控制的后果,为萧公权激赏,在其治学漫忆《问学谏录》中两次引用。语见余英时《中国文化的海外媒介》,《犹记风吹水上鳞——钱穆与现代中国学术》,三民书局1991年版,第182页。

纪以来的文学观念则异于此,中国的白话文学运动从新诗开始,苏汶(即杜衡)概括为"做诗通行狂叫,通行直说,以坦白奔放为目标"①。尽管后来有格律派、象征派的努力,但显然后继乏人。俄国形式主义理论家重视形式,但将形式推到极致,也就把所有的文本都看成了文学,只要是"非实用地"或"诗性地"阅读,任何一种文字表达都可以被当作文学甚至是诗②,实质上也就取消了形式的意义。至于结构主义者所说的"一旦把它按照诗的格式写下来,有关诗义产生的程式立刻就起作用了"③,真是如此的话,歌诀口号岂不一律是诗④。以中国文学批评的标准衡量,这只能是炉边烹茶噉栗的笑谈而已。杜甫在中国文学史上之所以能够获得"集大成"、"诗圣"等美誉,除了作品中所自然流露出的仁爱忠义,与他在知识储备上的"读书破万卷"和艺术追求上"语不惊人死不休"的努力是密不可分的。在今天,强调对艺术作品作细致的文本解读,学习古典作家在技法上的千锤百炼,文学才能逐步摆脱媚俗和速成。而对于传统文学的研究者来说,加强文学技法的研究,不仅可以弥补以往学术版图之不足,也能够为当代作家提供更多有益的借鉴。

　　文学诠释是一个古老而新鲜的命题。孟子提出"以意逆志"的说诗方法,从今天的眼光来看,就是文学诠释。而西方在19世纪兴起到20世纪大盛的诠释学(Hermeneutics),更是影响到人文社会科学的各个领域。本书下编杜诗诠释论所针对的就是这个问题。作者敏锐地注意到,明末清初的杜诗学者对于作品中的"意法"有一个非常辩证的认识。这里,我想从本书中引用一则材料来加以说明,陈之壎《杜工部七言律诗注·注杜律凡例》云:"诗,意与法相为表里,得意可以合法,持法可以测意。故诗解不合意与法者,虽名公钜手沿袭千年,必为辨正。"记得最初看到这则议论,真有空谷跫音之喜。如果把"意"理解成作者意图,那么"法"就是作品的表现技法,两者的关系乃如胶似漆、互为表里。但在20世纪以来的文学诠释中,意图被当成思想内容,技法则归为表现形式,处理这两者的通常方式,犹如旧小说中的话头,是"花开两朵,各表一枝"的。我在三十年前写《李义山诗的心态》,开篇部分即指出:"写什么与怎样写,在有特色的诗人手中从来就是密不可分的。"⑤所以,该文选取了李商隐诗

---

① 《〈望舒草〉序》,陈绍伟编《中国新诗集序跋选(1918—1949)》,湖南文艺出版社1986年版,第237页。
② 特瑞·伊格尔顿(Terry Eagleton)在评述俄国形式主义文学理论时曾经举了这样一个例子:"如果我研究铁路时刻表不是为了换车,而是为了激起我对于现代生活的速度和复杂性的一般思考,那么可以说,我在把它当作文学阅读。"(If I pore over the railway timetable not to discover a train connection but to stimulate in myself general reflections on the speed and complexity of modern existence, then I might be said to reading it as literature.) *Literary Theory: An Introduction.* Basil Blackwell Publisher Limited, 1983, p.9.
③ 这段话是针对威廉·卡洛斯·威廉斯(William Carlos Williams)留给太太的一张便条而言:"是这么回事,我吃了放在冰箱里的李子,它们很可能是你留作早餐的。请原谅,它们真可口:那么甜,又那么凉。"乔纳森·卡勒(Jonathan Culler):《结构主义诗学》,盛宁译,中国社会科学出版社1991年版,第262页。
④ 这一点,在今人的一代总集的编纂工作中,似乎尤其需要有所注意。
⑤ 此文与曹虹合作,已收入张伯伟《中国诗学研究》,辽海出版社2000年版,第132页。

歌表现的若干方面,如取景角度、空间隔断、时间迟暮、自然描写、比况古人、词汇色彩、句法结构和"无端"二字等,努力迫近其心态,目的就在于想通过"怎样写"("法")来探讨"写什么"("意")。尽管文章显得稚嫩,但这一研究思路直到今天,我认为还是有价值的。当时只是以初生牛犊不怕虎的勇气,针对20世纪以来文学诠释中的弊端,企图根据自己对于文学一知半解的认识,对那种状况有所改善或者仅仅是改变。但无可否认,三十年来,中国文学研究界在古典诠释的理论和实践中,对于这方面的探讨依然是寂寥的。因此,当我读到本书"杜诗意法论"一章时,既为古人孤明先发的真解妙论而兴奋,也为作者目机铢两的敏锐眼光而赞叹,更为自己读书不多、见闻弇陋而惭愧。古人的这一理论和实践,经过本书作者的阐发,应该得到学术界的响应,这是一条值得继续开拓、探索的文学诠释之途。

以上论述的几个问题,都是从这部著作中引发而来,这些问题的题旨很丰富,涉及面也很广,并不是用这么简短的篇幅能够阐释清楚的,只能姑且作一个提纲挈领式的说明。另外,我论述的侧重面和立论与作者或不尽相同,但大体而言,这些异同都能够加强本书原有的论证。现在,我还想谈一个与学术论文表述相关的问题,并与作者共勉。

"意"与"法"不仅在创作中相为表里,在学术论文中也不宜不加兼顾。20世纪80年代初,有学者在访问欧美期间拟发表学术论文,结果发现我们的引述方式与欧美有很大差异,于是感叹中国不仅学术不如西方,连注释方式亦不如人。这些年强调与国际接轨,文章的引述也要"国际化"。但所谓的"国际化",无非是技术上的、符号上的,并不能等同于学术规范。比如西方学者极为重视对他人(实际上多是欧美学人)研究论著的关注,几乎不下于对原始文献的重视。华人学术圈受其影响,在自己的论著中大段引述或详细罗列相关研究,以为不这样做就不符合学术规范,这在今天海峡两岸的学术论著中已司空见惯。对于针砭游谈无根的学风、忽视既有的研究基础,这一要求是具有积极意义的。但学术规范并非舶来品,中国的读书人向来就有自身的学术法则,也更适合于国人治国学之用。如果说与西方有差异,充其量在技术层面,作为学术精神的"道"是通贯的。这里,我想介绍一篇19世纪广东学人陈澧(东塾先生)的文章,钱穆《近百年来诸儒论读书》就是"自陈澧始"[1],不过这里介绍的《引书法》似乎少有人注意,尽管作者自己颇为重视[2]。陈澧云:"引书有引书之法,得其法则文辞雅驯,不愧为读书人手笔,且将来学问成就著述之事亦基于此矣。"兹节录数则如下:

---

[1] 收入钱穆《学龠》,自印本,1969年版,第81页。就读书治学而言,钱氏对此书甚为重视,他曾对余英时说:"拙著《近三百年学术史》盼细看,又《学龠》诸篇,虽篇幅不多,亦须精读。为学门径与读书方法,穆之所知,已尽此书中。"《素书楼余沈》,《钱宾四先生全集》本,台湾联经出版事业公司1998年版,第431—432页。

[2] 陈澧《与菊坡精舍门人论学》云:"《引书法》十条,《字体》百余字,必要看。"《东塾集外文》卷一,黄国声主编《陈澧集》(第一册),上海古籍出版社2008年版,第317页。

> 引书须识雅俗，须识时代先后。书之雅者当引，俗者不可引也；时代古者当先引，时代后者当后引，又或不必引也，在精不在多也。若引浅陋之书，则不足以登大雅之堂矣。
>
> 引书必见本书而引之，若未见本书而从他书转引则恐有错误，且贻诮于稗贩矣。或其书难得不得不从他书转引，宜加自注云"未见此书，此从某书转引"，亦笃实之道也。
>
> 前人之说有当辨驳者，必须斟酌语气……但当辨析，不可诋諆，即辨析亦须存尊敬之意……若其人不必尊敬，其说又乖谬足以误人，则当正言斥驳，仍不可加以谩骂，致有粗暴之病。至其人其书皆无足轻重，则更不必辨驳矣。①

不能尽引也不更阐发，有兴趣的读者自可参看。我想强调的是，这里所指陈的"引书法"，就是中国人固有的学术规范之一。中国学术的引书要义即"在精不在多"五字，往昔钱穆致余英时书亦述及此义，截取如下：

> 鄙意凡无价值者不必多引，亦不必多辨。论文价值在正面，不在反面……即附注亦然，断不以争多尚博为胜。②

不难看出，这与陈氏《引书法》的精神是一脉相贯的，"断不以争多尚博为胜"就是"在精不在多"。辩驳文字不但要斟酌语气，而且"不必多辨"。若专以斥驳为能事，必终生无所成。

学人撰写论著，自当重视字句章节。此虽为细故，实不宜忽略。先师闲堂在世日，言及学术文写作，不时强调文字的清通雅洁。我虽然对此保持警惕，但自忖还是难以达到先师的要求。钱穆在致余英时书中，也曾说有意为之"下笔删去十之三四"，使"所欲表达者，可以全部保留，不受削减，并益见光采"。③ 余先生当年的论文，在我们读来并不觉其繁冗，而钱先生尚有"点烦"之意，这可能与他早年熟读桐城派文章有关。相传陆机作文词藻繁富，张华对他说："人之为文，常恨才少，而子更患其多。"从某种意义上看，"繁"也是才华学养太"富"的表现，所谓"思赡者善敷"。故《文心雕龙》特设《熔裁》一篇，期望去除意、词的"骈枝"和"疣赘"之弊，达到"字去而意

---

① 黄国声主编：《陈澧集》（第六册），第232—233页。
② 《素书楼余渖》，《钱宾四先生全集》本，第426—427页。
③ 《素书楼余渖》，第428页。

留"、"辞殊而意显"的效果。道理不难明白,但临文之际的"情苦芟繁",难以割爱,也是人之常情。从前张岱为王白岳(佐)书撰序,特发挥"廉"字义云:"他人记事,连篇累牍所不能尽者,先生以数语赅之;烦言絮缕所不能断者,先生以数字了之,故曰廉也。"①学者能于此处悟入,下笔自有轨辙。

我与重喜共学共事近二十年,曾把酒论文,也曾品茗清谈,欣赏他的性情坦率,欣赏他的为人诚恳,欣赏他在学术上的奋进不已。杜诗研究在他来说或可告一段落,若问我继而再读何人诗,不知重喜能否猜出这个虚拟问题的答案?

2012 年 8 月 12 日于百一砚斋

---

① 《廉书小序》,《琅嬛文集》卷一,岳麓书社 1985 年版,第 55 页。

西汉武、宣两朝的国家祀典与乐府的造作

◎ 徐兴无

一、武帝重用乐府的原因

《汉书·礼乐志》曰：

至武帝定郊祀之礼，祠太一于甘泉，就乾位也；祭后土于汾阴，泽中方丘也。乃立乐府，采诗夜诵，有赵、代、秦、楚之讴。以李延年为协律都尉，多举司马相如等数十人造为诗赋，略论律吕，以合八音之调，作十九章之歌。以正月上辛用事甘泉圜丘，使童男女七十人歌，昏祠至明。

又《艺文志·诗赋略》曰：

自孝武立乐府而采歌谣，于是有代赵之讴。秦楚之风，皆感于哀乐，缘事而发，亦可以观风俗，知薄厚云。

班固《两都赋序》（《文选》卷一）曰：

或曰："赋者，古诗之流也。"昔成、康没而颂声寝，王泽竭而诗不作。大汉初定，日不暇给。至于武、宣之世，乃崇礼官，考文章，内设金马石渠之署，外兴乐府协律之事，以兴废继绝。是以众庶悦豫，福应尤盛。《白麟》、《赤雁》、《芝房》、《宝鼎》之歌，荐于郊庙；神雀、五凤、甘露、黄龙之瑞，以为年纪。故言语侍从之臣，若司马相如、虞丘寿王、东方朔、枚皋、王褒、刘向之属，朝夕论思，日月献纳。而公卿大臣，御史大夫倪宽、太常孔臧、太中大夫董仲舒、宗正刘德、太子太傅萧望之等，时时间作。或以抒下情而通讽谕，或以宣上德而尽忠孝，雍容揄扬，著于后嗣，抑雅颂之亚也。

因此，西汉武帝、宣帝两朝的乐府歌诗的造作与武、宣二朝的制礼作乐有关，其目的在于"兴废继绝"，宣扬文武周公之道，树立大汉帝国的道德文化信仰，而最直接的原因是"定郊祀之礼，祠太一于甘泉"。这一事件同时开启了中国文学史上乐府歌诗的创作与采集工作。但学界对于乐府立于武帝以前还是立于武帝之时争论甚多。立论的依据多在于寻究"乐府"二字出现的时间及其应用时的语言环境。《汉书》中的《礼乐志》和《艺文志》两言武帝立乐府，颜师古释"乃立乐府"曰："始置之也。乐府之名盖起于此。"（《汉书·礼乐志》）似乎乐府立于武帝之手。但武帝以前乐府之名已存。《史记·乐书》："高祖过沛诗《三侯之章》，令小儿歌之。高祖崩，令沛得以四时歌舞宗庙。孝惠、孝文、孝景无所增更，于乐府习常肄旧而已。"《汉书·礼乐志》："又有《房中祠乐》，高祖唐山夫人所作也……高祖乐楚声，故《房中乐》楚声也。孝惠二年，使乐府令夏侯宽备其箫管，更名为《安世乐》。"故自南宋王应麟就疑"乐府似非始于武帝"（见王应麟《汉书艺文志考证》卷八，《玉海》卷一〇六）。王先谦《汉书补注》所引沈钦韩《汉书疏证》认为"使乐府令夏侯宽备其箫管"一句中的"乐府令"之称，当是"以后制追述前事"。所引何焯《义门读书记》认为"乐府令疑作太乐令"。20世纪20年代，刘永济先生作《十四朝文学要略》，取何焯之说，并从汉代官制的角度指出："今考《百官公卿表》：奉常，掌宗庙礼仪，属官有大乐令丞。少府，掌山海池泽之税，以给供养。属官有乐府令丞。二官判然不同。盖郊祀之乐，旧隶大乐。乐府所掌，不过供奉帝王之物"，由于武帝祠祀繁兴，故"乐府所掌，既已非同旧制"。① 他虽然认识到武帝前已有乐府与太乐两个音乐机构，但他又认为乐府并不掌管国家祀典中的音乐，而归大乐掌管，只是武帝的兴作，才使得少府的乐府职权加重，取代了大乐，后人遂以乐府来泛称大乐。30年代，萧涤非先生作《汉魏乐府文学史》，认为乐府虽立于武帝以前，但仅用来作为官名，至武帝才设为专署②。50年代，王运熙先生出版《乐府诗论丛》，其中《汉武始立乐府说》认为：由于汉魏六朝古籍中往往有将"太乐"泛称为"乐府"的例子，故推知《汉书》、《汉纪》所载武帝以前的乐府和乐府令，实指太乐和太乐令。因此他据此认定乐府始立于武帝，以维持《艺文志》"自孝武立乐府而采歌谣"之说。③ 但是，《百官公卿表》明言少府之职掌为"秦官"，其下又载武帝太初元年改革官制，定乐府为三丞。这说明武帝只是将秦制中乐府的令丞增为三丞，扩大了乐府。而王氏引述《百官公卿表》的文字时却写作："少府，掌山海池泽之税，以给共养，属官有乐府令丞。"故意删去"少府"后的"秦官"二字以证成已说。总之，上述诸家的辨析皆有发现，但皆囿于这样一个观念，即汉家应当只有一个音乐机构来掌管宗庙郊祀这样的祀典之乐。

---

① 刘永济：《十四朝文学要略》，黑龙江人民出版社1984年版，第92页。
② 萧涤非：《汉魏乐府文学史》，人民文学出版社1984年版，第5页。
③ 王运熙：《乐府诗述论》，上海籍出版社1996年版，第177—179页。

其实,汉家的制度中一开始就具备两个并行的音乐机构,即属于外廷太常以掌供宗庙典礼的大乐,和属于内廷少府以掌供帝王宫廷音乐活动的乐府。《百官公卿表》:"奉常,秦官,掌宗庙礼仪,有丞。景帝中六年更名太常。属官有太乐、太祝、太宰、太史、太卜、太医六令丞。"又"少府,秦官,掌山海池泽之税,以给共养,有六丞。属官有尚书、符节、太医、太官、汤官、导官、乐府、若卢、考工室、左弋、居室、甘泉居室、左右司空、东织、西织、东园匠十六官令丞"。《百官公卿表》叙述官制时,凡古官、周官、秦官、汉家所置官皆一一交代无遗,其称太常与少府为秦官,说明这两大机构早在秦代就已经存在。秦"立百官之职,汉因而不革"(《汉书·百官公卿表》),故两存其中的音乐机构。更何况,秦始皇陵已经出土了柄上刻有"乐府"铭文的错金甬钟;广州南越王墓中也出土了刻有"文帝九年乐府工造"铭文的铜钲[①]。

太乐所掌之乐与乐府所掌之乐也有区别。太乐的音乐是官方音乐,秉承的是传统的雅乐而不是新声。且其制作多用于宗庙祭祀。西汉立国之后,命郡国皆立祖宗庙。京师以及附近各陵寝所立祖宗庙达一百七十六处,一岁之祠,用祝宰乐人一万二千一百七十四人。至元帝时方罢去郡国之庙;至成帝时才定出京师七庙之制(见《汉书·韦贤传》)。因此,这种耗费巨大的公共祭祀活动只能由外廷政府的太常来掌管。据《礼乐志》:"汉兴,乐家有制氏,以雅乐声律世世在大乐官,但能纪其铿锵鼓舞,而不能言其义。高祖时,叔孙通因秦乐人制宗庙乐。"所制宗庙祭祀音乐有《嘉至》(犹古降神之乐)、《永至》(犹古《采荠》、《肆夏》)、《登歌》(犹古《清庙》)、《休成》、《永安》。此后,高庙之祀有《武德》、《文始》、《五行》之舞;孝文之祀有《昭德》、《文始》、《四时》、《五行》之舞;孝武之祀有《盛德》、《文始》、《四时》、《五行》之舞。这些当是太乐依据古代雅乐所制作的歌舞。其中有的直接改编自古代歌舞,如《五行》为秦始皇时改编的周舞《五行舞》;有的则出于帝王的制作,如《四时舞》为文帝所作,《昭德》为孝景采《武德舞》改编。

而乐府则属于少府这样一个服务于皇帝日常生活的内廷机构,其所掌多为汉家的楚声乡音或新造之乐,所谓"赵、代、秦、楚之讴",以娱乐帝王与贵族。王应麟《汉书艺文志考证》(卷八)引吕氏曰:"太乐令丞所职,雅乐也;乐府所职,郑卫之乐也。"这从上引《史记·乐书》言乐府练习高祖过沛诗和《汉书·礼乐志》所载楚声《房中祠乐》两则材料中可以明白看出。且从上述两则材料还可以看出:少府中的乐府也承担宗庙祀典。楚声《房中乐》中也唱道:"乃立祖庙,敬明尊亲。"以高祖生前喜爱的音乐歌舞于宗庙,其实正是古代对近祖的瞎祀制度。而武帝兴太一之祠时恰恰重用了乐府而不是太乐。由于定郊祀之礼,兴太一之祀皆是制礼作乐的创新举动,故而史家重其事,书法特举为"立乐府"。

[①] 姚小鸥:《出土文献与21世纪的中国文学研究(代序)》,《出土文献与中国文学研究》,北京广播学院出版社2000年版,第3—4页。

至此,我们不得不追问,为什么武帝不用太乐而用乐府呢?《两都赋序》言"至于武、宣之世,乃崇礼官,考文章,内设金马石渠之署,外兴乐府协律之事"。"外兴"二字为我们道出了玄机。因为武帝定郊祀之礼、兴太一之祠的地点在长安西北三百里左右的云阳甘泉山(在今陕西淳化县)。且武帝一生中多次至雍郊祀五帝;至甘泉山郊祀太一;至汾阴祭后土;至泰山行封禅。侍候他生活起居的是内廷郎官系统和少府系统。故而少府中的乐府必然直接为其所用,并由他的文学侍从们充实其中,以助成其事,故称"外兴"。那么,这个外兴的乐府所在地究竟在何处呢,《汉书·礼乐志》曰:"内有掖庭材人,外有上林乐府。"上林即上林苑,在长安西南,皆为武帝朝在秦宫旧苑的基础上增开的苑囿行宫①。

我们还要追问的是:独尊儒术,以"上参尧舜,下配三王"(《汉书·武帝纪》)为理想的汉武帝,为何在制定如此庄重的郊祀之乐时,不认同传统文化色彩浓厚的雅乐,反而大量采用"赵、代、秦、楚之讴"呢?这首先是因为雅乐的衰落。武帝所确立的五经六艺中,唯有《乐经》无法恢复。而雅乐又仅存其声。《艺文志·六艺略·乐》:"周衰俱坏,乐尤微眇,以音律为节,又为郑卫所乱,故无遗法。汉兴,制氏以雅乐声律,世在乐官,颇能纪其铿锵鼓舞,而不能言其义。"所以太乐的雅乐只是些历史文物,太乐的宗庙歌舞只是些仿古赝品,不能承担大汉新帝国的礼乐重任。其次是武帝欲树立大汉的中央权威,强调天子才能制礼作乐的资格,对当时的儒生和一些诸侯王推崇雅乐古礼的举动流露出厌恶之情。《汉书·景十三王传》和《艺文志》载景帝之子河间献王学举六艺,修礼乐,被服儒术,与毛生等共采《周官》及诸子弟言乐事,以作《乐记》,献八佾之舞,与制氏不相远。武帝时,献王来朝,献雅乐,对三雍宫及诏策所问三十余事,得事之中,文约指明。《礼乐志》又载河间献王"以为治道非礼乐不成,因献所集雅乐"。可是武帝对此非常冷漠,将他所献的雅乐"下大乐官,常存肄之,岁时以备数,不常御,常御及郊庙皆非雅声"。而《史记·五宗世家》集解引《汉名臣奏》载杜业奏则又透露了更为残酷的内幕:"河间献王经术通明,积德累行,天下雄俊众儒皆归之。孝武时,献王朝,被服造次必于仁义。问以五策,献王辄对无穷。孝武勃然难之,谓献王曰:'汤以七十里,文王百里,王其勉之。'王知其意,归即纵酒听乐,因以终。"因此,尽管当时大儒如公孙弘、董仲舒等皆认为音乐当符合雅正的标准,但由于武帝的冷落,渐渐地就"希阔不讲"了(见《礼乐志》)。

二、武帝定郊祀之礼的时代意义

武帝之所以抛弃太乐所掌的雅乐,命令乐府采诗夜诵,又命文学侍从们造作诗赋的另一大原因是:他所制作的郊祀典礼是一个反映时代需求的新式国家典祀。

---

① 参见顾炎武:《历代宅京记》卷四,中华书局1984年版,第74页。

上古社会中，祭祀上天（郊祀）与祭祀氏族祖先（宗祀）是最大的祀典①。前者为外祭，后者为内祭（《礼记·祭统》）。统治氏族（王族）的大宗之子（天子）执掌其事，小宗诸侯不得僭越。故《中庸》曰："明乎郊、社之义，尝、禘之礼，治其国其指掌乎？"在商、周时期的氏族王国和封建文化中，祖先崇拜和宗法血缘是国家政权和信仰的根据。其主宰上帝、昊天、天等说到底皆是祖先神的抽象。所谓"天命玄鸟，降而生商"（《商颂·玄鸟》），"履帝武敏歆，攸介攸止"（《大雅·生民》）。因而在这样的郊祀典礼中，又以祖先配祀，以强调祖先与上天的血缘关系，所谓"郊祀后稷以配天，宗祀文王于明堂以配上帝"（《孝经》）。所以，《荀子·礼论》对郊祀礼的概括最为透彻："郊者，并百王于上天而祭祀也。"这里的百王，是指统治氏族之内的先公先王。

然而当春秋战国礼崩乐坏之际，天道观发生了巨大的变革，新崛起的异姓（如齐、楚、秦）或小宗庶姓（如晋）诸侯霸主必然要僭越郊祀之礼。如果总览一下此际的历史现象，可以发现，诸侯王僭越郊祀典礼，建立新的国家权威有三种模式。

第一种是直接采用周天子的郊祀典礼。比如鲁国用天子郊禘之礼祀周公②；又如晋公梦黄熊，子产以为，晋居夏墟，所梦之神为夏人的祖先上帝鲧，劝之曰："夫鬼神之所及，非其族类，则绍其同位，是故天子祀上帝，公侯祀百辟，自卿以下不过百族。今周室少卑，晋实继之，其或未举夏郊邪？"晋遂行之。

第二种是方位帝祀典。《史记·封禅书》载秦国自东周之始即祭祀方位帝。秦襄公自以为主少皡之神，作西畤，祠白帝。文公于雍作鄜畤，郊祭白帝。德公都雍，雍之诸祠始兴。其后宣公于渭南作密畤，祭青帝；灵公于雍旁的吴阳作上畤、下畤，分别祀黄帝、炎帝。可见，随着秦人在西方的崛起及其霸业的展开，秦人以自居一种方位帝发展到祭祀所有的方位帝，表明自己承担天下共主的地位。至昭襄王五十二年，周之九鼎入秦，五十四年，秦始郊见上帝于雍。始皇一统天下，以雍畤四帝之祀为最尊，每三年天子以十月岁首亲郊。③

其实，五方位帝的祀典是当时许多思想家与政治家的构想。我们从《管子》、《吕

---

① 郊祀为古老的祭天之礼。殷墟卜辞和周原卜辞中均有郊祀的记载。参见李学勤先生《释"郊"》（《文史》第36期）。又许倬云先生认为：远在红山与良渚文化中就显现出郊禘祭神的传统，而在仰韶文化中则更多地显现出祖宗祭祀的传统。商人最重祖宗祭祀，周人则兼采二者，合并为郊禘祖宗的大祭系统。参见许倬云《神祇与祖灵》，《许倬云自选集》，上海教育出版社2002年版，第319—328页。

② 鲁用天子礼乐，《礼记·明堂位》、《祭统》均言因周公之勋劳，成王、康王特赐鲁君以天子礼乐祀周公。但《礼运》载孔子叹鲁之郊禘为非礼；《论语·八佾》亦载孔子不欲观禘。孙希旦《礼记集解》以《吕氏春秋·当染》载鲁惠公向周桓王请郊庙之礼，《左传》载隐公问羽数于众仲，推断鲁之郊禘为僭越。

③ 秦人雍祠不祀黑帝，可能以其为北方之帝，主匈奴，《封禅书》载自高祖入关，以黑帝自居，作北畤祀之。又雍之四帝，《正义》引《括地志》曰："鄜畤、吴阳上下畤是。言秦用四时祠上帝，青、黄、赤、白尊贵之也。"据《封禅书》，秦宣公于渭南作密畤，祭青帝，此后不久即有穆公之霸。说明此为秦人东进之序曲。渭南与雍地东西相去甚远，故秦始皇雍畤四帝之祀中的青帝之祀，或是包括了渭南密畤在内的统称，如匡衡所言"今（郊）雍鄜、密、上、下畤"，或是秦人后来对雍地的祀坛又作了整理。史料无证，只能存疑。

氏春秋》、《月令》、《周礼》等战国文献中都可以看到这样的模式,并且以太皞、炎帝、黄帝、少皞、颛顼五帝分配青帝、赤帝、黄帝、白帝和黑帝。

第三种模式是以太一为尊的自然神灵祭祀,《封禅书》载齐地祀太一与八神(天主、地主、兵主、阴主、阳主、月主、日主、四时主);《楚辞·九歌》中的神灵体系也与此接近①。太一是天体的中枢星座,对太一的祭祀标志着对统一国家和中央集权的肯定,而不是对地方诸侯霸主的肯定。

值得注意的是,方位帝的祭祀与太一神的祭祀表现出一种崭新的时代精神,即不再强调人间的帝王与皇天上帝之间的宗法血缘关系,而是强调宇宙秩序在现实政治中的体现,是对春秋战国时期道家和阴阳家提出的新天道观和五行学说的神化。在《九歌》以及汉武帝乐府所作的《郊祀歌》中,我们看不到《周颂》、《商颂》中所具有的那种对王族祖先的歌颂,也看不到用于汉家宗庙祭祀的《房中歌》中对孝道的推崇,而是对自然与天神的赞美。班固本着儒家的标准,在《礼乐志》中批判汉郊庙诗歌中"未有祖宗之事",正说明了这样的祭祀对宗法文化的抛弃。因为新的郡县制帝国不再建立在氏族政治的基础上之上,而是一个全民的国家。它必须承认华夏百姓的先公先王们(太皞、炎帝、黄帝、少皞、颛顼)都享有被祭祀的权力,华夏诸族皆享有历史地位与共和权利。

汉承秦制,在国家祀典上自然承接了秦国的雍祀。文帝始幸雍郊见上帝。可能文帝嫌雍地遥远,便在渭南作五帝庙,并祀五帝,行郊见之礼。武帝以后,汉家常三岁一郊。武帝时,齐人廖忌奏太一之方,将第三种郊祀模式带进了汉廷。少年时封为胶东王的武帝醉心于这种齐文化,多次构筑太一之坛,以五帝环居太一下,以太一之祀容摄五帝之祀。至甘泉泰畤构成之后,始定为三年一郊之礼。此后,汉家常于正月郊泰畤,三月郊雍。并且,武帝在封禅泰山时,以太一之祀为郊天之礼,以汾阴后土之祀为祭地之礼,可见武帝对太一之祀的重视。应该说,武帝定甘泉太一之祀的用意是相当深远的,这一国家祀典的确立表明汉帝国对秦帝国和文景时代动乱的诸侯王政权乃至周边少数民族政治权威的否定,是对中央政权的再次强调,是武帝朝在政治、军事和文化诸方面达到全盛局面的体现。

而在建构这种新祀典时,出自周礼文化传统的雅乐和儒生们便失去了作用。从《封禅书》中所载武帝定封禅大典一事就可见,尽管武帝制定礼乐也"颇采儒术以文之",但儒生们"拘于《诗》、《书》古文而不敢骋"。武帝只得亲自操刀,"尽罢诸儒而弗用。"而他的文学侍从如司马相如、终军、东方朔等皆极力鼓吹。因此,他在定太一之礼时,自然也要倚重这些人来造作歌诗。据《汉书·郊祀志》的记载,武帝元鼎五年

　闻一多先生认为《九歌》是楚国的《郊祀歌》,开启了汉代《郊祀歌》的先河(见闻一多《什么是九歌》,刊于闻一多《神话与诗》,古籍出版社 1956 年版);周勋初师辨析东皇太一为齐国方位帝东皇与太一神之混合,屈子如齐观礼后携回楚国(见周勋初《东皇太一考》,刊于周勋初《九歌新考》,上海古籍出版社 1986 年版)。

十一月冬至日立泰畤之祀,次年春征服南越,李延年才以"好音见"。武帝曰:"民间祠有鼓舞乐,今郊祀而无乐,岂称乎?"此后方有兴造乐府之事。"祷祠太一、后土,始用乐舞。"从现存于《礼乐志》中的十九章《郊礼歌》来看,其中广采赵代之讴、秦楚之风。还有所谓祭祀青阳、朱明、西颢、玄冥的邹子乐,当是齐地的歌诗。各地的歌诗皆被采来融入国家祀典,象征着中央权威对地方文化的统摄。当然,这种博采诸地歌诗的行为也被文之以儒术,体现了采诗观俗的诗教精神。武帝和文学侍从们也刻意模拟一些古雅艰深的辞语,这些辞语反而令儒生们感到为难。因此太史公在《史记·乐书》中以一种反讽的口气说道:"今上即位,作十九章,令侍中李延年次序其声,拜为协律都尉。通一经之士不能独知其辞,皆集会五经家,相与共讲习读之,乃能通知其意,多尔雅之文。"

三、宣帝朝乐府对雅乐的兴造

武帝朝的乐府创作由于趋新杂凑,不合传统,特别是没有按照儒家的标准,创作出新的雅乐以应用于宗庙与郊祀等国家祀典,因而受到人们的批评。就连好黄老之术的汲黯也曾当面讥讽武帝所造的新声。《史记·乐书》载武帝时得大宛千里马,作《天马歌》。汲黯曰:"凡王者作乐,上以承祖宗,下以化兆民。今陛下得马,诗以为歌,协于宗庙,先帝百姓岂能知其音邪?"故至宣帝朝制定国家祀典时,便出现了兴造雅乐的现象。

宣帝的制礼作乐活动始于神爵元年(公元前61年)。《郊祀志》:

> 大将军霍光辅政,上共己正南面,非宗庙之祀不出。十二年,乃下诏曰:"盖闻天子尊事天地,修祀山川,古今通礼也。间者,上帝之祠阙而不亲十有余年,朕甚惧与。朕亲伤躬齐戒,亲奉祀,为百姓蒙嘉气、获丰年焉。"明年正月,上始幸甘泉,郊见泰畤,数有美祥。修武帝故事,盛车服,敬齐祠之礼,颇作诗歌。

霍光在侧,宣帝如芒刺在背(见《霍光传》),只得无所作为。一旦霍光薨,霍氏败,宣帝便立即恢复了武帝的甘泉太一之祀和乐府活动,并在他执政的期间频繁地亲自致祭。宣帝似乎趋向于发掘和造作雅乐,这一点可能受到帮助他推翻霍氏专政的儒臣魏相的影响。在魏相的推荐下,"知音善鼓雅琴者渤海赵定、梁国龚德,皆召见待诏"。益州刺史王襄也迎合上意,命"王褒作《中和》、《乐职》、《宣布》诗",又组织儿童合唱团"依《鹿鸣》之声习歌之",后来在太学歌唱,受到了宣帝的接见与褒奖(见《汉书·严朱吾丘主父徐严终王贾传》)。

在宣帝提倡雅乐风尚的影响下,他的文学侍从们也开始歌颂雅乐。如刘向作有

《雅琴赋》,现仅残存十二句①,其中仍可见对雅乐的推重:"穷音之至人与神。弹少宫之际天,授中徵以及泉。葳蕤心而息诉兮,伏雅操之循则。"又有王褒作《洞箫赋》,表现了儒家精神和雅乐的理想:"并包吐含,若慈父之畜子也……顺叙卑达,若孝子之事父也。科条譬类,诚应义理,澎濞慷慨,一何壮士!优柔温润,又似君子。""赖蒙圣化,从容中道,乐不淫兮。条畅洞达,中节操兮。终诗卒曲,尚余音兮。"后来刘向校书,将此时的雅琴文献与造作的雅乐皆归入儒家六艺的乐类。今观《艺文志·六·乐》有"雅琴赵氏七篇"。刘向《别录》曰:"赵氏者勃海人也。宣帝时元康、神爵间丞相奏能鼓琴者勃海赵定、梁国龙德,皆召入,见温室,使鼓琴待诏。定为人尚清静,少言语,善鼓琴。时閒燕,为散操,多为之涕泣者。"又有"雅琴龙氏九十九篇"②,《别录》曰:"雅琴龙氏亦魏相所奏也,与赵定俱见待诏,后拜为侍郎。"虽说我们看到的《别录》已是辑佚残丛,但如果我们玩味其中对赵定的记载,就不难发现刘向的叙述中带有回忆往事的色彩。

不过,宣帝造作雅乐的活动似乎没有产生多大的成效。《礼乐志》在叙述汉兴以来制礼作乐的历史时,并没有记录宣帝的雅乐活动,只是说"今汉郊庙诗歌,未有祖宗之事,八音调均,又不协于钟律,而内有掖庭材人,外有上林乐府,皆以郑声施于朝廷"。看来宣帝在国家祀典上仍采用了武帝的乐府歌诗。故在当时,王吉就曾进言宣帝"去角抵,减乐府,省尚方,明视天下以俭"(《汉书·王贡两龚鲍传》)。其实王吉对没有创作出雅乐也不满(见下)。《礼乐志》载成帝朝,河间王所进雅乐的传人王禹担任谒者,终于能说出雅乐的义理,《艺文志》载其"数言其义,献二十四卷《记》"(即《艺文志》著录的《王禹记》)。接着,他的弟子宋晔等上书,提请朝廷重视。经过博士平当等人的考试,认为可让宋晔等可以领属雅乐,以继绝表微。但公卿大臣们以为事久难明,遂寝其议。患有"痿痹"之症的哀帝(见《哀帝纪》)性不好音,便以放郑声为名,终于关闭了武、宣二帝的乐府,将其中的雅乐部分归属太乐③。宣帝朝制作雅乐的事业就此终止。

余 论

综上所论,可见武、宣两朝的郊祀典礼及其引发的乐府歌诗的造作皆为当时的

---

① 见费振刚、胡双宝、宗明华辑校:《全汉赋》,北京大学出版社1993年版,第153页。
② 龙德,《严朱吾丘主父徐严终王贾传》作龚德。杨树达《汉书管窥》曰:"姚振宗云:当从《别录》、《艺文志》作龙德。宋邓名世《古今姓氏书辨证》云:龙德乃治地龙子之后。树达按:龙子见《孟子》。"
③ 东汉的音乐机构仍恢了内外两设制度。一为属于太常卿的大乐,明帝永平三年秋八月改为"大予乐"(见《后汉书·明帝纪》。东汉依谶纬定礼乐,"大予"之名,出《尚书璇玑钤》:"有帝汉出,德洽作乐,名予。");一为属于少府承华令的黄门鼓吹,《通典》卷二十五:"后汉有承华令,典黄门鼓吹,属少府。"《汉官仪》:"黄门鼓吹百四十五人。"安帝永初元年秋九月:"诏太仆、少府减黄门鼓吹,以补羽林士。"(见《后汉书·安帝纪》)

文化创新,由于儒家思想在汉代日益尊显,引导着新式的国家祀典向传统理想回归。事实说明,宣帝的雅乐运动虽未能成就一代典章,但刘向、班固等通儒却始终坚持雅乐的理想。班固在《礼乐志》中记载刘向死前还在建议成帝"兴辟雍,设庠序,陈礼乐,隆重雅颂之声,盛揖让之容"。班固自己也感叹道:"今大汉继周,久旷大仪,未有立礼成乐,此贾谊、仲舒、王吉、刘向之徒所为发愤而增叹也。"

成帝朝,匡衡等儒臣提出郊雍和郊泰畤皆不合古礼,主张采用西周郊祀之礼,将五方位帝并祀于国都南郊,祭地于北郊。他们承认按战国新天道观建构起来的新天帝信仰,但必须将他们纳入周礼的范式。这意味着汉帝国这样一个郡县制国家抛弃了战国秦汉间的新文化和反传统的精神,认同了以周礼为代表的传统文化价值。这一礼制变革反复多次,"三十余年间,天地之祀五徙"(《汉书·郊祀志》)。平帝朝,汉家始定南北郊制度,并郊祀高祖以配天,进一步吸收了周礼的精神。这一郊祀样式为东汉所继承。从《续汉书·祭祀志》中可见东汉行郊祀礼时,歌《青阳》、《朱明》、《西颢》、《玄冥》,同时八佾舞《云翘》、《育命》之舞[1]。既保留、精简了武帝时的郊祀歌诗,又掺入了具备雅乐色彩的歌舞。直到曹魏之时,始命杜夔创定郊祀雅乐(见《乐府诗集》卷一)。总之,郊祀典礼回归周礼的传统之后,与之配合的雅乐歌诗才得以成立。

---

[1] 刘昭注补引魏氏缪袭议曰:"汉有《云翘》、《育命》之舞,不知所出。"但其命名和以八佾舞之皆显露出雅乐的风范。

纯文献和文化文献：文化情境中的易安词

◎ 俞士玲

引言：从现代学者所认定的易安词谈起

自有易安词，即不乏欣赏者，但因《漱玉词》不存或留传不广，现存易安词多得自于南宋至明各词选。在这些词选中，有些后来被当作易安词者实未题撰人；而将词选中诸家词与渊源有自的词集对照，两者不一致处亦颇有之，①这都使我们对易安词文献可靠性产生忧虑。各选本可靠程度既有不同，现代学者对文献把握的尺度亦有差异，故各家易安词也颇有异。如早期王鹏运、赵万里之《漱玉词》，有时用"不类易安手笔"质疑一些词作。②唐圭璋、王仲闻先生皆注重文献依据，但《全宋词》本易安词③与王仲闻先生《李清照集校注》④易安词仍有不同的处理。如《浣溪沙》（髻子伤春）、（绣面芙蓉）两首，《全宋词》入正编，《校注》入"存疑之作"；《临江仙》（庭院深深）、《全宋词》入正编，《校注》连"存疑之作"都不录。之后的学者，有时径取某一选本之说。如《点绛唇》（蹴罢秋千），《全宋词》入"存目词"，《校注》入"存疑之作"，陈祖美先生《李清照词新释辑评》径视为易安词，并"进而视为李清照婚前所作"。⑤《词林万选》最早将此首《点绛唇》视为易安词，⑥唐、王两先生因杨慎"《词林万选》中不可靠之词甚多"，故对之选择颇为审慎。⑦陈祖美先生从《词林万选》将《点绛唇》归于易

---

① 参唐圭璋先生编纂：《全宋词》各家词后"存目词"表可知。
② 参王鹏运四印斋刊本、赵万里：《宋金元人词》之《漱玉词》有关《丑奴儿》、《点绛唇》、《临江仙·梅》等的判断。
③ 唐圭璋编纂，王仲闻参订，孔凡礼补辑：《全宋词》第二册，中华书局1999年版，第1200—1213页。
④ 王仲闻：《李清照集校注》卷一，人民文学出版社1979年版，第1—98页。下文所引易安词、易安词评若出此书，只在引文后出页码。王仲闻亦是《全宋词》的参订者，《全宋词》当代表了唐圭璋先生的意见。
⑤ 陈祖美编著：《李清照词新释辑评》，叶嘉莹主编《历代名家词新释辑评丛书》本，中国书店2003年版，第28—29页。
⑥ 杨慎辑，刘崇德、徐文物点校：《词林万选》，河北大学出版社2006年版，第87页。
⑦ 王仲闻：《李清照集校注》，第83页。

安,但《词林万选》亦视《丑奴儿》(晚来一阵风兼雨)为易安词,《全宋词》本、《校注》本将之入存目、存疑类,而《辑评》却不录此词。在此,我不想质疑各家收录标准,而感兴趣的是宋元词选所呈现的易安词面貌如何、后出词选与前词选的关系,在后人的迎拒之中所显示的不同时代和个体对易安词的不同想象,并探讨不同时代对女性词的接受面向和尺度等。

一、王灼所云易安艳词和宋词选所呈现的易安雅词

现存最早选易安词的词选是南北宋之交的黄大舆《梅苑》,有易安词6首。① 其次是曾慥《乐府雅词》,有23首。《乐府雅词》"雅词"部分是31位宋词人词选的合刊,"拾遗"部分录"平时脍炙人口,咸不知姓名"者"百余阕",这种审慎的态度赢得了后人对该词选的信任。依曾慥《乐府雅词引》所言,词选中词是他从"所藏名公长短句"中"去""涉谐谑"和"艳曲"而得的"雅词",所以,我们有理由相信,如果李清照有艳曲,《乐府雅词》也会加以舍弃的。②

李清照有无"艳曲",若有,会是怎样的面貌呢?王灼《碧鸡漫志》的批评为我们提供了一些可资分析的信息。《碧鸡漫志》卷二曰:

> 易安居士……作长短句,能曲折尽人意,轻巧尖新,姿态百出,闾巷荒淫之语肆意落笔,自古搢绅之家能文妇女,未见如此无顾忌也。陈后主游宴……采其尤艳丽者,被以新声,不过"璧月夜夜满"、"琼树朝朝新"等语。李戡尝痛元白诗纤艳不逞……元《会真诗》、白《梦游春诗》,所谓纤艳不逞淫言媟语,止此耳。温飞卿号多作侧辞艳曲,其甚者"合欢桃叶终堪恨,里许元来别有人"、"玲珑骰子安红豆,入骨相思知不知",亦止此耳。今之士大夫学曹组诸人鄙秽歌词,则为艳丽如陈之女学士狎客、为纤艳不逞淫言媟语如元白、为侧词艳曲如温飞卿皆不敢也。其风至闺房妇女,夸张笔墨,无所着畏,殆不可使李戡见也。③

王灼明确给出陈后主、温庭筠最"艳"的诗句,并将元白极艳诗落实到元稹《会真诗》、白居易《和梦游春诗一百韵》之上,分析这些诗,则王灼艳曲大致可限定在书写相思、

---

① 许隽超点校:《唐宋人选唐宋词·梅苑》,上海古籍出版社2004年版,分别见其第204、221、225、270、277、279、273页。
② 曹元忠原校,葛渭君补校:《唐宋人选唐宋词·乐府雅词》,第295页。
③ 唐圭璋编:《词话丛编》,中华书局1986年版,第1册,第84页。

私情、密约偷期的程度之内,①不过他认为宋代士大夫"艳曲"更淫艳,达到了"鄙秽"程度。易安是被其流风者。"闾巷荒淫之语肆意落笔"的批评,显然基于易安出自"搢绅之家"的"能文妇女"这重阶层加性别的文化身份而提出的,也就是说,如果出于"闾巷"或"男性"作者,则易安式的"艳曲"或许尚可接受。

以艳谑标准来检查《乐府雅词》的23首易安词,则没有一首"够格"。这23首诗,一部分是追慕北宋雅词之作。如《渔家傲》(天接云涛),《艺蘅馆词选》称其"绝似苏辛派"②;《鹧鸪天》(寒日萧萧)、《小重山》(春到长门)颇有大晏词"伤感中的旷达的怀抱"③;《凤凰台上忆吹箫》(香冷金猊)、《蝶恋花》(泪湿罗衣)颇有小晏"情痴"以及着意表现痴情的任性;《浣溪沙》(小院闲窗)、(淡荡春光)有秦观(或云欧阳修)《浣溪沙》(漠漠轻寒)的"清丽"、"淡雅"、"有"味"④;《如梦令》(昨夜雨疏)、《醉花阴》(薄雾浓云)是造语"甚新"、"雅畅"的典型,为"天下称之"⑤;《多丽》可以说是易安《词论》倡导的有"铺叙"、"主情致"、"尚故实"词的实验之作。一部分极具易安词特色,表现其乍开乍合、乍翻乍覆、欲言又止、欲去未去的低回徘徊的意态、心绪和词境。如果说周邦彦用情景、叙事、结构吞吐,李易安则用意态、心绪吞吐。如《玉楼春》(红酥肯放)、《南歌子》(天上星河转),词中人时刻系念室外,却宁愿留在室内,故着一"问"字表现其婉曲。《清平乐》(年年雪里)、《菩萨蛮》(归鸿声断)渴望出外观景,又因各种担心而低徊徘徊。又如《转调满庭芳》(芳草池塘)、《如梦令》(常记溪亭)通过昔日兴致、今日落寞,以构建多重时空和多种心绪。这些词无一例外都称得上是"雅词"。

宋佚名编、何士信增修《草堂诗余》⑥题名易安词5首,其中与《乐府雅词》同者4首,新增《念奴娇》(萧条庭院),"情景兼至"、"造语奇俊";《武陵春》(风住尘香)、《忆秦娥》(忆高阁)皆为深婉、劲直之作,疑似词《怨王孙》(帝里春晓)、(梦断漏悄)亦称情词俱到。皆不出雅词范围。

宋代有侯寘、辛弃疾"效易安体"二首,可见词人对易安体的理解。侯寘《眼儿媚》易安体多从易安文学中取资。辛弃疾"效易安体"《丑奴儿近》最具易安"以寻常语度入音律"、"平淡入调"(55页)的特点。此外,元张玉孃《如梦令·戏和李易安》⑦

---

① 元稹:《元稹集·集外集》卷一《莺莺诗》(元稹撰,冀勤点校《元稹集》,中华书局1982年版,第641—642页)写女子怀春钟情与人目成之事。元稹《梦游春七十韵》(《集外集》卷一,第635页)、白居易《和梦游春》(白居易著,喻岳衡点校《白居易集》卷十四,岳麓书社1992年版,第224页)是关于密约偷期的描写。

② 引自王仲闻《李清照集校注》,第7页。

③ 叶嘉莹:《大晏词的欣赏》,见氏著《迦陵论词丛稿》,河北教育出版社1997年版,第46页。

④ 张炎:《词源》卷下,唐圭璋编《词话丛编》第1册,第267页。

⑤ 参胡仔《苕溪渔隐丛话前集》卷六十、《藏一话腴》甲集卷一、《诗辨坻》卷四,引自王仲闻《李清照集校注》,第9、36页。

⑥ 佚名编,何士信增修:《草堂诗余》,《唐宋人选唐宋词》本,第503、509、545、560、561页。

⑦ 唐圭璋编:《全金元词》,中华书局1979年版,第872页。

皆从易安词作中来，也不及艳谑内容。

综上所述，尽管王灼批评易安有涉艳的无顾忌之词，但宋代不论是崇雅系列词选还是为"徽歌而设"、在市井间巷广为流传的《草堂诗余》，以及文人拟"易安体"所显示的对易安词的理解，都不涉其艳丽一面。然而，我们与其相信易安无涉艳之调，不如看作南宋人不关注、不认同易安这一类词。

二、明人对本色词的肯定和《词林万选》中的易安词

明代主流词学批评强调词的当行本色，他们对"当行本色"的理解至少包含以下三层意思：第一，相对于诗来说，词以婉娈近情[①]、柔靡近俗为当行本色。如王世贞说："词号称诗余，然而诗人不为也。何者？其婉娈而近情也，足以移情而夺嗜。言其业，李氏、晏氏父子、耆卿、子野、美成、少游、易安至矣，词之正宗也。"[②]第二，立足于词人个体，极具此词人身份、性情、笔法特点者为当行本色。如何良俊《四友斋丛说》卷三十七云："填词须用本色语，方是作家。苟诗家独取李、杜，则沈、宋、王、孟、韦、柳、元、白将尽废之耶？"[③]王世贞谈赵松雪书说得更明白："第非最上乘耳，然结法无一笔失度，要之极真，无可疑者。"[④]王世贞《赵文敏书济禅师塔铭》云："毋论其文辞工拙，要之是本色语耳。"[⑤]所以，当行本色不是品评艺术水平高低的标准，而是判断艺术个性的标准。第三，词人用词对与词中人身份相应的生活、生命情感作了最真切、自然的书写者为当行本色。以这一审美标准，从理论上讲，女性用具婉娈近情特性的词来书写词中女性生活和思想情感是最可能当行本色的，至少是词、词人、词中人身份情感最少分裂的。

明人对易安词的评论不少即在上云第三层面上展开的。如杨慎批点本《草堂诗余》评易安《凤凰台上忆吹箫》云："'欲说还休'与（孙夫人）'怕伤郎，又还休道'同意。"（22页）他想象女性对男性说话的温婉方式，故认为"欲说还休"的意态、情状于女性最为真切。茅暎《词的》卷四也说此语："出自然，无一字不妙。"（22页）卓人月《古今词统》卷九易安《蝶恋花》下评："此媛手不愁香韵。"也是从词性（韵）、词人（媛手）、词中人性别身份吻合的角度所作的批评。所以，杨慎评易安《一剪梅》："离情欲泪。读此始知高则诚、关汉卿诸人，又是效颦。"（26页）沈际飞本《草堂诗余正集》卷

[①] 可参叶辉：《从明代〈草堂诗余〉批评看明人的词学思想》（《人文杂志》，2006年第6期）、丁放、甘松《〈草堂诗余四种〉的编选评点及其词学意义》（《文学评论》2009年第3期）等论文。

[②] 王世贞：《艺苑卮言》，唐圭璋编《词话丛编》本，中华书局，1986年，第385页。

[③] 何良俊：《四友斋丛说》卷三十七，《明代笔记小说大观》本，上海古籍出版社，2005年，第2册，第1168页。

[④] 王世贞：《弇州山人四部续稿》卷一百六十二，明刻本。

[⑤] 王世贞：《弇州山人四部稿》卷一百三十一，明万历刻本。

二评《一剪梅》"雁字回时,月满西楼"两句:"是元人乐府妙句。关、白、马、郑诸君,固效颦耳。"(26页)为肯定女性词的真切自然而不惜道出男性作家写词曲的先天性劣势。

宋人从"以寻常语度入音律"、"平淡入调者难"善于造语的角度肯定易安词,此与山谷"所谓以故为新、以俗为雅"的批评精神相通,明人则多假定闺情浅清、闺语香弱,因而在闺情词本色当行的意义上肯定易安词。如《词的》卷三评易安《一剪梅》:"香弱脆溜,自是正宗。"(26页)清初彭孙遹《金粟词话》则调和宋明:"(李易安)皆用浅俗之语,发清新之思,词意并工,闺情绝调。"①(51页)

循此思路,就比较好理解何以明代词选中李清照闺情词会不断出现。我们以晚明卓人月颇具总结性的词选《古今词统》②为例。其卷三《如梦令》下《闺怨》(谁伴明窗)正文题作者"李清照",小字注曰"一刻向豐之"。卷四《浣溪沙》下《闺情》(楼上晴天)正文题"李清照",小字注"一刻周邦彦";同卷《闺情》(绿云鬢上)正文题"李清照",小字注"一刻牛峤"。这三首词分别见向滈《乐斋词》、周邦彦《片玉集》和《花间集》,卓人月当然清楚这一点,观其注可知,但他更愿意接受沈际飞本《草堂诗余·正集》、陈仁锡《草堂诗余续集》所给定的李清照的著作权。

嘉靖年间题名杨慎辑《词林万选》共选易安词4首,分别是:《声声慢》(寻寻觅觅)、《丑奴儿》(晚来一阵)、《点绛唇》(蹴罢秋千)、《浪淘沙》(帘外五更风)。《声声慢》有宋人笔记作依据,非易安莫属,其他三首则颇难确定,《词林万选》将之归于易安并为后人接受,很大意义上可能是这些词对闺情的细腻书写。

两首诗如下:

丑奴儿

晚来一阵风兼雨,洗尽炎光。理罢笙簧,却对菱花淡淡妆。 绛绡缕薄冰肌莹,雪腻酥香。笑语檀郎,今夜纱厨枕簟凉。

点绛唇

蹴罢秋千,起来慵整纤纤手。露浓花瘦,薄汗轻衣透。 见客入来,袜刬金钗溜。和羞走,倚门回首,却把青梅嗅。③

与宋人选易安词相比,《丑奴儿》颇有艳淫嫌疑。因为写梅花"香脸半开娇旖旎。当庭际。玉人浴出新妆洗"(《渔家傲》,46页),是艳丽,写女性身体"绛绡缕薄冰肌莹,

---

① 彭孙遹:《金粟词话》,《词话丛编》本,第721页。
② 卓人月:《古今词统》,崇祯本。
③ 《词林万选》,第87页。

雪腻酥香",则涉嫌肉感。写"辟寒金小髻鬟松,醒时空对烛花红"(《浣溪沙》,14页)、"被冷香消新梦觉,不许愁人不起",是忧愁凄苦,而"笑语檀郎,今夜纱厨枕簟凉",则涉嫌性暗示和性挑逗。两者有庄艳之沟壑在。联想到王灼对李清照艳曲的批评,明人以此词属李清照也就有了一定的可能性和合理性。

《点绛唇》写一位玩兴很高的健康灵巧、娇羞顽皮的娇女。秋千有坐着荡,也有站着荡的,站着荡的秋千会更高,荡秋千者脱鞋站在秋千上、手紧抓两边绳索,这样更能用力,也会更高更飘,想象女孩用力踏秋千板、那飘扬的裙裾、头发和笑声,词中"蹴"字、"袜刬"、"金钗溜"、"薄汗"等就觉自然天成、流畅无比。有些版本"慵整"作"整顿"会更佳。杨慎似未能搜集到《漱玉集》,其《词品》曰:"宋人中填词,李易安亦称冠绝。……其词名《漱玉集》,寻之未得。"①虽然杨慎未必是《词林万选》的编者,但在明人观念中,这一闺中天籁,只有宋词中"冠绝"、最当行本色的词人才配是它的作者吧!宋人选易安词中的玩兴也是很高的。如《如梦令》"兴尽晚回舟"(7—8页),我们能听到哗啦啦鸥鹭翅膀的拍击声与尽兴者的大笑声一起飞起。又如"不怕风狂雨骤,恰才称,煮酒残花"(《转调满庭芳》,4页),游春的兴致与风雨以及飞扬的落花共舞,比欧阳修《采桑子》"群芳过后西湖好。狼藉残红,飞絮濛濛。垂柳阑干尽日风"②有更高昂的兴致和豪情。从词人本色这一意义上看,想象此首《点绛唇》为易安词也是不过分的。

明人也将此词作涉性的想象性解读。如汤显祖《荆钗记》二十七出《轻侠轻财》,"青梅"是小玉与李生"姻缘那般辐辏"、"圆就"的结果,[前腔]霍小玉低唱"榻影明窗,曾和他书斋后",然后吩咐浣纱:"书窗外半枝青梅,还摘下也。""青梅"在这里是一种性暗示。③《词的》读此词即自然联想到崔莺莺:"崔徽传奇中'尽人调戏',句意本此。"(84页)显示明人对易安词的一种想象。

虽然我认为明人以《点绛唇》为易安作有其合理性,但从纯文献角度看,对《点绛唇》的作者还当持存疑的态度。陈耀文《花草粹编》是明词选中新出易安词最多、文献最可靠的选本(详下),其即不以《点绛唇》为易安作。《花草粹编》卷一《点绛唇》下选男词人38家,无名氏1家,最后有女词人4家,李清照处女词人之第三位,选其《点绛唇·闺思》(寂寞深闺),而《点绛唇》(蹴罢秋千)位于男词人秦观(第18位)和贺铸(第19位)之间。《花草粹编》体例是一位词人多首同词牌词连排时往往标以一、二、三、四序号,不能确定作者则作"无名氏",然而此首既无序号、词上亦无"无名氏"字样,故其作者实难下结论,不过,以《花草粹编》的编排体例,其不以此首为易安

---

① 杨慎:《词品》,《词话丛编》本,第450—451页。
② 欧阳修:《采桑子》十三首之四,欧阳修著,李逸安点校《欧阳修全集》,中华书局2001年版,第5册,第1992页。
③ 汤显祖撰,钱南扬校点:《汤显祖戏曲集》,上海古籍出版社1978年版,上册,第102—103页。

作则可确定。但《花草粹编》现代整理者已为此词署上"李清照"之名,注曰:"原本未标作者,此据评花仙馆本、《漱玉词》补。"①可见评花仙馆本《花草粹编》等已接受了《词林万选》的题署,现代读者也都愿意接受易安作为此词的作者。

三、"春心动"的书写以及《花草粹编》、《续选草堂诗余》新出现之易安词

《花草粹编》选易安词43首,其中与《梅苑》题易安词7首重合5首,被证明为周邦彦《玉烛新》不在《花草粹编》易安词之列,《满庭芳》(小阁藏春)词牌作《促织儿》;又《嬾人娇》,《梅苑》不注撰人,《花草粹编》作易安词,且多出题目"后庭梅花开有感"数字;《临江仙》,《梅苑》题曾子宣妻作,《花草粹编》作易安词,在在表明《花草粹编》这7首易安词非出自今本《梅苑》。《花草粹编》与《乐府雅词》23首重合20首;与《草堂诗余》5首重合4首,但《怨王孙》词牌作《月照梨花》。《花草粹编》有宋类书、笔记可证者词3首,又有正文题作李清照,小注"一作曾公衮"词2首。计算下来,《花草粹编》新出易安词7首,其中之前选本、类书以为他人作或不注撰人、《花草粹编》以为易安作者3首。

《花草粹编》新出易安词,我最想谈的是《减字木兰花》词:

> 卖花担上,买得一枝春欲放。泪染轻匀,犹带彤霞晓露痕。怕郎猜道、奴面不如花面好。云鬓斜簪,徒要教郎比并看。

与该首词意同者,前有唐末无名氏《菩萨蛮》(牡丹含露)②、后有程垓《减字木兰花》(双双相并)③,《菩萨蛮》檀郎、美人一起出场,檀郎逗趣,美人娇嗔,挼碎牡丹,与花争胜;用花打人,虽泼辣而不失天真,檀郎美人关系亲昵,以现在的眼光看,此场景不失为闺中雅谑。虽然煞风景,但我还是想指出,古人常用美人妒花要嘲戏女人的善妒。如南朝宋虞通之《妒记》载:"武历阳女嫁阮宣子,无道妒忌,禁婢:瓯覆槃盖,不得相合。家有一株桃树,华叶灼耀,宣叹美之;即便大怒,使婢取刀斫树,摧折其华。"④因这一文化背景,"碎挼花打人",自唐至宋,渐成戏谑"妇人粗率"、善妒之语。虽然《减字木兰花》舍弃了"碎挼花打人"之举,檀郎也未真正出现,但在当时的语境中,一位妻子、一位大家闺秀在担上买花、簪花,想象着问郎君自己与花孰美,仍然是相当大胆的书写。假如此词确为易安词,在宋代语境中应该正是王灼所言之"自古搢绅之

---

① 陈耀文:《花草粹编》卷一,第79页。
② 曾昭岷、曹济平、王兆鹏、刘尊明编著:《全唐五代词·正编》卷一,中华书局1999年版,上册,第87页。
③ 唐圭璋编纂,王仲闻参订,孔凡礼补辑:《全宋词》第三册,第2586页。
④ 《妒记》,鲁迅校录《古小说钩沉》,齐鲁书社1997年版,第230页。

家能文妇女""无所羞畏"和"无顾忌"的吧。如果此词确为易安词,宋人则不以之为雅词而不选,明人则以之为本色词而公之于众;如果此词非易安词、是明人给予了李清照著作权,则可见明人对于易安词的想象。

陈仁锡《类编笺释续选草堂诗余》新出易安词《山花子》也值得分析。词曰:

> 绣面芙蓉一笑开,斜飞宝鸭衬香腮,眼波才动被人猜。 一面风情深有韵,半笺娇恨寄幽怀。月移花影约重来。[1]

钱允治笺释"眼波才动被人猜"曰:"所谓目成也。"写女子对某位男性心动而暗送秋波。宋代词选中的易安词,绝未见描写人的春心动、目成和密约偷期的,但易安词善于写自然的"春心动"和春情。如:"暖雨晴风初破冻,柳眼梅腮,已觉春心动。"(《蝶恋花》,29页)"笛声三弄,梅心惊破,多少春情意。"(《孤雁儿》,42页)等等。她善于写大自然蓄积、蕴藏甚至被压抑着的具有巨大激情和生命力的春意,而用柳芽、梅苞惊破的一瞬作为她描写这一巨大激情和生命力的一点透露。有时她也将这些植物想象成少女,如"柳眼梅腮"、"琼枝腻"、"红酥"、"琼肌"等,这使自然的无尽春意与人的青春爱恋的巨大激情有了沟通。如果说"目成"而内有顾忌,仍算是动之以情、晓之以礼/理的状态。如吴衡照《莲子居词话》卷二曰:"易安'眼波才动被人猜',矜持得妙。淑真'娇痴不怕人猜',放诞得妙。均善于言情。"(93页)如果目成后进而有"月移花影约重来",则会招致道德批评,如杨慎《词品》批评"朱淑真元夕词""词则佳矣,岂良人家妇所宜邪?"[2]《莲子居词话》赞易安词"眼波才动被人猜"的矜持,不提其后尚有"月移花影约重来"句;四印斋本《漱玉词》注认为此乃他人栽赃易安:"此尤不类,明明是淑真'月上柳梢头,人约黄昏后'词意。盖既污淑真,又污易安也。"(92页)以之反观明末清初词选,自《续草堂诗余》后,皆以此词属李清照,并未觉得唐突冒犯,他们的态度具有一致性,因而颇具时代特色,代表了明人对易安词的又一理解向度。

小　结

由上文可小结如下:

一、易安词文本问题可分为纯文献和文化文献两个方面来讨论,以现有的材料,一些易安词的归属难以在真实性上彻底搞清,但从文化文献的角度看,它却有较

---

[1] 词调当为《浣溪沙》,参王仲闻:《李清照集校注》,第91页。陈仁锡:《类编笺释续选草堂诗余》卷上小令,万历四十二年刻本。

[2] 杨慎:《词品》卷二,《词话丛编》本,第451页。

为清晰的面貌。这一认识又多少有利于文本真实性的讨论。

二、王灼云易安词涉艳、无顾忌,这一批评是基于李清照出自"搢绅之家"的"能文妇女"这重阶层加性别的文化身份而提出的,但南宋词人、词选皆不涉及其艳词,这与其理解为李清照没有涉艳之调,不如看作南宋人不认同这类易安词。

三、宋人从"以寻常语度入音律"、"平淡入调者难"等善于造语的角度肯定易安词,明人则多在闺情词本色当行的意义上肯定易安词。明人词的当行本色论在词体、词人个性以及词性、词人、词中人身份三者统一的层面上展开,明人对易安词的评论不少即基于此。明人也将一些易安词作涉性的想象性解读。

四、明代词选中易安闺情词不断出现。今本《词林万选》始以《丑奴儿》(晚来一阵)和《点绛唇》(蹴罢秋千)、《花草粹编》始以《减字木兰花》(卖花担上)、《类编笺释续选草堂诗余》始以《山花子》"绣面芙蓉"为易安词,从可确定的易安词的笔法上看,这些认定有其合理性,但从纯文献角度来,这些词的作者还应存疑,它们更多表达了明人对易安词的理解和建构。

清代才学小说三论

◎ 苗怀明

一、作为小说流派的两个难题

才学小说之名是根据鲁迅的相关论述归纳而来的,他在《中国小说史略》一书中专列《清之以小说见才学者》一篇,以《野叟曝言》、《镜花缘》、《蟫史》、《燕山外史》四部作品为典型,指出它们共同的特点在"以小说见才学者"。一些研究者据此将才学小说作为一个与历史演义小说、英雄传奇小说、神魔小说、才子佳人小说等并列的小说流派来看待[①],此外也有研究者将这类小说称作杂家小说。不过,在将其作为一个小说流派来进行研究时,会遇到两个让人为难的问题:

首先,作品数量太少,只有区区四部,即《野叟曝言》、《镜花缘》、《蟫史》和《燕山外史》。作为一个小说流派,除了作者具有共同或近似的创作理念、作品文本形态呈现出一些独有的共性特征外,还要有一定的作品数量,形成应有的规模,对当时或后世的创作产生相当的影响。虽然中国古代小说通常所称的流派与西方文学颇为不同,更多通过相近题材的选择来体现出创作上的共性,作者之间缺少沟通,不可能一起提出相同或相近的创作主张。但既然作为一个小说流派来看待,代表着小说创作的一个方向,如果作品数量太少,影响不大,那只能说是个别现象,难以称之为流派了。反观中国小说史上的其他流派,大多有几十部甚至上百部作品,且其创作持续的时间长,有不少跨越明清两代。将才学小说与其放在一起,不仅分类标准不同,而且作品数量也不成比例。

其次,被称作才学小说的四部小说之间差别太大,难以成为一个小说流派。只要将才学小说与其他小说流派如历史演义小说、英雄传奇小说等放在一起对照来看,这一点就很明显。以历史演义小说为例,《三国演义》、《东周列国志》、《东西晋演义》、《隋唐演义》等小说虽然所写朝代、人物、事件不同,但在题材选择、创作手法、作品风格等方面呈现出很多明显的共性,这种共性即是历史演义小说的流派特征。但

---

① 有些研究者不称小说流派而称小说类型,本文采取学界通常的说法。

在才学小说的四部作品中,这种可称之为流派特征的共性实在太少。

大体说来,通常所称的四部才学小说是由两类作品组成的:《野叟曝言》、《镜花缘》算一类,《蟫史》、《燕山外史》则属于另一类,两者之间差别甚大。前者为炫学之作,即鲁迅所说的"以小说为皮学问文章之具";后者则为逞才之作,即鲁迅所说的"欲于小说见其才藻之美者"。这种差别体现在如下三个方面:

其一,炫学与逞才并不是一回事,其具体内涵不同,它们对作者自身的要求也不一样,前者是学者之作,后者是才子之作,众所周知,学者和才子是学养、气质差别甚大的两种类型的文人。

其二,两者在作品中的反映及具体体现也很不相同。前者体现的是学问的渊博和精深,后者体现的则是过人的才华和鲜明的个性,两者的区别是很明显的。过去人们习惯于笼统地将才、学二字放在一起,但忽略了才和学之间的差异。这种差异是很明显的,并不是可以忽略不计的。

其三,前两部作品《野叟曝言》、《镜花缘》为白话通俗小说,后两部作品《蟫史》、《燕山外史》为文言小说,两类小说在创作旨趣、文本形态及艺术风格上呈现出很大的差异。就学界对中国古代小说分类的惯例而言,通常是将文言小说和白话小说分开,除了才学小说外,很少有将两大语言系统的小说作品混在一起进行分类的。将如此差异甚大的作品算作一个流派的,只有才学小说。对小说分类而言,可以有多种分类方法,但不管哪一种,都得有一个基本一致的分类标准,才学小说的分类是着眼于创作手法,按照这种分类方法,无法对其他小说进行很好的分类,它与通常按照题材进行分类的方式存在抵牾。

提出这样一个问题,并不是吹毛求疵,而是为了研究的准确和科学。事实上,研究者在实际操作中已经遇到这一问题,并采取了较为灵活的处理方法。以张俊师的《清代小说史》一书为例,该书在纵的方向上是按照时间顺序来叙述的,在横的方向上则是按照小说流派来叙述的。对通常所说的四部才学,该书一方面将其作为一个小说流派,一方面又分别进行处理:将《野叟曝言》作为儿女英雄小说,将《蟫史》、《燕山外史》放在文言长篇小说中,至于《镜花缘》,则作为杂家小说。这样做一方面是考虑到四部小说"以小说见才学者"的共性,同时又顾及各部小说之间的较大差异,算是一个很好的折中方案。只是这样一来,典型的才学小说或才学小说就只剩下一种,才学小说作为一个小说流派的合理性就更加不充分了。此外,也有研究者将《镜花缘》称作科学小说[①]、讽刺小说,等等。

如何看待和解决这两个为难的问题?笔者认为,这四部才学小说与其说是一个小说流派,不如说是体现了一个共同的创作倾向,一个在清代中期出现的新的创作

---

① 这一叫法主要见于晚清时期,如定一云《小说丛话》:"中国无科学小说,惟《镜花缘》一书足以当之。"载《新小说》第 15 号(1905 年)。

倾向。事实上在这四部才学小说创作的前后，其他作品也有不同程度的炫学、逞才倾向，比如《女仙外史》，论者称其"荒唐怪诞，而平生之学问心事，皆寄托于此"。只不过这四部小说表现得较为突出，其他小说不是特别明显而已。

如果作为一种重要的文学创作现象进行考察，将上述四部小说作品笼统地称作才学小说，倒也未尝不可，否则将其作为严格意义的小说流派来研究，就会出现顾此失彼的尴尬情况。刘勇强在其《中国古代小说史叙论》一书中明确指出："从小说类型的角度说，这些小说其实比较模糊，有的具有历史小说的特点，有的则带有神怪小说的内容；大多采用章回小说的形式，有的却用文言写成。"他将才学小说作为与小说创作思想化并列的、体现"清中叶小说创作文人化的一个重要趋势"进行论述，笔者认为这样的处理方式还是比较妥当的。

二、炫学背后的潜在动机

炫学、逞才现象在中国古代小说创作中早已有之，并不是到清代才出现，鲁迅在谈到汉魏六朝小说时，曾谈到当时文人创作的动机："文人好逞狡狯，或欲夸示异书。"无论是"逞狡狯"还是"夸示异书"，都有炫学、逞才的成分在。在唐代小说中也可以看到这种现象，比如张鷟的《游仙窟》就体现得较为明显。其后的小说创作也都不同程度地存在这一现象，比如明代的文言传奇小说。这些大多体现在文言小说的创作中，相比之下，白话小说出现这一现象的时间要晚得多，这一方面是因为白话小说的产生与成熟比文言小说迟，另一方面也与其源于民间、形态粗朴有关。到明代后期，随着白话小说发展的文人化和精致化，开始出现炫学、逞才的现象，这在才子佳人小说中体现得较为明显。到了清代中叶，则发展成为一个引人注目的文学创作现象，出现了通常所说的才学小说。

就白话小说而言，逞才在明末清初的才子佳人小说中就已出现，相对而言，炫学则是到清代中叶才出现的一个新现象，此前的白话小说中较少见到。下面对清代中叶白话小说中的炫学现象稍作探讨。

小说创作显示的是作者多方面的文学才华，正如古人所言："此等文备众体，可以见史才、诗笔、议论。"因而逞才是比较容易理解的。按说文学创作与学问之间没有直接的关系，何以作者要在小说中借助人物形象之口大谈学问？从《野叟曝言》、《镜花缘》等作品的实际描写来看，作者是刻意这样做的。问题在于，他们为什么要这样做？

结合此类作品作者的身份经历、思想理念以及实际的创作情况来看，驱使作者如此做的动机至少有如下三个：

一是作品表达的需要。这是最为直接的、表层的原因。无论是《野叟曝言》中的主人公文素臣还是《镜花缘》里的众才女，尽管他们性别、身份不同，但都有一个共同点,那就是学养深厚,知识渊博,其中文素臣"十岁即工诗古,涉猎史子百家。十八岁游庠,后益事博览,精通数学,兼及岐黄、历算、韬略诸书"。众才女同样博见多闻,学识不让须眉。因此,要表现他们的生活,势必会写到他们学问的一面。而描写文人生活,表达文人情趣,这正是清代白话小说创作的一个趋势,通常称之为小说创作的文人化。

有关文人论学的描写并不只是出现在《野叟曝言》、《镜花缘》这两部小说中,创作于同一时期的《红楼梦》里就有不少谈文论艺方面的描写,比如林黛玉和香菱的论诗、薛宝钗与惜春等人的论画、张友士的论病理,等等。只不过这些描写和作品中的故事、人物有机地融为一体,没有《野叟曝言》、《镜花缘》这么突出、明显而已。

二是体现人生价值的需要。隋唐以降,随着科举制度的普遍实施,文人的人生道路十分狭窄,金榜题名是他们实现人生价值的主要方式,但不是每个人都能走上这条道路。无论是夏敬渠还是李汝珍,尽管他们都饱有才华和学问,如夏敬渠"英敏绩学,通经史,旁及诸子百家、礼乐兵刑、天文算数之学,靡不淹贯",李汝珍则是"少而颖异,读书不屑章句帖括之学;以其暇旁及杂流,如壬遁、星卜、象纬、篆隶之类,靡不日涉以博其趣。而于音韵之学,尤能穷源索隐,心领神悟"。但科举的失利使他们终生都无法得到实现抱负的机会,上不能立德,中不能立功,即便是立言,也并不顺利,因为他们人微言轻,著述得不到重视,限于财力,也难以得到刊行的机会。

对夏敬渠、李汝珍等人来说,科举的失利意味着他们注定无法在体制内实现自己的理想抱负,要想体现人生的价值,只能选择其他方式。于是,他们不约而同地选择了白话小说。夏敬渠曾和朋友谈到自己的创作动机:"士生盛世,不得以文章经济显于时,犹将以经济家之言,上鸣国家之盛,以与得志行道诸公相印证。"话说得很明白,尽管自己"不得以文章经济显于时",但并不甘心,还是希望像那些"得志行道诸公"一样,"以经济家之言,上鸣国家之盛"。

在小说作品中,他们以文学的方式做了一场白日梦,不管是充满幻想色彩的人物文素臣,还是才艺双全的才女们,都不是现实生活中所能出现的人物,在他们身上寄托了作者的人生理想。借助作品主要人物之口大谈学问,既是为了使带有理想色彩的故事人物更加高大,也是为了让读者了解作者的博学多识。炫学不是目的,而是一种手段,一种让更多人了解、关注乃至重视自己的手段,利用这种手段,个人价值可以部分地得以体现,最起码作者心里是有这样的期待的。

三是保存个人的学术见解。夏敬渠、李汝珍都写有诗文集及多部学术著作,但他们又不约而同地把自己的诗文或较为得意的学术见解写进小说作品中。夏敬渠的多部著作如《经史余论》、《全史约论》、《浣玉轩诗集》、《唐诗臆解》、《医学发蒙》等,都多少不等地被《野叟曝言》收录或摘引。李汝珍也将其《李氏音鉴》、《受子谱》等书中的不少心得、见解写进了《镜花缘》中。可见除了前面所说的两点之外,夏敬渠、李汝珍创作小说还有一个很重要的动机,那就是借助极为流行的通俗小说,将个人精心研究的学术成果尽可能保存下来。这样即便个人的学术著作得不到刊布的机会乃至失传,自己的学术见解还能有部分保存下来,作者显然有这样的用意在,这正如王琼玲所言:"夏敬渠创作《野叟曝言》的目的之一,即是以小说存录其未能刊刻的作品内容。"

当然,这也是一种较为冒险的保存著述的方式,学术著作很难得到刊刻的机会,篇幅更巨、耗资更多的小说也并不见得容易被刊刻,事实也证明了这一点。

此外,炫学也可以看作作者写作习惯的一种自然表达。夏敬渠、李汝珍都算是术有专攻的学人,其兴趣也在此。在创作过程中,自然而然地流露出这种习惯和爱好,也是顺理成章的事。还有一些研究者提出,清代中叶出现的利用小说炫学的现象与当时的学术文化氛围有关,这也是有道理的,因前人论述颇多,这里不再赘述。

最后需要说明的是,带有炫学色彩的小说作品商业色彩相对较淡,大多为作者有感而发。他们在创作过程中,不受书坊主和读者的约束,所表达的是个人色彩浓厚的思想和感情,他们的炫学之举完全是个人的主观行为,在探讨此类现象时,应多从他们个人的生平经历及思想理念着眼。

三、可贵的创作尝试

炫学式的小说创作就文学层面而言,应该说是一个得不偿失的尝试,弊大于利,这样做固然可以增加小说自身的学术文化内涵,但长篇大论、游离于故事之外的炫学却大大削弱了小说的可读性,效果则适得其反。对此,现代学者多有批评,比如鲁迅批评《野叟曝言》"意既夸诞,文复无味,殊不足以称艺文",批评《镜花缘》"论学说艺,数典谈经,连篇累牍而不能自已,则博识多通又害之",这些都点到了其要害所在。

不过,如果将炫学现象放在整个中国小说发展演进的进程中来看,这种创作尝试本身也许是失败的,但其在中国小说史乃至文学史上依然有着特别的内涵和意义,值得关注。笔者认为,它反映了清代中期文人阶层对小说态度的潜在变化,这是白话小说发展过程中的一个必然现象。

前文已经说过,带有炫学色彩的小说作品大都为有感而发,"抒写愤懑,寄托深远,诚不得志于时者之言"。作者通过小说创作寄托了自己的人生理想和抱负,以文学形式来体现个人的人生价值。为此他们花费了大量时间和精力,尽管学界对夏敬渠创作《野叟曝言》的时间还有不同的意见,但洋洋一百五十四回的百万字大书,并非短时间内所能完成;李汝珍创作《镜花缘》,也是"以数年之力成之",这些作品可谓作者一生心血所系。但问题在于,花费大量时间和心血,抒写如此庄重的思想感情,一本正经地谈文论学,为什么要选择白话小说这种文学样式?要知道,小说特别是白话小说在古代一直为主流文化所排斥。此前,顺治、康熙、雍正等皇帝都曾下过查禁小说的诏令,并载之律例。作者不可能不了解这些情况。问题在于,既然了解,他们为什么还要选择被称作淫词邪说的白话小说,为什么不采取其他更易于为主流社会所接受、认可的创作方式?这样的问题同样适用于《儒林外史》、《红楼梦》等小说的创作,因为在清代,这已经成为一个带有普遍性的问题,并非个别现象。

夏敬渠、李汝珍的选择显然是经过认真考虑的,他们对自己创作的小说十分看重,不可能草率行事。笔者认为,是白话小说独特的艺术魅力和功能对他们构成了强大的吸引力,使他们放弃别的文艺表达形式,顶着压力,花费大量时间和心血进行小说创作。之所以说顶着压力,是因为创作小说在当时是不合乎主流意识形态的,再者,作者也不能从中得到什么现实的利益回报,比如稿酬或名声等。

那么,是小说的哪些特点对夏敬渠、李汝珍们形成如此大的吸引力呢?

笔者认为,至少有如下两个重要因素:

一是白话小说的普及性。

与诗文乃至文言小说相比,白话小说所拥有的读者群要大得多,它真正能做到雅俗共赏,老少咸宜,具有深厚的群众基础。因此,其传播的广泛及影响的深远是其他文学形式所无法比拟的。尽管它一直受到主流文化的排斥,但其影响力并没有因之减弱。只要看看《三国演义》、《水浒传》、《西游记》在明清两代的流传情况及在群众中的深远影响就可以明白这一点。

白话小说普及性的特点对那些怀才不遇的下层文人们显然具有很大的吸引力,他们不能借助体制的力量实现自己的人生抱负,但可以通过白话小说这种文学形式让更多的人了解自己,了解自己的才华,了解自己的学问,这不也可以做到流芳千古吗?尽管形式在当时显得另类了一些。

二是白话小说文体的魅力。

宋元以降,经过数代文人的参与和改造,白话小说已经发展成熟,成为一种极富表现力的文体,既可叙述、抒情,也可议论,篇幅长短不拘,形式自由灵活,真正做到了文备众体,它所具有的文体优势是其他文学样式无法取代和比拟的。这样,文人在诗、文之外又多了一种创作的选择,一种相当不错的选择。

再者,从明末开始,随着文人阶层对白话小说的深度参与,白话小说的创作开始出现分化,朝着两个方向发展:一个是继续民间化、通俗化的方向,一个则是文人化的方向。所谓文人化的方向,就是作品开始越来越多地关注和描写文人生活,反映他们的思想和感情,流露出文人的情趣,作品逐渐向精致化、个性化的方向发展。白话小说创作的分化自然也会引起读者群的分化,对像《儒林外史》这样的小说作品,它显然对文人阶层更有吸引力,更容易引起他们的共鸣。

白话小说文体自身的艺术魅力和越来越多文人的参与,对夏敬渠、李汝珍等人形成了很大的吸引力,使他们乐于使用这一具有活力的文学样式,以创作白话小说的方式实现个人的人生理想。这也就可以解释,何以炫学式的白话小说只能出现在清代,而不是在宋元明时期,这是小说自身发展演进与外界各种社会文化因素互动的结果。

宋元时期,白话小说虽然在民间蓬勃发展,但其形态粗朴,对文人没有多少吸引力,尽管有一些下层文人以书会才人的身份参与创作,但他们的动机非常明确,那就是谋生。他们的创作完全受市场控制,作品中看不出个人的东西。到明代特别是中后期,随着白话小说的再度繁荣,一些优秀作品引起了部分开明文人的关注,他们以评点、品赏等形式表达对这类新生文学样式的喜爱,有些人如冯梦龙、凌濛初等人还亲自进行创作,他们的创作动机除了商业利益的考虑外,还有一个重要因素,那就是教化,从其作品中居高临下的说教口吻可以明显地看出这一点。尽管他们在作品中也表达了个人对社会人生的一些见解,但他们还不愿意以小说创作的形式实现个人的人生理想,体现个人的价值。

进入清代之后,文人的参与更加深入,白话小说朝着文人化的方向发展,就创作动机而言,不少人的创作既不是为了商业利益,也不是为了教化,而是以小说创作的方式表达个人对社会、人生的见解,体现人生的价值。也正是到了这一时期,白话小说对文人特别是怀才不遇的下层文人有着特别的重要性和吸引力,这是文人对通俗小说态度逐渐变化的结果。如果他们对白话小说反感,看不起白话小说的话,他们根本就不会选择这种文学形式进行如此庄重、严肃的创作,更不用说借助这种文体来炫学了。

这不是一个偶然现象,需要指出的是,在夏敬渠、李汝珍们进行小说创作、炫学逞才的同时或稍后,一些学者也开始以另外一种形式表达他们对白话小说等通俗文学的浓厚兴趣和重视,一些学者在笔记中对小说的作者、本事等问题进行考索。比如梁章钜的《浪迹续谈》、梁绍壬的《两般秋雨庵随笔》、俞樾的《茶香室丛钞》、《春在堂随笔》、平步青的《霞外捃屑》等。尽管这种考索工作主要是出于个人的兴趣爱好,但它反映了当时知识阶层对小说态度的微妙变化。

在作品中谈文论艺,尽管有喋喋不休、喧宾夺主之嫌,但对白话小说来说,并非毫无意义。夏敬渠、李汝珍这些具有学者身份的文人愿意创作白话小说,在作品中谈文论学,在当时这本身就是一个富有勇气的举动,客观上有助于提高小说的学术文化品位,改变人们对白话小说淫词邪说的负面形象,对其正面意义,应该给予肯定。再者,在作品中炫学也是一种可贵的尝试,通过这种尝试,后世的小说作者们才可以清楚地看到,小说这种文体可以容纳哪些东西,容纳到什么程度,即便是教训,也是一笔可贵的文学财富。何况《野叟曝言》、《镜花缘》等作品内容包罗万象,内涵丰富,具有多方面的价值和意义,并非炫学二字所能全部概括。

有趣的是,炫学式的小说创作集中出现在清代中期,其后就比较少见了,这说明它的影响有限,效仿者并不多。何以如此? 当然主要还是文学方面的原因。毕竟小说是文学,不以学术见长,学问不是其核心要素。过多的、游离于情节之外的谈论学术会降低作品的文学价值,影响小说的可读性,未必受读者欢迎。另外,作品终究得刊行才能产生影响,对书坊主来说,这种炫学的创作方式并不能给他们带来更多的效益,甚至会相反,因此他们的积极性也不是很高。缺少来自市场的驱动,作品难以刊刻流传,作者的创作兴趣自然也就逐渐淡了下去。

但不管怎样,炫学式的小说创作是中国小说史上一次可贵的创作尝试,无论是成功还是失败,都是很有意义的,值得深入探讨。

参考文献

[1] 鲁迅.中国小说史略[M].北京:人民文学出版社,1973.

[2] 何满子.古代小说退潮期的别格——"杂家小说"[M].何满子学术论文集.福州:福建人民出版社,2002.

[3] 张俊.清代小说史[M].杭州:浙江古籍出版社,1997.

[4] 金鑫荣.明清讽刺小说研究[M].南京:凤凰出版社,2007.

[5] 刘廷玑.在园杂志[M].北京:中华书局,2005.

[6] 刘勇强.中国古代小说史叙论[M].北京:北京大学出版社,2007.

[7] 赵彦卫.云麓漫钞[M].北京:中华书局,1996.

[8] 夏敬渠.野叟曝言[M].北京:人民文学出版社,2006.

[9] 朱一玄.光绪《江阴县志》卷十七《文苑传》[M].明清小说资料选编.济南:齐鲁书社,1990.

[10] 余集.李氏音鉴序[M].张菊玲.明清章回小说研究资料.北京:中央民族学院科研处,1980.

[11] 王琼玲.夏敬渠与野叟曝言考论[M].台北:台湾学生书局,2005.

[12] 许乔林.镜花缘序[M].朱一玄.明清小说资料选编.济南:齐鲁书社,1990.

[13] 王利器.元明清三代禁毁小说戏曲史料[M].上海:上海古籍出版社,1981.

焦循"一代有一代之所胜"文学史观论析

◎ 冯　乾

国学大师王国维推毂元杂剧,有"一代有一代之文学"之论,曰:"一代有一代之文学。楚之骚,汉之赋,六代之骈语,唐之诗,宋之词,元之曲,皆所谓一代之文学,而后世莫继焉者也。"①新文学运动领袖胡适倡导白话文学,亦言"一代之文学",曰:"一时代之文学,周秦有周秦之文学,汉魏有汉魏之文学,唐、宋、元、明有唐、宋、元、明之文学。"②二说在近现代学术史上具有重大影响。王国维与胡适虽皆曾受西学进化论影响,但切究二说,与清代扬州学派焦循"一代有一代之所胜"文学史观有极深的渊源。胡小石讲授中国文学史,明确引入焦氏此说,且评价极高。而胡适弟子冯沅君、苏雪林、刘大杰、胡云翼等编撰中国文学史,皆一本师说,群奉焦氏之说为金科玉律。③

焦循(1763—1820),字里堂,一字理堂,扬州甘泉人。焦循年十七始治经学,其后四十年,治经不辍。晚岁于雕菰淘中筑楼,读书著述其中,十余年不入城市。焦循学问淹博,遍治群经,尤精《周易》《孟子》《论语》,皆有专书。经术而外,于史学、天算、岐黄乃至戏曲等率有著述,著书数百卷,为扬州学派一大家。

焦循文学"一代有一代之所胜"说见氏著《易余龠录》卷十五,今移录于下:

> 商之诗仅存《颂》,周则备《风》《雅》《颂》,载诸"三百篇"者,尚矣。而楚骚之体则"三百篇"所无也,此屈、宋为周末大家。其韦玄成父子以后之四言,则《三百篇》之余气游魂也。汉之赋为周、秦所无,故司马相如、杨雄、班固、张衡为四百年作者,而东方朔、刘向、王逸之骚仍未脱周、楚之科白矣。其魏晋以后之赋则汉赋之余气游魂也。楚骚发源于《三百篇》,汉赋发源于周末,五言诗发源于汉之十九首及苏、李,而建安,而后历晋、宋、齐、梁、周、隋,于此为盛。一变于

---

① 王国维:《宋元戏曲考序》,《宋元戏曲考》,《王国维遗书》第九册,上海古籍出版社1983年版,第493页。
② 胡适:《文学改良刍议》,《胡适文集》。
③ 参见周勋初先生:《文学"一代有一代之所胜"说的重要历史意义》,《文学遗产》2000年第1期。

晋之潘、陆,宋之颜、谢,易朴为雕,化奇为偶。然晋宋以前未知有声韵也。沈约卓然创始,指出四声。自时厥后,变蹈厉为和柔。宣城、水部,冠冕齐梁,又开潘、陆、颜、谢所未有矣。齐梁者,枢纽于古律之间者也。至唐遂专以律传。杜甫、刘长卿、孟浩然、王维、李白、崔颢、白居易、李商隐等之五律、七律,六朝以前所未有也。若陈子昂、张九龄、韦应物之五言古诗,不出汉魏人之所范围。故论唐人诗以七律、五律为先,七古、七绝次之。诗之境至是尽矣。晚唐渐有词,兴于五代而盛于宋,为唐以前所无,故论宋宜取其词。前则秦、柳、苏、晁,后则周、吴、姜、蒋,足与魏之曹、刘,唐之李、杜相辉映焉。其诗人之有西昆、西江诸派,不过唐人之绪余,不足评其乖合矣。词之体尽于南宋,而金元乃变为曲。关汉卿、乔梦符、马东篱、张小山等为一代钜手,乃谈者不取其曲,仍论其诗,失之矣。有明二百七十年,镂心刻骨于八股,如胡思泉、归熙父、金正希、章大力数十家,洵可继楚骚、汉赋、唐诗、宋词、元曲,以立一门户。而李、何、王、李之流乃沾沾于诗,自命复古,殊可不必者矣。夫一代有一代之所胜,舍其所胜,以就其所不胜,皆寄人篱下者耳。余尝欲自楚骚以下至明八股,撰为一集。汉则专取其赋;魏晋六朝至隋则专录其五言诗;唐则专录其律诗;宋专录其词;元专录其曲;明专录其八股。一代还其一代之所胜。然而未暇也。偶与人论诗而记于此。①

胡小石揭橥焦氏此说的历史意义与理论价值有四:一、阐明文学与时代的关系;二、阐明纯文学的范围;三、建立文学的信史时代;四、注重文体的盛衰流变。② 胡氏之说略尽其蕴。

焦循为何能提出这一著名论断?周勋初先生在考察历代文学发展状况后认为,"时代发展至此,已经具备了全体系地总结文学发展的条件。焦循为《易》学大师,考察问题时自然具有'穷则变,变则通,通则久'的通变观点,而他又曾对各种文体进行过系统的研究,这样才能形成其完整的文学史观。"③此论甚为通达,但对焦循提出文学"一代有一代之所胜"说的文学思想背景未作详论。

今原焦循文学"一代有一代之所胜"论,包含两个主要的义蕴:一是创体论,即一段时期内以一种新兴文学体裁为创体,而对因前代之体而作的文学作品则抑而不论;二是通变论,即胡小石所谓"文体的盛衰流变"。以下将就此两点详论焦循文学"一代有一代之所胜"说的思想背景。

---

① 焦循:《易余龠录》卷十五。
② 胡小石:《中国文学史讲稿》第一章《通论》,《胡小石文集续编》,上海古籍出版社1991年版。
③ 周勋初:《文学"一代有一代之所胜"说的重要历史意义》,《文学遗产》2000年第1期。

一

焦循之前，将某种新兴文体视为一朝文学代表的观点并不鲜见，今胪列于下：

> 世之共称唐诗、宋词、大元乐府，诚哉。（罗宗信《中原音韵序》）
> 一代之兴，必有一代之绝艺，足称于后世者。汉之文章、唐之律诗、宋之道学、国朝之今乐府，亦开于气数、音律之感。（虞集语，孔齐《至正直记》引）
> 夫一代之兴，必生妙才；一代之才，必有绝艺。春秋之辞命、战国之纵横，以至汉之文、晋之字、唐之诗、宋之词、元之曲，是皆独擅其美而不得相兼，垂之千古而不可泯灭者。（茅一相《题词：评曲藻后》）
> 三百篇后变而为诗，诗变而为词，词变而为曲。诗盛于唐，词盛于宋，曲盛于元之北。（沈宠绥《弦索辨讹》）
> 词者，诗之余也。曲又词之余也。……窃意汉人之文、晋人之字、唐人之诗、宋人之词、元人之曲，各擅所长，各造其极，不相为用。纵学窥二酉，才擅三长，不能兼盛。……嗟乎，有一代之兴，必有一代之制！（钱允治《国朝诗余序》）
> 我明诗让唐，词让宋，曲又让元，庶几《吴歌》、《罗江怨》、《打枣竿》、《银绞丝》一类，为我明一绝耳。（卓人月语，陈宏绪《寒夜录》卷上引）
> 使有持衡者，衡我明一代举业，当必如汉之赋、唐之诗、宋之文，升降递变，为功为罪，为盛为衰，断断不移者。（艾南英《答杨淡云书》）

上引诸论，已具文学"一代有一代之所胜"论的雏形，焦循是否受到上引某说的影响，今已难以具知。考察上引诸论可知，它们都将词曲、杂歌谣词、时文等晚出的文体、俗文学与诗赋古文等正统文体相提并论，这实则是元明以来新兴文体争取文学地位的反映。焦循作为乾嘉朴学著名学者，为何对词曲与时文等正统文人尤其是考据学者看不入眼的文体位置如此之高？耐人深思。下面，我从焦循的学术与文学思想出发，清理其"一代有一代之文学"文学史观的思想背景，以图得出合理的解释。

焦循对文学非常重视，这是焦氏"一代有一代之文学"说的先决条件。焦循幼秉庭训，笃嗜文学，后虽从事朴学，而文学一日未尝去手，这与一般乾嘉考据学者颇有不同。嘉庆八年（1803年）焦循《与某书》曰：

> 仆生平爱博，而无专业。经不能待问，史不能议论，诚颜之推所讥。而于众好中尤好时文及古文。"[①]

---

① 焦循：《与某书》，《里堂札记》"癸亥手札"，清抄本，北京大学图书馆藏。

嘉庆十一年(1806年)《与赵味辛司马书》曰：

> 循五六岁时，先嫡母谢孺人即授以唐人绝句诗。稍长，先君命学诗，时以供膝下之娱乐。于是遂酷好吟咏，数十年不辍也。当世好循者辄以经学见许，而循之所嗜实在诗古文词而已。①

可见，迟至嘉庆十一年，焦循自道其学时仍以文学居首。焦循重视文学，其因在于：一是文学可作传道释经的工具。焦循曰："不学则文无本，不文则学不宣。"②又曰："谚云：'百工之事，冶人最尊。'谓百工皆需铁以为器也。余谓学问之业，以属文为要。虽有尧舜之治、孔颜之教，非文不传。"③文以载道，无文章以传播，虽有至治至教，后世亦无以见。文章不但是载道之具，亦是论学之器。焦循谓："柳州辨《鹖冠子》，考作《论语》之人，不烦言而解。此学之所以待于文也。郑康成为《毛诗笺》，其言多晦涩不达，拙于文之验也。《论语》、《孟子》，何许朗快明畅？二书者，人之本，学之本，亦文之本。"④举柳宗元、郑玄为例，明学者善于作文，则解经无所滞隐；不善为文，则词不达意，经旨亦以晦昧。二是性情与文章相济，文章可药性情之偏。焦循曰："夏秋之间，日诵古文数篇。然非唐人集不阅。大约有所喜，则以柳州之沉郁敛之；有所忧，则以昌黎之雄畅胜之；时而野逸之气盛，则药以张子寿、李文饶之台阁；时而热中之念起，则救以陆甫里、王东皋之闲旷。盖性情之偏即病，而文章之灵实过于药。性情文章交相扶翼，庶几以相称而有济也。"⑤故文章又具修身之用。因此，焦循能以研经的态度研究文学，故能对文学理论有所发明。

焦循通变的学术思想是文学"一代有一代之所胜"说形成的关键。焦循号为"通儒"，其性格沉笃，而思想又极其通脱。焦氏尝自言少时为学之方曰：

> 予生平所好较杂。十几岁时，好呼卢，觉天下事莫胜乎此；既而好饮酒，又若酒胜；既而为诗、为古文，亦如呼卢与酒也。其为诗，始于李贺，则若诗莫贺若。既而为白、为韦柳、为元道州、为皮陆、为杜少陵，皆如学贺时。既移诗之好于古文，于周秦则外汉魏，于汉魏则外唐宋，及入唐宋之中而索之，而久之，又觉唐宋人之文，周、秦、汉、魏有未若也。⑥

---

① 焦循：《与赵味辛司马书》，《里堂札记》"丙寅手札"。
② 焦循：《里堂家训》卷下，《焦氏丛书》本。
③ 焦循：《里堂家训》卷下，《焦氏丛书》本。
④ 焦循：《里堂家训》卷下，《焦氏丛书》本。
⑤ 焦循：《答江定甫》，《里堂札记》"癸丑手札"。
⑥ 焦循：《赠方铁珊序》，《雕菰集》卷十七，《焦氏丛书》本。

唯其性格沉笃,则从事一艺,即专精一艺;唯其思想通脱,则不囿于一艺一事,且从事一艺,即知一艺之所胜。故焦循通变的文学思想,实胎始于其少时为学的态度。

焦循以《易》学名家,阮元谓其易学"石破天惊"①,王引之亦谓其说"凿破混沌,扫除云雾,可谓精锐之兵"②。焦循治《易》,用功至深,受易学通变思想影响也最深,因而提倡通学,反对株守。经学上,焦循倡导"经学之道因乎时"的通变的学术史观,并提出"证之以实,运之以虚"的学经方法论。焦循认为学者不宜一味嗜古,拘守汉说,必须学以兼思,证实运虚,进而至于求通,方为经学的正途,这正是扬州学派通学精神的集中体现。

焦循论学,主张彻底恢复各家各代学术真貌,然后加以研究,《里堂家训》中曰:

> 朱子之徒,道学为门户,尽屏古学,非也;近世考据之家,唯汉儒是师,宋元说经弃之如粪土,亦非也。自我而上溯之汉,古也,宋,亦古也;自经而下衡之宋,后也,汉,亦后也。唯自经论经,自汉论汉,自宋论宋,且自魏晋六朝论魏晋六朝,自李唐五代论李唐五代,自元论元,自明论明,抑且自郑论郑,自朱论朱,各得其意。而以我之精神血气临之,斯可也。③

焦循此论的思想背景是清学的汉学与宋学之争、考据与义理之争。汉宋之争贯穿清学终始,而乾嘉时期争竞尤烈。焦循则主张自经论经,非今非古,非汉非宋,一以求是为归,其闳通识见与恢大气象在乾嘉经师中颇不多见。此论中不难概括出"一代有一代之经学"、"一人有一人之经学"之意,值得重视。焦循复推广其经学之论至中国古代学术的各个门类,并阐析了学术上专精与博通的关系:

> 天下之道,同归而殊途,一致而百虑。一人有一人之能,不得以己之能傲人之不能也。一事有一事之休,不得以此之休混彼之休也。以学问言之,经自不同于史,史自不同于子,子史又自不同于诗赋。以经而论,《易》自不同于《诗》,《诗》自不同于《礼》,《礼》自不同于《春秋》;以文章而论,序自不同于传,传自不同于记,书牍、笺奏自不同于骚赋;以诗而论,诗自不同于词,词自不同于曲。七言自不同于五言,小令自不同于长调;以书法而论,八分、篆隶自不同于真草。凡事无不然,唯一事各还一事之体,缘其体而精之。不妨一人专精一事,养由基

---

① 见《焦氏丛书》本《雕菰楼易学》前附刻"阮芸台先生手札"。
② 王引之:《与焦里堂先生书》,罗振玉辑《王文简公文集》卷四,《高邮王氏遗书》,江苏古籍出版社2000年版。
③ 焦循:《里堂家训》卷下。

之射,王良之御,田何之经,司马子长之史,相如之赋是也。以一人兼之,亦必各如其体而不相杂,乃为真博真通。①

焦氏学主会通,而此会通则以专精为基础。故焦循承认各门学术的不同特点,指出"一事有一事之体"、"一事各还一事之体",这与其文学思想上"一代有一代之所胜"、"一代还其一代之所胜"的关系不言自喻。

焦循论学主会通,不囿于一家一说,这种思想在论文时则表现为重创不重因,退摹拟而进性灵。焦氏论唐诗曰:

> 少陵在唐,其七律、七古及五古等篇俱一空六朝、初唐之格,为唐诗大家。其诗泥古而不能自拔者,宜乎其未之知也。余尝谓:李白五古尚未脱前人窠臼,张曲江、陈拾遗益无足取,故论唐诗必以杜少陵为首。②

焦循以杜甫为唐诗人之冠,原因即在杜甫对前代诗歌的革新,而对李白、张九龄、陈子昂等持复古论者,焦循辄加贬抑。焦循论文亦持同样观点,如《书韩退之毛颖传后》云:

> 昌黎以前,未有此文,此昌黎之文所以奇。有昌黎之文,踵而效之则陋矣。是故柳州重其文,而未尝效其作。苏长公乃有黄甘、陆吉、叶嘉、杜处士、温陶君等传,不惮再三为之,其亦好为俳矣。长公吾且不取,他无论焉。③

韩愈《毛颖传》戏为毛笔作传,滑稽为文,于文体为俳体,但因韩愈之前无此类文体,韩愈此文于文体为创体,故焦循虽对此类作品不以为然,犹许之为"奇"。而其后如苏轼仿作,一仍韩愈旧贯,既无创体之意,徒有好俳之讥,则为焦氏不取。

焦循因主张文体的独创性,故对学者一向忽视的文体亦予重视。其言曰:

> 余尝谓学者所轻贱之技而实为造微之学者有三,曰弈,曰词曲,曰时文。④

弈技非文学之事,今且不论。词曲与八股文则是焦循颇为用心的文体。焦循曰:

---

① 焦循:《里堂家训》下。
② 焦循:《易余龠录》卷十五。
③ 焦循:《书韩退之毛颖传后》,《雕菰集》卷十八。
④ 焦循:《时文说一》,《雕菰集》卷十。

> 谈者多谓词不可学，以其妨诗古文，尤非说经尚古者所宜。余谓非也。人禀阴阳之气以生，性情中所寓之柔气，有时感发，每不可遏。有词曲一途分泄之，则使清纯之气长流行于诗古文。且经学须深思默会，或至抑塞沉困，机不可转。诗词足以移其情而豁其趣。则有益于经学者不浅。……词何不可学之有？①

乾嘉考据学者穷究经史，多目文学为小道。词曲一道，更被视作小道中的小道，认为从事词曲将妨碍经史研究。焦循则认为人禀阴阳之气而生。性情中天赋阴柔之气，必须通过词曲才能排遣，而将阳刚之气留贯于诗古文之中。而且经学研究中有时会遇到疑难症结，诗词可起转移郁情及开豁思路之功。因此，焦循不但不废词曲，而且撰写了《剧说》、《花部农谭》等著作，对戏剧研究具有很重要的参考价值。

焦循论骈文，与其论词曲如出一辙：

> 古文之有四六，犹诗之有词也。词与四六之于诗、古文，譬如婢妾之于夫人。有夫人，不妨有婢妾。而竟以婢作夫人，不可也。夫人下作婢妾，亦不可也。人秉天地阴阳之气，刚正清粹中亦必间以柔靡。有时阴气所动，以四六、词泄之，不使犯入诗古文，譬如铅锡自有铅锡之用，分而泄之，不使错于金银中也。如是而为四六，为词，不特无妨于诗古文，且有裨于诗古文也。②

焦循尽管认为骈文的地位逊于古文，但并不废骈文。骈文之外，焦循颇用心于八股时文，文集中论时文的文章即有多篇，焦循更在《里堂家训》中对时文的体制源流、风格特征辨析极精，今引之于下：

> 时文之法与古文异。古文不必如题，时文必如题也。其原盖出于唐人之应试诗赋，然应试诗赋虽必如题，不过实赋其事而止，无所为虚实偏全之辨也，即无所为连上犯下之病也，亦即无所谓钩勒送纵之法也。时文之题出于《四书》，分合裁割，千变万化。工于此技者，亦千变万化以应之，不失铢寸。非童而习之，非有能精者也。是故其考核典礼，似于说经，拘于说经者不知也；议论得失，似于谈史，佞于谈史者不知也；骈俪掇拾，似于六朝，专学六朝者不知也；关键起伏，似于欧苏古文，溺于欧苏古文者不知也；探赜索隐，似于九流诸子，严气正论，似于宋元人语录，而矢心庄老，役志程朱，又复不知也。其法全视乎题。题有虚、实两端，实则以理为法，必能达不易达之理；虚则以神为法，必能著不易传

---

① 焦循:《易余籥录》卷十七。
② 焦循:《里堂家训》卷下。

之神。极题之枯寂险阻、虚歉不完,而穷思渺虑,如飞车于蚕丛鸟道中,鬼手脱命,争于纤豪,左右驰骋,而无有失。至于御宽平而有奥思,处恒庸而生危论。聚之则名理集于腕下,警语出于行间,别置一处,不可为典要者,时文之体也。①

焦循认为时文渊源于唐人应试诗赋,而其体兼有经、史、诸子、六朝骈文、欧苏古文、宋元语录之特色。由于时文具有上述特色,故于文体中特立一格。焦循复认为"时文之理法尽于明人,明人之于时文,犹唐之诗,宋之词,元之曲也。"②明确将八股文推尊为明代的一代文学,其论虽未为今日研究者所认可,却反映了焦氏反对因循、主张创新的学术品格。

综上可知,焦循具有通达的学术精神,在文学上表现为重视创体,反对因循。其论一家之诗如此,论一体之文如此,若逆推其意,由此讨论一代之文学,亦必如此。故文学"一代有一代之所胜"论,正是焦循重视创造、不徇故常的学术品格的集中体现。

二

复论焦循文学"一代有一代之所胜"论中的通变思想。通变之说出于《周易》,《易·系辞》曰:"穷则变,变则通,通则久。"是先人思维的一大智慧,影响极为深远。通变说对文学发展有重大的历史意义,如《文心雕龙·时序》曰:"文变染乎世情,兴废系于时序",指出时代因素对文学盛衰的影响。《南齐书·文学传论》曰:"若无新变,不能代雄",则反映了南朝文学力求新变的特征。后世学者亦注意到文体变迁的大势,如明代钱允治《国朝诗余序》中论文体变迁曰:

> 然词者诗之余也,词兴而诗亡。……曲者词之余也,曲盛而词泯。……诗降而词,筋骨尽露,去汉乐府千里矣。词降而曲,略无蕴藉。……此无他,世变江河,不可复挽者也。

顾炎武亦言:

> 三百篇不能不降而为楚辞,楚辞不能不降而汉魏,汉魏不能不降而六朝,六朝不能不降而唐也。势也,用一代之体,则必似一代之文,而后合格。③

---

① 焦循:《里堂家训》下。
② 焦循:《时文说三》,《雕菰集》卷十。
③ 顾炎武:《日知录》卷二十一。

二说皆先于焦循。然钱氏所谓"世变江河,不可复挽",只及时代因素;顾炎武所谓"不能不降"、"势也",所谓"势"当指某种规律,但具体如何,顾氏未予深论。广义而论,文学风格与文学体裁的嬗变、演进都可以从易学的通变思想中得到找到根源。焦循以易学名家,因而论者多以此作为其文学"一代有一代之所胜"论的思想基础,这自有道理,但亦似有肤廓之嫌。我认为焦氏此论中"通变"的理论基础是焦循的性理思想。

篇首引焦循《易余龠录》文学"一代有一代之所胜"之论,末有"偶与人论诗而记于此"之语,所谓"偶与人论诗"之语,《雕菰集》卷十四有《与欧阳制美论诗书》,当与此有关。移录于下:

> 夫诗无难知也。古人春诵夏弦,秋冬学《礼》读《书》,试思《书》何以云读?《诗》何以必弦诵?可见不能弦诵者,即非诗也。何以能弦诵?我以情发之,而又不尽发之,第长言永叹,手舞足蹈。若有不能已于言,又有言之不能尽者,非弦而诵之,不足以通其志而达其情也。鼓无当于五音,仅用以节乐,不可与诗相和,故诗中音有一二急促之音,乃用以为节。若一诗皆然,则止可以鼓,不可以弦。止可以鼓,不可以弦,则鼓词矣。周公作《多士》、《多方》,反覆详尽,而《东山》、《鸱鸮》之诗,则情余于意,意余于言。然则贻王何不用文?诰民何不用诗?感以情,非同谕以意也。周秦汉魏以来,直至唐杜少陵、白香山诸名家,体格虽殊,不乖此指。晚唐以后,始尽其辞,而情不足。于是诗与文相乱,而诗之本失矣。然而人之性情,其不能已者,终不可抑遏而不宣,乃分而为词。谓之诗余。故五代之词,六朝初唐之遗音也。宋人之词,盛唐中唐之遗音也。诗亡于宋而遁于词,词亡于元而遁于曲。譬如淮水之宅既夺于河而淮水汇为诸湖,求淮水于桃源、安东之间不可见,求淮水于白马、氾社之中转可见也。然淮终是淮,河终是河,词终是词,诗终是诗。仆二十年来,学诗、学文、学词,诚辄诗还其为诗,文还其为文,词还其为词。如五谷皆能辨之,黍、稷、稻、粱,各归一囷。不至淆乱于一端,其稂、莠、稗、稃,似是而非者,则锄而去之也。①

焦循本性情论诗,认为诗歌的本质在言情,诗发于情,情发之不尽,故长言永叹,手舞足蹈,而弦诵之,以寓其志而达其情。此论一本《诗大序》、《礼记·乐记》,与传统的诗教理论并无二致。但由此论述历代文体的演进,则是焦氏的发明。焦循认为文体变迁的根本原因是情与辞的离合,认为儒家诗言情的传统,经周、秦、汉、魏直至唐杜甫、白居易诸家,一直守之不失。晚唐以后诗则辞过其情而与文接近,诗歌言情功能

---

① 焦循:《与欧阳制美论诗书》,《雕菰集》卷十四。

遽尔中绝。而人类抒情的欲望终不可抑,遂移注于词这一新兴文体中。其后词复雅化,言情功能再衰,曲又继踵而兴。这一情与文互动的关系,焦循形象地喻之为"淮水之宅,既夺于河而淮水汇为诸湖。求淮水于桃源、安东之间不可见,求淮水于白马、甓社之中,转可见也。"焦循复认为诗、词、文三者虽有流变关系,但"词终是词,诗终是诗",学之亦须"还诗为诗,还文为文,还词为词",遵守诗、文、词的文体本色。此论虽仅及韵文,但已具文学"一代有一代之所胜"说的雏形。故焦氏此论与儒学的性情论无疑具有重要的关系。

焦循又有《缀雅词跋》,亦是阐析情文乖合与文体变迁关系的重要文章:

> 词之有《花间》、《尊前》,犹诗之有汉魏、六朝也。其北宋则初盛也,其南宋则中晚也。盖乐府之义,至唐季而绝。遂遁而归于词。南宋之词渐远于词矣。又遁而归于曲。故元明有曲而无词。盖诗亡而词作,词亡而曲作。诗无性情,既亡之诗也;词无性情,既亡之词也;曲无性情,既亡之曲也。拾枯骨而被以文绣,张朽革而缋以丹青,且剌剌曰:吾恶夫人之有性情,但为此枯骨朽革,不亦灾怪矣乎?《三百篇》无非性情,所以可兴、可怨、可观、可群。至宋人始疑其淫奔也而删之。论词而欲舍《花间》、《尊前》,不犹王柏之徒欲举"桑中"、"鹑奔"之篇,一举而去之乎?①

此跋更明确地标举文学的性情说,推尊词曲之体,建立了诗经、汉魏六朝、唐诗、宋词、元曲诗歌流承的系统,与其文学"一代有一代之所胜"说相为辅翼。

至于文体何以能够递遭演变,焦循在论韵文时说:"诗变而为骚赋,为四六骈体,为词曲,大抵皆不可质言,而永言之,使人得于笔墨之外也。"②指出韵文具有涵咏意会的共有特征。焦循还探讨了文体嬗变的显迹,如焦循认为唐传奇小说是金元曲剧之滥觞,其引录《云麓漫抄》:"唐之举人,先藉当世显人,以姓名达之主司。然后以所业投献。逾数日,又投,谓之温卷。如《幽怪录传奇》等皆是也。盖此等文备众体,可以见史才、诗笔、议论。至进士,则多以诗为贽。今有唐诗数百种行于世者,是也。"焦循案语曰:

> 此则唐人传奇小说乃用以为科举之媒,此金元曲剧之滥觞也。诗既变为词曲,遂以传奇小说谱而演之,是为乐府杂剧。又一变而为八股,舍小说而用经书,屏幽怪而谈理道,变曲牌而为排比。此文亦可备众体,史才、诗笔、议论。其破题、开讲,即引子也;提比、中比、后比,即曲之套数也。夹入领题、出题、段落,

---

① 焦循:《缀雅词跋》,《雕菰集》卷十八。
② 焦循:《里堂家训》卷下。

即宾白也。习之既久,忘其由来,莫不自诩为圣贤立言,不知敷衍描摹,亦仍优孟之衣冠。至摹写阳货、王驩、太宰、司败之口吻,叙述"庚斯抽矢"、"东郭乞余",曾何异传奇之局段邪?而庄老、释氏之旨、文人藻缋之习,无不可入之,第借圣贤之口以出之耳。八股出于金元之曲剧,曲剧本于唐人之小说传奇,而唐人之小说传奇为士人求科第之温卷,缘迹而求,可知其本。①

此案语对唐传奇、诗、词、金元曲剧至明八股各种文体互相影响的关系交代得非常清晰。焦循又言:

> 余谓八股入口气,代其人论说,实原本于曲剧。而如阳货、臧仓等口气之题,宜断作,不宜代其口气。吾见工八股者作此种题文,竟不啻身为孤装、邦老,甚至助为讪谤口角以逼肖为能,是当以元曲之格为法。②

此则论八股文与元曲在表现手法上的相通之处。

文学体裁的演进是一个极其复杂的历史过程,牵涉到各种各样的因素。即使在文学研究昌明的今天,对于文体嬗变历史过程中的一些细节仍然未能完全弄清。焦循文学"一代有一代之所"论勾画了中国文学史上主要文体嬗变的历史轨迹,指出了文体嬗变的根本原因在于情与文的离合,其论具有重要的认识价值。至于此论的历史意义,周勋初先生认为:"中国过去的文人讲到文体发展时无不考虑到了时代变迁对文学发生的影响,因此文体的递嬗变化,表现出来的是形式上的不同,但促使文体变化的,却是时代、社会、政治等决定文士心态的种种复杂因素。文士为使思想感情的宣泄更加畅达,探寻新的表现方式,从而在形式上有所发展与演变。……焦循的文学'一代有一代之所胜'的理论正是这一传统的完整表达。"③最为卓见,故备引之以为本文结语。

---

① 焦循:《易余龠录》卷十七。
② 焦循:《易余龠录》卷十七。
③ 周勋初:《文学"一代有一代之所胜"说的重要历史意义》,《文学遗产》2000年第1期。

东亚汉文化圈中的《日本刀歌》

◎ 金程宇

在中日文化交流史研究中,《日本刀歌》是一首学者们耳熟能详的诗作。其中"徐福行时书未焚,逸书百篇今尚存"二句,作为《尚书》百篇尚存日本的推想,引发了中土人士东渡访书的热情,可谓脍炙人口。虽说如此,对这首诗的研究却不能说是充分的。如果站在东亚汉文化圈的立场来看,此诗无疑颇具代表性,其作者归属、文化背景及其问世后的传播、影响等问题,也都有值得深入探究之处。兹略述己见,以求教于大方之家。

一、《日本刀歌》收入欧集之原因及其创作动因

为方便起见,先将《日本刀歌》列举如下:

> 昆吾道远不复通,世传切玉谁能穷?宝刀近出日本国,越贾得之沧海东。鱼皮装贴香木鞘,黄白间杂鍮与铜越贾云真鍮似金,真铜似银。百金传入好事手,佩服可以禳妖凶。传闻其国居大岛,土壤沃饶风俗好。其先徐福诈秦民,采药淹留童丱老。前朝贡献屡往来,士人往往工辞藻。徐福行时书未焚,逸书百篇今尚存。令严不许传中国,举世无人识古文。先王大典藏夷貊,苍波浩荡无通津。(司马光集作"嗟予乘桴欲往学,沧波浩荡无通津"。)令人感激坐流涕,锈涩短刀何足云。

此诗明人已发现复见于司马光文集,清人也曾质疑为欧所作,但最早明确提出此诗是司马氏所作看法的,则是日本学者(详后)。尽管这是一首著作权存在争议的作品,但由于长期以来该诗收入欧阳修外集,已产生巨大影响,故此处仍以欧集文本为主。

《日本刀歌》收入在今存欧阳修《外集》中,南宋周必大校订本已收,其实此诗至迟北宋中期已被视作欧作。此资料载《吟窗杂录》卷四十,因未见学者引及,兹列如下:

> 吕相问：高丽有《书》百篇，不知是真否？座客莫敢对。时王乐道在末座，对曰：恐是真。吕问：何以知之？曰：欧公有诗云："徐福去时书未焚，古书百篇今犹存"，文忠公必有据而言①。

今本《吟窗杂录》五十卷，乃绍熙五年（1194年）成书，所录资料断自"渡江以前"②，则上述内容当出自于北宋文献。就其内容风格而言，似当为诗话、笔记一类资料，惜所据原书已佚，无从复核。由于周必大本欧集初刊于庆元二年（1196年），故其所据并非周校本欧集。欧集"遍行海内，而无善本"（陈振孙《直斋书录解题》卷一七），究竟何所本，虽不得而知，但不外乎周校本前流通之《别集》或《外集》。可见，虽然此诗欧集现传文本均出自周必大本，但早在周本之前，即已流通于世。

吕相，当指吕惠卿（1032—1111），熙宁七年（1074年）为相（《宋宰辅编年录》卷八）。王乐道是欧阳修《别集》二十卷的编者（其子王性之亦参与），此集政和四年（1114年）已成书，皆"家集所不载者"③。此《别集》当即今传《外集》（二十五卷）的主体部分。如果《吟窗杂录》所引内容属实，则《日本刀歌》在欧阳修去世不久，已被时人视为欧作，其采入欧集，恐即王乐道（或其子性之）所为。这自然是较早而且重要的资料。尽管如此，我们仍不能将此诗的著作权划给欧阳修。如后所述，综合各种资料，仍以司马光所作为宜。

面对这把日本刀，为何司马光会从逸书的角度加以吟咏？笔者以为这与司马光的职务经历有关。考司马光嘉祐二年"改太常博士，职秘阁"④。秘阁是宋代的藏书机构，司马光在此任职，对于海外所献典籍自然有所了解，其发诸吟咏也自在情理之中。此外，日本刀的持有者钱公辅，嘉祐初自越州通判调任集贤院校理，这一职务也即梅尧臣诗中"归来天禄示朋游"中"天禄"之所指⑤，即藏书校书之处。钱氏居此职却津津乐道于前任所获器玩，或许不为司马光所赏识。故《日本刀歌》末尾云"锈涩短刀何足云"，当不无深意。我们知道，越州是宋代与日、丽贸易的重要港口。器物、书籍亦多由此传入。司马光对此自不可能不知，在他看来这把刀与"先王大典"等书籍来比，显然是不值得相提并论的。此诗一定程度上实际上隐含着司马光对钱公辅的某种规讽。这首诗实际上从一个侧面反映出了司马光以文化本位的价值观。

---

① 陈应行：《吟窗杂录》，中华书局1997年影印本，下册，第1093页。
② 陈应行：《吟窗杂录》，中华书局1997年影印本，第9页，影印本上册，浩然子《吟窗杂录序》。
③ 《姑溪居士后集》卷一五，《欧阳文忠公集后序》，影印本《文渊阁四库全书》，台湾商务印书馆1986年版。
④ 顾栋高：《司马光年谱》，中华书局1990年版，第37页。
⑤ 参王水照：《〈日本刀歌〉与汉籍回流》，载《半肖居笔记》，东方出版中心1998年版，第47页。

二、《日本刀歌》考辨与清末中日学术交流

围绕《日本刀歌》作者归属的考证,20世纪80年代以来,国内有谭彼岸、王水照、宁群娣的相关研究,其实,国人最早提出司马光所作说的是杨守敬。其手书《日本刀歌》条幅(今为日本私人收藏)之按语云:

> 右司马温公,《和钱君倚日本刀歌》,见《文正公集》第四十七卷,而世传欧阳文忠公亦有此歌,遂鲜有知为温公作者。考《文正公集》又有《和钱君倚藤床十二首(韵)》,知其人素与温公唱和,欧诗不标钱名,且多讹字,则此诗为温公作无疑。宣统二年(一九一〇)一月书此正之。宜都杨守敬时年七十有二。

虽然较简略,但据司马光本集、交游、欧集讹字,断定"此诗为温公作无疑"。杨氏1880年出使日本,访书四年,满载而归。他在《日本访书志缘起》中说"庚辰(1880)东来日本,念欧阳公百篇尚存之语,颇有收罗放佚之志。……其中虽无秦火不焚之籍,实有奝然未献之书",可见其开始仍以此诗为欧作。

杨氏考订司马光为作者,其说实本于日本明治时期的汉学家日下宽(1852—1926)。

日下氏为日本近代汉学者,历史学家。号勺水,修史局第2局乙科,系日本考证史学先驱。著有《丰公遗文》、《丰公年谱》、《鹿友庄文集》等。他在明治十六年(1883)三月成章社所刊布的《古今诗文详解》第八十二集中,发表了《书日本刀歌后》一文:

> 右《日本刀歌》,传为宋欧阳修作,或谓司马光亦有《日本刀歌》,殆非别手。其说盖出贝原益轩。益轩《格物余话》就两作略举字句异同,然未及言其是非。星野编辑偶检出《传家集》见示,于是与《文忠外集》所载对较,真如或者说……全然同作矣。
>
> 因阅《宋诗钞》、《咏物诗选》诸书,皆为欧作,而《宋百家诗存》所收《传家集》,略而不载,岂果非温公作欤?顾《传家集》温公所自选,《文忠外集》则系后人辑录。又钱君倚与温公同时,于文忠稍为后辈。今不得其原唱,然《传家集》中往往见其应酬诸什。详诵二家诗以参之斯篇,断非欧作。
>
> 呜呼斯篇!脍炙人口,经千百载,曾无言温公作者,《咏物诗选》清康熙帝命群儒所编,而亦系之欧子,甚矣假之乱真也。东坡曰:李太白、韩退之、白乐天诗文,皆为庸俗所乱,可为太息。据此等语,古今谬真伪者,岂独斯编哉! 余为温公伸其冤抑,并为文忠除其诈冒。温公七古,神悠气醇,与文忠朴素简奥者,截

然不同。能咀嚼者,自当得之矣。

在日下氏的《鹿友庄文集》(卷四)中,此文亦收入,然增出杨守敬批语:

> 杨惺吾云:此篇向来无不以为欧作者,《传家集》非僻书,经勺水先生拈出,我辈愧汗矣。

杨守敬1884年归国,估计日下宽在此前一年将文章送呈请教,故得获杨氏批语。而日下氏之所以对此诗产生兴趣,则或与杨氏在日访书,协助黎庶昌刊刻《古逸丛书》,常言及(或笔谈)欧诗有关。由此可见清末中日学术之互相影响与刺激。

三、《日本刀歌》与江户时代之佚存书观念

《日本刀歌》何时传入日本,不得详考。欧阳修集宋本,今存天理图书馆,据云乃开庆元年(1259年)传入金泽文库者。然该书在读书界并未产生影响,故亦可置之不论。日本延元四年(1339年),北畠亲房《神皇正统记》云:"始皇好仙,求长生不老之药于日本,日本则求五帝三王遗书于彼国,始皇悉数予之。其后三十五年,彼国焚书坑儒,孔子全经唯存日本矣。"①这段话与《日本刀歌》相比已有变异,无法确定是否直接相关。但说明至迟彼时日本人已相信"全经唯存日本"这一传说,并以之确定自身的"正统"。从中国文献方面,也可找到一些佐证。如杨维桢(1296—1370)的《送僧归日本》云:"我欲东夷访文献,归来中土校全经",即是有名的一例。实际上,考虑到大量的入宋、入元僧,日本存在中土"全经"及大量佚书应当是宋元时期的普遍看法②。

进入江户时代,《日本刀歌》愈发受到日本学者的关注。松下见林在元禄六年(1693年)刊行的《异称日本传》(卷上三)中收录了《日本刀歌》一诗。这是第一部将此诗列入中日关系史史料的著作,值得重视。此后伊藤松于天保九年(1838年)刊行的《邻交征书》初篇卷二亦载此诗,使此诗的影响更为扩大。

百篇《尚书》尚存固然是不切实际的想象之辞。但《日本刀歌》确使日本学者对于本国保存中土失传典籍充满自豪,并最终将之付诸实践。确定古籍的存佚并非易事,实际上有赖于古籍目录学的知识。这些知识在江户时代特别是中期才逐步具备。

---

① 转引自王勇、大庭修主编:《中日文化交流史大系·典籍卷》,浙江人民出版社1996年版,第320页。
② 元初王恽的《中堂事纪》(《秋涧集》卷八十二)中,记载了中统二年(1261年)朝臣与高丽世子的笔谈,其中宣抚姚公问道:"传闻汝邦有古文尚书及海外异书。"回答"曰:与中国书不殊。"

日本举国崇佛,战争例不毁佛寺,故佛教典籍保存较佳,其存佚也就最先得到确认。中土永乐北藏、嘉兴藏的出版,反映了明代佛经传世的情况。日本学僧经过比较,即可发现不少藏外经典佚存日本。凤潭(1654—1738)的《扶桑藏外现存目录》虽未刊行,但也反映出日本学僧对佛经存佚的掌握情况。

元禄辛巳年(1701年)金泽僧云潭瑞在《跋锓孔目章后》(《华严经内章门等杂孔目》卷四末载)中云:

> 欧阳子《日本刀歌》曰:"徐福行时书未焚,逸书百篇今尚存。令严不许传中国,举世无人识古文"。……至我大雄氏之教籍,则寔有不愧所言者而存焉。近锓《孔目章》,印生某者,令(余)点校,以偶记之而书为跋。

《华严经内章门等杂孔目章》是唐智俨所撰华严经典,中土失传已久,诸大藏并失收,直至近代日本学者所编《续藏经》、《大正藏》始得收入。在潭瑞看来,在18世纪初期,佛教典籍佚存日本,已经是"不愧所言",故他引用《日本刀歌》,对此作出了回应,自豪之感,溢于言表。

这种佛教文献佚存日本的认知以及自豪感,最终化作了行动。宽政五年(1793年),大典显常在其《日本传来佛书逸于彼者,寄赠大清国,请纳之名蓝,以为学匠龟鉴状》(《北禅文草》卷四)一文中,向幕府提出了赠送清朝佛典的请求。其文云:

> 吾日本之尚佛久矣……诸载籍类,多逸于彼而存于我者……常等于是戮力同志,考检诸部,凡数百卷,凭海舶寄赠,冀纳支名蓝,以供硕匠观,岂不刮目乎?其模而板之,或复购于我,则千载不朽,永供法宝,式公之心,复在今乎。

大典开列出的《遣书目录》涉及天台、华严、法相等宗派,凡百部,692册[①],尽管幕府并未批准他的请求,但作为有意识地向中国大批传输佛教佚书的活动,确实值得称道。

再来看一个经学史方面的著名例子。太宰春台(1680—1747)享保十六年(1731年)所作《重刻古文孝经序》(《春台先生紫芝园稿》)云:

> 夫古书之亡于中夏而存于我日本者颇多。宋欧阳子尝作诗称"逸书百篇今尚存",昔僧裔然适宋,献郑注孝经一本于太宗,司马君实等得之大喜云。今去其世七百有余年,古书之散逸者亦不少,而孔传《古文孝经》全然尚存于我日本,

---

① 参王宝平:《和刻本汉籍初探》,载《中国馆藏和刻本汉籍书目》杭州大学出版社1995年版,"代序"第19页。

岂不异哉。

春台是日本江户时期古文辞派的代表人物,他们通过对古代经典的发掘、恢复,以达到抗衡宋学的学术目标。他引用《日本刀歌》作为"古书之亡于中夏而存于我日本"之例证,虽然在宋初时期有过奝然献书的事例,但江户时期这种佚书意识表现得相当自觉。春台显然是将《古文孝经》孔传的西归纳入到佚书回流史脉络中的。这部书传入清土,很快刊入《知不足斋丛书》,并引起巨大反响①。

《佚存丛书》也是这方面的著名例子。该书为大学头林衡所编,收佚书十七种,宽政十一年(1799年)以活字本摆印(第一帙)。其序云:

> 欧阳永叔《日本刀歌》云:"徐福行时经未焚,佚书百篇今尚存",……于是汇为一编,故假储欧诗,名曰《佚存丛书》。

乾隆时期所编纂的《四库全书》,是当时东亚最大规模的丛书,极受关注。由于该书仅有写本,故其总目录《四库全书总目提要》,遂成为江户中期学者确认外典存佚的主要工具。《佚存丛书》之所以能够编成,实有赖于此。

由此可见,江户时代的日本学者已普遍不相信百篇《尚书》存日说,不过他们仍受到《日本刀歌》的感发,从而有意识确认日本的佚存典籍并加以刊行,对当时清朝学界有极大的刺激反响。

四、《日本刀歌》与朝鲜通信使

上面考察了《日本刀歌》对日本的影响,实际上朝鲜的侧面影响也不容忽视。林罗山(1583—1657)《林罗山文集》卷三十六《逸书》曰:

> 朝鲜来贡使表请曰:仄闻徐福来日本时,赍先秦之书以往,故欧阳修咏日本刀诗有云:徐福往时书未焚,逸书百篇今犹存。想夫其科斗篆字之典谟训诰并诸经传,亦有之乎?使臣幸观国光,所望请者,许一窥其古书,何幸加旃,平生所念在兹,今表请以闻,不堪款之至。
>
> 居诸　　　　　　　　　　　　　　　　　　　　　　　　　箕子国聘礼使
> 日本国玄蕃寮下②

---

① 参顾永新:《日本传本〈古文孝经〉回传中国考》,《北京大学学报》2004年第2期。
② 此则资料有林罗山手迹留存,现由日本私人收藏。

朝鲜使臣以欧阳修《日本刀歌》向林罗山询问，希望能够看到古经逸书。《百篇尚书》自然不可能，林罗山如何回答亦不得知。但这提示我们，朝鲜使臣到日本时，围绕《日本刀歌》所涉及的逸书话题，恐怕是较为常见的。

李德懋(1741—1793)《青庄馆全书》卷之五十六《盎叶记》三云：

> 青泉申维翰之入日本也。问雨森东(案雨森姓，东名，日本对马州书记)曰：徐福入海，在秦皇燔书之前，故世传日本有古文真本。至今数千年，其书不出于天下者，何也？东曰：欧阳子亦有所言，皆不近理。圣贤经传，自是天地间至宝，鬼神之所不能秘。故《古文尚书》或出于鲁壁，或见于舫头。日本虽在海中，自有不得不出之理。日本人心好夸耀，若有先圣遗籍，独藏于此，而可作千万岁奇货。则虽别立邦禁，当不能遏其转卖，况初非设禁者乎。

申维翰(1681—1752)享保四年(1719年)随通信使来日，访日所记为《海槎东游录》、《海游闻见杂录》①。雨森芳洲(1668—1755)，江户中期儒者。讳俊良，通称藤五郎、东五郎，号芳洲，字伯阳。

《青庄馆全书》卷之六十四《蜻蛉国志》：

> 乾隆癸未，朝鲜书记元重举，问倭儒龟井鲁等，以古文六经徐市赍来否。答曰：仆亦见欧阳公《日本刀歌》，然本国无此事。且国俗好夸矜，与贵国通使久矣。假使国有禁，必无不泄之理。且国中今日尚不能真知六经之贵。如其知贵，当与天下万国共之。如不知贵，何必秘之禁之也②。

元重举(1719—1790)，字子才，号玄川。1764年出使日本，任副使书记，著有《和国志》等书。龟井南冥(1743—1814)，江户时代儒学者。讳鲁，字道载，通称主水，号南冥。龟门学之祖。

朝鲜通信使的这些问题，无疑从另一个侧面也增加了日本儒士对《日本刀歌》的关注。只是由于朝鲜时代盛行理学，对日本江户中期开始出现的古学派重视不够，甚至以为虚妄。如1748年通信使与古学派的笔谈即是。此后的1764年，尽管日本儒生泷长恺(1709—1773)《赠成龙渊》诗中说"国风难和王仁咏，秦火独余徐福篇。更有东毛古经在，凭君欲使异方传"，但通信使多未亲见原书③，终未将日本存有"东

---

① 二书载《青泉集续集》，然未见上述内容，此姑以李书为据。
② 张伯伟先生见告，此出自朝鲜元重举《和国志》(栖碧外史海外蒐佚本30，李佑成编，亚细亚文化社1990年版)卷一"徐福祠"条(第二十二叶)。略有异文，如《日本刀歌》作《大食刀歌》。日本儒者除龟井鲁外，尚有泷长恺、那波师曾、竺常等人。
③ 此由张伯伟先生提示。

毛古经"的重要学术信息有效传递回国①。由此看来,《日本刀歌》所形成的海外佚书观念,朝鲜学者受到客观条件以及理学观念的限制和制约,未得有所拓展。而日本古学派则加以发扬,通过对日本文献的发掘、刊行,带动了本国的学术建设,取得了重要成就。中国学者也在日本新出文献的刺激下,开始重视海外文献的收集。杨守敬等人的赴日访书,实际可视为《日本刀歌》的重要回响。《日本刀歌》在中日韩三国传播的情况表明,三国文化间的相互激发存在极为复杂的关系。

五、《日本刀歌》与"礼失求诸野"的文化话题

归根结底,《日本刀歌》所涉及的是一个"礼失求诸野"的文化话题。无论是日本抑或朝鲜半岛,他们围绕《日本刀歌》所产生的观念、话题以及行为,实际上均无法脱离处于东亚汉文化圈核心地位的中国。

众所周知,佚书的回流史实,可以追溯到五代吴国和宋代,此时正是古代中国发生重大变革的时期,高丽、日本的献书与中国的海外求书行为出现在这一时期绝非偶然。海外佚书的寻求或献纳,很大程度上是一种国家行为,带有浓厚的政治和外交色彩。这就出现了此前唐朝未曾有的奇特现象,即长期作为文化宗主国的中国,开始向周边的此前视为"蛮夷"或"藩属"的日本和朝鲜半岛寻求事实上的援助,即通过书籍的购买或进献,以恢复本国的文化传统。《日本刀歌》可以说正是司马光站在中国立场上的一种"礼失而求诸野"的文化宣言。它以一种文学化的语言,坦率地承认了中国以"先王大典"为代表的中国典籍藏于"夷貊"的事实。随着时代及东亚形势的变化,逐步造成了三国文化——书籍外交上的心理差异。这样就很容易理解,为何朝鲜通信使在与日本江户时代学者的对话中,常常提到《日本刀歌》,追问《古文尚书》的所在,这实际上是一个涉及文化正统的问题。

而另一方面,《日本刀歌》也是文人学士热衷谈论的话题。比如明代的文人笔记中颇多涉及《日本刀歌》者,如张鼎思的《琅琊代醉编》卷九之"外国书"、黄㦬《双槐岁钞》"倭国逸书百篇"、都穆《听雨纪谈》"朱子不注尚书"条等,可见一时之风气。② 这些笔记多据《古文尚书》而信日本存有《古文尚书》之说。也有不同记载,如沈德符《万历野获篇》补遗卷四"著述",即提到了礼部主事刘元卿上疏诏取以补伏生之缺一事,"盖祖宋时欧阳永叔《日本刀子歌》中语也。时议以为迂,亦罢不行"③。伴随着这些书籍的传入,对关注、阅读中国著作的日本和朝鲜半岛自会产生影响。

---

① 参夫马进:《朝鲜燕行使与通信使》第七章《朝鲜通信使与日本的典籍》,上海古籍出版社2010年版,第149—151页。
② 参陈小法:《明代中日文化交流史研究》,商务印书馆2011年版,第110—111页。
③ 沈德符:《万历野获篇补遗》,中华书局1997年版,第904页。

这方面在学术上体现得更为明显。比如清代经学家也喜谈《日本刀歌》（多数为否定者），朝鲜史学家韩致奫19世纪初完成的《海东绎史》为了解这一问题提供了许多方便。该书辑录了宋元明清有关日本、朝鲜半岛存有《古文尚书》文献资料①，韩致奫引用的主要是清代乾嘉学者的著作，如《日知录》、《经义考》、《西河集》、《潜邱札记》，在此基础上否定了高丽、日本存有尚书的说法。由此可见，中国学者特别是清代学者关于《日本刀歌》讨论，引起了韩国历史学家的关注。这似乎也可视为朝鲜、日本学者关注这一作品的主要原因之一。

结　论

一、《日本刀歌》编入欧阳修《别集》，或系由王乐道父子完成。《日本刀歌》系司马光任职秘阁期间所作，表达了他的文化期待，也兼有对钱公辅规讽之意。

二、《日本刀歌》"司马光说"的最早提出者是日本学者日下宽，杨守敬曾受其影响，可见清末中日学术之密切关系。

三、《日本刀歌》与江户时期的佚书观念的形成关系密切。

四、朝鲜通信使在《日本刀歌》的对日传播方面也具有重要影响。

五、日本、朝鲜对《日本刀歌》的种种反响，是出于对中国"礼失求诸野"文化话题的回应和关注。

附记：南京大学张伯伟先生对本文韩国文献部分多有赐教，专此布谢。

---

① 张伯伟：《朝鲜时代书目丛刊》第五册《海东绎史·艺文志》，中华书局2004年版，第2477—2478页。此亦蒙张先生赐告，谨致谢忱。

论初期五言诗的"四言格调"

◎ 孙立尧

引 言

先秦时代,中国诗歌以《诗》、《骚》为核心,而汉末五言诗的出现与繁荣,则是中国诗史上的重大事件,钟嵘《诗品·总论》云:

> 夫四言,文约意广,取效《风》、《骚》,便可多得。每苦文繁而意少,故世罕习焉。五言居文辞之要,是众作之有滋味者也,故云会于流俗。岂不以指事造形,穷情写物,最为详切者耶![1]

依钟氏之意,四言诗取效《风》、《骚》,本可"文约意广",但魏晋以降的四言诗却"文繁而意少",罕有佳什;五言诗则因长于描写而"会于流俗"。然则造就这一情形的具体原因,乃是中国诗史转捩的关键。关于五言诗之起源,学界检讨已多;而四言、五言之辩,则所论尚寡,故仍有探索之必要。

一. 四言诗之传统

《诗经》的形成历程,代表了中国古典诗歌最初的"传统"(tradition)。"传统"一词,虽则意义深广,但在远古诗歌的研究中却具有特殊的内涵。它不仅指文化的传承,更指在诗歌创作中所没有讲述出来的、诗人与受众所共享的知识,而这种知识在诗歌中常常用一种程式化的语言来表达。具备这种"程式"(formula)的语言形成一种所谓的"诗歌语言",或"艺术语言"(Kunstsprache),[2]这种语言既不用于任何一

---

[1] 《诗品注》,人民文学出版社1961年版,第2页。
[2] "艺术语言",是19世纪德国学者对荷马的特殊化语言的称呼,主要包含两种方言(Old Ionic, Aeolic)的词汇和形式,并混有其他方言;其中有的词汇较古老,有的较新。

地,也不用于任何一时,却在口头诗歌的创作中延续。所以,研讨远古诗歌,探究其艺术深蕴,毋宁是要寻找一种久已逸失的"传统"。

《诗经》成书之前,其绝大部分作品无疑与口头创作相关;①"楚辞"虽与《诗经》风格迥异,但同样属于类似的"传统"。② 这种"传统"虽然最初多存在于口头创作之中,但对其文本形式进行研究也非全无可能。一则其遗韵尚存,不妨因形求神;二则"传统"诗歌的创作法则为各族先民所共有,"他山之石"亦足资比较。综此二端,形式是其核心。

梅耶(A. Meillet)在分析《荷马史诗》之时指出,史诗的"六音步"(hexameter)是"一种传统和造作的诗体:其词汇充斥着古语,其语法则是老用法与新形式的掺揉并置,其间你会遭逢艾欧利亚体在伊欧尼亚体的近旁;其语音则是不同时期和来自不同方言的杂沓混合"③。这种现象之所以产生,帕里(M. Parry)认为,是由于这种语式"能够帮助史诗诗人构筑他们的六音步"④。弗里(J. M·Foley)也说,"它们在句法中参与了程序词组的构造而成为符码,于是也便成为不可分割的'词汇'存入传统诗人的语库中;故而,只要具有创作的功能,那些过了时的和异域的形式就会继续保存下去。"并且,"方言的重迭、古体的冗余、语言的外来等观念,也具有特别重大的意义"⑤,这在南斯拉夫史诗中也同样存在。而这一切,则"正是由于口头创作的惯势迫使他们这样做的"。⑥

与此相类,《诗经》同样具备自己的"诗歌语言"。将《诗经》与其同时或稍后的典籍相较,则可见《诗经》的语言模式多不见于先秦其他典籍。易言之,这些语言是《诗经》所独有的,也是前《诗经》时代"诗歌传统"的残余。其中最显著之处是其虚字,其中有后世常用的,无须一一列举;更有许多后世不用的,因而成为四言诗的标志。洪迈说:

> 《毛诗》所用语助之字,以为句绝者,若之、乎、焉、也、者、云、矣、尔、兮、哉,至今作文者皆然。他如只、且、忌、止、思、而、何、斯、旐、其之类,后所罕用。⑦

重要的是,这些虚字使《诗经》及其模拟诗独具特色。洪氏所论,犹限于诗句的

---

① 从帕里-洛德理论入手,将《诗经》作为口头诗歌来研究的,参见王靖献(C.H. Wang) *The Bell and the Drum*, University of California Press, 1974.
② 《楚辞》中的《九歌》、《招魂》等诗都与楚地淫祀及民俗相关,足以证明这一点,然非本文论述重点。
③ J. M. 弗里:《口头诗学:帕里-洛德理论》,社会科学文献出版社 2000 年版,第 19 页。
④ J. M. 弗里:《口头诗学:帕里-洛德理论》,社会科学文献出版社 2000 年版,第 70 页。
⑤ J. M. 弗里:《口头诗学:帕里-洛德理论》,社会科学文献出版社 2000 年版,第 70 页。
⑥ J. M. 弗里:《口头诗学:帕里-洛德理论》,社会科学文献出版社 2000 年版,第 71 页。
⑦ 洪迈:《容斋随笔》,上海古籍出版社 1996 年版,第 847 页。

末字；事实上，《诗经》还有大量以句中虚字构成的独特诗句，尤其是以虚字结构的形式出现的诗句，而这些虚字或虚字结构也为《诗经》或其模拟诗所独用，同样造就四言诗的独特风格。进而论之，这类诗句多属于各式各样的"程式系统"（formulaic system），在诗歌创作中居于核心地位。略举几例：

载（驰、笑、寝、玄……）载（驱、言、兴、黄……）
维其（忧、嘉、高……）矣
之子于（归、苗、征、垣、狩……）
有（卷、芃、菀、頍……）者（阿、狐、柳、弁……）
言采其（蕨、薇、莫、桑、杞……）

这种由虚字结构所形成的"程式系统"属于四言诗的"传统"，诗人通过它们构筑诗句。其结构的普遍性，必然导致这种结构中的虚字具有广泛的意义，亦即造成虚字意义的不确定性。如《诗经》中"之"、"其"等字的意义在诗句中往往不能确指，却也使得这些结构能够适应更多的诗句。①

这类用法在其他典籍中也偶有出现。如"日有食之"是适应四言诗结构而成的"诗歌语言"，但它也是《春秋》中常用语，后世史书多沿用。② 此外，在早期语言中，也许存在这样一个时期，即虚字得到异乎寻常的普遍运用，上古人名中多加"之"作为语助，如公罔之裘、介之推、佚之狐、烛之武、庾公之斯、尹公之他等，这一传统所代表的时代或可称之为"泛虚字时代"。然而限于文献，这一问题颇难细论。③

《诗经》中许多诗句显然映照这一"传统"，独特句法与古语的存留有较多体现。典型的如方位词"中"与名词相结合，即形成了《诗经》中一个比较特殊的句式，如"施于中谷"、"中心是悼"等诗句，在《诗经》中有40余处。④ 这自是古代"诗歌语言"的遗韵，不见于其他文献，却在后来的拟四言诗及初期五言诗之中得到较多的继承。事实上，这些独特的句式往往也是一种"冗余句式"，同样是"传统"的。

---

① 《楚辞》中也有类似情况，如闻一多认为其"兮"字"可说是一切虚字的总替身。"见《闻一多全集·神话与诗》，民国丛书本，第280页。
② 《春秋·隐公三年》："三年春王二月，己巳，日有食之。"杨伯峻注："'日有食之'，简言之即'日食'……'日食'而作'日有食之'，乃当时习惯。"这里更可称之为"传统"。《春秋左传注》，中华书局1990年版，第1册，第23页。案：《诗经·小雅·十月之交》以取此作为一句诗。
③ 王力将此类用法归入"足句虚字"。见《汉语语法史》，商务印书馆1989年版，第161页。
④ 向熹说"现代汉语中，方位词一般置于地名后面，从战国时期开始，这种词序就逐渐形成了"。见《诗经语言研究》，四川人民出版社1987年版，第352页。

二、论"冗余句式"

远古诗人在构筑诗行时,形式具有核心的意义。对《荷马史诗》而言,"六音步"是首要的。其中"有翼飞翔的话语"(ἔπεα πτερόεντα)、"玫瑰指的黎明"(ῥοδοδάκτυλος Ἠώς)等程式首先是满足"六音步"的韵律需要,至于它们是否可归于一类特殊的隐喻,是否具有"仪式性"的意义,①对于口头诗歌的"传统"而言,乃是次要的。同时,为了适应韵律的形式,常常出现句式的"冗余"(pleonasm),即在一定的韵律条件下,为了完成音步的需要(如荷马史诗的"六音步"、南斯拉夫史诗的"十音步"),而形成的句意重复。洛德发现这一现象是普遍的:

> 为了在一整行诗中表达这一意义,歌手必须在下半行诗中重复这个意义:Govorio, riječ besedaše(他说,他讲了一句话)。……也说明了口头文体中冗语为何如此繁多。②

《诗经》句式短小,除了完全重复的诗句(如"子兮子兮"、"有客有客"等)之外,并没有类似的重复,但是句式的"冗余"仍是大量的。《诗经》中的"程式"是四言诗创作的核心,也是"四言风格"的主要标志,其形成过程虽无法确知,但在《诗经》时代,它们已是"传统"的一部分。③ 这些结构往往也可以归入"冗余句式"。前文"日有食之"即"冗余句式"之一例,这里不妨再举几例。

"亦孔之〇"是《诗经》中颇为独特的句式之一,构成"亦孔之哀"、"亦孔之固"等众多诗句(《诗经》共13例)。向熹谓:

> 在古代汉语中,偏正结构的中心词如果是形容词,状语和中心词之间一般不加"之"。上述诗句中心词是形容词,状语是"孔",中间加"之"是《诗经》里特有的格式。句首"亦"字有加强语气的作用。④

---

① 韦勒克、沃伦认为,这一类的隐喻是"隐喻中难以分类的例子","它们成了诗人学艺的一部分……隐喻的作用既非全被认识,也非全部丧失;像许多基督教的象征一样,可以说它们是仪式性的。"见《文学理论》,江苏教育出版社2005年版,第224—225页。
② Albert B. Lord, *The Singer of Tales*, Harvard University Press, 2000, p.34.
③ 程式模式作为"传统"的一部分,是创作诗歌的基本模式,而到此时,洛德说:"……歌手就不会过于依赖对程式的学习,而是更多地依赖于在已有的程式模式中进行词语的替换。"Albert B. Lord, *The Singer of Tales*, Harvard University Press, 2000, p.36. 对《诗经》而言,模式是虚字构成的,因而用来替换以足句的并非虚字,而是实字,前人所说的"虚字足句说"并不可取。
④ 向熹:《诗经语言研究》,第305页。

这一结构除了最后的核心字之外,其余三字也构成程式结构,同样是一种"诗歌语言",而不见于其他文献。

"彼其之子"这一句也是《诗经》中的特例,在《诗经》中出现了 14 次,是一"全行程式"(whole-verse formula),"彼""其""之"三字,诸家解释不同,这一句在先秦其他典籍中极少见。① "彼其之"三字连用,是一种典型的"冗余",而这一诗句也是深镌在诗人的"传统"之中的。

"言"字是《诗经》中最活跃的语词之一,它所构成的"薄言〇〇"、"言采其〇"等也是《诗经》中最为常见的句式,其中的"薄"、"言"、"其"等虚字对语义并无实际影响,因而这两个句式可以视作"冗余句式",而对初期五言诗有较大影响。

另外,《诗经》中还很多特殊的句式,如"有〇之〇"、"其之〇也"、"有〇者"、"彼〇者〇"、"〇之〇矣"、"〇其〇矣"等皆是,不能一一列举。这类句式虽是固定句式,但对五言诗的影响并不大,如蔡琰《悲愤诗》中"彼苍者何辜"也许可以用语典来解释。以虚字结构连接的并列句式很多,如"方〇方〇"、"载〇载〇"、"侯〇侯〇"、"爰〇爰〇"、"实〇实〇"、"言〇言〇"、"维〇维〇"、"式〇式〇"等,还有一些变体,如"终〇且〇"、"维〇伊〇"等,这些都是《诗经》中的独特句式,然而它们对于五言诗的影响也较有限,可存而不论。

就"冗余句式"本身而言,添字足句的方法在早期五言诗之中较多见,所添之字或是虚字,或构成句义重复,而其基础则是四言诗之成句,这也可以看作五言诗之"冗余句式"。试举几例,如:

  常闻诗人语,不醉且无归。

              ——王粲《公宴诗》

  为且极欢情,不醉其无归。

          ——应场《侍五官中郎将建章台集诗》

《小雅·湛露》:"厌厌夜饮,不醉无归。"这两句诗分别加上"且"、"其"两个虚字,构成五言诗之格式,而这两个字除了顺应其五言诗的格律需要外,并无其他意义。又如曹植《赠白马王彪》:

  我马玄以黄。

此用《周南·卷耳》"我马玄黄"成句,添一虚字"而",使之成为五言句,"而"字同样因为顺应句式而存在。有时则用"缩合句式",如《古诗十九首》:

---

① 向熹:《诗经语言研究》,第 300 页。

携手同车归。

这里所用的是《邶风·北风》有"携手同归"、"携手同车"的句子,然而诗人将这两句诗合为一句,而其句意则与四言句亦无差异。

在四言诗之基础上成冗余句,这是早期五言诗的普遍现象之一,除了加以虚字外,也可以加名词、动词、形容词、副词等,几乎无所不可,如《古诗十九首》"弃我如遗迹"、徐干《室思》"人靡不有初"、张华《答何劭诗》"穆如洒清风"、傅玄《杂诗》"习习谷风兴"、潘尼《赠陇西太守张仲治诗》"及子仍同僚"、郭遐周《赠嵇康诗》"怒焉如朝饥"、"日月忽其除"、《古诗》"终朝采其华"、潘岳《河阳县作诗》"视民庶不恌"、《金谷集作诗》"中心怅有违"等都是。

三、论"四言格调"

楚辞与《诗经》并不属于一个文化传统,就其形式而言,则相去更远。这两个传统实际上的继承关系是相当微弱的。作为远古诗歌的"传统"而言,它们是在各自的系统中独立发展的。因此,如果从中原文化的角度出发,最早突破四言诗传统的诗歌是五言诗,而非"楚辞"。五言诗对四言诗继承关系常被忽略,尤其是形式方面。

四言诗与五言诗之辞句相承,是五言诗"四言格调"的一端。但并不包括五言诗对四言诗主题意义或典故的运用,①因为这显然与诗歌的"形式"无关。"语典"是"比兴"传统的延续,这在初期五言诗中也颇为多见,如秦嘉《赠妇诗》:

长夜不能眠,伏枕独辗转。忧来如循环,匪席不可卷。

这在诗歌的句式上已经发生了较大的变化,将其看作典故较为恰当。这样的例子也很多,如《古诗十九首》"南箕北有斗"、《苏李诗》"鹿鸣思野草,可以喻嘉宾"、"起视夜何其"、王粲《从军诗》"我有素餐责,诚愧伐檀人"、"诗人美乐土"、曹植《情诗》"游子叹黍离,处者歌式微"、嵇康《咏怀诗》"其雨怨朝阳"等皆是。这些内容从句式上分析是困难的,因而也并不构成"四言格调"。

真正意义上的"四言格调",一方面是指早期五言诗中延续着四言诗中特有的虚字,另一方面则指其延续了四言诗的虚字结构以及程式句法,这使初期五言诗具备一种特殊的韵味。质言之,在具有"四言格调"的五言诗中,其诗句中所包含的虚字

---

① 李嘉言有《初期五言诗因袭〈诗〉、〈骚〉成意举例》一文,见《李嘉言古典文学论文集》,上海古籍出版社1987年版。

或虚字结构,本质上是从四言诗的"传统"中借来的。如潘岳《金谷集作诗》:

> 亲友各言迈,中心怅有违。

"言迈"本《邶风·泉水》"载脂载舝,还车言迈","亲友各言迈"与"亲友言迈"意同,是一句以四言诗中独用的虚字"言"而构筑的诗句。"中心怅有违"出自《邶风·谷风》"中心有违"。其例与陆机《拟东城一何高》"中心若有违"加一"若"字相同,都是在四言诗的基础上构成一五言的"冗余句"。而"中心○○"是四言诗中一个特殊的句法结构,也是四言诗"诗歌语言"的遗留。因此,如果将这两句诗还原为四言诗,即:

> 亲友言迈,中心有违。

毫无疑问,潘岳的这两句五言诗正是模拟《诗经》产生的诗句,句中各加了重复意义的"冗余"成分,但其四言风格并未因此消失,这是五言诗中典型的"四言格调"。

"言"字是四言诗中构词力最强的语词之一,也是造成早期五言诗"四言格调"的重要因素。以"驾言"、"薄言"、"愿言"、"寤言"、"永言"等构筑的诗句也是早期五言诗的出现较多的诗句,试举其例:

> 回车驾言迈。
> ——《古诗十九首》

《邶风·泉水》云"载脂载舝,还车言迈",又《邶风·泉水》、《卫风·竹竿》都有"驾言出游",《小雅·车攻》有"驾言徂东"、"驾言行狩",所以这还是两句程式的"缩合形式"。

以"驾言"发端的五言句实是"驾言○○"这一程式系统的延伸,例如嵇康《咏怀诗》"驾言发魏都"、张华《感婚诗》"驾言游东邑"、《答何劭诗》"驾言归外庭"、张载《游西岳诗》"驾言游西岳",而以陆机所用最多,如其《挽歌诗》"驾言从此逝"、《门有车马客行》"驾言发故乡"、《驾言出北阙行》"驾言出北阙"、《于承明作与弟士龙诗》"驾言远徂征"、《答张士然诗》"驾言巡明祀"、《招隐诗》"驾言寻飞遁"等皆是。

以"薄言"构筑的诗句,则来自"薄言○○"这一程式系统,这两个虚字都是语辞,而且都是《诗经》中最具独特性的语辞,其例如"薄言采之"(《周南·芣苢》)、"薄言还归"(《召南·采蘩》、《小雅·出车》)之类,在五言诗中,也有诸多例证,如王粲《从军诗》:

> 昼日处大朝，日暮薄言归。

此诗似乎是"薄言还归"这一句程式在五言诗中的回音。他例如毌丘俭《答杜挚诗》"薄言答嘉诗"、陆机《吴王郎中时从梁陈作诗》"薄言肃后命"等。

"愿言○○"这一句式与思念相关，《邶风·终风》"愿言则嚏、愿言则怀"等程式。案"愿言则嚏"《郑笺》："愿，思也。"依《诗经》中的诗句而论，"愿言"之后多加上"思"字及其同义词，可视为一种句意的重复，如《邶风·二子乘舟》"愿言思子"、《卫风·伯兮》"愿言思伯"；但后世也有将"愿"解为"愿望"者，严粲《诗缉》："愿其嚏，知己念之也。"在初期的五言诗中，不但此格式得以保存，其两种意义也随之而存，如《苏李诗》：

> 愿言所相思。
> 愿言莫相忘。

又如《古诗》"愿言追昔爱"、陆机《赠冯文罴诗》"愿言怀所钦"、《赠从兄车骑诗》"愿言思所钦"、《折杨柳行》："愿言有余哀"、《祖道毕雍孙刘边仲潘正叔诗》："愿言叹以嗟"，陶渊明《示周续之祖企谢景夷三郎》"愿言诲诸子"、《桃花源诗》"愿言蹑轻风"、《咏三良》"愿言同此归"等。

"寤言"或"晤言"在《诗经》中不成系统，如《邶风·终风》"寤言不寐"，有的诗句有实字义，如《卫风·考盘》"独寐寤言"、《陈风·东门之池》"可与晤言"，然而早期五言诗中也颇多此类诗句，如张华《情诗》"寤言增长叹"、《杂诗》"寤言莫予应"、陆云《为顾彦先赠妇往返诗》"寤言抚空衿"、嵇康《咏怀诗》"晤言用自写"、"晤言用感伤"、陆机《壮哉行》"悟言来未并"等。以"永言"为句的，如《大雅·文王》及《大雅·下武》"永言配命"、"永言孝思"、《周颂·载见》"永言保之"等，而何劭《杂诗》"永言写情虑"，也可看作其余音。

事实上，"言"的构词性很强，其单用时所构成的五言诗，也可以视为四言风格的延续。如阮侃《答嵇康诗》：

> 言思我友生。

陆机《赠从兄车骑诗》："安得忘归草，言树背与襟"（《卫风·伯兮》"焉得谖草，言树之背"），又其《赠尚书郎顾彦先诗》"眷言怀桑梓"以及《赠弟士龙诗》"慷慨逝言感"等都有这一特色。

《诗经》中以方位词"中"加上名词所构成的独特句式也为五言诗所继承,如《十五从军征》"中庭生旅谷"、《苏李诗》"中心怅以摧"、徐干《室思》"中心摧且伤"、曹植《升天行》"中心陵苍昊"、《吁嗟篇》"故归彼中田"、"愿为中林草"、《赠白马王彪》"中逵绝无轨"、《送应氏》"中野何萧条"、陆机《拟青青河畔草》"中夜起叹息"、《赴洛道中作诗》"哀风中夜流"、《赠尚书郎顾彦先诗》"迅雷中宵激"、张载《七哀诗》"白露中夜结"、司马彪《赠山涛诗》"中夜不能寐"、张华《杂诗》"悲风中夜举"、"荣彩曜中林"、嵇康《咏怀诗》"捐身弃中野"、嵇含《伉俪诗》"中庭植合欢"、陶渊明《游斜川》"念之动中怀"、《辛丑岁七月赴假还江陵夜行涂口》"中宵尚孤征"、《戊申岁六月中遇火》"中宵伫遥念"、《乙酉岁九月九日》"念之中心焦"、《杂诗》其二"中夜枕席冷"等等,而其中以"中心"、"中夜"、"中宵"所构成的诗句为最多。①

"瞻彼○○"是《诗经》中一个固有的结构,如《邶风·雄雉》"瞻彼日月"、《卫风·淇奥》"瞻彼淇奥"等。五言诗中,诗人也常常沿用,如何劭《杂诗》"瞻彼陵上柏"、曹操《薤露》"瞻彼洛城郭"等。"譬彼○○"在《诗经》中不多见,如《小雅·小弁》"譬彼舟流、譬彼坏木",五言诗中时有运用,如陆机《拟兰若生春阳》"譬彼向阳翘"、陆云《为顾彦先赠妇往返诗》"譬彼飞与沈"等。

"逝将○○"句式在《诗经》中只有《魏风·硕鼠》"逝将去女"一例,而在初期五言诗中则较多,如傅咸《赠何劭王济诗》"逝将与群违"、嵇康《述志诗》"逝将离群侣"、张载《答杨士安诗》"逝将辞储宫"、曹植《赠白马王彪》"逝将归旧疆"、陶渊明《饮酒》其一"逝将不复疑"、《赠羊长史》"逝将理舟舆"等都是。

"之子"构成《诗经》众多的程式系统,如"○○之子"、"之子○○"、"之子于○"、"之子无○"等句式皆是。或以为"之子"是由属格结构演变而来的"独立属格"(genitive absolute),②此可存而不论,而考虑"彼其之子"与"之子于归"等程式在《诗经》中的频度,以及"之"所形成的程式系统,"之子"作为"四言格调"的印记似乎不可抹杀。它在后世的诗歌之中常用,如曹植《杂诗》"之子在万里"、嵇含《伉俪诗》"之子咏采蘩"、杜甫《题张氏隐居》"之子时相见",等等。

有些诗歌中所用的语言显然也和四言诗的传统有关,即其中运用《诗经》所独有的虚字,如"载"、"式"、"伊"、"云"、"于"、"曰"、"思"、"薄"等。其风格是独特的,也不妨体现出一种"四言格调",一样表现出"程式化"的特征。③ 其例如嵇康《咏怀诗》"载飞靡所期"、陆机《东宫作诗》"思乐乐难诱,曰归归未克"、郭遐周《赠嵇康诗》"伊此往昔事"、陶渊明《读山海经》其四"岂伊君子宝"、《岁暮和张常侍》"矧伊愁苦缠"、《与殷

---

① 五言诗中这一句式很突出,但《古诗十九首》"庭中有奇树"、阮籍《咏怀诗》"夜中不能寐"等句子与上面的例子却可以形成一个对照,可见继承之中也有变化。
② *The Bell and the Drum*,p.52.
③ 古英语史诗研究者马贡(Magoun)也曾认为:"一个小如'þa'而又无意义的成分,也能起到程式上与韵律上的重要作用。"*The Bell and the Drum*, p.43.

晋安别》"薄作少时邻"、《丙辰岁八月中下潠田舍获》"曰余作此来"、《桃花源诗》"伊人亦云逝"、《于王抚军坐送客》"离言聿云悲"、"逝止判殊路"、张载《晋宗亲会歌》"於皇圣明后"、"式宴尽酣娱"、曹植《大魏篇》"式宴不违礼"等等，皆体现出一种既与纯用实字的五言诗不同、也与用常见虚字相异的诗歌风格。后世的诗歌中偶然也会遇到，如张九龄《感遇》"岂伊地气暖"、杜甫《得家书》"眷言终荷锄"，等等。

结　论

综上所论，五言诗之形成，在其初期接受了四言诗的较大影响，尤其是在其虚字运用及句式方面，这也造成了部分早期五言诗中的"四言格调"。这种"格调"虽然是五言诗尚未成熟的标志，然而也是诗歌发展过程中不可避免的一环。后期五言诗从逐步不用特殊的虚字及其结构，到进一步舍弃虚字，这一过程仍须经历一段较长的时期。

"绿垂风折笋,红绽雨肥梅"试解

◎ 刘重喜

一、问题的提出

程千帆先生《杜诗镜铨批抄》卷二批《陪郑广文游何将军山林十首》第五首"绿垂风折笋,红绽雨肥梅"二句云:

> 此游在夏,诸篇所写,皆夏景也。独此二句阑入春景,其故何哉?弟子质疑,竟莫能答,甚愧。①

《杜诗镜铨》卷二《重游何氏五首》(以下简称《后游》)引朱(鹤龄)注云:"前诗(按指《陪郑广文游何将军山林十首》)云'千章夏木清',后诗云'春风啜茗时',盖前游在夏,后游在明年之春也。"②的确,在"前游在夏"的诗中,忽然出现了"梅"、"笋"一类春天的景物,是非常突兀奇怪的现象。这是杜诗中出现的季节与景物之间相互矛盾的一个问题,不能不令人质疑。本文即尝试着对这一问题进行讨论。

二、《十二月一日三首》中出现的季节与景物之矛盾

杜诗中出现的季节与景物之间的矛盾,这一问题历来很少被人注意,无独有偶,在清人何曰愈(1793—1872)《退庵诗话》卷十中也出现过类似的疑问:

> 老杜《十二月一日》诗云:"即看燕子入山扉,岂有黄鹂历翠微?短短桃花临水岸,轻轻柳絮点人衣。春来准拟开怀久,老去亲知见面稀。他日一杯难强进,

---

① 程千帆、莫砺锋、张宏生:《被开拓的诗世界》,上海古籍出版社1990年版,第242页。
② 杨伦:《杜诗镜铨》,中华书局1998年版。今按此条杨伦所引清初朱(鹤龄)注实本于宋人黄鹤《补注杜诗》之说,详后。

重嗟筋力故山违。"诗中言"燕",言"莺",言"桃花",言"柳絮",皆春景也。余意十二月正当严寒之候,水泽腹坚,百虫皆蛰,万木凋零,安得莺、燕及桃花、柳絮耶?即岭南气候常暖(今按何日愈本人即是香山人,今广东省中山市人),而桃花必待正、二月始开,燕须春社前后始至,柳絮亦三月而后见,至于北地则更迟矣。公于诗律最细,必不尔尔,当是刻本误书题目耳。①

最终,何氏将这首诗中出现的冬令(十二月)与春景(燕、莺、桃花、柳絮)之间矛盾归结为"刻本误书题目"。这个解释是否说得通呢?为了分析的方便,我们还是将原诗《十二月一日三首》抄在下面:

今朝腊月春意动,云安县前江可怜。一声何处送书雁,百丈谁家上水船。
未将梅蕊惊愁眼,要取楸花媚远天。明光起草人所羡,肺病几时朝日边。

寒轻市上山烟碧,日满楼前江雾黄。负盐出井此溪女,打鼓发船何郡郎。
新亭举目风景切,茂陵著书消渴长。春花不愁不烂漫,楚客唯听棹相将。

即看燕子入山扉,岂有黄鹂历翠微。短短桃花临水岸,轻轻柳絮点人衣。
春来准拟开怀久,老去亲知见面稀。他日一杯难强进,重嗟筋力故山违。

首先我们看到,这三首诗最早便已收录在《宋本杜工部集》中,题即为《十二月一日三首》,编在卷十四"近体诗一百首,行过戎渝州居云安夔州时作"之内②。清代的仇兆鳌《杜诗详注》将其编在永泰元年冬云安时作③。《宋本杜工部集》是现存最早也是最可靠的杜集刻本,何日愈认为"刻本误书题目"显然是没有版本依据的。

那么,如何氏所疑,诗中为什么会出现冬季和春景之间的矛盾呢?其实,这个问题倒是比较容易回答的:此当与杜甫连章诗的特点有关。

《十二月一日三首》是一组连章诗。杜甫非常重视连章诗的写作技法,并且在章法上有一个共同的特点,就是各章之间,既有联系又有变化,从而形成一个不可分割的统一整体。这首诗也不例外,虽然诗题是"十二月三日",但第一章首句"今年腊月春意动",一上来便点出了"春意"二字,以下三章的内容基本上都是扣住此二字来立意的(在章法上古人谓之"领起全篇"或"开出全篇")。第三章前四句"即看燕子入山

---

① 何日愈:《退庵诗话》,广东高等教育出版社 1998 年版,第 218 页。
② 张元济辑:《宋本杜工部集》卷十四,《续古逸丛书》本,江苏古籍出版社 2001 年影印版。
③ 仇本引(黄)鹤注:"永泰元年秋,公至云安,是冬在云安作。明年春晚,迁居夔州。"仇兆鳌:《杜诗详注》卷十四,中华书局 1995 年版。

扉,岂有黄鹂历翠微。短短桃花临水岸,轻轻柳絮点人衣",从此诗的章法来看,是第五句"春来准拟开怀久"和第七句"他日一杯难强进"的倒叙,表明上面四句是"春来准拟"之词。何氏却仍如八股文点题之法,径将这四句归为"十二月""严寒之候"的景物,是不明此诗之章法①。同时"春来"二字也挽合了第一章首句的"春意"二字,从而形成一个意义完整的连章结构。

因此,何氏这个观点,无论从文献版本,还是从诗歌创作角度来看,认为题目出现了问题,或认为诗中(第三章)出现了季节和景物之间的矛盾——这两个观点都是不正确的。

但同是连章诗,我们分析《十二月一日三首》中出现季节与景物产生矛盾的原因,却不适于用来解决上面《陪郑广文游何将军山林十首》(以下简称《前游》)中出现的问题。因为第五首"绿垂风折笋,红绽雨肥梅"(以下简称"绿垂")二句的描写,从上下文的章法看,即没有来路,也没有去路,确实像是老杜亲眼所见的当下景物。

三、"梅"系指"杨梅"

钱锺书与吴世昌两位先生也曾注意并热烈地讨论过这一问题。据吴世昌《与钱锺书书》:

> 日前枉驾……足下乃谓古人诗句不足以证史实,并举杜甫五月诗"红绽雨肥梅"为证,盖兄以"梅"为梅花。弟则仓卒中但忆周邦彦"夏日溧水作"《满庭芳》"风老莺雏,雨肥梅子"正用杜诗,而以"梅"为梅子。足下深不以为然,以为"红绽"显指梅花,以证杜甫之误。然美成此句明言梅子,殆不可易。即不明言,如范石湖之"梅肥朝雨细,茶老暮烟寒"亦指初夏梅子,其语亦本杜诗。可知宋人了解此句,从不以此"梅"字为梅花也。因检杜集,其原诗题为《陪郑广文游何将军山林十首》(兄谓"五月诗"想系误记)。兄所引句见于第五首。其第二首有"千章夏木清",明为夏日作。又云:"卑枝低结子,接叶暗巢莺",周词"风老莺雏"之语,正受此二句暗示。仇兆鳌释此诗中两联:"绿垂风折笋,红绽雨肥梅。银甲弹筝用,金鱼换酒来",谓"烹笋摘梅,园中佳品;弹筝换酒,将军豪兴"。仇云"摘梅",明是梅子。若梅花则应言"折"、言"采"矣。盖花则言折言采,果则言摘也。言"佳品",正谓食品,若梅花则称清供矣。仇注乃以三四两句为蔬果,五六两句为乐与酒,是深得杜诗章法之言。足下第以梅子不应言"红绽",遂以杜

---

① 这如同杜甫的《早秋苦热堆案相仍》:"七月六日苦炎热,对食暂餐还不能。每愁夜中自足蝎,况乃秋后转多蝇。束带发狂欲大叫,簿书何急来相仍。南望青松架短壑,安得赤脚踏层冰。"(《杜诗详注》卷六)诗虽作于早秋,中间却出现了"层冰"一样,都是欲拟想象之词。这一点应是容易理解的。

老为用错。实则一切果子皆由青而黄、黄久则红,红久则紫;梅亦非例外。……杜老此诗下文又言"荷叶""絺衣",明是夏天作,当不至糊涂得以为夏天竟开梅花。("江城五月落《梅花》",指乐调,与此无涉。)亦不得谓不仅杜老一人,连周邦彦、范成大亦随之一并错误也。仇注第八首末又有笺云:"诸章言鲜鲫、香芹,言绿笋、红梅,言生菜、食单……"上以鱼芹对举,下以笋梅对举,知四者皆食品,不可能在"笋"下接以非食非果之梅花也。以足下瞻博,故不惮缕述所见,以求教正。①

从上面的讨论中我们可以看到二人的分歧所在。钱先生认为"梅"指"梅花",并认定是杜甫误用;而吴先生则认同仇兆鳌《杜诗详注》的看法,又引宋人范成大、周邦彦诗词中的用例为证,认为"梅"当指"梅子"。因此,这一问题争论的焦点即在诗中"梅"系何指?

首先,从"绿垂风折笋,红绽雨肥梅。银甲弹筝用,金鱼换酒来"四句出处来看,实本自于被老杜称为"清新庾开府"(《杜诗详注》卷一《春日忆李白》)庾信的《春赋》"新芽竹笋,细核杨梅。绿珠捧琴至,文君送酒来"四句。清人倪璠注引沈莹《临海异物志》曰:"杨梅大如弹丸,正赤。五月中熟,熟时似梅,其味甜酸。"②则"梅"当是"杨梅",指梅实而言的。

其次,"红绽雨肥梅","肥"字历来为人所称道,其实此字乃本自于乃祖杜审言《都尉山亭》一诗。清人熊荣《谭诗管见》已经指出:

> 工部"红绽雨肥梅","肥"字新颖,亦本乃祖审言"枝亚果新肥"脱出,家学渊源,即此可见。③

杜审言《都尉山亭》云:"紫藤萦葛藟,绿刺冒蔷薇。下钓看鱼跃,探巢畏鸟飞。叶疏荷已晚,枝亚果新肥。胜迹都无限,只应伴月归。"④其中,"枝亚果新肥"一句,是说由于树上果实硕大,把树枝坠得很低。可见,"肥梅"的"肥"字也应该是用来形容果实,即梅实的。

第三,如果以杜证杜的话,杜甫《绝句四首》(此诗当作于四月,第二首"因惊四月雨声寒"句可证)第一首:"堂西长笋别开门,堑北行椒却背村。梅熟许同朱老吃,松高拟对阮生论。"⑤这里亦出现"梅"、"笋"二物,其中梅熟可吃,这里的梅显然是指梅

---

① 吴世昌:《罗音室学术论著》第三卷,社会科学文献出版社1996年版,第435—436页。
② 庾信撰,倪璠注,许逸民校点:《庾子山集注》卷一,中华书局1980年版,第76页。
③ 清嘉庆七年(1802年)刊本。
④ 《全唐诗》卷六十二,中华书局1985年版,第735页。
⑤ 《宋本杜工部集》卷十三。

实而言的。

第四,钱先生以为"红绽"二字显指梅花,检杜诗中"绽"字用例从未涉及梅花。显然,认为"绽"字只可系于梅花,在杜集中是没有根据的。

虽然,杜诗中用"梅"字之例的确多指梅花①,但是我们从上面杜甫"红绽雨肥梅"的出处和杜诗用字来看,我们可以说"绿垂"二句中"梅"当指"杨梅",而不是"梅花",当然也不该是吴先生所说的"梅子"②。

四、"绿垂风折笋,红绽雨肥梅"是初夏的景物

杨梅,四、五月间果实成熟时变为红色。《本草纲目》卷三十"杨梅,生青熟红,肉在核上,无皮壳,四月、五月采之。……时珍曰:树叶如龙眼及紫瑞香。冬月不凋,二月开花结实,形如楮实子,五月熟,有红、白、紫三种"③云云及上引《临海异物志》可证。

至于笋,名目繁多,除"春笋"、"冬笋"之外,还有"夏笋"。如张衡《南都赋》云:"酸甜滋味,百种千名。春卵夏笋,秋韭冬菁。"④比杜甫略晚的唐人方干《山中》诗:"窗竹未抽今夏笋,庭梅曾试当年花。"(《全唐诗》卷八八五)陆游《初夏》:"笋生遮狭径,溪涨入疏篱。渐及分秧候,还当煮茧时。雨昏鸡共懒,米尽鼠同饥。村巷无来客,清羸只自知。"⑤皆可为证。

杜诗中用"(竹)笋"共七例,其中"冬笋"两例:《发秦州》:"密竹复冬笋,清池可方舟。"《奉贺阳城郡王太夫人恩命加邓国太夫人》:"远传冬笋味,更觉彩衣春。""春笋"三例:一、《三绝句》:"无数春笋满林生,柴门密掩断人行。"二、《绝句漫兴九首》第七首:"笋根稚子无人见,沙上凫雏傍母眠。"(其第四首"二月已破三月来,渐老逢春能几回"二句可证)三、《绝句六首》:"舍下笋穿壁,庭中藤刺檐。"(黄鹤、仇注皆定为广

---

① 如杜甫诗《至后》"梅花欲开不自觉,棣萼一别永相望",《十二月一日三首》"未将梅蕊惊愁眼,要取楸花媚远天",《立春》"春日春盘细生菜,忽忆两京梅发时",《白帝楼》"去年梅柳意,还欲揽边心",《小至》"岸容待腊将舒柳,山意冲寒欲放梅"《舍弟观赴蓝田取妻子到江陵喜寄三首》"巡檐索共梅花笑,冷蕊疏枝半不禁",《送孟十二仓曹赴东京选》"秋风楚竹冷,夜雪巩梅春",《将别巫峡赠南卿兄瀼西果园四十亩》"雪篱梅可折,风榭柳微舒",《江梅》"梅蕊腊前破,梅花年后多",《留别公安太易沙门》"沙村白雪仍含冻,江县红梅已放春",《陪裴使君登岳阳楼》"雪岸丛梅发,春泥百草生",《早花》"盈盈当雪杏,艳艳待春梅",《柳边》"只道梅花发,那知柳亦新"等诗句中的"梅"皆是指梅花而言的。

② 吴氏根据仇兆鳌的说法认为是"梅子"不准确,梅子与杨梅实为二物。而稍晚于仇氏的浦起龙《读杜心解》卷三释此二句云:"是已初夏,'红绽'当指梅实。实初绽时,多有带红色者。"也未明确"梅"系指"杨梅",皆由不明二句出处的缘故。中华书局 2000 年版,第 384 页。

③ 李时珍:《本草纲目》,《中华医书集成》本,中医古籍出版社 1999 年版,第 1367 页。

④ 萧统编,李善注:《文选》卷四,上海古籍出版社 1996 年版。

⑤ 陆游著,钱仲联校注:《剑南诗稿校注》,世纪出版集团、上海古籍出版社 2005 年版,第 1760 页。

德二年春作）

其他二例当为夏笋。第一例，《送王十五判官扶侍还黔中》："青青竹笋迎船出，白白江鱼入馔来。"《杜诗详注》卷十二注云："黄鹤依旧次，编在广德元年夏作。"

第二例，就是上文提到的《绝句四首》第一首：

> 堂西长笋别开门，堑北行椒却背村。
> 梅熟许同朱老吃，松高拟对阮生论。

此诗因第三首有"因惊四月雨声寒"之句，故当作于夏四月。另外，如果我们将"绿垂风折笋，红绽雨肥梅"二句与这首绝句作一对比的话，发现两首诗中都出现"笋"和"梅"两种景物，从描写来看亦非常接近。既然《绝句四首》这一组诗作于四月，那么以杜证杜，我们认为但从"绿垂风折笋"来看，此诗也当作于四月，应是初夏的景物。

因此，从两句诗来看，其所描写的当是初夏四、五月时的景致。

五、"绿垂"二句解析

欲解"绿垂"二句之意，应先明其句法。值得一提的是这两句诗的句法较为特别，古人称其为倒句法。① 赵次公《赵次公诗先后解辑校》甲帙卷二云：

> 上句义言风折笋垂绿，下言雨肥梅绽红，句法以倒言为老健。

清人吴见思，近人李详等人皆同②。张永言先生分析杜甫《秋兴八首》中"香稻啄余鹦鹉粒，碧梧栖老凤凰枝"二句说："两句都是名词谓语句，即'香稻｜啄余鹦鹉粒，碧梧｜栖老凤凰枝'，等于说'此香稻乃鹦鹉啄余之粒，此碧梧乃凤凰栖老之枝'，极言其名贵，不同寻常。因为这样的诗句中不宜用判断词，所以只能采取这种句式。"又注云："比较杜甫《陪郑广文游何将军山林》十首之五：'绿垂｜风折笋，红绽｜雨肥梅。'等于说'此绿而垂者乃风所折之笋，此红而绽者乃雨所肥之梅'，而不是'风折笋垂绿，雨肥梅绽红'。"③张先生从现代语法学的角度，得出的这两句诗之原意甚是。结

---

① 黄生亦称之为"折腰句、层折句、鹿卢句"："三四上一下四，本折腰句。五字有数层意，又层折句。至于拆散五字，抽换可得数联。唐人自有此一种句法，予目为鹿卢句。"《杜诗说》卷四，杜甫撰，黄生注，徐定祥点校，黄山书社1994年版，第111页。

② 《杜诗详注》附编《诸家论杜》引吴齐贤（见思）云："倒句，如'绿垂风折笋，红绽雨肥梅'，盖绿而垂者，风折之笋，红而绽者，雨肥之梅，体物深细。"李详《杜诗释义》："'绿垂''红绽'，倒句。上二字俱作一逗。"《李审言文集》，江苏古籍出版社1989年版，第371页。

③ 张永言：《训诂学简论》，华中工学院出版社1985年版，第13页。

合上文的考证，"绿垂"二句的意思也就更为明了：此绿而垂者乃风所折之竹笋，此红而绽者乃雨所肥之杨梅。

明白二句之意后，再来看其与用典之关系。

如论者所云"肥"字用得固然"新颖"，但其中"垂"、"绽"二字用得也非常精到，精到之处在于它们非常生动鲜明地刻画出了竹笋和杨梅在夏季中所具有的独特的景物特征。而庾信《春赋》"新芽竹笋，细核杨梅"二句，一个"新"字和一个"细"字，把二物生长在春季的特点体贴得又何其入微！高超的艺术家即使是在同一题材的处理上也会争奇斗艳，炫人眼目。老杜"绿垂"二句虽然本于庾信，但在描写竹笋和杨梅这样相同的景物上，一个是典型的夏景，一个却是典型的春景，有着截然的不同。而相同的，则是伟大的诗人们千锤百炼的艺术加工和"语不惊人死不休"的艺术追求。

由此可见，老杜"绿垂"二句虽然用了庾信《春赋》"新芽竹笋，细核杨梅"的典故，但并未局限于典故本身之意，也与典故的季节问题没有任何的关系。——这个问题，老杜熟精庾信的诗赋，在创作过程中也应该是非常清醒的。而老杜在炼字、造句上所造就的艺术效果和用典的关系，就是古人所谓的"使事不为事使"或"借用古人语而不用其意"[①]。因此，从这个角度讲，有人谓之"大手笔"[②]亦无不可。

[①] 参见魏庆之编：《诗人玉屑》卷七"诚斋论使事法"条："诗家借用古人语，而不用其意，最为妙法。"上海古籍出版社1978年版，第156页。

[②] 黄鹤撰：《补注杜诗》卷三十《社日两篇》注引赵曰："此社日诗所载乃是伏日，或云误使事，或云大手笔寓意而已。"《文津阁四库全书》第356册，商务印书馆2005年版。

皇甫谧《高士传》考

◎ 卞东波

一、皇甫谧《高士传》流传考

六朝时代流行约有二十种"高士"类杂传①，现存比较完整且影响最大的是皇甫谧《高士传》。皇甫谧(215—282)，字士安，幼名静，安定朝那人，是魏晋时著名的隐士和学者，也是六朝著述最多的杂传作家，著有《高士传》、《逸士传》、《达士传》、《列女传》等，尤以《高士传》最负盛名。《隋志》著录为六卷，《旧唐志》七卷，《新唐志》二卷，《宋志》十卷。宋代的三部私家书目都著录有《高士传》，除《遂初堂书目》未注明卷数外，赵弁《郡斋读书志后志》及陈振孙《直斋书录解题》皆著录为十卷，但两人所见之本并不相同。《郡斋读书志后志》卷一载："《高士传》十卷，右晋皇甫谧撰。纂自陶唐至魏八代二千四百余载世士高节者，其或以身徇名，虽如夷齐、两龚皆不录。凡九十六人，而东汉之士居三之一，自古名节之盛，议者独推焉，观此尤信。"《直斋书录解题》卷七云："《高士传》十卷，晋征士安定皇甫谧士安撰。序称自尧至魏咸熙二千四百余载，得九十余人。今自被衣至管宁惟八十七人。"而《四库全书总目》卷五十七根据南宋李石《续博物志》的记载，认为原本仅七十二人②。且前流行是三卷本，共收91位高士的传记，比较常见的是《丛书集成初编》影印明吴琯《古今逸史》本，此外还

---

① 参见魏明安：《皇甫谧〈高士传〉初探》，《兰州大学学报》1982年第4期；蔡信发《析论皇甫谧之〈高士传〉》，台湾《"中央大学"文学院院刊》1983年第一期；丹羽兑子《皇甫谧と〈高士传〉—隐逸者の生涯—》，《名古屋大学文学院研究论集》第50卷；松浦崇《逸民传高士传を通して见た隐逸思想の展开(上)》，《福冈大学人文论丛》第20卷第2号，1989年。松浦崇《逸民传高士传を通して见た隐逸思想の展开(中)》，《福冈大学人文论丛》第21卷第4号，1990年。朱子仪《魏晋〈高士传〉与中国隐逸文化》，《中国文化研究》1996年秋之卷；纪志昌《魏晋隐逸思想研究——以高士类传记为主所作的考察》，台湾辅仁大学中国文学研究所硕士论文，1999年2月；卞东波《六朝"高士"类杂传考论》，南京大学古典文献所编《古典文献研究》第七辑，凤凰出版社2004年版。

② 中华书局1965年版，第518页。今人熊明《皇甫谧考》亦同意刘石之说，文见《文献》2001年第4期。但刘石的《续博物志》首先就值得怀疑，不可尽信，参见魏明安先生《皇甫谧〈高士传〉初探》。我比较倾向于皇甫谧《高士传序》中的说法，即全书有九十余传的说法。

有《广汉魏丛书》本、《秘书二十一种》本、《崇文书局汇刻书》本、《龙溪精舍丛书》本、《四库全书》本以及《四部备要》本。

考察《高士传》的流传过程，我们发现《高士传》原本在流传过程中发生了散佚，文本及传数与今本并不一致。今本《高士传》（明吴琯《古今逸史》本、《四库全书》本）并非完整的版本；就文本而言也并非原本，今本的文本与古注与类书所引的文本相比，虽然大体相同，但也多有差异。

在六朝时代，皇甫氏的《高士传》流传广泛且影响甚大，晋代的陆云曾依"皇甫士安《高士传》，复作《逸民赋》"①。郭象的《庄子注》也引用到《高士传》中的《王倪传》。《世说新语·豪爽篇》中还有桓温读到《高士传》中於陵仲子事迹的记载，於陵仲子正见于皇甫谧《高士传》。另外裴松之《三国志注》、刘孝标《世说新语注》以及《真诰》卷十二陶弘景注都引到《高士传》。从《三国志》裴注、《世说新语》刘注所引的《高士传》来看，六朝时代的皇甫谧《高士传》内容非常充实，叙事也很生动，结构也较完整，比今本的内容要丰富得多，是最较接近皇甫谧《高士传》原本原貌的。

唐代类书《北堂书钞》、《艺文类聚》、《初学记》、《白孔六帖》及史书注释，如李贤《后汉书》注、张守节《史记正义》、司马贞的《史记索隐》以及陆德明的《经典释文》注中也都引用到《高士传》中的传记，所引的文本基本同于今本，但也有差异。如今本有《向长传》，而李贤注引《高士传》说"向"作"尚"。又如《艺文类聚》卷九十四引有皇甫氏《高士传》中《孙期传》，此传不见今本，却同时为《太平御览》卷九百三所引，可能为《高士传》佚文。可能在唐代《高士传》就出现了散佚，因而后世出现了不同的版本。《郡斋读书志后志》所载版本就与陈振孙所见的版本不同。《太平御览》卷五百六至五百九"逸民部"所引的"皇甫士安《高士传》"为现存最古的《高士传》版本，其内容与文本与今本《高士传》并不完全相同（详见下）。曾慥的《类说》卷二也杂抄了《高士传》的序及11个传，但其所引文本与今本有诸多差异。如所引第1传《老子传》就与今本有很大不同，其中甚至有"咸通以后"，即《高士传》产生时代之后之语，显系后人羼入。

元陶宗仪《说郛》卷五十七引用了《高士传》28人的传记，完全见于今本《高士传》卷上，且人数、文本及顺序完全与今本相同。元代类书阴劲弦《韵府群玉》中也引用了《高士传》中许由、小臣稷、老子、老莱子、黔娄先生、陈仲子、严光、管宁诸传，这些高士都见于今本《高士传》。可见今本《高士传》的版本与文本至少在元代就已经形成。明代高濂的《遵生八笺》卷十九引用了皇甫谧《高士传》中的59人，所引的文本完全同于今本，明代陈耀文《天中记》引用了《高士传》中的许由、老莱子、陈仲子、四皓、张仲蔚、袁闳、郑玄、管宁八人之传，董斯张《广博物志》引用了蒲衣子、老莱子、成公、严遵、李弘、矫慎、牛牢、焦先八人之传，这些高士也见于今本《高士传》，可见到

---

① 《四部丛刊》本《陆士龙文集》卷八《与兄平原书》第四书。

了明代,今本《高士传》已经定型。明吴琯《古今逸史》本《高士传》与《四库全书》本《高士传》内容几乎完全相同,应是同一版本。

《太平御览》"逸民部"引用了《高士传》中 64 传,其他卷引用了 6 传,唐宋时代的类书和注释引用了另外的 9 传,这样就可以确定唐宋时代流行的《高士传》中的 79 人,而这 79 人中有 7 人不见于今本《高士传》。

二、皇甫谧《高士传》史源、原貌与佚文考

通过分析皇甫谧《高士传》的文本,我们可以发现此书很大部分乃皇甫氏杂钞子史而成。考其史料来源见表 1:

表 1

史源	资料出处
《论语》	《荷蒉传》、《石门守传》见于《卫灵公》,《长沮桀溺传》、《荷蓧丈人传》见《微子》。
《孟子》	《陈仲子传》(此《世说新语·豪爽篇》注引,今本内容不全)见于《孟子·滕文公下》。又见《列女传》。
《庄子》	《披衣传》见《天地》,《王倪传》见《齐物论》,《齧缺传》见《天地》,《许由传》分见《逍遥游》、《徐无鬼》、《让王》、《善卷传》、《子州支父传》、《石户之农传》、《原宪传》、《曾参传》、《颜回传》见《让王》,《汉阴丈人传》见《天地》,《蒲衣子传》见《应帝王》,《庚桑楚传》见《庚桑楚》,《东郭顺子传》见《田子方》。
《列子》	《荣启期传》、《林类传》见《天瑞篇》,《壶丘子林传》见《仲尼篇》,《老商氏传》见《黄帝篇》,《列御寇传》见《说符篇》。
《韩非子》	《小臣稷传》见《韩非子·外储说》。
《孔丛子》	《公仪潜传》见《孔丛子·公仪篇》。
《韩诗外传》	《原宪传》又见于《韩诗外传》卷一第九章。
《吕氏春秋》	《段干木传》见于《吕氏春秋》卷二十一《开春论》,又见于《淮南子》卷十九《修务训》。
《战国策》	《王斗传》、《颜斶传》见《战国策·齐策》。
《楚辞》	《渔父传》见《楚辞·渔父》,又见《史记·屈原列传》。
《列女传》	《老莱子传》、《黔娄先生传》见《列女传》卷二《贤明传》。
《列仙传》	《安期生传》见《列仙传》卷上。
《汉书》	《田何传》见《汉书·儒林传》,《韩福传》见《昭帝纪》及《两龚传》。

续　表

史源	资 料 出 处
《史记》	《王生传》见《史记·张释之列传》,《黄石公传》见《留侯世家》,《鲁二征士传》见《叔孙通列传》,《盖公传》见《乐毅列传》,《河上丈人传》见《乐毅列传》,《乐臣公传》见《乐毅列传》。
《三国志》	如《胡昭传》见《三国志·魏书·袁张凉国田王邴张传》。
《三辅决录》	如《张仲蔚传》见《三辅决录》。

从上可见,皇甫谧《高士传》的上卷及中卷内的一些传记主要来自先秦及秦汉时的子书和史书,其中以具有道家思想倾向的典籍为多,如《庄子》、《列子》和《吕氏春秋》。这可能与道家对隐逸的推崇有关,而且道家的代表人物,如老子、庄子都是先秦的隐士,他们也名籍于《高士传》,即可见一斑。

下面我尝试推测一下皇甫谧《高士传》的原貌。皇甫谧《高士传》最原始的面貌现在可见的是《三国志》裴注及《世说新语》刘注所引的文本,裴、刘俱为南朝时人,距皇甫谧的时代不算太远,而且当时皇甫谧的《高士传》不但没有亡佚,而且还非常流行。比较今本《高士传》及裴注所引的文本,便可以发现古本《高士传》的内容,特别是东汉以来的高士的文字记载非常丰富,甚至篇幅都比今本长得多,叙事也比较完整,犹如正史中的传记。如今本《管宁传》寥寥数行,但《三国志·魏书·管宁传》裴注引《高士传》有大段内容不见于今本。又如今本《高士传·陈仲子传》说到陈仲子"不苟求不义之食",没有举任何例子,也没有任何说明,而《世说新语·豪爽篇》注引的皇甫谧《高士传·陈仲子传》却有一段陈仲子误食"其兄生鹅"而吐出的事,表现了其与出仕的兄长坚决不同道的理念。再如《焦先传》裴注引用的《高士传》首尾俱全,叙事也很有脉络,今本传文却被腰斩,只叙述了焦先的异行,而省略了当时一些达官贵人与其的关系,仅以"后百余岁卒"一笔作结。奇怪的是在此传后还有以问答形式出现的皇甫谧本人的一段评论①,颇类似于正史末的"太史公曰"或"史臣曰",以发表史官的个人意见。今本其他传记中没有类似的评论,这可能反映了以皇甫谧《高士传》为代表的私家杂传努力向正史列传靠拢的意识。

另外还有一些细节的不同,《说郛》卷十三上:"四皓名氏乡里可见者:东园公,姓园,名秉字,宣朝陈留襄邑人,常居园中,故号园公。夏黄公,姓崔,名郭,字少通,齐人,隐居修道,号夏黄公。陶潜作《圣贤群辅录》云出皇甫谧《高士传》。"又宋人袁文《甕牖闲评》卷三载:"今观皇甫谧《高士传》云:夏黄公,姓崔,名廓,字少通,齐人,隐居修道,号夏黄公。"这些内容并不见于今本,可能是原本中的内容。

今本《老子传》与诸书所引的佚文差异较多,《广弘明集》卷十二:"《魏书·外国

---

① 这一段严可均辑作《高士传·焦先传论》,见《全晋文》卷七十一。

传》、皇甫谧《高士传》并曰:桑门浮图经老子所作。"《艺文类聚》卷七十九(《太平御览》卷三百九十九同):"皇甫谧《高士传》曰:桓帝好老子之书,夜梦见老子,乃诏陈相,为老子立祠。"阴劲弦《韵府群玉》卷十四引《高士传》:"亳州南宫有升仙桧再生,李老君炼丹所。"这些佚文着力于神化老子,并与佛道两教扯上关系,还有"老子化胡"的内容,这些都是皇甫谧时代之后的观念,所以这些佚文可能不是原本的内容,而是后人妄加的。

细读今本《高士传》,发现其中颇有误引原始资料之处。由于《高士传》亡佚已久,今本舛误之处甚多。如《子州支父传》,原文出于《庄子·让王》。其中"舜又让之",《让王》作"舜让天下于子州支伯"。《高士传》作"舜又让之"与下文"亦对之曰"颇不衔接,显系误引,但也不能排除后世传抄之误的可能性。《高士传》可能还窜入了《逸士传》中的内容。《高士传·荀靖传》中有"或问汝南许章曰:'爽与靖孰贤?'章曰:'皆玉也。慈明外朗,叔慈内润'"一段,而《三国志·魏书·荀彧传》裴注引作皇甫谧《逸士传》①。甚至皇甫氏为了体现自己的观念不惜改动原始资料的内容。如《鲁二征士传》源出于《史记·叔孙通传》。《高士传》此传最后一句作"通不敢致而去",而《史记》原文作"叔孙通笑曰:'若真鄙儒也,不知时变。'"尽管前面的内容完全相同,但最后一句的不同却表现了不同的感情色彩。皇甫氏为了表现鲁二征士的坚贞以及自己作为隐士的态度,不惜改动原文以讽刺随世而变的叔孙通②。

《高士传》原本有九十余传,今本有91传,可见流传中发生了散佚。这91传中可能不是所有的传记都是原本的内容,同时在这91传之外还有一些佚文。清王仁俊就辑有《高士传逸文》一卷(见《经籍佚文》)。一种情况是今本有其传,佚文不见于今本文本,如《三国志》裴志所引的《管宁传》、《胡昭传》及《焦先传》,《世说新语》刘注所引的《陈仲子传》,《太平御览》卷七三九所引的《安丘望之传》,《太平寰宇记》卷二十四所引的《郑玄传》等,虽然这些传主都见于今本《高士传》,但这些古注和类书所引的文本都不见于今本,若与今本合观,传主的形象就非常完整了。一种情况是其传完全佚失,赖类书引用而存。这些佚失的传记有:《亥唐传》(《御览》卷四七四引)、《东郭先生传》(《御览》卷八二八引)、《毛公薛公传》(《御览》卷八二八引)、《孙期传》(《类聚》卷九十四、《御览》卷九〇三引)、《孔嵩传》(《御览》卷四九九引)、《许劭传》(《太平御览》卷八二八引),这些人物都是上古至汉代的高士,其行为也都符合皇甫谧序中所言的标准,应该也是皇甫谧《高士传》原本的传记。这里以《孙期传》为例:

---

① 按《三国志》,许章作许子将。熊明《皇甫谧考》中辑佚《逸士传》十则,其中六则被引为《高士传》,见《文献》2001年第4期。

② 陶渊明的态度与皇甫谧是一致的,他作《读书述九章》其中一章即诵"鲁二儒":"《易》大随时,迷变则愚。介介若人,特为贞夫。德不百年,污我诗书。逝然不顾,被褐幽居。"这里表彰的正是鲁二儒不随时变,不与新朝合作的态度。陶渊明很可能受到了《高士传》观念的影响。

皇甫谧《高士传》曰：孙期，济阴人，少为诸生，治《京氏易》、《古文尚书》。家贫事母至孝，牧豕于大泽中以奉养焉。远人往从其学者，皆执经垄畔以追之。里落化其仁让。黄巾贼起，过其里陌，相约不犯孙先生舍。辟举方正，遣吏赍羊酒，请期。期驱豕入草不顾。司徒黄琬特辟，不就，终于家。（《类聚》卷九十四、《御览》卷九〇三引）

"少为诸生"（《夏馥传》），"治《书》、《易》、《春秋》"（《姜岐传》），"少事父母以孝闻"（《郭太传》），"才以孝著名"（《荀靖传》），"聚中化之，少长有礼"（《宋胜之传》），"里中化之，班白不负担，男女不错行"（《李弘传》），"公车三征，不就，以寿终"（《徐稚传》），"司徒辟太常，赵典举有道，皆不就"（《郭太传》），可见孙期不但行事完全符合"身不屈于王公，名不耗于终始"的标准，且其传的叙事模式及遣词造句都与《高士传》中其他文本是一致的。完全可能是《高士传》原本的传记。

三、皇甫谧《高士传》与其他典籍的关系考

1. 皇甫谧《高士传》与嵇康《高士传》

四库馆臣认为皇甫谧《高士传》中的子州支父、石户之农、小臣稷、商容、荣启期、长沮桀溺、荷蓧丈人、汉阴丈人、颜阖十传袭用了嵇康《高士传》之文。其实皇甫谧《高士传》同于嵇康《高士传》的并不止这十人，即使这十传的文本两书完全相同，也不能说明皇甫《传》抄袭了嵇《传》，因为从表一我们已经看到这十传的史源是先秦的典籍，皇甫谧完全有可能从这些书中摘录；即使是皇甫《传》承袭了嵇《传》也很正常，古人并没有今人著作权意识，后人之书引录前人之书是完全正常的事。

但我们发现，即使两书相同高士的传的内容也不尽相同，比较一下两书的《善卷传》：

嵇康《高士传》：善卷古之贤人也。舜以天下让之。善卷曰："予立宇宙之中，冬则衣皮毛，夏则衣絺葛，何以天下为哉？"（《御览》卷二十六引）

皇甫谧《高士传》：善卷者，古之贤人也，尧闻其得道之士，乃北面师之，而问道焉。及舜受终之后，又以天下让卷。卷曰："昔唐氏之有天下，不教而民从之，不赏而民劝之。天下均平，百姓安静。民不知怒，不知喜。今子盛为衣裳之服以观民目，调五音之声以乱民耳，作皇韶之乐以愚民心。耳目益荣，天下之乱，从此始矣。吾虽为之，其何益乎？予立宇宙之中，冬衣皮毛，夏衣絺葛。春耕种，形足以劳；秋收敛，身足以休。日出而作，日入而息，逍遥于天地之间，而心意自得，何以天下为哉。"遂不受去，入深山，莫知所终矣。（今本与此小异，今从《御览》卷五百六中引）

比较可以发现，皇甫谧《高士传》比嵇康《高士传》的内容要丰富，嵇康之文完全见于《庄子·让王》中（从"予立于宇宙之中"至结尾皆是《庄子》文），而皇甫《传》则加了一段很长的话，虽然用的是老子的思想，但却也借人物之口表达了自己的意思。

再比较两书中《亥唐传》：

> 嵇康《高士传》：亥唐，晋人也。高恪寡素，晋国惮之。虽蔬食菜羹，平公每为之欣。饱公与亥唐坐，有间亥唐出，叔向入。平公伸一足，曰："吾向时与亥子坐，腓痛足痹，不敢伸。"叔向悖然作色不悦。公曰："子欲贵乎？吾爵子。子欲富乎？吾禄子。夫亥先生乃无欲也。吾非正坐无以养之，子何不悦哉？"（《御览》卷五百九引）

> 皇甫谧《高士传》：亥唐者，晋人也。晋平公时，朝多贤臣。祁奚、赵武、师旷、叔向皆为卿大夫，名显诸侯。唐独守道不官，隐于穷巷。平公闻其贤，致礼与相见，而请事焉。平公待于门。唐曰："入！"公乃入。唐曰："坐！"公乃坐。唐曰："食！"公乃食。唐之食公也，虽蔬食菜羹，公不敢不饱。（《御览》卷四七四引，今本无此传）

虽然都是《亥唐传》，但我们发现，嵇《传》的主人公乃是晋平公，此传与其说是为了表扬亥唐的"高恪寡素"，还不如说是为了表现晋平公的礼贤下士，传中亥唐没有发出任何声音。而皇甫《传》完全不同，主人公已经变成了亥唐，晋平公成了配角，亥唐不但说了话，而且对君主说话的口气可谓颐指气使，这与皇甫谧《高士传》中其他高士之传的风格完全相同，如《颜斶传》，体现的是真正的高士"不事王侯"的气概。这其实是与两人的编纂思想不同有关，嵇《传》只是要"撰录上古以来圣贤、隐逸、遁心、遗名者"，"圣贤"也可以作为主角，而皇甫《传》的目的是为了"厉浊激贪"，选择的人物也是"身不屈于王公，名不耗于终始"之人，主角是高士。

2. 皇甫谧《高士传》与《后汉书·逸民传》

皇甫谧《高士传》同于《后汉书·逸民传》的传记有向长、王霸、严光、梁鸿、台佟、韩康、矫慎、法真、汉滨老父、庞公诸传。《四库全书总目》卷五十七因此认为这十人乃《后汉书·逸民传》中文（四库馆臣将《向长传》误作《闵贡传》），可能系后人辑入《高士传》。从历史与逻辑上看，皇甫谧的时代早于范晔，不可能是皇甫氏袭引范氏之文，只可能是范晔援用了《高士传》，这一点论者已经证明[①]。

[①] 参见魏明安：《皇甫谧〈高士传〉初探》。

但《后汉书·逸民传》也并非完全承用《高士传》的内容,《后汉书》的李贤注就常常引用《高士传》的内容来补充《逸民传》的内容,如《王霸传》有阎阳之名,却不知其具体情况,李贤注引皇甫谧《高士传》称:"故梁令阎阳"。又如《梁鸿传》中出现另一个高士高恢之名,未提及其字,李贤注引《高士传》说:"恢字伯通。"再如《严光传》提到严光的"狂奴故态"非常含蓄,李贤注引皇甫谧《高士传》中的内容,使严光形象非常鲜明:"霸使西曹属侯子道奉书,光不起,于床上箕踞抱膝发书读讫,问子道曰:'君房素痴,今为三公,宁小差否?'子道曰:'位已鼎足,不痴也。'光曰:'遣卿来何言?'子道传霸言。光曰:'卿言不痴,是非痴语也?天子征我三乃来。人主尚不见,当见人臣乎?'子道求报。光曰:'我手不能书。'乃口授之。使者嫌少,可更足。光曰:'买菜乎?求益也?'"这将严光"不事王侯,高尚其事",具有独立人格的隐士形象非常生动地表现了出来,范晔可能认为严光的行为不符合传统的儒家"君君臣臣"的规范,故未取;而作为隐士的皇甫谧正是为了表彰这些,故直书不隐。可见,《后汉书·逸民传》在参考《高士传》时也是经过裁剪的。

另外一方面,由于原本《高士传》在流传过程中发生了散佚,所以后人也可能用《后汉书·逸民传》去补充甚至修改《高士传》。如今本《高士传》中的《向长传》与《后汉书·逸民传》文字几乎相同,但李贤注引的《高士传》却说"向"作"尚"。嵇康《与山巨源绝交书》说:"吾每读尚子平、台孝感传,慨然慕之。"《晋书·王羲之传》:"自儿娶女嫁,便怀尚子平之志。"文中的尚子平即尚长,可见实以"尚"为正。再如东汉高士郭泰在今本《高士传》中作郭太,与《后汉书·逸民传》同,范晔为避父讳,故改泰为太,而皇甫谧编纂《高士传》时并没有避讳的问题,只可能是后人依《后汉书》改动了《高士传》。另外我们可以明显看到的是,上面我们提到的佚文,在今本《高士传》中都有,不过其他文本几乎完全同于《逸民传》,极可能是后人取《逸民传》补《高士传》时,同时也补进了李贤注引的佚文。所以我认为今本《高士传》同于《后汉书·逸民传》的传记已非原貌。

3.《太平御览》"逸民部"所引皇甫谧《高士传》考

皇甫谧《高士传》在《太平御览》中有两种不同的称法,或被称为"皇甫谧《高士传》"或被称为"皇甫士安《高士传》",比较两书,两者大致相同,大部分《高士传》被引作"皇甫士安《高士传》",另外引作"皇甫谧《高士传》"中的一些传记不见于今本《高士传》。《太平御览》卷五百六至五百九"逸民部"引了皇甫士安《高士传》中的64传,除《东郭先生传》外,其余63传皆见于今本《高士传》,而非如四库馆臣所说的71传。"逸民部"所引皇甫士安《高士传》(简称《御览》本)中传记的文本及其在今本《高士传》中的位置以及与今本《高士传》文本的比较,其差异情况详见表2:

表 2

卷五百六	在今本《高士传》中卷数及比较	卷五百七	在今本《高士传》中卷数及比较	卷五百八	在今本《高士传》中卷数及比较	卷五百九	在今本《高士传》中卷数及比较
王倪	上,少	披裘公	上,同	挚峻	中,同	严遵	中,少
齧缺	上,异	江上丈人	上,同	韩福	中,同	郑朴	中,同
巢父	上,同	荷蒉	上,同	成公	中,同	李弘	中,稍少
许由	上,少	石门守	上,同	安丘望之	中,同	管宁	下,同
善卷	上,同	列御寇	上,同	宋胜之	中,同	郑玄	下,稍少
壤父	上,稍少	曾参	上,异	张仲蔚	中,同	任安	下,同
蒲衣子	上,少	原宪	上,同	韩顺	中,同	胡昭	下,稍少
弦高	上,同	壶丘子林	中,少	彭城老父	中,同	焦先	下,同
老莱子	上,少	段干木	中,少	牛牢	中,同		
颜回	上,稍少	东郭顺子	中,同	东海隐者	下,同		
		公仪潜	中,同	徐稺	中,同		
		王斗	中,同	丘訢	下,同		
		黔娄先生	中,同	任棠	下,稍少		
		陈仲子	中,同	挚恂	下,同		
		渔父	中,同	夏馥	下,同		
		安期生	中,同	郭太	下,同		
		河上丈人	中,同	申屠蟠	下,同		
		乐臣公	中,同	袁闳	下,同		
		盖公	中,同	姜肱	下,同		
		四皓	中,同	姜岐	下,同		
		黄石公	中,同				
		鲁二征士	中,同				
		田何	中,同				
		王生	中,稍少				

从表2可见:《御览》本《高士传》的大部分传记的文本与今本《高士传》大致相同,但一些传记的文本与今本也有些微差异。这些差异表现在:

一,《御览》本的一些传记的内容少于今本较多,如《御览》本所引《高士传》的第一传《王倪传》仅及今本的一半,只引了今本的后半部分,前半部分完全省略了,所以意思显得不完整。省略较多的传还有《许由传》、《蒲衣子传》、《老莱子传》、《壶林子丘传》、《严遵传》等。

二，《御览》本的一些传记的内容略少于今本，这种情况或是《御览》本省略了传主的籍贯，如《管宁传》，今本有"北海朱虚人也"，《御览》本就没有。或是省略了传主家庭的句子。如《郑玄传》，今本有"八世祖崇，汉尚书"，《御览》本亦没有。或是省略了传主隐居后的事迹，如《胡昭传》，今本在"隐陆浑山中"后有"躬耕乐道，以经籍自娱。至嘉平初，年八十九，卒于家"之语。

三，《御览》本的内容发生了错简，如《御览》本所引《原宪传》中"缊袍无表"，"手足胼胝。三日不举火，十年不制衣。正冠而缨绝，捉衿而肘见，纳屦而踵决"之句，见于今本《高士传》的《曾参传》，据考应为《曾参传》中的内容。

四，《御览》本相关传记发生了杂糅，如《齧缺传》和《许由传》中都出现齧缺和许由，因而在《御览》本中两传发生了杂糅。今本《许由传》篇幅很长，而在《御览》本中却很短，今本《许由传》的一些文字却见于《御览》本《齧缺传》。

《太平御览》的编者可能接触到两种《高士传》的版本（极可能是两种手抄本），一本题作"皇甫谧《高士传》"，一本题作"皇甫士安《高士传》"，而《太平御览》"逸民部"几乎引用了全本的"皇甫士安《高士传》"，尽管传数与今本不同，传记在《高士传》内的排序也与今本不同，但通过检视文本内容，《御览》本还是较接近于今本的，不过其本子可能不同于今存任何版本。虽然《御览》本虽是最古的版本，但并不是最好的版本。

词中少陵：一种关于常州词学的经典诠释

◎ 闵 丰

"词中少陵"是清代词论家提出并加以反复阐述的一个词学命题，它不是直接的文本解读，而是主要针对前辈词人所作出的一种判断与定位。正如清人常常以唐诗分期来转喻词史一样①，将两宋词人与唐代诗人进行类比，也是他们词学构建的习用手段。考虑到杜甫在诗学视野中的意义，可以相信，关于"词中杜甫"的界说必然是此项类比过程中的焦点，其中蕴含着驳杂多样的理论要素。

借鉴其他艺术样式与文化领域内的相关资源进行自我表现，是中国文学批评的一种传统。在诗学史上，诸如以品论诗、以画比诗、以禅喻诗之类为人熟知的批评方法皆是这一传统的体现；而在中国文学内部，由于诗歌的特殊地位，诗学体系又对各类文体研究具有巨大的沾溉之功，最为显著的现象，也许就是词学与诗学之间的话语关系。词与诗堪称姊妹文体，参照诗学批评思路、吸收其批评术语，这样的做法在词学批评中几乎先天存在，词学史在一定程度上可以被视为诗学史的投影，它往往沿着诗学史已开辟的道路演进，二者的轨迹颇有暗合之处，这也正与诗史词史可资类比的情况相似。杜诗的成就，经由宋人确认从而得到了后世的一致推崇，这是宋代诗学较之前代更为深入缜密的结果，因此，"词中少陵"的提出与论证，从一个侧面反映出清代词学达到了前所未有的高度成熟与自觉。

谁是词中杜少陵？清代词人开列了一份琳琅满目的名单。这份名单中除了两宋名贤，也包括少数当代词家②，这一方面的文献梳理，迄今为止不少学者已经做出

---

① 如清初江苏长洲词人尤侗在为《词苑丛谈》一书作序时即称："唐诗有初、盛、中、晚，宋词亦有之……约而次之，小山、安陆其词之初乎；淮海、清真其词之盛乎；石帚、梦窗似得其中；碧山、玉田风斯晚矣。"见徐釚编著，王百里校笺：《〈词苑丛谈〉校笺》，人民文学出版社1988年版，卷首第3页。自清初迄晚清近代，类似论述比比可见。

② 如陈廷焯《词坛丛话》："词中陈其年，犹诗中之老杜也。风流悲壮，雄跨一时。"是以陈维崧比杜甫。见唐圭璋辑：《词话丛编》，中华书局1986年版，第3731页。

了大量工作①,此外,关于具体人选的探讨也一直没有停止②。本文无意正面回答这个问题,不打算对"词中少陵"的人选归属给出固定结论,只是试图就此命题的某一特定分支作个别观察,通过分析其生成语境、影响内涵,来为清人的词学批评——主要集中于常州词学——进行若干现代诠释。

一、常州词派"词中少陵"说主线

根据现存资料来看,清代词论中出现频率较高的"词中杜甫"有两位:一位是周邦彦,另一位是姜夔。对于当代研究者来说,在周、姜之间,有关前者的论述影响要更为深远。近代以来关于这一命题最为著名的论断也许出自王国维先生:

> 故以宋词比唐诗,则东坡似太白,欧、秦似摩诘,耆卿似乐天,方回、叔原则大历十才子之流。南宋惟一稼轩可比昌黎,而词中老杜,则非先生不可。③

王氏词学造诣高明独到,《人间词话》在晚近词学史上声誉甚隆,再加上他本人的学术史地位,使得其言行著述皆为后来学人格外关注,所以他对"词中老杜"的这一评判也特别引人注目,被广泛接受。相比之下,姜夔虽然也屡屡被清人尊为词中少陵,但是诸家所论却缺乏对等的影响力。不仅如此,在清代词学史上,以周比杜的做法还更具渊源,可以追溯到清初。康熙十四年(1675年),西陵词人严沆在为同郡友人陆次云、章晪所辑《见山亭古今词选》作序时,认为周邦彦词在北宋最为醇雅,南宋姜夔、史达祖、张炎、王沂孙等人"要其源,皆自美成出"④,这样的看法实际上已经具备了"词中少陵"说的雏形。康熙三十一年(1692年),先著、程洪编成通代词选《词洁》,在集中所选张炎《齐天乐》一首后,编者评曰:"美成如杜,白石兼王、孟、韦、柳之长。"⑤第一次明确地将周邦彦与杜甫相提并论,而此处姜夔尽管被赞为集众家之长,比起"如杜"的周邦彦无疑还是要略逊一筹,在当时浙西词学观主导词坛的背景下,选家敢于作如此议论,难能可贵。另一方面,从晚清到近现代,无论与王国维同时或前后,与之持相同、相似意见者均不在少数,试举后来者二例:

---

① 可参看陈水云:《杜甫与"词中少陵"》,《杜甫研究学刊》2003年第3期;谷曙光:《"词中少陵"补笺》,《杜甫研究学刊》2006年第1期;欧明俊:《"词中杜甫"说总检讨》《中国韵文学刊》2007年第2期。

② 前辈学人顾随、夏承焘、罗忼烈、叶嘉莹、钱鸿瑛诸位先生均曾就此有过阐发,具体论著出处不赘引,此外如注③所提及诸文中亦有相关评议。

③ 王国维:《清真先生遗事·尚论三》,见《王国维遗书》第十一册,上海古籍书店1983年版。

④ 严沆:《〈见山亭古今词选〉序》,见《见山亭古今词选》卷首,清康熙十四年见山亭刻本。

⑤ 先著、程洪辑:《词洁》卷五,清康熙刻本。

若律以读词之眼光,清真包括一切,绝后空前,实奄有南宋各家之长。姜、史、吴、王、张诸人,固皆得清真之一体,自各其家,即稼轩之豪迈,亦何尝不从清真出。①

陈匪石《旧时月色斋词谈》

词至清真,犹文家有马、扬,诗家之有杜甫。②

汪东《唐宋词选识语》

陈匪石先生少王国维七岁,二人大致属于同一代人,他的论述,很容易让人联想起前人论杜诗"尽得古今之体势,而兼人人之独专"③一类评语,与严沆在《见山亭古今词选》序文中的口吻比较接近,虽未明言清真为词中少陵,而意实属之;汪东先生比二人年辈又稍晚,所论简洁明白,接近于《词洁》编者先著、程洪对周邦彦的评价。由此可见,在清代直至近现代的词学批评中,以周邦彦为词中杜甫的命题具有一个相对完整的源流统系,这个统系层累地形成了深厚的历史积淀,对于近现代词学研究者具有普遍的心理辐射,王国维"词中老杜"一说所以反响巨大,既有他个人因素的缘故,同时也是这种辐射作用的共鸣反应。

那么,将清真词比少陵诗,这种"词中少陵"说什么时候开始真正受人重视?考察清代词学史,不难发现,这一词学命题虽然早在清初已为人拈出,但是作为一个统系,其奠基者是晚清常州词派。

常州词派始创自张惠言,嘉庆二年(1797年)张惠言、张琦兄弟编成《词选》,倡比兴寄托之旨,确立了常派词学观的核心,经过董士锡、宋翔凤与周济等人的发扬推动,常州词派至道光年间始成规模,其说大张,此后近百年间,词家鲜有不受其笼罩者。在常派阵营中,最早将周邦彦视作词中杜甫的人,目前所知是董士锡,周济在自己早年所编唐宋词选《词辨》的序文中说:"余不喜清真,而晋卿推其沉著拗怒,比之少陵。"④周济与董士锡(字晋卿)初交之时,对于周邦彦并无特别偏好,两人相互探讨争论一年,周济终于逐渐接受了后者的看法,"遂笃好清真"⑤,这大约是嘉庆十年(1805年)后的事。董士锡施于周济的这一改变,具有不同寻常的意义,它不仅是周氏个人词学道路上的重要转折,更意味着一种流派群体观念自此发端。将近三十年后,周济编定《宋四家词选》,以周邦彦、辛弃疾、王沂孙、吴文英统领两宋词家,他称

---

① 见张骅、张博宁编纂:《历代词话续编》,大象出版社2005年版,第643页。
② 汪东:《梦秋词》附录,齐鲁书社1985年版,第473页。
③ 元稹:《唐故工部员外郎杜君墓系铭并序》,见《四部丛刊初编》本《元氏长庆集》卷五十六,上海书店1989年版。
④ 周济:《〈词辨〉序》,见《续修四库全书》第1732册,上海古籍出版社2002年版,第576页。
⑤ 周济:《〈词辨〉序》,见《续修四库全书》第1732册,上海古籍出版社2002年版,第576页。

吴文英"奇思壮采,腾天潜渊,返南宋之清泚,为北宋之穠挚"①,称王沂孙"餍心切理,言近指远,声容调度,一一可循"②,辛弃疾则是"敛雄心,抗高调,变温婉,成悲凉"③,对各人评价既高,所论也较为细致,唯独对于周邦彦,他的评语只有短短一句,比起以上三人要简单得多:

  清真,集大成者也。④

"集大成"这三个字的含义,可谓人尽皆知,在诗歌的国度里,这一桂冠只能属于杜甫⑤,所以周济论清真词虽然最简单,分量却最重。他在青年时代受法董士锡,经过三十年的体悟与研索,对于清真词的理解最后仍然和董氏一致,这显然不是机械的重复,从《宋四家词选》的格局设置、选词标准和论词主张等各个方面来综合审视,以周邦彦为最高典范之"词家杜甫",周济的这一结论是清晰、严密而又自信的,包藏着一个不断深化的漫长认识过程。周济在常州词派谱系中是一位承前启后的关键性人物,他继承并拓展了张惠言、董士锡等人的词学理论,苦心孤诣,下开门径,被认为是宗派的"广大教主"⑥,对后来的常派词人影响尤其大。如冯煦论吴文英词:

  予则谓商隐学老杜,亦如文英之学清真也。⑦

《四库全书总目提要》将词家之梦窗比诗家之义山,冯煦赞同《提要》的看法,在此基础上进一步指出吴之学周即如李之学杜,议论对象虽然是吴文英,却同时把周邦彦置于词中杜甫的位置,十分有趣。冯煦年辈比周济低很多,与晚清另一位词学名家陈廷焯大致相当,均为常州词派后期骨干,算起来从周济以下其门户已历三传。由于常州词学在晚近词坛的强势力量,因此周济之后,无论常派之外或其内部,从各种角度标举周邦彦为词中少陵(或词史第一人)成为许多词人的共识。当然,古人论词多经验式的直感阐发,较为零散,一个问题被提出以后,往往缺乏前后关联的逻辑推理,甚至同一人所言相互牴牾,这些都体现了中国传统文学批评的特征,所以常派词人眼中的词中老杜也并非只有周邦彦一人。但是我们应该承认,在常州词派的批

---

① 周济:《〈宋四家词选〉目录序论》,见《宋四家词选》卷首,古典文学出版社1958年版,第2页。
② 周济:《〈宋四家词选〉目录序论》,见《宋四家词选》卷首,古典文学出版社1958年版,第2页。
③ 周济:《〈宋四家词选〉目录序论》,见《宋四家词选》卷首,古典文学出版社1958年版,第2页。
④ 周济:《〈宋四家词选〉目录序论》,见《宋四家词选》卷首,古典文学出版社1958年版,第2页。
⑤ 可参看程千帆先生与莫砺锋先生所撰《杜诗集大成说》一文,见程千帆、莫砺锋、张宏生合著:《被开拓的诗世界》,上海古籍出版社1990年版,第1—24页。
⑥ 龙榆生:《论常州词派》,《龙榆生词学论文集》,上海古籍出版社1997年版,第401页。
⑦ 冯煦:《蒿庵论词》,唐圭璋辑:《词话丛编》,中华书局1986年版,第3595页。

评语境中,以少陵诗喻清真词始终是一条主线,他们对"词中少陵"的思考以周邦彦为中心,使清真词的价值得到了空前的开发,乃至后人有"常州派专尊美成"①之目,"美成如杜"一说也成为清代"词中少陵"说中的显学。晚清近代以来直至当代词学研究者关于词中杜甫的提名愈来愈多,同样也离不开常州词派学说的启发。

二、词中少陵与比兴寄托

比兴寄托论是常州词派词学观的根本,也是常派词人"词中少陵"说得以开展的起点。以寄托说词,首要的目的是推尊词体,尽管尊体的行为并不始于常州词派(比如清初词人为尊体所付出的种种努力就已经收到了巨大成效),但是如张惠言在《词选》中对温庭筠词的解读那样,为了尊体不惜走极端,则代表着常州词派的个性特征。所谓"其缘情造端,兴于微言"②,反映出常州词派自觉地将先儒治经之法移用治词,来探究古人词作"微言"之中所蕴含的大义,这与前人仅仅从表面上提出词体可以"存经存史"③之类口号是有本质区别的。诗三百被汉儒尊为经,因此以之为源头的诗体长久以来在中国文学中享有突出的地位,相比之下词一直被视为艳科小道,可以说,直到常州词派立足于微言大义来同等看待、阐释诗词,词体才被真正赋予了以往由诗歌所承载的"言志"功能与使命。张惠言称词可以和诗一样抒写"贤人君子幽约怨悱不能自言之情"④,正是为了强调"盖诗之比兴变风之义,骚人之歌,则近之矣"⑤,也只有在这个意义上,作为一种文体,词才有可能真正地与诗并驾齐驱。所以,常州词派的尊体理论,已经超越清初浙西词派取法诗体骚雅格调的范围,从"格调"迈向了更深层面的"立意",这一点目前已成为学界的共识。⑥

比兴寄托的词学本体观念,作为常州词派词学理论的基础,体现在他们各种具体词学批评中,当然也包括对"词中少陵"的选择与批判。杜甫在诗史上被尊为诗圣,这个多少带有道德色彩的封号首先指向的无疑是杜诗中博大深沉、至诚至正的襟怀寄托,那么常州词派在确定"词中少陵"的人选时,按照逻辑,也应该相应地将词人作品中的寄托之义放在首位。然而,当我们以此为标准去衡量其"词中少陵"说时,问题出现了:将周邦彦视为词中杜甫、以清真词比少陵诗,常派词人的立论依据

---

① 如江顺诒:《词学集成》卷五引汪稚松语:"茗柯《词选》,张皋文先生意在专尊美成,而薄姜、张。"江氏按语亦云"常州派近为词家正宗,然专尊美成",见唐圭璋辑《词话丛编》,中华书局1986年版,第3273页。
② 张惠言:《〈词选〉序》,见《续修四库全书》第1732册,上海:上海古籍出版社2002年版,第536页。
③ 陈维崧:《〈今词苑〉序》,见陈维崧、吴本嵩等辑《今词苑》卷首,清康熙十年南硎山房刻本。
④ 张惠言:《〈词选〉序》,见《续修四库全书》第1732册,上海:上海古籍出版社2002年版,第536页。
⑤ 张惠言:《〈词选〉序》,见《续修四库全书》第1732册,上海:上海古籍出版社2002年版,第536页。
⑥ 可参看萧鹏:《群体的选择——唐宋人选词与词选通论》第五章关于周密《绝妙好词》的相关论述,台北文津出版社1992年版,第206—207页。

并不在于词作的寄托内涵,至少不将它置于第一位。这种偏差是偶然产生的吗?

如果完整地考察常州词派"词中少陵"说主线的形成,我们可以看到,这一词学命题在从提出到发展的过程中始终存在不同声音,也即上文所述,常派词人眼中的词中老杜不止周邦彦一人。尤其值得注意的是,这些不同的声音有时倒比"美成如杜"之说更能够反映常州词派的比兴寄托论。例如董士锡比周邦彦为杜甫,而与董氏年辈相当的常派早期词人宋翔凤在其《论词绝句》中如此表态:"诗从杜曲波愈阔,词到鄱阳音太希。纵有玉田相鼓吹,还当无缝逊天衣。"①将词中姜夔与诗中杜甫并举。在《乐府余论》中,他进一步阐发道:

> 词家之有姜石帚,犹诗家之有杜少陵,继往开来,文中关键。其流落江湖,不忘君国,皆借托比兴,于长短句寄之。如《齐天乐》,伤二帝之北狩也;《扬州慢》,惜无意恢复也;《暗香》、《疏影》,恨偏安也。盖意愈切,则辞愈微,屈宋之心,谁能见之?乃长短句中,复有白石道人也。②

显而易见,宋翔凤之所以认为白石如杜,关键正在于白石词中"流落江湖,不忘君国"的"屈宋之心"与杜诗一致,这样来解释姜夔词作,堪称应用比兴寄托理论的典型。需要说明的是,由于姜夔是清代浙派词人师法的偶像,而浙西词派是清代前期至中期最大的词学流派,在其影响之下,乾嘉以后词家论及姜夔时已经不乏将他比作词中杜甫的意见,这比常州词派的相关论述在时间上还要略早一些,彼此之间可资参照。乾嘉朴学大师凌廷堪论词宗尚浙西,其弟子张其锦曾转述乃师之言曰:"慢词北宋为初唐……南渡为盛唐,白石如少陵,奄有诸家……宋末为中唐,玉田、碧山风调有余,浑厚不足,其钱、刘乎。"③凌廷堪与张惠言、宋翔凤同为经师,不过其论词眼光尚停留于词之韵律风调,并未像张、宋等常派词人那样往前再跨一步,两相对比,差异是较为明显的。道光年间吴中词派领袖戈载云:"白石之词清气盘空,如野云孤飞,去留无迹,其高远峭拔之致,前无古人,后无来者,真词之圣也。"④他以姜夔为词圣,着眼点亦在于白石词"野云孤飞,去留无迹"的清空之致,与凌廷堪基本相似。此外像后期浙派词人许宝善、吴蔚光等人尊姜夔为词中杜甫,均未以"借托比兴"加诸其身,他们的阐释角度与宋翔凤是存在分野的。

借"寄托"来褒扬前辈词家的做法,在常州词派词论中屡见不鲜,绝不是仅仅针对姜夔。张惠言拈出温庭筠,其外孙董毅则推许张炎,董氏所辑《续词选》选唐宋词

---

① 宋翔凤:《论词绝句》二十首其十四,《洞箫楼诗纪》卷三,清道光十年刻本。
② 宋翔凤:《乐府余论》,见唐圭璋辑:《词话丛编》,中华书局1986年版,第2503页。
③ 张其锦:《〈梅边吹笛谱〉序》,见凌廷堪:《梅边吹笛谱》卷首,清道光六年刻本。
④ 戈载:《宋七家词选》卷三跋语,清道光十七年翠薇花馆刻本。

人52家,于玉田词独取23首,比排名第二的秦观(8首)高出近两倍,盖因"玉田之寄托,显而易知"①;陈廷焯赞赏王沂孙,称碧山词"笔意幽索,得屈宋遗意"②,词中"惓惓故国忠爱之心,油然感人,作少陵诗读可也"③,故而乃"诗中之曹子建、杜子美也"④。哪怕谭献盛称本朝词人蒋春霖为倚声家老杜,也是由于"咸丰兵事,天挺此才"⑤,凡此种种,不一而足。而在面对周邦彦的词作时,他们几乎没有从相应的视角去深入挖掘或者明确界定,但却并不妨碍"美成如杜"这一流派群体观念的形成与接受,比如陈廷焯同样尊周邦彦为词圣⑥,他对于清真词中《兰陵王·柳》(柳阴直)、《六丑·蔷薇谢后作》(正单衣试酒)两首名篇的解读是:

"登临望故国,谁识京华倦客"二语,是一篇(案《兰陵王·柳》)之主。上有"隋堤上,曾见几番,拂水飘绵送行色"之句,暗伏倦客之根,是其法密处。故下接云:"长亭路,年去岁来,应折柔条过千尺。"久客淹留之感,和盘托出。他手至此,以下便直抒愤懑矣,美成则不然。"闲寻旧踪迹"二叠,无一语不吞吐。只就眼前景物,约略点缀,更不写淹留之故,却无处非淹留之苦。直至收笔云:"沉思前事,似梦里、泪暗滴。"遥遥挽合,妙在才欲说破,便自咽住,其味正自无穷。

《六丑·蔷薇谢后作》云:"为问家何在。"上文有"怅客里光阴虚掷"之句,此处点醒题旨,既突兀又绵密,妙只五字束住。下文反覆缠绵,更不纠缠一笔,却满纸是羁愁抑郁,且有许多不敢说处,言中有物,吞吐尽致。大抵美成词一篇皆有一篇之旨,寻得其旨,不难迎刃而解。否则病其繁碎重复,何足以知清真也。⑦

可以看出,此处论述的重点在于清真词吞吐挽合之妙,以及由此带来的无穷厚味。其所谓"一篇之旨",指的是作品内在脉络,而词之立意究竟何在,陈廷焯只说"满纸是羁愁抑郁",至于羁愁因何而起,他与作者一样"不敢说",不像宋翔凤读白石词那样篇篇落实。又如周济云"清真集大成",所看重的亦为其词之浑化沉厚。综上所述,在常州词派曾经推举过的多位词家杜甫之中,如南宋姜夔、王沂孙、张炎及本朝蒋春霖等人,其时代身世决定了其作品比清真词更易寻找寄托之心,常派词人对

---

① 陈匪石:《声执》卷下,见唐圭璋辑:《词话丛编》,中华书局1986年版,第4964页。
② 陈廷焯:《白雨斋词话》卷二,见唐圭璋辑:《词话丛编》,中华书局1986年版,第3813页。
③ 陈廷焯:《白雨斋词话》卷二,见唐圭璋辑:《词话丛编》,中华书局1986年版,第3814页。
④ 陈廷焯:《白雨斋词话》卷二,见唐圭璋辑:《词话丛编》,中华书局1986年版,第3808页。
⑤ 谭献:《箧中词》卷五蒋春霖《琵琶仙》词评语,浙江古籍出版社1998年版,第565页。
⑥ 《词坛丛话》称古今词人中"圣于词者"五家,周邦彦为其中之一,又《白雨斋词话》卷二称周邦彦、秦观、姜夔、王沂孙为"圣于词者",见唐圭璋辑:《词话丛编》,中华书局1986年版,第3720、3814页。
⑦ 陈廷焯:《白雨斋词话》卷一,见唐圭璋辑:《词话丛编》,中华书局1986年版,第3787页。

此有着清醒的认识,因此他们在解读清真词时作出了特殊处理,有意识地回避了比兴寄托的命题,而最终恰恰是"美成如杜"成了常派"词中少陵"说的主线,这一现象无疑耐人寻味。

三、"词中少陵"说的成立与展开

常州词派创立者张惠言以寄托说词,对于古人作品进行了明显的过度诠释,是一种有意而为的误读。常派后学无不言寄托,不过也对张惠言的释词方法多有拨正,从周济提出"非寄托不入,专寄托不出"①,到谭献的"作者之用心未必然,而读者之用心何必不然"②,直至况周颐表示"横亘一寄托于搦管之先,此物此志,千首一律,则是门面语耳"③,实际上都是对张惠言那种刻意误读进行否定。这是一个寄托内涵不断拓展、泛化的过程,而"寄托内涵泛化的过程,也是词学批评逐渐由经学而文学的进程"④。与此同时,常派词人对于周邦彦词的接受,也存在一个由不甚喜好到逐渐垂青、进而衷心崇拜的过程,周济、董毅、陈廷焯莫不如此(后来的王国维在这一点上与之惊人地相似),他们对清真词的阐释算得上是寄托泛化的范例。常州词派词学批评由"经学"而"文学"的方向转型,相对应地就表现在"比兴寄托"与"词中少陵"这两大词学命题同步呈现出的一进一退、此消彼长的态势上,这个进程是一体化的,甚至可以说是后者消解了前者。那么,这种消解手法何以产生,又是如何展开的?

对于误读行为的消解或反拨,不只是词学领域内的问题,它首先取决于文学批评的民族传统。西方文学批评中有一种意见认为,探寻文学作品的本意是不可能的,或者说根本就不存在所谓的本意,文本的意义只是在阅读过程中由读者创造的,这样一来,"阅读总是一种误读"⑤,误读从一个是非问题转换成了一个选择问题。而在中国文学批评内部,虽然受儒家经学传统影响,长期以来都存在过度诠释的问题,但是,以还原作品初始意义为目的的阅读立场在批评史上一脉相承,从未中断过。孟子提出"知人论世"和"以意逆志",就是相信文学作品的本意可以为读者所获得,从而要说诗者结合作诗者的个人经历、社会背景,从作品整体出发加以考虑,推己及人,以求准确把握文本,这也是千载以下论文者遵守的基本准则。虽然某些时候由于作品与作者背景缺失,以及文本自身幽晦朦胧,导致后人解说困难,但那只是由于

---

① 周济:《〈宋四家词选〉目录序论》,见《宋四家词选》卷首,古典文学出版社 1958 年版,第 2 页。
② 谭献:《复堂词话》,见唐圭璋辑:《词话丛编》,中华书局 1986 年版,第 3987 页。
③ 况周颐:《蕙风词话》卷五,见唐圭璋辑:《词话丛编》,中华书局 1986 年版,第 4526 页。
④ 沙先一、张晖:《清词的传承与开拓》第四章《作者之心与读者之意—论常州派的词学解释学》,上海古籍出版社 2008 年版,第 80 页。
⑤ 哈罗德·布鲁姆:《误读图示》导论《对误读的沉思》,朱立元、陈克明译,天津人民出版社 2008 年版,第 1 页。

读者失去了走进作品的渠道,至于文本的准确意义,作为先验的客体,它是存在的。人情不远,多数情况下文本意义会令读者形成相同或相似的认知,所以文学作品才具有跨越时空的感染力,如果某种解释背离了这样的认知,迟早会引来非难。张惠言的词论在问世不久后便遭到批驳,常派后学也在不断修订其比兴寄托说,这种反拨的努力正折射出在中国文学批评的是非语境中,求真意志是多么的持久与强大。

当然,文学批评传统意味着基本批评姿态上的共性,仅仅诉诸于传统,还不能够揭示常州词派词学思想特定的内转轨迹,也不足以说明其"词中少陵"说的个案价值。在笔者看来,常州词派比周邦彦为杜甫,乃是对词这一艺术样式所独有的文体属性深有体会而作出的判断,它表面上是作家品评,本质上和"比兴寄托"一样,仍为一种词体认知。叶嘉莹先生指出,周邦彦为词体创作开拓出了"以思力来安排勾勒的写作方式"①,代表着继晚唐五代歌咏之词、苏轼诗化之词之后的词史第三阶段,即赋化之词;赋化之词(主要是慢词)在章法、音律、辞采等各个方面追求精微拗涩,固然与中国诗歌一向富于直接感发力量的美感不同,却能以人工上追自然,使词作与晚唐五代歌咏小词一样,具备词体本身所应有的幽深要眇之特质,同时,周邦彦本人的某些作品,也的确包含着自身沉浮宦海的生平感慨,有着"言志"的内涵。我们进而可以认为,清真赋化之词较东坡诗化之词更接近词体本色,而与歌咏小词相比,则为读者以比兴寄托释词提供了更大空间的可能性,寄托内涵不必一定实有,但这种可能性的存在,就已经在理论上取消了诗词之间文体尊卑的等级鸿沟,所以,在中国词史上,周邦彦的创作最完美地达到了兼容诗词特性的中和,这又何尝不是"天挺此才"?正是基于这样的领悟,当常州词派上继清初以来几代词人的反省与思考,从诗学"格调"走向"立意"深入推尊词体时,比兴寄托论因势而成;"当这一预设实现后,对比兴寄托的解释自然也就应该向文学本位转移"②,张惠言那种失之穿凿的阐释方式,必然会被后人更开放、更切实的"泛化寄托"手法所取代,使词体本身的特殊美质在更高层次上被充分理解,以清真词比杜诗的"词中少陵"说也就应运而生。在这个问题上,陈廷焯的论述极具代表性:

> 词至美成,乃有大宗。前收苏、秦之终,复开姜、史之始,自有词人以来,不得不推为巨擘。后之为词者,亦难出其范围。然其妙处,亦不外沉郁顿挫,顿挫则有姿态,沉郁则极深厚。③

---

① 叶嘉莹:《对传统词学中之困惑的理论反思》,《词学新诠》,北京大学出版社2008年版,第118页。
② 沙先一、张晖:《清词的传承与开拓》第四章《作者之心与读者之意——论常州派的词学解释学》,上海古籍出版社2008年版,第80页。
③ 陈廷焯:《白雨斋词话》卷一,见唐圭璋辑:《词话丛编》,中华书局1986年版,第3787页。

沉郁顿挫，这是他对清真词的总结，这也是诗学史对于杜诗风貌标签式的定位，而此处有关周邦彦词史地位的论断，又与杜甫的诗史意义何其相似。不过，陈廷焯并不据此就认为两人的"沉郁顿挫"同质：

> 诗有诗境，词有词境。诗词一理也。然有诗人所辟之境，词人尚未见者……一则如杜陵之诗，包括万有，空诸倚傍，纵横博大，千变万化之中，却极沉郁顿挫，忠厚和平。此子美所以横绝古今，无与为敌也。求之于词，亦未见有造此境者。……至谓白石似渊明，大晟似子美，则吾尚不谓然。①

正如王国维所言"诗之境阔，词之言长"②，陈廷焯也点出"诗有诗境，词有词境"。同样"沉郁顿挫"，但杜诗的气象境界在历代词作中找不到一个类似的范本，与其说这是词人与诗人的差异，毋宁说是词体与诗体的差异，在这个意义上，他才表示周邦彦也不能上比杜甫。美成如杜，常州词派这一词学命题有着特定的前提，蕴藏着苦心孤诣的辨体观念，"词中少陵"的重心在于"词"而不在"少陵"，因此，简单地将清真词与少陵诗就其内容、立意进行对读，进而否定清真为"词中少陵"，实属皮相之论。如果说，常州词派的"比兴寄托"论是清人为沟通诗词迈出的最后一步，仍然延续着清初以来词体向诗体靠拢的词学建构路线，那么在此之后，其"词中少陵"说的发展与成熟，集中体现了他们相反方向的批评思路，即要求词体从诗体属性中离开。南宋姜夔、史达祖、吴文英、张炎、王沂孙诸家，为周邦彦"赋化之词"一脉后劲，他们未能成为常州词派"词中少陵"说的主线，一方面是由于在常派词人的词史流变图景中，各家（甚至包括辛弃疾）均由清真脱胎而来，乃得清真之一体变化而成；另一方面，即因为南渡诸家的创作，相比清真词更近诗体比兴之格，更容易导致胶柱鼓瑟的"寄托"之发挥，所以，"苍浑造专，莫究其托谕之旨"③的周邦彦自然成了常派词学体系中"词中少陵"的最佳选择。

"《传》曰：意内而言外谓之词"④，这本是张惠言借《易传》与《说文》中"词"的含义，来为其词学思想服务的理论工具，然而经过后来常派词人"词中少陵"说的推衍，"意内言外"这一原本用以阐释"比兴寄托"论的完整命题发生了微妙的内转演化：

---

① 陈廷焯：《白雨斋词话》卷八，见唐圭璋辑：《词话丛编》，中华书局1986年版，第3977页。
② 王国维：《人间词话删稿》，见唐圭璋辑：《词话丛编》，中华书局1986年版，第4258页。
③ 郑文焯：《大鹤山人论词遗札》第五则，见唐圭璋辑：《词话丛编》，中华书局1986年版，第4342页。
④ 张惠言：《〈词选〉序》，见《续修四库全书》第1732册，上海古籍出版社2002年版，第536页。

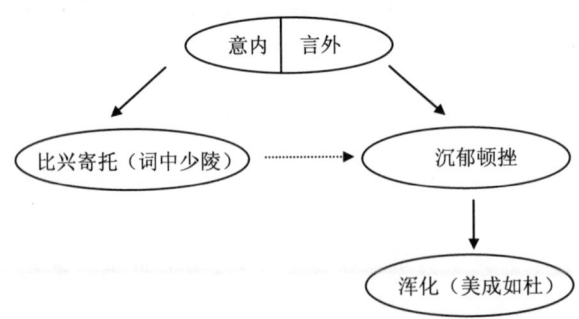

"意内言外"被分解成了平行的二维,以"言外"为重,因为"意内不可强致,言外非学不成。是词说者,言外而已"①。这样的概念裂变恐怕是张惠言本人所始料未及的吧。

四、余论:清人遗留的任务

周济在《宋四家词选》中为人所开示的词学门径,是"问途碧山,历梦窗、稼轩,以还清真之浑化"②,这既是读词门径,也是作词门径,经由批评与创作的相互砥砺,这又是一个经典化的过程。周邦彦作为集大成者的"词中少陵",站在前辈经典作家的顶峰,而通往顶峰的道路,必须经过若干中间环节,这与江西诗派建立"一祖三宗"谱系来取法杜甫的学习模式如出一辙。以清真词法为观照,再加上对抗浙西词派词学宗法的现实需求,深受常州词学浸润的晚近词家全面开掘出了"深得清真之妙"③的梦窗词。陈洵自述学词经历,是从读周济《宋四家词选》开始,知清真之高妙,却辗转多途,苦于不得其门而入:

> 乃求之于美成,而美成不可见也;求之于稼轩,而美成不可见也;求之于碧山,而美成不可见也。于是专求之于梦窗,然后得之。因知学词者,由梦窗以窥美成,犹学诗者由义山以窥少陵,皆涂辙之至正者也。今吾立周吴为师,退辛王为友,虽若与周氏小有异同,而实本周氏之意,渊源所自,不敢诬也。④

梦窗词被陈氏从周济的师法图中专门推出,成为仅次于"词中少陵"的亚圣,宋

---

① 包世臣:《〈月底修箫谱〉序》,转引自江顺诒《词学集成》卷六,见唐圭璋辑:《词话丛编》,中华书局1986年版,第3283页。
② 周济:《〈词辨〉序》,见《续修四库全书》第1732册,上海古籍出版社2002年版,第576页。
③ 沈义父:《乐府指迷》,见唐圭璋辑:《词话丛编》,中华书局1986年版,第278页。
④ 陈洵:《海绡说词·通论》,见唐圭璋辑:《词话丛编》,中华书局1986年版,第4839页。

人"前有清真,后有梦窗"①之说,有赖于清人才真正得到完成,是清代词人实现了宋人的遗命。周邦彦,吴文英,再加上之前浙西词派所服膺的姜夔,清人构筑的经典群像深深地影响了当代词学研究者,而清代词人从"词中少陵"源流统系中所汲取的营养,是否能够帮助他们自身的创作像宋诗那样形成"空诸倚傍"之时代特色？陈廷焯说过,以词较诗,唐犹汉魏,五代犹两晋六朝,两宋犹三唐,元明犹两宋,国朝词亦犹国朝之诗也。② 所谓"国朝词亦犹国朝之诗",是非凡的自信与抱负,也是有待后人探索的未尽之题,这是清人留给我们的任务。

---

① 尹焕:《梦窗词叙》,转引自《宋名家词》本《梦窗甲乙丙丁稿》毛晋跋,见《续修四库全书》第1720册,上海古籍出版社2002年版,第105页。

② 陈廷焯:《白雨斋词话》卷五,见唐圭璋辑:《词话丛编》,中华书局1986年版,第3903页。

虎贲考
——六朝礼制史与思想史之一面相

◎ 童　岭

序　说

六朝时代是中国制度史上的一大变局，属于其前期的汉魏晋时代以及属于其后期的南北朝时期，分别构建起了中古时期的旧遗产与新价值①。制度史特别是礼制史发展，在六朝时代尤为兴盛。当时的学者对于三礼学投入了莫大之精力，然而却带来了如黄季刚先生所谓的"异说纷贶"②之局面。在这样的时代中，如何对前朝（周秦汉）礼制中的"关键词"进行再认识，以及如何将其继承或是改造，不仅是当时的三礼学者，也是胡汉皇帝以及各自中央官僚集团所面临的共同时代命题。

本文试图通过对"虎贲"这一概念内涵与外延的分析，来考察六朝时代礼制的发展与推演③。此事虽小，或可以喻大。首先，关于"虎贲"一词在传世典籍中的早期用例，如《尚书·牧誓序》云：

> 武王戎车三百两，虎贲三百人，与受战于牧野，作《牧誓》。④

《尚书》存在今古文真伪问题，包括《牧誓》在内的三篇《周书》一度被认为写于武王年

---

① 例如，陈寅恪《隋唐制度渊源略论稿》（三联书店2001年版）一书中认为相对于汉魏的传统，南朝则代表了新价值观。
② 黄侃《礼学略说》，文载《黄侃论学杂著》，上海古籍出版社1980年版，第444页。又可参池田秀三《黄侃〈礼学略说〉详注稿》，京都大学中国哲学史研究室编《中国思想史研究》第二十八号，2006年，第233页。
③ 陋见所及，学界率先对这一问题提出讨论的单篇论文是石井仁《虎贲班剑考》。石井仁此文的考察点是国家政体，与本文所论不尽相同。故石井仁所详处笔者略之，其略处笔者详之。唯石井仁把文献中出现的"虎贲"、"班剑"、"虎贲班剑"三种概念视同为一，这种处理方法是笔者所不敢苟同的。石井仁《虎贲班剑考》，文载《东洋史研究》第59卷第4号，2001年。
④ 孔安国撰、孔颖达疏、廖名春等整理《尚书正义》（十三经注疏整理本），北京大学出版社2000年繁体字版，第333页。

间(前1045—前1043在位),虽然此后也被认为是晚出之作,但肯定早于《泰誓》等篇①。孔安国在"虎贲"二字下解释道:"勇士称也,若虎贲兽,言其猛也。"孔颖达继续解释道:"是虎贲为勇士称也。若虎之贲走逐兽,言其猛也。此虎贲必是军内骁勇选而为之,当时谓之虎贲。"《尚书》伪孔传:"虎臣,虎贲氏。"孔氏以为虎臣就是虎贲,贲奔音同字通。张亚初等《西周金文官制研究》据钟鼎金文考证,以为虎贲氏则就是虎臣之长②。除了《尚书》此处的用例外,其他周秦文献亦有出典:

> 遂率戎车三百乘,虎贲三千人,甲士四万五千人,以东伐纣(《史记·周本纪》)。

> 武王之伐殷也,革车三百两,虎贲三千人(《孟子·尽心下》)。

> 虎贲之士百余万,车千乘,骑万疋,粟如丘山(《战国策·楚策一》)。

> 一军之中必有虎贲之士,力轻扛鼎,足轻戎马,搴旗斩将必有能者(《吴子》)。

上述文献中,《史记》、《孟子》与《尚书》记录的是同一事,针对人数不同的问题,泷川龟太郎《史记会注考证》博引何焯等诸家说,以为"三千人"当作"三百人"③。

考"贲"字在先秦文献中有多解,《说文》云:"贲,饰也。"马叙伦《说文解字六书疏证》考证云:"按饰疑非本义,亦非本训"④。当读为"博昆切"时,据朱骏声:《说文通训定声》考证,其意即与"奔"通⑤。除却传世文献的例证外,《殷周金文集成》著录号为17·11364的赵国二年戈(二年主父戈),经过董珊、张新俊博士的反复考证,二年主父戈胡部铸铭二字即为"虎贲"⑥。此外,《玉海》卷一百五十中亦专列"虎贲弓"一条⑦。综上所举,"虎贲"的本义当为战阵中的骁勇英猛之士,并且有可能在实战中部分地承担起护卫君主的职责。

---

① 顾颉刚、刘起釪以为是东周之作。参二氏著:《尚书校释译论》,中华书局2005年版,第1142页。与《牧誓》本文相对,这篇序有可能时代更后一些。
② 张亚初、刘雨撰:《西周金文官制研究》,中华书局1986年版,第14页。
③ 司马迁著、泷川资言会注考证《史记会注考证》,北岳文艺出版社1998年影印版,第251页。
④ 马叙伦:《说文解字六书疏证》卷十二,鼎文书局1975年影印版,第1648页。
⑤ 朱骏声:《说文通训定声》,中华书局1984年版,第813页。
⑥ 董珊:《二年主父戈与王何立事戈考》,《文物》2004年第8期。张新俊《二年主父戈补释》,《平顶山学院学报》第20卷第1期,2005年。
⑦ 王应麟辑:《玉海》,广陵书社2003年影印版,第2751页。

一、虎贲之卒与虎贲之官

"虎贲"一词的含义在两汉时代产生了较大的发展,表征为从原本的战争兵士名称转化为中央官职之一种。

相对于上文所举若干的周秦文献,《周礼·夏官·虎贲氏》中有如下一段意义不同的记载:

> 虎贲氏:掌先后王而趋以卒伍。军旅、会同亦如之。舍则守王闲。王在国,则守王宫。国有大故,则守王门,大丧亦如之。及葬,从遣车而哭。适四方使,则从士大夫。道路不通有征事,则奉书以使于四方。①

虽然据郭沫若、顾颉刚等氏的研究,《周礼》是一部战国晚期的"真文献"②,然而它的出现时代却是在西汉。《周礼》中的"夏官司马"主掌军事。在上述文献中,可以发现《周礼》中的虎贲与周秦时代其他的虎贲在职责上有所不同。此处的虎贲与周秦时代战阵上的猛士相比,明显带有了更多礼仪的成分。清儒王引之曾经在《经义述闻》中明确地提出了虎贲的"勇武士卒"与"宿卫之臣"区别③。如果说战国周秦还同时存在着这两种"虎贲",那么两汉时代则呈现出从"虎贲之卒"到"虎贲之臣"的演变趋势。"虎贲"的内涵逐渐被定格成了礼制上的官职,剥离了先秦战阵中的猛士之义(北方胡族政权则有异于此,详后论),而它所赋有的礼制上的含义,则始终伴随着整个六朝时代汉族的核心政权交替。

汉武帝建元三年,在郎官系统内初置"期门"一职,秩比千石。汉元帝元始元年更名为"虎贲郎",秩比二千石。《汉书·百官公卿表上》"郎中令"条下有云:

> 期门掌执兵送从,武帝建元三年初置,比郎,无员,多至千人,有仆射,秩比千石。平帝元始元年更名虎贲郎,置中郎将,秩比二千石。④

秦汉的郎官系统,约有三种:中郎、侍郎、郎中。据严耕望、增渊龙夫等学者的研究,

---

① 孙诒让撰,王文锦等点校:《周礼正义》卷五十九,中华书局1987年版,第2485—2487页。
② 郭沫若:《金文丛考·周官质疑》,《郭沫若全集·考古编》,科学出版社2002年版。顾颉刚:《周公制礼的传说和〈周官〉一书的出现》,《文史》第6辑,1979年。
③ 王引之:《经义述闻·通说上》,《高邮王氏四种》,江苏古籍出版社2000年版,第744—745页。
④ 班固撰,颜师古注:《汉书》,中华书局1962年版,第727页。

汉武帝之后,郎官是作为高级官僚的预备军而存在①。汉平帝新命名的"虎贲"中郎将亦有此种意味。同时,中郎在诸郎官中最有机会接近皇帝,应该是属于当时的高级郎官。降至东汉,光武帝省官并职,制定出了光禄勋统属下的七署郎官体制,如五官中郎将、左中郎将、右中郎将、虎贲中郎将、羽林中郎将等皆属光禄勋。对于这一"虎贲之臣",应劭《汉官仪》云:"虎贲中郎将衣纱縠禅衣,虎文锦袴,馀郎亦然。"②实际上,杜佑《通典》"虎贲中郎将"条对他们的服饰有更加详尽的描绘:

> 平帝元始元年,更名虎贲郎,置中郎将领之,故有虎贲中郎将,主虎贲宿卫,冠插两鹖尾,纱縠单衣,虎文锦袴,馀郎亦然。凡有虎贲中郎、虎贲侍郎、虎贲郎中、节从虎贲,皆父死子继。若死王事,亦如之。③

如上所举,两汉时代虽然继续存在"虎贲之卒",然而"虎贲之臣"的意义则更加凸显。并且相对于其军事职责④,虎贲在礼制上的意义也越来越重要。降及东汉,出任"虎贲之臣"者往往有名士大儒,如马援、孔融,等等。此外,据蔡邕《陈留太守胡硕碑》可知,名臣胡广的儿子胡硕也一度任虎贲中郎将⑤。他们都为这一官职的礼仪性色彩抹上更加浓厚的一笔。

东汉时代开始,作为礼仪上的"虎贲之卒",开始第一次由皇帝赏赐给臣下(诸侯王)。《后汉书》列传三十二有云:

> 中山简王焉,建武十五年封左冯翊公。十七年进爵为王。焉以郭太后少子故独留京师三十年,徙封中山王。永平二年冬,诸王来会辟雍。事毕归蕃,诏焉与俱就国,从以虎贲官骑。焉上书辞让,显宗报曰,凡诸侯出境必备左右,故夹谷之会,司马以从。今五国各官骑百人,称娖前行。皆北军胡骑,便兵善射,弓不空发,中必决眦。夫有文事,必有武备。所以重蕃职也。王其勿辞。⑥

---

① 严耕望:《秦汉郎吏制度考》,文载《严耕望史学论文集》下,中华书局2006年版。增渊龙夫《中国古代の社会と国家》第二篇《官僚性の成立とその社会的性格》,岩波书店1960年版。
② 孙星衍等辑,周天游点校:《汉官六种》,中华书局1990年版,第131页。
③ 杜佑撰,王文锦等点校:《通典》,中华书局1988年版,第808页。此外,王献唐亦论述过"虎贲中郎将印"之印,参其著《五镫精舍印话·汉魏六朝印章字数例证》,青岛出版社2009年版,第244页。
④ 如与虎贲郎同属七署郎官的羽林郎,在东汉后期常常和五校营士一同参加征讨叛乱的实际军事行动,而未见有虎贲郎出征之记载。
⑤ 严可均校辑:《全上古三代秦汉三国六朝文》,中华书局1958年版,第882页。
⑥ 王先谦撰:《后汉书集解》,中华书局1984年版,第508页。

石井仁以为这里的"虎贲官骑"并不是"虎贲郎"①,这是正确的理解。中山简王刘焉被赐予的虎贲,应该理解成兼有礼仪和近卫的"虎贲之卒"。随着虎贲开始被赐予臣下,其作为礼制上的意义逐渐"微妙"起来。

二、"汉魏故事"视角下的虎贲

作为天子赏赐臣下的殊礼"虎贲",其思想起源大致可以推至《春秋公羊传》。此书庄公元年"王使荣叔来锡桓公命。锡者何?赐也。命者何?加我服也"句下何休注云:

> 增加其衣服,令有异于诸侯。礼有九锡:一曰车马,二曰衣服,三曰乐则,四曰朱户,五曰纳陛,六曰虎贲,七曰弓矢,八曰鈇钺,九曰秬鬯。②

徐彦疏指出这段文字是出自《礼纬·含文嘉》。安居香山、中村璋八两位日本学者认为《礼纬·含文嘉》主要为"灾异说"兼及"祥瑞说"③。《白虎通》卷七对于这九种器物有更加详尽的说明,其云:"能安民者赐车马,能富民者赐衣服,能和民者赐乐则,民众多者赐朱户,能进善者赐纳陛,能退恶者赐虎贲,能诛有罪者赐鈇钺,能征不义者赐弓矢,孝道备者赐秬鬯。"④从文脉上看,进善的纳陛⑤和退恶的虎贲互文。日本东洋史学者宫川尚志说:"九命之锡,略称为九锡。基于周代的锡命之礼,利用纬书的《礼含文嘉》,由天子赐予元勋的九种荣典。"⑥这一总结很精练。

"虎贲"等九种器物性质上皆当是属于"臣礼"的范围,然而在汉魏六朝史上,真正利用了九锡而逾越君臣鸿沟的人是王莽。王莽利用五德终始等学说受禅⑦,在他一系列运作步骤中,汉平帝元始五年(公元5年)九锡礼的议定十分重要,《汉书·王莽传》有云:

---

① 上揭石井仁论文《虎贲班剑考》,第108页。
② 何休注,徐彦疏:《春秋公羊传注疏》卷六,中华书局1980年版,第2225页。
③ 安居香山、中村璋八辑:《纬书集成》"解说",河北人民出版社1994年版,第50页。
④ 陈立著,吴则虞点校:《白虎通疏证》卷七"考黜",中华书局1994年版,第303页。
⑤ 关于纳陛的考订,参刘盼遂《释九锡中"纳陛"》,文载聂石樵辑校《刘盼遂文集》,北京师范大学出版社2002年版,第602—603页。
⑥ 宫川尚志《禅让による王朝革命の研究》,文载其著《六朝史研究——政治·社会篇》,平乐寺书店1964年版,第82页。其实宫川尚志的研究,基于赵翼《廿二史札记·九锡文》的考证,并且上举民国时代的刘盼遂,亦有《释九锡》一文,收上揭本《刘盼遂文集》。
⑦ 顾颉刚:《五德终始说下的政治和历史》,文载《古史辨》第五册下编,上海书店"民国丛书第四编"据朴社1935年版影印。

于是莽稽首再拜,受绿韨衮冕衣裳,瑒琫瑒珌,句履,鸾路乘马,龙旗九旒,皮弁素积,戎路乘马,彤弓矢,卢弓矢,左建朱钺,右建金戚,甲胄一具,秬鬯二卣,圭瓒二,九命青玉珪二,朱户纳陛。署宗官、祝官、卜官、史官,虎贲三百人,家令丞各一人,宗、祝、卜、史官皆置啬夫,佐安汉公。在中府外第,虎贲为门卫,当出入者传籍。①

这里的"虎贲三百人"和周秦典籍中的"虎贲三百人"虽然有渊源关系,然而前者却作为禅代的重要礼制形式被确定了下来。从此,作为殊礼的三百这一虎贲数目具有了特殊的含义。王莽的禅代被正史称为"伪朝",这并不影响他为后代野心家树立榜样的意义。② 正如英国汉学家鲁惟一(Loewe)说,中国帝制之所以连绵不绝,归功于秦朝(行政)和新朝(天命)。③ 此后,汉魏禅代也遵照这一格式。

建安十七年(212年),权臣曹操接受了谏议大夫董昭的九锡建议。建安十八年(213年)五月,尚书左丞潘勖撰写的《册魏公九锡文》正式颁布,文末段有云:

以君经纬礼律,为民轨仪。使安职业,无或迁志,是用锡君大辂戎辂各一,玄牡二驷。君劝分务本,啬民昏作,粟帛滞积,大业惟兴,是用锡君衮冕之服,赤舄副焉。君敦尚谦让,俾民兴行,少长有礼,上下咸和,是用锡君轩悬之乐,六佾之舞。君翼宣风化,爰发四方,远人回面,华夏充实,是用锡君朱户以居。君研其明哲,思帝所难,官才任贤,群善必举,是用锡君纳陛以登。君秉国之均,正色处中,纤毫之恶,靡不抑退,是用锡君虎贲之士三百人。君纠虔天刑,章厥有罪,犯关干纪,莫不诛殛,是用锡君鈇钺各一。君龙骧虎视,旁眺八维,掩讨逆节,折冲四海,是用锡君彤弓一,彤矢百,玈弓十,玈矢千。君以温恭为基,孝友为德,明允笃诚,感乎朕思,是用锡君秬鬯一卣,圭瓒副焉。④

曹操虽然接受了九锡,但终其一生未能称帝。由其子曹丕最终完成了禅代革命。在上举这份九锡文中,也提到了"虎贲之士三百人",他们的作用是处中退恶——这与

---

① 上揭本《汉书》,第4075页。
② 比如孙险峰《皇帝の禅让文——三国・晋・南北朝における経学の一側面》即认为无论三国以来的王朝是否承认王莽的正统性,但都继承了王莽禅让文利用《论语》、《尧曰》等的若干形式。文载《筑波中国文化论丛》第26号,2007年。
③ 崔瑞德、鲁惟一编:《剑桥中国秦汉史》第十三章《主权的概念》(此章为鲁惟一著),中国社会科学出版社1992年版,第792页。关于王莽"禅让"的个案研究,又可参毕汉思(Hans Bielenstein)《汉室复辟》(*The Restoration of the Han Dynasty*),Stockholm(1953)。系统介绍西方学界对于王莽研究业绩,请参:陈启云《汉儒与王莽:评述西方汉学界的几项研究》,《史学集刊》2007年第1期。
④ 上揭本《全上古三代秦汉三国六朝文》,第944页。

《白虎通》中表达的意思是一致的。

通过王莽的失败与曹氏父子的成功，禅代政治变得有法可依，他们这种不流血的革命可以被理解为"汉魏故事"①。虎贲在这两件"汉魏故事"中，不仅需要关注的其作为"九锡"之一的意义，也要对"三百"这一数字给予充分的考察。只有当"虎贲＋三百"作为复合殊礼出现时，禅代革命才具备了前提条件。否则，不具备"300"之数的虎贲也还是一个不会发生质变的恩赐而已。例如，汉魏之际的另一个"故事"：诸葛亮故事。《三国志》卷五《诸葛亮传》裴注引《诸葛亮集》云：

> 诏赐亮金鈇钺一具，曲盖一，前后羽葆鼓吹各一部，虎贲六十人。②

这是建兴三年（225年），由蜀后主赐给征讨南中的诸葛亮的殊礼。沈家本《古书目四种》对于陈寿保存《诸葛亮集》之史料亦有盛赞③。其实，这种恩赐与上述"汉魏故事"的最大区别在于虎贲数量的不同。低于三百的虎贲不会与"九锡"礼联系起来，故而也就排除了跨域人臣界限的可能性。

三、虎贲三百："臣"与"不臣"的天堑

在汉魏禅代之后，河内豪族司马氏也利用了九锡礼等步骤完成了第二次成功的禅代革命。虽然清儒赵翼《魏晋禅代不同论》认为这两次禅代的主要人物曹操、司马懿在对前朝的作用方面有着根本的差异④，但是曹氏和司马氏所利用的跨越"臣"与"不臣"鸿沟的方式——"九锡礼"却是一脉相承的。在"九锡礼"中，"虎贲"（质）与"三百"（量）也是一个恒定不变的基准。

曹魏正元二年（255年），司马师平定了毌丘俭等将领的淮南叛乱后随即病死。高贵乡公让其弟司马昭继续担任大将军、大都督，并赐剑履上朝等殊礼。但由于此时司马昭未有战功，辞而不受。甘露元年（256年），又"加之九锡，假斧钺，进号大都

---

① "汉魏故事"此语原先出自《三国志·魏书》卷四《三少帝纪·陈留王奂》："（咸熙二年）十二月壬戌，天禄永终，历数在晋。诏群公卿士具仪设坛于南郊，使使者奉皇帝玺绶册，禅位于晋嗣王，如汉魏故事。"关于汉代"故事"的理解，请参邢义田《汉代"故事"考述》，文载许倬云等著《中国历史论文集》，台湾商务印书馆1986年版，第371页。

② 陈寿：《三国志》，中华书局1959年版，第920页。

③ 沈家本：《古书目四种》，收其著《沈寄簃先生遗书·乙编》，《海王邨古籍丛书》，中国书店1990年影印版，第203页。

④ 赵翼著，王树民校证：《廿二史札记校证》卷七，中华书局1984年版，第147页。赵翼的观点倾向于曹氏父子，而批驳司马氏"当魏室未衰，乘机窃权，废一帝，弑一帝，而夺其位，比之于操，其功罪不可同日语矣"。

督,剑履上朝。又固辞,不受"①。如此反复多次,终在魏元帝景元四年(263年)十月,由帝亲下《策命晋公九锡文》,文辞中有关"虎贲"的前后文字如次:

> 公简贤料材,营求俊逸,爰升多士,寘彼周行,是用锡公纳陛以登。公严恭寅畏,底平四国,式遏寇虐,苛厉不作,是用锡公武贲之士三百人。②

九锡文颁布之后,司空郑冲率群臣继而劝进,于是在这年十月司马昭受命,十一月破蜀汉,翌年三月进晋王。其子司马炎在司马昭去世后继续为相国晋王,并最终在265年完成了受禅。《晋书》撰于唐代,唐代成书的经史典籍中作"武奔"者(下举徐陵《册陈公九锡文》亦如此),据陈垣《史讳举例》及加藤虎之亮《周礼经注疏音义校勘记》之考证,此处的"武奔"即"虎贲"也③。"武奔之士三百人"在司马氏封公、进王、受禅的三部曲中,处于重要的"封公"与"进王"之间。

此后东晋、宋、齐、梁、陈的禅代虽然在具体细节处有所异同,但黄袍加身前《九锡文》中的"虎贲"加上"三百"这一殊礼却是固定不变的:

> 公官方任能,网罗幽滞,九皋辞野,髦士盈朝,是用锡公纳陛以登。公当轴处中,率下以义,式遏寇雠,清除苛慝,是用锡公虎贲之士三百人(傅亮《策加宋公九锡文》)④。

> 公明鉴人伦,澄辨泾渭,官方与能,英乂克举,是用锡公纳陛以登。公保佑皇朝,厉身化下,杜渐防萌,含生夤式,是用锡公虎贲之士三百人(王俭《策齐公九锡文》)⑤。

> 公扬清抑浊,官方有序,多士聿兴,械朴流咏,是用锡公纳陛以登。公正色御下,以身轨物,式遏不虞,折冲惟远,是用锡公虎贲之士三百人(任昉《策梁公九锡文》)⑥。

> 以公抑扬清浊,褒德进贤,髦士盈朝,幽人虚谷,是用锡公纳陛以登。以公

---

① 房玄龄等撰,吴士鉴、刘承幹同注:《晋书斠注》卷二,台湾艺文印书馆"二十五史8",第52页。
② 参上揭本《晋书斠注》,第59页。又可参上揭本《全上古三代秦汉三国六朝文》,第1119页。
③ 陈垣:《史讳举例》卷八《历朝讳例》,上海书店出版社1997年版。加藤虎之亮《周礼经音义校勘记》卷三十一"虎贲氏",东京无穷会1958年影印手稿本。
④ 上揭本《全上古三代秦汉三国六朝文》,第2576页。
⑤ 上揭本《全上古三代秦汉三国六朝文》,第2841页。
⑥ 上揭本《全上古三代秦汉三国六朝文》,第3190页。

巍然廊庙,为世镕范,折冲四表,临御八荒,是用锡公武贲之士三百人(徐陵《册陈公九锡文》)①。

上举诸篇诏文中,"策"字与"册"字通②。章太炎先生《文始》卷四"册"字条下云"古以策为之"③。刘勰《文心雕龙·诏策第十九》云:"自魏晋诰策,职在中书。刘放张华,互管斯任。施命发号,洋洋盈耳。"④刘勰于诏策一体,盛推魏晋。盖因魏晋以来作此种文章者,大多为中书。中书一职,非才地俱美者不得任。南朝历代为此文者:傅亮、王俭、任昉、徐陵四人都是文坛一时之选。他们为文造词虽各有千秋,然皆蕴涵《白虎通》"能进善者赐纳陛,能退恶者赐虎贲"之意:"式遏寇雠"(宋公)、"杜渐防萌"(齐公)、"折冲惟远"(梁公)、"临御八荒"(陈公)。

如前所述,六朝时代的汉族政权交迭中,《九锡文》是跨越"臣"与"不臣"的这一天堑质的必不可少之物。先秦人以为礼乐征伐出自天子,祀与戎皆国之重器。当这一重器转化为"虎贲三百"等为代表的象征符号,进而被赐予臣下时,那么,接受这一象征符号的"臣下"也等于无声地向宫廷、社会宣告:他已经具备了"不臣"的条件。接着,无论是他自己,或是他的子孙来实行禅代革命也就成了合乎"程序"的步骤。

在两晋南朝的史实中,我们无法回避另一种事实:如西府兵团桓温、桓玄的禅代行动。虽然桓氏建立的"楚"在不到三个月内就被刘裕为首的京口北府兵团赶出建康,但是桓玄的禅代过程依旧遵照了前例。《晋书》列传第六十九云:"玄九锡,仲文之辞也。"只是殷仲文的这篇九锡文已散逸。然而将桓玄禅代革命置于两晋南朝的禅代史,以其前后的《九锡文》来类推,想必其《九锡文》也会有"虎贲之士三百"的文辞。

结　语

从汉魏政权交替以来,六朝时代汉族政权的转移方式大多为"禅让制度"⑤。这

---

① 上揭本《全上古三代秦汉三国六朝文》,第3434页。
② 《释名·释书契》"策"字下毕阮云:"御王旦广陵王胥,同日皆赐。策字作策,则古字策与册通也。"毕阮说引自王先谦《释名疏证补》卷六,上海古籍出版社1984年版,第202页。
③ 章太炎《文始》卷四,日本京都中文出版社1970年影印本,第78页。
④ 刘勰著,范文澜注:《文心雕龙注》,人民文学出版社1958年版,第357页。又可参刘永济《文心雕龙校释》,中华书局1962年版,第84—85页。关于晋朝"中书"一职的考订,参汪兆镛:《稿本晋会要》卷二十六,书目文献出版社1988年版,第309页。
⑤ 关于"禅让"思想之溯源,新近可参彭裕商《禅让说源流及学派兴衰——以竹书〈唐虞之道〉、〈子羔〉、〈容成氏〉为中心》,《历史研究》2009年第3期。新著可参徐冲《中古时代的历史书写与皇帝权力起源》单元一"起元",中华书局2012年版。

种制度的重要表现形式之一就是尊重周秦以来礼制上的成例。唯学界目前对于禅让的研究,大多集中于"禅让"仪式之过程。比如对于禅让玺绶、礼官、仪式的研究,一直是中外学者的关注点。① 其实,对于后一个即将登场的王朝来说,到了"禅让"这一步,最高权力的更替已经是水到渠成。

相对于这类"禅让史"的研究,本文可谓是对"禅让前史"的考量,换言之,"禅让史"——则"禅让"已是事实,通俗一点说,前帝的"翻盘"已不可能,皇权的更替只是一个仪式的问题;但"禅让前史"——则一切都还在"未定"之中,能否真正实现"禅让",依旧存在诸多的制约因素。比如,本文考察的"虎贲"数量之微妙变化,即是"禅让前史"一个很好的视角。

总结上文,从魏晋至隋唐的时间轴上,可以列出一张"六朝隋唐汉族政权'虎贲'恩赐关系略表"如下:

六朝隋唐汉族政权"虎贲"恩赐关系略表

朝代②	魏	魏*	吴*	晋	晋*	楚*	宋	齐	梁	汉*	陈	隋	唐
时间	213	221	233	263	291—306	403	416	479	502	551	557	581	618
赐予者	东汉献帝	魏文帝	东吴大帝	魏元帝	西晋惠帝	东晋安帝	东晋恭帝	宋顺帝	南齐和帝	梁豫章王	梁敬帝	北周静帝	隋恭帝
接受者	曹操	孙权	公孙渊	司马昭	司马伦等	桓玄	刘裕	萧道成	萧衍	侯景	陈霸先	杨坚	李渊
虎贲数	三百人	百人	百人	三百人	三百人*	三百人*	三百人	三百人	三百人	三百人	三百人	三百人	三百人
备说		由于这两次恩赐"赐予者"均实权在握,故不存在实际上的"禅代"问题			八王之乱以及桓氏禅代均失败,故史书未明记虎贲数量,此处乃推测。					侯景乃鲜卑化羯人。③			隋唐皇族虽非汉人,然其"禅让革命"却仿自魏晋南朝。④

---

① 新近研究如:松浦千村《禅让仪礼试论——汉魏禅让仪式的再检讨》,《一关工业高等专门学校研究纪要》第四十号,2005 年;又可参孙正军《禅让行事官小考》,《第六届中国中古史青年学者联谊会论文集》,2012 年。松浦千村开篇明言,自己是研究汉魏王朝交替时的即位仪礼,孙正军考察的对象是奉送玺绶的行事官,从广义上看,均是属于笔者此处指出的"禅让史"之研究。

② 朝代名上标"*"符号者皆为不成功之禅让。

③ 侯景的加九锡、禅让等仪式,均出自汉人谋士王伟的建议。参吉川忠夫《侯景的乱始末记——南朝贵族社会的命运》,中央公论社 1974 年版。

④ 关于隋唐在礼制上模仿南朝、北齐的问题,请参陈寅恪《隋唐制度渊源略论稿》,三联书店 2001 年版。

上表中所举之"禅让革命"大多发生在六朝江南汉族政权之间,五胡北朝政权之交迭形式则大多为"暴力革命"。"虎贲"在北方胡族政权体制内,仅仅停留在周秦时代"近卫军"的意味①。《魏书》卷二一《高阳王传》记载北魏宣武帝时,高阳王元雍上表云:"武人本挽上格者为羽林,次格者为虎贲,下格者为直从。"便是最好的例子之一。又,唐长孺曾经撰文讨论过北魏时期的禁军,其中"虎贲"战士以拓跋族为主,辅以高车等族。②川胜义雄也说道:北魏帝国的国军中核就是这些虎贲为主的近卫军团③。北魏分裂之后,东魏系统的近卫军依然以羽林虎贲为主④。总之,"虎贲(三百)"在礼制上的特殊意义并没有在北方胡族政权中得到彰显。又,考《魏书·官氏志》有"虎贲将军"三种,属于"从四品"。罗福颐《秦汉南北朝官印徵存》"北魏官印"部下收有龟纽"虎奋将军印"一枚⑤。《集韵》"贲"字为"方问切",通"奋"字。此物即是存世的"虎贲将军印"。总之,可知北朝政权下,如汉族政权体制下那种特殊涵义的"虎贲"(三百)并没有大范围实际出现过。

然而"禅让制度"也一度在北方胡族暴力革命后露出端倪。比如,北魏六镇之乱中兴起的领民酋长尔朱荣,入主洛阳喋血杀戮之后,其部下建议他加九锡、行禅让。然而勇猛的北魏孝庄帝却不甘受辱,说道:"宁与高贵乡公同日死,不与常道乡公同日生"⑥,亲自用千牛刀将尔朱荣斩杀。吕思勉《两晋南北朝史》分析当时劝尔朱荣加九锡者皆为其属下军人,与江南汉族政权的贵族参与禅让有所不同⑦。至于说东魏孝静

---

① 美国汉学家贺凯(Charles O. Hucker)在其著《中国古代官名辞典》(*A Dictionary of Official Titles in Imperial China*)一书中解释虎贲(Brave as Tigers)时,也仅仅停留在近卫军的层面上(北京大学出版社2008年版,第258页)。最新的研究称"虎贲郎"为"junior officer of the picked troops",参考藤田敏正、冨谷至《中国古代官制和英用语集》(职官组织图,英和索引付き),日本学术振兴会"科学研究费基盘研究(S)",2011年,第322页。

② 唐长孺《魏晋南北朝隋唐史三论:中国封建社会的形成和前期的变化》第二篇第三章《南北兵制的差异》,武汉大学出版社1993年版,第191页。又可参张金龙《魏晋南北朝禁卫武官制度研究》第十六章《史籍中所见北魏前期禁卫武官制度》,中华书局2004年版,第680—681页。

③ 川胜义雄《魏晋南北朝》第十章《北魏帝国の贵族制:五世纪の华北》,讲谈社学术文库2003年版,第351页。川胜义雄也同时指出,虎贲近卫军在北魏"羽林之变"中扮演了重要角色。

④ 滨口重国《秦汉隋唐史の研究》上卷第一部《东魏の兵制》,东京大学出版会1966年版,第149页。

⑤ 罗福颐主编《秦汉南北朝官印徵存》,文物出版社1987年版,第419页。此外还有"武卫次飞虎贲将印"等六朝虎贲印章。

⑥ 李延寿《北史》卷四十八《尔朱荣传》,中华书局1974年版,第1761页。

⑦ 吕思勉《两晋南北朝史》第十二章《元魏乱亡》,上海古籍出版社1983年版,第599页。较新的研究又可参:胡胜源《"人心思魏"与魏齐禅代》,文载《台大历史学报》第42期,2008年。

帝与北齐文宣帝之间的禅让仪式,则完全由北方汉人贵族邢邵、魏收等拟定。

京都学派内藤湖南"唐宋变革论"①指出宋以后的历史在性质上与此前的六朝隋唐迥然不同。唐末五代十国以后的历史中,暴力革命的确逐渐占据了嬗代的主流,而"禅让"这一形式则慢慢淡出了中国政权的交替舞台,因此礼制上的"虎贲"也就失去了它存在的基石。这也可以说明了在中国礼学史中,常常会出现同质的部分不一定得到延续,而异质的部分也不一定得到了断裂的情况。

周一良先生有云:"南朝士大夫对于皇室嬗代无动于衷,而对南方政权据守江南,与北方胡族政权相对峙,即保存汉族之正朔一事,则极为重视。"②当然,所谓极为重视保存汉族正朔固是不刊之论,但士大夫对于皇室嬗代是否"无动于衷"则还有待深究。通过本文的考察可以初步看出,汉族皇室与世家大族正是通过对于嬗代形式的"极为重视",从而达到对保存汉族正朔衣冠礼制的"极为重视"。而类似于"虎贲"这样处于微妙的"禅让前史"中的若干象征符号,则是今后继续研究的课题。

---

① 内藤湖南著:《概括的唐宋时代观》,黄约瑟译,文载《日本学者中国史论著选译》(第一卷),中华书局1992年版,第10—18页。
② 周一良《魏晋南北朝史札记·南齐书札记》"东晋以后政权嬗代之特征"条,中华书局1985年版,第262页。

《梅尧臣集编年校注》补正

◎ 徐 涛

朱东润先生编年校注的《梅尧臣集编年校注》(上海古籍出版社2006年版),是研究宋代诗人梅尧臣的重要典籍。此书是朱东润在近代学者夏敬观《梅宛陵集校注》手稿的基础上,进一步校勘、补注、编年而成,可说是凝聚了两位杰出学者的智慧与心血,其成就与价值,自然不待赘述。不过,其间尚有一二可补正之处,今列举考订如下,以求大方之家指正。

(1) 卷二《太尉相公中伏日池亭宴会》:"今日宾裾盛,袁刘岂足攀。"(32页)

按:"袁刘"应是"元刘"之误,《校注》并未出校。元刘,指元稹、刘禹锡。白居易《刘白唱和集解》:"彭城刘梦得,诗豪者也,其锋森然,少敢当者。予不量力,往往犯之……予顷以元微之唱和颇多,或在人口。常戏微之云:仆与足下,二十年来,为文友诗敌,幸也,亦不幸也。吟咏情性,播扬名声,其适遗形,其乐忘老,幸也;然江南士女,语才子者,多云'元、白'。以子之故,使仆不得独步于吴越间,亦不幸也。今垂老,复遇梦得,得非重不幸耶!"①白居易并提元稹、刘禹锡,是称美二人才学雄赡,堪与自己为"文友诗敌",以后"元刘"的说法遂成典故。宋人诗中,除梅诗用此典故外,尚有王安石《示俞秀老二首》(其二):"未怕元刘妨独步,每思陶谢与同游。"②也是用"元刘"以方诗友。

(2) 卷二二《晨起裴吴二直讲过门云凤阁韩舍人物故作五章以哭之》(其四):"曾无越人术,竟起汉臣嗟。"(621页)于"越"字下标注专名号,显是误以为如"吴越"之"越"的地名。

按:"越人"系指战国时名医秦越人,应标注专名号表示人名。《史记·扁鹊仓公列传》载:"扁鹊者,渤海郡郑人也,姓秦氏,名越人。"③《史记》又载秦越人使死去的虢太子复生事。梅尧臣此诗与悼人去世有关,故引用名医秦越人典,以表达无力使逝者复生的感慨。

---

① 白居易:《白居易集》卷六九,中华书局1979年版,第1452页。
② 王安石著,李璧笺注:《王荆公诗笺注》卷四三,中华书局1958年版,第578页。
③ 司马迁:《史记》卷一〇五,中华书局1959年版,第2785页。

(3)卷二五《送闾丘殿丞》:"凭在屋头月,照君墙上旗。"(774页)

按:梅尧臣此诗是为友人送行:"凭在屋头月,照君墙上旗,不同山一定,更远更相随",显是写行人远去的情景,故"墙"字解不通,疑是"樯"字之误,友人之去乃是舟行,故诗曰"樯"字。张衡《西京赋》:"于是命舟牧,为水嬉。浮鹢首,翳云芝。垂翠葆,建羽旗。"李善注引《琴道》:"雍门周曰:'水嬉则建羽旗。'"①《说郛》引《炙毂子》:"舟船于樯上刻木为乌,衔幡以候四方之风,名五两竿。"②可见古人常于舟船的樯上悬旗、幡之类以占风向风速,诗曰"照君墙上旗",故疑"墙"为"樯"字之误。

(4)卷二五《盗儒》:"其衣乃儒服,其说乃墨夷。"(799页)"夷"字下未标注专名号。

按:"夷"系指战国时治墨学者夷之,应标注专名号表示人名。其事见于《孟子·滕文公上》:"墨者夷之,因徐辟而求见孟子……孟子曰:'吾闻夷子墨者,墨之治丧也,以薄为其道也……且天之生物也,使之一本,而夷子二本故也。盖上世尝有不葬其亲者,其亲死,则举而委之于壑。他日过之,狐狸食之,蝇蚋姑嘬之,其颡有泚,睨而不视。'"③梅尧臣诗中又有"天生物一本,今尔二本为。尔忍不葬亲,委以饱狐狸,吾心则孟子,不听尔矢辞"等句,与上面所引孟子言同出一义,可见正是用夷之见孟子之典。

(5)卷二六《依韵和王司封离白沙途中感怀》:"市骨已知求骏马,辎车何用载田骄。"(861页)"田"字下未标注专名号。

按:"田"系指战国时人田子方,应标注专名号表示人名。《史记·魏世家》载:"子击逢文侯之师田子方于朝歌,引车避,下谒。田子方不为礼。子击因问曰:'富贵者骄人乎?且贫贱者骄人乎?'子方曰:'亦贫贱者骄人耳。夫诸侯而骄人则失其国,大夫而骄人则失其家。贫贱者,行不合,言不用,则去之楚、越,若脱躧然,奈何其同之哉!'"④田子方有"贫贱者骄人"之说,故梅诗曰"田骄"。

(6)卷二六《依韵奉和永叔社日》:"东方伏日思早归,长饥不及侏儒腹。"(886页)"东方"二字下未标注专名号。

按:"东方"系指西汉人东方朔,应标注专名号表示人名。《汉书·东方朔传》载:"久之,伏日,诏赐从官肉。大官丞日晏不来,朔独拔剑割肉,谓其同官曰:'伏日当蚤归,请受赐。'即怀肉去。"又载东方朔言曰:"朱儒长三尺余,奉一囊粟,钱二百四十。臣朔长九尺余,亦奉一囊粟,钱二百四十。朱儒饱欲死,臣朔饥欲死。臣言可用,幸异其礼;不可用,罢之,无令但索长安米。"⑤可见东方朔曾于伏日割肉早归;又言自己

---

① 萧统编,李善注:《文选》卷二、卷一,上海古籍出版社1986年版,第73、36—37页。
② 《说郛》(一百卷本)卷一〇,陶宗仪等编:《说郛三种》本,上海古籍出版社1988年版,第213页。
③ 焦循《孟子正义》卷一一,中华书局1987年版,第401—405页。
④ 《史记》卷四四,第1838页。
⑤ 班固《汉书》卷六五、卷六五,中华书局1962年版,第2846、2843页。

九尺有余而俸禄等同于侏儒,致使忍饥挨饿,索米求生。梅诗正是化用东方朔这两个典故。

(7) 卷二七《寄题沈比部江州齐云楼》:"佽飞射蛟水花伏,高士种柳烟条低。"(955页)"佽飞"二字下未标注专名号。

按:"佽飞"系指春秋战国时勇士,应标注专名号表示人名。《吕氏春秋·知分》:"荆有次非者,得宝剑于干遂,还返涉江,至于中流,有两蛟夹绕其船,次非谓舟人曰:'子尝见两蛟绕船能两活者乎?'船人曰:'未之见也!'次非攘臂祛衣拔宝剑曰:'此江中之腐肉朽骨也。弃剑以全己,余奚爱焉!'于是赴江刺蛟,杀之而复上船,舟中之人皆得活。"①"次非",又作"佽飞"、"兹非"、"佽非"等,并指一人。

(8) 卷二八《送少卿知宣州》:"族本三阳重,诗从小谢清。"(1001页)"阳"字下未标注专名号。

按:"三阳"乃晋诗人张载、张协、张亢的合称,载字孟阳,协字景阳,亢字季阳,三人字中皆有"阳"字,故称"三阳","阳"字下应标注专名号表示人名。张说《洛州张司马集序》:"魏则十龙儒雅,晋则三阳藻缀"②,即用此说法。梅诗曰"族本三阳重",则诗题"少卿"者当為张少卿,欧阳修有《寄题洛阳致政张少卿静居堂》诗③,司马光有《送张少卿学士知洪州》诗④,皆可佐证。

(9) 卷二八《送王郎中知江阴》:"家有二槐为太守,弟兄谁似李文饶。"(1007页)

按:"二槐"为"三槐"之误。苏轼《三槐堂铭并序》曰:"故兵部侍郎晋国王公显于汉、周之际,历事太祖、太宗……盖尝手植三槐于庭曰:'吾子孙必有为三公者。'已而其子魏国文正公相真宗皇帝于景德、祥符之间朝廷清明天下无事之时……吾不及见魏公,而见其子懿敏公,以直谏事仁宗皇帝,出入侍从将帅三十余年……世有以晋公比李栖筠者,其雄才直气,真不相上下,而栖筠之子吉甫,其孙德裕,功名富贵,略与王氏等,而忠信仁厚,不及魏公父子。"⑤据苏轼记载,王祜(故兵部侍郎晋国王公)曾亲自在庭院里种了三棵槐树,并预言其子孙定会有显贵至三公者,后来王祜之子王旦(魏国文正公)、王旦之子王素(懿敏公),都历显宦要职,世人就把王氏一门比作唐代的李栖筠、李吉甫、李德裕(字文饶)祖孙三人。梅诗为送王姓郎中者,又曰"家有二槐"、"弟兄谁似李文饶",与苏轼《三槐堂铭并序》所叙"三槐"王氏之事正合,故"二槐"应为"三槐"之误。

(10) 卷二八《韩子华内翰见过》:"诚惭兜离音,唐突《韶》与《濩》。"(1022页)"兜离"二字下未标注书名号。

---

① 许维遹:《吕氏春秋集释》卷二〇,中国书店1985年版,第8—9页。
② 董诰等编:《全唐文》卷二二五,中华书局1983年版,第2276页。
③ 欧阳修:《欧阳修全集》卷九,中华书局2001年版,第137页。
④ 《全宋诗》(第九册)卷五〇四,北京大学出版社1992年版,第6122页。
⑤ 《苏轼文集》卷一九,中华书局1986年版,第571页。

按:"兜离"系指古代西夷乐名,应标注书名号。班固《东都赋》:"抗五声,极六律。歌九功,舞八佾。《韶》《武》备,泰古毕。四夷间奏,广德所及。《僸》《佅》《兜离》,罔不具集。"李善注曰:"《孝经钩命决》曰:'东夷之乐名《佅》,南夷之乐曰《任》,西夷之乐曰《株离》,北夷之乐曰《僸》。'毛苌《诗传》曰:'东夷之乐曰《韎》,南夷之乐曰《任》,西夷之乐曰《朱离》,北夷之乐曰《禁》。'然说乐是一,而字并不同,盖古音有轻重也。"①

(11)卷二九《依韵和长文紫薇春雨二首》(其二):"正声隮《雅》《颂》,高论等阳秋,我惭才甚薄,难继东山讴。"(1075页)"东山"二字下标注专名号,显是误以为地名。

按:此处之"东山",指《诗经·豳风》中《东山》一篇,其诗曰:"我徂东山,慆慆不归。我来自东,零雨其濛。"②与描写雨景有关。梅尧臣此诗就是咏春雨的,故引《东山》典,并谦称自己写不出像《诗经·东山》那样优秀的诗篇来("我惭才甚薄,难继东山讴")。故"东山"应标注书名号而非专名号。

(12)卷二九《赐果》:"尝闻食薁陈王业,知是豳公几世孙。"(1088页)

按:"奠"应是"薁"字之误,《校注》并未出校。《诗经·豳风·七月》,毛《传》曰:"《七月》,陈王业也。周公遭变,故陈后稷先公风化之所由,致王业之艰难也。"③梅诗言"陈王业"、"豳公",正用此典。又,《诗经·豳风·七月》:"六月食郁与薁,七月亨葵及菽。八月剥枣。"毛《传》曰:"薁,蘡薁也。"④是一种果子名,梅诗题曰"赐果",故"奠"字应为"薁"字之误。

---

① 《文选》卷一,第36—37页。
② 毛亨传、郑玄笺、孔颖达疏《毛诗正义》卷八,《十三经注疏》本,中华书局1980年版,第396页。
③ 《文选》卷一,第388页。
④ 《文选》卷一,第391页。

新旧文学的分水岭
——寻找被中国现代文学史遗忘和遮蔽了的七年(1912—1919)

◎ 丁　帆

一

　　中国现代文学史的边界问题已经成为中国现代文学史学界一直困扰了近百年的纠结,尤其是因为《新民主主义论》对五四新文化运动的定性,60余年来,我们的教科书可谓独尊新文学起点为五四之说,虽然近年来在学术界有不同的观点出现,但是鲜有进入教科书序列之例,直到最近严家炎先生在其主编的《二十世纪中国文学史》中,才正式在教科书中将中国现代文学史推至19世纪80年代末至90年代初,应该说是一个新的创举。中国现代文学的时间段从三十年上溯推至五十年,其中可以发掘出的可资的文学史内容可谓难以计数。但是,我以为,即便是如此的创新也不能改变我们持续近百年来对文学史断代起点的一些偏见。

　　不可否认,对文学史边界不同的划分,其背后一定会隐藏着巨大而深邃的学术和学理内涵,一定有充分的理论支持。翻开一部中国文学史,从古到今,其文学史的断代分期基本上是遵循一个内在的价值标准体系——以国体和政体的更迭来切割其时段,亦即依照政治史和社会史的改朝换代作为标尺来划分历史的边界,而唯独是在新旧文学的断代分期上,却产生了巨大的分歧意见,现在应该是到了重新定位的时候了。

　　董乃斌先生认为:"有各种断代法,或按王朝更替,或按公元整切,均曾有人尝试,各有利弊。有的方法已约定俗成,形成惯性,如古代文学史中按王朝断代(如唐、宋、明、清)或几个王朝连写(如秦汉、魏晋南北朝、宋元之类)的做法。这种方法用得久了,暴露出种种不足,受到许多非难,然而又有相当的合理性和方便之处,一时还难以全盘否定","中国文学史的断代,又有古代、近代、现代、当代的习惯分法,但争议更大:最根本而经常发生的是各段与下一段的分界问题。古代到何时为止? 近代之首理应紧接古代之尾,倘古代止于何时不明,则近代的起点又如何确定? 事实上,这里正是观点各异,或云止于清亡(1911年),或云应止于鸦片战争爆发(清道光二十年,1840年),亦有说应止于晚明至明中叶者,说法很多,各有理由,很难归于统一,也很难说谁是谁非"。① 我同意董先生对中国文学史约定俗成的断代方法,但是,却不同意他与许多历史学家、文学史家在"古代"和"现代"之间嵌入一个所谓的"近代"的楔子。应该给这段历史一个说法了,但是我以为晚清应该归入古典文学的研究范畴,它的下限不应该止于五四,而是1911年辛亥革命之后的民国元年1912年。

我以为,无论是中国的政治史还是社会史,抑或是文学史。只存在"古代"与"现代"之分。其实这是一个常识性的问题,也就是说,中国几千年的封建制度的终结(1911年10月10日的武昌起义),一个新的具有现代意义的民主共和国体与政体的诞生(1912年1月1日),成为中国历史上将"古代"与"现代"断然切开的具有标志性意义的大断代——与长达几千年的封建制度的国体和政体告别。因而,从此断开,既合乎中国历史(包括文学史)切分法的惯例,同时,又照应了中国文学史"现代性"演变的史实内涵。

迄今为止,一部中国现代文学史的断代分期就有着多种不同的切分法:"1919说"是以五四新文化运动为起点的正统切分法,此说已经哺育了中国的几代人文知识分子,成为延时最长,至今仍然在教科书中使用的断代说;"1917说"显然是以"文学革命"为发轫,虽然连许多五四时期的学者也都认同这种从形式主义开始的"文学革命"的说法,但是,随着三十年代以后"拉普"文学思潮进入中国文坛,它也就暗含了对苏联"十月革命"影响的接受,因为"十月革命一声炮响,给我们送来了马克思主义",此说似乎表面上是遵循了文学的内在规律,然而骨子里却更多的是暗合了"左"倾的文化和文学思潮,仔细考察30年代以来"左"倾文艺理论的接受史就可证明;"1915说"是以《新青年》杂志诞生来划界的,它对一个杂志作用的夸张与放大,某种意义上,可能在那个独尊五四新文学一说的治史时代,就很有些另类的想法了,但这毕竟不是一种历史主义的划分;"1900说"是近年来的一种新切割法,这种世纪之交的切分似乎有着勃兰兑斯治史的影子,虽简单明了,但终究不能解决历史环链中尚还紧紧相连着的许多切割不掉,也切割不尽的一些东西;"1898说"是强调"戊戌变法"的"现代性",它力图将改良主义的历史作用提升到一个新的高度,将中国的"现代性"转型提前到这个时间的节点上,看似有很充分的理论依据,但是此番历史的挣扎纵有更多的细节去证明它的合理性,但是它却并没有在国体和政体上撼动封建体制的根基,因此,即使有再多的理由,它在巨大的历史变迁的环节中只是一段前奏曲,以此作为断代,无疑显得有些牵强;"1892说"是以《海上花列传》的发表为界,范伯群先生在其《中国现代通俗文学史》中阐明,通俗文学此时已经具备了现代启蒙意识,此说甚有道理,从文学的本体进行考察,不管它是什么样式和内涵的文学,其合理性是无可置疑的。但是从文学史乃至文学史与文化史的关联性上来考查,可能就

---

① 董乃斌:《文学史研究的贯通与分治(提纲)》,《中国文学史古今演变研究论集》,上海古籍出版社2002年版,第104页。

缺乏更多的理论支持了。现在，严家炎先生也在纯文学史的教材中沿此说法，并且找出了更多的论据，也是令人欣喜的，毕竟，他们把现代文学三十年的僵死格局打破了，还文学史研究一个多元的格局，因此，我才敢于做进一步的思考和推论。

我要强调的问题是，在这些切分法当中，恰恰被遗忘的是"1912 说"这个不该被忘却的历史节点！寻找这个被中国现代文学史遗忘和遮蔽了的七年，是我近几年来的一个学术心结。其实，这一文学史切分法的萌动肇始于 1984 年那场关于五四新文学领导权问题的讨论。严家炎先生提出了新文学起点不在五四的主张是有学术贡献的："像过去那样，现代文学史就从五四文学革命写起，如今的学者恐怕已多不赞成。相当多的学者认为：中国现代文学史或 20 世纪文学史，应该从戊戌变法也就是 19 世纪末年写起。但实际上，这些年陆续发现的一些史料证明，现代文学的源头，似乎还应该从戊戌变法向前推进十年，即从 19 世纪 80 年代末、90 年代初算起。"[1]其理由就是近年发现的三个方面的史实可以支撑这个理论推演：一是"五四倡导白话文所依据的'言文合一'（书面语和口头语相一致）说，早在黄遵宪（1848—1905）1887 年定稿的《日本国志》中就已提出，它比胡适的《文学改良刍议》、《建设的文学革命论》等同类论述，足足早了三十年"。二是陈季同通过八本法文著作以及给他的学生、《孽海花》作者曾朴讲课的若干中文材料，提出了"小说戏剧亦中国文学之正宗"、"世界文学用中国文学之参照"、"提倡大规模的双向的翻译"等主张，打破了千年来某些根深蒂固的陈腐保守、妄自尊大的观念，对中国文学现代化起到了重要的推动作用。三是"继陈季同 1890 年在法国出版第一部现代意义上的中长篇小说《黄衫客传奇》之后，1892 年，韩邦庆的《海上花列传》也在上海《申报》附出的刊物《海上奇书》上连载"[2]。由此，我们可以看出的一个端倪是，文学史的断代分期已经有了一个基本的共识——不能再沿用近百年来，尤其是近六十年来对"由无产阶级领导的五四新文化运动"而产生的中国新文学，铁定将 1919 年作为它的发轫期的说法了，这个说法应该提上甄别的日程了。

但是如何给中国现代文学史一个准确的断代分期呢？这恐怕是一个更加艰难的命题。我个人是不同意将中国现代文学的断代由 19 世纪末向前进行延伸的，尤其是将它无限延伸到鸦片战争时期。我不否认，所有这些断代分期的节点都是有其内在学理性的，但是，这些切分的理由似乎都是站在局部的视点上来考虑问题的。我以为，我们的学术视野应该站得更高更广阔一些，其重要的因素就是我们要与整个已经约定俗成的中国文学史的断代分期体例相一致，既定的统一标准是不宜破坏的；更要从其所倡导的人文理念的角度去进行分析和考察。既然否定了"1919 说"，那么，就似乎更有理由在"1912"这个历史的节点上找回那个更为合乎历史逻辑的答

---

[1] 严家炎主编：《二十世纪中国文学史》，高等教育出版社 2010 年版，第 7—12 页。
[2] 严家炎主编：《二十世纪中国文学史》，高等教育出版社 2010 年版，第 7—12 页。

案,因为作为上层建筑的一个组成部分,它最具备历史分水岭的意义,不仅中国现代社会史、政治史和文化史应如此划界,而且中国现代文学史亦理应如此切分,否则,它将会成为一个违反历史划界的常识性错误。

二

查阅五四以后二十年间的文学史资料,我发现这样一个事实,即已有多位学者承认(尚不算隐含承认者)中国新文学(或曰中国现代文学)应该从1912年的民国算起:

赵祖抃《中国文学沿革一瞥》一书的第二十六章为"民国成立以来之文学"(上海光华书局1928年版),其划界的意识无论是在"有以后注意"还是"无以后注意"的心理层面,都是一个较早成书的论断;

周群玉在其《白话文学史大纲》中专设了"中华民国文学"(上海群学社1928年版)一章,显然,作者是有意识地将民国文学作为新文学的起点,虽然书中的分析和举证尚不够清晰宏阔,但是毕竟成为一家之说;

钱基博在其《现代中国文学史长编》一书明确将"现代"划至中华民国初年以后,他在"绪论"的第三节中曰:"民国肇造,国体更新;而文学亦言革命,与之俱新。""吾书之所为题现代,详于民国以来而略推迹往古者,此物此志也,然不题民国而曰现代,何也? 曰:维我民国,肇造日浅,而一时所推文学家者,皆早崭然露头角于让清之末年;甚者遗老自居,不愿奉民国之正朔;宁可以民国概之! 而别张一军,翘然特起于民国纪元之后,独章士钊之逻辑文学,胡适之白话文学耳! 然则生今之世,言文学而必限于民国,斯亦廛矣! 治国闻者,傥有取焉!"①应该说,钱基博先生道出了民国与"现代"的微妙之关系。事实证明,时至今日这种微妙之关系已经不复存在,此乃中国文学史治史大家的金石之言,其学理性和学术性至今仍然有其顽强的生命力;

陆侃如、冯沅君在其《中国文学史简编》第二十讲"文学与革命"中就有一段非常精妙的话,当为最早的"没有民国,何来五四"的逻辑源头:"一九一一年十月十日,武昌的革命军爆发了。无论从哪一点上来看,这总是件中国史上划时代的大事。过了五年,便有白话文学运动。又过了十年,便有了无产文学运动。(着重号为笔者所加)前者革了文学形式之命,后者革了文学内容之命。到了这个时代,中国文学史方大大的变了色,而跨入了另一个新的时代。"②其言是非常典型的民国文学为新文学起源之说。

我曾经也十分推崇文学的划界要遵循自身的内在规律,还文学的自身的独立

---

① 钱基博:《现代中国文学史长编》,无锡协成公司1932年版,第5—6页。
② 陆侃如、冯沅君合著:《中国文学简史》,上海大江书铺1932年版,第227页。

性。但是,和西方文学史的发展规律不尽相同,就中国古今文学史的内在规律而言,它没有,也不可能与它所处时代的政治和文化发展的历史语境相剥离,如果强行剥离,那肯定是生硬的、牵强的,甚至是无视中国文学与历朝历代的社会政治有着水乳交融之关联的铁的事实存在,中国现代文学史亦更是如此。因此,狭义的中国现代文学史(不含1949年以后的所谓"中国当代文学史")不是"中国现代文学三十年",而应该是"中国现代文学三十七年"!将1912年的民国元年作为中国现代文学的起点,其理由在于:

1. 如前所述,中国现代文学史的断代标准应该与整个中国文学史的断代分期的逻辑理念和体例相一致,既定的,也是约定俗成的统一标准不宜因某一自以为的主导性理论而遭到破坏。那么,为什么这个既定的中国文学史划界标准就会轻而易举地被抛弃了呢?仔细考证,这一法则的运用是从五四以后的一些曾经"文学革命"的先驱者们的文章开始的。当然,我们可以清楚地看到,1917年开始的"文学革命"之口号,从形式到内容都为文学史的划界提供了可靠的理论依据,那么,如果谈到这样的"文学革命",黄遵宪的"诗界革命"则更有理由作为"现代"和"古代"间的区分。显然,从文学的内在规律开始到后来这一理论的演化、蜕变,尤其是1949年后对它革命性内涵的阈定和强调,逐渐就演变成一种意识形态要求的必然结果。倘若我们打破这种思维定势的话,那么,1912年将成为一个封建社会终结的改朝换代节点,无疑,它也就同时成为新文学发端的起点所在。

诚然,它也会带来一个同样难以回避的问题,即:既然新旧文学的分水岭定在1912年,既然中国现代文学史和中国当代文学史必须打通,那么,这样的切分是否也有按照政治标准来切割的嫌疑呢?所以,我在下面要强调的恰恰是由此而带来的对民国核心人文理念与价值内涵的重新阐释,因为从今后长远的历史眼光来看,中国的所谓现当代文学终究是要合流的——它的"现代性"毕竟会最后将它们融为一体。

2. 1912年中华民国成立时,以孙中山为代表的资产阶级民主核心价值理念——"三民主义"——就开始渗透在其执政的国体和政体的纲领之中,其"自由、平等、博爱"已然成为这个新生的共和国国体,乃至于整个民族和每一个公民所支撑和依赖的精神支柱。显然,这样的价值观念是引进西方启蒙时代以后,尤其是法国大革命所倡导的具有世界性意义的普遍价值理念,它不仅是从国家政治的层面确定了它对公民与人权的承诺,同时它也是在民族精神的层面倡导了对大写的人的尊重。所以,才有了后来的所谓五四"人的文学"的诞生;所以,才有了中国现代文学史上20年代和30年代文学的大繁荣。正是由于"自由、平等、博爱"的价值理念统摄和笼罩着中国现代文学史,才有可能产生五四前后的大作家和大作品,才会出现如雨后春笋一般的文学社团和流派。

3. 1912年为中华民国元年,它标志着一个资产阶级民主共和政体的诞生!帝制被推翻,也就断然在形式上宣告了与延续了几千年的封建古代国体、政体与意识形态进行了形式上和法律上的切割。这就在政策、法规的层面上为新文学在形式(从文言向白话转型)和内容("人的文学")上奠定了稳固的政治基础,并提供了可靠的法律保障。经过资产阶级武装斗争的辛亥革命而成立的共和政府,创建了第一部具有民主意识的《临时约法》:"首先是确定了中国的国体,确认以'国民革命'的手段推翻满清王朝,代之以'自由、平等、博爱'的资产阶级民主共和制度,从而肯定了资产阶级民主共和的国家性质和主权在民的原则,从根本上否定了封建君主专制制度。""最后,《临时约法》不仅以根本大法的形式彻底否决了封建专制制度,确定了资产阶级共和国的国体和政体,还规定中华民国人民一律平等,享有人身、财产、营业、言论、出版、集会、结社、通讯、居住、迁徙、信仰等自由,享有请愿、陈诉、考试、选举和被选举等民主权利。"①"南京临时政府的建立,是近代中国人民艰苦奋斗的伟大成果,它虽然存在时间短暂,但却在中国近代史上做出了卓越的贡献,具有重要的地位。它建构了中国现代国家的雏形,展示了未来的图景,开辟了中国历史的新纪元。它最大的特点,是历史的首创性。"②"《临时约法》反映了革命党人对民主共和国的基本构想,他们汲取了近代西方国家资产阶级民主政治的基本原则,把这些原则在中国第一次以根本大法的形式肯定下来,具有划时代的意义。"《中华民国开国法制史——辛亥革命法律制度研究》一书中指出《临时约法》的历史意义主要有以下几点:

(1)在政治上,它不仅仅是宣判了清王朝封建专制统治的死刑,而且以根本法的形式废除了在中国延续了两千年的封建君主专制制度,确立起资产阶级民主共和国的政治体制。

(2)在思想上,它改变了人们的是非观念,使民主共和的观念深入人心,树立了帝制自为非法,民主共和合法的观念。

(3)在经济上,确认资本主义生产关系为合法,在当时的历史条件下,符合中国社会经济发展的趋势,客观上有利于中国民族资本主义经济的发展和社会生产力水平的提高。

(4)在文化上,《临时约法》颁布后,资产阶级、小资产阶级知识分子便利用《临时约法》规定的集会、结社、言论、出版自由,纷纷组织党团和创办报刊,大量介绍西方资本主义国家的政治、经济、法律、文教情况,为新文化运动创造了条

---

① 王文泉、刘天路主编:《中国近代史:1840—1949》,高等教育出版社2001年版,第200—201页。
② 张宪文等:《中华民国史》(第一卷),南京大学出版社2006年版,第100页。

件。……①

虽然,孙中山的临时政府遭遇了袁世凯的帝制复辟,充分暴露出了辛亥革命的不彻底性,被鲁迅那样的五四新文化运动的先驱者们所诟病,成为新文学初期文学艺术作品中抨击与揭露的靶子。然而,从发生学的角度来考察,没有辛亥革命的推动,没有中华民国的政策与法律法规的保障,没有引进西方民主自由的国体和政体的先进理念,没有"自由、平等、博爱"的启蒙精神理念作先导,其新文化运动是不可能发生的;没有资产阶级共和的政体与国体的保障,也不可能在哪怕是袁世凯复辟帝制统治时期还保有民主宪法的形式,以及出版、言论、结社的自由,其间的"二次革命"和"三次革命"都是遵循了对这种精神理念的追寻——这就是民国政府《临时约法》所产生的巨大"现代性"的连锁效应。

三

如果真正从"文学革命"的形式上来考察的话,显然,"白话文运动"、通俗文学和"文明戏"的发生与发展应该是新旧文学划界的一些重要元素,那我们就来看看这些文学元素在民国初年所呈现出来的具体状态。

首先,倡白话、开报禁,言论出版自由的启蒙意识被法律法规的形式所阈定和保护,民声民言的畅达促进了新文化和新文学运动的萌动进入了一个自由发展之空间,为提升新文学的数量与质量打下了基础。民国初年,言论广开,新闻通讯社有了发展,1912—1918年间,新创办的通讯社达20余家,这就大大地保障了言论的自由。民国初年,从南方到北京,由于言论出版的自由,人们思想活跃,代表着各种文化和政治利益的组织也如雨后春笋般地成长起来。我以为,正是因为资产阶级民主共和的思想被规约和融化为一种法律法规的形式,这就为中国新文学的发生和发展奠定了坚实的基础。没有这样一个思想基础和法律形式的保证和保护,中国现代文学,尤其是20年代至30年代文学是不可能产生文学大家和传世经典之作的。

中华民国《临时约法》中规定的言论出版自由等条款,为白话文的开展提供了便利,倘若没有这一前提,"文学革命"的"白话文运动"是不可能发展得如此迅猛的。其实,白话文兴起的源头是在晚清,这已经成为学界之共识,黄修己先生认为:"早在19世纪后半期,提倡白话,要求改革文字、改良文学的呼声就已经此起彼伏,形成了一定的声势。语言的变革也有自己的规律,但社会发展的需要更是巨大的推动

---

① 邱远猷、张希坡:《中华民国开国法制史——辛亥革命法律制度研究》,首都师范大学出版社1997年版,第373页。

力。"①没有"推动力"的根本原因就在于:"新文学运动以前,国内文坛的趋势,已倾向于白话文学,但是没有一个人出来高举义旗,提倡文学革命,这是什么缘故呢?这是因为这十余年来,虽然有提倡白话报的,有提倡白话书的,有提倡官话字母的,有提倡简字字母的,他们虽说也是有意的主张,但他们可以说是'有意主张白话',却不可以说是'有意主张白话文学'。因为他们始终以为白话文不过是一般平民阶级的便利,而在他们自己却仍然保持着古文古诗为文学的正宗,这么一来,把他们自己与平民阶级分成两个阶段了。"②无疑,"白话文运动"的起源并不在五四。

这一时期的白话文已经开始流行,其最重要的原因就在于由出版和言论自由法律规约下的报纸、刊物在民国初期的发展。尤其是"在文化上,《临时约法》颁布后,资产阶级、小资产阶级知识分子便利用《临时约法》规定的集会、结社、言论、出版自由,纷纷组织党团和创办报刊,大量介绍西方资本主义国家的政治、经济、法律、文教情况,为新文化运动创造了条件"③。毋庸置疑,这些优越的政治条件为文学的素材——社会新闻的广泛流传提供了舞台,它不仅促进了通俗文学的发展,而且成为中国报告文学与小说混成杂交的最早的"纪实文学"之雏形,换言之,它就是中国现代"纪实文学"文体的源头所在。

无疑,通俗文学在民国初期得到了长足的发展,这不仅是在法律形式上保障了白话通俗小说的发表的自由,而且从创作和接受两个层面,使陈旧的封建文学形式解体而走向平民化。从另一个维度为新文学的启蒙迅猛发展提供了可靠的场域。

民国初年,文坛上鸳鸯蝴蝶派小说、黑幕小说及侦探、武打小说的发行量猛增,其"鸳蝴派"小说是创作之重镇,民国初年成为它的极盛时代。如果我们把通俗文学也作为中国新文学不可分割的重要一支,无条件地让其入正史的话,那么,有一个现象是需要注意的——民国初期的通俗小说已经开始从晚清的谴责与黑幕的体式向社会小说转型。④ 也就是说,民国开始的民众对文学的接受在很大程度上是一种社会政治的参与,这就是梁启超们之所以总结出"小说的群治关系"的缘由。也正是在这一点上,我们看到了五四以后的小说为什么会首先定位在"社会小说"和"问题小说"上,以至于到后来为什么会形成"为人生"的写实主义小说创作大潮,甚至找到了为什么会在以后近百年的各种文学潮流中而凸显现实主义思潮的真正缘由。

范伯群先生认为:"中国现代通俗文学作家在19世纪末到'五四'之前是中国启

---

① 黄修己:《中国现代文学发展史》,中国青年出版社2008年版,"引言"第2页。
② 黄修己:《中国现代文学发展史》,中国青年出版社2008年版,"引言"第2页。其中引文中的引文为:郭箴一:《中国小说史》(下),商务印书馆1939年版,第589页。其中脱漏了两个"的"字。特此说明。
③ 邱远猷、张希坡:《中华民国开国法制史——辛亥革命法律制度研究》,首都师范大学出版社1997年版,第373页。
④ 范伯群主编:《中国近现代通俗文学史》第二章"从谴责、黑幕遗风透视通俗社会小说",江苏教育出版社2000年版,第100页。

蒙主义的先行者。在中国,文学的现代化之路是与启蒙主义有着内在联系的。将通俗文学与启蒙主义联系起来,乍听似乎是一种'痴人说梦'。但是我们认为中国早期社会通俗小说——谴责小说就已经有了启蒙的因素。"①同样的观点还来自于杨联芬先生:"晚清新小说的'新民'理念,意味着用小说塑造读者,叙述者遂成为启蒙者。"②当然,范先生和杨先生将启蒙元素在通俗文学中的显现推及至清末是有道理的,但是,我们却不能忽略的是,民国的建立,对巩固和保障这一元素的延展是起着至关重要作用的。之所以此时的"文以载道"能够大行其道,民众可以在小说中找到对社会政治的宣泄,无疑,通俗小说起到了表达民声的桥梁作用。所以,我既不同意将通俗文学史向前推至19世纪八九十年代,也更不同意有些学者将通俗文学史在与纯文学史的合并中,将其开端置于1919年的框架体系中。

更为重要的是,"民国初年,在刊物上掀起了一股宫闱笔记、历史演义和反映称帝、复辟事件的小说热。在辛亥革命前后,许多历史性的政治事件频频爆发,而由于清廷倾覆,使众多历史内幕得以'解密',人们可以无所顾忌地发表过去讳莫如深、只能在私下里口口相传的宫廷、官场秘闻,窃窃私语的时代已经过去,人们可以将真相公之于众,能'写的'就将过去的积累和盘托出,喜'读的'更是乐此不疲,于是激发人们再去向纵深开掘,形成了出版物中一道新的风景线、编辑与书商的一个'大卖点'。在清末民初的几个大刊上,如《小说时报》、《小说月报》、《小说大观》和《中华小说界》等刊均有笔记文学的一块地盘。"③由此可见,民国小说的发展不仅是继承了晚清谴责小说的批判遗风,而且更是开创了小说的"写实性"风格,为五四小说现实主义批判主潮奠定了牢固的基础。同时,它也是中国小说文体变革的源头所在——将"纪实与虚构"的文学样式推上了历史的舞台。这不能不说是民国初年小说的一大进步。所有这些,都有力地证明了民国文学的开放性是与其政治文化的制度保障背景分不开的。

综上所述,我想强调的是,中国现代文学史不是三十年,而是三十七年!我们不仅要找回这被遗忘和遮蔽的七年,而且更重要的是,研究这七年文学的作家作品、文学现象和文学思潮,并且厘清它们与五四新文学直接和间接的内在关联性,应该是一些不可回避和刻不容缓的研究课题了。

---

① 范伯群主编:《中国现代通俗文学史》(插图本),北京大学出版社2007年版,第6页。
② 杨联芬:《晚清至五四:中国文学现代性的发生》,北京大学出版社2003年版,第74页。
③ 范伯群主编:《中国现代通俗文学史》(插图本),北京大学出版社2007年版,第184页。

异口同声:从"东京语"到"京城声口"

◎ 沈卫威

一

1902年,迫于前一年屈辱的"辛丑条约"(因是针对之前的庚子教案,故又称"庚子赔款")的压力,中断三年多的维新变法之论再起。一批受"戊戌变法"牵连的官员重新被启用。特别是在前一年两江总督刘坤一和湖广总督张之洞"江楚会奏变法三折"的实际推动下,欲变法先兴学的呼声最为高涨。1月10日,吏部尚书张百熙被任命为管学大臣,掌管京师大学堂。在南京兴学,掌管江南陆师学堂及新附设矿务铁路学堂的俞明震,受刘坤一指令,在3月24日,以江南陆师学堂总办的名义亲自护送陈衡恪、陈寅恪、周树人(鲁迅)、芮石臣(顾琅)、张协和(邦华)、伍仲文(崇学)等24人乘日轮"大贞丸"由南京出发,去日本留学,同时考察日本教育。① 同年2月8日,因"戊戌变法"而亡命日本横滨的梁启超,创办《新民丛报》;同年11月27日(农历十月廿八日),《新小说》在横滨创刊。该刊附设于《新民丛报》,梁启超在创刊号上,发表《论小说与群治之关系》、《新中国未来记》,在倡导"新民"和"新小说"的同时,极力推崇并践行"新文体"。黄遵宪(公度,1848—1905)因此致信称赞说:"《清议报》胜《时务报》远矣。今之《新民丛报》又胜《清议报》百倍矣。惊心动魄,一字千金。人人笔下所无,却为人人意中所有,虽铁石人亦应感到。"② 与此同时,针对《天演论》译者,"以为文界无革命"的严复,黄遵宪也专门有书信给他,明确提出文界"无革命而有维新"③。黄遵宪在给严复的信中说:"以四千余岁以前创造之古文,所谓六书,又无衍声之变,孳生之法,即以书写中国中古以来之物之事之学,已不能敷用,况泰西各科学乎?"④黄遵宪与严复都是晚清著名的思想启蒙者,是较早走出国门,放眼看世界的

---

① 鲁迅博物馆鲁迅研究室编:《鲁迅年谱》(增订本)(第一卷),人民文学出版社2000年版,第87—88页。
② 黄遵宪:《致梁启超书》,黄遵宪撰,吴振清、徐勇、王家祥编校整理:《黄遵宪集》(下卷),天津人民出版社2003年版,第490页。
③ 黄遵宪:《与严复书》,黄遵宪撰,吴振清、徐勇、王家祥编校整理:《黄遵宪集》(下卷),第480页。
④ 黄遵宪:《与严复书》,黄遵宪撰,吴振清、徐勇、王家祥编校整理:《黄遵宪集》(下卷),第479—480页。

维新之士。严复又是吴汝纶的门生,他翻译的《天演论》出版时,序言为吴汝纶所作。文学家和政治家变革文体的自觉意识,将和变革读音识字方法的国语教育家的"国语统一"思想合流,成为维新改革的重要动力。

也正是这一年,中国教育史上两位杰出的教育家出访日本,考察、学习日本的国民教育:京师大学堂的总教习吴汝纶(字挚甫、挚父,1840—1903);天津严家学馆(1904年改为南开学校)创办人严修(字范孙,1860—1929)。两人都留下翔实的考察日记,分别为《东游丛录》《壬寅东游日记》。严修在赴日的船上即对日本友人富士德太郎表示:"近顷,吴京卿亦奉朝旨东游,待其归国当有建白。"①两位教育家这次日本之行的收获是巨大的,对中国教育引发的改革更是迅速的。

二

1902年2月,管学大臣张百熙向并无实权的光绪皇帝奏荐吴汝纶为京师大学堂总教习获准。吴汝纶虽以不懂西学为由向张百熙再三推辞不就,但皇帝的诏书难违,他又不敢公开抗旨,于是就提出先到日本考察学制,欲取法日本的国民教育模式,为中国教育开改革新路。吴汝纶是6月9日(农历5月4日)从天津出发,10月22日(农历9月21日)回到上海。严修是8月10日(农历7月7日)自天津启程,10月30日(农历9月29日)回到上海。

对此事,吴汝纶之子吴闿生的《先府君事略》②和贺铸的《吴先生墓表》③都有记述。因此黎锦熙指出,1902年叫出"国语统一"④这个口号的正是这位"桐城派"后期作家、京师大学堂总教习吴汝纶,并展示了《东游丛录》所写到的一个细节。吴汝纶此时是曾国藩门下四大弟子中年龄最小也是唯一的健在者,同时也是学问最好、文章最好的一位。

1902年6月9日,吴汝纶奉清廷之命,带领李光炯等赴日本考览学制,行程中的见闻、访谈、书信、日记等合编成《东游丛录》(此书中的时间均为农历)。在三个多月的时间了,他曾拜访日本朝野各界人士,深受当时日本所推行的国家观念至上的"国民教育"的影响。在他所拜访的各界人士中,先后有四位向他谈到国语统一与文字改革的问题。他们依次是:山川健次郎、伊泽修二、土屋弘(伯毅)、胜浦鞆雄。

---

① 严修:《壬寅东游日记》,严修撰、武安隆、刘玉敏点注:《严修东游日记》,天津人民出版社1995年版,第8页。

② 吴闿生:《先府君事略》,施培毅、徐寿凯校点:《吴汝纶全集》(第四卷),黄山书社2002年版,第1159页。

③ 贺铸:《吴先生墓表》,施培毅、徐寿凯校点:《吴汝纶全集》(第四卷),第1149页。

④ 黎锦熙:《国语运动史纲》,商务印书馆2011年版,第101页。近有刘进才《语言运动与中国现代文学》(中华书局2007年版,第23—37页)详论此事。

6月30日(农历5月25日),东京帝国大学总长、理学博士山川健次郎就明确地向他建议要重视"国语"统一的具体问题。说:"凡国家之所以存立,以统一为第一要义。教育亦统一国家之一端。故欲谋国家之统一,当先谋教育之统一。教育之必须统一者有三大端:(一)精神;(二)制度;(三)国语。"①山川健次郎又进一步向他解释了推行"国语"的重要性:"国语似与教育无直接之关系,然语言者,所以代表思想,语言不齐,思想因此亦多窒碍,而教育之精神,亦必大受其影响。此事于他国无甚重要,以贵国今日之情形视之,则宜大加改良,而得一整齐划一之道,则教育始易着手。"②

7月21日(农历6月17日),吴汝纶拜访东京高等师范学校校长,著名教育家伊泽修二(曾在台湾兴学,著有《支那语正音发微》)之后,在当天的日记中写道:"访伊泽修二,留饭久谈,谆谆以国语一致为统一社会之要。"③这次谈话,颇有细节的冲击力量:

(伊泽修二)又曰:欲养成国民爱国心,须有以统一之。统一维何?语言是也。语言之不一,公同之不便,团体之多碍,种种为害,不可悉数。察贵国今日之时势,统一语言,尤其亟亟者。

答:统一语言,诚哉其急!然学堂中科目已嫌其多,复增一科,其如之何?

伊泽氏曰:宁弃他科而增国语。前世纪人犹不知国语之为重,知其为重者,犹今世纪之新发明,为其足以助团体之凝结,增长爱国心也。……既而德王威廉起,知欲振国势,非统一联邦,则不足以跻于盛壮;欲统一联邦,非先一语言,则不足以鼓其同气;方针既定,语言一致,国势亦日臻强盛。……

答:语言之急宜统一,诚深切著明矣。敝国知之者少,尚视为不急之务,尤恐习之者大费时日也。

伊泽氏曰:苟使朝廷剀切诰诫,以示语言统一之急,著为法令,谁不遵从!尊意"大费时日"一节,正不必虑。④

接下来,伊泽修二以事实为例来劝说吴汝纶:

即如仆信州人,此阿多君(时席上有此人)萨摩人,卅年前对面不能通姓名,殆如贵国福建、广东人之见北京人也,然今日仆与阿多君语言已无少差异。敝

---

① 吴汝纶:《东游丛录》,施培毅、徐寿凯校点《吴汝纶全集》(第三卷),第788页。
② 吴汝纶:《东游丛录》,施培毅、徐寿凯校点《吴汝纶全集》(第三卷),第789页。
③ 吴汝纶:《日记》,施培毅、徐寿凯校点《吴汝纶全集》(第四卷),第714页。
④ 吴汝纶:《东游丛录》,施培毅、徐寿凯校点《吴汝纶全集》(第三卷),第797—798页。

国语言之最相悬殊者，推萨摩，初建师范学校时，募萨摩人入学，俾其归而改良语言，今年春仆曾游萨摩，见学生之设立普通语研究会者，到处皆是。所谓普通语者，即东京语也，故现在萨摩人殆无不晓东京语者。以本国人而学本国语，究不十分为难，况乎今日学理之发明，哑者尚能教之以操语言，况非哑者乎？惟不试行之为患耳。苟其行之，假以岁月，其效显著于齐、鲁、闽、粤之间，可操券决也。①

这里所呈现的"东京语"对日本各地人与人交往的改变，和学校教育中的"普通语"教学的实际情况，在廿四年前的日本，却是另一种景象：书面语（国话）与口语，书面语与方言，州郡之间方言与方言很难沟通，虽本国人也"未能悉辨"，"亦不能解"。这在驻日公使黄遵宪1878年（戊寅）的《与日本人笔谈》②，特别是与源桂阁③的谈话中可见一斑。

因此，黄遵宪在《日本国志》中，特别强调："盖语言与文字离，则通文者少；语言与文字合，则通文者多，其势然也。然则日本之假名有裨于东方文教者多矣。……欲令天下之农工商贾妇女幼稚，皆能通文字之用，其不得不于此求一简易之法哉。"④ 此书1895年底出版后，此说即为王照所关注并摘录，放在其1906年重印版的《官话合声字母》中，作为附录合刊发行。

日本教育界人士对于中国语言文字的情感和日语改革后"东京语"成为国语的现实成效，有十分清醒的认识，因而他们对吴汝纶"虚己以求"的到来，给予的建议都是很切实、很细化的。土屋弘（伯毅）在给吴汝纶的来信中强调："盖工业之所以速成，一在用器之利便。教育以文字为利器，文字之简易利便者，莫若五十音图。敝邦普通教育，以五十音图为先，五十音之为用，宇宙百般之事，无不可写者，而其为字仅五十，虽幼童可辄记之，以此施于初级教育，其进步之速，曾何足怪！"⑤ 9月23日（农历8月22日），吴汝纶随即给土屋弘回信，说："惠书论贵国以五十音施之初级教育，其进步之速以此；欲令敝国采用此简便之物，以达教育速奏之效。……国人王某，曾为省笔字，大意取法贵国五十音，改为四十九字，别以十五喉音配之，可以赅尽敝国之音，学之数日可明。拟以此法传之敝国，以为初级教育，庶几所谓九十九人者皆得识字知书，渐开智慧，是亦与来教之旨暗合者。"⑥

9月25日（农历8月24日），东京府第一中学校长胜浦鞆雄在与吴汝纶到访的

---

① 吴汝纶：《东游丛录》，施培毅、徐寿凯校点：《吴汝纶全集》（第三卷），第798页。
② 黄遵宪：《与日本人笔谈》，黄遵宪撰，吴振清、徐勇、王家祥编校整理：《黄遵宪集》（下卷），第725页。
③ 黄遵宪：《与日本人笔谈》，黄遵宪撰，吴振清、徐勇、王家祥编校整理：《黄遵宪集》（下卷），第746页。
④ 黄遵宪：《日本国志》卷三十三，上海古籍出版社2001年版，第346—347页。
⑤ 吴汝纶：《东游丛录》，施培毅、徐寿凯校点：《吴汝纶全集》（第三卷），第749页。
⑥ 吴汝纶：《答土弘伯毅》，施培毅、徐寿凯校点：《吴汝纶全集》（第三卷），第427页。

交谈中得知中国"近有人作省笔字",大为惊奇,立即向吴汝纶表示:"中国若果行此,普通教育进化必速也。"①吴汝纶在10月1日(农历8月30日)回复胜浦鞘雄的信中特意解释说:"查新制之省笔字非下走所制,乃敝国王某所为,政府未必遵用。其所制字,仆决将来必须用此,教育乃能普及。"②当然,日本友人所说的"普通教育进化必速"手段是要用"省笔字"。吴汝纶深知中国教育改革过程的艰难和时势的复杂。所以此时他尚没有坚定的信心和决断的能力,只好寄希望于"将来"。

10月9日(农历9月8日),吴汝纶访问了创办早稻田大学的大隈重信(大隈伯),大隈重信的一席话,使他对日本"学校"教育有了更为深刻的认识:

> 八日乙丑,访大隈伯。其称学校造就四等:一、造就个人,即德育智育体育是也。二、造就国民,即普通教育,团结社会,齐心爱国是也。三、造就公民,即使有政治之学,足以领袖平民是也。四、造就世界人,即交通万国、取长辅短、相与并立是也。③

这是晚清以来,追求学校教育中所谓个人"德育智育体育"全面发展的最为直接和最为明确的借鉴日本经验的依据。

三

作为曾国藩弟子中文学成就最高的吴汝纶深受刺激,他深明语言作为言志和载道的工具理性,更清楚晚清以来白话、官话对社会变革的实际推动。在他心中立刻产生了如法炮制的念头:即有以"京城声口"(北京话、官话)对应"东京语"。效法日本的国语统一,以加速中国的言文合一,异口同声,进而推动国民教育。这种对日本国民教育的效仿、借鉴的明确态度立即呈现在他的书信中。他10月12日(农历9月11日)将在日本"阅视各学日记"抄呈管学大臣张百熙(字野秋、冶秋,因曾官至多部尚书,通常称其张尚书)的同时,还有专门的《与张尚书》,信写道:

> 今日本车马夫役,旅舍佣婢,人人能读书阅报,是其证也。中国书文渊懿,幼童不能通晓,不似外国言文一致。若小学尽教国人,似宜为求捷速途经。近天津有省笔字书,自编修严范孙家传出,其法用支微鱼虞等字为母,益以喉音字十五、字母四十九,皆损笔写之,略如日本之假名字,妇孺之兼旬,即能自拼字

---

① 吴汝纶:《东游丛录》,施培毅、徐寿凯校点:《吴汝纶全集》(第三卷),第738页。
② 吴汝纶:《答胜浦鞘雄》,施培毅、徐寿凯校点:《吴汝纶全集》(第三卷),第430页。
③ 吴汝纶:《日记》,施培毅、徐寿凯校点:《吴汝纶全集》(第四卷),第714—715页。

画,彼此通书。此音尽是京城声口,尤可使天下语言一律。今教育名家,率谓一国之民,不可使语言参差不通,此为国民团体最要之义。日本学校,必有国语读本,吾若效之,则省笔字,不可不仿办矣。①

这就是严修之前所预料到的"建白"。信中所说自编修严范孙家传出的"省笔字书",和在《答土弘伯毅》书中说的"王某,曾为省笔字",以及对胜浦鞆雄所说的中国"近有人作省笔字",即是后来颇得胡适褒扬的王照(小航,1859—1933)的《官话合声字母》。胡适1931年为《王小航先生文存》写序时,称道王是"革新志士,官话字母创始人"②。说王小航"主张教育之要旨在于使人人有生活上必须之知识;主张教育是政治的主脑"③。由于严范孙在吴汝纶之后也到日本考察教育,并在东京、西京与吴相会,还多次一起参加活动的缘故,吴汝纶对王照(小航)的《官话合声字母》有特别的了解。生于1859年的王照,1894年中进士后入翰林,与1883年中进士的严范孙同为翰林馆编修。1898年,王照卷入"戊戌变法",遭追捕前即逃亡日本。在日本期间,受日本片假名的直接影响,创制中国官话字母表。潜回中国后,到天津,得严范孙接济。1900年,王照得严范孙送给他的清初李光地《音韵阐微》的启发,知晓康熙皇帝把满语的"合声"之法,让李光地应用于汉文字音,写成《音韵阐微》。于是,他在1900年成书《官话合声字母》,并先在严范孙的家学馆中试用。1901年,此书传到日本江户,被中国留学生翻印。黎锦熙说:"严氏家里,人人都练习得很熟;丫头老妈子厨子车夫都是能看《拼音官话报》,能用官话字母写信作文的。"④这是缘于1898年严范孙在天津自家设立学馆("严馆"),"半日读经书,半日读洋书"⑤。

王照在《官话合声字母》的序言中写道:"今各国教育大盛,政艺日兴,以及日本号令之一,改变之速,固各有由,而言文合一,字母简便,实其至要之原。"⑥他更是强调:"各国文字虽浅,而同国人人通晓,因文言一致,字母简便,虽极钝之童,能言之年即为通文之年。故凡有生之日,皆专于其文字所载之事理,日求精进。无论智愚贵贱,老幼男女……而吾国通晓文义之人,百中无一,占毕十年。问:何学?曰:学通文字耳。钝者或读书半生,而不能作一书柬。惟其难也。故望而不前者十之八九,稍习即辍者又十之八九。文人与众人如两世界,凡政治大意、地理大略、上下维系、中

---

① 吴汝纶:《与张尚书》,施培毅、徐寿凯校点:《吴汝纶全集》(第三卷),第435—436页。
② 胡适:《〈王小航先生文存〉序》,《胡适全集》(第4卷),安徽教育出版社2003年版,第486页。
③ 胡适:《〈王小航先生文存〉序》,《胡适全集》(第4卷),第488页。
④ 黎锦熙:《国语运动史纲》,第101页。
⑤ 严修自订、高凌雯补、严仁曾增编、王承礼辑注、张平宇参校:《严修年谱》,齐鲁书社1990年版,第127页。
⑥ 王照:《〈官话合声字母〉原序》,王照:《官话合声字母》,文字改革出版社1957年版,第3页。此书是根据1906年北京"拼音官话书报社"翻刻本《重刊〈官话合声字母〉序例及关系论说》影印。

外消长之大概,无从晓譬。"① 如何能使语言文字合二为一? 王照积极主张采用已经成为"官话"的"京话"来统一中国的语言:"用此字母,专拼白话。语言必归画一,宜取京话。因北至黑龙江,西逾太行宛洛,南距扬子江,东傅于海,纵横数千里,百余兆人,皆解京话。外此诸省之语,则各不相通。是京话推广最便,故曰官话。官者公也,公用之话,自宜择其占幅员人数多者。"② 在《出字母书的缘故》中,王照更是明确表示:"借着字母,就认得汉字,日子多了,就可以多认汉字,以至连那无有字母的书,也都可以会看了,真是大有益处。以后咱们中国人,都能念书,添点学问,长点见识。这就是我们作字母书的,所很指望的了。"③

1901年,王照进京拜见李鸿章,李托病(不久即病逝),令于式枚代见。于王两人对话,可见王照明世事通大理的改革之志。④

李鸿章1901年去世后,王照便让门人王璞乘张百熙出任管学大臣之际,以王璞个人的名义在1902年12月(农历11月)直接上书张百熙,陈说老师王照所作所为将会对普及教育产生的影响⑤。

其实,吴汝纶在访问日本之前已经读到了王照的《官话合声字母》一书。他在1902年3月24日(农历2月15日)的日记中写道:

> 近年南省多仿外国字母另立省笔字母,用反切拼音,教妇孺识字者。小航用《音韵阐微》之例,别制字母并喉音字,为北方不识字之人便于俗用。其拼音用国书合声之法,缓读则为二字,急读则成一音。其上一字用支、微、鱼、虞、歌、麻诸韵之字,下一字用喉音,谓天下之声皆出于喉而收于喉,皆阐微例也。其书名《官话合声》,字母喉音十五……字母四十九。……凡字分四声,则依声加点于字母,并喉音字之四隅。北人无入声,今但分上平、下平、上、去四声。⑥

身为安徽皖江北岸的吴汝纶,他家乡的私塾此时的确是在用反切拼音教学。这在"胡适纪念馆"的档案中中可以找到证据。1903年,13岁的胡适和他的私塾老师胡禹臣(观象),同学胡近仁、胡观爽在皖南绩溪家乡上庄开始学反切。老师是一位从江西来的游方学者徐奋鹏。用的课本是《反切直图》。这个课本如今还保存在台北"胡适纪念馆"里。⑦ 而北方,则是王照的《官话合声字母》的影响力在日益增大。

---

① 王照:《〈官话合声字母〉原序》,王照:《官话合声字母》,第1—2页。
② 王照:《新增例言》,王照:《官话合声字母》,第9页。
③ 王照:《出字母书的缘故》,王照:《官话字母读物》(八种),文字改革出版社1957年版,第5—6页。
④ 黎锦熙:《国语运动史纲》,第108页。
⑤ 王璞:《宛平县生员王璞谨呈为请用俗话字母广传》,王照:《官话合声字母》,第33—34页。
⑥ 吴汝纶:《日记》,施培毅、徐寿凯校点:《吴汝纶全集》(第四卷),第676—677页。
⑦ 胡颂平编著:《胡适之先生年谱长编初稿》(第1册),台北联经出版事业公司1984年版,第50—51页。

歧义的莫言的暧昧

◎ 吴　俊

　　进入了 2012 年 10 月,即使在中国,最领风骚的也并不是莫言,虽然他刚刚获得了世人瞩目的诺贝尔文学奖。——只有神曲"骑马舞"《江南 style》才是世界当然也是在中国的最流行。

　　但鸟叔引起的毕竟只是娱乐的疯狂。对中国文学界乃至知识界和民意社会来说,令人惊诧的是环绕着莫言的获奖,居然发生了如此歧义、分裂、对立的立场和舆论现象——甚至说是社会的撕裂也不过分！网上匿名评论不计,以专业知名度和显例而论,著名的批评家李建军在《文学报》上就多次发声,还发表了连载两期的长文《2012 年度"诺奖"〈授奖辞〉解读》(上、下),强烈批评莫言的文学倾向及诺奖评选的意识形态倾向。① 稍后的 4 月 7 日,也是著名的《收获》执行主编程永新发微博称:"再也不读《文学报》了",以抗议该报发表的李建军文章。此事一时间引发了一连串波澜。② 须知中国作家在焦虑中等待诺奖已经多少年了？这已经不是单纯的文学荣誉了,完全成了国家荣誉和国家利益问题。那么,当下的歧义、分裂和对立究竟是为什么呢？或者仅视作力比多亢奋,等着审美疲劳来袭——如莫言所说,等到明年此时,下一个诺奖新人出炉,世人也就忘记他了。③ 真如此也罢,但莫言获奖如果只在引发了一场口水比赛的媒体或舆论骚乱,那也太浅薄了吧。即便这就是一个浅薄的世道。莫言的全民接受度远逊于鸟叔,但围观莫言显然并不是在表现娱乐精神。

　　2012 年的诺奖底牌翻开前,莫言已经陷入风暴中心,甚至成为众矢之的。以至

---

　　① 详见 2013 年 1 月 10 日《文学报》所载李文《直议莫言与诺奖》；2013 年 3 月 7 日、21 日连载《2012 年度"诺奖"〈授奖辞〉解读》(上、下)。

　　② 程永新微博:"如果说以前对王安忆《天香》的批评、对贾平凹《带灯》的批评只是显示幼稚可笑而已,那么李建军对莫言的攻讦已越过文学批评的底线,纯意识形态的思维,'文革'式的刻薄语言,感觉是已经疯掉的批评家要把有才华的作家也一个个逼疯！"

　　③ 语见 2013 年 4 月 2 日在北京举行的中国—澳大利亚文学论坛上莫言的发言。据 2013 年 4 月 12 日《中国文化报》。

于他不得不说:我什么也不能说,反正一说就是错的,总有人会找到理由骂我。① 而获奖后他又说:获奖后我才知道了以前从没想到过的居然会有这么多人恨我!② 然而,借用一位往日大人物的话说:世界上绝没有无缘无故的爱,也没有无缘无故的恨。莫言的成功或许也是一件犯众怒的挑衅事件,更准确些说,他的举世瞩目的成功使人一下子敏感于他对某些利益的冒犯,特别是他的冒犯从此一下子变得极度不可原谅了。像傻瓜一样学着鸟叔的动作蹦跶,那是自娱自乐;而朝莫言喷出的口水之"恶毒",已经是一种危险的警告了——中国社会的极端化倾向即使在知识界、精英人群、理性阶层、文化领域也已面临失控的状态。这其实是比一般所谓社会恶性群体事件更加危险、更体现社会政治危机的现象。在一个正在完成权力交替的敏感时期,正当一个美丽的中国梦已然成为现实之际,同时伴生的却是需要维稳的社会舆论环境。莫言的诺奖光环正将这种对比映照得格外鲜明、刺目。这一切都是为什么?

从头说起。没有人知道事情的起源究竟是什么,秘密总需要漫长的解密期才会最终公开。最先吸引我们眼球的是由国际博彩公司公布的本年度诺奖热门人选和赔率,莫言以第一位的赔率位置吊起了人们的胃口③,但那时绝大多数人并不为意。诺奖长期来对于中国的"敌意",让人不会真正将高居榜首的赔率想象成未来将要揭晓的现实。这时,舆论场中的莫言无疑主要是一个必须忍受嘲笑和讥讽的对象。

稍后,情况有了微妙的变化;中国的国家媒体央视获邀前往采访获奖发布现场。④ 这是一个正式的、"官方"的邀请,显然,事情趋向明显化了。但人们也并未坚信,包括笔者在内。"诺奖无疑是迄今世界上最具权威性、影响力最巨的奖项。这种地位的奠定及公认,当然与其一贯的评选程序和评选结果直接相关,即诺奖获得的不仅是专业学术认可,也是一种普世道德尊敬。谁也不能否认诺奖可能的政治性和意识形态性,但同样谁也不能因此否认诺奖的权威性和公信力。由此诺奖才会成为全世界的一项最高荣誉目标。假如中国文学愿意与诺奖发生联系,无论从哪方面看,都应该无可非议。——难道行贿和腐败关系也无可非议吗?我先验地排除了这种关系存在的可能性;诺奖如果能被行贿,它的程序和结果就不可能被如此认可和

---

① 语见 2013 年 4 月 2 日在北京举行的中国—澳大利亚文学论坛上莫言的发言。据 2013 年 4 月 12 日《中国文化报》。另外,获奖公布后的第一时间,莫言在接受媒体采访时说:感谢那些骂我的网友。语载多家平面和电子媒体。

② 据中新网 4 月 3 日电,莫言和 2003 年诺贝尔文学奖获得者约翰·马克斯韦尔·库切在北京会面。莫言对库切说,得奖之后,他很心烦,因为"想不到这么多人恨我"。

③ 瑞典的全球著名博彩公司 Unibet 网站上的文学奖项赢家赔率榜,莫言以一赔六点五排在第一位,次为日本作家村上春树,赔率一赔八。
另一家英国的全球著名博彩公司立博(Ladbrokes)的赔率表,日本村上春树以一赔十的赔率居首,中国莫言以一赔十二排次位。2004—2006 年,立博公司连续三年猜中当年诺贝尔文学奖得主。

④ 2012 年 10 月 10 日,央视微博透露,全球有三家电视台获准采访诺贝尔文学奖,央视首次受邀进行采访。外界认为这是莫言可能获奖的前兆。北京时间次日晚 7 时,2012 年诺贝尔文学奖在瑞典揭晓。

尊敬。因此，如果中国文学确实进入了走向世界的真实语境，它与诺奖的关系，或者说它对获奖的渴望，当然都是顺理成章的。"①但这个时候的舆论已经开始朝着激烈的方向发酵了，特别是网上的口水渐渐变成了毒汁。与之相比，严肃认真的探讨几乎没有。对所有老成持重、有身份地位的人来说，现在开口还太早，能说什么呢？公开活跃的只有媒体的文化娱乐版记者，她们不停地给有可能开口的名人打电话："您对今年的文学诺奖有什么看法？""您认为哪些是获奖热门人选？莫言会获奖吗？"一连串的问题让你简直连拒绝也来不及。直到最终时刻的来临。

2012年10月11日，北京时间从傍晚到19点以后，正是晚餐的时候。一批批的电话就进来了。我正和几位同事及两位作家在一家餐厅聚会吃饭，桌上的每个人都接二连三地接听了内容相同的来电。"你认为莫言会获奖吗？理由是什么？"当然，除了委婉的拒绝作答以外，碍于情面的大多数回答也是暧昧的。但我还来得及记下其中一位的明确回答，也应该是后来可以严肃讨论的一种观点："我认为莫言不可能获奖，也不应该获奖。理由主要是两点，一是他的公共态度，对于当下中国的几乎所有涉及公共利益的重要事件，他从不表明立场，也无介入姿态，只当一个沉默的人，这有违一个具有公共形象地位的著名作家的社会态度、政治立场和道德关怀。二是他的作品中有着明显过度的野蛮、嗜血、丑陋的描写，特别是这些描写流露出的写作倾向，足以使人质疑他的人性立场和价值观，至少，他的作品与诺奖倡导的文学精神有着明显的分歧。只是我怀疑莫言作品的西方译本在处理类似问题和文字时会进行一些修饰，以满足接受度。"

半个小时以后，电话又进来了。那半个小时使莫言终于成为接受世人祝贺的第一个获得诺奖的中国籍作家。记者问了："您应该知道了，刚才已经宣布莫言获奖了。您现在还有什么看法？您还坚持刚才的观点吗？"朋友回答："当然，我还是原来的看法，看不出有改变的必要。"记者显然有点不明白了："莫言已经获奖了，你还坚持这么说吗？我们报纸能不能照直刊登您的这些话呢？"朋友说："没关系，可以直接发表，只是要发表我的完整的原话，不要断章取义。"报纸是怎么登的，后来谁也没追究。但这事后来一直使我不能释怀。莫言获奖与否的风波本身，其时已经成为一件公共事件，但对此发表严肃言论的人却是何其之少；其次是对此持公开的批评立场的严肃言论，更是闻之少而又少；三是那位媒体记者的态度和后来的提问，其实代表了一种社会公众的普遍价值立场：莫言既然已经获得诺奖的肯定，那么相反的态度和批评的意见就会是不合时宜甚至是不正确的了。

诺奖谜底的揭晓还不是高潮戏的全部，颁奖典礼或许才是高潮的巅峰。只是能够享受高潮体验的恐怕也只是少数人。2012年12月10日，当年度诺奖的颁奖典礼在瑞典斯德哥尔摩音乐厅举行，瑞典国王和王后亲临典礼现场，并为获奖者颁奖。

---

① 笔者署名文章：《走向世界：中国文学的焦虑》，《南方文坛》2012年第5期。

莫言从瑞典国王手上接过2012年诺贝尔文学奖证书及金质奖章。暗潮涌动。我们中的大多数人或许至今也还并不详知发生在颁奖时的风波。看似插曲,实际正是国内舆论的翻版——舆论环境的变化使得网络风潮有可能成为现实中可见的真实场景。一位寓居海外的异见作家在场外散发了批评和反对授予莫言诺奖的文章印刷品①;另一位海外的艺术家更绝,只见他在朋友的陪护下,裸奔在颁奖大厅外的冰天雪地之中,直到最后被警察干预架走。② 类似的抗议形式在民主国家或许已为司空见惯的常态,但从视频中亲眼目睹冰火两重天的世界,这种视觉的冲击力还是让我感慨而震撼。一个中国作家获得诺奖居然会引发如此激烈的反响,在以前绝无想象可能;或者反之,只有政治异见者获奖才能引发相同的效应,但抗议者却是官方发言人了。——于是,一个旧话题有了再次探讨的机会:诺奖的政治性问题。甚至有略显极端的说法,认为诺奖(和平奖、文学奖)的每一次评选其实都是一次政治态度、政治立场的宣示。但问题是我们如何来理解这所谓的"政治"呢?

以往我们所见的诺奖的政治性,概言之可谓传统的冷战政治表达。特别是诺奖中的和平奖和文学奖,本来就是甩不干的湿透了的"政治奖"、"意识形态奖",甚至还有"干涉别国内政"之嫌,冷战高潮之际,连自然科学领域的科学家也曾一度成为东西方两大阵营在国际牌局中较劲的一张分量颇重的大牌。③ 一个明显的区别只是冷战结束之后,围绕诺奖博弈的利益方发生了转移,中国渐成其中的重要角色。特别是"中国崛起"成为一个世界话题和影响国际关系调整的重要存在之后,诺奖尤其是其中的文学奖,和着中国改革开放的节奏,伴随着全球化、世贸、孔子学院等在全球的弥漫,愈来愈近地进入了我们的日常生活和文学生活,并构成了一种举国范围的年度话题,故而很多年前就出现了"中国作家集体患上诺奖情结"的说法。不过,直到莫言获奖前夕,我们还是直觉地认为,诺奖离中国作家仍有一段不可跨越的距离障碍。之所以会有这种直觉的认识,很大原因就是对历来诺奖政治性的成见。因此"诺奖情结"之说中明显地含有讽刺的潜台词。

可是,在紧盯政治性的语境和思维的氛围中,其实几乎所有人又都进入了一种盲点,忘记了政治之物的基本性格和角色功能。两种极端观点或许最有拥趸:一是视诺奖为完全的国际政治奖,且为对中国素怀敌意、敌视甚至还有不可告人目的的

---

① 寓居瑞典的中国"异议"作家莫莉花(笔名茉莉)是"抗议"莫言获得诺贝尔文学奖的人之一。她在斯德哥尔摩散发了针对诺贝尔评奖委员会的抗议文章。

② 与颁奖同时,音乐厅外面的雪地上,旅居德国的中国艺术家孟煌正在裸奔,另一位流寓作家廖亦武则穿衣伴送一起奔跑表示抗议。

③ 有苏联氢弹之父称号的核物理学家萨哈罗夫按理应获物理学奖,实际荣膺的是1975年的诺贝尔和平奖。因其公共政治活动,他被开除公职,沦为"人民公敌"。苏联政府将其软禁至戈尔巴乔夫执政,始开释重获人身自由。此前的苏联作家、《日瓦戈医生》的作者帕斯捷尔纳克虽获1958年诺贝尔文学奖,但因持续受到政府的迫害和威胁,最终不得不致电诺奖委员会,表示拒绝领奖。

一种姿态表达,或还可径直归入境外敌对颠覆势力的范畴;另一种虽同样看重诺奖的政治性,不过价值立场刚好反之,认为诺奖有助于中国的现代化发展,尤其能够成为推动中国民主进程、推广普世价值影响的助力,能够成为政治文化批判的一种国际资源。显然,前种观点的冷战意识强烈,还是脱不掉传统的意识形态对抗思维;后者却有点一厢情愿地近似政治乌托邦了。但两者的共同点也是明显的,就是固执地认为至少不会有中国作家能够获得诺贝尔文学奖——如果说和平奖会选择流亡者、异见者的话,文学奖则因为政治敌对或政治不及格(两者都显示了明显的价值观尤其是政治意识形态的距离)而绝不可能授予中国作家。于是,多年来的诺奖评选在中国也就成为旁观者的热情鼓噪了。

极端和单面的思维导致了盲点的明显存在却并不自知。既视诺奖为政治之物,就该了解政治的功利性,明白诺奖的功利性格。名人名言早就有了:没有永远的敌人,只有永远的利益。只要有功利诉求,那就有了交易的可能,问题只在交易的成本。也就是说,政治交易是最能体现政治家智慧的一种利益换算活动。所以,哪怕就是密室的、幕后的政治,只要是政治,就请开价吧。《教父》中说了,给他开个不可能拒绝的价格。交易也就顺利完成了。完成交易之后,牌局继续,但打法变了。随着中国的崛起,诺奖终于有机会改变它与中国的关系姿态,它甚至并不需要牺牲什么,而且还能依然保持它的政治本性。授予异见者和平奖或文学奖,固不失为它的价值观和政治表达,反之,将桂冠戴在本来的政治对立者头上,也另会有合理的说辞,又何尝担忧失却了它的政治性?其实倒正是它的政治本性的露骨表现。买卖的成交与否,取决于交易的价格;而交易者的地位也是一种价格因素。这都是政治必须考量的,况且它本来就是政治的。需要转弯的是人们对它的评价,特别是上述两种极端观点的评价。一旦消除了盲点,眼前立即豁然开朗,别有洞天。顿悟原来如此。何况,这只是从政治性上单面甚至还是极端地来看诺奖而已,对诺奖政治性的批评并不会是完全公允的;文学对于政治性的超越同样会影响到对于文学表达的具体政治的理解和阐释。这使我们实在没有必要偏执地纠结在诺奖评选的政治性动机上了。

对诺奖的政治性理解仍不足以解释莫言获奖后的遭遇。既从政治性上说诺奖,也就跟着说说莫言的政治性了。

莫言并不与政治绝缘,也并非不讲或回避政治,相反,他不仅与政治有涉,并且非常地介入和表现政治。中国当代著名作家不能选择的就是不能不讲政治。怎么讲才是关键。莫言的政治,无形之中取巧在歧义和暧昧。这是他的政治智慧。多年前就有批评家批评莫言不讲政治,惹得他很不满、很不屑。包括本文前述朋友的观点,认为莫言向不介入或表态现实社会政治问题,似有点谴责莫言的犬儒、投机、市侩的含义在内吗?或至少让人以为应该批评莫言对于政治的沉默或回避。这让很多人不舒服甚至反感。莫言是作家,作家尤其是中国的作家没有不讲政治的权力,但他有如何讲政治的方式或技巧。现在从结果看,莫言的暧昧政治显然获得了成功,虽然同时也招致如此之多人的"恨我"。一切皆有因果。

莫言获奖后,被人揭出了一件一两年前的"丑事",即他2011年写的有关薄熙来主政重庆时"唱红打黑"的一首打油诗。① 批评者指莫言当时扮演了投机吹捧极"左"政治的吹鼓手角色,重庆事发后特别是获诺奖后,至少应该有个说明和道歉。莫言打油诗事件的波澜甚至牵扯进了退休了的前诺奖评委马悦然和海外媒体。② 遭此逆袭,莫言如何回应呢?他说,我根本不是吹捧薄熙来和肯定重庆的政治,相反,我是讽刺薄和重庆的。③ 显然,对于这首打油诗的解释出现了水火对立的政治解释,没有人将其看作文学现象。一叶知秋,莫言不仅绝不脱离现实政治,而且并不回避对于现实政治的表态;次则莫言表达政治立场和态度倾向的文学方式,几乎必然地造成了对之解释的歧义或尤其是政治性歧义。——最重要的是,我们能由此确切了解、把握莫言的政治立场和政治态度吗?莫言的政治表达方式及其必然产生的歧义解释,看来只能使人对他的政治产生愈加暧昧、莫衷一是的印象。

另有更近的一例也在他获奖后被当作"丑闻"旧事重提,就是百位作家艺术家手抄《讲话》的事件,其中莫言名列前茅。④ 从公开讨论的尺度来说,关于毛泽东的评价问题早在1981年6月中国共产党第十一届六中全会通过的由邓小平、胡耀邦主持进行的《关于建国以来党的若干历史问题的决议》就已经定下调子。该决议对新中国成立以来党的重大历史问题特别是"文化大革命"、毛泽东的功过是非和毛泽东思

---

① 据莫言腾讯微博(2011年11月8日15:41):"打油诗赠重庆文友:唱红打黑声势隆,举国翘首望重庆。白蛛吐丝真网虫,黑马奄稀假愤青。为文蔑视左右党,当官珍惜前后名。中流砥柱君子格,丹崖如火照嘉陵。"

② 对于该事件的概述,推荐阅读肖鹰(清华大学哲学系教授)文章《莫言打油诗引起笔墨官司》(据FT中文网,艺术与娱乐,2013年4月2日)。另见许纪霖、马悦然、蒋泥等的相关(博客)文章,此不详列。笔者对所有文章的观点和立场均不予评价。

③ 据2013年3月7日《南方周末》,莫言书信回应:"关于重庆打油诗,是写给重庆文友的。他屡次向我讨要我的'书法'作品,前年秋天在高密时,就随手写了。后来又贴到博客上。其时,诸多文友,都在'奉命'与关于重庆的作品,而全国各地,各行各业,都在发疯般的'唱红'。也就是说,我诗中的头两句'唱红打黑声势隆,举国翘首望重庆',既是当时状况的客观描述,又是对此状况的讽喻与调侃。重庆文友看到我的诗,回我曰'哭笑不得'。至于后边几句'白蛛吐丝真网虫,黑马奄稀假愤青(粪)','为文蔑视左右党,当官珍惜前后名','中流砥柱君子格,丹崖如火照嘉陵',更是跟'挺薄王'沾不上边。

我本来想解释,后来一想,那些攻击我的人,都是饱读诗书的'公知',难道他们真的读不出我这首打油诗的真意?既然他们能读出我的本意,但非要给我扣上一顶帽子,其用意是十分明白的。我对他们解释什么?

我知道我得奖让某些人极为不快,他们要找我的'污点',我很理解,但我希望他们能实事求是,不要把'文革'和'反右'时期那些整人的办法拿出来对付我。否则,无论他们戴着多么美丽的面具,我也能看到他们的本来面貌。"

④ 为纪念毛泽东《在延安文艺座谈会上的讲话》发表70周年,作家出版社策划推出《百位文学艺术家手抄珍藏纪念册》,收录百位当代文艺名人抄写的《讲话》手迹。全书分为版本、首版、重录、手抄稿四部分。参见《南都周刊》2012年6月1日报道的"《延安讲话》手抄本出炉始末"等。

想等作了总结和评价。在此前的十几年,本来并没有掀起大的波澜。——不是说问题已经彻底解决,而是默契地搁置了问题。但是近年的形势渐生变化,不说中国思想界和学术界,连同一般的社会层面,对于毛和历史政治问题的评价开始形成极端对立化的意见。① 这一方面可说历史终究是绕不过去的,但另一方面或是更紧要的,即对于重大问题的看法呈现出社会化的尖锐对立局面,实际上是当代社会矛盾尖锐程度的折射,反映和表现的是多元利益诉求及价值观的激烈冲突。中国社会的发展又到了一个关键路口。往哪里走?许多历史问题便成为思想交锋甚至发泄情绪的聚焦点。于是,对于莫言这样的文化名流来说,尴尬的局面就出现了:他能避免"选边站"的宿命吗?他其实只有一种选择。莫言后来解释自己手抄《讲话》的动机主要是当时想秀一下自己的书法水平。② 言下之意是其中并无政治意味,但他的解释中也又不能不谈到一点政治。对于明显的政治象征行动,他想回避和掩饰什么呢?这种刻意淡化手抄《讲话》行为的政治色彩的说法,或许能够部分解释莫言的真实动机,但显然并不能真正解决莫言式暧昧政治的困境。

首先,他能拒绝吗?他有拒绝的权力吗?抄或不抄,在没有第三选项时,对于绝大多数获邀的名流而言,也只有一种选项。出于书法秀的想法,莫言依靠"贬低"自己政治觉悟的方法,实际是在强调自己这一行为选择中保持的自由性,即并非被迫同时也并非主动的政治行为。他不过是保持了一个作家和文化人的本色身份而已。中国政治确实文明进步了,权力没有为难莫言的解释,然而舆论却不想就此罢休。莫言因此而遭到的"污名化"随着他的荣获诺奖又再度被放大。当然,莫言也有机会从容表达自己的观点。他在近期的一次讲演中如此说道:"尽管有许多人全盘否定毛泽东,把他妖魔化,漫画化,但我想这是蚍蜉撼大树,你们什么都可否定,矛盾论,实践论你们否定得了吗?论持久战你们否定得了吗?他的诗词也许你不喜欢,但他诗词所表现的气概和胸襟你能写出来吗?你可以不喜欢他的书法,可你能写出他那种狂飙的书法吗?面对这么一位伟大的历史人物,把他妖魔化,漫画化,是不理智的。谁要现在肯定毛泽东是要冒风险的。"③ 由此可知,他之前的手抄《讲话》或并不主要出于秀书法的动机;抑或他必须为自己的行动再做一次合理性和正确性的力证?——但必须小心地进行选择性的政治表达。这仍是一种暧昧的政治秀。

---

① 近年最著名的例子就是在 2012 年因中日钓鱼岛主权冲突引发的游行中,北航教授韩德强殴打公开"反毛"的老者,并称其为"汉奸"。事件曝光后,同样引起了两军对垒式的"骂战",知名人士与一般网民均有介入。

② 2013 年,小说《蛙》的德文版出版前,莫言在北京接受德国《明镜》周刊的专访。提到参与抄写毛泽东《在延安文艺座谈会上的讲话》,莫言解释说,这是他在出版界的一位朋友请他参与抄写的,现场还准备好了纸笔,连抄写的段落都是他选好了。莫言说是出于炫耀自己书法的虚荣心,就一口答应了。另在山东高密市凤都国际酒店召开的媒体见面会上,莫言对此有更加详细的解释。参见凤凰网文化报道 2012 年 10 月 12 日。

③ 2013 年 4 月 21 日讲演,据 china.com【中华论坛】莫言最新讲演"妖魔化毛主席是蚍蜉撼大树"(录音文字)。多家个人博客转发。

不过本文的兴趣不在对此的褒贬。在中国的当代政治环境中，策划手抄《讲话》活动的政治性是不言而喻的，同时对于这种政治正确性的质疑显然也是一种政治观点的明确表达，因此才有了几位抄写者事后"检讨"说"后悔了"。① 这种形同亡羊补牢的说法其实是在解释自己不愿被拖入政治预设圈套的态度。中国作家虽然不能不讲政治，但讲政治也是有条件的，既须表达自己的政治理念，但也须有对于具体政治的得失考量。所以政治言论也就成为一门艺术。当被追问时，当事人要么沉默，要么就须有个解释作交代。莫言的解释是必需的，并不意外，但他的具体答案则透露出了更深刻的信息。别人不能质疑他的回答的真实性和合理性，甚至还更应该倾向于相信他的真实性和合理性，问题的深刻性在于，莫言的解释客观上有着搁置或消解抄写行为的政治性含义的效果。在诱迫或逼迫"选边站"的力量面前，莫言的回答选择的是暧昧。对于打油诗的解释可以是歧义的，但在政治翻牌之后，莫言的解释还是选择了"选边站"；但抄写的情况就复杂多了，关键还不在不期然地遭遇了"选边站"，而是在一个政治确定性消失的时代，如何运用暧昧艺术的智慧来对应确定性的政治要求，这才是考验莫言政治智慧的关口。

当下的中国政治生态的复杂性令人晕眩。表面上看，尽可以不费力地以多样性的包括跨际的价值和利益的博弈相解释，但这种宏观面的简单解释无助于进行具体立场的追究，甚至连以往任何时候都能明确的政治正确性，现在都变得完全抽象化了——除了空洞的口号式说辞，具体定义能够自洽的政治正确性已经越来越困难了。极端的例子就是"文革"的政治性质现在也会再遭公然的质疑。所以，政治生态的复杂性并不主要在表面的凌乱，而是在政治确定性的消失。不同价值诉求的博弈，表达的是一种立场的坚持，由坚持而获得妥协。政治确定性的消失则意味着自身立场的游移或暧昧，也就是无法表达自身必须坚持的政治、思想、文化和形而上的利益诉求，只剩下物欲化为主的现实功利诉求才是明确的了。此时此刻，莫言之流的名人言论如果试图超越暧昧的语境，那就要冒防不胜防的危险。在暧昧的时代，选择暧昧的政治表达方式是明智的。至少，这会被暧昧的政治所接受。

相比之下，暧昧也是文学家的专利。1994 年，日本作家大江健三郎获得诺奖后，他在斯德哥尔摩瑞典皇家文学院发表的讲演标题就是《暧昧的日本人的我》。"暧昧"成为对于"日本人的我"的文化和广义政治含义的批判。但"自我批判"的大江却十分坚定地看好莫言的文学；他从莫言的小说中看到的绝不是暧昧，而是一种明晰的政治，他对莫言的社会关怀和政治批判极表共鸣并予高度赞扬。② 因此他成

---

① 参见叶兆言新浪微博、周国平博客等。
② 大江健三郎在 1994 年的诺贝尔文学奖授奖演说中说："正是这些形象系统，使我得以植根于我边缘的日本乃至边缘的土地，同时开拓出一条到达和表现普遍性的道路。不久后，这些系统还把我同韩国的金芝河、中国的莫言等结合到了一起。"另详见 2012 年 10 月 11 日《南方周末》署名毛丹青的文章《莫言与大江健三郎对话：我不赞成作家要为老百姓创作》。

为此后力推莫言获奖的一位最重要的世界著名作家。没有人可以怀疑大江的文学判断力,莫言的文学绝对充满了政治的象征或暗示元素,在文学视野中这是如此的明确。但是,大江或许并没有能力同样有把握地了解、判断中国的现实政治以及在这现实政治中生存的莫言的实际境况。自认暧昧的大江或许享受了远比莫言更多的可以明确性的权利而不自知。他在自身明晰的确定性的现实政治中,或许不会想到正是暧昧才是莫言获奖之前及以后对付各种逼迫的不二法门。文学的暧昧,正显明晰;现实的明晰,反趋暧昧。这是莫言在文学政治中的秘密。暧昧就是暧昧本身,我们无从知晓莫言暧昧背后的真实。大江则能在现实中实践他的政治确定性。

于是,对于莫言的责难就主要来自于文学以外的激进立场,这种立场要求莫言抛开他的暧昧而表达他的政治确定性。莫言是满足不了这种要求的。汪洋肆意的文学叙事在这里变得躲闪、滞碍、犹疑了。诺奖的相关方在同样的挑战面前,表现的就要潇洒多了,直接否认了其中的政治性。① 莫言后来也多次说过自己的获奖只是"文学的胜利",绝非政治的缘由。这里纠结的是什么政治呢?还是意识形态的政治吗?在国际关系利益的博弈中,传统的政治对立或意识形态冲突早已退居幕后。虽然所谓历史终结论(日裔美籍学者 Francis Fukuyama,通称福山,20 世纪 80 年代末提出的理论)被证明并非一种完全现实的理论描述,但它描述的现实却不能不说是一种历史的趋势。中国的融入世界也正是这种历史趋势的重要标志。在当今的地缘冲突、国际冲突中,已经很难发现意识形态的主导了。所以,不管从哪方面看,都无法阻挡崛起的中国出现一个诺奖获得者——只是这次选择的是莫言。这应该也是莫言式暧昧的成功。

假定莫言没有具备中国式生存的暧昧政治智慧,他还有无可能获奖呢?虽然他至今仍不断地受到某些激进目光的挑剔,甚至他的文学价值也被彻底颠覆,但至少有个细节能够证明他的暧昧几乎是唯一的明智选择,因为莫言真不是一个人们想当然的政治投机者,或是一个日常生活中惯于见风使舵的庸俗市侩。2009 年,大江健三郎来访,莫言陪同一起与铁凝等对谈。其中,大江不断说起阅读铁凝《大浴女》的感受,并给予极高度的评价。对此,铁凝的谦虚表达不出意外,莫言的"萌态"却使人大跌眼镜;他的不假思索的回答一再暴露了他迄今仍对铁凝这部"杰作"的一无所知——除了篇名。看到大江如数家珍般写出的《大浴女》中人物姓名的纸片,莫言还以为她们是大江为当天晚宴开列的邀请佳丽名单。他在铁凝面前的脱口而出,根本没有顾虑到在这个主客对谈特定语境中的可以原谅的也是惯常的圆滑与世故。莫言既没想到应该呼应客人正兴致勃勃的客套话题,更糟糕的是完全没有意识到应该照顾朋友和铁主席的面子。这应该是莫言作为一个真诚文学者的天性可爱之处

---

① 《诺奖评委:莫言获奖无关政治 评选过程没有争议》,据新华网 2012 年 10 月 22 日。

吧。① 他的智慧只须保持底线的清醒:有些话是刀架在脖子上也不会说的。

但是批评者、责难者不会顾及这一些,莫言获奖引发的骚动或激动难免裹杂了极端的诉求。而作为公众人物的莫言也已经没有权利推卸自己的社会义务了,他必须承担自己对于社会利益和社会形象、社会问题的连带责任。而且,最糟糕的便是他的暧昧和某些极端的社会舆论发生碰撞,双方产生"毒舌"般的言论和情绪对垒,更加恶化了理性言论的空间。中国作家的终于斩获诺奖没有完全如早几年可能想象到的舆论一律倾向,而是发生了极为反向的社会现象。究其根本原因,不是诺奖或莫言真出了什么大不了的问题,而是我们当下的社会出了大问题。社会情绪时刻在寻找宣泄的突破口,公众人物的言行往往成为不同利益诉求或力挺或攻击的对象,甚至躺着中枪。当传统的意识形态斗争似乎已经消弭殆尽的时候,社会利益冲突反而会以某些极端的方式激活旧有的意识形态神经。最近茅于轼的遭遇也是类似现象的一例,他甚至不得不因为遭到激烈的公开抗议而取消了既定的演讲。② 相比之下,莫言的遭遇也并不十分不幸。

最近又出了两本相关的书,当然还正是两本基本是互相对立的有关莫言评价的书。一本是汇集了《当代作家评论》三十年来刊登的莫言评论集《说莫言》,另一本也是莫言获奖后针对性推出的《莫言批判》。③ 前者的文学性和包容性或许可以部分解释莫言获奖的一些历史原因,而后者的激烈否定评价则无疑就是当下社会状态的某种折射。文学评价的歧义甚至对立本非奇怪,必须警惕的是泛政治化的极端倾向,这会加剧社会整体的毒化。"有些欲望是出于贪婪,有些欲望则是因为自信,也有些欲望是源于自觉的责任或使命。在贪婪、自信和责任或使命之间,不会有截然分明的界线。所谓中国作家、中国文学的诺奖情结固然可以引发种种议论和歧义看法,但不管是理论推演、动机追问还是经验体会,都不足以否认一个基本事实:所有这一切客观上都是对诺奖与中国文学关系的证明。这种证明在最近的十年间越来越确凿了,中国文学走向世界的话题乃至结论,也就同时成立并呼之欲出了。"④

可是,我们看到并无解的是一种困境,如果莫言的暧昧对于引发的歧义和对立无可奈何,我们也只能置身当下的暧昧困境。

---

① 详见铁凝、大江健三郎、莫言《中日作家鼎谈》,《当代作家评论》2009 年第 5 期。
② 2013 年 5 月 6 日《环球时报》载《经济学家茅于轼两场演讲连遭反对者抗议》,详可参考。
③ 《说莫言》(林建法主编,辽宁人民出版社 2013 年版,上、下卷)、《莫言批判》(李斌、程桂婷编,北京理工大学出版社 2013 年版)。两书均为历年文选,但旨趣则恰为相反。
④ 笔者署名文章:《走向世界:中国文学的焦虑》,《南方文坛》2012 年第 5 期。

写实的执著与想象的偏枯
——对于五四文学"求真"倾向的反思

◎ 倪婷婷

1924年,沈雁冰在考察并比较了新旧文学家不同的观念选择后,不无欣慰地指出:"这几年来的新文学运动,都是向这个假上攻击,而努力于求真的方面,现在差不多已成了一个普遍的记号,这是可喜的事!"①尽管当时一般的新文学作家对"真"的理解和他们努力于"求真"的向度各有差异,但总体而言,站在共同的"求真"立场上,相当一部分人对文学与现实的对应关系都坚信不疑,并不约而同地将写实——不管是外在的写实还是内心的写实——视作"求真"的通常渠道。在"求真"目标导引下,创作者写实的热情因对真实性的追求而急剧升温,而其过程恰恰与他们对想象性因素的放逐构成同步,其后果颇耐人寻思。

一

像郁达夫这样偏爱自传性写作的在五四并不鲜见,郭沫若、成仿吾、张资平等赞同"自我表现"说的这路作家热衷于在创作中诉说身世、叙谈经历、抒发感受,庐隐、冰心、许地山以至叶绍钧等主张文学反映社会人生的作家,也同样擅长利用自传性的素材。1923年,朱自清在《文艺的真实性》里,从"再现"的立场,诠释了自叙传作品得以风行的原因。他认为:"自叙传性质的作品,比较的最是真实,是第一等。……近代文学里,自叙传性质的作品一日一日的兴盛,主观的倾向一日一日的浓厚;法朗士甚至说,一切文艺都是些自叙传,这些大约就因为力求逼近真实的缘故。作者唯恐不能说得入微,故只拣取自己的经验为题材。"②五四作家倾向于自叙传写作的原因也大致不出其外。

凡为作家,其实几乎很少人不调动自身的经验而完全依靠纯粹的想象来进行创作。对自传性材料予以一定的艺术加工在新文学叙事中十分普遍,可是,不同的作

---

① 沈雁冰:《什么是文学》,《中国新文学的大系·文学论争集》,上海文艺出版社1981年影印版,第157页。

② 佩弦:《文艺的真实性》,《小说月报》第15卷第1号。

家利用个人自传性材料写作的意图并不相同,他们对自传性材料的引入程度、处理方式也就各有差异。鲁迅的小说似乎很少被认为是以自叙传色彩著称的,他很少是为了显现某种真实的情境才去刻意选用自身经历中的某个片段的。《故乡》里的闰土尽管在鲁迅个人经历中确有其人,可小说并未拘泥于真实的生活事件本身,而是赋予了它全新的意义。闰土的形象塑造与还原生活中那个叫闰水的乡下孩子的真面目没有特别的关联,鲁迅只是借助于童年生活中有关闰水的印象,来传达他从内心生发出的那种人与人彼此隔膜难以沟通的感慨。显然,鲁迅已经超越了对于个人生活中发生的个别事件的忠实描摹,而更多地着意于对自传性材料合理剪裁、想象、加工后的解释和评价,他的小说反映出更深刻的历史真实,这实际上也是堪称优秀的作家必定具备的才识。与鲁迅相仿,其他一些作家也把自身的经验当作创作灵感的源泉,他们的创作也许自叙传色彩更为明显,但是就艺术的表现力和思想意义的提升度而言,其间高低深浅的区别却一目了然。

除了郁达夫的《还乡记》、《还乡后记》式的小说和散文,从郭沫若的《漂流三部曲》《行路难》到张资平的《约檀河之水》《冲积期化石》,从郑伯奇的《最初之课》到陶晶孙的《音乐会小曲》、周全平的《梦里的微笑》,从叶鼎洛的《前梦》《双影》到滕固的《银杏之果》、王以仁的《孤雁》,"创造社的作者取材于身边的居多"①,而倾向于创造社的作者同样也感染了这种以自己的遭际为摹本的叙事风尚,致使一些尚未加工或加工粗糙的个人经历的记录得以保留;即便是他们的历史题材文本如《鹓雏》、《函谷关》、《采石矶》,大体上仍属于他们个人经历某种意义的重现,不仅主人公是作者的代言人,就连小说中的一些情节也可与经过改扮后的作者某一段实际生活轨迹对应。②"在许多作品中,真诚表白的愿望致使作家们不加节制地使用浮浅的自传性材料,而同情的冲动又使他们堆积了过多的感伤。"③在此互动过程中,郭沫若和郁达夫他们对自传性素材的记录相应进行了一番"抒情式处理","在郭沫若的作品中,它往往表现于作者的浪漫主义情感,而在郁达夫则往往是他的绝望情绪。不过,它们的基本结构是一种写实",这种"写实"的结构限定了小说在大部分情况下着眼的"是对外在现实的一种单纯的记录而不是一种真正的描述",因而多少会影响到"美的新质地"的呈现。④

---

① 郑伯奇:《中国新文学大系·小说三集导言》,《中国新文学大系·小说三集》,上海文艺出版社1981年影印版,第24页。

② 赵景深在《郁达夫的自己描写》(邹啸编《郁达夫论》,上海书店1987年影印版,第135—136页)中指出:"《采石矶》倒是写他自己","郁达夫是黄仲则的同道,黄仲则就是郁达夫的夫子自况,黄仲则的行径就是达夫的缩影"。其实,郭沫若的历史寄托性小说何尝不是如此。

③ 安敏成:《现实主义的限制》,江苏人民出版社2001年版,第49页。

④ 雅罗斯拉夫·普实克:《中国文学中的现实和艺术》,《普实克中国现代文学论文集》,湖南文艺出版社1987年版,第99页。

"写实"的结构原本是郁达夫、郭沫若等人为确保自叙传写作真实性确立的基本线索,却未料想到同时也成为艺术创作活动的一种限制。冰心的《寄小读者》、庐隐的《海滨故人》、许地山的《落花生》、王鲁彦的《柚子》、许钦文的《父亲的花园》、陈翔鹤的《西风吹到了枕边》,等等,它们几乎都是作者抽取了自传性经验加以艺术处理的产物。在作者方面,他们总觉得"叙述别人的事不能如叙述自己的事之确实"①。而其实,在既往的个人事实面前,优秀的创作主体不可能是被动的复述者,艺术的想象必定伴随始终,并赋予其崭新的含义,正如鲁迅对于个人经历的利用改造一样。五四相关的作品当然不乏佼佼者,譬如以上谈及的一些名篇,但总体而言,情形并不全然乐观。一些热衷于现实摹写的五四作者,因为常常拘泥于自传性素材并执著于个别事实的逼真确凿,使相当一部分文本的"写实"结构几乎贯穿始终,虽然完成了对于某些个别事件的再现,但作者的艺术想象却受到不同程度的阻滞,从而多多少少影响了作品对于人性普遍法则和生命终极意义的揭示。

　　与郁达夫、郭沫若一路作家相比,叶绍钧写实的风格或许更为突出。他的好友顾颉刚说他最初写文言小说就是"宗旨在写实,不在虚构"②,这种艺术个性在他的新文学创作中得到更充分的发展。为求写实的效果,叶绍钧尽量不越出个人观察的生活视阈,不时采用身边的素材。《苦菜》、《火灾》等小说就是直接以生活中真实的原型和事件为基础加工完成的。就对"真诚"与现实关系的看重和着迷而言,他与郁达夫一路人其实不相上下。他最早发表的现代小说《这也是一个人?》的笔墨完全泼洒在"伊"前后经历的单线条叙写上,决定了主人公悲苦一生的主要事件在顺时序的观照下逐一推演出来。在一定意义上,小说折射出真切的悲剧感,但作者对于"真诚"的自律却使他产生了唯恐僭越事实的顾忌,以致不敢轻易调动更为有效的想象或虚构性因素来充实并强化这种悲剧感。"这也是一个人?"的反诘只能落实在对具体的个人孤立而悲伤的事件的哀悯上,而无法进一步展现出较之个人悲剧性命运更为深刻的人性普遍冷漠的主题深度。叶绍钧后来写了包含了一些自我分析成分的长篇《倪焕之》,他甚至就按照自己的生活年代的顺序来展开故事的纲目。因为其中某一章的部分内容并非取自亲身经历,叶绍钧在出版之时还特地加以说明。③ 这种对生活真实性责任的积极担负,既可以看作作者做事为人惯有的道德感的体现,当然同时也反映了他不想让读者对小说里某一具体事件的真伪产生怀疑、误会的谨慎,其中包含了作者对小说叙事的"真诚"所抱有的过于乐观的自信。

---

①　佩弦:《文艺的真实性》,《小说月报》第15卷第1号。
②　顾颉刚:《隔膜·序》,叶绍钧《隔膜》,商务印书馆1922年版。
③　在开明书店版《倪焕之》的作者自记中,叶绍钧解释:"应得说明,这篇里第二十二章的上半,是采用了一位敬爱的朋友的文字。他身历这大事件,我没有;他记载这大事件生动而有力,我就采来插入需用的处所。因此,在笔调上,这一处与其他部分有点不同。"见《叶圣陶论创作》,上海文艺出版社1982年版,第94页。

二

其实,像郁达夫和叶绍钧这样生怕与虚构和想象有染而竭力迫使读者相信"此实事也"的心态,并不稀奇。美国的韦恩·布斯对一些当代评论家认同的"小说的本质是关于事实的兴趣"的"普遍原则"就提出过自己不同的看法。在英国作家福特·马多克斯·福特看来,"优秀现代小说家,追求一个共同的目标",就是"抓住读者,用一个事件将其淹没,使他意识不到自己正在读小说,也意识不到作家的存在,这样,最后他会说——而且相信'我走过那里,我去过'"。布斯对这种看法表示不以为然。① 福特等人在五四的中国大概是可以找到不少同道的。几乎在许地山的《换巢鸾凤》面世的同时,有人即称赞其"'真'气扑鼻",因为他觉得"这篇小说是广东一个县的实在事情","广东的人一看就觉着他的'真'——非广东人也许不能领略到——中国现在的小说界的大毛病,就在于没有'写实'的精神"。② 暂且不谈这篇小说炫目的传奇色泽,较早一饱眼福的论者居然只依据"实有其事"来判断它的真实性价值,不知与许地山的初衷是贴合还是相悖?如果将作品所展示的事实的"真实"看成文学最终、最高且唯一的价值体现,却忽略了作家创造性想象的作用和魅力,那么,对文学本质的认知也已经发生了较大的偏差。

1925年,汪敬熙在《雪夜》序里表示,他写小说"是力求着去忠实的描写我所见的几种人生经验。我只求描写的忠实,不搀入丝毫批评的态度"③。这一看法显然对前几年《新潮》时期"有所为"的观念做了修正。汪敬熙态度的调整不是偶然的,20年代末、30年代初,王统照回顾早年《春雨之夜》集子里那些热情与想象兼备的小说时,说它们"不但无力量而且只看到人生一面","多构成一个空洞而美丽的希望寄存在未来的乐园之中"④,认为那些都已属于"过时的文字",是"空想的作品",并表示"现在不愿再写那样的文字"了⑤。这时的王统照是在凭借对从前那些朦胧而柔美、神秘而幽杳的文字的摈弃,来坚定他刚刚获得的客观写实理念的信心。王统照的变化在他的同伴中极具代表性,许地山、庐隐、冰心等人先后走了同一条路。如果说20年代后期王统照对《微笑》、《雪后》之类小说中虚幻因素的清算,不过是整个创作风气转变的平常佐证,那么,汪敬熙在1925年的表白则凸显出他对文坛动向特有的敏感。

---

① 韦恩·布斯:《小说修辞学》,广西人民出版社1987年版,第34页。
② 慕之:《〈换巢鸾凤〉附注》,《小说月报》第12卷第5号。
③ 转引自鲁迅《中国新文学大系·小说二集导言》,《中国新文学大系·小说二集》,上海文艺出版社1980年版,第3页。
④ 王统照:《〈霜痕〉叙言》,《王统照文集》(第1卷),山东人民出版社1980年版,第179页。
⑤ 王统照:《〈号声〉自序二》,《王统照文集》(第1卷),山东人民出版社1980年版,第275页。

这份敏感自然不是所有《新潮》小说作者都具备的,毕竟那个时段新的现实主义理论尚未拥有一统天下的机遇,仍然还会有人执著于阐发艺术的"想象"和"主观"的创造。就在同一年,杨振声出版了他的长篇《玉君》,它是作者试图实践"人生如梦,越是好的作品,梦越深沉"的创作理念的产物。杨振声对"梦"的理解明显偏离了多数人认同的"写实"理念。也是在1925年,周作人提到"文学不是实录,乃是一个梦:梦并不是醒生活的复写,然而离开了醒生活也就没有了材料,无论所做的是反应的或是满愿的梦"①。同样谈梦与实在生活的关联,周作人侧重于"著者人生的经验"——"他所见的人生",而杨振声却热衷于"梦"的"深沉"——"不求忠实于天然",两者间的距离不难分辨。《现代评论》的同人陈西滢称《玉君》"不愧为一本有价值的创作",它的主人公"是中国小说中从来不曾有过的人物",是"一个叫人忘不了的人物"。② 但是几年后鲁迅对同一个《玉君》的判断却是:"不过一个傀儡,她的降生也就是死亡",其根源就在于作者"'要忠实于主观',要用人工来制造理想的人物"。③ 暂且抛开对《玉君》得失的具体考究,可以看到,陈西滢的赞誉早已经显出非主流下的勉为其难,而鲁迅的反感尤其在30年代几乎就是一种必然。自新文学运动以来,新文学作家普遍而自觉地将"求真"作为主导趋势,并将客观写实视为"求真"的唯一途径,因而相对于反映实在的客观世界而言,主观的虚构和想象,艺术性的奇思妙构,以及任何突破事实的思维超越,都有可能被看作空洞空想、肤浅无用的人工化"制造"。杨振声"忠实于主观"的"梦境"书写构想,其命运自然可想而知。

无视或漠视作家"把天然艺术化"这种主观介入的努力,主要源于对虚构和想象的真实性价值的怀疑。沈雁冰因为有感于一些小说"凭空去想象出些人事""佯啼假笑的不自然",竭力推出自然主义的对症药来予以救治,但是他也承认"客观与主观——就是观察与想象——常常相辅为用,犹如车之两轮"④,可因为迫于消解实际问题的压力,沈雁冰不得不孤注一掷地偏于一端。他对客观观察的迷信,从反面披露出他对主观想象的不信任心理。沈雁冰的那套理论在当时其实反响寥寥,更多的创作者陶醉于自我主观情感的抒写,然而,他们都必定会表明这是情感的真实写照,不带有任何虚假的成分。因此,就模拟现实而言,更多的人从寻求内在的真实这一面与沈雁冰形成了呼应。郁达夫回忆写《沉沦》时的情形说:"什么技巧不技巧,词句不词句,都一概不管,正如人感到了痛苦的时候,不得不叫一声一样,又哪能顾得这

---

① 周作人:《竹林的故事序》,《谈龙集》,上海书店1987年影印版,第56页。
② 陈源:《新文学运动以来的十部著作》(下),《西滢闲话》,上海书店1982年影印版,第344、345页。
③ 鲁迅:《中国新文学大系·小说二集导言》,《中国新文学大系·小说二集》,上海文艺出版社1980年版,第3页。
④ 沈雁冰:《自然主义与中国现代小说》,《小说月报》第13卷第7号。

叫出来的一声,是低音还是高音?"①为了证实小说的真实性,甚至连艺术的方法和修辞都不愿提及了,这番自白难免有夸张之处,但基本上却还是可信的。正因为不能在学理上否认,所以在强调客观写实时,他们只能以对想象避而不谈的无视和漠视来表明姿态。

三

想象到底指的是什么?艺术的想象难道真的会背离真实性的原则?郁达夫借助于西方文学理论的观念,区分了"创造的"、"联想的"、"演绎的"三类想象,认为它们在某种不合理的情境下有可能沦为"空想"。也许正是因为对"空想"的警惕,郁达夫在利用想象等其他创造性思维时才会有如履薄冰的顾忌。对于想象与真实性之间的关系,五四大部分作家都表现出如郁达夫式的谨慎,但也有一些人表述了自己的大胆见解。朱自清从"表现"的立场指出:"创作的文艺全是真实的","创作的主要材料,便是创作者唯一的向导——这是想象","想象在创作中第一重要",创作"的价值在于向未来的生活开展的力量,即想象的力量。开展就是生活;生活的真实性是不必怀疑的,所以创作的真实性,也不必怀疑的",当然,创作中最关键的因素——想象的真实性也就因此确立了。② 朱自清与郁达夫他们对创作中想象力作用的认识大体上是相同的,但他对想象的真实性价值的认定却有其独到之处。朱自清对艺术想象作用的深刻思考,尤其对艺术想象所包含的真实性意义的揭示,在五四实属难得,同时却也注定了很难在创作中产生相应影响的结局。

新文学作家对想象可能陷入空想因而背离"求真"目标的担忧,在他们审美思维结构中留下明显的痕迹。由于拘囿于事实再现的真实感,五四一些创作因此失去了悠长深远的艺术韵味和魅力。沈雁冰曾严肃批评五四初期恋爱小说的雷同化现象,认为"主要的病源在以做诗的态度去做小说"③。什么是做诗的态度?按沈雁冰的说法,即"靠一时的灵感"。而客观而言,恋爱小说出现雷同化的情形,一方面固然和作者本身的生活范围大多偏于狭窄单调有关,可另一方面恰恰是因为这些作者未能发挥他们各自的"灵感"去对经历的真实事件进行更大程度的提炼、加工和改造,当然更没有将富于个性化的艺术想象最大限度地融入原本就大差不离的恋爱情节。这样,那些"人生实录"的恋爱小说尽管不乏生活的实感,却由于未能呈现独特的面貌并揭示全新的意义而失落了应有的艺术个性,同时也偏离了这个时代人人遵循的艺术真实的逻辑。类似的情况也出现在初期的白话体诗作中。受胡适提倡的"诗的经

---

① 郁达夫:《忏余独白》,《郁达夫文论集》,浙江文艺出版社1985年版,第466页。
② 佩弦:《文艺的真实性》,《小说月报》第15卷第1号。
③ 沈雁冰:《一般的倾向——创作坛杂评》,《文学旬刊》第33期。

验主义"影响,一些白话诗"以描写实生活为主题,而不重想象",无论是"说理"还是"写景",常常"太晶莹透彻了,缺少了一种余香与回味";而那些曾风行一时的小诗,大多数只"胜了短小的形式","只图容易,失了那曲包的余味"。① 朱自清对初期白话新诗的不满主要在诗意的直白和诗味的清浅,除了技巧的探索不够外,诗人对想象的忽视应该也与此相关。朱自清感叹:"中国缺乏冥想诗。诗人虽然多是人本主义者,却没有去摸索人生根本问题的。"② 初期的新诗作者其实和小说作者一样,他们看重的原本就是对现实的反映以及指导现实的"说理",当然就不会太留意或更深一层地去追究哲学意义上的人生根本问题。而冥想诗,它不仅须依托于思想的深度,也须借助于想象的翅膀,而这些正是新文坛所欠缺的。

与执著于现实的模拟不同,冥想意味着对现实的超越,意味着对现实做出更深广意义的思考和评价,而一切超越现实的艺术尝试在 20 年代都可能遭遇冷落,都可能背上虚假的恶名。所以,大家只能不约而同地把自己的注意力聚焦在个人的经历、生活的体验以及现实的"真实性"上,可这样的话,超越了细枝末节现象描述的理性综合和概括必然丧失,探究未来理想和形而上的彼岸世界的热情也必然受到遏制。创作者唯恐背离现实的拘谨和保守,使他们缺乏足够的勇气和魄力,从个体生存境况的考察出发,对生命本体的存在意义进行更深邃的思辨性探索,并以无穷的艺术智慧去深化历史人生的感悟,因此他们的创作很难真正带给读者知性层面的触动和震撼。当精确观察而记载下来的活动和现象未尝经过理智和想象同时参与的设计,当令人感伤的零散而孤立的事件并未获得艺术智慧的整体观照和意义的升华,那些被时空限制的个体人生描述再生动,那些具体事件的记录再精确,这类创作也无法具备应有的哲学和美学的品格。

朱光潜用受"道德感的束缚"("道德目的")来解释中国古代"为什么纯想象和虚构的文学作品那么少"③,实际上,这同样可以用来审视整个中国现代文学包括五四文学幻想和想象类创作贫乏的状况。而就非虚构的写实文学本身而言,创作者执著于此的意图本来就在写实以外。在现实与艺术想象的关系上,他们的偏见则更为明显。美国学者鲁道夫·阿恩海姆曾这样认为:"人们有时把想象力错误地解释为创造一种新颖的题材的能力。按照这一观点,艺术家的想象力仅仅表现在创造一种他人连想也想不到的新鲜情景的能力上。"④ 阿恩海姆从独特的角度说明了真实反映现实更需要想象力参与这一深刻的道理,而五四一些作家恰恰是在这个问题上疑惑多多,由此陷入歧途。实际上,超现实的创作不一定就是最丰富的想象力的载体,伟大

---

① 朱自清:《中国新文学大系·诗集导言》,上海文艺出版社 1981 年影印版,第 2 页。
② 朱自清:《中国新文学大系·诗集导言》,上海文艺出版社 1981 年影印版,第 5 页。
③ 朱光潜:《悲剧心理学》,人民文学出版社 1983 年版,第 217 页。
④ 鲁道夫·阿恩海姆:《艺术与视知觉》,中国社会科学出版社 1984 年版,第 196—197 页。

的艺术想象常常渗透在最普通的现实性题材里。遗憾的是,世上很多人,尤其是那些矢志于"求真"的五四作家,他们无法从根本上理解想象——这一艺术创造的天赋和才能所具备的"肯定真理"的意义,只能小心而委屈地活在因想象而虚假的潜在恐惧里。

钱锺书两篇文章中的三个小问题

◎ 王彬彬

读钱锺书,没法不惊叹他的渊博。谈论任何一个问题,钱锺书都能沿波讨源、旁征博引。对中外各种资料,他往往手挥目送、驱遣自如。在资料的运用上,钱锺书常让人有叹为观止之感。

不过,钱锺书对资料的运用,也未必每一次都十分准确、妥帖。日本有一句谚语:"猴子也有从树上掉下来的时候。"中国则有成语:"智者千虑,必有一失。"再高明的人,也偶有犯错误的时候;再神乎其技者,也难免失手。钱锺书应该也不例外。

钱锺书的《七缀集》,1985 年 12 月由上海古籍出版社出版。该书共收七篇论文。第一篇是《中国诗与中国画》、第二篇是《读〈拉奥孔〉》。这两篇论文,谈论的都是诗歌与绘画的关系,或者说,都是在论说诗歌与绘画的差异,都是在以某种方式反驳"诗画本一律"这种美学观念,都是在对"诗中有画"、"画中有诗"这样的命题提出质疑。但在这两篇论文中,有三处地方,我觉得在资料运用上都有点问题,或者说,都有点不够准确、妥帖。

一、达·芬奇也许放错了地方

"诗画本一律"是苏东坡著名的美学观点。这观点在中国美学史上产生了很大的影响。诗是无形画、画乃有形诗,几乎成为一种"常识"。而钱锺书的《中国诗与中国画》,则意在指出:在中国美学史上,尽管人们时时强调"诗画本一律",但在具体地评价诗歌和绘画时,还是持有不同的标准的。论诗时是一套标准,论画时又是一套标准。所以,诗与画其实并不"一律"。诗画本相通,不仅在中国美学史上为许多人所认可,在西方美史上也是一种非常有影响的观点。这篇《中国诗与中国画》,在开始论述中国古代评说诗画的标准之前,罗列了中西有关诗画一致性的观点。文章第二部分,在列举了中国美学史上的这类观点后,又列举西方美学史上的这类观点:

"无声诗"即"有形诗"和"有声画"即"无形画"的对比,和西洋传统的诗画对比,用意差不多。古希腊诗人(Simonides of Ceos)早说:"画为不语诗,诗是能言画"。嫁名于西塞罗的一部修辞学里,论"互换句法"(commutatio)的第四例就是:"正如诗是说话的画,画应该是静默的诗"(Item Poema Ioquens Pictura, Pictura tacitum Poema debet esse)。达文齐干脆说画是"嘴巴哑的诗"(una poesia muta),而诗是"眼睛瞎的画"(una pittura cieca)。莱辛在他反对"诗画一律"的名著里,引了"那个希腊伏尔太的使人眼花缭乱的对照"(die blendende Antithese des griechischen Voltaire),也正是那句希腊古诗,顺手又把他所敌视的伏尔太扫上一笔。……

在列举西方美学史上认为诗是"有声画"而画是"无声诗"的观点时,钱锺书提到了达文齐。达文齐,即意大利文艺复兴时期的大画家达·芬奇。从钱锺书这番话的"语境"看,达·芬奇也是认可诗歌与绘画的一致性和相通性的,他把画比作"嘴巴哑的诗",而把诗比作"眼睛瞎的画"。不过,这两个比喻总让人觉得有些别扭,总让人感到有些"不怀好意"。如果说,把画比作"嘴巴哑的诗"还谈不上是对画的贬低,那把诗比作"眼睛瞎的画",就绝不能说是对诗的恭维了。试想,一个眼睛瞎的人,能画出什么样的画来呢? 看来,有必要弄清楚达·芬奇是在怎样的"语境"中使用这两个比喻的。

钱锺书对达·芬奇的话做了注释,说明这句话出自达·芬奇的《画论》。达·芬奇留下了大量笔记,这些笔记在最近两百年间陆续被后人发现。朱光潜在《西方美学史》中,说达·芬奇"在笔记里详细记录了他在多方面的经验和体会,充分体现了当时新兴资产阶级的个性全面发展的理想和勇于进取的精神。当时许多'巨人'的伟大成就是与这种新的理想和精神分不开的"①。而钱锺书在注释中所说的《画论》,则是后人从达·芬奇留下的笔记中,将论画的部分抽取出来,单独成书的。1961年8、9月号的《世界文学》,刊载了朱光潜翻译的达·芬奇笔记的一部分,钱锺书所引用的那句话恰好在内。下面把包含这句话的一段抄下来:

> 眼睛叫作心灵的窗子,它是知解力用来最完满最大量地欣赏自然的无限的作品的主要工具;耳朵处在其次,它就眼睛所见到的东西来听一遍,它的重要性也就在此。你们历史家,诗人或是数学家如果没有用眼睛去看过事物,你们就很难描写它们。诗人啊,如果你用笔去描绘一个故事,画家用笔把它画出来,就会更令人满意而且也不那么难懂。你如果把绘画叫作"哑巴诗",画家也可以把诗人的艺术叫作"瞎子画"。究竟哪个更倒霉,是瞎子还是聋子呢? 虽然在选材上诗人也有和画家的一样广阔的范围,诗人的作品却比不上绘画那样使人满意,因为诗企图用文字来再现形状、动作和景致,画家却直接用这些事物的准确

---

① 朱光潜:《西方美学史》(上册),人民文学出版社1963年版,第150页。

的形象来再造它们。试想一想,究竟哪一个对人是更基本的,他的名字还是他的形象呢?名字随国家而变迁,形象是除死亡之后不会变迁的。

达·芬奇这番话完全是在赞美"眼睛",也即是在赞美画家和绘画,而贬低诗人和诗歌。"哑巴诗"和"瞎子画"这两个比喻,有着明显的相互攻讦的意味。达·芬奇是在回击将绘画称作"哑巴诗"时,才将诗歌称作"瞎子画"的。从达·芬奇对"眼睛"的推崇来看,将诗人称作"瞎子"是很刻毒的骂语。紧接着这番话,达·芬奇又写道:

如果诗人通过耳朵来服务于知解力,画家就是通过眼睛来服务于知解力,而眼睛是更高贵的感官。

推崇绘画而鄙视诗歌,认为诗歌不配与绘画相提并论的意思,表达得很清楚。莱辛的《拉奥孔》也是在强调诗歌与绘画的差异性,并且也有明显的鄙视诗歌而赞颂绘画、雕塑的倾向。朱光潜曾这样评说莱辛:"……但是'艺术美模仿自然美'这个信条逼得莱辛走到更奇怪的结论。美仅限于物体,而诗根本不能描写物体,则诗中就不能有美。莱辛只看出造形艺术中有美,他讨论诗,始终没有把诗和美联在一起讲,只推求诗如何可以驾驭物体美。他的结论是:诗无法可以直接地表现物体美,因为物体美是平面上形象的谐和配合,而诗因为用语言媒介,却须把这种平面配合拆开,化成直线式配合,从头到尾地叙述下去,不免把原有的美的形象弄得颠倒错乱。"①莱辛的鄙视诗歌而赞颂绘画,认为诗与画不能相提并论,也正有着达·芬奇的影响。伍蠡甫主编的《西方文论选》收录了朱光潜翻译的达·芬奇笔记中的片断,编者并做了这样的说明:"芬奇看重视觉,钻研事物外部形状,有扬画抑诗的倾向,并预示了18世纪关于文艺部门中界限和效果的研究(如德国莱辛)。"②可以说,在诗歌与绘画的关系上,莱辛与达·芬奇是一脉相承的,即都反对诗画同源说、诗画一致说。

在西方美学史上,关于诗与画的关系向来有两种观点:一种主张诗与画的同源性和一致性;一种则主张诗与画的异源性和差异性。而主张诗与画的异源性和差异性者,又往往是扬画抑诗的。在西方,本有着扬画抑诗的传统。达·芬奇正是这一类人的代表,甚至也是这种观点的源头性人物。既如此,钱锺书在列举西方美学史上主张诗画同源和一致的观点时,把达·芬奇放进去,也许就是放错了地方。

---

① 朱光潜:《诗论》,三联书店 1984 年版,第 150—151 页。
② 伍蠡甫主编:《西方文论选》(上册),上海译文出版社 1979 年版,第 180 页。

二、沈括是否被曲解了

钱锺书的《读〈拉奥孔〉》虽是一篇书评,但其实是钱锺书借莱辛之酒杯,浇自家心中之块垒。在这篇文章中,钱锺书细致地论说了诗歌与绘画的差异性,实际上则是在强调绘画不及诗歌,不配与诗歌并称。在文章第二部分,钱锺书写道:

> 莱辛不仅把"事"、"情"和"物"、"形"分别开来,他还进一步把两者各和认识的两个基本范畴——时间与空间——结合。作为空间艺术的绘画、雕塑只能表现最小限度的时间,所画出、塑造出的不能超过一刹那内的物态的景象(nie mehr alseinen einzigen Augenblick),绘画更是这一刹那景物的一面观(nur aus einen einzigen Gesichtspunkte)。我联想起唐代的传说:"客有以按乐图示王维,维曰:'此《霓裳》第三叠第一拍也。'客未然,引工按曲,乃信。"(《太平广记》卷二一三引《国史补》,卷二一四引《卢氏杂说》记"别画者"看"壁画音声"一则大同小异)宋代沈括《梦溪笔谈》卷一七批驳了这个无稽之谈:"此好奇者为之。凡画奏乐,止能画一声。"从那简单一句话里,我们看出他已悟到时间(引按:此处"时间"似为"空间"之误)艺术只限于一刹那内的景象了。"止能画一声"五个字也帮助我们了解一首唐诗。徐凝《观钓台图》:"一水寂寥青霭台,两崖崔崒白云残;画人心到啼猿破,欲作三声出树难。"……诗意是:画家挖空心思,终画不出"三声"连续的猿啼,因为他"止能画一声"。徐凝很可以写:"欲作悲声出树难"或"欲作鸣声出树难",那不过说图画只能绘形而不能"绘声"。他写"三声",寓意精微,"三"和"一"、"两"呼应,就是莱辛所谓绘画只表达空间里的平列(nebeneinander),不表达时间上的后继(nacheinander)。所以,"画人"画"一水"加"两崖"的排列易,他画"一"而"两"、"两"而三的"三声"继续难。《拉奥孔》里的分析使我们回过头来,对徐凝这首绝句和沈括那条笔记刮目相看。一向徐凝只以《庐山瀑布》诗传名,不知道将来中国美学史家是否会带上他一笔。

钱锺书在这里援引徐凝和沈括,意在说明绘画不能"再现"诗歌的意思、意趣、意味、意韵。诗歌可以写一声接一声的"猿啼",而绘画却充其量只能画出其中之一声。在钱锺书看来,这也是诗画不"一律"的表现之一种。实际上,画家能否画出连续性的"猿啼",也是可以讨论的问题。达·芬奇能画出蒙娜丽莎那谜一般的笑容,就不能说别的画家绝不可能画出一声以上的"猿啼"。不过,这个问题姑且不论。这里想说的是:钱锺书对沈括那条笔记似乎有点断章取义。

从钱锺书对沈括的引用看,沈括之所以认为那则关于王维的传说是"好奇者为之",是因为"凡画奏乐,止能画一声"。因为"止能画一声",所以王维不可能从那幅

《按乐图》上认出是"《霓裳》第三叠第一拍"。"止能画一声"成为沈括否定那则传说的理由。如果真是这样,那么,沈括肯定失之于武断。要弄明白沈括本意,还得看看《梦溪笔谈》中那则笔记的全文:

> 《国史(谱)[补]》言:"客有以《按乐图》示王维,维曰:'此《霓裳》第三叠第一拍也。'客未然,引工(桉)[按]曲乃信。"此好奇者为之。凡画奏乐,止能画一声,不过金石管弦同用一字耳。何曲无此声?岂独《霓裳》第三叠第一拍也?或疑舞节及他举动拍法中别有奇声可验。此亦不然。《霓裳曲》凡十三叠,前六叠无拍,至第七叠方谓之"叠遍",自此始有拍而舞作,故白乐天诗云:"中序擘騞初入拍","中序"即第七拍也。第三叠安得有拍?但言"第三叠第一拍",即知其妄也。或说尝有人观《画弹琴图》曰:"此弹《广陵散》也。"此或可信,《广陵散》中有数声他曲皆无,如"泼攦声"之类是也。①

沈括之所以认为那则关于王维的传说是"好奇者为之",最有说服力的理由,还是《霓裳曲》第三叠本来没有"拍"。既根本无"拍",那说王维一眼认出那幅《按乐图》乃《霓裳》第三叠第一拍",当然便很"妄"。至于钱锺书特别看重的"凡画奏乐,止能画一声",则并不能成为否定那则传说的坚实理由。如果画家高明,把奏乐者某一瞬间动作神情的特征精细准确地描绘出来,而观画者又恰好是深通音律和画理者,那就完全有可能认出这所画的"一声",是何曲之何声。实际上,沈括也举了一个正面的例子。他认为,有人观《画弹琴图》而认出所弹为《广陵散》,这"或可信"。同样是"止能画一声",既然此种场合"或可信",就不能说别的场合绝不可信。

元人辛文房所撰《唐才子传》,也说到了那则王维观《按乐图》的故事:

> 维,字摩诘,太原人。九岁知属辞,工草隶,闲音律。岐王重之。维将应举,岐王谓曰:"子诗清越者,可录数篇,琵琶新声,能度一曲,同诣九公主第。"维如其言。是日,诸伶拥维独奏……客有以《按乐图》示维者,曰:"此《霓裳》第三叠最初拍也。"对曲果然。

从这叙述中,我们知道,王维还是一位"闲音律"的音乐家。既是大画家,又是"闲音律"的音乐家,如果《霓裳曲》第三叠有"拍",那就完全可能被王维从画中认出。所以,"止能画一声",与那则关于王维的传说是否"无稽之谈",并没有必然的关系。

钱锺书在《读〈拉奥孔〉》中,是要证明绘画不如诗歌,因此他对沈括的那句"凡画奏乐,止能画一声"分外感兴趣。但这也导致他在两个层面都有所失误:一是他把

---

① 沈括:《梦溪笔谈》,侯真平校点,岳麓书社2002年版,第120页。

"止能画一声"视作王维不可能从《按乐图》中认出为《霓裳曲》第三叠第一拍的理由,并且把这种看法强加于沈括;二是他把证明关于王维的那则传说为"妄",视作证明诗优于画的一种方式。

但关于王维的那则传说是否为"无稽之谈",与诗与画孰优孰劣的问题毫无关系。钱锺书只需从沈括那条笔记中借取"凡画奏乐,止能画一声"这一句就够了,实在不必拉扯上王维,并对沈括断章取义。

三、董其昌想说什么

为了论证画不如诗,钱锺书在《读〈拉奥孔〉》中找了许多中国古代的"证据"。在文章第三部分,钱锺书写道:

> 诗中有画而又非画所能表达,中国古人常讲。……值得注意的是,画家自己也感到这种困难。嵇康《兄秀才公穆入军赠诗》之一五:"目送归鸿,手挥五弦";画家顾恺之说:"画'手挥五弦'易,'目送归鸿'难"(《世说新语·巧艺》第二十一)。董其昌说:"'水作罗浮磬,山鸣于阗钟',此太白诗,何必右丞诗中画也?画中欲收钟、磬不可得!"(《容台集·别集》卷四,二句出僧灵一《静林精舍》诗;参看邓椿《画继》卷六《王可训》论宋复古《八景》中《烟寺晚钟》:"钟声固不可得")……

这里所引董其昌那番话,以"画中欲收钟、磬不可得!"结束,且最后用了惊叹号。我想,一般的读者读了钱锺书所引的董其昌这几句话,都会以为这是一段完整的话,都会以为董其昌在为画中不能收钟、磬之声而遗憾。——但其实并非如此。

伍蠡甫的《名画家论》中,收有《董其昌论》、《再论董其昌》两篇研究董其昌的论文。在《再论董其昌》中,伍蠡甫说:

> 以前所写《董其昌论》,关于他的论画尚多遗漏,这里作些补充。
> 虚、静:董氏《画旨》有这么一段:"元晖(小米)未尝以洞庭、北固之山为胜,而以其云物为胜,所谓天闲万马皆吾师也。但不知云物何以独于两地可以入画。或以江上诸名山,所凭空阔,四天无遮,得穷其朝暮之变态耳。此非静者何由深解。故论书者曰:'一须人品高',岂非品高则闲静无他好萦故耶?"江天辽阔,云物舒展,重山叠嶂、景色拍塞,前者虚后者实,但对画家艺术想象的活动范围来说,前者比后者要宽广得多。然而这只是想象的外在因素,我们还须看到那内在因素,即画家心领神会而频增审美与想象的深度,例如凭主观之"静"以把握客观之"虚",最后收入画图。米友仁就曾做到这一步,欣赏米画的要看懂

这一点,董其昌名之曰"静者"的"深解"。而且不论是画得出或看得懂,都决定于"无他好萦"的静的观照。……艺术创作、欣赏中的虚、静之理,老子早就讲过。《老子·四十一章》:"大音希声,大象无形。""希声"故静,"无形"故虚,时间艺术与空间艺术正是通过虚、静,以观照、体现宇宙万物的自身规律,表达了"道"之全美境界。……后来苏轼讲得愈加明白易懂:

> 欲令诗语妙,无厌空且静。
> 静故了群动,空故纳万境。

米友仁能"静",所以领会客观现象的种种运动,能"虚",所以把握云山之趣,作为"万境"之一,形象地落诸缣素。……

此外,董其昌还谈到画中写声亦寓虚静之理。"'水作罗浮磬,山鸣于阗钟',此太白诗,何必右丞诗中画也。画中欲收钟磬不可得,但众山之响,在定境时有耳圆通。正自觅解人不易。"画家修养,亦有释氏所谓的心定止于一境,有此定境,便不难领会钟磬的回声都在静穆的众山中,也就是画中寓动(声波)于静(众山)之理了①。

钱锺书所引用的,并非董其昌的一段完整的话,而是把"但"字前面的话取出来,且在后面加上惊叹号,"但"以后的话则都舍去。董其昌这段话并不难懂,我们一眼就能明白,董氏的主旨在"但"字以后。他想说的是:画中虽欲收钟磬不可得,但又何必收钟磬!画面上虽无法直接画出钟磬之声,但只要画家画出了虚静之境,而观画者又有着虚静之心,自能从画面上听到"众山之响",自能从画面上听到"希声"的"大音"。伍蠡甫的研究使我们明白,董其昌是在谈论艺术创作和欣赏中的"虚"、"静"问题时,是在"谈到画中写声亦寓虚静之理"时,说了这番话的。董其昌的本意是强调绘画可以寓"声"于"静",可以不画钟磬而让观者听到钟磬之声。而钱锺书则截取"但"字以前的几句话,让董其昌表达与本意截然相反的意思,以此作为自己的论据。

---

① 伍蠡甫:《再论董其昌》,见《名画家论》,中国大百科全书出版社1988年版,第132—134页。

执着·比喻·尊严
——论毕飞宇的《推拿》兼及《青衣》、《玉米》等其他小说

◎ 刘　俊

毕飞宇是个对"执着"有着特殊偏爱的作家,读他的作品,人们总是容易与他笔下那些"执着"的人物不期而遇,从某种意义上讲,可以把"执着"视为毕飞宇小说世界的一种基本底色和核心气质。"比喻"是毕飞宇小说艺术的一个突出特点,在他的作品中,众多充满艺术才华的各种比喻总是蜂拥而至,令人在目不暇接之余,深深叹服于他的修辞手法是那样的灵动绚丽,而他小说的美学特点也因此凸显。"尊严"则是毕飞宇以小说形式展开的关于普世价值思考的重心所在,而他小说所具有的社会批判性也隐蕴其中。

执　着

"执着"一词原为佛教用语,为"二乘"(小乘)所奉,不似大乘以"无所得"为宗旨,而以"成果"为目的,故曰"执着",后为俗世引用,泛指专注于某一事物而坚持不放——也就是有所坚持,不轻易改变。毕飞宇小说世界中的"执着"气质,主要体现为他塑造的各种人物,大都具有"执着"的特性。《推拿》中的王大夫、沙复明、小马、都红、小孔、金嫣、泰来、张宗琪这些主要人物,除了都是盲人这一共同点之外,"执着"应该就是他们的另一个共同点了。

小说中的王大夫为了爱情(小孔),"执着"地以自己的专业,积蓄和小孔"结"(婚)以及让小孔有朝一日成为老板娘的资本;除此之外,在解决弟弟欠的赌债问题上,他也表现了他的"执着"——为了维护自己辛苦挣来的两万五千块钱,他不惜用刀在自己身上划,"给你们(债主——笔者注)血""清账"。沙复明的"执着"同样体现在爱情和事业两个方面:在事业上,他非常明确自己的人生目标就是"自食其力"——要把自己做老板的推拿店,开到南京的鼓楼或新街口这样的一类地区;在爱情上,他对"美"(具体化为都红)的追求坚韧执着甚至有点"不计后果"。小马在和小孔的打闹中逐步形成的对"嫂子"的爱,终究成了他生命中唯一不能承受的生命之重,他和洗头房里的小蛮的性爱,说到底不过是他对小孔爱的延伸和转移——"他不要别人,只要嫂子","执着"因此成为他生命中最有价值和意义的支点,他的生活也

因这种爱的执着而改变而富有意义。都红是个盲人美女,她的音乐天赋使她原本可以成为一个"备受关注"的盲人钢琴家,可她就是因为受不了她的"备受关注"是由于她的盲人身份而不是因为她的音乐天赋,于是她"自行了断"了她的音乐之路,"半路出家"学起了推拿;在对待沙复明的爱情追求上,她也表现出了她的执着:沙复明对她的好她不是没有感受(何况还有高唯的"新闻联播"),可是都红有都红的坚持:"都红不爱他。还是不爱他。无论沙复明为她做了什么,她都愿意感恩。但不爱。这是两码子事。"

与王大夫、沙复明、小马、都红的执着比起来,小孔、金嫣、泰来、张宗琪的执着一点也不逊色。小孔在深圳时,就以"抠门"著称——"其实也不是抠,主要还是气不过",小孔不愿意为了讨好前台在生意上关照自己"塞"钱给她们,这看上去是小孔小气,实际上是小孔的执着:"我一个盲人,辛辛苦苦挣了几个,反让我塞到他们眼眶里去,就不!"当王大夫告诉她"暗地里你吃了很多亏"时,小孔的回答是:"知道啊,吃了亏,再抠一点,不就又回来了?"在爱情上,小孔也非常"执着":不但爱上了王大夫就"义无反顾"地跟他来到南京,而且不惜违背父母要她找个"一定要有视力"的男朋友的"命令"。至于泰来对自己方言口音的敏感和放声高歌的"惊人",体现的也是他的执着——执着常常体现为对某种原则的在意和坚持。张宗琪在小说中虽然不像沙复明那样以老板的身份在"前台"活动,可是他的内敛也如沙复明的张扬一样有力,而这样的力道则是源自他执着的人生信念:幼年的刺激使他成了一个"彻底的怀疑主义者"。

在《推拿》中,执着得最为浪漫也最为恣肆的,是金嫣。这个盲人女孩只是因为从朋友处听说了泰来的故事,就认定了她和泰来之间会有一场轰轰烈烈的爱情,为此,她从大连到上海,又从上海到南京,只是为了泰来,等她和泰来建立了恋爱关系,她的执着就聚焦在一场隆重的婚礼——浪漫的爱情和"无所不在"的婚礼,成了金嫣执着的标志!

这样一群执着的盲人,在各自的人生追求方向上展开了他们的人生画卷。从某种意义上讲,"执着"不仅构成了《推拿》中各色人等的个性特质,而且因了人物的"执着",也推动了小说情节的展开。因为,《推拿》中每个人物的人生经历和爱情故事,都因"执着"而成立,难以想象,没有了"执着"的张力,《推拿》将如何展开叙事,形成结构——因为王大夫执着地想要开一个自己的推拿店,所以有了他投资股票的失败,以及他和小孔从深圳到南京的"回归";因为有了小孔对爱的执着,她才会和王大夫来南京并有了他们的"南京故事";因为有了沙复明对"老板"(事业成功的标志)身份的执着,才会有"沙宗琪推拿中心"的井井有条和他最后"积劳成疾"的生命垂危;因为有张宗琪幼年经历所形成的阴影挥之不去,对"毒死"的恐惧导致他执着地要严格掌控"进嘴"的东西,并由此引发了他和沙复明在金大姐去留问题上的矛盾;因为对"嫂子"爱得执着,才有了小马的放浪形骸和无声出走;同样因为对爱有自己的坚持,都红最终还是离开了沙复明和"沙宗琪推拿中心";而如果没有金嫣对爱的执着,她和泰来的这条"爱情线"也就根本不可能在小说中出现……从根本上讲,"执着"不但是《推拿》中各个人物的性格特征和精神特质,而且它还构成了小说得以形成故事、推展情节的动力。就此而言,"执着"就成了《推拿》的底色、核心和根本。

同样是"执着",我们在毕飞宇的《青衣》、《玉米》和《玉秀》中也可以看到。《青衣》中的筱燕秋如果不是对《奔月》这出戏和"嫦娥"这个人物执着到了走火入魔的地步,她也不会在年轻时"名利熏心妒良才",把一杯开水浇在师傅级的同行李雪芬的脸上,更不会在人到中年后,为了留住准备放弃演戏而要去电视台当主持人的学生,不惜放弃自己牺牲人格和肉体换来的机会,答应让春来出演"A档"。这样的执着,在她最后为了演"嫦娥",不顾病痛,直至疯狂,而终于达到了极致——她的执着给读者带来的震撼,也在此时臻于顶点。

类似的执着在玉米和玉秀的身上再次出现,《玉米》和《玉秀》中玉米的执着,从相反的两个方面展开:一方面,玉米致力于维护家庭——不论是她对王连方睡过的女人施以"心理战",还是她嫁给郭家兴,乃至对玉秀寄予厚望,都是出于对家庭的维护和"复兴"的期待;另一方面,为了维护家庭,她又在不自觉中消解家庭——她本来是要提携妹妹玉秀的,可是她和玉秀之间"两个女人的战争",其酷烈程度已看不出两人是一对同胞姐妹,而不论是维护家庭还是消解家庭,尽管用力的方向不同,玉米(还有玉秀)在其中体现出的"执着"却是一致的,那就是,做一件事,就专注地坚持做到底,做到头,做到"赢"——哪怕最后还是归为失败,也在所不惜。

那么,毕飞宇为什么对表现"执着"如此热爱如此钟情呢?他要通过"执着"表达什么样的意念呢?这一点我们后面再说。

比　喻

毕飞宇对卑微的弱势群体(盲人)"执着"的表现,是以文学的方式进行的,因此文学性在这种表现过程中就显得尤为重要。从表面上看,毕飞宇似乎并不是一个热衷于在文学形式上进行各种实验的"先锋作家",他作品的文学价值给人的印象也不以形式创新取胜,我们甚至可以把他归为是个具有开放特性的"现实主义"作家。那么,什么是毕飞宇小说世界中最突出的文学特性呢?

在我看来,构成毕飞宇小说世界最为突出的文学特性,是他笔下绵延不绝的各种神奇的比喻,这些比喻是这样的贴近生活、市井小民,却又那样的具有奇思妙想,充满文学想象的丰沛才华。在毕飞宇的小说中,令人惊叹的比喻可谓比比皆是。

比喻也叫"譬喻",乃修辞学上辞格之一,借助于类似点,用彼事物来比拟此事物,就叫比喻。构成比喻的成分主要有三要素,为本体、喻体和比喻词,而根据这三个成分的异同和隐现,比喻可分为明喻(直喻)、隐喻(暗喻)和借喻(转喻)三类。

纵观毕飞宇小说中众多的比喻,明喻和隐喻用得较多,其功能不仅体现为通过这种修辞手段,大大增强了作品的艺术表现力(在塑造人物、描写环境、展示心理、呈现认知等方面各显其能),而且也使之成为体现毕飞宇小说世界文学性的突出特点

乃至"风格"。他的比喻,从总体上看具有如下两个特点:

一、带有来自民间的浓郁的乡土味和市井气,具有浓厚的生活气息。如:

　　对王大夫来说,前厅和推拿房的分别,就如同屁股蛋子左侧和右侧,表面上没有任何区别,可中间隔着好大的一条沟呢。(《推拿》,明喻)

　　嫂子是一只蝴蝶,她在无声地飞⋯⋯她是唯一的一只玉蝴蝶⋯⋯她的整个身躯就是两片巨大的玉色的翅膀,平行,对称,轻巧而又富丽堂皇。(《推拿》,隐喻)

　　现在正是午后,筱燕秋的影子很短,胖胖的,像一个侏儒。筱燕秋注视着自己的身影,夸张变形的身影臃肿得不成样子,仿佛泼在地上的一摊水。筱燕秋往前走了几大步,地上的身影像一个巨大的蛤蟆那样也往前爬了几大步。(《青衣》,明喻)

　　筱燕秋一身寒气,凛凛的,像一块冰,要不像一块玻璃。(《青衣》,明喻)

　　大雪覆盖了城市,城市像一块巨大的蛋糕,铺满了厚厚的奶油,又柔和,又温馨,笼罩着一种特殊的调子,既像童话,又像生日。(《青衣》,明喻)

　　天下就是装满了玉米的麻袋,天下人就是装在麻袋里的玉米。(《玉米》,隐喻)

　　一个女人如果连持家的权利都不要了,绝对是一只臭鸡蛋,彻底地散了黄了。(《玉米》,隐喻)

　　对于心中有爱的人来说,脸上的皮肤才是心灵的窗户呢。窗户红彤彤的,像贴了大红的"喜"字,还有什么能瞒得住?(《玉秧》,隐喻)
　　⋯⋯

二、想象奇特,富有哲理意味。如:

　　钱就是这么疯。一点都不讲理,红了眼了。它们一张一张的,像阿拉伯的神毯,在空中飞,爱空中蹿。它们上升,旋转,翻腾,俯冲。然后,准确无误地对准了王大夫的手指缝,一路呼啸。王大夫差不多已经听到了金钱诡异的引擎。它在轰鸣,伴随着尖锐的哨音。日子过得越来越刺激,已经像战争了。王大夫就这样有钱了。(《推拿》,明喻、借喻)

情欲是一条四通八达的路,表面上是一条线,骨子里却链接着无限纷杂和无限曲折的枝杈……当情欲缠绕到一定火候的时候,新的枝杈就出现了,新的叶子也就长出来了。

爱情是小蚂蚁,千里之堤就等着毁于蚁穴。(《推拿》,隐喻)

谎言是一种强迫性的行为,只要你迈出左腿,就必然会迈出右腿,然后,又是左腿,又是右腿。可谎言终究是不可靠的,它经不起重复。重复到一定的时候,谎言的力量不仅没有得到加强,而是削弱,直至暴露出它本来的面目。(《推拿》,隐喻)

恐惧是一条蛇。这条蛇不咬人,只会纠缠。(《推拿》,隐喻)

面对盲人,社会更像一个瞎子。(《推拿》,明喻)

……

在这两个特点中,前者的"形而下"使毕飞宇小说中的比喻"贴近"下层民众的生活,后者的"形而上"使他的比喻"升华"出深刻的思想力量;前者是新奇的、来自现实生活的,后者是充满想象和哲理智慧的,而它们的共同特点,则体现为既鲜活灵动又充满了张力——一种由密度和强度共同作用而形成的张力。

需要特别指出的是,说比喻在毕飞宇的小说艺术特色中具有"风格"性意义,并不意味着他的小说艺术唯有比喻。事实上,在毕飞宇的小说中,戏仿也是他非常擅长也非常爱用的一种艺术方式[①],如《玉米》中的这段描写:"王书记解开了中山装,双手叉腰,两只胳膊弯把中山装的后襟撑得老高。这是当领导的到了危急关头极其严峻的模样,连电影上都是这样。王连方望着王书记的背影,王书记一推窗户,对着窗外摊开了胳膊:'都被人看见了,你说说,怎么办?怎么办嘛!'"就是对特定时代干部喜欢以电影中的干部形象作为自己语言、行为楷模的戏仿;而《玉秧》中的"魏向东不理那一套。上床不是请客吃饭,不是做文章,不是绘画绣花,不能那样雅致,那样文质彬彬,那样温良恭俭让。上床是暴动。是一个人推翻并压倒另一个人的暴动",则

---

① 戏仿(Parody)"是一种通过对原作的游戏式调侃式的模仿从而构造新文本的符号实践"。见汪民安主编《文化研究关键词》,凤凰出版传媒集团、江苏人民出版社2007年版,第378页。对于戏仿的运用,毕飞宇是相当自觉的,在回答张莉关于《家事》的提问时,毕飞宇就曾谈到过对戏仿的理解、认识和运用。参见毕飞宇和张莉《牙齿是检验真理的第二标准——关于社会价值观的对谈》,收入《推拿》,人民文学出版社2008年版,第330—334页。

是通过对"文革"时期人们"误读"或"滥用"领袖话语的戏仿,形成了一种只有当代中国人才能理解的幽默——而通过戏仿制造幽默,产生喜剧效果,也是毕飞宇小说的又一艺术特色。

尊　严

毕飞宇的小说题材基本上以近代以来的中国历史为时间范畴,以市井小民的平凡人生为表现领域,小说主题则有时表现险恶江湖血腥中的温情(《上海往事》、《睁大眼睛睡觉》),有时表现成长中性意识觉醒后的烦恼(《那个男孩是我》);有时表现被都市激发后一旦释放就难以抑制的现代人的欲望(《家里乱了》、《唱西皮二黄的一朵》),有时又表现"上帝打盹"时人的一时内心躁动(《火车里的天堂》、《林红的假日》),当然,还有男女两性间的战争(《男人还剩下什么》),以及人在社会的塑造面前所呈现出的无力感(《雨天的棉花糖》)……然而,在我看来,在毕飞宇小说世界的众多主题中,最为重要的一个主题,就是对人的尊严的关注。

"尊严"的英文基本释义是"作为有价值的、有荣誉的或受尊敬的品质或状态"①,中文《辞海》的解释是"(1)庄重而有威严,使人敬畏;(2)独立而不可侵犯的地位或身份"②。这些释义虽然都省略了指称的对象"人",但它们的共同重点则都强调了对人之为人的(价值)肯定。在中国当代文学的海量作品中,表现与政治、社会、历史、情感、欲望、命运、生存状态、心理波澜有关的作品不计其数,可是,特别以表现人的尊严为主题的作品却不是很多(间接涉及的当然不少)——或许近代以来中国社会的血火洗礼和政治动荡,使得中国人有太多更加急迫的问题需要面对和解决,在人的解放还没有完全实现之时,人的尊严,对于近代以来多灾多难的中国人而言,似乎是个有点遥远而又有些奢侈的话题。

然而尊严,从某种意义上讲正是体现人之为人的价值的最为核心的部分,也是人之为人最为本能的自我追求。毕飞宇注意到了这一点,并在自己的作品中呈现了他对这一问题的思考。③

这就要回到前面论及的"执着"了。毕飞宇在《推拿》中表现一群盲人的执着,在我看来真正的用意其实不是单纯地要表现一种人物性格,而是要通过"执着",展示他对人的尊严的思考。盲人作为社会结构中的边缘人群(残疾人),他们作为"人"的尊严常常受到忽略、遮蔽乃至轻视。然而,盲人也是人,他们也有他们的喜怒哀乐,

---

① 见 Webster's New Collegiate Dictionary 关于"尊严"(dignity)的解释:"the quality or state of being worthy, honored, or esteemed", G. & C. Merriam Co. 1973, 第 319 页。
② 《辞海》,上海辞书出版社 1979 年版, 第 685 页。
③ 毕飞宇在接受张莉的采访时,曾明确表示他"在意""尊严"。参见毕飞宇和张莉《牙齿是检验真理的第二标准——关于社会价值观的对谈》,收入《推拿》,人民文学出版社 2008 年版, 第 330—334 页。

也有他们激动人心的爱情和丰富复杂的心理——盲人的处境,使他们比常人更能感受和体会到尊严的难能可贵和来之不易,因此,他们对"独立而不可侵犯的地位或身份"(尊严)的感受也就更渴望、更敏锐、更强烈和更敏感。

于是他们用他们的"执着"来体现他们的"尊严"——经历过"文革"动乱和消费时代的"洗礼",当代中国人似乎已经从"文革"时期的迷狂中跳脱出来并在"多元化"的"后现代社会"丧失了"执着"的品行,而"尊严"也似乎与金钱直接挂钩并形成了一种正比例关系——这使得当代中国社会出现了一种与放弃"执着"相伴而生的无原则无坚持的随和世故,以及与金钱拜物教相伴而生的"尊严"商品化现象,面对这样的社会现实,毕飞宇选择了更能感受尊严意义的社会边缘群落盲人,通过对他们坚守"执着"的表现,来呈现"尊严"对人的重要性。

尊严的体现方式当然有很多种。一般来讲,人们总是通过这样的途径来获得尊严:首先,努力使自己遵循社会规则行事,以便在社会中通过"自我合法化"从而获得自我肯定(自尊);其次,依凭自己在社会中的生存合法性的确立,赢得别人对自己的尊敬(他尊);最终,依凭他尊(别人对自己的肯定)实现自尊并获得尊严。对于《推拿》中的盲人们来说,他们之所以如此"执着",就在于他们身为盲人这一特殊群体,要在"健全"社会赢得社会的肯定,获得并保有人的尊严,唯有付出超出常人的努力,加倍小心地把握好自己的人生方向,方能拥有自尊、达致他尊并赢得尊严,"执着"对于盲人而言,其特性与《推拿》中对"耐心"的描写异曲同工——"做盲人的就必须有耐心。耐心是盲人的命根子,只有耐心才能配得上他们看不见的眼睛"。"执着"对盲人来说,不也是一样吗?缺乏"执着"的盲人,也会如没有耐心的盲人一样,遇事"急吼吼地扑上去",终究会因为自己的轻率而"倒了"并"赔进去一嘴的牙"。

《推拿》中最具有代表性的一幕,就是都红"执着"地放弃音乐而学习推拿。都红与生俱来的音乐天赋使她本来有可能成为一个盲人钢琴家,可是一次向残疾人"献爱心"的大型慈善晚会演出,使她坚决而又果断地中止了她的音乐生涯——因为她受不了别人(健全人)对她的迁就、宽容和同情,一句话,她受不了别人(健全人)因为她是一个盲人而对她充满怜悯,她也绝不能忍受以"可怜的都红"的姿态去"烘托别人的爱",由于敏感地意识到她的演出受到主持人的赞扬,不过是全社会"把残疾人拉出来让身体健全的人感动",她决定"去他妈的音乐!"盲人都红就是以这样一种执着而又决绝的姿态,告别音乐,走向推拿,并以此维护了自己的尊严!

都红的决绝或许有些过于极端,但以"执着"(一种坚持)表现尊严,在《推拿》的盲人世界中却并非个别现象,而是具有一定的代表性。无论是王大夫、小孔、小马,还是金嫣、沙复明和张宗琪,在他们形态各异的"执着"背后,寻求的无不是自己"独立而不可侵犯的地位或身份",以及自我肯定和自我价值。因此,都红貌似极端的举动,代表的其实是盲人们共同以"执着"的方式确立自尊、维护尊严的共同形态。

在一个"执着"已经受到严重侵蚀,"尊严"已经在金钱面前节节败退的社会,对"执着"的秉持和坚守,或许已成为保有人的尊严的最基本方式。毕飞宇以盲人来表现并突出这一点,其实是要向"正常人"的社会提出质询并提供参照:身处"黑暗"中的盲人,是那样的以艰难的方式,在意并追求着尊严,那我们生活在"阳光"下的"健全人",又是如何认识和对待尊严的呢? 在盲人和所谓的正常人/社会之间,究竟谁在置身黑暗却心中有光,谁在身处光明却暗中摸索呢? "面对盲人,社会更像一个瞎子",毕飞宇在《推拿》中的这个比喻,是不是就是他对当下社会的一个基本判断呢? 他对盲人的肯定乃至礼赞,是不是就是在表达着自己的价值选择呢? 而在这种判断和表达中,是不是已经包含了他对所谓"健全人"社会的批判呢?

应当说,在毕飞宇的《推拿》、《青衣》、《玉米》、《玉秀》、《玉秧》以及其他作品中,社会批判的倾向其实是相当明显的。或许与我们的传统文化有关,或许与我们近代以来的历史有关,我们的社会常常缺乏甚至忽视对个体生命的尊重,常常表现出对人的尊严的漠然、无感、不屑乃至抹杀。在某些特殊的历史时期,人的尊严还受到非常粗暴的践踏。《青衣》中的筱燕秋、《玉米》中的玉米、《玉秀》中的玉秀和《玉秧》中的玉秧,他们所面对的世界,就是一个少数强权者(《青衣》中的老板、《玉米》中的王连方和郭家兴、《玉秧》中的钱主任和魏向东)欺凌弱势者的世界,弱势者的个人尊严在强权者的淫威下,受到无情的挤迫、弱化、扭曲和消解,与此同时,强权者则在对弱者尊严的摧毁中,获得一种变态的自我膨胀和扩张——这一点在王连方身上得到了集中体现:王连方在王家庄妇女身上"到处游荡",是以无视妻子和王家庄妇女的尊严为前提的,他占有的妇女越多,为之付出丧失尊严代价的"人"也就越多。

对人的尊严的肯定、重视和强调,是人类普世价值的基本原则之一。毕飞宇小说所表现出的对中国当代社会的批判,其最为有力之处,在我看来就是他基于对普世价值的认同①,而对这个社会常常缺乏对人的尊严的尊重进行反思和批判——尊严,是毕飞宇认同普世价值的立足点,也是他展开社会批判的视角。就此而言,毕飞宇在《推拿》、《青衣》、《玉米》等小说中着力表现"执着",也就具有了一种更高层次上的"修辞"意义:他是要在一个缺乏"坚守"和人的尊严沦丧的时代,通过对"执着"的表现和强调,借助文学的形式,展现人的尊严的必须和可贵! 因此,本文的标题"执着•比喻•尊严",在某种意义上也可以理解为:毕飞宇是在用执着比喻尊严——因为,在毕飞宇的小说中,人物"执着"的姿态,已具有了一种"独立而不可侵犯"的"有价值的、有荣誉的或受尊敬的品质或状态"。

---

① 毕飞宇认为"我们一直生活在'核心价值'里头,而不是普世价值。……问题是,普世价值和我们的核心价值是分离的,甚至是矛盾的,这是一个谁也不能否认的基本事实"(见毕飞宇和张莉《牙齿是检验真理的第二标准——关于社会价值观的对谈》,收入《推拿》,人民文学出版社 2008 年版,第 335 页)。在《推拿》中,毕飞宇显然融进了他自己对普世价值的思考并给出了自己的答案。

朦胧诗及其论争的反思

◎ 王爱松

一

众所周知,"朦胧诗"的命名来自章明的一篇文章。在题为《令人气闷的"朦胧"》的文章里,章明提到了当时诗坛的一种创作现象,少数作者"大概是受了'矫枉必须过正'和某些外国诗歌的影响,有意无意地把诗写得十分晦涩、怪僻,叫人读了几遍也得不到一个明确的印象,似懂非懂,半懂不懂,甚至完全不懂,百思不得其解"。作者并且说:"为了避免'粗暴'的嫌疑,我对上述一类的诗不用别的形容词,只用'朦胧'二字;这种诗体,也就姑且名之为'朦胧体'吧。"[①]显然,章明是在否定的意义上来使用"朦胧"二字的,但这种命名,又折射出作者面对这种多少有点陌生的诗歌创作现象而生的茫然中有愤怒、愤怒中有谨慎的复杂情绪。作者选择"朦胧"这个较为中性的词而不是含混、晦涩等更带贬义的词,显然同作者已经隐约地注意到了作为美学范畴的"朦胧"自身也有其朦胧性,甚至"可能有少数读者会欣赏这种诗体"有关。

尽管迄今为止已发表过无数讨论、研究朦胧诗的文章,但朦胧诗的内涵和外延如何似乎并没有得到有效的阐释和界定。在一本朦胧诗的选集中,编选者在谈到朦胧诗的内涵和入选标准时,也只是说颇费斟酌:"我们采用的标准,也似乎是我们或多数人对这类诗歌的一种意会,只能感觉,不好说出。"[②]朦胧诗的这种朦胧特征,首先来自于作为一个关键词的"朦胧"同大多数文学名词一样,并不是一个自明的概念。正如索绪尔所指出的,任何语言符号同所指物之间并没有本质的必然联系,能指和所指的关系是建立在社会的约定俗成基础之上的,语言系统中的每个符号之所以有意义仅仅由于它同其他符号之间有差别。没有差别便没有意义。这个意义上,就其语义来讲,"朦胧"的意义是建立在同含蓄、含混、复义、晦涩等相区别的基础之上的。但令人烦恼的是,在由语言符号所组成的意义链上,朦胧同含蓄、含混、复义、

---

① 章明:《令人气闷的"朦胧"》,《诗刊》1980年第8期。
② 《前记》,喻大翔、刘秋玲编选:《朦胧诗精选》,华中师范大学出版社1986年版。

晦涩等概念既有区别,也有相互重叠的部分。这就使人们在谈论朦胧诗时,常常陷入各各以意为之的状态,什么是朦胧和朦胧诗,朦胧和朦胧诗的标准如何,常成为只可意会、似有若无的事。这里可以作为一条旁证的是,威廉·燕卜荪的 Seven Types of Ambiguity,在中国的翻译中从来就没有统一过。有译《朦胧的七种类型》的,也有译《晦涩的七种类型》的,还有译《含混七型》、《多义七式》、《歧义七类》的。① 这一方面当然反映出了翻译中关键词统一的困难,但另一方面也说明了同一语义场中,朦胧、含混、复义、晦涩等语言符号的意义具有自身的模糊、含混、朦胧之处。尽管可以借助英语的一些词汇来区分朦胧(ambiguity)、晦涩(obscurity)、多义(multiple meaning),或者像赵毅衡那样通过改造《文心雕龙》"隐秀"篇中的"复意"为"复义"来对应英语中的 pluri-signation,②但仍不能解决文学研究中关键词与生俱来的那种意义的模糊、含混。这种关键词意义的模糊、含混,无疑增加了朦胧诗讨论和研究中的难度和混乱。

今天看来,当年朦胧诗人的一些诗并不朦胧,如舒婷、顾城、北岛、杨炼的代表诗作,比起他们后来创作的一些诗作来,甚至还可以说是过于直白显豁了。所谓朦胧,只是建立在一种比较的基础上。与前代诗人的诗作相比,朦胧诗的朦胧,首先表现为一种思想观念和情绪的复杂性。其次表现为诗人和抒情主人公对主客观世界认识的模糊性所导致的艺术表现上的含混和不确定性。再次,"现代"诗歌技巧的广泛运用是造成朦胧诗之朦胧的最重要原因。象征、通感、隐喻、变形、视角变化、意识流手法等相对现代的诗歌表现技巧,在朦胧诗中得到了普遍的运用。中国现代新诗的主流,推崇的是一种话怎么说就怎么写的传统,明白如话、诗意显豁成为中国现代新诗追求的一个重要目标。朦胧诗人则追求表现的奇诡,诗意的隐晦,尽量拉大诗歌语言与标准语言间的距离,寻求理性与感性的有机结合。他们特别钟情于"隐"的表现手法,这种"隐"的表现手法,按闻一多的说法,"它的手段和喻一样,而目的完全相反。喻训晓,是借另一事物来把本来说不明白的说得明白点;隐训藏,是借另一事物来把本来可以说得明白的说得不明白点"③。喻和隐,虽然目的不同,但手段和效果

---

① 周邦宪、王作虹、邓鹏译为《朦胧的七种类型》(中国美术学院出版社 1996 年版);赵毅衡译为《含混七型》(参见赵毅衡《新批评——一种独特的形式文论》,中国社会科学出版社 1986 年版,赵毅衡编选《"新批评"文集》,百花文艺出版社 2001 年版);朱自清则译为《多义七式》,他在《诗多义举例》中说:"去年暑假,读英国 Empson《多义七式》(Seven Types of Ambiguity),觉着他的分析法很好,可以试用于中国旧诗。"(《朱自清文集》第8卷,江苏教育出版社 1993 年版,第 208—209 页);杨自伍在翻译韦勒克的《近代文学批评史》(第五卷)(上海译文出版社 2002 年版)时,不知何故,在第七章中译为《歧义七类》,第十章中却译为《晦涩的七种类型》;袁可嘉在发表于 1946 年的《诗与晦涩》一文中,虽然没有直接提到燕卜荪的书,但研究方法和观点显然受到燕卜荪的影响,他讨论的晦涩,也即其他诸人所译或所说的朦胧、含混、多义。

② 赵毅衡:《新批评——一种独特的形式文论》,中国社会科学出版社 1986 年版,第 170 页。

③ 闻一多:《说鱼》,《闻一多全集》(第 1 卷),生活·读书·新知三联书店 1982 年版,第 117 页。

却常常相同,因此无论在理论家那里还是创作家那里,通常区分得不那么清楚,朦胧诗诗人也经常将隐喻结合着传统的比喻来加以使用。而正因为朦胧诗诗人总是拐着弯儿借另一事物来说明此一事物,他们的诗歌中便充满了各种各样的五光十色的意象,后来甚至发展成一种受到新生代诗人攻击的流弊。

二

朦胧诗人的"潜在写作"在1979年左右公开化、合法化以后,面临的是来自否定与肯定两方面的截然不同的批评。更为传统的批评家和诗人倾向于否定朦胧诗的创作倾向,而以谢冕、孙绍振、徐振亚为代表的"崛起论"者则倾向于肯定朦胧诗的创作倾向。像20世纪中国大部分文艺论争一样,有关朦胧诗的论争一开始便陷入了一种口号之争、概念之争,并与许多非文学因素结合在一起。由于论争双方各取所需,有人甚至介入论争之前便有了一个先入之见,故肯定者往往将朦胧等同于含蓄来加以推崇,而否定者往往将朦胧指陈为晦涩来加以贬斥。

然而,仅仅将朦胧诗的论争归结为概念之争,显然不符合历史事实,无视了论争的复杂性及其意义。从一开始,朦胧诗的讨论和评价便被置于青年一代诗人与其父辈一代诗人不同的创作实践和诗学观念的基础上来讨论。公刘说:"无论如何,我们必须努力去理解他们,理解得愈多愈好。这是一个新的课题。青年同志们对我们诗歌创作现状的不满意见,也必须引起我们足够的重视。"① 不难看出,公刘在讨论朦胧诗人的创作实践的同时,也融入了对"我们诗歌创作现状"的反思。顾工则以一个父亲和诗人的双重身份,追溯了顾城诗歌创作的成长之路,以及自己阅读"声音布满/冰川的擦痕,/只有目光,/在自由的延伸"一类诗句所产生的震惊:"这样的诗,我没有读过,从来没有读过。在我当年行军、打仗的时候,唱出的诗句,都是明朗而高亢,象出膛的炮弹,象灼烫的弹壳。哪有这样!哪有这样?!"② 这样的反应仍然是建立在"我们"一代和"他们"一代的诗歌的比较基础上的。从当时来自于正反两方面的意见来看,大家都倾向于认为朦胧诗是从内容到形式都和20世纪30年代以来的主流诗歌截然不同的一种诗歌。肯定的一方甚至认为朦胧诗是对传统的美学观念的一种反叛,是中国新诗发展道路上新诗自身的一次积极的自我否定。这些归纳不免有将朦胧诗和上一代诗人的诗简单化、绝对化的地方,但确实也把握到了朦胧诗创作的一个重要特征——它代表的是中国新诗史上的一次革命,一次类似于库恩所说的范式转型。假如套用袁可嘉的一种区分法,我们不妨将这种革命和范式转型视为"人的文学"对"人民的文学"的一次造反。

---

① 公刘:《新的课题——从顾城同志的几首诗谈起》,《星星》复刊号。
② 顾工:《两代人——从诗的"不懂"谈起》,《诗刊》1980年第10期。

在1947年7月6日的《大公报·星期文艺》上,袁可嘉发表了《"人的文学"与"人民的文学"》的文章。他认为,三十年来的新文学运动,或隐或显地存在两支潮流:"一方面是旗帜鲜明,步伐整齐的'人民的文学',一方面是低沉中见出深厚,零散中带着坚韧的'人的文学'"①,这两种文学的基本精神有很大的不同:"'人的文学'的基本精神,简略地说,包含二个本位的认识:就文学与人生的关系或功用说,它坚持人本位或生命本位;就文学作为一种艺术活动而与其他的活动形式对照着说,它坚持文学本位或艺术本位。"②而"人民的文学"的基本精神也不外乎两个本位的认识:"就文学与人生的关系说,它坚持人民本位或阶级本位;就文学作为一种艺术活动而与其他活动(特别是政治活动)相对照说,它坚持工具本位或宣传本位(或斗争本位)。"③这种简切的区分有助于我们廓清中国现当代文学的面貌和纷争。在五四时期,"人的文学"占据着主导性的位置,但平民文学、第四阶级的文学一类的理论倡导也见出了"人民的文学"的萌芽;20世纪30年代左翼文学的兴起,40年代至70年代工农兵文学的勃兴,标志着"人民的文学"成为中国文坛的主流,而"人的文学"则由五四时期的中心位置退居边缘,以潜流的形式默默发展着。这种文学潮流的此消彼长,突出地反映在1949年的第一次文代会的基本精神中,解放区文艺的方向成了唯一正确的方向,周扬在题为《新的人民的文艺》的主题报告中指出:"毛泽东的《在延安文艺座谈会上的讲话》规定了新中国的文艺的方向,解放区文艺工作者自觉地坚决地实践了这个方向,并以自己的全部经验证明了这个方向的完全正确,深信除此之外再没有第二个方向了,如果有,那就是错误的方向。"④"人民的文学"一旦得到文艺政策和国家机器的支援,便迅速上升为具有压倒性优势的主流文学,建立起对"人的文学"的统治地位,并且在文学史叙述和文学批评中建立起了主流/支流、主流/逆流、时代/个人、大我/小我一类的等级关系,在这种等级关系图式的支配下,普罗诗歌、中国诗歌会的创作的文学史意义被夸张性放大,而李金发、冯至、卞之琳、九叶诗派的诗创作的意义被无限制地缩小,对文艺的"阶级本位"和"宣传本位"的无休止的强调,甚至在"人民的文艺"内部培养出了一种自我毁灭的力量,生成了一种被称之为"阴谋文艺"的文艺怪胎。"新的阶级及其文化,并非突然从天而降,大抵是发达于

---

① 《"人的文学"与"人民的文学"》,袁可嘉:《论新诗现代化》,生活·读书·新知三联书店1988年版,第112页。
② 《"人的文学"与"人民的文学"》,袁可嘉:《论新诗现代化》,生活·读书·新知三联书店1988年版,第113页。
③ 《"人的文学"与"人民的文学"》,袁可嘉:《论新诗现代化》,生活·读书·新知三联书店1988年版,第116页。
④ 周扬:《新的人民的文艺》,谢冕、洪子诚主编:《中国当代文学史料选(1948—1975)》,北京大学出版社1995年版,第20页。

对于旧支配者及其文化的反抗中,亦即发达于和旧者的对立中"①,简略地说,朦胧诗及其提倡者所取的途径,就是一条对于旧的支配者及其美学原则的反抗的道路。他们高举起"人的文学"大旗,对"人民的文学"发出了质疑和攻击。尽管北岛也写过"沉默依然是东方的故事/人民在古老的壁画上/默默地永生/默默地死去"的诗句,舒婷也曾为"渤海2号"钻井船遇难的72名同志哀悼不平,但总体上,朦胧诗在诗学观念和美学原则上,还是形成了同"人民的文学"的基本对立——人本位和阶级本位的对立,文学本位和政治本位的对立。特别是"崛起论"者的"他们不屑于作时代精神的号筒,也不屑于表现自我感情世界以外的丰功伟绩"一类的概括,相当大程度上激怒了以做时代精神号筒为荣、以表现大众情感自命的老一代诗人,"崛起论"者将朦胧诗人的创作倾向以删繁就简的方式突显出来,无疑加剧了创作实践中朦胧诗人与上一代主流诗人的对立,并且将这种对立理论化、系统化了。艾青当时特别强调"古怪诗并不可怕,可怕的是古怪评论家"②,部分的原因正在于此。

在有关朦胧诗的讨论中,朦胧诗的否定论者是敏感的。他们条件反射式地觉察到了来自于朦胧诗人的挑战。作为"人民的文学"的长期实践者,他们拥有的大多是自己的诗歌创作经验,他们所理解的当时文坛的拨乱反正即是回到自己原有的熟悉的创作轨道之上。朦胧诗带给他们的是奇异的陌生感。朦胧诗怀疑、反叛的精神特质和低沉忧伤、纯净透明等情绪风格特征都是他们所不熟悉的。他们下意识地以朦胧诗、古怪诗来指陈朦胧诗,以读不懂来拒斥朦胧诗。即使其中的较为宽容的人,也仍然固守原有的诗学秩序,认为"青年们的诗歌创作活动,要真想避免他们走上危险的小路,关键还是在于引导"③。"引导"虽然比剑拔弩张的拒斥来得柔和,但引导者与被引导者间的等级关系还是暴露无遗,"我们"仍然是诗歌领域的立法者和带头人,只有通过"我们"的引导,青年诗人们才不至于走弯路和斜路。柯岩无意间也泄露了这种等级关系和对立。她说:"1980年《诗刊》在北京举办《诗人谈诗》讲座时,曾有人当场问我:'允不允许朦胧诗存在?'我回答说:'当然允许。不但允许,我们《诗刊》还发表几首呢!但坦白地说,也只能发表很少的一点点,因为朦胧诗永远不该是诗歌的主流。朦胧虽然也是一种美,但任何时代都要求自己的声音,只有表达了人民群众思想感情和自己时代声音的歌手才会为人民所拥戴,为后世所记忆。'"④朦胧诗不该是主流,表达了人民群众思想感情和自己时代声音的诗歌才是主流,在柯岩这里,基本的诗学观念和诗歌秩序间的界限是十分清楚的。她在同一次谈话中

---

① 鲁迅:《集外集拾遗·〈浮士德与城〉后记》,《鲁迅全集》(第七卷),人民文学出版社1981年版,第355页。
② 柯岩:《关于诗的对话——在西南师范学院的讲话》,《诗刊》1983年第12期。
③ 公刘:《新的课题——从顾城同志的几首诗谈起》,《星星》复刊号。
④ 柯岩:《关于诗的对话——在西南师范学院的讲话》,《诗刊》1983年第12期。

所举的正面的例子，胡平的《来自鞋摊的诗报告》讴歌的是一个补鞋匠，栾焕力的《我是力，我在等待中旋转》写的是临时工，赵恺《我爱》中的抒情主人公则是一个饱经磨难而对祖国和人民仍痴心不解的人。这些诗都可以归入"人民的文学"的范畴。在柯岩看来，这些诗虽然没有翻新出奇的意象、令人眼花缭乱的结构、"浅入深出"的朦胧，乃至虚张声势、故弄玄虚，但它们的平易亲切、真挚朴素，却自有一种感人的魅力，胜过那种讲求自我表现、为艺术而艺术的诗。然而，让朦胧诗的否定论者感到不安的是，朦胧诗虽然"永远不该是诗歌的主流"，而现在却有了从边缘到中心、取主流以代之之势。曾经被视为主流诗歌的诗歌被重新定义为非诗，"人的文学"的诗歌创作与"人民的文学"的诗歌创作构成了严重的对峙，并且越来越朝不利于后者的方向发展。这种趋势按柯岩的话来说是："现在的问题远不是我们不允许你们存在，而是你们不允许我们存在了。"①用顾工的话来说是："看来我在节节败退"，"看来和我相似的同代人在节节败退"。② 这种趋势配合着中国现当代文学研究界的"重写文学史"思潮、对"人的文学"传统的重新发掘，最终演变成了"人的文学"对于"人民的文学"的压抑："中国的'新诗潮'和'后新诗潮'，从一开始就不曾把自己变成多元格局中的一元"，"革命诗歌运动""不仅没有资格充当中国诗歌的主体，甚至不被承认为诗……"③这也就难怪在当时朦胧诗的讨论中，臧克家要公开提出，就理论来说，"目前诗歌战线已到了需要'三保卫'的时候了——保卫自'五四'以来的左翼文学；保卫现实主义传统；保卫党的领导。"④但是，一种文学和文学传统，如果到了需要大张旗鼓地提出来"保卫"的时候，也正是自身出现了严重问题的时候。很大程度上，朦胧诗的肯定论者面对"人民的文学"时那种不是你死、就是我活的势不两立的姿态，正是从长期以来的主流/支流、主流/逆流的划分中酝酿出来的，是支流、逆流对于主流的强烈反弹。正如瓦雷里所说的："在文学领域，人们常常对旧的一切失去好感，给它们要么当头一棒要么致命的一击，绝情背弃和弃旧图新也属常见，更可能的是人们对不合自己口味的诗人的行为处处敏感，这都是些最重要的文学现象。"⑤朦胧诗的讨论中，既有因论争双方对对方的诗学观念缺乏同情的了解而起的纷争，也有因美学趣味的不合自己的胃口而对对方所生的鄙弃，但着眼于"人的文学"和"人民的文学"间的分歧来看，更多的是因为，从一开始起，肯定和否定的双方所代表的两股诗歌创作流向，其基本的创作出发点就大为不同。从这一角度来看，朦胧诗论争的

---

① 柯岩：《关于诗的对话——在西南师范学院的讲话》，《诗刊》1983年第12期。
② 顾工：《两代人——从诗的"不懂"谈起》，《诗刊》1980年第10期。
③ 杨子敏：《把握方向，在时代的海洋上破浪远航——在全国诗歌座谈会上的发言》，《诗刊》1991年第7期。
④ 柯岩《关于诗的对话——在西南师范学院的讲话》，《诗刊》1983年第12期。
⑤ 瓦雷里：《论诗》，黄晋凯、张秉真、杨恒达主编：《象征主义·意象派》，中国人民大学1989年版，第73页。

出现是必然的。可惜的是,当时论争的双方囿于各自的诗学观念和美学趣味,并没有充分利用那时大的时代文化环境所提供的契机,对论争中牵涉到的一些关键命题展开深入的思考,而是在一种不是你死就是我活的论争气氛打了一场不了了之的乱仗。这不能不说是令人遗憾的。

三

朦胧诗论争中牵涉到的一个重要问题,是什么叫诗,诗与非诗的界限在哪里?朦胧诗的否定论者限于长期以来形成的正统观念,认为诗必须是那种反映了时代精神、抒发了大我之情、气势磅礴豪迈、格调高亢激越的诗歌,否则便不是诗歌的正途和主流。尽管他们口头上也承认诗歌创作应当多元化,应当百花齐放,但内心里对于那种难以归入"人民的文学"的诗歌是排斥的。他们特别反感所谓自我表现、与社会的主调不一致的诗歌,因为在他们看来,自我是与更广大的社会和集体联系在一起的,独立的自我只是一种虚构,与社会的主调不一致则代表了一种政治上的十分危险的倾向。因此,他们很难设想存在一种与社会、与政治相脱离的诗歌创作,朦胧诗的那种怀疑、反叛情绪和灰色、低调的风格是他们难以接受的。这批人的困境在于,他们分不清诗学实践与政治实践间的界限,并且常声称与做一个诗人相比,自己更愿意做一个战士。政治和文学的缠杂不清,既是他们长期以来诗学实践的存在形态,而且这缠杂不清还给他们带来令以言说的痛苦。在 20 世纪 70 年代末、80 年代初的特殊时段中,尤使他们难以理解的是,为什么刚刚批完了"四人帮"的三十年"空白论",却又遭遇了所谓新诗六十年"空白论"?他们似乎不甚明白,尽管自己一直实践着与社会的主调保持一致,但这是否一致其实最终是由政治家来定义的,而诗歌的另一方面的价值,后来的人们更愿意将其交付给所谓艺术标准和文学尺度。因此,本质上,三十年"空白论"是一种政治判决,六十年"空白论"是一种艺术判决。面对前一种判决,朦胧诗的否定论者还可以有政治上的平反来做支撑。面对后一种判决,朦胧诗的否定论者还真有些苦口难言。他们不仅得为自己的诗学实践辩护,而且得为"东方吹,战鼓擂"一类的诗承担连带的责任。特别是,无论从理论上还是实践上来说,没有个人,何来集体?没有自我,何来社会?个人到集体、小我到大我的漫漫长路如何走过,在他们那里似乎从来没有得到有效的说明。相反,朦胧诗人由于在理论上抹平了主流与支流的对立,由于坚持人本位和艺术本位,由于回过头来求助于自我和内心,倒是在理论和实践上少了些纠缠,通过对自我的发掘成就了抒情主人公和抒情风格的多彩形象。但是这是否意味着朦胧诗人和"崛起论者"全盘得胜了呢?也不尽然。单以自我表现来说,什么是自我?自我的界限在哪?到何种程度才算达到了真正的自我表现?从朦胧诗人的"自我表现",到新生代作家的个性化写作,再到更年轻一代作家的"下半身写作","文革"后中国文学的自我表现之路似乎走上了一条走来越窄的不归之路。等到人们起来提倡民间立场、鼓吹"作为老百姓的写作"时,人们才发现,原来人民本位和阶级本位的诗也是诗歌的一种重要类型,左翼诗歌和现实主义的诗歌本就是中国文学现代化进程中自然而然产生的一种文学现象。人们可以对它做出基于艺术本位的评价,但决难以非诗和空白论做出快速格式化的处理。正像瓦雷里所指出的,一部完全排除非诗情成分的作品是达不到的,"任何诗歌只是一种企图接近这一纯理想境界的尝试"[①]。故与其纠缠于纯诗与非诗的纷争,莫如让我们重提袁可嘉在20世纪40年代所期望的"人的文学"与"人民的文学"相容相成、真诚合作的局面:"即在服役于人民的原则下我们必须坚持人的立场、生命的立场;在不歧视政治的作用下我们必须坚持文学的立场,艺术的立场。"[②]

朦胧诗论争中牵涉到的第二大问题是诗的懂与不懂和晦涩与含蓄的界限问题,第三大问题是诗的继承与发展问题。但限于篇幅,这里只好备而不论了。

---

① 瓦雷里《纯诗》,黄晋凯、张秉真、杨恒达主编:《象征主义·意象派》,中国人民大学出版社1989年版,第65页。

② 《"人的文学"与"人民的文学"》,袁可嘉:《论新诗现代化》,生活·读书·新知三联书店1988年版,第124页。

反思"新世纪文学"与当下生活之关系

◎ 张光芒

一

当人们对新世纪以来十年文学进行总体考察并以"新世纪文学"进行命名的时候,自然不是单纯基于时间上的考虑,而是试图对其内在的"质的规定性"进行把握,对其全新的特征进行系统论证,从而确立起文学史分期的合法性依据。然而,由于十年文学自身的多元化和复杂性,学界现有讨论对新世纪文学的评估颇多异质和相悖的观点,尤其是肯定其成就和否定其价值的两种极端倾向更难以相容。这也说明,评估新世纪文学的角度需要更新,或者说需要调整一下探讨问题的方式,因为如果只是拘囿于传统的思路就不可避免地陷入自说自话的窘境。比如如果使用汉语写作、文体拓新的角度,或者采取新历史主义、女性写作等视野,那么无论是高度肯定还是极力贬低新世纪文学,总是会找到充分的例证,总是能够展现出各自的合理性。而如果从欲望写作、媚俗堕落等角度观察新世纪文学,无疑会直接得出否定性的结论。进言之,评估新世纪文学的标准本身就存在一些问题,反思和检讨新世纪文学的尺度自身也需要被检讨。当下关于当代文学尤其是新世纪文学许多莫衷一是的争论与此有极大的关系。

如果说一个时代有一个时代的文学,那么一个时代的文学研究也应该有属于这个时代的观察视野,它应该是伴随着生活的新的质素的形成而诞生的;但还有另一个方面更有不可忽视的必要性,那就是在求新逐异的同时,还必须回到一些根本问题上来才有可能把文学现象说清楚。这样的根本问题表面看来似乎过于陈旧,但本质上却是尖锐的和不可回避的,因为提问问题的方式及其内涵已经不再属于传统。这正是笔者这里想强调的检视新世纪文学的一种方式,即从最根本的文学与生活的关系上考察新世纪与新世纪文学之间形成了怎样的一种结构。这里所说的生活既不是历史生活,尽管它有历史的影子和积淀,也不能是生活表面,尽管我们常常存在于一个纷乱复杂的表象世界中不能自拔,更不是单纯与重大社会事件或宏大主题相联系的大生活,尽管人们常常迷恋这种叙事。这里的生活是活生生的现实生活,更是一个个独立的个体生活;是每天涌动着的生活感受,更是种种扰动心灵的内在生活。这样,我们的问题其实就是考察新的文学与新的生活本质之间构成了怎样的一种关系。

每当一个新的时代到来,每当一种新的社会伦理、道德文化、生活方式等发生了令人不可预料的改变的时候,人们往往选择去完全顺应潮流,但更应该做的其实是重新思考那些根本的生命问题和精神问题。同样,当"新世纪文学"成为一个客观存在的文化/审美现象的时候,我们重新回到文学与生活这一根本问题的起点上来,不仅是一种文学史观照和学术探讨的前提,也是对我们置身其中的生活方式、思想方式以及我们自身精神状态的一种反省。创作界已经有作家意识到这样的问题,前几年,林白《妇女闲聊录》、朱天文《巫言》(王德威在一篇论文中称《巫言》"仿佛台湾版的《妇女闲聊录》"①,确为精辟之论)等长篇小说的发表就展现了一种新的姿态。这两部作品一个共同的特点就是采取了几乎不像小说的写法,似乎只是在记录琐碎的日常生活。以林白自己的说法,从90年代的《一个人的战争》到《妇女闲聊录》,有一个明显的转向和突破,前者是其内心与另外一个自我的对话,是垂直的,后者则是"我和外界的对话,是横向的",之所以采取这种最朴素、最具现实感、最口语的写法,是因为只有这样,才能"与人世的痛痒最有关联"。当然,正如林白自谓,尽管它"没有达到我所认为的那样,我仍觉得是好的",小说在多大程度上重塑了文学高于生活的形象尚不重要,它也许仅仅是新世纪文学值得期待的一个起点,关键在于她创作的内在逻辑开始回归到作家与世界的关系、文本与生活的关系等根本问题上来。这样一种自觉意识,对当下文坛是具有极深刻的启发意义和警示价值的。

二

遗憾的是,新世纪以来在文学与生活的关系上竭力开垦的作家并不多,致力于此的重新出发的自觉意识难以引起共鸣,而在此维度上获得显著成绩的作家更是少之又少,总体上看,新世纪文学尚处于"低于生活"的状态。

从新世纪文学反映的题材来看,关注新世纪社会现实和当下生活的文本到底占有多大的比例难以统计,但是一个明显的事实是从影响较大的作品和著名作家或者活跃的作家的力作来看,其描写对象多为历史题材。晚清和民国时期不断被重述,"十七年"和"文革"时期甚至改革开放后的80年代,亦反复被挖掘,这方面的文本像《檀香刑》、《银城故事》、《花腔》、《生死疲劳》、《一句顶一万句》、《受活》,等等,均不失为厚重大气之作。可以说,是较远的现代史题材或者较近的新世纪以前的尤其是90年代以前的当代史题材创作,代表了新世纪文学的最高成就,是带有"新历史主义"

---

① 王德威:《狂言流言,巫言莫言》,《江苏大学学报》2009年第3期。

或者"后新历史主义"倾向的创作支撑着新世纪文学的审美世界,这一方面甚至超越了前人。这也许是谁都不可否认的。比如在第六、第七届茅盾文学奖九部获奖作品中,只有柳建伟《英雄时代》、周大新《湖光山色》等少数作品主要涉及晚近的社会生活,即使把贾平凹《秦腔》等题材领域延续到20世纪末的小说包括在内,数量也不足一半。

当写作者一旦涉及世纪之交以来的当下社会生活和文化新变,就显得较为乏力,质量平庸。从文学史上看,每个时代大都有深刻反映那个时代的经典作品,我们要深入了解曹雪芹的时代,有《红楼梦》这样伟大的"百科全书"。我们要真切感受五四时代的青年生活,有鲁迅的《伤逝》。从《雷雨》、《子夜》到《围城》、《寒夜》,都是以深刻反映那个时代的当下生活本质建立起突出成就的。即使在"新时期"那些有影响的作品中,也是像《平凡的世界》、《你别无选择》、《活动变人形》等足以建构起与"新时期"生活相对应的审美高度的作品占据更大的比例。而在新世纪文学中,作家笔下对于我们置身其中的现实的审美表现,总是无法让人感受到一种超越,不能让人体验到一种深度存在,也就是说不能创造一种高度,无法令读者获得满足感。人们从作品中看不到新的经验,文学给予读者的甚至还不如读者自己看到和感受到的生活来得精彩,更富戏剧性;或者不如读者自己的生活更痛彻,更有悲剧感。去年,《人民文学》就开设了"非虚构"专栏,它刊发的一系列非虚构文本引起了比小说更为广泛的关注,显然这正是因为"虚构"低于"非虚构"。另一个例子更富有意味。近期,湖南卫视打造的《爸爸去哪儿》掀起收视狂潮,几乎引起全民的街谈巷议。这样一个以琐碎的生活细节为主体的纪实性节目,在观众身上激发出的观赏热情和审美兴趣远远超过了任何一部文学性作品。这也说明传统意义上的文学的三大作用,即认识作用、教育作用和美感作用在今天已经面临着解体的危机。由此,历史肥大和现实贫弱构成了新世纪文学的一大症候。

笔者这里指出这一现象,并非就是认为它构成了新世纪文学"低于生活"的充分理由,而是因为它乃进一步展开问题讨论的前提。由于20世纪末以来,中国文化发生了一系列重要的裂变和转型,所以从时间长度上来说,新世纪的社会生活尽管比较短暂,但已是相对独立的文化单元,而此前的"新时期"在本质上已经带有极大程度的"历史"意味。辩证地看,上述现象一方面说明,迷恋于"过去时",怀旧心理凸显,作为相对独立的文学史单元的新世纪文学其本身就显示出对于生活的"现在时"和"现在进行时"某种有意和无意的回避,是文学"低于生活"的潜在因素。但从另一方面来看,它又恰恰说明"低于生活"并不就意味着对"新世纪文学"的整体性贬低,因为大量的对生活的"过去时"的重构,不但有着不容忽视的审美的突破,而且它本身便对当下生活具有客观的启示意义。因此,更重要的问题在于,"新世纪文学"中那些属于"新世纪叙事"的部分是如何"低于生活",又是如何体现出新的叙事伦理的。

三

　　新世纪文学"低于生活"的第一个较为普遍的表现在于，局限于反映生活的纷繁表象，不能展示当下生活的内在逻辑，包括当下正在形成的新的难以被察觉的道德文化、人性畸变及其现实逻辑，等等，在表现新的生活体验时不能传达更深微的生命感觉，因之缺乏透视生活的力度和表现生活的震撼度。比如有学者指出，今日的文学危机不仅昭示着三十年主流文学模式的终结，更彰显出建立在"五四文学"基础上的百年新文学模式的终结，"一种不确定性、开放的都市经验形式正在形成"，"对这一新型感性经验的书写，将成为中国文学新的疆域和新的生长点"，但"它在旧有的乡村、历史的叙事中付之阙如，在既有的都市叙事中也体现得不够充分、完备"。① 由之，新世纪文学在纷乱繁复的生活表象前陷入了无奈的失语状态之中。

　　除了当代都市题材之外，新世纪文学也不乏涉及重大题材的创作，包括反映官场腐败问题的创作和探讨农民工问题的"底层叙事"，等等，但这样的创作往往不能抵达现象背后的肌里。有一位记者在对一位央视著名主持人进行采访的时候问到这样的问题："在央视这样一个媒体里面，您不会觉得有体制的困扰吗？"这位主持人反问道："你不在体制里吗？"他说："别和我谈体制，处处都是体制。"显然，这位主持人的反问，不仅仅是一种对话的机智，更是对社会人心深有感触之后的慨叹，应该说它包含了很复杂的社会现实问题。好的体制会被坏的人心搞坏，相反，不好的体制也能经由好的人心，使其坏的程度减小到最低。只要不是一个乌托邦主义者，不是一个生活在幻想中的浪漫主义诗人或者短视患者，那么就会发现，任何体制总是有着不好的一面，体制从来不能解决人类生存的根本困境，但人心却可以坏得非常的彻底。体制是可以看得见的，人心却是深不可测的，就像鲁迅断定是曹雪芹的"知人性之深"而非其揭露封建体制是使《红楼梦》成为"巨制"的主要原因一样，当文学创作局限于对体制问题的批判和揭露时，无论充满了多少义愤，都不及触摸其背后的人心来得有价值。这是另一种形式的失语。常有读者和论者感叹，阅读当下文学很难以引起心灵的激动，自然也与此有关。

　　如果说上述问题是缺乏生活穿透力的弱视症候，那么"低于生活"的第二个表现则是不能预示生活的流向和文化潮流的走势，甚至会误导读者对生活的判断，即表现为困囿于当下的近视症候。有论者用"理想表现的枯竭"来批评新世纪文学的危机，认为十年文学"在体量不断增长的喧闹表象下，表现理想的功能却渐趋衰落。随着资本、权力、消费等多种因素的影响愈演愈烈，作家们在创作过程中的精神世界越来越低迷，那种发自灵魂深处并植根于现代文明土壤上的对未来的憧憬和信任日渐

---

① 王宏图：《寻求新的文学感知方式——面对临界点上的新世纪文学》，《探索与争鸣》2011年第2期。

稀薄,甚至消失"①。这一说法虽然不无道理,但是它却仅仅是新世纪文学的外伤而非内疾。如果文学的理想之风不是起于生活的青萍之末,或者来自对于沉落生活走势的尖锐抵抗,那么这样的文学理想只能是无根的和一厢情愿的。这种理想绝不是"高于生活",只能算是远离生活。可以说,比美好的理想更重要的是对生活走势的洞察和感悟,比高调的立场更重要的是发现生活的能力。有的作品在铺陈社会潮流之所向的时候却往往无力于生活之根的深植,《英雄时代》以长达50万字的篇幅充满激情地描绘20世纪末实施西部大开发的现代化征程,却未免忽略了生活自身的许多新问题的诞生和潜在问题的涌现。比如生态问题、伦理道德的溃败等问题在某种程度上就遭到了大量的审美削减。柳建伟把1997开始的那几年命名为"英雄时代"与王安忆把1967开始的那两年命名为"启蒙时代"(《启蒙时代》)同样让人感到是多么的刺眼,况且这种命名的意味在小说的叙事伦理中并非反讽。

《英雄时代》的第一章题为"我们命该遇到这样的时代",然而却不能像狄更斯的《双城记》那样把这"一个最好的时代"和这"一个最坏的时代"在生活的深层结构中结合起来。同样一种题材在不同的时代有着不同的文化价值和审美作用,即以婚姻恋爱这个永恒的话题来说,在五四时期,它被大量描写的时候,流露出的是一种新的生活潮流之所向,即建基于生活潮流之上的生命独立的追求和精神的自我确证。但在新世纪,当"不谈爱情"成为潮流,坚守爱情反而成为一种奢侈的时候,情爱问题与生活的关系,及其对于生命的意义,已经发生了根本的改变,这个时候就不能再像以前那样把爱情和精神追求想当然地联系起来。像盛可以《道德颂》的主人公旨邑,把似乎不那么道德的婚外恋作为自我内心的道德律令奋勇追求,结果总是陷入情欲与道德的冲突之阵中难以超越。她越是追求爱情的自我实现,就越是要得到那个传统的最终结局,结果终究是缘木求鱼。就如同在一个没有英雄的时代塑造那个时代的英雄一样,在道德解构的时代颂扬难以扎根的道德,自然也无法预示生活的伦理变异趋向。

"低于生活"的第三个层面尤其值得我们认真思索,那就是认同现实生活中那些非现代的意识而不自觉,沿袭那些非人性的思维而不自知。在这一层面上,即使那少数为人所津津乐道、算得上优秀的作品仍然有差强人意之处。2007年春节晚会上那首著名的朗诵诗《心里话》,一度感动了亿万观众,然而诗歌却深潜着不易被察觉的伦理问题,它一面吟咏:"打工子弟和城里的小朋友一样,/都是中国的娃,/都是祖国的花",然而同时又吁唱"作文课上,/我们写下了这样的话:/别人与我比父母,/我和别人比明天!"当我们设身处地地换位思考,不能不发现后者不仅不是对农民工子女的爱护,恰恰相反,是对其幼小心灵的严重戕害。这里的文学伦理公开确证了农民工子女与城里孩子人格上的不平等和个体尊严的丧失,这种"被'心里话'"的叙

---

① 姚晓雷:《论新世纪文学理想表现的枯竭》,《探索与争鸣》2011年第2期。

事伦理大量地充斥在新世纪流行的"打工文学"和"底层写作"中。另一部叫好声一片的作品,即六六被改变为电视剧的小说《蜗居》,实际上也存在"低于生活"的叙事倾向。一方面,宋思明的意外死亡和海藻丧失生育能力仍旧延续着"善有善报,恶有恶报"的轮回故事,在现实生活中这却似乎是较少的例外;另一方面,小说描摹了房奴的艰辛生活,但是现实生活中却有更多的房奴不是同情海萍的遭遇,而是羡慕海萍的幸运,何况还有更多想做房奴而不得的人们。可以说,"低于生活"更是指对生活现实及其道德文化的认可,而没有通过文本的叙事伦理的艺术转换,给人以"高于生活"的启示。

四

我们说新世纪文学"低于生活"并不是为了单纯对新世纪文学进行价值评判,而主要是藉此探视它的特征及其客观缺陷与主观根源,以期引起"疗救的注意"。从客观方面的原因来说,新世纪生活的自身的确发生了令人难以看透的变化,过去为了寻找素材,往往需要深入生活、体验生活,并且的确能够从生活中提炼出需要的典型,以及据此提升的精神指向,然而,现在要真正去体验生活,就艰难得多了,有些东西你去考察和发掘,是难以有结果的,因为不少领域有其潜规则,形成形形色色的亚文化并抗拒外力的索解。而常常不得不附着于这种种潜规则之下的个体,其内心生活亦难以为外人所知,其情感状态也常常不足为外人道,因之,要了解个体的内在真实也人为地增加了难度。

就作家的自觉意识而言,许多作家仍然凭记忆,凭过去的生活积累在写作,没有时间、精力,甚至也没有欲望去体验当下的生活。尤其是有些久已成名的大腕作家,要么公务缠身,要么约稿函堆积如山,早已远离了生活的底层和深层。而"80后"、"90后"作家由其生活轨迹和成长的文化环境所决定,在生活上本就存在先天不足的缺陷。从这个意义上说,《人民文学》主编李敬泽吁请作家远离电视、网络、报纸那些"二手"生活,去挖掘新题材,甚至要为懒散的作家们驱一驱"懒虫",自有其必要性和现实针对性。

尤其重要的是,当下大多数作家思想和生活结合的能力不够。有的作家很有思想,比如一些学者型、思想型、以知识分子立场自居的作家等,并不缺乏理想和追求理想的热情,但那不是来自生活本身的思想,是脱离生命之树的灰色思想和"不及物"的思想呐喊;还有另一种作家,不缺乏生活,对某些生活领域十分熟悉,比如来自官场的官场题材写作者,或者那些源于解决自身情感问题或者精神危机而闯进文学的写作者。但他们笔下的生活又是那么的琐碎,缺乏审美的提升和思想的提炼。所以今天我们单纯地要求作家要有思想,要有立场,要有人文精神和终极关怀,或者单纯地要求作家深入生活,反映现实,都不能从根本上解决问题。既然一个新的时代以与20世纪断裂的姿态虚无缥缈而又面目狰狞地降临了,那我们真正要做的是重新从生活出发,发现生活,突入生活,发现个体,拥抱心灵,在生活的本质层面创造思想,在个体心灵的深处建构价值。

文学与年龄:从"60后"到"90后"

◎ 黄发有

从20世纪90年代以来,以作者的出生年龄为文学代际划分依据的做法已经是代代相传,演变为文坛和媒体的一种成规。如果说"五七作家"(或曰"右派作家")和"知青作家"的提法并不单纯以年龄作为文学代际划分的决定因素,因为特殊的时代遭遇与共同的生命体验确实会在创作中留下难以抹除的精神印痕,那么,从"60后"、"70后"到"80后"、"90后"的命名与实践已经蜕变为一种机械性的习惯,"00后"、"10后"等的崛起指日可待。作者的年龄决定其创作的文学品质,这似乎逐渐成为文坛和媒体的共识。换个角度说,文学品质已经是作者自己无法选择的宿命,因为谁也无法选择自己的出生年代。尽管我们偶尔还会听到一些质疑的声音,有趣的是,多数质疑者往往会提醒人们应该注意个体的差异性,但其言说同样在从"60后"到"90后"的框架中展开。长此以往,文学史将被塑造成一种整齐划一、周期循环的年龄魔方,这种简便易行的操作方式免除了治学者皓首穷经的劳役,但是,文学创作和文学研究真有那么简单吗?

一、文学选秀与青春品牌

文学创造是个人化的事业。但是,媒体和一些圈内人士把作家按照出生年龄进行分类,恰恰是通过整合个体差异的方式发挥集团作战的优势,试图改变作家个体农耕式的创作方式,通过工业化分工和协作实现扩大再生产。最为关键的是,媒体要抢得文化市场的先机,推出新品、新款,就必须大幅度缩短作者在文学创作上的成熟期,揠苗助长成为普遍的生存规则。要吸引尽量广泛的人群参与以文学为主题的狂欢节,就要降低准入门槛,文学水准不再是决定性因素,年龄、长相、反叛姿态等娱乐元素的喧宾夺主,使得文学领地被消费文化改塑成时尚秀场。在文学选秀中,媒体遵循商业化原则,通过消费、休闲、娱乐的机制来扩大其社会影响力,并将这种文学奇观的影响力兑现为商业利益。

将文学与年龄联系起来的媒体策划,可以追溯到《青年文学》1994年至1997年开设的"60年代出生作家作品联展"栏目。"70后作家"与"美女作家"在20世纪90

年代末成为热门话题，以文学期刊、文学出版机构为主体的文学媒介是强有力的幕后推手。在市场化的语境中，文学期刊的救亡图存与"70后"横空出世之间的历史关联，是文学传媒从"发现文学"向"制造文学"转型的重要例证。用年龄来划分文学类型，在某种意义上是在追新逐异法则支配下的无奈选择。1996年《小说界》开设"70年代以后"栏目，1997年《芙蓉》开设"70年代人"栏目，1998年《山花》推出"70年代出生作家"栏目，《人民文学》1998年开设的"本期小说新人"栏目也集中发表了部分"70后"的作品。《作家》更是在1998年第7期推出"70年代出生的女作家小说专号"，集中发表卫慧、周洁茹、棉棉、朱文颖、金仁顺、戴来、魏微七位女作家的作品，封二、封三集中刊登作者照片，卫慧照片下有这样的说明："穿上蓝印花布旗袍，我以为就能从另类作家摇身一变为主流美女"，这成了将"美女"与"作家"进行组合炒作的滥觞。

与"70后"的渐成风潮相比，"80后"在2004年迅速走红。1998年启动的"新概念作文大赛"为"80后"的出场擂响了进军鼓，韩寒、郭敬明、张悦然都是借助《萌芽》搭建的平台，在少年读者中迅速赢得人气，获得了市场的认可。"新概念作文大赛"一方面在质疑应试教育和"八股文"的旗号下，通过和重点高校合作，开辟保送和降分的特殊通道；另一方面又在"新思维"和"真体验"的名义下，通过在《萌芽》上发表具有反叛、奇闻倾向的小说，同各种形式的媒体进行互惠的商业合作，将赛事打造成选秀与造星的流水线。2004年2月，《时代》周刊亚洲版的封面刊发了少女作家春树的照片，题为《"新激进分子"》的访谈的重点采访对象都是辍学青年，文中说："年轻和不安定的'另类'正在打破现有的程式和规则，寻求自我的个性解放。"[①]作者还把以春树、韩寒为代表的"80后"与美国的嬉皮士和"垮掉的一代"相提并论。主流媒体对"80后"的聚焦，意味着"70后"在流行文化的层面渐成明日黄花。而目前已经暗流汹涌的"90后"潮流，正在以中学生刊物和网络空间为阵地，蓄势待发，酝酿着从"80后"的手中抢班夺权。

透过媒体跟风式的举措，不难发现媒体和一些圈内人士将年龄与文学挂钩的基本策略。首先，通过趋同化的塑造，遮蔽同龄作家之间的差异性，制造步调一致的群体狂欢场面，追求商业利益的最大化。那些纷纷加入从"60后"到"90后"的阵营的作家，为了进入文学主流，往往不惜牺牲自己的艺术个性，甚至主动迎合媒体趣味，随风转向。正如西美尔所言："时尚对于那些微不足道、没有能力凭借自身努力达致个性化的人而言也是一种补偿，因为时尚使他们能够加入有特色的群体并且仅仅凭着时尚而在公众意识中获得关注。"[②]由洛艺嘉、严虹、王天祥、陶思璇组成的"美女组合"就是由个体书商从20名候选者中精选出来的。她们都是"1970年后出生、90年代上大学"的"写东西"的丽人，并以四重唱的方式配上照片出书，联袂推出了一套

[①] Hannah Beech, *The New Radicals*, Time Magazine-Asia Edition, Feb. 02, 2004.
[②] 齐奥尔格·西美尔：《时尚的哲学》，费勇、吴晏译，文化艺术出版社2001年版，第83页。

"粉领文学丛书"。由此可以看出,雇佣写作注定是身不由己的,商业定位成了创作自由的紧身衣,它对写作者的约束称得上是"无微不至",小到书名与出版形式,写作者本人都没有选择权与决策权。

其次,放大后起的年龄共同体与前辈之间的文化差异,通过激化一种两军对垒式的精神冲突,渲染剑拔弩张的文化氛围,制造轰动效应。有趣的是,极力推举"70后"的《小说界》、《芙蓉》和《人民文学》等期刊,在2004年都对"80后"现象做出了敏锐的回应。《小说界》推出"'80后'小说"专辑,《芙蓉》开设"点击80后"栏目,《人民文学》的"新浪潮"栏目时有"80后"的身影,并在2009年第8期推出"80后"专号,郭敬明《小时代2.0之虚铜时代》的刊发引起了文坛激烈的争议,被视为"向市场低头"的举措。"新鲜"和"年轻"就是抢夺话语权的资本,而"过时"和"年长"就是出局者的罪过。另一方面,《三重门》、《像少年啦飞驰》、《长安乱》、《幻城》、《梦里花落知多少》、《小时代》号称上百万的印数也以其可观的商业利润产生倒逼效应,庞大的受众群体的声音对媒体和专家的判断形成反制作用,流行文化对大众生活的深层渗透使之获得一种潜在的文化权力,并对主流文化秩序构成强有力的挑战,韩寒和白烨、陆天明、郑彦英的论争及其"作协要解散"的言论,在实效至上的功利主义氛围中势如破竹,被骂者都甘拜下风,退避三舍。韩寒道出了其思维逻辑:"因为现在我们能看到的所有的错,都是别人的,这一代人的错,还没开始。"① 这就将个人的意气之争放大为普遍化的代群对立,将一些置身事外的旁观者和围观者也卷入漩涡,在非理性的牵引下加入对立双方的阵营。作为利益关联方的媒体而言,其传播策略自然是对新宠极力维护和拔高,而对背时的老朽则百般嘲讽和奚落。

再次,媒体在塑造某一代人的偶像和代言人的同时,也塑造了大批的粉丝。将年龄与文学挂钩之所以有巨大的商业潜力,正在于其代言人能够以个人之力激活其依托的代群中众多个体的自居作用,使他们在心理上暂时地聚集成群,受群体纽带的支配。正如韩寒《他的国》中的左小龙一样,他想做大事,但目的是为了扬名,当他站在高高的电信大楼上被误以为想跳楼轻生时,居然屈从了楼下看热闹的人群,弄假成真地跳了下去。粉丝团将韩寒架到了"反叛英雄"的高度,韩寒在这尴尬的情境中也只能顺水推舟了。韩寒博客号称拥有五亿以上的点击率,拥有"公共知识分子"、"网络英雄"、"公民"称号的韩寒已经被塑造成代表大多数年轻人意见的偶像,他说出了不少人想说而不敢说的话,让赞同者借此泄愤。也就是说,他的声音背后站着"沉默的大多数",是群体声音的传声筒。批评或反对韩寒,就意味着批评或反对一个无形的群体。在"羊群心理"的支配下,粉丝丧失了自己的主体性,成为依附性的影子。在一个商业时代里,庞大的粉丝群就意味着巨额的商业利润。正如希尔斯所言:"粉丝——消费者被看作必须想尽一切办法创造出来的忠实的拥趸,而不再

---

① 韩寒:《这一代人》(2008年版),http://blog.sina.com.cn/s/blog_4701280b01008eh7.html。

是一群古怪的麻烦制造者。否则,就必须在节目安排上迎合他们的趣味。"①

最后,"青春"成为不变的却又常新的品牌,而每一个代群都只是短暂的过客。人生的青春期充满激情和活力,如同原野上初放的鲜花一样美不胜收,而且青春期冲动、多变、急躁的特质,情绪上夸张与单纯、偏执与极端的倾向,也使之有易受暗示和轻信盲从的弱点。正因如此,青春期的作者和读者都容易被外部力量所影响,也容易被媒体法则和商业意志所塑造,通过相互之间的感染和传导迅速聚集,形成规模,具有无限的商业开发潜能。另一方面,"青春"作为品牌,也存在衰退和老化的风险,必须通过品牌激发活力。商业法则对于时尚的深层定义,就是毫无例外的喜新厌旧,这意味着必须加速文化商品的更新换代,赶在商品大面积滞销积压之前推出新的品种。正是在这一逻辑的驱动下,"70 后"很快就成为一个过时的概念,媒体和书商移情别恋,在他们沉溺于"80 后"的掘金游戏时,"70 后"就沦落为过时的陪绑。不少批评家也反复强调"70 后"的夹缝状态及其过渡性。其实,在时尚与娱乐产业的链条上,任何一代人在将舞台的中心位置拱手相让时,都无法摆脱夹缝与过渡的尴尬。"90 后"对"80 后"的替代,已经悄然拉开序幕。

二、标签化写作

对于文学而言,青春是一把双刃剑。宋耀良写过《文学创作的最佳年龄》,他根据中国社会科学院外国文学研究所编的《外国名作家传》入选作家进行统计,发现 210 名作家中,发表处女作的年龄分布情况为:20 岁之前 72 人(其中诗人 54 人),21—25 岁 95 人,26—30 岁 36 人,31—35 岁 7 人;287 位作家发表代表作的年龄分布情况为:21—25 岁 8 人,26—30 岁 31 人,31—35 岁 96 人,36—40 岁 50 人,41—45 岁 37 人,46—50 岁 32 人,51—55 岁 19 人,56—60 岁 8 人,60 岁以上 6 人。其结论是:"一个作家往往需要十年左右的创作准备期,才能达到他的创作高潮和顶峰。"②青春充满了活力,但青年的边缘处境及其善变性格,也使其容易被外部力量所诱惑。恰如罗吉斯所言:"青年往往与粗野,喜怒无常,糊涂、轻浮、鲁莽和缺乏判断力联系在一起,他们情绪动荡,几乎与病态相似。"③基于此,在文学的竞技场上,青年作者既是文学的希望所在,也是淘汰率最高的群体。

青春和青春叙事一样,面临着成长过程中的危险和希望,必须在磨炼和考验中学会放弃,在蝉蜕和转换中获得新生。90 年代以来的青春叙事,尤其是那些吃透了媒体法则的"70 后"和"80 后"小说,它们在个性的旗帜下,试图颠覆固有的叙事模

---

① Matt Hills, *Fan Cultures*, London & New York: Routledge, 2002, p. 36.
② 宋耀良:《文学创作的最佳年龄》,《人才》1982 年第 11 期。
③ 多萝西·罗吉斯:《当代青年心理学》,张进辅译,湖南人民出版社 1988 年版,第 2 页。

式。但是,在调侃、反讽的流行语调中,虚无主义的阴霾弥漫开来,在推倒的废墟上,青春陷入了迷失的狂奔。一些传媒机构和编辑在商业利益与追新逐异法则的操纵下,沉溺于"慧眼识珠"和"毁人不倦"的轮盘游戏。因为作家中的老面孔难以带来足够强烈的刺激,青春面孔就成了满足需求的制胜法宝,陌生和新奇是其最大的魅力。而且,代群化的写作无异于画地为牢,这种代群封闭在很大程度上阻碍了个人的精神开放,过度的自恋阻断了自我生长的可能性。正因如此,标签化写作就成了难以摆脱的怪圈。

首先,标签化写作是一种忽略了丰富性和复杂性的类型化写作。马斯洛在《动机与人格》一书中对标签化有详尽的阐述:"很明显,如果我们仅仅是要把一种经验标签化或者归入某一类,这就可以节省我们的许多精力,我们根本就不需要竭尽全力,进行充分的注意。毫无疑问,标签化没有专心致志的注意那样劳神费心。而且,标签化并不要求注意力集中,并不需要有机体使出浑身解数来。……标签化是一种部分的、象征性的、有名无实的反应,而不是一种完整的反应。"①当"70后"被一些编辑、书商和批评家的合力塑造成一场时尚秀,与"年龄"、"美女"、"新奇"、"都市"、"身体"无关的都被刻意地遗漏和遮蔽。"70后"的男作家、诗歌写作、乡村书写也就理所当然地被漠视,成为衬托"美女作家"的背景。被标签化的"70后"尤其是"美女作家"的亮相是一种假面狂欢,媒体的揠苗助长迫使他们沦为一种依附物。他们只不过是身不由己的演员,表面上挥洒自如,实际上战战兢兢,被垂帘听政的媒体所操纵。以创造为精髓的文学一旦涌入机械复制的轨道,其悠长的韵味就被放逐成了风中飞絮。因此,"70后"和"80后"的偶像化写作都是"激素催生的写作",缺乏自然生长的精神空间,没有原汁原味的文学创造的芳香、色泽和饱满度。②

其次,标签化写作遵循的是一种"混搭美学"的原则。作为一种流行文化,偶像化的青春写作并没有为美和丑设立必要的界限,美和丑也不构成紧张的对峙关系,它们在混融状态中可以不断错位,在失去相对稳定的美学模式后,其价值判断也变得含糊和多变。也就是说,流行即美,可能的就是真的,大众喜爱的就是善的。"70后"和"80后"的偶像派都主动放弃了形式探索,他们依靠新奇的经验和故事来吸引读者。当他们的写作过分依赖有限的经验,其经验的匮乏也就水落石出。没有想象力作为点化剂,有限的经验在叙述中要么呈现为壅塞的板结状态,要么被稀释成寡淡的疏离状态。作者失控的情绪如同漫溢的水流,并不能有机地溶解那些杂凑的经验,水乳交融的状态就只能是一种空想。经验叙事和情绪文本之间出现了一条相当明晰的裂缝,这种空洞状态使艺术的"意味"无处容身。在某种意义上,情绪的烟笼雾罩仅仅是对经验匮乏和想象贫困的掩饰。棉棉《一个矫揉造作的晚上》中的诅咒

---

① 马斯洛:《动机与人格》,许金声等译,华夏出版社1987年版,第242页。
② 黄发有:《激素催生的写作》,《文汇报》1999年2月2日。

认为,"艺术就是东捅捅西蹭蹭添点乱才好,重要的是创作者本身得时刻保持兴高采烈的状态",这揭示了文本拼贴化、碎片化的根由。张悦然的写作被认为是"80后"中最具有"文学性"的,细读其作品,不难发现基本上在演绎作茧自缚或破茧而出的成长小说模式,主人公要么如《樱桃之远》中的段小沐、《誓鸟》中的春迟和《小染》中的小染,因爱的缺失陷入自残自虐而难以自拔;要么如《水仙已乘鲤鱼去》中的璟和《桃花救赎》中的小蔚,以爱为营养,走出阴暗的记忆,化蛹为蝶。其作品中的主人公往往都有阴郁的童年记忆,性格上有孤独自闭的倾向,而且天赋异禀,多才多艺。其笔下的父母形象亦有两极化倾向,要么是暴戾的父亲和软弱的母亲,要么是近乎完美的慈父良母。其笔下血腥而华丽的文字、冷漠而瑰丽的想象,支撑起的是弥漫小资情调的"玉女忧伤"。

再次,标签化写作是一种被纳入到循环模式中的同质化写作。对于青春文学而言,其写作的路途布满了陷阱:首先是"影响的焦虑",一个作家为了确立自己的个性,既要吸收前人的优秀成果,又要避免重复前人的老路,只有这样才能突破和超越前人的局限;其次是超越自我的焦虑,就青春叙事而言,它就像一柄双刃剑,它具有鲜活的创造力,毫无顾忌,但缺乏节制常常将作家引入滥情和自我重复的歧途。问题在于,"80后"的文学偶像往往不愿正视前人的艺术探索,甚至有意回避前人的影响。春树《北京娃娃》中林嘉芙沉迷于抽烟酗酒摇滚的叛逆,和棉棉《糖》中问题女孩"我"挣扎于吸毒和性放纵的泥潭中的故事一脉相传,而后者的文本完成度更为出色。张悦然笔下的忧伤与残酷,也比安妮宝贝笔下的迷惘和颓废要逊色,因为后者的文本浑然一体,张悦然笔下的"骨感爱情"在某种意义上也是对《告别薇安》的受虐女遇上施虐男的模式的复制。"时尚不断地回到旧的形式——就如服饰时尚常常表现出来的那样——以至于时尚的发展过程被比作循环往复的周期性过程。"[①]至于韩寒,从《三重门》开始,就一直高举叛逆的旗帜。《三重门》中的林雨翔,《像少年啦飞驰》中的"我"、铁牛、老枪和老夏,《一座城池》中的"我"、健叔和王超,《他的国》中的左小龙,都以玩世不恭的姿态唯我独尊,睥睨一切,对看不惯的动辄恶语相向,以戏谑的姿态游戏人生。韩寒、李傻傻、孙睿等的文本都有碎片化的特征,叙述像打补丁一样相互重叠,而且很快形成自己的套路,写作受一种机械的惯性支配。另外,同龄作家之间的相互模仿,也使其缺乏独立的艺术个性。恰如马尔库塞所言:"同质化是人类失去审美能力后的一种相互模仿所造成的文化特征。"[②]

当标签成为作者进入文化市场甚至文学史的通行证时,文化市场的竞争就成了标签之间的竞争,文学史也就成了标签的历史。"60后"、"70后"、"80后"、"90后"

[①] 齐奥尔格·西美尔:《时尚的哲学》,费勇、吴晏译,文化艺术出版社2001年版,第90页。
[②] 赫伯特·马尔库塞:《单向度的人——发达工业社会意识形态研究》,张峰、吕世平译,重庆出版社1988年版,第30页。

之类的草率命名,与奥雷连诺的方式异曲同工。它们其实都只是一种标签,只有贴过标签的才是"60后"、"70后"、"80后"、"90后",而其他同样出生于这些年代并从事写作的人,要么被贴上了别的标签,譬如"下半身写作"、"打工文学"、"玄幻小说"、"盗墓小说"、"穿越小说"、"言情小说",等等,要么什么标签都没有。拒绝标签做一个特立独行的作家,在商业体系中就意味着成为被放逐的"局外人"。在信息泛滥的年代里,遵从文化商人的意志写作,结果是文字的支离破碎,现实和生活被简化,丰富性和复杂性被压缩成突出的卖点,诸如残酷青春、小资情趣、越轨行为、异国情调、酷儿文化等,现实真相被膨胀的信息泡沫湮灭。

三、跨越人造代沟

我个人认为,完全断裂的文学代沟是人为制造的,至少是被过度放大的,而代与代之间的精神联系则被人为地割裂,这种被夸大的分裂与对立所产生的戏剧性效果成为媒体和文化商人推销其产品的噱头。而且,在二元对立的代际冲突中,那些冲在时尚最前列的弄潮儿都被纳入了"用过就扔"的产业链条,被迅速淘汰,成为翻过去的一页。文学事业在根本上属于一种个体追求,个人的独立与自由是文学创造的灵魂所在。每一代人都有属于自己的特殊际遇,都会面临种种外部强加的具有针对性的限制和束缚,关键问题是你如何应对,是直面挑战还是委曲求全?只有跨越这种人造的文学代沟,文学发展才能薪火相传,而在转益多师中获得突破的真正的文学创新,既能开风气之先,也能重新激活传统。

要跨越人造的文学代沟,首先应当经过深入的自我反省,回归个体本位,确立人格的独立性与审美的主体性。当一代人不再在合唱中强求一律,每一个体才能自由绽放,多元共生,真正的作家就应该拒绝被简单的代群符号所束缚。以"70后"为例,那些自觉规避了代群陷阱的作家,正以寂寞却顽强的探索,建构自己独立的文学空间,他们开始深入反省自己的文学处境,和喧嚣的潮流保持必要的距离,一些作家以自我与现实的血肉关联作为依托,在对个体生命轨迹的回望中叩问中国的现实,挖掘纷繁世态背后的人性冲突,这确实与那些时尚女性写手笔下的都市景观大异其趣。例如李师江的《福寿春》、冯唐的《北京,北京》、徐则臣的《跑步穿过中关村》、乔叶的《最缓慢的是活着》、刘玉栋的《我们分到了土地》、朱山坡的《陪夜的女人》等都独辟蹊径,在孤寂中淬炼艺术的锋芒。我相信还有更多的"70后"在潜伏的创作中磨炼自己,在艰难的探索中回归个人的本位,力图在与现实的深入对话中赋予文字以生命和灵魂。

其次,应当结合所处时代的精神状况,重新建立与文学传统的对话关系。如果文学的发展总是遵循最为鲜亮的青春一代替代上一代的循环逻辑,那么,文学史就陷入了宿命论和循环论的怪圈。而且,文学十年一大变,推倒重来,从零开始,每一代人都只有十年的好时光,文学传统也就无从建立。这样,文学就失去了历史感,同时也丧失了未来的可能性。艾略特在《传统与个人才能》中强调历史感对于艺术创作不可或缺:"正是这种历史感使得一个作家能够最敏锐地意识到他在时间中的地位,意识到他自己的同时代。"①他总结出了"过去之必须因现在而改变,正如现在之必须由过去所指导"的经典命题。在商业氛围日益浓厚的文化语境中,受后现代主义等外来文化思潮的影响,中国的古典文学和新文学传统都在不断地被解构。但是,经过不断的文化反省,近年也有莫言、陈忠实、韩少功、苏童、毕飞宇、格非等作家通过自己的努力,重新建立回溯传统的隐秘通道,揭示传统被遮蔽的一角。

再次,必须尊重差异性,提倡真正的多元化。用年龄来划分文学,并不是对多样性的尊重,恰恰是以统一的商业诉求遮蔽作家个体在思想和审美上的多样性。要建构一种健康的文学生态,需要宽容与理解。对于前辈来说,应当将心比心地用自己年轻时代的所作所为来理解年轻人。而对于年轻作家来说,不能狭隘地理解创新,认为创新就是一味求变,就是对前辈的彻底否定,应当在尊重前辈的探索的基础上,理解前代人的难处,看清自身的不足,在变化的时代进程里去理解那些相对不变的人性与文化基因,从自身处境中获得融汇时代内涵的新视野,别求新声,逐步确立具有原创性的美学风格。新时期以来,从臧克家、柯岩、周良沛、丁力、程代熙、郑伯农等人对朦胧诗的极力抵制,到"断裂"事件中韩东、朱文等对鲁迅的嘲讽,再到韩白之争中粗鄙化的语言喷射,都表明文学观念的差异甚至对立确实存在。但是,代际之间并不是绝对的势不两立,公刘、谢冕等长者就曾极力扶持朦胧诗人的生长。而且,文学代沟也并非只有负面作用,差异化的并存维持了文学生态的多样性。哪怕两代人之间缺乏共同语言,但他们至少可以做到既不赞同,也不排斥。

文学创造是一个人的长征。在马拉松长跑的起步阶段,不少青年作家以百米速度向前冲刺,做出各种高难度动作,但这种豁出去赚吆喝的策略毕竟难以为继,缺乏可持续性。文学史上总有许多明星作家像流星一样,从文学的跑道上消失,不知所终。不妨列举世界文学史上的一些作家在高龄时期完成的杰作:哈代51岁写出《德伯家的苔丝》,歌德82岁才完成《浮士德》,托尔斯泰71岁写出《复活》,雨果60岁写出《悲惨世界》、70岁写出《九三年》,陀思妥耶夫斯基59岁写出《卡拉马佐夫兄弟》,等等。在新时期的中国,亦有巴金的《随想录》、宗璞的《南渡记》、韦君宜的《思痛录》等等。正因如此,对于从"60后"到"90后"作家个体而言,最为关键的并非已经达到什么高度,而是最终能走多远。被不少媒体指认为已经衰老的"60后"和"70后"中,一定有不少孤独的身影才刚刚出发。

---

① 艾略特:《托·史·艾略特论文选》,周煦良译,上海文艺出版社1962年版,第3页。

孱弱的抒情者
——对"朦胧诗"抒情骨架与肌质的考察

◎ 傅元峰

多多《被埋葬的中国诗人(1972—1978)》一文的开场白,曾被研究者在探究"朦胧诗"起源问题时反复引用:"我所经历的一个时代的精英已被埋入历史,倒是一些孱弱者在今日飞上天空。"多多为20世纪70年代被埋葬的诗人招魂,以此扩充"朦胧诗"虽然泛化却疏漏重重的外延,将所谓"新诗潮"自《今天》向前推溯了近十年。① 多多认为,食指、岳重、马佳、彭刚等人,他们诗中孱弱的抒情者,似乎比北岛诗中的文化英雄有更强的生命力。他没有进行更详细的文本求证,来撇清这些"孱弱者"在诗歌美学方面"以暴易暴"的嫌疑,只是力举这些"朦胧诗"版图上的无名者,以补遗珠之恨。

由于缺乏诗学分析,此类添加并未丰富历史认知,对"朦胧诗"的诗歌史描述陷入更加混沌的状态。"朦胧诗"逐渐成为一个庞大诗歌集合体的名称,成为有行迹可考的诗歌潮流,成为"美学崛起",甚至"现代主义"的起点。人们对这个越来越泛化的诗歌集合体所下的诗学判断也多有疑点:有人认为"'朦胧诗'概念的出现意味着整个六七十年代的地下文学的'集体自杀'",但也有人认为"朦胧诗与当时'环境'构成的紧张冲突,主要根源于它语言的'异质性',它表现了某种程度的'语言的反叛'。"② 事实上,即使将"地下文学"纳入"朦胧诗"范畴,对"朦胧诗"精神独立的认定也让人疑虑:《今天》的创刊、《今天》编辑部在第二期以后形成的编辑部调整都紧密顺应了当时的环境,与主流政治导向并不冲突;从诗歌形式方面分析,"朦胧诗"与"文革"主流诗歌形成的"意识形态"异质并未导致语言"异质性",反而是一种合谋。既如此,大部分"朦胧诗"所谓"语言的反叛"也无从谈起。

围绕"朦胧诗"的争论在20世纪80年代初形成了一个理论对立面,虽然争鸣在不断深化,但是这个对立面经历了四十多年仍未消除。既然简单的外延扩展对厘清"文革"前后的诗歌史无益,笼统的美学评判也往往会遮蔽一些重要的诗学问题,那

---

① 多多:《被埋葬的中国诗人(1972—1978)》,廖亦武主编《沉沦的圣殿——中国二十世纪七十年代地下诗歌遗照》,新疆青少年出版社1999年版,第195页。
② 洪子诚、刘登翰:《中国当代新诗史》,北京大学出版社2005年版,第180页。

么，对"朦胧诗"这个集合体进行诗学拆析可能会是一种新出路。

一、病弱的骨架与肌质

"朦胧诗"的"朦胧"并非诗学效应，而是历史事件。将"朦胧诗"纳入历史学以外的批评框架十分困难："朦胧诗"的"朦胧"不属于燕卜荪所论的七种朦胧类型中的任何一种，甚至在概念上就有根本抵牾。虽然燕卜荪处在一个社会诗人或标杆诗人的时代背景中，他还是将自己的诗歌理论建筑在形式主义批评的范畴，把"朦胧（ambiguity）"看成是"诗歌的根基之一"，以此关注"任何导致对同一文字的不同解释及文字歧义"的因素，①并成功建筑了一种"复义"诗学；"朦胧诗"的"朦胧"基本建立于历史语境造成的阅读障碍之上，是一种极权情境下的阅读征候，并非基于任何类型的歧义和多义造成的"朦胧"。"朦胧诗"与燕卜荪的"朦胧"诗学，并无直接关系。

说到底，"朦胧诗"是一次文学事故，本质是阅读机制的失效。中国大陆经历了1949—1979年30年的文学培育，形成了只适于接纳集体经验的阅读定势，而"朦胧诗"中最早的作品，恰恰源自诗人们对"灰皮书"的私密阅读中所获得的创作动能。这导致了国家公共文学经验和私密阅读形成的个体经验之间的鸿沟，"朦胧"感由此产生。在"朦胧诗"的范畴里搜寻符合燕卜荪诗学的那部分"朦胧诗"，是近40年诗歌经典化一直在做的事情。此间，"朦胧诗"的阅读背景已经发生了巨大变化，那些曾经让人惊讶的朦胧感自然消失了。但是，"朦胧诗"作为一个诗歌集合概念，并非全然是国家文学教育症结的简单病历。要对"朦胧诗"进行本体研究，就要寻找除了"朦胧"这一时代接受美学特征之外的其他共性。

抒情者"我"在集体意识中的觉醒，是"朦胧诗"的重要特征。作为抒情主体（Lyric Subject）的"我"并非"诗人"在诗中的简单投影，虽然诗人的文化人格与抒情者往往有重影，但在诗歌结构中，抒情者以文本为基本形态，是被塑成之物。"《今天》派诗人"或"朦胧诗人"的称谓笼统，并不适合作为诗美鉴别的概念，导致了诸多诗人拒绝归位。对这个作为历史集合概念的群体在抒情者类型方面进行拆分，辨明他们本来相悖的诗歌方向，确实十分必要。比如，诗人北岛在文化角色和政治道具方面的承担很多，而他的抒情者在诗中的美学承担则很小，诗人的文化大"我"与诗学的小"我"之间，存在较明显的失衡。通过对抒情倾向的研究可以对"朦胧诗"重新进行经典预估和审美甄别。

纳入"朦胧诗"的诗歌大多创作于20世纪七八十年代。这个时代，个体之"我"逐渐成形，开始表述个体经验。但无论诗歌的客体是什么，"我"都有较为统一的语调和相似的表述习惯。比如，"我"往往给出明晰的肯定或否定判断：北岛早期诗中

---

① 威廉·燕卜荪：《朦胧的七种类型》，周邦宪等译，中国美术学院出版社1996年版，第1—4页。

抒情者往往采取"我决不"、"我要"、"我习惯了"等决绝的话语姿态;舒婷的《祖国呵,我亲爱的祖国》采取的是最典型的"我是"的判断结构;梁小斌"让我"的申领和祈使语态也是不容回绝的;江河《星星变奏曲》中没有出现"我",但抒情者设置的假设条件没有出现结果的任何松动,一切都不容置疑。顾城、多多、杨炼等人的诗不是如此直白,有些诗倾向于对"我"的存在状态作出描述,但描述之物基本不存在歧义和多义。多多早期的诗,如《陈述》系列,与北岛后期的诗比较接近,看似有语焉不详的意图,其实这些"充满象征的夜"(《夜·〈陈述〉之六》)含义固定,隐喻和象征都埋伏着比较明确的意义。即使到了80年代末写的《居民》一诗,多多还在诗歌意义指涉的平面化困境中挣扎。

"朦胧诗人"们不是手握与政治风向相关的旗帜,就是拖曳着某种具体的"中国问题"的影子。他们有70年代末怀疑历史并期望重新主宰未来的心理共性,伤痛感和文化焦虑较少超出政治限度。北岛的《结局或开始》中,"我"对死难者进行灵魂附体,诗中有了具体的哀伤和生命实景:"我渴望在情人的眼睛里/度过每个宁静的黄昏/在摇篮的晃动中/等待着儿子第一声呼唤/在草地和落叶上/在每一道真挚的目光上/我写下生活的诗。"这些有可能溢出政治边界而走向人性的氛围,最终还是被局限在"我"严正的呼告中——"我"也是"不屈的战士"之一。生命观感被战士的道义驱散,是一种"革命"文学的逻辑。狭隘的道义降临,往往就像梅洛-庞蒂所说的"我""通过闭上眼睛来中断场景",这是"身体中介"逃离"我"的一种方式。① 习惯于对场景闭眼的盲目的"思想",让北岛后期诗中的抒情者保持骷髅的质感:空洞、冷硬、伤感,有令人战栗的怨恨和戾气。

对于诗人来说,置身历史语境和某种思想壁垒,可以让他瞬间成为战士。然而,如果诗中的抒情者也体现为对抒情有绝对控制力的"时代思想家",诗就有可能有一副病态的骨架,它在诗中僵硬、封闭而又单薄脆弱。北岛从来没有像他的崇拜对象曼德尔什塔姆那样对生命实景、艺术和诗歌理论有持久的兴趣,也不是德国诗人格奥尔格那样的诗人预言家,超越时代和国族,担当起更宏伟的使命。在先知味道很浓的诗行中间,格奥尔格的抒情者语气是活的,不像北岛的诗句和意象缺少变化。

显然,决定"朦胧诗"经典品质的关键部分并非是这些精神骨架,而是这些抒情者的"肌质(sarcoplasm)"的匮乏。美国"新批评"的代表人物兰色姆将生物学术语"肌质"援引为诗歌批评的关键词,认为肌质是诗歌构架之外能确立诗之为诗的关键因素,"诗歌的肌质完全由个性细胞构成,每一个新的细节都能唤起情感和态度"②。抒情者"我"或隐或显地以多种形式存在,形成诗歌中变化多端的主客体关系,肌质便藏身其中。它们吸附了抒情者丰富的、个性化的语气、语调甚至情调,并且也激活

---

① 莫里斯·梅洛-庞蒂:《行为的结构》,杨大春、张尧均译,商务印书馆2010年版,第278页。
② 约翰·克罗·兰色姆:《新批评》,王腊宝、张哲译,江苏教育出版社2006年版,第17页。

了诗的意象、韵律系统,决定了诗的风格形成。有学者对巴赫金和维诺格拉多夫的对话诗学和独白诗学进行比较,看到"我"在作品中形象化以后生成的"作者形象"具有不可替代的修辞研究的价值。[①] 维诺格拉多夫的理论似乎更适合抒情诗:相对于叙事作品的对话特性而言,抒情诗中有以表白或独白为主的抒情主体,他/她在诗中被抒情的语调、口吻等言语习惯以及客体呈现过程所塑造。

二、"朦胧诗"命名对抒情肌质差异的遮蔽

兰色姆并没有用"观念"等任何可以成为结构的东西证明诗存在的必要性,无论是日常生活观念还是历史文化观念都在诗中让位于他成为"肌质"的"个性细胞"。他的"肌质"诗学在适用于分析诉求个性而又布满文化观念陷阱的"朦胧诗"时变得格外有趣。

这部分"朦胧诗"并不以意象的奇崛和生僻取胜,而是拥有相对良好的抒情主体肌质:诗中的"我"并不验证或代言时代的宏大声音,而是超越时代观念的范型,细致描绘原生的个体情绪。在《疯狗》、《热爱生命》、《相信未来》、《愤怒》等诗中,意象和"我"的情绪大多为公共经验——即使这些经验站在主流文化的对立面。"朦胧诗"抒情肌质的获得具有偶然性。即使是在食指诗歌中,有肌质的抒情也并不强势。食指和北岛的区别在于,食指不拒绝生活中那些失去精神和情感共名的因素,而北岛却有排斥和拒绝的醒觉;北岛仅在早期的爱情诗和亲情诗中,才间或呈现具有生活气息的个体情绪,他让抒情者脱离时代共名的方式是向更加晦涩的意象跋涉,为单质的抒情者覆盖更多象征的鳞片。

如果说北岛与食指在抒情者肌质方面存在细微差异,那么,他与顾城的抒情方向几乎背道而驰。顾城诗中的抒情肌质较食指丰富一些。他长期把自己封闭在个体冥想中,并将这种气质传导给诗中的抒情者。他不刻意追求深刻,但喜欢空灵和神秘的表象世界和情绪之美,将感性情绪书写到极致,让怯懦、单纯、有些偏执的"我"被抒情本身塑造。即使是像《墓床》、《睡眠是条大河》这类关乎生死的大命题造境的诗,依然有具体可感的生活质地:"睡眠是条大河/看到那么大的月亮/我知道我要死了/安排好最后的事/每一刻都有无限的时间/书架和孩子/睡眠是条大河/它很寂寞/沉沉的眉心/开着花朵"(《睡眠是条大河》)。"那么大的月亮"、"书架和孩子"、"眉心"等诗语表明,抒情者对具体而无明确意义的事物和特征感兴趣。顾城和北岛诗中抒情者的区别,也正在于这些语流中的生活情境的存无:前者因无法复现的具体生活遭遇到普世困惑,后者用一个时代的文化焦虑描述这个时代的个别问题。

[①] 黄玫:《文学作品中的作者与作者形象:试比较维诺格拉多夫和巴赫金的作者观》,《俄罗斯文艺》2008年第1期。

顾城也曾受到"朋友"引导,以至于要将诗思转变为北岛方式。《布林》就是在这种知性引诱下写出的:"写完《布林》后,我好久回避它(虽然它使我好几个朋友很高兴),它反思、反抒情的光亮太强了,使我害怕。"传诵很广的《一代人》、《生命幻想曲》等诗,仔细体味,时代的印迹也很明显。好在顾城维持了玄思和感性之间的张力,诗歌"展现的是人间,不是在愿望中浮动的理想天国"①。他很快复归于"生命是盲目的"②这一诗歌法则之中。北岛则维持了抒情者全程的痛感和醒觉。与兰色姆一样致力于诗歌特性求证的理论家们一直在诗与历史、诗与哲学之间进行区分。北岛诗中的抒情者正是史蒂文斯所嘲笑的以"想象抵达真理"③的人,但他无法将诗歌驱赶到哲学那儿。"朦胧诗"的抒情者有很多是北岛这样的"青年阳刚诗人",带着奇崛的意象和苍白的思想在诗中向"真理"进发。

充满阳刚之气的青年诗人终会衰老,诗歌中结合任何具体历史疑问的"真理"也都是亚里士多德在讨论写诗与写历史的区别时所说的"个别的事"④,这些事可能成为诗歌结构和抒情姿态,但并未给诗带来持久的诗学意义上的"朦胧"。"我"的优势依然在于基本与时代潮流合拍的主体情绪。张旭东作出"新诗潮""属于五四范畴"的乐观判断,甚至"看到了'中国现代主义'诗歌的英雄主义的自我完善",认为北岛等人已经"将'文革'乃至'新中国'经验由个人(此时已是训练有素的诗人,而非满心迷茫的爱好者)的心理机制和语言机制投射为普遍历史(也就是说,非历史)的形而上图景"⑤,显然是被与"文革"后政治反拨意图一致的青年情绪所迷惑,拔高了"朦胧诗"的人文精神。客观评价孱弱之"我"的主体精神,既看到他们与形而下的政策的深度重合,又能看到个体情绪的抒发激活了诗的人性存在,才能对所谓"新诗潮"作出正确判断。就骨架的孱弱与诗歌肌质的稀薄而言,"朦胧诗"显然离"扭曲的浪漫主义"更近,离"现代主义"还有相当距离。波兰诗人切斯瓦夫·米沃什在对自己的堂兄奥斯卡·米沃什的诗歌——如他所述,这是一种与"运动"密切相关的诗歌——寻找赞同理由的时候,提出了诗歌与介入的"末世论"是相互依存的,诗歌不能对历史目标漠不关心。⑥ 然而,米沃什所说的"历史目标"的内涵是人类时间轴心上的"最后之事",这与北岛、多多等诗人眼界狭窄的文化历史忧虑不同;至于他抨击的20世纪诗歌"贫乏和狭窄"的个人趣味,基本还未在"朦胧诗"中出现。

---

① 顾城:《关于布林》,《顾城诗全集》(上),江苏文艺出版社2010年版,第941页。
② 顾城:《我不能想得太多》,《树枝的疏忽》,江苏文艺出版社2011年版,第261页。
③ 华莱士·史蒂文斯:《作为阳刚诗人的青年形象》,《最高虚构笔记》,陈东飚、张枣译,华东师范大学出版社2009年版,第301—324页。
④ 亚里士多德《诗学》,罗念生译,人民文学出版社1962年版,第29页。
⑤ 张旭东:《从"朦胧诗"到"新小说":新时期文学的阶段论与意识形态》,《批评的踪迹:文化理论与文化批评(1985—2002)》,北京三联书店2003年版,第247页。
⑥ 切斯瓦夫·米沃什:《诗的见证》,黄灿然译,广西师范大学出版社2011年版,第37页。

一部分以无肌质的时代经验讲述历史"个别的事"的"朦胧诗",在文学接受中的命运与它所关注的历史疑问相同。历史经验在挖掘和展示的最初,通常会具有神秘感、朦胧感,这些感觉会逐渐消散。诗歌毕竟不是实物历史,历史韵味不会贮存在这些单薄的语词中。但如果一定要通过区分,认证20世纪80年代的"朦胧诗"的正身,而且不把"朦胧诗"的意义认定为"阅读事故"的话,这些因时间推移不再朦胧的诗歌,才是真正有命名必要的"朦胧诗"。从这个角度看,把它们笼统称作一场"崛起",认为"朦胧诗"的一部分已经走到了"普遍历史"的高度,就不太恰当,甚至是谬误的。

三、精神倒伏后的诗歌"情调"

"文革"后独特的政治注意力和一些文学母题的回归,导致诗歌开始普遍拥有不同于"红色诗歌"的抒情结构。如上所述,由于诗人藏于这个抒情结构中的"肌质"比较匮乏,诗歌主体的思想内涵和反抗精神的硬度,决定了大部分"朦胧诗"的生命力。一个值得注意的现象是,当理论界为"朦胧诗"正名的时候[①],"朦胧诗人"却经历了"思想"的"釜底抽薪"。"青年阳刚诗人"的精神受挫集中发生在1981年初中共签发9号文件(《关于处理非法刊物非法组织和有关问题的指示》)以后。[②] 大量民刊停刊,有"真理"诉求的那些"朦胧诗人"失去了政治支持,"真理"呼告渐趋终止。一首诗,当抒情者精神的历史结构和意图被强制拆除以后,能留下来的会是什么成分?1981年同时受到政治规约和理论正名的"朦胧诗",如果继续写下去,将要如何去写?

瑞士的施塔格尔或许提供了这种搜寻的理论线索。他将诗三分为"抒情式"、"叙事式"、"戏剧式",认为"抒情式"的诗中,"情调"至关重要。施塔格尔描述了这种神奇的"注入之念":"抒情式的诗行,如果非要朗诵不可的话,那么,在这些诗行——即使是明快的诗行——从沉默的深处、由辞世的寂静中复活的情况下,也只能做到语调正确。这些诗行需要'注入之念'(Eingebung)的魔力,并且凡能引起有意图之嫌的一切,在这里也会让人扫兴。"[③]施塔格尔认为作为"注入之念"的"情调"既不是

[①] 1980年,谢冕撰文《在新的崛起面前》(《光明日报》1980年5月7日)撰文认为一些"古怪"的诗歌终将变为"平和之物",对"朦胧诗"表示支持;1981年,孙绍振在《诗刊》第3期发表《新的美学原则在崛起》;1983年,徐敬亚在《当代文学思潮》发表《崛起的诗群》等文为"朦胧诗"正名。

[②] 文件用大段文字总结了"以老党员、老工人、老干部、革命知识分子的子女为骨干"的"四五"青年在"文革"后新的政治布局中的作用,宣告他们已经完成了使命。而后发出了处理通知。见1981年2月20日文件《中共中央关于处理非法刊物非法组织和有关问题的指示》,中共中央文献研究室编《三中全会以来重要文献选编》,人民出版社1982年版,第700—708页。

[③] 埃米尔·施塔格尔:《诗学的基本概念》,胡其鼎译,中国社会科学出版社1992年版,第5页。

外在"语调",也与抒情"意图"水火不容。虽然"情调"作为一个诗学的基本概念,与兰色姆所说的诗的"肌质"十分相似,但施塔格尔能告诉人们,当直白的意图离开诗歌,能留下来的,只能是一些"情调"。

但"朦胧诗"抒情者多有作为"世风"的集体情绪(morale),也多有作为"心情"的个体情绪(mood),施塔格尔所说的情调(sentiment)则比较匮乏。因为,只有顾城等少数诗人的"朦胧诗"中存有"沉默的深处"和"辞世的寂静"。"朦胧诗"中黏着于抒情者时代共名之外的个体情感,如个性化的感伤和忧愤,还不能被称为情调。就当代诗歌而言,虽然"朦胧诗"有强烈的"思想"指向,但"朦胧诗"的"个体情绪"才是它真正的诗歌遗物。有历史属性的"真理"在升华为思想之前就夭折了,"朦胧诗"有感伤主义者味道的那些主体情绪却在"后朦胧诗人"中继续生根发芽。安插在"朦胧诗"中的政治框架被取出后,失意的抒情者在后"朦胧诗"时代继续写诗,他们失去了历史和政治的注意力,渐渐忘却了真诚的时代疑问,倾向于"我"的情绪的个性化展示。情调在"朦胧诗"中是一种自发的生成物,即使"青年阳刚诗人"转变为爱情的忧伤倾诉以后,情调依然是单薄的。80年代中期,"第三代诗人"更加重视个体经验,将情绪变成自觉的诗学策略。他们认为,"诗是一种诗人无力的内部情绪过程",宣扬这种无目的的"达无主义"。① 就诗歌情感而言,时代情绪是一种可以附加的机械构成,个体情绪才能在诗中获得肌质感。"新的诗……应当将自己的情绪表现出来,而使人感到一种东西,诗本身就是一个生物,而非无生物。"② "后朦胧诗"时代的诗歌肌质生成是艰难的,这条抒情者的情绪由时代"情绪"向个体"情调"的迁徙之路,自"朦胧诗"成为诗歌断代依据后变得更加曲折。

由于以"朦胧诗"为参照,"第三代诗人"延续了"朦胧诗人"混乱芜杂的代际特征。缺少诗学归类的泛化代际命名十分笼统,以至于江河、李刚、杨炼等人的诗既被阎月君编的《朦胧诗选》收录,也出现在溪萍编的《第三代诗人探索诗选》中。但如果从抒情者情绪与诗歌肌质关系的角度看,张枣、海子、于坚、韩东、翟永明的诗与北岛等人的诗则有明显差异:他们确实更有"情调"。如张枣写于1984年的《那使人忧伤的是什么》,诗通过对一个疑惑情态的细描完成了对"忧伤"本身的塑形,接下来的诗节中也没有回答"那使人忧伤的是什么",而是对问题的情境进行了详细的补充。可以明显体会到,抒情者的疑问不指向"真理",他只对存在有兴趣。诗歌失去了目的论的支撑。1985年前后,诗歌中的抒情者视点和主体精神的集体下沉,使"第三代诗人"中的一部分诗作在抒情结构上和内在肌质方面与"文革"诗体以及"朦胧诗"有较大区别。除了极个别的诗人诗作(如海子的诗,他的诗对"朦胧诗"的骨架和肌质

---

① 戈尔:《一种生命的艺术方式:达无诗歌简介》,中国非非主义诗歌实验室编:《非非年鉴·作品》,1989年。

② 戴望舒:《诗论零札》,梁仁编:《戴望舒诗全编》,浙江文艺出版社1989年版,第692页。

有全方位的拆除和重建),这种变化基本可以被描述为:对"朦胧诗"屠弱的抒情骨架进行了拆除,对"朦胧诗"较为稀疏的个体情绪和趣味进行了放大、添加——当下诗歌创作也由单质精神框架下的以时代情绪为主的写作,转型为以抒情者在个体情绪与情调中生成诗歌肌质的写作。可以想见,如果没有抒情者精神涅槃的机会,这种偏重于屠弱者情调的诗风将会长时间延续。

从"朦胧诗"到"第三代诗人",完成了一个由精神探询向个体情调转移的诗学转变过程。这条行程,恰恰与冯至、卞之琳、戴望舒等人在20世纪三四十年代的线路相悖。冯至在《十四行诗》中对自己30年的诗作进行了精神填充,从而改变了诗的古典肌质,卞之琳、戴望舒等人也有类似修改。这是否预示,"第三代诗人"让从虚假的朦胧中清晰起来的诗歌再次陷入混沌的诗歌策略,将是主体精神无法重建的诗歌时代的权宜之计?如果溢出文体的边界,像张旭东探讨"新诗潮"和"新小说"的关系那样对当代大陆诗与小说进行对读,就能发现,小说结构的诗化正在重复"朦胧诗人"屠弱而僵硬的老路,而诗歌则依靠叙事元素掠取了无穷无尽的诗歌肌质。细读雷平阳《杀狗的过程》和贾平凹的《古炉》、莫言的《蛙》就能发现这一点:抒情的细腻场景和情调与叙事单调的精神线索十分悖谬,包含让人震惊的文体伦理问题。毕竟,还没有多少诗人和小说家能像海子那样按自己的精神结构搭建一个文学的感性王国,重新赋予虚构世界以精神骨架和生命实体。他在如《河流》、《传说》、《但是水、水》、《太阳》等诗中对巨大物质实体的触摸是没有既往格式的。海子认为,"我写长诗总是迫不得已,出于某种巨大的元素对我的召唤,也是因为我有太多的话要说,这些元素和伟大材料总会涨破我的诗歌外壳。"[①]现在,诗人们普遍缺少这种"巨大的元素"。除了这些海子在西方宗教指引下搭建的诗体遗物,当代也有些诗人在尝试废名式禅诗路线,如杨键,但抒情主体修为的欠缺使言语的机锋还没有成功建立起来。

"朦胧诗"留下了一群专注于"情绪"的诗歌子孙。当下诗人应反思手中一直持有的这种"朦胧诗"的遗产,并充当"朦胧诗人""精神"和"思想"的掘墓人。当务之急,是寻找各种可能建筑一个丰厚的精神框架来扩大诗歌肌质生长的境界,而不能一味沉迷在抒情者精神骨架屠弱甚至缺失状态的"狭窄"情调和趣味之中。

---

① 海子:《诗学:一份提纲》,《海子诗全集》,作家出版社2009年版,第1038页。

1936：鲁迅的左翼身份与言说困境

◎ 葛　飞

　　1936年,鲁迅在《答托洛斯基派的信》、《答徐懋庸并关于统一战线问题》等文中,向中国共产党、"毛泽东先生们"、斯大林表达了敬意。此情日后又得到了冯雪峰、许广平等人撰写的回忆文章的加强。然因社会思潮和评价体系迭变,回忆鲁迅的内容逐渐发生了变化。20世纪80年代以来,1936年鲁迅在两三人间所说的一言半语方被公之于众。热点主要集中在他对革命成功后自身命运不祥的拟测、对苏联肃反的疑虑、对冯雪峰代其攻击托派的不满。原来鲁迅私下谈话与公开姿态颇为不同。

　　鲁迅并非追求体系严密、首尾一贯的思想家,而是择定阵营、坚持社会介入的反抗者。职是之故,某种情绪、姿态或观点,入文还是见诸书信,抑或仅与友人谈及,他颇有讲究。在特定历史情境中与党的文化工作者结盟,必然会体现在言论场合这个微观情境,场合也就成为我们考察鲁迅的选择与时代政治关系的切入口。私议越是敏感,亲闻与传闻者就越少。书信中既有率性之语,也颇多政治性酬答。杂文写作本身也展现出一个复杂的政治网络:有应人之请而作的序记,有答政治组织和刊物的提问。有的出自瞿秋白之手而署鲁迅笔名。有些是冯雪峰命题作文且指出"可以这样这样的做"、鲁迅犯难却每每让步的产物。① 有一两句话是冯添上的,答托派信通篇皆为冯代笔,答徐懋庸信由冯草拟、鲁迅作了增补修改。

　　在研究范式上,考察作为社会人的鲁迅及其"渐次展开的"历史影响,应与剖析作为主体的鲁迅的思想情感有别。晚年数则谈话乃新出史料,有助于我们深入了解鲁迅心境。相应的几个问题,鲁迅本人则选择了在公共空间保持沉默,闻者在相当长的时间内秘而不宣,倒能说明双方皆深明政治利害的行事风格。这就决定了鲁迅言辞必将历时性地展示于公共空间。20世纪30年代主要是公开发表的文章建构鲁迅形象、发挥社会功能;书信至40年代末方结集出版,后又陆续增补;不愿笔之于书的感触,政治情境发生变化后方被披露,转成当代文化事件。回忆鲁迅有着自身的动力,同样具有高度的选择性:无论所忆近真,还是传闻异辞,乃至年久失忆,皆与政

---

①　景宋:《鲁迅与青年们》,《文艺阵地》2卷1期,1938年10月。

治变迁、舆情变幻、忆者自身看待问题的方式密切相关。历史悖论在于，前辈不愿明言的东西，后人不得不费力说出。年代久远，往往成为孤证，有所讹误亦未可知。本文将在已有成果上作进一步考证，梳理晚年鲁迅数则颇为敏感的谈话的公开过程，对勘他"公""私"两种场合中的不同表达；并以此为个案，考察左翼文化人时时面临两难选择的政治困境。

一

20世纪上半叶，同情革命者遭遇言与不言的困境，是极为普遍的现象。普列汉诺夫在政治遗嘱中指出了布尔什维克主义的内在问题，表现出惊人的预见性，可新俄政权果真失败，工人群众必遭报复，他宁可封存遗嘱以待后世。罗曼·罗兰也决定50年后再公开《莫斯科日记》，且批评纪德不顾利害发表《从苏联归来》。左翼十年，鲁迅发表了不少表彰苏联的文章，苏方也屡次邀之访问，阅其书简可知，鲁迅也答应过萧三转致的邀请。50—70年代产生了一些解释鲁迅为何未能"如愿"的回忆，经朱正辨正，我们才发现它们多不可信。冯雪峰且云"据我回忆"，鲁迅从无"赴苏的打算或意思"①。答萧三信原来是应酬之语。1934年，萧又邀之出席苏联第一次作家代表大会。胡风晚年称，鲁迅说："吃了白面包回来，还能不完全听话么？"②可胡风并未提供谈话场景细节，故未得到学界认真对待。

2006年修订《鲁迅回忆录正误》，朱正补充了胡愈之透露的鲁迅不愿访苏的特殊原因：

"苏联国内情况怎么样，我也有些担心，是不是也是自己人发生问题？"鲁迅是指当时斯大林扩大肃反，西方报刊大事宣传，他有些不放心。③……

此乃1972年胡愈之在鲁迅博物馆召开的座谈会上的发言，1976年公开发表时被删除。朱正当年也见过原始记录，未加引用，大概有孤证难立的顾虑。结果倒是严家炎率先引用了。关于鲁迅的此则谈话，我们还可理出另一条流传路径。

裘沙在70年代曾问冯雪峰，鲁迅是否觉察到了苏联肃反？冯"毫不思索"地答道：鲁"很忧虑，问我：'党内怎么会有那么多的反革命？他们这样干，行吗?!'"为帮助裘沙更好地了解鲁迅晚年，冯还主动把他介绍给胡愈之。然在当时，裘并未意识

---

① 朱正：《鲁迅回忆录正误》，人民文学出版社2006年版，第91—107页。
② 胡风：《鲁迅先生》（1984年作），《新文学史料》1993年第1期。
③ 严家炎：《论鲁迅的复调小说》，上海教育出版社2002年版，第252页。

到问题之重要,故未追问下去。① 胡愈之于1936年5月中下旬抵沪,主要任务是邀冯赴港与潘汉年会谈②,拜访鲁迅,冯理应陪同。胡、冯、裘转述的很可能是鲁迅的同一句话,所闻、所传闻导致了异词。

裘沙从鲁迅藏书中查到了刊有"莫斯科第一次大审判"报道的《东方杂志》,以说明鲁迅的消息来源;胡愈之则归咎于西方报刊的大事宣传。不过,此次审判发生于1936年8月。胡要务在身,逗留上海时间不会太长,8月返沪后又没有再与鲁迅会面,二人相见只能在5月中下旬。鲁迅所谓苏联"自己人出了问题",只能是1934年年底基洛夫被刺,季诺维也夫、加米涅夫等人遭到指控、流放。《申报》、《东方杂志》,以及胡愈之参与策划的《新生》皆有报道,援引的多为塔斯社和旅苏者发来的通讯(又皆无评论)。两次审判乃时人之常识,我们无须到鲁迅藏书中查索资料。

1990年,楼适夷向王元化透露:抗战胜利后冯雪峰曾谈及,鲁迅读了《从苏联归来》说,如去苏联也会说纪德那样的话。③ 其实,《从苏联归来》出版之际鲁迅已故。1937年,此书由戴望舒、托派郑超麟分别译成中文,却无甚反响。我们都知道,1933年纪德尚称苏、德"虽是同一手段,而他却因目的之不同而分为赞成或反抗",鲁迅随手引来批评"第三种人"并无这样的态度(《又论"第三种人"》)。戴译《从苏联归来》,也是对鲁迅批评的迟到的回应。楼适夷回忆虽有误,却能说明当年左翼文化人虽对《从苏联归来》保持沉默,窃窃"私"语还是有的。推测起来,楼向冯雪峰言及此书,冯又告诉他鲁迅对苏联肃反的疑虑,在"假如鲁迅还活着"的心理作用下,往事在楼的记忆中发生了变形嫁接。

20世纪30—60年代,苏联乃中国左翼政治文化的乌托邦,有关人等自然不愿公开他们的私下交谈。中苏断交,尤其是1971年林彪事件发生后,思想界状况和政治氛围皆有所变化,胡愈之才会在座谈会中予以披露。恰如裘沙所言,"问题真正提到人们的议事日程上来,还是东欧尤其是苏联解体以后的事"。待社会动荡平复,公开回忆和学术考证方获得了空间。这已是21世纪的事了,人们转而希望鲁迅做纪德式知识分子。其实,罗兰赴苏主要目的,就是要求斯大林解释基洛夫被刺后的大规模乱杀,以澄清欧洲同路人思想情感上的混乱。鲁迅则缺乏前往探明真相的动力。鲁迅就是鲁迅,既非罗兰亦非纪德。

二

检阅鲁迅杂文,可知其谈论苏联的调子一直没有变化。《记苏联版画展览会》

---

① 《冯雪峰同志谈鲁迅补遗》,《鲁迅研究月刊》2001年第10期。
② 胡愈之:《我的回忆》,江苏人民出版社1990年版,第307页。
③ 《致王元化信十封》,《新文学史料》2002年第8期。

（1936年2月17日作，后又并入《〈苏联版画集〉序》）且批评前几年国内刊物少有苏联报道，"有些可敬的作家和学者们"连苏联文艺都避之唯恐不及，"近一两年可不同了"：

> 更多的是真心的绍介着建设的成绩，令人抬起头来，看见飞机，水闸，工人住宅，集体农场，不再专门两眼看地，惦记着破皮鞋摇头叹气了。这些绍介者，都并非有所谓可怕的政治倾向的人，但决不幸灾乐祸，因此看得邻人的平和的繁荣，也就非常高兴，并且将这高兴来分给中国人。我以为为中国和苏联两国起见，这现象是极好的，一面是真相为我们所知道，得到了解，一面是不再误解……

"决不幸灾乐祸"数语颇显突兀，既曰"平和的繁荣"，灾祸又何从说起？鲁迅隐约其辞地表达了对苏联政坛变故的态度："决不幸灾乐祸。"

苏联对外文化协会、中苏文化协会、中国文艺社、文学社、中国画社五团体①主持的版画展在沪开幕之前，茅盾即向鲁迅求文。鲁复函云："新八股已经做好，奉呈。那一段'附记'，专为中国读者而说，翻译起来是应该删去的。"如此说来，《记苏联版画展览会》是要译成俄文反馈回去的，故有向苏联介绍中国舆情变化的调子。赵家璧又请鲁迅出面编选《苏联版画集》。赵家璧回忆道：除了文学作品插图，鲁迅特别喜爱描绘第聂伯水电站的木刻，"十月革命的历史画和列宁、斯大林的画像一副都不删"；选《文盲的消灭》和《基洛夫像》作彩色版，今天看来，也是含有深意的"。②鲁迅强调《基洛夫像》深意何在？赵家璧没说，鲁迅在序言中也未作说明。

行文至此，我们得到了1936年鲁迅对待苏联的三种态度，场合不同，态度亦复有异。

首先，在公开场合鲁迅始终是苏联形象的捍卫者。他与赵家璧的交往出于公谊，后者所见、所忆自然与鲁的"社会形象"一致。

其次，在私人信件中鲁迅自我调侃：《记苏联版画展览会》不过是"新八股"。类似事例我们还可举出《答国际文学社问》，它最初发表于国际革命作家联盟的机关刊物，《真理报》转载。文称早年因"资本主义各国的反宣传，对于十月革命还有些冷淡，并且怀疑。现在苏联的存在和成功，使我确切的相信无阶级社会一定要出现，不但完全扫除了怀疑，而且增加许多勇气了"。不过，1929年前后，鲁迅仍从其翻译的苏俄同路人小说中，看到了十月革命"混乱，黑暗"的一面，包括肃反滥及无辜、强征

---

① 莫芷痕：《苏联版画展印象记》，《新生》创刊号，1936年3月17日。《鲁迅全集》注释仅列前三个团体，这就无法解释茅盾为何出面求文。

② 赵家璧：《编辑生涯忆鲁迅》，人民文学出版社1981年版，第108—109页。

粮食等"血和污秽",可革命毕竟有着"新生"。① 比较之下,应苏方之请作文,他更倾向于提供标准答案。他如《林克多〈苏联闻见录〉序》等,也该是应人之请而作。

最后是私人谈话。鲁迅只对一二共产党人稍稍提及对苏联并不平和的担忧。表达方式即说明,他不希望自己的疑虑广为传播,否则就不会出现数十年后方才公开的现象了。

从文化身份、社会角色的角度考察问题,我们可以说:肯定苏联成就、避而不谈敏感问题,是包括鲁迅、罗兰在内的同路人的共同特征。党员则会在疑窦丛生的情况下即谴责基洛夫案乃托派所为。既谈成就又不避问题,那就近于自由主义了。蒋廷黻访苏归来,对五年计划不吝赞美之辞,同时也述及基氏被刺后,"未经法庭审判而被处死刑者已过百人",英国工党向苏联提出了人道抗议;斯大林崇拜盛行,"我们中国人听起来,免不了要觉得肉麻"②。中国左翼知识界也绝无崇拜政治家的习惯。不过,横向比较诸家姿态,我们仍可以说,不批评苏联乃彼时左翼文人的本质特征之一,越界必被视为他者,鲁迅自不能例外。

三

对于鲁迅而言,重要的是与统治者作决不妥协的斗争。然在党的文艺工作者看来,支持斯大林与打击托派,也应成为一枚硬币的两面。只因与瞿秋白、冯雪峰的关系非同一般,事涉托派,鲁迅的态度颇为复杂。

同盟、同路关系建立之前,鲁迅曾言及深解文艺的"托洛茨基,拉狄克都已放逐,沃隆斯基大约也退职,状况也许又很不同了罢"(1928年《奔流》编校后记);左联成立后不久,1930年4月12日作《〈文艺政策〉后记》,乃连缀旧文而成,也包含了这句话。此后鲁迅就不大提及托氏了。问题还在于文艺政策的变化。1932年,鲁迅译介了上田进作《苏联文学理论及文学批评的现状》,从中可知斯大林对党性原则的高度强调,译者则未加任何按语。

1932年12月12日,鲁迅致信身在苏联的曹靖华,告知别德内依的《没工夫唾骂》已由瞿秋白翻译发表,望曹寄一插图本,以供出单行本之用。(日后编《海上述林》,也收录此篇译作。)该诗辱骂托洛茨基乃"造谣诬赖的恶棍"、"乱咬的疯狗"、"吹牛家",取得的不过是"孟什维克的升官图上的成就!"可大家都承认斯大林才是"贤德的""天才"。别氏诗歌极具宣传鼓动性,托洛茨基任军事人民委员时曾通令嘉

---

① 参阅:《竖琴》并鲁迅"译者附记",《小说月报》20卷1号,1929年1月。相类的说法复见于鲁迅在左联成立大会上的讲话。此后言及苏俄,他就不会用"黑暗"、"污秽"等字眼了。

② 《欧游随笔》(五)(九),《独立评论》129号、139号,1935年2月24日、12月2日。

奖①,《文学与革命》亦有专章表彰之。而今别氏或出于自保而奉旨喝骂,瞿秋白亦亦步亦趋地译载,播的既非龙种收获的更是跳蚤,芸生仿作《汉奸的罪状》辱骂胡秋原(左联目之为社会民主党—孟什维克—普列汉诺夫主义者;在中国社会史论战中,《读书杂志》一并刊发托派、干部派文章,左联中人又常常并称胡秋原与托派),冯雪峰又推鲁迅出面纠正。《辱骂和恐吓不是战斗》提出了一些广为后人传诵的论战应具之底线。然因《没工夫唾骂》牵涉太广,鲁迅只有说(与《汉奸的罪状》相比)别氏虽"自认为'恶毒',但其中最甚的也不过是笑骂"。

由于鲁迅态度至为微妙,以致不经点拨,我们就不敢肯定其文章中的某些词句意在托派。《论"第三种人"》首句云:"在指挥刀的保护之下,挂着'左翼'的招牌,在马克斯主义里发见了文艺自由论,列宁主义里找到了杀尽共匪说的论客。"持文艺自由论的是胡秋原,胡晚年称"论客"系指托派陈仲山。② 为学识、资料所限,笔者无法排查陈氏是否说过"杀尽共匪"的话。并称胡秋原、托派乃"指挥刀的保护之下"的冒牌马列主义者,仍可谓"寸铁杀人"。言简旨深,连陈仲山也没有意识到,否则日后就不会谬托知己了。鲁迅自作文字中,只有这么一句不指名地攻击了胡秋原和托派。故周扬十分珍视,作《"自由人"文学理论检讨》时引前半句为题辞。

鲁迅本打算尽可能地保持沉默,干部派、托派却皆迫之宣示立场。也许正因鲁迅私下表达了对肃反的疑虑,冯雪峰代笔答托派信,才要称赞"史太林先生们的苏维埃俄罗斯社会主义共和国联邦在世界上的任何方面的成功"。文章虽得鲁迅首肯,近50年后胡风才透露:鲁迅病危,无法"深思熟虑",待病情好转,"我提了一句:'雪峰模仿周先生的语气倒很像……'鲁迅淡淡地笑了一笑,说:'我看一点也不像'"③。诬托派为汉奸确非鲁迅行事风格,揄扬苏联则符合其一贯的社会形象。《答徐懋庸并关于统一战线问题》声明"拥护"、"无条件地加入"统一战线,结尾云,"徐懋庸还叫我细细读《斯太林传》。是的,我将细细的读,倘能生存,我当然仍要学习",徐译此书却毫无所得,否则就不会摆出一副奴隶总管的架子。查《鲁迅手稿全集》可知,这些文字皆系冯雪峰草拟。虽说"学习""拥护""无条件地"也不像鲁迅语气,鲁迅并未删去。

由于鲁迅并无公开表示,长久以来胡风也没有透露鲁迅的私下观感,答托派信且署"先生口述,O.V.笔写",公众就没有理由怀疑答托派信与鲁迅本旨不合。其实,1936年9月27日《北平新报》已有报道,且比胡风说得更直接:

> 据说回信内容与鲁迅原意不符之处甚多,但至今未见更正,大概认为这是

---

① 蒋光慈:《俄罗斯文学(三)节木央·白德内宜》,《创造月刊》第4期,1926年6月。
② 古远清:《胡秋原——从"自由人"到民族主义战士》,《武汉文史资料》2001年第6期。
③ 胡风:《鲁迅先生》。

可以"马虎"的了,但这位陈先生在8月初又写一封近"万言长信"……①

不符之说及陈仲山第二信的部分内容,应从鲁迅弟子(很可能是胡风)处流出。据常理测之,既不合原意,当有更正才是;"马虎"过去,则是鲁迅权衡利弊后的决定。冯雪峰、胡风已把生米煮成熟饭,情同绑架。隐而不发,于托派、于自己的声望有损。然而不公开"反反托派",也是身为左翼文化人的必要条件,鲁迅唯有保持沉默。

问题还在于,答徐懋庸信也驳斥了小报惯于造谣:"最近的则如《现实文学》发表了O.V.笔录的我的主张以后,《社会日报》就说O.V.是胡风,笔录也和我的本意不合。""国防派"认为冯雪峰不能代为鲁迅提口号,鲁迅不得不辩。可《论现在我们的文学运动》和《答托洛斯基派的信》,《现实文学》都发表了。局外人恐怕会以为,北平小报所言也是不实之词。

晚年胡风还批评冯雪峰不该用"两个口号问题"刺激本应"尽一切可能抢救的"鲁迅,自己当时就意识到,要鲁迅担负文责"一定要引起他的精神上的不安"。倘有此先见之明,他就应等到鲁迅抢救过来之后询问一声再发表,更不该说"雪峰模仿周先生的语气倒很像"。刊载答托派信的《现实文学》《文学丛报》,实际负责人分别为胡风、聂绀弩;胡风且同意署"影寓我的名字"的O.V.,以掩护身为党的领导人的冯雪峰。

若说50—70年代政治环境已不允许胡风披露鲁迅的私下态度,之前又作何解?莫斯科方面把答托派信作为纪念鲁迅逝世的重头戏。彭柏山在狱中也提议战友追悼,有人说:"我是不大懂得鲁迅",仅据"他答复取消派的信,应当作为一个战士来追悼他,才合理"。由此更可见它在干部派心目中的重要程度。彭的《"活的依旧在斗争"》,即发表在胡风主编的《七月》"鲁迅先生逝世周年纪念特辑"。与此同时,毛泽东在陕北誉鲁迅为"中国第一等圣人",虽非"共产党的组织上的一人,然而他的思想,行动,著作,都是马克思主义化的"。这个最权威的鲁迅晚年定论亦通由《七月》而广布于国统区。此情此境,胡风自然无意透露隐情。王凡西在海外作《双山回忆录》,述及陈独秀当年见答信时的激烈反应。1980年此书在大陆出版,《鲁迅研究资料》第4辑也完整刊发了陈仲山致鲁迅第二信。政治松动、舆情悄然变化,应是胡风透露鲁迅谈话的动力。此前也许有人会认为,答信太不讲"费厄泼赖",然出于崇敬鲁迅之心,或慑于捍卫者的热情,或惧于被打成托派,皆不便发言。这也是借用鲁迅而起到的社会作用。

---

① 江流:《再答取消派》,《鲁迅研究学术论著资料汇编》第1卷,中国文联出版公司1989年版,第1486页。

四

左联的宗派矛盾最终使鲁迅发出苏联是否"也是"自己人出了问题的疑问。1936年12月,李霁野在《忆鲁迅先生》(《文季月刊》2卷1期)中透露:

> 最后相见时,我们谈起深为我们怀念的F君,先生……讽刺着当时的"革命文学家"对于自己的攻击,先生故作庄重的向F君说:你们来到时,我要逃亡,因为首先要杀的恐怕是我。F君连忙摇头摆手的说:那弗会,那弗会!

事关三人,李提供的只能是孤证。——此类说法,鲁迅从来不会公开直接地表达。虽说冯雪峰日后可以披露鲁迅对苏联肃反的疑虑,此则谈话却关涉中国革命,他也就一直保持沉默:既不支持亦不反对李的回忆。李文逐渐被世人遗忘。到了1981年,陈琼之又称李向她言及,1936年鲁迅"听冯雪峰介绍革命形势后",开了上述之玩笑。① 朱正向陈琼之查证核实,得知"该书出版后曾寄给李霁野,他没有表示异议,可以认为这一转述是经他认可了的"②。经此转述,学界及公众多把"你们"理解为陕北方面。

近来有人提出新说:鲁迅此则谈话应在1929年,"革命文学家"仍指太阳社、创造社。据《鲁迅日记》,1936年李霁野两次拜访鲁迅,时间是4月22、24日;据包子衍考证,冯雪峰25日抵沪,次日见到鲁迅。1929年鲁迅的确误以为冯是创造社方面的。问题在于,释"最后相见"为1929年李、鲁最后一次会面,实在牵强;此际鲁迅"深为怀念"冯雪峰,更是无从说起。

合理的解释只能是:鲁、李谈话还是在1936年,所言却是1929年往事。这样一切都理顺了:未及见冯雪峰,故曰"深为我们怀念";紧接上引一段,李霁野写到了瞿秋白,亦是鲁迅永怀之人,符合谈话流程。鲁迅情绪上需要发泄,顾及革命利害每每欲言又止,个中滋味苦不堪言,向李霁野重提往事,也是精神困境之表现。倘非陈琼之误记李霁野口述历史,就是后者作了如下推理:日后得知冯亦于4月间抵沪,转以为鲁迅没有告知自己(不能逢人即说延安来人了),再想当然地把玩笑置于"介绍革命形势之后"。历次运动中鲁迅弟子的遭遇又起了暗示作用,让人们没有了考核口述历史的动力。

陈琼之文章的主旨,其实是为了说明鲁迅"早就痛苦的认识到,'革命有血,有污秽,但有婴孩'",故一直"不愿远离革命"。这是一个符合鲁迅本人认知—情感模式

---

① 《鲁迅研究百题》,湖南人民出版社1981年版,第562页。
② 朱正:《鲁迅的一世纪》,湖北人民出版社2007年版,第185页。

的阐释。从这个角度上说,他与冯雪峰的谈话无论发生在哪一年,区别都不大。虽然鲁迅早有不祥预测,却仍愿与"革命文学家"结盟。事态发展又进一步支持了他的大胆假设:胡风被怀疑为奸细,彭柏山就是被关在国民党大牢里仍难逃"内奸"嫌疑,"国防派"还把鲁迅与托派相提并论。问题关键不在口号有异,而在对方"锻炼人罪,戏弄威权",倘拥有政治权力,后果将不堪设想。文坛与政治场域已互为镜像,然因不愿远离革命,鲁迅仍把矛头指向"四条汉子",仍未触及"革命本身"。若公开表述对苏联肃反的疑虑、指攻击托派乃汉奸亦是"锻炼人罪,戏弄威权",也许会出现"两间余一卒,荷戟独彷徨"的局面。冯雪峰的再次出现颇为及时:反能压下鲁迅的虚无情绪,使之在公开场合对中国革命("毛泽东先生们")、苏联(斯大林)的支持更为明确。此前鲁迅倒是从未表态支持任何领导人。有之,则鲁迅与(以党自居的)周扬的矛盾,才能更完美地处理成宗派矛盾。

诚如西哲所言,享有"反抗的威望"的革命,吸引了大量的同路人。"那些揭示毫无意义的宇宙强加给人的命运的人"坚持与革命同路,在很大程度上是因为"惟有'摧毁',才有可能在有限的范围内抚慰绝望";在此过程中,"义愤或仇恨压倒了所有其他的思考"。① 在中国,鲁迅可谓此类知识分子的典型。他当然没有停止其他方面的思考,批判"奴隶总管"即是一端。不过,如何表述思考同样重要:徐懋庸若学习《斯大林传》就不会成为"奴隶总管"了。这仍能说明,对于当局杀戮共产党人的义愤和仇恨,压倒了鲁迅他方面的考虑。即便"颇有感慨",借用鲁迅本人的话来说,也"不想在它的敌人的治下去发表"(《我与〈语丝〉的始终》)。鲁迅的困境更反映了"知识阶级不可免避的运命",在《关于知识阶级》(1927)中,他写道:

> 革命时代是注重实行的,动的;思想还在其次,直白地说:或者倒有害。
> 思想一自由,能力要减少,民族就站不住,他的自身也站不住了!现在思想自由和生存还有冲突,这是知识阶级本身的缺点。

换言之,没有思想言论自由就没有知识阶级。然当救国救民与"救出你自己"发生冲突时,更多的人义无反顾地、痛苦地选择了前者。大量的左派人士虽与实际政治发生了龃龉,却别无退路地支持革命。瞿秋白、冯雪峰、柔石、彭柏山等皆是典型。这些人反能打动鲁迅,促成他坚定立场,相濡以沫地与反动当局抗战。同样出于救国救民的考虑,也有不少具有自由主义倾向的知识分子接受了苏联药方。无论左右,他们皆是"清醒的现实主义"者。只是加入左联之后,为避免革命"有害",鲁迅不再能说得"直白""自由",这就出现了场合不同姿态有异的现象。

同路人的矛盾和困境或在于:公开批评据称是不可避免的"污秽",会给统治者

---

① 阿隆:《知识分子的鸦片》,译林出版社2005年版,第49页。

压迫民众、虐杀青年提供口实。面对已经酿成灾祸的不容异己之风保持沉默,仅去赞扬苏联建设成就,对于身被其害者来说显然是不公平的。此风延及自身,鲁迅只能提笔斗争——个体终究还应有天赋的不可剥夺的人权。一方面,鲁迅极力避免正面论及托派,且希望战友们在笔伐中"并无卑劣的行为,观者也不以为污秽",却被讥为"戴白色手套革命",害怕被污秽弄脏了双手。另一方面,坚持与革命同路就不可能像书斋知识分子那样爱惜羽毛。时过境迁,相关人等转以私下言谈来说明鲁迅对肃反的疑虑、对冯雪峰借用其名誉打击托派精神上也有不安,却无意解释鲁迅何以在公开场合全无表示。也只有时过境迁,他们才会公开鲁迅谈话,在当时却与鲁迅身处同一历史情境,有着同样的选择,无地自由亦无地彷徨。

"迟开的玫瑰或胡闹"
——论汪曾祺的晚期风格

◎ 翟业军

1988年,汪曾祺为散文集《蒲桥集》写作自序时说:"我写散文,是搂草打兔子,捎带脚"①,言下之意,小说才是他黾勉从之的主业。不过,《蒲桥集》的封面印有汪曾祺自撰的广告,词曰:"齐白石自称诗第一,字第二,画第三。有人说汪曾祺的散文比小说好,虽非定论,却有道理。"副业似乎又强过了主业。广告当然不能全信,却还是隐隐透出汪曾祺的尴尬——小说创作陷入了低潮。他仿佛丢掉了那枝"梦中传彩笔",越写越少,越短,越涩,越枯,越冷。平淡无文的小说,就连他女儿都不喜欢,甚至不屑:"一点才华没有!这不像是你写的!"②巧合的是,彼时的汪曾祺口口声声说"变法":"衰年变法谈何易,唱罢莲花又一春。"那么,从有才华到没有才华,从"像你"到"不像你",竟是他刻意为之的美学新变?衰年的他为什么要不像自己,逃离自己,割裂自己?我们该怎样看待这一怪异的晚期风格?

其实,汪曾祺早就把这一美学难题抛给了我们:"我六十岁写的小说抒情味较浓,写得比较美,七十岁后就越写越平实了。这种变化,不知道读者是怎么看的。"③我想,是时候来解决这一悬置太久的难题了。

一、反抒情

汪曾祺写过一首题为《我为什么写作》的打油诗,自曝从文的历程和心得,其中"人道其里,抒情其华"两句,既是他的自画像,亦是他毕生的追求——做一个抒情的人道主义者。顺理成章的追问是:什么是人道和抒情?人道一定要以抒情为"华"?抒情了就一定人道,从来就没有一种反人道的抒情吗?要解决这一问题,先得从他对抒情的理解入手。他说:"一个人,总应该用自己的工作,使这个世界更美好一些,

---

① 汪曾祺:《〈蒲桥集〉自序》,《汪曾祺全集》(第四卷),北京师范大学出版社1998年版,第272页。
② 汪曾祺:《捡石子儿(代序)》,《汪曾祺全集》(第五卷),北京师范大学出版社1998年版,第246页。
③ 汪曾祺:《却顾所来径,苍苍横翠微》,《汪曾祺全集》(第六卷),北京师范大学出版社1998年版,第61页。

给这个世界增加一点好东西。在任何逆境之中也不能丧失对于生活带有抒情意味的情趣,不能丧失对于生活的爱。"①抒情,原来就是对于生活的爱,对于生之暖意的永恒肯定,对于世界和邻人绵绵不竭的付出。抒情哪里是"华",是形式,抒情就是"里",就是人道啊,所谓抒情的人道主义者,其实就是抒情诗人的同义反复,抒情诗人才是汪曾祺文学世界中最高级的赞语。汪曾祺把这顶桂冠馈赠给他最敬重的文学导师沈从文:"我觉得沈先生是一个热情的爱国主义者,一个不老的抒情诗人,一个顽强的不知疲倦的语言文字的工艺大师"②,也当仁不让地送给了自己:"我的气质,大概是一个通俗抒情诗人。"③

此种抒情态度的精神源流,可以追溯至汪曾祺最为神往的《论语·侍坐》的境界:"莫春者,春服既成,冠者五六人,童子六七人,浴乎沂,风乎舞雩,咏而归。"这一境界不是对于现世万象有一说一的实录,而是在僵硬、龟裂的世界里拉抻出一片弹性的空间,在寒冷、虚无的风中无中生有地创造出点滴暖意,在疏离、倾轧的人间重新肯定性地把握主体与客体的关系。这一境界,让我想起汪曾祺激赏的宋儒名句:"万物静观皆自得,四时佳兴与人同。"四时皆有佳兴,佳兴匪止独乐,而是在人间流注、满溢的。生之肯定,当以此为最吧!需要强调的是,乐生并不是闪避生之苦,而是接纳苦、包容苦、消融苦;不是否定生之污秽,而是明知世间有太多污秽仍紧紧地把攥它、拥抱它。承认苦与污秽,正是生之健旺的证明。所以,汪曾祺又喜欢另两句宋诗:"顿觉眼前生意满,须知世上苦人多。"不知"苦人多"的生意是单薄的、脆弱的,没有满满生意的"苦人多"又是苦涩的、怨艾的,既觉"生意满"又知"苦人多"的生活态度才是"多情的,美的"。④ 此种态度,即为抒情。

于是,抒情诗人汪曾祺的文学世界触处皆春,草木含情,端的是美不胜收。他会让小英子孤注一掷地放下桨,趴在明海的耳朵旁,小声地说:"我给你当老婆,你要不要?"生之泼辣,莫过于此吧。他会让"岁寒三友"在大雪飘飞的腊月三十夜好好地醉一次,此种友情动天地,世间困苦,于我何有哉?他更会让巧云和十一子从苦难中汲取力量来战胜苦难、渡过苦难。"十一子的伤会好么?会。当然会!"此种迫不及待、斩钉截铁的肯定,说的哪里是十一子的伤,他是在礼赞生命啊。肯定生命,礼赞生命,他的作品的内在情绪就一定是欢乐的,就像他说,我们有过太多创伤,"但是我们今天应该快乐"⑤。

---

① 汪曾祺:《两栖杂述》,《汪曾祺全集》(第三卷),北京师范大学出版社1998年版,第200页。
② 汪曾祺:《沈从文的寂寞——浅谈他的散文》,《两栖杂述》,《汪曾祺全集》(第三卷),北京师范大学出版社1998年版,第255页。
③ 汪曾祺:《〈晚翠文谈〉自序》,《汪曾祺全集》(第四卷),北京师范大学出版社1998年版,第49页。
④ 汪曾祺:《平心静气——〈布衣文丛〉序》,《汪曾祺全集》(第六卷),北京师范大学出版社1998年版,第263页。
⑤ 汪曾祺:《关于〈受戒〉》,《汪曾祺全集》(第六卷),北京师范大学出版社1998年版,第340页。

但是,到了 20 世纪 80 年代中后期,汪曾祺越来越觉出抒情态度的过分甜腻,甚至是虚假、矫饰,他需要挣脱抒情的网,去诉说那些他明明身受却一直隐忍不言的失落、尴尬和创痛。比如,《八月骄阳》以老舍之死戳破了"有棒子面就行"的貌似乐天知命实则颟顸愚钝的生命观。世上原来还有气节一说,气节的完成要以生命为代价,那么,世界竟是不仁的?《毋忘我》说的似乎是长相思,故事却结在"他忘了"上,"他忘了"就是对于"勿忘我"这一抒情态度的彻底颠覆,"忘"才是世间真相,不堪的真相。汪曾祺还重述了一系列聊斋故事,重述,即是与聊斋故事的抒情态度形成对话、对质和驳诘。他要用中国人都很熟稔的故事,讲述出完全不同的真切人生。比如,蒲松龄的《瑞云》赞美了贺生"不以妍媸易念"的忠贞爱情,汪曾祺的重述则强调瑞云玉颜如初后贺生的反应:"贺生不像瑞云一样欢喜,明晃晃的灯烛,粉扑扑的嫩脸,他觉得不惯,他若有所失。"美丽为何让人失落?幸福难道必须以缺憾为代价?贺生的失落类似于沈从文《阿黑小史》中婚前五明的莫名恐惧:"距做喜事的日子一天接近一天,五明也一天惶恐一天了。"此时的汪曾祺接通了沈从文的幽暗。蒲松龄的《双灯》讲述了双灯的出现和离开,双灯就是文人心头一个妖冶、淫艳的梦,汪曾祺偏偏要深究双灯离开的理由:"我舍不得你,但是我得走。我们,和你们人不一样,不能凑合。"这是双灯甚至就是汪曾祺对于现世的判词——只能凑合。亦是她及他自居于烟粉灵怪的世界的决绝宣告——我不要做人,我不能凑合。晚期汪曾祺竟是一只狐仙?

曾经的现世称颂者,如今一往无前地走进现世的背面、负面,把什么佳兴、生意,统统抛到脑后。于是,他成了一个幽灵,窥伺着现世里太多隐而不彰的幽暗和神秘,成了一个灵怪,在一种离奇的、失重的、暗影般的世界里享受着极致的癫狂,更成了一个偶像破坏者,恣意砸烂抒情态度精心呵护着的现世里的一尊尊神像,比如相思,比如幸福,现世原来一片空无。有此反抒情的自觉,他就不会着意铺排风景来烘托画中人的真善美,不会抓细节来深挖人性的深度和弹性,不会编织陡转、巧合来凸显世界的善意和生命的温暖。反抒情意味着删繁就简,直击真相的枯、瘦、冷,意味着有话则短、无话则长的言不及义,意味着从心所欲而逾矩、语不惊人死不休,意味着对于矛盾、空隙、皱褶、破碎处的敏感和耽溺。就这样,汪曾祺撕毁了积数年之功塑造成的温情脉脉的仁者形象,不安地、灼热地、烦躁地、尖刻地评说着世道人心。此种固执和狂热,不就像临终者腮上的一抹病态的红晕?

二、不伦的性

由抒情而反抒情,现世万物的面貌都会随之翻转,比如性。

性是欢愉的、生殖的,指向生生不息的未来。性也可能是乏味的、阴郁的、绝望的,就像拉丁谚语所说:"交配之后,一切动物都忧愁。"①性更可能就是一股无以名之的原始蛮力,冲决一切,摧毁一切。真实的性原来一半是天使一半是魔鬼。不过,到了抒情诗人的笔下,性止于暗示,就像《受戒》中,"这一串美丽的脚印把小和尚的心搞乱了"。脚是汪曾祺晚期小说最重要的性器官啊,此时却是如此的纯洁、优美,隐约地暗示出小和尚的性萌动。抒情诗人如果不得不触及性过程,也会狡猾、暧昧地跳开,转而去描写周围生动、勃发的风景,就像《大淖记事》里,巧云和十一子在沙洲的茅草丛里待到月到中天,"月亮真好啊!"抒情诗人就算赞颂性,就像劳伦斯讴歌一种"把灵魂烧成火绒一样"的性爱,也还是以赞颂的方式闪避了性的实相,难怪昆德拉会说:"抒情的性比起上一个世纪的抒情的情感世界还要更加可笑。"②抒情世界既不可能直面性,就更不必说去揭发性的魔鬼面相了。当真实的性成了抒情态度的禁忌,我们就有理由相信,性是一种锐利的、毁灭性的力量,能够败坏秩序,撕裂整体,摧毁团契。那么,赤裸地、真切地描写性,不就成了反抒情的重要法门?

晚期汪曾祺当然谙熟此一法门。他痴迷于各种各样的性。此种痴迷,首先表现在他对性器官的直白描写上。他喜欢写女人的乳房,而且大抵直称为奶子。比如,《黄开榜的一家》和《钓鱼巷》都写到"白掇掇(笃笃)的奶子",《薛大娘》更写到薛大娘的一对奶子,"尖尖耸耸的,在蓝布衫后面顶着"。③ 他喜欢写女人的脚。脚从来就是一种性器,在某些文化中,裸露脚远比裸露生殖器淫荡。所以,林语堂才会说:"缠足的性质始终为性的关系,它的起源无疑地出于荒淫君王的宫闱中。"④所以,过度迷恋脚才会和露阴症、挨擦症、窥阴症一样,是一种性变态。⑤《窥浴》中,岑明一直很爱看虞老师的脚,"特别是夏天,虞芳穿了平底的凉鞋,不穿袜子"。薛大娘更是除了下雪天,都赤脚穿草鞋,"十个脚趾舒舒展展,无拘无束"。无拘无束的脚,喻指一种无遮无拦、无羞无耻、无法无天的性,此种性震动甚至颠覆着抒情世界的生命观,就像薛大娘大大咧咧、明明白白地向"她们"宣战:"不图什么,我喜欢他。他一年打十一个月光棍,我让他快活快活,——我也快活,这有什么不对?有什么不好?谁爱嚼舌头,让她们嚼去吧!"他还喜欢写男人性器的不举——阳痿。《尴尬》中,洪思迈阳痿两年了。薛大娘的丈夫"性功能不全",用江湖郎中的话说,就是"只能生子,不能取乐"。《吃饭——当代野人》里的申元镇阳痿,他媳妇当着人大声喊叫:"我算倒了血霉,嫁了这么个东西,害得我守一辈子活寡!"汪曾祺笔下从来是男弱女强,比如明海之于小英子,十一子之于巧云。到了晚期,他干脆去了男人的势,让饥渴的女人躁

---

① 米兰·昆德拉:《被背叛的遗嘱》,余中先译,上海译文出版社2003年版,第48页。
② 米兰·昆德拉:《被背叛的遗嘱》,余中先译,上海译文出版社2003年版,第48页。
③ 《受戒》中三师父仁渡唱火辣辣的山歌:"姐儿生得漂漂的,两个奶子翘翘的。"此种火辣立马被"有心上去摸一把,心里有点跳跳的"冲淡,成为好奇的、羞怯的,哪如晚期直白、大胆。
④ 林语堂:《吾国与吾民》,宝文堂书店1988年版,第151页。
⑤ 钟友彬:《性变态的病理心理本质和发病机制》,《中国心理卫生杂志》1991年第5卷第3期。

动、越轨、无望的、不择路径而出的性，一路延烧向抒情世界。

痴迷还表现在他对不伦之性的珍视和耽溺上。夫妻之间行礼如仪的性爱，哪里入得了他的法眼，要写，他就写不伦的性，晚期汪曾祺的世界，几乎成了不伦之性的集锦。这里有露水姻缘，比如薛大娘和吕三，《露水》里的他和她，"原也不想一篙子扎到底"的露水夫妻，竟会如此的如鱼得水。这里还有乱伦，比如《钓鱼巷》中的程进和女佣大高，"大高全身柔软细腻，有一种说不出的美"。也如岑明和老师虞芳，她使晕眩、发抖的他渐渐镇定了下来，师生间亦有一种如同肖邦小夜曲般的温情缱绻。再如《小嬢嬢》中，谢淑媛和侄子谢普天做爱，"炸雷不断，好像要把天和地劈碎"。这是感天动地还是天打雷劈？不过，就算是天打雷劈又怎样，他们很痛苦，但是，也很快乐。这里更有人兽恋，比如《鹿井丹泉》中比丘归来与母鹿的美妙性爱：

> 一日，归来将母鹿揽取，置入怀中，抱归塔院。鹿毛柔细温暖，归来不觉男根勃起，伸入母鹿腹中。归未曾经此况味，觉得非常美妙。母鹿亦声唤嘤嘤，若不胜情。事毕之后，彼此相看，不知道他们做了一件什么事。

沉入这些不伦之性的故事，"故事本极美丽"，跳出来一看，我们又会惊诧地发现，美丽的性爱原来如此短暂、脆弱、诡异，甚至根本就是禁忌，只能归入沉沉暗影，难怪汪曾祺会感慨"理解者不多"。汪曾祺之所以把不为人理解的性从暗影中打捞出来，让它们有光，发声，充盈，跃动，是因为他太钟爱这些不稳定的、转瞬即逝的性，不稳定的性侵蚀着太过稳定、按部就班的抒情世界；是因为他太厌倦甚至憎恶抒情世界的准则，不得不借由不伦之性达成自我疏离和放逐；也是因为他要建构一座孤独的岛屿，岛屿是一个绝美、极乐的天地，由不伦之性把它和抒情世界永远隔离。有趣的是，反抒情的直白之性、不伦之性，其实还是抒情性的，只是此抒情不再是对于现世之暖的开掘，而是晚期汪曾祺对于现世之昧和魅的发现，是他的一场叛逃，一次断裂，一种晚年心境的歇斯底里的宣泄。有了反抒情的抒情，我们就再也无法把晚期汪曾祺与从前的他拼接成一个整体，他也由此嬉笑了同一性和庸俗的辩证法，他更由此宣称我是这一个，时时刻刻在变化，与任何文学潮流都不相干，只遵从自身生命感受和艺术感受的这一个。

三、蓝色的美

用直白之性、不伦之性掀去抒情世界的温情面纱，汪曾祺终于承认，现世原来充满丑恶以及比丑恶更让人恶心的说不清道不明的东西。于是，他愤怒，比如《小学同学·金国相》说："为什么要欺负人呢？那么多人欺负一个人！"他不解，比如《尴尬》感慨，"俊哥儿"岑春明那么有学问，有风度，顾艳芬那么难看，像个母猴，"老岑怎么会跟她!"他恶心,比如《唐门三杰》中的唐老大头发染了,烫了,"看了他的黑发、白脸,叫人感到恶心"。他惊悚,比如《当代野人系列三篇·三列马》中的耿四喜死了,"开追悼会时,火葬场把蒙着他的白布单盖横了,露出他的两只像某种兽物的蹄子的脚,颜色发黄",人竟是兽! 他困惑,比如《百蝶图》里,小陈三的妈宁可要一个窝窝囊囊的儿媳,绝不能接受太好看、太聪明、太能干的"人尖子"王小玉,"她为什么有如此恶毒的感情"? 他心痛,比如《忧郁症》中那么标志、勤谨的裴云锦上吊自杀了,舌尖微露,面目如生。他忧心忡忡,就像他在丁聪为他作的小像上题诗:"亦有蹙眉处,问君何所思?"他诧异,比如《非往事·无缘无故的恨》中的造反派臭骂他根本不认识、不了解的"黑帮",忽然跳得老高,又咕咚一声栽倒,死过去了,"世界上无缘无故的恨是有的!"他更看穿了现世的干枯和无聊,比如《要账》中的张老头,他不是一段木头,是个人,是个人,脑子里总要想些事,他就整天盘算一笔压根不存在的账。也如《莱生小爷》中的汪莱生,睡了吃,吃了睡,最多小声嘟囔几句:"我要玲玲,我要娶玲玲……"此种看取现世的目光,不就如《两个伊凡打架的故事》中的果戈理和《复仇》(其一)中的鲁迅一样犀利、阴冷? 汪曾祺竟有了恶魔性。

刚刚复出时,汪曾祺曾说:"我有一个朴素的、古典的想法:总得有益于世道人心。"①因为朴素和古典,彼时的他无比清新、亲切。到了晚期,日益忧郁、愤怒、峻切的汪曾祺为一己的疼痛所攫,哪里顾得上什么装模作样、虚与委蛇的世道人心,他甚至蹙紧眉头,专门看取世道人心的尴尬处、荒唐处、恶心处,以暴露现世、戳疼现世的方式排遣一腔积郁。此时的他不再朴素,而是颓废的。颓废不是奄奄一息、自暴自弃,而是一种只倾听自己灵魂与肉体声音的个人主义坚守,一种无政府主义的美学暴动,一种突破了同一性围困的生命力张扬,就像卡林内斯库所说:"颓废风格只是一种有利于美学个人主义无拘无束地表现的风格,只是一种摒除了统一、等级、客观性等传统专制要求的风格。"②因为颓废,晚期汪曾祺又不再古典,而是现代的——颓废即是现代性的面孔之一啊。所以,我们可以说,此时的汪曾祺接通了他半个世纪之前的文学努力,只是从前的努力是习得的,是由西南联大的文学风潮浸染出来的,此时则有70年的生命体验打底,是一种自然而然的审美趋向。

朴素的汪曾祺是美的,这种美是纯净的、明朗的、健康的,就像长着一双"定神时如清水,闪动时像星星"的眼睛的大、小英子,也像"一十三省数第一"的明海。颓废的汪曾祺亦是美的,只是这种美不复纯净,而带有太多肉的渴求和沉湎。《仁慧》写到,我很喜欢仁慧房间的气味,"不是檀香,不是花香,我终于肯定,这是仁慧肉体的香味"。从前的纯净之美即如花香,如今的颓废之美就是仁慧的肉香。仁慧用手指轻点"我"的额头,说:"你坏!"颓废之美不就像"我"一样,有点坏坏的? 颓废之美也

---

① 汪曾祺:《要有益于世道人心》,《汪曾祺全集》(第三卷),北京师范大学出版社1998年版,第222页。
② 马泰·卡林内斯库:《现代性的五副面孔》,顾爱彬、李瑞华译,商务印书馆2003年版,第183页。

不复明朗,而是飘忽不定的,甚至就是一种暗物质,有外形无实体,可观却不可触。《百蝶图》说到一个鬼故事:外地人赶夜路,想抽烟,有几个人围着一盏油灯,他便凑过去点火,点不着,摸摸火苗,火是凉的!这几个是鬼!外地人赶紧走,鬼在他身后哈哈大笑。王小玉时常想起凉的火、鬼的笑,她并不汗毛直竖——"这个鬼故事有一种很美的东西,叫她感动。"颓废之美就如鬼火,哪像真火般明亮灼人,但是,凉的火不也有一种让人凄凉的美丽?谁的心头没有一两盏不可说不能及却又确确凿凿闪烁着的微凉火光?颓废之美更不复健康,而是病态的、变态的,甚至必须以死亡来完成。《小孃孃》中,谢普天读万卷书,行万里路,画艺只是"大有进步"而已,只有当他画了小孃孃的裸体,更只有当小孃孃死于难产血崩,他才能画出"真美"的画来。颓废之美原来垂青罪人,更无限度地趋向死亡。当然,汪曾祺强调过颓废之美的健康,比如《薛大娘》的结尾说:"薛大娘身心都很健康。她的性格没有被扭曲、被压抑。舒舒展展,无拘无束。这是一个彻底解放的,自由的人。"彻底的解放、完全的自由正是颓废的品格之一,只是这一品格实在不会被抒情世界视为健康,就像薛大娘一定会被人们嚼舌头一样。

汪曾祺对蓝色很敏感。《护秋》中,朱兴福"闹渠一槌"(即"操她一回")之后,叙事人说:"一只鸺鹠悠(鸺鹠悠即猫头鹰)在远处叫,好像一个人在笑。天很蓝,月亮很大。"猫头鹰如此不怀好意地笑,月亮又大得像个精力饱满的疯子,那么,很蓝的天不就是一种无声的扭曲、不可知的恐怖和燃烧的疯狂,就像朱兴福和杨素花不可解的暴烈人生?《小孃孃》中,姑侄做爱时,雨一直下,"一个一个蓝色的闪把屋里照亮,一切都照得很清楚"。蓝色照例是一种神秘、恐怖、极乐的力量,似乎在鼓动,又似乎在谴责,不管是鼓动还是谴责,都那么深地切入生命的内里,让人欣喜又疼痛。我想,汪曾祺的朴素之美就像小英子家春联上写的"向阳门第春常在,积善人家庆有余",是温暖的金黄色,晚期汪曾祺的颓废之美则是蓝色的,一种烧灼到冰凉、疯癫到宁静的颜色。汪曾祺的晚期可以命名为"蓝色时期"[①]。

四、死与胡闹

前文已经论及死与美的关系,最能说明此一关系的小说是《喜神》。喜神即遗像,死亡竟是欢喜的,还带着神性,民间之于死亡的奥秘,仿佛有着天生的洞观。喜神画匠管又萍临终前在徒弟为自己画的喜神上加了两笔,"传神阿堵,颊上三毫,这张像立刻栩栩如生,神气活现"。死亡打通了神性通道。其实,晚期汪曾祺就像自知

---

① 毕加索也有静默到疏离、疯癫的"蓝色时期"(Blue Period)。蓝色的疯癫性,《金锁记》的袁芝寿亦有感受:这是一个丈夫不像丈夫,婆婆不像婆婆的疯狂世界,比哪一天都好的高高的一轮满月洒下遍地的蓝影子,帐顶上也是蓝影子。

病重不起的管又萍,提前抵达了死,又从死之深渊返视现世,他的寥寥数笔,即是"传神阿堵,颊上三毫"。那么,晚期汪曾祺的创作不就成了一张"神气活现"的喜神,一份夹缠着死亡、欢喜、神秘和癫狂的文学遗嘱?我们要想看清楚这张喜神、这份遗嘱,当然要从他的死感说起。

汪曾祺仿佛淡看死生,委心任去留。1990年,他写了首《七十抒怀出律不改》,抒发"悠悠七十犹耽酒"的从容心境。但是,尾联两句"假我十年闲粥饭,未知留得几囊诗",还是隐隐透出来日无多的恐惧:十年,还能有十年吗?恐惧归恐惧,毕竟还有再活十年的期望,说到底还是乐观的。三年后,他写作《荷花》,那么温暖、蓬勃的生命历程,结束在荷叶枯了,"下大雪,荷叶缸中落满了雪"上。死亡真的会匆促而至,给生命一个极寒冷的收煞,他甚至已经感到死亡深渊吹来的寒风。这个时候,恐惧还有什么用,他只能默默地接受,无望地面对。同年,他写作《露水》,结尾凭空一句"露水好大",道尽一位"在死者"所有无法言、不能言的凄凉和绝望。正因为死之寒意愈益彻骨,晚期汪曾祺越来越敏感于人的死与物的亡,他的世界死尸相枕藉。你看,《捡烂纸的老头》中的老头死了,人们在他的破席子底下发现八千多块钱,"一沓一沓,用麻筋捆得很整齐"。《黄开榜的一家》中的黄开榜死了,哑巴找出紫铜长颈喇叭,在棺材前使劲地吹:"嘟——"《小姨娘》中的章老头死了,小姨娘在父亲灵柩前磕了三个头,没哭。《露水》中他和她才过了一个月,他得了绞肠痧,折腾一夜,死了。《丑脸》中的丑脸们相继去世,前后脚,"人总要死的,不论长了一张什么脸"。《熟藕》中的王老死了,"全城再没有第二个卖熟藕"。《钓鱼巷》中的程进自杀了,大高生病死了,"沙利文"听说也死了,"人活一世,草活一秋"。《名士和狐仙》中的杨渔隐一头栽倒,就没有起来。吕虎臣摔了一跤,中风失语,很快死了,留下一本《礼俗大全》。

这些死亡都是匆促的,汪曾祺一定有着死亡也会如此降临到自己头上的恐惧,后来他的死正好印证了他的恐惧。死的敏感、预感如此强烈,以至于他不得不振奋乃至亢奋起所有的精神来反抗。死如何反抗,又怎么反抗得了?他就只能铺叙那么多火辣、暴戾的性事来驱散死,只能寻觅那一抹最深的蓝,沉醉于诡谲、阴邪,犹如刀锋一样让人快意亦让人胆寒的美丽以忘却死,只能创造出一种分裂、破碎、矛盾的文体来戏仿死之断裂,并于此戏仿中取消死的压迫性,只能戳破存在的荒诞、无聊、恶心来嘲弄死——生已不堪,死又如何?他成了战胜死亡的英雄,一个随时会被死亡击倒的脆弱的英雄。英雄,原来也可以是一个自反的,既是肯定亦是反讽的概念,就像晚期汪曾祺的风格,既是对于生的强烈肯定,更是绝大的反讽——死就在生的背后,露出狰狞笑脸,死何曾须臾离开?萨义德总结阿多诺的贝多芬论时说:"晚期风格并不承认死亡的最终步调;相反,死亡以一种折射的方式显现出来,像是反讽。"[①]

---

① 爱德华·W.萨义德:《论晚期风格——反本质的音乐与文学》,阎嘉译,生活·读书·新知三联书店2009年版,第22页。

晚期汪曾祺亦可作如是观。

萨义德说,他一直致力于研究三个巨大的疑难问题——开端、适时和晚期。我认为,《受戒》《大淖记事》是汪曾祺的适时之作,而80年代中期,特别是90年代以后,死亡阴影笼罩着的汪曾祺步入晚期风格。破碎、直白、大胆、阴邪的晚期风格,割裂、解构了适时的抒情风,割裂的伤口是如此的深刻,就连最强大、庸俗的辩证法都无力消弭。我们该如何看待这一蓄意而为的美学新变?还是让我们先看看他在1990年写作的《迟开的玫瑰或胡闹》。六十出头的二花脸邱韵龙闹离婚,有人劝他,这么大岁数,干什么呀,他回答:"你说吃,咱们什么没吃过?你说穿,咱们什么没穿过?就这个,咱们没有干过呀!"离完婚,他就死了。同事说他胡闹,女儿说爸爸纯粹是自己嘬的。我想,汪曾祺的晚期风格就像邱韵龙离婚,就他自己而言,是终于干成一件一直想干却没有干成的事情,是一朵迟开的玫瑰,对某些读者来说,却是不折不扣的胡闹,"纯粹是自己嘬的!"也许,晚期风格就是死亡催生出来的胡闹。胡闹之于过分一本正经的抒情世界,亦是当头棒喝吧!

边界互渗的生机与险境
——浅谈江苏新世纪诗歌的民间力量兼及"民间"的困境

◎ 何同彬

自80年代以来,江苏诗歌与中国当代诗歌一样,始终纠缠着一股强劲又复杂的民间力量。最初,作为文学制度、文学市场乃至意识形态的对抗性力量、补充性资源,这一民间力量在我们时代僵化、媚俗、堕落的诗学境遇中起着非常重要的作用,曾经为江苏诗歌史乃至中国当代诗歌史留下丰富的美学资源和悲壮、坚韧的诗学立场。然而,与徘徊在中国现实语境中诸多的集体性话语一样,这样的一种衍生于意识形态对立情绪的诗歌力量,注定要从虚构的纯粹性、绝对性那里跌落下来,成为时代顽固的精神困境的生动注脚。学界无论是对"民间"这样一个复杂的概念,还是在这一旗帜下形成的广阔的诗歌面貌,都有着很多反思性乃至批判性的研究,本文所致力于的也是这样一种立场和路径,试图从新世纪江苏诗歌民间形态的变化兼及谈论整个中国当下民间立场、民间化写作存在的一些问题。我这里所讲的民间力量,既包括民间诗刊、报纸,民间诗歌团体、圈子及相关活动,也包括相关的网站、论坛以及其他各种形式的、独立的民间个人写作。由于对江苏诗歌民间力量的整体风貌了解有限,也鉴于它在整个中国当代诗歌的民间存在中的特征或局限,本文着重从对部分民刊的分析入手,主要论及新世纪之后民间力量的现实衍变和"噩运"的走向。

以新世纪为界,大致可把江苏民间诗歌(主要是民刊)的发展分为两个阶段,前一个阶段包括诸如韩东、小海等人的"他们",车前子、黄梵等人的《原样》,江雪、雷默、黄梵等人的《诗歌研究》,更夫、成南、阿翔等人的《实验诗歌》,庞培主编的《北门杂志》,朱朱的《联系》,等等。此期间提出和形成的诸如"诗到语言为止"、"个人化写作"、"回到诗歌本身"、"形式主义"、"简单的诗"、"中国语言诗派"等观念、潮流,对于江苏诗歌乃至中国当代诗歌的影响非常深远,波及至今。这种民间力量的崛起,深刻地关联着中国宏大的文化政治语境的转型,即"民间的发达取决于庙堂和广场的弱化"(陈思和)。当然,这种弱化并不是意味着意识形态的绝对蜕变,无非只是它在历史问题的推动下所做的某种策略性、战术性的调整;也不意味着那些被冠以民间大纛下的各种主体,真的有一个明确的、坚定的民间认同,因为"民间"概念本身从它诞生之初就被赋予了太多根本无法对应于现实的、过于纯粹的虚构成分。新的"民间"想象并不会改变中国传统中民间的那种混杂性、矛盾性,诚如李新宇在关于民间的论争中所说的:"中国的民间文化像一锅大杂烩,其中煮着全部自发的生机和几千年积淀的陈腐。在这里,生机是微弱的,腐朽却因为长期发酵而气味特别浓烈。而且,只要我们对其认真考察,就会发现,它是权威意识形态天然的承载者和自觉守卫者。如果我们要寻找过去时态的权威意识形态,民间是最好的保存场所。"①因此,作为民间话语的衍生形态的民间写作、民刊,其现实走向也注定不会如他们所标榜的那么独立、自由和叛逆,当他们与国家权力话语进行某种程度的交易或统一的时候,裂痕就会迅速蔓延为一种不可遏制的崩塌的险境。在世纪末的那场影响深远的关于"民间"和"知识分子"的论争之中,民间力量不仅系统地表明和彰显了自己的立场、诗学态度,也深刻暴露了它自身所蕴含的那种对于权力、荣耀和集体意志的渴望,这一切都成为新世纪以后民间话语、民间力量变得更为复杂和暧昧的主导性因素。譬如对于当时的江苏诗歌的民间力量而言,"他们"群体从最初提出具有民间倾向的"个人性"、"文学本身"、"日常口语"等诗歌观念,到 90 年代末系统地提出民间写作的概念,并通过"断裂"向顽固的文学体制发出一次强力冲锋,这一轨迹是否意味着民间从崛起到成熟的过程呢?显然不是,相反,"他们"首先迎来的是分裂、分离和瓦解,这一结局不是操持民间立场的主体们可以主导的,而是"民间"作为一个类的、集体的概念在中国语境中的必然的走向。

新世纪以来,江苏民间诗刊、民间诗歌写作较之之前看起来似乎更加丰富、更加繁茂了,但事实上的影响力却并不如前,和广东、上海、北京、四川等地的大型诗歌民刊以及成熟的诗歌活动相比,它们并没有在中国民间力量的蓬勃中起着导向性、旗帜性的作用,也没有制造明显的喧嚣和论争。当然这也并没有什么值得遗憾的,相反,这种民间话语的集体形象的弱化,实际上反而更能容纳事实上的、真诚的"民间"力量。相关民刊主要包括黄梵、马铃薯兄弟等人的《南京评论》,李樯、朱庆和、林苑中、育邦等人的《中间》,阿翔、朱庆和、李樯等人的《缺席》,章治萍主编的《诗家园》,古筝的《陌生》,小海、李德武等人的《玩》,另外还有《唱诗班》、《间》、《诗印象》、《扬州诗歌》等等。其中除了《南京评论》有着一定的影响力之外,其他民刊的诗坛效应都不明显,而诸如《中间》、《缺席》等则极其短命,昙花一现。由于缺乏持续性和文学潮流的标志性,新世纪以来江苏民间诗歌的集体标记和集体力量并不突出,但他们在个体化写作上的坚持、探索并没有停止,相反,正是因为不求闻达,他们之中很多人的独立性、自由性因此更突出,诗歌写作总体上也显得更沉静、笃定。尽管江苏诗人广泛地介入着中国民间诗歌力量在新世纪的拓展,但他们身上较少新世纪民间诗歌场域中那些圈子化、江湖气等不良倾向,而是致力于在一种多元、开放的格局下,维持着一种更个体、更诗性、更具诗学探索热情的写作姿态。另外,民间力量有一点变化在新世纪十分突出,我把它描述为"边界互渗"的加强和凸显,这一点不仅体现在

---

① 李新宇:《泥沼面前的误导》,《文艺争鸣》1999 年第 3 期。

江苏的民间力量,全国诗歌创作的民间写作倾向都存在同样的一种互渗格局。在这一格局中,民间边界的假定性、虚构性在时代的发展中开始暴露,它与那些或隔阂、或敌对的范畴的边界之间难以避免的互渗昭然若揭。我把这种边界互渗总结为以下几点:

1. 身份互渗:社会结构的复杂化带来个体身份的复杂化,一种身份携带一种认同机制,多重身份势必影响主体和民间机制的独立性、自由性。那种认为工作是工作、生活是生活、写作是写作的泾渭分明的边界意识是不确切的,各种身份彼此绝对互相影响,譬如大学老师、知识分子、评论家、官员、企业老板、作协会员、白领、公务员、编辑、记者、家庭主妇,等等。这些身份的社会功能和价值立场经常与民间力量构成显而易见的矛盾性,它们与民间身份的混杂和彼此制约是不可避免的,绝对脱离其他身份规约限制的独立写作越来越不可能,因为他们永远无法摆脱的身份还有男人/女人、丈夫/妻子、父亲/母亲、儿子/女儿,等等,这一切都是自由、独立的民间想象的敌对力量。仔细考察时下各种形式的诗歌的民间力量中不同主体的身份特征,以及背后或隐或显的现实力量,就能明确意识到民间纯粹性的不可能性。

2. 机构互渗:各种身份依托于不同的机构,但却依托于同一种制度,这一制度是民间写作标识的天敌,但民间写作的成长从根本上讲不可能脱离制度的规约、控制,或者制度下的机构互渗还成为民间写作成长的动力、资源。譬如民间力量与作协、商业资本、其他官方资本等之间的合作,当前罗列在民间名目下的各种诗歌研讨会、诗歌节、诗歌沙龙、诗歌刊物的发行和传播,等等,无不显示出机构互渗过程中意识形态对民间独立立场的解构和销蚀;同样,那些所谓的官方机构的诗歌活动也不乏民间诗歌人士、诗歌机构的参与。譬如《扬子江诗刊》很多活动中对民间力量的吸纳,"中国现代汉诗研究计划"与商业资本、官方资本的合作,等等。

3. 媒介互渗:民刊、民间写作与官刊、官报、官媒(电视、网络等)等之间的边界,说起来壁垒森严,但他们之间的合作、互渗是有目共睹的。有哪一个重要的民间诗人没有长期在官方刊物发表作品,有几家民刊没有刊载过作协会员、官方刊物编辑、公务员、官员和企业老板的诗歌,那些标榜为民间的诸多媒介活动中,实际上仍旧是身份互渗、媒介互渗、边界消失之后各种现实力量出于诸多晦暗动机的博弈。譬如重要民间诗人朵渔获得的"华语文学传媒大奖"实际上是官方立场和商业资本共同主导的,而其获奖作品《高启武传》则发表在江苏省作家协会的《钟山》杂志上。

4. 地域互渗:包括两方面内容,一方面,诗歌民刊或论坛等越来越具有广泛的包容性,或者是更广泛的诗学认同性,所以,原来地域性的诗歌民刊实际上刊载的都是天南海北的诗人的作品(这里边也有身份互渗的问题);另一方面,诗人的流动性造成的地域互渗,许多诗人因为生存的原因四处迁徙,在这种流动性中,不同的地域对诗人的创作产生了不同的影响,他们参与的原有的地域民间力量也进行了交错的碰撞和整合。譬如南京诗人梁雪波与四川的"非非"、黑龙江诗人马永波与《南京评论》

和《流放地》,西北诗人章治萍与无锡《诗家园》,等等。

5. 诗学互渗:每一种民间写作力量都要发布一个诗学"宣言"、诗歌"立场"或诗歌"主义",指引一条所谓与众不同的"道路",这些"宣言"和"立场"无论用如何惑人的言辞标新立异都回避不了雷同性、类型化、相似性、相通性乃至于重复性的困境;无论他们如何标榜和实践自身的意识形态的、制度的对抗性,都避免不了被意识形态的诗学瘟疫裹挟而入的命运。朦胧诗退潮之后形成的众声喧哗的局面,一直持续到新世纪以来,为了实现所谓的诗学创新,或者为了在诗坛上站住脚,名目繁多的诗歌"广告"指引着无数条盘根错节的诗歌道路。这些诗歌道路在修辞上维持着的先锋性、革命性,与他们具体的诗歌创作和现实选择之间多半没有什么联系,因此命名为诗学互渗并不妥当,诗学混乱、诗学伪装也许更合适一些。因为,无论是第几条道路都无法回避当下诗歌、诗人那种绝对化的边缘乃至堕落的处境,那种几乎没有道路可走的绝境。如果新世纪之后,民间力量仍然不能从这种更新诗歌主张、圈占概念的画地为牢的惯性中觉醒,那自欺欺人、掩耳盗铃的政治伎俩终将继续侵蚀和瓦解民间的那种自由、活泼的个性。

当然,边界互渗有一定的积极功能,比如在这个过程中,民间力量的多元性、自由性、丰富性、广泛性得到了有力的加强,从外部形态看来就是,诗歌的民间力量,包括民刊、网站、论坛、博客或其他形式的个人化写作越来越多,越来越庞大。同时,边界互渗伴生的消极性也越来越突出,正如以上分析的,由此形成的"险境"首先摧毁了民间反复申述的独立性、自由性和个人性的边界,民间与韩东所说的"伪民间"的界限也模糊了,没有真民间了,或者,真民间就根本未曾有过。互渗性实质上就是混杂性。如果仔细思考的话,我们会很清楚地意识到,这种互渗并不是新世纪之后才发生的,只是随着时代的进程,诗歌的各种理想主义、乐观主义的乌托邦支撑不可避免地坍塌了,以前被诗学的狂热掩盖的盲点、盲区显露出来了,那种救世济民的躁动也在日益严酷的现实面前冷静下来了,这个时候,民间力量所谓的互渗性、混杂性的本质再也无法回避了。早期的叛逆的、革命的冲动主导的"民间"的纯粹性、绝对性的界定不可避免地松动了。

关于什么是"民间",在世纪的诗歌论争中有两篇文章极具代表性,分别是韩东的《论民间》[①]、于坚的《当代诗歌的民间传统》[②]。从我个人的立场上来看,在诗学自由、个性、独立的原则上考察,他们对于民间的界定和倡导没有任何问题,有着强烈的感召力和"煽动性",但新世纪走过十年之后,我们会明确感知到那些信誓旦旦的预言和判断,如今看起来已经不像那些诗学修辞本身那么具有魔力和说服力了。他们一再强调的那种确切存在的、非虚构的民间,如今看起来越来越具有虚构性,诸如

---

① 韩东:《论民间》,杨克主编:《1999 中国新诗年鉴》,广州出版社 2000 年版。

② 于坚:《当代诗歌的民间传统》,《当代作家评论》2001 年第 4 期。

"真正的诗歌方向"、"千秋万岁名"、"民间就是不团结"、"生动、自由、多元的局面"、"重新回到诗歌的生命现场"、"独立意识"、"创造精神"、"根本的价值"、"真正的活力"等理想化的描述,在当下这样一个混杂的、庞大的民间力量面前,开始变得可疑了。最初的这种民间的边界意识无可厚非,但它出现本身就是自己的倡导方向的敌人,那种宣言性透露出来的集体意志、群体规约性、官逼民反的权力话语和暴力姿态,本身就与独立性、自由性、个体性构成尖锐的矛盾。或者说,最初构想的这种民间只不过是寄托反抗性、创新性话语的一个理想化的概念,它根本就不存在,作为诗学乌托邦也几乎没有实现的可能。

于坚说,民间不是一种反抗姿态,但在中国的境遇中,民间的势态却越来越证明:民间的总体性力量的走势就是反抗的姿态。当然把民间的精神定义为反抗也不是什么耻辱,而且一度也是民间彰显自身意义的自我认证。对于诗人们而言,我们可以借用政治反抗上的定义,"反抗是我们的神秘信仰,与尊严同义"①。况且,在中国没有任何诗学反抗不深刻关联于政治现实的痼疾。只是无论如何,反抗不能仅仅是姿态,一种荷尔蒙及利益驱动下的冲动反应,姿态带有表演性质,会轻易消解反抗的意义。而且我们不能只看到民间在反抗层面上形成的抽象的意义,而忽视它在互渗性、混杂性后面隐藏的险境:非意义。朱丽娅·克里斯特瓦在她的另一本著作《反抗的意义与非意义》中,更深入地研究了反抗的深层内涵,从弗洛伊德那里总结了反抗的三个层面的特征:

(1) 反抗是违抗禁忌

(2) 反抗是一种重复,一种修通,一种润饰

(3) 反抗是一种移置,一种组合体,一种游戏②

事实上,在任何一种社会形态下,无论是集团的,还是个人的反抗姿态都不可能是单一的、纯粹意义上的,即它不仅违抗禁忌,也要在自身的轨迹中复制禁忌、润饰禁忌,乃至最终把反抗禁忌作为一个游戏。下面在对民间力量的几种依赖性的分析之中,就能非常明显地看到各种"移置"、"组合"之下的混杂,如何把一场斗争变成无可奈何的游戏。在我看来,民间力量的互渗性、混杂性形成的诗歌险境包含以下几种依赖性:

1. 道德依赖性:民间始终把艺术力量道德化,认为民间写作意味着先锋、前卫、自由、反抗、叛逆、多元,在道德上是正义的,这实际是源于在现实生活中遭遇不可避免的个人的、社会的道德崩溃之后,诗人、诗歌的神圣化虚构逐步破产之后,所进行的一种徒劳的、南辕北辙的道德基础的重构工作,本质上无益于道德观念的良性建

---

① 于丽娅·克里斯特娃:《反抗的未来》,黄晞耘译,广西师范大学出版社2007年版,第3页。
② 朱丽娅·克里斯特娃:《反抗的意义与非意义》,林晓等译,吉林出版集团有限责任公司2009年版,第25页。

构,只是彰显姿态,而在现实生活中无力避免随时遭遇的道德回避和道德残缺。"礼失而求诸野"永远是失败的。那种认为民间的诗歌书写必然在道德上高于那些所谓的官方书写、体制书写,是极其愚蠢、幼稚乃至虚伪的。

2. 政治依赖性:制度和意识形态是民间构筑的敌对力量,也从事实上成为很多民间立场、民间写作的依据,假如当下的政治残缺性得到了解决,那很多标语口号式、现实挤压式的反抗性书写在诗学上就变得毫无意义,他们寄生于政治制度的困境。另一方面,很多民间力量的存在形态不过是制度和意识形态的复制,他们的经营方式、阐释方式、话语方式及编辑、社交的原则不过就是现有政治形态的延伸、填充、补偿。

3. 群体依赖性:地域性、圈子化、泛团体化、江湖气的持续性特征,使得民间力量往往结构为诸多现实的、世俗的甚至意识形态性的利益共同体,诸多打着诗歌旗号的论争背后是对力量、安全感、荣耀、权力等世俗功利的迷恋。对于诗歌而言,极端地讲,任何超过一个人的群体策略都是一场无法避免的灾变。

4. 媒介依赖性:从民刊到网站、论坛、博客,民间诗歌力量存在媒介扩大化的危险,由此引发的就是以诗歌生产、诗歌话语的浩如烟海为表征的诗歌的过度展示,为展示而展示,我在一篇论述网络诗歌的短文中曾经说过,对于诗歌而言,过度展示和过度交流最终会是一场灾难,因为它严重地损伤孤独感。①

5. 资本依赖性:没有资本就没有民间力量,很多诗歌民刊、网站的中断多是因为资本链条的中断,因为它们无法盈利,只能靠资助,而资本具有天然的、难以控制的功利性,它对于民间所谓的个人、独立、自由而言,构成威胁和反讽的力量。另外,在中国当下,不要说绝对的民间资本,就连相对的民间资本都不存在,资本都要经由制度、意识形态的通道才能合法化,因此,资本依赖就是政治依赖。

6. 诗学依赖性:一方面,民间永远标榜先锋、前卫的创新性,强调先锋到死的极端立场,但创新并非是没有边界和尽头的,从本质上讲,诗歌的创新空间基本上已经被穷尽了,以创新为口号的民间书写无疑多半是重复性写作;另一方面,在一个文学、文化遭受空前漠视的语境中,诗学的、诗歌的力量何在?经由所谓诗歌的普及、复兴来扭转文化、政治和道德的走向是一种徒劳无益的高贵冲动,那些应当由公民完成的承担,不要交由诗人的身份来实现,任何把诗歌当作不朽的事业,或毕生的精神追求和真理探索的做法,多半只会有蒙昧和谎言两种品质。

总而言之,民间力量在这种日益扩大的互渗性、混杂性当中,为了所谓的"真民间",已经到了必须"减肥"、必须往回走的境地了。假如诗歌的个人性、独立性、自由性是可以实现的话,肯定不能依赖目前的这种日益蔓延的民间力量。我曾经把先锋

---

① 何同彬:《空间生产与网络诗歌的瓶颈》,《当代作家评论》2010年第2期。

定义为孤独的噩运,对于真诚的民间或者本质的诗歌而言,它们同样是孤独的噩运,而且随着时代的变革,这一特征应该越来越明显,尽管它们有的时候带来的只是喧嚣和荣耀。正如韩少功在他的《扁平时代的写作》中所试图重建、重新确定的方向:"重建一种非权力化和非利益化的文化核心、级差以及组织,即文明教化的正常体系。"① 这种新的方向、体系当然并不新,仅仅是因为我们总是在成长中偏离它、永远无法实现它,导致它永远是新的、亟待实现的。

---

① 韩少功:《扁平时代的写作》,《扬子江评论》2009年第6期。

瘸腿的诗学
——关于当代新诗批评的音乐维度的一些思考

◎ 李章斌

一

小说家、批评家库切(诺贝尔文学奖获得者)在一篇文章中对当代美国诗歌批评的现状做出如下批评:

> 从古到今我们都拥有一个从音乐那里借来的充分发展的诗歌音律的记录。我们也有一批关于诗歌语义学的理论,它们把诗歌看作一种具有特殊的意义规则的语言。我们缺少的是一个广为接受的能结合这两者的理论。美国最后一批相信这样的理论的批评家是新批评学派;他们颇为沉闷的阅读诗歌的风格在60年代的沙土中枯竭了。从那时起,诗歌,尤其是抒情诗变成了批评职业的一个尴尬,或至少对学术批评而言是如此。没有任何一个统治学界的学派愿意处理诗歌本身,在实践上诗歌被读作每行右边参差不齐的散文。①

库切所谓"没有任何一个统治学界的学派愿意处理诗歌本身",并不是说没有谁愿意研究诗歌,而是指没有哪个主流学派将诗歌真正当作诗歌来研究,而往往是将其当作一种特殊的散文:诗歌有"音乐"和"语义"两个维度;②而20世纪60年代以后的英美文学批评各主要的学派,虽然它们的方法与旨趣千差万别,但是在诗歌批评上都有一个令人"尴尬"的共同点——它们都把诗歌的音乐维度忽略或者省略掉了。无论是解构主义、后结构主义批评,还是马克思主义、女性主义抑或后殖民批评,还是新历史主义批评,它们在诗歌的音乐层面以及音乐与语义的互动方面的研究鲜有重大的突破,于是诗歌与散文在其研究中变得没有多少区别,这也是当代诗歌批评处于尴尬境地的一个重要的原因吧。

---

① 哈罗德·布鲁姆等:《读诗的艺术》,王敖译,南京大学出版社2010年版,第141页。
② 哈罗德·布鲁姆等:《读诗的艺术》,王敖译,南京大学出版社2010年版,第140页。

而我国的新诗批评在这方面的状况则更令人不安(古诗音律的研究则不在本文的讨论范围之列)。我们知道,在20世纪20年代有闻一多、梁实秋、饶孟侃等诗人和批评家热烈地讨论和试验新诗的格律(虽然未必是非常成功的);而在30年代则有朱光潜、罗念生、梁宗岱等就诗歌的节奏问题展开激烈的争论;甚至到了50年代,何其芳、卞之琳、罗念生、王力等众多诗人和学者也曾就新诗的格律问题展开过多次大规模的讨论。然而,自此以后,新诗的音乐问题的讨论沉寂了(原因下文详述)。在当代,虽然极少数学者零星的论述仍时有所见,但再也没有哪个重要的学者对新诗的音乐问题进行深入和系统的研究,遑论在全国范围论形成有影响的讨论。可以说,80年代以来的新诗批评是一种不折不扣的"瘸腿"诗学(或曰"聋哑"诗学)——它基本上丧失了音乐这一重要维度的支撑,仅靠语义这一维度步履蹒跚地勉力前进——甚至语义这一条"腿"也严重地发育不良。

虽说当代英美的诗歌批评多少也有点"瘸腿"(在库切看来,它缺少对诗歌音乐的足够的关注,尤其缺少能结合音乐和语义两方面的有效的理论)。但是,并非所有西方国家的诗歌批评都如此"发育不良"。就笔者所见,20世纪俄罗斯(苏联)的诗学研究和诗歌批评中,音乐(尤其是诗律)一直就是关注的核心,能有效地结合音乐与语义两个层面的著作也不鲜见,甚至这两者之间的关系本身就是当代俄罗斯文学批评的热点之一。著名诗人、小说家帕斯捷尔纳克曾旗帜鲜明地指出:"语言的音乐性决不是声学现象,也不表现在零散的元音和辅音的和谐,而是表现在言语意义和发音的相互关系中。"①而20世纪俄罗斯最重要的诗学理论家之一洛特曼则在其1972年出版的《诗篇分析,诗的结构》一书中集中分析了诗的语音、韵律等层次的"对等"结构,并讨论了它们对诗的语义层产生的影响。他从诗歌的结构特征(即"平行对照")的角度来探索韵律、语义、主题诸层次的联系,虽然未必是放之四海皆准的定论,不过至少为我们进行诗歌结构(包括音乐结构)分析提供了参考的范例。②

而当代俄罗斯诗学权威加斯帕罗夫也将毕生精力投入到音律与语义之间的关系之研究当中,他使用统计学的方法对俄罗斯各种诗体的发展情况进行分析和和梳理,并提出著名的"语义晕"(或译"语义光环")理论。他认为,每种诗格(音步形式)都有特定的"语义晕","越是鲜见的诗格就越发促使人们想起它曾经被使用过的情形,俄语六音步扬抑抑格或壮士歌仿作的语义内涵是巨大的……四音步抑扬格(在我国诗中最为常用的诗步——原书作者注)的语义内涵是微乎其微的。所有的诗格及其变体其实都处于这两端之间的宽阔领域中"。而不同的诗格之所以会有不同的

---

① 帕斯捷尔纳克:《空中之路》,转引自:瓦·叶·哈利泽夫:《文学学导论》,周启超等译,北京大学出版社2006年版,第291页。

② 洛特曼的著作目前没有完整的中译本,关于其理论的基本情况可参考:黄玫:《韵律与意义:20世纪俄罗斯诗学理论研究》,人民文学出版社2005年版,第74—81页。

"语义晕",其重要的原因是某一诗格会"促使读者回想起与早先读过的同类作品相关的那些形象和感受,并以此加深所获得的印象——这通常就成为使用某种题材或某种体裁的传统音步的基础条件"①。如果说洛特曼是从诗歌结构的角度来分析诗律、语义诸层次的关系的话,那么加斯帕罗夫则是从诗歌史的角度(尤其是诗人、读者与文学记忆的关系角度)来探讨这个问题:前者是结构主义诗学,而后者则可称为"历史诗学",它们恰好是俄罗斯诗学重要的两极。当然,当代俄罗斯诗学在这方面的研究细致且精深,涉及面甚广,不是本文所能一一尽述。对于矢志于探索新诗音乐的诗人和学者而言,20世纪俄罗斯诗学的这里成果是值得借鉴的。

实际上,当代英美的诗人批评(有别于学院批评)也没有抛弃"诗歌本身":不少对诗歌音乐有着自觉追求的诗人在其诗歌批评中也对诗歌音乐问题念兹在兹,当代杰出的英语诗人、批评家希默斯·希尼(长期任教于美国高校的爱尔兰诗人,诺贝尔奖获得者)就是一个突出的例子,他在其诗歌批评中对音乐与语义的关联性有着细致入微且精义迭出的分析,例如对于菲利浦·拉金的《晨歌》(Aubade)的一段诗:

> Unresting death, a whole day nearer now,
> Making all thought impossible but how
> And where and when I shall myself die.
> Arid interrogation: yet the dread
> Of dying, and being dead,
> Flashes afresh to hold and horrify.

> 不安的死亡,现在又逼近了一整天,
> 使人无法思索任何东西,除了关于
> 何时,何地,我自己将如何死去。
> 枯燥的质询:死亡
> 与垂死的恐惧
> 再次闪现,抓住并恐吓我。(笔者自译)

希尼评价此诗道:"当'恐惧'(dread)与'死亡'(dead)谐韵,它与其全部语义的对峙几乎达到了顶点。而动词'死去'(die)也在动词'恐吓'(horrify)中引爆出自身的激情。"②饶富兴味的是,洛特曼对于韵脚与语义的关联也有与希尼颇为相似的见解(两者之间有无交流或影响尚不确定)。在对马雅可夫斯基《真是优雅的生活》一诗的分

---

① 瓦·叶·哈利泽夫:《文学学导论》,周启超等译,北京大学出版社2006年版,第294—295页。
② 西默斯·希尼:《希尼诗文集》,吴德安等译,作家出版社2001年版,第334页。

析中,洛特曼发现韵脚往往加深了押韵词语之间的对立,起着"将不同者拉近和于相同中揭示差异的作用"①。对于诗人而言,一旦他动笔写诗,他处理的就已经是"诗歌本身"了:因此诗人批评家对于"诗歌本身",对于诗歌的本体论式的批评有着职业性的偏好,而这往往是很多当代学院批评家所欠缺的。

二

在对新诗缺乏严整的形式(尤其是缺乏明显的音乐性)的指责此起彼伏之际,对于目前的新诗批评而言,迫切的问题是:如何开拓诗歌音乐研究这个维度,如何为诗歌音乐的分析建立基本的起点和范式?尤其是,如何在以"自由诗"为主体的新诗中发现音乐与语义的关联性?当然,在这些问题之前还有一个必须回答的、更为迫切的问题:如何发现和确定新诗本身的音乐性?在以"自由诗"为主体的新诗中,音乐(尤其是节奏)是否存在本身就成了很多论者质疑的焦点。

自由诗是否有节奏?它们的节奏具体如何产生?②对于古希腊的格律诗而言,其节奏的形成在于诗行中长短音的规则排列所形成的音步的序列;而对于英、德、俄语的格律诗而言,其节奏产生的基石是诗行中轻重音的规则排列所形成的"音步"的序列;而对于我国古诗而言,其节奏的基础是诗行中周期性地出现的停顿或延长(一般被成为"顿"),以及非常规则的韵式。③ 概括起来,格律诗的节奏的形成在于诗行里的某些语音特征周期性的重复(这往往也意味着模式化的结构)。雅各布森归纳道:"诗歌组织的实质在于周期性的复现。"④然而,在大部分自由诗中,并没有格律诗那种周期性的、模式化的语音结构,那么,它们能否具有节奏呢?其节奏又从何而来呢?

实际上,节奏的形成并不是只有格律这一种方式,格律诗中那种长短音、轻重音或者顿的整齐排列只是构成节奏的诸多方式中的一类,它们本质上其实都是重复或者复现(repetition),而节奏真正的基础就是重复。实际上,"韵律"(rhythm,又可译为"节奏")在古希腊语(ρυθμός rhythmos)的基本含义是"有规律的重现的运动"、"各部分的比例或对称感"⑤。闻一多在1922年写成的《律诗底研究》一文中也称引过斯

---

① 黄玫:《韵律与意义:20世纪俄罗斯诗学理论研究》,人民文学出版社2005年版,第75—76页。
② 这个问题牵涉甚广,笔者已经撰长文《有名无实的"音步"与并非格律的韵律:新诗格律理论的重审与再出发》(台湾《清华学报》2012年第2期)予以详细论述。
③ 朱光潜:《诗论》,北京出版社2005年版,第210—217,231页。
④ 瓦·叶·哈利泽夫:《文学学导论》,周启超等译,北京大学出版社2006年版,第326页。
⑤ ρυθμός, in Henry George Liddell, Robert Scott ed., A Greek-English Lexicon, on Perseus project (http://www.perseus.tufts.edu/hopper/text?doc=Perseus%3Atext%3A1999.04.0057%3Aentry%3Dr%28uqmo%2Fs)

宾塞(英国诗人)的见解:"复现 Repetition 底原理是节奏底基础"①。玛佐(Krystyna Mazur)则分析指出:"重复为我们所读到的东西建立结构。图景、词语、概念、形象的重复可以造成时间和空间上的节奏,这种节奏构成了巩固我们的认知的那些瞬间的基础:我们通过一次次重复之跳动(并且把它们当作感觉的搏动)来认识文本的意义。"②罗念生也指出:"节奏可以用任何重复的动作造成,一切的艺术便基于这一种重复。"③令人遗憾的是,自 20 年代以来的新诗节奏的探求者,如闻一多、孙大雨、何其芳等,基本上把目标锁定在格律上,力图参照我国古诗或者西方格律诗建立新的格律。然而,在新诗中,我们既无法实现古诗里的那种固定的、周期性的"顿"的重复,也无法实现西方格律诗歌里那种轻重音的整齐排列(因为现代汉语中并没有英语中那种明显的轻重音之别),于是他们采取了一种"折中方案",即以句法和语义结构来划分新诗诗行中的节奏单位(或曰"音步"或曰"顿")。实质上,这些所谓的节奏单位其实只是句子的意群而已,而这样的"音步"组成的节奏其实和散文并没有多大区别,实际上也起不到多大的节奏的效应。④ 实际上,20 世纪 50 年代以后的至今的新诗批评在音乐性问题上鲜有明显的突破,甚至关注的人也寥寥无几的状况,也和新诗格律探索在节奏问题上遭遇的瓶颈有很大关系。

然而,新诗节奏的理论探索者却很少把目光转向白话诗的主体部分(即自由诗)中,而后者的节奏,正是新诗节奏探索的一个大有前景的领域。虽然,自由诗(又称"开放形式")没有固定的格律、韵式、诗节形式,但是它们可以从词语、短语或者语法结构的重复等方式获得节奏,也可以从词语在纸面上的排列以及别的方式获得节奏。⑤ 实际上,在自由诗大师惠特曼那里,那些不同于格律诗的节奏方式就被大量地使用,如句式重复(或曰排比)、头语重复(Anaphora)、结语反复(Epistrophe)、对偶(Antithesis)等,这些都是其诗歌节奏重要的构成部分。⑥ 在现代汉语诗歌中,类似于惠特曼诗歌里的那些语音的重复方式(不独排比)其实也有实现的可能。例如当代诗人多多,一个在诗歌音乐上具有突出成就的诗人,就经常运用各种方式的重复,例如《被俘的野蛮的心永远向着太阳》的第二节:

---

① 闻一多:《律诗底研究》,收入《闻一多研究四十年》,清华大学出版社 1988 年版,第 49 页。
② Krystyna Mazur, *Poetry and Repetition: Walt Whitman, Wallace Stevens, John Ashbery*, New York and London: Routledge, 2005, p. xi.
③ 罗念生:《罗念生全集》(第八卷),上海人民出版社 2004 年版,第 316 页。
④ 李章斌:《有名无实的"音步"与并非格律的韵律》,台湾《清华学报》2012 年第 2 期。
⑤ Michael Meyer, *The Compact Bedford Introduction to Literature*, 5th edition, Boston and New York: Bedford/St. Martin's, 2000, pp. 1597–1598.
⑥ *A Companion to Walt Whitman*, edited by Donald D. Kummings, Blackwell Pub. Ltd., 2006, pp. 383–384.

放走,放走能被记住的痛苦
看守,看守并放走这个诺言
更弱的更加得到信任
不与时间交换的心永远在童年

第一、二行不仅有"放走,放走"和"看守,看守"两组复沓,而且"放走"和"看守"之间也谐韵("看"与"放"为近似韵,"走"、"守"谐韵),这两个词之间被强烈的节奏所"放大"的对比暗含了一种被压低的矛盾和痛苦:既然"看守",为何又要"放走"?这里诗人对诗中的"羞辱我们记忆的敌人"心态极其矛盾:他在"放走"的时候,我们并不觉得他真的已经"放走"了;而他在"看守"的时候,我们又感觉他恨不得立刻将其"放走",纠结如斯!而最后一句连续使用"an"韵字词(如"间"、"换"、"远"、"年"),一种斩钉截铁之气油然纸上。又如《在这样一种天气里来自天气的任何意义都没有》中的这四行:

在这样一种天气里
你是那天气里的一个间隙

你望着什么,你便被它所忘却
吸着它呼出来的,它便钻入你的气味

仔细观察可以发现,"天气"与"间隙"中的两个字各自谐韵,"望着"和"忘却"也如此,这显然不是碰巧出现的,而是作者有意为之:第1—2句、第3句、第4句内部都存在一种对称或对比。"天气"与"间隙"之间的谐韵凸显了"你"的无足轻重,即"你"在"这样一种天气里"的无意义的存在。而"忘却"显然站在"望着"的对面,并像回音一样回应着后者。如果"望着"与"忘却"中的两个字不是分别同音和同韵,而是诸如"注视"或者"观察"这样的意义接近的词语的话,这种对应与回响的效果显然不会那么强烈,语言之张力亦远逊。

三

在听到类似于多多这样多样而又强有力的新诗音乐之后,我想,那些关于新诗是否有音乐性,是否有节奏之类的口舌之争可以不攻自破了:目前摆在学界面前的任务,是去深入地认识和分析新诗的音乐性,以便更多的诗人和学者能够扩展其可能性。诗歌音乐所包含的问题当然不仅是节奏,但节奏是首先需要面对的问题。除(狭义的)节奏之外,停顿、分行、语调、押韵等也是诗歌音乐较为明显的表现形式(它们都是广义的节奏的组成部分)。在现代汉诗的音乐还未得到起码的讨论之前,先从这些表层现象入手是不错的选择。我们知道,我国古诗中的停顿和分行都是模式化的、固定的,虽然这样可以带来明显的节奏感,但是,由于它们没有多大的变化余地,因而也无法在其自身中体现多少诗歌特定的意义。① 在洛特曼看来,部分重复部分差异的形式往往具有较多信息含量。② 而新诗的停顿和分行则要自由得多,因而其自身也有更大的表义(传达信息)的潜力。新诗可以在诗行的任何位置停顿,也可以在诗句中任意部位将其分为两行,这也是造成新诗形式上的混乱和无序的原因之一;但是,在使用得当的情况下,新诗的停顿、分行可以与诗歌的语义、情感相互配合,甚至交相辉映。先来看停顿,如穆旦《出发》一诗中的最后这三行:

　　……让我们相信你句句的紊乱
　　是一个真理。而我们是皈依的,
　　你给我们丰富,和丰富的痛苦。③

不妨把最后一句改写成:"你给我们丰富和丰富的痛苦。"这样修改之后,诗歌的意思没有丝毫改变,但是语气上则大有不同:与原诗相比之下,它显得太"顺";而原诗在句中停顿了一下之后,它的前后两部分的冲突和转折体现得更明显了:前半部分强调"你"(上帝)给了"我们"丰富,而后半部分话锋一转(句中的停顿恰好体现了这一"转"),又说"你"给了我们"丰富的痛苦"。由于句中的这个停顿(突转),"丰富"和"痛苦"的含义都变得更为复杂和立体了,或者,更为"丰富"了。

　　停顿的作用当然不仅限于突转。试看多多《为了》一诗最后几行:

　　为了没有死亡的地点,也不会再有季节
　　为了有哭声,而这哭声并没有价格
　　为了所有的,而不是仅有的
　　为了那永不磨灭的
　　已被歪曲,为了那个歪曲
　　已扩张为一张完整的地图
　　从,从血污中取出每日的图画吧——

---

① 当然,旧诗的音调(平仄)还是具有较大的自由度(即便在律诗中也是如此),因此平仄的一些特殊安排在一些杰出诗人那里(如杜甫)往往也会和诗歌意义产生有机的联系。
② 黄玫:《韵律与意义:20世纪俄罗斯诗学理论研究》,人民文学出版社2005年版,第74—75页。
③ 李方编:《穆旦诗文集》(第一册),人民文学出版社2006年版,第86页。

在这些诗句里,一种九曲回环之"气"力透纸背(无怪乎唐晓渡称多多为"气力绝大"之诗人①)。细读这些诗句可发现,这些诗句相互之间充满了矛盾与冲突,尤其是第4、5行和第5、6行之间的跨行(两行前后都分别是一个单句),其"跨度"不可谓不大:"永不磨灭的"居然"已被歪曲";而"那个歪曲"却"已扩张为一张完整的地图";而且既然"已被歪曲",可诗人依然要"为了"——何其悲壮又曲折的"为了"!最后,诗人发出了弦断终曲之音:"从,从血污中取出每日的图画吧"。"从,从"这样的哽咽之语可以说把全诗的力量都汇集到了最后一行了,它为整首诗的"爆发"蓄足了力量——无法想象,如果把这个停顿去除的话,全诗的气魄和神韵会同现在相差有多么远。

这里要特别注意一下分行,因为在目前以自由诗为主体的情况下,分行可谓是新诗必须守住,以免完全沦落为散文的"最后的堡垒"之一了。分行实际上也有停顿的效应,因为读者读到行末再把目光移到下一行时,无论如何都有一个停顿的过程。哈特曼(Charles Hartman)在其研究自由诗的专著中指出,在诗歌中,诗行在何处结束本身就带有意味,断行具有停顿的效应,并与句法结构构成对位或者复调关系(Counterpoint)。② 尤其是当诗歌是在句子结构的中部(而不是末尾)分行时(这种情况一般被成为"跨行"),分行与句法结构之间的抗衡或者对位关系就更为明显了,这时候分行在时间上也构成了对日常语言线性前进的时间序列的反抗。因此,与一般的停顿相比,跨行在语义的突转与多层性方面的效果更为明显。例如前述《为了》一诗中的第4、5行和第5、6行之间的跨行就是如此。再看叶维廉所译的翁加雷蒂的《河流》中的这几句(用新诗的体式和语言翻译的国外诗歌不妨也当作新诗的一部分):

  我看着
  云的不急不迫的流
  过月亮③

叶氏的译文对分行的处理体现出相当高的技巧。他在"流"后面断行(而不是断为"云的不急不迫的/流过月亮"),于是"流"这个动作被强调和延长了,我们仿佛真的看到云缓缓地,不急不迫地"流","流"了许久才"流过月亮",真是神乎其技!实际上,即使没有第三行,前两行也是一个完整的句子,实际上读者读到第2行时往往有句子已然结束之感,但读到下一行时,才发现原来还有下文,这可以说是一种不折不

---

 ① 唐晓渡:《多多:是诗行,就得再次炸开水坝》,《当代作家评论》2004年第6期。
 ② Charles Hartman: Free Verse: An Essay on Prosody, Princeton University press, 1980, pp. 15, 61-81.
 ③ 庞德等:《众树歌唱:欧美现代诗100首》,叶维廉译,人民文学出版社2009年,第215页。

扣的惊喜,优秀的诗人和读者无疑不会忽略这种惊喜。

音调(调性)是音乐的一个重要的组成部分,对于诗歌音乐而言同样是如此。新诗的音调(语调)问题目前基本上处于无人问津的状况,不少西方诗人对此倒屡有论及。布罗茨基曾经这样分析茨维塔耶娃诗歌与散文的语调:"'玛丽娜(笔者按:即茨维塔耶娃)的诗常常是从高音C写起的'安娜·阿赫马托娃这样说过。对于散文中茨维塔耶娃的语调,似乎也可以说同样的话,这就是她的声音特征,她的话语几乎总是开始于八度音阶的'彼'端,开始于最高音区,开始于音阶的顶点,在此之后,就只有下降了,至多也只能是保持。然而,她的音色如此悲凉,悲凉得足以保持上升的感觉,无论声音持续多久。"①布罗茨基对茨维塔耶娃这种"悲剧感"的调性的分析可谓体察入微。当然,汉语与西方语言的长短、高低、轻重显然不同,因而西人对于语调之论述也未必可以直接挪用于新诗当中;不过,语调的高低之分汉语显然也有,而现代汉语诗人在处理语调时有时也不乏异"语"同工之处。例如,昌耀——一个同样具有很强烈的"悲剧感"的中国诗人——在其代表作《慈航》中就以四行高昂的诗句领起全诗:

> 是的,在善恶的角力中
> 爱的繁衍与生殖
> 比死亡的戕残更古老,
> 　　　更勇武百倍。②

在此之后,诗歌的语调开始走向平缓。不过,在《慈航》全诗中,这四行反复出现,使得全诗的调性一直维持在较高的状态,这与全诗的慷慨悲凉之情相映衬:这种结构与贝多芬的《命运交响曲》非常相似,后者也是以极高音阶的旋律开始,尔后相对平缓,然后开始部分的旋律又出现,如是反复回旋,一种对命运的抗拒和抗拒之枉然所带来的悲剧感萦绕其中。看来,秉性相似的诗人(和音乐家)对于调性的选择也往往有不谋而合、异曲同工之处。

四

当然,新诗的停顿、分行、语调的特征和效用并不仅限于前面所论及的这几点,而且新诗的音乐所包含的层面和因素也绝不仅限于节奏、停顿、分行、语调这几个方面,后者仅仅是新诗的音乐中最表层的组成部分,至于那些更为微妙和深入的部分,

---

① 约瑟夫·布罗茨基:《文明的孩子》,刘文飞译,中央编译出版社2007年版,第123页。
② 昌耀:《昌耀的诗》,人民文学出版社1998年版,第22页。

则需要进一步地进行深入的分析。不过,由这些问题的讨论,我们可以确信新诗的音乐不仅是可能的,也是重要的,而且也具有被分析和探讨的可能性。

从形式严整的古诗到形式相当宽松的自由诗,新诗所付出的代价是它再也没有固定的模式可供其写作者依循,这种形式的"无政府"状态的直接后果就是新诗的形式传统极其脆弱:一个新诗传统中的后来者很难从前人的形式中学到什么,以便用于建立或规范自身的形式——每个现代汉语诗人都必须从零开始建立自己的形式(包括音乐性)。然而,真正有才力的诗人毕竟不多(任何时代都如此),因此在现代汉语诗人中,真正能建立独立自足的形式体系的诗人少之又少,能具有明显的音乐性的诗人更是凤毛麟角。这其中重要的原因就是现代汉诗的形式远较古诗混乱,其形式传统继承和发展的轨迹也要模糊得多。然而,这种缺陷恰好也是新诗(同时也是新诗批评)的发展机遇。前文说过,由于新诗的形式约束(如停顿、分行等)远较古诗自由,其表义的可能性也要丰富。因此,新诗的批评研究,由于受到对象的牵制,必然在某些方面较旧诗的研究要薄弱,但是在另一些旧诗所不注重的方面则有可能大有作为,新诗研究与旧诗研究便有可能形成"错位竞争"。

更重要的是,一个现代汉语诗人若想在现代汉诗传统中占据一席之地,则必须独力创造自身的形式(至少在目前是如此),他无法像古人那样按照某一诗律或者词牌"依葫芦画瓢",而必须"自造新瓢"。而在这样的自足的形式中,由于模式化的形式框架不复存在,诗歌的音乐和语义有着更为多样、有机的联系;因为诗人必须为其自创之形式建立"合法性"依据——就像历朝的开国君主所做的那样——音乐与语义之间的联系的"合法性"显然是新诗的"开国君主"的必争之地。而去发现优秀的诗歌中那些多样的形式和音乐各自的独特性与必然性,是新世纪新诗批评者的一个重要的责任和机遇。

"符号总是堕落的符号"
——解读品钦小说《V.》

◎ 唐建清

《V.》(1963)是美国当代小说家托马斯·品钦(Thomas Pynchon)的成名作。小说的情节线索之一是斯坦西尔对 V.的寻找。起因是他父亲的一则日记,写于 1899 年的佛罗伦萨。他父亲西德尼·斯坦西尔是英国外交部特工,1919 年在马耳他调查骚乱事件中死去。1945 年,"二战"结束,也在英国外交部供职的斯坦西尔于百无聊赖中翻阅他父亲的"佛罗伦萨日记",其中一则日记只有几句话:"隐藏在 V.的背后与内里的东西超出我们任何人的猜想。不是谁,而是什么:她是什么。但愿上帝保佑永远不会有人要求我在这里或任何官方报告中写出答案。"①这些语焉不详的句子引起了斯坦西尔的极大兴趣,他决心去寻找这个神秘的 V.。于是他辞去公职,走出家门,开始了满世界的追寻。

"寻找"是西方文学中的一个传统主题。各种故事中主人公寻找的对象或有不同(从神圣天国到世俗名利),但他们的目标可说是一致的:寻找某种坚实或确定的东西(真理、本质、历史、秩序、意义等)。也就是说寻找确定性。斯坦西尔寻找 V.的理由并不十分清楚,"或许是斯坦西尔感到孤独,需要有些东西做伴"(第 55 页);或许是要借此寻找失踪多年的母亲,尽管斯坦西尔并不承认。②但不管怎样,通过寻找,他要明确 V.究竟是谁(who)或是什么(what),弄清楚其身份和来龙去脉。然而,他对 V.的寻找却仿佛陷入了不确定性的迷宫之中,经过长达十余年的目标专一的积极寻找,他仍然不能确定 V.是谁或是什么,仍然无法给出他父亲没有写出的答案。显然,在这部小说中,V.作为一个能指符号,它的所指是含混的、脱节的、不确定的。这也难怪,品钦是一位"不确定性的小说家"(novelist of indeterminacy)。而借用法国解构主义哲学家德里达的话来说,"符号总是堕落的符号"(Le signe est tou-

---

① 托马斯·品钦:《V.》,叶华年译,译林出版社 2003 年版,第 54 页。下文中所引此书均只注页码。
② 品钦研究专家 Tony Tanner 认为,斯坦西尔的"寻母",一如斯蒂芬(乔伊斯小说《尤利西斯》中人物)的"寻父",揭示出 20 世纪西方文学的一个重大特征:"寻根"。见 Tony Tanner, *Thomas Pynchon*, Methuen, London and New York, 1982, p.45。

jours le signe de la chute)。①

一、"V."是谁？

V.是一个缩略词。在小说中,这个以 V 为首字母的缩略词似乎与几个女人的名字相关:维多利亚(Victoria)、维罗妮卡(Veronica)、薇拉(Vera)等。叙述者较为明确地将 V.与女人联系起来是在小说的后半,即第十四章,"恋爱中的 V."②。恋爱中的 V.指"那个女人"。但"那个女人"没有名字,我们不知道她叫维多利亚还是薇拉或维罗妮卡,她的故事也不同于另外三个女子。这样,斯坦西尔要追寻的 V.就涉及四个女人。她们在不同章节中出现,不仅称谓不同,各自的故事也不同。然而,在小说中,这四个女人又似乎是同一个女人的"变形"。根据是她们除在称谓上都同 V.相关外,还有一些共同的物证表明彼此之间的联系,如一把象牙梳、虹膜一般的假眼等。另外,叙述者若有若无的暗示也为将她们看作同一个女人提供了方便。

维多利亚(小说第三章)首先登场。那是在 1898 年,维多利亚 18 岁,随同父亲(丈夫？情夫？)③到埃及的开罗旅游,诱惑了一个名叫古德费洛的英国外交官,并与父亲决裂并发誓永不回英国。维多利亚再次出场是在 1899 年的佛罗伦萨(第七章)。她自称是一个"世界公民",先后与一个酒商、一个骑兵中尉、一个艺术经纪人相好并积聚了一笔钱,打算开一家女式时装小店。她邂逅了戈多尔芬父子,并与小戈多尔芬相恋。她还认识了英国外交部特工西德尼·斯坦西尔,后者正是在"1899 年 4 月于佛罗伦萨"的日记中提及了 V.,但没有指明是维多利亚。此章中,叙述者首次描写到她浓密的褐色头发中有一把象牙梳。这是"有五根齿的一把象牙梳:它的形状是五个彼此至少共有一条手臂的钉死在十字架上的受难者的像"(第186页)。

按时间排列,接着便是小说第十四章写到的"恋爱中的 V."了。场景在 1913 年的巴黎。恋爱中的"那个女人"无疑是 V.。叙述者难得如此指点读者:如果我们尚未猜到,那么"那个女人"就是斯坦西尔疯狂地久久地搜寻的贵妇人 V.。没有人知晓她在巴黎的姓名。V.对 15 岁的女演员梅勒尼产生了恋情。叙述者没有明说,但我们可以猜测:这个"恋爱中的 V."可能就是维多利亚,尽管我们不知道维多利亚什么时候、为什么来到巴黎,又为什么隐姓埋名。叙述者估计 V.的年龄为 33 岁,这差不多就是时隔十余年后维多利亚的年龄。另外,她在巴黎开有一家服装店,这也正

---

① Alec McHoul and David Wills, *Writing Pynchon: Strategies in Fictional Analysis*. University of Illinois Press, Urbana and Chicago, 1990, p.163.
② 小说中 V.的性别和属性并不十分确定,斯坦西尔曾坦率地表白过他的疑惑。
③ 小说中有许多模糊、不确定甚至莫名其妙的叙述,此为一例。

是维多利亚当年想做的事。只是我们不知道这个"世界公民"何以在巴黎摇身一变成了"贵妇人",是开店赚了大钱抑或另有收入？不过,叙述者提醒我们"也许如果她确实是维多利亚的话",也就是说这只是一种推断,并不能肯定。叙述者描写她的服饰时没有提及象牙梳,倒是"一层薄膜似乎从她的眼睛上脱落下来"这句话暗示她有一只假眼。

小说"尾声"叙述的是1919年地中海小国马耳他的一次骚乱。外交部特工斯坦西尔前去执行使命以维护英国的殖民利益。他在瓦莱塔（Valletta）见到一个名叫维罗妮卡的女人。据同事介绍,她出身不详,经济收入来源不明,但显然很富有,住在一所别墅里。"一战"开始时她突然出现在马耳他,背景复杂,同意大利民族主义者,如诗人邓南遮、反社会主义者墨索里尼关系密切。然而,西德尼·斯坦西尔认出这个近40岁的女人就是他1899年曾在佛罗伦萨认识的英国姑娘维多利亚。而维罗妮卡也不想否认,甚至担心时隔20年后不能认出她来,在去教堂见斯坦西尔时还特地戴上那把象牙梳。"在帽子底下能看见的头发上有一把雕刻的象牙梳,上面有五张在帽盔底下十字架上长期遭受痛苦的脸。"（第559页）斯坦西尔注意到,她的一只眼睛静止不动,有着虹膜样的钟面。他知道这是经由外科手术安装的假眼。他还知道她肚脐眼里缝有一颗星形蓝宝石。

小说第九章"蒙多根的故事"发生在1922年的南非。蒙多根在被围困的福帕尔城堡里遇到一位更为神秘的女人,她名叫薇拉。尽管她来历不明,行踪可疑,但她似乎又是同一个维多利亚或V.。薇拉说她"四十出头",这差不多是维多利亚此时的年龄。她身边还有一位名叫戈多尔芬的老人,两人还说起他们曾在佛罗伦萨谈论过的有关"维苏"的话题。虽然蒙多根不认识戈多尔芬,但读者由此可以推断薇拉就是维多利亚。另外,蒙多根发觉"她的左眼是人造的",泡状物面类似"虹膜和钟面的表层"。（第264页）尽管如此,我们不清楚她为什么来到南非,她在欧洲列强在西南非血腥的殖民历史中扮演了什么角色。

在这四个女人之后,就要说到"坏神父"了。"坏神父"出现在小说第十一章"福斯托·马伊斯特罗尔的忏悔录"中。"坏神父"同样来历不明。"无人知道他的姓名或他的教区。只有谣传:被革除了教籍,是邪神的同犯。"（第355页）福斯托的妻子埃琳娜一天夜里在街上见到过他,"她说他是一个阴险邪恶的人物,却有着一张基督的嘴。眼睛被一顶宽边帽的阴影所遮掩;她所能见到的只是柔软的脸颊和平整的牙齿。"（第355页）这个"坏神父"与上述四个女人或V.有什么关系呢？1942年在德国飞机对瓦莱塔的大轰炸中,福斯托目睹了"坏神父"的可悲下场。他被压在地下室废墟中的一根屋梁下面,一群孩子围了上去。他们拉下他的帽子,发现他原来"是个女人"。他们在她的头发里拨出"一把象牙梳"。然后他们开始肢解她:拆掉她的一个假足,从她的脐眼处挖下那颗星形蓝宝石,撬掉她嘴里的一副假牙,取走她那只虹膜如钟面的假眼。最后,"她散架了"（第391页）。福斯托为这个"可怜的女人"作了临终圣事。福斯托并不清楚这位老妇人"何许人也",但我们凭那些物品应该能认出她就是维多利亚或 V.。

这样,斯坦西尔十余年寻找的结果只是听说了几个女人的一些故事,为此他感到沮丧,因为他越追寻,越困惑,他无法确定这些女人中哪一个才是他父亲日记中提到的 V.,而且尽管他和我们读者一样,固然能从这几个女人之间认出一些共同的标记,但仍然难于说明她们之间的来龙去脉,无法确认她们就是同一个 V.。实际上,斯坦西尔同传统文学的寻找主人公一样,他寻找的也是某种确定性:V.的"本质"(谁或什么)或"历史"(来龙去脉)。问题正是出在这里:斯坦西尔要寻找 V.的确定性,但这种确定性不存在,他遭遇到的是不确定性。也就是说,V.不是某个女人,而是 N 个女人。因为人的存在不是一成不变的,不能归结为一个确定的本质,而是一个不断展开、变异的过程。这样,V.既是维多利亚,又不单是维多利亚,她还是维罗妮卡、薇拉、恋爱中的贵妇人、"坏神父"等。

如果我们将这多个女人看作同一个 V.,那么,V.由一个青春少女蜕变为一个上了年纪的"坏神父",这 40 余年(1898—1942)的经历构成了 V.的一种"历史",恋爱中的 V.、维罗妮卡、薇拉是这一历史中的几个阶段。然而,尽管我们按时间顺序将品钦"杂乱"的叙事作了梳理,我们仍无法就 V.一生的演变轨迹做出清晰的说明。这几个女人之间不仅有着巨大的人生落差,而且还存在大片的逻辑断层。这样,V.的历史显得杂乱无章,从维多利亚到"坏神父"的演变也并不是一条必然性的直线。因而,斯坦西尔对 V.的寻找只是在岁月的长河中打捞出一些"碎片",这些碎片呈现了 V.人生演变中的几处"踪迹",[①]但无法完整清晰地重建或还原出 V.的"历史"来,也就无从确定 V.的"本质"。福斯托在"忏悔录"中感叹说,他"只能回头看他自己的历史的各个隔开的阶段。没有连续性。没有逻辑"(第 378 页)。这也许就是品钦的后现代历史观:历史是断裂的、不确定的。"V.是一个不同凡响的分散的概念。"(第 447 页)这样,斯坦西尔"纵向"地寻找历史的"统一的原则"终究是不会成功的。[②]

V.的"历史"之所以是没有连续性、没有逻辑的"碎片",还因为 V.的历史是通过斯坦西尔的叙述建构起来的,"它已被斯坦西尔化了"(第 255 页)。也就是说,V.的"历史"是斯坦西尔推论和叙述的结果,这一叙述是个体的、主观的,"斯坦西尔不断地将他的自我投射到历史之中"[③],因而不存在客观真实、确定无疑的历史。在此意义上,"斯坦西尔根本没有遭遇过历史,他遇见的只是一些远为骇人的事情"(第 517 页)。"历史"(history)被斯坦西尔"故事"(story)化了,甚至可能是他"妄想"(paranoia)的产物。"实际上,小说中全部的'过去'只是斯坦西尔的投射,他的叙

[①] 斯坦西尔(stencil)的含义就是用模板或蜡纸印出的痕迹或图案。

[②] Hanjo Berressem, *Pynchon's Poetics*, University of Illinois Press, Urbana and Chicago, 1993, p.54.

[③] Hanjo Berressem, *Pynchon's Poetics*, University of Illinois Press, Urbana and Chicago, 1993, p.54.

述。……斯坦西尔创建了 V.这一文本。"①美国学者勃朗利指出,品钦早期三部小说[即《V.》(1963)、《拍卖第 49 批次》(1966)、《万有引力之虹》(1973)]提出并探讨的一个观点是,"真理最终是主观性的"。勃朗利认为,如此,那么社会不同群体宣称所拥有的真理就只是一种"认同"(agreement),并不具有"客观性"(objectivity)。②

正因为历史的主观性和不确定性,对历史的寻找也就成了一个没有穷尽的过程,或许只有死亡才能终结这一寻找。福斯托的"忏悔录"将斯坦西尔引向了马耳他,但他怀疑"坏神父"死亡的真实性。他果然又找到了一条线索,就前往瑞典的斯德哥尔摩继续追寻神秘的 V.。这一次,他要寻找的对象是占梦家和催眠师维奥拉(Viola)夫人,他打听到她用作催眠的辅助工具是一只玻璃假眼。

二、"V."是什么?

作为一个缩略词,V.在小说中除了指人(谁),还可能指物(什么)。而当 V.作为物的指代时,同样是不确定的:如纽约下水道里接受天主教洗礼的一只母鼠维罗妮卡(Veronica)、戈多尔芬念念不忘的"维苏"(Vheissu)、商人曼蒂萨试图盗窃的名画"维纳斯"(Venus)等。这些趣闻轶事虽以"拼贴"的形式出现在书中,与斯坦西尔的故事并无直接关系,但它们也可以链接到小说的"寻找"主题中去,并有助于理解 V.是"什么"。

先说给老鼠洗礼的事。那是在美国 20 世纪 30 年代大萧条时期,纽约的一个老神父断定世界末日就要来临,而老鼠将接管一切,至少纽约这个城市会成为老鼠的天下。既然如此,费尔林神父就决定先走一步:让未来的公民老鼠们皈依罗马教会。于是,在罗斯福总统第一任期初的一个晚上,老神父从最近的一个窨井口往下爬,带着一本祈祷书和一本《现代航海技能》。

> 根据他的日志(他死去几个月后发现的),他所做的第一件事是给在列克辛顿大道与东河、八十六街和七十九街之间的所有下水道里流过的水赐以永恒的祝福和念上一些驱除邪魔的咒语。这个地区就变成了费尔林教区。这些祝福确保了有充裕的圣水供应;当他最后使教区里所有的老鼠都皈依时,这也就免除了逐个洗礼的麻烦。他也期望其他地方的老鼠能得知东区北部一带地下所

---

① Kathleen Fitzpatrick, *The Clockwork Eye: Technology, Woman, and the Decay of the Modern in Thomas Pynchon's V. in Thomas Pynchon: Reading from the Margins*, ed. Niran Abbas, London: Associated University Presses, 2003, p.105.

② Alan W. Brownlie, *Thomas Pynchon's Narratives: Subjectivity and Problems of Knowing*. New York, Peter Lang Publishing, Inc. 2000, p.1.

进行的事情并同样前来求得皈依,过了不多久,他就将成为地球的继承者的精神领袖。他认为它们每天提供它们中的三只作为他身体的营养物以换取他给予它们的精神粮食,这对于它们是一种微不足道的牺牲。(第131页)

他在下水道岸边为自己搭建了一间小棚屋,用法衣当床,祈祷书做枕头。用漂流木生火,一块混凝土石上的凹坑承接雨水,以作饮用和漱洗。他还学会与老鼠交流,并对下水道传教活动加以记载。日记中有些文字是记载V.的,V.是维罗妮卡,她渴望当个修女,神父感到为难,因为迄今为止尚无适合老鼠的修道院。传闻中的维罗妮卡是一只性感的母鼠,最得神父宠爱,她每天晚上来到神父身边寻求教诲。

这个故事有怎样的讽喻另当别论,但它本身已衍生出种种传闻,当不得真。正如小说中另一个重要人物普鲁费恩对此所持的态度。"当普鲁费恩听到这些故事时,它们已是不足为凭的想象的产物,而与记录本身很不相符。在这些故事传下来的二三十年中,没有人在任何时候怀疑过老神父的精神是否正常。下水道的故事就是这么一回事,谈不上是真是假。"(第133页)所以当斯坦西尔以为又找到一条V.的线索而执意前去勘察时,他除了在下水道里莫名其妙地臀部上挨了一枪,当然别无收获。

再说"维纳斯"。维纳斯是古罗马神话中的爱神。小说中的"维纳斯"指佛罗伦萨乌菲齐美术馆收收藏的一幅名画,即文艺复兴时期意大利画家波堤切利的《维纳斯的诞生》。曼蒂萨对这幅画心仪已久,欲占为己有。他以狐狸般的狡猾对入馆偷盗精心策划,还聘请了勇猛的南美加乌乔牧人相助。然而,当他们乘乱进入美术馆内,并准备用刀将画从画框里割下卷起来塞进淘空的树干带走时,曼蒂萨出人意料地中止了这一蓄谋已久的盗画行动。"曼蒂萨先生注视着她,看着她不对称的眼睛,倾倒的脆弱的头颅,飘扬的金发。他无法动弹,仿佛他是一个温顺的浪荡子,多年来苦苦追求并渴望占有一位淑女,而现在梦想快要实现时,他突然被打击得无能为力了。"(第234页)因为开始用刀割画布时,他看到了画布后墙上露出的空白,这空白让他产生了一种空虚的感觉。原来,他对维纳斯的热恋只是一个幻梦。于是,他掉头而去。

由追逐到幻灭,并感到空虚的恐惧,这也曾是戈多尔芬的伤痛。戈多尔芬是位海军军官,英国皇家地理学会会员和南极探险家。他曾在1884年率一支探险考察队去一个"维苏"的地方,但那是一次失败的远征,全队15人,只有3人返回。此后,戈多尔芬变得"狂躁不已",维苏的景象和回忆萦绕在心头脑间,他似乎得了维苏综合征。他反复地谈论维苏,但所说的又很模糊,且前后有出入。他记忆或者想象中的维苏是个神秘而又奇异的地方,有着五彩缤纷的色彩,"甚至于连梦境也充溢着色彩",树上有"彩虹色的蛛猴"。

关于蛛猴,关于那一次他目睹的活人献祭,关于河中的有时候是乳白色有时候是火红色的鱼,当你跳到河中央去沐浴时,它们围绕着你,在你四周跳着一种复杂的仪式舞来保护你不受邪恶侵袭。还有内中有着城市的火山群,它们每数百年一次喷发出熊熊的地狱之火,然而人们不管怎样仍然居住在它们当中。山中的男子长着蓝脸,谷中的妇女只生三胞胎,乞丐都参加行会,在整个夏季举行欢快的庆祝和娱乐活动。(第215—216页)

在戈多尔芬的描述下,维苏几乎成了一个乌托邦或"临睡前讲给儿童听的故事或童话"。然而,戈多尔芬又说维苏"很难是一个平静安宁的地方。那儿有暴行、叛乱、自相残杀"(第189页),"这是一个邪恶的国家"(第191页)。他不仅自己陷入迷乱之中,也让西方国家的安全部门为之关切和不安。他认为自己发现了维苏的秘密或真相,但不便公开,而西方国家既希望但又害怕他说出真相。这更使维苏显得扑朔迷离,人们妄加猜测:南美国家委内瑞拉(Venezuela)?意大利著名的维苏威火山(Vesuvius)?维纳斯(Venus)?尽管戈多尔芬的儿子埃文对父亲的"维苏"表示怀疑,因为他从小就听父亲念叨,对这个"童话"故事已经不觉新鲜,他甚至怀疑父亲"是否真的相信这个地方存在"(第193页)。但人们还是认为"维苏事件"并非空穴来风,甚至觉得其中有一个针对西方的"重大阴谋",最危言耸听的传闻是:"一个野蛮的未知的民族被天知道谁雇用了正在用炸药爆破南极的冰,正在准备进入地下的天然隧道网,而这网的存在只有维苏的居民、伦敦的皇家地理学会、戈多尔芬和佛罗伦萨的间谍知晓。"(第220页)所以当戈多尔芬从南极探险回来,发出一封神秘的电报要儿子去佛罗伦萨相会时,意大利和英国两国警方高度重视,派人监视戈多尔芬父子俩。戈多尔芬相信佛罗伦萨既有英国的间谍,也有维苏的特工,他们都对他构成威胁,因此他东躲西藏,最后搭船离开佛罗伦萨。

从《V.》创作的时代背景来看,品钦笔下的"维苏"故事是个政治讽刺,它影射了西方社会对苏联①的猜忌和恐慌,揭示出20世纪冷战年代人们的不正常心态。埃文认为他父亲的疯言疯语有其真实性,"我在这个我认为只是我父亲自己的童话或萦绕不去的念头上见到了两个政府受到精神错乱的梦魇般的折磨。……他们的焦虑与我父亲的焦虑、与正在来到的焦虑、与或许几个星期之后成为生活在我们谁也不愿意见到陷入大灾变中的世界上每个人的焦虑是一模一样的。"(第216页)

然而,戈多尔芬疯言疯语的真实性并不是维苏本身的真实性,因为维苏实际上是个虚构出来的神话。当戈多尔芬从南极探险归来声称他发现了维苏的真相,那么他秘而不宣的真相是什么呢?他信不过英国政府,也没机会跟儿子说,后来邂逅老

---

① 苏联即苏维埃联盟,"苏维埃"的英译为Soviet,如果将第一个音节与后两个音节调换,读起来近似"维苏"(Vheissu)。

朋友曼蒂萨时终于将那"可怖的秘密"和盘托出。"我被维苏折磨了十五年。我梦见它,有一半的时候我生活在它之中。它不肯离开我。色彩,音乐,香味。无论我被派往哪里,我都被记忆所追逐。"(第229页)他在去南极探险中见到了维苏"皮肤底下的东西",那是什么?"虚无,我见到的是虚无。"(第229页)他在南极的冰层下见到了那彩虹色的蛛猴的一具尸体,由此他悟到:"维苏本身是一个俗丽的梦,一个毁灭的梦。"(第230页)

三、"V."到底是什么?

如果 V.有其"本质"(或真相),不就是蔓蒂萨和老戈多尔芬发现的"空白"(void)和"虚无"(nothing)吗?尽管有着漂亮的外观。如果我们不满足这一解释,仍执拗地追问:V.到底是什么?那么答案也许是:死亡。① 老斯坦西尔可能已经发现了这个可怕的答案,只是他不愿明确地写出来。而小斯坦西尔满世界寻找"隐藏在 V.的背后与内里的东西",我们已经看到,他除了不断遇到流血事件或死亡之外,并不能确切地知道 V.是谁或是什么。

在书中与 V.有关的叙事总是伴随着动乱和死亡。1898 年,维多利亚在开罗诱惑了一名外交官并导致另一名外交官遭枪击身亡。1899 年,维多利亚在佛罗伦萨,委内瑞拉侨民发生骚乱,死伤多人。1913 年,恋爱中的 V.将年仅 15 岁的女演员梅勒尼作为欲望的对象,致使这位少女在首场演出时惨死在舞台上。1919 年,维罗妮卡在瓦莱塔,马耳他人为争取民族自决而上街游行,后发展为街头暴动,老斯坦西尔正是在"六月骚乱"中死去。虽然不清楚维罗妮卡与这次骚乱事件有什么直接的联系,但西德尼·斯坦西尔的同事认为,"很明显这个女人是个麻烦制造者"(第544页)。1922 年,薇拉在南非,当地邦德尔人举行暴动,围困福帕尔城堡遭到血腥镇压,这几乎是 1904 年德国殖民者在西南非地区对起义的赫雷罗人进行大屠杀的重演。② 1942 年,德国飞机对瓦莱塔进行大轰炸,福斯托的妻子埃琳娜被炸死,"坏神父"也遭到一群孩子的拆解。

"坏神父"是几乎像"物"一样被拆解掉的。回过头来我们再读老斯坦西尔的日记似乎能体会他对"什么"的强调:"不是谁而是什么:她是什么。""谁"指"人",小斯

---

① 品钦发表的第一个短篇名叫《小雨》(*The Small Rain*),其主题就是"死亡"。品钦认为,当我们在小说中谈论"严肃"之事,我们最终是在谈论对死亡的一种态度。见 Thomas Pynchon, Slower Learner, Little, Brown and Company, Boston, Toronto, 1984, p.5.

② 《V.》这部小说内容丰富,背景广阔,作者从美国写到欧洲,从欧洲写到非洲,时间上从 19 世纪末写到作者生活的 20 世纪 60 年代,并对西方列强丑恶的殖民历史进行揭露和谴责,其中包括德国殖民者在西南非犯下的暴行。2004 年 1 月 12 日,是纳米比亚赫雷罗族人举行反抗德国殖民统治起义 100 周年,德国驻纳米比亚大使代表德国,为 1904 年德国军队疯狂屠杀、灭绝赫雷罗族人表示深深的道歉。

坦西尔正是苦苦寻找 V.这个女人；而"什么"指"物"。V.实际是物而不是人，或者说她慢慢地由人蜕变成了物。从维多利亚到"坏神父"正是一个不断"物化"的过程，"逐步趋于无生命化"的过程。这个过程正是维多利亚逐步被 V.所取代的过程。我们初次见到维多利亚时，她是个充满活力的青春少女，在佛罗伦萨再次相遇时，她开始追求金钱，并"迷恋于用身体吸纳无生命的小物件"，如象牙梳之类。1913 年恋爱中的 V.有了一只假眼。1919 年维罗妮卡除了假眼外，还在脐眼处缝了一颗星形蓝宝石。她对老斯坦西尔说："我真想把整个脚都变成那样，一个用琥珀和金子制作的脚，有着也许用凹雕而不是浅浮雕的静脉。"（第 561 页）1922 年，蒙多根注意到薇拉·梅罗文的左眼是人造的：

> 她注意到他的好奇，主动地取下那个眼睛，放在手心，送到他面前。一个吹制而成的透明的泡状物，放在眼眶里时它的"眼白"会呈现出半亮的海绿色。它表面上覆盖着一层精密的几乎是极细微的裂纹组成的网。里面是制作精巧的齿轮、发条和棘轮构成的种表，用一把以细链条挂在梅罗文小姐颈部的金钥匙上发条。（第 264 页）

薇拉似乎对假眼不加掩饰，反而得意地主动示人。最后，"坏神父"除被孩子拆去假足、假眼、假牙及象牙梳、蓝宝石外，目睹这一拆卸的福斯托心想：

> 毫无疑问她的手臂和乳房可以拆下来；她腿上的皮肤可以剥去，露出银子细工透雕的精巧的下层结构。也许躯干本身包含有其他奇物：杂色丝绸的肠子、色彩鲜艳的气球肺、一颗洛可可式的心。（第 392 页）

可见，"坏神父"从里到外成了一件"物"。"物化"过程就是生命丧失的过程，而生命丧失就是死亡。"坏神父"最后像物一样"散架"，死了。小说的叙述者认为，死亡王国得到了代表一种"V.式恋物结构"的帮助。"这最终会意味着她的死亡：死于无生命王国在这儿突然建立起来的一个机构里，尽管已做出了种种努力去阻止它。认识到她已纳入了一个最终将导致她个人毁灭的更大机制中，而她本可以避开它，最后确立起对于她自己的众多控制，使她变成一个纯粹被定了类的有机物，一个机器人，只不过是用人的肌体奇特古怪地组装而已。"（第 472 页）斯坦西尔甚至幻想"坏神父"(V.)没死，活到 76 岁时的形象：

> 皮肤亮艳夺目，有着某种新塑料的润红的光彩；双眼都是玻璃的，但现在会有光电管，用银的电极与用最纯的铜丝制成的光神经相连接，通向制作成极为精密的两极管矩阵的脑子。螺线管继电器将是她的神经节，伺服制动器驱动她

的完美无缺的尼龙四肢,水液流向一个白金心泵通过丁酸脂的静脉和动脉运送。或许甚至有一个复杂的压力变换器系统安装在一个奇妙的聚乙烯阴道内;它们的惠斯通电桥的可变动桥臂全都导向一根银色的电缆,它把快感电压数直接输送给她头颅中的数码机器的计数器。每当她微笑或咧嘴狂喜时,她最卓绝的特征就会闪闪发亮:艾根瓦吕的珍贵假牙。(第473页)

人性日趋被非人性挤压和替代,有生命的人越来越像无生命的机器,成为欲望的一个无生命物体,"坏神父像黑夜一样无处不在"(第387页)。[①] 也就是说,这种人与世界的物化现象不只是个别的、暂时的,它恐怕是普遍的、不可逆的。这正是自称"笨人"的普鲁费恩所恐惧和竭力要逃避的,这也正是品钦对西方现代社会提出的严峻批判。在品钦笔下,20世纪四分之三的历史(19世纪末到20世纪60年代初)是混乱和暴力的历史,也是日趋物化、非人化的历史。品钦这部"世纪之书"描写了世界及人性的堕落和解体。

研究者大多认为品钦的历史观带有"文化悲观主义"色彩,尤其是他的早期创作。[②] 品钦不认为人类社会的发展有既定的路线和规则,但他又常常有意无意地借用"熵"[③]的观念来解析社会发展的趋向,这是品钦思想及创作中的一个悖论。"熵"是物理学名词,主要用来表达热力学第二定律:在一个封闭的物质系统中,能量减少,混乱增加,最后趋于死寂。品钦认为,西方社会越发严重的"物化"现象正是"熵"的一种表现,其后果就是人性被扭曲和摧毁,人类社会走向混乱和崩溃,像V.一样散架和死去。品钦在这部小说中虽然没有直接用"熵"一词,但他对人类社会日趋"熵"化的忧虑溢于言表:

> 堕落,堕落。这是什么?只是一个很清楚的走向死亡或更适切地说走向非人性的运动。(第366页)

> 然而那荒漠,或一排假的商店铺面,一堆矿渣,一座里面封闭着火的锻铁炉,在这些街道和梦者组成的全景图中梦者自己仅仅是一片微不足道的影子,与这些其他物质和影子一样都是没有灵魂的;这是二十世纪的噩梦。(第369页)

---

① 小说中除V.外,像外交特工邦戈-沙夫茨伯里、都市女郎埃斯特、飞行员埃文·戈多尔芬都部分地置换了无生命的假肢或人造器官。

② *Blissful Bewilderment*: *Studies in the Fiction of Thomas Pynchon*, ed. Anne Mangen and Rolf Gaasland, Novus Forlag, 2002, p.14.

③ 1960年,品钦发表过一个短篇小说,书名就叫"熵"(Entropy),后收入其短篇小说集 *Slow Learner*。

堕落,是从人类的层面向下掉,我们越往下掉,我们就变得越不像人。因为我们少了人性,我们就采取欺骗手段把我们已丢失的人性强加于无生命的物体和抽象的理论上。(第 466 页)

我们生活在一个冷酷无望的世界里;原子相撞,脑细胞疲劳,经济崩溃,还有其他的跟在它们后面接踵而来,这一切都与历史的基本节奏相吻合。(第 466 页)

我老了,世界也老了;但是世界永远在变;我们却只能走这么远了。这是一种什么变化根本不是秘密。斯坦西尔先生,世界和我们都在诞生的那一刻就开始死亡。(第 528 页)

唯一的变化是走向死亡,迟早我们都将腐朽。(第 529 页)

在作者笔下,几乎"每一个情景都揭示出腐朽和衰落的某种新症状,进一步坠入混乱和逼近死亡"。①

戈多尔芬在南极的冰层下见到了蛛猴的尸体由此发现维苏的真相是虚无,斯坦西尔对 V.的寻找最后听说"坏神父"被拆卸而死。尽管斯坦西尔为得到一个确定的答案还会将寻找进行下去,寻找的故事没有"结局",但小说总得有个结尾。品钦给《V.》写了个"尾声":整部小说以老斯坦西尔海上遇险死去终卷。这真是一个可怕的"结局"。

研究者发现品钦小说的人物和品钦小说的读者之间似乎有一种同构或类比关系。② 斯坦西尔是一个固执的读者,他对 V.的寻找像是解读一个文本,他要从文献(他父亲的日记、福斯托的"忏悔录"等)的字里行间寻觅"隐藏在 V.的背后与内里的东西"。V.在小说中的位置完全处于"斯坦西尔的阅读之中"。《V.》的读者则犹如执拗的斯坦西尔,竭力要找出隐藏在这部小说"背后与内里的东西"。然而,这一寻找过程也会是斯坦西尔式的:猜测和推论,并陷入不确定性的迷宫之中。而且同斯坦西尔一样,读者从小说杂乱的叙事中煞费苦心梳理出的"情节"也只是他"自己的虚构"。③ 在此意义上,斯坦西尔的故事不也是一个阅读的故事?

---

① Tony Tanner, *Patterns and Paranoia or Caries and Cabals*, see:*Salmagundi*, Winter, 1971, p.83.
② John Dugdale, *Thomas Pynchon: Allusive Parables of Power*, St. Martin's Press, New York, 1990, p.14.
③ Tony Tanner, *Patterns and Paranoia or Caries and Cabals*, see:*Salmagundi*, Winter, 1971, p.82.

拷问人性
——再论多丽丝·莱辛《金色笔记》的主题

◎ 肖锦龙

一、哲学性地审视人和人性

《金色笔记》的主题是西方批评界关注的一个焦点问题。很多批评家认为,《金色笔记》集中表现了莱辛的精神困惑和危机,是作者矛盾开裂的意识的艺术直白。如摩根(Morgan)认为它真切地吐诉了莱辛的女性经验,表现了她在男女关系问题上的矛盾态度;鲁本斯坦恩(Rubenstein)认为它集中展示了主人公安娜自我分裂的精神心理状态,借之表现了作的者矛盾意识,折射了20世纪中期西方混乱的碎片化的社会现实;迈克林得尔(McCrindle)认为它生动展示了莱辛在政治、性、爱情等问题上的矛盾观念和态度,深切表现了"二战"前后西方人精神心理的困惑;海蒂(Hite)认为它充分揭示了主人公安娜破裂的、"碎片化的"意识,借之表现了作者的精神困境;匹克雷(Pickering)认为,它"讲述了一个妇女的精神崩溃、破碎以及力图达到统一状态的故事",深刻揭示了20世纪中期作者以至整个西方社会的精神困惑和危机,等等。莱辛(Newquist)对人们将《金色笔记》视作是她的个人意识和经验的直白的看法很不以为然。她尖锐指出:"我对《金色笔记》的各种批评很愤怒。它们认为它是个人性的。""自开始写作《金色笔记》我就处于非个人状态。我脱离了个人。我停止这么说:'这是我的,这是我的经验。'"既然《金色笔记》的主题不是作者的精神意识和经验的表现,那是什么呢?

莱辛在《金色笔记》中明确提出,那种报道性的小说是不值一提的,真正的小说作品应"具有小说之所以成为其小说的那种特质——哲学性"[1],它是"那种充满理智和道德的热情,足以营造秩序、提出一种新的人生观念的作品"(第68页)。她认为她的《金色笔记》便属于此类作品。在1969年关于《金色笔记》的一次访谈中她表白说:"当我开始写作时,我问的第一个问题是:'谁正在思考同样的思想?那跟我一样的其他人在哪里?'我不相信唯独我有某种思想。那思想就在周围"。从莱辛的这些

---

[1] 莱辛:《金色笔记》,陈才宇译,译林出版社2000年版,第67页。以下出自此书的引文仅标页码。

自白中可以看到,她所看重的不是那种简单描述生活事件的报道性的小说,而是那种有思想深度的哲学性的小说;她的《金色笔记》不是用来表现她自己的个人经验的,而是用来表现周围人们普遍的思想观念的;她想借此小说营造一种"秩序",探讨所有的人都共同关注的根本性的问题即人生问题,以最后提出"一种新的人生观念"。

在《金色笔记》临终的总结性的篇章"金色笔记"中,有两个细节很值得注意。一是主人公安娜的情人索尔鼓励安娜去写作小说,并为她写下了第一句话:"两个女人单独待在伦敦的一套住宅里"。这句话基本上概括了《金色笔记》的题材:它主要记述两个女人摩莉和安娜,特别是安娜的一段生活经历经验。二是安娜鼓励索尔为传播先进的思想去创作,并为他写下了第一句话:"在阿尔及利亚一道干燥的山坡上,有位士兵看着月光在他的枪上闪烁。"索尔接着上面的话,写下了下面的故事:

> 这位士兵原是个农民,他意识到自己对生活的看法与别人指望他应当有的看法不一样。……他应该有自己的看法。有天深夜他和一名他曾拷打过的法国俘虏讨论到自己的这种心境。这名法国俘虏是位年轻的知识分子,是位哲学系学生。这位年轻人(两人是在监狱里密谈)抱怨他是羁押在一所智力的牢房里了。他发现,这已经好几年了,他每有什么观点,或感情,无不立即可予归类:一类标着"马克思",另一类标着"弗洛伊德"。他抱怨说,他的思想和感情就像弹子一样无不流入预定的"狭槽"之中。……他但愿只要有一次,在他一生中只要有一次,他能感受或想到一些属于自己的东西,自发的,不受指点的,不是弗洛伊德或马克思爷爷授意他的。……指挥官走进来,发现这阿尔及利亚人像兄弟一样与他本该监视的俘虏在谈话。指挥官认定他的这位部下有间谍嫌疑……第二天早上,就在那道山坡上,那阿尔及利亚士兵和法国学生,脸上沐着初升的太阳,并排着一起被枪决了。(679—680)

这个故事基本上概括了《金色笔记》的主题。在此故事中,"年轻的法国知识分子"的思想状况即是安娜的思想状况的隐喻式表现:她意识到她的智力、思想以至行为都被已有的认知视野如马克思主义或弗洛伊德学说禁锢了起来,她盼望能像没有任何思想羁绊的阿尔及利亚士兵自由地思想,对人生有自己的看法。那"年轻的法国知识分子"所渴望的实际上就是安娜(质而言之是莱辛)在《金色笔记》中着力完成的:全面突破弗洛伊德和马克思关于人生的看法,自发地、不受指点地"提出一些属于自己的东西"。

二、历史主义观念

在人的世界中,人为什么而活和怎么活是所有的人都不得不面对的根本性问题。所以我们看到,在《金色笔记》不仅成年的安娜在苦苦求索它的答案,未成年的汤姆也在苦心竭虑地尝试给它一个说法。怎么理解人生的意义和方向自然与怎么理解人的本质、本性直接关联在一起,所以探究和界定人的本质、本性问题便成了包括文学艺术在内的所有人文社会科学的焦点问题。在人类历史上解释人性问题的学说汗牛充栋,数不胜数。有两种学说最有代表性:马克思主义和弗洛伊德学说。前者是理想主义观念的代表,它把人理解成是社会的精神的人,认为人生的意义在于为人类做贡献,具体而言是投身于反社会不平等、反剥削反压迫的革命事业中,为人类的共同幸福努力;人的本质是社会关系的总和,人性是具体的历史的,是由特定的社会环境决定的。后者则是利欲主义的代表,它把人理解成是个体的物质的人,人生的意义就是最大限度地满足自己的各种物质欲望;人性是人的生命欲求,是普遍的绝对的,根之于人的生理心理机能,与社会环境没有关系。

《金色笔记》共有六个部分。前四个部分都由"自由女性"、"黑色笔记"、"红色笔记"、"黄色笔记"、"蓝色笔记"五个板块组成,第五、六部分中各自只有一个板块,前者的名字是"金色笔记",后者的名字是"自由女性 V"。莱辛在《金色笔记》第一和第二部分中首先考察了马克思主义的人性观念。

前两部分之第一板块中的两本"自由女性"主要讲述的是汤姆的故事。汤姆是伦敦金融家理查和演员摩莉的儿子。理查和摩莉结婚后不久,因人生态度不同而相互鄙视对方。摩莉认为理查眼里只有金钱,他声色犬马,生活空虚无聊。理查认为摩莉空有理想,没有作为,一事无成。他们结婚不到一年就分手了。离开理查后,摩莉一直带着汤姆与好友安娜一起过着独立的生活。汤姆长大后,性格很古怪,让摩莉、理查以至安娜很担心。比如在他这个年龄段,很多人为了上牛津、剑桥等名校,正在发奋读书,但"他对什么都不感兴趣"(第20页),整天待在房间里"胡思乱想"。他父亲给他介绍工作去做,他断然拒绝了。理由是他不愿走父亲的路。他蔑视父亲的生活方式,认为他生活在金钱世界中,空洞平庸。他也看不上母亲和安娜的生活方式,认为她们空有一腔热情,而无有效的实施方案和实际的行动,因而最后一事无成。他找不到人生方向和出路,异常苦闷,最后走上了自杀之途。他的这种反叛父母、反叛社会规范的叛逆性格,正像他跟安娜辩论时所提到的,完全是在他母亲和安娜等共产主义者的影响下形成的:"我始终不是一个共产党员——我只是看见你和我母亲以及你们的朋友在里面,但这已影响了我。我现在正患意志麻痹症。"(第277页)"我之所以未能成为(父亲)那种人,这都是你和我母亲的影响造成的。"(第279页)从汤姆的身上可以明显看到,人的言行、性格或者说本性完全是在特定的社会环境中形成的,是由特定的意识形态打造成的。马克思说得没错,人性是历史的具体的。

在第二个板块的两本"黑色笔记"中,作品主人公安娜讲述了她在南非罗得西亚的一家英国旅馆所经历的一段往事。其中的核心人物是保罗·布莱肯赫斯特。保罗曾就读于牛津大学,早年参加过一个有左翼倾向的组织。"二战"期间停学参军,变成了一位英国空军士兵。他落拓不羁,对所有的陈规旧习都嗤之以鼻,而"对于任何道德的或社会的反常现象都表示由衷的欣赏"(第82页)。到了罗得西亚后,他参加了当地的一个共产党小组,周末经常与小组成员们一起活动。有一段时间经常去郊外的马雪比旅馆游乐。在那里保罗认识了黑人厨师杰克逊,对之很有好感。他不顾白人和黑人间的种族隔离戒律,与杰克逊平等相处,亲切交流,变成了好朋友。这引起了老板娘布比斯太太的强烈不满,她多次出面阻止。布比斯太太的反对不但没有能阻止保罗与杰克逊来往,相反却激怒了保罗,他与杰克逊走得越来越近。布比斯太太愤慨不已,骂保罗脑子有问题,骂杰克逊"龌龊",并借故赶走了杰克逊及其家人。随之,保罗和他的同志们离开了马雪比旅馆。保罗最后在一次意外事故中死去。很明显,保罗的反社会道德规范、反种族压迫的个性也与他的左派分子身份分不开,根本上是由他最早接受的马克思主义的反社会等级、反种族压迫的思想话语打造成的。

第三个板块中的两本"红色笔记"主要表现的是"二战"后安娜的政治态度。作为一个老共产党员,"二战"后安娜对共产主义事业仍怀有很高热情,特别是当她看到周围的很多人"俗不可耐",而像摩莉这样的共产党员却"富有生气和热情","为共同的目标而工作"时(第165页),她十分羡慕,欣然参加了伦敦的党组织。但她同时也深深体察到了当时共产主义的组织和政府的弊端:如伦敦党组织的高级领导层思想僵化,官僚作风严重;党组织内部宗派思想严重,党同伐异;党的领袖人物斯大林搞个人崇拜等。由于对共产主义组织和机制的极度失望,安娜入党不几年便打报告退了党。安娜入党是因为希望通过参加党组织的活动为共产主义事业做贡献,而她退党则是因为党组织不能领导人们实现共产主义的伟大目标。所以她的政治态度的基础依然是共产主义的伟大理想。她始终沉湎在共产主义的神话之中,"等待回归真正的社会主义的一天的到来"(第171页),她的个性是由共产主义神话塑造的。

第四板块中的两本"黄色笔记"记载了安娜的一篇长篇小说《第三者的影子》。小说的主人公爱拉战争期间做过女工,思想进步,被人称作"革命者"。她的婚姻观念也很激进,十分厌恶和反对无感情的婚姻,极力追求两情相悦的男女关系。很久以前有一个男人苦苦追求她,因下不了跟他一刀两断的决心,她嫁给了他。婚后她实在无法与这个她不爱的人生活下去,所以离开了他。此后她一直寡居独处。有一次,在一个晚会上与一位有妇之夫保罗·唐纳邂逅相遇,深深爱上了后者。保罗也对她情有独钟。两人卿卿我我,过了五年亲密的情人生活。她觉着他们之间的关系才称得上是真正的男女关系。她简直无法理解像保罗的妻子那样的女人。她们竟然能与一个自己不爱的人一直木然地生活下去。然而让她始料不及的是,保罗不仅像过去曾厌倦和抛弃他的妻子那样厌倦和抛弃了她,而且还在别人面前诋毁她,称她是"轻浮的婆娘"(第237页)。在此情境中,她不得不承认她的状况"比他那位担惊受怕的妻子好不了多少"(第332页),她追求真挚爱情的人生梦想彻底破产了。她经受了一次巨大的人生重创。爱拉的婚姻爱情史堪称一部悲剧式的婚姻爱情史,其根由不在外部而在内部,是由她对爱情婚姻的过高期望造成的,发端于她理想化的人生梦幻。她的生活悲剧根本上是由她所接受的那种理想化的浪漫主义话语酿造的。

第五板块中的两本"蓝色笔记"收集了安娜1946至1954年间的一些日记,表达了安娜对社会人生的各个方面的深度失望感。一是她对自己的婚姻的失望感。1946年,安娜与男友麦克斯结婚生子,结婚后不久发现自己对麦克斯没有丝毫感情。跟他在一起她"没有性欲"(第246页)。所以一年后就离开了他。二是她对写作的失望感。她曾写过一部小说《战争的边缘》,它与她要表达的东西差距很大,很不真实。所以她不仅对它很失望,而且对写作本身不再抱有幻想,停止了创作活动。三是她对自己的情人迈克尔的失望感。虽然她与迈克尔相互爱慕,两人间产生了真挚爱情,她"大部分时间都还愉快"(第250页),但迈克尔"我行我素"(第354页),干涉她的个人自由,挖苦她的创作活动,指责她"爱他不如爱孩子"(第250页),所以她很恼火,一直怨恨他。四是她对人类世界的失望感。美国正在试验氢弹,英国大幅度增加军费开支,朝鲜战争极为血腥和残酷,俄国的苏维埃掀起了大肃反运动,等等,这一切正在将人类推向灾难的深渊。安娜的这种深度失望感自然源自于她对生活的高度期望,源自于她美妙的共产主义理想。正是在后者光芒的照耀下,她才深深感受到了社会人生的黑暗和不如意。

上述的各类人物,从反叛父母和社会俗见的汤姆,到反对种族隔离思想的保罗·布莱肯斯特,到一面参加左派组织一面对之持怀疑态度的安娜,到追求浪漫多情的男女关系的爱拉,到对社会人生的各种方面极度不满的安娜,其思想言行、个性、或者说本性都是由共产主义神话或者说革命理想主义观念塑造成的,都受制于特定的意识形态即马克思主义的思想话语。由此而言,马克思主义关于人的本性根之于具体的社会历史环境、是社会历史的产物的历史主义观念是有道理的,人性的确是具体的历史的。

三、本质主义观念

《金色笔记》的第三、第四部分给我们展示了人的个性或内在本质属性的另外一种图景。其中的两本"自由女性"主要记述的是汤姆自杀未遂之后的事。汤姆持枪自杀虽然被抢救过来,但由于子弹伤到了大脑神经,所以最后变成了瞎子。汤姆的父母和安娜都非常恐惧,担心他承受不了这巨大的打击。但结果却大大超出了他们的意料,被抢救过来的汤姆表现出了空前强烈的求生欲望和强大的生命意志:他不仅打消了所有的轻生念头,而且全力克服双目失明带来的各种不便和困难,很快适应了盲人的生活。他后来与父亲年轻的妻子马莉恩接触,受到后者的抚慰,顿时激发出了强烈的爱情火花。他和她情投意合,不知不觉地走到了一起。在这两个篇章中,我们看到的多是汤姆身上的生命欲望、生存意志、激情和本能的一面。

两本"黑色笔记"同时讲述了三个不同的故事。第一个故事讲述了人残害动物的事:一个男子抬脚无缘无故踢死马路上的鸽子。很明显那个男子生性中有一种毁坏性的力量,有一种暴力倾向。第二个故事讲述的是保罗·布莱肯斯特摧毁、屠杀生物的事:马雪比旅馆的老板布斯比先生想吃野鸽肉,托保罗一行人去附近山里捕杀。在路上保罗看到脚下有两对蚱蜢正在交配,他不但恶作剧式地破坏它们的交尾举动,而且最后将它们全部踩成了白花花的肉浆。到了山上的林子里,他遇到野鸽,见一个射一个,一连射杀了九只,身上充满了血腥味。人类的破坏、残暴本能在他那里得到了惊人的表露。第三个故事讲述的是一个白人商人兽性发作强奸一个黑人女孩、最后被杀的事:"那位白人的目光直勾勾地像利箭射向"一个黑人女孩诺妮"一摇一摆的臀部"和"处女的大腿",然后"强行霸占"她(第468页);那女孩的男友"将仇恨的红蛇"交到了他的兄弟们的手里。他们"一起去找那好色的白人,结果他的性命"(第470页)。在这些故事里作者给我们展示了人类为自己天然的无法扼制的本能欲望所驱使残害自己的近邻动物和残害自己的同类的情景。可见,人在根本上与凭本能行事的动物相差无几。

两本"红色笔记"记述了斯大林去世后英国共产党的状况。人们期望英国共产党"不再死心塌地忠于莫斯科,不再说假话",能够"革除党内的'僵死的官僚主义'",脱胎换骨,"成为一个真正的民主的政党"(第473页)。可实际上党的领导层"一直在隐瞒决议,欺骗,结党营私,造谣生事,歪曲事实"(第474页)。这很明显不是由共产主义理论和信仰造成的,而是由人们自以为是、争权夺利的丑恶本性造成的。正因此,"再没有任何事能比通过民主的方法'消除'老卫士们并从'内部'改造共产党这个主意更荒谬了"(第475页)。因为它将会引出更多的宗派和内斗。

两本"黄色笔记"写的是人们放纵性欲情欲的情景。爱拉的性爱经历是核心。爱拉被保罗·唐纳抛弃后感到"比以往任何时候更孤单了"(第477页)。为了排解孤寂,她有一次和同事杰克发生了一夜情关系。杰克是那种不懂柔情而只会耍弄枕席技巧的男人,爱拉感到很沮丧。于是她决定"在真正爱上什么人之前将洁身自重"(第482页)。但很快"她开始感到了性饥渴。现在她无法入睡,经常怀着敌视男人的幻觉实施手淫。她感到莫大的羞耻,觉着这意味着她得依赖男人来'苟合偷欢',来'放荡一番',来'获得满足'"(第483页)。几个星期之后,爱拉在某次聚会上遇到了一个写电影剧本的加拿大人,两个人互有好感。第二天他背着妻子来找她。"他们喝酒,大笑,说些玩笑话。欢乐之余,他们上了床。爱拉奉献了快乐。但她什么感觉也没有"(第484页)。"他们之间的交往就此结束了"(第485页)。这里的爱拉是一个完全受性欲支配的本能性感的女人。

两本"蓝色笔记"主要记述了安娜后期的性爱经历。在后期安娜遇到的男人都是那种以伤害别人为乐事的男人。1954年,安娜认识了一个年龄在四十上下的美国犹太人纳尔逊。由于纳尔逊表现得比较严肃、负责、成熟,所以安娜对他很有好感。相识的第三天,他们就同居了。结果发现,他是那种性功能有障碍的早泄型的男人。但他却不从自己身上找原因,而把他的性无能归咎于妻子。他恶意攻击自己的太太,"说他太太'让人勃不起来'"(第514页)。他们第二次上床,他又失败了,他转而歇斯底里地辱骂所有的女性。后来他打电话给安娜,声称要和她结婚。遭到安娜的拒绝后,他开始尖叫并辱骂安娜。在他身上,安娜清楚地看到了人类的那种"以恶为乐"的本性。与纳尔逊破裂后,她遇到了锡兰人德·席尔瓦。他是一个小记者,曾娶一位英国女人为妻。由于在伦敦难以为生,带着妻子回到了锡兰老家。逼着妻子生下第二个孩子后,他撇下无依无靠的妻子儿女,回到伦敦鬼混。他是那种专门在损伤别人中找乐趣的人。有一次在他的追求下,安娜跟他上了床。结果却发现他完全心不在焉。安娜很反感。她告诉他,她再也不会和他上床了。于是他非常愤怒,用最损的方法伤害她,打电话过来说,晚上要带一个妓女过来,想借她头顶上的房间一用。安娜称他"是以恶为乐原则的化身"(第535页)。之后,安娜遇到了美国人索尔·格林。他是一个完全以自我为中心的人,行事从来不顾及别人的感受。在美国时,他同时与梅维斯和琼两个女人来往,结果却引得梅维斯为他切腕自尽。到了伦敦他又与简、安娜、玛格丽特、多萝西四个女人同时来往,逼得她们一个个为他发狂。安娜称他"以他的敏锐和同情去追逐某个女人,一往情深地宣称她是属于他的,然后,当她开始痴情以报的时候,他却退避而去了。女人越有情意,他就越避得快"(第624页)。他是"那邪恶的无法无天的本原"(第615页)的化身。

第三、第四部分中的人物,从有强烈的求生欲的汤姆,残酷杀戮动物生物的路人和保罗,强暴黑人少女的白人商人,英国共产党人,性感的爱拉,到以伤害别人为乐事的"以恶为乐"的纳尔逊、德·席尔瓦、索尔·格林等无不以自我为中心,无不凭本能行事,无不是冲动性的。由此而言,弗洛伊德关于人的心理和行为根本上受制于人的生理机能、人的本性实质上就是人的生命欲望和性本能的说法触及了人性的某些根本的方面,也不无道理。

结　论

事实上,人身上既有社会的理性的历史的因素,亦有自然的本能的普遍永恒的因素,人的本性远比马克思等历史主义者和弗洛伊德等本质主义者所说的要多元复杂,甚至可以说是无穷无尽的,无法界定的。对之,《金色笔记》的总结性的篇章"金色笔记"和"自由女性Ⅴ"给予了极充分的表现。

"金色笔记"主要是主人公安娜对自己和她的情人索尔·格林的精神心理的解剖。在她犀利的解剖刀下,我们看到了两颗在所有的层面上都处于激烈矛盾状态中的开裂的灵魂。如安娜一方面十分厌恶只图自己的快乐而不顾别人的感受的自我中心主义者索尔,称他是"魔鬼"(第647页),另一方面却又发狂地喜欢他,他每一次去会其他女人,她都心急如焚,坐立不安。一方面她是动物性的,尽情享受和欣赏着自己的肉体:"我上床不久,索尔进来,在我身边躺下了。他伸在我脖颈下的手臂很温暖有力,我们便做爱了……我不禁笑了起来。他也笑了,我们笑个不停,嘻嘻哈哈地在床上打滚,后来又滚到了地上"(第647页)。"我坐在床上,愉快地欣赏着自己的身体。甚至大腿内侧皮肤上一条细小的皱纹,衰老的最初的迹象,也让我感到愉悦"(第649页)。另一方面又是神性的,极端厌恶自己的肉体:"这时楼上又响起了脚步……我感受到很讨厌自己的肉体,这种感觉以前从未有过。我坐在床上,看着自己瘦瘦白白的双腿和瘦瘦白白的双臂,又看看自己的乳房。我湿漉漉又黏乎乎的中心似乎很令人厌恶"(第648页)。一方面她是梦幻式的,满脑子是幻觉:"天花板上的光斑成了巨大的警觉的眼睛,那是正在盯着我的野兽的眼睛。那是一只老虎,蹲伏在天花板上,而我是个儿童,并且知道房间里有老虎,尽管我的大脑告诉我没什么老虎"(第650页)。另一方面又是理智的,大脑意识异常明晰:"自始至终我都意识到自己躺在床上,意识到在睡眠,而且思维出奇的清醒。我是自己,却又知道我想些什么,梦到些什么"(第650页)。一方面她是现实的,充满了焦虑:"据我所知,这是以前在病中才有的那种睡眠:身体非常轻,仿制在水中……随即我意识到身下的深水区充满危险,那儿尽是怪物、鳄鱼和我几乎想象不出的野兽,它们都极狡猾极凶险,然而正是这种危险吸引着我下潜,我正需要这种的危险"(第651页)。另一方面是理想的自由轻松的:"那个声音说:'安娜,你知道怎样飞翔,飞吧。'因此我像个喝醉了的女人一样,先在浅浅的污水中曲膝跪着慢慢爬起,再站起来,并用脚踩动污浊的空气竭力想往上飞。于是我奋力踩蹬,并缓缓升了起来,而屋顶却消失了"(第651页)。一方面她是历史的,生活在记忆中:她的脑子里全是过去的人和事,如马雪比旅馆,保罗·布莱肯斯特,维利,伦敦,摩莉,汤姆,理查,迈克尔,等等。另一方面是当下的,生活在虚构中:她对过去的人和事进行再"命名",制作出了新的现实图景,如伦敦,爱拉,保罗·唐纳,等等。安娜自称她常常"以各种身份经历了各不相同的生活"(第639页),所以她的大脑视野过去与现在不分、虚幻与现实不分,"是一片混乱,一场乱糟糟的舞会"(第655页)。

索尔也始终是自相矛盾的。一方面他是一个"百分之百的革命者"(第660页),最早因反对斯大林的极"左"路线曾被开除党籍,随后又因是赤色分子而在好莱坞被列入黑名单,不过他对党的事业从来没有灰心过,随时准备为党献身。另一方面他又"颓废得一无是处",变成了一个连自己都"讨厌"的享乐主义者(第660页)。一方面他自大、本能、疯狂:当安娜评价他不过是个普通人,不过是一个"推大圆石者"时,他很不服气,非常激动,"我不会是。我将。我要。我。他像头野兽,一头会说话的野兽,满屋子转着说个不停"(第664页)。另一方面他谦卑、理性、平静:"我取下了阿姆斯特朗的(激越的)歌曲唱片,而放上了他的音乐,那是冷静而理智的音乐,那是拒绝疯狂和激情的人爱听的超脱的音乐。一时间他停止叫喊,坐下来了,双眼紧闭,倾听着密尔顿那轻柔而急促的鼓声,那鼓声就如同他刚才的话语一样在房间里回荡,于是他恢复了自己的声音说:'天哪,我们失去了什么,我们失去了什么失去了什么啊,我们到底怎样才能恢复,我们怎样才能恢复到原来的样子啊!'"(第665页)一方面在感觉的层面上他欣赏安娜,承认他"喜欢安娜胜过任何女人"(第607页),另一方面在理智的层面上又厌恶她,称她是常给人找麻烦的"折磨"人的女人(第608页)。由于他有多重面孔,所以安娜怎么也摸不透他:"我在想,我,安娜·沃尔夫,正坐在这儿等待着,却不知道谁会走下楼来,是那个了解我安娜的温柔亲切多情的男子,还是个鬼鬼祟祟的狡诈诡秘的孩子,抑或是个充满憎恨恶意的疯子。"(第626页)

由于安娜和索尔各自都有多张面孔,多重声音,所以他们二人间的交流差不多变成了杂语共呈的口角,完全是多声部的:"我在想,要是发生在这房间里的无数次谈话,那些交谈、口角、争辩和恶心,都有录音的话,那录音听起来就会像世上不同地区的一百个不同的人在说话、叫喊和提问一样。"(第659页)

安娜和索尔的性格是矛盾复杂的,其他的人物如摩莉、汤姆和马莉恩也不例外。这在"自由女性V"的反讽式的文学叙事中表现得很清楚。摩莉曾是一个地地道道的"自由女性"。她很早就参加了英国共产党,思想十分激进。在家庭生活方面她一贯追求一种独立自主的人生。18岁那年,父亲出于利益的考虑把她嫁给了一个她不喜欢的人理查,没过多久,她就离开了理查,过上了一种不受男人约束的自由无羁的生活。在社会生活方面她反对唯利是图的资本主义生活方式,崇尚为大众谋福利的社会主义生活方式。她十分轻蔑眼里除钱外看不到任何东西的理查,认为他的生活"空虚而愚蠢"(第24页)。她将大部分精力花在各种各样的社会福利工作上。可二十多年后,她的思想突然发生了一百八十度的大转弯:她不仅十分渴望一种受男人约束的家庭生活,因而嫁了人,而且还嫁给了那种她一贯最鄙视的人即发了大财的商人。从常人的角度看,她的这种自相矛盾的言行的确匪夷所思。

汤姆和马莉恩曾是极端的革命者。他们十分蔑视理查唯利是图、声色犬马式的生活方式。正是在对理查的轻蔑和反叛中,两个人不知不觉走到了一起。他们曾一度将精力全部放到了为大众谋幸福的左翼政治事业上,如"为那些黑人穷人的不公正待遇而大声疾呼"(第410页),探望政治犯,参加与非洲殖民地国家的独立有关的政治性会议,并参加反殖民主义的游行示威活动,以至赴非洲帮助那些"可怜的人",等等。可最后他们却改弦易辙,走上了他们极为轻蔑的人理查所走的路,即把精力全放到赚钱和个人发展上:汤姆接管了理查的公司,在那里"正式就职了"(第702页),变成了自己父亲的资本主义金融事业的接班人;马莉恩也"在骑士桥一带买了一爿成衣店","经营上等服装"(第702页),成为一个货真价实的资产者。不言而喻,他们的言行也是矛盾自反的。

人的生性是如此的矛盾复杂以至一切有关它的界说都不会脱靶。因为不管你怎么去界定它,都会多多少少触及它的一些重要层面,都会揭示它的某些本质属性。这也正是上述马克思主义式的历史主义人性观和弗洛伊德式的本质主义人性观为什么都显得有道理的原因。但从另一个角度说,一切有关它的界说又必然不会完全中的,必然有严重缺陷。因为作为一种思想概括或语言叙事,任何界说都只能捕捉到人性中与其视野有关联的或者说同构的一面,而无法捕捉到其中与其视野无关或悖谬的一面,它们只能从某一个角度注意到其中统一有序的因素,而必然会遗漏掉其中差异混沌的因素。这也正是安娜(实际上是莱辛)对语言表现的能量和可信度表示深刻怀疑的根由所在。她指出:"在我思考的时候,这些文字不是成了重现经历的形式,而成了一系列犹如牙牙学语般的毫无意义的音节,并消失在片面的经验之中。"(第506页)

人性的内涵是无限丰富的,是无穷无尽的。人们的每一种界说都只能触及它的某一种意味,都不可能也无法穷尽它所有的意味,所以人性在根本上是不可界说的。安娜将人们界说人性的过程比喻为一群人推大圆石上山的过程——永远在往前推,但永远没有结果:"一群人正在推一块大圆石上山。当他们刚往上推了几尺,石头便滚落下来——不是滚到底,总能停在比原先高几寸的地方。于是那群人用肩膀顶住石头,又开始往上推。"(第664页)接着又掉下来……"那块圆石就是大人物们凭天性就认识的真理,那座山就是人类的愚昧"(第222页)。不管人们怎么努力,大圆石永远无法抵达山顶,人性之"真理"永远无法被全面揭示。人性之"真理"是无法界说的。

早在两千四百多年前古希腊的智者苏格拉底就对人们说:"认识你自己。"在人类历史上人们认识、探究人和人的本性的活动从来没有停止过。人和人性问题是人类文化史上的一个亘古而常新的话题。对人类生活中的这一重要而诱人的斯芬克斯之谜,以前的作家们大都抱着一种虔诚的态度,不遗余力地探究和阐发它,力图为之提供一种终极答案。而多丽丝·莱辛却一反这种积极的态度,一开始就极力申述人性的多元性、丰富性、矛盾性、复杂性,并一再宣称试图充分阐述它和界定它,为之提供一种终极答案的不可能性。且不论莱辛的此解构主义式的态度和观念是否正确(事实上正像莱辛本人所说,"正确"概念本身就是一个问题),单就莱辛对人性问题的独树一帜的阐释本身,已足以叫人耳目一新,大开眼界。《金色笔记》一面世就在西方思想界和文坛上产生了震撼性的效果,这无不与它深刻而独到新颖的主题思想直接关联在一起。莱辛自称,《金色笔记》是"一次突破某些意识观念并予以超越的尝试"。从主题的角度看,它是名副其实的。

参考文献

[1] Hite, Molly. Doris Lessing's The Colden Notebook and The Four-Gated City: Ideology, Coherence, and Possibility[J]. Twentieth Century Literature, Vol.34, No. 1 (Spring, 1988).

[2] McCrindle, Jean. Reading The Golden Notebook in 1962[M]. in Notebooks/Memoirs/Archives: Reading and Rereading Doris Lessing, edit. By Jenny Taylor, Routledge & Kegan Paul, 1982.

[3] Morgan, Ellen. Alienation of the Woman Writer in 'The Golden Notebook'[J]. in Contemporary Literature, Vol. 14, No. 4, Special Number on Doris Lessing (Autumn, 1973).

[4] Newquist, Roy. edit., Counterpoint[M]. Chicago: Rand McNally, 1964.

[5] Pickering, Jean. Understanding Doris Lessing[M]. University of South Carolina Press, 1990.

[6] Pratt, Anni. and Dembo, L. S. edit. Doris Lessing—Critical Studies[M]. University of Wisconsin Press, 1974.

[7] Raskin, Jonah. Doris Lessing at Stony Brook: An Interview[J]. New American Review, 1970(8).

[8] Rubenstein, Roberta. The Novelistic Vision of Doris Lessing[M]. University of Illinois Press, 1979.

文学性·美学·意识形态
——论保尔·德曼文学批评理论的核心问题

◎ 昂智慧

保尔·德曼的文学理论思想主要表现为一种强调文学语言的修辞性和寓言性本质的否定性语言哲学思想。从20世纪80年代开始，人们颇为惊讶地发现，德曼越来越关注美学和意识形态等"文本之外"的问题。关于这个所谓的"转向"，德曼本人则在一次访谈中宣称，自己其实一直以来从没有脱离对于意识形态问题的思考，以前对一些语言问题（特别是修辞学问题）的探讨其实在一定程度上说是为现在的研究做好了技术上的准备，因为在他看来，只有在"批评语言学分析"（critical-linguistic analysis）[①]的基础上，才能够有效地讨论意识形态等方面的问题。从某种程度上看，文学性、美学和意识形态这三个关键词贯穿了德曼文学批评活动的始终，尤其在后期占据了极为重要的地位。由于德曼对于这三个概念以及三者之间复杂关系的理解和阐释都非常独特，本文将注重解决的问题就是：什么是德曼所谓的"文学性"、"美学"和"意识形态"？它们之间构成了怎样的颠覆、解神秘化和无法割舍的伴生关系？

一、文学性就是语言的修辞性

由于深受索绪尔语言学的影响，德曼非常赞赏法国结构主义在"文学性"这个观点上对俄国形式主义的直接继承，认为他们对文学文本所进行的语言学研究开创了当代文学研究的富有创意的新领域。但是，从德曼的许多论述中我们也可以看出，德曼对于"文学性"这一概念有自己的理解。在他看来，文学性既不是俄国形式主义所主张的那种把文本与世界隔离开来的、使一部文学作品成为文学作品的那个东西，也不是巴赫金的"审美客体"。德曼所谓的文学性并不是独属于文学的某种特性，而是介于语言学与文学之间的某种东西：

[①] Paul de Man, "An Interview with Paul de Man *Stefano Rosso*," in *The Resistance to Theory*, University of Minnesota Press, 1986, p.121.

> 符号学语言学和文学语言学之间显然具有某种共同的东西，这种东西只有它们共有的视角才可以发现，而且也仅仅属于它们。这种东西常常被称为文学性，它已经成为文学理论研究的对象。①

这里德曼所谓的"符号学语言学"指的主要是索绪尔的语言学，而不是后来巴特宣扬的那种符号学。在德曼看来，当代文学理论的出现主要得力于索绪尔的语言学。他甚至断言，理论的出现发生于"语言学术语被引入文学的元语言"之后，也就是"索绪尔的语言学运用到文学作品的[分析]中"之后②。

如此看来，为了搞清楚德曼的文学性概念，我们就必须首先清理出德曼为什么如此强调语言学术语对于文学理论的重要性，以及他从索绪尔那儿汲取的是怎样的理论观点。德曼所重视的语言学术语"是指一种首先标明语言的指称意义（reference）而不是其指称对象（referent）的术语"③，这些语言学术语之所以有利于文学理论的建立，关键在于，它们提示文学研究家们不要总是想当然地从类比的角度去分析文学文本与现实世界，而要始终保持清醒的态度，首先把文本作为一个语言存在物来对待。在德曼看来，只有这后一种研究角度才能避免把文学与现实生活无端地混淆起来，从而真正的理论视角才可能出现。对语言文本和生活现实这两个世界的断然区分正是索绪尔语言学中的一个重要的研究策略。"在索绪尔看来，语言符号没有外部的基础，因此，构成符号的能指和所指间的联系不可能从外部世界寻找原因来给以解释。"④此外，索绪尔语言学中影响最大的主张还有：语言是一个独立自主性的体系，而且语言符号具有任意性。

然而，德曼并没有遵循索绪尔纯粹的语言学研究准则，没有严格地把语言学的研究限制在语言系统内部，而是把自己的"文学语言学研究"延伸到了认识论的领域；他对索绪尔理论的"误读"主要表现在他把文学性首先理解为语言的修辞性，也"就是那种更加突出语言的修辞功能，而不是它的逻辑功能和语法功能的运用语言的方法"⑤。但是，语言的修辞问题在索绪尔的语言学中是没有位置的，因为索绪尔

---

① Paul de Man,"Resistance to Theory",p.8.

② Paul de Man,"Resistance to Theory",p.9.

③ Paul de Man,"Resistance to Theory",p.8.指称意义"reference"和指称对象（或译为"实指对象"）"referent"并非与索绪尔的"能指"和"所指"形成对应关系，但更不是对立关系，它们最多可以被视为对于后面一对概念的拓展。在索绪尔那儿，他给自己的限定是仅仅研究语言符号内部的关系，也就是说，他不考虑任何关于"referent"方面的问题，而只涉及"reference"，即所谓概念或词语的意义。索绪尔的这个视角正是德曼所要强调的。

④ 张绍杰：《语言符号任意性研究——索绪尔语言哲学思想探索》，上海外语教育出版社2004年版，第86页。

⑤ 张绍杰：《语言符号任意性研究——索绪尔语言哲学思想探索》，上海外语教育出版社2004年版，第14页。

认为修辞学属于语言的运用,属于言语的范围,为了严格的科学研究的需要,必须排除在自己的语言学研究之外。尽管如此,德曼对于索绪尔理论思想的运用却并非一种歪曲性的误解,在某种程度上说,他的研究甚至称得上是对索绪尔语言学理论功能的有效拓展。

此外,德曼对修辞的理解在这里主要偏重于其语言技巧方面的特性以及它在语言构成上的本质意义,而不是仅仅视之为一种雄辩术或语言中可有可无的华丽装饰成分。德曼从尼采那里找到了自己有关修辞的基本论点,即语言就是修辞。但是,与通常人们对德曼的指责相反,他并没有沉溺于对修辞的把玩,而是试图穿越"语言游戏"的表面,深入到其认识论意义上的"价值"中去进行探讨,这也就引发了关于文学性概念与美学、意识形态等概念的关系研究。正是从认识论的角度出发,德曼提出了关于文学性概念的两个否定性的界定:即文学性"不是一种美学品质",它也"不是以模仿为主的"。①

德曼认为,模仿只是文学性所包含的众多修辞手法中的一种。德曼反对柏拉图的神秘模仿概念所支撑的语言观,即所谓的克拉底鲁主义(Cratylism)。这种语言观也是索绪尔不能赞同的语言观,它是一种具有神秘主义色彩的唯名论思想,即把词语的含义与其所指称的事物之间的关系理解为一一对应的关系,并且把相似性(即模仿)视为其对应关系的证据和理由。德曼坚决反对上述语言观,他曾经明确指出:

> 词语一旦被使用,它就摧毁了直接性。它就会发现它不是在言说存在,而是在言说某种中介……对于人类来说,存在永远是正在形成的,所以它必然以一种复杂的面目出现。②

德曼认为,文学语言的独特性,也就是文学性,就在于它本身就是一种有意识地强调修辞的语言运用方法。"文学就建立在对这样一个事实的意识之上,即符号与意义是不统一的。"③

总之,德曼的"文学性"观点是从索绪尔的结构主义语言学发展而来的。但是,德曼的这个"文学性的语言学"已经大大不同于索绪尔的纯粹语言学了,它在发展和演变的过程中经历了某种哲学的改造。索绪尔的能指与所指之间的任意的和约定俗成的关系,到了德曼这里就被延伸为文本与世界之间的寓言关系,文本的语言性和文学语言的修辞性在德曼这里都具有了认识论意义上的重要启示意义。"文学

---

① Paul de Man,"Resistance to Theory",p.10.

② Paul de Man, "Heidegger's Exegeses of Holderlin", in *Blindness and Insight*, University of Minnesota Press, Minneapolis, 1983, p.259.

③ Chris Baldick, *Criticism and Literary Theory 1890 to the Present*, Longman House, London and New York, 1996, p.173.

性"在这里不再仅仅是有关文学的,而主要是有关人类认识世界的方式的。文学与现实的最重大区别就在于它的语言性,在这里也就等于语言的修辞性和文本的虚构性。

二、"美学意识形态"是一种认识论意义上的"畸变"

根据德曼分裂的文学语言观,我们可以看出,"文学性"对于德曼来说,不仅是与文学的语言性、修辞性和虚构性相关联的概念,而且是一个与"美学意识形态"相对立的概念。正如上文所说,德曼曾经一再声明,"文学性并不是一种美学品质"。德曼之所以会对"美学"这个概念产生怀疑,则主要是因为,在他看来,传统的美学概念是一种意识形态的"畸变"(aberrance),代表了一种认识论意义上的非正常状态。

德曼在其遗著《美学意识形态》中考察了"美学"作为一个哲学概念的根本性质。德曼认为,柏拉图的克拉底鲁主义(即一种以模仿为基础的有关语言的哲学观)演变为美学概念的基础。德曼断言,"事实上,美学在康德之前以及自康德以来,一直都是一种关于意义和理解之过程的现象主义(phenomenalism)"[1]。这种所谓的"艺术的现象学"[2]是指美学作为一种艺术哲学学科,依据模仿的原则,以自然世界为模板来建构相关的理论规则,这在德曼看来,就是试图在文学艺术、审美体验和现实世界之间谋求同一性关系,并且赋予这种同一性关系某种举足轻重的哲学意义。德曼甚至认为,"美学"这个概念自其确立以来就始终是一个被蓄意利用了的概念,而且,这个具有亚里士多德模仿论意味的美学概念,"曾经以多种不同的名称出现,一直在西方思想的发展中占据着非常重要的地位,以至于它一直到18世纪末才得以命名这一事实本身,正成了它无处不在的证据,而不是它不曾存在的证明"[3]。

德曼进而指出,由于美学这一概念本身具有"意识形态畸变"的性质,所以它在正确评价和公正地对待艺术品问题上存在极大的局限性。这主要表现为,首先,"就其起源来看,美学一直是那些关注于自然和自我的哲学家们进行研究的领域,而不是语言哲学的范围"[4]。因此,关于文学的美学研究往往落入类比的泥潭不能自拔,表现出浓厚的"文学性的现象化"[5];其次,这类研究往往混淆文学与其他思想领域的关系,忽视文学本身的独立自主性质。德曼明确指出,"文学与认识论、道德是否有关系,这个问题可以追溯到美学在18世纪后半期的兴起。文学(即艺术)与认识论、

---

[1] Paul de Man, "Resistance to Theory", p.7.
[2] Paul de Man, "Resistance to Theory", p.8.
[3] Paul de Man, "Sign and Symbol in Hegel's *Aesthetics*", in *Aesthetic Ideology*, p.92.
[4] Paul de Man, "Resistance to Theory", p.25.
[5] Rodolphe Gasche, *The Wild Card of Reading*, p.130.

伦理学之间的联系,恰恰是美学的职责,至少从康德开始便如此。"①这种混淆所导致的最显著的意识形态特征就出现在席勒那里,他把"美学设立为榜样,设立为典范性的和达成一致性的范畴,设立为教育模式,甚至设立为国家的模式"②。

总之,德曼把传统的美学概念视为一种意识形态概念,而这种意识形态又是一种"畸变"的意识,或者说,主要是由特定的语言学观念而引发的、一种认识论意义上的"畸变",它在人们对语言的认识活动中具体表现为某种"把能指的物质性和它所指事物的物质性混淆起来"③的倾向。换言之,对于德曼来说,任何形式的、对于人类与语言或者语言与自然的混淆都表现为某种"美学意识形态"。

德曼把传统的美学概念视为某种"畸变"的意识形态,在某些地方,他甚至用意识形态这个词来替代美学一词。那么,美学意识形态的畸变究竟是否是一种可以纠正的错误?要回答这个问题,我们首先必须简单地清理出德曼笔下的"意识形态"概念的复杂含义。德曼在《抵制理论》中直截了当地指出:"我们所谓的意识形态恰恰就是语言的现实和自然的现实的混淆,是指称和现象的混淆。"④从这句话里我们可以看出,德曼的"意识形态"概念是一种狭义的概念,它所取的是这个词在起源上最初的词义,即一种观念学。这种观念学主要"研究认识的起源、界限和认识可靠性的程度"⑤。但是,由于创立这个概念的法国哲学家托拉西仅仅致力于从观念到感觉的还原工作,并未对意识的社会历史本质做出任何深入的解说,所以说,"意识形态概念从一开始就步入了误区"⑥,所以,在拿破仑的嘲讽之后,又有马克思的批评,于是它成为关于各种"偏见"和"假象"的学说。这也就使得它在很长时间里一直代表着一种错误的感觉主义,是一个带有贬义的概念,而这正是马克思早期对意识形态概念进行深刻批判的原因。但是,对于德曼来说,一方面,他汲取了"意识形态"这个概念的贬义,即把它视为人们意识中的某种"畸变";另一方面,又并不认为它是某种人为地、有意识地制造出来的"偏见",或可以得到纠正的"假象"。在德曼许多文章里,"意识形态"一词不是贬义的,而是中性的;不仅如此,在德曼思想发展的最后时期,他甚至指出,意识形态是人类所无法超越的思想存在方式,是一种无法被纠正,而仅仅能够被识别的"错误"(error)。也就是说,德曼的意识形态观念在很大程度上不仅承接了马克思早期关于这个概念的批判性观点,而且顺应了马克思后期对这一概念的中性化改造。正是在这个意义上,德曼认为自己才是真正读懂了马克思,而把自

---

① Paul de Man,"Resistance to Theory",p.25.
② Paul de Man,"Kant and Schiller",in *Aesthetic Ideology*,p.130.
③ Paul de Man,"Resistance to Theory",p.11.
④ Paul de Man,"Resistance to Theory",p.11.
⑤ 俞吾金:《意识形态论》,上海人民出版社 1993 年版,第 23 页。
⑥ 俞吾金:《意识形态论》,上海人民出版社 1993 年版,第 26 页。

己的那些反对者称为"马克思《德国意识形态》的不合格的读者"①。

为什么"美学意识形态"只是一种可以颠覆的"神秘化"思想而不是可以纠正的错误？要回答这个问题，我们还得回到"文学性的语言学"方法上去。

三、"文学性的语言学"的双重功效

德曼在《抵制理论》一文中宣称："文学性的语言学与其他任何探索方式（包括经济学）相比较而言，是解密[美学]意识形态畸变的最为有效和最为必要的工具，与此同时，它也是这些意识形态畸变产生的决定性因素。"②从文本细读中我们发现，德曼对文学性的语言学解密美学意识形态畸变的功效有着相当丰富的阐述，这个批判的视角几乎贯穿了他批评生涯的全部过程。但是，文学性的语言学之所以是美学意识形态畸变的成因，对此德曼在其批评活动的早期几乎鲜有涉及，它是德曼后期批评思想的一个新观点，而且是一个刚刚开始萌芽、还有待发展的观点。鉴于此，我们在下文中将注重阐发第一种功效，而对后一种功效稍作尝试性探究。

首先，德曼认为，通过对文学性进行某种具有语言学视角的研究，人们可以找到一条质疑传统的美学意识形态的途径。因为，

> 由于语言学术语的介入，这就意味着一种把指称意义（reference）视为先于所指对象的术语出现了，这种术语……重视语言的指称功能，或者更确切地说，把指称意义视为语言的一种功能，而不必然地是一种直观（intuition）。③

换言之，"文学性的语言学"之所以能够对种种"美学意识形态的畸变"进行解密，主要是因为，它强调"把指称意义作为语言的一种功能"，而不是把指称想当然地视为某种"直观"现象，并且这种"文学性的语言学"能够清楚明白地把"能指的物质性"与能指所指称的事物的物质性区分开来。

从表面上来看，这一区分似乎是天经地义的，丝毫也不值得如此提倡和强调，但是，其实不然。例如，"汉斯-格奥尔格·伽达默尔在《真理与方法》中通过贬低寓言来抬高象征的地位，他的行为恰好与当时所兴起的一种美学倾向相吻合，这种美学拒绝区分经验和对经验的表现。[人们相信]天才的诗歌语言能够超越这种区分，因此能够把一切个人的经验直接地转变为普通的真理。"④另外，德曼还指出，法国结构

---

① Paul de Man, "Resistance to Theory", p.11.
② Paul de Man, "Resistance to Theory", p.11.
③ Paul de Man, "Resistance to Theory", p.8.
④ Paul de Man, "The Rhetoric of Temporality", in *Blindness and Insight*, p.188.

主义的文学批评中,也明显地具有上述混淆的现象。例如,巴特就明确地把普鲁斯特文本中的一些修辞技巧视为"称谓(和符号)上的克拉底鲁主义",并且声称:"根本就不相信名词和事物的本质之间具有必然关系的人恐怕也不可能成为一名作家。"①

德曼试图用"文学性的语言学",也就是他的"批评的语言学分析",来对他所谓的美学意识形态"畸变"进行解密。这具体地表现为:"通过确定一种非现象学的语言学,我们把关于文学的话语从幼稚的虚构和现实的对立中释放了出来"②。即"通过把语言视为一种符号和能指系统而不是既定的意义模式,人们可以移动,甚至悬置那些把文学的和假想中的非文学的语言使用方法区分开来的障碍物,从而把作品从文本圣典化的世俗重负中释放出来"③。但是,德曼的解密活动并非极端的虚无主义行为。相反,德曼既承认文学是虚构的,文学并不是人们认识论意义上的可靠源泉,同时又不否认文学具有它自身的特定意义,而且有可能对现实世界产生巨大的影响力(他甚至认为,这种影响力有时大得令人很不好受),因为"语言的指称功能并没有被否认"④,而且,否认能指的物质性与其所指称对象的物质性之间的一致性关系,"并不是说虚构叙述就不是现实世界的一部分"⑤。

关于文学性的解密功效,我们似乎还可以列举更多的例证,但是,对于文学性为何又是美学意识形态的畸变的成因,这两者如何纠缠不清,我们却很难从德曼自己的文本中寻到足够的直接证据,所以不得不从相关的研究文本中补充一些旁证。

A.沃明斯基认为,在德曼看来,恰恰是修辞使得思想(大脑)与世界的联系有了可能性,因为这一联系只能够依靠转义形式(tropes)的现象化行为才得以实现,是转义形式实现了指称意义的现象化。而这种指称意义的现象化则是我们称之为意识形态的东西,由于它得力于转义形式,这种现象化了的指称意义也就成为意识形态的畸变。⑥

为什么说修辞使得大脑和世界的联系有了可能,而且这种修辞的功效本身就构成了"指称意义的现象化"? 从前文的分析可见,这种"指称意义的现象化"就是德曼所说的"意义和理解之过程的现象主义(phenomenalism)",也就是美学/意识形态,也就是"文学性的现象化"。这一现象化的根源自然就是美学这个概念的根源,而在德曼看来,这就可以追溯到柏拉图《对话录》中的"克拉底鲁主义"。至此,我们就可

---

① Paul de Man,"Resistance to Theory",p.9.
② Paul de Man,"Resistance to Theory",p.11.
③ Paul de Man,"Resistance to Theory",pp.8－9.
④ Paul de Man,"Resistance to Theory",p.11.
⑤ Paul de Man,"Resistance to Theory",p.11.
⑥ Andrzej Warminski,"Introduction:Allegories of Reference",in Paul de Man,*Aesthetic Ideology*,pp.16－17.

以从德曼关于"克拉底鲁主义"论述中探寻到为什么修辞成了"指称意义的现象化"的元凶。据前文所说,文学性作为语言"独立自主性的潜能",其最显在的表现就是修辞性,而德曼又指出,传统的"克拉底鲁主义"语言观在很大的程度上,得益于两种修辞方法,其一叫作"双关语/词的游戏",其二就是著名的"模仿"。这两种修辞手法不仅使得人们对于语言与世界之关系产生了极大的误解,即形成了"克拉底鲁主义"语言观,而且也催生了美学中对文学艺术和自然现象进行类比、整合的理论原则,即对两类不同的秩序(语言的秩序和现实的秩序)进行了有目的的混淆。

既然已找到修辞这个元凶,为什么美学意识形态的畸变还是不可避免的?这里的问题自然就更加复杂了。首先,当然是因为语言修辞的虚构功能具有巨大感染力,这也就是它在文本和世界之间制造统一性幻象的强烈的潜能:

> 虚构的特征就是它比事实显得更加有说服力,它似乎比自然本身更真实,从而令人信服。虚构非常具有诱惑力,因为它们能够显得比自然本身更自然。……当它们被利用,包括被最高级的道德或形而上学规则所利用时,虚构就变成了意识形态。①

正因为如此,德曼指出,任何意识形态都对那些宣称符号和意义完美一致的语言理论非常感兴趣,因为它们正是把自身的感召力建立在这种完美一致的幻影之上的。因此,从另一个角度来说,任何质疑符号和意义之间的从属、类似和潜在的认同关系的语言理论都是颠覆性的,即使它们仅仅局限于讨论语言学现象②,例如索绪尔的语言学或传统语文学的重新起用。

其次,修辞所造成的文学性的现象化之所以促成美学意识形态的畸变,还具有更加深层的复杂原因。文学性的现象化并非仅仅体现为混淆两种不同的秩序(即混淆语言的秩序和现实的秩序),而是更加深刻地体现为"种种现象化了的语言模式(the phenomenatized patterns of language)本身已经上升到了理念的地位,这些理念已经成为科学和哲学知识的基础,其目的就在于阐明(illuminating)自然和现象的现实性"③。这也就是说,一方面,指称意义形成的过程本身必然是一个"现象化"的过程,虽然这个现象化本质上,如上文所说,仅仅是某种"幻象"(illusion);但是,另一方面,语言符号上升为"理念",从而获得了解释世界的能力,这就不是"幻象"所能解

---

① Paul de Man, "Roland Barthes and the Limits of Structuralism", in *Romanticism and Contemporary Criticism*, The Johns Hopkins University Press, Baltimore and London, 1993, p.170.

② Paul de Man, "Roland Barthes and the Limits of Structuralism," in *Romanticism and Contemporary Criticism*, p.170.

③ Paul de Man,"Resistance to Theory,", p.11.另参见 Rodolphe Gasche, *The Wild Card of Reading*, p.134。

释的了,它所涉及的语言哲学问题之一就是人们一直感到迷惑的思维与语言的问题。当然这个问题仍然与语言体系的独立自主性有关。对此,索绪尔的观点是,语言可以被比作一张纸,"正面是思想,反面是声音;我们切开正面的同时就切开了反面"。同时他还指出:"语言是一个自足的整体和分类的原则。我们一旦在言语事实中给语言以首要的地位,就在一个自身无法进行其他分类的混沌体中引入一种自然的秩序。"①这里就出现了德曼所谓的是否可能"运用语言谈论语言"②的问题了,这也就是他所谓的"理论的抵制"的问题了。

从目前的理论状况来看,德曼学术生涯的晚期思考的这个问题仍然还是一个谜语般的疯狂问题,但是,德曼本人并不应该因此受到指责,而那些反对他的人也并没有击中他们的靶子。指责他道德虚无主义是没有道理的,或许的确正如德曼所说的,它更多地表现出了"指控者的焦虑而不是被指控者的罪恶"③,因为"那些指责文学理论忽略了社会的和历史的(也就是意识形态的)现实的人们,只不过是表述了他们自己的恐惧,即害怕这种他们所试图诽谤的工具[指文学性的语言学]会揭露出他们自己的、神秘化了的意识形态观念"④。

简而言之,保尔·德曼在强调文学性的同时,不仅强调了文学语言的修辞性和它的寓言性本质,而且也强调了人类与语言以及语言与自然的隔阂;而且,他认为,文学性以自身的修辞性本质构成了对"美学意识形态"的解密,但是同时也与这种所谓的认识论意义上的畸变思想纠缠不清,甚至可以说就是促成后者的元凶。这其中的难题和悖论正是德曼在生命的最后时刻仍然试图思考的问题,现在它不仅成为我们理解德曼文学批评理论的难题,而且也让我们深感思想的疯狂和痛苦。德曼对"美学意识形态畸变"的解密,被许多人讥讽为一种奇怪的"禁欲"思想和"苦行僧"姿态,这或许并不是没有道理的,但却是轻浮的,因为这样一种"畸变"思想的确普遍地存在,尽管德曼可能表现得有些矫枉过正,他却是真诚的,也是睿智的。

---

① 索绪尔:《普通语言学教程》,裴文译,江苏教育出版社 2001 年版。
② Paul de Man, "Resistance to Theory", p.12.
③ Paul de Man, "Resistance to Theory", p.11.
④ Paul de Man, "Resistance to Theory", p.11.

《日瓦戈医生》:我心目中的经典

◎ 董 晓

今天再谈论《日瓦戈医生》,显然是捡了一个陈旧的话题,全然没有了十多年前的轰动效应。我们大概不会忘记,当这部小说十几年前在苏联文学的"回归热"中终于同故土的亲人见了面,并随后在中国这块古老的东方邻邦里再度掀起热潮时,人们是以怎样的目光惊诧于作品中所浸透的悖世之论,又是以怎样的一种心情为帕斯捷尔纳克的不幸遭遇掬一把同情之泪的。如今,那种因猛然看到了神秘面纱被掀开后的一切而产生的狂喜、惊讶乃至困惑的心情都已随着时光的流逝而烟消云散了。倘若这部作品对于我们依旧魅力不减当年,那只能是它的经典性的缘故了。

《日瓦戈医生》是部经典,是20世纪俄罗斯文学留给世人的一部经典。就其诞生的年代而言,它无疑是苏联文学的经典之一,而且是一部真正的、严格意义上的经典,是无须添加任何定语的经典。苏联文学(包括当代中国文学)中的许多所谓"主旋律"作品被冠以"红色经典"的称谓。其实,真正的文学经典是不能添加任何"色素"的。在那些所谓"红色经典"之中确实有许多优秀之作,而在笔者看来,那些具有真正艺术价值的"红色经典"其实就是"经典",那些够不上"经典"的"红色经典",也许恰恰是因为无法承受"经典"二字沉重的分量,才无奈地躲进了"红色"二字的保护伞下。

经典要求作家有一种宏大的历史视野,人们要求经典具有史诗的风采。记得帕斯捷尔纳克曾说过,"《日瓦戈医生》是我第一部真正的作品,我想在其中刻画出俄罗斯近45年的历史"①。不错,1905年革命、一次世界大战、二月革命、十月革命、新经济政策……《日瓦戈医生》里所涵盖的这一切历史事件似乎都可以满足企图领略历史沧桑的人们的渴求。难怪美国人埃德蒙·威尔逊会喜不自禁地把它同《战争与和平》这部巨作相提并论。

不过,对于在历史震荡与变迁中滋养出艺术创作灵感的苏联作家们,这种宏大的叙事眼光是共同的,在苏联文学中,几乎每一部卷帙浩繁的长篇巨著都包含了广阔的历史与现实的画卷。然而,远非每一部这样的巨作都可被视为传世之经典。经

---

① 《新世界》1988年第6期,莫斯科。

典毕竟是寥若晨星的。能够踏入经典之殿堂的,恐怕只有那些对现实与历史充满了强烈的批判意识,实现了对现实生活的超越的作品。文学的本质就是对现实的审美化的否定与超越。如果没有了对现实生活的否定与超越精神,艺术的生命也就不复存在。这是艺术的基本价值所在,艺术的天性使然。

品读《日瓦戈医生》,可以发现,在其字里行间浸透着强烈的批判意识。记得在十多年前的那场"《日瓦戈医生》热"中,许多人都在饶有兴趣地反复琢磨:这部小说究竟是否反对十月革命? 帕斯捷尔纳克对苏联近30年的历史变迁到底持何种态度? 一时间,对这个问题的不同回答似乎也就决定了对该小说的不同的价值判断。于是,一种颇滑稽的局面形成了:那些实在难以割舍对《日瓦戈医生》这部杰作的青睐的人,只好千方百计地竭力否认作家心中存有哪怕半点儿对历史与现实的否定性。当年评论家沃兹德维任斯基说:"无论日瓦戈,还是帕斯捷尔纳克本人,都谈不上是反对革命的人,谈不上对抗革命。"①他的说法恐怕体现了大多数喜爱这部作品的人的心态。但是,笔者以为,在这个问题上,似乎45年以前反对刊登这部小说的《新世界》杂志那五名编委的感受更实在些。他们确确实实觉察出了蕴涵在小说中的对历史和现实的批判。的确,《日瓦戈医生》充满了批判的锋芒,正如一切我们时常津津乐道的那些西欧19世纪的名著、20世纪西方现代主义杰作乃至后现代主义之作都充满了对新兴资本主义社会、工业化社会乃至后工业化社会的尖锐而深刻的批判与否定一样,《日瓦戈医生》也同样闪烁着批判的锋芒。倘若现在还把批判与否定的精神只赋予伟大的19世纪俄罗斯文学,倘若现在还以为新生的苏联文学只能为新生的苏维埃社会献上甜美的赞歌,那就未免太滑稽了。

但是,虽然当年那五个编委嗅出了小说的批判味儿,但这并不意味着他们对小说的否定精神有正确的理解。从社会历史发展角度上说,十月革命的必然性、合理性和进步性当然是不容置疑的,但我们不能以此来要求艺术家必须从政治的、社会的角度去看问题,帕斯捷尔纳克完全是从艺术与文化的角度审视历史的。毋庸置疑,帕斯捷尔纳克当然是以否定的眼光来看待他所描述的那段历史的。但倘若以此就断言他对十月革命有着天生的反感,那就错了。他并不是带着一种与生俱来的仇恨去批判历史与现实的,他丝毫没有存心要与十月革命过不去。他批判的锋芒只是源自他身上那种天然的艺术家的本性,即对现实的批判眼光。诚如美国学者罗伯特·佩恩所言,"有些西方评论家把日瓦戈医生看成是对抗苏维埃政权的人物。这种看法并不正确,因为他们没能够发现,这部作品其实是对一切存在的政权的反抗。"②这说到了点子上。虽然我们很难驳倒英国人海伍德的说法,即"帕斯捷尔纳克1946年开始写的《日瓦戈医生》,是存心构思出来针对斯大林及其政体所维护的一

---

① 《文学问题》1988年第9期,莫斯科。
② 罗伯特·佩恩:《鲍里斯·帕斯捷尔纳克的三个世界》,纽约,1961年版,第171页。

切的一种挑战"①,但我们必须把这种"挑战"理解为对既定现实的一种形而上的否定。"多么出色的手术啊！拿过来就巧妙地一下子把发臭的多年的溃疡切掉了！既简单又开门见山,对习惯于让人们顶礼膜拜的几百年来的非正义作出了判决"。出自小说主人公日瓦戈之口的这句名言不知多少次被人们引用,想以此作为主人公日瓦戈对降临到俄国大地上的革命风暴的向往。其实,这句话与其说是表现了日瓦戈对革命风暴的赞赏,倒不如说是对他所生活过的俄国社会的批判。这句名言同主人公后来对十月革命的种种使我们心中颇存不安的反思在实质上是相通的,即都体现了小说主人公日瓦戈作为一个典型的知识分子所理应具有的精神独立的气质和批判意识。帕斯捷尔纳克赋予小说主人公乃至整部作品的这种对现实与历史的批判和超越意识,使这部作品具有了成为经典的可能。毕竟,真正的艺术怎么能没有对现实的批判与超越呢？正如波兰作家贡布罗维奇所说,"我觉得任何一个尊重自己的艺术家都应当是,而且在每一种意义上都必然是名副其实的流亡者。"②这样的艺术家才会真正不为历史所遗忘,因为只有这样的艺术家才真正获得当年陈寅恪先生所云的摆脱了"俗谛"的"独立之精神";才会超越当下的社会主流意识赋予作家的,并非为他自身所拥有的所谓"政治思想"而获得真正意义上的"自由之思想"。回望近70年的苏联文学,在这个曾自封为最有光辉的"思想"的文学里,那些跟在时代后面"放声歌唱",在时代吹奏的笛子下跳着优美舞步的带"色素"的所谓经典,也能算是真正的经典吗？

　　经典之所以为经典,往往在于它能站在思考人的存在意义、生命价值的精神高度对历史进程予以文化的批判。40多年前,当《日瓦戈医生》被封杀在《新世界》杂志编辑部里时,包括帕斯捷尔纳克及其妻子季纳依达在内的许多人都纳闷,为什么杜金采夫的《不是单靠面包》尽管遭到部分人的围攻,却可以出版问世。在他们眼里,似乎这部小说才是真正揭露了社会的阴暗面。倘若帕斯捷尔纳克本人果真是这么想的话,那么显然,这位伟大的诗人倒是由于自己天真单纯的诗人气质而没能意识到,自己的小说虽不像杜金采夫的成名作那样直接地针砭时弊,却在另一个更高的意义上触及了当权者脆弱的神经。日瓦戈医生身上的叛逆性,是洛巴特金所无法比拟的。这种叛逆性不是指向具体的某种官僚习气,不是指向显在的体制问题,而是以文化批判的高度指向了人的精神的内在层面。对于文学来说,只有这种意义上的文化批判才会真正超越时代的局限。能否站在文化批判的高度审视现实,对于一个艺术家来讲是至关重要的。当年高尔基就俄国革命所阐发的种种"不合时宜的思想",这位"革命文豪"对俄国革命的深刻反思,充分显示了一个坚持文化操守的文化人在激烈的政治动荡岁月中冷静与深远的头脑。对俄国革命中滋生的俄罗斯人蛮

---

① 《俄苏文学》1990年第1期。
② 帕斯捷尔纳克：《追寻》,安然、高韧译,花城出版社1998年版,第3页。

性与奴性,无论是"革命文豪"高尔基,还是"旧俄式知识分子"帕斯捷尔纳克,都做出了深刻的反省。虽然帕斯捷尔纳克头上永远也不会有"革命"二字的光环,但这种站在人类文化精神立场对历史与现实的审视和批判,是两位艺术家的共通之处。在政治动荡的年代里,对文化操守的坚持是最可贵的,它对人类一切功利的思维与行动都具有一种透彻的批判意识。这种坚持文化操守的批判意识往往会被人扣上"保守"的高帽。狄更斯在《双城记》里对法国大革命的表现可谓是充满了"感伤的保守主义情绪",高尔基这只呼唤暴风雨的海燕也在暴风雨真正到来之际又突然变得顾虑重重,还有我们的鲁迅,亦曾被年轻一代斥为"封建余孽"。然而,当我们后辈人经历了历史的荒诞性的"洗礼"之后,难道没有理由钦佩这些文化先哲们深远的目光吗?对鲁迅,甚至对高尔基的那些指责如今似乎都成为我们的笑谈了,难道40多年前对帕斯捷尔纳克的非难就不是荒唐的吗?

　　这种对历史与现实的超越了普通政治层面的思考,这种克服了狭隘的民族主义情绪和政治功利主义情绪,以人类最广泛的永恒的、共同的情感为旨归的批判与超越意识,是文学经典的重要特质。美国人威尔逊把《日瓦戈医生》概括提炼为"革命—历史—生命哲学—文化恋母情结"这十四个字,颇为精当。人们常说这部小说浸透了对基督教教义的评论,关于生命和死亡的思考,关于自由与真理的思考,关于历史与自然和艺术的联系的思考;人们常说帕斯捷尔纳克是以某种不朽的人性,以某种先验的善和正义等宗教人本主义观念作为参照系来审视革命运动和社会历史变迁的。由此,人们自然将日瓦戈医生这个高度自我中心的人物视为远离人民大众、远离时代前进步伐的旧式贵族知识分子,并进而把小说视为一个站在历史潮流之外的知识分子对历史进程的"病态的"感伤,从而怀疑小说的思想的"正确性"。然而,这种以个性的、自主性的对当时的集体意识的批判性思考,这种从哲学上对社会历史变迁的透视,正是知识分子以其独立的理性精神审视世界的可贵方式,《日瓦戈医生》对俄国历史的思考的非政治性,恰恰是这部小说的价值所在。一百年前政治上异常"反动"的老托尔斯泰依然作为文学经典大师永存于历史的长河中,这已是无可置疑的事实了,那么,帕斯捷尔纳克的这部以哲学与文化的反思超越了当下社会意识形态层面,揭示了"人的存在"的意义,揭示了人的存在的悲剧性色彩等广泛的形而上问题的小说《日瓦戈医生》呢,这不也是一部永恒的经典吗?帕斯捷尔纳克曾经说过,"艺术家是与上帝交谈的"。这是对艺术家提出的颇高的要求,这就要求艺术家以探寻历史的真谛、人性的真谛,倾听生活最深处的声响的精神面对浮躁的现实人生,揭示出现实与历史的洪流巨变中人的存在的悲剧性,揭示出历史进程的荒诞性。《日瓦戈医生》正是这样的精神产品,难怪威尔逊称赞它是"人类文学史和道德史上的重要事件,是与20世纪最伟大的革命相辉映的诗化小说",而帕斯捷尔纳克,作为现代苏联文学谜一般的巨人,正是人们"开启俄国文化宝库和知识分子心扉的专门钥匙"①。

20世纪发生在俄国的这场革命被历史的实践赋予了悲壮的色彩。苏联人民所经历的从精神到肉体上的一切痛苦，都与这场革命的矛盾的两重性有内在的联系。20世纪俄罗斯文学的经典，是应当能够深刻地表现这具有悲剧性色彩的两种精神特质的，文学经典之所以为经典，就在于能在对人的精神层面的把握中深刻地洞察时代的本质精神内涵。在《日瓦戈医生》中，安季波夫（斯特列尼科夫）的形象正是俄国革命深刻的矛盾性的体现。他不是一个纯粹的"政治动物"，他既是"纯洁的体现"，又是一个被时代和政治异化了的工具；他虽然铁石心肠，但仍有"一星半点不朽的东西"。精神的这种两重性不正是预示着20世纪俄罗斯人所面临的坎坷经历吗？

文学经典不是无根的浮萍，经典之花是深深地扎根在文学传统的精神土壤里的。《日瓦戈医生》是20世纪的史诗，但我们显然能于其间感受到"影响的焦虑"的：帕斯捷尔纳克这位渴望描绘当代历史的诗人却无时不让我们体验到传统的力量。也许，企图在日瓦戈医生身上找寻罗亭、李特维诺夫、伊凡诺夫、特里戈林抑或特里勃列夫的影子；在拉拉身上寻觅塔吉娅娜抑或娜斯塔西娅·菲里波芙娜的痕迹；在冬妮娅身上寻找娜达莎·罗斯托娃抑或吉提的身影；在安季波夫身上嗅出拉赫梅托夫、巴扎洛夫甚至历史真人涅恰耶夫的气味，均是徒劳的，但有一点不可否认，那就是从《日瓦戈医生》里我们清晰地体会到了那种只有俄罗斯的知识分子才具有的对世界、对生命的体悟方式。日瓦戈也好，帕斯捷尔纳克也罢，都是以俄国知识分子典型的生活方式生活着，他们思考着只有俄国知识分子才会去琢磨的问题。上帝—死亡之谜—俄罗斯母亲的命运，这曾萦绕在果戈理、老托尔斯泰、陀思妥耶夫斯基等俄罗斯文化巨匠们心头的永恒的疑虑，正是帕斯捷尔纳克以及他所心爱的主人公日瓦戈最关切的纯粹俄罗斯式的问题。日瓦戈，以及他的创造者作家帕斯捷尔纳克身上所体现出来的对生活真谛，对真理的独立的精神探寻，抗争对人的精神奴役，使他们成为了别尔嘉耶夫所说的俄国特有的 интеллигенция（俄国知识分子）中的一员。在苏联，保持这种俄罗斯知识分子的精神传统更需要有极大的勇气，正因为此，这种精神传统在苏联文学中才显得尤为珍贵，也只有在艰难的岁月中坚守这个精神资源的苏联作家，才会在历史的长河中写下自己的名字。帕斯捷尔纳克是有这样的资格的。

不过，一切思想与精神探寻倘若不能以诗的意蕴呈现出来，那么就不可能诞生文学的经典。我们永远不该忘却别林斯基在他那篇著名的《1847年俄国文学一瞥》里所阐明的朴素道理："不管一首诗充满着怎样美好的思想，不管它多么强烈地反映着现代问题，可是如果里面没有诗歌，那么，它就不能够包含美好的思想和任何问题，我们所能看到的，充其量不过是执行得很坏的美好的企图而已。"苏联文学中有

---

① 赵一凡：《埃德蒙·威尔逊的俄国之恋》，《读书》1987年第4期。

多少"光辉思想"正因为没有了诗性的融注而黯然失色,而《日瓦戈医生》,这部因为涉及十月革命而使我们不得不谨小慎微待之的小说,却因为它首先是一首诗,一首爱情诗,从而使它所包含的一切关于社会、宗教、历史的思考真正地具有了震撼力。西班牙作家略萨称这部小说是"抒情诗般的创作"[①];利哈乔夫把它看作"对现实的抒情态度"[②],都是精辟之见。的确,《日瓦戈医生》最大的独特性就在于它以诗的韵味审视了俄国革命的历史。这首"拉拉之歌"所表达的"革命—历史—生命哲学—文化恋母情结"的主题,是那些充斥着激昂的政治说教的伪文学作品所无法替代的。作家对人生的探索,对历史的沉思,他的一切追求与苦闷,均是从日瓦戈与拉拉的爱情曲的闪光中折射出来的。作家幻想出了一个只属于日瓦戈与拉拉这两个充满真正人性之光芒的人物的世界。在这个世界里,他们懂得生命之谜、死亡之谜、天才之魅力和袒露之魅力;在这个世界里,他们可以与"像重新剪裁地球那样卑微的世界争吵"毫不相干;在这个世界里,心灵、艺术、美、大自然可以浑然一体,人与大地和宇宙紧紧相连,"艺术为美而服务",人,充满理性与情感的人,沉浸在艺术创造的神秘的幸福中,沉浸在爱情的甜蜜中,沉浸在宁静的生活的温馨中,沉浸在夜的庄严的寂静中,永远真诚地生活、思考,"不会为真理感到害羞",不必去"出卖最珍贵的东西,夸奖令人厌恶的东西,附和无法理解的东西"。然而,这个美丽的童话般的世界,日瓦戈与拉拉的世界,在诗人笔下被无情地摧毁了,这个迷人的世界无法与现实的、充满功利色彩的世界相对抗,等待它的只能是悲剧性的毁灭。人的正直与善良在特定历史事件面前变得软弱无力,注定要被毁灭,这种悲剧性的历史悖论仿佛是文学经典向我们提出的永恒的疑惑。也许,感受这份无奈与遗憾才是最"经典的"美。人们或许会因此而珍重苏联文学,珍重这创造了格利戈里·麦列霍夫的悲剧、日瓦戈的悲剧等这些"经典之美"的苏联文学。

立足于时代又超越那个时代;超越现实的桎梏牢笼又回归传统的精神家园,当这一切发生在一位只会以抒情诗人的眼光走进生活的艺术家身上时,我们可以说,经典的产生为期不远了。《日瓦戈医生》正是这样的文学经典,它的经典性,远不是每一部被写进苏联文学史教科书的作品所能具备的。有些作品将永远被文学史所记忆,因为它们标志着文学发展历程的特定阶段(如《解冻》、《一个人的遭遇》等),或者本身就是特定历史时期的典型代表(如《钢铁是怎样炼成的》)。但它们并不能成为严格意义上的文学经典。能够跨入经典的行列的唯有那些超越了当下的狭隘政治层面和民族主义情绪,表达了人类共通的、永恒的情感的作品。在20世纪俄罗斯文学中,《日瓦戈医生》是能够与《静静的顿河》、《大师与玛格丽特》等屈指可数的作品一道跨入经典之门的。

---

① 《外国文艺》1994年第4期。
② 《外国问题研究》1990年第2期。

论罗伯-格里耶的新自传契约

◎ 唐玉清

"新小说的教父"罗伯-格里耶在80年代末90年代初推出了自传三部曲,分别是《重现的镜子》(1985)、《昂热丽克或迷醉》(1988)和《科兰特的最后日子》(1994)。① 在他笔下,自我这个概念被解构,被非中心化了,不是简单的两方面的对话,而是多声部的复调。主体在看与被看之间移动,暗示了本质的不存在或者本原的迷失。作品记录的是主要人物科兰特由青年到死的过程,但同时也是他看叙述者被迷惑的过程。

一、"自我虚构"(Autofiction)

在近二十年来自传写作的回流中,小说与自传互相利用又不分彼此,双方概念都得到了发展。从某种程度上来说,自传在当代是借助小说的力量完成自我更新的。这样的变化并不是对于自传这一文学种类的修补,而是一种变更。菲利普·勒热讷认为自传是和虚构想象相区别的文学类型,在自传中,作者、叙述者和主人公三者是同一的,"自传作者在文本伊始便努力用辩白、解释、先决条件、意图声明来建立一种'自传契约',这一套惯例目的就是为了建立一种直接的交流"。但是,今天是否应当重新考虑两者之间僵硬、刻板的划分? 其实在作家之前,研究者对这样的契约早就有了疑问,认为自传中的真实性极有可能是个虚假命题。而文学的发展也表明,勒热讷的诚实契约是有争议的,实际创作更多的是在自传与想象之间历险。

1977年,塞尔热·杜布罗夫斯基(Serge Doubrovsky)在阐述自己的小说《儿子》(*Fils*)的时候使用了"自我虚构"②(Autofiction)这个新词,用于表明"对于完全真实的事件的想象"③,但这又是在小说的规范和逻辑关系之外的,即寻求记住的、想象的

---

① 《罗伯-格里耶作品选集》(第三卷:《重现的镜子》《昂热丽克或迷醉》《科兰特的最后日子》),陈侗等编,杜莉等译,湖南美术出版社1998年版。相关引文均来自此译本,以下只在文中标明页码。

② 也有翻译成(类)自传体小说的,但是,"自我虚构"与自传体小说(Roman autobiographique)或是小说化的自传(Autobiographie romancée)是不同的。

③ Serge Doubrovsky, *Fils*, Paris: Galilée, 1977, 4e page de couverture.

和观察到的在虚构中构成平衡的可能性。这个概念提出后就引起了广泛的争论,评论家们一方面承认它在实际运用中的便利,另一方面又不断质疑它是否是个伪概念。

热奈特(Gérard Genette)在他的几部重要理论著作中也谈到了"自我虚构"。他说,必须为《追忆逝水年华》提出一个中间概念,以便贴切地反映下面的情况:"'书中,我把这些经历让予的正是我,而这些经历在现实当中从没有在我身上发生过,至少是没有以这种方式发生过。换句话来说,我给自己创造了一种并不完全属于我的生活和性格。'我们要如何给这种类型定义呢?……最合适的术语可能是杜布罗夫斯基描述自己的叙述时所使用的自我虚构。"①而在《修辞卷四》中,他又补充说明了自己借用这个术语的初衷:"也许它是简便和可质疑的,但是……我把这个概念重新召回,是将它定义为文本的生产者。"②

很多人都意识到在小说和传统自传明确分界的内部有一种将这种区分颠覆破坏的可能。这些定义都承认了此类作品中的虚构特征,也注意到了作者、叙述者和主人公名称的统一问题。但是,我们仍然很难描述"自我虚构"的风格特征,广义来说它可以界定所有的自传作品,因为在自传实施忏悔这一传统的本质功能的时候,多少都带有虚构。另一方面它在某种程度上又掩盖了这类作品中的真实性,它给写作和批评都出了个难题。这个概念的提出也使勒热讷走入了绝境,他不得不承认自己关于三者同一的概念也是可商榷的,正如保罗·约翰·伊金(Paul John Eakin)所指出的那样,它只是在表面形成了一种文本内部的规范,而这样的契约是完全建立在作者的意图之上的。③ 只有作者一个人签名的契约如何能够称之为契约?

事实上,在罗伯-格里耶之前,不少作家创作已经开始颠覆这样的契约了。而笔者认为,罗伯-格里耶的新自传写作为这种批评理论的瓶颈提供了一个文本参照,他的新契约根基于一种新的阅读习惯的形成,从"新小说"开始就一直在为这样的契约被读者接受而努力着,让他们认同唯一真实的是文本中的话语展开。

二、传奇故事

为什么将这三部作品称为"传奇故事"? 罗伯-格里耶说:"我不想写小说,同时,我又想让题目可以表明这是关于想象虚构的,而不至于会将它们归入自传中。"④但是,另一方面他又在为它们争取一种自传特征,就像他自己承认的那样:"我只谈论

---

① Gérard Genette, *Palimpsestes*, Paris: Seuil, 1982, p.293.
② Gérard Genette, *Figures* IV, Paris: Seuil, 1999, p.32.
③ Cf. Philippe Lejeune, *Je est un autre : l'autobiographie, de la littérature aux médias*, Paris: Seuil, 1980, p.217 et *Moi aussi*, Paris: Seuil, 1986, pp.64–65.
④ Jacques Lecarme et E.Lecarme-Tabone, *L'Autobiographie*, Paris: Armand Colin, 1997, p.275.

我自己。"

首先,"传奇故事"这个总括性的题目更多的是体现了虚构想象的重要性以及写作和阅读的双重快感。罗伯-格里耶自称不会去冒险建立一种第三种真相,他说:"我发现虚构这个侧面归根结底要比所谓承认真实性更具个性。"① 昂热丽克和科兰特是两个贯穿了三部曲始终的人物,但是,作者到最后也没有交代他们究竟是什么人。在《重现的镜子》中,科兰特伯爵骑着白色大马悄无声息地出现之前,整个叙事还是循着传统的传记路线发展的,之后,便被完全消解。而反复出现的带血的蓝色女舞鞋、月光下的洗衣妇以及那块从大海中漂来的神秘的绿色镜子和代表死亡的"昂库的镰刀"都在时时提醒读者小说式的虚构。最后,作者还把科兰特的死定义为吸血鬼所为,因为在他的颈脖处有两个小红点。这样的想象除了受到布列塔尼的传奇色彩影响之外,作者的阅读史也起到了很大的作用。他常常说自己从小就可以看到幽灵,后来这个"幽灵骑兵队"越发地壮大,他们是卡夫卡、陀思妥耶夫斯基等人笔下的人物,也是自己小说和电影中的人物。"我"在写作自传的时候又时常从静物画中,从壁纸的花纹中,甚至是衣柜的纹路中将他们辨认出来。作家甚至声称自己一直希望要以幻觉来写作,他说:"我没有说过要成为真相的掩盖者,但我相信与自己的幻觉'游戏'要比把它们用道德的面具遮掩起来更可取。"②

然而,在三部曲中,虚构并没有彻底将对现实的参照从文本叙述中驱逐。"二战"是三部曲中最大的真实因素。罗伯-格里耶说这是他为科兰特的个人历史找到的一个位置。尽管表述方式不明确,法国历史在这段时间中的重大事件都穿插在其中,而且更多的是从家庭成员的个人角度来看的,此外,作者在叙述自己的求学、与卡特琳娜的婚姻、与午夜出版社的渊源以及其他作家的关系时还是保持着忠实于现实的原则的。

但是,这两者之间的界线模糊的,比如说"我"在集中营和"弑君者"鲍里斯一起工作,经常在路上碰到骑着自行车的"窥视者"马蒂亚斯。而《橡皮》中瓦拉斯的童年回忆,以及《纽约革命计划》的片断又时时和"我"的回忆产生共鸣和交汇。叙述随意地在传记真实和小说虚构之间穿梭,互相矛盾的成分时时并置着,但又不能阻止其中的交流。

除此之外,罗伯-格里耶的"传奇故事"中还有论说性质的第三个组成因素。那是对自己以往小说创作观念的坚持和更正,也是对当下写作状态的现时思考。比如说,他自己在书中对"传奇故事"作出了解释。作者之所以采用这样的方式来写作自传,是因为认识到"人们对尚是预言的、真正的东西总是表示怀疑,对偶尔表达得太明白(并且容易发生错觉的)东西又认为分文不值,正是夹在这两种偏见之间,随笔

---

① Marie Darrieussecq, L'autofiction, un genre pas sérieux, *Poétique* n°107, septembre 1996, p.379.
② 菲利普·勒热讷:《自传契约》,杨国政译,生活·读书·新知三联书店2001年版,第14页。

单而荒唐的结合在摸索前进"(第58页)。

我们看到叙述的三条线并行发展着,寻找交汇的那个时刻(或者说是那个空缺),但是,互相并不排斥,这样就在对主体的追问中拉开了距离,也引发了更多的阅读期待。现实、想象和语言建构也就是说真实性、虚构和思考互相作用着。那么,在这样对主体的回归(或者说是冲击)中,究竟是谁的身份受到了限制?是混同在人物中的叙述者还是带有作者痕迹的人物?可以说,作者本身也被一些无法进入的图像牵制了,进而,自传话语的套迭转化为叙述者身份的套迭。

三部曲采用的不是自传常用的第一人称叙述,也不完全是他人传记常用的全能叙事。有一个直接观察者,在时间上任意调整观察角度,不显露自我情感,不停地在论证和想象之间周旋。他在现实(资料)和非现实(想象虚构)之间的游走让读者不自在,感到茫然。

作品中的人物也不是典型意义上的,那是人物印象,而且是一组印象。昂热丽克是诱惑者还是拯救者?是科兰特的情人还是养女?她与玛丽-昂热、卡米娜、芒丽卡相互区别又时时趋同,还和《窥视者》中的雅克莲娜在文本之外呼应着。同样,科兰特这个名字也反复出现在罗伯-格里耶自身的电影和小说中。在三部曲中,他是"我"父亲的战友,一个骑兵上尉,但是也有可能是一个叛国的间谍。有人试图在这个人物身上寻求一种历史求证,但对另一些人来说他只是一个纯粹的小说人物。对此,罗伯-格里耶说:"当我说小说人物和真实的人之间没有区别的时候,我是诚实而真挚的。"①"我说过,我不是一个真实的人,但也不是一个虚构的人,说到底这是一码事。"(第14—15页)他举例说自己的两位祖父都留存在他的记忆里,而《窥视者》的主人公马蒂亚斯也同样在他的记忆里。即使有比他更了解祖父的人说出了更多的事实,他也不感兴趣,因为他们说的不是他的祖父。可以看出,作者要强调的是,我的自传写的是我的记忆,那是个人化的历史,而不是要与集体记忆达到考证式的一致。

科兰特的形象就像一个镜子,就在"我"的内心深处,也有可能是"我"的理想化形象。在《重现的镜子》中,他更大程度上是与"我"父亲重合的,而在接下来的两部中越来越倾向于和"我"交汇。"我"是传记作者,是传记的叙述者也是科兰特故事的叙述者。是旁观者,也是人物。

我们注意到科兰特和"我"父亲的友谊是从后者在战争中脑部受伤以后开始的,那次爆炸给父亲带来的后遗症是过度性谵妄。父亲是代替科兰特在那次爆炸中受了伤,而"我"父亲和"我"爸爸又不是统一的……

在第二部的开头,文本就展示了科兰特和"我"之间完美的转换。雨后的黑房子里,在静物的花纹中,出现了科兰特的脸,"尽管离得很远,有缺陷的窗玻璃又极大地

---

① Georges May, *L'Autobiographie*, Paris: PUF, 1979, p.88 et p.89.

歪曲了这人的形象,但后来的参观者很快就认出这是亨利·德·科兰特严肃的脸,他独自站在那里"(第232页)。他原来是在办公桌前写手稿,为了看天气走到窗户前,"办公桌再过去,放着带镜子的柜子,镜子照出我的模样是那么模糊不清,以至我起先以为发现房间那边来了个陌生人,像是刚才我背向窗户时静悄悄地走进房间的"(第233页)。这两者是一种共谋、协作的关系。他们互相交换,互相混淆,甚至产生了可互逆的复制,但是并没有完全相似。科兰特处处跟随着作者的足迹,而作者也在追踪科兰特的生活线索。

我们看到,第三人称和第一人称的混同,就像科兰特和"我"的混同。而且,两者都具备完整的人格,并不是分别代表两端的人格双重性。作者借助于双重否定,没有肯定地说"我"不是科兰特(或"我"父亲不是科兰特)或是。人们可以在对一切无知的情况下成为可能成为的各种人。

作者和他隐秘的主人公之间有一种私下的密切联系,在他者的画像和自画像之间,界限何在呢?那并不是社会化的个人存在的历史证明,而是塑造了个体的自我世界。而且是在他人的世界中重建自我,通过他人的形象延续对自我的追问。这是在主体和客体之间往复的游戏。比起传统传记,叙述者更倾向于人物,而不是作者。更为重要的是,叙述者也被他的幻象所迷惑、所控制而进入后者的话语中,存在本身变得越来越具有假设性。三部曲中,"我"和科兰特都在变老,不仅作为人物,更是作为叙述者。作品的叙述重点是从童年到青年再到"新小说"时期,而写作者在其中也提到了现实时间的推移。随着回忆越来越模糊,读者与叙述者都产生了这样的疑问:谁是作者?在《科兰特的最后日子》中,出现了这样的句子:"厄地的女伯爵,在坎佩尔为我行了洗礼……阿兰·罗伯-格里耶在他的回忆录中讲述到,当他在厄地的城堡中认识娜塔丽·萨罗特的时候……"(第554页)这里,代表叙述身份混同的人称的混同是建立在反转的基础上的,即作者是作家罗伯-格里耶,同时也是科兰特伯爵。

虚构的主要人物是"我"存在的关键,自传经由对他们的追问展开,也就是说传统传记的中心之空"我是谁?"在罗伯-格里耶那里转换成"科兰特是谁?""昂热丽克是谁?"。他说:"如果我可以说出谁是科兰特,也许最终我就可以知道自己是谁"[①],但是,直到最后,我们都没有弄清楚科兰特和昂热丽克到底是谁。这表明,自我是一个空的中心,它逃避任何语言的转译和意义的确定。即罗伯-格里耶一直坚持的:事实可以通过结构而不是意义来抓住。

---

① Cf. Paul John Eakin, *Touching the World*, *Reference in Autobiographie*, Princeton:Princeton UP, 1992, p.27.

三、新自传契约

在菲利普·勒热讷看来,自我是可以书写的,自传必须保证自我的一致性,而自传的真实性要由"自传契约"来实现。罗伯-格里耶则强调"如果我思考自己现在是谁,过去是谁的话,我就绝对不能签订菲利普·勒热讷的自传契约,因为这种契约的两个因素在我看开是完全不可能的"①。那就是意义和真实性。勒热讷认为只有理解了存在的意义才能开始自传写作,但是,在罗伯-格里耶看来,恰恰相反,西蒙、杜拉斯和他自己正是因为不理解才开始写作的。作家不能将自己的过去看成是意义的生产者。移动的、不确定的片断和暂时性不仅构成了文本,也成了整个艺术的对象。这也是为什么他说:"我不会赞同菲利普·勒热讷关于将记忆写成作品的意见。他认为'意义的需要是收集自传资料有效的和首要的准则'。不,不!肯定不是的!这条公认的原则显然是没有道理的,无论是科兰特花了他一生最后二十年写的手稿,还是我现在亲自写的自传,都不是这样的。"(第 286 页)

以往传记中的虚构成分是为了伪装自己,罗伯-格里耶却将之构成了叙事的主调或者说是结构的基础。作家的自传作品都是在讲述"我"是如何成为作家的,罗伯-格里耶也不例外。传统的作家自传一般来说要理顺自己的生活,并且描绘出自己作品的全景。而这两点对罗伯-格里耶来说都是不可能的,基于他从"新小说"以来对现实与文学作品的认识,他的生活在创作中是不可能清晰的(我在塑造我自己);另一方面,自己作品的无定义的自由状态也是无法勾画的(不存在唯一的确定的阅读和阐释)。因此,针对菲利普·勒热讷认为的自传只与"整体计划"相关,罗伯-格里耶说,这点对于萨特来说是可能的,但对他的创作来说却不是。他追求的是像普鲁斯特那样以波动的大海的形式找到自己生命中的某些东西。

显然,罗伯-格里耶将菲利普·勒热讷区分论述的自传契约和小说契约融合混同起来了,想要实现对已成分类的突破,即对这种区分,对种类间的不可兼容性提出怀疑。关于文学种类的界限问题,德里达、热奈特、德勒兹等人都已试图说明类型概念的破裂。没有一个种类是单质同一的,事物都是复杂混合的。而后现代状态之下,写作不仅是乐于模糊种类间的界限,同时也在试图从文本内部去质询界限的概念以及它的局限性。借由布朗肖的创作,德里达在《类型法则》一文中说明了这样的创作只是将类型的矛盾在文本中外在化了,同时也对传统的分类提出了诘难,也就是说界线的边缘部分已经不足以保持原有的分界功能。罗伯-格里耶的"传奇故事"

---

① Alain Robbe-Grillet, *Le voyageur*: *textes*, *causeries et entretiens* (1947—2001), choisis et présentés par Olivier Corpet avec la collab. d'mmanuelle Lambert, Paris : C. Bourgois, 2001, pp.488,466,266,258,489,498,258.

就是一个代表。自传的叙事空间很好地支撑了虚构想象的侵入，并最终成了传记的一部分。所有的传记契约都遭到了质疑，或者说这些书写契约本身也在不停地在移动着。奇幻空间是个潜在的场，在叙事的推进力和反推进力之间游移，借由这样的距离，罗伯-格里耶重新发现了自我和世界。任意的事实性片断插入，是为了防止产生小说的感觉，但是，有的插入是没有逻辑上和故事上的意义的，只是在阅读的功能上起到了维持平衡。正是在这样的平衡中产生了新的契约。可以说，完全是叙述的力量才让读者有了确信的感觉。然而，读者应该保持距离，因为"我在那里并不是为了说出事实真相，而是在努力塑造我自己"[1]。努力使这些可能的甚至是虚假的片断连贯起来。

勒热讷认为罗伯-格里耶将"传奇故事构想成一种具有双重颠覆破坏作用的机械装置"，想要证明"他有权利写他自己想写的，同时又不需要对任何东西负责"[2]。但是，正是这样的自传写作表明了文学创作中想象虚构与现实的不可分离。想象不一定是非想象的对立面，也就是说它并不绝对与事实相对，因为它是根据现实的经历作出的虚构。真或假的概念在此类作品中失去了运用的空间，作者的诚实越来越被意义的空所取代。虚构与现实，小说与评论之间的界限在消失，而这又是与当代哲学和批评的发展相一致的。

除了写作的"无界化"之外，罗伯-格里耶的新自传契约还根植于半个世纪以来"新小说"的传统。除他之外，曾经是"新小说"主将的萨罗特、杜拉斯等人在80年代都发表了自传性作品。从"新小说"到自传写作是一种必然吗？他在1986年的"作家与手稿"研讨会上提到了"新自传"，试图表明这种新的创作潮流的某些特征，即它不再对自传的构成成分感兴趣，而是对这些成分的组装方式感兴趣。"从片断、空缺出发，而不是从某些过往的成分的详尽而实在的描述，也就不再仅仅是将这些过去转译出来。"[3]但是，正如"新小说"这个称呼一直纠缠在概念的可行性中一样，勒热讷认为："不可能谈论'新自传'，或者应当把这种表达看成以前的'新小说'那样：与其说是一种新美学表现，它更多的是对于传统的共同拒绝的姿态。"[4]那是对既成话语

---

[1] Raylene L. Ramsay,《Interview with Robbe-Grillet》, in *Robbe-Grillet and Modernity: Science, Sexuality, and Subversion*, University Press of Florida, 1992, p.252.

[2] Cf. Thomas Spear,《Staging the Elusive Self》, in *Robbe-Grillet and the Fantastic*, (ed.) Virginia Harger-Grinling and Tony Chadwick, Greenwood Press, 1994.

[3] 19.1990年12月11日在冈城见面会上的讲话, in Roger-Michel Allemand et Alain Goulet, *Imaginaire, écritures, lectures de Robbe-Grillet: d'"Un régicide" aux "Romanesques"*, Arcane-Beaunieux, 1991, pp.52–53。

[4] Voir Jacques Derrida,《La loi du genre》, in *Parages*, Paris: Galilée, 1986; Gérard Genette, H. R. Jauss etc. *Théorie des Genres*, Paris: Seuil, 1986 et Deleuze, *Qu'est-ce que la philosophie?* Paris: Minuit, 1991.

的自由重写和对语言禁锢的破坏,使叙述在自传真实和小说虚构之间游移。不难发现,用于描述"新小说"创作特征的空缺、矛盾等也同样适用于这些作品,它们体现了先锋扫荡过后创作对于主体的重新接近。而对于自我存在的思考混杂了文学冒险的经验和成果。这就是为什么这个"我"是碎片的、矛盾的、靠不住的、奇幻的、可质疑的和瞬间的。它并没有回到传统的主体之中,而是展现了身体、自我以及叙述人称"我"的各种复杂的关系,自我以及文学种类中的第一人称功能正是在这种不一样的虚构中找到了自由。这与之前的文学实验是吻合的。

就罗伯-格里耶的个人创作而言,记忆的"褶皱"被叙述本身产生的折痕所掩盖、套迭、击溃和分散。但是始终有一个担当组织的作者话语,尽管这个作者本身的权威性从一开始就遭到了质疑。这就是为什么他的"传奇故事"在延续先锋试验结果的同时,又有了主体的回归。也就是说,引入科兰特和昂热丽克就把单纯的传记叙述主体"我"完美地覆盖了,"我"是我自己唯一的主体,主体与客体达到了交融与混合。正是在这个意义上,读者感到了满意,"满意的是他们找到了充满智慧的论证"①。因此,自传叙述协调了"新小说"以来的创作与读者的关系,但这也得益于半个世纪以来对"新小说"审美的逐渐习惯。当有记者问罗伯-格里耶今天是否仍在继续50年代、60年代的实验时,他坚定地回答说:"当然!我要大胆地公开地这么说……并不是杜拉斯或者是我改变了,而是读者变了,他们已经学会了阅读……一点点。"②可见,"新小说"所致力于培养读者新的阅读而不是迎合他们的习惯这一点已经有了成功,读者学会了与"新小说"之间的契约规则,而这样的契约在一定程度上使得"新自传"的接受受益了。

---

① 22. Philippe Lejeune,《Nouveau Roman et retour à l'autobiographie》, in *L'auteur et le manuscrit*, (éd.) Michel Contat, Paris: PUF, 1991, pp.66, 52.

② Raylene L. Ramsay, *The French New Autobiographies: Sarraute, Duras and Robbe-Grillet*, University Press of Florida, 1996, p.3.

苏州作家与"上海想象"

◎ 叶　子

苏州作家荆歌在短篇《环肥燕瘦》中,将女主角和"我"的第一次约会设置在丁香花园。华山路的丁香花园是上海耳熟能详的花园洋房。

> 那个怪异的地方是最先由我提出来的。一经我提出,屠群就立即表示赞同。我因此怀疑她早就去过那个地方。而我,其实根本就对那个地方缺乏起码的了解。那种场所,对我来说,完全是陌生的。但我选择了它,究竟出自什么样的心理,在此也就不想赘述了。①

约会向前不断递进的过程中,"我"不断发现女主角屠群对于丁香花园这个"莫名其妙的地方"是"相当的熟悉"。她的"并不陌生"、"非常熟悉"被"我"几近呓语地不断重复。但屠群到底为什么"不陌生",荆歌用类似之前"不想赘述"的方法,对这种熟稔的成因并不直接作答。在丁香花园中出现的屠群,"我"听得见她的痴笑,闻得到她的香气,摸得到她的头发,但实在的肉体"我"却一眼也没看见。她和"丁香花园"一样,是一个道听途说的梦魇,符合一切荒诞梦境的表象。整篇小说的紧张感几乎完全托靠"丁香花园"的鬼魅和怪诞而展开。它当然是一个与众不同的花园,但除了门票昂贵又有一座秋千之外,无论荆歌还是"我",也说不出它特别在哪里。"丁香花园"的特别之处是先验的,它在适合作小说场景这一点上,不需要再演绎、说明与归纳。它在气息上似乎与个体的内心体验极为贴近,在书写的过程上却又始终呈现出一片模糊与混沌。

有关苏州文学的讨论显然与"文学香港"与"文学上海"又有着质的区别。这其中,由于少了通过"国家"与"殖民"来界定的想象立场,"文学苏州"几乎完全建立在"城市身份认同"之上。一再被强化的"姑苏情结"使得"苏州"文学的风格秩序得以强化。所以,当荆歌让这则胖女人不断抽脂而瘦成一具空皮囊的小说发生在上海时,不免让人要多看一眼。与上海有关的"意识/情结"为什么会像鬼魅一样渗入苏

---

① 荆歌:《环肥燕瘦》,《人民文学》1997年第8期。

州作家的创作中去？仅仅因为丁香花园是"有着悠久历史的西式花园，从中可以探寻到我们这个城市曾经作为外国殖民地的痕迹"吗？

在"江南"的场域中剥分出"苏州"与"上海"之后，要再进一步具体坐实两者间的差异，并没有想象中的那么简单。在某些时刻，它们之间的置换完全可以成立。"上海想象"与"姑苏情结"未必就是两个对立的关键词，就一定有着迥异的两套标准与世界观。但在另一些更为重要的时刻，这一地域上的微妙差异又始终在暗示阅读者，在苏州作家的某些作品中，上海确实以一种"借来的时空"[①]面目出现。比如，与上海本土作家相比，苏州作家往往并不描绘"大众"的主题。王安忆善于严密厚实地书写市民群众，写一整巷的居民与"街上人"；苏州作家反倒更倾向于站稳自己都市写作者的脚跟，流连与十里洋场的风味与面貌。

以朱文颖早期的短篇小说《老饭店》[②]为例，上海作为"灰姑娘故事"最标准的故事背景出现。报社记者苏也青在外滩的老饭店里采访海外归国的电影人舒先生。之后男主角在城市的物质情愫中对女主角频频展开邀约。小说的许多设置都在重复这样一种"空壳之下的迷乱"。苏也青很容易被优雅的中产阶级生活形式所打动：老饭店的房间里有咖啡奶茶和生着火的雕花壁炉；她看一部没有字幕的法语片，听不懂也看得泪流满面。朱文颖将情欲中说得出与说不出的意思都交与物质去表达。"老饭店的伤感是骨髓里的"，这原本是句可真可假的话。但小说结尾处，苏也青作为"潜在的公主"在怀旧晚宴上与舒先生跳舞，眼含泪光地念出一句"我爱老饭店"。这是一个有点不一样的结尾，让人想起海明威的短篇《一个干净明亮的地方》(1933)：一个不愿打烊后回家独自面对黑暗与无眠的侍者，"他心里很有数，这是虚无缥缈。人所需要的只是虚无缥缈和亮光以及干干净净和井井有条。有些人生活于其中却从来没有感觉到……虚无缥缈与汝同在"[③]。而朱文颖作品中对于"虚无缥缈"的执念，在长篇《高跟鞋》[④]依然有迹可循。她再次让小说主人公用唱机放《夜上海》，并且在饭店举行怀旧晚会。彼时舒先生对于苏也青的赞誉，是"旧上海女子的类型"，而"好多年前的那种上海女人……是听得到壁炉里炭屑燃烧时发出的噼噼啪啪的声音"。在《高跟鞋》中，又借某个时髦姨妈的"小资产阶级的威力"，道出对于女主角类似的观察，"你倒是挺像上海的女孩子。走在以前的淮海路上的。下午，有一点阳光。我一眼就能看出那种女孩子。现在，看不大到了。不太多了"。

---

① 香港回归之前，曾被称为"借来的时间，借来的地方"（Borrowed Place, Borrowed Time）。后"借来的时空"这一比喻被罗岗引用，用来反驳李欧梵在上海研究中对于城市"摩登"一面的过度关注。参见罗岗：《文化传统与都市经验——上海文化研究之反思》，《杭州师范学院学报》2004年第1期。

② 朱文颖：《老饭店》，《时代文学》1998年第1期。

③ 海明威：《一个干净明亮的地方》，曹庸译，《海明威短篇小说选》，上海译文出版社1981年版，第156—157页。

④ 朱文颖：《高跟鞋》，《作家》2001年第6期。

这一连串潜在的忧郁以及对于"过去的上海女人"的塑造,就像波德莱尔在一个"不适于抒情诗生存的气候"①中写作的"巴黎女人"。本雅明点名了《追忆似水年华》中对于波德莱尔之"巴黎女人"的回应,其中有一类"巴黎女人"也是"一眼就能认出来的"。"上海女人"对朱文颖散发了强烈的吸引力,而在波德莱尔"失之交臂"的"一瞥"和普鲁斯特的"一眼认出"中,"巴黎女人"也是个"招魂的名字"。波德莱尔和普鲁斯特为"精神的同类"而写作,认为自己捕捉到了"只有城市居民"才有的想象经验。在这种激情驱动的叙事之下,本雅明洞察到了一种"贫乏的满足"。再看朱文颖早期小说中的上海情结,之所以总要回到一个"旧"字,甚至将真正"上海"的"上海女人"放置在一种"濒临灭亡"的状态之下,亦是对都市经验立场中的自我限制有所警醒。

朱文颖将"上海女人"这一符号之下包括情欲在内的种种生命冲动,一并置予城市空间之下,用"小资产阶级"物质形态的方式来演绎。她善于将文学严肃的整体捏成琐碎的细节,置于一种对趣味逻辑的妥协中。"上海滩上有多少这样般配的情侣呵。都是衣着光鲜、拥有着一定数量的物质、社会地位、虚荣心以及情欲。"为了像海明威笔下的人物一样,不只是安静地流于生活的皮相,"上海情调"的吸引力与对于诱惑的防卫,始终是同时存在的。因此,躲在亭子间里面画画的张治文,会认为"在抽象的意念与具象的上海之间,存在着一种关联。在理想与现实之间、在精神与物质之间,是存在着一条坦途的"。而舒先生想拍一部关于上海的电影,但又认为真正具有上海味的电影可以是没有情节的,不需要故事,人物随意流动即可。这部构想中的电影实际上只是在重新陈述一个与《高跟鞋》叙事对等的结构,只强调片段,情节隐而不见。它强调萎靡不振的心情与知觉,延绵不绝的风格细节与情调成为最重要的文本装置。这部借以"上海"想象而开展的作品,最终反而成为脱离时代背景和社会生活的"私小说"。丧失梦想失去行动力的小说人物,更像是在现代文学的脉络中继续一场"新感觉派"游戏。

在新生代苏州女作家菊开那夜的《声声叹》②中,上海又呈现出另一种完全不同的"时空"观。它不过是"我"与女伴旅途中周转的一站,有关它的故事头一天夜里开始,第二天中午就结束了。朱文颖小说中人物在十里洋场中缓速旋转,相比之下,菊开那夜写作的年轻人有着飞快的行动力。从剧院到餐厅再到咖啡馆,半天不到的时间里,"我"已目睹女伴和我颇有好感的男人一拍即合,"眼看他们的欢喜与亲密"。上海成了一个"无关痛痒",甚至被小说中人物缕缕调侃的对象。"我"去上海,本来就只是为了看一场戏。而从杭州到上海花了若干小时,"我"却已在抱怨"舟车劳顿"

---

① 本雅明:《论波德莱尔的几个主题》,张旭东、魏文生译《发达资本主义时代的抒情诗人》,三联书店1992年版,第140—141页。

② 菊开那夜(吴苏媚):《声声叹》,南海出版社2005年版。

"一路蹒跚"。菊开那夜的叙事不断向前追赶,"我"下了车就坐在剧院里看上了戏,看完戏就吃饭,吃完饭就喝咖啡。在马不停蹄的追赶中,"上海"给"我"提供了时空上种种层面的转换,但不断抱怨"不够快"的"我"始终未有片刻停留。在商讨约会场所的过程中,情调的核心地标"新天地"因"太农民"而被立刻否决。菊开那夜补充说明"农民"是个"近乎褒义"的词,是"无所谓的自我解嘲和对他人的善意地调侃"。最终"我们"也没有去一个比"新天地"更高级的地方。在那对男女的私情还未得以完全展开时,菊开那夜似乎就已经在暗示了读者,"上海"的故事一旦停下来讲就没办法再讲下去。

苏州作家另一类与"上海"有关的想象,并不完全在"上海"本土时空的场域中发生。叶弥的《司马的绳子》与《天鹅绒》作为同一系列的小说,始终关注着一个"苏州"之外不远却也不近的领地。《司马的绳子》中"我父亲"、唐叔叔和司马叔叔从前都是江南一个富裕之城人氏,喜欢打"沙蟹"牌(沙蟹是苏州的牌法)。三个男人响应"上山下乡"来到穷乡僻壤,虽然不能经常见面,依然设法将赌事浪漫地进行下去。不满足于此的司马叔叔,时常要跑到那些更危险的地方(比如上海)去赌,而众人皆劝"外面的地方不是他的地方",认为司马这只风筝该找一条"合适的绳子拴住他"。他最终在赌桌上赢来了美丽能干的乡下女孩邢无双,结婚以后不断地把她输给别人再赢回来又再输掉。很快司马一个人回了城,并有了新的相好,要与无双解除婚约。小说中司马的这条"新绳子"连个名字都没有,就叫作"上海女人"。上海女人当然是一条更厉害的绳子,她的风骚娇媚、吃醋耍泼皆不在读者的想象之外,她生一场重感冒也能让司马叔叔急得满嘴起泡;倒是穷乡僻壤里的女人无双,陷入一种城市女人文明的无能之中:

> 邢无双呆乎乎地愣了,想把道理想明白。想不明白。但是她有足够的宽容去容纳别人……无双就想:这是怎么回事?这可是我的家。一个这么张致小气,一个却怜惜有加。①

她想写的信想说的话也文绉绉,"这一辈子,我所做的一切,就是原谅你"。叶弥以"文革"为背景的小说往往缺少都市的戾气,但她并没有把朱文颖的"上海女人"情结全盘反过来,正是苏也青式不愿落俗的虚荣才成全了邢无双自我牺牲的妥协。朱文颖"具象化"的都市面貌,在叶弥的笔下被抽象简化之后,地域与人的关系等级显得更为清晰。《天鹅绒》里随唐雨林一起下放的姚妹妹和小队长李东方偷了情。姚妹妹向李东方吐露,丈夫老唐曾说自己的皮肤"像天鹅绒"。唐雨林撞见后决定用自

---

① 叶弥:《司马的绳子》,《人民文学》2002年第2期。

己那杆走哪儿背哪儿、"华丽的"、"带着城市里陌生富足气息"的猎枪,杀了奸夫李东方。[①] 他要让李先明白到底什么是天鹅绒,再明明白白地死掉。唐雨林的记忆中,曾发达过的上海亲戚里有几位女眷用过天鹅绒的制品。他对它的语言描述,是"滑溜溜的一种布料,有点像草地,有点像面粉"。在这则短篇中,天鹅绒因为稀缺,因为是一种只有上海才有,现在甚至上海也没有了的布料,成了比作为杀人凶器的猎枪更有力的物质停顿。它"有点像草地",又"有点像面粉",可"草地"与"面粉"如何能统一出同一种质感。较之日常生活其他平滑的落点,它用混沌不清,用无法想象,凭靠一种"缺失的"、"不在场"的暧昧,来突显对都市生活的热望。

在另一个短篇《水晶球》中,叶弥写作了被"上海"抛弃的人们。两个上海男人,爱洒香水爱看戏的杜阿汀,和头发往后梳的龙套演员吴敏达,在50年代末清理城市垃圾的"水晶球"行动中,都被莫名地判了流氓罪。两人被送去了同一个偏远的劳改农场,"同吃同睡,形影不离",农民们议论两人为"假夫妻",感叹"原来城市里的男人这样过日子"。可谁也不知道"城市人","上海男人"到底怎么生活。女主角王三三是上海城里的妓女,三斤粮票或三角钱便能接待一次男人,在"水晶球"行动中也被送到了劳改农场改造。三人同时因作风问题被驱逐出上海,落难他乡。杜、吴皆爱上了王,两人合成一个人似的对她好,一个用钱贴补她,一个帮她做家务。三人间都是真感情,但又发乎情,止于礼。两个男人在王三三的家中尴尬相遇:

> 吴敏达问:"你就一直在里屋?"
> 杜阿汀说:"我藏在床底下。"
> 两个男人你看着我,我看着你,突然相视大笑,就像以前那样,挽起手来,打开门,走进风里去了。[②]

像王三三念叨的一样,"要么不走,一走就是两个"。被当作"流氓"、"垃圾"清出上海的两人,不仅对一个暗娼相敬如宾,彼此间也并没有心生妒忌。它在情感处理上无忧无虑的滑稽感,以及夹带的新生活随时可以重新开始的潜台词,与左翼电影和文明戏中的某些桥段颇为相似。两人意识到无法像村上人建议的那样,"合用"王三三做老婆,便带着"水晶"一样的心,整理上路,离开了劳改农场。叶弥在都市男女世故的两性游戏之外,书写三个上海"弃儿"情感中返璞归真的况味,也应算是反转视野下的一种"上海"叙述。

至此,有关"上海"的种种想象,新鲜刺激同时又像个旧相识,它温软柔性的面相

---

① 叶弥:《天鹅绒》,《人民文学》2002年第4期。
② 叶弥:《水晶球》,《人民文学》2003年第5期。

持续发光,对苏州作家有着特殊的引力。与其说"上海想象"是信手拈来的随意选择,不如视它为一种严肃规划的设计,既可在不同文本中审慎灵活地施展功用,也有自上而下的"连贯",以反映时代之下苏州作家内心体验中分毫析厘的真实图景。

论"现代戏曲"

◎ 吕效平

一、题　解

戏曲自宋元之际成熟以来,先后经过了"杂剧"、"传奇"和"地方戏"几个古典阶段。"杂剧"、"传奇"和"地方戏"这三个概念,其内涵主要是关于文体的规范,同时也隐含着时代的规定意义。因为"杂剧"、"传奇"、"地方戏"分别是元、明至清代中叶、清末民初的主流戏曲样式。"宋元南戏"虽与"杂剧"同时,但在当时影响未能压倒"杂剧",在其后则经《琵琶记》而演变成为"传奇",未能发展成一个时代的主流戏曲样式。

戏曲现代化的历程,如果自梁启超号召"小说界革命"、陈独秀提倡改良戏曲算起,至今已整整一百年;如果从五四启蒙运动"戏剧改良"的讨论算起,已有八十余年的历史。新中国成立后,党和政府领导知识文化界和戏剧艺术界的知识分子、舞台艺术家对戏曲进行了艰苦细致的改造与建设工作,以1956年浙江省昆苏剧团的《十五贯》和同年陈仁鉴的《团圆之后》为标志,以改革开放后的《曹操与杨修》(陈亚先)等为代表作品、魏明伦等为代表作家,一种稳定的戏曲新文体已形成,并已成为当代戏曲创作的主流样式。这种新文体不仅以其鲜明的特征与元杂剧、明清传奇、古典地方戏这些先后作为戏曲主流样式的个别文体相区别,而且以其鲜明的现代性本质与元杂剧、明清传奇和古典地方戏三阶段所构成的全部古典戏曲相区别。

但是,在现代汉语词汇里,目前还没有一个专有名词能够像"杂剧"、"传奇"或"地方戏"概括一种戏曲文体一样,概括这个当代的戏曲创作主流文体。以《曹操与杨修》为例,它被称为"京剧"和"新编历史剧"。但是,"京剧"不足以指明这部戏区别于谭鑫培、梅兰芳的非古典本质;"新编历史剧"则仅仅是一个关于题材的概念,而不是一个文体的概念。与"历史剧"相对应,还有一个"现代戏"的概念。这个概念也仅仅涉及题材,而不涉及文体,因此,还需要一个能够概括采用不同题材而属同一戏曲文体的概念。再以魏明伦为例,他的剧作一方面一概被称为"川剧"而忽略了它们的非古典本质,一方面往往被称为"现代戏"(例如《四姑娘》、《变脸》)或"新编历史剧"

(例如《巴山秀才》、《夕照祁山》),而有些剧作由于题材的难以界定(例如《易胆大》、《四川好女人》、《中国公主杜兰朵》)则除了"川剧"无以命名。但是,是陈亚先与谭鑫培、梅兰芳之间的共通之处、魏明伦与古典川剧之间的共通之处更具有本质的意义呢,还是陈亚先与魏明伦的共通之处更具有本质的意义?或者换一个角度发问:是陈亚先与谭鑫培、梅兰芳的差异、魏明伦与古典川剧的差异更具本质意义呢,还是陈亚先与魏明伦的差异更具本质意义?可以肯定地说:虽然《曹操与杨修》被称为"京剧"而魏明伦的剧作被称为"川剧",但是它们仍然应当看作同一文体的作品;相反,虽然陈亚先与谭鑫培、梅兰芳的作品都被称作"京剧",而它们事实上却具有不同的文体本质。同样的,虽然魏明伦的剧作仍然被称为"川剧",它们与古典川剧也拥有不同的文体本质。特别能够说明这个问题的是郭启宏的创作。他既写京剧,又写评剧和昆剧。他的京剧、评剧、昆剧之间的差异是偶然的、现象的、次要的,而他所有作品与古典戏曲的差异才是必然的、本质的和重要的;他的京剧、昆剧与古典京剧、古典昆剧之间的联系是偶然的、现象的、次要的,而他的京剧、昆剧和评剧作品因为事实上同属一个戏曲文体,(虽然这一文体尚未得到冠名,它的存在尚未被清晰地认知),它们之间的联系却是必然的、本质的和更重要的。

言语的模糊与混乱反映了概念的模糊与混乱,概念的模糊与混乱反映了理论认识的模糊与混乱。当今的戏曲理论对于两个基本的客观事实缺乏充分的和清晰的认知。一个事实是:从《十五贯》、《团圆之后》到《曹操与杨修》,一种新的戏曲文体已经定型,这种文体已经成为当代戏曲创作的主流文体;这种文体的形成是从辛亥革命、五四运动以来戏曲现代化历程的结果,它具有与包括元杂剧、明清传奇和古典地方戏三个阶段的古典戏曲的革命性的本质差异,它是中国戏曲的第四个主流文体样式,也是与全部古典戏曲相对立的戏曲的现代阶段。另一个未被当今戏曲理论普遍接受的事实与上述现代戏曲文体业已存在的事实密切相关。它就是:和杂剧、传奇先后失去其生存的土壤与条件而终结一样,以京剧为代表的古典地方戏也因其失去了生存的土壤与条件而终结了;古典地方戏的终结,也是全部古典戏曲的终结。就像古典文学的终结一样,这是不可避免的。

理论认识上的糊涂状态,在相当大程度上,是由情感上对于"民族性"和对于"现代性"的冷热失衡造成的。例如权威的《中国大百科全书》"戏曲、曲艺"卷概论,就放弃了对于本民族文化的理性批判的责任,把古典地方戏特征夸大为全部戏曲的永恒特征,而对其文学性与思想性的贫乏没有丝毫的反思,对关汉卿、汤显祖、孔尚任所代表的文学精神与批判精神退出中国本土戏剧的过程和必然性也没有丝毫的反思。这样的戏曲理论,当然不能认知当代戏曲创作主流文体中文学性回归的本质意义,不能辨析当代戏曲作品文学性的现代性特征,也不肯承认古典地方戏乃至古典戏曲的终结,而宁肯把谭鑫培、梅兰芳与陈亚先、魏明伦、郭启宏稀里糊涂地看作一回事,不愿分析陈亚先、魏明伦、郭启宏的现代性本质,更不愿接受这种现代性本质获得的前提恰恰是对于谭鑫培、梅兰芳的革命与超越这个事实。应当看到,缺乏科学精神的民族热情往往片面夸大民族文化中的局部现象,而背离民族文化的根本精神,最终走向自己初衷的背面。以京剧为代表的古典地方戏并不是古典戏曲的全部,它的辉煌恰恰建立在部分地放弃与背离关汉卿、汤显祖、孔尚任的艺术原则和艺术精神的基础之上;在陈仁鉴、陈亚先、魏明伦、郭启宏对于古典地方戏的革命与超越中,却有着对于关汉卿、汤显祖、孔尚任的回归与继承。当代戏曲创作的主流文体,不仅是现代性的,而且与全部戏曲的古典传统血脉相连。

不察觉当代戏曲创作的主流文体已经是一种与以京剧为代表的古典地方戏不同本质的文体,把它们一概称为京剧、川剧、昆剧,或别的什么地方戏,这种认知的糊涂状态在戏剧艺术的实践上也是十分有害的。当今主流戏曲理论既不对古典戏曲进行"文学的"与"非文学的"阶段和文体的分析,也不对全部戏曲进行"古典的"与"现代的"阶段和文体的分析,不接受古典戏曲业已终结的事实,相反,把古典地方戏特征夸大为全部戏曲的永恒特征,由此造成了两个方面的伤害:一方面,当代戏曲创作被不恰当地加上了保持古典地方戏本质,延续其生命的责任,使当代戏曲自身文体本质的实现与艺术的创造处处受到人为的掣肘;另一方面,当代戏曲在追求自身文体本质充分实现的过程中势必把与之混为一谈的古典地方戏本质损毁得面目全非。须知,古典地方戏的终结仅仅意味着它不再能够创造生动活泼的新作品,并不意味着它昔日的创造失去了存在的价值。元杂剧和明清传奇早已终结了,但是后来的戏曲家仍然不断从昔日的作品中汲取艺术精神、艺术方法和艺术养料,以丰富自己的创作灵感;后来的观众和读者仍然能够从昔日的作品中得到美的享受。古典文学终结了,诗经、楚辞、唐律、宋词、《红楼梦》……却永远是民族文化的宝贵遗产,在当代文化的建设中发挥着无可替代的重要作用。一种艺术,惟其终结了,才弥足珍贵。《红楼梦》、《窦娥冤》、《牡丹亭》、《桃花扇》将永远地保存着它们的新鲜古装,蹲在图书馆的书架上等待一代代读者的朝拜,可是古典地方戏却没有这样的幸运,它们无法以印刷品的方式保存下来,只能保存于演员的肉身。这种保存方式是极不稳定的。戏曲理论应当接受古典地方戏业已终结的事实,阐明古典地方戏与当代戏曲创作主流是拥有不同本质,属于不同时代的两种不同的戏曲文体,以阻止当代戏曲在其创作与发展的过程中对古典地方戏遗产造成无可弥补的破坏。

本文将讨论当代戏曲创作主流文体区别于古典戏曲各文体的特殊本质,并根据这一本质将其称为"现代戏曲"。"现代戏曲"一词一般并不被使用,更没有被用作指称当代戏曲创作主流文体的专有名词。常见的是在某剧种名称前冠以"现代"二字,例如"现代京剧"、"现代川剧",等等,但这里的"现代"二字仅用作限定题材的现代生活范围。倘表现古代生活,即使采用了当代戏曲创作的主流文体,例如《曹操与杨修》,也仍然不会被称作"现代京剧",而称为"新编历史京剧"。无论如何,如果至今仍然被称为"京剧"、"川剧"、"昆剧"或别的某种地方戏的当代戏曲创作确实与以谭鑫培、梅兰芳为代表的古典地方戏具有不同的本质,而各地方戏剧种的当代作品之间又具有共同本质,如果当代戏曲创作的主流文体确实区别于古典地方戏而存在着,我们就迫切地需要一个指称这种文体的专有名词。这个专有名词的确立,将是我们对于戏曲发展与现状认知的一个进步。

为此,我提出"现代戏曲"的概念,以供讨论。

二、"现代戏曲"是文学的戏剧

魏明伦说:"从我的身上可以看到已经断裂了一百几十年的中国戏曲'编剧主将制'的影子!"①他的这一说法,反映了当代戏曲作家对于他们的作品与古典地方戏作品之间本质区别的自觉。他描述古典地方戏,"演员至上,名角称王。从'同光十三绝'到梅兰芳,扩及地方戏的各路'诸侯',表演艺术达到炉火纯青……把编剧主将贬低到幕僚与附庸的地位,甚至有奴仆之感。表演艺术独自发达,剧本文学衰落弱化。"②自辛亥革命和五四启蒙运动以来,为使戏曲适应现代社会所做的种种努力,无论这种努力是由知识分子从外部介入的还是由表演艺术家从内部发起的,虽然涉及音乐舞蹈、舞台美术等等一切方面,但是首要的、全局性的和决定性的努力,却是要重新征服文学或者说被文学再次征服。因为非此,则不能改变其创作主体文化教育严重缺失的状态,以获得思想的能力;也不能获得观念的有效载体,以改变其思想的贫乏与守旧。

梅兰芳在20世纪一、二十年代对于"时装戏"与"古装戏"的两次尝试,都不是关于舞台美术或歌舞艺术的局部改良,而是试图征服文学、获得思想的能力与载体的全局性的试验。"时装戏"的尝试,是为了追赶急剧变革中的社会观念,而以演说与情节取代表演作为戏曲的主要艺术手段。但由于演说和情节本质上属于文学的语言艺术和编剧艺术,一旦凌驾于表演之上,便根本地破坏了京剧的表演艺术本质。如果文学的语言艺术与编剧艺术不足以构成成熟的艺术整一体,不能够提供充足的审美资源,所谓"时装戏"便只能是不伦不类的短命的怪胎了。以文学的手段创造戏曲的新文体是梅兰芳这些舞台艺术家所不能胜任的。"时装戏"的尝试失败以后,为了弥补京剧的文学缺失之"俗",追求齐如山所渴望的"高洁雅静"③,梅兰芳又排演了《嫦娥奔月》《黛玉葬花》《天女散花》《洛神》等"古装戏"。这些剧目放弃了编剧艺术的追求,旨在把表演艺术的歌舞与古典文学的诗歌重新结合起来。但是,此时古典文学自身已经失去了创作的活力,焉能拯救戏曲?鲁迅描绘"古装戏"中的梅兰芳

---

① 魏明伦:《笔答〈南腔北调〉》,《戏海弄潮》,文汇出版社2001年版,第222页。
② 魏明伦:《笔答〈南腔北调〉》,《戏海弄潮》,文汇出版社2001年版,第223页。
③ 《齐如山回忆录》,《中国戏剧出版社》1998年版,第101页。

"待到化为'天女',高贵了,然而从此死板板,矜持得可怜"①。田汉也借用胡适的话,把这些戏称为"既不通俗又无意义的恶劣戏剧"②。在两次征服文学的尝试失败后,面对戏曲现代化的种种努力,梅兰芳确立了他自己"移步不换形"的原则。这是一个深思熟虑的原则。它表明这位卓越的艺术家将维护古典地方戏的表演艺术本质,并在这个本质的规定之下谨慎地探索它可能的疆界;他将不会允许自己的探索破坏古典地方戏的表演艺术本质,不在这个古典本质以外寻求戏曲的现代性变革。如果这仅仅是一个艺术家的个人的选择,这个选择应当赢得人们的一切尊重。但是,如果把梅兰芳所维护的古典地方戏本质当作全部戏曲的永恒本质,要求一切戏曲艺术家来维护则是荒谬和有害的。

董健教授把20世纪传统戏曲所走的道路,概括为梅兰芳所代表的道路和田汉所代表的道路。梅兰芳的道路,就是维持古典地方戏表演艺术本质;而田汉的道路则是超越这个本质,回归文学。"他赋予了近二百年来在文学性上渐趋贫困化的京剧以表现现代意识的文学生命;他初步扭转了京剧'重戏不重人'的旧习,开辟了人物塑造的新路子;他结束了旧京剧只有演员没有作家的历史。"③魏明伦所说的戏曲"编剧主将制"早在田汉新中国成立前的戏曲创作中就得到了恢复。甚至早于田汉,辛亥革命前后西安"易俗社"的戏曲创作便是"编剧主将制"的。但是,"易俗社"的戏曲创作虽然与从《团圆之后》到《曹操与杨修》的戏曲创作同样恢复了文学本质,却因其间存在的重大差异,不能看作同一种文体。即使田汉的戏曲创作,虽然在文学精神上与陈仁鉴、陈亚先、郭启宏、魏明伦息息相通,但在其形式多样的尝试中还没有形成一种稳定的戏曲文体。

由"演员至上,名角称王"到"编剧主将制",不仅文学家成了创作的主体,而且由于文学的介入根本改变了传统地方戏文体的本质。

戏剧是一种综合艺术这是人人知道的浅显事实。戏剧理论不能够满足于清点一种戏剧综合了多少门类的艺术,以所谓"综合性"作为区别于其他戏剧样式的本质特征。综合于戏剧的诸多艺术门类,其地位并不是平等的,其中必定有一门艺术是"综合"行为的施动者,而其他门类的艺术则是被综合者。一种戏剧样式的本质,就是由这个施动的"综合者"确定着。戏剧理论应当找到这个综合者,确定研究对象的特殊本质。一般而言,能够在戏剧中担负"综合者"责任的,只有表演的艺术与文学的艺术。因此,表演和文学就是戏剧的两极。说戏剧"中心是演员的艺术"或者说"剧本是戏剧之本",用以针对具体时代具体文化的某种戏剧样式是不错的,但是用以描述一切时代一切文化的一切戏剧便无法正确地解答许多戏剧现象。古典的中

---

① 《略论梅兰芳及其他(上)》,《鲁迅全集》(第5卷),人民文学出版社1981年版,第579—580页。
② 《中国旧戏与梅兰芳的再批判》,《田汉全集》(第17卷),花山文艺出版社2000年版,第12页。
③ 董健:《中国戏剧现代化的艰难历程》,《文学评论》1998年第1期。

国本土戏剧就有一个"表演本质的艺术—经文学(主要是古典诗歌)的整合而成为文学本质的艺术—文学降为'被综合者'而重新成为表演本质的艺术"这样一个发展的过程。对于理论的辨析来说,困难在于:即使在表演的戏剧里,文学仍然作为一个被综合的因素存在着,同样的,即使在文学的戏剧里,表演也仍然作为一门被综合的艺术存在着;而且就个别作品而言,往往成就最高者其中表演与文学的两极最接近于平衡。但是,就某种戏剧的一般文体而言,辨析其首先被文学的原则规范着,还是被表演的原则规范着,不仅是可能的,而且是戏剧的理论研究必须解答的。

20世纪初,吴梅站在古典文学的立场,批评清代光宣以后的戏曲"巴人下里,和者千人,益无与文学之事矣"①。80年代末,陈白尘、董健站在现代文学的立场,批评以京剧为代表的古典地方戏"使戏剧文学性和思想内容大大'贫困化'"②。吴梅所指,主要是唱词俚俗,失去了诗歌的意境。陈、董所指,如果把"思想内容"的问题放在一边,仅就"文学性"而言,应当不止于唱词,还有情节的幼稚。魏明伦也注意到"演员过分地大于剧作家,表演过分地大于剧本"所造成的后果,就是"形式大于内容,局部大于整体,唱腔大于唱词"③。如果同样放开"形式"与"内容"的问题不谈,仅仅考虑技术层面上问题,则"局部大于整体"正是情节幼稚的原因,"唱腔大于唱词"正是唱词俚俗的原因。唱词俚俗、情节幼稚就是文学在古典地方戏里的全部状况。但是,一种唱词俚俗、情节幼稚的戏剧样式,为什么能够在大约两百年的时间里风靡大地,"和者千人"呢?毫无疑问,这是一种能够提供充沛审美资源满足它的观众的戏剧样式。唱词和情节如此贫乏,古典地方戏究竟靠什么提供它的审美资源?每一种文体都有自己的基本原则,只有满足了这些原则的作品,才能成为这个文体家族的一员。究竟满足了哪些原则,才能被接受为古典地方戏?这些原则,就是歌唱(唱、念)与舞蹈(做、打)的原则。只要在唱腔和身段上达到了标准,其表演不论唱词怎样俚俗、情节如何幼稚,都可以称为地方戏。齐如山把京剧艺术的原则概括为八个字,即"无声不歌,无动不舞",古典地方戏的审美资源主要就是由它的歌唱与舞蹈及其直接描绘的生动人物提供的。唱腔、身段与唱词、情节是采用不同的物质载体作为艺术语言的不同质的艺术。前者诉诸人的感官,后者诉诸人的心灵。前者呈现为一种瞬间的"质"感,每一个瞬间"质"的优劣与任何其他的瞬间同等重要,表现于一定时间长度的整体性对它来说并不存在,美的资源在鉴赏的每一个瞬间立刻被感觉到,经过心灵的综合才能区别每一个局部的审美意义的过程是多余的;后者则呈现为一种时间的状态,每一个瞬间局部的意义依存于其他瞬间局部的意义,尤其是依存于"诗歌意境"或"动作全程"的整体意义,心灵综合的过程是必需的,只有掌握

---

① 《中国戏曲概论》,《顾曲麈谈 中国戏曲概论》,上海古籍出版社2000年版,第176页。
② 《中国现代戏剧史稿·绪论》,《中国现代戏剧史稿》,中国戏剧出版社1989年版,第5页。
③ 魏明伦:《笔答〈南腔北调〉》,《戏海弄潮》,文汇出版社2001年版,第223页。

了"意境"或"动作"的整体，才能理解每一个局部的审美意义。苏剧和川剧中有一个经典的折子，叫《醉隶》，源出明传奇《红梨记》，演的是一个皂隶奉太守之命请秀才饮酒赏月，但秀才已与情人有约在先，皂隶只好碰壁而归，其主要内容就是表演醉酒的皂隶。这段交代情节的过场戏在原作中并不具有独立的审美意义，它的意义轻重要看其对男女主人公命运影响的大小。因为这个情节过程对戏剧主人公的命运几乎不具有影响，它的意义便是微乎其微的，把这个无足轻重的短暂过程发展成几十分钟的折子，对于叙述悲欢离合爱情故事的艺术目标来说，其结果是破坏性的。但是，根据地方戏的文体原则，呈现为一定时间长度的情节整体并不重要，重要的是演员的表演，表演在每一个瞬间的意义是同等的，只要演员能够把这个无名皂隶演得风趣盎然，提供充沛的审美资源，不妨给予他姓名，不妨提升他成为戏剧主人公，不妨让观众忘记情节的悬念，忘记男女情人的命运。《醉隶》成戏的原则，不是偶然或局部的，而是古典地方戏文体的根本原则。在《拾玉镯》中，观众和演员所关注的，并不是少女孙玉姣与公子傅朋的爱情发展，而是旦角演员对孙玉姣天真活泼性格及娇羞神态的表现和丑角演员对孙玉姣的天真、活泼、娇羞的夸张而风趣的模仿。爱情故事需要一个发生、发展、高潮、结局的时间过程，过程中的片段不具有独立的价值，只有在情节整体中才能获得自身特殊的审美意义；而对人物神态动作的表现和模仿，其每一个瞬间拥有的审美价值却既是独立的，也是平等的。传统京剧的情节艺术，一向被认为以《四进士》为最，即使这个戏的兴趣中心也是根据上述地方戏文体原则，随着表演艺术而"漂移"的。这个戏的剧名告诉我们，它的主角应当是进士毛朋，这是毛朋同另外三个枉法的同年进士斗争的故事。但因为扮演宋士杰的演员提供了更多的审美资源，这个人物便压倒毛朋，成了该剧主人公。在这里起决定作用的，不是对于情节的构思，而是演员的表演。

  早在梅兰芳这一辈戏曲演员早年的"时装戏"中，就开始了摆脱上述地方戏文体原则，寻求新原则、新文体的尝试。"时装戏"把依赖声腔与身段的表演降到了次要的地位，试图凭借情节和演说所能提供的审美资源征服剧场。梅兰芳后来放弃"时装戏"，正是由于对上述古典地方戏文体原则的珍惜。他说在这些"时装戏"里，"京戏演员从小练成功的和经常在台上用的那些舞蹈动作，全都学非所用，大有'英雄无用武之地'之势……我后来不多排时装戏，这也是其中原因之一"①。晚近成熟的地方小戏，例如越、粤、评、沪等剧，一方面在表演上的积累不如传统地方戏那样深厚，缺乏堪称"主将"的演员；另一方面则同时受到都市现代影剧方式的影响和五四新文化的启迪，一开始便不遵从上述古典地方戏的文体原则，而比较注重情节的整一性。20 世纪 50 年代对于传统地方戏剧目的整理和改编，执行着一对相互否定的任务：一面要保护表演艺术珍贵的历史积累，一面也要纠正其唱词的俚俗和情节的幼稚，凡

---

① 《梅兰芳舞台生活四十年》，中国戏剧出版社 1987 年版，第 280 页。

"整理"者以不颠覆上述古典地方戏文体原则为前提,凡"改编"者一般都是把情节整一性的原则作为根本原则,而把声腔美与身段美至上的原则降为服从情节整一性的二级原则。这种以情节整一性原则颠覆表演至上原则的结果就是一种戏曲新文体的诞生。

1956年,浙江省昆苏剧团根据传统昆曲改编的《十五贯》(陈静执笔)获得巨大成功,被认为"救活了"濒临死亡的昆剧。然而新《十五贯》在表演艺术上并没有实质性的新创造,戏还是那些老戏,它凭什么取得如此成就呢?凭的是以一个更高的艺术原则把表演艺术的旧创造重新组合起来,使它们在诉诸感官直觉以外,同时获得了诉诸心灵的意义,在审美直接性的意义以外,同时获得了观念性的意义。这个更高的艺术原则,就是剧场的情节整一性。清人朱素臣传奇原作的情节整一性,是无法实现于剧场的整一性;沦为地方戏的昆剧折子则像《醉隶》和《拾玉镯》一样,以声腔与身段之"质"为其文体的原则,不追求情节的整一。对于《醉隶》和《拾玉镯》所表演的美感充足的人物形象来说,戏剧主人公的爱情遭遇和结局并不重要,而新《十五贯》里的情况恰恰相反:娄阿鼠这个拥有很大审美资源的感性十足的形象,不再是戏曲演出和观赏的最终目标,甚至连况钟与周忱针锋相对的戏剧性冲突情境也不能成为演出和观赏的最终目标。娄阿鼠的形象对于全剧情节及其所表现的主题来说,仅具有局部意义;"见都"一场的冲突,由"判斩"引起,而又导致了"访鼠测字",是情节之躯的一个承上启下的部分。什么是情节的整一性?根据亚里士多德的论说就是:第一,情节(行动)先于人物而作为戏剧的第一要素,戏剧表演的"目的不在于模仿人的品质,而在于模仿某个行动"[①],人物"不是为了表现'性格'而行动,而是在行动的时候附带表现'性格'"[②];歌曲在戏剧六要素中仅排第五,"形象""最缺乏艺术性,跟诗(笔者按:即文学)的艺术关系最浅"[③]。第二,情节必须是一个有发生、发展和结局,即所谓"有头,有身,有尾"的完整过程,"里面的事件要有紧密的组织,任何部分一经挪动或删削,就会整体松动脱节"[④]。新《十五贯》正是这样。旧戏中表演塑造人物的第一目的,被叙述情节的目的取代了;表演作为塑造人物的第一手段,也被情节的手段取代了。换句话说,表演首先是叙述情节,然后才是塑造人物;人物性格首先是由他们的行动表现出来,然后才是被表演直接地刻画出来。旧戏《十五贯》中有两个十分精彩的折子,《男监》和《女监》,从表演及人物塑造的角度上看,并不比新《十五贯》所选用的折子逊色,按照古典地方戏声腔和身段之美至上的原则,是不应删去的。但是新《十五贯》不是以表演直接塑造人物的古典地方戏,而是首先以情节(即

---

① 亚里士多德:《诗学》,人民文学出版社1962年版,第21页。
② 亚里士多德:《诗学》,人民文学出版社1962年版,第24页。
③ 亚里士多德:《诗学》,人民文学出版社1962年版,第25页。
④ 亚里士多德:《诗学》,人民文学出版社1962年版,第28页。

人的行动)塑造人物的一种戏曲新文体,根据情节整一性的文体原则,删去这两个折子却是必然的。

在当代戏曲创作中,如新《十五贯》这样把一个非文学的古典戏剧文体改编成文学的现代戏剧文体的作品并不很多。此外还有像《团圆之后》那样,根据旧文学剧本改编的作品。在这类作品的创作过程中,剧作家更少面临声腔与身段美至上原则的掣肘,贯彻情节整一性原则更为坚定。随着现代题材进入戏曲创作和20世纪80年代以后戏曲作家的主体意识日益觉醒,以上两类"改编"作品的数量更少了,在像《曹操与杨修》这类完全属于作者新创的作品中,剧场整一性的原则不再遭遇任何怀疑与挑战。

《十五贯》的改编者并不是第一个运用剧场的情节整一性原则创作戏曲的编剧,但是他们所改编的《十五贯》肯定是传统戏曲中把这个原则最早运用得最为成功且影响最大的作品。此后近50年,剧场的情节整一性原则始终被几乎所有戏曲作家们奉为创作中最为基本的原则;《团圆之后》、《巴山秀才》、《潘金莲》、《曹操与杨修》、《南唐遗事》、《新亭泪》、《秋风辞》、《徐九经升官记》、《骆驼祥子》这些当代戏曲创作的杰出代表无一不要求表演的声腔与身段之美遵从并服务于情节的整一性。可以说,自改编本《十五贯》诞生并取得成功,一种戏曲的新文体已经宣告成熟了。这种文体,用魏明伦的话说,颠覆了古典地方戏"演员至上,名角称王"的制度,恢复了关汉卿、汤显祖、孔尚任时代的"编剧主将制"。情节的整一性原则是这个戏曲新文体最基本的文体原则。而情节的艺术,当它服从表演至上的原则时,只能处于十分幼稚的状态,正如亚里士多德和黑格尔把它视为"诗"的艺术那样,它属于文学。

三、"现代戏曲"是现代文学的戏剧

中国本土戏剧早在戏曲形成之前已经存在,根据任半塘在那部著名的《唐戏弄》中的描述,且相当发达。为什么在宋元之际中国本土戏剧终于发育成戏曲这种堪与古希腊悲剧和伊丽莎白时代戏剧媲美、具有持久生命力的高度成熟的戏剧样式?中国古典诗歌传统的介入是出现这个飞跃的决定性因素。诗歌一向是古代中国文学的主流样式,在宋元之际已经积累了许多宝贵的创造和无比深厚的传统,并且仍然具有旺盛的生命力去寻求新的形式,进行新的创造。它与表演艺术的结合,并成为剧场诸多门类艺术的综合者,不仅给自身的发展找到了新的途径,而且根本改变了此前中国本土戏剧的表演艺术本质,使其成为文学的戏剧,产生了关、马、郑、白和王实甫等一批杰出的诗人剧作家。

元杂剧在本质上是抒情诗。它一方面对于诗歌的音乐形式要求极严,一方面对于情节的内容与结构采取漫不经心的态度。元杂剧的文体原则,就是一本四折、每折由同一宫调的若干曲牌组成一支联套,由一人演唱的音乐形式。这个文体原则完全不涉及情节。需要说明的是,元杂剧极其严格的音乐形式是针对诗歌语言、呈现于一定时间状态的艺术整一性要求,而不同于古典地方戏音乐针对演唱、呈现为非时间状态的"质"的要求。王国维称"元剧关目之拙,固不待言。此由当日未尝重视此事,故往往互相蹈袭,或草草为之","然元剧最佳之处,不在其思想结构,而在其文章。其文章之妙,亦一言以蔽之,曰:有意境而已矣"。①

明清传奇也是作家和文学的戏剧。在这个戏曲文体中并行着两条未经融合的文体原则。一条仍然是诗歌音乐形式的原则,它仍以一个曲牌联套为一个基本单位,称之为"出",但每本戏从二三十出到五六十出不等,同一联套诸曲不限于同一宫调,也不限一人演唱。另一条则是关于情节的结构原则,它要求情节的整一性,故事必须有头有尾,追求事件的曲折离奇和缝合照应的构思技巧,讲究叙事的规定程序。但是,明清传奇的结构过于庞大,它的情节整一性一般无法呈现于一次剧场的演出。由于诗歌及其与表演的结合提供了充足的剧场审美资源,明清传奇并不渴求它的情节在剧场提供审美资源;由于诗歌及其与表演的结合直接塑造了诗意盎然的人物,明清传奇并不渴求依靠情节完成塑造人物的艺术使命。无论它漫长的全本演出方式,还是它通常的择出演出方式,都不能使它的作者感觉到令西方戏剧家焦虑并渴求征服的剧场时空的挤压。因此,它的情节整一性是未经剧场时空熔炼的史诗(或称小说)情节的整一性。

古典诗歌滋养和提携了中国本土戏剧的表演艺术,使它形成了一套表现力极强、形式美资源极其丰富的舞台语言系统。这个语言系统在与文学语言的竞争中,终于击败了对手,而成为戏曲的艺术语言,并把文学语言降为自己系统内的一个子系统。中国本土戏剧从文学本质,重新回归表演本质。任半塘在为戏曲之前的中国戏剧的存在辩护时质问道:"京剧中之《麻姑献寿》,除向王母置酒前为寿,歌舞一番而外,又有何情节……今日类乎《麻姑献寿》者,亦曰'岂得谓为戏剧乎'否?"②视京剧与《踏谣娘》《西凉伎》为同类,任半塘是有道理的。古典诗歌的退出,除了戏曲表演艺术语言的强大以外,它自己生命力的枯竭也是一个原因。事实上,在"曲"之后,中国古典诗歌就没有能够像它在过去不断地嬗变那样再创新的样式。

当古典地方戏逐渐失去创造的活力的时候,中国古典文学同样失去了它的创造力。像在宋元之际那样重新赋予本土戏剧文学的本质,给它带来新生,这是中国古典文学力所难逮的了。这个使命,惟有五四新文化运动中诞生的中国现代文学能够承担。如果说,中国话剧是西方文化的舶来品,现代戏曲则是西方戏剧与中国古典戏剧结合的产儿。向西方学习,这是中国从物质到精神一切领域现代化进程的必然特征。这种吸纳外族文化的能力,是一切民族文化保持活力的前提;这种被鲁迅称

---

① 《宋元戏曲考》,《王国维戏曲论文集》,中国戏剧出版社1984年版,第85页。
② 任半塘:《唐戏弄》,上海古籍出版社1984年版,第75页。

为"拿来主义"的胃口,是一个民族文化生命力的表现。

虽然现代戏曲的唱词比较古典地方戏唱词一般更具有文学性,虽然我们不妨把现代戏曲的唱词看作抒情诗,而且在某些作品中它们是真正的抒情诗,但是,被古典地方戏颠覆了的诗歌规范并没有在现代戏曲里得以恢复。现代戏曲作为一种新的戏曲文体,除了戏曲的一般文体原则需要唱词以外,它的特殊的文体原则并不涉及诗歌形式。对于当代戏曲观赏者来说,抒情诗已经不像它在古典戏曲的文学阶段那样重要了;对于当代戏曲作家来说,诗歌写作的能力也不像在古典戏曲的文学阶段那样头等重要了,情节艺术的能力比语言艺术的能力更为重要。与古典地方戏相比较,现代戏曲是作家的戏曲、文学的戏曲;与古典戏曲作家的、文学的阶段相比较,现代戏曲首先是情节的艺术,然后才是语言的艺术。而全部古典戏曲或者是文学语言的艺术,或者是舞台语言的艺术,首先是语言的艺术,然后才是情节的艺术。

元杂剧在情节的创造上漫不经心,这种漫不经心的积极意义是不设定规范,因此元杂剧的情节艺术创造,从《西厢记》这部几乎同时实现了西方戏剧情节艺术理想的杰作和被王国维视为例外的《老生儿》、《救风尘》,到极幼稚的一般作品,呈现为比较复杂的形态。但少数剧场情节艺术杰作的存在并不能改变元杂剧在本质上仍然是语言的艺术,是抒情诗的艺术。明清传奇作者在情节创造上颇费匠心,然唯其注重此事,所以特别尊崇规范,自《琵琶记》的叙事规范建立以来,明清两代未有突破,弄得反而逊于元杂剧的例外作品。因此胡适批评传奇都是"用八股文体做的"①。古典地方戏根据声腔与身段之"质"确立其文体原则,表演的每一个瞬间的意义是平等的,其价值的大小根据"质"之优劣来确定,因此基本无视呈现为时间状态的情节整一性。现代戏曲的现代文学属性的确认,建立在两个比较的基础之上:其一是它的情节艺术本质与元杂剧语言艺术本质的比较,其二是它的现代剧场情节艺术与明清传奇的古典戏曲情节艺术的比较。

明清传奇的情节整一性无法体现于剧场,因而不是剧场的情节整一性。亚里士多德试图从理论上区分史诗的情节整一性与悲剧的情节整一性,但是,他仅仅指出"悲剧力图以太阳的 周为限",而"史诗则不受时间的限制"②,或者说"任何一首史诗,不管哪一种,都可供好几出悲剧的题材"③这种篇幅上的表面差别。他做的并不算成功。黑格尔才真正做到了这一点。黑格尔给戏剧所下的定义是:

> 史诗的原则和抒情诗的原则经过调解(互相转化)的统一。④

---

① 胡适:《〈缀白裘〉序》,《胡适文集》(第8卷),北京大学出版社1998年版,第445页。
② 亚里士多德:《诗学》,人民文学出版社1962年版,第17页。
③ 亚里士多德:《诗学》,人民文学出版社1962年版,第106页。
④ 黑格尔:《美学》(第三卷下册),商务印书馆1981年版,第242页。

他认为：戏剧具有抒情诗的因素，因为戏剧人物与观众的关系，就像抒情诗人与读者的关系一样直接，其间没有一个叙述人，戏剧必须表现人的内在心情，人物的一切行动应当来自于他的内在心情；戏剧同时也具有史诗的因素，因为戏剧不满足于停留于人的内在心情，它还是情节作品，人物的内在心情应当对象化为情节动作。一切动作来源于人物的内在心情，一切内在的心情必须表现为人物的戏剧行动，这就是"史诗的原则和抒情诗的原则经过调解（互相转化）的统一"。根据这个定义，首先，戏剧不表现缺乏行动的抒情，也不表现没有被自我强烈意识到的、出自个人意志的动作；因此，人物的意志和行动才是情节进展的动力，叙述人对情节的直接的和任意的安排都是非戏剧的；最后，重要的不是事件的复杂性与曲折性，而是行动出自意志和心情化为行动的强烈度。欧洲传统戏剧正是黑格尔所描绘的这样。所有上述原则，都来自于戏剧的表演方式和剧场极其有限的时空对于单纯抒情艺术和情节艺术的熔炼。明清传奇恰恰不是这样，它的人物必须充满情感，但不必具有意志，不必把情感化为动作；它的人物行动可以来自作者的任意安排，而不必出自自觉的意志；它情节的动力主要来自作者的意愿，而不是剧中人物的意志。它的情节艺术及其所提供的审美资源，主要来自这样一对张力与应力的矛盾：张力的一面是尽可能把故事的曲折离奇推向极限，应力的一面则是通过尽可能巧妙的缝合照应，使这种曲折离奇被信服与接受。而剧场的情节艺术及其所提供的审美资源，如欧洲传统戏剧所示，则来自一面追求尽可能强烈的意志和激烈的动作，一面力求故事的单纯化这样一对张力与应力的矛盾。在朱素臣的《十五贯》传奇里，不仅熊友惠、侯三姑和熊友兰、苏戌娟这两对蒙冤的青年的内心始终"处在抒情诗的那种情境"，"寂然不动地欣赏，观照和感受"①着自己的苦难，而对于改变自己的命运既缺乏行动的意志，也没有意志的行动，甚至况钟也不过是"神明"的工具，由冥冥中的神操纵着而不是根据自己的意志在行动。因此，它的情节发展的动力，不是由剧中人物的意志和行动推动着，而是根据作者意愿的任意安排，只要作者能够通过缝合照应的技巧使人相信剧中的巧合的可能性。传奇《十五贯》的情节魅力，就在于难以令人信服的诸多巧合被作者巧妙地编织在一起，如果观众与作者一样相信冥冥中命运之神的存在，他就不能不接受这个曲折离奇的故事。改编本《十五贯》删除了熊友惠、侯三姑的故事，删除了原作中大部分的巧合，封存了原作情节由故事的曲折离奇和叙述人缝合照应的技巧所激发的审美资源。那么，《十五贯》新作情节的审美资源是否枯竭呢？不仅没有，而且它使情节所提供的美感具有更强的力度并能够在一个晚会的演出中被整体性地把握。改编者的做法是：把只能哀叹苦难而无法采取行动的原作主人公降为次要人物，把查清冤情、结束苦难的况钟提升为戏剧主人公，同时把这个原作中"神明"意志的工具变为自由抉择的人，他的"监斩违命"、"见都请命"和"疑鼠访鼠"的戏剧

---

① 黑格尔：《美学》（第三卷下册），商务印书馆1981年版，第244—245页。

行动完全出自个人的内心激情与意志,他的全部的内心情感立刻化为行动的意志与意志的行动。作者在设置了熊、苏二人蒙冤这个故事的开头以后便悄然退出,把情节的进展、高潮和结局完全交给况钟与周忱、过于执、娄阿鼠的冲突,使人物的意志与动作成为情节的动力。一面是情节尽可能的单纯化,一面是意志与动作冲突尽可能的强烈,由此创造了剧场性情节艺术充沛的审美资源。这种情节样式,在古典戏曲中虽然偶有出现,但从来没有被意识到,从来没有成为剧作家自觉的追求。然而,当代作家戏曲的优秀作品,例如《团圆之后》、《巴山秀才》、《潘金莲》、《曹操与杨修》、《南唐遗事》、《秋风辞》、《新亭泪》、《徐九经升官记》,甚至改编自小说的《骆驼祥子》,无一不是对于这种源自欧洲的戏剧情节样式的自觉追求。

现代戏曲,就其文体形式而言,是中国戏曲与欧洲传统戏剧情节样式的结合。中国戏曲所以产生对于欧洲传统戏剧情节样式的追求,不仅由于当代戏曲作者所受的发端于五四的新文化的教育及其在此教育的影响之下形成的知识结构与戏剧观念,更由于源自西方的现代剧场演出方式和同样受到新文化教育的现代观众提出了这个要求。黑格尔所描述的是欧洲传统戏剧情节,为什么到了中国就成为"现代"的呢?这是因为中国现代文化的根本特征便是克服古典文化的封闭性、与西方文化相融合。当然,本文论说的还只是现代戏曲的文体形式,仅仅采用这种形式并不能保证作品的现代性。例如所谓的"样板戏",虽然在文体形式上是现代戏曲的,而其精神实质却恰恰是反现代性的。西方文化的引进瓦解了中国古典文化既有的价值体系,发现和解放了"人",现代戏曲的现代性归根到底体现在"人"的发现与解放这种现代精神上。这应该是另一篇文章的话题了。

演说与中国话剧之发生考论

◎ 马俊山

众所周知,中国话剧发轫于20世纪初,但"话剧"一词迟至1928年以后才出现,其首倡者是田汉和洪深。1929年,洪深特此发表长文《从中国的新戏说到话剧》,来梳理"话剧"与先前使用的"新戏"、"新剧"、"文明新戏"、"文明戏"、"爱美剧"等概念的关系。可以说,"话剧"的命名突显了这种新兴民族戏剧的本质特征,是中国话剧主体意识的重要发展。然而,30年后田汉回顾说,"中国译 Drama 为'话剧'是强调了以语言为主,但这个字的欧洲语源却指的是'动作'。我们的话剧由于较多着重思想,不免对观众说得多些,而动作性较差,一定得通过对传统的继承发扬,对欧洲进步表演体系的深刻研究,把我们的艺术水平提到应有的高度。"①也就是说,"话剧"的命名,其实也暴露了中国话剧的一大弊端,即"说"得多而"做"得少。这时的田汉已经认识到"话"对"剧"的负面影响,至于是否可以借助传统或外力来克服其局限性,则是另一个问题。

的确,中国话剧说得太多,而动作性特别是心理动作较为贫弱。戏不像戏,更像是辩论会。所以,英美学界把中国话剧通译为"Spoken Drama"是很贴切、传神的。有人认为,这个弊端是左翼文学造成的。但是,闻一多早在1926年就曾在《戏剧的歧路》中尖锐地指出过,"缺少动作,缺少结构,缺少戏剧性","为思想写戏,戏当然没有,思想也表现不出"。那么,中国话剧的这些形态缺陷到底是从何而来呢?简而言之,是从娘胎里带来的。这个娘胎不是别的,就是当年盛极一时的"演说"。这是中国话剧发生学的一个特有的奥秘,其影响至深且巨,怎么估计都不过分。

"唱"的式微:从减唱到废唱

长期以来,人们普遍认为中国话剧是一种舶来的艺术。其实这种说法并不十分准确。如果说是舶来的,那也是在中国做成了半成品,运到日本加工完成后再返销

---

① 田汉:《中国话剧艺术发展的径路与展望》,《中国话剧运动五十年史料集》(第一辑),中国戏剧出版社1958年版,第11页。

回中国的。如果不运到日本,还有后来的新剧或文明戏吗？其实,洪深已经做出了回答:或早或晚总会有的。话剧肇始于晚清的戏曲改良运动,压根儿就是中国本土新兴的民族戏剧。与传统戏曲不同的是,话剧是在一个开放的国际环境中萌发、成长起来的,因而便具备了近代文化的普世性,如个性主义、写实主义,以及悲剧、喜剧、正剧审美形态的区分,等等。

话剧是从传统戏中蜕变出来的。近代以来,中国戏曲舞台上花雅两部的斗争,谁胜谁负逐渐明朗,到晚清而尘埃落定。雅部成为文人案头剧创作的主要形式,而花部则为艺人所专擅。1902年戏曲改良运动兴起后,二者都发生了很大变化,出现了一批经过改良的"新戏剧"或新剧目,更给花雅之争中注入了新的因素,形成新与旧的冲突。这些新戏,无论是文人创作的传奇杂剧,还是艺人编演的时装京剧及其他地方剧,呈现出一种共同的发展趋势,那就是唱段越来越少,而对白日渐增多。如果说"唱"是传统戏的基础,那么"唱"的式微说明传统戏的基础逐渐松动、坼裂、坍塌了。

减唱增白跟昆曲的衰败不无关系。光绪中期是京剧大兴而昆曲落败的转折点,以后昆曲几经努力,虽然有过几次短暂的热闹,但终归难以为继,几成绝唱。何墉创作《乘龙佳话》①的过程,很能说明这一点。该剧大约作于1890年。作者在"序"中说:

> 自有京调梆子腔而昆曲不兴,大雅沦亡,正声寥寂。此虽关乎风气之转移,要亦维持挽救者之无其人也。昆班所演,无非旧曲,绝少新声。京班常以新奇彩戏炫人耳目。以紫夺朱,朱之失色也宜矣。三雅昆班,近年来无人过问。去年秋,诸同志有欲振兴正雅者,招昆班来沪开演。初时亦不乏顾曲之人,两月以后座客渐稀,生涯落寞,渐将不支。班中人以为旧戏不足娱目,爰将旧稿翻新,而卒无补于事。余慨夫雅乐之从此一蹶恐难复振,因自撰《乘龙佳话》传奇一本。取《唐代丛书·柳毅传》中事点缀成之,与李笠翁所著《蜃中楼》绝不相蒙。惟曲文取其少而易,排场取其奇而新,凡灯彩脚色,悉心处置,不使有重复牵强之弊。虽不敢自诩知音,然以较诸京班中之新戏,全系铺排,别无意义者,觉迥乎不同。奈以填谱者濡迟时日,且老伶工皆不知变通,但知守旧,不欲谋新,至今年二月,昆班停歇,此曲仍未付氍毹,意颇惜之。及门黄险生茂才亦为扼腕,因怂恿附入画报,并为各绘一图,庶几不能实见之于歌台者,犹得虚拟之于报简,并使见此戏者,不仅海上诸同志,其音笑貌直可播诸万里而外,传之百世之遥,亦一大快意事。而正声之所维系者,亦将以是为千钧之一发焉。遂许之,而

---

① 据程华平《明清传奇编年史稿》(齐鲁书社2008年版,第558页),《乘龙佳话》的作者古越高昌寒食生,实系浙江绍兴人何墉,字桂笙,生卒年不详,同治光绪年间在世,曾任《申报》主笔。

叙其缘起如此。①

这一大段作者自序中包含着丰富的历史信息。显然,最迟到光绪中期,昆曲衰败已是一个不争的事实。风气转移,京剧冲击,剧目陈旧,剧人保守,都是昆曲没落的原因。虽经多方努力,终至难以救药,甚至连这样一个新编剧目,都无法搬演了。无奈之下,作者只好将其刊发在《点石斋画报》上,希望借此流布四方,传诸后世。特别令人感兴趣的是,作者该意强调了该剧"惟曲文取其少而易,排场取其奇而新,凡灯彩脚色,悉心处置,不使有重复牵强之弊"。实际上,这已经预示了后来新戏剧减唱增白,求新求变,力求通俗易懂的大方向。1903年有两出《维新梦》问世,春梦生的作品"初拟作为传奇,奈昆曲近成绝响",转而采取京调,以求"声色并传,雅俗共赏,亦别开演说一生面也"。②昆曲式微与新戏剧崛起之间的联系,由此可见一斑。而其自称为"演说",更昭示着一种崭新的艺术取向:形式上从唱到说,内容则由抒情(诗意)转向议论(思想)。

1906年9月初,慈禧太后下令准备"仿行宪政",其宗旨为"大权统于朝廷,庶政公诸舆论,以立国家万年有道之基。"因此,以报刊和戏园为代表的公共言论空间迅速扩大,近代中国掀起新一轮"言论"热。突出表现在各大报刊纷纷开辟"演说"专栏,以配合时政,迎合读者;新戏剧则加速向对话剧演变,唱骤减而白更多。洪炳文1906年所写《普天庆》两出(未刊),通篇都是书生万年青与友人游沪时的演说,内容涉及立宪宗旨及富国强民之术等。这说明,"新戏剧"由歌舞剧向对话剧转变,完全是时势使然,不得不然。

实际上,到话剧诞生的时候,许多文人写作的传统戏,如《警黄钟》(1905)③、《后南柯》(1905)、《崖山哀》(1906)、《义侠记》(1907)、《曾芳四传奇》(1907)、《孽海花》(1908)、《开国奇冤》(1908)等,已经基本形成了以对话为主,附加少量唱段的格局。《警黄钟》"例言"自称,"是编情节甚多,故讲白长而曲转略。以斗筲转接处曲不能达,不得不藉白以传之,并非讨便宜也"。④《后南柯》写槐安国内政失修,而强邻环侍,为保种族,遍访淳于梦后人,以解困局。该剧关目设置多影射晚清政事,故角色言词近乎策论,而独少儿女情怀,与传奇体例多有违拗牴牾。该剧作于1905年,话剧诞生前夕,其文体特征是两少两多:一是曲少而白多,且曲为白制,或为之延伸;二

---

① 古越高昌寒食生(何墉):《佳龙佳话·自序》,阿英编《晚清文学丛钞·传奇杂剧卷》(下),中华书局1962年版,第716页。

② 春梦生:《维新梦》,阿英编:《晚清文学丛钞·说唱文学卷》(下),中华书局1962年版,第509页。

③ 《警黄钟》发表于1906年,《后南柯》则于1912年刊行。据《后南柯》题词、例言推断,二剧之作当不晚于1905年。

④ 洪栋园(洪炳文):《警黄钟·例言》,阿英编《晚清文学丛钞·传奇杂剧卷》(上),中华书局1962年版,第335页。

是情少而事多,对话成为推动情节发展的主要手段。如第三出"访旧",写槐安国王为保种族,派遣使者赴人间寻访淳于棼后人事。"此折纯是讲白,并无一曲者,以各人俱无身分情怀,是以白描上场,白描下场,与丑脚神气最合。"①《曾芳四传奇》采用分幕制,十幕戏竟有五幕(一、二、三、九、十)是对话。由此可见,承载着启蒙精神的"新戏剧",其艺术重心正在从套曲转向对白,从抒情转向议论,从套袭转向创造,从雕琢转向本色。传奇之体例已遭严重破坏。

《崖山哀》,从已刊布的两出来看,唱段只有四五处,多数是独白或对白,语言通俗风趣,完全是京剧的腔口。作者在"导言"中写道:"本剧以唱少白多为主。然剧中如脚色重大者,凡其哀痛悲壮之情,有非说白所能尽者,则以长辞咏叹之。又述前事之处,已有说白,则代以唱,无说白者,仍以简括说白表之。""本剧说白,以中国通行语演之,以便阅者易明,而造句亦须新警有趣。""唱辞皆时伶谙熟,出口成歌之句。不拦入新字及新名词,以免拉杂成文,一般社会中人难于探讨。"②如果将其形诸舞台,而去其"无声不歌"的京剧腔口,大概也就跟1907年王钟声所演《黑奴吁天录》差不多了。据徐半梅回忆,《黑》剧的演出"仍与皮簧新戏无异,而且也用锣鼓,也唱皮簧,各人登场,甚至用引子或上场白或数板等等花样,最滑稽的,是也有人扬鞭登场"③。"一切全学京戏格式"④,所以失败了。唯有分幕和布景,给观众留下了深刻的印象。可以说,上海舞台上的《黑奴吁天录》既宣告了戏曲改良时代的结束,同时也拉开了话剧舞台艺术建设的序幕。

在晚清戏曲变革中,《惠兴女士》和《潘烈士投海》是两出影响很大的时装新戏,分别公演于1906年的北京和上海,而且都有剧本传世。从这两个戏可以看出,"话"在旧戏的茧壳里成长的情形,及其成长空间的大小。

《惠兴女士》是北京玉成班班主田际云,根据1905年岁末发生在杭州满城的一件真事编排的,1906年3月29日为助学募捐首演于北京福寿堂。该剧本事原委及编演过程,夏晓虹《晚清女学中的满汉矛盾》及《旧戏台上的文明戏》⑤有详细论述可供参考,此不赘述。令人感兴趣的,首先是该剧当时即被评论界称作"文明戏"或"文明新戏",正与早期话剧的称谓相同。这说明,在时人眼里,早期话剧跟《惠兴女士》之类的新戏是血脉相通或差不多的。

其次是,演说的形式及其与本戏的关联,夏晓虹称之为"演说与戏曲两种启蒙形

---

① 洪楝园:《后南柯》第三出"访旧"后附批语,阿英编《晚清文学丛钞·传奇杂剧卷》(下),中华书局,1962年版,第393页。
② 阿英编:《晚清文学丛钞·说唱文学卷》(下),中华书局1962年版,第281页。
③ 徐半梅:《话剧创始期回忆录》,中国戏剧出版社1957年版,第18页。
④ 徐半梅:《话剧创始期回忆录》,中国戏剧出版社1957年版,第19页。
⑤ 夏晓虹:《晚清女学中的满汉矛盾》,见其《晚清女性与近代中国》,北京大学出版社2004年版。《旧戏台上的文明戏》,收陈平原、王德威编《北京:都市想象与文化记忆》,北京大学出版社2005年版。

式的合并使用",在编演改良新戏活动中具有一定的代表性。后来该剧几度公演,虽然内容略有变化,但形式是一致的:开幕前先请发起人或名人志士,演说本次义演的用意和剧情大概。演说者或多或少,但说词均极具感召力,以此引导观众入戏,达到募捐的目的。有一次,主持人竟将剧中的一个重要人物的原型请到台上,演说惠兴死后女校的境况,以激发观众的同情和思考。剧中更穿插着大量"演说",通过角色之口随时将作者的思想传达给观众。因此,剧中人完全丧失其独立性,而变成了作者的传声筒。

再者,此剧公演后社会反响极大,好评如潮,甚至受到京师外城巡警总厅的传喻嘉奖。由此可见,剧中的思想跟官方是比较一致的。编演者张际云因此而为报界、学界和官方所敬重,"这一三者配合互动的模式,使得一向被人轻贱的戏曲界在清末的北京城,真正成为沟通上、下层社会的中介。借助传统戏曲的力量,旧曲翻新的文明戏扮演了启蒙者的角色,为在天子脚下的京师推行新政与传播新思想,提供了一种适宜而得力的方式"①。就艺术本身而言,《惠兴女士》把演戏跟"演说"融为一体,把过去跟当下联系起来,沟通戏里戏外台上台下的做法,对后来话剧舞台艺术发展有重大影响。

《潘烈士投海》是著名京剧票友乔荩臣根据不久前发生的一桩新闻事件编写的,1906年9月11日由潘月樵、冯子和、夏月珊等首演于上海丹桂茶园。跟《惠兴女士》一样,《潘烈士投海》也是连台大戏,但前者只刊出两本,后者则有全本存世,故能比较完整地展现改良新戏的艺术风貌。

首先,全剧十之八九为说白,唱完全沦为点缀。最长的两个唱段,一是两个大烟鬼用近乎顺口溜的【老数板】,历数大烟之害,一为一对小脚女人以民间小调【红绣鞋】,控诉裹足之苦,口语程度提高而音乐功能弱化。其次,演说弥漫全剧,其中既有几个重要角色的长篇大论,也有诸多小角色的自我表白。第三,演说已经跟剧情打成一片。全剧以生员潘宗礼对道尹毛宝君的演说开始,中间是潘出国前在上海总商会的演说,最终以新任直隶布政使毛君宝在潘烈士灵堂的演说做结,演说贯彻全剧。毛的灵前演说虽然采取了唱的形式,但内容却是"诸君来吊烈士魂,听下官一一说分明"的演说口气。最后说到五大臣出洋和预备立宪事,可见演说内容是紧跟时代步伐的。

废唱而全用对话已经势在必行。在上海,时装或洋装新戏有两个重要据点:一为汪笑侬领衔的春仙茶园,一为潘月樵、冯子和、夏月珊等组建的丹桂茶园。汪氏曾

---

① 夏晓虹:《旧戏台上的文明戏》,陈平原、王德威编:《北京:都市想象与文化记忆》,北京大学出版社2005年版,第114页。

演出《缕金箱》、《现身说法》、《亡国惨史》(1904)①、《瓜种兰因》等时事、外国题材的新戏,特别是他改编演出的历史剧《党人碑》(1901)、《哭祖庙》等,用影射手法鞭挞满清的腐朽统治,歌颂杀身报国的志士仁人,中间穿插大段京白演讲,极具艺术感染力。潘、冯、夏等也曾排演过《新茶花》、《拿破仑》、《黑籍冤魂》(1903)、《潘烈士投海》(1906)等洋装戏和时装戏,进一步减唱增白,语言、动作、化装都更加生活化、写实化了。朱双云说:"新舞台的前身,是丹桂茶园,主干的是夏氏兄弟——月珊月润,它在1907年,即光绪三十三年丁未,就致力于新剧,如排演《潘烈士投海》、《惠兴女士》、《黄勋伯》、《义勇无双》等,虽仍用京剧型来演出,但已主重对话,减少唱词,以及独白,且剧中装束,已完全时代化,是可知丹桂戏园的新戏,已粗具话剧面目。"②

最迟到1906年,演说已经成为新戏曲的主要成分。更有广东潮州知府吴荫培,根据以前赴日考察新政的经验,上书清廷,提出五项新政举措。其中之一便是仿效近世日本壮士剧,编演中国的新戏:

> 日本演戏学步欧美,厥名芝居。由文学士主笔,警察官鉴定。所演皆忠孝节义,有功名教之事。说白而不唱歌,欲使尽人能解。中国京沪等处戏剧已渐改良,惟求工于声调,妇孺不能遍喻。似宜仿日本例,一律说白,其剧本概由警察官核定。此事虽微,实于风俗人心大有关系。③

此条陈请两江总督端方代奏,清廷饬令民政部酌办。次年,即1907年初,民政部通令京师及各省遵照实行。但是,对于革除唱腔,全用白话事,恐难全面推行,故只是要求各地酌情改良即可。至此,戏曲废唱而改用说白获得了官方认可,并被置于政府(警察机构)监管之下。换言之,中国话剧的诞生是政府和民间共同作用的结果。另外,向日本新派剧学习也已经提上议事日程,预示着中国话剧将在哪里发出它的第一声歌哭。

在戏曲改良运动中孕育起来的话剧艺术,到1907年初已经到了瓜熟蒂落的时候。而促成这一伟大跨越的人物,是李叔同。他是晚清戏曲改良运动的积极参与者。1906年在上海编演过《军事改良》、《教育改良》、《官吏改良》、《家庭改良》等时装新戏后不久,即东渡日本留学。1907年春节期间,在日本新剧家的指导下,以春

---

① 据说"这是首次将外国题材搬上京剧舞台","是京剧舞台上第一个'洋装新戏'"。"为海派京剧之嚆矢"。语见赵山林、田根胜、朱崇志编著《近代上海戏曲系年初编》,上海教育出版社2003年版,第184页。

② 朱双云:《初期职业话剧史料》,独立出版社1942年版,第47页。该书作于1939年。作者前言说:"这里所写,全凭记忆,当然不免许多错误"。丹桂茶园演出《潘烈士投海》等新戏时间应为1906年,作者的记忆有误。

③ 原文载《谕摺汇编》,不著撰人刻本,光绪三十二年12月30日条。转引自李孝悌《清末的下层社会启蒙运动:1901—1911》,河北教育出版社2001年版,第184页。

柳社的名义选排了两幕《茶花女》,终于完成了从改良新戏到现代话剧的转型,宣告了中国话剧的正式诞生。而将话剧从日本转运回国内的第一人则是王钟声。通过李叔同和王钟声这些人,话剧跟晚清戏曲改良活动紧密联系起来了。

"话"的偏重:演说成为结构统一的基础

除独角戏外,通常一个戏要涉及诸多人物和事件。用什么东西,以什么方式把这些人和事组织起来,成为一个有机整体,是戏剧创作的关键问题,也是它有别于小说、散文、诗歌的地方。当然,剧作家可以像中国古典戏曲那样,以情(人情)和理(伦理),把所有的戏剧元素统一起来;也可以像西方戏剧那样,用一件事串起所有的人物和动作;或者让所有的人和事,自然分布在某种情境气氛中,从而形成统一的艺术格调。

但是晚清的新戏剧创作,既不同于西方戏剧,也有别于传统戏曲,它把演说("话"之一种形态,而非全部)作为戏剧结构的基础。换言之,新戏剧就是变相的演说。所有的人物、事件,都必须跟演说发生关联,才具有合理性,否则便成赘疣。事件沦为演说的依托,人物则变成演说的工具,幕后的牵线人则是作家。因此,所有人物都可以视为作家的代言人,即使配角也是如此。例如《新罗马》"楔子"里但丁的副末开场,第二出"初革"中小丑的"起事"演讲,还有《潘烈士投海》里"攒"、"贪"、"拼"三人自揭官场黑暗,等等,其实都不是角色在说话,而是在替作家演讲。所有人物都跟演讲有关,所有事件都牵挂在演说上。演说,特别是主角的演说,犹如一个戏的灵魂和骨干,起着总揽全局的作用。各种戏剧动作的合理性和必要性,是由它跟演说的关联度紧密与否决定的。凡是脱离演说的动作,都会破坏戏的连贯和完整。试想,上述角色如果不发表演说,他们还有出场的可能性吗?显然没有。

为何演说成为"新戏剧"创作的核心?大概有内外两方面的因由。

先说外因。甲午战争之后,特别是经过庚子国变的打击,满清帝国已经是千疮百孔,非自新不足以生存。于是,从1901年起,清政府陆续出台了一些变通政治,开放言论的新举措,为口语启蒙的勃兴创造了条件。全国各地纷纷创设宣讲、读报、演说机构,用口语向下层社会启蒙。这些机构无论官办或民办,宣传的内容大致相同,主要是时政、爱国、募捐、劝戒鸦片、劝戒缠足,讲究卫生,破除迷信,等等。清政府严禁借此宣传革命,但革命的呼声总是难以禁绝。演说的勃兴虽然多少受到些日本的影响,但其真正的动因却是中国民众大多数不识字这样一个简单的事实。也就是说,在一个文化非常落后的国度,报章杂志等现代传媒的社会影响极其有限。为了迅速传播新思想,不得不采取口耳授受这样一种看似简单、原始,但效果更好的办法。因而,演说就成了晚清思想启蒙运动的一道特殊风景,对后世有多方面的影响。当时许多学校都开设有演说方面的课程,还有专门的教材出版,各大报刊也都有演说或类似的专栏。演说成了先进中国人的一个标志,现代文明的一部分。

事实上,当时很多人都意识到了二者有必要联手为启蒙服务。无论理论还是实践,梁启超都是一个先行者。在其 1902 年发表的《新罗马》里,"演"场面和片断随处可见。陈独秀更是明确提出,"戏中有演说,最可长人见识。"①"现今国势危急,内地风气不开,慨时之士,遂创学校。然教人少而功缓。编小说,开报馆,然不能开通不识字之人,益亦罕矣。惟戏曲改良,则可感动全社会,虽聋得见,虽盲可闻,诚改良社会之不二法门。"②在这样的环境中,演说与戏曲联姻,或向戏曲渗透实在是不可避免的事情。《惠兴女士》的编演就很有代表性。有些人走得更远,主张"编戏曲以代演说"。其理由是,虽说"天下开化之事有三:曰学堂,曰报馆,曰演说"。但中国之学堂报馆皆有名无实,演说更受到社会环境的限制,可行于租界、教会,不可行于内地、国人,唯戏曲限制最少,可为开化之利器。故

> 编戏曲以代演说,则人亦乐闻,且可以现身说法,感人最易。事虽近戏,未尝无大功于将来支那之文明也!盖听戏一事,上而内廷,下而国人,无不以听戏为消遣之助。去年上海伶隐汪笑侬《党人碑》一出,其登台演说时,具爱国之肺肠,热国民之血性,能使座中看客为之痛哭,为之流涕,为之长太息。独是此等戏曲,编者不多,诚能多编戏曲以代演说,不但民智可开,而且民隐上达。……今不欲开化同胞则已,如欲开化,舍编戏曲而外,几无他术。③

其思想逻辑,跟梁启超《传播文明三利器》(1899 初刊)、欧榘甲《观戏记》(1903)、陈独秀《论戏曲》(1905)、箸夫《论开智普及之法首以改良戏本为先》(1905)、天僇生(王钟麒)《剧场之教育》(1908)等如出一辙。其源头则可追溯至日本文部大臣犬养毅的说法。他认为近代日本"普及文明之法"(实即启蒙之法)有三,一曰学校,二曰报纸,三曰演说。台湾学者李孝悌《清末的下层社会启蒙运动:1901—1911》一书对此有深入而详备的论述,可资参考,兹不赘述。

演说与演戏,表面看是宣传的需要把它们结合到一起,而深层原因却是二者具有同质性。首先,中国戏曲具有强烈的抒情性,这就为它接纳同样是主观性很强的

---

① 三爱(陈独秀):《论戏曲》(1905),阿英编《晚清文学丛钞·小说戏曲研究卷》,中华书局 1960 年版,第 55 页。
② 三爱(陈独秀):《论戏曲》(1905),阿英编《晚清文学丛钞·小说戏曲研究卷》,中华书局 1960 年版,第 54 页。该文原载《新小说》2 卷 2 期,1905 年。但台湾学者李孝悌考证,在此之前的 1904 年 8 月,《安徽俗话报》曾发表过该文的一个白话文本,内容与此相同。见李孝悌《清末的下层社会启蒙运动:1901—1911》,河北教育出版社 2001 年版,第 169 页。
③ 《编戏曲以代演说说》,《大公报》1902 年 11 月 11 日。转引自李孝悌《清末的下层社会启蒙运动:1901—1911》,河北教育出版社 2001 年版,第 163—164 页。

演说提供了机会。新戏剧正是利用了这个便利条件,轻而易举就把演说引进了戏曲创作。其次,演说跟演戏一样,都是与受众的现场、即时交流,而且可以互动。第三,演说跟演戏都具有动作性。演说主要是一种语言动作,而演戏除语言之外,还有大量的形体动作。演说如能艺术地操控声音之抑扬顿挫、轻重缓疾,再配以适当的形体动作,如手势、姿态等,其效果或许不亚于演戏。第四,演说人和演员一样,都须有强烈的表现欲、言说欲,否则便不能登台演讲。可以说,因为二者都是表演,本性相通,所以才能结合在一起。另外,传统也是一个不容忽视的因素。正如李孝悌所说:"毕竟,在过去的千百年中,戏曲和宗教是形塑中国下层社会心灵世界的两种最重要的工具;在宗教受到知识阶层的挞伐、扬弃,而新的、更有效的教化媒体尚未出现之际,戏曲很自然就成为再造人心的最佳选择。"①

再说内因。首先是表达思想的迫切需要。在内忧外患的逼迫下,梁启超等启蒙思想家,急欲借戏剧宣传自己的主张,以唤醒民众,救亡图存。而可供他们利用的艺术资源又极其有限,除了本土的戏曲小说之外,几乎没有其他可资参照的东西。因而旧瓶装新酒,旧庙新道场,成了他们唯一的选择。利用传统戏曲言情之便利而代之以说理,要比完全转换思维方式,虚构一个完整的故事容易得多。所以,新戏剧里到处充斥着赤裸裸的说教,就是顺理成章的事情了。正如《少年登场》作者所言:"挥毫组织南北套,苦心演说兴亡调,无意发牢骚",只想着将那昏睡的国民"唤醒他一番","重铸新民脑"。②

因为戏是演给人看的,演说不仅面对剧中人,更面对广大看客,故以通俗、流畅、犀利为要,白话当然是最佳选择。所以,"新戏剧"每遇演说,多以白话出之,而曲唱甚少。但也有以曲为主者,如《新罗马》第六出写玛志尼组织新党"少年意大利",则"以韵文叙述其宗旨方法,实属至难之事,前此曲本未尝有此境界也,读者当观其苦心遣辞处"③。既然以韵文说理有诸多不便,何不以白话取而代之呢?因而,演说直接推动了近代戏曲语体从韵文到散文,从文言到白话的变迁。

其次是戏剧思维的限制。在西方近代戏剧观引进中国之前,"新戏剧"的作家们仍视戏曲为抒情的艺术,而不太注意叙事方式。传奇关注故事和人物,即题材本身的离奇曲折,但很少在艺术虚构上出奇制胜,剧情总不外悲欢离合大团圆,结构则总是一人一事一线到底,千篇一律,很少变化。当作者面对新题材、新人物时,一方面是创新的要求,一方面是传统的钳制,二者互相纠缠,割不断,理还乱,常令人困苦不堪。梁启超写《新罗马》《班定远平西域》,洪炳文作《警黄钟》《后南柯》,都曾为其

---

① 李孝悌:《清末下层社会启蒙运动:1901—1911》,河北教育出版社 2001 年版,第 165 页。
② 无名氏:《少年登场》(1903),阿英编《晚清文学丛钞·传奇杂剧卷》(下),中华书局 1962 年版,第 648 页。
③ 梁启超:《新罗马》(1902),阿英编《晚清文学丛钞·传奇杂剧卷》(下),中华书局 1962 年版,第 544 页。

所苦。在这场新旧戏剧思维的冲突中,多数作家未能走出旧戏的牢笼,最终还是选择了近似于抒情的方式,以演说为中心来谋篇布局,把自己的思想主张直接讲给别人听。演说既是思想,也是行动。

晚清"新戏剧"创作,多数半途而废,未及卒章,原因何在?首先便是演说与思想短路,使得情节的重要性降低,性格也变得无足轻重。而演说是自由的,它跟着人物走,可以随心所欲地穿插在戏中,而不受情境的约束。详考晚清那些未完的"新戏剧",便不难发现,情节可以忽略,性格可以马虎,唯演说不能少。只要作家觉得他的思想已经被演说出来,戏就很难再写下去了。洪炳文是个多产作家,其《普天庆》、《后怀沙》等几个时事题材的演说戏,都只一两出即无疾而终,倒是虚构的寓言剧《警黄钟》、《后南柯》,情节曲折,结构繁难,反倒得以完成。梁启超的《新罗马》亦未完成,主要原因大概也在于此。还有吴趼人(作者原署"佛")的《邬烈士殉路》(1907),取材时事,主题与《潘烈士投海》类似,写一路校学生邬钢,反对将浙江路权卖给英国,壮烈殉死以唤醒国人的故事。作者原拟写十出,并在第一出后附有《剧目预告》,但仅见两出即无下文。由《剧目预告》可以看出,该剧从邬烈士殉路写起,直到收复路权结束,意在唤起人民的主权意识和爱国精神。当主人公演说过"款一借路即亡,路亡浙亡,浙江亡,即中国亡"[①]之后,大概作家感到其用意已经实现,戏没有必要再续写下去,所以就来了个无疾而终。表现对象和表现方式未经分化、发展,即在低层次上短路相接,大概是这些作品未能卒章的主要原因。其次是剧本创作脱离演出实践。晚清新戏剧多为案头剧,是写出来的戏,而非演出来的戏。演出来的戏或为演出而写的戏,必须有一个完整统一的构思,让思想倾向从情节和场面中自然而然地流露出来,案头剧则不然。案头剧可以随便写、随便说,全然不顾观众期待和演出的完整性。当作家认为其思想已经借着演说完全传达给读者的时候,他随时可以终止其创作。

主观原因之三是人物塑造的需要。晚清新戏剧是启蒙的戏剧,主人公多具思想家和宣传家气质。塑造这样的人物,演说也许是最适宜的办法。从《新罗马》到《潘烈士投海》,主人公最能打动人心的动作,大概就是那些大段的演说了。演说既展现了主人公的品格,也传达了作家的思想,这也是它大行其道的原因之一。

演说进入戏曲之后,与之形成互动关系,一方面促使戏曲做出诸多结构性调整,一方面演说自身也发生了质的变化。从共时角度看,演说跟新戏剧的互动集中体现在两方面。一是演说的形式,以说白为主,但受传奇、杂剧或地方戏传统的牵制,有

---

① 佛(吴趼人):《邬烈士殉路》,《月月小说》第11号,光绪丁未年(1907年)11月。

时也以唱出之。如《轩亭冤》(1907)①传奇,从秋瑾的家庭矛盾写起,然后是出洋、归国、创会、喋血,最后止于虬髯客哭墓吊唁。全剧以秋瑾的几次演说为主线,中间穿插着一些独白和对白。虽然有辩驳,但并未形成真正的戏剧冲突,情节支离破碎。第二出"演说",写"秋瑾姊姊在学堂演说放足",主体是秋瑾的长篇说词,但依传奇体例,中间仍穿插着少量简短的唱段。显然,演说使散行的白话成为主要表现手段,而曲唱则完全沦为附庸了。二是演说题旨宏大。主角常以"我中国"、"我女界"、"中华儿女"的代表自命,借一点由头,随意上纲上线,引申发挥,给新戏剧注入许多流行话语。这些话语,大都脱离了具体的戏剧情境,而沦为赘疣或异物。外国人讲演,却大量使用"赤县神州"、"华夏"、"中原"、"哥老会"、"洒家"之类中土词汇,中国古人说话,却夹杂着日语、英文,满口"进化"、"尚武"、"自由"、"平等"之类新名词,如此等等,不一而足。梁启超的《新罗马》、《班定远平西域》堪称其始作俑者。

从历时角度看,演说进入戏曲后,先是随意穿插,如《新罗马》、《断头台》,而后逐渐收缩到重要场面或关键处,如《轩亭冤》、《潘烈士投海》等,其独立性消失而转化为新的戏剧元素,推动着新戏剧向对话剧方向演变。感惺《断头台》(1904),第一出"党争",或白或唱,都是净扮山岳党首领一人的演说。第二出"受审",则是一个群戏场面,演说变成了唇剑舌枪的辩难。演说本来就是某个角色台词的膨胀,它压制了对手的行动,因而显得畸形,不自然。因而,随着创作经验的积累,特别是演出实践的锤炼,演说向对话转化的趋势越来越明朗。《潘烈士投海》较长的演说只有两段,一为主人公在上海总商会的讲演,二是毛宝君赴潘府吊唁的说词,一说一唱,其余的都作对白处理了。

演说从一种时兴的社会行为转化成艺术元素以后,对戏曲创作的影响是多方面的。从正面看,它给中国戏曲带来许多新思想、新观念,使之从愚民的工具变成启蒙的手段,从而大大提升了中国戏剧的人文境界。其次,演说作为一种新型话语,既不同于传统的韵白,也不同于旧戏的京白、苏白,它是普遍化、口语化、散文化的。把它作为戏剧结构的基础,诚然带来了诸多问题和弊病,但也隐含着把说话上升为艺术,和向话剧发展的可能性。第三,演说是一种全新的戏剧动作,演说取代唱念而成为主要表现形式,意味着中国戏剧艺术的重心开始从抒情转向动作。虽然其中还残留着自报家门、代为叙事、插科打诨之类传统元素,但一种以自然动作为基础的新型戏剧已经初露端倪。而从负面看,新戏剧对演说的过分倚重,则直接催生出文明戏里"言论正生"(或称"言论老生")这个前所未有的戏剧行当,以及根深蒂固、贻害无穷的说教传统,并使这种新兴的民族戏剧最终戴上了"话剧"这顶帽子。

---

① 《轩亭冤》作者署名"萧山湘灵子"。据今人梁淑安考证,实系浙江桐乡人张长。左鹏军则认为是浙江萧山人韩茂棠。梁说见其《近代曲家考辨》,《作家报》1996年9月21日。左说见其《晚清民国传奇杂剧考索》,人民文学出版社2005年版。

齐如山与梅兰芳二三事

◎ 傅　谨

梅兰芳和齐如山都是20世纪京剧领域的大师，一从事舞台表演，一从事理论研究，各有成就，互不能相掩。晚近有关齐如山的研究，渐成热点，却也不乏瑕疵，学界提及齐梅关系，多指齐帮助梅，且常夸大其辞到离谱的地步，尤多误解。

所谓齐如山帮助且"培养"梅兰芳的说辞，始于1949年后的台湾，先有张道藩，继有陈纪滢，在两岸阻隔的特殊背景下，有政治要人推介，齐如山在台湾京剧界地位迅速上升。改革开放以来，这些观点渐传回大陆，从说齐如山是梅兰芳新戏的"编剧"，再说是梅剧团的总导演，甚至称"没有齐如山就没有梅兰芳"。在戏曲研究界，齐如山与梅兰芳的关系一直被用来说明戏曲表演艺术家要成就事业，必须"学文化"并"向文化人学习"；最近，又有学者借齐、梅关系，论证梅兰芳间接地接受了西方戏剧观念的影响，其资料支撑几乎全出自《齐如山回忆录》。从民国初年到1932年梅兰芳离开北京，齐如山常在梅府出入，尤其是1930年陪梅兰芳访问美国，对梅兰芳确实有过许多帮助。然而，了解梅、齐的交往及关系，不能只听齐如山一面之词，尤其是不能只以齐如山的一部回忆录为据。

《齐如山回忆录》中涉及齐、梅交往的部分是否可作为信史？恰好梅兰芳著有《舞台生活四十年》，两本书出版时间相差不多，对同一段历史均有叙述，且当时梅兰芳和齐如山分居海峡两岸，互不通讯息。两本书对照着读，可以让我们逼近真相。梅兰芳的相关回忆由许姬传记录整理，过程中又经订正后陆续在报纸发表；齐如山的回忆录是他刚去台湾不久，手头没有资料可供参照的特殊背景下写的。晚年的回忆会有舛误，不足为奇，梅兰芳的回忆既有佐证，当更近真实。举个小例，齐如山写梅兰芳在京城声名鹊起之初和谭鑫培、杨小楼一起演义务夜戏，观众因梅兰芳误场而鼓噪，弄得谭鑫培、杨小楼都很尴尬，他说梅兰芳一天赶四场《樊江关》，从别处演完不及卸妆只好匆忙上台。按《舞台生活四十年》的记载，那天梅兰芳原本拟演《五花洞》，因为赶场不及改妆，只好带上一场的妆再演《虹霓关》。大点的例子，齐如山的回忆录居然说梅兰芳因先学皮黄，没有昆腔底子，所以他"怂恿他多学些昆腔，他倒很听话，居然学了六七十出"；按梅兰芳自述，他们学戏都是以昆曲打基础的——堂子出身的演员，尤其唱旦，不可能不从昆曲学起，等不到齐如山来"怂恿"和教诲。这些事情，大约都是梅兰芳的回忆更靠谱。

《齐如山回忆录》对梅、齐相识经过的描述，多年来颇为人引用，参照《舞台生活四十年》，大的方面倒非常吻合。按齐如山的叙述，他从国外回来后，偶尔被拉去看梅兰芳的戏，印象并不甚佳。某日看梅演《汾河湾》，进窑一场，他认为梅兰芳在其中的表演"殊不合道理"，回家后就给梅兰芳写了封长达三千字的信。"发过信后，自己想也不过随意写着好玩儿，不见得有什么效果。过了十几天，他又演此戏，我又去看，他竟完全照我信中的意思改过来了，而且受到观众热烈的欢迎。""由此兰芳就信我的话，我怎么说，他就怎么改。"他并说有一次梅兰芳和谭鑫培合演《汾河湾》，演至该段，观众喝彩，令谭鑫培惊异于梅兰芳新颖的表演。

《汾河湾》是老戏。它原本是旦行戏，柳迎春是主角，时小福的表演最为人称道。因谭鑫培扮演薛仁贵且演得出彩，逐渐就变成老生戏；又因为他常与王瑶卿合作，王瑶卿也有其精彩，又成为生旦并重的戏。因为功力悉敌，谭鑫培但凡演《汾河湾》，一直到他离世之前，多找王瑶卿演柳迎春，且极得好评。梅兰芳当然也演《汾河湾》，他和王凤卿合演最多，1918年梅社编的《梅兰芳》，只说该戏是梅兰芳与王凤卿演。张厚载《听歌想影录》对他们的演出有很高评价，特别说梅兰芳进窑后的表演，"除瑶卿外，殆无人可与比肩"，说明他并不认为梅兰芳在这里的表演超过了王瑶卿。张原载这部笔记体书籍，对当时北京的好戏、好角有细致精到的评论，没有一字提到梅兰芳演《汾河湾》时做了什么改动。

谭、梅合演《汾河湾》的机会不多，只在民国初年的堂会里一起演过几次。在那个年头，谭和梅的演出都是热门新闻，果真梅兰芳有特别出彩之处，戏评家们必会大加渲染，但是查不到这样的报道和评论。有关梅兰芳谭合演《汾河湾》，一直流传很多八卦。一说在"出窑"一场，两位演员本该走"杀过河"，梅兰芳走错了，以致他们在台上相撞；另一说梅兰芳初次为谭鑫培配戏，用京音念"白开水"的"白"字，谭鑫培当场在台上纠正他。《舞台生活四十年》特别指出，这两个传闻都是子虚乌有。演戏是梅兰芳的职业，《汾河湾》这样的老戏，居然读错字或错了走位，都是大事，所以要专门更正。

《舞台生活四十年》里专有一节谈《汾河湾》的表演，没有说齐如山让他改的那些身段有多好。梅兰芳说《汾河湾》的表演，从来都说是按王瑶卿的路子演的，王瑶卿又是按时小福的路子演，从时小福，经王瑶卿到梅兰芳，一脉相承，梅兰芳从未因自己有新创的动作和表情夸耀。

纵然齐如山给梅兰芳写的第一封信确实让梅兰芳对《汾河湾》的表演做了变动，也没有多大意义。作为戏迷的齐如山，看到演员居然不仅读了自己的信还接受了建议，固然是欣喜异常；然而我们都知道梅兰芳本是个喜欢在身段上经常做小修改的演员，类似的改动，在他的艺术生涯中如恒河沙数，不胜枚举。梅兰芳听从齐如山建议改了《汾河湾》，于齐如山是平生一大得意事，因而30年后还能背出这封信的大致内容，在梅兰芳只是小儿科。

《齐如山回忆录》之所以特别提及《汾河湾》，是要用这一事件奠定齐、梅关系的基础——齐如山对梅兰芳始终居高临下，是帮忙、引领和指导者。连和梅兰芳交往都是屈就。

齐如山强调他为梅兰芳编了很多部戏。有关梅兰芳那些新戏的艺术评价，见仁见智，不在这里展开，但这确实是梅兰芳从众多京剧旦行演员中异军突起的开端。《齐如山回忆录》有一节专谈他编戏的经历，列出他那几年里编的近30出戏，他实是高产得让人敬佩。

我们再看《舞台生活四十年》怎么说：

> 我排新戏的步骤，向来先由几位爱好戏剧的外界朋友，随时留意把比较有点意义，可以编制剧本的材料，收集好了。再由一位担任起草，分场打提纲，先大略的写了出来，然后大家再来共同商讨……我们是用集体编制的方法来完成这样一个试探性的工作的……我刚才所说经常担任起草打提纲的这位朋友，就是齐如山先生。

梅兰芳非常具体地提到他三类新戏的编演过程，而且一直强调这是他一批"热心戏剧的朋友"共同努力的结晶。他多处提及齐如山编戏的功劳，不过他说齐如山是急性子，一般总是头天商量好要编某戏，"第二天已经把提纲的架子搭好，拿来让大家斟酌修改了"。比如《嫦娥奔月》的创作，《舞台生活四十年》说齐如山打了个"很简单的提纲"，剧本的具体编写者是李释戡，在其后的一段时间里，梅兰芳的"几位热心朋友"无数次反复讨论，才有了演出本。再如《黛玉葬花》的创作过程，说这"仍旧是齐先生打提纲，李释戡先生编唱词，罗瘿公先生也参加了不少的意见，再经过几位朋友斟酌修改，集体编成的"。按梅兰芳所说，这些新戏都是集体编创，从《一缕麻》始无不如此。然而，在《齐如山回忆录》里，这些戏的创作者只有齐如山自己，他特别申明，"有的人说编戏者不止我一人，其实并无他人所编，倘他人所编，则我也不该掠人之美"。

戏曲演员的回忆录很少提及编剧。梅兰芳是例外，大凡帮过他的人，除了后来附逆的几位外，没有不提到，这是他谦恭的为人之道。他没有什么理由和必要，把齐如山的功劳记到旁人头上。

齐如山肯定是为梅兰芳"编戏"的主要参与者之一，但绝不是唯一。齐如山编的戏好不好呢？他在认识梅兰芳之前和之后都写过戏，除了给梅兰芳写的以外，没人愿意用，梅兰芳红了之后，还是没人用他的本子。到台湾后，他先后写了《征衣缘》、

《新送京娘》《勾践复国》等多出新戏，倒是大都由国民党的军中剧团上演了，但也没听说哪出戏唱红了，或唱红了谁。而且，他们给梅兰芳"编戏"的含意与今天的编剧大不相同。梅兰芳的新戏故事与唱白都相对简单，重在如何通过剧本充分展现他的表演，以吸引观众。他演的古装新戏更是多以老戏为底子，集中精力于传统经典的新处理。在某种意义上，梅兰芳的新戏，重点既不在戏剧情节，也不在文辞，观众要看的是梅兰芳的表演，因此，最能显示梅兰芳的表演技能的就是好戏。齐如山参与的这些戏，基本都是这样的路数，同样"演戏"，在这里，重点是"演"而不是"戏"。这些新戏是"梅兰芳作品"，而不是他身边包括齐在内的众多"编剧"的作品。

《齐如山回忆录》不仅说他独立担纲了梅兰芳那些新戏的编剧，还说这二十几出戏"都得我亲自给他排演"，且多处说他怎么给梅兰芳的新戏"安身段"，教梅兰芳表演。《舞台生活四十年》里有梅兰芳这些新戏排演过程的详细记录，可供参照。梅兰芳多部古装戏以歌舞化为特色，大量繁重的舞蹈身段是其最大特色之一。梅兰芳的表演，既具舞蹈特色又不脱戏曲的藩篱，一招一式都从戏曲的"四功五法"里化出，可受他人启发，却不是外人所能教。就如同王瑶卿能为程砚秋"安腔"一样，梅兰芳的表演是需要"安身段"的，却不是齐如山所能为。

在齐如山笔下，梅兰芳表演时的身段都是他给"安"的。大约是写顺手了，甚至说《思凡》《寻梦》这类昆曲折子，也因为自己"通通给他安上身段"，才得到从北到南观众的认可。恰好《舞台生活四十年》说到《思凡》，这本是梅兰芳早年学过的，后又专请京昆名票乔荩臣重教一遍。有没有齐如山什么事呢？有的，齐如山给提过一处意见，梅兰芳觉得有理，就听了。如果以这出戏为印证，我们大概可以知道，齐如山说他为梅兰芳二十几出新戏"安身段"时，实际的意思是什么。

梅兰芳的古装新戏中许多舞蹈身段，都有古雅的名称。我想这才是齐如山的贡献，能够从大量古代歌舞文献中找到这些文雅的表达与描述，化用到京剧表演上，把梅兰芳的许多表演都"安"上古舞的词汇，这是前人从未做过的工作。梅兰芳多半不会去找，也读不懂这些文献，齐如山在这方面对他的帮助当然极大。

无论是梅兰芳还是其他戏曲演员，对戏界内外的分别是很清楚的。"外行"可以教"内行"的，近代以来，民初有吴梅、陈彦衡，当代有刘曾复和欧阳中石，但他们都是极资深的票友。戏曲表演是一项高度专业化且技术性很强的舞台创造，我想不出像齐如山这样连票友都不是的人怎么"教"梅兰芳。可惜佐证的是，齐如山晚年曾自我调侃，说他到了台湾，就有京剧演员慕名请他指教，最终发现他既不会唱，也不会做，失望而去。既然齐如山教不了台湾的演员，能不能教梅兰芳呢？我想答案是很明确的。

我们始终需要理解的是，无论齐如山自认为他对梅兰芳多么重要，在梅兰芳眼里，他只不过是梅兰芳心目中"爱好戏剧的外界朋友"，且是其中之一。梅家人觉得是梅兰芳成就了齐如山，齐如山的名气是借着梅兰芳起来的。在齐如山听来很不是滋味，但即使他自己当年也不能完全否认。离开梅兰芳，齐如山在京剧创作上一无所成。

谈到齐、梅关系，更为人们津津乐道的，是齐如山为梅兰芳访美演出做的贡献。

梅兰芳访美是件大事。假如只看《齐如山回忆录》，梅兰芳访美获得巨大的成功，不说全部也大半是齐如山的功劳。但事实上包括胡适和司徒雷登在内的许多人，都为梅兰芳访美做了大量工作，仅看美方由前总统威尔逊夫人为首，包括杜威博士等社会名流在内的后援会，就可以知道，这远远超出了齐如山的视野和能力。南开大学的张彭春更是不容忽略的关键人物。在赴美演出前，齐如山编撰了不少有关京剧和梅兰芳的介绍文字，包括珍贵的图谱，他的《中国剧之组织》，至今仍是介绍京剧乃至戏曲的最好的读物之一。但这项工作张彭春也有份（重要的还有刘天华翻译《梅兰芳歌曲谱》）。张彭春并不是梅剧团成员，但是梅兰芳赴美的同时张彭春也去了美国；梅兰芳初到美国，中国驻美公使在华盛顿为他举办的欢迎酒会上有张彭春，恰在这个场合，梅兰芳决定礼聘张彭春为梅剧团安排在美演出事宜，并请张彭春帮梅剧团全部重排了演出剧目，由他担任导演和舞台监督，等等。在梅兰芳赴美演出的五个月里，和美国方面所有沟通与交往，都少不了曾经在美留学、熟悉美国戏剧界的张彭春。

按《齐如山回忆录》，梅兰芳访美"一切事情都是我筹备的"，他不仅为梅兰芳做资料准备，还包括筹款，等等。而访美之所以没有赚钱，完全是因同行者捣乱，回忆录不仅不提张彭春，还隐指他是破坏者之一，同去的黄子美更被直斥为小人。然而，如果与齐如山自己当年写的《梅兰芳游美记》相对照，就可以知道这与事实出入有多大。《回忆录》说他本已帮梅在北京筹得五万左右经费，路过上海时竟遇梅兰芳的朋友们横加阻挠，险些无法成行；然而《梅兰芳游美记》明明说冯幼伟等人很快就从上海筹了十来万经费，非常顺利。更有趣的是，提到梅兰芳访问日本，齐如山仍习惯性地写道："一切都是我筹备的。"可惜，他说梅兰芳在日本受到优待，"并特许在帝国剧院出演"，殊不知邀梅兰芳演出的就是帝国剧场，梅兰芳第二次赴日更是帝国剧场地震后重张的揭幕演出。他完全在状况外。

《齐如山回忆录》写梅兰芳和他人的关系，总忍不住或明或暗地贬损几句，说到自己的功绩，虽然有时也半遮半掩，却总会拐着弯子说得很充分，且从来不怕过头。一部回忆录写成这样，大约有很多方面的原因。说轻了，他是仅凭记忆在回叙，细节难免有所出入；说重了，他是仗着远离大陆，身边没有知情人，就可以大胆虚构。这还与写作方式有关，齐如山大约是把回忆录当成小说一类读物写的，比如他说自己离开大陆前和梅兰芳谈话时，批评梅兰芳当时拍的几部电影不符合京剧规律，谈话的经过及语气活灵活现，似是实录，然而随手就加了个说明——其中批评的两部电影，实是他去了台湾后才看到的。这让人有点无语。

而且,《齐如山回忆录》里上述大量有关梅、齐关系的史料失误,怕不能全用疏漏解释。要追究齐、梅关系真相,还需要透过文字表面,看到他内心的纠结。我始终很持怀疑态度的一件事,就是他当年写的《梅兰芳游美记》署为"高阳齐如山口述,女香笔记"。齐如山一辈子写了那么多书,为什么唯独这一部写他刚刚亲历之事的著作,却不肯自己动笔,反要劳爱女记录?他越是反复自辩不是在"丑表功",越不免让人有"此地无银"的猜度。如果说以前他有关梅兰芳的著述,都是他作为一个"梅迷"真诚无私的奉献,那么,这次再不肯吃亏了。但我猜齐如山依然保有传统文人不擅自夸的美德,所以刻意托笔他人。心里既有杂念,就有顾忌。如此奇怪地署名,为的是遇有质疑,好歹有个退路,可以用"记录"者做挡箭牌。

从《梅兰芳游美记》起,齐如山就开始无数次强调梅兰芳访美"一切事情都是我筹备的",说多了,大约连他自己都深信不疑。至于梅兰芳是否认同齐如山的表述,就不得而知了,梅兰芳并没有在公开场合澄清过,梅兰芳是个厚道的人。不过我们看到,自梅兰芳访美归来,梅兰芳和齐如山的关系就出现了微妙的变化;1935年梅兰芳访问苏联时,仍然坚请张彭春担任总导演,却没有请齐如山一起去,齐如山说是他不去,多半是自我解嘲罢了;齐如山依然说这全是他筹备的,但那时他和梅兰芳早已分道扬镳。

《梅兰芳访美记》1933年出版,梅、齐的心结已经无解。

我始终认为齐如山是现代京剧研究第一人,他有关京剧乃至于戏曲的著述,有材料,有见识,远超同侪。只是涉及自己和梅兰芳的关系时,未免有点"执",正所谓"关心则乱"。齐如山之所以会如此刻意夸大自己对梅兰芳的影响,原因是他心里有股不平之气,他在与梅兰芳交往过程中积累下许多委屈。

齐如山确实屈。从民初起,齐如山一直贴在梅兰芳身边,几乎全身心地、完全以牺牲与奉献的态度,帮梅兰芳出主意,打本子,给予梅兰芳许多戏曲史和舞蹈知识的帮助。差不多有20年时间,梅兰芳几乎就是齐如山的生活的全部。齐如山对梅兰芳真可谓尽其所能,他当然是不求回报的。大小明星身边都围着粉丝,但像齐如山这样的铁杆实不多见。在为梅兰芳做这些事时,齐如山没有功利心和企图心,完全不求回报,既不想借梅兰芳赚钱,似乎也不是贪图梅兰芳之美色的"老斗"。然而,在梅兰芳的角度看,齐如山只不过是他身边无数梅迷中的一个,是梅兰芳所需要和愿意接受的梅党中的一员。齐如山帮梅兰芳做了很多,但同时还有很多人在帮助梅兰芳。梅党成员间当然是会有矛盾的,除了意见不一,还不乏类似后宫争宠般的争风吃醋,梅兰芳要平衡这样的争执,最好是能完全摆平,在无法消除相互争执的时候,就不得不有所取舍。在出国演出这样的场合,梅兰芳只有舍齐如山,在梅兰芳这只不过是无奈,而对于局中人,这是多大的打击,我们可想而知。

在成为梅党一员之后的若干年里,齐如山在梅党里的位置并不靠前。梅兰芳身边有一群文人,其中李释戡、樊樊山、吴震修、罗瘿公等人皆名重一时,无论社会地位还是在梅党中的重要性,都超过齐如山,更不用说离京前的张謇。《齐如山回忆录》说罗瘿公很少到梅家,看《舞台生活四十年》就知道并非如此。齐如山说樊樊山只到过梅家一次,简直像说梦话。梅党的核心人物还有另外一类如冯耿光,他不仅是梅兰芳的大金主,是梅兰芳财产的经理人,且是最早把梅兰芳捧红的人之一,在梅党中的地位无可撼动,对梅兰芳的影响也最大。所有这些人都比齐如山重要得多。齐如山的优势只在于他没有正当职业,因此有更多时间、精力围着梅兰芳。如果说齐如山早年是习惯并安于他在梅党中这一位置的,那么,他的心态似乎因一位新人突然出现并且更受梅兰芳重视而失衡。张彭春对美国的演艺市场有足够的了解,既谙熟英文,又有在美国留学的经历,和美国学术界、戏剧界交流无碍,因此,在整个访美演出期间,齐如山的风头完全被张彭春抢尽,几成梅剧团"多余的人"。这股怨气逼出了《梅兰芳游美记》,而且这口气直到去台湾还没顺,于是会有《齐如山回忆录》里那么多有意无意的失误。

所以,我们需要慎重对待齐如山的自说自话,通过相关文献的考订,重回梅、齐关系的真相。这不止是为了准确界定齐如山的历史贡献,更关系到梅兰芳的评价,理解梅兰芳取得伟大成就的原因,总结京剧近代以来的发展经验。同时这也提醒我们,对所谓"口述历史"要多一分警惕,用回忆录做史料前,须先做校订,通过旁证方能确定正误真伪。几年前,我在山东大学与同门合带的一位博士生就以齐如山为论题,我曾多次提醒他注意资料甄别,结果并不如愿;想起我的前辈学者苏国荣先生,也有相似的遭遇。但我们也不能全怪后生学子粗疏轻信,谁能想到,像齐如山这样的知名学者,回忆录藏着那么多机关?

参考文献

[1]《齐如山回忆录》[M].台北:宝文堂书店,1989.
[2] 梅兰芳.舞台生活四十年[M].北京:中国戏剧出版社,1987.

陈白尘散文创作的审美特色

◎ 胡星亮

陈白尘以剧作家闻名于世。然而先生又是文坛有名的多面手,其《曼陀罗集》等"监狱小说"、《小魏的江山》与《茶叶棒子》等"社会小说",和《乌鸦与麻雀》等电影文学脚本,都是20世纪中国文学史上的佳作。

其实,陈白尘还是优秀的散文家。他早在20世纪30年代就开始写散文,晚年更是主要从事散文创作,散文艺术亦炉火纯青。更重要的是,作为执著现实、熟悉舞台和银幕、擅长喜剧的散文家,陈白尘的散文又有其独特的风姿和色彩。

然而,陈白尘的散文创作没有得到学术界应有的重视和评价。

一

系列生活回忆性散文是陈白尘散文创作的主体。《云梦断忆》、《寂寞的童年》、《少年行》、《漂泊年年》、《剧影生涯》等,都可归属于这部分内容。自1982年创作《云梦断忆》并在文坛引起强烈反响之后,陈白尘就设想有计划地创作这类散文,从童年、少年、三年流浪和三年狱中生活、上海亭子间,写到抗战前后、新中国十七年,等等。后来因为健康原因不能再执笔创作,写到抗战初期,他就不得不痛苦地放下了手中的笔。

《寂寞的童年》在开篇《我的故乡》表达出作者对故乡淮阴的眷念、乡思之情后,着重描写的是作者对自己童年时代那段寂寞但却温馨,经过岁月的磨损直至晚年仍然清晰地浮现于眼前的生活的回忆。这里有对儿时印象中父母的疼爱、呵护的深情描写,也有对自己的私塾老师诙谐而无伤大雅的调侃;有放风筝、踢毽子、捉养金铃子等充满童趣的欢乐时光,也有经常逃学而流浪街头、徘徊大闸口以及去看"鬼戏"的寂寞无聊;还有对家乡的过年过节、迎神、赛会等民俗风情的描写。《少年行》主要是作者对从1920年跟随姜镇淮先生读书,到1928年夏离开南国艺术学院这段学生生活的回忆。在这里,可以看到在进彩巷姜氏私塾作者求学的勤奋,也能看到少年陈白尘与"茶叶棒子"的初恋,以及由此引起的与称霸地界的"界子"的"城头大战";后来进入李更生先生创办的成志中学,则可见其遥望文学殿堂的写作初试,和"五卅运动"中上街游行示威、下乡演讲募捐的身影;初中毕业后来到上海求学,又可见其在北伐风暴中革命热情的激昂,大革命失败后走投无路的苦闷、彷徨和狂放,及其在田汉先生影响下的进入新文学阵营——你能够真切地感受到一个少年成长的经历,及其在时代浪潮推涌下走上文学、走向革命的思想发展过程。

《漂泊年年》和未完成的《剧影生涯》,则是作者写他离开南国艺术学院以后的经历。前者写为了生存而三年流浪和因为革命而三年坐监:彷徨歧路、卖文为生的困境,参与"摩登社"、"南风社"以戏剧宣传革命的激情,东渡日本寻找工作而被骗的蒙辱,跋涉皖北涡阳以教书养家糊口的艰辛,你能感受到在旧中国小知识分子生存的艰难情形;"九·一八"、"一·二八"中作者激于民族义愤而参加革命,在这里,你又能看到他因为叛徒出卖而被捕、提审、受刑、坐监,以及在监狱中重新写作而自愿投奔到"左联"的大纛下,这段极为严峻、残酷的人生路程。《剧影生涯》是作者出狱后投身于话剧运动的纪实。投奔"左联"做"亭子间作家"的酸甜苦辣,"七七"炮火中演剧救亡的热血沸腾,陈白尘从此成为中国话剧运动中的一名健将,其勃勃英姿跃然纸上。

《云梦断忆》,忆的是在湖北咸宁古云梦泽边文化部"五七"干校期间的生活:房东父子在难中的真诚关照与朴实人情,牧鸭生活的喜怒哀乐,"文革"对人的尊严的野蛮践踏,那个特殊时代复杂的人际关系,制造、深挖"反革命集团"的荒唐闹剧,"黑帮"家人所遭受的精神压抑与苦难,等等,作者以诙谐而优美的文笔展示出那个时代的种种人生相。

陈白尘另一组也可成为系列的散文,就是他在"文革"期间写的《牛棚日记》、《听梯楼日记》和《听梯楼笔记》。它们并不是有计划的创作,作者在写这些文字时也没有想到将来会发表,因此在偶然间,陈白尘为20世纪中国的这段荒唐岁月留下一部真实的记录。

《牛棚日记》是作者1966至1972年间,在北京的中国文联和湖北咸宁的文化部"五七"干校等"牛棚"中,所记下的他的所见所闻:老干部、老作家被押着游行批斗、惨遭侮辱,社会上武斗、打派仗等流血事件不断,全国上下揪来揪去没个完,整个社会混乱不堪;深挖"五·一六"、"打三反"运动中制造"反革命集团"的滑天下之大稽,社会政治斗争"意在沛公"的尖锐复杂;断章取义、莫须有、无限上纲的批判,受审者被迫整日写材料、写交代的"疲劳战术",说真话被斥为"不老实"、自污便算是"深刻"的可笑,及其被隔离、被歧视、被迫害而承受的巨大身心压力;干校生活的艰难,变相的"劳动惩罚"的折磨人,"大雨大干,小雨小干,晴天(开会)不干"的乱弹琴瞎指挥,等等,在这里都有尖锐的揭示。

《听梯楼日记》是陈白尘1973年从干校回南京后所写,《听梯楼笔记》写于1975年。作者当年把自己的住所题名为"听梯楼",是盼望能早一天听到历史前进的脚步声。但在那时,是"只听楼梯响,未见人下来",后来更是"奇谈怪论"满天飞。陈白尘遂在这里记下自己的满腔企盼、忧虑和悲愤。不同的主要是前者是以日记体,后者是以随笔的形式。写得最多的是当时的社会现状:从中央到地方派系斗争的尖锐复杂,造反派唯恐天下不乱而制造矛盾,批林批孔、深挖"五·一六"、反击"右倾翻案风"等使群众情绪低沉、生产积极性受挫,"开后门"、"走后门"等不正之风的猖獗,某些领导干部的为非作歹、为所欲为,以及人民对现状的不满和离心现象的日益严重。作者还如实地记录了 1976 年"天亮"前后社会的激烈动荡:周恩来去世后人民的悲哀、小丑的跳梁,悲愤的人民与跳梁小丑的斗争,以及跳梁小丑搬起石头砸自己的脚的丑态,和他们凶相毕露镇压人民的法西斯暴行,更写出了扫除祸国殃民的跳梁小丑之后的举国欢庆。此外,"日记"还记下了冤假错案被审查者企盼公正结论的悲愤、痛苦、郁闷、兴奋、激动的情感波动,以及落实政策、拨乱反正的艰难。

陈白尘散文创作的另一部分,是《五十年集》中所收集的 30 年代至 80 年代散见于各报刊的作品。这里,有作者逃出"天堂"中的地狱而投奔"左联"的"出狱宣言",有回忆毛泽东、祭悼周恩来等伟人的献辞,有怀念文坛前辈鲁迅、茅盾、叶圣陶、田汉、阳翰笙的思情,写得更多的,是对沈硕甫、江村、贺孟斧、陈子涛、陈翔鹤、刘盛亚、丁易、张天翼、蒋牧良、应云卫、侯金镜等同辈作家的回忆与纪念。特别值得一提的,是其中还有一组杂文,或批判旧中国反动当局的专制独裁、政治黑暗,或驳斥抗战文艺中出现的某些错误论调和市侩投机倾向,或嘲讽当前现实中封建幽灵的还魂、不正之风的盛行,写得犀利尖锐,嬉笑怒骂,痛快淋漓。

这就是散文家陈白尘,一个经历了 20 世纪中国社会的风风雨雨而与祖国和人民同命运共患难,一个融于时代和社会而执著现实的散文家陈白尘。

二

真实,是流淌在陈白尘散文创作中的"血液"。

散文是最能够自由地、灵便地反映作家个性和心灵的文学体裁。那么,陈白尘的散文体现出作者什么样的审美追求呢? 通观他的散文创作,你难以找到那种悠闲地描写风花雪月的篇目,也没有那种绅士般地把玩人生的雅趣,更没有那种花前月下的卿卿我我。直面人生,正视现实,这是陈白尘散文创作的"根"。这使其散文具有深沉的现实感和凝重的历史感。《漂泊年年》、《云梦断忆》、《五十年集》、《听梯楼笔记》等记叙其走向社会、参加革命、进入"牛棚",与整个时代共患难同命运的散文,自然是充满着时代的曲折波澜,渗透着 20 世纪中国社会的风风雨雨。即便是《寂寞的童年》、《少年行》等搜寻其童年、少年时期记忆的作品,除《迎神》、《赛会》、《龙舟竞渡话端阳》等不多的几篇是写民俗风情之外,其他篇目,诸如《我的三位老师》对封建私塾教育的批判,《"岸束穿流怒"》赞颂劳动人民的大智大勇,《升官发财过新年》嘲讽封建社会"千里求官只为财"和"无官不贪"的丑陋,《爱情与革命》写"五卅运动"的风雷在苏北小城镇的反响,等等,都流露出作者执著现实的创作精神。即便是《忆鸭群》《见到鸭群我便想起了你》等篇目,看似写鸭而其实还是写人、写社会,写那个"在兽性大发作的年代里,有些'人',是远不及我的鸭群和平温良,而且颇富于'人'情的";写人在那个荒唐的时代唯唯诺诺、"缺少辨别方向的指南针",而鸭群却敢于在瞎指挥的竹竿前"坚持真理"。同样的,即便是《牛棚日记》《听梯楼日记》这些本应是最"隐私"、最个人化的日记,陈白尘也极少家长里短、儿女情长,而是把笔触指向现实社会,为那个荒唐的年代记下了真实的一页,记下了一个青少年时代就投身革命的老作家对民族的前途与命运的忧虑和思索。

陈白尘的散文直面人生、执著现实,他有一个独特的审视角度:不追求去宏观地把握时代的风云和社会的变迁,更多的是注重从自己的人生经历中去写现实、社会和时代,因此,在对其个人人生跋涉的描写中,也就回荡着历史前进的脚步声响。《十里长街》由童年时代对"火"的恐怖印象写到对当时辛亥革命"火光"的回忆,《"四·一二"以后》写作者所遭遇的蒋介石"清党"的杀气腾腾黑云压城,《上海艺术大学》写大革命失败后作者的苦闷和彷徨,《"九·一八"》《"一·二八"》写作者在事变中参加苏北县城的抗日斗争,《革命》《被捕》《归宿》写作者参加革命、被捕、提审、受刑、坐监等遭遇,《亭子间里》写作者逃出"地狱"而投奔左联的兴奋和激动,《"七七"前后》写作者投身话剧运动而卷入民族解放的汹涌浪潮,等等,你都可以在陈白尘的个人经历中倾听到那个时代的隆隆回声。《云梦断忆》《听梯楼笔记》等写"文革"现实的散文也是这样。《忆茅舍》写那个特殊时代人的性格、心灵的被扭曲,《忆"甲骨文"》写当时制造、深挖"反革命集团"的荒唐滑稽,《"革命"新医术》写不说谎而讲真话者遭到残酷的打击,《风从何处来》写不正之风盛行而严重地败坏社会风气,《"批邓"奇谈》写"反击右倾翻案风"闹剧中的种种奇谈怪论、政治笑话,《钟山风雨》写南京人民祭悼周恩来、与"四人帮"展开英勇斗争,等等,你在陈白尘的所见所闻中,都能真切地感受到那个时代脉搏的跳动,尽管它有时是荒唐怪诞的。

正因为作者是从其个人的人生经历出发去写现实、写时代的,所以,在陈白尘的散文中,你处处都可以感受到作者"我"的本真存在:写"我"对历史、现实、人生的真切感受,写"我"对社会、民族、时代的真诚思考。这一点,在写于"文革"时期的《牛棚日记》《听梯楼日记》《听梯楼笔记》中体现得尤为突出。陈白尘在"文革"中受尽磨难但却写下《牛棚日记》,1975年被开除党籍但仍"秘密"地写作《听梯楼笔记》,为什么? 他说:面对现实丑陋"(我)痛心疾首,寝食难安。……(我)不能对之掉过脸去。我应该写!"并且是要"用自己的手"写"自己脑袋所想的东西"[①]。因而在这里,你可以看到一个忠诚的革命作家面对领袖所发动的"革命",即便他身心都遭受残酷的打击,但是,他对革命、对领袖的忠诚不变;你可以听到一个忠诚的革命作家,在其信仰遭到践踏、人格遭受侮辱、忠诚受到猜疑时,其内心的痛苦、郁闷、悲伤,乃至在野外

---

① 陈白尘:《听梯楼笔记·自序》,《陈白尘文集》(第7卷),江苏文艺出版社1997年版,第336页。

的荒地里仰天长啸的愤怒！然而更多的,作者写出了自己对这场"革命"的困惑和茫然,写下了自己对这场"革命"、对国家民族的忧虑和沉思。忠诚但不盲从,被剥夺写作的自由,但仍然保持着一个真诚的作家其严肃的社会责任感和艺术的良心。所以,他才能对那些倒行逆施者给予轻蔑的嘲讽、尖利的批判,对在悲愤中沉默、在沉默中爆发的人民予以崇高的礼赞。也正因为如此,他才没有像某些人那样,在"干校"遭到非人的待遇但却昧着良心去歌颂"干校"这朵"向阳花",而是通过自己的眼睛将"牛棚"和"文革"的悲惨情形真实地揭示出来,真实地记下了自己对现实的茫然、痛苦和忧思。这在那个不准有"我"、不准思考的时代,是特别难能可贵的。

这就是陈白尘,一个有"我在"、"我看"和"我思",因而写出了历史的真实和人的真实的散文家陈白尘。

三

陈白尘很看重其散文的艺术性。他没有把《寂寞的童年》、《云梦断忆》等当作"回忆录",而是当作"系列的生活回忆性的散文"去创作,可见其对散文艺术审美的执著。而《云梦断忆》等创作在20世纪中国散文史上,也确实是可以称作"美文"的。

精巧完整的构思、洗练晓畅的文字、含蓄深沉的情思,等等,当然都是陈白尘散文艺术的某些方面;不过,作为陈白尘散文基本"笔法"的还是描写和叙述。前者大都是写人,后者大都是叙事。并且在这里具有更多的陈白尘的特色。

先看描写。陈白尘散文的写人似乎不大注重性格发展的铺陈,也不大注重形象外貌的刻画,而着重通过对人物言行的描写去揭示性格特征。例如写淮扬镇守使马玉仁(《李更生校长》),作者写其外貌只是模糊的"满脸横肉",而通过其"拜访"商家的强取豪夺,其出巡仪仗的耀武扬威、杀气腾腾,其搜刮民脂民膏的不择手段,其对待公益事业的一毛不拔等的描写,就把这个家伙贪财如命而嗜杀成性的本质揭示出来了。这里,体现出擅长舞台和银幕写作的陈白尘其散文创作的审美特征。这主要表现为以下两个方面:

第一,擅长选择具有特征、富有内涵的细节去刻画人物。戏剧舞台上的形象描写更多的是直观外现的,它不似小说可以直接进入人物心灵去揭示其情感世界,而着重是以事件,尤其是生活细节去刻画和丰富人物性格。陈白尘写散文也大致如此。例如写刘盛亚(《哀盛亚》),没有写其一生的经历,而是着重写他爱摆龙门阵、爱开玩笑的爽朗天真,写他在抗战中为贫病而亡的异乡人在四川土地上埋葬忠骨的古道热肠,写他以自己的笔真诚地为新中国热情礼赞,写他在极"左"年代强迫"劳教"而受尽折磨,乃至暴尸荒郊,其性格、其遭遇就清晰地表现出来。憨厚而耿直、粗犷而又有点固执的蒋牧良(《湖边风雨忆故人》),慈眉善目、谦谦君子、正直而爱憎分明的叶圣陶(《追怀叶圣老》),不修边幅而诗人气质、热情豪放的田汉(《上海艺术大学》),等等,其形象的刻画也都是在不多的几个细节的描写中完成的。

第二,特写镜头式的人物刻画。即如电影,它在历史和现实的大的背景中突显出人物最具性格特征的言谈举止,即能准确而深刻地把握住人物内在的、本质的东西。《忘却了的纪念》写作家陈子涛,突显的是其微笑:当反动当局唆使特务流氓欲捣毁进步的《华西晚报》、《华西日报》报社时,他宽阔的嘴角上挂着微笑却机智英勇地保护了报社的铅字房和印刷机;在新中国成立前夕敌人愚蠢而疯狂的迫害中,他还是面带微笑为编辑《文萃》而奔走;因而在作者笔下,他在被捕后仍是微笑着走向刑场。虽是不多的几个微笑的特写镜头,然而,一个进步知识分子的情操和气节跃然纸上,给人深刻的印象。《我站在那腊梅树下》写周恩来,是通过几次特写其"炯炯的目光"和"温暖而有力的手掌",去揭示他的平易近人和崇高伟大。《忆眸子》写住北京"牛棚"时隔壁的小女孩,是特写其"乌黑而透亮的眸子"从透出"无邪的光辉"到"愤然的怒火"的变化,描写原本纯洁无瑕的心灵在那个"革命"年代所遭受的污染,等等,都是通过几个特写式的镜头,极为传神地刻画出人物的性格与情感。

陈白尘散文的叙述也颇为形象生动。《"岸束穿流怒"》写淮阴清江大闸口"岸束穿流怒"的雄阔浩荡、气势万千,和帆船过闸的"鼓急万夫争"的惊险艰难、紧张激烈,令人难忘!《风筝之恋》写童年时代放风筝的情形,多姿多彩的雄鹰、蜻蜓、沙雁、丹顶鹤、蝴蝶、金鱼、螃蟹、蜈蚣、龙等风筝遨游天空、竞相追逐,五彩缤纷、争奇斗艳,又甚是壮观!而《迎神》、《赛会》写乡间的民俗风情,《忆鸭群》写鸭子的"坚持真理"而又温良和平,等等,也都精彩动人。

不过,陈白尘散文的叙述别具特色的主要还是这么两点:第一,是画面感特强。不是从头到尾地叙述某件事,而是撷取几个生活画面;这些生活画面的叙述本身如临其境,而几个画面的组合又能简洁、深刻地表现出对象的深层内涵。这是把电影手法带进散文的叙述。《还乡杂记》就是这样,它通过"溜出了墓门"、"车厢中"、"旅邸自杀者"、"《新女性》"、"旧女性"、"教会医院"、"妹妹之死"、"离乡之前"等画面的展示,深刻地揭示了旧中国的灰暗颓败、人与人的隔膜和猜忌、社会底层人们的贫困与死亡、教会医院的漠然与冷酷等现实黑暗。《战士的葬仪》撷取几个天地同悲的悼念场面,表现出中国失去鲁迅的巨痛和鲁迅先生的精神不死;《赛会》撷取高跷、抬阁、花篮担、十番鼓、抢轿等场面,写民间节日的热闹精彩,等等,亦是如此。第二,是夹叙夹议。在对现实的叙述中作者总是不时地"站"出来议论某些社会现象,即便是在对过去的叙述中也同样时时掺杂着对现实的评论。这又是否像戏剧的"旁白"?《忆鸭群》写作者在"干校"放牧的那群麻鸭的遭遇,其实也是在写他们这些"黑帮"的命运。例如叙述小个的麻鸭群受到大个的北京鸭群的欺负却不团结起来反抗,作者接着议论道:"但到更深人静,扪心自问:我在人们中间,又何尝不与麻鸭地位相似?而我辈'黑帮'又何尝敢于起而反抗呢?我默然了。"《迎神》在乡间民俗的叙述中议论现实社会中"阎王好见,小鬼难缠"的所谓"治世之道",《雉河集》在对被绑缚刑场的"土匪"慷慨就义的叙述中感慨那群"看客"的麻木,等等,都在夹叙夹议中流露出作者执著现实的创作精神。

这就是散文家陈白尘,一个将舞台感和银幕感融入散文而使其散文创作别具风姿的陈白尘。

四

陈白尘是极其真诚的作家。即如戏剧等其他艺术样式,其散文创作也是他艺术个性的自然流露,他真实性情的坦诚表现。

因此,陈白尘的散文中既有严肃深沉,又有幽默诙谐;既有悲愤高歌,又有恬静平淡;既有尖锐犀利,又有娓娓道来……丰富多彩的情感世界构成一个摇曳多姿的散文世界。

作者那些写亲情、友情的散文,前者如《元宵忆亲》、《疚》等,后者如《哭硕甫》、《哭江村》、《寄向不可知的世界》、《哭翔鹤》、《哀盛亚》、《忆房东》等,尽管有时在触及现实压抑时也流露出悲愤的心绪,但那些着重写亲情、友情的文字,却更多的是娓娓道来,平淡恬静,而又蕴藏着深深的情感。《元宵忆亲》写对儿时印象中父母亲的回忆,作者就像是跟读者拉家常,淡淡地、平静地、安详地,却又极为动情地写出了人间的亲情,温馨感人。《哭翔鹤》写朋友间的友情也是如此。比如写两个人的相知:"我们就默默坐着,很少说话";写陈翔鹤的性格,也是像与朋友谈心似的,在几件小事的平淡叙述中,烘托出其内热外冷的个性,及其"用生命写作"的真诚。这些在心心相印中渗透着亲情和友情的散文,读来情真意切,非常感人。

然而,面对现实黑暗的沉重压抑,陈白尘的散文又变得悲愤激昂、尖锐犀利。那是正义遭到践踏的痛苦呐喊,那是人格遭受侮辱的愤愤不平,那是忧国忧民的悲痛感伤。于是,你在陈白尘那敞开的胸怀里,又真切地感受到了其性情的另一面。献给周恩来的《献》,便是作者"在悲愤之极时,便仰天长啸",却又"感到自己处于欲哭无泪、欲语无人、欲逃无路、欲诉无门的绝境",其情感压抑的爆发,其内心悲哀、痛苦、愤怒和抗议的倾诉与宣泄。《大恐怖中的幼苗》、《忆眸子》等篇,写在"赤色恐怖万岁"的"文革"中孩子们的心灵所遭受的戕害,作者用"恰似万箭穿心"形容其内心的痛苦;《听梯楼日记》中写"深挖五·一六"的法西斯暴行,作者说他闻此"不禁怒吼,肺腑欲裂",其忧虑、感伤和悲愤同样渗透在字里行间。陈白尘的散文大多写旧中国和"文革"那段岁月,因此,这种悲愤激昂和忧虑感伤,就成为其散文情感表现的主调。

不过,陈白尘是著名的喜剧作家,其面对现实黑暗的悲愤激昂、忧虑感伤,又贯注着他独特的喜剧精神。也就是说,在更多的散文作品中,他是以幽默、诙谐去调侃、嘲讽现实丑陋,在喜剧的笑声中蕴涵着悲愤、忧伤的情感。

面对现实丑陋,陈白尘的散文创作为什么会表现出如此审美形态?这一方面固然是由于其喜剧天性使然,但另一方面,就像作者在《听梯楼笔记·自序》中所说的,是因为他所面对着的是"可笑更可哀的现象",更因为虽然现实丑陋暂时凶暴强势,但是,在精神上作者却是居高临下地鄙视它、嘲讽它,由此便形成陈白尘散文独特的美学风格。

于是,陈白尘以幽默诙谐的文笔记下了那个滋生现实丑陋的时代的荒唐可笑。《乡居散记》写作者1936年回到家乡小城看到的正在展开的"新生活运动"的"新气象",居然就是"在城门瓮里,挟黑漆棍的人耀武扬威地挥着膀子,就活像阔人出殡时的开路神",就是警察和稽查领着人整天在街上横冲直撞、训人撵人之类的情景,如此"新气象"岂不令人哑然失笑?"文革"更是荒唐滑稽的年代,甚至荒唐滑稽到不需着意夸张,只要如实记下就是绝妙的喜剧文学。《忆"甲骨文"》写当年那个轰动全国的"反革命集团"是如何被制造出来,而某局长又竟然能荒唐地用"麻衣相法"破此荒唐案;《"革命"新医术》写"说真话者受罪,撒谎骗党者有功";《"批邓"奇谈》写在"批邓"闹剧中流传的种种"奇谈怪论"和"政治笑话",等等,那真正是滑天下之大稽,荒唐透顶!

于是,陈白尘又以诙谐幽默的文笔揭示出了荒唐滑稽掩盖下的时代的悲哀。在"挟黑漆棍的人耀武扬威地挥着膀子"的"新气象"中,是吓呆了的泥腿子们或是"赶忙双手抱头,紧防黑漆棍子敲上脑袋",或是"被人抓了衣领,拖过来"的恐怖情形。同样的,那个被制造出来的轰动全国的"五·一六反革命集团"大案,在"深挖"中,或被监禁、或遭酷刑、或"畏罪自杀"者成千上万。作者茫然发问:"这桩公案究竟算是亘古未有的大悲剧,还是算空前绝后的大喜剧呢?"《"革命"新医术》、《人道主义者以及其他》等篇,都真实地记录了那个荒唐年代真理正义受辱、阴谋邪恶张狂的社会悲剧。其中所揭示的封建法西斯暴行,人性的丧失与兽性的猖獗,令人发指!

这是喜剧时代的悲剧现实。这种喜中有悲、悲中有喜的悲喜交融,在《五十年集》、《少年行》等散文集中就有流露,《牛棚日记》、《云梦断忆》等"牛棚"系列,和《听梯楼日记》、《听梯楼笔记》等"听梯楼"系列,更是明显地渗透着如此审美特征。作者把当年他的住所题名为"听梯楼",既是幽默,更是在幽默中蕴涵着忧伤和悲愤;而作者在"听梯楼"所记下的那个荒唐时代的悲惨现实,不就鲜明地渗透着如此悲喜交融的审美情感吗?陈白尘在《云梦断忆·后记》中,说这本写"黑帮"在"干校"被践踏、遭侮辱的书中,"颇感文笔有些油滑之处"[①],其实也正是其散文独特的美学追求。它以幽默诙谐乃至"油滑"的文笔写出"黑帮"们在"牛棚"中的非人遭遇。但是,它在轻松幽默的嬉笑中又饱含着辛酸的泪水,蕴涵着作者严肃深沉的苦闷、忧虑与悲愤。

这就是陈白尘,一个幽默诙谐、具有独特的艺术个性和美学追求的散文家陈白尘。

---

① 陈白尘:《云梦断忆·后记》,《陈白尘文集》(第6卷),江苏文艺出版社1997年版,第79页。

光荣属于"他者"
——论中国戏剧现代性的生成

◎ 周安华

像近代中国诸多艺术一样,中国戏剧经历数千年的繁衍生息、变革提升,到19世纪末叶,已经走到了一个至关重要的十字路口:一方面,其外部艺术生态已经发生天翻地覆地改变,戏剧的位置、语境和观众已大异于从前;另一方面,中国戏剧经受着从未有过的自身内部蜕旧变新的巨大压力。显而易见,时至晚清末年,中国民族戏剧固有的样态和"活法"都受到了前所未有的质疑。在"阵云黯没汉家营,月华破碎秦时镜,凄凉草树,鹃啼有声"①的艰难情势下,人们更深刻地认识到:戏剧"乃人类之写真,世界之缩影"②,因而,"惟戏曲改良,则可感动全社会,虽聋得见,虽盲可闻,诚改良社会之不二法门也"③。

然而,从要求真实、呼吁直面人生、摆脱虚幻开始的戏曲改革浪潮,刚刚试图开启中国戏剧现代性之门,就在另一股强大力量作用下被替换和边缘化了。在一些激进的改革家眼里,汪笑侬式的"穿时装"、"趟马步"、"念京白"的改革,虽使中国民族戏剧获得了一些接近现实的新元素,可终究局限在改良的范畴内,属"旧瓶"装"新酒",它仍然无法找到能与时代共鸣的精神内核和呈现范式。正像洪深所说的:"不能因为'新'了就有价值"④。

而在这个过程中,在急剧变动的中国精英社会中,"目光向外"已是其一致的选择,日渐强大的归国留学生阵营在广泛输入西洋新近的哲学、文艺、社会思想时,已经为戏剧写实化、社会化,为疲弱的中国民族戏剧迈向近代化找到了一个绝好的师法对象——易卜生。也正是写实的易卜生以及"类易卜生"们,导致了西洋之话剧样式被大张旗鼓地舶来,促使中国民族戏剧主体完成了从古典到现代的转换。

易卜生写实剧的引进,反映了当时人们对戏剧变革、戏剧现代性一以贯之的渴求,其精神蕴涵和改良戏曲的要求是一致的,即关注社会,重视生灵、新民救亡。只

---

① 梁启超:《新罗马》,《晚清文学丛钞·传奇杂剧卷》(下册),中华书局1962年版,第538页。
② 剑云:《戏剧改良论》,任访秋:《中国近代文学概评》,第221页。
③ 三爱:《论戏曲》,《晚清文学丛钞·小说戏曲研究卷》,中华书局1960年版,第54页。
④ 洪深:《从中国的'新戏'谈到'话剧'》,《现代戏剧》第1卷第1期,1929年。

不过五四新文化运动中坚们认为：易卜生的社会意识比改良戏曲更坚决、更彻底、更自觉，而在呼吁革命的年代，这是分外可贵的。

显然，作为戏剧焦点，西洋的易卜生对戏曲改良的瞬间取代，对中国戏剧现代性的构建，是一个极其重要的信号。它表明：其时，中国民族戏剧现代性的渴求已到了极其严重的地步，以至于人们会十分匆忙地将现代性等同为写实性，并且认定——越写实越现代，因而易卜生比改良戏曲更受欢迎。看看当时一些观点或许有助于我们理解这种迷失。

鲁迅称赞易卜生"瑰才卓识"，因为他"愤世俗之昏迷，悲真理之匿耀"①，"据其所信，力抗时俗"②。仲遥强调易卜生呈示了社会真实，说"伊布孙为哪威自然派之大家，其作含有一种之社会观……"③这里，他们不约而同都将视点集中在易卜生剧作的社会意识上。事实上，对为什么"大家偏要选出 lbsen 来"，鲁迅曾经说得很明白："但我想，也还因为 lbsen 敢于攻击社会，敢于独战多数，那时的绍介者，恐怕是颇有以孤军而被包围于旧垒中之感的罢，现在细看墓碣，还可以感觉到悲凉，然而意气是壮盛的。"④这种专注于实现政治意图且声势浩大的新文化自觉，自然会影响到其时的戏剧家们。于是，1922 年，从纽约回国的洪深表示："如果可能的话，我愿做一个易卜生"，而意气风发的田汉也自署为 A Budding lbsen in China。

问题是：着力于发掘真相，揭示社会黑暗与不公的易式写实剧究竟在多大的层面上迫近了中国戏剧的现代性呢？或者说，现代性终归是要在对道德、法律、制度的抨击中浮现吗？对此，中国剧坛当年就有人提出了质疑。

1925 年从美国回国的科班出身的戏剧家余上沅指出："政治问题、家庭问题、烟酒问题、多种问题，做了戏剧的目标；演说家、雄辩家、传教家，一个个跳上台去，读他们的辞章，讲他们的道德。艺术人生，因果倒置。"⑤我们回过头去看，20 年代初期方兴未艾的问题剧创作热潮，在经历了一个大约五年的"喷涌期"后，确实很快走向萧条和沉寂，同样的"出走"，同样的乱伦罪孽，同样的怒斥和反抗，似乎将社会政治的不平演绎到最尽头，却将观众的戏剧情志吸吮到干瘪，人们对之厌倦、排斥甚至抵抗是必然的。于是，余上沅"探讨人心的深邃，表现生活的原力"的主张煌煌出笼。

对"国剧运动"的上述主张，予以高度重视显然是必要的。事实上它是中国民族戏剧现代性自觉的真正源头。经受了发展近 40 年的西方现代主义戏剧洗礼的余上沅搬出它，似乎是顺理成章的，其精髓是呼唤中国民族戏剧透视"心理"、"习俗"，表现人的"精神因素"。而这确乎是现代戏剧所长，也是中国民族戏剧在现代文化语境

---

① 鲁迅：《摩罗诗力说》，《坟》，人民文学出版社 1973 年版，第 64 页。
② 鲁迅：《文化偏至论》，《坟》，人民文学出版社 1973 年版，第 41—42 页。
③ 仲遥：《百年来西洋学术之回顾》，《学报》第 10 期，1908 年。
④ 鲁迅：《〈奔流〉编校后记（三）》，《鲁迅全集》（第 7 卷），人民文学出版社 1981 年版，第 163 页。
⑤ 余上沅：《国剧运动·序》，《国剧运动》，新月书店 1929 年版，第 1 页。

中重整自身资源、夺取公众青睐、走向成功的明智选择。如果我们认真去体味"现代性"的概念,我们会发现,诚如马泰·卡林内斯库所言:"现代"主要指的是"新",基于对传统的彻底批判来进行革新和提高。① 现代性是离不开现代主义的。在西方剧坛,走过了"国家自觉"、"社会自觉"阶段,现代性与"个人自觉"互文,并在缤纷、绚烂和自由的"个人自觉"阶段充分显示了它的灵魂探索意义,象征、表现、寓言、梦境……一系列更真切地逼视个人内心世界的戏剧景致都由此而生,由此而长。个人本位作为一种更深刻的视角,带来了戏剧舞台真正的多样性、先锋性。

中国戏剧长期沉浸在"国家自觉"中,而鲜有"社会自觉"。五四新文化运动带来戏剧对社会黑暗、社会不公的关注,但究其所终,新戏剧仍然停留在公共话语的层面,高扬社会价值,而没有走进个体特别是心灵,走进与现代社会相应的真切灵魂空间。而喧闹的"社会自觉"竟被许多人十分自然地当作中国民族戏剧现代性的标识,由此引发的"娜拉戏"、"讽刺喜剧"、"影射史剧"潮,可以说充分见证了中国民族戏剧精神匮乏,游离于真正的现代性而尽显羸弱、苍白、空泛的情形。

那么,是不是说,余上沅和"国剧运动"就此开启了中国戏剧现代性的大门,现代性由此迅速生成了呢?情形远远没有这么简单。需要指出,处在风雨飘摇的政治环境和除旧布新的艺术时空中的中国民族戏剧,实际上长期处在现代性的焦虑之中,这种焦虑在文化转型过程中,受制于工具理性的挤压,受制于观众群的多重责难而不断凝聚,至20世纪初已经达到无以复加的地步。急于获得"现代性"的中国民族戏剧,"为求新异,为求进步","竭力的向模仿写实的路上走",却又不敢"完全背叛了北剧的规矩",一部分中国留学生则"勇敢而毫不顾虑地,去革旧有戏剧的命",成为"建设新戏的先锋队"。②

显然,现代性的焦虑导致了中国戏剧走向两个万劫不复的陷阱。一是在标榜写实中传输政治理念,彰显激进思想,使戏剧丧失自我,丧失品格,而整体落入意识形态工具的可悲境遇(这是从五四前就开始了的),"写实"成为矫饰和虚构的文化掩体,戏剧政治意义上的成功以探究现代人丰富内心世界的执着之丧失为代价。一是在赢得观众的急切希冀之中,以庸俗、拙劣、陈腐的艺术矮化自我,通过胡编乱造、插科打诨招徕观众,颠覆了戏剧作为人类生命镜像的崇高、矜持及其启示性,文明戏的堕落显然是"现代性焦虑"导致"病急乱投医"的结果。

由上可见,从晚清末年开始,直到20世纪20年代中期,中国戏剧在内外交困中,期盼转型,期盼现代性,却一直未能真正解决走向现代性的时机、动力、目标和方式诸问题。依附于政治文化运动,使它获得了广泛赞许,然而却让它成为世人眼中的艺术畸儿;拥抱了西洋的戏剧母本,令其形式上耳目一新,然而在内核上它却丢失

---

① 马泰·卡林内斯库:《现代性的五副面孔·中译本序言》,商务印书馆2003年版,第2页。
② 洪深:《导言》,《中国新文学大系·戏剧集》,良友图书公司1935年版,第13页。

了近代西方最可贵的人文气质。

余上沅站在西方反理性反客观的现代哲学基点上,审视中国戏剧现代性的追求,可谓目光犀利,一语中的。"探讨人心的深邃,表现生活的原力"说,虽"不合时宜"、"不自量力",饱受攻击,却与世界戏剧的现代化潮流是一致的,其内核具有毋庸置疑的先进性,其意义自然也十分深远。在"新浪漫主义"的摩登话题一再被理论界提及的情况下,郭沫若、田汉等人一度热衷于象征情调作品的创作,而陶晶孙、陈楚怀、濮舜卿等凭依《黑衣人》、《人间的乐园》展开人的心灵和命运的思索,洪深、曹禺、白薇则在焦虑、恐惧的幻象中,外化人物内心冲突,赋予剧作浓郁的隐喻意味、表现色彩……

可惜,当时革命、民族的呼声一波又一波,甚嚣尘上,以至于完全淹没了余上沅们的发言,覆盖了后来者们追随的咚咚脚步声,让中国戏剧现代性的努力在艰难且断续的跋涉中品味了拓荒者的不易。而这种情形也自然使现代性的试验除了少数佼佼者外,绝大多数不得不面对挫折和失败的命运。

但是,世所公认,中国戏剧在现代中国确实获得了长足的进步,构建了令人瞩目的洞悉力、意味感和丰富性。那么,既然余上沅们、现代派们"人微言轻"、确实未能掀起现代性追求的强劲思潮,那么,中国民族戏剧的现代性又是如何生成的呢?是什么要素置身于"新传统"的对立面,竟改变了中国民族戏剧的面貌呢?

格外细致地梳理和捕捉现象背后的制动源,于是,"他者"现形。这个他者,就是电影。前面我们说过,囿于封闭中的中国戏剧(包括改良戏曲和五四新戏剧)几乎是欣喜若狂地发现了西方写实戏剧的路数,并以之为现代性追求的"阳关大道",但是,戏剧家们"操练"尚未纯熟,就发现——在中国艺术花苑里出现了一个比舞台四堵墙更写实的艺术,其新奇、神秘、令人叫绝的影像真实吸引了无数观众。这一发现击溃了中国剧人的全部现代性梦想,也最终将相形见绌的写实戏剧送上了不归路。

的确,追求舞台幻觉的话剧,就真实性而言,无论怎样是比不过电影的。电影是照相式的记录,是物质现实的复原,电影的影像记录具有精确性和具体性,就像生活中所感知的一切一样,电影诉诸人们视听神经的是和现实一模一样的生活景象,每一个画面、每一个细节都是实际生活的直接"复制",栩栩如生,纤毫毕现,就如同我们周围发生的事情。电影镜头记录的直接性和精确性,常常使观众把银幕上的活动影像当成是某个事情发生过程的完整记录。

对此,中国戏剧家们看得很清楚,并为此而感到恐惧。早在20世纪初,春柳社同仁就因为"幻灯"(流行影戏——即电影)的出现,开始思考艺术"有声无形"、"有形无声"的缺憾,而力图"兼兹二者,声应形成",[①]创造新的表达方式。欧阳予倩在《谈

---

① 《春柳社演艺部专章》,《二十世纪中国文学史文论精华·戏剧卷》,河北教育出版社2000年版,第6页。

粤剧》中记叙,粤剧在民国初年受文明新戏影响,同时受美国电影的影响,当时出现了不少模仿美国电影编出来的戏,如《宝剑留痕》等,"一意奔竞新奇"①,电影的现实表现力引得剧人纷纷尾随。欧阳予倩自己 20 年代末曾撰文记叙"花很少的钱"在永汉戏院看了"很好"、"很值得"的影片《最后的命令》的情形。他说:"《最后的命令》这个戏的结构,是从意大利皮兰得洛的《六个寻找作家的人》脱胎而来的,用电影中极普通的手法表演出来,觉得很巧妙新鲜","使观众耳目一新"。他特别称赞说:"这个片子拍得很好,有几个大写尤其动人。接片子的功夫也不错;比如那个女子递咖啡给亚历山大的时候,接得非常自然……"②毋庸置疑,这里欧阳予倩的赞赏之情是溢于笔端的。

20 世纪之初,新兴的电影艺术进入中国,并很快在中心城市市民阶层中形成了众多的拥趸者,影片公司如雨后春笋般地滋长起来。最早的剧情片如郑正秋的《难夫难妻》、管海峰的《黑籍冤魂》都通过具体的形象,触及了现实生活的一些重要方面,如错婚、吸毒败家等,引起观众强烈的反响。及至 20 年代,上海共有一百多家电影制片公司,出品了七百多部影片,有悬念,有铺垫,情节曲折委婉,故事生动感人的电影时有出现,《红粉骷髅》、《孤儿救祖记》上映都曾遭遇观众拥挤不堪的盛况,并创造其时最高卖座纪录。③

此时,在上海这类大都市,电影无论是作品数量、影院分布,还是观众总数都已大大超过戏剧,其时尚性、国际性、趣味性、生活感更是戏剧所无法望其项背的。在市民日常生活、社会交际中,看电影取代了看戏。就连时任浙江省临时政府秘书长的知名人士沈钧儒也说:"余年来喜观电影,以为电影之美之真,不待言矣;而其妙处无在网罗人情物态之自然,而参以意外之变化,既出意外,而复入自然。……电影而进步者,其感化之力深入而伟大,将世界任何事物,不能比之。"④

这样,拥有真实影像,记录平凡生活的电影堵住了新兴话剧一向引以为自豪的幻觉艺术桂冠的通道,迫使中国话剧放弃舶来的呈现优势,放弃写实再现的"新传统",而走上更具挑战性的写意表现的道路。

显然,电影的活跃,质疑了中国舞台艺术场景的真实性,同时也质疑了粗略地、观念性模仿现实(甚至构造"伪现实")的合法性,促使中国民族戏剧以更快的频率、更积极的方式进行实验。30 年代后"诗化现实主义"也好,40 年代"以古喻今"也罢,中国民族戏剧离纯粹的写实越来越远,变形的现代主义元素却一点点增强。这多少有点不得已,有点啼笑皆非,却也成为中国民族戏剧发展唯一的选择! 也就是说,一

---

① 欧阳予倩:《谈粤剧》,《欧阳予倩全集》(第五卷),上海文艺出版社 1990 年版,第 74、78 页。
② 欧阳予倩:《最后的命令》,《欧阳予倩全集》(第四卷),上海文艺出版社 1990 年版,第 86 页。
③ 参阅黄志伟主编:《老上海电影》,文汇出版社 1998 年版,第 3 页。
④ 沈钧儒:《申屠氏·序言》,《东方杂志》1925 年第 22 卷 1 号。

门新艺术令人意想不到地强化了中国民族戏剧的现代性焦虑,使它倏忽间变成了生存问题,而曾在有着数千年历史积淀的戏曲艺术包围中左突右冲、杀开一条生路的中国话剧,竟在不经意间被完全不起眼的电影逼上生疏而崎岖的艺术独木桥,从此在非写实的天地,在象征主义式的春秋"大义"中,在表现主义式的工农革命情怀中,背离自身传统,想象、直喻、梦幻、颂吟,借助象征渲染人物内心的激情,高调推进着本土戏剧的现代性建构。

在这个过程中,电影的挤兑、刺激、胁迫,怎么估价都不为过。有两个现象其实是特别需要人们注意的,它们或许将中国戏剧现代性历程中电影所扮演的角色揭示得清清楚楚。

第一,20年代,受时代风气影响,那些最引人注目的戏剧家都先后"触电",而正是在接触了电影艺术后,其戏剧观念发生了改变,一批举世公认的舞台艺术佳作开始出现。

第二,在现代戏剧史上,那些最具好评的作品,其创作大多与电影有关。

在中国电影刚刚勃兴的20年代,相比于电影,戏剧无论历史还是形态都要成熟得多,典范得多,其在普通中国人心中的地位也高得多,这也是1925年洪深加盟"明星公司",竟在周围的朋友中引起轩然大波的原因。当时很多人对洪深之举"不以为然",认为他是"自甘受辱",有人甚至认为,他是因为在戏剧界没混出个名堂在转而投向尚属冷门的电影的。[1] 但是,尽管如此,中国民族戏剧的中坚们多数仍义无反顾加入了"影戏"阵营。这是耐人寻味的。细细琢磨,这其中不乏从电影中发现了痴迷的再现生活之魔力的欣喜,也不乏在这种机械复制的艺术中一试身手,猎获表现力的希冀。

早期戏剧中的风云人物郑正秋,是上海"东京席"日本新派剧的忠实观众,他在"耳濡目染"中,被"锻造"成新兴话剧运动的开拓者之一。郑正秋熟悉市民生活和心理,其编演的《窃国贼》、《蔡锷》、《孙中山蒙难记》十分卖座,而1913年他为救助陷于困境中的美国来华电影商编的新剧《哭丫头》、《奶娘怨》,轰动一时,竟至招致了著名的文明戏"甲寅中兴"。而正是这个新剧界干将,在事业如日中天之际,决然宣布脱离新剧,而投身于电影艺术,不久即成为"明星影片公司"的中流砥柱,其《劳工之爱情》、《孤儿救祖记》、《苦儿弱女》、《玉梨魂》等数十部电影作品,开启了中国电影的"郑正秋时代"。

郑正秋是正式发表"脱离新剧的告白"的,其缘由很耐人寻味:"但看穷凶极恶的强盗戏,不合情理的胡闹戏,大团圆的弹词戏,卖行头卖布景的连台戏,比两年前盛行起来了,叫我怎么再忍得下去!"[2] 可见,虚假、浮面、违背生活真实是郑正秋弃绝话

---

[1] 陈美英、宋宝珍:《洪深传》,文化艺术出版社1996年版,第150—151页。
[2] 葛一虹主编:《中国话剧通史》,文化艺术出版社1990年版,第30页。

剧的原因,同样,也是郑正秋走向电影艺术的原因。也就是说,在郑正秋看来,电影具有话剧无法比拟的纪实性、再现性优势,而积弊深重的话剧于此是难有作为的,必须另择他途。中国民族戏剧进程使他清楚认识到这一点。

欧阳予倩"是'春柳社'的台柱,'戏剧协社'的灵魂,'民众戏剧社'的主干,'南国社'的导师……"①,在京剧艺术上造诣很深,早年即有"南欧(欧阳予倩)北梅(梅兰芳)"之誉。欧阳予倩可以说参与了新兴中国民族戏剧现代化的全部重要进程,对民族戏剧的发展抱有强烈责任感。在舞台艺术上,欧阳予倩曾坚定主张写实,他说:"写实主义简单的解释,就是镜中看影般的如实描写"②,在他看来:"写实主义戏剧的对社会是直接的,革命的中国用不着藏头露尾虚与委蛇的说话,应当痛痛快快地处理一下社会的各种问题。"③但是,这种源于"痛快地处理问题"而成的剧作,并没有为中国民族戏剧赢得应有的声誉,反而招致一系列批评。向培良指出:胡适之、熊佛西、侯曜等人"只知道社会问题,却忘记了剧"。这些"浅薄的观察者,艺术极薄者,只成就了一些未成熟的仿制品"④。梁实秋强调:新戏剧要抓住的是易卜生的艺术,"问题剧,里面有问题,同时也要是剧才成"。⑤ 写实剧在特定环境下的失败,诱使欧阳予倩借助玩味电影艺术,思考中国民族戏剧现代性的出路,而如此的确使他获益良多。

欧阳予倩说:"同一样的题材,用话剧表演,用歌剧表演,用舞剧表演,用默剧表演,或用电影表演,观众所感受的自不免有程度上的不同。思想和题目尽管一样,材料的选择与处理各有不同。而且因为表现方法的差异,所强调的要点也就各有其所长。"⑥这其实是他"触电"后由衷的感慨。1925年,经卜万苍介绍,欧阳予倩进入民新影片公司,次年春天创作了第一部电影《玉洁冰清》,随后又编导了电影《三年之后》、《天涯歌女》,前者抨击唯利是图的市侩,后者表达对封建家庭的不满,揭露土豪劣绅的罪恶。由于作品影像对故事的真切还原,可以说这几部电影真正实现了欧阳予倩在戏剧舞台无法实现的写实理想,即他在《上海民新影片公司宣言》中所说的"宗旨务求其纯正,出品务求其优美"。

在《天涯歌女》拍竣七年之后,欧阳予倩又应邀加入新华影业公司,拍摄了有声影片《新桃花扇》;受聘明星影片公司,拍摄了《清明时节》,从此一发而不可收,创作了大量电影。而这期间,欧阳予倩的戏剧活动虽未停止,但风格已经与过去截然不

---

① 司马长风:《中国新文学史》(上卷),昭明出版社1980年版,第221页。
② 欧阳予倩:《戏剧改革之理论与实践》,《欧阳予倩全集》(第四卷),上海文艺出版社1990年版,第61页。
③ 欧阳予倩:《戏剧改革之理论与实践》,《欧阳予倩全集》(第四卷),上海文艺出版社1990年版,第60页。
④ 培良:《中国民族戏剧概评》,上海泰东图书局,1928年版,第13页。
⑤ 梁实秋:《现代文学论》,见《偏见集》,正中书局1934年版,第185,187页。
⑥ 欧阳予倩:《再说旧戏的改革》,《欧阳予倩全集》(第五卷),上海文艺出版社1990年版,第21页。

同,《潘金莲》对被侮辱、被扭曲的"淫妇"潘金莲崇尚"力与美"的心理刻画,《忠王李秀成》舒展开放的结构和转换场景,聚焦的是忠王的悲剧性格,《桃花扇》所营构的"贱民"在国破家亡当口之凛然正气,都带有明显的"人的戏剧"、"灵魂世界的戏剧"的味道,传达了独特的思想和意蕴。正是由于介入电影,使欧阳予倩后期戏剧获得了更宏大的视界,全面趋向了现代性。

与欧阳予倩相比,洪深对电影的催生剂作用认识更为明确,因而其"触电"更为自觉。洪深说:"电影比舞台剧更能深入民众,是更好的教育社会的工具"①。作为一个在中国舞台正规化方面卓有建树,在现代主义戏剧的实验中引人注目的人物,洪深以一个深谙西洋戏剧发展之三昧的外来者眼光,看到了独白、幻觉和心理动作在揭示人内心世界时的作用,认定其能深化中国民族戏剧表述,故而着力推进新戏剧的现代性营建。而这与他对新兴电影艺术的琢磨不无关系。

早在1922年应聘中国影片公司时,洪深就写出了中国第一个电影剧本《申屠氏》,情节完整,表情动作、甚至镜头运用、场景转换等拍摄规定一一列出,赫然在册,显现了其对电影技术与艺术娴熟的执著的把握。该剧本1925年在《东方杂志》上刊载,引起明星影片公司的注意,"明星"立即聘请洪深为编导。于是,洪深以颇专业的姿态,一方面在"中华电影学校"授课,教表演学;另一方面,出入于明星公司的摄影棚,先后编导了《冯大少爷》、《四月里蔷薇处处开》、《爱情与黄金》、《卫女士的职业》、《同学的爱》等多部电影,使明星公司迅速上升为一个有新文化观念、有较高艺术品位的公司。进入30年代,洪深以积极探索的精神,创造性地拍摄了中国第一部蜡盘发音的有声电影《歌女红牡丹》、第一部片上发音的有声电影《旧时京华》,反响很大,在电影事业上不断突进,其产生了重要影响的优秀作品《劫后桃花》于1936年问世,进一步奠定了他在中国电影发展中的重要地位。

洪深涉足电影,其实是在利用电影照相式的真实,反映二三十年代的社会人生,为银幕前的千万观众呈献苦难、恶行、善与美的镜像。因而,他的镜头总是对准特定场景中的性格与心理,通过富有生活意味的叙事,通过画面构图的细节予以渲染和烘托,以求感化观众。感同身受地描绘现实,反映人生痛苦,这曾是戏剧家洪深非常想做的,而在电影家洪深的胶片里这些都做到了。可以说,通过电影,洪深洞悉了趋向现代的中国民族戏剧真正的空间——通过暗示、象征、情绪意象直指灵魂深处,揭示生命本相。而洪深自己的舞台剧创作也由此迈上新的台阶。我们要特别留意洪深1937年的独幕剧《飞将军》和1945年的闹剧《鸡鸣早看天》,前者对精神高压下高鹏飞颓唐、空虚内心的表现具有深刻的广谱性,他的灵魂煎熬透着浓浓的人类学意义,是一种象征的指喻。而在川北公路某小镇旅店内发生的新与旧、光明与黑暗的冲突,阴郁驳杂,散布着多款寓言式的生活造像,表面上的宣传意旨难掩作者对世事

---

① 洪深:《导言》,《中国新文学大系·戏剧集》,良友图书公司1935年版,第86页。

人生的情绪性体验(《鸡鸣早看天》)。显然,这些与洪深获得切身的电影艺术经验后,其戏剧观念的变化有关。早期的洪深强调群体与时代,他说:"凡一切有价值之戏剧,都是富有时代性的。换言之,戏剧必是一个时代的结晶,为一个时代的情形环境所造成,是专对这个时代而说话,也就是这个时代隐隐的一个小影。"①而1935年后,洪深更重视个体与心灵,他说:"戏剧总是在那里暗示'人生'之路",戏剧家的生命见解应该"隐含在人物的行为里",并"创造活的有血气的人物"。② 这是很值得深思的。

事实上,新兴电影艺术对中国戏剧家的触动,对中国剧人观念的重塑是十分普遍的,绝非仅仅上面提到的几位。据洪深所述,20年代中后期,"汪仲贤徐卓呆自己创办公司拍摄讽刺短片,侯曜濮舜卿亦在民新任导演和编剧,谷剑尘任明星公司附设影戏学校的主任。至少是上海的剧坛,是不能不寂寞了。"③对此,田汉的观点具有很大的代表性。他说:"酒、音乐与电影为人类三大杰作,电影最稚,魅力也最大,以能白日做梦也"④。正是基于对电影特性的这种认识,田汉在1926夏与唐槐秋等人创办了南国电影剧社,并开拍了自己编导的影片《到民间去》,此后田汉在许多方面推进新兴电影运动。电影直观、生动,幻觉化的叙事构建着一个梦幻世界,使观众能够完全沉浸其中,因而它占尽了写实艺术的优势。众多戏剧界骄子的追捧和加盟,造成了事实上的对中国新戏剧20年写实追求的否定,这也逼迫中国民族戏剧在变革和掘进中放弃"再现"的阵地,而在激进的革命表现主义和功利的历史象征主义中营建新的舞台生机。

电影作为穿越时空的新媒介艺术,对舞台戏剧的影响是世界性的。尤金·奥尼尔说:"我看到了电影能在那么多方面把我从束缚中解脱出来——使我能自由地写出一出真正伊丽莎白式的戏,把一个主题的全部内容表达出来。……'话剧是最理想的形式',但我认为总有一天,用这个手段能比用老的手段更好地表达出话剧的作者们要在戏里表达的东西。"⑤在中国民族戏剧的现代性建构中,电影一方面激活了戏剧家们的观念,而更重要的是启示他们,在大众化电影迅速崛起时,戏剧必须开始内在表达方式的调整。因为要唤起群众、引起他们共鸣,戏剧应当拥有自己的"独门绝技",而写实的传统在电影艺术蓬勃兴起的时代是无法延续的,原因在于,在镜框式舞台上不论怎样重现"现实",也无法和电影中的实景拍摄相比,后者由于"照相术"的缘故,其逼真效果、其感染力要大得多。

正是意识到了这一点,从20年代末开始,中国戏剧意象化、符号化、情绪化的特

---

① 洪深:《属于一个时代的戏剧》,《洪深文集》(第1卷),中国戏剧出版社1957年版,第451页。
② 洪深:《电影戏剧的编剧方法》,正中书局1935年版。
③ 洪深:《导言》,《中国新文学大系·戏剧集》,良友图书公司1935年版,第92页。
④ 田汉:《影事追忆录》,中国电影出版社1983年版,第2页。
⑤ 爱德华·茂莱:《电影化的想象——作家和电影》,中国电影出版社1989年版,第16页。

征日益明显,写意抒情的意蕴也日见丰厚,《梅雨》、《北京人》、《原野》、《棠棣之花》、《屈原》等作品,其背景空间具有了更大指涉意义,在气氛营造上更趋向多义、多元和多层次,而在人物的塑造上则强化了众生指喻性。这些无疑是电影逼迫的,是寻求戏剧与电影不同特质的结果。总之,来自于电影的焦虑,促进了中国戏剧的变革;畏惧与电影竞争,背离写实传统,中国新戏剧滋生了多重现代元素,形成了明晰的实验方向,而所有这些,极大地推动了特殊历史境遇中,中国民族戏剧现代性的生成。

时代的声音与女性的声音
——论黄蜀芹导演的"女性题材"电影

◎ 李兴阳

在当代(1949年至今)中国女性导演群体中,黄蜀芹被论者们认为是较早具有自觉女性意识的导演,其《人·鬼·情》也被有的论者誉为是当代中国"'女性电影'的唯一作品"[①]。在这部电影之后的有关演讲、访谈和创作谈中,黄蜀芹大都谈到了自己对何为"女性意识"、何为"女性电影"等问题的看法。她认为,女性导演应该有女性意识,影像叙事的视角也应该有"东窗视野":"如果把南窗比作千年社会价值取向的男性视角的话,女性视角就是东窗。阳光首先从那里射入,从东窗看出去的园子与道路是侧面的,是另一角度。有它特定的敏感、妩媚、阴柔及力度、韧性。女性意识强烈的电影应当起到另开一扇窗、另辟视野的作用。"[②]所谓"东窗视野",就是女性视角。在这个比喻式的说法中,黄蜀芹融入了身为女性所体味到的被压抑、被遮蔽因而无法以女人的眼睛看世界并表达女性自我的情感经验,同时也有进行艺术抗争的明确诉求。黄蜀芹的电影创作与其理论主张之间有着相互砥砺的关系,在其执导的十余部电影中,就有《青春万岁》、《人·鬼·情》、《画魂》、《嗨,弗兰克》和电视电影《红粉》、《村妓》(《丈夫》)六部电影以女性为题材。其中,又以写女子中学生活的《青春万岁》、写女性艺术家生活的《人·鬼·情》和《画魂》三部影片最贴近她自身的女性经验。[③] 黄蜀芹曾言:"电影要拍出个性来,就要融入导演的自我,这首先有性别,性别中再有个人。如果'性别'都迷失了,怎么可能有真正的个性呢?女导演们

---

① 参见戴锦华《不可见的女性》(《当代电影》1994年第6期)。在近年来有关中国女性导演与电影的研究中,随着学界对王苹、董克娜等当代女导演及其电影作品的认识的深入,此论已受到了程度不同的挑战。

② 黄蜀芹:《女性,在电影业的男人世界里》,《当代电影》1995年第5期。

③ 黄蜀芹在关于《青春万岁》的创作谈《真挚的生活 真诚地反映》(《电影新作》1983年第6期)、有关《人·鬼·情》、《画魂》等的访谈《追问自我》(《东边电影独好》,中国电影出版社2002年版)和《写在〈画魂〉公映之际》、《女性电影——一个独特的视角》等文章中,分别谈到她同《青春万岁》中的人物一样读过女子中学,有很多相同的生活经验和生命体验;《人·鬼·情》、《画魂》中的女主人公则同她一样都是女性艺术家,有许多声气相同的地方,如黄蜀芹一再谈到,社会容不得女人做"人",尤其是做杰出的女人,在艺术上成功的女艺术家,在心灵上都有无尽的创伤和挥之不去的孤独与困惑。而这正是她选择两位女艺术家做电影叙事对象的原因,她说:"我喜欢表现的中国妇女形象,是那种从自己的坎坷经历中渐渐认识到自己的存在价值的女人。"(《女性,在电影业的男人世界里》,《当代电影》1995年第5期)黄蜀芹自己与秋云、潘玉良等都是这样的女人。

的作品包括我的前几部作品,叙事表述也并不完全从女性意识出发,不自觉地多少与主流意识形态的同化中消融了女性特征,常常会在那个千年超稳定结构的模式中徘徊,冲撞不出来。"①如其所言,黄蜀芹作为一个女性导演,她分别拍摄于20世纪80年代初期、中后期和90年代初期的《青春万岁》、《人·鬼·情》和《画魂》三部"女性题材"电影,既有"主流意识形态"的声音或曰"居于统治地位的、得到公认而又强大的时代声音,亦即一些居于统治地位的主导的思想(官方的和非官方的)",②也有融入了导演自我的具有女性意识的"女性的声音"或曰"尚还微弱的声音,尚未完全显露的思想",③二者间始终存在复杂的"对话"关系。本文采用个案分析方式逐一加以分析,意在更清晰地倾听和解读这三部电影所传达的"时代的声音"与"女性的声音"及其"对话"关系,使"多声部"中的尚还微弱的"女性的声音"在阐释中得到更为清晰的表达。

一、《青春万岁》:政治话语的规约与女性意识的协调表达

在一次访谈中,黄蜀芹提到《青春万岁》的拍摄,既是政府的"指派",也是她自己的选择。④ 如果说政府"指派"实属中国电影制作管理体制之常态,黄蜀芹主动选择则是颇出时人意料的"逆历史潮流而动"。此前,张弦改编自王蒙长篇小说《青春万岁》的剧本《初春》发表在《电影新作》1981年第5期上,招来时人的不少非议和导演们的冷遇。黄蜀芹也遭遇到了同样的困扰:"拍50年代初期的中学生生活,有什么现实意义?难道今天还要去表现'左'的色彩和一群头脑简单的人?⋯⋯"面对时人的质疑,黄蜀芹说:"不管人们有多少不同看法,当上影厂的领导去年通过了《青春万岁》的剧本并让我担任导演的时候,我是很兴奋的。"⑤这些资料表明,《青春万岁》在改编与拟拍之初,即已陷入20世纪70年代末至80年代初政治意识形态话语与中国社会思想解放思潮及历史反思话语的夹击之中。毫无疑问,这会影响到影片叙事内容的设定与叙事形式的选择。

---

① 黄蜀芹:《女性,在电影业的男人世界里》,《当代电影》1995年第5期。
② 巴赫金:《陀思妥耶夫斯基诗学问题》,《巴赫金全集》(第五卷),河北教育出版社1998年版,第117页。
③ "声音"一词在巴赫金的《陀思妥耶夫斯基诗学问题》中获得了术语的意义,指通过语言表现出来的思想、观点、态度的综合体。引文请见巴赫金《陀思妥耶夫斯基诗学问题》[《巴赫金全集》(第五卷),河北教育出版社1998年版]第117页。在女性主义文论中,"声音"一词也一直有着重要的意义,"尽管有人对'声音'这一说法提出尖锐的质疑,认为这不过是人文主义的虚妄之说,但是对于那些一直被压抑而寂然无声的群体和个人来说,这个术语已经成为身份和权力的代称。正如露丝·伊里盖蕾所言,有了声音便有路可走。"参见苏珊·S.兰瑟《虚构的权威——女性作家与叙述声音》,黄必康译,北京大学出版社2002年版。
④ 黄蜀芹、徐峰:《流逝与沉积:黄蜀芹访谈录》,《北京电影学院学报》1997年第2期。
⑤ 黄蜀芹:《真挚的生活 真诚地反映》,《电影新作》1983年第6期。

作为对异议者或批评者们的回应,在叙事策略上,黄蜀芹首先改变了影片《青春万岁》的艺术功能定位。王蒙的《青春万岁》立意在"颂赞",是青春的颂赞,更是特定时代的颂歌,而后者是同时代文学的主导倾向。张弦改编的剧本《初春》所突出的也是"共和国初春的岁月。多么美好的……岁月"(杨蔷云在剧本结尾处的台词),其标题就最好不过地显露了改编者的意图。黄蜀芹则把"颂赞"转向"认识",从而也把创作主体由"革命"的"颂赞者"转换为还原历史本相的"史家"和"怀旧者"。即如黄蜀芹所说:"我明确了我们的任务是要真实地去表现那个时代,表现那个时代的人的精神面貌。只要是真实的,相信人们就会从中得到启示和教益。至于历史上的是非功过,不必由影片强加于人,而应该由观众离开影院后自己去思考,争辩。这恐怕就是我们影片的立足点。"①影片围绕"先进同学与骄傲典型的矛盾、热情的杨蔷云帮助有不幸遭遇的苏宁、共产党员拯救天主教徒呼玛丽"这三条线索,在对女中毕业班的一群女生一年生活的细致书写中,概括了共产党政权建立之初的广阔社会生活,贯穿其中的是官方主流政治意识形态所倡扬的社会主义、集体主义、爱国主义等精神,贬抑的是个人主义(个性主义)、宗教信仰等。由此体现出新政权"无所不管"又"朝气蓬勃"的时代特征。所有这些既是 20 世纪 50 年代初期中国社会的"历史真实",同时也构成了《青春万岁》这部电影的重要内容,但不是主题。这部电影的主题是成长主题,是成长过程中的"青春的美,青春的魅力"②,青春的欢乐、激昂就成其为主调。电影将剧本名《初春》(指向时代)改回小说原名《青春万岁》(指向青春)也昭示了这一点。

黄蜀芹以历史见证人的身份,"对那健康的、亲密的、洋溢着青春活力的女中校园生活"所做的"素朴的历史回顾",③不仅赢得了不少掌握媒体话语权的同辈人的肯定,而且得到了 20 世纪 80 年代的相当一部分大中学生的欢迎。④ 但人们对其所做的阐释与解读,都忽略了或曰遮蔽了《青春万岁》这部电影的另一个主题,即特定时代特有的"女性意识"。这部影片的女性意识,简单地说,就是不仅前述历史、时代、政治等话语都是纳入到女性的日常生活和私密性的生命体验中才得以表达,而且"青春"在这里也是特定时代的"女性的青春活力,女性的青春气质,女性的青春美"。

---

① 黄蜀芹:《真挚的生活　真诚地反映》,《电影新作》1983 年第 6 期。
② "导演黄蜀芹同志在和我讨论剧本时说,她想在这部片中,努力展现出青春的美,青春的魅力。这是很有见地的。外国有所谓'青春片',我们也应该有我们的青春片,社会主义的青春片。以青春的美,青春的色彩,青春的朝气和青春的活力来感染、鼓舞我们的青少年,中年和老年。"参见张弦《关于〈青春万岁〉改编的一封信》,《电影新作》1983 年第 1 期。
③ 黄蜀芹:《真挚的生活　真诚地反映》,《电影新作》1983 年第 6 期。
④ 参见《〈文艺报〉和本刊编辑室联合召开电影〈青春万岁〉座谈会》(《电影》1983 年第 9 期)、《历史的回顾　青春的赞歌——上海市中学生座谈影片〈青春万岁〉的发言摘编》(《电影新作》1983 年第 5 期)、边善基《社会主义的青春之歌——影片〈青春万岁〉漫评》(《电影艺术》1983 年第 12 期)等文章。

这才是《青春万岁》的本色,而显露这本色的是"那些丰富多彩的闪光小水珠"般的细节。①

黄蜀芹说,在男生"缺席"的女子中学校园里,没有同龄异性"他者"的凝视或窥视,女生们的性别自卑感与拘束感就会因此弱化或消失,其日常生活中的"上课、考试、吃饭、睡觉、逛街、看电影,还有就是你笑、我哭、争吵、和好……"这些"闪光小水珠"般的细节由此显露出更多的女性色彩。② 这些细节大都取自王蒙的原著,有的则是黄蜀芹等电影创作者的新创造。影片对这些女性生活细节的捕捉与突出呈现,不仅营造出女子中学的特殊气氛,而且展露出女生们相对自由发展的性格。其中,有几个人物的生活细节特别值得在此予以解读,它们不仅与政治意识形态话语有关,而且与女性私密性的生命体验有关。首先是与天主教徒呼玛丽有关的细节。呼玛丽既是历史苦难的承受者,也是被拯救者。她那苍白瘦削的脸、破旧的衣服、一拉就坏的补丁、惧怕外国嬷嬷的神情、虔诚的祷告等,都是"帝国主义压迫"和"宗教迷信毒害"等的隐喻;她逐渐觉醒、融入班集体、参加长跑比赛、摔倒了爬起来、对郑波所代表的共产党的认同、参加团日活动、重建信仰等,则是"抚慰历史创伤"成为"社会主义新人"等的隐喻。需要辨析的是呼玛丽"觉醒"与"转变"的真正原因,不是"政治宣传",而是"女性情谊"。郑波、杨蔷云都曾试图以当时的政治话语帮助呼玛丽认清影片中并不"在场"的外国嬷嬷(帝国主义及宗教思想的符号)的"真实面目",但真正吸引呼玛丽的是郑波、杨蔷云、袁新枝等结成的无论是社会身份还是性别身份都具有现代平等意识的"女性群体"(而非"班集体"),是这个群体成员间的亲密与友爱。呼玛丽的生存困境不是影片以破衣补丁等细节突出强调的物质贫困,而是自小孤苦无依、寄人篱下、缺乏关爱所形成的孤独与恐惧;她渴望融入"女性群体"的原因不是"觉悟"的提高与信仰的改变,而是重建新的归属感的需要,这样的归属感可以抵御心灵的孤独与恐惧。呼玛丽由自卑变得自信,由忧郁变为开朗,乃至开始改变信仰,这样的"成长",与其说是"政治宣传"教育的结果,毋宁说是得益于"女性群体"的吸纳与"女性情谊"的感动。当然,让呼玛丽逐渐获得归属感的这个"女性群体"是属于其所处的特定时代的,她们的"眼泪、欢笑、深思"(序诗),她们的理想、信念和追求,都烙上了鲜明的时代印迹,其思想情感的个人性与时代性具有某种程度的同一性。

与呼玛丽相类的人物是苏宁,她同样既是历史苦难的承受者,也是被拯救者。苏宁内心深处的巨大痛苦主要来自两个方面:一是家庭的没落与阶级身份焦虑;二

---

① 黄蜀芹:《真挚的生活 真诚地反映》,《电影新作》1983 年第 6 期。
② 黄蜀芹在谈论这部电影依据原作描绘的生活细节时,既盛赞原著作者王蒙对"生活的敏锐触觉",也不断重提自己早年读女子中学的生活记忆,如"学生生活虽然平凡而单调,但它自有情趣。记得我在中学时曾与两个好朋友共同记一本日记,内容全是同学间的琐事,无非是谁哭了,谁笑了,做功课啦,克服缺点啦……可我却珍爱它,以后还不时翻阅着这几个小本本。多可笑,这些芝麻绿豆大的事,但它又是多么真诚、可贵"。参见《真挚的生活 真诚地反映》,《电影新作》1983 年第 6 期。

是个人所遭受的性侵害,而以后者为甚。但让苏宁更感痛苦的还不是自己所遭受的性侵害——尽管这给她留下了难以愈合的身心创伤,而是其可能带来的后果,即男人的厌弃。这自然是对男权文化的认同与恐惧。杨蔷云明白苏宁的真正担忧之后,抚慰她说:"干吗要别人喜欢,那顶讨厌了……咱俩互相喜欢好了,嗯?……永远!"两个姑娘紧紧勾住了小拇指。这是一个近似"同性恋"的场景,也是影片中最具现代女性意识的场景。这个场景,即使是在今天来看,也同样的十分具有"震撼"性。杨蔷云的劝慰中至少含有三个方面的意义:其一是女性独立意识,既有对女性依附心理(女性对男性的依附)的否定,将其视为"顶讨厌"的,更有对社会压抑女性的否定;其二是男女平权观念,包括性道德在内;其三是"女性情谊"可以替代或至少可以补偿男女爱情。杨蔷云没有用女英雄卓娅、刘胡兰作为劝慰苏宁的模范以此抵御其失贞后的忧郁,而是用反男权文化的思想与方式开解苏宁,指向政治话语的叙事隐喻由此滑向女性意识的影像表达。就此而言,"杨苏盟誓"场景所传达出的女性意识,已逾越了20世纪50年代"妇女解放"关涉到的政治、经济和社会文化等多个层面,指向一种较为深刻的女性自我意识与性别意识。20世纪50年代的中国妇女解放运动是社会性的,是当作政治革命运动的一翼来加以推动的,其社会影响颇为深广。但问题也很多,最突出者有三:其一,是"给予性"的,所给予的主要是政治、经济层面的部分权力,能真正享有这部分权力的女性也极为有限,往往被少数幸运的女性给"代表"了;其二,是"去女性化"的,即"男女都一样",实则是"女的要跟男的一样",通过取消性别差异来实现的"男女平等",不仅使女性丧失了"本体",而且使其承受了更多的社会压力;其三,是"外在性"的,虽然主张男女平等,却很少关注"内在的"自觉的女性意识的启蒙,这是有别于西方女权运动的地方。"杨苏盟誓"场景所传达出的现代女性意识,是一种"内在的"将女人自觉为女人的意识,这就具有了超越于其所处时代的意义。

在王蒙的同名小说与张弦的剧本《初春》的人物设计中,呼玛丽是用来"反帝"的,苏宁则是用来批判国民党政权和官僚资本主义的,"三座大山"差不多全让这两位可怜的女性背上了。让女人作为历史劫难的承受者、历史耻辱的蒙羞者和被拯救者,在女权主义者看来,这就是男权意识形态话语的表现。而在上文所述的黄蜀芹的女性叙事中,呼玛丽、苏宁虽然未能完全从政治话语中突围出来,但已成了女性意识的表达者,这其实就是黄蜀芹对王蒙原著和张弦改编剧本的男性视野的修正。黄蜀芹在接受"指派"后,"立即从自己的生活磁场里寻找着与剧本的感应"[1],把自己早年的女子中学生活经验移植到郑波、杨蔷云、苏宁、呼玛丽等同时代一群女中学生青春情绪、女性情谊及性别经验的指认中。简言之,当黄蜀芹将自己的女性生活经验纳入主流意识形态话语空间从而获得表达时,又以自己的女性经验对主流意识形态

---

[1] 黄蜀芹:《真挚的生活 真诚地反映》,《电影新作》1983年第6期。

话语进行了修正,使之发生了偏离,这就有了《青春万岁》中不尽和谐的多种声音。

在多个不同的言说场合,黄蜀芹都曾坚持认为,在她自己拍的电影中,只有《人·鬼·情》称得上是"女性电影",其他的都不是。或许可以这样说,《青春万岁》虽然还不是完全意义上的"女性电影",但其在"女性意识"表达方面的探索,与后来的"女性电影"《人·鬼·情》、更加自觉灌注女性意识的电影《画魂》是血脉相连的,是开路者。

二、《人·鬼·情》:文化批判与女性意识的有限表达

黄蜀芹的电影成名作《人·鬼·情》(1987),被有的论者誉为当代中国"'女性电影'的唯一作品"①。就已见到的研究文献而言,较早指出影片《人·鬼·情》具有女性意识的是钱国民②,较早以弗洛伊德精神分析理论对其女性意识作深入分析的是邵牧君③,而产生较大影响的研究文章则出自戴锦华之手④。此后,人们主要从"女性意识"/"女性电影"角度观赏或解读这部电影,忽略或遮蔽了其所包含的多个艺术构成层面及多角度阐释的可能性。黄蜀芹曾明确地说:"我觉得我起步的时候没有自觉的女性意识,没要把它拍成一部女性电影,我觉得没有这个想法。……面对舆论界呢,我从来没说过这是女性电影。所有说这影片好的人也从来没有说起过,北京也开座谈会,上海也开座谈会,开了好多,也有各种文章,但没有人说过。过了很久很久,我才看到那个戴锦华的文章,哦,我觉得她说了。"⑤黄蜀芹最初的创作冲动的触发,是有感于著名河北梆子女武生裴艳玲非同寻常的艺术人生。黄蜀芹说,裴艳玲"给我震惊的是,一位俊俏的女演员去演扮相粗犷、狰狞的捉鬼大将钟馗,我感到这里有一个不平常的心灵历程,是可以深入挖掘的"⑥。影片对以裴艳玲为原型的女主角秋芸的人生/心灵/艺术的成长历程的"深入挖掘",是在秋芸与"他者"以及秋芸与自我的多重关系中进行的,影片因此有了包括女性意识表达在内的多种不同的"声音"。

在秋芸与"他者"的关系中,影片更多的是文化批判,其批判的指向是包括男性中心主义在内的已经内化为民族集体无意识的病态的思想文化习惯或曰国民劣根

---

① 戴锦华:《不可见的女性——当代中国电影中的女性与女性的电影》,《当代电影》1994年第6期。
② 张骏祥、徐桑楚、叶明、钱国民、张成珊、任仲伦、刘果生、边善基:《执着的艺术追求——上影新片〈人·鬼·情〉座谈》,《电影新作》1988年第2期。
③ 邵牧君:《压抑女性本我的痛苦——对〈人·鬼·情〉的一点读解》,《电影艺术》1988年第8期。
④ 参见戴锦华《〈人·鬼·情〉:一个女人的困境》(戴锦华《雾中风景》,北京大学出版社2000年版)、戴锦华《不可见的女性》(《当代电影》1994年第6期)。
⑤ 黄蜀芹、徐峰:《流逝与沉积:黄蜀芹访谈录》,《北京电影学院学报》1997年第2期。
⑥ 黄蜀芹、顾征南:《访黄蜀芹 谈〈人·鬼·情〉》,《电影新作》1988年第6期。

性。在与"他者"的复杂关系中,秋芸既是个人生活上的失意者,又是演艺事业上的成功者。更具体一点说,在世俗日常生活中,从幼稚无知的小女孩到为人妻为人母,秋芸经历坎坷饱受伤害;在演艺道路上,从乡村戏班懵懂的耳濡目染者到省剧团蜚声海内外的台柱子,秋芸也历尽艰辛屡受挫折成功不易。其中,使秋芸身心受伤害最深者有三:一是目睹生母偷情;二是受童年玩伴特别是二娃的欺侮;三是遭暗算戏台钢钉刺手。对秋芸而言,在草垛里目睹生母偷情的性爱场景,构成了弗洛伊德所谓的"初始情景",这也是两代女人人生悲剧的开端。对此场景,王玲珍有精致而深入的分析,她认为:"当小秋芸'终于'撞见麦垛之中躺在一个陌生男人(实为秋芸生父)身下的母亲时,秋芸下意识中不仅'看见'了自己无意识中寻觅的对象——母亲,她还'看见'了一个宣称'不作新娘'(不作传统女性)的自己的未来;这个未来笼罩在一片远离人烟(社会)的黑暗之中,它充满了禁忌,孤独,和无望。虽然小秋芸并不完全了然母亲在具体做什么,可她清楚地感到这是禁忌之地,她清楚地看到了母亲逃避和无奈的目光,这难道是选择非传统女性必须付出的代价吗?当高高的麦垛在突然之间倾倒下来将母亲同那个'后脑勺'(陌生男人)一并掩埋起来的时候,秋芸被震惊了,她恍惚悟到了一个事实,即母亲的选择——也是自己下意识中的选择——必需要同黑暗相伴,而且还会招致巨大的惩罚,那是生死边缘的挣扎。"[1]确如此论,对偷情场景的无意间的偷窥,使秋云由对母亲的认同转向对传统伦理的认同,并使前者"压抑成了一种潜在的欲望"[2]。生母基于"爱"的偷情与"私奔",在现代中国的启蒙话语中是对传统伦理道德的反叛,而在封建旧道德的信守者那里则是道德败坏,是一种耻辱,也是这些无名的"大群"不断用来糟践伤害秋芸的口实。秋芸虽然是传统观念的受害者,但同时又是懵懂的认同者,这是她与童年玩伴冲突、初恋受挫、婚姻不幸、疏远生母、与生父相见不相认的原因。与童年玩伴特别是二娃的冲突,对秋芸的心灵伤害是深重的,也是多方面的:其一是强化了秋芸对传统道德观念的认同,因为那些欺侮她的男孩子用以攻击的理由就是她有一个"野爸爸",这表明他们同样是传统的懵懂认同者与维护者;其二是性别身份认同障碍,秋芸自此厌弃自己的女性身份(自然的/社会的);其三是对个体生命的弱小、孤独和无助以及对"他者"的冷漠和残酷有了刻骨铭心的痛切体认。这种体认在被戏台钢钉刺手的"阴谋"里被再一次强化,而这一事件的文化意味及其批判指向显然是多向度的,有对嫉贤妒能者的阴暗心理的发露,有对伪善者的虚伪的讽刺,有对社会庸众以赏鉴他人之痛苦为乐的人性恶的喟叹。围绕在秋芸周围的"他者"似乎谁都伤害了她,但没有一个真正

---

[1] 王玲珍:《花木兰叙事的背后:再看黄蜀芹的〈人鬼情〉》,张宏生、钱南秀编:《中国文学:传统与现代的对话》,上海古籍出版社 2007 年版,第 662 页。

[2] 王玲珍:《花木兰叙事的背后:再看黄蜀芹的〈人鬼情〉》,张宏生、钱南秀编:《中国文学:传统与现代的对话》,上海古籍出版社 2007 年版,第 663 页。

的"坏人","坏"的是溶在他们血液里的根深蒂固的传统文化观念里的种种病毒。秋父将这些"他者"称之为"鬼"(吃人的鬼、贪鬼、赌鬼、色鬼、笑面鬼、浪荡鬼、马屁鬼、讨厌鬼),秋芸则更深地认识到:"看不见,摸不着的才是真鬼",即藏在那些"他者"灵魂深处的传统文化病根与人性之恶才是"真鬼",这也是钟馗捉不了的"鬼"。鲁迅曾激烈地批判道:"社会上多数古人模模糊糊传下来的道理,实在无理可讲;能用历史和数目的力量,挤死不合意的人。这一类无主名无意识的杀人团里,古来不晓得死了多少人。"① 秋芸就是未被"挤死"但已被严重"挤伤"的"不合意的人"。

影片的文化批判之声,既是黄蜀芹的,同时也是时代的。20世纪80年代中后期,中国大陆继五四之后又一次激荡起文化批判思潮。相当多的知识分子开始从文化的角度探讨20世纪80年代中国社会变革中所遇到的问题。其中,有对所谓激进主义的反思,由此探讨诸如社会文化失范等问题,开始重新考虑传统文化在社会变革中的价值和地位;与之相反,有对传统文化的反思与批判,将中国当代的历史劫难及社会现代转型中的挫折与问题,归结于传统文化中的"劣根",从而由对五四文化精神的批判转为接续。文学艺术创作领域的文化寻根思潮,其主导倾向是对中国传统文化的反思与批判,如寻根文学及第四代、第五代导演的部分具有文化反思指向的电影。《人·鬼·情》就孕育并拍摄于这样的时代文化语境之中,其有文化批判之声是很自然的。即便是在修辞策略上,这部影片也像同时代的文化寻根作品一样偏好用象征符号来表达文化批判的意念,譬如,影片以电影特有的视听语言(如特写)叙写出"围攻"(在"酱缸"里泡大的男孩子)、"围观"(看客嘴脸)、"背后议论"("叽叽喳喳",众口铄金)等湮没"个人"的"群众"场景,这些其实就是鲁迅所说的"无主名无意识的杀人团"的具象化。特写镜头的频繁使用,不只是凸显和强调了"杀人团"成员文化心理的阴暗与人性的邪恶,而且显露出叙事者似曾有过的恐惧体验及其憎恶之情。再如,影片中多次出现的"傻子"也是同时代文艺作品反思和批判传统文化常用的象征符号,其所隐喻的意义含混而复杂。在对极糟糕的传统文化之"鬼"的批判中,黄蜀芹特别予以突出批判的是容不得女人做"人"尤其是做杰出女人的传统社会文化心理。即如有论者所说:"《人·鬼·情》是由一位女导演拍摄的一个关于女人的影片,因此,它所透露的女性意识和女性心理(包括潜在的)便特别值得注意。"②

在影片展开的秋芸与"他者"的关系中,秋芸个人生活的失意与演艺事业的成功,表面上是与对"他者"的现实关系的处理有关,而其实质则是对男权文化规约的屈从或反叛的结果。在男权文化造成的女人的困境中,秋芸不仅陷落在"女人何为"的尴尬中,而且更深地迷失在"何为女人"的困惑里,这就有了秋芸与自我的关系。而有了秋芸对自我的追问与探寻,也就有了她的女性意识的自觉之旅。

---

① 鲁迅:《坟·我之节烈观》,《鲁迅全集》(第1卷),人民文学出版社1981年版,第124页。
② 邵牧君:《压抑女性本我的痛苦——对〈人·鬼·情〉的一点读解》,《电影艺术》1988年第8期。

在影片展开的秋芸与自我的关系中,秋芸首先遭遇的是女性身份认同(自然性别/社会性别)障碍,"何为女人"成为她始终未能寻到最后答案的性别身份难题。秋芸的性别身份认同经历了于传统文化而言"正常"、"异常"、"回归"和"迷失"等几个变化阶段。秋芸最初的性别身份认同是"正常"的,譬如在与小男孩们做"嫁新娘"的游戏时,她担当的就是"新娘"角色。秋芸性别身份认同的"异常"起源于受男孩子"围攻"特别是二娃的殴打所造成的身心伤害,她由此开始改变自己的性别身份,即使不能改变自然性别身份,也要改变社会性别身份,将自己装扮成男人,用近似于男人的方式行事,成了人们眼中的"假小子";在戏曲表演中,她也要演男的(钟馗、赵云等)。"女演男"的抉择,既是出于内心深处对男人的恐惧,也是为了应对秋父的阻拦:"女戏子有什么好下场,不是被坏人欺侮你,就是天长日久自己不行,就像你妈。"但在长期的扮演中,戏曲中的钟馗角色逐渐内化成为秋芸的另一个自我。在省城的剧团里,秋芸对同伴们断然宣布自己是"真闺女",这表明其对女性身份认同(自然性别/社会性别)的"回归",其原因在于对张老师的暗恋之情,即如有论者所言:"当她春心萌动,感到对男人的需要时,她不禁对自己女性特征受到压制感到恐惧了。她对张老师的爱情毋宁说是她的女性意识的第一次觉醒。她那代表男人的'后脑勺'观念被正面面对她的男人的巨大吸引力所驱散。"① 步入婚姻和家庭的秋芸虽然"遇人不淑",但也能做"贤妻良母",成为男权文化形塑的"好女人"。在屈从男权的时候,秋芸又作了一次找回自我的抗争。她不顾丈夫的干涉("演男的,嫌难看;演女的,又不放心"),重演被历史劫难强行中断的钟馗戏,并获得巨大的成功。但这成功是以遮蔽其女性身份与女性美而以男人并且是丑男人的面目出现在舞台上才获得的,因而伴随成功而来的却是身份认同的"迷失",破解了"女人何为"的"女人有所为"并不能终结"何为女人"的"天问"。"我嫁给了舞台",与其说是秋芸献身艺术的宣言,毋宁说是身份迷失的苍凉独白。秋芸性别身份认同的诸般变化,虽然有种种现实的因由,但最根本的还在于她对女性在男权社会的困境的痛切体认与试图冲出重围的努力。不论怎么评价这种变化,都可以看成是现代女性意识的觉醒。

毋庸讳言,秋芸逐渐觉醒的女性意识并不都是"现代"的。秋芸的现实拯救与其内心渴望的获救,既不同步,又有质的差别。在现实中,频遭困厄的秋芸是依靠自身的天赋才能及对男权社会的现存性别秩序的抗争来实施女性的自救的;但在内心深处,秋芸却将拯救女人的权力与希望托付给了男人,钟馗就是其理想的男性拯救者:"别看钟爷这副鬼样,他心里最重要的是女人的命","总想着要让女人找个好男人"。因此,每当对男人心怀恐惧之时,每当痛感自己没有当女人的福分之时,秋芸悲愤不平的内心世界里就会出现钟馗捉鬼、钟馗嫁妹的幻象②,这也是影片受到时人称道的

---

① 邵牧君:《压抑女性本我的痛苦——对〈人·鬼·情〉的一点读解》,《电影艺术》1988 年第 8 期。
② 邵牧君:《压抑女性本我的痛苦——对〈人·鬼·情〉的一点读解》,《电影艺术》1988 年第 8 期。

精妙之处。秋芸在现实中奋力自救,在内心里却皈依男性拯救者,这样的表里分裂,或许正可以理解为中国当代社会的妇女解放与男女平权观念是从外部"赐予"而非内在的现代女性意识启蒙的结果。秋芸并非全都"现代"的女性意识还表现在对"好女人"与"好男人"的认识上。秋芸理想中的"好女人"与"好男人"之"好"的具体所指虽然比较含糊,但多为传统道德文化观念而少现代启蒙理性色彩则是可以肯定的。秋芸女性意识中的"传统"与"现代"杂糅,使她注定不可能完成现代意义上的女性自我追寻之旅。在还是男人说了算的时代,历史也不可能让一个女人单独地自我"放行"。

影片让不被历史"放行"的秋芸随着戏班/剧团流浪在乡村的泥土路上,穿行在不同国度的城市空间,脸上沾满俗世的灰尘与化妆的油彩,身边却没有多少时代的喧嚣,即使是"文革"那样的历史劫难也"不着一字"地雪藏在大幅度的时空跳跃里,而被特写镜头放大且反复渲染的是充满欲望、激情、焦虑、恐惧、孤独和迷惘的女性心理空间,由此流溢出多少有些神秘玄虚的抽象艺术气息。时代背景的淡化及随之而来的现实所指的弱化,却使影片有了意想不到的整体象征意味。黄蜀芹亦言:"流浪戏班子不是什么年代问题,奉献问题,这就是人类真正寓言性的东西。"①从最初的对裴艳玲不凡艺术人生的"感动"到对其人生经历和心灵历程的"深入挖掘",再到阐释中的"人类寓言"说,黄蜀芹不仅把自己的女性经验融入到秋芸形象及其所在的艺术世界的构筑中,而且把自己的阐释添加到影片的读解里,使这部影片的蕴涵变得愈加丰富。而"好的电影是不应该只有一个主题的,而应该有很多角度值得挖掘;应该有很强的包容性,而不是单从一个方面看是好的"②。《人·鬼·情》就是一部可以多角度解读的电影。这部拍摄于中国当代文化批判语境中的影片,虽然被论者们誉为"女性电影",但其最为显著的话语首先是文化反思与批判,其次才是"传统"与"现代"杂糅的女性意识的表达。甚至可以说,后者是前者的"衍生体"。即使还不能将这部电影视作纯粹意义上关于"人"/"女人"的寓言文本,其所包容的多种声音的存在,也为多角度解读提供了可能。

三、《画魂》:大众文化与女性意识的身体表达

黄蜀芹导演的电影《画魂》(1993)也以女艺术家为题材,其在艺术上赢得的评价比《人·鬼·情》低,但作为导演自诩的"商业电影"则很成功。这部电影曾因"裸镜"问题被官方"封杀",开禁后又成为当年的票房冠军,同时也成为人们议论的热点话题。黄蜀芹曾言:"我从来不拒绝商业性。我希望我的影片的观众越多越好。"又说

---

① 黄蜀芹:《女性,在电影业的男人世界里》,《当代电影》1995年第5期。
② 黄蜀芹:《中国如今已经没有女性电影》,《世界电影之窗》2007年第11期。

"拍《画魂》的时候,因为要追求大票房,所以努力往商业性上靠。"①黄蜀芹素以艺术为生命,却不得不作商业片的尝试,这是中国社会现代转型的结果。20 世纪 90 年代,中国社会由计划经济体制转向市场经济体制,经济利益成为整个社会的驱动力。遵循经济原则的大众文化随之兴起,挤兑了精英文化曾经拥有的话语霸权,以"好看"的感性愉悦和"好卖"的经济欢欣,放逐了"文革"后重建的理性精神和社会文化批判精神。拍摄于 20 世纪 90 年代初期的《画魂》,也浸染了那个年代特有的文化气氛,有着不甚和谐的多种文化指向的"杂音"。

即使是对商业电影的初次尝试,《画魂》也颇为老练地调用了不少"好卖"的商业电影元素,进行了适度的包装。其一是"传奇",潘玉良的原型张玉良由青楼女子成为革命党人的小妾,由爱好刺绣的妓女蝶化为中国著名高校的女教授和世界著名的艺术家,其社会身份的戏剧性巨变,具有传奇性。其二是"英雄救美"或曰"才女佳男"("才子佳人"模式的变形)模式,原型张玉良是个才女,但不是美女,就现存的照片看,甚至可以说是个丑女。电影用明星巩俐将潘玉良包装成美女,把一个女人的悲剧人生转换为媚俗的"英雄救美"和"才女佳男"的浪漫故事,以此迎合大众的通俗审美趣味。其三是"裸露镜头",裸露镜头虽然与潘玉良所从事的绘画艺术有关,但其商业用意也是非常明显的,后来果然成为官方禁映和大众争论的焦点。这些商业化的包装都是为男人考虑的,是对男权文化的屈从,同时也是对男权文化的发露。黄蜀芹曾无奈地说:"在过去讲究政治的年代里,以取消性别差异来达到男女平等,这是种社会需要的男性化的女性、隐藏女性特征的花木兰式女性、只有奉献不讲需求的女英雄。今日中国大陆进入了商品经济的轨道,一切文化形态尤其是高成本的电影产品,又必然会以商业价值为主要的价值标准。女人作为男人世界里的附庸和花瓶的形象重新被纳入社会消费系统。"②但是,《画魂》调试大众文化口味的商业化尝试,并未能使这部影片变成一部完全意义上的商业电影。所有这些包装都只不过是这部电影的商业化的"外壳",其所包裹的内质及其叙事精神指向依旧还是很"艺术"的。影片中的潘玉良在不幸被当作好卖的"看点"的同时,也恰恰藉此找到了讲述自己"从'女人非人'到'女人作为人'到'具有人格的女人'……坚定地确立了自我"③的机会,从而实现了女性的自陈。从中可以看到,导演对女性的关怀、对女性自身成长与获救的关注依旧跃然银幕。

尽管影片《画魂》没有对中国现代女性历史命运进行整体把握和表现的叙事动

---

① 黄蜀芹、杨美蕙、戈铧:《追问自我》,王人殷主编:《东边光影独好》,中国电影出版社 2002 年版,第 113 页。

② 黄蜀芹:《女性,在电影业的男人世界里》,《当代电影》1995 年第 5 期。

③ 黄蜀芹:《写在〈画魂〉公映之际》,王人殷主编:《东边光影独好》,中国电影出版社 2002 年版,第 149 页。

机,而是倾心于展现一个杰出女艺术家的传奇人生及其心路历程,但潘玉良不懈的自我救赎及争取"解放"的痛苦历程,仍然可看作现代中国女性历史际遇的叙事隐喻。潘玉良一生流散于中国前现代文化、现代文化和西方现代文化等三种不同的文化语境之中,其前半生主要置身于中国社会由前现代文化向现代文化转型的历史大变革时期,她的获救及其获救途径似乎是一个偶然的特例,但绝不是个案,而是与中国现代历史演进联系在一起的;其后半生羁旅法国,置身于西方现代文化语境之中,既看到了西方资本主义文化"为人"和"吃人"的两面,又与现代中国有着无法割断的精神联系。她的获救或曰"解放"是三个层面上的:首先是女性肉身的获救,潘赞化把她从妓院解救出来,使她的身体由"千人骑的东西"重新成为其个人的"属己之物",从而有了最起码的人身自由与人的尊严。其次是社会身份的改变与社会层次的提升,潘玉良由妓女变为小妾,再变为美术专业的大学生和留学生,而后成为大学教授与世界著名的艺术家,每一次身份的改变同时也就是社会层次的一次提升。再次是"个性解放"和现代"女性意识"的建构,在法国,她受到了最为直接的西方现代文化的教育和熏陶;在国内,拯救潘玉良并给她以现代知识和思想启蒙的是早期革命党人潘赞化、中国现代启蒙运动的巨擘陈独秀和中国现代绘画艺术奠基者之一的刘海粟,她很幸运地置身在以解放妇女为己任的中国现代激进主义文化群体之中。需要在此指出的是,这种女性被拯救模式本身是现代男性主流话语的产物。

影片延续了《人·鬼·情》的文化批判理路,将前现代性的中国传统文化中虚伪、愚顽和残酷的一面视为潘玉良人生不幸与获救不易的主要原因,并对之进行讽刺和批判,即如黄蜀芹自己所说:"与我前几部影片一样,《画魂》对那种容不得女人做'人'的卑劣的国民心理仍然给予了畅快的揭露。"影片以美术学校模特风波、浴室写生风波、大学同事议论和使坏、展览风波等"群众"场景,借助电影视听形象的直观,集中发露中国传统文化特别是礼教的虚伪、愚顽和残酷。影片特别关注的是潘玉良作为觉醒的"新女性"在新旧蜕变过程中所遭遇的心灵裂变与道德悖论。不论是文化观念、爱情观念、婚姻观念还是家庭观念,潘玉良都是"半新半旧"的。在家庭生活中,潘玉良无法开解妻妾矛盾。潘玉良与大夫人之间的冲突,既不是传统大家庭里妻妾之间的争风吃醋,也不是"天使"与"妖妇"之间的斗法,而是传统与现代两种不同女性意识之间的冲突。在"子嗣观念"方面,潘玉良也是很传统的,她在妓院惨遭与生殖有关的残害,无法延续潘家香火,就极力促成潘赞化与大夫人孕育了儿子潘牟,以此表达她对潘赞化的感恩之情。在爱情观念方面,潘玉良同样是既新且旧的。她坚守对潘赞化的忠贞,也保持与王守信的友情。不论是选择逃离、流浪还是坚守,"半新半旧"的潘玉良始终都没能摆脱道德困境与心灵撕裂的痛苦。潘玉良的"半新半旧"亦即传统与现代的杂糅,或许可看作中国社会从前现代向现代转型的过渡性景观。

布莱希特曾言:"通过艺术来摧毁我们给定的身份的活动与创造新的主体的实践是紧密相连的。"①如其所言,潘玉良的社会身份的不断改变、社会阶层的不断提升与新的主体性的创造,是与她的艺术及艺术创作活动紧密相连的。潘玉良说:"我是我自己的模特儿,我创造了艺术,艺术创造了我。"就其在中国文化语境中而言,潘玉良突破男权社会的礼俗或曰性禁忌,以自己为模特,凝视镜中的自我,用画笔重新绘就自我,将自己赤裸的胴体与其蕴藏的生命激情和痛苦化作画中人,由此在创造出艺术品的同时,创造了新的女性自我。从电影创作者方面来看,黄蜀芹大胆地触犯那个年代虚伪的性禁忌,用摄影镜头来凝视女性身体,以精妙的镜像揭开男权话语对女性身体的重重遮蔽,抚慰其累累伤痕,赞叹其美的神韵,从而摧毁男权文化"给定的身份",让女性以"新的主体"成为"可见的人",这或许不是没有意义的。

有论者认为:"影片《画魂》,无论从创作理念还是主人公一生命运的描述上,都更清晰地表现出女性主义内涵的注入。但是《画魂》的艺术效果却明显地差别于《人·鬼·情》。这无论作为个人作品系列来分析,还是作为中国女性题材影片系列来比较研究,都是一个极富启示意义的现象。"②此为确论。黄蜀芹导演在与笔者的交谈中也一再说,这部影片有商业的考虑,也想对女性意识与社会文化心理等等进行一些新的探求,但这些东西不容易搞到一块,总感到有些"拧"。黄蜀芹感到自信的是,"影片中的潘玉良毕竟是个有独立人格的人"③。

黄蜀芹的"女性题材"电影《青春万岁》、《人·鬼·情》和《画魂》等,分别拍摄于20世纪80年代初期、80年代中后期和90年代初期,激荡于这三个历史时段的中国社会政治文化思潮分别是政治话语、文化批判话语和大众文化话语。这些话语作为特定年代的公共"议题",不仅是这几部影片据以理解和演绎所选"女性题材"的"先行结构"④,而且是影片叙述"女人故事"参与公共"议论"的主题话语。黄蜀芹的女性身份、艺术家特有的敏锐、对女性与生俱来的关怀取向及对"女性视角"从自发到自觉的选择,使她总是有意无意地把自己的女性经验纳入到所参与的公共"议题"之中从而获得表达,同时又使后者发生偏离。黄蜀芹的这些电影因此是"多声部"的,"女性的声音"即使没有成为主调也是其中最动人的乐章。其所发露的女性意识,远不是完全搁置历史和男性话语的"纯粹"女性意识,而是与特定时代的社会政治文化关联在一起。"何为女人"可以成为超越时代的命题,一个女人或一代女人的女性意识

---

① 特雷·伊格尔顿:《二十世纪西方文学理论》,陕西师范大学出版社1988年版,第239页。
② 倪震:《一个完美的人是孤独的》,王人殷主编:《东边光影独好》,中国电影出版社2002年版,第44页。
③ 黄蜀芹、杨美蕙、戈铧:《追问自我》,王人殷主编:《东边光影独好》,中国电影出版社2002年版,第113页。
④ 有关"先行结构"概念的解释,请参见牛宏宝著《西方现代美学》,上海人民出版社2002年版,第550—551页。

却很难超离所处的时代。黄蜀芹还是很乐观:"女性自我意识的建立,是人类另一半的存在与觉醒。对电影来说,它开辟了另一视角,探索了另一片天地。我相信,随着人类文明的越发进步,女性文化将越加得到社会应有的尊重与认同。"①

---

① 黄蜀芹:《女性,在电影业的男人世界里》,《当代电影》1995年第5期。

《全唐诗》是否应收"词"?

◎ 解玉峰

一、问题的提出:《全唐诗》的缺憾

清康熙四十五年(1706年),彭定求、杨中讷等十位翰林奉旨编成《全唐诗》九百卷,唐人三百年诗歌首次以"全"貌的形式向世人展示,这的确是对后世影响深远的一件文化大事。四库馆臣极尽赞美之辞,《四库总目提要》称:"得此一编,而唐诗之源流正变,始末鳌然。自有总集以来,更无如是之既博且精者矣!"但正如现代学者所揭示的那样,这部钦定的《全唐诗》之所以在一年多的时间就大功告成,且取得较高成就,完全是因为其在胡震亨《唐音统签》、季振宜《唐诗》两书基础上拼接增改而成。①

由于《全唐诗》急于求成,也遗留了不少错误遗漏,故《全唐诗》成书以后,特别是近代以来,唐诗研究者对《全唐诗》做了很多订正、补逸的工作,其中尤以1982年中华书局出版的《全唐诗外编》(包括王重民《补全唐诗》、《敦煌唐人诗集残卷》、孙望《全唐诗补逸》、童养年《全唐诗续补遗》四种)、陈尚君《全唐诗补编》(中华书局1992年版)、徐俊《敦煌诗集残卷辑考》(中华书局2000年版)等最引人瞩目。与此同时,唐诗研究者在有唐诗人生平、著述考订方面也取得令人骄傲的成绩,可订正《全唐诗》舛误者甚多。可以说,近三百年来、特别是近代以来连续不断的学术积累,重编一部反映当代唐诗学研究水准的《全唐诗》已成为学术界的共识。

一代文学总集的编纂,体例最为重要。《全唐诗》所立"凡例"为后世批评者者甚多。如全书序次为:"冠以帝王、后妃,次以乐章、乐府,殿以联句、逸句、名媛、僧道、外国、仙神、鬼怪、谐谑及诸杂体。其余皆以作者先后为次,而以补遗六卷、词十二卷别缀于末。"(《四库总目提要》)笔者这里提出的问题是:《全唐诗》作为一部全唐诗总集,其书末十二卷"词"的收录其中是否合适?如果今人重编《全唐五代诗》,重立体例,是否也应当收入"词"?

---

① 周勋初:《〈全唐诗〉成书经过》,《文史》第8辑;佟培基:《〈全唐诗〉工作底本探秘》,《文史》第43辑。

也许读者诸君很容易做出"否"的应答。近代以来,当唐诗研究者不断对《全唐诗》进行订正、补逸的同时,词学界也一直有学者在从事全唐五代词的整理。最早是1929年林大椿完成的《唐五代词》(商务印书馆1932年版),其后是张璋、黄畬编的《全唐五代词》(上海古籍出版社1986年版),近年则有曾昭岷等编撰的《全唐五代词》(中华书局1999年版)问世。从理想的情况而言,新编的《全唐五代诗》与《全唐五代词》两编相合,恰好组成唐五代全部韵文学。如果说从康熙时的《全唐诗》以来,"诗"、"词"一直含混地编辑在一起,按现代学术的标准,似不能继续笼统含混下去了!

二、如何区分"诗"、"词"

若使《全唐五代诗》与《全唐五代词》的编辑并行不悖,其前提是须辨明何者为"诗"、何者为"词"。近代以来,学术界关于"诗"、"词"的界定或区分,大概可归纳为以下几种意见。

第一种做法是从"音乐"性质,更具体说是是否属于"燕乐"来区分"诗"、"词"。如龙榆生先生颇不满于前人关于诗、词界限方面的模糊影响之谈,其1933年发表的著名的《词体之演进》一文认为,词体之有别于诗,乃因为词体"所依之曲调,已非中夏之正声",并解释云:

> 此体之句度声韵,一依曲拍为准,而所依之曲拍,又为隋唐以来之燕乐杂曲,即所谓'今曲子'者是。其所以'上不类诗,下不入曲'者,固以所依之曲调,既不为南北朝以前之乐府,又不为金元以后之南北曲,非文辞之风格上有显然之差别也。①

这也就是说,诗(乐府诗)、词、曲之所以有所区别,乃在其所依托的"音乐"有不同。唐圭璋先生的看法与龙榆生先生基本相近。

第二种做法从齐言、杂言区分"诗"、"词"。任半塘先生在其名著《唐声诗》中开章明义地提出:"唐代歌辞与历代歌辞同,皆大别为齐言、杂言二体,同时并举,无所后先,各倚其声,不相主从。"②如果说,从"音乐"性质区分"诗"、"词"为近人之发明,从齐言、杂言区分"诗"、"词"在古人那里已甚为普遍。如南宋朱弁《曲洧旧闻》云:"词起于唐人,而六代已滥觞矣。梁武帝有《江南弄》、陈后主有《玉树后庭花》、隋炀

---

① 龙榆生:《龙榆生词学论文集》,上海古籍出版社1997年版,第1页等。
② 任半塘:《唐声诗·总说》,上海古籍出版社2006年版,第2页。

帝有《夜饮朝眠曲》。"①任半塘先生以齐言、杂言区分"诗"、"词"的做法受到有些研究者的批评。② 故学术界在区分"诗"、"词"二体时，仍大多坚持"音乐"标准，即判定为（乐府）诗、为词，首先是看其是否是配合"燕乐"的歌辞。

然而，以"音乐"性质或"燕乐"来区分"（乐府）诗"、"词"，实际操作时非常困难。最大的问题是："燕乐"究竟是一种什么音乐？其内涵和外延是什么？古人、今人对"燕乐"的理解或定义始终存在极大分歧。假如隋唐五代确实存在被称为"隋唐燕乐"的一类音乐，自隋立国至五代十国相继为赵宋所灭近四百年中，"燕乐"的构成是否会发生变化？

隋唐音乐研究最困难的问题是音乐文献的极度缺乏，在音乐文献未能有根本性改变的情况下，"燕乐"研究当然很难有突破性进展。现存与唐代歌唱最直接相关的文献是 20 世纪初在敦煌石室发现的几种古谱。其中编号 P.3539、P.3508、P.3719 的经卷背面抄有乐谱，上述三份乐谱中，P.3539 是 20 个谱字，不成曲；P.3719 是一份仅存 10 个谱字的《浣溪沙》残谱，故有价值的是卷 P.3808 保存的 25 首乐谱。这 25 首曲子中，有标题者 10 个：即《品弄》(2)、《倾杯乐》(2)、《西江月》(1)、《心事子》(1)、《伊州》(2)、《水鼓子》(2)、《胡相问》(1)、《长沙女引》(1)、《撒金砂》(1)、《营富》(1)。经林谦三、王重民、任半塘、叶栋、何昌林、陈应时、洛地等学者的研究，目前学术界在敦煌乐谱的指法和谱字的考订以及乐器定弦、乐曲定调等方面虽取得一些共识，但在唐古谱节拍节奏等关键性问题上未能获得实质性进展。即使敦煌乐谱有朝一日全部被"破译"，连同姜夔《白石道人歌曲》等零星音乐材料，这对近千"词调"、数以万计的词作而言，也不啻稊米之于太仓，难有定论。

在这样的情况下，如果以"音乐"或"燕乐"为标准，定义何者为"词"，或者试图区分"诗"、"词"，必然有极大的主观性、随意性，实际上也就丧失了其作为"标准"的意义。

与以"音乐"为标准的做法相比，任半塘先生"齐言"、"杂言"之分，至少从操作层面上似更切实可行。然而我们也不能不指出的是，任半塘先生之所以力倡将歌辞分为齐言、杂言两类，实际仍然是从"音乐"类型方面着眼的，即他提出的"声曲类型说"：

> 倘从歌辞齐、杂言之不同去想象当时情况：应知当时乐曲必然存在两个类型：一乃适宜于结合齐言之歌辞，一乃适宜于结合杂言之歌辞者。说明长短句

---

① 清沈雄：《古今词话》引朱弁《曲洧旧闻》，唐圭璋编《词话丛编》，中华书局 1986 年版，第 741 页。今本朱弁《曲洧旧闻》无此语。

② 阴法鲁：《关于词的起源问题》，《北京大学学报》1964 年 5 期。

歌辞与声诗,乃因声乐类型上之歧异与发展,分别随之兴举。①

若单从文字形式来看,我们固然可把中国古代的歌辞或诗歌分为杂言、齐言两类,但如果我们更一步说杂言歌辞与齐言歌辞是两种类型的乐曲,这可能是非常靠不住的"想象"。因为"歌辞"无论是齐言或者杂言,歌者都是可以付诸歌唱的。自《诗经》以来,歌辞不论齐言还是杂言,始终混编在一起,不加分别。北宋人郭茂倩编辑的《乐府诗集》总体上可认为是宋前历代歌辞的总集,其中有杂言歌辞,也有齐言歌辞,《乐府诗集》并未加以区分。词学界很关注的作为一种歌辞选本《花间集》、《尊前集》,其中的杂言歌辞与齐言歌辞也是混编在一处。所以如果说杂言歌辞与齐言歌辞是两种类型的乐曲,而历代歌辞集在编辑时却完全不加分别,这是令人难以理解的!

在笔者看来,如果我们既然认为"诗"、"词"是两种不同的文学体式,"唐诗"、"宋词"都是"一代之文学"(非"一代之乐"),我们对它们的区分当然完全可以只从"文体"角度去考虑,而不必考虑"音乐"性质。正是出于这种认识,笔者认为,第三种区分"诗"、"词"的方法,也就是洛地先生提出的"律诗"、"律词",可能是更科学的方法。

洛地先生在《"词"之为"词"在其律》(《文学评论》1994年第2期)一文中正式提出"律词"这一概念。他认为既然"民间"之"词"与"非民间"之"词"的区别是:"非民间"之"词"以其句有平仄格律定规为其特征,故认为可用"律词"为其专称,以与"非律词"相区别。"律词"的格律化表现在:每一调牌在其段(章)数、句数、句式、句中平仄、用韵等方面皆有特定的格律。自词史演进看,正是因为诗体格律化在前,词体格律化在后(引诗律律句观念入词律)。虽然中晚唐陆续出现了一些格律化的令词,但北宋中叶以后以四言、六言、八言等偶言句型为主的慢词的成熟,才标志着"词"真正成为有别于"诗"的一种文体。近体"律诗"有其"律","律词"亦有其"律",故"律诗"、"律词"完全可以进行文体区分,而"律诗"、"律词"之外的各种古体诗、杂言诗(词)则很难进行文体区分,也没有多少区分的意义。

现在仍然回到我们的话题——全唐诗、全唐词的编纂,能否按照洛地先生提出的"律诗"、"律词"进行编纂呢?当然也是可以的。但如果《全唐诗五代》所收尽为唐人近体"律诗"、《全唐五代词》所收尽为"律词",必然要淘汰很多非"律诗"、"律词"的篇章,这样作为一代文学总集的编纂就不能真正反映其历史全貌。故在笔者看来,洛地先生提出的"律诗"、"律词"("律词"乃其发明)对于我们按照现代学术的理念、在"理论"上或"逻辑"上认识和理解诗、词,是非常有助益的,但作为一代文学总集的编纂不能不首先着眼于"历史"的同情,以反映历史、尊重历史为要。如果今人同时编纂"全唐五代诗"、"全唐五代词",我们首先应当追问:唐五代人是否也有"诗"、

---

① 任半塘:《唐声诗》,上海古籍出版社2006年版,第397页。

"词"两种文体区分的观念?

三、"词"体意识的出现

据笔者的考察,直至北宋熙宁年间(1068—1077)以后,也就是苏轼(1037—1101)和他的门人、友人热衷填词、谈词之后,"词"的文体性特征才引起人们的关注、思考,"词"也开始被视为一种有别于"诗"的案头文字。

南宋初人王灼尝谓:"东坡先生非心醉于音律者,偶尔作歌,指出向上一路,新天下耳目,弄笔者始知自振。"①苏轼给词坛带来的新变,不仅仅是今人乐于称道的豪放风格或"以诗为词",而是人们开始以稍严肃、认真地态度来看待这一种新体式的文字,其主要标志便是当时文坛开始流行的品评之风。据莫砺锋先生的考证,苏轼熙宁六年(1073年)以后始有较多词作问世②,在此之前,东坡先生几乎没有词作。在此后的十余年间,苏轼一直保持了对此类文字的浓厚兴趣,而作为文坛盟主的苏轼与及众多门人弟子、友朋,则共同促成了熙宁后词坛的品评、酬唱之风。略举数例如下。

苏轼本人品评其前辈词家张先有云:"张子野诗笔老妙,歌词乃其余技耳。……而世俗但称其歌词。"《与鲜于子骏书》述及自家词作有:"近却颇作小词,虽无柳七郎风味,亦自是一家。"《与陈季常书》:"又惠新词,句句警拔,诗人之雄,非小词也。但豪放太过,恐造物者不容人如此快活。"

在苏轼晚辈文人中,对词最有热情者似属晁补之。他的词论,主要见于吴曾《能改斋漫录》、赵令畤《侯鲭录》等书所载。如吴曾《能改斋漫录》卷十六引录他的一段话非常有名:"苏东坡词,人谓多不谐音律,然居士词横放杰出,自是曲中缚不住者。黄鲁直间作小词,固高妙,然不是当家语,是著腔子唱好诗。……张子野与柳耆卿齐名,而时以子野不及耆卿,然子野韵高,是耆卿所乏处。"

李之仪(1048—?)《跋吴思道小词》品评北宋各词家云:"长短句于遣词中最为难工,自有一种风格。稍不如格,便觉龃龉。……至柳耆卿始铺叙展衍,备足无余,形容盛明,千载如逢,当日较之《花间》所集,韵终不胜。"

以上文献所载多文人口耳传闻之事,不必实有其事,但其所反映的当时文坛流行的品评之风却是毋庸置疑的。

除文人品评词作之风外,文人间相互酬答、赠别的词作也渐渐多起来。为自家词作写小序的传统始自张先,但张先《张子野词》有序的词并不多。苏轼现存288首

---

① 宋王灼:《碧鸡漫志》,中国戏曲研究院编《中国古典戏曲论著集成》(一),中国戏剧出版社1959年版,第116页。

② 莫砺锋:《从苏词苏诗之异同看苏轼"以诗为词"》,《中国文化研究》2002年第2期。

词作中,除相当多的为赠别、酬答外,有68首另有小序。带有词序的词作在黄庭坚、陈师道等人的词作中也比较普遍。词序的写作显然反映了词也开始与诗一样,成为其抒情言志的文学样式。

从"词"的称指来说,时人除以"乐府"、"长短句"、"小词"等外,"词"开始成为词体的专指,南宋嘉定间(1208—1224)长沙刘氏书坊刊行《百家词》,内各家词集大都径直标为"××词",如将此前编刻的《东坡乐府》改为《东坡词》,《淮海居士长短句》改为《淮海词》等。南宋时甚至出现了姜夔、吴文英等专工于词的词人,南宋末更有张炎《词源》、沈义父《乐府指迷》等词学专著出现。

我们可以说,"词"作为一种有别于"诗"的文字、文体,这种观念随着历史时间的推移而愈加显著。元明以来,"唐诗"、"宋词"并称乃成为普遍现象。故康熙时的《全唐诗》九百卷最后十二卷"词"很明显是把"词"看作有别"诗"的另一类文字(《全唐诗》收"词"的做法显然承自胡震亨《唐音统签》)。

四、唐五代人无"诗"、"词"有别的观念

如果说,自北宋熙宁年间以后或者说东坡先生和他的弟子、友朋们热衷填词以后,"词"体意识日渐觉醒、显著,那么此前的情况如何呢?浅见以为,北宋中叶以前,人们的观念中并无"诗"、"词"之分,后来人视为"词"的东西在当时人眼中都是(宽泛意义的)"诗"。

后蜀文人赵崇祚所编《花间集》向被学术界公认为"词集",后蜀著名文人欧阳炯(896—971)广政三年(940年)为之作《叙》称:

> 有唐已降,率土之滨,家家之香径春风,宁寻越艳;处处之红楼夜月,自锁嫦娥。在明皇朝,则有李太白应制《清平乐》词四首,近代温飞卿复有《金筌集》。迩来作者,无愧前人。今卫尉少卿字弘基,以拾翠洲边,自得羽毛之异;织绡泉底,独殊机杼之功。广会众宾,时延佳论。因集近来诗客曲子词五百首,分为十卷。以炯粗预知音,辱请命题,仍为叙引。昔郢人有歌《阳春》者,号为绝唱,乃命之为《花间集》。庶使西园英哲,用资羽盖之欢;南国婵娟,休唱莲舟之引。

在欧阳炯等人看来,《花间集》显然属于一种"歌辞集",在这里它被称为"诗客"们写作的"曲子词",如同大诗人李白应制而作《清平乐》一样。《花间集》共收当时流行歌辞五百首,从文字形式来看大多属于杂言,但也有少数为齐言。这些齐言歌辞又分两种情况:一是用《浣溪沙》、《玉楼春》两调歌唱的七言古体(《浣溪沙》七言六句、平韵,《玉楼春》七言八句、仄韵);二是以《杨柳枝》、《采莲子》、《竹枝》、《八拍蛮》四调歌唱的七绝(22首)。

《尊前集》与《花间集》相似，也大多为杂言歌辞，其齐言歌辞也分两种情况：一是以《浣溪沙》、《玉楼春》、《木兰花》（七言八句，仄韵）、《三台》、《抛球乐》、《调笑》六调歌唱的古体诗；二是以《清平调》、《杨柳枝》、《浪淘沙》、《竹枝》、《怨回纥》、《纥那曲》等六调歌唱的近体诗102首，其中五绝2首、五律2首、七绝98首。《尊前集》共收歌辞289首，这也就是说，其中近体诗占三分之一强，且这些近体诗大多为《乐府诗集》"近代曲辞"部分收录。

如果说这些"诗客"在写作非近体诗时（包括七言八句的《玉楼春》、六言四句的《调笑》等）可能比较率意地驱遣文字，但他们在写作各种近体诗（包括五、七言绝句和律诗）时当然是严格按照近体诗的一般程式或规矩写作的，如此方为"沈宋"体。在他们的观念中当然是在写"律诗"。

笔者以上对《尊前集》与《花间集》二书的考证，并非是想论证：《花间集》、《尊前集》是"诗"、"词"混编的，不是纯粹的"词集"或"词选"，而是想指出：《花间集》、《尊前集》的编者或当时人可能是将集中的所有歌辞视为一类东西——都是宽泛意义的"诗"，所以把《花间集》、《尊前集》径直视为"词集"，把《花间集》、《尊前集》二书中出现的曲调都视为"词调"是大有问题的。

事实上，李白、白居易、刘禹锡、韦应物、王建等所作以《清平调》、《三台》、《杨柳枝》、《竹枝》等调入唱的近体诗在其本人文集中皆收在其诗集部分。以大诗人李白为例。太白诗从形式上来说，有古体、有近体，有杂言，也有齐言，对诗人李白而言，这些诗不论是何种形式，也不论其是否曾入唱，也都是"诗"。若有区别的也只是"近体"与"古体"的区别，而不会有"诗"与"词"的区别。是否入唱、怎样歌唱，不应成为他本人对其"诗"作进行分类的标准。又如白居易著名的三首《望江南》，为《尊前集》收录，而这三首《望江南》都收在《白氏长庆集》第六十七卷，此卷卷首题"律诗　凡七十五首"。从文体形式来看，本卷所收诗有律诗、排律，也有绝句，并非都是今人所谓"律诗"，但本卷为白居易生前自定，他显然未将《望江南》三首视为异类。

任半塘先生《唐声诗》曾考证出唐声诗所用曲调一百五十四调，但从其文体形式看，绝大多数则为五言、七言绝句，这恰恰说明这些曲调与文体并不存在必然对应关系。换言之，同样的文体（如同为七言绝句），可用完全不同的曲调歌咏之；同样的曲调可用以歌咏不同形式的诗篇。故唐代著名伶人刘采春能以《望夫歌》调遍唱"当代才子所作"的一百二十首诗，其中有五言，也有六言和七言诗。王维五律《终南山》后两联、李商隐五律《清夜怨》后两联曾分别被截取作为大曲《陆州》"第一"段和"第四"段歌辞。《乐府诗集》"近代曲辞"所载《水调》、《凉州》、《大和》、《伊州》、《陆州》等五大套曲，组成大曲的各段歌辞大都是五言、七言绝句，但在同一大曲中，其前后各段辞的内容往往全无关联——这说明，当时乐工仅仅是临时借用诗人之辞歌咏而已！王维五律《从岐王过杨氏别业》前两联被借为《乐府诗集》"近代曲辞"《昆仑子》调之歌辞，王昌龄绝句《出塞》"秦时明月汉时关"一首作为《乐府诗集》"近代曲辞"《盖罗缝》调之歌辞。

上述种种现象都说明：诗人之事为写"诗"，至于其所作之"诗"是否入唱、用何种曲调歌唱，都是伶者之事。我们当然不能依据伶人的歌唱，反过来推论、区分诗作的文体性质：有的为"诗"、有的为"词"。

"词"是一种有别于"诗"的另一种文字，如果说北宋中叶以前的诗人们并没有这种观念，此诚为历史事实，那么洛地先生所谓的"律词"是否也没有产生呢？又并非如此。《花间集》、《尊前集》、《云谣集杂曲子》等唐五代歌辞集中确实出现了一些形式高度格律化的"律词"，像亡国之君李煜等人甚至明显在刻意经营这种文字，因而使他的文字形成一种有别于"诗"的风味。但一种思想观念的形成，或者说人们对事物的认识，常常远远落后于事物本身，这在中国传统社会可以说是一种普遍现象。所以，即使真正意义的"律词"早已产生，我们也不能径直认为唐五代人已有"诗"、"词"有别的观念。正是在这一意义上，笔者认为，《花间集》、《尊前集》以及与之相似的《遏云集》、《家宴集》、《金奁集》等径直视为"词集"，都是有问题的，这都是以后来人之观念强加于前人。

"词"是一种有别于"诗"的另一种文字，虽然在东坡先生之后，这种观念随历史时间的推移而愈加显著，特别是元曲大兴以后，"诗"、"词"、"曲"三体并立乃成为极普遍流行的观念。但我们必须指出的是，在古人那里，何者为"诗"、何者为"词"（何者为"曲"）始终是边界模糊的。故在这种情况下，古人在追溯词体时自然会上溯至唐五代甚至先秦，《花间集》、《尊前集》等歌辞集于是遂被笼统地视为"词集"，宋元以来也产生了《唐宋诸贤绝妙好词》、《唐词纪》等词选，这也就使得"唐"人有"词"被人为地制造成历史"事实"。

结　论

北宋中叶以后"词"体观念确已出现，"词"体的律化开始成为普遍现象，北宋前期的词作也多属"律词"，故从历史和逻辑两方面看，为表彰宋人对以"律词"为代表的中国古典韵文所做出的开创性贡献，编辑《全宋词》这样一代文献是很有必要的。

但"全唐五代词"的情况则与此全不相同。由于当时人尚没有"词"体的观念，后来人认定的"词"在当时人观念中仍为"诗"，如果强行以后来人的观念或标准强分"诗"、"词"（且言人人殊），必然是将对唐五代人原本视为一物的东西裁割为两物：将其"诗集"分为"诗"、"词"两种。如果按照今人的"词"体观念或标准编辑"全唐五代词"，势必将本入其诗集的所谓"词"分割出来为一类，李白、白居易、刘禹锡、王建等诸家诗集原来的次序必然被打乱。

故从历史与逻辑两方面来看，《全唐诗》都应当收录"词"，这既是对"唐诗"作为"一代之文学"的表彰，也是对唐人、对历史的尊重。其具体做法是尽量保存编成于两宋甚至更早时期编成的唐人诗文集原来的次序,从群书辑得的所谓"词"作则以"歌辞"、"曲子辞"为名目附于其诗集之后,如《尊前集》收录的李白《菩萨蛮》、杜牧《八六子》等。

笔者提出《全唐诗》应当收录后来人所谓的"词",并非是想否定近代以来从事全唐五代词编辑工作者的功绩。实事求是地说,《全唐五代词》为研究唐代歌唱提供了最为集中的歌辞材料,特别有助于考察同一曲调名目下歌辞形式的变迁和律化过程。但若作为唐五代歌辞的总集,各种《全唐五代词》显然都有极大的局限性。因为从"理论"上说,"诗"——不论是齐言、还是杂言,近体、还是古体,或者说全唐五代的诗,都是可以入乐歌唱的,但是否曾入唱或者入唱之事被载录,都有极大的偶然性。我们不能因为某些"诗"曾有幸入唱,而推论这些"诗"是特别的一类——"词"(或者"声诗")。从这一意义上说,《全唐五代词》或者《唐声诗》的编纂都不免有误导性。

苏联影响与夏衍文学名著改编观念的转变

◎ 洪　宏

在文学名著改编成电影时,应该如何处理电影与原作的关系?"十七年"期间最权威的观点无疑出自夏衍。综观夏衍的文学名著改编观念可以发现,"忠实于原著"是他始终坚持的名著改编的基本原则。但夏衍对这一原则的解释却根据具体改编对象的不同以及现实政治环境的变化而包含不同含义。总体上,名著改编的意识形态再创造式的"忠实"观,逐步取代了他曾提出的对"巨匠大师"作品的再现式"忠实"观。而夏衍对"忠实于原著"原则的坚持及其具体解释时所发生的侧重点的转变,则与苏联电影中的名著改编观念的影响有一定的内在关联。值得注意的还有,夏衍的名著改编实践却始终基本坚持了再现式"忠实",从而与他改编观念的转变并未完全趋于一致。其中既能折射出理论与实践之间所存在的裂隙,也许还能窥见夏衍由于其艺术实践家与电影界领导人这种双重身份而带来的某种内在悖论与困境。

一

"十七年"文学名著改编所遵循的"忠实于原著"的原则并非中国电影界所独有。"忠实于原著"作为把文学作品改编成电影的一种方式,实际上是世界电影史上早就存在的最常见的三种改编方式之一。例如,英国学者克莱·派克认为,从小说到电影的三种改编方式中的一种,就是忠实于经典原著,即"严格地把本文转变成电影语言"。这种改编对原著也会有选择与浓缩,但它"并不排除忠实于叙事的总的进程,忠实于作者的中心思想,忠实于主要人物的特征,忠实于小说的环境氛围,以及或许是最重要的,忠实于原著的风格"。如英国 1940 年对《傲慢与偏见》、1963 年对《汤姆琼斯》等作品的改编[①]。美国学者杰·瓦格纳也将文学作品改编分成三种方式,分别

---

① 克莱·派克:《电影和文学》,陈犀禾选编:《电影改编理论问题》,中国电影出版社 1988 年版,第 164 页。他所归纳的另外两种改编方式:一种是"保持了原作叙事结构的核心,但对它进行了明显的重新阐释,或者在某种情况下进行了重新结构";另一种是"把原著完全看作一种原始素材,看作一种诱因"。参见该书第 165 页。

是"移植式"、"注释式"和"近似式"。他所说的"移植式"与"忠实于原著"的说法比较接近,即"直接在银幕上再现一部小说,其中极少明显的改动"①。这可以看作一种严格"忠实于原著"的改编方式。法国电影理论家安德烈·巴赞也谈到过文学作品的改编方式问题,他说:"和逐字直译毫无价值,而过于自由的转译似乎也不足取的道理一样,好的改编应该达到形神兼备地再现原著的精髓。"②显然,他也是将改编方式分为三类的:"逐字直译"、"自由转译"和"形神兼备地再现原著的精髓"。巴赞在这篇文章中特别称道第三种改编方式,并强调:"改编最终不再是肆意改动原作,而是尊重原作。"③他所称道的显然也就是"忠实于原著"的改编方式。

但是,与上述各国电影界的情况所不同的是,"十七年"不是把"忠实于原著"作为名著改编的若干方式之一种,而是将它作为最基本的名著改编原则。同时,它对"忠实"的理解也与众不同。从这里,能看到的是它与苏联电影的密切联系,及其所受到的苏联影响。苏联将"忠实于原著"作为名著改编的基本原则,以及它对"忠实"含义理解上的侧重点的转变,对以夏衍的改编理论为代表的"十七年"名著改编观念产生了直接影响。

在社会主义现实主义创作方法正式确立以前,特别是在默片时期,苏联的文学作品包括文学名著的电影改编也大致存在三种方式:一是从原著中选取部分情节或个别主要人物加以改编,以构成与原作既有联系又有着很大区别的电影作品;二是把原著看作重新结构独立影片的素材,在此基础上重新构思新的独立作品;三是力求在银幕上完整再现原著,尽可能地不损害原著的思想内容。这三种改编方式分别以老资格的电影导演伊万诺夫斯基和电影剧作家捷尔日阿文合作改编的《犹独式加·戈罗维略夫》、罗沙里和斯特洛耶娃导演的《彼得堡之夜》,以及罗姆编导的《羊脂球》为代表。这三类改编在 30 年代初期之前都同时存在,《羊脂球》式的"忠实于原著"的改编方式此时并没有获得主导地位。但社会主义现实主义确立后,随着苏联国内"左"倾政治思潮的日渐盛行,在文学作品特别是文学名著的电影改编中,《羊脂球》式的"忠实于原著"的改编方式逐渐受到重视。"忠实于原著"也逐渐从其他改编方式中脱颖而出,成为在苏联占主导地位的名著改编方式。以高尔基的自传体三

---

① 杰·瓦格纳:《改编的三种方式》,陈犀禾选编:《电影改编理论问题》,中国电影出版社 1988 年版,第 218 页。

② 安德烈·巴赞:《非纯电影辩——为改编辩护》,陈犀禾选编:《电影改编理论问题》,中国电影出版社 1988 年版,第 259 页。巴赞在这篇文章中,对三类改编方式还有另一种表述:一是从原著猎取人物和情节,但"这些人物和情节与文学原型相去甚远";二是除了表现原著的人物和情节以外,还进一步体现原著的气氛或诗意;第三类是呈现原著的完整性,如布莱松的影片《乡村牧师日记》,"他的意图是逐页逐篇,甚至是逐字逐句地表现原书内容"。

③ 安德烈·巴赞:《非纯电影辩——为改编辩护》,陈犀禾选编:《电影改编理论问题》,中国电影出版社 1988 年版,第 261 页。

部曲的改编为标志,"忠实于原著"成为苏联文学名著改编的基本原则。这一时期,苏联电影界对"忠实"的理解,基本上是以"完整再现原著思想艺术风貌"为内核的,即重视对原著的再现式忠实。正如苏联电影史家所指出的:"30年代苏联电影艺术所积累的经验表明,改编获得成功的基础,总是在于深刻而正确地阐明原著的思想内容,细致地体会原著的形象结构,保存原著的风格特点和特色,同时又能按照电影艺术的特性,去大胆地改变文学原作。"①

战后的苏联电影界,在"日丹诺夫主义"的文艺政策指导下,"忠实于原著"作为名著改编的基本原则没有发生改变,但《羊脂球》式的"完整再现原著思想艺术风貌"的"忠实"观却发生了明显变化,"忠实于原著的精神实质"成为新的"忠实"观的核心。"忠实"观的这种变化,从《真理报》对第一次改编成舞台剧和电影的《青年近卫军》的批评中可以看得出来。《真理报》在《小说〈青年近卫军〉及其舞台演出》的专论中认为,小说《青年近卫军》本身存在一些缺点,但在舞台剧和电影的改编中,改编者不仅没有批评并修改原作的缺点,反而以舞台剧和电影独有的艺术方式和艺术效果,"更扩大了作者的错误"。这种错误的出现,应归咎于改编者"顺从地追随作者","像抄书匠似的","不想在自己的作品里赋以艺术创造的因素"。这篇专论认为:改编者的任务"是应当更完全更正确地把小说的一切内容再现于舞台或电影上",同时又不能"拘泥于忠实原作"。那么,怎样才能做到如此呢?专论要求:"演剧和电影的工作者必须严格地批判地精选文学的材料","必须修正文学材料里的缺陷去恢复历史上和艺术上的真实性"。②《真理报》这里的批评,实际上是对30年代《羊脂球》式的完整再现原著的改编方式的批评,而主张以"忠实于原著的精神实质"的方式,对原著的内容进行批判性选择,包括对原著"缺点"的纠正。很显然,所谓原著的"精神实质",以及原著的"缺点",必然是以当下的政治意识形态为衡量标准的。因而,这种"忠实"也必然是一种意识形态再创造性的"忠实"。这种"忠实"观在"解冻"以后仍然存在,著名导演罗沙里在1954年9月7日的《苏维埃文化报》撰文指出:"在从事任何改编工作时,都既不容许强行变动文学原著的组织,也不容许单纯客观地、照相般精确地去再现原著。"他认为,"改编者有权加进自己的解释,批判地处理文学原著"。例如,现在要是改编巴尔扎克的作品,就"决不应该把他的保皇党思想细致地在影片中表现出来"③。当然,尽管如此,"解冻"后的苏联电影界,名著改编方式还是再次出现了多样化趋势。

---

① 苏联科学院艺术史研究所编:《苏联电影史纲》(第一卷),中国电影出版社1959年版,第436页。
② 《小说〈青年近卫军〉及其舞台演出》,《真理报》1947年12月3日。见《苏联文学艺术的方向》,金人编译,东北新华书店1950年版,第187、189、193、194页。
③ 罗沙里:《文学作品的改编》,《电影艺术译丛》1955年第7期。

二

从 30 年代到战后,苏联电影界名著改编观念所经历的这种转变,在"十七年"电影界能发现其影响。这种影响主要表现在夏衍的改编理论中,具体体现是,夏衍在坚持"忠实于原著"的改编原则时,对"忠实"的理解也经历了类似的转变。夏衍"十七年"间较早谈论改编问题的文章《杂谈改编》,是他在改编《祝福》之后发表的。他在这篇文章中首次集中表达了"忠实于原著"的基本改编原则以及此时他的理解。他写道:

> 从改编不可避免地要有所增删,很自然地就会联想到容许增删的程度、范围——也就是改编本与原作的距离问题。对此,我以为应该按照原作的性质而有所不同。假如要改编的原著是经典著作,如托尔斯泰、高尔基、鲁迅这些巨匠大师们的著作,那么我想,改编者无论如何总得力求忠实于原著,即使是细节的增删、改作,也不应该越出以至损伤原作的主题思想和它们的独特风格。但,假如要改编的原作是神话、民间传说和所谓的'稗官野史',那么我想,改编者在这方面就可以有更大的增删和改作的自由。[①]

夏衍在这里将一般的作品改编和经典著作的改编进行了区别,指出对文学"巨匠大师们"的名著的改编,应该力求"忠实于原著"。这也正是"十七年"文学名著改编的基本原则。实际上,即使对于那些并非"巨匠大师们"创作但也属于名著的作品的改编,"十七年"遵循的其实也是"忠实于原著"的原则,如对柔石的《二月》、梁斌的《红旗谱》、杨沫的《青春之歌》等作品的改编都是如此。当然,对于这些名著改编,其增删的程度和范围,也即"忠实"的程度或幅度也会相应有所不同。总之,"忠实于原著"是"十七年"文学名著改编的基本原则。

那么,怎样才能做到"忠实于原著"呢?在这篇文章中,夏衍结合《祝福》的改编表达了他的理解,即"即使是细节的增删、改作,也不应该越出以至损伤原作的主题思想和它们的独特风格"。具体来说,他要求保留原作的基本情节内容,再现原作主要人物形象的基本性格特征,以及尊重原作的基本风格。因为这些正是原作主要的文学价值所在,只有忠实于原作的这些方面,才能为未来影片在思想艺术上的成功奠定基础。也是从这个意义上,他认为他所改编的影片《祝福》在基本情节内容、反封建的主题、祥林嫂的形象以及鲁迅"外冷内热"的现实主义美学风格等方面,都是基本"忠实于原著"的。夏衍这里对"忠实"问题的理解,与苏联 30 年代名著改编的

---

① 夏衍:《杂谈改编》,《中国电影》1958 年第 1 期。

"忠实"观念是基本一致的,即"深刻而正确地阐明原著的思想内容,细致地体会原著的形象结构,保存原著的风格特点和特色"。此时夏衍的"忠实"观基本延续了他在左翼电影时期的改编观念。左翼电影时期的夏衍,是受到了苏联电影很深影响的,《春蚕》的改编折射出的正是当时苏联电影界对"忠实于原著"问题的上述理解。例如影片在开头增添了一组画面,以真实再现原作的时代背景;为了准确再现养蚕场景,特地从浙江农村请来养蚕老农做顾问,并在摄影场搭建养蚕房;为了表现原作老通宝熬夜一场戏,演员真的几夜没睡觉;影片字幕也是尽可能采用原小说中的对话,等等。总之,影片《春蚕》尽管对原作有所增删,但做到了"首先力求忠实于原著"[①]。虽然还没有直接的材料证明《春蚕》的如此改编方式受到了苏联"忠实于原著"的改编观念的影响,但从当时左翼电影界对苏联电影理论与创作的大力译介中,是可以推定这种影响关系的存在的。[②] 夏衍后来回顾左翼电影时也谈到:"那时候中国电影,简单地讲,理论上学苏联,技术上学美国。"[③]对苏联电影理论的学习,当然也会包含名著改编理论。另外,《春蚕》在改编方式上与30年代初苏联导演罗姆对《羊脂球》的改编十分相似,也能说明这一点。从这里能看到,50年代中期的夏衍其改编观念与苏联30年代名著改编理论之间的联系。

但是,夏衍这种延续了30年代左翼电影传统和苏联电影影响的"忠实"观,在50年代末以后便发生了变化。不是说他开始转而否定"忠实于原著"的基本改编原则,对此他没有改变,变化主要表现在两个方面:一是,他不再多谈怎样才能做到对原著的"忠实"问题,而是越来越重视世界观对于改编工作的决定性意义,以及意识形态再创造对于名著改编的重要性;二是,他不再坚持关于改编"巨匠大师们"的作品应该再现式"忠实"的观点,而是笼统地指出:"改编前人的作品,肯定应该力图通过阶级分析,使改编后的影片思想性能够有所提高。"[④]因为,这时在他看来,是否应该"忠实于原著",不是取决于其作者是否是"巨匠大师",而是取决于他的"阶级立场"或者他是否是"进步的革命家"。夏衍"忠实"观的如此变化,在《漫谈改编》、《谈〈林家铺子〉的改编》、《对改编问题答客问》等文章中都有反复体现。例如,他写道:

> 改编古今名作时,如果原作者没有从阶级立场出发来分析当时的社会现象,或者从他们自己的阶级立场来分析、解释,那么改编者就得用自己的观点加以补充和提高;如果原作者没有能够发现,或在当时环境下不能表达的问题,那么你可以发展一下,用历史唯物主义观点,阶级分析方法,解释得更清楚,使观

---

① 《夏衍自传》,江苏文艺出版社1996年版,第61页。
② 据夏衍介绍,仅1933年内,左翼电影界就发表了55篇介绍苏联电影的文章。参见《夏衍自传》,江苏文艺出版社1996年版,第63页。
③ 《夏衍自传》,江苏文艺出版社1996年版,第283页。
④ 夏衍:《对改编问题答客问》,《电影论文选》,中国电影出版社1979年版,第251页。

众更容易接受,使今天的观众能更正确地看到事物的本质,使改编后的作品更富有教育意义。①

可见,夏衍在上述文章中注意的不再是如何"忠实于原著",而是反复强调世界观与阶级分析、阶级立场等意识形态之于改编的重要性。在写于1959年底的《漫谈改编》一文中,他指出:"我以为改编不单是技巧问题,而最根本的还是一个改编者的世界观的问题。这个问题似乎过去注意得很不够。"这说明在"忠实于原著"的问题上,他的注意力转向了"过去注意得很不够"的"世界观"问题上。他开始强调改编的立场、观点和目的,以及对原著的"阶级分析"。由此,他认为,改编"一方面要求尽可能地忠实于原著,但也要力求比原著有所提高,有所革新,有所丰富"②。在这里,"巨匠大师们"的作品已被置于整个"古今名作"或"前人的作品"之列,在改编时都必须接受革命意识形态的审查和删改,必须被"革新"、"丰富"和"提高"。例如,对于他曾认为应该再现式"忠实"的"巨匠大师"托尔斯泰,夏衍表示,尽管他有历史的进步作用,"但他本人是个资产阶级人道主义者","他当然不可能有马列主义观点"。③ 因此,对于《复活》这类作品的改编,也应该存在一个世界观和阶级立场问题,而不是一味强调"忠实于原著"了。

三

夏衍"忠实"观的这种变化,与国内现实政治环境是直接联系在一起的,同时,也明显借鉴了战后以苏联《真理报》专论为代表的名著改编观念。或者说,正是在国内现实政治斗争需要的情况下,夏衍在名著改编问题上对苏联影响的接受,已从30年代转向了战后"日丹诺夫主义"时代。日丹诺夫对19世纪"欧洲资产阶级文学"的批判,以及对文艺党性原则的极端化强调,表现在名著改编观念上,就是《真理报》专论所强调的"演剧和电影的工作者必须严格地批判地精选文学的材料","必须修正文学材料里的缺陷去恢复历史上和艺术上的真实性",而不能"拘泥于忠实原作"。正是因为如此,当时的苏联电影界和此时的夏衍等都越来越倾向于认为,值得严格忠实的原著极少,对于大多数原著包括某些"巨匠大师们"的名著,都应该站在今天的立场和"无产阶级世界观"上,予以"革新"和"提高"。

夏衍在改编观念上面向苏联战后"日丹诺夫主义"的这种转变,还可以从他对"解冻"后苏联出现的一些名著改编实践的批评中看到。在写于1962年的《对改编

---

① 夏衍:《对改编问题答客问》,《电影论文选》,中国电影出版社1979年版,第253页。
② 夏衍:《漫谈改编》,《电影论文选》,中国电影出版社1979年版,第231、232页。
③ 夏衍:《对改编问题答客问》,《电影论文选》,中国电影出版社1979年版,第269页。

问题答客问》一文中,他批评了苏联对法捷耶夫小说《毁灭》的改编,认为它被改成"完全是无原则的、反战的、和平主义的影片了","这个改编不叫忠实原著,而是对原著的背叛",对此,他再次强调:"改编者的世界观很重要"。① 实际上,"十七年"的某些电影界人士也从《林家铺子》的改编中,看到了夏衍的改编与《真理报》专论之间的关系。例如,汪岁寒就曾针对影片与原著的差别,引用《真理报》专论为《林家铺子》对于原著的创造性改写提供理论依据②。

总之,苏联从30年代《羊脂球》式的"忠实于原著",到战后《真理报》所主张的"忠实于原著",其中所发生的观念上的变化,与"十七年"夏衍对"忠实于原著"的不同理解之间存在明显的前后师承关系。当然,中苏两国电影史上所出现的这种类似现象,归根到底都是与各自国内的政治、文艺形势的变化紧密联系在一起的。

然而,值得注意的是,尽管夏衍在名著改编观念上存在前后演变的现象,但从《祝福》到《林家铺子》,他的文学名著改编实践实际上却没有发生很大的变化,虽然这两部作品的改编都有意识形态再创造的成分,但整体上还是做到了观念转变前他所追求的那种"忠实"的,因而所取得的成就也很明显。在这里,夏衍名著改编观念发生改变之后所表现出的激进的世界观,与他的改编实践之间所存在的不一致现象,是一个值得注意的有意味的现象。③ 今天看来,这些隐藏在历史深处的裂隙,正是我们重新检视历史时所要特别给予探寻和回味的。因为,只有深入历史的深处,才能真正洞悉那些似乎已为人熟知的历史的某些真相。

---

① 夏衍:《对改编问题答客问》,《电影论文选》,中国电影出版社1979年版,第256、257页。
② 汪岁寒:《看〈林家铺子〉散记》,《电影艺术》1959年第11期。
③ 马列主义文艺史上关于巴尔扎克的世界观与其现实主义创作之间的不一致现象,即"资产阶级落后的世界观"与创作方法的不一致,曾广为人知;耐人寻味的是,"无产阶级先进的世界观"与创作方法之间实际上也在很多作家、艺术家身上存在不一致现象。

新女性与影像中的性别无意识
——以《神女》和《新女性》为例的考察

◎ 杨弋枢

20世纪30年代出现了大批关于女性的电影,这是自辛亥革命、五四新文化运动以来有关妇女问题大讨论在银幕上的延续,也是整个中国电影史上最广泛地用电影讨论女性问题的一个时期。那么,在影史上占有重要地位的左翼电影是如何再现女性,以现实主义自我诉求的左翼电影中的女性与现实女性之间的关系如何,电影机制如何生产性别秩序?本文从《神女》与《新女性》的影像语言切入,分析影像所隐喻的女性现实,探讨左翼电影中的性别话语模式、女性再现的缺失以及女性书写所遭遇的性别无意识压抑。本文通过重读经典文本,也重新解读影史上的一个重要文化时期。

一、隐喻性阴影

电影《神女》[1]和《新女性》[2]不约而同地使用阴影作为影像语言,《神女》里的神女(意指妓女)在被流氓据为占有品之后,为了摆脱控制,搬到新的住处并试图寻找一份工作,这时的神女走在工厂院墙外面,在高大的工厂厂房背景下,她的身体瘦小而孤独,斜线把画面分割为阳光和阴影部分,神女从阳光底下一点点走到阴影中去。更大的阴影在下一个画面中到来,流氓再次打探到神女住处,她摆脱流氓控制的所有行动也因此全然失效,镜头中流氓叉开的双腿占据了前景几乎整个画面,在叉开的双腿间,神女抱着孩子蹲在地上。影像透视法使她愤怒的表情和瘦弱的身躯与流氓矗立的双腿形成鲜明对照。这两个场景把底层神女的现实处境隐喻性地呈现出来:首先,人物生活的背景是30年代的上海,林立的高楼、商店橱窗、街道、电车、闪烁的霓虹灯标志着城市的现代性,警察、学校、法庭等也显示着现代公共设施与权力机构的齐备,神女依附于这个背景生存。但神女是现代城市中特殊的存在,她以出卖身体参与城市,同时她又游离在城市生活之外。神女在街头拉客遭到警察追捕、

---

[1] 《神女》,联华影业公司1934年出品,编导:吴永刚;主要演员:阮玲玉、章志直、黎铿。
[2] 《新女性》,联华影业公司1934年出品,编剧:孙师毅;导演:蔡楚生;主要演员:阮玲玉、郑君里等。

她送孩子去学校读书遭到集体非议和排斥,城市文明给予公民的权利与她无关。具有讽刺性的是,只有在神女无奈杀死流氓的情况下,她才被城市体系接纳——作为一个被审判的杀人犯出现在法庭上,神女的现实是,只有通过冒犯这个城市的基本规则才被城市所注意,她在法庭上那茫然的眼神饱含了个体在都市里的无能为力以及她对现代城市文明体系的疏离感。其次,神女身份又使她被拒斥于传统社会之外,影像中唯一的亲密对象是自己年幼的儿子,传统中国社会的人际交往和家族关系在神女这里完全缺失,她找工作时面对"无保不荐"的要求束手无策,在这个城市里她找不到一个可以做担保的人。我们看到她放弃了找工作的努力而用典当换来的钱给儿子买了一件玩具,她实际上放弃了对城市的幻想,转而把情感更强烈地投射到儿子身上。神女的经历、儿子的身世在电影中没有交代,但她的遭遇我们可以参阅同时期其他电影,比如《天明》、《野玫瑰》、《船家女》、《马路天使》等,这几部电影都描述了底层女性的生活。总之,被省略的不幸前史带来的事实是:城市对神女而言就是隐喻性阴影,她与他人的关系不是买卖(妓女与嫖客在暗夜交易),就是支配(流氓视她为私有物品),邻居以她为指摘对象(道德压力)。在这种关系中,神女的疏离感是双重的,是对城市和城市中的人的双重疏离。

隐喻性画面同样出现在电影《新女性》中,电影的女主角——作家韦明从舞场回家的路上遇见邻居女工阿英。阿英约好韦明午饭后见面便匆匆离去,阿英在银幕上留下的身影越来越大,这种高大近乎到了表现主义的地步。在这次相遇之前,电影呈现了两人不同的生活轨迹,女作家韦明向心仪的对象。编辑余海俦表明心迹,希望他陪自己过周末,余海俦回避她的爱情并委婉地批评:"跳舞这种糜烂的生活,不是我们应当过的。"①被拒之后,韦明接受了对之并无好感的富人、她所任教学校的校董、留美博士王博士(后来证明其卑劣的本性)的邀请去海滨国际舞场跳舞。与韦明形成对比的是,女工阿英的作息时间表忙碌而充实,韦明的舞场时间与阿英在工会补习班教工人唱爱国歌曲的时间反复切换。在韦明和阿英相遇时,平行蒙太奇叙事累积的效果使阿英越来越高大的身影变成某种启示、召唤与对照。创作者在此表达出明显的阶级意识:他让信奉个人主义的女作家韦明与为大众奉献的无产阶级女工阿英以这种强烈撞击的方式相遇。而这次相遇之前,韦明刚从一场舞会中逃出,舞会这场戏是电影《新女性》含义最丰富的段落之一。韦明面对王博士的求婚(王博士谎称自己未婚),清醒地道出婚姻的本质:结婚对一个女性来说,不过是做一个"终身的奴隶",这是她作为独立女性不愿接受的现实。韦明从哑剧表演的寓言中获取了勇气,哑剧演员被鞭打及后来挣脱枷锁的情景使她感同身受,她从舞场愤然走出。舞场在这里成为某种无形枷锁的象征,成为必须挣脱之生活的象征。韦明最终果断地拒绝了甜言蜜语的王博士的物质诱惑。舞场段落,在整个影片中最为直接地表达

---

① 引自影片《新女性》。

了作者的意识形态,创作者使用了一组对比蒙太奇:时钟(30 年代电影最经常性使用的影像)分别指向两点、三点、四点、五点;上海外滩拥挤的大众人流与舞场里攒动的狂欢人群对切;王博士与工厂女工交叉闪现;舞动的腿与街上人力车夫奔跑的腿并置;跳舞的人累了的画面与纤夫艰难弓背向前走的画面连接。

《神女》与《新女性》描述的是两类不同的女性:一个是忍辱负重的底层妓女,一个是追求自由的知识女性。但是,尽管有如此的差异,她们的命运却有着令人惊讶的相似:出卖身体与反抗男性。两位女性的共同之处甚至超过她们的差异(两个角色都由阮玲玉扮演,加深了这种共同性)。本雅明形象地形容波德莱尔诗中写到的妓女为"从社会退出一半的人"①,相较之下,30 年代的中国职业女性更像是往社会跻身进一半的人,神女以身体为商品,新女性韦明则以自己的精神产品(文学作品)为商品。女性与现代性的联系,在左翼电影里经常性地被表述为城市与牺牲者的关系。在商品交换过程中,她们遭到阻碍,都被一位或数位男性主宰者操控,城市对她们来说成为巨大的阴影。而要摆脱操控的过程,她们会遇到更大的困难,最终不得不以毁掉自身为代价与之抗争。《神女》里神女杀死流氓之后被判监禁。《新女性》里的韦明拒绝王博士、出版商和记者,结果就是陷入经济困顿、出卖身体、名誉被损,最终自杀而死。《天明》里的菱菱从乡村进入城市谋生,被骗卖进妓院,最后因为掩护革命的表哥,被押赴刑场枪决。同样是从乡村流落到城市的小猫(《渔光曲》),受诬蔑被捕。城市作为罪恶的根源寄予了左翼知识分子尖锐的现代性批判,高耸大楼下面的贫民窟才是左翼电影的关怀对象(《马路天使》),资产阶级小姐看透自身阶级的虚伪空虚本性并回到有益于穷人的事业,才是左翼电影的重点所在(《母性之光》)。这种对女性命运的一致性书写让我们在今天观看这些作品时产生了新的追问,那就是,为什么这些电影会不约而同地采取这样的女性表述方式?因此,一方面我们要回到当时的语境历史地解读影片所标示的时代信息;另一方面,我们需要对这一书写本身进行解读,从中一窥 30 年代左翼电影影像书写的话语机制。

二、被写的新女性故事

以《新女性》为例,我们来看编导如何陈述一个"新女性"的故事:将电影《新女性》中女主角韦明在出场和结尾时的生活状况作一对比,我们会看到整部影片叙述的是一个现代女性的困境。在影片开始,韦明的身份是职业女性,一切看起来都是一个新女性最理想的生活,但现实不断逆转,韦明从一个追求生活质量、经济自立、精神独立、有创作才华的新女性一步一步走向失业、生存危机、卖身、被毁谤、自杀。《新女性》几乎呈现了当时女性议题的所有方面,可以看作对五四时期那场"娜拉该

---

① 本雅明:《发达资本主义时代的抒情诗人》,张旭东译,三联书店 2007 年版,第 75 页。

不该出走"以及"出走后怎么办"的热烈讨论的影像回应。韦明作为独立女性的生活因为两个事件发生了转折。第一个转折点发生在韦明舞场拒绝王博士之后,韦明的一再拒绝使王博士恼怒,他撕毁韦明照片后把手里的一朵玫瑰花扯碎,用脚碾花瓣,玫瑰花被践踏的影像意象不言而喻,王博士以校董身份迫使韦明被解雇,再对陷入经济困境的韦明威逼利诱,在再次遭到韦明的拒绝后,王博士煽动了小报记者写诽谤文章。另一个转折点是,韦明女儿小鸿生病无钱医治,韦明只得去做"一夜的奴隶",而她碰到的主顾竟是王博士,这使她精神上遭到的侮辱比出卖身体更为惨重,这两个转折点是韦明自杀的直接导火索,韦明这个出走的娜拉走向了鲁迅当年预言的"不是堕落,就是回来"[①]之外的另外一条道路。

两个转折点标示了新女性的阴影所在:前一个转折意味着女性在社会交往中受到的挫败,韦明被王博士、报社记者等男性所控制和利用,她的拒绝和不配合遭到报复,这些男性使用自己掌握的社会资源报复未能得逞的性欲对象(公共权力简便地转化为私人工具),韦明的公共生活也被这些男性"权力"所决定,在学校谋职、在出版社出版小说,她都需要同男性社会以及男性主宰的商品市场达成某种共谋。假设韦明接受了王博士的求爱(也就是说通过私人交换换取王博士的公共权力)、假设韦明配合出版社对女作家的"女"字的利用(满足一种社会潜在消费心理),那么韦明的所有生活都将改变,性别矛盾也不会像在影片中那样爆发。当然,作为一个新女性,韦明以拒绝、以维护自我、以自毁表达了她的抗争。韦明个人生活转折另一个原因是女儿晓鸿的生病,女儿是韦明不愿向别人提及的私密(通过姐姐的回忆,影片用12个镜头简略回顾了韦明从自由恋爱到私奔、到结婚生女、到被遗弃、到托婴,最后直到再次出走的过程),当女儿被送来上海,韦明安排她们住在别处。女儿是韦明的过去线索,她意味着一个女性走出家门走上独立之途的"娜拉"经历,女儿的到来对她的理想生活构成某种冲击,以至于在小鸿病危她需要向好友借钱治病时也不肯说出实情。也就是说,新女性试图回避她的过去,哪怕是自欺欺人。女儿的到来使韦明回到传统母亲的角色,独立新女性的理想生活很快被摧毁,陷于经济困境的韦明经历着社会生活与家庭生活的内外交困。新女性和神女的共同之处在于,在影片中,她们都是母亲,卖身都源于母爱,是母亲身份和母性使命迫使她们不得不面对现实并连遭挫折。

电影编导讲述"新女性"遭遇的同时,也在阐释他们理解的"新女性"。影片环环相接,一步一步追向"新女性之死"的内外部原因。编导给出了一个集体合谋导致个体软弱的自杀案例,而全片大量使用的对比蒙太奇,显然是为了明确表述新女性依靠个人奋斗是不能获得解放的,选择正确的阶级立场尤为重要。有意思的是,韦明与片中唯一一位正面男性角色的关系表述深有性别意味,在某种意义上,阐释了作

---

① 鲁迅:《娜拉走后怎样》,《鲁迅选集·杂文卷》,山东文艺出版社1990年版,第53页。

为男性创作者的性别潜意识。每一次余海俦和韦明相遇,他对韦明的生活、思想、立场甚至于生活方式给以全面帮助和引导,余海俦帮助韦明发表作品,让韦明要多接近阿英这样的人,在韦明经济窘境下帮她筹款。余海俦这个理想的有思想高度的男性形象以及性别关系的表述很容易让我们联想到左翼电影里男女主角关系的经典模式:通常有良知的男性总是救助弱小无助的女性(强者对弱者,如《船家女》)、天真少女总是在男性的教导与关怀下成长(哪怕是在爱情关系里男女关系依然表现为师生关系,如《体育皇后》、《风云儿女》)、男性革命先行者后面总是有一个女性追随者(女性以男性的信念为自己的信念、以男性的存在为自己的存在,如《母性之光》)……《新女性》里的余海俦像导师多于朋友,像兄长多于恋人。摄影机给阮玲玉的特写表情丰富,定格在她妩媚的笑容、无奈的失望表情、被侮辱的愤怒、焦急悲伤挣扎,但,这张丰富的面孔也许缺失了一种表情,一个具有创作才华的女性作家似乎应该具有的自信、冷静、沉思……编导在将女性置于令人同情的境地时,恰恰忽视了人物的内在深度。在这个意义上,女性形象韦明被符号化了。

这个铭刻着五四印记、个人主义的娜拉式女作家在电影中被表述为一个需要超越的对象,取代她的是劳动妇女的形象。面对"到底谁是真正的新女性"这个问题时,导演蔡楚生始终把阿英作为时代的新女性:

> 像韦明那样软弱摇摆的人,也不能当得起"新女性"这称号的,可以当之无愧的只有李阿英……影片中的李阿英,是被作为工人阶级的战斗者来歌颂的。①

女工阿英形象在这一时期左翼电影中更有普遍性,更有普罗大众共性,也具有更强的示范功能,"我们企图通过李阿英向观众指出一条妇女解放必须同民族解放和无产阶级革命事业联系起来的道路。"②这段话表明了 30 年代左翼知识分子对五四的超越,以及社会主流意识形态与知识分子话语的变迁。从历史语境来看,毋宁说韦明和李阿英分别代表两个时代的新女性,韦明是伴随着五四思潮中人的发现和女性的发现而得以苏醒的一代女性的代表,她的经历颇具五四色彩,但在左翼知识分子看来,韦明式的个人反抗是无力的,女性解放需要与劳动大众结合、与无产阶级结合才有出路。发自庐隐作品中的真实声音被称为"苦闷的徘徊",因为没有描写自我之外的底层人民,那些描写个人情感的作品被茅盾断言为"停滞"。左翼理论家轻视女性书写者的自身经验和真实处境,并想方设法把她拉进男性理论家框定的社会文化理解框架。同样,左翼艺术家所寻求的不是个人自由、个性解放的表达,而是建立一套价值论述来询唤大众,进而实现改造社会的政治理想,这一类话语在当时极具影

---

① 蔡楚生:《三八节中忆"新女性"》,《蔡楚生研究文集》,中国电影出版社 2005 年版,第 251 页。
② 蔡楚生:《三八节中忆"新女性"》,《蔡楚生研究文集》,中国电影出版社 2005 年版,第 251 页。

响力,甚至改变了知识分子的路向。

电影《新女性》与两位现实女性的命运有着相关关系,这从反面可以说明左翼询唤的失败。从1934年到1935年,无论是电影《新女性》,还是与之相关的艾霞、阮玲玉之死,都成为当年上海的重磅式文化事件,这几个事件链条般相连,在此之后被人们长久地从各个层面谈论与解读。正是艾霞之死这一事件激起了编导以艾霞为原型拍摄电影《新女性》的念头,电影《新女性》又预示了主演阮玲玉后来的自杀。那么现实女性艾霞和阮玲玉与电影中的虚构女性如何对应?电影与现实人生如何对应?相关文献已为我们提供了详尽的资料,本文无意于展开这一论述,仅对其他学者已有论述作选择性回应。关于艾霞(电影《新女性》的原型),本文认同台湾学者周慧玲的观点,她认为艾霞是左翼阵营的异议者,她的作品与生活"体现了30年代都会女性对'恋爱至上'少有的颓废感知"[1],她背叛了左翼阵营,而选择了现代派对"摩登女郎"的想象。当然,将艾霞的选择作二元化区分,也简化了左翼与现代派错综复杂的纠结关系,或者说,简化了左翼本身。艾霞的复杂性体现了左翼与现代派彼此否认实际上却又相互指涉的历史存在,也体现了左翼自身的多面性。而电影《新女性》把韦明作为都市摩登女性的现代体验完全简化了。编导是将左翼价值观作为判断标准,在此,女性是作为救助对象被描述,她应该觉醒和抗争。人物原型艾霞藉由自己文字与生活行为所提供的真实体验被左翼话语所改写,她的生活方式在改写中被暗示为错误的,最终影片由男性作者完成了将艾霞"他者化"的性别建构。有意思的是,这个已被左翼价值观所改写的电影人物,在左翼评论家看来,仍然不够"左翼"而"使我们失望了"[2]。《新女性》与《神女》主演阮玲玉也遭遇着类似处境,这个无法应对现实,焦虑而真实、在传统和现代生活之间摇摆、在公众形象和私人生活之间捉襟见肘的女明星的女性生活经验,她的内心世界、情感、生活感受,都是当时的男性文本所难以揭示的。

三、电影机制与性别话语

由上所述,我们看到左翼电影女性"他者"的建构过程,"他者化"建构同样存在于《神女》等影片。《神女》被公认为30年代电影的代表作,《神女》的经典性在于它对时代的超越:它没有直接的功能性企图,它不是使用传统戏剧的巧合结构,它不让人物说出概念化对白,它没有把时代信息过于牵强地塞进电影中,它说出了一种可能的个体反抗,但并没有上升到革命的高度,它内敛而富于真实生活细节,并且,这部影片用纯粹影像语言叙事,它在影像上所达到的艺术成就使它成为经典里的经

---

[1] 周慧玲:《表演中国:女明星表演文化视觉政治1910—1945》,台湾麦田出版2004年版,第94页。
[2] 苗坪:《新女性》,《三十年代中国电影评论文选》,中国电影出版社1993年版,第341页。

典。这样一部作品,它对性别秩序的表达也是"经典的"。《神女》选择了挣扎在底层的卖淫女作为关注对象,从她被迫杀人的故事寻找社会症结所在,对于被奴役人民的同情,对其无出路状况的描述,代表了一整个时期左翼电影的基本态度。神女白天是无私的母亲,夜晚是街头游荡的妓女,她出卖身体是为了更好地做一个母亲,对于伟大母性的强调使神女所有的遭遇都蒙上了神圣色彩与悲剧意味,人格的完美与现实的不幸更显出社会的残缺和不公。

但,当阮玲玉在夜市摇荡着身体招徕主顾,当她面对流氓、校长、邻居、学校其他家长所表现出的高贵的神情,我们还是从阮玲玉精湛的演技背后感到了某种内在的缺失。就像《新女性》里的阮玲玉缺少知识女性的精神内容,《神女》里的阮玲玉同样缺少底层女性的现实质感,在《天明》里我们也看到,从农村到上海做工的菱菱沦为妓女,然后奇妙地变成无私无畏的革命者,左翼电影对于这一阶级的女性或多或少存在某种程度的"拔高"。对于神女神圣母性的强调,使得神女脱离了她的真实生活,也让她丧失了在真实环境中所可能具有的人性要素。对女性的神圣化描述正是左翼电影普遍"非现实性"的体现。《神女》同样是一个想象的符号化能指:一个卖淫的但又是具有永恒的母性光辉的女性符号。纵观左翼电影里的"新女性"形象,文本呈现的往往是具有传统美德、善良勤劳、兼顾家庭与事业、与男性同甘共苦、牺牲自我的理想女性,那些要求与男性完全平等、过多参与公共事务的激进女性遭到左翼电影讽刺性的漫画式再现(《女儿经》),这种性别观念一直保留到 40 年代的电影中,比如屠光启导演的影片《摩登女性》集中了对现代女性的批判,男性沙文主义地定义了理想女性的标准,即,在接受高等教育之后以家庭为重心做贤妻良母,我们发现,这些女性的再现强化了男性中心的性别秩序。左翼电影中的女性,既是各种各样社会矛盾的汇合,也是女性想象的大汇合。

一个也许是令人不解的问题是,以女性为绝对主角、叙述女性生存困境的左翼电影何以成了展现女性压抑以及男权话语的场所。这一点,我们需要从电影的运作机制寻找答案。首先,众所周知,电影的生产是由导演、编剧、摄影师、演员等,通过一系列机械装置的连环工作,最终以隐藏生产过程的成品呈现在银幕上。和当时普遍状况相同的是,《神女》和《新女性》的制作,除女主角外其他创作部门都由男性组成,在电影工业内部、在文化传播体系,女性处于次要位置,这些隐藏在叙事后的男性创作者把握着电影的方向。前文谈到的影像片段里,不在场的创作者不时在这些表现性场景里注入判断,再如无声电影时期频繁使用的意味深长的字幕,常常直接泄露了创作者的干预。《新女性》的结尾表现韦明的觉醒,是用一组"我要活!"的字幕重拳一般快速击出,字幕闪出的速度、字体的大小都把作者的态度表露无遗。我们由头至尾是由男性作者的视点引导着观看这个女性故事,他把对事件的判断转换成影像再现,藏于画面后又不时在影像中闪现。现在我们就不奇怪了,为什么这些女主人公居于叙事中心的电影并没有建立女性主体性。因为是"他"的权威男性话语代替了"她"的观点,以"他"为中心的叙事完成了"她"的对象化,"她"只是提供"他"所认同和想象的女性气质,"她"是作为"症状"被呈现、被诊断、被治疗,"她"是病人,"他"是药方提供者,我们通过"他"的看,并与摄影机认同,建立了观看"她"的位置。而演员,意义的承载者和传递者,没有机会通过自己的眼睛来观看自己,她自觉被"他者化",完成符合男性要求的理想女性,而与自身分裂。

革命性的左翼电影并不能外在于当时的生产和消费环境。30年代,大众媒介对女性的关注出于不同的立场:一种立场是以《良友》画报为代表的流行文化,旨在于展示"新型女性",如《良友》画报每期都以一位名媛、摩登女性、女明星、模特作封面,展示一种都市中产阶级生活方式,女性无论是作为男性读者的窥视对象,还是作为女性读者的仿效对象,其形象都是服务于男权文化和消费主义的,《良友》代表了一种提倡趣味的主张,这一点与"软性电影论"的内在文化逻辑有着一致性。另一种立场则根植于启蒙思想,精英知识分子依然以大众解放和社会责任为己任,30年代知识分子经常以为底层说话为己任,在这个维度上,女性问题作为隐喻,作为群体受压迫的证据,是与民族问题、阶级问题、劳工问题、城乡问题同等重要的社会问题,女性解放被视为社会解放的标志。左翼电影的特殊性在于,左翼电影是一些精英知识分子一点一点渗透进电影娱乐工业内部的结果,是严肃文化对商品文化的利用和改造。

左翼电影为银幕贡献了众多新型女性,在某种意义上,是使自身商品化的策略。在一股"到底层、到民间"的旋风中,女明星们纷纷扎起头巾、挽起裤管、赤脚走向农村、走向田埂,这一类电影能源源不断地拍摄,是因为观众希望看到明星扮演的农妇。当然,就连左翼评论家也常常要尖锐地指出某些左翼电影"包含的非现实性"[①],在评论左翼电影的重要作品《大路》时,这位评论家说道:

> 编剧者使"丁香"与"茉莉"两个女性始终和工人们合流,援助他们,可是这类的女性也是属于擦粉烫发的阶级的女性,是一种编剧者的理想中之新女性型,而不是现实的阶级劳动妇女们。[②]

在表演这一环节,演员与角色之间往往神形都相距甚远,显露了左翼电影文化表演的一面,也显露了左翼电影在文化表述与商业生存的裂缝中的暧昧部分。左翼电影把女明星作为策略,行销其政治文化诉求。《大路》两位女性活泼、充满生命力地点缀了筑路工人的劳役和战斗,《野玫瑰》里健康、野性的小凤连接着渔民的苦难、贫富悬殊、阶层隔膜,《渔光曲》里的勤劳朴素的小猫揭示了社会的不公、城乡差距,《马路

---

① 光洲:《〈大路〉评一》,《三十年代中国电影评论文选》,中国电影出版社1993年版,第165页。
② 光洲:《〈大路〉评一》,《三十年代中国电影评论文选》,中国电影出版社1993年版,第166页。

天使》里的单纯善良的周璇穿插在从贫民窟到摩天楼的众生图中。本文认为,左翼电影除了在叙事方面最大限度地通俗化、戏剧化,还成功利用了电影本身的叙事策略机制:对女性问题、女性角色、女明星的一再利用,满足观众消费女性形象的需求的同时,暗渡了社会批判和意识形态诉求。

小　结

　　《神女》和《新女性》都是关于女性的电影,但今天我们无法凭借这样的女性影像还原女性生活经验,显然这两部电影都不是彰显女性内在精神的电影,女性被表述为弱小的、被同情的、自我牺牲的、无欲望的、母爱至上的传统形象,她们通过反抗一个具体的男性来表达对社会的抗争,但结果都导向自我毁灭,在这里,电影无意识地强化了传统社会秩序,在表达对她们俯视式同情的同时,也将惩罚赋予她们,这些女性形象也最终作为内容单一的想象的能指。在简化了的社会标本中、经过明星的转述,以现实主义为标签的左翼电影实际上已经变成一个自我表述、一次询唤。也许根本的分裂还存在于知识分子与真实妇女生活之间的隔膜,在问题意识的框架之下,这些与现实妇女差异甚远的标本被编织进男性建构的革命话语中,在提出女性问题、为女性指出出路的同时,女性形象失去主体性与丰富性。有着明确政治诉求的左翼电影不同于以女性为奇观的娱乐电影,但即便是在以女性解放为己任的左翼电影中,我们仍然遭遇着无处不在的性别无意识压抑与困扰,真实的女性声音也因此无法得以表达。

两种电影美学原则的分野
——《金陵十三钗》与《别离》之个案比较

◎ 罗慧林

在某种意义上,作为2011年度大片代表的《金陵十三钗》,在金球奖、奥斯卡奖上不敌伊朗电影《别离》(又名《纳德和西敏:一次别离》),是具有风向标意义的事件。传媒热炒它为"蚂蚁扳倒大象"——六亿人民币的大投资不敌三十万美元的小成本制作,但诸多评论将焦点集中在相差悬殊的金钱投入上。然而,《金陵十三钗》和《别离》之差别的关键点不是资金投入的巨大反差所造成的讽刺,在表层制作方式分野的背后还有更深层的原因,其实是两种不同美学原则分野的预示:貌似繁盛的中国大片时代隐藏着深刻的美学危机,而另一种美学范式隐隐地被召唤着跃出了地平线。

一、形象偏离:奇观式造型反思

"大片"和"小片"并没有绝对的艺术分野,小制作可能导致粗糙和潦草,大制作也可能具有艺术品质,但值得注意的是,大投入的背后总有一种对资本的自信。如《金陵十三钗》的制作团队就吸纳了好莱坞明星克里斯蒂安·贝尔,囊括了好莱坞世界级战争特效团队在内的来自24个国家的六百多名制作人员的全球化队伍。惊人的数字背后无疑是对资本的高度自信。各种大片对场景精心设计、为打造景观造型不惜重金,为的是使这些逼真的奇观因无限逼近真实乃至超真实,从而让观众获得强烈的视觉快感。此策略潜在地相信这种造型和形象能够带来艺术、商业的双丰收,然而这种视觉盛宴是否能够使思想和情感得到有力的升华呢?

此时,反观爱因汉姆运用格式塔心理学原理分析电影影像和现实关系的"形象偏离说"和"部分幻觉论",也许会有所启发。在他看来,正是影像和现实的差异使电影艺术成为可能。观众恰是通过局部的幻觉达到对电影艺术的认同。他排斥"完整的电影",反对有声、彩色、宽银幕等电影特征,这与电影的发展并不符合,但这种反对影像过于模仿和复制现实的思想是具有启发性的:

> 影片制作者自己也容易被画面形象酷肖现实这一点所迷惑。……影片制

作者一旦满足于这种不成形的复制品,那将是一个严重的危险。①

可以称之为电影技术的"缺陷"的那些东西(工程师正在尽力加以"克服"呢),实际上是创造性的艺术家手中的工具。②

可见影片制作者需要艺术地把电影技术无法完美再现现实的特性转化为艺术创新的源泉,在真与幻的恰当距离中进行创新。

大制作、大投入和"影像—真实—超逼真—奇观"的"造型中心论"是紧密联系的,但这种奇观性的造型通过技术使画面场景更加真实夺目,乃至超越了肉眼的真实,成为具有展示性的超逼真奇观。如《金陵十三钗》展示了一道道超逼真的景观:激烈的枪战、宏伟的教堂、夺目的玻璃,它们与充满诱惑的景观——浓郁的红唇、婀娜的娇躯、怒放的旗袍交织在一起。这些视觉造型犹如教堂被轰炸后四处飞溅的玻璃,五彩缤纷却无方向地四处泼溅。有意味的是,《别离》选择了一条和大片的大投入、高科技、超逼真相反的路——小制作、十余名本土演员、简单场景、手持摄影。这种选择既直面拍摄现实又超越现实,让低成本的手持摄影和影片的美学风格交融起来,使视觉语言的"缺陷"变为一种修辞风格。电影因技术层面的"不足"所造成的不真实反而给艺术注入鲜活的血液。《别离》使用以手持摄影为基本造型的方法,手持摄影的视角略微晃动,在造型的微微失真和生活的摇摆动荡之间既找到相似点,也找到恰当的张力。这种跟拍带有一定的纪录性质,观众和影像世界的认同进一步拉近了,而晃动视角的不稳定性也成为营造电影氛围的有力手段,主观镜头的造型和故事情境、人物情感很好地融合在一起。例如,在影片结尾离婚场景里,手持摄影所形成的影像画面微微抖动的造型虽然失衡,却与这种失衡情境(由逼仄的走廊、分隔空间的沉默、两人等待女儿的选择、远处的争闹、行人的嘈杂等紧张、杂乱的气氛组成)十分契合。虽然手持摄影使影像和生活中的真实形象之间产生了一定的偏离,但这种偏离的造型与两位历经别离和即将永远别离的人的失衡处境、失衡情感(电影技术上的局限性是电影作为艺术的根源)达到艺术上的融合,从而使艺术审美得以升华。

《金陵十三钗》的六亿投入和《别离》的三十万美元投入之间,不仅仅存在资金投入和景观造型的差异,两者还构造了不同的修辞法则。这种选择既来自制作影片的现实条件的差异,更来自对电影语言及电影本性的不同认知。爱因汉姆的"形象偏离说"其实涉及修辞问题,即如何让影像和真实世界之间的差距带来艺术张力,从而产生更好的修辞效果——"我们能够把这些人物与事件既当真又当假;既是实物,又

---

① 爱因汉姆:《电影作为艺术》,邵牧君译,中国电影出版社2003年版,第28页。
② 爱因汉姆:《电影作为艺术》,邵牧君译,中国电影出版社2003年版,第98—99页。

是放映幕布上光影的简单图形。正是这个事实才使电影艺术成为可能"①。造型具有修辞意义,但有时"咬文嚼字"般的过分雕琢,只会显得匠气十足,修辞过度反而挤压了故事本身,可谓"雕刻伤气,敷衍露骨"②。这正是张艺谋的《金陵十三钗》的问题之所在。而阿斯哈·法哈蒂的《别离》在貌似缺陷的造型中升华出一种与大片华丽造型的惟妙惟肖的、与真实生活无限逼近的超逼真不同的审美修辞策略,在某种程度上契合了爱因汉姆的"形象偏离说"对影像本体艺术张力的理解。删繁就简的质朴反显大气,这是一种扎根日常生活的芜杂而不纷乱的修辞。而那些刻意营造各种华美的奇观,让奇观比生活更逼真的修辞,反而带来修辞过度的弊病,并没有取得预想的效果。

二、情境真实:故事的存在之本

爱因汉姆在格式塔心理学基础上建构的关于电影的"部分幻觉论"和"形象偏离说",主要着眼于视听语言造型形象。如果说形象涉及的是局部问题,那么情境涉及的则是整体问题。在笔者看来,影片主要由四部分组成:第一部分是细胞及其组成的血肉(画面、声音元素和形象造型);第二部分是骨骼和身材(如何讲故事——探讨叙事视角、情节结构、节奏等);第三部分则是灵魂(影片的思想意蕴)。三者缺一不可,此外还有第四部分,即整体情境(如何处理前三者的内部关系和彼此之间的关系,以及由此所形成的整体氛围。如环境设定、景别构成、人物关系、段落组接、主副线关系等)。整体情境涉及局部和局部、整体和局部的整体性关系。只有处理好这种关系,思想灵魂才有真正的安身之地,这也是衡量影片质量的重要准绳。需要指出的是,个别造型很逼真、炫目,但是整体的故事情境却不真实,这是诸多大片的缺陷。缺少整体的局部,犹如一串项链处处闪烁着美丽的珠子,但因缺乏美丽流畅的线条而无法呈现出动人的气韵。《金陵十三钗》细部形象精雕细琢,但整体气韵的缺失使这些造型显得刻意、匠气,甚至有些紧张,也难拨动人心。以往张艺谋的大片《英雄》《十面埋伏》等同样侧重于在造型上下足功夫,这和他长期以来的轻故事重视觉的理念有关。他在《英雄》中就这样分析过形象造型的重要性:"过两年以后……你肯定把整个电影的故事都忘了。但是你永远记住……在漫天黄叶中,有两个红衣女子在飞舞……像这些画面,肯定会给观众留下这样的印象。所以这是我觉得自豪的地方。"③如果一部电影最后只能让观众记得一些画面、颜色,而把整个故事忘了,那无异于看风光摄影,这种"厚"造型而"薄"整体情境的弊病,是张艺谋电影遭

---

① 爱因汉姆:《电影作为艺术》,邵牧君译,中国电影出版社2003年版,第23页。
② 姜夔:《白石道人诗说》,何文焕辑《历代诗话》(下册),中华书局1981年版,第680页。
③ 周宪:《论奇观电影与视觉文化》,《文艺研究》2005年第3期。

遇瓶颈的重要原因。视觉奇观带来的快感是短暂的,不过是"视觉先锋,思想侏儒"①的一种表现。显然,《金陵十三钗》仍然没有摆脱造型和形象主导的束缚,张艺谋说之所以拍摄此片,是为其所想象的画面造型感官刺激所激发:"(《金陵十三钗》)小说让我想到一个定格的画面:通过彩色玻璃,一群花枝招展的女人走进教堂。我为这个独特镜头而激动。"②其实,所有的画面造型不仅仅是视觉奇观,它的最重要的意义在于构造整体情境。造型不能仅仅作为一种修辞存在,而要和故事人物联系在一起,乃至融入影像故事的整体情境中。

比较而言,《别离》采用极为简朴的造型方式,演出的场景屈指可数,道具也非常简单,几乎没有配乐,只有到影片结束时才响起哀伤的乐曲,其中还混夹着嘈杂的人群声,哀伤之静和嘈杂之动的对比更让人内心震颤——视听符号、场面设计所构筑的造型契合影片情境和故事讲述,造型和叙事融为一体。《别离》反映的是在一个杂乱而动荡的世界,人们面临着宗教矛盾、家庭矛盾、阶层矛盾。这是一个复杂到多少有些苍白的世界,影片使用了快速、简洁、凌厉的剪辑——生活不留任何温情脉脉。剪辑、节奏和故事本身的情境非常吻合,镜头调度也非常精到,如西敏、纳德、特梅、纳德父亲一家人,护工瑞茨和女儿,搬钢琴工人一起出现在纳德家里的那个片段,场面调度格外出色,人物多、视角多却不杂乱,纳德交代瑞茨将要处理的家庭事务,瑞茨很自然地从"后景"(陪体)转换为"主体",进入这个即将失去"主体"女主人的家庭,镜头和隐喻合一。通过一组镜头,观众在了解伊朗一个普通家庭的生存现状的同时,也迅速体察到它的社会现状。影片使用了许多手持运动镜头,也采用了一些固定镜头,两者相互比衬——把更多的固定镜头给予老人(当面对老人沉默而凝固的身躯时)和孩子(如特梅忧伤地看母亲即将离去时的几次沉默和最后的选择),还有弱势而沉默的护工瑞茨母女,而让面临别离和巨变的主流世界承担了更多的变奏。手持摄影跟随西敏在别离前颇为杂乱动荡的屋子里走动,这种零乱的氛围和人物心情的杂乱、家庭的动荡水乳交融;同时,这组镜头也代表了特梅凝视母亲和父亲分手的忧伤眼眸,带有主观色彩,和影片中她那凝望父母忙碌、凌乱的身影的忧伤眼神交相辉映。这些运动镜头和故事讲述、情景氛围紧密结合,与固定镜头相互映衬,使整部影片暗含着两种节奏:一个是主流的世界,一个是边缘的世界;一个是动荡、喧闹的世界,另一个则是孤寂、沉默的世界。《别离》不仅仅是两个成年人的别离,还是两个世界的别离。这时故事造型和叙事已完全融入到整体情境中来。显然,它与获奥斯卡提名的《复印店》在整体造型上有异曲同工之处,都是让影像造型的偏离、画质的略微粗糙和环境的逼仄、人物的孤寂、情绪的不安以及未来的不确定性巧妙

---

① 王彬彬、吴学军:《张艺谋:视觉先锋 思想侏儒》,《周末》2003 年 8 月 14 日。
② 张英:《"我们不要做狭隘的民族主义者"——张艺谋讲解〈金陵十三钗〉》,《南方周末》2011 年 12 月 15 日。

地联系在一起。因此,造型不仅具有造型的意义,而且成为影片的整体性修辞,给整部影片的情境带来新的创意。

故事和情境息息相关。故事是舟,情境则是浸润、承载和推动故事的大海。海能载舟,也能覆舟。遗憾的是,虽然《金陵十三钗》的战争场景、人物造型也不乏可圈可点之处,但包括人物在内的人物造型的美却是孤立的。对于《金陵十三钗》而言,造型的过分张扬带来矫情的效果,这种"真实"、炫目的场景突兀而缺少内在的联系,没有带来应有的感人效果,因为它违背了一个重要的叙事原则:艺术造型要和情境相契合。在兵荒马乱、千疮百孔的战争时代,这种刻意制造精致华丽造型是与故事的整体情境格格不入的——造型的逼真与故事整体情境不真的巨大讽刺是《金陵十三钗》的根本问题,也是当下中国许多大片所面临的问题。

电影的场景、电影刻画的影像总是"逼真"的,很多时候所拍摄的就是现实的情景。观众的期待就建立在"真实"的基础之上:这是一个在"真实场景"中拍摄的故事。虽然它也是虚构的,也会上演奇幻的故事,但氛围和场景却有真实性的一面。情境特性和演出空间特性息息相关。虽然影片风格多种多样,但电影中的故事和演员的演出还是要符合生活常理的——尤其是表现现实题材或者以真实事件为依据的历史题材。因为观众在看电影的时候,自然而然把影片的空间和自身的现实生活空间相关联,即把电影空间看作现实空间类似性质的延展,电影的布景、演员对话、动作都要和人们的日常生活状态一致。这和戏剧场景和演出中的虚拟化、假定性和程式化、演员动作语言可具夸张性是不同的。电影对场景空间、情境氛围的要求,比戏剧舞台的更真实,更符合生活常识和日常逻辑。如果为了某种主题、形象和营销策略而刻意拔高和幻化情境,如果为了强调诗意而不顾日常生活的逻辑,那无异于本末倒置。

许多中国大片因不符合历史事实、不符合生活逻辑、不符合常识而留下败笔。《金陵十三钗》刻意营造一种人性的光辉,致使整体故事情境显得造作而不真实。如何让人物演出在真实生活环境中进行而不再渗透出舞台空间的虚幻性,如何让人物演出呈现出具有真实性的表演而非舞台上的夸张及虚拟化表演,在细节上尤其要仔细推敲。如《金陵十三钗》两个细节为人诟病:一是豆蔻找琴弦,一是香兰为寻耳坠回青楼。前者为了与她弟弟长得相似的小兵的情意寻找琴弦,也为众人弹唱《秦淮曲》的情感高潮和情节高潮做铺陈;后者则为了美而不惜冒险。然而,不知道她们是如何躲开日本兵监视而逃出的,这种煽情也往往由于情境失真而显得有些矫揉造作。同样那教堂玻璃的炫目四散、一群妓女的绝美温情更衣的告别、成年女子为代替未成年少女出征而束胸、一个个曼妙的身躯在旋转、一条条裹胸布轻舞飞扬,让人觉得在看戏曲舞台人物的"水袖"(演员在舞台上夸张表达人物情绪时放大、延长的手势)表演,这种"绝美"和大屠杀的基本心境、情境难以吻合——哪怕特意塑造一个独立的教堂空间。整部影片的情境与真实氛围割裂开来,观众难免产生隔膜而难以融入其中。虽然，艺术真实还存有虚构生活和美学升华的一面，或许导演为了张扬荒芜之中的美的存在而特意拔高情境，可是，在《金陵十三钗》里，观众感受不到大情境的连贯，只感觉到一个个别扭的扭转。因为一个个华美的场景和动情的人物，以及人物的选择都无法产生气脉相承的连贯，只让人看到一个个割裂的机关。每当人为一按，似乎噼里啪啦飞出一道道光亮，但那不过是突兀而支离破碎的奇观。

　　故事中情境失真的最大症结在于人物性格的失真。视觉造型带来无比炫目的舞台奇观体验，但这种雕花般的人物不能面对故事情境本身。人物情感虚假的背后充斥着巨人、传奇的高大全现象。这类大叙事的人物成为某种空洞理念的代言，看似有大情怀异于常人的情操，但其内涵却非常苍白。《金陵十三钗》中的普通人妓女由于勇救更年轻纯洁的少女而被涂抹上"英雄"色彩，然而作为集体行为的心理和行动却缺少足以让人信服的铺陈和动机。人物性格需要在情境的重要组成部分——人物关系中得以塑造。《金陵十三钗》的这种人物关系的等级设置却显得拙劣乃至险恶。一个人为一个人牺牲，那是奉献和感动，但是，如果因为一个人的意念，让一群人为另一群人牺牲，就有极权的危险——往往以神圣的名义。是的，"这一个人"可以为另一个人而捐躯，如果说玉墨曾有创伤，想保护那些纯真的女学生，保住自己曾有的光亮，这种理由似乎也还能自圆其说，那么一个人的意念就能煽动一群人为另一群人献身，这在貌似拔高一群人的同时，其实让这群人丧失作为"这一个人"的特性，不过让人物成为闪闪发光的加减符码，外在的故事情节的热闹无法掩盖人物内在性格的贫乏。真实是艺术作品最基本的要求，但往往又是最难抵达的地方，尤其具有讽刺性的是，无法营造真实的情境成为许多大片的软肋。过分的拔高煽情，只能让人觉得矫揉造作。

　　真正的电影艺术，应该既注重造型细胞形象的构造，也注重结构骨骼框架的组接，更要思考作为润滑剂的情境是否恰当，是否能使它们水乳交融。

三、中国电影的未来：寻找新的艺术可能

　　我们为何观看电影？渴望在复杂世界遭遇和发现另一个自己，观众通过影片仿佛重新活过一遍，设身处地地体验那些与我们息息相通的另外一个人的生活。为了能够让观众感受到这点，需要整体而复杂的情境，让观众自然而然融入其中，与那个情境中的某个人、某个场景同呼共吸，而不能让观众觉得有"隔"的造作之感。许多大片情境和人物的失真根源于影片黑白分明的简单化价值取向，它更趋向于对人性光辉的赞美，却规避了人性和存在的种种复杂性乃至丑恶的一面。《金陵十三钗》让人物灵魂在如此艰难的处境中迅速得以"升华"，却轻易放弃对人性的拷问，这等于放弃情境营造给人物成长施加压力从而塑造出丰富人物形象的意义，导致此剧的人物性格单薄而扁平。《别离》却在琐细的日常生活中体认着存在的困难和内心选择的艰难。我们从不否认人性中积极面的意义,可更多的时候,对人性反思的意义远大于对人性的赞歌,更能抵达人的内心。说出恶需要更大的勇气和气魄。对人性的颂歌永不会失策,而且大片的大投入为了获得更大的利润和回报,赢得大多数人的喜欢已成为一种叙事和营销准则。然而,这种保守的价值取向源于一种不自信和对于商业利益的屈服,最终必然导致艺术特色和独立立场的丧失。

近年来,国内电影市场虽然大片层出不穷,但中国电影艺术创新在整体上出现疲软。而以大历史、大叙事为主的大片表现出一个统一的基调,即情节设置复杂、人物经历跌宕,叙述过程曲折,但具有讽刺意味的是,它的总体创意和整体情境设计却是简单化的,过度拔高、过度煽情使得这种叙事情境空洞而不真实。直面当下中国社会生活的复杂性,而不是采取规避的简单化态度,这是目前电影人要思索的最重要问题。在某种意义上,中国的社会现状与印度、伊朗等国相比,同样非常复杂。印度影片《贫民窟的百万富翁》和伊朗影片《别离》都直面这种复杂的社会状况,甚至无法进行非常明确的价值判断。伊朗、印度的许多电影能够蜚声国际,重要原因在于他们敢于直面与自身密切相关的复杂现实。许多人曾把中国电影界的疲软归咎于严格的电影审查制度,可伊朗的《别离》其实面对的是更为严格的审查制度,但是它却能够重重突围。我们需要把思路转向探究深层的美学层面的原因上来。中国大片时代充斥着许多形象真实、但是整体情境不真实的影片,为了赢得市场最大的份额而迎合简单的审美需要,试图用技术的提高和炫目的造型来吸引大众,其实它根本无法掩盖主题和情境的虚假及美学的保守主义。需要在一个复杂的整体情境里叩问存在,存在的复杂性要被彰显而不是被漠视,这个方向是很重要的。

目前的小成本电影制作和微电影制作同样具有一些形象偏离的特性,而《别离》的意义在于,如果有一个好的创意,小成本电影也会有艺术的春天;《别离》的意义更在于,要重视整体情境的塑造,让人物关系及其变化扎根复杂现状并有说服力,让人物性格在合理的情境中得到成长,这恰恰是目前影视界要解决的难题。在《别离》中,我们看到一种超越造作、嘶喊、特立独行等形式的朴素的先锋精神,我们看到了一种电影的新方向,这对反思中国大片时代的大叙事、形象优先、人物标签和单一价值标准是有深远意义的;同时,《别离》也探讨了边缘问题,但与中国的某些所谓的艺术电影、新锐电影不同的是,它让边缘和主流、人物和故事都放在一个复杂的情境中拷问和锤炼,而不是走向简单化和极端化。这种复杂化的思维对中国电影艺术精神的提升有重要的借鉴意义。

《金陵十三钗》和《别离》代表了目前电影发展的两条不同的美学原则,前者是"形象真实、情境偏离",后者则是"形象偏离、情境真实"。《金陵十三钗》做到了局部形象的逼真,但由于整体情境的偏离而显得矫揉造作;《别离》则相反,它的特点恰恰是局部形象有偏离的一面,但因整体情境的真实而给人非常真切的感觉。《金陵十三钗》和《别离》之间的距离,是虚假的保守和素朴的先锋之间的距离。这不仅是资金投入的巨大差距,更涉及两种电影美学原则的巨大差距,是宏大而虚空的主题与日常精微的叩问的距离,是华美造型与朴实故事的距离,是刻镂失真、雕琢伤气与行云流水、返璞归真之间的距离,是矫揉造作与叩问真实的距离。显然,对于当前陷入困境的中国大片而言,不仅仅要追求"大",更要追求精细和深度,这已成为最紧要的事情。美学的先锋,是用金钱不一定能够换得来的。

论"昆曲"之称晚出于清代及其由来

◎ 许莉莉

"昆曲"一词,向来指称明代以来用昆山腔演唱的戏曲剧种及散曲曲唱。关于它的所指,人们又知有"昆山腔"、"昆腔"、"吴歈"、"昆剧"等多种名称。不少学者对于这些名称的界定辨析颇多。如胡忌、刘致中先生的《昆剧发展史》,曾永义先生的《从腔调说到昆剧》等。目前学界几成共识,即认为:"昆曲"之称明代已有之,它与"昆腔"的使用并行不悖,只是强调的侧重点有所不同。且举几部最有影响的书籍为例。

(1)《昆剧发展史》

> 作为昆剧,明清以来,通常的称呼是"昆山腔"或"昆曲"……
> 昆山腔名称出现最早……到了明代中叶,昆山腔经过著名曲家魏良辅等人的大力革新创造,乐曲唱法得到显著提高,很快流行,成为"时曲"——即流行一时的歌曲,因而又得到了"昆曲"称呼。这一称呼的重点在于一个"曲"字,实际上,它所唱的既有散曲,又有剧曲,和后来昆剧所唱只用剧曲的含意不完全一致。①

著者认为,"昆曲"一词在明代昆山腔革新、流行之后即便出现,其"重点在于一个'曲'字",强调"散曲"抑或"剧曲"之"曲"。

(2)《昆剧大辞典》

"昆腔"词条:

> ……明人沈宠绥《度曲须知·曲运隆衰》说:"……腔曰昆腔,曲名时曲。声场禀为曲圣,后世依为鼻祖。"所以学术界有一种意见认为:昆山腔是原名,昆腔和昆曲(兼指声腔和剧曲)都是革新后的名称,在概念上同中有异。

---

① 胡忌、刘致中:《昆剧发展史》,中国戏剧出版社1989年版,第2页。

"昆曲"词条：

> ……当时昆山的剧作家梁辰鱼为魏氏新腔作了《浣纱记》，在舞台演出上取得了成功。……此后的昆腔剧本均为曲牌联套的体式，又称曲本，所以兼采南北曲的昆戏便称昆曲。

"昆剧"词条：

> 昆剧 又称"昆腔"或"昆曲"……明清之际，习惯上都把它叫作昆曲或昆腔戏(昆戏)，清代中叶开始称为昆剧……①

可见，该辞典所总结的学界看法是，"昆曲"一词肇始于明代，在魏良辅革新昆山腔后，尤其是梁辰鱼用新腔作《浣纱记》推广昆山腔之后。昆腔剧本用"曲牌联套"体，这是"昆曲"得名的重要原因。

（3）台湾《昆曲辞典》"昆曲"词条

> 昆曲原称"昆山腔"，简称"昆腔"，因为它产生于江苏昆山一带，故名。明代嘉靖、隆庆年间魏良辅等人改良昆腔，使昆腔具细腻婉转的特色，因之又有"水磨调"、"水磨腔"之称。昆腔流行，成为"时曲"，因而又称为"昆曲"。昆曲包括散曲和剧曲，近代又把剧曲称为"昆剧"。②

这里也认为："昆曲"之称，明代已有——在"昆腔流行，成为'时曲'"之后。

以上三者，结论基本一致：(1)"昆曲"之称，在明代昆山腔革新、流行之后即便启用；(2)"昆曲"与"昆腔"的使用，并行不悖，只是强调的侧重不同。(3)三者所据，均为"时曲"一名——实源自沈宠绥之语"腔曰昆腔，曲名时曲"③，认为"昆曲"由此而得名（"昆腔"、"时曲"二词，取头截尾，便为"昆曲"）。

《昆剧发展史》是当代昆剧史研究的奠基之作，两部大辞典是近年来海峡两岸分别编撰的总结昆曲研究成果之作。它们的观点可以代表昆曲学界的一般看法。

但本文认为，事实并非如此。尽管沈宠绥说过"腔曰昆腔，曲名时曲"，然而他未曾使用"昆曲"一名。非仅沈宠绥，遍览明代其他曲学家的著作，均未见"昆曲"一词。直到清代康熙年间，"昆曲"之名始现，乾隆年间渐次使用，乾嘉之后才普遍使用起

---

① 吴新雷主编：《昆剧大辞典》，南京大学出版社2002年版，第3—4页。
② 洪惟助主编：《昆曲辞典》，台湾传统艺术中心2002年版，第2页。
③ 沈宠绥：《度曲须知》，《中国古典戏曲论著集成》，中国戏剧出版社1959年版，第五册，第198页。参见《昆剧发展史》第68、112页。可看出作者认为"昆曲"之名所由来者的"时曲"乃沈宠绥《度曲须知·曲运隆衰》中的"腔曰昆腔，曲名时曲"。

来。昆山腔于明代早已发达,但"昆曲"之名却是姗姗来迟的。

一、"昆腔"之称由来久矣,"昆曲"之称去古未远。

"昆腔"为"昆山腔"的省称,应无歧见。二词并用于明代以来的戏曲文献中。最初"昆山腔"名称出现在元末明初。明周玄暐《泾林续记》记载,明太祖朱元璋问昆山长寿老人周寿谊:"闻昆山腔甚佳,尔亦能讴否?"①

其后直至清初,凡昆曲史上明确言"昆"的记载,均用"昆山腔"("昆山")或"昆腔",间有"昆调",抑或只一"昆"字而已,未见"昆曲"一称。

那些涉及昆腔的重要曲论,如明代弘治、正德年间的祝允明《猥谈》,嘉靖年间的魏良辅《南词引正》、徐渭《南词叙录》,万历年间的张大复《梅花草堂笔谈》、顾起元《客座赘语》、潘之恒《鸾啸小品》等,并明代王世贞《曲藻》、王骥德《曲律》、沈德符《顾曲杂言》、凌濛初《谭曲杂札》、冯梦龙《太霞曲语》、张琦《衡曲麈谈》、沈宠绥《弦索辨讹》、《度曲须知》、张岱《陶庵梦忆》,清代余怀《板桥杂记》、李渔《闲情偶寄》、黄周星《制曲枝语》、毛先舒《南曲入声客问》、黄图珌《看山阁集闲笔》等,其中均未见"昆曲"一词。

此外,明至清初重要的曲谱,如沈璟《增定南九宫谱》,沈自晋《南词新谱》,张大复《寒山堂曲谱》,徐庆卿辑、钮少雅订之《南曲九宫正始》等;曲选,如万历间的《乐府南音》、《赛徵歌集》、《月露音》、《乐府红珊》、《吴歈萃雅》和《珊珊集》,天启年间的《乐府遏云》、《词林逸响》、《万壑清音》,明末至清初的《玄雪谱》、《万锦娇丽》、《怡春锦》、《醉怡情》等,其凡例、序跋中均未见"昆曲"一词。

《昆剧发展史》为昆剧史研究奠基之作,资料甚详。然遍检其引文,未发现在清代中叶之前有称"昆曲"者。该书第 442 页之前,无一则含有"昆曲"名词的材料。整本书中,年代最早的含有"昆曲"名词的材料为乾隆年间的《燕兰小谱》与《秦云撷英小谱》。

可见,明至清初,"昆曲"尚未成为人们习惯的名词。哪怕是在它被革新,并流行,在沈宠绥称"腔曰昆腔,曲名时曲"之后。

盖"昆曲"一词发明较晚。古人从前并不如此称它。如果早已有这一称呼,难道那些戏曲论著全都不约而同,有意回避而不用?

1. "昆曲"一词始现于康熙年间

"昆曲"一词,最早见于康熙年间。王士禛的《池北偶谈》中有"心头小人"故事一则,其中写到"唱昆曲":

---

① 周玄暐:《泾林续记》卷三,《续修四库全书》第 1124 册,上海古籍出版社影印上海图书馆藏明刻本,第 188 页。

> 安丘明经张某常昼寝,忽一小人自心头出,身才半尺许,儒衣儒冠,如伶人结束。唱昆曲,音节殊可听,说白自道名贯,一与己合,所唱节末,皆其平生所经历。四折既毕,诵诗而没。张能忆其梗概,为人述之。①

据记载,康熙二十六年(1687 年)前后,王士禛与蒲松龄结识。不久,王士禛向蒲松龄借阅《聊斋志异》②。其实这部早先八年完成的小说集已记载了"心头小人"故事。《聊斋志异》原书中用的是"昆山曲"③一词。由这两则材料对照,可以看到从"昆山曲"改称为"昆曲"的痕迹。

"昆曲"一词,又略于同时出现在康熙中叶王正祥《新定十二律京腔谱》中,如:

> 昆曲之相传也,犹赖有诸词名家,如高则诚、唐六如、沈青门、梁少白辈,较羽论商,而腔板始备。④

2. "昆曲"一词渐次使用于乾隆年间

乾隆年间使用"昆曲"一词者有:
(1) 雷琳的《渔矶漫钞》的条目名称中有"昆曲"一条⑤。
(2) 严长明《秦云撷英小谱》多处用"昆曲"之称,如:

> 盖秦声与昆曲,其中有同者,有不同者;识其所以同,则听秦声无异听昆曲也。⑥

(3) 李调元《雨村曲话》引用明人沈宠绥《弦索辨讹》时,加注"昆曲":

> 《弦索辨讹》:"……明时虽有南曲,只用弦索官腔;至嘉、隆间,昆山有魏良

---

① 王士禛:《池北偶谈》卷二十六"谈异七之七",《笔记小说大观》(二编),台湾新兴书局有限公司 1978 年版,第八册,第 5090—5091 页。
② 参见袁世硕:《蒲松龄与王士禛》,《文史哲》1980 年第 6 期。
③ 蒲松龄著、张友鹤辑校:《聊斋志异会校会注会评本·张贡士》,上海古籍出版社 2011 年版,第 1189 页。
④ 王正祥:《新定十二律京腔谱·总论、凡例、自序》,蔡毅编:《中国古典戏曲序跋汇编》,齐鲁书社 1989 年版,第 98—99 页。
⑤ 雷琳等编:《渔矶漫钞》卷三,上海扫叶山房 1912 年石印本。
⑥ 严长明:《秦云撷英小谱》,叶德辉编:《双梅影闇丛书》,海南国际新闻出版中心 1998 年影印叶氏刊本,第 691 页。

辅者,乃渐改旧习,始备众乐器而剧场大成,至今遵之。"所谓南曲,即昆曲也。①

(4) 李海观小说《歧路灯》中,如:

> 满相公道:"还要唱个昆曲儿。"②

(5) 吴长元《燕兰小谱》中,如:

> 郑三官　　昆曲非北人所喜,故无豪客……
> 吴大保　　……本习昆曲……
> 金桂官　　……素习昆曲……
> 张发官　　……昔保和部,本昆曲,去年杂演乱弹、跌扑等剧……③

(6) 纪昀《阅微草堂笔记》:

> 一夕风静月明,闻有度昆曲者,亮折清圆,凄心动魄,谛审之,乃牡丹亭叫画一出也。④

(7) 钱泳《履园丛话》中,如:

> 醉乡　　……妓之工于一艺者,如琵琶、鼓板、昆曲、小调,莫不童而习之……
> 度曲　　……近时则以苏州叶广平翁一派为最著,听其悠扬跌荡,直可步武元人,当为昆曲第一。……近士大夫皆能唱昆曲,即三弦、笙、笛、鼓板亦娴熟异常……
> 蜒蚰精　　阊门叶广翁,精于昆曲,有《纳书楹曲谱》行世……⑤

---

① 李调元:《雨村曲话》,《中国古典戏曲论著集成》第八册,第8页。
② 李海观:《歧路灯》,《古本小说集成》,上海古籍出版社1994年据上海图书馆藏清抄本影印,第356页。《歧路灯》小说的不同版本会有差异,有的版本作"昆腔",有的版本作"昆曲"。
③ 吴长元:《燕兰小谱》卷二、卷四,《清代燕都梨园史料》(上),中国戏剧出版社1988年版,第20、34、40、40页。
④ 纪昀:《阅微草堂笔记》卷十七"姑妄听之三",《续修四库全书》第1269册(影印国家图书馆藏清嘉庆五年北平盛氏望益书屋刻本),第291页。
⑤ 钱泳:《履园丛话》(分别见卷七"臆论";卷十二"艺能";卷十六"精怪",《笔记小说大观》(二编,第五册),第2784—2785、2933、3032页。钱泳生于乾隆二十四年(1759年),卒于道光二十四年(1844年),姑且算作乾隆时期的作品。

乾隆时期长达60年,但笔记与曲论中"昆曲"一词的使用并不常见,搜寻颇费气力(本文已将所寻俱列于此);不似乾嘉之后,处处可逢,不胜枚举。且乾隆间几部要作,如徐大椿的《乐府传声》、李斗的《扬州画舫录》等,涉及昆腔内容甚多,却俱不用"昆曲"之称,全用"昆山腔"、"昆腔"。可见此时该名之用尚未普遍。

3. "昆曲"一词于乾嘉以后普遍使用

"昆曲"之称的普遍使用是在乾嘉以后。这时含有"昆曲"的材料俯拾皆是。

从嘉庆年间的昭梿《啸亭杂录》、《啸亭续录》,到道光年间的梁章钜《浪迹丛谈》、《浪迹续谈》,梁绍壬《两般秋雨庵曲谈》,杨掌生《京尘剧录》,咸同年间的杨恩寿《郴游日记》、俞洵庆《荷廊笔记》、清末姚华《曲海一勺》、徐珂《清稗类钞》等,均使用"昆曲"一名,尤以后两部使用频率最高。《清稗类钞》全书用"昆曲"70处,却只有3处用"昆腔",1处用"昆山腔"。①

从咸丰年间的《今乐考证》,到同治年间进士陈康祺的《郎潜纪闻二笔》,光绪初年成书的王韬《淞隐漫录》,光绪年间中进士或举人的何刚德的《春明梦录》、李岳瑞的《悔逸斋笔乘》、陈恒庆的《谏书稀庵笔记》,再到清末沈曾植的《菌阁琐谈》、梁溪坐观老人的《清代野记》、佚名的《杌近志》等,这些笔记中只用"昆曲"一名,再也不用"昆山腔"或"昆腔"了。

再看张次溪所编《清代燕都梨园史料》(正续编)。该书辑录了从乾隆年间到民国初年二百多年间有关北京戏曲活动的笔记52种,包括乾隆年间2部,嘉庆年间5部,道光年间7部,咸丰年间3部,同治年间5部,光绪年间12部,还有十余部清末民初之作。全编共出现"昆曲"94次(集中在24种笔记中);而出现"昆腔"只11次(其中9次亦在那24种笔记中)。② 从这个使用比例看,"昆曲"之称已几乎取代了"昆腔"之称,人们已相当习惯于使用"昆曲"这一名词了。

综上,"昆曲"一词所属的时代业已显然,它是清中叶才开始形成的一种指称习惯。它被"逐渐"使用,此"逐渐"的过程是那么的明显,想必暗合着某种发展的规律。很难想象,一个在清中叶才那么"逐渐"被人们接受、应用的概念,会早早用于明代流行之"时曲"。

二、"昆曲"新称产生的原因:昆腔的被扶正

"昆曲"名称产生并逐渐成为习用,与清中叶曲坛特定的背景有关。清代中叶曲

---

① 本文的检索与统计,部分使用了《中国基本古籍库》(北京爱如生数字化技术研究中心制作)电子书。
② 本处数字统计使用日本"中国城市戏曲研究会"网站整理的电子资料搜索而得。网址 http://wagang.econ.hc.keio.ac.jp/~chengyan/index.php?cmd=list。

坛总体状况是：非"曲（南北曲）"体的剧种四起，昆腔的兄弟声腔们渐失。这种一"起"，一"失"，使得昆腔在总的戏曲声腔格局中，位置发生了质的变化。

明至清初，称"曲"的只有"元曲"、"北曲"、"南曲"之类；海盐、弋阳、昆山等只是"曲"下所隶诸"腔"。所以明至清初的人们概念分得很清，无论昆腔多么美听，流行多广，他们还是清醒地认识到，它仅为众腔之一，便称它"昆腔"。这一阶段，"昆曲"一词是不可能出现的，因为那是僭越。然而至清代中叶，一方面，板腔体戏曲声腔大量兴起，逐步夺走曲牌体声腔戏曲的市场；另一方面，曲牌体诸腔只剩昆腔守而不失，其他则杂芜或散失。形势变换之下，名称所指的着眼点势必发生改变，即由"曲体"内部众腔之间的差别，转向"曲体"与"非曲体"间的差别。此时名称上无须再别出"此腔"与"彼腔"了，而是需要别出"曲"与"非曲"。于是昆腔无须再被称为某"腔"，它从"二级身份"的"腔"升跃至"一级身份"的"曲"。"昆曲"之名便应运而生。

这一推理，非仅依据对时势的分析，实乃基于对古人观念发展过程的研究。我们能够看到，在清代曲坛形势的映衬下，人们看到了昆腔的特质，并由此意识到了它在文化中的地位。这一认识上的发展，是昆腔被冠以"曲"称的根本原因。

首先，清中叶开始，出现了很多论证昆腔特质的观点，都是在对比昆腔与其他新兴地方戏种时得出的。如康乾间刘廷玑的《在园杂志》，在一番比较、分析后得出结论："终以昆腔为正音"。因为，弋阳腔失去旧貌；并海盐腔等残存无几，而"近今且变弋阳腔为四平腔、京腔、卫腔，甚且等而下之，为梆子腔、乱弹腔、巫娘腔、琐哪腔、啰啰腔矣，愈趋愈卑"①。嘉庆际昭梿的《啸亭杂录》，回顾音乐历史，认为当前只有"昆曲"余留古意，较为正统："是以昆曲虽繁音促节居多，然其音调犹余古之遗意。惟弋腔不知起于何时，其铙钹喧阗，唱口嚣杂，实难供雅人之耳目。近日有秦腔、宜簧腔、乱弹诸曲名，其词淫亵猥鄙，皆街谈巷议之语，易入市人之耳。"②光绪年间徐珂的《清稗类钞》中，将昆腔定位为百戏之祖："今剧由昆曲而变，则即谓始自金、元可也。"③直到清末姚华的《曲海一勺》等，尤多论证此点，不再赘述。可见，这段时期人们在反思昆腔的成就、总结昆腔的特质。

其次，清中叶后，出现了纷纷高呼昆腔正统地位的情形。人们从诗文、演剧及礼乐角度，都将昆腔视为正统嫡派。清中叶前，人们一般只把元曲、南北曲与唐诗宋词并举，并未具体至某一声腔。但清中叶时人们已将昆腔（昆曲）与唐诗宋词并举了。康乾间刘廷玑《在园杂志》中，把歌曲溯源至唐之歌诗，再至宋词、元曲，再至昆腔。④乾嘉年间钱泳《履园丛话》中，亦将"昆曲"与元曲、唐诗宋词地位拉平。⑤道咸间周棠

---

① 刘廷玑：《在园曲志》，任中敏辑：《新曲苑》，中华书局1940年版，第1张第2页。
② 昭梿：《啸亭杂录》卷八"秦腔"，《续修四库全书》第1179册，影印天津图书馆藏清抄本，第528页。
③ 徐珂：《清稗类钞·戏剧类》（即《曲稗》），《新曲苑》，第4张第1页、第6张第1页。
④ 刘廷玑：《在园曲志》，任中敏辑：《新曲苑》，中华书局1940年版第1张第2页。
⑤ 钱泳：《履园丛话》卷十二"艺能"，《笔记小说大观》（二编，第五册），第2933页。

《顾误录·序》中,体现了将昆腔归宗于隋唐燕乐的思想:"唐太宗集古乐之遗,翻成昆弋,蕴藉和平,允推雅正。"①《清稗类钞》中"今剧之始"一节,以唐代梨园为今剧鼻祖,其后金元院本,再后便是"昆曲"。清末,愈加发展成以"昆曲"为"今乐之圣"的思想。近人姚华《曲海一勺》,极力推崇"昆曲"。他把梆子腔比作郑声,皮黄介于雅俗之间,而"昆曲"则是雅乐。他从礼乐文化的角度论证了昆曲的乐圣地位。称昆曲为"今乐之圣,古乐之裔",提出"选乐于今,必以昆曲为主"②。这种思想影响至今。

以上这些现象都集中出现在与"昆曲"名称的出现、应用大致相当的时期,是明代昆腔流行时期所没有的——明代中后期,尽管昆山腔已盛行,但沈璟、沈自晋、沈宠绥等曲家俱多少批评过昆腔不守传统③。昆腔高古、正统的观念应该是到清代才确立的。

三、"昆曲"新称被习用的条件:昆腔的雅化

除"昆曲"新称产生的原因外,还有一点需要指出,即昆腔自身的雅化是"昆曲"被世人习用的一个重要条件。

如果说"昆曲"一名是时代赋予昆腔的一个荣誉称号的话,那么昆腔的雅化就是它得以适配这个称号的自身条件。之所以如此说,是因为弋阳腔也曾经获得过"弋曲"的称号,但终因它不具备雅乐的特质而未能久传。弋阳腔在清代前期并没有完全散佚,它虽不如昆腔那样纯粹,却毕竟也是存留古意之腔。所以当时有人也曾将它与昆腔一般看待,视为南曲之代表。如康熙间的《聊斋志异》中称"弋阳曲"④,并视之为雅乐;王正祥《新定十二律京腔谱》中也称"弋曲"⑤。此外后人中亦有不少以雅乐视之者,如有"无复昆弋之雅"⑥之类语。但是,由于弋阳腔没有像昆腔那样始终不离雅趣,而多杂合地方土腔,于是"弋曲"之名终未传开,也未传久。总之,昆腔的雅化对于"昆曲"新称的定名是至关重要的。雅化主要体现在以下四个方面。

---

① 汪德晖、徐沅澂:《顾误录》,《中国古典戏曲论著集成》(第九册),第33页。
② 姚华:《曲海一勺》,第9张第2页,《新曲苑》。
③ 如沈宠绥说:"踵舛承讹,音理消败,则良辅者流,固时调功魁,亦叛古戎首矣。"(沈宠绥《度曲须知》,第242页)沈璟:"今清唱者,唱此第三句,皆与【解三酲】第三句同,而梨园子弟,素称有传授能守其业者,亦踵其此矣。余以一口而欲挽万口以存古调,不亦艰哉。"(沈璟《增定南九宫谱》,《善本戏曲丛刊》,第396页)沈自晋:"……以此教人误人不浅,故今日吴人之清唱愿掩耳避之。"(沈自晋《南词新谱》,《善本戏曲丛刊》,第833页)
④ 见《聊斋志异会校会注会评本·罗刹海市》(二),第457页。
⑤ 王正祥:《新定十二律京腔谱·总论、凡例、自序》,蔡毅编:《中国古典戏曲序跋汇编》,齐鲁书社1989年版,第99、98页。
⑥ 徐珂:《清稗类钞·戏剧类》(即《曲种》),《新曲苑》,第4张第1页、第6张第1页。

1. 精致化

我们从历代刊行的工尺曲谱之符号、标志的发展中,能看出昆腔"精致化"的历程。(1)乾隆间的《九宫大成南北词宫谱》的板式符号比前代精细。此前的律谱只有正板、腰板之分,尚未有正板、赠板之别,亦不点眼。此状至康熙间的《南词定律》亦然。而《九宫大成南北词宫谱》始标注赠板,还标注了眼,这是将昆腔之"抽秘逞妍"进一步符号化。(2)乾隆间叶堂《纳书楹曲谱》中的板眼符号又更加详细。过去的曲谱均未点过小眼,虽《纳书楹曲谱》一开始也只点中眼,但随着时代趋势,他后来增点小眼了。(3)光绪年间刊印的《遏云阁曲谱》等则更趋精细,不仅将小眼标出,还标明了唱曲中的小腔——"擞腔"、"豁腔"等。

除了音乐外,昆腔的身段舞美也都日趋精致,行头也精致、贵重。① 这些均使得昆腔的身份高贵起来。

2. 崇尚"文"

清代俚俗的花部戏曲兴起,使得文人倍加怀念昆腔剧本深厚的文学传统。如果说,从明至清初的曲论中,往往可见评论家指摘某家之词不太合律,唱起来总令歌者拗嗓;那么清中叶的评论家们则纷纷转向了。他们此时力求保全作者原词原貌,即"以文为中心",主张遇不合乐处,通过改变音乐、以乐就词来达到文与乐的完美就合。如李斗、焦循、钱泳等均质疑"拗嗓"的说法②。李黼平等人提出"曲无定,以人声之抑扬抗坠以为定"③,"无不可付之歌讴,被之弦管"④的观点。此时期人们认为,论曲不该以律,而要以文。他们以"荆、刘、拜、杀暨玉茗诸大家,皆未尝斤斤求合于律"来证明自己的观点。⑤ 他们批评"世之论曲者,不以文,以律"⑥,认为"明人作九宫谱"是"强为分析,如理棼丝"⑦。可见,这个时代,传统观念已被颠覆:传统所谓"填

---

① 乾隆年间小说《歧路灯》中说,昆腔"箱子要好,要新,并要雅致些"。又有:"这昆班比不得粗戏,整串了二年多,才出的场,腔口还不得稳。我今实瞒不得了,上年我卖了两顷多地,亲自上南京置买衣裳,费了一千四五百两,还欠下五百多欠账。"(《歧路灯》,《古本小说集成》,第1613、448页)

② 如李斗不接受别人对他曲词音律问题的指摘,他依字谱腔,亲自教习歌者。这一举措受到不少人的推崇,如焦循称他"且唱且演,关白唱段,一一指示,各尽其妙。嗟呼!论曲者每短《琵琶记》不谐于律,惜未经高氏亲授之耳。汤若士云:'不妨天下人拗折嗓子。'此诨语也。岂真拗折嗓子耶?"[焦循《剧说》,《中国古典戏曲论著集成》(八),第219页]。《履园丛话》之作者钱泳也推崇说:"仪征李艾塘,精于音律"[钱泳《履园丛话》卷十二"艺能",《笔记小说大观》(二编,第五册),第2933页]。

③ 清代李黼平为梁廷枏《曲话》所作序,《中国古典戏曲论著集成》(八),第237页。

④ 《大成曲谱论例》,任中敏辑《新曲苑》,第9张前1页。

⑤ 清代李黼平为梁廷枏《曲话》所作序,《中国古典戏曲论著集成》(八),第237页。

⑥ 清代李黼平为梁廷枏《曲话》所作序,《中国古典戏曲论著集成》(八),第237页。

⑦ 杨掌生:《京尘剧录》,任中敏辑《新曲苑》,第10张前1页。

词"者,即"填"词入乐也——词本从属于乐;现在则明显强调"以文为中心"的创作与歌唱。于是,昆腔曲词再也不会出现像当年《牡丹亭》一样被多家改动的情况了,曲文成了像诗文一样的文化经典。

3. 文典化

昆腔音乐原本活在人们口头,未见录入文典,至今尚未发现康熙以前的昆腔乐谱。而至康熙间,情况大改,出现了大部头的官方、文人组织修订的宫谱。从稍先之《南词定律》等开始,昆腔工尺谱被文人纳入曲谱修订工程中。起先,仍以格律、板式标识为主,仅辅以工尺。《南词定律》与《九宫大成南北词宫谱》等皆然。它们仍然遵循传统的编谱体例,由宫调统领,按曲牌编目。后来,则重心转移,索性以昆腔工尺乐谱为主了,人们按剧目、出目来编,如乾隆年间叶堂所编《纳书楹曲谱》,冯起凤《吟香堂曲谱》等。昆腔唱法被文人以工尺谱记录、整理、刊刻,这是昆腔音乐"文典化"的反映。一旦昆腔音乐成为了文献典籍,就与一般俗乐不同了。

此外,身段也在文典化。清代中叶始,亦出现了如《审音鉴古录》等类似于昆戏身段谱的文献。人们把表演动作等也都谱入文典,以示法则。这均与俗剧种不同。

4. 高堂化

昆腔观众群在乾隆年间已明显缩小。如檀萃《杂咏》:"丝弦竟放杂敲梆,西曲二黄纷乱嘡。酒馆旗亭都走遍,更无人肯听昆腔。"①然而另一方面,士大夫文人却以通晓昆腔为高雅之举。这说明昆腔的市场在紧缩并升高层次,成为高堂雅玩。

昆腔还被视为朝庙之乐。乾隆初年,由朝廷组织编修的《九宫大成南北词宫谱》,载有大量昆腔音乐。其凡例中言明,这套御旨钦定的曲谱,按季节、月令来分,将曲牌人为分配至十二月令;并配入从《月令承应》、《法宫雅奏》中优先选取的曲词。这些都是庙堂雅乐的做法。清末姚华《曲海一勺》,更是对昆腔推崇备至。他从文章、礼乐、世间风化依次论起,至"昆腔为今乐之圣"部分,论证宜奉其为庙堂之乐:"故选乐于今,必以昆曲为主,盖昆曲者,和平之表,文化之符,今乐之圣,古乐之裔也。"②

总而言之,昆腔的雅化亦以一些明显的事实,集中出现在与"昆曲"名称的出现、应用大致相当的时期,与"昆曲"新称的定名是非常相关的。

本文理清"昆曲"一词的来历,可以更清楚地认识这一事物的发展,及其名实

---

① 万素:《徽班徽调史料摘录》,颜长珂、黄克主编:《徽班进京二百年祭》,文化艺术出版社1991年版,第172页。

② 姚华:《曲海一勺》,第9张第2页,《新曲苑》。

之变。

　　本文认为,对于清初以前的昆腔,并不宜把"昆曲"看作其大小名、姐妹称,因为在当时,"昆曲"的概念还没有形成。而对于清中叶以后所称的"昆曲",除应明了其指代的依然是"昆腔"外,还应明了这一名称中新增的那一份文化内涵。

　　此外,了解"昆曲"一称的由来还有利于理解当今昆曲界的一个现象:很多人鄙夷称"昆剧",而提倡称"昆曲",往往为此而有争论。其实,"昆曲"一称从诞生之日起,便有一种情结在内,即人们对它的欣赏、推崇,进而顶礼膜拜之。倘不称"昆曲",此情结便得不到疏泄。

在青春的俗套里成长
——好莱坞青春喜剧的发展及其借鉴意义

◎ 杨 柳

1999年,一部低成本的R级青春喜剧《美国派》在北美电影市场上获得了巨大的票房成功①。其恶搞风格的性噱头、厕所文化、粗口遮掩下的对青少年两性关系及个体成长的探讨,使得这部影片呈现为一种奇妙的混合体——出格的恶俗夹杂着直率的温情。当同时期的青春喜剧,像是《女校自由保卫战》(1998)在复古中宣扬着女权和思想,或是《校园风云》(1999)还在探讨人在不同选择下的道德悖论时,《美国派》却已经为新世纪的青春喜剧定下了不同的调子,用一种对性和青春的极尽戏谑、调侃,重新激活了萎靡不振中的青少年喜剧市场。后来追随这种趣味的《哈拉上路》(2000)、《超级坏》(2007)、《X任务》(2012)、《21玩过界》(2013)等影片,也都几乎成了近年来青春性喜剧和青少年粗俗喜剧的代表作。

好莱坞青春喜剧的起源、历史及现状

不过《美国派》并非好莱坞此类电影的"始作俑者",如果向前追溯,1978年上映的《动物屋》才是"罪魁祸首"。该片中尽情挥洒的大学生派对狂欢、醉酒、乱性、跷课、恶作剧等场景和情节,才真正把青春喜剧从青春片中剥离出来,使其具有了独立的子类型特征。值得称道的是,《动物屋》的主题并没有完全迷失在张狂享乐之中,而是更多地流露出了破坏和反抗权力规则的欲望。它的故事背景设置在20世纪60年代,主人公们直接继承的是当时青年人的反战、反文化潮流和性解放的意识。"动物屋"中的男孩儿们就像是新好莱坞代表作《毕业生》(1967)中的Ben一样,他们也许还暂时不知道自己想要什么,但他们很清楚地知道自己不想要什么!这部R级青春喜剧上映后获得了观众们的追捧,引起了当时无数青年的共鸣,其北美票房收入

---

① 《美国派》在北美共收获1亿美元票房,参见 http://www.imdb.com/title/tt0163651/business? ref_=tt_ql_dt_4。

居然高达 1 亿 4 千万美元。①

随后,在 20 世纪 80 年代出现了一批青春喜剧的跟风之作。其中比较有代表性的有《留校察看》(1982)和《失贞记》(1983),它们无论从内容还是风格上,都可以看作对《动物屋》和《美国派》的承上启下。有学者指出,80 年代的青少年粗俗喜剧其实是好莱坞重新开发青少年市场的产物,同时也与 60 年代影片分级制度的改变有关。② 其实,好莱坞真正发现青少年市场是在 20 世纪 50 年代,当时整个电影业正面临被电视抢走了大批观众之后的窘境。各大制片厂为了吸引观众重新回到电影院,不得不在全国性的电视节目中为其发行的每一部电影做"极其昂贵的 30 秒广告"。③ 结果证明,更容易被这种狂轰滥炸所引诱而离开他们舒服的家来看一场电影的群体正是青少年。"到了 60 年代中期,传统的电影观众已经从中年、高中文化程度、中下层阶级观影群体变成更年轻的、大学文化程度、更富裕的中产阶级观众。到了 70 年代中期,76% 看电影的人年龄在 30 岁以下。"④这也是为何好莱坞的青春片是从 20 世纪 50 年代的《无因的反叛》(1955),60 年代的《邦妮和克莱德》(1967)、《毕业生》(1967)、《逍遥骑士》(1967)才开始真正作数。只有当电影市场和社会文化风潮都为青年群体的独立、自觉做好准备时,青春片才摆脱了温情脉脉的家庭情节剧或以性压抑见长的爱情乖僻喜剧的束缚。

当时这些青春片中大量的暴力、裸露和毒品的刺激,也成了 1968 年美国电影协会(MPAA)将陈旧的制片法典转变成电影分级制的重要诱因。分级制出现后的 R 级(限制级)⑤和 1984 年又调整添加的 PG-13 级(特别辅导级)⑥为 70 年代、80 年代的青春喜剧的勃兴提供了法规保障,包容并消化了在之前被视为越轨的内容。

80 年代的青春喜剧中较为出色的作品还有《危险的行业》(1983)、《早餐俱乐部》(1985)、《再见人生》(1985)、《春天不是读书天》(1986)、《妙不可言》(1987)等。这类青春喜剧虽然也涉及青少年对性和爱情的渴望,但其关注更多的是他们真正要面对的问题:对即将迈入成人世界的身份的焦虑,遭遇人际等级关系的困惑,对规矩责任的逃避,对世俗享乐的追求,以及为了自我实现的奋发励志。这些在 90 年代的

---

① Peter Kramer, Explorations in New Cinema History: Approaches and Case Studies, Oxford: Blackwell Press, 2011, p.175.

② Lesley Speed, Loose Cannons: White Masculinity and the Vulgar Teen Comedy Film, The Journal of Popular Culture, 43(4), 2010, p.284.

③ Edward Jay Epstein, The Hollywood Economist, New York: Melville House Publishing, 2010, p.166.

④ 约翰·贝尔顿:《美国电影美国文化》,米静等译,上海人民出版社 2010 年版,第 331 页。

⑤ R 级影片表示只限于成年人观看,16 岁以下的青少年(后来改为 17 岁)必须在家长或成年人的陪同下才能观看。这类影片包含成人内容,里面有较多的粗口、暴力、性爱、毒品等。

⑥ PG-13 级影片表示建议家长小心,一些内容对低于 13 岁的儿童来说可能是不恰当的,比如不算严重的暴力、裸露、性感、粗话等内容。

青春喜剧《新窈窕淑男》(1992)、《茶水男孩》(1998)中也都有涉及,进而在新世纪更加简化为可以在叙事、剧情、人物、风格上用"俗套"或"公式"来统筹的一系列青春喜剧,例如《少儿不宜》(2001)、《留级之王》(2002—2009)系列、《变身辣妹》(2002)、《混合宿舍》(2003—2008)系列、《辣妈辣妹》(2003)、《摇滚校园》(2003)、《大人物拿破仑》(2004)、《高校天后》(2004)、《贱女孩》(2004—2011)系列、《灰姑娘的玻璃手机》(2004)、《录取通知》(2006)、《足球尤物》(2006)、《女男变错身》(2006)、《恋爱刺客》(2006)、《大学新生》(2007)、《重返17岁》(2009)、《歪小子斯科特》(2010)、《绯闻计划》(2010)、《毕业舞会》(2011)等。

反观新世纪后的青春性喜剧,像是《美国派》系列、《哈拉上路》、《超级坏》、《X任务》、《21玩过界》等,仍然不过是绕着圈子来处理这些问题,试图用性来缝合成长中的青少年们与其自我认同之间的沟壑,这也正是此类影片在粗鄙疯癫之余的终极追求。不过,在好莱坞这个旧瓶装新酒的势利之地,青春喜剧中的高中生和大学生们无论怎么"折腾",恐怕还是免不了要在一个又一个的"俗套"里长大。

新世纪以来青春喜剧的公式化类型特征

青春喜剧在新世纪以来随着其类型模式的趋向成熟和逐渐稳定,其原创和独特的艺术表达则愈发减少,因此更容易被梳理出可明确辨识的视听图谱、相似的剧情语法、类型角色和经典叙事等特征。

例如,在视听图谱方面,因为青春喜剧的发生空间主要是在校园中,所以往往在电影中的某个段落都会出现一组结合亮调摄影效果的表现蒙太奇,伴随着快节奏的流行音乐,把校园中各个有代表性的空间以及空间中人的精神气质凸显出来,以衬托主角对环境的不适或反转为适应后的心理状态。有时是在升格后的主观慢镜头中,透过主角的眼睛,打量着教室/走廊/图书馆/宿舍/更衣室/体育馆/教学楼前空地/草坪/派对中活动的学生们的那种混乱/疯狂/惬意/慵懒/冷漠/滑稽的模样。这也成了青春喜剧在视听图谱上区别于比较典型的青少年砍杀片和校园恐怖片的一个重要标识之一。

在剧情语法上,一组短语和关键词基本可以概括出青春喜剧高度相似的故事内容及编排方式,即:橄榄球/曲棍球/篮球/足球比赛;拉拉队表演和竞赛;象征成人礼的毕业舞会;各种派对和社团活动;"丑小鸭"变"天鹅";为自身无法被"破处"而焦虑或建立契约;因魔法等超强假定性而与异性互换身体、返老还少、易装;小圈子内部的友谊背叛;从冤家变为真爱;跷课;醉酒;霸凌;AV;考试作弊;打赌,等等。尤其是近几年反复出现的性别倒转、互换以及成年人"穿越"或不愿长大滞留高校的青春喜剧,如《变身辣妹》、《女男变错身》、《辣妈辣妹》、《留级之王》、《足球尤物》、《重返17岁》等,除了在用性别、年龄的不搭界来搞笑之外,也强化了青少年在潜意识中想用另一种视角对自身进行审视和反思的需求。

在角色的选取上,青春喜剧则更显著地体现出了其作为类型电影的特色。它们基本上是按照学生中不同群体的权力及认同度来设置类型角色及其互动关系的,其实质无非还是像社会学家所说的那样——"阶级在日常生活中采取了身份群体的外表"①。

青春喜剧中所表现的美国高中生和大学生群体中处于最高阶层的,经常是运动员和拉拉队长(也可能是各种社团的组织者、舞会皇后等),他们外表英俊强壮、漂亮健康,在人际交往中喜欢霸凌弱小,同时身边围绕着一群跟班(并非真正的朋友),有殷实的家境或未来丰厚的奖学金,是所有学生羡慕的对象。但其实在内心深处,他们不知道自己的真正需求,往往被无聊、虚荣、拜金、浅薄所累。这类角色的范畴属于俄国学者弗拉基米尔·普洛普所说的"假英雄"②或"坏人",他们往往是主角的对手,像是《贱女孩》中的 Regina;或是在一系列事件的感召下最后实现返璞归真的主角自身,像是《变身辣妹》中的 Jessica。当然在有些青春喜剧中也会突出他们身上的正面品质,使其成为主角梦想成为或交往的对象,例如《足球尤物》中的 Duke。

青春喜剧中的第二个阶层,可能是不良少年或野小子,他们外表稍逊于运动员,但造型乖张,性格狂放不羁,他们也经常喜欢使用粗口、暴力和酒精来提高自己在校园中的地位。这种角色更多地承担了主角们囿于身份无法完成的搞笑任务和性冒险,有时作为"帮手"出现,有时又成了"受害者",最典型的莫过于《美国派》中的 stifler,他看似是疯狂老道的派对之王,却每每被处男们恶搞和伤害。

青春喜剧中的第三个阶层,是外表老实却爱幻想的普通学生或初来乍到、个性倔强的新生。他们经常作为青春喜剧的主角出现,大多外形欠佳、不善运动和交际、缺少男子气概或女性魅力、异性缘差、存在感弱,可能还是被霸凌和嘲笑的对象。他们迫切地希望成为集体的焦点,也极度渴望建立两性关系,所以经常做出一些极端的行为来缓解对身份认同的焦虑感,例如《绯闻计划》中的 Olive 和《X 计划》中的 Thomas。这样的主角往往先是电影中的"受害者",然后在犯过无数愚蠢的错误后,逐渐成长为"英雄"。这种身份的反转,既达到了喜剧的效果,也完成了自我实现的主题。

最边缘的阶层,一般是学校里的书呆子、"怪人"、同性恋、外籍学生,等等,他们的外形和性格中可能存在更大的缺陷,但实际上内心善良、敏感脆弱,有时充满创造力和想象力。因近年来青春喜剧偏好设置多个主角的群戏策略,于是他们也经常成

---

① 戴维·斯沃茨:《文化与权力》,陶东风译,上海译文出版社 2012 年版,第 172 页。
② 普洛普在《俄罗斯民间故事研究》中将人物分为七种角色,分别为:坏人、施惠者、帮手、公主或要找的人和物、派遣者或发出者、英雄或受害者、假英雄。参见戴锦华:《电影理论与批评》,北京大学出版社 2007 年版,第 93 页。

为主角之一,就像是《哈拉上路》中的 Kyle;有时因为在新科技或知识领域的优势,他们也可以摇身一变成为主角的"帮手"甚至是"施惠者",例如《重回十七岁》中的 Ned。

青春喜剧中还有一类次要角色,就是学校的教师、校长、学生家长、神秘灵媒等。他们在电影中的形象大多是高度戏剧化的,几乎能够用一个词或一句话来抽象出他们某些特别的容貌与怪癖。新世纪以来,他们往往承担起主角的"帮手"、"施惠者"或"派遣者"的角色范畴,却较少承担在 70 年代、80 年代的青春喜剧中的"对手"角色。例如《美国派》中 Jim 的爸爸,总是对 Jim 循循善诱却又每次都不合时宜,这种不协调为影片制造了不少笑料。

在叙事方面,新世纪以来的青春喜剧依然是遵循了从 20 世纪初期就逐渐支配着好莱坞剧情片叙述结构的"经典电影叙事"①。学者大卫·波德维尔在研究好莱坞电影时,把这种叙事模式归纳为一种固守的公式,即:不受干扰的状态,干扰介入,努力排除干扰,干扰消除。② 这与两千多年前亚里士多德在《诗学》中所提出的"三幕"③结构也是相一致的。

如果具体阐述青春喜剧的叙事范式,我们也可以用三幕的结构来进行分析。一般来说第一幕的第一部分主要向观众介绍喜剧主角并围绕其建构人物关系。第二部分则借由一个戏剧性的事件,打破各种关系原有的平衡,让主角面对一个难题或危机。第三部分往往让主角设立一个不恰当的或不可思议的目标来加强突转的戏剧效果,其实这样做也强调了喜剧角色的特质,即在理性的人觉得荒唐或困难的问题面前,喜剧角色却会勇往直前、拒不退缩。这样也让主角在下一幕中不得不继续采取行动。

第二幕在整体上需要给主角不断设置障碍、加强纠葛,通过主角的对抗、挣扎等行动来化解一个个难题,同时还要发展次要的喜剧情节,如爱情和友情等,并在其中塑造次要角色的性格。具体来说,在第二幕的第一部分,主角往往会在前一两次行动中失败,这期间还可能遭遇友谊的误会与背叛等。第二部分一般会让主角在关键的一次行动中成功,进而收获爱情或得到他想要的"宝物"。第三部分要让主角由于他之前的愚蠢或幼稚的决定,而让刚得到的爱情遭受考验,或失去已经得到的"宝

---

① 经典电影叙事主要可以归纳为:电影以故事为主;导演伪装他的存在;时间和空间具有封闭性;遵循线性的情节和因果逻辑;有动机的人物;有主导冲突并能够被最终解决;观众在观看这类影片时,一般是被动的、不自觉的等。参见托马斯·沙兹《旧好莱坞/新好莱坞:仪式、艺术与工业》,周传基·周欢译,北京大学出版社 2013 年版,第 251—260 页。

② 大卫·波德维尔:《电影叙事——剧情片中的叙述活动》,李显立等译,香港远流出版公司 1999 年版,第 336 页。

③ 主要指情节作为完整的事物,由起始、中段和结尾组成。参见亚里士多德《诗学》,陈中梅译,商务印书馆 2012 年版,第 74 页。

物",进而一系列坏事发生,使喜剧主角陷入最低谷。这既给了观众喜欢看到的喜剧角色被重创后的狼狈模样,也为主角在结尾部分的幡然醒悟做好铺垫。

第三幕往往是外部冲突和内部冲突达到顶点后,主角必须在这一幕成长并消除所有的难题。在第一部分主角往往会因另一个戏剧性事件而充分自省或顿悟。第二部分要有至少一个自我救赎的行动使主角挽回爱情和友情。第三部分在尾声中展现主角焕然一新的状态,顺便交代其"对手"、"帮手们"的结局。

并不是新世纪以来所有的青春喜剧都包含了以上三幕结构中的每一个部分,但大部分的青春喜剧都可以用这种结构来提炼其叙事。就像是罗兰·巴特所认为的,"通俗形式其实是依赖某种成规的重复进行文化交流的手段。"①这些曾被不同国度、不同时代的学者抽象出来的叙事编码的哲学基础,其实也是人们对世界的一种看法和渴望,延续了远古神话中的社会群体需求和理想,人们希望通过消费这种叙事,来驯服生活的复杂性,进而获得一种愉悦感、稳定感与秩序感。

在主题和风格上来说,新世纪以来的青春喜剧虽然多少都涉及了青少年希望实现自我的要求,但其整体上还是偏向用戏谑、狂欢化和玩世不恭的态度来表达。它们解构权威和规则,用夸张、滑稽乃至低俗的手法来恶搞原本属于私人领域的性行为和两性关系,或调侃属于道德禁忌的种族、暴力、毒品和弱势群体等。这类青春喜剧的搞笑技巧依然是模式化的,其实质还是以直接满足年轻人的快感消费为导向的流行文化产品。

新世纪以来青春喜剧繁盛的深层原因

如果说 20 世纪 50 年代、60 年代在电影市场和文化领域使青年人、青春片有了独立的价值和意义的话,那么在 70 年代、80 年代随着分级制度的不断成熟所出现的青春喜剧,则在创作领域进一步固化了这种青春片的子类型特征。这些都为 90 年代末期到新世纪以来的青春喜剧的大量生产提供了保证。

而且,在新世纪以来的好莱坞的观众构成上,青少年是绝对的主体,这也是青春喜剧繁盛一个非常重要的因素。2009 年的调查显示,"在那些发行最广的电影的观众中,21 岁以下的青少年占了 70%"②。这组观众年龄如果跟上文中提到的 70 年代中期的数据相比(看电影的人年龄在 30 岁以下的占了 76%),可以看出主流观众的年龄明显要更加年轻。面对这种趋势,所有制片厂在今天都不得不学会如何进一步吸引这个群体来影院消费。于是,针对青少年目标市场的类型电影在新世纪以来的

---

① 托马斯·沙兹:《旧好莱坞/新好莱坞:仪式、艺术与工业》,周传基、周欢译,北京大学出版社 2013 年版,第 11 页。

② Edward Jay Epstein. The Hollywood Economist, New York: Melville House Publishing, 2010, p.167.

好莱坞层出不穷,并取得了票房优势。这些影片中有魔幻大片,如《指环王》(2001—2003)系列、《哈利·波特》(2001—2011)系列等;有青少年哥特风格的三角恋爱情片,如《暮光之城》(2008—2012)系列、《小红帽》(2011)等;也有在荒谬规则下杀人如麻的青少年恐怖片、砍杀片,如《死神来了》(2000—2011)系列、《饥饿游戏》(2012—2013)系列,等等。但这些影片在看似类型变化多端的背后,无非还是好莱坞一边盯着票房,一边盯着青少年观众们的结果。

在新媒体时代出生并成长的青少年们,几乎随时都被包围在网络、智能手机等二次元的拟像世界中,他们对美轮美奂的仿真符号的消费和整个电子化的生活方式,不但决定着他们跟父辈们对生活的体验的不同,也深深影响着他们对电影的审美偏好——更习惯于欣赏那些奇观化和游戏化的电影。而青春喜剧在青少年市场上的优势,在于其影片的内部逻辑颠覆了主流意识形态对青少年性开放的态度,用粗口、恶意的玩笑、下流的自娱自乐这样一些看起来漫不经心的游戏,挑衅又躲避了权力,释放了荷尔蒙,也宣泄了对成人世界既有规则的不满。归根结底,这还是一种根植于后现代社会、新媒体时代,青年人有更多的渠道来平等地,或许更占有技术优势地接触整个世界后的认知转变。

而且就类型电影的发展来说,新世纪以来的青春喜剧由于投资成本较低,也普遍选择了一条"去明星制"的发展路线。这种策略也暗合了今天电影发展的形势。其实在20世纪90年代中期,《侏罗纪公园》(1993)的巨型数字恐龙就令"电影观念中最神圣的领域之一——人的表演,第一次受到了侵犯"[①]。在这类大片出现前,可以说明星云集就是一部影片最大的制胜法宝。但在新世纪以来好莱坞电影真正步入到大量依靠特技、视听奇观的"超级大片"时代后,我们看到了更多的如《变形金刚》(2007)、《阿凡达》(2009)等并非大明星阵容,但依然风靡全球的大片。而反例则是史泰龙在2010年拍摄的《敢死队》,尽管一票硬汉明星扎堆助阵,但由于整体缺乏特技含量和现代元素,使这个神似20世纪80年代的"肉搏"动作片在北美票房惨败。

从另一个角度来说,上述超级大片瓜分市场后的空间,也需要依靠更多、更新奇的类型杂糅以及更迎合年轻观众目标市场的影片来填补。而青春题材作为一个类型兼容度很高的平台,"性"和"喜剧"在其上的世纪性对接也是一种必然。

但是,新世纪以来的青春喜剧,正因为其消解经典和神圣,以及大量存在的俗套化、公式化的剧情和喜剧噱头,已使其逐渐过渡到了一种廉价、低效的自我复制的阶段,缺少类型的创新和真正的反叛精神。有学者就指出自20世纪80年代以来的这种青少年粗俗喜剧,不过是"一种荒谬又下流的青年流行文化",只是"迎合了一部分

---

① 李昱编译:《詹姆斯·卡梅隆的〈泰坦尼克〉》,杨远婴主编:《多维视野:当代欧美电影研究》,中国电影出版社2007年版,第383页。

仍然麻木的、低教育水平的年轻观众的需求"。① 同时,作为另一种严肃的社会影响,有研究在对 34 部大学青春题材的喜剧电影进行了内容分析后,得出了这类电影"强调了风险(如酒精消费),却降低了学术活动的重要性"②。

对国产电影的启示

相对于在好莱坞市场上的炙手可热,真正类型意义上的青春喜剧在国产电影市场中却是缺失的,即使近两年的青春片正愈演愈烈。《那些年,我们一起追的女孩》(2011)、《致我们终将逝去的青春》(2013)、《中国合伙人》(2013)等影片看似都花了大力气讲述了一些校园生活中的幽默故事,其中的不少喜剧桥段也确实令人喷饭,但它们依然是一种青春的"过去时"。影片中那种祭奠自己年少岁月中的爱情和友情的怅然若失,是长大了的 70 后、80 后在目前并不令人满意的社会境遇中对过去的回味,是已经逝去了"少年狂"的中年人寻找自己"黄金时代"的一种情结。就像电影《午夜巴黎》(2011)中所说的那样:怀旧是为了拒绝痛苦的现实,认为生活在过去更幸福。

目前中国电影市场的现实是:由于没有分级制度,它根本无法容忍过于暴露的青春肉体和青少年对性的探索欲望。而且青春喜剧中的一些青少年戏谑权威、颠覆主流道德的极端恶搞,可能也会触及目前的教育体制,这也会成为青春喜剧在中国发展的一个掣肘。另外,国产青春片自身作为一种类型,到目前还尚处于未成熟的状态,其子类型的发展可能还需要一段时间的酝酿。像是打着青春旗号大肆张扬的《小时代》(2013),实则尽是消费主义和特权阶层文化的浮夸造作。谁又能从这一类青春电影中,看到青春喜剧那反拜金、反权贵、反道貌岸然的影子呢?! 而紧随着青春片热潮上映的《初恋未满》(2013)、《青春派》(2013)、《全城高考》(2013)等影片,倒是把故事背景全放在了校园中,可讲的还是青春期的苦恋或励志故事,虽然也有插科打诨,但电影中透露出的忧伤、灰暗、内敛的气质,更像是承继于 20 世纪 90 年代的国产青春片。

在我们自身的电影市场和部分青年人的价值观还存在诸多瑕疵的今天,恐怕制造好莱坞式的青春喜剧也无法消弭国产电影现有的种种问题。但在这类喜剧肆无忌惮甚至是流于低俗的青春笑料之外,美国青少年们对独立、自信、不断成长的大胆追求,其实要比在纸醉金迷的"小时代"中看似无害的随波逐流健康得多。

---

① Lesley Speed, Loose Cannons: White Masculinity and the Vulgar Teen Comedy Film, The Journal of Popular Culture, 43(4), 2010, p.285.

② Louise Wasylkiw and Michael Currie, The Animal House effect: How university-themed comedy films affect students' attitudes, Social Psychology of Education, 15(1), 2012, p.25.

《琵琶记》的困境:从创作到接受

◎ 陈 恬

《琵琶记》是一部在中国戏剧史上有着特殊重要地位的作品,这不仅因为它对明清时期的戏剧文学创作和舞台演出都产生了深远的影响,而且在戏剧批评史上,也很少有一部作品像《琵琶记》那样长期成为争论的焦点。争论的范围并不限于音律词采,很多时候是围绕《琵琶记》的人物、情节和主题展开的,这在传统剧论中实属罕见。要解释这一现象,必须回归作品①本身。《琵琶记》是一篇翻案文章,是高明对早期民间戏文《赵贞女》的再创作,其中最明显的变化是蔡伯喈的形象。高明将"弃亲背妇,为暴雷震死"的负心汉,改写成"全忠全孝蔡伯喈",并以"一夫二妇,一门旌表"的"大团圆"为结局。他的困难在于,赵五娘和蔡伯喈的故事早在南宋时期就已广泛流传于民间,即使是翻案文章,也不得不保留蔡伯喈赶考不回、双亲冻饿而死、赵五娘琵琶寻夫等主要关目。在此基础上重塑蔡伯喈的形象和改写故事的结局,必须编织新的情节,给上述"恶行恶果"以合理的解释,其中若有任何牵强和疏漏之处,蔡伯喈的新形象就可能缺乏说服力,进而影响读者观众对全剧主题的理解。可惜的是,作为翻案文章的《琵琶记》似乎并未能自圆其说。

情节经不起推敲的例子在传统戏剧中并非少见,然而《琵琶记》既是高明苦心孤诣结撰而成的作品②,目的又在翻案,就不可能不在情节上用心。以高明的文化修养和他为《琵琶记》所付出的心血,竟将翻案文章做得如此勉强,实在令人起疑。带着这样的疑问重新解读《琵琶记》,我们不难发现,问题绝不仅仅在于剧作法上的瑕疵,更可能的情况是,高明有意制造了《琵琶记》的情节疏漏,以便导向一个比"教忠教

---

① 《琵琶记》有两个系统的传本,接近原貌的清陆贻典钞校的《元本蔡伯喈琵琶记》、明嘉靖年间苏州坊刻《新刊巾箱蔡伯喈琵琶记》及凌濛初翻刻腥仙本《琵琶记》等是一个系统,经过明人较多删改的通行本《琵琶记》又是一个系统。这两个系统的版本之间存在的差别足以影响到对《琵琶记》的评价。本文的论述依据陆贻典钞校《元本琵琶记》,引文标点依据钱南扬先生校注本,上海古籍出版社1980年版。

② 相传高明写作《琵琶记》时,怕来客打扰,叫恶狗守门。《南词叙录》中还记载了一个传说:"则诚坐卧一小楼,三年而后成。其足按拍处,板皆为穿。尝夜坐自歌,二烛忽合而为一,交辉久之乃解。好事者以其妙感鬼神,为创瑞光楼旌之。"我们当然不必把传说当作事实,但是民间有这样的传说不会没有原因,至少可以说明《琵琶记》是高明苦心孤诣结撰而成的作品。

孝"更加复杂的主题。而这一主题和它的载体——戏文之间的不兼容,才是高明所面临的深层创作困境。

一

关于《琵琶记》中的情节疏漏,虽然明清以来论者已经指出许多①,但是真正对蔡伯喈形象和全剧主题产生影响的,主要只在"拐儿贻误"一节。如臧懋循批评:"陈留、洛阳相距不三舍,而动称万里关山;中郎寄书高堂,直为拐儿给误:何缪戾之甚也。"②李渔指出:"若以针线论,元曲之最疏者,莫过于《琵琶》,无论大关节目,背谬甚多——如子中状元三载,而家人不知;身赘相府,享尽荣华,不能自遣一仆,而附家报于路人……诸如此类,皆背理妨伦之甚者。"③《赵贞女》中的蔡伯喈是背亲负义之人,想必没有家书一节。《琵琶记》既要将蔡伯喈塑造成孝子,那么他在中状元之后,必然及时修书告知家人,因此,高明必须将家书未能送达、双亲饥寒而死的责任归于他人,这才编造出"拐儿贻误"的情节。而将影响全剧的大关目归于一个来无根据、去无着落的人物的偶然行为,这个翻案文章似乎做得太勉强、太生硬,也无怪乎明代人要大费口舌,争论蔡伯喈是否真孝子了。

事实上,寻找蔡伯喈赶考不回的理由并不困难,比《琵琶记》更早的民间戏文《荆钗记》在处理类似的情节时就很合理。据《瓯江逸志》记载,早期戏文中的王十朋也是王魁、张协一流人物,在中状元发迹后抛弃了妓女钱玉莲,以致钱玉莲投江而死。《荆钗记》中的王十朋则被塑造成一个情深意笃的男子,在他和钱玉莲之间制造离乱的主要是两个恶人:因招赘不成而将王十朋改调潮阳的万俟丞相,因觊觎钱玉莲而将王十朋的平安家报改为休书的孙汝权,经过一番误会波折之后的结局是夫妇团圆,恶人被惩。如果参考《荆钗记》的写法,要弥缝《琵琶记》的情节疏漏,只需为拐儿贻误的行为提供一个更加合理的动机,比如说出于牛相的授意。鉴于牛相的煊赫之势和爱女之心,他无疑是《琵琶记》中最有可能阻挠蔡伯喈一家团圆之人,不管是收买一个真拐儿,还是命令相府下人假扮拐儿,必然细节周全,能使蔡伯喈入彀,"附家报于路人"这个草率的举动也就有了更加充分的理由。祸由人作,就可以洗脱蔡伯喈背亲负义之名;事出有因,也不会使人觉得突兀牵强。在高明写作《琵琶记》之前,

---

① 笔者注意到,前人在论《琵琶记》中的各种纰漏时,往往不加区分,一概而论。笔者认为,对于在刊刻抄录过程中的笔误或因后人改窜而产生的错讹,如一些称谓上的混乱,乃至一些对白的前后矛盾,实不宜苛责作者。至于剧情与历史真实或生活真实不符,如蔡伯喈中状元的问题、陈留和洛阳的距离问题、蔡公蔡婆的年龄问题、赵五娘只身寻夫的可能性问题,等等,凡此以考据家、道德家而论戏剧者,与其责人,毋宁责己。只有情节设置和人物塑造方面的可能存在的疏漏,才是我们在解读《琵琶记》时必须讨论的问题。
② 侯百朋:《琵琶记资料汇编》,书目文献出版社1989年版,第123页。
③ 李渔:《闲情偶记》,上海古籍出版社2000年版,第26页。

《荆钗记》早已广泛流传于他所生活的浙江地区,蹊跷的是,珠玉在前,高明没有效仿,反而写了一个几乎人人都可以发现的大破绽。幸好,我们不必凭空揣度高明的弦外之意、虚响之音,因为在剧本的实际呈现中,已经显示了高明的理由。

蔡伯喈"重婚牛府"是《琵琶记》情节发展的一个转捩点,此后是生旦长期的分离。因此,强行招赘蔡伯喈的牛相很自然地被视为《琵琶记》中的反面人物。高明将贻误家报事归咎于拐儿的贪财,当然是为蔡伯喈翻案而起,不过直接关系的却是牛相的是非。正如洛地先生指出的那样,生造出拐儿这样一个局外人,来替代原本最有作恶动机的牛相,实际上是为了写牛相不是导致蔡家悲剧、陷蔡伯喈于"不孝"的恶人①。

权臣招赘状元本是传统戏剧中常见的情节,不管书生是否娶妻,权臣照例仗势欺人,像《张协状元》中的王相在新科状元游街时就直接将人挟持了去,《荆钗记》中的万俟丞相见面便言成亲,更以"朝纲选法咱把掌"相威胁。书生若有违拗,丞相们便施展种种阳谋阴谋,非离散他人家庭不肯罢休。而牛相强赘蔡伯喈时,却很难说有使蔡伯喈背亲弃妇的主观故意。在牛小姐几言谏父、要求与蔡伯喈同归故里侍奉亲帏时,牛相气愤之余确实说过"吾乃紫阁名公,汝乃香闺艳质,何必顾彼糟糠妇?岂肯事此田舍翁?"之类不近人情的狠话,事后他却自忖:"自家待要放他去,只是幼长闺门,难涉途路;况兼自家年老无人;如何放他去?如今有个道理,使一个人,多与他些盘缠,教他去陈留,将蔡伯喈爹娘媳妇都取将来便了,多少是好!"(第三十二出),随后他便派了院子李旺前去,可见"拐儿贻误"不可能出自牛相指使。尽管牛相"势压朝班,威倾京国",剧本中没有任何证据表明牛相曾经拘系蔡伯喈不放,或者制造蔡伯喈和家人之间的误会。在《琵琶记》后半本中,实际上是牛相在促成蔡伯喈和赵五娘的团圆。当赵五娘入牛府与蔡伯喈、牛小姐相认之后,三人欲一同归乡庐墓,牛相虽不情愿,却并未阻拦,而且对赵五娘十分尊重。三年服制期满,也是由牛相代表朝廷到陈留旌表蔡氏门闾。

不过,以上为牛相辩护的理由,不足以说明"重婚牛府"的特殊性,因为在这个影响蔡伯喈命运的事件中,发挥主要作用的并不是牛相,而是皇帝。《琵琶记》特别强调了牛相是"奉旨招婿",蔡伯喈原是皇帝向他推荐的女婿人选。在整个"强婚"过程中,牛相都没有和蔡伯喈见面,也没有直接对蔡伯喈施压。蔡伯喈拒绝牛相派来的官媒议婚后,官媒口称圣旨,于是蔡伯喈正式的辞婚,是在第二天向皇帝辞官时一并提出的。牛相虽然说过"我如今去朝中奏官里,只教不准他上表便了"(第十三出),

---

① 洛地:《戏曲与浙江》,浙江人民出版社 1991 年版,第 172 页。与此相关的是,《琵琶记》将牛相派给"外"这个脚色,这一点常为论者所诟病,或疑高明为在上者讳之故。若以明清传奇稳定的脚色体制来衡量,《琵琶记》中的确缺少一个在生旦间制造离乱的"净";而以牛相的身份性格和他在剧中的作用来看,由"外"扮演是完全合适的。

毕竟最终是皇帝下旨驳回了蔡伯喈辞官的请求,同时要他"曲从师相之请,以成桃夭之化"(第十五出)。可见,所谓"三不从"中的"辞婚不从",并不是牛相不从,而是皇帝不从。

高明的这一笔,不仅《赵贞女》中没有,也不同于一般传奇对类似情节的处理,恐怕是理解《琵琶记》全剧主旨的一个关键。蔡伯喈要面对的,显然不是当年王魁或王十朋的选择题。是忠于家庭以成就道德,还是屈从权臣以满足欲望,善与恶之间的区别一目了然。"负心情变戏"的男主人公选择欲望,由于他的"自作孽"而祸害家庭;"才子佳人戏"的男主人公选择道德,却又有恶人构衅其间制造离乱。高明费尽苦心做翻案文章,甚至不惜露出破绽,既重塑了蔡伯喈,又开脱了牛相,这就使"重婚牛府"以及由此引发的灾难,很难归罪于牛相或蔡伯喈的道德善恶问题[①]。真正的冲突并不在牛相和蔡伯喈之间,而在君臣伦理与夫妇伦理之间。是抗旨辞婚以遵从夫妇伦理,还是奉旨成婚以遵从君臣伦理,对蔡伯喈这样的读书人而言,实在是一个难以两全的伦理困境。

至此我们可以说,《琵琶记》的情节疏漏,尽管在剧作法上不甚高明,却有效地避免了将蔡伯喈一家的悲剧简单地归结为个别人物之间的善恶冲突。只有这样,"辞婚不从"才能和"辞试不从"、"辞官不从"并列,构成一组严肃深刻的"善与善的冲突"——"三不从"。也只有这样,这一组"善与善的冲突",才能覆盖中国传统社会最重要的三种人伦关系:君臣伦理、父子伦理和夫妇伦理——也即是"三纲"。

二

准确地说,《琵琶记》的"三不从",并没有发生在三种伦理关系内部,而是发生在三种伦理关系之间。真正使高明困惑的问题,并不在于明代人争论不已的"蔡伯喈是不是真孝子",而在于"蔡伯喈有没有可能同时做忠臣、孝子、义夫"。

为了建立稳定规范的理想社会秩序(君君臣臣、父父子子、夫夫妇妇),传统儒家伦理的"三纲"说从君臣、父子、夫妇这三种最基本的人伦关系内部入手,严格规范了关系双方的主从地位(臣顺君、子顺父、妻顺夫),以及各自应具备的德性(君明臣忠、父慈子孝、夫义妇顺)。通过使原本相对的、不稳定的人伦关系绝对化,不以对方的生死离合、智愚贤不肖为转移,这一伦理体系能够有效地协调每一种人伦关系内部可能产生的矛盾。《琵琶记》中的大多数人物正是自觉按照其社会身份履行伦理义务的,因而在每一种人伦关系——君臣(皇帝—蔡伯喈)、父子(蔡公—蔡伯喈)、夫妇

[①] 黄仕忠先生《〈琵琶记〉研究》(广东高等教育出版社1996年版,第154页)仔细剖析了牛相与蔡伯喈的交锋过程,认为两人虽然都不是坏人,但牛相自私而老谋深算,蔡伯喈也有"对功名富贵掩饰不住的心动",故将"重婚牛府"归因于两人性格上的弱点。此说虽然注意到了高明在塑造人物方面的特点,却掩盖了冲突的实质。

（蔡伯喈—赵五娘）之间，都没有发生真正的冲突。

然而，个体的社会身份往往是多重的，尤其对于蔡伯喈这样的读书人来说，按照传统儒家"修齐治平"的理想化设计，除了家庭内部的父子、夫妇关系外，还应该积极履践君臣伦理，所谓"不仕无义"①，"无父无君，是禽兽也"②。剧中借张大公之口陈述了事君的合理性："幼而学，壮而行；怀宝迷邦，谓之不仁。……这个正是学成文武艺，合当货与帝王家。"③然而，对于不同的伦理价值之间可能发生的冲突，除了蔡伯喈之外的当事人几乎都予以否认，他们在坚持各自的伦理理想时表现出惊人的单纯，每个人几乎都成为一种伦理价值的代言人。结果，他们都不可避免地陷入"善与善的冲突"，每一个伦理理想的实现都必须破坏掉另一个伦理理想，就如黑格尔所说："双方都在维护伦理理想之中而且就通过实现这种伦理理想而陷入罪过中。"④

"三不从"冲突的结果，恰恰是这些片面的伦理理想的破灭。维护君臣伦理、"望孩儿荣贵"的蔡公没有等到蔡伯喈衣锦还乡，改换门闾，为此痛悔不已："我当初不寻死，教孩儿往皇都。把媳妇闪得苦又孤，把婆婆送入黄泉路，只怨是我相耽误。"（第二十出）临终甚至遗言要曝露尸骸以责蔡伯喈之不孝。"爱招俊髦，以辅不逮"的皇帝虽强留蔡伯喈在朝，然而蔡伯喈为官三年的基本状态却是："我穿着紫罗襕倒拘束我不自在，我穿的皂罗靴怎敢胡去揣？我口里吃几口荒张张要办事的忙茶饭，手里拿着个战钦钦怕犯法的愁酒杯。"（第二十九出）实在算不得忠臣。维护父子伦理、"只为孩儿多用心"的牛相却招了个不情愿的女婿，结果"只因一着错，输了一炮落"，最后不得不放女儿同归陈留，当他唱道"辞别去你的吉凶未凭，再来时我的存亡未明……毕竟你没爹娘，我没亲生"（第三十八出）时，其孑然凄凉，令人鼻酸。

甚至那些在维护伦理理想过程中多少显得被动的人物，也都因其同样的片面性而未能真正实现初衷。牛小姐一心只要做贤妻，却在事实上造成蔡伯喈与父母分离，而且三年夫妻，声乖琴瑟，最终也陷入深深自责："是我误你爹，误你娘，误你名为不孝也。做不得妻贤夫祸少。"（第三十六出）坚持父子伦理的蔡婆最关心自己被供养的权利，乃至疑心赵五娘私自饮食，当发现孝顺媳妇不过是在吃米膜糠皮，一时竟羞愧而死。在赵五娘一方而言，为让公婆吃饭而自愿吃糠，"呕得我肝肠痛，珠泪垂，喉咙尚兀自牢嗄住"（第二十出），行孝几至自戕的地步，不料反而促成了蔡婆之死。虽然高明写作至此未必有反讽之意，然而人生之悲剧意味也无过于此了。

相较于这些单纯的人物，蔡伯喈的形象就要复杂而矛盾得多，也因此，对这个人

---

① 《论语·微子》。

② 《孟子·滕文公下》。

③ 张大公由末扮演，末作为脚色的职能，是为剧中各方当事人之间穿引，助人成事而自身无直接利害，他的意见往往代表作者评价。论者多将张大公与蔡公的意见混为一谈，进而斥其"冤家"（陈眉公批本）、"俗杀人"（李卓吾批本），而往往忽视二者之间的差异。

④ 黑格尔：《美学》（第三卷下），商务印书馆1997年版，第286页。

物的评价历来可谓歧见叠出。明代人就想不明白,《琵琶记》既是雪伯喈之耻,何以又厚污前贤至此,只得发明各种"以贤刺恶"的影射之说。今人则多从赵五娘的角度来解释这个问题,如钱南扬先生认为这是有意的烘托法:"本戏的中心人物应是赵五娘……倘然把伯喈描写得精炼勇敢一些,辞婚辞官回里,岂非要影响赵五娘悲剧的发展了吗?"① 洛地先生同样认为"《赵贞女》之成为《琵琶记》,实际上围绕着赵五娘故事"②。换言之,如果蔡伯喈形象有矛盾,那是因为高明没有在他身上多用心。笔者不能认同这些观点。《琵琶记》写赵五娘事迹固然极动人,但是赵五娘之孝养、筑坟、描容、寻夫等大关节,都是民间戏文和说唱中已经有的。不管赵五娘结局如何,其性格早已完成,高明所做的是点睛添毫的工作。而只有蔡伯喈,才是高明的蔡伯喈。同样是读书人,同样抱经济之奇才,又同样深知功名为忧患之始,在这个人物身上,我们才看得到高明对人生困境的深切体悟和真诚书写。

如果君臣、父子、夫妇是最基本、最重要的人伦关系,那么,所有这些伦理价值的和谐和在实际生活中的协调一致的行动,才能构成最完满的伦理生活。蔡伯喈的困境是比其他人都更清楚地察觉到其中的复杂性。即使单就行孝而言,蔡伯喈做到了"无违",结果却做不到"有养"③;假如他不听父命,像明人建议的那样"只要行吾孝耳"④,或许可以做到"有养",但也难辞"不敬"⑤之咎,是否算得真孝子,也很难说。当蔡伯喈在行孝的同时还希望周全其他的伦理价值,情况就变得更复杂了。赴试时他想的是"儿今去今年便还"(第五出);辞官时他说的是"若还念臣有微能,乡郡望安置,庶使臣,忠心孝意,得全美"(第十五出);在牛府时他告诉牛小姐:"非是我声吞气隐,只为你爹行势逼临。怕他知我要归去,将你厮禁,要说又将口噤。我待解朝簪,再图乡仕,他不提防着我,须遣我到家林,双双两个归昼锦。"(第二十九出)如果说《琵琶记》中其他人物因为伦理理想的片面性而导致彼此之间"善与善的冲突",蔡伯喈却是因为承认价值的多样性而导致自身情感和意志的分裂,每一种选择都有道理,每一种选择又都是错的,在冀望一个万全之策的过程中,他陷于无力行动的尴尬境地。

我们当然可以批评蔡伯喈犹疑、软弱、缺乏实践智慧,但我们不能不对蔡伯喈所感受到伦理困境以及由此产生的痛苦抱有同情。不管是蔡公蔡婆,还是牛相牛小姐,都因为单纯的伦理理想而内心完整,直到最终破灭的一刻才感受到痛苦。蔡伯喈的痛苦却几乎贯穿全剧。尽管他并非没有为自己辩护的理由,如张大公所说:"原来他也只是无奈,恁地好似鬼使神差。这是三不从把他厮禁害,三不孝亦非其罪。"

---

① 钱南扬:《元本琵琶记校注·前言》,《元本琵琶记校注》,上海古籍出版社1980年版,第4页。
② 洛地:《戏曲与浙江》,浙江人民出版社1991年版,第193页。
③ 《论语·为政》。
④ 《李卓吾先生批评琵琶记》,侯百朋:《〈琵琶记〉资料汇编》,书目文献出版社1989年版,第217页。
⑤ 《论语·为政》。

(第三十七出)软弱的心灵正可以藉此逃避罪恶感。然而,蔡伯喈自我审视的态度是严肃甚至严厉的,即使是被逼无奈的选择,即使是两害相权取其轻的选择,也意味着一些重要价值的丧失,因此必须对这种"亏心短行"做出情感和思想上的回答。

不是所有人都能感受蔡伯喈的痛苦,那需要更加开放地面对世界的复杂性,在单一而狭隘的视野中这种痛苦就是优柔寡断;也不是所有人都能承受蔡伯喈的痛苦,那需要心灵的力量和灵魂的尊严感,尽管它在实践的世界里显得毫无用处。当高明用双线结构交错展示蔡伯喈的赏荷赏秋和赵五娘的吃糠剪发,并非只是富贵和饥寒两种生活之间的对比,更是两种痛苦之间的类比:赵五娘的痛苦指向身体[①],蔡伯喈的痛苦指向心灵。身体的痛苦易于传达,而心灵的痛苦,只有同样的心灵才能体会。

三

在指出《琵琶记》以伦理困境取代善恶冲突之后,我们还需要审视高明如何处理《琵琶记》的结局,是否为解决这一困境提供了可能的途径,才能更加清楚地看到深藏在"教忠教孝"、"风化之旨"背后的主题。

乍看起来,《琵琶记》的"大团圆"结局和绝大多数戏文并无区别。然而本应皆大欢喜的场面,高明却是这样写的:圣旨褒奖蔡伯喈"竟遂佳名",蔡伯喈却想"何如免丧亲,又何须名显贵?可惜二亲饥寒死,博换得孩儿名利归";褒奖赵五娘"养生送死",赵五娘却道"把这眉头放展舒,只愁瘦容难做肥"(第四十二出)。纵然皇恩浩荡,并不能真正补偿赵五娘的苦难,也不能抵消蔡伯喈的创痛。"大团圆"的表象之下,是价值不可通约,苦难无法补偿,好人没有好报。

如果说讲述一个孝子贤妻受尽苦楚却没有补偿,"纯是写怨"[②]、"从头至尾,无一句快活话"[③]的故事,其主旨竟然是厚人伦、美风化,于情于理都不大说得通。传统文艺中的伦理教化并不探究属于道德哲学范畴的一般概念,也不仅仅关涉个人的道德修养问题,它实际上发挥的是意识形态的社会整合功能。因此,伦理教化不能以道德的完成为满足,而必然强调遵循道德规范与现实利益之间的直接联系。它可以侧重表现惩罚,如早期民间戏文中的"书生负心戏",破坏道德规范之人最终遭到清官、神明或某种超自然力的严惩;也可以侧重表现奖励,如《五伦全备记》、《庶几堂今乐》

---

① 谢雍君《赵五娘的贤德新解》一文指出,赵五娘吃糠、剪发、筑坟等孝行都是以自己的身体作为手段的,这和"二十四孝"中"卖身葬父"、"卧冰求鲤"、"恣蚊饱血"等故事有相同的"躬行主义"的特征。见《琵琶记研讨会论文集》,上海古籍出版社2008年版,第263页。

② 《毛声山评第七才子书琵琶记》引徐渭语,侯百朋:《〈琵琶记〉资料汇编》,书目文献出版社1989年版,第290页。

③ 《陈眉公先生批评琵琶记》,侯百朋:《〈琵琶记〉资料汇编》,书目文献出版社1989年版,第270页。

等道德家的作品,遵循道德规范之人所有的苦难和牺牲都会得到现实的功名利禄作为补偿,而且往往是加倍的回报。当然,更普遍的情况是恶有恶报与善有善报相结合,大部分的明清传奇都属于这一类。不管是善有善报还是恶有恶报,最终都是道德的胜利和秩序的强化,民间和文人的创作在这里不但没有截然的区分,而且实际上分享着共同的世界观。

所以,当我们再来看《琵琶记》开篇所宣称的"不关风化体,纵好也徒然"时,不能不感到它和作品实际呈现之间的矛盾。侯百朋先生曾经撰文质疑,认为"副末开场"并非高明原作①。明人好改窜前人文字而又托古自高,即使"信未经后人改窜者也"的陆贻典抄本,也不可能是高明创作的面貌。在文艺教化论高扬的明代,给一部颇受肯定的作品增添一点积极的创作主旨,并非没有可能。退一步讲,即使"副末开场"果真出自高明之手,所谓"不关风化体,纵好也徒然"云云,与其说是开宗明义,倒更像是自我掩饰,因为《琵琶记》对伦理秩序的肯定和强化,远不及它带给我们的困惑和思考:如果建立了一个伦理体系并严格按照规则行事,我们是否有可能避开所有冲突和不幸?在人的行为和经验如此复杂的情况下,我们是否有可能建立一个绝无例外的伦理体系?

对这些问题高明并没有表达明确的立场,而只是借张大公之口发出苍凉的喟叹:"人生里都是命安排。"(第三十七出)这个"命"不是赏罚分明的公正裁判,而更像一个无是无非的旁观者,审视着人力的极限之处。我们越是乐于接纳各种不同的价值,我们的价值体系越丰富,就越难以避免冲突;达到和谐统一的代价似乎是价值的单一和贫困,而这又是极度的不和谐。高明没有给出答案的问题,我们今天仍然很难给出答案。只有过于乐观的批评者,才会将《琵琶记》的伦理困境解读为时代局限。

也许是因为生活在元末动乱的时代,也许是因为自身出仕致仕的经历②,高明对于人生困境有了比常人更深的体悟。当他着手创作《琵琶记》时,他只是真诚地表达个人感受,不煽情,不粉饰。如果高明意识到《琵琶记》呈现了几乎是全部中国古典戏剧中绝无仅有的人生困境和悲剧性,那么想必他会选择一种更加"私人化"的体裁,比如诗歌或散文,而不会试图借助戏文这个载体来表达他个人独特的思考和感受。

选择戏文这个载体,首先使高明不得不面临一个创作困境。和诗歌或散文相比,戏剧有更多外在形式的限制。在《琵琶记》之前,戏文—传奇的脚色制已经基本稳定了,其中《荆钗记》甚至达到了比较规范的程度。这个体制一旦形成,对戏剧文学创作、戏剧舞台演出和戏剧班社建制都有很强的约束力。从戏剧文学的角度,脚

---

① 侯百朋:《陆钞本〈琵琶记〉开场质疑》,《琵琶记研讨会论文集》,上海古籍出版社2008年版,第172页。
② 黄仕忠:《高则诚行年考述》,《〈琵琶记〉研究》,广东高等教育出版社1996年版,第10页。

色制规定了剧中人物单纯的性格品质(生旦必为正面人物),规定了人物在剧情发展中的功能(净丑主离),更规定了善有善报、恶有恶报的结局(生旦大团圆)。这绝不仅仅是一个戏剧结构的问题,从根本上说,这是一个高度道德化、秩序化和简单化的世界。而在《琵琶记》中,无论是蔡伯喈、牛相这样的人物,"三不从"这样"善与善的冲突",还是苦难无法补偿的结局,都溢出了脚色制的边界。当高明局促在脚色制内,却又试图展示一个充满伦理困境、难以建立秩序、更加复杂的世界时,《琵琶记》的情节疏漏就产生了。若未见于此而仅以戏文体制为标准,它也就理所当然地被解释为高明的不高明。

选择戏文这个载体,更意味着高明只完成了《琵琶记》的一度创作,而由众多民间戏班的演员和观众共同完成的二度创作,决定了《琵琶记》性质只能是俗文学、民间文艺、大众文化。俗文学有这样那样的优点,但是并不像一般人想象的那样具有敢于挑战社会伦理秩序的"叛逆"精神,正如郑振铎先生指出:俗文学"比之正统文学更要封建的,更要表示民众的保守性些"①。像戏剧这样必须依赖于观众消费才能维持生存的文艺样式,受社会主流和正统意识形态的制约比诗歌、散文甚至小说都要大得多。因此,《琵琶记》的接受困境就在于,一方面,它从问世之初就受到追捧,尤其是它在场上所受到的欢迎,大概超过任何一部古代戏剧作品;而另一方面,《琵琶记》的接受史几乎就是一部不断被误读、改写的历史。

明中期以后,从全本中独立出来的折子戏成为传奇演出的主要方式。一部传奇中哪些出目成为折子戏可能带有一定的偶然性,但是一般都得是观众爱看、戏班爱演的。《缀白裘》收录《琵琶记》26个折子戏,陆萼庭先生根据清末上海报纸广告整理的《清末上海昆剧演出剧目志》亦收26折,洛地先生整理的《传字辈戏目单》收20折,彼此略有出入,但其分布的特征是完全一致的。综合这三份戏单,除去末、净、丑的戏和热闹的群戏外,以赵五娘为主的折子有《关粮》、《抢粮》、《吃饭》、《吃糠》、《剪发》、《卖发》、《描容》、《别坟》、《弥陀寺》、《廊会》等,此外还有与蔡伯喈同场的《称庆》、《南浦》、《书馆》等折,占了全部折子戏的大半。而蔡伯喈除了和赵五娘的同场戏外,以他为主的折子仅有《辞朝》、《赏荷》、《思乡》、《赏秋》等少数几折,其中《思乡》传字辈已不再演出,至于《辞朝》一折,舞台演出以副末扮演的黄门官为主,重点全在一篇展示念白功底的"黄门赋",而蔡伯喈的曲文被删减,甚至连辞官的内容都一并从略了。

对于民间戏班的演员和观众来说,牛相是理所当然的恶人,而蔡伯喈的痛苦也使人不耐烦,只有赵五娘那样目标明确并且身体力行的孝才是他们能够理解并且为之感泣的。无论高明多么努力地塑造蔡伯喈的形象,明清以来戏剧舞台上演出的《琵琶记》,实际上完全是以赵五娘为中心的;无论高明多么努力表达对伦理困境的

---

① 郑振铎:《中国俗文学史》,《郑振铎全集》(第七卷),花山文艺出版社1998年版,第4页。

思考和感受,明清以来戏剧舞台上演出的《琵琶记》,实际上重新回到颂扬带有苦行色彩的孝道的主题。在折子戏形成之后,戏剧舞台演出的"全本《琵琶记》"一般都只是将有关赵五娘的十来个折子加上一些净丑戏串联而成,除了赵五娘的结局不同,这实在是一部高度雅致化的《赵贞女》。

从民间戏文《赵贞女》到高明的《蔡伯喈琵琶记》,再到民间戏班的《赵五娘琵琶记》,高明的那一点深心早已湮没不见,被他撕开了一点缺口的世界又重新恢复到秩序井然的宁静状态。不管"副末开场"是否出自高明之手,有一点倒说得很对,《琵琶记》是需要"知音君子,这般另作眼儿看"(第一出)的,在当时是这样,现在依然是这样。

华莱士·斯蒂文斯诗剧中的禅宗文化

◎ 高子文

引 言

华莱士·斯蒂文斯(Wallace Stevens,1879—1955)一直以来主要作为重要的美国现代诗人被人所接受。虽然他的艺术成就主要在现代诗歌,但他同时也写作剧本,并且这种剧本的创作不仅仅只是案头的文学性追求。他的剧作有:《三个游客看日出》(Three travelers watch sunrise)、《蜡烛包围的卡洛斯》(Carlos among the Candles)、《碗,猫和扫帚柄》(Bowl, Cat and Broomstick)等。其中《三个游客看日出》于1917年在纽约的普罗文斯顿剧院(Provincetown Players)上演。该剧院是当时处于百老汇之外的最重要的实验剧团,汇集了当时美国最出色的剧作家,其中即包括美国戏剧之父尤金·奥尼尔(Eugene O'Neill)。斯蒂文斯的这些作品在当时并没有引起大的反响,但却为美国五六十年代先锋戏剧带来了不小的启发。麦克·本尼迪克特(Michael Benedikt)所编的《戏剧实验》(Theater Experiment,1967)一书收入了他的《三个游客看日出》。今天重新看这些剧本能够发现,它们已经体现出了鲜明的先锋色彩。也许正是因为这种超越时代的独特性,使得它没有能够得到当时观众的普遍认同。而斯蒂文斯诗歌的成功也在很大程度上打消了他戏剧写作的念头,使得他选择通过诗歌来实现自己的戏剧性表达。莎拉·福特(Sara J. Ford)曾对斯蒂文斯诗歌中的戏剧性隐喻做过细致的分析。而与此相对地,斯蒂文斯的戏剧作品则充满了诗性。这种诗性主要通过他对现代戏剧文体的革新体现出来。他的戏剧被萨拉·程和芭芭拉·科尔和(Sarah Bay-Cheng and Barbara Cole)归为"现代诗剧"(Modern poetic drama)。斯蒂文斯在戏剧上的这些创新与中国"禅宗"(Zen or Chan Buddhism)文化是分不开的。

一

斯蒂文斯最早究竟什么时候开始接触中国文化很难知晓,但据钱兆明(Qian

Zhaoming)考证,他对东方文化的痴迷则至少可以追溯到哈佛时期。尤其在同学Arthur Davison Ficke 和 Witter Bynner 的影响之下,他疯狂地爱上了日本艺术。钱兆明还通过斯蒂文斯的书信发现,1909 年他在纽约的艾斯特图书馆阅读了日本人冈仓天心(Okakura Kakuzo)所写的《东方的理想》(*The Ideals of the East*)和宾永(Binyon)所写的《远东的绘画》(*Painting in the Far East*),钱兆明于是猜测,大概正是冈仓的书使得斯蒂文斯第一次接触到禅宗思想。禅宗思想之后对斯蒂文斯的创作产生了持续性的影响,以至于威廉姆·比维斯(William W. Bevis)在论述斯蒂文斯的著作《冬天的思维——华莱士斯·蒂文斯、冥想和文学》(*Mind of Winter: Wallace Stevens, Meditation and Literature*, 1988)的序言中写道:"他对冥想(Meditation)的兴趣是他对想象的兴趣的完美烘托,是他现代主义的核心,而虚无与虚构则为各自的喧嚣而合作。"需要指出的是,禅(Zen)这个词的意思,在冈仓天心的解释中即是"冥想"。他说:"禅,来自 Dhyan 这一词,意思是在最高睡眠状态下的冥想,通过达摩(Bodhi Dharma)介绍入中国……"

尽管比维斯的书主要围绕斯蒂文斯的诗歌《雪人》(*The Snowman*)来阐述禅宗思想在他创作中的深刻影响,并没有论及他的剧作。但是斯蒂文斯的剧作对中国文化的接受则比诗歌更为明显。从最浅层次来说,《三个游客看日出》中的"三个游客"正是中国人。而《蜡烛包围的卡洛斯》中则同样充满了东方意象,如:"二十四支蜡烛一起燃烧,好像它们的光在驱赶着幽灵,落到丝绸和扇子上。"

《蜡烛包围的卡洛斯》是一个很短的独幕剧。剧情非常简单。一个中年学究样的男子举着一支蜡烛上场,依次点燃场上两个桌子上已经安放好的蜡烛。当所有的蜡烛都被点燃后,一阵风吹来,熄灭了几支蜡烛,他于是开始一支接着一支地吹灭。伴随着他的动作的是他诗一般的独白,表达他对生命、对世界和对自己的理解。戏的最后,他认识到"心灵中保留着一些能确定的东西","在创造之外仍有物存在",于是怀着喜悦的心情从窗口跳了出去。

如果明白蜡烛这个意象在禅宗中的意义,那么这里斯蒂文斯的借用则绝非仅只是表面的附庸风雅。禅宗发展到宋代,"文字禅"开始兴起,出现了各种"灯录"。重要的有《景德传灯录》(道原,1004—1007)、《天圣广灯录》(临济宗李遵勖,1029)、《建中靖国续灯录》(云门宗惟白,1101)等。而宋代的僧人们之所以选择用"灯"字,则应该是从禅宗最重要的经典著作《坛经》中得到的启发。惠能在《定慧品》中,用灯与光来解释定与慧的关系,他说:"善知识,定慧犹如何等?犹如灯光。有灯即光,无灯即暗。灯是光之体,光是灯之用。"在这里,惠能借用灯与光来解释禅定(定)与差别变化(慧)之间的辩证关系,对于理解禅宗的整体思想具有核心价值意义。斯蒂文斯在写作这个剧本时是否曾读过《坛经》值得怀疑,但他对于灯与光的意象在禅宗中的大致意义应该是知晓的。但是,斯蒂文斯在运用蜡烛与光的比喻来探讨的却并不是抽象的"定慧"问题,或者说,他是从个体存在的细节出发探讨了"定慧"问题的多个层面的内容。

在该剧中,他从探讨孤独(Solitude)入手。孤独是人存在的原初状态,而第二支蜡烛的点燃则象征着从一诞生为二。随着烛火的增多,"他"感到"只一刻间,我成为独居者,然后受人尊敬——在为了庄严而冷漠的同伴中,然后变得优雅,然后意识到奢华,甚至伟大,而现在,我已慢慢地走向壮丽的开始。真的,我是一个现代人了"。斯蒂文斯在这里抽象地描绘了现代个体诞生的过程。而当蜡烛全部被点亮后,孤独则让位于群体的骚动,"我被光灌满了"。个人与群体的关系被强调出来。但也正是这个时候,幽灵出现了,一阵强风吹熄了几支蜡烛。"他"于是感觉到世界的变幻和混乱,随着蜡烛一支支熄灭,"他"见证了世界的多彩与离奇("慧"),直到最终又回复到原初状态("定")。斯蒂文斯把一种独特的生命轮回通过蜡烛的隐喻呈现给观众,而禅宗思想则被紧密地结合进剧本之中。

但是斯蒂文斯毕竟不是惠能。尽管他在剧本中运用了禅宗的"灯"的隐喻,并且整个剧作看上去就像是一次"冥想"(禅)的记录。但事实上,他所表达的,与其说是禅宗思想,不如说是现代人的生存体验。可以说,斯蒂文斯对禅宗的借用正是为了试图描绘与认清现代世界的存在法则。尽管他借由灯与光所展开的世界,可以类比惠能的"定慧"观念,但是在对待存在的基本态度方面却是各有侧重的。惠能侧重的是"无"与"变化"的观念。所以说禅宗是道家哲学的世俗化这样的说法不无道理。尽管惠能也说"仁者心动",但他对心的根本态度则还是:"菩提本无树,明镜亦非台,本来无一物,何处惹尘埃。"斯蒂文斯则与此截然相反,他更加纠结于生命存在的意义和确定性。并且根据西方的习惯,从个体的角度进入论题,让剧中人最终找到了某种答案:"心灵中保留着一些能确定的东西","在创造之外仍有物存在"。惠能听到这样的答案,是不会认同的。这里可以看到东西方文化间的微妙的差异。尽管禅宗把佛教世俗化和个人化,但东方文化的强大非个体性因素仍然发挥着巨大影响。而从这个剧作看,剧中人显然仍不愿意放弃个人的价值与意义,斯蒂文斯更愿意将结论安置在一种辩证的思考之中。

二

古希腊戏剧、莎士比亚戏剧都用的是带有韵律的语言,因此某种意义上也可以认为是"诗剧",但它们与斯蒂文斯的现代诗剧有着本质的区别。相比较而言,斯蒂文斯对诗性语言在戏剧中的运用是充分自觉的,语言问题不仅仅是戏剧的技术问题,更是一种全新的现代世界观的展现。在这一问题上,禅宗无疑再次为他提供了灵感。他的作品充分地说明了这一点。

《三个游客看日出》的中国意味非常浓厚。戏的开始,斯蒂文斯就设定了这三个中国人的不同形象。第一个是物质的、喜剧的;第二个是知识的、文化的;第三个则是坚定的、超脱的。剧情非常简单,三个中国人来到山上围绕瓷器、蜡烛、太阳等展开哲学讨论,并等待着日出。第三个中国人请第一个中国人唱歌。第一个中国人讲述了名叫安娜(Anna)的西方女子和情人私奔的事。天亮时,他们发现附近的树上有一个西方青年上吊自杀了,并且树下坐着他的情人安娜。两个中国人送安娜下山。第三个中国人对着瓷器、尸体、树、阳光做了一段哲理分析后,戏便结束了。

从对中国文化的接受来说,这个剧本做了很大的颠覆。东方的美好女性成为西方物质文明下男性的消费品这一模式[如普契尼的歌剧《蝴蝶夫人》(*Madama Butterfly*,1904)和奥尼尔的剧作《马克百万》(*Marco Millions*,1927)]被打破了。尽管剧中的中国男人仍是无性的,但他们拥有明确的价值和尊严。相反地,西方男性以尸体的面目呈现,而西方女性则是以弱者的形象呈现,这都凸显了中国人在该剧中的正面形象。两个黑人在该剧中没有任何台词,作为仆人的身份存在。整体看,剧本带有较强的象征色彩,表达了濒临溃败的西方文明的一种自救企图。理查德·施瓦兹(Richard Alan Schwartz)在分析该剧时认为,中国人的形象事实上并不是全剧的着力点,"它是为了展示一个观念,角色不过是实现这一目的的代理人而已"。他继而引述斯蒂文斯的信说:"这个剧本的要点,是为了展示自然中的客体如何影响我们,或另一方面,我们如何通过表达情绪、感情等来影响自然中的客体。"但是无论如何,斯蒂文斯对这一观点的表述是借由三个中国人来实现的,在他看来,中国的禅宗文化最接近他所认识到并试图表达的这一观念。

试图全面而清晰地理解斯蒂文斯的剧本是不容易的,甚至可以说是不可能的。原因在于,斯蒂文斯并没有采用传统的日常语言来塑造人物和建构剧情。剧情在他而言只是一个隐喻,台词在他而言只是观念的传达。如《三个游客看日出》的开头:

> 第二个中国人:为寻找诗歌
> 　　　　　　你唯一需要的是
> 　　　　　　提着灯笼去找。
> 　　　　　[中国人笑]
> 第三个中国人:我可以不用灯笼,
> 　　　　　　如果在八月的夜晚,
> 　　　　　　我能看到
> 　　　　　　谷仓上的露珠。

这里显而易见的是"灯笼"、"谷仓"、"露珠"包括"诗歌"、"八月的夜晚"等意象都是隐喻。但问题在于,这些意象的本体是什么?是唯一的吗?在《蜡烛包围的卡洛斯》中,类似的台词也是全篇都是。如:

卡洛斯：……在光的熄灭中有什么？它就像十二只野鸟在秋天飞。

[他吹灭了一根蜡烛]

它就像一个棵有着十一根枝条的橡树，在寒霜中着了黄铜的颜色……遗憾啊……

[他吹灭了一根蜡烛]

它就像火箭蹦出的十粒绿色的火花，在空气中震荡……光的熄灭……遗憾是如此紧紧跟随。

面对这样的语言，观众完全可以得出自己全然不同的解释。可以说，从象征主义开始，戏剧的语言就变得已经不再与人物及情节紧密联系了。在梅特林克（Maeterlinck）的《群盲》（The Blind，1890）中，人物的台词充满了暗示。它们不再为表现人物的性格服务，也不为交代背景、制造悬念或推动情节服务。台词直接指向了戏的主旨，它们从人物与情节中解脱出来，游离在外。斯蒂文斯的戏剧显然更为极端，他把情节与人物弱化到了极致，而通过他最擅长的诗歌语言来表达观念。某种程度上，我们可以说他根本不会写戏，他无视了传统戏剧最核心的要素，但另一方面，他的这种尝试，把语言的文学性推到了极致，以至于产生了和阿尔托的反戏剧的文学性语言看起来截然相反但事实上却类似的效果。阿尔托说："我看到混乱的根本是在于事物与词汇之间的断裂，事物与表达它的观念和符号之间的断裂。"斯蒂文斯则根本不要这种事物与词汇一一对应，他的符号制造出一个新的诗的世界，而把事物亦即现实隐藏在某个未知的地方。

斯蒂文斯对语言与世界关系的这一理解同样可以在禅宗中找到解释。《坛经》中记载了菏泽宗的创始人神会少年时去拜见惠能的故事：

一日，师告众曰："吾有一物，无头无尾，无名无字，无背无面，诸人还识否？"

神会出曰："是诸佛之本源，神会之佛性。"

师曰："向汝道无名无字，汝便唤作本源佛性。汝向去有把茆盖头，也只成个知解宗徒。"

神会可以说是惠能最出色的弟子，惠能对他要求甚高。事实上《坛经》中记载了很多惠能通过否定性的修辞来解释佛性的例子。但在这里惠能要向神会开悟的即是语言的有限性。语言无法用来与佛性建立起直接的确定的联系，语言只能围绕佛性展开其自身，佛性因语言之变化而变化，又因其自身之隐秘性而不变。斯蒂文斯的剧作对语言的选择可以说是和禅宗的思想一致的。语言的多义性及其有限性是他所要表达的核心主题。在《三个旅客看日出》的结尾，斯蒂文斯借第三个中国之口所表达的思想，也可以用来作为他的语言与现实辩证关系之解释：

红色并不只是
血的颜色
或
　　［指着尸体］
男人的眼睛
或
　　［指向地］
女人的。
而既然太阳的红色
对于我来说是一个东西
对于别人来说是另一个东西，
那么绿色既是这棵树
　　［指着］
绿色也可以是别的，
没有这些，则都变成了黑色。
因为被不同的眼睛看着，
即使是死人的眼睛，
日出被赋予了多层含义，
它所照耀的大地也一样如此，
就像红色被不同的树叶赋予了多层含义。

就像"红色"与"绿色"这两个词可以有着无数的含义一样，斯蒂文斯试图向我们说明："大地"——我们的世界，即也是通过各种复杂的、多义的意象向我们呈现。

在现代戏剧的发展过程中，戏剧家对角色语言的革新是极其关键的。从阿尔托开始，现代艺术家怀疑语言在人与人之间交流过程中的有效性。传统剧本主要以语言的方式流传下来，语言具有绝对的主导地位，因此对语言的怀疑即是对整个戏剧传统的怀疑。在美国60年代先锋戏剧的高潮中，很多戏剧甚至不再把语言作为媒介，即使有台词，观众也听不懂在说什么。阿诺德·阿伦森（Arnold Aronson）即指出语言成了众多戏剧词汇中的一种，它不再具有主导的地位了。而斯蒂文斯从禅宗的深层理念出发，用他诗歌式的语言进入戏剧，在戏剧文体的革新上迈出了关键的一步。

三

斯蒂文斯对禅宗文化的借用并非偶然。从西方现代艺术史看,20世纪前后西方文化艺术界出现了一股向东方文化借鉴的潮流。文森特·凡高(Vincent Van Gogh)在1885年搬到安特卫普(Antwerp)不久,就开始疯狂地迷恋日本浮世绘木版画,利用东方的绘画技术和风格,革新印象派绘画。差不多与此同时,高更则开始关注法属波利尼西亚的塔希提岛,以描绘一种另类的文明状态来反思欧洲现代文明弊病。在戏剧层面,与高更的这种诉求非常接近的是阿尔托(Antonin Artaud)对巴厘岛(Bali)戏剧的推崇;尤金·奥尼尔对道家文化的迷恋;桑顿·怀尔德对中国戏曲的借鉴;以及约翰·凯奇(John Cage)对禅宗和《周易》(I Ching)的痴迷等。美国先锋作家格特鲁德·斯坦因(Gertrude Stein)用一个短语"东方的和平渗透"(Oriental Peaceful Penetration)来形容这样一个文化交流的状况。但这些西方艺术家对东方文化的借用并非机械地挪用,更非试图整体地取代西方文明,而是借以提供一个新的角度来对自身的文化传统作出批判。

首先,斯蒂文斯通过禅宗文化所提供的思想资源有力地批判了西方现代文明中的个人主义(Individualism)传统。从《蜡烛包围的卡洛斯》一剧可以看出来,斯蒂文斯试图通过禅宗的"定慧"观念来重新审视"现代人"的生存状况,尤其是在马克思(Karl Marx)所说的资本主义工业化对人的"异化"(Alienation)这样的语境下,现代人的生存如何得到一种真实性。在该剧中,斯蒂文斯借用蜡烛的灯火来比喻个人,以独白的方式来呈现人物的心理过程。而这一过程本身即如同一次顿悟。卡洛斯最后从窗口跳了出去,他认识到了个人就如同灯火一样,既能够获得某种存在的真实,同时又是极其短暂、无从把握的。而在《三个游客看日出》这个戏中,斯蒂文斯则描述了他所想象中的中国人的生存状态。这是三个只为艺术、箴言和哲学存在的人物,从剧本中几乎看不到他们的动机。他们到山顶的目的是为了等待日出,等待碗中的露珠出现。而与此相对的则是为情欲而自杀的西方男性和坐在树底下哭泣的西方女性形象。这样的对比对强调个人的西方价值体系产生了强烈的冲击。

其次,斯蒂文斯通过禅宗文化质疑了逻辑(Logic)至上的西方理性主义(Rationalism)的思维传统。在《三个游客看日出》一剧的结尾,斯蒂文斯借用第三个中国人的话来描述他所相信的世界观。在理性主义看来,世界的意义是确定的,并且通过语言向我们表现出来。概念与意义之间是一一对应的。人们可以通过理性来认识世界,世界是可被理解,并且可被表达的。但在斯蒂文斯的剧中,理性的世界崩坍了。语言并不能够捕捉到真实,在每个不同的个人眼里,世界是完全不同的。就像上吊自杀的西方青年那样,执着于逻辑的西方传统必将走向一条死路,这时候它需要东方文化的力量来拯救。

斯蒂文斯对西方文明的这两个方面的批判从他对西方传统剧作法的革新上更鲜明地体现了出来。在西方戏剧学圣经《诗学》(*The poetics*, ca. 335 BC)中,亚里士多德(Aristotle)则将理性主义在戏剧中的权威确立了起来。亚里士多德认为,"情节"是悲剧最重要的因素,他强调了"情节整一性"的重要意义。黑格尔(Georg Friedrich Hegel)继承了这一思想,同时,他强调了"个人"在戏剧中的重要意义。他在《美学》(*Aesthetics*)中写道:"在各种语言的艺术之中,戏剧体诗又是史诗的客观原则和抒情诗的主体性原则这二者的统一,这就是说,戏剧把一种本身完整的动作情节表现为实在的,直接摆在眼前的,而这种动作既起源于发出动作的人物的性格的内心活动,其结果又取决于有关的各种目的,个人人物和冲突所代表的实体性。"可以说,西方的传统戏剧文体即是建立在理性主义和个人主义之上的。理性主义和个人主义既是表达的内容,同时决定了戏剧形式。斯蒂文斯则对此都予以了拒绝。在斯蒂文斯的诗剧中没有所谓的"情节",更没有人物的动机的推动。《蜡烛包围的卡洛斯》只是一个心理独白,而《三个游客看日出》则在最大的意义上弱化了情节因素。在该剧中,一个西方男青年追求安娜并最终上吊自杀,这几乎就是一个标准的"情节剧"(Melodrama)剧情,但斯蒂文斯将它隐藏在了幕后,我们所能看到的只是在树下哭泣的安娜而已。斯蒂文斯有意地拒绝一种惯性的"个人主义"剧作法,以立体地实现对西方文化的批判。他的这一努力正如同阿尔托在论述"残酷戏剧"时所说的:"断绝心理学意义上的人,断绝细致分析的性格与情感,同时断绝那些被法律规训、被宗教与戒律扭曲的社会的人,残酷戏剧将致力于实现完整的人。"

斯蒂文斯对禅宗的借用启发了美国戏剧艺术家。在他之后,约翰·凯奇同样通过禅宗,为美国的音乐和戏剧艺术提供了全新的思想。斯蒂文斯对中国文化的借用方式,更为我们如何引进西方文化资源以实现对中国戏剧与中国文化的革新提供了借鉴意义。

参考文献

[1] Michael Benedikt. Theater Experiment [Z]. New York: Doubleday, 1967.

[2] Sara J. Ford. Gertrude Stein and Wallace Stevens: The Performance of Modern Cousciousness [M]. New York: Routledge, 2002.

[3] Sarah Bay-Cheng and Barbara Cole. Poets at play: an anthology of modernist drama [Z]. edited by Sarah Bay-Cheng and Barbara Cole, Selinsgrove: Susquehanna University Press, 2010.

[4] Qian Zhaoming. The Modernist Response to Chinese Arts: Pound, Moore, Stevens.[M]. The University of Virginia Press, 2003.

[5] William W. Bevis. Mind of Winter: Wallace Stevens, Meditation and Lit-

erature.[M]. University of Pittsburgh Press,1988.

[6] Okakura Kakuzo. The Ideals of the East. [M]. Stone Bridge Press,2007.

[7] Wallace Stevens. Carlos among the Candles. [A]. Opus posthumous. [Z]. edited by Samuel France Morse. New York：Knopf,1957.

[8] 惠能.《坛经》.[M]. 尚荣译注.北京：中华书局,2010.

[9] Richard Alan Schwartz. Textual History of Wallace Stevens'"Three Travelers Watch a Sunrise".[J]. Studies in Bibliography. Vol. 39,1986.

[10] Wallace Stevens. Three travelers watch sunrise. [A]. Opus posthumous. [Z]. edited by Samuel France Morse. New York：Knopf,1957.

[11] Antonin Artoud. The Theatre and It's Double.[M]. New York：Grovepress,1958.

[12] Arnold Aronson, American Avant-garde Theatre：A History.[M]. New York：Routledge,2000.

[13] Gertrude Stein. Everybody's Autobiography.[Z]. New York：Cooper Square Publishers,1971.

[14] 卡尔·马克思.1844年经济学哲学手稿[M]. 北京：人民出版社,2000.

[15] Aristotle. "The Poetics"[A]. Theatre Theory Theatre. [C]. edited by Daniel Gerould. New York：Applause,2000.

[16] 黑格尔.美学[M]. 第三卷下.朱光潜,译.北京:商务印书馆,1979.

"后革命时代"的日常生活审美化

◎ 周 宪

一、何谓日常生活审美化?

最近几年,日常生活审美化(aestheticization of everyday life)问题的讨论变得热门起来,这个短语似乎已成为一个学界的时髦命题。毫无疑问,它是一个"舶来品",是西方学界80年代中后期以来文化研究和社会理论所关注的核心概念之一。但是,这个短语在当下中国的流行是耐人寻味的,它既反映出这个问题在当下中国的某种适切性,同时体现出中国学界对这一问题的某种敏感性。

那么,从学理上说,这个短语究竟确指什么?先来看看权威的工具书作何解:

> 艺术与日常生活加以区分的观念正在消解。日常生活审美化有两层含义:第一,艺术家们摆弄日常生活的物品,并把它们变成艺术对象。第二,人们也在将他们自己的日常生活转变为某种审美规划,旨在从他们的服饰、外观、家居物品中营造出某种一致的风格。日常生活审美化也许达到了这样一种程度,亦即人们把他们自己以及他们周遭环境看作是艺术的对象。①

依照这一界定,所谓日常生活审美化首先是指艺术活动将日常器具转化为艺术品,这的确是现代艺术的重要发展趋向,它早在20世纪初法国艺术家杜尚的"现成物"(the ready-made)艺术中开了先河。② 我们知道,现代主义艺术有一个显著的倾向,那就是它的种种精英主义、纯粹主义和唯美主义等文化取向,在纯粹性的追求中将艺术和生活剥离开来。而杜尚惊世骇俗的所谓艺术,显然是以一种棒喝的方式警醒人们,艺术并不只是那些精心雕琢、创意奇特的东西,也许艺术品就在我们的日常

---

① Nicholas Abercrombie, Stephen Hill and Bryan S. Turner Turner, *The Penguin Dictionary of Sociology*, Harmondsworth: Penguin, 1994.
② 杜尚最出名的现成物作品是《泉》,他用生活中常见的小便器作为"艺术品",曾引起激烈争论。

生活中,艺术品就是我们日常使用的器具。这种挑战到了后现代主义波普艺术中已是常事,最有影响的也许要数美国艺术家沃霍尔,从汤罐头到啤酒瓶、从新闻照片到包装盒,没有什么不可以成为艺术品。他的尖锐挑战引发了当代西方美学"艺术界"理论的出现。① 以至于艺术家们干脆采用更加极端说法:"非艺术,反艺术,非艺术的艺术,以及反艺术的艺术,这些都是无用的。如果某人说他的作品是艺术,那就是艺术。"("Non-art, anti-art, non-art art, and anti-art art are useless. If someone says his work is art, it's art.")

"跨越边界、填平鸿沟"(菲德勒语)的挑战,的确在一定程度上弥合了艺术与生活的关系。但在我看来,这个问题对于日常生活审美化而言,远不如上述界定的第二个方面更为重要,亦即人们将自己的日常生活转化为某种审美规划。

在美学史上,审美化一直是一个带有乌托邦性质的未来目标。尤其是近代以来,美学常常不是在早已逝去的古希腊时代寻找意境,就是对尚未到来的某种美好未来的憧憬期待。严肃的美学似乎很难把审美化直接派付给琐碎平庸的日常生活。韦伯现代性研究的一个著名论断,就是断言现代日常生活是一个"铁笼",而审美则具有某种将人们从"铁笼"的压力中拯救出来的世俗"救赎"功能。② 以下这段话被认为是这一思想的经典表述:"生活的理智化和理性化的发展改变了这一情境。因为在这些状况下,艺术变成了一个越来越自觉把握到的有独立价值的世界,这些价值本身就是存在的。不论怎么来解释,艺术都承担了一种世俗救赎功能。它提供了一种从日常生活的千篇一律中解脱出来的救赎,尤其是从理论的和实践的理性主义那不断增长的压力中解脱出来的救赎。"③从韦伯的论断出发,审美与日常生活似乎是大相径庭的,说今天已是日常生活审美化,是否意味着韦伯的论断已经不再有效?换一种问法,是否可以说今天的日常生活已不再有"铁笼"的压抑性质?

二、"后革命的"消费文化

问题的要害由此凸现出来。今天人们热衷于讨论的"日常生活审美化"是不是美学上的那种美好理想乌托邦的实现呢?还是说,今天的社会生活本身其日常性已经转向了审美化?

---

① 美国分析哲学家和美学家丹托通过对沃霍尔作品《比里尔包装盒》的反思,提出了著名的论断:"把某物看作艺术需要某种眼睛无法看到的东西——一种艺术理论的氛围,一种艺术史知识:这就是艺术界。"Arthur C. Danto, "The Artworld," in *Aesthetics: The Big Questions*, ed., Carolyn Korsmeyer, Cambridge: Blackwell, 1998, p.40.

② 韦伯:《新教伦理与资本主义精神》,三联书店1989年版,第142页。

③ H. H. Gerth and C. W. Mills, eds, *From Max Weber: Essays in Sociology*. New York: Oxford University Press, 1946, p.342.

最早讨论这个问题之一的英国社会学家费瑟斯通在其《消费文化与后现代主义》(1990)一书中,对这个概念做了比较全面的讨论。在他看来,日常生活审美化与两个关键词有关:一是消费文化,二是后现代主义。他认为日常生活的审美化有三个层面的涵义:第一,现代主义艺术运动"追求的就是消解艺术和生活之间的界限"。一方面是质疑艺术品的传统观念,以日常生活中的"现成物"来取代艺术品;另一方面则强调艺术可以存在于任何地方。第二,将日常生活转化为艺术。这是"既关注审美消费的生活,又关注如何把生活融入到(以及把生活塑造为)艺术与知识反文化的审美愉悦之整体中的双重性,应该与一般意义上的大众消费、对新品味与新感觉的追求、对标新立异的生活方式的建构(它构成了消费文化之核心)联系起来"。第三,是指"充斥于当代日常生活之经纬的迅捷的符号与影像之流"。[1] 这个界定与前引工具书的解说基本一致,只是多了第三条所谓"符号与影像之流",亦即当代视觉文化。

看来我们有理由相信,日常生活审美化是特定语境的产物,这个语境就是"消费文化"或"后现代主义"。这里用"或"字,意在表明这两个概念的相同性或"家族相似"性。难怪费瑟斯通强调,都市的高楼大厦、百货商场、购物中心,从建筑到广告,从商品包装到个人穿戴,都被"赋予美的预约,提供美的佐餐。就是商品的交换价值和作为代用品的使用价值之间既统一又有差异的这种双重性质,使得商品具备了一种审美的影像,不管它可能是什么,它肯定会为人们所梦想和追求"[2]。这个关于审美化的描述中,我们已经清楚地看到,消费社会及其文化是构成日常生活审美化的重要语境。具体说来就是商品及其服务所带来的日常生活审美化,这种审美化似乎已远离了美学意义上那种具有乌托邦性质的审美化了。商品+形象=美,这个公式似乎道出了当代日常生活审美化的真谛。法国哲学家德波曾以"奇观社会"(society of the spectacle)的概念揭示了这一社会特性,他甚至认为,"奇观(形象)即商品"的时代已经深刻改变了马克思的古典政治经济学,它突出地表现在从商品的"占有"法则向商品的"展示"法则的转变。[3] 他特别注意到,资本主义的商品生产、流通和消费,已经呈现为对"奇观"的生产、流通和消费。"奇观使得一个同时既在又不在的世界变得豁然醒目了,这个世界就是商品控制着生活各个方面的世界。"[4] 当世界经由"奇观"而变得显著可见时,它一定是由商品控制的世界。在这个世界中,与其说是在消费商品,不如说首先是在消费商品的形象价值或象征价值。因为较之于

---

[1] 费瑟斯通:《消费文化与后现代主义》,刘精明译,译林出版社 2000 年版,第 95—100 页。
[2] 费瑟斯通:《消费文化与后现代主义》,刘精明译,译林出版社 2000 年版,第 112 页。
[3] Guy Debord, *Society of the Spectacle*. New York: Zone, 1994). http://library.nothingness.org/articles/SI/en/display/16.
[4] Guy Debord, *Society of the Spectacle*. New York: Zone, 1994). http://library.nothingness.org/articles/SI/en/display/16. #37.

使用价值,商品形象价值或象征价值变得更加重要。一些国际知名的商品品牌,从可口可乐饮料到好莱坞电影,从麦当劳快餐到耐克运动鞋,从BMW(宝马)汽车到香奈儿化妆品,这些知名的世界品牌的形象价值远胜于其使用价值。于是,审美化展现了一幅难以察觉的日常生活外观的审美拜物教,商品和服务的魅力日益转化为吸引眼球的奇观之"注意力法则"。

晚近一本在西方非常流行的书点出了审美化的此种真谛。这本书的书名也很有趣,叫作《风格的本质:审美价值的兴起如何重塑商业、文化和意识》(2003)。在这本书中,作者波斯特丽尔大谈当代审美的迫切性,她坚信传统美学关于美的界定过于狭窄了,已经完全不适应当代社会的需求。她要突出的审美概念,最直接的意义就是对象的外观魅力和主体的快感体验。波斯特丽尔直言,如今美学变得如此重要,所以它已不是美学家的差事,而应该是不屈不挠的工程师、设计师、不动产发展商、工商管理者的分内之事。"审美的创造性就像是技术发明一样,它也是经济发展和社会进步的指标,和它们一样重要。"①尽管作者在书中并未径直提出日常生活审美化的概念,但全书贯穿着对这一概念旁征博引的丰富阐发与关联。从产品设计到环境改善,从美容手术到外观打扮,哲学意义上的审美被彻底地世俗化了,成为当代日常生活的一个指标。当代社会所呈现的是一种"审美的普遍性",它植根于我们人类最深邃的本性之中。所以,告别哲学的抽象思辨,进入现实生活的具体实践,审美化在当代日常生活中得到了最彻底的实现。

消费社会和文化的兴起在中国已经是不争的事实。仔细考量这个概念的流行,一方面与文化研究在中国的沛兴有关,另一方面又与消费社会的在中国的发展关系密切。今天,西方学者所津津乐道的种种日常生活审美化现象似乎都不同程度地存在着。假如说一个时代有一个时代的话题(或主题)的话,那么,如今的"后革命时代"的话题之一就是日常生活的审美化。

近代以来,中国遭遇了太多的屈辱和悲剧,驱逐鞑虏富国强民的变革成为最具吸引力的社会发展方案。革命的激进主义和理想主义深刻地塑造了人们对"审美"的激进式的理解,革命"美学"往往在演变成强有力的意识形态工具的同时,也以某种"非美的"方式实施了对人心灵和肉身的彻底改造。于是,日常生活充满了革命的意味,日益沦为残酷而又刻板的范式。不存在什么人类普遍的美的标准,只有带有阶级论烙印的美的理解。无产阶级或劳动阶层的美才是唯一具有合法性的美。革命把美学边缘化的同时,实际上把审美从日常生活中给驱逐了。节俭+贫困的生活风格已经谈不上也不需要谈论审美了。

"后革命时代"的来临,意味着一种新的生活范式的到来。改革开放极大地重塑

---

① Virginia Postrel, *Substance of Style: How the Rise of Aesthetic Value is Remaking Commerce, Culture & Consciousness*. New York: HarperCollins, 2003, p.16.

了中国社会的日常生活。"让一部分人先富起来",不但是一个经济或政治政策,更是一种生活方式。"小康"目标的设定,与其说意味着一个人均年收入的量化指标,不如说是一个具有全新性质的生活方式的规划。社会进步一方面作为一个客观变化着的事实呈现出来,社会生产力的提升,物质生活水准的提高,等等;另一方面,它又体现为主体心理体验和观念方式激变的历史过程,革命年代所压抑的欲望冲动被空前地激发出来,它像一个打开了的"潘多拉盒子",再也关不上了。

"小康"生活方式凸现出日常生活物质水准的大幅提升。与清贫诀别,同节俭说再见,当代中国人的日常生活一方面在享受着发达的技术文明的种种消费新花样,从电视到网络,从手机到各类时尚;另一方面又联通了与中国传统的世俗主义、享乐主义脉络,种种古老的享乐方式和观念随着新的消费社会卷土重来。这些传统的力量好像比革命更具根基性,一旦条件成熟,总是以这样那样的面目走上前台。于是,革命的激进主义被物质的消费主义所取代,革命的理想主义被世俗的享乐主义所替换。这时,无论从社会发展的现实来看,还是从主体心理要求来看,作为一个问题的"日常生活审美化",必然提上了议事日程。

三、"体验"与"品位":谁的审美化?

"后革命时代"的日常生活审美化,始终与两个关键词联系在一起。第一个关键词是"体验";第二个关键词是"品位"("趣味"、"格调"或其他"家族相似"的概念)。

不难发现,当代消费社会与传统社会的消费有一个很大的不同,那就是它越发地倾向于消费性的愉悦"体验"。说到"体验"这个概念,它与审美联系非常密切。毫无疑问,体验是一种主体的感性活动,它不是抽象思辨的玄想和演绎,而是直接诉诸感官的过程,是经由感官而获得某种愉悦。显然,体验是一个主观范畴,它关乎主体对外部实在世界的某种感觉。但是,在消费社会中,消费品在转化为"奇观"的过程中,设计成为生活各个层面的基本要求时,审美化的体验也就是对生活方式及其物品和环境的内在要求,而物质生活的精致性就相应地转化为人对消费品和生活方式本身的主体感官愉悦。于是,我们有理由说,在某种程度上,日常生活审美化本质上乃是通过商品消费来产生感性体验的愉悦。审美体验本身的精神性在这个过程中似乎正在转化为感官的快适和满足,它进一步体现为感官对物品和环境的挑剔,从味觉对饮料、菜肴的要求,到眼光对形象、服饰、环境和高清电视画面的要求,到听觉对立体声、环绕声等视听器材的要求,到触觉对种种日常器具材质和质感的苛刻要求,等等,不一而足。体验贯穿到日常生活的各个层面,它构成了审美化的幸福感和满足感的重要指标。

"体验"是一种内心过程,"品位"究其本义而言就是一种感官反应。"品位"与"体验"乃一枚硬币之两面。西文中 taste 通常在美学上被译作"趣味",它原本是指味觉或对食物的某种体验,后经康德等近代哲学家的改造,成为艺术或审美欣赏的某种能力、偏爱和判断。今天,这个概念已经日益渗透进日常生活之中,成为对从衣着到艺术、从饮食到家居的某种能力的象征。雅趣与畸趣(或良好趣味与平庸趣味,good and bad taste)的二元对立,标志着审美层面上的高下优劣。追求"体验"的生活其实就是把"雅趣"作为生活的标准,就是追求某种有品位的生活方式。

值得注意的一点是,在消费社会中,"品位"已经成为某种遮蔽商品拜物教的障眼法。只要对消费品广告商家翻检便可瞥见,越来越多的消费品和"品位"(或"雅趣")挂钩。"有品位的生活"成为审美化的另一种表述。而"品位"在这里所激发的消费欲望,不仅仅是对一个商品或服务的物质上的占有,更是对物品或服务象征价值的炫耀。"高尚"、"精英"、"白领"、"小资"、"贵族",诸如此类的字眼被频繁地用于商品和服务的定性描绘中,"皇家风范"、"法兰西风情"一类的模糊语言所彰显的正是上层阶级或上流社会生活格调,"艺术气质"、"如诗如画"等描述,也被用来形容家居和娱乐,显然是意在提升商品或服务的档次。凡此种种表明,"品位"与"体验"乃是日常生活审美化的核心!

然而,问题是"品位"如何形成呢?"体验"又如何实现呢?

首先,被当代消费社会大众媒体所渲染和强调的这种"品位"是人所共有的吗?这种"品位"是与生俱来的还是后天习得的? 马克思给出了两个不同的说法:一方面,他认为人的类本质决定了"人是按照美的规律来塑造物体";另一方面,他又强调,食不果腹的穷人对再美的风景也会视而不见。从前一个方面来看,的确是"爱美之心人皆有之";从后一个方面来看,爱美不爱美或什么条件下爱美还要取决于其他社会条件。由此推论,"品位"并不是一个人们与生俱来的或人所共有的倾向或能力。

法国社会学家布尔迪厄对品位(或趣味)做了深刻的历史批判。他认为品位是社会的产物,是文化和教育的产物。他写道:"消费是交往过程的一个阶段,亦即译解、解码活动,这些活动实际上以必须掌握了密码或符码为前提。在某种意义上,人们可以说,看的能力就是一种知识的功能,或是一种概念的功能,亦即一种词语的功能,它可以有效地命名可见之物,也可以说是感知的范式。"[1]布尔迪厄这段话的意思值得琢磨。首先,他指出消费活动并不是一个自然而然的活动,而是某种一种解码活动。换言之,消费什么和不消费什么,选择本身就是一个认知过程,就像阅读一样,需要一定识字和相关知识。其次,他又指出消费中的某种"眼光",也就是反映出"品位"之选择的"眼光",是消费活动的前提。眼力是一种判断力,而判断力是一种认知,这就意味着,我们有品位的眼力是一个知识范畴或认知范畴。

---

[1] Pierre Bourdieu, *Distinction: A Social Critique of the Judgment of Taste*. Cambridge: Harvard University Press, 1984, p.2.

看来可以肯定,"品位"决非与生俱来,"眼力"需要经过某种熏陶或培育,它们说到底是一定教育和知识制度的产物。在社会学上,就与文化资本密切相关。布尔迪厄把"品位"看作学习和教育的产物,实际上强调"品位"的核心是文化资本。在他看来,文化资本至少包括以下四个层面:首先,它是某种艺术和文化的客观知识;其次,它体现为个体文化上的品位或偏爱;再次,它有展现为某种文化技能和知其所以然的判断力(比如演奏某种乐器的能力;钢琴在当代中国社会日常生活中越来越成为一个审美化的标志,成为"品位"的符号);最后,它是可以在"好""坏"之间作为辨析和区分的能力,所谓雅趣或畸趣的判断力。好莱坞每年评选着装最好与最糟的明星,就是一个明证。至此,我们有理由认为,任何社会中并不存在与生俱来和人所共有的普遍审美标准和趣味,有的只是与其文化资本多寡或社会地位高低的相适应的不同的品位。这样一来,"品位"与其说是人类共有的普遍标准,毋宁说是一个区分性的范畴。布尔迪厄以下陈述清楚地表明了这种看法:

> 区分主要阶级生存状况的基本差异源自资本的多寡,这一资本被看作一系列非常有用的资源和权力——经济资本、文化资本和社会资本。因而,不同阶级(和阶级集团)的分布也就从那些提供了最好的经济和文化资本的阶级到两方面均遭剥夺的阶级。专业人士有较高的收入和资本,他们往往来自于统治阶级(专业人士或高级管理人员),他们几乎在所有方面都和办公室工作人员对立,后者的资历较低,往往来自于工人阶级或中产阶级,他们所接受和消费的东西都很少,把大部分时间用于汽车保养和家政服务。但他们甚至和熟练和半熟练工人相对立,也和非熟练工人或农场工人相对立,后者的收入最低,没有资本,来自工人阶级。[①]

依据这种看法,当下中国日常生活审美化过程中,被广告、媒体和消费文化所极力渲染的种种"高尚"品位,究竟是谁的品位呢?换一种问法:所谓的日常生活审美化究竟是何人的审美化呢?

四、作为日常生活审美化主体的中产阶级

显然,这里我们已经深刻地触及审美化的一个内在悖论:从美学本身的追求来看,人类大同是最终目标,所有人的审美化才是真正的审美化。但是,在一个存在显著社会分层的社会里,并不存在这样理想的审美化。低收入家庭和靠"低保"维持生

[①] Pierre Bourdieu, *Distinction: A Social Critique of the Judgment of Taste*. Cambridge: Harvard University Press, 1984, p.114.

计的人,是谈不上那种"高尚"品位的。他们既没有相应的文化资本,也不具备那种有教养的眼力,更不具备相应的支付能力。而当代中国大众媒体和市场营销中所提倡"审美化",说到底是一个中产阶级品位及其生活方式的表现。尽管中产阶级这个概念究竟如何界定尚有争议,但它无疑是一个重要的社会阶层,或使用其他相关的概念来描述,诸如"精英阶层"、"专业人士"、"白领"、"知识阶层",等等。

先看看西方的情况。根据对日常生活审美化很有研究的费瑟斯通的观察,当代日常生活审美化的一个重要动因或行动者乃是各式各样新的文化角色,这一角色说法不一,诸如"新型小资产阶级"、"新知识分子"、"服务阶层""新文化媒介人"(从营销人员到广告人,从电视制片人到各种专业人士等)。最有趣的是所谓的"雅皮士",他们是一些"自私的完美消费者",是一些"自我陶醉的、精于算计的享乐主义者"。① 所有这些人可为以笼统地称为"新中产阶级",他们发展出了一种独特的消费社会的新感性,就是对新生活方式的种种体验的无穷追求,"新中产阶级、文化媒介人及服务性专门人才,将具有必要秉性及感性,以使自己更为开放地面对情感探索、审美体验及生活之审美化"②。

如果我们把这些观察转移到中国当代文化语境中来,日常生活的审美化进程中也有一个同样的行动者(agent),他们当然不一定完全等同于西方发达社会的中产阶级,但是他们却是本土化的中产阶级,是"小康"社会发展出来的一个独特的社会阶层。他们拥有较高的收入、较好的教育、较多的文化资本,因此也就形成了对日常生活"体验"和"品位"更高的要求。这里并不想做什么社会阶级分析,但是指出日常生活审美化社会学意义上的行动者或行为者是非常必要的。

我以为,日常生活审美化本身并不是一个无差别的普泛化过程,而是一个充满了文化和意识形态斗争的"场"。占据这个"场"的主导社会力量就是中产阶级。因此,提倡日常生活审美化本身也就反映出某个社会阶层的现实状况和文化利益。但是,一个非常值得反思的问题是,这种中产阶级的审美化诉求,往往却会作为某种普遍的社会和文化倾向呈现出来。或者换一种更为直接的说法,那就是大众媒体和文化产业往往把这种带有特定社会分层意义的审美化,普泛化为整个社会所有人、所有阶层的"共同文化"。这么一来,特定社会阶层的特定文化品位也就转换为整个社会的普遍文化诉求,进而掩盖了社会分层、文化资本,甚至社会不公正的差异性现实。

这就是说,日常生活审美化其实是一种当代消费社会的意识形态。这种意识形态实施着某种普泛化和自然化的功能。可以说,消费社会本身存在某种矛盾趋向。一方面是社会分层导致了社会分化,不同的消费者依据其文化资本状况而形成不同

---

① 费瑟斯通:《消费文化与后现代主义》,刘精明译,译林出版社2000年版,第66页。
② 费瑟斯通:《消费文化与后现代主义》,刘精明译,译林出版社2000年版,第68—69页。

的消费习性和取向,所谓"萝卜青菜人各有爱";另一方面,日生活审美化作为一种文化"主因"(the dominant),又衍生出"去分化"(de-differentaition)的趋势,在掩盖,甚至压制不同消费"品位"的同时,倡导某种看似真实的普遍性消费"品位",进而导致了"爱美之心人皆有之"的假象。正像伊格尔顿所指出的那样:意识形态也就是在文化表意活动中的权力斗争的方式,必然引发某种表意活动的霸权过程,因为不同的阶层实际上处于不同的社会位置上,优势的阶层必然会向弱势阶层施行某种领导权功能。更为重要的是,"意识形态通常被感受为自然化的、普遍化的过程。通过设置一套复杂话语手段,意识形态把事实上是党派的、争论的和特定历史阶段的价值,呈现为任何时代和地点都确乎如此的东西,因而这些价值也就是自然的、不可避免的和不可改变的。"[①]

以这种观点来看,日常生活审美化的命题,作为一种消费社会的意识形态,显然从中产阶级的消费取向和生活方式悄悄地转化为人所共有的某种生活样板及其观念。当不同的社会阶层都追求这样的审美化时,他们以为是在塑造自己的生活方式和风格,但却是照单全收了中产阶级的消费主义及其品位。我们也许可以说,当代中国的日常生活审美化已经实现了某种暗中的转换。

晚近媒体上有一个流行的概念,所谓"小资"。这个概念上了年纪的人都会不以为然,因为在革命年代"小资"乃是一个遭受革命大批判的生活方式或意识形态。今天,这个概念的流行是颇耐人寻味的,它深刻地反映了"后革命"消费社会的到来。

有一本名曰《打开小资的玫瑰门》的流行读物,对何谓对"小资"作了如下界定:"硬件标准"是有文化修养,一般都受过高等教育(甚至是受过欧美文化的熏染,日常语言中常常夹杂几句洋文);经济是高于普通百姓的中产阶级。软件标准体现为这一群体特有的品位、情趣、格调,统称为"小资情调"。[②] 网络上有许多对"小资情调"绘声绘色的描绘:诸如富有浪漫情调,爱听古典音乐或蓝调乐曲,消费名牌商品,沉溺高档酒吧,争相阅读《生命中不能承受之轻》或《挪威的森林》,出没于高档写字楼,西服革履时装频换,等等。从这些描述来看,东方的"小资"与西方"雅皮"别无二致。在远离革命的年代,这些消费社会独特的行为者,无论工作抑或消闲,精致生活体验和审美化已成为不可或缺的文化诉求。所谓"小资情调",不啻是日常生活审美化的表征。它不只是某种观念上的取向,同时也是最为具体的物质上的要求。在这里,日常生活审美化充分呈现出其"体验"和"品位"的特征。需要指出的一点是,在这种高度选择性,甚至是挑剔的生活取向背后,隐含着某种充满欲望的拜物教倾向。呜

---

① Terry Eagleton, "Ideology", in Stephen Regan, ed., *The Eagleton Reader*. Oxford: Blackwell, 1998, p.236. Also see Terry Eagleton, "Ideology and its Vicissitudes in Western Marxism", in Slavoj Zizek, ed., *Mapping Ideology*. London: Verso, 1994, p.196.

② 盛慧主编:《打开小资的玫瑰门》,中华工商联合出版社 2002 年版。

乎哀哉！在当下日常生活的审美化潮流中，审美匆匆告别了理想主义的崇高与革命激情的悲剧感，日益转向生活表层的物质性美化与快感体验，精神性的升华功能消失在物质性消费的愉悦之中。

五、结语或进一步的问题

"后革命时代"的日常生活审美化，显然是一个极为复杂的文化现象。对它做任何简单化的价值评判都是不恰当的。

显然，我们不可能再回到往昔的革命年代，也不可能用那一时代的价值观来臧否今天的日常生活审美化。需要有某种观念的转变、视角的变化。中产阶级的兴起在中国应该说是一个需要充分肯定的发展趋势。其审美化的品位的普泛化有其积极意义，它确实是在社会发展基础上对日常生活本身提出的必然要求。但问题并不是因为这样正面的肯定就可以解决了。一些更为棘手的难题有待探讨。

首先，当代消费社会的日常生活审美化与历史上无数先哲们所心仪向往的理想审美境界是否一致？当社会公众满足于高度物质性的愉悦快感时，是否意味着我们失去了审美应有之义中的某些重要的东西？尤其是日常生活审美化所暗含的商品拜物教倾向，本质上是和审美精神及其无功利性背道而驰的。即是说，今天的日常生活审美化或许并不是一个真正意义上完美的审美境界。特别是在当代中国的社会发展过程中，拜物主义引发了一系列令人担忧的倾向：追求高档的、奢华的，甚至超越了社会发展和生态环境所容许的限度，因而隐含了不少潜在的危机。

其次，当代日常生活审美化是否仍然保留着审美精神中应有的平等、公正和自由。如果我们前面的分析是可以成立的话，那么，在一个高度分化的社会中，在一个贫富差别悬殊尚未得到彻底弥合的当下情境下，日常生活审美化是否具有某种迷惑性和欺骗性呢？它把中产阶级的生活方式转化为全社会普遍追求的假象时，也许掩蔽了这一审美化表象后面深刻的社会差异和弱势群体的危境。我们需要透过日常生活审美化的表象，去深入地审视那些全然有别于审美化的社会境况，以审美的博爱精神来关怀那些被剥夺审美化的社会群体。

最后，还有一个重要的理论问题需要反思。尼采、韦伯以来，从社会学到哲学，从美学到文化，一直有一个基本判断，那就是现代性背景中的日常生活充满了工具理性的压抑，日常生活变得越来越刻板和无聊，它是一个"铁笼"（韦伯语）。中产阶级的生活方式也常常是那些作家、艺术家和美学家都嘲讽的对象。因此审美往往是作为与日常生活局限的对立面而出现的，无论是韦伯所说的审美"救赎"（相对于"日常生活理性主义的压力"),还是海德格尔所钟情的"诗意地栖居"(相对于"座架"),①或是列斐弗尔对"游戏城"的向往(相对于拜物教),或是福柯所主张的"生存美学"(相对于"规训社会")等,都隐含着某种对现代日常生活的深刻批判。如果说前引费瑟斯通所说的日常生活审美化的几个层面确乎如此的话②,那么,当我们说日常生活已审美化或具有审美化的趋向的时候,这是否意味着现代日常生活已经由审美改造而变得不再具有压抑性和局限性呢?换言之,现代性的困境已经在日常生活审美化进程中被超越了?

---

① 海德格尔曾经讨论过"诗意栖居"的含义,它全然不同于宽敞明亮、装饰美化的物质性空间。详见海德格尔《……人诗意地栖居……》,孙周兴选编:《海德格尔选集》,上海三联书店1996年版。

② 韦尔什主张日常生活审美化还有审美的虚拟化(或虚构化)的特征。See Wolfgang Welsch. *Undoing Aesthetics*. London: Sage, 1997, p.86。

先秦礼仪的空间代码及其功能

◎ 童　强

先秦时期,礼仪是十分重要的社会活动,受到人们极大的重视。礼仪所谓达天道、顺人情、理万物的功能,在本质上都与政治有关;礼是政治权力的曲折体现。《礼记·哀公问》中孔子曰:"为政先礼,礼其政之本与!"同书《礼运》篇曰:"礼者,君之大柄也,所以别嫌明微,傧鬼神,考制度,别仁义,所以治政安君也。"问题是,礼何以能够成为权柄?又如何成为权力的体现?这当然可以从不同的角度来分析,本文则主要从空间的角度讨论礼仪与权力之间的关系。

礼仪书中记载了很多的礼典,其中对于仪式空间的诸要素,如特定位置(门、阶等)、朝向(向东、向西)等均有明确的规定与解释。通过这些规定,空间要素构成了一整套代码系统,如仪式中站立在最北端的人地位最高等。在礼典中,空间要素配合其他要素(服饰、仪仗、动作等)共同发挥特定的社会功能,显现出礼仪活动空间区别于一般的日常生活情境所具有的贵贱、亲疏、吉凶、性别等含义。

一、礼仪的空间代码系统

礼仪的空间代码可以分为两大类:一类是"向",即人与物在空间中的朝向。这一问题相对比较简单,实际上只有四种形式:向东,向西,向南,向北。现代社会同样会提出朝向问题,但不同的是,如今的朝向要求往往出于某些实际的需要,如日照、采光等,而古代的朝向更多考虑的是亲疏尊卑阴阳吉凶等纯粹礼仪方面的要求。

另一类是"位",即人与物所处或经过的位置、场所。空间场所的界定,往往与特定的建筑、建筑中的某些陈设物(席、床)联系在一起。建筑物所划分的不同区域形成了不同的礼义空间。从功能上说,既包括坛、社、稷、宗庙等主要用于宗教祭祀活动的场地,还包括堂、室等既用于日常生活,也用于礼仪活动的场所。

位置的区分比空间的朝向复杂,我们仅以堂、室的部分位置为例。

如:从宫室的大门进入,门两侧为东塾、西塾。门内正对着一墙,称之为屏,亦谓之树。天子外屏,诸侯内屏,大夫以帘,士以帷。门与屏之间谓之宁,亦称著。天子寝庙门外有外屏。入门至堂的空间为庭。升堂有东、西两阶。东阶亦称阼阶,一般情况下，主人从阼阶升堂，宾客由西阶升堂。

堂是古人设席行礼的地方。堂两侧为东堂、西堂，分隔东西堂之墙曰序，堂上近东堂的区域称之为东序。堂前部有东西两楹，两楹之间，称为楹间。堂上正中，谓之中堂。

堂的后面为室。室之西南隅，称之为"奥"，为室中最尊之处，亦为设卧席之处。《礼记·曲礼上》曰："为人子者，居不主奥。"；西北隅，称之为"屋漏"；东北隅，称之为"宧"；东南隅，称之为"窔"。室之中谓之"中霤"。[①]

这些空间位置的区分及命名有时是以建筑的功能部件为单位，如台阶；有时是以建筑的分隔自然形成的区域为单位，如宁、庭；有时则是以建筑物的某些部件为标识所指示的边界不甚严格的区域，如东序、西序以及室内的四隅和中间的位置等。一般地说，这些位置本身不能独立发挥礼仪的功能，它们必须配合人或者物的朝向、活动，同时，还必须对这些具体的空间位置加以礼仪化的规定或解释，说明其意义，如人子"居不主奥"，主人由阼阶升堂等。这时，空间位置才转换为一整套代码系统，表明特定的含义。

在仪式中，主人从阼阶上堂。作为实体的阼阶与主人升堂的动作构成了完整的空间代码，代表了特定的含义。简便起见，阼阶就被视为空间代码。即使没有举行仪式，人们也会说："那是主人走的台阶。"主人（仪式参与者、信息发送者）通过这一空间代码向其他在场的人（仪式其他参与者、信息接受者）传达一定的讯息（确定自身的主人身份）。对于礼仪活动的各个空间位置加以命名，并且给予礼仪化的规定或解释，实际上就是礼仪空间的编码过程。

当然，要细致地描述这一编码的历史形成过程，目前还很困难，但编码的大致线索可以推知。最初的社会编码一般比较粗略，意指的内容相对简单，随着时间推移，代码系统不断增损修改，相应的内涵不断丰富。从理论上来说，代码的能指（符号）与所指（符号的含义）之间是武断、任意的关系，建立这种联系是约定俗成的过程，但历史地看，后代的编码过程往往受到前期代码的制约。如孔子所说的"夏后氏殡于东阶之上……殷人殡于两楹之间……周人殡于西阶之上"的状况，已经能够大致反映出编码的历史过程以及代码受到前代观念影响的特点。我们注意到，先秦礼仪的空间编码系统融合着诸多历史文化方面的资源，主要有神话、哲学、心理三方面的因素。

在先秦文献对于礼仪空间的解释中，可以隐约看到远古神话的影子。对古人而

[①] 古代宫室的图解，诸家各有区别，与出土遗址亦有差异。参见戴震《考工记图》；李安宅《〈仪礼〉与〈礼记〉之社会学的研究》，上海人民出版社2005年版，第23页所录斯蒂尔（Steele）的"居室图"；杨鸿勋《建筑考古学论文集》，文物出版社1987年版，第97页"陕西岐山凤雏甲组建筑平面图及复原图"等。这里主要参考钱玄《三礼通论》的解说，南京师范大学出版社1996年版，第168页以下。

言,他们所面对的是充满神灵的世界。庙宇、皇宫、住宅、街道,包括东、西、南、北各个方向都具有某种神性。这种神性是礼仪空间编码的重要资源之一。

先秦时代,方向并不是单纯的地理学概念,而是具有特殊含义的指向:那是神居之所。因此,祭祀之时,必须祭奠"四方"、"四方之神",包括"名山"、"大川"等众多神灵,正如《礼记·月令》所载"季夏之月……令民无不咸出其力,以共皇天、上帝、名山、大川、四方之神,以祠宗庙、社稷之灵,以为民祈福"。

对应着不同的神灵,四个方向都具有彼此不同的特性以及相配合的颜色。如《礼记·曾子问》"从天子救日(日食),各以其方色与其兵"句,郑玄注曰:"方色者,东方衣青;南方衣赤;西方衣白;北方衣黑。《礼记·乡饮酒义》曰:"四面之坐,象四时也。"四个方向与四季之间建立起了类比的关系。《乡饮酒义》又曰:

> 东方者春,春之为言蠢也,产万物者圣也。南方者夏,夏之为言假也,养之、长之、假之,仁也。西方者秋,秋之为言愁也,愁之以时察,守义者也。北方者冬,冬之为言中也,中者藏也。

就社会政治的层面而言,方向本无差别,但此时却与春生秋杀的季节形成了联系,而天子所处方位的神圣性也因此获得了说明:"是以天子之立也,左圣、乡(向)仁、右义、偝(背)藏也。"社会交往过程中的向位差别,因此有了系统的规定。

不仅东、西、南、北四方具有神灵,住宅、道路也不例外,皆为神灵所庇护。天子、诸侯、大夫每年祭"五祀",即指祭户、灶、门、中霤、行五神。①

中霤在室的中间,即祭祀土神所在的位置。土地是人们生存的根本,土神一向受到重视。《礼记·郊特牲》曰:"家主中霤而国主社。"家中主祭中霤,国中主祭社,则两者体现出同样的性质。按照殷代的礼俗,人去世之后,"掘中霤而浴,毁灶以缀足,及葬,毁宗躐行,出于大门"。这是说,在中霤的位置,挖掘一个坑,以便让浴尸的水流在里面。② 可见,人们的生活环境并不纯粹是实用的空间,而是一个处处与神祇相联系的世界。

这些神灵,对于先秦时人而言,绝对不是虚构之物,而是真实的存在。《礼记·郊特牲》载,乡人驱除恶鬼,于是"孔子朝服立于阼,存室神也"。为了让自家庙神有所归依,不受惊扰,孔子身着朝服,站立在家庙堂上的主位上。特定的空间位置成为人与神相互沟通的可能渠道。当然,很多时候,人们并不能确定神灵所在的位置,于

---

① 如祭行神,《仪礼注疏》卷二四《聘礼》"出祖释軷"句疏曰:"凡道路之神有二:在国内释币于行者,谓平适道路之神;出国门释奠于軷者,谓山行道路之神,是以委土为山象。国中不得軷名,国外即得軷称。"北京大学出版社1999年版,第452页。清人《仪礼义疏》卷十五《聘礼》"又释币于行"句疏曰:"案士丧记疾病行祷五祀(见《仪礼·既夕礼》),则五祀之祭通乎大夫、士,不专在天子诸侯也。"《四库全书》本。

② 《礼记》正文的解释多参考王文锦《礼记译解》,中华书局2001年版。不一一注明。

是,祭祀活动会分别分布在堂、室等几个地方。《礼记·郊特牲》曰:

> 诏祝于室,坐尸于堂,用牲於庭,升首於室。直祭祝于主,索祭祝于祊。不知神之所在,于彼乎?于此乎?或诸远人乎?祭于祊,尚曰求诸远者与?

方向与位置首先对应着诸神,受到神灵的保护,而神灵掌管空间构成了人们空间知识的基础,也保证了当时及后代空间编码的合法性。

我们注意到,对于天地之间,雪雨风霜、寒来暑往的特性,包括向位的不同性质,古人往往用"阴阳"、"气"等加以解释。"阴阳"、"气"的概念不同于纯粹的神话,它们反映出古人对外部世界的客观观察以及理智解释的努力。如《礼记·郊特牲》曰:"君之南鄉(向),答阳之义也。"又曰:"社祭土而主阴气也,君南鄉于北牖下,答阴之义也。"用"气"的概念进行阐释不仅形象、直观,也更能为理智所接受。《礼记·乡饮酒义》曰:

> 天地严凝之气始于西南而盛于西北,此天地之尊严气也,此天地之义气也。天地温厚之气始于东北而盛于东南,此天地之盛德气也,此天地之仁气也。

由于"严凝之气"、"温厚之气"之不同,因此,不同身份的人应当朝向不同的方向。方向的礼仪特性由此得到定义与说明。宾客"接人以义",而"天地之义气"盛于西北,因此主人尊重宾客,请他们坐在堂上的西北一侧;主人"接人以仁以德厚",而"天地之仁气"盛于东南,因此主人坐在堂上的东南一侧。《礼记·郊特牲》又曰:

> 天子大(太)社必受霜露风雨,以达天地之气也。是故丧国之社屋之,不受天阳也。薄社北牖,使阴明也。社,所以神地之道也。

社是神事大地的场所,天为阳,地为阴,因此社祭以阴气为主。祭时,天子"答阴"而面朝南站在社坛的北墙下,这是与阴、阴气有所应答交流的意思。天子所立的太社只建社坛,坛上不盖屋宇。这是为了让它承受风雨,通达天地阴阳之气,从而具有祈求丰年的功效。而对于亡国的社坛,则必须建起一个密闭的房子将其笼罩,不让它接受天上的阳气。如周王朝将殷都的薄社用房屋封闭起来,只在北墙开一小窗,意思是通其阴而绝其阳。运用阴阳、天地之气等概念不仅使神灵的作用具体化,而且符合人们理智的想象,相应的观念也更容易得到传播。

空间代码的形成过程,即礼仪空间的安排与解释不仅融入了神话、理智等因素,而且还符合人们的心理,合乎人情。《礼记·坊记》载孔子曰:

> 宾礼每进以让,丧礼每加以远。浴于中霤,饭于牖下,小敛于户内,大敛于阼,殡于客位,祖于庭,葬于墓,所以示远也。

人去世后,即在室中央为他沐浴,在室内的南窗下,将米填入他的口中,在室内门口为他裹扎,在阼阶正对的东序西侧的主位上大敛,入棺停殡则在堂上西序东侧的客位上。在宗庙的庭中调转灵车,准备出发,最后葬于城外的墓地。整个过程严格地显示出空间上由内向外、由近及远的路径,如《礼记·檀弓上》所谓"丧礼每加以远"、"丧事有进而无退"。招魂也是遵循由内及外的空间顺序。这些空间的安排以及相应的解释,都很自然地切合人们在刚失去亲人时的心理。

关系疏远、为社会排斥的人,则只能处在较边远的空间位置上。如《礼记·王制》记载那些"不帅教者",屡教不改的人,就让他们换一个环境居住,接受再教育;不改,迁到郊区;不改,迁到更远的"遂";不改,"屏之远方,终身不齿"。不为社会所接受的人,必然处于人们聚集空间的边缘,距离的疏远完全符合人们排斥的心理。在此基础上形成的礼仪规范更能为人们所接受,影响力更深远。

从《仪礼》、《礼记》等著作中可以看出,先秦时期,祭祀以及社会生活的许多空间都完成了相当复杂的编码,对相应的礼仪空间都有精确细致的界定与解释,都提出了明确的规范要求,这一编码主要融入了神话、哲学和心理三方面的因素。这说明当时的社会生活礼仪化、编码化的程度相当高。

二、空间代码系统的功能

礼仪的空间代码具有多种功能:

1. 空间作为权力代码的意指、表达的功能

经过编码的空间,能够表示、传达一定的意思,这就是空间代码的表达功能。古代礼仪建筑的各个组成部分大多代码化,即在特定的场合中,人们站在什么样的位置,朝向什么方向,都可以解读出相应的含义。因此,礼仪活动中的空间位置可以发挥其交流表达的功能。例如"升堂"。升堂即人们从堂下通过堂前的东、西两个台阶走到堂上的过程。就实用而言,东阶、西阶并无区别,但是在礼仪关系中,两阶却被明确地区别开来。一般情况下,主人由阼阶升堂,宾客从西阶升堂。正如前面所言,东阶、西阶成为人们身份、社会关系的符号代码。

《礼记·檀弓上》记载,卫国的贵族司寇惠子去世,家中举行丧礼,但家里并没有按照礼的要求,让其嫡子虎作为继承人来做丧主,而是惠子之兄文子做起了丧主。子游于是穿着"重服",即超过自己身份的丧服去吊丧,文子见状,表示不敢接受。子游回答:"礼也。"子游以习礼著称,是礼学专家,文子无法确定,以为礼当如此。子游本该站在宾客的位置上,但却站到了家臣的队列中,①文子赶紧过来劝说,但子游坚意要站在家臣的位置上。文子这才意识到丧礼的不妥之处,随即"扶适(嫡)子南面而立","子游趋而就客位"。子游以所站位置的变化,写成了一篇无言的谏文。与丧服相比,空间位置的代码特性更为简洁、更为准确,因此,当丧服上的"示意"并没有使文子意识到自己的失礼时,子游进而站在家臣的位置上,则清楚地表达了讥讽和劝谏的含义。可见,在礼仪交往中,空间代码有着自身独特的表达功能。

就整个系统说来,空间代码的含义比较明确,主要表明礼仪参与者相互之间贵贱、亲疏的社会等级关系。秩序与等级正是古代统治竭力维持的社会关系,因此,仪式系统的空间代码实际隐含的是权力与秩序;空间要素(门、阶及朝向等)作为权力的代码而发挥作用。空间要素的编码,包括对空间的分割、布置、转换等步骤,对应着的正是特定的社会关系、社会秩序,承担的也正是相应的社会功能。空间的顺序、朝向、前后、远近以及各种特定的位置等,不仅反映出人们在理智上规划、建设、维护的能力,折射出心理上的各种要求,而且也体现出与权力体系协调一致的关系。显然,拥有较高社会地位的人,现实中必然占据显著、高大、具有优越地理条件的空间位置,处于各种序列的前沿,同时在空间上具有排他性,即尽可能排斥其他人拥有类似的空间场所;相反,普通的人、社会下层乃至于为社会所排斥的人,则必然处于空间的边缘,处于序列的后面及末端,而且,缺乏改变自己实际空间状况的能力,因为,礼仪的空间地图的描绘本质上是以权力的分布形态为蓝本。

《礼记·郊特牲》曰:"天子无客礼,莫敢为主焉。君适其臣,升自阼阶,不敢有其室也。"这里记载了天子到大臣家的礼仪,颇能反映空间代码的本质。天子来访,主人以宾客身份从西阶上堂;天子"无客礼",则以主人的身份从阼阶上堂。天子与居室主人的身份及关系通过东阶、西阶这一代码的选择而得到具体的体现与强调。不难看到,君臣的等级关系,包括各种权力关系,普遍地隐含在各种正式或非正式交往中的空间分配、布置、限定、变换等诸多环节上。权力所要求的秩序已经客观化为现实具体的空间——东阶、西阶,只要人们还选择合乎礼仪的台阶升堂,那么,就已经对权力和秩序表示了服从。

2. 空间代码对于社会秩序及统治权力的维系功能

空间代码对于秩序与权力的维系功能,往往不容易察觉。一方面,这种功能的隐蔽性与权力的形态有关。权力主要是权力关系,它并不是一个有形的实体,因此,

---

① 宾客、家臣的具体位置诸家说法不一。郑玄注:"大夫之家臣,位在宾后。"孔颖达疏:"大夫之宾位在门东近北,大夫之家臣位亦在门东而南近门,并皆北向,故在宾后也。"然王文锦曰:"他(子游)不就西边面朝东的客位,而跑向门东面朝北的家臣的位置。"(《礼记译解》,中华书局2001年版,第86页。)孔颖达称"郑(玄)亦不知臣定位",仅是根据当时人物的朝向做出的推证。

在某些似乎远离政治的领域，人们好像看不到权力作用的存在，但这不过是假象。另一方面，空间的特性也造成了这种隐蔽性。由于社会生活总是在一定的空间中展开，因此，人们大多把空间看作客观的场所，没有任何政治倾向的、没有任何意图的凝固区域，但实际上，空间是社会的产物。正是权力的无形和空间的貌似客观，使得空间与权力之间的关系更为隐蔽。

除去这些遮掩，就可以发现在空间代码系统中最为隐秘的权力形态：在看似几乎不存在强制、支配的社会生活环境中，权力通过空间的规划、设置、编码、诠释，继续行使着自己的效力。空间代码作为权力曲折的象征与表达，直接地体现了权力的意志。

从上述君主"升自阼阶"等引文可以看出，尊君的观念已经普遍化到具体的生活空间之中，通过阼阶、门户、堂序等空间的代码化，使君臣、宾主等贵贱等级的烙印深深地刻在人们生活的居所和通道上，同时铭刻在人们的心里。权力已经不需要一个具体的执行者诉诸某种强力，迫使人们顺从，而是通过空间代码将秩序与等级客观化为现实的阶梯、门户、中堂等无法逾越的空间位置，人们在合乎礼仪的进退、升降、揖让、迎送的动作中，就已经遵循秩序与等级的规范，甚至，还会主动地将这种规范运用在其他的场合中，而不论这些场合情境是否真的需要这种规范。因此，只要阼阶的代码还存在，那么，秩序与等级就能够得到自觉的维护。对于行礼的人们而言，他们只是遵循礼仪的要求，接受台阶、门廊的引导而已，然而，对于权力而言，它已经将自身强制的约束潜移默化地加在了人们的身上。对于自幼接受这种礼俗的人而言，秩序与等级早已同门廊立柱一样，成为这个客观世界的组成部分。人们遵循着空间的引导、礼俗的常规，维护着秩序与等级，然而却并不意识到这就是权力的约束。门廊立柱成为权力隐形的护卫。

3. 空间代码对于权力与秩序的扩展功能

权力总是要求扩展自己的领域，而空间代码却在不经意之中实现了权力的这一目的。所谓扩展，一是地点的增多、空间范围的扩大；二是同一地点中，不同礼仪场合的增加。

先看空间代码扩展功能的第一个方面：原先是在一个地点发生的事情，现在却在许多的地点发生，这是空间范围的拓展。一般而言，古代同类的建筑都按照相同或类似的模式营建，这样，一整套可以自我复制的空间代码（门、阶、序等）就在不断兴建的建筑上得到一次次的重现，并不断地流传。只要人们还在社会交往活动中继续揖让升降，那么，阶梯所寓含的语义，就会一遍遍地被揭示，就会一代代地传递下去。随着宗庙、社稷建筑的增加，相应的空间代码在不同的地点、不同的区域被自然地复制，因此，相应的空间代码的各种效能也就随之形成。一般地说，有宗庙存在，就有仪典的存在，那么，仪典借助空间代码所指明、强调的各种社会关系也就得到新的重申。在这个意义上说,"为政先礼,礼其政之本",实有一定的道理。

扩展功能的第二个方面是:同一空间代码能够在不同的情境中发挥作用,扩展运用到其他的情境之中。也就是说,同一空间代码的运算法则可以在不同的算式中得到演算。前引天子到大臣家中时,由阼阶升堂,而主人由宾阶升堂。在这个例子中,君主关系显然比宾主关系更具有优先地位,但相应的解释中,东西阶的宾主含义并没有改变,解释只是在此基础上,给出了"天子无客礼",诸臣"莫敢为主"的新的诠释。

《礼记·昏义》曰:

> 夙兴,妇(新娘)沐浴以俟见(舅姑,即公婆)。……舅姑入室,妇以特豚馈,明妇顺也。厥明,舅姑共飨妇以一献之礼,奠酬,舅姑先降自西阶,妇降自阼阶,以著代也。

新娘结婚后的第二天清晨,拜见公婆。在完成一系列礼仪之后,公婆先从西阶即客阶降堂,新娘则从阼阶即主阶降堂。这表明新娘有了接替婆婆成为一家之主妇的资格。《曲礼上》曰:

> 居丧之礼……升降不由阼阶。

孝子在居丧期间,不从东侧的主阶上升降堂,这是因为思念亡父的缘故。孔颖达疏曰:"孝子事死如事生,故在丧思慕,犹若父在,不忍从父阼阶上下也。"从这两个例子中可以看出,尽管情境不同,人们解释有所差异,但解释的基础都在东西阶具有主位与客位的区别上。

还可以举出更为复杂的例子。《礼记·曾子问》载:

> 曾子问曰:"君出疆,以三年之戒,以椑从。君薨,其入如之何?"孔子曰:"共殡服,则子麻弁绖,疏衰,菲,杖,入自阙,升自西阶。如小敛,则子免而从柩,入自门,升自阼阶。君、大夫、士一节也。"

国君在境外亡故回来,如果大敛入棺,则从西阶上堂;如果只是小敛,尚未入棺,则从东阶上堂。郑玄注曰:"升自西阶,亦异生也。""入自门,升自阼阶"句,郑玄注:"亲未在棺,不忍异入,使如生来反。"君主生前从阼阶上堂,主阶的含义仍然被保留了,但解释却是针对当前具体的情境:大敛后从西阶上堂,是为了与生前上堂的做法不同;小敛后从主阶上升,则是不忍与平素的做法不同。

当然,各个时代,礼仪的具体做法会有差异,但东西阶宾主的基本定义却大体保

持一致,也就是说,作为东西阶的空间代码特性可以延续很长的时间。《礼记·檀弓上》载:

> 夫子曰:"……夏后氏殡于东阶之上,则犹在阼也。殷人殡于两楹之间,则与宾主夹之也。周人殡于西阶之上,则犹宾之也。而丘也,殷人也。予畴昔之夜,梦坐奠于两楹之间。"

孔颖达疏曰:"夏与周并言'犹'者,以其既死,无所知识,孝子不忍,以生礼待之,犹尚阼阶以为主,犹尚西阶以为宾客,故言'犹'也。"古人并不将去世的那个时刻看作生命的界限,因为逝者的亲人一时间无法接受这个事实,于是将"殡"看作生死的间隔。夏人殡于东阶,逝者还受到生前的礼仪;周人殡于西阶,则以宾客待之而将他视为另一个世界的人了。殷人则殡于两楹之间,则是"宾主夹之"的地位。可见,做法虽然不同,但解释仍然是在主阶宾阶的基础上做出的。

可以概括,尽管礼仪活动的情境、过程、做法都不尽相同,但对于升堂降堂礼仪的解释都有一个共同点,这就是东阶、西阶具有宾主的区别。仪礼的解释者在遇到不同的情况时,都是参照代码的基本含义,形成新的具有针对性的解释。一些复杂的、解释有着不确定性的情境都被纳入到空间代码的解释框架中。这样,整个相关的礼仪活动的解释就形成了结构性的统一,体现出共同的"义"。这个"义"具有普遍的适用性,可以针对多种复杂的情境。空间代码的解释及运用的范围,在这个过程中实际上得到了扩展。

礼仪实际上是人们社会关系显现、外在化的过程,它一方面重申自身早已规定的贵贱、亲疏等不同的等级,另一方面又通过礼让使卑贱、疏远的一方得到某种形式上的补偿。在这些礼仪活动中,原先空间因素是极不显眼的,但通过上述分析,不难看到,客观的空间已经在社会历史发展过程中被系统地编码,并被赋予了权力与秩序所要求的诸种语义,它在社会生活中,特别是在礼仪活动中发挥着重要的功能。

文学理论发展与学术认同机制

◎ 李　健

从新时期到新世纪,中国文学理论经历了充满机遇和挑战的发展之路。30年来,它的自我发展始终包含着三重基本的学术语境。这就是对西方话语的引进与改造,对传统文论的继承与创新,以及对当代现实的关切与回应。在这个过程中,中国文学理论不断遭遇到学术资源的认同与再生问题。可以说,没有建立在一定逻辑基础之上的学术认同机制,它是不可能在充满文化区隔、学术壁垒、理论歧见的多重语境中得到良性发展的。

一

"认同"(identity)作为理论界频繁使用的一个关键词,包含着丰富的内涵。[①] 透过不同的理论视角,认同可以被区隔为不同的层面,比如个体认同、阶级认同、民族认同、国家认同等等。同样,在学术活动中,也明显地存在着一个"认同"的问题。为了更好地讨论这个问题,这里首先需要区分两种完全不同的认同观:文化守成主义的认同观和文化建构主义的认同观。在前者看来,认同指向一个已经完成、一贯如此的"过去"。依据这种本质主义的思维方式,任何文化主体,都必须通过一个本质性的"过去"来确定自己的身份。在后者看来,这样一个本质性的"过去"是不存在的。因为"过去"的任何本质,都必然会在与"现在"的关系中获得新的规定性。诚如卡斯特所言:"没有一种身份是本质性的,也没有一种认同本身可以根据其历史脉络就具备进步和压迫性的价值。"[②]一切身份、一切认同,一切价值的确立,都是一个文化建构的过程。

就文化发展的基本规律而言,我认为后一种观点明显更符合认同的历史逻辑。这应该也是本文讨论学术认同机制的第一个逻辑起点。确切地说,正如有的学者所强调的,"一方面,认同是一个动态的、发展的和未完成的过程,具有开放性和建构

---

① See Arthur S. Reber, *The Penguin Dictionary of Psychology*. Harmondsworth: Penguin, 1995.
② 曼纽尔·卡斯特:《认同的力量》,曹荣湘译,社会科学文献出版社2003年版,第5页。

性;另一方面,认同又是在话语实践中进行的"①。这意味着,认同实际上是一个以话语实践为基础的开放性、建构性活动。对学术认同机制的考察,因此也就是对各种学术话语如何进行交锋、对话以及整合、再生实践的考察。可以说,从学术认同的角度审视中国文学理论的过去、现在以及未来,是一个很有现实针对性的思考路径。事实上,"回顾改革开放以来中国文化与文学的发展历程,许许多多的运动、潮流、论争和理论都在某种程度上与认同有关;无论是'文化热'、'雅俗之争',还是'失语症之争'、'旧体诗与新诗论争'、'中国古代文论的现代转换'等,无一不可以从认同角度得到新的审视和阐发"②。这也意味着,要想深入探讨学术认同机制问题,还需要结合具体的学术语境。这可以说是本文展开讨论的第二个逻辑起点。在我看来,中国文学理论自我发展的学术语境,至少包括以下三个维度。

首先,从对西方话语的引进与改造来看,其中所涉及的认同问题是最直接也最令人瞩目的。自新时期以来,中国学界对西方话语的关注一刻也没有停止过。无论时代发生怎样的变化,西方始终是我们最重要的参照系。回首30年间的文学理论发展,先是整个80年代,几乎所有人都处于一种现代化理论的乐观气氛中,人们相信,"一切国家、民族和地区都有着一条共同的现代化道路,只是不同的国家、民族和地区处在这条道路的不同阶段而已"③。从这个时候起,西方各种理论话语开始如潮涌入。进入90年代之后,随着各种质疑西方话语"普适性"的理论被陆续引进,其合法性和有效性都遭到了重新评估。但是这并没有完全给中国文学理论带来自我建构的自信。在一些学者看来,对西方话语霸权的解构与批判,操持的仍然是西方的理论话语。因此,它依旧是西方文化语境和知识体系对汉语语境的一种自觉或不自觉的压迫。在此立场上,一种对系统引入西方理论话语的批判声音逐渐强大起来,乃至有人认为中国本土的理论研究已经患上了严重的"失语症"。

但是尽管如此,中国学界并没有放慢对西方学术话语的引进速度。进入新世纪以来,伴随着全球化的风潮,理论资源的跨境输入已经成为我们学术活动中最重要的内容之一。与此一致的是,认同问题继续受到学界普遍的关注,并成为持续讨论的焦点话题之一。究其原因主要在于:一方面,离开对西方学术话语的系统引入,中国当代文学理论的持续发展是很难想象的;另一方面,西方作为一种"参照",始终是以一种强势文化的面目出现的。由此所引发的学术认同问题就有可能变成:"在现代化语境中,东方文化的自身认同就变成了'让自己也变成西方'或者说'让自己扮演他者'这样一种悖论性的自身认同,虽然它确实表达了自强的想象,可是这种自

---

① 周宪:《文学与认同》,《文学评论》2006年第6期。
② 周宪:《文学与认同》,《文学评论》2006年第6期。
③ 华勒斯坦等:《开放社会科学》,刘锋译,三联书店1997年版,第43页。

强却又是以否定自己为前提的。"①这就是为什么面对西方话语,我们时常会产生强烈认同危机的主要原因。

其次,从对传统文论的继承与创新来看,其中暗藏着传统与现代之间的复杂关系。这种关系同样包含了明确的认同问题。如何对待传统遗留给我们的学术资源,如何解决现代与传统之间的疏离,都可以从认同的角度进行考察和阐释。事实上,自上个世纪90年代中后期以来,关于"古代文论的现代转换"的理论反思和学术实践,已经从各种不同的路径尝试回答传统与现代的认同关系问题。在这个过程中,我们可以深刻地体会到:"一方面,传统始终是我们进行理论建构与在理论上反叛必须依靠的资源:无论在中国,还是在西方,这一点都是不可回避的。另一方面,传统也很难被'反'掉,正如解构理论要借助理论的武器一样,反传统往往也要借助于传统。"②从这个意义上说,离开了传统,我们什么都不是。这可以说是传统与现代之间复杂关系的第一个层面。

第二个层面则是:无论我们如何对待传统,都必然存在一个"现代视野"。正如霍尔所言,认同"不是我们是谁或我们从哪儿来的问题,更多的是我们会成为谁、我们如何重现、如何影响到我们去怎样重现我们自己的问题"③。这样问题就变成了:离开了"我们",传统同样什么也不是。霍布斯鲍姆用"发明的传统"(invented tradition)很好地诠释了这一点。在他看来,所谓传统,"乃是对新情境的一种回应,这些新情境采取了参照旧情境的方式,或者说,它们以某种准义务式的重复来确立自己的过去"④。由此出发,认同在根本上成为一个借助过去建构现在的动态过程。无论从以上何种层面上,传统都必然成为我们理解学术认同机制的基本语境之一。

最后,从对当代现实的关切和回应来看,中国文学理论发展过程中的认同问题,包含着非常明确的社会现实依据。所谓当代现实,既包括社会生活的发展变化,也包括文学自身的当代变迁。中国当代文学理论所出现的几次较为明显的转向,都与当代现实的发展有着密不可分的关系。无论20世纪80年代出现的"主体论"文学观、90年代初期出现的语言学转向,还是自90年代后期开始的文化研究转向,都离不开学界对现实的关切、反思和回应。30年来,中国的社会生活发生了翻天覆地的变化。其间包括政治制度改革、经济体制改革、经济秩序全球化等所带来的社会效应,已经深刻地改变了我们的生存方式和思考习惯。与之相适应的,则是文学自身也发生了深刻的变化。文学的边缘化、大众消费文化的兴起,都在事实上改变了文

---

① 赵汀阳:《没有世界观的世界》,中国人民大学出版社2003年版,第72页。
② 阎嘉:《"马赛克主义":21世纪西方文学批评理论的基本走向》,《文艺理论研究》2005年第1期。
③ Stuart Hall and Paul de Gey, eds., *Questions of Cultural Identity*. London: Sage, 1996, p. 4.
④ Eric Hobsbawm and Terence Ranger, eds., *The Invention of Tradition*. Cambridge: Cambridge University Press, 1983.

学理论研究的问题域。在这一过程中,学界不断提出各种理论命题和话语策略来应对这样的时代变迁。以目前仍在各种学术活动中受到关注的文化研究为例,其中所提出的诸如"日常生活审美化"、"读图时代的图文战争"等研究命题,都可以看作对现实的某种积极回应。应该说,离开当代现实这样一个基础性的学术语境,我们是很难真正把握学术场中的认同机制的。

总体而言,自20世纪80年代开始,西方理论话语的大量引入,对中国学术发展所带来的影响是多方位的。无论是西方话语的积极倡导者,还是对此持批判立场的学者,都自觉不自觉地身处其中,成为这一语境不可分割的组成部分。对于传统的态度,也是考量中国当代文学理论的一个重要维度。如何面对传统与现代之间的疏离、如何从传统中汲取文学理论发展所需要的营养,成为这些年来不断讨论的重要议题。当代社会生活以及文学自身的变迁,则构成了文学理论自我发展的内在动力。如何回应现实的巨大变化,也成为学者们不能不面对的重大理论问题。以这三重学术语境为依据,学术资源的认同与再生问题,已经成为中国当代文学理论发展中的一个关键性问题。在我看来,要想有效地解决这个问题,必须依赖一个完善的学术认同机制的确立。确切地说,在这个机制中,至少应该包括学术认同的对话机制、转换机制、反思机制和再生机制这样四个相辅相成的层面。

二

首先,学术认同的对话机制是文学理论走出自我封闭世界的基本前提。学术认同作为一种话语实践的开放性建构活动,只能从话语的交锋开始。因为在一个自给自足的封闭体系中,任何形式的认同都要么是强制性的,要么是盲从性的。这一点,可以在新时期之前的文学理论研究中清楚地反映出来。具体来说,文学理论作为文学艺术创作活动的指导,长期以来一直是政治威权重点控制的领域。在这个领域中,政治意识形态具有绝对的学术主导性。它不断炮制出符合自身利益的学术"真理",并且将之直接作用于文学艺术的创作实践当中。正如有的学者所分析的那样,政治意识形态成为一切思想文化活动的"元叙事",它排斥异己,独断专行,任何知识生产都只能遵循它的话语逻辑和理论立场。在这种"威权主义"知识生产机制中,文学理论注定只能成为政治意识形态在审美领域中的理论衍生物。[①] 在这个意义上,政治意识形态的强制性认同,可以说是中国文学理论长期停滞不前的根本原因。而学术认同的对话机制的首要任务,就是要针对这种政治威权提出自己的批判立场。

从学术发展的角度来看,这种批判立场是进入新时期之后才开始起作用的。新

---

① 参见支宇:《"反本质主义"文艺学是否可能?》,《文艺理论研究》2006年第6期。

时期伊始,与政治上的变迁相一致,文学理论的封闭世界也开始出现缝隙。80年代开始盛行的"主体论"文学观,以及连续出现的所谓"方法年"、"观念年"和"体系年",既是中国文学理论摆脱政治意识形态绝对控制之后的正常反应,也是它开始走向对话的最初表现。可以说,文学理论走出以政治"威权主义"为特征的封闭世界,意味着学术认同的对话机制得以真正开启。也正因为这一对话机制的开启,中国文学理论才开始逐渐进入一个动态的、未完成的建构过程之中。没有这样一个基本前提,中国文学理论从80年代开始的众声喧哗的热闹景象是不可能出现的。

除此之外,学术认同的对话机制还在学术话语实践的对话主体和学科间性等问题上提出自己的要求。就对话主体而言,我们知道,任何对话都必然包含着主体之间的互动关系。在巴赫金那里,所谓"对话"并不是维系某种社会关系的手段。对话就是关系本身,就是人的本质。用他的话说,"一切都是手段,对话才是目的。单一的声音,什么也结束不了,什么也解决不了。两个声音才是生命的最低条件,生存的最低条件。"①在这一前提下,对话本身就包含着对主体的内在要求,这就是平等性、差异性和思想性。对于学术认同活动而言,这些要求同样是极为重要的。学术话语实践中的主体如果离开了平等的地位、差异的观念和思想的交锋,对话是不可能真正实现的。正因如此,学术认同机制必然需要对主体提出一定的要求。事实上,是否能够在西方话语的强势中、传统文论的迷思里、当代现实的激变下成为一个合格的对话主体,一直都是值得学界深刻反思的重要问题。这一点,我们还将在学术认同的反思机制中再作进一步的探讨。

就学科间性而言,学术认同的对话机制也提出了特别的诉求。这是与文学理论的学科特性密切相关的。就发展历程来看,中国文学理论的学科自足性并不明晰。30年间,中国文学理论所面对的各种话语形态,实际上多半都来自于本学科之外,比如哲学、美学、心理学、社会学,等等。这一事实既反映出文学理论中的话语交锋所具有的学科间性特征,更包含着学科身份的自我定位问题。如何在学科间的对话中实现话语实践的建构并保持自身的学科完整性,因此也成为学术认同需要考虑的基本问题。而问题的关键则在于:学科的完整性并不意味着学科边界的自我封闭,文学理论的自我完善必须依赖跨学科的多方对话才有可能实现。总之,学术认同的对话机制对政治威权所坚持的批判立场,对对话主体、学科间性所提出的特别诉求,都是文学理论得以顺利发展的前提条件。由此出发,我们必须时刻意识到,只有自觉地与西方对话、与传统对话、与现实对话,文学理论才有可能接触、吸收、消化新鲜血液,并生发出适应时代发展的创新理论。

其次,学术认同的转换机制是文学理论自我发展的必要途径。不同语境中的学术资源,其话语转换是一个复杂的动态过程。在这个过程中,需要审慎地面对学术

---

① 巴赫金:《陀思妥耶夫斯基诗学问题》,白春仁、顾亚铃译,三联书店1992年版,第334页。

资源如何"翻译"、怎样"误读"以及是否"滥用"等问题。这些复杂的学术认同问题,不仅表现在中国文学理论对西方话语的引进和改造上,同时也明显地反映在对待传统文论的学术实践之中。

话语转换的第一步是话语的"翻译"。这种翻译不仅包括对外来语的汉语化以及对古汉语的白话化方面。它还同时反映出翻译者对文本自身的学术价值和文化内涵的选择性立场。更确切地说,翻译的目的绝不仅仅是知识的跨境传播和推广;它更重要的使命是将原本来自不同语境中的学术话语"转换"成可以为我所用的话语形态。实际上,选择什么样的翻译文本,就是选择什么样的话语方式,选择什么样的学术立场问题。任何翻译如果只停留在语言形式的层面,都只是翻译的初级阶段。就古代文论而言,我们可以看到:"语言永远是思想的外衣,古汉语对应的是古汉人的思维,而古汉人的思维又对应着古中国的文学现实。除非当代中国的文学现实与古中国的文学处境具有同一关系,否则,语词的转换,不过一种约定俗成的能指命名活动,我们除了对同一个所指赋予某种具有民族色彩的别称之外,并无任何发现意义。"①这实际上意味着,对传统任何意义上的成功解读,都不能不包含一种自觉的"现代视野"。就西方话语而言,无论何种形式的翻译或改造,则必然包含着一种明确的"本土视野"。任何学术话语的成功转换都必须立足于此。同时,也正是这种双重学术视野,促使学术话语转换由"翻译"进入一个更复杂的层面,这就是话语的"误读"。

所谓"误读",作为学术活动中的一个司空见惯的现象,包含在阐释或过度阐释的学术话语实践之中。在我们的理论诉求中,对于话语转换过程中所存在的这种误读现象,一直存在某种戒备和排斥心理。尤其是涉及西方话语在中国语境中的话语有效性问题时,这种心理似乎更显得理所当然。但是我们必须意识到,话语转换过程中出现的"误读",其实是"现代视野"与"本土视野"所导致的必然结果。李泽厚在分析蔡元培提出的"以美育代宗教"命题时,认为"这正是儒学传统与西方美学相交遇渗透的结果;非酒神型的礼乐文化、无神论的儒门哲学又一次地接受和同化了Kant、Schopenhauer的哲学和美学,而提出了新命题"②。这一分析形象地说明了:所谓"新命题",需要在积极的话语交锋中得到新的"本土规定性"才真正具有生命力。西方话语在被引入中国语境时产生不同形式的"误读",不仅是话语交锋过程中的自然现象,更是文学理论发展的基本途径。从这个意义上说,中国当代文学理论所表现出来的也许并非一种"失语症",而更可能是一种患得患失的"失语恐慌症"。

实际上,真正需要我们警惕的,是学术话语转换过程中所表现出来的话语"滥用"问题。在学术实践中出现这一问题的原因是多方面的。总体上说,缺乏一种自

---

① 罗宏:《创新与迷失:新时期文艺学建设的若干反思》,《文学评论》2005 年第 4 期。
② 李泽厚:《华夏美学》,广西师范大学出版社 2001 年版,第 266 页。

觉的现代意识和本土意识,不从学术发展的内在需要出发,纯粹为了求新而逐新,是话语滥用的最直接原因。纵观30年的文学理论发展历程,的确存在这样一些不良现象,对学术生态造成了一定的负面影响。具体来看,这一问题尤其明显地表现在对西方理论话语的批量引进过程当中。一些理论话语的引进,往往只维持在一种话语的简单复制层面。一旦某种话语不再流行,便毫不留恋地迅速撤离,转入其他话语的复制工作当中。这样一种浮在表面的学术话语实践方式,必然导致对话能力的丧失、话语转换的失效。而这一切的症结,显然不能轻率地归结为我们对西方话语的依赖和臣服。根本的原因,还是我们在学术认同的过程中缺乏一种必要的反思意识。

三

再次,学术认同的反思机制是文学理论得以良性发展的重要保障。可以说,没有一个自觉的反思机制,任何理论或学科的发展都将积重难返。从学术认同的角度出发,这种反思主要集中在三个相辅相成的层面。

第一,我们需要对自己的学术身份进行反思。长期以来,知识分子作为一种精英化的社会存在,在掌握着更多的文化资本的同时,也始终承担着更多的社会责任。但是随着当代社会的激烈变迁,在学术研究领域,各种各样的专家取代了赛义德所吁求的"业余知识分子"。近年来颇受争议却发展势头迅猛的文化研究,从某种意义上说也是对这一现象的积极回应:"文化研究对规整到板的封闭学科化倾向的反叛,不只涉及学术研究自身,更重要的问题在于它涉及一个普遍的问题——知识分子的消失。"[1] "知识分子"向"专家"的转变,实际上是从事学术研究的主体自我退化的一个表征。确切地说,这是学者放弃自我反思、学科反思、社会反思的一个必然的结果。学术认同的反思机制则要求我们对自己的学术身份进行必要的审视。即使我们很难在现行的学科体制下做一个"业余知识分子",但是至少也应该在知识水平、创新能力和批判意识方面自觉地提高自己。这些都是我们成为合格的对话主体、避免出现学术话语滥用等问题的重要保证。

第二,我们需要对自己的理论需求有所反思。这其实是与学术身份密切相关的话题。这一层面的反思所强调的是:我们应该借助既有的知识水平积累、理论创新能力,始终将当代现实作为理论需求的出发点。在一个理论资源极度丰富的时代环境中,如果不能立足现实反思自己的理论需求,我们是很容易迷失在话语游戏的迷宫之中的。而问题的关键就在于,我们必须始终自觉地保持一种问题意识和批判意识,提出并解决具有现实针对性的学术问题。如果不能以此作为学术认同的保障,

---

[1] 周宪:《文化研究:学科抑或策略》,《文艺研究》2002年第4期。

那么所谓的话语认同很有可能只是一场学术"表演秀",真的成为一些学者所指摘的那样:"新时期的文艺学创新进程中,我们是否过分地表现出对话语权的迷恋以及由此而演绎出的对西方话语的过分迷信呢? 坦率地说,在当下的文论界,一些学者并不看重学术对问题的真正解决,而是看重学说被广泛认同所带来的荣耀和利益。"① 诚然,这里对中国语境中的西方话语以及学术主体的判断多少有点苛刻。但是从反思的立场上看,这段话的确指出了一个事实:学术认同的任务是要借助合适的理论资源解决真正的学术问题。为了避免将学术认同简单等同为学术观念或方法的"表演秀",我们必须对自己的理论需求有一个清醒的认识。

第三,我们还需要对自己的学术认同对象进行必要的反思。所谓学术认同对象,也就是依据实际的理论需求所选择的具体话语形态。事实上,无论学术身份还是理论需求问题,最终都必须落实到在学术认同的话语实践当中。这就要求我们不仅要熟悉和运用这些理论话语,而且更需要立足于"现代视野"和"本土视野"来审视它们的合法性与有效性。正如我在学术认同的转换机制中所指出的,任何有效的命题都会在话语交锋中形成新的"规定性"。我们应该认识到,在这个世界上,并不存在放之四海皆准的话语形态。因此,即便是那些对我们解决学术问题具有重大意义的理论资源,照单全收的态度也是危险的。对待认同对象的这种态度,实际上已经包含学术认同反思机制的所有基本立场。就学术身份而言,它强调了认同主体所具备的学术独立性;就理论需求而言,它揭示了学术认同所必需的现实针对性;就认同对象而言,它阐明了话语实践所要求的理论有效性。总之,学术话语的有效性取决于它能否针对现实提出正确的问题,以及它能否合理地利用各种理论资源解释、揭示和解决问题。离开以上三个层面的反思,学术认同的合法性与有效性将很难得到保证。

最后,学术认同的再生机制则是文学理论自我发展的内在需求。任何理论的发展都同时是一个理论再生的过程,文学理论也不例外。正如霍尔所强调的,"认同使我们所做的并不是永无止境的重复解读,而是作为'变化着的同一'来解读:这并不是所谓的回到根源,而是逐渐接纳我们的'路径'。"② 无论是作为认同前提的"对话"、作为认同途径的"转换",还是作为认同保障的"反思",最终都是以学术话语的"再生"为目标的。在这个意义上,学术认同实际上也就是一种理论话语的创新之旅。用赛义德在《理论旅行》一文中的阐述来概括这一旅程是再恰当不过的了:

> 首先,有一个起点,或类似起点的一个发轫的环境,使观念得以生发或进入

---

① 罗宏:《创新与迷失:新时期文艺学建设的若干反思》,《文学评论》2005 年第 4 期。
② Stuart Hall and Paul de Gey, eds., *Questions of Cultural Identity*. London: Sage, 1996, p. 4.

话语。第二,有一段得以穿行的距离,一个穿越各种文本压力的通道,使观念从前面的时空点移向后面的时空点,重新凸显出来。第三,有一些条件,不妨称之为接纳条件或作为接纳所不可避免之一部分的抵制条件,正是这些条件才使被移植的理论或观念无论显得多么异样,也能得到引进和容忍。第四,完全(或部分)地被容纳(或吸收)的观念因其在新时空中的新位置和新用法而受到一定程度的改造。①

对于中国当代文学理论而言,这个起点也就是新时期开始萌生的思想解放运动以及随之而来的社会生活的深刻变迁。从这个时候开始,一扇对话的门被打开了,各种学术话语才有了四处旅行的可能性。各种学术资源不断穿越时空,以现实为依据,在中西、古今的话语交锋中丰富自身,最终在一个全新的文化空间中寻找到自己新的规定性。在这个过程中,无论"接纳条件"还是"抵制条件",都成为理论再生的必要因素。在一定意义上,学术认同所追求的理论创新,其实就是一个充满张力的博弈过程。其中既有隔阂也有沟通,既有对抗也有妥协。因此,在这个问题上,我们需要明确两点:一是必须坚持一定的理论立场,切不可人云亦云,抱着"怎么都行"的虚无主义态度;二是必须保持一定的宽容心态,切忌故步自封,简单排斥甚至打压与己不容的学术观点。这些都不是理论再生过程中应有的学术态度。

在此基础上,学术认同再生机制强调的是"理论旅行"所带来的新生内容。而考察这些内容的参照系,也就是赛义德所谓"新时空中的新位置和新用法"。从这个角度出发,中国文学理论的再生,必然体现在两个方面:一是传统文论的现代"发明",二是西方话语的本土"再造"。这也是我针对学术认同问题反复强调过的两个基本维度。就前者而言,传统要想被容纳或吸收,就必须对"新情境"做出积极的回应,成为霍布斯鲍姆所谓的"发明的传统"。就后者而言,西方无论以何种姿态进入中国语境,也不能不在全新的理论环境中进行适度改造。无论哪个维度都表明:学术认同活动必须将理论再生作为一种自觉的学术追求。事实上,中国文学理论最近 30 年的发展历程一再说明,缺乏理论再生功能、无法生成适应时代发展的创新理论的学术研究,是没有生命力的。

总之,通过对学术认同机制四个不同层面的具体分析,我们可以更清楚地认识到学术认同活动对于文学理论发展的重要意义。进入新世纪以来,社会生活以全球化为基本背景所发生的激变,越来越强烈地改变了我们的生存方式和思考习惯。中国文学理论需要以此为契机,借助一定的学术认同机制,合理地利用包括西方话语、传统文论在内的各种理论资源。在此基础上,更应当通过一种开放性、建构性的学术认同活动,发展出具有本土特色的理论再生资源。这也是中国文学理论真正走向

---

① 爱德华·赛义德:《赛义德自选集》,谢少波等译,中国社会科学出版社1999年版,第138—139页。

世界并发出自己声音的起点。无论如何,它的未来发展,仍然需要面对三重基本的学术语境。以此为依据,确保学术认同机制的顺畅运转,将是我们进一步推进其良性发展的必然要求。

从"心灵共鸣"到"反对理论"
——作者意图理论的三条路径

◎ 庞　弘

在现今文艺理论界，一个无可辩驳的事实是，作者意图已渐渐淡出了人们的视野。如伊格尔顿便声称："人们的确可把现代文学理论大致分为三个阶段：全神贯注于作者的阶段（浪漫主义和19世纪）、绝对关心作品的阶段（新批评），以及近年来注意力显著转向读者的阶段。"①在他看来，作者及其意图的重要性伴随文学研究的演进而呈现出逐级下滑的趋势。周宪也同样断言，文学理论从"传统"到"现代"再到"后现代"的变迁，所引发的必然是由"作者"到"文本"再到"读者"的范式转换。②然而，必须注意，在宣称"作者已死"的普遍背景下，对作者意图的追问与探寻依然代表着一种不容忽视的理论姿态。当人们过分强调读者的自由解读而导致意义陷入"无政府主义"式的盲目与混乱时，这样的姿态无疑起到了重要的平衡、参照与补充作用。因此，对作者意图理论在当代西方文论中的存在依据及其代表性观点加以阐述，便具备了学理上的必要性和紧迫性。总的说来，当前对作者意图的捍卫从丰富的哲性资源中获得了启发，并集中表现为如下三条各具特色的思想路径。

一、"心灵共鸣"与浪漫主义的诉求

作者意图理论的第一条，也是最基本的路径体现了创作主体所拥有的能动力量，倡导通过带有神秘色彩的"心灵共鸣"而达成与历史性作者的沟通，其代表为德国哲学家施莱尔马赫。

施莱尔马赫意识到，人类生活中总是充斥着各种无法规避的误解，而把握作者（或言说者）的意图则成了祛除这些误解的最恰当途径。在他眼中，还原作者意图就根本而言是一种对作者精神状况的"重新思索"与"重新扮演"，解释者应当努力回复到作者表意的初始情境中，将作者的"内在世界"规定为衡量理解之正确与否的最根本依据。因此，最重要的解释是一种"心理学的解释"（psychological

---

① 特里·伊格尔顿：《二十世纪西方文学理论》，伍晓明译，北京大学出版社2007年版，第73页。
② 参见周宪《重心迁移：从作者到读者——20世纪文学理论范式的转型》，《文艺研究》2010年第1期。

interpretation),而心理学解释其实也就是一种预测(divination)行为,借助这种预测,解释者能够摆脱时代语境加诸自身的种种负荷,去面对、体会、感受在作者身上所发生过的一切,并最终以一种"设身处地"的姿态真切领会作者的心理与情感经验。正是出于这样的理由,施莱尔马赫才会言之凿凿地宣称:"解释的最主要任务不是按照现代思想理解古代文本,而是要重新探究作者和读者之间的初始性关联。"①

那么,我们有什么理由相信这种对作者意图的"点对点"的重新置入一定能取得成功?可以说,浪漫主义对"心灵共鸣"的推崇在很大程度上坚定了施莱尔马赫的信念。浪漫主义始终信奉一种由作者及其意图所主导的,建立在"主体—客体"、"精神—实在"、"人—自然"等内在认同之上的和谐状态。如雪莱便指出,诗人是审美感受超常的人,他可以对人们普遍共有的审美经验加以敏锐的感知和艺术化的书写,从而激起整个人类共同体的最本真的愉悦:"诗人在表现社会或自然对自己心灵的影响时,其表现方法所产生的快感,能感染别人,并且从别人心中引起一种复现的快感。"②华兹华斯则强调,诗人的不同寻常之处在于,他能强有力地表达出自己内心深处的思想与情感,而"这些热情、思想和感觉都是一般人的热情、思想和感觉"③。施莱尔马赫恰好活跃于浪漫主义在欧洲成熟并走向鼎盛的阶段,浪漫主义由心灵共鸣所支撑的观念体系无疑对他产生了深刻的影响。在施莱尔马赫的理论视域内,对文本意义的追寻绝非按部就班的理性推断,而更类似于一种"超自然"的直觉与顿悟,类似于个体宇宙间交相呼应的精神行为,也正是由于这样的交互响应,对作者意图的体认才真正成了现实。例如,人们之所以对华兹华斯的名作《永生颂》青睐有加,是因为他们能够在强烈的共鸣中自然而然地融入诗人的精神世界,进而准确捕捉到贯穿于诗句之间的更加深沉的生命意识与人文关怀。当然,在施氏的意图论观点和浪漫主义的诗学理想间还是存在较大的差异:后者主要从原创性作者的角度出发,认为作者将如同磁铁吸引铁环一般,在读者身上引发相应的情感效应;施莱尔马赫则更偏重从读者或听众的角度着眼,在他看来,心灵的共鸣使接受者能立足自身,以一种"逆向"的方式对作者的内外境况加以身临其境的再度体验。因此,读者应首先把作品理解为作者生命的某种征兆,"它探问作者是如何来到这种整个作品是由之而发展的基本思想,即这种思想与作者的整个生命有怎样的关系,以及肇始环节与

---

① Friedrich D. E. Schleiermacher. "The Hermeneutics: Outline of the 1819 Lectures." *The Hermeneutic Tradition: From Ast to Ricoeur*, ed. Gayle L. Ormiston and Alan D. Schrift. New York: State University of New York Press, 1990, pp.89 - 90.

② P.B.雪莱:《诗之辩护》,王春元、钱中文主编:《英国作家论文学》,三联书店 1985 年版,第 91—92 页。

③ 华兹华斯:《〈抒情歌谣集〉序言》,刘若端编:《十九世纪英国诗人论诗》,人民文学出版社 1984 年版,第 18 页。

作者所有其他生命环节的联系"①。

当然,在施莱尔马赫针对意图的论说中仍潜藏着较大的不确定性。首先,必须承认,施莱尔马赫虽然十分关注个体心灵之间的契合与激荡,但并未因此而走向极端。在强调解释的心理维度的同时,他还提出了一种作用于公共语言规范的"语法的解释"(grammatical interpretation)。对他来说,心理学的解释是主观的,语法的解释则是客观的,前者关涉到对意义的暗示,后者则关涉到对意义的限定。最终,对作者意图的探问只有在上述两种解释的相互配合下才能顺利完成。不过,令人遗憾的是,施莱尔马赫的追随者常常刻意夸大了诉诸作者个体性的心理学解释,而将解释中原本不可缺少的语言学维度弃若敝屣。这种以偏概全的研究态度为人们对作者意图的一连串曲解与误读带来了可乘之机。②其次,在坚持将意图视为解释的最终标准的同时,施莱尔马赫也隐约流露出对这一标准加以扬弃的冲动。在他看来,解释者除了确切把握作者原意之外,还应当主动与作者"竞赛",自觉占有较之其意图而言更丰富的内容:"任务是,要与创造者一样好,甚至比他更好地理解其话语。"③正因为如此,在作者意图与理解者本人的能动创造之间,施莱尔马赫面临着进退两难的彷徨:当他将目标指向客观确定性的再度建构时,他往往把意图锚定为解释所致力于通达的终极归宿;当他将关注的焦点落实到意义的相对、多元、流变之上时,他又在某种程度上为包括作者和读者在内的全体成员设置了自由生成、发展,乃至彼此竞争、超越的充足空间。这种纠结不清的双重立场反映了施莱尔马赫在客观与主观、消极与积极、普遍与个别等因素之间的摇摆不定。然而,任何人都无法忽视施氏学说所具有的重大价值:正是他植根于心灵共鸣的基本取向标志着解释理论的重大转折,即从古典语文学解释对考辨词义的要求转向了对理解作者或言说者内心世界的强调,从而不仅在今天的文学批评(特别是各式各样的"创作论"思想)中持续地产生着影响,同时也为后世有关作者意图的进一步探讨敞开了大门。

---

① 弗里德里希·施莱尔马赫:《诠释学讲演》(1819—1832),洪汉鼎主编:《理解与解释——诠释学经典文选》,东方出版社 2001 年版,第 72—73 页。

② 如深受施莱尔马赫影响的狄尔泰从"生命体验"的原则出发,过度张扬了施氏学说中个性化的精神维度,而选择性地"遗忘"了与之相伴随的社会性、语言性的一面。正是以此为前提,人们往往将作者意图简化为某种纯主观的心理状态,并最终导致其成了一个频频引发争议的论题。参见 Peter Szondi, *Introduction to Literary Hermeneutics*. Cambridge: Cambridge University Press, 1995, p.117。

③ Friedrich D. E. Schleiermacher. "The Hermeneutics: Outline of the 1819 Lectures." *The Hermeneutic Tradition: From Ast to Ricoeur*, ed. Gayle L. Ormiston and Alan D. Schrift. New York: State University of New York Press, 1990, p.93.

二、"富有意义的形式"与"语言学转向"的旨趣

作者意图理论的第二条路径主要以"语言学转向"的基本思想为依托,坚持将某种形式化的中介视为把握创作者意图的有效途径,其代表为意大利学者贝蒂。

贝蒂毕生都致力于"区分人文科学中的各种解释模式,并形构对人类行为及其对象加以解释的基本规范"①。他相信,通常被认为从属于"精神科学"而不具备缜密规则与严格体系的解释理论,同样可以依凭持续的客观化诉求而获取类似自然科学的合法地位。由此出发,贝蒂反对伽达默尔将"前见"(prejudice)视为理解之必要前提的观点,在他看来,解释的标准不能通过个体主观的历史文化倾向而加以呈现,这种标准应当,且只能被追溯到作者原初的精神状况:"它们需要在与内在于初始意图的标准的关联中而得以被评判:这种意图……与作者的观点,以及他在创作过程中的构造性冲动相吻合。"②

不难见出,在维护作者意图这一点上,贝蒂基本延续了施莱尔马赫的思路。然而,不同于施氏带有神秘色彩的"心灵共鸣"理念,贝蒂倡导,应通过作者精神的客观化物,即所谓"富有意义的形式"(meaning-full forms)来实现对意图的把握:"每当与这些富有意义的形式取得接触时……我们便会发现,我们被唤起了一种试图领会这些形式中所包含的意义的解释性力量。"③他坚持认为,个体精神并非停留于含混、朦胧的"不确定"状态,而总是寓居于具体、可感的物质外壳中,以充溢着丰富可能性的"形式化"的姿态诱导着人们的参与。于是,在贝蒂的理论中,对意图的探寻便呈现出了"三位一体"的格局:(1)具备能动精神的主体是解释活动的起点;(2)作者意图是解释者力图通达的对象;(3)位居两者之间的,则是起到过渡作用的富有意义的形式。毫无疑问,富有意义的形式在贝蒂的意图论体系中占据了极为重要的位置,正是有了这样一种形式的存在,人们对意图的理解才不再是那种施莱尔马赫式的、从一种内在性转换为另一种内在性的匪夷所思的行为,而是获得了一条坚实、稳固的渠道。比如说,在解读乔伊斯的《尤利西斯》时,解释者无须冒昧而突兀地闯入小说家的内心世界,相反,通过包孕着作者主观意向的语言文本,他们便足以洞悉隐匿

---

① Richard E. Palmer, *Hermeneutics: Interpretation Theory in Schleiermacher, Dilthey, Heidegger, and Gadamer*. Evanston: Northwestern University Press, 1969, p.56.

② Emilio Betti. "Hermeneutics as the General Methodology of the Geisteswissenschaften." *The Hermeneutic Tradition: From Ast to Ricoeur*, ed. Gayle L. Ormiston and Alan D. Schrift. New York: State University of New York Press, 1990, p.164.

③ Emilio Betti. "Hermeneutics as the General Methodology of the Geisteswissenschaften." *The Hermeneutic Tradition: From Ast to Ricoeur*, ed. Gayle L. Ormiston and Alan D. Schrift. New York: State University of New York Press, 1990, p.160.

其中的具体、可感的精神脉络。这就像密特谢林所说的那样:"解释者从未直接与他人接触,而只接触作为客观给定物的形式。……贝蒂试图避免的是由于不必要地进入他人精神之中所造成的困难。"[1]

其实,早在贝蒂之前,不少学者就提出过与之相似的主张:阿斯特将"文字"、"意义"、"精神"指认为解释中不可缺少的三个要素,其中,作为形式而存在的文字充当了使意义与精神得以彰显的平台;狄尔泰声称,"理解只有面向语言记录时才能成为一种达到普遍有效性的解释"[2],继而指出,只有依凭形式化的语言文字,人们才有机会接近由普遍生命体验所支撑的创作者的心灵本身。如果说上述看法主要还是从技术层面着眼,将形式视为开启作者精神的手段的话,那么,富有意义的形式则更深刻地接受了20世纪风起云涌的"语言学转向"的影响。在当代西方文化中,语言已逐渐摆脱了传统意义上被动的"工具"地位,转而愈发成了人类生存的前提条件,愈发成了一种不容辩驳的"绝对"。如海德格尔便认为,语言是存在之家;利科尔则指出,人是叙事的动物——而这种叙事始终都是以语言文字为基点的;伽达默尔更是强调,语言不可逆转地统摄了包括个体思维与行动方式在内的整个世界:"……在所有关于自我的知识和关于外界的知识中我们总是早已被我们自己的语言包围。"[3]应当看到,贝蒂专注于解释学的20世纪五六十年代恰恰是语言的地位在西方语境下大幅度提升的时期,时代氛围的渲染使他在维护作者意图的同时,也或多或少地将语言学转向的旨趣纳入了自己的考量范围。这种对语言的倚重主要表现在两个方面:首先,他所强调的"形式"在很大程度上等同于创作活动赖以维系的语言符号,惟有通过语言的调和与中介作用,以洞察作者意图为旨归的解释实践才可能落到实处。反过来,即使部分作品(如古希腊史诗《奥德赛》)的作者尚不得人知,人们依旧可以从实实在在的语言文字中发掘出作者表意的大致状况。其次,正如伽达默尔将语言视为包容一切的本体性事实,在贝蒂的理论中,富有意义的形式也并未固守于纸面的书写符号,相反,无论是转瞬即逝的言谈还是沉默的历史遗留物,无论是凝练的艺术符码还是能动的个体行为,无论是微妙的面部表情还是复杂的性格类型,其实都可以被指认为特定精神事件的形式化演绎,都蕴含着某种召唤人们理解的强烈诉求。也正是伴随着作为表现方法的形式从个别走向一般,从封闭走向开放,从纯粹的语言走向无数性质、功能同语言相似的"媒介物"的演进历程,作者意图在贝蒂的理论中才不再止步于那种由个体心灵所表征的单质的存在,而是被引入了更加广阔的社会、文化维度。

---

[1] Jeff Mitscherling, Tanya DiTommaso, and Aref Nayed, *The Author's Intention*. Lanham, Md.: Lexington Books, 2004, p.69.

[2] Wilhelm Dilthey. "The Rise of Hermeneutics", *New Literary History*, 3.2 (1972).

[3] 汉斯-格奥尔格·伽达默尔:《哲学解释学》,夏镇平等译,上海译文出版社2004年版,第63页。

然而,在贝蒂的观点中也不乏值得反思的问题。第一,他只是有保留地借鉴而并未彻头彻尾地全盘吸纳语言学转向的精髓,在他眼中,语言尽管由于其形式化功能而得到了高度的重视,但本质上仍然是从属和次要的。贝蒂认为,富有意义的形式更像是一层覆盖于作者精神之上的透明的纱幕,一种理解作者意图的单纯的契机:"心灵的大门往往基于一种自发的冲动而从内部开启,外界则只是提供了一种和谐共鸣的邀请。"①换句话说,在他的理论中,解释者借助形式而把握意图的行为只不过是施莱尔马赫"心灵共鸣"原则的改头换面的重新登场,顶多也不过是该原则的更加精致的"翻版"。不难想见,这样的行为同样是含混而莫衷一是的,它无法得到令人信服的印证与说明。第二,与施莱尔马赫相比,贝蒂更明显地体现了解释者的主观能动性与作者精神所凝聚的客观意义之间的难以协调的冲突。他宣称,隐含在形式中的作者意图是意义之客观性的最重要标准,也是建立精神科学普遍方法论的最可靠保障;但他同时指出,任何对意图的揭示都只有在解释者的主动参与下才能顺利完成;解释者对意图的领会不是原封不动的照抄照搬,不是亦步亦趋的机械接受,而是要将自己的全部心智倾注于作者的创作思绪、生活情景乃至生命境遇之中,通过积极的行动而对这样的思绪、情景、境遇加以再度的体验和建构,从而在经过主观转化的更高层次上实现对意图的还原。虽然贝蒂相信,这种"创造性的倒转"(inversion of the creative)在根本上无损于意图的精确呈现,但他的论述已非常清晰地昭示了一个长期困扰着作者意图理论的难题:在解释的客观性诉求与具体解释行为所无法避免的主观因素的相互牵制中,如何才可能维持适当的平衡?

三、"反对理论"与新实用主义的选择

作者意图理论的第三条路径响应了"反对理论"的当下思潮,主张以盛行于北美的新实用主义哲学为根基,将作者意图与文本意义完全等同,其代表为美国批评家卡纳普和迈克尔斯。

自 20 世纪 80 年代末、90 年代初以来,西方文论便逐步进入了一个所谓的"后理论"(Post Theory)阶段,越来越多的学者围绕"理论是否终结?"这一问题而展开了思考。其中,卡纳普和迈克尔斯更是由于将这种思考引入解释学维度而引人瞩目。他们于 1982 年在《批判的探索》上发表长文《反对理论》,文章指出,理论的最突出品质在于一种虚构的筹划,它的常见套路是:(1)竭力制造诸如"意图"与"意义"、"语言"与"言语行为"、"知识"与"实践"等五花八门的对立;(2)人为地在这些对立的因

---

① Emilio Betti. "Hermeneutics as the General Methodology of the Geisteswissenschaften." *The Hermeneutic Tradition*:*From Ast to Ricoeur*, ed. Gayle L. Ormiston and Alan D. Schrift. New York:State University of New York Press,1990,p.161.

素间搭建起特定的关系性格局,并由此展开详尽的解释与说明。在两位学者眼中,这样的理论推演只不过是一种"拆散之后再加以组合"的程式化工作,它所维系的也只可能是浅表层面上的相关性。然而,为什么那些"理论家们"(二人在贬义上使用这一词语)仍然会乐此不疲地投入对理论的经营之中?原因很简单:他们无法认清上述各因素在本质上的不可分离。卡纳普和迈克尔斯坚信,将事实上紧密关联的术语强行割裂必然会造成巨大的混乱,其中最突出的,莫过于针对作者意图与文本意义之间关系的持续不断的争执。以此为出发点,两位学者提出了自己个性鲜明的意图论主张。

如前所述,包括施莱尔马赫和贝蒂在内的意图论者往往倾向于通过对作者意图的追问而探寻理解文本意义的可能,他们的反对者则依托各自的理论思考而得出结论:作者意图无法决定文本意义的生成与转变。对卡纳普和迈克尔斯来说,无论是意图论者还是反意图论者其实都接受了在意义与意图之间存在某种关系(无论是彼此契合还是相互排斥)的预设,之所以会出现这样的情况,是因为他们已先入为主地将意义与意图彼此区分。然而,这种区分完全是画蛇添足的,原因很简单,在意图与意义之间始终存在根深蒂固的相互认同,于是,"一旦我们发现文本意义不过是与作者意指意义相一致的,那么,将意义植根于意图之中的规划将变得无理可循"①。理论家们的最大失误,在于煞费苦心地构想了从一个术语(作者意图)转向另一个术语(文本意义)的可能性,而没有意识到这两个术语本来就是可以等量齐观的。

在处理意图问题时,卡纳普和迈克尔斯采取了迥异于前人的态度。他们坚称,对解释者而言,唯一重要的是:是否存在无意图(intentionless)的意义?为了回答这一问题,他们举出了一个有趣的例子:假如你在海边漫步,波浪拂过沙滩,留下的痕迹正好显现为华兹华斯《恬睡锁住了心魂》中的诗句。那么,应当怎样对这种神秘的印迹加以解读?卡纳普和迈克尔斯指出,在这种情况下,解释者必将在两种定式之间加以选择:第一,将它们归结为有意图的机体(如有生命的大海、华兹华斯的灵魂等)的产物,那么,它们便有资格充当召唤读者理解的富含意义的真正诗行。反过来,只要把这些记号当成是诗歌,实际上也就默认了它们的意图性特质:"你不知道作者到底是谁……但是,你在无意识的情形下已经设置了一位作者。"②第二,单纯将之理解为无意图的自然现象所营造的效果,在这种情况下,这些记号便无法被视为由作者创造的有意义的语词,它们只不过是意外形成的近似语言的符号,只不过是一堆偶然的遗留物而已。借用这个例子,两位学者进一步申明,由于意图与意义始终保持着不容辩驳的一致状态,而任何语言又必然都带有意义,因此,强行将意图附加在语言之上的理论操作其实是十分拙劣的:它或是虚构了一种无意图的语言,或

---

① Steven Knapp and Walter Benn Michaels. "Against Theory," *Critical Inquiry*, 8.4 (1982).
② Steven Knapp and Walter Benn Michaels. "Against Theory," *Critical Inquiry*, 8.4 (1982).

是假想了语言凌驾于意图之上的优先性。但是,正如语言和具体言语行为的水乳交融一般,语言和意图在本质上同样是绝不容割裂的。

需要注意,卡纳普和迈克尔斯虽打着"反理论"的旗号,却在自己的论述中暴露出了"新实用主义"的理论根基。可以说,美国社会自诞生伊始便浸泡在功利至上的浓郁氛围中,而作为一种思想体系的实用主义则起源于19世纪70年代,经过皮尔斯、杜威、詹姆斯等人的推动,在20世纪初期蔚为大观。① 此后,实用主义经历短暂的低谷,在20世纪六七十年代又强势反弹,进而汇聚成了以罗蒂等人为代表的新实用主义风尚。新实用主义之所以被冠以"新"的名号,要点在于,它主要将传统实用精神与后现代思想资源相互结合而形成了鲜明的当下特色。其核心观点,简单说来便是:既然在去除深度、快感至上的后现代语境下,个人的力量已不足以仰望星空,寻求永恒真理与"宏大叙事"的建构,那么,还不如听凭利益法则的差遣,根据"有用与否?"的准则对眼前的一切加以估量。落实到文学解释中,新实用主义明确拒绝柏拉图意义上的终极真理观,拒绝将追求绝对性视为最高宗旨的本质论观点,转而坚持认为,惟有抛开不合时宜的"客观化"梦想,根据自己的兴趣、偏好、需求所作出的判断,才能提供检验客观真理的最为切实可行的标准。如罗蒂便承认:"……所有的描述……的优劣与价值都是根据它们对于某种外在目的的满足程度、而不是根据它们对被描述物体的忠实程度来判断的。"② 不难发现,卡纳普和迈克尔斯在某种程度上体现了与罗蒂相近的气质。按照他们的设想,既然意图绝不是外在的附加成分,而是与文本意义保持着"你中有我,我中有你"相互指涉性,那么,对意义的探究便只需取决于作为"使用者"的文本接受者是否愿意将特定意图植入"波浪诗"这样的对象之中,并针对该意图作出相对明晰的描摹与界定:"……是读者的意图将这些记号视为有意义的文本,视为语言而不是简单的记号。"③ 归根结蒂,两位学者的意图理论最终导向的是一种新实用主义的选择,在他们看来,那种与文本意义相互交融的作者意图并不是一个客观的事实,而是作为接受主体的解释者参照自身的具体情况加以斟酌、权衡的结果。与之相应,由原创性作者所主导的,单一、稳固、静态的解释学范式也逐渐退居幕后,取而代之的则是由个体读者所主导的,多元、分裂、动态的解释学范式。

毋庸置疑,这种由新实用主义支撑的意图论观点同样存在着难以遮掩的漏洞。首先,正如塔塔尔所言:"把作者构想为理性化的实体只不过'假定'了这些记号能成

---

① 盛宁:《人文困惑与反思:西方后现代主义思潮批判》,三联书店1997年版,第106页。
② 理查德·罗蒂:《实用主义之进程》,斯特凡·柯里尼主编:《诠释与过度诠释》,王宇根译,三联书店2005年版,第100页。
③ Richard Shusterman. "Interpretation, Intention, and Truth." *Intention and Interpretation*, ed. Gary Iseminger. Philadelphia: Temple University Press, 1992, p.66.

为有意义的文本,而没有真正理解它的意义。"① 在卡纳普和迈克尔斯这里,对作者意图的界定主要来源于解释者结合各自的具体境遇,从特定视角出发所作出的安排与谋划,是高度主观化且充满变数的,因而无法保证与客观意图的真正等同。打个比方,解释者不可能单凭主观意愿便断定莎士比亚创作《哈姆雷特》的初始意图中包含着一种"恋母情结",相反,他必须结合时代语境、作者个人情况,乃至可以掌握的全部材料来圈定这种意图的最基本轮廓。其次,两人的论述还陷入了对意图概念加以简单化处理的误区。如美国学者赫施便敏锐地观察到,卡纳普和迈克尔斯所谈论的意图应当包括"作者曾经意指的东西"(what an author intended)和"作者意指的东西"(what an author intends)两种,前者主要指涉一种过去时态的、原初的意义事件,它应当是解释者关注的主要对象;后者则关联到一种现在时态的、更多由读者建构的意义事件,较之前者,它只能发挥辅助性的参考作用。然而,两位学者却没能在两类意图之间作出适当的辨析:"他们很可能认为,在实践中,作者曾意指的东西也就是当前的读者相信作者曾意指的东西。"② 因此,赫施指出,以意图论者自居的卡纳普和迈克尔斯,却最终在批评实践中放弃了关于初始性意图的思考。

有学者认为,"理论之后"并不意味着将理论抛诸脑后,它更多要求人们对理论在现今的存在状况作出批判性的反思。③ 很明显,这样的反思同样需要来自理论的武装与充实。具体说来,卡纳普和迈克尔斯虽标榜反对理论,但他们的论证却无疑是高度理论化的,这种近乎偏执的理论姿态使他们的观点一经问世,便招来了众多的怀疑与指责。然而,两人始终都坚持己见,在随后发表的论文中,他们重申:无论是解释学还是解构理论,都不可能发展出独立于作者意图而起作用的、关于文本之同一性的可信服标准,从而推进了自己的既有论说。④ 不管怎样,都必须承认,二人的论述不仅丰富了这个"后理论时代"的理论特色,更进一步为人们对作者意图的聚焦提供了一个新的参照系。

小　结

论及作者意图在当下多元化的生存状貌,丹尼斯·达顿曾这样谈到:"考虑到那些在哲学层面上不断削弱其威信的努力,意图理论在批判性的解释活动中已经展现

---

① Burhanettin Tatar, *Interpretation and the Problem of the Intention of the Author: H.-G.Gadamer vs E.D.Hirsch*. Washington, D.C.: Council for Research in Values and Philosophy, 1998, p.38.

② E.D.Hirsch, Jr. "Against Theory?" *Critical Inquiry*, 9.4, 1983.

③ Thomas Docherty, *After Theory: Postmodernism/Postmarxism*. London and New York: Routledge, 1990, p.1.

④ Steven Knapp and Walter Benn Michaels. "Against Theory 2: Hermeneutics and Deconstruction," *Critical Inquiry*, 14.1, 1987.

出了一种神奇的可适应性。"①的确,作者意图并不是僵化、凝滞的"铁板一块",而是歧见纷呈的动态的论域;关于意图的论说也绝非单调、同质的思想体系,而是琳琅满目的观点、看法、见解的集合。可以说,施莱尔马赫对"心灵共鸣"的憧憬,贝蒂对"富有意义的形式"的提倡,以及卡纳普和迈克尔斯对"反对理论"的宣扬,其实大致对应了意图理论从"前现代"到"现代"再到"后现代"的发展轨迹,它们无不呈现出了独特的思想背景、概念范畴乃至理论局限,无不以各自的方式参与到了对一个庞大的意图论体系的建构之中。也正是承接上述学说所开辟的道路,艾柯、赫施、尤尔、埃尔文、内阿玛斯、列文森等人才有机会紧扣意图概念而作出更加细致、深入的演绎与推进。更进一步,上述观点的价值还在于提醒人们,任何看似古旧不堪的范畴都不应被轻易抛入"故纸堆"中,相反,应结合新的语境、新的时代精神而对其进行再一次的体认与价值输入,使之释放出新的活力与光彩,对拥有"以意逆志"等丰富作者论思想,且尚处于传统理论"现代化转型"的中国学术界而言,这样的思维方式无疑具有重要的借鉴意义。

---

① Denis Dutton. "Why Intentionalism Won't Go Away." *Literature and the Question of Philosophy*, ed. Anthony J. Cascardi. Baltimore and London: Johns Hopkins University Press, 1987, p.194.